༄། །དུས་རབས་(༡༧)པའི་བོད་ཡིག་གནའ་དཔེ་བྲིས་མའི་མཛོད་བྱང་དང་མཚན་གྱི་ངོས་འཛིན།

སྨད་ཆ།

པད་མ་བཀྲ་ཤིས་ཀྱིས་བརྩམས།

བོད་ལྗོངས་མི་དམངས་དཔེ་སྐྲུན་ཁང་།

民族文字出版专项资金资助项目

图书在版编目（CIP）数据

历代藏文古籍写本尾跋题记解读 ：藏文 / 白张著.
-- 拉萨 ：西藏人民出版社，2018.5
ISBN 978-7-223-05801-8

Ⅰ. ①历… Ⅱ. ①白… Ⅲ. ①藏语－古籍－题跋－研究－藏语 Ⅳ. ①G256.4

中国版本图书馆CIP数据核字(2018)第006130号

历代藏文古籍写本尾跋题记解读（上、下册）

编　　著：白　张
责任编辑：巴桑旺庆
装帧设计：格桑罗布
责任印制：扎西桑珠
版式设计：嘎玛格勒
出版发行：西藏人民出版社（拉萨市林廓北路20号）
印　　刷：深圳市精彩印联合印务有限公司
开　　本：787×960　1/16
印　　张：61.5
字　　数：800千
版　　次：2018年5月第1版
印　　次：2018年5月第1次印刷
印　　数：01-2,000
书　　号：ISBN978-7-223-05801-8
定　　价：120.00元（上、下册）

དཀར་ཆག

ལེའུ་བཅུ་བདུན་པ། དུས་རབས་13-14པའི་གསུང་རབ་བྲིས་མའི་མཛོད་བྱང་། 1

ལེ་ཚན་དང་པོ། གུང་ཐང་ཅུད་ཤེར་ཕྱིན་བརྒྱད་སྟོང་པོད་ཀ་པའི་མཛོད་བྱང་། 1

དང་པོ། མཛོད་བྱང་མ་བཤུས། 1

གཉིས་པ། མཛོད་བྱང་གི་དབྱེ་ཞིབ། 2

ལེ་ཚན་གཉིས་པ། གུང་ཐང་ཅུད་ཤེར་ཕྱིན་བརྒྱད་སྟོང་པོད་ཁ་པའི་མཛོད་བྱང་། 6

དང་པོ། མཛོད་བྱང་མ་བཤུས། 7

གཉིས་པ། མཛོད་བྱང་གི་དབྱེ་ཞིབ། 7

ལེ་ཚན་གསུམ་པ། གུང་ཐང་ཅུད་ཤེར་ཕྱིན་པོད་ག་པའི་མཛོད་བྱང་། 11

དང་པོ། མཛོད་བྱང་མ་བཤུས། 12

གཉིས་པ། མཛོད་བྱང་གི་དབྱེ་ཞིབ། 12

ལེ་ཚན་བཞི་པ། གུང་ཐང་ཅུད་ཤེར་ཕྱིན་མཛོད་བྱང་། 21

དང་པོ། མཛོད་བྱང་མ་བཤུས། 21

གཉིས་པ། མཛོད་བྱང་གི་དབྱེ་ཞིབ། 23

ལེ་ཚན་ལྔ་པ། གུང་ཐང་ཅུད་ཤེར་ཕྱིན་མཛོད་བྱང་། 29

དང་པོ། མཛོད་བྱང་མ་བཤུས། 29

གཉིས་པ། མཛོད་བྱང་གི་དབྱེ་ཞིབ། 30

ལེ་ཚན་དྲུག་པ། གུང་ཐང་ཅུད་ཤེར་ཕྱིན་མཛོད་བྱང་། 33

དང་པོ། མཛོད་བྱང་མ་བཤུས། 33

གཉིས་པ། མཛོད་བྱང་གི་དབྱེ་ཞིབ། 34

ལེ་ཚན་བདུན་པ། གུང་ཐང་ཙུད་ཤེར་ཕྱིན་མཛོད་བྱང་། 36

དང་པོ། མཛོད་བྱང་མ་ནཱུས། 36

གཉིས་པ། མཛོད་བྱང་གི་དབྱེ་ཞིབ། 38

ལེ་ཚན་བརྒྱད་པ། གུང་ཐང་ཙུད་ཤེར་ཕྱིན་མཛོད་བྱང་། 46

དང་པོ། མཛོད་བྱང་མ་ཕྱུས། 46

གཉིས་པ།མཛོད་བྱང་གི་དབྱེ་ཞིབ། 47

ལེ་ཚན་དགུ་པ། གུང་ཐང་ཙུད་གླེགས་ཤིང་དུ་གསལ་བའི་མཛོད་བྱང་། 51

དང་པོ། མཛོད་བྱང་མ་ཕྱུས། 51

གཉིས་པ། མཛོད་བྱང་གི་དབྱེ་ཞིབ། 53

ལེའུ་བཅོ་བརྒྱད་པ། དུས་རབས་13-14པའི་གསུང་རབ་བྲིས་མའི་མཛོད་བྱང་། 60

ལེ་ཚན་དང་པོ། མར་རྒྱང་མཁའ་སྤྱོད་ཤེར་ཕྱིན་པོད་ཀ་པའི་མཛོད་བྱང་། 60

དང་པོ། མཛོད་བྱང་མ་ཕྱུས། 60

གཉིས་པ། མཛོད་བྱང་གི་དབྱེ་ཞིབ། 61

ལེ་ཚན་གཉིས་པ། མར་རྒྱང་མཁའ་སྤྱོད་ཤེར་ཕྱིན་པོད་ཁ་པའི་མཛོད་བྱང་། 66

དང་པོ། མཛོད་བྱང་མ་ཕྱུས། 66

གཉིས་པ། མཛོད་བྱང་གི་དབྱེ་ཞིབ། 68

ལེ་ཚན་གསུམ་པ། མར་རྒྱང་མཁའ་སྤྱོད་ཤེར་ཕྱིན་པོད་ཙ་པའི་མཛོད་བྱང་། 74

དང་པོ། མཛོད་བྱང་མ་ཕྱུས། 75

གཉིས་པ། མཛོད་བྱང་གི་དབྱེ་ཞིབ། 75

ལེ་ཚན་བཞི་པ། མར་རྒྱང་མཁའ་སྤྱོད་ཤེར་ཕྱིན་པོད་ཚ་པའི་མཛོད་བྱང་། 78

དང་པོ། མཛོད་བྱང་མ་ཕྱུས། 78

གཉིས་པ། མཛོད་བྱང་གི་དབྱེ་ཞིབ། 79

ལེ་ཚན་ལྔ་པ། མར་རྒྱུད་མཁའ་སྤྱོད་ཤེར་ཕྱིན་པོད་ཉ་པའི་མཛོད་བྱང་། 85

དང་པོ། མཛོད་བྱང་མ་བཤུས། 86

གཉིས་པ། མཛོད་བྱང་གི་དབྱེ་ཞིབ། 86

ལེ་ཚན་དྲུག་པ། མར་རྒྱུད་མཁའ་སྤྱོད་ཤེར་ཕྱིན་པོད་ཏ་པའི་མཛོད་བྱང་། 92

དང་པོ། མཛོད་བྱང་མ་བཤུས། 92

གཉིས་པ། མཛོད་བྱང་གི་དབྱེ་ཞིབ། 94

ལེ་ཚན་བདུན་པ། མར་རྒྱུད་མཁའ་སྤྱོད་ཤེར་ཕྱིན་པོད་ཐ་པའི་མཛོད་བྱང་། 99

དང་པོ། མཛོད་བྱང་མ་བཤུས། 99

གཉིས་པ། མཛོད་བྱང་གི་དབྱེ་ཞིབ། 100

ལེ་ཚན་བརྒྱད་པ། མར་རྒྱུད་མཁའ་སྤྱོད་ཤེར་ཕྱིན་པོད་ན་པའི་མཛོད་བྱང་། 106

དང་པོ། མཛོད་བྱང་མ་བཤུས། 107

གཉིས་པ། མཛོད་བྱང་གི་དབྱེ་ཞིབ། 108

ལེ་ཚན་དགུ་པ། མར་རྒྱུད་མཁའ་སྤྱོད་ཤེར་ཕྱིན་པོད་བ་པའི་མཛོད་བྱང་། 111

དང་པོ། མཛོད་བྱང་མ་བཤུས། 111

གཉིས་པ། མཛོད་བྱང་གི་དབྱེ་ཞིབ། 112

ལེ་ཚན་བཅུ་པ། མར་རྒྱུད་མཁའ་སྤྱོད་གསུང་རབ་མཛོད་བྱང་གི་བསྡོམས། 118

ལེའུ་བཅུ་དགུ་པ། སྐྱེ་བྲིས་སྐོར། 120

ལེའུ་ཉི་ཤུ་པ། དུས་རབས་15-16པའི་གསུང་རབ་བྲིས་མའི་མཛོད་བྱང་། 130

ལེ་ཚན་དང་པོ། གསུང་རབ་ཀྱི་དཔེ་རས་སྟེང་དུ་གསལ་བའི་མཚན། 130

དང་པོ། མཚན་གྱི་མ་བཤུས། 130

གཉིས་པ། མཚན་གྱི་དབྱེ་ཞིབ། 131

ལེ་ཚན་གཉིས་པ། སྣན་དར་སྟེང་དུ་གསལ་བའི་མཚན། 135

དང་པོ། མཚན་གྱི་མ་བཤུས། 135

གཉིས་པ། མཚན་གྱི་དབྱེ་ཞིབ། 135

ལེ་ཚན་གསུམ་པ། ཡངས་ཅན་དགོན་རིན་ཆེན་ཏོག་གཟུངས་མཛད་བྱུང་། 137

དང་པོ། མཛད་བྱུང་མ་བཤུས། 137

གཉིས་པ། མཛད་བྱུང་གི་དབྱེ་ཞིབ། 140

ལེ་ཚན་བཞི་པ། ས་དགའ་ནུབ་དགོན་འདུས་པ་རིན་པོ་ཆེའི་མཛད་བྱུང་། 148

དང་པོ། མཛད་བྱུང་མ་བཤུས། 149

གཉིས་པ། མཛད་བྱུང་གི་དབྱེ་ཞིབ། 153

ལེ་ཚན་ལྔ་པ། ཆུ་གསུམ་བཀྲ་ཤིས་རྫོང་ཁའི་གསུང་རབ་མཛད་བྱུང་། 156

དང་པོ། མཛད་བྱུང་མ་བཤུས། 156

གཉིས་པ། མཛད་བྱུང་གི་དབྱེ་ཞིབ། 157

ལེ་ཚན་དྲུག་པ། ཆུ་གསུམ་རི་འཕོར་ཆོས་སྡེའི་ཤེར་ཕྱིན་མཛད་བྱུང་། 161

དང་པོ། མཛད་བྱུང་མ་བཤུས། 162

གཉིས་པ། མཛད་བྱུང་གི་དབྱེ་ཞིབ། 163

ལེ་ཚན་བདུན་པ། དྭགས་ལྷ་དགོན་ཤེར་ཕྱིན་བརྒྱད་སྟོང་མཛད་བྱུང་། 167

དང་པོ། མཛད་བྱུང་མ་བཤུས། 168

གཉིས་པ། མཛད་བྱུང་གི་དབྱེ་ཞིབ། 168

ལེ་ཚན་བརྒྱད་པ། རྩ་མདའ་ཡིབ་རི་དགོན་ཤེར་ཕྱིན་བརྒྱད་སྟོང་མཛད་བྱུང་། 172

དང་པོ། མཛད་བྱུང་མ་བཤུས། 172

གཉིས་པ། མཛད་བྱུང་གི་དབྱེ་ཞིབ། 175

ལེའུ་ཉེར་གཅིག་པ། དུས་རབས་17-18པའི་གསུང་རབ་བྲིས་མའི་མཛད་བྱུང་། 187

ལེ་ཚན་དང་པོ། ས་དགའ་ཐུབ་དགོན་རབ་ཏུ་འཛོམས་པའི་མདོའི་མཛད་བྱུང་། 187

དང་པོ། མཛད་བྱུང་མ་བཤུས། 187

གཉིས་པ། མཛད་བྱུང་གི་དབྱེ་ཞིབ། 190

ལེ་ཚན་གཉིས་པ། ས་དགའ་ཐུབ་དགོན་གླིགས་ཤིང་མཛོད་བྱང་། 199

དང་པོ། མཛོད་བྱང་མ་བཤུས། 199

གཉིས་པ། མཛོད་བྱང་གི་དཔེ་ཞིབ། 199

ལེ་ཚན་གསུམ་པ། ས་དགའ་ཐུབ་དགོན་ཤེར་ཕྱིན་མཛོད་བྱང་། 200

དང་པོ། མཛོད་བྱང་མ་བཤུས། 200

གཉིས་པ། ཞབས་མཚན་གྱི་དཔེ་ཞིབ། 201

དང་པོ། མཛོད་བྱང་མ་བཤུས། 201

གཉིས་པ། མཛོད་བྱང་གི་དཔེ་ཞིབ། 203

ལེ་ཚན་བཞི་པ། ས་དགའ་ནུབ་དགོན་ཤེར་ཕྱིན་མཛོད་བྱང་། 207

དང་པོ། མཛོད་བྱང་མ་བཤུས། 207

གཉིས་པ། མཛོད་བྱང་གི་དཔེ་ཞིབ། 208

ལེ་ཚན་ལྔ་པ། ས་དགའ་ནུབ་དགོན་ཤེར་ཕྱིན་ཞབས་མཚན། 211

དང་པོ། ཞབས་མཚན་མ་བཤུས། 211

གཉིས་པ། ཞབས་མཚན་གྱི་དཔེ་ཞིབ། 212

ལེ་ཚན་དྲུག་པ། ས་དགའ་ནུབ་དགོན་རྙིང་མ་རྒྱུད་འབུམ་ཞབས་མཚན། 212

དང་པོ། ཞབས་མཚན་མ་བཤུས། 212

གཉིས་པ། ཞབས་མཚན་གྱི་དཔེ་ཞིབ། 213

ལེ་ཚན་བདུན་པ། འབྲོང་པ་གླུང་ལུང་དགོན་ཤེར་ཕྱིན་བརྒྱད་སྟོང་མཛོད་བྱང་། 220

དང་པོ། མཛོད་བྱང་མ་བཤུས། 220

གཉིས་པ། མཛོད་བྱང་གི་དཔེ་ཞིབ། 221

ལེའུ་ཉེར་གཉིས་པ། དུས་རབས་18-19པའི་གནའ་དཔེ་བྲིས་མའི་མཛོད་བྱང་། 226

ལེ་ཚན་དང་པོ། ཞ་ལུ་དགོན་ཤེར་ཕྱིན་མཛོད་བྱང་། 226

དང་པོ། མཛོད་བྱང་མ་བཤུས། 226

གཉིས་པ། མཛད་བྱང་གི་དབྱེ་ཞིབ། 228

ལེ་ཚན་གཉིས་པ། སེ་ར་དགོན་ཤེར་ཕྱིན་སྟོང་ཕྲག་ཉི་ཤུ་ལྔ་པའི་དབུ་ཤོག་ཞབས་མཚན། 235

དང་པོ། མཛད་བྱང་མ་བཤུས། 236

གཉིས་པ། མཛད་བྱང་གི་དབྱེ་ཞིབ། 236

ལེ་ཚན་གསུམ་པ། ནོར་བུ་གླིང་ཁའི་འདུལ་བ་པོད་ག་པའི་དབུ་ཤོག་ཞབས་མཚན། 239

དང་པོ། ཞབས་མཚན་མ་བཤུས། 239

གཉིས་པ། ཞབས་མཚན་གྱི་དབྱེ་ཞིབ། 240

ལེ་ཚན་བཞི་པ། ས་སྐྱའི་ཤེར་ཕྱིན་བརྒྱད་སྟོང་པོད་ཀ་པའི་དབུ་ཤོག་ཞབས་མཚན། 259

དང་པོ། ཞབས་མཚན་མ་བཤུས། 259

གཉིས་པ། ཞབས་མཚན་གྱི་དབྱེ་ཞིབ། 259

ལེ་ཚན་ལྔ་པ། དགའ་ལྡན་དགོན་ཤེར་ཕྱིན་བརྒྱད་སྟོང་དབུ་ཤོག་ཞབས་མཚན། 267

དང་པོ། ཞབས་མཚན་མ་བཤུས། 267

གཉིས་པ། ཞབས་མཚན་གྱི་དབྱེ་ཞིབ། 268

ལེ་ཚན་དྲུག་པ། ཕོ་བྲང་པོ་ཏ་ལའི་ཁྲི་སྣ་ཚོགས་པོད་ཀ་པའི་མཛད་བྱང་། 274

དང་པོ། མཛད་བྱང་མ་བཤུས། 275

གཉིས་པ། མཛད་བྱང་གི་དབྱེ་ཞིབ། 276

ལེ་ཚན་བདུན་པ། རྒྱ་མ་ཁྲི་སྣང་ཤེར་ཕྱིན་བརྒྱད་སྟོང་དབུ་ཤོག་ཞབས་མཚན། 281

དང་པོ། ཞབས་མཚན་མ་བཤུས། 281

གཉིས་པ། ཞབས་མཚན་གྱི་དབྱེ་ཞིབ། 281

ལེ་ཚན་བརྒྱད་པ། སོག་བཀྲ་ཤིས་ལྷོངས་ཤེར་ཕྱིན་བརྒྱད་སྟོང་དབུ་ཤོག་ཞབས་མཚན། ...283

དང་པོ། ཞབས་མཚན་མ་བཤུས། 283

གཉིས་པ། ཞབས་མཚན་གྱི་དབྱེ་ཞིབ། 283

ལེ་ཚན་དགུ་པ། སོག་བཀྲ་ཤིས་ལྷོངས་ཤེར་ཕྱིན་བརྒྱད་སྟོང་པའི་མཛད་བྱང་། 285

དང་པོ། མཛད་བྱང་མ་བཤུས། 285

གཉིས་པ། མཛད་བྱང་གི་དབྱེ་ཞིབ། 287

ལེའུ་ཉེར་གསུམ་པ། ཡི་ གྲིམ་ཀྱི་སྐོར། 298

ལེའུ་ཉེར་བཞི་པ། དུས་རབས་18-19པའི་གསུང་རབ་གྲིམ་མའི་མཛད་བྱང་། 310

ལེ་ཚན་དང་པོ། མལ་གྲོའི་གཡའ་མ་རི་དགོན་རྡོ་རྗེ་གཅོད་པའི་མཛད་བྱང་། 310

དང་པོ། མཛད་བྱང་མ་བཤུས། 310

གཉིས་པ། མཛད་བྱང་གི་དབྱེ་ཞིབ། 312

ལེ་ཚན་གཉིས་པ། མངའ་རིས་ལྷུན་གྲུབ་ཆོས་སྡེའི་ཤེར་ཕྱིན་བརྒྱད་སྟོང་མཛད་བྱང་། 323

དང་པོ། མཛད་བྱང་མ་བཤུས། 324

གཉིས་པ། མཛད་བྱང་གི་དབྱེ་ཞིབ། 325

ལེ་ཚན་གསུམ་པ། མངའ་རིས་ཕྱི་གཡང་གསེར་འོད་དམ་པའི་མདོའི་མཛད་བྱང་། 335

དང་པོ། མཛད་བྱང་མ་བཤུས། 335

གཉིས་པ། མཛད་བྱང་གི་དབྱེ་ཞིབ། 336

ལེ་ཚན་བཞི་པ། མངའ་རིས་ཕྱི་གཡང་རྡོ་རྗེ་གཅོད་པའི་མཛད་བྱང་། 343

དང་པོ། མཛད་བྱང་མ་བཤུས། 343

གཉིས་པ། མཛད་བྱང་གི་དབྱེ་ཞིབ། 344

ལེ་ཚན་ལྔ་པ། མངའ་རིས་ཕྱི་གཡང་དཔལ་གསང་བ་འདུས་པའི་རྒྱུད་མཛད་བྱང་། 349

དང་པོ། མཛད་བྱང་མ་བཤུས། 350

གཉིས་པ། མཛད་བྱང་གི་དབྱེ་ཞིབ། 350

ལེ་ཚན་དྲུག་པ། བོད་ལྗོངས་དཔེ་མཛོད་ཁང་ གློ་གྲོས་རྒྱ་མཚོས་ཞུས་པའི་མདོའི་མཛད་བྱང་། 354

དང་པོ། མཛད་བྱང་མ་བཤུས། 354

གཉིས་པ། མཛད་བྱང་གི་དབྱེ་ཞིབ། 355

ལེ་ཚན་བདུན་པ། རྒྱལ་རྩེ་དཔལ་ཆོས་བཀའ་འགྱུར་པོད་མ་པའི་མཛད་བྱང་། 362

དང་པོ། མཛད་བྱང་མ་བཤུས། 362

གཉིས་པ། མཛད་བྱང་གི་དབྱེ་ཞིབ། 363

ལེའུ་ཉེར་ལྔ་པ། དུས་རབས་17-19པའི་གསུང་རབ་བྲིས་མའི་མཛད་བྱང་། 366

ལེ་ཚན་དང་པོ། བཀྲས་ལྷུན་ཤེར་ཕྱིན་བརྒྱད་སྟོང་མཛད་བྱང་། 366

དང་པོ། མཛད་བྱང་མ་བཤུས། 366

གཉིས་པ། མཛད་བྱང་གི་དབྱེ་ཞིབ། 368

ལེ་ཚན་གཉིས་པ། བཀྲས་ལྷུན་ལས་བརྒྱ་པ་ཞེས་པའི་དབུ་ཤོག་ཞབས་མཚན། 373

དང་པོ། ཞབས་མཚན་མ་བཤུས། 373

གཉིས་པ། ཞབས་མཚན་གྱི་དབྱེ་ཞིབ། 373

ལེ་ཚན་གསུམ་པ། བཀྲས་ལྷུན་འཕགས་པ་དེ་ཁོ་ན་ཉིད་བསྡུས་པའི་དབུ་ཤོག་ཞབས་མཚན། 374

དང་པོ། ཞབས་མཚན་མ་བཤུས། 374

གཉིས་པ། ཞབས་མཚན་གྱི་དབྱེ་ཞིབ། 374

ལེ་ཚན་བཞི་པ། བཀྲས་ལྷུན་འཕགས་པ་མི་འཁྲུག་བཀོད་པ་མདོའི་དབུ་ཤོག་ཞབས་མཚན། 375

དང་པོ། ཞབས་མཚན་མ་བཤུས། 375

གཉིས་པ། ཞབས་མཚན་གྱི་དབྱེ་ཞིབ། 376

ལེ་ཚན་ལྔ་པ། བཀྲས་ལྷུན་འཁོར་ལོ་སྡོམ་པའི་རྒྱུད་ཀྱི་རྒྱལ་པོའི་དབུ་ཤོག་ཞབས་མཚན། 376

དང་པོ། ཞབས་མཚན་མ་བཤུས། 376

གཉིས་པ། ཞབས་མཚན་གྱི་དབྱེ་ཞིབ། 377

ལེ་ཚན་དྲུག་པ། བཀྲས་ལྷུན་འཕགས་པ་ཡབ་སྲས་མཇལ་བའི་མདོའི་དབུ་ཤོག་ཞབས་མཚན། 377

དང་པོ། ཞབས་མཚན་མ་བཤུས། 377

གཉིས་པ། ཞབས་མཚན་གྱི་དབྱེ་ཞིབ། 378

ལེ་ཚན་བདུན་པ། བཀྲས་ལྷུན་འཕགས་པ་མི་འཁྲུག་བཀོད་པའི་མདོའི་
དབུ་ཤོག་ཞབས་མཚན། 378

དང་པོ། ཞབས་མཆན་མ་བཤུས། 379

གཉིས་པ། ཞབས་མཆན་གྱི་དཔེ་ཞིབ། 379

ལེ་ཚན་བརྒྱད་པ། བཀྲས་ལྷུན་ཚངས་པའི་མདོའི་དབུ་ཤོག་ཞབས་མཆན། 379

དང་པོ། ཞབས་མཆན་མ་བཤུས། 380

གཉིས་པ། ཞབས་མཆན་གྱི་དཔེ་ཞིབ། 380

ལེ་ཚན་དགུ་པ། བཀྲས་ལྷུན་འཕགས་པ་ལས་ཀྱི་སྒྲིབ་པ་རྒྱུན་གཅོད་པའི་
མདོ་པོད་ཚ་པའི་མཛད་བྱང་། 381

དང་པོ། མཛད་བྱང་མ་བཤུས། 381

གཉིས་པ། མཛད་བྱང་གི་དཔེ་ཞིབ། 382

ལེ་ཚན་བཅུ་པ། བཀྲས་ལྷུན་འཕགས་པ་དཀོན་མཆོག་བརྩེགས་པའི་མདོའི་མཛད་བྱང་། ...385

དང་པོ། མཛད་བྱང་མ་བཤུས།..385

གཉིས་པ། མཛད་བྱང་གི་དཔེ་ཞིབ། 387

ལེ་ཚན་བཅུ་གཅིག་པ། བཀྲས་ལྷུན་འཕགས་པ་འདུས་པ་རིན་པོ་ཆེའི་མདོའི་མཛད་བྱང་། ...393

དང་པོ། མཛད་བྱང་མ་བཤུས།..393

གཉིས་པ། མཛད་བྱང་གི་དཔེ་ཞིབ། 393

ལེའུ་ཉེར་དྲུག་པ། གཙང་ཡིག་སྐོར། 395

ལེའུ་ཉེར་བདུན་པ། དུས་རབས་18-19པའི་གསུང་རབ་བྲིས་མའི་མཛད་བྱང་། 410

ལེ་ཚན་དང་པོ། ཆབ་མདོ་རི་བོ་ཆེ་དགོན་ཤེར་ཕྱིན་དབུ་ཤོག་མགོ་མཆན། 410

དང་པོ། དབུ་མཆན་མ་བཤུས། 410

གཉིས་པ། དབུ་མཆན་གྱི་དཔེ་ཞིབ། 410

ལེ་ཚན་གཉིས་པ། ཆབ་མདོ་གནས་ཐང་དགོན་གྱི་གསུང་རབ་དབུ་མཆན། 411

དང་པོ། དབུ་མཆན་མ་བཤུས། 411

གཉིས་པ། ཞབས་མཆན་གྱི་དཔེ་ཞིབ། 411

ལེ་ཚན་གསུམ་པ། ཆབ་མདོ་རི་བོ་ཆེ་དགོན་ཤར་ཕྱིན་དབུ་ཤོག་མཆན། 412
དང་པོ། དབུ་ཤོག་མཆན་མ་བཤུས། 412
གཉིས་པ། མཆན་གྱི་དཔེ་ཞིབ། 412
ལེ་ཚན་བཞི་པ། ཆབ་མདོ་གནས་ཐང་དགོན་པའི་གསང་འདུས་དབུ་ཤོག་ཞབས་མཆན། 413
དང་པོ། དབུ་ཤོག་ཞབས་མཆན་མ་བཤུས། 413
གཉིས་པ། ཞབས་མཆན་གྱི་དཔེ་ཞིབ། 414
ལེ་ཚན་ལྔ་པ། ཆབ་མདོ་ཟློ་གདའ་དགོན་ཤར་ཕྱིན་བརྒྱད་སྟོང་པའི་མཛད་བྱང་།..........415
དང་པོ། མཛད་བྱང་མ་བཤུས།..............................415
གཉིས་པ། མཛད་བྱང་གི་དཔེ་ཞིབ། 416
ལེ་ཚན་དྲུག་པ། ཆབ་མདོ་བྱམས་པ་གླིང་ཤར་ཕྱིན་བརྒྱད་སྟོང་པའི་དབུ་ཤོག་ཞབས་མཆན།...419
དང་པོ། ཞབས་མཆན་མ་བཤུས། 420
གཉིས་པ། ཞབས་མཆན་གྱི་དཔེ་ཞིབ། 420
ལེ་ཚན་བདུན་པ། ཆབ་མདོ་རི་བོ་ཆེ་དགོན་མདོ་བསྐལ་བཟང་མཛད་བྱང་།..................421
དང་པོ། མཛད་བྱང་མ་བཤུས། 422
གཉིས་པ། མཛད་བྱང་གི་དཔེ་ཞིབ། 423
ལེ་ཚན་བརྒྱད་པ། ཆབ་མདོ་སྙིང་ཆེན་དཀྱིལ་མཁར་དགོན་ཤར་ཕྱིན་མཛད་བྱང་།..........431
དང་པོ། མཛད་བྱང་མ་བཤུས།..............................431
གཉིས་པ། མཛད་བྱང་གི་དཔེ་ཞིབ། 432
ལེ་ཚན་དགུ་པ། ཆབ་མདོ་རི་བོ་ཆེ་གནས་ཐང་དགོན་ཤར་ཕྱིན་མཛད་བྱང་། 436
དང་པོ། མཛད་བྱང་མ་བཤུས། 436
གཉིས་པ། མཛད་བྱང་གི་དཔེ་ཞིབ། 438
ལེའུ་ཉེར་བརྒྱད་པ། ཟོ་བྲིས་སྐོར། 443
ལེའུ་ཉེར་དགུ་པ། མཛད་བྱང་གི་སྒྲིག་གཞིའི་སྐོར།..............................451

དང་པོ། འགོ་འབྱེད་སྐོར། 451

གཉིས་པ། བསྟོད་ཕྱག་སྐོར། 453

གསུམ་པ། ཡུལ་ལུང་སྐོར། 456

བཞི་པ། ཆ་ཡོན་སྐོར། 458

ལྔ་པ། དགོས་པའི་སྐོར། 462

དྲུག་པ། བཟོ་སྐྲུན་སྐོར། 468

བདུན་པ། སྨོན་ཚིག་སྐོར། 472

བརྒྱད་པ། མཇུག་བསྡུའི་ཚིག་སྐོར། 478

མཇུག་བསྡུའི་གཏམ། 484

དཔྱད་གཞིའི་ཡིག་ཆ། 489

ལེའུ་བཅུ་བདུན་པ། དུས་རབས་13-14པའི་གསུང་རབ་བྲིས་མའི་མཛོད་བྱང་།

ལེ་ཚན་དང་པོ། ཀུང་ཐང་ཅུད་ཤེར་ཕྱིན་བརྒྱད་སྟོང་པོད་ཀ་པའི་མཛོད་བྱང་།

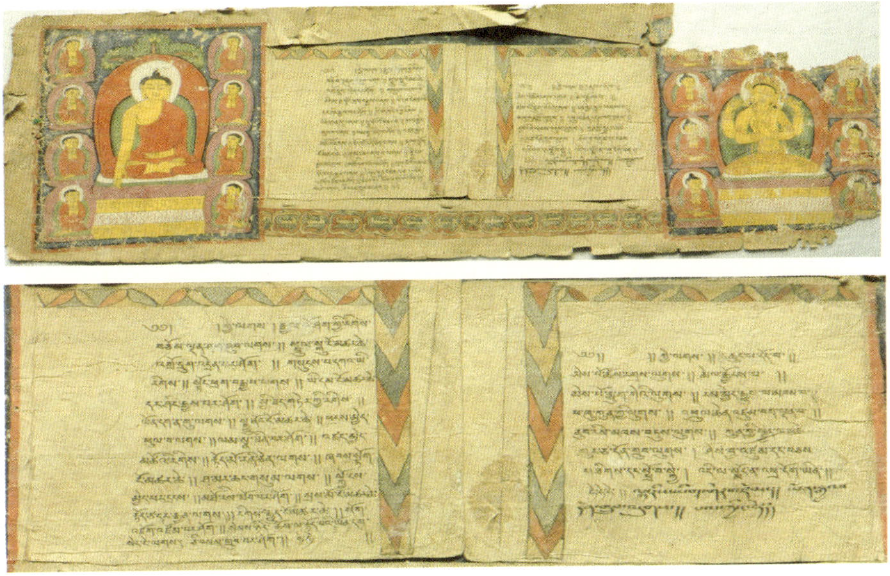

མཛོད་བྱང་མ་དཔེ།

དང་པོ། མཛོད་བྱང་མ་ཕྱུས།

༄༅།།ཀྱི་ལགས། །རྒྱལ་པོ་ཤག་ཀྱི་རིགས་བཙོམ། །ལྡན་ཤག་ཐུབ་ལགས། །སྤྲུལ་སྐུ་ངོ་མཚར་ཆེ། །འགྲོ་དྲུག་འདྲེན་པར་ཤོག །གསུངས་པ་དཀའ་ཡི་རིགས། །སྟོང་ཕྲག་བརྒྱ་པ་ལགས། །ཡི་དམ་ངོ་མཚར་ཆེ། །དར་ཤིང་རྒྱས་པར་ཤོག །མི་ཟད་གཏེར་གྱི་རིགས། །ཡོན་དག་ན་གུ་ལགས། །སྐུ་ནོར་ངོ་མཚར་ཆེ། །ཕངས་མེད་ཕུལ་བ་ལགས། །ལམ་སྣ་ཟིན་པར་ཤོག །འཛད་མེད་མཆོའི་རིགས། །རྗོད་མོ་རིན་ཆེན་ལགས། །ཞབས་སྟོག་ངོ་མཚར་ཆེ། །ཤ་མར་ཚང་གསུམ་

ལགས་། །སྐྱོ་ངས་ཐྱེད་པར་དྲངས་། །མཐོ་རིས་ཐོབ་པར་ཤོག །སྲུས་མོ་ངོ་མཚར་ཆེ། །རྟོད་ཅ་དར་རྒྱན་ལགས་། །རིགས་རྒྱུད་ངོ་མཚར་ཆེ། །སྡིག་འཇོག་འཇོམ་པ་ཤོག། །སེམས་ཉིད་ཆོས་ལ་རྟོད་པའི། །ཡོན་དག་སེང་ངེ་ལགས་;ཅི་བསམ་གྲུབ་པར་ཤོག། །ཧེ་ཧེ། །༄ཿཀྱེ་ལགས། །ཆུང་ལ་དོད་པ། །མེས་པོ་ཆོས་རགས་ལུགས་། །ཆེ་ལ་རྒྱོངས་པ་། །མེས་པོ་ཆུ་ག་གེའི་ལུགས་། །རས་ཐྱེད་རྒྱུས་ལ་མཁས་པ་། །ཞུབ་རིས་མཁས་བཏུས་ལུགས་། །ཀུན་གྱི་སྤྱན་ལ་མཛེས་པ། །གུར་ཅ་དོན་གྲུབ་ལགས། །ཤེས་བྱ་འཇུམ་དང་བཅས་པ། །གཟིགས་དང་སྤྲོ་བ་སྐྱེ། །འདི་ལ་སློད་ན་འཕྲ་དོག་ཡིན་། །ཧེ་ཧེ་ཧེ། ། [1]ཞེས་པའོ།

གཉིས་པ། མཛད་བྱང་གི་དབྱེ་ཞིབ།

གཅིག བསྟོད་ཕྱག

༄ཿ། ། །ཀྱེ་ལགས་།རྒྱལ་པོ་ཤག་གྱི་རིགས། །བཅོམ་ལྡན་ཤག་ཐུབ་ལགས་། །སྤྲུལ་སྐུ་ངོ་མཚར་ཆེ། །འགྲོ་དྲུག་འདྲེན་པར་ཤོག། །གསུངས་པ་དཀའ་ཡི་རིགས། །སྟོང་ཕྲག་བརྒྱ་པ་ལགས་། །ཡི་དམ་ངོམཚར་ཆེ། །དར་ཤིང་རྒྱས་པར་ཤོག། [2]ཅེས་བྱུང་བ་ལ་གཞིགས་ན། དེ་ཡང་ཐོག་མར་ཀྱེ་ལགས་ཞེས་འབོད་པ་གསལ་བྱེད་ཀྱི་སྒྲས་སྔོན་བསུས་ཏེ་རིམ་པས་བཞིན་དུ་སྟོན་པ་སངས་རྒྱས་ལ་བསྟོད་ཕྱག་ཕུལ་བ་དང་སྦྲགས་ཁོང་གིས་གསུངས་པའི་བཀའ་ཡི་ཁོངས་གཏོགས་ཤེར་ཕྱིན་སྟོང་ཕྲག་བརྒྱ་པ་དེ་དད་པ་སྐྱོ་ངས་མེད་པའི་སྦྱིན་བདག་རྣམས་ཀྱི་རེ་འདོད་བཞིན་འབྲི་བཞེངས་བསྐྲུན་པ་ལས་སངས་རྒྱས་ཀྱི་བསྟན་པ་དར་བ་ཤོག་ཅེས་བསྟོད་ཕྱག་ཕུལ་བ་དེ་ཡིན།

གཉིས། སྦྱིན་བདག

སྐབས་འདིར་དད་པ་སྐྱོ་ངས་མེད་པའི་སྦྱིན་བདག་རྣམས་ཀྱི་རེ་འདོད་བཞིན་ཤེས་རབ་ཀྱི་ཕ་རོལ་ཏུ་ཕྱིན་པ་སྟོང་ཕྲག་བརྒྱ་པ་དེ་འབྲི་བཞེངས་བྱ་བའི་སྐབས་སུ་དེ་དག་ལ་ཉེ་བར་

---

① གུང་ཐང་ཙུད་དུ་བཞུགས་པའི་ཤེར་ཕྱིན་བརྒྱད་སྟོང་པ་པོད་ཀ་པའི་དབུ་ཤོག་ནང་མའི་ཞལ་ཁེབས་ལས་དྲངས་པ་ཡིན།

② གུང་ཐང་ཙུད་དུ་བཞུགས་པའི་ཤེར་ཕྱིན་བརྒྱད་སྟོང་པ་པོད་ཀ་པའི་དབུ་ཤོག་ནང་མའི་ཞལ་ཁེབས་ལས་དྲངས་པ་ཡིན།

མཁོ་བའི་རྒྱ་འགྲོ་སྦྱོར་མཁན་གྱི་སྦྱིན་བདག་གི་སྐོར་དེ་ཡང་མཛོད་བྱང་ལས་ཞུས་ན། །སྤྱི་ཟད་གཉེར་གྱི་རིགས། །ཡོན་དག་ན་གུ་ལགས། །སྤྱི་དོར་ངོ་མཚར་ཆེ། །ཕངས་མེད་ཕུལ་བ་ལགས། །ལམ་སྣ་ཟིན་པར་ཤོག །འཛད་མེད་མཆོའི་རིགས། །ཇོད་མོ་རིན་ཆེན་ལགས། །ཞབས་ཏོག་ངོ་མཚར་ཆེ། །ཤ་མར་ཚང་གསུམ་ལགས། །སྐྱོ་ངས་མེད་པར་དྲངས། །མཐོ་རིས་ཐོབ་པར་ཤོག །སྲས་མོ་ངོ་མཚར་ཆེ། །ཇོད་ཙ་དར་རྒྱན་ལགས། །རིགས་རྒྱུད་ངོ་མཚར་ཆེ། །སོག་འཇོག་འཇོམ་པ་ཤོག །སེམས་ཉིད་ཆོས་ལ་རྗོད་པའི་ཡོན་དག་སེང་དེ་ལགས།[1] ཞེས་བྱུང་བ་ལ་གཞིགས་ན། གསུང་རབ་དེ་འབྲི་བཞེངས་བསྐྲུངས་པའི་སྐབས་སུ་རྒྱ་འགྲོ་སྦྱོར་མཁན་གྱི་ཡོན་བདག་ནི་ན་གུ་དང་ཇོད་མོ་རིན་ཆེན་དང་སྲས་མོ་ཇོད་ཙ་དར་རྒྱན་བཅས་ཀྱིས་གནང་བ་དེ་གོང་གི་སྐད་ཆ་དུམ་བུ་དེ་ལས་ཤེས། གོང་དུ་བརྗོད་པའི་འཛད་མེད་མཆོའི་རིགས་ཇོད་མོ་རིན་ཆེན་ལགས་ཞེས་པའི་འཛད་པ་སྐྱེ་ཡུལ་གུང་ཐང་ཕྱོགས་སུ་འཕེལ་བའི་བཙན་པོའི་རྒྱུད་པ་ཞིག་ཡིན་པ་སྟེ། བོད་རྗེ་ལྷ་བཙན་པོའི་གདུང་རབས་མངའ་རིས་སྨད་གུང་ཐང་དུ་ཇི་ལྟར་བྱུང་བ་ལས་འཆད་ན། གུང་ཐང་རྒྱལ་རྒྱུད་མངའ་བདག་དཔལ་ལྡེས་ཚིག་རྩ་བཟའ་འབའ་ར་ཁབ་ཏུ་བཞེས་པས་སྲས་གཅེན་འོད་ཟེར་ལྡེ་དང་གཅུང་རྣམ་ཙག་འཁྲུངས་ཤིང་། གཅེན་འོད་ཟེར་ལྡེ་ལ་སྲས་དབང་པོ་ལྡེ་དང་དེའི་སྲས་དུང་དཀར་ལྡེ། དེའི་སྲས་བཙན་ལྡེ་བཅས་རིམ་པར་བྱུང་། བཙན་ལྡེ་ལ་སྲས་གསུམ་སྟེ་གཅེན་ལྷ་མཆོག་ལྡེའམ་འདོ་ལ་ལེ། བར་པ་དཀོན་མཆོག་ལྡེ། གཅུང་འོད་ཟེར་ལྡེའམ་རྩེ་མོ་ཞེས་བྱ་བ་བྱུང་བའི་ཐ་ཚུང་རྩེ་མོའི་རྒྱུད་ནི་ཇོ་བོ་འཛད་པ་ཡིན།[2] ཞེས་དང་བོད་ཁམས་རུ་བཞི་ཡུལ་གྱི་གྲངས་བཏབ་པའི་སྐབས་སུའང་། གཡས་རུའི་སླུངས་ལ་ཡུལ་སྡེ་བཅུ་དྲུག་གྲས་སུ་བྱང་ཕྱོགས་ཏེ་ཤོད་ཟང་ཟང་སྟག་སྡེ་དང་། །སྟག་རིས་མུས་ལྷོག་འཛད་དང་ཧ་ནག[3] ཅེས་གསུངས་པས་ལས་འཛད་པ་དེ་ཡང་བོད་རྗེ་ལྷ་བཙན་པོའི་རྒྱུད་པ་ཞིག་ཡིན་པ་རྟོགས་ཤིང་། བོད་ཀྱི་ལོ་རྒྱུས་ཐོག་བྱུང་བའི་འཛད་ཀྱི་མི་རྒྱུད་དེ་ཡུལ་ལུང་གང་ཞིག་ཏུ་འཚོ་སྡོད་དང་དར་ཁྱབ་བྱུང་བའི་སྐོར་ལ། སྤྱི་ལོ་2015ལོའི་ནང་དུ་ཁོ་བོས་ལྷ་ས་ནས་མཇལ་

① གུང་ཐང་ཙད་དུ་བཞུགས་པའི་ཤེར་ཕྱིན། བརྒྱད་སྟོང་པ་པོད་ཀ་པའི་དབུ་ཤོག་ནང་མའི་ཞལ་ཁིབས་ལས་དྲངས་པ་ཡིན།

② ཀཿཐོག་རིན་འཛིན་ཚེ་དབང་ནོར་བུའི་བཀའ་འབུམ་སྨད་ཆ་ཀྲུང་གོའི་བོད་རིག་པ་དཔེ་སྐྲུན་ཁང་གི་2006ལོའི་སྤར་མའི་ཤོག་གྲངས་63ལས་གྲངས།

③ བཀའ་ཐང་སྡེ་ལྔ་མི་རིགས་དཔེ་སྐྲུན་ཁང་གི་1990ལོའི་སྤར་མའི་ཤོག་གྲངས་185ལས་དྲངས།

བའི་དཔེ་ཉིད་གྲོ་སྐོར་དཔོན་དྲུང་གིས་མཛད་པའི་ལོ་རྒྱུས་དཔེ་ཉིད་འཇང་ཀྱི་ལུང་བཤད་མཁས་པ་གསུམ་གྱི་གཞུང་ལས་བཏུས་ནས་གྲོ་སྐོར་དཔོན་དྲུང་གིས་མཛད་པ་བཞུགས་སོ་ཞེས་པའི་ལོ་རྒྱུས་ཀྱི་དཔེ་ཉིད་ཞིག་ཞིབ་ཏུ་མཇལ་བའི་སྐབས་སུ། དཔེ་ཉིད་དེའི་ནང་དུ་ད་ལྟའི་གཞིས་རྩེ་ས་ཁུལ་ཁོངས་ཀྱི་བཞད་མཐོང་སྨོན་རྫོང་གི་ས་གཞིས་ཆགས་སྟངས་དང་ས་དེར་ལོ་རྒྱུས་ཐོག་ཕྱིན་པའི་གླིན་ཆེན་མགར་སྟོང་བཙན་སོགས་མཛད་རྗེས་ཆེ་བའི་སྐྱེས་བུ་ཇི་ཙམ་ཞིག་བྱོན་ཡོད་མེད་དང་། རིག་གནས་ཀྱི་སྙིང་བཅུད་འདུས་པའི་དགོན་ཉིད་ཅི་ཙམ་ཞིག་བྱུང་ཡོད་མེད་སོགས་བཞད་མཐོང་སྨོན་གྱི་ལོ་རྒྱུས་ལག་ནང་དུ་སྒྲུ་ཙ་ར་བརྙོན་པོ་བཞག་པ་ལྟ་བུ་ཞིག་གསུང་འདུག་པས་ན། འཇང་དེ་བཞད་ཀྱི་འབྲི་སྟངས་ཉིད་པ་ཞིག་ཡིན་པ་རྒྱལ་པོའི་བཀའ་ཐང་དང་དཔེ་ཉིད་དེའི་མཚན་བྱང་ལས་ཤེས་ཤིང་། ལྷག་དོན་དུ་དུས་རབས་12པའི་སྔོན་དུ་བཞད་ལ་འཇང་ཅེས་པ་བདེ་སྦྱོད་གནང་གི་ཡོད་པ་སྟེ། འཇང་ཀྱི་ལུང་བཤད་དུ། བཞད་ཀྱི་ཡུལ་ལྗོངས་འདི་ལ་དཔལ་ལྡན་ཆུ་རྒྱལ་སྲས་ཐོགས་མེད་ (1295-1369) མ་བྱོན་གོང་དུ། རྗོག་ཨརྱ་དེ་ཕས (ཡེ་ཤེས་སེང་གེ་) མཛད་པའི་འཇང་ཀྱི་ལུང་བཤད་དང་རྩིས་འདུལ་བ་འཛིན་པ་ཆེན་པོས་མཛད་པའི་འཇང་ཀྱི་ལུང་བཤད་དང་གཉིས་ཡོད་ཅིང་། ཕྱིས་རྒྱལ་བའི་སྲས་པོ་ཐོགས་མེད་བཟང་པོས་དཔལ་ལྡན་ཆུའི་གནས་བཤད་ལས་འཕྲོས་པའི་འཇང་ཀྱི་ལུང་བཤད་དང་གསུམ་ཡོད་པ། དེ་གསུམ་ལས་བཏུས་ཤིང་། སྐྱེ་བོ་བློ་གྲོས་མཐོ་དམན་ཀུན་གྱིས་གོ་བདེ་ཞིང་གསལ་བར་བཀོད་པ་ཡིན་[1]ཞེས་པས་ཀྱང་བཞད་དང་འཇང་གཉིས་དོན་གཅིག་ཏུ་སོང་བས་ན། ད་ཐེངས་གསུང་རབ་འབྲི་བཞེངས་ཀྱི་སྦྱིན་བདག་ཏུ་བྱོན་པའི་འཇང་རྣོད་མོ་རིན་ཆེན་ཀྱང་དེང་གི་བཞད་མཐོང་སྨོན་ཕྱོགས་ནས་བྱོན་པའི་སྦྱིན་བདག་ཞིག་མིན་ནམ་སྙམ་སྟེ་བོད་ཀྱི་ལོ་རྒྱུས་དང་རིགས་ཙུས་སྨྲ་བའི་དབང་པོ་རྣམས་ཀྱི་སྤྱན་སྔར་དཔྱད་གཞིའི་ཚུལ་དུ་ཕུལ།

གསུམ། ཡིག་ཞུས།

སྐབས་འདིར་འཇང་མེད་ཚོ་རིགས་ཀྱི་རྒྱུད་པས་སྦྱིན་བདག་གནང་སྟེ་གསུང་རབ་འདི་འབྲི་བཞེངས་བསྐྲུངས་པའི་སྐབས་སུ་གསུང་རབ་འབྲི་བཞེངས་ཀྱི་ཡིག་མཁན་ནི། ཀྱི་ལགས་

---

[1] གྲོ་སྐོར་དཔོན་དྲུང་གིས་མཛད་པའི་ལོ་རྒྱུས་དཔེ་ཉིད་འཇང་ཀྱི་ལུང་བཤད་མཁས་པ་གསུམ་གྱི་གཞུང་ལས་བཏུས་ནས་གྲོ་སྐོར་དཔོན་དྲུང་གིས་མཛད་པ་བཞུགས་སོ་ཞེས་པའི་དཔེ་ཉིད་དུས་རབས་16བྲིས་མ་དཔེ་ཚོགས་ལྡེབས་34ལས་དྲངས།

ཞེས་འབོད་པའི་སྐབས་དབུ་བཙུགས་ཏེ་ཡུལ་གུང་ཐང་ཕྱོགས་ཀྱི་ཡིག་མཁན་ཆོས་རགས་(ཁྲགས་)ལུགས་ཏེ་འབྲི་གཟུགས་ཤ་ཆུང་ཞིང་ཙུང་ཟད་མཉེན་ཆ་ལྡན་པ་དེ་དང་འབྲི་གཟུགས་ཙུང་ཟད་ཤ་ཆེ་ལ་མཉེན་ཆ་མི་ལྡན་པ་མེས་པོ་ཚུ་ག་གེའི་ལུགས་དང་། འབྲི་གཟུགས་རེས་མེད་ཀུན་ལ་ཆ་རྒྱུས་ཡོན་པའི་ནུབ་རིའི་མཁས་བཏུས་ཀྱི་ལུགས་དང་འབྲི་གཟུགས་ཀུན་ལ་སྦྱངས་པ་མཛད་དེ་འབྲི་རྒྱུན་འཕྱོངས་ཏེ་ཀུན་གྱི་སྤྱན་ལ་མཛེས་པའི་ཡིག་པ་གུར་ཙ་དོན་གྲུབ་ཀྱིས་སྐབས་འདིའི་གསུང་རབ་འབྲི་བཤུས་གནང་བ་ལས་འབྲི་གཟུགས་ལེགས་ཤིང་། བཟ་དག་ཏྭ་དག་པའི་དབང་གིས་ཤེས་བྱ་འཛུམ་དང་བཅས་པ་འདི་ལ་ཀུན་གྱིས་གཟིགས་དང་ཡིད་སེམས་ལ་སྤྲོ་བ་སྐྱེར་ངེས་ལགས། གལ་ཏེ་འབྲི་གཟུགས་འདི་ལ་འཕྲུ་སློད་སོགས་ཡིད་མ་རངས་པའི་རྣམ་འགྱུར་མཆིས་ན་ཕྲག་དོག་ཡིན་པས་མ་ཉན་ཞིག་ཅེས་ཙུང་ཟད་ཅིག་དགོད་བྲོ་འཕེལ་བའི་ཚིག་ཧེ་ཧེ་ཞེས་པས་བསྐུས་པ་སྐྱེ་མཛད་བྱུང་། ༄ཀྱི་ལགས།།ཆུང་ལ་དོད་པ།། མེས་པོ་ཆོས་རགས་ལུགས།།ཆེ་ལ་རྒྱོངས་པ།།མེས་པོ་ཚུ་ག་གེའི་ལུགས།།རས་མྱིད་རྒྱུས་ལ་མཁས་པ།། ནུབ་རིས་མཁས་བཏུས་ལུགས།།ཀུན་གྱི་སྤྱན་ལ་མཛེས་པ།།གུར་ཙ་དོན་གྲུབ་ལགས།།ཤེས་བྱ་འཛུམ་དང་བཅས་པ།།གཟིགས་དང་སྤྲོ་བ་སྐྱེ།།འདི་ལ་སློད་ན་ཕྲག་དོག་ཡིན།།ཧེ་ཧེ་ཧེ།།[1]ཞེས་པས་སོ། སྐབས་འདིར་ཞུ་དོན་གོང་དུ་བརྗོད་པའི་ཡིག་པ་ཁག་ནི་གུང་ཐང་ཁབ་པའི་མངའ་འོག་ན་བཞུགས་པའི་ཡིག་མཁན་དབུ་ཆེན་དག་གི་ཁྲིད་ཆོས་ཡིན། དེས་ན་སྐབས་འདིར་བྱུང་བའི་ཡིག་མཁན་ནུབ་རིའི་མཁས་བཏུས་ཞེས་པའི་ནུབ་རི་དེ་སྔོན་ས་ཁྲོན་ཇི་ཙམ་ཡིན་ནམ་ཞེས་ན། གུང་ཐང་གི་ཆགས་སྟངས་སུ་རི་རྒྱུད་ཇོའི་ལྷ་བཙན་དང་། ཇོ་མོ་བཟ་ཞེས་པའི་གངས་རིས་ལ་གཏད་པ་ཡིན། ལུང་པའི་དམའ་ལྷོ་ཕྱོགས་ཡུལ་བལ་ཡུལ་ལ་གཏད་པ། ཆུང་ཀླུང་ཡང་སྐྱིད་རོང་ནས་བལ་པོ་ཇོང་གི་མདོ་རྒྱུད་དེ་ཆུ་བོ་ཆེན་པོ་གནྜར་འབབ་པ་ཞིག་གོ། ནུབ་རིའི་ས་མཚམས་ནི་སྤྱིར་མང་ཡུལ་གྱི་ས་ཚིགས་ནི། གུང་ཐང་ལ་ཐོག་གངས་རི་ཇོའུ་ལྷ་བཙན་ནས་བལ་པོའི་ཡུལ་མཚམས་ཏིང་ཏ་རི་ཡན་ཡིན་ཏེ། དེ་ཡི་ནང་ནས་ལྷོ་ནུབ་གུང་གསུམ་དུ་གྲགས་པ་ནི་ཏིང་ཕ་ཏི་ནས་མཚམས་ཀྱི་བར་ལྷོ་ཕྱོགས་སྐྱིད་གྲོང་གི་ཆ་སྐྱོ་ལ་ནས་སེ་རིབ་ཀྱི་ས་མཚམས་རོད་ཀྱི་གངས་རི་ཆེན་པོ་དཔུང་རྒྱན་ནམ་དབང་པོའི་བྲག་ཅེས་པ་དེ་ཡི་བར་ནུབ་རིའི་ཆ་དང་

[1] གུང་ཐང་ཙུད་དུ་བཞུགས་པའི་ཤེར་ཕྱིན་པོད་ཀ་པའི་དབུ་ཤོག་ནང་མའི་ཞལ་ཁེབས་ལས་དྲངས་པ་ཡིན།

མཚམས་ནས་རྫེའུ་ལྷ་བཙན་གྱི་རི་རྒྱུད་སྐྱག་ཁྲིར་ལ་ཡི་བར་གུང་ཐང་གི་ཁྲོད་[①]ཞེས་པས་ནུབ་རི་ལ་སོགས་པའི་ས་མཚམས་ཞིས་ན་ཡིག་མཁན་ནུབ་རིའི་མཁས་བཏུས་ཀྱང་དེ་ཁུལ་ནས་ཐེབས་པའི་ཡིག་པ་ཞིག་ཡིན།

བཞི། བསྔོ་སྨོན།

དུས་རབས་15ཡས་མས་སུ་ཡུལ་གུང་ཐང་ཁུལ་གྱི་ཡིག་པ་ཀུན་གྱི་སྤྱན་ལ་མཛེས་པ་གུར་ཚ་དོན་གྲུབ་ཀྱིས་གསུང་རབ་ཀྱི་དབུ་ཞབས་ལ་མ་ལྟོས་པར་འབྲི་གཟུགས་ལེགས་ཤིང་འབྲི་བཤུས་དག་པ་བཅས་ལས་བསྒྲུབས་པའི་རྗེས་སུ། གསུང་རབ་དེའི་ཕྱོགས་སུ་རྣམ་པར་དཀར་བའི་དགེ་བའི་ལས་ཕྲན་བུ་ཙམ་ཡང་བསྒྲུབ་མཁན་གྱི་ཡོན་བདག་ལ་སོགས་པ་སྨོན་ལམ་ཁོངས་སུ་གཏོགས་པའི་སེམས་ཅན་རྣམས་མཐོ་རིས་ཐོབ་པར་ཤོག་ཅེས་དང་རང་རང་གང་བསམ་ལྷུན་གྱིས་གྲུབ་པར་ཤོག་ཅེས་བཏབ་འདུག

མཛོད་བྱང་མ་དཔེ།

① ཀཿཐོག་རིན་འཛིན་ཚེ་དབང་ནོར་བུའི་བཀའ་འབུམ་སྨད་ཆ་ཀྲུང་གོའི་བོད་རིག་པ་དཔེ་སྐྲུན་ཁང་གི་2006ལོའི་སྤར་མའི་ཤོག་གྲངས་63ལས་གྲངས།

ལེ་ཚན་གཉིས་པ། གུང་ཐང་ཙུད་ཤེར་ཕྱིན་བརྒྱད་སྟོང་པོད་ཁ་པའི་མཛད་བྱང་།

དང་པོ། མཛད་བྱང་མ་ཕྱུས།

གོང་དང་མཚུངས་པར་དབུ་ཤོག་ནང་མའི་ཞལ་ཁེབས་སུ་ཨེ་མ་ཧོ། མི་འགྱུར་སྐུའི་རིགས། །ཐིག་ལེ་ཉག་ཅིག་ལགས། །ཆོས་སྐུ་ངོ་མཚར་ཆེ།།ཀུན་ལ་ཁྱབ་པར་ཤོག། །ལོངས་སྤྱོད་རྫོགས་པའི་རིགས། །རྣམ་པར་སྣང་མཛད་ལགས། །ལོང་སྐུ་ངོ་མཚར་ཆེ། །མཛད་པ་མཐར་ཕྱིན་ཤོག། །དེ་བཞིན་གཤེགས་པའི་རིགས །།བཅོམ་ལྡན་ཤག་ཐུབ་ལགས། །སྤྲུལ་སྐུ་ངོ་མཚར་ཆེ། །བསྟན་པ་རྒྱས་པར་ཤོག། །གསུངས་པ་བཀའི་རིགས། །ཉི་ཁྲི་ཞལ་སྦྲིད་རྒྱ་ཧོག་གསེར་གསུམ་ལགས། །གསུངས་རབས་ངོ་མཚར་ཆེ། །འགྲོ་དོན་འཕེལ་བར་ཤོག།། གྲུབ་ཐོབ་གོང་མའི་རིགས། ། སྤྲུལ་སྐུ་ཆོས་རྗེ་ལགས། །མཁྱེན་རྒྱ་ངོ་མཚར་ཆེ། །འགྲོ་དྲུག་འདྲེན་པར་ཤོག ། རྒྱལ་པོ་ཤག་ཀྱའི་རིགས། །ཆོས་རྒྱལ་ཆེན་པོ་ལགས། །སྐུ་བསོད་ངོ་མཚར་ཆེ། །མངའ་རིས་སྐྱིད་པར་ཤོག། །བསོད་ནམས་བསགས་པའི་རིགས། །ཡོན་དག་གཡུ་འབྲུག་ལགས། །གཏོང་ཕོད་ངོ་མཚར་ཆེ། །སྙན་དྲགས་ཐོབ་པར་ཤོག། །འཛངས་མ་འཕྲུལ་གི་རིགས། །རྒྱ་མོ་ལྷུམ་མེ་ལགས། །འཛངས་གཤིན་ངོ་མཚར་ཆེ། །དཔལ་འབྱོར་ལྡན་པར་ཤོག། །དགེའ་ལ་མོས་པའི་རིགས། །ཉེ་དྲུང་རྣམ་པ་ལགས། །ཀྲ་ཤིས་འདེགས་སྟོན་མཚར་ཆེ། །འདེགས་སྟོན་མང་བར་ཤོག། །དགེ་བཅུ་འཛོམ་པའི་རིགས། ། གྲོ་ཤོད་སྟག་སྤུན་ལགས། །བཞུགས་ཡུལ་ངོ་མཚར་ཆེ། །དགེའ་བཅུ་འཛོམས་པར་ཤོག། །མཁས་པ་གོང་མའི་རིགས། ། འབུམ་བྱུང་ཀྲ་ཤིས་ལགས། །འཕྲུལ་ཡིག་ངོ་མཚར་ཆེ། །མཐོ་རིས་ཐོབ་པར་ཤོག།།དགེའོ།།① ཞེས་པའོ།

གཉིས་པ། མཛད་བྱང་གི་དབྱེ་ཞིབ།

གཅིག བསྟོད་ཕྱག

ཨེ་མ་ཧོ།མི་འགྱུར་སྐུའི་རིགས། །ཐིག་ལེ་ཉག་ཅིག་ལགས། །ཆོས་སྐུ་ངོ་མཚར་ཆེ།།ཀུན་ལ་ཁྱབ་པར་ཤོག། །ལོངས་སྤྱོད་རྫོགས་པའི་རིགས། །རྣམ་པར་སྣང་མཛད་ལགས། །ལོང་སྐུ་ངོ་མཚར་ཆེ། །མཛད་པ་མཐར་ཕྱིན་ཤོག། །དེ་བཞིན་གཤེགས་པའི་རིགས །།བཅོམ་ལྡན་ཤག་ཐུབ

① གུང་ཐང་ཙུད་དུ་བཞུགས་པའི་དཔེ་རྙིང་ཤེར་ཕྱིན་པོད་ཁ་པའི་དབུ་ཤོག་ནང་མའི་ཞལ་ཁེབས་ལས་དྲངས།

ལགས། །སྤྲུལ་སྐུ་ངོ་མཚར་ཆེ། །བསྟན་པ་རྒྱས་པར་ཤོག། །གསུངས་པ་བཀའི་རིགས། །ཉི་ཁྲི་ཞལ་སྤྲོད་རྒྱ་ཏོག་གསེར་གསུམ་ལགས། །གསུངས་རབས་ངོ་མཚར་ཆེ། །འགྲོ་དོན་འཕེལ་བར་ཤོག། །གྲུབ་ཐོབ་གོང་མའི་རིགས། །སྤྲུལ་སྐུ་ཆོས་རྗེ་ལགས། །མཁྱེན་རྒྱ་ངོ་མཚར་ཆེ། །འགྲོ་དྲུག་འདྲེན་པར་ཤོག།[1]ཅེས་བྱོན་པ་ལ་གཞིགས་ན། ཨེ་མ་ཧོ་ཞེས་པས་སྟོན་བསྔུས་ཏེ་ཐོག་མར་ཆོས་སྐུ་དང་སྤྲུལ་སྐུ། ལོངས་སྐུ་གསུམ་གྱི་ཡོན་ཏན་རྣམས་བརྗོད་པ་དང་སྦྲགས། དེ་དག་ལ་གུས་པས་སྨོན་ལམ་བཏབ་པ་དང་། དེ་རྗེས་རིམ་པས་བཞིན་སྟོན་པ་ཤཱཀྱ་ཐུབ་པའི་བསྟན་པ་རྒྱས་པར་ཤོག་ཅེས་སྨོན་ལམ་བཏབ་པའི་མཐར། ཤེར་ཕྱིན་ཡུམ་རྒྱས་འབྲིང་བསྡུས་གསུམ་དུ་བརྩིས་པའི་ནང་ནས་འབྲིང་པོ་ལ་ནང་གསེས་རྒྱས་འབྲིང་བསྡུས་གསུམ་ཡོད་པའི་ནང་གི་འབྲིང་པོ་རྒྱས་པ་ཉི་ཁྲི་འགྱུར་བྱང་མ་འཁོད་པ་དང་། བཀའ་འགྱུར་སྣར་ཐང་སྤར་མའི་ནང་པོད་ཀ་ཁ་ག་གསུམ་ཡོད་པ་དེ་རིགས་འབྲི་བཞེངས་བགྱིས་པ་དང་། པོད་དེའི་ཞལ་སྤྲོད་བརྒྱ་ཏོག་གསེར་གསུམ་སྟེ་ཤེར་ཕྱིན་སྟོང་ཕྲག་བརྒྱ་པ་དང་ཏོག་གཟུངས། འཕགས་པ་གསེར་འོད་དམ་པའི་མདོ་བཅས་འབྲི་བཞེངས་བསྐྲུངས་པ་དེ་ཡང་གོང་གི་མཛད་བྱང་ལས་ཤེས། འདིར་ལོངས་སྤྱོད་རྫོགས་པའི་རིགས། རྣམ་པར་སྣང་མཛད་ཅེས་བྱུང་བར་གཞིགས་ན། རྣམ་པར་སྣང་མཛད་ཀྱི་སྐོར་ལ་ཙུང་ཟད་ཅིག་ཞུས་ན། བོད་ཀྱི་དགོན་སྡེ་དང་གསུང་རབ་བྲིས་སྤར་གྱི་སྟེང་དུ་རྣམ་པར་སྣང་མཛད་བྱོན་ཡོད་ན། ང་ཚོ་གསུང་རབ་རིག་པ་དང་རིག་དངོས་ཀྱི་ཕྱུག་ལས་གནང་མཁན་དག་གི་དུས་རབས་12སྔོན་གྱི་སྐུ་གསུང་ཐུགས་རྟེན་ཞིག་ཡིན་པར་ངོས་འཛིན་གནང་གི་ཡོད། དེ་ལྟར་ཡིན་དགོས་དོན་ནི་མདའ་དང་འཕང་གི་ནང་དུ་རྒྱལ་བ་རིགས་ལྔ་ཞེས་པའི་གཙོ་འཁོར་དེ་བཞེངས་པའི་སྲོལ་བྱུང་རྗེས་ཀྱི་རྣལ་འབྱོར་རྒྱུད་དུ་རྣམ་པར་སྣང་མཛད་དེ་རྒྱལ་བ་རིགས་ལྔ་ཡི་གཙོ་འཁོར་གྱི་དབུས་སུ་བཞེངས་པའི་སྲོལ་དེ་བྱུང་བ་ཡིན། རྒྱ་ནག་དང་ཉི་འོང་གི་ཐེག་པ་ཆེན་པོའི་སངས་རྒྱས་ཆོས་ལུགས་ཉམས་ལེན་བྱེད་མཁན་གྱི་ཁྲོད་དུ་རྣམ་པར་སྣང་མཛད་དེ་གཙོར་བྱེད་ནའང་། བོད་དུ་དུས་རབས་11པ་ནས་བཟུང་རྣམ་པར་སྣང་མཛད་དེ་གཙོར་བྱེད་པའི་སྲོལ་དེ་ཉམས་མད་དུ་སོང་ཡོད་ལ། དེའི་རྗེས་ཀྱི་དུས་ནས་བོད་ཀྱི་སངས་རྒྱས་ཆོས་ལུགས་ཀྱི་གྲུབ་མཐའ་འཛིན་པ་རྣམས་ཀྱིས་རྒྱ་གར་དང་བལ་པོའི་ཡུལ་དུ་དར་བའི་

① གུང་ཐང་ཙུད་དུ་བཞུགས་པའི་དཔེ་རྙིང་ཤེར་ཕྱིན་པོད་ཁ་པའི་དབུ་ཤོག་ནང་མའི་ཞལ་ཁེབས་ལས་དྲངས།

གསང་སྔགས་ཀྱི་གཞུང་རྣམས་གདན་དྲངས་པས་དུས་དེ་ནས་བཟུང་བོད་དུ་ལྷ་རྣམས་ཀྱི་སྐུ་བརྙན་རྣམས་སེམས་ཅན་གྱི་མགོ་དང་རྐང་ལག་དུ་མ་ཡོད་པ་དང་། ཡབ་ཡུམ་གྱི་རྣམ་པའི་སྐུ་བརྙན་བཞེངས་པ་བཅས་ཀྱི་ལུགས་སྲོལ་རྣམས་དར་འགོ་ཚུགས་ཡོད། འོན་ཀྱང་རྣམ་པར་སྣང་མཛད་ཀྱི་སྐུ་བརྙན་ནི་སྔར་བཞིན་གནའ་བོའི་རྟེན་རྣམས་ཀྱི་ཁྲོད་དུ་བཞུགས་ཤིང་དད་ལྡན་སྐྱེ་བོ་རྣམས་ཀྱི་མུ་མཐུད་དད་གུས་ཞུ་བཞིན་ཡོད་[1]ཅེས་པས་རྣམ་པར་སྣང་མཛད་ཀྱི་དར་སྲོལ་སྐོར་དེ་ཅི་ཞིག་ཡིན་པ་ཤེས། སྤྱི་ལོ་1937ལོར་བོད་དུ་གནའ་རྫས་རྟོགས་ཞིབ་ཏུ་ཕེབས་མཁན་ཏུའུ་ཆིས་རྒྱ་གར་འཕགས་པའི་ཡུལ་དང་ཆོས་ལྡན་ཞིང་ཁམས་ཞེས་པའི་ནང་དུ་རྣམ་པར་སྣང་མཛད་ཀྱི་ཕྱག་རྒྱའི་སྐོར་ལ། 1.རྣམ་པར་སྣང་མཛད་ཞལ་གཅིག་ཕྱག་གཉིས་ཅན་སྐུ་མདོག་དཀར་པོ། ཆོས་འཁོར་གྱི་ཕྱག་རྒྱ་ཅན་དང་ཕྱག་མཚན་འཁོར་ལོ། 2.རྣམ་པར་སྣང་མཛད་ཞལ་གཅིག་ཕྱག་གཉིས་ཅན་ཏིང་འཛིན་མཉམ་བཞག་ཕྱག་རྒྱ་ཅན་དང་ཕྱག་མཚན་འཁོར་ལོ། 3.རྣམ་པར་སྣང་མཛད་ཞལ་གཅིག་ཕྱག་གཉིས་ཅན་སྐུ་མདོག་གསེར་པོ། ཏིང་འཛིན་མཉམ་བཞག་ཕྱག་རྒྱ་དང་ཕྱག་མཚན་རྡོ་རྗེ། 4.རྣམ་པར་སྣང་མཛད་ཞལ་བཞི་ཕྱག་གཉིས་ཅན་སྐུ་མདོག་དཀར་པོ། བྱང་ཆུབ་མཆོག་ཕྱག་རྒྱ་དང་ཕྱག་མཚན་རྡོ་རྗེ་ཐུར་ལྡེ་ཅན། 5.རྣམ་པར་སྣང་མཛད་ཞལ་གཅིག་ཕྱག་གཉིས་སྐུ་མདོག་དཀར་པོ་ཕྱག་གཡོན་དུ་དྲིལ་བུ་དང་ཕྱག་གཡས་སུ་རྡོ་རྗེ་ཕུར་པ་བསྣམས་ཡོད། 6.རྣམ་པར་སྣང་མཛད་ཞལ་གཅིག་ཕྱག་གཉིས་ཅན་སྐུ་མདོག་སེར་པོ་བྱང་ཆུབ་མཆོག་ཕྱག་རྒྱ། 7.རྣམ་པར་སྣང་མཛད་ཞལ་གཅིག་ཕྱག་གཉིས་ཅན་ཕྱག་མཚན་དྲིལ་བུ་དང་ཆོས་འཁོར། 8.རྣམ་པར་སྣང་མཛད་ཞལ་བཞི་ཕྱག་གཉིས་ཅན་སྐུ་མདོག་དཀར་པོ་ཏིང་འཛིན་ཕྱག་རྒྱ། 9.རྣམ་པར་སྣང་མཛད་ཞལ་བཞི་ཕྱག་གཉིས་ཅན་རྣམ་པར་སྣང་མཛད་སྐུ་མདོག་དཀར་པོ་བྱང་ཆུབ་མཆོག་གི་ཕྱག་རྒྱ་དང་ཕྱག་མཚན་རྡོ་རྗེ་ཕུར་པ་ཐུར་ལྡེ་ཅན་བཅས་རྣམ་པར་སྣང་མཛད་རིགས་མི་འདྲ་ཁག་བཅུ་ཙམ་མཇལ་བྱུང་[2]ཞེས་བརྗོད་པ་ལས་རྣམ་པར་སྣང་མཛད་ཀྱི་སྐུ་བརྙན་རི་བོ་མཛུབ་སྟོན་ཙམ་ཞིག་ངོ་འཕྲོད་པ་བྱུང་།

---

① མཁར་རྨེའུ་བསམ་གཏན་གྱི་གསུང་རྩོམ་ཕྱོགས་བསྒྲིགས་མདའ་དང་འཕང་བདེ་ཁང་བསོད་ནམས་ཆོས་རྒྱལ་གྱིས་དབྱིན་ཡིག་ནས་བོད་ཡིག་ཏུ་བསྒྱུར་བ་ཀྲུང་གོའི་བོད་རིག་པ་དཔེ་སྐྲུན་ཁང་གི་2007ལོའི་སྤར་མའི་ཤོག་གྲངས་139ལས་དྲངས།

② 见，【意】图齐著 魏正中 萨尔吉 主编《梵天佛地》第四卷 江孜及其寺院 第一册 佛寺总论 上海古籍出版社 意大利非亚研究院出版 ，第76页。

གཉིས། སྦྱིན་བདག

ཤེར་ཕྱིན་ཡུམ་རྒྱས་འབྲིང་བསྡུས་གསུམ་དུ་འདྲེན་པའི་ནང་གི་འབྲིང་པོའི་རྒྱས་པ་ཉི་ཁྲི་དེ་འབྲི་བཞེངས་བྱ་བའི་སྐབས་སུ་དད་པ་སྒྱོ་ངས་མེད་པའི་སྦྱིན་བདག་གནང་མཁན་ནི། མངའ་རིས་གུང་ཐང་ཆོས་རྒྱལ་ཆེན་པོའི་མངའ་འོག་ཏུ་བཞུགས་པའི་སྦྱིན་བདག་སྟེ་ཆོས་རྒྱལ་ཆེན་པོའི་མངའ་རིས་སྐྱིད་པ་ཞོག་ཅེས་པ་ལས་ཡོན་བདག་གཡུ་འབྲུག་དང་། འཛངས་མ་འཕྲུལ་གྱི་རིགས་རྒྱ་མོ་ལྷུམ་མེ་རྣམ་གཉིས་ཀྱིས་གཙོ་བོ་གནང་བའི་སྐབས་སུ་སྐུ་མཆེད་རྣམ་པས་ཀྱང་། རྣམ་དཀར་དགེ་བའི་ལས་འདི་ལྟ་བུ་ཞིག་བསྒྲུབ་པར་ཕུར་བ་གྲུ་འདེགས་གནང་སྟེ་འཛུགས་བར་གྲོལ་གསུམ་གྱི་སྟོན་མོ་སོགས་གང་ལེགས་བཤམས་ཏེ་འབྲི་བཞེངས་གནང་བ་བཅས་ལས་པོད་ཉི་ཁྲི་དེའི་སྦྱིན་བདག་ཀྱང་ཤེས་པ་སྟེ། ཆོས་རྒྱལ་ཆེན་པོ་ལགས་། །སྐུ་བསོད་ངོ་བསོད་ངོ་མཚར་ཆེ། །མངའ་རིས་སྐྱིད་པར་ཤོག། །བསོད་ནམས་བགས་པའི་རིགས། །ཡོན་དག་གཡུ་འབྲུག་ལགས། །གཡོང་ཐོད་ངོ་མཚར་ཆེ། །སྙན་དྲགས་ཐོབ་པར་ཤོག། །འཛངས་མ་འཕྲུལ་གི་རིགས།།རྒྱ་མོ་ལྷུམ་མེ་ལགས། །འཛངས་གཤེན་ངོ་མཚར་ཆེ། །དཔལ་འབྱོར་ལྡན་པར་ཤོག། །དགེའ་ལ་མོས་པའི་རིགས། །ཉེ་དྲུང་རྣམ་པ་ལགས། །ཀྲ་ཤིས་འདེགས་སྟོན་ངོ་མཚར་ཆེ། །འདེགས་སྟོན་མང་བར་ཤོག། །དགེ་བཅུ་འཛོམ་པའི་རིགས། །གྲོ་ཤོད་སྟག་སྲུན་ལགས། །བཞུགས་ཡུལ་ངོ་མཚོར་ཆེ། །དགེ་བཅུ་འཛོམས་པར་ཤོག། །[1]ཅེས་པས་སོ།

གསུམ། ཡུལ་ལུང་།

སྐབས་འདིར་མངའ་རིས་གུང་ཐང་རྒྱལ་པོ་ཆེན་པོའི་མངའ་འོག་གི་མཆོད་ཡོན་སྦྱིན་བདག་གཡུ་འབྲུག་དང་ཡུམ་རྒྱ་མོ་ལྷུམ་མེ་སོགས་ཀྱིས་གསུང་རབ་ཉི་ཁྲི་དེ་འབྲི་བཞེངས་གནང་སའི་ཡུལ་ལུང་ནི་དགེ་བཅུ་འཛོམས་པའི་ཡུལ་གྲོ་ཤོད་དེ་དེང་གི་འབྲོང་པ་རྫོང་གི་མངའ་ཁོངས་སུ་གཏོགས་པ་དེ་ཡིན་པ་ནི་མཛད་བྱང་ལས་དགེ་བཅུ་འཛོམ་པའི་རིགས། །གྲོ་ཤོད་སྟག་སྲུན་ལགས། །བཞུགས་ཡུལ་ངོ་མཚར་ཆེ །དགེ་བཅུ་འཛོམ་པར་ཤོག་[2]ཅེས་པས་

---

[1] གུང་ཐང་རྫོང་དུ་བཞུགས་པའི་དཔེ་རྙིང་ཤེར་ཕྱིན་པོད་ཁ་པའི་དབུ་ཤོག་ནང་མའི་ཞལ་ཁེབས་ལས་དྲངས།

[2] གུང་ཐང་རྫོང་དུ་བཞུགས་པའི་དཔེ་རྙིང་ཤེར་ཕྱིན་པོད་ཁ་པའི་དབུ་ཤོག་ནང་མའི་ཞལ་ཁེབས་ལས་དྲངས།

རྫོགས།

བཞི། ཡིག་མཁན།

སྔར་མངའ་རིས་གུང་ཐང་ཆོས་རྒྱལ་གྱི་མངའ་ཁོངས་སུ་གཏོགས་པའི་ཡུལ་གྲོ་ཤོད་དུ་གསུང་རབ་ཉེ་ཁྲི་དེ་འབྲི་བཞེངས་གནང་བའི་སྐབས་སུ། སྒོ་གསུམ་དད་པས་འབྲི་བའི་ཡིག་མཁན་ནི་སྔོན་སྦྱོན་མཁས་པ་གོང་མའི་འབྲི་རྒྱུན་ལེགས་པར་སྤྲུངས་ནས། འབྱོངས་པའི་ཡིག་པ་འབུམ་བྱུང་བཀྲ་ཤིས་ཀྱིས་འཕྲུལ་ཡིག་ཚད་དང་ལྡན་པ་བྲིས་པ་ལས་ཡིག་མཁན་ཉིད་མཐོ་རིས་ཀྱི་གོ་འཕང་འཐོབ་པར་ཤོག་ཅེས་གསུངས་པ་ནི་མཛད་བྱང་ལས། མཁས་པ་གོང་མའི་རིགས། །འབུམ་བྱུང་ཀྲ་ཤིས་ལགས། །འཕྲུལ་ཡིག་ངོ་མཚར་ཆེ། །མཐོ་རིས་ཐོབ་པར་ཤོག །དགེའོ་[①]ཞེས་པས་རྫོགས།

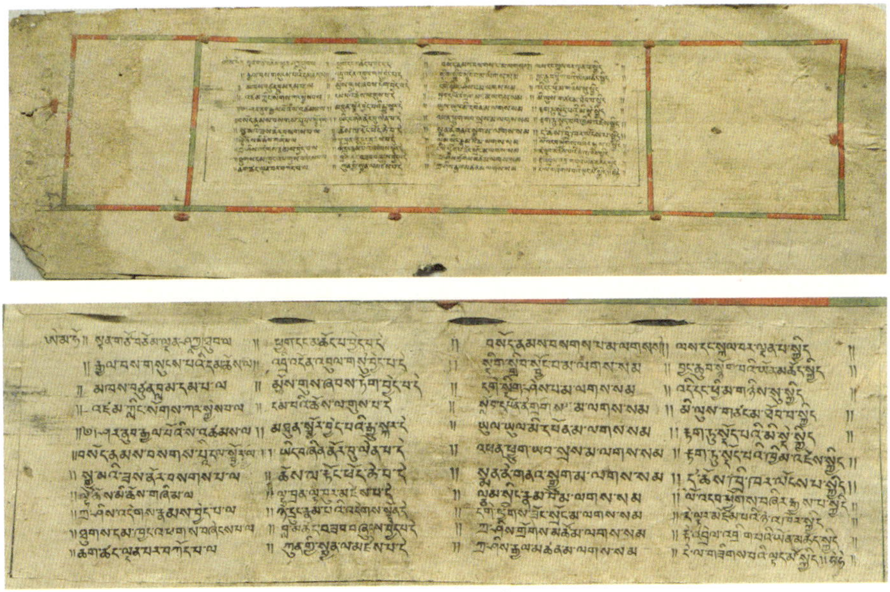

མཛད་བྱང་མ་དཔེ།

ལེ་ཚན་གསུམ་པ། གུང་ཐང་ཙུད་ཤེར་ཕྱིན་པོད་ག་པའི་མཛད་བྱང་།

① གུང་ཐང་ཙུད་དུ་བཞུགས་པའི་དཔེ་རྙིང་ཤེར་ཕྱིན་པོད་ཁ་པའི་དབུ་ཤོག་ནང་མའི་ཞལ་ཁེབས་ལས་དྲངས།

དང་པོ། མཛོད་བྱང་མ་ཕྱུགས།

ཨེ་མ་ཧོ། །། སྟོན་གཙོ་བཅོམ་ལྡན་ཤཱཀྱ་ཐུབ་པ་ལ། ། ཕྱག་དང་མཆོད་པ་བྱེད་པ་དེ། ། བསོད་ནམས་བསགས་པ་མ་བསགས་སམ། །ལས་དང་སྐལ་བར་ལྡན་པ་སྲིད།།རྒྱལ་བས་གསུངས་པའི་དམ་ཆོས་ལ།།འབྲི་འདོན་འབུལ་གསུམ་བྱེད་པ་དེ།།ཐེག་སྦྱིབ་སྦྱོང་བ་མ་ལགས་སམ།།བྱང་ཆུབ་སྟོག་པའི་ཡོན་མཆོད་སྲིད།།མཁས་བཙུན་བླ་མ་དམ་པ་ལ།། མོས་གུས་ཞབས་ཏོག་བྱེད་པ་དེ། །དགེ་ཐེག་ཤེས་པ་མ་ལགས་སམ། །འདི་དང་ཕྱི་མ་གཉིས་སུ་སྲིད།།འཛམ་གླིང་སོག་ཀར་སྐྱེས་པ་ལ། །དམ་པའི་ཆོས་ལ་གུས་པ་དེ། ། སློབ་དཔོན་ནམ་གྲོགས་པོ་མ་ལགས་སམ། །མི་ལུས་གཙང་མ་ཐོབ་པ་སྲིད། །ཞཿཤར་ནུབ་རྒྱལ་པོའི་ས་འཚམས་ལ། །མཐུན་སྦྱོར་བྱེད་པའི་སྐུ་སྐར་དེ། ། ཡུལ་ཡུལ་མི་དཔོན་མ་ལགས་སམ། །རྟག་ཏུ་སྡོད་པའི་མི་སྡེ་སྲིད།།བསོད་ནམས་བསགས་པའི་དཔལ་སྦྱོར་ལ། །ཡིད་བཞིན་ནོར་བུ་ལེན་པ་དེ།།འཕན་ཕྱུག་ཡབ་སྲས་མ་ལགས་སམ།།རྟག་ཏུ་སྡོད་པའི་ཁྲིམ་མཛེས་སྲིད།།སྐུ་མའི་ཟས་ནོར་བསགས་པ་ལ།།ཆོས་ལ་རྟོང་པོད་ཆེ་བ་དེ།།སྨན་ནེ་གནའ་ སྐྱུག་མ་ལགས་སམ།།དམ་ཆོས་ཁྲི་ཁར་ལོངས་པ་སྲིད།། ལྷ་ཆོས་མི་ཆོས་གཞི་མ་ལ། །ལྷ་བྲན་ལྷ་བུར་མཛེས་པ་དེ། །ཞྭམ་སྲིང་རྣམ་པ་མ་ལགས་སམ། །ལོ་འདབ་ཕྱོགས་བཞིར་རྒྱས་པ་སྲིད། ། གྲ་ཤིས་འདེགས་རྣམས་བྱེད་པ་ལ། །ཉི་ཟླུང་རྣམ་པའི་འདེགས་སྟོན་དེ། ། དགེ་ཕྱོགས་ཟྲིང་སྲོང་མ་ལགས་སམ། །དེ་ལྟར་འཛོམས་པག་ཉེ་འཁོར་སྲིད། །ཐུགས་དམ་ཁྲིད་འཕགས་བཞེངས་པ་ལ། ། བླ་མཆོད་བཟབ་བཞུངས་བྱེད་པ་དེ། ། གྲ་ཤིས་གྲོགས་མཚོ་མ་ལགས་སམ། ། རྟེན་འབྲེལ་འབྲིག་པའི་ཡོན་མཆོད་སྲིད། །ཆག་ཚད་ལྡན་པར་བཀོད་པ་ལ།།ཀུན་གྱི་སྤྱན་ལ་མཛེས་པ་དེ། །གྲ་ཤིས་རྒྱལ་མཚན་མ་ལགས་སམ། །དེ་ལ་གཟིགས་པའི་ལྟད་མོ་སྲིད། ། ཧེ་ཧེ་།།[①]ཞེས་པའོ།

གཉིས་པ། མཛོད་བྱང་གི་དཔེ་ཞིབ།

གཅིག བསྟོད་ཕྱག

ཨེ་མ་ཧོ། །། སྟོན་གཙོ་བཅོམ་ལྡན་ཤཱཀྱ་ཐུབ་པ་ལ། ། ཕྱག་དང་མཆོད་པ་བྱེད་པ་དེ། །

① གུང་ཐང་ཙད་དུ་བཞུགས་པའི་ཤེར་ཕྱིན་པོད་ཀ་པའི་དབུ་ཤོག་ནང་མའི་ཞལ་ཁེབས་ལས་དྲངས།

བསོད་ནམས་བསགས་པ་མ་བསགས་སམ། །ལས་དང་སྐལ་བར་ལྡན་པ་སྲིད།།རྒྱལ་བས་གསུངས་པའི་དམ་ཆོས་ལ།།འབྲི་འདོན་འབུལ་གསུམ་བྱེད་པ་དེ།།སྡིག་སྒྲིབ་སྦྱོང་བ་མ་ལགས་སམ།།བྱང་ཆུབ་སྙིག་པའི་ཡོན་མཆོད་སྲིད།།མཁས་བརྩུན་བླ་མ་དམ་པ་ལ།། མོས་གུས་ཞབས་ཏོག་བྱེད་པ་དེ། །དགེ་སྡིག་ཤེས་པ་མ་ལགས་སམ། །འདི་དང་ཕྱི་མ་གཉིས་སུ་སྲིད།། འཛམ་གླིང་སོག་གར་སྐྱེས་པ་ལ། །དམ་པའི་ཆོས་ལ་གུས་པ་དེ། ། སློབ་དཔོན་ནམ་གྲོགས་པོ་མ་ལགས་སམ། །མི་ལུས་གཙང་མ་ཐོབ་པ་སྲིད། །[1]ཅེས་བྱུང་བ་ལྟར་ན། འདི་ཡང་ཐོག་མར་ཨེ་མ་ཧོ་ཞེས་ངོ་མཚར་གྱི་འབོད་པའི་སྒྲས་དབུ་འཛིན་ཏེ་ནང་ཆོས་གསུངས་མཁན་སྟོན་པ་སངས་རྒྱས་ཤཱཀྱ་ཐུབ་པ་ལ་ལུས་ངག་ཡིད་གསུམ་གྱི་སྒོ་ནས་གུས་ཕྱག་དང་། མཆོད་པར་བྱེད་པ་དང་སྟོན་པ་ཤཱཀྱ་ཐུབ་པས་གསུངས་པའི་དམ་ཆོས་ཁག་སྒོ་གསུམ་ཐང་ཆད་དང་ནས་ཡི་གེར་འབྲི་བ་དང་ཀློག་དག་ཐོན་པའི་སྒོ་ནས་ཞལ་འདོན་དང་། དད་པ་སྐྱོ་ངས་མེད་པའི་རྣམ་པས་གུས་པའི་ཚུལ་གྱིས་ན་བཟའ་ཕུལ་བ་བཅས་གསུམ་བྱས་ན། སྐུ་ཚེ་འདིར་བསོད་ནམས་བསགས་པ་དང་རང་ཉིད་ཀྱི་སྡིག་སྒྲིབ་དག་ཐུབ་པ་སོགས་བྱུང་སྟེ་མཆོད་ཡོན་སྦྱིན་བདག་རྣམས་ལུས་སེམས་སྲིད་ཅིང་བྱང་ཆུབ་ཀྱི་ལམ་དུ་སྙེགས་པར་བྱུང་ལ། ད་དུང་རིག་པའི་གནས་ལ་མཁས་ཤིང་ཚུལ་ཁྲིམས་ཀྱིས་བརྩུན་པའི་ཡོན་བདག་དག་གི་བླ་མ་ལ་ཞབས་ཏོག་བྱས་ན་དགེ་སྡིག་གི་ཕན་ཡོན་ཤེས་ཤིང་སྐུ་ཚེ་འདི་དང་ཕྱི་མ་གཉིས་སུ་སྲིད་པ་དང་། ནང་ཆོས་ལ་མོས་གུས་ལྡན་པ་དེ་སློབ་དཔོན་ནམ་གྲོགས་ཡིན་པ་མ་ཤེས་སམ་ཚེ་འདིར་དལ་བ་བརྒྱད་འབྱོར་པ་བཅུ་ཚང་བའི་མི་ལུས་གཙང་མ་ཐོབ་པ་སྲིད་ཅེས་གསུངས་འདུག

གཉིས། སྦྱིན་བདག

༄༅།།ཤར་ནུབ་རྒྱལ་པོའི་ས་འཚམས་ལ། །མཐུན་སྦྱོར་བྱེད་པའི་སྐུ་སྐར་དེ། ། ཡུལ་ཡུལ་མི་དཔོན་མ་ལགས་སམ། ། རྟག་ཏུ་སྡོད་པའི་མི་སྡེ་སྲིད།།བསོད་ནམས་བསགས་པའི་དལ་སྦྱོར་ལ། །ཡིད་བཞིན་ནོར་བུ་ལེན་པ་དེ།།འཕན་ཕྱུག་ཡབ་སྲས་མ་ལགས་སམ།།རྟག་ཏུ་སྡོད་པའི་ཁྲིམ་མཛོས་སྲིད།།སྒྱུ་མའི་ཟས་ནོར་བསགས་པ་ལ།།ཆོས་ལ་རྟོང་པོད་ཆེ་བ་དེ།།སླན་ནི་གནའ་སྐྱུག་

① གུང་ཐང་རུད་དུ་བཞུགས་པའི་ཤེར་ཕྱིན་པོད་ག་པའི་དབུ་ཤོག་ནང་མའི་ཞལ་ཁིབས་ལས་དྲངས།

མ་ལགས་སམ།།དམ་ཆོས་ཁྲི་ཁར་ལོངས་པ་སྐྱིད།། ལྷ་ཆོས་མི་ཆོས་གཞི་མ་ལ། །ལྷ་བྲན་ལྷ་བུར་མཛོས་པ་དེ། །ཕྱུམ་སྲིད་རྣམ་པ་མ་ལགས་སམ། །ལོ་འདབ་ཕྱོགས་བཞིར་རྒྱས་པ་སྐྱིད། །ཀྲ་ཤིས་འདིགས་རྣམས་བྱེད་པ་ལ། །ཉེ་དྲུང་རྣམ་པའི་འདིགས་སྟོན་དེ། ། དགེ་ཕྱོགས་ཟྲིང་སྲིད་མ་ལགས་སམ། །དེ་ལྟར་འཛོམས་པག་ཉེ་འཁོར་སྐྱིད། །ཀྲ་ཤིས་གྲོགས་མཆོ་མ་ལགས་སམ། །རྟེན་འབྲེལ་འཕྲིག་པའི་ཡོན་མཆོད་སྐྱིད། །ཀྲ་ཤིས་རྒྱལ་མཚན་མ་ལགས་སམ། །དེ་ལ་གཟིགས་པའི་ལྟད་མོ་སྐྱིད། །ཏེ་ཏེ།[1] ཞེས་མཛད་བྱང་དུ་བྱུང་བ་ལ་གཞིགས་ན། མངའ་རིས་གུང་ཐང་རྒྱལ་པོའི་མངའ་འོག་ཏུ་ཆགས་ཤིང་ད་ལྟའི་འབྲོང་པ་རྫོང་གི་གྲོ་ཤོད་དེར་ཡུལ་དཔོན་མི་འདུག་མ་བསམས་ཤིག་དུས་རྒྱུན་དུ་ཡུལ་འདིར་སྐྱེ་བོ་ཕོ་མོ་རྣམས་བདེ་ཞིང་སྐྱིད་ཅིང་ཡུལ་གྲོ་ཤོད་དེའི་གྲོང་མི་ཁྲིམ་མཆོས་ཕན་ཚུན་གནོད་པ་བྲལ་ཏེ་ཞི་བདེའི་ངང་འཚོ་སྡོད་བྱེད་ཐུབ་པ་དེ། མི་དཔོན་འཕན་ཕྱུག་ཡབ་སྲས་རྣམ་པས་མཛད་དེ་དྲིན་གྱིས་བསྐྱངས་པའི་སྐུ་དྲིན་ལགས་ཞེས་གསུངས་པ་དང་ཆབས་ཅིག་སྐབས་འདིར་བྱུང་བའི་མི་དཔོན་འཕན་ཕྱུག་ཡབ་སྲས་ཀྱི་སྐོར་ལ། དཔལ་ལྡན་བླ་མ་དམ་པ་ཆོས་ལེགས་ཀྱི་རྣམ་ཐར་རམ་དེབ་ཐེར་ལས་ཞུས་ན། ངེད་ཀྱི་རིགས་འདི་དང་པོ་མི་རྒྱུད་ལྷ་ལས་ཆད་པ་ལ། ལྷ་འོད་དེ་གུང་རྒྱལ་གནམ་གྱི་འཇུ་ཐག་ཅན། ལྷ་ལས་དམུ་རུ་ཆད་པ་དམུ་རིན་ཆེན་འབར་བ། དམུ་ལས་བཙན་དུ་ཆད་པ། བཙན་ཐོ་ཐོགས་ཀྱི་དཔོན་པོ་གཡུང་དྲུང་རྒྱལ་བ། བཙན་པོ་ལས་མི་རུ་ཆད་པ་སྟོད་མ་ཟངས་ཀྱི་སྐྱེས་གཅིག སྟོད་ནས་སྟོད་དུ་ཆད་པ་ལས་བུ་སྤུན་གསུམ་བྱུང་། བུ་ཆེ་བས་ཞ་ནག་ཀྱོན་གྱི་ཆེ་བརྒྱུད། བར་པ་ལས་བེར་ནག་ཀྱོན་གྱི་བཙུན་རྒྱུད། ཆུང་བ་ལས་ར་ནག་བཞོན་གྱི་མགྲོགས་བརྒྱུད་བྱ་བ་གསུམ་བྱུང་སྐད། དེ་ལ་བུ་ཆེ་བའི་བརྒྱུད་པ་ནི་ཐོ་ལིང་ནས་མི་རྐྱང་གི་དགོང་ལྔ་ཙམ་ལྷོ་ནུབ་ཏུ་ཕྱིན་པ་ན་མུ་རང་ཞེས་བྱ་བའི་ཡུལ་ཅིག་ཡོད། དེ་དང་པོ་གུ་གེ་པའི་ཡིན་པས་མངའ་བདག་རྩེ་ལྡེས་བཏབ་པའི་མུ་རང་མཁར་པོ་ཆེ་ཞེས་བྱ་བ་ཡོད། དེ་ན་ད་ལྟ་སྟོད་སླེལ་གྲུ་པ་ཞེས་བྱ་བ་གཡོག་གྲོང་ཁྱིར་སུམ་བརྒྱ་ཙམ་དང་བཅས་ཡོད་དོ། དེང་སང་ཁྲུ་ནུའི་འོག་ཏུ་གཏོགས་པ་ཡིན་པ་འདུག་བར་པའི་བརྒྱུད་པ་ནི། ད་ལྟ་གུ་གེའི་རྒྱལ་པོའི་བློན་པོ་རིགས་མང་དབེར་བ་ཞེས་གྲགས་

① གུང་ཐང་རྡུད་དུ་བཞུགས་པའི་ཤེར་ཕྱིན་པོད་ག་པའི་དབུ་ཤོག་ནང་མའི་ཞལ་ཁྱབ་ལས་དྲངས།

པ་འདི་ཚོ་ཡིན། སྤྱིར་ལ་སྟོད་ལྟོའི་སྐད། གཞུང་ཆུ་བོང་ཤོང་གཙང་པོའི་ལྷོ། སྤྱི་མིང་ལ་བ་རོག་གཞུང་ཟེར་བ། དེའི་ནང་གི་གཙོ་བོ་ཚོ་གཞུང་བྱ་བ་གཅིག་ཡོད་པ་དེ་བཟུང་ནས་བསྟོད། ཡུལ་དེ་ནས་ཅུང་ཟད་ཅིག་ནུབ་ཏུ་འོངས་པའི་ས། ཆུ་དེའི་བྱང་ན་ལྷ་ཁྲུང་རྩེ་ཟེར་བའི་རྫོང་ཡོད། དེ་དུས་རྫོང་དེ་མ་ཐེབས་པས། རྫོང་བཏབ་སའི་རི་དེ་ཁྲུང་ཐང་ལ་བབས་པ་ལྟ་བུ་ཞིག་ཡོད་པས་དེའི་རྟེན་འབྲེལ་ལས། ཕ་ཆེན་སྟོད་ཀྱི་བུ་ལ་ནད་མཛེ་མི་འོང་ཟེར་བའི་གཏམ་གྱི་བརྗོད་པ་ཡང་དེ་ནས་བྱུང་བ་ཡིན། དེའི་བརྒྱུད་པ་ལ་སྐབས་ཤིག་ཏུ། བུ་ཆེ་བ་ལ་གཉན་ལེགས་རྩེ་དང་ཆུང་བ་ལ་གཉན་རས་གཙུག་ན་ཟེར་བ་གཉིས་བྱུང་། དེ་གཉིས་ཀྱི་བར་[1] བུ་མོ་གཅིག་ཡོད་པ་དེ་ད་ལྟ་ལ་སྟོད་ལྟོ་ན་ཇོ་བོ་ཚང་ཟེར་བའི་དཔོན་རྣམས་པ་དུ་མ་ཡོད་པ། དེ་ཚོའི་ཕ་མེས་ཇོ་བོ་འགྲོ་པ་ཟེར་བ་གཅིག་ལ་བྱིན་ནས་གཉེན་བྱས་ཀྱང་། ཕྱིས་འཐུན་པོ་མ་བྱུང་བར་གཉན་ལེགས་རྩེ་ལ། ཇོ་བོས་དུག་བཏང་ནས་འཆི་ཁར། ནུ་བོ་ལ་ཕྱིས་ངའི་མི་ཤ་ལོང་ཅིག་པའི་ཁ་ཆེམས་བཞག་གིས་བསམ་ནས། ནུ་བོ་བོས་ཏེ་རྩ་བར་སླེབ་པ་དང་། ངང་འཆི་བར་འདུག་ཁ་ཆེམས་བཞག་དགོས་བྱས་པས། ནུ་བོ་ན་རེ་ཨུ་མ་ནས་ཤི་གདའ། བྱ་ཕོ་དབྱར་ཆུ་འཕྱུངས་པ་བཞིན་སྐྱིད་པ་སྣ་ཚོགས་བསྒྱུར་གྱིན་གདའ་བ་ཟེར། གཏམ་དེ་ལ་ཕུ་བོ་ཡིད་ཆེས་ནས་ད་ཁ་ཆེམས་བཞག་མི་དགོས་པ་འདུག་ཟེར་ནས་ཕུ་བོ་འདས། དེ་ནས་གཉན་རས་གཙུག་ན་དེ་འཕྲལ་དུ་གླིན་གཟུགས་པ་ཅིག་ཡོད་ཀྱང་། གཏིང་ཐུ་མོ་ཅིག་ཡོད་པ་འདུག་པ་དེས། ཇོ་བོའི་གཡོག་བྱས་ནས་ཨ་ཅེའི་གོ་སར་བསྟོད། ཉིན་མོའི་རིགས་ལས་ཁ་བྱེད། མཚན་མོ་ཕལ་ཆེར་གཡས་གཡོན་དུ་མི་མང་པོ་ལ་དཔུང་འཚོལ་བ་ལ་ཕྱིན་ནས། མི་མང་པོ་འགུག་པའི་སྐབས་ཤིག་ཏུ། ཨ་ཅེ་ལ་དེ་རིང་ངའི་ཚབ་ལ་ཞོ་ཅིག་དང་ཁྲག་ཅིག་སླང་ཟེར། ཨ་ཅེས་དེ་བཞིན་བྱས་པས། དེ་གཉིས་བསྲེས། དེ་ལ་རྟ་མོག་རོ་པའི་སྦུ་ཚུམས་པད་བཏབ། དེ་དཀྲུགས་ནས་བཞག་པས། ཨ་ཅེའི་སེམས་ལ་འདི་ཅི་སྙམ་པ་བྱུང་ནས། ཇོ་བོ་ལ་ཁོ་འདི་བཞིན་བྱེད་ཀྱིན་གདའ་བ་ཅི་འདྲ་ལགས་སམ་བྱས་པས། ཇོ་བོ་ཐེ་ཚོམ་དུ་གྱུར་ནས་ཡོད་པའི་སྐབས་ཤིག་ཏུ། གཉན་རས་གཙུག་ནས་ནུབ་

① འཇིགས་མེད་བཟང་པོས་མཛད་པའི་དཔལ་ལྡན་བླ་མ་དམ་པ་ཆོས་ལེགས་ཀྱི་རྣམ་ཐར་རམ་དེབ་ཐེར་དུས་རབས་16པའི་གུང་ཐང་སྤར་མའི་ལྡེབ་གྲངས་7པ་ལས་དྲངས།

མོ་ཅིག་ཇོ་བོའི་ཧ་ཅིག་ལ་ཞོན་ནས། སྟར་གྲོགས་ལ་བསྟེན་པའི་མི་རྣམས་ལ་དུས་ཚོད་འདི་ཙམ་ལ་དཔུང་འོང་གྲོགས་བྱ་དགོས་སོ་ཟེར་དུ་ཕྱིན་པ་ལ། ཡོང་འོང་བ་ཙུང་ཟད་འཕྱིས་ནས། ཇོ་བོ་འགྲོ་པ་ཧ་ཆགས་ལ་འོང་བ་དང་། གཉན་རས་གཙུག་ན་ཆུ་ལ་བརྒལ་བ་འཛོམ་པས། གྱུ་བྱས་ནས་ཆུ་དཀྱིལ་དུ་ཧ་ལས་བབས་ཏེ། ཇོ་བོ་ལ་ཞིས་ས་བྱས་པས་ཇོ་བོའི་བསམ་པ་ལ། བློན་པོ་འདི་འདྲ་ལ་དོགས་པ་མི་དགོས་པ་འདུག་སྙམ་པ་བྱུང་། དེ་ནས་རིང་པོ་མ་ཐོགས་པར་གཡས་གཡོན་གྱི་དམག་དཔུང་མང་པོ་དགུག་ནས། ཕུ་བོའི་མི་ཤ་ལ་ཇོ་བོ་རང་བསད་པས། སྟོད་ཀྱི་མི་ཕོ་སླེན་ན་བཞེང་ཟེར་བརྗོད་པ་ཡང་དེ་ནས་བྱུང་། དེ་ནས་ཇོ་བོ་ཚང་དང་འགྲུས་ཆེན་པོ་བྱུང་ནས་ཁྲམ་མགོ་ཏུ་ཐོན་ཏེ། གཙོ་ཚོ་ཟེར་བའི་ཡུལ་དེ་བཏབ། སྤྱིར་ཡང་། ལས་མདོ་རྒྱ་གར་གླིང་ཆུང་། ཁྲམ[1] མགོའི་ཁྲུང་རྫོང་སྒྲུག་པོ། བྲེའི་གནམ་རྫོང་དཀར་པོ་རྣམས་མེན་ཞང་གིས་བཏབ་པའི་རྫོང་ཡིན་ཟེར་ཏེ། ཨེ་བདེན་ནི་མི་ཤེས། དེ་ནས་ངེད་ཀྱི་རིགས་འདི་ཡར་འོངས་ཏེ། རིམ་གྱིས་ཁྲ་ཙམ་དང་། མར་ལུང་གོ་གཙོ་ཚོ་རྣམས་བཟུང་། ཁྲམ་མགོ་བཟུང་མན་ཆད། གུང་ཐང་ཁབ་པའི་འབངས་སུ་བཞུགས་ཏེ་ཁྲལ་དམག་རྒྱུགས་པས། མེན་ཞང་ཁབ་པའི་རྗ་བའི་མི་སྡེ་ཡིན་ཟེར་བ་ཡང་དེ་ནས་བྱུང་བ་འདྲ། དེ་ཙམ་གྱི་དུས་ན་ལྷོ་ནུབ་གུང་གསུམ་སྡེ་གོ་བཞིས་བྱས་པས་ཁབ་པའི་གདུང་བརྒྱུད་འདིའི་རྒྱལ་ས་ཡང་ཁབ་ལ་མཛད། མངའ་ཐང་ཡང་ཆེན་པོ་མེད་ཅིང་། མཚན་ཡང་བཙད་ཆུང་ཁབ་པ་ཞེས་པ་ཙམ་ལས་མ་གྲགས། ཕྱིས་འགྲོ་མགོན་འཕགས་པའི་སྐུ་དྲིན་ལ། དཔོན་འབུམ་ལྡེ་མགོན་གྱི་གཡོག་ཏུ། མངའ་རིས་བཀྲ་ཚོ་བཅུ་གསུམ་བསྒྲིགས། དཔོན་ཆེན་དེ་ཉིད་ཀྱིས་ཀྱང་རྫོང་དཀར་བཏབ་པ་ལ་སོགས་པ་སྣང་གི་སྐབས་བཅུ་གསུམ་ལསོགས་པ་ཡང་མཛད་འདུག དེ་ནས་ངེད་ཀྱི་མི་རྒྱུད་འདི་ཡར་ཐོན་ཏེ། ཕ་སྤོ་གཉིས་གྱིས་ནས། ཕུ་བོས་ཀུ་རྩེ་གདོང་རྫོང་དང་། ནུ་བོས་རེ་ལེའི་རྫོང་བཟུང་སྟེ། ཕུ་བོའི་བརྒྱུད་པ་ལ་སུམ་གཉིས་པ་ཟེར་བ་འདི་དང་། ནུ་བོའི་བརྒྱུད་པ་ལ་གཙོ་ཚོ་པ་ཞེས་གྲགས་པ་འདི་བྱུང་སྟེ། དེ་གཉིས་ལ་སེ་དཔག་གཉིས་ཞལ་ཀྱང་ཟེར་བ་ཡིན། གཙོ་ཚོ་སྟེས་ངམ་རིངས་སུ་

① འཇིགས་མེད་བཟང་པོས་མཛད་པའི་དཔལ་ལྡན་བླ་མ་དམ་པ་ཆོས་ལེགས་ཀྱི་རྣམ་ཐར་རམ་དེབ་ཐེར་དུས་རབས་16པའི་གུང་ཐང་སྨར་མའི་ལྡེབ་གྲངས་8པ་ལས་དྲངས།

ལོ་རེ་བཞིན་དཔྱ་ལོ་མ་ལ་ཚེར་མོ་སྟོང་ཕྲག་རེ་འབུལ་དགོས་པ་དེ། སྟོད་པས་ཕུལ་ཟེར་བ་ང་རང་གི་མ་སོགས་དུ་མ་ལས་ཐོས་པ་ཡིན། རེ་ལ་མགོན་པོ་ནས་མི་རབས་གཉིས་ཙམ་གསུམ་ཙམ་སོང་བ་ན། ངེད་ཀྱི་མ་འཕན་ཕྱུག་བཀྲ་ཤིས་ལ་རྒྱལ་པོ་བཀྲ་ཤིས་བྱུང་། དེ་ལ་སྟག་འདུལ་དང་། རྒྱལ་ཚབ་ཟེར་བ་གཉིས་བྱུང་། སྟག་འདུལ་ལ། གྲོ་པོ་ཆེ་དང་དུག་གེ་ཟེར་བ་གཉིས་བྱུང་། གྲོ་པ་ཆེ་ལ་གྲོ་པོ་ཆེ་སྤུན་ལྔ་བྱུང་བ་སྟེ། དེའི་ཆེ་ཤོས་ལ་སེ་མོ་ཟེར་བ་ཡིན། སེ་མོ་ལ་བུ་བཀྲ་ཤིས་འཕན་ནེ་ཁྱེ་བ་བྱུང་། ཕ་བུ་གཉིས་པོ་དེས། མངའ་བདག་ཆོས་སྐྱོང་ལྡེའི་སྐུ་རིང་ལ། གསེར་དངུལ་གྱིས་བཞེངས་པའི་ཡུམ་བཅུ་བཞི་དུམ་ཅིག ཉི་ཁྲི་ཅིག བརྒྱད་སྟོང་གསེར་གསུམ་རྣམས་བཞེངས་ནས། དེ་ཚོ་ད་ལྟ་ཏ་སྣ་ན་བཞུགས།[1] ཕ་སེ་མོ་འོངས་རྗེས། བཀྲ་ཤིས་འཕན་ནེ་དང་ཁུ་བོག་རི་ལསོགས་པས། མངའ་བདག་བཀྲ་ཤིས་ལྡེའི་སྐུ་རིང་ལ། གསེར་དངུལ་གྱི་མདོ་སྡེ་སེམ་བུ་པོ་ཏི་སུམ་ཅུ་བཞེངས། འདི་ཡང་ཏ་སྣར་ཕུལ་ནས། དངུལ་གོང་ཅིག་དང་། གོང་རྐྱེན་ལ་མ་མོ་བརྒྱ་དང་བཅས་པ་བཙུགས། ཕྱིར་ཏ་སྣ་ན་གསུང་རབ་མང་པོ་བཞུགས་ཏེ། ཕལ་ཆེ་བ་མེན་ཞང་གི་བཞེངས་པ་འདྲ། བཀྲ་ཤིས་འཕན་ལེ་ལ་དང་པོ་སྦྱ་ཐོག་ཅིག་བུ་མེད་པ་ལ། རྟུལ་ཁུ་ཟེར་བའི་བོན་པོའི་དགོན་པ་དེ་མ་ཐེབས་པའི་དུས་སུ། ཐག་རི་དེའི་མདུན་ན་འབྲོག་པ་སྡོད་སའི་ལྷས་ཅིག་ཡོད་པ་དེར། བཀྲ་ཤིས་འཕན་ནེའི་ཁུ་བོ་ག་རིལ་བྱ་བས་གྲོང་སྐྱེས་འགྲོ་བ་སྐྱ་ཐོག་ལ་ཕྱིན་རི་དེ་ན་ཐག་ཕུག་ཅིག་ཡོད་པ་ན། བོན་པོའི་རྣལ་འབྱོར་པ་ནུས་ཅན་ཞིག་བཞུགས་པས་དེ་དང་མཇལ་ནས། ངའི་ཚ་བོ་གཅིག་ལ་སྲིད་པས་སྲིད་འོང་བའི་ཐབས་མཁྱེན་ལགས་སམ་ཞུས་པས། དེ་ཤེས་དེ་ལ་མདོས་ཆེན་པོ་ཞིག་བཏང་དགོས། མདོས་སྣུག་རང་ཡང་མཛོ་ཁལ་གཅིག་ཙམ། དེ་ལ་དཔེས་བའི་བལ་ཚོན་ལསོགས་པ་ཆས་མང་པོ་བསགས་དགོས་པས་དེ་འགྲུབ་པ་གསུང་། དེ་འགྲུབ་ལགས་ཞུས་ནས་ཡོ་བྱད་རྣམས་བསགས་ཏེ། བོང་གིས་མཁའ་སློང་གི་མདོས་མོ་ཆེ་བཏང་། དེའི་རྗེས་སུ་བཀྲ་ཤིས་འཕན་ནེའི་བུད་མེད་ཀྱི་ཁར། ཐུད་ཟེར་མཆིལ་མ་ཞིག་བཏབ་ནས། དེ་ལ་བུ་གཅིག་འོང་བས་དེ་ལ་མིང་མཁའ་སློང་ཐོག་ཤིག

① འཇིགས་མེད་བཟང་པོས་མཛད་པའི་དཔལ་ལྡན་བླ་མ་དམ་པ་ཆོས་ལེགས་ཀྱི་རྣམ་ཐར་རམ་དེབ་ཐེར་དུས་རབས་16པའི་གུང་ཐང་སྤར་མའི་ལྡེབ་གྲངས་9པ་ལས་དྲངས།

ཡང་སྔར་བཞིན་བྱས་། དེ་ལ་བུ་ཅིག་འོང་བའི་དེ་ལ་མིང་བསྲ་བརྟན་ཐོགས་ཤིག་གསུང་། དེ་ནས་བུད་མེད་ཀྱིས་ད་དུང་བུ་གནང་དགོས་ཞུས་པས། དེ་མི་འོང་གསུང་། ནན་ཆེར་ཞུས་པས། སྔར་བཞིན་མཛད་ནས་དེ་ལ་བུ་གཅིག་འོང་མིང་ལ་དོན་གྲུབ་འབུམ་ཐོགས་དང་སྐྱེ། དེ་རབས་ཆད་དེ་ལ་མི་བརྒྱུད་མི་འོང་གསུང་སྐྱེ་ཕྱིས་ལུང་བསྟན་པ་ཇི་ལྟ་བ་བཞིན་བྱུང་། ཡང་ཕྱིས་བཀྲ་ཤིས་འཕན་ནེ་དང་གཡོག་མོ་ཞིག་གི་བར་དུ། དཀོན་མཆོག་རྒྱལ་དང་ཀུན་དགའ་རྒྱལ་མཚན་ཟེར་བའི་བུ་གཉིས་བྱུང་། དེ་མན་ཆད་བཀྲ་ཤིས་འཕན་ནེའི་མི་བརྒྱུད་ཅེས་ཕ་ཚན་གཞན་ལས་འབུར་དུ་དོད་པའི་མི་ཙོ་མང་དུ་བྱུང་། དེ་ཡང་ཕལ་ཆེར་བསོད་ནམས་ཆེ་ཞིང་ཀློ་ཤེད་ལབ་གསུམ་ཡོད་པ། འཁྱོར་པ་ཆེ་ཞིང་འཁོར་མང་པོ་བཅས་བྱུང་།[1] ཞེས་པས་གསུང་རབ་འདི་བྲིས་བཞེངས་བསྐྲུངས་པའི་སྐབས་ཀྱི་དད་པ་སྐྱོ་ངས་མེད་པའི་སྦྱིན་བདག་ཡབ་འཕན་ཕྱུག་བཀྲ་ཤིས་དང་སྲས་རྒྱལ་པོ་བཀྲ་ཤིས་རྣམ་གཉིས་རུས་རྒྱུད་ཀྱི་འབྱུང་ཁུངས་དང་རུས་རྒྱུད་ཀྱི་ཡན་ལག་ཇི་ལྟར་འཕེལ་མིན་དང་། རུས་དེ་དག་གིས་ཚོ་པ་ཅི་ཞིག་བཟུངས་ཡོད་མེད་སྐོར་ཀྱང་གིས་ཁ་གསལ་ཞིག་རྟོགས་ཆེད། འདིར་ཕོ་བོས་སྟག་ཤོག་དང་དུས་ཚོད་ཀྱི་ཡུན་ལ་མ་ལྟོས་པར་དེའི་འཕྲོས་ཀྱི་གུང་ཐང་རྒྱལ་པོའི་ལོ་རྒྱུས་ཀྱི་ཁ་སྐོང་ལ་ཤིན་ཏུ་གཙོགས་ཆེ་བར་སེམས་ཏེ་དཔལ་ལྡན་བླ་མ་དམ་པ་ཆོས་ལེགས་ཀྱི་རྣམ་ཐར་རམ་དེབ་ཐེར་ཇི་བཞིན་རྗེས་ཀྱི་དོན་རྣམས་གཤམ་གྱི་ཞབས་མཆན་དུ་བཀོད་པ་དེར་[2] གཟིགས་པར་འཚལ། སྟག་སྒྲུག་དབུ་ཆེན་སྨན་ནེའི་སུག་བྲིས་ལས་དམ་ཆོས་ཁྲི་ཁར་ལོངས་པ་བྱོན་པ་སྐྱིད། ཡུལ་དཔོན་འཕན་ཕྱུག་ཡབ་སྲས་ཀྱི་ལྷམ་སྲིང་རྣམ་པའི་སྐུ་དྲིན་ལས་རིགས་རུས་ཚེ་འབྲང་པོ་འདབ་ཕྱོགས་བཞིར་རྒྱས་པ་སྐྱིད། དགེ་བའི་ཕྱོགས་སུ་ཐོང་སྟོང་ཏེ་རྒྱུ་འགྲོ་སྦྱར་མཁན་དེ་ལྟར་འཇོམས་པས་ན་ཡབ་སྲས་

---

① འཇིགས་མེད་བཟང་པོས་མཛད་པའི་དཔལ་ལྡན་བླ་མ་དམ་པ་ཆོས་ལེགས་ཀྱི་རྣམ་ཐར་རམ་དེབ་ཐེར་དུས་རབས་16པའི་གུང་ཐང་སྨར་མའི་ལྡེབ་གྲངས་8པ་ལས་དྲངས།

② དེའི་སྐུས་སུ་དུས་ཙུང་ཟད་མི་བདེ་བས། མེན་ཞང་རྒྱ་ཚང་དང་། སུམ་གཉིས་དང་། བཟང་རྒྱུད་པ་དང་། ཕྱུག་རྣམས་ཀྱི་མི་སྡེ་མང་པོ་འཐོར་བ་གཙོ་ཆེ་པ་ལ་འདུས་པས་སྡེ་ཆེན་པོ་ཆགས། དེ་ཡང་སྤྱིར་གཙོ་ཆེ་ལ་ཚོ་བཞི་ཡོད་པས་ལས། མཁའ་གླིང་གི་བུ་ཆེ་བ་མདོ་སྡེའི་འོག་ན་ཚོ་གཅིག་དང་། དེའི་ནུ་བོ་ཆོས་སྐྱོང་ཉི་མ་ལ་ཚོ་གཅིག་ཡོད། མདོ་སྡེ་པ་ལ་བུ་དུ་མ་བྱུང་བ་ལས། ཆེ་བ་ཁྲི་རྒྱལ་འབུམ་བྱ་བ་དེ་ཀུན་གྱི་ཕུ་བོའི་བརྒྱུད་པ་ཡིན་པས་ཚོ་བཞི་ཀ་ལ་ཐེ་སེ་འགྲིམ། སྐར་མོ་ཆེ་བ་བྱ་བ་དང་། སྟོད་ཙ་བ་ཟེར་བའི་ཙ་བ

སྐྱེ་ཚན་གཉིས་ལ་སློས་ཏུ་བྱས། ཚོ་བྱིན་ནུ་བོ་དཀོན་མཆོག་འབུམ་ལ་ཐོག་ཚོ་གཅིག་མདོ་སྨེའི་ནུ་བོ་ཆོས་སྐྱོང་ཉི་མ་དང་། དེའི་བུ་དྲུང་སྲོང་སྐྱེ་དེ་གཉིས་ཀྱི་འོག་ན་ཡོད། དེ་རྣམས་ལ་གཙོ་ཚོ་སྟོད་ཟེར། ཚོ་གཅིག་སྨད་བུ་བར་པ་ང་ཡི་ཡང་མེས་བསྒྱ་བརྟན་གྱི་འོག་ན་ཡོད། ཚོ་གཅིག་དང་པོ་དོན་གྲུབ་འབུམ་གྱི་འོག་ཡིན་པ་ལ་ཁོང་རབས་ཆད་པས། ཕྱིས་ཕྱིད་བུ་གཉིས་པོ་ལ་བྱིན་པ་ཡིན་ཏེ། དེད་ཀྱི་ཚོ་དང་། ཁོང་གི་ཚོ་གཉིས་ལ་གཙོ་ཚོ་སྨད་པ་ཟེར། ཕྱིས་ཕྱིད་བུ་གཉིས་པོ་དེ་ཡང་། སོ་སོར་ཕྱེས་ནས། ཆེ་བ་དཀོན་མཆོག་རྒྱལ་མཚན་གྱི་བརྒྱུད་པ་སློས་ཐང་པ་ལ་ལྟོས། ཆུང་བ་དཀོན་མཆོག་རྒྱལ་མཚན་པ་ཚན་བྱིན་གྱི་ནང་དུ་བསྡད། དེ་ཙམ་གྱི་དུས་ན་གཙོ་ཚོ་ཚོ་བཞི། སྐར་སྟོད་གཉིས་དང་བཅས་པ་ལ་ཁྱུར་བཅད་ནས་ཁྱུར་ཉིས་བརྒྱ། དམག་འདོན་བྱེད་ན་རྟ་པ་སྟོང་ཕྲག་གཉིས་ཐོན་ཟེར་ཏེ་དེ་ཙམ་ནི་ཨེན་མ་བྱུང་བ་འདྲ། འོན་ཀྱང་དེད་ཚོ་དེ་གཞན་ལས་ཆེ་བ་ཡང་ཡིན་འདུག་པ་སྟེ། པ་ཚན་སྟོད་པ་དང་འཆམ་མ་འཆམ་ཞིག་བྱུང་བའི་སྐབས་སུ། དམག་འདོན་བྱས་པས་རྟ་པ་ལྔ་བརྒྱ་དང་། མི་རེང་བདུན་བཅུ་བྱུང་ཟེར་བ་ནི་ཐན་པོ་དུ་མའི་ཁ་ནས་ཐོས་ཏེ། དེ་ཙམ་གྱི་དུས་ན་ཁབ་པའི་ཞབས་ཏོག་ལ། གཙོ་ཚོ་བཞི་སྐར་སྟོད་གཉིས་དང་བཅས་པའི་བུ་རྟ་དེ་ཙམ་གྱིས་དམག་རྒྱུགས་དང། བན་ཚོ་དེ་ཙམ་གྱིས་ཁྲལ་ཕྱུལ་འདུག་སྦྱིར་ཡང་མེན་ཞང་གི་སྐྱེ་འདི་ཁབ་པའི་རྩ་བའི་མི་སྐྱེ་ཡིན་པས། ཁབ་པ་ལ་གུས་ཞེན་ཤིན་ཏུ་ཆེ་སྟེ། བརྒྱ་ཚོ་གཞན་ཕལ་ཆེར་གྱིས་འབངས་ལོག་བྱས་ནས་ཁབ་པ་ལ་རྒྱབ་བསྣུན་འདུག་ཀྱང་། མེན་ཞང་གིས་དེ་ལྟར་མ་བྱས། ཁྱད་པར་གཙོ་ཚོ་འདི་ཁབ་པ་ལ་མོས་པས། ཞང་སྨ་ཚོགས་པས། བདག་པོ་ལྷ་རིན་པོ་ཆེ་དགྲོངས་ནས། ལོ་ཤས་ཅིག་སོང་བའི་དུས་སུ་ཞང་ཀུན་སྤངས་ཚུལ་ཁྲིམས་རྒྱལ་མཚན་གྱིས། རྒྱལ་བུ་ལྷ་གཅིག་པ་བྱ་བ་ལ་པང་ཁྲིར་མཛད་ནས་མངའ་སྐྱོང་བའི་སྐབས་ཤིག་ཏུ། བྱང་སྐར་ཞིག་ཐོན་པའི་དུས། སྔར་ཁབ་པ་བཞུགས་པའི་སར་ཞང་པས་འཇའ་ལི་ལ་མི་བཞུགས་པ་ལ། དེ་དུས་རྒྱལ་བུ་སྐུ་པང་དུ་བཞུགས་སོ་གསོལ་ནས་ཞང་པས་ས་འཇའ་ལི་ལ་བཞུགས་པས། དེ་ལ་བརྟེན་ནས་གཙོ་ཚོ་པས་སྔར་འདི་འདྲའི་ལུགས་མེད་པ་ལ། ད་ལྟ་འདི་བཞིན་བྱེད་པ་འདི་ཁད་ཀྱི་ཁབ་པའི་མངའ་ཐང་འཕྲོག་པ་འདུག་ཟེར་ནས་དམག་བཏོན་ཏེ། ཞང་པ་སློ་བོར་ལོག་འཕྱོན་པའི་རྗེས་ལ་བཙུག དེའི་ཚེ་ཞང་པའི་དམག་མཆོ་དབར་མདའི་སངས་པོ་སྐྱིད་རི་ལ་བཏབ་ཡོད་པ་ལ། གཙོ་ཆེ་བའི་དམག་དམག་གིས་བསྐོར་ནས་ཞང་པ་ལ་བཤུམས་དགོས་བྱུང་། དེ་དུས་མཁས་གླིང་གིས། ཞང་དིག་པ་དུས་པའི་མཆི་མ་ལ། ཨ་ཙེ་སློ་མོ་ཚོ་སྐོམ་པའི་སྐོམ་ཆུ་ཀྱིས། །གྲོ་ཆུང་དཀར་དུ་བཙོས་པའི་ཁུ་བ་ལ། །མཁའ་རོ་ནག་པོ་ང་སྐོམ་པའི་སྐོམ་ཆུ་བྱེད་ཟེར་བའི་གླུ་ཡང་བླངས། དེ་དུས་ཞང་པས་སྤྱན་ཆབ་ཤོར་བ་དེ་ངས་ཁབ་པའི་ཞབས་ཏོག་ཅི་འདྲ་བྱས་ཀྱང་། མི་འདི་ཚོ་བསམ་པ་ཆུང་བས་ཞབས་ཏོག་ཏུ་མི་ཤེས་པ་འདུག་སྙམ་ནས་ཏུ། སྤྱིར་རང་སེམས་ཅན་མི་ཤེས་པའི་དང་ཚུལ་ཅན་རྣམས་ལ་སྐྱོ་བ་འཁྲུངས་པ་ཡིན་གྱི། ཐུགས་འཁྲུར་གྲགས་ནས་ཤོར་བ་མ་ཡིན། དེ་ནས་སྔར་ཚོ་པ་གཙོ་པས་ཞབས་འདྲེན་བཏང་བའི་ལན་ལ། དགུན་སྟོད་གཙང་དར་ཆགས་པའི་དུས་སུ་ཞང་པས་དམག་བཏོན་ནས། གཙོ་ཚོ་སྟོད་པའི་ཁྲུ་ཁ་ཅིག་བརྡུངས། བཅུ་དཔོན་མདོ་སྨེ་བཟུང་ནས་འོངས་པའི་ཚུར་ལམ། གཙང་དར་ཐོན་ཙམ་ཞིག་གི་སར་སྐར་བཏབ་ཡོད་པ་ལ། གཙོ་ཚོ་པའི་མི་སྐྱེན་པ་ཁ་ཅིག་གིས། རྟ་དྲུག་པ་རྣམས་ལ་ལྷུགས་ཀྱིག་བཞི་སྐྱེགས་བཏབ། རྟ་ཞོལ་མ་མང་པོ་ལ་རྩ་ཁང་དང་ཤ་མང་པོ་བཀལ་འོངས་ནས། ཞང་པའི་དམག་གི་རྩ་བར་སླེབས་པ་དང་། ད་མི་མཉེས་པ་མེད་པའི་ཞུ་བ་འབུལ། དེ་ལ་ཐོག་མར་སྟོན་ཆུ་ཞིག་ཞུས་བས། དེའི་ཞལ་བགོད་ལ། བཅུ་དཔོན་རང་ཡུད་པང་གཏོང་བ་ཞུ་བྱས་ནས་བཏང་བ་དང་། དེ་འཕྲལ་རྟ་བཟང་པ་རྣམས་ལ་ཞོན་ནས་གཙང་དར་འཕྲེད་ལ་བཅད་དེ་བྲོས་པས། ཞང་པའི་དམག་གིས་དེད་ཀྱང་རྟ་ཚོ་ལ་ལྷུགས་ཀྱིག་མ་བཏབ་པས་ཤོར་སྐད། གཞན་ཡང་སྐབས་ཤིག་གི་ཚེ། གཉག་མི་དཔོན་གྱིས་བྱས་པའི་བྱང་པའི་དམག་ཆེན་པོ་འོངས་ནས། སྤུ་རངས་མན་ཆད་ཆམ་ལ་ཕབ་པའི་དུས། བཅུ་དཔོན་ཁྲི་རྒྱལ་འབུམ་ལ་སོགས་པས་མི་ངོ་དྲུག་པ་གཉག་མི་དཔོན་གྱི་གསུང་གིས། ཁྱེད་རང་གི་བྱེད་ལུགས་འདི་ལེགས་པོ་ཡིན། ངས་ཀྱང་ཞུ་གྲོགས་སུ་འགྲོ་བ་བྱེད་པས། ཁྱེད་རང་གི་ཡང་མི་དྲག་པ་འདྲ་ངམ་རིངས་སུ་ཕྱག་འབུལ་ལ་ཤོག་གསུངས་པས། བཅུ་དཔོན་ཁྲི་རྒྱལ་འབུམ་གྱིས་གྲལ་དེར་བཅངས་བརྩམས་བྱས་ནས། བཛྲ་སཏྭ་བ་སྒྲོང་ཚད་ཁྲི་མ་ང་ཡི་ཡར་འདྲེན་མིན། ཡང་འདྲེན་ཡིན་ངོས་ཤེས་ཅིག་རྟ་སྐྱ་ཤུགས་ཁྲིད་མ་གི་ན་ཡོད། ཞྭ་ཐོ་སྐར་ཐོགས་ཚད་ཁྲི་མ་ང་ཡི་ལུས་རྗེ་མིན། །ལུས་རྗེ་ཡིན་ངོས་ཤེས་ཅིག་ཁྲུང་རྗོང་དཀར་པོ་མ་གི་ན་ཡོད། དཔོན་ས་བྱང་པ་ལ་ཕྱག་འབུལ་མི་ཞུ་གོང་དུ། །ཁྲུང་རྗོང་དཀར་པོར་ཞལ་ཏ་ཅིག་ཞུ། དེ་དུས་གྲལ་གྲོགས་ཀྱིས་གྱུ་མོ་སུག་སུག་བྱེད་དགོས་པ་བྱུང་སྐད། དེ་ཙམ་གྱི་དུས་ན་གཙོ་ཚོ་ལ་སྐྱེ་ཆེ་ཆུང་ཇི་ཙམ་ཡོད། བྱང་པ་ལ་ལོ་རེ་བཞིན་དཔྱ་ལོ་མ་ཚེར་མོ་སྟོང་སྟོང་འབུལ་དགོས་བྱུང་བ་དེ་ཙམ་གྱིས་ཀྱང་ཤེས། དེང་སང་ཁབ་ཏུ་ཚང་པ་ལ་ཚེར་མོ་སྟོང་

འཕན་ཕྱུག་བཀྲ་ཤིས་གཉིས་ཀྱི་ཉེ་འཁོར་སྤུན་རྣམས་སྐྱིད། ཡོན་བདག་བཀྲ་ཤིས་གྲོགས་ཚོ་སྟེ་དུས་རབས་14-15པའི་སྲས་བཀྲ་ཤིས་བྱོན་པ་ལས་མ་བསྒྲིགས་རྟེན་འབྲེལ་རང་གི་འགྲིག་པའི་ཡོན་མཆོད་སྐྱིད་[1]ཅེས་ཚིག་སྣ་བསྡུས་ཤིང་ཚིགས་ཉམས་ལྡན་པའི་སྒོ་ནས་མཆོད་ཡོན་སྦྱིན་བདག་ཇི་ཙམ་ཞིག་བྱོན་པ་དེ་གསལ་བཤད་གནང་འདུག

བཞི། ཡིག་ཞུས།

འབྲོང་པ་རྫོང་གྲོ་ཤོད་ཀྱི་ཡུལ་དཔོན་འཕན་ཕྱུག་བཀྲ་ཤིས་ཡབ་སྲས་ཀྱིས་སྦྱིན་བདག་མཛད་པ་དང་སྨྲུགས་སྙིང་ཉེ་བའི་རིགས་ཉུས་ཚོ་བྲང་རྣམས་པས་གསུང་རབ་འབྲི་བཞེངས་ཀྱི་བྱ་བར་ཕྱུར་བ་གྲུ་འདེགས་གནང་བའི་སྐབས་སུ། གསུང་རབ་འབྲི་བཞེངས་ཀྱི་ཡིག་མཁན་དབུ་ཆེན་བཀྲ་ཤིས་རྒྱལ་མཚན་གྱིས་མཛད་དེ་གཞུང་དེའི་འབྲི་གཟུགས་ལྷ་དག་ཅིང་ཡིག་གཟུགས་ཀྱང་ཕྱུག་ཚད་ལྡན་པར་འབྲི་བཤུས་གནང་བ་དེ་ལས་ཀློག་མཁན་སྐྱེ་བོ་ཀུན་གྱི་མིག་ལ་མཛེས་པར་བྱུང་བ་སྟེ་མཛད་བྱང་ལས། ཐུགས་དམ་ཁྱད་འཕགས་བཞེངས་པ་ལ། །ལྷ་མཆོད་བཟབ་བཞུངས་བྱེད་པ་དེ། །ཀྲ་ཤིས་གྲོགས་མཚོ་མ་ལགས་སམ། །རྟེན་འབྲེལ་འགྲིག་པའི་ཡོན་མཆོད་སྐྱིད། །ཆག་ཚད་ལྡན་པར་བཀོད་པ་ལ། །ཀུན་གྱི་སྤྱན་ལ་མཛེས་པ་དེ། །ཀྲ་ཤིས་རྒྱལ་མཚན་མ་ལགས་སམ། །དེ་ལ་གཟིགས་པའི་ལྷད་མོ་སྐྱིད། ། ཧེ་ཧེ། །[2]ཅེས་པས་རྟོགས་སོ།

ལོ་གཅིག་ཙམ་བཀྲལ་དགོས་བྱུང་ནའང་སྟུག་སྐད་ཇི་ཙམ་ཤོར་འཚོར་ཤེས་པ་འདུག་ད་ལྟ་སློ་བོ་ལ་ལོ་རེ་བཞིན་གཡག་བརྒྱ་བརྒྱ་བྱུང་དུ་འབུལ་དགོས་པ་ཡང་། གཙོ་ཚོ་བ་བཞིག་མཁན་སློ་བོ་ཡིན་པས། སྔར་གྱི་ལོ་མའི་རྒྱུན་ལ་བརྟེན་ནས་དེ་ལྟར་འབུལ་དགོས་པ་ཡིན། ཁྱད་པར་དུ་ངའི་ཡང་མེས་བསྐྱ་བརྟན་འབུམ་ལ། བུ་གསུམ་བྱུང་བའི་ཆེ་བ་གྲགས་པ་འབུམ། བར་པ་ལ་སྲིད་རྒྱལ་འབུམ། ཆུང་བ་ལ་ཀུན་བཟང་འབུམ་ཟེར། གྲགས་པ་འབུམ་ལ་བུ་གསུམ་བྱུང་བའི་ཆེ་བ་ལ་ཐུགས་རྗེ། བར་པ་ལ་འོད་ཟེར། ཆུང་བ་ལ་ཚེ་དབང་ཟེར། ཆེ་བ་ཐུགས་རྗེ་འབུམ་ལ་བུད་མེད་ནི་ཚན་གཉིས་ཆེན་ཆུན་དུ་ཡོད་པའི་ཆེན་མ་ཡེར་མོ་མཛེས་རྒྱན་ལ་བུ་ཚ་མང་དུ་བྱུང་འདུག་ནའང་། ང་རང་དྲུན་ལ་བུ་གཉིས་དང་བུ་གཉིས་ཡོད། ཆུན་མ་ཡེར་མོ་གཡུང་དྲུང་སྒྲོན་ལ་བུ་གསུམ། །བུ་མོ་གཉིས་དང་ལྔ་བྱུང་བ་ལ། ཁོ་བོ་བུ་ཆུང་བ་ཡིན་ཏེ། དེ་ཡང་དགུན་གྱི་དུས་སུ། བྱང་གི་ཡུལ་ཕྱོགས་ཁབ་ཆུང་བས། འབྲོག་པ་རྣམས་དེར་ལུག་གུ་སློག་པ་ལ། ལྷོ་ཕྱོགས་ཀྱི་ཤོད་ནས་བྱང་དུ་འགྲོ་བའི་བར་ལམ། བར་ཡང་གི་ས་ཁ། ཉ་སླུལ་ཞེས་བྱ་བར། རྣམ་ཐར་འདིའི་འཁྲུངས་དུས་ནི་མེ་མོ་སྦྲུལ་གྱི་ལོ། ཧོར་ཟླ་བཅུ་གཅིག་པ་ལ་འཁྲུངས། ཞེས་པ་སོགས་འཇིགས་མེད་བཟང་པོས་མཛད་པའི་དཔལ་ལྡན་བླ་མ་དམ་པ་ཆོས་ལེགས་ཀྱི་རྣམ་ཐར་རམ་དེབ་ཐེར་དུས་རབས་16པའི་གུང་ཐང་སྤྱར་མའི་ལྡེབ་གྲངས་12-16བར་གསལ།

1 གུང་ཐང་ཙུད་དུ་བཞུགས་པའི་ཤེར་ཕྱིན་པོད་ག་པའི་དབུ་ཤོག་ནང་མའི་ཞལ་ཁྱབས་ལས་དྲངས།

2 གུང་ཐང་ཙུད་དུ་བཞུགས་པའི་ཤེར་ཕྱིན་པོད་ག་པའི་དབུ་ཤོག་ནང་མའི་ཞལ་ཁྱབས་ལས་དྲངས།

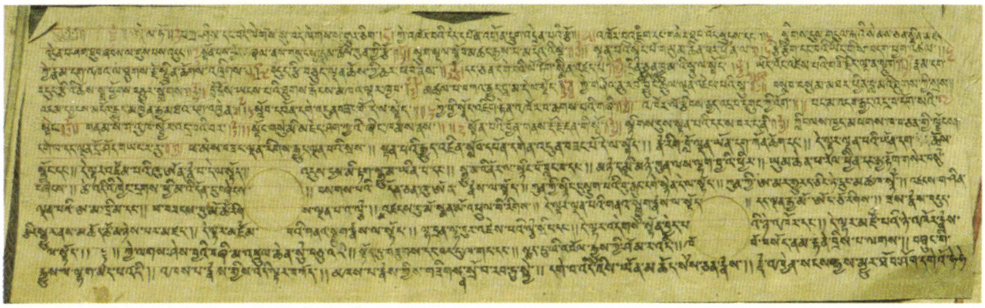

མཛད་བྱང་མ་དཔེ།

ལེ་ཚན་བཞི་པ། ཀུང་ཐང་ཅུད་པེར་ཕྱིན་མཛད་བྱང་།

དང་པོ། མཛད་བྱང་མ་ཕྱུགས།

༄༅།།ཨོཾ་ས་ཏི།།བཀྲ་ཤིས་དང་བདེ་ལེགས་སུ་བདེ་ལེགས་སུ་གྱུར་ཅིག།ཀྱེ་འཁོར་བའི་དེད་དཔོན་འགྲོ་དྲུག་འདྲེན་པའི་རྗེ། །འཁོར་བ་འཇིགས་དང་གསེར་ཐུབ་འོད་སྲུངས་དང་།། སྐྱེགས་དུས་འདུལ་ཀ་འི་སེམས་ཅན་སྨིན་མཛད། འདྲེན་པ་ཤཱཀ་ཐུབ་ཞབས་ལ་གུས་པས་འདུད་།། སྟོན་པ་བྱོན་ནས་ཞལ་ནས་གསུངས་པའི་དམ་ཆོས་ཀྱི་རྗེ། །སྡུག་བསྔལ་སྐྱོབ་མཆོད་རྒྱུས་པ་མདོའ་འི་སྡེ་། །སྟན་པའི་སྙིང་པོ་གསུམ་ཆེན་ཕར་ཕྱིན་ལ་། །རྩེ་རྩིག་དང་བའི་ཡིད་གིས་བདག་ཕྱག་འཚལ་། །ཀྱེ་རྣམ་དག་འཁའ་ལ་ཐུགས་རྗེ་སྲིན་ཚོགས་འཁྲིགས་། །བདུད་རྩི་བཅུད་ལྡན་ཆོས་ཀྱི་ཆར་ཕབ་ནས་། །དད་ཅན་དགེ་བའི་ལོ་ཏོག་སྨིན་འཛད་པ་། །དྲིན་ཅན་ཆོས་ལུང་བླ་མའི་སྐུ་ལ་སྟོད་། །ཡིད་འོང་མཛེས་པའི་གཟི་བརྗིད་ལྷ་ན་སྡུག། །རྣམ་དག་བདུད་རྩི་འི་ཆོས་སྨྲ་ཕྱོགས་བཅུར་སྒྲོགས་། །བློ་གྲོས་ཡངས་པའི་ཐུགས་རྒྱངས་མཁའ་ལྟར་ཁྱབ་། །མཚལ་པ་

བཀའ་བརྒྱུད་བླ་མ་དེ་ལ་སྟོད། །ཀྱེ་གཞོན་ནུ་རབ་བྱུང་ཚུལ་ལྡན་འཛེས་པའི་སྐུ། །བསླབ་གསུམ་མཐར་ཕྱིན་བླ་མའི་ཐུགས་ཀྱི་སྲས། །འཇམ་དབྱངས་མདོའ་རྒྱུད་མཁྱེན་རྒྱ་མཐའ་དག་མཁྱེན། །སློབ་དཔོན་དགེ་འདུན་བཟང་པོ་དེ་ལ་སྟོད། །ཀྱེ་ཕྱི་སྣོད་འཇིག་རྟེན་འཁོར་བ་ཆགས་པའི་གཞི། ། འཁོར་ལོ་རྩིབས་རྒྱུད་འདྲ་བ་དགུང་གི་འོག། །པད་མ་འདབ་རྒྱུད་འདྲ་བའི་དོག་སའི་སྟེང་། །གནམ་ས་ག་ཙུ་ཁ་སྦྱོར་འདྲ་བའི་བར། །སྟོང་གསུམ་མི་མཇེད་ཤག་ཀྱའི་ཞིང་ཁམས་ནས། །སྟོན་པ་ཐུབ་གནས་རྡོ་རྗེ་གདན་གི་སྟེ། །སྙིགས་དུས་བསྟན་པའི་དར་ས་བར་དུ་ནི། །གླིང་ལས་ཁྱད་འཕགས་ཁ་བ་ཅན་གྱི་ལྗོངས། །དགེ་ལ་དད་ལྡན་དྲི་ཤོད་གཡང་ར་རུ། །ཕ་མེས་བཟང་པོ་ལྡན་རིགས་རྒྱུད་ལྡན་པའི་སྲ། ། སྟན་པའི་རྒྱུད་འཛིན་སློབ་དཔོན་དགེ་འདུན་བཟང་པོ་དེ་ལ་སྟོད། །རྣམ་རིག་བློ་ལྡན་ཡོན་དག་གོན་ཆོག་དང་། །དེ་ལྟར་ལྡན་པའི་ཡོན་དག་ཆོས་སྐྱོང་དང་། །དེ་ལྟར་འཛོམ་པའི་ཁྱུ་ཡོན་རྣམ་པ་དེ་ལ་སྟོད། ། འདུས་བྱས་མི་རྟག་སྒྱུ་མ་ཡིན་པ་དང་། ། སྒྱུ་མའི་ནོར་ལ་སྙིང་པོ་བླང་བ་དང་། །མཉམ་དང་མི་མཉམ་ཀུན་ལས་ལྷག་བྱ་འི་ཕྱིར། །ཡུམ་ཆེན་ཕ་རོལ་ཕྱིན་དང་རྒྱ་རྟོག་གསེར་བསུམ་བཞེངས། །ཚེ་འདིའི་ཁྱེད་དྲགས་ཕྱི་མའི་དོན་དུ་བཞེངས། །བསགས་པའི་དོན་ཅན་ཁྱུ་ཡོན་རྣམས་ལ་སྟོད། །ཀུན་གྱི་སྙིང་དུ་སྡུག་པའི་བུ་ཆུང་དགེ་སྙེན་དེ་ལ་སྟོད། །ཀུན་གྱི་ཨ་མར་གྱུརད་ཅིང་ཉེ་དྲུང་མཆ་ཁ་སྐོམ། །འཛངས་གཤིན་ལྡན་པའི་ཨ་མ་ཁྲི་མ་དང་། །ཕ་བཟངས་བུ་མོ་ཚེ་རིགས་ལྡན་པ་འི་ལྕམ། །མ་འཛངས་གུ་མོ་སྨན་མོ་འཕྲུལ་གི་རིགས། །དེ་ལྟར་ལྡན་པའི་གནའ་སྐྱུག་རྣམས་ལ་སྟོད། །དད་ལྡན་རྒྱ་མོ་ཡོང་ཙོ་རིགས། ། ཟས་རྣམས་བདུད་རྩིར་སྒྱུར་ནས་མཆོད་ཚོ་མཉེས་པར་མཛད། །དེ་ལྟར་འཛོམ་པའི་གནའ་སྐྱུག་རྣམས་ལ་སྟོད།། ལྷ་བྲན་ལྟ་བུར་འཛེས་པའི་ལྕམ་སྲིང་དང་། །དེ་ལྟར་འདེགས་སྟོན་བྱེད་པའི་ཉེ་འཁོར་དང་། །དེ་ལྟར་མཛོམ་པའི་ཉེ་འཁོར་རྣམས་ལ་སྟོད། །ཀྱེ་ལགས་ཤེས་བྱའི་བཞི་མ་འཕྲུལ་ཆེན་སུམ་བཅུ་འདི། །སྟོད་དུ་གཟུགས་དང་བར་དུ་ཁ་གང་དང་། ། སྨད་དུ་ལི་འབོལ་རྒྱུས་ཀྱི་ཤོམ་ར་འདི། །ཁོ་བོ་བསོད་ནམས་རྟེན་བྲིས་པ་ལགས། །བཞུང་གི་རྒྱུས་ལ་ལྷག་མེད་པ་འདི། །འཁས་པ་རྣམས་ཀྱིས་འདི་ལྟར་བགོད། །མཁས་པ་རྣམས་ཀྱིས་གཟིགས་ན་སྤྲོ་བ་རབ་ཏུ་སྐྱེ། །དགེ་བ་འདི་འིས་ཡོན་མཆོད་སེམས་ཅན་རྣམས། །རྣམ་མཁྱེན་སངས་རྒྱས་མྱུར་ཐོབ་ཤོག་དགའོ་ཏེ་ཏེ་[1]ཞེས་པའོ།

① གྱང་ཐང་ཙུད་དུ་བཞུགས་པའི་དཔེ་རྙིང་གི་དབུ་ཤོག་ཞལ་ཁེབས་ལས་དྲངས།

གཉིས་པ། མཛད་བྱུང་གི་དབྱེ་ཞིབ།

གཅིག བསྟོད་ཕྱག

༄། །ཨོཾ་མ་ཧོ། །བཀྲ་ཤིས་དང་བདེ་ལེགས་སུ་བདེ་ལེགས་སུ་གྱུར་ཅིག །ཀྱེ་འཁོར་བའི་དེད་དཔོན་འགྲོན་དྲུག་འདྲེན་པའི་རྗེ། །འཁོར་བ་འཇིགས་དང་གསེར་ཐུབ་འོད་སྲུངས་དང་། །སྐྱིགས་དུས་འདུལ་ཀ་འི་སེམས་ཅན་སྨིན་མཛད་འདྲེན་པ་ཤཱག་ཐུབ་ཞབས་ལ་གུས་པས་སྟོད། །སྟོན་པ་བྱོན་ནས་ཞལ་ནས་གསུངས་པའི་དམ་ཆོས་ཀྱི་རྗེ། །སྡུག་བསྔལ་སྐྱོབ་མཚན་རྒྱས་པ་མདོའ་འི་སྡེ། །སྟོན་པའི་སྙིང་པོ་གསུམ་ཆེན་ཕར་ཕྱིན་ལ། །རྩེ་རྩིག་དང་བའི་ཡིད་གིས་བདག་ཕྱག་འཚལ། །ཀྱེ་རྣམ་དག་འཁའ་ལ་ཐུགས་རྗེ་སྤྲིན་ཚོགས་འཁྲིགས། །བདུད་རྩི་བཅུད་ལྡན་ཆོས་ཀྱི་ཆར་ཕབ་ནས། །དད་ཅན་དགེ་བའི་ལོ་ཏོག་སྨིན་འཛད་པ། །དྲིན་ཅན་ཆོས་ལུང་བླ་མའི་སྐུ་ལ་སྟོད། །ཡིད་འོང་མཛེས་པའི་གཟི་བརྗིད་ལྷ་ན་སྡུག །རྣམ་དག་བདུད་རྩི་འི་ཆོས་སྒྲ་ཕྱོགས་བཅུར་སྒྲོགས། །བློ་གྲོས་ཡངས་པའི་ཐུགས་རྗེས་མཁའ་ལྟར་ཁྱབ། །མཚལ་པ་བཀའ་བརྒྱུད་བླ་མ་དེ་ལ་སྟོད། །ཀྱེ་གཞོན་ནུ་རབ་བྱུང་ཚུལ་ལྡན་འཛིན་པའི་སྐུ། །བསླབ་གསུམ་མཐར་ཕྱིན་བླ་མའི་ཐུགས་ཀྱི་སྲས། །འཇམ་དབྱངས་མདོའ་རྒྱུད་མཁྱེན་རྒྱ་མཐའ་དག་མཁྱེན། །སློབ་དཔོན་དགེ་འདུན་བཟང་པོ་དེ་ལ་སྟོད། །ཕ་མེས་བཟང་པོ་ལྡན་རིགས་རྒྱུད་ལྡན་པའི་སྲ། །སྟོན་པའི་རྒྱུད་འཛིན་སློབ་དཔོན་དགེ་འདུན་བཟང་པོ་དེ་ལ་སྟོད། །[①] ཅེས་བྱུང་བ་ལ་གཞིགས་ན། དེ་ཡང་ཐོག་མར་ཨེ་མ་ཧོ་ཞེས་ངོ་མཚར་བའི་གཏམ་དེས་སྟོན་བསྐུས་ཏེ་སངས་རྒྱས་འཁོར་བར་འཇིག་དང་གསེར་ཐུབ་དང་འོད་སྲུངས། ཤཱཀྱ་ཐུབ་པ་བཅས་ལ་གུས་པས་འདུད་པ་དང་སྟགས། གནད་ཀྱི་དམ་པ་ཐེངས་འདིར་འབྲི་བཞེངས་བྱ་བའི་གསུང་རབ་ཡུམ་ཤེར་ཕྱིན་ལ་གུས་ཕྱག་འཚལ་ཞིང་། དེ་རྗེས་རང་གི་དྲིན་ཅན་རྩ་བའི་བླ་མ་ཚལ་པ་བཀའ་བརྒྱུད་པའི་བླ་མ་སྟེ། དུས་རབས་12པའི་ནང་དྭགས་པོ་ལྷ་རྗེའི་ཡང་སློབ་བླ་མ་ཞང་དམ་གཡུ་བྲག་པ་བརྩོན་འགྲུས་པས་ (1122-1193) སྤྱི་ལོ་1175ལོར་ཚལ་ཡང་དགོན་དང་། དེ་ནས་སྤྱི་ལོ་1187ལོར་གུང་ཐང་གི་དགོན་པ་བཏབ་ནས་ལྷ་ཆེན་དཔལ་འབར་བཞེངས། དེ་ནས་དར་སྤེལ་

① གུང་ཐང་ཅུད་དུ་བཞུགས་པའི་དཔེ་རྙིང་གི་དབུ་ཤོག་ཞལ་ཁེབས་ལས་དྲངས།

བྱུང་བའི་སྐོར་ལ། དཔལ་ལྡན་བླ་མ་དམ་པ་ཆོས་ལེགས་ཀྱི་རྣམ་ཐར་རམ་དེབ་ཐེར་ལས། ངེད་ཀྱི་ཕ་མེས་ཚོར་ལ་ན་གནས་པའི་དུས་ན་ཡང་། ཏ་སྒ་པ་དང་ཡོན་མཆོད་འབྲེལ་ཅན་དུ་སོང་བ་སྟེ། དེ་ཡང་དང་པོ་ཏ་སྒ་འདི། བླ་མ་སུ་ཞིག་བཏབ་སྙམ་ན། བླ་མ་ཞང་རིན་པོ་ཆེ་ལ་བུ་ཆེན་འོད་གསུམ་བྱ་བ་བྱུང་བའི། ལྷ་ཕྱུག་པ་ཉི་འོད་ཀྱིས་དངོས་སློབ། དེའི་སང་སངས་རྒྱས་མཚལ་པ་ཞེས་གྲགས་པ་དེ་ཉིད། སྔོན་སྨོན་ལམ་གྱིས་དབང་གིས་ཡར་བྱོན་ནས། བྲག་སྐྱ་ནས་མཐུར་ལ་མདའ་རྒྱང་ཙམ་གྱིས་སླེབ་པའི་ས་ན། ཕུག་པ་གཅིག་ཡོད་པ་དེར་ཐུགས་དམ་མཛད་ཀྱིན་བཞུགས་པས། ཕུག་པ་དེ་ལ་ད་ལྟ་མཚལ་ཕུག་ཅེས་གྲགས། དེའི་དུས་སུ་བྲག་སྐྱ་འདི་འབྲི་ཁུངས་པས་འཛིན་གྱིན་ཡོད་པས། འབྲི་ཁུངས་པའི་རི་པ་རྣམས་ཀྱིས་ཚོགས་འཁོར་མཛད་པའི་ལྷག་མ་རྣམས་ཀུ་ཅོ་ལ་ཁ་ཟེར་བའི་མཆོད་རྟེན་ཆུང་ཆུང་ཞིག་ཡོད་པ་དེ་ནས། མཚལ་ཆུང་བ་ཞེས་འབོད་ནས། འདི་ན་ངེད་རྣམས་ཀྱི་ལྷག་མ་ཡོད་པས་ལོང་ཅིག་ཅེས་སྐད་གཏོང་། ཁོང་པས་ཀྱང་དེ་ཚོ། [1]བླངས་ནས་འཚོ་བ་མཛད་ཅིང་ཐུགས་དམ་མཛད་པས། ཐུགས་རྒྱུད་ལ་ཡོན་ཏན་དཔག་ཏུ་མེད་པ་འཁྲུངས། འབྲི་ཁུངས་པ་རྣམས་ཀྱིས་ཀྱང་དེ་ལྟར་ཤེས་ནས། ད་ཕྱིན་ཆད་གནས་འདིའི་བདག་པོ་ཁྱེད་རང་མཛོད་ཅིག་ཟེར་ནས་ཤར་ཕྱོགས་ལ་ཐེགས་སྐད། དེ་ནས་ད་ལྟ་ཏ་སྒའི་དགོན་པ་ཡོད་ས་དེ་ན། དགུན་ཟུད་པའི་གནག་རང་བྱེད་པའི་ས་ཆ། ཕ་བོང་ཏ་སྒ་འདྲ་བའི་ལྷས་ཆུང་ཞིག་ཡོད་པ་དེར། ཁོང་པས་དང་པོ་བླ་བྲང་བཏབ། དེ་ནས་རིམ་གྱི་དགོན་པ་ཆགས་ནས། ད་ལྟའི་བར་དུ་ཡར་འཕེལ་ལ་སོང་ཞིང་། ཏ་སྒ་པས་བྲག་སྐྱའི་བདག་མཛད་པའི་རྒྱུ་མཚན་ཡང་དེ་ལྟར་ཡིན། དེ་ནས་གདན་ས་གཉིས་པ་རྗོགས་ལྡན་དར་མ་བསོད་ནམས་ཞེས་བྱ་བ། རྣལ་འབྱོར་པ་ཆེན་པོ། འཕྲུལ་སྣང་ལ་སངས་རྒྱས་མཚལ་པ་བས་ཀྱང་འུར་ཆེས་ཆེ་བ་ཅིག་བྱོན། ཁོང་པ་གངས་མཚོ་བསྐོར་བའི་ཞོར་ལ། སྤུ་རངས་སུ་དཔོན་སློབ་ཤས་ཅིག་གིས་བསོད་སྙོམས་ལ་བྱོན་པས། དེ་དུས་སྤུ་རངས་ཀྱི་རྒྱལ་པོའི་སྙན་ཁུང་དུ་བབ་ལ་ཞུགས་ནས། ཡུན་རིང་པོའི་བར་དུ་བསྡུང་ཟུག་ཆེ་ཞིང་འགྲོངས་ཐུག་པ་ཡོད་པ་ལ། དབང་གཅིག་གནང་བ་ཙམ་གྱིས་བབ་ལ། ཕྱིར་ཐོན་ནས་བསྡུང་བ་ལས་གྲོལ་བས་རྒྱལ་པོ་མོས་ཏེ། སྤུ་རངས་སུ་ས་ཆ་མང་པོ་ཕུལ། ཆུ་ཐགས་རང་ཡང་བཅུ་བདུན་ཙམ་གྱི་སྲིད་ཕུལ་སྐད། དེ་ལསོགས་ཏེ་ཕྱི་འབྲོག་གི་

① འཇིགས་མེད་བཟང་པོས་མཛད་པའི་དཔལ་ལྡན་བླ་མ་དམ་པ་ཆོས་ལེགས་ཀྱི་རྣམ་ཐར་རམ་དེབ་ཐེར་དུས་རབས་16པའི་གུང་ཐང་སྤྱར་མའི་ལྡེབ་གྲངས་9ལས་དྲངས།

དགོན་པ་གད་པ་གསེར་གྱི་བྱ་སྐྱིབས་དང་། ཆོས་ལུང་ལ་སོགས་པ་དགོན་གོ་གསུམ་དང་། སྐྱོ་བོ་ནང་གི་ཡང་བྲག་བསམ་གཉིས་ལ་སོགས་པའི་དགོན་སྡེ་ཕལ་ཆེར་མཚལ་པའི་ཞབས་འོག་ཏུ་གཏོགས་པར་བྱས། དིང་སང་ཧ་སྣ་པ་སྟོད་མཚལ་གྱི་དཔོན་ཡིན་ཟེར་བའི་རྒྱུ་མཚན་ཡང་དེ་ལྟར་ཡིན་པ་འདུག དེ་ནས་གདན་ས་གསུམ་པ་སྤྲུལ་སྐུ་གཞོན་ནུ་སེང་གེ་ཞེས་བྱ་བ་བྱོན། དེས་བྱང་དགོན་ཆོས་ལུང་ནས། མཁན་པོ་འོལ་བཀོད་ཞེས་བྱ་བ་སྤྱན་དྲངས་ནས། དེས་གཙོ་མཛད་དགེ་སློང་ལྔ་བཅུ་ཙམ་གྱི་དབུས་སུ་བསྙེན་པར་རྫོགས་པར་མཛད་པའི་རྣམ་ཐར་ཡང་ཡོད། དེའི་ཚེ་སྔར་རྟོགས་ལྡན་དར་མ་མཚན་ཅན་གྱིས་སྐྱོ་བོའི་གཤམ། སྟེ་ཤངས་ཀྱི་གཏིང་ནས། ཨ་སུ་རའི་བྲག་ཕུག་ཅེས་བྱ་བ་ཡོད་པ་དེར་ཐུགས་དམ་མཛད་ཅིང་། ཕྲིན་ལས་ཀྱང་མང་དུ་མཛད། དེ་ཙམ་གྱི་དུས་ན་བླ་མ་སྔ་མ་དེ་གང་མཛད་པའི་འཕྲིན་ལས། བླ་མ་ཕྱིས་མ་དེས་ཀྱང་སྐྱོང་བའི་ལུགས་ཡོད་པ་འདུག་པས། སྤྲུལ་སྐུ་གཞོན་ནུ་[1]མཚན་ཅན་དེ་ཡང་ཨ་སུ་རའི་བྲག་ཕུག་ཏུ་ཕེབས་པར་དགོངས་པ་དང་། ཆེ་ཡུལ་བ་རྣམས་ཀྱིས་ནས་ཁལ་བཞི་བརྒྱ་དང་། རྟ་བཞི་ཞུ་རྟེན་ལ་ཕུལ་ཏེ་ཞུ་བ་ནན་ཏན་བྱས་པས། དེ་ལོ་མི་ཕེབས་པ་ཞུ་བ་འགྲུབ། ལོ་ཕྱི་མ་རྣམ་ཐར་གྱི་ལྟས་པས་སྤྱན་དྲངས་ནས། དེའི་ཞོར་ལ་ཨ་སུ་རའི་བྲག་ཕུག་ཏུ་ཡང་ཕེབས་པར་གདའ། ཚུར་རེས་རྩ་རི་ཆེན་པོ་ཞིག་ལ་མེ་ཤོར་བ་སྤྲུལ་སྐུ་དེས་ཆོས་གོས་བརྡབས་པས་མེ་ཤི་བའི་རྣམ་ཐར་ཡང་ཡོད། དེ་དུས་ཙམ་ན། ཡོན་བདག་གུང་ཐང་ཁབ་པ། བླ་མཆོད་ཚལ་པ། མི་སྡེ་མེན་ཞང་ཟེར་བ་ཡིག་ཚང་རྙིང་པ་འགའ་ཞིག་ན་འདུག སྔར་དེ་ལྟར་ཡིན་པར་མ་ཟད། ཕྱིས་ཀྱང་གཙོ་ཚོ་པས་ཧ་སྣ་པ་ལ་ཞབས་ཏོག་ཆེན་པོ་ཕུལ་འདུག་སྟེ། མཁས་གྲུབ་ཆོས་རྗེའི་གདན་ས་གོང་མ། བླ་ཆེན་རྗེ་གདན་པ་གདན་སར་ཕེབས་དུས། གཙོ་ཚོ་པས་ཁྲི་འདེགས་ལ་ཚེར་མོ་སྟོང་ཕུལ་འདུག་ཅིང་། གཞན་ཡང་ཁོང་པས་ཕྱག་ལེན་མཛད་ནས། སྔར་གྱི་བླ་བྲང་རྙིང་པ་བཅོས་ཏེ་དིང་སང་ཀ་དྲུག་མ་ཞེས་གྲགས་པ་བླ་བྲང་ཆེན་པོ་དེ་བསྐྲུབས་དུས་དཀར་ཅུ་མ་ལ་རྫོང་ཐག་སྟོང་ཕུལ་བ་དང་། ཡང་མཁས་གྲུབ་ཆེན་པོ་གདན་སར་ཕེབས་དུས་ཀྱང་། ཁྲི་འདེགས་ལ་གཙོ་ཚོས་སྤེས་ཚེར་མོ་བརྒྱད་བརྒྱ་ཕུལ། བདེ་སྨད་པས་ཕུལ་[2]ཞེས་པས་ཚལ་པ་བཀའ་བརྒྱུད་དེ་

---

① འཇིགས་མེད་བཟང་པོས་མཛད་པའི་དཔལ་ལྡན་བླ་མ་དམ་པ་ཆོས་ལེགས་ཀྱི་རྣམ་ཐར་རམ་དེབ་ཐེར་དུས་རབས་16པའི་གུང་ཐང་སྤུར་མའི་ལྡེབ་གྲངས་10ལས་དྲངས།

② འཇིགས་མེད་བཟང་པོས་མཛད་པའི་དཔལ་ལྡན་བླ་མ་དམ་པ་ཆོས་ལེགས་ཀྱི་རྣམ་ཐར་རམ་དེབ་ཐེར་དུས་རབས་16པའི་གུང་

ཐོག་མར་གུང་ཐང་ཁབ་པའི་ཁུལ་དུ་བླ་མ་རིན་པོ་ཆེ་ལ་བུ་ཆེན་འོད་གསུམ་བྱ་བ་བྱུང་བའི་ལྷ་ཕྱུག་པ་ཉི་འོད་ཀྱི་དངོས་སློབ་དིང་སང་སངས་རྒྱས་མཚོལ་པ་ཞེས་གྲགས་པ་དེ་ཉིད་ནས་བཟུང་དེར་དར་འཕེལ་བྱུང་བ་ཤེས་ཤིང་། ལྷག་དོན་དུ་ཡོན་བདག་གུང་ཐང་ཁབ་པ། བླ་མཆོད་ཚོལ་པ། མི་སྡེ་མེན་ཞང་ཟེར་བའི་ཡིག་ཚང་རྙིང་པ་འགའ་ཞིག་ན་འདུག་ཅེས་པ་ལས་སྟོན་མ་གུང་ཐང་པ་ཡོན་བདག་དང་བླ་མཆོད་ཚོལ་པ་ཞེས་པ་ལས་ཡུལ་དུས་གང་ཏུང་ནས་བལྟས་ཀྱང་སྐབས་དེ་དུས་ཚོལ་པ་བཀའ་བརྒྱུད་ཤུགས་ཆེན་ཞིག་དར་བས་ན། འདིར་འབྲི་བཞེངས་བསྐྲུངས་པའི་མཆོད་ཡོན་བདག་གིས་ཚོལ་པ་བཀའ་བརྒྱུད་པའི་བླ་མ་གོང་མ་དང་སློབ་དཔོན་དགེ་འདུན་བཟང་པོ་རྣམས་ལ་བསྟོད་ཕྱག་འབུལ་བ་ཡང་དོན་ལ་གནས་སོ།

གཉིས། ཡུལ་ལུང་།

ཀྱེ་ཧྲི་སྟོད་འཛིག་རྟེན་འཁོར་བ་ཆགས་པའི་གཞི། ། འཁོར་ལོ་རྩིབས་བརྒྱད་འདྲ་བ་དགུང་གི་འོག། །པད་མ་འདབ་བརྒྱད་འདྲ་བའི་དོག་སའི་སྟེང་། །གནམ་ས་ག་ཧུ་ཁ་སྦྱོར་འདྲ་བའི་བར། །སྟོང་གསུམ་མི་མཛེད་ཤག་ཀྱའི་ཞིང་ཁམས་ནས། །སྟོན་པ་བྱོན་གནས་རྡོ་རྗེ་གདན་གི་སྟོ། །སྙིགས་དུས་བསྟན་པའི་དར་ས་བར་ད་ནི། །གླིང་ལས་ཁྱད་འཕགས་ཁ་བ་ཅན་གྱི་ལྗོངས། །དགེ་ལ་དད་ལྡན་དྲི་ཤོད་གཡང་ར་རུ། །[①] ཞེས་བྱུང་བ་ལས་གསུང་རབ་འབྲི་བཞེངས་ཀྱི་ཡུལ་ལུང་ནི་སྟོན་གྱི་མཛད་བྱང་གི་བསྟོད་པ་དུང་ཆེན་གཟུགས་ལས་ཤེས་པ་སྟེ། སྟར་མངའ་རིས་གུང་ཐང་ཁབ་པའི་མངའ་འོག་ཏུ་ཡོད་པའི་ཡུལ་གྲོ་ཤོད་ཀྱི་གཡང་ར་ཏེ་དེང་གི་འགྲོང་པ་རྫོང་གི་མངའ་ཁོངས་ཤིག་ཡིན་པ་དེ་གོང་གི་མཛད་བྱང་ལས་ཤེས་པ་མ་ཟད། དཔལ་ལྡན་བླ་མ་དམ་པ་ཆོས་ལེགས་ཀྱི་རྣམ་ཐར་རམ་དེབ་ཐེར་ལས་ཀྱང་། ཁོ་བོ་བུ་ཆུང་བ་ཡིན་ཏེ། དེ་ཡང་དགུན་གྱི་དུས་སུ། བྱང་གི་ཡུལ་ཕྱོགས་ཁབ་ཆུང་བས། འབྲོག་པ་རྣམས་དེར་ལུག་གུ་སློག་པ་ལ། ལྷོ་ཕྱོགས་གྲོ་ཤོད་ནས་བྱང་དུ་འགྲོ་བའི་བར་ལམ། བར་ཡང་གི་ས་ཆ། ཉ་ཀླུལ་ཞེས་བྱ་བར།[②] ཞེས་གསུངས་པ་ལས་དེ་བས་ཀྱང་ཁ་གསལ་ཞིག་རྟོགས།

ཐང་སྟར་མའི་ལྡེབ་གྲངས་11ལས་དྲངས།

① གུང་ཐང་ཏུད་དུ་བཞུགས་པའི་དཔེ་རྙིང་གི་དབུ་ཤོག་ཞལ་ཁེབས་ལས་དྲངས།

② འཛིགས་མེད་བཟང་པོས་མཛད་པའི་དཔལ་ལྡན་བླ་མ་དམ་པ་ཆོས་ལེགས་ཀྱི་རྣམ་ཐར་རམ་དེབ་ཐེར་དུས་རབས་16པའི་གུང་

གསུམ། སྨིན་བདག

རྣམ་རིག་བློ་ལྡན་ཡོན་བདག་ཀོན་ཆོག་དང་། །དེ་ལྟར་ལྡན་པའི་ཡོན་དག་ཆོས་སྐྱོང་དང་། །དེ་ལྟར་འཛོམ་པའི་ཁྱུ་ཨོན་རྣམ་པ་དེ་ལ་སྟོད། ། འདུས་བྱས་མི་རྟག་སྒྱུ་མ་ཡིན་པ་དང་། །སྒྱུ་མའི་ནོར་ལ་སྙིང་པོ་བླང་བ་དང་། ། མཉམ་དང་མི་མཉམ་ཀུན་ལས་ལྷག་བྱ་འི་ཕྱིར། །ཡུམ་ཆེན་ཕ་རོལ་ཕྱིན་དང་རྒྱ་རྫོག་གསེར་བསུམ་བཞེངས། ། ཚེ་འདིའི་ཁྱིམ་དྲགས་ཕྱི་མའི་དོན་དུ་བཞེངས། །བསགས་པའི་དོན་ཅན་ཁྱུ་ཨོན་རྣམ་པ་ལ་སྟོད། །ཀུན་གྱི་སྙིང་དུ་སྡུག་པའི་བུ་ཆུང་དགེ་སྙིན་དེ་ལ་སྟོད། །ཀུན་གྱི་ཨ་མར་གྱུརད་ཅིང་ཉེ་དྲུང་མཚ་ཁ་སློམ། །འཛངས་གཤིན་ལྡན་པའི་ཨ་མ་ཁྲི་མ་དང་། །ཕ་བཟངས་བུ་མོ་ཚེ་རིགས་ལྡན་པ་འི་ལྷུམ། །མ་འཛངས་གུ་མོ་སྨན་མོ་འཕྲུལ་གི་རིགས། ། དེ་ལྟར་ལྡན་པའི་གནའ་སྐྱུག་རྣམས་ལ་སྟོད། །དད་ལྡན་རྒྱ་མོ་ཨོང་ཙ་རིགས། །ཟས་རྣམས་བདུད་རྩིར་སྒྱུར་ནས་མཆོད་ཚོ་མཉེས་པར་མཛད། །དེ་ལྟར་འཛོམ་པའི་གནའ་སྐྱུག་རྣམས་ལ་སྟོད། །ལྷ་བྲན་ལྟ་བུར་འཛོས་པའི་ལྷུམ་སྲིང་དང་། །དེ་ལྟར་འདེགས་སྟོན་བྱེད་པའི་ཉེ་འཁོར་དང་། །དེ་ལྟར་མཛོམ་པའི་ཉེ་འཁོར་རྣམས་ལ་སྟོད། ། [1]ཅེས་པ་ལས། གསུང་རབ་ཤེར་ཕྱིན་དེ་སྟར་གུང་ཐང་ཁབ་པའི་མངའ་འོག་ཡུལ་གྲོ་ཤོད་དང་དེང་གི་འགྲོང་པའི་ཁྱུལ་གྱི་གྲོ་ཤོད་དུ་འབྲི་བཞེངས་བསྐྲུངས་པའི་སྐབས་སུ་དད་པ་སྐྱོ་ངས་མེད་པའི་སྨིན་བདག་ནི། ཡོན་བདག་དཀོན་མཆོག་དང་ཡོན་བདག་ཆོས་སྐྱོང་ཁྱུ་དཔོན་རྣམས་ཀྱིས་མཛད་པ་དང་། ཀུན་གྱི་ཨ་མར་གྱུར་ཅིང་ཆགས་སྡང་ཉེ་རིང་མེད་པ། འཛངས་གཤིན་ལྡན་པའི་ཨ་མ་ཁྲི་མ་དང་། ཕ་བཟང་བུ་མོ་ཚེ་རིགས་ལྡན་པའི་ལྷུམ། མ་འཛངས་གུ་མོ་སྨན་མོ་འཕྲུལ་གྱི་རིགས། དེ་ལྟར་ལྡན་པའི་གནག་སྐྱུག་རྣམས་དང་། དད་ལྡན་རྒྱ་མོ་ཨོང་ཙ་རིགས་ཀྱིས་ཟས་རྣམས་བདུད་རྩིར་བསྒྱུར་ནས་མཆོད་ཚོ་མཉེས་པར་མཛད་ཅིང་། ལྷ་བྲན་ལྟ་བུར་མཛོས་པའི་ལྷུམ་སྲིང་དང་བཅས་པས་འབྲི་བཞེངས་ཀྱི་རྣམ་པར་དཀར་བའི་ལས་ལ་རྒྱབ་བསྐྱོར་མཐའ་གཅིག་ཏུ་གནང་སྟེ་འབྲི་བཞེངས་གནང་བ་སོགས་ལས་ཤེར་ཕྱིན་ཡུམ་དེའི་སྨིན་བདག་ཡང་ཞོར་དུ་ཤེས།

ཐང་སྟར་མའི་ལྡེབ་གྲངས་16ལས་དྲངས།

[1] གུང་ཐང་ཉད་དུ་བཞུགས་པའི་དཔེ་རྙིང་གི་དབུ་ཤོག་ཞལ་ཁིབས་ལས་དྲངས།

བཞི། ཡིག་ཞུས།

།ཀྱེ་ལགས་ཤེས་བྱའི་བཞི་མ་འཕྲུལ་ཆེན་སུམ་བཅུ་འདི། །སྟོད་དུ་གཟུགས་དང་བར་དུ་ཁ་གང་དང་། །སྨད་དུ་ལི་འགོལ་རྒྱུས་ཀྱི་ཤོམ་ར་འདི། །ཁོ་བོ་བསོད་ནམས་རྟན་ནེ་བྲིས་པ་ལགས། ། བཞུང་གི་རྒྱུས་ལ་ལྷག་མེད་པ་འདི། ། ཞབས་པ་རྣམས་ཀྱིས་འདི་ལྟར་བགོད། ། མཁས་པ་རྣམས་ཀྱིས་གཟིགས་ན་སྨྲོ་བ་རབ་ཏུ་སྐྱེ།[①] ཞེས་པ་ལས་གོང་གི་སྦྱིན་བདག་རྣམ་པས་རྒྱ་འགྲོ་སྦྱར་ཏེ་སྟར་གུང་ཐང་ཁབ་པའི་མངའ་འོག་དེང་གི་འབྲོང་པ་རྫོང་གི་ཡུལ་གྲོ་ཤོད་དུ་ཤེར་ཕྱིན་ཡུམ་དེ་འབྲི་བཞེངས་བསྐྲུངས་པའི་སྐབས་སུ་སྔོ་གསུམ་ཐང་ཆད་འབྲི་བའི་ཡིག་མཁན་ནི་བསོད་ནམས་རྟན་ནེས་གཞུང་གི་དབུ་ཞབས་ཀྱི་ཆ་ཤས་ལ་མ་ལྟོས་པར་ཡིག་གཟུགས་ཕྱུག་ཚད་ལྡན་ཞིང་འབྲི་བཤུས་ནླ་དག་པའི་དབང་གིས་གསུང་རབ་འདི་ལྟགས་སློག་དང་གཟིགས་མཁན་རྣམ་སྤྲོ་བ་རབ་ཏུ་འཕོལ་ངེས་ལགས་ཞེས་ཡིག་མཁན་གྱིས་བརྗོད་འདུག

ལྔ། བསྔོ་སྨོན།

དགེ་བ་འདི་འིས་ཡོན་མཆོད་སེམས་ཅན་རྣམས། །རྣམ་མཁྱེན་སངས་རྒྱས་མྱུར་ཐོབ་ཤོག་དགེའོ་ཏེ་ཏེ།[②] ཞེས་པ་ལས་ཤེར་ཕྱིན་ཡུམ་འདི་འབྲི་བཞེངས་གནང་བ་ལས་སྨོན་ལམ་ཁོངས་སུ་གཏོགས་པའི་མཆོད་ཡོན་སྦྱིན་བདག་དང་བཅས་པ་ཐམས་ཅད་མཁྱེན་པའི་གོ་འཕང་མྱུར་དུ་འཐོབ་པར་ཤོག་ཅེས་སྨོན་ལམ་བཏབ་འདུག

---

① གུང་ཐང་ཙུད་དུ་བཞུགས་པའི་དཔེ་རྙིང་གི་དབུ་ཤོག་ཞལ་ཁེབས་ལས་དྲངས།

② གུང་ཐང་ཙུད་དུ་བཞུགས་པའི་དཔེ་རྙིང་གི་དབུ་ཤོག་ཞལ་ཁེབས་ལས་དྲངས།

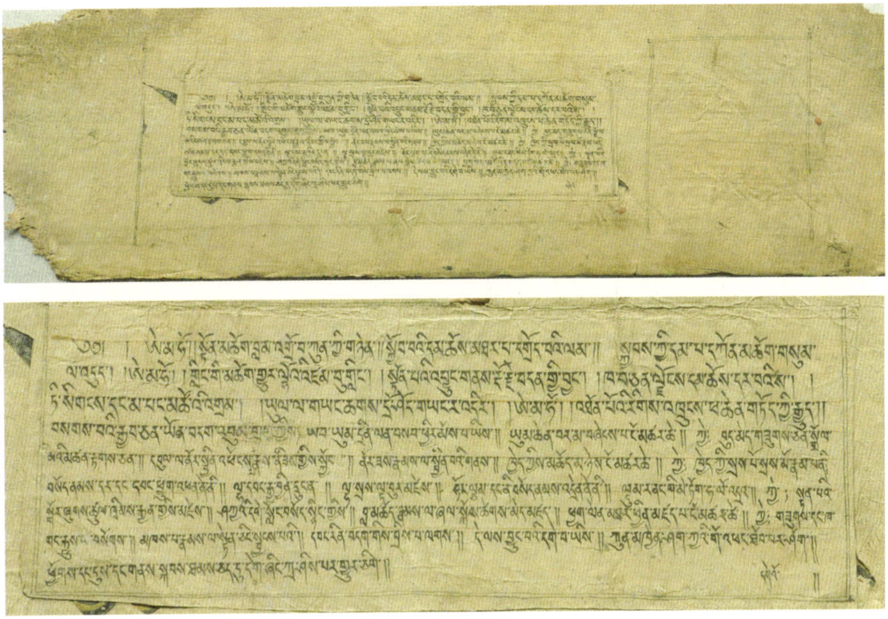

མཛོད་བྱང་མ་དཔེ།

ལེ་ཚན་ལྔ་པ། ཀུང་ཐང་ཅུད་པེར་ཕྱིན་མཛོད་བྱང་།

དང་པོ། མཛོད་བྱང་མ་ཕྱུགས།

༄༅། །ཨེ་མ་ཧོ། །སྟོན་མཆོག་བླ་མ་འགྲོ་བ་ཀུན་གྱི་གཉེན། །སྐྱོབ་པའི་དམ་ཆོས་མཐར་པ་དགྲོད་པའི་ལམ། ། སྐྱབས་ཀྱི་དམ་པ་དཀོན་མཆོག་གསུམ་ལ་འདུད། །ཨེ་མ་ཧོ། །གླིང་གི་མཆོག་གྱུར་ལྷོའི་འཛམ་བུ་གླིང་། །སྟོན་པའི་འབྱུང་གནས་རྡོ་རྗེ་བདན་གྱི་བྱང་། །ཁ་བ་ཅན་ལྗོངས་དམ་ཆོས་དར་བའི་ས། །ཧི་སི་གངས་དང་མ་པང་མཚོའི་འགྲམ། །ཡུལ་ལ་གཡང་ཆགས་དྲྭ་ཤོད་གཡང་ར་འདིར། །ཨེ་མ་ཧོ། །འཕྲོན་པའི་རིགས་འབྲུངས་ཕ་ཆེན་གཧོད་ཀྱི་རྒྱུད། །བསགས་པའི་རྒྱབ་ཅན་ཡོན་བདག་འབུམ་གྲགས་ཀྱིས། །ཡབ་ཡུམ་དྲིན་ལན་བསབ་ཕྱིར་མོས་པ་ཡིས།། ཡུམ་ཆེན་བར་མ་བཞེངས་པ་ངོ་མཚར་ཆེ། །ཀྱེ་བུད་མེད་གཟུགས་ཅན་སྒྲོལ་མའི་མཚན་རྟགས་ཅན། ། དབུལ་ལ་ནོར་སྦྱིན་འཕོངས་པ་རྣམས་ནི་ཟས་ཀྱིས་སྐྱོངས། ། ནོར་ཟས་རྣམས་ལ་སྦྱིན་པའི་གནས། །ཁྱེད་ཀྱིས་མཆོད་མཉེས་ངོ་མཚར་ཆེ། །ཀྱེ་ཁྱེད་ཀྱི་སྲས་

པོ་སྲུས་མོ་རྣམས་པ་ནི། །བསོད་ནམས་དར་དང་དབང་ཕྱུགས་ཕན་ནེ་ནི།། ལྷ་དབང་བརྒྱ་སྦྱིན་དྲུང་ན། །ལྷ་སྲས་ལྷ་བུར་མཛེས། །ཧོར་ལྷམ་དང་ནི་བསོད་ནམས་འདྲེན་ནེ་ནི། །ལྷུམ་ར་ནང་གི་མེ་ཏོག་ཏ་ལོ་འདྲ། །ཀྱེ་སྣན་པའི་སྨོར་ཞུགས་ཚུལ་ཁྲིམས་རྒྱན་གྱིས་མཛེས།། ཤཀྱའི་དགེ་སློང་བསོད་སྙིང་གྱིས། །ཀླུ་མཆོད་རྣམས་ལ་ཞལ་སྐོས་ཚོགས་མེད་མཛད།། ཕྱག་ལེན་མཐར་ཕྱིན་མཛད་པ་ངོ་མཚར་ཆེ། །ཀྱེ་གཟུགས་དང་ཁ་གང་རྒྱུས་ལ་བསོགས། །མཁས་པ་རྣམས་ལ་སྙེན་ཅིང་སྦྱངས་པའི། །དབང་རིན་བདག་གིས་བྲིས་པ་ལགས། །དེ་ལས་བྱུང་བའི་དགེ་བ་ཡིས། །ཀུན་མཁྱེན་ཤག་ཀྱའི་གོ་འཕང་འཐོབ་པར་ཤོག། །ཕྱོགས་དང་དུས་དང་གནས་སྐབས་ཐམས་ཅད་དུ་དགེ་ཞིང་ཀྲ་ཤིས་པར་གྱུར་ཅིག[①] ཅེས་པའོ།

གཉིས་པ། མཛད་བྱང་གི་དབྱེ་ཞིབ།

གཅིག བསྟོད་ཕྱག

༄༅། །ཨེ་མ་ཧོ། །སྟོན་མཆོག་བླ་མ་འགྲོ་བ་ཀུན་གྱི་གཉེན། །སྐྱོབ་པའི་དམ་ཆོས་མཐར་པ་དགྲོད་པའི་ལམ།། སྐྱབས་ཀྱི་དམ་པ་དཀོན་མཆོག་གསུམ་ལ་འདུད།།[②] ཅེས་བྱུང་བ་ལྟར་ན། ཐོག་མར་ཨེ་མ་ཧོ་ཞེས་ངོ་མཚར་ཚིག་གིས་སྟོན་བསྒུས་ཏེ་སངས་རྒྱས་དང་ཆོས། དགེ་འདུན་བཅས་གསུམ་ལ་གུས་པས་འདུད་པ་དེ་བསྟན་འདུག

གཉིས། ཡུལ་ལུང་།

གསུང་རབ་འདི་འབྲི་བཞེངས་བྱ་སའི་ཡུལ་ལུང་དེའི་སྐོར་ཡང་སྔོན་གྱི་ཡུལ་ལུང་བསྟོད་པ་དུང་ཆེན་གཟུགས་དང་འདྲ་བར་རིམ་པས་བཞིན་བརྗོད་པ་ལྟར་ན། ཐོག་མར་ངོ་མཚར་གཏམ་གྱིས་སྔོན་བསྒུས་པ་དང་སྦྲགས་གླིང་བཞིའི་ནང་ནས་མཆོག་ཏུ་གྱུར་པ་ལྷོ་འཛམ་བུ་གླིང་བསྟན་པ་དང་། གླིང་དེའི་ནང་ནས་སྤྱི་ལོའི་སྔོན་གྱི་ལོ་450ནང་དུ་སྟོན་པ་སངས་རྒྱས་བཅོམ་ལྡན་འདས་བྱོན་པའི་གནས་རྒྱ་གར་རྡོ་རྗེ་གདན་གྱི་བྱང་ཕྱོགས་སུ་དུས་བཞི་རི་རྩེ་ཁ་

① གུང་ཐང་ཅུད་དུ་བཞུགས་པའི་དཔེ་རྙིང་ཤེར་ཕྱིན་སྟོང་ཕྲག་བརྒྱ་པའི་དབུ་ཤོག་ནང་མའི་ཞལ་ཁེབས་ལས་དྲངས།

② གུང་ཐང་ཅུད་དུ་བཞུགས་པའི་དཔེ་རྙིང་ཤེར་ཕྱིན་སྟོང་ཕྲག་བརྒྱ་པའི་དབུ་ཤོག་ནང་མའི་ཞལ་ཁེབས་ལས་དྲངས།

བས་བརྒྱན་པའི་ལྗོངས་ཏེ་བོད་ཡུལ་དང་། བོད་ཡུལ་གྱི་ནང་ནས་ཀྱང་གངས་ཏི་སེ་དང་མཚོ་མ་ཕམ་གཡུ་མཚོའི་འགྲམ་དུ་ཆགས་པའི་གནས་སྐེ་སྟར་གུང་ཐང་རྒྱལ་པོའི་མངའ་འོག་སྐེ་དེང་གི་འབྲོང་པ་རྫོང་གི་མངའ་ཁོངས་ཡུལ་གྲོ་ཤོད་གཡང་ར་ཞེས་པ་དེ་ཡིན་པ་ནི་མཛད་བྱང་ལས། ཨེ་མ་ཧོ། །གླིང་གི་མཆོག་གྱུར་ལྷོའི་འཛམ་བུ་གླིང་། །སྟོན་པའི་འབྱུང་གནས་རྡོ་རྗེ་བདན་གྱི་བྱང་། །ཁ་བ་ཅན་ལྗོངས་དམ་ཆོས་དར་བའི་ས། །ཏི་སི་གངས་དང་མ་པང་མཚོའི་འགྲམ། །ཡུལ་ལ་གཡང་ཆགས་གྲོ་ཤོད་གཡང་ར་འདིར། །[①]ཞེས་པས་སོ།

གསུམ། སྦྱིན་བདག

ཨེ་མ་ཧོ། །འཁོན་པའི་རིགས་འབྲུངས་ཕ་ཆེན་གཏོད་ཀྱི་རྒྱུད། །བསགས་པའི་རྒྱབ་ཅན་ཡོན་བདག་འབུམ་གྲགས་ཀྱིས། །ཡབ་ཡུམ་དྲིན་ལན་བསབ་ཕྱིར་མོས་པ་ཡིས། །ཡུམ་ཆེན་བར་མ་བཞེངས་པ་ངོ་མཚར་ཆེ། །ཀྱེ་བུད་མེད་གཟུགས་ཅན་སྒྲོལ་མའི་མཚན་རྟགས་ཅན། །དབུལ་ལ་ནོར་སྦྱིན་འཕོངས་པ་རྣམས་ནི་ཟས་ཀྱིས་སྐྱོངས། །ནོར་ཟས་རྣམས་ལ་སྦྱིན་པའི་གནས། །ཁྱེད་ཀྱིས་མཆོད་མཉེས་ངོ་མཚར་ཆེ། །ཀྱེ་ཁྱེད་ཀྱི་སྲས་པོ་སྲས་མོ་རྣམས་པ་ནི། །བསོད་ནམས་དར་དང་དབང་ཕྱུགས་ཕན་ནེ་ནེ། །ལྷ་དབང་བརྒྱ་སྦྱིན་དྲུང་ན། །ལྷ་སྲས་ལྷ་བུར་མཛེས། །ཧོར་ལྕམ་དང་ནི་བསོད་ནམས་འདྲེན་ནེ་ནེ། །ལྕམ་ར་ནང་གི་མེ་ཏོག་ཏ་ལོ་འདྲ། །ཀྱེ་སྟོན་པའི་སྐོར་བཞུགས་ཚུལ་ཁྲིམས་རྒྱན་གྱིས་མཛེས། །ཤཱཀྱའི་དགེ་སློང་བསོད་སྙིང་གྱིས། །ལྷ་མཆོད་རྣམས་ལ་ཞལ་སྐོམས་ཚོགས་མེད་མཛད། །ཕྱག་ལེན་མཐར་ཕྱིན་མཛད་པ་ངོ་མཚར་ཆེ། །[②]ཞེས་བྱུང་བ་ལྟར་འགྲེལ་ན། གསུང་རབ་དེ་སྟར་གུང་ཐང་ཁབ་པའི་མངའ་འོག་དང་དེང་གི་འབྲོང་པ་རྫོང་གི་ཡུལ་གྲོ་ཤོད་དུ་འབྲི་བཞེངས་བསྐྲུངས་པའི་སྐབས་གསུང་རབ་དེའི་འབྲི་བཞེངས་ལ་ཉེ་བར་མཁོ་བའི་རྒྱུ་འགྲོ་སྒྲུབ་མཁན་གྱི་དད་པ་སྐྱོ་ངས་མེད་པའི་སྦྱིན་བདག་ནི་ལ་སྟོད་རྒྱུད་པ་ཡོན་བདག་འབུམ་གྲགས་ཀྱིས་སྦྱིན་བདག་གཙོ་བོ་གནང་བའི་སྐབས་སུ། ལས་དེའི་ཕྱོགས་སུ་ཕྱུར་བ་གྲུ་འདེགས་གནང་མཁན་གྱི་སྲས་དང་སྲས་མོ་བསོད་ནམས་དར་དང་དབང་ཕྱུག་ཕན་ནེ་རྣམ་གཉིས་དང་ཧོར་ལྕམ་དང་བསོད་ནམས་འདྲེན་ནེ་རྣམས་ཀྱིས་གནང་

---

① གུང་ཐང་ཅུད་དུ་བཞུགས་པའི་དཔེ་རྙིང་ཤེར་ཕྱིན་སྟོང་ཕྲག་བརྒྱ་པའི་དབུ་ཤོག་ནང་མའི་ཞལ་ཁེབས་ལས་དྲངས།

② གུང་ཐང་ཅུད་དུ་བཞུགས་པའི་དཔེ་རྙིང་ཤེར་ཕྱིན་སྟོང་ཕྲག་བརྒྱ་པའི་དབུ་ཤོག་ནང་མའི་ཞལ་ཁེབས་ལས་དྲངས།

སྐྱེ་འབྲི་བཞེངས་བསྐྱངས་པའི་སྐབས་སུ། བླ་མཆོད་རྣམས་ལ་ཞལ་བཀོད་ཚོགས་མེད་དགེ་སློང་བསོད་སྙིང་གིས་ཞིགས་པར་མཛད་པ་ནི་སྦྱིན་བདག་གི་སྐོར་ཡིན།

བཞི། ཡིག་ཞུས།

དད་པ་སྐྱོ་ངས་མེད་པའི་སྦྱིན་བདག་ལ་སྟོད་ལྷོ་རྒྱུད་ཀྱི་རྒྱུད་པ་ཡོན་བདག་འབུམ་གྲགས་སོགས་ཀྱིས་གནང་སྐྱེ་ཡུལ་གྲོ་ཤོད་དུ་འབྲི་བཞེངས་གནང་བའི་སྐབས་སུ་སྔོ་གསུམ་དང་པས་འབྲི་བའི་ཡིག་པ་ནི། སྔོན་གྱི་ཡིག་མཁན་དབུ་ཆེན་དག་ལ་བསྙེན་ཏེ་ལེགས་པར་སྦྱངས་ནས་འགྱོད་པའི་ཡིག་མཁན་དཔང་རིན་གྱིས་འབྲི་བཤུས་བྱས་པ་སྐྱེ་མཛད་བྱང་ལས། ཀྱི་གཟུགས་དང་ཁ་གང་རྒྱུས་ལ་བསོགས་། །མཁས་པ་རྣམས་ལ་སྙེན་ཅིང་སྦྱངས་པའི་། །དཔང་རིན་བདག་གིས་བྲིས་པ་ལགས་། །[①]ཞེས་པས་རྟོགས་སོ།

ལྔ། བསྔོ་སྨོན།

མཇུག་གི་བསྔོ་སྨོན་དུ་སྔོན་གྱི་མཛད་བྱང་གཞན་རྣམས་དང་འདྲ་བར་སྨོན་ལམ་ཁོངས་སུ་གཏོགས་པའི་སེམས་ཅན་ཀུན་གྱི་མོས་པ་དང་འཚམས་པ་ཞིག་བཏབ་པ་ནི་མཛད་བྱང་ལས། །དེ་ལས་བྱུང་བའི་དགེ་བ་ཡིས་། །ཀུན་མཁྱེན་ཤག་ཀྱའི་གོ་འཕང་ཐོབ་པར་ཤོག་། །ཕྱོགས་དང་དུས་དང་གནས་སྐབས་ཐམས་ཅད་དུ་དགེ་ཞིང་ཀྲ་ཤིས་པར་གྱུར་ཅིག་[②]ཅེས་པས་སོ།

---

① ཀུང་ཐང་ཅུད་དུ་བཞུགས་པའི་དཔེ་རྙིང་ཤེར་ཕྱིན་སྟོང་ཕྲག་བརྒྱ་པའི་དབུ་ཤོག་ནང་མའི་ཞལ་ཁེབས་ལས་དྲངས།

② ཀུང་ཐང་ཅུད་དུ་བཞུགས་པའི་དཔེ་རྙིང་ཤེར་ཕྱིན་སྟོང་ཕྲག་བརྒྱ་པའི་དབུ་ཤོག་ནང་མའི་ཞལ་ཁེབས་ལས་དྲངས།

ལེ་ཚན་དྲུག་པ། ཀུང་ཐང་ཅུད་ཤེར་ཕྱིན་མཛོད་བྱང་།

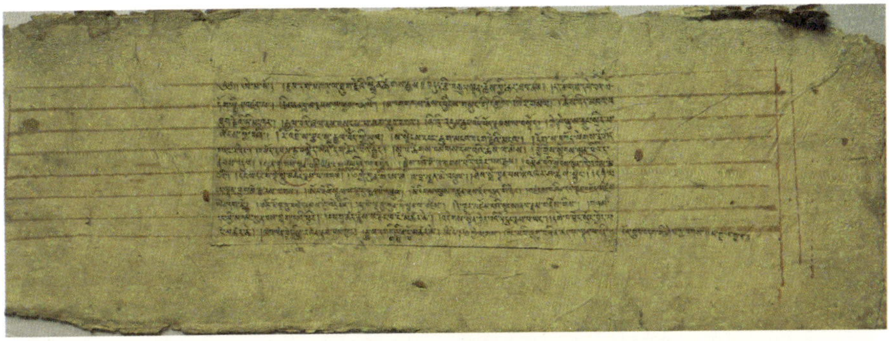

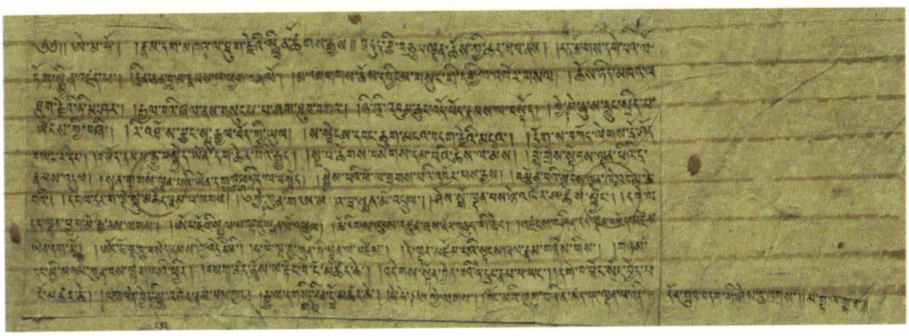

མཛོད་བྱང་མ་དཔེ།

དང་པོ། མཛོད་བྱང་མ་ཕྱུགས།

༄༅།།ཨེ་མ་ཧོ་།རྣམ་དག་མཁའ་ལ་ཐུག་རྗེའི་སྤྲིན་ཚོགས་རྒྱས་།།བདུད་རྩི་བཅུད་ལྡན་ཆོས་ཀྱི་ཆར་ཐབ་ནས་།།དད་རྩོགས་དགེ་བའི་ལོ་ཏོག་སྨིན་འཛད་པ་།།དྲིན་ཅན་བླ་མ་རྣམས་ལ་ཕྱག་འཚལ་ལོ།།མ་འགགས་ཆོས་དབྱིངས་གསུང་གི་དཀྱིལ་འཁོར་གསལ་།།ཆོས་ཉིད་མཁའ་ལ་ཐུག་རྗེའི་ཉི་མ་ཤར་།།རྒྱལ་བའི་ཞལ་ནས་གསུངས་པ་ཤག་ཐུབ་བཀའ་།།ཉི་ཁྲི་འབུམ་ཆུང་འོད་ཕོད་རྣམས་ལ་བསྟོད་།།ཀྱེ། སེ་ཆུ་ས་རླུང་སྲིད་པ་ཡོངས་ཀྱི་བཞི་།།རི་འཛོམ་ས་རྩང་སྤུ་རྒྱལ་བོད་ཀྱི་ཡུལ།།ས་སྐྱིངས་དབང་ཆུག་མངའ་བདག་རྗེའི་མངའ་།།དོག་ས་བཀོད་ལེགས་རྡོ་ཤོད་གཡང་ར་དེར་།།བསོད་ནམས་རྒྱ་བསྐྱེད་ཡོན་དག་ཆེན་པོའི་རྒྱུད་།།སྡུ་པ་ཚོགས་བསགས་དམ་པའི་ཆོས་ལ་མོས་།།བློ་གྲོས་སྟོབས་ལྡན་ཕྱིའི་དྲུ་རྣམས་འདུལ་།།སྙན་གྲགས་ལྡན་པའི་ཡོན་དག་ཀྱཱ་ཤིས་འཕན་དེ་ལ་བསྟོད་།།སྐྱེས་པའི་ཕོ་ལ་གྲགས་པའི་འབྱོར་པས་རྒྱས་།།བརྟེན་པའི་སྟོབས་

ལྡན་ཁིར་འགམ་ཆེ་བའི། །དཔལ་དར་ག་ལྡེ་སྐུ་མཆེད་རྣམས་པ་ལགས། །༄།ཀྱེ། ཀུན་གྱི་ཨ་མ་འ་ཟ་སྨན་མོ་འཕྲུལ། །ཞེས་སྒོ་ལྡན་པས་ཉེ་འཁོར་ཤ་ཚས་སྐྱོང་། ། དགེ་ལ་དད་ལྡན་ཕྱུག་མོ་རྒྱ་རས་ལགས། །ཨོང་ཇོའི་སྤྲུལ་པ་ལྷ་བུ་སྨན་མོ་འཕྲུལ། །ཚེ་རིགས་ཁྱུངས་བརྩུན་ཟས་ནོར་བཅུད་ཀྱི་རྟེར། །འཛངས་བཞིན་དད་ལྡན་བསོད་མཛེས་ཡོན་དག་མོ། །ཨོང་ཇོ་ལྷ་བུ་བསོད་ནམས་ཁྲི་འདྲེན་ནེ། །ཏ་ལོ་ལྷ་བུ་ཀུན་གྱི་སྤྱན་ལ་མཛེས། །དེ་ལྟར་འཛོམ་པའི་སྟངས་ཞལ་རྣམ་གཉིས་གིས། ། གཉམ་དང་མི་མཉམ་ཀུན་བས་ལྷག་པའི་ཕྱིར། །བསག་ཚད་ཆོས་ལ་རྟེང་བ་ངོ་མཚར་ཆེ། །འདེགས་སྟོན་བྱེད་པའི་ཉེ་དྲུང་རྣམ་པ་ཡང་། །དགེ་བ་ཟློང་སྐྱོང་བྱེད་པ་ངོ་མཚར་ཆེ། །ལག་ལེན་བྱེད་པའི་སྐུ་འཁོར་རྣམ་པས་ཀུང་། རྒྱུ་ལ་དགས་གིས་ཕྱིན་པ་ངོ་མཚར་ཆེ། །ཧེཧེ། །༄། ཀྱེ་ལགས། །གོང་མའི་ལུགས་བཞིན་ཚད་དང་ལྡན་པ་འདི། །དོན་གྲུབ་བདག་གི་ཤེས་བྱ་ལགས། །མ་ཧྭ་ལ་ཧྭ་ཐ་[①]ཞེས་པའོ།

གཉིས་པ། མཛོད་བྱང་གི་དཔེ་ཞིབ།

34

གཅིག བསྟོད་ཕྱག

༄༅། །ཨེ་མ་ཧོ། །རྣམ་དག་མཁའ་ལ་ཐུག་རྗེའི་སྤྲིན་ཚོགས་རྒྱས། །བདུད་རྩི་བཅུད་ལྡན་རྔོས་ཀྱི་ཆར་ཐབ་ནས། ། དད་རྗོགས་དགེ་བའི་ལོ་ཏོག་སྨིན་འཛད་པ། །དྲིན་ཅན་བླ་མ་རྣམས་ལ་ཕྱག་འཚལ་ལོ། །མ་འགགས་ཆོས་དབྱིངས་གསུང་གི་དཀྱིལ་འཁོར་གསལ། །ཆོས་ཉིད་མཁའ་ལ་ཐུག་རྗེའི་ཉི་མ་ཤར། །རྒྱལ་བའི་ཞལ་ནས་གསུངས་པ་ཤག་ཐུབ་བཀའ། །ཉི་ཁྲི་འབུམ་ཚུང་འོད་པོད་རྣམས་ལ་བསྟོད། །[②]ཅེས་བྱུང་བ་ལྟར་ན། འདིར་ཐོག་མར་དགེ་བའི་ལས་འདི་ལྟ་བུ་ཞིག་བསྒྲུབས་པ་ལ་ངོ་མཚར་ཆེ་ཞེས་པའི་ཚིག་ཨེ་མ་ཧོ་ཞེས་པས་སྟོན་བསྣུས་ཏེ་སྦྱིན་བདག་རང་གི་དྲིན་ཅན་བླ་མ་རྣམས་ལ་གུས་ཕྱག་འཚལ་བ་དང་རྒྱལ་བའི་བཀའ་འགྱུར་གྲས་སུ་བཞུགས་པའི་ཤེར་ཕྱིན་ཡུམ་རྒྱས་འབྲིང་བསྡུས་གསུམ་ལས་འབྲིང་པོའི་རྒྱས་པ་ལོ་ཙཱ་བ་ཡེ་ཤེས་སྡེ་ལ་སོགས་པས་བསྒྱུར་བའི་ཉི་ཁྲི་འབུམ་ཚུང་དེ་ལ་བསྟོད་པ་མཛད་པ་ཞིག་ཡིན།

① གུང་ཐང་ཏུད་དུ་བཞུགས་པའི་ཤེར་ཕྱིན་དབུ་ཤོག་ནང་མའི་ཞལ་ཁིབས་ལས་དྲངས།

② གུང་ཐང་ཏུད་དུ་བཞུགས་པའི་ཤེར་ཕྱིན་དབུ་ཤོག་ནང་མའི་ཞལ་ཁིབས་ལས་དྲངས།

གཉིས། ཡུལ་ལུང་།

ཞེར་ཕྱིན་ཉི་ཁྲི་དེ་འབྲི་བཞེངས་བྱ་སའི་ཡུལ་ལུང་ནི་གོང་གི་དེ་དག་དང་འདྲ་བར་སྟར་མངའ་རིས་གུང་ཐང་རྒྱལ་པོ་དབང་ཕྱུག་ཇོའི་མངའ་འོག་ཏུ་ཆགས་པའི་ཡུལ་ལུང་གྲོ་ཤོད་གཡང་ར་སྟེ། དེང་གི་འབྲོང་པ་རྫོང་གི་མངའ་ཁོངས་གྲོ་ཤོད་ཡིན་པ་ནི་མཛད་བྱང་གི་ཡུལ་ལུང་བསྟོད་པ་དུང་ཆེན་གཟུགས་ལས་ཤེས་ཐུབ་པ་སྟེ། ཀྱེ། མི་ཚུ་ས་རླུང་སྲིད་པ་ཡོངས་ཀྱི་བཞི། །རི་འཐོ་ས་རྩང་སྟུ་རྒྱལ་བོད་ཀྱི་ཡུལ། །ས་སྐྱེངས་དབང་ཕྱུག་མངའ་བདག་ཇོའི་མངའ། །དོག་ས་བཀོད་ལེགས་དྲོ་ཤོད་གཡང་ར་དེར་[1]ཞེས་པས་རྟོགས།

གསུམ། སྦྱིན་བདག

སྟར་མངའ་རིས་གུང་ཐང་རྒྱལ་པོའི་མངའ་འོག་ཏུ་ཆགས་པའི་ཡུལ་ལུང་གྲོ་ཤོད་གཡང་ར་དེར་ཞེར་ཕྱིན་ཉི་ཁྲི་དེ་འབྲི་བཞེངས་བསྐྲུངས་པའི་སྐབས་སུ། དེའི་འབྲི་བཞེངས་ཀྱི་རྒྱུ་འགྲོ་སྒྲོར་མཁན་གྱི་དད་པ་སྐྱོ་ངས་མེད་པའི་སྦྱིན་བདག་བཀྲ་ཤིས་འཕན་དེ་དང་དཔལ་དར་གལེ་སྐུ་མཆེད་དང་ཨ་མ་འ་ཟ་སྨན་མོ་འཕྲུལ། ཕྱུག་མོ་རྒྱ་རས་དང་ཨོང་ཇོའི་སྤྲུལ་པ་སྨན་འཕྲུལ། བསོད་ནམས་ཁྱི་འདྲེན་ནེ་རྣམས་ཀྱིས་གནང་སྟེ་འབྲི་བཞེངས་བསྐྲུངས་པ་ནི་འོག་གི་སྐད་ཆ་དུམ་བུ་དེ་ལས་ཤེས་ཐུབ་པ་སྟེ། །།བསོད་ནམས་རྒྱུ་བསྐྱེད་ཡོན་དག་ཆེན་པོའི་རྒྱུད། །སྟོ་པ་ཚོགས་བསགས་དམ་པའི་ཆོས་ལ་མོས། །བློ་གྲོས་སྟོབས་ལྡན་ཕྱིའི་དྲ་རྣམས་འདུལ། །སྙན་གྲགས་ལྡན་པའི་ཡོན་དག་ཀྲ་ཤིས་འཕན་དེ་ལ་བསྟོད། །སྐྱེས་པའི་ཕོ་ལ་གྲགས་པའི་འབྱོར་པས་རྒྱས། །བརྩོན་འགྲུས་སྟོབས་ལྡན་ཁེར་འགམ་ཆེ་བའི། །དཔལ་དར་གལེ་སྐུ་མཆེད་རྣམས་པ་ལགས། །༄ཀྱེ། ཀུན་གི་ཨ་མ་འ་ཟ་སྨན་མོ་འཕྲུལ། །ཤེས་སྙོ་ལྡན་པས་ཉེ་འཁོར་ཤ་ཚས་སྐྱོང་། །དགེ་ལ་དད་ལྡན་ཕྱུག་མོ་རྒྱ་རས་ལགས། །ཨོང་ཇོའི་སྤྲུལ་པ་ལྷ་བུ་སྨན་མོ་འཕྲུལ། ། ཚེ་རིགས་ཁུངས་བཙུན་ཟས་ནོར་བཅུད་ཀྱི་རྟེར། །འཛངས་བཤིན་དད་ལྡན་བསོད་མཛེས་ཡོན་དག་མོ། །ཨོང་ཇོ་ལྷ་བུ་བསོད་ནམས་ཁྱི་འདྲེན་ནེ། །ཏ་པོ་ལྷ་བུ་ཀུན་གྱི་སྤྱན་ལ་མཛེས། །དེ་ལྟར་འཛོམ་པའི་སྟངས་ཞལ་རྣམ་གཉིས་གིས། ། གཉམ་དང་མི་མཉམ་ཀུན་བས་ལྷག་པའི་ཕྱིར། །

[1] གུང་ཐང་ཙད་དུ་བཞུགས་པའི་ཞེར་ཕྱིན་དབུ་ཤོག་ནང་མའི་ཞལ་ཁེབས་ལས་དྲངས།

བསག་ཚད་ཆོས་ལ་རྟོང་བ་ངོ་མཚར་ཆེ། །འདེགས་སྟོན་བྱེད་པའི་ཉེ་དྲུང་རྣམ་པ་ཡང་། །དགེ་བ་ཐོང་སྤྱོང་བྱེད་པ་ངོ་མཚར་ཆེ། །ལག་ལེན་བྱེད་པའི་སྐུ་འཁོར་རྣམ་པས་ཀྱང་། །རྒྱ་ལ་དགས་གིས་ཕྱིན་པ་ངོ་མཚར་ཆེ། །ཧེཧེ། །[①]ཞེས་པས་རྫོགས།

བཞི། ཡིག་ཞུས།

གུང་ཐང་རྒྱལ་པོའི་མངའ་འོག་ཡུལ་གྲོ་ཤོད་དུ་དད་པ་སྐྱོ་ངས་མེད་པའི་སྦྱིན་བདག་ཆེན་པོ་བཀྲ་ཤིས་འཕན་དེ་སོགས་ཀྱིས་གནང་སྟེ་ཤེར་ཕྱིན་ཉི་ཁྲི་དེ་འབྲི་བཞེངས་བསྒྲུངས་པའི་ཡིག་མཁན་ནི། སྟོན་གྱི་ཡིག་མཁན་དག་གི་འབྲི་རྒྱུན་ལེགས་སྤྲུངས་ནས་འབྲི་རྒྱུན་འཛིངས་པའི་ཡིག་པ་དོན་གྲུབ་ཀྱིས་འབྲི་བཤུས་མཛད་པ་སྟེ་མཛད་བྱང་ལས། ཀྱེ་ལགས། །གོང་མའི་ལུགས་བཞིན་ཚད་དང་ལྡན་པའི་འདི། །དོན་གྲུབ་བདག་གི་ཤེས་བྱ་ལགས། །མ་སྟ་ལ་སྟ་ཐ་[②] ཞེས་པས་རྫོགས།

ལེ་ཚན་བདུན་པ། གུང་ཐང་ཅུད་ཤེར་ཕྱིན་མཛད་བྱང་།

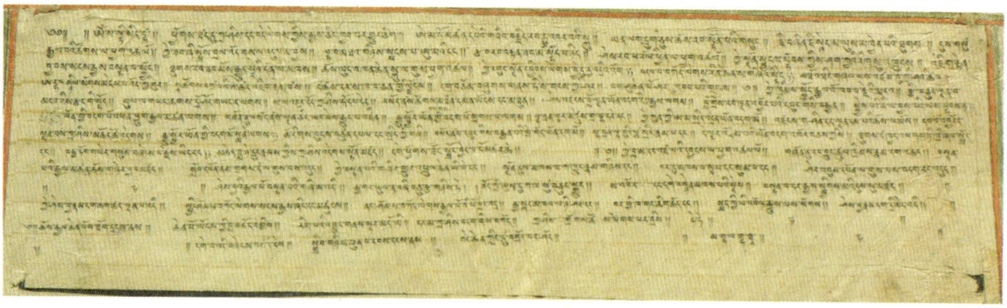

མཛད་བྱང་མ་དཔེ།

① གུང་ཐང་ཅུད་དུ་བཞུགས་པའི་ཤེར་ཕྱིན་དབུ་ཤོག་ནང་མའི་ཞལ་ཁྱབས་ལས་དྲངས།
② གུང་ཐང་ཅུད་དུ་བཞུགས་པའི་ཤེར་ཕྱིན་དབུ་ཤོག་ནང་མའི་ཞལ་ཁྱབས་ལས་དྲངས།

དང་པོ། མཛོད་བྱང་མ་ཕྱུས།

༄༅། །ཨོཾ་ས་སྟི་སིད་དྷཾ།། ཕྱོགས་ཐམས་ཅད་དུ་ཀྲ་ཤིས་དང་བདེ་ལེགས་ཀྱིས་རྒྱས་ཅིང་ཁྱབ་པར་གྱུར་ཅིག། །ཨེམ་ཧོ་མཚན་དཔེའི་གཟི་བརྗིད་རབ་ཏུ་འབར་བའི་སྐུ། །ཡན་ལག་དྲུག་ཅུས་ཆོས་རབ་སྟོན་པའི་གསུང་། །ཇི་བཞིན་ཇི་སྙེད་མ་ལུས་མཁྱེན་པའི་ཐུགས། །དུས་གསུམ་རྒྱལ་བའི་ཚོགས་ལ་ཕྱག་འཚལོ། །ཀྱེ་ཟབ་ཞི་སྤྲོས་བྲལ་འོད་གསལ་འདུས་མ་བྱས། །ལྷུ་བ་མཐའ་གཉིས་སྤངས་པ་ཨུ་མའི་ངང་། །རྩ་བ་རབ་བརྟན་ཟབ་མོ་སྟོང་པ་ཉིད། །ཤེས་རབ་ཕ་རོལ་ཕྱིན་ལ་ཕྱག་འཚལོ། །ཀྱེ་སྨོན་སྦྱངས་སྟོབས་ཀྱིས་ཤག་ཀྱའི་རིགས་སུ་འཁྲུངས། །འཛིག་རྟེན་བྱ་བས་སངས་རྒྱས་བསྟན་པ་སྐྱོང་། །ཐུགས་རབ་ཟབ་མོས་རྒྱུད་སྡེའི་དོན་ལ་མཁས། །ཆོས་ལུང་ལཁན་ཆེན་སྐུ་ལ་གུས་ཕྱག་འཚལ། །ཀྱེ་དགུང་སྟོན་དབྱིབས་ལེགས་བྱེ་དུ་རྡ་འདྲའི་འོག; ;བདལ་པ་བཀོད་ལེགས་རིན་ཆེན་ས་གཞིའི་སྟེང་; ;མཐོ་འཐིང་གཞལ་ཡས་འཛམ་བུ་གླི་ཤའི་ཚལ། །ཨ་རྣ་དཀྱིལ་སོགས་མཛེས་པ་འོད་ཀྱི་གུར། ། སྣ་ཚོགས་བཀྲམ་པ་མི་མཆེད་འཛིག་རྟེན་ཁམས། །དམ་ཆོས་དར་ས་ཁ་བ་ཅན་གྱི་ལྗོངས། །དགྲ་བཅོམ་བཞུགས་གནས་ཏི་སི་གངས་ཀྱི་ཤར། །པག་ཤུ་ཆེན་པོ་ཤར་དུ་འབབ་པའི་གཡས།། ༄༅།ཀྱེ་ཁྲིམས་སྐྱོང་རྒྱལ་པོ་ཁབ་པ་རྗེའི་མངའ། །རྩི་བཅུད་ལྡན་པ་མངའ་རིས་རྩང་གི་སྟོད །ཡུལ་ལ་གཡང་ཆགས་དྲྭ་ཤོད་གཡང་ར་ལགས། །ས་ལ་འབུར་དོད་ཀྲ་ཤིས་ཀོ་དལ་དེར། །བསོད་ནམས་ཚོགས་བསགས་མཐོན་དམན་ཡོངས་དང་མཐུན། །ཤེས་འཛངས་བློ་ལྡན་ཡོན་བདག་རིན་རྒྱལ་ལགས། །བློ་གྲོས་རབ་ལྡན་འཁོར་པའི་དཔུང་གིས་བརྒྱན། །སྐྱེས་པའི་མི་ལ་བྱས་པའི་ལས་སྐབས་ཅན་; ; རྒྱུ་སྦྱོར་ཡོན་གྱི་བདག་པོ་འཕན་ཕྱུག་རྒྱལ་མཚན་ལགས། །གཞོན་ནུ་བསོད་ནམས་ལྡན་ཅིང་ཡབ་མེས་རྒྱུད་པ་འཛིན། །རྒྱུ་སྦྱོར་ཡོན་གྱི་བདག་པོ་གྲགས་པ་ལགས། །ལྷ་བྲན་ལྟར་མཛེས་གྲ་ལྷ་དེར་དང་། །ཀྱེ་ཀུན་གྱི་ཨ་མ་སྲིད་འདྲེན་ཡོན་བདག་མོ། །འཛངས་གཤིན་དད་ལྡན་དམ་པའི་ཆོས་ལ་མོས། །དཔལ་འབྱོརད་ལྡན་པ་ཀྲ་ཤིས་མཆོད་ཚོ་འདིགས། ། རྒྱུ་སྦྱོར་ཡོན་གྱི་བདག་མོ་སྨན་ལགས; ;ཚོ་རིགས་ཁུངས་བཙུན་དཔལ་དང་སྲིད་ཀྱི་གཞི། །བསོད་ནམས་དཔུང་གིས་བརྒྱན་པའི་གྱི་གོད་ཡོན་དག་མོ། །ལྷ་བྲན་ལྷ་བུའི་ལྕུམ་སྲིང་རྣམ་པ་དང་། །དེ་ལྟར་འཛོམས་པའི་ཡོན་བདག་འཁོར་བཅས་ཀྱིས། །ཐུགས་དམ་ཁྱད་འཕགས་ཉེ་ཁྲི་ཞལ་སྦྲོད་དང་། །བརྒྱ་ཏོག་གསེར་གསུམ་བཞེངས་པ་རྗེས་ཡིད་རང་; ;མཆེད་ཟླ་ཉེ་དྲུང་རྣམས་ཀྱིས་ཀྲ་ཤིས་འདེགས་སྟོན་མཛད། །དགེ་ཕྱོགས་ཟོང་སྦྲོད་བྱེད་པ་དོ་མཚར་ཆེ།།༄༅།ཀྱེ་

བླ་མ་དང་འཇམ་པའི་དབྱངས་ལ་ཕྱག་འཚལ་ལོ །གཞོན་ནུ་རབ་བྱུང་ཚུལ་ཁྲིམས་རྣམ་དག་འཆང་། །བསྟན་པའི་རྒྱལ་མཚན་ཆོས་གཉེར་བྱ་བ་མཛད། །སློབ་དཔོན་ནམ་གྲགས་དེ་ལ་གུས་པ་འདུད། །ཀྱེ་བསྟན་པའི་གཞི་གྱུར་འཕྲུལ་ཆེན་ཡི་གེ་དང་། །སྔོན་དུས་མཁས་པ་ཀ་ཁྱུང་རྣམ་གཉིས་དང་། །བར་དུ་མཁས་པ་སྨྲལ་དང་སུམ་པ་དང་། །ཤེར་འབུམ་དཔོན་ལ་གུས་པས་བདག་རང་འདུད། །; ; ཤེས་བྱའི་རྒྱལ་པོ་བསྟན་པའི་གཞི་མ་འདི། །རྒྱ་གར་ཡུལ་ན་བཞི་ཙུ་རྶ་གཉིས་ཏེ། །བོད་ཀྱི་ཡུལ་དུ་ཀ་ཁ་སུམ་བཅུར་སྒྱུར། །ས་འཐོ་ར་ལྷར་དང་དགེ་བསྙེན་མཁས་པ་སྤེལ། །བསྟན་པ་དར་རྒྱས་སྨིགས་མའི་དུས་སུ་མཛད། །ཀྱེ་ཤེས་བྱའི་རྣམ་དག་ཚད་ལྡན་པ་འདི། །སྤྱི་ཤོམས་བཀོད་ལེགས་སངས་རྒྱས་ཞིང་དང་མཚུངས། །ནང་ཤོམས་བཀོད་ལེགས་རྒྱལ་པོ་འི་ཕོ་བྲང་འདྲ། །རྒྱ་སྐད་ཁ་ལ་ཉི་ཤར་དང་། །བར་གྱི་ཁ་གང་ཆིག་ཚོད་དང་། །སྨད་ཀྱི་ལི་འཐོལ་རྒྱུས་ལས་སོགས།། ཤེས་བྱ་རྣམ་དག་དྲི་མེད་འདི།༄༅།ཆོས་རྒྱལ་ཆེན་པོས་ཐོགས་དྲངས་ནས། །ཆེན་པོ་ཡོངས་ཀྱི་བླ་མཆོད་བགྱིས། །རིག་པའི་འབྱུང་གནས་ལྷར་མདོ་ཡི། །དར་མ་གྲཱ་ཤེས་བདག་གིས་བཀོད། །གྲཱ་ཤེས་ཕྱོགས་ཆོས་ལེགས་པར་བྲིས། །ཏེ་ཏེ།། དགེ་བ་འདི་བཞེངས་བསོད་དེས།། སྒྲིབ་གཉིས་མུན་པ་རབས་དངས་ནས།། བདེ་ཆེན་གླིང་དུ་བགྲོད་པར་ཤོག[1] ཅེས་པའོ།

གཉིས་པ། མཛད་བྱང་གི་དཔེ་ཞིབ།

གཅིག བསྟོད་ཕྱག

༄༅།ཨོཾ་ས་སྟི་སིད་དྷཾ།། ཕྱོགས་ཐམས་ཅད་དུ་ཀྲ་ཤིས་དང་བདེ་ལེགས་ཀྱིས་རྒྱས་ཅིང་ཁྱབ་པར་གྱུར་ཅིག། །ཨེ་མ་ཧོ་མཚན་དཔེའི་གཟི་བརྗིད་རབ་ཏུ་འབར་བའི་སྐུ། །ཡན་ལག་དྲུག་ཅུས་ཆོས་རབ་སྟོན་པའི་གསུང་། །ཇི་བཞིན་ཇི་སྙེད་མ་ལུས་མཁྱེན་པའི་ཐུགས། །དུས་གསུམ་རྒྱལ་བའི་ཚོགས་ལ་ཕྱག་འཚལ་ལོ། །ཀྱེ་ཟབ་ཞི་སྤྲོས་བྲལ་འོད་གསལ་འདུས་མ་བྱས། །ལྟ་བ་མཐའ་གཉིས་སྤངས་པ་ཨུ་མའི་ངང་། །རྩ་བ་རབ་བརྟན་ཟབ་མོ་སྟོང་པ་ཉིད། །ཤེས་རབ་ཕ་རོལ་ཕྱིན་ལ་ཕྱག་འཚལ་ལོ། །ཀྱེ་སྔོན་སྨྲུངས་སྟོབས་ཀྱིས་ཤག་ཀྱའི་རིགས་སུ་འཁྲུངས།།འཇིག་རྟེན་བྱ་བས་སངས་རྒྱས

[1] གུང་ཐང་ཅང་དུ་བཞུགས་པའི་དཔེ་རྙིང་གི་དབུ་ཤོག་ནང་མའི་ཞལ་ཁེབས་ལས་དྲངས།

བསྟན་པ་སྐྱོང་། །ཐུགས་རབ་ཟབ་མོས་རྒྱུད་སྡེའི་དོན་ལ་མཁས། །ཆོས་ལུང་འཁན་ཆེན་སྐུ་ལ་གུས་ཕྱག་འཚལ། །[1]ཞེས་བྱུང་བ་ལ་གཞིགས་ན། ཐོག་མར་རྒྱ་གར་སྐད་ཐོག་ནས་བཀྲ་ཤིས་ཞེས་བརྗོད་པ་དང་སྦྲགས། དེ་རྗེས་རིམ་པས་བཞིན་དུས་གསུམ་རྒྱལ་བའི་སྐུ་གསུང་ཐུགས་ལ་གུས་ཕྱག་འཚལ་ཞིང་། དད་ལྡན་སྦྱིན་བདག་གིས་གང་ཞིག་བཞེངས་པར་འདོད་པའི་གསུང་རབ་ཤེར་ཕྱིན་དེ་ལ་གུས་ཕྱག་ཕུལ་བ་བཅས་ནི་སྔོན་གྱི་མཛད་བྱུང་ཁག་དང་འདྲ་བར་སྣང་། དེ་རྗེས་དད་ལྡན་སྦྱིན་བདག་ཁོང་གི་བླ་མ་ཆོས་ལུང་མཁན་ཆེན་ཏེ། དཔལ་ལྡན་བླ་མ་དམ་པ་ཆོས་ལེགས་ཀྱི་རྣམ་ཐར་རམ་དེབ་ཐེར་ལས་ཞུས་ན། དེའི་ལོ་སྟག་ལོ་ཡིན་པས་ང་ལོ་བཅུ་ལོན་པ་ཅིག་ཡོད། དེ་དུས་ངེད་རང་གི་གྲོང་བྱི་ཕ་མཁར་གྱི་འགྲམ་ཕྱག་སེ་ན་ཡོད་པྲ་ལ། ཕྱི་ཚང་གི་ཕུ་བོ་ཆེ་བ་ལོ་བཅུ་བདུན་ལོན་པ་ཅིག་དོལ་པོར་ཁྲིར་ནས་མིག་བཏོན། ཆུང་བ་ཧ་བཟང་པོ་ཅིག་དང་བཅས་པ། ཀློ་བོའི་དགོན་པ་ནུབ་ཕྱོགས་ཀྱི་བླ་མ་ཇོ་གདན་པ་བྱ་བ་ཡོད་པ་དེའི་དྲུང་དུ་བྲོས། ང་བླ་མཆོད་ཅིག་གིས་ཁྲིད་ནས་བྱང་དགོན་ཆོས་ལུང་པའི་བླ་མ་མཁན་ཆེན་དཀོན་མཆོག་བཟང་པའི་དྲུང་དུ་བྲོས་པས། དྲུང་དུ་སློབ་འཕྲུལ་བསྟན་པའི་སྐོར་བཅུག་མིང་ལ་དཀོན་མཆོག་ཆོས་བཟང་དུ་བཏགས། དེ་ལྟར་ཕ་ཚན་གྱི་སྲིད་སྡེ་ཞིག་པ་ལ་བརྟེན་ནས། ང་རང་སངས་རྒྱས་ཀྱི་བསྟན་པ་རིན་པོ་ཆེ་དང་མཇལ་བ་ཡིན། [2]ཞེས་གསུངས་པ་ལྟར་ན། སྐབས་འདིར་བྱུང་བའི་ཆོས་ལུང་མཁན་ཆེན་ཞུ་བ་དཀོན་མཆོག་བཟང་པོ་ཡིན་མིན་དང་ཆོས་ལུང་དགོན་ནི་དེང་གི་ངམ་རིང་རྫོང་སོགས་གི་མངའ་ཁོངས་གང་ཞིག་ཏུ་ཡོད་མེད་ཞུ་མ་ཤེས་པས་མུ་མཐུད་དེ་བརྟག་པར་འཚལ།

གཉིས། ཡུལ་ལུང་།

ཀྱེ་དཀྱུང་སྔོན་དབྱིབས་ལེགས་བྱེ་དུ་རྫ་འདྲའི་འོག; ; བདལ་པ་བཀོད་ལེགས་རིན་ཆེན་ས་གཞིའི་སྟེང་; ; མཐོ་འཕྱིང་གཞལ་ཡས་འཛམ་བུ་གླིའི་ཤའི་ཚལ། །ཨ་རྣ་ངསྐྱིལ་སོགས་མཛེས་པ་འོད་ཀྱི་གུར། །སྣ་ཚོགས་བཀྲམ་པ་མི་མཆེད་འཛིག་རྟེན་ཁམས། །དམ་ཆོས་དར་ས་ཁ་བ་ཅན་

---

① གུང་ཐང་ཧུད་དུ་བཞུགས་པའི་དཔེ་རྙིང་གི་དབུ་ཤོག་ནང་མའི་ཞལ་ཁིབས་ལས་དྲངས།

② འཇིགས་མེད་བཟང་པོས་མཛད་པའི་དཔལ་ལྡན་བླ་མ་དམ་པ་ཆོས་ལེགས་ཀྱི་རྣམ་ཐར་རམ་དེབ་ཐེར་དུས་རབས་6པའི་གུང་ཐང་སྤྱར་མའི་ལྡེབ་གྲངས་29ལས་དྲངས།

གྱི་ལྗོངས། །དགྲ་བཅོམ་བཞུགས་གནས་ཏི་སི་གངས་ཀྱི་ཤར། །པག་ཤུ་ཆེན་པོ་ཤར་དུ་འབབ་པའི་གཡས།། ༄༅ཀྱི་ཁྲིམས་སྐྱོང་རྒྱལ་པོ་ཁབ་པ་རྗེའི་མངའ། །རྩི་བཅུད་ལྡན་པ་མངའ་རིས་རྩང་གི་སྟོད།། ཡུལ་ལ་གཡང་ཆགས་ཇོ་ཤོད་གཡང་ར་ལགས། །ས་ལ་འབུར་དོད་ཀྲ་ཤིས་ཁྲོ་དཔལ་དེར། །[1]ཞེས་པའི་མཛད་བྱུང་ལ་གཞིགས་ན། ཐོག་མར་གནམ་ས་གཉིས་ཀྱི་བར་དུ་ཆགས་པའི་ལྕོ་འཛམ་བུ་གླིང་གི་ནང་དུ་ཆགས་ཤིང་དམ་ཆོས་དར་བའི་ས་ཁ་བ་ཅན་དེ་བོད་ཡུལ་འདིར། དགྲ་བཅོམ་པའི་བཞུགས་གནས་གངས་དཀར་ཏི་སིའི་ཤར་དང་ཆུ་བོ་ཆེན་པོ་གཙྭ་ཤར་དུ་འབབ་པའི་གཡས་ཕྱོགས་སུ་ཆགས་པའི་ཁྲིམས་ཀྱིས་སྲིད་སྐྱོང་བའི་ཁབ་པ་རྗེ་སྟེ། བོད་རྗེ་ལྷ་བཙད་པོའི་གདུང་རབས་མངའ་རིས་སྨད་གུང་ཐང་དུ་ཇི་ལྟར་བྱུང་བའི་ཚུལ་དེབ་ཐེར་དུ། ཀྱི། ཐམས་ཅད་ཉོན་ཅིག གནམ་ལ་ཉི་ཟླ་ཟུང་གཅིག་ས་ལ་གོང་མ་མཆོད་ཡོན་ཞེས་སྨྲན་པ་འབྲུག་ལྟར་སྒྲོགས་པ་དེ་མ་ཐོས་སམ། ད་ལྟའི་གུང་ཐང་ཁབ་པ་འདི་བོད་རྒྱལ་པོའི་གདུང་རྒྱུད་དྲི་མ་མེད་པའི་ཆོས་རྒྱལ་སྲོང་བཙན་སྒམ་པོ་དང་། ཁྲི་སྲོང་ལྡེའུ་བཙན། ཁྲི་རལ་པ་ཅན་སོགས་ཀྱི་རྒྱུད་པ་མང་པོས་བཀུར་བའི་རིགས་ཡིན་པར་མ་གོའམ། དེ་ལ་དེང་སང་སྡེ་གོ་བཞི་བཙད་ཆུང་པ་དང་ལྷ་ཞེས་ངོ་མཐོན་དུ་སྨྲ[2]ཞེས་པའི་གུང་ཐང་ཁབ་པ་དང་དེ་མིན་དཔལ་ལྡན་བླ་མ་དམ་པ་ཆོས་ལེགས་ཀྱི་དེབ་ཐེར་དུ། ཕྱིར་ཡང་། ལས་མདོ་རྒྱ་གར་གླིང་ཆུང་། ཁྲམ་མགོའི་ཁྲུང་རྫོང་སྨུག་པོ། བྲེའི་གནམ་རྫོང་དཀར་པོ་མེན་ཞང་གིས་བཏབ་པའི་རྫོང་ཡིན་ཟེར་ཏེ། ཨེ་བདེན་ནི་མི་ཤེས། དེ་ནས་དེད་རིགས་འདི་ཡར་འོངས་ཏེ། རིམ་གྱིས་ཁྲ་ཏུམ་དང་། མར་ལུང་གི་གཙོ་ཚོ་རྣམས་བཟུང་། ཁྲམ་མགོ་བཟུང་མན་ཆད། གུང་ཐང་ཁབ་པའི་འབངས་སུ་བཞུགས་ཏེ་ཁྲལ་དམག་རྒྱུགས་པས། མེན་ཞང་ཁབ་པའི་རྩ་བའི་མི་སྡེ་ཡིན་ཟེར་བ་ཡང་དེ་ནས་བྱུང་འདྲ། དེ་ཙམ་གྱི་དུས་ན་ལྕོ་ནུབ་གུང་གསུམ་སྡེ་གོ་བཞིས་དབང་བྱས་པས། ཁབ་པའི་གདུང་བརྒྱུད་འདིའི་རྒྱལ་ས་ཡང་ཁབ་ལ་མཛད། མངའ་ཐང་ཡང་ཆེན་པོ་མེད་ཅིང་། མཚན་ཡང་བཙད་ཆུང

---

① གུང་ཐང་ཙུད་དུ་བཞུགས་པའི་དཔེ་རྙིང་གི་དབུ་ཤོག་ནང་མའི་ཞལ་ཁྱབས་ལས་དྲངས།

② ཀ༔ཐོག་རིན་འཛིན་ཆོ་དབང་ནོར་བུའི་བཀའ་འབུམ་སྨད་ཆ་གུང་གོའི་བོད་རིག་པ་དཔེ་སྐྲུན་ཁང་གི་2006ལོའི་སྤར་མའི་ཤོག་གྲངས་66ལས་དྲངས།

ཁབ་པ་ཞེས་པ་ཙམ་ལས་མ་གྲགས། ཕྱིས་འགྲོ་མགོན་འཕགས་པའི་སྐུ་དྲིན་ལ། དཔོན་འབུམ་ལྡེ་མགོན་གྱི་གཡོག་ཏུ། མངའ་རིས་བརྒྱ་ཚོ་བཅུ་གསུམ་བསྒྲིགས། དཔོན་ཆེན་དེ་ཉིད་ཀྱིས་ཀྱང་རྫོང་དཀར་བཏབ་པ་ལསོགས་པ་སླང་གི་སྐབས་བཅུ་གསུམ་ལསོགས་པ་ཡང་མཛད་འདུག[1]ཅེས་པས་གུང་ཐང་ཁབ་པའི་ལོ་རྒྱུས་གཞན་ནས་མཐོང་དཀའ་བ་དེས་དུས་རབས་14-16པའི་ནང་དུ་ཁབ་པའི་གནས་བབས་སོགས་ཅི་འདྲ་ཡིན་པ་ཤེས། དེས་ན་གུང་ཐང་ཁབ་པའི་མངའ་འོག་ཏུ་ཆགས་པའི་ཡུལ་རྙེ་བཅུད་ལྡན་པ་མངའ་རིས་གཙང་གི་སྟོད་དུ་ཆགས་པའི་ཡུལ་དྲོ་ཤོད་ཅེས་པ་ནི། བོད་རྗེ་ལྷ་བཙད་པོའི་གདུང་རབས་མངའ་རིས་སྨད་གུང་ཐང་དུ་ཇི་ལྟར་བྱུང་བ་ཞེས་པར་དུས་རབས་15པའི་ནང་དུ་གཙུང་ཁྲི་རྒྱལ་བསོད་ནམས་ལྡེ་སྤུ་རང་དུ་འབྱོན་པར་བཞེད་དེ་ཡར་ཕེབས་པ་ན། ཁྲི་མཆོག་གྲུབ་ལྡེ་ཆིབས་བཅག་པར་ཐོ་ལེ་ཐང་ཁར་བྱོན་པས་ཆིབས་ཀྱིས་སྐྱུར་རེ་གཤེགས། གཙུང་བསོད་ནམས་ལྡེ་སྟོད་དུ་ཕེབས་པ་ཞབས་བསྐྱིལ་ནས་སྤྱན་དྲངས་པའི་སྐད་དུ་ཕོ་ཉ་བཏང་བས་གྲོ་ཤོད་ཀྱི་འདབས་ཤྲི་དཀར་མོ་དང་ཉེ་བའི་རེ་ལར་རྗེས་ཟིན་ནས་ཚུར་ཕེབས་ཏེ་གཅེན་ཁྲི་མཆོག་གྲུབ་ལྡེའི་གཤེགས་རྫོངས་རྣམས་ལེགས་པར་བསྒྲུབས[2]ཞེས་པས་ཡུལ་གྲོ་ཤོད་དམ་དྲོ་ཤོད་ཅེས་པ་དེ་སྔར་མངའ་རིས་གུང་ཐང་ཁབ་པའི་མངའ་ཁོངས་སུ་གཏོགས་པའི་ས་ཞིག་ཡིན་པ་མ་ཟད། དེ་ཡང་དུས་རབས་14-15པའི་གཡས་གཡོན་དུ་མངའ་རིས་སྤུ་ཧྲེངས་སུ་བསྐྱོད་པའི་ལམ་བར་དུ་བརྒྱུད་དགོས་པའི་ས་ཞིག་ཡིན་པ་ནི་ཀཿཐོག་རིན་འཛིན་ཚེ་དབང་ནོར་བུའི་གསུང་ལས་ཤེས་ཤིང་། ཡུལ་དེའི་ཁོངས་སུ་གཏོགས་པའི་བཀྲ་ཤིས་ཧོ་དལ་དེར་གསུང་རབ་དེ་འབྲི་བཞེངས་བསྐྲུངས་པ་ནི་མཛད་བྱུང་ལས་རྟོགས།

གསུམ། སྦྱིན་བདག

བསོད་ནམས་ཚོགས་བསགས་མཐོན་དམན་ཡོངས་དང་མཐུན། །ཤིས་འཛངས་བློ་ལྡན་

---

① འཇིགས་མེད་བཟང་པོས་མཛད་པའི་དཔལ་ལྡན་བླ་མ་དམ་པ་ཆོས་ལེགས་ཀྱི་རྣམ་ཐར་རམ་དེབ་ཐེར་དུས་རབས་16པའི་གུང་ཐང་སྤར་མའི་ལྡེབ་གྲངས་29ལས་དྲངས།

② ཀཿཐོག་རིན་འཛིན་ཚེ་དབང་ནོར་བུའི་བཀའ་འབུམ་སྨད་ཆ་ཀྲུང་གོའི་བོད་རིག་པ་དཔེ་སྐྲུན་ཁང་གི་2006ལོའི་སྤར་མའི་ཤོག་གྲངས་77ལས་དྲངས།

ཡོན་བདག་རིན་རྒྱལ་ལགས། ། བློ་གྲོས་རབ་ལྡན་འབྱོར་པའི་དཔུང་གིས་བརྒྱན། །སྐྲིས་པའི་མི་ལ་བྱས་པའི་ལས་སྐབས་ཅན་; ; རྒྱ་སྒྲོར་ཡོན་གྱི་བདག་པོ་འཕན་ཕྱུག་རྒྱལ་མཚན་ལགས། ། གཞོན་ནུ་བསོད་ནམས་ལྡན་ཅིང་ཡབ་མེས་རྒྱུད་པ་འཛིན། ། རྒྱ་སྒྲོར་ཡོན་གྱི་བདག་པོ་གྲགས་པ་ལགས། །ལྷ་བྲན་ལྟར་མཛེས་གྲ་ལྷ་དེར་དང་། །ཀྱེ་ཀུན་གྱི་ཨ་མ་སྲིད་འདྲེན་ཡོན་བདག་མོ། ། འཛངས་གཤིན་དད་ལྡན་དམ་པའི་ཆོས་ལ་སོགས། །དཔལ་འབྱོརད་ལྡན་པ་ཀྲ་ཤིས་མཆོད་ཚོ་འདེགས། །རྒྱ་སྒྲོར་ཡོན་གྱི་བདག་མོ་སྨན་ལགས; ;ཚེ་རིགས་ཁུངས་བཙུན་དཔལ་དང་སྲིད་ཀྱི་གཞི། །བསོད་ནམས་དཔུང་གིས་བརྒྱན་པའི་གྱི་གོད་ཡོན་དག་མོ། །ལྷ་བྲན་ལྟ་བུའི་ལྷུམ་སྲིང་རྣམ་པ་དང་། །དེ་ལྟར་འཛོམས་པའི་ཡོན་བདག་འཁོར་བཅས་ཀྱིས། །ཐུགས་དམ་ཁྱད་འཕགས་ཉི་ཁྲི་ཞལ་སྒྲོད་དང་། །བརྒྱ་ཧོག་གསེར་གསུམ་བཞེངས་པ་རྗེས་ཡིད་རང་; ;མཆེད་ཟླ་ཉི་དྲུང་རྣམས་ཀྱིས་ཀྲ་ཤིས་འདེགས་སྟོན་མཛད། །དགེ་ཕྱོགས་ཟོང་སྒྲོད་བྱེད་པ་ངོ་མཚར་ཆེ།།[1] ཞེས་བྱུང་བ་ལས་སྤར་མངའ་རིས་གུང་ཐང་ཆོས་རྗེའི་མངའ་འོག་ཏུ་ཆགས་པའི་ཡུལ་གྲོ་ཤོད་དུ་ཐུགས་དམ་ཤེར་ཕྱིན་ཉི་ཁྲི་སྟེ་ཡུམ་རྒྱས་འབྲིང་བསྡུས་གསུམ་གྱི་ནང་ནས་འབྲིང་པོའི་རྒྱས་པ་སྟེ་སྣར་ཐང་སྤར་མའི་པོད་ག་ཁ་ག་གསུམ་དང་། བརྒྱ་ཧོག་གསེར་ལས་བརྒྱ་ནི་ཤེར་ཕྱིན་སྟོང་ཕྲག་བརྒྱ་པ་དང་ཧོག་སྟེ་འཕགས་པ་ཧོག་གཟུངས་དང་། གསེར་ནི་འཕགས་པ་གསེར་འོད་དམ་པ་བཅས་པོད་དྲུག་འབྲི་བཞེངས་བྱ་བའི་སྐབས་སུ། དད་པ་སྐྱོ་ངས་མེད་པའི་སྦྱིན་བདག་ནི་ཡོན་བདག་རིན་རྒྱལ་དང་ཡོན་བདག་འཕན་ཕྱུག་རྒྱལ་མཚན། ཡོན་བདག་གྲགས་པ་དང་དགྲ་ལྷ། ཨ་མ་སྲིད་འདྲེན་དང་བཀྲ་ཤིས་མཆོད་ཚོ། ཡོན་བདག་སྨོན་ནེ་དང་གྱི་གོད་རྣམས་ཀྱིས་སྦྱིན་བདག་གཙོ་བོ་གནང་བ་དང་ཆབས་ཅིག སྐུ་མཆེད་དང་ཉི་དྲུང་རྣམ་པས་རྣམ་དཀར་དགེ་བའི་ལས་གཞི་དེའི་དགའ་སྟོན་འཛུགས་བར་གྲོལ་གསུམ་གྱི་དགྱེས་སྟོན་གཟབ་རྒྱས་བཏང་སྟེ་ཤེར་ཕྱིན་ཡུམ་འབྲིང་བསྡུས་གསུམ་དུ་ཕྱེ་བ་ལས་འབྲིང་པོའི་རྒྱས་པ་པོད་གསུམ་དང་བརྒྱ་ཧོག་གསེར་གསུམ་བཅས་པོད་དྲུག་བཞེངས་གནང་བ་དེ་གསལ། དུས་རབས་14-15ཡས་མས་སུ་ལ་སྟོད་ལྷོ་བྱང་དང་གུང་ཐང་ཁབ་པའི་ཁུལ་དུ་དད་ལྡན་སྦྱིན་བདག་རྣམས་

---

① གུང་ཐང་ཙུད་དུ་བཞུགས་པའི་དཔེ་རྙིང་གི་དབུ་ཤོག་ནང་མའི་ཞལ་ཁིབས་ལས་དྲངས།

ཀྱིས་རང་རང་འཕོས་འགྱུར་ལ་གཞིགས་ཏེ་རྒྱུ་སྡུས་རབ་འབྲིང་ཐ་གསུམ་གྱི་ཤེར་ཕྱིན་ཡུམ་དང་བརྒྱ་ཏོག་གསེར་གསུམ་དང་གྲ་ཏོག་གསེར་གསུམ་སོགས་ཐུགས་དམ་དུ་བཞེངས་པའི་དར་སྲོལ་ཞིག་བྱུང་ཡོད་པ་སྟེ། དཔལ་ལྡན་བླ་མ་དམ་པ་ཆོས་ལེགས་ཀྱི་རྣམ་ཐར་རམ་དེབ་ཐེར་ལས་ཀྱང་། དེད་ཀྱི་ཕ་མེས་འཕན་ཕྱུག་བཀྲ་ཤིས་ཞེས་བྱ་བ་བྱུང་སྟེ། དེ་གཉིས་ཀྱི་བར་དུ་བྱུང་བ་རྣམས་ཀྱི་མིང་ནི་མ་ཤེས། འཕན་ཕྱུག་བཀྲ་ཤིས་ལ་རྒྱལ་པོ་བཀྲ་ཤིས་བྱུང་། དེ་ལ་སྟག་འདུལ་དང་། རྒྱལ་ཚབ་ཟེར་བ་གཉིས་བྱུང་། སྟག་འདུལ་ལ། གྲོ་པོ་ཆེ་དང་དུག་གེ་ཟེར་བ་གཉིས་བྱུང་། གྲོ་པ་ཆེ་ལ་སྤུན་ལྔ་བྱུང་བ་སྟེ། དེའི་ཆེ་ཤོས་ལ་སེ་མོ་ཟེར་བ་ཡིན། སེ་མོ་ལ་བུ་བཀྲ་ཤིས་འཕན་ནི་བྱ་བ་བྱུང་། ཕ་བུ་གཉིས་པ་དེས། མངའ་བདག་ཆོས་སྐྱོང་ལྡེའི་སྐུ་རིང་ལ། གསེར་དངུལ་གྱིས་བཞེངས་པའི་ཡུམ་བཅུ་བཞི་དུམ་ཅིག་ཉི་ཁྲི་ཅིག་བརྒྱད་ཏོག་གསེར་གསུམ་རྣམས་བཞེངས་ནས། དེ་ཚོ་ད་ལྟ་ཧ་སྐར་བཞུགས་[1]ཞེས་དང་། སྤྱི་ལོ2014ལོའི་ཟླ་10པའི་ནང་དུ་ང་རང་གཞིས་རྩེ་ས་ཁུལ་གྱི་ལ་སྟོད་ལྷོ་བྱང་དང་གུང་ཐང་། ལྷ་རྩེ་སོགས་སུ་དཔེ་རྙིང་ཡོངས་བཤེར་ལ་འགྲོ་སྐབས། ས་ཁུལ་གཞན་དག་ནས་ཙུང་ཟད་མཐོང་དཀོན་པའི་གནའ་དཔེ་ཐ་སྙད་གྲ་ཏོག་གསེར་དང་བརྒྱ་ཏོག་གསེར་གསུམ་ཞེས་པ་མི་ཉུང་བ་ཞིག་མཇལ་བས་ཀྱང་གཅིག་ཤེས་ཀུན་གྲོལ་བྱུང་།

བཞི། ཡིག་ཞུས།

༄༅།ཀྱེ་བླ་མ་དང་འཇམ་པའི་དབྱངས་ལ་ཕྱག་འཚལ་ལོ །གཞོན་ནུ་རབ་བྱུང་ཚུལ་ཁྲིམས་རྣམ་དག་འཆང་། །བསྟན་པའི་རྒྱལ་མཚན་ཆོས་གཉེར་བྱ་བ་མཛད། །སློབ་དཔོན་ནམ་གྲགས་དེ་ལ་གུས་པ་འདུད། །ཀྱེ་བསྟན་པའི་གཞི་གཞུང་འཕྲུལ་ཆེན་ཡི་གེ་དང་། །སྔོན་དུས་མཁས་པ་ཀ་ཁྱུང་རྣམ་གཉིས་དང་། །བར་དུ་མཁས་པ་སྦྲུལ་དང་སུམ་པ་དང་། །ཤེར་འབུམ་དཔོན་ལ་གུས་པས་བདག་རང་འདུད། །; ; ཤེས་བྱའི་རྒྱལ་པོ་བསྟན་པའི་གཞི་མ་འདི་། །རྒྱ་གར་ཡུལ་ན་བཞི་ཙུ་རྡྷ་གཉིས་ཏེ། །བོད་ཀྱི་ཡུལ་དུ་ཀ་ཁ་སུམ་བཅུར་སྒྱུར། །ས་འབོ་ར་ལྷར་དང་དགེ་བསྙེན་མཁས་པ་སྟེས། །བསྟན་པ་དར་རྒྱས་སྙིགས་མའི་དུས་སུ་མཛད། །ཀྱེ་ཤེས་བྱའི་རྣམ་དག་ཚད་

① འཇིགས་མེད་བཟང་པོས་མཛད་པའི་དཔལ་ལྡན་བླ་མ་དམ་པ་ཆོས་ལེགས་ཀྱི་རྣམ་ཐར་རམ་དེབ་ཐེར་དུས་རབས་16པའི་གུང་ཐང་སྤར་མའི་ལྡེབ་གྲངས་11ལས་དྲངས།

ལྡན་པ་འདི། །སྤྱི་ཤོམས་བཀོད་ལེགས་སངས་རྒྱས་ཞིང་དང་མཚུངས། ། ནང་ཤོམས་བཀོད་ལེགས་རྒྱལ་པོ་འི་ཕོ་བྲང་འདྲ། ། རྒྱ་སྐད་ཁ་ལ་ཉི་ཤར་དང་། །བར་གྱི་ཁ་གང་ཆིག་ཆོད་དང་། །སྨད་ཀྱི་ལི་འབོལ་རྒྱུས་ལས་སོགས། །ཤེས་བྱ་རྣམ་དག་དྲི་མེད་འདི།༔ཆོས་རྒྱལ་ཆེན་པོས་ཐོགས་དྲངས་ནས། །ཆེན་པོ་ཡོངས་ཀྱི་བླ་མཆོད་བགྱིས། །རིག་པའི་འབྱུང་གནས་ལྷར་མདོ་ཡི། །དར་མ་ཀྲ་ཤིས་བདག་གིས་བཀོད། །ཀྲ་ཤིས་གྲོགས་ཆོས་ལེགས་པར་བྲིས། །རྫོགས་སོ།།[1] ཞེས་བྱུང་བ་ལ་གཞིགས་ན། སྟར་མངའ་རིས་གུང་ཐང་རྒྱལ་པོའི་མངའ་འོག་དེང་གི་འབྲོང་པ་རྫོང་གི་ཡུལ་གྲོ་ཤོད་ཏུ་དད་པ་སྐྱོ་ངས་མེད་པའི་སྦྱིན་བདག་རིན་རྒྱལ་དང་ཡོན་བདག་འཕན་ཕྱུག་རྒྱལ་མཚན། ཡོན་བདག་གྲགས་པ་དང་དགྲ་ལྷ། ཨ་མ་སྲིད་འདྲེན་དང་བཀྲ་ཤིས་མཆོད་ཚོ། ཡོན་གྱི་བདག་མོ་སྨན་ནེ་དང་གྱེ་གོད་ལ་སོགས་པས་རང་རང་གི་ཐུགས་དམ་ཤེར་ཕྱིན་ཉི་ཁྲི་དང་བརྒྱ་ཏོག་གསེར་བཅས་འབྲི་བཞེངས་བསྐྲུངས་པའི་སྐབས་སུ། སྒོ་གསུམ་དད་པས་འབྲི་བའི་ཡིག་མཁན་དར་མ་བཀྲ་ཤིས་ཀྱིས་ཐོག་མར་ཡིག་ཁྲུངས་སྟོན་པའི་སྐད་དུ། སངས་རྒྱས་བསྟན་པའི་གཞིར་གྱུར་པའི་འཕྲུལ་ཆེན་ཡི་གེ་ནི་སྔོན་གྱི་དུས་སུ་བྱོན་པའི་ཡིག་མཁན་ཀ་ཁྲུང་རྣམ་གཉིས་[2] ཞེས་བྱུང་བ་དེར། གླིང་བཞིའི་ལོ་རྒྱུས་ཆེན་མོ་ལས་ཡིག་མཁན་ཀ་ཁྲུང་རྣམ་གཉིས་ནི་དུས་རབས་11པའི་ནང་དུ་བྱོན་པའི་ཡིག་མཁན་དཔོན་ཀ་བ་དང་ཁྲུང་པོ་གཡུ་ཁྲི་རྣམ་གཉིས་ཡིན། བར་དུ་མཁས་པ་སྤྲུལ་དང་སུམ་ཞེས་པ་དེ་ཡང་དུས་རབས་12ནང་དུ་བྱོན་པའི་ཡིག་མཁན་དབུ་ཆེན་སྤྲུལ་དར་མ་ཙནྡྲ་[3] དང་ཁོང་གི་བུ་སློབ་སྤྲུལ་ཤཱཀྱ་འབུམ་རྣམ་གཉིས་དང་དུས་རབས་12པའི་ནང་དུ་བྱོན་པའི་སུམ་པ་རྒྱ་གར་བ་དང་སུམ་པ་གནོད་

① གུང་ཐང་ཙུད་ དུ་བཞུགས་པའི་དཔེ་རྙིང་གི་དབུ་ཤོག་ནང་མའི་ཞལ་ཁྱབས་ལས་དྲངས།

② ཇོ་བོའི་སློབ་མ་ཁུ་རྔོག་འབྲོམ་གསུམ་གྱི་སྐུ་རིང་ལ། ཡི་གེའི་མཁན་པོ་ཀ་ཁྲུང་རྣམ་པ་གཉིས་བྱ་བ་བྱུང་སྟེ། དཔོན་ཀ་བས་ནི་ཀ་ཚུད་བླ་བ་ཚལ་གྱི་བྲག་ལ་བྲིས་པས་ལེབ་གྲུ་བཞི་སྟེ་ལུགས་ཞེས་བྱ་བར་བསྔགས་སོ། དེ་ཇི་ལྟ་བ་བཞིན་དུ་མཁྱེན་པའི་ཁྲུང་པོ་གཡུ་ཁྲི་དེས་གསང་སྔགས་ཀྱི་ཆོས་དཀྱིལ་པ་རྗེ་རྗེའི་མཁན་པོ་ཡིན་པས། དཀྱིལ་འཁོར་གྱི་ཐིག་ལ་དཔེ་བླངས་ཏེ། ཆ་ཆེན་དང་ཆ་ཕྲན་ལ་སོགས་པའི་ཐིག་བཏབ་ཅེས་བོད་ཀྱི་མཁས་པ་ཁྲུང་པོ་གཡུ་ཁྲིས་མཛད་པའི་ཡི་གེའི་དར་རྒྱུད་དང་ཀ་མད་སུམ་ཅུའི་ཕྱུག་ཚད་ཅེས་པའི་དཔེ་རྙིང་བྲིས་མ་ཁྲ་ཚད་མ་ཞིག་མཇལ་བའི་དེའི་ལྡེབ་གྲངས་7པའི་སྒྲིབ་ངོས་སུ་གསལ།

③ ཁྲུང་པོ་སྟ་དུས་ཀྱི་བུར་གྲགས་པ་བཞིའི་ཐོག་མ། སྤྲེའུ་ནག་པ་སྤྲུལ་དར་མ་ཙནྡྲ་ཞེས་བྱ་བ། ཁྲུང་ལུགས་ཀྱི་རྒྱུས་བཤད་ཁོང་དུ་ཆུད་ཅིང་། བཟང་སྒྲུད་གྲུ་བཞིའི་སྟེ་ལུགས་དབང་ཐོབ་པ་དེའི་གདུང་རྒྱུད་དང་སློབ་རིས་མང་ལ་རགས་པ་སྐར་མ་ལྟ་བུ་ཞིག་བྱུང་ན་ཡང་། དེའི་ནང་ནས་བདེ་བར་གཤེགས་པའི་འོད་ཟེར་འཕོག་པ། བྲིས་པ་ནས་སྒྱུག་འདེབས་ལ་བྱང་བ། ལེགས་པའི་ལུགས་གཞན་ལ་ནོད་ཅིང་རྟོག་དཔྱོད་བྱས་པ། བཟང་སྒྲུད་གྲུ་བཞིའི་སྟེ་ལུགས་མཐར་ཕྱིན་པ། སློབ་རིས་རྣམས་གདམས་ངག་བུ་ལྟར་དུ་སྟེར་བ། སྤྲུལ་

སྦྱིན་ཞུ་བ་[①]བཅས་ཀྱི་མཚན་ནས་སྨོས་ཏེ་ཤེར་ཕྱིན་དཔོན་ལ་སྐབས་དེའི་ཡིག་མཁན་དར་མ་བཀྲ་ཤིས་ཀྱིས་གུས་པས་བཏུད་པ་བཅས་ནི་ཡིག་མཁན་གྱི་ཡིག་རྒྱུན་བརྗོད་པ་དང་སྦྲགས། རྒྱ་ཡིག་བཞི་ཙུ་རྩ་གཉིས་ཏེ་བོད་ཡིག་སུམ་ཅུར་སྒྱུར་ཞེས་བོད་ཡིག་གི་འབྱུང་ཁུངས་ཀྱང་ཅུང་ཟད་ཅིག་བརྗོད་པར་མཛོད། དེ་དག་བསྒྱུར་མཁན་ནི་ཐོན་མི་སམ་བྷོ་ཊ་དང་དགེ་བསྙེན་མཁས་པ་སྟེས་དུས་སྐྱིགས་མའི་དུས་སུ་མཛད་པ་ཞིག་ཡིན་ཞེས་གསུངས། དེ་རྗེས་ཡིག་གཟུགས་ཁྱད་ཆོས་བརྗོད་པ་སྟེ་ཡི་གེའི་འབྲི་གཟུགས་ཚད་ལྡན་ཡིན་པ་ལས་བཀོད་པ་ལེགས་པའི་སངས་རྒྱས་ཞིང་ཁམས་དང་འདྲ། ནང་གི་ཁ་མིག་གསལ་བའི་ཁྱད་ཆོས་ལས་བཀོད་པ་ལེགས་པའི་རྒྱལ་པོའི་ཕོ་བྲང་དང་འདྲ། དབུ་ཤོག་དང་པོར་རྒྱ་སྐད་ཁ་མིག་གསལ་བས་ཉི་མ་ཤར་ལྟར་གསལ་བ་དང་། བར་གྱི་གཞུང་ཡིག་རྣམས་ཚིག་དང་ཤད་སོགས་མ་འཛོལ་ཞིང་སྙད་ཀྱི་ལི་འཐོལ་དཀྲུས་ལ་སོགས་ཚད་དང་ལྡན་པར་བྲིས་ཡོད་ཅེས་པས་སྐབས་འདིའི་ཐུགས་དམ་ཤེར་ཕྱིན་ཉི་ཁྲི་དང་བརྒྱ་ཧྲོག་གསེར་གསུམ་བཅས་ཀྱི་འབྲི་གཟུགས་ཀྱི་ཁྱད་ཆོས་བརྗོད་པར་སེམས་སོ། །

སྐུ་སྤྲུལ་ཤཱཀྱ་འབུམ་ཞེས་བྱ་བ་བྱུང་། དགེ་བཤེས་གནས་བརྟན། ས་བདག་རྒྱལ་པོས་ཐོག་དྲངས་པ། ཞང་བློན་དང་བཅས་པའི་མཆོད་གནས་བྱས་ཏེ། འཇིག་རྟེན་མགོན་པོ་ཆོས་རྗེའི་བཀའ་བརྒྱུད་པ། བླ་མ་གཙང་རིན་པོ་ཆེ་ལ། སྦྱིན་བདག་དད་པ་ཅན་དགྱེས་པར་བྱ་བའི་ཕྱིར་ཡོན་ཕུལ་བཞེས་ཀྱི་སྡོམ་པ་བླངས། དེའི་དུས་སུ་སྦྱིན་བདག་རྣམས་ཀྱིས་གཙིགས་དགེ་གནང་བ་ནི། རྒྱལ་བློན་གྱིས་གནང་བའི་གཙིགས་རྣམས་དཔང་དུ་བཙུགས་ཏེ། དད་དང་གུས་པ་ལ་རྒྱུ་ཐོག་མི་བྱེད་པ་གཙིགས་སུ་ལགས་སོ་ཞེས་གླིང་བཞིའི་ལོ་རྒྱུས་ཆེན་མོ་བྲིས་མ་ཁྲ་ཚད་མའི་ལྡེབ་གྲངས་10པ་ཏུ་གསལ།

① སྐུ་མཆེད་རིན་པོ་ཆེ་རྣམ་པ་གསུམ་གྱི་སྲས་སུ་གྱུར་པ་བྱ་ཡུལ་པ་ཤར་པ་ལ་སོགས་པས་སངས་རྒྱས་ཀྱི་བསྟན་པ་འཛིན་པ་སྐྱོང་བསྲུང་སྤེལ་མཛད་པའི་དུས་སུ། ཡི་གེའི་མཁན་པོ་སྟ་ནམ་ཞང་བཙུན་རྡོ་རྗེ་སློབ་མར་གྲགས་པ། སུམ་པ་རྒྱ་གར་རྗེ་དར་མ་རྒྱལ་མཚན་ཤེའུ་དགེ་འབར། དོལ་པོ་སྤྲང་ཆུང་། ལན་པའི་འགྱེད་དང་། མལ་སེང་ལ་འབར་ལ་སོགས་པའི་སློབ་མ་དང་། ཉིང་སློབ་མང་དུ་བྱུང་ན་ཡང་། སུམ་པ་རྒྱ་གར་བཟང་སྤྱོད་གྲུ་བཞིའི་ལུགས་ལ་མཁས་པ་དེའི་དཔོན་དུ་གྱུར་པ། སུམ་པ་གནོད་སྦྱིན་དེ་ཁྱབ་འཇུག་གི་སྤྲུལ་པར་གྲགས་ཏེ། སྙུག་ཐོག་ཡོངས་ལ་བཀའ་དྲིན་ཆེ། དེའི་རྗེས་ལ་བཟོའི་རྣམ་གྲངས་ཀྱང་རྒྱས། ཆོས་གསེར་གྱིས་བཞེངས་པ་དར་བའི་དུས་སུ། དཔོན་གནོད་སྦྱིན་རིག་པའི་བུ། སྤྲུལ་སྐུ་རོང་པོ་ལུགས་སྐྱེས་ཞེས་བྱ་བ་བྱུང་སྟེ། དེས་ཁྱུང་པོ་སྟ་ནམ་སུམ་པ་ལ་སོགས་པ་རྣམས་ཀྱི་ལེགས་དུས་ཀྱི་རྗེས་སུ་འབྲངས་ནས། གསར་མ་གཞན་ལས་རབ་ཆུང་བ། ཁྲིས་པ་ནས་སྙུག་འདེབས་ལ་བྱང་བ། ཁྱུང་པོའི་གདམས་ངག་ལ་རྟོག་དཔྱོད་བྱས་པ། སྣག་གསེར་གཉིས་ལ་དངོས་གྲུབ་ཐོབ་པ་ཅིག་བྱུང་ཞེས་གླིང་བཞིའི་ལོ་རྒྱུས་ཆེན་མོ་བྲིས་མ་ཁྲ་ཚད་མའི་ལྡེབ་གྲངས་9པ་ཏུ་གསལ།

ལེ་ཚན་བརྒྱད་པ། གུང་ཐང་ཅུད་སེར་ཕྱིན་མཛོད་བྱང་།

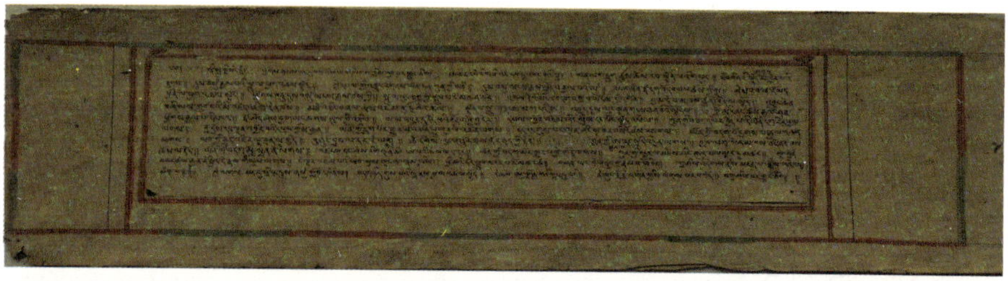

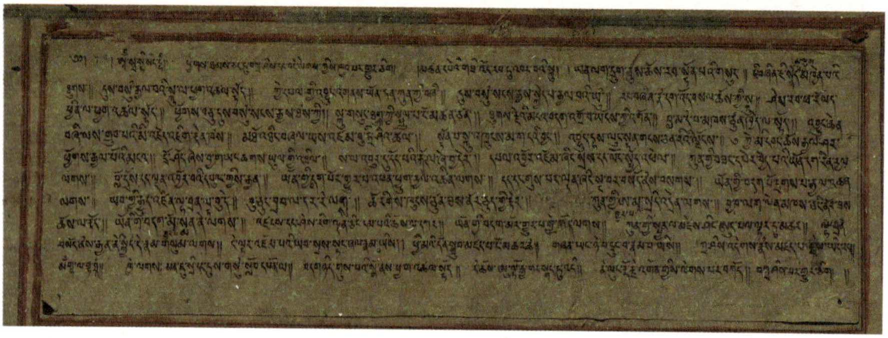

མཛོད་བྱང་མ་དཔེ།

དང་པོ། མཛོད་བྱང་མ་ཞུས།

༄། ཨོཾ་སྭ་སྟི་སིད་ཧཱུཾ། །ཕྱོགས་ཐམས་ཅད་དུ་ཀྲ་ཤིས་དང་བདེ་ལེགས་ཀྱིས་ཁྱབ་པ་གྱུར་ཅིག །མཚན་དཔེའི་གཟི་འོད་རབ་ཏུ་འབར་བའི་སྐུ། །ཡན་ལག་དྲུག་ཅུའི་ཆོས་རབ་སྟོན་པའི་གསུང་། །ཇི་བཞིན་ཇི་སྙེད་མ་ལུས་མཁྱེན་པའི་ཐུགས། །དུས་གསུམ་རྒྱལ་བའི་སྐུ་ལ་ཕྱག་འཚལ་སྟོད། །ཀྱེ་དཔལ་ཀྱི་འབྱུང་གནས་ཡོན་ཏན་ཀུན་གྱི་བཞི།། དུས་བསུམ་སངས་རྒྱས་སྐྱེད་པ་རྒྱལ་བའི་ཡུམ། །རང་བཞིན་རྣམ་དག་འོད་བསལ་ཆོས་ཀྱི་སྐུ། །ཤེས་རབ་ཕ་རོལ་ཕྱིན་ལ་ཕྱག་འཚལ་སྟོད། །ཕྱོགས་བཅུ་དུས་བསུམ་སངས་རྒྱས་ཐམས་ཅད་ཀྱི། །སྐུ་གསུང་ཐུགས་ཀྱི་སྤྲུལ་པ་ངོ་མཚར་ཅན། །ཐུགས་རྗེའི་མངའ་བདག་འགྲོ་བ་ཡོངས་ཀྱི་འགོན། །བླ་མ་དམ་པ་མཁས་ཙུན་ཁྱེད་ལ་སྟོད།། འབྱུང་ཆེན་བཞི་ལས་གྲུབ་པའི་མི་འཇིད་འཇིག་རྟེན་ཁམས། །མཐོ་འཕིང་བཞལ་ཡས་འཛམ་བུ་ཏྲི་ཤའི་ཚལ།། སྟོན་པ་སྐུ་འབྲུངས་མ་ག་དའི་བྱང་། འཕྲུད་རྣས་ལུང་སྟན་གངས་ཅན་རིའི་ལྗོངས། །ཀྱེ་མི་དབང་ཆོས་རྒྱལ་ཤར་ཕྱོགས་རྒྱལ་པོའི་མངའ། །དྲ

ཐོད་ཞེས་བྱ་གཡང་ཆགས་ཡུལ་གྱི་འཐིལ། །ས་ལ་འབྱུར་དོད་པའི་རྐྱ་ལ་ཞེས་བྱ་དེར། །དཔལ་འབྱོར་འཛོམ་ཞིང་སྲུས་དར་ལོང་སྤྱོད་འཕེལ། །ཀུན་གྱི་བཟང་དཔེར་བྱེད་པའི་ཡོན་དག་རིན་རྒྱལ་ལགས། །བློ་གྲོས་དད་ལྡན་འབྱོར་བའི་དཔལ་གྱིས་རྒྱན། །ཡོན་གྱི་བདག་པོར་གྱུར་པ་འཕན་ཕྱུག་རྒྱལ་འཚོན་ལགས། །དད་དང་གུས་པར་ལྡན་ཞིང་སྡུ་བར་བསོད་ནམས་བསགས། །ཡོན་གྱི་བདག་པོ་དྲགས་པ་རྒྱལ་འཚན་ལགས། །ཡབ་གྱི་རྒྱུད་འཛིན་ལྷ་བྲན་ལྷ་བུ་དེ། །བུ་ཚུང་བྲབ་ལ་དར་རེ་ལགས། །ཚེ་རིགས་ཁྲུངས་ཙུན་ཟས་ནོར་ཚུད་གྱི་རྟེར། །ཀུན་གྱི་ཨ་མར་གྱུར་པ་སྲིད་འདྲེན་ལགས། །བྱ་བ་ལག་ལེན་མཁས་ཅིང་ནོར་ཟས་ཆོད་ལ་རྟོད། །ཡོན་གྱི་བདག་མོ་གྱུར་པ་སྨན་ནེ་ལགས། །འཛངས་དང་ཤེས་རིག་ལྡན་ཅིང་དམ་པའི་ཆོས་ལ་དགར། །ཡོན་གྱི་བདག་མོར་གྱུར་པ་གྱེ་གོད་ལགས། །ཀུན་གྱི་སྤྱན་ལ་མཛེས་ཤིང་ཨུད་པལ་ལྟར་དུ་མཚར། །ལྷ་བྲན་བསོད་ནམས་རྒྱན་ནེ་སྒྲིད་དེ་རྣམ་གསུམ་ལགས། །དེ་ལྟར་འཛོམ་པའི་ཡབ་སྲས་སྤྱང་ཞལ་རྣམ་པ་ཡིས། །ཕྱི་མའི་དོན་སྒྲུབ་མཛད་པ་ངོ་མཚར་ཆེ། །གཞན་ཡང་ཉེ་བ་དྲུང་པ་རྣམ་པ་ཡིས། །ཏྲ་ཤིས་འདེགས་རྣམས་མཛད་པ་རྫེས་ཡིད་རང་། །ཨོཾ་ས་ལ་ས་སྭཱ། །ཀྱེ་ལགས། མན་ཧུ་སྲི་དང་དུས་གསུམ་སློབ་དཔོན་ལ། །བདག་ཉིད་གུས་པའི་སྒོ་ནས་ཕྱག་འཚལ་བསྟོད། །དཾ་ཆོས་ཨུ་ལྟོ་རྒྱ་གར་སྐད་དུ་འདི། །ནེ་ལུང་རྗེ་རྗེ་འགོན་གྱིས་ལེགས་པར་བགོད། བཀྲ་ཤིས་པར་གྱུར་ཅིག[1] ཅེས་པའོ།

གཉིས་པ།མཛད་བྱང་གི་དཔེ་ཞིབ།

གཅིག བསྟོད་ཕྱག

༄། ཨོཾ་སྭ་སྟི་སིད་ཧཱུཾ། །ཕྱོགས་ཐམས་ཅད་དུ་ཀྲ་ཤིས་དང་བདེ་ལེགས་ཀྱིས་ཁྱབ་པ་གྱུར་ཅིག །མཚན་དཔེའི་གཟི་འོད་རབ་ཏུ་འབར་བའི་སྐུ། །ཡན་ལག་དྲུག་ཅུའི་ཆོས་རབ་སྟོན་པའི་གསུང་། །ཇི་བཞིན་ཇི་སྙེད་མ་ལུས་མཁྱེན་པའི་ཐུགས། །དུས་བསུམ་རྒྱལ་བའི་སྐུ་ལ་ཕྱག་འཚལ་སྟོད། །ཀྱེ་དཔལ་གྱི་འབྱུང་གནས་ཡོན་ཏན་ཀུན་གྱི་བཞི། །དུས་གསུམ་སངས་རྒྱས་བསྐྱེད་པ་རྒྱལ་བའི་ཡུམ། །རང་བཞིན་རྣམ་དག་འོད་གསལ་ཆོས་ཀྱི་སྐུ། །ཤེས་རབ་ཕ་རོལད་

① གུང་ཐང་ཙད་དུ་བཞུགས་པའི་དཔེ་རྙིང་ཤེར་ཕྱིན་བརྒྱད་སྟོང་པའི་དབུ་ཤོག་ནང་མའི་ཞལ་ཁྱབས་ལས་དྲངས།

ཕྱིན་ལ་ཕྱག་འཚལ་སྟོད། །ཕྱོགས་བཅུ་དུས་བསུམ་སངས་རྒྱས་ཐམས་ཅད་ཀྱི། །སྐུ་བསུམ་ཐུགས་ཀྱི་སྤྲུལ་པ་ངོ་མཚར་ཅན། །ཐུགས་རྗེའི་མངའ་བདག་འགྲོ་བ་ཡོངས་ཀྱི་འགོན། །བླ་མ་དམ་པ་མཁས་ཙུན་ཁྲིད་ལ་སྟོད།། [1]ཅེས་བྱུང་བ་ལ་གཞིགས་ན། དེ་ཡང་ཐོག་མར་རྒྱ་སྐད་གཟུགས་འགྱུར་གྱི་ཐོག་ནས་བཀྲ་ཤིས་ཞེས་པས་སྟོན་བསུས་ཏེ་དུས་གསུམ་རྒྱལ་བའི་སྐུ་གསུང་ཐུགས་གསུམ་གྱི་ཡོན་ཏན་རྣམས་ཚོགས་བཅད་ཀྱི་ལམ་ནས་བརྗོད་པ་དང་ཐུགས་དུས་གསུམ་གྱི་རྒྱལ་བར་ཕྱག་འཚལ་ཕུལ་པ་དང་། དེ་རྗེས་སྐབས་དེ་དུས་ཀྱི་དད་པ་སྐྱོངས་མེད་པའི་སྦྱིན་བདག་རྣམས་ཀྱི་རེ་མོས་དང་འཚམས་པའི་གསུང་རབ་གང་ཞིག་འབྲི་བཞེངས་བསྐྲུངས་དགོས་པའི་གཞུང་ཏེ་ཤེས་རབ་ཀྱི་ཕ་རོལ་ཏུ་ཕྱིན་པ་ལ་ཕྱག་བསྟོད་མཛད་ཅིང་། གུང་ཐང་མངའ་འོག་ཏུ་འགྲོ་དོན་བསྐྲུངས་མཁན་གྱི་བླ་མ་འདི་པོ་ཞེས་མཚན་ནས་བརྗོད་མ་ཐུབ་ཙང་ཚལ་པ་བཀའ་བརྒྱུད་ཕྱོགས་ཀྱི་བླ་ཆེན་ཞིག་ཡིན་པ་གོང་གི་མཛད་བྱང་ཁག་ལས་ཤེས་སོ།

གཉིས། ཡུལ་ལུང་།

འབྱུང་ཆེན་བཞི་ལས་གྲུབ་པའི་མི་འཛེད་འཇིག་རྟེན་ཁམས། །མཐོ་འཕྲེང་བཞལ་ཡས་འཛམ་བུ་ཏྲི་ཤའི་ཚལ། །སྟོན་པ་སྐུ་འཁྲུངས་མ་ག་དའི་བྱང་། འཕྲུད་རྣམ་ལུང་སྟན་གངས་ཅན་རིའི་ལྗོངས། །ཀྱེ་མི་དབང་ཆོས་རྒྱལ་ཤར་ཕྱོགས་རྒྱལ་པོའི་མངའ། །དྲོ་ཤོད་ཞེས་བྱ་གཡང་ཆགས་ཡུལ་གྱི་འཕེལ། །ས་ལ་འབུར་དོད་པའི་ཀོ་ལ་ཞེས་བྱ་དེར།། [2]ཞེས་བྱུང་བ་ལ་གཞིགས་ན། ཡུལ་ལུང་གི་བཀོད་པ་དུང་ཆེན་གཟུགས་ཏེ་ས་ཆུ་མེ་རླུང་བཅས་འབྱུང་བ་བཞི་ལས་གྲུབ་པའི་འཇིག་རྟེན་གྱི་ཁམས་འདིའི་ནང་ནས་ལྷོ་འཛམ་བུ་གླིང་དུ་སྟོན་པ་སྐུ་འཁྲུངས་པའི་གནས་རྒྱ་གར་གྱི་ཡུལ་མ་ག་ད་སྟེ་རྒྱ་ནག་བཙུན་པ་ཟླ་ཙང་གིས་འདི་ནས་ཡོག་སྟེ་ཡངས་པ་ཅན་བརྒྱུད་གཀླ་བརྐལ་བ་ན་ཡུལ་སཾ་སྐཱ་ཏ་སྟེ་དབུས་འགྱུར་ཪྫ་རྗེ་འཆང་ངོ་། ཡུལ་སཾ་སྐཱ་ཏ་ཐ་གྲུ་རྒྱང་གྲགས་ལྔ་སྟོང་ལྷག་ལ་གྲོང་ཁྱེར་ཅུང་ཞིང་། ལྗོངས་མང་བ་ནམ་དབུགས་བསིལ་དྲོད་སྙོམས་ལ་དྲོད་ཤས་ཅུང་ཆེ་བ། ས་གཞི་དམའ་ཞིང་གཤེར་བ། སྐང་མཐོ་བ་རྣམས་སུ་ལྗོངས་

---

① གུང་ཐང་ཙུད་དུ་བཞུགས་པའི་དཔེ་རྙིང་ཤེར་ཕྱིན་བརྒྱད་སྟོང་པའི་དབུ་ཤོག་ནང་མའི་ཞལ་ཁིབས་ལས་དྲངས།

② ཐང་ཟན་ཙང་དང་པེན་ཅེས་བརྩམས་ཞིང་གུང་མགོན་པོ་སྐྱབས་ཀྱིས་བསྒྱུར་བའི་ཆེན་པོ་ཐང་གུར་དུས་ཀྱི་རྒྱ་གར་ཞིང་གི་བཀོད་པའི་དཀར་ཆག་ཀྲུང་གོའི་བོད་རིག་པ་དཔེ་སྐྲུན་ཁང་གི་2006ལོའི་སྤྱར་མའི་ཤོག་གྲངས་181ལས་དྲངས།

བཏབ་པ། དབྱར་ཟླ་ར་བ་ནས་སྟོན་ཟླ་འབྲིང་པོའི་བར་ཆར་པ་ཆེ་བས་ཐང་སྐམ་ལ་ཡང་གྲུ་གཟིངས་ཀྱིས་བགྲོད་དགོས་པ། འབྲུ་སྣ་ཚོགས་འདེབས་རུང་ཡང་གཙོ་ཆེ་བ་ནི་འབྲས་དཀར་ཡིན་ཏེ་དེ་ནི་ཡུལ་གཞན་ན་མེད་པ་དྲི་ཞིམ་པ་ཁ་དོག་དཀར་ལ་འཚེར་བ། འབྲུ་རྡོག་ཆེ་བ་མི་ཆེན་ཞལ་ཟས་སུ་གྲགས་སོ། མིའི་རང་བཞིན་དྲང་ལ་ལྷོད་པ་དཀོན་མཆོག་ལ་དད་འདུན་ཆེ་བ་སློབ་པ་ལ་མོས་པ། གཙུག་ལག་ཁང་ལྔ་བཅུ་ལྷག་ལ་དགེ་འདུན་གྲངས་སྟོམ་ཁྲི་ཕྲག་ལྷག་གནས་ཡོད་པ་ཐེག་ཆེན་པོ་ན་ལ་སྤྱོད་དོ། ཕྱི་པའི་ལྷ་ཁང་བཅུ་ཕྲག་དུ་མ་ཡོད་པར་ཕྱི་པའི་རིགས་མང་དག་ཅི་རིགས་པར་གནས་སོ།[1] ཞེས་པས་གནས་དེའི་བྱང་ཕྱོགས་སུ་འཛྷུད་ཧྲས་ལུང་དེ་འབུད་ཏ་དང་འབུ་ཏ་ཞེས་པ་སངས་རྒྱས་ཀྱི་དོན་ཡིན་གཤིས། སྟོན་པས་ལུང་བསྟན་པའི་མཐའ་བཞི་གངས་རིས་བསྐོར་བའི་ལྗོངས་འདིར། ཀྱེ་ཞེས་འབོད་པའི་སྒྲས་སྟོན་བསུས་ཏེ་སྔར་མངའ་རིས་གུང་ཐང་ཆོས་རྒྱལ་ཆེན་པོའི་མངའ་འོག་ཏུ་གཏོགས་པའི་ཤར་ཀྱི་ཕྱོགས་སུ་གནས་པའི་ཡུལ་ལུང་དེང་གི་འབྲོང་པ་རྫོང་ཁོངས་སུ་གཏོགས་པའི་རྡོ་ཤོད་ཀྱི་ཀྱོ་ལ་ཞེས་པ་དེར་འབྲི་བཞེངས་བསྒྲུངས་པ་རྫོགས།

གསུམ། སྦྱིན་བདག

སྔར་མངའ་རིས་གུང་ཐང་རྒྱལ་པོའི་མངའ་འོག་ཏུ་གཏོགས་པའི་ཡུལ་ལུང་རྡོ་ཤོད་ཀྱི་ཀྱོ་ལ་ཞེས་པ་དེར་ཤེར་ཕྱིན་ཡུམ་དེ་འབྲི་བཞེངས་བསྒྲུངས་པའི་སྐབས་སུ། དེར་ཉེ་བར་མཁོ་བའི་སྣག་ཤོག་སོགས་ཀྱི་རྒྱུ་འགྲོ་སྦྱོར་མཁན་ནི་གུང་ཐང་མངའ་འོག་གི་མི་དཔོན་ཏེ་རིན་རྒྱལ་དང་འཕན་ཕྱུག་རྒྱལ་མཚན། གྲགས་པ་རྒྱལ་མཚན་དང་བུ་ཆུང་དར་རེ། ཨ་མ་སྲིད་འཛིན་དང་སྨན་ནེ་དང་གྱེ་གོད་བསོད་ནམས་རྒྱན་ནེ་སྐྱིད་བཅས་ཀྱིས་དད་པ་སྐྱོངས་མེད་པའི་མཆོད་ཡོན་སྦྱིན་བདག་གནང་སྟེ་རང་རང་གི་འཁོས་འབྱོར་ལ་གཞིགས་པའི་རྒྱུ་འགྲོ་སྦྱར་ཏེ་སྐུ་ཚེ་ཕྱི་མའི་དོན་དུ་འབྲི་བཞེངས་གནང་བ་སྟེ་མཛད་བྱང་ལས། དཔལ་འབྱོར་འཛོམ་ཞིང་སྲུས་དར་ཡོང་སྤྱོད་འཕེལ།། ཀུན་གྱི་བཟང་དཔེར་བྱེད་པའི་ཡོན་དག་རིན་རྒྱལ་ལགས།།བློ་གྲོས་དང་ལྡན་འཁོར་བའི་དཔུལ་གྱིས་རྒྱན་། །ཡོན་གྱི་བདག་པོར་གྱུར་པ་འཕན་ཕྱུག་རྒྱལ་འཚོན་ལགས་།

① གུང་ཐང་རུད་དུ་བཞུགས་པའི་དཔེ་རྙིང་ཤེར་ཕྱིན་བརྒྱད་སྟོང་པའི་དབུ་ཤོག་ནང་མའི་ཞལ་ཁེབས་ལས་དྲངས།

།དད་དང་གུས་པར་ལྡན་ཞིང་སྟ་བར་བསོད་ནམས་བསགས།། ཡོན་གྱི་བདག་པོ་དྲགས་པ་རྒྱལ་འཚན་ལགས།། །ཡབ་གྱི་རྒྱུད་འཛིན་ལྷ་བྲན་ལྟ་བུ་དེ། །བུ་ཅུང་བྲབ་ལ་དར་རེ་ལགས།། ཚོ་རིགས་ཁུངས་ཙུན་ཟས་ནོར་ཅུད་གྱི་རྗེར། །ཀུན་གྱི་ཨ་མར་གྱུར་པ་སྲིད་འདྲེན་ལགས།། བྱ་བ་ལག་ལེན་མཁས་ཅིང་ནོར་ཟས་ཚོད་ལ་རྟོང་། །ཡོན་གྱི་བདག་མོ་གྱུར་པ་སླན་ནེ་ལགས། །འཛངས་དང་ཤེས་རིག་ལྡན་ཅིང་དམ་པའི་ཆོས་ལ་དགར། །ཡོན་གྱི་བདག་མོར་གྱུར་པ་གྱི་གོད་ལགས། །ཀུན་གྱི་སྤྱན་ལ་མཛེས་ཤིང་ཨུད་པལ་ལྟར་དུ་མཚར། །ལྷ་བྲན་བསོད་ནམས་རྒྱན་ནེ་སྐྱིད་དེ་རྣམ་གསུམ་ལགས། །དེ་ལྟར་འཛོམ་པའི་ཡབ་སྲས་སྟང་ཞལ་རྣམ་པ་ཡིས།། ཕྱི་མའི་དོན་སྒྲུབ་མཛད་པ་ངོ་མཚར་ཆེ། །གཞན་ཡང་ཉེ་བ་དྲུང་པ་རྣམ་པ་ཡིས། །ཀྲ་ཤིས་འདིགས་རྣམས་མཛད་པ་རྗེས་ཡིད་རང། །མཾ་ཧྣ་ལ་ཧྣ་བྷ། །[1]ཞེས་པས་རྫོགས།

བཞི། ཡིག་ཟུས།

སྟར་མདའ་རིས་གུང་ཐང་མདའ་འོག་ཏུ་གཏོགས་པའི་ཡུལ་ལུང་དྲ་ཤོད་ཀྱི་ཀོ་ལ་ཞེས་པར་ཤེར་ཕྱིན་ཡུམ་དེ་འབྲི་བཞེངས་བསྐྲུངས་པའི་སྐབས་སུ་དེར་ཉེ་བར་མཁོ་བའི་སྣག་ཤོག་སོགས་ཀྱི་རྒྱུ་འགྲོ་སྦྱོར་མཁན་གུང་ཐང་མདའ་འོག་གི་མི་དཔོན་ཏེ་རིན་རྒྱལ་དང་འཕན་ཕྱུག་རྒྱལ་མཚན། གྲགས་པ་རྒྱལ་མཚན་དང་བུ་ཆུང་དར་རེ། ཨ་མ་སྲིད་འདྲེན་དང་སླན་ནེ་དང་གྱི་གོད། བསོད་ནམས་རྒྱན་ནེ་སྐྱིད་བཅས་ཀྱིས་དད་པ་སྐྱོངས་མེད་པའི་མཆོད་ཡོན་སྦྱིན་བདག་གནང་སྟེ་རང་རང་གི་འཁོར་འབྱོར་ལ་གཞིགས་པའི་རྒྱུ་འགྲོ་སྦྱར་ཏེ་སྐུ་ཚེ་ཕྱི་མའི་དོན་དུ་འབྲི་བཞེངས་གནང་བའི་སྐབས་སུ། གསུང་རབ་ཀྱི་འབྲི་བཤུས་ལ་སྒོ་གསུམ་དད་པ་ལྡན་པའི་ཡིག་པ་ཅི་ཞིག་གིས་གནང་བའི་སྐོར་ལ། ཀྱི་ཞེས་པས་སྟོན་བསུས་ཏེ་ཡིག་མཁན་དབུ་ཆེན་མན་ཧྲུ་སྲི་སྟེ་འཇམ་དབྱངས་དང་དུས་གསུམ་གྱི་སློབ་དཔོན་མཁས་པར་ལུས་ངག་ཡིད་གསུམ་གྱིས་གུས་ཕྱག་ཕུལ་བ་དང་ཆབས་ཅིག ཤེར་ཕྱིན་ཡུམ་འདིའི་དབུ་ཤོག་གི་མཚན་བྱང་རྒྱ་སྐད་དེ་སྟོན་གུང་ཐང་ཆོས་རྒྱལ་མདའ་ཁོངས་ཀྱི་ནེ་ལུང་རྫོ་རྗེ་འགོན་གཟབ་པར་བྲིས་པ་སྟེ། ཀྱི་ལགས། མན་ཧྲུ་སྲི་དང་དུས་གསུམ་སློབ་དཔོན་ལ།།བདག་ཉིད་གུས་པའི་སྒོ་ནས་ཕྱག་འཚལ་སྟོད། དཾ་

[1] གུང་ཐང་ཅུད་དུ་བཞུགས་པའི་དཔེ་རྙིང་ཤེར་ཕྱིན་བརྒྱད་སྟོང་པའི་དབུ་ཤོག་ནང་མའི་ཞལ་ཁིབས་ལས་དྲངས།

ཆོས་ཨུ་ལོ་རྒྱ་གར་སྐད་དུ་འདི། ནེ་ཡུང་རྗེ་རྗེ་འགོན་གྱིས་ལེགས་པར་བཀོད།བཀྲ་ཤིས་པར་གྱུར་ཅིག ①ཅེས་པས་རྫོགས་སོ།

ལེ་ཚན་དགུ་པ། གུང་ཐང་ཅུང་གླེགས་ཤིང་དུ་གསལ་བའི་མཛད་བྱང་།

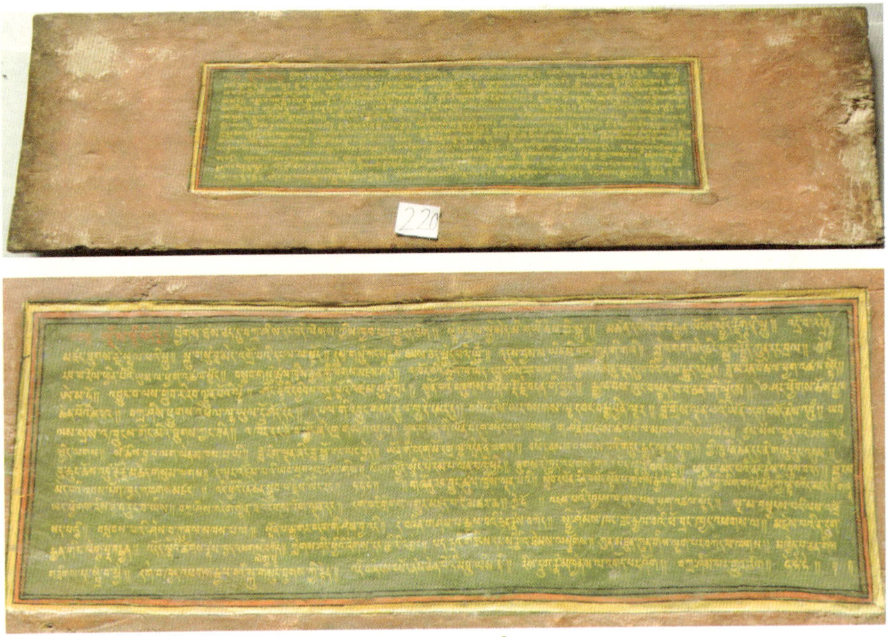

མཛད་བྱང་མ་དཔེ།

དང་པོ། མཛད་བྱང་མ་ཕྱུགས།

༄༅། ཨོྂ་ས་སྟི་སིད་ཧཱ། །ཕྱོགས་ཐམས་ཅད་དུ་བཀྲ་ཤིས་དང་བདེ་ལེགས་ཀྱིས་ཁྱབ་པར་གྱུརད་ཅིག །སྤྲོས་བྲལ་སྐྱེ་མེད་མི་གཡོ་ཆོས་ཀྱི་སྐུ། །མཚན་དཔེས་རབ་བརྒྱན་ལོངས་སྤྱོད་རྫོགས་པའི་སྐུ། །འདྲོ་བ་འདྲེན་མཛད་ཐུགས་རྗེ་སྤྲུལ་པའི་སྐུ། །སྐུ་གསུམ་བླ་མེད་འགྲོ་བའི་དཔལ་ལ་སྟོད། །དུས་གསུམ་སངས་རྒྱས་ཐམས་ཅད་སྐྱེས་པའི་ཡུམ། །འདུས་བྱས་མ་ཡིན་མི་གཡོ་ཀུན་གྱི་གཞི། །སྐྱེ་འགག་མེད་ཅིང་སྨྲ་བརྗོད་ཀུན་དང་བྲལ། །ཞེས་ཤེས་རབ་ཕ་རོལ་ཕྱིན་

① གུང་ཐང་ཅུང་དུ་བཞུགས་པའི་དཔེ་རྙིང་ཤེར་ཕྱིན་བརྒྱད་སྟོང་པའི་དབུ་ཤོག་ནང་མའི་ཞལ་ཁེབས་ལས་དྲངས།

པའི་ཡུམ་ལ་ཕྱག་འཚལ་སྟོད། །བསླབ་གསུམ་ཚུལ་ཁྲིམས་རྒྱན་གྱིས་ལེགས་མཛེས་ཤིང་། །འཁོར་བའི་ཆོས་ལ་ཡིད་འབྱུང་ཤེས་རབ་གསལ། །ནུས་པའི་མཐུ་ལྡན་དུལ་བའི་ཤེས་རྒྱུད་འདྲེན། །བླ་མ་རིན་པོ་ཆེ་ལ་ཕྱག་འཚལ་སྟོད། ། ཨེ་མ་ཧོ། འབྱུང་བ་ལས་གྲུབ་རི་རབ་ལྷུན་པོའི་ལྟོ། །ཤིང་རྟའི་དབྱིབས་འདྲ་ལྷོའི་འཛམ་བུའི་གླིང་། །སྟོན་པའི་བཞུགས་གནས་རྡོ་རྗེ་བདན་གྱི་བྱང་། །རྒྱལ་བས་ལུང་བསྟན་ཁ་བ་ཅན་གྱི་ལྗོངས།། ༈ ཤར་ཕྱོགས་ཆོས་རྒྱལ་ཆེན་པོའི་མངའ།།བཀྲ་ཤིས་ཕྱུགས་འཕེལ་ལྷ་ཡུལ་དྲུ་ཤོད་དེར། །དཔལ་གྱི་འབྱུང་གནས་རྟུལ་ཕྲུ་དེ་དམར་དུ། ། བསོད་ནམས་ཡར་བསགས་ལྷ་དབང་བརྒྱ་བྱིན་ལྟར། །བློ་གྲོས་ལྡན་པའི་ཡོན་བདག་བསོད་ནམས་འབུམ། །ཡབ་ལས་སྲས་འབྱུངས་གོང་མའི་ཐུགས་ཀྱང་ཟིན། །འཁོར་དང་ཉེ་བ་སྐྱོང་ཞིང་དགྲ་གཡག་འདུལ། །སྐྱན་པ་ཅན་གྱི་ཡོན་བདག་བསོད་ནམས་བཀྲ་ལགས། །གཤིན་མཛངས་ཚགས་ལ་མཁས་པའི་དཔལ་མོ་ཆེ། །བྱམས་སེམས་ལྡན་པའི་ཨ་མ་འབུམ་སྐྱིད་ལགས། །སོ་ཆིས་བྱ་བ་ལག་ལེན་མཁས་པ་ཡི། །བློ་རིག་ལྡན་ཞིང་བླ་སྒོ་གང་ཡང་ཕྱེད། །ཡོན་གྱི་བདག་པོ་དགྲ་ལྷ་འདྲེན་ནེ་ལགས། བསོད་ནམས་བསགས་པའི་གདུང་རྒྱུད་ལྟ་ན་སྡུག །ཀྱི་ཁྱུ་རིན་ཆེན་དང་ནེ་གཡུང་རུང་འབུམ། ། བུ་ཆུང་ཆོས་འབུམ་རྡོ་རྗེ་མཆེད་གསུམ་ལགས། །དེ་ལྟར་འཛོམས་པའི་ཡབ་བ་སྲས་སྣང་ཞལ་གྱིས། །ཡོངས་སྤྱོད་སྙིང་པོ་དམ་པ་ལེན་པའི་ཕྱིར། །ཐུགས་དམ་ཁྱད་འཕགས་གསེར་པོད་ལྔ་རུ་བཞེངས། ། འཕངས་པ་མེད་པའི་ནོར་རྣམས་འབུལ་བ་དང་། ། སྐྱོངས་མེད་པའི་ཞབས་ཏོག་ཁྱད་འཕགས་མཛད། །འདི་ཕྱིའི་དོན་ཆེན་སྒྲུབ་པ་རྗེས་ཡིད་རང་།། ཧེ་ཧེ་ཧེ། ། གཞོན་ནུ་རབ་བྱུང་ཚུལ་ཁྲིམས་ལྡན་པའི། །སློབ་དཔོན་རིན་བསོད་སྟོན་པ་གྲགས་རྒྱལ་གྱིས། །ཆོས་ཀྱི་ཡིག་གཉེར་རྐོས་ཀྱི་ལྷ་བཀོད་མཛད། །གཞན་ཡང་ཕྱོགས་རིས་ཉེ་བ་དུང་བ་ཡིས། ། བཀྲ་ཤིས་འདེགས་སྟོན་ཟ་འདེགས་རིག་ལྡན་དང་། །དགེ་བའི་གྲོགས་འགྱུར་མཛད་པ་ངོ་མཚར་ཆེ། །ཀྱེ་ཧོ། ། འཇམ་དཔལ་དབྱངས་ལ་གུས་པས་ཕྱག་འཚལ་སྟོད། ། སྤྲ་མ་བསྒྲུངས་པའི་ལས་འཕྲོ་སད་པའིས། །བསླབས་པའི་ཤེས་བྱ་ཀུན་ལ་མཁས་པ་ལ། །སྟོན་པ་རྒྱ་གར་བདག་གི་ཤེས་བྱ་འདི། །དེ་བཞིན་གཤེགས་པ་རྒྱལ་བའི་རྟེན་རྣམས་བཀོད། །ཕྱི་ཤོམས་ཁང་བཟང་རྒྱལ་བའི་ཕོ་བྲང་ཁྱད་འཕགས་ལ། །མཛེས་པའི་ན་དུག་རྒྱན་གྱིས་ལེགས་པར་བརྒྱན། ། འདོད་ལྷའི་ཚོགས་རྣམས་ཁྱད་འཕགས་ལེགས་པར་བཀོད། །ཀླིགས་ཤིང་ཕྱིའི་ཤོགས་དང་རྩིའི་འགྲེད། །པད་ཏའི་གཟིངས་དང་སྣ་རྩིའི་ཐེམས་ལ་སྦྱོགས། ། ཀུན་མཐུན་ཀུན་གྱིས་ལྷག་པར་བཀོད་པ་

ལགས། །མཁྱེན་པ་ཅན་གྱིས་གཟིགས་དང་སྨྲོ་བ་སྐྱེ། །དགེ་བ་ཁྱད་འཕགས་རྒྱལ་བའི་སྐུ་གསུང་ཐུགས་ཀྱི་རྟེན། །འདི་བཞེངས་བསོད་ནམས་ཆེན་པོའི་མཐུ་ཡིས་ནི། །རིས་དྲུག་རྣམ་མཁྱེན་ས་ལ་འགོད་པར་ཤོག །བཀྲ་ཤིས་པར་གྱུར་ཅིག། །ཏེ་ཏེ་ཏེ། །[1]ཞེས་པའོ།

གཉིས་པ། མཛད་བྱང་གི་དཔེ་ཞིབ།

གཅིག བསྟོད་ཕྱག

༄༅། །ཨོཾ་ས་སྟི་སིད་ཧྃ། ཕྱོགས་ཐམས་ཅད་དུ་བཀྲ་ཤིས་དང་བདེ་ལེགས་ཀྱིས་ཁྱབ་པར་གྱུརད་ཅིག། །སྤྲོས་བྲལ་སྐྱེ་མེད་མི་གཡོ་ཆོས་ཀྱི་སྐུ། །མཚན་དཔེས་རབ་བརྒྱན་ལོངས་སྤྱོད་རྫོགས་པའི་སྐུ། །འདྲོ་བ་འདྲེན་མཛད་ཐུགས་རྗེ་སྤྲུལ་པའི་སྐུ། །སྐུ་གསུམ་བླ་མེད་འགྲོ་བའི་དཔལ་ལ་སྟོད། །དུས་གསུམ་སངས་རྒྱས་ཐམས་ཅད་སྐྱེས་པའི་ཡུམ། །འདུས་བྱས་མ་ཡིན་མི་གཡོ་ཀུན་གྱི་གཞི། །སྐྱེ་འགག་མེད་ཅིང་སྨྲ་བརྗོད་ཀུན་དང་བྲལ། །ཞེས་ཤེས་རབ་ཕ་རོལ་ཕྱིན་པའི་ཡུམ་ལ་ཕྱག་འཚལ་སྟོད། །བསླབ་གསུམ་ཚུལ་ཁྲིམས་རྒྱན་གྱིས་ལེགས་མཛེས་ཤིང་། །འཁོར་བའི་ཆོས་ལ་ཡིད་འབྱུང་ཤེས་རབ་གསལ། །ནུས་པའི་མཐུ་ལྡན་དུལ་བའི་ཤེས་རྒྱུད་འདྲེན། །བླ་མ་རིན་པོ་ཆེ་ལ་ཕྱག་འཚལ་སྟོད། །[2]ཅེས་བྱུང་བ་ལ་གཞིགས་ན། ཐོག་མར་ཨོཾ་ས་སྟི་སིད་ཧྃ་ཞེས་སམ་སྐྲི་ཏ་གཟུགས་གྱུར་གྱི་ཐོག་ནས་བཀྲ་ཤིས་ཞེས་པའི་ཚིག་ལས་འགོ་བཙམས་ཏེ་ཆོས་སྐུ་དང་ལོངས་སྐུ། སྤྲུལ་སྐུ་སྟེ་སྐུ་གསུམ་གྱི་ཡོན་ཏན་རྣམས་ལེགས་པར་བརྗོད་པ་དང་སྦྲགས་དེ་དག་ལ་ལུས་ངག་ཡིད་གསུམ་གྱི་སྒོ་ནས་བསྟོད་ཕྱག་ཕུལ་བ་དང་། དེ་རྗེས་སྐབས་འདིར་འབྲི་བཞེངས་བྱ་བའི་གཞུང་གང་ཞིག་ཡིན་པ་དེའི་ནང་དོན་རྣམས་ཚིག་སྣ་བསྡུས་པའི་སྒོ་ནས་བརྗོད་དེ་ཤེར་ཕྱིན་ཡུམ་[3]ལ་ཕྱག་འཚལ་བསྟོད་པ་དེ་དག་ནི་སྔོན་དུ་བརྗོད་པའི་ཕྱག་བསྟོད

[1] གུང་ཐང་ཏུད་ཤེར་ཕྱིན་གླེགས་ཤིང་གི་ནང་ངོས་ལས་དྲངས།

[2] གུང་ཐང་ཏུད་ཤེར་ཕྱིན་གླེགས་ཤིང་གི་ནང་ངོས་ལས་དྲངས།

[3] རྒྱས་འབྲིང་བསྡུས་གསུམ་མམ་ཡུམ་རྒྱས་འབྲིང་བསྡུས་གསུམ་དེ་སྟོན་རྒྱལ་པོ་ཁྲི་སྲོང་ལྡེ་བཙན་གྱི་སྐུ་དུས་སུ་ལོ་ཙཱ་བ་ཆླངས་ཁམས་པ་གོ་ཆ། བི་རོ་ཙ་ན། ཀླུ་ཡི་འབྲུག ཞང་ཡེ་ཤེས་སྡེ་ལ་སོགས་པས་རྒྱ་གར་སྐད་ནས་བོད་སྐད་དུ་བསྒྱུར་བའི་ཡུམ་རྒྱས་པ་བཀའ་འགྱུར་སྣར་ཐང་པར་མའི་ནང་པོད་ཀ་ནས་ན་བར་པོད་བཅུ་གཉིས་དང་། ཡུམ་འབྲིང་པོ་ལ་ནང་གསེས་རྒྱས་འབྲིང་བསྡུས་གསུམ་ཡོད་པའི་འབྲིང་པོའི་རྒྱས་པ་ཉི་ཁྲི་འགྱུར་བྱང་མ་འཁོད་པ། བཀའ་འགྱུར་སྣར་ཐང་པར་མའི་ནང་པོད་ཀ་ཁ་ག་གསུམ་ཡོད། འབྲིང་པོའི་འབྲིང་པོ་ཁྲི་བརྒྱད་སྟོང་པ་ལོ་ཙཱ་བ་ཞང་ཡེ་ཤེས་སྡེ་སོགས་ཀྱིས་བསྒྱུར་བ། བཀའ་འགྱུར་སྣར་ཐང་པར་མའི་པོད་ཀ་ཁ་ག་གསུམ། འབྲིང་པོའི་བསྡུས་པ་ཤེས་རབ་ཁྲི་པ། ལོ་ཙཱ་བ་ཞང་ཡེ་ཤེས་སྡེ་སོགས་ཀྱིས་བསྒྱུར་བ། བཀའ་འགྱུར་སྣར་ཐང་པར་མའི་ནང་པོད

དང་འདྲ་ཞིང་། ད་དུང་སྐབས་དེའི་དད་པ་སྐྱོ་ངས་མེད་པའི་སྦྱིན་བདག་གིས་རང་རང་གི་དད་མོས་གནང་སའི་བླ་མར་གུས་ཕྱག་ཕུལ་ཡོད་མོད་ཀྱང་བླ་མ་རིན་པོ་ཆེ་ཞེས་པ་ཙམ་ལས་མཚན་མ་གསལ་སྐབས་འདི་ཡིན་ཞེས་ཞུ་མ་ཤེས།

གཉིས། ཡུལ་ལུང་།

ཤེར་ཕྱིན་ཡུམ་དེ་འབྲི་བཞེངས་བྱ་བའི་སྐབས་སུ་ཡུལ་ལུང་གང་ཞིག་ཏུ་འབྲི་བཞེངས་གནང་བའི་སྐོར་ལ་མཛད་བྱང་གི་བསྔོད་པ་དུང་ཆེན་གཟུགས་ལས་ཤེས་རྟོགས་ཐུབ་པ་སྟེ། ཐོག་མར་ངོ་མཚར་ཆེ་བའི་གཏམ་སྟེ་ཨེ་མ་ཧོ་ཞེས་པས་སྟོན་བསྒྲུས་ཏེ་ས་ཆུ་མེ་རླུང་འབྱུང་བ་བཞི་ལས་གྲུབ་པའི་རི་རབ་ལྷུན་པོ་སྟེ་སམ་སྐྲི་ཏའི་སྐད་དུ་སུམེ་རུ་ཞེས་བརྗོད་ཅིང་། དེ་ནི་རྒྱ་གར་ལྷ་སྒྲུང་ནང་དུ་བྱུང་བའི་རི་ཞིག་ཡིན། རྗེས་སུ་སངས་རྒྱས་ཆོས་ལུགས་པས་དེ་འཇིག་རྟེན་ཁམས་ཀྱི་ལྟེ་བར་ངོས་འཛིན་བྱས་ཤིང་། རི་བོ་དེར་མཐོ་ཚད་དཔག་ཚད་བརྒྱད་ཁྲི་བཞི་སྟོང་དང་དེའི་སྟེང་དུ་ལྷ་གནས་སུམ་ཅུ་སོ་གསུམ་དང་། རི་སྐེས་ཀྱི་མཐའ་བཞིར་རྒྱལ་ཆེན་བཞི་དང་། རི་འདབས་ཀྱི་མཐའ་སྐོར་དུ་རྒྱ་མཚོ་ཆེན་པོ་དང་། རི་རབ་བདུན་གྱིས་བསྐོར་ཞིང་། རི་རབ་བདུན་གྱི་བསྐོར་བའི་ཕྱི་རུ་བ་ཚ་ཅན་གྱི་རྒྱ་མཚོ་དང་། རྒྱ་མཚོ་དེའི་དབུས་སུ་འགྲོ་བ་མི་རྣམས་འཚོ་སྡོད་བྱ་སའི་གླིང་བཞི་ཡོད། བ་ཚ་ཅན་གྱི་རྒྱ་མཚོའི་ཕྱིར་ལྕགས་རིས་བསྐོར་ཞིང་ཉི་ཟླས་རི་རབ་ལྷུན་པོའི་སྐོ་ལ་བསྐོར་བསྐྱོད་བྱ་ཡི་ཡོད། རི་རབ་ལྷུན་པོ་ནི་ནང་བསྟན་གྱི་འཇིག་རྟེན་ཁམས་ཀྱི་རྣམ་པ་མཚོན་པའི་གལ་ཆེན་གྲུབ་ཆ་ཞིག་ཡིན་[1] ཞེས་པ་དེའི་ལྷོ་ཕྱོགས་སུ་ཆགས་པའི་ས་དབྱིབས་ཤིང་རྟའི་དབྱིབས་འདྲ་བའི་ལྷོ་འཛམ་བུ་གླིང་དུ་ཆགས་པའི་གནས། སྟོན་པས་ཞབས་ཀྱིས་བཅག་པའི་རྡོ་རྗེ་གདན་གྱི་སྐོར་ལ་སྟོན་གྱི་མཛད་བྱང་ཁག་གི་སྐོར་དུ་བརྗོད་ཟིན་པ་དེས་འཐུས་མོད་ཀྱང་། གལ་པོ་ཆེ་ལ་ནན་ཏན་ཟེར་བ་ལྟར་རྡོ་རྗེ་གདན་གྱི་སྐོར་

གཅིག་ཡོད། ཡུམ་བསྡུས་པ་བརྒྱད་སྟོང་པ་འགྱུར་མི་འདྲ་བ་དང་ཞུས་དག་ཐེངས་མང་པོ་སོང་བ། བཀའ་འགྱུར་སྣར་ཐང་པར་མའི་ནང་པོད་གཅིག་ཡོད། གོང་གསལ་ཡུམ་རྒྱས་པ་ལ་པོད་བཅུ་གཉིས། འབྲིང་པོ་ལ་པོད་བདུན། བསྡུས་པ་ལ་པོད་གཅིག་བཅས་པོད་ཉི་ཤུ་ཐམ་པ་ཡོངས་ཀྱི་སྤྱི་མིང་ལ་ཡུམ་རྒྱས་འབྲིང་བསྡུས་གསུམ་ཟེར་ཞེས་བོད་ཀྱི་གསུང་རབ་སྨྲ་བའི་དབང་པོ་དུང་དཀར་བློ་བཟང་འཕྲིན་ལས་མཆོག་གིས་མཛད་པའི་དེབ་ཐེར་དམར་པོའི་མཆན་འགྲེལ་མི་རིགས་དཔེ་སྐྲུན་ཁང་གི་1981ལོའི་སྤར་མའི་ཤོག་གྲངས་459ལས་དྲངས།

① 见，任继愈主编《佛教大辞典》凤凰出版传媒集团2002年12月，第941页。

ལ་རྒྱ་བོད་ཀྱི་མཁས་པའི་གནས་བཤད་ལས་ཞུས་ན། ལོ་སྟོང་གི་སྔོན་དུ་བྱོན་པའི་རྒྱའི་བཙུན་པ་ཕཱ་ཧྲེན་[法显]དང་། ཐང་ཟན་ཙང་[唐玄奘][སྤྱི་ལོ་645ལོ།]ཨི་ཅིང་[义静][སྤྱི་ལོ་691ལོ།]རྣམས་ཀྱི་ལམ་ཡིག་དང་། བོད་ཀྱི་ལོ་ཙཱ་བ་ཆག་ཆོས་རྗེ་དཔལ་གྱི་ལམ་ཡིག་རྒྱས་པ། བཅོམ་ལྡན་རིགས་རལ་གྱི་རྡོ་རྗེ་གདན་རྒྱས་བཤད་རྣམས་དང་། དེར་མ་ཟད་སྣར་ཐང་དགོན་ན་རྡོ་ནག་ལས་གྲུབ་པའི་རྡོ་རྗེ་གདན་གྱི་གནས་བཀོད་རྒྱ་གར་ནས་གདན་དྲངས་པ་ཞིག་དང་། མཆིམས་ནམ་མཁའ་གྲགས་པའི་ཞལ་བཀོད་བཞིན་ཙན་དན་ལས་གྲུབ་པའི་རྡོ་རྗེ་གདན་གྱི་བཀོད་པ་རྒྱ་ནག་ནས་གདན་དྲངས་པ་གཅིག་བཅས་བཞུགས་པ། དེ་ཐམས་ཅད་བསྡུར་ཚེ། ཕན་ཚུན་གཅིག་ལས་གཅིག་ངོ་འཕྲོད་དེ། མི་གཅིག་གིས་བྱས་པ་དང་འདྲ་བར་ཡོད་①ཅེས་བརྗོད་པའི་གནས་མཆོག་དེའི་བྱང་ཕྱོགས་ཏེ་འཇམ་དཔལ་རྩ་རྒྱུད་ལས་ལུང་བསྟན་པའི་མཐའ་བཞི་གངས་རིས་བསྐོར་བའི་ཁ་བ་ཅན་གྱི་ལྗོངས་སུ་སྟོད་མངའ་རིས་སྐོར་གསུམ་དུ་དབྱེ་བ་ལས། སྟོད་ཀྱི་ཕྱོགས་ཏེ་གུ་གེའི་ཤར་ཕྱོགས་སུ་ཆགས་པའི་གུང་ཐང་ཆོས་རྒྱལ་ཆེན་པོའི་མངའ་ཞབས་སུ་གཏོགས་པའི་ཡུལ་དགེ་བཅུས་བཀྲ་ཤིས་ཤིང་རྩ་ཆུ་བཟང་བས་ནོར་ཕྱུགས་རབ་ཏུ་འཕེལ་བའི་ཡུལ་དྲོ་ཤོད་ཅེས་པའི་ས་སྒོ། བོད་ཀྱི་ས་མིང་དཔྱད་གཞིའི་ཡིག་རིགས་བསྡུས་བསྒྲིགས་ཞེས་པའི་ནང་དུ་མ་གསལ་ཙང་། ཀཿཐོག་རིན་འཛིན་ཚེ་དབང་ནོར་བུས་མཛད་པའི་བོད་རྗེ་ལྷ་བཙན་པོའི་གདུང་རབས་ཚིག་ཉུང་དོན་གསལ་ཡིད་ཀྱི་མེ་ལོང་དུ། མར་ཡུལ་བདག་པོ་རིག་པ་མགོན་ལ་སྲས་མང་དུ་བྱུང་བའི་རྒྱུད་ལ་དྭགས་རྒྱལ་པོ་ཡང་ཟེར་ལ་རྩོད་པ་མེད་པ་ནི་མངའ་བདག་སྟག་ཤམས་ཅད་དེ་ཡི་རིགས་རྒྱུད་ད་ལྟ་སྟོབས་འབྱོར་ཤིན་ཏུ་དབུལ་ཡང་འབྲས་ལྗོངས་ནུ་རི་གྲོ་ཤོད་སོགས་སུ་ཐོར་བུ་ཡོད་པ་རྣམས་སོ་②ཞེས་དང་། ང་རང་གི་དྲན་ལ་བུ་གཉིས་དང་བུ་མོ་གཉིས་ཡོད། ཚུན་མ་ཡེར་མོ་དྲན་གཡུང་དྲུང་སྒྲོན་ལ་བུ་གསུམ། བུ་མོ་གཉིས་དང་ལྷ་བྱུང་བ་ལ། ཁོ་བོ་བུ་ཆུང་བ་ཡིན་ཏེ། དེ་ཡང་དགུན་གྱི་དུས་སུ། བྱང་གི་ཡུལ་ཕྱོགས་ཁབ་ཆུང་བས། འབྲོག་པ་རྣམས་དེར་ལུག་གུ་སློག་པ་ལ། ལྷོ་ཕྱོགས་ཀྱི་ཤོད་ནས་བྱང་དུ་འགྲོ་བའི་བར་ལམ།

① མཁས་དབང་དགེ་འདུན་ཆོས་འཕེལ་གྱི་གསུང་རྩོམ་ཕྱོགས་བསྒྲིགས་པོད་བཞི་པ་རྒྱ་གར་གྱི་གནས་ཆེན་ཁག་ལ་བགྲོད་པའི་ལམ་ཡིག་ཞེས་པའི་ཤོག་གྲངས་259ལས་དྲངས།

② ཀཿཐོག་རིན་འཛིན་ཚེ་དབང་ནོར་བུའི་བཀའ་འབུམ་སྨད་ཆ་ཀྲུང་གོའི་བོད་རིག་པ་དཔེ་སྐྲུན་ཁང་གི་2006ལོའི་པར་མའི་ཤོག་གྲངས་54ལས་དྲངས།

བར་ཡང་གི་ས་ཆ། ཉ་ཀྲུལ་ཞེས་བྱ་བར། ང་རང་འཁྲུངས་དུས་ནི་མེ་མོ་སྤྲུལ་གྱི་ལོ། ཧོར་ཟླ་བཅུ་གཅིག་པ་ལ་འཁྲུངས་[1]ཞེས་གསུངས་པ་བཅས་ལས་གསུང་རབ་འབྲི་བཞེངས་ཀྱི་ས་གནས་སྟར་གུང་ཐང་རྒྱལ་པོའི་མངའ་ཁོངས་སུ་གཏོགས་པའི་གྲོ་ཤོད་ནི་ད་ལྟའི་འབྲོང་པ་རྫོང་ཁོངས་ཀྱི་བར་ཡང་ལ་བརྒྱབ་ཏེ་ཉ་ཀྲུལ་ཞེས་པའི་ས་དང་ཐག་མི་རིང་བ་ན་ཡོད་པ་སྟེ། ད་ལྟ་འབྲོང་པ་རྫོང་གི་ས་ཁོངས་སུ་གནས་པའི་གྲོ་ཤོད་དེ་རྟལ་ཕྱུ་དེ་དམར་ཡིན་ཞིང་དྲོ་ཤོད་དང་གྲོ་ཤོད་ཅེས་འབྲི་གཟུགས་མི་འདྲ་བ་ཙམ་ལས་དོན་གྱི་འབབ་ས་གཅིག་ཡིན་པ་དེ་ཡང་མཛད་བྱང་ལས། ཨེ་མ་ཧོ། འབྱུང་བ་ལས་གྲུབ་རི་རབ་ལྷུན་པོའི་ལྟོ། །ཤིང་རྟའི་དབྱིབས་འདྲ་ལྷོའི་འཛམ་བུའི་གླིང་། །སྟོན་པའི་བཞུགས་གནས་རྡོ་རྗེ་བདན་གྱི་བྱང་། །རྒྱལ་བས་ལུང་བསྟན་ཁ་བ་ཅན་གྱི་ལྗོངས།། ༄༅།ཤར་ཕྱོགས་ཆོས་རྒྱལ་ཆེན་པོའི་མངའ། །བཀྲ་ཤིས་ཕྱུགས་འཕེལ་ལྷ་ཡུལ་དྲོ་ཤོད་དེར། ། དཔལ་གྱི་འབྱུང་གནས་རྟལ་ཕྱུ་དེ་དམར་དུ། །[2]ཞེས་པས་རྟོགས།

གསུམ། སྦྱིན་བདག

སྟར་གུང་ཐང་ཁབ་པའི་མངའ་འོག་ཏུ་གནས་པའི་ཡུལ་དྲོ་ཤོད་དུ་གསུང་རབ་དེ་དག་འབྲི་བཞེངས་བསྐྲུངས་པའི་སྐབས་སུ་གསུང་རབ་འབྲི་བཞེངས་ལ་ཉེ་བར་མཁོ་བའི་སྣག་ཤོག་སོགས་ཀྱི་རྒྱུ་འགྲོ་སྒྲོར་མཁན་གྱི་དད་པ་སྐྱོངས་མེད་པའི་སྦྱིན་བདག་གནང་མཁན་སུ་ཞིག་བྱུན་ཡོད་པའི་སྐོར་ལ། དེ་ཡང་མཛད་བྱང་ལས་ཞུས་ན་བསོད་ནམས་རབ་ཏུ་བསགས་ཤིང་ལེགས་ཉེས་འབྱེད་པའི་བློ་གྲོས་ལྡན་པའི་ཡོན་བདག་བསོད་ནམས་འབུམ་གྱི་སྲས་སུ་འཁྲུངས་པ་དགྲ་འདུལ་གཉེན་སྐྱོང་གི་ལས་ལ་མཁས་པ་ཡོན་བདག་བསོད་བཀྲ་དང་ནོར་གྱི་བདག་གཉེར་ལ་མཁས་པ་དཔལ་མོ་ཆེ་དང་ཨ་མ་འབུམ་སྐྱིད་དང་། ཡོན་གྱི་བདག་པོ་དགྲ་ལྷ་འདྲེན་ནེ་རྣམས་ཀྱིས་གནང་བ་དང་། གདུང་རྒྱུད་ངོ་མཚར་རྨད་དུ་བྱུང་བའི་ཀྱི་ཁྱུ་རིན་ཆེན་དང་གཡུ་དྲུང་འབུམ། བུ་ཆུང་ཆོས་འབུམ་རྡོ་རྗེ་སྐུ་མཆེད་རྣམས་པས་ཕྱུར་བ་གྲུ་འདེགས་གནང་སྟེ་གསེར་ཆོས་པོད་ལྔ་འབྲི་བཞེངས་བསྐྲུངས་པ་དེ་མཛད་བྱང་ལས། བསོད་ནམས་ཡར་བསགས་

① འཇིགས་མེད་བཟང་པོས་མཛད་པའི་དཔལ་ལྡན་བླ་མ་དམ་པ་ཆོས་ལེགས་ཀྱི་རྣམ་ཐར་རམ་དེབ་ཐེར་དུས་རབས་16པའི་གུང་ཐང་སྟར་མའི་ལྡེབ་གྲངས་16་ལས་དྲངས།

② གུང་ཐང་ཙད་ཤེར་ཕྱིན་གླེགས་ཤིང་གི་ནང་ངོས་ལས་དྲངས།

ལྷ་དབང་བརྒྱ་བྱིན་ལྟར། །བློ་གྲོས་ལྡན་པའི་ཡོན་བདག་བསོད་ནམས་འབུམ། །ཡབ་ལས་སྲས་འཁྲུངས་གོང་མའི་ཐུགས་ཀྱང་ཟིན། །འཁོར་དང་ཉེ་བ་སྐྱོང་ཞིང་དགྲ་གཡག་འདུལ། །སྙན་པ་ཅན་གྱི་ཡོན་བདག་བསོད་བཀྲ་ལགས། །གཤིན་མཛངས་ཚགས་ལ་མཁས་པའི་དཔལ་མོ་ཆེ། །བྱམས་སེམས་ལྡན་པའི་ཨ་མ་འབུམ་སྐྱིད་ལགས། །སོ་ཆིས་བྱ་བ་ལག་ལེན་མཁས་པ་ཡི། །བློ་རིག་ལྡན་ཞིང་བླ་སློ་གང་ཡང་ཕྱེད་ཡོན་གྱི་བདག་པོ་དགྲ་ལྷ་འདྲེན་ནེ་ལགས། །བསོད་ནམས་བསགས་པའི་གདུང་རྒྱུད་ལྷ་ན་སྡུག། །ཀྱི་ཁྱེ་རིན་ཆེན་དང་ནི་གཡུང་རུང་འབུམ། །བུ་ཆུང་ཆོས་འབུམ་རྡོ་རྗེ་མཆེད་གསུམ་ལགས། །དེ་ལྟར་འཛོམས་པའི་ཡབ་སྲས་སྣང་ཞལ་གྱིས། །ཡོངས་སྐྱོད་སྙིང་པོ་དམ་པ་ལེན་པའི་ཕྱིར། །ཐུགས་དམ་ཁྱད་འཕགས་གསེར་པོད་ལྔ་རུ་བཞེངས། །འཕངས་པ་མེད་པའི་ནོར་རྣམས་འབུལ་བ་དང་། །སྐྱོ་ངས་མེད་པའི་ཞབས་ཏོག་ཁྱད་འཕགས་མཛད། །འདི་ཕྱིའི་དོན་ཆེན་སྒྲུབ་པ་རྗེས་ཡིད་རང་།། [1]ཞེས་པས་རྫོགས་སོ།

བཞི། གླེགས་ཤིང་།

སྔར་གུང་ཐང་རྒྱལ་པོའི་ཆབ་འོག་ཏུ་ཆགས་ཤིང་ད་ལྟའི་འབྲོང་པ་རྫོང་གི་རྡོ་ཤོད་དུ་དད་པ་སྐྱོ་ངས་མེད་པའི་སྦྱིན་བདག་བསོད་ནམས་འབུམ་གྱི་སྲས་བསོད་བཀྲ་དང་དཔལ་མོ་ཆེ་དང་ཨ་མ་འབུམ་སྐྱིད་དང་། དགྲ་ལྷ་འདྲེན་ནེ་སོགས་སྙིང་ཉེ་བའི་སྤུན་རྣམས་ཀྱིས་གནང་སྟེ་གསུང་རབ་གསེར་པོད་ལྔ་འབྲི་བཞེངས་ཟིན་པའི་རྗེས་སུ་སྟོན་ནང་ཆོས་སྤྱངས་པའི་བག་ཆགས་བསད་པའི་སྐབས་ཀྱིས་སངས་རྒྱས་ཀྱིས་གསུངས་པའི་གསུང་རྟེན་རྣམས་འབྲི་བཀོད་གནང་ཞིང་། དགོས་འདོད་ནོར་རྫས་བཤམས་པའི་ཁང་བཟང་རྒྱལ་པོའི་ཕོ་བྲང་དུ་མཛེས་པའི་ན་དྲུག་གིས་ལེགས་པར་བརྒྱན་པ་དང་། དེ་དག་ཏུ་འདོད་ལྷའི་ཚོགས་རྣམས་ལེགས་པར་བཀོད་ཡོད། གསུང་རབ་དེའི་ན་བཟའ་རིགས་ལྔ་ལས་ཕྱིའི་གླེགས་ཤིང་གི་རི་མོ་ནི་མེ་ཏོག་པད་མ་དང་པ་ཏྲ་ལ་སོགས་པ་རྣམ་པར་བཀྲ་བའི་རི་མོ་དེ་དག་ནི་ཀུན་མཐུན་ཀུན་གྱིས་བཀོད་པ་ཞིག་ཡིན་ཙ་ན། གླེགས་ཤིང་དེ་དག་དང་ལྡན་སྐྱེ་བོ་སུ་ཞིག་གིས་མཇལ་ན་ཡང་ཡིད་ལ་སྤྲོ་བ་སྐྱེ་བར་སྣང་བ་ཞིག་ཡོད་པ་སྟེ་མཛད་བྱུང་ལས།། ཀྱེ་ཧོ། འཇམ་དཔལ་དབྱངས་ལ་གུས་པས་

① གུང་ཐང་ཏུད་ཤེར་ཕྱིན་གླེགས་ཤིང་གི་ནང་དོན་ལས་དྲངས།

ཕྱག་འཚལ་སྟོད། །སྔ་མ་བསྒྱུངས་པའི་ལས་འཕྲོ་སད་པའིས། །བསླབས་པའི་ཤེས་བྱ་ཀུན་ལ་མཁས་པ་ལ། །སྟོན་པ་རྒྱ་གར་བདག་གི་ཤེས་བྱ་འདི། །དེ་བཞིན་གཤེས་པ་རྒྱལ་བའི་རྟེན་རྣམས་བཀོད། །ཕྱི་ཤོམས་ཁང་བཟང་རྒྱལ་བའི་ཕོ་བྲང་ཁྱད་འཕགས་ལ། །མཛེས་པའི་ན་དྲུག་རྒྱན་གྱིས་ལེགྒ་པར་བརྒྱན། །འདོད་ལྷའི་ཆོས་རྣམས་ཁྱད་འཕགས་ལེགས་པར་བཀོད། །ཀླིགས་ཤིང་ཕྱིའི་ཚོགས་དང་རྩིའི་འགྲེད། །པད་ཏྲའི་གཟིངས་དང་སྣ་རྩིའི་ཐེམས་ལསྟོགས། །ཀུན་མཐུན་ཀུན་གྱིས་ལྟག་པར་བཀོད་པ་ལགས། །མཁྱེན་པ་ཅན་གྱིས་གཟིགས་དང་སྦྱོབ་སྐྱེ། །[1]ཞེས་པས་རྫོགས།

ལྔ། ཡིག་ཚུས།

ཏེ་ཏེ་ཏེ།། གཞོན་ནུ་རབ་བྱུང་ཚུལ་ཁྲིམས་ལྡན་པའི། །སློབ་དཔོན་རིན་བསོད་སྟོན་པ་གྲགས་རྒྱལ་གིས། །ཆོས་ཀྱི་ཡིག་གཉེར་རྐོས་ཀྱི་ལྷ་བཀོད་མཛད། །གཞན་ཡང་ཕྱོགས་རིས་ཉེ་བ་དྲུང་བ་ཡིས། །བཀྲ་ཤིས་འདེགས་སྟོན་ཟ་འདེགས་རོག་ལྡན་དང་། །དགེ་བའི་གྲོགས་འགྱུར་མཛད་པ་ངོ་མཚར་ཆེ།[2]ཞེས་བྱུང་བ་ལ་གཞིགས་ན། དེ་ཡང་ཐོག་མར་ཏེ་ཏེ་ཞེས་བཀྲ་ཤིས་དགེ་བའི་དགོད་སྒྲས་དབུ་བཙམས་ཏེ་བརྗོད་དོན་གསུང་རབ་གསེར་པོད་ལྔ་འདི་འབྲི་བཞེངས་བསྒྲུངས་པའི་སྐབས་སུ་འབྲི་བཞེངས་ཀྱི་ཡིག་གཉེར་ནི་སློབ་དཔོན་རིན་བསོད་སྟོན་གྲགས་རྒྱལ་གྱིས་མཛད་པ་དང་སྒྲུགས། ཆབས་ཅིག་གླེགས་ཤིང་སོགས་ཀྱི་སྟེང་དུ་གསུང་རབ་དེའི་བརྗོད་བྱའི་ནང་དོན་དང་འབྲེལ་ཏེ་སྐུ་ལྷ་བརྐོས་མཁན་ཡང་རིན་བསོད་སྟོན་གྲགས་རྒྱལ་མཆོག་ནས་མཛད་པ་དེ་བསྟན་ཞིང་། ལས་གཞི་དེ་བསྒྲུབ་པའི་སྐབས་ལ་ཕྱོགས་དང་རིས་སུ་མ་མཆིས་པའི་གཉེན་ཉེ་རྣམས་པས་འཛུགས་བར་སྒྲོལ་གསུམ་གྱི་འདེགས་སྟོན་གང་ལེགས་གནང་བ་ལས་དགེ་བའི་གྲོགས་མཛད་པ་ནི་ངོ་མཚར་ཆེ་ཞེས་བརྗོད་འདུག

དྲུག བསྔོ་སྨོན།

འཁོར་བའི་གྲོ་ཤོད་དུ་དད་པ་སྐྱོ་ངས་མེད་པའི་སྦྱིན་བདག་ནས་རྒྱུ་འགྲོ་སྤྱར་ཏེ་སྒོ་གསུམ་ཐང་ཆད་མེད་པའི་ཡིག་པས་འབྲི་བཤུས་ཟིན་པ་དང་སྒྲགས་རྐང་འཁྱོར་གཞུང་སྤྱོང་

[1] ཤུང་ཐང་ཉུད་ཤེར་ཕྱིན་གླེགས་ཤིང་གི་ནང་དོས་ལས་དྲངས།

[2] ཤུང་ཐང་ཉུད་ཤེར་ཕྱིན་གླེགས་ཤིང་གི་ནང་དོས་ལས་དྲངས།

གི་ཞུས་དག་པས་ཞུས་དག་བསྒྲུབས་ཏེ། ཕྱོགས་རིས་མེད་པའི་གཉེན་ཉེ་རྣམས་པས་དགེ་བའི་ལས་འདི་བསྒྲུབ་པའི་རིང་སྟོན་མོ་འཛུགས་པར་སྒྲོལ་གསུམ་གྱི་ཞབས་འདེགས་མཐའ་གཅིག་ཏུ་གནང་བ་ལས། སྨོན་ལམ་ཡོངས་སུ་གཏོགས་པའི་སེམས་ཅན་རྣམས་ཐེག་ཆེན་ལམ་གྱི་ཐོག་ནས་རིགས་དྲུག་སེམས་ཅན་ཐམས་ཅད་རྣམ་མཁྱེན་གྱི་ས་ལ་འགོད་པར་ཤོག་ཅེས་བཏབ་པ་ནི་ཆེས་དམིགས་བསལ་ཅན་གྱི་བསྔོ་སྨོན་ཞིག་སྟེ་མཛད་བྱང་ལས། དགེ་བ་ཁྱད་འཕགས་རྒྱལ་བའི་སྐུ་གསུང་ཐུགས་ཀྱི་རྟེན། །འདི་བཞེངས་བསོད་ནམས་ཆེན་པོའི་མཐུ་ཡིས་ནི། །རིགས་དྲུག་རྣམ་མཁྱེན་ས་ལ་འགོད་པར་ཤོག[①]ཅེས་པས་སོ། །

① ཀུང་ཐང་ཙུད་ཤེར་ཕྱིན་གླེགས་ཤིང་གི་ནང་དོན་ལས་དྲངས།

ལེའུ་བཅོ་བརྒྱད་པ། དུས་རབས་13-14པའི་གསུང་རབ་བྲིས་མའི་མཛོད་བྱང་།

ལེ་ཚན་དང་པོ། མར་རྒྱུང་མཁའ་སྤྱོད་མེར་ཕྱིན་པོད་ཀ་པའི་མཛོད་བྱང་།

མཛོད་བྱང་མ་དཔེ།

དང་པོ། མཛོད་བྱང་མ་ཕྱུས།

༄༅། །ཨེ་མ་ཧོ། མཚན་མཆོག་རབ་ལྡན་ཉི་མ་ལྷ་བུའི་ཞལ།། དབྱིངས་དང་ཡེ་ཤེས་གཉིས་དབྱེར་མེད་ཆོས་ཀྱི་སྐུ།། བསྟན་པའི་མངའ་བདག་འགྲོ་བ་ཡོངས་ཀྱི་འགོན།། བཅོམ་

ལྡན་ཤག་ཐུབ་དེ་ལ་ཕྱག་འཚལ་སྟོད།། ཐོགས་མ་མེད་ནས་བྱང་ཆུབ་ཐུགས་སྦྱངས་པས།། སྙིགས་མའི་དུས་ན་འགྲོ་བའི་སྐྱབས་གཅིག་པོ།། སྨོན་ལམ་དབང་གིས་སྤྲུལ་པའི་སྐུར་བཞུགས་པ།། བྱང་ཆུབ་སེམས་ལྡན་འགྲོ་བ་ཡོངས་ཀྱི་འགོན།།བླ་མ་རིན་གྲགས་སྐུ་ལ་ཕྱག་འཚལ་བསྟོད།། ཀྱེ་མངའ་རིས་བོད་ཀྱི་རྒྱལ་ཁམས་ཡངས་པ་ཅན།། ཡོན་ཏན་ཆེ་བ་སྣམ་སྣང་འོག་མེད་བཞིན།། རྟག་ཏུ་བསྟན་པའི་སྙིང་པོ་དར་བར་ཤོག།། ཡུལ་ལ་གཡང་ཆགས་སྐྱེ་མོ་གྱུ་པའི་ནང་།། བཀྲ་ཤིས་ཉམས་དགའ་འདུ་སྡང་ཤ་ཚོའི་ཁུལ།། ས་ལས་འབྱུར་དོད་དཔའ་གོར་གྲོང་སར་དེར།། སྟོན་བསགས་བསོད་ནམས་སྤྱིན་ཤུག་འབྲས་བུ་ཅན།། ཡོངས་སྤྱོད་ལྡན་གྲུབ་ཡོན་བདག་བསོད་ནམས་འགོན།། སྤྱི་མའི་ནོར་ལ་སྙིང་པོ་སླང་དོན་དུ།། དཀའ་ཡི་སྙིང་པོ་རྒྱས་པ་མཐོང་སློན་བཞེངས།། གདངས་ཤོག་ཀར་འཛམ་མཆུ་ཞེང་གབ་པ་ལ།། རྣག་ཚ་གཡུ་ལོ་རྒྱ་ཡི་སྟོང་ཁུན་བྲིས།། རྡུ་མཚམས་མཁས་ཐུས་བསོགས་པ་ངོ་མཚར་ཆེ།། ཁྱད་པར་འཕགས་པ་ཨུ་ཡི་རྒྱ་གར་སྐད་དུ་ལ།། སྣུག་ཐོགས་རྒྱལ་པོ་དཔོན་ཆེན་དབང་གཟུངས་སྲུས།། མཁས་པའི་རིགས་ལྡན་ཁོ་བོ་བསམ་སེམས་བྲིས།། མཁྱེན་པ་ཅན་གྱིས་གཟིགས་དང་ངོ་མཚར་ཆེ།། སྐྱེས་ས་ཕོ་སྒོ་འཛོམས་པའི་དཀོན་མཆོག་བླ་མ་དེས།། ཆོས་ཀྱི་གཉེར་ཀ་ཞབས་ཐོག་ཕྱག་ལེན་བགྱིས།། །ཤག་ཀྱའི་དགེ་ཚུལ་མ་རྒན་ཡེ་རྒྱལ་དེ།། ཛ་ཚ་དུས་སུ་འདྲེན་པ་ངོ་མཚར་ཆེ།། ཚེ་རིས་ཁུངས་བཙུན་ཁྲུང་མོ་དར་བརྒྱན་དེ།། དད་དང་གུས་པས་མཆོད་གནས་ཞབས་ཐོག་མཛད།། རྟག་ཏུ་བདེ་བའི་འདུ་ལོང་མང་བར་ཤོག།། གསལ་དག་སྒྲ་ལ་མཁས་པ་སློ་དཔོན་བཙན་དར་དེ།། ཧྲིག་ག་ཡི་ལུང་དང་ཏུན་ནས་ཞུས་ཐུག་དག་པར་མཛད།། རྒྱས་པ་ཁྱད་འཕགས་བཅུ་དྲུག་འོད་འབར་དེ།། བྱིན་བརླབས་ཆེ་བ་བདེན་པའི་ལྷ་སྒྲ་བཞིན་···།། རྟག་ཏུ་མི་ནུབ་རྒྱལ་མཚན་གསལ་བར་ཤོག།། འགྱུར་འདོག་མེད་པའི་ས་ལ་གནས་པར་ཤོག།། [①]ཅེས་པའོ།

གཉིས་པ། མཛད་བྱང་གི་དབྱེ་ཞིབ།

གཅིག བསྟོད་ཕྱག

༄༅། །ཨོ་མ་ཏོ། མཚན་མཆོག་རབ་ལྡན་ཉི་མ་ལྷ་བུའི་ཞལ།། དབྱིངས་དང་ཡེ་ཤེས་

① སྙེ་མོ་མར་རྒྱང་མཁའ་སྤྱོད་དུ་བཞུགས་པའི་ཤེར་ཕྱིན་པོད་ཀ་པའི་མཛད་བྱང་དབུ་ཤོག་གི་ཞལ་ཁེབས་ལས་དྲངས།

གཉིས་དབྱེར་མེད་ཆོས་ཀྱི་སྐུ།། བསྟན་པའི་མངའ་བདག་འགྲོ་བ་ཡོངས་ཀྱི་འགོན།། བཅོམ་ལྡན་ཤཀ་ཐུབ་དེ་ལ་ཕྱག་འཚལ་སྟོད།། ཐོགས་མ་མེད་ནས་བྱང་ཆུབ་ཐུགས་བསྐྱེད་པས།། སྙིགས་མའི་དུས་ན་འགྲོ་བའི་སྐྱབས་གཅིག་པོ།། སྨོན་ལམ་དབང་གིས་སྤྲུལ་པའི་སྐུར་བཞུགས་པ།། བྱང་ཆུབ་སེམས་ལྡན་འགྲོ་བ་ཡོངས་ཀྱི་འགོན།།བླ་མ་རིན་གྲགས་སྐུ་ལ་ཕྱག་འཚལ་བསྟོད།། [1]ཅེས་བྱུང་བ་ལ་གཞིགས་ན། དེ་ཡང་ཐོག་མར་ཨེ་མ་ཧོ་ཞེས་ངོ་མཚར་གདམ་གྱིས་སྟོན་བསུས་ཏེ་ནང་ཆོས་སྲོལ་གཏོད་མཁན་གྱི་སྟོན་པ་སངས་རྒྱས་བཅོམ་ལྡན་འདས་ཀྱི་སྐུའི་ཡོན་ཏན་རྣམས་བརྗོད་པ་དང་ཆབས་ཅིག་ཁོང་ལ་བསྟོད་ཕྱག་ཕུལ་ཞིང་། དེ་རྗེས་རིམ་པས་བཞིན་སྐབས་དེར་གསུང་རབ་བཞེངས་པར་མཛད་མཁན་གྱི་སྦྱིན་བདག་འཁོར་ལ་སོགས་པར་སྐུ་དྲིན་ཆེ་བའི་བླ་མའི་ཡོན་ཏན་རྣམས་བརྗོད་པ་དང་ལྷན་ཅིག་བླ་མ་རིན་གྲགས་ཞེས་མཚན་ནས་འབོད་དེ་ཁོང་ལ་བསྟོད་ཕྱག་ཕུལ་བ་ནི་སྐབས་འདིའི་བསྟོད་ཕྱག་གི་སྐོར་དེ་ཡིན།

གཉིས། ཡུལ་ལུང་།

ཀྱེ་མངའ་རིས་བོད་ཀྱི་རྒྱལ་ཁམས་ཡངས་པ་ཅན།། ཡོན་ཏན་ཆེ་བ་སྣམ་སྣང་འོག་མིན་བཞིན།། རྟག་ཏུ་བསྟན་པའི་སྙིང་པོ་དར་བར་ཤོག།། ཡུལ་ལ་གཡང་ཆགས་སླེ་མོ་གྲུ་པའི་ནང་།། བཀྲ་ཤིས་ཉམས་དགའ་འདུ་སྡང་ཤ་ཚོའི་ཁྲུལ།། ས་ལས་འབྱུར་དོད་དཔའ་གོར་གྲོང་སར་དེར།། [2]ཞེས་བྱུང་བ་ལྟར་ན་ཡུལ་ལུང་གི་སྐོར་དེ་ཡང་ཐོག་མར་ཀྱེ་ཞེས་འབོད་པའི་སྒྲས་དབུ་འཛིན་ཏེ་མངའ་རིས་བོད་ཀྱི་རྒྱལ་ཁམས་ཡངས་ཤིང་རྒྱ་ཆེ་བ་འདི་ཡོན་ཏན་དུ་མ་དང་ལྡན་པའི་རྣམ་སྣང་གི་འོག་མིན་ཞིང་ཁམས་སུ་བསྔགས་བརྗོད་མཛད་ཅིང་དུས་རྟག་ཏུ་སངས་རྒྱས་བསྟན་པ་དར་བ་ཤོག་ཅེས་བརྗོད་པ་དང་། དེ་རྗེས་བསྟོད་པ་རིམ་པས་བཞིན་ཆེ་ས་ནས་ཆུང་སར་སོང་བ་སྟེ། བོད་ཡུལ་གྱི་ནང་ནས་ཡུལ་ལ་བཀྲ་ཤིས་གཡང་ཆགས་སླེ་མོ་གྲུ་པ་དང་། སླེ་མོ་གྲུ་པ་སྟེ་མར་རྒྱུད་ཤང་གི་གྲུ་པའི་ནང་ནས་ཀྱང་བཀྲ་ཤིས་ཉམས་དགའ་འདུ་སྡང་སྟེ་མར་རྒྱུད་ཤང་གི་ལོ་གཅིག་དུས་གཅིག་གི་རྟ་རྒྱུགས་འོང་སྐོར་གཏོང་ས་ཤ་ཚོའི་ཁྲུལ་དང་། ཤ་ཚོའི་ཁྲུལ་གྱི་ནང་ནས་ཀྱང་ས་ལས་ཡུལ་གྱི་དགེ་མཚན་དུ་མས་འབྱུར་དུ་དོད་པའི་དཔའ་གོར་གྲོང་

① སླེ་མོ་མར་རྒྱུད་མཁའ་སྤྱོད་དུ་བཞུགས་པའི་ཤེར་ཕྱིན་པོད་ཀ་པའི་མཛད་བྱང་དབུ་ཤོག་གི་ཞལ་ཁེབས་ལས་དྲངས།
② སླེ་མོ་མར་རྒྱུད་མཁའ་སྤྱོད་དུ་བཞུགས་པའི་ཤེར་ཕྱིན་པོད་ཀ་པའི་མཛད་བྱང་དབུ་ཤོག་གི་ཞལ་ཁེབས་ལས་དྲངས།

སར་དེ་དེང་གི་དར་རྩེང་གྲོང་རྫལ་དུ་ཡོད་པའི་དཔལ་གོར་གྲོང་སར་ནི་བེ་རོ་ཙ་ནའི་འབྱུངས་ཡུལ་ཡིན། དེ་ལྟར་བརྗོད་དོན་ནི་བེ་རོ་ཙ་ན་ཞེས་པ་བོད་སྐད་དུ་བསྒྱུར་ན་རྣམ་པར་སྣང་མཛད་ཟེར། འབྱུངས་ལོ་དང་འདས་ལོ་ཞིབ་པར་མ་རྙེད་ཀྱང་སྤྱི་ལོ་760ཡས་མས་སུ་བོད་རྗེ་ཁྲི་སྲོང་ལྡེ་བཙན་དང་དུས་མཉམ་ཡིན་པ་མཁས་པ་ཡོངས་སུ་གྲགས་པ་རྣམས་ཞལ་མཐུན། ཁོང་ནི་གནའ་རབས་ཀྱི་རྙིང་མའི་བླ་མ་གྲགས་ཅན་ཞིག་དང་། བསྟན་པ་སྔ་དར་གྱི་སྐབས་ཡོངས་གྲགས་ཀྱི་ལོ་ཙཱ་བ་ཆེན་པོ་ཐན་གྲས་གསུམ་གྱི་ཡ་གྱལ་དང་། བོད་ཀྱི་རབ་བྱུང་ཐོག་མར་སྒྲུབ་པའི་སད་མི་བདུན་གྱི་ནང་ཚན། གནའ་དུས་ཀྱི་སྨན་པ་གྲགས་ཅན་བཅས་ཡིན་པ་གངས་ལྗོངས་ཀྱི་སྐྱེ་འགྲོ་ཀུན་ལ་བཀའ་དྲིན་བསམ་གྱིས་མི་ཁྱབ་པ་མཛད། བེ་རོའི་འབྱུངས་ཡུལ་ནི་སྙེ་མོ་བྱེ་མཁར་ཏེ་ད་ལྟའི་སྙེ་མོ་རྫོང་ཟངས་རི་ཆུས་སུ་ཡབ་པ་གོར་ཏེ་འདོད་དང་ཡུམ་བྲམ་ཟེ་དཀར་སྐྱིད་བྱ་བ་གཉིས་ཀྱི་སྲས་སུ་འབྱུངས་ཤིང་། ཆུང་དུས་ཀྱི་མཚན་ལ་གན་ཇག་ཐང་ཏ་ཞེས་བཏགས་[1]ཞེས་གསུངས་པ་ལས་ད་ལྟའི་གསུང་རབ་འབྲི་བཞེངས་བྱ་སའི་ཡུལ་དེ་ནི་པ་གོར་བེ་རོ་ཙ་ནའི་འབྱུངས་ཡུལ་ཡིན་པ་ནི་གོང་གི་ལུང་ལས་ཤེས་ཤིང་། ལྷག་དོན་དུ་གོང་གི་བོད་ཡུལ་བསྟོད་པ་ཏུ་རྣམ་སྣང་གི་ཞིང་ཁམས་ཞེས་བརྗོད་དགོས་དོན་ཡང་ཙུང་ཟད་ཅིག་བསམ་ཚེ་བེ་རོ་ཙ་ན་ཞེས་བོད་སྐད་དུ་རྣམ་པར་སྣང་མཛད་ཀྱི་དོན་ཡིན་གཤིས་དེར་བརྟེན་གསུང་རབ་འབྲི་བཞེངས་ཀྱི་ཡུལ་དཔལ་གོར་གྲོང་སར་ཞེས་པ་དེ་དོན་འཛིན་གསལ་པོ་བྱུང་།།

གསུམ། སྦྱིན་བདག

བསྟན་པ་སྔ་དར་གྱི་ལོ་ཙཱ་བ་ཆེན་པོ་གསུམ་གྱི་ཡ་གྱལ་བེ་རོ་ཙ་ནའི་འབྱུངས་ཡུལ་དེང་གི་སྙེ་མོ་རྫོང་མི་དམངས་སྲིད་གཞུང་གི་གཡས་ངོས་སུ་ཡོད་པའི་དཔལ་གོར་གྲོང་ཚོར་ཤར་ཕྱིན་ཡུམ་དེ་འབྲི་བཞེངས་གནང་བའི་སྐབས་སུ། དད་པ་སྐྱོ་ངས་མེད་པའི་སྦྱིན་བདག་བསོད་ནམས་འགོན་གྱིས་རང་གི་ཡབ་མེས་ཀྱིས་བཞག་པའམ་རང་ཉིད་ཀྱིས་ལག་གཉིས་ལ་བརྟེན་ནས་བསགས་པའི་ནོར་རྣམས་ལ་སྙིང་པོ་ལེན་པའི་ཆེད་དུ། བཀའ་ཡི་སྙིང་པོ་ཡུམ་རྒྱས་པ་མཐོང་སྨོན་དེ་འབྲི་བཞེངས་གནང་བའི་སྐབས་སུ་རྣམ་དཀར་དགེ་བའི་ལས་དེར་ཕྱར་བ་གྱུ་

---

① བོད་ཀྱི་གསུང་རབ་སྒྲ་བ་དུང་དཀར་བློ་བཟང་འཕྲིན་ལས་མཆོག་གིས་མཛད་པའི་དུང་དཀར་བོད་རིག་པའི་ཚིག་མཛོད་ཀྱུང་གོའི་བོད་རིག་པ་དཔེ་སྐྲུན་ཁང་གི་2002ལོའི་སྤྱར་མའི་ཤོག་གྲངས་1399ལས་དྲངས།

འདིགས་གནང་མཁན་གྱི་ཉེ་འཁོར་ནི། སྐྱིས་ས་ཕོ་སྒོ་འཇོམས་པའི་དཀོན་མཆོག་བླ་མས་ཆོས་ཀྱི་གཉེར་པའི་ཞབས་ཏོག་མཛད་པ་དང་མ་ཏན་ཡེ་རྒྱལ་གྱིས་འབྲི་བཞེངས་ཀྱི་ལས་མི་ཡོངས་ལ་གསོལ་ཇ་སོགས་སྐོམ་དུས་ཐོག་ཏུ་འདྲེན་པ་དང་། ད་དུང་ཁྲུང་མོ་དར་བརྒྱན་དེས་དད་དང་གུས་པས་མཆོད་གནས་ལ་ཞབས་ཏོག་སོགས་མཛད་དེ་ལེགས་སྒྲུབ་བྱུང་བ་ཞིག་ཡིན་པ་སྟེ་མཛད་བྱུས་ལས། སྔོན་བསགས་བསོད་ནམས་སྤྱིན་ཤུག་འབྲས་བུ་ཅན།། ཡོངས་སྤྱོད་ལྡན་གྲུབ་ཡོན་བདག་བསོད་ནམས་འགོན།། སྒྱུ་མའི་ནོར་ལ་སྙིང་པོ་བླང་དོན་དུ།། དཀའ་ཡི་སྙིང་པོ་རྒྱས་པ་མཐོང་སྨོན་བཞེངས་ཞེས་དང་། སྐྱིས་ས་ཕོ་སྒོ་འཇོམས་པའི་དཀོན་མཆོག་བླ་མ་དེས།། ཆོས་ཀྱི་གཉེར་ཀ་ཞབས་ཐོག་ཕྱུག་ལེན་བགྱིས། །ཤག་ཀྱའི་དགེ་ཚུལ་མ་ཏན་ཡེ་རྒྱལ་དེ།། ཇ་ཚ་དུས་སུ་འདྲེན་པ་ངོ་མཚར་ཆེ།། ཚོ་རིས་ཁྲུངས་བཙུན་ཁྲུང་མོ་དར་བརྒྱན་དེ།། དད་དང་གུས་པས་མཆོད་གནས་ཞབས་ཐོག་མཛད།། [1]ཅེས་པས་རྟོགས་སོ།

བཞི། འབྲི་ཤོག

པེ་ར་ཙ་ནའི་འབྲུངས་ཡུལ་སྙེ་མོ་གྲུ་པའི་དཔལ་གོར་གྲོང་ཚོར་བཀའ་ཡི་སྙིང་པོ་ཤེར་ཕྱིན་རྒྱས་པ་དེ་འབྲི་བཞེངས་བསྐྲུངས་པའི་སྐབས་སུ། དད་པ་སྐྱོ་ངས་མེད་པའི་སྦྱིན་བདག་བསོད་ནམས་འགོན་དང་མ་ཏན་ཡེ་རྒྱལ་ལ་སོགས་པས་སྦྱིན་བདག་གནང་སྟེ་གསུང་རབ་དེ་འབྲི་བཞེངས་ཀྱི་རྒྱུ་འགྲོ་ཤྲ་སྦྲིག་ཟིན་རྗེས་དེར་ཉེ་བར་མཁོ་བའི་སྣག་ཤོག་ཅི་ཞིག་བཏང་ཡོད་པའི་སྐོར་ལ། གདངས་ཤོག་ཀར་འཇམ་ཚ་ཞིང་གབ་པ་ལ།། སྣག་ཚ་གཡུ་ལོ་རྒྱ་ཡི་སྟོང་ཁྲུན་བྲིས།།ཞེས་དང་རྒྱས་པ་ཁྲིད་འཕགས་བརྒྱ་དྲུག་འོད་འབར་དེ།། [2]ཞེས་བྱུང་བ་ལྟར་ན། འབྲི་ཤོག་ངོས་གཙང་ཤེང་འཇམ་ཤ་ལྡན་པ་ཤོག་རྒྱ་ཚ་ཞིང་གབ་པའི་སྟེང་དུ་སྣག་ཚ་ཁྲིད་དུ་འཕགས་པ་རྒྱ་ཡི་ཏོང་ཁྲུན་སྣག་ཚས་ཤེར་ཕྱིན་རྒྱས་པ་བོད་བརྒྱ་དྲུག་བཞེངས་པ་དེ་རྟོགས། དུས་རབས་13པའི་ནང་དུ་འབྲི་བཞེངས་བསྐྲུངས་པའི་ལྷོ་ཁའི་གྲོ་མཁར་ཆོས་སྡེའི་ཤེར་ཕྱིན་དང་འོན་ཀེ་ཙ་ལྷ་ཁང་དུ་བཞུགས་པའི་མངའ་བདག་འགོན་ནེའི་ཐུགས་དམ་མདོ་མངས་མཐོང་སྨོན་གྱི་སྣག་ཤོག་གཉིས་སུའང་རྒྱ་ནག་ཏོང་ཁྲུན་སྣག་ཚ་ངོ་མཚར་ཆེ་ཞེས་པ་དང་

① སྙེ་མོ་མར་རྒྱང་མཁའ་སྤྱོད་དུ་བཞུགས་པའི་ཤེར་ཕྱིན་པོད་ཀ་པའི་མཛད་བྱང་དབུ་ཤོག་གི་ཞལ་ཁེབས་ལས་དྲངས།

② སྙེ་མོ་མར་རྒྱང་མཁའ་སྤྱོད་དུ་བཞུགས་པའི་ཤེར་ཕྱིན་པོད་ཀ་པའི་མཛད་བྱང་དབུ་ཤོག་གི་ཞལ་ཁེབས་ལས་དྲངས།

གཅིག་མཚུངས་སུ་བྱུང་བ་མ་ཟད་ཐ་ན་ཐུགས་དམ་གྱི་མཚན་ཡང་མཐོང་སྨོན་ཞེས་བྱུང་བ་ནི་དུས་རབས་13-14པའི་ཁྱད་ཆོས་ཉིད་དུ་འཁུམས།།

ལྔ། ཡིག་ཤུས།

སྣེ་མོ་གྱུ་པའི་དཔལ་གོར་གྲོང་ཚོར་དད་པ་སྐྱོ་ངས་མེད་པའི་སྦྱིན་བདག་བསོད་ནམས་འགོན་གྱིས་མཛད་དེ་ཤེར་ཕྱིན་རྒྱས་པ་པོད་བཅུ་དྲུག་དེའི་འབྲི་བཞེངས་ཀྱི་ཉེ་བར་མཁོ་བའི་སྣག་ཚ་རྒྱ་ནག་སྟོང་ཁྲུན་སྣག་ཚ་དང་ཤོག་བུ་དཀར་འཇམ་ཚུ་ཞིང་གབ་པ་གཉིས་བེད་སྤྱད་དེ། དེ་དག་གི་སྟེང་དུ་འབྲི་བཤུས་བསྐྱངས་མཁན་གྱི་ཡིག་པ་ནི་ཉ་མཚམས་ཏེ་གཡས་ཉའི་མཚམས་ཀྱི་གཞུ་སྣེ་མོའི་ཕྱོགས་ནས་ཡིག་པ་མཁས་པ་མང་པོ་བཀུག་ཅིང་། ཁྱད་པར་དུ་ཤེར་ཕྱིན་རྒྱས་པ་པོད་བཅུ་དྲུག་ཅན་དེའི་དབུ་ཤོག་དང་པོར་སྣུག་ཐོགས་མཁན་པོ་བསམ་སེམས་ལེགས་སྒྲུར་རྣམས་བྲིས་ཤིང་། སྒྲ་གཞུང་ལ་མཁས་པ་རྣམས་ཀྱིས་གཟིགས་དང་བྲིས་གཟུགས་དག་པའི་རྐྱེན་གྱིས་ངོ་མཚར་ཆེ་ཞེས་དང་། ཤུས་དག་དབུ་ཆེན་སློབ་དཔོན་བརྩོན་དར་གྱིས་གཞུང་གི་འགྲེལ་པ་ཁག་དང་བསྟུན་ཏེ་ཞུས་དག་ཟླ་དག་པ་མཛད་དེ་འབྲི་བཞེངས་བསྐྲུངས་པ་ནི་མཛད་བྱང་ལས། ཉ་མཚམས་མཁས་ཐུས་བསོགས་པ་ངོ་མཚར་ཆེ།། ཁྱད་པར་འཕགས་པ་ཨུ་ཡི་རྒྱ་གར་སྐད་དུ་ལ།། སྣུག་ཐོགས་རྒྱལ་པོ་དཔོན་ཆེན་དབང་གཟུངས་སྲུས།། མཁས་པའི་རིགས་ལྡན་ཁོ་བོ་བསམ་སེམས་བྲིས།། མཁྱེན་པ་ཅན་གྱིས་གཟིགས་དང་ངོ་མཚར་ཆེ།།ཞེས་དང་། གསལ་དག་སྒྲ་ལ་མཁས་པ་སློ་དཔོན་བརྩོན་དར་དེ།། ཏིག་ཀ་ཡི་ལུང་དང་ཏུན་ནས་ཤུས་ཐུག་དག་པར་མཛད།།①ཅེས་པས་རྟོགས།

དྲུག བཟོ་སྐྲོན།

སྣེ་མོ་གྱུ་པའི་ནང་གི་དཔལ་གོར་གྲོང་ཚོར་དད་པ་སྐྱོ་ངས་མེད་པའི་སྦྱིན་བདག་བསོད་ནམས་འགོན་གྱིས་སྦྱིན་བདག་གནང་སྟེ་ཉེ་བར་མཁོ་བའི་སྣག་ཤོག་སྟེ་རྒྱ་ནག་སྟོང་ཁྲུན་སྣག་ཚ་དང་བོད་ཤོག་དཀར་འཇམ་ཚུ་ཞིང་གབ་པའི་ངོས་སུ། འབྲི་བཤུས་དབུ་ཆེན་བསམ་སེམས་

① སྣེ་མོ་མར་རྒྱུད་མཁའ་སྤྱོད་དུ་བཞུགས་པའི་ཤེར་ཕྱིན་པོད་ཀ་པའི་མཛད་བྱང་དབུ་ཤོག་གི་ཞལ་ཁེབས་ལས་དྲངས།

སྔོན་གྱི་མཁས་པའི་ལུགས་བཞིན་འབྲི་བཤུས་གནང་བ་དང་ཆབས་ཅིག ཞུས་དག་དབུ་ཆེན་བཙན་དར་གྱིས་མཛད་དེ་ཤེར་ཕྱིན་རྒྱས་པ་པོད་བཅུ་དྲུག་ཅན་དེ་འབྲི་ཞིངས་བསྒྲུབས་པའི་རྗེས་སུ་སྨོན་ལམ་ཁོངས་སུ་གཏོགས་པའི་སེམས་ཅན་རྣམས་རྟག་ཏུ་མྱི་ནུབ་རྒྱལ་མཚན་གསལ་བར་ཤོག། འགྱུར་འདོག་མྱེད་པའི་ས་ལ་གནས་པར་ཤོག། [1]ཅེས་བསྔོ་བ་སྨོན་ལམ་བཏབ་འདུག་གོ།

ལེ་ཚན་གཉིས་པ། མར་རྒྱུད་མཁའ་སྤྱོད་ཤེར་ཕྱིན་པོད་ཁ་པའི་མཛོད་བྱང་།

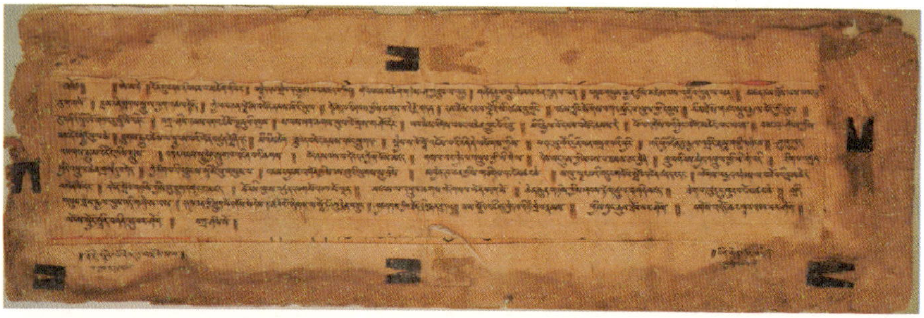

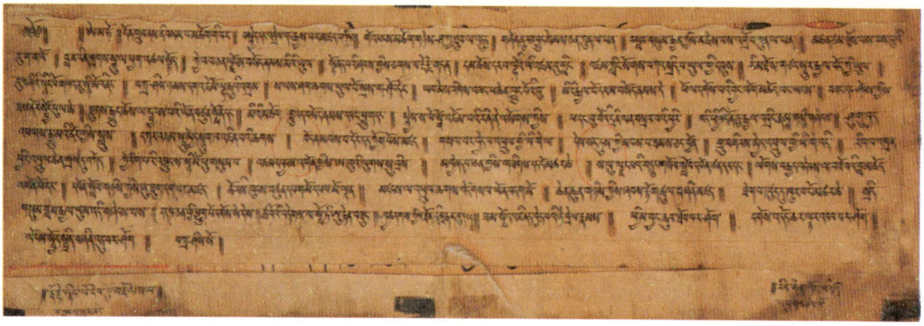

མཛོད་བྱང་མ་དཔེ།

དང་པོ། མཛོད་བྱང་མ་བཤུས།

༄༅། །ཨེ་མ་ཧོ། དོན་གྲུབ་ནས་ནི་བསམ་པ་མཆོག་གི་བར། བསྐྱེད་དང་འབྲེལ་དང་རྒྱས་པར་མཛད་པ་ཡི། གོ་འཕངས་མཆོག་གཉིས་ཤག་ཀྱ་ཐུབ་ལ་འདུད། གཞན་དུ་རབ་བྱུང་སེམས་ཅན་ཀུན་ལ་ཕན། བསྐལ་གསུམ་རྒྱུན་གྱིས་མཛེས་པས་འགྲོ་བ་ཀུན་ལ་ཕན། མཚན་

① སྙེ་མོ་མར་རྒྱུད་མཁའ་སྤྱོད་དུ་བཞུགས་པའི་ཤེར་ཕྱིན་པོད་ཀ་པའི་མཛོད་བྱང་དབུ་ཤོག་གི་ཞལ་ཕྱིབས་ལས་དྲངས།

ཅམ་ཐོས་པས་བས་པུའི་བུ་ག་གཡོ།། བླ་མ་རིན་ཆེན་གྲགས་སྐུ་ལ་ཕྱག་འཚལ་སྟོད།། ཀྱེ་ཁ་བ་ཅན་ལྗོངས་བསོད་ནམས་མིའི་ཡུལ།། སྟོན་པའི་ཞབས་ཀྱིས་བཅགས་པ་རྡོ་རྗེ་གདན།། དམ་ཆོས་དར་བ་ལྷོའི་ཡི་འཛམ་བུ་གླིང་།། འཛམ་གླིང་སོགས་བཀའ་སྲིད་པ་ཡུལ་གྱི་དབུས།། རི་མཐོ་ས་གཙང་སྤུ་རྒྱལ་བོད་ཀྱི་ཡུལ།། ཏ་བཞིའི་སྙིང་པོ་གཡའ་ཏ་སྐྱེ་མོའི་ནང་།། བཀྲ་ཤིས་ཉམས་དགའ་ཛོ་མོ་ལྷ་ཆུའི་འགྲམ།། ས་ལས་ཞག་ཆགས་ཡུལ་པོ་སྲུས་གཞོང་དེར།། ཡབ་མེས་རིགས་བཟང་ཕ་ཆེན་ཁྲུང་པོའི་བུ།། མིའི་རྒྱལ་པོ་དར་མ་བསོད་ནམས་དེ།། ཕོ་ལ་དགོས་པའི་བྱང་ཁོག་མཆོད་ཁང་ཡངས།། བཟང་དང་ཞོངས་ཀྱིས་ཟས་ནོར་སྤྱོད་ཕུལ་ཆེ།། ཐུགས་རྒྱུད་ཆོས་ལ་སྦྱངས་པའི་ཡོན་བཙུན་སྐྱི་ནེ་དང་།། མིའི་མཆོག་འགྱུརད་བསོད་ནམས་དབང་ཕྱུག་དང་།། སྐྱེས་ས་ཕོ་སྐོ་འཇོམས་པའི་རིན་ནེ་ལསོགས་ཀྱིས།། ཕ་དང་ཁུ་བོའི་དྲིན་ལན་བསྐྱབ་པའི་ཕྱིར།། འདི་ཕྱི་ཡི་དོན་དུ་རྒྱལ་འབྲིང་རྣམས་གསུམ་བཞེངས།། ཤུ་གུ་ཁྲུད་འཕགས་རྒྱ་མའི་ནོར་གྱིས་སླུས།། དཀར་འཇམ་སྤུ་མེད་སླུག་ཁ་འཛིན་པའི་ཆགས།། བོད་ན་མཁས་པ་དོར་དར་ཀྱོག་པོས་མཛད།། གསལ་བར་བྱེད་པ་འཕྲུལ་གྱི་ཡི་གེ་ལ།།དེང་སང་དུས་ཀྱི་མཁས་པ་ཐམས་ཅད་འབྱོན།། གྲུ་བཞི་རས་མེད་འཕྲུལ་གྱི་ཡི་གེ་འདི།། རིག་པ་འགྲན་ཕྱིར་འཕྲུལ་ཆེན་གྲལ་དུ་བཀོད།། ཀྱེ་རིག་པའི་འབྱུང་ས་སྐྱེ་མོ་ཕུ་གསུམ་པ།། འཇམ་དབྱངས་འགོན་གྱིས་ཨ་ཁུའི་ལུགས་སུ་བྲིས།། མཁྱེནད་པ་ཅན་གྱིས་གཟིགས་དང་ངོ་མཚར་ཆེ།། ས་ལུ་ལྡོང་པའི་གདུང་གསོབ་སློབ་དཔོན་ཅན་དར་དང་། ལོགས་བརྒྱད་འདེབས་ལ་བཟོ་བའི་བླ་མཆོད་འགོན་པོ་དར། དཔོན་སློབ་གཉིས་ཀྱིས་ཞུ་ཐུག་དག་པར་མཛད།། ཚེ་རིས་ཁུངས་བཙུན་དཔག་མོ་དཔལ་མོ་ལྡན།། མཛངས་ལ་འཕྲུལ་ཆགས་འོད་གསལ་ཡོན་བདག་མོ།། ཆེན་ཆུན་གཉིས་ཀྱིས་ཞབས་ཏོག་ཚུལ་བཞིན་མཛད།། ཐེག་པ་ཁྱུར་དུ་ཁྱུར་བ་ངོ་མཚར་ཆེ།། སྲིད་གསུམ་བླ་མ་རྒྱལ་ཡུམ་འདི་གཞེངས་པས།། དད་པ་ཅན་གྱི་ཕྱུག་པོ་དགོས་སེ་དེས།། ཚ་བོའི་འདེགས་ལ་སྒོ་ཏི་ཨུ་རྟེན་བཟུང་།། བྱ་ཚ་དགས་ཀྱིས་ཐོན་པའི་མར་རྐན་བུ་དར་དང་།། ཟ་མ་སྤྱོད་འཛིན་བྱེད་པའི་ཉེ་བྲེལ་རྣམས།། ཕྱི་མ་བྱང་ཆུབ་ཐོབ་པར་ཤོག།། དགོས་འདོད་ཆར་ལྟར་འབབ་པར་ཤོག།། ལོངས་སྤྱོད་ཕྱིན་བཞིན་འདུ་བར་ཤོག།། བཀྲ་ཤིས་སོ། [1]ཞེས་པ་ལྟ་བུའོ།

① སྐྱེ་མོ་མར་རྐྱང་མཁའ་སྤྱོད་དུ་བཞུགས་པའི་ཤེར་ཕྱིན་པོད་ཁ་པའི་མཛད་བྱང་དབུ་ཤོག་གི་ཞལ་ཁེབས་ལས་དྲངས།

གཉིས་པ། མཛད་བྱང་གི་དཔེ་ཞིབ།

གཅིག བསྟོད་ཕྱག

༄༅། །ཨེ་མ་ཧོ། །དོན་གྲུབ་ནས་ནི་བསམ་པ་མཆོག་གི་བར། །བསྐྱེད་དང་འཕྲེལ་དང་རྒྱས་པར་མཛད་པ་ཡི། །གོ་འཕངས་མཆོག་གཉིས་ཤག་ཀྱ་ཐུབ་ལ་འདུད། །གཞོན་ནུ་རབ་བྱུང་སེམས་ཅན་ཀུན་ལ་ཕན། །བསླབ་གསུམ་རྒྱན་གྱིས་མཛེས་པས་འགྲོ་བ་ཀུན་ལ་ཕན། །མཚན་ཙམ་ཐོས་པས་བས་ཕུའི་བུ་ག་གསོ། །བླ་མ་རིན་ཆེན་གྲགས་སྐུ་ལ་ཕྱག་འཚལ་སྟོད། །[1]ཅེས་བྱུང་བ་ལྟར་ན། དེ་ཡང་ཐོག་མར་མཛད་བྱང་གི་གཞུང་བཞིན་ཨེ་མ་ཧོ་ཞེས་ངོ་མཚར་གཏམ་གྱིས་སྤྲན་བསུས་ཏེ། ཕྱི་ལོའི་སྔོན་གྱི་དུས་རབས་450ཡས་མས་སུ་རྒྱ་གར་དུ་བྱོན་པའི་སྟོན་པ་སངས་རྒྱས་བཅོམ་ལྡན་འདས་ཀྱི་ཡོན་ཏན་རྣམས་བརྗོད་པ་དང་ལྷན་ཅིག་ཤག་ཀྱ་ཐུབ་པར་ཕྱག་འཚལ་བསྟོད་ཅིང་། དེའི་ཞོར་དུ་གསུང་རབ་འཕྲི་བཞེངས་ཀྱི་སྦྱིན་བདག་དང་ཡིག་ཞུས་མཁན་གྱི་བླ་མའི་ཡོན་ཏན་བསླབ་གསུམ་གྱིས་མཛེས་པ་རྣམས་བརྗོད་པའི་མུར་ཕོང་གི་མཚན་ནས་འབོད་དེ་གཙུ་གམ་ཚང་གི་ཆོས་རྒྱུད་འཛིན་མཁན་བླ་མ་རིན་ཆེན་གྲགས་ཀྱི་སྐུ་ལ་ཕྱག་འཚལ་བསྟོད་འདུག

གཉིས། ཡུལ་ལུང་།

ཀྱེ་ཁ་བ་ཅན་ལྗོངས་བསོད་ནམས་མིའི་ཡུལ། །སྔོན་ད་པའི་ཞབས་ཀྱིས་བཅག་པ་རྡོ་རྗེ་གདན། །དམ་ཆོས་དར་བ་ལྷོའི་འཛམ་བུ་གླིང་། །འཛམ་གླིང་སོགས་བཀའ་སྲིད་པ་ཡུལ་གྱི་དབུས། །རི་མཐོ་ས་གཙང་སྤུ་རྒྱལ་བོད་ཀྱི་ཡུལ། །ཏ་བཞིའི་སྙིང་པོ་གཡའ་ཏ་སྐྱེ་མོའི་ནང་། །བཀྲ་ཤིས་ཉམས་དགའ་ཛོ་མོ་ལྷ་ཆུའི་འགྲམ། །ས་ལས་ཞག་ཆགས་ཡུལ་པོ་སྲུས་གཤོང་དེར། །[2]ཞེས་ཡུལ་ལུང་གི་བསྟོད་པ་དུང་ཆེན་གཟུགས་སུ་བྱུང་བ་ལྟར་ན། དེ་ཡང་ཐོག་མར་ཀྱེ་ཞེས་འབོད་པ་གསལ་བྱེད་སྒྲས་དབུ་བརྩམས་ཏེ་མཐའ་བཞི་གངས་རིས་བསྐོར་བའི་བོད་ཡུལ་དེ་ནི་བསོད་ནམས་ཅན་གྱི་མི་ཡུལ་དང་། ཕྱི་ལོའི་སྔོན་གྱི་དུས་རབས་450ཡས་མས་སུ་སྟོན་པས་ཞབས་བཅག་པའི་གནས་རྒྱ་གར་རྡོ་རྗེ་གདན་ཏེ། རྒྱ་ནག་གི་བཙུན་པ་སེ་སྟོད་འཛིན་པའམ་ཟན་ཅང་

---

① སྐྱེ་མོ་མར་རྒྱང་མཁའ་སྤྱོད་དུ་བཞུགས་པའི་ཤེར་ཕྱིན་པོད་ཁ་པའི་མཛད་བྱང་དབུ་ཤོག་གི་ཞལ་ཁེབས་ལས་དྲངས།

② སྐྱེ་མོ་མར་རྒྱང་མཁའ་སྤྱོད་དུ་བཞུགས་པའི་ཤེར་ཕྱིན་པོད་ཁ་པའི་མཛད་བྱང་དབུ་ཤོག་གི་ཞལ་ཁེབས་ལས་དྲངས།

གིས་གསུངས་དོན། བྱང་ཆུབ་ལྡོན་པའི་ར་བའི་དཀྱིལ་དུ་རྡོ་རྗེ་གདན་ནམ་བྱང་ཆུབ་སྙིང་པོ་ཡོད། དེ་ནི་བསྐལ་པ་བཟང་པོའི་སངས་རྒྱས་སྟོང་ཐོག་མར་འཚང་རྒྱ་བ་ན་བྱང་ཆུབ་ཆེན་པོའི་གནས་འདི་ཉིད་ཡིན་པས་མི་གཡོ་མི་འཇིག་བརྟན་པ་སྲ་བ་སྟོང་གསུམ་གྱི་སྟོང་ཆེན་པོའི་འཇིག་རྟེན་གྱི་དཀྱིལ་ཏེ། འོག་གསེར་གྱི་འཁོར་ལོ་ལ་བརྟེན་པ་རང་བཞིན་ནི་རྡོ་རྗེ་རིན་པོ་ཆེ་འབའ་ཞིག་ལས་གྲུབ་པ་དང་། སངས་རྒྱས་ཐམས་ཅད་འདིར་བཞུགས་ནས་རྡོ་རྗེ་ལྟ་བུའི་ཏིང་ངེ་འཛིན་ལ་སྙོམས་པར་འཇུག་པས་ན་མིང་དེ་ལྟར་ཆགས་སོ་[①]ཞེས་དང་། བོད་ཀྱི་གསུང་རབ་སྨྲ་བའི་དབང་པོ་དགེ་འདུན་ཆོས་འཕེལ་གྱིས་བུད་དྷ་ག་ཡ་ཡང་ན་རྡོ་རྗེ་གདན་གྱི་གནས་མཆོག་དེ་ནི་ནང་པའི་མདོ་དང་ཆོས་འབྱུང་ནང་དུ་གསལ་བ་ལྟར་དེར་ཤཱཀྱའི་རིགས་ལས་འབྱུངས་པའི་དགེ་སྦྱོང་གོ་ཏ་མ་ཉིད་ཨུ་རུ་བི་ལ་ཞེས་པ་ག་ཡ་དང་ཉེ་བའི་སར་ཤིང་པི་པལ་འོག་ཏུ་སྡོད་ལ་བདུད་བཏུལ། གུང་ལ་མཉམ་པར་བཞག ཐོ་རེངས་ལ་མངོན་པར་རྫོགས་པར་སངས་རྒྱས་པའི་གནས་མཆོག་གཉིས་པ་ཡིན་ནོ། གང་ཡིན་ཟེར་ན། གནས་དེ་ནི་སྐྱེས་བུ་དམ་པའི་བྱིན་གྱིས་བརླབས་པའི་གནས་བུད་དྷ་ག་ཡ་བོདྷ་ག་ཡ་ཞེས་སུ་གྲགས་ཤིང་དེས་ན་ཤིང་དེའི་མིང་དུ་བོ་དྷི་ཤིང་ཀུན་ལ་གྲགས་སོ། ཆོས་རྒྱལ་ཨ་ཤོ་ཀ (ཁྲི་ལོ་སྔོན་གྱི་273-236) ནང་པའི་བསྟན་པར་ཞུགས་ནས་ལོ་བཅུའི་རྗེས་སུ་གནས་དེར་ཕེབས་ཤིང་དེའི་མཚན་དུ་སམ་བོ་དྷི་ཞེས་རྗོར་བཀོས་པ་དང་། ཡང་ནང་པ་གཞན་ནས་འདིའི་མཚན་དུ་མཧཱ་བོདྷི་ཞེས་གསོལ་ཏོ། རྒྱ་གར་ཤར་ཕྱོགས་ཀྱི་རེ་ཡིའི་ས་ཚིགས་ག་ཡཨིའི་ཊེ་ཤོན་ནས་མེ་ལི་བདུན་ཙམ་གྱི་སར་བུད་དྷ་ག་ཡ་ཡང་ན་རྡོ་རྗེ་གདན་གྱི་གནས་དེ་ཡོད་ཅིང་། འགྲོ་ལམ་ཏ་ཅང་བདེ་སྐབས་ཊག་སིའི་ཞེས་པ་སླས་པ་མོ་ཊར་དང་རིག་ཤོའུ་ཞེས་པ་མིས་འདྲེན་འཁོར་ལོ་དང་ཊམ་ཊམ་ཞེས་པའི་ཤིང་རྟ་འཁོར་ལོ་སོགས་སླས་ནས་འགྲོ་ཐུབ། གནས་འདིར་གནས་མཇལ་བ་རྣམས་ཀྱི་ཆེད་དུ་ནང་པའི་མགྲོན་ཁང་ཡང་ཡོད་[②]ཅེས་དང་། ད་དུང་རྡོ་རྗེ་གདན་ནི་བདག་ཅག་གི་སྟོན་པ་མངོན་པར་སངས་རྒྱས་པའི་གནས་ཡིན་ལ། ལུམྦི་ནི་སྐུ་འཁྲུངས་ས། ཝཱ་རཎཱ་སི་ཆོས་འཁོར་བསྐོར་བ། རྩ་མཆོག་གྲོང་མྱ་ངན་ལས་འདས་པའི་གནས་ཏེ། མདོ་ལས་གསུངས་པའི་སངས་

① རྒྱ་ནག་གི་བཙུན་པ་ཐེ་སྟོད་འཛིན་པའམ་ཟན་ཙང་གིས་མཛད་པའི་ཆེན་པོ་ཐང་གུར་དུས་ཀྱི་རྒྱ་གར་ཞིང་གི་བཀོད་པའི་དཀར་ཆག་ཀྲུང་གོ་བོད་རིག་པའི་དཔེ་སྐྲུན་ཁང་གི་2006ལོའི་སྤར་མའི་ཤོག་གྲངས་198ལས་དྲངས།

② མཁས་དབང་དགེ་འདུན་ཆོས་འཕེལ་གྱིས་མཛད་པའི་རྒྱ་གར་གྱི་མཆོད་རྟེན་དང་གནས་མཆོག་རྣམས་ཀྱི་བཤད་པ་ཞེས་པ་

རྒྱས་ཀྱི་གནས་ཆེན་པོ་བཞི་ནི་དེ་དག་ཡིན། རྡོ་རྗེ་གདན་ལྷ་བུ་གཅིག་ལ་མཚོན་ན་ཡང་། ལོ་སྟོང་གི་སྔོན་དུ་བྱོན་པའི་རྒྱའི་བཙུན་པ་ཕྭ་ཧེན་དང་། ཐང་ཟན་ཙང་དང་། ཨི་ཅིང་རྣམས་ཀྱི་ལམ་ཡིག་དང་། བོད་ཀྱི་ལོ་ཙཱ་བ་ཆག་ཆོས་རྗེ་དཔལ་གྱི་ལམ་ཡིག་རྒྱས་པ། བཅོམ་ལྡན་རིགས་རལ་གྱི་རྡོ་རྗེ་གདན་རྒྱས་བཤད་རྣམས་[1]དང་། དེར་མ་ཟད་སྣར་ཐང་དགོན་ན་རྡོ་ནག་ལས་གྲུབ་པའི་རྡོ་རྗེ་གདན་གྱི་གནས་བཀོད་རྒྱ་གར་ནས་གདན་དྲངས་པ་ཞིག་དང་། མཆིམས་ནམ་མཁའ་གྲགས་པའི་ཞལ་བཀོད་བཞིན་ཙན་དན་ལས་བྱས་པའི་རྡོ་རྗེ་གདན་གྱི་བཀོད་པ་རྒྱ་ནག་ནས་གདན་དྲངས་པ་གཅིག་བཅས་བཞུགས་པ། དེ་ཐམས་ཅད་བསྡུར་ཆེ། ཕན་ཚུན་གཅིག་ལ་གཅིག་ངོ་འཕྲོད་དེ། མི་གཅིག་གིས་བྱས་པ་དང་འདྲ་བར་ཡོད་པས་དོགས་པ་ཙམ་ཡང་ག་ལ་འོས། དེས་ན་འགའ་ཞིག་ནི་ཡུལ་འདིར་དངོས་སུ་བྱོན་ཏེ། ཡུན་རིང་བཞུགས་པའི་སྔོན་གྱི་ལོ་ཙཱ་བ་ཚད་ཐུབ་དེ་དག་གི་གསུང་ལ་རྒྱུས་ཚུང་ཟད་ཀྱང་མེད་པར། ཨ་ཙ་རའི་ངག་སྒྲོས་བསགས་པ་དང་། གྲུབ་ཐོབ་འགའ་རེ་དག་སྣང་ལ་དེར་བྱོན་ཏེ། ཡ་མཚན་མང་དུ་གཟིགས་པར་གསུངས་པའི་གཏམ་རེ་གཉིས་ལ་ཁུངས་སོ་བྱས་ཏེ་གནས་ཆེན་འདི་རྣམས་དངོས་མ་ཡིན་མིན་གྱི་དོགས་པ་བསྐྱེད་པ་ནི་ཤིན་ཏུ་ཡང་མ་ལེགས་[2]ཞེས་གསུངས་པས་དུས་རབས་7པའི་ནང་དུ་རྒྱ་གར་དུ་བྱོན་པའི་རྒྱ་ནག་གི་བཙུན་པ་ཟན་ཙང་དང་དུས་རབས་20ནང་དུ་རྒྱ་གར་དུ་བྱོན་པའི་བོད་ཀྱི་མཁས་པ་དགེ་འདུན་ཆོས་འཕེལ་རྣམ་གཉིས་ཀྱིས་རྒྱ་གར་རྡོ་རྗེ་གདན་གྱི་ས་མིང་གི་འབྱུང་ཁུངས་དང་ལོ་རྒྱུས། དེའི་སྐོར་བོད་དུ་བཞུགས་པའི་རིག་དངོས་ཅི་འདྲ་ཡོད་པ་རྣམས་གསལ་པོར་གསུངས་འདུག དེ་རྗེས་མཛད་བྱུང་དུ་ནང་པ་སངས་རྒྱས་ཀྱི་ཆོས་དར་བ་ནི་ལྷོ་འཛམ་བུ་གླིང་དང་ནུབ་བ་གླང་སྤྱོད། བྱང་སྒྲ་མི་སྙན་དང་ཤར་ལུས་འཕགས་པོ་བཅས་གླིང་བཞིའི་ནང་ནས་མཆོག་ཏུ་གྱུར་པའི་གླིང་ནི་ལྷོ་འཛམ་བུ་གླིང་འདི་ཡིན་ཞིང་། སོག་ག་སྟེ་ལྷོ་འཛམ་བུ་གླིང་འདིར་དབུས་སུ་ཆགས་པའི་རི་མཐོ་ས་གཙང་སྤུ་རྒྱལ་བོད་ཀྱི་ཡུལ། རུ་བཞི་སྟེ་གཡས་རུ་དང་གཡོན་རུ། དབུས་རུ་དང་རུ་ལག་བཅས་བཞིའི་སྙིང་པོ་གཡའ་རུ་སྐྱེ་མོའི་

ནུབ་བྱང་མི་རིགས་སློབ་ཆེན་གྱི་སྤར་མའི་ཤོག་གྲངས་156ལས་དྲངས།

① བོད་ལྗོངས་རྟེན་རྫས་བཤམས་མཛོད་ཁང་དུ་བཞུགས་པའི་བཅོམ་ལྡན་རིགས་པའི་རལ་གྲིའི་གསུང་རྒྱ་གར་རྡོ་རྗེ་གདན་གྱི་རྣམ་བཤད་རྒྱན་གྱི་མེ་ཏོག་བྲིས་མ།

② མཁས་དབང་དགེ་འདུན་ཆོས་འཕེལ་གྱིས་མཛད་པའི་རྒྱ་གར་གྱི་གནས་ཆེན་ཁག་ལ་བགྲོད་པའི་ལམ་ཡིག་ཞེས་པ་ནུབ་བྱང་མི་རིགས་སློབ་ཆེན་གྱི་སྤར་མའི་ཤོག་གྲངས་260ལས་དྲངས།

ནང་བཀྲ་ཤིས་ཉམས་དགའ་ཛོ་མོ་ལྷ་ཆུ་སྟེ་སྙེ་མོའི་མ་ཆུ་ནས་ཆུ་གྱེན་འདེགས་སུ་ཕྱིན་པ་ན་སྙེ་མོ་ཤང་གི་ཕུག་གྲོང་ཚོ་དང་ལྡུགས་སྨིན། དེ་རྗེས་བྲག་སྒོར་ཤང་གི་སྲུས་གྲོང་ཚོ་དང་དེ་ནས་རིམ་པ་བཞིན་མར་རྒྱུད་ཤང་གི་མཁའ་སྤྱོད་དང་འདུ་ཐང་། དགའ་རོང་སོགས་རིམ་པར་བརྒྱུད་པས་གཞི་ནས་ཛོ་མོ་གངས་དཀར་ལས་ཆས་པའི་ལྷ་ཆུའི་འགྲམ་དུ་ཆགས་པའི་དེང་གི་བྲག་སྒོར་ཤང་གི་སྲུས་གྲོང་ཚོ་དེར་གསུང་རབ་དེ་འབྲི་བཞེངས་གནང་བ་དེ་ཡུལ་ལུང་གི་བསྔོད་པ་ལས་ཤེས།

གསུམ། སྤྱིན་བདག

གསུང་རབ་གང་ཞིག་ཡིན་རུང་དེ་འབྲི་བཞེངས་བསྐྲུན་པའི་སྐབས་དེ་དག་ལ་ཉེ་བར་མཁོ་བའི་རྒྱུ་འགྲོ་སྒྲུབ་མཁན་གྱི་སྦྱིན་བདག་ནི་ངེས་པར་དུ་ཡོད་དགོས་པ་ཞིག་ཡིན། དེར་བརྟེན་སྐབས་འདིར་ཡང་གསུང་རབ་འབྲི་བཞེངས་ཀྱི་རྒྱུ་འགྲོ་སྒྲུབ་མཁན་གྱི་སྦྱིན་བདག་ནི་སྙེ་མོའི་ཛོ་མོ་ལྷ་ཆུའི་འགྲམ་དུ་ཆགས་པའི་སྲུས་གཞོང་དུ་བོད་ཀྱི་དུས་ཆེན་བཞིའི་ནང་ནས་ལྔོང་གི་དུས་ལས་ཆད་པའི་དུས་ཆེན་བཅོ་བརྒྱད་ཀྱི་ཡ་གྱལ་ཁྲུང་གི་རྒྱུད་ལས་ཆད་པའི་མིའི་རྒྱལ་པོ་བསོད་ནམས་དར་མ་དང་། ཐུགས་རྒྱུད་ཆོས་ལ་སྦྱངས་པའི་ཡོན་བཙུན་སྨི་ནེ་དང་། མིའི་ནང་ནས་མཆོག་ཏུ་གྱུར་པ་བསོད་ནམས་དབང་ཕྱུག་དང་རིན་ནེ་སོགས་ཀྱིས་སྦྱིན་བདག་གནང་སྟེ་གསུང་རབ་དེ་འབྲི་བཞེངས་བསྐྲུན་པའི་སྐབས་སུ། དཔག་མོ་དཔལ་མོ་ལྡན་དང་འོད་གསལ་རྣམ་གཉིས་ཀྱིས་ཞབས་ཏོག་ཕུན་སུམ་ཚོགས་པ་བསྒྲུབ་ཅིང་། འབྲི་བཞེངས་ཀྱི་ལས་མི་ཡོངས་ལ་ཞལ་ལག་དང་གསོལ་ཇ་སོགས་དུས་ཐོག་ཏུ་འབུལ་མཁན་གྱི་མར་ཐན་བུ་དར་ཉེ་འཁོར་བཅས་དང་ལྷག་དོན་དུ་དད་པ་ཅན་གྱི་ཕྱུག་པོ་དགོས་སོ་དེས་གསེར་གྱི་འབུལ་བ་ཕུལ་ཏེ། ཤེར་ཕྱིན་པོད་དེའི་དབུ་ཤོག་དང་པོ་གསེར་བྲིས་བྱུང་བ་ལས་པོ་ཏི་ཨུ་རྗེན་བཟུང་ཞེས་བྱུང་བས་ཡོན་བདག་གཙོ་འཁོར་ཅི་ཞིག་བྱུང་བ་དང་དེ་དག་སོ་སོས་ཕྱུག་ལས་གང་གནང་ཡོད་མེད་དེ་ཡང་མཛད་བྱང་ལས། རྣམ་པར་དཀར་བའི་དགེ་བའི་ལས་དེའི་ཕྱོགས་སུ་ཞབས་ཏོག་གང་ལེགས་བསྒྲུབ་མཁན་གྱི་ས་ལས་ཞག་ཆགས་ཡུལ་པོ་སྲུས་གཞོང་དེར། ཡབ་མེས་རིགས་བཟང་ཕ་ཆེན་ཁྲུང་པོའི་བུ། མིའི་རྒྱལ་པོ་དར་མ་བསོད་ནམས་དེ། ཕོ་ལ་དགོས་པའི་

བྱང་ཁོག་མཆོད་ཁང་ཡངས་།། བཟང་དང་ཉོངས་ཀྱིས་ཟས་ནོར་སྤྱོད་ཕྱུལ་ཆེ་།། ཐུགས་རྒྱུད་ཆོས་ལ་སྦྱངས་པའི་ཡོན་བཙུན་སློ་ནེ་དང་།། མིའི་མཆོག་འགྱུརད་བསོད་ནམས་དབང་ཕྱུག་དང་།། སྐྱེས་ས་ཕོ་སྒོ་འཛོམས་པའི་རིན་ནེ་ལསོགས་ཀྱིས་།།ཞེས་དང་ཚེ་རིས་ཁྲུངས་བཙུན་དཔག་མོ་དཔལ་མོ་ལྷན་།། མཛངས་ལ་འཕྲུལ་ཆགས་འོད་གསལ་ཡོན་བདག་མོ་།། ཆེན་ཆུན་གཉིས་ཀྱིས་ཞབས་ཏོག་ཚུལ་བཞིན་མཛད་། །ཐེག་པ་ཁྱུར་དུ་ཁྱུར་བ་ངོ་མཚར་ཆེ་།། སྲིད་གསུམ་བླ་མ་རྒྱལ་ཡུམ་འདི་གཞེངས་པས་།། དད་པ་ཅན་གྱི་ཕྱུག་པོ་དགོས་སེ་དེས་།། ཚ་བོའི་འདེགས་ལ་སྦོ་ཏི་ཨུ་རྟེན་བཟུང་།། བྱ་ཚ་དགས་ཀྱིས་ཐོན་པ་མར་རྐན་བུ་དར་དང་།། ཟ་མ་སྤྱོད་འཛིན་བྱེད་པའི་ཉེ་བྲེལ་རྣམས་།།[1] ཞེས་པས་སོ།

བཞི། དགོས་པ།

སྐྱེ་མོའི་རྗེ་མོ་ལྷ་ཆུའི་འགྲམ་དུ་ཆགས་པའི་དེང་གི་བྲག་སྒོར་ཤང་གི་མངའ་ཁོངས་སྲུས་གཞོང་དུ་དད་པ་སྐྱོ་ངས་མེད་པའི་སྦྱིན་བདག་ཁྲུང་གི་རྒྱུད་ལས་ཆད་པའི་རྒྱལ་པོ་བསོད་ནམས་དར་མ་དང་ཡོན་བཙུན་སློ་ནེ་སོགས་ཀྱིས་འབྲི་བཞེངས་ཀྱི་སྦྱིན་བདག་གནང་སྟེ་ཤེར་ཕྱིན་རྒྱས་པ་དེ་འབྲི་བཞེངས་གནང་བའི་དགོས་པ་ནི་ཚེ་འདིའི་རང་གི་ཕ་མ་དང་ཁྱུ་བོའི་དྲིན་རྣམས་བསབ་ཕྱིར་དུ་འབྲི་བཞེངས་བྱས་པ་སྟེ་མཛད་བྱང་ལས། ཕ་དང་ཁྱུ་བོའི་དྲིན་ལན་བསྲབ་པའི་ཕྱིར་།། འདི་ཕྱི་ཡི་དོན་དུ་རྒྱལ་འབྲིང་རྣམས་གསུམ་གཞེངས་།།[2] ཞེས་པས་ཤེས་རྟོགས་ཐུབ།

ལྔ། སྐུག་ཤོག

སྐྱེ་མོའི་རྗེ་མོ་ལྷ་ཆུའི་འགྲམ་དུ་ཆགས་པའི་ས་ལས་འབུར་དོད་སྲུས་གཞོང་དུ་དད་པ་སྐྱོ་ངས་མེད་པའི་ཁྲུང་གི་རྒྱུད་པ་རྒྱལ་པོ་བསོད་ནམས་དར་དང་ཡོན་བཙུན་སློ་ནེ་སོགས་ཀྱིས་རང་གི་ཕ་དང་ཁྱུ་བོའི་དྲིན་ལན་འཇལ་བའི་ཆེད་དུ་ཤེར་ཕྱིན་རྒྱས་འབྲིང་བཞེངས་པའི་སྐབས་སུ། དེར་ཉེ་བར་མཁོ་བའི་འབྲི་རྫས་ཅི་ཞིག་བེད་སྤྱོད་བཏང་བའི་སྐོར་ལ། ཤུ་གུ་ཁྲིད་འཕགས་

① སྐྱེ་མོ་མར་རྐྱང་མཁའ་སྤྱོད་དུ་བཞུགས་པའི་ཤེར་ཕྱིན་པོད་ཁ་པའི་མཛད་བྱང་དབུ་ཤོག་གི་ཞལ་ཁེབས་ལས་དྲངས།

② སྐྱེ་མོ་མར་རྐྱང་མཁའ་སྤྱོད་དུ་བཞུགས་པའི་ཤེར་ཕྱིན་པོད་ཁ་པའི་མཛད་བྱང་དབུ་ཤོག་གི་ཞལ་ཁེབས་ལས་དྲངས།

རྒྱ་མའི་ནོར་གྱིས་སྐུས།། དཀར་འཛམ་སྤྱི་མེད་སྣུག་ཁ་འཛིན་པའི་ཆགས།།[①]ཞེས་བྱུང་བ་ལྟར་ན། འབྲི་ཤོག་ཤོག་བུ་གཞན་ལས་ཁྱད་དུ་འཕགས་པ་རིན་གོང་ལ་མ་ལྟོས་པར་རྒྱ་མའི་ནོར་གྱིས་བླུ་ཉོ་མཛད་ཅིང་། ཤོག་བུའི་ཉིན་སྲིབ་གཉིས་པོ་ངོས་འཛམ་ཞིང་རྩི་ཤིང་སོགས་ཀྱི་སྤྱི་ཆགས་མེད་པར་སྣུག་ཁ་འཛིན་ཆགས་པ་ཞིག་ཡིན་ནོ།

སྣག་ཡིག་ཞུས།

བོད་ན་མཁས་པ་དོར་དར་ཀྱོག་པོས་མཛད།། གསལ་བར་བྱེད་པ་འཕྲུལ་གྱི་ཡི་གེ་ལ།། དེང་སང་དུས་ཀྱི་མཁས་པ་ཐམས་ཅད་ཐོན།། གྲུ་བཞི་རས་མེད་འཕྲུལ་གྱི་ཡི་གེ་འདི།། རིག་པ་འགྲན་ཕྱིར་འཕྲུལ་ཆེན་གྲལ་དུ་བཀོད།། ཀྱེ་རིག་པའི་འབྱུང་ས་སྣེ་མོ་ཕུ་གསུམ་པ།། འཛམ་དབྱངས་འགོན་གྱིས་ཨ་ཁུའི་ལུགས་སུ་བྲིས།། མཁྱེན་ད་པ་ཅན་གྱིས་གཟིགས་དང་ངོ་མཚར་ཆེ།། ས་ལུ་ལྗང་པའི་གདུང་གསོལ་སློབ་དཔོན་ཚན་དར་དང་།། ལེགས་བརྒྱད་འདེབས་ལ་བཟོ་བའི་བླ་མཆོད་འགོན་པོ་དར།། དཔོན་སློབ་གཉིས་ཀྱིས་ཞུ་ཐུག་དག་པར་མཛད།།[②]ཅེས་བྱུང་བ་ལ་གཞིགས་ན། སྣེ་མོའི་གཞུང་དུ་རྒྱུགས་པའི་ཇོ་མོ་ལྷ་ཆུའི་ངོགས་སུ་ཆགས་པའི་སྲས་གཤོང་དེར་སྤྱིན་བདག་རྒྱལ་པོ་བསོད་ནམས་དར་སོགས་ཀྱིས་གནང་སྟེ། གསུང་རབ་འབྲི་བཞེངས་ལ་ཉེ་བར་མཁོ་བའི་སྣག་ཤོག་གཉིས་ལས་ཤོག་བུ་ཤོག་ལས་མཁན་པོ་དོར་དར་ཀྱོག་པོས་ལེགས་པར་ཆགས་བཏབ་ཅིང་འཕྲུལ་གྱི་ཡི་གེ་རིག་པའི་འབྱུང་གནས་སྣེ་མོ་ཕུ་གསུམ་པའི་འཛམ་དབྱངས་འགོན་གྱིས་རང་གི་ཨ་ཁུའི་ལུགས་བཞིན་དུ་སུག་བྲིས་བྱས་གཤིས། ཡིག་གཟུགས་ལ་མཁྱེན་རྒྱ་ཆེ་བ་རྣམས་ཀྱིས་གཟིགས་དང་ངོ་མཚར་བའི་ལྟད་མོ་དང་། ཞུས་དག་ནི་སྟོན་གྱི་ཤེར་ཕྱིན་ཁག་བཞིན་དུ་ས་ལུ་ལྗང་པའི་[③]གདུང་གསོལ་སློབ་དཔོན་ཚན་དར་དང་ཁོང་གི་སློབ་མ་འགོན་པོ་དར་གཉིས་ཀྱིས་ཤང་འཁྱོར་གཞུང་སྟོང་གི་ཞུས་དག་གནང་བ་དེ་ཤེས་སོ།

---

① སྣེ་མོ་མར་རྐྱང་མཁའ་སྤྱོད་དུ་བཞུགས་པའི་ཤེར་ཕྱིན་པོད་ཁ་པའི་མཛད་བྱང་དབུ་ཤོག་གི་ཞལ་ཁེབས་ལས་དྲངས།

② སྣེ་མོ་མར་རྐྱང་མཁའ་སྤྱོད་དུ་བཞུགས་པའི་ཤེར་ཕྱིན་པོད་ཁ་པའི་མཛད་བྱང་དབུ་ཤོག་གི་ཞལ་ཁེབས་ལས་དྲངས།

③ ས་ལུ་ལྗང་པ་ནི་སྔར་སངས་རྒྱས་ཀྱིས་མདོ་སྡེ་ཐེག་མར་གསུང་སྐབས་འབྲས་ས་ལུ་ཞིག་ཕྱག་ལ་བཟུང་ནས་རྟེན་འབྲེལ་བཅུ་གཉིས་པོ་གཅིག་ལ་བརྟེན་ནས་གཅིག་འབྱུང་བ་དང་། གཅིག་མེད་ན་གཞན་མི་འབྱུང་གསུངས་པ་ལ་བརྟེན་ནས་བཏགས་པ་ཡིན་ཞེས་བོད་ཀྱི་གསུང་རབ་སྐྲ་བ་དུང་དཀར་བློ་བཟང་འཕྲིན་ལས་མཆོག་གིས་མཛད་པའི་དུང་དཀར་བོད་རིག་པའི་ཚིག་མཛོད་ཀྱང་

བདུན། བསྔོ་སྨོན།

སླེ་མོའི་བྲག་སྒོར་ཤང་གི་སྲས་གཞོང་དུ་དད་པ་སྐྱོ་ངས་མེད་པའི་སྦྱིན་བདག་རྒྱལ་པོ་བསོད་ནམས་དར་ལ་སོགས་པས་སྦྱིན་བདག་མཛད་དེ་འབྲི་བཞེངས་ཀྱི་སྣག་ཞོག་སོགས་སྣ་གོན་གང་ལེགས་ཟིན་རྗེས། སྒོ་གསུམ་ཐང་ཆད་འབྲི་བའི་ཡིག་པ་སླེ་མོ་ཕྱུ་གསུམ་གྲོང་ཚོའི་འཛམ་དབྱངས་འགོན་གྱིས་འབྲི་བཞེངས་མཛད་པ་དང་སྲུགས་ཞུས་དག་དབུ་ཆེན་ཅན་དར་དང་འགོན་པོ་དར་བླ་སློབ་རྣམ་གཉིས་ཀྱིས་ཞུས་དག་མཛད་སྟེ། ལེགས་གྲུབ་བྱུང་བའི་རྗེས་སུ་རྣམ་དཀར་དགེ་བའི་ལས་སུ་ལེགས་སྐྱེས་ཕྲན་བུ་ཙམ་འབུལ་མཁན་གྱི་སྨོན་ལམ་ཁོངས་སུ་གཏོགས་པའི་སེམས་ཅན་རྣམས་ལ་དུས་རབས་14པའི་ཁྱད་ཆོས་ལྡན་པའི་བསྔོ་སྨོན་བཏབ་ཡོད་པ་སྟེ། ཕྱི་མ་བྱང་ཆུབ་ཐོབ་པར་ཤོག། དགོས་འདོད་ཆར་ལྟར་འབབ་པར་ཤོག། ལོངས་སྤྱོད་སྤྲིན་བཞིན་འདུ་བར་ཤོག། བཀྲ་ཤིས་སོ།།[①] ཞེས་པས་རྫོགས་ཐུབ།

ལེ་ཚན་གསུམ་པ། མར་རྒྱུད་མཁའ་སྤྱོད་ཤེར་ཕྱིན་པོད་ཅ་པའི་མཛད་བྱང་།

མཛད་བྱང་མ་དཔེ།

གོའི་བོད་རིག་པ་དཔེ་སྐྲུན་ཁང་གི་2002ལོའི་སྤར་མའི་ཤོག་གྲངས་2027དུ་གསལ།

① སླེ་མོ་མར་རྒྱུད་མཁའ་སྤྱོད་དུ་བཞུགས་པའི་ཤེར་ཕྱིན་པོད་ཁ་པའི་མཛད་བྱང་དབུ་ཤོག་གི་ཞལ་ཐེབས་ལས་དྲངས།

དང་པོ། མཛོད་བྱང་མ་ཕྱུགས།

༄༅། །ཀྱེ་འདྲེན་པ་ཆོས་མཆོད་ཉོན་མོངས་བདུད་རྣམས་འཇོམས་། །འགྲོ་འགོན་ཤག་ཀྱ་ཐུབ་པ་དེ་ལ་འདུད་། །ཀྱེ་ཕྱི་སྣོད་ཀྱི་འཇིག་རྟེན་རྒྱ་གྲམ་རླུང་གིས་སྐྱེག། །ནང་བཅུད་སེམས་ཅན་འོད་གསལ་ལྷ་ལས་ཆད་། །ཕྱི་ནང་སྣོད་བཅུད་སྐྱེ་ཐུན་ལས་ཀྱིས་གྲུབ་། །བཟང་ངན་འབྲིང་གསུམ་བྱེ་བྲག་ལས་ཀྱིས་ཕྱེད་། །ཀྱེ་རི་མཐོ་ས་གཙང་བྱེ་མོ་གཉིས་ཀྱིས་བར་། །སའི་འཁྲོམ་ཚིགས་རང་རོང་ཁྲུང་པོའི་ཡུལ་། །བཀྲ་ཤིས་ཉམས་དགའ་ཆེ་བ་སྲས་གཤོང་ན་། །མིའི་རྒྱལ་པོ་ཁྲུང་པོ་འཕན་ནེ་ལ་། །དགོས་པའི་སྲས་པོ་སྤྱན་བཞི་འཁྲུངས་། །ཀྱེ་མྱི་དང་ནོར་དུ་འཇོམ་པ་དར་མ་བསོད་ནམས་དང་། ཕོར་རྒོ་དད་པར་འཇོམ་པ་སློན་ལམ་སེང་གེ་དེས་། །ཁེ་དང་གྲགས་འདོད་རྒྱས་འབྲིང་རྣམ་གསུམ་བཞེངས་། །མིའི་རྒྱལ་ལུ་བསོད་ནམས་དབང་ཕྱུག་དང་། །ཀུན་གྱི་ཡིད་འོང་རིན་ནེ་ལས་སོགས་ཀྱིས་། །ཕ་ཁུའི་དྲིན་ལན་ཡི་དམ་མཐོང་སློན་གཞེངས་། །ཤོ་ཨུ་ཁྲིད་འཕྲུགས་རིན་ཆེན་གསེར་གྱིས་ཉོས་། །ཡོན་བདག་ནམ་དོར་སྡོ་ཧི་ཙ་པ་འདི་གཟུང་། །ཟས་ནོར་ཕང་མྱེད་གཏང་པ་ངོ་མཚར་ཆེ་། །དཔག་མོ་དཔལ་ལྡན་འོད་གསལ་ཡོན་བདག་མོས་། །ཆོས་དང་འཐུན་པའི་ཞབས་ཏོག་ཚུལ་བཞིན་མཛད་། །ཞིག་པ་ཁུར་དུ་ཁུར་བ་ངོ་འཚར་ཆེ་། །ཀྱེ་རིག་པའི་འབྱུང་གནས་སླེ་མོ་ཕུ་སུམ་པ་། །ཀྱེ་ནོར་གྱི་རྒྱལ་པོ་རིན་ཆེན་གསེར་། །ར་གན་གྱི་དྲུང་ན་འཚར་མྱི་ཚུང་། །སྨུག་ཐོགས་རྒྱལ་ལུ་འཇམ་པ་དར་པོ་ང་། །མཁས་པ་འགྲན་པོ་བྱས་ཀྱང་ཡ་མྱི་ང་། །ཡིག་ཚད་ལགས་[1]ཞེས་པའོ།

གཉིས་པ། མཛོད་བྱང་གི་དབྱེ་ཞིབ།

གཅིག བསྟོད་ཕྱག

༄༅། །ཀྱེ་འདྲེན་པ་ཆོས་མཆོད་ཉོན་མོངས་བདུད་རྣམས་འཇོམ། །འགྲོ་འགོན་ཤག་ཀྱ་ཐུབ་པ་དེ་ལ་འདུད་།[2]ཅེས་པ་དེ་ཡང་འདིར་མཛོད་བྱང་གི་གཞུང་བཞིན་ཐོག་མར་ཀྱེ་ཞེས་འབོད་པ་གསལ་བྱེད་སྒྲས་དབུ་འཕེན་ཏེ་སྟོན་པ་སངས་རྒྱས་བཅོམ་ལྡན་འདས་ཀྱི་གསུང་རབ་ཡན་ལག་བཅུ་གཉིས་ཀྱི་ཡོན་ཏན་རྣམས་བརྗོད་པ་དང་ཆབས་ཅིག་འགྲོ་བའི་མགོན་པོ་ཤག་ཀྱ་ཐུབ་པ་དེ་ལ་བསྟོད་ཕྱག་ཕུལ་བ་དེ་ཡིན།

---

① སླེ་མོ་མར་རྒྱང་མཁའ་སྤྱོད་དུ་བཞུགས་པའི་ཤེར་ཕྱིན་པོད་ཙ་པའི་མཛོད་བྱང་དབུ་ཤོག་གི་ཞལ་ཁྱབས་ལས་དྲངས།

② སླེ་མོ་མར་རྒྱང་མཁའ་སྤྱོད་དུ་བཞུགས་པའི་ཤེར་ཕྱིན་པོད་ཙ་པའི་མཛོད་བྱང་དབུ་ཤོག་གི་ཞལ་ཁྱབས་ལས་དྲངས།

གཉིས། ལུལ་ལུང་།

ཀྱེ་ཕྱི་སྣོད་ཀྱི་འཇིག་རྟེན་རྒྱ་གྲམ་རླུང་གིས་སྐྱེག། །ནང་བཅུད་སེམས་ཅན་འོད་གསལ་ལྷ་ལས་ཆད། །ཕྱི་ནང་སྣོད་བཅུད་སྤྱི་ཐུན་ལས་ཀྱིས་གྲུབ། །བཟང་ངན་འབྲིང་གསུམ་བྱེ་བྲག་ལས་ཀྱིས་ཕྱེད། །ཀྱེ་རི་མཐོ་ས་གཙང་བྱོ་མོ་གཉིས་ཀྱིས་བར། །སའི་འཁྲོམ་ཚིགས་རང་རོང་ཁྲུང་པོའི་ཡུལ། །བཀྲ་ཤིས་ཉམས་དགའ་ཆེ་བ་སྲུས་གཤོང་ན། །[1]ཞེས་པ་དེ་ཡང་ཐོག་མར་ཀྱི་ཞེས་པས་དོན་གྱི་འགོ་བཙམས་ཏེ་ཕྱི་སྣོད་ཀྱི་འཇིག་རྟེན་གྱི་ཆགས་སྟངས་དང་ནང་བཅུད་ཀྱི་སེམས་ཅན་རྣམས་ལྷ་རིགས་འོད་གསལ་ལྷ་ལས་ཆད་ཏེ་ནང་བཅུད་ཀྱི་སེམས་ཅན་དུ་གྲུབ་པ་དང་། དེ་དག་ནི་རང་རང་སྔོན་བསགས་ཀྱི་ལས་དང་འབྲས་བུ་བཟང་ངན་ལས་བྱེ་བྲག་ལས་ཀྱི་དབྱེ་བ་ཕྱེ་ནས་བྱུང་བ་དེ་བསྟན། དེ་རྗེས་གཞི་ནས་རི་མཐོ་ས་གཙང་བའི་བོད་ཡུལ་སློ་མོའི་ནང་ནས་མར་རྒྱུད་ཤང་གི་ཕུར་གནས་པའི་ཇོ་མོ་གངས་དཀར་ཆེ་ཆུང་གཉིས་ཀྱིས་བར་དུ་ཆགས་པའི་ས། ས་གཤིས་ཁྲིད་ཆོས་འཁྲོམ་ཚིགས་རང་རོང་ལྷོང་གྱི་རྒྱུད་ལས་ཉུས་ཆེན་བཅོ་བརྒྱད་ཀྱིས་ནང་ནས་ཁྲུང་གིས་རྒྱུད་པས་བདག་སྐྱོང་བྱེད་པའི་ཡུལ་བཀྲ་ཤིས་ཉམས་དགའ་བྲག་སྐོར་ཤང་གི་སྲུས་གཤོང་དུ་གསུང་རབ་དེ་འབྲི་བཞེངས་གནང་བ་དེ་མཛད་བྱང་ལས་ཤེས།

གསུམ། སྦྱིན་བདག

སློ་མོའི་མར་རྒྱུད་ཤང་གི་ཇོ་མོ་ཆེ་ཆུང་གཉིས་ཀྱི་བར་དུ་ཆགས་པའི་ཁྲུང་གི་རྒྱུད་པས་བདག་འཛིན་གནང་བའི་ཡུལ་སྲུས་གཤོང་དུ་ཤེར་ཕྱིན་དེ་འབྲི་བཞེངས་བསྐྲུན་པའི་སྐབས་སུ་རྒྱུ་འགྲོ་སྒྲུབ་མཁན་གྱི་དད་པ་སྐྱོ་ངས་མེད་པའི་སྦྱིན་བདག་ནི། ཁྲུང་གི་རྒྱུད་ལས་ཆད་པའི་མིའི་རྒྱལ་པོ་འཕན་ནེའི་ལ་སྲུས་སྤུན་བཞི་འབྲུངས་པ་དེ་དག་གི་ནང་ནས་མི་སྣ་འཁོར་དང་རྒྱུ་ནོར་འཛོམ་པ་དར་མ་བསོད་ནམས་དང་ཕོ་རྐོད་དད་པ་ལྡན་པའི་སློན་ལམ་སེང་གེ་རྣམ་གཉིས་ཀྱིས་རང་གི་ཁེ་ཕན་དང་སྐྱན་གྲགས་འདོད་པའི་ཕྱིར་ཤེར་ཕྱིན་ཡུམ་རྒྱས་འབྲིང་བསྡུས་གསུམ་པོད་ཉི་ཤུ་ཅན་དེ་འབྲི་བཞེངས་བསྐྲུན་པ་དང་། མིའི་རྒྱལ་པོ་བསོད་ནམས་དབང་ཕྱུག་དང་རིན་ནེ་ལ་སོགས་པས་རང་གི་ཕ་དང་ཁུ་བོའི་དྲིན་བསབ་ཕྱིར་ཐུགས་དམ་མཐོང་

---

① སློ་མོ་མར་རྒྱུད་མཁའ་སྤྱོད་དུ་བཞུགས་པའི་ཤེར་ཕྱིན་པོད་ཅ་པའི་མཛད་བྱང་དབུ་ཤོག་གི་ཞལ་ཁིབས་ལས་དྲངས།

སྨོན་བཞེངས་གནང་བའི་སྐབས་སུ། ཡོན་བདག་ནམ་དོར་གྱིས་པོ་ཧི་ཙ་པ་འདིའི་འབྲི་བཞེངས་སུ་ཟས་ནོར་ཕམ་མེད་བཏང་བ་དང་། དཔག་མོ་དཔལ་ལྡན་འོད་གསལ་ཡོན་བདག་སོགས་ཀྱིས་འབྲི་བཞེངས་ཀྱི་དུས་ཡུན་རིང་པོའི་ནང་དུ་ལས་དེར་སྤྱི་ཞུ་ཕུན་སུམ་ཚོགས་པ་གྲུབ་པ་ལས་འབྲི་བཞེངས་བྱུང་བ་ཞིག་ཡིན་པ་སྟེ་མཛད་བྱང་ལས། །སྤྱིའི་རྒྱལ་པོ་ཁྲུང་པོ་འཕན་ནེ་ལ། །དགོས་པའི་སྲས་པོ་ཕྱུན་བཞི་འཁྲུངས། །ཀྱེ་ཕྱི་དང་ནོར་དུ་འཛོམ་པ་དར་མ་བསོད་ནམས་དང་། ཕོར་རྒོ་དད་པར་འཛོམ་པ་སྨོན་ལམ་སེང་གེ་དེས། །ཁེ་དང་གྲགས་འདོད་རྒྱས་འབྲིང་རྣམ་གསུམ་བཞེངས། །སྤྱིའི་རྒྱལ་ལུ་བསོད་ནམས་དབང་ཕྱུག་དང་། །ཀུན་གྱི་ཡིད་འོང་རིན་ནེ་ལས་སོགས་ཀྱིས། །ཕ་ཁུའི་དྲིན་ལན་ཡི་དམ་མཐོང་སྨོན་གཞེངས། །ཞེས་དང་། །ཡོན་བདག་ནམ་དོར་སྤོ་ཧི་ཙ་པ་འདི་གཟུང་། །ཟས་ནོར་ཕང་སྤྱིད་གཏང་བ་ངོ་མཚར་ཆེ། ། དཔག་མོ་དཔལ་ལྡན་འོད་གསལ་ཡོན་བདག་མོས། །ཆོས་དང་འཕྲུན་པའི་ཞབས་ཏོག་ཚུལ་བཞིན་མཛད། ། ཐེག་པ་ཁུར་དུ་ཁུར་བ་ངོ་འཚར་ཆེ། ། ①ཞེས་པས་སོ།

བཞི། ཡིག་མཁན།

སྐྱེ་མོའི་མར་རྒྱང་ཤང་གི་ཛོ་མོ་ལྷ་ཆུའི་གཡས་གཡོན་དུ་ཆགས་པའི་ཁྲུང་གི་རྒྱུད་པས་བདག་འཛིན་གནང་ཡུལ་སྲས་གཤོང་སྐྱེ་དེང་གི་བྲག་སྐོར་ཤང་གི་ཁོངས་སུ་གཏོགས་པ་དེར་ཤེར་ཕྱིན་དེ་འབྲི་བཞེངས་བསྐྲུངས་པའི་སྐབས་སུ་རྒྱུ་འགྲོ་སྒྲོར་མཁན་གྱི་དད་པ་སྐྱོ་ངས་མེད་པའི་སྦྱིན་བདག་ནི། ཁྲུང་གི་རྒྱུད་ལས་ཆད་པའི་མིའི་རྒྱལ་པོ་འཕན་ནེའི་ལ་སྲས་ཕྱུན་བཞི་འཁྲུངས་པ་དེ་དག་གི་ནང་ནས་མི་སྣ་འཁོར་དང་རྒྱུ་ནོར་འཛོམ་པ་དར་མ་བསོད་ནམས་དང་ཕོ་རྒོད་དད་པ་ལྡན་པའི་སྨོན་ལམ་སེང་གེ་རྣམ་གཉིས་ཀྱིས། རང་གི་ཁེ་ཕན་དང་སྙན་གྲགས་འདོད་པའི་ཕྱིར་ཤེར་ཕྱིན་ཡུམ་རྒྱས་འབྲིང་བསྡུས་གསུམ་པོད་ཉི་ཤུ་ཙམ་དེ་འབྲི་བཞེངས་བསྐྲུངས་པ་དང་། མིའི་རྒྱལ་པོ་བསོད་ནམས་དབང་ཕྱུག་དང་རིན་ནེ་ལ་སོགས་པས་རང་གི་ཕ་དང་ཁུ་བོའི་དྲིན་བསབ་ཕྱིར་ཐུགས་དམ་མཐོང་སྨོན་བཞེངས་གནང་བའི་སྐབས་སུ། སྒོ་གསུམ་ཐང་ཆད་འབྲི་བའི་ཡིག་པ་ནི་ས་གནས་གཞན་ནས་མ་བྱོན་པར་རིག་པའི་འབྱུང་གནས་

① སྐྱེ་མོ་མར་རྒྱང་མཁའ་སྤྱོད་དུ་བཞུགས་པའི་ཤེར་ཕྱིན་པོད་ཙ་པའི་མཛད་བྱང་དབུ་ཤོག་གི་ཞལ་ཁེབས་ལས་བཏུས།

སྙེ་མོ་ཕུ་སུམ་ཧེ་དེང་གི་སྙེ་མོ་ཤང་གི་ཁོངས་སུ་གཏོགས་པའི་ཕུ་སུམ་པའི་ཡིག་པ་རྒྱལ་ལུ་འཛམ་པ་དར་གྱིས་འབྲི་བཞེངས་བསྐྲུངས་པ་མ་ཟད། ཁོང་རང་གི་འབྲི་གཟུགས་སྤུས་ཚད་ལ་ཚད་མཐོའི་གདེངས་འཇོག་ཀྱང་བྱས་ཡོད་པ་སྟེ། མཛོད་བྱང་ལས། །ཀྱེ་རིག་པའི་འབྱུང་གནས་སྙེ་མོ་ཕུ་སུམ་པ། །ཀྱེ་ནོར་གྱི་རྒྱལ་པོ་རིན་ཆེན་གསེར། །ར་གན་གྱི་དྲུང་ན་འཚར་སྦྱི་ཚུང་། །སྐུག་ཐོགས་རྒྱལ་ལུ་འཛམ་པ་དར་པོ་ང་། །མཁས་པ་འགྲན་པོ་བྱས་ཀྱང་ཡ་སྦྱི་ང་། །ཡིག་ཚད་ལགས་[1]ཞེས་པའོ།

ལེ་ཚན་བཞི་པ། མར་རྒྱུད་མཁའ་སྤྱོད་ཤེར་ཕྱིན་པོད་ཆ་པའི་མཛོད་བྱང་།

མཛོད་བྱང་མ་དཔེ།

དང་པོ། མཛོད་བྱང་མ་ཕྱུས།

༄༅། །ཀྱེ་ཆོས་སྐུའི་ཞིང་ཁམས་ནམ་མཁའི་མཐའ་དང་མཉམ་།། ལོངས་སྐུའི་ཞིང་ཁམས་མི་ཧྟོག་བརྒྱན་གྱིས་བརྒྱན་།། སྤྲུལ་སྐུའི་ཞིང་ཁམས་མི་མཇེད་འཇིག་རྟེན་ཁམས་།། རིའི་

① སྙེ་མོ་མར་རྒྱུད་མཁའ་སྤྱོད་དུ་བཞུགས་པའི་ཤེར་ཕྱིན་པོད་ཅ་པའི་མཛོད་བྱང་དགུ་ཤོག་གི་ཞལ་ཁེབས་ལས་དྲངས།

རྒྱལ་པོ་བྱ་རྐོད་འཕུངས་པ་ལ།། འགྲོ་བའི་འགོན་པོ་བཅོམ་ལྡན་ཤཱག་ཐུབ་དེས།། ཟབ་ཅིང་རྒྱ་ཆེ་རྒྱལ་བའི་ཡུམ་འདི་གསུངས།། ཐུགས་ཀྱི་སྲས་མཆོག་ཀུན་དགའ་བོ་ལ་གཏད།། མྱ་ངན་འདས་འོག་གྲོལ་བ་སླུ་ཡིས་ཐོབ།། དེང་སང་དུས་ན་བོད་ཡུལ་དབུས་སུ་དར།། ཡུལ་གྱི་སྙིང་པོ་སྙེ་མོ་ལུང་པའི་ནང་།། ས་ལས་འབུར་སྟོད་བཀྲ་ཤིས་སྲས་ཀྱི་ཁྲུལ།། ཡབ་མེས་རིགས་བཟང་པ་ཆེན་ཁྲུང་པོའི་སྲས།། མྱི་མཆོག་རྒྱལ་པོ་དར་མ་བསོད་ནམས་དང་།། དགོས་པ་ཀུན་ཚང་ཡོན་བཙུན་སློན་ནེ་གཉིས།། ཕ་ཁུའི་དྲིན་ལ་རྒྱུས་འབྲིང་གསུམ་པོ་བཞེངས།། ཤོག་ཨུ་ཁྱད་འཕགས་དུང་རེང་རྩེ་པོ་ཆེ།། རིན་ལ་མ་ལྟོས་ཁྱད་ལ་ཐོན་པ་ཉོས།། དཀར་འཛམ་སྲུ་མྱེད་སྣུག་གུ་འཛིན་པའི་ཚགས།། དང་སང་མཁས་པ་དོར་དར་སྐྱུག་པོས་བྱས།། གསལ་བར་བྱེད་པ་འཕྲུལ་གྱི་ཡི་གེ་ལ།། དབུས་གཙང་ཏུ་བཞི་མཁས་པ་ཐམས་ཅད་ཐོན།། ཚད་ལྡན་འཕྲུལ་ཆེན་འཛོམ་པ་ངོ་མཚར་ཆེ།། སྣག་ཚའི་ཡི་གེ་ཚགས་ཚད་ལྡན་པ་ལ།། དཔལ་ཕྱུག་སེང་གེས་གོང་མའི་ལུགས་བཞིན་བྲིས།། གཟུགས་ཀྱུས་གཉིས་སུ་འཛོམས་པ་ངོ་མཚར་ཆེ།། ཚོ་འཛངས་དད་པར་ལྡན་པའི་དཔག་མོ་དཔལ་མོ་ལྡན།། མོས་གུས་ཞབས་ཏོག་འཛད་པའི་འོད་གསལ་ཡོན་བདག་མོ།། ཀ་བ་དང་དུ་བླངས་ནས་མཆོད་གནས་བུ་བཞིན་ཁུར།། དད་པའི་སེམས་ཀྱིས་སྐྱོ་ངས་མྱེད་པར་བྱས།། ཐེག་པ་ཁུར་དུ་ཁུར་བ་ངོ་མཚར་ཆེ།། དད་དང་ལོངས་སྤྱོད་འཛོམ་པའི་དགེ་སློང་རིན་ཆེན་བླ་མས།། ·········སྤོད་འཛིན་བཟང་པོ་བྱས།། སྤོད་འཛིན་བཟང་འགྲན་བྱས་པ་ངོ་འཚར་ཆེ།། མར་ཏན་བུ་དར་ཀུན་ལ་བྱམས་པ་མཛད།། ཞབས་ཏོག་ཚུལ་བཞིན་མཛད་པ་ངོ་འཚར་ཆེ།། ཡོན་མཆོད་ལསོགས་མཐའ་ཡས་སེམས་ཅན་ཀུན།། བྱང་ཆུབ་རྣམ་མཁྱེན་ས་ལ་མྱུར་ཐོབ་ཤོག།། མཁས་མཁས་ལེགས་ཨ།། [①] ཞེས་པའོ།

གཉིས་པ། མཛད་བྱང་གི་དབྱེ་ཞིབ།

གཅིག སྤྱང་བ།

ཐོག་མར་འདིར་ཞུ་དོན་མཛད་བྱང་འདི་ནི་སྔོན་གྱི་མཛད་བྱང་ཁག་དང་འདྲ་བར་ཐོག་མར་སྐུ་གསུམ་སྟེ་ཆོས་སྐུ་དང་སྤྲུལ་སྐུ། ལོངས་སྐུ་གསུམ་གྱི་ཡོན་ཏན་རྣམས་བརྗོད་པ་དང་གོ་

① སྙེ་མོ་མར་རྒྱང་མཁའ་སྤྱོད་དུ་བཞུགས་པའི་ཤེར་ཕྱིན་བོད་ཆ་པའི་མཛད་བྱང་དབུ་ཤོག་གི་ཞལ་ཁེབས་ལས་དྲངས།

བསྟུན་ཏེ་དེ་དག་ལ་བསྟོད་ཕྱག་བགྱིས་པ་དང་དོད་མཚུངས་དད་པ་སྐྱོ་ངས་མེད་པའི་སྦྱིན་བདག་མཆོག་གིས་གང་ཞིག་བཞེངས་པར་འདོད་པའི་གཞུང་དེའི་བྱུང་བ་ཧུར་དུ་བརྗོད་པ་སྟེ། རིའི་རྒྱལ་པོ་བྱ་རྒོད་ཕུང་པོ་རི་སྟེ། སངས་རྒྱས་ཆོས་ལུགས་ཀྱི་བཤད་སྲོལ་ལ། སངས་རྒྱས་ཤཱཀྱ་ཐུབ་པས་ཐེག་པ་ཆེན་པོའི་ཆོས་གསུངས་པའི་གནས་རི་ཞིག་གི་མིང་ཡིན་པ་དང་། བྱང་ཆུབ་སེམས་དཔའ་མང་པོ་ཞིག་རང་ལུས་བྱ་རྒོད་དུ་སྤྲུལ་ནས་ཆོས་ཉན་པའི་གནས་ཡིན་པས་མིང་དེ་ལྟར་ཐོགས་པ་ཡིན་[1]ཟེར། རྒྱ་ནག་གི་བཙུན་པ་ཟན་ཙང་གིས་ཆུ་ཀླུང་ཆེན་པོ་བརྒལ་ནས་ཤར་ཕྱོགས་སུ་ནགས་ཚལ་ཆེན་པོ་ཞིག་བརྒྱུད་དེ་ཐང་ལ་རྒྱང་གྲགས་བརྒྱ་ཙམ་བགྲོད་པ་ན་ཀུ་ཀུ་ཊ་པཱ་ད་སྟེ་བྱང་རྐང་ཞེས་བྱ་བའི་རི་བོ་ཡོད་དོ། རི་དེ་ཤོང་ཤོང་མི་མཉམ་ཞིང་འགྲོ་དཀའ་བ་བྲག་ཕུག་ཟབ་མོ་མང་པོ་ཡོད་པའི་བྲག་ཤིན་ཏུ་མཐོ་བ་གསུམ་ཡོད་པའི་དབུས་སུ་འཕགས་པ་འོད་སྲུང་ཆེན་པོའི་གདུང་བཞུགས་སོ། འོད་སྲུང་གི་ཕྱག་ན་སྟོན་པ་ལ་སྣུ་སྐྱེས་རྒྱུའི་བདག་མོས་ཕུལ་བའི་ཆོས་གོས་ཐོགས་ཏེ་དྲན་པ་ཉེ་བར་བཞག་བཞིན་བཞུགས་པ། མ་འོངས་པ་ན་རྗེ་བཙུན་བྱམས་པ་མགོན་འཇིག་རྟེན་དུ་བྱོན་ཏེ་ཆོས་ཀྱི་འཁོར་ལོ་བསྐོར་བ་ལན་གསུམ་གྱི་མཐར། རི་ལ་འཛེགས་ཏེ་རི་གསུམ་པོ་དེ་སོ་སོར་ཀྱེའོ། སེ་གོལ་གྱི་སྒྲས་ཏིང་ངེ་འཛིན་ལས་སད་པ་མཛད་ནས། འཕགས་པ་འོད་སྲུང་གིས་ཆོས་གོས་དེ་བྱམས་མགོན་ལ་ཕུལ་ནས། ཕྱག་དང་བསྐོར་བ་བྱས་ནས་ནམ་མཁར་འཕགས་ཏེ་རྫུ་འཕྲུལ་སྣ་ཚོགས་བསྟན་ཞིང་སེམས་ཅན་ཞི་ལོ་ཅན་རྣམས་ཆོས་ལ་བསྐུལ་ཏེ། ལྷག་མ་མེད་པའི་མྱ་ངན་ལས་འདས་ཤིང་། རང་གི་བསམ་གཏན་གྱི་མེས་རང་ལུས་སྦྱོང་སྐད་དོ། རི་བོ་དེའི་སྒོ་ལ་མཆོད་རྟེན་ཞིག་ཡོད་པ་རྒྱང་ནས་བལྟས་ཚེ་མདངས་གསལ་བ་ཞིག་ཏུ་མཐོང་ཡང་རི་ལ་འཛེགས་པ་ན་ཅང་མི་སྣང་བར་འགྱུར་[2]ཞེས་གསུངས་པས་རྒྱ་གར་དུ་ཡོད་པའི་རི་བོ་བྱ་རྐང་གི་གནས་བཤད་དུ་སྣང་བ་ལས་རྒྱ་ནག་གི་ཡུན་ནན་ཞིང་ཆེན་གྱི་རི་བོ་བྱ་རྐང་[3]ཞེས་པའི་གནས་དེ་མ་ཡིན། དེས་ན་རྒྱ་གར་གྱི་བྱ་རྒོད་ཕུང་པོ་རིར་སྟོན་པ་སངས་རྒྱས་བཅོམ་ལྡན་འདས་ཀྱི་རང་གི་ཐུགས་སྲས་ཀུན་དགའ་བོ་ལ་

---

① བོད་ཀྱི་གསུང་རབ་སླ་བ་དུང་དཀར་བློ་བཟང་འཕྲིན་ལས་མཆོག་གིས་མཛད་པའི་དུང་དཀར་བོད་རིག་པའི་ཚིག་མཛོད་ཆེན་མོའི་བོད་རིག་པ་དཔེ་སྐྲུན་ཁང་གི་2002ལོའི་སྤར་མའི་ཤོག་གྲངས་1465ལས་དྲངས།

② རྒྱ་ནག་གི་བཙུན་པ་སེ་སྟོད་འཛིན་པའམ་ཟན་ཙང་གིས་མཛད་པའི་ཆེན་པོ་ཐང་གུར་དུས་ཀྱི་རྒྱ་གར་ཞིང་གི་བཀོད་པའི་དཀར་ཆག་ཀྲུང་གོ་བོད་རིག་པའི་དཔེ་སྐྲུན་ཁང་གི་2006ལོའི་སྤར་མའི་ཤོག་གྲངས་212ལས་དྲངས།

③ 见，任继愈主编《佛教大辞典》凤凰出版社2002年12月版，725页。

ཟབ་ཅིང་རྒྱ་ཆེ་བ་ཤེར་ཕྱིན་ཡུམ་འདི་གསུངས་ཤིང་། སྟོན་པ་མྱ་ངན་ལས་འདས་པའི་རྗེས་པོ་བཞི་བརྒྱའི་ཐོག་ཐོན་པའི་རྒྱ་གར་རྒྱན་དྲུག་མཆོག་གཉིས་སུ་འདྲེན་པའི་ནང་གི་སློབ་དཔོན་ཀླུ་སྒྲུབ་ལ་གཞུང་དེའི་ལུང་རྒྱུན་ཐོབ་ཤིང་། རྗེས་སུ་བོད་ཀྱི་བཙན་པོ་ཁྲི་སྲོང་ལྡེ་བཙན་གྱི་སྐུ་དུས་སུ་ཀླངས་ཁམས་པ་གོ་ཆས་ཤེར་ཕྱིན་ཐུགས་ལ་བཟུངས་ཏེ་བོད་ཡུལ་དུ་གདན་དྲངས་ནས་དར་བ་ཞིག་ཡིན་པ་སྐྱེ་མཛོད་བྱང་ལས། ༄༅།། ཀྱེ་ཆོས་སྐུའི་ཞིང་ཁམས་ནམ་མཁའི་མཐའ་དང་མཉམ།། ལོངས་སྐུའི་ཞིང་ཁམས་མེ་ཏོག་བརྒྱན་གྱིས་བརྒྱན།། སྤྲུལ་སྐུའི་ཞིང་ཁམས་མི་མཇེད་འཇིག་རྟེན་ཁམས།། རིའི་རྒྱལ་པོ་བྱ་རྐོད་འཕུངས་པ་ལ།། འགྲོ་བའི་འགོན་པོ་བཅོམ་ལྡན་ཤཱཀ་ཐུབ་དེས།། ཟབ་ཅིང་རྒྱ་ཆེ་རྒྱལ་བའི་ཡུམ་འདི་གསུངས།། ཐུགས་ཀྱི་སྲས་མཆོག་ཀུན་དགའ་བོ་ལ་གཏད།། མྱ་ངན་འདས་འོག་ཀློལ་བ་ཀླུ་ཡིས་ཐོབ།། དེང་སང་དུས་ན་བོད་ཡུལ་དབུས་སུ་དར།།[1] ཞེས་པས་རྟོགས།

གཉིས། ཡུལ་ལུང་།

ཤེར་ཕྱིན་དེ་འབྲི་བཞེངས་བསྐྲུངས་སའི་གནས་ནི་རུ་བཞིའི་ནང་ནས་གཡས་རུའི་སྙིང་པོ་སྙེ་མོའི་ལུང་པའི་ནང་ནས་ས་ལས་འབུར་དུ་དོད་པའི་ཡུལ་རྫོ་མོ་ལྷ་ཚུ་སྟེ་མར་རྐྱང་ཤང་གི་ཕུར་ཆགས་པའི་རྫོ་མོ་གངས་དཀར་ལས་ཆས་པའི་འགྲམ་དུ་ཆགས་པའི་སྲས་ཏེ་དེང་གི་སྙེ་མོ་གྲག་སྔོར་ཤང་གི་མངའ་ཁོངས་སུ་འབྲི་བཞེངས་བསྐྲུངས་པ་དེ་མཛོད་བྱང་ལས། དེང་སང་དུས་ན་བོད་ཡུལ་དབུས་སུ་དར། ཡུལ་གྱི་སྙིང་པོ་སྙེ་མོ་ལུང་པའི་ནང་། ས་ལས་འབུར་སྟོད་བཀྲ་ཤིས་སྲས་ཀྱི་ཁྲུལ།[2] ཞེས་པས་ཤེས་ཐུབ།

གསུམ། སྦྱིན་བདག

ཡབ་མེས་རིགས་བཟང་ཕ་ཆེན་ཁྲུང་པོའི་སྲས།། མི་མཆོག་རྒྱལ་པོ་དར་མ་བསོད་ནམས་དང་།། དགོས་པ་ཀུན་ཚང་ཡོན་བཙུན་སྒྲོན་ནི་གཉིས།། ཕ་ཁུའི་དྲིན་ལ་རྒྱས་འབྲིང་གསུམ་པོ་བཞེངས།།ཞེས་དང་ཚེ་འཛངས་དད་པར་ལྡན་པའི་དཔག་མོ་དཔལ་མོ་ལྡན།། མོས་གུས་ཞབས་ཏོག་འཛད་པའི་འོད་གསལ་ཡོན་བདག་མོ།། ཞ་བ་དང་དུ་བླངས་ནས་མཆོད་གནས་

① སྙེ་མོ་མར་རྐྱང་མཁའ་སྤྱོད་དུ་བཞུགས་པའི་ཤེར་ཕྱིན་པོད་ཚ་པའི་མཛོད་བྱང་དབུ་ཤོག་གི་ཞལ་ཁིབས་ལས་དྲངས།

② སྙེ་མོ་མར་རྐྱང་མཁའ་སྤྱོད་དུ་བཞུགས་པའི་ཤེར་ཕྱིན་པོད་ཚ་པའི་མཛོད་བྱང་དབུ་ཤོག་གི་ཞལ་ཁིབས་ལས་དྲངས།

ཟླ་བཞིན་ཁྱུར།། དད་པའི་སེམས་ཀྱིས་སྐྱོ་ངས་མེད་པར་བྱས།། ཐེག་པ་ཁྱུར་དུ་ཁྱུར་བ་ངོ་འཚར་ཆེ།། དད་དང་ཡོངས་སྤྱོད་འཇོམ་པའི་དགེ་སློང་རིན་ཆེན་བླ་མས།། ………སྤྱོད་འཛིན་བཟང་པོ་བྱས།། སྤྱོད་འཛིན་བཟང་འགྲན་བྱས་པ་ངོ་མཚར་ཆེ།། མར་ཐན་ཟླ་དར་ཀུན་ལ་བྱམས་པ་མཛད།། ཞབས་ཏོག་ཚུལ་བཞིན་མཛད་པ་ངོ་འཚར་ཆེ།།[①] ཞེས་བྱུང་བ་ལ་གཞིགས་ན། སླེ་མོའི་མར་ཁྲང་ཕུར་ཆགས་པའི་ཇོ་མོ་གངས་དཀར་ལས་རྒྱུགས་པའི་ལྷ་ཆུའི་འགྲམ་དུ་ཆགས་པའི་སྲས་ཏེ་སླེ་མོ་བྲག་སྐོར་ཤང་གི་མངའ་ཁོངས་སྲས་དེར་ཤེར་ཕྱིན་དེ་འབྲི་བཞེངས་བསྐྲུངས་པའི་སྐབས་སུ་དད་པ་སྐྱོ་ངས་མེད་པའི་སྦྱིན་བདག་གནང་མཁན། བོད་ཀྱི་རུས་ཆེན་བཞིའི་ནང་གི་ལྡོང་གི་རུས་ཆེན་བཅོ་བརྒྱད་དུ་གྲགས་པའི་ཁྱུང་གི་རྒྱུད་པ་རྒྱལ་པོ་དར་མ་བསོད་ནམས་དང་ཡོན་བཙུན་སློན་ནེ་གཉིས་ཀྱིས་གཙོ་བོ་མཛད་དེ། དཔག་མོ་དཔལ་མོ་ལྷན་གྱིས་ཞབས་ཏོག་ཕུན་སུམ་ཚོགས་པར་མཛད་པ་དང་། ཡོན་བདག་འོད་གསལ་གྱིས་དགའ་བ་དང་དུ་བླངས་ནས་མཆོད་གནས་ཟླ་བཞིན་བཀུར་ཏེ་དད་པ་སྐྱོ་ངས་མེད་པ་གནང་བ་ལས་ངོ་མཚར་ཆེ་ཞེས་དང་། དེའི་སྐབས་སུ་དགེ་སློང་རིན་ཆེན་བླ་མས་ཉེར་མཁོའི་ཅ་དངོས་སྤྲོད་ལེན་བཟང་པོ་གནང་བ་དང་། མ་ཐན་ཟླ་དར་གྱིས་ཀྱང་ཀུན་ལ་བྱམས་པ་མཛད་པ་ལས་ངོ་མཚར་ཆེ་ཞེས་བྱུང་བ་བཅས་ནི་ཤེར་ཕྱིན་དེའི་སྦྱིན་བདག་འཁོར་དང་བཅས་པའི་གནས་ཚུལ་ལགས།

བཞི། དགོས་པ།

དད་པ་སྐྱོ་ངས་མེད་པའི་སྦྱིན་བདག་ཁྱུང་གི་རྒྱུད་ལས་ཆད་པའི་རྒྱལ་པོ་བསོད་ནམས་དར་དང་བཙུན་མོ་སློན་ནེ་སོགས་ཀྱིས་སྦྱིན་བདག་གནང་སྟེ་ཤེར་ཕྱིན་དེ་འབྲི་བཞེངས་གནང་དོན་ཡང་ཁོང་རང་ཉིད་ཀྱི་ཕ་ཁྱུའི་དྲིན་ལན་བསབ་པའི་ཕྱིར་འབྲི་བཞེངས་གནང་བ་ཞིག་ཡིན་པ་སྨྲི་མཛད་བྱང་ལས། ཕ་ཁྱུའི་དྲིན་ལ་རྒྱས་འདྲིང་གསུམ་པོ་བཞེངས།[②] ཞེས་པས་སོ།

ལྔ། སྣག་ཤོག

དད་པ་སྐྱོ་ངས་མེད་པའི་སྦྱིན་བདག་ཁྱུང་གི་རྒྱུད་ལས་ཆད་པའི་རྒྱལ་པོ་བསོད་ནམས་

① སླེ་མོ་མར་ཁྲང་མཁའ་སྤྱོད་དུ་བཞུགས་པའི་ཤེར་ཕྱིན་པོད་ཆ་པའི་མཛད་བྱང་དབུ་ཤོག་གི་ཞལ་ཁེབས་ལས་དྲངས།

② སླེ་མོ་མར་ཁྲང་མཁའ་སྤྱོད་དུ་བཞུགས་པའི་ཤེར་ཕྱིན་པོད་ཆ་པའི་མཛད་བྱང་དབུ་ཤོག་གི་ཞལ་ཁེབས་ལས་དྲངས།

དར་དང་བཙུན་མོ་སྨིན་ནེ་སོགས་ཀྱིས་སྦྱིན་བདག་གནང་སྟེ། ཤེར་ཕྱིན་དེ་འབྲི་བཞེངས་གནང་དོན་ཡང་ཁོང་རང་ཉིད་ཀྱི་ཕ་ཁུའི་དྲིན་ལན་བསབ་པའི་ཕྱིར་འབྲི་བཞེངས་གནང་བའི་སྐབས་སུ། འབྲི་བཞེངས་ལ་ཉེ་བར་མཁོ་བའི་སྣག་ཤོག་གཉིས་ལས་ཤོག་བུ་སྤུས་ཚད་ཁྱད་དུ་འཕགས་པ་དུང་རེང་རྩེ་པོ་དོར་དར་སྐྱུག་པོས་དེ་ཁེ་གྲོང་གི་རིན་ལ་མ་བལྟས་པར་སྤུས་ཚད་ཁོ་ན་གཙིགས་སུ་ཟིན་ཏེ་ཀླུ་ཉོ་གནང་བ་ཞིག་ཡིན་པ་སྟེ། ཤོག་འུ་ཁྱད་འཕགས་དུང་རེང་རྩེ་པོ་ཆེ། རིན་ལ་མ་ལྟས་ཁྱད་ལ་ཐོན་པ་ཉོས། དཀར་འཛམ་སྤུ་མྱིད་སྣུག་གུ་འཛིན་པའི་ཆགས། དང་སང་མཁས་པ་དོར་དར་སྐྱུག་པོས་བྱས། [①]ཞེས་པས་སོ།

དྲུག ཡིག་ཞུས།

དད་པ་སྐྱོ་ངས་མེད་པའི་སྦྱིན་བདག་ཁྱུང་གི་རྒྱུད་ལས་ཆད་པའི་རྒྱལ་པོ་བསོད་ནམས་དར་དང་བཙུན་མོ་སྨིན་ནེ་སོགས་ཀྱིས་སྦྱིན་བདག་གནང་སྟེ་ཤེར་ཕྱིན་དེ་འབྲི་བཞེངས་གནང་དོན་ཡང་ཁོང་རང་ཉིད་ཀྱི་ཕ་ཁུའི་དྲིན་ལན་བསབ་པའི་ཕྱིར་འབྲི་བཞེངས་གནང་བའི་སྐབས་སུ་སྒོ་གསུམ་ཐང་ཆད་འབྲི་བའི་ཡིག་པ་ནི། སྣག་བྲིས་ལ་མཁས་པ་དཔལ་ཕྱུག་སེང་གེས་སློབ་དཔོན་གོང་མའི་ལུགས་ཇི་བཞིན་གཞུང་གི་དབུ་ཞབས་ཀྱི་དབྱེ་བར་མ་བཞག་པར་གཟབ་པར་བྲིས་པ་ཞིག་ཡིན་པ་སྟེ། གསལ་བར་བྱེད་པ་འཕྲུལ་གྱི་ཡི་གེ་ལ། དབུས་གཙང་རུ་བཞི་མཁས་པ་ཐམས་ཅད་བྱོན། ཚད་ལྡན་འཕྲུལ་ཆེན་འཛོམ་པ་ངོ་མཚར་ཆེ། སྣག་ཚའི་ཡི་གེ་ཆགས་ཚད་ལྡན་པ་ལ། དཔལ་ཕྱུག་སེང་གེ་གོང་མའི་ལུགས་བཞིན་བྲིས། གཟུགས་ཀྱུས་གཉིས་སུ་འཛོམས་པ་ངོ་མཚར་ཆེ། [②] ཞེས་པས་རྟོགས།

བདུན། བསྡོ་སྡོམ།

ཤེར་ཕྱིན་དེའི་ཤོག་ལས་པ་དོར་དར་སྐྱུག་པོས་མཛད་ཅིང་དཔལ་ཕྱུག་སེང་གེས་འབྲི་བཤུས་ཟིན་རྗེས་སུ་རྣམ་དཀར་དགེ་བའི་ལས་དེའི་ཕྱོགས་སུ་རྒྱུ་འགྲོ་གཏོང་མཁན་གྱི་སྦྱིན་བདག་རྒྱལ་པོ་བསོད་ནམས་དར་དང་། བཙུན་མོ་སྨིན་ནེ་ལ་སོགས་པའི་འཁོར་རྣམས་སྨོན་

① སྙེ་མོ་མར་ཀྱུང་མཁའ་སྤྱོད་དུ་བཞུགས་པའི་ཤེར་ཕྱིན་པོད་ཆ་པའི་མཛད་བྱང་དབུ་ཤོག་གི་ཞལ་ཁིབས་ལས་དྲངས།

② སྙེ་མོ་མར་ཀྱུང་མཁའ་སྤྱོད་དུ་བཞུགས་པའི་ཤེར་ཕྱིན་པོད་ཆ་པའི་མཛད་བྱང་དབུ་ཤོག་གི་ཞལ་ཁིབས་ལས་དྲངས།

ལམ་ཁོངས་སུ་གཏོགས་པའི་སེམས་ཅན་རྣམས་ཀྱི་མོས་པ་དང་འཚམས་པའི་བསྔོ་སྨོན་བཏབ་པ་སྟེ་མཛད་བྱང་ལས། ཡོན་མཆོད་ལ་སོགས་མཐའ་ཡས་སེམས་ཅན་ཀུན། །བྱང་ཆུབ་རྣམ་མཁྱེན་ས་ལ་མྱུར་ཐོབ་ཤོག།[1]ཅེས་པས་རྫོགས་སོ།

བརྒྱད། མཇུག་བསྡུའི་ཚིག

མཛད་བྱང་འདིའི་མཇུག་ཏུ་མཛད་བྱང་གཞན་གྱི་མཇུག་བསྡུའི་ཚིག་བཞིན་དེ་དེ་ཞེས་པ་སོགས་མ་བྲིས་པར་རྣམ་པར་དཀར་བའི་དགེ་བའི་ལས་འདིའི་ཕྱོགས་སུ་གོམ་པ་ཅི་ཙམ་ཞིག་སྤོ་མཁན་རྣམས་ལ་ལས་ཀའི་དྲན་སྐུལ་གྱི་སླད་དུ་མཁས་མཁས་ལེགས་ཨ་[2]ཞེས་གསུངས་ནས་མཇུག་བསྡུས་འདུག དེ་འདྲ་བོད་ཀྱི་གསུང་རབ་འབྲི་བཞེངས་ཀྱི་ལོ་རྒྱུས་ནང་དུ་བྱུང་མྱོང་ཡོད་པ་ཞིག་ཡིན་དེ། ཞྭ་ལུ་དགོན་གྱི་བསེ་སྒོ་མ་ནང་བཞུགས་པའི་དུས་རབས་14པའི་སྐུ་ཞང་གྲགས་པ་རྒྱལ་མཚན་གྱི་ཐུགས་དམ་བཀའ་འགྱུར་རྩེ་ཅིག་རྒྱ་ཤོག་བཻཌཱུརྱ་བཞུ་བ་ལྤྲ་བུ་ལ་རིན་ཆེན་གསེར་ལས་སྣག་ཚ་བགྱིས་ཏེ་བཞེངས་པའི་སྐབས་སུའང་བམ་མཚམས་དང་བཀའ་འགྱུར་གྱི་པོད་སོ་སོའི་མགོར་དཔོན་ཡིག་པ་རྣམས་ལ་སྐུལ་བསྐུལ་བའི་བཀའ་ཤོག་ཤིན་ཏུ་ནན་ཆེ་བ་གནང་བ་སྟེ། ན་མོ་བུདྡྷ་ཡ། བུ་སྟོན་རིན་པོ་ཆེའི་ཐུགས་དམ་འདུལ་བ་ལུང་གི་ཕྱི་ཏིའི་གོ་རིམས་ལ། ཀ་ཁ་ག་གསུམ་ལ་ལུང་རྣམ་པར་འབྱེད་པ་ཤོ་ལོག་ཉི་ཁྲི་ལྔ་སྟོང་། བམ་པོ་བརྒྱད་ཅུ་རྩ་གསུམ། ང་ལ་དགེ་སློང་མའི་སོ་ཐར་དང་རྣམ་པར་འབྱེད་པ། ཤུ་ལོག་སྟོང་ཕྲག་དགུ་དང་ཉིས་བརྒྱ། བམ་པོ་སུམ་ཅུ། ཅ་ཆ་ཇ་ཉ་བཞི་ལ་ལུང་གཞི། ཤུ་ལོག་སུམ་ཁྲི་ཉིས་སྟོང་བདུན་བརྒྱ་བམ་པོ་བརྒྱ་དང་རྩ་དགུ།། ཏ་ཐ་གཉིས་ལ་ལུང་ཕྲན་ཚེགས་ཤུ་ལོག་ཆིག་ཁྲི་བརྒྱད་སྟོང་བདུན་བརྒྱ་བམ་པོ་ལྔ་ཅུ་རྩ་དགུ།། ད་ན་གཉིས་ལ་ལུང་བླ་མའམ་གཞུང་དམ་པ་ལ། ཤུ་ལོག་ཆིག་ཁྲི་ལྔ་སྟོང་དང་དགུ་བརྒྱ། བམ་པོ་ང་གསུམ། བམ་པོའི་གྲངས་འདི་སྔོན་གྱི་དཀར་ཆག་འཕང་ཐང་མ་བཞིན་བཀོད་པ་ཡིན་ཞིང་། རྣམ་འབྱེད་ཐོག་མར་འགོད་པའི་རྒྱུ་མཚན་བུ་རིན་པོ་ཆེས་མཛད་པའི་འདུལ་བ་སྤྱིའི་རྣམ་གཞག་ན་ཞིབ་པར་མཛད་ལ། ལུང་སྡེ་བཞི་པ་བོད་ན་རི་ཕུག་བླ་བྲང་གི་འདི་བས་དག་པ་མི་གདའ་བས། དེ་བསྟན་པ་རིན་པོ་ཆེ་ལ་དམིགས་ནས་བཞེངས་པར་

1 སྣེ་མོ་མར་རྒྱང་མཁའ་སྤྱོད་དུ་བཞུགས་པའི་ཤེར་ཕྱིན་པོད་ཆ་པའི་མཛད་བྱང་དབུ་ཤོག་གི་ཞལ་ཁེབས་ལས་དྲངས།
2 སྣེ་མོ་མར་རྒྱང་མཁའ་སྤྱོད་དུ་བཞུགས་པའི་ཤེར་ཕྱིན་པོད་ཆ་པའི་མཛད་བྱང་དབུ་ཤོག་གི་ཞལ་ཁེབས་ལས་དྲངས།

བཞེད་པ་རྣམས་ཀྱིས་ཕྱི་མོ་འདི་ལ་ཞུས་མཛོད་ཅིང་ཞེ་ན། ཆོས་རྗེ་ཉིད་ཀྱིས་འདུལ་ལུང་མང་པོ་ལ་གཏུགས་ནས་དཔེའི་ད་དྲག་དང་ས་དྲག་པ་དང་བ་ཙམ་ལ་ཡང་བྲིས་བསྒྱུབས་དཀའ་ལས་ལ་མ་གཟིགས་པར་ཞུས་དག་ཚར་མང་པོ་མཛད། ཞུས་མཚམས་སུ་རྣམས་ལ་བཅོས་བྱས་སུ་དོགས་ནས་ཐུགས་དམ་གྱིས་མནན། པོ་ཏི་རེ་རེའི་མགོར། དཔོན་ཡིག་པ་རྣམས་ལ་སྣན་བསྐུལ་བའི་བཀའ་ཤོག་ཤིན་ཏུ་ནན་ཆེ་བ་སྦྱར་གྱི་ལོ་རྒྱུས་དང་བཅས་པ་བཀོད་སྣང་ངོ་། [1]ཞེས་སྐུ་ཞང་གྲགས་པ་རྒྱལ་མཚན་གྱི་ཐུགས་དམ་བཀའ་འགྱུར་མཐིང་ཤོག་གསེར་བྲིས་འབྲི་བཞེངས་གནང་དུས་ཀྱང་སྣན་བསྐུལ་བཀའ་ཤོག་ཤིན་ཏུ་ནན་ཆེ་བ་གནང་བ་དེས་ཀྱང་གོང་གི་མཛད་བྱང་མཇུག་ཚིག་མཁས་མཁས་ལེགས་ཨང་ཞེས་པའི་དོན་ཡང་རྟོགས།

ལེ་ཚན་ལྔ་པ། མར་རྒྱུད་མཁའ་སྤྱོད་པེར་ཕྱིན་པོད་ཀ་པའི་མཛད་བྱང་།

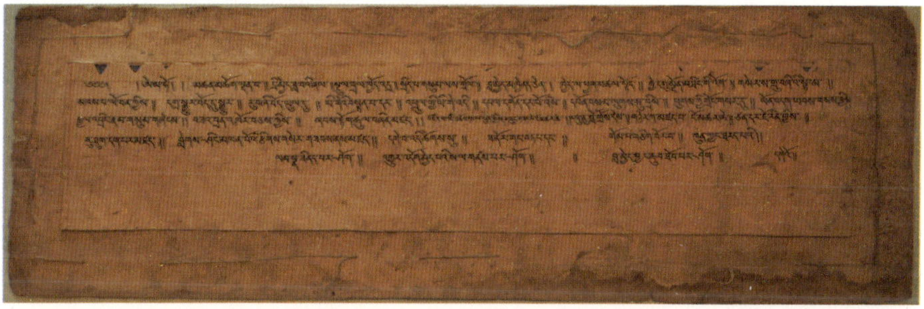

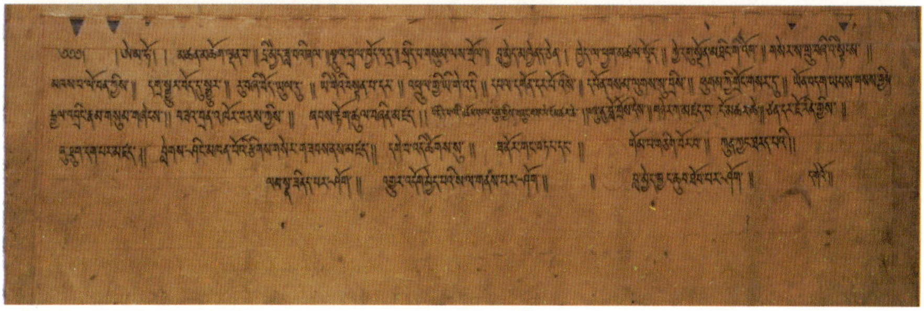

མཛད་བྱང་མ་དཔེ།

[1] བོད་ལྗོངས་རྟེན་རྫས་བཤམས་མཛོད་ཁང་དུ་བཞུགས་པའི་སྐུ་ཞང་ཆེན་པོ་གྲགས་པ་རྒྱལ་མཚན་གྱི་ཐུགས་དམ་བཀའ་འགྱུར་རོ་ཅོག་བེ་ཧུ་ཏ་བཞུ་བ་ལྷ་བུ་ལ་རིན་ཆེན་གསེར་ལས་སྨུག་ཚ་བཀྲིས་བཞེངས་པའི་དཀར་ཆག་ཞ་ལུ་གཙུག་ལག་གི་བསེ་སྒོ་མ་ན་བཞུགས་པ་དེའི་དཀར་ཆག་བཀའ་འགྱུར་འཚལ་གྱི་དཀར་ཆག་ཡིད་བཞིན་ནོར་བུ་རིན་པོ་ཆེ་དབང་གི་རྒྱལ་པོའི་ཕྲེང་བ་ཞེས་པ་བྲིས་མ་དཔེ་ཚུགས་ལྡེབ་གྲངས་21ཞབས་མཚན་ལས་དྲངས།

དང་པོ། མཛོད་བྱང་མ་ཕྱུགས།

༄༅། །ཨེ་མ་ཧོ། མཚན་མཆོག་ལྡན་པ། །དྲི་མེད་ཟླ་བའི་ཞལ། །སྤྲུལ་བྲལ་ཕྱོད་འདྲ། །སྲིད་པ་གསུམ་ལས་གྲོལ། །ཟླ་མེད་མཁྱེནད་ཅེན། །ཁྱེད་ལ་ཕྱག་མཚལ་སྟོད། །ཀྱེ་དགུ་སྟོན་མཐིང་གི་འོག །གསེར་ས་གྲུ་བཞི་འི་སྟེང་། །མཁས་པ་ཡོ་བན་གྱིས། །དགྲ་སྒྱུར་བོད་དུ་སྒྱུར། །ཏ་བཞི་བོད་ཡུལ་དུ། །ཡི་གེའི་བསྟན་པ་དར། །འཕྲུལ་གྱི་ཡི་གེ་འདི། །དཔལ་དགོན་དར་པོས་འིས། །དཔོན་བསམ་ལུགས་སུ་བྲིས། །ཕྱུགས་ཀྱི་གྲོང་གསར་དུ། །ཡོན་བདག་ཡབས་གསས་གྱིས། །རྒྱལ་འབྲིང་རྣམ་གསུམ་གཞེངས། །བཟའ་བྲན་འཁོར་བཅས་ཀྱིས། །ཞབས་ཏོག་ཚུལ་བཞིན་མཛད། །པོ་ཏི་པ་འདི། །ཆོས་དཔལ་ཕྱུན་གྱིས། །གཟུང་བཟང་པེ་ངོ་མཚར་ཆེ། །བཞུ་ནུབ་གྲོས་དེས། །གཉེར་ཀ་མཛད་པ་ངོ་མཚར་ཆེ། །ཙན་དར་རྗེ་རིན་གྱིས། །ཞུ་ཐུག་དག་པར་མཛད། །ཀླིགས་ཤིང་མཁན་པོ་རྩིགས་གསེར་གཟབས་ནས་མཛད། །དགེ་བ་འདི་ཚོགས་སུ། །ཟ་དོར་གང་བཏང་དང་། །གོམ་པ་གཅིག་བོར་བ། །ཀུན་ཀྱང་ཐརད་པའི། །ལམ་སྣ་ཟིན་པར་ཤོག །འགྱུར་འདོག་མེད་པའི་ས་ལ་གནས་པར་ཤོག །ཟླ་མེད་བྱང་ཆུབ་ཐོབ་པར་ཤོག །[1]ཅེས་པའོ།

གཉིས་པ། མཛོད་བྱང་གི་དབྱེ་ཞིབ།

གཅིག བསྟོད་ཕྱག

༄༅། །ཨེ་མ་ཧོ། མཚན་མཆོག་ལྡན་པ། །དྲི་མེད་ཟླ་བའི་ཞལ། །སྤྲུལ་བྲལ་ཕྱོད་འདྲ། །སྲིད་པ་གསུམ་ལས་གྲོལ། །ཟླ་མེད་མཁྱེནད་ཅེན། །ཁྱེད་ལ་ཕྱག་མཚལ་སྟོད། །[2]ཅེས་བྱུང་བ་ལ་ལ་གཞིགས་ན། དེ་ཡང་ཐོག་མར་ཨེ་མ་ཧོ་ཞེས་ངོ་མཚར་གཏམ་གྱིས་སྟོན་བསྔུས་ཏེ་སངས་རྒྱས་ཀྱི་སྐུའི་ཡོན་ཏན་ལ་ཕྱག་འཚལ་བསྟོད་པ་དེ་ཡིན།

གཉིས། ཡུལ་ལུང་།

གསུང་རབ་གང་ཞིག་ཡིན་ཙང་དེ་དག་འབྲི་བཞེངས་བྱ་བའི་སྐབས་སུ་རང་རང་སོ་སོའི་

① སྣེ་མོ་མར་རྒྱང་མཁའ་སྤྱོད་དུ་བཞུགས་པའི་ཤེར་ཕྱིན་པོད་ཉ་པའི་མཛོད་བྱང་དབུ་ཤོག་གི་ཞལ་ཁིབས་ལས་དྲངས།

② སྣེ་མོ་མར་རྒྱང་མཁའ་སྤྱོད་དུ་བཞུགས་པའི་ཤེར་ཕྱིན་པོད་ཉ་པའི་མཛོད་བྱང་དབུ་ཤོག་གི་ཞལ་ཁིབས་ལས་དྲངས།

རྒྱ་འགྲོ་སྦྱོར་མཁན་གྱི་ཡུལ་གཞིས་དང་རྒྱ་འགྲོ་དེ་དག་གི་ཐོན་ཁུངས་ལ་གཞིགས་པའི་འབྲི་བཞེངས་ཀྱི་གནས་རེ་ཡོད་པ་ནི་སྐྱེ་བོ་ཀུན་གྱི་མཐོང་ཆོས་སུ་གྱུར་བ་ལགས། དེས་ན་འདིར་བྱུང་བའི་མར་རྐྱང་མཁའ་སྤྱོད་ཀྱི་ཤེར་ཕྱིན་དེ་ཡང་འབྲི་བཞེངས་བྱ་བའི་ཡུལ་ལུང་ནི་མཛད་བྱང་ལས། ཀྱེ་དགྲ་སྟོན་མཐིང་གི་འོག། གསེར་ས་གྲུ་བཞི་འི་སྟེང་།། མཁས་པ་ལོ་བན་ཀྱིས།། དགྲ་སྒྱུར་བོད་དུ་སྒྱུར།།རུ་བཞི་བོད་ཡུལ་དུ།། ཡི་གེའི་བསྟན་པ་དར།།འཕྲུལ་གྱི་ཡི་གེ་འདི།། དཔལ་དགོན་དར་པོས་འིས།། དཔོན་བསམ་ལུགས་སུ་བྲིས།། ཕྱུགས་ཀྱི་གྲོང་གསར་དུ།། [1]ཞེས་བྱུང་བ་ལས་འགྲེལ་ན། ཡུལ་ལུང་གི་བསྟོད་པ་དུང་ཆེན་གཟུགས་དེ་ལས་ཐོག་མར་ཀྱི་ཞེས་འབོད་པའི་སྒྲས་དབུ་འཛིན་ཏེ་གནམ་ས་གཉིས་ཀྱི་ཁྱད་ཆོས་ནང་བསྟན་གྱིས་བསྟོད་ཚིག་སྟེ་གནམ་འཁོར་ལོ་བཅྱིབས་བརྒྱད་དང་ས་པདྨ་འདབ་བརྒྱས་ཞེས་པ་སོགས་ཀྱི་ཤན་མ་བཞུགས་པའི་སྒོ་ནས་ཐད་ཀར་དུས་རབས་13སྔོན་གྱི་རྒྱན་ཚིག་སྟེ་དཀྱུང་སྔོན་པོ་དང་ས་གཞི་གྲུ་བཞི་ཞེས་གནའ་ཉམས་ལྡན་པར་བརྗོད་པ་དང་སྦྲགས། དེ་གཉིས་ཀྱི་བར་དུ་གནས་པའི་ཡུལ་དེར་བོད་ཀྱི་ལོ་ཙྪ་བ་དང་རྒྱ་གར་གྱི་པཎྜི་ཏ་རྣམས་ཀྱིས་སྒྲ་གཞུང་རྣལ་མ་རྣམས་བོད་ཡིག་ཏུ་བསྒྱུར་གནང་མཛད་པའི་གནས་ནི་གནམ་ས་གཉིས་ཀྱི་བར་དུ་ཆགས་པའི་བོད་ཡུལ་ཡིན་ཞིང་། རུ་བཞིའི་བོད་ཡུལ་ཞེས་པའི་རུའི་སྐོར་ལ་བོད་ཀྱི་གསུང་རབ་སྒྲ་བ་དགེ་ཆོས་ཀྱིས་གསུངས་དོན། རུ་ནི་བརྟ་རྙིང་ལ་དམག་གི་མིང་ཡིན་ཞིང་། དམག་ལ་རུ་དཔོན་དང་། མདུང་ལ་རུ་མཚོན་སོགས་ཀྱི་ཐ་སྙད་ནི་ད་ལྟའི་བར་ཡོད། སྔོན་བོད་ཀྱི་དམག་རྣམས་སྦྲ་ནག་ཕུབ་ནས་འགྲོ་བ་ཡང་། ཐང་ཡིག་ཏུ། གྲུ་གུ་ཡུལ་གྱི་ཡོང་དུ་མན་ཆད་དུ། བོད་ཀྱི་དམག་དཔུང་སྦྲ་ནག་ཕབ་ནས་ནི། སོགས་གསུངས་པ་ལྟ་བུ་ཡིན། འདིས་མཚོན་ནས་བོད་ཡུལ་སྟོད་སྨད་ཀུན་ཡང་གཡས་རུ་དང་གཡོན་རུ། གུང་རུ་དང་དབུ་རུ་སོགས་ཀྱི་ཐ་སྙད་ཡོད་པ་དག་ཀྱང་། སྔོན་གྱི་ཚེ་བཙན་པོའི་གཡས་གཡོན་མདུན་རྒྱབ་ཏུ་འགྲོ་བའི་དམག་གི་སྐོར་ཚོ་བཞི་དང་། དེ་དག་གི་ཐོག་མ་འདྲེན་པའི་རུ་འདྲེན་སྟེ་བཞི་སོགས་པ་དེའི་ཐ་སྙད་ཡིན་[2]ཞེས་པས་རུ་ལས་གཡས་རུ་[3]གཡོན་རུ་

① སྐྱེ་མོ་མར་རྐྱང་མཁའ་སྤྱོད་དུ་བཞུགས་པའི་ཤེར་ཕྱིན་བོད་ཀ་པའི་མཛད་བྱང་དཔེ་ཤོག་གི་ཞལ་ཁེབས་ལས་དྲངས།

② དགེ་འདུན་ཆོས་འཕེལ་གྱིས་གསུང་རྩོམ་དེབ་གསུམ་པ་བོད་ལྗོངས་བོད་ཡིག་དཔེ་སྙིང་དཔེ་སྐྲུན་ཁང་གི་1990ལོའི་སྤར་མའི་ཤོག་གྲངས་214ལས་དྲངས།

③ གཡས་རུ་ནི་ཆོས་འབྱུང་མཁས་པའི་དགའ་སྟོན་དང་མཁས་པ་ལྡེའུས་མཛད་པའི་རྒྱ་བོད་ཆོས་འབྱུང་རྒྱས་པ་ལྟར་ན། ཤར་གྱི་མཚམས་སྦྲག་གི་ཤྲང་མ་གུར་ཕུབ་ནི་འདམ་གཞུང་རྫོང་གི་ས་ཁོངས་དང་ལྷོ་ཡི་མཚམས་སྐྱེ་ནམ་གཡག་པོ་སྣ་དང་། ནུབ་ཀྱི་མཚམས་

①དབུ་རུ་ ②དང་རུ་ལག་ ③བཅས་བཞིར་བཙན་པོ་སྲོང་བཙན་སྒམ་པོས་བོད་ཡུལ་རུ་བཞིར་དབྱེ་བའི་ནང་གི་གཡས་རུའི་ཁོངས་སུ་གཏོགས་པའི་སློ་མོའི་ཕྱུག་གི་གྲོང་གསར་ཏེ་དེང་གི་སློ་མོ་ཤང་གི་ཁོངས་སུ་ཡོད་པའི་ཕྱུག་གི་གྲོང་གསར་དེར་འབྲི་བཞེངས་མཛད་པ་དེ་ཤེས།

གསུམ་པ། སྦྱིན་བདག

ཡོན་བདག་ཡབས་གསས་ཀྱིས། །རྒྱལ་འབྲིང་རྣམ་གསུམ་གཞེངས། །བཟའ་བྲན་འཁོར་

བྱེ་མ་ལ་དགུ་སྐྱེ་ངམ་རིང་རྫོང་ཁོངས་བྱེ་མ་ལ་ཟེར་བའི་རི་དང་བྱང་གི་མཚམས་ཀྱི་ཏི་ཆུ་ནག་སྐྱེ་ནག་ཆུ་ས་ཁུལ་ཀྱི་ཏི་གཙང་པོ་བཅས་ལ་བསྒྲིས་པའི་དབུས་ཚད་ཤངས་ཀྱི་ཞོང་པ་ཚལ་ཏེ་རྣམ་གླིང་རྫོང་ཁོངས་གཞོང་གཞོང་ལ་བྱུས་པའི་ས་ཆ་རྣམས་ལ་ཟེར། དེང་སང་གི་གཞིས་རྩེ་ས་ཁུལ་གྱི་བཞད་མཐོང་སྨོན་རྫོང་དང་རྣམ་གླིང་རྫོང་ཁག་གཉིས་ཀྱི་ཁར་ངམ་རིང་རྫོང་ས་ཆ་ཁ་ཤས་དང་། ལྷ་ས་གྲོང་ཁྱེར་སྙེ་མོ་རྫོང་གི་ས་ཆ་ཕལ་ཆེ་བ་བཅས་ཡིན།

① གཡོན་རུ་དེ་ཡང་ཆོས་འབྱུང་མཁས་པའི་དགའ་སྟོན་དང་མཁས་པ་ལྡེའུ་མཛད་པའི་རྒྱ་བོད་ཆོས་འབྱུང་རྒྱས་པ་ལྟར་ན། ཤར་གྱི་མཚམས་ཀོང་ཡུལ་བྲེ་སྣ་སྟེ་དེང་གི་ཀོང་པོ་ཉིང་ཁྲི་རྫོང་ཁོངས་དང་ལྷོ་ཡི་མཚམས་ཤ་འུག་སྟག་སྒོ་སྟེ་དེང་གི་ལྷོ་ཁའི་མཚོ་སྣ་རྫོང་ཁོངས་ལེགས་པོ་ཤང་ཤ་འུག་གྲོང་ཚོ་དང་། ནུབ་ཀྱི་མཚམས་ཁ་རག་གངས་རྩེ་སྟེ་དེང་གི་སྣ་དཀར་རྩེ་རྫོང་ཁོངས་ཁ་རག་ཤང་། བྱང་གི་མཚམས་རྔ་ལ་ལ་བརྒྱུད་ནི་ཡར་ཀླུང་གཙང་པོ་དང་ལྷ་ས་སྐྱིད་ཆུའི་བར་གྱི་རི་རྒྱུད་བཅས་ལ་བརྩི་བའི་དབུས་ཚད་ནི་ཡར་ལུང་ཁྲ་འབྲུག་ལ་བྱུས་པའི་ཁྲུབ་ཁོངས་ཀྱི་ས་ཆ་རྣམས་ལ་ཟེར། དེང་གི་ལྷོ་ཁའི་ཁུལ་གྱི་སྣེ་གདོང་རྫོང་དང་འཕྱོངས་རྒྱས་རྫོང་། གྲ་ནང་རྫོང་དང་གོང་དཀར་རྫོང་། སྣ་དཀར་རྩེ་རྫོང་དང་ལྷོ་བྲག་རྫོང་། མཚོ་སྣ་རྫོང་དང་མཚོ་སྨད་རྫོང་། ལྷུན་རྩེ་རྫོང་དང་ཆུ་གསུམ་རྫོང་། ཟངས་རི་རྫོང་དང་རྒྱ་ཚ་རྫོང་། ཉིང་ཁྲི་ས་ཁུལ་གྱི་ཉིང་ཁྲི་རྫོང་དང་སྨན་གླིང་རྫོང་། སྨད་རྫོང་བཅས་ཀྱི་ས་ཆ་རྣམས་ཡིན།

② དབུ་རུའི་ས་ཁོངས་ནི་ཆོས་འབྱུང་མཁས་པའི་དགའ་སྟོན་དང་མཁས་པ་ལྡེའུས་མཛད་པའི་རྒྱ་བོད་ཆོས་འབྱུང་རྒྱས་པ་ལྟར་ན། ཤར་གྱི་མཚམས་འོལ་ཁའི་ཤུག་པ་སྤུན་བདུན་ཏེ་དེང་གི་ཟངས་རི་རྫོང་ཁོངས་འོལ་ཁ་གྲོང་ཚོ་དང་། ལྷོ་ཡི་མཚམས་རྔ་ལ་ལ་བརྒྱུད་ཏེ་ཡར་ཀླུང་གཙང་པོ་དང་ལྷ་ས་སྐྱིད་ཆུའི་བར་གྱི་རི་བརྒྱུད། ནུབ་ཀྱི་མཚམས་སློ་མོ་གཞུ་སྙེ་དེང་གི་སློ་མོ་རྫོང་ཁོངས་གཞུ་ཕུ་ཤང་དང་གཞུ་སྨད་ཤང་། བྱང་གི་མཚམས་སྦྲགས་ནི་སྣྲང་མ་གུར་ཕུབ་སྟེ་དེང་འདམ་གཞུང་རྫོང་གི་མདའ་ཁོངས་སུ་ཡིན། དེ་ལྟར་བརྩིས་པའི་དབུས་ཀྱི་ཚད་ལྷ་ས་ར་མོ་ཆེ་ལ་བྱུས་པའི་ཁྲུབ་ཁོངས་ཀྱི་ས་ཆ་རྣམས་ལ་ཟེར། དེང་སང་གི་ལྷ་ས་གྲོང་ཁྱེར་གྱི་མངས་ཁོངས་ཁྲིང་ཀོན་ཆུས་དང་སྟོད་ལུང་། ཆུ་ཤུར་དང་སྙེ་མོ་རྫོང་ཁོངས་གཞུའི་ནུབ་བརྒྱུད་ཕུད་པའི་ས་རྣམས་དང་། འདམ་གཞུང་དང་སྟག་རྩེ། ལྷུན་གྲུབ་དང་མལ་གྲོ་གུང་དཀར་བཅས་རྫོང་རྣམས་དང་ལྷོ་ཁ་ས་ཁུལ་ཟངས་རི་རྫོང་ཁོངས་ཀྱི་བྱང་བརྒྱུད་ས་ཆ་རྣམས་ཡིན།

③ རུ་ལག་དེ་ཡང་ཆོས་འབྱུང་མཁས་པའི་དགའ་སྟོན་དང་མཁས་པ་ལྡེའུས་མཛད་པའི་རྒྱ་བོད་ཆོས་འབྱུང་རྒྱས་པ་ལྟར་ན། ཤར་གྱི་མཚམས་འཇམ་ན་བཀྲ་སྐྱེ་རྒྱལ་རྩེ་རྫོང་དང་སྣ་དཀར་རྩེ་རྫོང་གཉིས་ཀྱི་ས་མཚམས་སུ་ཡིན། ལྷོ་ཡི་མཚམས་ནི་བལ་པོའི་གླང་སྣ་ཞེས་པ་ནི་གྲུང་བལ་མཐའ་མཚམས་སམ་བོད་དང་ཐག་ཉེ་བའི་བལ་པོའི་ས་ཆ་ཡིན། ནུབ་ཀྱི་མཚམས་ལ་གེམ་གཡག་མིག་ནི་སྐྱིད་གྲོང་རྫོང་དང་དིང་རི་རྫོང་གཉིས་ཀྱི་ས་མཚམས་སུ་ཡིན། བྱང་གི་མཚམས་ནི་བྱེ་མ་ལ་སྡོན་ནི་ངམ་རིང་རྫོང་ཁོངས་བྱེ་མ་ལ་ཟེར་བའི་རི་དེ་ཡིན་པ་བཅས་ལ་བརྩིས་པའི་དབུས་ཚད་ནི་སྲད་ཀྱི་དུར་པ་སྣ་སྐྱེ་ས་སྐྱ་རྫོང་ཁོངས་སྲད་ཤང་ལ་བྱུས་པའི་ས་རྣམས་ལ་ཟེར། གཙོ་བོ་གཙང་ཁུལ་ཡར་ཀླུང་གཙང་པོའི་ལྷོ་བརྒྱུད་ས་ཁུལ་རྣམས་ལ་ཟེར། དེང་སང་གཞིས་རྩེ་ས་ཁུལ་གྱི་གཞིས་རྩེ་གྲོང་ཁྱེར་དང་། ས་སྐྱ་དང་གྲོ་མོ། ཁང་དམར་དང་རྒྱལ་རྩེ། པ་སྣམ་དང་རིན་སྤུངས། གཉའ་ནང་དང་གཏིང་སྐྱེས། དིང་རི་དང་ལྷ་རྩེ་བཅས་ཀྱི་རྫོང་ཁག་རྣམས་ཡིན།

བཅས་ཀྱིས།། ཞབས་ཏོག་ཚུལ་བཞིན་མཛད།། པོ་ཏི་པ་འདི།། ཆོས་དཔལ་ལྡན་གྱིས།།གཟུང་བཟང་པེ་ཧྲ་མཚར་ཆེ།། བཞུ་ནུབ་གྲོས་དེས།། གཉེར་ཀ་མཛད་པ་ཧྲ་མཚར་ཆེ།། [①]ཞེས་བྱུང་བ་ལྟར་ན། སྣེ་མོའི་ཕུག་གི་གྲོང་གསར་ཧྲི་དེང་གི་སྣེ་མོ་ཤང་གི་མངའ་ཁོངས་སུ་ཆགས་པའི་ཕུག་གྲོང་གསར་དེར་གསུང་རབ་དེ་འབྲི་བཞེངས་གནང་བའི་སྐབས་སུ། དད་པ་སྐྱོ་ངས་མེད་པའི་སྦྱིན་བདག་གནང་མཁན་ནི་ཡོན་བདག་ཡབ་སྲས་ཞེས་པ་ཙམ་ལས་སྦྱིན་བདག་གི་མཚན་དངོས་སུ་མ་སྨོས་ཙང་། གོང་འོག་གི་མཛད་བྱང་ལ་གཞིགས་ན་ཁྲུང་པོ་བསོད་ནམས་དར་ཡབ་སྲས་ཀྱི་ཐུགས་དམ་རྟེ་ཤེར་ཕྱིན་རྒྱས་འབྲིང་བསྡུས་གསུམ་མམ་ཡུམ་རྒྱས་འབྲིང་བསྡུས་གསུམ་སྟེ། སྟོན་རྒྱལ་པོ་ཁྲི་སྲོང་ལྡེ་བཙན་གྱི་སྐུ་དུས་སུ་ལོ་ཙཱ་བ་ཀླུངས་ཁམས་པ་གོ་ཆ། བེ་རོ་ཙ་ན། ལྕེ་ཁྱི་འབྲུག ཞང་ཡེ་ཤེས་སྡེ་ལ་སོགས་པས་རྒྱ་གར་སྐད་ནས་བོད་སྐད་དུ་བསྒྱུར་བའི་ཡུམ་རྒྱས་པ་བཀའ་འགྱུར་སྣར་ཐང་སྤར་མའི་ནང་པོད་ཀ་ནས་ན་བར་པོད་བཅུ་གཉིས་དང་། ཡུམ་འབྲིང་པོ་ལ་ནང་གསེས་རྒྱས་འབྲིང་བསྡུས་གསུམ་ཡོད་པའི་འབྲིང་པོའི་རྒྱས་པ་ཉི་ཁྲི་འགྱུར་བྱང་མ་འཁོད་པ། བཀའ་འགྱུར་སྣར་ཐང་སྤར་མའི་ནང་པོད་ཀ་ཁ་ག་གསུམ་ཡོད། འབྲིང་པོའི་འབྲིང་པོ་ཁྲི་བརྒྱད་སྟོང་པ་ལོ་ཙཱ་བ་ཞང་ཡེ་ཤེས་སྡེ་སོགས་ཀྱིས་བསྒྱུར་བ། བཀའ་འགྱུར་སྣར་ཐང་སྤར་མའི་པོད་ཀ་ཁ་ག་གསུམ། འབྲིང་པོའི་བསྡུས་པ་ཤེས་རབ་ཁྲི་པ། ལོ་ཙཱ་བ་ཞང་ཡེ་ཤེས་སྡེ་སོགས་ཀྱིས་བསྒྱུར་བ། བཀའ་འགྱུར་སྣར་ཐང་སྤར་མའི་ནང་པོད་གཅིག་ཡོད། ཡུམ་བསྡུས་པ་བརྒྱད་སྟོང་པ་འགྱུར་མི་འདྲ་བ་དང་ཞུས་དག་ཐེངས་མང་པོ་སོང་བ། བཀའ་འགྱུར་སྣར་ཐང་སྤར་མའི་ནང་པོད་གཅིག་ཡོད། གོང་གསལ་ཡུམ་རྒྱས་པ་ལ་པོད་བཅུ་གཉིས། འབྲིང་པོ་ལ་པོད་བདུན། བསྡུས་པ་ལ་པོད་གཅིག་བཅས་ཁྱོན་པོད་ཉི་ཤུ་ཐམ་པ་ཡོངས་ཀྱི་སྤྱི་མིང་ལ་ཡུམ་རྒྱས་འབྲིང་བསྡུས་གསུམ་ཟེར་[②]བའི་གསུང་རབ་དེ་འབྲི་བཞེངས་གནང་བའི་སྐབས་སུ་རྣམ་དཀར་དགེ་བའི་ལས་འདིའི་ཕྱོགས་སུ་ཕྱུར་བ་གྲུ་འདེགས་གནང་མཁན་གྱི་བཟའ་ཟླ་བྲན་གཡོག་འཁོར་དང་བཅས་པ་རྣམས་ཀྱིས། ཞོགས་སྔ་ལངས་དང་དགོང་ཕྱི་ཉལ་སོགས་གནང་སྟེ་གསུང་རབ་འབྲི་བཞེངས་ཀྱི་ལས་ཀར་ཞབས་ཏོག་ཚུལ་བཞིན་མཛད་པ་དང་

① སྣེ་མོ་མར་རྒྱུད་མཁའ་སྤྱོད་དུ་བཞུགས་པའི་ཤེར་ཕྱིན་པོད་ཉ་པའི་མཛད་བྱང་དབུ་ཤོག་གི་ཞལ་ཁྱབས་ལས་དྲངས།

② བོད་ཀྱི་གསུང་རབ་སྒྲ་བའི་དབང་པོ་དུང་དཀར་བློ་བཟང་འཕྲིན་ལས་མཆོག་གིས་མཛད་པའི་དེབ་ཐེར་དམར་པོའི་མཆན་འགྲེལ་མི་རིགས་དཔེ་སྐྲུན་ཁང་གི་1981ལོའི་སྤར་མའི་ཤོག་གྲངས་459ལས་དྲངས།

སྒྲགས། ཕུ་ཏི་ཀ་པ་འདིའི་སྦྱིན་བདག་ཆོས་དཔལ་ཕྱུན་གྱིས་མཛད་པ་དང་གཞོན་ནུ་བློ་གྲོས་གྱིས་རྒྱ་འགྲོ་སྒྲོད་ལེན་གྱི་གཉེར་པ་འགན་གཙང་ཞིང་ཚད་ལྡན་ཞིག་གནང་བ་ལས་འབྲི་བཞེངས་བསྐྲུངས་པ་དེ་ཤེས།

བཞི། ཡིག་ཞུས།

སྐྱེ་མོའི་ཕུག་གི་གྲོང་ཚོ་དེར་ཤེར་ཕྱིན་རྒྱས་འབྲིང་བསྡུས་གསུམ་པོད་ཉི་ཤུ་ཙམ་དེ་འབྲི་བཞེངས་གནང་བའི་སྐབས་སུ་དད་པ་སྐྱོ་ངས་མེད་པའི་སྦྱིན་བདག་གིས་རྒྱ་འགྲོ་རྣམས་སྐུ་གོན་ལེགས་པར་ཟིན་པ་དང་སྒྲགས། སློ་གསུམ་ཐང་ཆད་འབྲི་བའི་ཡིག་མཁན་ནི་འབྲི་གཟུགས་རྣད་དུ་བྱུང་བ་དབུ་ཆེན་དཔལ་མགོན་དར་པོས་དད་པ་དང་ལྡན་པའི་སློ་ནས་དཔོན་བསམ་མེས་ལུགས་བཞིན་བྲིས་བཤུས་ཟིན་པ་དང་སྒྲགས། གཞུང་དེ་དག་གི་ཀང་འཁྱོར་གཞུང་སྟོང་ཞུ་དག་མཁན་པོ་ནི་སྐབས་དེ་དུས་ཀྱི་ཞུས་ཆེན་པ་ཙན་དར་རྗེ་རིན་གྱིས་གནང་སྟེ་འབྲི་བཞེངས་བསྐྲུངས་པ་མཛད་བྱུང་ལས། ཏུ་བཞི་བོད་ཡུལ་དུ།། ཡི་གེའི་བསྟན་པ་དར།། འཕྲུལ་གྱི་ཡི་གེ་འདི།། དཔལ་དགོན་དར་པོས་འཇིས།། དཔོན་བསམ་ལུགས་སུ་བྲིས།།ཞིས་དང་ཙན་དར་རྗེ་རིན་གྱིས།། ཞུ་ཐུག་དག་པར་མཛད།།[①]ཅེས་པས་རྟོགས་སོ།

ལྔ། གླེགས་ཤིང་།

གླེགས་ཤིང་སྐོར་དེ་ཡང་འགྲོ་མགོན་ཆོས་རྒྱལ་འཕགས་པས་སྣ་ཚོགས་བཟོ་རིག་མཁས་པའི་ཚོགས་རྣམས་ཀྱིས། །དྲས་དང་གླེགས་ཤིང་གླེགས་ཐག་ན་བཟའ་སོགས། །འགྲོ་བའི་ཡིད་འཕྲོག་ཕུལ་དུ་བྱུང་བ་ཡི། །རྣམ་པར་བཀྲ་བ་ཕུན་སུམ་ཚོགས་པས་བསྒྲུབས་[②]ཞེས་གསུངས་པ་ལྟར། སྐབས་འདིར་སྐྱེ་མོ་ཤང་གི་ཕུག་གི་གྲོང་ཚོ་དེར་འཕྲུལ་ཡིག་མཁས་ཙན་དཔལ་མགོན་དར་པོས་འབྲི་བཤུས་བསྐྲུངས་ཤིང་ཀང་འགྱུར་གཞུང་སྟོང་གི་ཞུས་དག་ཙན་དར་རྗེ་རིན་གྱིས་མཛད་དེ་འབྲི་བཞེངས་ཟིན་པའི་རྗེས་སུ། ཡུམ་རྒྱས་འབྲིང་བསྡུས་གསུམ་དེ་དག་གི་ཤོག་རྒྱར་

① སྐྱེ་མོ་མར་རྒྱང་མཁའ་སྤྱོད་དུ་བཞུགས་པའི་ཤེར་ཕྱིན་པོད་ཉ་པའི་མཛད་བྱང་དབུ་ཤོག་གི་ཞལ་ཁིབས་ལས་དྲངས།

② འགྲོ་མགོན་ཆོས་རྒྱལ་འཕགས་པས་མཛད་པའི་བདེ་བར་གཤེགས་པའི་གསུང་རབ་འགྱུར་རོ་འཚལ་བཞེངས་པའི་གསལ་བྱེད་སྟེབ་སྦྱོར་གྱི་རྒྱན་རྣམ་པར་བཀྲ་བ་ཞེས་པ་ཁམས་སྟེ་དགེའི་སྤྱར་མའི་ལྟེབ་གྲངས་15ལས་དྲངས།

ཚུ་ཞེང་གབ་པའི་གླེགས་ཤིང་བཟོ་མཁན་ཤིང་བཟོ་དབུ་ཆེན་པས་རྩི་གསེར་ཏེ་མགྱོགས་ཆོས་དང་སྣ་ཚོས་སུ་མ་མཛད་པར་གཟབ་ནན་གྱིས་གླེགས་ཤིང་གི་མདོག་ཁ་གསེར་མདངས་སུ་བསྒྱུར་གནང་མཛད་པ་སྟེ་མཛད་བྱང་ལས། གླེགས་ཤིང་མཁན་པོ་རྩིགས་གསེར་གཟབས་ནས་མཛད།། [1]ཅེས་པས་ཤེས་སོ། སྤྱིར་ན་དུས་རབས་མི་འདྲ་བའི་ནང་དུ་སྣ་ཚོགས་བཟོ་པའི་ཚོགས་ཀྱིས་དུས་དང་རིགས་པའི་ཁྱད་འཕགས་ཀྱི་གླེགས་ཤིང་བཟོ་བའི་སྐབས། མཆོད་ཡོན་སྦྱིན་བདག་དང་ཡུལ་དུས་དབང་གིས་ཚོན་རྩི་མི་འདྲ་བ་བཏང་སྟེ་གླེགས་ཤིང་ཕུལ་ཡོད་པ་ནི་དུས་རབས་དེ་ཉིད་ཀྱི་ཁྱད་ཆོས་སུ་ཟད་སོད། ད་ཐེངས་སྣེ་མོའི་ཕུག་གི་གྲོང་གསར་དུ་གླེགས་ཤིང་དེ་བསྒྲུབས་པའི་སྐབས་སུ་གླེགས་ཤིང་གི་མདོག་ཁ་གསེར་མདངས་གནང་བ་ནི་འགྲོ་མགོན་ཆོས་རྒྱལ་འཕགས་པས་མདོ་ཁམས་སུ་བཀའ་བསྟན་བཞེངས་པའི་སྐབས་སུ་གསུངས་པ་ལྟར་ན། གླེགས་ཤིང་གསེར་གྱི་མདོག་སྣང་བ།། འཛུམས་པའི་མདངས་འོད་འཕྲིན་པ་ནི། །ཐུབ་པ་དགྱེས་པས་ཉིད་སྲས་ལ། །འཛུམ་པ་མཛད་པ་ལྟ་བུར་གདའ། །གླེགས་ཤིང་ཕྱི་བས་ནང་གི་མདངས། །དམར་ཞིང་ཀུན་ནས་འཚེར་བ་ནི། །རྒྱལ་བའི་ཞལ་གྱི་སྒྲོས་གསལ་ནས། ། ལྷགས་ཀྱི་དབང་པོ་བཀྲམ་འདྲ་མཆིས།། [2]ཞེས་གསུངས་པས་གླེགས་ཤིང་གི་ཚོན་རྩིའི་སྐོར་དེ་ཡང་རགས་ཙམ་ཞིག་ཤེས་སོ།

དྲུག བསྡུ་སྡོམ།

ཤེར་ཕྱིན་ཡུམ་རྒྱས་འབྲིང་བསྡུས་གསུམ་པོད་ཉི་ཤུ་ཙན་དེ་དད་པ་སྐྱོངས་མེད་པའི་སྦྱིན་བདག་གིས་རྒྱུ་འགྲོ་སྒྲུར་ཏེ་སྒོ་གསུམ་ཐང་ཆད་འབྲི་བའི་ཡིག་པ་དཔལ་མགོན་དར་པོས་བྲིས་ཤིང་ཞུས་དག་མཁན་པོ་ཙན་དར་རྗེ་རིན་གྱིས་ཞུ་དག་བཏང་ནས་ལེགས་པར་བསྒྲུབ་པའི་རྗེས་སུ། བསོད་ནམས་ཀྱིས་ཚོགས་བསགས་པའི་ཆེད་དུ་ཤིང་བཟོ་དབུ་ཆེན་གྱིས་བཟོས་པའི་གླེགས་ཤིང་སོགས་དུས་དང་ན་བཟའ་གླེགས་ཐག་གདོང་དར་སོགས་ཕུལ་ཏེ། རྣམ་དཀར་དགེ་བའི་ལས་འདིའི་ཕྱོགས་སུ་ཟས་ནོར་ཕྲན་བུ་ཙམ་གཏོང་མཁན་གྱི་ཡོན་བདག་འཁོར་དང་

---

① སྣེ་མོ་མར་རྒྱང་མཁའ་སྤྱོད་དུ་བཞུགས་པའི་ཤེར་ཕྱིན་པོད་ཉ་པའི་མཛད་བྱང་དབུ་ཤོག་གི་ཞལ་ཁེབས་ལས་དྲངས།

② འགྲོ་མགོན་ཆོས་རྒྱལ་འཕགས་པས་མཛད་པའི་བདེ་བར་གཤེགས་པའི་གསུང་རབ་འགྱུར་རོ་འཚལ་བཞེངས་པའི་གསལ་བྱེད་སྡེབ་སྦྱོར་གྱི་རྒྱན་རྣམ་པར་བཀྲ་བ་ཞེས་པ་ཁམས་སྡེ་དགེའི་སྤར་མའི་ལྷེབ་གྲངས་15ལས་དྲངས།

བཅས་སྨོན་ལམ་ཡོངས་སུ་གཏོགས་པའི་སེམས་ཅན་རྣམས་ཐར་པའི་ལམ་སྣེ་ཟིན་པ་དང་། འགྱུར་ལྡོག་མེད་པའི་ས་ལ་གནས་པར་ཤོག་ཅེས་བསྔོ་སྨོན་བཏབ་པ་སྟེ་མཛོད་བྱང་ལས། དགེ་བ་འདི་ཚོགས་སུ།། ཟ་ནོར་གང་བཏང་དང་།། ཡོམ་པ་གཅིག་བོར་བ།། ཀུན་ཀྱང་ཐརད་པའི།། ལམ་སྣ་ཟིན་པར་ཤོག།། འགྱུར་འདོག་མྱེད་པའི་ས་ལ་གནས་པར་ཤོག།། བླ་མྱེད་བྱང་ཆུབ་ཐོབ་པར་ཤོག།། [①]ཅེས་པས་རྟོགས་སོ།

ལེ་ཚན་དྲུག་པ། མར་རྒྱུད་མཁའ་སྐྱོད་ཞེར་ཕྱིན་པོད་ཏ་པའི་མཛོད་བྱང་།

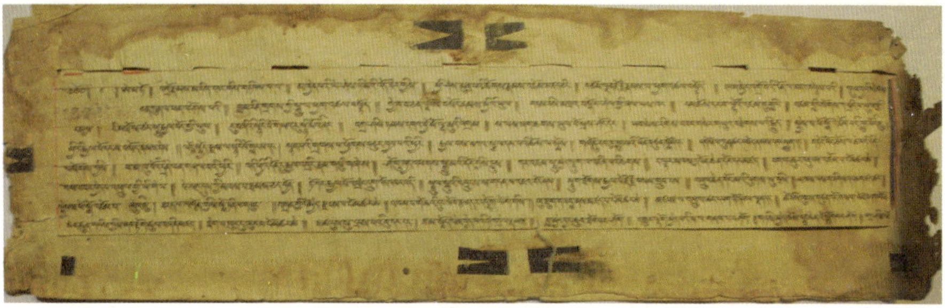

མཛོད་བྱང་མ་དཔེ།

དང་པོ། མཛོད་བྱང་མ་ཕྱུས།

༄༅། །ཨེ་མ་ཧོ་། འགྲོ་རྣམས་མ་རིག་དབང་གིས་གཏིབས་པ་ལ།། མཁྱེན་པའི་ཡེ་ཤེས་ཉི་མའི་འོད་ཟེར་གྱིས།། ཤྱི་ཤེས་མུན་པའི་ཚོགས་རྣམས་འཇོམ་མཛད་པ་ཅིང་།། བཅོམ་ལྡན་

① སྣེ་མོ་མར་རྒྱུད་མཁའ་སྤྱོད་དུ་བཞུགས་པའི་ཞེར་ཕྱིན་པོད་ཏ་པའི་མཛོད་བྱང་དབུ་ཤོག་གི་ཞལ་ཁེབས་ལས་དྲངས།

ཪྋོ་རྗེ་རྣམས་ལ་ཕྱག་འཚལ་བསྟོད།། དཔག་མེད་འགྲོ་བའི་དོན་ལ་མངའ་བརྙེས་པའི།། འདུལ་བྱའི་སེམས་ཅན་ཀུན་ལ་ཕན་འདོགས་པའི།། བླ་མ་རིན་གྲགས་ཀྱི་སྐུ་ལ་ཕྱག་འཚལ་བསྟོད།། ཀྱེ་ཁ་བ་ཅན་ལྗོངས་བསོད་ནམས་མིའི་ཡུལ།། གངས་རིས་མཐའ་བསྐོར་ཤེལ་གྱི་ཞལ་ཡས་ཁང་།། དམ་ཆོས་དར་བ་ལྷོའི་འཛམ་བུ་གླིང་།། འཛམ་གླིང་སོགས་ཀ་སྲིད་པ་ཡུལ་གྱི་དབུས།། རི་མཐོ་ས་ཅང་སྤུ་རྒྱལ་བོད་ཀྱི་ཡུལ།། ཏ་བཞིའི་སྙིང་པོ་གཡའ་ཏ་སྙེ་མོའི་ནང་།། བཀྲ་ཤིས་ཉམས་དགའ་ཛ་སོ་ལྷ་ཆུ་འགྲམ།། ས་ལས་ཞག་ཆགས་ཡུལ་པོ་སྲས་ཤོང་དེར།། ཡབ་མེས་རིགས་བཟང་གསེར་གཡུའ་བརྩེགས་པའི་རྒྱུད།། སྐྱེས་ས་ཕོ་སྙོ་འཛོམ་པའི་ཁྱུང་པོའི་བུ།། མིའི་རྒྱལ་པོ་དར་མ་བསོད་ནམས་དེས།། ཡོངས་སྤྱོད་ཟས་ལ་སྙིང་པོ་སྣང་པ་དང་།། སྙན་པའི་གྲགས་པ་ཕྱོགས་བཅུར་ཁྱབ་པའི་ཕྱིར།། རྒྱལ་བས་བཀའ་སྩལ་དམ་པའི་ཆོས་ལ་སྨོས།། གཞན་ནུ་རབ་ཏུ་བྱུང་བ་ཡོན་བཙུན་སྨོན་ནེ་དང་།། དགོས་པ་ཀུན་ཚང་བསོད་ནམས་ཕྱུག་དང་། གཏོང་ཕོད་ཆོས་ལ་ཆེ་བའི་རིན་ནེ་ལ་སོགས་ཀྱིས།། ཕ་མའི་ཁུ་བོའི་དྲིན་ལན་གཞལ་བའི་ཕྱིར།། འདིའི་ཕྱིའི་དོན་དུ་རྒྱལ་འབྲིང་རྣམ་གསུམ་བཞེངས།། ཤོ་གུ་ཁྱད་འཕགས་སྐྱ་མའི་ནོར་གྱིས་བླུས།། གར་འཛམ་སྤུ་མེད་སྣུག་ཁ་འཛིན་པའི་ཚགས།། ད་ལྟར་མཁས་པ་དཔོན་ཆེན་དོར་དར་མཛད།། བག་དང་ཚུར་བརྟུངས་འཛོམ་པ་ངོ་མཚར་ཆེ།། གསལ་བར་བྱེད་པའི་འཕྲུལ་གྱི་ཡི་གེ་ལ།། དེང་སང་དུས་ཀྱི་མཁས་པ་ཐམས་ཅད་བྱོན།། ཧོ་ཀར་རྒྱལ་པོའི་འཕྲེང་དྲུག་འོད་དཀར་འདི།། སྤྲུལ་སྐུའི་འབྱུངས་ས་གདན་ས་འཛའ་རོང་ནས།། སྣུག་ཐོགས་རྒྱལ་པོ་རྡོ་རྗེ་བསམ་གྲུབ་ངས།། འཕྲུལ་ཆེན་གོང་མའི་ལུགས་སུ་བྲིས།། མཁས་པས་གཟིགས་དང་ཆག་ཚད་ཚང་།། སྐྱེས་ས་ཕོ་སྙོ་འཛོམས་པ་ཞུའི་བུ།། ཐརད་པ་འགོན་གྱིས་སྲོ་ཧི་ན་པ་གཟུང་།། འགྲན་གྱི་དོ་མེད་ཟངས་པ་ངོ་མཚར་ཆེ།། འཁམ་པ་གོ་ཆའི་དུང་སོབ་རྩན་དར་དཔོན་གཡོག་གིས།། ཞུ་ཐུག་གཟབས་ནས་མཛད་པ་ངོ་མཚར་ཆེ།། མཛངས་ལ་འཕྲུལ་ཚང་དཔག་པོ་དཔལ་ལྡན་དང་།། ཚེ་རིས་ཁུངས་བཙུན་འོད་གསལ་ཡོན་བདག་མོ།། ཆེན་ཚུན་གཉིས་ཀྱི་ཞབས་ཏོག་ཚུལ་བཞིན་མཛད།། ཐེག་པ་ཁྱུར་དུ་ཁྱུར་བ་ངོ་མཚར་ཆེ།། ཛ་ཚ་དུས་སུ་དྲངས་པའི་བུ་དར་དང་།། ཟ་མ་སྤྱོད་ལེན་བྱེད་པའི་ཉེ་འབྲེལ་རྣམས།། བླ་མེད་བྱང་ཆུབ་ཐོབ་པར་ཤོག།། འགྱུར་ལྡོག་མེད་པའི་ས་ལ་གནས་པར་ཤོག།། གཉིས་མེད་ཆོས་སྐུ་ཆེན་པོར་སྒྲོག་པར་ཤོག།། བཀྲ་ཤིས་སོ།།[1] ཞེས་པའོ།

① སྙེ་མོ་མར་རྒྱང་མཁའ་སྤྱོད་དུ་བཞུགས་པའི་ཤེར་ཕྱིན་པོད་ཏ་པའི་མཛད་བྱང་དབུ་ཤོག་གི་ཞལ་ཁེབས་ལས་དྲངས།

གཉིས་པ། མཛོད་བྱང་གི་དབྱེ་ཞིབ།

གཅིག བསྟོད་ཕྱག

༄༅། །ཨེ་མ་ཧོ། འགྲོ་རྣམས་མ་རིག་དབང་གིས་གཏིབས་པ་ལ།། མཁྱེན་པའི་ཡེ་ཤེས་ཉི་མའི་འོད་ཟེར་གྱིས།། སྡིག་ཤེས་མུན་པའི་ཚོགས་རྣམས་འཇོམ་མཛད་པ་ཅིང་།། བཅོམ་ལྡན་རྡོ་རྗེ་རྣམས་ལ་ཕྱག་འཚལ་བསྟོད།། དཔག་མེད་འགྲོ་བའི་དོན་ལ་མངའ་བརྙེས་པའི།། འདུལ་བྱའི་སེམས་ཅན་ཀུན་ལ་ཕན་འདོགས་པའི།། བླ་མ་རིན་གྲགས་ཀྱི་སྐུ་ལ་ཕྱག་འཚལ་བསྟོད།།[1] ཅེས་པའི་དོན་ནི། དེ་ཡང་ཐོག་མར་མཛོད་བྱང་གི་གཞུང་བཞིན་ཨེ་མ་ཧོ་ཞེས་ངོ་མཚར་གཏམ་གྱིས་སྤྱན་བསུས་ཏེ་སྟོན་པ་སངས་རྒྱས་བཅོམ་ལྡན་འདས་ཀྱི་ཡོན་ཏན་རྣམས་བརྗོད་པ་དང་ལྷན་ཅིག་ཤཱཀྱ་ཐུབ་པ་ལ་ཕྱག་འཚལ་བསྟོད་ཅིང་། དེའི་ཞོར་དུ་གསུང་རབ་འབྲི་བཞེངས་ཀྱི་སྦྱིན་བདག་དང་ཡིག་ཞུས་མཁན་གྱི་དད་གུས་ལྡན་པའི་བླ་མའི་ཡོན་ཏན་རྣམས་བརྗོད་པ་དང་སྒྲུབས་ཁོང་གི་མཚན་ནས་འབོད་དེ་གཙྭ་ཀམ་ཚང་གི་ཆོས་རྒྱུད་འཛིན་པ་བླ་མ་རིན་ཆེན་གྲགས་ཀྱི་སྐུ་ལ་ཕྱག་འཚལ་བསྟོད་པ་དེ་ལགས།

གཉིས། ཡུལ་ལུང་།

ཀྱི་ཁ་བ་ཅན་ལྗོངས་བསོད་ནམས་མྱིའི་ཡུལ། གངས་རིས་མཐའ་སྐོར་ཤེལ་གྱི་ཞལ་ཡས་ཁང་། དམ་ཆོས་དར་བ་ལྷོའི་འཛམ་བུ་གླིང་། འཛམ་གླིང་སོགས་ཀ་སྲིད་པ་ཡུལ་གྱི་དབུས། རི་མཐོ་ས་གཙང་སྤུ་རྒྱལ་བོད་ཀྱི་ཡུལ། ཏ་བཞི་སྙིང་པོ་གཡའ་ཏ་སྐྱེ་མོའི་ནང་། བཀྲ་ཤིས་ཉམས་དགའ་རྗེ་མོ་ལྷ་ཆུ་འགྲམ། ས་ལས་ཞག་ཆགས་ཡུལ་པོ་སྲས་ཤོང་དེར།[2] ཞེས་ཡུལ་ལུང་གི་བསྟོད་པ་དུང་ཆེན་གཟུགས་སུ་བྱུང་བ་ལྟར་ན། དེ་ཡང་ཐོག་མར་ཀྱི་ཞེས་འབོད་པ་གསལ་བྱེད་སྒྲས་དབྱུ་བརྩམས་ཏེ་མཐའ་བཞི་གངས་རིས་བསྐོར་བའི་བོད་ཡུལ་དེ་ནི་བསོད་ནམས་ཅན་གྱི་མི་ཡུལ་དང་། མཐའ་བཞི་ཁ་བས་བརྒྱན་པའི་ཤེལ་གྱི་གུར་ཁང་དང་འདྲ་བའི་བོད་ཡུལ་འདིར་དམ་ཆོས་དར་བ་ལགས། རི་མཐོ་ས་གཙང་སྤུ་རྒྱལ་བོད་ཀྱི་ཡུལ་ཞེས་པའི་སྤུ་རྒྱལ་གྱི་ཐ་སྙད་ཐད་ལ་བོད་ཀྱི་གསུང་རབ་སྨྲ་བ་དུང་དཀར་བློ་བཟང་འཕྲིན་ལས་མཆོག་གིས། སྤུར་རྒྱལ་

① སྙེ་མོ་མར་རྒྱང་མཁའ་སྤྱོད་དུ་བཞུགས་པའི་ཤེར་ཕྱིན་པོད་ཏ་པའི་མཛོད་བྱང་དབུ་ཤོག་གི་ཞལ་ཁེབས་ལས་དྲངས།

② སྙེ་མོ་མར་རྒྱང་མཁའ་སྤྱོད་དུ་བཞུགས་པའི་ཤེར་ཕྱིན་པོད་ཏ་པའི་མཛོད་བྱང་དབུ་ཤོག་གི་ཞལ་ཁེབས་ལས་དྲངས།

བོད་ཅེས་པ་འདི་ལ་བཤད་སྒྲོལ་མི་འདྲ་བ་སྣ་ཚོགས་ཡོད་ཀྱང་། བོད་ཀྱི་བཙན་པོ་གྲི་གུམ་གྱི་སྲས་བྱ་ཁྲིས་བློན་པོ་ལོ་ངམ་བཏུལ་ནས་བོད་ཀྱི་སྲིད་དབང་བཟུང་རྗེས་མཚན་ལ་སྤུ་དེ་གུང་རྒྱལ་དུ་གྲགས་པ་དང་། ཁོང་གི་མངའ་འོག་ཏུ་ཡོད་པའི་ས་ཆ་རྣམས་ལ་སྤུར་རྒྱལ་བོད་ཅེས་འབོད་པ་ཡིན་ནམ་བརྟག[1]ཅེས་གསུངས་པས་ཀྱང་སྤུར་རྒྱལ་གྱི་དོན་རགས་ཙམ་ཞིག་རྟོགས། བཙན་པོ་སྲོང་བཙན་སྒམ་པོས་བོད་ཡུལ་རུ་བཞིར་ཕྱེ་བའི་གཡས་རུ་དང་གཡོན་རུ། དབུས་རུ་དང་རུ་ལག་བཅས་རུ་བཞིའི་ནང་ནས་གཡས་རུའི་སྙིང་པོ་སླེ་མོའི་ནང་དུ་ཆགས་པའི་བཀྲ་ཤིས་ཉམས་དགའ་རྫོ་མོ་ལྷ་ཚུ་སྟེ། མར་རྒྱུད་ཤང་གི་ཕུར་གནས་པའི་རྫོ་མོ་གངས་དཀར་གྱི་འགྲམ་དུ་ཆགས་པའི་ཡུལ་སྲས་གཞོང་སྟེ། དེང་སླེ་མོའི་བྲག་སྐོར་ཤང་མངའ་ཁོངས་སུ་ཆགས་པའི་ས་དེར་གསུང་རབ་འབྲི་བཞེངས་བསྐྲུངས་པ་ཞིག་ཡིན་པ་ནི་གོང་གི་མཛད་བྱུང་ལས་ཤེས།

གསུམ། སྦྱིན་བདག

སླེ་མོའི་རྫོ་མོ་ལྷ་ཚུའི་འགྲམ་དུ་ཆགས་པའི་ཡུལ་སྲས་གཞོང་དེར་གསུང་རབ་དེ་འབྲི་བཞེངས་བྱ་བའི་སྐབས་སུ། དད་པ་སྐྱོ་ངས་མེད་པའི་སྦྱིན་བདག་གནང་མཁན་ནི་བོད་ཀྱི་མིའུ་རིགས་བཞི་སེ་རྨུ་ལྡོང་སྟོང་སྟེ་རུས་ཆེན་བཞིའི་ནང་ནས་ལྡོང་གི་རུས་ཆེན་བཅོ་བརྒྱད་སོ་སོར་གྱེས་པའི་རུས་ཀྱི་མིང་ནི། ཅོག་དང་། ཅོག་རྩེ། ཅོག་རོ། འཁྲོམ། ཁྱུང་པོ། ཟླ་བ། འབྲིང་། ལྷ་ལུང་། ལྷ་རྩེ། གྲང་། དགེས་པ། ཁུ་ན། ཉ་དང་། ཚེ་སྤོང་། ཝ་ནག་དང་། སྙིང་དང་། ཕོ་གོ། ཐག་བཟང་ལ་རུས་ཆེན་བཅོ་བརྒྱད་དུ་འདྲེན་པའི་ནང་གི་རུས་ཁྱུང་ལས་ཆད་པ་སྐབས་འདིའི་སྦྱིན་བདག་གནང་མཁན་མིའི་རྒྱལ་པོ་དར་མ་བསོད་ནམས་ཀྱིས་རང་གིས་ཡབ་མེས་དང་རང་ཉིད་ཀྱིས་ལག་གཉིས་ལ་བརྟེན་ནས་བསགས་པའི་ནོར་རྣམས་ལ་སྙིང་པོ་ལེན་ཕྱིར་དང་། སྙན་པའི་གྲགས་པ་ཕྱོགས་བཅུར་ཁྱབ་པའི་ཕྱིར་དུ་གསུང་རབ་དེ་འབྲི་བཞེངས་གནང་བའི་སྐབས་སུ། ལས་དེའི་ཕྱོགས་སུ་ཕྱུར་བ་གྲུ་འདེགས་གནང་མཁན་གྱི་ཡོན་བཙུན་སློན་ནེ་དང་། བསོད་ནམས་ཕྱུག་དང་རིན་ནེ་རྣམས་ཀྱིས་ཕྱུག་རོགས་གནང་བ་དང་ཆབས་ཅིག དཔག་པོ་དཔལ་

[1] བོད་ཀྱི་གསུང་རབ་སྣ་བ་དུང་དཀར་བློ་བཟང་འཕྲིན་ལས་མཆོག་གིས་མཛད་པའི་དུང་དཀར་བོད་རིག་པའི་ཚིག་མཛོད་ཀྲུང་གོའི་བོད་རིག་པ་དཔེ་སྐྲུན་ཁང་གི་2002ལོའི་སྤར་མའི་ཤོག་གྲངས་1285ལས་དྲངས།

ལྡན་དང་འོད་གསལ་ཡོན་བདག་མོ་རྣམ་གཉིས་ཀྱིས་ཞབས་ཏོག་ཚུལ་བཞིན་མཛད་ཅིང་། ལས་ཡུན་གྱི་རིང་ཐུང་ལ་མ་ལྟོས་པར་ཛ་ཚ་དང་ཟ་མ་དུས་ཐོག་ཏུ་དྲངས་པའི་བུ་དར་པ་འགོན་ལ་སོགས་པའི་ཉེ་འབྲེལ་རྣམས་ཀྱིས་ཕྱག་རོགས་གནང་སྟེ་འབྲི་བཞེངས་བསྒྲུབ་པ་ཞིག་ཡིན་པ་སྟེ་མཛད་བྱང་ལས། ཡབ་མེས་རིགས་བཟང་གསེར་གཡུའ་བརྩེགས་པའི་རྒྱུད།། སྐྱེས་ས་ཕོ་སྨོ་འཛོམ་པའི་ཁྱུང་པོའི་བུ།། མྱིའི་རྒྱལ་པོ་དར་མ་བསོད་ནམས་དེས།། ལོངས་སྤྱོད་རྫས་ལ་སྙིང་པོ་སྣང་པ་དང་།། སྣན་པའི་གྲགས་པ་ཕྱོགས་བཅུར་ཁྱབ་པའི་ཕྱིར།། རྒྱལ་བས་བཀའ་སྩལ་དམ་པའི་ཆོས་ལ་སྨོས།། གཞོན་ནུ་རབ་ཏུ་བྱུང་བ་ཡོན་བཙུན་སྨོན་ནེ་དང་།། དགོས་པ་ཀུན་ཚང་བསོད་ནམས་ཕྱུག་དང་།། གཏོང་ཕོད་ཆོས་ལ་ཆེ་བའི་རིན་ནེ་ལ་སོགས་ཀྱིས།། །ཞིས་དང་མཛངས་ལ་འཕྲུལ་ཚང་དཔག་པོ་དཔལ་ལྡན་དང་།། ཚེ་རིས་ཁུངས་བཙུན་འོད་གསལ་ཡོན་བདག་མོ།། ཆེན་ཚུན་གཉིས་ཀྱི་ཞབས་ཏོག་ཚུལ་བཞིན་མཛད།། ཐེག་པ་ཁུར་དུ་ཁུར་བ་ངོ་མཚར་ཆེ།། ཛ་ཚ་དུས་སུ་དྲངས་པའི་བུ་དར་དང་།། ཟ་མ་སྤོད་ལེན་བྱེད་པའི་ཉེ་འབྲེལ་རྣམས།། [1]ཞེས་པས་སོ།

96

བཞི། དགོས་པ།

ཁྱུང་གི་རིགས་སུ་འཁྲུངས་པའི་སྦྱིན་བདག་དར་མ་བསོད་ནམས་ཀྱིས་ཤེར་ཕྱིན་ཡུམ་རྒྱས་འབྲིང་བསྡུས་གསུམ་པོད་ཉི་ཤུ་ཙན་དེ་སྐྱེ་མོའི་སྲས་གཞོང་དུ་འབྲི་བཞེངས་བསྐྲུངས་པའི་དགོས་པ་ནི། གཅིག་རང་གིས་བསགས་པའི་ནོར་རྣམས་ལ་སྙིང་པོ་ལེན་པ་དང་སྙན་པའི་གྲགས་པ་ཕྱོགས་བཅུར་ཁྱབ་པའི་ཕྱིར་དང་། གཉིས་རང་གི་ཚེ་འདིའི་ཡབ་ཡུམ་གྱི་དྲིན་ལན་འཇལ་བའི་ཕྱིར་འབྲི་བཞེངས་བསྐྲུངས་པ་དེ་མཛད་བྱང་ལས། ལོངས་སྤྱོད་རྫས་ལ་སྙིང་པོ་སྣང་པ་དང་།། སྣན་པའི་གྲགས་པ་ཕྱོགས་བཅུར་ཁྱབ་པའི་ཕྱིར།། ཡབ་མའི་དྲིན་ལན་གཞལ་བའི་ཕྱིར།། འདིའི་ཕྱིའི་དོན་དུ་རྒྱས་འབྲིང་རྣམ་གསུམ་བཞེངས།། [2]ཞེས་པས་རྟོགས།

---

① སྐྱེ་མོ་མར་རྒྱང་མཁའ་སྤྱོད་དུ་བཞུགས་པའི་ཤེར་ཕྱིན་པོད་ཏ་པའི་མཛད་བྱང་དབུ་ཤོག་གི་ཞལ་ཁེབས་ལས་དྲངས།

② སྐྱེ་མོ་མར་རྒྱང་མཁའ་སྤྱོད་དུ་བཞུགས་པའི་ཤེར་ཕྱིན་པོད་ཏ་པའི་མཛད་བྱང་དབུ་ཤོག་གི་ཞལ་ཁེབས་ལས་དྲངས།།

༡༧། སྣག་ཤོག

ལྗོང་གི་ཏུས་ཆེན་བཅོ་བརྒྱད་ཀྱི་ཡ་གྱལ་ཁྲུང་གི་རྒྱུད་ལས་ཆད་པའི་སྐྱེ་མོའི་སྲས་གཤོང་གི་རྒྱལ་པོ་དར་མ་བསོད་ནམས་དང་བཙུན་མོ་སྨོན་ནེ་རྣམ་གཉིས་ཀྱིས་རང་གི་ནོར་ལ་སྙིང་པོ་ལེན་ཕྱིར་དང་། ཡབ་ཡུམ་གྱི་དྲིན་ལན་འཇལ་བའི་ཕྱིར་དུ་ཤེར་ཕྱིན་རྒྱས་འབྲིང་བསྡུས་གསུམ་པོད་ཉི་ཤུ་ཙན་དེ་འབྲི་བཞེངས་བྱ་བའི་སྐབས་དེར་ཉེ་བར་མཁོ་བའི་སྣག་ཤོག་གཉིས་ལས་ཤོག་བུ་ནི། ཁྲིད་དུ་འཕགས་པ་ནོར་གྱིས་བླུས་པའི་ཤོག་བུ་ཁྲིད་འཕགས་དཀར་འཇམ་ སྤུ་མེད་སྣུག་ཁ་འཛིན་པ་ཆགས་པ་སྐྱེ་ཤོག་ལས་དབུ་ཆེན་དཔོན་ཆེན་དོར་དར་གྱིས་མཛད་པ་སྐྱེ་ཤོ་གུ་ཁྲིད་འཕགས་སྐྱ་མའི་ནོར་གྱིས་བླུས།། ཀར་འཇམ་སྤུ་མེད་སྣུག་ཁ་འཛིན་པའི་ཆགས།། ད་ལྟར་མཁས་པ་དཔོན་ཆེན་དོར་དར་མཛད།། བག་དང་ཚུར་བཏུངས་འཛོམ་པ་ངོ་མཚར་ཆེ།[①]ཞེས་པས་རྟོགས་སོ།

དྲུག ཡིག་ཞུས།

གསལ་བར་བྱེད་པའི་འཕྲུལ་གྱི་ཡི་གེ་ལ།། དེང་སང་དུས་ཀྱི་མཁས་པ་ཐམས་ཅད་ཁྱོན།། ཏོ་ཀར་རྒྱལ་པོའི་འཁྲིང་དྲུག་འོད་དཀར་འདི།། སྤྲུལ་སྐུའི་འབྲུངས་ས་གདན་ས་འཇའ་རོང་ནས།། སྣུག་ཐོགས་རྒྱལ་པོ་རྡོ་རྗེ་བསམ་གྲུབ་ངས།། འཕྲུལ་ཆེན་གོང་མའི་ལུགས་སུ་བྲིས།། མཁས་པས་གཟིགས་དང་ཆག་ཚད་ཚང་།། སྐྱེས་ས་པོ་སྒོ་འཛོམ་པ་ཞུའི་བུ།། ཐར་པ་འགོན་གྱིས་སྲོ་ཏི་ན་པ་གཟུང་།། འགྲན་གྱི་དོ་མེད་ཇངས་པ་ངོ་མཚར་ཆེ།། འཁམ་པ་གོ་ཆའི་དུང་སོབ་རྩན་དར་དཔོན་གཡོག་གིས།། ཞུ་ཐུག་གཟབས་ནས་མཛད་པ་ངོ་མཚར་ཆེ།།[②]ཞེས་བྱུང་བ་ལ་གཞིགས་ན། སྐྱེ་མོའི་མར་རྐྱང་ཤང་གི་ཇོ་མོ་ལྷ་ཚུའི་འགྲམ་དུ་ཆགས་པའི་ཡུལ་སྲས་ཏེ་དེང་གི་སྐྱེ་མོའི་བྲག་སྐོར་ཤང་གི་ཁོངས་སུ་ཡོད་པ་དེར། དད་པ་སྐྱོ་ངས་མེད་པའི་སྦྱིན་བདག་དར་མ་བསོད་ནམས་ཀྱིས་རང་གི་ཕ་མའི་དྲིན་ལན་འཇལ་བའི་སླད་དུ་ཤེར་ཕྱིན་རྒྱས་འབྲིང་བསྡུས་གསུམ་འབྲི་བཞེངས་གནང་བའི་སྐབས་སུ། སྒོ་གསུམ་ཐང་ཆད་འབྲི་བའི་ཡིག་མཁན་ཏེ་གཞུང་བྲིངས་ནི་གཞུའི་བུ་ཐར་པ་འགོན་གྱིས་བྲིས་ཤིང་། དབུ་ཤོག་གི་ལྟེ་དཀར་

① སྐྱེ་མོ་མར་རྐྱང་མཁའ་སྤྱོད་དུ་བཞུགས་པའི་ཤེར་ཕྱིན་པོད་ཏ་པའི་མཛད་བྱང་དབུ་ཤོག་གི་ཞལ་ཁེབས་ལས་དྲངས།

② སྐྱེ་མོ་མར་རྐྱང་མཁའ་སྤྱོད་དུ་བཞུགས་པའི་ཤེར་ཕྱིན་པོད་ཏ་པའི་མཛད་བྱང་དབུ་ཤོག་གི་ཞལ་ཁེབས་ལས་དྲངས།

འཕྲེང་དྲུག་དེ་ནི་བླ་མ་རིན་ཆེན་གྲགས་ཀྱི་གདན་ས་འཛའ་རོང་སྙེ་དགའ་རོང་ནས་ཕེབས་པའི་ཡིག་མཁན་དབུ་ཆེན་རྡོ་རྗེ་བསམ་གྲུབ་ཀྱིས་མཛད་པ་ལགས། འཛའ་རོང་ནི་དེང་གི་མར་ཁྱུང་ཤང་ཁུལ་དུ་ཆགས་པའི་མར་ཁྱུང་མཁའ་སྤྱོད་བརྒྱུད་ཀྱི་ལུང་པའི་ཕུར་ཆགས་པའི་འཛའ་རོང་ངམ་དགའ་རོང་ཟེར་བའི་དགོན་པ་སྟེ། སྟོན་མཚུར་ཕུའི་དགོན་ལག་དང་ཆོས་བརྒྱུད་ཀརྨ་ཀམ་ཚང་འཛིན་པའི་དགོན་གནས་ཤིག་ཡིན། སྐབས་དེ་དུས་སྦྱིན་བདག་གམ་ཡིག་མཁན་གྱི་བླ་མ་རིན་གྲགས་ཀྱི་གདན་ས་འཛའ་རོང་ནས་སླུག་ཐོག་པ་རྒྱལ་པོ་རྡོ་རྗེ་བསམ་གྲུབ་ཕེབས་ཏེ། གསུང་རབ་དེ་འབྲི་བཞེངས་མཛད་ཅིང་ཞུས་དག་མཁན་པོ་འཁམ་པ་གོ་ཆའི་དུང་སོབ་སྙེ་ཧྣངས་ཁམས་པ་གོ་ཆའི་གདུང་སོབ་རྩན་དར་དཔོན་གཡོག་གིས་མཛད་དེ་བྲིས་བཞེངས་བསྐྲུངས་པ་དེ་རྟོགས།

བདུན། བསྔོ་སྨོན།

སྙེ་མོའི་ཇེ་མོ་ལྷ་ཆུའི་འགྲམ་དུ་ཆགས་པའི་ཡུལ་སྲུས་དེར་དད་པ་སྐྱོ་ངས་མེད་པའི་སྦྱིན་བདག་དར་མ་བསོད་ནམས་ཀྱིས་རང་གི་ཕ་མའི་དྲིན་ལན་འཇལ་བའི་སླད་དུ་ཤེར་ཕྱིན་རྒྱས་འབྲིང་བསྡུས་གསུམ་འབྲི་བཞེངས་ལེགས་གྲུབ་ཟིན་པའི་རྗེས་སུ། རྣམ་པར་དཀར་བའི་དགེ་བའི་ལས་འདིའི་ཕྱོགས་སུ་གོམ་པ་གང་ཙམ་ཞིག་སྤོ་མཁན་གྱི་སྨོན་ལམ་ཁོངས་སུ་གཏོགས་པའི་སེམས་ཅན་རྣམས་བླ་མེད་བྱང་ཆུབ་ཐོབ་པར་ཤོག་དང་འགྱུར་ལྡོག་མེད་པའི་ས་ལ་གནས་པར་ཤོག་ཅེས་བཏབ་པ་སྟེ་མཛད་བྱང་ལས། བླ་མེད་བྱང་ཆུབ་ཐོབ་པར་ཤོག །། འགྱུར་ལྡོག་མེད་པའི་ས་ལ་གནས་པར་ཤོག །། གཉིས་མེད་ཆོས་སྐུ་ཆེན་པོར་བསྒྲུབ་པར་ཤོག །། བཀྲ་ཤིས་སོ། །།[1] ཞེས་པའོ།

① སྙེ་མོ་མར་ཁྱུང་མཁའ་སྤྱོད་དུ་བཞུགས་པའི་ཤེར་ཕྱིན་པོད་ཏ་པའི་མཛད་བྱང་དབུ་ཤོག་གི་ཞལ་ཁེབས་ལས་དྲངས།

ལེ་ཚན་བདུན་པ། མར་རྒྱུད་མཁའ་སྤྱོད་བཞེར་ཕྱིན་པོད་ཐ་པའི་མཛོད་བྱང་།

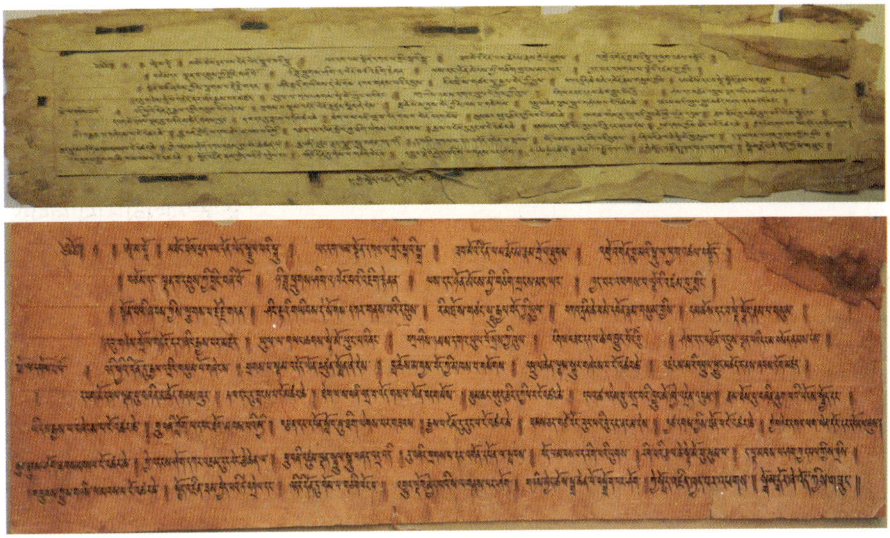

མཛོད་བྱང་མ་དཔེ།

དང་པོ། མཛོད་བྱང་མ་ཕྱུགས།

༄༅།། ཨོཾ་སྭ་སྟི།། མཐོང་ཐོས་དྲན་པས་དོན་ཡོད་སྤྲུལ་པའི་སྐུ།། ཡང་དག་ལམ་སྟོན་དཀའ་ལ་བྲིད་སྐའི་སྒྲ།། ཟབ་མོའི་དོན་ལ་མ་རྫོངས་རྣམ་གྲོལ་ཐུགས།། འགྲོ་འགོན་བླ་མའི་སྐུ་ལ་ཕྱག་འཚལ་བསྟོད།། བཅོམ་དང་ལྡན་པ་དབུས་ཀྱི་གླིང་བཞི་པོ།། ཉི་ཟླ་ཕྱུགས་ཤིག་འཁོར་བའི་འཇིག་རྟེན་ན།། ལས་དང་ཉོན་མོངས་ཀྱི་གཅིག་གྲངས་མང་ཡང་།། ཁྱད་པར་འཕགས་པ་ལྷོའི་འཛམ་བུ་གླིང་།། སྟོན་པའི་ཞབས་ཀྱིས་ལྷུགས་པ་རྡོ་རྗེ་གདན།། ཤིང་རྟའི་གཡིབས་དེ་སོག་གར་གནས་པའི་དབུས།། རི་མཐོ་ས་གཙང་བོད་རྒྱལ་བོད་ཀྱི་ཡུལ།། བཀའ་དྲིན་ཆེ་བ་མེ་དཔོན་རྣམ་གསུམ་གྱིས།། དམ་ཆོས་དར་བ་སྡེ་སྣོད་རྣམ་པ་གསུམ། དབུ་གཉིས་སྲོལ་གཏོད་དར་ཞིང་རྒྱས་པར་མཛད།། ཡུལ་ལ་གཡང་ཆགས་སྐྱེ་མོ་ལུང་པའི་ནང་།། བཀྲ་ཤིས་ཉམས་དགའ་ཡུལ་པོ་སྲས་ཀྱི་ཁྲུལ།། རིགས་བཟང་དད་པ་ཆེ་བ་ཁྱུང་པོའི་བུ།། ཤེས་དང་བརྩོན་འགྲུས་ལྡན་པའི་དར་མ་བསོད་ནམས་དེས།། འདི་ཕྱིའི་དོན་དུ་རྒྱལ་འབྲིང་གསུམ་པོ་གཞེངས་།། གྲགས་པ་སྟམ་འདོད་ཡོན་བཙུན་སྨོན་ནེ་དེས།། བླ་ཆོས་མ་བྱས་བོད་ཀྱི་མཁས་པ་གསོགས་།། འཕྲུལ་ཆེན་ལྷས་སྐུར་གཞེངས་པ་ངོ་མཚར་ཆེ།། འཛངས་པའི་འཕྲུལ་ཕྱུང་མཆོད་གནས་

ཞབས་ཏོག་མཛད།། དཔག་མོ་དཔལ་ལྡན་བུ་བཞིན་མཆོད་གནས་ཁུར།། ཆ་བ་དང་དུ་བླངས་པ་ངོ་མཚར་ཆེ།། ཐེག་པ་ས་གཞི་འདྲ་བའི་འོད་གསལ་ཡོན་བདག་མོས།། སུམ་ཆང་བདུད་རྩིར་དཀྱིལ་བ་ངོ་འཚར་ཆེ།། དཔའ་ཚ་འདེམ་བུ་འདྲ་བའི་ཁྱུང་མོ་ཁྱི་འདྲེན་འབུམ།། རྣམ་ཐོས་བུ་བཞིན་ཚུགས་པའི་ལོངས་སྤྱོད་དང་།། ཡི་དམ་རྒྱས་པ་བཞེངས་པ་ངོ་མཚར་ཆེ།། གྲུ་བཞི་གླིག་ལ་དབང་ཐོབ་མཁས་པའི་མི།། བརྟན་དར་དཔོན་སློབ་ཞུ་ཐེག་ལེགས་པར་གཟབ།། རྒྱས་པ་རོམ་དུ་ཙུང་པ་ངོ་འཚར་ཆེ།། ཐམས་ཅད་གཙོ་བོར་ཁུར་བའི་བུ་དར་ནང་མ་དེས།། བྱ་ཚ་དགས་ཀྱིས་ཐོན་པ་ངོ་འཚར་ཆེ།། ཀྱེ་གཉེར་དཀའ་ལག་ལེན་དོར་དར་དཔོན་ལ་ཞུས།། ཆུར་རྫངས་ཤོག་ཆགས་མཁས་པ་ངོ་མཚར་ཆེ།། ཀྱེ་འདངས་ཤོག་དཀར་འཇམ་དུར་རེང་རྩེ་ཆེན་ལ།། གྲུ་བཞི་འཇུམ་ལྡན་སྤྲུལ་སྐུ་བཞད་འདྲ་འདི། ཙ་བཞིར་གྲགས་པ་དར་འགོན་དཔོན་ལ་སླབས།། བོད་ལ་མཁས་པ་ད་རིགས་པའི་ལུགས།། རིག་པའི་རྩལ་ཆེ་སླེ་མོ་ཕུ་སུམ་པ།། ད་ལྟ་མཁས་པ་ཤག་ཀྱ་དཔལ་གྱིས་བྲིས།། གཟུགས་ཀུས་གཉིས་ལ་མཁས་པ་ངོ་འཚར་ཆེ།། སྤོད་འཛིན་ཟ་མ་བྱེད་པའི་ཉེ་འབྲེལ་དང་།། འདིའི་དོན་དུ་གོམ་པ་གཅིག་བོར་བ།། འགྱུར་ལྡོག་མེད་པའི་ས་ལ་གནས་པར་ཤོག། གཉིས་མེད་ཆོས་སྐུ་ཆེན་པོ་བསྒྲུབ་པར་ཤོག། ཀྱེ་སྤོད་འཛིན་ཁྱད་པར་འཕགས།། སྨོམ་པ་དོར་ཞེ་འོད་ཀྱིས་གཟུང་།།① ཞེས་པའོ།

གཉིས་པ། མཛོད་བྱང་གི་དཔེ་ཞིབ།

གཅིག བསྟོད་ཕྱག

༄༅། །ཨོཾ་སྭ་སྟི།། མཐོང་ཐོས་དྲན་པས་དོན་ཡོད་སྤྲུལ་པའི་སྐུ།། ཡང་དག་ལམ་སྟོན་དཀའ་ལ་བྲིང་སྐའི་སྒྲ།། ཟབ་མོའི་དོན་ལ་མ་རྨོངས་རྣམ་གྲོལ་ཐུགས།། འགྲོ་འགོན་བླ་མའི་སྐུ་ལ་ཕྱག་འཚལ་བསྟོད།།② ཅེས་བྱུང་བ་ལྟར་ན། སྟོན་གྱི་མཛོད་བྱང་ཁག་བཞིན་སྟོན་པ་ཤཱཀྱ་ཐུབ་པར་བསྟོད་པ་མ་མཛད་པར་ཐད་ཀར་ཡི་གེ་བ་དང་དད་པ་སྐྱོངས་མེད་པའི་སྦྱིན་བདག་རང་གི་དད་ལྡན་རྩ་བའི་བླ་མ་འཇའ་རོང་རིན་ཆེན་གྲགས་ཀྱི་སྐུ་གསུང་ཐུགས་ཀྱི་ཡོན་ཏན་རྣམས་བརྗོད་པ་དང་སྒྲགས་རང་གི་བླ་མར་ཕྱག་འཚལ་བསྟོད་པ་དེ་ཡིན་འདུག

① སླེ་མོ་མར་རྒྱང་མཁའ་སྤྱོད་དུ་བཞུགས་པའི་ཤེར་ཕྱིན་པོད་ཐ་པའི་མཛོད་བྱང་དབུ་ཤོག་གི་ཞལ་ཁེབས་ལས་དྲངས།

② སླེ་མོ་མར་རྒྱང་མཁའ་སྤྱོད་དུ་བཞུགས་པའི་ཤེར་ཕྱིན་པོད་ཐ་པའི་མཛོད་བྱང་དབུ་ཤོག་གི་ཞལ་ཁེབས་ལས་དྲངས།

གཉིས། ཡུལ་ལུང་།

དེ་ཡང་ཐོག་མར་གླིང་བཞིའི་ནང་ནས་ཁྱད་དུ་འཕགས་པ་ལྷོ་འཛམ་བུ་གླིང་འདིར་སྟོན་པ་སངས་རྒྱས་བཅོམ་ལྡན་འདས་ཀྱིས་དངོས་སུ་ཞབས་བཅག་པའི་ཡུལ་རྒྱ་གར་རྡོ་རྗེ་གདན་ཡིན། རྡོ་རྗེ་གདན་ནི་མདོ་ལས་གསུངས་པའི་སངས་རྒྱས་ཀྱི་གནས་ཆེན་པོ་བཞིའི་གྲས་ཤིག་ཡིན་དེ་དག་ལས་རྡོ་རྗེ་གདན་ནི་བདག་ཅག་གི་སྟོན་པ་སྟོན་མངོན་པར་སངས་རྒྱས་པའི་གནས་ཤིག་ཡིན་ལ། ལུ་ལྦི་ནི་སྟོན་པ་འཁྲུངས་ས་དང་ཝཱར་ཎཱ་སི་ནི་སྟོན་པས་ཆོས་འཁོར་བསྐོར་ས། རྩ་མཆོག་གྲོང་ནི་སྟོན་པ་མྱ་ངན་ལས་འདས་པའི་གནས་བཅས་ཡིན། རྒྱ་གར་འཕགས་པའི་ཡུལ་གྱི་མཆོད་རྟེན་གྱི་སྒོ་བཞིའི་གཡས་གཡོན་གྱི་བརྐོས་རིས་དང་རང་རེ་བོད་ཀྱི་དགོན་སྡེའི་ལྡེབས་རིས་རྣམས་སུ་གནས་ཆེན་བཞིས་བརྗོད་བྱ་བྱས་པའི་ལྡེབས་རིས་མཇལ་རྒྱུ་ཤིན་ཏུ་མང་། གནས་ཆེན་བཞི་པོ་དེ་དག་ཏུ་སྟོན་སྟོན་པའི་སྐུ་བརྙན་བྲིས་འབུར་བཀོད་པའི་ལུགས་སྲོལ་དེ་མ་བྱུང་བའི་སྔོན་དུ་གནས་ཆེན་བཞི་པོ་དེ་དག་གི་བརྗོད་བྱ་ནི་སྤྱིར་གྱི་ཆ་ནས་དམིགས་བསལ་གྱི་མཚོན་རྟགས་ཀྱིས་མཚོན་པར་བྱ་ཡི་ཡོད་པ་སྟེ། རྩ་མཆོག་གྲོང་དུ་ང་ཚོས་གནས་མཇལ་ཞུ་རྒྱུའི་གནའ་ཤུལ་ནི་ཆེས་སྔ་མོ་ཞིག་ནས་སྟོན་པ་སྐུ་མྱ་ངན་ལས་འདས་པའི་རྣམ་པ་མཚོན་བྱེད་ཀྱི་མཆོད་རྟེན་དེ་ཡིན། དེ་དང་འདྲ་བར་ལུ་ཤི་ནི་ལ་སྣར་ནས་ཕུལ་བའི་རི་དྭགས་ཆོས་འཁོར་མཛད་བྱང་བཞུགས་པ་དེ་ཡིན། དེར་རྒྱུན་དུ་རི་དྭགས་གཉིས་འཁྲིགས་པ་དེ་ལས་མཚོན་པ་དང་། རྡོ་རྗེ་གདན་ནི་སྟོན་པ་ཤཱཀྱ་ཐུབ་པ་མངོན་པར་རྫོགས་པའི་སངས་རྒྱས་སའི་གནས་ཤིག་ཡིན་གཤིས་དེས་ན་རྒྱུན་ཏུ་ནས་མཐོང་འབབ་བའི་བྱང་ཆུབ་ལྗོན་ཤིང་གིས་མཚོན་པ་སོགས་ཡིན་[1] ཞེས་པ་ལས་ང་ཚོས་བོད་ཀྱི་དཔེ་རྙིང་ལ་ལའི་ཞབས་ཤོག་ཏུ་མཆོད་རྟེན་དང་ཆོས་འཁོར། མེ་ཏོག་པདྨ་དང་བྱང་ཆུབ་ལྗོན་ཤིང་སོགས་བྲིས་པ་ལ་ཡང་གོང་གི་གནད་དོན་དང་རིགས་བསྒྲེ་སྟེ་དགོངས་པ་བཞེས་ཚེ་མཚོན་བྱེད་རི་མོ་དེ་དག་གི་གནད་དོན་གང་ཞིག་བཤད་ཀྱི་ཡོད་མེད་དེ་ཡང་ཞོར་དུ་རྟོགས། དེ་རྗེས་ལྷོ་འཛམ་བུ་གླིང་འདིའི་ནང་དུ་ཆགས་པའི་རི་མཐོ་ས་གཙང་སྤུར་རྒྱལ་བོད་ཀྱི་ཡུལ་འདིར་ནང་ཆོས་དར་བ་ལ་བཀའ་དྲིན་ཆེ་བའི་མི་དབོན་རྣམ་གསུམ་ཞེས་པའི་སྐོར་ལ་དྲངས་ཚུལ་འདྲ་མིན་གཉིས་ལས། གཅིག་ནི་ལྷ་ཐོ་ཐོ་རི་

---

① 见，[法]啊·福歇(A.Foucher) 著 王平先 魏文捷 译 王冀青审校 佛教艺术的早期阶段(THE BEGINNINGS OF BUDDHIST ART)甘肃人民出版社2008年版，第008页。

སྣན་ཤལ། སྲོང་བཙན་སྒམ་པོ། ཁྲི་སྲོང་ལྡེ་བཙན་གསུམ་དུ་བྱས་པ་དང་། གཞན་ཞིག་ནི་སྲོང་བཙན། ཁྲི་སྲོང་། ཁྲི་རལ་པ་ཅན་གསུམ་ལ་ངོས་འཛིན་པ་ཡིན། འདྲེན་ཚུལ་དང་པོ་དེ་ནི། ལྷ་ཐོ་ཐོ་རི་སྙན་ཤལ་གྱི་དུས་སུ་ཆོས་ཀྱི་དབུ་བརྙེས། སྲོང་བཙན་གྱི་དུས་སུ་སྲོལ་བཏོད། ཁྲི་སྲོང་གི་དུས་སུ་དར་ཞིང་རྒྱས་པར་མཛད་ཅེས་པའི་ཐ་སྙད་སྤྱིར་སྲོལ་ལྟར་དང་། འདྲེན་ཚུལ་གཉིས་པ་དེ་ནི། སྤྱན་རས་གཟིགས་ཀྱི་སྤྲུལ་པ་སྲོང་བཙན། འཇམ་དབྱངས་ཀྱི་སྤྲུལ་པ་ཁྲི་སྲོང་ལྡེ་བཙན། ཕྱག་ན་རྡོ་རྗེའི་སྤྲུལ་པ་ཁྲི་རལ་པ་ཅན་ཞེས་རིགས་གསུམ་མགོན་པོའི་སྤྲུལ་པའི་རྒྱལ་པོ་གསུམ་ཟེར་བའི་ཐ་སྙད་སྤྱིར་སྲོལ་ལྟར་ཡིན།[①] ཞེས་གསུངས་པ་ལྟར་ན། སྐབས་འདིར་དྲངས་པའི་མེས་དབོན་རྣམ་གསུམ་ཞེས་པ་དེ་གོང་གི་འདྲེན་ཚུལ་གཉིས་ལས་འདྲེན་ཚུལ་དང་པོ་དེ་ཡིན་པར་སེམས་ཏེ། མེས་དབོན་རྣམ་གསུམ་གྱིས་དྲིན་ལས་དམ་ཆོས་མདོ་སྡེའི་སྡེ་སྣོད། འདུལ་བའི་སྡེ་སྣོད། མངོན་པའི་སྡེ་སྣོད་བཅས་སྡེ་སྣོད་གསུམ་དབུ་རྙེས་ཤིང་། སྲོལ་གཏོད་པ་དང་དར་ཞིང་རྒྱས་པར་མཛད་ཅེས་པའི་སྐད་ཆ་དེ་ལས་ཤེས། ཏུ་བཞིའི་ནང་ནས་གཡས་རུའི་ཡོངས་སུ་གཏོགས་པའི་སླེ་མོའི་མར་རྒྱུད་ཤང་གི་ཛོ་མོ་ལྷ་ཆུའི་འགྲམ་དུ་ཆགས་པའི་སྨྲས་ཁུལ་དེ་དེང་གི་སླེ་མོ་བྲག་སྣར་ཤང་མངའ་ཁོངས་སུ་གནས་པའི་སྨྲས་ཏེ་མཛད་བྱང་ལས། བཅོམ་དང་ལྡན་པ་དབུས་ཀྱི་གླིང་བཞི་པོ།། ཉི་ཟླ་ཕྱུགས་ཤིག་འཁོར་བའི་འཛིག་རྟེན་ན།། ལས་དང་ཉོན་མོངས་ཀྱི་གཅིག་གྲངས་མང་ཡང་།། ཁྱད་པར་འཕགས་པ་ལྔོའི་འཛམ་བུ་གླིང་།། སྟོན་པའི་ཞབས་ཀྱིས་ཞུགས་པ་རྡོ་རྗེ་གདན།། ཤིང་རྟའི་གཡིབས་དེ་སོག་ཀར་གནས་པའི་དབུས།། རི་མཐོ་ས་གཙང་བོད་རྒྱལ་བོད་ཀྱི་ཡུལ།། བཀའ་དྲིན་ཆེ་བ་མེས་དབོན་རྣམ་གསུམ་གྱིས།། དམ་ཆོས་དར་བ་སྡེ་སྣོད་རྣམ་པ་གསུམ། དབུ་གཉིས་སྲོལ་གཏོད་དར་ཞིང་རྒྱས་པར་མཛད།། ཡུལ་ལ་གཡང་ཆགས་སླེ་མོ་ལུང་པའི་ནང་།། བཀྲ་ཤིས་ཉམས་དགའ་ཡུལ་པོ་སྨྲས་ཀྱི་ཁུལ།།[②] ཞེས་པས་རྟོགས།

གསུམ། སྨིན་བདག

དེ་ཡང་གསུང་རབ་དེ་འབྲི་བཞེངས་བསྐྲུངས་པའི་སྐབས་སུ་དད་པ་སྐྱོ་ངས་མེད་པའི་

① བོད་ཀྱི་གསུང་རབ་སྨྲ་བ་དུང་དཀར་བློ་བཟང་འཕྲིན་ལས་མཆོག་གིས་མཛད་པའི་དུང་དཀར་བོད་རིག་པའི་ཚིག་མཛོད་ཀྲུང་གོའི་བོད་རིག་པ་དཔེ་སྐྲུན་ཁང་གི་2002ལོའི་སྤར་མའི་ཤོག་གྲངས་849ལས་དྲངས།

② སླེ་མོ་མར་རྒྱུད་མཁའ་སྤྱོད་དུ་བཞུགས་པའི་ཤེར་ཕྱིན་པོད་ཐ་པའི་མཛད་བྱང་དབུ་ཤོག་གི་ཞལ་ཁེབས་ལས་དྲངས།

སྦྱིན་བདག་ནི་ལྗོང་གི་ཏུས་ཆེན་བཅོ་བརྒྱད་ལས་གྲིས་པའི་ཏུས་ཁྱུང་གྱི་བུ་དར་མ་བསོད་ནམས་ཀྱིས་ཚེ་འདི་ཕྱིའི་དོན་དུ་ཤེར་ཕྱིན་ཡུམ་རྒྱས་འབྲིང་བསྡུས་གསུམ་སྐེ་པོད་ཉི་ཤུ་ཙན་དེ་འབྲི་བཞེངས་གནང་བ་དང་། ལས་དེའི་ཕྱོགས་སུ་དགེ་བའི་གོམ་པ་གང་ཙམ་ཞིག་སྤོ་མཁན་དཔག་མོ་དཔལ་ལྡན་གྱིས་མཆོད་གནས་བུ་བཞིན་བསྐྱུར་བ་དང་། འོད་གསལ་ཡོན་བདག་མོས་གསུང་རབ་འབྲི་བཞེངས་ཀྱི་ལས་ཡུན་གྱི་རིང་ཐུང་ལ་མ་གཟིགས་པར་ཉིན་གཅིག་ལྟར། ཇ་ཆང་དུས་ཐོག་ཏུ་འདྲེན་པ་དང་། ཁྱུང་མོ་ཁྲི་འདྲེན་འབུམ་གྱིས་རྣམ་ཐོས་བུ་བཞིན་ཡོངས་སྐྱོད་ཡངས་པོར་བཏང་སྟེ་ཤེར་ཕྱིན་ཡུམ་རྒྱས་པ་བཞེངས་ཤིང་། དེ་དག་གི་རྒྱུ་འགྲོའི་གཉེར་པ་མཁས་པ་དོར་དར་དང་དེ་དག་སྤྱོད་འཛིན་མཁས་པ་སྒོམ་པ་དོར་ཞི་འོད་ཀྱིས་མཛད་པ་སོགས་འབྲི་བཞེངས་ཀྱི་ལས་ཀའི་ཞབས་ཏོག་དང་དོ་དམ་འཁྱུས་སྐྱོ་ཚང་བའི་སྐོར་ལ་མཛད་བྱང་ལས། རིགས་བཟང་དད་པ་ཆེ་བ་ཁྱུང་པོའི་བུ།། ཤེས་དང་བརྩོན་འགྲུས་ལྡན་པའི་དར་མ་བསོད་ནམས་དེས།། འདི་ཕྱིའི་དོན་དུ་རྒྱལ་འབྲིང་གསུམ་པོ་གཞེངས།། གྲགས་པ་སྟམ་འདོད་ཡོན་བཙུན་སློན་ནེ་དེས།། བླ་ཆོས་མ་བྱས་བོད་ཀྱི་མཁས་པ་གསོགས།། འཕྲུལ་ཆེན་ལྷས་སྐུར་གཞེངས་པ་ངོ་མཚར་ཆེ།། འཛངས་པའི་འཕྲུལ་ཕྱུང་མཆོད་གནས་ཞབས་ཏོག་མཛད།། དཔག་མོ་དཔལ་ལྡན་བུ་བཞིན་མཆོད་གནས་ཁུར།། ཀ་བ་དང་དུ་བླངས་པ་ངོ་མཚར་ཆེ།། ཐེག་པ་ས་གཞི་འདྲ་བའི་འོད་གསལ་ཡོན་བདག་མོས།། སུམ་ཆང་བདུད་རྩིར་དཀྱིལ་བ་ངོ་འཚར་ཆེ།། དཔའ་ཚ་འདེམ་བུ་འདྲ་བའི་ཁྱུང་མོ་ཁྲི་འདྲེན་འབུམ།། རྣམ་ཐོས་བུ་བཞིན་ཆུགས་པའི་ཡོངས་སྐྱོད་དང་།། ཡི་དམ་རྒྱས་པ་བཞེངས་པ་ངོ་མཚར་ཆེ།།ཞེས་དང་། མས་ཙད་གཙོ་བོར་ཁུར་བའི་བུ་དར་ནང་མ་དེས།། བྱ་ཚ་དགས་ཀྱིས་ཐོན་པ་ངོ་འཚར་ཆེ།། ཀྱི་གཉེར་དཀའ་ལག་ལེན་དོར་དར་དཔོན་ལ་ཞུས།། ཀྱི་གཉེར་དཀའ་ལག་ལེན་དོར་དར་དཔོན་ལ་ཞུས།། ཀྱི་སྤྱོད་འཛིན་ཁྲིད་པར་འཕགས།། སྒོམ་པ་དོར་ཞི་འོད་ཀྱིས་གཟུང་།།[1] ཞེས་པས་རྟོགས།

བཞི། ཡིག་ཞུས།

སྣེ་མོའི་མར་རྐྱང་ཤང་གི་ཇོ་མོ་ལྷ་ཆུའི་འགྲམ་དུ་ཆགས་པའི་སྲས་གཤོང་སྟེ་དེང་གི་སྣེ་

① སྣེ་མོ་མར་རྐྱང་མཁའ་སྤྱོད་དུ་བཞུགས་པའི་ཤེར་ཕྱིན་པོད་ཐ་པའི་མཛད་བྱང་དབུ་ཤོག་གི་ཞལ་ཁིབས་ལས་དྲངས།

མོའི་ཐྲག་སྐོར་ཤང་དེར་ཁྱུང་གིས་རྒྱུད་པ་དར་མ་བསོད་ནམས་དང་ཁྱུང་མོ་ཁྲི་འདྲེན་འབུམ་སོགས་ཀྱིས་དད་པ་སྒྱུ་ངས་མེད་པའི་སྦྱིན་བདག་གནང་སྟེ། གསུང་རབ་དེ་འབྲི་བཞེངས་བསྒྲུངས་པའི་སྐབས་སུ་འབྲི་བཤུས་བྱ་མཁན་གྱི་ཡིག་པ་ནི་སླེ་མོ་ཕུ་སུམ་པའི་ཤག་ཀྱ་དཔལ་གྱིས་རང་གིས་སློབ་དཔོན་དར་འགོན་དཔོན་སློབ་ཀྱི་འབྲི་རྒྱུན་བསྒྲུངས་ཏེ་བྲིས་པ་སྟེ། ཊ་བཞིར་གྲགས་པ་དར་འགོན་དཔོན་ལ་སླབས།། བོད་ལ་མཁས་པ་ད་རིགས་པའི་ལུགས།། རིག་པའི་རྩལ་ཆེ་སླེ་མོ་ཕུ་སུམ་པ།། ད་ལྟ་མཁས་པ་ཤག་ཀྱ་དཔལ་གྱིས་བྲིས།། གཟུགས་ཀྱུས་གཉིས་ལ་མཁས་པ་ངོ་འཚར་ཆེ།[1] ཞེས་དང་། འབྲི་བཤུས་ཟིན་པའི་རྗེས་སུ་འཕྲུལ་ཡིག་གྲུ་བཞིར་གློག་ལ་དབང་ཐོབ་པའི་བཙན་དར་དཔོན་སློབ་རྣམ་གཉིས་ཀྱིས་ཞུ་དག་ལེགས་པར་མཛད་པ་ལས་འབྲི་བཞེངས་ཕྱུས་དག་པའི་དབང་གིས་ངོ་མཚར་ཆེ་ཞེས་གསུངས་པ་སྟེ། གྲུ་བཞི་གློག་ལ་དབང་ཐོབ་མཁས་པའི་མི། བརྩན་དར་དཔོན་སློབ་ཞུ་ཐིག་ལེགས་པར་གཟབ། རྒྱས་པ་ངོམ་ཏུ་ཙུང་བ་ངོ་མཚར་ཆེ།[2] ཞེས་པས་སོ། སྐབས་འདིར་བྱུང་བའི་བོད་ཡིག་འབྲི་གཟུགས་ཏེ་གྲུ་བཞི་ཞེས་བྱུང་བ་དེའི་སྐོར་རགས་ཙམ་ཞིག་འགྲེལ་ན། འབྲི་གཟུགས་གྲུ་བཞི་ཐེ་ལུགས་ནི་དུས་རབས་11པའི་ནང་དུ་བྱུང་བའི་ཡིག་མཁན་སྣྲ་བརྟན་ཤེ་རིས་སྟོན་གྱི་དུས་རབས་10་པའི་ཡིག་མཁན་གྲ་ཤོད་རྣམ་གཉིས་ཀྱི་འབྲི་གཟུགས་ལ་མ་དཔེ་བཅོལ་ཏེ། བར་གསར་ཞེས་པའི་འབྲི་གཟུགས་གསར་དུ་གཏོད་པ་དང་སྤྲགས་ཁོང་གི་བུ་སློབ་མཐོང་བ་རྡོ་རྗེ་དང་མགོ་ཁོམ་གཡུང་དྲུང་དང་། ཕ་འབྲུག་གསལ་བཅས་གསུམ་གྱིས་ཡི་གེའི་སྣ་མ་ལ་བརྟེན་པའི་གསར་མ་བར་གསར་ལེབ་གྲུ་བཞིའི་འབྲི་གཟུགས་དེ་གསར་དུ་གཏོད། དེ་རྗེས་རིམ་པས་དུས་རབས་12པའི་ནང་དུ་ལེབ་གྲུ་བཞི་ཐེ་ལུགས་ཀྱི་འབྲི་རྒྱུན་དར་ཐེལ་མཁན་དཔོན་ཀ་བ་དང་། འབྲི་གཟུགས་དེ་ལ་ཤིན་ཏུ་བྱུང་བ་ལྡན་པའི་གྲུ་བཞིའི་དཔོན་ལུགས་ལ་མཁས་པ་སུམ་པ་གནོད་བྱིན་དང་བཟང་སྐྱིད་གྲུ་བཞིའི་ཐེ་ལུགས་ལ་དབང་ཐོབ་པ་སྤྱལ་དར་མ་ཙནྡྲ་དང་བཟང་སྐྱིད་གྲུ་བཞིའི་ཐེ་ལུགས་མཐར་ཕྱིན་པ་སྤྱལ་ཤཱཀྱ་འབུམ་བཅས་བྱོན་ཞེས་གླིང་བཞིའི་ལོ་རྒྱུས་ཆེན་མོར་གསུངས། དེས་ན་སྐབས་འདིར་བྱུང་བའི་འབྲི་གཟུགས་གྲུ་བཞི་ཐེ་ལུགས་ཀྱི་བྱུང་བ་དང་འབྲི་གཟུགས་དེ་རྒྱུན་སྤེལ་མཁན་གྱི་ཡིག་མཁན་མཁས་པ་ཅི་ཙམ་ཞིག་བྱོན་པ་དེའང་ལག་ནང་དུ་སྐྱ་ཙུ་ར་བཞག་པ་ལྟ་བུ་ཞིག་ཤོར་དུ་ཤེས།

---

① སླེ་མོ་མར་རྒྱང་མཁའ་སྤྱོད་དུ་བཞུགས་པའི་ཤེར་ཕྱིན་པོད་ཐ་པའི་མཛད་བྱང་དབུ་ཤོག་གི་ཞལ་ཁེབས་ལས་དྲངས།

② སླེ་མོ་མར་རྒྱང་མཁའ་སྤྱོད་དུ་བཞུགས་པའི་ཤེར་ཕྱིན་པོད་ཐ་པའི་མཛད་བྱང་དབུ་ཤོག་གི་ཞལ་ཁེབས་ལས་དྲངས།

ལྔ། སྣག་ཤོག

སྐེ་མོའི་སྲུས་གཤོང་དུ་དད་པ་སྐྱོ་ངས་མེད་པའི་སྦྱིན་བདག་ཁྱུང་པོ་དར་མ་བསོད་ནམས་དང་ཁྱུང་པོ་ཁྲི་འདྲེན་འབུམ་སོགས་ཀྱིས་སྦྱིན་བདག་གནང་སྟེ་འཕྲུལ་ཡིག་གི་འབྲི་རྒྱུན་མངའ་བའི་དར་པ་འགོན་དཔོན་གྱི་སློབ་མ་ཕུ་སུམ་པའི་ཤག་ཀྱ་དཔལ་གྱིས་བྲིས་ཤིང་། ཀང་འཁོར་གཞུང་སྲོང་གི་ཞུས་དག་ལྷགས་ཞུས་ལ་དབང་ཐོབ་པའི་ཙན་དར་དཔོན་སློབ་ཀྱིས་མཛད་པའི་སྐབས་སུ་དེར་ཉེ་བར་མཁོ་བའི་འབྲི་ཤོག་གི་སྐོར་ལ། ཚུར་རྟུངས་ཤོག་ཚགས་མཁས་པ་ཇོ་འཚར་ཆེ།། ཀྱེ་འདངས་ཤོག་དཀར་འཇམ་དུར་རེང་རྩེ་ཆེན་ལ།། གྲུ་བཞི་འཛུམ་ལྡན་སྤྲུལ་སྐུ་བཞད་འདྲ་འདི།། [1]ཞེས་བྱུང་བ་ལ་གཞིགས་ན། བོད་ཤོག་གི་སྐོར་ལ་ཤོག་བུའི་རྒྱུ་ཆ་ཟར་མ་དང་། རེ་ལྕགས་སོགས་དུག་རིགས་དང་དུག་རིགས་མིན་པའི་རྩི་ཤིང་རིགས་བསྐོལ་བའི་ཁུ་བ་རས་གཞིའི་སྟེང་དུ་བཀྲམ་པ་ལ་བརྟེན་ནས་ཤོག་བུ་བཟོ་བའི་ལག་རྩལ་ལ་ཟེར། ད་ཡོད་ཀྱི་དཔྱད་གཞིའི་ཡིག་ཆ་ཁག་ཅིག་ནང་། བོད་ཀྱི་ཤོག་བུ་བཟོ་བའི་ལག་རྩལ་ནི་རྒྱལ་པོ་སྲོང་བཙན་སྒམ་པོའི་སྐབས་ཐང་རྒྱལ་རབས་ཀྱི་གོང་མ་ཐང་ཐའི་ཙུང་ལ་རྒྱ་བཟའ་ཀོང་ཇོ་བཙུན་མོར་སློང་སྐབས་བཀའ་ཤོག་གི་ཡི་གེ་རྒྱ་ཡིག་ཐོག་བྲིས་ནས་བསྐུར་ཡོད་པའི་གནས་ཚུལ་འཁོད་པར་བརྟག་ན་སྐབས་དེར་བོད་དུ་ཤོག་བུ་བཟོ་བའི་ལག་རྩལ་དར་ཟིན་ཚོད་འདུག རྒྱལ་པོ་ཁྲི་སྲོང་ལྡེ་བཙན་གྱི་དུས་སུ་བོད་ཀྱི་ཤོག་བཟོའི་ལག་རྩལ་དར་ཁྱབ་ཆེ་ཙམ་ཡོད་པ་དཔེར་ན། སྐབས་དེར་རྒྱ་གར་ནས་བོད་དུ་བསྒྱུར་བའི་བོད་ཡིག་གི་གསུང་རབ་ཚང་མ་ཤོག་དྲིལ་བྲིས་ཏེ་ཡིག་འབྲུ་དགུ་སྟོང་དྲུག་བརྒྱ་ལ་བམ་པོ་གཅིག་སྟེ། པོད་གཅིག་གི་ཚད་དུ་བརྩིས་པ་མ་ཟད། དེ་ཡང་ཡི་གེ་ཆེན་པོ་མ་གཏོགས་ཆུང་ཆུང་བྲིས་མི་ཆོག་པའི་བཀའ་ཕབ་ཡོད་པ་དང་། ཆོས་བཤད་མཁན་སློབ་དཔོན་དང་མཁན་པོ། དགེ་རྒན་བཅུ་གསུམ། སློབ་ཕྲུག་ཉི་ཤུ་རྩ་ལྔ། སྒོམ་ཆེན་ཉི་ཤུ་རྩ་ལྔ་བཅས་ལ་ཟླ་བ་རེར་ཤོག་བུ་བཅུ་དེབ་བཞི་ནས་གཉིས་བར་ཕོགས་རིམ་ཆེ་ཆུང་ལ་གཞིར་བཟུང་ནས་སྤྲོད་ཀྱི་ཡོད་པ་དང་། རྒྱལ་པོའི་ལས་དོན་གལ་ཆེའི་རིགས་བཀའ་གཅིགས་ཤོག་བུའི་ཐོག་བྲིས་ནས་བང་མཛོད་དུ་བཞག་པའི་ལོ་རྒྱུས་འདུག [2]ཅེས་པ་དང་། ལྷག་

---

① སྐེ་མོ་མར་རྒྱང་མཁའ་སྤྱོད་དུ་བཞུགས་པའི་ཤེར་ཕྱིན་པོད་ཐ་པའི་མཛད་བྱང་དབུ་ཤོག་གི་ཞལ་ཁེབས་ལས་དྲངས།

② བོད་ཀྱི་གསུང་རབ་སྨྲ་བ་དུང་དཀར་བློ་བཟང་འཕྲིན་ལས་མཆོག་གིས་མཛད་པའི་དུང་དཀར་བོད་རིག་པའི་ཚིག་མཛོད་ཀུང་གོའི་བོད་རིག་པ་དཔེ་སྐྲུན་ཁང་གི་2002ལོའི་སྤར་མའི་ཤོག་གྲངས་2031ལས་དྲངས།

དོན་དུ་ཏུན་ཧོང་ཡིག་ཆེང་Pt1997བོད་ཡུལ་ཤོག་ཤོག་བདེ་བ་དང་འདྲའོ་[1]ཞེས་པ་སོགས་ལས་བོད་ཀྱི་ཤོག་བཟོའི་ལག་རྩལ་དང་དེ་དག་གི་བྱུང་བ་རགས་ཙམ་ཞིག་ཤེས།

དྲུག བསྡོ་སྡོམ།

མདོ་བྱང་འདིའི་མཇུག་ཏུ་གསུང་རབ་འབྲི་བཞེངས་ཀྱི་ལས་དོན་དེའི་ཐོག་ལ་མི་ཤུགས་དངོས་ཤུགས་འདོན་མཁན་གྱི་སྨོན་ལམ་ཡོངས་སུ་གཏོགས་པའི་སེམས་ཅན་རྣམས་འགྱུར་ལྡོག་མེད་པའི་ས་ལ་གནས་པར་ཤོག་ཅེས་དང་གཉིས་མེད་ཆོས་སྐུ་ཆེན་པོ་བསྒྲིག་པར་ཤོག་[2]ཅེས་བཀོད་འདུག

ལེ་ཚན་བརྒྱད་པ། མར་རྒྱུད་མཁའ་སྤྱོད་ཤེར་ཕྱིན་པོད་ན་པའི་མདོ་བྱང་།

མདོ་བྱང་མ་དཔེ།

① ཏུན་ཧོང་ཡིག་ཆེང་P.t1997ཞེས་རབ་ཀྱི་ཕ་རོལ་དུ་ཕྱིན་པ་སྟོང་ཕྲག་བརྒྱ་པའི་སྤྱིབ་ངོ་ལས་དྲངས།

② སྔེ་མོ་མར་རྒྱུད་མཁའ་སྤྱོད་དུ་བཞུགས་པའི་ཤེར་ཕྱིན་པོད་ཐ་པའི་མདོ་བྱང་དབུ་ཤོག་གི་ཞལ་ཁེབས་ལས་དྲངས།

དང་པོ། མཛད་བྱང་མ་ཕྱུས།

༄༅། །ཨེ་མ་ཧོ་། །བླ་མའི་བསྐུ་ནི་རི་རབ་ལྷུན་པོ་འདྲ་། །གསུང་ཡང་ཚངས་པའི་གསུང་དང་གཉིས་མེད་འཚུངས།། ཐུགས་ཡང་ཉི་ཟླ་བཞིན་དུ་བསལ་འགྲིབ་མེད་། །བླ་མ་རྣམས་ལ་གུས་པས་ཕྱག་འཚལ་སྟོད་། །རྗེས་སུ་ཡི་རང་ཚོག་བཤད་སྐོད་པར་བགྱི་། །ཀྱེ་གླིང་བཞི་གླིང་མཆོག་ཀུན་གྱི་ནང་ནས་ཀྱང་། །འཛམ་བུའི་གླིང་འདི་སངས་རྒྱས་ཞིང་སར་གྲུབ་། །དུས་གསུམ་གསུང་གིས་ཁྱབ་པ་ངོ་མཚར་ཆེ་། །ཤག་ཀྱ་ཐུབ་པ་སྟོནད་པ་ཁྱར་པར་འཕགས་། ། ཆོས་སྤྱོད་དགེ་བ་ཐམས་ཅད་རབ་དར་ཤོག་། །ཕུ་མདའ་ཇོ་མོ་གཉིས་ཀྱི་ས་ཁུལ་དུ་། །ཆོས་རྗེའ་བདན་ས་ངོ་མཚར་ཁྱད་དུ་འཕགས་། །ཨོན་པོ་སྲུགས་ཤིའི་མངས་རིས་མཐར་རྒྱས་ཤོག་། །ཀྱེ་ས་ལ་གཡང་ཆགས་གྲུ་པ་འདུའ་ཐང་དུ་། །འབུར་དུ་སྟོད་པའི་དཔའ་ཕོར་གྲོང་གསར་འདིར་། །སྐྱི་ས་རྒྱུ་རྫས་དད་གུས་ཁྱད་པར་འཕགས་། །ཡོན་བདག་བསོད་མགོན་ཐུགས་དགོངས་བཟང་པོ་ཡིས་། །ཞིང་སར་ཤོ་ཀུ་རྟེ་རྐོད་བཟང་པོ་བསྐྲུབས་། །རྟེ་ཆགས་ཞལ་ཐིག་སླབས་ཤེས་འཚོམ་པ་ཡི་། །ཤོག་ཆགས་དཔོན་བསྙོམ་དཀོན་མཆོག་རྒྱལ་མཚན་མཛད་། །འབྲས་བུ་འཕྲུལ་ཡིག་གྲོགས་ཆོས་ལེགས་པར་བཀོད་། །ཡོན་བདག་མོ་ཡིས་ཐབ་ཁ་སྒྲོགས་མེད་ཀྱངས་། ། རྒྱུ་མ་ལྷ་མཛེས་ལྷ་བུར་སྐྱེ་བར་ཤོག་། །དཔོན་དཔང་དཔོན་ཇོན་ཨུ་མཛད་ཡོན་མཆོད་རྣམས་། །གསུང་རབ་དཀར་པོ་མཐོང་སྨོནད་འདི་གྲུ་བ་པས་། །མཆོག་དང་ཐུན་མོང་གཉིས་དོན་འགྲུབ་པར་ཤོག་། །ཚེ་རིགས་སྐྱེ་ས་རྩལ་འཛོམ་པ་དང་། །ཐུགས་རིག་ཟ་འོག་གུར་ཁྱིམ་རིས་པས་སྦྲ་། །དཀོན་མཆོག་བླ་མ་གཉེར་པ་ཁྱད་དུ་འཕགས་། །མཐར་རྟེན་སྤྱོད་འཛིན་བཟང་པོ་མཛད་ནས་སུ་། །དཔོན་སོག་བདག་ལ་ཞབས་ཐོག་ལུགས་བཞིན་མཛད་། །ཡོན་མཆོད་སྣང་མཛད་ཞིང་དུ་སྐྱེ་འགྱུར་ཤོག་། །བླ་མེད་བྱང་ཆུབ་མྱུར་ཐོབ་འབྱུང་བར་ཤོག་། །སྨོན་ལམ་ཐམས་ཅད་མྱུར་དུ་གྲུབ་འགྱུར་ཤོག་། །མདོར་ན་འགྲོ་དོན་ཐམས་ཅད་བྱེད་པར་ཤོག། །ཧེ་ཏེ་། ། [1]ཞེས་པའོ།

① སྙེ་མོ་མར་རྒྱང་མཁའ་སྤྱོད་དུ་བཞུགས་པའི་ཤེར་ཕྱིན་པོད་ན་པའི་མཛད་བྱང་དབུ་ཤོག་གི་ཞལ་ཁིབས་ལས་དྲངས།

གཉིས་པ། མཛད་བྱུང་གི་དབྱེ་ཞིབ།

གཅིག བསྟོད་ཕྱག

༄༅།།ཨེ་མ་ཧོ་།།བླ་མའི་བསྐུ་ནི་རི་རབ་ལྷུན་པོ་འདྲ།། གསུང་ཡང་ཚངས་པའི་གསུང་དང་གཉིས་མེད་འཚུངས།། ཐུགས་ཡང་ཉི་ཟླ་བཞིན་དུ་བསལ་འགྲིབ་མེད། །བླ་མ་རྣམས་ལ་གུས་པས་ཕྱག་འཚལ་སྟོད།[①] ཅེས་བྱུང་བ་ལྟར་ན། དེ་ཡང་ཐོག་མར་ཨེ་མ་ཧོ་ཞེས་པས་སྟོན་བསུས་ཏེ་སྐབས་འདིའི་དད་པ་སྐྱོ་ངས་མེད་པའི་སྦྱིན་བདག་དང་སྒོ་གསུམ་ཐང་ཆད་འབྲི་བའི་ཡིག་པ་རྣམས་ལ་སློབ་སྟོན་མཛད་མཁན་མར་རྒྱུད་གི་འཇའ་རོང་ངམ་དགའ་རོང་གི་བླ་མ་རིན་གྲགས་ཀྱི་སྐུ་གསུང་ཐུགས་གསུམ་གྱི་ཡོན་ཏན་རྣམས་བརྗོད་དེ་བླ་མ་རིན་གྲགས་ལ་ཕྱག་འཚལ་བསྟོད་པ་དེ་ཡིན་འདུག

གཉིས། ཡུལ་ལུང་།

ཀྱེ་གླིང་བཞི་གླིང་མཆོག་ཀུན་གྱི་ནང་ནས་ཀྱང་། །འཛམ་བུའ་གླིང་འདི་སངས་རྒྱས་ཞིང་སར་གྲུབ། །དུས་གསུམ་གསུང་གིས་ཁྱབ་པ་ངོ་མཚར་ཆེ། །ཤག་ཀྱ་ཐུབ་པ་སྟོནད་པ་ཁྱད་པར་འཕགས། །ཆོས་སྤྱོད་དགེ་བ་ཐམས་ཅད་རབ་དར་ཤོག། །ཕུ་མདའ་ཇོ་མོ་གཉིས་ཀྱི་ས་ཁྱུལ་དུ། །ཆོས་རྗེའ་བདུན་ས་ངོ་མཚར་ཁྱད་དུ་འཕགས།། ཡོན་པོ་སྤྱགས་ཤིའི་མངས་རིས་མཐར་རྒྱས་ཤོག། །ཀྱེ་ས་ལ་གཡང་ཆགས་གྱ་བ་འདུའ་ཐང་དུ། །འབུར་དུ་སྟོད་པའི་དཔལ་ཁོར་གྲོང་གསར་འདིར།།[②] ཞེས་པ་ལས་གསུང་རབ་འདི་འབྲི་བཞེངས་བསྐྲུངས་སའི་ཡུལ་ལུང་ནི་གླིང་བཞིའི་ནང་ནས་མཆོག་ཏུ་གྱུར་པ་ལྷོ་འཛམ་བུ་གླིང་འདི་སངས་རྒྱས་ཀྱི་གདུལ་ཞིང་དུ་གྲུབ་ཤིང་འདས་དང་མ་འོངས་ད་ལྟ་བཅས་དུས་གསུམ་དུ་སྟོན་པའི་གསུང་གིས་ཁྱབ་པ་ནི་ངོ་མཚར་ཆེ་ཞིང་། ཁྱད་པར་འཕགས་བསྟོད་ལས་བདག་ནི་སངས་རྒྱས་མཆོག་མི་འཛིན། སེར་སྐྱ་སོགས་ལ་མི་དང་ཞིང་། གང་ཞིག་རིག་པ་ལྡན་པ་ཡིས། དེ་ནི་བདག་གི་སྟོན་པར་འོས་ཞེས་གསུངས་པ་བཞིན་སྟོན་པ་ཁྱད་པར་འཕགས་པ། རྟེན་འབྲེལ་བསྟོད་པར་མཛད་པའི་ནང་ནས་གསུང་གི་མཛད་པ་མཆོག་ཡིན་ཞེས་པ་ལྟར་ཆོས་སྤྱོད་དགེ་བ་ཐམས་ཅད་དར་བའི་སྨོན་ལམ་གསོལ་པ་དང་སྦྲགས། སྐྱེ་མོའི་མར་རྒྱུད་ཤང་ཁྱུལ་དུ་ཆགས་པའི་ཇོ་མོ་གངས་དཀར་ལས་ཆས་

① སྐྱེ་མོ་མར་རྒྱུད་མཁའ་སྤྱོད་དུ་བཞུགས་པའི་ཤེར་ཕྱིན་པོད་ན་པའི་མཛད་བྱུང་དབུ་ཤོག་གི་ཞལ་ཁིབས་ལས་དྲངས།

② སྐྱེ་མོ་མར་རྒྱུད་མཁའ་སྤྱོད་དུ་བཞུགས་པའི་ཤེར་ཕྱིན་པོད་ན་པའི་མཛད་བྱུང་དབུ་ཤོག་གི་ཞལ་ཁིབས་ལས་དྲངས།

པའི་ཇོ་མོ་ལྷ་ཆུ་རྒྱུགས་པའི་ཁུལ་དུ་ཆགས་པའི་ཀརྨ་ཀམ་ཚང་གི་ཆོས་བརྒྱུད་འཛིན་པའི་ཆོས་རྗེ་བླ་མ་རིན་གྲགས་ཀྱི་གདན་ས་འཛམ་རོང་ངམ་དགའ་རོང་དུ་ཡོན་པོ་སྤྱགས་ཤི་སྟེ་སྤྱི་ལོའི་དུས་རབས་13ནང་དུ་བྱོན་པའི་ཀརྨ་པ་སྐུ་འཕྲེང་གཉིས་པ་ཀརྨ་པཀྴི (1204-1283) ཞུ་བ་ཁོང་ཡིན་ན། ཁོང་གི་མངའ་རིས་རྒྱས་པར་ཤོག་ཅེས་དང་། དེ་དག་གི་ནང་ནས་སྙེ་མོའི་མར་ཁྲུང་ཇོ་མོ་ལྷ་ཆུའི་གཞུང་དུ་གཡང་ཆགས་གྲུ་བ་འདུལ་ཐང་སྟེ་ཡུལ་དེའི་མི་རྣམས་དབྱར་རྟ་རྒྱུགས་གཏོང་སའི་འདུ་ཐང་དང་། བསྟན་པ་སྔ་དར་གྱི་ལོ་ཆེན་བེ་རོ་ཙ་ནའི་འཁྲུངས་ཡུལ་དཔའ་གོར་གྲོང་ཚོ་དེར་གསུང་རབ་དེ་འབྲི་བཞེངས་བསྐྲུངས་པ་དེ་མཛད་བྱང་ལས་ཤེས།

གསུམ། སྦྱིན་བདག

སྙེ་མོའི་གཞུང་དུ་ཆགས་པའི་བསྟན་པ་སྔ་དར་གྱི་ལོ་ཆེན་ཐན་གསུམ་གྱི་གྲས་སུ་བཞུགས་པའི་ལོ་ཆེན་བེ་རོ་ཙ་ནའི་འཁྲུངས་ཡུལ་ད་ལྟའི་སྙེ་མོ་རྫོང་མི་དམངས་སྲིད་གཞུང་གནས་སའི་ཕྱོགས་ཤར་དུ་ཡོད་པའི་གྲོང་ཚོ་དཔའ་གོར་དུ། གསུང་རབ་དེ་འབྲི་བཞེངས་བསྐྲུངས་པའི་སྐབས་སུ་གསུང་རབ་ཀྱི་རྒྱུ་འགྲོ་སྒྲུབ་མཁན་ནི་རིགས་ཅུས་མཛོ་ཞིང་རྒྱུ་ནོར་འཛོམས་པའི་ཡོན་བདག་བསོད་མགོན་དང་ཡོན་བདག་མོ་རྣམ་གཉིས་དང་། དཔོན་དབང་དཔོན་རྗོན་དབུ་མཛད་ལ་སོགས་པས་གསུང་རབ་མཐོང་སྨོན་འདི་འབྲི་བཞེངས་གྲུབ་པའི་སྐབས་སུ། དཀོན་མཆོག་བླ་མས་གཉེར་པ་དང་སྤྱོད་འཛིན་བཟང་པོ་མཛད་དེ་ལེགས་སྒྲུབ་བྱུང་བ་ཞིག་ཡིན་པ་སྟེ་མཛད་བྱང་ལས། །སྐྱེ་ས་རྒྱུ་རྫས་དད་གུས་ཁྱད་པར་འཕགས། །ཡོན་བདག་བསོད་མགོན་ཐུགས་དགོངས་བཟང་པོ་ཡིས། །ཞེས་དང་ཡོན་བདག་མོ་ཡིས་ཐབ་ཁ་ཕྱོགས་མེད་ཀྱངས། །རྒྱུ་མ་ལྷ་མཛེས་ལྟ་བུར་སྐྱེ་བར་ཤོག། །དཔོན་དབང་དཔོན་རྗོན་ཤུ་མཛད་ཡོན་མཆོད་རྣམས། །གསུང་རབ་དཀར་པོ་མཐོང་སྨོནད་འདི་གྲུ་བ་པས། །མཆོག་དང་ཐུན་མོང་གཉིས་དོན་འགྲུབ་པར་ཤོག། །ཚེ་རིགས་སྐྱེ་ས་རྩལ་འཛོམ་པ་དང་། །ཐུགས་རིག་ཟ་འོག་གུར་ཁྲིམ་རིས་པས་སྤྲ། །དཀོན་མཆོག་བླ་མ་གཉེར་པ་ཁྱད་དུ་འཕགས། །མཐར་རྟེན་སྤྱོད་འཛིན་བཟང་པོ་མཛད་ནས་སུ། །དཔོན་སོག་བདག་ལ་ཞབས་ཏོག་ལུགས་བཞིན་མཛད། །[①]
ཅེས་པས་རྟོགས།

① སྙེ་མོ་མར་ཁྲུང་མཁའ་སྤྱོད་དུ་བཞུགས་པའི་ཤེར་ཕྱིན་པོད་ན་པའི་མཛད་བྱང་དབུ་ཤོག་གི་ཞལ་ཁིབས་ལས་དྲངས།

བཞི། སྐབས་ཤོག

སྣེ་མོའི་དཔའ་གོར་གྲོང་དུ་དད་པ་སྐྱོ་ངས་མེད་པའི་སྦྱིན་བདག་བསོད་མགོན་སོགས་ཀྱིས་གནང་སྟེ་གསུང་རབ་དེ་འབྲི་བཞེངས་བྱ་བའི་སྐབས་སུ། གསུང་རབ་འབྲི་བཞེངས་ལ་ཉེ་བར་མཁོ་བའི་སྐབས་ཤོག་གཉིས་ལས་ཤོག་བུ་ནི་སྣེ་མོའི་རྩེ་རྐོད་བཟང་པོས་བསྒྲུབས་པ་དང་། རྩི་ཆགས་ཞལ་ཤིག་སླབས་ཤེས་འཚོམ་པ་དང་། ཤོག་བུའི་ཆུ་ཞེང་གབ་པའི་ཤོག་དྲིལ་ལམ་ཤོག་ཆགས་ཡུག་གཅིག་ལ་མདའ་ཚད་མ་ལྡེབ་གྲངས་བཞི་རེ་ཐོན་[1]པའི་ཆག་པོ་རྒྱག་མཁན་དཔོན་བསྐོམ་དཀོན་མཆོག་རྒྱལ་མཚན་གྱིས་མཛད་དེ་བྱུང་བ་ཞིག་ཡིན་པ་སྟེ། ཞིང་སར་ཤོ་ཀུ་རྩེ་རྐོད་བཟང་པོ་བསྒྲུབས། །རྩི་ཆགས་ཞལ་ཐིག་སླབས་ཤེས་འཚོམ་པ་ཡི། །ཤོག་ཆགས་དཔོན་བསྐོམ་དཀོན་མཆོག་རྒྱལ་མཚན་མཛད། །[2]ཅེས་པས་སོ།

ལྔ། ཡིག་མཁན།

འབྲས་བུ་འཕྲུལ་ཡིག་གྲོགས་ཆོས་ལེགས་པར་བཀོད་[3]ཅེས་པ་ནི་སྣེ་མོའི་དཔའ་གོར་གྲོང་ཚོར་གསུང་རབ་དེ་དད་པ་སྐྱོ་ངས་མེད་པའི་སྦྱིན་བདག་གིས་རྒྱུ་འགྲོ་སྒྲུབ་ཏེ་སྒོ་གསུམ་ཐང་ཆད་འབྲི་བའི་ཡིག་པ་འཕྲུལ་ཡིག་མཁན་པོ་གྲོགས་ཆོས་ལེགས་པར་བཀོད་པ་དེ་ཡིག་མཁན་གྱི་སྐོར་ཡིན།

དྲུག བསྔོ་སྨོན།

སྣེ་མོ་རྗེ་མོ་ལྷ་ཆུ་རྒྱུགས་པའི་གཞུང་གྱི་པའི་འདུའ་ཐང་དུ་ཆགས་པའི་བེ་རོའི་འབྲུངས་ཡུལ་དཔའ་གོར་གྲོང་ཚོར་དད་པ་སྐྱོ་ངས་མེད་པའི་སྦྱིན་བདག་དང་སྒོ་གསུམ་ཐང་ཆད་འབྲི་བའི་ཡིག་མཁན་དང་། རྐང་འཁྱོར་གཞུང་སྒྲོང་གི་ཞུས་དག་མཁན་ལ་སོགས་པ་དུས་ཐོག་ཏུ་འཛོམས་ཏེ་གསུང་རབ་དེ་འབྲི་བཞེངས་ཟིན་པའི་རྗེས་སུ་སྨོན་ལམ་ཡོངས་སུ་གཏོགས་པའི་

---

① འཛིགས་མེད་གྲགས་པས་མཛད་པའི་ཆོས་རྒྱལ་རབ་བརྟན་ཀུན་བཟང་འཕགས་ཀྱི་རྣམ་ཐར་བོད་ལྗོངས་མི་དམངས་དཔེ་སྐྲུན་ཁང་གི་1987ལོའི་སྤར་མའི་ཤོག་གྲངས་366ལས་དྲངས།

② སྣེ་མོ་མར་རྒྱང་མཁའ་སྤྱོད་དུ་བཞུགས་པའི་ཤེར་ཕྱིན་པོད་ན་པའི་མཛད་བྱང་དགུ་ཤོག་གི་ཞལ་ཁིབས་ལས་དྲངས།

③ སྣེ་མོ་མར་རྒྱང་མཁའ་སྤྱོད་དུ་བཞུགས་པའི་ཤེར་ཕྱིན་པོད་ན་པའི་མཛད་བྱང་དགུ་ཤོག་གི་ཞལ་ཁིབས་ལས་དྲངས།

སེམས་ཅན་རྣམས་ཀྱི་རང་རང་གི་མོས་པ་དང་འཚམས་པའི་བསྔོ་བ་སྨོན་ལམ་བཏབ་ཡོད་པ་སྟེ་མཛད་བྱང་ལས། ཡོན་མཆོད་སྣང་མཛད་ཞིང་དུ་སྐྱེ་འགྱུར་ཤོག། །བླ་མེད་བྱང་ཆུབ་མྱུར་ཐོབ་འགྱུར་བར་ཤོག། །སྨོན་ལམ་ཐམས་ཅད་མྱུར་དུ་གྲུབ་འགྱུར་ཤོག། །མདོར་ན་འགྲོ་དོན་ཐམས་ཅད་བྱེད་པར་ཤོག། ། ཧེ་ཧེ། ། [①]ཞེས་པས་རྫོགས་སོ།

ལེ་ཚན་དགུ་པ། མར་རྒྱུད་མཁའ་སྤྱོད་ཤེར་ཕྱིན་པོད་བ་པའི་མཛད་བྱང་།

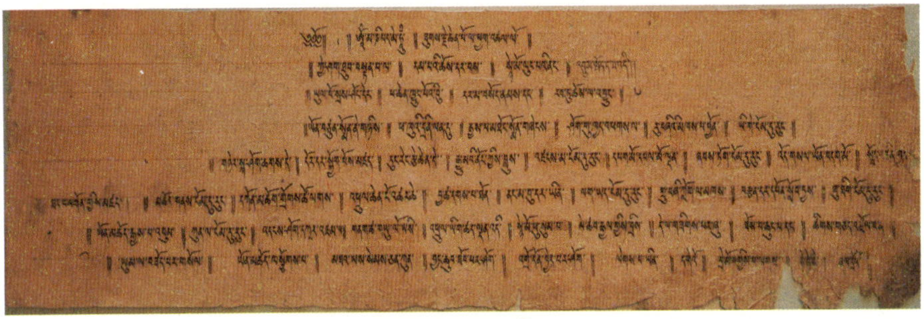

མཛད་བྱང་མ་དཔེ།

དང་པོ། མཛད་བྱང་མ་ཕྱུགས།

༄༅། །ཨོཾ་ས་ཧི་པད་མེ་ཧཱུཾ། །ཐུགས་རྗེ་ཆེན་པོ་ལ་ཕྱག་འཚལ་ལོ། །ཀྱེ་ཤཱཀ་ཐུབ་བསྟན་པ་ལ། །དམ་པའི་ཆོས་དར་བས། །སྙེ་མོ་ལུང་པའི་ནང་། །ཡུལ་པོ་སྲུས་ཤོང་དེར། །ཕ་ཆེན་ཁྱུང་པོའི་བུ། །དར་མ་བསོད་ནམས་དང་། ། རབ་ཏུ་ཆོས་ལ་འབྱུང་། །ཡོན་བཙུན་སླེན་ནེ་གཉིས། །ཕ་ཁུའི་དྲིན་ལན་དུ། །རྒྱས་པ་མཐོང་སྨོན་གཞེངས། །ཤོག་གྲུ་ཁྱད་འཕགས་པ་ལ། །ཙུ་བཞིའི་མཁས་པ་ཕྱོན། །ཡི་གེ་ངོམ་དུ་ཙུང་། །གཉེར་སྐ་ཤོག་ཆགས་དེ། །དོར་དར་སྐྱོག་པོས་མཛད། །དུང་རེང་རྩེ་ཆེན་དེ། །རྒྱུ་མའི་ནོར་ཀྱིས་བླུས། །འཛངས་མ་ངོམ་དུ་ཙུང་། །དཔག་མོ་དཔལ་མོ་ལྡན། །ཞབས་ཧྲག་ངོམ་དུ་ཙུང་། འོད་གསལ་ཡོན་བདག་མོ། །སྤྱོད་འཛིན་ཁྱད་པར་ཅན། །ཐར་བ་མགོན་གྱིས་མཛད། །མཆོད་གནས་ངོམ་དུ་ཙུང་། །དཀོན་མཆོག་གྲོགས་ཚོ་ལགས། །འཕྲུལ་ཆེན་ངོ་འཚར་ཆེ། །བྱེ་ཚ་དགས་པ་ཐོན། །ནང་མ་བུ་དར་ཡིན། །ལག་ཡང་

---

① སྙེ་མོ་མར་རྒྱུད་མཁའ་སྤྱོད་དུ་བཞུགས་པའི་ཤེར་ཕྱིན་པོད་ན་པའི་མཛད་བྱང་དཔེ་ཤོག་གི་ཞལ་ཁེབས་ལས་དྲངས།

ངོམ་དུ་ཟུང་། །སྲུ་བཞི་སློག་ལ་མཁས་།། བརྩན་དར་དཔོན་སློབ་བྱས་། །ཞུ་ཐིག་ངོམ་དུ་ཟུང་། །ཡོན་མཆོད་རྒྱས་པ་འབུམ་། །ཀུན་ལ་ངོམ་དུ་ཟུང་། །འདངས་ཤོག་དཀར་འཇམ་ལ་།། གནག་ཚ་གཡུ་ལོ་ཡིས་། །འཕྲུལ་ཡིག་ཚད་ལྡན་འདི་། །སྐྱེ་མོ་ཕུ་སུམ་པ་། །མི་ཚབ་རྒྱལ་གྱིས་བྲིས་། །དེ་ལ་གཟིགས་པ་ཞུ། །ཐོས་པ་ཆུང་པ་དང་། །ཚིགས་གཅད་འཛོལ་བ་ན་། །ཕྱུམ་ལ་བཟོད་པར་གསོལ་། །ཡོན་མཆོད་ལསྐོགས་པ་། །མཐའ་ཡས་སེམས་ཅན་ཀུན་། །བྱང་ཆུབ་ཐོབ་པར་ཤོག་། །འགྲོ་དོན་བྱེད་པར་ཤོག་། །ལེགས་པ་ཡིན་། །དགེའོ་། །བྲི་མོ་བགྱིས་པ་ལགས་། །ཏེ་ཏེ་ཏེ་། །ཞལ་དྲོའོ་།།[1]ཞེས་པའོ།

གཉིས་པ། མཛད་བྱང་གི་དཔེ་ཞིབ།

གཅིག བསྟོད་ཕྱག

༄༅། །ཨོཾ་མ་ཎི་པད་མེ་ཧཱུཾ་། །ཐུགས་རྗེ་ཆེན་པོ་ལ་ཕྱག་འཚལ་ལོ་།།[2]ཞེས་བརྗོད་པ་ནི་མཛད་བྱང་གཞན་རྣམས་ཀྱི་བསྟོད་ཕྱག་དང་མི་འདྲ་བ་སྟེ་འདིར་ཐོག་མར་ཨོཾ་མ་ཎི་པད་མེ་ཧཱུཾ་ཞེས་ཐུགས་རྗེ་ཆེན་པོ་སྟེ་སྤྱན་རས་གཟིགས་ཀྱི་གཟུངས་སྔགས་ཀྱི་སྙིང་པོ་དེ་སྔོན་དུ་བརྗོད་པ་དང་ལྷན་ཅིག་སྤྱན་རས་གཟིགས་ལ་ཕྱག་འཚལ་ཕྱུལ་གནང་འདུག སྤྱན་རས་གཟིགས་ཀྱི་གཟུངས་སྔགས་སྙིང་པོ་དེ་བོད་ལ་དུས་རབས་ཅི་ཙམ་ཞིག་གི་ནང་དུ་དར་ཡོད་མེད་ཀྱི་ཐད་ལ། རྒྱལ་སྤྱིའི་བོད་རིག་པའི་ཞིབ་འཇུག་པ་དག་གིས་བཞེད་དོན་ལྟར་ན། སྤྱི་ལོ་1934ལོར་ཆེད་མངགས་ལི་ཡུལ་ཁུལ་དུ་རྟོག་ཞིབ་ལ་ཕྱིན་མཁན་པོའི་ཤེ་ཧྥའི་伯希和) ཡིས་བོད་ཡུལ་དུ་དར་ཁྱབ་ཆེ་བའི་སྤྱན་རས་གཟིགས་ཀྱི་གཟུངས་སྔགས་ཡིག་དྲུག་སྐོར་ལ་དཔྱད་རྩོམ་སྤེལ་གནང་བ་མ་ཟད། ཁོང་གིས་གསུངས་དོན་སྤྱན་རས་གཟིགས་ཀྱི་གཟུངས་སྔགས་ཡིག་དྲུག་དེ་ནི་སྤྱི་ལོ་1000ལོའི་གཡས་གཡོན་དུ་དར་བ་ཞིག་རེད་ཅེས་གསུངས། དེ་ལྟར་དཔྱད་འཇོག་གནང་དོན་ནི་ཁོང་གིས་ཐེག་ཆེན་མདོ་སྡེ་ཟ་མ་ཏོག་རྒྱ་འགྱུར་དེ་ནི་རྒྱ་ནག་གི་ལོ་ཙཱ་བ་སྐྱབས་མཆོག་ (天息灾卒殁) གིས་[3]རྒྱ་སྒྱུར་གྱི་དུས་ཚོད་ལ་བརྟེན་ནས་ཐག་བཅད་པ་ཞིག་རེད་འདུག་

① སྣེ་མོ་མར་རྒྱང་མཁའ་སྤྱོད་དུ་བཞུགས་པའི་ཤེར་ཕྱིན་པོད་བ་པའི་མཛད་བྱང་དབུ་ཤོག་གི་ཞལ་ཁེབས་ལས་དྲངས།

② སྣེ་མོ་མར་རྒྱང་མཁའ་སྤྱོད་དུ་བཞུགས་པའི་ཤེར་ཕྱིན་པོད་བ་པའི་མཛད་བྱང་དབུ་ཤོག་གི་ཞལ་ཁེབས་ལས་དྲངས།

③ “《大乘庄宝王经》简称《 庄严宝王经》。佛教经典。背诵天息灾译。四卷。主要述说观自在菩萨历劫救

[1]ཅེས་ཉི་ཧོང་ཅིང་ཀྲི་ཡོའོ་ལང་（今枝由郎）（今枝由郎）གིས་དཀག་སྐྱབ་མཛད་འདུག་པ་དེ་ཐད། དེ་རྗེས་ཡང་1971ལོར་རེ་ག་མེག་གིས་སྤྱན་རས་གཟིགས་གཟུངས་སྔགས་སྙིང་པོ་ཡིག་དྲུག་རྒྱ་དཔེ་གྲུ་གྲུ（吉尔吉特）རུ་ཉར་ཚགས་བྱས་པའི་ཐེག་པ་ཆེན་པོ་མདོ་སྡེ་ཟ་མ་ཏོག་བཀྲིས་ཟད་དུ་སོང་བ་དེའི་ནང་དུ་མ་ཎི་ཡིག་དྲུག་བཞུགས་ཡོད་ཅིང་རྒྱ་དཔེ་མདོ་སྡེ་ཟ་མ་ཏོག་དེ་ནི་དུས་རབས་6-7པའི་ནང་དུ་འབྲི་བཞེངས་བྱས་པ་ཞིག་ཡིན་ཞེས་བཤད། དེར་བརྟེན་སྤྱན་རས་གཟིགས་ཀྱི་གཟུངས་སྔགས་མ་ཎི་ཡིག་དྲུག་དེ་ཡང་རང་བཞིན་གྱིས་སྤྱི་ལོའི་དུས་རབས་6-7ནང་དུ་བྱུང་ཟིན་པ་དེ་རང་བཞིན་གྱིས་སྐྱབ་ཐུབ་པ་བྱུང་། བོད་ཡུལ་ལས་འཆད་ན་མདོ་སྡེ་ཟ་མ་ཏོག་ནི་བོད་ཀྱི་བཙན་པོ་ལྷ་ཐོ་ཐོ་རི་གཉན་བཙན་སྐུ་དུས་ལོ་ཙྪ་བ་ལི་ཐེ་སེ་དང་པཎྜི་ཏ་བློ་སེམས་ཚོ་རྣམ་གཉིས་ཀྱིས་བསྣམས་ཕེབས་ཏེ་བྱུང་ཞིང་། མདོ་སྡེ་ཟ་མ་ཏོག་དེ་བཙན་པོ་སྲོང་བཙན་སྒམ་པོའི་སྐུ་དུས་སུ་ཐོན་མི་སམ་བྷོ་ཊས་བོད་དུ་བསྒྱུར་ཞེས་གསུངས་ཡོད་པ་མ་ཟད། བོད་བཙན་པོའི་སྐུ་དུས་ཀྱི་དཀར་ཆག་ཆེན་པོ་གསུམ་གྱི་ཡ་གྱལ་དཀར་ཆག་ལྡན་དཀར་མ་སྤྱི་ལོ་812ལོར་བསྡུ་སྒྲིག་གནང་བའི་ནང་དུའང་མདོ་སྡེ་ཟ་མ་ཏོག་འཁོད་ཡོད་པ་མ་ཟད། དེའི་བསྒྱུར་བྱང་དུ་ཡང་སྡེ་དགེའི་སྤར་མ་ལྟར་ན། གྲོལ་མཆོག་དང་ཚུལ་ཁྲིམས། ཡེ་ཤེས་སྡེ་སོགས་ཀྱིས་བསྒྱུར་ཞེས་འཁོད་པ་ལས་བོད་དུ་སྤྱན་རས་གཟིགས་ཀྱི་གཟུངས་སྔགས་མ་ཎི་ཡིག་དྲུག་དེ་བསྟན་པ་སྔ་དར་གྱི་གོང་དུ་བྱུང་ཟིན་པ་དེ་ང་ཚོས་གོང་གི་གཞུང་ལུགས་ཁག་ལས་རྟོགས་ཐུབ་པ་མ་ཟད། ཅིང་ཀྲི་ཡོའོ་ལང་（今枝由郎）སྤྱི་ལོ་1975ལོར་ལུན་ཏུན་དུ་རྟོག་ཞིབ་ཞིབ་འཇུག་ཏུ་བསྐྱོད་རྗེས། རྒྱ་གར་གཞུང་དོན་སྤྱོད་འཕེལ་མཛོད་ཁང་དུ་ཉར་ཚགས་གནང་བའི་ཏུན་ཧོང་བོད་ཡིག་བྲིས་མའི་ནང་ནས་དུག་གསུམ་གནོད་འཇོམས་པའི་མདོ་ཞིག་རྙེད་སོན་བྱུང་། དུག་གསུམ་གནོད་འཇོམས་ཀྱི་ནང་དུ་སྤྱན་རས་གཟིགས་ཀྱི་གཟུངས་སྔགས་མ་ཎི་ཡིག་དྲུག་དང་ཆེས་འདྲ་བའི་གཟུངས་སྔགས་ཤིག་རྙེད། དུག་གསུམ་གནོད་འཇོམས་དེ་ནི་ཉར་ཚགས་ལེགས་པའི་བྲིས་མ་ཤོག་དྲིལ་གཉིས་ཡོད་པ་དེ་ནི་རྒྱ་གར་གཞུང་དོན་སྤྱོད་དཔེ་མཛོད་ཁང་གི་ཉར་ཚགས་ཨང་I.O.420དང་421-1བྲིས་མ་གཉིས་དེ་ཡིན་[2]ཞེས་པ་ལས་བོད་ཡུལ་དུ་

苦之事及所住种种三昧。”见，任继愈著《佛教大辞典》凤凰出版社2002年版，第144页。

① 见，郑炳林 主编/耿昇 译《法国藏学精粹》读者出版集团2011年版 第2卷 ，第381页。

② 见，郑炳林 主编/耿昇 译《法国藏学精粹》读者出版集团2011年版 第2卷 ，第381页。

སྤྱན་རས་གཟིགས་ཀྱི་གཟུངས་སྔགས་མ་ཎི་ཡིག་དྲུག་ནི་བསྟན་པ་སྔ་དར་གོང་ནས་དར་ཟིན་པ་དེ་གཞུང་ལུགས་དང་དངོས་རིགས་གཉིས་ཀྱིས་ཐོག་ནས་ཤེས་པ་མ་ཟད། དུས་རབས་13པའི་ནང་དུ་བོད་ཀྱི་དགོན་སྡེ་ཁག་དུ་མ་ཎིའི་རྒྱུན་[1]ཡང་འཛུགས་སྲོལ་བྱུང་ཞིང་། ད་དུང་བོད་ཀྱི་རི་མཐོ་ས་གཙང་གི་གནས་སུ་རྐོས་དང་བྲིས་པའི་མ་ཎི་ཡིག་དྲུག་ཡང་ཅུང་ཟད་ཅིག་མཐོང་འབབ་བར་སྣང་། མ་ཎི་ཡིག་དྲུག་གི་བྱེད་ནུས་དང་བསྟུན་སྟེ་བོད་ཀྱི་ཆོན་རྩི་རིག་པའི་གཞུང་གི་མཚོན་བྱེད་ལས་ཆོན་མདོག་ཀྱང་ཨོཾ་ནི་དཀར་བའི་རང་བཞིན་ལས་སྟེང་ལྷ་ཡུལ་དང་མ་ཡིག་གི་སྡོན་པ་ལས་སྐྲོམ་ལམ་དང་། ཎི་ཡིག་གིས་སེར་མདོག་ལས་འཇིག་རྟེན་ཁམས་དང་། པད་ཡིག་ལྗང་ཁུས་འདུད་འགྲོའི་ལམ། མེ་ཡིག་དམར་པོས་ཡི་དྭགས་ཀྱི་ལམ། ཧཱུྃ་ཡིག་ནག་པས་དམྱལ་བའི་དོན་ཡིན་པའི་[2]མཚོན་བྱེད་བོད་ཀྱི་རི་མཐོ་ས་གཙང་གང་སར་མཇལ་རྒྱུ་ཡོད་པ་སོགས་ལས་སྤྱན་རས་གཟིགས་གཟུངས་སྔགས་མ་ཎི་ཡིག་དྲུག་བྱེད་ནུས་དང་མཚོན་བྱེད། དུས་རབས་གང་དུ་དར་ཡོད་མེད་སོགས་ཅུང་ཟད་ཅིག་རྟོགས།

གཉིས། ཡུལ་ལུང་།

གསུང་རབ་འདི་བྲིས་བཞེངས་བསྐྲུངས་པའི་སྐབས་སུ་དད་པ་སྒྲོ་ངས་མེད་པའི་སྦྱིན་བདག་གིས་རྒྱུ་འགྲོ་སྤྱར་ཏེ་སྒོ་གསུམ་ཐང་ཆད་འབྲི་བའི་ཡིག་མཁན་གྱིས་འབྲི་བཞེངས་བསྐྲུངས་སའི་ཡུལ་ལུང་ནི། སྣེ་མོའི་མར་རྒྱུད་གི་ཇོ་མོ་ལྷ་ཆུའི་འགྲམ་དུ་ཆགས་པའི་ཡུལ་སྲས་གཞོང་སྟེ་དེང་གི་བྲག་སྐོར་ཤང་གི་མངའ་ཁོངས་སུ་ཡིན་པ་སྟེ་མཛད་བྱང་ལས། །ཀྱེ་ཤག་ཐུབ་བསྟན་པ་ལ། །དམ་པའི་ཆོས་དར་བས། །སྣེ་མོ་ལུང་པའི་ནང་། །ཡུལ་པོ་སྲས་ཤོང་དེར། ། [3]ཞེས་པས་སོ།

---

① ཚལ་པ་ཀུན་དགའ་རྡོ་རྗེས་བརྩམས་པའི་དེབ་ཐེར་དམར་པོ་དུང་དཀར་བློ་བཟང་འཕྲིན་ལས་ཀྱི་མཆན་འགྲེལ་བཀོད་པ་པེ་ཅིང་མི་རིགས་དཔེ་སྐྲུན་ཁང་གི་1981ལོའི་སྤར་མའི་ཤོག་གྲངས་144ལས་དྲངས།

② 见，李翎著《藏传佛教阿弥陀佛与观世音像研究》甘肃名族出版社2012年版，第81页。

③ སྣེ་མོ་མར་རྒྱུད་མཁའ་སྤྱོད་དུ་བཞུགས་པའི་ཤེར་ཕྱིན་པོད་བ་པའི་མཛད་བྱང་དབུ་ཤོག་གི་ཞལ་ཁེབས་ལས་དྲངས།

གསུམ། སྨིན་བདག

སླེ་མོའི་མར་རྐྱང་ཛོ་མོ་ལྷ་ཚུའི་འགྲམ་དུ་ཆགས་པའི་ཡུལ་སྲུས་གཞོང་དེར་གསུང་རབ་དེ་འབྲི་བཞེངས་བསྐྲུངས་པའི་སྐབས་སུ་དད་པ་སྐྱོ་ངས་མེད་པའི་སྦྱིན་བདག་གནང་མཁན་ནི། བོད་ཀྱི་རུས་ཆེན་བཞི་ལས་ལྡོང་གི་རུས་རྒྱུད་བཅོ་བརྒྱད་ལས་ཆད་པའི་ཁྲུང་གི་བུ་དར་མ་བསོད་ནམས་དང་ཡོན་བཙུན་སློན་ནེ་གཉིས་ཀྱིས་རང་གི་ཕ་ཁུའི་དྲིན་ལན་བསབ་པའི་ཆེད་དུ་ཤེར་ཕྱིན་ཡུམ་རྒྱས་པ་མཐོང་སློན་དེ་འབྲི་བཞེངས་བྱ་སྐབས་སུ། ཕྱར་བ་གྲུ་འདེགས་གནང་མཁན་གྱི་དཔག་མོ་དཔལ་ལྡན་དང་འོད་གསལ་ཡོན་བདག་མོ་དང་། ཐར་བ་མགོན་པོ་དང་དཀོན་མཆོག་གྲོགས་ཚོ་དང་བུ་དར་བཅས་ཀྱིས་ལས་རིགས་སོ་སོའི་དགོས་མཁོ་དང་རང་རང་གི་འཁོས་འཁྱེར་དང་ནུས་པར་གཞིགས་ཏེ་ཞབས་ཞུ་དཔེ་མེད་སྒྲུབ་སྟེ་འབྲི་བཞེངས་བསྐྲུངས་པ་སྟེ་མཛད་བྱང་ལས། ཕ་ཆེན་ཁྲུང་པོའི་བུ། །དར་མ་བསོད་ནམས་དང་། །རབ་ཏུ་ཆོས་ལ་འབྱུང་། །ཡོན་བཙུན་སླེན་ནེ་གཉིས། །ཕ་ཁུའི་དྲིན་ལན་དུ། །རྒྱས་པ་མཐོང་སློན་གཞེངས། །ཞེས་དང་ འཛངས་མ་ངོམ་དུ་རུང་། །དཔག་མོ་དཔལ་མོ་ལྡན། །ཞབས་ཏོག་ངོམ་དུ་རུང་། །འོད་གསལ་ཡོན་བདག་མོ། །སྲོད་འཛིན་ཁྲད་པར་ཅན། །ཐར་བ་མགོན་གྱིས་མཛད། །མཆོད་གནས་ངོམ་དུ་རུང་། །དཀོན་མཆོག་གྲོགས་ཚོ་ལགས། །འཕྲུལ་ཆེན་ངོ་འཚར་ཆེ། །བྲོ་ཚ་དགས་པ་ཐོན། །ནང་མ་བུ་དར་ཡིན། །ལག་ཡད་ངོམ་དུ་རུང་། །[①]ཞེས་པས་རྟོགས།

བཞི། འབྲི་ཤོག

སླེ་མོའི་དེང་གི་བྲག་སྟོར་ཤང་གི་སྲུས་གཞོང་དུ་ཁྲུང་གི་རྒྱུད་པ་བུ་དར་མ་བསོད་ནམས་དང་ཡོན་བཙུན་སློན་ནེ་སོགས་ཀྱིས་དད་པ་སྐྱོ་ངས་མེད་པའི་སྦྱིན་བདག་གནང་སྟེ། གསུང་རབ་འབྲི་བཞེངས་བསྐྲུངས་པའི་སྐབས་དེར་འབྲི་བཞེངས་ལ་ཉེ་བར་མཁོ་བའི་སྣག་ཤོག་གཉིས་ལས་འབྲི་ཤོག་གི་སྐོར་དུ་ཁྱད་དུ་འཕགས་པའི་འབྲི་ཤོག་སྟེ་ཤོག་ཆགས་སམ་ཤོག་ཡུག་ལ་ལྷེབ་གྲངས་མདའ་ཚད་མ་བཞི་ཐོན་པའི་དྲས་ཀྱིས་མཁས་པ་དོར་དར་སྐྱོག་པོས་མཛད་ཅིང་། ཤོག་བུ་དུང་རེང་རྩེ་ཆེན་དེ་སྨྲ་མའི་ནོར་གྱིས་བླུ་ཏེ་མཛད་ཅིང་། ཤོག་བུའི་ཉིན་སྲིབ་

① སླེ་མོ་མར་རྐྱང་མཁའ་སྤྱོད་དུ་བཞུགས་པའི་ཤེར་ཕྱིན་པོད་བ་པའི་མཛད་བྱང་དབུ་ཤོག་གི་ཞལ་ཁིབས་ལས་དྲངས།

གཉིས་པོ་དཀར་ཞིང་འཛམ་ཤ་ལྡན་པའི་སྟེང་དུ་སྣག་ཚ་ཁྱད་པར་ཅན་གཡུ་ལོ་མདོག་གིས་འབྲི་བཞེངས་བསྒྲུངས་པ་དེ་མཛད་བྱང་ལས། ཤོག་གུ་ཁྱད་འཕགས་པ་ལ། །ཏུ་བཞིའི་མཁས་པ་ཕྱོན། །ཡི་གེ་རོམ་དུ་ཙུང་། །གཉེར་སྐྱ་ཤོག་ཆགས་དེ། །དོར་དར་སྐྱོག་པོས་མཛད། ། དུང་རེང་རྩེ་ཆེན་དེ། །རྒྱུ་མའི་ནོར་གྱིས་བླུས། །ཞེས་འདངས་ཤོག་དཀར་འཛམ་ལ། །གནག་ཚ་གཡུ་ལོ་ཡིས། ། [1]ཞེས་པས་རྟོགས།

ལྔ། ཡིག་ཞུས།

སྦྱིན་བདག་ཁྱུང་གི་རྒྱུད་པ་བུ་དར་མ་བསོད་ནམས་དང་ཡོན་བཙུན་སྨོན་ནེ་རྣམ་གཉིས་གྱིས་གནང་སྟེ་རང་གི་ཕ་ཁུའི་དོན་དུ་ཤེར་ཕྱིན་རྒྱས་པ་མཐོང་སྨོན་དེ་འབྲི་བཞེངས་བསྒྲུངས་པའི་སྐབས་སུ། ཁྱད་འཕགས་ཀྱི་ཤོག་བུའི་སྟེང་དུ་སྣག་ཚ་འཛམ་ཤ་ལྡན་ཤིང་མདོག་གཡུ་ལོ་ཅན་གྱིས་འབྲི་བཞེངས་བྱ་བའི་སྣོ་གསུམ་ཐང་ཆད་འབྲི་བའི་ཡིག་པ་ནི། དེང་གི་སྐྱེ་མོ་རྫོང་གི་དར་གྲོང་ཤང་གི་ཁོངས་སུ་གཏོགས་པའི་ཕུ་སུམ་གྲོང་ཚོའི་མི་ཚབ་རྒྱལ་གྱིས་བྲིས་ཤིང་། དེ་དག་གི་བཟ་དག་དང་རྙང་འཁྱོར་གཞུང་སྤྱོང་གི་ཞུས་དག་པ་ནི་ལྷགས་ཞུས་ལ་ནང་བྱན་ཚུད་པའི་སློབ་དཔོན་བཙན་དར་གྱིས་བྱས་པས་ལས་ངོ་མཚར་ཆེ་ཞེས་མཛད་བྱང་དུ་བྱུང་བ་སྟེ། འཕྲུལ་ཡིག་ཚད་ལྡན་འདི། །སྐྱེ་མོ་ཕུ་སུམ་པ། །མི་ཚབ་རྒྱལ་གྱིས་བྲིས། །དེ་ལ་གཟིགས་པ་ཞུ། །ཞེས་དང་གྲུ་བཞི་གློག་ལ་མཁས། ། བཙན་དར་དཔོན་སློབ་བྱས། །ཞུ་ཐིག་རོམ་དུ་ཙུང་། ། [2]ཞེས་པས་སོ།

དྲུག བསྔོ་སྨོན།

ཡིག་དཔོན་སྐྱེ་མོ་ཕུ་སུམ་པའི་མི་ཚབ་རྒྱལ་གྱིས་འབྲི་བཤུས་ཟིན་པ་དང་ཞུས་དག་སློབ་དཔོན་བཙན་དར་གྱིས་མཛད་དེ་གཞུང་དེ་བདེ་བླག་དང་ལེགས་སྐྱབ་བྱུང་བའི་རྗེས་སུ། ཡིག་བཤུས་དང་མཆོད་ཡོན་སྦྱིན་བདག་གི་མོས་པ་དང་འཚམས་པའི་བསྔོ་བ་སྨོན་ལམ་བསྒྲིན་ཡོད་པ་སྟེ། ཚིགས་གཅད་འཇོལ་བ་ནི། །ཡུམ་ལ་བཟོད་པར་གསོལ། ། ཡོན་མཆོད་

① སྐྱེ་མོ་མར་རྒྱང་མཁའ་སྤྱོད་དུ་བཞུགས་པའི་ཤེར་ཕྱིན་པོད་བ་པའི་མཛད་བྱང་དབུ་ཤོག་གི་ཞལ་ཁེབས་ལས་དྲངས།

② སྐྱེ་མོ་མར་རྒྱང་མཁའ་སྤྱོད་དུ་བཞུགས་པའི་ཤེར་ཕྱིན་པོད་བ་པའི་མཛད་བྱང་དབུ་ཤོག་གི་ཞལ་ཁེབས་ལས་དྲངས།

ལས་སྒྲོགས་པ་། །མཐའ་ཡས་སེམས་ཅན་ཀུན་། །བྱང་ཆུབ་ཐོབ་པར་ཤོག་། །འགྲོ་དོན་བྱེད་པར་ཤོག་། །ལེགས་པ་ཡིན་། །དགེའོ་། ། [1]ཞེས་པས་སོ།

བདུན། མཇུག་བསྡུའི་ཚིག

གཡས་ཏུའི་སྙིང་པོ་སྙེ་མོ་རིག་པའི་འབྱུང་གནས་ཀྱི་བྲག་སྒོར་ཤང་གི་སྲས་གཞོང་དུ་སྦྱིན་བདག་ཁྱུང་གི་བུ་དར་མ་བསོད་ནམས་དང་ཡོན་བཙུན་སྒྲོན་ནེ་གཉིས་ཀྱི་རང་གི་ཕ་ཁུའི་དྲིན་ལན་བསབ་པའི་སླད་དུ། ཤེར་ཕྱིན་རྒྱས་པ་མཐོང་སྒྲོན་དེ། འཕྲུལ་ཡིག་མཁས་པ་ཕུ་སུམ་པའི་སེས་ཚབ་རྒྱལ་དང་ལྷགས་ཞུས་མཁས་པ་བཙན་དར་དཔོན་སློབ་ཀྱིས་མཛད་ཅིང་དུས་ཐོག་ཏུ་འབྲི་བཞེངས་ཟིན་པའི་རྗེས་སུ། དད་པ་སྐྱོ་ངས་མེད་པའི་སྦྱིན་བདག་དང་སྒོ་གསུམ་ཐང་ཆད་འབྲི་བའི་ཡིག་པའི་ལུས་སེམས་གཉིས་ཀྱི་སྡུག་བསྔལ་རང་བཞིན་གྱིས་ལྷོད་དུ་འབབ་པའི་སྣང་ཚུལ་དུ་སེམས་ཀྱི་གཏིང་ནས་དགོད་སྤྲ་ཏེ་ཏེ་ཏེ་[2]ཞེས་བྱུང་བ་དང་ལས་དོན་ཁག་ནན་ཏན་དང་ནས་བསྒྲུབ་རྒྱུ་ལ་བྲི་མོ་བགྲིས་པ་ལགས་[3]། དང་བྱ་བ་ཐམས་ཅད་བཀྲ་ཤིས་ཞལ་དྲོ་བའི་[4]སྨོན་པ་བཅས་ནི་མཇུག་བསྡུའི་ཚིག་གི་དོན་རྣམས་ཡིན།།

---

① སྙེ་མོ་མར་རྒྱང་མཁའ་སྤྱོད་དུ་བཞུགས་པའི་ཤེར་ཕྱིན་པོད་བ་པའི་མཛད་བྱང་དབུ་ཤོག་གི་ཞལ་ཁེབས་ལས་དྲངས།

② སྙེ་མོ་མར་རྒྱང་མཁའ་སྤྱོད་དུ་བཞུགས་པའི་ཤེར་ཕྱིན་པོད་བ་པའི་མཛད་བྱང་དབུ་ཤོག་གི་ཞལ་ཁེབས་ལས་དྲངས།

③ སྙེ་མོ་མར་རྒྱང་མཁའ་སྤྱོད་དུ་བཞུགས་པའི་ཤེར་ཕྱིན་པོད་བ་པའི་མཛད་བྱང་དབུ་ཤོག་གི་ཞལ་ཁེབས་ལས་དྲངས།

④ སྙེ་མོ་མར་རྒྱང་མཁའ་སྤྱོད་དུ་བཞུགས་པའི་ཤེར་ཕྱིན་པོད་བ་པའི་མཛད་བྱང་དབུ་ཤོག་གི་ཞལ་ཁེབས་ལས་དྲངས།

ལེ་ཚན་བཅུ་པ། མར་རྒྱུད་མཁའ་སྤྱོད་གསུང་རབ་མཛད་བྱང་གི་བསྡོམས།

མར་རྒྱུད་མཁའ་སྤྱོད་ཀྱི་ཞེར་ཕྱིན་སྦྱིན་བདག་དང་ཡིག་ཞུས། བཞེངས་ཡུལ་སོགས་ཀྱི་སྐོར་རེའུ་མིག་ཏུ་བཀོད་པ་གཤམ་གསལ།

དཔེ་མིང་།	སྦྱིན་བདག	ཡིག་ཞུས།	བཞེངས་ཕྱུལ།
པོད་ཀ་པ།	བསོད་ནམས་མགོན། ཡོན་བཙུན་སླེན་ནེ།	བསམ་མེས། སློབ་དཔོན་ཅན་དར།	དཔའ་གོར་གྲོང་སར།
པོད་ཁ་པ།	རྒྱལ་པོ་བསོད་ནམས་དར་མ། ཡོན་བཙུན་སླེན་ནེ།	འཇམ་དབྱངས་འགོན། འགོན་པོ་དར་དཔོན་སློབ།	སྲས་གཤོང་།
པོད་ཅ་པ།	རྒྱལ་པོ་བསོད་ནམས་དར་མ། ཡོན་བཙུན་སླེན་ནེ།	ཡི་གེ་བདོར་དར་སྐྱིག་པ་དང་དཔལ་ཕྱུག་སེང་གེ	སྲས་གཤོང་།
པོད་ཆ་པ།	བུ་དར་མ་བསོད་ནམས།	དར་འགོན་དཔོན་སློབ། ཤག་ཀྱ་དཔལ། བཙན་དར་དཔོན་སློབ་ཞུས།	སྲས་གཤོང་།
པོད་ཉ་པ།	རྒྱལ་པོ་དར་མ་བསོད་ནམས། ཡོན་བཙུན་སླེན་ནེ།	དོར་དར་སྐྱིག་པོ།	སྲས་གཤོང་།
པོད་ཏ་པ།	ཡོན་བདག་ཡབ་སྲས།	དཔལ་མགོན་དར་པོ། ཅན་དར་རྗོ་རིན།	ཕྱུགས་ཀྱི་གྲོང་སར།
པོད་ཐ་པ།	བུ་དར་མ་བསོད་ནམས་དང་ཡོན་བཙུན་སླེན་ནེ།	ཡིག་པ་ཕུ་སུམ་མེས་ཚབ་རྒྱལ་དང་ཞུས་བརྟན་དར་སློབ་དཔོན	སྲས་གཤོང་།
པོད་ན་པ།	རྒྱལ་པོ་དར་མ་བསོད་ནམས། ཡོན་བཙུན་སླེན་ནེ།	དཔོན་ཆེན་དོར་དར། དོ་རྗེ་པསམ་གྲུབ། འཁན་པོ་གོ་ཆ་དུང་སབ་ཅན་དར་དཔོན་སློབ།	སྲས་གཤོང་།
པོད་པ་པ།	ཡོན་བདག་བསོད་མགོན་དང་ཡོན་བདག་མོ།	ཡིག་པ་གྲོགས་ཚོས།	དཔའ་གོར་གྲོང་།

གོང་གི་རེའུ་མིག་ལས་ང་ཚོས་མངོན་གསལ་དུ་མཐོང་ཐུབ་པ་ཞིག་ནི། མར་རྒྱུད་མཁའ་སྤྱོད་དུ་བཞུགས་པའི་ཤེར་ཕྱིན་པོད་དེ་དག་དད་པ་སྐྱོངས་མེད་པའི་སྦྱིན་བདག་ལྷོང་གི་ཏུས་

ཆེན་བཅོ་བརྒྱད་ལས་གྲུབ་པའི་ཁྲུང་གི་རིགས་ལས་ཆད་པའི་རྒྱལ་པོ་དར་མ་བསོད་ནམས་དང་ཡོན་བཙུན་སྨིན་ནེ་རྣམ་གཉིས་ཀྱིས་གནང་སྟེ། སྟེ་མོའི་མར་རྐྱང་ཇོ་མོ་གངས་དཀར་ལྷ་ཚུའི་འགྲམ་དུ་ཆགས་པའི་ཡུལ་སྲུས་གཞོང་དང་དཔའ་གོར་གྲོང་ཚོ། ཕུ་སུམ་གྲོང་ཚོ་དང་ཕུག་གི་གྲོང་གསར་བཅས་སུ་སྡོ་གསུམ་ཐང་ཆད་འབྲི་བའི་ཡིག་པ་མེས་ཚབ་རྒྱལ་དང་དཔལ་འགོན་དར་པོ་དང་ཤག་ཀྱ་དཔལ། རྡོ་རྗེ་བསམ་གྲུབ། འཇམ་དབྱངས་འགོན་པོ་དང་དབང་ཕྱུག་སེང་གེ་སོགས་བཀུག་ཏེ་འབྲི་བཤུས་གནང་བ་གསལ་ཞིང་། གསུང་རབ་གཞུང་གི་ཀ་ང་འཁྱེར་གཞུང་སྦྱོང་གི་ཞུས་དག་ནི་ཕྱིར་ཀྱི་ཆ་ནས་དུས་རབས་14ཡས་མས་སུ་བྱོན་པའི་སྐན་གྲགས་ཅན་གྱི་ཙན་དར་དཔོན་སློབ་ཀྱིས་གནང་སྟེ་གྲུབ་པ་ཞིག་ཡིན་པ་ནི་ཤེར་ཕྱིན་དེ་དག་གི་མཛད་བྱང་ལས་ཤེས་ཤིང་། ལྷག་དོན་འདིར་ཞུ་དགོས་པ་ཞིག་ལ་སྐབས་དེ་དུས་ཁྲུང་པོ་དར་མ་བསོད་ནམས་ཀྱིས་རང་གི་ཕ་མའི་དྲིན་ལན་དང་ཚེ་འདི་ཕྱིའི་དོན་དུ་ཐོག་མར་ཤེར་ཕྱིན་མཐོང་སྨོན་འབྲི་བཞེངས་གནང་བའི་སྐབས་སུ་ཤེར་ཕྱིན་ཡུམ་རྒྱས་འབྲིང་བསྡུས་གསུམ་སྟེ་པོད་ཉི་ཤུ་ཙན་དེ་འབྲི་བཞེངས་གནང་བ་ང་ཚོས་ཤེར་ཕྱིན་ཁ་པའི་མཛད་བྱང་ལས་ཤེས་སོད། འོན་ཏེ་ཡུལ་དུས་ཀྱི་དབང་གིས་ད་ལྟ་མར་རྐྱང་མཁའ་སྤྱོད་དུ་མཛད་བྱང་བཞུགས་པའི་ཤེར་ཕྱིན་གོང་གི་པོད་དེ་དག་ལས་བཞུགས་མེད་པ་ཡང་གོང་གིས་རེའུ་མིག་ལས་ཤེས།

ལེའུ་བཅུ་དགུ་པ། སྐེ་བྲིས་སྐོར།

བོད་ཀྱི་གསུང་རབ་སྨྲ་བ་དུང་དཀར་བློ་བཟང་འཕྲིན་ལས་མཆོག་གི་དབུ་ཅན་ནི་སྔ་དུས་བོད་དུ་ཨེ་པ་དང་སྐེ་མོའི་ཡིག་འབྲི་བ་རྣམས་ཀྱི་ཕ་མེས་མི་རབས་རིམ་པ་བརྒྱུད་ནས་བྱུང་བའི་དམིགས་བསལ་ལག་རྩལ་ཅན་གྱི་ཆེད་ལས་ཞིག་ཡིན་པས། བོད་ལྗོངས་རྒྱ་ཁྱབ་ཏུ་སྤྱོད་བཏར་བྱེད་མི་ཨུང་སྐབས་དབུ་ཅན་ཚད་ལྡན་གྱི་ལག་རྩལ་སྲོལ་རྒྱུན་ཉམས་རྒུད་དུ་སོང་[1]ཞེས་པས་དེ་སྔ་སྐེ་མོར་སྐེ་བྲིས་ཞེས་པ་ཞིག་ཡོད་པ་ནི་བོད་ཀྱི་ཡིག་གཟུགས་སྐོར་ལ་ཞིབ་འཇུག་དང་དོ་སྣང་གནང་མཁན་རྣམས་ལ་ཆ་རྒྱུས་ཡོད་པ་ཞིག་ཡིན། འོན་ཏེ་སྐབས་དོན་འདིར་གསུང་རབས་འབྲི་མའི་མཛད་བྱང་དང་ཡིག་གཟུགས་རིག་པའི་གཞུང་ལུགས[2]དང་བསྟུན་ཏེ་སྐེ་བྲིས་ཀྱི་སྐོར་ལ་དཔྱད་པ་རགས་ཙམ་ཞིག་བྱ་རྒྱུ་ཡིན།

གཅིག སྐེ་བྲིས་བྱུང་བ།

སྐེ་བྲིས་ད་ར་ནས་ད་བར་ལོ་ངོ་ཇི་ཙམ་ཞིག་ཕྱིན་ཡོད་པའི་སྐོར་ལ་ཁོ་བོས་མཇལ་སྤྱོད་བའི་ཡིག་གཟུགས་རིག་པའི་གཞུང་ལུགས་ཏེ་བོད་ཀྱི་མཁས་པ་ཆེན་པོ་ཁྲུང་པོ་གཡུ་ཁྲིས་མཛད་པའི་ཡི་གེའི་དར་གུད་བྱུང་ཚུལ་དང་ཀ་ཁ་སུམ་ཅུའི་ཕྱུག་ཚད་བཞུགས་སོ་ཞེས་པ་དེ་དང་མར་རྐྱང་མཁའ་སྤྱོད་དུ་བཞུགས་པའི་གནའ་དཔེའི་མཛད་བྱང་ལ་སྣེ་ཁྲུངས་བཙལ་ཏེ་ཞུས་ན། མ་མཐར་ཡང་འབྲི་རྒྱུན་དེར་ལོ་ངོ་800ཙམ་གྱི་ལོ་རྒྱུས་ཡོད་པར་སེམས། དེ་ཡང་ད་ལྟ་རང་རེ་རྣམས་ལ་རྒྱུང་ལྟར་གྲགས་པའི་སྐེ་བྲིས་ནི་བོད་ལྗོངས་སུ་བོད་ཡིག་གནའ་དཔེ

---

① མཁས་དབང་དུང་དཀར་བློ་བཟང་འཕྲིན་ལས་མཆོག་གི་གསུང་འབུམ་བོད་ཇ་པ་མི་རིགས་དཔེ་སྐྲུན་ཁང་གི་སྤར་མའི་ཤོག་གྲངས་326ལས་དྲངས།

② བོད་ཀྱི་མཁས་པ་ཆེན་པོ་ཁྲུང་པོ་གཡུ་ཁྲིས་མཛད་པའི་ཡི་གེའི་དར་གུད་བྱུང་ཚུལ་དང་ཀ་ཁ་སུམ་ཅུའི་ཕྱུག་ཚད་བཞུགས་སོ་ཞེས་པའི་གསུང་རབ་བྲིས་མ་དེའི་གཞུང་ལུགས་ལ་གཞི་བཅོལ་ཏེ་ཞུ་ཁྱུལ་ལགས།

ཡོངས་བཤེར་དང་ཐོ་འགོད་བགྱིས་པའི་ལས་རིམ་ནང་དུ། སྐེ་བྲིས་ཀྱི་མཚན་དངོས་སུ་ཐོན་ནས་བྲིས་པའི་གསུང་རབ་མཇལ་སྟ་ཤོས་དེ་མར་ཁྱུང་མཁའ་སྤྱོད་དུ་བཞུགས་པའི་ཡུམ་རྒྱས་འབྲིང་བསྡུས་གསུམ་ལས་རྒྱས་པ་པོད་བཅུ་དྲུག་བཞུགས་པ་དེ་དག་ཡིན། དེ་དག་ནི་དུས་རབས་13-14པའི་གསུང་རབ་བྲིས་མ་ཡིན་པ་གོང་གི་མཛད་བྱང་དབྱེ་ཞིབ་སྐོར་དུ་ཞུས་ཟིན་སོང་ཀྱང་། གལ་པོ་ཆེ་ལ་ནན་ཏན་ཟེར་བ་ལྟར་འབྲི་གཟུགས་ཁྱད་ཆོས་སུ་སྨད་གསར་བཅད་མ་བྱས་པའི་སྔོན་གྱི་བརྗ་སྙིང་དང་ལྡེབ་གྲངས་སུ་སྐོར་ཐིག་བཞུགས་པ་དང་། མཛད་བྱང་དེ་དག་གི་མགོ་འབྱུད་ཚིག་དང་མཇུག་བསྔོ་སྨོན་དུ། དུས་རབས་13པའི་ཁྱད་ཆོས་ཏེ་ཨེ་མ་ཧོ་དང་ཀྱེ་ཞེས་པས་མགོ་འབྱུད་པ་དང་བྱང་ཆུབ་ཐོབ་པར་ཤོག་ཅེས་པའི་བསྔོ་བ་སྨོན་ལམ་གྱི་ཁྱད་ཆོས་དང་ལྷག་དོན་དུ་གོང་གི་ཤེར་ཕྱིན་དེ་དག་གི་སྦྱིན་བདག་གམ་ཡིག་མཁན་དབུ་ཆེན་བླ་མ་དགའ་རོང་ངམ་འཇང་རོང་རིན་གྲགས་ཞུ་བ་ཕོང་གི་དཔོན་པོ་ཀརྨ་པ་པདྨ་ཡིན་པའི་རྒྱུ་མཚན་བཅས་ལས་ཤེར་ཕྱིན་དེ་དག་དུས་རབས་13-14ཡིན་པ་ནི་བལ་པོའི་བསེའུ་མ་ཟློས་ཀྱང་ཁ་ཏོག་ཉིད་ལས་གྲོ་བ་ཤེས་ཞེས་པ་ལྟར་ཡིན་གཤིས། དེས་ན་དེ་དག་གི་མཛད་བྱང་ལ་མགོ་བཏགས་བཙོལ་ཏེ་ཞུས་ན། འཕྲུལ་ཡིག་ཚད་ལྡན་འདི། །སྐེ་མོ་ཕུ་སུམ་པ། །མི་ཚབ་རྒྱལ་གྱིས་བྲིས། །དེ་ལ་གཟིགས་པ་ཞུ། །[1]ཞེས་དང་ཊ་བཞིར་གྲགས་པ་དར་འགོན་དཔོན་ལ་སླབས།། བོད་ལ་མཁས་པ་ད་རིགས་པའི་ལུགས།། རིག་པའི་རྩལ་ཆེ་སྐེ་མོ་ཕུ་སུམ་པ།། དཔལ་ལྟ་མཁས་པ་ཤག་ཀྱ་དཔལ་གྱིས་བྲིས།། གཟུགས་ཀུས་གཉིས་ལ་མཁས་པ་ངོ་མཚར་ཆེ། །[2]ཞེས་པ་སོགས་དུས་རབས་13-14པའི་ཤེར་ཕྱིན་གྱི་མཛད་བྱང་དུ་སྐེ་མོ་ཕུ་སུམ་པའི་ཡིག་མཁན་མི་ཚབ་རྒྱལ་དང་ཤག་ཀྱ་དཔལ་ཞེས་ལན་གཅིག་ཙམ་མ་ཡིན་པར་ཡང་ཟློས་བསྐྱར་ཟློས་སུ་ཐོན་པ་ལྟར་ན། དུས་རབས་13-14པའི་ནང་དུ་སྐེ་མོའི་ཕུ་སུམ་ཁུལ་དུ་ཡིག་པ་མི་ཚབ་རྒྱལ་ལ་སོགས་པའི་ཡིག་མཁན་དབུ་ཆེན་མི་ཉུང་བ་ཞིག་བྱོན་ཟིན་པ་གོང་གི་མཛད་བྱང་ལས་ཤེས་པ་དང་གཅིག གཉིས་སྐེ་མོ་ཕུ་སུམ་པའི་ཡིག་མཁན་དབུ་ཆེན་རྒྱལ་ལུ་འཇམ་པོ་དར་པོ་ལ་སོགས་པའི་སུག་བྲིས་ལ་དམིགས་བསལ་གྱི་རིག་པའི་གཞུང་ལུགས་ལྡན་ཅན། ཀྱེ་རིག་པའི་

① སྐེ་མོ་མར་ཁྱུང་མཁའ་སྤྱོད་དུ་བཞུགས་པའི་ཤེར་ཕྱིན་པོད་ཐ་པའི་མཛད་བྱང་དབུ་ཤོག་ཞལ་ཁེབས་ལས་དྲངས།

② སྐེ་མོ་མར་ཁྱུང་མཁའ་སྤྱོད་དུ་བཞུགས་པའི་ཤེར་ཕྱིན་པོད་ཆ་པའི་མཛད་བྱང་དབུ་ཤོག་ཞལ་ཁེབས་ལས་དྲངས།

འབྱུང་གནས་སློ་མོ་ཕུ་སུམ་པ་[①]ཞེས་དང་། ལྷག་དོན་དུ་སློ་བྲིས་ཀྱི་དམིགས་བསལ་ཁྱད་ཆོས་སུ་ཡུལ་ལུང་གཞན་ནས་མཇལ་དཀའ་བའི་བསྟོད་ཚིག་སྟེ་གྲུ་བཞི་རས་མེད་འཕྲུལ་གྱི་ཡི་གེ་འདི་།[②]ཞེས་ལན་མང་བྱུང་བ་ལ་གཞིགས་ན། བོད་ཡིག་ཡིག་གཟུགས་རིག་པའི་གཞུང་ལུགས་ཐད་ནས་བརྗོད་ན་ཡང་འབྲི་གཟུགས་གྲུ་བཞི་ཞེས་པའི་ཐ་སྙད་དེ་ནི། དུས་རབས་11-12པའི་ནང་དུ་བྱོན་པའི་མགོ་ཁོམ་གཡུང་དྲུང་བྱ་བ་བྱུང་སྟེ། ཡི་གེའི་སྣ་མ་ལ་བརྟེན་པའི་གསར་མ་བར་གསར་ལེབ་གྲུ་བཞི་དེར་བྱུང་ངོ་།[③]ཞེས་པ་ལ་བསམས་ན་སྐབས་འདིར་བྱུང་བའི་གྲུ་བཞི་ཞེས་པའི་ཐ་སྙད། དེ་དུས་རབས་11-12པའི་ནང་དུ་བྱོན་པའི་ཡིག་མཁན་མགོ་ཁོམ་གཡུང་དྲུང་སོགས་ཀྱིས་གསར་གཏོད་གནང་བའི་ཡིག་གཟུགས་བར་གསར་ལེབ་གྲུ་བཞི་ཞེས་པར་ཁུངས་བཙོལ་ཏེ་བྲིས་པ་ཞིག་ཡིན་ན། སློ་བྲིས་དེའང་བྱུང་ནས་ད་བར་ལོ་ངོ་800ལྷག་ཙམ་ཞིག་བགྲོད་ཟིན་པའི་ལོ་རྒྱུས་དེ་སློ་བྲིས་མཁན་པོ་རྣམས་ལ་དཔྱད་གཞིར་ཕུལ།

གཉིས། སློ་བྲིས་ཡིག་ཁུངས།

སློ་བྲིས་ཞེས་པའི་འབྲི་གཟུགས་ཁྱད་འཕགས་ཅན་དེ་བྱུང་ནས་ད་བར་ལོ་ངོ་800ཙམ་ཞིག་ཕྱིན་ཟིན་པ་གོང་གི་སློ་མོའི་མར་རྒྱུད་མཁའ་སྤྱོད་ཀྱི་གསུང་རབ་ཀྱི་མཛོད་བྱང་དུ་བྱུང་བའི་ལེབ་གྲུ་བཞི་ཞེས་པའི་ཐ་སྙད་ལ་མགོ་བཏགས་བཙོལ་ཏེ་ཞུས་པ་ནི་སྐྱེ་བོ་ཀུན་གྱིས་ཤེས་གསལ་ལགས། འོན་ཏེ་བོད་ཀྱི་གཏམ་དཔེ་བཞིན་ཤིང་ལ་རྩ་བ་དང་ཆུ་ལ་ཆུ་མགོ་ཞེས་པ་ལྟར་སློ་བྲིས་ཀྱི་འབྲི་རྒྱུན་ལེབ་གྲུ་བཞི་དེ་ཡང་བོད་བཙན་པོའི་སྐབས་སུ་བྱུང་བའི་འབྲི་གཟུགས་ཆེན་པོ་བརྒྱད་ཀྱི་ནང་ནས་གང་ཞིག་ལས་ཆད་པའི་འབྲི་གཟུགས་ཤིག་ཡིན་ནམ་ཞེས་ན། དེ་ཡང་མར་རྒྱུད་དུ་བཞུགས་པའི་ཤེར་ཕྱིན་མཛོད་བྱང་དུ། གྲུ་བཞི་སློག་ལ་མཁས།། བརྩན་དར་དཔོན་སློབ་བྱས།། ཞུ་ཐིག་ངོམ་དུ་ཙུང་།།[④]ཞེས་དང་གྲུ་བཞི་སློག་ལ་དབང་ཐོབ་མཁས་པའི་མི། བརྩན་དར་དཔོན་སློབ་ཞུ་ཐིག་ལེགས་པར་གཟབ། རྒྱས་པ་ངོམ་དུ་ཙུང་བ་ངོ་མཚར་ཆེ་

① སློ་མོ་མར་རྒྱུད་མཁའ་སྤྱོད་དུ་བཞུགས་པའི་ཤེར་ཕྱིན་པོད་ཅ་པའི་མཛོད་བྱང་དབུ་ཤོག་གི་ཞལ་ཁེབས་ལས་དྲངས།

② སློ་མོ་མར་རྒྱུད་མཁའ་སྤྱོད་དུ་བཞུགས་པའི་ཤེར་ཕྱིན་པོད་ཀ་པའི་མཛོད་བྱང་དབུ་ཤོག་གི་ཞལ་ཁེབས་ལས་དྲངས།

③ བོད་ཀྱི་མཁས་པ་ཆེན་པོ་ཁྱུང་པོ་གཡུ་ཁྲིས་མཛད་པའི་ཡི་གེའི་དར་གུད་དང་ཀ་མད་སུམ་ཅུའི་ཕྱག་ཚད་ཅེས་པ་བྲིས་མའི་ལྡེབ་གྲངས་7པའི་ན་ལས་དྲངས།

④ སློ་མོ་མར་རྒྱུད་མཁའ་སྤྱོད་དུ་བཞུགས་པའི་ཤེར་ཕྱིན་པོད་ཐ་པའི་མཛོད་བྱང་པོད་དེའི་དབུ་ཤོག་ཞལ་ཁེབས་ལས་དྲངས།

།[1]ཞེས་དང་བོད་ན་མཁས་པ་དོར་དར་ཀྲོག་པོས་མཛད་།གསལ་བར་བྱེད་པ་འཕྲུལ་གྱི་ཡི་གེ་ལ་།དེང་སང་དུས་ཀྱི་མཁས་པ་ཐམས་ཅད་ཕྱོན་།གྲུ་བཞི་རས་མྱེད་འཕྲུལ་གྱི་ཡི་གེ་འདི་།[2]ཞེས་འབྲི་གཟུགས་ཀྱི་ཁྱད་ཆོས་སུ་གྲུ་བཞི་ཞེས་ཕྱོན་པ་ལ་གཞིགས་ན། བོད་ཀྱི་ཡིག་གཟུགས་ལོ་རྒྱུས་ཐོག་གྲུ་བཞི་ཞེས་པའི་ཐད་སྐད་དེ་དུས་ནམ་ཞིག་ལ་བྱུང་བ་དང་དེའི་མ་དཔེ་གང་ཞིག་ཡིན་པའི་སྐོར་ལ། བོད་ཀྱི་མཁས་པ་ཆེན་པོ་ཁྱུང་པོ་གཡུ་ཁྲིས་མཛད་པའི་ཡི་གེའི་དར་རྒྱུད་ལས་བརྗོད་ན། རྒྱལ་པོ་ཁྲི་གཙུག་ལྡེའུ་བཙན་རལ་པ་ཅན་གྱི་ (815-836ཕྱི་ལོ་) སྐུ་རིང་ལ། ཡི་གེའི་མཁན་པོ་གྲ་ཤོད་རྣམ་པ་གཉིས་བྱུང་སྟེ། རྗེ་ལ་ཡི་གེའི་སྐྱངས་ཕུལ་བ་ནི། སེང་གེ་གནམ་དུ་འཕྱོང་བ་འདྲ་བ་ཅིག་བྱུང་།རྒྱལ་པོ་རལ་པ་ཅན་གདུང་ཆད་དེའི་གཅུང་པོ་གཙང་མ་ (836-842ཕྱི་ལོ་) སྤྱུགས། དར་མ་རྒྱལ་སར་དབང་བསྐུར་བ་ལས་ཐུགས་ལ་གདོན་གསོལ་ནས། སངས་རྒྱས་ཀྱི་བསྟན་པ་བསྣུབས་སྐུ་གསུང་ཐུགས་ཀྱི་རྟེན་རྣམས་སྦས། [3]ཆོས་བྱེད་རྣམས་ཤུགས་ཆུང་བསྟན་པ་ཉམས་སྨད་པའི་སྟོབས་ཀྱིས་སྐུ་གསུང་ཐུགས་ཀྱི་རྟེན་བཟོ་གྲ་ཡང་ཞིག་རྒྱལ་པོ་དེའི་སྲས་འོད་སྲུངས་དང་ཡུམ་བརྟན་ (? -878ཕྱི་ལོ་) གཉིས་ཀྱི་དུས་སུ་སངས་རྒྱས་ཀྱི་བསྟན་པ་ཡང་ཉམས་སྨད་པས་སྐུ་གསུང་ཐུགས་ཀྱི་རྟེན་གྱི་བཟོ་ལ་སོགས་པའི་བཟོའི་རྣམ་གྲངས་ཐམས་ཅད་ནུབ་པས་བཟོ་བག་རེ་ཡོད་ཀྱང་མཁས་པ་ནི་མ་མཆིས། དེའི་རྗེས་དུས་རབས་10པའི་སྨད་ཙམ་ལ་དབུས་གཙང་གི་མི་དྲུག་ལ་སོགས་པ་མདོ་སྨད་ནས་བྱུང་།[4]སྐུ་གསུང་ཐུགས་ཀྱི་རྟེན་གྱི་བཟོ་ཐམས་ཅད་ཀྱང་ཕུལ་སྐྱེད་དད་པ་ཅན་རིང་ལུགས་ཀྱིས་རབ་ཏུ་བྱུང་།གཙུག་ལག་ཁང་ཉིང་པོ་ཡང་གསོས། དུས་རབས་11པར་ཡི་གེའི་མཁན་པོ་སྦྲ་བརྙན་ཤེ་རི་ཞེས་བྱ་བ་བྱུང་སྟེ། ཞའི་རྗེ་རིངས་ཀྱི་འགྲམ་དུ་གྲ་ཤོད་རྣམ་གཉིས་ཀྱིས་གཏེར་དུ་སྦས་པའི་སྨྱུ་གུ་ཟངས་ཀྱི་སྒྲོན་མ་ནས་རྙེད། རྩིས་ཀྱི་ཡི་གེ་དང་དཀྱི་ཚལ་གྱི་བཟང་སྦྱོད་སྣ་མ་དང་།ཡེར་པའི་ཕུང་པོ་གསུམ་པ་དང་།རྗེའི་ཐུགས་དམ་གསེར་འབུམ་དང་།གྲ་ཤོད་རྣམ་གཉིས་ཀྱི་ཡི་གེ་དེ་རྣམས་དཔེར་བཞག

---

① སླེ་མོ་མར་རྒྱང་མཁའ་སྤྱོད་དུ་བཞུགས་པའི་ཀྱི་ཤེར་ཕྱིན་བརྒྱད་སྟོང་པོད་ཆ་པའི་མཛད་བྱང་དབུ་ཤོག་ཞལ་ཁིབས་ལས་དྲངས།

② སླེ་མོ་མར་རྒྱང་མཁའ་སྤྱོད་དུ་བཞུགས་པའི་ཤེར་ཕྱིན་པོད་ཀ་པའི་མཛད་བྱང་དབུ་ཤོག་ཞལ་ཁིབས་ལས་དྲངས།

③ བོད་ཀྱི་མཁས་པ་ཆེན་པོ་ཁྱུང་པོ་གཡུ་ཁྲིས་མཛད་པའི་ཡི་གེའི་དར་རྒྱུད་དང་ཀ་མད་སུམ་རྟའི་ཕྱག་ཚད་ཅེས་པ་བྲིས་མའི་ལྷེབ་གྲངས་6པའི་ན་ལས་དྲངས།

④ བོད་ཀྱི་མཁས་པ་ཆེན་པོ་ཁྱུང་པོ་གཡུ་ཁྲིས་མཛད་པའི་ཡི་གེའི་དར་རྒྱུད་དང་ཀ་མད་སུམ་རྟའི་ཕྱག་ཚད་ཅེས་པ་བྲིས་མའི་ལྷེབ་གྲངས་6པའི་བ་ལས་དྲངས།

ལེགས་པར་བརྟགས་ཤིང་བྲིས་ཏེ་ཇི་ལྟ་བ་བཞིན་དུ་མ་ཤེས་ཀྱང་། ཡི་གེའི་མཁན་པོ་ཆེན་པོར་གྲགས་ཏེ། བར་གསར་ཞེས་བྱ་བའི་ཡིག་ལུགས་དེར་བྱུང་། དེས་སློབ་མ་བསྐྱངས་པ་ནི། མཐོང་བ་རྫོ་རྗེ་ཞེས་བྱ་བ་དང་། མགོ་ཁོམ་གཡུང་དྲུང་ཞེས་བྱ་བ་དང་། ཞྭ་འབྲུག་གསལ་འབྱུང་ཞེས་བྱ་བ་བྱུང་སྟེ། ཡི་གེའི་སྣ་མ་ལ་བརྟེན་པའི་གསར་མ་བར་གསར་ལེབ་གྲུ་བཞི་དེར་བྱུང་ངོ་།[①] ཞེས་དང་། དུས་རབས་12པའི་རྗོ་རྗོག་འབྲོམ་གསུམ་གྱི་སྐུ་རིང་ལ། ཡི་གེའི་མཁན་པོ་ཀ་ཁྱུང་རྣམ་པ་གཉིས་བྱུང་སྟེ། དཔོན་ཀ་བས་ནི། ཀ་ཆུང་ཟླ་བ་ཚལ་གྱི་བྲག་ལ་ནས་བྲིས་པས་ལེབ་གྲུ་བཞི་སྡེ་ལུགས་ཞེས་བྱ་བར་བསྒྲགས་སོ་ [②]ཞེས་གསུངས་པར་མཚོན་བསམ་བཞིན་ན་ལེབ་གྲུ་བཞི་དང་གྲུ་བཞི་ཞེས་པའི་འབྲི་གཟུགས་དོན་གཅིག་ཡིན་ན། སྐྱེ་མོའི་འབྲི་གཟུགས་ཀྱི་མ་མ་ཡང་བཙན་པོ་ཁྲི་གཙུག་ལྡེའུ་བཙན་ཁྲི་རལ་པ་ཅན་ (815-836ཁྲི་ལོ་) སྐུ་དུས་ཀྱི་ཡིག་མཁན་དབུ་ཆེན་གྲ་ཤོད་རྣམ་གཉིས་ཀྱི་སྲོལ་གཏོད་པའི་སེང་གེ་གནམ་ལ་འཕྱོང་ལས་ཆད་པ་སྟེ། གོང་གི་གཞུང་ལུགས་ལས་གྲ་ཤོད་རྣམ་གཉིས་ཀྱི་སེང་གེ་གནམ་འཕྱོང་ལ་དཔེ་བྱས་ཏེ་ཡི་གེའི་མཁན་པོ་སྨྲ་བརྙན་ཤྲི་རིའི་བར་གསར་དང་། མཁན་པོ་སྨྲ་བརྙན་ཤྲི་རིའི་བར་གསར་ལ་དཔེ་བྱས་ཏེ་ཡི་གེའི་མཁན་པོ་མགོ་ཁོམ་གཡུ་དྲུང་སོགས་ཀྱི་བར་གསར་ལེབ་གྲུ་བཞི་དང་། ཀ་ཁྱུང་རྣམ་གཉིས་ལས་དཔོན་ཀ་བས་སྲོལ་གཏོད་པའི་ལེབ་གྲུ་བཞི་སྡེ་ལུགས་བཅས་བྱོན་པ་དེ་ལས་སྐྱེ་བྲིས་ལེབ་གྲུ་བཞི་ཞེས་པའི་ཡིག་ཁྱུངས་ཀྱང་རིགས་འདེད་བྱ་ཐུབ།

གསུམ། སྐྱེ་བྲིས་དབུ་ཆེན།

དུས་རབས་9པའི་ཡིག་མཁན་དབུ་ཆེན་གྲ་ཤོད་ལས་རིམ་པས་བརྒྱུད་སྟེ། ཡི་གེའི་མཁན་པོ་སྨྲ་བརྙན་ཤྲི་རིའི་སློབ་མའི་གྲས་སུ་གྱུར་པ་སྣ་ནམ་ཡེ་ཤེས་གྲགས་དང་། ལོ་ཤེས་རབ་དབང་ཕྱུག་ཅེས་བྱ་བ་བྱུང་སྟེ། དུས་རབས་11པའི་ལྷ་བླ་མ་ཁུ་དཔོན་གྱི་རིང་ལ། ཡི་གེའི་མཁན་པོ་ལོང་ཤཱཀ་རྗོར་ཞེས་བྱ་བ་བྱུང་སྟེ། སྣ་མ་ལ་བརྟག་དཔྱད་ཤིན་ཏུ་ལེགས་པར་བྱས། གསར་མ་མཁན་

① བོད་ཀྱི་མཁས་པ་ཆེན་པོ་ཁྱུང་པོ་གཡུ་ཁྲིས་མཛད་པའི་ཡི་གེའི་དར་གུད་དང་ཀ་མད་སུམ་ཅུའི་ཕྱག་ཚད་ཅེས་པ་བྲིས་མའི་ལྡེབ་གྲངས་7པའི་ན་ལས་དྲངས།

② བོད་ཀྱི་མཁས་པ་ཆེན་པོ་ཁྱུང་པོ་གཡུ་ཁྲིས་མཛད་པའི་ཡི་གེའི་དར་གུད་དང་ཀ་མད་སུམ་ཅུའི་ཕྱག་ཚད་ཅེས་པ་བྲིས་མའི་ལྡེབ་གྲངས་7པའི་བ་ལས་དྲངས།

པོར་གྲགས་སོ། དུས་རབས་11པའི་རྡོ་རྗེ་འཁྲོམ་གསུམ་གྱི་སྐུ་རིང་ལ། ཡི་གེའི་མཁན་པོ་ཀ་ཁྲུང་རྣམ་པ་གཉིས་བྱུང་སྟེ། དཔོན་ཀ་བས་ནི། ཀ་ཆུང་ཟླ་བ་ཚལ་གྱི་བྲག་ལ་ནས་བྲིས་པས་ཞེབ་གྲུ་བཞི་སྟེ་ལུགས་ཞེས་བྱ་བར་བསྒྲགས་སོ། དེ་ཇི་ལྟ་བ་བཞིན་དུ་ཁྲུང་པོ་གཡུ་ཁྲིས་[1]ཤོག་བུ་དང་ཤོག་བཅགས། ཡིག་ཆོས་དང་ཐིག་རིས། མཚལ་དང་སྣག་ཚ། སྨྱུ་གུ་དང་སྨྱུག་གྲི། འདུག་ས་དང་ནམ་མཁའ། འཐེན་ལུགས་དང་འཛིན་ལུགས་ལ་སོགས་པ་ཡི་གེའི་བསླབ་བཙོས་མཛད་པས་ཡི་གེའི་མཁན་པོར་གྱུར། དུས་རབས་12པའི་དགེ་བའི་བཤེས་གཉེན་འཁྲོམ་གྱི་སློབ་མར་གྱུར་པ་སྐུ་མཆེད་རིན་པོ་ཆེ་རྣམ་པ་གསུམ་གྱི་སྐུ་རིང་ལ། ཡི་གེའི་མཁན་པོ་ཁྲུང་པོའི་བུར་གྲགས་པ་བཅུ་གཉིས་བྱུང་།[2]སྐུ་མཆེད་རིན་པོ་ཆེ་རྣམ་པ་གསུམ་གྱི་སྲས་སུ་གྱུར་པ། དུས་རབས་13པའི་བྱ་ཡུལ་པ་ཤར་པ་ལ་སོགས་སྐུ་དུས་ཁྲུང་གི་སློབ་མ་ཡི་གེའི་མཁན་པོ་སྣ་ནམ་ཞང་བཙུན་རྩེའི་སློབ་མར་གྲགས་པ་[3]སུམ་པ་རྒྱ་གར་བཟང་སྐྱིད་གྲུ་བཞི་ལ་[4]མཁས་པ་དེའི་དཔོན་དུ་གྱུར་པ། སུམ་པ་གནོད་སྦྱིན་དེ་ཁྲབ་འཇུག་གི་སྤྲུལ་པར་གྲགས། དེ་རྗེས་སུམ་པ་གནོད་སྦྱིན་གྱི་རིག་པའི་བུ་སྤྲུལ་པའི་སྐུ་རོང་པོ་ལུགས་སྐྱེས། དེ་ནས་ཁྲུང་པོ་སྔ་དུས་ཀྱི་བུར་གྲགས་པ་བཞིའི་ཐོག་མ། སྲིའུ་ནག་པ་སྤྲུལ་དར་མ་ཙནྡྲ་ཞེས་བྱ་བ། ཁྲུང་ལུགས་ཀྱི་རྒྱུས་བཤད་ཁོང་དུ་ཆུད་ཅིང་། བཟང་སྐྱིད་གྲུ་བཞི་སྟེའི་ལུགས་དབང་ཐོབ་པ། བུ་སློབ་སྤྲུལ་སྐུ་སྤྲུལ་ཤཱཀ་འབུམ་པས་དུས་རབས་13པའི་འཇིག་རྟེན་མགོན་པོ་ཆོས་རྗེའི་བཀའ་བརྒྱུད་པ། བླ་མ་གཙུང་རིན་པོ་ཆེ་ལ། སྦྱིན་བདག་དང་དད་པ་ཅན་དགྱེས་པར་བྱ་བའི་ཕྱིར་ཡོན་ཕུལ་བཞེས་སྟོམ་

---

① བོད་ཀྱི་མཁས་པ་ཆེན་པོ་ཁྲུང་པོ་གཡུ་ཁྲིས་མཛད་པའི་ཡི་གེའི་དར་རྒུད་དང་ཀ་མད་སུམ་ཅུའི་ཕྲུག་ཚད་ཅེས་པ་བྲིས་མའི་ལྡེབ་གྲངས་7པའི་བ་ལས་དྲངས།

② དེ་དག་ནི་སྔ་རབས་ཀྱི་བུ་བཞི། ཕྱི་རབས་ཀྱི་བུ་བཞི། བར་དུས་ཀྱི་བུ་བཞི། དེ་ལ་སྔ་རབས་བུ་བཞི་ནི། རྒྱལ་ནས་ཡོངས་པ་ཆོས་རྗེར། ཀླུང་ཤོད་ནས་སྔ་བ་ཆོས་རྗེར། སྣར་ནས་སྔ་བཞེར་ཚེ་བོ། ཡུང་ནས་ཟི་རིན་ཆུང་དང་། ཕྱི་རབས་བུ་བཞི་ལ། རྒྱལ་བ་ཤ་བཙུན་པ། ཡེ་ཡང་དར་ཡུལ་བ། འཆིམས་སེང་བ་རྒྱལ་མཚན། གྲབ་པ་རྒྱ་བྱང་ཆུབ་བླ་མ། སྟོང་ཆིག་པ་ཀ་བ་འབྲོག་འཕན་དང་བཞིའོ། བར་དུས་ཀྱི་བུ་བཞི་ལ། ཞེའུ་ནག་པ་སྲས་དར་མ་ཙནྡྲ་ཡོ་བྲང་པ་སྣ་ནམ་ཞང་བཙུན། བོང་བུ་མཁར་གསར་བ་མར་པ་རྒྱ་ཆུང་། བར་སྣང་བ་རྡོ་རྗེ་གླུ་བཞི་དང་། དེ་དག་ནི་ཁྲུང་པོའི་བུར་གྲགས་པ་བཅུ་གཉིས་ལགས།

③ སུམ་པ་རྒྱ་གར་རྡོར། དར་མ་རྒྱལ་མཚན་ཤེའུ་དགེ་འབར། དོལ་པོ་སྤྲང་ཆུང་། ལན་པའི་འགྱེད་དང་། ཐལ་སེང་ལ་འབར་ལ་སོགས་པའི་སློབ་མ་དང་། ཉིང་སློབ་མང་དུ་བྱུང་།

④ བོད་ཀྱི་མཁས་པ་ཆེན་པོ་ཁྲུང་པོ་གཡུ་ཁྲིས་མཛད་པའི་ཡི་གེའི་དར་རྒུད་དང་ཀ་མད་སུམ་ཅུའི་ཕྲུག་ཚད་ཅེས་པ་བྲིས་མའི་ལྡེབ་གྲངས་8པའི་ན་ལས་དྲངས།

བླངས་[①]ཞེས་གསུངས་པས་ཡིག་མཁན་དབུ་ཆེན་གྲ་ཤོད་དང་སྒྲ་བརྟན་ཤེ་རི་དང་སྣ་ནམ་ཡེ་ཤེས་གྲགས་དང་ལོ་ཤེས་རབ་དབང་ཕྱུག ལོང་ཤཱཀྱ་རྡོར་དང་ཀ་བ་དཔོན་དང་ཁྲུང་པོ་གཡུ་ཁྲི། སྣ་ནམ་ཞང་བཙུན་རྩེ་དང་སུམ་པ་གནོད་སྦྱིན། རོང་པོ་ལུགས་སྐྱེས་དང་སྦྲེའུ་ནག་པ་སྤལ་དར་མ་ཙནྡྲ་དང་སྤལ་ཤཱཀྱ་འབུམ་བཅས་ནི་དུས་རབས་9-13པའི་ནང་དུ་བྱོན་པའི་གྲུ་བཞི་ལུགས་ཀྱི་ཡིག་མཁན་དབུ་ཆེན་དང་དུས་རབས་13-15ནང་དུ་སྐྱེ་བྲིས་དབུ་ཆེན་བསམ་སེས། འཇམ་དབྱངས་འགོན། འགོན་པོ་དར་དཔོན་སློབ། དཔལ་ཕྱུག་སེང་གེ ཤག་ཀྱ་དཔལ། དཔལ་མགོན་དར་པོ། ཕུ་སུམ་སེས་ཚབ་རྒྱལ་དང་དཔོན་ཆེན་དོར་དར། རྡོ་རྗེ་བསམ་གྲུབ། འཁམ་པ་གོ་ཆའི་དུང་སབ་ཙན་དར་དཔོན་སློབ། ཡིག་པ་གྲོགས་ཆོས། ཙན་དར་རྫ་རིན་སོགས་[②]བྱོན་པ་དང་། དུས་རབས་14པར་བཞེངས་པའི་ཞྭ་ལུའི་བསེ་སྒོ་མ་ནང་དུ་བཞུགས་པའི་སྐུ་ཞང་གྲགས་པ་རྒྱལ་མཚན་གྱི་ཐུགས་དམ་བཀའ་འགྱུར་བཅས་ཀྱི་ཡིག་མཁན་དང་། དུས་རབས་15པའི་ནང་དུ་རྒྱལ་རྩེ་ཐེམ་སྤངས་འབྲི་བཞེངས་ཀྱི་སྐྱེ་མོའི་ཡིག་མཁན་དཔོན་མོ་ཆེ་སངས་རྒྱས་རྒྱལ་མཚན་དཔོན་སློབ་[③]དང་། དུས་རབས་18པའི་ས་སྐྱའི་ཡུམ་མཆོག་བསྟན་འཛིན་བསོད་ནམས་བཟང་པོའི་ཐུགས་དམ་བཀའ་འགྱུར་མཐོང་སྨོན་བཞེངས་མཁན་གྱི་དབུ་ཆེན་སྐྱེ་མོ་བློ་བཟང་རྣམ་རྒྱལ་[④]སོགས་དང་། སྤྱི་ལོ་1731ལོར་དེང་རི་ཤེལ་དཀར་དུ་སྣར་ཐང་བཀའ་འགྱུར་སྤར་ལ་བཏབ་པའི་སྐབས་ཀྱི་སྤར་གྱི་ཡི་གེ་བ་དབུ་ཆེན་སྐྱེ་མོ་དབུ་མཛད་བློ་བཟང་རྣམ་རྒྱལ་དང་དབུ་མཛད་བཀྲ་ཤིས་ཕུན་ཚོགས། དབུ་མཛད་བསམ་གཏན། བྱིངས་བྲིས་པ་བཞི་བཅུ་ཞེ་དགུ་[⑤]བྱོན་པ་ནི་ཡིག་གཟུགས་རིག་པ་དང་གསུང་རབ་བྲིས་མའི་མཛོད་བྱང་ལ་གཞི་བཅོལ་ཏེ་དུས་རབས་9-18པའི་ནང་དུ་སྐྱེ་བྲིས་དབུ་ཆེན་ཇི་ཙམ་ཞིག་བྱོན་པ་དེ་ང་རང་གིས་ཤེས་ཚོད་བྱུང་

① བོད་ཀྱི་མཁས་པ་ཆེན་པོ་ཁྲུང་པོ་གཡུ་ཁྲིས་མཛད་པའི་ཡི་གེའི་དར་རྒུད་དང་ཀ་མད་སུམ་ཅུའི་ཕྱག་ཚད་ཅེས་པ་བྲིས་མའི་ལྡེབ་གྲངས་9པའི་ན་ལས་དྲངས།

② དུས་རབས་13-14པའི་ཡིག་མཁན་དབུ་ཆེན་རྣམས་ཀྱི་མཚན་ནི་མར་རྐྱང་མཁའ་སྤྱོད་དུ་བཞུགས་པའི་ཤེར་ཕྱིན་ཡུམ་རྒྱས་པའི་མཛད་བྱང་ལས་དྲངས་པ་ཡིན།

③ པོ་དོང་པཎ་ཆེན་འཇིགས་མེད་རྣམ་རྒྱལ་གྱིས་མཛད་པའི་ཆོས་རྒྱལ་རབ་བརྟན་ཀུན་བཟང་འཕགས་ཀྱི་རྣམ་ཐར་བོད་ལྗོངས་མི་དམངས་དཔེ་སྐྲུན་ཁང་གི་སྤར་མའི་ཤོག་གྲངས་169ལས་དྲངས།

④ ས་སྐྱའི་ཆོས་བརྩིགས་བྲག་རི་མའི་གྲལ་དུ་བཞུགས་པའི་ཐུགས་འཆང་ངག་དབང་ཀུན་དགའ་རྣམ་རྒྱལ་གྱི་ཡུམ་བསོད་ནམས་བཟང་མོའི་ཐུགས་དམ་བཀའ་འགྱུར་བསྟན་འགྲོའི་དཔལ་མགོན་གྱི་ཡིག་མཁན་ལས་དྲངས།

⑤ མི་དབང་པོ་ལྷ་བསོད་ནམས་སྟོབས་རྒྱལ་གྱི་རྟེན་བཞེངས་དཀར་ཆག་སྤར་མ་སྟོད་ཆའི་ལྡེབ་གྲངས་60ལས་དྲངས།

བ་དེ་དག་བྲིས་ཁྲུལ་བགྱིས་པ་ལས་མཐའ་གཅིག་ཏུ་ངེས་པ་མེད་དོ།

བཞི། འཕྲུལ་ཡིག་ཁྱད་བསྟོད།

དེས་ན་གོང་དུ་བརྗོད་པའི་སྣེ་མོའི་འབྲི་གཟུགས་ཀྱི་འབྱུང་ཁུངས་དང་ལོ་རྒྱུས་སོགས་ཕྱོགས་གང་ཅིའི་ཐད་ནས་ཞུས་ན་སྣེ་བྲིས་དེ་ཡང་སྔོན་དུ་བརྗོད་པའི་བྲག་ཡིག་དང་མལ་ཡིག་ཇི་བཞིན་ལོ་རྒྱུས་རིང་བ་དང་འབྱུང་ཁུངས་དག་པ་བཅས་ཀྱི་ཁྱད་ཆོས་ཡོད་པ་མ་ཟད། ཡིག་པ་དབུ་ཆེན་དེ་དག་ཤེས་བྱ་སྣག་གསེར་གཉིས་ལ་དབང་ཐོབ་པ་ཏེ། ཀྱེ་མཐིང་ཤོག་སྔོན་པོ་བཻཌཱུར་འདྲ་ལ། །སྐྱུས་ཡིག་མུ་ཏིག་ལྟར་ལ་བརྒྱུས་འདྲ་འདི། །སྣེ་མོ་ཕྱོགས་ཀྱི་མཁས་པ་རྣམས་ཀྱིས་གཟབས། །ཐོག་མ་ཨུའི་འབུར་ཆེན་སྲིད་ཀ་འཕྲེང་གསུམ་དང་། །གཏོ་རོག་སྲི་ཀ་གར་འདྲེངས་རྣམས། །རིག་པའི་འབྱུང་གནས་སྣེ་མོ་ཕུ་གསུམ་ནས། །མཁས་པའི་···ལྡན་ཁོ་བོ་སྣེལ་གྱི་རྒྱུད། །ད་ལྟ་མཁས་པ་ཁོ་བོ་དཔལ་བཟང་དང་། །མཁས་པར་གྲགས་པ་རི་རབ་བསྟན་གྱིས་བྲིས། །ལྟ་བས་མི་ངོམ······། །མཁྱེན་པ་ཅན་གྱིས་གཟིགས་དང་སྤྲོ་བ་སྐྱེ། །དྲི་མེད་གཡའ་བྲལ་རིན་ཆེན་གསེར་གྱི་གཟེ། །མཁས་པའི······། །གསལ་དག་བཅོས་གསུམ་འཛོམ་པའི་ཞུ་དག་འདི། །ཡོན་བཙུན་རྡོ་རྗེ་དཔལ་དང་ཚུལ་ཁྲིམས་བླ་མ་གཉིས་ཀྱིས་མཛད།[1] ཅེས་པ་སོགས་ལས་ཤེས་ཤིང་། དེས་ན་སྣེ་བྲིས་ལའང་བཙན་པོའི་སྐབས་ཀྱི་འབྲི་གཟུགས་ཆེ་བསྟོད་ཇི་བཞིན་འཕྲུལ་གྱིས་བསྟོད་པ་སྟེ། འཕྲུལ་ཡིག་ཚད་ལྡན་འདི། སྣེ་མོ་ཕུ་སུམ་པ། མི་ཚབ་རྒྱལ་གྱིས་བྲིས། དེ་ལ་གཟིགས་པ་ཞུ། ཐོས་པ་ཆུང་བ་དང་། ཚིགས་གཅད་འཛོལ་བ་ན། ཡུམ་ལ་བཟོད་པར་གསོལ།[2] ཞེས་དང་ད་དུང་བོད་ན་མཁས་པ་དོར་དར་ཀྱོག་པོས་མཛད།། གསལ་བར་བྱེད་པ་འཕྲུལ་གྱི་ཡི་གེ་ལ།། དེང་སང་དུས་ཀྱི་མཁས་པ་ཐམས་ཅད་བྱོན།། གྲུ་བཞི་རས་སྙེད་འཕྲུལ་གྱི་ཡི་གེ་འདི།། རིག་པ་འགྲན་ཕྱིར་འཕྲུལ་ཆེན་གྲལ་དུ་བཀོད།། ཀྱེ་རིག་པའི་འབྱུང་ས་སྣེ་མོ་ཕུ་གསུམ་པ།། འཇམ་དབྱངས་འགོན་གྱིས་ཨ་ཁུའི་ལུགས་སུ་བྲིས།། མཁྱེནད་པ་ཅན་གྱིས་གཟིགས་དང་ངོ་མཚར་ཆེ།། ས་ལུ་ལྗང་པའི་གདུང་གསོབ་སློབ་དཔོན་ཅན་དར་དང་།། ལེགས་བཀྱེད་འདེབས་ལ་བཟོ་བའི་བླ་མཆོད་འགོན་པོ་དར།། དཔོན་སློབ་གཉིས་ཀྱིས་ཞུ་ཐུག་དག་པར་

① ཨ་རི་འཕོར་ཆོས་སྡེ་དགོན་པའི་ཤེར་ཕྱིན་མཛད་བྱང་ལས་དྲངས།

② སྣེ་མོ་མར་རྒྱང་མཁའ་མཆོད་དུ་བཞུགས་པའི་ཤེར་ཕྱིན་པོད་བ་པའི་མཛད་བྱང་དབུ་ཤོག་གི་ཞལ་ཁེབས་ལས་དྲངས།

མཛད་།།[①]ཅེས་བྱུང་བས་ཀྱང་འཕྲུལ་ཡིག་གིས་ཆེ་བསྟོད་མཛད་པ་ནི་དོན་ལ་གནས་པ་ཞིག་ཡིན།

ལྔ། སྐྱེ་བྲིས་ཕན་འབྲས།

དེང་གི་མི་རྣམས་ཀྱི་ཞལ་རྒྱུན་ལྟར་སྐྱེ་མོའི་འབྲི་ཤོག་བཀོ་གསུམ་ནི་སྐྱེ་མོའི་ཁྱད་འཕགས་ཀྱི་རིག་གནས་ཤུལ་བཞག་ཆེན་པོ་གསུམ་ཞེས་གྲགས་པའང་ཐུགས་ལ་མངའ། ཕྱི་ལོ་2012ལོའི་ཟླ་9པའི་ནང་དུ་སྐྱེ་མོ་རིག་གནས་ཅུས་ཀྱི་རེ་ཞུས་ལྟར་དཔེ་རྙིང་སྲུང་སྐྱོབ་ཀྱི་ལས་མི་རྣམས་ཕུ་སུམ་གྲོང་ཚོར་བསྐྱོད་དེ་ཕུ་སུམ་གྲོང་ཚོའི་སྐྱེ་བྲིས་ཀྱི་འབྲི་རྒྱུན་ཡོད་པའི་ཡིག་མཁན་རྣམས་ལ་སྐྱེ་བྲིས་ཀྱི་སྐོར་བཅར་འདྲི་ཞུས་པ་དང་སྦྲགས། དེད་གཞུང་ལས་ཁང་ནས་ཀྱང་ཕྱག་རོགས་ཞུས་ཏེ་བོད་ཀྱི་སྲོལ་རྒྱུན་རིག་གནས་མི་ཉམས་པའི་ཆེད་དུ་ཕུ་སུམ་གྲོང་ཚོའི་ཡིག་མཁན་དེ་དག་ཕྱོགས་རིམ་པའི་མངོན་མིན་ཤུལ་བཞག་རིག་གནས་རྒྱུན་འཛིན་དུ་ཡང་སྙན་ཞུ་ཕུལ། དུས་ཡུན་རིང་པོ་མ་འགོར་པར་སྙན་ཞུ་དོན་དུ་སྨིན་ནས་སྐྱེ་བྲིས་དེ་ཡང་སྐྱེ་མོའི་ཤུར་བཀོའི་ལག་རྩལ་དང་ཤོག་བཟོའི་ལག་རྩལ་གཉིས་དང་འདྲ་བར་རྒྱལ་ཁབ་རིམ་པའི་མངོན་མིན་ཤུལ་བཞག་རིག་གནས་ཁོངས་སུ་ཚུད་ཐུབ་པ་བྱུང་། དེའི་སྐོར་ལ་ང་རང་གིས་བསམ་གཞིགས་བགྱིས་ན། སྤྱིར་གྱི་ཆ་ནས་སྐྱེ་བྲིས་དང་སྐྱེ་ཤོག ཤུར་བཀོ་གསུམ་པོ་དེ་དག་ཕན་ཚུན་གཅིག་གིས་གཅིག་ལ་སྲི་ཞུ་བསྒྲུབས་པ་ལྟ་བུར་སྣང་ཙང་། རིག་གནས་འཕེལ་རྒྱས་འགྲོ་བའི་ཆོས་ཉིད་ལས་བསམ་བློ་ཞིབ་ཏུ་བཏང་ཚེ། སྐྱེ་མོའི་ཁྱད་འཕགས་ཤུལ་བཞག་རིག་གནས་གསུམ་པ་དེའི་ནང་ནས་ཤུར་བཀོའི་ལག་རྩལ་དང་སྐྱེ་ཤོག་གཉིས་ཕྱུལ་དུ་བྱུང་དགོས་དོན་ཡང་། ཐུད་ཞིམ་པོ་མར་གྱི་དྲིན་ཟེར་བ་བཞིན་ཤོག་མར་སྐྱེ་མོའི་ཁུལ་དུ་འབྲི་གཟུགས་ཁྱད་འཕགས་ཅན་ཞིག་བྱུང་བའི་རྐྱེན་གྱིས་ཡིན། གལ་ཏེ་དེ་ལས་ལྡོག་ཏེ་བག་གསར་ལེགས་སྒྲུ་བཞི་ལས་ཆད་པའི་སྐྱེ་བྲིས་ཞེས་པའི་འབྲི་གཟུགས་སྤུས་ལེགས་དེ་སྐྱེ་མོར་དར་ཁྱབ་བྱུང་མེད་ན། འབྲི་རྫས་སྐྱེ་ཤོག་དང་ཡིག་ཤུར་བཀོ་བའི་ལག་རྩལ་དེ་ཡང་གླེང་དུ་མེད་པ་ཞིག་ཡིན་པ་ཆོས་ཉིད་ལས་མ་འདས་སོ། དེས་ན་སྐྱེ་མོའི་སྐྱེ་ཤོག་དང་ཤུར་བཀོའི་ལག་རྩལ་དེ་ཡང་རྒྱལ་ཁབ་

① སྐྱེ་མོ་མར་རྒྱུད་མཁའ་སྤྱོད་དུ་བཞུགས་པའི་ཤེར་ཕྱིན་པོད་ཁ་པའི་མཛད་བྱང་དབུ་ཤོག་གི་ཞལ་ཁེབས་ལས་དྲངས།

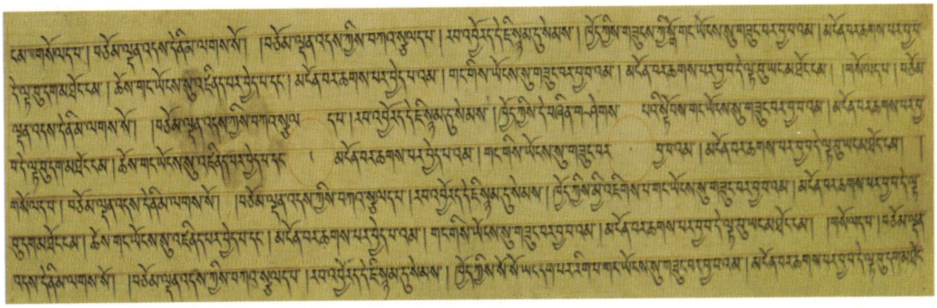

དུས་རབས་བཅུ་གསུམ་པའི་སྐྱེ་བྲིས།

རིམ་པའི་དངོས་མིན་ཤུལ་བཞག་ཁོངས་སུ་ཚུད་དགོས་དོན་ཡང་དོན་གྱི་སྙིང་པོ་ཞུས་ན་སྐྱེ་བྲིས་ཀྱིས་བྱིན་པའི་དྲིན་ཡིན་པ་ཁོ་བོ་སེམས་སོ།།

ལེའུ་ཉི་ཤུ་པ། དུས་རབས་15-16པའི་གསུང་རབ་བྲིས་མའི་མཛད་བྱང་།

ལེ་ཚན་དང་པོ། གསུང་རབ་ཀྱི་དགེ་རས་སྟེང་དུ་གསལ་བའི་མཚན།

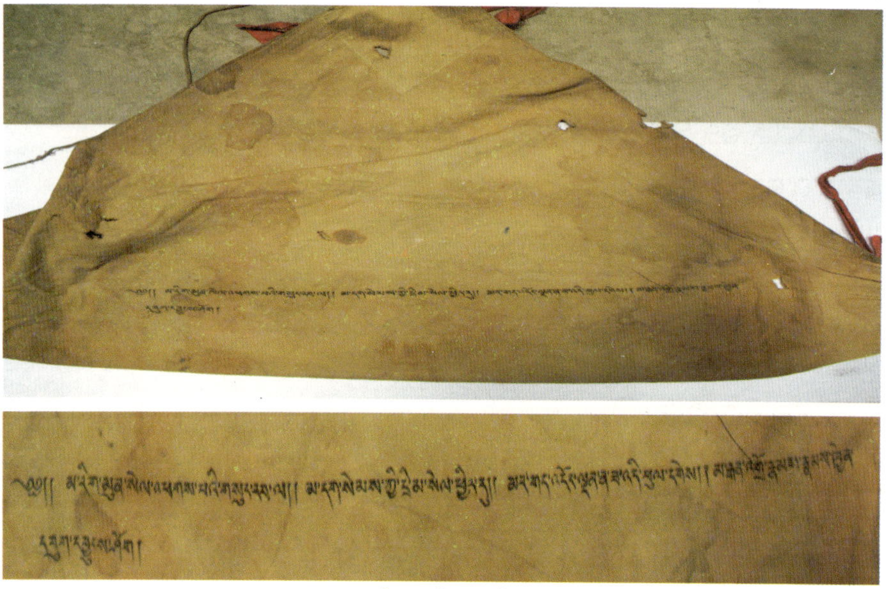

དགེ་རས་ཀྱི་མ་དཔེ།

དང་པོ། མཚན་གྱི་མ་ཕྱུས།

༄༅། །མ་རིག་མུན་སེལ་འཕགས་པའི་གསུང་རབ་ལ།། མ་དག་སེམས་ཀྱི་དྲི་མ་སེལ་ཕྱིར་དུ།། མར་གད་འདོད་ལྡན་ན་བཟའ་འདི་ཕུལ།། མ་རྒན་འགྲོ་རྣམས་རྣམས་ཁྱེན་དབུག་དབྱུངས་ཤོག [1]ཅེས་པའོ།

① གསུང་རབ་ཀྱི་དགེ་རས་སྟེང་དུ་གསལ་བའི་མཚན་ལས་དྲངས།

གཉིས་པ། མཆན་གྱི་དབྱེ་ཞིབ།

གཅིག ན་བཟའ་ཞེས་པའི་ཐ་སྙད།

དེ་ཡང་ཐོག་མར་ན་བཟའ་ཞེས་པའི་མིང་ཚིག་རང་གི་སྙིང་ནས་འགྲེལ་ན། རང་རེ་བོད་ཀྱི་རིག་གནས་དང་དཔལ་འབྱོར་སོགས་ཀྱི་ལས་དོན་ཁག་ལ་བྱེད་ནུས་མི་བསལ་ཐོན་ཐུབ་པའི་མི་སྣ་དང་ནང་བསྟན་གྱི་སྐུ་གསུང་ཐུགས་གསུམ་ལ་བསྒྲོན་པའི་ཕྱིའི་ཆས་ཀྱི་ཞེ་ཚིག་སྟེ་ལུས་བཏུམ་བྱེད་ཀྱི་གོས་ཀྱི་མིང་ལ་ན་བཟའ་ཞེས་འབོད་པ་དེས་ན་བཟའ་ཞེས་པའི་ཐ་སྙད་ཀྱི་གོ་བ་གསལ་པོ་ཞིག་ཤེས། འོ་ན་ནང་བསྟན་གྱི་སྐུ་གསུང་ཐུགས་ཀྱི་ཕྱོད་ནས་གསུང་གི་རྟེན་གསུང་རབ་དག་གི་ཕྱིའི་སྒྲིལ་ཆས་དཔེ་རས་ལ་ན་བཟའ་ཞེས་འབོད་པའི་མཚན་བྱུང་ཡོད་དམ་ཞེས་ན། ཕ་རོལ་དུ་ཕྱིན་པའི་གཞུང་ཐམས་ཅད་ལ་ཞུ་ཆེན་མཛད་པས་འགྱུར་རྒྱས་སྟེ། ཟླ་འགྱུར་ཆེན་པོ་བྱ་བར་གྲགས་སོ། དེ་ཡང་དྲུག་དུམ་པ་ཡིན་ཟེར་རོ། ནམ་ཟའ་ལས་མཚན་དུ་ཐོགས་པ་ཤ་སྒྲོ་ཅན་ཞེས་བྱ་བར་གྲགས་ཏེ། ད་ལྟ་འོན་ཅང་མདོ་ན་བཞུགས་སོ། ①ཞེས་པས་སྐབས་དེ་དུས་ཀྱི་གསུང་རབ་སྒྲིལ་ཆས་དཔེ་རས་སམ་གླུག་སྟོད་ཀྱི་ཀོ་ལྤགས་ལྟ་བུ་ལ་གུས་དད་སྣང་དུ། ན་བཟའ་ལས་མཚན་ཐོགས་པ་ལ་ཤ་སྒྲོ་ཅན་ཞེས་བྱ་བར་གྲགས་སོ་ཞེས་པས་ནང་བསྟན་གྱི་རྟེན་གསུམ་ནང་ནས་སྐུའི་རྟེན་དང་ཐུགས་ཀྱི་རྟེན་ཙམ་མ་ཟད། གསུང་རྟེན་གྱིས་ནང་བསྟན་དྲིལ་བསྒྲགས་སོགས་ཁྱད་འཕགས་ཀྱིས་བྱེད་ནུས་མི་ཆུང་བ་ཞིག་ལྡན་ཡོད་པ་ནི་སྐྱེ་བོ་ཀུན་གྱིས་གོ་ཤེས་ཐུབ་ཅིང་། ཐོག་མར་གསུང་རྟེན་ནི་སངས་རྒྱས་ཀྱིས་མཛད་པའི་ནང་ནས་མཛད་པ་མཆོག་ཡིན་ཞིང་། དེ་དག་འབྲི་ཀློག་འདོན་གསུམ་བྱེད་པའི་པའི་རྟེན་གཞི་ལྟ་བུ་ཞིག་ཡིན་གཤིས། སྐྱེ་བོ་ཕལ་པ་རྣམས་ཀྱིས་ཐོག་མར་གསུང་རབ་ལ་དད་གུས་དང་བསྙེན་བཀུར་བྱེད་པའི་རྟེན་གཞིས་ཤིག་ཏུ་ཡང་ངོས་འཛིན་བྱེད་ཀྱི་ཡོད་②ཅེས་གསུངས་པས་ཀྱང་གསུང་རྟེན་གྱི་ཕྱིའི་སྒྲིལ་ཆས་དཔེ་རས་དེ་ལའང་དེ་བཞིན་དུ་དད་གུས་ཆེ་བའི་དབང་གིས་ན་བཟའ་ཞེས་འབོད་པའི་ཐ་སྙད་དེ་བོད་བཙན་པོའི་སྐབས་ནས་བྱུང་བར་སྣང་།

---

① ཤར་ཕྱིན་གྱི་བམ་པོ་དང་ལེའུ། ཚིགས་དང་གྲངས་ཀྱི་ཚད་བསྟན་པ། བྲིས་མ། ལྡེབ་གྲངས་7ལས་དྲངས།།

② 见，黛博拉·克林博格著廖旸译《沿着乌仗那与西藏之间的朝圣之路》刊载《8-15世纪中西部西藏的历史、文化与艺术》中国藏学出版社2015年，第113页。

གཉིས། ན་བཟའམ་དཔེ་རིས་བྱུང་བ།

ང་རང་གི་བལྟ་ཚུལ་ལྟར་ན་དེ་ནི་དུས་རབས་9སྐབས་ནས་ཡོད་པ་ཞིག་ཡིན་སྙམ། གང་ཡིན་ཟེར་ན། ཏུན་ཧོང་ Pt1128ཧའི་ཡོ་ལ་དར་མ་ཤེས་རབ་འབུམ་པ་སྟེ་བརྒྱད། ཤ་ཙུར་བྲིས་ནས། ཤ་ཙུ་གཞིར་བཞག་པ་དང་། བདེ་གམསུ་བཞངས་པའི་ཕྱི་ཆས་དང་། གླིགས་ཐག་དང། མེན་དྲི་ལ་སྩོགས་པ། ཞེས་དཔྱ་ཆད་པའི་རྩིས་ཐོ་ཞིག་གི་སྟེང་དུ་གསལ་བ་ལྟར་ཁྲི་གཙུག་ལྡེ་བཙན་ཁྲི་རལ་པ་ཅན་གྱི་ (815-836) སྐུ་རིང་ལ་ཤ་ཙུར་ཤེར་ཕྱིན་འབུམ་བཞེངས་ནས་ཡུལ་བདེ་ཁམས་སུ་བཞངས་པའི་ཕྱི་ཆས་ཏེ་ཕྱིའི་དྲིལ་ཆས་ཏེ་གླིགས་ཐག་དང་དཔེ་རས་ཏེ་མེན་དྲི་[1]ཞེས་བྱུང་བ་ལས། བོད་ཡིག་གནའ་དཔེར་དུས་རབས་8-9པའི་སྐབས་ནས་དཔེ་རས་ཀྱིས་སྒྲིལ་སྒྲོལ་ཡོད་པ་མ་ཟད་ན་བཟའ་དེ་ཡང་སྤུས་ལེགས་ཀྱི་དར་གོས་སྲུབ་མོ་མདོག་སེར་ལ་དམར་ལྗང་གི་ཐིག་རིས་ཅན་[2]དེའི་རི་མོ་ནི་མོན་ལུག་རྩེའི་རི་མོ་ནི། །བསྡེ་ཧུས་ཐགས་སྒྲིན་རིས་དང་། །མེ་ཏོག་སྒྲིན་རིས་ལ་སོགས་པ། །ཐགས་འོག་ལ་ཡོད་དེའི་སྟེང་། །ལའི་ཐགས་ཀྲང་སྲུབ་བ་ཅིག །སྐད་མཚམས་སུ་ནི་ཐགས་རང་གི། །སྦྲེལ་བར་མངོན་པ་ཅིག་ལ་ཟེར། །[3]ཞེས་པའི་མལ་དྲིའམ་མན་ཙེ་ཕུལ་ཡོད་པ་དེ་ཤེས། ད་དུང་ཤེར་ཕྱིན་གྱི་བམ་པོ་དང་ལེའུ། ཚགས་དང་གྲངས་ཀྱི་ཚད་བསྟན་པ་ཞེས་པར་དེ་ནས་དུས་ཕྱིས་ཆོས་སྐོར་འོན་ཅང་དོ་བཞེངས་པའི་མཐའ་བཞིའི་དགྲ་ལས་རྒྱལ་བའི་ཁྲི་གཙུག་ལྡེའུ་བཙན་རལ་པ་ཅན་གྱིས། རྒྱ་བོད་ཀྱི་མཁས་པ་མང་པོ་སྤྱན་དྲངས་ནས། དམ་པའི་ཆོས་མཐའ་དག་གི་ཞུ་ཆེན་མཛད་དོ། ཁྱད་པར་ཕ་རོལ་ཕྱིན་པའི་ཕྱོགས་ལ། རྒྱ་གར་དབུས་ཀྱི་པན་ཌི་ཏ་ཆེན་པོ། སུ་ན་ལེན་དྲ་བོ་དེ་དང་། ཤཱག་ཀྱ་པྲ་བ་དང་། བོད་ཀྱི་ལོ་ཙཱ་བ་ཆེན་པོ་འཕན་ཡུལ་སྣང་ཀྱི་དཀའ་བ་དཔལ་བརྩེགས་དང་། ལྷ་བ་ལྷམ་པ་ཡིན་ཡང་ཟེར་ལ་བསྟོད་འབྲིང་འཚམས་པ་ཡིན་ནམ་ཡང་ཟེར་ཏེ། ཅོག་རོ་ཀླུའི་རྒྱལ་མཚན་ལ་སོགས་པས་འཕན་ཡུལ་སྣང་ཀྱི་སྣ་བའི་ན་མོ་ཆེའི་སྟེང་དུ། སྐད་གསར་བཅད་ཀྱིས། སང་ཀྲི་ཏའི་སྐད་དང་སྦྱར་ནས་གཏན་ལ་ཕབ་བོ། ཕ་རོལ་དུ་ཕྱིན་པའི་གཞུང་ཐམས་ཅད་ལ་ཞུ་ཆེན་མཛད་པས་འགྱུར་རྒྱས་སྟེ། ལྷ་འགྱུར་ཆེན་པོ་བྱ་བར་གྲགས་སོ། དེ་ཡང་དུག་དུམ་པ་ཡིན་ཟེར་རོ། ནམ་

① 见，法藏敦煌藏文文献，上海古籍出版社2009年版，第368页.

② བོད་རྒྱ་ཚིག་མཛོད་ཆེན་མོ་མི་རིགས་དཔེ་སྐྲུན་ཁང་གི་སྤར་མའི་ཤོག་གྲངས་2057ལས་དྲངས།

③ ལེགས་པར་བཤད་པ་པད་མ་དཀར་པོའི་ཆུན་པོ་ཞེས་པ་བྲིས་མ་ཁྲ་ཚད་མ་ཞིག་མཐའ་བྱུང་བ་དེའི་ལྡེབ་གྲངས་74-79་བར་གསལ།

ཟབ་ལས་མཚན་དུ་ཐོགས་པ་ཤ་སྒྲོ་ཅན་ཞེས་བྱ་བར་གྲགས་ཏེ། ད་ལྟ་འོན་ཅང་མདོ་ན་བཞུགས་སོ།[①] ཞེས་པ་དེ་ལས་བོད་ཀྱི་བཙན་པོ་ཁག་གི་གླ་འབུམ་དུ་གྲགས་པའི་ཤེར་ཕྱིན་འབུམ་དེར་འགྱུར་གྱི་རྒྱས་བསྡུས་དབང་གིས་གླ་འབུམ་བསྡུས་པ་དང་འབྲིང་པོ། རྒྱས་པ་སྟེ་བཙན་པོ་ཁྲི་རལ་པ་ཅན་གྱི་སྐུ་དུས་སུ་བསྒྱུར་ཞུས་བགྱིས་པའི་གླ་འབུམ་རྒྱས་པ་སྟེ་ད་ལྟ་འབྲས་སྤུངས་དགོན་དུ་བཞུགས་པ་དེར་སྔོན་ན་བཟའ་ཕུལ་ཡོད་པ་སྟེ། ན་བཟའ་ལས་མཚན་ཐོགས་པ་ཤ་སྒྲོ་ཅན་ཞེས་གྲགས་པ་ལྟར་ན། སྐབས་དེ་དུས་བཙན་པོ་ཁྲི་རལ་པ་ཅན་གྱི་གླ་འབུམ་དེར་ན་བཟའ་དུས་རབས་13པའི་ནང་གི་གསུང་རབ་ལྟར་སྤུས་ལེགས་ཀྱི་གོས་ཆེན་མེད་ཀྱང་ཡུལ་དུས་ཀྱི་ཐོན་འབབ་དང་བསྟུན་ཏེ། ན་བཟའ་རྐོ་བ་མཉེད་ནས་ཕུལ་ཡོད་ཅང་ཤ་སྒྲོ་ཅན་ཞེས་ཐོགས་པ་དེ་ལས་བོད་ཀྱི་གསུང་རབ་ལ་ན་བཟའ་འམ་དཔེ་རས་བསྒྲོན་པའི་ལམ་ལུགས་དེ་དུས་རབས་8-9པའི་སྐབས་ནས་བྱུང་ཟིན་པ་དེ་ཐད་ཀར་རྟོགས།

གསུམ། དཔེ་རས་ཚོས་གཞི།

ན་བཟའ་ཤ་སྒྲོ་ཅན་གྱི་གནའ་དཔེ་གཙོས་ཆེན་དེ་འདྲ་ད་ལྟ་དཔལ་ལྡན་འབྲས་སྤུངས་དང་ས་སྐྱ་དགོན་སོགས་སུ་ཡོད་ཅེས་དེ་གའི་ལས་གཉེར་མཁན་པོ་དག་གི་ཞལ་ལས་ཐོས་པ་མ་ཟད། བོད་ལྗོངས་རྟེན་རྫས་བཤམས་མཛོད་ཁང་དུ་བཞུགས་པའི་ཀུན་མཁྱེན་ཀློང་ཆེན་རབ་འབྱམས་པས་མཛད་པའི་ཆོས་དབྱིངས་མཛོད་བྲིས་མ་དེའི་ན་བཟའ་ཤ་སྒྲོ་ཅན་ཡིན་པ་དེ་དངོས་སུ་མཇལ་བ་ལས་དེ་བས་ཀྱང་ངེས་པ་རྙེད། དུས་རབས་13པའི་སྐབས་ནས་བཟུང་བོད་ཀྱི་གསུང་རབ་ལ་ན་བཟའ་གོས་ཆེན་སྤུས་ལེགས་བསྒྲོན་བའི་སྲོལ་དེ་དར་ཁྱབ་ཤིན་ཏུ་ཆེན་པོ་བྱུང་ཡོད་པ་ས་སྐྱར་བཞུགས་པའི་སྔགས་འཆང་ངག་དབང་ཀུན་དགའ་རྣམ་རྒྱལ་གྱི་ཡུམ་མཆོག་བསྟན་འཛིན་བསོད་ནམས་བཟང་མོས་བཞེངས་པའི་བཀའ་འགྱུར་བསྟན་འགྲོའི་དཔལ་མགོན་གྱི་ན་བཟའ་དང་། དུས་རབས་16པར་དཔལ་ལྡན་འབྲས་སྤུངས་དགོན་དང་ཕོ་བྲང་པོ་ཏ་ལར་བཞུགས་པའི་ལྔ་པ་ཆེན་པོའི་སྐུ་སྐེར་གྱི་གསུང་དཔེ་ཁག་ལ་དཔེ་རས་ལྷ་སྒྲིལ་དུ་བྱས།[②] ཞེས་པ་ལས་དཔེ་རས་རྒྱུས་ཤོས་དེ་ཅི་ཞིག་ཡིན་པ་ཤེས། དེ་མིན་བོད་ཀྱི་གསུང་རབ་ལ་གྲུབ་

① ཤེར་ཕྱིན་གྱི་བམ་པོ་དང་ལེའུ། ཚགས་དང་གྲངས་ཀྱི་ཚད་བསྟན་པ། བྲིས་མ། ལྡེབ་གྲངས་7ལས་དྲངས།

② དྲིན་ཅན་རྩ་བའི་བླ་མ་ངག་དབང་བློ་བཟང་རྒྱ་མཚོའི་ཐུན་མོང་ཕྱིའི་རྣམ་ཐར་དུ་ཀུ་ལའི་གོས་བཟང་གླེགས་བམ་གསུམ་པའི་

མཐའ་མི་འདྲ་བའི་དབང་གིས་དཔེ་རས་ཡང་ཁ་དོག་མི་འདྲ་བ་བསྒྲོན་སྲོལ་ཡོད་པ་སྟེ། དགེ་ལུགས་ཡིན་ན་སེར་པོ། རྙིང་མ་ཡིན་ན་དམར་པོ། བོན་པོ་ཡིན་ན་སྔོན་པོ་[1]སོགས་འདུག་དེ་དག་དུས་ནམ་ཞིག་ལ་དར་ཡོད་མེད་མ་ཤེས་རུང་རང་རང་སོ་སོའི་ཁྱད་ཆོས་སུ་སྣང་།

བཞི། དཔེ་རས་ཀྱི་དགོས་པ།

ཐོག་མར་གསུང་རྟེན་ལ་ན་བཟའ་འམ་དཔེ་རས་ཕུལ་བའི་དགོས་པ་ནི་བོད་ཀྱི་གསུང་རབ་སྨྲ་བ་དུང་དཀར་བློ་བཟང་འཕྲིན་མཆོག་གིས་མཆོད་པའི་ཆེད་དུ་ན་བཟའ་ཕུལ་ཞེས་གསུངས་མོད་ཀྱང་། བོད་ཀྱི་གསུང་རབ་དོ་དམ་རིག་པའི་སྐོར་ལས་ཞུས་ན་གསུང་རབ་དེར་རྡུལ་དྲིགས་དང་འབུ་སྲིན་གྱི་གནོད་པ་མི་ཡོང་བ་དང་བརླན་བཤེར་འགོག་པ་དང་དོ་དམ་བདག་གཉེར་བདེ་བའི་སླད་དུ་དཔེ་རས་སམ་ན་བཟའ་བསྒྲོན་པ་དེས་དཔེ་རས་ཀྱི་དགོས་པའང་རྟོགས། སྐབས་དོན་འདིར་བསམས་ན་མཆོད་ཡོན་སྦྱིན་བདག་ཁོང་གིས་མ་དག་སེམས་ཀྱི་དྲི་མ་སེལ་ཕྱིར་དང་། མ་རྒན་འགྲོ་རྣམས་རྣམ་མཁྱེན་གྱི་གོ་འཕང་ཐོབ་ཕྱིར། མར་གད་འདོད་ལྡན་ན་བཟའ་འདི་ཕུལ་བ་[2]ཡིན་ཞེས་གསུངས་པས་དེའི་དགོས་པ་རྟོགས།

འཕྲོས་བཞི་པ། བྲིས་མ། ལྡེབ་གྲངས་ 223ལས་དྲངས།

① པད་མ་བཀྲ་ཤིས་ཀྱིས་བརྩམས་པའི་བོད་ཡིག་གནའ་དཔེའི་རྣམ་བཤད་བོད་ལྗོངས་མི་དམངས་དཔེ་སྐྲུན་ཁང་གི་2013ལོའི་སྤྱར་མའི་ཤོག་གྲངས་65ལས་དྲངས།

② གསུང་རབ་ཀྱི་དཔེ་རས་སྟེང་དུ་གསལ་བའི་མཆན་ལས་དྲངས།

ལེ་ཚན་གཉིས་པ། སྨན་དར་སྙིང་དུ་གསལ་བའི་མཚན།

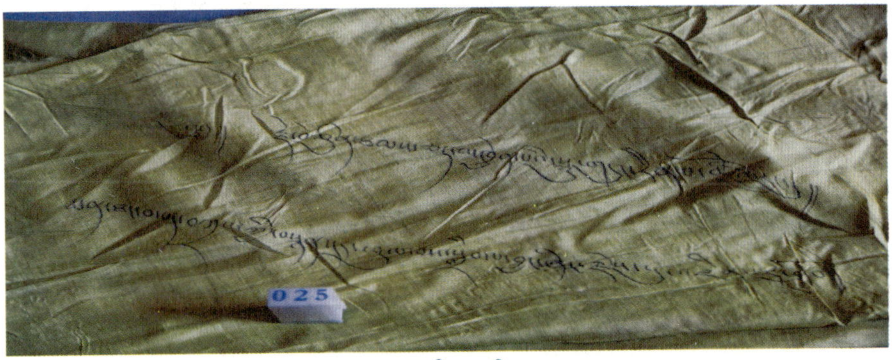

མཚན་གྱི་མ་དཔེ།

དང་པོ། མཚན་གྱི་མ་ཕྱུས།

༄།། རྗེ་བཙུན་ཐམས་ཅད་མཁྱེན་པའི་སྐུ་གདུང་རིན་པོ་ཆེའི་དུང་དུ།། སྨན་ཐང་བ་པད་བཀྲས་ཀྱི་བསྙན་དར་ཕུལ་བས་སྒྲིབ་པ་བྱང་ཞིང་རྗེ་སུ་འཛིན་པར་ཤོག ①ཅེས་པའོ།

གཉིས་པ། མཚན་གྱི་དབྱེ་ཞིབ།

སྐབས་འདིའི་མཚན་དུ་རྗེ་བཙུན་ཐམས་ཅད་མཁྱེན་པའི་སྐུ་གདུང་རིན་པོ་ཆེའི་དུང་དུ་ཞེས་བྱུང་བ་ན། རྗེ་བཙུན་ཐམས་ཅད་མཁྱེན་པའི་མཚན་དངོས་ནས་འཁོད་མེད་སྐབས་ཐད་ཀར་བླ་མ་འདི་ཡིན་ཞེས་བརྗོད་མ་ཐུབ་ཅང་། སྨན་ཐང་པ་པད་བཀྲས་ཞེས་པ་ལས་དུས་རབས་15པའི་ནང་དུ་ལྷོ་བྲག་སྨན་ཐང་ཁུལ་དུ་འཁྲུངས་པའི་སྨན་ལྷ་དོན་གྲུབ་ཀྱི་སློལ་གཏོད་པའི་རི་མོའི་འབྲི་རྒྱུན་འཛིན་པའི་རི་མོ་②ཞིག་གམ་ཡང་ན་ལྷོ་བྲག་སྨན་ཐང་ཁུལ་དུ་འཁྲུངས་

---

① ཆོས་ལུང་བྱང་རྩེ་ནས་མཐོང་བའི་བསྙན་དར་སྙིང་གི་མཚན།

② དཔལ་ས་སྐྱ་དགོན་དུ་བཞུགས་པའི་སྨན་ལྷ་དོན་གྲུབ་ཀྱི་ཕྱག་སོར་ལས་གྲོན་པའི་སྟོན་པ་གཙོ་འཁོར་དང་སྦྱིན་བདག་ཁ་རག་དཔོན་བཙུན་བཞུགས་པའི་ཐང་གའི་རྒྱབ་བྱང་དུ། བཟོད་པ་དཀའ་ཐུབ་བཟོད་པ་དམ་པ་ནི། །མྱ་ངན་འདས་པ་མཆོག་ཅེས་སངས་རྒྱས་གསུང་། །རབ་ཏུ་བྱུང་བ་གཞན་ལ་གནོད་པ་དང་། །གཞན་ལ་འཚེ་བ་དགེ་སྦྱོང་མ་ཡིན་ནོ།། བཀྲ་ཤིས། དགེའོ། ༨༨། །སྭ་སྟི། ལྷར་བཅས་འཇིག་རྟེན་ཀུན་གྱི་སྐྱབས་གཅིག་པུ།། ཐུབ་དབང་གནས་བརྟན་བཅུ་དྲུག་འཁོར་བཅས་རྣམས།། རིན་ཆེན་མར་གད་མདངས་ལྟར་རབ་མཛེས་པའི།། ལྷ་རྫས་གོས་ཀྱི་གཞིར་མ་ཕུན་ཚོགས་ལ༔ ལེགས་པར་བསྒྲུབ་པའི་ཐང་སྐུ་དགུ་ཕྲག་གཅིག། དབང་པོའི་གཞུ་ལྟར་རབ་མཛེས་རྒྱ་དར་ལ།། ཚེ་དཔག་མེད་མགོན་འཇམ་དབྱངས་སྤྱན་རས་གཟིགས། །སྒྲོལ་དཀར་ཆོས་སྐྱོང་ཆེན་མོ་དར་ཐང་ལ༔ ཐུབ་དབང་གནས་བརྟུ་སྒྲོལ་མ་རྣམ་སུམ་ཏེ།། རས་བྲིས་ཐང་སྐུ་གསུམ་དང་བཅས་པ་རྣམས།། ༄༅སྐྱེ་བ་སྐྱེ་བར་དགེ་ཚོགས་དུ་

པའི་ཆ་ནས་སྨན་ཐང་པ་ཞེས་བརྗོད་མེད་དམ་སྙམ། གལ་ཏེ་ཁོང་བོད་ཀྱི་གསུང་རབ་སྒྲ་བ་ཏུང་དཀར་བློ་བཟང་འཕྲིན་ལས་མཆོག་གིས་གསུངས་པའི་སྨན་ཐང་དཔལ་ལྡན་བཀྲ་ཤིས་ཞེས་པ་སྟེ་རབ་བྱུང་བཅུ་པའི་མེ་ཡོས་ལོར་རྒྱལ་དབང་བསོད་ནམས་རྒྱ་མཚོས་(སྤྱི་ལོ་1552-1588)ཆོས་འཁོར་རྒྱལ་གྱི་བྱམས་ཁང་རྒྱ་བསྐྱེད་གནང་སྐབས་ཀྱི་ལྷེབས་བྲིས་འབྲི་མཁན་སུ་སྟོན་པའི་ལྷ་བྲིས་པ་[1]ཁོང་དཔལ་ལྡན་བཀྲ་ཤིས་དང་སྐབས་འདིའི་པད་བཀྲ་གཉིས་མི་གཅིག་ཡིན་ན། ང་ཚོས་སྣག་ཤོག་མང་པོས་འགྲེལ་མི་དགོས་པར་གོང་གི་སྨན་ཐང་པ་པད་བཀྲ་ཞེས་པ་ཁོང་ནི་དུས་རབས་16པའི་ནང་དུ་བྱོན་པའི་སྨན་ལུགས་ཀྱི་རི་མོའི་འབྲི་རྒྱུན་འཛིན་པ་ཞིག་མིན་ནམ་སྙམ་ནས་དཔྱད་གཞིར་ཕུལ།

མ་ཡིས།། ལེགས་པར་བསྒྲུབ་པས་མཐོ་རིས་མཆོག་ཐོབ་པ།། ཁ་རག་རྒྱལ་པོའི་རིགས་འབྲུངས་དགེ་ལ་སྤྲོ།། འཁོར་པ་རྣམ་ཐོས་བུ་ལ་འདྲེན་འདྲ་བ།། མིའི་ཁྱུ་མཆོག་དཔོན་པོ་བཀྲས་རྒྱལ་དང༌།། ཡིད་འཕྲོག་འཆི་མེད་བུ་མོའང་སྐྱོང་བྱེད་ཅིང༌།། དོར་འཛིན་མཛེས་མའི་དཔལ་དང་འཁོར་པ་ལ།། འདྲེན་འདྲ་བྱང་སེམས་ལྡན་པ་དཔལ་ལ་ཡིས།། ཡབ་ཡུམ་ལྷག་པའི་བསམ་པས་ཀུན་སླངས་ནས།། སྐྱུ་མའི་ནོར་ལ་སྙིང་པོ་བླང་པ་དང༌།། འགྲོ་ཀུན་རྒྱལ་བའི་གོ་འཕང་ཐོབ་ཕྱིར་བསྒྲུབས།། །།ཚུལ་འདི་ལག་རྗེར་སོན་བྱེད་རི་མོ་བ།། ལྷོ་བྲག་སྨན་ཐང་ཕྱོགས་ནས་ཀྱི་ནའི་ལས།། ལྷུར་ལེན་སྨན་བླ་དོན་གྲུབ་ཞེས་བྱ་བ།། གང་གི་སོར་མོ་བསྐྱོད་པའི་ཟློས་གར་ལས༔ སྲས་བཅས་རྒྱལ་བའི་རི་མོ་འདི་སྤྲོས་སོ།། རྣཾ་དཀར་དགེ་འདིས་འཕོས་གསུམ་འཁོར་བའི་རྒྱ་མཚོ་ལས།། དར་འཕྱོར་མཆོག་གི་གྲུ་ཆེན་ལྷག་བསམ་དར་གཙུགས་ཏེ།། མ་ལུས་ལུས་ཅན་འགྲོ་བ་འདྲེན་བྱེད་པའི།། རྣམ་མཁྱེན་རྒྱལ་བའི་དེད་དཔོན་མཆོག་དེ་མྱུར་ཐོབ་ཤོག།། ཕྱོགས་དུས་ཐམས་ཅད་དུ་བཀྲ་ཤིས་པར་གྱུར་ཅིག། དགེའོ།། ཞེས་བཞུགས་པ་དེ་ཡིན།

[1] ཏུང་དཀར་བོད་རིག་པའི་ཚིག་མཛོད་ཆེན་མོ་ཀྲུང་གོ་བོད་རིག་པའི་དཔེ་སྐྲུན་ཁང་གི་2000ལོའི་སྤར་མའི་ཤོག་གྲངས་1662ལས་བྲངས།

ལེ་ཚན་གསུམ་པ། ཡངས་ཅན་དགོན་རིན་ཆེན་ཏོག་གཟུངས་མཛད་བྱང་།

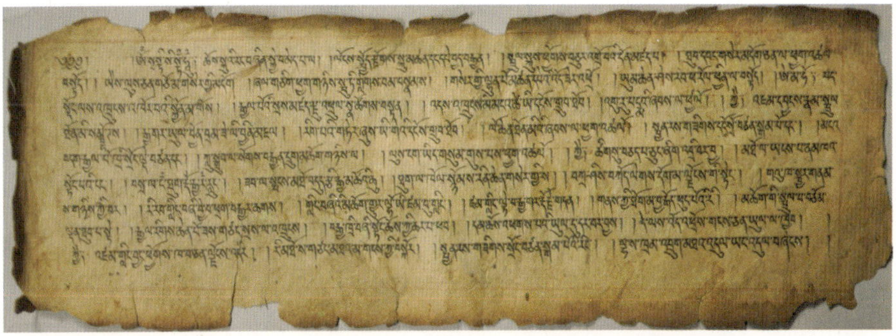

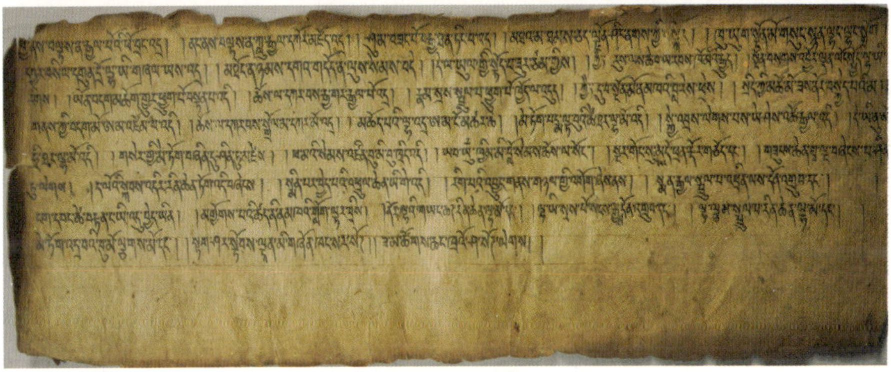

མཛད་བྱང་མ་དཔེ།

དང་པོ། མཛད་བྱང་མ་ཞུས།

དཀར་ཆག་མཐོང་བ་དོན་ལྡན།

༄༅། །ཨོཾ་སྭ་སྟི་ས་སྟི་ཧཱུྃ། །ཆོས་སྐུའི་རང་བཞིན་སྐྱེ་བ་མེད་པ་ལ། །ལོངས་སྤྱོད་རྫོགས་སྐུ་མཚན་དང་དཔེ་བྱད་བརྒྱན། །སྤྲུལ་སྐུས་ཕྱོགས་བཅུར་འགྲོ་བའི་དོན་མཛད་པ། །ཐུབ་དབང་གསེར་མདོག་ཅན་ལ་ཕྱག་འཚལ་བསྟོད། ། ཡིས་ལུས་ཅན་གཙོ་མ་གསེར་གྱི་མདོག ། ཞལ་གཅིག་ཕྱག་གཉིས་སྤྱི་ཏི་སྣྲིགས་བམ་བསྣམས། །གསེར་གྱི་ལྷུན་པོ་མཚན་དཔེའི་འོད་ཟེར་འགྲོ། །ཡུམ་ཆེན་ཤེས་རབ་ཕ་རོལ་ཕྱིན་ལ་བསྟོད། །ཨེ་མ་ཧོ༔ པད་སྟོང་ལས་འབྲུངས་འཕོར་བའི་

སྐྱོན་མ་གོས། །རྒྱལ་པོའི་སྲས་མཛད་ཛྷུ་འཕྲུལ་སྣ་ཚོགས་བསྟན། །འདས་འབྲུངས་མི་མངའ་ཚེ་ཡི་དངོས་གྲུབ་ཐོབ། །འགྱུ་རུ་པདྨའི་ཞབས་ལ་ཕྱགོ། །ཀྱེ༔ འཇམ་དབྱངས་རྣམ་སྤྲུལ་ཐོན་མི་སམྦྷོ་ཊས། །རྒྱ་གར་ཡུལ་བྱོན་བྲམ་ཟེ་ལི་བྱིན་མཇལ། །རིག་པའི་གཏེར་ཞུས་ཡི་གེའི་དངོས་གྲུབ་ཐོབ། །ལོ་ཆེན་ཐོན་མིའི་ཞབས་ལ་ཕྱག་འཚལོ། །སྤྱན་རས་གཟིགས་དངོས་སྲོང་བཙན་སྒམ་པོ་དང་། །མངའ་བདག་རྒྱལ་པོ་ཁྲི་སྲོང་ལྡེ་བཙན་དང་། །ཀླུ་སྒྲུབ་ལ་སོགས་བརྒྱན་དྲུག་ཕྱོགས་གཉིས་ལ། །ལུས་ངག་ཡིད་གསུམ་གུས་པས་ཕྱག་འཚལོ། །ཀྱེ༔ ཚོགས་སུ་བཅད་པ་ཅུང་ཞིག་འབྲི་བར་བྱ། །མཐོ་ལ་ཡངས་པ་ནམ་མཁའ་སྟོང་པའི་དང་། །བསྲོ་ལ་དཾ་ཐུག་རྡེ་རྒྱ་རཾ་རླུང་། །ཟབ་ལ་སྤྱངས་མཐོ་བདུད་རྩི་རྒྱ་མཚོའི་ཆུ། །ཐུག་ལ་ཁོལ་སྐྱོམས་རིན་ཆེན་གསེར་གྱི་ས། །བཀྲ་ཤིས་བཀོད་ལེགས་དོག་མ་ལྗོངས་གི་སྙིང་། །གཙུ་ཁ་སྦྲུར་གནམ་ས་གཉིས་ཀྱི་བར། །རི་རབ་གླིང་བཞི་བྱེ་བ་ཕྲག་བརྒྱར་ཆགས། །གླིང་བཞིའི་མཆོག་གྱུར་ལྷོ་ཡི་འཛམ་བུ་གླིང་། །ཛམ་གླིང་ལྟེ་བ་རྒྱ་གར་རྡོ་རྗེ་གདན། །གནས་ཀྱི་ཐོག་མ་བྱ་རྒོད་ཕུང་པོའི་རི། །མཆོག་གི་སྤྲུལ་པ་བཅོམ་ལྡན་ཐུབ་པ་སྟེ། །རྒྱལ་རིགས་ཆེན་པོ་ཟས་གཙང་སྲས་ལ་འབྲུངས། །བརྒྱ་ཁྲི་བཞི་སྟོང་ཆོས་ཀྱི་ཆར་པ་ཕབ། །དམ་ཆོས་འཕགས་པའི་ཡུལ་དུ་དར་བར་བྱས། །དེ་ལས་འོད་འཕྲོས་གངས་ཅན་ཡུལ་ལ་ཁྱབ། །ཀྱེ༔ འཛམ་གླིང་བྱང་ཕྱོགས་ཁ་བ་ཅན་ལྗོངས་འདིར། །རི་མཐོ་ས་གཙང་མཐའ་མ་གངས་ཀྱི་བསྐོར། །སྤྱན་རས་གཟིགས་སྲོང་བཙན་སྒམ་པོའི་རིང་། །ལྷ་ས་ཁྲམ་འབྲུག་མཐའ་འདུལ་ཡང་འདུལ་བཞེངས། །བསྟན་པའི་བདག་པོ་ཤཱཀྱ་མུ་ནེ་དང་། །རང་བྱོན་ལྔ་ལྡན་བཅུ་གཅིག་ཞལ་ལ་སོར། །སྐུ་རྟེན་ཁྲུད་འཕགས་ཡ་མཚན་ཅན་རྣམས་སྒྲུབ། །འཛམ་གླིང་རྒྱལ་པོ་ཁྲི་སྲོང་ལྡེའུ་བཙན་གྱིས། །དཔལ་གྱིས་བསམ་ཡས་ས་འདུལ་རབ་མཛད། །སློབ་དཔོན་པདྨ་བོ་དྷི་ས་ཏྭ་སོགས། །སྤྲུལ་པའི་ལོ་པཎ་ཐིད་གདན་འདྲེན་ཞུས། །ལྷ་སྲིན་དུག་པ་ཅན་རྣམས་དམ་ལ་བཏགས། །ས་སྙིང་ཐིད་དམ་པའི་ཆོས་ཀྱི་བཀའ། །རི་བྲག་ཐིད་སྒྲུབ་རིར་བྱིན་གྱིས་བརླབས། །སྐལ་ལྡན་བུ་ལ་བྱིན་རླབས་ཆར་ལྟར་ཕབ། །ཁ་བ་ཅན་ལ་ཆོས་ཀྱི་ཉི་མ་ཤར། །དེ་ཡི་འོད་ཟེར་ལྷོ་ཕྱོགས་མོན་ལ་ཁྱབ། །ཀྱེ༔ ཡུལ་ལས་ཁྲུད་འཕགས་ལ་འོག་ཡུལ་གསུམ་ནང་། །འབྱུར་དུ་ཐོན་པ་འདིང་གསུམ་སྒྲི་ལི་འདི། །གངས་རི་གསལ་མཛེས་སྤུང་རི་ངོས་བཟང་ཞིང་། །ཆུ་བོ་དལ་འབབ་རྩེ་བཅུད་འབྲས་བུ་སྨིན། །རྐང་བཞི་ཚོགས་འཕེལ་ཕྱོགས་ཀྱི་ལ་སྒོ་འདུ། །ཕུ་ན་ལྷ་གཉན་རྗེ་བོ་གདམ་གཉན་བཞུར༔ མི་ནོར་མགོན་མཛད་དགྲ་བོའི་གཉའ་ཡང་གནོན། །ལྷོ་ནུབ་སྲིན་

ནག་འདུས་པའི་འོག་ཞིས་ནས། །སངས་རྒྱས་བསྟན་བསྲུང་རྫོ་མོ་རེ་མ་ཏི། །རྫོ་སྨུར་ཐོག་འདྲ་
བསམ་དོན་མ་ལུས་སྒྲུབ། །སྟེང་ན་གནས་ཆེན་རྫོ་བོ་བ་ག་བཞུགས། །ཡོན་བདག་ཕོ་མོའི་དངོས་
གྲུབ་ཞུ་ས་བཟང་། །མདའ་ན་གནས་ཆེན་རྣམ་འབུམ་བརྒྱན་འདི། །མི་ནོར་ཐུང་མཚོ་ལྟར་སྐྱིལ་
ནས་བཞུགས། །ཕུ་བཟང་གསེར་ཁར་སྤུང་པོའི་ངོས་ལགས་ལ། །གནག་རྟ་ལུགས་གསུམ་སྐྱོང་
ས་ཤིན་ཏུ་བཟང་། །མདའ་བཟང་དངུལ་མཁར་མེ་ཏོག་འཁྲུངས་པའི་ས། །སྟག་ཚུང་འབུད་པའི་
སྒྲ་དབྱངས་དི་རི་རི། །གཡས་རི་ཡིད་བཞིན་ནོར་བུ་སྤུངས་པ་འདྲ། །གཡོན་རི་བཙུན་མོ་སྤུང་དུ་
བུ་ཁྲིར་འདྲ། །མདུན་རི་བློན་པོ་ཞུ་བ་བྱེད་པ་འདྲ། །སྒྲང་མ་ཆུ་འདི་ཕྱུགས་རི་བསྐོར་བ་འདྲ། །སྐྱི་
ཏི་ཆང་འདི་བདུད་རྩི་འབབ་པ་འདྲ། །གསེར་ཁར་ཆང་ནི་ཡོན་ཆབ་ཕུལ་བ་འདྲ། །ཁྱད་དུ་
འཕགས་པའི་ལྷ་ཁྲིམ་དཀར་པོ་འདི། །རྩ་བ་བསྲུ་བརྟན་བྲག་ལ་བཏབ་པ་འདྲ། །རྩེ་མོ་དགའ་
ལྡན་ལྷ་ཡུལ་སླེག་པ་འདྲ། །ཟུར་བཞི་ཡོགས་བརྒྱད་ཤེལ་དཀར་མཆོད་རྟེན་འདྲ། །ཕྱོག་ཆེན་
ཕྱོག་ཆུང་སེང་གེ་འཁྱིང་པ་འདྲ། །ཕྱི་ནས་བལྟས་ན་རྒྱལ་པོའི་ཕོ་བྲང་འདྲ། །ནང་ནས་བལྟས་ན་
ཀླུ་རྒྱལ་དཀོར་མཛོད་འདྲ། །ཤུ་མ་བཟང་པོ་བརྒྱ་ཐན་ཏིང་བ་འདྲ། །མཐའ་མ་ཐམས་ཅད་ལྗོན་
ཤིང་ནགས་ཀྱིས་བསྐོར། །ཁུ་ཡུག་སྔོན་མོ་གསུང་སྙན་ལྷང་ལྷང་སྒྲོག །དབྱར་བསིལ་དགུན་དྲོ་
ལྷ་ཡི་གཞལ་ཡས་འདྲ། །མཐོང་ན་ཉམས་དགའ་གདོད་ནི་ལུས་སེམས་བདེ། །དེ་ལ་ཡུལ་གྱི་སྟོད་
པ་ཟུར་ཙམ་གྱིས། ། ཀྱེ༔ དུས་ལས་ཆེ་བ་ལ་རབས་ཁོ་མོའི་རྒྱུད། །སྔོན་བསགས་འཁོར་ལྡན་
ལོངསྤྱོད་ལྷ་ཡི་རིགས། །ཡོན་བདག་མཆོག་གྱུར་ཕྱུག་པོ་བསྟན་པ་འདི། །ཆོས་ལ་དགར་བས་
རྒྱ་གར་རྒྱལ་པོ་འདྲ། །རྣམ་སྨྲས་སྤྲུལ་པ་ཕྱུག་པོ་ཁྱོད་ལ་འདུད། །ཀྱེ༔ དུ་བ་སྔོན་པོ་ནམ་མཁའི་
ཐླ་རེས་ཁྲེས། །སྲིད་ཀྱི་མཚོ་མོ་ཟས་ནོར་བསྐྱེད་པའི་མ། །གནས་ཀྱི་བདག་མོ་ཨ་མ་འཛོམ་པ་
འདི། །ཆོས་ལ་དགར་བས་སྒྲོལ་མ་དཀར་པོ་འདྲ། །མཆོད་པའི་ལྷ་འདྲ་ཨ་མ་ངོ་མཚར་ཆེ། །མེ་
ཏོག་པདྨ་ལྟ་བུའི་ཚེ་ཐར་ལྷ་མོ་འདི། །སྐྱེ་འབྲས་ལེགས་པས་ཡེ་ཤེས་མཚོ་རྒྱལ་འདི། །དེ་ཡི་ནུ་
མོ་ཧྲི་ཐར་ལྷ་མོ་འདི། །གསེར་གྱི་མེ་ཏོག་བཞིན་དུ་ཤིན་ཏུ་མཛེས། །ཕ་མའི་སེམས་འཛིན་བུ་མི་
བུ་ཁྲིད་འདི། །ཡབ་ཡུཾ་ཁྲིམ་མི་བློ་སེམས་ཆོས་ལ་སོང་། །སྔར་གོང་སུ་ཡང་མདོ་སྔགས་རྗེར་གཙོད་
དང་། །གཟུངས་ཆེན་གྲུ་ལྔ་བཞེངས་པ་ཤིན་ཏུ་ལེགས། །ད་ལོའི་སྐབས་འདིར་རིན་ཆེན་ཏོག
འདི་བཞེངས། །སྐྲིན་པར་བྱེད་པའི་འཕྲུལ་ཆེན་ཡི་གེ་འདི། །རིག་པའི་འབྱུང་གནས་གཉལ་གྱི་
འགོག་ཞིས་ནས། །སྨན་རྒྱལ་སྤྲུལ་པ་འཕྲིན་ལས་དོན་འགྲུབ་དང་། །ངག་དབང་ཚེ་བརྟན་ང་ཡི་

འདུ་བྱེད་ཡིན། །མགྱོགས་པའི་ཚད་ནི་ནམ་ཁའི་གློག་ལྟར་བྲིས། །ནོར་ལྷའི་གཡང་ཆགས་རིན་ཆེན་ལྷ་མོ་དང་། །ལྷ་ཡི་སྲས་པོ་སངས་རྒྱས་དོན་འགྲུབ་དང་། །ལྷ་ལྕམ་སྤྲུལ་པ་རིན་ཆེན་ལྷ་མོ་དང་། མེ་ཏོག་འདྲ་བའི་བུ་མོ་ལྕུགས་མོ་དང་། །སྟག་ཤར་སྟོབས་ལྡན་མི་གཞོན་ཁང་སར་སོགས། །ཟ་མ་ཚོགས་ཆང་ཁྲའོ་ཤ་སོགས་ལེགས། ། [1]ཞེས་པའོ།

གཉིས་པ། མཛད་བྱང་གི་དཔེ་ཞིབ།

གཅིག བསྟོད་ཕྱག

༄༅། །ཨོཾ་སྭ་སྟི་ས་སྟི་ཧཱུྃ། །ཆོས་སྐུའི་རང་བཞིན་སྐྱེ་བ་མེད་པ་ལ། །ལོངས་སྤྱོད་རྫོགས་སྐུ་མཚན་དང་དཔེ་བྱད་བརྒྱན། །སྤྲུལ་སྐུས་ཕྱོགས་བཅུར་འགྲོ་བའི་དོན་མཛད་པ། །ཐུབ་དབང་གསེར་མདོག་ཅན་ལ་ཕྱག་འཚལ་བསྟོད། ། ཡིས་ལུས་ཅན་གཙོ་མ་གསེར་གྱི་མདོག །ཞལ་གཅིག་ཕྱག་གཉིས་སྤུ་ཏི་གླེགས་བམ་བསྣམས། །གསེར་གྱི་ལྷུན་པོ་མཚན་དཔེའི་འོད་ཟེར་འཕྲོ། །ཡུམ་ཆེན་ཤེས་རབ་ཕ་རོལ་ཕྱིན་ལ་བསྟོད། །ཨེ་མ་ཧོ༔པད་སྡོང་ལས་འཁྲུངས་འཁོར་བའི་སྐྱོན་མ་གོས། །རྒྱལ་པོའི་སྲས་མཛད་རྫུ་འཕྲུལ་སྣ་ཚོགས་བསྟན། །འདས་འཁྲུངས་མི་མངའ་ཚེ་ཡི་དངོས་གྲུབ་ཐོབ། །འགྲོ་རུ་པདྨའི་ཞབས་ལ་ཕྱག་འཚལ་ལོ། ཀྱཻ༔ འཛམ་དབྱངས་རྣམ་སྤྲུལ་ཐོན་མི་སམྦྷོ་ཊས། །རྒྱ་གར་ཡུལ་བྱོན་བྲམ་ཟེ་ལི་བྱིན་མཇལ། །རིག་པའི་གཏེར་ཞུས་ཡི་གེའི་དངོས་གྲུབ་ཐོབ། །ལོ་ཆེན་ཐོན་མིའི་ཞབས་ལ་ཕྱག་འཚལ་ལོ། །སྤྱན་རས་གཟིགས་དངོས་སྲོང་བཙན་སྒམ་པོ་དང་། །མངའ་བདག་རྒྱལ་པོ་ཁྲི་སྲོང་ལྡེ་བཙན་དང་། །བློ་སྨྲུབ་ལ་སོགས་བརྒྱན་དྲུག་ཕྱོགས་གཉིས་ལ། །ལུས་ངག་ཡིད་གསུམ་གུས་པས་ཕྱག་འཚལ་ལོ། ། [2]ཞེས་བྱུང་བ་ལྟར་ན་མཛད་བྱང་གི་བསྟོད་ཕྱག་ཁྲིད་ནས་ད་ཐེངས་མཇལ་བ་འདི་ཤིན་ཏུ་གྲ་རྒྱས་ཤོས་སུ་སྣང་བ་སྟེ། དང་པོ་སངས་རྒྱས་ཀྱི་སྐུ་གསུམ་སྟེ་ཆོས་སྐུ། སྤྲུལ་སྐུ་དང་ལོངས་སྐུ་བཅས་སྐུ་གསུམ་དང་དེ་མིན་ཤེར་ཕྱིན་ཡུམ་བཅས་ལ་སྟོན་དུ་གུས་ཕྱག་ཕུལ་བ་དང་སྦྲགས་དེ་རྗེས་གཞི་ནས་སློབ་དཔོན་པདྨའི་ཞབས་པད་དང་རྒྱུན་སྲོལ་གྱི་བཤད་སྲོལ་ལྟར་བོད་ཡིག་གསར་གཏོད་མཛད་པ་པོ་སློབ་དཔོན་ཐོན་མི་དང་སློབ་དཔོན་བློ་སྨྲུབ་དང་ཨཱ་ཙཱ་རྱ་དེ་བ། ཕྱོགས་སྐྱོང་དང་ཆོས་གྲགས། འཕགས་པ་ལྷ་དང་དབྱིགས་

[1] ཡངས་ཅན་དགོན་དུ་བཞུགས་པའི་རིན་ཆེན་ཏོག་གཟུངས་བཞེངས་པའི་དཀར་ཆག་ལས་དྲངས།

[2] ཡངས་ཅན་དགོན་དུ་བཞུགས་པའི་རིན་ཆེན་ཏོག་གཟུངས་བཞེངས་པའི་དཀར་ཆག་ལས་དྲངས།

གཉེན་བཅས་ཏེ་རྒྱ་གར་གྱི་རྒྱན་དྲུག་ལ་ལུས་ངག་ཡིད་གསུམ་གྱི་ཐོག་ནས་ཕྱག་འཚལ་བསྟོད་པ་དེ་མཛད་བྱང་གིས་བསྟོད་ཕྱག་ཁྲིད་ནས་ཤིན་ཏུ་རྒྱས་ཤོས་དེ་ཡིན་པར་སེམས། དེས་ན་གོང་དུ་བྱུང་བའི་ཕྱག་འཚལ་ཞེས་པའི་ཐ་སྙད་དེ་མང་དུ་བྱུང་གཤིས་གཤམ་དུ་ཕྱག་འཚལ་ཞེས་པའི་ཐ་སྙད་སྐོར་ལ་རེ་ཞིག་འགྲེལ་པར་འདོད། ཕྱག་འཚལ་ཞེས་པའི་ཐ་སྙད་འདི་ནི་མཐོ་བོད་བཙན་པོའི་སྐུ་དུས་ནས་བྱུང་ཟིན་པ་ཞིག་ཡིན་པ་ནི་ཏུན་ཧོང་ཡིག་རྙིང་P.T.1286ནང་དུ། ཁྲིའི་བདུན་ཚིགས་ཀྱི་སྐབས། ཁྲི་ཉག་ཁྲི་བཙན་པོའ། །ས་དོག་ལ་ཡུལ་ཡབ་ཀྱི་རྗེ། དོག་ཡབ་ཀྱི་ཆར་དུ་གཤེགས་སྔོ། ལྷ་རི་གྱང་དོར་གཤེགས་ན། རི་རབ་ལྷུན་པོ་ཡང་དགུའ་དུད་དུད། ཤིང་སྡོང་པོ་ཡང་བང་ཐང་ཐང་། ཆབ་ལི་མ་ཡང་དངོ་སིལ་སིལ། གོར་ཕ་བོང་ལ་སྒུགས་པ་ཕྱུ་མཉེད་ཁྲུང་ཁྲུང་གིས་ཕྱག་འཚལ་ལོ། ①ཞེས་པས་དུས་རབས་8པའི་སྔོན་ནས་བྱུང་ཟིན་པ་དེ་ར་སྒྲིད་ཐུབ། ཕྱག་འཚལ་ཞེས་པའི་ཡི་གེ་འདི་ལ་གོ་དོན་གཉིས་ཡོད་པ་སྟེ་ཏུན་ཧོང་ཤོག་དྲིལ་ཡིག་རྙིང་P.T.903ཁྲིད་ཀྱི་འདུལ་བ་བསྡུས་པའི་གཞུང་ལས། དགེ་འདུན་གྱིས་བསྐོས་པའི་གླེང་བ་པོའི་ཚོ་ག་ནི་དེས་གནས་ལྔ་ལ་གནས་པར་བྱ་སྟེ། སྟན་ལས་ལངས་ལ། ལྷམ་ཕུད་དེ་བླ་གོས་ཕྲག་པ་གཅིག་དུ་བཟརད་ལ་རྒན་རབས་ལ་ཕྱག་བྱས་ཏེ། དགེ་འདུན་ལ་ཐལ་མོ་སྦྱར་ནས། ཇི་བདག་ཚུལ་ཁྲིམས་དང་ལྡན་ནམ། ངོ་ཚ་ཤེས་སམ། འགྱོད་ཕོད་དམ། བསྡམས་སམ། བསླབ་འདོད་དམ་སྙམ་དུ་རྣམ་པ་ལྔས་བདག་ལ་བརྟག་པར་བྱའོ་②ཞེས་པས་རྒན་རབས་ལ་ཕྱག་བྱས་ཞེས་བྱུང་བ་དང་། སྡེ་དགེའི་བསྟན་འགྱུར་དུ་དགེ་འདུན་གྱིས་བསྐོས་པའི་གླེང་པ་པོའི་ཚོ་ག་ནི་དེས་གནས་ལྔ་ལ་གནས་པར་བྱ་སྟེ། སྟན་ལས་ལངས་ལ་མཆིལ་ལྷམ་དག་ཕུད་དེ། བླ་གོས་ཕྲག་པ་གཅིག་ཏུ་བྱས་ལ། རྒན་རིམ་བཞིན་དུ་ཕྱག་འཚལ་ཏེ། དགེ་འདུན་ལ་ཐལ་མོ་སྦྱར་བ་བཏུད་ནས་རྣམ་པ་ལྔས་བརྟག་པར་བྱ་སྟེ། ཅི་བདག་ཚུལ་ཁྲིམས་དང་ལྡན་ནམ། ངོ་ཚར་ཤེས་སམ། འགྱོད་པ་དང་ལྡན་ནམ། བསྡམས་སམ་བསླབ་པ་འདོད་དམ་སྙམ་དུ་རྣམ་པ་ལྔས་སོ་③ཞེས་པ་ལྟ་བུར་རྒན་རབས་བཞིན་དུ་ཕྱག་འཚལ་ཞེས་ཏེ་བོད་བཙན་པོའི་སྐབས་ཀྱི་ཕྱག་བྱས་བྱ་བར་ཕྱིས་ཀྱི་ཞུས་ཆེན་རྣམས་ཀྱིས་ཕྱག་འཚལ་ཞེས་སུ་བསྒྱུར་བཅོས་གནང་བ་སྟེ། ཆེས་གནའ་དུས་རྒན་

① 见， 王尧 陈践 译注：《敦煌本吐蕃历史文书》，民族出版社1992年版，第68页。

② 见，杨本加：《敦煌藏文写本卷根本萨婆多部律摄研究》，民族出版社，2012年第2期，第183页。

③ ཁམས་སྡེ་དགེའི་བསྟན་འགྱུར་སྤར་མ་པོད་ཉ་པོད་ཀྱི་ལྡེབ་གྲངས་134ལས་དྲངས།

རབས་ལ་ཕྱག་བྱས་ཏེ། དགེ་འདུན་ལ་ཐལ་མོ་སྦྱར་ཞེས་ཏེ་ཕྱག་བྱ་བ་དང་ཐལ་མོ་སྦྱར་བ་གཉིས་ཡུལ་མི་གཅིག་པ་གཉིས་ལ་བཀུར་བསྟི་བྱེད་སྟངས་མི་འདྲ་བ་གཉིས་སུ་བཀར་ནས་ཐ་སྙད་འདི་གཉིས་ཀྱི་གོ་དོན་ཅུང་ཟད་ཅིག་རྟོགས་ཐུབ་བོ། ཕྱག་འཚལ་ཞེས་པའི་རྒྱ་སྐད་དུ་ནམྲཿཞེས་ལུས་ངག་ཡིད་གསུམ་གྱི་སྒོ་ནས་མཆོག་ཏུ་གུས་འདུད་བྱེད་པ་ལ་ཟེར་[①]ཞེས་པས་དེའི་དོན་དང་། ཕྱག་འཚལ་ཞེས་པའི་ལུས་ཀྱི་རྣམ་པ་བསྒྱུར་སྟངས་ཀྱི་སྐོར་ལ་ཏུན་ཧོང་ཤོག་དྲིལ་ཡིག་རྙིང་P.T.903ཁྲོད་ཀྱི་འདུལ་བ་བསྡུས་པའི་གཞུང་ལས། དགེ་འདུན་གྱིས་བསྐོས་པའི་གླིང་བ་པོའ་ཚ་ག་ནི་རིས་གནས་ལྔ་ལ་གནས་པར་བྱ་སྟེ། སྟན་ལས་ལངས་ལ། ལྷམ་ཕུད་དེ་བླ་གོས་ཕྲག་པ་གཅིག་ཏུ་བཟརད་ལ་རྒན་རབས་ལ་ཕྱག་བྱས་ཏེ། དགེ་འདུན་ལ་ཐལ་མོ་སྦྱར་[②]ཞེས་པས་སྟན་ལས་ལངས་ཤིང་ལྷམ་ཕུད་དེ་བླ་གོས་ཕྲག་པ་གཅིག་ཏུ་བཟརད་ལ་རྒན་རབས་རྣམས་ལ་ཕྱག་བྱས་ཞེས་པའི་དོན་དང་། དེ་མིན་རྒྱ་གཞུང་གི་ནང་དུ་ཕྱག་འཚལ་རྣམ་པ་ནི་ཡིད་དུ་གུས་པ་སྐྱེས་ཏེ་རྩ་བ་ཆད་པའི་ཤིང་གི་སྡོང་པོ་ཇི་བཞིན། སེམས་ནང་དགའ་སྣང་དང་ཆེས་འདོད་བློ་ཁེངས་པ། སྤྲོ་སེམས་འཕོལ་བའི་ངང་ནས་ཧ་ཅང་དགའ་སྣང་གི་རྣམ་པའི་སྒོ་ནས་གོང་མ་རྣམས་ཀྱི་ཞབས་པད་དུ་འདུད་པ་དེ་ལ་ཟེར།[③] ཞེས་པས་ཕྱག་འཚལ་གྱི་ཐོག་མའི་རྣམ་པ་དང་ཕྱག་འཚལ་གྱི་ངོ་བོ་[④]གང་ཞིག་ཡིན་པ་སྔག་ཤོག་མང་པོས་འགྲེལ་མི་དགོས་པར་རྟོགས།

གཉིས། ཡུལ་ལུང་།

ཀྱི༔ ཚོགས་སུ་བཅད་པ་ཅུང་ཞིག་འབྲི་བར་བྱ། །མཐོ་ལ་ཡངས་པ་ནམ་མཁའ་སྟོང་པའི་

---

① ཀྲང་དབྱི་སུན་གྱིས་རྩོམ་སྒྲིགས་བྱས་པའི་བོད་རྒྱ་ཚིག་མཛོད་ཆེན་མོ་སྨད་ཆ་མི་རིགས་དཔེ་སྐྲུན་ཁང་གི་1993ལོའི་པར་མའི་ཤོག་གྲངས་55ལས་དྲངས།

② 见，杨本加：《敦煌藏文写本卷根本萨婆多部律摄研究》，民族出版社，2012年第2期，第183页。

③ “五体投地的原意：心中产生崇敬，像一棵被砍断的大树，心中狂喜、极其满意、兴高采烈又非常快乐扑倒在世尊的双脚上。”见，李炜 著《早期汉译佛经的来源与翻译方法初探》中华书局2011年版，第191页。Avadansataka,J.S.Speyer VoL.I,1906-1909,Motilal Banarsidass publishers, Delhi,P.3,line 16-p.4,linel.

④ ཕྱག་གི་ངོ་བོ་ནི་ལུས་ངག་ཡིད་གསུམ་གུས་པའོ། དེ་སྐད་དུ་ཡང་ལུས་ཀྱི་ཕྱག་འཚལ་སྦྱར་དུད་དེ་དུད། ངག་གི་ཕྱག་འཚལ་བསྟོད་པའི་དབྱངས་ཚིག་སངས་སེ་སངས། ཡིད་ཀྱི་ཕྱག་འཚལ་མོས་གུས་སྤྲོ་དད་ཡལ་ལེ་ཡལ་ཞེས་མཁས་པ་ལྡེའུས་མཛད་པའི་རྒྱ་བོད་ཆོས་འབྱུང་རྒྱས། བོད་ལྗོངས་མི་དམངས་དཔེ་སྐྲུན་ཁང་གི་1987ལོའི་པར་མའི་ཤོག་གྲངས་184དུ་གསལ།

དང་། །བསྲ་ལ་དཾ་ཐུག་རྡོ་རྒྱ་རཾ་རླུང་། །ཟབ་ལ་སྣང་མཐོ་བདུད་རྩི་རྒྱ་མཚོའི་ཆུ། །ཐུག་ལ་ཁོལ་སྣོམས་རིན་ཆེན་གསེར་གྱི་ས། །བཀྲ་ཤིས་བཀོད་ལེགས་དོག་མ་ལྗོངས་གི་སྙིང་། །གཙུ་ཁ་སྒྱུར་གནམ་ས་གཉིས་ཀྱི་བར། །རི་རབ་གླིང་བཞི་བྱེ་བ་ཕྲག་བརྒྱར་ཆགས། །གླིང་བཞིའི་མཆོག་གྱུར་ལྷོ་ཡི་འཛམ་བུ་གླིང་། །ཛམ་གླིང་ལྟེ་བ་རྒྱ་གར་རྡོ་རྗེ་གདན། །གནས་ཀྱི་ཐོག་མ་བྱ་རྒོད་ཕུང་པོའི་རི། །མཆོག་གི་སྤྲུལ་པ་བཅོམ་ལྡན་ཐུབ་པ་སྟེ། །རྒྱལ་རིགས་ཆེན་པོ་ཟས་གཙང་སྲས་ལ་འཁྲུངས།། བརྒྱ་ཁྲི་བཞི་སྟོང་ཆོས་ཀྱི་ཆར་པ་ཕབ། །དམ་ཆོས་འཕགས་པའི་ཡུལ་དུ་དར་བར་བྱས། །དེ་ལས་འོད་འཕྲོས་གངས་ཅན་ཡུལ་ལ་ཁྱབ། །ཀྱཻ༔ འཛམ་གླིང་བྱང་ཕྱོགས་ཁ་བ་ཅན་ལྗོངས་འདིར། །རི་མཐོ་ས་གཙང་མཐའ་མ་གངས་ཀྱི་བསྐོར། །སྤྱན་རས་གཟིགས་སྤྱོད་བཙན་སྲམ་པོའི་རིང་། །ལྷ་ས་ཁྲ་འབྲུག་མཐའ་འདུལ་ཡང་འདུལ་བཞེངས། །བསྟན་པའི་བདག་པོ་ཤཱཀྱ་མུ་ནེ་དང་། །རང་བྱོན་ལྷ་ལྔ་བཅུ་གཅིག་ཞལ་ལ་སོགས། །སྐུ་རྟེན་ཁྱད་འཕགས་ཡ་མཚན་ཅན་རྣམས་སྐྲུན། །འཛམ་གླིང་རྒྱལ་པོ་ཁྲི་སྲོང་ལྡེའུ་བཙན་གྱིས། །དཔལ་གྱིས་བསམ་ཡས་ས་འདུལ་རབ་མཛད། །སློབ་དཔོན་པདྨ་བོ་དྷི་ས་ཏྭ་སོགས། །སྤྲུལ་པའི་ལོ་པཎ་ཐཾད་གདན་འདྲེན་ཞུས། །ལྷ་སྲིན་དུག་པ་ཅན་རྣམས་དམ་ལ་བཏགས། །ས་སྙིང་ཐཾད་དམ་པའི་ཆོས་ཀྱི་བཀང་། །རི་བྲག་ཐཾད་སྒྲུབ་རིར་བྱིན་གྱིས་བརླབས། །སྐལ་ལྡན་བུ་ལ་བྱིན་རླབས་ཆར་ལྟར་ཕབ། །ཁ་བ་ཅན་ལ་ཆོས་ཀྱི་ཉི་མ་ཤར། །དེ་ཡི་འོད་ཟེར་ལྷོ་ཕྱོགས་མོན་ལ་ཁྱབ། །ཀྱཻ༔ ཡུལ་ལས་ཁྱད་འཕགས་ལ་འོག་ཡུལ་གསུམ་ནང་། །འབུར་དུ་ཐོན་པ་འདིང་གསུམ་སྟི་ལི་འདི། །གངས་རི་གསལ་མཛེས་སྣང་རི་ངོས་བཟང་ཞིང་། །ཆུ་བོ་དལ་འབབ་རྩི་བཅུད་འབྲས་བུ་སྨིན། །ཐང་བཞི་ཚོགས་འཕེལ་ཕྱོགས་ཀྱི་ལ་སྒོ་འདུ། །ཕུ་ན་ལྷ་གཉན་ཇོ་བོ་གདམ་གཉན་བཞུགས༔ མི་ནོར་མགོན་མཛད་དགྲ་བོའི་གཉའ་ཡང་གནོན། །ལྷོ་ནུབ་སྤྲིན་ནག་འདུས་པའི་འོག་ཞེས་ནས། །སངས་རྒྱས་བསྟན་བསྲུང་རྗེ་མོ་རེ་མ་ཏི། །རྗེ་སྨུར་ཐོག་འདྲ་བསམ་དོན་མ་ལུས་སྒྲུབ། །སྙིང་ན་གནས་ཆེན་ཇོ་བོ་བ་ག་བཞུགས། །ཡོན་བདག་ཕོ་མོའི་དངོས་གྲུབ་ཞུ་ས་བཟང་། །མདའ་ན་གནས་ཆེན་ཧྲཱ་ཚ་འབུམ་བརྒྱན་འདི། །མི་ནོར་ཐཾད་མཚོ་ལྟར་སྐྱིལ་ནས་བཞུགས། །ཕུ་བཟང་གསེར་ཁར་སྣང་པོའི་ངོས་ལགས་ལ། །གནག་རྟ་ལུགས་གསུམ་སྐྱོང་ས་ཤིན་ཏུ་བཟང་། །མདའ་བཟང་དངུལ་མཁར་མེ་ཏོག་འཁྲུངས་པའི་ས། །སྟག་ཆུང་འབུད་པའི་སླུ་དབྱངས་དེ་རི་རི། །གཡས་རི་ཡིད་བཞིན་ནོར་བུ་སྤུངས་པ་འདྲ། །གཡོན་རི་བཙུན་མོ་སྣང་དུ་བུ་ཁྱེར་འདྲ། །མདུན་རི་བློན་པོ་ཞུ་བ་བྱེད་པ་འདྲ། །

སྦྲང་མ་ཆུ་འདི་ལྕུགས་རི་བསྐོར་བ་འདྲ། །སྒྲི་ཧི་ཀང་འདི་བདུད་རྩི་འབབ་པ་འདྲ། །གསེར་ཁར་ཀང་ནི་ཡོན་ཆབ་ཕུལ་བ་འདྲ། །ཁྱད་དུ་འཕགས་པའི་ལྷ་ཁྲིམ་དཀར་པོ་འདི། །རྩ་བ་བསྲུ་བརྟན་བྲག་ལ་བཏབ་པ་འདྲ། །རྩེ་མོ་དགའ་ལྡན་ལྷ་ཡུལ་སླེག་པ་འདྲ། །ཟུར་བཞི་ལོགས་བརྒྱད་ཤེལ་དཀར་མཆོད་རྟེན་འདྲ། །ལྕོག་ཆེན་ལྕོག་ཆུང་སེང་གེ་འགྱིང་པ་འདྲ། །ཕྱི་ནས་བལྟས་ན་རྒྱལ་པོའི་ཕོ་བྲང་འདྲ། །ནང་ནས་བལྟས་ན་ཀླུ་རྒྱལ་དཀོར་མཛོད་འདྲ། །ཤུ་མ་བཟང་པོ་བརྒྱ་ཐན་ཧིང་བ་འདྲ། །མཐའ་མ་ཐམས་ཅད་ལྡོན་ཤིང་ནགས་ཀྱིས་བསྐོར། །ཁུ་ཡུག་སྔོན་མོ་གསུང་སྙན་ལྷང་ལྷང་སྒྲོག། དབྱར་བསིལ་དགུན་དྲོ་ལྷ་ཡི་གཞལ་ཡས་འདྲ། །མཐོང་ན་ཉམས་དགའ་གདོད་ནི་ལུས་སེམས་བདེ། ། དེ་ལ་ཡུལ་གྱི་སྐྱོད་པ་ཟུར་ཙམ་གྱིས། ། [1]ཞེས་བྱུང་བ་ལ་བལྟས་ན། དེ་ཡང་རྒྱས་ལོད་མ་གཏོགས་པའི་སྔོན་གྱི་མཛད་བྱུང་གཞན་རྣམས་དང་འདྲ་བར་གསུང་རབ་ཀྱི་གཞུང་དེ་འབྲི་བཞེངས་བྱ་བའི་ཡུལ་དེའི་བསྟོད་པ་དུང་ཆེན་གཟུགས་སུ་མཛད་པ་སྟེ། ཐོག་མར་གནམ་ས་གཉིས་ཀྱི་ཆགས་སྟངས་བརྗོད་ཅིང་དེ་རྗེས་རིམ་པས་བཞིན་བྱང་སྨྲ་མི་སྙན་ལ་སོགས་པའི་གླིང་བཞི་རྣམས་བརྗོད་ཟིན་པའི་ནང་ནས་མཆོག་ཏུ་གྱུར་བའི་གླིང་དེ་ལྷོ་འཛམ་བུ་གླིང་དེ་ཡིན་ཞིང་། གླིང་དེའི་ནང་ན་གནས་པའི་ཡུལ་ལུམ་པའི་ཚལ་དུ་སྟོན་པ་སྐུ་བལྟམས་ནས་སྟོན་པས་ཆོས་ཀྱི་ཕུང་པོ་བརྒྱད་ཁྲི་བཞི་སྟོང་གསུངས་པ་སོགས་སྟོན་པའི་མཛད་རྣམ་ལྷེབས་རིས་དང་རྡོ་བརྐོས་ཀྱི་བརྗོད་བྱའི་ཁྲོད་དུ་ཆེས་མཐོང་འབབ་བ་དང་མཛད་པ་ཆེས་དམིགས་བསལ་ཅན་མཚོན་པའི་གནས་རྩ་ཆེན་བཞི་སྟེ། སྐུ་བཏམ་པའི་གནས་ལུམྦི་ནི་དང་སངས་རྒྱས་པའི་གནས་རྡོ་རྗེ་གདན། [2]ཐོག་མར་ཆོས་ཀྱི་འཁོར་ལོ་བསྐོར་བའི་གནས་ཝཱ་ར་ཎ་སི། སྟོན་པ་མྱ་ངན་ལས་འདས་པའི་གནས་རྩ་མཆོག་གྲོང་དང་དེ་མིན་རྒྱ་གར་གྱི་གནས་ཆེན་ཁག་བརྒྱད་ཀྱི་ཡ་གྱལ་བྱ་རྒོད་ཕུང་པོ་རི་ལ་སོགས་པའི་རྒྱ་གར་གྱི་གནས་ཆེན་བརྒྱད་དུ་སྟོན་པས་མཛད་པ་ཅི་ཞིག་སྤེལ་གནང་ཡོད་མེད་རྣམས་བརྗོད་ཅིང་། དེ་ནས་རིམ་པས་སངས་རྒྱས་བསྟན་པ་དར་ཡུལ་བོད་ཡུལ་བརྗོད་པ་སྟེ་ཆོས་རྒྱལ་སྲོང་བཙན་སྒམ་པོས་མཐའ་འདུལ་ཡང་འདུལ་གྱི་གཙུག་ལག་ཁང་བཞེངས་[3]གནང་བའི་མཛད་པ་རྣམས་རིམ་པས་

① ཡངས་ཅན་དགོན་དུ་བཞུགས་པའི་རིན་ཆེན་ཏོག་གཟུངས་བཞེངས་པའི་དཀར་ཆག་ལས་དྲངས།

② 见，李崇峰著《佛教考古-从印度到中国》上海古籍出版社2014年版，第6页。

③ མཐའ་འདུལ་ཡང་འདུལ་གྱི་ལྷ་ཁང་བཅུ་གཉིས་ནི་སྲིན་མོའི་དཔུང་འོག་གཡོན་གནོན་པ་ཡར་ཀླུང་ཁྲ་འབྲུག་བྱམས་པ་མི་

བཞིན་བརྗོད་ཅིང་། མཐའ་འདུལ་ཡང་འདུལ་གྱི་གཙུག་ལག་ཁང་བཞེངས་པའི་སྐོར་ནི་བོད་ཀྱི་ལོ་རྒྱུས་དེབ་ཐེར་ཆོས་འབྱུང་མཁས་པའི་དགའ་སྟོན་དང་དེ་དག་གི་བརྗོད་བྱ་གཙོ་བོར་བྱས་ཏེ་ལྡེབས་རིས་སུ་འཁོད་ཡོད་པ་སྟེ་དུས་རབས་20ནང་དུ་བཞེངས་པའི་ནོར་གླིང་ཕོ་བྲང་གསར་པའི་སྲིད་ཞི་འདོད་དགུའི་ཕོ་བྲང་གི་ལྡེབས་རིས་[1]སུ་ཡོད་པ་མ་ཟད། ད་དུང་སྲིན་པོ་གདན་རྒྱལ་གྱི་གཟུགས་རིས་ཐོག་ནས་གནས་གང་དང་གང་དུ་ལྷ་ཁང་ཅི་ཞིག་ཕྱག་བཏབ་པའི་རི་མོ་བཀོད་པའི་སྲིན་པོ་གདན་རྒྱལ་གྱི་རི་མོ་[2]ཞིག་ཀྱང་ནོར་གླིང་དོ་དམ་ཁྲིའུ་དུ་ཉར་ཚགས་སུ་བཞུགས་པ་དེ་དག་ལས་རྟོགས། རྒྱལ་པོ་ཁྲི་སྲོང་ལྡེའུ་བཙན་ (ཁྲི་ལོ755-797) སྐུ་དུས་སུ་དཔལ་མི་འགྱུར་ལྷུན་གྱིས་གྲུབ་པའི་བསམ་ཡས་གཙུག་ལག་ཁང་བཞེངས་པ་སོགས་ཀྱི་མཛད་པ་རྣམས་བརྗོད་པ་དང་སྦྲགས། དེ་རྗེས་དོན་གྱི་འབབ་ས་གསུང་རབ་འབྲི་བཞེངས་ཀྱི་གནས་ཏེ་མོན་ཡུལ་ཡིན་པ་སྟེ་མཛད་བྱུང་ལས་མོན་ཡུལ་གྱི་བཀོད་པ་དུང་ཆེན་གཟུགས་སྟེ་ལྷོ་ཕྱོགས་མོན།→འོག་ཡུལ་གསུམ།→འདི་གསུམ་སྟེ་ཡི། →རྫོ་བོ་གདམ་ཉན། →རྫོ་མོ་རེ་མ་ཏི། →རྫོ་བོ་བ་ག་→ ཧྣཛྫ་འབུམ་བརྒྱན་ →སྤྲི་ཏི་ཀང་→ གསེར་ཁར་ཀང་→ ལྷ་ཁྲིམ་དཀར་པོ་ཞེས་བྱུང་བ་ལྟར་ན། མོན་ཡུལ་ནི་སྟེར་བཙན་པོ་སྲོང་བཙན་སྒམ་པོའི་ (ཁྲི་ལོ? -650) སྐབས་ནས་བོད་ཁོངས་བསྟོན་མེད་ཐོག་རྒྱ་བཟའ་ཀོང་ཇོས་བོད་ཀྱི་ས་བཀྲ་བརྟེ་སྐབས་མཐའ་འདུལ་ཡང་འདུལ་གཙུག་ལག་ཁང་གི་ཡ་གྱལ་ལེགས་པོ་ས་གནས་སུ་རུ་གནོན་ལྷ་ཁང་བརྩིགས་[3]ཞེས་པས་མོན་

འགྱུར་པའི་ལྷ་ཁང་སྟེ་སྣེ་གདོང་རྫོང་ཁོངས་སུ་ཡོད་པ་དེ་བཞེངས། སྲིན་མོའི་དཔུང་འགོ་གཡས་གནོན་པ་ལ་དབུ་རུ་ཀ་ཚལ་གྱི་ལྷ་ཁང་སྟེ་མལ་གྲོ་གུང་དཀར་རྫོང་ཁོངས་སུ་ཡོད་པ་དེ་བཞེངས། སྲིན་མོའི་དཔྱི་འགོ་གཡས་གནོན་པ་ལ་གཡས་རུར་གཙང་འགྲམ་གྱི་ལྷ་ཁང་དེ་རྣམ་གླིང་རྫོང་ཁོངས་སུ་ཡོད་པ་དེ་བཞེངས། དཔྱི་འགོ་གཡོན་གནོན་པ་ལ་རུ་ལག་ཏུ་གྲོམ་པ་རྒྱང་གི་ལྷ་ཁང་དེ་ལྷ་རྩེ་རྫོང་ཁོངས་སུ་ཡོད་པ་དེ་བཞེངས། དེ་དག་ནི་མཐའ་འདུལ་གྱི་གཙུག་ལག་ཁང་བཞི་ཡིན་ནོ། དེ་ནས་སྲིན་མོའི་གྲུ་མོ་གཡས་པ་གནོན་པ་ལ་ཀོང་པོ་བུ་ཆུ་ལྷ་ཁང་དེ་ཉིང་ཁྲི་རྫོང་ཁོངས་སུ་ཡོད་པ་དེ་བཞེངས། གྲུ་མོ་གཡོན་གནོན་པ་ལ་ལྷོ་བྲག་ཁོ་ཐིང་ལྷ་ཁང་སྟེ་ལྷོ་བྲག་རྫོང་ཁོངས་སུ་ཡོད་པ་དེ་བཞེངས། སྲིན་མོའི་པུས་མོ་གཡས་གནོན་པ་ལ་མང་ཡུལ་བྱམས་སྤྲིན་དགེ་རྒྱས་ལྷ་ཁང་དེ་སྐྱིད་གྲོང་རྫོང་ཁོངས་སུ་ཡོད་པ་དེ་བཞེངས། པུས་མོ་གཡོན་གནོན་པ་ལ་བྱང་བྲ་དུན་རྩེའི་ལྷ་ཁང་དེ་འབྲོང་པ་རྫོང་ཁོང་སུ་ཡོད་པ་དེ་བཞེངས། དེ་རྣམས་ནི་ཡང་འདུལ་གྱི་གཙུག་ལག་ཁང་བཞི་ཡིན་ནོ། སྲིན་མོའི་ལག་མཐིལ་གཡས་པ་གནོན་པ་ལ་ཁམས་ཀློང་ཐང་སྒྲོལ་མ་ལྷ་ཁང་སྟེ་ཟི་ཁྲོན་ཞིང་ཆེན་ཁོངས་སྡེ་དགེ་རྫོང་དུ་ཡོད་པ་དེ་བཞེངས། ལག་མཐིལ་གཡོན་གནོན་པ་ལ་མོན་སྐྱེར་ཆུ་ལྷ་ཁང་སྟེ་ལྷོ་འབྲུག་གི་ཁོངས་སུ་ཡོད་པ་དེ་བཞེངས། སྲིན་མོའི་རྐང་མཐིལ་གཡས་པ་གནོན་པ་ལ་མཚལ་རིགས་སྒྲོལ་མ་ལྷ་ཁང་བཞེངས། རྐང་མཐིལ་གཡོན་གནོན་པ་ལ་བྱང་ཚངས་པ་རླུང་གནོན་གྱི་ལྷ་ཁང་བཞེངས། དེ་དག་ལ་རུ་གནོན་གྱི་ལྷ་ཁང་བཞི་ཞེས་གྲགས་སོ།

① 见，罗布林卡管理处编：罗布林卡斯喜堆古殿壁画，中国藏学出版社2012年版，壁画图第57页。

② 见，罗布林卡管理处编：罗布林卡真藏文物辑选，中国藏学出版社2011年版，第119-121页。

③ བོད་ཀྱི་གསུང་རབ་སྒྲ་བ་དུང་དཀར་བློ་བཟང་འཕྲིན་ལས་ཀྱིས་མཛད་པའི་དུང་དཀར་ཚིག་མཛོད། ཀྲུང་གོ་བོད་རིག་པའི་དཔེ་

གྱི་ལོ་རྒྱུས་རགས་བསྡུས་ཤིག་རྟོགས་ཤིང་། དེའི་ནང་དུ་ཆགས་པའི་ལྷ་ཁྲིམ་དཀར་པོ་དེའི་ཆགས་སྟངས་དང་དེའི་སྟེང་འོག་དང་ཕྱུ་མདོ་དང་གཡས་གཡོན་དུ་གནས་པའི་གནས་ཆེན་རི་བོ་ཇི་ཙམ་ཞིག་བཞུགས་པ་དེ་ཤིན་ཏུ་ནས་ཁ་གསལ་ཞིང་གོ་བདེ་བའི་ངང་ནས་གསུངས་འདུག གོང་དུ་བརྗོད་པའི་འོག་ཡུལ་གསུམ་དང་གླིང་གསུམ་སྟི་ལི་གཉིས་སུ་དྲངས་ཚུལ་དེ་ནི། མོན་ཡུལ་གྱི་ཚོ་གླིང་སུམ་ཅུ་སོ་གཉིས་སུ་བགྲངས་པའི་ཡ་གྱལ་ཞིག་ཡིན་པ་སྟེ། སྔར་བོད་ས་གནས་སྲིད་གཞུང་སྐབས་མཚོ་སྣ་རྫོང་ཁོངས་མོན་ཡུལ་གྱི་ཚོའམ་གླིང་སྟེ། ལེགས་པོ་ཚོ་བཞི། སྤང་ཆེན་གླིང་དྲུག དྭགས་པོ་ཚོ་བརྒྱད། ལ་འོག་ཡུལ་གསུམ། སྦྲང་ནང་ཚོ་དྲུག རོང་ནང་ཚོ་བཞི། ཤ་འུག་རྟ་བྱང་དྭགས་བཅས་སོ་གཉིས་[①]ཞེས་པའི་ནང་གི་ལ་འོག་ཡུལ་གསུམ་དེ་ཡིན་པ་བོད་ཀྱི་གསུང་རབ་སྒྲ་བའི་དབང་པོ་དུང་དཀར་བློ་བཟང་འཕྲིན་ལས་མཆོག་གིས་གསུངས་པ་དེ་ལས་ར་སྤྲོད་ཁ་གསལ་བྱུང་།

གསུམ། སྨིན་བདག

ཀྱཻ༔ ཏུས་ལས་ཆེ་བ་ལ་རབས་ཁོ་མོའི་རྒྱུད། །སྔོན་བསགས་འགྱུར་ལྡན་ལོངསྤྱོད་ལྷ་ཡི་རིགས། །ཡོན་བདག་མཆོག་གྱུར་ཕྱུག་པོ་བསྟན་པ་འདི། །ཆོས་ལ་དཀར་བས་རྒྱ་གར་རྒྱལ་པོ་འདྲ། །རྣམ་སྲས་སྤྲུལ་པ་ཕྱུག་པོ་ཁྱོད་ལ་འདུད། ། ཀྱཻ༔ དུ་བ་སྔོན་པོ་ནམ་མཁའི་གླ་རེས་ཁྲེས། །སྲིད་ཀྱི་མཚོ་མོ་ཟས་ནོར་བསྐྱེད་པའི་མ། །གནས་ཀྱི་བདག་མོ་ཨ་མ་འཛོམ་པ་འདི། །ཆོས་ལ་དཀར་བས་སྒྲོལ་མ་དཀར་པོ་འདྲ། །མཆོད་པའི་ལྷ་འདྲ་ཨ་མ་ཇོ་མཚར་ཆེ། །མེ་ཏོག་པདྨ་ལྟ་བུའི་ཚེ་ཐར་ལྷ་མོ་འདི། །སྐྱེ་འབྲས་ལེགས་པས་ཡེ་ཤེས་མཚོ་རྒྱལ་འདྲ། །དེ་ཡི་ནུ་མོ་རྡེ་ཐར་ལྷ་མོ་འདི། །གསེར་གྱི་མེ་ཏོག་བཞིན་དུ་ཤིན་ཏུ་མཛེས། །ཕ་མའི་སེམས་འཛིན་བུ་མི་བུ་ཁྲིད་འདི། །ཡབ་ཡུཾ་ཁྲིམ་མི་བློ་སེམས་ཆོས་ལ་སོང་། །སྔར་གོང་སུ་ཡང་མདོ་ཕྲན་རྗེར་གཙོད་དང་། ། གཟུངས་ཆེན་གྲྭ་ལྷ་བཞེངས་པ་ཤིན་ཏུ་ལེགས། །ད་ལོའི་སྐབས་འདིར་རིན་ཆེན་ཏོག་

སྐྲུན་ཁང་གི་2006ལོའི་སྤར་མའི་ཤོག་གྲངས་1644ལས་དྲངས།

① བོད་ཀྱི་གསུང་རབ་སྒྲ་བ་དུང་དཀར་བློ་བཟང་འཕྲིན་ལས་ཀྱིས་མཛད་པའི་དུང་དཀར་ཚིག་མཛོད། ཀྲུང་གོའི་བོད་རིག་པའི་དཔེ་སྐྲུན་ཁང་གི་2002ལོའི་སྤར་མའི་ཤོག་གྲངས་1623ལས་དྲངས།

འདི་བཞེངས། །[①]ཞེས་བྱུང་བ་ལས་ང་ཚོས་ཤེས་ཐུབ་པའི་གནས་ཚུལ་ཞིག་ནི་སྐབས་འདིར་ལྷོ་ཕྱོགས་མོན་ཡུལ་གྱི་ལྷ་ཁྲིམ་དཀར་པོ་དེར་སྣོ་གསུམ་ཐང་ཆད་འབྲི་བའི་ཡིག་པས་གསུང་རབ་རིན་ཆེན་ཏོག་གཟུངས་དེ་འབྲི་བཞེངས་གནང་བའི་སྐབས་སུ། དེར་ཉེ་བར་མཁོ་བའི་རྒྱུ་འགྲོ་སྒྲུར་མཁན་གྱི་དད་པ་སྐྱོ་ངས་མེད་པའི་སྦྱིན་བདག་གནང་མཁན་ནི། ཕྱུག་པོ་བསྟན་པ་དང་ཨ་མ་འཛོམ་པ་དང་ཚེ་ཐར་ལྷ་མོ་དང་ཧྲི་ཐར་ལྷ་མོ་དང་བུ་ཁྲིད་བཅས་ཀྱིས་རང་རང་འཕོས་འཁོར་ལ་གཤེགས་པའི་སྦྱིན་བདག་གནང་སྟེ་སྐབས་འདིར་གསུང་རབ་རིན་ཆེན་ཏོག་གཟུངས་འབྲི་བཞེངས་བསྐྲུངས་པ་དང་། ད་དུང་དེ་སྔ་མདོ་ཕྲན་ཚེགས་དང་རྡོ་རྗེ་གཅོད་པ་དང་གཟུངས་ཆེན་གྲྭ་ལྔ་ཡང་བཞེངས་པ་དེ་གསལ། དེས་ན་ང་ཚོས་ཤུགས་ལ་རྟོགས་ཐུབ་པའི་གནད་དོན་ཞིག་ནི་དུས་རབས་16ཡས་མས་སུ་ལྷོ་ཁའི་མོན་ཁུལ་དང་ལ་སྟོད་ལྷོ་བྱང་ཁུལ་སོགས་སུ་གཟུངས་ཆེན་གྲ་ཏོག་རྗེ་གསུམ་དང་གྲ་ཏོག་གསེར་སོགས་བཞེངས་པའི་དར་སྲོལ་ཞིག་བྱུང་ཡོད་པ་དེའང་ཤེས་རྟོགས་བྱུང་།

བཞི། ཡིག་མཁན།

སྨིན་པར་བྱེད་པའི་འཕྲུལ་ཆེན་ཡི་གེ་འདི། །རིག་པའི་འབྱུང་གནས་གཉལ་གྱི་འགོག་ཞེས་ནས། །སྨན་རྒྱལ་སྤྲུལ་པ་འཕྲིན་ལས་དོན་འགྲུབ་དང་། །ངག་དབང་ཚེ་བརྟན་ང་ཡི་འདུ་བྱེད་ཡིན། །མགྱོགས་པའི་ཚད་ནི་ནམ་མཁའི་གློག་ལྟར་བྲིས། །[②]ཞེས་བྱུང་བའི་དོན་ནི། སྐབས་འདིར་ལྷོ་མོན་ཡུལ་གྱི་ལྷ་ཁྲིམ་དཀར་པོར་འཕགས་པ་ཏོག་གཟུངས་དེ་འབྲི་བཞེངས་བསྐྲུངས་པའི་སྐབས་སུ་སྣོ་གསུམ་ཐང་ཆད་འབྲི་བའི་ཡིག་མཁན་ནི། སྐབས་དེའི་མོན་གྱི་ཡུལ་དང་ཐག་ཉུང་ཟད་ཉེ་བའི་གཉལ་གཞུང་གི་གཉལ་སྨད་འགོག་ནས་བྱོན་པའི་ཡིག་པ་འཕྲིན་ལས་དོན་འགྲུབ་དང་ངག་དབང་ཚེ་བརྟན་རྣམ་གཉིས་ཀྱིས་སོར་མོའི་འདུ་བྱེད་ལས་བྱུང་བ་ཞིག་ཡིན་པ་མ་ཟད། འབྲི་བཞེངས་བྱ་བའི་སྐབས་སུ་འཕྲུལ་ཡིག་ཚད་དང་ལྡན་ཞིང་མགྱོགས་ལ་མྱུར་བའི་སྒོ་ནས་བྲིས་བཞེངས་བསྐྲུངས་པ་དེ་ཤེས་སོ།

① ཡངས་ཅན་དགོན་དུ་བཞུགས་པའི་རིན་ཆེན་ཏོག་གཟུངས་བཞེངས་པའི་དཀར་ཆག་ལས་དྲངས།

② ཡངས་ཅན་དགོན་དུ་བཞུགས་པའི་རིན་ཆེན་ཏོག་གཟུངས་བཞེངས་པའི་དཀར་ཆག་ལས་དྲངས།

ལྷ། ཡོན་བདག་འཁོར།

ནོར་ལྷའི་གཡང་ཆགས་རིན་ཆེན་ལྷ་མོ་དང་། །ལྷ་ཡི་སྲས་པོ་སངས་རྒྱས་དོན་འགྲུབ་དང་། །ལྷ་ལྕམ་སྤྲུལ་པ་རིན་ཆེན་ལྷ་མོ་དང་། མེ་ཏོག་འདྲ་བའི་བུ་མོ་ལྕགས་མོ་དང་། །སྟག་ཤར་སྟོབས་ལྡན་མི་གཞོན་ཁང་སར་སོགས། །ཟ་མ་ཚོགས་ཚང་ཁྲའོ་ཤ་སོགས་ལེགས། །[1]ཞེས་པ་ལས་སྐབས་དེ་དུས་གསུང་རབ་ཏོག་གཟུངས་དེ་འབྲི་བཞེངས་བསྐྲུངས་པའི་སྐབས་སུ་ཡིག་མཁན་དང་དྲས་སྐྲུབ་གླེགས་ཤིང་གླེགས་ཐག་ན་བཟའ་སོགས་བཟོ་མཁན་གྱི་བཟོ་པའི་ཚོགས་རྣམས་ལ་སྲི་ཞུ་བསྒྲུབ་མཁན་གྱི་གཉེར་པ་ནི་རིན་ཆེན་ལྷ་མོ་དང་སངས་རྒྱས་དོན་འགྲུབ། རིན་ཆེན་ལྷ་མོ་དང་བུ་མོ་ལྕགས་མོ། མི་གཞོན་ཁང་སར་བཅས་ཀྱིས་ལས་ཀའི་དུས་ཡུན་ལ་གཟིགས་ཏེ་བཟའ་བཏུང་དུས་ཐོག་ཏུ་གང་ལེགས་འདྲེན་གནང་བ་ལས་གསུང་རབ་འབྲི་བཞེངས་དུས་ཐོག་ཏུ་བསྒྲུབ་པ་ལ་མཛད་རྗེས་མི་དམན་པ་ཞིག་བཞག་པ་དེ་རྟོགས།

ལེ་ཚན་བཞི་པ། ས་དཀའ་རྒྱབ་དགོན་འདུས་པ་རིན་པོ་ཆེའི་མཛོད་བྱང་།

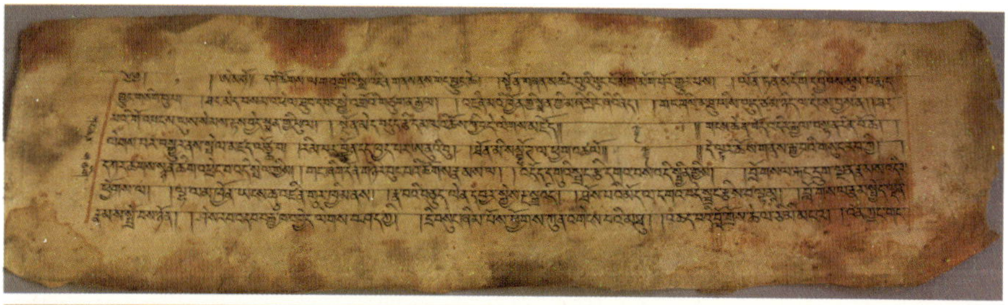

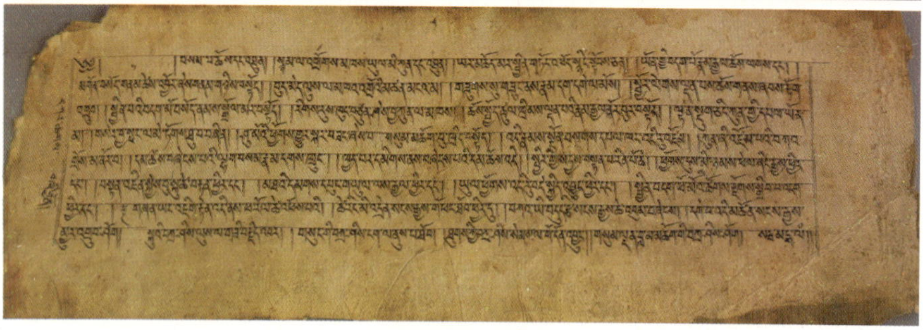

མཛོད་བྱང་མ་དཔེ།

[1] ཡངས་ཅན་དགོན་དུ་བཞུགས་པའི་རིན་ཆེན་ཏོག་གཟུངས་བཞེངས་པའི་དཀར་ཆག་ལས་དྲངས།

དང་པོ། མཛད་བྱང་མ་ལྷུས།

ཨེ་མ་ཧོ། །དགེ་ཚོགས་ལག་འགྲོའི་སྒྲ་འཛིན་གནས་ནས་གང་བྱུང་ཚེ། །སྟོན་གཞན་མཆིང་བུའི་ཕུང་པོ་སོག་སོག་གྱུར་པས། །ཡོན་ཏན་མདོག་དབྱིབས་ནུས་པ་རྨད་བྱུང་གཅིག་བུ་པ། །ཐང་མེད་བསམ་འཕེལ་ཐུབ་དབང་སྐྱི་འགྲོའི་གཙུག་ན་རྒྱལ། །འཛིན་མའི་ཁྲོན་གྱི་སྨན་གྱི་མ་ཞི་སྲིད་ཞིའི་ནང་། །གང་གིས་མཐུ་ཡིས་ཡུད་ཙམ་ཉིད་ལ་དེངས་བྱས་ནས། །ཐར་པའི་གོ་འཕངས་ལུས་སེམས་རྣས་བྱེད་སྨན་གྱི་ཕུལ། །ཐོན་མེད་བདུད་རྩི་དམ་པ་ཆོས་ཀྱི་བདེ་ལེགས་མཛོད།།༈ གངས་ཆེན་བོད་འདིར་རྒྱལ་བསྟན་རིན་པོ་ཆེ། །ལེགས་པར་བསྒྱུར་ནས་སྤེལ་མཛད་ལོ་ཙྪ་བ། །རིམ་པར་བྱོན་དང་ཁྱད་པར་ཨ་ནུའི་བུ། །ཐོན་མི་སམྦྷོ་ཊ་ལ་ཕྱག་འཚལ་ལོ། །༈དེ་ལྟར་ཆོས་གནས་རྒྱ་བའི་གསུང་རབ་ཀྱི། །དཀར་ཆགས་སྙན་ཚིག་འཕྲེང་བ་འདི་སྤེལ་གྱིས།། གང་ཞིག་དོན་གཉེར་བུང་བའི་ཚོགས་རྣམས་ལ། །འདོད་དགུའི་སྦྲང་རྩི་དགས་བས་འདི་སྦྱིན་གྱིས། །བློ་གསལ་ཀཱང་དྲུག་ལྡན་རྣམས་འདིར་ཕྱོགས་ལ། །ལྷ་ལམ་ཁྱོན་ཡོངས་ཆུ་འཛིན་གུར་ཁྱིམ་ནས། །རྣ་བའི་བཅུད་ལེན་དབྱར་སྐྱེས་ཇ་སྒྲ་འདི། །ཐོས་པའི་མོད་ལ་དགའ་བདེ་སྦྲང་རྩིས་བལྟམས། །བློ་གསལ་རྣམ་དཔྱོད་ལྡན་རྣམས་སྤྲོ་བས་ཉོན། །ཤེས་རབ་འདབ་བརྒྱ་ཁ་འབྱེད་ལེགས་བཤད་ཀྱི། །དྲི་བསུང་ཞིམ་པོས་ཕྱོགས་ཀུན་འགེངས་པའི་མཐུ། །འཆད་པའི་བློ་གྲོས་ཆེ་ལ་ཅི་མི་མངའ། །འོན་ཀྱང་གང་ལ་གང་སྨན་བདུད་རྩི་སྦྱིན། །༈སྒྲོན་བསྐལ་བཟང་འདི་ལ་སངས་རྒྱས་སྟོང་། །སེམས་དཔའི་གཉིས་བྱོན་འགྲོ་བའི་སྒྲོན་མར་འགྱུར། །བཞི་པ་རང་ཅག་སྟོན་པ་ཐུབ་དབང་འདི། །སྟོན་བྱུང་རྒྱལ་པོ་གསས་གྲགས་ཞེས་བྱར་གྱུར། །སྣང་པོ་འདུལ་སྦྱོངས་ཤེས་པའི་འཕོར་ཞིག་གིས། །ཕྱུགས་ཀྱི་ཐོ་ལུམ་འབར་བ་ཟར་བཙུགས་པས།། མི་བཟོད་ཟ་བར་སྩོམ་པས་ཐུགས་ཡིད་བྱུང་། །དེ་པའི་དྲུང་དུ་ཐུགས་བསྐྱེད་སྨོན་ལམ་བཏབ། །ཐེག་ཆེན་ལྟར་ན་སྟོན་བྱུང་བསྐལ་བའི་དུས། །དམྱལ་བའི་ཤིང་རྟ་འདྲེན་པའི་གྲུང་དུ་འབྲུངས། །དེ་ནས་བསྐལ་པ་གྲངས་མེད་གཉིས་པ་ལ། །རྒྱལ་པོ་མཛེས་པར་སྣང་བའི་ཕོ་བྲང་ནི། །འཛམ་བུའི་གསེར་ཞེས་བྱ་བར་སྟོན་པ་འདི། །ཚོང་དཔོན་ཤེས་རབ་བཟང་པོ་ཅེས་བྱར་གྱུར། །བདེ་གཤེགས་དཀོན་མཆོག་ཡན་ལག་བསྙེན་བཀུར་ཏེ། །གྲངས་མེད་གཅིག་ཏུ་ཚོགས་བསགས་བདུན་ནོན། །དེ་ནས་བྲམ་ཟེའི་ཁྱེའུ་སྦྱིན་ཞེས་གྱུར། །བྲམ་ཟེར་རིག་བྱེད་བསླབས་ནས་བསྙེན་བཀུར་རྒྱུ། །བཙལ་ཕྱིར་ཡུལ་དབུས་གྲོང་ཁྱེར་ལྡོངས་རྒྱུར་སོང་། །མཐར་གྱི་རྒྱལ་པོ་དགྲ་ཐུལ་ཕོ་བྲང་ནི། །པདྨ་ཅན་གྱི་ཚོང་

འདུས་དབུས་སུ་ཕྱིན། །དེ་ཚེ་བྲམ་ཟེ་མར་མེའི་བདག་པོའི་སྲས། །བདེ་གཤེགས་མར་མེ་མཛད་ཉིད་འཇིག་རྟེན་བྱོན། །༈ཚེ་ལོ་ཉི་ཁྲིར་གྲོང་ཁྱེར་ཉེར་ལྡན་དུ། །བདེ་གཤེགས་རྒྱལ་བ་འོད་སྲུངས་བྱོན་པའི་ཚེ། །བྲམ་ཟེའི་ཁྱེའུ་བླ་མར་གྱུར་པའི་དུས། །ཚོགས་རྫོགས་སངས་རྒྱས་གྲངས་མེད་བསྙེན་བཀུར་མཛད།། ༈ ཨེ་མ་ཧོ།།ཆོས་སྐུའི་དབྱིངས་ལ་གཡོ་བ་མེད་བཞིན་དུ། །ཐུགས་རྗེ་ཆེན་པོའི་དབང་གིས་འཇིག་རྟེན་ཀུན། །གཟིགས་ནས་སྤྲུལ་པའི་རང་བཞིན་སྣ་ཚོགས་བསྟན། །དགའ་ལྡན་ནས་འཕོ་ལྷུམ་ཞུགས་བལྟམས་པ་དང་། །བཟོ་གནས་ལ་མཁས་བཙུན་མོའི་འཁོར་གྱི་རོལ། །ངེས་འབྱུང་དཀའ་བ་སྤྱོད་དང་བྱང་ཆུབ་ཀྱི། །སྙིང་པོར་གཤེགས་དང་བདུད་ཀྱི་སྡེ་ཚོགས་བཏུལ། །ཆོས་འཁོར་རྣམ་གསུམ་བསྐོར་ནས་རྩ་མཆོག་ཏུ། །དགོངས་སུ་མྱ་ངན་འདའ་ཚུལ་བསྟན་པ་རྣམས། །མ་དག་འགྲོ་བའི་ཞིང་རྣམས་འདུལ་བའི་ཕྱིར། །མཛད་པ་བཅུ་གཉིས་སྣང་ཚུལ་ཙམ་དུ་བསྟན། །༈ ཐུབ་པའི་དབང་པོའི་བསྟན་པ་བྱུང་ཚུལ་དང་། །འཕགས་པའི་ཡུལ་དུ་བཀའ་བསྡུ་མཛད་ཚུལ་དང་། །གངས་ཅན་ལྗོངས་བསྟན་པ་འཕེལ་ཚུལ་གཉིས། །སྟོན་པ་མྱ་ངན་འདས་རྒྱལ་ཁབ་ཏུ། །འོད་སྲུང་ཉེ་བར་འཁོར་དང་ཀུན་དགའ་བོས། །ཐེག་པ་དམན་པའི་སྡེ་སྣོད་རྣམ་པ་གསུམ། །སྒྲོ་བཀུར་མེད་པར་བཏུས་ཞེས་ལུང་ལས་འབྱུང་། །འབྲེལ་དང་མཚམས་སྦྱོར་འདི་དག་བདག་ཐོས་རྣམས།།བཅུག་ནས་འཕགས་པའི་ཡུལ་དུ་གསུང་རབས་རྣམས། །འབུམ་ཏིག་ལྟར་ན་ལྔ་སྟོང་གནས་པ་ལས། །ལོ་གྲངས་སྟོང་ཕྲག་རེ་ལ་ཕྱེད་དུ་བཅད། །ལྔ་བརྒྱ་ཕྲག་བཅུར་ལེའུ་བཅུར་འགྱུར་ཏེ། །ལྔ་བརྒྱ་དང་པོ་གཉིས་པ་གསུམ་པ་རྣམས།། རིམ་བཞིན་དགྲ་བཅོམ་ཕྱིར་མི་འོང་བ་དང་། །རྒྱུན་ཞུགས་མང་དུ་འབྱུང་ཕྱིར་འབྲས་དུས་སམ། །ཕོང་དུ་ཆུད་པའི་ལེའུ་ཞེས་བྱར་བརྗོད། །༈ གངས་ཅན་བོད་འདིར་བསྟན་པ་འཕེལ་ཚུལ་ནི། །ལྷ་ལས་ཕུལ་དུ་བྱུང་བའི་སྟོད་འགྲེལ་ལས། །སྐྱ་སེང་བུ་ལྷ་དགྲ་དན་དཔུང་ཚོགས་བཅས། །འཐབ་པའི་དུས་སུ་རྒྱལ་པོ་ཙ་པ་ཏེ། །ཞེས་པ་དམག་མི་སྟོང་ཕྲག་གཅིག་དང་བཅས། །བུད་མེད་ཚས་ཞུགས་གངས་ཆེན་སེབ་དུ་བྲོས། །དེ་ལས་འཕེལ་བ་ཡིན་ཞེས་བཤད་པ་དང་། །བོད་ཀྱི་གཏམ་དཔེ་ལ་སྤྲེའུ་བྲག་སྲིན་ལས། །མཆེད་པར་བཤད་པའི་ལུགས་གཉིས་ཡོད་པར་གྲགས། །བོད་ཀྱི་རྒྱལ་བརྒྱུད་ཇི་ལྟར་ཡིན་ཞེ་ན། །གསལ་རྒྱལ་སྟོབས་བཅུ་གཉིས་ཀྱི་སྲས་ལྔ་ཚོགས། །ཡིན་པར་བཤད་པའི་ལུགས་སོ་སོར་འདུག །པད་སའི་རྒྱལ་པོ་འཆར་བྱེད་ཞེས་བྱའི་བུ། །མས་འགེབས་མིག་དང་སོར་མོ་དྲ་བས་འབྲེལ། །མཚན་ལྡན་ཞིག་སྐྱེས་སྐྲ་གནས་གཉྫར

སྐྱུར། །ཞིང་པས་རྙེད་དེ་གསོལ་བ་ཆེར་ཕོན་ཚོ། །སྔར་གྱི་གཏམ་ཐོས་སྐྱོ་ནས་གངས་རིར་བྲོས། །རིམ་གྱི་ལྷ་རི་ཡོལ་བའི་ཁར་བྱུང་སྟེ། །བཙན་ཐང་སྒོ་བཞིར་ཐོན་ལས་བོན་པོ་རྣམས།།རྒྱ་ཐག་རྒྱུ་སྐད་ལ་ཡོངས་ལྷ་ཡིན་ཟེར།།སུ་ཡིན་དྲིས་པ་བཙན་པོ་ཡིན་ཟེར། །གང་ནས་བྱོན་དྲིས་ནས་ནམ་ཁར་འཛུབ་མོ་སྟེངས། །སྐད་མ་གོ་ནས་ཤིང་གི་ཁྲི་ལ་བཞག །མི་བཞིའི་གཉའ་བར་ཁུར་ནས་འདི་ཉིད་ལ། །ཁོ་བོ་ཅག་གི་རྗེ་བོ་བྱའོ་ཟེར། །མིང་ཡང་གཉའ་ཁྲི་བཙད་པོ་ཞེས་བྱར་བཏགས། །བོད་ཀྱི་རྒྱལ་པོ་མངའ་བ་དེ་ཡིན་ནོ། །དེ་སྲས་སྨུ་ཁྲི་དིང་ཁྲི་སོ་ཁྲི་དང་། །ཡེ་ཁྲི་གདགས་ཁྲི་སྲི་ཁྲི་རིམ་བྱོན་ནས། །དམ་པའི་ཆོས་ཀྱི་དབུ་སྙེངས་དེ་ཡན་ཆད། །ཆབ་སྲིད་བོན་གྱིས་བསྐྱངས་ཤིང་རབ་ལྷ་ནས། །སྤྲུལ་རབས་གཟིགས་སྤྲུལ་སྲོང་བཙན་སྒམ་པོ་བྱོན། །དམ་ཆོས་བསྒྲོལ་གཏོད་བོད་ཡིག་གཏན་ལ་ཕབ།། དགེ་བཅུའི་ཁྲིམས་བཅས་བོད་རྣམས་ཆོས་ལ་བཀོད། །ཁྲི་སྲོང་ལྡེ་བཙན་དུས་སུ་དམ་ཆོས་རྣམས། །དར་ཞིང་རྒྱས་མཛད་བསྟན་པ་སྔ་དར་རོ། །༈ ཕྱི་དར་ཚུལ་ལ་སྙོད་ནས་རྒྱས་ཚུལ་དང་། །བསྟན་པའི་མེ་རོ་སྨད་ནས་སོས་ཚུལ་གཉིས། །ཡེ་ཤེས་འོད་ཀྱིས་ཀར་རྣམ་གསུམ་སོགས། །ལོ་པཎ་སྤྱན་དྲངས་ཐོ་ལྡིང་གཙུག་ལག་བཞེངས། །རིན་ཆེན་བཟང་པོས་ཡོ་ག་ལ་སོགས་བསྒྱུར། །བྱང་ཆུབ་འོད་ཀྱི་ཇོ་བོ་གདན་དྲངས་ནས། །ནག་ཚོ་ལོ་ཙཱ་བྱས་ནས་དམ་ཆོས་བསྒྱུར། །དེང་སངས་བར་དུ་དམ་ཆོས་འཕེལ་བ་དང་། །༈ ཨེ་མ་ཧོ། །སྤྲུལ་སྐུའི་ཞིང་ཁམས་འཛམ་གླིང་ལས་ཀྱི་ས། །མི་མཇེད་འཇིག་རྟེན་ཅི་ཕྱིར་བརྗོད་ཞེ་ན། །འཕགས་མཆོག་སྤྱན་རས་གཟིགས་ཀྱི་གདུལ་བྱའི་ཞིང་། །བོད་ཡུལ་གངས་ཅན་འདི་ཉིད་ཁྱད་འཕགས། །དེ་ལས་མང་ཡུལ་ལྗོངས་འདིར་ཡོན་ཏན་མཚར། །གནས་དང་བྱིན་རླབས་རྟེན་མངས་འདོད་ཡོན་གྱི། །འབྱུང་གནས་མང་ཕྱིར་མང་ཡུལ་ཞེསུ་གྲགས། །དེའི་བྱང་ཕྱོགས་གྲགས་ནག་ཡུལ་བཟང་འདིར། །ས་བཅུད་མ་ཉམས་ལོ་ཏོག་ཕུན་ཚོགས་སྨིན། །རིན་ཆེན་འབྲུ་ཡི་གཏེར་མཛོད་ཟད་མི་ཤེས། །སྣ་ཚོགས་ལྗོན་ཤིང་ཡལ་འདབ་ལོ་མ་དང་། །མེ་ཏོག་འབྲས་ལྡན་ཚོགས་ཀྱི་ཕྱོགས་མཚམས་གང་། ། ༈ཨེ་མ་ཧོ། །ཡུལ་ཕྱོགས་འདི་ན་ལུགས་གཉིས་བསྟན་པའི་སྲོལ། །བསྟན་པའི་བཞི་མ་འཕགས་པའི་དགེ་འདུན་དང་། །མཐོ་ངན་ཡ་ཡོ་སྙོམས་པའི་རྒྱན་གསུམ་གྱི། །ཡུལ་གྱི་བསྟན་སྲིད་སྐྱབ་པའི་ལས་ལ་བརྩོན། །ཨེ་མ་ཧོ། ། དགོས་འདོད་ཀུན་འབྱུང་སྐྱིད་ཡུལ་འདི་ཉིད་ན། །ཚེ་སྔོན་བསོད་ནམས་བསགས་པའི་ལས་འཕྲོ་ཅན། །མཐོ་མཁུར་དམའ་ཁྱོང་མཉམ་དང་གྲོགས་པ་མཁས། །ཡར་མཆོད་མར་སྦྱིན་གཏོང་འཕོད་སྙིང་སྟོབས་ཅན། །རིགས་རུས་ཁུང་

བཙུན་ཕྱུག་འཚང་ཆེན་པོའི་རྒྱུད། །དེ་ལས་རིམ་པར་བྱུང་བའི་བུ་རྒྱུད་ནི། །ཡབ་ལ་སྲས་ཁྲུང་སྙིན་པའི་བ་དན་འཆར། །ཡབ་མེས་རྣམས་ཀྱིས་གཞུང་ལུགས་བཟང་པོ་མཛད། །གཏམ་ཡིག་མདའ་སོགས་ཕོ་རྩལ་ཀུན་དང་ལྡན། །སྡང་བའི་དགྲ་འདུལ་བྱམས་པའི་གཉེན་རྣམས་ཕྱོང་། །དལ་འབྱོར་ལུས་ལ་ལོངས་སྤྱོད་བརྒྱད་ཀྱི་སྤྲས། །བརྩོན་འགྲུས་ཆེ་ཞིང་བསམ་པ་ཆོས་དང་འཐུན། །སློམ་ལ་འགྲོགས་མཁས་ཡུལ་མི་ཀུན་དང་འཐུན། །ཡར་མཆོད་མར་སྦྱིན་གཏོང་ཕོད་སྙིང་སྟོབས་ཅན། །ཡོན་གྱི་བདག་པོ་རྣམ་རྒྱལ་ཆོས་ལགས་དང་། །མགོན་བསོད་གནམ་ཆོས་འབྱོར་ཞེས་གནམ་གཉིས་བསྟོད། །བུད་མེད་ལུས་ལ་མཁའ་འགྲོའི་མཚན་མངའ་མ། །གཟུགས་སུ་གཟུང་ནས་རྣམ་དག་དགེ་ལ་མོས། །སྦྱོར་ལེགས་ལྡན་པ་ཆོས་གནས་ཞབས་ཏོག་འགྲུབ། །སྦྱིན་པའི་བདག་པོ་བསོད་ནམས་སྒྲོལ་མར་བསྟོད། །རིགས་རུས་ཁྲུང་བཙུན་ཤེས་བྱ་ཀུན་ལ་མཁས། །ཆོས་སྤྱོད་ཚུལ་ཁྲིམས་ལྡན་པའི་རྣམ་རྒྱལ་ནོར་བུར་བསྟོད། །ལྷ་ན་སྡུག་ཅིང་ཀུན་གྱི་དཔལ་ཡོན་མ། །གསེར་བྱ་སྤུང་ལ་མེ་ཏོགས་ཐུ་བ་བཞིན། །ཤུ་མོའི་ཕྱོགས་གྱུར་སྐར་བཟང་ཞེས་པ། །གསུམ་མཆོག་བུ་ཁྲིད་བསྟོད། །འདི་རྣམས་སྟོན་བསགས་དཔལ་ཁང་འདི་རུ་འཛོམས། །ཀུན་ཞི་འཛོམ་པའི་བཀའ་གྲོས་མ་ནོར་བ། །དམ་ཆོས་བཞེངས་པའི་ལྷག་བསམ་རྣམ་དགས་ཁྲུང་། །ཁྱད་པར་དམིགས་ནས་བཞེངས་པའི་དམ་ཆོས་འདི། །སྤྱིར་གྱི་སངས་རྒྱས་བསྟན་པ་རིན་པོ་ཆེ། །ཕྱོགས་དུས་མི་ཉམས་ཕེལ་ཞིང་རྒྱས་ཕྱིར་དང་། །བསྟན་འཛིན་སྐྱེས་བུ་སྐུ་ཚེ་བརྟན་ཕྱིར་དང་། །མཐའི་དམགས་དཔུང་གཡུལ་ལས་རྒྱལ་ཕྱིར་དང་། །ཡུལ་ཕྱོགས་འདི་རུ་བདེ་སྐྱིད་འབྱུང་ཕྱིར་དང་། །སྦྱིན་བདག་ཕོ་མོའི་ཚོགས་རྫོགས་སྒྲིབ་པ་འདག་ཕྱིར་དང་། །༈གཞན་ཡང་འཇིག་རྟེན་འདི་ནས་ཕ་རོལ་ཚེ་འཕོས་པའི། །ཚེ་རིང་མི་འདྲེན་སངས་རྒྱས་གོ་འཕང་ཐོབ་ཕྱིར་དུ། །བཀའ་ཡི་བདུད་རྩི་སངས་རྒྱས་ཚེ་འབུམ་བཞེངས། །དགེ་བ་འདི་མཐོན་སངས་རྒྱས་མྱུར་འགྲུབ་ཤོག །སྐུའི་བཀྲ་ཤིས་ལུས་ལ་གཟི་བརྗིད་འབར། །གསུང་གི་བཀྲ་ཤིས་ངག་ལ་ནུས་པ་ཐོབ། །ཐུགས་ཀྱི་བཀྲ་ཤིས་སེམས་ལ་གོ་དོན་འབྱུང་། །གསུམ་ལྡན་བླ་མ་མཆོག་གི་བཀྲ་ཤིས་ཤོག། སརྦ་མངྒ་ལཾ་[①]ཞེས་པའོ། །

① ས་དཀའ་ནུབ་དགོན་དུ་བཞུགས་པའི་འདུས་པ་རིན་པོ་ཆེའི་དཀར་ཆག་མཐོང་བ་འཛུམ་ཤོར་ལས་དྲངས།

གཉིས་པ། མཛད་བྱང་གི་དབྱེ་ཞིབ།

གཅིག བསྟོད་ཕྱག

ཨེ་མ་ཧོ། །དགེ་ཚོགས་ལག་འགྲོའི་སྣྲ་འཛིན་གནས་ནས་གང་བྱུང་ཚེ། །སྟོན་གཞན་མཆིང་བུའི་ཕུང་པོ་མོག་མོག་གྱུར་པས། །ཡོན་ཏན་མདོག་དབྱིབས་ནུས་པ་རྨད་བྱུང་གཅིག་བུ་པ། །ཐང་མེད་བསམ་འཕེལ་ཐུབ་དབང་སྐྱེ་འགྲོའི་གཙུག་ན་རྒྱལ། །འཛིན་མའི་ཁྱོན་གྱི་སྨན་གྱི་མ་ཞི་སྲིད་ཞིའི་ནང་། །གང་གིས་མཐུ་ཡིས་ཡུད་ཙམ་ཉིད་ལ་དེངས་བྱས་ནས། །ཐར་པའི་གོ་འཕངས་ལུས་སེམས་རྣམ་བྱེད་སྨན་གྱི་ཕུལ། །ཐོན་མེད་བདུད་རྩི་དམ་པ་ཆོས་ཀྱི་བདེ་ལེགས་མཛོད་[1]ཅེས་སྟོན་པ་སངས་རྒྱས་བཅོམ་ལྡན་འདས་ཀྱིས་གསུང་ལ་བསྟོད་ཕྱག་ཕུལ་བ་དེ་ཡིན།

གཉིས། ཡུལ་ལུང་།

བོད་ཡུལ་གངས་ཆེན་འདི་ཉིད་ཁྱད་འཕགས། །དེ་ལས་མང་ཡུལ་ལྗོངས་འདིར་ཡོན་ཏན་མཚར། །གནས་དང་བྱིན་རླབས་རྟེན་མངས་འདོད་ཡོན་གྱི། །འབྱུང་གནས་མང་ཕྱིར་མང་ཡུལ་ཞེས་སུ་གྲགས། །དེའི་བྱང་ཕྱོགས་གྲགས་ནག་ཡུལ་བཟང་འདིར། །ས་བཅུད་མ་ཉམས་ལོ་ཏོག་ཕུན་ཚོགས་སྨིན། །རིན་ཆེན་འབྲུ་ཡི་གཏེར་མཛོད་ཟད་མི་ཤེས། །སྣ་ཚོགས་ལྡོན་ཤིང་ཡལ་འདབ་ལོ་མ་དང་། །མེ་ཏོག་འབྲས་ལྡན་ཚོགས་ཀྱི་ཕྱོགས་མཚམས་གང་།། ༈ཨེ་མ་ཧོ། །ཡུལ་ཕྱོགས་འདི་ན་ལུགས་གཉིས་བསྟན་པའི་སྒྲོལ། །བསྟན་པའི་བཞི་མ་འཕགས་པའི་དགེ་འདུན་དང་།། མཐོ་ངན་ཡ་ཡོ་སྙོམས་པའི་རྣན་གསུམ་གྱི། །ཡུལ་གྱི་བསྟན་སྲིད་སྒྲུབ་པའི་ལས་ལ་བརྩོན་[2]ཞེས་བྱུང་བ་ལ་གཞིགས་ན། དེ་ཡང་སྟོན་གྱི་མཛད་བྱང་ཁག་ཏུ་བྱུང་བ་བཞིན་ཡུལ་བསྟོད་དུང་ཆེན་གཟུགས་སུ་བཀོད་པ་དེ་ཡིན་ཏེ། དེ་ཡང་ཐོག་མར་བོད་ཡུལ་གངས་ཅན་གྱི་ཡུལ་དུ་ཆགས་པའི་ལྗོངས་འདིར་ཡོན་ཏན་མཚར། །གནས་དང་བྱིན་རླབས་རྟེན་མངས་འདོད་ཡོན་གྱི། །འབྱུང་གནས་མང་ཕྱིར་མང་ཡུལ་ཞེས་སུ་གྲགས་པ་དང་ཀཿཐོག་རིག་འཛིན་ཚེ་དབང་ནོར་བུས་ཀྱང་གྲུབ་པའི་གནས་ཆེན་མང་དུ་ཡོད་པས་མང་ཡུལ་དུ་གྲགས་[3]པའི་གནས་འདི་ནི་གུང་ཐང་གི་

① ས་དགའ་ནུབ་དགོན་དུ་བཞུགས་པའི་འདུས་པ་རིན་པོ་ཆེའི་དཀར་ཆག་མཐོང་བ་འཛུམ་ཤོར་ལས་དྲངས།

② ས་དགའ་ནུབ་དགོན་དུ་བཞུགས་པའི་འདུས་པ་རིན་པོ་ཆེའི་དཀར་ཆག་མཐོང་བ་འཛུམ་ཤོར་ལས་དྲངས།

③ ཀཿཐོག་རིང་འཛིན་ཚེ་དབང་ནོར་བུས་བརྩམས་པའི་བོད་རྗེ་ལྷ་བཙན་པོའི་གདུང་རབས་མདའ་རིས་སྨད་གུང་ཐང་དུ་ཇི་ལྟར་

བྱང་ཕྱོགས་སུ་གནས་པ་སྟེ་སྤྱིར་མང་ཡུལ་གྱི་ས་ཚིག་ནི། གུང་ཐང་ལ་ཐོག་གངས་རི་རྗེའུ་ལྷ་བཙན་ནས་བལ་པོའི་ཡུལ་མཚམས་རིང་ཕ་རི་ཡན་ཡིན་[①]ཞེས་པའི་མང་ཡུལ་གྱི་ཁོངས་སུ་ཆགས་པའི་གྲགས་ནག་ཡུལ་བཟང་འདི་ནི། ས་བཅུད་མ་ཉམས་ཤིང་ལོ་ཏོག་ཕུན་སུམ་ཚོགས་པ་ལས་འབྲུ་རིགས་ཀྱིས་བང་མཛོད་དང་། ཕྱོགས་གང་སར་མེ་ཏོག་དྲི་ཞིམ་འཕྱུལ་བ་དང་ལྗོན་ཤིང་ཡལ་འདབ་རྒྱས་པའི་ས་དེར་འབྲི་བཞེངས་བསྐྲུངས་པ་ནི་གོང་གི་མཛད་བྱུང་ལས་ཤེས།

གསུམ། སྦྱིན་བདག

གུང་ཐང་མང་ཡུལ་གྱི་བྱང་ཕྱོགས་སུ་ཆགས་པའི་ཡུལ་གྲགས་ནག་ཡུལ་བཟང་དེར་གསུང་རབ་འདུས་པ་རིན་པོ་ཆེ་དེ་འབྲི་བཞེངས་བསྐྲུངས་པའི་སྐབས་སུ་དེའི་རྒྱུ་འགྲོ་སྒྲོར་མཁན་གྱི་དད་པ་སྐྱོ་ངས་མེད་པའི་སྦྱིན་བདག་ནི་རིགས་ཉུས་ཁྱུང་བཙུན་ཕྱུག་འཚང་ཆེན་པོའི་རྒྱུད་ལས་བྱུང་བའི་ཡོན་གྱི་བདག་པོ་རྣམ་རྒྱལ་ཚོས་ལགས་དང་། སྦྱིན་པའི་བདག་པོ་བསོད་ནམས་སྒྲོལ་མ་དང་བུ་ཁྲིད་སོགས་ཀྱིས་སྦྱིན་བདག་གནང་སྟེ་འབྲི་བཞེངས་བསྐྲུང་པའི་སྐོར་མཛད་བྱང་ལས། ཨེ་མ་ཧོ། །དགོས་འདོད་ཀུན་འབྱུང་སྐྱིད་ཡུལ་འདི་ཉིད་ན། །ཚེ་སྔོན་བསོད་ནམས་བསགས་པའི་ལས་འཕྲོ་ཅན། །མཐོ་མཁུར་དམའ་ཁྱོང་མཉམ་དང་གྲོགས་པ་མཁས། །ཡར་མཆོད་མར་སྦྱིན་གཏོང་འཕོད་སྙིང་སྟོབས་ཅན། །རིགས་ཉུས་ཁྱུང་བཙུན་ཕྱུག་འཚང་ཆེན་པོའི་རྒྱུད། །དེ་ལས་རིམ་པར་བྱུང་བའི་བུ་རྒྱུད་ནི། །ཡབ་ལ་སྲས་ཁྲུང་སྙིང་པའི་བ་དན་འཆར། །ཡབ་མེས་རྣམས་ཀྱིས་གཞུང་ལུགས་བཟང་པོ་མཛད། །གཏམ་ཡིག་མདའ་སོགས་ཕོ་རྩལ་ཀུན་དང་ལྡན། །ལྷང་བའི་དགྲ་འདུལ་བྱམས་པའི་གཉེན་རྣམས་སྐྱོང་། །དཔལ་འབྱོར་ལུས་ལ་ལོངས་སྤྱོད་བརྒྱད་ཀྱི་སྤྲས། །བརྩོན་འགྲུས་ཆེ་ཞིང་བསམ་པ་ཚོས་དང་འཐུན། །སྙམ་ལ་འགྲོགས་མཁས་ཡུལ་མི་ཀུན་དང་འཐུན། །ཡར་མཆོད་མར་སྦྱིན་གཏོང་ཕོད་སྙིང་སྟོབས་ཅན། །ཡོན་གྱི་བདག་པོ་རྣམ་རྒྱལ་ཚོས་ལགས་དང་། །མགོན་བསོད་གནམ་ཚོས་འཁྱོར་ཞེས་གནམ་གཉིས་བསྟོད། །

བྱུང་བའི་ཚུལ་དེབ་ཐེར་དྭངས་འཕྲུལ་གྱི་མེ་ལོང་ཞེས་བྱ་བ་ཀྲུང་གོའི་བོད་རིག་པ་དཔེ་སྐྲུན་ཁང་གི་2006ལོའི་སྤར་མའི་ཤོག་གྲངས་61 ལས་དྲངས།

① ཀཿཐོག་རིང་འཛིན་ཚེ་དབང་ནོར་བུས་བརྩམས་པའི་བོད་རྗེ་ལྷ་བཙན་པོའི་གདུང་རབས་མངའ་རིས་སྨད་གུང་ཐང་དུ་ཇི་ལྟར་བྱུང་བའི་ཚུལ་དེབ་ཐེར་དྭངས་འཕྲུལ་གྱི་མེ་ལོང་ཞེས་བྱ་བ་ཀྲུང་གོའི་བོད་རིག་པ་དཔེ་སྐྲུན་ཁང་གི་2006ལོའི་སྤར་མའི་ཤོག་གྲངས་61 ལས་དྲངས།

བྱད་མེད་ལུས་ལ་མཁའ་འགྲོའི་མཚན་མངའ་མ། །གཟུགས་སུ་གཟུང་ནས་རྣམ་དག་དགེ་ལ་སོས། །སྤྱོར་ལེགས་ལྡན་པ་ཆོས་གནས་ཞབས་ཏོག་འགྲུབ། ། སྦྱིན་པའི་བདག་པོ་བསོད་ནམས་སྒྲོལ་མར་བསྟོད། །རིགས་རུས་ཁུང་བཙུན་ཤེས་བྱ་ཀུན་ལ་མཁས། །ཆོས་སྤྱོད་ཚུལ་ཁྲིམས་ལྡན་པའི་རྣམ་རྒྱལ་ནོར་བུར་བསྟོད། །ལྷ་ན་སྡུག་ཅིང་ཀུན་གྱི་དཔལ་ཡོན་མ། །གསེར་བྱ་སྨྱང་ལ་མེ་ཏོག་ཐུ་བ་བཞིན། །ཤུ་མོའི་ཕྱོགས་ཀྱུར་སྐར་བཟང་ཞེས་པ། །གསུམ་མཆོག་བུ་ཁྲིད་བསྟོད། ། འདི་རྣམས་སྔོན་བསགས་དཔལ་ཁང་འདི་རུ་འཛོམས།[①] ཞེས་པས་རྟོགས་སོ།

བཞི། དགོས་པ།

ཀུང་ཐང་མང་ཡུལ་གྱི་བྱང་ཕྱོགས་སུ་ཆགས་པའི་ཡུལ་གྲགས་ནག་ཡུལ་བཟང་དེར་གསུང་རབ་འདུས་པ་རིན་པོ་ཆེ་དེ་འབྲི་བཞེངས་བསྐྲུངས་པའི་སྐབས་སུ་དེའི་རྒྱུ་འགྲོ་སྤྱོར་མཁན་གྱི་དད་པ་སྐྱོངས་མེད་པའི་སྦྱིན་བདག་ནི་རིགས་རུས་ཁུང་བཙུན་ཕྱུག་ཚང་ཆེན་པོའི་རྒྱུད་ལས་བྱུང་བའི་ཡོན་གྱི་བདག་པོ་རྣམ་རྒྱལ་ཆོས་ལགས་དང་། སྦྱིན་པའི་བདག་པོ་བསོད་ནམས་སྒྲོལ་མ་དང་བུ་ཁྲིད་སོགས་ཀྱིས་སྦྱིན་བདག་གནང་སྟེ་འབྲི་བཞེངས་བསྐྲུང་པའི་དགོས་པའམ་དམིགས་ཡུལ་ནི་སངས་རྒྱས་བསྟན་པ་ཕྱོགས་བཞིར་རྒྱས་ཕྱིར་དང་བསྟན་འཛིན་སྐྱེས་བུ་སྐུ་ཚེ་བརྟན་ཕྱིར་དང་། མཐའ་དམག་གཡུལ་ལས་རྒྱལ་ཕྱིར་དང་ད་དུང་འཛིག་རྟེན་འདི་ནས་ཕ་རོལ་དུ་ཚེ་འཕོས་པའི་ཚེ་རིང་མི་འདྲེན་སངས་རྒྱས་ཀྱི་གོ་འཕང་ཐོབ་ཕྱིར་བྲིས་བཞེངས་བསྐྲུངས་པ་ནི་མཛད་བྱང་ལས། །ཀུན་ཞི་འཛོམ་པའི་བཀའ་གྲོས་མ་ནོར་བ། །དམ་ཆོས་བཞེངས་པའི་ལྷག་བསམ་རྣམ་དགས་ཁྲུང་། །ཁྱད་པར་དམིགས་ནས་བཞེངས་པའི་དམ་ཆོས་འདི། །ཕྱིར་ཀྱི་སངས་རྒྱས་བསྟན་པ་རིན་པོ་ཆེ། །ཕྱོགས་དུས་མི་ཉམས་ཕེལ་ཞིང་རྒྱས་ཕྱིར་། །བསྟན་འཛིན་སྐྱེས་བུ་སྐུ་ཚེ་བརྟན་ཕྱིར་དང་། །མཐའི་དམགས་དཔུང་གཡུལ་ལས་རྒྱལ་ཕྱིར་དང་། །ཡུལ་ཕྱོགས་འདི་རུ་བདེ་སྐྱིད་འབྱུང་ཕྱིར་དང་། །སྦྱིན་བདག་ཕོ་མོའི་ཚོགས་རྫོགས་སྒྲིབ་པ་འདག་ཕྱིར་དང་། །རྣམ་གཞན་ཡང་འཛིག་རྟེན་འདི་ནས་ཕ་རོལ་ཚེ་འཕོས་པའི། །ཚེ་རིང་མི་འདྲེན་སངས་རྒྱས་གོ་ཕང་ཐོར་ཕྱིར་དུ། །བཀའ་ཡི་བདུད་རྩི་སངས་རྒྱས་ཚེ་འབུམ་

①ས་དགའ་ནུབ་དགོན་དུ་བཞུགས་པའི་འདུས་པ་རིན་པོ་ཆེའི་དཀར་ཆག་མཐོང་བ་འཛུམ་ཤོར་ལས་དྲངས།

བཞེངས།[1] ཞེས་པས་སོ།

༣། བསྔོ་སྨོན།

ཀུང་ཐང་མང་ཡུལ་གྱི་བྱང་ཕྱོགས་སུ་ཆགས་པའི་ཡུལ་གྲགས་ནག་ཡུལ་བཟང་དེར་གསུང་རབ་འདུས་པ་རིན་པོ་ཆེ་དེ་འབྲི་བཞེངས་བསྐྲུངས་པའི་སྐབས་སུ་དེའི་རྒྱུ་འགྲོ་སྦྱོར་མཁན་གྱི་དད་པ་སྐྱོ་ངས་མེད་པའི་སྦྱིན་བདག་ནི་རིགས་ཉུས་ཁྱུང་བཙུན་ཕྱུག་ཚང་ཆེན་པོའི་རྒྱུད་ལས་བྱུང་བའི་ཡོན་གྱི་བདག་པོ་རྣམ་རྒྱལ་ཚོས་ལགས་དང་། སྦྱིན་པའི་བདག་པོ་བསོད་ནམས་སྒྲོལ་མ་དང་བུ་ཁྲིད་སོགས་ཀྱིས་སྦྱིན་བདག་གནང་སྟེ་འབྲི་བཞེངས་བསྐྲུང་བསྒྲུབ་པའི་རྗེས་སུ་སྨོན་ལམ་ཁོངས་སུ་གཏོགས་པའི་སེམས་ཅན་རྣམས་ཀྱི་མོས་པ་དང་འཚམས་པའི་བསྔོ་བ་སྨོན་ལམ་བཏབ་ཡོད་པ་སྟེ། །དགེ་བ་འདི་མཚོན་སངས་རྒྱས་མྱུར་འགྲུབ་ཤོག །སྐུའི་བཀྲ་ཤིས་ལུས་ལ་གཟི་བརྗིད་འབབ། །གསུང་གི་བཀྲ་ཤིས་ངག་ལ་ནུས་པ་ཐོབ། །ཐུགས་ཀྱི་བཀྲ་ཤིས་སེམས་ལ་གོ་དོན་འབྱུང་། ། གསུམ་ལྡན་བླ་མ་མཆོག་གི་བཀྲ་ཤིས་ཤོག། སརྦ་མངྒ་ལཾ་[2] ཞེས་པས་སོ།

ལེ་ཚན་ལྔ་པ། རྒྱ་གསུམ་བཀྲ་ཤིས་རྫོང་ཁའི་གསུང་རབ་མཛོད་བྱང་།

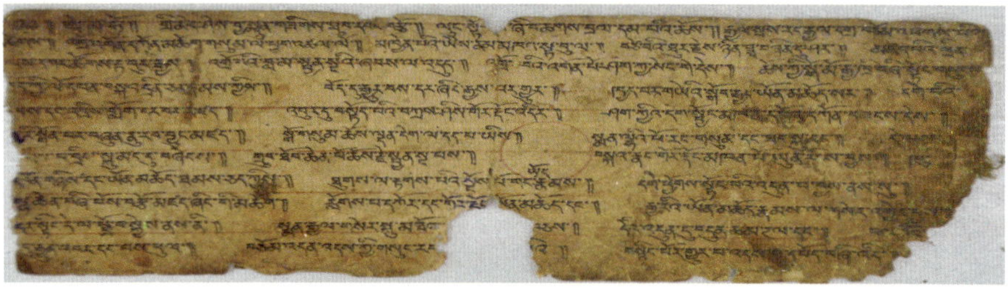

མཛོད་བྱང་མ་དཔེ།

དང་པོ། མཛོད་བྱང་མ་ཕྱུས།

༄༅། །ཨོཾ་མ་ཧོ་། །གྲི་མེད་ཤེས་བྱ་སྤྱན་གཟིགས་ཐུབ་དབང་བརྗེ་། །ལུང་སྟོན་ཞི་བ་ཆགས་

① ས་དཀའ་ནུབ་དགོན་དུ་བཞུགས་པའི་འདུས་པ་རིན་པོ་ཆེའི་དཀར་ཆག་མཐོང་བ་འཛུམ་ཤོར་ལས་དྲངས།
② ས་དཀའ་ནུབ་དགོན་དུ་བཞུགས་པའི་འདུས་པ་རིན་པོ་ཆེའི་དཀར་ཆག་མཐོང་བ་འཛུམ་ཤོར་ལས་དྲངས།

བྲལ་དམ་པའི་ཆོས་། །རྒྱལ་སྲས་རང་རྒྱལ་དགྲ་བཅོམ་འཕགས་པའི་ཚོགས། །འགྲོ་འགོན་དཀོན་མཆོག་གསུམ་ལ་ཕྱུལ་འཚལ་ལོ་། །མཁྱེན་པའི་ཡེ་ཤེས་ནམ་མཁའ་ལྟ་བུ་ལ་། །བཅོ་བའི་ཐུར་རྗེས་ཉིན་ཟླ་བཞིན་དུ་ཤར་། །མཛད་པའི་ཕྲིན་ལས་དཀོར་ཚོགས་ཏ་བུར་རྒྱས་། །འགྲོ་བའི་བླ་མ་སྤྱན་སྔའི་ཞབས་ལ་འདུད་། །འགྲོ་བའི་འགོན་པོ་ཤཱག་ཀྱ་སེང་གེས་དེས་། །ཆོས་ཀྱི་སྒོ་མོ་རྒྱ་ཁྲི་བཞི་སྟོང་གསུངས་། །བོད་ཀྱི་ལོ་པཎ་བཀའ་དྲིན་ཅན་རྣམས་ཀྱིས་། །བོད་དུ་རྒྱུར་བས་དར་ཞིང་རྒྱས་པར་མཛད་། །ཁྱད་པར་གཡེའི་སློབ་རྒྱུད་ཡོན་མཆོད་སར་། །དགེ་བས་ལས་དང་འཕྲིས་གློག་དར་བར་མཛད་། །འབུར་དུ་བསྟོད་པའི་བཀྲ་ཤིས་གོར་རྗོང་འདིར་། །ཤག་ཀྱའི་དགེ་སྦྱོང་མཁན་དཔོན་དཀོན་བཟངས་དེས་། །རྒྱ་རི་སྔོན་པར་བཞུན་ནུ་རབ་བྱུང་མཛད་། །སྒོ་གསུམ་ཆོས་ལྡན་དགེ་ལ་དད་པ་ཡིས་། །སྨན་ལྷའི་ཕོ་རང་གསུམ་དང་ཐང་སྐུ་དང་། །དེ་ལས་·· ··བྲིས་སྐུ་··མང་དུ་བཞེངས་། །གྲུབ་ཐོབ་ཆེན་པོ་ཆོས་རྗེ་སྤྱན་སྔ་པས་། །བསྐལ་སྣང་གོར་རྗོང་མཁན་པོ་ཡུན་རིང་བྱས་། །ཁུ་དབོན་གཉིས་དང་ཡོན་མཆོད་ཐམས་ཅད་ཀྱིས་། །ཐུགས་ལ་བརྟགས་པའི་སྤོས་པོ་གང་ཡོད་རྣམས་། །དགེ་སྦྱོགས་སྐྱོང་པའི་འདུན་པ་བྱས་ནས་སུ་། །ལྷ་ཆེན་བཞི་པོས་བརྗོ་མཛད་ཞིང་གི་མཆོག་། །སྔགས་པ་དཀོར་དང་གོར་རྗོང་ཡོན་མཆོད་དང་། །རྒྱ་རིའ་ཡོན་མཆོད་རྣམས་ལ་གསེར་འགྱེད་བྱས་། །དར་སྟེང་དེ་ལ་སྒྲོ་བ་སྐྱེས་ནས་ནི་། །སྨན་རྒྱལ་གསེར་སྐུ་མཐོང་··བཅས་། །དེའི་འདུན་དུ་བདུན་ཆ་མ་ཊལ་དང་། །བལ་པོའི་··དུ་རྒྱུན་འབར་དང་བས་ཕུལ་། །བཅོམ་ལྡན་འདས་ཀྱི་གསུང་རབ་··པའི་། །བསྙིང་པོར་གྱུར་པ་འདས་པ་དཔོད་བཞི་འདི་། །[1]ཞེས་པའོ།

གཉིས་པ། མཛད་བྱང་གི་དབྱེ་ཞིབ།

གཅིག བསྟོད་ཕྱག

༄། །ཨོཾ་མ་ཧོ་། །གྲི་མེད་ཤེས་བྱ་སྤྱན་གཟིགས་ཐུབ་དབང་བརྗོ་། །ལུང་སྟོན་ཞི་བ་ཆགས་བྲལ་དམ་པའི་ཆོས་། ། རྒྱལ་སྲས་རང་རྒྱལ་དགྲ་བཅོམ་འཕགས་པའི་ཚོགས། །འགྲོ་འགོན་དཀོན་མཆོག་གསུམ་ལ་ཕྱུལ་འཚལ་ལོ་། ། མཁྱེན་པའི་ཡེ་ཤེས་ནམ་མཁའ་ལྟ་བུ་ལ་། །བཅོ་བའི་ཐུར་

① ཆུ་གསུམ་བཀྲ་ཤིས་རྗེ་ཁར་བཞུགས་པའི་མཛད་བྱང་ལས་དྲངས།

རྗེས་ཉིན་ཟླ་བཞིན་དུ་ཤར། །མཛད་པའི་ཕྲིན་ལས་དཀོར་ཚོགས་ཧ་བུར་རྒྱས། །འགྲོ་བའི་བླ་མ་སྨྱོན་སྨྱོའི་ཞབས་ལ་འདུད།[1] ཅེས་བྱུང་བ་ལ་གཞིགས་ན། དེ་ཡང་ཐོག་མར་ཨེ་མ་ཧོ་ཞེས་ངོ་མཚར་གདམ་གྱིས་དབུ་བརྩམས་ཏེ་དཀོན་མཆོག་གསུམ་ལ་བསྟོད་ཕྱག་ཕུལ་བ་དང་ལྷན་ཅིག་ཏུ་མཁྱེན་བརྩེ་ཉི་ཟླ་དང་མཛད་འཕྲིན་སྐར་ཚོགས་ལྟ་བུར་རྒྱས་པའི་འགྲོ་བའི་བླ་མ་སྨྱོན་སྨྱོ་པའི་ཞབས་ལ་གུས་པ་འདུད་ཅེས་གསུངས་འདུག དེས་ན་ང་ཚོས་བསམ་གཞིགས་བྱ་དགོས་པ་ཞིག་ལ་བླ་མ་སྨྱོན་སྨྱོའི་ཞབས་ལ་འདུད་ཅེས་པའི་བླ་མ་སྨྱོན་སྨྱོ་བ་ཞེས་ཞུ་བ་དེ་བླ་མ་འདི་ཡིན་ཞེས་ཐད་ཀར་ཞུ་ཚོད་མ་ཐིག་ཙང་། སྨྱོན་སྨྱོ་བ་ཞེས་པའི་མཚན་གྱི་འབྱུང་ཁུངས་ཐད་ལ་རོབ་ཙམ་ཞིག་ཞུས་ན། རྗེ་ཕག་མོ་གྲུ་པ་ལ་ཆེ་བརྗོད་མཛད་ནས། རྗེ་འཇིག་རྟེན་གསུམ་གྱི་མགོན་པོ་དང་སྐྱོབ་པ་རིན་པ་ཆེ་ཞེས་གསུངས་པ་སློབ་མ་རྣམས་ཀྱིས་རྗེ་ཉིད་ལ་གསོལ་བས། མཚན་དེ་ལྟར་གྲགས་པ་ཡིན་ཅིང་། འགའ་ཞིག་གིས་སྨྱོན་སྨྱོ་འབྲི་གུང་གླིང་པ་ཞེས་པ། རྗེ་སྐྱོབ་པ་རིན་པོ་ཆེ་ཡིན་པར་སེམས་པ་ནི་འཁྲུལ་པ་ཆེན་པོ་སྟེ། མཚན་དེ་ཤེར་འབྱུང་གི་མཚན་ཡིན་ལ། ཤེར་འབྱུང་གྲགས་འབྱུང་སོགས་སློབ་མའི་གཙོ་བོ་ཚོགས་ཆོས་ཀྱི་སྐབས་མ་ཡིན་པར་ཡང་སྐུ་མདུན་དུ་བཞུགས་ནས། ཆོས་ཀྱི་ཞུ་བ་མཛད་པ་རྣམས་ལ་སྨྱོན་སྨྱོ་ཞེས་གྲགས་ཤིང་ཕྱིས་སུ་རྗེ་བཅུ་གཉིས་པ་དང་ཉེར་གཉིས་པ་ལ་ཡང་། བླ་མ་གོང་མ་རྣམས་ཀྱིས་སྨྱོན་སྨྱོར་བཞུགས་པས་སྨྱོན་སྨྱོ་ཞེས་མཚན་དུ་གསོལ་[2] ཞེས་གསུངས་པ་ལྟར་ན། ང་ཚོས་སྨྱོན་སྨྱོ་ཞེས་པའི་མཚན་སྙན་དེའི་གོ་དོན་དང་ཐ་སྙད་དེའི་བྱུང་བ་སོགས་ཅུང་ཟད་ཅིག་ཤེས་ཐུབ་པའི་འོར་ལ་མཚན་སྙན་དེ་འདྲ་ཐོན་པའི་རྒྱུ་མཚན་ལས་དགོན་པ་དེ་དང་གསུང་རབ་འབྲི་བཞེངས་ཀྱི་མཆོད་ཡོན་སྦྱིན་བདག་ནི་ཆོས་ལུགས་བཀའ་བརྒྱུད་པ་ཞིག་ཡིན་པ་ཡང་འོར་དུ་རྟོགས་ཐུབ་པ་བྱུང་།

གཉིས། ཡུལ་ལུང་།

གསུང་རབ་འདི་འབྲི་བཞེངས་བསྐྲུངས་སའི་ས་གནས་ནི་གཡེའི་སློབ་རྒྱུད་ཅེས་པའི་ས་

① ཆུ་གསུམ་བཀྲ་ཤིས་རྫོ་ཁར་བཞུགས་པའི་མཛད་བྱང་ལས་དྲངས།

② འབྲི་གུང་བསྟན་འཛིན་པད་མའི་རྒྱལ་མཚན་གྱིས་མཛད་པའི་འབྲི་གུང་གདན་རབས་གསེར་ཕྲེང་ཞེས་པ་བོད་ལྗོངས་བོད་ཡིག་དཔེ་རྙིང་དཔེ་སྐྲུན་ཁང་གི་1989ལོའི་སྤར་མའི་ཤོག་གྲངས་87ལས་དྲངས།

སྐྱེ་ད་ལྷུའི་ལྷོ་ཁ་ཆུ་གསུམ་རྫོང་གི་ཁོངས་སུ་གཏོགས་པའི་ཨེ་ལྷ་རྒྱ་རི་ཁོངས་སུ་ཆགས་པའི་བཀྲ་ཤིས་གོར་རྫོར་རྒྱལ་བའི་གསུང་གི་སྙིང་པོར་འགྱུར་པ་པོད་བཞི་དེ་འབྲི་བཞེངས་གནང་བ་རྟོགས་པའི་ཞོར་ལ། བཀྲ་ཤིས་གོར་རྫོར་གྱི་མཁན་ཐོག་ཏུ་བླ་མ་སྤྱན་སྔ་པ་ཞེས་ཞུ་བ་དེ་བྱོན་པའི་སྐབས་དེར་དཔོན་དཀོན་བཟང་ཞུ་བ་ཁོང་རྒྱ་རི་དགོན་པར་རབ་བྱུང་མཛད་པ་དང་སྤྲུགས་སྨན་ལྷའི་ཕོ་བྲང་དང་ཐང་སྐུ་སོགས་སྐུ་གསུང་ཐུགས་རྟེན་མང་དུ་བཞེངས་པ་དེ་ཡང་མཛད་བྱུང་ལས་ཞོར་དུ་རྟོགས་ཐུབ་པ་སྟེ།། འགྲོ་བའི་འགོན་པོ་ཤཱཀ་ཀྱ་སེང་གེས་དེས།། །ཆོས་ཀྱི་སྒོ་མོ་རྒྱ་ཁྲི་བཞི་སྟོང་གསུངས།། །བོད་ཀྱི་ལོ་པཎ་བཀའ་དྲིན་ཅན་རྣམས་ཀྱིས།། །བོད་དུ་སྒྱུར་བས་དར་ཞིང་རྒྱས་པར་མཛད།། །ཁྱད་པར་གཡེའི་སློས་རྒྱུད་ཡོན་མཆོད་སར།། །དགེ་བས་ལས་དང་འབྲིས་སྒྲོག་དར་བར་མཛད།། །འབུར་དུ་བསྟོད་པའི་བཀྲ་ཤིས་གོར་རྫོང་འདིར།། །ཤཱག་ཀྱའི་དགེ་སྦྱོང་མཁན་དཔོན་དཀོན་བཟངས་དེས།། །རྒྱ་རི་སྔོན་པར་བཞུན་ནུ་རབ་བྱུང་མཛད།། །སྒོ་གསུམ་ཆོས་ལྡན་དགེ་ལ་དད་པ་ཡིས།། །སྨན་ལྷའི་ཕོ་རང་གསུམ་དང་ཐང་སྐུ་དང་། །དེ་ལས་···བྲིས་སྐུ་ མང་དུ་བཞེངས། [1]ཞེས་པས་རྟོགས། སྐབས་འདིར་བྱུང་བའི་གཡེ་དང་ད་ལྷུའི་འབྲི་སྐུངས་ཨེ་གཉིས་ཀྱི་ཁྱད་པར་ཅི་ཞིག་ཡིན་མིན་ཁ་གསལ་ཞིག་ཞུ་མ་ཤེས་རུང་། ང་རང་གིས་མཐོང་ཆོས་ལྟར་ན་ཨེ་ཞེས་པའི་འབྲི་སྐུངས་འདི་ལས་གཡེ་འདི་ཚུང་ཟད་ཅིག་འབྲི་སྲོལ་རྙིང་པར་མངོན། གང་ཡིན་ཟེར་ན་དུས་རབས་17པའི་ནང་དུ་བྱོན་པའི་མི་དབང་སངས་རྒྱས་རྒྱ་མཚོའི་སྐུ་དུས་སུ་འབྲི་བཞེངས་གནང་བའི་བཀའ་བསྟན་འགའ་ཞིག་གི་ཡིག་མཁན་དབུ་མཆན་དུ་གཡེ་བག་གྲོ་ཞེས་འབྲི་སྲོལ་བྱུང་བ་ལས་གཅིག་ཤེས་ཀུན་གྲོལ་དང་། ད་དུང་དེ་ལས་ཡར་རྒྱུ་མ་ཕུ་འདེད་བྱས་ཚེ་གཡེ་དེ་ནི་སྔོན་བཙན་པོའི་སྐབས་ཀྱི་བློན་ཆེན་ཆེ་གྲས་ཁོངས་སུ་གཏོགས་པའི་རུས་རྒྱུད་རིགས་ཏེ། PT1287བཙན་པོ་རིམ་བྱུང་གི་ལོ་རྒྱུས་སུ། བློན་པོ་ལྷོ་རིགས་གཅིག་གིས་ལན་བླན་བར་ཐུགས་ཏེ་བ་ལས། སུ་ཀུང་མ་ལ་བླན་ཏོ།།·····ལྷོ་རིགས་ནི་འཕན་གྱི་སྟོན། ཞོང་ཏོང་ནི་འཕན་གྱིས་བཏབ། [2]ཅེས་བྱུང་བ་ལས་རིགས་ཀྱི་མི་རྒྱུད་དང་ཐིགས་མང་འབམ་སྤུག་ཅན་དང་རིགས་ཁྲི་མ་རེ་[3]ཞེས་བློན་པོའི་མིང་དུ་བྱུང་ཡོད་པ་བཅས་

---

① ཆུ་གསུམ་བཀྲ་ཤིས་རྫོ་ཁར་བཞུགས་པའི་མཛད་བྱུང་ལས་དྲངས།

② 见，王尧藏学文集（卷一）敦煌本吐蕃历史文书、吐蕃制度文化研究，中国藏学出版社2012年版53页。

③ 见，王尧藏学文集（卷一）敦煌本吐蕃历史文书、吐蕃制度文化研究，中国藏学出版社2012年版293页。

ལས་ཛེགས་ཀྱི་རུས་རྒྱུད་དང་བཙན་པོའི་སྐབས་སུ་བློན་པོ་ཅི་ཞིག་བྱུང་བ་བཅས་ལས་ཛེགས་ཀྱི་སྐོར་དེ་རགས་ཙམ་ཞིག་རྟོགས། བཙན་པོའི་སྐུ་དུས་སུ་བྱུང་བའི་བློན་ཆེན་ཆེ་གྲས་ཀྱི་རུས་མིང་ཁུ་དང་ཛེགས། ལྕོ་དང་སྣུབས། ཐོན་མི་དང་སྣ་ནམ། ཞང་བུ་དང་མོང་། མགར་དང་མྱང་། ཁྱུང་པོ་དང་དབས། འབྲོ་དང་འབལ། མགོས་དང་མཆིམས། ངན་ལམ་བཅས་རུས་ཆེན་བཅུ་བདུན་[1]གྲས་ཀྱི་ནང་དུ་ཡོད་པའི་རུས་རྒྱུད་ཛེགས་དེ་ཨེ་ཡིས་འབྲི་སྲོལ་རྙིང་པ་ཞིག་ཡིན་པ་བདེན་ན། ཨེ་ལྷ་རྒྱ་རིའི་འབྲི་གཟུགས་འགྱུར་བའི་ཐད་ལ་ཛེགས་→གཡེ་→ཨེ་སོགས་སུ་འགྱུར་བར་གསུངས་པ་ལ་ཡང་བསམས་གཞིགས་བྱ་དགོས་པ་ཞིག་མ་ཡིན་ནམ་སྙམ། དེ་མིན་ད་དུང་རྒྱ་རི་དགོན་ཞེས་པ་ནི་བོད་ཀྱི་གསུང་རབ་སྨྲ་བ་དུང་དཀར་བློ་བཟང་འཕྲིན་ལས་མཆོག་གིས་གསུངས་པ་ལྟར་ན། བོད་ཀྱི་རབ་བྱུང་བདུན་པའི་ཆུ་ཕག་སྤྱི་ལོ1443ལོ་ཙམ་ནས་ལྷ་དགྲ་ལས་རྣམ་རྒྱལ་བྱུང་བ（ཏཱ་ལའི་བླ་མ་དགེ་འདུན་རྒྱ་མཚོ་དགུང་ལོ་ཉེར་བཞིར་ཕེབས་པའི་རབ་བྱུང་བརྒྱད་པའི་ས་རྟ1498ལོར་ལྷ་དགྲ་ལས་རྣམ་རྒྱལ་འདས་པའི་འདས་མཆོད་ལ་ཨེ་རི་སྐོར་གདན་དྲངས་ཞེས་རྣམ་ཐར་རྒྱས་པའི་ཤོག་གྲངས63ལས་བཤད།）དེས་ཨེ་རི་སྒོ་ཕྱོགས་སུ་ཡོངས་ནས་ཡུལ་གྱི་དཔོན་དུ་གྱུར་ཏེ། རི་སྒོ་བཀྲ་ཤིས་ཆོས་རྫོང་དུ་གཞིས་ཆགས་ནས་ཕོ་བྲང་བཟུང་བ་དང་སྦྲགས། རྒྱ་རི་དགོན་ཕྱག་བཏབ་རྗེས་རྒྱལ་རྒྱུད་དེའི་མིང་ལ་ལྷ་རྒྱ་རི་ཞེས་ཐོབ[2] ཅེས་གསུངས་པ་ལྟར། སྐབས་འདིར་བྱུང་བའི་རྒྱ་རི་དགོན་ནི་ལྷ་རྒྱ་རིའི་ཕོ་བྲང་གི་ཉེ་འགྲམ་ཏུ་བཞེངས་པའི་དགོན་ཞིག་ཡིན།

གསུམ། སྦྱིན་བདག

གོང་གི་སྐུ་གསུང་ཐུགས་རྟེན་དེ་དག་འབྲི་བཞེངས་གནང་བའི་སྐབས་སུ་དད་པ་སྐྱོ་ངས་མེད་པའི་སྦྱིན་བདག་གནང་མཁན་ནི་སྐབས་དེ་དུས་ཀྱི་བསྐལ་སྣང་གོར་རྫོར་མཁན་པོ་ཡུན་རིང་གནང་མཁན་གྲུབ་ཐོབ་ཆེན་པོ་ཆོས་རྗེས་སྤྱན་སྔ་བས་གནང་བའི་སྐབས་ལ། ཁོང་གི་ཁུ་དཔོན་གཉིས་ལ་ཡོན་མཆོད་ཐམས་ཅད་ཀྱིས་རང་རང་གིས་འཕོས་འབྱོར་ལ་གཞིགས་པའི་

---

① 见，林冠群著《唐代吐蕃历史与文化论集》中国藏学出版社2007年版，第139页。

② བོད་ཀྱི་གསུང་རབ་སྨྲ་བ་དུང་དཀར་བློ་བཟང་འཕྲིན་ལས་ཀྱིས་མཛད་པའི་དུང་དཀར་བོད་རིག་པའི་ཚིག་མཛོད་ཀྲུང་གོ་བོད་རིག་པའི་དཔེ་སྐྲུན་ཁང་གི2006ལོའི་སྤར་མའི་ཤོག་གྲངས2233ལས་དྲངས།

དངོས་པོ་གང་ཡོད་རྣམས་རྣམ་དཀར་དགེ་བའི་ལས་དེ་བསྒྲུབ་པའི་རྒྱུ་འགྱུར་བཏང་ཞིང་། ལྷག་དོན་དུ་ཨེ་ལྷ་རྒྱ་རིའི་ཡོན་མཆོད་རྣམས་ལ་གསེར་འབྲིད་བྱས་ཏེ། སྨན་གྱི་རྒྱལ་པོའི་སྐུ་བརྙན་གསེར་སྐུ་མཐོང་བ་དང་མཇལ་བཅས་བཞེངས་པ་སྟེ་མཛད་བྱང་ལས། གྲུབ་ཐོབ་ཆེན་པོ་ཆོས་རྗེ་སྤྱན་སྔ་པས་།། བསྐལ་སྣང་གོར་རྫོར་མཁན་པོ་ཡུན་རིང་བྱས་། །ཁུ་དཔོན་གཉིས་དང་ཡོན་མཆོད་ཐམས་ཅད་ཀྱིས་། །ཐུགས་ལ་བརྟགས་པའི་སྟོབས་པོ་གང་ཡོད་རྣམས་། །དགེ་ཕྱོགས་སྐྱོང་པའི་འདུན་པ་བྱས་ནས་སུ། །ལྷ་ཆེན་བཞི་པོས་བརྩེ་མཛད་ཞིང་གི་མཆོག་། །རྫོགས་པ་དཀོར་དང་གོ་རྫོར་ཡོན་མཆོད་དང་། །རྒྱ་རིའ་ཡོན་མཆོད་རྣམས་ལ་གསེར་འབྲིད་བྱས་།། དར་སྟིང་དེ་ལ་སྨྲོ་བ་སྐྲིས་ནས་ནི། །སྨན་རྒྱལ་གསེར་སྐུ་མཐོང་་་བཅས་། །དེའི་འདུན་དུ་བདུན་ཆ་མ་ཊལ་དང་། །བལ་པོའི་དུ་རྒྱུན་འབར་དང་བས་ཕུལ་།། བཅོམ་ལྡན་འདས་ཀྱི་གསུང་རབ་་་པའི་། །བསྟིང་པོར་གྱུར་པ་འདས་པ་དཔོད་བཞི་འདི་།།[1] ཞེས་པས་སོ།

ལེ་ཚན་དྲུག་པ། རྩ་གསུམ་རི་འཁོར་ཆོས་སྡེའི་པེར་ཕྱིན་མཛད་བྱང་།

མཛད་བྱང་མ་དཔེ།

① རྩ་གསུམ་བཀྲ་ཤིས་རྫོ་ཁར་བཞུགས་པའི་མཛད་བྱང་ལས་དྲངས།

དང་པོ། མཛད་བྱང་མ་ཆུས།

༄༅། །ཨོཾ་སྭསྟི་སིདྡྷཾ། །བླ་མ་དང་མགོན་པོ་འཇམ་པའི་དབྱངས་ལ་ཕྱག་འཚལ་ལོ། །རྒྱལ་བ་བསྐྱེད་བྱེད་……། །ཟབ་ཅིང་སྤྲོས་བྲལ་འོད་གསལ་འདུས་མ་བྱས། །……ལམ་ནི། །དུས་གསུམ་རྒྱལ་བའི་ཡུམ་ལ་ཕྱག་འཚལ་ལོ། །གང་ཞིག་ཤཱཀྱ་ཀྱའི་རིགས་ལས་ལེགས་འཁྲུངས་ཤིང་། །དུས་གསུམ་ཤེས་བྱའི་དཀྱིལ་འཁོར་……བའི། །རྣམ་དག་གསུང་དབྱངས་འདྲེན་པ་ཡི་ང་རོ་ཅན། །བཅོམ་ལྡན་ཤཱཀྱ་ཐུབ་སྐུ་ལ་ཕྱག་འཚལ་བསྟོད། །ཤེས་རབ་རྣམ་གྲོལ་ཡངས་པའི་རང་བཞིན་ཅན། །ཐོས་པ་ཙམ་གྱིས་མི་བརྗེད་གཟུངས་ཐོབ་ཅིང་། །མཁས་པའི་ཚད་ལྡན་འཇམ་དཔལ་སྤྲུལ་པའི་སྐུ། །བླ་མ་ཁུ་དཔོན་རྣམས་ལ་གུས་ཕྱག་འཚལ། །ཕུན་སུམ་ཚོགས་པ་ཡི་སྲས་མཆོག་དགེ་འདུན་ནི། །བསླབས་གསུམ་དྲི་མེད་འཕགས་པ་ཡི་ནོར་བདུན་ལྡན། །སྐྱེས་དགུ་ཡོངས་ཀྱི་ཕྱག་དང་མཆོད་པའི་གནས། །མཁན་སློབ་དགེ་འདུན་ཚོགས་ལ་ཕྱག་འཚལ་བསྟོད། །ཀྱེ་འཁོར་ལོ་རྩིབས་བརྒྱད་གཡུ་ལོ་སྟོན་པོའི་འོག། །པད་མ་འདབ་བརྒྱད་དོགས་ས་གསེར་གྱི་སྙིངས། །གཙུ་ཁ་སྦྱར་གནམ་ས་གཉིས་ཀྱི་བར། །གླིང་ལས་ཁྱད་འཕགས་ལྷོའི་འཛམ་བུ་གླིང་། །འཛམ་གླིང་ལྟེ་བ་རྒྱ་གར་རྡོ་རྗེ་གདན། །རྒྱལ་རིགས་རབ་བྱུང་བཅོམ་ལྡན་ཤཀ་ཐུབ་ཀྱིས། །བཀའི་འཁོར་ལོ་རིམ་པ་གསུམ་དུ་བསྐོར། །ཐུགས་ཀྱི་སྲས་མཆོག་ཀུན་དགའ་བོ་ལ་གཏད། །གསུང་རབ་འགྲོ་དོན་ཕྱོགས་མཚམས་ཀུན་དུ་ཁྱབ། །དེང་སང་དུས་ན་བོད་ཡུལ་དབུས་སུ་དར། །རི་མཐོ་ས་བཙང་སྤུར་རྒྱལ་བོད་ཀྱི་ཡུལ། །གངས་རིས་ཡོངས་སྐོར་ཤེལ་གྱི་གཞལ་ཡས་ཁང་། །ཕུ་ན་ནག་རྟ་ལུག་གསུམ་གཡང་གི་ར་བ་ཅན། །མདའ་ན་ཡུལ་བཟང་འབྲུ་དྲུག་སྨིན་པའི་ས། །ཕུ་འདས་འཛོམ་པ་གྱ་བ་ལུང་པའི་ནང་། །ལྷས་བསྲུངས་གཉན་པོས་ཕྱོགས་བཞི་ཀུན་ནས་སྐྱོབ། །ས་ལ་འབུར་དོད་ཡུལ་པོ་ཧྲ་ར་འདིར། །ཡབ་མེས་རིགས་བཟང་གསེར་གཡུའ་བརྩེགས་པའི་རྒྱུད། །གདུང་རྒྱུད་བཟང་པོ་……སྲས། །མི་ཡི་མཆོག་གྱུར་ཡོན་བདག་འབུམ་དཔལ་གྱིས། །བསོད་ནམས་བསགས་པས་དལ་འབྱོར་མི་ལུས་ཐོབ། །སྦྱིན་པ་གཏང་བས་མི་ཟད་བསྙེན་ལ་སྤྱོད། །ཕ་མ་ཡབ་ཡུམ་དྲིན་ལན་བཞལ་བ་དང་། །ཡོངས་སྤྱོད་རྗེས་ལ་སྙིང་པོ་ལེན་སྣང་པའི་ཕྱིར། །འདི་ཕྱི་གཉིས་ཀྱི་ཕན་བདེ་བསྒྲུབ་པའི་ཕྱིར། །ཡི་དམ་ཁྱད་འཕགས་གླེགས་བམ་མཐོང་སྨོན་བཞེངས། །ཁ་དང་གྲགས་པ་གཉིས་ཡོད་ངོ་མཚར་ཆེ། །འཕྲུལ་གྱི་མོ་བཙུན་སེར་མོ་བསོད་ནམས་ལྡན། །ཟབ་བཅུད་བདུད་རྩིར་དཀྱིལ་ནས་མཆོད་གནས་ཞབས་ཏོག་མཛད། །……ས་གཞི་འདྲ་ཞིང་དང་

པ་སྐྱོ་ངས་མེད། །བུ་ནོར་ཆོས་གསུམ་འཛོམ་པའི་བཀྲ་ཤིས་ཤོག །ཀྱེ་མཐིང་ཤོག་སྔོན་པོ་བེཌཱུརྻ་འདྲ་ལ། །སྐྱུས་ཡིག་མུ་ཏིག་ལྟར་ལ་བཀྲུས་འདྲ་འདི། །སྐེ་མོ་ཕྱོགས་ཀྱི་མཁས་པ་རྣམས་ཀྱིས་གཟབས། །ཕྱོག་མ་ཨུའི་འབུར་ཆེན་སྲིད་ཀ་འཁྱིང་གསུམ་དང་། །གཏོ་རྐོག་སྲི་ཀ་གར་འཛོངས་རྣམས། །རིག་པའི་འབྱུང་གནས་སྐེ་མོ་ཕུ་གསུམ་ནས། །མཁས་པའི⋯ལྡན་པོ་བོ་སྐེལ་གྱི་རྒྱུད། །ད་ལྟ་མཁས་པ་པོ་བོ་དཔལ་བཟང་དང་། །མཁས་པར་གྲགས་པ་རི་རབ་བསྟན་གྱིས་བྲིས། །ལྟ་བས་མི་ངོམ⋯⋯། །མཁྱེན་པ་ཅན་གྱིས་གཟིགས་དང་སྨོ་བ་སྐྱེ། །དྲི་མེད་གཡའ་བྲལ་རིན་ཆེན་གསེར་གྱི་གཟོ། །མཁས་པའི⋯⋯། །གསལ་དག་བཅོས་གསུམ་འཛོམ་པའི་ཞུ་དག་འདི། །ཡོན་བརྩུན་ཇོ་ཇེ་དཔལ་དང་ཚུལ་ཁྲིམས་བླ་མ་གཉིས་ཀྱིས་མཛད། །ཙི་གསེར་སྙོས⋯⋯། ། ⋯⋯⋯མཚན་བཟང་པོས་བཟབས། །རྒྱུ་ལ་དགས་ཀྱིས་ཕོན་པའི་གཉེར་ཁ། །⋯⋯གཉིས་མཛད། །མར་རྒྱང་ཚུལ་ཁྲིམས་བླ་མ་ཡི། །ཇ་ཚ་དུས་སུ་དྲངས་ནས་མཆོད་གནས་སྐེས་པར་མཛད། །[1] ཅེས་པའོ།

གཉིས་པ། མཛད་བྱང་གི་དཔེ་ཞིབ།

གཅིག བསྟོད་ཕྱག

༄། །ཨོཾསྭསྟིསིདྡྷཾ། །བླ་མ་དང་མགོན་པོ་འཇམ་པའི་དབྱངས་ལ་ཕྱག་འཚལ་ལོ། །རྒྱལ་བ་བསྐྱེད་བྱེད⋯⋯། །ཟབ་ཅིང་སྤྲོས་བྲལ་འོད་གསལ་འདུས་མ་བྱས། །⋯⋯ལམ་ནི། །དུས་གསུམ་རྒྱལ་བའི་ཡུམ་ལ་ཕྱག་འཚལ་ལོ། །གང་ཞིག་ཤཱཀྱའི་རིགས་ལས་ལེགས་འཁྲུངས་ཤིང་། །དུས་གསུམ་ཤེས་བྱའི་དཀྱིལ་འཁོར⋯⋯བའི། །རྣམ་དག་གསུང་དབྱངས་འདྲེན་པ་ཡི་ང་རོ་ཅན། །བཅོམ་ལྡན་ཤཱཀྱ་ཐུབ་སྐུ་ལ་ཕྱག་འཚལ་བསྟོད། །ཤེས་རབ་རྣམ་གྲོལ་ཡངས་པའི་རང་བཞིན་ཅན། །ཐོས་པ་ཙམ་གྱིས་མི་བརྗེད་གཟུངས་ཐོབ་ཅིང་། །མཁས་པའི་ཚད་ལྡན་འཇམ་དཔལ་སྤྲུལ་པའི་སྐུ། །བླ་མ་ཁུ་དབོན་རྣམས་ལ་གུས་ཕྱག་འཚལ། །ཕུན་སུམ་ཚོགས་པ་ཡི་སྲས་མཆོག་དགེ་འདུན་ནི། །བསླབས་གསུམ་དྲི་མེད་འཕགས་པ་ཡི་ནོར་བདུན་ལྡན། །སྐྱེས་དགུ་ཡོངས་ཀྱི་ཕྱག་དང་མཆོད་པའི་གནས། །མཁན་སློབ་དགེ་འདུན་ཚོགས་ལ་ཕྱག་འཚལ་བསྟོད། །[2] ཅེས་

① ཆུ་གསུམ་རི་འཁོར་ཆོས་སྡེ་དགོན་པའི་ཤེར་ཕྱིན་མཛད་བྱང་ལས་དྲངས།

② ཆུ་གསུམ་རི་འཁོར་ཆོས་སྡེ་དགོན་པའི་ཤེར་ཕྱིན་མཛད་བྱང་ལས་དྲངས།

བྱུང་བ་ལྟར་ན་འདི་ཡང་ཐོག་མར་འཇམ་དཔལ་དབྱངས་དང་དུས་གསུམ་རྒྱལ་བའི་ཡུམ། སྟོན་པ་ཤཱཀྱ་ཐུབ་པར་སྟོན་དུ་ཕྱག་འཚལ་བསྟོད་པ་དང་སྦྲགས་དེ་རྗེས་གཞི་ནས་མཆོད་ཡོན་སྦྱིན་བདག་གམ་སྒོ་གསུམ་དད་པས་འབྲི་བའི་ཡིག་མཁན་གྱི་རྩ་བའི་བླ་མ་ཁུ་དཔོན་དང་སྐྱབས་མཆོག་དགེ་འདུན་བཅས་ལ་བསྟོད་ཕྱག་ཕུལ་བ་དེ་ནི་གསུང་རབ་འདིའི་མཛད་བྱང་གི་བསྟོད་ཕྱག་སྐོར་དེ་ཡིན། ཕྱིར་ན་མཛད་བྱང་གི་བསྟོད་ཕྱག་ཏུ་མཆོད་ཡོན་སྦྱིན་བདག་གམ་སྒོ་གསུམ་དད་པས་འབྲི་བའི་ཡིག་མཁན་གྱི་རྩ་བའི་བླ་མ་སོགས་ལ་ནང་བསྟན་གྱི་སྟོན་པར་བསྟོད་ཕྱག་ཕུལ་བའི་ཞོར་དུ་རང་རང་གིས་བླ་མར་བསྟོད་ཕྱག་བྱས་པ་དེ་འདྲ་སྙེ་ཁུལ་དུ་བྲིས་བཞེངས་བྱས་པའི་གསུང་རབ་ཀྱི་བསྟོད་ཕྱག་ཏུའང་ཙུང་ཟད་ཅིག་མཇལ་རྒྱུ་མང་བའི་ཆ་ནས་དེ་ཡང་སྙེ་བྲིས་ཀྱི་ཡིག་མཁན་དག་གི་མཛད་བྱང་ཁྱད་ཆོས་སུ་སེམས་སོ།

གཉིས། ཡུལ་ལུང་།

ཀྱི་འཁོར་ལོ་རྩིབས་བརྒྱད་གཡུ་ལོ་སྟོན་པོའི་འོག། །པད་མ་འདབ་བརྒྱད་དོགས་ས་གསེར་གྱི་སྙིངས། །གཙུ་ཁ་སྦྱར་གནས་ས་གཉིས་ཀྱི་བར། །གླིང་ལས་ཁྱད་འཕགས་ལྷོའི་འཛམ་བུ་གླིང་། །འཛམ་གླིང་ལྟེ་བ་རྒྱ་གར་རྡོ་རྗེ་གདན། །རྒྱལ་རིགས་རབ་བྱུང་བཅོམ་ལྡན་ཤཱཀ་ཐུབ་ཀྱིས། །བཀའི་འཁོར་ལོ་རིམ་པ་གསུམ་དུ་བསྐོར། །ཐུགས་ཀྱི་སྲས་མཆོག་ཀུན་དགའ་བོ་ལ་གཏད། །གསུང་རབ་འགྲོ་དོན་ཕྱོགས་མཚམས་ཀུན་ཏུ་ཁྱབ། །དེང་སང་དུས་ན་བོད་ཡུལ་དབུས་སུ་དར། །རི་མཐོ་ས་བཙང་སྤུར་རྒྱལ་བོད་ཀྱི་ཡུལ། །གངས་རིས་ཡོངས་སྐོར་ཞིལ་གྱི་གཞལ་ཡས་ཁང་། །ཕུ་ན་རྣག་ཧ་ལུག་གསུམ་གཡང་གི་ར་བ་ཅན། །མདའ་ན་ཡུལ་བཟང་འབྲུ་དྲུག་སྨིན་པའི་ས། །ཕུ་འདས་འཛོམ་པ་གྱུ་བ་ལུང་པའི་ནང་། །ལྷས་བསྲུངས་གཉན་པོས་ཕྱོགས་བཞི་ཀུན་ནས་སྐྱོབ། །ས་ལ་འབུར་དོད་ཡུལ་པོ་ཧ་ར་འདིར། [1]ཞེས་བྱུང་བ་ལས་ང་ཚོས་སྟོན་གྱི་མཛད་བྱང་གཞུང་བཞིན་ཐོག་མར་གནམ་སའི་ཆགས་སྣངས་བརྗོད་པ་དང་ཆབས་ཅིག་གླིང་བཞིའི་ནང་ནས་ཁྱད་དུ་འཕགས་པ་ལྷོ་འཛམ་བུ་གླིང་དུ་ནང་བསྟན་གྱི་སྟོན་པ་ཤཱཀྱ་ཐུབ་པ་བྱོན་ཞིང་། ཁོང་གིས་བཀའ་འཁོར་ལོ་རིམ་པ་གསུམ་དུ་བསྐོར་ཏེ་ཐུགས་སྲས་ཀྱི་མཆོག་ཀུན་

---

① ཚ་གསུམ་རི་འཁོར་ཆོས་སྡེ་དགོན་པའི་ཤེར་ཕྱིན་མཛད་བྱང་ལས་དྲངས།

དགའ་བོ་ལ་གཏད་དེ་གསུང་རབ་ཕྱོགས་མཚམས་མེད་པར་དར་ཁྱབ་བྱུང་བའི་ཁྲོད་ནས་བོད་ཡུལ་གྱི་ཁྱད་ཆོས་ཏེ་རི་མཐོ་ས་གཙང་སྤུ་རྒྱལ་བོད་ཀྱི་ཡུལ་ཞེས་སྤྱིར་གྱི་ཁྱད་ཆོས་བརྗོད་པ་དང་། དེ་རྗེས་རིམ་པས་འབྲི་བཞེངས་ཀྱི་ཡུལ་ལུང་སྟེ་ཕུ་ན་གནག་རྒ་ལུགས་གཡང་གི་ར་བ་དང་མདའ་ན་འབྲུ་དྲུག་སྨིན་པའི་ས་གཞུ་པ་ཞེས་བྱུང་བ་ལས། གཞུ་པ་ནི་ད་ལྟ་སྐྱེ་མོ་རྫོང་ཁོངས་ཀྱི་མར་རྒྱུད་ཤང་དང་ཐག་ཉེ་བའི་སྐྱེ་མོ་གཞུ་པ་ཡིན་ཞིང་ཡུལ་དེའི་རྟ་ར་དེར་འབྲི་བཞེངས་བསྐྲུངས་པ་དེ་མཛད་བྱང་ལས་ཤེས་སོ།

གསུམ། སྦྱིན་བདག

།ཡབ་མེས་རིགས་བཟང་གསེར་གཡུའ་བརྩེགས་པའི་རྒྱུད། །གདུང་རྒྱུད་བཟང་པོ……སྲས། །མི་ཡི་མཆོག་གྱུར་ཡོན་བདག་འབུམ་དཔལ་གྱིས། །བསོད་ནམས་བསགས་པས་དལ་འབྱོར་མི་ལུས་ཐོབ། །སྦྱིན་པ་བཏང་བས་མི་ཟད་བསྙེན་ལ་སྤྱོད། །ཕ་མ་ཡབ་ཡུམ་དྲིན་ལན་བཞལ་བ་དང་། །ཡོངས་སྤྱོད་ཟས་ལ་སྙིང་པོ་ལེན་སྣང་པའི་ཕྱིར། །འདི་ཕྱི་གཉིས་ཀྱི་ཕན་བདེ་བསྒྲུབ་པའི་ཕྱིར། །ཡི་དམ་ཁྱད་འཕགས་གླེགས་བམ་མཐོང་སྨོན་བཞེངས། །ཁེ་དང་གྲགས་པ་གཉིས་ཡོད་ངོ་མཚར་ཆེ། །འཕྲུལ་གྱི་མོ་བཙུན་སེར་མོ་བསོད་ནམས་ལྡན། །ཟས་བཅུད་བདུད་རྩིར་དཀྲིལ་ནས་མཆོད་གནས་ཞབས་ཏོག་མཛད། །……ས་གཞི་འདྲ་ཞིང་དད་པ་སྐྱོངས་མེད། །བུ་ནོར་ཆོས་གསུམ་འཛོམ་པའི་བཀྲ་ཤིས་ཤོག །[①]ཅེས་དང་རྒྱུ་ལ་དགས་ཀྱིས་ཐོན་པའི་གཉེར་ཁ། ……གཉིས་མཛད། །མར་རྒྱུད་ཚུལ་ཁྲིམས་བླ་མ་ཡི། །ཇ་ཚ་དུས་སུ་དྲངས་ནས་མཆོད་གནས་སྙེས་པར་མཛད། །[②]ཅེས་བྱུང་བའི་དོན་ལྟར་ན། མདོ་མངས་མཐོང་སྨོན་དེ་འབྲི་བཞེངས་བསྐྲུངས་པའི་སྐབས་སུ་དད་པ་སྐྱོངས་མེད་པའི་སྦྱིན་བདག་གནང་མཁན་ནི་འབུམ་དཔལ་དང་མོ་བཙུན་སེར་མོ་བསོད་ནམས་གཉིས་ཀྱིས་ཞབས་ཏོག་མཛད་དེ་འབྲི་བཞེངས་གནང་བའི་སྐབས་སུ། སྐྱེ་མོའི་ཕྱོགས་ནས་བྱོན་པའི་ཚུལ་ཁྲིམས་བླ་མས་ལས་ཡུན་དང་དུས་ཀྱིས་གནམ་གཤིས་འགྱུར་བའི་ཁྱད་ཆོས་ལ་གཞིགས་ཏེ་ཇ་ཚ་དུས་སུ་དྲངས་ཏེ་མཆོད་གནས་མཉེས་པར་མཛད་དེ་འབྲི་བཞེངས་གྲུབ་པ་དེ་རྟོགས།

① ཚ་གསུམ་རི་འཕོར་ཆོས་སྡེ་དགོན་པའི་ཤེར་ཕྱིན་མཛད་བྱང་ལས་དྲངས།།
② ཚ་གསུམ་རི་འཕོར་ཆོས་སྡེ་དགོན་པའི་ཤེར་ཕྱིན་མཛད་བྱང་ལས་དྲངས།

བཞི། ཡིག་ཤུབས།

།ཀྱེ་མཁྱེན་ཨོག་སྟོན་པོ་བེཙྪཙ་འདྲ་ལ། །སྐྱུས་ཡིག་མུ་ཏིག་ལྟར་ལ་བརྒྱུས་འདྲ་འདི། །སྐྱེ་མོ་ཕྱོགས་ཀྱི་མཁས་པ་རྣམས་ཀྱིས་གཟབས། །ཐོག་མ་ཨུའི་འབྱུར་ཆེན་སྲིད་ཀ་འཁྱིང་གསུམ་དང་། །གཏོ་རྐོག་སྲི་ཀ་གར་འཛོམས་རྣམས། །རིག་པའི་འབྱུང་གནས་སྐྱེ་མོ་ཕུ་གསུམ་ནས། །མཁས་པའི···ལྡན་ཕོ་བོ་སྐྱེལ་གྱི་རྒྱུད། །ད་ལྟ་མཁས་པ་ཕོ་བོ་དཔལ་བཟང་དང་། །མཁས་པར་གྲགས་པ་རི་རབ་བསྟན་གྱིས་བྲིས། །ལྟ་བས་མི་ངོམ······། །མཁྱེན་པ་ཅན་གྱིས་གཟིགས་དང་སྤྲོ་བ་སྐྱེ། །དྲི་མེད་གཡའ་བྲལ་རིན་ཆེན་གསེར་གྱི་གཟྲོ། །མཁས་པའི······། །གསལ་དག་བཅོས་གསུམ་འཛོམ་པའི་ཞུ་དག་འདི། །ཡོན་བརྟན་རྡོ་རྗེ་དཔལ་དང་ཚུལ་ཁྲིམས་བླ་མ་གཉིས་ཀྱིས་མཛད།[1]ཅེས་བྱུང་བ་ལས། མདོ་མངས་མཐོང་སྨོན་དེ་འབྲི་བཞེངས་བསྐྲུངས་པའི་སྐབས་སུ་དད་པ་སྐྱོ་ངས་མེད་པའི་སྦྱིན་བདག་འབུམ་དཔལ་དང་མོ་བཙུན་སེར་མོ་བསོད་ནམས་གཉིས་ཀྱིས་ཞབས་ཏོག་མཛད་དེ། འབྲི་བཞེངས་གནང་བའི་སྐབས་སུ་སྔག་ཨོག་གཉིས་ལས་ཨོག་བུ་མཁྱེན་ཨོག་སྟེང་དུ་སྔོ་གསུམ་དད་པས་འབྲི་བའི་ཡིག་མཁན་ནི། སྐྱེ་མོ་རིག་པའི་འབྱུང་གནས་ཀྱི་ཕུ་གསུམ་སྟེ་ད་ལྟའི་སྐྱེ་མོ་རྫོང་ཡོད་ས་ནས་ཡར་ཕུར་ཕྱིན་ན་སྤྱི་ལེ་10ཡས་མས་ཙམ་གྱི་སྐྱེ་མོ་ཤང་གི་ཕུ་གསུམ་གྱི་དཔལ་བཟང་དང་རི་རབ་བསྟན་གྱིས་བྲིས་ཤིང་། དེ་དག་གི་ཏང་འཁོར་གཞུང་སྒོང་གི་ཞུས་དག་ནི་ཡོན་བརྟན་རྡོ་རྗེ་དཔལ་དང་ཚུལ་ཁྲིམས་བླ་མ་གཉིས་ཀྱིས་མཛད་དེ་གསུང་རབ་མདོ་མངས་མཐོང་སྨོན་དེ་ལེགས་གྲུབ་བྱུང་བ་དེ་སྟོན་གྱི་མཛད་བྱང་ལས་ཤེས།

ལྔ། དགོས་པ།

མི་ཡི་མཆོག་གྱུར་ཡོན་བདག་འབུམ་དཔལ་གྱིས། །བསོད་ནམས་བསགས་པས་དལ་འབྱོར་མི་ལུས་ཐོབ། །སྦྱིན་པ་གཏོང་བས་མི་ཟད་བསྟེན་ལ་སྤྱོད། །ཕ་མ་ཡབ་ཡུམ་དྲིན་ལན་བཞལ་བ་དང་། །ལོངས་སྤྱོད་རྗེས་ལ་སྙིང་པོ་ལེན་སླང་པའི་ཕྱིར། །འདི་ཕྱི་གཉིས་ཀྱི་ཕན་བདེ་བསྒྲུབ་པའི་ཕྱིར། །ཡི་དམ་ཁྱད་འཕགས་གླེགས་བམ་མཐོང་སྨོན་བཞེངས།[2]ཞེས་པ་ལས་སྐྱེ་མོའི་

① ཆུ་གསུམ་རི་འཁོར་ཆོས་སྡེ་དགོན་པའི་ཤེར་ཕྱིན་མཛད་བྱང་ལས་དྲངས།

② ཆུ་གསུམ་རི་འཁོར་ཆོས་སྡེ་དགོན་པའི་ཤེར་ཕྱིན་མཛད་བྱང་ལས་དྲངས།

མར་རྒྱུད་ཚུས་གྱི་པ་ཤང་དུ་ཆགས་པའི་ཧྭ་ར་ཞེས་པར་མདོ་མངས་མཐོང་སྨོན་དེ་འབྲི་བཞེངས་བསྐྲུངས་བའི་དམིགས་ཡུལ་ནི་དད་པ་སྐྱོ་ངས་མེད་པའི་སྦྱིན་བདག་འབུམ་དཔལ་ལ་སོགས་ཀྱིས། རང་གི་སྐུ་ཚེ་འདིའི་དྲིན་ཅན་ཡབ་ཡུམ་རྣམ་པའི་དྲིན་ལན་བཞལ་བ་དང་རང་གིས་ཕ་མེས་ཡང་མེས་ཀྱི་བཞག་པ་དང་རང་ཉིད་ཀྱིས་ལག་གཉིས་ལ་བརྟེན་ནས་བསགས་པའི་རྒྱུ་ནོར་རྣམས་ལ་སྙིང་པོ་ལེན་ཆེད་དང་། ཚེ་འདི་ཕྱི་གཉིས་ཀྱིས་ཕན་བདེ་བསྒྲུབ་པའི་ཕྱིར་འབྲི་བཞེངས་བསྐྲུངས་པ་དེ་གོང་གི་མཛོད་བྱང་ལས་ཤེས།

ལེ་ཚན་བདུན་པ། དྭགས་ལྷ་དགོན་ཤེར་ཕྱིན་བརྒྱད་སྟོང་མཛོད་བྱང་།

མཛོད་བྱང་མ་དཔེ།

དང་པོ། མཛད་བྱང་མ་བཞུས།

༄། །ཀྱེ་སྟོད་ཀྱི་འཇིག་རྟེན་རྒྱ་རམ་ཀླུང་གིས་བཏེག། །བཙུད་ཀྱི་སེམས་ཅན་འོད་གསལ་ལྷ་ལས་ཆད། །ཁྱི་ལས་ལྷར་གྱུར་དོན་གྲུབ་ཤག་ཀྱ་ཐུབ། །མི་མཛེད་འདིར་བྱོན་སྤྲུལ་པའི་སྐུ་ལ་བསྟོད། །རྒྱལ་བའི་སྟན་ལ་དམ་ཆོས་དར་བས། །མངའ་རིས་བོད་དུ་ཁྲི་གདུགས་བརྡལ་བ་འདྲ། །སྟོད་སྨད་བར་གསུམ་དུ་བཞི་ས་སྐོར་འདིར། །ལོ་པཎ་གྲུབ་ཐོབ་མཁས་བཙུན་མང་པོ་བྱོན། །དམ་ཆོས་སྔགས་དང་མཚན་ཉིད་ཐ་དད་གསུངས། །ཉན་བཤད་སྒོམ་དང་བསམ་པ་བསྒྲུབ་པ་མཛད། །ཆོས་འཁོར་འབྲི་གླིག་དགེ་བའི་ལས་ཀ་དར། །ཉམ་ལེན་གང་འདོད་བྱེད་པ་ངོ་མཚར་ཆེ། །དུ་བཞི་ས་བཅད་གཡུ་དུ་ཤར་ཁའི་ཕྱོགས། །མོན་གྱི་ལས་སྒོ་ཡོད་པས་ཡུལ་པོ་བཟང་། །རྗེ་རིགས་མི་སྤྱོད་བཟང་བའི་གྲུ་ཤུལ་ནང་། །སའི་ཁྲོམ་ཚོགས་སྲུས་ཕུ་དགོན་པ་འདིར། །སློབ་དཔོན་ལྷ་རྗེ་སློབ་དཔོན་ཨོང་པོ་དང་། །ཡོན་སྒོམ་དར་ཤེ་སྒོམ་པ་དར་ཚུལ་དང་། །བླ་མ་གཡུ་སེང་གྲོགས་མཆེད་རྣམ་པ་ལྔས། །བླ་མའི་གསུང་རྟེན་གསེར་གྱི་གླེགས་བམ་བཞེངས། །མཆོད་གནས་མཁས་པ་དྲ་དོལ་རྣམ་གཉིས་བསྐུགས། །དྲ་བ་སྐྱིད་རྟག་བཟོ་ཡིག་གཉིས་ལ་མཁས། །རྒྱུད་དང་ཕོག་པ་འཇོམ་པས་པོ་ཏི་ལེགས། །གཟུགས་སྐྱུས་ལྡན་པའི་དོལ་པ་ཤག་དར་ངས། །ལྷ་གཟིགས་སློབ་མ་བཀྲ་ཤིས་འཁར་ལ་བསླབས། །ཆོས་སྤྱོད་ཕྱི་མོ་སུམ་ལུགས་གྲུ་བཞི་འདི། །ཆག་ཚད་ལྡན་པ་ལྷ་ཡིས་བཀོད་པ་འདྲ། །ཤིནད་ཏུ་གཟབས་པས་ཞལ་མཐོང་ཤོག་པོད་ཞུ། །འདི་བཞེངས་དགེ་བས་ཡོན་མཆོད་འགྲོ་དྲུག་རྣམས། ། གནས་སྐབས་ལྷ་མིའི་བདེ་འབྱོར་ལྡན་པ་དང་། །མཐར་ཐུག་བྱང་ཆུབ་རྣམ་གསུམ་ཐོབ་པར་ཤོག །གྲུབ་ནས་འགྲོ་བ་མ་ལུས་འདྲེན་པར་ཤོག། ། [1] ཅེས་པའོ། །

གཉིས་པ། མཛད་བྱང་གི་དབྱེ་ཞིབ།

གཅིག བསྟོད་ཕྱག

༄། །ཀྱེ་སྟོད་ཀྱི་འཇིག་རྟེན་རྒྱ་རམ་ཀླུང་གིས་བཏེག། །བཙུད་ཀྱི་སེམས་ཅན་འོད་གསལ་ལྷ་ལས་ཆད། །ཁྱི་ལས་ལྷར་གྱུར་དོན་གྲུབ་ཤག་ཀྱ་ཐུབ། །མི་མཛེད་འདིར་བྱོན་སྤྲུལ་པའི་སྐུ་ལ་

① དྭགས་ལྷ་དགོན་དུ་བཞུགས་པའི་མཐིང་ཤོག་གསེར་བྲིས་མ་ཤེར་ཕྱིན་བརྒྱད་སྟོང་པ་པོད་ཀ་པའི་དབུ་ཤོག་ཞལ་ཁེབས་ལས་དྲངས།

བསྟོད།། [1]ཅེས་བྱུང་བ་ལྟར་ན་དེ་ཡང་ཤེར་ཕྱིན་བརྒྱད་སྟོང་འདི་འབྲི་བཞེངས་བསྐྲུངས་པའི་སྐབས་སུ་ཐོག་མར་ནང་ཆོས་ཀྱི་སྟོན་པ་སངས་རྒྱས་བཅོམ་ལྡན་འདས་ལ་བསྟོད་ཕྱག་ཕུལ་བ་དེ་ཡིན།

གཉིས། ཡུལ་ལུང་།

རྒྱལ་བའི་སྟན་ལ་དམ་ཆོས་དར་བས།། |མངའ་རིས་བོད་དུ་ཁྲི་གདུགས་བརྫལ་བ་འདྲ།། སྟོད་སྨད་བར་གསུམ་རུ་བཞི་ས་སྐོར་འདིར།། |ཡོ་པཎ་གྲུབ་ཐོབ་མཁས་བཙུན་མང་པོ་བྱོན།། |དམ་ཆོས་སྔགས་དང་མཚན་ཉིད་ཐ་དད་གསུངས།། |ཉན་བཤད་སྒོམ་དང་བསམ་པ་བསྒྲུབ་པ་མཛད།། |ཆོས་འཁོར་འབྲི་གློག་དགེ་བའི་ལས་ཀ་དར།། |ཉམ་ལེན་གང་འདོད་བྱེད་པ་ངོ་མཚར་ཆེ།།|རུ་བཞི་ས་བཅད་གཡུ་རུ་ཤར་ཁའི་ཕྱོགས།།|མོན་གྱི་ལས་སྒོ་ཡོད་པས་ཡུལ་པོ་བཟང་།། |རྗེ་རིགས་མི་སྤྱོད་བཟང་བའི་གྲུ་ཤུལ་ནང་།། |སའི་ཁྲོམ་ཚོགས་སྲས་ཕུ་དགོན་པ་འདིར།། [2]ཞེས་བྲིས་པ་ལ་གཞིགས་ན། དེ་ཡང་ཐོག་མར་ནང་ཆོས་དར་བའི་གནས་བོད་ཡུལ་བསྟན་པ་དང་། བོད་ཡུལ་དེ་ཡང་ཡུལ་གྱི་སྟོད་སྨད་བར་གསུམ་གྱི་ཁྱད་ཆོས་ལ་གཞིགས་པའི་རུ་བཞི་ཞེས་བརྗོད་པ་དེར། སྐྱེས་མཆོག་དམ་པ་མང་པོ་བྱོན་ཏེ་དམ་ཆོས་སྔགས་དང་མཚན་ཉིད་སོ་སོར་གསུངས་ཤིང་། དེ་དག་ཉན་བཤད་སྒོམ་བསྒྲུབ་དང་འབྲི་གློག་གི་དགེ་བའི་ལས་ཀ་ཅི་རིགས་བྱུང་ཞིང་། རུ་བཞིའི་ནང་ནས་གཡུ་རུའི་ཤར་ཕྱོགས་སུ་གནས་པའི་མོན་གྱི་ས་ཡུལ་དང་། ས་ཡུལ་དེའི་ནང་ནས་གྲུ་ཤུལ་ཁུལ་དུ་ཆགས་པའི་སྲས་ཕུ་དགོན་པར་འབྲི་བཞེངས་བསྐྲུངས་པ་དེ་མཛད་བྱང་ལས་ཤེས།

གསུམ། སྦྱིན་བདག

སའི་ཁྲོམ་ཚོགས་སྲས་ཕུ་དགོན་པ་འདིར།། |སློབ་དཔོན་ལྷ་རྗེ་སློབ་དཔོན་ཨོང་པོ་དང་།།

---

① དྭགས་ལྷ་དགོན་དུ་བཞུགས་པའི་མཐིང་ཤོག་གསེར་བྲིས་མ་ཤེར་ཕྱིན་བརྒྱད་སྟོང་པ་བོད་ཀ་པའི་དབུ་ཤོག་ཞལ་ཁེབས་ལས་དྲངས།

② དྭགས་ལྷ་དགོན་དུ་བཞུགས་པའི་མཐིང་ཤོག་གསེར་བྲིས་མ་ཤེར་ཕྱིན་བརྒྱད་སྟོང་པ་བོད་ཀ་པའི་དབུ་ཤོག་ཞལ་ཁེབས་ལས་དྲངས།

ཡོན་སློམ་དར་ཤེ་སློམ་པ་དར་ཚུལ་དང་། །བླ་མ་གཡུ་སེང་གྲོགས་མཆེད་རྣམ་པ་ལྔས། །བླ་མའི་གསུང་རྟེན་གསེར་གྱི་གླེགས་བམ་བཞེངས། །[1]ཞེས་མཛད་བྱང་ལ་བྱུང་བ་ལྟར་ན། མོན་གྱི་གྲུ་ཤུལ་སྲས་ཕུ་དགོན་པར་ཤེར་ཕྱིན་བརྒྱད་སྟོང་པ་དེ་འབྲི་བཞེངས་གནང་བའི་སྐབས་སུ་དད་པ་སྐྱོ་ངས་མེད་པའི་སྦྱིན་བདག་སུ་ཞིག་བྱོན་པ་ནི། ལྷ་རྗེ་སློབ་དཔོན་ཨོང་པོ་དང་ཡོན་སློམ་དར་ཤེ་སློམ་པ་དར་ཚུལ་དང་། བླ་མ་གཡུ་སེང་བཅས་གྲོགས་མཆེད་རྣམ་པས་ཁོང་རྣམས་ཀྱི་བླ་མའི་སྐུ་གསུང་ཐུགས་གསུམ་གྱི་རྟེན་ལས་གསུང་གི་རྟེན་དུ་ཤེར་ཕྱིན་བརྒྱད་སྟོང་དེ་འབྲི་བཞེངས་གནང་བ་དེ་རེད།

བཞི། ཡིག་མཁན།

མཆོད་གནས་མཁས་པ་དྲ་དོལ་རྣམ་གཉིས་བསྟོགས། །དྲ་བ་སྙིད་རྟག་བཟོ་ཡིག་གཉིས་ལ་མཁས། །རྒྱུད་དང་ཁོག་པ་འཇོམ་པས་པོ་ཏི་ལེགས། །གཟུགས་སྐུས་ལྡན་པའི་དོལ་པ་ཤག་དར་ངས། །ལྷ་གཟིགས་སློབ་མ་བཀྲ་ཤིས་འཁར་ལ་བསླབས། །ཆོས་སྤྱོད་ཕྱི་མོ་སུམ་ལུགས་གྲུ་བཞི་འདི། །ཆག་ཚད་ལྡན་པ་ལྷ་ཡིས་བཀོད་པ་འདྲ། །ཞེས་བྱུང་བ་ལྟར་ན། ཏུ་བཞིའི་ཁོངས་གཏོགས་གཡུ་རུའི་ཤར་ཕྱོགས་སུ་གནས་པའི་མོན་གྱི་ཁོངས་གྲུ་ཤུལ་སྲས་ཕུ་དགོན་དུ་ལྷ་རྗེ་སློབ་དཔོན་གྲོགས་མཆེད་རྣམས་པས་འབྲི་རྫས་རྣམས་གྲ་སྒྲིག་ལེགས་པར་ཟིན་པའི་རྗེས་སུ། འབྲི་བཤུས་ཀྱི་སྒོ་གསུམ་ཐང་ཆད་འབྲི་བའི་ཡིག་པ་དྲ་དོལ་རྣམ་གཉིས་བྱོན་པ་སྟེ། བཟོ་ཡིག་གཉིས་ལ་མཁས་པའི་དྲ་བ་སྙིད་རྟག་དང་འབྲི་གཟུགས་ཚད་ལྡན་འབྲི་བའི་དོལ་ཤག་དར་དཔུ་ཆེན་གྱིས་རང་གི་སློབ་མ་བཀྲ་ཤིས་འཁར་ལ་སུག་བྲིས་བསླབ་ཅེས་པ་ནི། དུས་རབས་11པའི་ནང་དུ་བྱོན་པའི་ཡིག་མཁན་སུམ་པ་གནོད་སྦྱིན་གྱི་ཕྲུག་སོར་ལས་ཐོན་པའི་འབྲི་གཟུགས་རྣད་དུ་བྱུང་བ་གྲུ་བཞི་བག་གསར་གྱི་ལུགས་དེ་བསླབས་ནས་ལེགས་པར་འབྱོང་པའི་ཡིག་མཁན་ཁོང་རྣམ་གཉིས་ཀྱིས་འབྲི་བཤུས་བསྒྲུངས་པ་དེ་ཤེས། སྐབས་འདིར་བྱུང་བའི་ཡིག་མཁན་དཔུ་ཆེན་དྲ་བ་སྙིད་རྟག་དང་དོལ་པ་ཤག་དར་རྣམ་གཉིས་ཀྱི་མདུན་དུ་བྱོན་པའི་དྲ་དོལ་གཉིས་ཀྱི་སྐོར་ལ་ཙུང་ཟད་ཅིག་བསམས་ན། ཡིག་མཁན་དཔུ་ཆེན་རྣམ་གཉིས་དེང་གི་ཡར་ཀླུང་

[1] དགས་ལྷ་དགོན་དུ་བཞུགས་པའི་མཐིང་ཤོག་གསེར་བྲིས་མ་ཤེར་ཕྱིན་བརྒྱད་སྟོང་པ་པོད་ཀ་པའི་དབུ་ཤོག་ཞལ་ཁེབས་ལས་དྲངས།

གཙང་པོའི་ལྷོ་ཕྱོགས་སུ་ཆགས་པའི་གྲ་ནང་དང་གོང་དཀར་གྱི་མངའ་ཁོངས་ནས་བྱོན་པའི་ཡིག་མཁན་ཞིག་མིན་ནམ་སྙམ། གང་ཡིན་ཟེར་ན། ཡིག་མཁན་ཁོང་རྣམ་གཉིས་ཀྱི་མདུན་དུ་བྱོན་པའི་དྲ་དོལ་གཉིས་ཀྱི་སྐོར་ལ་བོད་ཀྱི་ལོ་རྒྱུས་དེབ་ཐེར་ཡིག་ཚང་རྙིང་པར་གྲ་ནང་དང་གོང་དཀར་གྱི་མངའ་ཁོངས་ཡར་སླུང་གཙང་པོའི་ངོགས་སུ་ཆགས་པའི་ས་དེ་དག་ལ། སྔོན་གྱི་ལོ་རྒྱུས་ཡིག་ཚགས་ཁུངས་བཙུན་བཀའ་ཐང་གི་ལེ་ཚན་མ་འོངས་རྒྱལ་བརྒྱུད་ནོར་སྐལ་ཐེ་ལྟར་སྟས་ཚུལ་དུ་བོད་ཡུལ་རུ་བཞི་སྟོང་སྡེར་འདྲེན་པའི་ནང་དུ། གཡོན་རུའི་ཡུལ་གྲུ་བཅུ་དྲུག་འདི་ལྟར་རོ། དྭགས་པོ་ང་རབ་གུང་པོ་ཡར་སླུངས་དང་། འཕྲུངས་ཏེ་གཉལ་ལོ་རོ་དང་ལྷག་པ་དང་། ཏམ་ཤུལ་གྲ་ལུང་དོལ་གཞུང་དང་། ཡར་འབྲོག་ལ་སོགས་བཅུ་དྲུག་མིང་དུ་བཏགས་[1]ཞེས་དང་དཔའ་བཞེད་དུ་ངམ་ཤོད་སྟོད་སྨད་ཀྱི་བྱེ་མ་འདི་ཀུན་གསེར་ཚལ་དུ་བསྒྱུར། དྲ་དང་དོལ་དང་གཞུང་གི་ཁུག་ཤོད་དང་སྟག་ལ་མན་ཆད་ཚྭ་མིག་ཆེར་འབྱུང་ལ་བོད་ཞིང་གིས་མི་བྲེལ་ཞིང་འཚོ་བར་བྱ[2]ཞེས་པ་སོགས་ཀྱི་ནང་དུ་བྱུང་བའི་དྲ་དོལ་དང་། ད་ཐེངས་ཀྱི་ཡིག་མཁན་རྣམ་གཉིས་ཀྱི་མདུན་དུ་བྱོན་པའི་དྲ་དོལ་གཉིས་གཙུ་ཁ་རང་འགྲིག་ཏུ་སོང་བའི་ཐ་སྙད་དེ། གྲ་དོལ་གཞུང་གི་གྲ་ནི་གྲ་ནང་རྫོང་གི་གྲ་ཕྱི་ནང་གཉིས་དང་དོལ་གཞུང་གཉིས་ཀྱི་དོལ་ནི་གོང་དཀར་རྫོང་རྣམ་རྒྱལ་ཞོལ་གྱི་ལུང་པའི་ཕུ་མདའ་དང་གཞུང་ནི་གནའ་རབ་སྤྲེའུ་ཞིང་གི་ལུང་པའི་ཕུ་མདའ་བཅས་ལས་དེང་གི་རྫོང་གཉིས་ཀྱི་ཡར་སླུང་གཙང་པོའི་ངོགས་སུ་ཆགས་པའི་ས་རྣམས་ལ་དྲ་དོལ་གཞུང་ཞེས་ཟེར་ཞིང་། གྲ་དོལ་གཞུང་ཞེས་པའི་ཐ་སྙད་འདི་བོད་བཙན་པོའི་སྐབས་ཀྱི་ཡིག་ཚང་དང་དེང་གི་ཡུལ་དེ་དག་གི་འཇིག་རྟེན་རྒན་པོ་རྣམས་ཀྱི་ཞལ་རྒྱུན་དུའང་ཡུལ་དེ་དག་གི་བསྡུས་མིང་དུ་གྲ་དོལ་གཞུང་ཞེས་གྲ་མ་ཉམས་པར་བཞུགས་པའི་ཐ་སྙད་ཅིག་ཡིན་ཙ་ན། ད་ལམ་འདིར་མཇལ་བའི་ཡིག་མཁན་གྱི་མིང་དུ་དྲ་དོལ་ཞེས་བྲིས་གནང་བ་ཡང་ཡུལ་ལུང་དེ་དག་ནས་བྱོན་པའི་ཡིག་མཁན་དབུ་ཆེན་ཞིག་མིན་ནམ་སྙམ་ནས་འདིར་དཔྱད་གཞིར་ཕུལ་བ་ལགས།

① གུ་རུ་ཨུ་རྒྱན་གླིང་པས་ཤེལ་བྲག་ཕུག་ནས་བཏོན་པ་བཀའ་ཐང་སྡེ་ལྔ་མི་རིགས་དཔེ་སྐྲུན་ཁང་གི་1985ལོའི་པར་མའི་ཤོག་185ལས་དྲངས།

② དཔའ་བཞེད་ཕྱིས་མ་ཁྲུ་ཚད་མ་ལྷ་ས་སྲིད་སྒྲོས་ལས་ཁུངས་སུ་བཞུགས་པ་དེའི་ལྡེབ་གྲངས་9ལས་དྲངས།

༥༽ བསྔོ་བ་སྨོན་ལམ།

འདི་བཞེངས་དགེ་བས་ཡོན་མཆོད་འགྲོ་དྲུག་རྣམས། །གནས་སྐབས་ལྷ་མིའི་བདེ་འབྱོར་ལྡན་པ་དང་། །མཐར་ཐུག་བྱང་ཆུབ་རྣམ་གསུམ་ཐོབ་པར་ཤོག །གྲུབ་ནས་འགྲོ་བ་མ་ལུས་འདྲེན་པར་ཤོག །[1] ཅེས་པ་ནི་མོན་གྱི་གྲུ་ཤུར་སྲུས་དགོན་པར་སྔོ་གསུམ་ཐང་ཆད་འབྲི་བའི་ཡིག་པ་དྲ་སྐྱིད་རྟགས་དང་དོལ་ཤག་དར་རྣམ་གཉིས་ཀྱིས་གསུང་རབ་དེ་འབྲི་བཞེངས་བསྒྲུབས་ཟིན་པའི་རྗེས་སུ། སྨོན་ལམ་ཁོངས་སུ་གཏོགས་པའི་སེམས་ཅན་རྣམས་ཀྱི་མོས་པ་དང་འཚམས་པའི་བསྔོ་བ་སྨོན་ལམ་བཏབ་པ་སྟེ། ཡོན་མཆོད་འགྲོ་དྲུག་གནས་སྐབས་ལྷ་མིའི་བདེ་འབྱོར་ལྡན་ཞིང་མཐར་བྱང་ཆུབ་རྣམ་གསུམ་ཐོབ་པར་ཤོག་ཅེས་བཏབ་པ་དེ་ཡིན།

ལེ་ཚན་བརྒྱད་པ། རྩ་མདའ་ཡིབ་རི་དགོན་པེར་ཕྱིན་བརྒྱད་སྟོང་མཛོད་བྱང་།

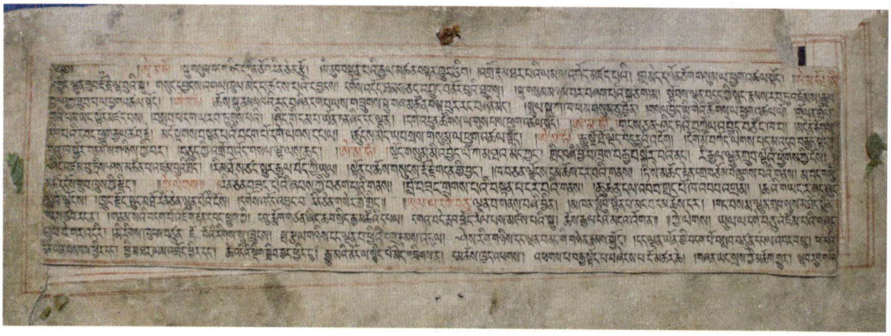

མཛོད་བྱང་མ་དཔེ།

དང་པོ། མཛོད་བྱང་མ་ཕྱུས།

༄༅། །ཨོཾ་མ་ཧོ། །སྐུ་གསུམ་བདག་ཉིད་དཀོན་ཅོག་རིན་ཅེན་ཛོ། །མི་ནུབ་བསྟན་པའི་རྒྱལ་མཚན་བསྟན་འགྱུར་ཅིག །འགྲོ་རྣམ་ཐར་པའི་ལམ་ལ་འགོད་མཛད་པའི། །བླ་མེད་དཀོན་མཆོག་གསུམ་ལ་ཕྱག་འཚལ་སྟོད། །ཨོཾ་མ་ཧོ། །མི་འགྱུར་ལྷུན་གྲུབ་རྫོ་རྗེ་ལྷ་བུའི་སྐུ། །གསུང་དབྱངས་འགལ་འཁྲུལ་མེད་པ་ཚངས་པའི་དབྱངས། །དགོས་འདོད་ཐམས་ཅད་འབྱུང་བ་ནོར་

[1] དྒགས་ལྷ་དགོན་དུ་བཞུགས་པའི་མཐིང་ཤོག་གསེར་བྲིས་མ་ཤེར་ཕྱིན་བརྒྱད་སྟོང་པ་པོད་ཀ་པའི་དབུ་ཤོག་ཞལ་ཁེབས་ལས་དྲངས།

བུའི་ཐུགས། །སྐུ་གསུམ་མཉམ་པར་བཞག་པའི་སྣ་ཚིག་མ། །སྟོབས་ལྡན་བདུད་ཀྱི་སྤྱང་རྣམས་རབ་ཏུ་འཇོམས། །རྒྱལ་བ་ཤག་ཀྱ་ཐུབ་པ་ཕྱག་འཚལ་སྟོད། །ཨེ་མ་ཧོ།། །ཆོས་སྐུ་ནམ་མཁའི་རང་བཞིན་དག་པ་ལས་གཟུགས་སྐུ་གཞ་མཚོན་བལྟ་བུར་རང་བཞིན་མེད། །སྤྲུལ་སྐུ་ཀ་ཁ་ཕ་མ་སུམ་ཚུ་བྱོན། །གསལ་བྱེད་ཡི་གེའི་ཚོགས་ལ་ཕྱག་འཚལ་ལོ། །གྲོལ་ན་གྲོལ་བའི་ལམ་ཡང་སྟོན་མཛད་པས། །བསླབ་པ་དག་ལ་རབ་ཏུ་གུས་པའི། །ཞིང་གི་དམ་པ་ཡོན་ཏན་ཞིང་དང་ལྡན། །དགེ་འདུན་ཚོགས་ལ་གུས་པས་ཕྱག་འཚལ་སྟོད། །ཨེ་མ་ཧོ། །གངས་ཅན་ཤིང་ཏའི་བཀྲོལ་འབྱེད་བཙོང་ཁ་པ། །མངོན་རྟོགས་རིག་པའི་དབང་ཕྱུག་རྒྱལ་ཚབ་རྗེ། །མདོ་སྔགས་བསྟན་པའི་བདག་པོ་དགེ་ལེགས་དཔལ། །ཚུངས་མེད་ཡབ་སྲས་གསུམ་ལ་ཕྱག་འཚལ་སྟོད།། ཨེ་མ་ཧོ། །རྒྱུ་སྔོ་ཐོ་ལྷིང་བེཌཱུརྱའི་འདོག། །དོག་མོ་བཀོད་ལེགས་པད་མ་འདབ་བརྒྱད་སྟེང་།། གཙུ་ཁ་སྦྱོར་གནམ་ས་གཉིས་ཀྱི་བར། །བཙུད་ཀྱི་འགྲོ་བ་འོད་གསལ་ལྷ་ལས་ཆད།། ཨེ་མ་ཧོ།། སྟོང་གསུམ་མི་འབྱེད་ལོ་ཀ་མཐའ་མེད་ཀྱང་། །གླིང་བཞི་བྱེ་བ་ཕྲག་བརྒྱ་བསྐོར་བའི་ནང་། རི་རྒྱལ་ལྷུན་གྲུབ་ལྷོའི་ཕྱོགས་ཀྱི་ངོས།། ཤིང་འཛམ་བུ་རྗིས་ཤས་མཚོན་པ་འཛམ་བུའི་གླིང་། །རི་མཐོ་ས་ཅང་སྤུར་རྒྱལ་བོད་ཀྱི་ཡུལ། །སྟོན་པས་ཆོས་གསུངས་རྡོ་རྗེ་གདན་གྱི་བྱང་། །ཁ་བ་ཅན་ལྗོངས་དམ་ཆོས་དར་བའི་གནས། །ཏི་སེ་མཆོད་རྟེན་དགྲ་བཅོམ་བཞུགས་པའི་གནས། །མ་བང་གཡུ་མཚོ་དངོས་གྲུབ་ཁྲུས་ཀྱི་རྫིང་། །ཀྱེ་ལེགས། །རིན་ཆེན་བཟང་པོའི་ཞབས་ཀྱི་བཅག་པའི་གནས། །བློ་བཟང་གྲགས་པའི་བསྟན་པ་དར་བའི་གནས། །ཆུ་ཆེན་དལ་འབབ་སླང་པོ་ཁ་འབབ་འགྲམ། །ཆའི་གཡང་ར་ཞང་ཞུང་ལྷའི་ལྗོངས། །ཁྲུང་རྫོང་སྤུང་མཐོ་རིན་ཅེན་ལྷུན་པོའི་ངོས།། དགོས་འདོད་འབྱུང་བ་རིན་ཆེན་གསེར་གྱི་གླིང་། །ཡུལ་ལ་དགེ་བཅུ་ལྡན་པ་གནས་བཞི་བྱིན།། མཁན་སློབ་སྟོན་པ་མང་བ་དམ་ཆོས་དར། །གང་བསམ་ལྷུན་གྲུབ་སུས་མཐོང་སྨོན་གནས་ཅན་རང་ན། །གནས་སའི་བདག་པོ་འཇིག་རྟེན་དབང་ཕྱུག་གི། །དབུ་རྫོག་གཙན་ཞིང་ཆབ་སྲིད་རྒྱ་མཚོའི་དཔལ། །དགའ་བདེ་རླབ་འཕྲེང་རོལ་པས་མཛེས་པའི་སྐུ། ཆོས་རྒྱལ་དེའི་མངའ་འོག་ན།།། ཀྱེ་ལེགས། ཡུལ་ལ་དགེ་བཅུ་འཛོམས་པའི་གཞུང་ཡུལ་བེ་གར་འདིར། །མི་རིགས་ཁྲུངས་བཙུན་རྗེ་བོའི་རིགས་སུ་འཁྲུངས། །སྐྱ་རྩལ་གཉིས་དང་ལྡན་པ་ཕྱིའི་དགྲ་རྣམ་འདུལ། །ཤེས་རིག་གཉིས་དང་ལྡན་པ་ནང་གི་གཉེན་རྣམ་སྐྱོང་། །དད་ལྡན་ཡོན་གྱི་བདག་པོ་བསླབ་བཙུན་དཔལ་འབར་བ་སུ། །ཕ་མའི་དྲིན་ལན་བསབས་ཕྱིར་དང་། །ཕྱི་མ་ཐར་ལམ་འགྲོད་ཕྱིར་དང་། ཚེ་འདིའི

སྡིག་སྒྲིབ་བྱང་ཕྱིར་དུ། སྒྱུ་མའི་ནོར་ལ་སྙིང་པོ་མེད་གཟིགས་ན། དམ་ཆོས་ཁྲིད་འཕགས། འཕགས་པ་བརྒྱད་སྟོང་པ་བཞེངས་པ་ངོ་མཚར་ཆེ། །གཞན་ཡང་སྲས་ཀྱི་མཆོག་གྱུར། ལྷབ་ཏུག་གཞོན་ནུ་འདྲ་བ་ཇོ་བོ་འཕྲུ་འཇོམ་དང་། དགེ་འདུན་བསམ་འཕེལ་དང་། གཞན་ཡང་ཡོན་གྱི་བདག་མོ་བསམ་འགྲུབ་བཙོ་མོ་སུ་མིའི་ཟས་རྣམས་ལྷའི་བདུད་བརྩིར་གཞར་བ་ངོ་མཚར་ཆེ། གཞན་ཡང་བུ་མོ་འཕྲི་མོ་དང་། བསམ་གྲུབ་དང་། བྱམས་པ་དང་། བསྙེ་སོ་པལ་འཇོམ་དང་། དེ་རྣམས་ཆོས་ལ་དགའ་བ་ངོ་མཚར་ཆེ། ཨེ་མ་ཧོ། །རྡོ་རྗེ་འཆང་ཅེན་སྤྱི། །ཙ་བ་བརྒྱུད་པའི་བླ་མ་ལགས། །རྒྱུད་འཛིན་ཕུན་སུམ་ཚོགས། །བྱིན་རླབས་ངོ་མཚར་ཆེ། །ཨེ་མ་ཧོ།། །དཀོན་མཆོག་གསུམ་གྱི་སྤྱི། །འགྲོ་ལ་སྐྱབས་པ་ལགས། །ཐུགས་རྗེ་ཕུན་སུམ་ཚོགས། །འདྲེན་ལུགས་ངོ་མཚར་ཆེ། །ཨེ་མ་ཧོ།། །བསྟན་པའི་བདག་པོའི་སྤྱི། །བཅོམ་ལྡན་འདས་ཤཱཀྱ་ཐུབ་ལགས། །ཕྲིན་གཉིས་ཕུན་སུམ་ཚོགས། །མཐར་དོན་ངོ་མཚར་ཆེ།། ཨེ་མ་ཧོ།། །བཅུ་གསུམ་ལྷ་ཡུལ་སྤྱི། །འཇམ་གླིང་སོག་ག་ལགས། །དགོངས་པ་ཕུན་སུམ་ཚོགས། །བདེ་སྐྱིད་ངོ་མཚར་ཆེ། །ཨེ་མ་ཧོ།། །ཏི་སི་གངས་ཀྱི་སྤྱི། །ཞེལ་གྱི་མཆོད་རྟེན་ལགས། །དགྲ་བཅོམ་ཕུན་སུམ་ཚོགས། །གནས་ཅེན་ངོ་མཚར་ཆེ། །ཨེ་མ་ཧོ།། །བདུད་རྩི་བུམ་པའི་སྤྱི། །མ་བང་གཡུའ་མཚོ་ལགས། །ཁྲུས་ཆབ་ཕུན་སུམ་ཚོགས། །བདུད་རྩི་ངོ་མཚར་ཆེ། །ཨེ་མ་ཧོ།། །ལྷ་དབང་བརྒྱ་བྱིན་སྤྱི། །མངའ་བདག་འཇིག་རྟེན་དབང་ཕྱུག་ལགས། །ཆོས་རྒྱལ་ཕུན་སུམ་ཚོགས། །སྲིད་སྐྱོང་ངོ་མཚར་ཆེ། །ཨེ་མ་ཧོ།། །བློ་བཟང་གྲགས་པའི་སྤྱི། །དྲིན་ཅན་ཙ་བའི་བླ་མ་ལགས། །མཁྱེན་པ་ཕུན་སུམ་ཚོགས། །གསུམ་ལྡན་ངོ་མཚར་ཆེ། །ཨེ་མ་ཧོ།། །རྒྱ་གར་ཆོས་ཡུལ་སྤྱི། །མངའ་བདག་འཇིག་རྟེན་དབང་ཕྱུགས་ལགས། །གཞུང་ཡུལ་བེ་གར་ལགས། །དགེ་བཅུ་ཕུན་སུམ་ཚོགས། །གཡང་ཡུལ་ངོ་མཚར་ཆེ། །ཨེ་མ་ཧོ།། །རྡོ་རྗེ་གདན་གྱི་སྤྱི། །བརྣ་གཡུའི་ལྷ་གང་ལགས། །ལྷ་བྲབ་ཕུན་སུམ་ཚོགས། །ལྷ་ཚོགས་ངོ་མཚར་ཆེ། །ཨེ་མ་ཧོ།། །མི་རྒྱུད་ལྷའི་སྤྱི། །ཏུས་ཆེན་ཇོ་བོ་ལགས། །མི་ཚོགས་ཕུན་སུམ་ཚོགས། །གཡོག་ཚང་ངོ་མཚར་ཆེ། །ཨེ་མ་ཧོ།། །ལྷ་རྗེ་འོད་དཀར་སྤྱི། །ཏུས་ཆེན་ཇོ་ལགས། །གདུང་ཏུས་ཕུན་སུམ་ཚོགས། །ཏུས་ཆེན་ངོ་མཚར་ཆེ། །ཨེ་མ་ཧོ། །ཐུགས་དགོངས་ཟབ་པའི་སྤྱི། །རྒྱ་མ་ཆོས་མཛད་ལགས། །བརྒྱད་སྟོང་ཕུན་སུམ་ཚོགས།།ཆོས་བཞེངས་ངོ་མཚར་ཆེ། །ཨེ་མ་ཧོ།། །ཚོགས་གཉིས་རྫོགས་པའི་སྤྱི། །སྒྲིབ་གཉིས་བྱང་པ་ལགས། །རྒྱ་མ་བཞེངས་ལགས། །སངས་རྒྱས་བྱང་ཆུབ་ངོ་མཚར་ཆེ།།ཨེ་མ་

ཧོ།། ཨོཾ་ཧྲཱ་ལཱི། །བཀྲ་ཤིས།། ཞལ་སྔོ།། དགེའོ།། དགའོ།། ཏེ་ཏེ་ཏེ།། [1]ཞེས་པའོ།

གཉིས་པ། མཛད་བྱང་གི་དབྱེ་ཞིབ།

ཡིབ་རི་དགོན་[2]ཤེར་ཕྱིན་འདིའི་མཛད་བྱང་ནི་གོང་གི་མཛད་བྱང་གཞན་རྣམས་དང་མི་འདྲ་བར་མཛད་བྱང་གི་ནང་དོན་ཁག་བརྗོད་པའི་སྐབས་སུ་ནང་དོན་སོ་སོ་ཚིག་སྡུ་རིང་ཐུང་ཁག་གཉིས་ཀྱི་ཐོག་ནས་བརྗོད་པ་ཞིག་ཡིན་པ་གཤམ་གསལ།

གཅིག བསྟོད་ཕྱག

༄༅། །ཨེ་མ་ཧོ། །སྐུ་གསུམ་བདག་ཉིད་དཀོན་ཅོག་རིན་ཅེན་རྗེ། །མི་ནུབ་བསྟན་པའི་རྒྱལ་མཚན་བསྟན་འགྱུར་ཅིག། །འགྲོ་རྣམ་ཐར་པའི་ལམ་ལ་འགོད་མཛད་པའི། །བླ་མེད་དཀོན་མཆོག་གསུམ་ལ་ཕྱག་འཚལ་སྟོད། ། ཨེ་མ་ཧོ།། །མི་འགྱུར་ལྷུན་གྲུབ་རྡོ་རྗེ་ལྟ་བུའི་སྐུ། །གསུང་དབྱངས་འགག་འབྲུལ་མེད་པ་ཚངས་པའི་དབྱངས། །དགོས་འདོད་ཐམས་ཅད་འབྱུང་བ་ནོར་བུའི་ཐུགས། །སྐུ་གསུམ་མཉམ་པར་བཞག་པའི་སྐ་ཅིག་མ། །སྟོབས་ལྡན་བདུད་ཀྱི་སྡུང་རྣམས་རབ་ཏུ་འཇོམས། །རྒྱལ་བ་ཤག་ཀྱ་ཐུབ་པ་ཕྱག་འཚལ་སྟོད། ། ཨེ་མ་ཧོ།། །ཆོས་སྐུ་ནམ་མཁའི་རང་བཞིན་དག་པ་ལས་གཟུགས་སྐུ་གཞ་མཚོན་བལྟ་བུར་རང་བཞིན་མེད། ། །སྤྲུལ་སྐུ་ཀ་ཁ་ཕ་མ་སུམ་ཅུ་བྱོན། ། །གསལ་བྱེད་ཡི་གེའི་ཚོགས་ལ་ཕྱག་འཚལ་ལོ། །གྲོལ་ན་གྲོལ་བའི་ལམ་ཡང་སྟོན་མཛད་པས། །བསླབ་པ་དག་ལ་རབ་ཏུ་གུས་པའི། །ཞིང་གི་དམ་པ་ཡོན་ཏན་ཞིང་དང་ལྡན། ། །དགེ་འདུན་ཚོགས་ལ་གུས་པས་ཕྱག་འཚལ་སྟོད། ། ཨེ་མ་ཧོ།། །གངས་ཅན་ཤིང་ཏའི་བཀྲོལ་འབྱེད་བཙོང་ཁ་པ[3]། །མངོན་རྟོགས་རིག་པའི་དབང་ཕྱུག་རྒྱལ་ཚབ་རྗེ། །མདོ་སྔགས་

① མངའ་རིས་རྩ་མདའ་རྫོང་ཡིབ་རི་དགོན་དུ་བཞུགས་པའི་ཤེར་ཕྱིན་བརྒྱད་སྟོང་པ་དེའི་མཛད་བྱང་ཡིན།

② ཡིབ་རི་ཞེས་པའི་དགོན་པ་དེ་རི་བོ་ཡི་གེ་ཨ་ཡིག་གཟུགས་འདྲ་བའི་ནང་དུ་ཡིབ་བསྡད་པ་ལྟར་ཆགས་ཤིང་ཤིན་ཏུ་ནས་བཙན་ཞིང་རྙེད་དཀའ་བས་མིང་ལ་ཡིབ་རི་དང་། ལ་ལ་ཞིག་ཏུ་ཡུལ་མིའི་ཁ་སྐད་དུ་ཡི་རེ་ཞེས་འབོད་མཁན་ཡང་འདུག

③ དམིགས་བརྩེ་མ་ནི་རྗེ་ཙོང་ཁ་པར་བསྟོད་བསྔགས་བྱེད་པའི་ཚིགས་བཅད་ཅིག་སྟེ། ཐོག་མར་རང་ཉིད་ཀྱི་བླ་མ་རྗེ་བཙུན་རེད་མདའ་བ་ལ་བསྟོད་བསྔགས་ཚིགས་བཅད་འདི་འབུལ་བར་མཛད་སྐབས་རྗེ་བཙུན་རེད་མདའ་བས་བསྟོད་བསྔགས་འདི་ང་ལ་མི་འོས་པ་འདུག་གསུངས་ནས་ཚིགས་རྐང་རྗེས་མ་གཉིས་རྗེ་ཙོང་ཁ་པར་བསྒྱུར་གནང་སྟེ་ཚུར་འབུལ་བར་མཛད་པ་རེད། བསྟོད་བསྔགས་ལོ་རྒྱ་འདི་ལ་ཡོངས་གྲགས་ཀྱིས་གསོལ་འདེབས་དམིགས་བརྩེ་མ་ཟེར་ཞེས་དུང་དཀར་བོད་རིག་པའི་ཚིག་མཛོད་ཆེན་མོའི་ཤོག་གྲངས་1653ཏུ་གསལ།

བསྟན་པའི་བདག་པོ་དགེ་ལེགས་དཔལ། །ཚུངས་མེད་ཡབ་སྲས་གསུམ་ལ་ཕྱག་འཚལ་སྟོད། །[①] ཅེས་བྱོན་པ་ལ་གཞིགས་ན། ཐོག་མར་ཨོ་མ་ཧོ་ཞེས་པས་སྟོན་བསྡུས་ཏེ་སངས་རྒྱས་དང་ཆོས། དགེ་འདུན་གསུམ་གྱི་ཡོན་ཏན་བརྗོད་པ་དང་ཆབས་ཅིག་རྒྱལ་བ་ཤཱཀྱ་ཐུབ་པ་ལ་ཕྱག་འཚལ་བསྟོད་པ་དེ་ཡིན། དེ་རྗེས་ཡང་སྔོལ་ཆོག་སོགས་ལས་བྱུང་བའི་བསྟོད་ཚིག་བཞིན་སངས་རྒྱས་ཀྱི་སྐུ་གསུམ་སྟེ་སྤྲུལ་སྐུ་དང་ཆོས་སྐུ། ལོངས་སྐུ་སོ་སོའི་ཡོན་ཏན་རྣམས་བརྗོད་ཅིང་བོད་ཡིག་གསལ་བྱེད་སུམ་ཅུ་དེ་སྤྲུལ་སྐུའི་གཟུགས་སུ་བཀོད་དེ་གསལ་བྱེད་སུམ་ཅུའི་བྱེད་ནུས་ལ་བསྟོད་པ་ཕུལ་འདུག དེ་རྗེས་ཡང་རྒྱུན་ཕྱག་གསུམ་པ་སོགས་ལས་བྱུང་བའི་བསྟོད་ཚིག་བཞིན་དགེ་འདུན་གྱི་ཚོགས་ལ་ཕྱག་འཚལ་བསྟོད་པ་དང་སྦྲགས། ལྷག་དོན་དུ་དུས་རབས་15པའི་ནང་དུ་བྱོན་པའི་རྒྱལ་བ་དགེ་འདུན་གྲུབ་ཀྱིས་མཛད་པའི་རྗེ་ཡབ་སྲས་གསུམ་གྱི་བསྟོད་ཚིག་ལས་དྲངས་སྟེ། རི་བོ་དགེ་ལུགས་པའི་སྲོལ་གཏོད་མཁན་པོ་རྗེ་ཙོང་ཁ་པ་(སྤྱི་ལོ་1357-1419)དང་རྒྱལ་ཚབ་དར་མ་རིན་ཆེན་(སྤྱི་ལོ་1364-1432)དང་མཁས་གྲུབ་དགེ་ལེགས་དཔལ་བཟང་(སྤྱི་ལོ་1385-1438)བཅས་ལ་བསྟོད་པ་ཕུལ་བ་དག་ལས། ཤེར་ཕྱིན་དེའི་སྦྱིན་བདག་གི་དང་མོས་ཆོས་ལུགས་གྲུབ་མཐའ་དང་དེ་དུས་རབས་ཅི་ཙམ་ཞིག་གི་ནང་དུ་འབྲི་བཞེངས་བསྐྲུངས་པ་དེ་ཤུགས་ལ་རྟོགས། དེ་རྗེས་ཡང་གོང་གི་ནང་དོན་དང་འདྲ་བའི་སྒོ་ནས་ཚིག་སྔ་ཅུང་ཟད་ཅིག་བསྒྱུས་པའི་སྒོ་ནས་རྒྱལ་བ་རྡོ་རྗེ་འཆང་དང་དཀོན་མཆོག་གསུམ། ཤཱཀྱ་ཐུབ་པ་སོགས་ལ་བསྟོད་པ་ཕུལ་བ་ཞིག་སྟེ། ཨོ་མ་ཧོ། །རྡོ་རྗེ་འཆང་ཅེན་སྤྱི། །ཙ་བ་རྒྱུད་པའི་བླ་མ་ལགས། །རྒྱུད་འཛིན་ཕུན་སུམ་ཚོགས། །ཕྲིན་ནླབས་ངོ་མཚར་ཆེ། །ཨོ་མ་ཧོ།། །དཀོན་མཆོག་གསུམ་གྱི་སྤྱི། །འགྲོ་ལ་སྐྱབས་པ་ལགས། །ཐུགས་རྗེ་ཕུན་སུམ་ཚོགས། །འདྲེན་ལུགས་ངོ་མཚར་ཆེ། །ཨོ་མ་ཧོ།། །བསྟན་པའི་བདག་པོའི་སྤྱི། །བཅོམ་ལྡན་ཤཱཀྱ་ཐུབ་ལགས། །ཕྲིན་གཉིས་ཕུན་སུམ་ཚོགས། །མཐར་དོན་ངོ་མཚར་ཆེ།།[②] ཞེས་པས་དོན་གྱི་སྙིང་པོ་རྟོགས་སོ།

གཉིས། ཡུལ་ལུང་།

འདིར་གཙོ་བོ་གསུང་རབ་གང་ཞིག་འབྲི་བཞེངས་བསྐྲུངས་སའི་གནས་སམ་ཡུལ་ལུང་

① མངའ་རིས་རྩ་མདའ་རྫོང་ཡིབ་རི་དགོན་དུ་བཞུགས་པའི་ཤེར་ཕྱིན་བརྒྱད་སྟོང་པ་དེའི་མཛད་བྱང་ཡིན།

② མངའ་རིས་རྩ་མདའ་རྫོང་ཡིབ་རི་དགོན་དུ་བཞུགས་པའི་ཤེར་ཕྱིན་བརྒྱད་སྟོང་པ་དེའི་མཛད་བྱང་ཡིན།

བརྗོད་པའི་སྐོར་ལ་འབབ་པ་ཡིན་ཙ་ན་འདིར་མཛད་བྱང་དུ། །ཨེ་མ་ཧོ། །རྒྱ་སྤོ་བོ་ལྡིང་བེ་དུརྻའི་འདོག། །ངོག་མོ་བཀོད་ལེགས་པད་མ་འདབ་བརྒྱད་སྟེང་། ། གཙུ་ཁ་སྦྱོར་གནམ་ས་གཉིས་ཀྱི་བར། །བརྩུད་ཀྱི་འགྲོ་བ་འོད་གསལ་ལྷ་ལས་ཆད། ། ཨེ་མ་ཧོ།། །སྟོང་གསུམ་མི་འཇིད་ལོ་ཀ་མཐའ་མེད་ཀྱང་། །གླིང་བཞི་བྱེ་བ་ཕྲག་བརྒྱ་བསྐོར་བའི་ནང་། རི་རྒྱལ་ལྷུན་གྲུབ་ལྟེའི་ཕྱོགས་ཀྱི་ངོས། ། ཤར་འཛམ་བུ་ཏྲིས་ཤས་མཚོན་པ་འཛམ་བུའི་གླིང་། །རི་མཐོ་ས་ཙང་སྤུར་རྒྱལ་བོད་ཀྱི་ཡུལ། །སྟོན་པས་ཆོས་གསུངས་རྡོ་རྗེ་གདན་གྱི་བྱང་། །ཁ་བ་ཅན་ལྗོངས་དམ་ཆོས་དར་བའི་གནས། །ཏི་སེ་མཆོད་རྟེན་དགྲ་བཅོམ་བཞུགས་པའི་གནས། །མ་བང་གཡུ་མཚོ་དངོས་གྲུབ་འཁྲུས་ཀྱི་རྫིང་། །ཀྱེ་ལེགས། །རིན་ཆེན་ཟངས་པོས་ཞབས་ཀྱིས་བཅག་པའི་གནས། །གློ་བཟང་གྲགས་པའི་བསྟན་པ་དར་བའི་གནས། །ཆུ་ཆེན་དལ་འབབ་སྣང་པོ་ཁ་འབབ་འགྲམ། །ཆའི་གཡང་ར་ཞང་ཞུང་ལྷའི་ལྗོངས། །ཁྲུང་རྫོང་སྤུང་མཐོ་རིན་ཅེན་ལྷུན་པོའི་ངོས། །དགོས་འདོད་འབྱུང་བ་རིན་ཆེན་གསེར་གྱི་གླིང་། །ཡུལ་ལ་དགེ་བཅུ་ལྡན་པ་གནས་བཞི་ཕྱིན། །མཁན་སློབ་སྟོན་པ་མང་བ་དམ་ཆོས་དར། །གང་བསམ་ལྷུན་གྲུབ་སྲུས་མཐོང་སྨོན་གནས་ཙབ་རང་ན། །གནས་སའི་བདག་པོ་འཇིག་རྟེན་དབང་ཕྱུག་ཀྱི། །དབུ་རྫོག་གཙན་ཞིང་ཆབ་སྲིད་རྒྱ་མཚོའི་དཔལ། །དགའ་བདེ་རླབས་འཕྲེང་རོལ་པས་མཛེས་པའི་སྐུ། ཆོས་རྒྱལ་དེའི་མངའ་འོག་ན།། ཀྱེ་ལེགས། ཡུལ་ལ་དགེ་བཅུ་འཛོམས་པའི་གཞུང་ཡུལ་བེ་གར་འདིར།[①] ཞེས་བྱུང་བ་ལ་མགོ་བཏགས་བཙོལ་ཏེ་ཞུས་ན། ཨེ་མ་ཧོ་ཞེས་པས་འགོ་བཙམས་ཏེ་མཐོ་སྤོ་སངས་ཀྱི་ནམ་མཁའ་དང་དམའ་ས་གཞིའི་ཁྱད་ཆོས་རྣམས་བརྗོད་ཅིང་དེ་གཉིས་ཀྱི་གཞི་ཁྱོན་ཚུ་ཞེང་གབ་པ་གཙུ་ཁ་སྦྱོར་གཉིས་ཀྱི་བར་དུ། འགྲོ་བ་མིའི་རིགས་དེ་འོད་གསལ་ལྷ་ལས་ཆད[②] པར་གསུངས། དེ་རྗེས་ཡུལ་ལུང་གི་བསྟོད་པ་དུང་ཆེན་གཟུགས་ཏེ། སྟོང་གསུམ་མི་འཇིག་གི་འཇིག་རྟེན་ལས་ལྟོ་འཛམ་བུ་གླིང་སོགས་གླིང་བཞི་དང་། དེ་དག་གིས་བསྐོར་བའི་རི་རྒྱལ་ལྷུན་པོའི་ལྟེ་ཕྱོགས་

① མངའ་རིས་རྩ་མདའ་རྫོང་ཡིབ་རི་དགོན་དུ་བཞུགས་པའི་ཤེར་ཕྱིན་བརྒྱད་སྟོང་པ་དེའི་མཛད་བྱང་ཡིན།

② གུ་གེའི་པཎ་ཆེན་གྲགས་པ་རྒྱལ་མཚན་གྱིས་མཛད་པའི་ཉི་མའི་རིགས་ཀྱི་རྒྱལ་རབས་སྐྱེ་རྒུའི་ཙོད་པཎ་ཉི་ཟླའི་ཕྲེང་མཛེས་ཀྱི་ནང་དུ། །ལེགས་སྦྱིས་ཀྱིས་མཆོད་ལྷ་ཡི་བླ་མ་སྟེ། །མཁྱེན་པའི་ཡེ་ཤེས་སྣང་བས་རི་བོང་འཛིན། །ཤཱཀྱའི་རིགས་འབྲུངས་ས་བདག་གསལ་རྒྱལ་གྱི། །རྗེས་སུ་མཛད་པའི་འོད་གསལ་ལྷ་རིགས་རྒྱལ་ཞེས་ཕོ་བྲང་པོ་ཏཱ་ལའི་དཔེ་ཚོགས་དཔལ་ས་སྐྱ་པའི་གསུང་རབ་པོད་ལོ་རྒྱུས་དང་ཆོས་འབྱུང་ཤོག་གྲངས་110སུ་གསལ་བ་དང་། ཨེ་ལྷ་རྒྱ་རི་བའི་ལོ་རྒྱུས་འཆད་སྐབས་སུའང་རྒྱལ་པོ་གླང་དར་མ་ནི་ཆོས་རྒྱལ་སྲོང་བཙན་སོགས་ཀྱི་གདུང་རྒྱུད་ཡིན་པ་དང་རྒྱལ་པོ་དེ་རྣམས་ལྷ་ལས་བྱུང་བའི་བརྒྱུད་པ་ཡིན་པར་གྲགས་ཞེས་བོད་ཀྱི་གསུང་

ཀྱི་ངོས་སུ་རི་མཐོ་ས་གཙང་སྤུ་རྒྱལ་བོད་ཀྱི་ཡུལ་དེ་ནི་སྟོན་པ་སངས་རྒྱས་བཅོམ་ལྡན་འདས་ཀྱིས་ཆོས་གསུངས་པའི་གནས་རྒྱ་གར་རྡོ་རྗེ་གདན་[①]ཏེ་བོད་ཀྱི་གསུང་རབ་སྨྲ་བའི་དབང་པོ་དགེ་འདུན་ཆོས་འཕེལ་གྱིས་བུད་དྷ་ག་ཡ་ན་རྡོ་རྗེ་གདན་[②]གྱི་བྱང་ཕྱོགས་སུ་མཐའ་བཞི་གངས་རིས་བསྐོར་ཞིང་ནང་ཆོས་དར་བའི་གནས། ཏི་སི་སྟེ་བོད་རང་སྐྱོང་ལྗོངས་མངའ་རིས་ས་ཁུལ་སྤུ་ཧྲེངས་རྫོང་དུ་ཡོད་པའི་གངས་རི་ཞིག་གི་མིང་སྟེ། ཡོངས་གྲགས་སུ་སྟོད་གངས་རིན་པོ་ཆེ་ཟེར་ཞིང་། མཐོ་ཚད་རྒྱ་མཚོའི་ངོས་ལས་སྤྱི་ཁྲི་དྲུག་སྟོང་བདུན་བརྒྱ་བཅུ་བཞི་དང་། གངས་རིར་བསྐོར་བ་ཆ་ཚང་གཅིག་ཐེབས་པའི་འཁོར་ཚད་སྤྱི་ལེ་ལྔ་བཅུ་ང་གཉིས། གངས་རིའི་བསྐོར་ལམ་གྱི་གཙོ་གནད་སྒྲོལ་མ་ལ་ཡི་མཐོ་ཚད་རྒྱ་མཚོའི་ངོས་ལས་སྤྱི་ཁྲི་ལྔ་སྟོང་བདུན་བརྒྱ་ཉེ་ཤུ་རྩ་གསུམ་ཡོད་ཅེས་དང་གངས་ཏི་སི་འདིར་རྒྱ་གར་མུ་སྟེགས་རིག་བྱེད་སྨྲ་བ།[③]

རབ་སྨྲ་བ་དུང་དཀར་བློ་བཟང་འཕྲིན་ལས་ཀྱིས་མཛད་པའི་དུང་དཀར་བོད་རིག་པའི་ཚིག་མཛོད་ཀྲུང་གོའི་བོད་རིག་པའི་དཔེ་སྐྲུན་ཁང་གི་2002ལོའི་སྤར་མའི་ཤོག་གྲངས་2232ན་གསལ།

① རྒྱ་ནག་གི་བཙུན་པ་ཐེ་སྟོང་འཛིན་པའམ་ཟན་གཙང་གིས་གསུངས་དོན། བྱང་ཆུབ་ལྗོན་པའི་ར་བའི་དཀྱིལ་དུ་རྡོ་རྗེའི་གདན་ནམ་བྱང་ཆུབ་སྙིང་པོ་ཡོད། དེ་ནི་བསྐལ་པ་བཟང་པོའི་སངས་རྒྱས་སྟོང་ཐོག་མར་འཚང་རྒྱ་བ་ན་བྱང་ཆུབ་ཆེན་པོའི་གནས་འདི་ཉིད་ཡིན་པས་མི་གཡོ་མི་འཇིག་བརྟན་པ་སྟུ་བ་སྟོང་གསུམ་གྱི་སྟོང་ཆེན་པོའི་འཇིག་རྟེན་གྱི་དཀྱིལ་ཏེ། འོག་གསེར་གྱི་འཁོར་ལོ་ལ་བརྟེན་པ་རང་བཞིན་ནི་རྡོ་རྗེ་རིན་པོ་ཆེ་འབའ་ཞིག་ལས་གྲུབ་པ་དང་། སངས་རྒྱས་ཐམས་ཅད་འདིར་བཞུགས་ནས་རྡོ་རྗེ་ལྟ་བུའི་ཏིང་ངེ་འཛིན་ལ་སྙོམས་པར་འཇུག་པས་ན་མིང་དེ་ལྟར་ཆགས་སོ་ཞེས་ཆེན་པོ་ཐང་གུར་དུས་ཀྱི་རྒྱ་གར་ཞིང་གི་བཀོད་པའི་དཀར་ཆག་ཀྲུང་གོའི་བོད་རིག་པའི་དཔེ་སྐྲུན་ཁང་གི་2006ལོའི་སྤར་མའི་ཤོག་གྲངས་198ལས་དྲངས། །

② རྡོ་རྗེ་གདན་གྱི་གནས་མཆོག་དེ་ནི་ནང་པའི་མདོ་དང་ཆོས་འབྱུང་ནང་དུ་གསལ་བ་ལྟར་དེར་ཤཱཀྱའི་རིགས་ལ་འཁྲུངས་པའི་དགེ་སློང་གོ་ཏ་མ་ཉིད་ཨུ་རུ་ཕི་ལ་ཞེས་པ་ག་ཡ་ད་དང་ཉེ་བའི་སར་ཤིང་པི་བལ་ཏོག་ཏུ་སྡོད་ལ་བདུད་བཏུལ། གུང་ལ་མཉམ་པར་བཞག། ཐོ་རེངས་ལ་མངོན་པར་རྫོགས་པར་སངས་རྒྱས་པའི་གནས་མཆོག་གཉིས་པ་ཡིན་ནོ། གང་ཡིན་ཟེར་ན་གནས་དེ་ནི་སྐྱེས་བུ་དམ་པའི་བྱིན་གྱིས་བརླབས་པའི་གནས་བུད་དྷ་ག་ཡ་བོདྷ་ག་ཡ་ཞེས་སུ་གྲགས་ཤིང་དེས་ན་ཤིང་དེའི་མིང་དུ་བོ་དྷི་ཤིང་ཞེས་ཀུན་ལ་གྲགས་སོ། ཆོས་རྒྱལ་ཨ་ཤོ་ཀ་ནང་པའི་བསྟན་པར་ཞུགས་ནས་ལོ་བཅུའི་རྗེས་སུ་གནས་དེར་ཕེབས་ཤིང་དེའི་མཚན་དུ་སམ་བོ་དྷི་ཞེས་རྗོད་བཀོད་པ་དང་། ཡང་ནང་པ་གཞན་ནས་འདིའི་མཚན་དུ་མཧཱ་བོ་དྷི་ཞེས་གསོལ་ཏོ། རྒྱ་གར་ཤར་ཕྱོགས་ཀྱི་རེ་ཧིའི་ས་ཚིགས་ག་ཡཱའི་ཊེ་ཤོན་ནས་མེ་ལི་བདུན་ཙམ་གྱི་སར་བུད་དྷ་ག་ཡང་ན་རྡོ་རྗེ་གདན་གྱི་གནས་དེ་ཡོད་ཅིང་། འགྲོ་ལམ་ཏ་ཙང་བདེ་སྟབས་ཊག་སིའི་ཞེས་པ་གླས་པ་མོ་ཊར་དང་རིག་ཤོཙ་ཞེས་པ་མིས་འདྲེན་འཁོར་ལོ་དང་ཊམ་ཊམ་ཞེས་པའི་ཤིང་རྟ་འཁོར་ལོ་སོགས་གླས་ནས་འགྲོ་ཐུབ། གནས་འདིར་གནས་མཇལ་བ་རྣམས་ཀྱི་ཆེད་དུ་ནང་པའི་མགྲོན་ཁང་ཡང་ཡོད། པིའི་ཊབ་ལེཝ་ཊཻའི་ཨིན་ནེ་པེག་ཤོན་བདྣ་ལོ་དང་རེ་ཧིའི་འགྲུལ་ཁང་དུའང་འགྲུལ་བ་རྣམས་ཡུན་ཐུང་དུའི་རིང་སྡོད་ཆོག་ཅེས་མཁས་དབང་དགེ་འདུན་ཆོས་འཕེལ་གྱིས་རྒྱ་གར་གྱི་མཆོད་རྟེན་དང་གནས་མཆོག་རྣམས་ཀྱི་བཤད་པ་ཞེས་པའི་ཤོག་གྲངས་156ན་གསལ།

③ སྔོན་རྒྱ་གར་མུ་སྟེགས་ཆོས་ལུགས་པའི་ནང་གསེས་དབང་ཕྱུག་པ་དང་གཅེར་བུ་པ་སོགས་ལྷ་དབང་ཕྱུག་ལ་སྐྱབས་གནས་སུ་འཛིན་པ་རྣམས་ཀྱིས་གངས་ཏི་སི་འདི་བཞིན་ལྷ་ཆེན་དབང་ཕྱུག་ཆེན་པོའི་བཞུགས་གནས་ཡིན་པར་ངོས་འཛིན་བྱེད་ཀྱི་ཡོད་ཅེས་མཁས་དབང་དུང་དཀར་བློ་བཟང་འཕྲིན་ལས་མཆོག་གིས་མཛད་པའི་དུང་དཀར་བོད་རིག་པའི་ཚིག་མཛོད་ཀྲུང་གོ་བོད་རིག་པའི་དཔེ་སྐྲུན་ཁང་གི་2002ལོའི་སྤར་མའི་ཤོག་གྲངས་478ན་གསལ།

གཡུང་དྲུང་བོན།[①] ནང་པ་སངས་རྒྱས་ཆོས་ལུགས་བཅས་ཚང་མས་རང་རང་སོ་སོའི་སྟོན་བྱུང་ལོ་རྒྱུས་གཞིར་བཟུང་ནས་ཕྱག་མཆོད་བསྐོར་བ་བྱ་སྲོལ་ཞིག་ཆགས་ཡོད། སངས་རྒྱས་ཆོས་ལུགས་ཀྱི་གཞུང་མདོན་པ་མཛོད་དང་། ཡོངས་གྲགས་ཀྱི་ངག་རྒྱུན་ལ། གངས་རི་ཆེན་པོ་ཏི་སེ་ནི་གངས་རི་རང་བྱུང་གི་མཆོད་རྟེན་དབྱིབས་ཅན་དུ[②]ཡོད་ཅིང་། མཆོད་རྟེན་དགུ་བཅོམ་དང་མཚོ་མ་ཕམ་གཡུ་མཚོ་ཞེས་པ་འདི་ཉིད་ཀྱི་ཆུ་ཡན་ལག་བརྒྱད་ལྡན་ཁོ་ན་ཡིན་ཞིང་ཡོན་ཏན་གྱིས་མ་ཕམ་པས་ན་མ་ཕམ་ཞེས་འབོད་པར་གསུངས་སོ། བོན་གྱི་ལོ་རྒྱུས་སུ་ཐུར་བོད་ཀྱི་བཙན་པོས་ཞང་ཞུང་མངའ་འོག་ཏུ་མ་བསྡུས་པའི་གོང་གི་ཞང་ཞུང་དང་བོད་ཀྱི་ས་མཚམས་ནི་མཚོ་མ་ཕམ་ཡིན་པར་བཤད། གཡུ་མཚོ་ཞེས་འབོད་པ་ནི་མཚོའི་མདོག་ལ་བརྟེན་ནས་བཏགས་པ་ཡིན། མ་ཕམ་གཡུ་མཚོའི་མཐོ་ཚད་ནི་རྒྱ་མཚོའི་ངོས་ནས་སྤྱི་ཁྲི་4600སར་གནས་ཡོད་ཅིང་། རྒྱ་ཁྱོན་སྤྱི་ཁྲི་གྲུ་བཞི་མ་320དང་། གཏིང་ཚད་རིང་ཤོས་སུ་སྤྱི་ཁྲི་ 92ཡོད་པ་[③]དེ་དང་། དུས་རབས་11པའི་ནང་དུ་ལོ་ཆེན་རིན་ཆེན་བཟང་པོས་ཞབས་དངོས་སུ་བཅག་སྐྱོང་བ་མ་ཟད་རྒྱ་དཔེ་མི་ཉུང་བ་ཞིག་བོད་སྐད་དུ་བསྒྱུར་བའི་ས་དང་། དུས་རབས་15པར་བྱོན་པའི་རྗེ་ཙོང་ཁ་བ་བློ་བཟང་གྲགས་པའི་བསྟན་པ་ཡང་དར་བའི་ས་ཞིག་ཡིན། གླང་ཆེན་ཁ་འབབ་ནི་གངས་ཏི་སེའི་ནུབ་ཕྱོགས་ནས་ཀསྨིརའི་ཡུལ་གྱི་བར་ཁ་ནུབ་ཏུ་གཏད་ནས་འབབ་ཅིང་། དེ་ནས་པ་ཅི་སི་ཐན་གྱི་བྱང་ངོས་ནས་ལྷོ་ནུབ་ཕྱོགས་སུ་ཁ་གཏད་དེ་རྒྱལ་ས་ཁ་ར་ཆིའི་མཚོ་འགག་ཏུ་ཨ་ར་པི་རྒྱ་མཚོ་འདྲེས[④]ཤིང་རྒྱུགས་པའི་ཆུ་བོ་གླང་ཆེན་ཁ་འབབ་ཀྱི་ངོགས་སུ་ཞང་ཞུང་སྟེ་ཞང་ཞུང་གི་ས་མིང་ཐད་ལ་གོ་བ་མི་འདྲ་བ་ཁག་གཉིས་ཙམ་ཞིག་ལེན་དགོས་པ་སྟེ། གཅིག་གི་མཐོ་བོད་བཙན་པོ་མ་བྱུང་བའི་སྟོན་གྱི་ཞང་ཞུང་སྐོར་ལ་བོན་གྱི་ལོ་རྒྱུས་དེབ་ཐེར་དང་བོན་གྱི་མཁས་པ་དཔྲ་སྟོན་སྐལ་བཟང་བསྟན་པའི་རྒྱལ་མཚན་གྱིས་མཛད་པའི་

① གཡུང་དྲུང་བོན་གྱི་ཆོས་བརྒྱུད་འཛིན་པ་རྣམས་ཀྱིས་སྟོན་པ་གཤེན་རབས་མི་བོ་ཆེ་མཆོག་ཞབས་ཀྱིས་བཅགས་ནས་བྱིན་བརླབས་པའི་གནས་ཁྱད་པར་ཅན་ཡིན་པར་ངོས་འཛིན་པའི་གནས་བཤད་ཏི་སེའི་དཀར་ཆག་ཚངས་དབྱངས་ཡིད་ཅེས་པར་གསལ།

② མཁས་དབང་དུང་དཀར་བློ་བཟང་འཕྲིན་ལས་ཀྱིས་མཛད་པའི་དུང་དཀར་བོད་རིག་པའི་ཚིག་མཛོད་ཆེན་མོའི་བོད་རིག་པའི་དཔེ་སྐྲུན་ཁང་གི་2002ལོའི་སྤར་མའི་ཤོག་གྲངས་478ལས་དྲངས།

③ མཁས་དབང་དུང་དཀར་བློ་བཟང་འཕྲིན་ལས་ཀྱིས་མཛད་པའི་དུང་དཀར་བོད་རིག་པའི་ཚིག་མཛོད་ཆེན་མོའི་བོད་རིག་པའི་དཔེ་སྐྲུན་ཁང་གི་2002ལོའི་སྤར་མའི་ཤོག་གྲངས་1589ལས་དྲངས།

④ མཁས་དབང་དུང་དཀར་བློ་བཟང་འཕྲིན་ལས་ཀྱིས་མཛད་པའི་དུང་དཀར་བོད་རིག་པའི་ཚིག་མཛོད་ཆེན་མོའི་བོད་རིག་པའི་དཔེ་སྐྲུན་ཁང་གི་2002ལོའི་སྤར་མའི་ཤོག་གྲངས་479ལས་དྲངས།

འཛམ་གླིང་ཡུལ་བཤད་དུ། ཞང་ཞུང་གི་ཡུལ་ལ་སྒོ་ཕུག་བར་གསུམ་ཞེས་ཡོད་པ་ལས། ཞང་ཞུང་ཕུག་པ་ནི་གངས་ཏི་སེའི་ནུབ་ཕྱོགས་ཟླ་བ་གསུམ་ལྷག་གི་ལམ་ན་མེ་སག་གི་པར་ཟིག་དང་། ཧྲ་དག་ན་དང་། ཧྲ་ལག་སོགས་ཡོད། དེང་སང་ནི་མཐའ་མིས་དབང་བྱས་ཞེས་དང་ཞང་ཞུང་བར་པ་ནི་ཏི་སེའི་ནུབ་ཕྱོགས་ཞག་འགའི་ཤུལ་ཙམ་ན་ཚེ་དབང་རིག་འཛིན་གྱི་སྒྲུབ་གནས་བྱ་རུ་གཙུག་ལྡན་ཡོད་ཅེས་དང་། ཞང་ཞུང་སྒོ་པ་ནི་སྨད་ཀྱི་ཤེ་ལེ་རྒྱ་གར་ཞེས་ཁྱུང་པོ་རི་རྩེ་དྲུག་ཡིན་པས། སུམ་པའི་གླིང་གི་གྲིམ་ཤོད་ཡང་ཟེར།[①] ཞེས་དང་བོད་བཙན་པོའི་སྐབས་ཀྱི་ཏུན་ཧོང་གི་ཡིག་རྙིང་P.T1288ནང་བཙན་པོ་རིམ་བྱུང་གི་ལོ་རྒྱུས་གླེང་སྐབས། ཞང་ཞུང་ལོག་ཅིང་བཙན་པོ་ཁྲི་འདུས་སྲོང་ཉེན་ཀར་ན་བཞུགས་པའི་ལོ་ཆིག་[②]P.T1287བཙན་པོ་སྲོང་བཙན་སྒམ་པོའི་རིང་ལ། །ཡབ་འབངས་ནི་འཁྲུགས། ཡུམ་འབངས་ནི་ལོག །གཉེན་ཞང་། མཛོ་སུམ་པ། །ཀུན་ཀྱང་ལོག།[③]ཅེས་དང་བཙན་པོ་སྲོང་བཙན་གྱི་སྐུ་དུས། ཞང་ཞུང་གི་རྒྱལ་པོ་ལ་དྲངས་སྟེ། ཆབ་སྲིད་མཛད་ནས། ཞང་ཞུང་གི་རྒྱལ་པོ་ལིག་མྱི་རྒྱ་སྲིད་བརླག་སྟེ། །ཞང་ཞུང་ཐམས་ཅད་འབངས་སུ་བཀུག་གོ་[④]ཞེས་པས་དུས་རབས་7-9ནང་དུ་ཞང་ཞུང་དེ་རྒྱལ་ཕྲན་སིལ་མ་ཞིག་ཡིན་པ་དང་། བཙན་པོ་སྲོང་བཙན་གྱིས་མངའ་ཁོངས་སུ་བཙུག་པ་ལས་སྐབས་དེ་དུས་ཞང་ཞུང་གི་ས་ཁྱོན་དེ་ཧོགས། དུས་རབས་11པའི་རྗེས་ཀྱི་ཞང་ཞུང་ནི་དཔའ་བོ་གཙུག་ལག་

① འཛམ་གླིང་ཡུལ་བཤད་ཀྱི་དགོངས་དོན་ལྟར་ན་གནའ་བོའི་ཞང་ཞུང་གི་མངའ་རིས་ནི། བོད་བཙན་པོའི་རྒྱལ་རབས་ཀྱི་ཞང་ཞུང་དབང་དུ་མ་འདུས་སྔ་རོལ་ལ་ཞང་ཞུང་སྒོ་པའི་ཁོངས་སུ་དེང་སྐབས་ཀྱི་བོད་ལྗོངས་ནག་ཆུ་ས་ཁུལ་ཁྱོན་ཡོངས་(ལྷ་རི་རྫོང་གི་ལྷོ་རྒྱུད་ཕུད་)དང་ཆབ་མདོའི་རྫོང་ཁག་ཅིག མཚོ་སྔོན་ཞིང་ཆེན་གྱི་ཡུལ་ཤུལ་ཁུལ་རྣམས་གཏོགས་པ་དང་། ཞང་ཞུང་བར་པའི་ཁོངས་སུ་དེང་སང་གི་མངའ་རིས་ས་ཁུལ་ཡོངས་རྫོགས་དང་གཞིས་རྩེའི་མངའ་ཁོངས་ནས་སྐྱིད་རོང་། འབྲོང་པ། ས་དགའ་སོགས་རྫོང་ཁག་ཅིག་འདུ་བ། ཞང་ཞུང་ཕུག་པའི་ཁོངས་སུ་དེང་སང་གི་དབྱི་ལང་དང་ཀསྨིར་སོགས་ཁ་ཆེའི་ཡུལ་རྣམས་ཚུད་ཡོད་ཅེས་ཤིག་དམར་ཚེ་རིང་གིས་བརྩམས་པའི་ཏུན་ཧོང་ནས་ཐོན་པའི་བོད་ཀྱི་ལོ་རྒྱུས་ཡིག་ཆ་ལས་བྱུང་བའི་བོད་ལྗོངས་ས་མིང་ཞེས་པའི་ཤོག་གྲངས་16དུ་གསལ། ཞང་ཞུང་གི་སྐོར་རྒྱས་པར་གཟིགས་འདོད་ན་གུ་གེའི་པཎ་ཆེན་གྲགས་པ་རྒྱལ་མཚན་གྱིས་མཛད་པའི་ཉི་མའི་རིགས་ཀྱི་རྒྱལ་རབས་སྐྱེ་རྒུའི་ཅོད་པན་ཉི་ཟླའི་ཕྲེང་མཛེས་པོ་བྲང་པོ་ཏྲ་ལའི་དཔེ་ཚོགས་དཔལ་ས་སྐྱའི་གསུང་རབ་བོད་དང་པོ་ལོ་རྒྱུས་དང་ཆོས་འབྱུང་སྐོར་གྱི་ཤོག་གྲངས་236-242བར་གསལ།

② 见，王尧藏学文集（卷一）敦煌本吐蕃历史文书及吐蕃制度文化研究，中国藏学出版社2012年版，第 57页。

③ 见，王尧藏学文集（卷一）敦煌本吐蕃历史文书及吐蕃制度文化研究，中国藏学出版社2012年版，第57页。

④ ཏུན་ཧོང་ནས་ཐོན་པའི་བོད་ཀྱི་ལོ་རྒྱུས་ཡིག་ཆ་ མི་རིགས་དཔེ་སྐྲུན་ཁང་གི་སྤྱི་ལོ་1980ལོའི་པར་མའི་ཤོག་གྲངས་794ལས་དྲངས།

འཕྲེང་བས་བོད་སིལ་བུའི་ལོ་རྒྱུས་གསུངས་སྐབས་འདི་ལྟར་བྱུང་སྟེ། སྐྱིད་ལྡེ་ཉི་མ་མགོན་སྟུ་ནར་སོན་རྗེས་ཁོང་གི་སྲིད་ཕལ་ཆེར་ཡུམ་བརྟན་རྒྱུད་ཀྱིས་ཁྱེར་བས་བཞུགས་བཟོད་མི་བདེ་བ་བྱུང་སྟེ། མངའ་རིས་སུ་བྱོན། ……སྦྱོད་པ་ལེགས་ཤིང་བློ་གྲོས་ཆེ་བས་མངའ་རིས་སྐོར་གསུམ་གྱི་མི་ནམས་མགུ་སྟེ་རྗེ་ཞུས། ……སྲས་སྟོད་ཀྱི་མགོན་གསུམ་དུ་གྲགས་པ་ལས་ཆེ་བ་དཔལ་གྱི་རིག་པ་མགོན་གྱིས་མང་ཡུལ་བཟུང་། བར་པ་བཀྲ་ཤིས་ལྡེ་མགོན་གྱིས་སྤུ་རངས་བཟུང་། ཆུང་བ་ལྡེ་གཙུག་མགོན་གྱིས་ཞང་ཞུང་བཟུང་[1]ཞེས་པ་ལས་དུས་རབས11པའི་རྗེས་ནས་ཞང་ཞུང་ཞེས་པ་དེ་མངའ་རིས་ཁུལ་གྱི་ཡུལ་ཁྱེ་བྲག་ཅིག་གི་མིང་དུ་གྱུར་པ་གོ་ཤེས་བྱུང་བ་མ་ཟད། འགོས་ལོ་གཞོན་ནུ་དཔལ་གྱིས་ཀྱང་ཞང་ཞུང་སྟེ་གུ་གེའི་མངའ་ཞབས་ན་ཡོད་[2]ཅེས་པས་ཞང་ཞུང་དེ་ད་ལྟ་བོད་ལྗོངས་མངའ་རིས་ས་ཁུལ་རྩ་མདའ་རྫོང་གི་ཁོངས་སུ་ཡོད་པ་དེ་ཡིན། ལྟའི་ལྗོངས་སུ་ཁྱུང་རྫོང་སྟེ་མངའ་རིས་ས་ཁུལ་ཁོངས་སྒར་བོད་ས་གནས་སྲིད་གཞུང་སྐབས་ཀྱི་རྫོང་ཡོད་ས་དེར། ཇོ་བོ་རྗེ་སོགས་མཁས་སློབ་མང་དུ་བྱོན་པས་དམ་པའི་ཆོས་དར་ཞིང་གང་བསམ་ལྷུན་གྱིས་འགྲུབ་པའི་གནས་ཙབ་རང་སྟེ་སྣ་ཤུར་གྱི་རྒྱལ་པོ་ལི་བྱིན་ཁྲ་ལ་དང་སྐྱིད་ལྡེ་ཉི་མ་མགོན་གཉིས་འཁྲུགས་པའི་སྐབས་སུ་ཡང་ས་མིང་དེ་ཐོན་ཡོད་པ་སྟེ། དེ་ནས་ཁྱུང་དཔུང་སྟོང་རི་མོས། སྣ་ཤུར་གྱི་རྒྱལ་པོ་ལི་བྱིན་ཁྲ་ལ་ཞུས་པ། རྒྱལ་པོ་ཆེན་པོ་ལགས། ཉི་མ་དབུས་ཀྱི་ལྷ་སྲས་སྐྱིད་ལྡེ་ཉི་མ་མགོན་ནི། རྗེའི་ཆབ་སྲིད་ལ་སྟོ་བར་བྱུང་སྐད་དོ། ཞང་ཞུང་ཁྲི་ལྡེའི་དམག་དང་སྐྱིད་ཚལ་ཞུས་པས། ཤེལ་གྱི་ཁྲི་ལས་བབས་ཏེ། མཁར་ཁྱུང་ལུང་དངུལ་དཀར་ནས། ཞང་ཞུང་ཁྲི་སྡེའི་དམག་དང་ཆས་ནས། ར་ལར་ཕེབས། འབྲུགས་ཁྲིའི་སྡེའི་དམག་ཐམས་ཅད་ངོ་ལོག སྣ་ཤུར་རྒྱལ་པོ་གོ་གོར་བཙུས་ནས། གྲིབ་མ་ལ་སློན་རྒྱབ། ལྕགས་ཀྱི་མི་རེང་དུ་བཙུས་པས། སྦྲི་བོར་ཟངས་ཀྱི་ཁབ་བརྒྱབ་ནས་བསད་དོ། དཔུང་མར་བྱ་སྟག་དང་། ལ་ལེང་བཀྲག་ནས་ལོག་སྟེ། ཙ་རང་གི་མཁར་བཟུང་། དད་བཟང་ཁྲུས་ཨ་ཊའི་ཡུལ་བཟུང་། གུ་གུ་ཁྱུང་གིས་ཕུ་ཏངས་ཀྱི་སྣད་ཕྱེམ་མོ་བཟུང་ངོ་། དུས་དེར་སྐྱིད་ལྡེ་ཉི་མ་མགོན་ལ། རྒྱལ་སྲིད་ཕྲུག་ཏུ་ཕུལ་

① དཔའ་བོ་གཙུག་ལག་འཕྲེང་བས་མཛད་པའི་ཆོས་འབྱུང་མཁས་པའི་དགའ་སྟོན་མི་རིགས་དཔེ་སྐྲུན་ཁང་གི་2006ལོའི་སྤར་མའི་ཤོག་གྲངས་434ལས་དྲངས།

② འགོས་ལོ་གཞོན་ནུ་དཔལ་གྱིས་མཛད་པའི་དེབ་ཐེར་སྔོན་པོ་སི་ཁྲོན་མི་རིགས་དཔེ་སྐྲུན་ཁང་གི་1984ལོའི་སྤར་མའི་ཤོག་གྲངས་62ལས་དྲངས།

[1]ཞེས་པ་ལས་དུས་རབས་12པའི་སྔོན་ནས་མངའ་རིས་ཁུལ་དུ་ཙ་རང་ཞེས་པའི་ས་མིང་དེ་ཡོད་པ་མ་ཟད་དེར་མཁར་ཞིག་ཀྱང་ཡོད་པ་དེ་ཤེས། ཙ་རང་དང་ཙ་བྲང་ངམ་ཙབ་རངས་ནི་ཙ་རངས་ཀྱི་འབྲི་སྟངས་ཡུལ་སྐད་དུ་སོང་བ་ཞིག་ཡིན་ཞིང་། དེ་སྔའི་རྫོང་ཙ་མདའ་རྫོང་དང་ཙ་བྲང་རྫོང་[2]གཉིས་སྤྱི་ལོ་1960ལོར་གཅིག་ཏུ་སྒྲིལ་བས་དེང་གི་ཙ་མདའ་རྫོང་[3]ཞེས་པའི་ཐ་སྙད་བྱུང་། སྔོན་གྱི་ཙ་རངས་རྫོང་གི་གནས་སའི་བདག་པོ་འཇིག་དབང་ཕྱུག་སྐྱེ་ཁོང་གི་དབུ་རྒྱུག་བཙན་ཞིང་ཆབ་སྲིད་རྒྱ་མཚོའི་དཔལ་བཞིན་རྒྱས་པའི་མངའ་ཁོངས་སུ་གཏོགས་པའི་གཡུང་བེ་གར་[4]ཞེས་པ་དེར་ལ་ལས་བྱེ་དཀར་ཞེས་ཀྱང་འབོད་ཀྱི་འདུག སྔོན་གུ་གེའི་ཁུལ་གྱི་ལྷོ་སྨད་ཡུལ་ཚོ་མ་བུ་སྤུན་བདུན་དུ་གྲགས་པ་ནི་རི་ལྡེ་སྒང་པ་དང་རི་བ། ཆུ་གསེར། ཀབ་རག ཟ་རང་། སྟེང་པ། བྱེ་དཀར་བཅས་བདུན་དུ་འདྲེན་པའི་ནང་གི་ཡ་གྱལ་ཞིག་སྟེ་དེང་གི་མངའ་རིས་ཙ་མདའ་རྫོང་ས་གནས་སྲིད་གཞུང་ནས་སྤྱི་ལེ་80ཙམ་གྱི་ལྷོ་ནུབ་ངོས་སུ་ཡོད།[5] དེ་རྗེས་གོང་དུ་བརྗོད་པའི་ཡུལ་ལུང་གི་བསྟོད་པ་དུང་ཆེན་གཟུགས་དེ་བསྒྱུར་གླིས་ཀྱི་ལས་ལ་མ་འཛེམས་པར་ཚིག་སྣ་བསྡུས་པའི་སྒོ་ནས་ཚིགས་བཅད་ཤོ་ལོ་ཀ་རེའི་འགོ་དེ་ཨེ་མ་ཧོ་ཞེས་པས་དྲངས་ཏེ་བརྗོད་པ་སྟེ། ཨེ་མ་ཧོ།། །བཙུ་གསུམ་ལྷ་ཡུལ་སྤྱི། །འཛམ་གླིང་སོག་ཀ་ལགས། །དགོངས་པ་ཕུན་སུམ་ཚོགས། །བདེ་སྐྱིད་ངོ་མཚར་ཆེ། །ཨེ་མ་ཧོ།། །ཏི་སེ་གངས་ཀྱི་སྤྱི། །ཤེལ་གྱི་མཆོད་རྟེན་ལགས། །དགྲ་བཅོམ་ཕུན་སུམ་ཚོགས། །གནས་ཅན་ངོ་མཚར་ཆེ། །ཨེ་མ་ཧོ།། །བདུད་རྩི་བུམ་པའི་སྤྱི། །མ་ཕང་གཡུའ་མཚོ་ལགས། །ཁྲུས་ཆབ་ཕུན་སུམ་ཚོགས། །བདུད་རྩི་ངོ་

① གུ་གེའི་པཎ་ཆེན་གྲགས་པ་རྒྱལ་མཚན་གྱིས་མཛད་པའི་ཉི་མའི་རིགས་ཀྱི་རྒྱལ་རབས་སྐྱེ་རྒྱུའི་ཅོད་པན་ཉི་ཟླའི་ཕྲེང་མཛེས་པོ་ཞོ་བྲང་པོ་ཏྭ་ལའི་དཔེ་ཚོགས་དཔལ་ས་སྐྱ་པའི་གསུང་རབ་བོད་ལོ་རྒྱུས་དང་ཆོས་འབྱུང་། མཚོ་སྔོན་མི་རིགས་དཔེ་སྐྲུན་ཁང་གི་2013ལོའི་སྤར་མའི་ཤོག་གྲངས་241ལས་དྲངས།

② དེ་སྔ་མངའ་རིས་ས་ཁུལ་དུ་རྫོང་བཞི་དཔོན་བཞི་ཞེས་བཙེ་སྲོལ་ཡོད་པ་དེའི་གྲས་ཀྱི་རྫོང་བཞི་སྟེ་ཙ་རངས་རྫོང་། མདའ་པ་རྫོང་། །སྤུ་ཧྲེང་རྫོང་། རུ་ཐོག་རྫོང་བཅས་ཡིན།

③ 见，《西藏地名资料简编》西藏自治区革命委员会测绘局1979年编（内部资料）。

④ ཟླ་དག་ཤན་དང་ཟླ་ལག་ཅེས་པའི་ཡུལ་གཉིས་ཀྱི་ད་ལྟའི་མིང་ལ་ཅི་ཟེར་མ་འཁྲུམས་ནའང་དེང་སང་ནི་མཐའ་མིས་དབང་བྱས་ཞེས་བྱུང་བ་ན། ཕལ་ཆེར་དེང་སང་གི་བོད་ལྗོངས་ཀྱི་ནུབ་མཐའི་ཁ་ཆེའམ་ཀཤྨིར་གྱི་ཡུལ་སོགས་ཡིན་ནམ་སྙམ་ཞེས་མིག་དམར་ཚེ་རིང་ནས་བརྩམས་པའི་ཏུན་ཧོང་ནས་ཐོན་པའི་བོད་ཀྱི་ལོ་རྒྱུས་ཡིག་ཆ་ལས་བྱུང་བའི་བོད་ལྗོངས་ས་མིང་ཞེས་པའི་ཤོག་གྲངས་16དུ་གསལ།

⑤ གུ་གེ་ཚེ་རིང་རྒྱལ་པོས་བརྩམས་པའི་མངའ་རིས་ཆོས་འབྱུང་གངས་ལྗོངས་མཛེས་རྒྱན། བོད་ལྗོངས་མི་དམངས་དཔེ་སྐྲུན་ཁང་གི་2006ལོའི་སྤར་མའི་ཤོག་གྲངས་331ལས་དྲངས།

མཚར་ཆེ། །ཨེ་མ་ཧོ། །ལྷ་དབང་བརྒྱ་བྱིན་སྡེ། །མངའ་བདག་འཛིག་རྟེན་དབང་ཕྱུག་ལགས། །ཆོས་རྒྱལ་ཕུན་སུམ་ཚོགས། །སྲིད་སྐྱོང་ངོ་མཚར་ཆེ། །ཨེ་མ་ཧོ། །བློ་བཟང་གྲགས་པའི་སྡེ། །དྲིན་ཅན་རྩ་བའི་བླ་མ་ལགས། །མཁྱེན་པ་ཕུན་སུམ་ཚོགས། །གསུམ་ལྡན་ངོ་མཚར་ཆེ། །ཨེ་མ་ཧོ། །རྒྱ་གར་ཆོས་ཡུལ་སྡེ། །མངའ་བདག་འཛིག་རྟེན་དབང་ཕྱུགས་ལགས། །གཞུང་ཡུལ་བེ་གར་ལགས། །དགེ་བཅུ་ཕུན་སུམ་ཚོགས། །གཡང་ཡུལ་ངོ་མཚར་ཆེ། །ཨེ་མ་ཧོ། །རྡོ་རྗེ་གདན་གྱི་སྡེ། །བཀྲ་གཡུའི་ལྷ་གང་ལགས། །ལྷ་བྲབ་ཕུན་སུམ་ཚོགས། །ལྷ་ཚོགས་ངོ་མཚར་ཆེ། །[1]ཞེས་པས་ཀྱང་གསུང་རབ་འདྲི་བཞེངས་ཀྱི་གནས་ཚ་མདའ་རྫོང་གི་མངའ་ཁོངས་སུ་ཡོད་པའི་གཞུང་ཡུལ་བེ་གར་རམ་བྱེ་དཀར་ཞུ་བ་དེ་ཡིན་པ་ཤེས་སོ།

གསུམ། སྦྱིན་བདག

ཀྱེ་ལེགས། ཡུལ་ལ་དགེ་བཅུ་འཛོམས་པའི་གཞུང་ཡུལ་བེ་གར་འདིར། །མི་རིགས་ཁུངས་བཙུན་རྗེ་བོའི་རིགས་སུ་འཁྲུངས། །སྤྱི་རྩལ་གཉིས་དང་ལྡན་པ་ཕྱིའི་དགྲ་རྣམ་འདུལ། །ཤེས་རིག་གཉིས་དང་ལྡན་པ་ནང་གི་གཉེན་རྣམ་སྐྱོངས། །དད་ལྡན་ཡོན་གྱི་བདག་པོ་བསླབ་བཙུན་དཔལ་འབར་བ་སྲུ། །ཕ་མའི་དྲིན་ལན་བསབས་ཕྱིར་དང་། །ཕྱི་མ་ཐར་ལམ་འགྲོད་ཕྱིར་དང་། ཚེ་འདིའི་སྡིག་སྒྲིབ་བྱང་ཕྱིར་དུ། རྒྱུ་མའི་ནོར་ལ་སྙིང་པོ་མེད་གཟིགས་ན། དམ་ཆོས་ཁྲིད་འཕགས། འཕགས་པ་བརྒྱད་སྟོང་པ་བཞེངས་པ་ངོ་མཚར་ཆེ། །གཞན་ཡང་སྲས་ཀྱི་མཆོག་གྱུར། ལྷབ་ཏུག་གཞོན་ནུ་འདྲ་བ་རྗེ་བོ་འཕུ་འཛོམ་དང་། དགེ་འདུན་བསམ་འཕེལ་དང་། གཞན་ཡང་ཡོན་གྱི་བདག་མོ་བསམ་འགྲུབ་བཙོ་མོ་སུ་མིའི་ཟས་རྣམས་ལྷའི་བདུད་བརྩིར་གཞར་བ་ངོ་མཚར་ཆེ། གཞན་ཡང་བུ་མོ་འཕི་མོ་དང་། བསམ་གྲུབ་དང་། བྱམས་པ་དང་། བལྷོ་སོ་པལ་འཛོམ་དང་། དེ་རྣམས་ཆོས་ལ་དགའ་བ་ངོ་མཚར་ཆེ།[2]ཞེས་དང་། ཨེ་མ་ཧོ། །མི་རྒྱུད་ལྷའི་སྡེ། །ཏུས་ཆེན་རྗེ་བོ་ལགས། །མི་ཚོགས་ཕུན་སུམ་ཚོགས། །གཡོག་ཚང་ངོ་མཚར་ཆེ། །[3]ཞེས་བྱུང་བ་ལ་གཞིགས་ན། མངའ་རིས་ཁུལ་དུ་དུས་རབས་11པ་ནས་བཟུང་རྗེ་བོའི་རིགས་བརྒྱུད་བྱུང་ཡོད་

---

① མངའ་རིས་རྩ་མདའ་རྫོང་ཡིབ་རི་དགོན་དུ་བཞུགས་པའི་ཤེར་ཕྱིན་བརྒྱད་སྟོང་པ་དེའི་མཛད་བྱང་ཡིན།

② མངའ་རིས་རྩ་མདའ་རྫོང་ཡིབ་རི་དགོན་དུ་བཞུགས་པའི་ཤེར་ཕྱིན་བརྒྱད་སྟོང་པ་དེའི་མཛད་བྱང་ཡིན།

③ མངའ་རིས་རྩ་མདའ་རྫོང་ཡིབ་རི་དགོན་དུ་བཞུགས་པའི་ཤེར་ཕྱིན་བརྒྱད་སྟོང་པ་དེའི་མཛད་བྱང་ཡིན།

པ་ནི་ཡར་ལུང་རྗེ་བོའི་ཆོས་འབྱུང་དུ། ཁྲི་བཀྲ་ཤིས་བརྩེགས་པ། →འོད་ལྡེ། →ཁྲི་ཆུང་། →འོད་སྐྱིད་འབར། →ཞང་རྗེ་ཚ་ཁྲི་འབར། →ལྷུན་པོ་འབར། →འབྲུག་ཆུང་ལྡེ། →ནོར་དགའ། →རྗེ་ཁྲིམ་དང་རྗེ་འབག་རྗེ་ཁྲིམ་གྱི་སྲས་ཤག་ཁྲི་ལ་སྲས་རྗེ་བོ་དགོས་པ། →དེའི་སྲས་རྗེ་བོ་ཁྲི་མགོན།→རྗེ་འབག་སྲས་འོད་མཛེས། →དེའི་དཔལ་ལྡེའི་སྲས་རྗེ་བོ་དགའ་དགའ་[1]ཞེས་པ་ལྟར་རྒྱ་མ་ཕུ་འདེད་བྱས་ཆོ། རྗེ་བོའི་རིགས་རྒྱུད་དེ་ཡང་ཐོག་མར་བཙན་པོའི་བརྒྱུད་པ་ལས་ཆད་པའི་རྒྱུད་པ་ཞིག་སྟེ་ཁྲི་བཀྲ་ཤིས་རྩེགས་པ་ནི་མངའ་བདག་དཔལ་འཁོར་བཙན་གྱི་སྲས་ཡིན་པ་དང་། དཔལ་འཁོར་བཙན་ནི་འོད་སྲུང་གི་སྲས་དང་། འོད་སྲུང་ནི་ཁྲི་དར་མ་འུ་དུམ་བཙན་པོའི་སྲས་ཡིན་པའི་རྒྱུ་མཚན་དང་གཅིག གུ་གེའི་རྒྱལ་རབས་དྲུག་པ་ཁྲི་བཀྲ་ཤིས་འབར་ལྡེ་བཙན་ལ་སྲས་གསུམ་བྱུང་བའི་གཅེན་བཀྲ་རྩེ་དང་འབྲིང་རྗེ་བོ་རྒྱལ་པོ། ཐ་ཆུང་འོད་འབར་རྩེ་བྱུང་བའི་དང་པོ་གར་ལོག་གིས་བཀྲོངས། གསུམ་པ་གར་ལོག་གིས་བཙོན་དུ་བཟུང་ནས་འདས། གཉིས་པ་རྗེ་བོ་རྒྱལ་པོས་སྲིད་བཟུང་[2]ཞེས་པ་བཅས་ལས་གུ་གེའི་རྒྱལ་པོ་རྗེ་བོ་དེ་ཡང་བཙན་པོའི་རྒྱུད་པ་ཞིག་ཡིན་གཤིས། དེས་ན་རྗེ་བོའི་རིགས་ལས་ཆད་པའི་བསླབ་བཙུན་དཔལ་འབར་དེ་ལུས་ལ་དཔའ་རྩལ་དང་ནང་བློ་ལ་ཤེས་རིག་གཉིས་དང་ལྡན་གཤིས། དགྲ་འདུལ་གཉེན་སྐྱོང་གི་ལས་ལ་མཁས་པ་ཁོང་གིས་སྦྱིན་བདག་གཙོ་བོ་མཛད་པ་དང་སྤྲུགས་ཁོང་གི་སྲས་རྗེ་འཕྲུ་འཛོམས་དང་དགེ་འདུན་བསམ་འཕེལ་རྣམ་གཉིས་དང་། གཞན་ཡང་ཡོན་གྱི་བདག་མོ་བསམ་འགྲུབ་མཚོ་མོས་འབྲི་བཞེངས་ཀྱི་ཞལ་ལག་དུས་ཐོག་ཏུ་འདྲེན་པ་མཛད་པ་ལས་ཟས་བཅུད་ཆེ་བས་བདུད་རྩི་ལྟ་བུར་སྣང་། གཞན་ཡང་བུ་མོ་འཕྲི་མོ་དང་བསམ་འགྲུབ། བྱམས་པ་དང་ལྷ་སོ་དཔལ་འཛོམས་བཅས་ཀྱིས་རྣམ་དཀར་དགེ་བའི་ལས་དེར་ཕྱུར་བ་གྲུ་འདེགས་གནང་སྟེ་གསུང་རབ་ཤེས་རབ་ཀྱི་ཕ་རོལ་ཏུ་ཕྱིན་པ་བརྒྱད་སྟོང་པ་དེ་འབྲི་བཞེངས་གནང་བ་དེ་ཤེས། དེ་རྗེས་སྟོན་གྱི་དོན་རྣམས་ཚིག་སྣ་ཏ་ཙང་བསྡུས་པའི་སྒོ་ནས་བརྗོད་པ་ནི། ཨེ་མ་ཧོ། །ལྷ་རྗེ་འོད་དཀར་སྐྱེ། །ཏུས་ཆེན་རྗེ་ལགས། །གདུང་ཏུས་ཕུན་སུམ་ཚོགས། །ཏུས་ཆེན་ངོ་མཚར་

① ཆབ་སྲིད་ཚེ་བརྟན་ཕུན་ཚོགས་དང་ནོར་བྲང་ཨོ་རྒྱན་གྱིས་བརྩམས་པའི་བོད་ཀྱི་ལོ་རྒྱུས་རགས་རིམ་གཡུ་ཡི་ཕྲེང་བ་བོད་ལྗོངས་དཔེ་རྙིང་དཔེ་སྐྲུན་ཁང་གི་2006ལོའི་སྤར་མའི་ཤོག་གྲངས་520ལས་དྲངས།

② མཁས་དབང་དུང་དཀར་བློ་བཟང་འཕྲིན་ལས་ཀྱིས་མཛད་པའི་དུང་དཀར་བོད་རིག་པའི་ཚིག་མཛོད་ཀྲུང་གོའི་བོད་རིག་པའི་དཔེ་སྐྲུན་ཁང་གི་2002ལོའི་སྤར་མའི་ཤོག་གྲངས་498ལས་དྲངས།

ཆེ།། [1]ཞེས་པས་རྫོགས།

བཞི། དགོས་པ།

དད་པ་སྐྱོ་ངས་མེད་པའི་སྦྱིན་བདག་བཙན་པོའི་རྒྱུད་པ་ལས་ཆད་པའི་ཇོ་བོའི་རིགས་སུ་འཁྲུངས་པའི་སྦྱིན་བདག བསྟན་བཙུན་དཔལ་འབར་ཡིས་གཙོ་བོ་མཛད་དེ། ཡོན་གྱི་བདག་མོ་བསམ་གྲུབ་འཚོ་མོ་དང་། སྲས་ཀྱི་མཆོག་གྱུར་ཇོ་བོ་འཕྱུ་འཛོམས་སོགས་སྙིང་ཉེ་བའི་སྐུ་མཆེད་རྣམས་ཀྱིས་ཕྱུར་བ་གྲུ་འདེགས་གནང་སྟེ། ཤེར་ཕྱིན་བརྒྱད་སྟོང་པ་དེ་འབྲི་བཞེངས་གནང་བའི་དགོས་པ་ནི། ཇོ་བོ་བསྟན་བཙུན་དཔལ་འབར་གྱིས་རང་གི་དྲིན་ཆེ་བའི་ཕ་མ་གཉིས་ཀྱི་དྲིན་ལན་བསབ་ཕྱིར་དང་ཚེ་ཕྱི་མ་རང་དང་རང་གི་ཕ་མ་སོགས་ཐར་པའི་ལམ་བགྲོད་པའི་ཕྱིར་དང་། ཚེ་འདིའི་མི་དགེ་ལས་སྡིག་ངན་བསགས་པ་རྣམས་བྱང་བའི་ཕྱིར་དང་། ཚེ་འདིར་བསགས་པའི་ནོར་ལ་སྙིང་པོ་ལེན་ཕྱིར་དུ་ཁྱད་དུ་འཕགས་པ་ཤེས་རབ་ཀྱི་ཕ་རོལ་ཏུ་ཕྱིན་པ་བརྒྱད་སྟོང་པ་བཞེངས་པར་མངོན་པ་སྟེ། ཕ་མའི་དྲིན་ལན་བསབས་ཕྱིར་དང་། །ཕྱི་མ་ཐར་ལམ་བགྲོད་ཕྱིར་དང་། །ཚེ་འདིའི་སྡིག་སྒྲིབ་བྱང་ཕྱིར་དུ། །སྒྱུ་མའི་ནོར་ལ་སྙིང་པོ་མེད་གཟིགས་ནས། །དམ་ཆོས་ཁྱད་འཕགས་། །འཕགས་པ་བརྒྱད་སྟོང་པ་བཞེངས་པ་ངོ་མཚར་ཆེ། ། [2]ཞེས་པས་གོ་བ་འབོད་ནོ།

ལྔ། ཡིག་མཁན།

ཨེ་མ་ཧོ། །ཐུགས་དགོངས་ཟབ་པའི་སྲི། །རྒྱ་མ་ཆོས་མཛད་ལགས། །བརྒྱད་སྟོང་ཕུན་སུམ་ཚོགས།།ཆོས་བཞེངས་ངོ་མཚར་ཆེ། ། ཨེ་མ་ཧོ།། །ཚོགས་གཉིས་རྫོགས་པའི་སྲི། །སྒྲིབ་གཉིས་བྱང་པ་ལགས། །རྒྱ་མ་བཞེངས་ལགས། །སངས་རྒྱས་བྱང་ཆུབ་ངོ་མཚར་ཆེ།། [3]ཞེས་བྱུང་བ་ལ་གཞིགས་ན། སྤྱིར་གྱི་ཆ་ནས་སྐབས་དོན་འདིར་གླེང་བར་བྱ་བའི་དོན་ནི་བསྔོ་བ་སྨོན་ལམ་གྱི་དོན་ཡིན་མོད་ཀྱང་། འདིར་ཨེ་མ་ཧོ་ཞེས་པས་སྟོན་བསུས་ཏེ་ཐུགས་དགོངས་ཟབ་པའི་དཔེ་

① མངའ་རིས་རྩ་མདའ་རྫོང་ཡིབ་རི་དགོན་དུ་བཞུགས་པའི་ཤེར་ཕྱིན་བརྒྱད་སྟོང་པ་དེའི་མཛད་བྱང་ཡིན།

② མངའ་རིས་རྩ་མདའ་རྫོང་ཡིབ་རི་དགོན་དུ་བཞུགས་པའི་ཤེར་ཕྱིན་བརྒྱད་སྟོང་པ་དེའི་མཛད་བྱང་ཡིན།

③ མངའ་རིས་རྩ་མདའ་རྫོང་ཡིབ་རི་དགོན་དུ་བཞུགས་པའི་ཤེར་ཕྱིན་བརྒྱད་སྟོང་པ་དེའི་མཛད་བྱང་ཡིན།

དེ་ནི། སྒོ་གསུམ་ཐང་ཆད་འབྲི་བའི་ཡིག་མཁན་རྒྱ་མ་ཆོས་མཛད་ཀྱིས་མཛད་དེ་འབྲི་བཞེངས་བྱས་པར་མངོན་ལ་ཤེར་ཕྱིན་བརྒྱད་སྟོང་པ་དེ་ནི་འབྲི་རྫས་སྣག་ཤོག་དང་འབྲི་གཟུགས་དང་ན་བཟའ་བཟང་བའི་ཆ་ནས་ངོ་མཚར་ཆེ་ཞིང་བྲིས་འདུག་སྙམ།

དྲུག བསྔོ་སྨོན།

དེ་རྗེས་མཛད་བྱང་འདིར་གཞན་དང་མི་འདྲ་བར་སྨོན་ལམ་ཡོངས་སུ་གཏོགས་པའི་སེམས་ཅན་ཐམས་ཅད་ཀྱི་ཆེད་དུ་མ་ཡིན་པར་སྒོ་གསུམ་ཐང་ཆད་འབྲི་བའི་ཡིག་མཁན་རྒྱ་མ་ཆོས་མཛད་ཡོང་རང་གིས་གསུང་རབ་འདི་འབྲི་བཞེངས་མཛད་པ་ལས་བསོད་ནམས་ཚོགས་དང་ཡེ་ཤེས་ཀྱི་ཚོགས་གཉིས་རྫོགས་ཤིང་། ཉོན་སྒྲིབ་དང་ཤེས་སྒྲིབ་གཉིས་བྱང་སྟེ་ཡིག་མཁན་རྒྱ་མ་ཡོང་རང་སངས་རྒྱས་དང་བྱང་ཆུབ་ཀྱི་གོ་འཕང་ཐོབ་པར་ཤོག་ཅེས་སྨོན་ལམ་བཏབ་འདུག

བདུན། མཇུག་བསྡུའི་ཚིག

དད་པ་སྐྱོ་ངས་མེད་པའི་སྦྱིན་བདག་ཇོ་རིགས་ཀྱིས་རྒྱུད་པ་བསླབ་བཙུན་དཔལ་འབར་དང་ཡོན་གྱི་བདག་མོ་བསམ་གྲུབ་འཚོ་སོགས་ཀྱིས། དུས་རབས་17-18པའི་ནང་དུ་བཞེངས་པར་མངོན་པའི་ཤེར་ཕྱིན་འདིའི་མཛད་བྱང་གི་མཇུག་བསྡུའི་ཚིག་ཏུ་ཨཱ་མ་ཧོ་ཞེས་པས་སྟོན་བསྡུས་ཏེ། སམ་སྐྲི་ཏ་གཟུགས་འགྱུར་གྱི་ཐོག་ནས་བཀྲ་ཤིས་ཞེས་པའི་དོན་སཾ་སྒྲ་ཡཾ་ཞེས་དང་བོད་སྐད་ཀྱི་ཐོག་ནས་བསྒྱུར་ བློས་ཀྱི་ལས་ལ་མ་གཟིགས་པར་བཀྲ་ཤིས། །ཞལ་དྲོ། །དགེའོ། །ཞེས་བརྗོད་པའི་ཞོར་དུ། དད་པ་སྐྱོ་ངས་མེད་པའི་སྦྱིན་བདག་ཇོ་བོ་བསླབ་བཙུན་དཔལ་འབར་དང་སྒོ་གསུམ་ཐང་ཆད་འབྲི་བའི་ཡིག་མཁན་རྒྱ་མ་ཆོས་མཛད་བཅས་ཀྱིས་གསུང་རབ་འབྲི་བཞེངས་བདེ་ལྷག་ངང་ནས་ལེགས་གྲུབ་བྱུང་བ་ལས། སེམས་ཀྱི་ཁུར་པོ་ལྕི་བ་དེ་རང་བཞིན་གྱིས་དལ་དུ་ཕབ་པའི་རྣམ་པ་སྟེ་མ་བཙོས་སེམས་ཀྱི་གཏིང་ནས་ཧེ་ཧེ་ཧེ་ཞེས་དགའ་འཁོད་ཤོར་བས་མཇུག་བསྡུས་འདུག

ལེའུ་ཉེར་གཅིག་པ། དུས་རབས་17-18པའི་གསུང་རབ་བྲིས་མའི་མཛོད་བྱང་།

ལེ་ཚན་དང་པོ། ས་དགའ་ཐུབ་དགོན་རབ་ཏུ་འཛོམས་པའི་མདོའི་མཛོད་བྱང་།

མཛོད་བྱང་མ་དཔེ།

དང་པོ། མཛོད་བྱང་མ་ལྷུས།

༄༅། །ཨོཾ་སྭ་ཏི་སིདྡྷཾ། །ཆོས་སྐུ་སྤྲོས་བྲལ་ནམ་མཁའ་ཡངས་པ་ལ། །ལོངས་སྐུ་མཚན་དང་དཔེའ་བྱད་འོད་ཟེར་འཁྱིལ། །སྤྲུལ་སྐུ་སེམས་ཅན་མ་རིག་མུན་པ་སེལ། །བསྟན་པའི་མངའ་བདག་ཐུབ་དབང་དེ་ལ་འདུད། །བྱཾ་ཆུབ་སེམས་ཀྱིས་འགྲོ་ཀུན་བུ་ལྟར་གཟིགས། །བློ་གྲོས་ཆེན་པོས་དེ་ཉིད་ལེགས་རྟོགས་ནས། །སྙིགས་དུས་འགྲོ་བ་ཀུན་གྱི་སྐྱབས་གཅིག༔བློ་གྲོས་མཚན་ཅན་ཞབས་ལ་གུས་ཕྱག་འཚལ། །དེ་ནང་གསུང་རབ་རྒྱ་མཚོའི་དཀར་ཆག་ནི། །ཕུན་ཚོགས་ཀུན་ལས་རྒྱལ་བ་བྲི་བར་བྱ། །ཨེ་མ་ཧོ༔ བསྟོན་པ་ཕུན་སུམ་ཚོགས་པ་འདི་ལྟ་སྟེ། །དང་པོར་བྱང་ཆུབ་མཆོག་ཏུ་སེམས་བསྐྱེད་ནས། །བར་དུ་གྲངས་མེད་གསུམ་དུ་ཚོགས་གསགས་སྟེ། །ཐ་མ་རྡོ་རྗེ་གདན་དུ་མངོན་སངས་རྒྱས། །ཟས་གཙང་སྲས་པོ་ཐུབ་དབང་ཉི་མ་ཡིན། །བསྟན་པ་ཕུན་སུམ་ཚོགས་པ་ལྕུང་གི་དུས། །ཞིང་གི་མཆོག་གྱུར་མི་འཇིད་དག་པའི་ཞིང་། །གླིང་གི་མཆོག་གྱུར་ལྷོའི་འཛམ་བུ་གླིང་། །དམ་ཆོས་དར་བ་སྤུ་རྒྱལ་བོད་ཀྱི་ཡུལ། །ཡུལ་ལས་ཁྱད་པར་འཕགས་དགའ་སྟེགས་

ཟུར་ཚོའི་ཁྲུལ། །ལྷ་གནས་བཟང་པོ་བཙང་ལྷའི་ཤར་མགུལ་དུ། རྫོང་གི་མཆོག་གྱུར་ལྷ་རྫོང་ཕྲ་མོ་འདིར། །རྒྱལ་པོ་ཕུན་སུམ་ཚོགས་པ་འདི་ལྟ་སྟེ། །རིགས་རུས་ཕུན་སུམ་ཚོགས་ཟུར་ཚོ་སྤུང་གི་གདུང་། །མཛེས་སྐུ་ཕུན་སུམ་ཚོགས་ཡིད་འོང་ཚངས་དབྱངས་ཅན། །མཁྱེན་དགོངས་མཁའ་ལྟར་མཐོ་བའི་ས་འཛིན་ནི། །ལྷ་དབང་བརྒྱ་བྱིན་མི་ལ་འཕོས་འདྲ་བ། །ཁྲིམས་གཉིས་ནོར་བུ་འཛིན་པའི་མི་དབང་མཆོག། །བདེ་ཆེན་རྒྱལ་མཚན་སྐུ་མཆེད་རྒྱལ་གྱུར་ཅིག། །ཆོས་རྒྱལ་ཆེན་པོ་བདག་ཆེན་སྐུ་མཆེད་ནི། །འཁོར་པའི་ཆུ་གཏེར་ཕ་མཐའ་མི་མངོན་ཞིང་། །དཔུང་གི་རྩལ་ཚུབ་ཉི་མ་ཕམ་བྱེད་པ། །ཆབ་སྲིད་ཤིང་ཆེན་ས་ལ་རྒྱས་གྱུར་ཅིང་། །ཡིད་འཕྲོག་མདངས་གསལ་དྲུང་སྐོར་བཞོན་ནུ་རྣམས། །རབ་མཛེས་ནམ་མཁའི་ལྷ་ཕྲན་འདུས་པ་བཞིན། །འཁོར་ཡུག་རིའི་ཁོངས་སུ་ཆབ་སྲིད་རྣམས། །མི་ཤོང་གོ་སྐབས་མེད་པར་གནས་པ་འདྲ། །ལྷ་གནས་དེ་ནས་བྱང་ཤར་འཕགས་པ་ན། །ལྷ་གནས་བཟང་མོ་ཤེལ་ཆག་ལྐོའི་མགུལ། །སྔ་ཚོགས་འབྲུ་སྨིན་རྩེ་བཅུད་རྒྱས་པའི་ས། །ས་ལ་འབུར་དོད་བཀྲ་ཤིས་ཆུ་རུག་བཀྲར། །སྦྱིན་བདག་ཕུན་སུམ་ཚོགས་པ་འདི་ལྟ་སྟེ། །བསོད་ནམས་དཔལ་ལས་ལེགས་པར་འཁྲུངས་པ་ཡི། །རིག་རུས་ཕུན་སུམ་ཚོགས་ཕ་ཆེན་སྐོས་ཀྱི་རྒྱུད། །རིགས་བཟང་ཁུངས་བཙུན་ནང་བློན་ཆེན་པོའི་རིགས༑ ཁྲལ་ཡོད་ངོ་ཚའི་གོས་ཀྱིས་རབ་རྒྱན་པའི། །སྲོ་བསྟན་མོས་པའི་བློ་གྲོས་ཆེན་པོ་ཡིས། །དཀོན་མཆོག་མཆོད་དང་གོང་མའི་ཞབས་ཏོག་ཅན། །མཉན་པར་གྲགས་ཞིང་འགྲོ་མང་སྤྱི་བོས་འདུད། །ཆ་ཐོས་བུའི་དཔལ་འདྲ་ཐོབ་གྱུར་ནས། །སྟག་ཏུ་དགེ་བའི་ཆོས་ལ་བརྩོན་གྱུར་ཅིང་། །ཉེ་འཁོར་ཐམས་ཅད་བརྩེ་བས་སྐྱོངས་མཛད་པ། །ནང་བློན་འཛིན་པ་གཉེར་ཆེན་དཔོན་ཆེན་པོས། །ལྷག་བསམ་རྣམ་དག་བསམ་སྦྱོར་ལྡན་པ་ཡིས། །རྒྱུ་མའི་ནོར་ལ་སྙིང་པོ་བླང་ཕྱིར་དང་། །རྒྱལ་བའི་བསྟན་པ་དར་བར་བྱ་ཕྱིར་དང་། །གོང་མ་ཡོན་མཆོད་སྐུའི་རིམ་གྲོ་དང་། །རང་བཞིན་རྣམས་ཀྱི་སྡིག་སྒྲིབ་སྦྱང་ཕྱིར་དང་། །སྐུ་གཤེགས་རྣམས་ཀྱི་ཐུགས་དགོངས་རྫོགས་ཕྱིར་དང་། །ཁྱད་པར་སྐུ་གཤེགས་ནམ་མཁའ་བཟང་མོ་ཡིས། །སྡིག་སྒྲིབ་དག་ནས་ཚོགས་གཉིས་རྫོགས་ཕྱིར་དང་། །རྫོགས་པའི་སངས་རྒྱས་ཐོབ་པར་བྱ་བའི་ཕྱིར། །བླི་དུར་འདྲའི་མཐིང་ཤོག་སྔོན་པོ་ལ། །རིན་ཆེན་ས་ལེ་སྦྲ་གྱི་ཡི་གེའི་ཚོགས། ། མ་སྤྲུག་པར་ཡང་རང་རང་སྦྲ་སྐད་རྣམས། །འཛུམ་ཞིང་འབོད་པའི་སྒོ་ནས་སྒྲོགས་འདྲ་བ། །རིན་པོ་ཆེ་ལས་གྲུབ་པའི་ཏོག་གཟུངས་བཞེངས། །ཉུབ་བྱང་ཀུན་རྫའི་ཚལ་ནས་ཆུ་སྐྱེས་ཀྱི། །མེ་ཏོག་འཛུམ་མདངས་ལྡན་པ་ཡི་གནས་འདིར་ལྷུང་། །འཁོར་པའི་བང་མཛོད་སོག་པའི་ཐབས་སྒྱུར་

188

ཞིང་། །ཤེས་ལྡན་འཁོར་གྱི་ནང་མི་སྐྱོང་བ་དང་། །རང་འདོད་ཆུང་ཞིང་ཉེ་འཁོར་ཀུན་ལ་རྗེ། །ང་ཚའི་གོས་འཆང་ཁྲིལ་ཡོད་བཀའ་རྒྱ་ཅན། །ཕོངས་པ་རྣམས་ཀྱི་མགོན་དང་སྐྱབས་གྱུར་ཅིང་། །ནམ་ཡང་མི་འགྱུར་དཀོན་མཆོག་གསུམ་ལ་མོས། །སྡིག་སྤོང་དགེ་བ་སྒྲུབ་པའི་རྣམ་དཔྱོད་ཅན། །སྲས་མོ་མགོན་མོ་སྐྱབ་མ་ཞེས་བྱ་ཡིས། །སྐྱོ་ངས་མེད་པའི་རོ་འཛིན་བདུད་རྩི་ཡིས། །དཔོན་ཡིག་ཆོས་མགོན་ཆོས་པ་ངོ་མཚར་ཆེ། །བསྟན་པའི་སྲོག་ཤིང་བློ་གྲོས་མཚན་ཅན་དང་། །བསྟན་པའི་སྲོག་ཤིང་བློ་གྲོས་མཚན་ཅན་དང་། །ཆོས་རྒྱལ་ཆེན་པོ་བདེ་ཆེན་རྒྱལ་མཚན་པས། །གསེར་ཞོག་ལ་སོགས་ཚད་མེད་ཐུགས་བརྗེས་བཟུང་། །རིགླ་བཟང་ཁྲུངས་བཙུན་དཀོན་མཆོག་རྡོ་རྗེ་དང་། །སྐུ་གཉེན་དགའ་རོགླ་འཁོར་གཡོག་ཐཾས་ཅད་ཀྱིས། །དཀའ་ཐུ་མ་དང་སྟོན་མོ་དཔག་མེད་བྱུང་། །འདིའི་ཕྱོགས་སུ་དངོས་པོ་བཏང་བ་དང་། །གོམ་གང་རྒྱབ་བམ་ཚིག་ཅིག་སྨྲས་པ་དང་། །རྗེས་སུ་ཡིད་རང་ཙམ་ཅིག་བགྱིས་པ་རྣཾས། །རྒྱལ་བའི་བཀའ་ནས་གསུངས་པ་ཇི་བཞིན་དུ། །གནས་་སྐབསུ་ཡང་འགལ་རྐྱེན་ཞི་བ་དང་། །མཐར་ཐུག་རྫོགླ་པའི་སངས་རྒྱས་ཐོབ་པར་ཤོག། །ཤེས་བྱ་འདི་ལ་ཚད་ཡོད་མ་མཆིས་ཞིང་། །འོན་ཀྱང་ཚད་ལྡན་ཡི་གེར་བཀོད་པ་འདི། །འཕྲུལ་ཡིག་ལྡན་པ་དཔོན་ཡིག་ཆོས་མགོན་དང་།།རྐོས་བྱེད་ཕུལ་ཕྱིན་དཔོན་པོ་ཆོས་བཟང་ཡིན། །ཞུས་ཅིང་དག་པར་བྱེད་པའི་མཁན་པོ་ནི། །ཏུར་སྨིག་ལོ་འབྲས་འཛིན་པའི་བདག་ཉིད་ཅན། །ངག་དབང་རྣམ་རྒྱལ་ཞེས་བྱ་གང་དེའི། །ཤེས་ལྡན་བྲུར་བོར་གནས་པའི་སྤྱོད་ཡུལ་ཏེ། །མི་ཤེས་ཕྱོགས་ལྷུང་ཅན་ལ་འདྲིས་ཅི་བྱ། །ཀུན་མཁྱེན་མཁས་པའི་ཚོགས་རྣམས་བཟོད་པར་མཛོད། །རྡོ་རྗེ་འཆང་བློ་གྲོས་མཚན་ཅན་པས། །བཟའ་ཆོས་དུས་སྦྱོར་ཕུན་སུམ་ཚོགས་པ་ལ། །རྒྱུད་སྡེ་ཟབ་མོས་རབ་གནས་ཕུན་ཚོགླ་མཛད། །བཀྲ་ཤིས་བྱིན་ཆེ་ཞལ་གྲོ་གཏན་དུ་བཞུགས། །དེ་ལས་བྱུང་བའི་དགེ་བ་དྲི་མེད་དེས། །མཁའ་ཉམས་མ་ལུས་སེམས་ཅན་ཐམས་ཅད་དང་། །སྐུ་གཤེགས་རྣམས་ཀྱིས་སངས་རྒྱས་ཐོབ་པ་ཤོག།ཞལ་བཞུགས་འཁོར་དང་བཅས་པ་ཐཾས་ཅད་ཀྱི། །སྐུ་སྲོག་རི་དབང་ལྟ་བུར་བརྟན་པ་དང་། །དཔལ་འབྱོར་ནམ་མཁའི་མཛོད་ལ་མཉེས་པ་དང་། །སྟོབས་དང་དཔུང་ལ་འགྲན་མེད་པར་ཤོག། །གནས་སྐབས་སུ་ཡང་འགལ་རྐྱེན་ཞི་པ་དང་། །མཐར་ཐུག་རྫོགས་པའི་སངས་རྒྱས་ཐོབ་པར་ཤོག།།འགྱུར་མེད་རྡོ་རྗེའི་བཀྲ་ཤིས་ཤོག། །འགག་མེད་གསུང་དབྱངས་དྲུག་བཅུའི་བཀྲ་ཤིས་ཤོག། །···མེད་མི་ཏོག་ཐུགས་

ཀྱི་བཀྲ་ཤིས་ཤོག །ཨཾ་སྭཱ་ཧཱ་①ཞེས་པའོ།

གཉིས་པ། མཛད་བྱུང་གི་དབྱེ་ཞིབ།

གཅིག བསྟོད་ཕྱག

༄༅། །ཨོཾ་སྭ་ཏི་སིདྡྷཾ། །ཆོས་སྐུ་སྤྲོས་བྲལ་ནམ་མཁའ་ཡངས་པ་ལ། །ལོངས་སྐུ་མཚན་དང་དཔེའ་བྱད་འོད་ཟེར་འཁྲོ། །སྤྲུལ་སྐུ་སེམས་ཅན་མ་རིག་མུན་པ་སེལ། །བསྟན་པའི་མངའ་བདག་ཐུབ་དབང་དེ་ལ་འདུད། །ཐུཾ་ཆུབ་སེམས་ཀྱིས་འགྲོ་ཀུན་བུ་ལྟར་གཟིགས། །བློ་གྲོས་ཆེན་པོས་དེ་ཉིད་ལེགས་རྟོགས་ནས། །སྐྱིགས་དུས་འགྲོ་བ་ཀུན་གྱི་སྐྱབས་གཅིག།བློ་གྲོས་མཚན་ཅན་ཞབས་ལ་གུས་ཕྱག་འཚལ། །②ཞེས་བྱུང་བ་ལྟར་ན། འདིར་ཡང་ཐོག་མར་རྒྱ་སྐད་ཀྱི་ཐོག་ནས་བཀྲ་ཤིས་ཞེས་པའི་ཚིག་གིས་དབུ་འཕེན་ཏེ་ཆོས་སྐུ་དང་སྤྲུལ་སྐུ། ལོངས་སྐུ་སྟེ་སྐུ་གསུམ་ལ་བསྟོད་ཕྱག་ཕུལ་བ་དང་སྦྲགས། དེའི་ཞོར་དུ་གསུང་རབ་འདི་འབྲི་བཞེངས་ཀྱི་སྦྱིན་བདག་ནམ་ཡིག་མཁན་གྱི་རྩ་བའི་བླ་མའི་མཚན་ནས་འབོད་ཏེ་བླ་མ་བློ་གྲོས་སུ་གུས་ཕྱག་ཕུལ་བ་དེ་ཡིན་འདུག

གཉིས། ཡུལ་ལུང་།

ཨེ་མ་ཧོ༔ བསྟོན་པ་ཕུན་སུམ་ཚོགས་པ་འདི་ལྟ་སྟེ། །དང་པོར་བྱང་ཆུབ་མཆོག་དུ་སེམས་བསྐྱེད་ནས། །བར་དུ་གྲངས་མེད་གསུམ་དུ་ཚོགས་གསགས་སྟེ། །ཐ་མ་རྡོ་རྗེ་གདན་དུ་མངོན་སངས་རྒྱས། །ཟས་ཙང་སྲས་པོ་ཐུབ་དབང་ཉི་མ་ཡིན། །བསྟན་པ་ཕུན་སུམ་ཚོགས་པ་ལུང་གི་དུས། །ཞིང་གི་མཆོག་གྱུར་མི་འཇེད་དག་པའི་ཞིང་། །གླིང་གི་མཆོག་གྱུར་ལྷོའི་འཛམ་བུ་གླིང་། །དམ་ཆོས་དར་བ་སྤྱུ་རྒྱལ་བོད་ཀྱི་ཡུལ། །ཡུལ་ལས་ཁྱད་པར་འཕགས་དགའ་ སྟེགས་ཟུར་ཅོའི་ཁུལ། །ལྷ་གནས་བཟང་པོ་བཙང་ལྷའི་ཤར་མཁུལ་དུ། ཛོང་གི་མཆོག་གྱུར་ལྷ་ཛོང་ཕྲ་མོ་འདིར། ③ཞེས་བྱུང་བ་ལས། ཐོག་མར་སྟོན་པའི་སྐྱེས་རབས་ཉུང་ངུ་ཞིག་བརྗོད་དེ་རིམ་པས་ཡུལ་ལུང་གི་བསྟོད་པ་དུང་ཆེན་གཟུགས་སུ་བཀོད་པ་སྟེ། སྟོན་པའི་དམ་ཆོས་དར་ཡུལ་གླིང་བཞིའི་ནང་

① ས་དགའ་ཐུབ་དགོན་འཕགས་པ་སྟོང་ཆེན་པོ་ཞེས་རབ་ཏུ་འཇོམས་པའི་ཐེག་པ་ཆེན་པོའི་མདོའི་མཛད་བྱུང་ལས་དྲངས།

② ས་དགའ་ཐུབ་དགོན་འཕགས་པ་སྟོང་ཆེན་པོ་ཞེས་རབ་ཏུ་འཇོམས་པའི་ཐེག་པ་ཆེན་པོའི་མདོའི་མཛད་བྱུང་ལས་དྲངས།

③ ས་དགའ་ཐུབ་དགོན་འཕགས་པ་སྟོང་ཆེན་པོ་ཞེས་རབ་ཏུ་འཇོམས་པའི་ཐེག་པ་ཆེན་པོའི་མདོའི་མཛད་བྱུང་ལས་དྲངས།

ནས་མཆོག་ཏུ་གྱུར་པ་ལྗོ་འཛམ་བུ་གླིང་འདི་ཡིན་ཞིང་། གླིང་དེའི་ནང་དུ་གནས་པའི་རི་མཐོ་ས་གཙང་སྤུ་རྒྱལ་བོད་ཀྱི་ཡུལ་དེ་ཡིན་ཞིང་། ཡུལ་དེའི་ཁྲོད་ནས་ཀྱང་དཀའ་སྡིགས་ཟུར་ཚོ་སྡེ་སྟོན་ལ་སྟོད་ལྷོའི་ཁུལ་དུ་ཆགས་ཤིང་དེང་གི་གཉའ་ལམ་རྫོང་ཁོངས་ཟུར་མཚོ་ཆུས་ཁུལ་གྱི་གཙང་ལྷའི་ཤར་མགུལ་དུ། རྫོང་གི་ནང་ནས་མཆོག་ཏུ་འགྱུར་པ་ལྷ་རྫོང་གྲ་མོ་དེར་གསུང་རབ་དེ་འབྲི་བཞེངས་བསྐྲུངས་པ་དེ་གོང་གི་མཛད་བྱུང་ལས་རྟོགས། སྐབས་འདིར་བྱུང་བའི་དེང་གི་གཉའ་ལམ་ཁོངས་ཀྱི་ཟུར་ཚོ་དང་ལྷ་རྫོང་གྲ་མོ་སོགས་ཀྱི་ས་མིང་སྐོར་ལ་རེ་ཞིག་འགྲེལ་འདོད་ཀྱང་། དཔྱད་གཞིའི་ཡིག་ཆ་ལག་སོན་མ་བྱུང་སྐབས་རེ་ཞིག་ཞུ་མ་ཐུབ་ཀྱང་། དེང་གི་གཉའ་ལམ་ཁོངས་ཀྱི་ཟུར་ཚོ་ཞེས་པའི་ཁ་གཏད་ཀྱི་ཚིག་གཙོ་ཚོ་ཞེས་པའི་ཐད་སྐད་སྐོར་ལ་བླ་མ་དམ་ཆོས་པ་ལེགས་ཀྱི་རྣམ་ཐར་ལས་ཞུས་ན། ངའི་རིགས་འདི་དང་པོ་མི་རྒྱུད་ལྷ་ལས་ཆད་པ། ལྷ་འོད་དེ་གུང་རྒྱལ་གནམ་གྱི་འཇུ་ཐག་ཅན། ལྷ་ལས་དམུ་རུ་ཆད་པ་དམུ་རིན་ཆེན་འབར་བ། དམུ་ལས་བཙན་དུ་ཆད་པ། བཙན་ཐོ་ཐོགས་ཀྱི་དཔོན་པོ་གཡུང་དྲུང་རྒྱལ་བ། བཙན་པོ་ལས་མི་རུ་ཆད་པ་སྟོད་མ་ཟངས་ཀྱི་སྐྱེས་གཅིག སྟོད་ནས་སྟོད་དུ་ཆད་པ་ལས་བུ་སྤུན་གསུམ་བྱུང་། བུ་ཆེ་བས་ཞྭ་ནག་གྱོན་གྱི་ཆེ་བརྒྱུད། བར་པ་ལས་བེར་ནག་གྱོན་གྱི་བཙུན་བརྒྱུད། ཆུང་བ་ལས་ཧ་ནག་ཞོན་གྱི་མགྱོགས་བརྒྱུད་བྱ་བ་གསུམ་བྱུང་སྐད། དེ་ལ་བུ་ཆེ་བའི་བརྒྱུད་པ་ནི་ཐོ་ལིང་ནས་མི་ཀྲུང་གི་དགོངས་ལྟ་ཙམ་ལྗོ་ནུབ་ཏུ་ཕྱིན་པ་ན་མུ་རང་ཞེས་བྱ་བའི་ཡུལ་ཅིག་ཡོད། དེ་དང་པོ་གུ་གེ་པྲི་འོག་ཡིན་པས་མངའ་བདག་བརྩེ་ལྡེས་བཏབ་པའི་མུ་རང་མཁར་པོ་ཆེ་ཞེ་བྱ་བ་ཡོད། དེ་ན་ལ་སྟོད་སྐྱིལ་གྲུ་པ་ཞེས་བྱ་བ་གཡོག་གྲོང་ཁྱེར་སུམ་བརྒྱ་ཙམ་དང་བཅས་པ་ཡོད་དོ། དེང་སང་ཁུ་ནུའི་འོག་ཏུ་གཏོགས་པ་ཡིན་པ་འདུག་བར་པའི་རྒྱུད་པ་ནི། ད་ལྟ་གུ་གེ་རྒྱལ་པོའི་བློན་པོ་རིགས་མང་དབེར་བ་ཞེས་གྲགས་པ་འདི་ཚོ་ཡིན། སྤྱིར་ལ་སྟོད་ལྷོའི་སྨད། གཞུང་ཚུ་བོང་ཤོང་གཙང་པོའི་ལྷོ། སྤྱི་མིང་ལ་བ་རོག་གཞུང་ཟེར་བ། དེའི་ནང་གི་གཙོ་ཚོ་གཞུང་བྱ་བ་ཅིག་ཡོད་པ་དེ་བཟུང་ནས་བཤད། ཡུལ་དེ་ནས་ཅུང་ཟད་ཅིག་ནུབ་ཏུ་འོངས་པའི་ས། ཆུ་དེའི་བྱང་ན་ལྷ་ཁྲུང་རྩེ་ཟེར་བའི་རྫོང་ཡོད། དེ་དུས་རྫོང་དེ་མ་ཐེབས་པས། རྫོང་བཏབ་སའི་རི་དེ་ཁྲུང་ཐང་ལ་བབས་པ་ལྟ་བུ་ཞིག་ཡོད་པས་དེའི་རྟེན་འབྲེལ་ལས། ཕ་ཆེན་སྟོད་ཀྱི་བུ་ལ་ནད་མཛེ་མི་འོང་ཟེར་བའི་གཏམ་གྱི་བརྗོད་པ་ཡང་དེ་ནས་བྱུང་བ་ཡིན། དེའི་བརྒྱུད་པ་ལ་སྐབས་ཤིག་ཏུ། བུ་ཆེ་བ་ལ་གཉན་ལེགས་རྩེ་དང་། ཆུང་བ་ལ་གཉན་རས་གཙུག་

ན་ཟེར་བ་གཉིས་བྱུང་། དེ་གཉིས་ཀྱི་བར་ན་བུ་མོ་གཅིག་ཡོད་པ་དེ་ད་ལྟ་ལ་སྟོད་ལྷོ་ན་ཇོ་བོ་ཚང་ཟེར་བའི་དཔོན་རྣམ་པ་དུ་མ་ཡོད་པ། དེ་ཚོའི་ཕ་མེས་ཇོ་བོ་འགྲོ་པ་ཟེར་བ་གཅིག་ལ་ཕྱིན་ནས་གཉེན་བྱས་ཀྱང་། ཕྲིས་འབྲུན་པོ་མ་བྱུང་བར་གཞན་ལེགས་རྩེ་ལ། ཇོ་བོས་དུག་བཏང་ནས་འཆི་ཁར། ནུ་བོ་ལ་ཕྲིས་ངའི་མི་ཤ་ཡོང་ཅིག་པའི་ཁ་ཆེམས་བཞག་གིས་བསམ་ནས། ནུ་བོ་བོས་ཏེ་རྩ་བར་སླེབ་པ་དང་། ང་འཆི་བར་འདུག་ཁ་ཆེམས་བཞག་དགོས་བྱས་པས། ནུ་བོ་ན་རེ་ཨ་མ་ནས་ཤི་གདའ། བྱ་ཕོ་དབྱར་ཆུ་འཕྱུངས་པ་བཞིན་སྐྱིད་པ་སྣ་ཚོགས་བསྒྱུར་གྱིན་གདའ་བ་ཟེར། གཏམ་དེ་ལ་ཕུ་བོ་ཡིད་ཆེས་ནས། ད་ཁ་ཆེམས་བཞག་མི་དགོས་པ་འདུག་ཟེར་ནས་ཕུ་བོ་འདས། དེ་ནས་གཞན་རས་གཙུག་ན་དེ་འཕྲུལ་དུ་གླིན་གཟུགས་པ་ཅིག་ཡོད་ཀྱང་། གཉིད་ཐུ་མོ་ཅིག་ཡོད་པ་འདུག་པ་དེས། ཇོ་བོའི་གཡོག་བྱས་ནས་ཨ་ཙེའི་གོ་སར་བསྐོས། ཉིན་མོའི་རིགས་ལས་ཁ་བྱེད། མཚན་མོ་ཕལ་ཆེར་གཡས་གཡོན་དུ་མི་མང་པོ་ལ་དཔུང་འཚོལ་བ་ལ་ཕྱིན་ནས། མི་མང་པོ་འགུག་པའི་སྐབས་ཤིག་ཏུ། ཨ་ཙེ་ལ་དེ་རིང་ངའི་ཚབ་ལ་ཞོ་ཞིག་དང་ཁྲག་ཅིག་སླང་ཟེར། ཨ་ཙེས་དེ་བཞིན་བྱས་པས། དེ་གཉིས་བསྲེས། དེ་ལ་རྟ་མོག་རོ་པའི་སྤུ་ཚུམས་པད་བཏབ། དེ་དཀྲུགས་ནས་བཞག་པས། ཨ་ཙེའི་སེམས་ལ་འདི་ཅི་སྙམ་པ་བྱུང་ནས། ཇོ་བོ་ལ་ཁོ་འདི་བཞིན་བྱེད་ཀྱིན་གདའ་བ་ཅི་འདྲ་ལགས་སམ་བྱས་པས། ཇོ་བོ་ཐེ་ཚོམ་དུ་གྱུར་ནས་ཡོད་པའི་སྐབས་ཤིག་ཏུ། གཞན་རས་གཙུག་ནས་ནུབ་མོ་ཅིག་ཇོ་བོའི་རྟ་ཅིག་ལ་ཞོན་ནས། སྟར་གོགས་ལ་བསྟན་པའི་མི་རྣམས་ལ་དུས་ཚོད་འདི་ཙམ་ལ་དཔུང་འོང་གོགས་བྱ་དགོས་སོ་ཟེར་དུ་ཕྱིན་པ་ལ། ཡོག་འོང་བ་ཙུང་ཟད་འཕྱིས་ནས། ཇོ་བོ་འགྲོ་པ་རྟ་ཆགས་ལ་འོང་བ་དང་། གཞན་རས་གཙུག་ན་ཆུ་ལ་བརྒལ་བ་འཛོམ་པས། གྱུ་བྱས་ནས་ཆུ་དཀྱིལ་དུ་རྟ་ལས་བབས་ཏེ། ཇོ་བོ་ལ་ཞེ་ས་བྱས་པས་ཇོ་བོའི་བསམ་པ་ལ། ཐུན་པོ་འདི་འདྲ་ལ་དོགས་པ་མི་དགོས་པ་འདུག་སྙམ་པ་བྱུང་། དེ་ནས་རིང་པོ་མ་ཐོགས་པར་གཡས་གཡོན་གྱི་དམག་དཔུང་མང་པོ་དགུག་ནས། ཕུ་བོའི་མི་ཤ་ལ་ཇོ་བོ་རང་བསད་པས། སྟོད་ཀྱི་མི་ཕོ་གླིན་ན་བཞེང་ཟེར་བའི་བརྗོད་པ་ཡང་དེ་ནས་བྱུང་། དེ་ནས་ཇོ་བོ་ཚང་དང་འཁྲུས་ཆེན་པོ་བྱུང་ནས་ཁྲམ་མགོ་ཏུ་ཐོན་ཏེ། གཙོ་ཚོ་ཟེར་བའི་ཡུལ་དེ་བཏབ། ཕྱིར་ཡང་། ལས་མདོ་རྒྱ་གར་གླིང་ཚུང་། ཁྲམ་མགོའི་ཁྲུང་རྫོང་སྐྱུག་པོ། བྲེའི་གནམ་རྫོང་དཀར་པོ་[1]རྣམས་མེན་ཞང་གིས་བཏབ་པའི་རྫོང་ཡིན་ཟེར་ཏེ། ཨེ་བདེན

① མངའ་བདག་འབུམ་ལྡེས་མགོན་གྱིས་དུས་རབས་12པའི་ནང་དུ་བཏབ་པར་གྲགས་པའི་རྫོང་གི་སྐོར་ལ། བོད་རྗེ་ལྷ་བཙད་པོའི

ནི་མི་ཤེས། དེ་ནས་ངེད་ཀྱི་རིགས་འདི་ཡར་འོངས་ཏེ། རིམ་གྱིས་ཁྲ་ཏུམ་དང་། མར་ལུང་གི་གཙོ་ཆོ་རྣམས་བཟུང་། ཁྲམ་མགོ་བཟུང་མན་ཆད། གུང་ཐང་ཁབ་པའི་འབབས་སུ་བཞུགས་ཏེ་ཁྲལ་དམག་རྒྱུགས་པས། མེན་ཞང་ཁབ་པའི་རྩ་བའི་མི་སྡེ་ཡིན་ཟེར་བ་ཡང་དེ་ནས་བྱུང་བ་འདྲ། དེ་ཙམ་གྱི་དུས་ན་ལྷོ་ནུབ་གུང་གསུམ་སྡེ་གོ་བཞིས་དབང་བྱས་པའི་པས། ཁབ་པའི་གདུང་བརྒྱུད་འདིའི་རྒྱལ་ས་ཡང་ཁབ་ལ་མཛད། མངའ་ཐང་ཡང་ཆེན་པོ་མེད་ཅིང་། མཚན་ཡང་བཙད་ཚུང་ཁབ་པ་ཞེས་པ་ཙམ་ལས་མ་གྲགས། ཕྱིས་འགྲོ་མགོན་འཕགས་པའི་སྐུ་དྲིན་ལ། དཔོན་འབུམ་ལྡེ་མགོན་གྱི་གཡོག་ཏུ། མངའ་རིས་བརྒྱ་ཚོ་བཅུ་གསུམ་བསྒྲིགས། དཔོན་ཆེན་དེ་ཉིད་ཀྱིས་ཀུང་རྫོང་དཀར་བཏབ་པ་ལ་སོགས་པ་གླང་གི་སྟབས་བཅུ་གསུམ་ལ་སོགས་པ་ཡང་མཛད་འདུག དེ་ནས་ངེད་ཀྱི་མི་རྒྱུད་འདི་ཡར་ཐོན་ཏེ། ཕ་སྤོ་གཉིས་སུ་གྱེས་ནས། ཕུ་བོས་ཀུ་རྩེ་གདོང་རྫོང་དང་། ནུ་བོས་རེ་ལེའི་རྫོང་བཟུང་སྟེ། ཕུ་བོའི་བརྒྱུད་པ་ལ་སུམ་གཉིས་པ་ཟེར་བ་འདི་དང་། ནུ་བོའི་བརྒྱུད་པ་ལ་གཙོ་ཆོ་པ་ཞེས་གྲགས་པ་འདི་བྱུང་①དང་། མདོ་སྡེ་པ་ལ་བྱུ་ཏུ་མ་བྱུང་བ་ལས། ཆེ་བ་ཁྲི་རྒྱལ་འབུམ་བྱ་བ་དེ་ཀུན་གྱི་ཕུ་བོའི་བརྒྱུད་པ་ཡིན་པས་ཆོ་བཞི་ག་ལ་ཐེ་སེ་འཁྲིམ། སྐར་མོ་ཆེ་བ་བྱ་བ་དང་། སྟོད་ཏུ་བ་ཟེར་བའི་ཏུ་བ་སྡེ་ཚན་གཉིས་ལ་སྐོས་ཏུ་

གདུང་རབས་མངའ་རིས་སྨད་གུང་ཐང་དུ་ཇི་ལྟར་བྱུང་བའི་ཚུལ་དེབ་ཐེར་དྭངས་ཤེལ་འཕྲུལ་གྱི་མེ་ལོང་ཞེས་པར། གདུང་རིགས་ཕྱི་རབས་རྣམས་ལ་སྨན་པའི་སླད་དུ་རྣམ་པར་རྒྱལ་བའི་བཙན་རྫོང་བཅུ་ཕྲག་ལྷག་འདེབས་པར་མཛད་དེ། དེ་ཡང་ཇི་སྐད་དུ། གུ་གེ་སྤུ་རོང་（སྤུ་རང་）ཁ་གཏོན་དུ། དཀར་དུམ་གནམ་གྱི་ཁྲུང་རྫོང་བརྩིགས། །ཕྱི་བྲོག་མོན་ཞང་ཁ་གཏོན་དུ། །བྱ་རྩི་རྣམ་རྒྱལ་ཐར་པོ་དང་། །མཆོ་དབར་ཉེ་བའི་གློ་སྟོད་དུ། །ནི་གཡའ་རྫོང་དཀར་པོ་བརྩིགས། །གློ་བོ་མཚོ་བཞིའི་ཁ་གཏོན་ལ། །གཙང་རོང་བྱ་ཕོའི་ཟེ་བ་བརྩིགས། །ཏ་མང་སེ་མོན་ཁ་གཏོན་དུ། གློ་སྨད་ཨུ་ཁྲུན་སྲིན་རྫོང་བརྩིགས། །དོལ་པོ་མོན་གྱི་ཁ་གཏོན་ དུ། །དོལ་པོའི་ཡི་གེ་དྲུག་མ་བརྩིགས། །ལ་སྟོད་བྱང་པའི་ཁ་གཏོན་ལ། །ལ་ཏུའི་གད་རྫོང་དཀར་པོ་བརྩིགས། །ལ་སྟོད་ལྷོ་ཡི་ཁ་གཏོན་ལ། །ཁྲུན་ཆོ་གད་རྫོང་དཀར་པོ་བརྩིགས། །སྐྱིད་རོང་གོ་བཞི་ཀན་འཛེམ་ཁར། །རག་མར་གྲུད་ནོན་ཐར་པོ་དང་། སྐྱིད་རོང་མཐིལ་དུ་སེང་གེ་རྫོང་། །གླང་མཁར་གསལ་བའི་ཡང་རྩེ་བརྩིགས། །རྒྱལ་བལ་གཉིས་ཀྱི་ཁ་གཏོན་ལ། །བལ་པོ་རྫོང་གི་རྫོང་དམར་བརྩིགས། །ཉི་ཤོང་རོང་གི་ཁ་གཏོན་ལ། །བོང་ཚོགས་གནམ་གྱི་ག་བ་བརྩིགས། །ནུབ་རི་མཐའ་འཁོབ་ཁ་གཏོན་དུ། །རོང་ཀྱི་བྲག་རྫོང་ནག་པོ་བརྩིགས། །ཕྲུག་པ་ཕ་བཞིའི་བཙན་ས་ཏུ། །ཚུ་དབར་རྫོང་ཆུང་འཛུམ་ཤོར་བརྩིགས། །ཞེས་པ་སྟེ། འདི་ལ་བསྟྲངས་ཚུལ་དང་དོས་འཛིན་མི་འདྲ་བ་ཇི་རིགས་འདུག་ཀྱང་འདིར་ཞིབ་མོར་བྱས་ཏེ་བཀོད་པ་ཡིན་ལ། འོན་ཀྱང་སྐྱིད་རོང་གླང་སེང་གི་མཁར་སོགས་ཁ་ཅིག་གདུང་རིགས་ཕྱི་མས་བཏབ་བམ་སྙམ་པ་ཡང་འདུག སྟར་ས་སྐྱར་ཕེབས་སྐབས་མཚན་གྱི་ཟླ་གདགས་སུ་གླང་ཞེས་གྲགས་པ་ལྟར་མངའ་བདག་རང་ཉིད་ཀྱི་མཛད་པ་རྣམས་གླང་གི་ལས་སྟབས་སུ་ཞལ་གྱིས་འཆེས་པའི་སྐྱ་ཡང་མཛད་དོ། ཞེས་པ་ཀཿཐོག་རིན་འཛིན་ཚེ་དབང་ནོར་བུའི་གསུང་བོད་སྨད་ཆ་ཀྲུང་གོའི་བོད་རིག་པ་དཔེ་སྐྲུན་ཁང་གི་2006ལོའི་སྤར་མའི་ཤོག་གྲངས་71ཏུ་གསལ་བ་དེ་ཡང་དཔྱད་གཞིར་སྤྱལ་བ་ཡིན།

① འཇིགས་མེད་བཟང་པོས་མཛད་པའི་དཔལ་ལྡན་བླ་མ་དམ་པ་ཆོས་ལེགས་ཀྱི་རྣམ་ཐར་རམ་དེབ་ཐེར་དུས་རབས་16པའི་གུང་ཐང་སྤར་མའི་ལྡེབ་གྲངས་7ནས་9པ་ལས་དྲངས།

བྱས། ཚོ་བྱིན་ནུ་པོ་དཀོན་མཆོག་འབུམ་ལ་ཕོག ཚོ་གཅིག་མདོ་སྟེའི་ནུ་པོ་ཆོས་སྐྱོང་ཉི་མ་དང་། དེའི་བུ་དྲང་སྲོང་སྟེ་དེ་གཉིས་ཀྱི་འོག་ན་ཡོད། དེ་རྣམས་ལ་གཙོ་ཚོ་སྟོད་ཟེར། ཚོ་གཅིག་སྨད་བུ་བར་པ་ང་ཡི་ཡང་མེས་བསྲུ་བརྟན་གྱི་འོག་ན་ཡོད། ཚོ་གཅིག་དང་པོ་དོན་གྲུབ་འབུམ་གྱི་འོག་ཡིན་པ་ལ་ཁོང་རབས་ཆད་པས། ཕྱིས་ཕྱིད་བུ་གཉིས་པོ་ལ་བྱིན་པ་ཡིན་ཏེ། ངེད་ཀྱི་ཚོ་དང་། ཁོང་གི་ཚོ་གཉིས་ལ་གཙོ་ཚོ་སྨད་པ་ཟེར། ཕྱིས་ཕྱིད་བུ་གཉིས་པོ་དེ་ཡང་[1]ཞེས་པས་གཙོ་ཚོའི་གནས་སྟངས་དང་དེའི་འོག་གི་ཚོ་པ་ཉ་བཞི་སོགས་གསུངས་པའི་ཤུགས་ལས་བག་རོག་གཞུང་གི་སྟོད་སྟེ་དེང་གི་གཉའ་ལམ་རྫོང་གི་མངའ་ཁོངས་སུ་ཆགས་པའི་ཟུར་ཚོ་དེ་ཡང་མདོར་བསྡུས་ནས་ཞུས་ན་གཙོ་ཚོ་ལས་ཟུར་དུ་ཕུད་པའི་ཚོ་པ་ཞིག་ཡིན་པའི་སྐབས་ཀྱིས་ཟུར་ཚོ་ཞེས་པའི་ཐ་སྙད་ཀྱང་བྱུང་།

གསུམ། སྨིན་བདག

རིགས་ཉུས་ཕུན་སུམ་ཚོགས་ཟུར་ཙོ་སྤང་གི་གདུང་། །མཛེས་སྐུ་ཕུན་སུམ་ཚོགས་ཡིད་འོང་ཚངས་དབྱངས་ཅན། །མཁྱེན་དགོངས་མཁའ་ལྟར་མཐོ་བའི་ས་འཛིན་ནི། །ལྷ་དབང་བརྒྱ་བྱིན་མི་ལ་འཕོས་འདྲ་བ། །ཁྲིམས་གཉིས་ནོར་བུ་འཛིན་པའི་མི་དབང་མཆོག། །བདེ་ཆེན་རྒྱལ་མཚན་སྐུ་མཆེད་རྒྱལ་གྱུར་ཅིག། །ཆོས་རྒྱལ་ཆེན་པོ་བདག་ཆེན་སྐུ་མཆེད་ནི། །འཁོར་བའི་རྒྱ་གཏེར་ཕ་མཐའ་མི་མངོན་ཞིང་། །དཔུང་གི་རྟུལ་ཚུབ་ཉི་མ་ཕམ་བྱེད་པ། །ཆབ་སྲིད་ཤིང་ཆེན་ས་ལ་རྒྱས་གྱུར་ཅིང་། །ཡིད་འཕྲོག་མདངས་གསལ་དྲུང་སྐོར་བཞོན་ནུ་རྣམས། །རབ་མཛེས་ནམ་མཁའི་ལྷ་ཕྲན་འདུས་པ་བཞིན། །འཁོར་ཡུག་རིའི་ཁོངས་སུ་ཆབ་སྲིད་རྣོམས། །མི་ཤོང་གོ་སྐབས་མེད་པར་གནས་པ་འདྲ། །ལྷ་གནས་དེ་ནས་བྱུང་ཤར་འཕགས་པ་ན། །ལྷ་གནས་བཟང་མོ་ཤེལ་ཆག་ལྟོའི་མགུལ། །སྣ་ཚོགས་འབྲུ་སྨིན་རྩི་བཅུད་རྒྱས་པའི་ས། །ས་ལ་འབུར་དོད་བཀྲ་ཤིས་ཆུ་ཉུག་བཀྲར། །སྨིན་བདག་ཕུན་སུམ་ཚོགས་པ་འདི་ལྟ་སྟེ། །བསོད་ནམས་དཔལ་ལས་ལེགས་པར་འཁྲུངས་པ་ཡི། །རིག་ཉུས་ཕུན་སུམ་ཚོགས་ཕ་ཆེན་སློས་ཀྱི་རྒྱུད། །རིགས་བཟང་ཁུངས་བཙུན་ནང་བློན་ཆེན་པོའི་རིགས༑ ཁྲིལ་ཡོད་ཇོ་ཚའི་གོས་ཀྱིས་རབ་རྒྱན་པའི། །སྒྲོ་བསྟན་མོས་པའི་བློ་གྲོས་ཆེན་པོ་ཡིས། །དཀོན་མཆོག་མཆོད་དང་གོང་མའི་ཞབས་ཏོག་ཅན། །མཉན་པར་གྲུ་ཞིང་

---

① འཇིགས་མེད་བཟང་པོས་མཛད་པའི་དཔལ་ལྡན་བླ་མ་དམ་པ་ཆོས་ལེགས་ཀྱི་རྣམ་ཐར་རམ་དེབ་ཐེར་དུས་རབས་16པའི་གུང་ཐང་སྤུར་མའི་ལྡེབ་གྲངས་13པ་ལས་དྲངས།

འགྲོ་མང་སྤྱི་བོས་འདུད། །རྩ་ཐོས་བུའི་དཔལ་འདྲ་ཐོབ་གྱུར་ནས། །སྟག་ཏུ་དགེ་བའི་ཆོས་ལ་བརྩོན་གྱུར་ཅིང་། །ཉེ་འཁོར་ཐམས་ཅད་བརྩེ་བས་སྐྱོངས་མཛད་པ། །ནང་བློན་འཛིན་པ་གཉེར་ཆེན་དཔོན་ཆེན་པོས། །ལྷག་བསམ་རྣམ་དག་བསམ་སྦྱོར་ལྡན་པ་ཡིས། །ཞེས་དང་། །རིཟླ་བཟང་ཁྱུངས་བཙུན་དཀོན་མཆོག་རྡོ་རྗེ་དང་། །སྐུ་གཉེན་དགའ་རཟླ་འཁོར་གཡོག་ཐམས་ཅད་ཀྱིས། །དགའ་ཏུ་མ་དང་སྟོན་མོ་དཔག་མེད་བྱུང་། [①]ཞེས་བྱུང་བ་ལས་ང་ཚོས་ཤེས་རྟོགས་བྱུང་གསལ།

འཕགས་པ་སྟོང་ཆེན་པོ་རབ་ཏུ་འཇོམས་པ་ཞེས་བྱ་བའི་ཐེག་པ་ཆེན་པོའི་མདོ་འདི་འབྲི་བཞེངས་བྱ་བའི་སྐབས་སུ་དེར་ཉེ་བར་མཁོ་བའི་རྒྱུ་འགྲོ་སྒྲོན་མཁན་གྱི་དད་པ་སྐྱོངས་མེད་པའི་སྦྱིན་བདག་གནང་མཁན་ནི། ཟུར་ཚོའི་སྤྱང་གི་གདུང་བརྒྱུད་མི་དབང་བདེ་ཆེན་རྒྱལ་མཚན་སྐུ་མཆེད་དང་ཆོས་རྒྱལ་ཆེན་པོ་བདག་ཆེན་སྐུ་མཆེད་རྣམ་པས་སྦྱིན་བདག་གནང་སྟེ། ཚུ་ཏུག་བཀྲར་བཞུགས་པའི་ཕ་ཆེན་སྟོས་ཀྱི་རྒྱུད་སྟེ་བོད་ཀྱི་ཏུས་ཆེན་གསུམ་སྟེ་གཉན་དང་གཉགས་དང་གཉོས་འདི་གསུམ་ཏུས་མིང་སྟེ་གཉོས་ཁ་རག་སྟོམ་ཚུང་[②]སོགས་མི་རྒྱུད་དུ་མཁས་བློན་དུ་མ་བྱུང་བའི་ནང་གི་རྒྱུད་པས་འབྲི་བཞེངས་ཀྱི་བྱ་བར་ཞུར་བ་གྲུ་འདིགས་གནང་སྟེ་འབྲི་བཞེངས་བསྒྲུངས་པ་ནི་གོང་གི་མཛད་བྱང་ལས་ཤེས། དེ་མིན་མགོན་མོ་སྐྱབས་ལ་སོགས་ཀྱིས་འབྲི་བཞེངས་ཀྱི་ལས་ཡུན་ལ་གཟིགས་ཏེ་ཇ་ཆང་དུས་ཐོག་ཏུ་འདྲེན་མཛད་པ་དེ་ཡང་། ནུབ་བྱང་ཀུན་ཏྲའི་ཚལ་ནས་ཚུ་སྐྱེས་ཀྱི། །ཨེ་ཧོག་འཛུམ་མདངས་ལྡན་པ་ཡི་གནས་འདིར་ལྷུང་། །འཁྱོར་པའི་བང་མཛོད་སོག་པའི་ཐབས་མྱུར་ཞིང་། །ཤེས་ལྡན་འཁོར་གྱི་ནང་མི་སྐྱོང་བ་དང་། །རང་འདོད་ཆུང་ཞིང་ཉེ་འཁོར་ཀུན་ལ་བརྩེ། །ངོ་ཚའི་གོས་འཆང་ཁྲིལ་ཡོད་བཀའ་རཟླ་ཅན། །ཕོངས་པ་རྣམས་ཀྱི་མགོན་དང་སྐྱབས་གྱུར་ཅིང་། །ནམ་ཡང་མི་འགྱུར་དཀོན་མཆོག་གསུམ་ལ་མོས། །སྡིག་སྤོང་དགེ་བ་སྒྲུབ་པའི་རྣམ་དཔྱོད་ཅན། །སྲས་མོ་མགོན་མོ་སྐྱབ་མ་ཞེས་བྱ་ཡིས། །སྐྱོ་ངས་མེད་པའི་རོ་འཛིན་བདུད་རྩི་ཡིས། །དཔོན་ཡིག་ཆོས་མགོན་ཚོམ་པ་ངོ་མཚར་ཆེ། །བསྟན་པའི་སྲོག་ཤིང་བློ་གྲོས་མཚན་ཅན་དང་། །ཆོས་རྒྱལ་ཆེན་པོ་བདེ་ཆེན་རྒྱལ་མཚན་པས། །གསེར་ཤོག་ལ་སོགས་ཚད་མེད་ཐུགས་བརྗེས་བཟུང་། [③]ཞེས་པས་སོ།

---

① ས་དགའ་ཐུབ་དགོན་འཕགས་པ་སྟོང་ཆེན་པོ་ཞེས་རབ་ཏུ་འཇོམས་པའི་ཐེག་པ་ཆེན་པོའི་མདོའི་མཛད་བྱང་ལས་དྲངས།

② བཙན་ལྷ་ངག་དབང་ཚུལ་ཁྲིམས་ཀྱིས་རྩོམ་སྒྲིག་བྱས་པའི་བརྡ་དཀྲོལ་གསེར་གྱི་མེ་ལོང་ཞེས་པ་མི་རིགས་དཔེ་སྐྲུན་ཁང་གི་1997ལོའི་སྤྱར་མའི་ཤོག་གྲངས་223ལས་དྲངས།

③ ས་དགའ་ཐུབ་དགོན་འཕགས་པ་སྟོང་ཆེན་པོ་ཞེས་རབ་ཏུ་འཇོམས་པའི་ཐེག་པ་ཆེན་པོའི་མདོའི་མཛད་བྱང་ལས་དྲངས།

བཞི། དགོས་པ།

འཕགས་པ་སྟོང་ཆེན་པོ་རབ་ཏུ་འཇོམས་པ་ཞེས་བྱ་བའི་ཐེག་པ་ཆེན་པོའི་མདོ་འདི་འབྲི་བཞེངས་བྱ་བའི་སྐབས་སུ་དེར་ཉེ་བར་མཁོ་བའི་རྒྱུ་འགྲོ་སྦྱོར་མཁན་གྱི་དད་པ་སྐྱོ་ངས་མེད་པའི་སྦྱིན་བདག་གནང་མཁན་ནི་ཟུར་ཚོའི་སྤང་གི་གདུང་བརྒྱུད་མི་དབང་བདེ་ཆེན་རྒྱལ་མཚན་སྐུ་མཆེད་དང་ཆོས་རྒྱལ་ཆེན་པོ་བདག་ཆེན་སྐུ་མཆེད་རྣམ་པས་སྦྱིན་བདག་གནང་སྟེ། འབྲི་བཞེངས་བསྐྲུངས་པའི་དགོས་པ་ནི། ཕོང་རྣམས་ཀྱིས་བསགས་པའི་རྒྱུ་ནོར་རྣམས་ལ་སྙིང་པོ་ལེན་ཕྱིར་དང་རྒྱལ་བ་ཤཱཀྱ་ཐུབ་པའི་བསྟན་པ་དར་ཕྱིར་དང༌། ཟུར་ཚོའི་སྤང་གི་བརྒྱུད་དུ་འཁྲུངས་པའི་གོང་མ་བདེ་ཆེན་རྒྱལ་མཚན་ལ་སོགས་ཀྱི་སྐུའི་རིམ་འགྲོ་དང་སྐུ་གཤེགས་རྣམས་ཀྱི་ཐུགས་དགོངས་རྫོགས་ཕྱིར་གསུང་རབ་དེ་འབྲི་བཞེངས་བསྐྲུངས་པ་ནི། མཛད་བྱང་ལས། རྒྱུ་མའི་ནོར་ལ་སྙིང་པོ་བླང་ཕྱིར་དང་། །རྒྱལ་བའི་བསྟན་པ་དར་བར་བྱ་ཕྱིར་དང་། །གོང་མ་ཡོན་མཆོད་སྐུའི་རིམ་གྲོ་དང་། །རང་བཞིན་རྣམས་ཀྱི་སྡིག་སྒྲིབ་སྦྱང་ཕྱིར་དང་། ། སྐུ་གཤེགས་རྣམས་ཀྱི་ཐུགས་དགོངས་རྫོགས་ཕྱིར་དང་། །ཁྱད་པར་སྐུ་གཤེགས་ནམ་མཁའ་བཟང་མོ་ཡིས། །སྡིག་སྒྲིབ་དག་ནས་ཚོགས་གཉིས་རྫོགས་ཕྱིར་དང་། །རྫོགས་པའི་སངས་རྒྱས་ཐོབ་པར་བྱ་བའི་ཕྱིར། །[①] ཞེས་པས་སོ།

ལྔ། སྨག་ཤོག

འཕགས་པ་སྟོང་ཆེན་པོ་རབ་ཏུ་འཇོམས་པ་ཞེས་བྱ་བའི་ཐེག་པ་ཆེན་པོའི་མདོ་འདི་ཟུར་ཚོའི་ཚུ་རུག་བཀྲར་འབྲི་བཞེངས་བསྐྲུངས་པའི་སྐབས་སུ་དད་པ་སྐྱོ་ངས་མེད་པའི་སྦྱིན་བདག་མི་དབང་བདེ་ཆེན་བཀྲ་ཤིས་སོགས་ཀྱིས་རྒྱུ་འགྲོ་སྦྱར་ཏེ་འབྲི་བཞེངས་བསྐྲུངས་པའི་སྐབས་སུ། དེར་ཉེ་བར་མཁོ་བའི་འབྲི་ཤོག་ནི་ཤོག་བུ་མཐིང་ལ་གསེར་བཏུལ་སྨག་ཚས་འབྲི་བཞེངས་བསྐྲུངས་པ་སྟེ། མཛད་བྱང་ལས། བཻ་ཌཱུརྻ་འདྲའི་མཐིང་ཤོག་སྔོན་པོ་ལ། །རིན་ཆེན་ས་ལེ་སྦྲ་ཡི་ཡི་གེའི་ཚོགས། །མ་སྤྲག་པར་ཡང་རང་རང་སྒྲ་སྐད་རྣམས། །འཛུམ་ཞིང་འཕོད་པའི་སྒོ་ནས་སྒྲིགས་འདྲ་བ། །རིན་པོ་ཆེ་ལས་གྲུབ་པའི་ཏོག་གཟུངས་བཞེངས། །[②] ཞེས་པས་སོ།

① ས་དགའ་ནུབ་དགོན་འཕགས་པ་སྟོང་ཆེན་པོ་ཞེས་རབ་ཏུ་འཇོམས་པའི་ཐེག་པ་ཆེན་པོའི་མདོའི་མཛད་བྱང་ལས་དྲངས།

② ས་དགའ་ནུབ་དགོན་འཕགས་པ་སྟོང་ཆེན་པོ་ཞེས་རབ་ཏུ་འཇོམས་པའི་ཐེག་པ་ཆེན་པོའི་མདོའི་མཛད་བྱང་ལས་དྲངས།

དྲུག ཡིག་མཁན།

དགའ་སྐྱིགས་ཟུར་ཚོ་སྐྱེ་སྟོན་ལ་སྟོད་ལྷོ་པའི་ཁྲུལ་དུ་ཆགས་ཤིང་དེང་གི་གཉའ་ལམ་རྫོང་ཁོངས་ཟུར་མཚོ་ཆུས་ཁྲུལ་ཆུ་ཏུག་བཀྲར་གསུང་རབ་དེ་འབྲི་བཞེངས་བསྐྲུངས་པའི་སྐབས་སྐོ་གསུམ་ཐང་ཆད་འབྲི་བའི་ཡིག་མཁན་ནི་འཕྲུལ་ཡིག་ཚད་ལྡན་འབྲི་མཁན་དཔོན་ཡིག་ཚོས་མགོན་གྱི་ཁྲིམས་ཤིང་། རྐོས་ཀྱི་སོར་མོའི་འདུ་བྱེད་བསྒྱུར་བ་ལ་མཁས་པའི་དཔོན་པོ་ཚོས་ཀྱིས་གླིགས་ཤིང་གྱི་རི་མོ་རྣམས་བརྐོས་པ་དང་སྤྲགས། དེ་དག་གི་རྐང་འཕྱོར་གཞུང་སྦྱོང་གི་ཞུས་དག་མཁན་ནི་ངག་དབང་རྣམ་རྒྱལ་གྱིས་མཛད་དེ་འབྲི་བཞེངས་བསྒྲུབ་པ་སྐྱེ་མཛད་བྱུང་ལས། ཤེས་བྱ་འདི་ལ་ཚད་ཡོད་མ་མཆིས་ཞིང་། །འོན་ཀྱང་ཚད་ལྡན་ཡི་གེར་བཀོད་པ་འདི། །འཕྲུལ་ཡིག་ལྡན་པ་དཔོན་ཡིག་ཚོས་མགོན་དང་།།རྐོས་བྱེད་ཕུལ་ཕྱིན་དཔོན་པོ་ཚོས་བཟང་ཡིན། །ཞུས་ཅིང་དག་པར་བྱེད་པའི་མཁན་པོ་ནི། །ཧུར་སྨིག་ལོ་འབྲས་འཛིན་པའི་བདག་ཉིད་ཅན། །ངག་དབང་རྣམ་རྒྱལ་ཞེས་བྱ་གང་དེའི། །ཤེས་ལྡན་ཟུར་པོར་གནས་པའི་སྤྱོད་ཡུལ་ཏེ། །མི་ཤེས་ཕྱོགས་ལྷུང་ཅན་ལ་འདྲིས་ཅི་བྱ། །ཀུན་མཁྱེན་མཁས་པའི་ཚོགས་རྣམས་བཟོད་པར་མཛོད།[①] ཅེས་པས་སོ།

བདུན། བསྔོ་སྨོན།

དད་པ་སྒྲོ་ངས་མེད་པའི་སྦྱིན་བདག་མི་དབང་བདེ་ཆེན་རྒྱལ་མཚན་གྱིས་གནང་སྟེ། སྐོ་གསུམ་ཐང་ཆད་འབྲི་བའི་ཡིག་པ་དཔོན་ཡིག་ཚོས་མགོན་དང་རྐང་འཕྱོར་གཞུང་སྦྱོང་གི་ཞུས་དག་པ་ངག་དབང་རྣམ་རྒྱལ་གྱིས་གནང་སྟེ་བདེ་ལྣག་དང་འབྲི་བཞེངས་བསྒྲུབ་པའི་རྗེས་སུ། སྨོན་ལམ་ཁོངས་སུ་གཏོགས་པའི་སེམས་ཅན་རྣམས་ཀྱི་འདོད་པ་དང་འཚམས་པའི་བསྔོ་བ་སྨོན་ལམ་བཏབ་ཡོད་པ་སྟེ། འདིའི་ཕྱོགས་སུ་དངོས་པོ་བཏང་བ་དང་། །གོམ་གང་རྒྱབ་བམ་ཚིག་ཅིག་སྨྲས་པ་དང་། །རྗེས་སུ་ཡིད་རང་ཙམ་ཅིག་བགྱིས་པ་རྣམས། །རྒྱལ་བའི་བཀའ་ནས་གསུངས་པ་ཇི་བཞིན་དུ། །གནས་སྐབསུ་ཡང་འགལ་རྐྱེན་ཞི་བ་དང་། །མཐར་ཐུག་རྫོགས་པའི་སངས་རྒྱས་ཐོབ་པར་ཤོག།[②] ཅེས་པས་སོ།

---

① ས་དགའ་ཐུབ་དགོན་འཕགས་པ་སྟོང་ཆེན་པོ་ཞེས་རབ་ཏུ་འཛོམས་པའི་ཐེག་པ་ཆེན་པོའི་མདོའི་མཛད་བྱུང་ལས་དྲངས།

② ས་དགའ་ཐུབ་དགོན་འཕགས་པ་སྟོང་ཆེན་པོ་ཞེས་རབ་ཏུ་འཛོམས་པའི་ཐེག་པ་ཆེན་པོའི་མདོའི་མཛད་བྱུང་ལས་དྲངས།

བརྒྱད། རབ་གནས།

རབ་གནས་ཞེས་པ་ནི་སངས་རྒྱས་ཆོས་ལུགས་ཀྱི་ཆོས་ཀྱི་བྱེད་སྒོ་གཙོ་ཆེ་བའི་གྲས་ཤིག་ཡིན། སྐུ་གསུང་ཐུགས་རྟེན་བཞེངས་ཟིན་རྗེས་བགེགས་སྐྲོད་དང་རབ་གནས་མ་བྱས་ན་གདོན་འདྲེ་ཡི་དྭགས་སོགས་ཀྱིས་རྟེན་དེ་བདག་ཏུ་བཟུང་ནས་གནས་ཏེ་མི་ལ་གནོད་འཚེ་གཏོང་བས་བགེགས་སྐྲོད་བྱ་དགོས་པ་དང་། དེ་རྗེས་རྟེན་དེ་གང་གི་ཡིན་པའི་ཡེ་ཤེས་པ་གདན་དྲངས་ནས་བསྟིམས་བཞུགས་བྱས་པ་ལ་རབ་གནས་ཟེར། དེ་ལ་རྒྱས་པ་ཉིན་གསུམ། འབྲིང་བ་ཉིན་གཉིས། བསྡུས་པ་ཉིན་གཅིག་བར་བྱེད་སྲོལ་ཡོད་[1]ཅེས་གསུངས་པ་ལས་རབ་གནས་ཀྱི་གོ་དོན་དང་དུས་ཡུན་རིང་ཐུང་སོགས་རྟོགས། དེས་ན་ད་ཐེངས་འདིར་བཞེངས་པའི་གསུང་གི་རྟེན་འཕགས་པ་སྟོང་ཆེན་པོ་ཞེས་རབ་ཏུ་འཇོམས་པའི་ཐེག་པ་ཆེན་པོའི་མདོ་དེ་འབྲི་བཞེངས་ཟིན་པའི་སྐབས་སུ་ཡང་རབ་གནས་མཛད་ཡོད་པ་སྟེ། དད་པ་སྙིང་ནས་མེད་པའི་སྦྱིན་བདག་མི་དབང་བདེ་ཆེན་རྒྱལ་མཚན་སོགས་ཀྱིས་གནང་སྟེ། སྒོ་གསུམ་ཐང་ཆད་འབྲི་བའི་ཡིག་པ་དཔོན་ཡིག་ཆོས་མགོན་དང་ཀང་འགྱུར་གཞུང་སྲོང་གི་ཞུས་དག་པ་ངག་དབང་རྣམ་རྒྱལ་གྱིས་གནང་སྟེ། དེང་གི་གཉའ་ལམ་རྫོང་ཁོངས་ཀྱི་དགའ་སྐྱེགས་ཟུར་མཚོའི་ཆུ་ཏུག་ཏུ་འཕགས་པ་སྟོང་ཆེན་པོ་རབ་ཏུ་འཇོམས་པ་ཞེས་པའི་ཐེག་པ་ཆེན་པོའི་མདོ་དེ། བདེ་ལྷག་དང་འབྲི་བཞེངས་བསྒྲུབ་པའི་རྗེས་སུ་སྦྱིན་བདག་གམ་ཡིག་མཁན་གྱི་རྩ་བའི་བླ་མ་རྡོ་རྗེ་འཆང་བློ་གྲོས་ཀྱིས་གསུང་རབ་དེའི་མཛད་འཕྲིན་མི་ཉམས་པར་རྒྱུན་གནས་ཐུབ་པའི་ཆེད་དུ། གཟའ་སྐར་འཕྲོད་སྦྱོར་བཟང་བའི་དུས་ཆོས་ལ་རྒྱུད་སྡེའི་གཞུང་ལས་བྱུང་བ་ལྟར་རབ་གནས་མཛད་པ་སྟེ། རྡོ་རྗེ་འཆང་བློ་གྲོས་མཚན་ཅན་པས། །བཟའ་ཆོས་དུས་སྦྱོར་ཕུན་སུམ་ཚོགས་པ་ལ། །རྒྱུད་སྡེ་ཟབ་མོས་རབ་གནས་ཕུན་ཚོགས་མཛད། །ཅེས་པས་རྟོགས་ཤིང་། དེའི་ཞོར་དུ་གསུང་རབ་དེ་བཞེངས་པའི་བསྔོ་སྨོན་ཡང་བཏབ་པ་སྟེ། བཀྲ་ཤིས་བྱིན་ཆེ་ཞལ་གྲོ་གཏན་དུ་བཞུགས། །དེ་ལས་བྱུང་བའི་དགེ་བ་དྲི་མེད་དེས། །མཁའ་ཉམས་མ་ལུས་སེམས་ཅན་ཐམས་ཅད་དང་། །སྐུ་གཤེགས་རྣམས་ཀྱིས་སངས་རྒྱས་ཐོབ་པ་ཤོག། །ཞལ་བཞུགས་འཁོར་དང་བཅས་པ་ཐམས་ཅད་ཀྱི། །སྐུ་སྲོག་རི་དབང་ལྟ་བུར་བརྟན་པ་དང་། །དཔལ་འབྱོར་ནམ་མཁའི་མཛོད་ལ་མཉེས་པ་

① བོད་ཀྱི་གསུང་རབ་སྒྲ་བ་དུང་དཀར་བློ་བཟང་འཕྲིན་ལས་མཆོག་གིས་མཛད་པའི་དུང་དཀར་བོད་རིག་པའི་ཚིགས་མཛོད་ཆེན་མོ་ཀྲུང་གོའི་བོད་རིག་པ་དཔེ་སྐྲུན་ཁང་གི་2002ལོའི་སྤར་མའི་ཤོག་གྲངས་1892ལས་དྲངས།

དང་། །སྟོབས་དང་དཔུང་ལ་འགྲན་མེད་པར་ཤོག། །གནས་སྐབས་སུ་ཡང་འགལ་རྐྱེན་ཞི་བ་དང་། །མཐར་ཐུག་རྫོགས་པའི་སངས་རྒྱས་ཐོབ་པར་ཤོག།།འགྱུར་མེད་རྡོ་རྗེའི་བཀྲ་ཤིས་ཤོག། །འགག་མེད་གསུང་དབྱངས་དྲུག་བཅུའི་བཀྲ་ཤིས་ཤོག། །···མེད་མི་ཅོག་ཐུགས་ཀྱི་བཀྲ་ཤིས་ཤོག། །ཨོཾ་ཧྲཱ་ལཱི་ཾ[①]ཞེས་པས་སོ།

ལེ་ཚན་གཉིས་པ། ས་དགའ་ཐུབ་དགོན་གླེགས་ཤིང་མཛད་བྱང་།

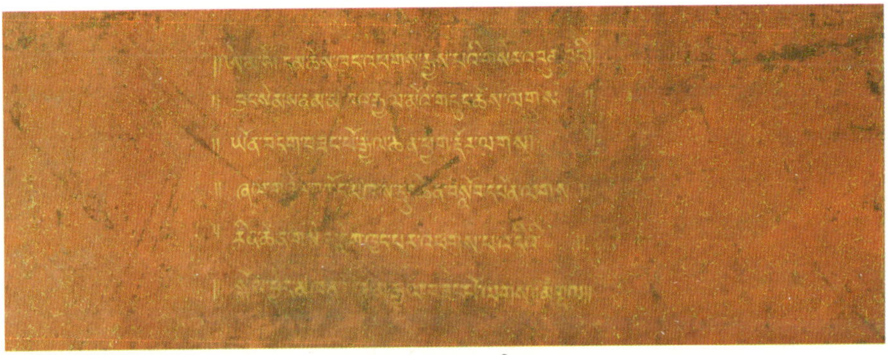

མཛད་བྱང་དཔར་རིས།

དང་པོ། མཛད་བྱང་མ་ཕྱུས།

ཨེ་མ་ཧོ།། དམ་ཆོས་ཁྱད་འཕགས་རྒྱས་པའི་གསེར་འབུམ་འདི། །བྱང་སེམས་ནམ་མཁའ་རྒྱལ་མོའི་གདུང་ཆོས་ལགས། །ཡོན་བདག་བཟང་པོ་རྒྱལ་ཆེན་ཕྱུག་རྫོར་ལགས། །ཞལ་གཉེར་བཀོད་མཁས་དྲུང་ཆེན་བསླབ་དཔོན་ལགས། །རིན་ཆེན་གསེར་གླེག་ཁྱད་པར་འཕགས་པ་འདིའི། །སྐྲིས་བྱེད་མཁས་པ་རྣམ་རྒྱལ་བཟང་པོ་ལགས། ཨོཾ་ཧྲཱ་ལཱི་ཾ[②]ཞེས་བྲིས་འདུག

གཉིས་པ། མཛད་བྱང་གི་དབྱེ་ཞིབ།

འདིར་ཨེ་མ་ཧོ་ཞེས་པས་སྟོན་བསྒྱུས་ཏེ་གླེགས་ཤིང་ཐོག་ཏུ་དམ་ཆོས་ཁྱད་དུ་འཕགས་

---

① ས་དགའ་ཐུབ་དགོན་འཕགས་པ་སྟོང་ཆེན་པོ་ཞེས་རབ་ཏུ་འཇོམས་པའི་ཐེག་པ་ཆེན་པོའི་མདོའི་མཛད་བྱང་ལས་དྲངས།

② ས་དགའ་ཐུབ་ཆེན་དགོན་དུ་བཞུགས་པའི་གླེགས་ཤིང་ནང་དོན་ལས་དྲངས།

པ་འདི་བྱང་སེམས་ནམ་མཁའ་རྒྱལ་མོའི་ཐུགས་དམ་གསུང་རབ་ཤེར་ཕྱིན་འབུམ་པ་དེ་བཞེངས་པར་གསལ་ལ། སྐབས་དེ་དུས་ཀྱི་དད་པ་སྐྱོ་ངས་མེད་པའི་སྦྱིན་བདག་གནང་མཁན་ནི་རྒྱལ་ཆེན་ཕྲུག་རྗོར་གྱིས་མཛད་ཅིང་། དེའི་སྐབས་ཀྱི་ སྣག་ཤོག་གི་དངོས་པོའི་སྦྱོད་གཉེར་མཁས་པ་དྲུང་ཆེན་སློབ་དཔོན་གྱིས་མཛད་སྟེ། འབྲི་བཞེངས་བསྐྲུངས་ཤིང་གསུང་རབ་དེའི་དྭས་དང་བཟོ་པའི་ཚོགས་ཀྱི་བཀོས་ལ་མཁས་པ་རྣམ་རྒྱལ་བཟང་པོས་གླེགས་ཤིང་གི་བཀོས་རྣམས་བསྐྲུན་པ་དེ་ཡིན་འདུག

ལེ་ཚན་གསུམ་པ། ས་དགའ་ཐུབ་དགོན་ཤེར་ཕྱིན་མཛད་བྱང་།

མཛད་བྱང་མ་དཔེ།

དང་པོ། མཛད་བྱང་མ་ཕབ་ས།

༄། །ཀྱེ་དམ་ཆོས་ནང་ནས་ཤེས་རབ་ཁྲི་པ་ལེགས། །ཆོས་རྒྱལ་བདེ་ལེགས་དཔལ་བཟང་བདུད་ཆོས་ལེགས།།རྒྱལ་ཆེན་རྗེ་རྗེ་བཀྲ་ཤིས་ཞལ་སྐོད་ལེགས། །རྒྱུ་བཟང་རིན་ཆེན་གསེར་ལས་སྒྲུབ་པ་ལེགས། །སྦྱིན་བདག་ཆེན་པོ་བྱང་སེམས་ཚེ་དཔལ་ལེགས། །དཀོན་མཆོག་རྒྱལ་མཚན་

ལག་པའི་འདུ་བྱེད་ལེགས། མཾ་ལྃ་ལཾ།།[①] ཞེས་པའོ།

གཉིས་པ། ཞབས་མཆན་གྱི་དབྱེ་ཞིབ།

ཀྱི་ཞེས་འབོད་པའི་སྒྲས་སྟན་བསུས་ཏེ་དམ་ཆོས་ཀྱི་ནང་ནས་ཤེས་རབ་ཕྱི་པ་དེ་ཆོས་རྒྱལ་བདེ་ལེགས་དཔལ་བཟང་གི་ཐུགས་དམ་དུ་འབྲི་བཞེངས་བསྐྲུངས་པའི་སྐབས་སུ། རྒྱལ་ཆེན་རྡོ་རྗེ་བཀྲ་ཤིས་ཀྱི་ཞལ་བཀོད་ལེགས་པར་མཛད་དེ་འབྲི་རྫས་རིན་ཆེན་གསེར་གྱི་རྒྱུ་འགྲོ་གཏོང་མཁན་བྱང་སེམས་ཚེ་དཔལ་གྱིས་དད་པ་སྐྱོ་ངས་མེད་པའི་སྦྱིན་བདག་དང་། སྒོ་གསུམ་ཐང་ཆད་འབྲི་བའི་ཡིག་མཁན་དཀོན་མཆོག་རྒྱལ་མཚན་གྱིས་འབྲི་བཞེངས་བསྐྲུངས་ཏེ་བསྒྲུབ་པ་དེ་རྫོགས།

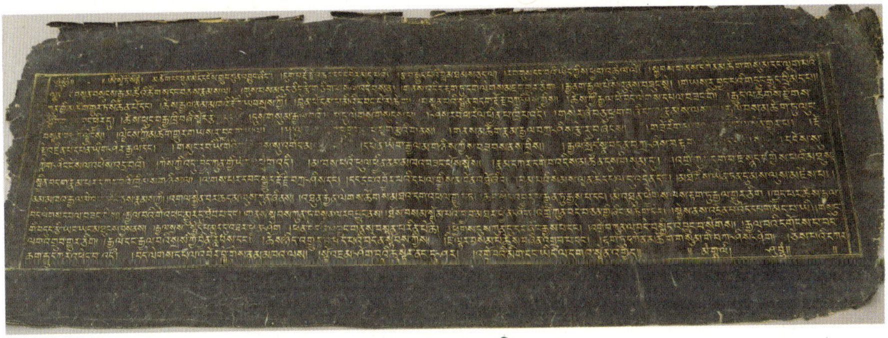

མཛད་བྱང་མ་དཔེ།

དང་པོ། མཛད་བྱང་མ་ཕྱུས།

༄། །ཨོཾ་སྭ་ཏི་སིདྡྷཾ། །མཆོག་དང་ཐུན་མོང་དངོས་གྲུབ་ཀུན་འབྱུང་ཞིང་། །དྲུག་པ་རྡོ་རྗེ་འཆང་དང་དབྱེར་མེད་པའི། །རྩ་བ་རྒྱུད་པའི་བླ་མ་ཐམས་ཅད་ལ། །རབ་གུས་དང་བའི་ཡིད་ཀྱིས་ཕྱག་འཚལ་ལོ། །སྐྱབས་གནས་དཀོན་མཆོག་གསུམ་དང་ལྷག་པའི་ལྷ༔ བསྟན་བསྲུང་རྒྱ་མཚོའི་ཚོགས་དང་བཅས་རྣམས་ལ། །གུས་པས་མདུད་ཅིང་རྩེ་གཅིག་གསོལ་འདེབས་ན། །གནས་འདིར་རྟག་ཏུ་དགེ་ལེགས་མཛད་གྱུར་ཅིག། །རྒྱ་ནག་རྒྱལ་པོ་སེའུ་ནས་བཟུང་སྟེ། །གཡས་རུ་བྱང་པའི་གདུང་རྒྱུད་བྲི་མེད་པ། །ཀུན་གྱི་མཆོག་གྱུར་ཏ་སི་ཆེན་པོ་དང་། །ཆོས་རྒྱལ་

① ས་དཀའ་ཐུབ་ཆེན་དགོན་དུ་བཞུགས་པའི་ཤེར་ཕྱིན་ཁྲི་པའི་དབུ་ཤོག་ཞབས་མཆན་ལས་དྲངས།

ནམ་མཁའི་རྡོ་རྗེ་ཡབ་སྲས་ཀྱི། །ནློན་པོ་དམ་པ་མིའི་དབང་པོ་མཆོག། །བསྟན་པའི་སྦྱིན་བདག་རྡོ་རྗེ་བཀྲ་ཤིས་ཀྱིས། །ཆོས་ཀྱི་རྒྱལ་པོ་བདེ་ལེགས་དཔལ་བཟང་གི། །རྒྱུད་ལ་ཚོགས་རྫོགས་སྦྲིབ་གཉིས་བྱང་ཕྱིར་དུ། །ཆོས་ཕུང་བརྒྱ་ཁྲི་བཞི་སྟོང་ཙོལ་དར། །དུས་གསུམ་རྒྱལ་བའི་ཡུམ་དུ་ལེགས་གསུངས་པ། །ཤེས་རབ་ཕ་རོལ་ཕྱིན་ཁྲི་པ་འདི། །གསེར་ཞོ་བཅུ་ཕྲག་བཞི་དང་ལྔ་རྣམས་ལས། །རྒྱལ་བས་མཆོག་ཏུ་ལུང་བསྟན་བོད་ཀྱི་ལྗོངས། །ལྗོངས་ཀྱི་མཆོག་གྱུར་གཡས་རུ་བྱང་གི་ཡུལ། །ཡུལ་ལས་འབུར་དུ་གྲགས་པ་སྟག་རྩེའི་གནས། །གནས་མཆོག་རྣམ་རྒྱལ་བཀྲ་ཤིས་རྩེ་རུ་བཞེངས། །གཟྫོ་རིག་མཁས་……སོན་གྱུར་པ། །རྡོ་རྗེ་འཛིན་པ་དཔོན་ཡིག་ཤེར་རྒྱལ་དང་། །གསུང་རབ་ཡི་གེའི་གཟུགས་སུ་འགོད་མཁན་ནི། ། དཔོན་ཡིག་རྒྱལ་མ་གཉིས་ཀྱིས་བཟབས་ནས་བྲིས། །རྒྱལ་སྲིད་སྣ་བདུན་བཀྲ་ཤིས་རྟགས་བརྒྱད་སོགས……། །དངོས་སུ་གླེགས་ཤིང་ངོས་ལ་འཕོས་འདྲ་བའི། །གོས་ཀྱི་འདུ་བྱེད་ཀུན་གྱི་ཡིད་འཕྲོག་འདི། །མཁས་པའི་ཕུལ་བྱུང་ནམ་མཁའ་བཟང་པོས་སྐྲིས། །རྣམ་དཀར་དགེ་བ་འདིས་མཚོན་དུས་གསུམ་དུ། །འགྲོ་ཀུན་དགེ་བ་ཇི་སྙེད་བགྱིས་པའི་མཐུས༔ སྦྱིན་བདག་རྣམ་པར་དཀར་བའི་ཁྲིམས་གཉིས་ལ། །ལེགས་པར་དབང་བསྒྱུར་རྡོ་རྗེ་བཀྲ་ཤིས་དང་། །དད་དང་འབྱོར་པའི་དཔལ་གྱིས་མངོན་འཐོ་ཞིང་། །བྱམས་པའི་སེམས་ལྡན་ཚེ་དཔལ་བུ་འདྲེན་དང་། །མཐོ་རིས་ཡོན་ཏན་དུ་མས་ལུས་མཛེས་པ། །ནམ་མཁའ་རྒྱལ་མོ་འཁོར་དང་བཅས་རྣམས་ཀྱི། །འགལ་རྐྱེན་བར་ཆད་མ་ལུས་ཀུན་ཞི་ནས། །འཐུན་རྐྱེན་ལེགས་ཚོགས་མཐའ་དག་འཕེལ་གྱུར་ཏེ། །ཆབ་སྲིད་འབྱོར་པ་རྒྱུན་ཏུ་རྒྱས་པ་དང་། །མི་འཐུན་ཕྱོགས་ལས་རྟག་ཏུ་རྒྱལ་གྱུར་ཅིག། །ཁྱད་པར་ཆོས་རྒྱལ་བདེ་ལེགས་དཔལ་བཟང་པོས། ། རྒྱལ་བའི་གོ་འཕང་མྱུར་དུ་ཐོབ་པ་དང་། །གནས་སྐབས་ཀུན་དུ་བསྟན་ལ་རབ་བྱུང་ནས། །ཐོས་བསམ་སྒོམ་པའི་བྱ་བ་མཐར་ཕྱིན་ཤོག །འགྲོ་ཀུན་བདེ་བ་ཅན་གྱི་ཞིང་མཆོག་དེར། །སྐྱེས་ནས་འདྲེན་པ་འོད་དཔག་མེད་པ་ཡིས། །གསུང་གི་བདུད་རྩི་ཡང་ཡང་མཐུངས་བྱས་ནས། །རྒྱལ་སྲས་སྤྱོད་པ་མྱུར་དུ་འཐར་ཕྱིན་ཤོག། ཕན་བདེའི་འབྱུང་གནས་བསྟན་པ་རིན་པོ་ཆེ། །ཕྱོགས་དུས་ཀུན་དུ་དར་ཞིང་རྒྱས་པ་དང་། །འགྲོ་བ་ཀུན་ལ་བདེ་བསྐྱིད་འབྱུང་བ་སོགས། །རྒྱལ་བའི་དགོངས་པ་བདེ་ལག་འགྲུབ་གྱུར་ཅིག། །རྒྱལ་དང་རྒྱལ་བའི་སྲས་ཀྱི་བྱིན་རླབས་དང་། །ཆོས་ཉིད་འགྱུར་བ་མེད་པའི་བདེན་སྟོབས་ཀྱིས། །ཇི་ལྟར་བསམ་པ་ཆོས་བཞིན་འགྲུབ་པ་དང་། །རྟག་ཏུ་དཀོན་མཆོག་གསུམ་གྱི་བཀྲ་ཤིས་ཤོག། །ཅེས་པ་དཀར་ཆག་རྒྱ་དཀར་འཕྲེང་བ་འདི། །བདེ་

ལེགས་དཔལ་འབྱོར་བློ་གྲོས་ནམ་མཁའ་ལས།། སྟོ་འཇམ་ཤོག་བུའི་ཆུ་སྐྱེར་ནང་དུ་ཤར། །འགྲོ་བའི་མིག་དང་ཡིད་ལ་དགའ་སྟོན་འགྱེད། ། སཾ་སྐྲ་ལཾ། །ཤུ་ཧྂ། །[1] ཞེས་པའོ།

གཉིས་པ། མཛད་བྱང་གི་དབྱེ་ཞིབ།

གཅིག བསྟོད་ཕྱག

༄། །ཨོཾ་སྭ་ཏི་སིདྡྷཾ། །མཆོག་དང་ཐུན་མོང་དངོས་གྲུབ་ཀུན་འབྱུང་ཞིང་། །དྲུག་པ་རྡོ་རྗེ་འཆང་དང་དབྱེར་མེད་པའི། །རྩ་བ་བརྒྱུད་པའི་བླ་མ་ཐམས་ཅད་ལ། །རབ་གུས་དང་བའི་ཡིད་ཀྱིས་ཕྱག་འཚལ་ལོ། །སྐྱབས་གནས་དཀོན་མཆོག་གསུམ་དང་ལྷག་པའི་ལྷ༔ བསྟན་བསྲུང་རྒྱ་མཚོའི་ཚོགས་དང་བཅས་རྣམས་ལ། །གུས་པས་མདུད་ཅིང་རྩེ་གཅིག་གསོལ་འདེབས་ན། །གནས་འདིར་རྟག་ཏུ་དགེ་ལེགས་མཛད་གྱུར་ཅིག [2] ཅེས་བྱུང་བ་ལ་གཞིགས་ན། དེ་ཡང་སམ་སྐྲི་ཏ་གཟུགས་འགྱུར་གྱི་ཐོག་ནས་བཀྲ་ཤིས་ཞེས་པས་དབུ་འཕེན་ཏེ་མཆོད་ཡོན་སྦྱིན་བདག་རྡོ་རྗེ་བཀྲ་ཤིས་ཀྱིས་རང་གི་རྩ་བའི་བླ་མ་དང་རྒྱུད་པའི་བླ་མ་རྣམས་ལ་གུས་ཕྱག་འཚལ་བ་དང་སྒྲུགས། དཀོན་མཆོག་གསུམ་དང་ལྷག་པའི་ལྷ། བསྟན་བསྲུང་རྒྱ་མཚོའི་ཚོགས་རྣམས་ལ་གསོལ་བ་འདེབས་ཏེ་གཡས་རུ་བྱང་པའི་ས་སྐྱེ་ལ་སྟོད་ལྷོ་བྱང་གཉིས་སུ་དབྱེ་བའི་ནང་གི་བྱང་པའི་ས་དེར་རྟག་ཏུ་དགེ་ལེགས་མཛད་གྱུར་ཅིག་ཅེས་བྲིས་འདུག

གཉིས། སྦྱིན་བདག

འདིར་གསུང་རབ་འབྲི་བཞེངས་ཀྱི་སྦྱིན་བདག་ཏུ་བྱོན་པའི་ཆོས་རྒྱལ་ནམ་མཁའི་རྡོ་རྗེའི་བྱུང་བ་ཉུང་དུ་བརྗོད་ན་སྐྱེ་ཁོང་རྣམ་ནི་རྒྱ་ནག་རྒྱལ་པོ་སེའུ་སྐྱེ་མི་ཉག་སིའུ་རྒྱལ་པོ་(1033-1227ལོ་) སྐྱེ་[3] ཤིས་ཞག་སྐབས་ (西夏) ནས་བཟུང་སྟེ། གཡས་རུ་ལ་སྟོད་ལྷོ་བྱང་གཉིས་སུ་དབྱེ་བའི་ནང་ནས་ལ་སྟོད་བྱང་པའི་གདུང་རྒྱུད་དྲི་མ་མེད་པར་བྱོན་པའི་ཏ་སི་ཆེན་པོ་དང་

---

① ས་དགའ་ཐུབ་ཆེན་དགོན་དུ་བཞུགས་པའི་ཤེར་ཕྱིན་གྱི་མཛད་བྱང་ལས་དྲངས།

② ས་དགའ་ཐུབ་ཆེན་དགོན་དུ་བཞུགས་པའི་ཤེར་ཕྱིན་མཛད་བྱང་ལས་དྲངས།

③ རབ་བྱུང་དང་པོའི་ས་ཡོས་ལོར་ཏང་ཞང་ཆང་ཞེས་པའི་གྲངས་ཉུང་མི་རིགས་ཀྱིས་རྒྱ་ཆུའི་སྨད་རྒྱུད་དེང་སང་ཉིང་ཞ་ཟེར་བའི་ས་ཆར་ཤིས་ཞ་ཞེས་པའི་རྒྱལ་སྲིད་བཙུགས་པ་དེ་རབ་བྱུང་བཞི་པའི་མེ་ཕག་ལོར་ཧོར་ཇིང་གིར་རྒྱལ་པོའི་ལག་ཏུ་ཤོར། དེའི་གདུང་

ཆོས་རྒྱལ་ནམ་མཁའ་རྡོ་རྗེས་ཡབ་སྲས་ཀྱི་སློབ་དཔོན་མཆོག་ཏུ་འགྱུར་པ་མི་དབང་རྡོ་རྗེ་བཀྲ་ཤིས་ཀྱིས། ཆོས་ཀྱི་རྒྱལ་པོ་བདེ་ལེགས་དཔལ་བཟང་གི་རྒྱུད་ལ་ཚོགས་རྫོགས་སྒྲིབ་གཉིས་བྱང་བའི་ཕྱིར་དུ་ཤེར་ཕྱིན་པོད་ཁྲི་པ་དེ་གསེར་ཞོ་བཅུ་ཕྲག་བཞི་དང་ལྔའི་རྒྱུ་འགྲོ་སྦྱར་ནས་འབྲི་བཞེངས་གནང་བའི་སྐབས་སུ། ཚེ་དཔལ་བུ་འདྲེན་དང་ནམ་མཁའ་རྒྱལ་མོ་འཁོར་དང་བཅས་པས་འཕྲུལ་རྐྱེན་སྦྱར་ཏེ་འབྲི་བཞེངས་གནང་བ་ནི་མཛད་བྱང་ལས། རྒྱ་ནག་རྒྱལ་པོ་སེའུ་ནས་བཟུང་སྟེ། །གཡས་རུ་བྱང་པའི་གདུང་རྒྱུད་བྲི་མེད་པ། །ཀུན་གྱི་མཆོག་གྱུར་ཏ་སི་ཆེན་པོ་དང་། །ཆོས་རྒྱལ་ནམ་མཁའི་རྡོ་རྗེ་ཡབ་སྲས་ཀྱི། །སློབ་པོ་དམ་པ་མིའི་དབང་པོ་མཆོག། །བསྟན་པའི་སྦྱིན་བདག་རྡོ་རྗེ་བཀྲ་ཤིས་ཀྱིས། །ཆོས་ཀྱི་རྒྱལ་པོ་བདེ་ལེགས་དཔལ་བཟང་གི། །རྒྱུད་ལ་ཚོགས་རྫོགས་སྒྲིབ་གཉིས་བྱང་ཕྱིར་དུ། །ཆོས་ཕུང་བརྒྱ་ཁྲི་བཞི་སྟོང་ཚོལ་དར། །དུས་གསུམ་རྒྱལ་བའི་ཡུམ་དུ་ལེགས་གསུངས་པ། །ཤེས་རབ་ཕ་རོལ་ཕྱིན་ཁྲི་པ་འདི། །གསེར་ཞོ་བཅུ་ཕྲག་བཞི་དང་ལྔ་རྣམས་ལས། །[1]ཞེས་དང་། །རྣམ་དཀར་དགེ་བ་འདིས་མཚོན་དུས་གསུམ་དུ། །འགྲོ་ཀུན་དགེ་བ་ཇི་སྙེད་བགྱིས་པའི་མཐུས། སྦྱིན་བདག་རྣམ་པར་དཀར་བའི་ཁྲིམས་གཉིས་ལ། །ལེགས་པར་དབང་བསྒྱུར་རྡོ་རྗེ་བཀྲ་ཤིས་དང་། །དད་དང་འབྱོར་པའི་དཔལ་གྱིས་མངོན་འཐོ་ཞིང་། །བྱམས་པའི་སེམས་ལྡན་ཚེ་དཔལ་བུ་འདྲེན་དང་། །མཐོ་རིས་ཡོན་ཏན་དུ་མས་ལུས་མཛེས་པ། །ནམ་མཁའ་རྒྱལ་མོ་འཁོར་དང་བཅས་རྣམས་ཀྱི། །འགལ་རྐྱེན་བར་ཆད་མ་ལུས་ཀུན་ཞི་ནས། །འཕྲུལ་རྐྱེན་ལེགས་ཚོགས་མཐའ་དག་འཕེལ་གྱུར་ཏེ། [2]ཞེས་པས་སོ།

གསུམ། ཡུལ་ལུང་།

གཡས་རུ་ལ་སྟོད་ལྷོ་བྱང་གཉིས་སུ་དབྱེ་བའི་ནང་ནས་ལ་སྟོད་བྱང་པའི་གདུང་རྒྱུད་དྲི་མ་མེད་པར་གྲོན་པའི་ཏ་སི་ཆེན་པོ་དང་ཆོས་རྒྱལ་ནམ་མཁའ་རྡོ་རྗེས་ཡབ་སྲས་ཀྱི་སློབ་དཔོན་མཆོག་ཏུ་འགྱུར་པ་མི་དབང་རྡོ་རྗེ་བཀྲ་ཤིས་ཀྱིས་ཆོས་ཀྱི་རྒྱལ་པོ་བདེ་ལེགས་དཔལ་བཟང་

རྒྱུད་ལྷོ་ཕྱོགས་སུ་བསྐྱོད་དེ་མདོ་ཁམས་སྨར་དྲུག་གི་ནང་གསེས་མི་ཉག་སྟེ་དར་རྩེ་མདོའི་ནུབ་རྒྱུད་དུ་གཞིས་ཆགས་ནས་བསྡད། རྒྱ་སྐད་ཤེས་ཞ་ཞེས་པའི་སྒྲ་གདངས་དེ་བོད་སྐད་ཇི་བཞིན་མ་ཐོན་པར་ཟུར་ཆག་སྟེ་སི་ཏུའམ་སེའུ་ཞེ་ཞེས་གྲགས་ཞེས་བོད་རྒྱ་ཚིག་མཛོད་ཆེན་མོའི་ཤོག་གྲངས་2069 རུ་གསལ་བ་ལ་མགོ་བཏགས་བརྩོལ་ཡོད།

① ས་དགའ་ཐུབ་ཆེན་དགོན་དུ་བཞུགས་པའི་ཤེར་ཕྱིན་མཛད་བྱང་ལས་དྲངས།

② ས་དགའ་ཐུབ་ཆེན་དགོན་དུ་བཞུགས་པའི་ཤེར་ཕྱིན་མཛད་བྱང་ལས་དྲངས།

གི་རྒྱུད་ལ་ཚོགས་རྫོགས་སྨིན་གཉིས་བྱང་བའི་ཕྱིར་དུ་ཤེར་ཕྱིན་བོད་ཁྲི་པ་དེ་འབྲི་བཞེངས་གནང་བའི་སྐབས། འབྲི་བཞེངས་བྱ་སའི་གནས་ཡུལ་ནི་བོད་ཡུལ་གྱི་ནང་ནས་གཡས་རུ་བྱང་པའི་ཡུལ་ལས་ཁྱད་དུ་འཕགས་པའི་རྫོང་སྟག་རྩེའི་རྣམ་རྒྱལ་བཀྲ་ཤིས་རྩེ[1]རུ་འབྲི་བཞེངས་གནང་བ་ནི་ཤེར་ཕྱིན་མཛད་བྱང་ལས། བསྟན་པའི་སྦྱིན་བདག་རྡོ་རྗེ་བཀྲ་ཤིས་ཀྱིས། །ཆོས་ཀྱི་རྒྱལ་པོ་བདེ་ལེགས་དཔལ་བཟང་གི། །རྒྱུད་ལ་ཚོགས་རྫོགས་སྨིན་གཉིས་བྱང་ཕྱིར་དུ། །ཆོས་ཕུང་བརྒྱད་ཁྲི་བཞི་སྟོང་ཙོལ་དར། །དུས་གསུམ་རྒྱལ་བའི་ཡུམ་དུ་ལེགས་གསུངས་པ། །ཤེས་རབ་ཕ་རོལ་ཕྱིན་ཁྲི་པ་འདི། །གསེར་ཞོ་བཅུ་ཕྲག་བཞི་དང་ལྔ་རྣམས་ལས། །རྒྱལ་བས་མཆོག་ཏུ་ལུང་བསྟན་བོད་ཀྱི་ལྗོངས། །ལྗོངས་ཀྱི་ མཆོག་གྱུར་གཡས་རུ་བྱང་གི་ཡུལ། །ཡུལ་ལས་འཕུར་དུ་གྲགས་པ་སྟག་རྩེའི་གནས། །གནས་མཆོག་རྣམ་རྒྱལ་བཀྲ་ཤིས་རྩེ་རུ་བཞེངས། །[2]ཞེས་པས་སོ།

བཞི། ཡིག་མཁན།

གཙོ་རིག་མཁས་···སོན་གྱུར་པ། །རྡོ་རྗེ་འཛིན་པ་དཔོན་ཡིག་ཤེར་རྒྱལ་དང་། །གསུང་རབ་ཡི་གེའི་གཟུགས་སུ་འགོད་མཁན་ནི། ། དཔོན་ཡིག་རྒྱལ་མ་གཉིས་ཀྱིས་བཟབས་ནས་བྲིས། །ཞེས་བྱུང་བ་ལ་གཞིགས་ན། འབྲི་བཞེངས་ཀྱི་ནང་དུ་མེད་དུ་མེད་རུང་བའི་བཟོ་རིག་མཁས་པར་གྱུར་པ་དཔོན་ཡིག་ཤེར་རྒྱལ་དང་དཔོན་ཡིག་རྒྱལ་མ་རྣམ་གཉིས་ཀྱིས་གཟབ་བྲིས་གནང་བ་དེ་གོང་གི་མཛད་བྱང་ལས་རྟོགས།

ལྔ། བསྔོས་པ།

གཡས་རུ་ལ་སྟོད་ལྷོ་བྱང་གཉིས་སུ་དབྱེ་བའི་ནང་ནས་ལ་སྟོད་བྱང་པའི་གདུང་རྒྱུད་དྲི་མ་མེད་པར་ཐོན་པའི་ཏ་སི་ཆེན་པོ་དང་ཆོས་རྒྱལ་ནམ་མཁའ་རྡོ་རྗེ་ཡབ་སྲས་ཀྱི་ བློན་པོའི་མཆོག་ཏུ་འགྱུར་པ། མི་དབང་རྡོ་རྗེ་བཀྲ་ཤིས་ཀྱིས་ཆོས་ཀྱི་རྒྱལ་པོ་བདེ་ལེགས་དཔལ་བཟང་

---

① དཔལ་འབྱོར་བཟང་པོས་མཛད་པའི་རྒྱ་བོད་ཡིག་ཚང་ཆེན་མོ་སི་ཁྲོན་མི་རིགས་དཔེ་སྐྲུན་ཁང་གི་1983ལོའི་སྤར་མའི་ཤོག་གྲངས་413ནང་དུ། མེ་མོ་སྟག་ལོ་ནས་རྫོང་སྟག་སྣ་དོན་གྲུབ་རྩེ་བཟུང་ཞེས་པའི་རྫོང་དེ་དང་དོན་གཅིག་ཡིན་མིན་བརྟག་པར་འཚལ།

② ས་དགའ་ཐུབ་ཆེན་དགོན་དུ་བཞུགས་པའི་ཤེར་ཕྱིན་མཛད་བྱང་ལས་དྲངས།

གི་རྒྱུད་ལ་ཚོགས་རྫོགས་སྒྲིབ་གཉིས་བྱང་བའི་ཕྱིར་དུ་ཤེར་ཕྱིན་པོད་ཁྲི་པ་དེ་འབྲི་བཞེངས་གནང་བའི་སྐབས། གསུང་རབ་དེར་ཉེ་བར་མཁོ་བའི་སྒྲིལ་ཆས་ལྷའི་ནང་ནས་གླེགས་ཤིང་དྲས་དང་བཀོས་པ་ནི་ནམ་མཁའ་བཟང་པོས་བྱས་ཤིང་། བཀོས་ཀྱི་རི་མོ་བགྲ་ཤིས་རྟགས་བརྒྱད་ལ་སོགས་པ་མཛེས་ཤིང་མིག་ཡིད་རྣ་བའི་དགའ་སྟོན་དུ་འགྱུར་པ་དེ་མཛད་བྱང་ལས། ལེགས་པས་ཀུན་གྱི་།རྒྱལ་སྲིད་སྣ་བདུན་བགྲ་ཤིས་རྟགས་བརྒྱད་སོགས་⋯⋯། །དངོས་སུ་གླེགས་ཤིང་ངོས་ལ་འཕོས་འདྲ་བའི། །ཀོས་ཀྱི་འདུ་བྱེད་ཀུན་གྱི་ཡིད་འཕྲོག་འདི། །མཁས་པའི་ཕུལ་བྱུང་ནམ་མཁའ་བཟང་པོས་སྐོས། །[1] ཞེས་པས་སོ།

དྲུག བསྔོ་སྨོན།

གཡས་ཏུ་ལ་སྟོད་ལྷོ་བྱང་གཉིས་སུ་དབྱེ་བའི་ནང་ནས་ལ་སྟོད་བྱང་པའི་གདུང་རྒྱུད་དྲི་མ་མེད་པར་ཕྱོན་པའི་ཏ་སི་ཆེན་པོ་དང་ཆོས་རྒྱལ་ནམ་མཁའ་རྡོ་རྗེས་ཡབ་སྲས་ཀྱི་དློན་པོའི་མཆོག་ཏུ་འགྱུར་པ་མི་དབང་རྡོ་རྗེ་བགྲ་ཤིས་ཀྱིས་ཆོས་ཀྱི་རྒྱལ་པོ་བདེ་ལེགས་དཔལ་བཟང་གིས་རྒྱ་འགྲོ་སྤྱུར་ཏེ་སྔོ་གསུམ་ཐང་ཆད་འབྲི་བའི་ཡིག་པ་ཤེར་རྒྱལ་དང་རྒྱལ་མ་རྣམ་གཉིས་དང་། ན་བཟའ་གླེགས་ཤིང་སོགས་ཀྱི་སྟེང་དུ་རི་མོ་བགྲ་ཤིས་རྟགས་བརྒྱད་བཀོ་མཁན་ནམ་མཁའ་བཟང་པོས་གནང་སྟེ། འབྲི་བཞེངས་བསྒྲུབས་པའི་སྐབས་སུ་རྣམ་པར་དགེ་བའི་ལས་དེའི་ཕྱོགས་སུ་གོམ་པ་གང་ཙམ་ཞིག་སྤོ་མཁན་གྱི་སློན་ལམ་ཁོངས་སུ་གཏོགས་པའི་སེམས་ཅན་རྣམས་ཀྱི་མོས་པ་དང་འཚམས་པའི་བསྔོ་བ་སློན་ལམ་བཏབ་པ་སྟེ་མཛད་བྱང་ལས། །ཆབ་སྲིད་འཁོར་པ་རྒྱུན་ཏུ་རྒྱས་པ་དང་། །མི་འཐུན་ཕྱོགས་ལས་རྟག་ཏུ་རྒྱལ་གྱུར་ཅིག། ཁྱད་པར་ཆོས་རྒྱལ་བདེ་ལེགས་དཔལ་བཟང་པོས། །རྒྱལ་བའི་གོ་འཕང་མྱུར་དུ་ཐོབ་པ་དང་། །གནས་སྐབས་ཀུན་དུ་བསྟན་ལ་རབ་བྱུང་ནས། །ཐོས་བསམ་སྒོམ་པའི་བྱ་བ་མཐར་ཕྱིན་ཤོག །འགྲོ་ཀུན་བདེ་བ་ཅན་གྱི་ཞིང་མཆོག་དེར། །སྐྱེས་ནས་འདྲེན་པ་འོད་དཔག་མེད་པ་ཡིས། །གསུང་གི་བདུད་རྩི་ཡང་ཡང་མཐུངས་བྱས་ནས། །རྒྱལ་སྲས་སྤྱོད་པ་མྱུར་དུ་འཐར་ཕྱིན་ཤོག། ཕན་བདེའི་འབྱུང་གནས་བསྟན་པ་རིན་པོ་ཆེ། །ཕྱོགས་དུས་ཀུན་དུ་དར་ཞིང་རྒྱས་པ་དང་། །འགྲོ་བ་ཀུན་

[1] ས་དགའ་ཐུབ་ཆེན་དགོན་དུ་བཞུགས་པའི་ཤེར་ཕྱིན་མཛད་བྱང་ལས་དྲངས།

ལ་བདེ་བསྐྱིད་འབྱུང་བ་སོགས།། རྒྱལ་བའི་དགོངས་པ་བདེ་ལག་འགྲུབ་གྱུར་ཅིག། །རྒྱལ་དང་རྒྱལ་བའི་སྲས་ཀྱི་བྱིན་རླབས་དང་། །ཆོས་ཉིད་འགྱུར་བ་མེད་པའི་བདེན་སྟོབས་ཀྱིས། །ཇི་ལྟར་བསམ་པ་ཆོས་བཞིན་འགྲུབ་པ་དང་། །རྟག་ཏུ་དཀོན་མཆོག་གསུམ་གྱི་བཀྲ་ཤིས་ཤོག། །ཅེས་པ་དཀར་ཆག་རྒྱ་དཀར་འཕྲེང་བ་འདི། །བདེ་ལེགས་དཔལ་འབྱོར་བློ་གྲོས་ནམ་མཁའ་ལས།། སྟོ་འཇམ་ཤོག་བུའི་ཆུ་སྐྱེར་ནང་དུ་ཤར། །འགྲོ་བའི་མིག་དང་ཡིད་ལ་དགའ་སྟོན་འགྱེད། ། མཾ་ག་ལཾ། །ཤུ་བྷཾ། ། [1]ཞེས་པས་སོ།

ལེ་ཚན་བཞི་པ། ས་དགའ་ཉུབ་དགོན་ཤེར་ཕྱིན་མཛད་བྱང་།

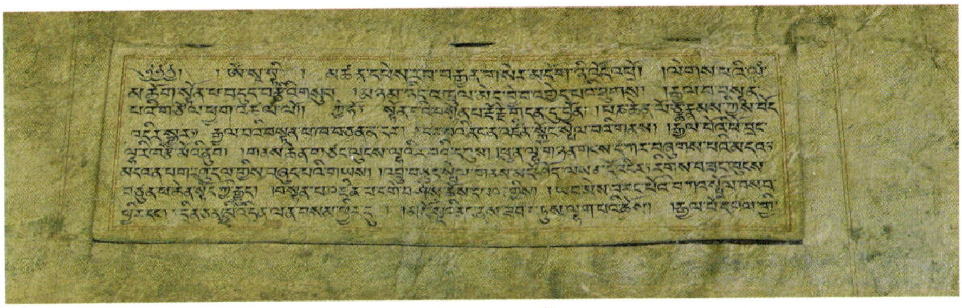

མཛད་བྱང་མ་དཔེ།

དང་པོ། མཛད་བྱང་མ་ཕྱུས།

༄༅། །ཨོཾ་སྭ་སྟི། །མཚན་དཔེས་རབ་བརྒྱན་གསེར་མདོག་ཉི་འོད་འཕྲོ། །ལེགས་པའི་ལམ་མཆོག་སྟོན་པ་བདུད་བརྩིའི་གསུང་། །མཉམ་ཉིད་འཁྲུལ་མེད་བྱེ་བ་འགྱེད་པའི་ཐུགས། །རྒྱལ་བ་བསྟན་པའི་གཙོ་ལ་ཕྱག་འཚལ་ལོ། །ཀྱེ་ཧོ༔ སྟོན་པའི་བསྟན་པ་རྡོ་རྗེ་གདན་དུ་བྱོན། །པཎ་ཆེན་ལོ་ཙྪ་རྣམས་ཀྱིས་བོད་འདིར་སྤྱུར། །རྒྱལ་བའི་བསྟན་པ་ཁ་བ་ཅན་ན་དར། །དར་བའི་ནང་ན་འཛིན་སྐྱོང་སྤེལ་བའི་གནས། །རྒྱལ་པོའི་ཕོ་བྲང་ལྷ་རི་བརྩེ་མོའི་ནུབ། །གནས་ཆེན་གཙང་ལུངས་ལྷའི་ར་བའི་དབུས། །ཕུ་ན་ལྷ་གཉན་གངས་དཀར་བཞུགས་པའི་མདའ༔ མདའ་ན་པག་ཤྲུ་དལ་གྱིས་བཞུད་པའི་གཡས། །འབྲུ་བཅུད་སྤེལ་གནས་མདོ་ཤོད་ལས་མདོ་འདིར༔ རིགས་བཟང་ཁུངས་བཙུན་ཕ་ཆེན་སྟོང་གི་རྒྱུད། །བསྟན་པ་འཛིན་པ་དགེ་བཤེས་ཆོས་དཔལ་

---

① ས་དགའ་ཐུབ་ཆེན་དགོན་དུ་བཞུགས་པའི་ཤེར་ཕྱིན་མཛད་བྱང་ལས་དྲངས།

གྱིས། །ཡབ་མེས་བཟང་པོའི་བཀའ་སྒྲོལ་བསབ་ཕྱིར་དང་། །དྲིན་ཅན་མའི་དྲིན་ལན་བསམ་ཕྱིར་དུ། །མདོ་སྡེའི་ནང་ནས་ཟབ་བཏུས་ལྷག་པའི་ཆོས། །རྒྱལ་པོ་དཔལ་གྱི་སྡེའི་རྟོགས་བརྗོད་དང་། །རྒྱལ་པོ་ཟླ་འོད་རྟོགས་བརྗོད་ལ་སོགས་པ། །མདོ་སྡ་བཅུ་ནི་ལྷག་བསམ་དག་པས་བཞེངས།།གཞན་ཡང་དགེས་རྫོར་རས་རིས་དཀྱིལ་འཁོར་གཅིག། །བཞེངས་པའི་དགེ་བ་རྣམ་དཀར་དྲི་མེད་དེས། །སངས་རྒྱས་བསྟན་པ་དར་ཞིང་བརྒྱས་པ་དང་། །མར་གྱུར་འགྲོ་ཀུན་སེམས་ཅན་ཐམས་ཅད་དང་། །ཕ་མ་གཉིས་པོས་སངས་རྒྱས་མྱུར་ཐོབ་ཤོག། །རྒྱལ་བའི་བསྟན་པ་ཡུན་རིང་གནས་པ་དང་། །གནས་བསྐབས་སུ་ཡང་སྦྱིན་བདག་འཁོར་བཅས་ཀྱི། །ནད་བདོན་བགེགས་དང་བར་ཆད་ཞི་གྱུར་ཅིག[①]ཅེས་པའོ།

གཉིས་པ། མཛད་བྱང་གི་དབྱེ་ཞིབ།

གཅིག བསྔོད་ཕྱག

༄༅། །ཨོཾ་སྭ་སྟི། །མཚན་དཔེས་རབ་བརྒྱན་གསེར་མདོག་ཉི་འོད་འགྲོ། །ལེགས་པའི་ལམ་མཆོག་སྟོན་པ་བདུད་བརྩིའི་གསུང་། །མཉམ་ཉིད་འབྲུལ་མེད་བྱེ་བ་འགྱེད་པའི་ཐུགས། །རྒྱལ་བ་བསྟན་པའི་གཙོ་ལ་ཕྱག་འཚལ་ལོ། །[②]ཞེས་བྱུང་བ་ལྟར་ན། དེ་ཡང་བདེ་ལེགས་སུ་གྱུར་ཅིག་ཅེས་པའི་ཚིག་གིས་སྨྲན་བསུས་ཏེ་རྒྱལ་བ་ཤཱཀྱ་ཐུབ་པའི་སྐུ་གསུང་ཐུགས་ཀྱི་ཡོན་ཏན་ལ་བསྟོད་ཕྱག་ཕུལ་བ་དེ་རེད།

གཉིས། ཡུལ་ལུང་།

ཀྱེ་ཧོ༔ སྟོན་པའི་བསྟན་པ་རྡོ་རྗེ་གདན་དུ་བྱོན། །པཎ་ཆེན་ལོ་ཙྪ་རྣམས་ཀྱིས་བོད་འདིར་སྤྱར། །རྒྱལ་བའི་བསྟན་པ་ཁ་བ་ཅན་ན་དར། །དར་བའི་ནང་ན་འཛིན་སྐྱོང་སྤེལ་བའི་གནས། །རྒྱལ་པོའི་ཕོ་བྲང་ལྷ་རི་བརྩེ་མོའི་ནུབ། །གནས་ཆེན་གཙང་ལུངས་ལྷའི་ར་བའི་དབུས། །ཕུ་ན་ལྷ་གཉན་གངས་དཀར་བཞུགས་པའི་མདའ༔ མདའ་ན་པག་ཤུ་དལ་གྱིས་བཞུད་པའི་གཡས། །

① ས་དགའ་ནུབ་དགོན་དུ་བཞུགས་པའི་ཤེར་ཕྱིན་གྱི་མཛད་བྱང་ལས་དྲངས།

② ས་དགའ་ནུབ་དགོན་དུ་བཞུགས་པའི་ཤེར་ཕྱིན་གྱི་མཛད་བྱང་ལས་དྲངས།

208

འབྲུ་བཅུད་སྤེལ་གནས་མདོ་ཤོད་ལས་མདོ་འདིར༑ [①]ཞེས་པས་མདོ་སྔ་བཅུ་དེ་འབྲི་བཞེངས་བྱ་སའི་གནས་ཡུལ་བསྟོད་པ་དུང་ཆེན་གཟུགས་ལས། ནང་ཆོས་དར་ས་ཁ་བ་ཅན་གྱི་ལྗོངས་འདི་ཡིན་ཞིང་། དེའི་ནང་ནས་འཛིན་སྐྱོང་སྤེལ་གསུམ་བྱ་སའི་གནས་བྱང་བདག་རྒྱལ་པོའི་ཕོ་བྲང་ལྷ་རི་རྩེ་མོའི་ནུབ་ཏུ་ཆགས་པའི་གནས་ཆེན་གཙང་ལུང་ལྷའི་ར་བ་དབུས་དང་ཕུ་ན་ལྷ་གཉན་གངས་དཀར་བཞུགས་ཤིང་། མདའ་ན་ཆུ་བོ་ཆེན་པོ་བཞི་ལས་སྣང་ཆེན་ཁ་འབབ་རྒྱུགས་པའི་གཡས་ཀྱི་མདོ་ཤོད་སྟེ་དེང་གི་ས་དགའ་རྫོང་གི་ཁོངས་ཀྱི་མདོ་ཤོད་དེར་འབྲི་བཞེངས་བསྐྲུངས་པ་ནི་གོང་གི་མཛད་བྱང་ལས་ཤེས།

གསུམ། སྦྱིན་བདག

རིགས་བཟང་ཁུངས་བཙུན་ཕ་ཆེན་སྟོང་གི་རྒྱུད། །བསྟན་པ་འཛིན་པ་དགེ་བཤེས་ཆོས་དཔལ་གྱིས། [②]ཞེས་པ་ལས། བྱང་བདག་རྒྱལ་པོའི་ཕོ་བྲང་ལྷ་རི་རྩེ་མོའི་ནུབ་ཏུ་ཆགས་པའི་གནས་ཆེན་གཙང་ལུང་ལྷའི་ར་བ་དབུས་དང་ཕུ་ན་ལྷ་གཉན་གངས་དཀར་བཞུགས་ཤིང་། མདའ་ན་ཆུ་བོ་ཆེན་པོ་བཞི་ལས་སྣང་ཆེན་ཁ་འབབ་རྒྱུགས་པའི་གཡས་ཀྱི་མདོ་ཤོད་དེར་འབྲི་བཞེངས་བསྐྲུངས་པའི་སྐབས་སུ། དད་པ་སྐྱོ་ངས་མེད་པའི་སྦྱིན་བདག་གནང་མཁན་ནི་རིགས་རུས་ཁུངས་བཙུན་བསེ་རྒྱ་དགའ་ལྡོང་བཞིའི་ནང་ནས་སྟོང་གི་རྒྱུད་ལས་ཆད་པའི་དགེ་བཤེས་ཆོས་དཔལ་གྱིས་རྒྱུ་འགྲོ་སྦྱར་ཏེ་འབྲི་བཞེངས་བསྐྲུངས་པ་དེ་ཤེས།

བཞི། དགོས་པ།

།ཡབ་མེས་བཟང་པོ་བཀའ་སྤྲོལ་བསབ་ཕྱིར་དང་། །དྲིན་ཅན་མའི་དྲིན་ལན་བསམ་ཕྱིར་དུ། ། [③]ཞེས་པ་ལས་བྱང་བདག་རྒྱལ་པོའི་ཕོ་བྲང་ལྷ་རི་རྩེ་མོའི་ནུབ་ཏུ་ཆགས་པའི་གནས་ཆེན་གཙང་ལུང་ལྷའི་ར་བ་དབུས་དང་ཕུ་ན་ལྷ་གཉན་གངས་དཀར་བཞུགས་ཤིང་། མདའ་ན་ཆུ་བོ་ཆེན་པོ་བཞི་ལས་སྣང་ཆེན་ཁ་འབབ་རྒྱུགས་པའི་གཡས་ཀྱི་མདོ་ཤོད་དེ་དེང་གི་ས་དགའ་

① ས་དགའ་ནུབ་དགོན་དུ་བཞུགས་པའི་ཤེར་ཕྱིན་གྱི་མཛད་བྱང་ལས་དྲངས།

② ས་དགའ་ནུབ་དགོན་དུ་བཞུགས་པའི་ཤེར་ཕྱིན་གྱི་མཛད་བྱང་ལས་དྲངས།

③ ས་དགའ་ནུབ་དགོན་དུ་བཞུགས་པའི་ཤེར་ཕྱིན་གྱི་མཛད་བྱང་ལས་དྲངས།

ཛོང་གི་མངའ་ཁོངས་དེར་དད་པ་སྐྱོ་ངས་མེད་པའི་སྦྱིན་བདག་དགེ་བཤེས་ཆོས་དཔལ་གྱི་རྒྱུ་འགྲོ་སྦྱར་ཏེ་འབྲི་བཞེངས་བསྐྲུངས་པའི་དགོས་པ་ནི་རང་གིས་ཡབ་མེས་དམ་པའི་དྲིན་ལན་བསབ་པའི་ཕྱིར་ཡིན་པ་དེ་རྟོགས།

ལྔ། གསུང་རབ།

བྱང་བདག་རྒྱལ་པོའི་ཕོ་བྲང་ལྷ་རི་རྩེ་མོའི་ནུབ་ཏུ་ཆགས་པའི་གནས་ཆེན་གཙང་ལུང་ལྷའི་ར་བ་དབུས་དང་ཕུ་ན་ལྷ་གཉན་གངས་དཀར་བཞུགས་ཤིང་། མདའ་ན་ཆུ་བོ་ཆེན་པོ་བཞི་ལས་གླང་ཆེན་ཁ་འབབ་རྒྱུགས་པའི་གཡས་ཀྱི་མདོ་ཤོད་དེ་དེང་གི་ས་དགའ་ཛོང་གི་མངའ་ཁོངས་དེར་འབྲི་བཞེངས་བསྐྲུངས་པའི་སྐབས་སུ། དད་པ་སྐྱོ་ངས་མེད་པའི་སྦྱིན་བདག་གནང་མཁན་ནི་རིགས་རུས་ཁུངས་བཙུན་བསེ་རྒྱ་དགའ་ལྡོང་སྟོང་བཞིའི་ནང་ནས་སྟོང་གྱི་རྒྱུད་ལས་ཆད་པའི་དགེ་བཤེས་ཆོས་དཔལ་གྱིས་རྒྱུ་འགྲོ་སྦྱར་ཏེ་རྒྱལ་པོ་དཔལ་གྱི་སྡེ་དང་རྒྱལ་པོ་བློ་འོད་རྟོགས་བརྗོད་སོགས་མདོ་སྡ་ཁ་མི་འདྲ་བ་བཅུ་ཙམ་ཞིག་བྲིས་བཞེངས་བསྐྲུངས་པ་དེ་མཛད་བྱང་ལས། མདོ་སྡེའི་ནང་ནས་ཟབ་བཏུས་ལྷག་པའི་ཆོས། ། རྒྱལ་པོ་དཔལ་གྱི་སྡེའི་རྟོགས་བརྗོད་དང་། །རྒྱལ་པོ་བློ་འོད་རྟོགས་བརྗོད་ལསོགས་པ། །མདོ་སྡ་བཅུ་ནི་ལྷག་བསམ་དག་པས་བཞེངས། །གཞན་ཡང་དགེས་རྫོར་རས་རིས་དཀྱིལ་འཁོར་གཅིག། །བཞེངས་པའི་དགེ་བ་རྣམ་དཀར་དྲི་མེད་དེས། །སངས་རྒྱས་བསྟན་པ་དར་ཞིང་བརྒྱས་པ་དང་།[①] ཞེས་པས་སོ།

དྲུག བསྔོ་སྨོན།

བྱང་བདག་རྒྱལ་པོའི་ཕོ་བྲང་ལྷ་རི་རྩེ་མོའི་ནུབ་ཏུ་ཆགས་པའི་གནས་ཆེན་གཙང་ལུང་ལྷའི་ར་བ་དབུས་དང་ཕུ་ན་ལྷ་གཉན་གངས་དཀར་བཞུགས་ཤིང་། མདའ་ན་ཆུ་བོ་ཆེན་པོ་བཞི་ལས་གླང་ཆེན་ཁ་འབབ་རྒྱུགས་པའི་གཡས་ཀྱི་མདོ་ཤོད་དེར་འབྲི་བཞེངས་བསྐྲུངས་པའི་སྐབས་སུ། དད་པ་སྐྱོ་ངས་མེད་པའི་སྦྱིན་བདག་གནང་མཁན་ནི་རིགས་རུས་ཁུངས་བཙུན་བསེ་རྒྱ་དགའ་ལྡོང་སྟོང་བཞིའི་ནང་ནས་སྟོང་གྱི་རྒྱུད་ལས་ཆད་པའི་དགེ་བཤེས་ཆོས་དཔལ་

① ས་དགའ་ནུབ་དགོན་དུ་བཞུགས་པའི་ཤེར་ཕྱིན་གྱི་མཛད་བྱང་ལས་དྲངས།

གྱིས་རྒྱུ་འགྲོ་སྦྱར་ཏེ། སྒོ་གསུམ་ཐང་ཆད་འབྲི་བའི་ཡིག་མཁན་གྱིས་འབྲི་བཞེངས་བསྐྱངས་ཏེ་བདེ་བླགས་ངང་ལེགས་གྲུབ་ཟིན་རྗེས་སུ་རང་རང་སེམས་ཅན་གྱི་མོས་པ་དང་འཚམས་པའི་བསྔོ་བ་སྨོན་ལམ་བཏབ་ཡོད་པ་སྟེ། །སངས་རྒྱས་བསྟན་པ་དར་ཞིང་བརྒྱས་པ་དང་། །མར་གྱུར་འགྲོ་ཀུན་སེམས་ཅན་ཐམས་ཅད་དང་། །ཕ་མ་གཉིས་པོས་སངས་རྒྱས་མྱུར་ཐོབ་ཤོག། །རྒྱལ་བའི་བསྟན་པ་ཡུན་རིང་གནས་པ་དང་། །གནས་བསྐབས་སུ་ཡང་སྦྱིན་བདག་འཁོར་བཅས་ཀྱི། །ནད་གདོན་བགེགས་དང་བར་ཆད་ཞི་གྱུར་ཅིག [1]ཅེས་པས་རྫོགས་སོ།

ལེ་ཚན་ལྔ་པ། ས་དགའ་ཚུལ་དགོན་པེར་ཕྱིན་ཞབས་མཆན།

ཞབས་མཆན་མ་དཔེ།

དང་པོ། ཞབས་མཆན་མ་ཕྱུས།

༄། །འཕྲིང་ཤོག་ནམ་མཁའ་འདངས་འདྲའི་པད་ཚལ་དུ། །ཤྲི་ཀ་ཏྲུག་པའི་ལུགས་ལྟར་བཀོད་པ་འདི། །དོན་གྲུབ་བདག་གི་སོར་མོའི་རྩེ་ལ་བྲིངས། །ཡོན་བདག་ཕོ་མོའི་འཇོས་པའི་ཅན་ཧེན་མཛོད་ཏེ། །ཞེས་དབུ་ཤོག་ཞབས་མཆན་དུ་གསལ།

---

① ས་དགའ་ཚུལ་དགོན་དུ་བཞུགས་པའི་པེར་ཕྱིན་གྱི་མཛད་བྱང་ལས་དྲངས།

གཉིས་པ། ཞབས་མཚན་གྱི་དབྱེ་ཞིབ།

གོང་གི་མཛོད་བྱང་དེ་ལས་ང་ཚོས་ཤེས་རྟོགས་ཐུབ་པའི་གནས་ཚུལ་ནི་ཤེར་ཕྱིན་དེ་འབྲི་བཞེངས་ཀྱི་སྣག་ཤོག་གཉིས་ལས་འབྲི་ཤོག་མཐིང་ཤོག་སྙིང་ཡིག་ཕྲེང་དྲུག་ཅན་དུ་བྲིས་ཤིང་། སྣོ་གསུམ་ཐང་ཆད་འབྲི་བའི་ཡིག་མཁན་ནི་དོན་གྲུབ་ཀྱིས་མཛད་པ་དང་། ཤེར་ཕྱིན་པོད་དེ་དད་པ་སྐྱོངས་མེད་པའི་ཡོན་བདག་དེའི་རྗེན་མཛོད་ཅེས་བྲིས་འདུག

ལེ་ཚན་དྲུག་པ། ས་དགའ་ནུབ་དགོན་རྙིང་མ་རྒྱུད་འབུམ་ཞབས་མཚན།

ཞབས་མཚན་མ་དཔེ།

དང་པོ། ཞབས་མཚན་མ་ཕྱིས།

ཅེས་པ་དམ་ཆོས་ཡང་བཅེ་སྙིགས་མ་རྒྱུད་འབུམ་འདི། །རྒྱ་དཔོན་རབ་བརྟན་བདག་གིས་བཞེངས། ཞེས་དང་ ༄། །ཅེས་པ་དམ་ཆོས་རིན་ཆེན་སྙིགས་མ་རྒྱུད་འབུམ་འདི། །རྒྱ་དཔོན་རབ་བརྟན་བསྡུ་མོ་དཔལ་འདྲེན་གཉིས་ཀྱི་གཙོ་བྱས་པའི། །དྲིན་ཅན་ཕ་མས་ཐོག་དྲངས་པའི། །སྨྱུར་དུ་སངས་རྒྱས་ཐོབ་པར་ཤོག[①] ཅེས་བྲིས་འདུག

---

① ས་དགའ་ནུབ་དགོན་དུ་བཞུགས་པའི་རྙིང་མ་རྒྱུད་འབུམ་ལས་བཀོལ་བྱང་ནམ་མཁའི་རྒྱུད་ཀྱི་དབུ་ཤོག་ཞབས་མཚན་ལས་དྲངས།

གཉིས་པ། ཞབས་མཆན་གྱི་དབྱེ་ཞིབ།

མཛད་བྱང་གི་དབྱེ་ཞིབ་འདིར་གོང་དུ་བརྗོད་པའི་དབུ་ཤོག་གི་ཞབས་མཆན་གཉིས་གཅིག་ཏུ་འབྲེལ་ཏེ་དབྱེ་ཞིབ་བྱ་རྒྱུ་ཡིན།

གཅིག གསུང་རབ།

གོང་གི་ཞབས་མཆན་དེ་དག་ལ་གཞི་བཅོལ་ཏེ་གསུང་རབ་བྲིས་མའི་རིག་པའི་ངོས་ནས་ཞུས་ན་སྐབས་འདིར་ལ་སྟོད་བྱང་གི་ངོས་སུ་གནས་པའི་ཡུལ་དཔོན་རྒྱ་དཔོན་རབ་བརྟན་གྱིས་དད་པ་སྐྱོ་ངས་མེད་པའི་སྦྱིན་བདག་གནང་སྟེ་གཞུང་གང་ཞིག་འབྲི་བཞེངས་གནང་ཡོད་དམ་ཞེས་ན། དེ་ཡང་གསུང་རབ་ཀྱི་ཡང་རྩེ་ཉིང་མ་རྒྱུད་འབུམ་པོད་སུམ་ཅུ་ཙ་ཅན་དེ་འབྲི་བཞེངས་གནང་བ་ནི་དམ་ཆོས་ཡང་བཙེ་སྙིགས་མ་རྒྱུད་འབུམ་འདི། །རྒྱ་དཔོན་རབ་བརྟན་བདག་གིས་བཞེངས།[①] ཞེས་པས་རྟོགས། གཞན་ཡང་ཉིང་མ་རྒྱུད་འབུམ་དེའི་དཀར་ཆག་བསྡུས་པ་ཞིག་མཇལ་བྱུང་བ་དེའི་ནང་དུ་དད་པ་སྐྱོ་ངས་མེད་པའི་སྦྱིན་བདག་རྒྱ་དཔོན་རབ་བརྟན་གྱིས་ཉིང་མ་རྒྱུད་འབུམ་ཙམ་མ་ཟད་ད་དུང་གསུང་རབ་མི་འདྲ་བ་ཞིག་འབྲི་བཞེངས་གནང་བ་ནི་དཀར་ཆག་བསྡུས་པ་ལས། ། ༈ཁྱད་དུ་འཕགས་པའི་སྙིང་མ་རྒྱུད་འབུམ་བཞེངས། །༈རྒྱལ་བའི་བཀའ་འགྱུར་ཡོངས་སུ་རྫོགས་པ་གཞེངས། །ཡང་ཁྱད་དུ་འཕགས་པ་འབུམ་རྒྱས་འབྲིང་བསྡུས་གསུམ་དང་། །མ་ཎི་བཀའ་འབུམ་དང་བཀའ་ཐང་། རྗེ་བཙུན་མི་ལའི་རྣམ་ཐར། བར་དོ་ཐོས་གྲོལ་དང་དྲི་མེད་བཤགས་རྒྱུད། མནའ་བཤགས་རིན་ཆེན་འཕྲེང་བ་དང་གྲ་ཧོག་དང་རྡོ་རྗེས་གཅོད་པ་སོགས་ཀྱང་འབྲི་བཞེངས་བསྐྲུངས་པ་སྟེ། ། ༈ཁྱད་དུ་འཕགས་པའི་སྙིང་མ་རྒྱུད་འབུམ་བཞེངས། །༈རྒྱལ་བའི་བཀའ་འགྱུར་ཡོངས་སུ་རྫོགས་པ་གཞེངས། །ཡང་ཁྱད་དུ་འཕགས་པ་འབུམ་རྒྱས་འབྲིང་བསྡུས་གསུམ་དང་། །མ་ཎི་བཀའ་འབུམ། །པདྨ་བཀའ་ཐང། མི་ལའི་རྣམ་མགུར། །མདོ་མངས་ཐོས་གྲོལ། །གསེར་གྱིས་བྲིས་པའི་དྲི་མེད་བཤགས་རྒྱུད་དང་མནའ་བཤགས་བཞེངས། །ཧོག་དང་བཟང་ཆེན་གྲལ་ལྔ་དང་བཤགས་རྒྱུད་སྐྱ་བོད་གཉིས་དང་མནའ་བཤགས་དང་རྡོ་རྗེ་གཅོད་པ་བཅས་པ་བཞེངས། ། ༈ ཁྱད་དུ་འཕགས་པའི་མ་ཎི་དུང་བསྐོར་མ་

① ས་དགའ་ནུབ་དགོན་དུ་བཞུགས་པའི་ཉིང་མ་རྒྱུད་འབུམ་ལས་བཀོལ་བྱང་ནམ་མཁའི་རྒྱུད་ཀྱི་དབུ་ཤོག་ཞབས་མཆན་ལས་དྲངས།

ཕྱེད་གཉིས་ཡོད་པ་དང་། །ལྷ་ཁང་བསྟན་བཅས་བཞེངས། །[1]ཞེས་པས་གོང་གི་དོན་རྣམས་རྗོགས། ད་དུང་མཛད་བྱང་དུ་ཁྱད་པར་དུ་ཡང་ཡོན་བདག་རྒྱ་དཔོན་རབ་རྟན་གྱི་ །གནས་གསུམ་གྱི་བསྐོར་བ་དང་། །མཆོད་རྟེན་ལ་སྐུ་གར་ཚར་གཉིས། འབྲི་གུང་ལ་མ་ཆེ་དུང་གཅིག་བཙུགས། [2] ཞེས་བྱུང་བ་ལ་ང་ཚོས་བསམ་གཞིགས་ཞིག་བྱས་པ་ཡིན་ན། དད་པ་སྐྱོ་ངས་མེད་པའི་སྦྱིན་བདག་རྒྱ་དཔོན་རབ་བརྟན་གྱིས་གནས་གསུམ་ལ་བསྐོར་བ་དང་མཆོད་རྟེན་ལ་སྐུ་དཀར་གསོལ་ཞིང་ལྷག་དོན་འབྲི་གུང་ལ་མ་ཆེ་དུང་གཅིག་བཙུགས་དགོས་དོན་ཡང་། རྒྱུ་མཚན་ངེས་ཅན་ཞིག་ལྡན་ཡོད་པར་སེམས། གང་ཡིན་ཟེར་ན་དད་པ་སྐྱོ་ངས་མེད་པའི་སྦྱིན་བདག་རྒྱ་དཔོན་རབ་བརྟན་ནི་བོད་ཀྱི་རུས་ཆེན་བཞི་ལས་ལྡོང་གི་རྒྱུད་པ་ལས་ཆད་པའི་རྒྱུག་པོ་ལྡོང་གི་རྒྱུད་པ་ཡིན་པའི་རྒྱུ་མཚན་གྱིས་མལ་གྲོའི་ཁུལ་དུ་ཡོད་པའི་འབྲི་གུང་ལ་མ་ཆེ་དུང་གཅིག་བཙུགས་གནང་བ་ཡང་མལ་གྲོའི་ཕྱོགས་ཀྱི་རིགས་རུས་དང་གཅིག་ཡིན་པའི་ཤ་ཞེན་ལས་བྱུང་བར་ཡང་འཕྲུམས།

གཉིས། སྦྱིན་བདག

ད་ནི་གསུང་རབ་ཀྱི་ཡང་རྩེ་སྙིང་མ་རྒྱུད་འབུམ་དེ་འབྲི་བཞེངས་ཀྱི་སྦྱིན་བདག་ནི་དད་པ་སྐྱོ་ངས་མེད་པའི་རྒྱ་དཔོན་རབ་བརྟན[3]གྱིས་གནང་སྟེ་འབྲི་བཞེངས་གནང་བ་ནི་གོང་གི་རྒྱུད་འབུམ་མཛད་བྱང་ནམ་མཁའི་རྒྱུད་ཀྱི་དབུ་ཤོག་གི་ཞབས་མཆན་ལས་རགས་ཙམ་ཞིག་ཤེས་མོད་ཀྱང་། །རྒྱ་དཔོན་རབ་བརྟན་གྱི་རུས་རྒྱུད་དང་རྣམ་པར་དཀར་བའི་ལས་དེ་བསྒྲུབ་པའི་རིང་ལས་དེར་ཕྱུར་བ་གྲུ་འདེགས་གནང་མཁན་སུན་ཉེ་ཅི་ཞིག་བྱུང་བའི་སྐོར་ལ་རྒྱུད་འབུམ་དེའི་དཀར་ཆག་བརྟུས་པ་ལས་ཞུས་ན། རིགས་རུས་ཁུང་བཙུན་རྒྱུག་པོ་ལྡོང་ནས་ཆད། །སྦྱིན་པའི་བདག་པོ་རྒྱ་དཔོན་རབ་བརྟེན་བསྟོད། །ནོ་བོའི་མཆོག་བཙོ་རྒྱ་དཔོན་སྲིད་

① ས་དགའ་ནུབ་དགོན་དུ་བཞུགས་པའི་རྙིང་མ་རྒྱུད་འབུམ་དཀར་ཆག་བརྟུས་པ་བོད་ཀུ་ཡི་ཞབས་ཤོག་ཏུ་བཞུགས་པ་དེའི་ཤོག་གྲངས་3་ལས་དྲངས།

② ས་དགའ་ནུབ་དགོན་དུ་བཞུགས་པའི་རྙིང་མ་རྒྱུད་འབུམ་དཀར་ཆག་བརྟུས་པ་བོད་ཀུ་ཡི་ཞབས་ཤོག་ཏུ་བཞུགས་པ་དེའི་ཤོག་གྲངས་3་ལས་དྲངས།

③ ས་དགའ་ནུབ་དགོན་དུ་བཞུགས་པའི་རྙིང་མ་རྒྱུད་འབུམ་ལས་བཀོལ་བྱང་ནམ་མཁའི་རྒྱུད་ཀྱི་དབུ་ཤོག་ཞབས་མཆན་ལས་དྲངས།

དར་བསྔོད། །ཚ་བོའི་མཆོག་བཅོ་དགེ་སློང་བློ་བཟང་བསྟན་འཕེལ་བསྔོད། །ཚ་བོའི་མཆོག་གྱུར་ཡེ་ཤེས་ཁས་གྲུབ་བསྔོད། །ཡུམ་གྱི་མཆོག་གྱུར་ཨ་མ་བྲ་ལྷུག་བསྔོད། །ལྷ་མོ་དང་ཚུལ་འདྲ་བའི་ཨ་མ་དཔལ་འདྲེན་བསྔོད། །བུ་མོའི་མཆོག་གྱུར་ཨ་ནེ་བདེ་ལེགས་དཔལ་འཛོམས་བསྔོད། །བུ་མོའི་མཆོག་གྱུར་བསོད་ནམས་དཔལ་འདྲེན་བསྔོད། །ཁོངས་རྣམས་ཐམས་ཅད་བཀའ་གྲོས་ཆོས་ལ་སོམས། །བདག་གི་དགེ་བཅུ་ཆོས་ལ་སྤྱོད་པ་ཡིས།[1] ཞེས་བྱུང་བ་ལས་སྦྱིན་བདག་རྒྱ་དཔོན་རབ་བརྟན་ནི་རིགས་རུས་ཁུངས་བཙུན་ལྡོང་སྟེ་བོད་མིའུ་གདུང་དྲུག་ལས་ཕྱུ་བོ་ལྡོང་ཞེས་པའི་རྒྱུད་པ་ཡིན་ཞིང་། རུས་རྒྱུད་དེའི་རྩ་བའི་མི་རྒྱུད་ནི་སྲིད་པ་མཐིང་གེ་ཅེས་པའི་གནའ་བོའི་མེས་པོ་ཞིག་ལ་གཏུགས་ཐུབ། ལྡོང་གི་རིགས་རྒྱུད་འཕེལ་རྒྱས་བྱུང་བའི་གོ་རིམ་ཁྲོད་ལྡོང་སྨུག་པོ་དང་དཀར་ནག་ཁྲ་གསུམ་སོགས་ཀྱི་དབྱེ་བ་བྱུང་ཞིང་མདོ་དབུས་ཁམས་ཀྱི་གནས་གང་ཡིན་ལ་ཁྱབ་ཡོད་[2]ཅེས་པའི་ནང་གི་སྨུག་པོ་ལྡོང་གི་རུས་ལས་ཆད་པའི་རྒྱ་དཔོན་རབ་བརྟན་དང་རྒྱ་དཔོན་སྲིད་དར། དགེ་སློང་བློ་བཟང་བསྟན་འཕེལ་དང་ཡེ་ཤེས་མཁས་གྲུབ། ཡུམ་ཨ་མ་བྲ་ལྷུག་དང་ཨ་མ་དཔལ་འདྲེན། བུ་མོ་ཨ་ནེ་བདེ་ལེགས་དཔལ་འཛོམས་དང་བསོད་ནམས་དཔལ་འདྲེན་བཅས་ཀྱིས་སྦྱིན་བདག་གནང་སྟེ་འབྲི་བཞེངས་བསྐྲུངས་གནང་བ་དེ་བས་ཁ་གསལ་རྟོགས། །

གསུམ། ཡུལ་ལུང་།

ལྡོང་གི་རུས་སུ་འཁྲུངས་པའི་རྒྱ་དཔོན་རབ་བརྟན་གྱིས་དད་པ་སྒྱོ་ངས་མེད་པའི་སྦྱིན་བདག་གནང་སྟེ་གསུང་རབ་ཀྱི་ཡང་རྩེ་རྙིང་མ་རྒྱུད་འབུམ་པོད་སུམ་ཅུ་ཅན་དེ་འབྲི་བཞེངས་གནང་བའི་སྐབས་སུ། འབྲི་བཞེངས་ཀྱི་ཡུལ་ལུང་འདི་ཡིན་ཞེས་རྒྱུད་འབུམ་བཀོལ་བྱང་ནམ་མཁའི་རྒྱུད་ཀྱི་དབུ་ཤོག་ཞབས་མཆན་དུ་མ་གསལ་རུང་། རྒྱུད་འབུམ་དེའི་དཀར་ཆག་བསྡུས་པར་འདི་ལྟར་གསུངས་ཡོད་པ་སྟེ། དར་ཞིང་རྒྱས་པ་དབུས་གཙང་ཟལ་མོའི་སྒང་། །དམ་ཆོས་རིན་ཆེན་ཀུན་གྱིས་ཡང་སྙིང་འདི། །ཚ་བོ་ལོ་ཧི་ཏ་ཡིས་བྱང་ཕྱོགས་སུ། །ཁྱད་དུ་འཕགས་པའི་

[1] ས་དགའ་ནུབ་དགོན་དུ་བཞུགས་པའི་རྙིང་མ་རྒྱུད་འབུམ་དཀར་ཆག་བསྡུས་པ་པོད་ཀུ་ཡི་ཞབས་ཤོག་ཏུ་བཞུགས་པ་དེའི་ཤོག་གྲངས་3་ལས་དྲངས།

[2] གྲུང་གོའི་བོད་རིག་པའི་དུས་དེབ་2015ལོའི་དེབ་1པོའི་ཤོག་གྲངས་15ལས་དྲངས།

ཟང་ཟང་ལྷ་བྲག་དཀར། །སངས་རྒྱས་གཉིས་པའི་ཞབས་བཅགས་གནས་ཀྱི་རི། །དེ་ཡིས་ཤར་ཕྱོགས་སྒྲི་འབྲུ་རི་བོའི་འདབས།[1] ཞེས་བྱུང་བ་ལ་གཞིགས་ན། ཉིང་མ་རྒྱུད་འབུམ་འདི་འབྲི་བཞེངས་བྱ་སའི་ཡུལ་ལུང་ནི་དབུས་གཙང་ཟལ་མོ་སྒང་དུ་དམ་ཆོས་རིན་ཆེན་ཀུན་གྱི་ཡང་སྙིང་ཉིང་མ་རྒྱུད་འབུམ་འདི་དར་ཞིང་། ཆུ་བོ་ལོ་ཧི་ཏ་སྟེ་ཡར་ཀླུང་གཙང་པོའི་མིང་ཡིན་ཏེ་གཙང་པོ་དེ་ནི་ཧི་མ་ལ་ལ་ཡའི་བྱང་རྒྱུད་འཁྲོང་པ་ཇོང་ཁོངས་བྱེ་མ་གཡུང་དྲུང་ཞེས་པའི་གངས་རི་ལས་འབབ་ཅིང་ལོ་རྒྱུས་ཡིག་ཚའི་ནང་སྤྱིར་ཡར་ཚབ་གཙང་པོ་ཞེས་འབོད་ལ་སྔོས་སུ་ལེགས་སྦྱིའི་རྒྱུད་དུ་རྟ་མཆོག་ཁ་འབབ་གཙང་པོ་ཞེས་འབོད་པ་དང་། ལྷ་སྦྱི་ཁུལ་དུ་སྨད་ཆུ། ལྷ་སྦྱིའི་ནུབ་རྒྱུད་དུ་ཡང་རྟ་མཆོག་ཁ་འབབ་ཅེས་རྟ་བོའི་ཁ་འདྲ་བའི་རི་ཁོག་ནས་འབབ་པ་འབྲེལ་བ་རྒྱུ་མཚན་དུ་བྱས་ནས་མིང་འདོད་བྱེད་པ། ཆུ་ཤུལ་ཁུལ་ནས་བཟུང་ཡར་ཀླུང་གཙང་པོ་ཞེས་འདོད་པ་ཡུལ་མིང་ཆུ་རུ་ཐོགས་པ་བཅས་ཕྱིས་སུ་ཡོངས་ཁྲབ་ལ་ཡར་ཀླུང་གཙང་པོ་ཞེས་འདོད། ཡར་ཀླུང་གཙང་པོ་ནི་གཡུ་འབྲུག་སྔོན་མོ་འཕྱོ་བཞིན་བོད་ཀྱི་ལྷོ་ཕྱོགས་བརྒྱུད་ནས་ཤར་ལ་བརྒྱུགས་ཐོག་སྨན་གླིང་མེད་ཆུས་ཁུལ་ནས་ཁ་བྱང་ཤར་ངོས་སུ་ཕྱོགས་ཏེ་བཞུར་ཞིང་རི་བོ་གནམ་ལྕགས་འབར་བར་སྐོར་བ་རྟ་མིག་གཟུགས་ཤིག་བརྒྱབ་རྗེས་སླར་ཡང་ལྷོ་ནུབ་ཁུལ་གྱི་གཙང་རོང་ཟབ་མོ་འཁྱིམས་ནས་མཐར་གློ་ཡུལ་བརྒྱུད་དེ་རྒྱ་གར་དུ་འབབ་པས་གཙང་པོ་བྲ་ལ་མ་པོ་ཐྲ་ལ་ (Brahmaputra Rivers) ཟེར་[2]ཞེས་བོད་ཀྱི་གསུང་རབ་སྒྲ་བ་དུང་དཀར་བློ་བཟང་འཕྲིན་ལས་མཆོག་གི་གསུང་ལས་ཡར་ཀླུང་གཙང་པོའི་རྒྱུགས་ཁུལ་ས་རིས་མི་འདྲ་བའི་དབང་གི་གཙང་པོ་དེར་ཐ་སྙད་མི་འདྲ་བ་གང་དག་བྱུང་ཡོད་པ་དེ་རྟོགས། སྐབས་འདིར་བྱུང་བའི་ཆུ་བོ་ལོ་ཧི་ཏ་ (Luhit Rivers)ཞེས་པ་ཇི་ལྟར་འགྲེལ་ཞེས་ན། དེ་ཡང་རྒྱ་གར་ཁུལ་དུ་འབབ་པའི་གཙང་པོ་བྲ་ལ་མ་པོ་ཐྲ་ (Brahmaputra Rivers) ཞེས་འབོད་པའི་གཙང་པོ་དེ་པ་ཧི་ཁ་བརྒྱུད་ཀུང་གོའི་མངའ་ཁོངས་ལས་ཐོན་རྗེས། ས་དི་ཡཱ་གྲོང་(Sadiya)གི་ནུབ་བྱང་བརྒྱུད་དེ་རྒྱ་གར་གྱི་ཨ་སཱ་མུ་པང་དུ་ཆས་འགྲོ་ཡི་ཡོད། དེའི་ཁུལ་དུ་རྒྱུགས་པའི་ཆུ

① ས་དགའ་ནུབ་དགོན་དུ་བཞུགས་པའི་ཉིང་མ་རྒྱུད་འབུམ་དཀར་ཆག་བསྡུས་པ་པོད་ཀུ་ཡི་ཞབས་ཤོག་ཏུ་བཞུགས་པ་དེའི་ཤོག་གྲངས་3་ལས་དྲངས།

② མཁས་དབང་དུང་དཀར་བློ་བཟང་འཕྲིན་ལས་མཆོག་གིས་མཛད་པའི་དུང་དཀར་བོད་རིག་པའི་ཚིག་མཛོད་ཆེན་མོ་ཀྲུང་གོ་བོད་རིག་པའི་དཔེའི་སྐྲུན་ཁང་གི་2002ལོའི་སྤར་མའི་ཤོག་གྲངས་1849ལས་དྲངས།

ཐོ་དེ་ལ་དི་ཧན་གཙང་(Diheng Rivers)ཞེས་གྲགས། ས་དི་ཡཱ་གྲོང་(Sadiya)དང་དི་རྦང་གཙང་པོ་(Diheng Rivers)དང་ལོ་ཧི་ཏ་ (Luhit Rivers)གཅིག་ཏུ་འགྲེས་པའི་ཆུ་བོ་དེ་པུ་ལ་མ་པོ་ཐེ་ལ་ (Brahmaputra Rivers) ཟེར། དེ་རྗེས་ཤར་ནས་ནུབ་ཏུ་རྒྱུགས་ཏེ་རྒྱ་གར་གྱི་ཨ་སཱ་མུ་རྦང་ཁུལ་བརྒྱུད་དེ་ཐུ་པུར་ཉེ་འགྲམ་ནས་ལྷོ་ཕྱོགས་སུ་རྒྱུགས་ཏེ། གཞི་ནས་རྒྱ་གར་དང་རྦ་ག་ལ་མངའ་ཁོངས་བརྒྱུད་དེ་ཀ་ཨཱ་ལུང་དོ་དང་ཆུ་བོ་གཧྣར་འབྲེལ་གྱི་ཡོད་[①] ཅེས་གསུངས་པས་ཆུ་བོ་ལོ་ཧི་ཏ་དེ་ཡར་ཀླུང་གཙང་པོའི་རྒྱ་སྐད་ཡིན་གཤིས། དེ་ནས་ལོ་ཧི་ཏའམ་ཡར་ཀླུང་གཙང་པོ་སྔེ་ངམ་རིང་རྫོང་ཁུལ་དུ་རྒྱུགས་པའི་གཙང་པོ་དེའི་བྱང་ཕྱོགས་སུ་ཆགས་པའི་དེང་གི་གཞིས་རྩེའི་ངམ་རིང་རྫོང་ཁོངས་ཀྱི་ཟང་ཟང་གྲོང་རྫལ་དང་ཐག་མི་རིང་བའི་ནུབ་ཏུ་ཆགས་པའི་རིག་འཛིན་རྒོད་ལྡེམ་གྱི་གཏེར་གནས་ཟང་ཟང་ལྷ་བྲག་དཀར་པོའི་[②]ཤར་ཕྱོགས་སུ་ཆགས་པའི་སྒྲི་འཕྲ་རི་བོའི་འདབས་སུ་རྙིང་མ་རྒྱུད་འབུམ་པོད་སུམ་ཅུ་སོ་གཅིག་ཅན་དེ་འབྲི་

---

① 布拉马普拉河（Brahmaputra Rivers）雅鲁藏布江在巴昔卡出中国国境后，在老萨地亚 (Sadiya)城西北进入印度阿萨姆邦。该河段称为迪汉(Diheng)河。在萨地亚城与迪班(Dibaing)河、卢希(Luhit)河汇合后始称布拉马普特拉河，然后自东向西(略偏南)流，处在印度阿萨姆邦内，至图布尔附近转为向南流，然后进入印、孟边境和孟加拉国境内，在戈阿隆多与恒河汇合。迪汉河出口，年径流量约2000亿m3，布拉马普特拉河全长约1000km，其中印度阿萨姆邦内725余km，孟加拉国境内274km。迪汉河与布拉马普特拉河总流域面积29.2万km2。在巴哈杜拉巴德(Bahadurabad)测站的多年平均径流量为6180亿m3，年输沙量为4.99亿t。 布拉马普特拉河右岸主要支流有：苏班西里(Subansiri)河，发源于中国西藏， 流经印度阿萨姆邦，河流长442km，流域面积3.26万km2，年径流量543亿m3；卡孟(Kameng)河，发源于中国西藏，在印度提斯普尔(Tezpur)以东11km注入干流，河长264km，流域面积1.18万km2，年径流量259亿m3；马纳斯(Manas)河，发源于中国，流经不丹，在印度的约吉哥帕汇入干流，河长376km，流域面积3.75万km2，年径流量320亿m3；提斯塔(Tista)河发源于锡金，在孟加拉国郎布尔(Ranpur)附近加入干流，河长309km，流域面积1.25万km2，年径流量216亿m3。其它右岸支流有：桑科希(Sankosh)河，年径流量173亿m3；杜德库马(Dudkumar)河，年径流量192亿m3；德哈里阿(Dharia)河，年径流量113亿m3。左岸主要支流有：布里边兴(Burhi Dihing)河，发源于流域东北部那加山区，在印度迪布鲁格尔 (Dibrugarh) 下游 32km处加入干流，河长362km，流域面积0.85万km2，年径流量136亿m3；滕西里(Dhansiri) 河，发源于 流域东部那加兰(Nagaland)邦，在阿萨姆邦的丹西尔穆克的 马朱利岛对面注入干流，河长354km， 流域面积1.22万km2，年径流量200亿m3；格皮利(Kapili)河，发源于流域南部山区，在印度拉亚马扬汇入干流，河长256km，流域面积1.58万km2，年径流量280亿m3。 此外，在印度萨地亚加入干流的支流还有迪班河，年径流量 628亿m3；卢希河，年径流量600亿m3。

② འཛམ་དབྱངས་མཁྱེན་བརྩེའི་དབང་པོས་མཛད་པའི་ལྷ་ལྡན་སོགས་དབུས་འགྱུར་ཆོས་སྡེ་ཁག་དང་ཡར་ཀླུངས་ལྷོ་རྒྱུད། གཙང་སྟོད། བྱང་ར་སྒྲེང་རྒྱལ་བའི་འབྱུང་གནས་སོགས་ཀྱི་རྟེན་གནས་མང་པའི་གནས་ཡིག་ངོ་མཚར་ལུང་སྟོན་མེ་ལོང་བོད་ལྗོངས་བོད་ཡིག་དཔེ་རྙིང་དཔེ་སྐྲུན་ཁང་གི་1995ལོའི་སྤར་མའི་ཤོག་གྲངས་201ཏུ་གསལ།

བཞེངས་བསྐྲུངས་གཉིས། དེས་ན་རྒྱ་དཔོན་རབ་བརྟན་གྱིས་གསུང་རབ་ཡང་རྩེ་སྙིང་མ་རྒྱུད་འབུམ་པོད་སུམ་ཅུ་ཅན་དེ་དེང་གི་གཞིས་རྩེ་ངམ་རིང་རྫོང་ཁོངས་ཀྱི་ཟང་ཟང་གྲོང་རྡལ་གྱི་ནུབ་ཏུ་ཆགས་པའི་ཟང་ཟང་ལྷ་བྲག་དཀར་པོའི་ཤར་ཕྱོགས་སུ་ཆགས་པའི་སྐྱི་འཕྲ་རི་བོའི་འདབས་སུ་འབྲི་བཞེངས་བསྐྲུངས་པ་དེ་གསུང་རབ་དེ་འབྲི་བཞེངས་ཀྱི་ཡུལ་ལུང་སྔོར་ཡིན།

བཞི། དགོས་པ།

དེ་ཡང་རྒྱ་དཔོན་རབ་བརྟན་སོགས་ཀྱིས་གསུང་རབ་ཡང་རྩེ་སྙིང་མ་རྒྱུད་འབུམ་པོད་སུམ་ཅུ་ཅན་དེ་དེང་གི་ གཞིས་རྩེའི་ངམ་རིང་རྫོང་ཁོངས་ཀྱི་ཟང་ཟང་གྲོང་རྡལ་གྱི་ནུབ་ཏུ་ཆགས་པའི་ཟང་ཟང་ལྷ་བྲག་དཀར་པོའི་ཤར་ཕྱོགས་སུ་ཆགས་པའི་སྐྱི་འཕྲ་རི་བོའི་འདབས་སུ་འབྲི་བཞེངས་བསྐྲུངས་པའི་དགོས་པ་འདི་ཡིན་ཞེས་གོང་གི་ཞབས་མཆན་དུ་མ་གསལ་ན་ཡང་རྒྱུད་འབུམ་དེའི་དཀར་ཆག་བསྡུས་པར། སྤྱིར་སངས་རྒྱས་བསྟན་པ་དར་ཕྱིར་དང་། །འཛམ་གླིང་གི་སྐྱེས་ཆེན་དམ་པ་རྒྱལ་བ་ཡབ་སྲས་ཀུ་མཛད་པའི། །བསྟན་འཛིན་གྱིས་སྐྱེས་ཆེན་རྣམས་ཀྱིས་སྐུ་ཚེའི་ཞབས་པད་བསྟན་ཕྱིར་དང་། །འཕགས་པའི་དགེ་འདུན་རྣམས་ཀྱི་ཆོས་སྤྱོད་ཕེལ་ཕྱིར་དང་། །སྐྱེ་འགྲོ་སེམས་ཅན་རྣམས་ལ་སྡེ་སྐྱིད་འབྱུང་བའི་ཕྱིར། །མཐའ་དམག་སོགས་ཁྲུག་ལོང་ཞི་བར་ཤོག །ཆར་ཆུ་དུས་སུ་ཕེབས་ལོ་ཕྱུག་ལེགས་པའི་ཕྱིར། །མི་ནད་ཕྱུག་ནད་ཐམས་ཅད་ཞི་བར་ཤོག །རང་གཞན་སེམས་ཅན་ཐམས་ཅད་ཀྱི་དོན་དང་། །འགྲེལ་ཐོགས་རྣམས་དང་ཁྱད་པར་དུ་དྲིན་ཅན་ཕ་མས་གཙོ་བྱས་སངས་རྒྱས་ཐོབ་པའི་ཕྱིར།[1] ཞེས་པ་ལས། ང་ཚོས་གཞིས་རྩེ་ངམ་རིང་རྫོང་ཁོངས་ཟང་ཟང་གྲོང་རྡལ་གྱི་ནུབ་ཏུ་ཆགས་པའི་ཟང་ཟང་ལྷ་བྲག་དཀར་པོའི་ཤར་ཕྱོགས་སུ་ཆགས་པའི་སྐྱི་འཕྲ་རི་བོའི་འདབས་སུ་སྙིང་མ་རྒྱུད་འབུམ་པོད་སུམ་ཅུ་སོ་གཅིག་དེ་འབྲི་བཞེངས་བསྐྲུངས་པའི་རྒྱུ་འགྲོ་སྤྱོར་མཁན་གྱི་དད་པ་སྐྱོ་ངས་མེད་པའི་སྦྱིན་བདག་ཕྱུག་པོ་ལྷོང་གི་རུས་ལས་ཆད་པའི་རྒྱ་དཔོན་རབ་བརྟན་དང་རྒྱ་དཔོན་སྲིད་དར་སོགས་ཀྱིས་གསུང་རབ་དེ་དག་འབྲི་བཞེངས་བསྐྲུངས་དགོས་དོན་ནི། བསྟན་འཛིན་གྱི་སྐྱེས་ཆེན་དམ་པ་རྣམས་སྐུ་ཚེ་བརྟན་པ་དང་སྐྱེ་འགྲོ་ཐམས་ཅད་ལ་བདེ་སྐྱིད་ཡོང་ཕྱིར་སོགས་

[1] ས་དགའ་ནུབ་དགོན་དུ་བཞུགས་པའི་སྙིང་མ་རྒྱུད་འབུམ་དཀར་ཆག་བསྡུས་པ་པོད་ཀུ་ཡི་ཞབས་ཤོག་ཏུ་བཞུགས་པ་དེའི་ཤོག་གྲངས་3་ལས་དྲངས།

ཡིན། ལྷག་དོན་དུ་སྦྱིན་བདག་ཁོང་རང་རྒྱ་དཔོན་གཅིག་ཡིན་པའི་ངོས་ནས་མཐའ་དམག་ཟློག་པ་དང་ཆར་ཆུ་དུས་སུ་འབབ་ཏེ་ལོ་ཏོག་རྒྱས་པ། མི་ནད་ཕྱུག་ནད་ཐམས་ཅད་ཞི་བར་ཤོག་ཅེས་དང་ཁྱད་པར་དུ་དྲིན་ཅན་ཕ་མས་གཙོས་པའི་སེམས་ཅན་རྣམས་སངས་རྒྱས་ཀྱི་གོ་འཕང་ཐོབ་པར་ཤོག་ཅེས་པས་དེའི་དགོས་པ་ཤེས།

ལྔ། བསྔོ་སྨོན།

ངམ་རིང་གི་ཟང་ཟང་ལྷ་བྲག་དཀར་པོའི་ཤར་ཕྱོགས་ཀྱི་སྐྱི་འཕྲ་རི་བོའི་འདབས་སུ་ཉུས་ཁུངས་བཙུན་རྒྱུག་པོ་ལྟོང་གི་རྒྱུད་ལས་ཆད་པའི་རྒྱ་དཔོན་རབ་བརྟན་གྱིས་གཙོས་པའི་སྦྱིན་བདག་གིས་རྒྱུ་འགྲོ་སྤྲར་ནས། པོད་31ཅན་གྱི་རྙིང་མ་རྒྱུད་འབུམ་དེ་འབྲི་བཞེངས་བསྒྲུབས་པའི་རྗེས་སུ་སྨོན་ལམ་ཁོངས་སུ་གཏོགས་པའི་སེམས་ཅན་རྣམས་ཀྱི་མོས་པ་དང་འཚམས་པའི་བསྔོ་བ་སྨོན་ལམ་བཏབ་པ་སྟེ། རྒྱ་དཔོན་རབ་བརྟན་བསྲུ་མོ་དཔལ་འདྲེན་གཉིས་ཀྱི་གཙོ་བྱས་པའི། །དྲིན་ཅན་ཕ་མས་ཐོག་དྲངས་པའི། །མྱུར་དུ་སངས་རྒྱས་ཐོབ་པར་ཤོག[1]ཅེས་དང་། སྟོན་གྱུར་ཕྱིར་མི་ལྡོག་པའི་ས་ཐོབ་ཤོག། བསྟན་པའི་དཔལ་གྱུར་བླ་མའི་ཞབས་པད་བརྟན། །བསྟན་འཛིན་སྐྱེས་བུས་ས་སྟེང་ཡོངས་ལ་ཁྱབ། །བསྟན་པའི་སྦྱིན་བདག་མངའ་ཐང་འབྱོར་པ་རྒྱས། །བསྟན་པ་ཡུན་རིངས་གནས་པའི་བཀྲ་ཤིས་ཤོག[2]ཅེས་དང་། གཞན་ཡང་དགེ་བ་བསམ་ལས་འདས་པ་བསྒྲུབས་ལགས་པའི། །བོད་ཁམས་སྐྱེ་འགྲོ་ཡོངས་ཀྱི་མིག་ཐོས་ཡར་ཕེལ་དུ་གྱུར་ཅིག །བདག་གིས་དགེ་བའི་རྩ་བ་འདིའི་མཐུ་དང་ནུས་པ་ལ་བརྟེན་ནས། །སེམས་ཅན་ཐམས་ཅད་རང་རིག་པ་ཡེ་ཤེས་ཀྱི་དབང་ཐོབ་པར་གྱུར་ཅིག །སྣང་བ་རྒྱས་ཐེབ་པར་གྱུར་ཅིག །མཚན་མ་རང་སར་འཛིན་བར་གྱུར་ཅིག །བསྐྱེད་བསལ་རྒྱུད་ལ་སྐྱེ་བར་གྱུར་ཅིག །མྱུར་དུ་རྣམ་མཁྱེན་སངས་རྒྱས་ཀྱིས་གོ་འཕང་ཐོབ་པར་ཤོག[3]ཅེས་པས་བསྔོ་སྨོན་གྱི་དོན་རྟོགས་སོ།

219

[1] ས་དགའ་ནུབ་དགོན་དུ་བཞུགས་པའི་རྙིང་མ་རྒྱུད་འབུམ་ལས་བཀོལ་བྱང་ནམ་མཁའི་རྒྱུད་ཀྱི་དབུ་ཤོག་ཞབས་མཆན་ལས་དྲངས།

[2] ས་དགའ་ནུབ་དགོན་དུ་བཞུགས་པའི་རྙིང་མ་རྒྱུད་འབུམ་དཀར་ཆག་བསྡུས་པ་པོད་ཀུ་ཡི་ཞབས་ཤོག་ཏུ་བཞུགས་པ་དེའི་ཤོག་གྲངས་3་ལས་དྲངས།

[3] ས་དགའ་ནུབ་དགོན་དུ་བཞུགས་པའི་རྙིང་མ་རྒྱུད་འབུམ་དཀར་ཆག་བསྡུས་པ་པོད་ཀུ་ཡི་ཞབས་ཤོག་ཏུ་བཞུགས་པ་དེའི་ཤོག

ལེ་ཚན་བདུན་པ། འབྲོང་པ་ཁྱུང་ཤུང་དཀོན་ཤེར་ཕྱིན་བརྒྱད་སྟོང་མཛད་བྱང་།

མཛོད་བྱང་མ་དཔེ།

དང་པོ། མཛོད་བྱང་མ་ཕྱུས།

··········ཨེ་མ་ཧོ༔ ཐུབ་པའི་ཞིང་ཁམས་སྟོང་གསུམ་མི་མཛེད་ཁམས། །འབྱུང་བ་ནི···ཆེན···། །རི་རབ་གླིང་བཞི···སྐོར། །གླིང་གི་ལྟེ་བ་རྒྱ་གར···ག་ཏ། །ཅེས་འབྱུང་ས་བྱ་རྒོད་ཕུངས་པོ་དེར། །སྟོན་པའི་རྩེ་བོ་སངས་རྒྱས་ཐུབ་པ་དེས། །ཆོས་ཀྱི་འཁོར་ལོ་ལན་གསུམ་དུ་སྐོར། །···ག་བཅོ་ནནྡ་གྱིས་བཀའི་བསྡུ་བ་མཛད།། ལོ་པན་རྣམས་ཀྱིས་ཁ་བ་ཅན་དུ་བསྒྱུར། རི་མཐོ་ས་གཙང་སྤུ་རྒྱལ་བོད་ཀྱི་ཡུལ། །ཡུལ་ལ་གཡང་ཆག་ནུབ་རིས་ཆེ་ཡུལ་འདིར། །ཕུ་ན་ཅི་འབྲོག་རྒྱས་ཤིང་འདི་ཏུ་མས་ལུག་འཕེལ། །དགེ་བཅུ་འཛོམས་པའི་ཡུལ་པོ་ཡ་ང་འདིར། །རྨ་བྱའི་འདོངས་ལ་འདི་ཆེན་འཛག་ཐང་མ། ལྷག་བསམ་རྣམ་དག་བློ་ལྡན་དད་དང་བརྩོན།།སྔོན་བསགས་ལས་འཕྲོ་པ་དཔལ་འབྱོར་ལྡན་པ་རྙེད། །འབྱོར་ལྡན་སྐྱེས་མཆོག་དཔོན་ཆེན···གིས། །ཡོངས་སྤྱོད་སྙིང་པོ་བླང་ཞིང་ཕྱི་མ་དྲན་ཕྱིར་དུ། །གོང་དུ་དཀོན་མཆོག་མཆོད་ཅིང་འོག་ཏུ་སྡུག་བསྔལ་འཕོངས་སྐྱོན། །ཆོས་ཕྱོགས་དགེ་བའི་ལས་ནི་ཕྱོགས་མཚམས་མེད་པར་མཛད། །ཁྱད་འཕགས་ཡུམ་ཆེན་གསེར་གྱི་གླེགས་བམ་བཞེངས། །··དེ་ལྟར་ཡོན་ཆེན་སྲས་རྣམས་ནི་མཁས་བཙུན་ལྡན་པའི་སྒོ་ནས་བཀྲ་ཤིས་དབང་ཕྱུག་དང་། །ཡབ་མེས་བདུན་ས་སྐྱ་བའི་ཡོན་ཆེན་བཙུན་ཆུང་དང་།།····བཟང་རྣོ་རྒྱལ་ཀུན་དགའ་འོད་ཟེར་དང་། རིགས་བཟང་ཁྱུང་བཙུན་གུར་ཡབ་སྲས་གསུམ་གྱིས་

གྲངས་3་ལས་དྲངས།

དཀོན་མཆོག······ཞིང་ལ···ཀྱིས་སྐྱོང་གཞལ་ཟས་ལྷའི་ལོངས་སྤྱོད་མཆོག་དགུ་ཡིས། །མཆོད་གནས་མཉེས་པར་འདེབས་རྒྱུན་ཆུ་མཛད། །འདི་ལྟར་ཡབ་ཡུམ་སྲས་རྣམས་ཀྱིས······། །ཕོ་བའི་ནོར་རྣམས་ཀྱིས་མཆོད་གནས་མཉེས་པའི་ཇོངས་དང····མཛད། །ཡི་དམ་བཞེངས་པའི་མཚད་གཞན་ནི། །ཐུབ་རིའི་མཁན་ཆེན་སངས་རྒྱས་དང་། །སྐྱིངས་བ་ཡེ་ཤེས་བཟང་པོ་དང་། །ཕོ་བོ་གུར་ཐུགས་དཔལ་ཐུགས་དམ་གླིགས། །བཟབ་བཞུགས་ལྡན་པས་ལེགས་པར་བཀོད། །སྤྱན་ལ་མཛེས་སམ་ལྷ་མི་གཟིགས་མོ་མཛོད། །སྐུ་དང་པར་ཏུ་རི་དགས་རྩལ་གྱུར་དང་། །གསེར་དང་རྩི་གཙོགས་མཁས་པའི་སློས་མཁན་ནི། །གུང་ཐང་སྡེའི་རྩ་རྒྱལ་ཁོངས····། །སྤྲུལ་པའི་བཟོ་བོ······། །ལོ་ཟླ་གཟའ་སྐར་དུས་ཚོད་བཟང་པོ་ལ། །མཁས་བཙུན་ལྡན་པའི་མཁན་ཆེན་ཤེ···དགའ་སྟོན་ལྷ་མི་རྣམས་ལ···། །ཡོན་མཆོད་ཉེ་དྲུང་ཡུལ་མི་འཁོར་རྣམས་ཀྱིས། །འདེགས་དང་སྟོན་མོ་ཕུན་སུམ་ཚོགས······། །ཉེ་དྲུང་འཁོར་བཅས····རྣམ་མཁྱེན་[1]ཞེས་པ་ཙམ་ལས་མ་གསལ། །

གཉིས་པ། མཛད་བྱང་གི་དབྱེ་ཞིབ།

གཅིག ཡུལ་ལུང་།

ཨེ་མ་ཧོ༔ ཐུབ་པའི་ཞིང་ཁམས་སྟོང་གསུམ་མི་མཇེད་ཁམས། །འབྱུང་བ་ནི····ཆེན····། །རི་རབ་གླིང་བཞི····སྐོར། །གླིང་གི་ལྟེ་བ་རྒྱ་གར···ག་ཏཱ། །ཅེས་འབྱུང་ས་བྱ་རྒོད་ཕུངས་པོ་དེར། །སྟོན་པའི་རྩེ་བོ་སངས་རྒྱས་ཐུབ་པ་དེས། །ཆོས་ཀྱི་འཁོར་ལོ་ལན་གསུམ་དུ་སྐོར། །···ག་བཙོ་རྣམ་ཀྱིས་བཀའི་བསྡུ་བ་མཛད།། ལོ་པན་རྣམས་ཀྱིས་ཁ་བ་ཅན་དུ་བསྒྱུར། རི་མཐོ་ས་གཙང་སྤུ་རྒྱལ་བོད་ཀྱི་ཡུལ། །ཡུལ་ལ་གཡང་ཆག་ནུབ་རིས་ཆེ་ཡུལ་འདིར། །ཕུ་ན་ཅི་འབྲོག་རྒྱས་ཤིང་འདི་རུ་མས་ལུག་འཕེལ། །དགེ་བཅུ་འཛོམས་པའི་ཡུལ་པོ་ཡ་ང་འདིར། །རྨ་བྱའི་འདོངས་ལ་འདི་ཆེན་འཛག་ཐང་མ།[2]ཞེས་བྱུང་བ་ལྟར་ན། དེ་ཡང་གསུང་རབ་འདི་འབྲི་བཞེངས་ཀྱི་ཡུལ་ལུང་ནི་ཨེ་མ་ཧོ་ཞེས་ངོ་མཚར་གཏམ་ཀྱིས་སྤྱན་བསུས་ཏེ་ཡུལ་ལུང་གི་བསྟོད་པ་དུང་ཆེན་གཟུགས

---

① འབྲོང་པ་ཁྲུང་ལུང་དགོན་དུ་བཞུགས་པའི་ཤེར་ཕྱིན་བརྒྱད་སྟོང་པ་དབུ་ཞབས་ལྷ་སྐུས་བརྒྱན་པ་སྤུས་ལེགས་ཤིག་གི་མཛད་བྱང་ལས་དྲངས།

② འབྲོང་པ་ཁྲུང་ལུང་དགོན་དུ་བཞུགས་པའི་ཤེར་ཕྱིན་བརྒྱད་སྟོང་པ་དབུ་ཞབས་ལྷ་སྐུས་བརྒྱན་པ་སྤུས་ལེགས་ཤིག་གི་མཛད་བྱང་

ཏེ། སྟོང་གསུམ་མི་མཇེད་ཁམས་དང་གླིང་བཞིའི་ནང་ནས་ལྷོ་འཛམ་བུ་གླིང་འདིར་སྟོན་པ་ བྱོན་ནས་བྱ་རྒོད་ཕུང་པོ་སྟེ་རྒྱ་གར་འཕགས་པའི་ཡུལ་གྱི་གནས་ཆེན་བརྒྱད་ཀྱི་ཡ་གྱལ་བྱ་རྒོད་ ཕུང་པོ་རི་ཡིན་ཏེ། སངས་རྒྱས་ཆོས་ལུགས་ཀྱི་བཤད་སྲོལ་ལ། སངས་རྒྱས་ཤཱཀྱ་ཐུབ་པས་ཐེག་ པ་ཆེན་པོའི་ཆོས་གསུང་བའི་གནས་རི་ཞིག་གི་མིང་ཡིན་པ་དང་། བྱང་ཆུབ་སེམས་དཔའ་མང་ པོ་ཞིག་རང་ལུས་བྱ་རྒོད་དུ་སྤྲུལ་ནས་ཆོས་ཉན་པའི་གནས་ཡིན་པས་མིང་དེ་ལྟར་ཐོགས་པ་ ཡིན་ཟེར། ཐང་ཟན་ཛང་གི་ལམ་ཡིག་ལས་རི་འདི་ནི་གོང་དུ་བཤད་པའི་རྒྱལ་པོའི་ཁབ་ཀྱི་བྱང་ ཤར་མཚམས་སུ་ཡོད་པ་དང་། ས་གནས་གཞན་དག་ལས་མཐོ་ཞིང་། རྫོའི་སྐས་ལམ་ཞིང་ལ་ གོམ་པ་བཅུ་དང་། ཞིད་ལ་ལེ་དབར་དྲུག་ཙམ་ཡོད་①ཅེས་པའི་གནས་དེར་སྟོན་པས་ཆོས་ཀྱི་ ལོ་འཁོར་ལོ་གསུམ་དུ་བསྐོར་ཞིང་དེ་དག་ལོ་པཎ་སྐུ་དྲིན་ཅན་རྣམས་ཀྱིས་བོད་ཡིག་ཏུ་བསྒྱུར་ ནས་རི་མཐོ་ས་གཙང་སྤུ་རྒྱལ་བོད་ཡུལ་དུ་དར་ཞིང་། བོད་ཡུལ་གྱི་ནང་ནས་ཡུལ་ལ་གཡང་ ཆགས་གཙང་གི་སྟོད་ཀྱི་ནུབ་རིས་ཁུལ་ཞེས་བྱུང་བ་ལྟར་ན། ཀཿཐོག་རིན་འཛིན་ཚེ་དབང་ནོར་ བུས་གསུངས་པ་ལྟར་ན། སྤྱིར་མང་ཡུལ་གྱི་ས་ཆོག་ནི། གུང་ཐང་ལ་ཐོག་གངས་རི་ཇོའུ་ལྷ་ བཙན་ནས་བལ་པོའི་ཡུལ་མཚམས་ཏིང་ཕྲ་རི་ཡན་ཡིན་ཏེ། དེ་ཡི་ནང་ཚན་ལྷོ་ནུབ་གུང་ གསུམ་དུ་གྲགས་པ་ནི་ཏིང་ཕྲ་རི་ནས་མཚམས་ཀྱི་བར་ལྷོ་ཕྱོགས་ཏེ་སྐྱིད་གྲོང་གི་ཆ་སྐྱོ་ལ་ནས་ སེ་རིབ་ཀྱི་ས་མཚམས་རོང་གི་གངས་རི་ཆེན་པོ་དཔུང་རྒྱན་ནམ་དབང་པོའི་བྲག་ཅེས་པའི་ བར་ནུབ་རིའི་ཆ་②ཞེས་པས་ནུབ་རིའི་ས་ཁྱོན་དེ་མཇུབ་མོ་རི་སྟོན་ཙམ་ཞིག་རྟོགས། ནུབ་རིའི་ ཁུལ་དུ་ཆགས་པའི་ཡུལ་དགེ་བཅུ་འཛོམས་པའི་ཡ་ང་ཞེས་པ་དེའི་ནང་ནས་འཇག་ཐང་ཞེས་ པའི་ཡུལ་དེར་འབྲི་བཞེངས་མཛད་པ་ནི་གོང་གི་མཛད་བྱང་ལས་ཤེས།

ལས་དྲངས།

① ཚལ་པ་ཀུན་དགའ་རྡོ་རྗེས་མཛད་པའི་དེབ་ཐེར་དམར་པོ་དུང་དཀར་བློ་བཟང་འཕྲིན་ལས་ཀྱིས་མཆན་འགྲེལ་བཀོད་པ་མི་ རིགས་དཔེ་སྐྲུན་ཁང་གི་ཕྱི་ལོ་1981ལོའི་སྤར་མའི་ཤོག་གྲངས་167རུ་གསལ།

② ཀཿཐོག་རིག་འཛིན་ཚེ་དབང་ནོར་བུས་མཛད་པའི་བོད་རྗེ་ལྷ་བཙད་པོའི་གདུང་རབས་མངའ་རིས་སྨད་གུང་ཐང་དུ་ཇི་ལྟར་ བྱུང་བའི་ཚུལ་དེབ་ཐེར་དྭངས་ཤེལ་འཕྲུལ་གྱི་མེ་ལོང་ཀྲུང་གོའི་བོད་རིག་པ་དཔེ་སྐྲུན་ཁང་གི་2006ལོའི་སྤར་མའི་ཤོག་གྲངས་61ལས་ དྲངས།

གཉིས། སྨིན་བདག

གཙང་གི་སྟོད་ཕྱོགས་དེང་གི་འབྲོང་པ་རྫོང་གི་མངའ་ཁོངས་སུ་གཏོགས་པའི་ནུབ་རི་ཁུལ་གྱི་ཡ་ངའི་འཛག་ཐང་ཞེས་པའི་ཡུལ་དེར་གསུང་རབ་དེ་འབྲི་བཞེངས་གནང་བའི་སྐབས་སུ། དད་པ་སྐྱོ་ངས་མེད་པའི་སྨིན་བདག་གནང་མཁན་ནི་བཀྲ་ཤིས་དབང་ཕྱུག་དང་ས་སྐྱ་བའི་ཡོན་ཆེན་བཙུན་ཆུང་དང་། རྣམ་རྒྱལ་ཀུན་དགའ་འོད་ཟེར་དང་གུར་ཡབ་སྲས་ལ་སོགས་པས་རྒྱུ་འགྲོ་དང་ཞབས་ཏོག་བཟང་པོ་གནང་སྟེ་འབྲི་བཞེངས་སྒྲུབ་པ་ནི་མཛད་བྱང་ལས། །དེ་ལྟར་ཡོན་ཆེན་སྲས་རྣམས་ནི་མཁས་བཙུན་ལྡན་པའི་སྒོ་ནས་བཀྲ་ཤིས་དབང་ཕྱུག་དང་།། ཡབ་མེས་བདན་ས་སྐྱ་བའི་ཡོན་ཆེན་བཙུན་ཆུང་དང་།། ···བཟང་རྣཾ་རྒྱལ་ཀུན་དགའ་འོད་ཟེར་དང་། རིགས་བཟང་ཁུང་བཙུན་གུར་ཡབ་སྲས་སུམ་གྱིས་དཀོན་མཆོག······ཞིང་ལ···གྱིས་སྐྱོང་གཞལ་ཟས་ལྷའི་ལོངས་སྤྱོད་མཆོག་དགུ་ཡིས། །མཆོད་གནས་མཉེས་པར་འདེབས་རྒྱུན་ཆུ་མཛད། །འདི་ལྟར་ཡབ་ཡུམ་སྲས་རྣམས་ཀྱིས།། ཞེས་དང་། །ལོ་ཟླ་གཟའ་སྐར་དུས་ཚོད་བཟང་པོ་ལ། །མཁས་བཙུན་ལྡན་པའི་མཁན་ཆེན་ཤེ···དགའ་སྟོན་ལྷ་མི་རྣམས་ལ···། །ཡོན་མཆོད་ཉེ་དྲུང་ཡུལ་མི་འཁོར་རྣམས་ཀྱིས། །འདེགས་དང་སྟོན་མོ་ཕུན་སུམ་ཚོགས·········།། ཉེ་དྲུང་འཁོར་བཅས·····རྣམ་མཁྱེན་ཞེས་པ་ཙམ་ལས་མ་གསལ།[1] ཞེས་པས་སོ།

གསུམ། ཡིག་པ།

།ནུབ་རིའི་མཁན་ཆེན་སངས་རྒྱས་དང་།།སྐྱེངས་བ་ཡེ་ཤེས་བཟང་པོ་དང་། ཁོ་བོ་གུར་ཐུགས་དཔལ་ཐུགས་དམ་སློགས། །བཟབ་བཞུགས་ལྡན་པས་ལེགས་པར་བཀོད། །སྨྱུན་ལ་མཛེས་སམ་ལྷ་མི་གཟིགས་མོ་མཛོད།[2] ཅེས་བྱུང་བ་ལ་གཞིགས་ན། གཙང་གི་སྟོད་ཕྱོགས་དེང་གི་འབྲོང་པ་རྫོང་གི་མངའ་ཁོངས་སུ་གཏོགས་པའི་ནུབ་རི་ཁུལ་གྱི་ཡུལ་ཡ་ངའི་འཛག་ཐང་ཞེས་པའི་ཡུལ་དེར་གསུང་རབ་དེ་འབྲི་བཞེངས་གནང་བའི་སྐབས་སུ། དད་པ་སྐྱོ་ངས་མེད་

---

① འབྲོང་པ་བྲུང་ལུང་དགོན་དུ་བཞུགས་པའི་ཤེར་ཕྱིན་བརྒྱད་སྟོང་པ་དབུ་ཞབས་ལྷ་སྐྲུས་བརྒྱན་པ་སྤུས་ལེགས་ཤིག་གི་མཛད་བྱང་ལས་དྲངས།

② འབྲོང་པ་བྲུང་ལུང་དགོན་དུ་བཞུགས་པའི་ཤེར་ཕྱིན་བརྒྱད་སྟོང་པ་དབུ་ཞབས་ལྷ་སྐྲུས་བརྒྱན་པ་སྤུས་ལེགས་ཤིག་གི་མཛད་བྱང་ལས་དྲངས།

པའི་སྤྲིན་བདག་གནང་མཁན་ནི་བཀྲ་ཤིས་དབང་ཕྱུག་དང་ས་སྐྱ་བའི་ཡོན་ཆེན་བཙུན་ཆུང་དང་། རྣམ་རྒྱལ་ཀུན་དགའ་འོད་ཟེར་དང་གུར་ཡབ་སྲས་ལ་སོགས་པས་རྒྱུ་འགྲོ་དང་ཞབས་ཏོག་བཟང་པོ་གནང་སྟེ་འབྲི་བཞེངས་སྒྲུབ་པའི་སྐབས་སུ། ནུབ་རིའི་མཁན་ཆེན་སངས་རྒྱས་དང་སླེངས་པ་ཡེ་ཤེས་བཟང་པོ་སོགས་ཀྱིས་གུར་གྱི་ཐུགས་དམ་གླེགས་བམ་ཡི་གེ་ཟབ་མོ་ལྡན་པར་བཀོད་པ་ལས་བལྟ་གཟིགས་གནང་མཁན་གྱི་སྤྱན་ལ་མིག་ཡིད་དགའ་སྟོན་ཚིམས་པར་མཛད་པ་དེ་རྟོགས།

བཞི། གླེགས་ཤིང་།

གཙང་གི་སྟོད་ཕྱོགས་དིང་གི་འབྲོང་པ་རྫོང་གི་མངའ་ཁོངས་སུ་གཏོགས་པའི་ནུབ་རི་ཁུལ་གྱི་ཡུལ་ཡ་ང་ཞེས་པའི་ཡུལ་དེར་གསུང་རབ་དེ་འབྲི་བཞེངས་གནང་བའི་སྐབས་སུ། དད་པ་སྐྱོ་ངས་མེད་པའི་སྦྱིན་བདག་གནང་མཁན་ནི་བཀྲ་ཤིས་དབང་ཕྱུག་དང་ས་སྐྱ་བའི་ཡོན་ཆེན་བཙུན་ཆུང་དང་། རྣམ་རྒྱལ་ཀུན་དགའ་འོད་ཟེར་དང་གུར་ཡབ་སྲས་ལ་སོགས་པས་རྒྱུ་འགྲོ་དང་ཞབས་ཏོག་བཟང་པོ་གནང་བ་དང་སྦྲགས། ཡིག་མཁན་ནུབ་རིའི་མཁན་ཆེན་སངས་རྒྱས་དང་སླེངས་པ་ཡེ་ཤེས་བཟང་པོ་སོགས་ཀྱིས་སྒོ་གསུམ་ཐང་ཆད་ངང་ནས་བྲིས་པ་ལས་ལེགས་པར་གྲུབ་སྟེ། བཀུར་བསྟི་དང་སྲུང་སྐྱོབ་ཆེད་དུ་བསྒྲོན་པའི་ན་བཟའ་སྐུ་རགས་གླེགས་ཤིང་གི་ནང་ནས་གླེགས་ཤིང་སྟེང་རང་རང་སོ་སོའི་བརྗོད་དོན་དང་འབྲེལ་བའི་སྐུ་བརྙན་དང་པ་ཏྲ་ལ་སོགས་བཀྲ་ཤིས་རྟགས་བརྒྱད་དང་རི་དྭགས་རྒྱལ་གྱུར་ལ་སོགས་རི་མོའི་ལམ་ནས་བརྐོས་པ་དང་ཆབས་ཅིག དེ་དག་གི་མཛེས་ཚོས་ངོམས་པའི་སླད་དུ་གསེར་དང་རྩི་གཞོགས་བྱ་མཁན་ནི་གུང་ཐང་ཁབ་པ་སྟེ། གུང་ཐང་ཁབ་པའི་འབངས་སུ་བཞུགས་ཏེ་ཁྲལ་དམག་རྒྱུགས་པས། མེན་ཞང་ཁབ་པའི་རྩ་བའི་མི་སྟེ་ཡིན་ཟེར་བ་ཡང་དེ་ནས་བྱུང་བ་འདྲ། དེ་ཙམ་གྱི་དུས་ན་ལྷོ་ནུབ་གུང་གསུམ་སྟེ་གོ་བཞིས་དབང་བྱས་པའི་པས། ཁབ་པའི་གདུང་བརྒྱུད་འདིའི་རྒྱལ་ས་ཡང་ཁབ་ལ་མཛད། མངའ་ཐང་ཡང་ཆེན་པོ་མེད་ཅིང་། མཚན་ཡང་བཙད་ཆུང་ཁབ་པ་ཞེས་པ་ཙམ་ལས་མ་གྲགས། ཕྱིས་འགྲོ་མགོན་འཕགས་པའི་སྐུ་དྲིན་ལ། དཔོན་འབུམ་ལྡེ་མགོན་གྱི་གཡོག་ཏུ། མངའ་རིས་བཀྲ་ཚོ་བཅུ་གསུམ་བསྐྱིགས། དཔོན་ཆེན་དེ་ཉིད་ཀྱིས་གུང་

ཇོང་དཀར་བཏབ་པ་ལ་སོགས་པ་སྣང་གི་སྐབས་བཅུ་གསུམ་ལ་སོགས་པ་ཡང་མཛད་འདུག་[1]ཅེས་དང་། དེ་ཙམ་གྱི་དུས་ན་ཁབ་པའི་ཞབས་ཏོག་ལ། གཙོ་ཆོ་ཆོ་བའི་སྐར་སྟོད་གཉིས་དང་བཅས་པའི་བུ་ཆ་དེ་ཙམ་གྱིས་དམག་རྒྱུགས་དང་། བན་ཆོ་དེ་ཙམ་གྱིས་ཁྲལ་ཕུལ་འདུག་ཕྱིར་ཡང་མེན་ཞང་གི་སྡེ་འདི་ཁབ་པའི་རྩ་བའི་མི་སྡེ་ཡིན་པས། ཁབ་པ་ལ་གུས་ཞེན་ཤིན་ཏུ་ཆེ་སྟེ། བརྒྱ་ཆོ་གཞན་ཕལ་ཆེར་གྱིས་འབངས་ཡོག་བྱས་ནས་ཁབ་པ་ལ་རྒྱབ་བསྟན་འདུག་ཀྱང་། མེན་ཞང་གིས་དེ་ལྟར་མ་བྱས། ཁྱད་པར་གཙོ་ཆོ་འདི་ཁབ་པ་ལ་མོས་[2]ཞེས་དང་ཡོན་བདག་གུང་ཐང་ཁབ་པ། བླ་མཆོད་ཚལ་པ། མི་སྡེ་མེན་ཞང་ཟེར་བ་ཡིག་ཚང་རྙིང་པ་འགའ་ཞིག་ན་འདུག[3]ཅེས་གསུངས་པ་སོགས་ལས་གུང་ཐང་ཁབ་པའི་ལོ་རྒྱུས་ཆེ་ལོང་ཙམ་ཞིག་ཤེས་ལ་ཡུལ་དེ་ཕྱོགས་ནས་ཐོན་པའི་བཟོ་བོ་ག་གེ་མོ་ཞིག་གིས་བརྐོས་པ་དེ་མཛད་བྱང་ལས་ཤེས་མོད་ཀྱང་བཟོ་པའི་མིང་དང་གུང་ཐང་ཁབ་པའི་གནས་ཅི་ཙམ་ཞིག་ནས་ཐོན་ཡོད་མེད་ལག་ནང་སྐྱ་ཙ་ར་བཞག་པ་ལྟ་བུ་ཞིག་ཞུ་ཐབས་བྲལ་བའི་རྒྱུ་མཚན་ནི་མཛད་བྱང་གི་ལྡེབ་གྲངས་དེ་ཤིན་ཏུ་ནས་བགྲེས་ཟད་ཆེས་བས་འདི་ལས་ཞུ་མ་ཐུབ་པ་སྟེ། །སྐུ་དང་པར་ཏྲ་རི་དགས་རྩལ་གྱུར་དང་། །གསེར་དང་རྫི་གཞོགས་མཁས་པའི་སློབ་མཁན་ནི། །གུང་ཐང་སྡེའི་རྩ་རྒྱལ་པོང་ས……། །སྤྲུལ་པའི་བཟོ་བོ……། །[4]ཞེས་པས་རྫོགས། །

---

① འཇིགས་མེད་བཟང་པོས་མཛད་པའི་དཔལ་ལྡན་བླ་མ་དམ་པ་ཆོས་ལེགས་ཀྱི་རྣམ་ཐར་རམ་དེབ་ཐེར་དུས་རབས་16པའི་གུང་ཐང་སྤྱར་མའི་ལྡེབ་གྲངས་9པ་ལས་དྲངས།

② འཇིགས་མེད་བཟང་པོས་མཛད་པའི་དཔལ་ལྡན་བླ་མ་དམ་པ་ཆོས་ལེགས་ཀྱི་རྣམ་ཐར་རམ་དེབ་ཐེར་དུས་རབས་16པའི་གུང་ཐང་སྤྱར་མའི་ལྡེབ་གྲངས་14པ་ལས་དྲངས།

③ འཇིགས་མེད་བཟང་པོས་མཛད་པའི་དཔལ་ལྡན་བླ་མ་དམ་པ་ཆོས་ལེགས་ཀྱི་རྣམ་ཐར་རམ་དེབ་ཐེར་དུས་རབས་16པའི་གུང་ཐང་སྤྱར་མའི་ལྡེབ་གྲངས་11པ་ལས་དྲངས།

④ འཕྲོང་པ་ཁྲུང་ལུང་དགོན་དུ་བཞུགས་པའི་ཤེར་ཕྱིན་བརྒྱད་སྟོང་པ་དབུ་ཞབས་ལྷ་སྐུས་བརྒྱན་པ་ཐུས་ལེགས་ཤིག་གི་མཛད་བྱང་ལས་དྲངས།

ལེའུ་ཉེར་གཉིས་པ། དུས་རབས་18-19པའི་གནའ་དཔེ་བྲིས་མའི་མཛད་བྱང་།

ལེ་ཚན་དང་པོ། ཞ་ལུ་དགོན་ཤེར་ཕྱིན་མཛད་བྱང་།

མཛད་བྱང་མ་དཔེ།

དང་པོ། མཛད་བྱང་མ་བཤུས།

༄༅། །ཨེ་མ་ཧོ།། དོན་དམ་གཡེར་མེད་ཆོས་སྐུའི་བདག་ཉིད་ཡུམ།། འགག་མེད་རྒྱལ་སྐྱོང་ལོངས་སྐུ་རྣམ་སྣང་མཛད།། འགྲོ་བའི་དོན་མཛད་བཅོམ་ལྡན་ཤག་ཀྱ་ཐུབ།། སྐུ་གསུམ་ལྷུན་གྱིས་གྲུབ་ལ་ཕྱག་འཚལ་སྟོད།། དམིགས་མེད་ཐུགས་རྗེའི་དཀྱིལ་འཁོར་རྒྱ་ཆེ་ཞིང་།། ཇི་སྙེད་ཇི་བཞིན་མཁྱེན་པའི་འོད་ཟེར་གྱིས།། མ་རིག་མུན་སེལ་འགྲོ་བའི་དོན་མཛད་པའི།། དྲིན་

ཅན་བླ་མ་རྣམས་ལ་ཕྱག་འཚལ་བསྟོད།། མ་སྐྱེས་མི་འགག་དོན་དམ་ཆོས་ཀྱི་དབྱིངས།། མཐུ་རྩལ་མི་འགག་ཀུན་རྫོབ་བདེན་པའི་ངང་།། ཡངས་ལ་རྒྱ་ཆེ་ནམ་མཁའ་སྟོང་པ་ལ།། བསྒྲུ་ལ་བསྣམས་ཐུག་རྡོ་རྗེ་རྒྱ་གྲམ་ལྡིང་།། ཟབ་ལ་རྒྱ་ཆེ་བདུད་རྩི་རྒྱ་མཚོའི་རྒྱུ།། མཐུག་ལ་ཁོད་སྙོམས་རིན་ཆེན་གསེར་གྱི་ས།། མཐོ་ལ་ལྷུན་ཆགས་རི་རྒྱལ་ལྷུན་པོའི་ཞོལ།། འཆར་མཁའ་འོད་གསལ་ཉི་ཟླས་མཛེས་པར་བརྒྱན།། མང་ལ་བཀོད་ལེགས་གླིང་བཞི་གཡོག་དང་བཅས།། ཀུན་གྱི་མཆོག་གྱུར་ལྷོའི་འཛམ་བུ་གླིང་།། སྟོན་པས་ཞབས་བཅག་བཀའི་འཁོར་ལོ་བསྐོར།། ཕྱི་ནྲག་བརྗོད་ལྡན་བོད་ཀྱི་རྒྱལ་ཁམས་འདིར།། མི་དབོན་རྣམ་གསུམ་རྒྱལ་བའི་སྐུ་དྲིན་ལ།། ཉན་བཤད་བསྒོམ་སྒྲུབ་འབྲི་ཀློག་ལསྟོགས་པ།། སངས་རྒྱས་བསྟན་པ་དར་ཅིང་རྒྱས་པར་མཛད།། རི་མཐོ་ལྷ་གཉན་ལྷ་རི་གངས་ཀྱི་ཞོལ།། ཡུལ་འབྲོག་བཟང་པོ་ཕག་རིའི་རྫོང་འདུས་ཀྱི།། རྒྱལ་པོའི་གན་མཛོད་ཤོ་ཁང་ཆེན་པོ་འདིར།། རྒྱལ་པོའི་ཐུགས་ཟིན་མི་ཆེན་ཨབ་དུལ་གྱི།། གཉེར་དང་ཞབས་ཏོག་བཞིན་གྱི་དཔོན་པོ་མཛད།། དགེ་བཙུ་ཚང་བ་ལྷ་ཆེན་རྩ་རལ་འགྲུལ།། གདུང་ཉུས་ཁྱད་འཕགས་ཡ་རབས་གོང་མའི་རིགས།། རིགས་བརྒྱུད་བཟང་པོ་དཔའ་པོ་འབེ་རོའི་རྒྱུད།། དཔའ་རྩལ་སྟོབས་ལྡན་དཔོན་པོ་གཞོན་ནུ་དང་།། འཇུམ་པའི་མདངས་ཅན་ནོར་དང་ཟས་ཀྱི་གཏེར།། ཚེ་ཉུས་ཁུངས་བཙུན་རྒྱུ་འབྱོར་ཀུན་བཟང་དཔལ།། ཡབ་ཡུམ་བཀའ་དྲིན་དམ་པའི་ཆོས་ལ་མཛད།། དབོན་པོའི་ཞབས་ཏོག་སྐུའི་རིམ་འགྲོ་དང་།། བདག་གཞན་བླ་མེད་བྱང་ཆུབ་ཐོབ་བྱའི་ཕྱིར།། བསོད་ནམས་བསགས་པས་གསེར་གྱི་གླེགས་བམ་བཞེངས།། གཞི་མ་ཤོག་གུ་གན་ཤོག་གཙང་མ་ལ།། གནག་ཅ་ཁྱད་འཕགས་རིན་ཆེན་གསེར་གྱིས་བཞེངས།། སྒྱིན་པར་བྱེད་པའི་འཕྲུལ་གྱི་ཡི་གེ་འདི།། དབུས་པ་གསུམ་གྱིས་ལུང་དང་མཐུན་པར་བྲིས།། གསེར་གྱི་བཟོ་དང་རྒྱ་གར་སྐད་ཀྱི་འབུར།། རིག་པའི་འབྱུང་གནས་དབུས་ཀྱི་འཕན་ནས།། ཆག་ཚད་ལྡན་པར་གཞོན་ནུ་དར་གྱིས་བྲིས།། དོན་བཟང་ཚིག་བཟང་ཡིག་ཤོག་གསེར་ཁ་ལེགས།། གླེགས་ཤིང་ཁྱད་འཕགས་སྣོས་གསེར་འཛོམས་པ་འདི།། ཕྱི་ཤོ་དཀར་མ་ལས་རྒྱུད་སྤྲུལ་པའི་བཟོ།། སྣག་རྩལ་གཡུང་དྲུང་ལྷ་འབུམ་ཉིད་ལ་ཞུས།། རྒྱུད་སྡེ་འཛིན་པ་སློབ་དཔོན་ཛ་སྲས་ཀྱི།། ཆོས་ཀྱི་གཉེར་དང་ཞུག་དག་ལེགས་པར་མཛད།། རིགས་བཟང་ཁུངས་བཙུན་དཔོན་མོ་ཆོས་འབུམ་དང་།། ཆོས་སྐྱོང་པ་ལ་བུ་འདྲེན་པ་ལ་གསུམ།། ཀུན་གྱི་ཡིད་དུ་འོང་འཛུམ་པའི་མདངས་དང་ལྡན།། །དཔེ་ཆོས་འདི་བཞེངས

བསོད་ནམས་ཆེན་པོ་ཡིས། །ཡོན་མཆོད་དཔོན་གཡོག་འཁོར་དང་བཅས་པ་དང་། །ཟ་མ་དགེ་འདུད་ཞབས་ཏོག་མཛད་པ་དང་།། ནམ་མཁའི་མཐས་ཁྱབ་སེམས་ཅན་མ་ལུས་པ་ཀུན། །རང་བཞིན་རྣམ་དག་ཆོས་དབྱིངས་ཟབ་མོ་ནས། །བདེ་བ་ཆེན་པོའི་ཆོས་སྐུ་ཐོབ་པར་ཤོག། །ཏིང་འཛིན་རྣམ་དག་གཡེང་བ་མེད་པ་ནས།། ཡོན་ཏན་རབ་རྫོགས་ལོངས་སྐུ་ཐོབ་པར་ཤོག། །སྤྱོད་པ་རྣམ་དག་ཟག་པ་མེད་པ་ནས། །སྨོན་ལམ་རབ་རྫོགས་སྤྲུལ་སྐུ་ཐོབ་པར་ཤོག། །སྐུ་གསུམ་ཐོབ་ནས་གཞན་དོན་བྱེད་པར་ཤོག། །[1]ཅེས་པའོ།

གཉིས་པ། མཛད་བྱུང་གི་དཔེ་ཞིབ།

གཅིག བསྟོད་ཕྱག

༄༅།ཨེ་མའོ།། དོན་དམ་གཡེར་མེད་ཆོས་སྐུའི་བདག་ཉིད་ཡུམ། །འགག་མེད་རྩལ་སྦྱོང་ལོངས་སྐུ་རྣམ་སྣང་མཛད། །འགྲོ་བའི་དོན་མཛད་བཅོམ་ལྡན་ཤཱཀྱ་ཐུབ། །སྐུ་གསུམ་ལྡན་གྱིས་གྲུབ་ལ་ཕྱག་འཚལ་སྟོད། །དམིགས་མེད་ཐུགས་རྗེའི་དཀྱིལ་འཁོར་རྒྱ་ཆེ་ཞིང་། །ཇི་སྙེད་ཇི་བཞིན་མཁྱེན་པའི་འོད་ཟེར་གྱིས། །མ་རིག་མུན་སེལ་འགྲོ་བའི་དོན་མཛད་པའི། །དྲིན་ཅན་བླ་མ་རྣམས་ལ་ཕྱག་འཚལ་བསྟོད། །[2]ཅེས་བྱུང་བ་ལ་གཞིགས་ན། དཔལ་ཞ་ལུ་དགོན་དུ་བཞུགས་པའི་ཤེར་ཕྱིན་མཐིང་ཤོག་གསེར་བྲིས་དེའི་མཛད་བྱུང་དེ་ཡང་དུས་རབས་17-18ཡས་མས་སུ་འབྲི་བཞེངས་བགྱིས་པའི་ཤེར་ཕྱིན་གྱི་མཛད་བྱུང་ཇི་བཞིན་ཐོག་མར་གཞུང་དངོས་ལ་མ་འཇུག་པའི་སྔོན་དུ། ལུས་ངག་ཡིད་གསུམ་གྱི་ཐོག་ནས་རྣམ་པར་སྣང་མཛད་དང་སྟོན་པ་སངས་རྒྱས་ཤཱཀྱ་ཐུབ་པར་བསྟོད་ཕྱག་མཛད་པ་དང་སྦྲགས་དེ་རྗེས་གསུང་རབ་འབྲི་བཞེངས་ཀྱི་སྦྱིན་བདག་གམ་ཡིག་མཁན་གྱི་དྲིན་ཅན་རྩ་བའི་བླ་མར་བསྟོད་ཕྱག་ཕུལ་བ་ཞིག་རེད་འདུག དེ་ཡང་རྣམ་པར་སྣང་མཛད་ཀྱི་སྐོར་ལ་ཅུང་ཟད་ཅིག་ཞུས་ན། རྣམ་པར་སྣང་མཛད་དེ་བོད་ཀྱི་དཔེ་རྙིང་དང་དགོན་སྡེ་སོགས་ཀྱི་ནང་དུ་རྒྱུན་གཏན་ནས་མཐོང་དུ་ཡོད་པ་ཞིག་ཡིན་པ་མ་ཟད། སྤྱི་ལོའི་དུས་རབས་12ཡར་སྔོན་དུ་འབྲི་བཞེངས་གནང་བའི་དཔེ་རྙིང་དང་དགོན་སྡེ་ཞིག་ཡིན་ཚེ། ཕྱིར་གྱི་ཆ་ནས་རྣམ་པར་སྣང་མཛད་དང་ཉེ་བའི་སྲས་ཆེན་བརྒྱད་ཀྱི་སྣང་བརྙན་

① དཔལ་ཞ་ལུ་དགོན་དུ་བཞུགས་པའི་ཤེར་ཕྱིན་གྱི་མཛད་བྱུང་ལས་དྲངས།

② དཔལ་ཞ་ལུ་དགོན་དུ་བཞུགས་པའི་ཤེར་ཕྱིན་གྱི་མཛད་བྱུང་ལས་དྲངས།

འབུར་བྲིས་གང་ཏུང་མཇལ་རྒྱུ་ཡོད་གཤིས། བོད་ཀྱི་རིག་དངོས་ལ་ཞིབ་འཇུག་གནང་མཁན་གྱི་རྒྱལ་མཁས་པ་དག་གིས་ཀྱང་དེ་ཚད་གཞིར་བཟུང་དེ་དཔེ་རྙིང་དང་དགོན་སྡེ་དེ་སྤྱིར་གྱི་ཆ་ནས་དུས་རབས་12སྔོན་གྱི་རིག་དངོས་ཤིག་ཡིན་པར་ངེས་འཛིན་གནང་གི་ཡོད། དེས་ན་རྣམ་པར་སྣང་མཛད་ཀྱི་ཕྱག་རྒྱའི་སྐོར་ལ་དབྱི་ཏ་ལའི་མཁས་པ་ཏུའུ་ཆིས་ཕྱོགས་བསྡོམས་མཛད་པ་དེ་ལྟར་ན། ཞལ་གཅིག་ཕྱག་གཉིས་ཅན་གྱི་རྣམ་སྣང་དེ་སྐུ་མདོག་དཀར་པོ་དང་ཆོས་འཁོར་གྱི་ཕྱག་རྒྱ་ཅན་ཞིག་ཡིན། དེའི་ཕྱག་མཚན་དུ་འཁོར་ལོ་ཡིན། ཞལ་གཅིག་ཕྱག་གཉིས་ཅན་གྱི་རྣམ་སྣང་གྱི་ཕྱག་རྒྱ་ནི་ཏིང་འཛིན་ཕྱག་རྒྱ་དང་ཕྱག་མཚན་ནི་ཆོས་འཁོར་ཡིན། ཞལ་གཅིག་ཕྱག་གཉིས་ཅན་རྣམ་སྣང་སྐུ་མདོག་སེར་པོ་དང་ཏིང་འཛིན་ཕྱག་རྒྱ་ཅན་ཕྱག་མཚན་ནི་རྡོ་རྗེ་ཡིན། ཞལ་བཞི་ཕྱག་གཉིས་ཀྱི་རྣམ་སྣང་ནི་སྐུ་མདོག་དཀར་པོ་དང་བྱང་ཆུབ་མཆོག་ཕྱག་རྒྱ་དང་ཕྱག་མཚན་ནི་རྡོ་རྗེ་ཟུར་ལྔ་ཅན་ཡིན། ཞལ་གཅིག་ཕྱག་ཅན་རྣམ་སྣང་ནི་སྐུ་མདོག་དཀར་པོ་དང་ཕྱག་གཡོན་དུ་དྲིལ་བུ་དང་ཕྱག་གཡས་སུ་རྡོ་རྗེ་བསྣམས་ཡོད། ཞལ་གཅིག་ཕྱག་གཉིས་རྣམ་སྣང་ནི་སྐུ་མདོག་སེར་པོ་དང་བྱང་ཆུབ་མཆོག་གི་ཕྱག་རྒྱ། ཞལ་གཅིག་ཕྱག་གཉིས་ཅན་རྣམ་སྣང་ཕྱག་མཚན་ནི་འཁོར་ལོ་དང་དྲིལ་བུ་ཡིན། ཞལ་བཞི་ཕྱག་གཉིས་ཅན་ཀུན་རིག་རྣམ་སྣང་ནི་སྐུ་མདོག་དཀར་པོ་དང་ཏིང་འཛིན་ཕྱག་རྒྱ་ཡིན། ཞལ་བཞི་ཕྱག་གཉིས་རྣམ་སྣང་ནི་སྐུ་མདོག་དཀར་པོ་དང་བྱང་ཕྱུག་མཆོག་གི་ཕྱག་རྒྱ་དང་ཕྱག་མཚན་ནི་ཟུར་ལྔ་ཅན་གྱི་རྡོ་རྗེ་བསྣམས་ཡོད་ [①]ཅེས་རྒྱ་གར་འཕགས་པའི་ཡུལ་དང་བོད་ཁ་བ་ཅན་གྱི་ལྗོངས་ཞེས་པའི་ནང་དུ་གསུངས་འདུག

གཉིས། ཡུལ་ལུང་།

མ་སྐྱེས་མི་འགག་དོན་དམ་ཆོས་ཀྱི་དབྱིངས།། མཐུ་རྩལ་མི་འགག་ཀུན་རྫོབ་བདེན་པའི་དང་།། ཡངས་ལ་རྒྱ་ཆེ་ནམ་མཁའ་སྟོང་པ་ལ།། བསྒྲུ་ལ་བསྡམས་ཐུག་རྡོ་རྗེ་རྒྱ་གྲམ་ལྟུང་།། ཟབ་ལ་རྒྱ་ཆེ་བདུད་རྩི་རྒྱ་མཚོའི་ཆུ།། མཐུག་ལ་ཁོད་སྙོམས་རིན་ཆེན་གསེར་གྱི་ས།། མཐོ་ལ་ལྷུན་ཆགས་རི་རྒྱལ་ལྷུན་པོའི་ཞོལ།། འཚར་མཁའ་འོད་གསལ་ཉི་ཟླས་མཛེས་པར་བརྒྱན།། མང་ལ་

① 见，[意]图齐 著 魏正中 萨尔吉 主编《梵天佛地》第四卷 江孜及其寺院 第一册 佛寺总论 上海古籍出版 社 第76页。

བཀོད་ལེགས་སླིང་བཞི་གཡོག་དང་བཅས། །ཀུན་གྱི་མཆོག་གྱུར་ལྷོའི་འཛམ་བུ་གླིང་། །སྟོན་པས་ཞབས་བཅག་བཀའི་འཁོར་ལོ་བསྐོར། །བྱེ་བྲག་བརྗོད་ལྡན་བོད་ཀྱི་རྒྱལ་ཁམས་འདིར། །མི་དབོན་རྣམ་གསུམ་རྒྱལ་བའི་སྤྲུ་དྲིན་ལ། །ཉན་བཤད་བསྒོམ་སྒྲུབ་འབྲི་ཀློག་ལསྒོགས་པ། །སངས་རྒྱས་བསྟན་པ་དར་ཅིང་རྒྱས་པར་མཛད། །རི་མཐོ་ལྷ་གཉན་ལྷ་རི་གངས་ཀྱི་ཞོལ། །ཡུལ་འབྲོག་བཟང་པོ་ཕག་རིའི་ཚོང་འདུས་ཀྱི། །རྒྱལ་པོའི་གན་མཛོད་ཤོ་ཁང་ཆེན་པོ་འདིར། །[1]

ཞེས་བྱུང་བ་ལ་གཞིགས་ན། འདིར་དང་ཐོག་གནམ་ས་གཉིས་ཀྱི་ཁྱད་ཆོས་ཟབ་མོ་ཆོས་ཀྱི་གཞུང་ལུགས་ཀྱི་གནས་ལུགས་ལ་སྦྱར་ཏེ། ཡངས་ཤིང་རྒྱ་ཆེ་བའི་ནམ་མཁའ་དང་བསྒྲ་ཞིང་བརྟན་པའི་དོག་མོ་ས་གཞིར་མཐོ་ལ་ལྷུན་ཆགས་རི་རྒྱལ་ལྷུན་པོའི་འདབས་རོལ་དུ། འོད་གསལ་ཉི་ཟླས་མཛེས་པར་བརྒྱན་ཞིང་། མཐའ་བཞི་སོ་སོར་ནུབ་བ་གླང་སྤྱོད་ལ་སོགས་པའི་གླིང་བཞི་ཆགས་ཤིང་། གླིང་བཞི་དེ་དག་གི་ནང་ནས་མཆོག་ཏུ་གྱུར་པ་ལྷོ་འཛམ་བུ་གླིང་འདིར་སྟོན་པ་སངས་རྒྱས་བཅོམ་ལྡན་འདས་ཀྱི་ཞབས་ཀྱིས་བཅག་ཅིང་ཆོས་ཀྱི་འཁོར་ལོ་བསྐོར་སྐྱོང་བའི་གནས་རྣམས་ཀྱི་ནང་ནས། བྱེ་བྲག་ཏུ་བོད་ཀྱི་རྒྱལ་ཁམས་འདིར་ཆོས་རྒྱལ་མེས་དབོན་རྣམ་གསུམ་སྤེ་སྤྱོད་བཙན་སྐམ་པོ་དང་ཁྲི་སྲོང་ལྡེ་བཙན་དང་ཁྲི་རལ་པ་ཅན་བཅས་ཀྱི་སྤྲུ་དྲིན་ལས། འཆད་ཉན་བཤད་སྒྲུབ་བསྒོམ་དང་འབྲི་ཀློག་ལ་སོགས་པའི་སངས་རྒྱས་ཀྱི་བསྟན་པ་དར་ཞིང་རྒྱས་པའི་གནས། མཐའ་སྐོར་གྱི་རི་མགོ་མཐོ་ཞིང་ལྷ་གཉན་པ་སྤེ་ལྷ་བཙན་པོ་བཞུགས་པའི་གངས་རི་སྤེ་ལྷ་རི་གངས་ཀྱི་ཞོལ་འདབས་རྩ་ཆུ་བཟང་པོའི་ཡུལ་འབྲོག་ཕག་རིའི་ཚོང་འདུས་ཞེས་པ་མྱུང་སྟོད་སྨད་ཀྱི་ཡུལ་གཞུང་བཀོད་པའི་ནང་དུ་བྱུང་བའི་སལ་མ་ཚོང་འདུས་དང་ཐུག་གུ་ཚོང་འདུས། མགུར་མོ་ཚོང་འདུས་བཅས[2]གསུམ་ཙམ་ལས་ཕག་རི་ཚོང་འདུས་ཞེས་པའི་ཐ་སྙད་མི་བྱུང་དང་བ་གཅིག གཉིས་ད་ལྟའི་གྲོ་མོ་རྫོང་གི་མངའ་ཁོངས་སུ་གཏོགས་པའི་ས་ཞིག་ལ་ཕག་རི་ཞེས་པའི་ས་སྤྱི་གྲོང་ཚོའི་དེའི་རྒྱབ་ངོས་ནི་ཨ་ནེ་ཇོ་མོར་བཅོལ་བ་དང་དེའི་ནུབ་ངོས་སུ་ཇོ་ཆེན་མཆོར་བསྙལ་བཅོལ་འདུག་འོན་ཏེ་གོང་གི་ཡུལ་

① དཔལ་ཞ་ལུ་དགོན་དུ་བཞུགས་པའི་ཤེར་ཕྱིན་གྱི་མཛད་བྱང་ལས་དྲངས།

② ཕུ་ན་འབྲོག་སྡེ་ཆེན་པོ་གསུམ་ཡོད་པ་ནི། གམ་ཏུ། རྒྱང་ཏུ། ཉིང་ཏུ་གསུམ་མོ། བར་ན། ཚོང་འདུས་ཆེན་པོ་གཅིག་ཡོད་པ་ནི་སལ་མ་ཚོང་འདུས་བྱ་བ་དང་། ཕུའི་འབྲོག་སྡེ་ཆེན་པོ་གསུམ་ནི། རྒྱང་ཁར་དང་། སྐྱིད་མཁར་དང་། ས་དག་རྣམས་སོ། བར་ན་ཚོང་འདུས་ཆེན་པོ་གཅིག་ནི། མདོ་སུམ་བརྒྱའི་ཐུག་གུ་ཚོང་འདུས་བྱས་པ་ཡོད་ཅེས་དང་། ཕུ་ན་འབྲོག་སྡེ་ཆེན་པོ་གསུམ་ནི། སྒྲོལ། ཟྭ་གས། ར་གསུམ་མོ། བར་ན་ཚོང་འདུས་ཆེན་པོ་གཅིག་ནི། གཙང་ཚོང་འདུས་མགུར་མོ་ཡིན་ཞེས་དཔལ་འབྱོར་བཟང་པོས་མཛད་པའི་རྒྱ་བོད་ཡིག་ཚང་ཆེན་པོ་སི་ཁྲོན་མི་རིགས་དཔེ་སྐྲུན་ཁང་གི་1985ལོའི་སྤར་མའི་ཤོག་གྲངས་365.366.367དུ་གསལ།

བསྟོད་ཁྱད་ཆོས་སུ་འདི་འདྲའི་གནས་ཚུལ་བརྗོད་མེད་གཤིས་འབྲི་བཞེངས་ཀྱི་ཡུལ་ལུང་འདི་ཡིན་ཞེས་ཁ་ཚོན་གཅོད་མ་ཐུབ་ཏུང་། ད་ཐེངས་ཀྱི་གསུང་རབ་འབྲི་བཞེངས་ཀྱི་གནས་ནི་ཕག་རིའི་ཚོང་འདུས་ཀྱི་ཤོ་ཁང་སྟེ་ཤོག་བུ་བཟོ་སའི་གན་མཛོད་དུ་འབྲི་བཞེངས་བསྐྲུངས་པ་དེ་གསལ།

གསུམ། སྦྱིན་བདག

དཔལ་ཞ་ལུ་དགོན་དུ་བཞུགས་པའི་ཤེར་ཕྱིན་དེ་འབྲི་བཞེངས་བསྐྲུངས་སའི་གནས་ནི་གོང་དུ་ཞུས་པ་བཞིན་ཕག་རིའི་ཚོང་འདུས་ཡིན་ཞིང་། ཤེར་ཕྱིན་དེ་འབྲི་བཞེངས་བསྐྲུངས་པའི་སྐབས་སུ་དད་པ་སྐྱོ་ངས་མེད་པའི་སྦྱིན་བདག་གནང་མཁན་ནི་འབེ་རོའི་རྒྱུད་པ་ཕོང་ནི་དཔའ་རྩལ་སྟོབས་ལྡན་དཔོན་པོ་གཞོན་ནུ་ཞལ་འཛུམས་དང་ལྡན་ཞིང་ནོར་གྱིས་ཕྱུག་པའི་ཚེ་རྟུས་ཁྱུངས་བཙུན་ཀུན་བཟང་དཔལ་མོ་རྣམ་གཉིས་ཀྱིས་གསུང་རབ་བཞེངས་པའི་བཀའ་བགྲོས་གནང་སྟེ་རྒྱུ་འགྲོ་སྤྲུར་ནས་སྦྱིན་བདག་མཛད་པའི་སྐབས་སུ། སྣག་ཤོག་དང་བཟོ་པའི་གླ་ཡོན་སོགས་ཀྱི་རྒྱུ་འགྲོ་བདག་གཉེར་ནི་མི་ཆེན་ཨབ་དུལ་གྱིས་མཛད་དེ་འབྲི་བཞེངས་བསྐྲུངས་པ་མཛད་བྱང་ལས། རྒྱལ་པོའི་གན་མཛོད་ཤོ་ཁང་ཆེན་པོ་འདིར།། རྒྱལ་པོའི་ཐུགས་ཟིན་མི་ཆེན་ཨབ་དུལ་གྱི།། གཉེར་དང་ཞབས་ཏོག་བཞིན་གྱི་དཔོན་པོ་མཛད།། དགེ་བཙུ་ཚང་བ་ལྷ་ཆེན་རྩ་རལ་འགྱུལ།། གདུང་རྟུས་ཁྱད་འཕགས་ཡ་རབས་གོང་མའི་རིགས།། རིགས་བརྒྱུད་བཟང་པོ་དཔའ་པོ་འབེ་རོའི་རྒྱུད།། དཔའ་རྩལ་སྟོབས་ལྡན་དཔོན་པོ་གཞོན་ནུ་དང་།། འཛུམ་པའི་མདངས་ཅན་ནོར་དང་ཟས་ཀྱི་གཏེར།། ཚེ་རྟུས་ཁྱུངས་བཙུན་རྒྱུ་འབྱོར་ཀུན་བཟང་དཔལ།། ཡབ་ཡུམ་བཀའ་དྲིས་དམ་པའི་ཆོས་ལ་མཛད།།[①]ཅེས་པས་རྟོགས་སོ།

བཞི། དགོས་པ།

ཕག་རིའི་ཚོང་འདུས་ཞེས་པའི་ས་དེར་རིགས་བརྒྱུད་བཟང་པོ་འབེ་རོའི་རྒྱུད་པ་དཔོན་པོ་གཞོན་ནུ་དང་ཚེ་རྟུས་ཁྱུངས་བཙུན་ཀུན་བཟང་དཔལ་མོ་རྣམ་གཉིས་ཀྱིས་གསུང་རབ་དེ་འབྲི་བཞེངས་བྱ་བའི་དགོས་པ་ནི། དཔོན་མོའི་ཞབས་ཏོག་དང་སྐུའི་རིམ་འགྲོ་དང་སྨོན་ལམ་

① དཔལ་ཞ་ལུ་དགོན་དུ་བཞུགས་པའི་ཤེར་ཕྱིན་གྱི་མཛད་བྱང་ལས་དྲངས།

ཁོངས་སུ་གཏོགས་པའི་སེམས་ཅན་རྣམས་བླ་མེད་བྱང་ཆུབ་ཐོབ་པའི་ཕྱིར་འབྲི་བཞེངས་བསྒྱུངས་པ་སྟེ་མཛད་བྱང་ལས། དཔོན་མོའི་ཞབས་ཏོག་སྐུའི་རིམ་འགྲོ་དང་།། བདག་གཞན་བླ་མེད་བྱང་ཆུབ་ཐོབ་བྱའི་ཕྱིར་[1]ཞེས་པས་རྫོགས།།

ལྔ། འབྲི་ཤོག

།བསོད་ནམས་བསགས་པས་གསེར་གྱི་གླེགས་བམ་བཞེངས་།།གཞི་མ་ཤོག་གུ་གན་ཤོག་གཙང་མ་ལ་།།གནག་ཙ་ཁྲིད་འཕགས་རིན་ཆེན་གསེར་གྱིས་བཞེངས་།།[2]ཞེས་བྱུང་བ་ལ་བརྟག་ན། བསོད་ནམས་ཀྱི་ཚོགས་རླབས་པོ་ཆེ་བསགས་པའི་ཕྱིར་བཞེངས་པའི་གླེགས་བམ་པོ་ཏི་དང་རྒྱ་གར་སྐད་དུ་པུ་སྟ་ཀ་ཞེས་ཟུར་ཆགས་ནས་པོ་ཏི་དང་། དེ་ཡང་ཚིག་སྡུད་བྱས་པའི་མིང་ལ་པོད་ཅེས་བརྗོད་པ་ཡིན་ཅིང་། བོད་སྐད་རང་ཉིད་ཀྱི་མིང་དུ་གླེགས་བམ་[3]ཞེས་འབོད་པ་དེ་འབྲི་བཞེངས་ཀྱི་སྣག་ཤོག་སྐོར་ལས་འབྲི་ཤོག་ནི་གན་ཤོག་སྟེ། བོད་དུ་ཤོག་བུའི་རིགས་མང་པོ་ཡོད་པ་སྟེ་རྒྱ་ནག་ནས་ཐོན་པའི་རྒྱ་ཤོག་དང་གན་ཤོག་ཧུ་ཅེ་གསུམ་ཕུད། གཙང་སླེ་མོ་ཁུལ་ནས་ཐོན་པའི་གཙང་ཤོག ལྷོ་ཁའི་མཚོ་སྣ་ནས་ཐོན་པའི་མཚོ་ཤོག དྭགས་པོ་སྟོད་ནས་ཐོན་པའི་དྭགས་ཤོག དྭགས་པོ་སྨད་ནས་ཐོན་པའི་སྙེམ་ཤོག སྟོད་གཉའ་ནང་ནས་ཐོན་པའི་གཉའ་ཤོག ཆབ་མདོ་བྲག་གཡབ་ནས་ཐོན་པའི་ཁམས་ཤོག་བཅས་ཡོད་ཐོག་ད་དུང་འབྲུག་ཡུལ་ནས་ཐོན་པའི་ལྷོ་ཤོག མོན་ཡུལ་ནས་ཐོན་པའི་མོན་ཤོག་བཅས་[4]ལས་སྲུས་ལེགས་རྒྱ་ཤོག་ཤོག་ངོས་གཙང་མའི་སྟེང་དུ་སྣག་ཚ་ཁྲིད་འཕགས་རིན་ཆེན་གསེར་ལས་འབྲི་བཞེངས་བྱས་པ་ཞིག་ཡིན་སྐབས་ཁྲིད་འཕགས་ཀྱི་གླེགས་བམ་ཞེས་བརྗོད་པ་ཡིན།

དྲུག ཡིག་ཟུར།

སྔོན་གྱི་འབྲི་ཤོག་ཁག་གྲ་སྒྲིག་ལེགས་པར་ཟིན་པའི་རྗེས་སུ་དེ་དག་བཀོལ་ཏེ་སྒོ་གསུམ་

[1] དཔལ་ཞ་ལུ་དགོན་དུ་བཞུགས་པའི་ཤེར་ཕྱིན་གྱི་མཛད་བྱང་ལས་དྲངས།

[2] དཔལ་ཞ་ལུ་དགོན་དུ་བཞུགས་པའི་ཤེར་ཕྱིན་གྱི་མཛད་བྱང་ལས་དྲངས།

[3] མཁས་དབང་དུང་དཀར་བློ་བཟང་འཕྲིན་ལས་མཆོག་གིས་མཛད་པའི་དུང་དཀར་བོད་རིག་པའི་ཚིག་མཛོད་ཀྲུང་གོའི་བོད་རིག་པ་དཔེ་སྐྲུན་ཁང་གི་2002ལོའི་སྤར་མའི་ཤོག་གྲངས་48ལས་དྲངས།

[4] མི་དབང་སངས་རྒྱས་རྒྱ་མཚོས་མཛད་པའི་དཀར་ཆག་ཐར་གླིང་རྒྱ་གཟིངས་བོད་ལྗོངས་མི་དམངས་དཔེ་སྐྲུན་ཁང་གི་1990སྤར་མའི་ཤོག་གྲངས་498ལས་དྲངས།

ཐང་ཆད་འབྲི་བའི་ཡིག་མཁན་ནི་སྔོན་གྱི་མལ་ཡིག[1]སྐབས་སུ་བརྗོད་ཟིན་པ་ལྟར་དབུས་པ་གསུམ་གྱི་ལུང་དང་མཐུན་པར་བྲིས་ཞེས་པའི་ནང་གི་དབུས་པ་གསུམ་ཞེས་པའི་སུག་བྲིས་མཁན་པོ་སུ་ཡིན་མིན་ད་ལྟ་ཁ་གསལ་ཞིག་ཞུ་མ་ཤེས་ཙང་། སྣག་ཚ་གསེར་དངུལ་བཙོ་སྦྱངས་ལ་མངའ་བརྙེས་ཤིང་སམ་བོད་འབྱུར་མ་འབྲི་བ་ལ་ནང་བྱན་ཆུད་པའི་འཕན་པོ་རིག་པའི་འབྱུང་གནས་ཞེས་པའི་ས་ནས་བྱོན་པའི་སུག་བྲིས་མཁན་པོ་གཞོན་ནུ་དར་གྱིས་མཛད་པ་དེ་མཛད་བྱང་ལས། སྨིན་པར་བྱེད་པའི་འཕྲུལ་གྱི་ཡི་གེ་འདི།། དབུས་པ་གསུམ་གྱིས་ལུང་དང་མཐུན་པར་བྲིས།། གསེར་གྱི་བཟོ་དང་རྒྱ་གར་སྐད་ཀྱི་འབྱུར།། རིག་པའི་འབྱུང་གནས་དབུས་ཀྱི་འཕན་ཡུལ་ནས།། ཆག་ཚད་ལྡན་པར་གཞོན་ནུ་དར་གྱིས་བྲིས།། དོན་བཟང་ཚིག་བཟང་ཡིག་འབྲུ་གསེར་ཁ་ལེགས།།[2]ཞེས་པས་རྟོགས། ཡང་མཛད་བྱང་ལས། རྒྱུད་སྡེ་འཛིན་པ་སློབ་དཔོན་རྗེ་སྲས་ཀྱི།། །ཆོས་ཀྱི་གཉེར་དང་ཞུ་དག་ལེགས་པར་མཛད།།[3]ཅེས་པས་འབྲི་ཞུས་ཟིན་རྗེས་སུ་གཞུང་གི་ནང་དོན་རྐང་འགྲོར་གཞུང་སྦྱོང་ཞུ་དག་མཁན་པོ་རྒྱུད་སྡེའི་གཞུང་ལ་མངའ་བརྙེས་པའི་སློབ་དཔོན་རྗེ་སྲས་ཀྱིས་མཛད་དེ་བསྒྲུབས་མོད་ཀྱང་། བོད་ཀྱི་ལོ་རྒྱུས་ཐོག་རྗེ་སྲས་མཚན་ཅན་གྱི་མཁས་པ་མི་འཁྲུང་བ་ཞིག་བྱོན་ཡོད་པ་སྟེ་གཡའ་བཟང་གི་ཉེ་གནས་སྤྱི་ལོ་1233ལོར་གཡའ་བཟང་གི་གནས་སར་བཞུགས་ཤིང་། སྤྱི་ལོ་1243ལོར་འདས་པ་དེ་དང་གཉིས་ཀྱི་རྗེ་སྲས་འཇམ་དཔལ་དང་སྙི་བ་རྗེ་སྲས་ཏེ་སྐམ་པོ་བ་སྙི་བ་རྗེ་སྲས། རྗེ་སྲས་རིན་ཆེན་སེང་གེ་དང་དེའུ་རྗེ་སྲས། རྗོག་རྗེ་སྲས་སོགས་རྗེ་སྲས་མཚན་ཅན་མི་འཁྲུང་བ་ཞིག་བྱོན་ཡོད་ཀྱང་དཔེ་སྙིང་འདིའི་བྲིས་གཟུགས་ཀྱི་ཁྱད་ཆོས་ལས་བརྟག་ན་གོང་དུ་ཞུས་པའི་རྗེ་སྲས་རྣམས་ཡིན་ཚོད་མི་སྣང་།

བདུན། གླེགས་ཤིང་།

གླེགས་ཤིང་ནི་གསུང་རབ་ཀྱི་སྒྲིལ་ཆས་ལྷའི་ནང་ནས་ཙུང་ཟད་ཅིག་གལ་ཆེ་བའི་སྒྲིལ་

---

① པད་མ་བཀྲ་ཤིས་ཀྱིས་བྲིས་པའི་གསུང་རབ་བྲིས་མའི་མཇུག་བྱང་ལས་འཕྲོས་ཏེ་འཕྲུལ་ཡིག་ལ་དཔྱད་པ་ཞེས་པ་བོད་ལྗོངས་ཞིབ་འཇུག2014ལོའི་དུས་དེབ་4པའི་ཤོག་གྲངས་107ལ་གཟིགས་པར་འཚལ།

② དཔལ་ཞ་ལུ་དགོན་དུ་བཞུགས་པའི་ཤེར་ཕྱིན་གྱི་མཛད་བྱང་ལས་དྲངས།།

③ དཔལ་ཞ་ལུ་དགོན་དུ་བཞུགས་པའི་ཤེར་ཕྱིན་གྱི་མཛད་བྱང་ལས་དྲངས།

ཆས་ཤིག་ཡིན། དེའི་བྱེད་ནུས་ནི་གླིགས་བམ་ལ་ཆར་རླུང་དང་འབུ་ཟིན་སོགས་ཀྱི་གནོད་པ་འགོག་པའི་ཆེད་དུ་གླིགས་བམ་ལ་བསྒྲོན་པ་ཞིག་ཡིན། བོད་ཀྱི་གསུང་རབ་ལ་གླིགས་ཤིང་བསྒྲོན་པའི་སྲོལ་དེ་ནི་མཐོ་བོད་བཙན་པོའི་སྐབས་ནས་བྱུང་ཟིན་པ་སྟེ་འབུམ་གྱི་བྱུང་བར་གླིགས་ཤིང་ལས་མིང་ཐོག་པ་དཔར་ཀབ་ཅན་ཞེས་བརྗོད་པས་ཀྱང་ཤེས། གླིགས་ཤིང་རྒྱུ་སྤྱུས་ངོས་ནས་འཆད་ན་བ་སོ་དང་ཤིང་ཙན་དན་དང་སྤག་ཤིང་། གླིགས་ཤིང་ལ་གསེར་ཟངས་ཀྱིས་ཚགས་བརྒྱན་པ་སོགས་ཅི་རིགས་སྣང་། དེ་དག་གི་སྟེང་དུ་བཟོ་བཀོད་ཕུན་སུམ་ཚོགས་པའི་རི་མོའི་བཀོད་པ་ཆེས་སྤྲ་གྲས་བྱ་མཐིང་བསྟོལ་དང་སྟོན་པ་སྐུ་བལྟམས་པའི་སྣང་བརྙན་མཚོན་པའི་མེ་ཏོག་པད་མ། ཆོས་ཀྱི་ལོ་འཁོར་ལོ་རྒྱ་ཆེར་བསྐོར་བ་མཚོན་པའི་ཆོས་འཁོར་དང་རྒྱལ་སྲིད་སྣ་བདུན་སོགས་ཅི་རིགས་སྣང་། དེས་ན་གླིགས་ཤིང་འདིའི་སྟེང་དུ་ཁྲུད་དུ་འཕགས་པའི་རི་མོ་བཀྲ་མཁན་ནི་གཡུ་དྲུང་ལྷ་འབུམ་སྟེ་རི་མོའི་སྒྱུ་རྩལ་ལ་མངའ་བརྙེས་པའི་བི་ཤྭ་ཀརྨ་འི་ཕྲུག་སོར་ལས་ཐོན་པ་ལྷ་བུའི་བཟོ་བཀོས་མཛེས་ཤིང་། བལྟ་ན་སྡུག་པའི་སྟེང་ལ་གསེར་ཆུས་བརྒྱན་པ་དེ་ནི་སྣག་རྩལ་འབྱོངས་པའི་གཡུང་དྲུང་ལྷ་འབུམ་གྱི་ཕྲུག་སོར་ལས་ཐོན་པ་ཞིག་སྟེ། གླིགས་ཤིང་ཁྲུད་འཕགས་སྐྲས་གསེར་འཛོམས་པ་འདི།། བྱི་ཤྭ་དཀར་མ་ལས་རྒྱུད་སྤྲུལ་བླ་བཟོ།། སྣག་རྩལ་གཡུང་དྲུང་ལྷ་འབུམ་ཉིད་ལ་ཞུས།།[1] ཞེས་པས་ཤེས་སོ།

བརྒྱད། བསྔོ་སྨོན།

རིགས་བཟང་ཁུངས་བཙུན་དཔོན་མོ་ཆོས་འབུམ་དང་།། ཆོས་སྐྱོང་པ་ལ་བུ་འདྲེན་པ་ལ་གསུམ་།། ཀུན་གྱི་ཡིད་དུ་འོང་འཛུམ་པའི་མདངས་དང་ལྡན།། །དཔེ་ཆོས་འདི་བཞེངས་བསོད་ནམས་ཆེན་པོ་ཡིས།། ཡོན་མཆོད་དཔོན་གཡོག་འཁོར་དང་བཅས་པ་དང་།། ཟ་མ་དགེ་འདུད་ཞབས་ཏོག་མཛད་པ་དང་།། ནམ་མཁའི་མཐས་ཁྱབ་སེམས་ཅན་མ་ལུས་པ་ཀུན།། རང་བཞིན་རྣམ་དག་ཆོས་དབྱིངས་ཟབ་མོ་ནས།། བདེ་བ་ཆེན་པོའི་ཆོས་སྐུ་ཐོབ་པར་ཤོག།། ཉིང་འཛིན་རྣམ་དག་གཡེང་བ་མེད་པ་ནས།། ཡོན་ཏན་རབ་རྫོགས་ལོངས་སྐུ་ཐོབ་པར་ཤོག།། སྤྱོད་པ་རྣམ་དག་ཟག་པ་མེད་པ་ནས།། སྨོན་ལམ་རབ་རྫོགས་སྤྲུལ་སྐུ་ཐོབ་པར་ཤོག།། སྐུ་གསུམ་ཐོབ་

---

① དཔལ་ཞ་ལུ་དགོན་དུ་བཞུགས་པའི་ཤེར་ཕྱིན་གྱི་མཛད་བྱང་ལས་དྲངས།

ནས་གཞན་དོན་བྱེད་པར་ཤོག །[①]ཅེས་བྱུང་བ་ལྟར་ན། རིགས་བཟང་ཁྱུངས་བཙུན་དཔོན་མོ་ཆོས་འབུམ་དང་དཔོན་གཡོག་ལ་སོགས་སྨོན་ལམ་ཁོངས་སུ་གཏོགས་པའི་སེམས་ཅན་རྣམས་སྐུ་གསུམ་ཏེ་ཆོས་སྐུ་དང་ལོངས་སྐུ། སྤྲུལ་སྐུ་བཅས་ཀྱི་གོ་འཕང་ཐོབ་སྟེ་གཞན་དོན་བྱེད་པར་ཤོག་ཅེས་བཏབ་པ་དེ་ནི་མཛད་བྱང་གི་བསྔོ་སྨོན་གྲས་ལས་ཤིན་ཏུ་རྒྱས་ཤོས་སུ་སྣང་།

ལེ་ཚན་གཉིས་པ། ཤེ་ར་དགོན་པེར་ཕྱིན་སྟོང་ཕྲག་ཉི་ཤུ་ལྔ་པའི་དབུ་ཤོག་ཞབས་མཆན།

ཞབས་མཆན་བྱང་མ་དཔེ།

① དཔལ་ཞ་ལུ་དགོན་དུ་བཞུགས་པའི་ཤེར་ཕྱིན་གྱི་མཛད་བྱང་ལས་དྲངས།

དང་པོ། མཛད་བྱང་མ་ཕྱུགས།

༄།། དེ་ལྟར་སྐྱབས་མཆོག་ཐུགས་རྗེའི་བྱིན་རླབས་དང་།། དུས་ཀྱི་ཆོས་ཉིད་འགྱུར་བའི་དམིགས་ཡུལ་གྱིས།།ཆེད་དུ་བགྱིས་པའི་རྣམ་དཀར་དགེ་བ་འདིས།། མཚོན་པའི་ལེགས་བྱས་ཇི་སྙེད་མཆིས་པ་ཡིས།། འགྲོ་ཀུན་འཁོར་བའི་མཚོ་ལས་རབ་སྒྲོལ་ཞིང་།། ཁྱད་པར་དངོས་ཀྱི་དམིགས་པའི་ཡུལ་འདི་ཉིད།། སྐྱེ་ཀ་ན་འཆིའི་ཟུག་རྫུ་དང་བྲལ་ཞིང་།།རྣམ་དག་ཞིང་དུ་སྐྱེ་བ་ཉིད་དུ་གྱུར་ཅིག། སྐྱེ་བ་ཀུན་ཏུ་ལམ་བཟང་སྟོན་པ་ཡི།། ཡང་དག་དགེ་བའི་བཤེས་ཀྱིས་མགོན་བཅས་ཏེ།། ངེས་འབྱུང་བྱང་ཆུབ་སེམས་ཀྱི་རྒྱུན་རླན་ནས།། རྒྱལ་སྲས་སྤྱོད་པའི་ཉམས་ལེན་མཐར་ཕྱིན་ཤོག།བསྟན་དང་བསྟན་འཛིན་གུས་མཆོད་དང་སྟོབས་ཅན།།གནམ་སྐོས་བསྟན་སྐྱོང་ཆོས་ཀྱི་རྒྱལ་པོ་ཡི།། སྐུ་ཚེ་རིགས་བརྒྱུད་མངའ་ཐང་རབ་རྒྱས་ཤིང་།།འགྲོ་རྣམས་ལྷ་ཡི་དགའ་སྟོན་ལ་སྤྱོད་ཤོག[①]ཅེས་པའོ།

གཉིས་པ། མཛད་བྱང་གི་དབྱེ་ཞིབ།

གཅིག དགོས་པ།

༄།། དེ་ལྟར་སྐྱབས་མཆོག་ཐུགས་རྗེའི་བྱིན་རླབས་དང་།། དུས་ཀྱི་ཆོས་ཉིད་འགྱུར་བའི་དམིགས་ཡུལ་གྱིས།།ཆེད་དུ་བགྱིས་པའི་རྣམ་དཀར་དགེ་བ་འདིས།།[②]ཞེས་གསུངས་པ་ནི། དུས་རབས་17པའི་ནང་དུ་བཀའ་འགྱུར་མདུན་ཤོག་བཞི་མཐིང་ཤོག་གསེར་བྲིས་དང་བྱིངས་སྐྱ་བྲིས་ཅན་འབྲི་བཞེངས་བསྐྲུངས་དགོས་པའི་དམིགས་ཡུལ་ནི་སྐྱབས་མཆོག་ཐུགས་རྗེའི་བྱིན་རླབས་དང་དུས་ཀྱི་ཆོས་ཉིད་ཀྱི་འགྱུར་ལྡོག་ལ་དམིགས་ཏེ་རྒྱུ་འགྲོ་སྦྱར་ནས་བཞེངས་གནང་བ་དེ་གོང་གི་མཛད་བྱང་ལས་ཤེས།

① སེ་ར་དགོན་དུ་བཞུགས་པའི་ཀཾ་བསྟན་སྐྱོང་དབང་པའི་སྐབས་སུ་བཞེངས་པའི་ཤེར་ཕྱིན་ཏྲི་ཁྲི་ལྔ་པ་པོད་ཀ་པའི་ལྡེབ་གྲངས་380པའི་ཞབས་མཆན་ལས་དྲངས།

② སེ་ར་དགོན་དུ་བཞུགས་པའི་ཀཾ་བསྟན་སྐྱོང་དབང་པའི་སྐབས་སུ་བཞེངས་པའི་ཤེར་ཕྱིན་ཏྲི་ཁྲི་ལྔ་པ་པོད་ཀ་པའི་ལྡེབ་གྲངས་380པའི་ཞབས་མཆན་ལས་དྲངས།

གཉིས། སྒྲིན་བདག

།གནམ་བསྐོས་བསྟན་སྐྱོང་ཆོས་ཀྱི་རྒྱལ་པོ་ཡི།།[①]ཞེས་ཞབས་མཆན་དུ་བྱུང་བ་ལ་གཞིགས་ན། སྐབས་འདིའི་དད་པ་སྐྱོ་ངས་མེད་པའི་སྦྱིན་བདག་གནང་མཁན་གནམ་སྐོས་ཆོས་ཀྱི་རྒྱལ་པོ་གཱུ་བསྟན་སྐྱོང་དབང་པོ་སྟེ་གཙང་པ་རྒྱལ་པོ་གཱུ་ཕུན་ཚོགས་རྣམ་རྒྱལ་གྱི་བུ་ཡིན་ཞིང་། རབ་བྱུང་བཅུ་པའི་མེ་རྟ་སྤྱི་ལོ1606ལོར་གཙང་སྟོད་སེང་གེ་ལུང་མཆོད་རྟེན་རྒྱལ་པོ་སྐྱེས་བྱ་བར་འཁྲུངས། རང་ལོ་བཅུ་བཞི་པ་ལྕགས་སྤྲེལ་སྤྱི་ལོ1620ལོར་རང་གི་ཕ་ཕུན་ཚོགས་རྣམ་རྒྱལ་འབྲུམ་ནད་ཀྱིས་འདས་པའི་ལོ་དེ་ནས་རབ་བྱུང་བཅུ་གཅིག་པའི་ཆུ་རྟ་སྤྱི་ལོ1642ལོའི་ལོ་འགོ་བར་ལོ་ཉི་ཤུ་ལྷག་ཙམ་རིང་སྲིད་བཟུང་། འོན་ཀྱང་མིང་ཙམ་ལས་དོན་དངོས་ཀྱི་དབང་ཆ་ནི་མགྲོན་གཉེར་པོང་གོང་བ་དང་། ཕྱི་བློན་སྣང་ཆེན་པ། ཟུག་པོ་བ་བཅས་ཀྱིས་ཟིན་[②]ཞེས་དང་ད་དུང་ཇོ་ནང་ཏཱ་ར་ནཱ་ཐས་གྲུབ་པའི་དབང་ཕྱུག་བསམ་གྲིས་མི་ཁྱབ་པ་བྱོན་པ་སོགས་རིགས་དང་རུས་དང་ཚེ་འབྲང་གི་མཛེས་པའི་དཔལ་དེ་ཉིད་ལས་བྱུང་བ་ནི་ཞིང་ཤག་ཇོ་རྗེ་ནས་བཟུང་ད་ལྟ་མི་འཛིགས་པའི་ཁྲི་སྟེང་དུ་མངོན་པར་མཐོ་ཞིང་སྤྱ་བ་གཱུ་བསྟན་སྐྱོང་དབང་པོ་ཞེས་པ་འདི་ཡིན་ལ། འདི་ཉིད་འཁྲུངས་པའི་ས་ཡུལ་ནི་བྱང་ཕྱོགས་སའི་ཐིག་ལེ་རི་ཀུན་ཏུ་གཟིགས་དང་མི་རིང་པའི་ཉེ་འདབས་སེང་གེ་ལུང་ཞེས་གྲགས་པ། ཕྱོགས་བཞིར་རི་སེང་གེ་འདྲ་བ། དབུས་གད་པ་ཁྲི་གདན་འདྲ་བའི་ཁར་རི་སེང་གེ་འདྲ་བ། དུང་གཡས་འཁྱིལ་འདྲ་བའི་ངོགས་དགོན་པ་གྲོང་ཁྱིམ་དང་བཅས་པ་ཡོད་པ་ལ་རྒྱུ་མཚན་དེས་སེང་གེ་ལུང་དུ་ཐོགས། ས་དཔྱད་སེང་གེ་འདྲ་བ་ཡོད་པའི་སྒོ་ནས་ཁྱད་པར་འཕགས་ཚུལ་ནི་གོང་དུ་བྲག་སེང་གེ་འདྲ་བའི་ཁར་ཕོ་བྲང་བསམ་རྩེ[③]བཏབ་ཅེས་དང་། བྱང་ཕྱོགས་མི་ཉག་གི་རྒྱལ་རྒྱུད་རིམ་པར་སྟོད་

① ས་ར་དགོན་དུ་བཞུགས་པའི་གཱུ་བསྟན་སྐྱོང་དབང་པོའི་སྐབས་སུ་བཞེངས་པའི་ཤེར་ཕྱིན་ཉི་ཁྲི་ལྔ་པ་པོད་ག་པའི་ལྡེབ་གྲངས་380པའི་ཞབས་མཆན་ལས་དྲངས།།

② ཏཱ་ལའི་བླ་མ་སྐུ་ཕྲེང་ལྔ་པ་ངག་དབང་བློ་བཟང་རྒྱ་མཚོའི་རང་རྣམ་དུ་ཀཱུ་ལའི་གོས་བཟང་དེབ་དང་པོའི་ཤོག་གྲངས་43ཏུ་གསལ།

③ བསམ་གྲུབ་རྩེ་རྫོང་གི་ཐ་སྙད་འགྲེལ་ལུགས་ལ། དབུས་ནས་དཔལ་འབར་ཞིང་མཐའ་ནས་གཡང་ལུད་པའི་ཕོ་བྲང་གི་ལྟེ་བ། བྲག་སེང་གེ་འདྲ་བ་དྲུག་གི་སྟེང་དུ་ཕོ་བྲང་བཏབ་པས་མིང་སེང་གེ་དྲུག་རྩེར་ཐོགས་སོ། སློབ་དཔོན་རིན་པོ་ཆེའི་པད་མ་ཐང་ཡིག་ལས། ཤྲུང་སྐད་ཉི་མ་རི་ལ་རྫོང་གཅིག་བྱུང་། ཞེས་སློབ་དཔོན་རིན་པོ་ཆེ་པད་མའི་གསུང་དངོས་ལས་ཟིན་པར་ཉི་མའི་རྫོང་དུ་གྲགས་སོ། [ས་སྐྱ་པཎྜི་ཏ་ཀུན་དགའ་རྒྱལ་མཚན་གྱི་རྣམ་ཐར་བསྐལ་པ་བཟང་པོའི་ལེགས་ལམ་ལས། དེ་ནས་(སྟར་ཐང་ལས་ཏ་ཙང་)རིང་མིན་(ས་ན་ཤྲུང་སྐད་)ཉི་མའི་ཕུང་པོའི་རིར། གནས་སྐབས་གསུམ་པའི་ལྷས་བཙོན་སྲིད་པའི་རྫོང་། །ལུང་བསྟན་(སློབ་དཔོན་

ཕྱོགས་ལ་འཚུགས། དུས་སྐབས་ཤིག་གི་ཚེ་དགེ་ཞིང་བཀྲ་ཤིས་པའི་ས་ཡུལ་སེང་གེ་ལུང་དུ་བཞུགས་པའི་མཚམས་སྦྱར་བའི་མཐུས། བྱང་ངམ་རིང་གི་བདག་པོར་གྱུར། [1] ཞེས་པས་སྐབས་འདིའི་སྦྱིན་བདག་གཙྙ་བསྟན་སྐྱོང་དབང་པོའི་འབྱུང་ཁུངས་ཡུལ་དང་རིགས་རུས། མངའ་ཁོངས་སོགས་རགས་ཙམ་ཞིག་རྟོགས།

གསུམ། བསྔོ་སྨོན།

གསུང་རབ་ཀྱི་མཛད་བྱང་དུ་བྱུང་བའི་བསྔོ་སྨོན་ནི་སྤྱིར་གྱི་ཆ་ནས་གསུང་རབ་དེ་འབྲི་བཞེངས་ཟིན་རྗེས་སུ་སྨོན་ལམ་ཁོངས་སུ་གཏོགས་པའི་སེམས་ཅན་རྣམས་ཀྱི་མོས་པ་དང་འཚམས་པའི་རེ་མོས་བཞིན་སྨོན་ལམ་བཏབ་པ་སྟེ་མཛད་བྱང་ལས། མཚོན་པའི་ལེགས་བྱས་ཟླ་སྐྱེད་མཆིས་པ་ཡིས།། འགྲོ་ཀུན་འཁོར་བའི་མཚོ་ལས་རབ་སྒྲོལ་ཞིང་།། ཁྱད་པར་དངོས་ཀྱིས་དམིགས་པའི་ཡུལ་འདི་ཉིད།། སྐྱེ་ཀ་ན་འཆིའི་ཟུག་རྡུ་དང་བྲལ་ཞིང་།། རྣམ་དག་ཞིང་དུ་སྐྱེ་བ་ཉིད་དུ་གྱུར་ཅིག། སྐྱེ་བ་ཀུན་ཏུ་ལམ་བཟང་སྟོན་པ་ཡི།། ཡང་དག་དགེ་བའི་བཤེས་ཀྱིས་མགོན་བཅས་ཏེ།། ངེས་འབྱུང་བྱང་ཆུབ་སེམས་ཀྱི་རྒྱུན་ལྡན་ནས།། རྒྱལ་སྲས་སྤྱོད་པའི་ཉམས་ལེན་མཐར་ཕྱིན་ཤོག།བསྟན་དང་བསྟན་འཛིན་གུས་མཆོད་དང་སྟོབས་ཅན།།གནམ་སྐོས་བསྟན་ཆོས་ཀྱི་རྒྱལ་པོ་ཡི།། སྐུ་ཚེ་རིགས་བརྒྱུད་མངའ་ཐང་རབ་རྒྱས་ཤིང་།། འགྲོ་རྣམས་ལྷ་ཡི་དགའ་སྟོན་ལ་སྤྱོད་ཤོག།[2] ཅེས་པས་རྟོགས།

238

པད་མས་)རྫི་བཞིན་བབས་པར་དགོངས་ལས་དེང་། །ས་ལ་བསམ་དོན་གྲུབ་པའི་རྩེ་མོར་གྲགས། །ཞེས་པ་ས་འདི་ཡིན་ནོ།]ཏ་སི་ཏུ་བྱང་ཆུབ་རྒྱལ་མཚན་གྱིས་རྫོང་ཆེན་བཅུ་གསུམ་བརྒྱབ་པའི་རྙིང་མ་ཡང་འདི་ཡིན་ཞིང་། བསམ་པའི་དོན་ཐམས་ཅད་གྲུབ་པས་ན་མིང་དེ་བསམ་གྲུབ་རྩེར་ཐོགས་པ་ཡིན་ཞེས་ཇོ་ནང་ཏཱ་ར་ནཱ་ཐས་མཛད་པའི་མྱང་ཡུལ་སྟོད་སྨད་བར་གསུམ་གྱི་ངོ་མཚར་གཏམ་གྱི་ལེགས་བཤད་མཁས་པའི་འཇུག་ངོགས་ཞེས་པ་བོད་ལྗོངས་མི་དམངས་དཔེ་སྐྲུན་ཁང་གི་2002ལོའི་སྤར་མའི་ཤོག་གྲངས་175ལས་དྲངས།

① ཇོ་ནང་ཏཱ་ར་ནཱ་ཐས་མཛད་པའི་མྱང་ཡུལ་སྟོད་སྨད་བར་གསུམ་གྱི་ངོ་མཚར་གཏམ་གྱི་ལེགས་བཤད་མཁས་པའི་འཇུག་ངོགས་ཞེས་པ་བོད་ལྗོངས་མི་དམངས་དཔེ་སྐྲུན་ཁང་གི་2002ལོའི་སྤར་མའི་ཤོག་གྲངས་185ལས་དྲངས།

② ས་ར་དགོན་དུ་བཞུགས་པའི་གཙྙ་བསྟན་སྐྱོང་དབང་པའི་སྐབས་སུ་བཞེངས་པའི་ཤེར་ཕྱིན་ཉི་ཁྲི་ལྔ་པ་བོད་ཀ་པའི་ལྡེབ་གྲངས་380པའི་ཞབས་མཚན་ལས་དྲངས།།

ལེ་ཚན་གསུམ་པ། ནོར་བུ་གླིང་ཁའི་འདུལ་བ་ཡོད་ག་པའི་དབུ་ཕྱོག་ཞབས་མཆན།

ཞབས་མཆན་མ་དཔེ།

དང་པོ། ཞབས་མཆན་མ་ཕྱུས།

ཨེ་གོང་གསལ་སྣང་ཨུ་རྒྱན་ནོར་བུས་བྲིས་དང་མ་ཧེའི་མིང་ཅན་བྲིས། ཆུ་སྐྱེས་མིང་ཅན་བྲིས་[①]ཞེས་པའོ།

① ནོར་བུ་གླིང་ཀར་བཞུགས་པའི་འདུལ་བ་ཡོད་ག་པའི་དབུ་ཕྱོག་གི་ཞབས་མཆན་ལས་དྲངས།

གཉིས་པ། ཞབས་མཆན་གྱི་དབྱེ་ཞིབ།

གཅིག ཡིག་ཕྱུས།

གོང་གི་གསུང་རབ་མཐིང་ཤོག་གསེར་བྲིས་འདུལ་བ་པོད་ག་པ་ཟོ་མཚར་དགུ་ཞབས་ལྷ་སྐུས་བརྒྱན་པ་དེའི་དགུ་ཤོག་གི་ཞབས་མཆན་དུ་ཨེ་གོང་གསལ་སྣང་ཨུ་རྒྱན་ནོར་བུས་བྲིས་ཞེས་བྱོན་པར། གསུང་རབ་བྲིས་མའི་རིག་པའི་གཞུང་ལུགས་ལས་འཆད་ན། དད་པ་སྐྱོ་ངས་མེད་པའི་སྦྱིན་བདག་གིས་རྒྱུ་འགྲོ་སྦྱར་ཏེ་གསུང་རབ་དེ་འབྲི་བཞེངས་གནང་བའི་སྐབས་སུ་སྒོ་གསུམ་ཐང་ཆད་འབྲི་བའི་ཡིག་པ་ཨུ་རྒྱན་ནོར་བུས་མཛད་པ་དེ་གོང་གིས་ཞབས་མཆན་ལས་ཤེས་ཤིང་། ཡིག་པ་ཨུ་རྒྱན་ནོར་བུའི་མཚན་གྱི་མདུན་དུ་བྲིས་པའི་ཨེ་གོང་གསལ་སྣང་ཞེས་པ་ལས། ང་ཚོས་སྐབས་འདིའི་ཡིག་མཁན་ཨུ་རྒྱན་ནོར་བུ་ཁོང་ནི་བོད་ཡིག་འབྲི་གཟུགས་དམིགས་ཅན་དར་བའི་ཡུལ་ལུང་ཨེ་བྱར་དགས་གསུམ་དུ་འབོད་པའི་ཨེ་ལྷ་རྒྱ་རིའི་ཁུལ་ཏེ་དེང་གི་ཆུ་གསུམ་རྫོང་གི་མངའ་འོག་གི་གོང་གསལ་སྣང་ཞེས་པའི་ས་དེ་ནས་བྱོན་པ་ནི་གོང་གི་ཞབས་མཆན་ལས་ཤེས་སོ། དེ་ལས་དགའ་སྤྲོ་སྐྱེས་འོས་པ་ཞིག་ནི་སྤྱི་ལོ་2012ལོར་བཀའ་འགྱུར་མཐིང་ཤོག་གསེར་བྲིས་དེའི་དཀར་ཆག་རྒྱས་པ་ཞིག་མཇལ་བྱུང་བ་དེའི་ནང་དུའང་གསུང་རབ་དེ་འབྲི་བཞེངས་བསྐྲུངས་པའི་ཡིག་ཕྱུས་ཀྱི་སྐོར་ལ། །ཆོས་ཀྱི་འབྱུང་གནས་ཨེ་དབྱིབས་ཡུལ་ཕྱོགས་ནས། །ཡིག་གཟུགས་སྤེལ་བར་འཛམ་དབྱངས་ཐུ་མི་ཉིད། །བརྒྱ་ཕྲག་སྐུར་སྤྱུལ་སོར་རྩེར་མཛད་དམ་སྙམ། །བརྒྱ་བྱིན་འཁོར་དང་བཅས་པ་འཕྱུང་མོ་ཉུག[①]ཅེས་དང་ད་དུང་ཧོག་དཀར་བ་གོང་སྟོད་ཨོ་རྒྱན་ནོར་བུ། སྟོད་སྲིད་ཆོས་བཀྲ་ཤིས། སྣང་ཧོག་བློ་བཟང་པདྨ། ལྷུན་གྲུབ་ས་ནོར་བུ་བཅས་གཞིས་གཙོས་པའི་ཨེ་ནས་མཁས་བརྡུས་ཁོ་ནའི་ཡིག་མཁན་བརྒྱ་དང་བཅོ་བརྒྱད།[②]ཅེས་པས་ཐད་ཀར་ཡིག་མཁན་ཨེ་གོང་གསལ་སྣང་ཨུ་རྒྱན་ནོར་བུ་ཞེས་མཚན་ནས་འབོད་ཏེ་ཡིག་མཁན་དུ་ཕེབས་པ་གསུངས་པས་ཀྱང་དེའི་དོན་སྟར་ལས་གསལ་བ་རྟོགས་ཤིང་། ལྷག་དོན་དུ་སྐབས་འདིའི་རྐང་འགྱུར་གཞུང་སྟོང་གི་ཕྱུས་དག་དགུ་ཆེན་ཡང་

---

① ངག་དབང་བློ་བཟང་རྒྱ་མཚོས་མཛད་པའི་འཛམ་བུའི་གླིང་གི་གླིགས་བམ་ཐམས་ཅད་ཀྱི་གཙུག་རྒྱན་དུ་གྱུར་པ་བཞེངས་པའི་ཚེ་དཀར་ཆག་ཆེ་བརྗོད་བསྔོ་སྨོན་དང་འབྲེལ་བ་རྒྱས་ཙམ་ཞིག་དཀོན་བརྩེགས་པོད་ཆ་པའི་ལྡེབ་གྲངས་401ཀྱི་བ་ངོས་ལས་དྲངས།

② ངག་དབང་བློ་བཟང་རྒྱ་མཚོས་མཛད་པའི་འཛམ་བུའི་གླིང་གི་གླིགས་བམ་ཐམས་ཅད་ཀྱི་གཙུག་རྒྱན་དུ་གྱུར་པ་བཞེངས་པའི་ཚེ་དཀར་ཆག་ཆེ་བརྗོད་བསྔོ་སྨོན་དང་འབྲེལ་བ་རྒྱས་ཙམ་ཞིག་དཀོན་བརྩེགས་པོད་ཆ་པའི་ལྡེབ་གྲངས་420ཀྱི་ན་ངོས་ལས་དྲངས།

ཨེ་ཁྲུལ་ལྷ་མོ་རྒྱལ་པོ་དང་སྒྲོལ་མ་ཚེ་རིང་སོགས་ཞུས་ཆེན་མི་དྲུག་བྱོན་པ་དེ་ཡང་དཀར་ཆག་ལས། ཞུས་ཆེན་ཨེ་པ་ལྷ་མོ་རྒྱལ་པོ་དང་སྒྲོལ་མ་ཚེ་རིང་ཅན་དྲུག་[1]ཅེས་གསུངས་པས་ཀྱང་ང་ཚོས་ཡིག་མཁན་ཅམ་མ་ཟད་ཞུས་ཆེན་ཡང་ཨེ་ནས་ཡིག་མཁན་དང་ལྷན་ཅིག་ཏུ་བྱོན་པ་དེ་རྟོགས།

གཉིས། ཡུལ་ལུང་།

བཀའ་འགྱུར་མཐིང་ཤོག་གསེར་བྲིས་དེ་འབྲི་བཞེངས་གནང་བའི་སྐབས་སུ་ཡིག་ཞུས་མཁན་ཨེ་ཕྱོགས་ནས་བྱོན་ཏེ། འབྲི་ཞུས་གནང་བའི་སྐབས་སུ་ས་ཡུལ་གང་དུ་འབྲི་བཞེངས་གནང་ཡོད་མེད་གསུང་རབ་རིག་པའི་མཛད་བྱང་གཞན་བཞིན་ཡུལ་བསྟོད་དུང་ཆེན་གཟུགས་སུ་བཀོད་པ་མ་མཐའ་སྐབས་ཐད་ཀར་འདི་ཡིན་ཞེས་བརྗོད་མ་ཐུབ་རུང་། ཡིག་ཞུས་མཁན་གྱི་བྱོན་ལུགས་ལ་བསམས་ན་ཨེ་ལྷ་རྒྱ་རིའམ་ཡང་ན་ཨེ་དང་ས་འབྲུངས་མི་རིང་བའི་ཡུལ་ལུང་ཞིག་ཏུ་འབྲི་བཞེངས་གནང་བར་འཚམས། དེས་ན་བཀའ་འགྱུར་དེའི་དཀར་ཆག་ཏུའང་འོ་བསྐོལ་གྱི་སྟོན་པ་མཉམ་མེད་ཤཱཀྱའི་རྒྱལ་པོས་བཀའ་སྩལ་བའི་གསུང་རབ་མཐའ་ཡས་པ་དབུས་འགྱུར་འཆང་ནས་སྤུར་རྒྱལ་གྱི་ཡུལ་འདིར་འགྱུར་བ་གསང་སྔགས་སྔ་འགྱུར་གྱི་རྒྱུད་རྣམས་ཤིན་ཏུ་བཀའ་གཉན་པས་མདོ་སྒྱུ་སེམས་གསུམ་བཀའ་བརྒྱུད་སོགས་ནས་གཙོ་བསྟུས་དང་། འཁོར་ལོ་དང་པོའི་ལུང་སྡེ་བཞི། གཉིས་པའི་ཤེར་ཕྱོགས། གསུམ་པའི་དཀོན་བརྩེགས་པ་དང་། སངས་རྒྱས་ཕལ་པོ་ཆེ། ཐེག་པ་སྣ་ཚོགས་ནས་བསྟུས་པའི་མདོ་སྣ་ཆེས་མང་པ། གསར་མའི་རྒྱུད་འབུམ་སོགས་བཀའ་འགྱུར་རོ་ཅོག་ས་ཆེན་པོ་བདེ་བས་སྐྱོང་བ་སྡེ་སྲིད་སངས་རྒྱས་རྒྱ་མཚོས་སུམ་རྩེན་ས་ལ་འཕོས་འདྲའི་ཡུལ་གྲུ་ཤར་འོས་ཀ་སྟག་རྩེར་[2]ཞེས་གསུངས་པ་ལས། ང་ཚོས་བཀའ་འགྱུར་མཐིང་ཤོག་གསེར་བྲིས་པོད་བརྒྱ་དང་བཅུ་བཞི་ཅན་དེ་བཞེངས་ཡུལ་ལྷོ་ཁའི་ཨེ་ཁྲུལ་དང་ཐག་མི་རིང་བའི་ཆུ་གསུམ་རྫོང་གི་མངའ་ཁོངས་འོས་ཀ་

---

① ངག་དབང་བློ་བཟང་རྒྱ་མཚོས་མཛད་པའི་འཛམ་བུའི་གླིང་གི་གླིགས་བམ་ཐམས་ཅད་ཀྱི་གཙུག་རྒྱན་དུ་གྱུར་པ་བཞེངས་པའི་ཚེ་དཀར་ཆག་ཆེ་བརྗོད་བསྔོ་སྨོན་དང་འབྲེལ་བ་རྒྱས་ཅམ་ཞིག་དཀོན་བརྩེགས་པོད་ཆ་པའི་ལྡེབ་གྲངས་420ཀྱི་ན་ངོས་ལས་དྲངས།

② ངག་དབང་བློ་བཟང་རྒྱ་མཚོས་མཛད་པའི་འཛམ་བུའི་གླིང་གི་གླིགས་བམ་ཐམས་ཅད་ཀྱི་གཙུག་རྒྱན་དུ་གྱུར་པ་བཞེངས་པའི་ཚེ་དཀར་ཆག་ཆེ་བརྗོད་བསྔོ་སྨོན་དང་འབྲེལ་བ་རྒྱས་ཅམ་ཞིག་དཀོན་བརྩེགས་པོད་ཆ་པའི་ལྡེབ་གྲངས་422ཀྱི་བ་ངོས་ལས་དྲངས།

སྤག་རྩེ་ཞེས་པའི་རྫོང་དེར་བཞེངས་པ་དེ་རྫོགས། དེས་ན་གཤམ་དུ་གསུང་རབ་འབྲི་བཞེངས་བསྐྲུནས་སའི་རྫོང་ཤར་འོལ་ག་སྤག་རྩེ་ཞེས་པའི་མིང་གི་སྐོར་ལ་རེ་ཞིག་འགྲེལ་ན། དེ་ཡང་ཐོག་མར་ཤར་ཞེས་པ་དེ་ཕྱོགས་བཞིར་རྩིས་པའི་ཤར་སྟེ་ས་ཡུལ་གང་ཞིག་གི་ཚད་དུ་བཟུངས་ཏེ་ཤར་ཏུ་ངོས་འཛིན་བྱས་པའི་སྐོར་ལ། འོལ་དགའ་ཆོས་འབྱུང་དུ་ཁག་ལྔ་ཙམ་གསུང་པ་སྟེ། ལྷ་ཐོ་ཐོ་རི་གཉན་བཙན་སྐབས་ཀྱི་ནང་ཆོས་རིག་གནས་དར་ས་ཕོ་བྲང་ཡུམ་བུ་བླ་མཁར་ནས་རྩིས་པའི་ཤར་དང་གཅིག① གཉིས་ཆོས་རྒྱལ་སྲོང་བཙན་སྒམ་པོའི་ (ཕྱི་ལོ་? -650) སྐུ་དུས་བཞེངས་པའི་ར་ས་འཕྲུལ་སྣང་དང་ར་མོ་ཆེ་སོགས་ཚད་དུ་བཟུངས་ཏེ་རྩིས་པའི་ཤར་②དང་། གསུམ་ཆོས་རྒྱལ་མེས་ཨག་ཚོམ་གྱིས་ (ཕྱི་ལོ་704-754) བཞེངས་པའི་བསམ་ཡས་ཀ་ཆུ་དང་། མཆིམ་ཕུ་ནམ་རའི་གཙུག་ལག་ཁང་སོགས་ཀྱི་ཕྱོགས་ཤར་དང་③། བཞི་ཆོས་རྒྱལ་ཁྲི་སྲོང་ལྡེ་བཙན་གྱི་ (ཕྱི་ལོ་755-797) སྐུ་དུས་བཞེངས་པའི་བསམ་ཡས་མི་འགྱུར་ལྷུན་གྱིས་གྲུབ་པའི་གཙུག་ལག་ཁང་ལྟེ་བར་བྱས་པའི་ཤར་④དང་། ལྷ་ལྷ་བཙུན་པ་བྱང་ཆུབ་འོད་ཀྱིས་ (1037-1042

① སྟོན་པོད་ཁ་བ་ཅན་གྱི་ལྗོངས་འདིར་ཀུན་ཏུ་བཟང་པོའི་སྤྲུལ་པ་ཆོས་རྒྱལ་ལྷ་ཐོ་ཐོ་རི་སྙན་ཤལ་གྱིས་ཕོ་བྲང་ཡུམ་བུ་བླ་མཁར་བརྩིགས་ཤིང་། གསེར་གྱི་སྒྲོགས་བམ་ལ་བེཧྟུཏྭ་ཞུན་མས་བྲིས་པས་དམ་པའི་ཆོས་སྤང་བསྐོང་ཕྱག་རྒྱ་པ་དང་། ཟ་མ་ཏོག་ནམ་མཁའ་ནས་རྒྱལ་པོའི་དབུ་ཐོག་ཏུ་བབས་ཏེ་བོད་ལ་དམ་པའི་ཆོས་ཀྱི་དབུ་བརྙེས་པའི་དུས་ཀྱི་ཤར་ཕྱོགས་ན་ཡོད་པའི་ཤར་ཞེས་པ་མཁར་ནག་པ་རྡོ་རྗེ་ཚེ་བརྟན་གྱིས་དུས་རབས་17པའི་ནང་བརྩམས་པའི་འོལ་དགའ་ཆོས་འབྱུང་རྟོག་བྲལ་ནོར་ལྡན་གྱི་ཐིང་བུ་ཞེས་བྱ་བ་དཔེ་ཚུགས་ཁྲ་ཚད་མ་བྲིས་མའི་ལྡེབ་གྲངས་2་པའི་སྲིབ་ངོར་གསལ།

② སྤྲུལ་རབས་གཟིགས་དབང་རྒྱལ་པོའི་སྲིད་པ་བཟུང་བ་སྲོང་བཙན་སྒམ་པོས་སྐུ་ལུས་ཀྱི་སྤྲུལ་པ་ལྷ་སྟོང་དུ་སྤྲུལ་ཞིང་། ཟས་རིགས་མི་གཅིག་པ་སུམ་བརྒྱའི་སྤྱན་གཟིགས་ལ་རོལ། ནོར་རིགས་མི་གཅིག་པ་རིན་ཆེན་དུ་མ་སྤུངས། རྒྱ་དཀར་ནག་ནས་ལྷ་མོ་ཞི་ཁྲོ་གཉིས་དང་ལྷ་སྐལ་དུ་ཇོ་བོ་རྣམ་པ་གཉིས་བཅས་སྤྱན་དྲངས། རྒྱ་གར་གྱི་གནས་ཆེན་ཀླུ་མ་ལའི་གཙུག་ལག་ཁང་ལ་དཔེ་བླངས་ཏེ། ར་ས་འཕྲུལ་སྣང་། ར་མོ་ཆེ་སོགས་མཐའ་འདུལ་ཡང་འདུལ་གྱི་གཙུག་ལག་ཁང་བཞི་བཅུ་བཞེངས་ཤིང་། བློན་པོ་ཐོན་མི་རྒྱ་གར་དུ་བཏང་ནས་པས་བོད་དུ་ཡི་གེའི་རིགས་རྣམས་དར་བར་མཛད། དམ་པའི་ཆོས་འདུས་པ་རིན་པོ་ཆེའི་ཏོག་རྣམ་འཇོམས། པདྨ་དཀར་པོ་སོགས་བསྒྱུར། མངའ་འབངས་རྣམས་དགེ་བ་བཅུ་དང་། མི་ཆོས་གཙང་མ་བཅུ་དྲུག་ལ་རྟེན་པའི་ཕན་བདེ་ལ་བཀོད་ཅིང་དམ་པའི་ཆོས་ཀྱིས་སྲོལ་དོད་པའི་སྐབས་ཀྱི་ཤར་ཕྱོགས་ན་ཡོད་པས་ཤར་ཞེས་མཁར་ནག་པ་རྡོ་རྗེ་ཚེ་བརྟན་གྱིས་དུས་རབས་17པའི་ནང་བརྩམས་པའི་འོལ་དགའ་ཆོས་འབྱུང་རྟོག་བྲལ་ནོར་ལྡན་གྱི་ཐིང་བུ་ཞེས་བྱ་བ་དཔེ་ཚུགས་ཁྲ་ཚད་མ་བྲིས་མའི་ལྡེབ་གྲངས་3པའི་ཉིན་ངོར་གསལ།

③ ཆོས་རྒྱལ་མེས་ཨག་ཚོམ་གྱི་བསམ་ཡས་ཀ་ཆུ་དང་། མཆིམ་ཕུ་ནམ་རའི་གཙུག་ལག་ཁང་། རི་ཐང་མཆམས་སུ་མཆོད་རྟེན་བཅུ་བཞེངས་པ་སོགས་དམ་པའི་ཆོས་ལ་མོས་ཤིང་འདུན་པར་མཛད་པའི་དུས་ཀྱི་ཤར་ཕྱོགས་ན་ཡོད་པའི་ཤར་ཞེས་མཁར་ནག་པ་རྡོ་རྗེ་ཚེ་བརྟན་གྱིས་དུས་རབས་17པའི་ནང་བརྩམས་པའི་འོལ་དགའ་ཆོས་འབྱུང་རྟོག་བྲལ་ནོར་ལྡན་གྱི་ཐིང་བུ་ཞེས་བྱ་བ་དཔེ་ཚུགས་ཁྲ་ཚད་མ་བྲིས་མའི་ལྡེབ་གྲངས་3པའི་ཉིན་ངོར་གསལ།

④ འཇམ་དཔལ་གྱི་སྤྲུལ་པ་ཆོས་རྒྱལ་ཁྲི་སྲོང་ལྡེའུ་བཙན་གྱིས་རྒྱ་གར་ནས་མཁན་ཆེན་བོ་དྷི་སཏྭ་དང་། ཨོ་རྒྱན་རིན་པོ་ཆེ་སོགས་པན་གྲུབ་དུ་མ་སྤྱན་དྲངས། འཕགས་ཡུལ་ན་ཨོ་ཏནྟའི་གཙུག་ལག་ཁང་ལ་དཔེ་བྱས་ཏེ་བསམ་ཡས་མི་འགྱུར་ལྷུན་གྱི་གྲུབ་པའི་གཙྙ

) ཛྷོ་བོ་རྗེ་དཔལ་ལྡན་ཨ་ཏི་ཤ་བོད་དུ་སྤྱན་དྲངས་ཏེ་བསྟན་པ་རྒྱ་ཆེར་སྤེལ་བ་ལས། དབུས་སུ་ཞབས་ཀྱིས་བཅགས་པའི་གནས་ཁྱད་འཕགས་ཡེར་པ་ལྷ་རི་སྙིང་པོའི་ཤར་དུ་གནས་པ་ན་ཤར་[1]ཞེས་དུས་རབས་7-11ནང་དུ་ཆོས་རྒྱལ་སྐུ་དྲིན་ཅན་རྣམས་ཀྱིས་རིག་གནས་དར་སྤེལ་གྱི་གནས་རྣམས་ལྟེ་བར་བཟུངས་ཏེ་ཕྱོགས་ཤར་དུ་གནས་པ་ན་ཤར་དང་། འོལ་ཀའམ་འོལ་དགའ་ཞེས་པ་ནི་བྱ་རྒོད་པོས་ཉིན་ལམ་བཅོ་བརྒྱད་བསྐྱོད་པ་ཙམ་གྱི་ཡུལ་ལ་གང་བཟང་བལྟས་ན་ས་ཕྱོགས་འདི་ཉིད་འོལ་བ་ཞིག་ལ་དགའ་བར་འགྱུར་བས་ན་འོལ་དགའ་ཞེས་པ་དང་། འོལ་དགའ་ནི་སྐོང་ལོང་ཤང་དྭགས་བཞིའི་ཁ་གནོན་ལྟ་བུར་ཡོད་པས་ཡིན་ཞིང་། སྟག་རྩེ་ནི་ཡུལ་ལྗོངས་འདི་འབྲོང་དར་མ་ཤི་བའི་ཐོག་སྟེངས་ན་སྟག་དར་མ་སྡེར་བཞི་བསྒྲད་པ་ལྟར་ཡོད་པས་སོ་[2]ཞེས་གསུངས་པས་ཐེངས་འདིའི་བཀའ་འགྱུར་མཐིང་ཤོག་གསེར་བྲིས་འཛམ་གླིང་རྒྱན་གཅིག་དེ་འབྲི་བཞེངས་བྱ་ཡུལ་གྱི་ས་ཤར་འོལ་དགའ་སྟག་རྩེ་ཞེས་པའི་མིང་གི་བྱུང་བ་སོགས་གསལ་པོར་རྟོགས།

གསུམ། འབྲི་ཤོག

ཤར་འོས་ཀ་སྟག་རྩེར་ཨེ་ཕྱོགས་ནས་ཡིག་པ་ཨེ་གོང་གསལ་སྣང་ནོར་བུ་དང་པད་མ་སོགས་ཡིག་པ་བརྒྱ་ལ་ཉེར་བ་དང་ཞུས་པ་ཨེ་པ་ལྷ་མོ་རྒྱལ་པོ་དང་སྒྲོལ་མ་ཚེ་རིང་ཅན་དྲུག

ལ་བཞེངས། བཀའ་སྡེ་སྣོད་གསུམ་དང་གསང་སྔགས་ཕྱི་ནང་སོགས་དཔག་ཏུ་མེད་པ་བསྒྱུར་ཏེ་དམ་པའི་ཆོས་དར་ཞིང་རྒྱས་པར་མཛད་པའི་དུས་ཀྱི་ཤར་ཕྱོགས་ན་ཡོད་པའི་ཤར་ཞེས་མཁར་ནག་པ་རྡོ་རྗེ་ཚེ་བརྟན་གྱིས་དུས་རབས་17པའི་ནང་བརྩམས་པའི་འོལ་དགའ་ཆོས་འབྱུང་རྟོག་བྲལ་ནོར་ལྡན་གྱི་ཐིང་བུ་ཞེས་བྱ་བ་དཔེ་ཚུགས་ཁྲུ་ཚད་མ་བྲིས་མའི་ལྡེབ་གྲངས་3པའི་སྒྲིབ་ངོར་གསལ།

① ཆོས་རྒྱལ་ལྷ་བཙུན་པ་བྱང་ཆུབ་འོད་ཀྱི་སྔོན་ཡབ་མེས་རྣམས་ཀྱི་བོད་ལ་དམ་པའི་ཆོས་དར་བར་མཛད་པ་རྣམས་ཅུང་ཟད་ཉམས་པ་གསོའ་བ་དང་། རང་གི་ཡབ་ལྷ་བླ་མའི་དགོངས་རྫོགས་ས་དང་། སེམས་ཅན་གྱི་བདེ་ཐབས་ལ་དགོངས་ཏེ་མགོན་པོ་འོད་དཔག་མེད་ཀྱི་རྣམ་འཕྲུལ་པཎ་ཆེན་ལྔ་བརྒྱའི་གཙུག་གི་ནོར་བུ་ཛྷོ་བོ་རྗེ་དཔལ་ལྡན་ཨ་ཏི་ཤ་བོད་དུ་སྤྱན་དྲངས། མངའ་རིས་དང་གཙང་ཕྱོགས་སུ་བསྟན་པ་རྒྱས་པར་མཛད་དེ། ཐུགས་ཀྱི་སྲས་ཨུ་པ་སི་ཀས་དབུས་སུ་གདན་དྲངས་གནས་དཔག་ཏུ་མེད་པར་ཞབས་ཀྱིས་བཅགས་ཁྱད་པར་ཡེར་པ་ལྷ་རི་སྙིང་པོའི་མགུལ་དུ་བཞུགས་ཏེ་འགྲོ་བ་རྣམས་བཀའ་གདམས་ལྷ་ཆོས་བདུན་གྱི་སྒོ་ནས་ལམ་བཟང་ལ་བཀོད་ཅིང་། བོད་འདིར་རྒྱལ་བའི་བསྟན་པ་ཆེས་ཆེར་གསལ་བར་མཛད་པའི་དུས་ཀྱི་ཤར་ཕྱོགས་ན་ཡོད་པའི་ཤར་ཞེས་མཁར་ནག་པ་རྡོ་རྗེ་ཚེ་བརྟན་གྱིས་དུས་རབས་17པའི་ནང་བརྩམས་པའི་འོལ་དགའ་ཆོས་འབྱུང་རྟོག་བྲལ་ནོར་ལྡན་གྱི་ཐིང་བུ་ཞེས་བྱ་བ་དཔེ་ཚུགས་ཁྲུ་ཚད་མ་བྲིས་མའི་ལྡེབ་གྲངས་3པའི་སྒྲིབ་ངོར་གསལ།

② མཁར་ནག་པ་རྡོ་རྗེ་ཚེ་བརྟན་གྱིས་དུས་རབས་17པའི་ནང་བརྩམས་པའི་འོལ་དགའ་ཆོས་འབྱུང་རྟོག་བྲལ་ནོར་ལྡན་གྱི་ཐིང་བུ་ཞེས་བྱ་བ་དཔེ་ཚུགས་ཁྲུ་ཚད་མ་བྲིས་མའི་ལྡེབ་གྲངས་3པའི་སྒྲིབ་ངོར་གསལ།

བཅས་བྱོན་ཏེ་འབྲི་བཞེངས་གནང་བའི་སྐབས་སུ། གསུང་རབ་དེའི་འབྲི་བཞེངས་ལ་ཉེ་བར་མཁོ་བའི་འབྲི་ཤོག་ཅི་ཞིག་བཏང་ཡོད་པའི་སྐོར་ལ། དཀར་ཆག་ལས། བེཌཱུར་ཞུན་མ་འཁྱིལ་འདྲའི་ཤོག་བུའི་ངོས། །འཛམ་བུའི་གསེར་གྱི་བཙོ་ཁུས་ཉེར་འདྲི་བར། །མ་རིངས་དཔྱད་གསུམ་ཡོངས་དག་ཡི་གེའི་འཕྲེང་། །བཀོད་ལེགས་ཡིད་འོང་གཟུགས་ཀྱི་ལང་ཚོ་དངོས།[1]ཞེས་པས་འབྲི་ཤོག་མཐིང་ཤོག་དང་སྣག་ཚ་གསེར་ལས་བགྱིས་ཏེ་འབྲི་བཤུས་བྱས་པ་དེ་ཤེས་ཚ་ན། སྐབས་དེ་དུས་ཤོག་བུ་བཟོ་མཁན་གྱི་ཤོག་ལས་པ་ཡང་ཨེ་ཕྱོགས་ནས་བྱོན་པའི་ཤོག་བཟོ་པ་པོ་ཏོ་ཁྲི་ཕྲུག་དང་དཀར་རྒྱལ་ཅན་ལ་སོགས་པའི་ཤོག་ལས་པ་ཉེ་ཤུ་བྱོན་ཡོད་པ་དེའང་དཀར་ཆག་ལས། ཤོག་ལས་པ་པོ་ཏོ་ཁྲི་ཕྲུག་དང་དཀར་རྒྱལ་ཅན་ཉེ་ཤུ་ཐམ་པ།[2]ཞེས་པས་རྟོགས། དེས་ན་ཨེ་ཁུལ་དུ་སྔོན་གྱི་དུས་ནས་དམིགས་བསལ་ཅན་གྱི་བོད་ཤོག་ལས་བསྐྲུན་བྱེད་པའི་དམིགས་བསལ་གྱི་ལག་རྩལ་ཡོད་ཅེས་བོད་ཀྱི་གསུང་རབ་སྒྲ་བ་དུང་དཀར་བློ་བཟང་འཕྲིན་ལས་མཆོག་གིས་གསུངས་པ་ལ་ཐུགས་མད། འོར་དུ་དུས་རབས་མི་འདྲ་བའི་མཐིང་ཤོག་གསེར་བྲིས་ཀྱི་སྐོར་ལ་རགས་ཙམ་ཞིག་ཞུ་བར་འདོད། དེ་ཡང་ཁྲི་སྲོང་ལྡེ་བཙན་(755-797ཁྲི་ལོ་)དང་ཁྲི་ལྡེ་སྲོང་བཙན་(798-815ཁྲི་ལོ་)གྱི་སྐུ་རིང་ལ། ཆོས་མི་བསྒྱུབ་པའི་ཕྱིར་ཛེ་བློན་མནས་བསྐགས་པའི་བཀའ་གཙིགས་སུ་ཤོག་བུ་མཐིང་ག་ལ་གསེར་གྱིས་བྲིས་ཏེ་འཕྲ་མེན་གྱི་སྒྲོམ་བུར་བསྐུལ་ནས། བསམ་ཡས་ལྷུན་གྱིས་གྲུབ་ཀྱི་གཙུག་ལག་ཁང་དུ་ཡབ་ཀྱི་བླ་ལ་བཞག་པ་ལས་དཔེ་བགྱིས་ཏེ་བྲིས་པ་[3]ཞེས་བྱུང་བ་ལྟར་ན། ཁྲི་སྲོང་ལྡེ་བཙན་(755-797ཁྲི་ལོ་)དང་ཁྲི་ལྡེ་སྲོང་བཙན་(798-815ཁྲི་ལོ་)ཡབ་སྲས་ཀྱི་སྐུ་དུས་མཛད་པའི་བཀའ་གཙིགས་རྣམས་ཕྱག་རྒྱས་བཏབ་སྟེ་ཤོག་བུ་མཐིང་ལ་གསེར་བགྱིས་ནས་སྒྲོམ་བུར་བསྐུལ་ཞེས་བྲང་ཏེ་ཤྲི་ལ་ཕྱཀྲ་རང་རིགས་ཀྱི་ཚུལ་ཁྲིམས་གོ་ཆའི་བུ་དཔེར་བྱུང་བ་ལྟར་ན། དེ་དག་ནི་བོད་ཀྱི་དཔལ་འབྱོར་དང་ཆབ་སྲིད། རིག་གནས་བཅས་ཀྱི་ཐད་ལ་གལ་འགངས་ཆེ་བའི་འཇུབ་སྟོན་གྱི་ནུས་པ་ལྡན་པའི་

---

[1] ངག་དབང་བློ་བཟང་རྒྱ་མཚོས་མཛད་པའི་འཛམ་བུའི་གླིང་གི་གླིགས་བམ་ཐམས་ཅད་ཀྱི་གཙུག་རྒྱན་དུ་གྱུར་པ་བཞེངས་པའི་ཆེ་དཀར་ཆག་ཆེ་བརྗོད་བརྩོ་སྨོན་དང་འབྲེལ་བ་རྒྱས་ཙམ་ཞིག་དཀོན་བརྩེགས་པོད་ཆ་པའི་ལྡེབ་གྲངས་401ཀྱི་བ་ངོས་ལས་དྲངས།

[2] ངག་དབང་བློ་བཟང་རྒྱ་མཚོས་མཛད་པའི་འཛམ་བུའི་གླིང་གི་གླིགས་བམ་ཐམས་ཅད་ཀྱི་གཙུག་རྒྱན་དུ་གྱུར་པ་བཞེངས་པའི་ཆེ་དཀར་ཆག་ཆེ་བརྗོད་བརྩོ་སྨོན་དང་འབྲེལ་བ་རྒྱས་ཙམ་ཞིག་དཀོན་བརྩེགས་པོད་ཆ་པའི་ལྡེབ་གྲངས་420ཀྱི་ན་ངོས་ལས་དྲངས།

[3] གཉའ་གོང་དཀོན་མཆོག་ཚེ་བརྟན་གྱིས་བརྩམས་པའི་བོད་ཀྱི་བཙ་རྙིང་ཡིག་བདམས་བསྒྲིགས་ཞེས་པ་ཀྲུང་དབྱངས་མི་རིགས་སློབ་གྲྭ་ཆེན་མོའི་དཔེ་སྐྲུན་ཁང་གི་1995ལོའི་སྤར་མའི་ཤོག་གྲངས་168ལས་དྲངས།

མཛད་ཕྱོགས་སྲིད་ཏུས་ཀྱི་ཡིག་ཚགས་ཤིག་ཡིན་གཤིས། དེ་དག་གི་ནང་དོན་རྣམས་གཙོ་གས་ཤིན་ཏུ་ཆེ་བའི་རྒྱུ་མཚན་གྱིས་མཐིང་ཤོག་གསེར་བྲིས་སུ་བྱས་ཏེ་བསེ་སྒྲོམ་དངུལ་སྒྲོས་ཅན་གྱི་ནང་ལ་བཞག་ནས་ཆོས་སྐྱོང་ལ་གཏད་གཉེར་བྱེད་ཚུལ་དེར་ལ་མནོ་བསམ་བཞེས་ན། དེ་ནི་བཙན་པོའི་རྒྱལ་རབས་ཀྱི་དུས་སུ་བྱུང་བའི་དཀོར་མཛོད་ཀྱི་ཡིག་ཆའི་ཁྱད་ཆོས་དམིགས་བསལ་ཅན་ཞིག་ཏུ་འགྱུརམས། དེ་ལྟར་བརྗོད་དོན་ནི་ལོ་རྒྱུས་ཤིན་ཏུ་བསྟུས་པ་གཅེས་པར་བྱས་པ་ནི། གསེར་དངུལ་གྱིས་བྲིས་ནས་བསེ་སྒྲོམ་དངུལ་གྱིས་སྦྲས་པའི་ནང་དུ་བཞུགས། དངུལ་གྱི་སྒོ་ལྕགས་བརྒྱག་སྟེ་དཀར་ཆག་ཡིག་གེར་བྱས་སོ། སྲུང་མ་གནོད་སྦྱིན་དང་རྒྱལ་པོ་ལ་གཏད་དོ། ལོ་རྒྱུས་ཤིན་ཏུ་བསྡུས་ནས་མི་འཆལ་བར་བྱ་བའི་ཕྱིར། རྗེ་རིང་ལ་གཟྡོང་གིས་བྲིས་ནས་བཞག་གོ། དཀར་གཙོགས་ཀྱི་རྗེ་རིང་ཞེས་བྱས་ཏེ། སྲུང་མ་ཡང་བྲི་དུས་མཆུ་འཞམ། ཀླུ་ཁ་ལེ་ཞེས་བྱ། རྗེ་རིང་ཁར་ཟངས་ཀྱི་ཁྲི་གཟུགས་བྱས་ནས་བཞག་གོ་[1]ཞེས་པས་བོད་བཙན་པོའི་སྐུ་དུས་གསེར་ཡིག་འབྲི་བའི་ནང་དོན་ནི་སྐབས་དེའི་སྲི་ཚོགས་ཀྱི་མཛད་ཕྱོགས་སྲིད་ཇུས་ཡིག་ཚགས་རིག་པའི་ངོས་ནས་བསླད་ན་ཡང་རིམ་པ་དང་པོ་ཞིག་ཡིན་པ་ལས་ནང་བསྟན་ཆོས་གཞུང་བཀོད་མེད་པ་དེ་ལས་རྟོགས། རྒྱུ་མཚན་ནི་ཤེས་རབ་ཀྱི་ཕ་རོལ་ཏུ་ཕྱིན་པའི་བམ་པོ་དང་ལེའུ་དང་ཤད་དང་། ཚིག་དང་གྲངས་བཞུགས་པའི་ཚད་བསྟན་པ་ཞེས་པ་སོགས་ཁུངས་བཙུན་གྱི་དཀར་ཆག་ཏུ་བཙན་པོ་ན་རིམ་གྱི་ཐུགས་དམ་དུ་བཞེངས་པའི་ཟླ་འབུམ་འབྲི་བཞེངས་ཀྱི་ལོ་རྒྱུས་སུ་འབྲི་རྫས་སྐྱ་ཤོག་དང་ཤོག་སེར་སྤུས་ལེགས་སྙིང་དུ་སྣག་ཚ་དམིགས་བསལ་ཅན་ཤངས་མཚལ་དང་ར་དཀར་པོའི་འོ་མ་སྦྱར་བ་རིག་ཟྲིག་དམར་པོ་དང་། དབུ་སྐྲ་དང་རམས་བསྲེས་པའི་རེག་ཟྲིག་སྔོན་པོ་ལ་སོགས་པ་སྣག་ཚའི་སྦྱོར་བ་མི་འདྲ་བ་གནང་ཏེ་འབྲི་བཞེངས་གནང་བའི་ལོ་རྒྱུས་དང་གཅིག་གཉིས་ནས་ད་ལྟ་མཇལ་དུ་མཆིས་པའི་བཙན་པོའི་ཟླ་འབུམ་དུ་གྲགས་པ་རྒྱ་མཚོ་གྲོ་མཁར་ཆོས་སྡེ་དང་དཔལ་ལྡན་འབྲས་སྤུངས་དགོན་དང་ཆབ་མདོ་ཁུལ་དུ་བཞུགས་པ་དེ་དག་ཚང་མ་སྐྱ་པོད་ཤ་སྟག་ཡིན་པའི་རྒྱུ་མཚན་བཅས་ཀྱིས་སོ། གསེར་ཆོས་ཀྱི་སྐོར་ལ་བོད་ཀྱི་མཁས་པ་ཁྱུང་པོ་གཡུ་ཁྲིའི་གཞུང་ལུགས་ལྟར་ན། དུས་རབས་12པའི་ནང་དུ་ཡིག་མཁན་སུམ་པ་གནོད་སྦྱིན་གྱི་སྐུ་དུས་སུ་བཟོའི་རྣམ་གྲངས་ཀྱང་རྒྱས། ཆོས་གསེར་

[1] མཁས་པ་ལྡེའུས་མཛད་པའི་རྒྱ་བོད་ཀྱི་ཆོས་འབྱུང་རྒྱས་པ་བོད་ལྗོངས་མི་དམངས་དཔེ་སྐྲུན་ཁང་གི་1987ལོའི་སྤར་མའི་ཤོག་གྲངས་356ལས་དྲངས།

གྱིས་བཞེངས་པ་དར་བའི་དུས་སུ། དཔོན་གནོད་སྦྱིན་གྱི་རིག་པའི་བུ། སྤྲུལ་པའི་སྐུ་རོང་པོ་ལུགས་སྐྱེས་ཞེས་བྱ་བ་བྱུང་སྟེ། དེས་ཁྱུང་པོ་སྟ་ནམ་སུམ་པ་ལསོགས་པ་རྣམས་ཀྱི་ལེགས་དུས་ཀྱི་རྗེས་སུ་འབྲངས་ནས། གསར་མ་གཞན་ལས་རས་ཆུང་པ། ཐྲིས་པ་ནས་སྒྱུག་འདེབས་ལ་བྱང་བ། ཁྱུང་པོའི་གདམས་ངག་ལ་རྟོག་དཔྱོད་བྱས་པ། སྣག་གསེར་གཉིས་ལ་དངོས་གྲུབ་ཐོབ་པ་ཅིག་བྱུང་སྟེ། དགེ་བཤེས་གནས་བརྟན། རྗེ་ས་བདག་རྒྱལ་པོའི་བླ་མཆོད་བྱས་ནས། ཡི་གེའི་སྣངས་ཅིག་ཕུལ་བ་ནི། གསེར་གྱི་འབུར་འོད་ཟེར་འཕྲོ་བ། སྣག་ཚའི་ཡི་གེ་སྙིན་བག་ཆགས་པ། གཟུགས་དཀྲུས་སུ་ཁྱེར་བ། ཡི་གེའི་ཡོན་ཏན་ཚང་བ་ཞིག་བྱུང་། བྲག་དང་རྫོ་ལ་བཏབ་པ་ནི་མ་མཆིས། དགེ་བཤེས་གནས་བརྟན་རྗེ་ས་བདག་རྒྱལ་པོ་ལ་སོགས་པ་དེ་རྣམས་ཀྱིས། རྒྱལ་སྙིན་སྡེ་དར་གྱི་གཙོགས་ཀྱི་སྟེང་དུ་མཆོད་གནས་སུ་འབུམ་ཚར་རེ་དཔོན་ཞིང་དཔོན་ཁང་ཕྱོགས་བཞིར་རྟ་ཁ་ཡན་ཐུག་པ་རེ་གཙོགས་ཀྱི་དགེ་བསྙན་པ་ལགས་སོ། [1]ཞེས་བྱུང་བ་ལྟར་ན་མཐིང་ཤོག་གསེར་གྱིས་ཆོས་གཞུང་འབྲི་བའི་སྲོལ་དེ་དུས་རབས་12ནང་དུ་དར་བ་སྟེ། གོང་དུ་བརྗོད་པའི་ཤེས་བྱ་སྣག་གསེར་གཉིས་ལ་དབང་ཐོབ་པའི་ཡིག་མཁན་དབུ་ཆེན་སུམ་པ་གནོད་སྦྱིན་དང་ཁོང་གི་བུ་སློབ་རོང་པོ་ལུགས་སྐྱེས་རྣམ་གཉིས་དགེ་བཤེས་བྱ་ཡུལ་བ་ཆེན་པོའམ་བྱ་ཡུལ་བ་གཞོན་ནུ་འོད་(1075-1138) སྐུ་དུས་བྱོན་པའི་ཡིག་མཁན་ཞིག་ཡིན་པའི་རྒྱུ་མཚན་གྱིས་དུས་རབས་12དང་། དེའི་རྗེས་སུ་གསེར་བྲིས་འབུམ་མ་འོད་ཟེར་ཅན་གྱི་དབུ་ཆེན་མཁན་པོ་དགེ་བཤེས་གནས་བརྟན་དེ་སྤྱི་ལོ་1253ལོར་རྒྱལ་གྱི་གདན་ས་ལོ་བཞི་བསྐྱངས་པ་ལས་ང་ཆོས་མཐིང་ཤོག་གསེར་བྲིས་དབུ་འབུར་མ་ཅན་གྱི་ཆོས་གཞུང་བཞེངས་པའི་སྲོལ་དེ་དུས་རབས་12པའི་ནང་དུ་བྱུང་བ་དེ་རིག་པའི་གཞུང་ལུགས་དང་གཅིག གཉིས་ནས་བོད་ཡིག་གནའ་དཔེ་ཡོངས་བཤེར་ཐོ་འགོད་བྱེད་རིང་མཐིང་ཤོག་གསེར་བྲིས་ཆོས་གཞུང་མི་ཉུང་བ་ཞིག་མཇལ་བ་དེ་དག་གི་ཁྲོད་ནས་དུས་རབས་སྔ་ཤོས་དེ་ཡང་སྤྱིར་གྱི་ཆ་ནས་དུས་13ཡས་མས་སུ་འབྲི་བཞེངས་བྱས་པར་མངོན་པའི་དཔེ་རྙིང་གི་རྒྱུ་མཚན་བཅས་ལས། བོད་ཀྱི་མཁས་པ་ཁྱུང་པོ་གཡུ་ཁྲིའི་གཞུང་ལུགས་སུ་དུས་རབས་12-13པའི་ནང་གསེར་བྲིས་ཀྱི་ཆོས་གཞུང་འབྲི་བའི་སྲོལ་

[1] བོད་ཀྱི་མཁས་པ་ཁྱུང་པོ་གཡུ་ཁྲིས་མཛད་པའི་ཡི་གེའི་དར་གུད་བྱུང་ཚུལ་དང་ཀ་ཁ་སུམ་ཅུ་ཐམ་པའི་ཕྱག་ཚད་འདི་རྣམས་ཡངས་རྩེའི་མུན་སྒྲིང་བྱང་ཤག་ཉི་འོད་དུ་དཀའ་བཅུ་ངག་དབང་རྒྱལ་མཚན་དག་གིས་ཞུས་ཞེས་པའི་དཔེ་རྙིང་བྲིས་མ་དབུ་ཅན་གྱི་ལྡེབ་གྲངས་9པ་ལས་དྲངས།

དར་ཞེས་གསུངས་པ་ལ་ཡིད་རྟོན་འཕེལ། མདོར་ན་གང་ལྟར་ཡང་ང་ཚོ་གསུང་རབ་རིག་པའི་ཕྱག་ལས་གནང་མཁན་རྣམས་ལ་ཆ་འཕྲིན་གལ་ཆེན་ཞིག་ཕྱིན་པ་སྟེ་བཙན་པོའི་སྐུ་དུས་གསེར་གྱིས་ཡི་གེ་བྲིན་ཡོད་ན་བཙན་པོའི་རྒྱལ་རབས་ཀྱི་ཆབ་སྲིད་དང་བཙན་པོའི་བཀའ་རྒྱ་སོགས་གལ་འགངས་ཆེ་བའི་ཡིག་ཚགས་རིགས་མཐིང་ཤོག་ཏུ་གསེར་གྱིས་བྲིས་ནས་ཉར་ཚགས་གནང་བའི་བཙན་པོའི་སྐབས་ཀྱི་ཡིག་ཚགས་ཁྱད་ཆོས་ཞིག་ཡིན་པ་སྟེ་བྲང་ཏི་དཔལ་ལྡན་རྡོ་རྗེ་དང་བྲང་ཏི་ཆོས་རྒྱལ་བཀྲ་ཤིས་སོགས་བྲང་ཏིའི་སྨན་རྒྱུད་གོང་སྨན་དཀོན་མཆོག་བདེ་ལེགས་(1447-1506)ཀྱིས་གཙིགས་ཆེན་གནང་བའི་བརྟག་ཐབས་རྣམ་པ་བརྒྱད་ཀྱི་གདམས་ངག་དེའང་མཐིང་ཤོག་ལ་གསེར་གྱིས་བྲིས་པའི་ལུགས་ལས་མེད་[1]ཅེས་གསུངས་པས་རྟོགས་ཤིང་། དུས་རབས་12-13པའི་རྗེས་ནས་བོད་མི་མཁས་པ་ཁྱུང་པོ་གཡུ་ཁྲིའི་གཞུང་ལུགས་བཞིན་ཆོས་གཞུང་མཐིང་ཤོག་གསེར་བྲིས་དབུ་འབུར་མ་ཅན་འབྲི་བའི་སྲོལ་དར་ཞེས་གསུངས་པ་བཅས་ལས་དུས་རབས་མི་འདྲ་བའི་ནང་འབྲི་རྫས་སྣག་ཤོག་གཅིག་པའི་སྐོར་དུ་བརྗོད་བྱའི་ནང་དོན་མི་འདྲ་བ་ཐོན་པ་དེའང་དཔེ་རྙིང་བྲིས་མ་བརྟག་ཐབས་ཤིག་ཡིན།

གསུམ། དབུ་ལྷ།

ཤར་འོས་ཀ་སྟག་རྩེར་ཨེ་པའི་ཤོག་བཟོ་པ་པོ་ཏོ་ཁྲི་ཕྲུག་དང་དཀར་རྒྱན་ཅན་སོགས་ཤོག་ལས་ཉེ་ཤུས་ཤོག་ཆག་བསྐྱབས་པ་དང་སྦྲགས་ཨེའི་ཡི་གེ་བ་ཨེ་གོང་གསལ་སྐད་ཨུ་རྒྱན་ནོར་བུ་དང་པད་མའི་མིང་ཅན་སོགས་ཡིག་པ་བརྒྱ་ཙམ་དང་ཞུས་དག་ཨེ་པ་ལྷ་མོ་རྒྱལ་པོ་དང་སྒྲོལ་མ་ཚེ་རིང་ཅན་དྲུག་གིས་ཞུས་དག་བསྐྱབས་ཟིན་རྗེས། དད་པ་སྐྱོ་ངས་མེད་པའི་སྦྱིན་བདག་གི་དད་མོས་དང་གྲུབ་མཐའི་འདོད་ཕྱོགས་བཞིན་གསུང་རབ་དེ་དག་གི་དབུ་ཞབས་སོ་སོར་འོས་ཤིང་འཚམས་པའི་དབུ་ལྷ་འབུར་འཇམ་མཚར་དུ་མངར་བ་རེ་རེ་ཐོན་ཡོད་པ་སྟེ། དཀར་ཆག་ལས་ཀྱང་། ལྷག་བསམ་དག་པའི་སྒོ་ནས་རྒྱ་ཤོག་སྟོན་པོ་ཁ་དོག་ཟིལ་གྱིས་གནོན་པའི་ཧད་རམས་སྤུས་ལེགས་ཀྱིས་འཚོས་བྱས་པའི་ཆོས་ཤོག་དངོས་བཙང་བའི་སྟེང་གསེར་གཞུ་བཏུལ་ཤིན་ཏུ་ཙ་ང་བའི་ཕོན་ཆེ་བས་མགྱོགས་པ་གཙོ་བོར་མ་བརྟེན་པར་བྲིས་ཁྱད་ཐོན་

① གོང་སྨན་དཀོན་བདེ་ལེགས་ཀྱི་གསོ་རིག་དགོས་པ་ཀུན་འབྱུང་བྲིས་མ་དཔེ་ཐུང་ཁྲ་ཚད་མ་བོད་ལྗོངས་དཔེ་མཛོད་ཁང་དུ་བཞུགས་པ་ལས་དྲངས།

པ་ལྟོ་དཀར་འབུར་དོད་དབུ་ལྷར་མདོ་སྔགས་ཀྱི་གང་འོས།[①] ཞེས་གསུངས་པས་གསུང་རབ་དེ་དག་གི་ཡོད་སོ་སོའི་ནང་དོན་ལ་གཞིགས་ཏེ་སྟོན་པའི་མཛད་པ་དང་སྐུ་དྲིན་ཅན་གྱི་ཆོས་རྒྱལ་དང་རྒྱལ་དབང་ལྔ་པ་དང་མི་དབང་སངས་རྒྱས་སོགས་བྲིས་འབུར་གྱི་ལམ་ནས་བྱོན་འདུག དེ་དག་ཡོད་གང་གི་སྟེང་དུ་བྱོན་པའི་སྐོར་ལ། དབུ་དང་པོ་བཅུ་གསུམ་ལ་གཡས་གཡོན་དབུ་ལྷ་འབུར་མ་མ་རེ་དང་། དགོན་བརྩེགས་ཆ་པའི་གཤམ་གཡས་གཡོན་འབུར་མ་རེ། དེ་ཕྱིན་བརྒྱ་དང་གཅིག་གི་དབུ་ལྷ་རྣམས་འཇམ་བྲིས[②] ཞེས་གསུངས་པས་ཀྱང་བཀའ་འགྱུར་མཐིང་ཤོག་དེའི་ཡོད་གང་དང་གང་གི་སྟེང་དུ་དབུ་ལྷ་འབུར་མ་དང་འཇམ་བྲིས་བྱོན་པ་དེ་ཁ་གསལ་ཞིག་རྟོགས། དེས་ན་བཀའ་འགྱུར་མཐིང་ཤོག་གསེར་བྲིས་དེའི་ལྷེ་ལྷའི་རི་མོ་བ་ཡང་ཡུལ་དུས་ཀྱི་ཁྱད་ཆོས་ལ་གཞིགས་ཏེ་ཨེ་པ་ཕྱོགས་ནས་བྱོན་རྒྱུ་གསུང་རབ་རིག་པའི་ཆོས་ཉིད་དང་ཨེ་པ་རྣམས་ལ་འབྲི་གཟུགས་ཕུད་པའི་ད་དུང་རི་མོའང་སྨན་ལུགས་ཀྱི་འབྲི་རྒྱུན་ཁྱད་འཕགས་ཅན་ཡོད་པའི་རྒྱུ་མཚན་བཅས་ལས་ཨེ་པའི་རི་མོ་བ་བྱོན་ཡོད་པ་སྟེ། དབུ་ཀ་པ་རྣམས་ཀྱི་དབུ་ལྷ་འབུར་དོད་བཞེངས་མི་ཨེ་པ་ལྷ་འཛོམ་དང་བཙུན་ཆུང་། དེ་ཕྱིན་དབུ་ལྷ་བྱིངས་འདྲི་མི་ཕོ་བྲང་རབ་བརྟན་དང་ལྟོ་རགས་བསྟན་འཛིན་ནོར་བུ།[③] ཞེས་བྱོན་པས་ཀྱང་རྟོགས། དེས་ན་དབུ་ལྷ་བྱིངས་འབྲི་མི་ལྟོ་བྲག་བསྟན་འཛིན་ནོར་བུ་ཞེས་གསུངས་པ་ལྟར་ན་གསུང་རབ་དེ་འབྲི་བཞེངས་གནང་བའི་སྐབས་སུ་ལྟོ་རགས་བསྟན་འཛིན་ནོར་བུ་ནི་དབུ་ལྷ་འབྲི་མཁན་རི་མོ་བ་སྐྱིར་བཏང་ཞིག་དང་། སྤྱི་ལོ1692ལོར་པོ་ཏ་ལའི་གསེར་གདུང་འཛམ་གླིང་རྒྱན་གཅིག་བཞེངས་པའི་སྐབས་སུ་དབུ་ཆེན་ཞིག་ཏུ་འགྱུར་ཟིན་པ་སྟེ། པོ་ཏ་ལའི་ཚོམས་ཆེན་སྟེང་གསེར་གདུང་ཞལ་རས་ལྷ་ཁང་གི་གཡོན་དུ་དུས་གསུམ་རྒྱལ་བ་ཐམས་ཅད་ཀྱི་མཁྱེན་བརྩེ་ནུས་པའི་སྤྱི་གཟུགས་སམ་གོང་དབུ་རྗེ་བླ་མ་དོན་སྣང་མཚན་ནས་སློས་པ་ཟིལ་གནོན་བཞད་པ་རྩལ་སྐུའི་རིམ་འགྲོ་བ་འཕྲུལ་སེལ་བཅས་དབུ་ཆེན་བསྟན་འཛིན་ནོར་བུས་སྐུ་རིས་དང་ལྡན་པར་གདུལ་བྱའི་སྣང་ཚུལ་དང་མཚུངས་པའི་སྐད་དང་ཆ་ལུགས་རྣམ་གྲངས་

① ངག་དབང་བློ་བཟང་རྒྱ་མཚོས་མཛད་པའི་འཛམ་བུའི་གླིང་གི་གླིགས་བམ་ཐམས་ཅད་ཀྱི་གཙུག་རྒྱན་དུ་གྱུར་པ་བཞེངས་པའི་ཚེ་དཀར་ཆག་ཆེ་བརྗོད་བསྔོ་སྨོན་དང་འབྲེལ་བ་རྒྱས་ཙམ་ཞིག་དགོན་བརྩེགས་པོད་ཆ་པའི་ལྡེབ་གྲངས420ཀྱི་ན་ངོས་ལས་དྲངས།

② མི་དབང་སངས་རྒྱས་རྒྱ་མཚོས་མཛད་པའི་དུ་ཀུ་ལའི་གོས་བཟང་འཕྲོས་པོད་ང་པ་བྲིས་མའི་ལྡེབ་གྲངས250ལས་དྲངས།

③ ངག་དབང་བློ་བཟང་རྒྱ་མཚོས་མཛད་པའི་འཛམ་བུའི་གླིང་གི་གླིགས་བམ་ཐམས་ཅད་ཀྱི་གཙུག་རྒྱན་དུ་གྱུར་པ་བཞེངས་པའི་ཚེ་དཀར་ཆག་ཆེ་བརྗོད་བསྔོ་སྨོན་དང་འབྲེལ་བ་རྒྱས་ཙམ་ཞིག་དགོན་བརྩེགས་པོད་ཆ་པའི་ལྡེབ་གྲངས420ཀྱི་ན་ངོས་ལས་དྲངས།

ཤིན་ཏུ་མང་བའི་སྐྱེ་བོས་ཡོངས་སུ་བསྐོར་[1]ཞེས་གསུངས་པས་ཀྱང་རི་མོ་བ་ཨེ་པ་ལྷ་འཛོམ་དང་ལྷ་བྲག་བསྟན་འཛིན་ནོར་བུ་རྣམ་གཉིས་ནི་དུས་རབས་གཅིག་གི་རི་མོ་བ་ཡིན་པ་དང་། བཀའ་འགྱུར་མཐིང་ཤོག་གསེར་བྲིས་དེ་འབྲི་བཞེངས་ཀྱི་དུས་རབས་ནི་ཆུ་ཕག་སྟེ་1683ལོ་ཡིན་པའང་ཤོར་དུ་ཤེས་སོ།

བཞི། ཧོག་གར་བ།

ཧོག་དཀར་རམ་ལྷོ་གར་ཞེས་པ་ནི་གསུང་རབ་པོད་དེའི་དབུ་ཤོག་གི་སྟེང་དུ་ཐོག་མར་དཔེ་མིང་སམ་པོད་ཀྱི་ལམ་ནས་འབུར་མ་འབྲི་མཁན་དང་བྱིངས་འབྲི་མི་བཅས་ལས་འབུར་མ་འབྲི་མཁན་ལ་ལྷོ་དཀར་བ་ཟེར། དེས་ན་གསུང་རབ་དེ་འབྲི་བཞེངས་གནང་བའི་སྐབས་སུའང་དཔལ་ཞ་ལུ་དགོན་གྱི་གསུང་རབ་ཇི་བཞིན་ལྷོ་གར་བྲིས་ཡོད་པ་མཇལ་རྒྱུ་ཡོད་ཅུང་། སྐབས་འདིའི་ལྷོ་གར་བ་ནི་ལྷོ་ཁའི་ཨེ་གྲོགས་ནས་བྱོན་པ་སྟེ་དཀར་ཆག་ལས། ཧོག་དཀར་བ་གོང་སྟོད་ཨོ་རྒྱན་ནོར་བུ། སྟོད་སྲིད་ཚོས་བཀྲ་ཤིས། སྨད་ཧོག་བློ་བཟང་པདྨ། ལྷུན་གྲུབ་ས་ནོར་བུ་བཅས་གཞིས་གཙོས་པའི་ཨེ་ནས་མཁས་བསྡུས་ཁོ་ནའི་ཡིག་མཁན་བརྒྱ་དང་བཅོ་བརྒྱད།[2]ཅེས་པས་དེའི་དོན་རྟོགས།

ལྔ། སྐུ་རགས།

སྤྱི་ལོ་1683ལོར་ཤར་འོལ་ག་སྟག་རྩེར་བཀའ་འགྱུར་མཐིང་ཤོག་དེ་འབྲི་བཞེངས་བསྐྲུངས་པའི་སྐབས་སུ་དད་པ་སྐྱོ་ངས་མེད་པའི་སྦྱིན་བདག་གི་འཁོས་འཁྱོར་ལ་གཞིགས་པའི་གླེགས་བམ་ཁག་སོ་སོར་སྣ་ཚོགས་མཁས་པའི་ཚོགས་ཀྱིས་དྲས་དང་གླེགས་ཤིང་གླེགས་ཐག་ན་བཟའ་བཅས་བསྐྲོན་ཡོད་པ་སྟེ། དཀར་ཆག་ལས། །དབང་གཞུ་ལྟར་བཀྲ་ལྷས་མའི་སྐུ་རགས་ལ། །[3]ཞེས་དང་སི་ཏུ་རུའི་གླེགས་ཐག །ཆབ་ཙེ་རྒྱ་བཟོ་ཚགས་མདངས་དང་བཅས་བཞེང་བའི་

① མི་དབང་སངས་རྒྱས་རྒྱ་མཚོས་མཛད་པའི་དཀར་ཆག་ཐར་གླིང་གྲུ་གཟིངས་བོད་ལྗོངས་མི་དམངས་དཔེ་སྐྲུན་ཁང་གི་1990ལོའི་སྤར་མའི་ཤོག་གྲངས་406ལས་དྲངས།

② ངག་དབང་བློ་བཟང་རྒྱ་མཚོས་མཛད་པའི་འཛམ་བུའི་གླིང་གི་གླེགས་བམ་ཐམས་ཅད་ཀྱི་གཙུག་རྒྱན་དུ་གྱུར་པ་བཞེངས་པའི་ཚེ་དཀར་ཆག་ཆེ་བརྗོད་བསྡོ་སྨོན་དང་འབྲེལ་བ་རྒྱས་ཙམ་ཞིག་དཀོན་བརྩེགས་བོད་ཆ་པའི་ལྡེབ་གྲངས་420ཀྱི་ན་ངོས་ལས་དྲངས།

③ རྒྱལ་བ་ལྔ་པ་ངག་དབང་བློ་བཟང་རྒྱ་མཚོས་མཛད་པའི་འཛམ་བུའི་གླིང་གི་གླེགས་བམ་ཐམས་ཅད་ཀྱི་གཙུག་རྒྱན་དུ་གྱུར་པ་

དོ་དམ་གཙོ་བོ་ཆོས་ཀྱི་རྒྱལ་པོ་ཙོང་ཁ་པ་ཆེན་པོའི་བསྟན་པ་ལ་དད་ཞེན་ཅན་རི་སྣོ་ཤག་སྡེ་པ་དཀོན་མཆོག་དར་རྒྱས་རིགས་བྱེད་གྲོགས་མཁར་ལྷ་མགོན་དར་རྒྱས།[①]ཞེས་དང་། ༄༅། །རྒྱ་བཟོའི་ཆབ་བཅས་ས་ཟླའི་གར་བུ་བཞིན། །བཟང་དགུར་གཅིག་བསྡུས་བདོག་པ་ལེགས་བསྒྲུབས་འདི།[②]ཞེས་བྱུང་བ་ལ་གཞིགས་ན། སྤྱི་ལོ་1683ལོར་བཀའ་འགྱུར་དེ་འབྲི་བཞེངས་གནང་བའི་སྐབས་སུ་དོ་དམ་རི་སྣོ་ཤག་སྡེ་པ་དཀོན་མཆོག་དར་རིགས་བྱེད་གྲོགས་མཁར་ལྷ་མགོན་དར་རྒྱས་ཀྱིས་གནང་སྟེ། སྐུ་རགས་ཚོན་ལྡའི་སྣའི་ལྷས་མ་ཆེད་དུ་བཏགས་པའི་སི་ཏ་ཧོ་རིང་ཁྲུང་ལ་འདོམས་པ་བརྒྱད་[③]བཞུགས་པ་དེའི་སྐེ་བཅོལ་བདེ་བའི་སླད་ཆེད་དུ་མངགས་ནས་བརྟངས་པའི་ཆབ་ཙེ་རྒྱ་བཟོ་ཚགས་ཀྱིས་དཀྱིལ་བའི་གླེགས་ཐག་ཕྲུས་ལེགས་བསྒྲུབ་པ་དེ་གོང་གི་དཀར་ཆག་ལས་ཤེས་སོ། འདིར་ཞོར་དུ་སྐུ་རགས་ཀྱི་འབྱུང་བ་མདོར་ཙམ་ཞུས་ན། སྐུ་རགས་ནི་གསུང་རབ་ཕྱིའི་སྒྲིལ་ཆས་རིགས་ལྔའི་ནང་གི་ཡ་གྱལ་ཏེ་གླེགས་ཐག་ལ་ཟེར། བོད་ཀྱི་གསུང་རབ་ལ་གླེགས་ཐག་བསྒྲོན་པའི་སྲོལ་ཏེ་བོད་བཙན་པོའི་སྐུ་དུས་ནས་བྱུང་ཟེར་བ་སྟེ་བོད་རྒྱལ་ཁྲི་སྲོང་ལྡེའུ་བཙན་གྱི་(755-797ཁྲི་ལོ་)སྐུ་དུས། ནྲངས་ཁམས་པ་གོ་ཆས་འབུམ་ཐུགས་ལ་བཟུང་ནས་བོད་ལ་ཕེབས། དེ་རྗེས་བཙན་པོའི་དབུ་སྙ་དང་རམས་ལ་སྣག་ཚ་བྱས་ནས་བྲིས་པས། རེག་ཟེག་སྔོན་པོ་ཞེས་ཀྱང་མཚན་བཏགས་སྟེ། བཞི་དུམ་པ་ཡིན་སྐད། ལོ་དྲུག་གློག་འདོན་བྱས། སྐུ་ཆིངས་མ་ཆིངས། ལྕུགས་ཀྱི་ཐུར་མ་ལ་བརྒྱུས་པས་མིང་ཡང་ལྕུགས་ཐུར་ཅན་དུ་གྲགས་སྟེ། སྔོན་བསམ་ཡས་ན་བཞུགས་པའི་ལྕུགས་ཐུར་ཅན་ནོ་[④]ཞེས་པའི་ནང་གི་སྐུ་ཆིངས་མ་བཅིངས་ཞེས་དང་ཏུན་ཧོང་གི་ཡིག་ཚགས་P.t1128ཧྲའི་ལོ་ལ་དར་མ་ཤེས་རབ་

བཞེངས་པའི་ཚེ་དཀར་ཆག་ཆེ་བརྗོད་བསྔོ་སྨོན་དང་འབྲེལ་བ་རྒྱས་ཙམ་ཞིག་དཀོན་བརྩེགས་བོད་ཆ་པའི་ལྡེབ་གྲངས་401ཀྱི་བ་ངོས་ལས་དྲངས།

① རྒྱལ་བ་ལྔ་པ་ངག་དབང་བློ་བཟང་རྒྱ་མཚོས་མཛད་པའི་འཛམ་བུའི་གླིང་གི་གླེགས་བམ་ཐམས་ཅད་ཀྱི་གཙུག་རྒྱན་དུ་གྱུར་པ་བཞེངས་པའི་ཚེ་དཀར་ཆག་ཆེ་བརྗོད་བསྔོ་སྨོན་དང་འབྲེལ་བ་རྒྱས་ཙམ་ཞིག་དཀོན་བརྩེགས་བོད་ཆ་པའི་ལྡེབ་གྲངས་420ཀྱི་ན་ངོས་ལས་དྲངས།

② རྒྱལ་བ་ལྔ་པ་ངག་དབང་བློ་བཟང་རྒྱ་མཚོས་མཛད་པའི་འཛམ་བུའི་གླིང་གི་གླེགས་བམ་ཐམས་ཅད་ཀྱི་གཙུག་རྒྱན་དུ་གྱུར་པ་བཞེངས་པའི་ཚེ་དཀར་ཆག་ཆེ་བརྗོད་བསྔོ་སྨོན་དང་འབྲེལ་བ་རྒྱས་ཙམ་ཞིག་དཀོན་བརྩེགས་བོད་ཆ་པའི་ལྡེབ་གྲངས་402ཀྱི་ན་ངོས་ལས་དྲངས།

③ མི་དབང་སངས་རྒྱས་རྒྱ་མཚོས་མཛད་པའི་དུ་ཀུ་ལའི་གོས་བཟང་འཕྲོས་བོད་ང་པ་བྲིས་མའི་ལྡེབ་གྲངས་250ལས་དྲངས།

④ ཤེས་རབ་ཀྱི་ཕ་རོལ་དུ་ཕྱིན་པའི་བམ་པོ་དང་ལེའུ་དང་ཤད་དང་། ཚིག་དང་གྲངས་བཞུགས་པའི་ཚད་བསྟན་པ། དཔེ་སྙིང་བྲིས་མའི་ལྡེབ་གྲངས་5ལས་དྲངས།

འབུམ་པ་སྡེ་བརྒྱད། ཤ་ཙུར་བྲིས་ནས། ཤ་ཙུ་གཞིར་བཞག་པ་དང་། བདེ་གམསུ་བཟངས་པའི་ཕྱི་ཚས་དང་། གླེགས་ཐག་དང་། མེན་དྲི་ལཕྱོགས་པ། ལས་གོད་ཅེས་གསོལ་[1]ཞེས་པས། དུས་རབས་9་པའི་ནང་དུ་ཏུན་ཧོང་གི་ཤ་ཙུར་གསུང་རབ་འབྲི་བཞེངས་བསྒྲུབས་རྗེས་བདག་གཉེར་དང་བཀུར་བསྟིའི་ཆེད་དུ་བསྒྲོན་པའི་ན་བཟའ་དཔེ་རས་དང་གླེགས་ཐག་ཡོད་པ་བཅས་ལས། བོད་ཀྱི་གསུང་རབ་ལ་དུས་རབས་9་པའི་སྐབས་ནས་གླེགས་ཐག་བསྒྲོན་སྲོལ་བྱུང་ཟིན་པ་དེ་ཤེས་ཤིང་། གླེགས་ཐག་གི་བྱེད་ནུས་དང་རྒྱུ་སྤུས་སོགས་ཀྱི་སྐོར་རྒྱས་པར་གཟིགས་འདོད་ན་ཁོ་བོས་བྲིས་པའི་བོད་ཡིག་གནའ་དཔེའི་རྣམ་བཤད་ཀྱི་ལེའུ་བཞི་པ་གནའ་དཔེའི་སྒྲིལ་ཆས་སྐོར་དེ་གཟིགས་པར་འཚལ།

དྲུག ཞལ་ཁེབས།

སྤྱིར་གྱི་ཆ་ནས་གསུང་རབ་བྲིས་མའི་རིག་པའི་གཞུང་ལུགས་ལས་བརྗོད་ན། གསུང་རབ་བྲིས་མའི་དབུ་ཤོག་ལྟོ་གར་འབུར་མ་ཅན་ཞིག་ཡིན་ན་དེ་དག་ལ་རྒྱས་ལོས་དང་ལེགས་ཉེས་ལ་མ་ལྟོས་པའི་ཞལ་ཁེབས་ཡོད་དགོས་པ་ཞིག་ཡིན། དེ་ཡང་དབུ་དང་པོའི་ནང་དོན་དང་དབུ་ལྷ་འབུར་བྲིས་བཅས་ལ་བགྲེས་ཟད་ཀྱི་ཟོན་བསྐྱུར་ཡོང་བའི་ཆེད་དུ་དབུ་ཤོག་གི་ནང་མར་ཆེད་དུ་བསྒྲོན་པའི་དར་གོས་ལ་ཞལ་ཁེབས་ཞེས་[2]ཟེར། དེས་ན་གསུང་རབ་འདི་ཡང་མཐིང་ཤོག་སྟེང་དུ་ཙ་ང་བར་གཞུ་བཏུལ་བྱས་པའི་རིན་ཆེན་དང་པོ་གསེར་གྱིས་ཁུ་བས་བྲིས་པ་ཞིག་ཡིན་པ་མ་ཟད་དབུ་དང་པོ་ལྟོ་གར་འབུར་མ་ཡིན་པའི་ཆ་ནས་ཞལ་ཁེབས་བསྒྲོན་ཡོད་པ་སྟེ། དཀར་ཆག་ལས། དིང་ཕོན་གྱིས་གཙོས་རྒྱ་ཧོར་གན་མཛོད་ཀྱི། །བཟང་བའི་རྩེར་སོན་དར་གོས་ལྷུ་ཏུ་བརྩེགས། [3]། ཞལ་ཁེབས་རྒྱ་ཧོར་གྱི་གན་གོས་ཁྲད་དུ་འཕགས་པ་ལྷུ་བརྩེགས།[4]

① 见，敦煌法藏本peltib128 上海古籍出版社。

② པད་མ་བཀྲི་ཤེས་ཀྱིས་བརྩམས་པའི་བོད་ཡིག་གནའ་དཔེའི་རྣམ་བཤད་བོད་ལྗོངས་མི་དམངས་དཔེ་སྐྲུན་ཁང་གི་2013ལོའི་སྤར་མའི་ཤོག་གྲངས་57ལས་དྲངས།

③ རྒྱལ་བ་ལྔ་པ་ངག་དབང་བློ་བཟང་རྒྱ་མཚོས་མཛད་པའི་འཛམ་བུའི་གླིང་གི་གླེགས་བམ་ཐམས་ཅད་ཀྱི་གཙུག་རྒྱན་དུ་གྱུར་པ་བཞེངས་པའི་ཚེ་དཀར་ཆག་ཆེ་བརྗོད་བསྔོ་སྨོན་དང་འབྲེལ་བ་རྒྱས་ཙམ་ཞིག་དཀོན་བརྩེགས་པོད་ཆ་པའི་ལྡེབ་གྲངས་401ཀྱི་བ་ངོས་ལས་དྲངས།

④ རྒྱལ་བ་ལྔ་པ་ངག་དབང་བློ་བཟང་རྒྱ་མཚོས་མཛད་པའི་འཛམ་བུའི་གླིང་གི་གླེགས་བམ་ཐམས་ཅད་ཀྱི་གཙུག་རྒྱན་དུ་གྱུར་པ་བཞེངས་པའི་ཚེ་དཀར་ཆག་ཆེ་བརྗོད་བསྔོ་སྨོན་དང་འབྲེལ་བ་རྒྱས་ཙམ་ཞིག་དཀོན་བརྩེགས་པོད་ཆ་པའི་ལྡེབ་གྲངས་420ཀྱི་བ་ངོས་

ཞེས་གསུངས་པ་ལ་གཞིགས་ན། སྤྱི་ལོ་1683ལོར་ཤར་འོལ་ག་སྟག་རྩེར་འབྲི་བཞེངས་བསྐྲུངས་ཟིན་པའི་རྗེས་སུ་གསུང་རབ་དེའི་དབུ་ཤོག་དང་པོའི་ཞལ་ངོར་ཞལ་ཁེབས་ཚོན་རིགས་མི་འདྲ་བ་རྒྱ་ཧོར་གྱི་གོས་ཆེན་གྲ་རྒྱ་ཤོས་ལྷ་བརྩེགས་[①]དང་གསུང་རབ་བདག་གཉེར་དང་འཚོལ་ཞིབ་སླ་བའི་ཆེད་དུ་བསྒྲིན་པའི་གདོང་དར་གདེང་ཕོན་ཐོག་འཕར་ཕྱིན་གྱི་ག་ཐོ་ཅན་དང་དཀར་རས་སྙོང་ཤུར་མར་ཆོས་ཚན་གྱི་བཞུགས་བྱང་ཡོད་པ་ལྷ་བརྩེགས་ཀྱིས་བརྒྱན་པ་དེ་དག་དྲས་འཚེམས་བྱ་མཁན་འཚེམས་བཟོ་དབུ་ཆེན་གྲ་ཕྱི་བསོད་ནམས་དོན་འགྲུབ་སྤུན་གཉིས་ཀྱིས་མཛད་པ་དེ་ཡང་དཀར་ཆག་ལས་གདོང་དར་ཞལ་ཁེབས་བཟོ་མི་གྲ་ཕྱི་བསོད་ནམས་དོན་འགྲུབ་སྤུན་གཉིས།[②] ཞེས་པས་རྟོགས། དེས་ན་འདིར་ཞལ་ཁེབས་དང་གདོང་དར་ཁྲོད་དུ་བྱུང་བའི་གོས་ཆེན་དེང་ཕོན་ཞེས་པའི་སྐོར་ལ་རེ་ཞིག་ཞུས་ན། བོད་ཀྱི་དུས་རབས་མི་འདྲ་བའི་ནང་གི་གོས་ཆེན་གྱི་རྒྱུ་སྤུན་དང་ཚོན། ཐག་དང་རི་མོ་སོགས་མི་འདྲ་བ་བྱུང་བའི་དབང་གིས་དེང་གི་བོད་ཡུལ་ཁུལ་ནས་མཐོང་བའི་གོས་ཆེན་དེ་དག་གི་སྟེང་དུའང་ཚོན་དང་རི་མོ་མི་འདྲ་བ་ཅན་ཡོད་པ་སྟེ། དཔེར་ན་བོད་བཙན་པོའི་སྐུ་དུས་ཀྱི་གོས་ཆེན་གྱི་རི་མོ་དང་ཆོས་ཁའི་ཁྲིད་ཆོས་སྤྱིར་གྱི་ཆ་ནས་ཆེས་མང་པོ་ཞིག་མཆིས་མོད་ཀྱང་དེ་དག་གི་ཁྲོད་ནས་ཆེས་མངོན་གསལ་དོད་ཤོས་ཤིག་ནི་སྒོར་ཐིག་ནང་དུ་བྱ་པ་ཏ་དང་རི་དྭགས་པ་ཏ། པད་གཟུགས་དང་འཁོར་ལོ་སོགས་ཅན་པ་ནི་ཕོ་བྲང་པོ་ཏ་ལར་བཞུགས་པའི་བཙན་པོའི་སྐབས་ཀྱི་ཆོས་ལི་སྐུ་སྲོང་བཙན་སྒམ་པོའི་སྐུ་བརྙན་གྱི་ན་བཟའ[③]དང་ཐང་གི་རྒྱལ་སར་བཙན་པོས་བཏང་བའི་བློན་པོ་མགར་སྟོང་བཙན་གྱི་ན་བཟའ[④]བཅས་ཀྱི་རི་མོ་དང་། ལྷག་དོན་དུ་མཚོ་སྔོན་དུར་ལམ་ནས་ཐོན་པའི་

ལས་དྲངས།

① མི་དབང་སངས་རྒྱས་རྒྱ་མཚོས་མཛད་པའི་དུ་ཀུ་ལའི་གོས་བཟང་འཛོམས་པོད་ང་པ་བྲིས་མའི་ལྡེབ་གྲངས་250རུ། ཞལ་ཁེབས་ལྷ་བརྩེགས་ཀྱི་སྟེང་ནས་རིམ་པས་སྟག་ཤུན་གསེར་ཚོན་རྒྱ་བྱ་རིས་ནང་ཤ་ལིང་ལྷང་། ལིང་སྐྱར། ལིང་དམར་བཅས་ཡོད།

② རྒྱལ་བ་ལྔ་པ་ངག་དབང་བློ་བཟང་རྒྱ་མཚོས་མཛད་པའི་འཛམ་བུའི་གླིང་གི་གླེགས་བམ་ཐམས་ཅད་ཀྱི་གཙུག་རྒྱན་དུ་གྱུར་པ་བཞེངས་པའི་ཚེ་དཀར་ཆག་ཆེ་བརྗོད་བསྔོ་སྨོན་དང་འབྲེལ་བ་རྒྱས་ཙམ་ཞིག་དཀོན་བརྩེགས་པོད་ཆ་པའི་ལྡེབ་གྲངས་420ཀྱི་བ་ངོས་ལས་དྲངས།

③ 见，青海省文物考古研究所考古队在都兰吐蕃墓发现过五彩对鸟斜纹纬锦，以团形瓣窠作环，内置对鸟，站于忍冬之上，鸟嘴衔有绶带。从敦煌文书相关记载看，此类织锦当系吐蕃本土出生的“番锦”。林梅村著《丝绸之路上的吐蕃番锦》，2013年11月11日，东方早报。

④ 见，唐初大画家阎立本绘制《步辇图》记述了唐太宗回见吐蕃使者禄东赞的情形，禄东赞到长安是代其主松赞干布向唐朝请求联姻的，阎立本以写实的手法记录了吐蕃这位重臣的服饰，上好的丝绸湖服绣有硕大的圆

བོད་བཙན་པོའི་སྐབས་ཀྱི་གོས་ཆེན་གྱི་ན་བཟའ་[①]དང་མངའ་རིས་སྐར་རྫོང་གི་གུ་རུ་གུམ་ནས་ཐོན་པའི་གོས་ཆེན་དུ་བྱ་པ་ཊའི་རི་མོ་བསྟན་པ་བཅས་དང་། དུས་རབས་11པའི་ནང་དུ་ཕྱག་བཏབ་པའི་གྲྭ་ཐང་དགོན་གྱི་ལྡེབས་རིས་སུ་ཐོན་པའི་བྱང་སེམས་རྣམས་ཀྱི་ན་བཟའ་སྟོར་ཐིག་པད་རིས་དང་གཞིས་རྩེ་ཁང་དམར་གྱི་ཨེ་དབང་དགོན་གྱི་འབྲིམ་སྐུ་རྣམས་ཀྱི་དར་འཕྲུང་སྟེང་དུ་བཀོ་འབྲི་མཛད་པའི་རི་མོ་སོགས་ལས་དུས་རབས་9-12པའི་གོས་ཆེན་གྱི་རི་མོའི་ཁྱད་ཆོས་ཅི་ཞིག་ཡིན་པ་གསལ་པོར་རྟོགས། འདིར་བྱུང་བའི་གདེང་ཕོན་ཞེས་པ་ནི་དུས་རབས་13པའི་རྗེས་སུ་དར་བའི་གོས་ཆེན་ཁྱད་འཕགས་ཅན་ཁ་ཐིའི་རིགས་ཤིག་ཡིན་པ་སྟེ། པད་དཀར་ཆུན་པོ་ལས་དིང་ཕོན་ཁ་ཐི་ཐོན་ཐིང་དང་། ཟ་འོག་བརྩེགས་པ་སོགས་བྱུང་ན། ཁ་ཏིའི་རིགས་སུ་གཏོགས་པ་ཡིན་[②] ཞེས་པས་དིང་ཕོན་ཡང་གོས་ཆེན་ཁ་ཏིའི་རིགས་ཤིག་ཡིན་པ་ཤེས་ཤིང་། དེ་དག་གི་སྟེང་དུ་རི་མོ་དང་ཚོས་ཁ་ཅི་ཞིག་ཡོད་པའི་སྐོར་ཡང་པད་དཀར་ཆུན་པོ་ལས་ཁྱུང་རིས་འབྲུག་རིས་རྒྱ་བྱ་དང་། མེ་ཏོག་འཁོར་ལོ་སྐོར་རིས་དང་། ལྕགས་སྒྲོག་རྣམས་ཀྱི་རི་མོ་ཡང་། ཚོས་ཁ་སྣ་ཚོགས་སྣ་ཚང་དགོས། ཚོས་ཁ་སྣ་ཚོགས་མེད་པ་ན། ཁ་ཐིའི་མིང་ནི་མི་ཐོབ་བོ་[③]ཞེས་གསུངས་པས་བོད་ཀྱི་གནའ་དཔེ་རིག་པའི་ཕྱག་ལས་གནང་མཁན་རྣམས་ལ་གསུང་རབ་ཀྱི་ཞལ་ཁེབས་དང་གདོང་དར་གྱི་གོས་ཆེན་བརྟག་ཐབས་ཚིག་སྣ་བསྟུས་ཤིང་གནད་དུ་འཁེལ་བ་བོད་ཀྱི་རིག་དངོས་གཞུང་ལུགས་འདི་འདྲ་ཞིག་གསུངས་པ་ལ་མཁས་པ་གོང་མ་རྣམས་སྐུ་དྲིན་ཤིན་ཏུ་ནས་ཆེ་བར་སྣང་།

བདུན། གླེགས་ཤིང་།

འདིར་གླེགས་ཤིང་གི་སྐོར་ཡིན་ཙ་ན། བོད་ཀྱི་གསུང་རབ་ལ་གླེགས་ཤིང་བསྒྲོན་པའི་སྲོལ་དེ་ནི་བོད་བཙན་པོའི་སྐུ་དུས་ནས་བྱུང་ཟིན་པ་སྟེ། ཕྱི་ལོ་763ལོར་རྒྱལ་བུ་མུ་ཏིག་བཙན་པོའི་ཐུགས་དམ་དུ་བཞེངས་སྐད། ལྕགས་ཐུར་ཅན་དེ་དང་བིད་པ་ཏར་བསྟུན་ཅིང་སྤྱ་གོར་བེ་

形动物图案，最外缘还有一圈联珠纹，这是比较典型的波斯图案。张亚莎著《11世纪西藏的佛教艺术-从扎塘寺壁画研究出发》中国藏学出版社2008年版，第221页。

① 见，许新国《都兰吐蕃墓葬出土含绶鸟织锦研究》载《中国藏学》1996年，第3期。

② ཞིགས་པར་བཤད་པ་པད་མ་དཀར་པོའི་ཆུན་པོ་ཞེས་པ་དབུ་ཅན་བྲིས་མའི་ལྡེབ་གྲངས་ 80ལས་དྲངས།

③ ཞིགས་པར་བཤད་པ་པད་མ་དཀར་པོའི་ཆུན་པོ་ཞེས་པ་དབུ་ཅན་བྲིས་མའི་ལྡེབ་གྲངས་ 81ལས་དྲངས།

རོ་ཙ་ནས་ཞུ་ཆེན་བགྱིས་ནས་ཆེ་ཡོང་༡་གཏན་ལ་ཕབ་པ་ནས་དྲུག་དུམ་པ་༡་བྲིས་པར་གདའ། པན་བི་ཏ་ལ་མ་ཐུགས་ཀྱང་སྟར་གྱི་བས་འགྱུར་མ་ལས་རྒྱས་སྐད། གླིགས་ཤིང་ལས་མཚན་དུ་ཐོགས་པ་རྒྱལ་པོའི་ཐུགས་དམ་པར་གབ་ཅན་ཞེས་གྲགས་[1]ཞེས་པ་ལས་བོད་ཀྱི་གསུང་རབ་ཀྱི་གླིགས་ཤིང་བྱུང་བ་དེ་རགས་ཙམ་ཞིག་ཤེས། གལ་ཏེ་དེའི་བྱེད་ནུས་དང་རྒྱུ་སྲུས། ཚོན་རྩི་དང་རི་མོ་སོགས་ཀྱི་སྐོར་ཞིབ་པར་མཁྱེན་འདོད་ན་ཁོ་བོས་བྲིས་པའི་བོད་ཡིག་གནའ་དཔེའི་རྣམ་བཤད་ཅེས་པར་གཟིགས་པར་འཚལ། སྤྱི་ལོ་1683ལོར་ཤར་འོལ་ག་སྟག་རྩེར་བཀའ་འགྱུར་མཐིང་ཤོག་དེ་འབྲི་བཞེངས་བསྐྲུངས་པའི་སྐབས་སུ་དད་པ་སྐྱོ་ངས་མེད་པའི་སྦྱིན་བདག་གི་འཕོས་འབྱོར་ལ་གཞིགས་པའི་པོད་གླིགས་བམ་སོ་སོར་སྣ་ཚོགས་མཁས་པའི་ཚོགས་ཀྱིས་བྲུས་དང་གླིགས་ཤིང་གླིགས་ཐག་ན་བཟའ་བཅས་ལས་གསུང་རབ་དོ་དམ་དང་སྲུང་སྐྱོབ་ཆེད་དུ་གླིགས་ཤིང་བསྒྲོན་ཡོད་པ་ནི་དཀར་ཆག་ལས། །ཙན་དན་སེང་སྤྱུར་རིན་ཆེན་ཕྲས་སྤུད་པ། །པི་ཤུས་བསྐྲུན་འདྲུའི་བཟོ་ཁྱད་གླིགས་ཤིང་ཅན། །[2] གླིགས་ཤིང་སེང་དང་ཙན་དན་ལ་བསྐོས་ཀྱི་བྱེ་བྲག་ངོ་མཚར་བ་ལ་རིན་པོ་ཆེ་དུ་མའི་འཕྲ་ཚོམས་བཀོད་[3]ཅེས་བྱུང་བ་ལ་གཞིགས་ན། སྤྱི་ལོ་1683་ལོར་ཤར་འོལ་ག་སྟག་རྩེར་འབྲི་བཞེངས་གནང་བའི་བཀའ་འགྱུར་མཐིང་ཤོག་དེར་སྲུང་སྐྱོབ་ཀྱི་ཆེད་དུ་བསྒྲོན་པའི་གླིགས་ཤིང་ནི་ལག་ཏུ་ཤིང་གང་འབྱོར་འབྱོར་གྱིས་མ་བྱས་པར་དང་དོད་དང་གཙིགས་ཆེ་བའི་སྒོ་ནས་ཆེད་དུ། ཙན་དན་བསྒྲུབས་ཏེ་བཟོས་གནང་བ་མ་ཟད་གླིགས་ཤིང་དེའི་སྟེང་དུ་ཙུ་ང་ལ་ཞིབ་ཚགས་ལྡན་པའི་བརྐོས་ཀྱི་བྱེ་བྲག་རིན་ཆེན་འཕྲ་ཚོམས་ཡོད་པའང་དཀར་ཆག་ལས་ཤེས།

① ཤེས་རབ་ཀྱི་ཕ་རོལ་ཏུ་ཕྱིན་པའི་བམ་པོ་དང་ལེའུ་དང་ཤད་དང་། ཚིག་དང་གྲངས་བཞུགས་པའི་ཚད་བསྟན་པ། དཔེ་རྙིང་བྲིས་མའི་ལྡེབ་གྲངས་5ལས་དྲངས།

② རྒྱལ་བ་ལྔ་པ་ངག་དབང་བློ་བཟང་རྒྱ་མཚོས་མཛད་པའི་འཛམ་བུའི་གླིང་གི་གླིགས་བམ་ཐམས་ཅད་ཀྱི་གཙུག་རྒྱན་དུ་གྱུར་པ་བཞེངས་པའི་ཚེ་དཀར་ཆག་ཆེ་བརྗོད་བསྔོ་སྨོན་དང་འབྲེལ་བ་རྒྱས་ཙམ་ཞིག་དཀོན་བརྩེགས་ཡོད་ཆ་པའི་ལྡེབ་གྲངས་401ཀྱི་བ་ངོས་ལས་དྲངས།

③ རྒྱལ་བ་ལྔ་པ་ངག་དབང་བློ་བཟང་རྒྱ་མཚོས་མཛད་པའི་འཛམ་བུའི་གླིང་གི་གླིགས་བམ་ཐམས་ཅད་ཀྱི་གཙུག་རྒྱན་དུ་གྱུར་པ་བཞེངས་པའི་ཚེ་དཀར་ཆག་ཆེ་བརྗོད་བསྔོ་སྨོན་དང་འབྲེལ་བ་རྒྱས་ཙམ་ཞིག་དཀོན་བརྩེགས་ཡོད་ཆ་པའི་ལྡེབ་གྲངས་420ཀྱི་ན་ངོས་ལས་དྲངས།

བརྒྱད། མ་དཔེ།

གསུང་རབ་བྲིས་མའི་རིག་པའི་གཞུང་ལུགས་ལས་བརྗོད་ན་གསུང་རབ་དེ་འབྲི་བཞེངས་བསྐྲུངས་པའི་སྐབས་སུ་མ་དཔེ་དག་ཡོས་དང་རྒྱུས་ཡོས་ལ་མ་ལྟོས་པར་ཡུལ་དུས་ལ་གཞིགས་པའི་སོ་སོར་མ་དཔེ་རེ་རེ་ཡོད་དགོས་པ་སྟེ། ཏུན་ཧོང་དུ་འབྲི་བཞེངས་བསྐྲུངས་པའི་བོད་དཔེ་རྣམས་ཀྱི་མ་དཔེ་ནི་སྤྱིར་གྱི་ཆ་ནས་ལུང་ཏུང་དགོན་ནས་མ་དཔེ་གཡར་པོ་ཞུས་ཏེ་འབྲི་བཞེངས་བསྐྲུངས་པ་ཏུན་ཧོང་གི་P.t999དང་ཆོས་བཤུ་བྲིས་མའི་ཟིན་ཏིག་དང་། དབུས་གཙང་ཁུལ་དུ་དུས་རབས་13པར་བྱོན་པའི་བོད་ཀྱི་གསུང་རབ་སྨྲ་བ་བཙོམ་ལྡན་རིགས་པའི་རལ་གྲིས་སྣར་ཐང་གི་བཀའ་འགྱུར་དཀར་ཆག་བཏབ་པ་ནས་བཟུངས། བོད་ཡིག་བཀའ་བསྟན་འབྲི་བཞེངས་གནང་བའི་སྐབས་ཀྱི་མ་དཔེ་གཙིགས་ཆེ་བར་འགྱུར། དུས་རབས་14པའི་ནང་དུ་འབྲི་བཞེངས་གནང་བའི་ལོ་ཆེན་སྐྱབས་མཆོག་དཔལ་གྱིས་ཞུ་དག་མཛད་པའི་རྒྱལ་རྩེ་དཔལ་ཆོས་ཀྱི་བཀའ་འགྱུར་ཐེམས་སྤྲངས་མར་མ་དཔེ་བཙལ་ཏེ། དབུས་གཙང་ཁུལ་གྱི་འབྲི་བཤུས་ལམ་ལུགས་ཀྱི་མ་དཔེར་འགྱུར་བ་ནི་རྒྱལ་བ་ལྔ་པ་ངག་དབང་བློ་བཟང་རྒྱ་མཚོའི་དགོངས་རྫོགས་སུ་ཤོ་སྟག་ལྔ་གསུམ། བཟད་འཕྱིང་ཤེལ་ཚ་བོ་མཛོ་སྣང་སོགས་སུ་འབྲི་བཞེངས་བསྐྲུངས་པའི་བཀའ་འགྱུར་རྣམས་ཀྱི་མ་དཔེ་ཚང་མ་རྒྱལ་རྩེ་ཐེམས་སྤྲངས་མར་བཙལ་ཏེ་འབྲི་བཞེངས་བསྐྲུངས་པ་ལྔ་པ་ཆེན་པོའི་རྣམ་ཐར་དུ་ཀུ་ལའི་གོས་བཟང་འཕྲོས་ང་པ་ལས་ཀྱང་ཤེས་ཤིང་། རྒྱལ་སྤྱིའི་བོད་རིག་པ་ཞིབ་འཇུག་པ་ཚོས་བོད་ཡིག་བཀའ་བསྟན་གྱི་མ་དཔེ་འཕེལ་འགྱུར་ཐད་ལ་ཞིབ་འཇུག་གནང་སྟེ་གསུངས་དོན། ད་བར་བཀའ་འགྱུར་སྤྲར་གཞི་རིགས་མི་འདྲ་བ་ཉི་ཤུ་ཙམ་ཞིག་ང་ཚོས་ཤེས་རྟོགས་བྱུང་ཞིང་དེ་དག་རྒྱུན་ཏུ་རིགས་གཉིས་སུ་དབྱེ་ཡི་ཡོད། དེ་ནི་ནུབ་ཁུལ་དང་ཤར་ཁུལ་ཞེས་འབོད་ཀྱི་ཡོད། ནུབ་ཁུལ་གྱི་ཆེས་སྔ་ཤོས་ཀྱི་ཐེམ་སྤྲངས་མ་ (1431) དང་། དེའི་ཁོངས་སུ་སྣང་ཧོག་དང་ཉིན་ཁུང་། སོག་པོ་བཅས་ཀྱི་བཀའ་འགྱུར་བྲིས་མ། དེ་མིན་ད་དུང་མིག་སྔར་ཞིབ་འཇུག་གི་ལུན་ཏུན་ཤེལ་དཀར་བཀའ་འགྱུར་བྲིས་མ་བཅས་འདིའི་ཁོངས་སུ་བཏུས་ཡོད། ཤར་ཁུལ་ནི་ཚལ་པའི་བཀའ་འགྱུར་གྱིས་རྒྱུང་གཞི་བྱས་པའི་དེ་མིན་པོའི་ལིང་བཀའ་འགྱུར་བྲིས་མ་དང་། དེ་མིན་ས་ཐམ་མམ་ལི་ཐང་སྤར་མ། ཅོ་ནེའི་སྤར་མ། སྡེ་དགེའི་སྤར་མ། པེ་ཅིང་སྤར་མ། ཁུ་ལུན་སྤར་མ་བཅས་

ཡིན།[①] ཞེས་གསུངས་པས་ཀྱང་ཐེམ་སྤངས་མ་ལས་ནུབ་ཁུལ་དུ་བུ་དཔེ་ཇི་ལྟར་འཕེལ་ཡོད་མེད་དེ་རྟོགས་པའི་ཤུགས་ལ། ད་ཐེངས་སྤྱི་ལོ་1683་ལོར་ཤར་འོལ་ཀ་སྟག་རྩེར་མི་དབང་སངས་རྒྱས་རྒྱ་མཚོས་སམ་གཞུང་ས་ནས་སྦྱིན་བདག་གནང་སྟེ་ཨེ་པས་འབྲི་བཞེངས་གནང་བའི་བཀའ་འགྱུར་མཐིང་ཤོག་གསེར་བྲིས་དེའི་མ་དཔེ་ཡང་སྔོན་དུ་ཞུས་པ་བཞིན་རྒྱལ་རྩེ་ཐེམ་སྤངས་མར་བརྩལ་ཏེ་འབྲི་བཞེངས་གནང་བ་ནི། དཀར་ཆག་ལས། གཉེར་ཚང་གི་དགོས་ཆ་སྒྲུབ་མི་རྗོང་སྡོད་ཞོལ་ཁང་འགྲོ་ཕན་དང་བདེ་འབྱོར་བྱང་པ་ཚེ་རིང་མགོན་པོ་རྣམས་ཀྱིས་ཁ་བ་ཅན་གྱི་ལྗོངས་འདིར་བཀའ་རིན་པོ་ཆེ་འགྱུར་བ་དཀར་ཆག་རྒྱལ་རྩེ་ཐེམ་སྤངས་མའི་སྟེང་ཉིད་མ་གཙོར་བསྡུས་པུསྟ་ཀ་གསུམ་བཅས་བསྣན་ཏེ་བརྒྱ་ཕྲག་གཅིག་དང་བཅུ་བཞི་ལེགས་པར་བསྒྲུབ་པའི་དགེ་བ་[②] ཞེས་པས་དེའི་མ་དཔེ་གང་ལ་བརྩལ་ཡོད་མེད་དེ་རྟོགས་པ་མ་ཟད། སྔོན་གྱི་རྒྱལ་རྩེ་ཐེམ་སྤངས་མའི་ཐོག་གསར་དུ་གླེགས་བམ་ཉིད་མ་གཙོར་བསྡུས་ཀྱི་གླེགས་བམ་གསུམ་བསྣན་ཏེ་པོད་114ཅན་དུ་བསྒྲུབས་པ་དེ་གསལ།

༤། དགོས་པ།

དད་པ་སྐྱོ་ངས་མེད་པའི་སྦྱིན་བདག་མི་དབང་སངས་རྒྱམ་མམ་གཞུང་ས་ནས་རྒྱུ་འགྲོ་ལེགས་པར་སྦྱར་ཏེ་ཨེ་བྲིས་དབུ་ཆེན་རྣམས་ཀྱིས་སྣོ་གསུམ་ཐང་ཆད་མེད་པར་འབྲི་བཤུས་དང་། ཧང་འབྱོར་གཞུང་སྒོང་གི་ཞུས་དག་ལེགས་པར་མཛད་དེ། འབྲི་ཤོག་མཐིང་ཤོག་དངོས་སུ་རིན་ཆེན་དང་པོ་གསེར་གྱིས་འབྲི་བཞེངས་དང་སྒྲགས། སྣ་ཚོགས་མཁས་པའི་ཚོགས་ཀྱིས་དྲས་དང་གླེགས་ཤིང་གླེགས་ཐག་ན་བཟའ། གདོང་དར་དང་ཞལ་ཁེབས་སོགས་ལྷ་བརྒྱན་གས་བསྒྲོན་ཏེ་འབྲི་བཞེངས་གནང་བའི་དགོས་པ་ནི་དཀར་ཆག་ལས། ངེད་རང་རིང་པོར་འཚོ་ཐབས་སུ་དམིགས་པ་གཟུགས་སུ་གྲུབ་ན་ནམ་ཁའི་མཐོངས་སུ་འང་ཤོང་བར་དཀའ་སོད། ངེད་རང་རིང་པོར་འཚོ་ཐབས་སུ་དམིགས་ནས་འཕོ་དགུའི་འཁོར་པ་ལ་གཏོང་ཕོད་ཀྱི་དཔའ་བ་ལས། འཇུངས་པའི་དྲི་མ་མཐའ་དག་སྤངས་ཏེ། འཛམ་བུའི་གླིང་གི་གླེགས་བམ་ཐམས་ཅད་ཀྱི་

---

① 见， 海尔默特·拖舍(Helmut Tauscher) 布鲁诺·雷恩(Bruno Lain)著《西部西藏地区甘珠尔传承》载《西部西藏的文化历史》中国藏学出版社，第137页。

② རྒྱལ་བ་ལྔ་པ་ངག་དབང་བློ་བཟང་རྒྱ་མཚོས་མཛད་པའི་འཛམ་བུའི་གླིང་གི་གླེགས་བམ་ཐམས་ཅད་ཀྱི་གཙུག་རྒྱན་དུ་གྱུར་པ་བཞེངས་པའི་ཚེ་དཀར་ཆག་ཆེ་བརྗོད་བསྔོ་སྨོན་དང་འབྲེལ་བ་རྒྱས་ཙམ་ཞིག་དཀོན་བརྩེགས་པོད་ཆ་པའི་ལྡེབ་གྲངས་420ཀྱི་བ་ངོས་ལས་དྲངས།

གཙུག་རྒྱན་དུ་གྱུར་པ་བཞེངས་པའི་ཚེ་དཀར་ཆག་ཆེ་བརྗོད་བསྔོ་སྨོན་དང་འབྲེལ་བ་རྒྱས་ཙམ་ཞིག་དགོས་ཚུལ་ལྟར་རྒྱལ་བ་སྲས་གཙང་གི་སྲས་པོ་①ཞེས་གསུངས་པ་ལྟར་ན། བཀའ་འགྱུར་འཛམ་གླིང་གཙུག་རྒྱན་དེའི་དཀར་ཆག་ནི་ལྔ་པོ་ཆེན་པོས་མཛད་པ་ལ་བརྟེན་ཏེ་ཞུས་ན་འབྲི་བཞེངས་དགོས་པའང་རྒྱལ་བ་ལྔ་པ་ཆེན་པོ་སྐུ་ཚེ་རིང་པོར་འཚོ་ཐབས་སུ་དམིགས་ཏེ་འབྲི་བཞེངས་བསྐྲུངས་པ་དེ་ཤེས་སོ།

བཅུ། རྒྱུ་འགྲོ།

སྤྱི་ལོ་1683ལོར་ཤར་འོལ་ག་སྟག་རྩེར་བཀའ་འགྱུར་མཐིང་ཤོག་གསེར་བྲིས་དབུ་ཞབས་ལྷ་སྐུ་འབུར་འཇམ་དང་། དབུ་ཞབས་ཞལ་ཁེབས་དང་གདོང་དར་ལྔ་བརྩེགས་ཅན། དྲས་དང་དྲིགས་ཀྱི་གླེགས་ཤིང་སྐུ་རགས་ན་བཟའ་བཅས་ཁྱད་དུ་འཕགས་པས་བཞེངས་པར་མཛད་པའི་ཕྱུས་མ་པོད་བརྒྱ་དང་བཅུ་བཞིའི་རང་བཞིན་ཅན་དེ་འདྲ་ཞིག་འབྲི་བཞེངས་གནང་བ་ལ་རྒྱུ་འགྲོ་ཇི་ཙམ་ཞིག་ཕྱིན་ཡོད་དམ་སྙམ་ན། བཀའ་འགྱུར་མཐིང་ཤོག་གསེར་བྲིས་དེ་འབྲི་བཞེངས་གནང་བའི་སྐབས་སུ་རྒྱུ་འགྲོ་འདི་འདྲ་ཞིག་སྤྱུར་བ་ཡིན་ཞེས་དཀར་ཆག་ཏུ་རྒྱས་པར་མ་གསལ་ཙང་། སྤྱི་ལོ་2010ལོའི་ནང་དུ་ཕོ་བྲང་པོ་ཏ་ལའི་ཉམས་གསོ་ཁང་དུ་བསྒྲང་བྱ་གཅིག་ལ་ཉེ་བ་ཙམ་ཞིག་ཉམས་གསོའི་སྐོར་གྱི་དཔྱད་གཞི་ལེགས་སྒྲིག་བྱེད་པའི་རིང་། ཕོ་བྲང་དམར་པོའི་ཁྲམས་སྐོར་གཉིས་པའི་ལྡེབས་ཨང་81②དང་82③དང་107④དང་109⑤དང་138⑥དང་

① རྒྱལ་བ་ལྔ་པ་ངག་དབང་བློ་བཟང་རྒྱ་མཚོས་མཛད་པའི་འཛམ་བུའི་གླིང་གི་གླེགས་བམ་ཐམས་ཅད་ཀྱི་གཙུག་རྒྱན་དུ་གྱུར་པ་བཞེངས་པའི་ཚེ་དཀར་ཆག་ཆེ་བརྗོད་བསྔོ་སྨོན་དང་འབྲེལ་བ་རྒྱས་ཙམ་ཞིག་དཀོན་བརྩེགས་པོད་ཆ་པའི་ལྡེབ་གྲངས་424ཀྱི་བ་ངོས་ལས་དྲངས།

② ༨༡ ཚ་བ་མཛོ་སྨད་དུ་རྒྱུ་འགྲོ་ཁལ་བཞི་ཁྲི་ཆིག་སྟོང་ཉིས་བརྒྱ་རེ་དྲུག་ལས་གྲུབ་པའི་བཀའ་འགྱུར་སྐུ་པོད་བཞེངས་པ་གནང་བ་ཞེས་ཕོ་བྲང་དམར་པོའི་ཁྲམས་སྐོར་གཉིས་པའི་ལྡེབས་རིས་ཀྱི་ཞལ་བྱང་ལས་དྲངས།

③ ༨༢ སྔོ་རྫོང་དུ་བཀའ་འགྱུར་སྐུ་ཆོས་རྒྱུ་འགྲོ་ཁལ་བཞི་ཁྲི་ལྔ་བརྒྱ་ལས་གྲུབ་པ་གསར་བཞེངས་གནང་བ་ཞེས་ཕོ་བྲང་དམར་པོའི་ཁྲམས་སྐོར་གཉིས་པའི་ལྡེབས་རིས་ཀྱི་ཞལ་བྱང་ལས་དྲངས།

④ ༡༠༧ཞོལ་དཀར་དུ་བཀའ་འགྱུར་སྐུ་པོད་རྒྱུ་འགྲོ་འབྲུ་ཁལ་བཞི་ཁྲི་སུམ་སྟོང་ཆིག་བརྒྱ་ཞེ་གསུམ་ལས་གྲུབ་པ་གསར་བཞེངས་གནང་བ་ཞེས་ཕོ་བྲང་དམར་པོའི་ཁྲམས་སྐོར་གཉིས་པའི་ལྡེབས་རིས་ཀྱི་ཞལ་བྱང་ལས་དྲངས།

⑤ ༡༠༩ འོལ་ཁར་བཀའ་འགྱུར་གསེར་ཆོས་འཛམ་གླིང་རྒྱན་གཅིག་རྒྱུ་འགྲོ་ཁལ་ཆིག་འབུམ་བརྒྱད་ཁྲི་དྲུག་སྟོང་བདུན་བརྒྱ་དོན་གསུམ་ལས་གྲུབ་པ་གསར་བཞེངས་གནང་བ་ཞེས་ཕོ་བྲང་དམར་པོའི་ཁྲམས་སྐོར་གཉིས་པའི་ལྡེབས་རིས་ཀྱི་ཞལ་བྱང་ལས་དྲངས།

⑥ ༡༣༨ བཟད་དུ་མཐིང་ཤོག་ལ་དངུལ་ཞུན་གྱི་བཀའ་འགྱུར་རྒྱུ་འགྲོ་ཁལ་བརྒྱད་ཁྲི་དགུ་སྟོང་སུམ་བརྒྱ་ཞེ་བཞི་ལས་གྲུབ་པ་གསར་བཞེངས་གནང་བ་ཞེས་ཕོ་བྲང་དམར་པོའི་ཁྲམས་སྐོར་གཉིས་པའི་ལྡེབས་རིས་ཀྱི་ཞལ་བྱང་ལས་དྲངས།

139ད[1]ང་140[2]དང་141[3]དང་169[4]དང་192[5]དང་258[6]དང་271[7]བཅས་ནི་རྒྱལ་བ་ལྔ་པའི་དགོངས་རྫོགས་སུ་བཀའ་བསྟན་བཞེངས་པའི་སྐོར་གྱི་བརྗོད་བྱ་ལྡེབས་རིས་ཀྱི་ལམ་ནས་མཚོན་པར་བྱས་པ་ཞིག་ཡིན་འདུག དེ་དག་གི་ཁྲོད་ནས་ལྡེབས་རིས་109ཡི་ཞབས་མཚན་དུ་འོལ་ཀར་བཀའ་འགྱུར་གསེར་ཆོས་འཛམ་གླིང་རྒྱན་གཅིག་ཏུ་རྒྱུ་འགྲོ་འབྲུ་ཁལ་ཆིག་འབུམ་བརྒྱད་ཁྲི་དྲུག་སྟོང་བདུན་བརྒྱ་དོན་གསུམ་ལས་གྲུབ་པ་གསར་བཞེངས་གནང་[8]ཞེས་དང་། ད་ཀྲུ་ལའི་གོས་བཟང་འཁྲོས་ང་པར་སྐུ་རྒྱུ་ཕོགས་སོགས་ཁྱོན་བསྡོམས་བར་དངུལ་སྲང་ཆིག་ཁྲི་དང་སུམ་བརྒྱ་དགུ་བཅུ་གོ་བརྒྱད་ཞོ་བཞི་སྐར་ཕྱེད་བདུན་ལྔ་ཆ་གཅིག་བྱུང་བ་འབྲུག་ཤོར་ཁལ་ཆིག་འབུམ་བརྒྱད་ཁྲི་དྲུག་སྟོང་བདུན་བརྒྱ་བདུན་ཅུ་དོན་གསུམ་བྲེ་བརྒྱད་ལྷག་བཅས་རྣམས་ལས་བསྒྲུབ་[9]ཅེས་ལྡེབས་རིས་ཀྱི་བརྗོད་བྱ་དང་ལྔ་པ་ཆེན་པོའི་རྣམ་ཐར་ལས་གཙུ་ཁ་རང་འགྲིག་ཏུ་སོང་གཤིས་རྒྱལ་བ་ལྔ་པ་ངག་དབང་བློ་བཟང་རྒྱ་མཚོ་སྐུ་ཚེ་རིང་པོར་འཚོ་ཐབས་སུ་བཞེངས་པའི་བཀའ་འགྱུར་འཛམ་གླིང་རྒྱན་གཅིག་དེའི་རྒྱུ་འགྲོ་དེ་ཡང་ཁ་གསལ་ཞིག་ཤེས།

---

① ༡༣༩ ཤོ་མདོར་བཀའ་འགྱུར་སྐུ་པོད་རྒྱུ་འགྲོ་འབྲུ་ཁལ་བཞི་ཁྲི་ཆིག་སྟོང་བརྒྱད་བརྒྱ་བཅོ་ལྔས་གྲུབ་པ་གསར་བཞེངས་གནང་བ་ཞེས་པོ་ཏ་ལ་དམར་པོའི་ཁྱམས་སྐོར་གཉིས་པའི་ལྡེབས་རིས་ཀྱི་ཞལ་བྱང་ལས་དྲངས།

② ༡༤༠ དེ་སོ་གསང་སྔགས་ཆོས་རྫོང་དུ་བཀའ་འགྱུར་སྐུ་ཆོས་ཤོ་མདོ་དང་མཚུངས་པར་གསར་བཞེངས་གནང་བ་ཞེས་པོ་ཏ་ལ་དམར་པོའི་ཁྱམས་སྐོར་གཉིས་པའི་ལྡེབས་རིས་ཀྱི་ཞལ་བྱང་ལས་དྲངས།

③ ༡༤༡ ཚ་བ་མཛོ་སྒང་དུ་བཀའ་འགྱུར་སྐུ་པོད་རྒྱུ་འགྲོ་འབྲུ་ཁལ་བཞི་ཁྲི་ཆིག་སྟོང་ཉེར་བཞི་ལས་གྲུབ་པ་གསར་བཞེངས་གནང་བ་ཞེས་པོ་ཏ་ལ་དམར་པོའི་ཁྱམས་སྐོར་གཉིས་པའི་ལྡེབས་རིས་ཀྱི་ཞལ་བྱང་ལས་དྲངས།

④ ༡༦༩ བསྟན་འགྱུར་སྙིང་པའི་སྙིང་ཐར་ལོ་རྒྱུན་གྱི་འགྱུར་གསར་རྣམ་གླིང་པཎ་སོགས་རྗེ་དྲུང་རྣམས་ཀྱིས་ཞུས་དག་བྱེད་པ་ཞེས་པོ་ཏ་ལ་དམར་པོའི་ཁྱམས་སྐོར་གཉིས་པའི་ལྡེབས་རིས་ཀྱི་ཞལ་བྱང་ལས་དྲངས།

⑤ ༡༩༢ འོལ་ཁར་ཧུ་རྗེའི་བཀའ་འགྱུར་གསར་བཞེངས་གནང་བ་ཞེས་པོ་ཏ་ལ་དམར་པོའི་ཁྱམས་སྐོར་གཉིས་པའི་ལྡེབས་རིས་ཀྱི་ཞལ་བྱང་ལས་དྲངས།

⑥ ༢༥༨འཕྱོངས་རྒྱས་སུ་ཤོག་ལྷང་ཐོག་རིན་ཆེན་བཞི་པའི་ཁུ་བས་བཀའ་འགྱུར་ལོ་ཙོག་གསར་བཞེངས་གནང་བ་ཞེས་པོ་ཏ་ལ་དམར་པོའི་ཁྱམས་སྐོར་གཉིས་པའི་ལྡེབས་རིས་ཀྱི་ཞལ་བྱང་ལས་དྲངས།

⑦ ༢༧༡ འཕྱིང་བ་སྟག་རྩེར་བཀའ་འགྱུར་སྐུ་པོད་ཉིས་བརྒྱ་སུམ་བཅུ་རྒྱ་ཤོག་ལ་གསེར་ཞུན་མའི་བཀའ་གཉིས་པ་པོད་དགུ་བཅུ་གོ་བཞི་བཅས་རྒྱུ་འགྲོ་ཁལ་ཆིག་འབུམ་དྲུག་ཁྲི་བརྒྱད་སྟོང་བཞི་བརྒྱ་སོ་གཅིག་ལས་གྲུབ་པ་གསར་བཞེངས་གནང་བ་ཞེས་པོ་ཏ་ལ་དམར་པོའི་ཁྱམས་སྐོར་གཉིས་པའི་ལྡེབས་རིས་ཀྱི་ཞལ་བྱང་ལས་དྲངས།

⑧ པོ་ཏ་ལ་པོ་ཏ་ལའི་པོ་ཏ་ལ་དམར་པོའི་ཁྱམས་སྐོར་གཉིས་པའི་ལྡེབ་རིས་ཀྱི་ཞལ་བྱང་ལས་དྲངས།

⑨ པོ་ཏ་ལ་པོ་ཏ་ལར་བཞུགས་པའི་ད་ཀྲུ་ལའི་གོས་བཟང་འཁྲོས་པོད་ང་པའི་ཐྲིས་མ་ལྡེབ་གྲངས་ལྡེབ་གྲངས་240ལས་དྲངས།

ལེ་ཚན་བཞི་པ། ས་སྐྱའི་ཤེར་ཕྱིན་བརྒྱད་སྟོང་པོད་ཀ་པའི་དབུ་ཤོག་ཞབས་མཆན།

ཞབས་མཆན་མ་དཔེ།

དང་པོ། ཞབས་མཆན་མ་ཞུས།

༄།།འཁོན་གྱི་རིགས་འབྲུངས་དཔལ་ལྡན་ས་སྐྱ་པ། །ངག་དབང་ཀུན་དགའ་བསོད་ནམས་རིན་ཆེན་གྱི། །ཡུམ་མཆོག་བསྟན་འཛིན་བསོད་ནམས་བཟང་མོ་ཡིས། །ཐུགས་དམ་དགའ་འགྱུར་བསྟན་འགྲོའི་དཔལ་མགོན་ཞེས། །གསུང་རབ་གླེགས་བམ་རིན་ཆེན་འགྱུར་རོ་འཚལ་འདི་བཞེངས། །[1]ཞེས་པའོ།

གཉིས་པ། ཞབས་མཆན་གྱི་དཔྱེ་ཞིབ།

གཅིག སྡེབ་བརྡག

༄། །འཁོན་གྱི་རིགས་འབྲུངས་དཔལ་ལྡན་ས་སྐྱ་པ། །ངག་དབང་ཀུན་དགའ་བསོད་

① བཀའ་འགྱུར་བསྟན་འགྲོའི་དཔལ་མགོན་པོད་ཁི་པའི་དབུ་ཤོག་ནང་མའི་ཞབས་མཆན་ལས་དྲངས།

ནམས་རིན་ཆེན་གྱི། །ཡུམ་མཆོག་བསྟན་འཛིན་བསོད་ནམས་བཟང་མོ་ཡིས། །ཐུགས་དམ་དཀའ་འགྱུར་བསྟན་འགྲོའི་དཔལ་མགོན་ཞེས། །གསུང་རབ་གླེགས་བམ་རིན་ཆེན་འགྱུར་རོ་འཚལ་འདི་བཞེངས། །[①]ཞེས་བཀའ་འགྱུར་པོད་ཀ་པའི་དབུ་ཤོག་གི་ཞབས་མཆན་དུ་བྱུང་བ་ལ་གཞིགས་ན། མ་རིགས་ལས་འཁོན་ས་སྐྱ་པ་ཞེས་པ་སྟེ་འཁོན་དཀོན་མཆོག་རྒྱལ་པོ་ནས་བཟུངས་ཏེ་འཁོན་གྱི་གདུང་རྒྱུད་རིམ་པར་བྱོན་པ་དེ་དག་གི་ཁྲིད་ནས། དུས་མཆོད་བླ་བྲང་གི་གདུང་རབས་བརྒྱད་པ་སྟེ་ས་སྐྱའི་གདན་རབས་ཉེར་གཉིས་པ་སྔགས་འཆང་ངག་དབང་ཀུན་དགའ་རིན་ཆེན་བཀྲ་ཤིས་གྲགས་པ་རྒྱལ་མཚན་ (1517-1584) གྱི་ཡུམ་མཆོག་དམ་པ་བསྟན་འཛིན་བསོད་ནམས་བཟང་པོས། རང་གི་ལུས་ཀྱི་རྩ་ཆེན་རྒྱན་ཆ་རྣམས་བཙོང་ཏེ་བཀའ་འགྱུར་འབྲི་བཞེངས་ཀྱི་རྒྱུ་འགྲོ་སྦྱར་བ་སྟེ། བཀའ་འགྱུར་བསྟན་འགྲོའི་དཔལ་མགོན་གྱི་དཀར་ཆག་ལས། དཔལ་ས་སྐྱ་ཆེན་པོ་སྔགས་འཆང་བླ་མ་ཐམས་ཅད་མཁྱེན་པ་ངག་དབང་ཀུན་དགའ་བསོད་ནམས་རིན་ཆེན་བཀྲ་ཤིས་གྲགས་པ་རྒྱལ་མཚན་དཔལ་བཟང་པོ་ཆེ་བ་ཞེས་རྗེ་བཙུན་མ་ཀུན་དགའ་བསྟན་པ་ཉི་མ་སྐུ་མཆེད་དེའི་ཡང་སྲས་ལ་སོགས་པའི་སྲིད་མཐའི་བར་འབྱོན་འགྱུར་གྱི་འབྱུང་གནས་དམ་པ་འདི་ཉིད་ནི་ཐུབ་པའི་བསྟན་པ་ལྔ་བརྒྱ་པ་ཕྲག་བརྒྱད་པའི་ནང་དུ་བྱོན་ཞིང་། སྐྱེས་བུ་ཁྱད་པར་ཅན་འདི་ཉིད་བསྐྱེད་པར་མཛད་པ་སོགས་བྱང་ཆུབ་སེམས་དཔའ་དཔག་ཏུ་མེད་པ་བསྐྱེད་པའི་ཐུགས་བསྐྱེད་སྨོན་ལམ་དུ་བཏབ་པའི་ཡུམ་མཆོག་བསྟན་འཛིན་བསོད་ནམས་བཟང་མོ་ཉིད་ནས་བདེ་བར་གཤེགས་པའི་བསྟན་པ་ལ་མི་ཕྱེད་པའི་དད་པ་ཐོབ་ཅིང་། ཐེག་པ་གསུམ་གྱི་ཆོས་ལ་ཉེ་བར་བཞུགས་ནས་སོ་སོའི་བརྟུལ་བཞུགས་དང་། བསམ་པ་དང་། བསྒོམ་པ་ཇི་ལྟར་ནུས་པའི་ཐུགས་འདུན་ནན་ཏན་མཛད་ཅིང་། བདེ་བར་གཤེགས་པའི་རིན་པོ་ཆེ་དགེ་བ་དང་ལེགས་པ་ཐམས་ཅད་ཀྱི་འབྱུང་གནས་ཉེས་པ་ཐམས་ཅད་དྲུང་ནས་འབྱིན་པ། ལྷ་དང་བཅས་པའི་འཇིག་རྟེན་ཐམས་ཅད་ལ་ཡང་དག་པའི་སྣང་བ་བསྐྱེད་པའི་སྒྲོན་མེ་ཆེན་པོ་ཡིན་པར་དགོངས་ནས། རང་གི་ཡབ་ཡུམ་རྣམས་ཀྱི་སྐུ་དྲིན་དང་སྲས་ཀྱི་དམ་པ་སོགས་ཀྱི་དྲིན་ལས་ཉིད་སྐུ་ལུས་ཀྱི་རྒྱན་བཟང་དགུ་ཡོད་དོ་ཚོག་ཕལ་ཆེ་བ་ཕྱོགས་གཅིག་ཏུ་སྤུངས་ཏེ་གསེར་ཞོ་ཆིག་སྟོང་བདུན་བརྒྱ་དོན་བརྒྱད་རེ་བའི་རིན་པོ་ཆེའི་དོ་ཤལ། གཡུ། མུ་ཏིག སྤོས་ཤེལ་ལྷ་སྒྲོལ། བསྲུང་ཁྲ། སྨན་གོང་སོགས་ཀྱི་ནོམ་པ་དང་། གཞན་ཤོག

---

① བཀའ་འགྱུར་བསྟན་འགྲོའི་དཔལ་མགོན་པོད་ཁི་པའི་དབུ་ཤོག་ནང་མའི་ཞབས་མཆན་ལས་དྲངས།

རིན་དུ་གོས་བཟང་བསྒྲིགས་ཡུག་གསུམ། ལྷོན་ཛ་བཟང་འཕོར་དྲུག་བཞི། སྤོས་ཤེལ་བདུན། ཕྱུ་ཏུ་ཉི་ཤུ་ཡོད་པའི་མགུལ་རྒྱན། གསེར་སྒྲི། གསེར་པད། སྙན་བརྒྱན་གསེར་ཕོར་བཅས། ཡང་སྙན་བརྒྱན་གཡུ་གཅིག་དང་། ད་དུང་ཁ་མ་གཉིས། དངུལ་གྱི་ཨེ་སྐོར་ཕྲ་ལྡན་བརྒྱད་དང་། གདུ་བུ་གཉིས། འཛོ་མོ་ལྷ་བཅས་ལ་དངུལ་སྲང་བརྒྱ་དང་དྲུག་ཅུ་རེ་དགུ་ཞོ་དགུ་རེ་བ་ཕུན་ཚོགས་ཡོངས་འདུའི་གཉེར་ཁང་དུ་ཐེབས་སུ་གནང་། ཕྲུག་མཛོད་དུ་ལྷོན་ཛ་འཕོར་དྲུག་གཉིས། མར་དོ་གཉིས་ཞེས་[①]པ་ལས། ཚ་སྤྲུལ་ལོ་སྟེ་སྤྱི་ལོ་1545ལོར་བཀའ་འགྱུར་བསྟན་འགྱུར་དཔལ་མགོན་དཔལ་ས་སྐྱའི་ཚོམས་བརྩིགས་ཐྲག་རི་མའི་གྲས་སུ་བཞུགས་པ་དེ་འབྲི་བཞེངས་བསྐྲུནས་པའི་སྐབས་སུ། དད་པ་སྐྱོ་ངས་མེད་པའི་སྦྱིན་བདག་ཡུམ་མཆོག་བསྟན་འཛིན་བསོད་ནམས་བཟང་མོས་རྒྱུ་འགྲོ་ཅི་ཞིག་སྤྲུར་ཏེ་བཀའ་འགྱུར་མཐིང་ཤོག་གསེར་བྲིས་པོད་བརྒྱ་དང་བཅུ་གཅིག་ཅན་དེ་འབྲི་བཞེངས་བསྐྲུནས་པ་དེ་ཤེས།

གཉིས། སྣག་ཤོག

ཤིང་སྤྲུལ་ལོ་སྟེ་སྤྱི་ལོ་1545ལོར་དཔལ་ས་སྐྱའི་སྔགས་འཆང་ངག་དབང་ཀུན་དགའ་བསོད་ནམས་རིན་ཆེན་གྱི་ཡུམ་མཆོག་བསྟན་འཛིན་བསོད་ནམས་བཟང་མོས་དད་པ་སྐྱོ་ངས་མེད་པའི་སྦྱིན་བདག་གནང་སྟེ། བཀའ་འགྱུར་བསྟན་འགྱུར་དཔལ་མགོན་པོད་བརྒྱ་དང་བཅུ་གཅིག་ཅན་དེ་འབྲི་བཞེངས་བསྐྲུནས་པའི་སྐབས་སུ་འབྲི་རྫས་ལ་མཁོ་བ་སྣག་ཤོག་ཅི་ཞིག་བཏང་ཡོད་པའི་སྐོར་ལ། གསུང་རབ་གླེགས་བམ་རིན་ཆེན་འགྱུར་རོ་འཚལ་འདི་བཞེངས་[②]ཞེས་པ་དང་གཞིས་སྐྱེས་སྐྱེ་མོ་བཅས་ཀྱི་ཤོག་འདུལ་བ་སུམ་ཅུ་སྐོར། ལ་སྟོད་ཤེལ་དཀར་དང་། རྒྱལ་རྩེ་སོགས་ནས་བཙོ་སྦྱངས་བཅད་གསུམ་གྱི་གསེར་འདུལ་བ་བཅུ་སྐོར་[③]ཞེས་པས་འབྲི་ཤོག་འདུལ་མཁན་སྐྱེ་མོ་གཞིས་སྐྱེས་ཡིན་གཤིས་སྐྱེ་ཤོག་གམ་གཙང་ཤོག་དང་སྣག་ཚ་འདུལ་མཁན་ལ་སྟོད་ཤེལ་དཀར་དང་རྒྱལ་རྩེ་སོགས་ནས་བཀུག་པའི་བཙོ་སྦྱངས་མཁས་པས་བཅད་

① བདེ་བར་གཤེགས་པའི་གསུང་རབ་འགྱུར་རོ་འཚལ་བཞེངས་པའི་གསལ་བྱེད་ སྟེབ་སྦྱོར་གྱི་རྣམ་པར་བགྱི་བ་ཞེས་བྱ་བ་བཞུགས་སོ་ཞེས་པ་བཀའ་འགྱུར་བསྟན་འགྱུར་དཔལ་མགོན་གྱི་དཀར་ཆག་ཐིས་མ་དཔེ་ཚུགས་ལྡེབ་གྲངས་10ལས་དྲངས།

② བཀའ་འགྱུར་བསྟན་འགྱུར་དཔལ་མགོན་པོད་ཁི་པའི་དབུ་ཤོག་ནང་མའི་ཞབས་མཆན་ལས་དྲངས།

③ བདེ་བར་གཤེགས་པའི་གསུང་རབ་འགྱུར་རོ་འཚལ་བཞེངས་པའི་གསལ་བྱེད་ སྟེབ་སྦྱོར་གྱི་རྣམ་པར་བགྱི་བ་ཞེས་བྱ་བ་བཞུགས་སོ་ཞེས་པ་བཀའ་འགྱུར་བསྟན་འགྱུར་དཔལ་མགོན་གྱི་དཀར་ཆག་ཐིས་མ་དཔེ་ཚུགས་ལྡེབ་གྲངས་11ལས་དྲངས།

གསུམ་གྱི་གསེར་འདུལ་བ་བཅུ་སྐོར་གྱིས་བཏུལ་བའི་སྣག་ཚ་གཙོས་ཆེན་རིན་ཆེན་གསེར་གྱིས་འབྲི་བཞེངས་གནང་བ་དེ་དཀར་ཆག་ལས། གསུང་རབ་རྣམས་མཐིང་ཤོག་གི་གཞི་ལ་ཡོངས་སུ་དག་པའི་གསེར་གྱིས་བཞེངས་[1]ཞེས་པས་ཀྱང་རྟོགས།

གསུམ། ཡིག་མཁན།

བཀའ་འགྱུར་བསྟན་འགྲོའི་དཔལ་མགོན་དེ་འབྲི་བཞེངས་བྱ་བའི་སྐབས་ཀྱི་ཡིག་མཁན་དབུ་ཆེན་ནི་སྐྱེ་མོ་བློ་བཟང་རྣམ་རྒྱལ་དང་གཡེ་ཡོན་ཏན་བག་གྲོ་[2]ལ་སོགས་པ་བྱོན་ཡོད་པ་ནི་པོད་ཀ་པའི་དབུ་ཤོག་གི་ཞབས་མཆན་དུ་གསལ་ཞིང་། ལྷག་དོན་དུ་བསྟན་འགྲོའི་དཔལ་མགོན་དེའི་དཀར་ཆག་ཏུ་ཤིང་མོ་སྤྲུལ་གྱི་ལོ་སྟེ་སྤྱི་ལོ་1545ལོར་གཡེ་སྐྱེ་མོ་བཅས་ནས་ཡི་གེ་འབྲི་བའི་གཙུག་ལག་ལ་ཤིན་ཏུ་སྦྱངས་ཤིང་རབ་ཏུ་མཁས་པ་གཡེ་པ་ཡོན་ཏན་བག་གྲོ་དང་སྐྱེ་མོ་བློ་བཟང་རྣམ་རྒྱལ་ཞེས་བྱ་བ་ལ་སོགས་པའི་ཡི་གེ་པའི་ཚོགས་བརྒྱ་ཕྲག་ལྷག་ཙམ་[3]ཞེས་པ་སོགས་ལས་དད་པ་སྐྱོ་ངས་མེད་པའི་ཡུམ་མཆོག་བསྟན་འཛིན་བསོད་ནམས་བཟང་མོའི་ཐུགས་དམ་བཀའ་འགྱུར་བསྟན་འགྲོའི་དཔལ་མགོན་དེ། འབྲི་བཞེངས་བསྐྲུངས་པའི་སྐབས་སུ་ས་ཐག་རིང་ཐུང་དང་རྒྱུ་འགྲོའི་གཏོས་ཆེ་ཆུང་ལ་མ་གཟིགས་པར་དུས་རབས་16པའི་ནང་དུ་བོད་དབུས་གཙང་གི་ཕྱོགས་ནས་སུག་བྲིས་དབུ་ཆེན་གདན་ཞུ་གནང་སྟེ་གསུང་རབ་དེ་འབྲི་བཞེངས་བསྐྲུངས་པའི་སྐབས་ཀྱི་ཡིག་མཁན། དབུ་ཆེན་གཡེ་སྟེ་ལྷོ་ཁའི་ཨེ་ཕྱོགས་ནས་ཕེབས་པའི་དབུ་ཆེན་ཡོན་ཏན་བག་གྲོ་དང་སྐྱེ་མོའི་བློ་བཟང་རྣམ་རྒྱལ་རྣམ་གཉིས་ཀྱིས་གཙོས་པའི་ཡིག་མཁན་བརྒྱ་གྲངས་ཀྱིས་འབྲི་བཞེངས་བསྐྲུངས་པ་དེས། ཡིག་གཟུགས་ཆ་ནས་བརྗོད་ན་ཡང་དེའི་ཁྱད་ཆོས་འབུར་དུ་དོད་པ་སྟེ་ཨེ་བྲིས་དང་སྐྱེ་བྲིས་ཀྱིས་འབྲི་བཤུས་བྱས་པ་དེས། དེང་གི་ཨེ་བྲིས་དང་སྐྱེ་བྲིས་ཀྱི་འབྲི་གཟུགས་ལ་ཞིབ་འཇུག་གནང་མཁན་ཚོར་དཔྱད་གཞིའི་རིན་ཐང་གཞལ་དུ་མེད་པ་མེད་ཞིག་ཀྱང་སྣང་།

---

① བདེ་བར་གཤེགས་པའི་གསུང་རབ་འགྱུར་རོ་འཚལ་བཞེངས་པའི་གསལ་བྱེད་ སྡེབ་སྦྱོར་གྱི་རྣམ་པར་བཀྲ་བ་ཞེས་བྱ་བ་བཞུགས་སོ་ཞེས་པ་བཀའ་འགྱུར་བསྟན་འགྲོའི་དཔལ་མགོན་གྱི་དཀར་ཆག་བྲིས་མ་དཔེ་ཚུགས་ལྡེབ་གྲངས་12ལས་དྲངས།

② བཀའ་འགྱུར་བསྟན་འགྲོའི་དཔལ་མགོན་པོད་ཁི་པའི་དབུ་ཤོག་ནང་མའི་ཞབས་མཆན་ལས་དྲངས།

③ བདེ་བར་གཤེགས་པའི་གསུང་རབ་འགྱུར་རོ་འཚལ་བཞེངས་པའི་གསལ་བྱེད་ སྡེབ་སྦྱོར་གྱི་རྣམ་པར་བཀྲ་བ་ཞེས་བྱ་བ་བཞུགས་སོ་ཞེས་པ་བཀའ་འགྱུར་བསྟན་འགྲོའི་དཔལ་མགོན་གྱི་དཀར་ཆག་བྲིས་མ་དཔེ་ཚུགས་ལྡེབ་གྲངས་11ལས་དྲངས།

བཞི། སྒྲིལ་ཆས།

འགྲོ་མགོན་ཆོས་རྒྱལ་འཕགས་པས་གསུང་རབ་འབྲི་བཞེངས་ཀྱི་སྐོར་དུ་སྣ་ཚོགས་བཟོ་རིག་མཁས་པའི་ཚོགས་རྣམས་ཀྱིས། །དྲས་དང་གླེགས་ཤིང་གླེགས་ཐག་ན་བཟའ་སོགས། །འགྲོ་བའི་ཡིད་འཕྲོག་ཕུལ་དུ་བྱུང་བ་ཡི། །རྣམ་པར་བཀྲ་བ་ཕུན་སུམ་ཚོགས་པ་བསྒྲུབ་[1]ཅེས་གསུངས་པ་ལྟར། ཕྱི་ལོ་1545ལོར་འབྲི་བཞེངས་བསྐྲུངས་པའི་བཀའ་འགྱུར་བསྟན་འགྲོའི་དཔལ་མགོན་པོད་བརྒྱ་དང་བཅུ་གཅིག་ཅན་དེའི་དབུ་ཤོག་ཚང་མར་གཞན་གྱིས་འགྲན་ཏུ་མེད་པའི་ཞལ་ཁེབས་དང་ན་བཟའ། གླེགས་ཤིང་དང་གླེགས་ཐག་རང་འཁྲིག་བཏང་ཡོད་པ་ནི་དཀར་ཆག་ལས་པོད་བརྒྱ་དང་བཅུ་གཅིག་རྣམས་ཀྱི་ཞལ་ཁེབས་གོས་བཟང་བྱུས་ཡག་ལྷ་ལ་དངུལ་སྲང་བརྒྱ་དང་སུམ་ཅུ་སོ་ལྔ་རེ་བ། གདོང་དར་གོས་བཟང་ཁྲད་པར་ཅན་གྱི་རྒྱུ་ཚོགས། ན་བཟའ་གོས་སྣ་ཚོགས་ཉིས་སྟག གླེགས་ཤིང་གི་མཚལ་རྩི། གསེར་རིས་རྣམས་ལ་གསེར་ཞོ་སུམ་ཅུ་སོ་ལྔ། གསེར་དངུལ་ཟངས་ལྕགས་དར་རས་རམ་སྣག་སོགས་སྣ་ཚང་དགུ་རྣམས་ཀྱི་གཞི་བླངས།[2]ཞེས་དང་སྐེ་མོ་གཞིས་སྐྱེས་ཀྱི་ཤིང་བཀོས་པ་དང་། མཚོན་རྩི་བ་ལྟ་དྲུག་ཙམ་གཞན་ཡང་དྲས་ལ་སོགས་པ་བཟོ་ལ་ཤིན་ཏུ་སྦྱངས་པའི་སྐྱེ་བོ་མང་པོ་བོས་[3]ཞེས་དང་། གླེགས་ཤིང་གླེགས་ཐག་དང་ན་བཟའ་ལ་སོགས་པ་མཆོད་པའི་ཡོ་བྱད་རྣམས་ཀྱིས་ཞབས་འབྲིང་བྱས་ཏེ་གསུང་རབ་ལས་བྱུང་བའི་ཚུལ་བཞིན་དུ་རབ་ཏུ་གནས་[4]ཞེས་པས་བཀའ་འགྱུར་བསྟན་འགྲོའི་དཔལ་མགོན་དེའི་སྒྲིལ་ཆས་ན་བཟའ་སོགས་གཞན་གྱིས་འགྲན་དུ་མེད་པ་ཞིག་བསྒྲོན་ཡོད་པ་དེ་གོང་གི་དཀར་ཆག་ལས་ཤེས་ལ་ད་དུང་ཕོ་བོས་ཀྱང་ཐེངས་གཉིས་ཙམ་ཞིག་དངོས་སུ་མཇལ་སྐྱོང་བས་ཀྱང་དེ་བདེན་པར་སྣང་། བོད་ཡིག་གནའ་དཔེའི་དབུ་ཤོག་ཏུ་ཞལ་ཁེབས་ལྷ་ལྷན་བཏང་བའི་གསུང་རབ་ཞིག་ཡིན་ཕྱིན་ཕྱིར་གྱི་ཆ་ནས་སྐབས་དེའི་

---

① ས་སྐྱའི་བཀའ་འབུམ་ལས་འགྲོ་མགོན་ཆོས་རྒྱལ་འཕགས་པས་མཛད་པའི་བདེ་བར་གཤེགས་པའི་གསུང་རབ་འགྱུར་རོ་འཚལ་བཞེངས་པའི་གསལ་བྱེད་སྡེབ་སྦྱོར་གྱི་རྒྱན་རྣམ་པར་བཀྲ་བ་ཞེས་བྱ་བ་ཆོས་ཚན་བ་པ་སྡེ་དགེའི་སྤར་མའི་ལྡེབ་གྲངས་8ལས་དྲངས།

② བདེ་བར་གཤེགས་པའི་གསུང་རབ་འགྱུར་རོ་འཚལ་བཞེངས་པའི་གསལ་བྱེད་སྡེབ་སྦྱོར་གྱི་རྣམ་པར་བཀྲ་བ་ཞེས་བྱ་བ་བཞུགས་སོ་ཞེས་པ་བཀའ་འགྱུར་བསྟན་འགྲོའི་དཔལ་མགོན་གྱི་དཀར་ཆག་བྲིས་མ་དཔེ་ཚུགས་ལྡེབ་གྲངས་11ལས་དྲངས།

③ བདེ་བར་གཤེགས་པའི་གསུང་རབ་འགྱུར་རོ་འཚལ་བཞེངས་པའི་གསལ་བྱེད་སྡེབ་སྦྱོར་གྱི་རྣམ་པར་བཀྲ་བ་ཞེས་བྱ་བ་བཞུགས་སོ་ཞེས་པ་བཀའ་འགྱུར་བསྟན་འགྲོའི་དཔལ་མགོན་གྱི་དཀར་ཆག་བྲིས་མ་དཔེ་ཚུགས་ལྡེབ་གྲངས་11ལས་དྲངས།

④ བདེ་བར་གཤེགས་པའི་གསུང་རབ་འགྱུར་རོ་འཚལ་བཞེངས་པའི་གསལ་བྱེད་སྡེབ་སྦྱོར་གྱི་རྣམ་པར་བཀྲ་བ་ཞེས་བྱ་བ་བཞུགས་སོ་ཞེས་པ་བཀའ་འགྱུར་བསྟན་འགྲོའི་དཔལ་མགོན་གྱི་དཀར་ཆག་བྲིས་མ་དཔེ་ཚུགས་ལྡེབ་གྲངས་11ལས་དྲངས།

དད་པ་སྐྱོ་ངས་མེད་པའི་སྦྱིན་བདག་གནང་མཁན་གྱི་དཔལ་འབྱོར་དང་རིག་གནས། སྤྱི་ཚོགས་ཀྱི་གནས་འབབ་ཅི་ཞིག་བཟུང་ཡོད་པ་དེ་རྟོགས། དེ་ལས་ལྡོག་ཏེ་གསུང་རབ་ཀྱི་དབུ་ཤོག་གི་ཞལ་ཁེབས་སུ་ཤོག་བུ་འཇམ་ཤོག་དང་བྱང་དར་ཙམ་ཞིག་ལས་བསྒྲོན་མེད་ན་སྤྱིར་གྱི་ཆ་ནས་ཡུལ་མཐའ་ཁོབ་དང་དཔལ་འབྱོར་དང་རིག་གནས་ཀྱི་ཐོན་ཁུངས་གཞན་པའི་ཡུལ་དུ་བཞེངས་པར་མངོན། ལྷག་དོན་དུ་ཞལ་ཁེབས་དང་གདོང་དར། དཔེ་རས་ལྷ་བརྩེགས་ཅན་བསྒྲོན་ཡོད་ཚེ་གསུང་རབ་དེ་དག་ཕོ་བྲང་དང་དགོན་སྡེ་ཆེ་ཁག་ཏུ་བཞུགས་པ་དེ་ལས་ཀྱང་ཟུར་བལྟས་ལེབ་ཚོད་དུ་སོང་བ་ཞིག་ཡིན།

ལྔ། རབ་གནས།

རབ་གནས་ཀྱི་གོ་དོན་ལ་བོད་ཀྱི་གསུང་རབ་སྨྲ་བའི་དབང་པོ་ཏུང་དཀར་བློ་བཟང་འཕྲིན་ལས་མཆོག་གིས་གསུངས་དོན། འདི་ནི་སངས་རྒྱས་ཆོས་ལུགས་ཀྱི་བྱེད་སྒོ་གཙོ་ཆེ་གྲས་ཤིག་ཡིན། སྐུ་གསུང་ཐུགས་རྟེན་བཞེངས་ཟིན་རྗེས་བགེགས་སྐྲོད་དང་རབ་གནས་མ་བྱས་ན་གདོན་འདྲེ་ཡི་དྭགས་སོགས་ཀྱིས་རྟེན་དེ་བདག་ཏུ་བཟུང་ནས་གནས་ཏེ་མི་ལ་གནོད་འཚེ་གཏོང་བས་བགེགས་སྐྲོད་བྱ་དགོས་པ་དང་། དེ་རྗེས་རྟེན་དེ་གང་གི་ཡིན་པའི་ཡེ་ཤེས་པ་གདན་དྲངས་ནས་བསྟིམས་བཞུགས་བྱས་པ་ལ་རབ་གནས་ཟེར་[1]ཞེས་པས་རབ་གནས་ཀྱི་གོ་དོན་རྟོགས། འགྲོ་མགོན་ཆོས་རྒྱལ་འཕགས་པས་སྤྱི་ལོ་1272ལོར་སྨར་ཁམས་ཙོམ་མདོ་གནས་སར་ཞེས་པར་གསུང་རབ་འབྲི་བཞེངས་བསྒྲུབས་སྐབས་གསུང་དོན། བཟོ་སྦྱངས་མཁས་པའི་ཚོགས་རྣམས་སྤྱན་དྲངས་ཏེ། །བཻཌཱུརྻ་དང་མཚུངས་པའི་གཞི་རྟེན་ལ། །གསེར་བཟང་ཞུན་མས་ལེགས་པར་བཞེངས་ནས་ཀྱང་། །ཞུས་དག་དྲས་དང་གླེགས་ཤིང་གླེགས་ཐག་དང་། །ན་བཟའི་བར་གྱི་རིམ་གྲོ་ཆེར་བགྱིས་ཤིང་། །དྲི་མེད་ལུང་གི་ཚུལ་ལས་འབྱུང་བ་བཞིན། །རབ་ཏུ་གནས་པ་ཡོངས་སུ་རྫོགས་བགྱིས་ཏེ་[2]ཞེས་གསུངས་པ་ལྟར། མཐིང་ཤོག་གསེར་བྲིས་པོད་བརྒྱ་དང་

① མཁས་དབང་ཏུང་དཀར་བློ་བཟང་འཕྲིན་ལས་མཆོག་གིས་མཛད་པའི་ཏུང་དཀར་བོད་རིག་པའི་ཚིག་མཛོད་ཀྲུང་གོའི་བོད་རིག་པ་དཔེ་སྐྲུན་ཁང་གི་2002ལོའི་པར་མའི་ཤོག་གྲངས་1917ལས་དྲངས།

② ས་སྐྱའི་བཀའ་འབུམ་ལས་འགྲོ་མགོན་ཆོས་རྒྱལ་འཕགས་པས་མཛད་པའི་བདེ་བར་གཤེགས་པའི་གསུང་རབ་འགྱུར་རོ་འཚལ་བཞེངས་པའི་གསལ་བྱེད་ཐེབ་སྦྱོར་གྱི་རྒྱན་རྣམ་པར་བཀྲ་བ་ཞེས་བྱ་བ་ཆོས་ཚན་བ་པ་སྡེ་དགེའི་པར་མའི་ལྡེབ་གྲངས་8ལས་དྲངས།

བཅུ་གཅིག་ཅན་དེ་བདེ་ བླག་དང་ལེགས་བསྒྲུབས་བྱུང་བའི་རྗེས་སུ་གསུང་རབ་དེ་དག་གི་མཛོད་འཕྲིན་མི་ཐུབ་པའི་ཆེད་དུ་བོད་ཀྱི་སྲོལ་རྒྱུན་རིག་གནས་སུ་བྱུང་བ་ལྟར་རབ་གནས་གནང་ཡོད་པ་སྟེ་དཀར་ཆག་ལས། སྐྱེ་བོ་དད་པ་ཅན་གྱི་བསྐུར་བསྟི་རིམ་འགྲོའི་ཚུལ་དུ་ཕུལ་བའི་གསེར་ཞོ་བརྒྱ་ཕྲག་གསུམ་ཙམ་དང་བཅས། རྒྱུད་སྡེ་ནས་ཇི་ལྟར་འབྱུང་བ་བཞིན་རྗེ་བཙུན་རིན་པོ་ཆེ་གྲགས་པ་རྒྱལ་མཚན་གྱིས་ཨ་ཀའི་ཆོ་ག་ནས་གསུང་པ་ལྟར་ཤོག་སྣག་ཁྲིས་པ། ལས་བྱེད་དང་བཅས་པ་ལ་དཔལ་ཀྱེ་རྡོ་རྗེའི་མནྡལ། བསྒྲུབས་མཆོད་དང་འབྲེལ་བའི་སྒོ་ནས་རྒྱུའི་བྱིན་རླབས་རྒྱུད་སྡེ་རྒྱ་མཚོའི་མངའ་བདག་དུག་པ་རྡོ་རྗེ་འཆང་དང་དབྱེར་མ་མཆིས་པ་དཔལ་ས་སྐྱ་ཆེན་པོ་སྔགས་འཆང་བླ་མ་ཐམས་ཅད་མཁྱེན་པ་ངག་དབང་ཀུན་དགའ་བསོད་ནམས་རིན་ཆེན་བཀྲ་ཤིས་གྲགས་པ་རྒྱལ་མཚན་དཔལ་བཟང་པོའི་ (1517-1584) སྤྱིན་རྒྱས་སུ་བསྒྲུལ་ནས། སྙིད་བཀུར་གྱི་ཐོམ་པ་དང་བཅས་འོག་ཏུ་འབྱུང་བའི་གསུང་རབ་རྣམས་མཐིང་ཤོག་གི་གཞི་ལ་ཡོངས་སུ་དག་པའི་གསེར་གྱིས་བཞེངས་ནས་གླེགས་ཤིང་གླེགས་ཐག་དང་ན་བཟའ་ལ་སོགས་པ་མཆོད་པའི་ཡོ་བྱད་རྣམས་ཀྱི་ཞབས་འདྲེན་བྱས་ཏེ། གསུང་རབ་ལས་བྱུང་བའི་ཚུལ་བཞིན་དུ་རབ་ཏུ་གནས་པ་རྒྱུད་སྡེ་ནས་གསུངས་པ་ཇི་བཞིན་རྗེ་བཙུན་རིན་པོ་ཆེས་དོན་གསལ་ལས་ཇི་ལྟར་འབྱུང་བ་ལྟར། དཔལ་ཆེན་རྡོ་རྗེ་གཞོན་ནུའི་དཀྱིལ་འཁོར་བསྒྲུབ་མཆོད་དང་འབྲེལ་བའི་རབ་ཏུ་གནས་པ་ཉིན་བདུན་གྱི་བར་དུ་དཔལ་ས་སྐྱ་པ་ཆེན་པོ་སྔགས་འཆང་བླ་མ་ཐམས་ཅད་མཁྱེན་པ་ ངག་དབང་ཀུན་དགའ་བསོད་ནམས་རིན་ཆེན་བཀྲ་ཤིས་གྲགས་པ་རྒྱལ་མཚན་དཔལ་བཟང་པོ་ཉིད་ཀྱི་རྡོ་རྗེ་སློབ་དཔོན་མཛད་དེ་དགེ་འདུན་འདུས་པ་རྒྱ་མཚོའི་ལེགས་པར་བགྱིས་ནས། གློག་པ་དང་མཆོད་པ་ལ་འབད་པ་བགྱིས་པར་ཐུགས་དམ་དུ་བཅས་པ་བསྟན་འགྲོའི་དཔལ་མགོན་འདི་ལགས་སོ།[①] ཞེས་པས་གསུང་རབ་དེ་འབྲི་བཞེངས་ལེགས་གྲུབ་ཟིན་པའི་རྗེས་སུ་སྔགས་འཆང་ངག་དབང་ཀུན་དགའ་བསོད་ནམས་རིན་ཆེན་པོང་གིས་རྡོ་རྗེའི་སློབ་དཔོན་མཛད་དེ་རབ་གནས་ཉིན་བདུན་གྱི་བར་དུ་གནང་བ་དེ་གསལ་པོར་རྟོགས།

① བདེ་བར་གཤེགས་པའི་གསུང་རབ་འགྱུར་རོ་འཚལ་བཞེངས་པའི་གསལ་བྱེད་སྡེབ་སྦྱོར་གྱི་རྣམ་པར་བཀྲ་བ་ཞེས་བྱ་བ་བཞུགས་སོ་ཞེས་པ་བཀའ་འགྱུར་བསྟན་འགྲོའི་དཔལ་མགོན་གྱི་དཀར་ཆག་ཁྲིས་མ་དཔེ་ཚུགས་ལྡེབ་གྲངས་12ལས་དྲངས།

དྲུག བསྔོ་སྨོན།

ཡུམ་མཆོག་བསྟན་འཛིན་བསོད་ནམས་བཟང་མོས་དད་པ་སྐྱོ་ངས་མེད་པའི་སྦྱིན་བདག་གནང་སྟེ་མཐིང་ཤོག་སྟེང་དུ་ཞེ་བྲིས་དང་སྣེ་བྲིས་མཁན་པོའི་ཕྱག་སོར་ལས་ཐོན་པའི་འབྲི་གཟུགས་ཚད་ལྡན་གྱི་གསེར་བྲིས་བཀའ་འགྱུར་པོད་བརྒྱ་དང་བཅུ་གཅིག་ཅན་དེ། རང་གི་ཐུགས་དམ་དུ་འབྲི་བཞེངས་བསྐྲུངས་ཟིན་པའི་རྗེས་སུ་དུས་རབས་13པར་བྱོན་པའི་འགྲོ་མགོན་ཆོས་རྒྱལ་འཕགས་པའི་གསུང་ལས་དྲངས་ཏེ་སྨོན་ལམ་ཡོངས་སུ་གཏོགས་པའི་སེམས་ཅན་རྣམས་ཀྱི་མོས་པ་དང་འཚམས་པའི་བསྔོ་སྨོན་བཏབ་ཡོད་པ་སྟེ། ༈ །ན་མཿཤཱཀྱ་མུ་ན་ཡེ། བསིལ་ལྗོངས་བོད་ཡུལ་འགྱུར་བའི་མདོ་སྡེ་མཆོག། ལེགས་པར་བཞེངས་པའི་དགེ་ཚོགས་དུ་མའི་མཐུས། །བདེ་སྐྱིད་འབྱོར་པ་སྙན་གྲགས་རྒྱས་པ་དང་། །ཐུབ་པའི་བསྟན་པ་ཡུན་དུ་རྒྱས་ཕྱིར་བསྔོ། །ཐུབ་པའི་གསུང་རབ་མདོ་རྒྱུད་རྒྱ་མཚོའི་ཚོགས། །བསྒྱུར་ལ་མཐུན་རྐྱེན་སྒྲུབ་པའི་འགྲོ་བ་ཡིས། །སྒོ་གསུམ་གུས་པའི་སྒོ་ནས་འབད་པས་དགེ། །འགྲོ་ཀུན་དོན་དུ་སངས་རྒྱས་མྱུར་ཐོབ་ཤོག །འདི་བྲིས་དགེ་བའི་ཕན་ཡོན་བསྔོ་བ་ནི། །བླ་ཆེན་འཕགས་པ་རིན་པོ་ཆེའི་གསུང་ལས། །དེ་ལྟར་ཐམས་ཅད་མཁྱེན་པ་རྒྱལ་བའི་གསུང་། །འཇིག་རྟེན་སྣང་བར་བགྱིད་པ་དམ་པའི་ཆོས། །ལྷག་པའི་བསམ་པས་བྲིས་དང་བཀླགས་པ་དང་། །མཆོད་ཅིང་བཀུར་སྟི་བགྱིས་པ་ལས་བྱུང་བའི། །དགེ་བ་རྒྱ་ཆེན་དྲི་མེད་གང་ཐོབ་པ། །དེ་ཡིས་ཐུབ་པའི་གསུང་རབ་དམ་པའི་ཆོས། །ཕྱོགས་བཅུའི་ཞིང་དུ་རྟག་ཏུ་རྒྱས་འགྱུར་ནས། །སྐྱེ་དགུ་ཀུན་གྱིས་ཚུལ་བཞིན་བསྒྲུབ་པར་ཤོག །སྦྱིན་བདག་སྐྱེ་ཞིང་སྐྱེ་བ་ཐམས་ཅད་དུ། །དལ་བ་འབྱོར་པ་ལྷ་མིའི་ལུས་ཐོབ་ནས། །རྒྱལ་དང་རྒྱལ་བའི་སྲས་པོ་ཐམས་ཅད་ལས། །གསུང་རབ་རྒྱ་མཚོ་ཐོས་ཤིང་འཛིན་པར་ཤོག །ཚེ་འདིར་ཚེ་རིང་ནད་མེད་ཕུན་སུམ་ཚོགས། །གདུང་རྒྱུད་འཕེལ་ཞིང་བར་ཆད་ཞི་བ་དང་། །བསམ་པ་ཐམས་ཅད་ཆོས་བཞིན་འགྲུབ་གྱུར་ནས། །རྒྱལ་བའི་བསྟན་པ་རྒྱས་པར་བྱེད་པར་ཤོག །སྣོད་ཀྱི་འཇིག་རྟེན་རྩི་བཅུད་ཕུན་སུམ་ཚོགས། །ལྷ་ཀླུས་དུས་སུ་ཆར་འབེབ་ལོ་ཐོག་འཕེལ། །སྐྱེ་དགུའི་ནད་དང་མུ་གེ་གདུང་སེམས་ནི། །ཐམས་ཅད་ཆོས་ཀྱི་དཔལ་དང་ལྡན་པར་ཤོག །འདི་ལ་འདུན་པས་ཡ་བྱད་ཉེར་སྦྱོར་དང་། །གཉེར་བྱེད་པ་དང་དེ་ཡི་གྲོགས་བྱེད་དང་། །ཡིད་རང་བྱེད་པའི་སྐྱེ་བོ་ཐམས་ཅད་ཀྱང་། །ཚེ་འདིར་ཕུན་ཚོགས་མཐར་ཐུག་སངས་རྒྱས་ཤོག། སརྦ་མངྒ་

ཡཱ།། [1]ཞེས་སྨོན་ལམ་བཏབ་འདུག་གོ།

ལེ་ཚན་ལྔ་པ། དགའ་ལྡན་དགོན་ཤེར་ཕྱིན་བརྒྱད་སྟོང་དབུ་ཤོག་ཞབས་མཆན།

ཞབས་མཆན་མ་དཔེ།

དང་པོ། ཞབས་མཆན་མ་ཕྱུས།

༄།། ཀླུ་གསེར་ལྷུངས་ལས་གྲུབ་རྒྱས་ཡུམ་ཤེར་ཕྱིན་འདི།། བཞེངས་པའི་སྦྱིན་བདག་ལྷ་ཡུལ་གཡོ་སྟེང་ནས།། སུམ་རྩེན་ལ་འགྲན་གྱུང་དགེ་ཏོག་ཞེས་པར།། སློ་བཟང་སྲིད་ཐར་བག་གྱོ་མཆེད་བཞིས་བཞེངས།། དེ་ལྟའི་བྱེད་པོ་ཏོག་གར་ནས་བཟུང་བའི།། བཅུ་ཕྲག་བདུན་ཡན་སྟོད་སྲིད་གྲོམ་པ་ནས།། མཆུ་བཛྲ་སུག་པའི་གར་ལས་བསྐྲུན།།དགེ་འདིས་སྲིད་བཞིའི་འདོད་དགུ་ཆར་དུ་ཕོབས།། བཀྲ་ཤིས། [2]ཞེས་པའོ།

---

① བཀའ་འགྱུར་བསྟན་འགྱུར་འགྲོའི་དཔལ་མགོན་པོད་ཕི་པའི་ཞབས་ཤོག་ལྡེབ་གྲངས་331་ལས་དྲངས།

② དགའ་ལྡན་དགོན་དུ་བཞུགས་པའི་ཤེར་ཕྱིན་བརྒྱད་སྟོང་པའི་དབུ་ཤོག་ཞབས་མཆན་ལས་དྲངས།

གཉིས་པ། ཞབས་མཚན་གྱི་དཔེ་ཞིབ།

གཅིག ཡུལ་ལུང་།

༄༅། །གླེ་གསེར་ལྡངས་ལས་གྲུབ་རྒྱས་ཡུམ་ཤེར་ཕྱིན་འདི།། བཞེངས་པའི་སྦྱིན་བདག་ལྷ་ཡུལ་གཡོ་སྟེང་ནས།། སུམ་རྩེན་ལ་འགྲན་གྲུང་དགེ་ཧོག[①]ཅེས་བྱུང་བ་ལ་གཞིགས་ན། དུས་རབས་18ཡས་མས་སུ་ཤེར་ཕྱིན་བརྒྱད་སྟོང་པ་འདི་འབྲི་བཞེངས་གནང་བའི་སྐབས་དད་པ་སྐྱོ་ངས་མེད་པའི་སྦྱིན་བདག་མཆོག་གིས་རྒྱུ་འགྲོ་ལྷོས་ཆེ་བ་སྦྱར་ཏེ། སྔོ་གསུམ་ཐང་ཆད་འབྲི་བའི་ཡིག་མཁན་གྱིས་སྔོན་གྱི་མ་དཔེ་རྣལ་མ་ཞིག་ལ་བརྩལ་ཏེ་ཁབ་ཤུལ་སྐྱུད་པས་བསྟན་པ་ཇི་བཞིན་འབྲི་བཞེངས་གནང་སའི་ཡུལ་ལུང་ནི་གྲུང་དགེ་ཧོག་ཅེས་པའི་ས་དེར་འབྲི་བཞེངས་གནང་བ་ཞིག་ཡིན་ཞེས་པ་ཙམ་ལས་མ་ཐོན་སྐབས། དེས་ན་གྲུང་དགེ་ཧོག་ཅེས་པའི་ས་མིང་དེ་ནི་དེང་གི་ས་ཆ་གང་དང་ས་གནས་གང་ཞིག་གི་མངའ་ཁོངས་ཡིན་མིན་ཐད་ཀར་ཞུ་མ་ཤེས་ཙང་། རྗེས་སུ་ཤེར་ཕྱིན་བརྒྱད་སྟོང་པ་དེའི་དཀར་ཆག་བསྡུས་པ་ཀ་ཁྲེང་ཅན་ཞིག་མཇལ་བྱུང་བ་དེར། ཡུལ་གྲུའི་མཆོག་གྱུར་དགེ་མཚན་བཅུ་དང་ལྡན། །ཨེ་ཡིག་དབྱིབས་ཅན་ཆོས་ལུང་དཀར་མོ་འདི། །ཕུ་ན་ཁྲིད་འཕགས་མཐུ་ལྡན་སྤྱི་དཀར་བཞུགས།། མདའ་ན་ཡན་ལག་བརྒྱད་ལྡན་ཆུ་ཆེན་འབབ།། ལྟེ་བར་བཀྲ་ཤིས་ཆོས་རྫོང་ལྷུན་ཞིང་བརྗིད།། མི་རྗེ་ལྷ་ཡིན་འཁོར་རྣམས་བྱང་སེམས་ལྡན།། ཁྲིམས་ལྡན་འབངས་རྣམས་བདེ་སྐྱིད་ཉི་མ་ཤར། །དེ་འདྲའི་ནང་ཚན་ལྷ་ཡུལ་གོང་པོ་ཡང་།། རྒྱབ་རི་དར་དཀར་ཡོལ་བའི་དྲ་བ་ཅན།། མདུན་རི་གསེར་གྱི་སྤུང་པོས་མངོན་པར་མཛེས།། ལྷུང་ལྷུང་སྨན་པའི་ཆུ་བོ་དལ་གྱི་འབབ།། སྟོད་ན་ཕྱི་ལྟར་རི་བོའི་རྣམ་པ་ལ།། ནང་ན་དཀྱིལ་འཁོར་ཆེན་པོའི་མཚན་ཉིད་རྫོགས།། མ་དང་མཁའ་འགྲོས་ཆོས་བསྐྱངས་ཀུན་འདུས་པའི།། དག་པའི་གནས་མཆོག་སྦས་ཡུལ་གངས་ར་བཞུགས།། སྨན་རྫོ་བོ་རྫོང་བཙན་གཉན་པོ་ཡི།། བདུད་དཔུངས་ཕྱེ་མར་ཐག་ཅིང་རྐྱེན་ངན་བཟློག། འདོད་དགུའི་ཆར་འབབ་ཁྲོ་བོའི་བྱད་གཟུགས་ཀྱི།། སྔོ་བསྐྱངས་ཚུལ་དུ་བཞུགས་པའི་ཡ་མཚན་ཅན།། བར་ན་འབྲུ་དང་ལྗོན་ཤིང་རྩི་ཐོག་རྒྱས།། མི་རྣམས་ཉིན་མཚན་ཀུན་ཏུ་དགེ་ལ་སྤྱོད།། ཕུན་ཚོགས་བཀྲ་ཤིས་གཡང་ཆགས་དཔལ་ལྡན་པའི།། དགོས་འདོད་ཀུན་འདུ་ལྷ་ཁྲིམ་གྲུང་དགེ་ཧོག། གནས་འདིར་དགེ་སེམས་

① དཀའ་ལྡན་དགོན་དུ་བཞུགས་པའི་ཤེར་ཕྱིན་བརྒྱད་སྟོང་པའི་དབུ་ཤོག་ཞབས་མཚན་ལས་དྲངས།

མི་ལྡན་སྐྱེ་བོ་གང་།། ①ཞེས་ཡུལ་ལུང་གི་བསྟོད་པ་དུང་ཆེན་གཟུགས་ལས་རིམ་པས་བཞིན་བརྗོད་ན། སྔོན་གྱི་ཞབས་མཚན་དེའི་ནང་དུ་བྱུང་བའི་གྱང་དགེ་ཧོག་ཅེས་པའི་ས་དེ་ནི་དེང་གི་ལྷོ་ཁ་ས་ཁུལ་གྱི་མངའ་ཁོངས་སུ་གནས་པའི་ཚ་གསུམ་རྫོང་གི་ཨེ་ལྷ་རྒྱ་རིའི་ཆོས་རྫོང་ཁོངས་ཀྱི་ཆོས་ལུང་དཀར་མོའི་ལྷ་ཁྲིམ་གྱང་དགེ་ཧོག་ཅེས་པ་དེ་ཡིན་པ་ནི་ངེས་ཤེས་བརྟན་པོ་རྙེད།

གཉིས། སྦྱིན་བདག

༄།། ཀླུ་གསེར་ལྡངས་ལས་གྲུབ་རྒྱས་ཡུམ་ཤེར་ཕྱིན་འདི།། བཞེངས་པའི་སྦྱིན་བདག་ལྷ་ཡུལ་གཡོ་སྟེང་ནས།། སུམ་རྟེན་ལ་འགྲན་གྱང་དགེ་ཧོག་ཞེས་པར།། བློ་བཟང་སྲིད་ཐར་བག་གྲོ་མཆེད་བཞིས་བཞེངས།། ②ཞེས་བྱུང་བ་ལ་གཞིགས་ན་དེ་ཡང་ཤེར་ཕྱིན་མཐིང་ཤོག་གསེར་བྲིས་དབུ་པ་ཀ་པ་སྲི་ཀ་ཕྲེང་གསུམ་ཅན་དེ་ཨེ་ལྷ་རྒྱ་རིའི་ཆོས་ལུང་དཀར་མོའི་གྱང་དགེ་ཧོག་ཅེས་པའི་ས་དེར་འབྲི་བཞེངས་གནང་བའི་སྐབས་སུ། གསུང་རབ་དེའི་རྒྱུ་འགྲོ་སྦྱོར་མཁན་གྱི་དད་པ་སྐྱོ་ངས་མེད་པའི་སྦྱིན་བདག་ནི་ཉུས་བསྟུབས་ཀྱི་རྒྱུད་ལས་ཆད་པའི་བློ་བཟང་དང་གཡོས་སྦྱོར་ལ་མཁས་པའི་སྲི་ཐར་བག་དྲྀ་དང་། མཆེད་ཟླ་ལྷ་མགོན་ཚེ་དབང་བརྟན་འཛིན་སོགས་ཀྱིས་གནང་སྟེ་འབྲི་བཞེངས་བསྐྲུངས་པ་ནི་ཤེར་ཕྱིན་དེའི་དབུ་ཤོག་གི་ཞབས་མཚན་ལས་ཤེས་ཤིང་། ད་དུང་ཤེར་ཕྱིན་དེའི་དཀར་ཆག་བསྡུས་པ་ཀ་ཕྲེང་ཅན་ལས་ཀྱང་། ལེགས་སྦྱིན་ཁྲིམ་བདག་མགོན་མེད་ཟས་སྦྱིན་ལ།། འདྲུན་པར་ནུས་པའི་ཡོན་བདག་གཏོང་ཕོད་ཅན།། དམན་པའི་ཉུས་བྲལ་བསྟུབས་ཆེན་ནམ་སྙིང་གི།། དཔོན་རྒྱུད་མ་ཉམས་ཡ་རབས་འཇངས་ཀྱི་རིགས།། རྣམ་པར་དགེ་ལ་བརྩོན་པའི་བློ་བཟང་དང་།། ལྷ་རིགས་ས་སྐྱོང་ཆེན་པོའི་གཡོས་མཁན་པ།། ལྷག་བསམ་ཅན་གྱི་སྲི་ཐར་བག་དྲྀ་དང་།། མཆེད་ཟླ་ལྷ་མགོན་ཚེ་དབང་བརྟན་འཛིན་སོགས།། ཁོང་ཡང་བློ་གྲོས་ཆེ་ལ་དཔའ་ཞིང་བརྟུལ།། བཞིན་བཟང་བྱམས་བརྗེར་ལྡན་ཞིང་དགེ་ལ་དཀར།། ངང་རིང་སྐྱོང་མཁས་ཨ་མ་རྒྱ་མོན་དང་།། ཡིད་འཕྲོག་ཞི་བ་བུ་ཁྲིད་འཛང་ལྡན་མ།། ཞི་དུལ་ཁྲིམས་ལྡན་བུ་མོ་བུ་ཁྲིད་དང་།། བློ་གསལ་ལྷ་སྟག་དགོས་བག་གྲོ་སོགས།། འཛངས་ལ་

---

① གསུང་རབ་རིན་པོ་ཆེའི་དཀར་ཆག་བཀྲ་ཤིས་འོད་འབར་མཐིང་ཤོག་གསེར་བྲིས་ཇ་འཕྲེང་ལས་དྲངས།

② དགའ་ལྡན་དགོན་དུ་བཞུགས་པའི་ཤེར་ཕྱིན་བརྒྱད་སྟོང་པའི་དབུ་ཤོག་ཞབས་མཚན་ལས་དྲངས།

འཕྲུལ་ཆགས་དགོས་མ་བྱ་ཁྲིད་སོགས།། སྔོན་བསགས་ཆེས་ཆེ་གྲོས་སྨོན་གཅིག་ཏུ་མཐུན།།
[1]ཞེས་པས་ཀྱང་རྟོགས་སོ།

གསུམ། ཡིག་ཞུས།

དེ་ལྟའི་བྱེད་པོ་ཏོག་གར་ནས་བཟུང་བའི།། བཅུ་ཕྲག་བདུན་ཡན་སྟོད་སྲིད་གྲོམ་པ་ནས།། མཛུ་བཛྲ་སུག་པའི་གར་ལས་བསྐུན།།[2]ཞེས་བྱུང་བ་ལས། སྐབས་དེའི་དུས་སུ་ཤེར་ཕྱིན་བརྒྱད་སྟོང་མཐིང་ཤོག་གསེར་བྲིས་དེ་འབྲི་བཞེངས་ཀྱི་དད་པ་སྐྱོ་ངས་མེད་པའི་སྦྱིན་བདག་བློ་བཟང་སྲིད་ཐར་བག་གྲོ་མཆེད་བཞིས་གནང་སྟེ། ཨེ་ལྷ་རྒྱ་རིའི་ཁུལ་དུ་འབྲི་བཞེངས་བསྐྲུངས་པའི་སྐབས་སུ་སྔོན་གྱི་མ་དཔེ་རྣལ་མ་ལས་ཁབ་ཤུལ་སྐྱུད་པས་བསྟན་པ་ཇི་བཞིན་འབྲི་བཤུས་བསྐྲུངས་མཁན་ནི་ཨེ་ཁུལ་གྱི་སྟོད་སྲིད་གྲོམ་པའི་མཛུ་བཛྲ་སྟེ་འཇམ་དབྱངས་རྡོ་རྗེས་གནང་བ་ནི་གོང་གི་ཞབས་མཆན་ལས་ཤེས་ཤིང་། ཤེར་ཕྱིན་དེའི་དཀར་ཆག་བསྡུས་པ་ལས་ཀྱང་། ཁྱད་པར་རིག་བྱེད་ཀུན་ལ་མཐར་སོན་ཅིང་།། སྨྲག་ཐོག་ཀུན་གྱི་ཡང་རྩེ་ལྟོ་དཀར་བ།། དཔོན་མོ་ཆེ་བ་འཇམ་དབྱངས་རྡོ་རྗེ་དང་།། ཨ་བར་དར་རྒྱས་ཆོས་འཕེལ་བསྟན་འཛིན་བཅས།། མཁས་པའི་དབང་པོ་བློ་གྲོལ་མཆེད་རྣམ་བཞི།། སོར་མོའི་གར་ལས་རྒྱལ་ཡུམ་ཤེར་ཕྱིན།། གླེགས་བམ་གསེར་ཞུན་འདྲུན་བློ་ཀུན་དང་གྲལ།། བཀའ་བསྡུས་ཐང་ཡིག་བཅས་པ་འདི་གཞེངས་པར།། [3]ཞེས་པས་ཀྱང་སྐབས་དེའི་ཤེར་ཕྱིན་འབྲི་བཞེངས་ཀྱི་ཡིག་མཁན་འཇམ་དབྱངས་རྡོ་རྗེས་ཤེར་ཕྱིན་བརྒྱད་སྟོང་པ་དེའི་དབུ་ཤོག་གི་སྲི་ག་ཕྲེང་གསུམ་གྱི་ལྟེ་གར་བ་མཛད་པ་ལས་ཤེར་ཕྱིན་བརྒྱད་སྟོང་པ་དེའི་དབུ་ཤོག་གི་ཞབས་མཆན་དུ་མཛུ་བཛྲའམ་ཨེ་འཇམ་དབྱངས་རྡོ་རྗེའི་མཚན་གསལ་བའི་རྒྱུ་མཚན་ཤེས་ཤིང་། གཞུང་བྱིངས་ཨེ་ཁུལ་གྱི་ཡིག་མཁན་ཨ་བར་དར་རྒྱས་དང་ཆོས་འཕེལ། བསྟན་འཛིན་བཅས་ཀྱི་སོར་མོའི་གར་ལས་འཁྲུངས་པ་དེ་གོང་གི་དབུ་ཤོག་ཞབས་མཚན་དང་དཀར་ཆག་བསྡུས་པ་ག་ཕྲེང་གཉིས་ལས་ཤེས་པ་དང་ཚབས་ཅིག་བཀའ་བསྡུས་པ་ཐང་ཡིག་པོད་གཅིག་ཀྱང་འབྲི་བཞེངས་གནང་བ་དེ་རྟོགས།།

---

① གསུང་རབ་རིན་པོ་ཆེའི་དཀར་ཆག་བཀྲ་ཤིས་འོད་འབར་མཐིང་ཤོག་གསེར་བྲིས་འ་འཕྲེང་ལས་དྲངས།
② དགའ་ལྡན་དགོན་དུ་བཞུགས་པའི་ཤེར་ཕྱིན་བརྒྱད་སྟོང་པའི་དབུ་ཤོག་ཞབས་མཚན་ལས་དྲངས།
③ གསུང་རབ་རིན་པོ་ཆེའི་དཀར་ཆག་བཀྲ་ཤིས་འོད་འབར་མཐིང་ཤོག་གསེར་བྲིས་ས་འཕྲེང་ལས་དྲངས།

བཞི། སྨག་ཤོག

ཞེར་ཕྱིན་བརྒྱད་སྟོང་པ་དེ་ཨེའི་ཆོས་ལུང་དཀར་མོའི་གྲུང་དགེ་ཧོག་ཁུལ་དུ་དད་པ་སྐྱོ་ངས་མེད་པའི་སྦྱིན་བདག་བློ་བཟང་སྲིད་ཐར་བག་གྲོ་མཆེད་བཞིས་སོགས་ཀྱིས་རྒྱུ་འགྲོ་སྦྱར་ཏེ་ཡིག་མཁན་འཇམ་དབྱངས་རྡོ་རྗེས་ལྷོ་གར་བ་མཛད་པ་དང་སྨུགས་ཨ་བར་དར་རྒྱས་དང་ཆོས་འཕེལ། བསྟན་འཛིན་བཅས་ཀྱིས་འབྲི་བཞེངས་གནང་བའི་སྐབས་སུ། གསུང་རབ་དེའི་འབྲི་བཞེངས་ཀྱི་འབྲི་ཐུས་ཏེ་སྨག་ཤོག་ཅི་ཞིག་བཏང་ཡོད་པའི་སྐོར་ཞེར་ཕྱིན་དཀར་ཆག་ལས་ཀྱི་གསེར་ལྷུངས་ལས་གྲུབ་ཅེས་པས་གསེར་བྲིས་དང་། གསུང་རབ་དེའི་དཀར་ཆག་བསྡུས་པ་ཀ་འཕྲེང་ཅན་ལས། མཉེན་འཇམ་བེ་ཏུར་གཞུག་མའི་ཤོག་བུ་ཡང་།། ཁྲུད་འཕགས་བློ་བཟང་དཔལ་དང་ལྡན་པའ་གྲུབ།། རིན་ཆེན་རྒྱལ་པོ་གཙོ་སྦྱངས······།། རབ་འགྲོ་མཁས་པ་སྤྲུལ་སྐུ་ལྷ་དབང་གིས། ལས་གྲུབ་རྒྱུ་དང་བཟོ་ཁྲུད་ཤུལ་དུ་བྱུང་།།[1]ཞེས་བྱུང་བ་ལྟར་ན། ཤོག་ལས་པ་བློ་བཟང་དཔལ་ལྡན་གྱིས་འབྲི་ཤོག་མཐིང་ཤོག་སྨྱུབ་ཞིང་། སྤྲུལ་སྐུ་ལྷ་དབང་གིས་གསེར་བཏུལ་ཏེ་སྣོ་གསུམ་ཐང་ཆད་འབྲི་བའི་ཡིག་མཁན་གྱིས་གསེར་གྱི་འབྲི་བཞེངས་གནང་བ་དེ་ལས་ཞེར་ཕྱིན་བརྒྱད་སྟོང་པ་དེའི་འབྲི་ཐུས་ཀྱི་སྐོར་དེ་ཞེས།

ལྔ། ཞལ་ཁེབས།

ཨེ་དབྱིབས་ཡུལ་ཕྱོགས་ཆོས་ལུང་དཀར་པོའི་གྲུང་དགེ་ཧོག་ཏུ་མཐིང་ཤོག་གསེར་བྲིས་ཀྱི་གསུང་རབ་བརྒྱད་སྟོང་པ་དེ་འབྲི་བཞེངས་གནང་བའི་སྐབས་སུ། དད་པ་སྐྱོ་ངས་མེད་པའི་སྦྱིན་བདག་མཆོག་གིས་རྒྱུ་འགྲོ་སྦྱར་ཏེ་སྣོ་གསུམ་ཐང་ཆད་མེད་པའི་ཡིག་མཁན་གྱིས་གསུང་རབ་དེ་འབྲི་བཞེངས་ཟིན་པའི་རྗེས་སུ། གསུང་རབ་དེའི་དབུ་ཤོག་གི་སྲི་ཀ་ཕྲེང་གསུམ་ཨེ་བྲིས་མཁན་པོ་འཇམ་དབྱངས་རྡོ་རྗེའི་སུག་རྩལ་ལས་འཁྲུངས་པ་དེར་བགྲེས་ཟད་དང་བགེགས་སྲུང་ཡོང་བའི་སླད་དུ། དབུ་ཤོག་ཏུ་དེང་ཙོན་ཁ་ཏི་ཐོན་ཐིང་དང་ཟ་འོག་བརྩེགས་པ་ལ་སོགས་པའི་ཁ་ཏི་མ་ཡིན་པར་དུ་ཀུ་ལ་སྟེ་དར་གོས་རྩ་ཆེན་ལས་དྲས་དྲུབ་བྱས་པའི་ཞལ་ཁེབས་གཉིས་བརྩེགས་ཤུལ་ཡོད་པ་མ་ཟད། ཤུལ་དུ་བྱུང་བའི་ཞལ་ཁེབས་དེ་དག་གི་རྒྱུ་འགྲོ

---

① གསུང་རབ་རིན་པོ་ཆེའི་དཀར་ཆག་བཀྲ་ཤིས་འོད་འབར་མཐིང་ཤོག་གསེར་བྲིས་ཤ་འཕྲེང་ལས་དྲངས།

སྒྱུར་མཁན་ནི་ཕོ་བྲང་ཆེན་པོ་བྱ་དར་མཐོང་སློན་གྱི་རྒྱལ་པོ་ཡབ་སྲས་ཀྱི་གནང་བ་ནི་གོང་གི་དབུ་ཤོག་གི་ཞབས་མཚན་ལས་མ་གསལ་ཙང་། ཤེར་ཕྱིན་དེའི་དཀར་ཆག་བསྡུས་པ་ཀ་འཕྲེང་ཅན་ལས་ཀྱང་། ཕོ་བྲང་ཆེན་པོ་བྱ་དར་མཐོང་སློན་ནས།། ལྷ་རིགས་ཆོས་ཀྱི་རྒྱལ་པོ་ཡབ་སྲས་ཀྱི།། སྐུ་ཚེ་ཀུན་ཏུ་ལྷ་རྫས་དུ་ཀུ་ལར།། སྤྱོད་ཕྱིར་རྒྱ་བཟང་ཞལ་དར་གཉིས་བརྩེགས་དང་།། བཞེས་སྤྲོ་ཛ་ཆང་གནང་སྦྱིན་ཡང་ཡང་གནང་།། [1]ཞེས་པས་རྟོགས།

༤ སྒྲིགས་ཤིང་།

བོད་ཡིག་གནའ་དཔེའི་ཐུན་མོང་མ་ཡིན་པའི་ཁྱད་ཆོས་ཏེ་གསུང་རབ་ཀྱི་ཕྱིའི་སྤྲིལ་ཆས་བཞི་ལས་གནའ་དཔེ་དེར་སྲུང་སྐྱོབ་ཆེད་དུ་བསྒྲོན་པའི་སྒྲིགས་ཤིང་སྐུ་རགས་ཀྱི་རྒྱུ་[2]ཞེས་བོད་ཀྱི་གསུང་རབ་སྒྲ་བ་དུང་དཀར་བློ་བཟང་འཕྲིན་ལས་མཆོག་གིས་གསུངས་པའི་སྒྲིགས་ཤིང་དང་སྒྲིགས་ཐག་ནི། སྐབས་འདིའི་ཨེ་ཆོས་ལུང་དཀར་མོའི་གྲུང་དགེ་ཧོག་ཏུ་ཤེར་ཕྱིན་མཐིང་ཤོག་གསེར་བྲིས་དེ་འབྲི་བཞེངས་བསྐྲུངས་ཟིན་པའི་སྐབས་སུ། སྲུང་སྐྱོབ་ཀྱི་ཆེད་དུ་བསྒྲོན་པའི་སྒྲིགས་ཤིང་དང་སྐུ་རགས་ནི་ཡུལ་དུས་ཀྱི་ཁྱད་ཆོས་ལ་གཞིགས་པའི་ཤུལ་ཡོད་པ་སྟེ། ཤིང་བཟོ་ཤུལ་ཕྱིན་སྤྱུལ་སྐུ་ཕྱོག་རྫོར་དང་།། རྩེ་ལས་ཟླ་བྲལ་མཁས་པ་དབང་གྲགས་ཀྱི།། སྒྲིགས་ཤིང་མཐོང་ན་ཡིད་འཕྲོག་ལེགས་པར་གྲུབ།། བཟོ་ཁྱད་ཤུལ་བྱུང་སྤྱུལ་སྐུ་སྨིན་དྲུག་ནས།། སྒྲིགས་ཐག་ཁྱད་འཕགས་ལྷག་བསམ་ལྷན་པས་ཕུལ།། [3]ཞེས་གསུངས་པ་ལྟར་ན། སྒྲིགས་ཤིང་ནི་ཤིང་བཟོ་ཤུལ་དུ་ཕྱིན་པ་སྤྱུལ་སྐུ་ཕྱུག་རྫོར་དང་། རྩེ་ལས་དོ་མེད་མཁས་པ་དབང་གྲགས་ཀྱིས་སྒྲིགས་ཤིང་ལ་ཚོན་རྩེ་ཕྲུས་ལེགས་བཏང་སྟེ་སྒྲིགས་ཤིང་བསྒྲུབས་ཤིང་། སྐུ་རགས་ནི་བཟོ་ཁྱད་ཤུལ་དུ་བྱུང་བ་སྤྱུལ་སྐུ་སྨིན་དྲུག་གིས་ཕུལ་བ་བཅས་ལས་གསུང་རབ་ཕྲུས་ལེགས་བཞེངས་པ་དེ་ཡང་ཤུགས་ལ་རྟོགས།

---

① གསུང་རབ་རིན་པོ་ཆེའི་དཀར་ཆག་བཀྲ་ཤིས་འོད་འབར་མཐིང་ཤོག་གསེར་བྲིས་ཏ་འཕྲེང་ལས་དྲངས།

② གསུང་རབ་ཀྱི་རྒྱ་རིམ་པ་བདུན་ཏེ། བརྗོད་དོན་མི་འཕྲུགས་པའི་སྡེ་ཚན་རྒྱ། སྒྲིགས་བམ་པན་ཚུན་མི་འཐོར་བའི་ཆེད་ཀ་ཐོའི་རྒྱ། ལེ་ཚན་མི་འཐོར་བའི་ཆེད་དུ་སྦྱན་ཁྱེར་རྒྱ། ཆད་ལྷག་མི་འབྱུང་བའི་ཆེད་ཤོག་གྲངས་རྒྱ། མཐའ་སྡེ་མི་འཆོལ་བའི་ཆེད་སྡེ་ཐིག་རྒྱ། སྲུང་སྐྱོབ་ཀྱི་ཆེད་སྒྲིགས་ཤིང་སྐུ་རགས་ཀྱི་རྒྱ། མཆོད་པའི་ཆེད་དུ་ན་བཟའི་རྒྱ་ཞེས་བོད་ཀྱི་དཀར་ཆག་རིག་པའི་ནང་དུ་གསུངས་པ་ལས་དྲངས།

③ གསུང་རབ་རིན་པོ་ཆེའི་དཀར་ཆག་བཀྲ་ཤིས་འོད་འབར་མཐིང་ཤོག་གསེར་བྲིས་ཨ་འཕྲེང་ལས་དྲངས།

བདུན། དབུ་ཞབས་ལྔ་སྐུ།

ཨེ་དབྱིབས་ཡུལ་གྱི་ཆོས་ལུང་དཀར་མོའི་གྲུང་དགེ་ཧོག་ཏུ་གསུང་རབ་དེ་འབྲི་བཞེངས་གནང་བའི་སྐབས་ཤེར་ཕྱིན་བརྒྱད་སྟོང་པ་དེའི་དབུ་ཞབས་ལྔ་སྐུ་སྟོན་པ་ཤཱཀྱ་ཐུབ་པ་སོགས་འབྲི་མཁན་གྱི་རི་མོ་བ་འདི་ཡིན་ཞེས་ཞབས་མཚན་དང་དཀར་ཆག་ཀ་ཕྲེང་བཀྲ་ཤིས་འོད་འབར་ལས་མ་མཐོང་ཙང་། གསུང་རབ་འདི་འབྲི་བཞེངས་ཀྱི་ཡུལ་ལུང་ལས་དཔྱད་པ་ཞུས་ན། དེ་ཡང་དུས་རབས་17པར་མི་དབང་སངས་རྒྱས་རྒྱ་མཚོའི་རེ་སྐུལ་བཞིན་ཆོས་ཀྱི་འབྱུང་གནས་ཨེ་དབྱིབས་ཡུལ་མཆོག་ནས་ཕེབས་པའི་ཨེ་པ་རྣམས་ཀྱིས་རྒྱལ་མཆོག་ལྔ་པ་ཆེན་པོའི་དགོངས་རྫོགས་སུ་ཤར་འོལ་ག་སྣག་རྩེར་བཞེངས་པའི་བཀའ་འགྱུར་འཛམ་གླིང་རྒྱན་གཅིག་འབྲི་བཞེངས་གནང་སྐབས་ཀྱི་དབུ་ལྷ་བ་ཨེ་པ་ལྷ་འཛོམ་དང་བཙུན་ཆུང་། དེ་ཕྱིན་དབུ་ལྷ་བྱེདས་འདྲི་མི་ཕོ་བྲང་རབ་བརྟན་དང་ལྷོ་རགས་བསྟན་འཛིན་ནོར་བུ་[1]སོགས་བྱོན་ཞེས་པ་ལྟར་སྐབས་འདིའི་ཤེར་ཕྱིན་གྱི་དབུ་ལྷ་བའི་མཚན་ནས་འབོད་མ་ཐུབ་ཀྱང་།ཤེར་ཕྱིན་བརྒྱད་སྟོང་པ་འདི་ཆོས་ལུང་དུ་འབྲི་བཞེངས་གནང་སྐབས། མཛད་བྱང་གི་བསྟོད་པ་དུང་ཆེན་གཟུགས་སུ་བཀོད་པའི་སྐབས་སུ་དུས་རབས་17པའི་ནང་བྱོན་པའི་རྒྱལ་བ་ཚངས་དབྱངས་རྒྱ་མཚོའི་(1683-1746ལོ་) བསྟོད་པ་ལས་མཇུག་བསྒྲིལ་བ་ན།[2] ད་ཐེངས་དགའ་ལྡན་དུ་བཞུགས་པའི་ཤེར་ཕྱིན་བརྒྱད་སྟོང་པ་འདི་དང་ལྔ་པ་ཆེན་པོའི་དགོངས་རྫོགས་སུ་ཤར་འོལ་ག་སྣག་རྩེར་བཞེངས་པའི་བཀའ་འགྱུར་འཛམ་གླིང་རྒྱན་གཅིག་གཉིས། དུས་རབས་17པའི་ནང་དུ་ཨེ་དབྱིབས་ཡུལ་ཕྱོགས་ནས་བྱོན་པའི་ཨེ་པ་རྣམས་ཀྱི་ཕྱག་སོར་ལས་ཐོན་པ་ཞིག་ཡིན་སྟབས། དེས་ན་ད་ཐེངས་དགའ་ལྡན་དགོན་གྱི་ཤེར་ཕྱིན་བརྒྱད་སྟོང་པ་དེའི་ལྷེ་ལྷའི་རི་མོ་ཡང་ཨེ་པའི་ལྷ་བྲིས་རྣམས་ཀྱི་སོར་མོའི་ཞློས་གར་ལས་འཁྲུངས་པ་ཞིག་ཡིན་པ་ནི་གསུང་རབ་དེའི་དབུ་

---

① ངག་དབང་བློ་བཟང་རྒྱ་མཚོས་མཛད་པའི་འཛམ་བུའི་གླིང་གི་གླིགས་བམ་ཐམས་ཅད་ཀྱི་གཙུག་རྒྱན་དུ་གྱུར་པ་བཞེངས་པའི་ཆེ་དཀར་ཆག་ཆེ་བརྗོད་བསྡུ་སྟོན་དང་འབྲེལ་བ་རྒྱས་ཙམ་ཞིག་དཀོན་བརྩེགས་པོད་ཆ་པའི་ལྡེབ་གྲངས་420ཀྱི་ན་ངོས་ལས་དྲངས།

② རྒྱལ་བ་གཉིས་པ་ཙོང་ཁ་བ་ལ་འདུད། །རྒྱལ་ཀུན་ངོ་བོ་པད་དཀར་འཆང་། །བློ་བཟང་རྒྱལ་བསྟན་འཛིན་པའི་རིན་ཆེན་དབང་། །མི་ཡི་གཟུགས་སྤྲུལ་ཚངས་དབྱངས་རྒྱ་མཚོའི་ཞབས། །བསྐལ་བརྒྱར་མི་གཡོ་ཞབས་བརྟན་གསོལ་བ་འདེབས།། བློ་བཟང་བསྟན་པའི་རིང་ལུགས་གདུགས་དཀར་པོ།། འཁོར་ཡུག་རྒྱ་མཚོའི་བར་དུ་ལེགས་སྐྱོང་ཞིང་།། བྱམས་པས་ས་ཆེན་མ་ལུས་འགེངས་མཛད་པའི།། མི་དབང་ཆེན་པོའི་ཞབས་ཟུང་བརྟན་གྱུར་ཅིག་ཅེས་གསུང་རབ་རིན་པོ་ཆེའི་དཀར་ཆག་བཀྲ་ཤིས་འོད་འབར་མཐིང་ཤོག་གསེར་བྲིས་ཞ་འཕྲེང་ལས་དྲངས།

ལྷའི་ཕྱོན་གཟུགས་དང་གསུང་རབ་དེའི་འབྲི་བཞེངས་ཀྱི་ཡུལ་ལུང་ཐོན་རྫས་ལས་རྫོགས་གྲུབ་པ་ཞིག་ཡིན།

བསྔོ་སྨོན།

དགེ་འདིས་སྲིད་བཞིའི་འདོད་དགུ་ཆར་དུ་ཕབས།། བཀྲ་ཤིས།[1] ཞེས་བྱུང་བ་ནི་གསུང་རབ་དེ་མཆོད་ཡོན་སྦྱིན་བདག་གི་རེ་འདོད་བཞིན་སྐོ་གསུམ་ཐང་ཆད་འབྲི་མཁན་གྱིས་འབྲི་བཞེངས་ལེགས་གྲུབ་ཟིན་པའི་རྗེས་སུ། མཆོད་ཡོན་སྦྱིན་བདག་འཁོར་དང་བཅས་པའི་སྨོན་ལམ་ཁོངས་སུ་གཏོགས་པའི་སེམས་ཅན་རྣམས་ཀྱིས་འདོད་མོས་བཞིན་བསྔོ་བ་སྨོན་ལམ་བཏབ་པ་ཞིག་རེད་འདུག

ལེ་ཚན་དྲུག་པ། ཕོ་བྲང་པོ་ཏ་ལའི་ཁྲི་སྣ་ཚོགས་པོད་ཀ་པའི་མཛོད་བྱང་།

མཛོད་བྱང་མ་དཔེ།

---

① དགའ་ལྡན་དགོན་དུ་བཞུགས་པའི་ཤེར་ཕྱིན་བརྒྱད་སྟོང་པའི་དབུ་ཤོག་ཞབས་མཆན་ལས་བྲངས།

དང་པོ། མཛོད་བྱང་མ་ཕྱུས།

ཨོཾ་སྭ་སྟི།ཡན་ལག་དྲུག་ཅུའི་འཕང་འགྲོ་ལས་དྭངས་པའི།།བརྒྱུད་ཁྲི་བཞི་སྟོང་སྙན་འཛིབས་ཆོས་ཕུང་དབངས།། ཉི་མའི་གཉེན་གྱི་དཔལ་གྱི་མགུར་པ་ལས། །ཉེར་བབས་ཉོན་མོངས་དྲི་འཕྲུད་གཏྣ་མ།། རྒྱས་སྲས་ཐོས་སྒྲོགས་བློ་གྲོས་མཚོར་འཁྱིལ་བ།། གངས་ལྗོངས་ལོ་ཆེན་རྣམ་དཔྱོད་ཡོལ་གོ་ཡིས། །ཕྱོགས་འདིར་དྲངས་པའི་མདོ་རྒྱུད་བདུད་རྩིའི་ཆབ། །ཇི་སྙེད་རྒྱལ་བཀའ་འགྱུར་རོ་ཅོག་ཞེས་གྲགས། །དེ་ཉིད་གངས་ཅན་མགོན་མཆོག་པད་དཀར་འཆང་། །ཐམས་ཅད་མཁྱེན་དངོས་འཇམ་དཔལ་རྒྱ་མཚོ་ཡི། །ཟག་མེད་དགོངས་པ་ཡོངས་སུ་སྐོང་བ་དང་། །མཆོག་སྤྲུལ་བསྟན་འགྲོའི་དཔལ་དུ་མྱུར་གསལ་ཆེད། །མགོན་པོ་གང་གི་དབོན་རིགས་བྱང་ཕྱོགས་ཀྱི། །རྒྱལ་བསྟན་གསལ་དང་འགྲོ་ཀུན་བདེར་འགོད་པའི། །རྗེ་བཙུན་དམ་པ་ཞེས་གྲགས་འདྲེན་མཆོག་གིས། །རྒྱ་སྤྲུར་ལྷ་ལྡན་གཙུག་ལ་ཉིད་དུ། །མི་ཁམས་བློ་ལྡན་གནམ་ལོ་ཆེས་དགེ་བར། །དབང་སྔོན་གླིགས་བུར་འགྲན་པའི་མཐིང་ཤོག་ངོས། །གསེར་སྦྲང་ཁྱུ་བས་མཁའ་ལམ་རྒྱ་སྐར་གྱིས། །སྤྲས་པའི་ཁྲིངས་པ་ཐུར་དུར་བྱེད་འདྲ་བསྐྲུན། །འདིར་འབད་དགེ་བས་ཀུན་མཁྱེན་བླ་མའི་རྗེའི། །བསྟན་འགྲོར་སྨན་པའི་བཞེད་དགོངས་སྐོང་བ་དང་། ། འཕྲུལ་བྲལ་གངས་ཅན་ལྷ་གཅིག་སྤྲུལ་པའི་གར། །བསྟན་འགྲོའི་དཔལ་གྱུར་མྱུར་དུ་གསལ་བར་ཤོག །ཐུབ་བསྟན་སྤྱི་དང་ཞྭ་སེར་རིང་ལུགས་མཆོག །ནམ་ཡང་མི་ནུབ་ཕྱོགས་བརྒྱར་དར་བ་དང་། །དགའ་ལྡན་ཕོ་བྲང་ཆབ་སྲིད་མངོན་མཐོ་ཞིང་། །བོད་འབངས་བདེ་སྐྱིད་དཔྱར་དཔལ་མགྲོན་ཁུགས་ཤོག །བྱང་ཕྱོགས་འགྲོ་བའི་དེད་དཔོན་མཚུངས་མེད་པ། །རྗེ་བཙུན་དམ་པ་གང་གི་སྐུ་ཚེ་དང་། །མཛད་འཕྲིན་ཉི་ཟླའི་འོད་ལྟར་གསལ་བ་དང་། །རྣམ་དཀར་བཞེད་དགོངས་མཐའ་དག་ལྷུན་གྲུབ་ཤོག །གནམ་བསྐོས་ས་ཡི་ཚངས་པའི་ཆབ་སྲིད་དང་། །སྐུ་ཚེ་རྡོ་རྗེའི་ཁམས་ལྟར་མི་འགྱུར་ཞིང་། །ཆབ་འབངས་མཐའ་དག་བདེ་སྐྱིད་ཆོས་འབྱོར་ཀུན། །རྫོགས་ལྡན་གསར་པའི་རང་ཞལ་མྱུར་ངོམ་ཤོག །ཅེས་བྱང་ཕྱོགས་བསྟན་པའི་སྒྲོག་ཤིང་རྗེ་བཙུན་དམ་པའི་སྤྲུལ་སྐུ་རིན་པོ་ཆེ་བློ་བཟང་ཐུབ་བསྟན་དབང་ཕྱུག་འཇིགས་མེད་རྒྱ་མཚོ་དཔལ་བཟང་པོ་ནས། གངས་ཅན་མགོན་པོ་ཐམས་ཅད་མཁྱེན་པ་དངོས་བློ་བཟང་བསྟན་པའི་དབང་ཕྱུག་འཇམ་དཔལ་རྒྱ་མཚོའི་དགོངས་པ་ཡོངས་སུ་རྫོགས་པ་དང་། སླར་ཡང་བསྟན་འགྲོའི་དཔལ་དུ་ཡང་སྲིད་མྱུར་དུ་གསལ་བ་སོགས་ཀྱི་ཆེད་དུ་དམིགས་ནས་ཁལ་ཁ་ཁྱུ་རལ་ཆེན་པོའི་མཛོད་ནས་རྒྱ་དངུལ་

སྤྲང་ཉིས་ཁྲི་དགུ་སྟོང་ལྔ་བརྒྱ་ཐམ་པའི་རྒྱུ་སྦྱོར་ནས་རབ་བྱུང་༡༥ཞེས་པ་མེ་ཡོས་ལོར་ལྷ་ལྡན་གཙུག་ལག་ཁང་དུ་རྒྱལ་བའི་བཀའ་འགྱུར་རོ་ཅོག་རྒྱལ་རྩེ་ཐེམ་སྤངས་མའི་བུ་ཡིག་ལ་ཕྱི་མོ་བགྱིས་ནས་བཞེངས་སྐབས་པོ་ཏི་རེ་རེའི་གཤམ་དུ་སྨོན་ཚིག་འབྲི་རྒྱུ་འདི་ཡང་མི་སྣ་རྣམ་དཔྱོད་ཡངས་པ་གསོལ་དཔོན་ཧྲ་བླ་མ་དང་། དོ་དམ་བླ་བྲང་ཕྱག་མཛོད་དགེ་སློང་ངག་དབང་རྣམ་རྒྱལ་བཅས་ཀྱི་བློ་མོས་ལྟར། རྒྱལ་ཚབ་ཀྱི་མིང་འཛིན་པ་སོ་སྤྲུལ་སྐུར་འབོད་པ་ཡེ་ཤེས་བློ་བཟང་བསྟན་པའི་མགོན་པོས་དང་བ་ཆེན་པོས་སྦྱར་བའི་ཡི་གེ་པ་ནི་དྲུང་ཡིག་ཆེན་མོ་གཡུལ་ཁ་བ་འཇམ་དཔལ་བདེ་ལེགས་ཀྱིས་བགྱིས་པ་དགེ་ལེགས་འཕེལ་[①]ཞེས་པའོ།

གཉིས་པ། མཛད་བྱང་གི་དབྱེ་ཞིབ།

གཅིག བྱུང་བ།

ཨོཾ་སྭ་སྟི། ཡན་ལག་དྲུག་ཅུའི་འཕང་འགྲོ་ལས་དྲངས་པའི།།བརྒྱད་ཁྲི་བཞི་སྟོང་སྙན་འཇེབས་ཆོས་ཕུང་དབངས།། ཉི་མའི་གཉེན་གྱི་དཔལ་གྱི་མགུར་པ་ལས། །ཉེར་བབས་ཉོན་མོངས་དྲི་འཕྲུད་གཏྣ་མ།། རྒྱས་སྲས་ཐོས་སྒྲོགས་བློ་གྲོས་མཆོར་འཁྲིལ་བ།། གངས་ལྗོངས་ལོ་ཆེན་རྣམ་དཔྱོད་ཡོལ་གོ་ཡིས། །ཕྱོགས་འདིར་དྲངས་པའི་མདོ་རྒྱུད་བདུད་རྩིའི་ཆབ། །ཇི་སྙེད་རྒྱལ་བཀའ་འགྱུར་རོ་ཅོག་ཞེས་གྲགས།[②]ཞེས་བྱུང་བ་ལ་གཞིགས་ན། འདི་ཡང་ཐོག་མར་རྒྱ་སྐད་ཀྱི་ཐོག་ནས་བཀྲ་ཤིས་ཞེས་པའི་སྨོན་ཚིག་གིས་སྟོན་བསུས་ཏེ་ནང་བསྟན་གྱི་སྐུ་གསུང་ཐུགས་གསུམ་ལས་གསུང་གི་ཡོན་ཏན་རྣམས་བརྗོད་པའི་མུར་གསུང་དེ་རྣམས་བོད་ཀྱི་ཡུལ་དུ་བསྒྱུར་བར་མཛད་མཁན་སྐུ་དྲིན་ཅན་གྱི་ལོ་པཎ་རྣམས་ཀྱིས་མཛད་པ་ལས་བྱུང་བའི་རྒྱལ་བའི་བཀའ་འགྱུར་ཞེས་གྲགས་པ་དེ་འབྲི་བཞེངས་བསྐྲུངས་པ་ནི་གོང་གི་མཛད་བྱང་ལས་ཤེས།

གཉིས། སྦྱིན་བདག

ལྷ་སའི་གཙུག་ལག་ཁང་དུ་རྒྱལ་བའི་བཀའ་འགྱུར་དེ་དག་འབྲི་བཞེངས་གནང་བའི་

① ཐོ་བྲང་པོ་ཏ་ལའི་ཐུབ་དབང་ལྷ་ཁང་དུ་བཞུགས་པའི་ཁྲི་སྣ་ཚོགས་པོད་ཀ་པའི་ལྷེབ་གྲངས་235ལས་དྲངས།

② ཐོ་བྲང་པོ་ཏ་ལའི་ཐུབ་དབང་ལྷ་ཁང་དུ་བཞུགས་ཡོད་པའི་ཁྲི་སྣ་ཚོགས་པོད་ཀ་པའི་ལྷེབ་གྲངས་235ལས་དྲངས།

སྐབས་སུ་དེར་ཉེ་བར་མཁོ་བའི་རྒྱུ་འགྲོ་སྒྲོར་མཁན་གྱི་སྦྱིན་བདག་ནི། རྒྱལ་བ་སྐུ་འཕྲེང་བརྒྱད་པ་འཇམ་དཔལ་རྒྱ་མཚོས་ (1758-1804) ཁལ་ཁ་སྐུ་ཕྲེང་བཞི་པར་ངོས་འཛིན་གནང་བའི་རྗེ་བཙུན་བློ་བཟང་ཐུབ་བསྟན་དབང་ཕྱུག་འཇིགས་མེད་རྒྱ་མཚོས་ (1774-1813) ཁལ་ཁ་ཁྲུ་རལ་ཆེན་པོའི་མཛོད་ནས་རྒྱ་དངུལ་སྲང་ཉི་ཁྲི་དགུ་སྟོང་ལྔ་བརྒྱ་ཐམ་པའི་རྒྱུ་སྦྱོར་ཏེ་བཀའ་འགྱུར་འབྲི་བཞེངས་མཛད་པ་སྐེ་མཛད་བྱུང་ལས། དེ་ཉིད་གངས་ཅན་མགོན་མཆོག་པད་དཀར་འཆང་། །ཐམས་ཅད་མཁྱེན་དངོས་འཇམ་དཔལ་རྒྱ་མཚོ་ཡི། །ཟག་མེད་དགོངས་པ་ཡོངས་སུ་སྐོང་བ་དང་། ། མཆོག་སྤྲུལ་བསྟན་འགྲོའི་དཔལ་དུ་མྱུར་གསལ་ཆེད། །མགོན་པོ་གང་གི་དབོན་རིགས་བྱུང་ཕྱོགས་ཀྱི། ། རྒྱལ་བསྟན་གསལ་དང་འགྲོ་ཀུན་བདེར་འགོད་པའི། །རྗེ་བཙུན་དམ་པ་ཞེས་གྲགས་འདྲེན་མཆོག་གིས། །རྒྱུ་སྦྱོར་ལྷ་ལྡན་གཙྟོ་ལ་ཉིད་དུ། །མི་ཁམས་བློ་ལྡན་གནམ་ལོ་ཆེས་དགེ་བར།[①] ཞེས་པས་རྟོགས།

གསུམ། སྣག་ཤོག

རྒྱལ་བ་སྐུ་འཕྲེང་བརྒྱད་པ་འཇམ་དཔལ་རྒྱ་མཚོའི་ (1758-1804) དབོན་པོ་རྗེ་བཙུན་བློ་བཟང་ཐུབ་བསྟན་དབང་ཕྱུག་འཇིགས་མེད་རྒྱ་མཚོས་ཁལ་ཁ་ཁྲུ་རལ་ཆེན་པོའི་མཛོད་ནས་རྒྱ་དངུལ་སྲང་ཉི་ཁྲི་དགུ་སྟོང་ལྔ་བརྒྱ་ཐམ་པའི་རྒྱུ་སྦྱོར་ཏེ། བཀའ་འགྱུར་འབྲི་བཞེངས་མཛད་པའི་སྐབས་སུ་དེར་ཉེ་བར་མཁོ་བའི་སྣག་ཤོག་ནི་ཤོག་བུ་མཐིང་ཀར་རིན་ཆེན་དང་པོ་གསེར་སྦྱང་གི་ཁུ་བས་འབྲི་བཞེངས་བྱས་པ་ཞིག་ཡིན་པ་ནི་མཛད་བྱུང་ལས། ། དབང་སྔོན་སླིགས་བུར་འགྲན་པའི་མཐིང་ཤོག་ངོས། །གསེར་སྦྱང་ཁུ་བས་མཁའ་ལམ་རྒྱུ་སྐར་གྱིས། །སྤྲས་པའི་ཁྱིངས་པ་ཐུར་དུར་བྱེད་འདྲ་བསྒྲུབ།[②] ཞེས་པས་རྟོགས།

བཞི། བཟོ་སྨོན།

ལྷ་ལྡན་སྤྲུལ་པའི་གཙུག་ལག་ཁང་དུ་ཁལ་ཁ་རྗེ་བཙུན་བློ་བཟང་ཐུབ་བསྟན་དབང་ཕྱུག་འཇིགས་མེད་རྒྱ་མཚོས་དད་པ་སྒྲོ་ངས་མེད་པའི་སྦྱིན་བདག་གནང་སྟེ་ཡིག་ཞུས་མཁན་དང་

① ཕོ་བྲང་པོ་ཏ་ལའི་ཐུབ་དབང་ལྷ་ཁང་དུ་བཞུགས་ཡོད་པའི་ཁྲི་སྣ་ཚོགས་པོད་ཀ་པའི་ལྡེབ་གྲངས་235ལས་དྲངས།

② ཕོ་བྲང་པོ་ཏ་ལའི་ཐུབ་དབང་ལྷ་ཁང་དུ་བཞུགས་ཡོད་པའི་ཁྲི་སྣ་ཚོགས་པོད་ཀ་པའི་ལྡེབ་གྲངས་235ལས་དྲངས།

དྲས་བཀོད་བཟོ་པའི་ཚིགས་ཀྱིས་ན་བཟའ་རྣམས་ལེགས་པར་བསྒྲུབ་རྗེས་སུ་སྨོན་ལམ་ཁོངས་སུ་གཏོགས་པའི་སེམས་ཅན་རྣམས་ཀྱི་མོས་པ་དང་འཚམས་པའི་སྨོན་ལམ་བཏབ་པ་གཞམ་གྱི་མཛད་བྱང་ལས། འདིར་འབད་དགེ་བས་ཀུན་མཁྱེན་བླ་མའི་རྗེའི། །བསྟན་འགྲོར་སྨན་པའི་བཞེད་དགོངས་སྐོང་བ་དང་། །འཁྲུལ་བྲལ་གངས་ཅན་ལྷ་གཅིག་སྤྲུལ་པའི་གར། །བསྟན་འགྲོའི་དཔལ་གྱུར་སྐྱུར་དུ་གསལ་བར་ཤོག །ཐུབ་བསྟན་སྤྱི་དང་ཞྭ་སེར་རིང་ལུགས་མཆོག །ནམ་ཡང་མི་ནུབ་ཕྱོགས་བརྒྱར་དར་བ་དང་། །དགའ་ལྡན་ཕོ་བྲང་ཆབ་སྲིད་མངོན་མཐོ་ཞིང་། །བོད་འབངས་བདེ་སྐྱིད་དབྱར་དཔལ་མགྲོན་ཁུགས་ཤོག །བྱང་ཕྱོགས་འགྲོ་བའི་དེད་དཔོན་མཚུངས་མེད་པ། །རྗེ་བཙུན་དམ་པ་གང་གི་སྐུ་ཚེ་དང་། ། མཛད་འཕྲིན་ཉི་ཟླའི་འོད་ལྟར་གསལ་བ་དང་། ། རྣམ་དཀར་བཞེད་དགོངས་མཐའ་དག་ལྷུན་གྲུབ་ཤོག །གནམ་བསྐོས་ས་ཡི་ཚངས་པའི་ཆབ་སྲིད་དང་། །སྐུ་ཚེ་རྡོ་རྗེའི་ཁམས་ལྟར་མི་འགྱུར་ཞིང་། །ཆབ་འབངས་མཐའ་དག་བདེ་སྐྱིད་ཆོས་འབྱོར་ཀུན། །རྫོགས་ལྡན་གསར་པའི་རང་ཞལ་སྐྱུར་དོམ་ཤོག[①] ཅེས་པས་རྫོགས་སོ།

ལྔ། དགོས་པ།

ལྷ་ལྡན་སྤྲུལ་པའི་གཙུག་ལག་ཁང་དུ་བཀའ་འགྱུར་མཐིང་ཤོག་གསེར་བྲིས་པོད་བརྒྱའི་རང་བཞིན་ཅན་དེ་འབྲི་བཞེངས་གནང་བའི་དགོས་པ་ནི། རྒྱལ་དབང་སྐུ་འཕྲེང་བརྒྱད་པ་འཇམ་དཔལ་རྒྱ་མཚོའི་ (1758-1804) དགོངས་རྫོགས་དང་སླར་ཡང་བསྟན་འགྲོའི་དཔལ་དུ་ཡང་སྲིད་སྐྱུར་དུ་ཕྱིན་པ་སོགས་ཀྱི་དགོས་མཁོར་བརྟེན་ཏེ། རབ་བྱུང་བཅུ་བཞི་པའི་མེ་ཡོས་ཏེ་སྤྱི་ལོ་1807ལོར་བཞེངས་པ་སྟེ། གངས་ཅན་མགོན་པོ་ཐམས་ཅད་མཁྱེན་པ་དངོས་བློ་བཟང་བསྟན་པའི་དབང་ཕྱུག་འཇམ་དཔལ་རྒྱ་མཚོའི་དགོངས་པ་ཡོངས་སུ་རྫོགས་པ་དང་། སླར་ཡང་བསྟན་འགྲོའི་དཔལ་དུ་ཡང་སྲིད་སྐྱུར་དུ་གསལ་བ་སོགས་ཀྱི་ཆེད་དུ་དམིགས་ནས་ཁལ་ཁ་ཁྲུ་རལ་ཆེན་པོའི་མཛོད་ནས་རྒྱ་དངུལ་སྲང་ཉི་ཁྲི་དགུ་སྟོང་ལྔ་བརྒྱ་ཐམ་པའི་རྒྱུ་སྒྲུར་ནས་རབ་བྱུང་15ཞེས་པ་མེ་ཡོས་ལོར་ལྷ་ལྡན་གཙུག་ལག་ཁང་དུ།[②] ཞེས་པས་རྫོགས།

① ཕོ་བྲང་པོ་ཏ་ལའི་ཐུབ་དབང་ལྷ་ཁང་དུ་བཞུགས་ཡོད་པའི་ཕྲི་སྣ་ཚོགས་པོད་ཀ་པའི་ལྡེབ་གྲངས་235ལས་དྲངས།

② ཕོ་བྲང་པོ་ཏ་ལའི་ཐུབ་དབང་ལྷ་ཁང་དུ་བཞུགས་ཡོད་པའི་ཕྲི་སྣ་ཚོགས་པོད་ཀ་པའི་ལྡེབ་གྲངས་235ལས་དྲངས།

དྲུག་མ་དཔེ།

ལྷ་ལྡན་གཙུག་ལག་ཁང་དུ་བཀའ་འགྱུར་དེ་གོང་གི་དམིགས་ཡུལ་དག་ལ་གཟིགས་ནས་སྔོ་གསུམ་ཐང་ཚད་འབྲི་བའི་ཡིག་པས་འབྲི་བཤུས་བྱ་སྐབས་སུ་དེའི་མ་དཔེ་ནི། དུས་རབས་16པའི་ནང་དུ་རྒྱལ་རྩེ་ཆོས་རྒྱལ་རབ་བརྟན་ཀུན་བཟང་འཕགས་ཀྱིས་བཞེངས་པའི་འབྲི་གཟུགས་ཁྱུང་པོ་གཡུ་ཁྲིའི་འབྲི་རྒྱུན་མངའ་བའི་རྒྱལ་རྩེ་ཐེ་སྤྱངས་མར་མ་ཕྱི་བཅོལ་ཏེ་འབྲི་བཞེངས་གནང་བ་ནི་མཛད་བྱང་ལས། མི་ཡོས་ལོར་ལྷ་ལྡན་གཙུག་ལག་ཁང་དུ་རྒྱལ་བའི་བཀའ་འགྱུར་རོ་ཅོག་རྒྱལ་རྩེ་ཐེམ་སྤྱངས་མའི་བུ་ཡིག་ལ་ཕྱི་མོ་བགྱིས་ནས་བཞེངས[1]ཞེས་པས་རྟོགས། དེས་ན་འདིར་ཞོར་དུ་ཞུ་དགོས་པ་ཞིག་ལ། ཐེམ་སྤྱངས་མ་ཞེས་པ་ནི་གསེར་ཏོག་བློ་བཟང་ཚུལ་ཁྲིམས་རྒྱ་མཚོས (1845-1908) ཐེམ་སྤྱངས་མ་ཞེས་པའི་དོན་རིག་པ་སླ་བ་དཔལ་མང་རིན་པོ་ཆེའི་གསན་ཡིག་ཏུ། ཐེམ་ཡིག་འདི་ཚད་ཐུབ་ཀྱི་དཔང་པོ་དང་འདྲ་བས་ཐེམ་དཔང་མ་ཞེས་བསྒྱུར་བཅོས་མཛད་པའང་མི་ཏུང་ག་ལ་ཡོད་མོད། འོན་ཏེ་གསན་ཡིག་གཏྣའི་ཚ་རྒྱུན། ཛ་ཡའི་གསན་ཡིག འཇམ་དབྱངས་བཞད་པའི་རྗེ་རྗེའི་གསན་ཡིག་སོགས་གསན་ཡིག་སྟོན་མ་ཁུངས་དག་ཐམས་ཅད་དུ་ཐེམ་སྤྱངས་མ[2]ཞེས་ཡོད་ཅིང་། དེའི་དོན་ཐེམ་བྱང་འདི་ནས་གསུངས་པ་ཐམས་ཅད་དཔྱད་པ་གསུམ་གྱི་དག་པ་ཤ་སྟག་ཡིན་པས་སུས་ཀྱང་སྤྱང་དུ་མི་ཏུང་བའམ་ཡང་ན་ཐེམ་བྱང་འདིར་འགོད་པའི་ཆོས་ཚན་ཐམས་ཅད་རྩོད་པ་ཅན་དང་རྫུན་མའི་གྲས་རིགས་རྣམས་སྤྱངས་པའི་ཚད་ཐུབ་ཡིན་པས་ན་དེ་ལྟར་བརྗོད་པ་ཡིན་ཞེས་པས། ཐེམ་བྱང་དང་ཐེམ་སྤྱངས་མ། ཐེམ་དཔང་མ་སོགས་སྟོན་གྱི་དག་ཆ་འབྲི་སྐྱོན་ཁག་མི་འདྲ་བ་བྱུང་ཡོད་པ་དེ་ཤེས[3]ཞེས་པ་ལས་ཐེམ་སྤྱངས་ཀྱི་གོ་དོན་དང་དག་ཆ་འབྲི་སྐྱོན་མི་འདྲ་བ་ཇི་ཙམ་བྱུང་ཡོད་པ་དེ་རྟོགས། ཐེམ་བྱང་གི་སྐོར་དེ་རྒྱས་པར་གཟིགས་འདོད་ན་ཁོ་བོས་བྲིས་པའི་བོད་ཡིག་གནའ་དཔེའི་རྣམ་བཤད་ཅེས་པར་གཟིགས་པར་འཚལ།

① ཐོ་བྲང་པོ་ཏ་ལའི་ཐུབ་དབང་ལྷ་ཁང་དུ་བཞུགས་ཡོད་པའི་ཁྲི་སྣ་ཚོགས་པོད་ཀ་པའི་ལྡེབ་གྲངས་235ལས་དྲངས།

② གསེར་ཏོག་བློ་བཟང་ཚུལ་ཁྲིམས་རྒྱ་མཚོའི་གསུང་པོད་ཏ་པ་སྐྱ་འབུམ་སྤར་མའི་ལྡེབ་གྲངས་19ལས་དྲངས།

③ པད་མ་བཀྲ་ཤིས་ཀྱིས་བརྩམས་པའི་བོད་ཡིག་གནའ་དཔེ་རྣམ་བཤད་བོད་ལྗོངས་མི་དམངས་དཔེ་སྐྲུན་ཁང་གི་2013ལོའི་སྤར་མའི་ཤོག་གྲངས་234ལས་དྲངས།

བདུན། སྔོན་ཚིག་འབྲི་མཁན།

བོད་རེ་རེའི་གཤམ་དུ་སྔོན་ཚིག་འབྲི་རྒྱུ་འདི་ཡང་མི་སྣ་རྣམ་དཔྱོད་ཡངས་པའི་གསོལ་དཔོན་ཏྭ་བླ་མ་དང་། དོ་དམ་བླ་བྲང་ཕྱག་མཛོད་དགེ་སློང་ངག་དབང་རྣམ་རྒྱལ་བཅས་ཀྱི་བློ་མོས་ལྟར། རྒྱལ་ཚབ་ཀྱི་མིང་འཛིན་པ་སོ་སྤྲུལ་སྐྱར་འཁོད་པ་ཡེ་ཤེས་བློ་བཟང་བསྟན་པའི་མགོན་པོས་དང་བ་ཆེན་པོས་སྦྱར་བའི་ཡི་གེ་བ་ནི་དྭང་ཡིག་ཆེན་མོ་གཡུལ་ཁ་བ་འཇམ་དཔལ་བདེ་ལེགས་ཀྱིས་བགྱིས་པ་དགེ་ལེགས་འཕེལ[①]ཞེས་བྱུང་བ་ལྟར་ན། རྒྱལ་བ་སྐུ་འཕྲེང་བརྒྱད་པ་འཇམ་དཔལ་རྒྱ་མཚོའི་ (1758-1804) དགོངས་རྫོགས་སུ་ལྷ་ལྡན་སྤྲུལ་པའི་གཙུག་ལག་ཁང་དུ་བཀའ་འགྱུར་མཐིང་ཤོག་འབྲི་བཞེངས་བསྐྲུན་པའི་སྐབས་སུ། བོད་རེ་རེ་གཤམ་འོག་ཏུ་གསོལ་དཔོན་ཏྭ་བླ་མ་དང་ཕྱག་མཛོད་དགེ་སློང་ངག་དབང་རྣམ་རྒྱལ་བཅས་ཀྱི་བློ་མོས་ལྟར་བ་སོ་སྐུ་ཕྲེང་བརྒྱད་པ་ཡེ་ཤེས་བློ་བཟང་བསྟན་པའི་མགོན་ (སྤྱི་ལོ་1760-1810) པོས་སྦྱར་ཞིང་། ཡིག་མཁན་གཡུལ་ཁ་བ་འཇམ་དཔལ་བདེ་ལེགས་ཀྱིས་སུག་བྲིས་བགྱིས་པའི་མཛད་བྱང་རེ་རེ་བཞུགས་ཡོད་པ་དེ་ཡང་བཀའ་འགྱུར་དེའི་ཁྱད་ཆོས་ཤིག་ཡིན་པར་སེམས་ལ། བཀའ་འགྱུར་དེ་མཇལ་བའི་སྐབས་སུ་སྔོན་གྱི་གླེགས་ཤིང་གླེགས་ཐག་བཅས་ལ་ཉམས་ཞིབ་བྱུང་བ་ལྟར་ན། ཆེད་དུ་བཏགས་པའི་གླེགས་ཐག་སི་ཏ་ཧོ་ཆབ་མགོ་མེ་ཏོག་པད་མ་ཅན་གྱིས་བརྒྱན་པ་རིང་ཐུང་ལ་འདོམ་པ་བརྒྱད་དང་ཁྲུ་གང་ཙམ་ཞིག་ཡོད་པ་དེ་དག་ལས་ཀྱང་བཀའ་འགྱུར་དེའི་པོ་ཏི་ཆེ་ཆུང་ཡང་རང་བཞིན་གྱིས་ཤེས་ཐུབ་པ་སོགས་ནི་བཀའ་འགྱུར་དེའི་ཁྱད་ཆོས་སོ།

① ཕོ་བྲང་པོ་ཏ་ལའི་ཐུབ་དབང་ལྷ་ཁང་དུ་བཞུགས་ཡོད་པའི་ཁྲི་སྣ་ཚོགས་པོད་ཀ་པའི་ལྡེབ་གྲངས་235ལས་དྲངས།

ལེ་ཚན་བདུན་པ། རྒྱ་མ་ཁྲི་སྐང་ཤེར་ཕྱིན་བརྒྱད་སྟོང་དབུ་ཤོག་ཞབས་མཆན།

ཞབས་མཆན་མ་དཔེ།

དང་པོ། ཞབས་མཆན་མ་ཡིག

ཀྱེའི་དགེ་སློང་ཆེན་པོ་རིག་པའི་ལུགས་བཞིན་དུ། །ཡོན་བདག་བཀྲ་ཤིས་དཔལ་གྱི་དགོས་ཀྱི་སླེགས་བམ། །ཀྱེ་ལྷོ་དཀར་རྒྱལ་པོའི་འཁྲིད་གསུམ་འགྲོན་འདྲ། །འཛམ་དབྱངས་ཡང་སྤྲུལ་མཁས་པ་མལ་གྱིས་བྲིས།[①] ཞེས་པའོ།

གཉིས་པ། ཞབས་མཆན་གྱི་དབྱེ་ཞིབ།

གཅིག སྦྱིན་བདག

ཤེར་ཕྱིན་མཐིང་ཤོག་གསེར་བྲིས་འདི་འབྲི་བཞེངས་གནང་བའི་སྐབས་སུ། མཆོད་ཡོན་སྦྱིན་བདག་ནི་དད་པ་སྐྱོ་ངས་མེད་པའི་སྦྱིན་བདག་བཀྲ་ཤིས་དཔལ་ཞེས་ཞུ་བ་དེ་ཡིན་པ་ནི།

① མལ་གྲོའི་ཁྲི་སྐང་རབ་རྒྱས་གླིང་ཤེར་ཕྱིན་བརྒྱད་སྟོང་དབུ་ཤོག་ཞབས་མཆན།

མཛད་བྱང་ལས་ཀྱིའི་དགེ་སྦྱོང་ཆེན་པོ་རིག་པའི་ལུགས་བཞིན་དུ། །ཡོན་བདག་བཀྲ་ཤིས་དཔལ་གྱི་དགོས་ཀྱི་སླིགས་བམ།།[①]ཞེས་པས་རྫོགས།

གཉིས། ཡིག་མཁན།

དད་པ་སྐྱོ་ངས་མེད་པའི་སྦྱིན་བདག་བཀྲ་ཤིས་དཔལ་གྱི་ཤེར་ཕྱིན་སླིགས་བམ་འདི་འབྲི་བཞེངས་བསྐྲུངས་པའི་སྐབས་སུ། སྐོ་གསུམ་ཐང་ཆད་འབྲི་བའི་ཡིག་མཁན་ནི་དུས་རབས་དེའི་ནང་དུ་ཕྱོན་པའི་སྐན་གྲགས་ཅན་གྱི་ཡི་གེའི་སྲུག་བྲིས་ལ་མངའ་བརྙེས་པའི་འཇམ་དཔལ་དབྱངས་ཀྱི་རྣམ་སྤྲུལ་འཕན་པོའི་ཡིག་མཁན་མལ་གྱིས་རྒྱུད་པས་བྲིས་པ་མ་ཟད། གསུང་རབ་དེའི་ཁྱད་ཆོས་ཀྱང་དབུ་ཤོག་དང་པོ་ཡིག་ཕྲེང་གསུམ་ཅན་སྐེ་གསེར་བྲིས་འབུར་མའི་ཁྱད་ཆོས་ལྡན་པ་ཞིག་སྟེ། །ཀྱེ་ཧོ་དཀར་རྒྱལ་པོའི་འཕྲེང་གསུམ་འབྱོན་འདྲ། །འཇམ་དབྱངས་ཡང་སྤྲུལ་མཁས་པ་མལ་གྱིས་བྲིས།[②]།ཞེས་པས་རྫོགས། མལ་བྲིས་ནི་ཐོག་མར་དུས་རབས་12པར་དགེ་བའི་བཤེས་གཉེན་འབྲོམ་གྱི་སློབ་མར་གྱུར་པ་སྐུ་མཆེད་རིན་པོ་ཆེ་རྣམ་གསུམ་གྱི་སྲས་སུ་གྱུར་པ་བྱ་ཡུལ་པ་ཤར་པ་ལསོགས་པས་སངས་རྒྱས་ཀྱི་བསྟན་པ་འཛིན་སྐྱོང་བསྲུང་སྤེལ་མཛད་པའི་དུས་སུ། ཡི་གེའི་མཁན་པོ་སྣ་ནམ་ཞང་བཙུན་རྩེ་སློབ་མར་གྲགས་པ་མལ་སེང་ལ་འབར་ཞེས་བྱོན་པ་དེའི་འབྲི་རྒྱུན་གྱི་ལུགས་འཛིན་པས་ན་མལ་བྲིས་ཞེས་བྱུང་བར་སེམས་སོ།

① མལ་གྲོའི་ཁྲི་སྐྱང་རབ་རྒྱས་གླིང་ཤེར་ཕྱིན་བརྒྱད་སྟོང་དབུ་ཤོག་ཞབས་མཆན།

② མལ་གྲོའི་ཁྲི་སྐྱང་རབ་རྒྱས་གླིང་ཤེར་ཕྱིན་བརྒྱད་སྟོང་དབུ་ཤོག་ཞབས་མཆན།

ལེ་ཚན་བརྒྱད་པ། སོག་བཀྲ་ཤིས་ལྡོངས་ཤེར་ཕྱིན་བརྒྱད་སྟོང་ དབུ་ཤོག་ཞབས་མཆན།

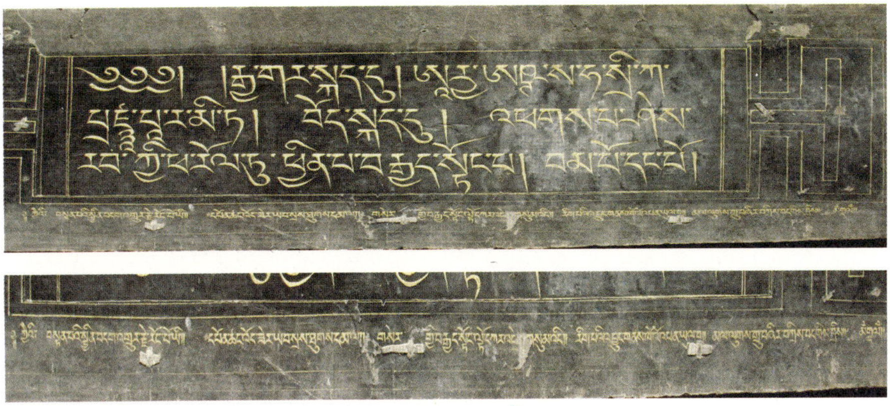

ཞབས་མཆན་མ་དཔེ།

དང་པོ། ཞབས་མཆན་མ་ཕྱུས།

ཀྱེའི་བསྟན་པའི་སྦྱིན་བདག་འགྱུར་རྗེ་རོང་པོ་ཡི། །དཔོན་ཚང་འོད་ཟེར་ཡབ་སྲས་ཐུགས་དམ་ལ། །གསེར་གྱི་བརྒྱད་སྟོང་ལྷོ་དཀར་འཕྲེང་གསུམ་འདི། །རིག་པའི་འབྱུང་གནས་ཁོ་བོ་འཕན་ཡུལ་བ། ། མལ་ལུགས་གྱུ་བཞིར་བདགིས་བྲིས། མཎྜལ། [①]ཞེས་པའོ།

གཉིས་པ། ཞབས་མཆན་གྱི་དབྱེ་ཞིབ།

གཅིག སྦྱིན་བདག

ཀྱེ་ཞེས་པས་འགོ་བཙམས་ཏེ་གསུང་རབ་འདི་འབྲི་བཞེངས་བསྐྲུན་པའི་སྐབས་སུ་དང་པ་སྐྱོ་ངས་མེད་པའི་སྦྱིན་བདག་ནི་བོད་ཀྱི་ཏུས་ཆེན་བསེ་རྒྱ་སྒ་སྟོང་འདྲུ་ཞེས་པ་ལས། ཏུས་འདྲུའམ་འགྲུ་ལས་ཆད་པའི་རྗེ་དཔོན་ཚང་འོད་ཟེར་ཞུ་བ་ཡབ་སྲས་ཀྱི་ཐུགས་དམ་དུ་ཤེས་རབ་ཀྱི་ཕ་རོལ་ཏུ་ཕྱིན་པ་བརྒྱད་སྟོང་པ་འདིའི་འབྲི་བཞེངས་ཀྱི་རྒྱུ་འགྲོ་སྦྱར་བ་སྟེ། ཀྱེའི་བསྟན་

① ནག་ཆུ་བཀྲ་ཤིས་ལྡོངས་ཀྱི་ཤེར་ཕྱིན་བརྒྱད་སྟོང་པོད་ཀ་པའི་ཞལ་ཤོག་གི་ཞབས་མཆན་ལས་དྲངས།

པའི་སྤྱིན་བདག་འགྱུར་རྗེ་རོང་པོ་ཡི། །དཔོན་ཚང་འོད་ཟེར་ཡབ་སྲས་ཐུགས་དམ་ལ། །གསེར་གྱི་བརྒྱད་སྟོང་ལྷོ་དཀར་འཕྲེང་གསུམ་འདི།[①]ཞེས་པས་ཤེས་སོ།

གཉིས། སྣག་ཤོག

དད་པ་སྐྱོ་ངས་མེད་པའི་འགྱུར་རྗེ་རོང་པོས་སྦྱིན་བདག་གནང་སྟེ་དཔོན་ཚང་འོད་ཟེར་ཡབ་སྲས་ཀྱི་ཐུགས་དམ་ཤེར་ཕྱིན་བརྒྱད་སྟོང་པ་དེ། འབྲི་བཞེངས་གནང་བའི་སྐབས་སུ་སྣག་ཚ་གསེར་ལས་བྱས་ཏེ་ཤོག་བུ་མཐིང་གར་བྲིས་པ་དེ་སྣག་ཤོག་གི་ཁྱད་ཆོས་སོ།

གསུམ། ཡིག་ཞུས།

སྐབས་འདིའི་འབྲི་བཞེངས་ཀྱི་ཡིག་མཁན་ནི་འཕན་པོ་རིག་པའི་འབྱུང་གནས་ནས་ཕེབས་པའི་ཡིག་མཁན་གསེར་དངུལ་སྣག་ཚ་ལ་དབང་བསྒྱུར་བའི་ཡིག་མཁན་དབུ་ཆེན་འཕན་པོ་མལ་ལུགས་ཀྱི་རྒྱུད་འཛིན་པ་ག་གེ་མོ་ཞིག་གིས། དུས་རབས་12པའི་ནང་དུ་བྱོན་པའི་ཡིག་མཁན་སུམ་པ་གནོད་སྦྱིན་གྱིས་ཕྱག་སོར་ལས་ཐོན་པའི་འབྲི་གཟུགས་ཁྱད་འཕགས་ཅན་ཡིབ་གྲུ་བཞི་སྙེ་ལུགས་ཀྱི་འབྲི་རྒྱུན་བཞིན་འབྲི་བཤུས་བཏབ་པ་སྟེ་མཛོད་བྱང་ལས། རིག་པའི་འབྱུང་གནས་ཁོ་འོ་འཕན་ཡུལ་བ། །མལ་ལུགས་གྲུ་བཞིར་བདགིས་བྲིས། [②]ཞེས་པའོ།

བཞི། མཇུག་བསྡུའི་ཚིག

བསྔན་པའི་སྦྱིན་བདག་དད་པ་སྐྱོ་ངས་མེད་པའི་འགྱུར་རྗེ་རོང་པོ་རྗེའི་དཔོན་ཚང་ཡབ་སྲས་ཀྱི་ཐུགས་དམ་ཤེར་ཕྱིན་བརྒྱད་སྟོང་པ་མཐིང་ཤོག་གསེར་བྲིས་དེ། འབྲི་བཞེངས་གྲུབ་པའི་རྗེས་སུ་སྒོ་གསུམ་ཐང་ཆད་མེད་པར་འབྲི་མཁན་གྱི་ཡིག་པ་འཕན་པོ་རིག་པའི་འབྱུང་གནས་ནས་ཕེབས་པའི་མལ་ལུགས་ཀྱི་རྒྱུད་འཛིན་པ་ག་གེ་མོ་ཞིག་གིས་མཇུག་བསྡུའི་ཚིག་ཏུ་སྨོན་དང་མི་འདྲ་བར་དགེའོ་ཞེས་པས་མཇུག་མ་བསྡུས་པར་མཆྐལ་[③]ཞེས་སམ་སྲི་ཏ་གཟུགས་གྱུར་

[①] ནག་ཆུ་བཀྲ་ཤིས་ལྷོངས་ཀྱི་ཤེར་ཕྱིན་བརྒྱད་སྟོང་པོད་ཀ་པའི་ཞལ་ཤོག་གི་ཞབས་མཆན་ལས་དྲངས།

[②] ནག་ཆུ་བཀྲ་ཤིས་ལྷོངས་ཀྱི་ཤེར་ཕྱིན་བརྒྱད་སྟོང་པོད་ཀ་པའི་ཞལ་ཤོག་གི་ཞབས་མཆན་ལས་དྲངས།

[③] ནག་ཆུ་སོག་རྫོང་གི་བཀྲ་ཤིས་ལྷོངས་ཀྱི་ཤེར་ཕྱིན་བརྒྱད་སྟོང་པོད་ཀ་པའི་ཞལ་ཤོག་གི་ཞབས་མཆན་ལས་དྲངས།

གྲིས་པ་ལ་གཞིགས་ན། ཡིག་མཁན་དེ་ཡང་སམ་བོད་གཉིས་ལ་མངའ་བརྙེས་པའི་ཡིག་མཁན་ཞིག་ཡིན་སྙམ། འོན་ཏེ་སྐབས་འདིར་བཀྲ་ཤིས་ཞེས་པའི་སམ་སྐྲི་ཏ་གཟུགས་འགྱུར་མཐུན་ཞེས་པ་དང་བོད་རྒྱ་ཚིག་མཛོད་ཆེན་མོའི་ནང་དུ་བྱུང་བའི་མནྟྲཾ་ཞེས་པའི་འབྲི་གཟུགས་དང་བསྡུར་ན་དམིགས་བསལ་གྱི་ཁྱད་པར་བྱུང་འདུག་པས། སྐབས་དེ་དུས་ཡུལ་དུས་དབང་གིས་བཀྲ་ཤིས་ཞེས་པའི་སམ་སྐྲི་ཏ་གཟུགས་ཕྱུར་དེ་ཡང་གཅིག་བསྒྱུར་གྱི་འབྲི་སྟངས་ཤིག་བྱུང་མེད་པར་མངོན་ནོ།

ལེ་ཚན་དགུ་པ། སོག་བཀྲ་ཤིས་ལྷོངས་ཤེར་ཕྱིན་བརྒྱད་སྟོང་པའི་མཛད་བྱང་།

མཛད་བྱང་མ་དཔེ།

དང་པོ། མཛད་བྱང་མ་ཕྱུས།

དར་རྒྱས་ཤིང་རྟའི་སྲོལ་དང་ལམ་ཕྱེ་ནས།།འགྲོ་མང་བློ་ཡི་དབུལ་བ་བསལ་བར་མཛད།། དེ་ལས་རིམ་གྱིས་གངས་རིའི་ལྗོངས་འདིར་སླེབས།། ཤེར་ཕྱིན་སྲས་ཡུམ་བཅུ་བདུན་ཞེས་གྲགས་པ།། དེ་དག་ནང་ནས་འཕགས་པ་བརྒྱད་སྟོང་པ་ལེའུ་གྲངས་ནི་སུམ་ཅུ་རྩ་གཉིས་དང་།། བམ་པོ་ཉི་ཤུ་རྩ་བཞི་བཀས་བཅད་ནས།། རྒྱ་གར་པཎ་ཆེན་ཛྙཱ་ན་སིདྡྷི་ཞེས་བྱ་དང་།། བོད་ཀྱི་ལོ་ཙྪ་མཁས་པ་དར་མ་ཏཱ།། ཤི་ལ་སོགས་ཀྱིས་ལེགས་པར་བསྒྱུར་བ་ལས།། སླར་ཡང་བཙན་པོ་བཀྲ་

ཤེས་ལྡེ་ཡིས་བཀས།། སུ་རྨ་ཤེ་ཏ་ཞེས་བྱའི་པཎ་ཆེན་དང་། །ལོ་ཆེན་རིན་ཆེན་བཟང་པོས་བསྒྱུར་ཞིང་ཞུས།། སླར་དཔལ་ལྡན་དི་པཾ་ཀ་ར་དང་།། ལོ་ཆེན་རིན་ཆེན་བཟང་པོས་དག་པར་བསྒྱུར།། དུས་ཕྱིས་རྒྱལ་པོའི་དབང་པོས་ལུང་བསྟན་པའི།། ལོ་ཆེན་བློ་ལྡན་ཤེས་རབ་ཀྱིས།། རྒྱ་དཔེ་དག་པ་དུ་མ་དཔང་དུ་བཙུགས།། དག་པར་བསྒྱུར་ཞིང་ཞུས་དག་འཆད་ཉན་གྱིས།། གཏན་ལ་ཕབ་པའི་འཕགས་པ་བརྒྱད་སྟོང་པ།། ཁ་བ་ཅན་འདིར་དར་ཞིང་རྒྱས་ན་ཡང་།། སྔོན་ཆད་པར་དུ་བཞེངས་པའི་སྲོལ་མ་དོད།། དེང་སང་བཤེས་གཉེན་དམ་པ་རིན་ཆེན་དཔལ།། བསྟན་ལ་གཅིག་ཏུ་བྱ་བ་བྱེད་པ་དེས།། ལེགས་བྱས་བློ་གྲོས་དཔའ་བརྟན་བཞི་འཛོམ་པ།། ཆོས་ཀྱི་རྒྱལ་པོ་འཁོར་ལོ་བསྒྱུར་རྒྱལ་གྱི།། རིན་ཆེན་བདུན་ལས་བློན་པོ་རིན་པོ་ཆེ།། དགེ་ལ་སྤྲོ་བའི་པནྡི་ཁ་ཕྱེ་ནས།། རྒྱལ་ཡུམ་པར་དུ་བཞེངས་པའི་གོ་སར་རྒྱས།། ལེགས་པར་གྲུབ་པའི་འབྲས་བུ་ཟེ་འབྲུ་སྨིན།། དེ་ལྟར་ཤེས་རབ་ཀྱི་ཕ་རོལ་ཕྱིན་གཞུང་གི། པར་འདི་བསྒྲུབས་པའི་ཆེད་དུ་བྱ་བ་ནི།། འགྲོ་བའི་ཕན་དང་བདེ་བ་ཀུན་གྱི་གཞི།། རྒྱལ་བའི་བསྟན་པ་ཕྱོགས་བཅུར་རྒྱས་ཕྱིར་དང་།། ཁྱད་པར་རྒྱལ་ཡུམ་ཤེས་རབ་ཕ་རོལ་ཕྱིན།། བྱང་དང་བྱང་གི་ཕྱོགས་སུ་དར་འགྱུར་ཞེས།། ཐུབ་པའི་ལུང་བསྟན་དེ་ཉིད་འདིས་བྱེད་དོ།། དེ་བཞིན་གཞན་ཡང་དོན་གྱི་གཙོའི་མཆོག། གྲགས་ལྡན་དབུས་ན་གཙུག་གི་ནོར་བུ་བཞིན།། མཐུ་སྟོབས་གཟི་འོད་འབར་བ་ཉིན་བྱེད་བཞིན།། ཆོས་རྒྱལ་མི་དབང་གྲགས་པ་ལྷ་དབང་བཞིན།། སྐུ་ཚེ་བརྟན་པ་རི་རབ་ལྷུན་པོ་བཞིན།། སྦྱིན་བདག་ཁུ་དབོན་འཁོར་བཅས་ཉེ་དབང་བཞིན།། ཡངས་པའི་ཆབ་སྲིད་ཡང་འཕེལ་བསྐལ་པ་བཞིན།། སྲས་མཆོག་ཤེས་རབ་རྒྱལ་བུ་དོན་གྲུབ་བཞིན།། འཕེལ་ཞིང་རྒྱས་པ་ཡར་ངོའི་ཟླ་བ་བཞིན།། དེ་ལྟར་འགྱུར་ཕྱིར་ལྷག་བསམ་དག་པ་ཡིས།། ཕོ་བྲང་གོང་དཀར་དཔལ་གྱི་བདེ་ཆེན་དུ།། གཉེར་ཆེན་འགུ་ཙུས་ཞབས་ཏོག་བསྒྲོན་བྱས་ཏེ།། ཤེས་རབ་ཕ་རོལ་ཕྱིན་གཞུང་འདི་བསྒྲུབས།། ཡིག་མཁན་མཁས་པ་གཞུང་པ་ནམ་མཁའ་དང་།། བརྐོས་མཁན་གཙོ་བོ་དཔོན་སྐྱབ་ཞེས་བྱ་བས།། ལེགས་པར་བཟབས་ཏེ་ཕྲིས་ཤིང་བརྐོས་པ་ཡིས།། སྦྱིན་བདག་མཉེས་པས་ཡོན་དང་སྟོན་མོ་སོགས།། མཆོད་རྫས་རྣམས་ཀྱིས་མཆོད་ནས་མགུ་བར་བྱས།། དེ་ཡི་དགེ་བ་འོད་སྟོང་འཕྲོས་པ་ཡིས།། འགྲོ་བའི་ཡེ་ཤེས་སྣང་བ་རབ་རྒྱས་ཤིང་།། ཐེག་མཆོག་ལམ་གྱི་པད་ཚལ་རབ་རྒྱ་ཏེ།། མི་གནས་མྱ་ངན་འདས་པའི་སར་ཕྱིན་ཤོག། ཤེས་རབ་ཕ་རོལ་ཕྱིན་གཞུང་འབྲི་བ་དང་།། ཉན་དང་ཀློག་དང་འཛིན་པ་ལསོགས་ཀྱི།། ཕན་ཡོན་ཇི་སྐྱེད་རྒྱལ་བས་བཀའ་སྩལ་བ།། ཐམས་

ཅད་བདག་ལ་མངོན་དུ་འགྱུར་བར་ཤོག། ལུས་འདི་བརྗེས་ནས་སྲིད་གཞན་མི་ལེན་པར།། བདེ་བ་ཅན་ཞེས་ཐུས་བས་བསྔགས་པ་དེར།། འོད་དཔག་མེད་དྲུང་པ་བསྐོར་བརྫུས་ཏེ་སྐྱེས།། རྒྱལ་བས་ཇེ་བཟུང་ས་བཅུ་མཐར་ཕྱིན་ཤོག། སྐྱེ་བ་འདིར་ཡང་ཡོན་མཆོད་འཁོར་བཅས་རྣམས།། ཚེ་རིང་ནད་མེད་བདེ་སྐྱིད་ཕུན་སུམ་ཚོགས།། བསམ་དོན་ཆོས་ལྡན་ཡིད་བཞིན་འགྲུབ་པ་དང་།། རྟག་ཏུ་བཀྲ་ཤིས་བདེ་ལེགས་ལྡན་པར་ཤོག། ཆོས་ཉིད་རྣམ་པར་དག་པའི་བྱིན་བརླབས་དང་།། དཀོན་མཆོག་གསུམ་བདེན་པའི་ནུས་མཐུ་དང་།། བདགི་ཆོས་པར་བསྒྲུབས་པའི་····བསྔོས་ཤིང་སྨོན་ལམ་བཏབ་པ་འགྲུབ་འགྱུར་ཅིག་མངྒལཾ་[①]ཞེས་པའོ།

གཉིས་པ། མཛད་བྱང་གི་དབྱེ་ཞིབ།

སོག་བཀྲ་ཤིས་ལྷོ་ངོས་དགོན་དུ་བཞུགས་པའི་ཤེར་ཕྱིན་བརྒྱད་སྟོང་པ་འདིའི་མཛད་བྱང་ལ་དབྱེ་ཞིབ་བྱ་སྐབས་ཤེར་ཕྱིན་མཐིང་ཤོག་གསེར་དངུལ་སྤེལ་མ་འཕན་པོ་མལ་ལུགས་ཀྱི་ཡིག་པའི་སྲུག་བྲིས་ལས་ཐོན་པའི་ཤེར་ཕྱིན་བརྒྱད་སྟོང་པ་འདིའི་མཛད་བྱང་དུ་ཤེར་ཕྱིན་བརྒྱད་སྟོང་པ་འདི་འབྲི་བཞེངས་ཀྱི་གནས་ཚུལ་གང་ཡང་མ་གསུངས་པར། སྔོན་གྱི་མ་དཔེ་དུས་རབས་15པའི་སྣར་མ་གྲགས་ཅན་གོང་དཀར་སྣར་མ་ཤེར་ཕྱིན་བརྒྱད་སྟོང་པ་ཞིག་ལ་མ་དཔེ་བཅོལ་སྟེ་མལ་ལུགས་མཁན་པོས་ཁབ་ཤུལ་སྐྱུད་པས་བསྟན་པ་བཞིན་འབྲི་བཤུས་བཏབ་པ་ཞིག་ཡིན་པ་གཤམ་གྱི་མཛད་བྱང་དཔྱད་པ་ལས་རྟོགས་པ་སྟེ།

གཅིག ཤེར་ཕྱིན་གཞུང་གི་བམ་པོ་དང་ལེའུ།

དར་རྒྱས་ཤིང་རྟའི་སྲོལ་དང་ལམ་ཕྱེ་ནས།།འགྲོ་མང་བློ་ཡི་དབུལ་བ་བསལ་བར་མཛད།། དེ་ལས་རིམ་གྱིས་གངས་རིའི་ལྗོངས་འདིར་སླེབས།། ཤེར་ཕྱིན་སྲས་ཡུམ་བཅུ་བདུན་ཞེས་གྲགས་པ།། དེ་དག་ནང་ནས་འཕགས་པ་བརྒྱད་སྟོང་པ་ལེའུ་གྲངས་ནི་སུམ་ཅུ་རྩ་གཉིས་དང་།། བམ་པོ་ཉི་ཤུ་རྩ་བཞི་བཀས་བཅད་ནས།།[②]ཞེས་གསུངས་པ་ལྟར་ན། ཤེར་ཕྱིན་བརྒྱད་སྟོང་པ་འདིའི་

① ནག་ཚུ་སོག་བཀྲ་ཤིས་ལྷོ་ངོས་ཤེར་ཕྱིན་བརྒྱད་སྟོང་པ་མཐིང་ཤོག་གསེར་བྲིས་པོད་ཀ་པའི་མཛད་བྱང་དངུལ་བྲིས་ཅན་ལྡེབ་གྲངས་423ལས་དྲངས།

② ནག་ཚུ་སོག་བཀྲ་ཤིས་ལྷོ་ངོས་ཤེར་ཕྱིན་བརྒྱད་སྟོང་པ་མཐིང་ཤོག་གསེར་བྲིས་པོད་ཀ་པའི་མཛད་བྱང་དངུལ་བྲིས་ཅན་ལྡེབ་

མཛད་བྱང་ནི་གཞན་དང་མི་འདྲ་བར་དུས་རབས་15པར་ལྷོ་ཁ་གོང་དཀར་རྫོང་དུ་ཤེར་ཕྱིན་བརྒྱད་སྟོང་པ་དེ་སྤར་ལ་བཏབ་པའི་སྐབས་སུ་སྤར་གྱི་མཛད་བྱང་འབྲི་མཁན་གྱི་ཡི་གེ་བས་རྒྱ་ནག་གི་བཙུན་པ་སན་ཙང་སོགས་ཀྱིས་གསུངས་པ་བཞིན། སྤྱི་ལོའི་སྔོན་གྱི་ལོ་450སྔོན་དུ་སྟོན་པ་སངས་རྒྱས་བཅོམ་ལྡན་འདས་ཀྱིས་རྒྱ་གར་གྱི་བྱ་རྒོད་ཕུང་པོ་རིར་ཤེར་ཕྱིན་ཡུམ་གསུངས་པ་ལས་འགྲོ་བའི་བློ་ཡིས་མུན་པ་སེལ་བ་དང་། དུས་རབས་9པའི་བོད་ཀྱི་བཙན་པོ་ཁྲི་སྲོང་ལྡེ་བཙན་གྱི་སྐུ་དུས་སུ་ཆྭངས་ཁམས་པ་གོ་ཆས་འབུམ་ཐུགས་ལ་ཟིན་ཏེ་ཕྱིན་པ་ལས་རིམ་པས་བཞིན་བོད་དུ་དར་ཞིང་། ཤེར་ཕྱིན་ཡུམ་ནང་དོན་གྱི་ཆ་ནས་རྒྱས་འབྲིང་བསྡུས་གསུམ་དུ་དབྱེ་བ་ལས་རྒྱས་པར་པོད་བཅུ་བདུན་དུ་འདྲེན་པ་དེའི་ཁྲོད་ནས་བསྡུས་པ་ཤེར་ཕྱིན་བརྒྱད་སྟོང་པ་དེར་རྒྱ་གར་ལྟར་ན་ཤོ་ལོ་ཀ་བརྒྱད་སྟོང་དང་ལེའུ་ཁ་ཡར་བལྟ་ལྟར་ན་ལེའུ་སུམ་ཅུ་རྩ་གཉིས་དང་བོད་ལུགས་ཀྱི་བམ་པོ་ཁ་མར་བལྟ་ལྟར་ན་བམ་པོ་ཉི་ཤུ་རྩ་བཞི་ཏུ་སྔོན་གྱི་ལོ་པཎ་སྐུ་དྲིན་ཅན་རྣམས་ཀྱིས་བཀས་བཅད་གནང་ཏེ་གཏན་ལ་དབབ་པ་དེ་གསུངས་འདུག་མོད་ཀྱང་། ཏུན་ཧོང་གི་ཤེར་ཕྱིན་བརྒྱད་སྟོང་པ་ལ། ཚིག་སུམ་འབུམ་ལྔ་ཁྲི། ཤད་སུམ་འབུམ་ཁྲི་ཉིས་སྟོང་། ཤུ་ལོག་སྟོང་ཕྲག་བརྒྱད། ལེའུ་སུམ་བཅུ་རྩ་བཞི། བམ་པོ་ཉི་ཤུ་རྩ་བཞི་མཆིས་སོ་[1]ཞེས་བཙན་པོའི་སྐབས་ཀྱི་ཤེར་ཕྱིན་བརྒྱད་སྟོང་ཚད་བསྟན་པའི་ལེའུ་དང་བསྡུར་ན་ལེའུ་གྲངས་གཉིས་ཙམ་ཞིག་ཁྱད་པར་བཞུགས་པས་དེ་ཀྱང་བརྟག་དགོས་པའི་གནས་སོ།

གཉིས། བསྒྱུར་རིམ།

རྒྱ་གར་པཎ་ཆེན་ཛྙཱ་ན་སིདྡྷི་ཞེས་བྱ་དང་།། བོད་ཀྱི་ལོ་ཙྪ་མཁས་པ་དར་མ་ཏཱ།། ཤི་ལ་སོགས་ཀྱིས་ལེགས་པར་བསྒྱུར་བ་ལས།། སླར་ཡང་བཙན་པོ་བཀྲ་ཤིས་ལྡེ་ཡིས་བཀས།། སུ་བྷཱ་ཤི་ཏ་ཞེས་བྱའི་པཎ་ཆེན་དང་། །ལོ་ཆེན་རིན་ཆེན་བཟང་པོས་བསྒྱུར་ཞིང་ཞུས།། སླར་དཔལ་ལྡན་དི་པཾ་ཀ་ར་དང་།། ལོ་ཆེན་རིན་ཆེན་བཟང་པོས་དག་པར་བསྒྱུར།། དུས་ཕྱིས་རྒྱལ་པོའི་དབང་པོས་ལུང་བསྟན་པའི།། ལོ་ཆེན་བློ་ལྡན་ཤེས་རབ་ཀྱིས།། རྒྱ་དཔེ་དག་པ་དུ་མ་དཔང་དུ་

གྲངས་423ལས་དྲངས།

① 见，敦煌英藏藏文IOL.Tib.J.VOL.31 般若经类之偈颂数、品卷数。

བཙུགས།། དག་པར་བསྒྱུར་ཞིང་ཞུས་དག་འཆད་ཉན་གྱིས།། གཏན་ལ་ཕབ་པའི་འཕགས་པ་བརྒྱད་སྟོང་པ།། [1]ཞེས་བྱུང་བ་ལྟར་ན། ཐོག་མར་དུས་རབས་8པའི་བོད་ཀྱི་བཙན་པོ་ཁྲི་སྲོང་ལྡེ་བཙན་གྱི་སྐུ་དུས་མཁན་པོ་ཤཱཀྱ་སེ་ན་དང་གཉའ་ན་སི་ཏ་དང་ཞུ་ཆེན་གྱི་ལོ་ཙཱ་བ་བན་དེ་ཇྙཱ་ན་ཏ་ཤི་ལ་སོགས་ཀྱིས་ཤེར་ཕྱིན་ལེགས་བསྒྱུར་གནང་ཞིང་། རྗེས་སུ་སླར་ཡང་དེ་དག་གི་འགྱུར་ལ་གཞི་བཅོལ་ནས་བོད་བཙན་པོའི་རྒྱུད་པ་མངའ་བདག་དཔལ་ལྷ་བཙན་པོ་བཀྲ་ཤིས་ལྷ་ལྡེ་བཙན་ཏེ་གུ་གེའི་རྒྱལ་རབས་བཞི་པའི་[2]བཀས་སྐུལ་ཏེ་ཤེས་རབ་ཀྱི་ཕ་རོལ་ཏུ་ཕྱིན་པ་བརྒྱད་སྟོང་པ་ལོ་ཙཱ་བ་རིན་ཆེན་བཟང་པོས་ (སྤྱི་ལོ958-1055) རྒྱ་གར་ཡུལ་དབུས་ཀྱི་རྒྱ་དཔེ་ལ་གཏུགས་ནས་བསྒྱུར་ཞུས་མཛད་པ་མ་ཟད། སླར་ཡང་ཁོང་དང་དུས་རབས་11པའི་ནང་དུ་བོད་དུ་བྱོན་པའི་ཇོ་བོ་རྗེ་དཔལ་ལྡན་ཨ་ཏི་ཤ་རྣམ་གཉིས་ཀྱིས་སྔོན་གྱི་འགྱུར་ལ་བསྒྱུར་བཅོས་གནང་བ་དེ་གོང་གི་མཛད་བྱང་ལས་ཀྱང་ཤེས་ཤིང་། དུས་རབས་15པར་བྱོན་པའི་འགོས་ལོ་གཞོན་ནུ་དཔལ་གྱིས་ཀྱང་ལོ་ཆེན་རིན་ཆེན་བཟང་པོ་ལ་བརྟེན་ནས་བརྒྱད་སྟོང་པ་དང་། ཉི་ཁྲི་སྣང་བ་དང་། བརྒྱད་སྟོང་འགྲེལ་ཆེན་ལ་སོགས་པའི་འགྱུར་མང་པོ་མཛད་ཅིང་གསུངས་པས། ཟབ་མོ་ཤེས་རབ་ཀྱི་ཕ་རོལ་ཏུ་ཕྱིན་པ་དར་བར་གྱུར་བ་ཡང་ཁོང་གིས་དྲིན་ལས་ཡིན་[3]ཞེས་གསུངས་པས་ཀྱང་ལོ་ཆེན་རིན་ཆེན་བཟང་པོའི་འགྱུར་ཞུས་ཀྱི་ཕྱག་ལས་ལ་གདེང་འཛོག་གང་ལེགས་གནང་བ་དེ་ཤེས། ཡང་ཕྱིས་སུ་པཎ་ཆེན་འབུམ་ཕྲག་གཉིས་པ་དང་དུས་རབས་11པའི་རྫོག་ལོ་ཙཱ་བ་བློ་ལྡན་ཤེས་རབ་རྣམ་གཉིས་ཀྱིས་སྔོན་གྱི་འགྱུར་ལ་གཞི་བཅོལ་ཏེ་བསྒྱུར་ཞུས་གནང་བ་བཅས་ནི་གོང་གི་བསྒྱུར་བྱང་གི་ནང་དོན་ཡིན། དེ་ལས་ང་ཚོས་སྔོན་གྱི་ལོ་ཙཱ་བ་དུ་མས་གཞུང་ཞིག་བསྒྱུར་བསྒྲིགས་གནང་དུས་བསྒྱུར་ཐུས་ལ་གཟིགས་ཏེ་བསྒྱུར་སྒྲིགས་ཀྱི་བསྐྱར་ཞྭས་ཀྱི་ངལ་བར་མ་འཛེམས་པར་འགྱུར་གང་ལེགས་ཡོང་བར་འབད་པ་གནང་བ་དེའང་ཤུགས་ལ་རྟོགས།

---

① ནག་ཚ་སོག་བཀྲ་ཤིས་སྦྱོངས་ཤེར་ཕྱིན་བརྒྱད་སྟོང་པ་མཐིང་ཤོག་གསེར་བྲིས་པོད་ཀ་པའི་མཛད་བྱང་དཔྱལ་བྲིས་ཅན་ལྡེབ་གྲངས་423ལས་དྲངས།

② མངའ་བདག་དཔལ་ལྷ་བཙན་པོ་བཀྲ་ཤིས་ལྷ་ལྡེ་བཙན་ནི་གུ་གེའི་རྒྱལ་རབས་བཞི་པ་ཡིན་པ་དུང་དཀར་བོད་རིག་པའི་ཚིག་མཛོད་ཀྱི་ཤོག་གྲངས་497དུ་གསལ།

③ འགོས་ལོ་གཞོན་ནུ་དཔལ་གྱིས་མཛད་པའི་དེབ་ཐེར་སྔོན་པོ་སྟོད་ཆ་སི་ཁྲོན་མི་རིགས་དཔེ་སྐྲུན་ཁང་གི་1984ལོའི་སྤར་མའི་ཤོག་གྲངས་261ལས་དྲངས།

གསུམ། མཆོད་ཡོན་སྦྱིན་བདག

ཁ་བ་ཅན་འདིར་དར་ཞིང་རྒྱས་ན་ཡང༌། །སྔོན་ཆད་པར་དུ་བཞེངས་པའི་སྲོལ་མ་དོད། །དེང་སང་བཤེས་གཉེན་དམ་པ་རིན་ཆེན་དཔལ། །བསྟན་ལ་གཅིག་ཏུ་བྱ་བ་བྱེད་པ་དེས། །ལེགས་བྱས་བློ་གྲོས་དཔལ་བརྟན་བཞི་འཛོམ་པ། །ཆོས་ཀྱི་རྒྱལ་པོ་འཁོར་ལོ་བསྒྱུར་རྒྱལ་གྱི། །རིན་ཆེན་བདུན་ལས་བློན་པོ་རིན་པོ་ཆེ། །དགེ་ལ་སྤྲོ་བའི་པཎྜི་ཁ་ཕྱེ་ནས། །རྒྱལ་ཡུམ་པར་དུ་བཞེངས་པའི་གེ་སར་རྒྱས། །ལེགས་པར་གྲུབ་པའི་འབྲས་བུ་ཟེ་འབྲུ་སྨིན། །དེ་ལྟར་ཤེས་རབ་ཀྱི་ཕ་རོལ་ཕྱིན་གཞུང་གི། །པར་འདི་བསྒྲུབས་པའི་ཆེད་དུ་བྱ་བ་ནི། །[1]ཞེས་བྱུང་བ་ལ་གཞིགས་ན། བགྲ་ཤིས་ལྷོངས་དགོན་དུ་བཞུགས་པའི་མཐིང་ཤོག་གསེར་དངུལ་སྤེལ་མའི་བྲིས་མ་བརྒྱད་སྟོང་པ་འདིའི་མ་དཔེའི་སྐར་བྱང་ལས། དུས་རབས་15པའི་ཡར་སྔོན་དུ་བོད་ཀྱི་ཡུལ་འདིར་ཤེར་ཕྱིན་བརྒྱད་སྟོང་པ་འདི་བྲིས་མའི་ལམ་ནས་སྔོན་གྱི་མཁས་པ་རྣམས་ཀྱིས་འཆད་ཉན་དར་ཁྱབ་མཛད་ཡོད་ན་ཡང༌། དུས་རབས་15པར་བྱོན་པའི་བཤེས་གཉེན་རིན་ཆེན་དཔལ་གྱིས། དུས་རབས་14པར་ཕག་གྲུས་དབུས་གཙང་ཁུལ་དུ་རྫོང་ཁག་བཅུ་གསུམ་བཏབ་པའི་ཡ་གྱལ་གོང་དཀར་རྫོང་གི་དཔོན་བློ་གྲོས་རབ་བརྟན་བཞི་འཛོམ་སྟེ་པཎ་ཆེན་བསོད་གྲགས་ཀྱིས་གོང་དཀར་བཞི་འཛོམས་པས་ (སྤྱི་ལོ་1371-1445) ནི་གོང་མ་གྲགས་པ་རྒྱལ་མཚན་ (སྤྱི་ལོ་1375-1432) པའི་གསུང་བཞིན། གསེར་གྱི་བཀའ་འགྱུར་སོགས་གསུང་རབ་མང་པོ་བཞེངས་པ་དང༌། རྗེ་རིན་པོ་ཆེའི་གསུང་རབ་ཨང་པོའི་དཔར་བསྐོ་བ་སོགས་མཛད། སྲས་གྲ་ལྷ་བས་ནི་ (སྤྱི་ལོ་1432-1496) གོང་དཀར་ཆོས་སྡེ་བཏབ་སྟེ། ལམ་འབྲས་རྒྱུད་པའི་བླ་མ་རྣམས་ཀྱི་སྐུ་འདྲ་སོགས་སྐུ་གསུང་ཐུགས་ཀྱི་རྟེན་མང་པོ་དང་ས་སྐྱ་ཁུ་དབོན་གྱི་གསུང་རབ་མང་པོའི་དཔར་བསྐོ་སོགས་མཛད་[2]ཅེས་གསུངས་པ་ལས། སྐབས་དེའི་སྐར་གྱི་སྦྱིན་བདག་སྡེ་པ་བཞི་འཛོམ་སྟེ་གོང་དཀར་རྫོང་གི་དཔོན་བཞི་འཛོམས་མཆོག་ནས་ཤེར་ཕྱིན་བརྒྱད་སྟོང་པ་དེ་སྔར་ལས་རྒྱ་ཁྱབ་ཀྱི་སྒོ་ནས་འཆད་ཉན་སྤེལ་བའི་སླད་དུ་སྐར་ལ་བཏབ་དགོས་པའི་བཀའ་མངགས་གནང་སྟེ། ཁོང་གི་བློན་འཁོར་དང་བཅས་པས་གསུང་རབ་བརྒྱད་སྟོང་དེ་སྐར་ལ་སྒྲུན་པའི་ཆ་རྐྱེན་བླ

① ནག་ཆུ་སོག་བཀྲ་ཤིས་ལྷོངས་ཤེར་ཕྱིན་བརྒྱད་སྟོང་པ་མཐིང་ཤོག་གསེར་བྲིས་པོད་ཀ་པའི་མཛད་བྱང་དངུལ་བྲིས་ཅན་ལྡེབ་གྲངས་423ལས་དྲངས།

② པཎ་ཆེན་བསོད་ནམས་གྲགས་པའི་དེབ་ཐེར་དམར་པོ་གསར་མ་བོད་ལྗོངས་མི་དམངས་དཔེ་སྐྲུན་ཁང་གི་1982ལོའི་སྐར་མའི་ཤོག་གྲངས་104ལས་དྲངས།

ལྷག་ཏུ་བསྐྲུན་ཏེ་ སྤར་དུ་བཏབ་པ་ནི་གོང་གི་སྤར་བྱུང་ནང་དོན་ཡིན། ད་དུང་བོད་ཡིག་གནའ་དཔེ་ཡོངས་བཤེར་དང་སྲུང་སྐྱོབ་ཀྱི་ལས་ཀ་བསྒྲུབ་རིང་རང་ཉིད་ཀྱིས་དངོས་སུ་མཇལ་བའི་རྗེ་ཙོང་ཁ་པ་བློ་བཟང་གྲགས་པའི་གསུང་གོང་དཀར་རྫོང་གི་དཔོན་བཞི་འཛོམས་ཀྱིས་གོང་དཀར་དུ་སྤར་དུ་བཏབ་པའི་གོང་དཀར་སྤར་མ་ཕྱུས་ལེགས་སྟགས་རིམ་དང་ལམ་རིམ། དཔལ་འཁོར་ལོ་བདེ་མཆོག་①དང་རྩ་ལྟུང་རྣམ་བཤད་སོགས་སྤར་མ་གཙིགས་ཆེན་དང་། དཔོན་བཞི་འཛོམས་ཀྱི་སྲས་གྲྭ་ལྷའི་རྒྱལ་པོས་སྦྱིན་བདག་གནང་སྟེ་ས་སྐྱའི་གོང་མ་ སྣ་ལྔ་ལས་དཀར་པོ་རྣམ་གསུམ་གྱི་ཡ་གྱལ་ས་སྐྱ་བསོད་ནམས་རྩེ་མོའི་གསུང་ཏིང་ངེ་འཛིན་ཊིག་དང་དོན་ཡོད་ཞགས་པའི་ལྷ་ལྔའི་བསྟོད་པའི་ཊིག་ཀྱིའི་རྡོ་རྗེའི་རྣམ་བཤད་དང་རྗེ་བཙུན་གྲགས་པ་རྒྱལ་མཚན་གསུང་གྱུར་གྱི་ས་བཅད་②སོགས་གོང་དཀར་སྤར་མ་ལས་གཅིག་ནས་པཎ་ཆེན་བསོད་གྲགས་ཀྱིས་གསུངས་པར་བདེན་ཁ་སྦྱིན་པ་དང་། གཉིས་ནས་བོད་ཡུལ་དུ་གསུང་རབ་སྤར་དུ་བརྐོ་བའི་ལས་རིགས་འཕེལ་རྒྱས་སུ་འགྲོ་བར་གོམ་པ་སྔར་ལས་ལྷག་པ་ཞིག་སྤོ་ཐུབ་པར་སྐུལ་འདེགས་བྱུང་ཡོད། ལྷག་དོན་དུ་གོང་གི་མཛད་བྱུང་ལས་དུས་རབས་15པའི་ཡར་སྟོན་དུ་ཤེར་ཕྱིན་བརྒྱད་སྟོང་པ་དེ་བྲིས་མའི་ལམ་ཕུད་སྤར་མའི་ལམ་ནས་འཆད་ཉན་བྱུང་མེད་ཅེས་གསུངས་པ་ལྟར་ན། གོང་དཀར་དཔོན་བཞི་འཛོམས་ (སྤྱི་ལོ1371-1445) ཀྱིས་ཤེར་ཕྱིན་བརྒྱད་སྟོང་པ་སྤར་དུ་བཏབ་པའི་སྲོལ་གྱི་སྒོ་འཕར་ཡང་ཐོག་མར་གོང་དཀར་ནས་ཕྱེ་བར་སེམས་སོ།

---

① ནམ་ཐྲི་ཙཀྲ་སམྦྷ་ར་ཡི། འོད་གསལ་མཁའ་དབྱིངས་དག་པའི་གློང་ཡངས་སུ། །རྣམ་དག་སྒྱུ་མའི་གར་གྱིས་རྣམ་རོལ་ཅིང་། །རང་སྣང་རིག་མའི་ཁ་སྦྱོར་བདེ་བ་ལ། །རབ་དགྱེས་ཧེ་རུ་ཀ་དཔལ་རྒྱལ་གྱུར་ཅིག །དེ་ཡི་ རྣད་བྱུང་ཐུགས་རྗེའི་རྒྱུ་འཕྲུལ་ལས། །ངོ་མཚར་དབང་གི་ཆུ་རྒྱུན་ཉིན་བརླབས་ཀྱི། །རླབས་ཕྲེང་རྣམ་པར་གཡོ་བ་གང་གའི་རླུང་། །ཀུན་དགའ་རྣམ་པར་རྒྱས་པའི་བདུད་རྩི་བྱུང་། །འདི་ནི་སྐྱེ་དགུའི་དྲི་མ་དག་བྱེད་པར། །གཟིགས་པ་རྣམ་སྤྱོད་མིག་སྟོང་དང་ལྡན་ཞིང་། །དགྲ་བོ་རྣམ་པར་གཞིག་པའི་སྟོབས་རྒྱས་པ། །འཕྲིན་ལས་ཚལ་བཞི་འཛོམས་པའི་ལྷ་དབང་དེའི། །རྣམ་དཀར་ཐུགས་ཀྱི་མཁའ་ལ་ཡོངས་རྫོགས་པའི། །རིགས་ཀྱི་ཟླ་བ་མིག་གི་བདུད་རྩིའི་གཏེར། །ཤེས་ལྡན་སྐྱེ་བོའི་ངོམས་པ་སྐྱེད་པ་དེས། །ཡ་མཚན་དཔར་གྱི་འོད་དཀར་འདི་གཡོས་སོ། །དགེ་བས་རྣམ་མང་རྒྱུད་སྡེའི་ལྷུན་སྟུག་ལས། །བྱུང་བ་དབང་བཞིའི་ཆུ་རྒྱུན་དྲི་མེད་ཀྱིས། །གནས་སྐབས་རྣམ་བཞིའི་དྲི་མ་རབ་བཀྲུས་ཏེ། །མཐར་ཐུག་སྐུ་བཞི་འཛོམས་པའི་དཔལ་ཐོབ་ཤོག །ཅེས་པ་འདི་ཉིད་གོང་དཀར་དཔལ་གྱི་སྡེ་ཆེན་དུ་ལེགས་པར་གྲུབ་པའི་ཞུས་དག་པ་ནི་རྫོག་གི་སྟོན་པ་མཁས་བཙུན་རིན་ཆེན་དཔལ་བཟང་པོ་དང་། །བསོད་ནམས་དཔལ་གྲུབ། །བརྐོས་མཁན་དགེ་འདུན་འོད་ཟེར་ལ་སོགས་ཡིན། མཇུག་ལས་ཞེས་པའི་དུས་རབས་15པའི་གོང་དཀར་སྤར་མའི་སྤར་བྱང་སོགས་ལ་ཁུངས་བཙལ་ཏེ་ཞུས་པ་ལགས།

② 见，【德国】大卫·杰克逊著 王启龙译 《萨迦派文献的两个早期版本》《国外藏学研究译文集》（第十七辑）西藏人民出版社2004年版，第181页.

བཞི། དགོས་པ།

འགྲོ་བའི་ཕན་དང་བདེ་བ་ཀུན་གྱི་གཞི། །རྒྱལ་བའི་བསྟན་པ་ཕྱོགས་བཅུར་རྒྱས་ཕྱིར་དང་། །ཁྱད་པར་རྒྱས་ཡུམ་ཤེས་རབ་ཕ་རོལ་ཕྱིན། །བྱང་དང་བྱང་གི་ཕྱོགས་སུ་དར་འགྱུར་ཞེས། །ཐུབ་པའི་ལུང་བསྟན་དེ་ཉིད་འདིས་བྱེད་དོ། །དེ་བཞིན་གཞན་ཡང་དོན་གྱི་གཙོའི་མཆོག །གྲགས་ལྡན་དབུས་ན་གཙུག་གི་ནོར་བུ་བཞིན། །མཐུ་སྟོབས་གཟི་འོད་འབར་བ་ཉིན་བྱེད་བཞིན། །ཆོས་རྒྱལ་མི་དབང་གྲགས་པ་ལྷ་དབང་བཞིན། །སྐུ་ཚེ་བརྟན་པ་རི་རབ་ལྷུན་པོ་བཞིན། །སྦྱིན་བདག་ཁུ་དཔོན་འཁོར་བཅས་ཉེ་དབང་བཞིན། །ཡངས་པའི་ཆབ་སྲིད་ཡང་འཕེལ་བསྐལ་པ་བཞིན། །སྲས་མཆོག་ཤེས་རབ་རྒྱལ་བུ་དོན་གྲུབ་བཞིན། །འཕེལ་ཞིང་རྒྱས་པ་ཡར་ངོའི་ཟླ་བ་བཞིན། །དེ་ལྟར་འགྱུར་ཕྱིར་ལྷག་བསམ་དག་པ་ཡིས། །[1]ཞེས་བྱུང་བ་ལ་གཞིགས་ན། དུས་རབས་15པའི་ནང་དུ་གོང་དཀར་རྫོང་གི་སྡེ་པ་བཞི་འཛོམ་པས་དད་པ་སྒྲོ་ངས་མེད་པའི་སྦྱིན་བདག་གནང་སྟེ་ཤེར་ཕྱིན་བརྒྱད་སྟོང་པ་དེ་ སྤར་དུ་བསྒྲུབ་པའི་དམིགས་ཡུལ་ནི། སངས་རྒྱས་ཀྱི་བསྟན་པ་ཕྱོགས་བཅུར་དར་ཕྱིར་དང་མི་དབང་བཞི་འཛོམས་ཉིད་སྐུ་ཚེ་རི་རབ་ལྟར་བརྟན་ཞིང་སྦྱིན་བདག་འཁོར་དང་བཅས་པ་ཁམས་བཟང་བ་དང་། ཁོང་གི་ཆབ་སྲིད་ཡང་བསྐལ་པ་བཞིན་དུ་གནས་ཤིང་མཛད་འཕྲིན་ཡར་ངོའི་ཟླ་ལྟར་འཕེལ་བའི་སླད་དུ་ཡིན་པ་དེ་རྟོགས།

ལྔ། ཡུལ་ལུང་།

ཕོ་བྲང་གོང་དཀར་དཔལ་གྱི་བདེ་ཆེན་དུ། །གཉེར་ཆེན་འགྲུ་ཏུས་ཞབས་ཏོག་བསྒྲོན་བྱས་ཏེ། །ཤེས་རབ་ཕ་རོལ་ཕྱིན་གཞུང་འདི་བསྒྲུབས། །[2]ཞེས་བྱུང་བ་ལྟར་ན། དུས་རབས་15པའི་གོང་དཀར་དཔོན་བཞི་འཛོམས་པས་ཤེར་ཕྱིན་བརྒྱད་སྟོང་པ་དེ་རང་ཉིད་སྐུ་ཚེ་བརྟན་པ་དང་ཁོང་གི་ཆབ་སྲིད་དང་མཛད་འཕྲིན་ཡར་ངོའི་ཟླ་ལྟར་འཕེལ་བའི་སླད་དུ་སྤར་དུ་བསྒྲུབ་པའི་སྐབས་སུ། སྤར་གྱི་མཐུན་རྐྱེན་ཕུན་སུམ་ཚོགས་པ་སྣ་གོན་ཟིན་ཏེ་སྤར་དུ་བཏབ་པའི་གནས་

[1] ནག་ཚུ་སོག་བཀྲ་ཤིས་ལྷོངས་ཤེར་ཕྱིན་བརྒྱད་སྟོང་པ་མཐིང་ཤོག་གསེར་བྲིས་པོད་ཀ་པའི་མཛད་བྱང་དཔྱལ་བྲིས་ཅན་ལྟེབ་གྲངས་423ལས་དྲངས།

[2] ནག་ཚུ་སོག་བཀྲ་ཤིས་ལྷོངས་ཤེར་ཕྱིན་བརྒྱད་སྟོང་པ་མཐིང་ཤོག་གསེར་བྲིས་པོད་ཀ་པའི་མཛད་བྱང་དཔྱལ་བྲིས་ཅན་ལྟེབ་གྲངས་423ལས་དྲངས།

སམ་སྤྱར་ཁང་ནི། དུས་རབས་15པའི་དཔོན་བཞི་འཛོམས་ཁོང་གི་ཆབ་སྲིད་དང་མཛད་འཕྲིན་རྒྱས་ས་ཡར་ཀླུང་གཙང་པོའི་ལྷོ་ཕྱོགས་སུ་ཆགས་པའི་ཕོ་བྲང་གོང་རི་དཀར་པོ་སྟེ་དྷ་སི་ཏུ་བྱང་ཆུབ་རྒྱལ་མཚན་གྱིས་དབུས་གཙང་ཁུལ་དུ་རྫོང་གཞིས་བཅུ་གསུམ་བཏབ་པའི་ནང་གི་ཡ་གྱལ་གོང་དཀར་རྫོང་ཏེ། དེང་གི་ལྷོ་ཁ་ས་ཁུལ་གོང་དཀར་རྫོང་གི་མངའ་འོག་གོང་དཀར་ཆོས་སྡེའི་ནུབ་ངོས་ཀྱི་རི་སྙིང་གི་རྫོང་ཤུལ་དེ་ཡིན།

དྲུག ཡི་གེ་བ།

ཡིག་མཁན་མཁས་པ་གཞུང་པ་ནམ་མཁའ་དང་།། [1]ཞེས་བྱུང་བ་ལྟར་ན། དུས་རབས་15པའི་གོང་དཀར་རྫོང་གི་དཔོན་བཞི་འཛོམས་པས་ཤེར་ཕྱིན་བརྒྱད་སྟོང་པ་དེ་རང་ཉིད་སྐུ་ཚེ་བརྟན་པ་དང་ཁོང་གི་ཆབ་སྲིད་དང་མཛད་འཕྲིན་ཡར་ངོའི་ཟླ་ལྟར་འཕེལ་བའི་སླད་དུ་གོང་དཀར་རྫོང་དུ་སྤྱར་དུ་བཏབ་པའི་སྐབས་སུ་སྤྱར་གྱི་ཡིག་མཁན་ནི། དུས་རབས་15པའི་ཡིག་མཁན་དབུ་ཆེན་གོང་དཀར་ཁུལ་དུ་སྙན་གྲགས་ཡོད་པའི་གཞུང་པ་ནམ་མཁའ་བཟང་པོས་གནང་བ་དེ་རྟོགས། དུས་རབས་15པའི་གོང་དཀར་སྤྱར་མ་རྫེ་ཙོང་ཁ་པ་བློ་བཟང་གྲགས་པའི་གསུང་རང་ཉིད་ཀྱིས་མཇལ་ཕྱིང་བ་གོང་དཀར་སྤྱར་མ་སྔགས་རིམ་དང་ལམ་རིམ། རྩ་ལྟུང་རྣམ་བཤད་བཅས་ཀྱི་སྤྱར་གྱི་ཡིག་མཁན་ལ་ཞིབ་འཇུག་བྱ་སྐབས། གོང་གི་ཤེར་ཕྱིན་བརྒྱད་སྟོང་པའི་ཡིག་མཁན་བཞིན་གཞུང་པ་ནམ་བཟའ་བཟང་པོ་ཤ་སྟག་ཡེབས་པ་ལས་ཁོང་གི་སུག་བྲིས་ལ་དམིགས་བསལ་གྱི་ཁྱད་ཆོས་ལྡན་ཞིང་ཐོན་མའི་ཡིག་རྒྱུན་ཡོད་པའི་ཡི་གེ་བ་ཞིག་ཡིན་པ་དེ་རྟོགས། དུས་རབས་15པའི་ནང་དུ་བྱོན་པའི་ཡིག་མཁན་དབུ་ཆེན་ནམ་མཁའ་བཟང་པོ་ཁོང་ཡུལ་གང་ཞིག་ནས་ཡེབས་པའི་ཡིག་པ་ཞིག་ཡིན་ནམ་ཞེས་ན། དེ་ཡང་ཡིག་མཁན་ནམ་མཁའ་བཟང་པོའི་རྣམ་ཐར་སོགས་ད་བར་མ་མཇལ་ཪུང་ཡིག་མཁན་ཁོང་གི་མཚན་གྱི་མདུན་དུ་བྱོན་པའི་གཞུང་ཞེས་པ་ལས་བརྗོད་ན། བོད་ཀྱི་ཡར་ཀླུང་གཙང་པོའི་ལྷོ་ངོས་སུ་ཆགས་པའི་ས་རྣམས་ལ་སྔོན་གྱི་ལོ་རྒྱུས་དེབ་ཐེར་ཁུངས་བཙུན་དང་ཡུལ་དེ་གའི་རྒན་པོ་བཟ་ལ་འགྲོངས་པ་རྣམས་ཀྱི་ཞལ་ནང་དུ། ས་མིང་ཚིག་སྣ་བསྡུས་ཤིང་བློ་ལ་ཡོང་སླ་བའི་

[1] ནག་ཆུ་སོག་བཀྲ་ཤིས་ལྡོངས་ཤེར་ཕྱིན་བརྒྱད་སྟོང་པ་མཐིང་ཤོག་གསེར་བྲིས་པོད་ཀ་པའི་མཛད་བྱང་དཔྱལ་བྲིས་ཅན་ལྡེབ་གྲངས་423ལས་དྲངས།

མིང་བྱོན་པ་སྟེ། གྲ་དོལ་གཞུང་གསུམ་དང་། ཀླུ་བྱིན་སྒྱུར་གསུམ། ལྷ་བྱ་ཁྲ་གསུམ་དང་། གཉལ་ལོ་བྱ་གསུམ་དང་། དྭགས་ཀོང་མྱང་གསུམ་ཟེར་བའི་ས་མིང་ཚིག་བླ་དྭགས་པ་ཤ་སྟག་འབོད་སྲོལ་མཆིས། དེ་དག་གི་ཁྲོད་ནས་སྐབས་དོན་འདིར་འབབ་པའི་གཞུང་ལས་བསྙད་ན། བོད་བཙན་པོའི་སྐུ་དུས་ནས་ཡར་ཀླུང་གཙང་པོའི་ལྷོ་ངོས་སུ་ཆགས་པའི་གྲ་ནང་དང་གོང་དཀར་གྱི་མངའ་ཁོངས་ས་དེ་དག་ལ་སྔོན་གྱི་ལོ་རྒྱུས་ཡིག་ཚགས་ཁུངས་བཙུན་བཀའ་ཐང་གི་ལེ་ཚན་མ་འོངས་རྒྱལ་བརྒྱུད་ནོར་སྐལ་ཇི་ལྟར་སྦས་ཚུལ་དུ་བོད་ཡུལ་ཏུ་བཞི་སྟོང་སྡེར་འདྲེན་པའི་ནང་དུ། རྟམ་ཤུལ་གྲ་ལུང་དོལ་གཞུང་[1]ཞེས་དང་དབའ་བཞེད་དུ་ངམ་ཤོད་སྟོད་སྨད་ཀྱི་བྱེ་མ་འདི་ཀུན་གསེང་ཚལ་དུ་བསྒྱི། གྲྭ་དང་དོལ་དང་གཞུང་གི་ཁུག་ཤོད་དང་སྟག་ལ་མན་ཆད་ཆུ་མིག་ཆེར་འབྱུང་ལ་བོད་ཞིང་གིས་མི་བྲེལ་ཞིང་འཚོ་བར་བྱ[2]ཞེས་པ་སོགས་བྱུང་བ་ལ་གཞིགས་ན། ད་ཐེངས་ཀྱི་ཡིག་མཁན་ནམ་མཁའ་བཟང་པོའི་མཚན་གྱི་མདུན་དུ་བྱུང་བའི་གཞུང་དང་གྲ་དོལ་གཞུང་གི་གཞུང་གཉིས་གཅུ་ཁ་རང་འགྲིག་ཏུ་སོང་བའི་ཐ་སྙད་དེ། གྲ་དོལ་གཞུང་གི་གྲ་ནི་གྲ་ནང་རྫོང་གི་གྲ་ཕྱི་ནང་གཉིས་དང་དོལ་གཞུང་གཉིས་ཀྱི་དོལ་ནི་རྣམ་རྒྱལ་རྫོང་གི་ལུང་པའི་ཕུ་མདའ་དང་གཞུང་ནི་གནའ་རབ་སྤྲེའུ་ཞིང་དང་སྐྱིད་ནག་ལུང་པའི་ཕུ་མདའ་སྟེ་གོང་དཀར་རྫོང་གི་མཁའ་ཁོངས་ཡིན་གཤིས། དེར་བརྟེན་ཡིག་མཁན་གཞུང་པ་ནམ་མཁའ་བཟང་པོ་ཞེས་པ་ཁོང་ཡང་གོང་དཀར་སྡེ་པ་བཞི་འཛོམས་ཀྱི་མངའ་ཁོངས་ཏེ་དེང་གི་གོང་དཀར་རྫོང་མངའ་ཁོངས་གནའ་རབ་བམ་སྐྱིད་ནག་ཁུལ་ནས་ཕེབས་པའི་ཡིག་མཁན་ཞིག་ཡིན་པ་ར་སྤྲོད་ཐུབ་པ་དེ་སྔོན་གྱི་བརྒྱུད་སྟོང་གོང་དཀར་སྦྱར་མའི་ཡིག་མཁན་ཡིན། སྐབས་འདིའི་བཀྲ་ཤིས་ལྷོངས་ཀྱི་ཤེར་ཕྱིན་བརྒྱད་སྟོང་མཐིང་ཤོག་གསེར་དངུལ་སྤེལ་མའི་བྲིས་མ་མ་དཔེ་གོང་དཀར་སྦྱར་མ་ལས་བྱོན་པ་དེའི་ཡིག་མཁན་ནི་དུས་རབས་17པའི་ནང་དུ་བྱོན་པའི་འཕན་པོ་མལ་ལུགས་ཀྱི་ཡིག་མཁན་དབུ་ཆེན་སྲིད་གཅོད་དཔལ་མོས་འབྲི་བཤུས་བཏབ་པ་ཞིག་ཡིན་པ་ནི། དབུའི་དང་པོ་ཏོག་དཀར་འཕྲེང་གསུམ་འདི།། རིག་པའི་འབྱུང་

① ཀུ་རུ་ཨུ་རྒྱན་གླིང་པས་ཡར་ཀླུངས་ཤེལ་གྱི་བྲག་ཕུག་ནས་བཏོན་པའི་བཀའ་ཐང་སྡེ་ལྔ་མི་རིགས་དཔེ་སྐྲུན་ཁང་གི་1990ལོའི་སྤར་མའི་ཤོག་གྲངས་185ལས་དྲངས།

② དབའ་བཞེད་བྲིས་མ་ཁྲ་ཚད་མའི་ལྡེབ་གྲངས་12ལས་དྲངས།

གནས་འཕེན་ཡུལ་ཅག་སྒྲོམ་པ། སྲི་གཙོད་དཔལ་མོས་མཁས་པའི་ལུགས་བཞིན་བྲིས་[1]ཞེས་པས་རྫོགས།

བདུན། སྤར་བརྐོ་བ།

བསྐོས་མཁན་གཙོ་བོ་དཔོན་སྐྱབ་ཞེས་བྱ་བས།། ལེགས་པར་བཟབས་ཏེ་བྲིས་ཤིང་བརྐོས་པ་ཡིས།། སྦྱིན་བདག་མཉེས་པས་ཡོན་དང་སྟོན་མོ་སོགས།། མཆོད་རྫས་རྣམས་ཀྱིས་མཆོད་ནས་མགུ་བར་བྱས།།[2]ཞེས་བྱུང་བ་ལྟར་ན། དུས་རབས་15པའི་གོང་དཀར་རྫོང་གི་དཔོན་བཞི་འཇོམས་པས་ཤེར་ཕྱིན་བརྒྱད་སྟོང་པ་དེ་རང་ཉིད་སྐུ་ཚེ་བརྟན་པ་དང་ཕོང་གི་ཆབ་སྲིད་དང་མཛད་འཕྲིན་ཡར་ངོའི་ཟླ་ལྟར་འཕེལ་བའི་སླད་དུ་གོང་དཀར་རྫོང་དུ་སྤར་དུ་བཏབ་པའི་སྐབས་སུ་སྤར་གྱི་ཡིག་མཁན་གཞུང་པ་ནམ་མཁའ་བཟང་པོས་གནང་བ་དང་སྦྲགས། གཞུང་པ་ནམ་མཁའ་བཟང་པོའི་སུག་བྲིས་ལ་བརྟེན་ཏེ་ཁབ་ཤུལ་སྐྱུད་པས་བསྟན་པ་ལྟར་སྤར་ཤིང་ངོས་སུ་སོར་མོའི་འདུ་བྱེད་བསྒྱུར་མཁས་པ་སྤར་པ་སྐྱབ་པས་སྤར་དུ་བརྐོས་ཏེ་ཤེར་ཕྱིན་བརྒྱད་སྟོང་པ་དེ་ལེགས་བསྒྲུབས་བྱུང་བ་དང་། སྤར་གྱི་སྤུས་ཚད་ཡང་རྩེར་སོན་པའི་སྟབས་ཀྱིས་དཔོན་བཞི་འཇོམས་ཐུགས་མཉེས་ཏེ་ཡིག་སྤར་གྱི་སླ་ཆ་གྱ་ནོམ་པ་དང་འཛུགས་བར་སྒྲོལ་གསུམ་གྱི་སྟོན་མ་ཡང་རྒྱས་པར་བཤམས་ཏེ་མགུ་བར་བྱས་པ་དེ་རྫོགས། སྤར་བརྐོ་བ་དཔོན་སྐྱབ་པ་ཡང་སྐབས་དེ་དུས་སྤར་པ་མིང་གྲགས་ཅན་ཞིག་ཡིན་འདུག རྒྱུ་མཚན་ཕོང་གི་མཚན་ཡང་བརྒྱད་སྟོང་འདི་ཙམ་གྱི་སྤར་བྱང་དུ་ཐོན་པ་མ་ཟད་དུས་རབས་15པའི་སྤར་མ་གྲགས་ཅན་གོང་དཀར་སྤར་མའམ་དགེ་ལྡན་སྤར་རྙིང་དུ་གྲགས་པ་རྗེ་ཙོང་ཁ་པ་བློ་བཟང་གྲགས་པའི་གསུང་རྟགས་རིམ་གྱི་སྤར་པ་ཡང་ཕོང་ཐོན་པ་ནི་རྟགས་རིམ་གྱི་སྤར་བྱང་དུ། མི་དབང་རྒྱལ་པོའི་ཆབ་སྲིད་བརྟན་པའི་ཕྱིར། །བསོད་ནམས་སྟོབས་ཀྱིས་གཞན་སྡེ་ཟིལ་གྱིས་གནོན། །ལྷག་བསམ་དག་པས་རང་སྡེ་ཁྲིམས་ཀྱིས་འཚོ། །གོང་མའི་བཀའ་སྐྱབ་སྐྱབས་གསུམ་གུས་པས་བསྟེན། །རྣམ་བཞི་འཇོམས་པའི་དྲུང་ཆེན་ཁུ་དཔོན་གྱིས།།པར་དུ་བཞེངས་པའི་ཡི་

[1] ནག་ཚུ་སོག་བཀྲ་ཤིས་ལྷོངས་ཤེར་ཕྱིན་བརྒྱད་སྟོང་པ་མཐིང་ཤོག་གསེར་བྲིས་པོད་ཀ་པའི་དབུ་ཤོག་ཞབས་མཆན་ལས་དྲངས།

[2] ནག་ཚུ་སོག་བཀྲ་ཤིས་ལྷོངས་ཤེར་ཕྱིན་བརྒྱད་སྟོང་པ་མཐིང་ཤོག་གསེར་བྲིས་པོད་ཀ་པའི་མཛད་བྱང་དངུལ་བྲིས་ཅན་ལྡེབ་གྲངས་423ལས་དྲངས།

གེའི་ཞུས་དག་པ། །མདོ་སྔགས་གཞུང་བརྒྱ་གསལ་བའི་བློ་གྲོས་ཅན། །བསླབ་གསུམ་རྣམ་པར་དག་པའི་ཆོས་རྒྱལ་དང་། །མཁའ་སྤྱོད་བརྙེས་པའི་གདུང་བརྒྱུད་སྔོམ་བརྩོན་མཆོག །རྒྱུད་སྡེའི་མངའ་བདག་རིན་ཆེན་དཔལ་བཟང་ཡིན། །མཁས་པའི་ཕུལ་བྱུང་ནམ་མཁའ་བཟང་པོས་བྲིས། །ལག་པའི་འདུ་བྱེད་བསྒྱུར་ལ་འགན་ཟླ་བྲལ། །རིག་བྱེད་འཛིན་པའི་གཙོ་བོ་སྐྱབས་པ་དང་། །དགེ་བསམ་ལྡོགས་མཁས་པ་རྣམས་ཀྱིས་བཀོས། [1]ཞེས་པ་ལས་ཀྱང་ཤེས། མདོར་ན་གང་ལྟར་ཡང་དུས་རབབས་15པའི་གོང་དཀར་སྤར་མའི་སྤར་གྱི་སྤུས་ཚད་དེ་ཡང་སྤར་མ་སྔ་གྲས་དུས་རབས་13པའི་ཏོར་སྤར་དུ་གྲགས་པའི་སྤར་མ་སྤུས་ལེགས་ཇི་བཞིན་བྲིས་སྤར་ངོས་ཚད་དཀའ་བའི་ཁྱད་ཆོས་ལྡན་པ་སྟེ། བོད་ཀྱི་གསུང་རབ་སླ་བ་དུང་དཀར་བློ་བཟང་འཕྲིན་ལས་མཆོག་གིས་ཀྱང་གསུངས་དོན་སྔོན་དགའ་ལྡན་དཔར་རྙིང་དུ་གྲགས་པ་དེའང་ཡིག་གཟུགས་དཔེ་ཆ་ལག་བྲིས་མ་དང་ནོར་འགྲོ་བ་ལྟ་བུའི་པར་ཀོའི་ལག་རྩལ་ཏ་ལས་པ་ཞིག་འདུག [2]ཅེས་གསུངས་པས་ཀྱང་གོང་དཀར་སྤར་མའི་སྤུས་ཚད་དེ་ཡང་རྟོགས།

བརྒྱད། བསྔོ་སྨོན།

དེ་ཡི་དགེ་བ་འོད་སྟོང་འཕྲོས་པ་ཡི།། འགྲོ་བའི་ཡེ་ཤེས་སྣང་བ་རབ་རྒྱས་ཤིང་།། ཐེག་མཆོག་ལམ་གྱི་པད་ཚལ་རབ་རྒྱས་ཏེ།། མི་གནས་མྱ་ངན་འདས་པའི་སར་ཕྱིན་ཤོག། ཤེས་རབ་པ་རོལ་ཕྱིན་གཞུང་འབྲི་བ་དང་།། ཉན་དང་ཀློག་དང་འཛིན་པ་ལསོགས་ཀྱི།། ཕན་ཡོན་ཇི་སྙེད་རྒྱལ་བས་བཀའ་སྩལ་བ།། ཐམས་ཅད་བདག་ལ་མངོན་དུ་འགྱུར་བར་ཤོག། ལུས་འདི་བརྗེས་ནས་སྲིད་གཞན་མི་ལེན་པར།། བདེ་བ་ཅན་ཞེས་ཐུས་བས་བསྔགས་པ་དེར།། འོད་དཔག་མེད་དྲུང་པདྨོར་བརྫུས་ཏེ་སྐྱེས།། རྒྱལ་བས་ཇི་བཟུང་ས་བཅུ་མཐར་ཕྱིན་ཤོག། སྐྱེ་བ་འདིར་ཡང་ཡོན་མཆོད་འཁོར་བཅས་རྣམས།། ཚེ་རིང་ནད་མེད་བདེ་སྐྱིད་ཕུན་སུམ་ཚོགས།། བསམ་དོན་ཆོས་ལྡན་ཡིད་བཞིན་འགྲུབ་པ་དང་།། རྟག་ཏུ་བཀྲ་ཤིས་བདེ་ལེགས་ལྡན་པར་ཤོག། ཆོས་ཉིད་རྣམ་པར་དག་པའི་བྱིན་བརླབས་དང་།། དཀོན་མཆོག་གསུམ་བདེན་པའི་ནུས་མཐུ་དང་།། བདགི་

---

① རྗེ་ཙོང་ཁ་པ་བློ་བཟང་གྲགས་པའི་གསུང་སྔགས་རིམ་ཆེན་མོ་དུས་རབས་15པའི་གོང་དཀར་སྤར་མའི་སྤར་བྱང་ལས་དྲངས།

② དུང་དཀར་བློ་བཟང་འཕྲིན་ལས་ཀྱི་གསུང་རྩོམ་ཕྱོགས་བསྒྲིགས་ཀྲུང་གོའི་བོད་ཀྱི་ཤེས་རིག་དཔེ་སྐྲུན་ཁང་གི་1997ལོའི་སྤར་མའི་ཤོག་གྲངས་ 422ལས་དྲངས།

ཚོས་པར་བསྒྲུབས་པའི་·····བསྔོས་ཤིང་སྨོན་ལམ་བཏབ་པ་འགྲུབ་འགྱུར་ཅིག་མནྒ་ལཾ་[①]ཞེས་གསུངས་པ་ནི་མཆོད་ཡོན་སྦྱིན་བདག་དུས་རབས་15པའི་གོང་དཀར་དཔོན་བཞི་འཛོམས་མཆོག་ནས་དད་པ་སྒྱུ་ངས་མེད་པའི་སྦྱིན་བདག་གནང་སྟེ་ཡིག་མཁན་དབུ་ཆེན་གཞུང་པ་ནམ་མཁའ་བཟང་པོ་དང་སྤྱར་པ་དབུ་ཆེན་དཔོན་སྐྱབ་རྣམ་གཉིས་ནས་ལེགས་བསྒྲུབས་ཟིན་པའི་རྗེས་སུ། ཤེར་ཕྱིན་འབྲི་ཀློག་འཛིན་སོགས་ཀྱིས་ཕན་ཡོན་ལས་བྲངས་ཏེ་སྐུ་ཚེ་འདི་ཕྱི་གཉིས་ཀྱི་ཕན་ཡོན་སྐད་དུ་བསྔོ་སྨོན་བཏབ་པ་སྟེ། ཚེ་རིང་ནད་མེད་བདེ་སྐྱིད་ཕུན་སུམ་ཚོགས།། བསམ་དོན་ཆོས་ལྡན་ཡིད་བཞིན་འགྲུབ་པ་དང་།། རྟག་ཏུ་བཀྲ་ཤིས་བདེ་ལེགས་ལྡན་པར་ཤོག་ཅེས་བརྗོད་པ་དེ་ནི་ཤེར་ཕྱིན་བརྒྱད་སྟོང་པ་འདི་སྤྱར་དུ་བཏོས་པའི་བསྔོ་བ་སྨོན་ལམ་ཡིན་ནོ། །

① ནག་ཆུ་སོག་བཀྲ་ཤིས་ལྷོངས་ཤེར་ཕྱིན་བརྒྱད་སྟོང་པ་བོད་མཐིང་ཤོག་གསེར་བྲིས་བོད་ཀ་པའི་མཛད་བྱང་དངུལ་བྲིས་ཅན་ལྟེབ་གྲངས་423ལས་དྲངས།

ལེའུ་ཉེར་གསུམ་པ། ཨེ་བྲིས་ཀྱི་སྐོར།

ཨེ་བྲིས་ཞེས་པ་དེ་ཡང་ལྷོ་ཁའི་ཁུལ་དུ་ལྷ་བྱ་ཁྲ་གསུམ་མམ་ཨེ་དྭགས་བྱ་གསུམ་ཞེས་ཡུལ་ལུང་འདྲེན་པའི་ནང་གི་ཨེ་ལྷ་རྒྱ་རིའི་ཁུལ་ཏེ་དེང་གི་ལྷོ་ཁ་ས་ཁུལ་ཚུ་གསུམ་རྫོང་གི་མངའ་ཁོངས་སུ་དར་ཁྱབ་བྱུང་བའི་འབྲི་གཟུགས་ཤིག་ཡིན་པ་སྐྱེ་བོ་ཀུན་གྱིས་ཤེས་གསལ་ལགས།

གཅིག ཨེའི་སྐོར།

དེས་ན་ཐོག་མར་འདིར་ཨེ་ཞེས་པའི་སྐོར་ལ་རགས་ཙམ་ཞིག་འགྲེལ་ན་གོ་དོན་གཉིས་ལས། གཅིག་ཡུལ་ལུང་གི་ཆགས་དབྱིབས་ལས་བྱུང་བ་སྟེ། དུས་རབས་17པའི་ནང་དུ་བྱོན་པའི་རྒྱལ་བ་ལྔ་པ་ངག་དབང་བློ་བཟང་རྒྱ་མཚོས(1617-1682)། །ཆོས་ཀྱི་འབྱུང་གནས་ཨེ་དབྱིབས་ཡུལ་ཕྱོགས་ནས། །[1] ཞེས་གསུངས་པ་ལྟར་ན། ཨེ་དེ་ཡང་སྔོན་རྒྱ་གར་འཕགས་པའི་ཡུལ་གྱི་ཆགས་སྟངས་ཏེ་སོག་ཁ་[2]ཞེས་བརྗོད་པ་དང་འདྲ་བར་ཡུལ་ལུང་གི་ཆགས་དབྱིབས་ཨེ་དབྱིབས་སུ་གྲུབ་པ་ལས་ཨེ་ཞེས་འབོད་པ་དེ། དེང་གི་ཡུལ་དེ་གཞི་རྐྱན་པོ་བཏྲ་ལ་འཁྱོངས་པ་རྣམས་ཀྱི་ཞལ་ནང་དུའང་མཆིས་པས་རྟོགས། གཉིས་རིགས་རུས་སུ་འགྲེལ་བ་སྟེ་བོད་ཡིག་གནའ་དཔེ་བྲིས་མ་དུས་རབས་ཅུང་ཟད་ཅིག་སྔ་བའི་གསུང་རབ་བྲིས་མ་དག་གི་མཛད་བྱང་ངམ་དབུ་ཞབས་ཀྱི་ཞབས་མཚན་དུ་གཡེ་ཡོན་ཏན་བག་གྲོ་[3]ཞེས་པ་སོགས་བྱོན་པ་ལ་གཞིགས་

① ངག་དབང་བློ་བཟང་རྒྱ་མཚོས་མཛད་པའི་འཛམ་བུའི་གླིང་གི་གླིགས་བམ་ཐམས་ཅད་ཀྱི་གཙུག་རྒྱན་དུ་གྱུར་པ་བཞེངས་པའི་ཆེ་དཀར་ཆག་ཆེ་བརྗོད་བསྡུ་སྨོན་དང་འབྲེལ་བ་རྒྱས་ཙམ་ཞིག་དཀོན་བརྩེགས་པོད་ཆ་པའི་ལྡེབ་གྲངས་401ཀྱི་བ་ངོས་ལས་དྲངས།

② བོད་ཀྱི་གསུང་རབ་སྨྲ་བ་དགེ་འདུན་ཆོས་འཕེལ་གྱིས་རྒྱ་གར་གྱི་ཡུལ་སྤྱིའི་ཆགས་ཚུལ་དུ། གླིང་སྤྱིའི་དབྱིབས་ནི་ཟུར་གསུམ་སོག་པའི་དབྱིབས་དང་འདྲ་བའི་རྡོ་རྗེ་གདན་འོལ་སྤྱི་ཙམ་ལ་ལྟེ་བར་སོན་ཙམ་དང་། སོག་པའི་ཟུར་རིང་ས་ལྷོ་ལ་བསྟན་པའི་ཕྱོགས་སུ་དཔག་ཚད་འགའ་ཙམ་མཚོས་ཆོད་པ་ནི་སིཧླ་ལའི་གླིང་ཟུར་གསུམ་རྩེ་མོ་འཛམ་གླིང་ལ་བསྟན་དེ་སོག་པའི་ཡུ་བ་ལྟ་བུར་གནས་ཏེ། ཆགས་སྟངས་དེ་ལྟར་ཡོད་ཅེས་ཐང་ཡིག་སོགས་ནས་གསུངས་པ་ཡང་ཤིན་ཏུ་ཐུགས་དག་སྣང་ཞེས་རྒྱལ་ཁམས་རིག་པས་བསྐོར་བའི་གཏམ་རྒྱུད་གསེར་ཐང་མའི་སྙིང་ཆ་ནུབ་བྱང་མི་རིགས་སློབ་ཆེན་སྤར་མའི་ཤོག་གྲངས་33ན་གསལ།

③ བཀའ་འགྱུར་བསྟན་འགྱུར་དཔལ་མགོན་པོད་ཁི་པའི་དབུ་ཤོག་ནང་མའི་ཞབས་མཚན་ལས་དྲངས།

ན། ཨེ་ཡིས་འབྲི་གཟུགས་ཀྱི་དོད་དུ་གཡེ་ཡང་འབྲི་ཚུལ་བྱུང་ཡོད་པ་དང་ལྷག་དོན་དུ་དུས་རབས་14པའི་ནང་དུ་བརྩམས་པའི་བོད་ཀྱི་ལོ་རྒྱུས་དེབ་ཐེར་ཡར་ལུང་ཇོ་བོའི་ཆོས་འབྱུང་དུ་ཡང་ལྷ་འགྲོ་བའི་མགོན་པོ་ནི་དབུས་གཙང་དང་། ཁྲིད་པར་གཡེ། གཉལ། དྭགས་པོ། ཀོང་པོ་ལ་སོགས་ཡོན་བདག་དང་། བུ་སློབ་མང་དུ་བསྐྱངས་[1]ཞེས་པས་ཨེ་ལ་གཡེ་ཞེས་འབྲི་ཚུལ་བྱུང་པ་གོང་གི་དེ་ལས་ཤེས་པ་མ་ཟད། ཨེ་ལས་གཡེ་དེ་འབྲི་གཟུགས་ཀྱང་ཅུང་ཟད་ཅིག་རྙིང་པ་ཡིན་པ་དེ་སྔོན་གྱི་ལོ་རྒྱུས་དེབ་ཐེར་དེ་དག་གི་བརྩམས་ལོ་ལས་ཀྱང་རྟོགས་ཤིང་། བོད་ཀྱི་གསུང་རབ་སྒྲ་བ་དུང་དཀར་བློ་བཟང་འཕྲིན་ལས་མཆོག་གིས། གཡེ་མོ་ཡུལ་དྲུག་ཅེས་པར་སྤྱིར་གྱི་ཡི་གེ་རྙིང་པའི་ནང་། དཔེ⋯ཨེ⋯གཡེ་བཅས་འབྲི་སྟངས་མི་འདྲ་བ་ཅི་ཞིག་བྱུང་བ་གསུངས་འདུག་ཅིང་། དོན་དུ་དེང་སང་ཨེ་ཟེར་བ་འདི་མིན་ནམ་སྙམ་[2]ཞེས་གསུངས་པས་ཀྱང་ཨེ་ཡི་འབྲི་གཟུགས་རྙིང་པ་ཅི་ཞིག་བྱུང་བ་དེ་ཤུགས་ལ་རྟོགས། དེས་ན་ང་ཚོས་དེ་ལས་མིག་རྒྱང་རིང་ཙམ་ཞིག་གིས་བསམས་གཞིགས་བྱས་ཚེ། སྔོན་གྱི་ཨེ་ཡིག་གི་འབྲི་ཚུལ་མི་འདྲ་བ་དེ་དག་ལ་རིགས་འདེད་བྱས་ཚེ་འདི་ལྟར། ཨེ་ལས་གཡེ་བྲིས་སྟེ་བ་དང་། གཡེ་ལས་དབྱེ་བྲིས་སྟེ་བ་དང་། དེ་ལས་ཀྱང་རྗེགས་ཆེས་བྲིས་རྙིང་ཞིག་ཏུ་སྣང་། དེར་བརྟེན་རྒྱ་མགོ་གངས་ལ་གཏུགས་པ་ཇི་བཞིན་རྗེགས་ལ་མནོ་བསམ་བྱས་ཚེ། རྗེགས་དེ་ནི་བོད་ཀྱི་རུས་ཆེན་གྲགས་ཅན་བཞི་རུ་འདྲེན་པའི་ནང་གི་རྗེགས་དང་ལྡོ། སྣུབས་དང་ཁུ[3]བཅས་བཞིའི་ནང་གི་ཡ་གྱལ་ཞིག་ཡིན་པ་ལྡེ་བྲག་དཔའ་བོའི་ཆོས་འབྱུང་སོགས་ལས་བྱུང་བ་དང་། ཏུན་ཧོང་གི་p.t1038ཡིག་ཕྲེང་13ནས་17དུ་གནམ་གྱི་ལྷ་ལས། ས་གདོག་དྲུག་ཏུ། འཕྲེང་འགོ་ནག་གི་རྗེ་མྱེད་གི་རྗེ། དུད་རྗོག་ཆག་ལྷ་མྱེད་ཀྱི་ལྷར། བློན་པོ་ལྡོ་རྗེགས། ཆོན་པོ་མཆེ་གཙོ། ཕྱུག་ཚང་ཤ་སྤུག། ཀྱི་རྗེ་ལྡ་དང་བདུད། དུ་བཀྱིས་ནས། ཡུལ་བོད་ཀ་གཡག་དྲུག་དུ་བྱོན་ཞེས་མཆི།[4]ཞེས་བྱོན་པ་ལ་གཞིགས་ན།

① ཇོ་བོ་ཤཱཀྱ་ལྷེས་མཛད་པའི་ཡར་ལུང་ཇོ་བོའི་ཆོས་འབྱུང་བོད་ལྗོངས་མི་དམངས་དཔེ་སྐྲུན་ཁང་གི་1988ལོའི་སྤར་མའི་ཤོག་གྲངས་107དུ་གསལ།

② དུང་དཀར་བློ་བཟང་འཕྲིན་ལས་མཆོག་གིས་མཛད་པའི་དུང་དཀར་བོད་རིག་པའི་ཚིག་མཛོད་ཆེན་མོ་ཀྲུང་གོའི་བོད་རིག་པ་དཔེ་སྐྲུན་ཁང་གི་2002ལོའི་སྤར་མའི་ཤོག་གྲངས་1879ལས་དྲངས།

③ 见，雅砻部落氏族或与雅砻部落关系密切的氏族：悉补野氏(spu rkyal)、韭氏(khu)、埃氏族(rngegs)、洛氏族(lho)、努布氏族(snubs)、琛氏(mchims)、夏氏(sha)、布氏(spug)、蔡氏(msthe)、错氏(gsto)、吞米氏(mthon mi)。林冠群著《唐代吐蕃氏族》中国藏学2010年第2期，第26页。

④ 见，法国国家图书馆藏敦煌藏文文献，上海古籍出版社2009年版，第51页。

དེ་བས་ཀྱང་གོ་རྒྱུ་ལྡན་པའི་གནད་དོན་ཞིག་སྟེ་གལ་ཏེ་གོང་དུ་བརྗོད་པའི་རྗེགས་འདི་ཨེ་ཡིས་འབྲི་གཟུགས་ཆེས་རྙིང་པ་ཞིག་ཡིན་ན། ཨེ་དེ་ཡང་ཐོག་མར་བོད་ཀྱི་དུས་ཆེན་ཁག་ཏུ་འདྲེན་པའི་ནང་གི་རྗེགས་ལས་ཆད་པའི་རིགས་དུས་ཤིག་ཡིན་པ་མངོན་པ་དེ་ཡང་ཙུང་ཟད་ཅིག་གོ་རྒྱུ་ཞིག་མེད་དམ་སྙམ། འོན་ཏེ་ད་བར་ཁུངས་ལྡན་དཔྱད་གཞི་ལག་སོན་མ་བྱུང་སྐབས་འདི་འདྲ་ཞིག་གོ་ཞེས་ཁ་ཚོན་གཅོད་མ་ཐུབ་ཀྱང་ཨེ་ལྷ་འབྲིང་སྐད་པའི་སྐོར་ལ། ཀཿཐོག་རིན་འཛིན་ཚེ་དབང་ནོར་བུས་བོད་རྗེ་ལྷ་བཙན་པོའི་གདུང་རབས་ཚིག་ཉུང་དོན་གསལ་དུ། མངའ་བདག་ཁྲི་ཡུམ་བརྟན་གྱི་རྒྱུད་ཟླ་དག་ཏུ་ད་ལྷ་ལྷ་བཙན་སྟོན་མོ་ཞེས་མཚན་དངོས་ལྷ་དབང་རྒྱ་མཚོའི་བློ་གྲོས་ཏེ་བསམ་ཡས་དབུ་རྩེ་ནས་འཆི་བདག་སྒྲོག་འཕོར་གཏེར་ནས་འདོན་པ་པོ་དེ་དང་། ལྷ་འབྲི་སྐད་པ་སོགས་མང་དུ་བྱུང་བ་སྣང་། འདིར་བཤད་པ་ནི་ལོ་རྒྱུས་ཁུངས་ལྡན་ལས་དྲངས་པ་སྟེ། ཡེ་ཤེས་རྒྱལ་མཚན་གྱི་སྲས་ཁྲི་པ་བྱས་པ་སོགས་ལ་མགོ་རྩོམ་པར་མི་བྱའོ། ཡུམ་བརྟན་གྱི་རྒྱུད་བསམ་ཡས་དང་། རྗེ་དང་། འོན་སོགས་དང་། ཁམས་ཕྱོགས་སུ་ཡང་མང་དུ་ཡོད་པར་གྲགས་པ་དང་། རྐོང་པོ་རྐྱེན་རྒྱལ་པོ་ཡང་ཡུམ་བརྟན་གྱི་རྒྱུད་ཡིན། དྭགས་པོ་ཨེ་ལྷ་རྒྱ་རི་བ་ཁ་ཅིག་གིས་འོད་སྲུང་གི་རྒྱུད་པར་མཛད་ཀྱང་གཞན་མང་པོ་ཞིག་ལྷ་འབྲིང་སྐད་པའི་རྒྱུད་པར་སྨྲའོ།[1]ཞེས་པས་ཀྱང་ཨེ་ཁྱུལ་གྱི་རིགས་དུས་སོགས་ཙུང་ཟད་ཅིག་ཤེས། གལ་ཏེ་སྔོན་དུ་བརྗོད་པའི་རྗེགས་དེ་ཨེ་ཡིས་ཆེས་བྲིས་རྙིང་པ་ཞིག་ཡིན་པར་ངོས་འཛིན་གསལ་པོ་ཞིག་ཐུབ་ན། དེང་གི་ལྷ་རྒྱ་རིའི་ཕོ་བྲང་ནས་ཤར་གྱི་ཕྱོགས་སུ་སྤྱི་ལི་ལྔ་དྲུག་ཙམ་གྱི་ས་ན་གནས་པའི་ཀྱང་གད་བང་སོ་ཞེས་བང་སོ་སུམ་ཅུ་སོ་གཉིས་ཙམ་ཞིག་ཡོད་པའི་བང་སོའི་ཁྲུ་ཚོགས་དེ་དག་གི་ལོ་རྒྱུས་ཁ་རྒྱུ་གོ་རྒྱུ་མེད་པར་ལུད་སོང་བ་དེ་ཡང་ཙུང་ཟད་ཅིག་སྐྱེ་འགྲོལ་ཐུབ་པ་ཞིག་མི་ཡོང་ངམ་སྙམ་ནས་ཟུར་གནས་མཁས་པའི་སྤྱན་སྔར་གཏེར་སྣ་རྗེ་འདྲེན་གྱི་ཚུལ་དུ་སྨྲས་པ་ལགས།

གཉིས། ཨེ་ལྷ་རྒྱ་རི།

ཨེ་ལྷ་རྒྱ་རིའམ་ལྷ་རྒྱ་རི་ཞེས་པའི་ནང་གི་ལྷ་ནི་མགོ་ནག་མིའི་རྒྱལ་པོའམ་རྗེ་བོ་ཡིན་

[1] ཀཿཐོག་རིན་འཛིན་ཚེ་དབང་ནོར་བུས་མཛད་པའི་བོད་རྗེ་ལྷ་བཙན་པོའི་གདུང་རབས་ཚིག་ཉུང་དོན་གསལ་ཞེས་པ་ཀྲུང་གོའི་བོད་རིག་པ་དཔེ་སྐྲུན་ཁང་གི་སྤར་མའི་ཤོག་གྲངས་55ལས་དྲངས།

པའི་ཚ་ནས་ལྷ་ཞེས་མཚན་བསྟོད་བྱས་པ་ནི་བོད་ཀྱི་གསུང་རབ་སྨྲ་བ་དགེ་འདུན་ཆོས་འཕེལ་གྱིས་ལོ་རྒྱུས་དེབ་ཐེར་དཀར་པོར་གསུངས་པ་[1]ལས་ཤེས། བོད་ཡུལ་གྱི་ལོ་རྒྱུས་རྒྱབ་ལྗོངས་དང་འབྲེལ་ཏེ་བརྗོད་ན་བོད་བཙན་པོའི་གདུང་རྒྱུད་ཡིན་པའི་ཚ་ནས་རང་གིས་རིགས་རུས་མཐོ་བ་ལྷ་ལས་ཆད་པའི་དོན་གྱིས་ལྷ་རྒྱ་རིག་ཞེས་འབོད་པ་སྟེ། རྒྱལ་པོ་སྣང་དར་མའི་རྒྱུད་པ་སྟེ་རྒྱལ་པོ་སྣང་དར་མའི་སྲས་གནམ་ལྡེ་འོད་སྲུང་། དེའི་སྲས་མངའ་བདག་དཔལ་འཁོར་བཙན། དེའི་སྲས་གཉིས་ཀྱི་ཆུང་བ་ཁྲི་བཀྲ་ཤིས་བརྩེགས་པ་དཔལ། དེའི་སྲས་གསུམ་གྱི་འབྲིང་བ་འོད་ལྡེ། དེའི་སྲས་བཞིའི་གསུམ་པ་ཁྲི་ཆུང་འདིས་ཡར་ལུང་འཕྱོངས་རྒྱས་སུ་སྐུ་མཁར་ཕྱིང་བ་སྟག་རྩེ་བཟུང་། དེའི་སྲས་འོད་སྐྱིད་འབར། དེའི་གཅུང་ཚ་ཐུབ་བདུན་པའི་གང་རུང་ཞིག་གི་བརྒྱུད་པ་ལས། དུས་རབས་13པའི་ནང་འགྲོ་མགོན་ཕག་མོ་གྲུ་པའི་དུས་སུ་གདན་ས་མཐིལ་གྱི་མདར་བཙན་པོ་ཚ་བ་རོང་པ་ཞེས་པའི་མི་དཔོན་ཞིག་བྱུང་ཞིང་། དེ་ནས་རིམ་བཞིན་ནང་ས་དམའ་སྨད་པས་ཨེ་སྟོད་ཆུ་ཚན་ཁ་ཞབས་སུ་རི་ལ་རྩ་རྒྱ་བོ་སྐྱེས་པ་ཞིག་ན་གཞིས་ཀ་བརྩིགས་པས་རྒྱ་རི་ཞེས་མིང་དུ་ཆགས་ཞེས་པ་གོང་གི་སྐད་ཆ་དེ་དག་ལས་ཨེ་ལྷ་རྒྱ་རིའི་འབྱུང་བ་རགས་ཙམ་ཤེས།

གསུམ། ཨེ་བྲིས་ཁྱུངས།

དེ་ཡང་གསུང་རབ་སྨྲ་བ་དགེ་འདུན་ཆོས་འཕེལ་གྱིས་གསུངས་དོན། དཔེ་སྙིང་ཐམས་ཅད་ལ་འ་ཡིག་ལ་ཡང་འ་རྟགས་འདི་བཞིན་དབུས་གཙང་ན་ཨེ་པ་རྣམས་ད་དུང་ཡང་དེ་ལྟར་འབྲི་བཞིན་འདུག་[2]ཅེས་པས་སྔོན་གྱི་ཡིག་སྙིང་གི་ཁྱད་ཆོས་གསུངས་པའི་ཤོར་དུ། ཨེ་བྲིས་དེ་ནི་སྔོན་གྱི་འབྲི་གཟུགས་དག་པའི་མ་དཔེ་རྣམས་ལ་སྐྱོང་བ་བྱས་ཏེ་འཕྱོངས་པའི་རྒྱུ་མཚན་

① བོད་ཆེན་པོའི་སྲིད་ལུགས་དང་འབྲེལ་བའི་རྒྱལ་རབས་དེབ་ཐེར་དཀར་པོར། དེ་ཡང་བཙན་པོ་དང་། རྗེ་དང་། རྒྱལ་པོ་དང་། མངའ་བདག་དང་། ལྷ་སོགས་ནི་སྔོན་གྱི་བརྡ་ཡིན་ཅིང་། ས་སྐྱོང་དང་མི་དབང་སོགས་ནི་ལེགས་སྦྱར་སྐད་ཀྱི་ལྷཱུ་པ་ལ་དང་ན་རེནྡྲ་སོགས་བསྒྱུར་བར་འདུག་པས་བསྟན་བཅོས་ཀྱི་ཐ་སྙད་ཙམ་ཡིན་ནོ། དེ་མཚུངས་སྡེ་པ་བྱ་བ་ཡང་ཕྱིས་ཀྱི་ཐ་སྙད་ཡིན་ལ། དེ་ཡང་རྒྱ་གར་པ་རྣམས་རྒྱལ་པོ་ལ་དེ་བ་སྟེ་ལྷ་ཞེས་འབོད་པ་དེ་ཟུར་ཆག་ནས། ཁ་ཆེ་བ་རྣམས་ཀྱི་སྐད་ལ་བདེ་ཕང་དུ་འབོད་པའི་ཐ་སྙད་དེ་ག་ཐོག་མར་མངའ་རིས་ཆོས་རྒྱལ་རྣམས་ལ་ཚོ་ལོ་སྒྱུར་ཞིང་། ཕྱིས་རིན་སྤུངས་སྡེའུ་གདོང་གཙང་པ་སོགས་ལ་ཡང་སྒྱུར་རོ་ཞེས་ནུབ་བྱང་མི་རིགས་སློབ་ཆེན་གྱི་སྤར་མའི་དེབ་175ར་གསལ།

② མཁས་དབང་དགེ་འདུན་ཆོས་འཕེལ་གྱི་གསུང་རྩོམ་ཕྱོགས་བསྒྲིགས་པོད་གཉིས་པ། ནུབ་བྱང་མི་རིགས་སློབ་ཆེན་གྱི་སྤར་མའི་ཤོག་གྲངས་218ལས་དྲངས།

གྱིས་ཨེ་ཕྲིས་ནི་འབྲི་རྒྱུན་དག་པའི་འབྲི་གཟུགས་ཤིག་དང་ལྷག་དོན་དུ་ཁོང་གིས་དེབ་ཐེར་དཀར་པོ་རྩོམ་འགྲོ་བསྐྱངས་སྐབས་ཀྱང་གཞུང་ས་ཕྱོགས་ནས་སྐར་ཆུང་རྡོ་རྗེ་དབྱིངས་ཀྱི་རྡོ་རིང་སྒྲུང་སྐྱོང་ཞུ་རྒྱུའི་ཡི་གེའི་ནང་དུ། ཕྱོགས་མཚུངས་དེང་སྐབས་རྒྱལ་རབས་རྩོམ་འགྲོ་འདིར་ཤིན་ཏུ་མཁོ་བའི་རྩེ་ཞོལ་ཕྱི་མའི་རྡོ་རིང་གི་ཡི་གེ་དེ་བཞིན་དགོས་འདུག་པ་དག་གཞུང་སར་བཤུས་ཟིན་ཞིག་ཡོད་ན་གསོལ་ནས་དང་། མེད་ཚེ་ཨེ་པར་བཀའ་ཁྲབ་ཀྱིས་འཕྲལ་དུ་ཚར་གཅིག་བཤུ་བཅུག་གནང་ཐུགས་རྗེ་ཆེ་བ་ཞུ་རྒྱུའི་ཚིག་ཐོ་ཤོག་ལྷེ་སྙན་ཞུར་ཕུལ་[1]ཞེས་པའི་སྙན་ཞུའི་ནང་དུ་ཡང་ལོ་རྒྱུས་གཙོས་ཆེ་བ་མི་འཆལ་བའི་ཕྱིར་བོད་བཙན་པོ་རྣམས་ཀྱིས་སྐུ་དུས་རྡོ་རིང་སྟེང་དུ་གཟེང་གིས་བརྐོས་པའི་ཡི་གེའི་ངོ་བཤུས་མཁན་ཡང་ཆེད་མངགས། ཨེ་པ་ཞིག་ཡོང་རེ་གནང་བ་དེ་དག་ལས་ཨེ་ཕྲིས་དེ་ཡིག་ཁྱུངས་དང་ལྡན་ཞིང་ཕྱག་ཚད་ཚད་ལྡན་གྱིས་འཕྲུལ་ཡིག་ཅིག་ཡིན་པའི་གདེངས་འཛོག་གིས་དེ་ལྟར་སྨྲས་པར་སེམས།

བཞི། ཨེ་ཕྲིས་ཁྱད་ཆོས།

དེས་ན་ང་ཚོས་དུས་རབས་16-19་ནང་དུ་གཞུང་སྒེར་གང་ཞིག་གིས་རང་རང་གི་དཔལ་འབྱོར་ལ་གཞིགས་པའི་གསུང་རབ་སྐྱ་ཆོས་སྔོ་ཆོས་གང་ཞིག་འབྲི་བཞེངས་གནང་ཙང་། ཡུལ་དུས་ཉེ་འགྱུངས་ལ་མ་གཟིགས་པར་དེ་དག་གི་སྣོ་གསུམ་ཐང་ཆད་འབྲི་བའི་ཡིག་པ་ཨེ་ཕྱོགས་ནས་གདན་ཞུ་བྱ་དགོས་དོན་ནི། ཨེ་ཕྲིས་ཀྱི་ཡིག་མཁན་དག་གི་འབྲི་གཟུགས་སྤུས་དག་པ་དང་འབྲི་གཟུགས་ལ་གཞུང་ཡོད་པའི་སྟབས་ཀྱིས་ཡིན་སྙམ། བོད་ཀྱི་ལོ་རྒྱུས་རིག་གནས་དཔྱད་གཞིའི་རྒྱུ་ཆ་བདམས་བསྒྲིགས་སུ། དེ་སྔ་ས་གནས་སྲིད་གཞུང་གིས་ཨེ་ཁུལ་ནས་ཨེ་ཕྲུག་པ་ཞེས་ཡིག་འབྲི་ཁག་གཅིག་སྐོང་བསྡུ་བྱེད་སྐབས་ཡི་གེ་གཟབ་གཤར་ལཱུ་ཚ་ཧྲུ། ཧོར་ཡིག སྟགས་ཡིག ཡིག་གསར་རིགས་བཅས་འབྲི་སྦྱོང་དར་ཁྱབ་ཆེ་བ་[2]ཞེས་དང་། དུས་རབས་16པར་མི་དབང་སངས་རྒྱས་རྒྱ་མཚོས་བཀའ་འགྱུར་གསེར་ཕྲིས་འཛམ་གླིང་རྒྱན་གཅིག་སྟེ་ཤར་འོལ་ཁ་སྟག་རྩེར་འབྲི་བཞེངས་བསྐྱངས་སྐབས། སྣག་ཤོག་གཏུལ་མཁན་གྱི་བཟོ་པའི་ཚོགས་ཙམ་མ་ཟད། ཡི་གེ་བ་གོང་སྟོད་ཨོ་རྒྱན་ནོར་བུ་དང་དབུ་ཞབས་ལྷ་སྐྱ་འབྲི་མཁན་དབུ་ཆེན་སོགས་ཀྱང་ཨེ་ནས་བྱོན་པ་དེ་ལས་ཨེ་ཕྲིས་ཀྱི་ཁྱད་ཆོས་ཤེས་ཐུབ་པ་མ་བས། རྒྱལ་བ་ལྔ་པས་ཀྱང་ཆོས་ཀྱི་འབྱུང་

---

① 见，熊文彬、张春生主编《西藏文化博物馆根敦群培生平学术》中国藏学出版社2012年版，第114页。

② བོད་ཀྱི་ལོ་རྒྱུས་རིག་གནས་དཔྱད་གཞིའི་རྒྱུ་ཆ་བདམས་བསྒྲིགས་དེབ་19པའི་ཤོག་གྲངས་68ལས་དྲངས།

གནས་ཨེ་དཔྱིབས་ཡུལ་ཕྱོགས་ནས།། ཡིག་གཟུགས་སྤེལ་བར་འཇམ་དབྱངས་ཐུ་མི་ཉིད།།[①] ཅེས་ཨེ་པ་རྣམས་ཀྱི་འབྲི་གཟུགས་ལ་ཡི་གེའི་གཞུང་ལྡན་ཞིང་དམིགས་བསལ་ཁྱད་ཆོས་མཆིས་པའི་རྒྱུ་མཚན་གྱི་ཆ་ནས་འཇམ་དབྱངས་ཐོན་མིའི་མཚན་བསྟོད་ཀྱང་གནང་བས་དེའི་དོན་རྟོགས།

ལྔ། ཨེ་ཤྲིས་གསུང་རབ།

ཨེ་ལྷ་རྒྱ་རིའི་ཁུལ་དུ་སྔོན་གྱི་དུས་སུ་བོད་ཡིག་འབྲི་གཟུགས་དམིགས་བསལ་ཅན་ཞིག་བྱུང་བ་ལས་རིམ་པས་བཞིན་ཨེ་ཤྲིས་ཞེས་པའི་འབྲི་གཟུགས་ཀྱི་ཐ་སྙད་ཅིག་དུས་རབས་16པའི་ཡར་སྔོན་ནས་བྱུང་ཟིན་པ་མ་ཟད། ཨེ་ཤྲིས་དབུ་ཆེན་གྱིས་བྲིས་པའི་དུས་རབས་མི་འདྲ་བའི་གནའ་དཔེ་འཕྲིང་བ་སྣག་རྩེའི་སྤྱར་མ་དང་སྐུ་རབས་རྣམ་རྒྱལ་སྤྱར་མ། མཁར་ཐོག་དགོན་གསར་སྤྱར་མ་དང་རི་བོ་ཤན་སྡིའི་སྤྱར་མ་སྡེ་རྗེ་སྨམ་པོ་པའི་རྣམ་ཐར་སོགས་དཀྱུས་པོ་བཀའ་བརྒྱུད་ཀྱི་སྐྱེས་ཆེན་དམ་པའི་རྣམ་ཐར་སོགས་གསུང་རབ་སྤྱར་མའི་རིགས་དང་། དུས་རབས་16-19པའི་ནང་དུ་ཨེ་ཤྲིས་ཀྱི་ཡིག་མཁན་དབུ་ཆེན་གཡེ་ཡོན་ཏན་བག་གྲོ་སོགས་ཀྱིས་འབྲི་བཞེངས་བསྐྲུངས་པའི་བཀའ་འགྱུར་དཔལ་ས་སྐྱ་དགོན་གྱི་ཆོས་བརྩིགས་བྲག་རི་མའི་གྲལ་དུ་བཞུགས་པའི་སྡུགས་འཆང་ངག་དབང་ཀུན་དགའ་རྣམ་རྒྱལ་གྱི་ཡུམ་མཆོག་བསྟན་འཛིན་བསོད་ནམས་བཟང་མོའི་ཐུགས་དམ་བཀའ་འགྱུར་བསྟན་འགྲོའི་དཔལ་མགོན་དང་། ཆོས་ཀྱི་འབྱུང་གནས་ཨེ་དཔྱིབས་ཡུལ་ཕྱོགས་ནས། ། ཡིག་གཟུགས་སྤེལ་བར་འཇམ་དབྱངས་ཐུ་མི་ཉིད།། བརྒྱ་ཕྲག་སྐུར་སྤྲུལ་སོར་རྩེར་མཛད་དམ་སྙམ། །བརྒྱ་བྱིན་འཁོར་དང་བཅས་པ་འཕྲུང་མོ་ཉུག[②] ཅེས་པས་དུས་རབས་17པའི་ནང་དུ་ཨེ་ཤྲིས་ཀྱི་དབུ་ཆེན་རྣམས་པས་རྒྱལ་བ་ལྔ་པ་ངག་དབང་བློ་བཟང་རྒྱ་མཚོའི་དགོངས་རྫོགས་སུ་ཤར་འོལ་ཀ་སྣག་རྩེར་བཞེངས་པའི་བཀའ་འགྱུར་འཛམ་གླིང་རྒྱན་གཅིག་ད་ལྟ་ནོར་གླིང་དེ་དམ་ཁྲིའུ་དུ་བཞུགས་པ་དང་། ད་དུང་མི་དབང་པོ་ལྷའི་རྟེན་བཞེངས་དཀར་ཆག་ལས། ཡི་གེའི་འདུ་བྱེད་ལ་མངོན་པར་བྱང་ཆུབ་ཀྱང་། པར་གྱི་འདུ་བྱེད་ཤེལ་དཀར་རང་དུ་བྱས་ཤིང་། མཁས་པའི་གོ་འཕང་ཐོབ

① ངག་དབང་བློ་བཟང་རྒྱ་མཚོས་མཛད་པའི་འཛམ་བུའི་གླིང་གི་གླིགས་བམ་ཐམས་ཅད་ཀྱི་གཙུག་རྒྱན་དུ་གྱུར་པ་བཞེངས་པའི་ཚེ་དཀར་ཆག་ཆེ་བརྗོད་བསྡུ་སྨོན་དང་འབྲེལ་བ་རྒྱས་ཙམ་ཞིག་དཀོན་བརྩེགས་པོད་ཆ་པའི་ལྡེབ་གྲངས་401ཀྱི་བ་ངོས་ལས་དྲངས།

② ངག་དབང་བློ་བཟང་རྒྱ་མཚོས་མཛད་པའི་འཛམ་བུའི་གླིང་གི་གླིགས་བམ་ཐམས་ཅད་ཀྱི་གཙུག་རྒྱན་དུ་གྱུར་པ་བཞེངས་པའི་ཚེ་དཀར་ཆག་ཆེ་བརྗོད་བསྡུ་སྨོན་དང་འབྲེལ་བ་རྒྱས་ཙམ་ཞིག་དཀོན་བརྩེགས་པོད་ཆ་པའི་ལྡེབ་གྲངས་401ཀྱི་བ་ངོས་ལས་དྲངས།

པ་ཨེ་པའི་གྲུས་[①]ཞེས་པ་ལས། དུས་རབས་17པའི་ནང་དུ་དིང་རི་ཤེལ་དཀར་དུ་མི་དབང་ཕོ་ལྷས་སྐུལ་ཏེ་སྤར་ཤིང་གི་སྦྱིན་བདག་གཙོ་བོ་ལྷ་ཕྱོགས་ནོར་འཛིན་སྐྱོང་བ་འབྲུག་པས་མཛད་ཅིང་། ཁྲིངས་ཤེལ་དཀར། སྐྱིད་རོང་། གཉའ་ནང་། མཁར་རྟ། རོང་ཤར། གཏིང་སྐྱེས། ཕག་རི། དོ་ཛོང་། ལྷ་ཁང་། དར་མ། མཚོ་སྣ། དྭགས་ཀོང་སོགས་ནས་[②]ཁྲོན་སྤར་ཤིང་27436བྲངས་ཏེ་སྤར་དུ་བཞེངས་པའི་བཀའ་འགྱུར་གྱི་སྤར་གྱི་ཡི་གེ་བ་ཨེ་པའི་ཡིག་མཁན་སོགས་ཀྱིས་བྲིས་ཏེ། ཨེ་དང་ཤེལ་དཀར་སྤར་པ་སོགས་ཀྱིས་སྤར་དུ་བརྐོས་པའི་བཀའ་འགྱུར་ཕྱིས་དཔལ་སྣར་ཐང་དགོན་དུ་བཞུགས་པ་སྣར་ཐང་བཀའ་འགྱུར་དུ་གྲགས་པ་སོགས་ད་ལྟ་རང་རེ་རྣམས་ཀྱི་མཐའ་དུ་སྣང་བ་དེ་དག་དུས་རབས་མི་འདྲ་བའི་ནང་ཨེ་པའི་ཡིག་མཁན་རྣམས་པས་འབྲི་བཞེངས་གནང་བའི་གསུང་རབ་རི་བོའི་གཏོས་ལས་ཐུར་ཙམ་ཞིག་སྣང་།།

ཏྲུག་ཨེ་ཕྲིས་དབུ་ཆེན།

གོང་དུ་བརྗོད་པའི་གསུང་རབ་ཕྲིས་སྤར་དེ་དག་ལ་གཞི་བཅོལ་ཏེ་རང་ཉིད་ཀྱིས་མཐའ་དུ་མཆིས་པའི་ཨེ་ཕྲིས་དབུ་ཆེན་གྱི་མཚན་ཙམ་འདྲེན་ན། ཨེ་ཟླ་འཕྲེང་[③]གི་ཀུན་དགའ་རིན་ཆེན་[④]དང་ཨེ་ཡོན་ཏན་བག་གྲོ། [⑤]རིག་བྱེད་ཨེ་ཡི་མཁས་པ་ཀུན་བཟང་མཆེད།[⑥] ཧོག་དཀར་

① མི་དབང་ཕོ་ལྷའི་རྟེན་བཞེངས་དཀར་ཆག་ལས་བཀའ་འགྱུར་རིན་པོ་ཆེའི་གསུང་པར་སྲིད་གསུམ་རྒྱན་གཅིག་རྫུ་འཕྲུལ་ཤིང་རྟའི་དཀར་ཆག་ངོ་མཚར་བཀོད་པ་རྒྱ་མཚོའི་ལྡེ་མིག་སྤར་མའི་ལྡེབ་གྲངས་59ལས་དྲངས།

② མི་དབང་ཕོ་ལྷའི་རྟེན་བཞེངས་དཀར་ཆག་ལས་བཀའ་འགྱུར་རིན་པོ་ཆེའི་གསུང་པར་སྲིད་གསུམ་རྒྱན་གཅིག་རྫུ་འཕྲུལ་ཤིང་རྟའི་དཀར་ཆག་ངོ་མཚར་བཀོད་པ་རྒྱ་མཚོའི་ལྡེ་མིག་སྤར་མའི་ལྡེབ་གྲངས་5ལས་དྲངས།

③ ཀོ་ཚ་བསོད་ནམས་སྟོབས་རྒྱལ་གྱིས་ཕྲིས་པའི་ལྷ་རྒྱ་རིའི་ལོ་རྒྱུས་ཕྱོགས་བསྒྲིགས་སུ། ཨེ་དགོན་རི་སྒོ་ཆོས་སྡེ། སྟོད་སྲིད་ཆོས་སྡེ། ཟླ་འཕྲིང་ཆོས་སྡེ། གློགས་ཆོས་སྡེ། འཆད་དཀའ་ཆོས་སྡེ་སོགས་ཨེ་དགོན་ཆེ་བ་ཁག་དྲུག་དར་རྒྱས་སུ་བྱུང་ཞེས་ལྷ་ཁའི་ལོ་རྒྱུས་རིག་གནས་དཔྱད་གཞིའི་རྒྱུ་བདམས་བསྒྲིགས། བོད་ལྗོངས་མི་དམངས་དཔེ་སྐྲུན་ཁང་གི་2006ལོའི་སྤར་མའི་ཤོག་གྲངས་110དུ་གསལ།

④ རྗེ་སྒམ་པོ་པའི་རྣམ་ཐར་སྤར་བྱང་དུ། རྗེ་ཉིད་ཀྱི་དབོན་པོ་སྤྱན་སྔ་ཆོས་ཀྱི་རྗེ་བསོད་ནམས་ལྷུན་གྲུབ་ཟླ་འོད་རྒྱལ་མཚན་བཟང་པོས། སྟོན་པ་མྱ་ངན་ལས་འདས་ནས་ད་ལྟའི་བར་ལ། ལོ་ཉིས་སྟོང་གསུམ་བརྒྱ་གོ་བརྒྱད་སོང་ཞིང་། མགོན་པོ་ཉིད་བལྟམ་ནས་བཞི་བརྒྱ་ཞེ་གཉིས་སོང་ལ། མྱ་ངན་ལས་འདས་པ་ན་གསུམ་བརྒྱ་རེ་བདུན་སོང་བའི་ལྕགས་ཕོ་འབྲུག་གི་ལོ་ལ། བཀའ་བརྒྱུད་བསྟན་པ་སྤེལ་བའི་སླད་དུ། རི་བོ་ཤཱཀྱ་ཤྲཱི་བཟང་རྒྱུ་གནའ་ལ། ཡི་གེ་པ་ནི་ཨེ་ཡི་ཟླ་འཕྲིང་ནས། ཀུན་དགའ་རིན་ཆེན་ཤེས་བྱ་འདི་ལ་མཁས། བཀྲ་ཤིས་དཔལ་འབར་འཛམ་གླིང་བརྒྱན་དུ་ཤོག་ཅེས་པར་མགོ་བཏགས་བཅོལ་ཡོད།

⑤ སྟགས་འཆང་ངག་དབང་ཀུན་དགའ་བསོད་ནམས་ཀྱི་ཡུམ་མཆོག་བསྟན་འཛིན་བསོད་ནམས་བཟང་མོའི་ཐུགས་དམ་བཀའ་འགྱུར་བསྟན་འགྱུར་དཔལ་གྱི་ཞབས་མཆན་ལས་དྲངས།

⑥ དུས་རབས་16པའི་འཕྲིང་བ་སྟག་རྩེའི་སྤར་མ་བྱང་ཆུབ་སེམས་དཔའི་འགྲེལ་པ་སྐོར་གསུམ་གྱི་སྤར་བྱང་དུ་བརྐོས་དང་ཡི་གེ་ཡི། རིག་བྱེད་ཨེ་ཡི་མཁས་པ་ཀུན་བཟང་མཆེད་ཅེས་འཁོད་པར་གཞི་བཅོལ་ཡོད།

304

བ་གོང་སྟོད་ཨོ་རྒྱན་ནོར་བུ། སྟོད་སྲིད་ཆོས་བཀྲ་ཤིས། སྨད་ཧོར་གློ་བཟང་པད་མ། ལྷུན་གྲུབ་ས་ནོར་བུ་བཅས་དང་། ཡིག་ཞུས་མཁན་ཨེ་པ་ལྷ་མོ་རྒྱལ་པོ་དང་སློལ་མ་ཚེ་རིང་ཅན་[①]དང་། སྤྱར་ཡིག་པ་ཨེ་ནས་དབུ་མཛད་བསྟན་འཛིན་གྲགས་དྲོ། དབུ་མཛད་ཨ་བར་ནོར་བུ། དབུ་མཛད་ཆོས་བསྟན་འཛིན། བྲིངས་བྲིས་པ་བརྒྱ་དང་བཞི་བཅུ་ཞེ་ལྔ་[②]སོགས་ནི་དུས་རབས་16-19ཅམ་གྱི་ནང་དུ་ཤེས་བྱ་སྣག་གསེར་གཉིས་ལ་དབང་ཐོབ་པའི་ཨེ་བྲིས་ཀྱི་ཡིག་མཁན་དབུ་ཆེན་ཅི་ཞིག་བྱོན་པ་ནི་གོང་གི་དབུ་ཆེན་དེ་དག་ལས་ཟུར་བལྟས་ཞིབ་ཚོད་དུ་སྣང་།

བདུན། ཨེའི་སྣག་ཤོག

སྔོན་ཨེ་ཁུལ་དུ་འབྲི་གཟུགས་ཚད་ལྡན་ཞིག་ཡོད་པའི་དྲིན་གྱིས་ས་ཡུལ་དེར་གསུང་རབ་འབྲི་བཤུས་ཀྱི་སྣག་ཤོག་དང་སྤྱར་བཀོ། ལྕེ་ལྷའི་རི་མོ་བཅས་ཡུལ་དུས་རང་བཞིན་གྱི་དམིགས་བསལ་ཁྱད་ཆོས་ལྡན་པའི་འབྲི་བཞེངས་ཀྱི་བཟོ་པའི་ལག་རྩལ་ཡང་རྨད་དུ་བྱུང་བ་ཞིག་དར་ཡོད་པ་སྟེ། འབྲི་རྫས་ངོས་ནས་ཞུས་ན་ཤོག་བུ་ཚོས་གཞི་འདྲ་མིན་དང་སྣག་ཚ་འདྲ་མིན། གསང་ཡིག་འབྲི་བྱེད་ས་ཆུ་མེ་རླུང་ནམ་མཁའ་བཅས་འབྱུང་བ་ལྔ་འདུས་པའི་དམིགས་བསལ་བཟོ་རྩལ་གྱི་བྱ་ཐབས་མ་སྦྱད་ན་ཡི་གེ་གསལ་མི་ཐུབ་པའི་ཁྱད་ཆོས་ལྡན་པའི་སྣག་ཚ་བཟོ་བ། དེ་བཞིན་བོད་སྣག་མཚལ་སྣག་གི་སྦྱོར་བ་སྣ་ཚོགས། ལོར་ཤོག་དང་དེབ་འདྲ་མིན་བཟོ་བ་སོགས་འཕྲུལ་རྩལ་ལས་བྱེད་པ་བརྒྱ་རྩ་མང་པོ་རང་རང་གི་གོ་གནས་བཟུང་ཡོད། ཨེ་ཕྲུག་དེ་དག་ཕལ་ཆེ་བ་ཁྲལ་ཁང་རེའི་རི་གླུང་རྩ་ཆུ་ཤིང་སོགས་ཀྱི་བདག་ཐོབ་དང་། ཁང་འགྲོ་ལག་འདོན་གྱི་ཁྲལ་རིགས་ཡོངས་རྫོགས་རྩ་ཆག་གི་ལག་ཁྱེར་སྦྱོད་ཀྱི་ཡོད་[③]ཅེས་གསུངས་པ་ལྟར་

---

① ནོར་གླིང་དུ་བཞུགས་པའི་བཀའ་འགྱུར་གསེར་བྲིས་མི་དབང་སངས་རྒྱས་རྒྱ་མཚོའི་སྐུ་དུས་ (1653-1705) བཞེངས་པ་དེའི་སྣག་ཤོག་དང་ཡིག་མཁན། དབུ་ཞབས་ལྷ་སྐུ་འབྲི་མཁན་གྱི་སྐོར་མཛད་བྱང་དུ། ཞུ་ཆེན་ཨེ་པ་ལྷ་མོ་རྒྱལ་པ་དང་སློལ་མ་ཚེ་རིང་ཅན་དྲུག་ཤོག་ལས་པ་པོ་ཏོ་ཁྲི་ཕྲུག་དང་དཀར་རྒྱལ་ཅན་ཉི་ཤུ་ཐམ་པ། ཧོག་དཀར་བ་གོང་སྟོད་ཨོ་རྒྱན་ནོར་བུ། སྟོད་སྲིད་ཆོས་བཀྲ་ཤིས། སྨད་ཧོར་གློ་བཟང་པད་མ། ལྷུན་གྲུབ་ས་ནོར་བུ་བཅས་བཞིས་བཙོས་པའི་ཨེ་ནས་མཁས་བསྡུས་ཁོ་ནའི་ཡིག་མཁན་བརྒྱ་དང་བཅོ་བརྒྱད། དབུ་ཀ་པ་རྣམས་ཀྱི་དབུ་ལྷ་འབུར་དོད་བཞེངས་མི་ཨེ་པ་ལྷ་འཇོམས་དང་བཙུན་ཆུང་། དེ་ཕྱིན་དབུ་ལྷ་བྲིངས་འདྲི་མི་ཕོ་བྲང་རབ་བརྟན་དང་སྔོ་རགས་བསྟན་འཛིན་ནོར་བུ་ཞེས་པར་མགོ་བཏགས་བཙོལ་ཡོད།

② མི་དབང་ཕོ་ལྷའི་རྟེན་བཞེངས་དཀར་ཆག་ལས་བཀའ་འགྱུར་རིན་པོ་ཆེའི་གསུང་པར་སྲིད་གསུམ་རྒྱན་གཅིག་རྫུ་འཕྲུལ་ཤིང་རྟའི་དཀར་ཆག་ངོ་མཚར་བཀོད་པ་རྒྱ་མཚོའི་ལྡེ་མིག་སྤྱར་མའི་ལྡེབ་གྲངས་80ལས་དྲངས།

③ ཀོ་ཚ་བསོད་ནམས་སྟོབས་རྒྱལ་གྱིས་བྲིས་པའི་ལྷ་རྒྱ་རིའི་ལོ་རྒྱུས་ཐོགས་བསྒྲིགས་ཞེས་སྔོ་ཁའི་ལོ་རྒྱུས་རིག་གནས་དཔྱད་གཞིའི་

ན། སྔོན་ཨེ་ཁུལ་དུ་འཕྲུལ་ཡིག་ཚད་ལྡན་ཞིག་བྱུང་བའི་རྒྱུ་མཚན་གྱིས་ཨེ་ཁུལ་དུ་དམིགས་བསལ་ཁྱད་ཆོས་ལྡན་པའི་སྣག་ཤོག་འདུལ་བའི་ལག་རྩལ་ཁྱད་འཕགས་ཅན་ཞིག་དར་བ་དང་སྦྲགས། བོད་ཀྱི་གསུང་རབ་རིག་པའི་ངོས་ནས་འཆད་ན་ཡང་གནའ་དཔེའི་དཔེ་གཟུགས་གླེགས་བམ་གཟུགས་ཕུད་པའི་ལྟེབ་འཁྱིག་མ་དང་ལྟེབས་མགོ་མ་སོགས་གསུང་རབ་ཀྱི་བཞོད་བྱའི་ནང་དོན་ལ་གཞིགས་པའི་དཔེ་གཟུགས་རིགས་མི་འདྲ་བ་མི་ཉུང་ཞིག་བཟོ་ཐུབ་པ་དེ་ཀྱང་ཨེ་བྲིས་ཀྱིས་བྱིན་པའི་དམིགས་བསལ་འབྲས་བུ་ཞིག་ཡིན་སྙམ།

བརྒྱད། ཨེའི་སྤར་བརྐོ་བ།

ཨེ་ཁུལ་དུ་སྤར་གྱི་ལག་རྩལ་ཡོད་པ་ནི་ང་རང་ཉིད་ཀྱིས་ངོས་ནས་ཞུས་ན་སྔར་མཐོང་ཐོས་སུ་མ་གྱུར་ཀྱང་། བོད་ཡིག་གནའ་དཔེའི་ལས་ཀ་དེ་བྱས་པ་ནས་བཟུང་གསུང་རབ་འབྲི་བཞེངས་སྐོར་ལ་དོ་སྣང་བྱེད་དགོས་པ་བྱུང་། ལར་ནས་གསུང་རབ་འབྲི་སྤར་གྱི་ངོས་ནས་བརྗོད་ན་འདང་ཞིབ་ཏུ་བསམས་ན་ཚེ་ཨེ་པ་རྣམས་ལ་འབྲི་གཟུགས་དམིགས་བསལ་ཅན་ཞིག་མཆིས་ན་སྐྱེ་མོ་ཕུ་གསུམ་ཇི་བཞིན་ཡིག་སྤར་བརྐོ་བའི་ལག་རྩལ་ཡང་ཞོར་དུ་བྱུང་དགོས་པ་ཞིག་ཡིན་སྙམ། རྗེས་སོར་མི་དབང་པོ་ལྷའི་རྟེན་བཞེངས་ཀྱི་དཀར་ཆག་མཇལ་བ་ལས་གོང་གི་གནད་དོན་དེ་མདུད་པ་མ་བཀྲོལ་རང་བཞིན་གྱིས་འགྲོལ་བ་སྟེ། རྟེན་བཞེངས་དཀར་ཆག་ལས། གང་ལ་བརྐོ་བའི་པར་ཤིང་ཕུན་སུམ་ཚོགས་པ་སྟེ། མང་ཡུལ་སྐྱིད་གྲོང་། གཉའ་ནང་། རོང་ཤར། མཁར་རྟ། གཏིང་སྐྱེས། ཕག་རི། ལྷོ་བྲག ལྷ་ཁང་སོགས་སྒོ་བདུན་ནས་དྲངས་པའི་སྟག་སྤང་ལུ་གསང་འཆུས་རྡུལ་སོགས་མ་ཡིན་པའི་ལེགས་པའི་ཡོན་ཏན་མ་ཚང་བ་མེད་པ་རྣམས་ཤིང་བཟོ་དགུ་མཛད། པར་པའི་འགོ་པ་བཅས་ནས་ལྷེམ་པའི་ཡང་ཏིག་པར་བརྐོས་གྱུར་འོས་པ་སྤང་ལེབས་ངོ་གྲངས་ཉི་ཁྲི་བདུན་སྟོང་བཞི་བརྒྱ་སུམ་ཅུ་སོ་དྲུག་བཅས་ལ།[①] སྤར་བརྐོ་བ་མཁས་ཤིང་གྲུབ་པའི་དབང་ཕྱུག་ས་གསུམ་ན་འགྲན་ཟླ་ཐམས་ཅད་དང་བྲལ་བ་རྗེ་བཙུན་ཀུན་དགའ་སྙིང་པོའི་དག་པའི་ཐུགས་བསྐྱེད་དང་འཕྲིན་ལས་ཀྱི་འཇུག་པ་ཕུལ་དུ་བྱུང་བ་ཀུན་

རྒྱ་བདམས་བསྒྲིགས། བོད་ལྗོངས་མི་དམངས་དཔེ་སྐྲུན་ཁང་གི་2006ལོའི་སྤར་མའི་ཤོག་གྲངས་146ལས་དྲངས།

① མི་དབང་པོ་ལྷའི་རྟེན་བཞེངས་དཀར་ཆག་ལས་བཀའ་འགྱུར་རིན་པོ་ཆེའི་གསུང་པར་སྲིད་གསུམ་རྒྱན་གཅིག་ཛམ་འཕྲུལ་ཤིང་རྟའི་དཀར་ཆག་ངོ་མཚར་བཀོད་པ་རྒྱ་མཚོའི་ལྡེ་མིག་སྤར་མའི་ལྡེབ་གྲངས་54ལས་དྲངས།

ཏུ་བཟང་པོའི་རྣམ་པར་འཕྲུལ་པ་ལས་བྱུང་བའི་རྟག་བརྟན་དམ་པ་ཆོས་ཀྱི་གན་མཛོད་དམ་དགའ་ལྡན་ཕུན་ཚོགས་གླིང་གི་པར་པ་མཁས་མགྱོགས་མཚུངས་པ་མེད་པས་དཔྱོད་ལྡན་ཀུན་དགའ་བྱེད་ནུས་དབུ་མཛད་ཚེ་བདག དབུ་མཛོད་བདེ་ལེགས་བཀྲ་ཤིས་[1]ཞེས་པ་དང་། རིག་བྱེད་པར་གྱི་མཆོད་སྦྱིན་མི་ཟད་གཏེར་བརྒྱ་ལྷུག་པོར་འགྲོལ་བའི་རྒྱུའི་གཙོ་བོ་པར་བསྐོས་པ་པི་ཤུ་ཀརྨའི་སྤྲུལ་ཟླ་ཤེལ་རི་དཀར་པོའི་མདུན་དུ་དུས་གཅིག་ཏུ་འཛོམས་པར་བཟོ་རིག་རྒྱ་མཚོའི་འབྱུང་གནས་ཨེ་ཆོས་ལུང་དཀར་པོ་ནས་འབྱོར་པ་པར་རྙིང་གྲུས། དབུ་མཛད་བློ་བཟང་ཀུན་གྲུབ། དབུ་ཆུང་བརྒྱ་བྱིན། རྒྱ་མོན་དར་རྒྱས། སྟོད་སྲི་ཐར་སོགས་[2]ཞེས་པ་ལས། དུས་རབས་17་པའི་ནང་དུ་མི་དབང་ཕོ་ལྷས་དིང་རི་ཤེལ་དཀར་དུ་སྣར་ཐང་བཀའ་འགྱུར་སྤར་དུ་བསྐོ་བའི་སྐབས་སུ་ཨེ་ཕྱོགས་ནས་སྤར་ཡིག་ཙམ་མ་ཟད་སྤར་བསྐོ་བ་ཡང་ཨེ་ནས་དབུ་མཛད་བློ་བཟང་ཀུན་ཐུབ། དབུ་ཆུང་པད་མ་བསྟན་འཛིན་བྱིངས་ཉིས་བརྒྱ་སུམ་ཅུ་སོ་དྲུག་ཙམ་[3]པས་ཀྱང་། སྔོན་ཨེ་ཁུལ་དུ་སྤར་བསྐོའི་ལག་རྩལ་ཡང་ལྷ་རྩེའི་རྟག་བརྟན་དམ་པ་ཆོས་ཀྱི་གན་མཛོད་དམ་ཕུན་ཚོགས་གླིང་གི་སྤར་པ་དང་སྙེ་མོའི་ཕུ་གསུམ་ཁུལ་གྱི་སྤར་པ་རྣམས་དང་བཞུགས་གྲལ་གདན་གཅིག་ཏུ་བརྒྱབ་ཆོག་པའམ་གཞན་ལ་འགྲམ་ཆུ་སྣང་མི་དགོས་པའི་སྤར་གྱི་ལག་རྩལ་[4]ཞིག་ཡོད་པ་དེ་ཡང་། བརྟེན་བཞེངས་དཀར་ཆག་ལས། པར་བསྐོས་ལ་ཕུན་གླིང་ནས་དབུ་མཛད་བདེ་ལེགས་བཀྲ་ཤིས། དབུ་ཆུང་ཆོས་འབྱོར་བྱིངས་བདུན་ཅུ་དོན་བདུན། ཨེ་ནས་དབུ་མཛད་བློ་བཟང་ཀུན་ཐུབ། དབུ་ཆུང་པདྨ་བསྟན་འཛིན། བྱིངས་ཉིས་བརྒྱ་སུམ་ཅུ་སོ་དྲུག སྙེ་མོ་ནས་བྱིངས་བརྒྱ་དང་བདུན་ཅུ་དོན་དྲུག དབུས་གཙང་དྭགས་ཀོང་དང་བཅས་པའི་

① མི་དབང་ཕོ་ལྷའི་རྟེན་བཞེངས་དཀར་ཆག་ལས་བཀའ་འགྱུར་རིན་པོ་ཆེའི་གསུང་པར་སྲིད་གསུམ་རྒྱན་གཅིག་རྫུ་འཕྲུལ་ཤིང་རྟའི་དཀར་ཆག་ངོ་མཚར་བཀོད་པ་རྒྱ་མཚོའི་ལྡེ་མིག་སྤར་མའི་ལྡེབ་གྲངས་58ལས་དྲངས།

② མི་དབང་ཕོ་ལྷའི་རྟེན་བཞེངས་དཀར་ཆག་ལས་བཀའ་འགྱུར་རིན་པོ་ཆེའི་གསུང་པར་སྲིད་གསུམ་རྒྱན་གཅིག་རྫུ་འཕྲུལ་ཤིང་རྟའི་དཀར་ཆག་ངོ་མཚར་བཀོད་པ་རྒྱ་མཚོའི་ལྡེ་མིག་སྤར་མའི་ལྡེབ་གྲངས་57ལས་དྲངས།

③ མི་དབང་ཕོ་ལྷའི་རྟེན་བཞེངས་དཀར་ཆག་ལས་བཀའ་འགྱུར་རིན་པོ་ཆེའི་གསུང་པར་སྲིད་གསུམ་རྒྱན་གཅིག་རྫུ་འཕྲུལ་ཤིང་རྟའི་དཀར་ཆག་ངོ་མཚར་བཀོད་པ་རྒྱ་མཚོའི་ལྡེ་མིག་སྤར་མའི་ལྡེབ་གྲངས་113ལས་དྲངས།

④ ཀོ་ཚ་བསོད་ནམས་སྟོབས་རྒྱལ་གྱིས་བྲིས་པའི་ལྷ་རྒྱ་རིའི་ལོ་རྒྱུས་ཕྱོགས་བསྒྲིགས་སུ་རང་ཁོངས་མི་སེར་གསེར་བཟོ་བ་དང་། དངུལ་བཟོ། ལྷ་བྲིས། ཤིང་བསྐོས་ཞེས་སྐོ་ཁའི་ལོ་རྒྱུས་རིག་གནས་དཔྱད་གཞིའི་རྒྱུ་བདམས་བསྒྲིགས། བོད་ལྗོངས་མི་དམངས་དཔེ་སྐྲུན་ཁང་གི་2006ལོའི་སྤར་མའི་ཤོག་གྲངས་140དུ་གསལ་བ་ལ་ཁུངས་བཙལ་ཡོད།

རྫོང་གཞིས་ཁག་ནས་བསྡུས་པའི་བྱིངས་པར་བཀོས་སུམ་བརྒྱ་སུམ་ཅུ་སོ་ལྔ་བྱོན་[1]ཞེས་པ་སོགས་ལས་ཤུགས་ལ་རྟོགས།

དགུ ཨེའི་ལྡེ་ལྷ་བ།

ཨེ་བྲིས་ཀྱིས་བྱིན་པའི་ཕན་ཡོན་ཏེ་ལྡེ་བྲིས་བཞིན་ཡིག་ཤོག་བཀོ་གསུམ་ཙམ་མ་ཡིན་པའི་ད་དུང་ཨེ་ཁུལ་དུ་ལྡེ་མོ་ཁུལ་ནས་མཇལ་དཀའ་བའི་རི་མོའི་ལག་རྩལ་དམིགས་བསལ་ཅན་དབུ་ལྷ་བ་ཡང་བྱུང་ཡོད་པ་ད་ལྟའི་བོད་ཀྱི་རི་མོའི་སྒྱུ་རྩལ་གྱི་ཤེས་བྱ་ལྡན་པའི་སློབ་བུ་རྣམས་ཀྱིས་ཤེས་མོད་ཀྱང་། བོད་ཀྱི་གསུང་རབ་བྲིས་མའི་རིག་པའི་གཞུང་ལས་བཤད་ན། ཚད་ལྡན་གསུང་རབ་ཞིག་འབྲི་བཤུས་དགོས་ན་ཡིག་ཟུས་དང་སྣག་ཤོག་འདུལ་མཁན་ཕུད། ད་དུང་གལ་ཆེའི་ནང་གི་དོན་ཆེན་ཏེ་ནང་ཆོས་ལས་སྐུ་གསུང་ཐུགས་ཀྱི་རྟེན་གསུམ་མཚོན་བྱེད་དུ་གསུང་རབ་དེ་དག་གི་བརྗོད་བྱའི་ནང་དོན་ལ་གཞིགས་པའི་དབུ་ཞབས་ལྷ་སྐུ་འབྲི་[2]མཁན་ཡང་ཡུལ་དུས་གཞན་ནས་གདན་ཞུ་མི་དགོས་པར་ཡུལ་དེ་རང་ནས་མཉམ་དུ་འཁོར་ན་གནའ་དཔེ་འབྲི་བཞེངས་ཀྱི་མཐུན་རྐྱེན་རབ་འཛོམས་པ་ཡིན་ཞེས་གསུངས་པ་ལྟར། དུས་རབས་17པའི་ནང་དུ་མི་དབང་སངས་རྒྱས་པས་འབྲི་བཞེངས་ཀྱི་མཐུན་རྐྱེན་དེ་འདྲ་ཞིག་ལ་བརྟེན་ཏེ་རྒྱལ་བ་ལྔ་པ་ཆེན་པོའི་དགོངས་རྫོགས་སུ་ཤར་འོལ་ག་སྟག་རྩེར་བཀའ་འགྱུར་མཐིང་ཤོག་གསེར་ཆོས་འཛམ་གླིང་རྒྱན་གཅིག་དེ་འབྲི་བཞེངས་གནང་བའི་སྐབས་སུ་ཡང་བཀའ་འགྱུར་དེའི་བྱོན་ལེགས་པའི་ལྡེ་ལྷའི་རི་མོ་འབུར་འཛམ་དེ་དག་ཀྱང་ཨེ་པ་ལྔ་འཛོམས་དང་བཙུན་ཆུང་[3]སོགས་ཀྱིས་ཕྱག་སོར་ལས་བྱོན་པའི་རྒྱུ་མཚན་བཅས་ལ་གཞིགས་ན། ཨེ་ཁུལ་དུ་དུས་རབ་17་པའི་སྔོན་ནས་ལྷ་བྲིས་ཡོད་པ་མ་ཟད། ལྷ་བྲིས་པ་རྣམས་ཀྱང་གསུང་རབ་ཀྱི་ལྡེ་

① མི་དབང་ཕོ་ལྷའི་རྟེན་བཞེངས་དཀར་ཆག་ལས་བསྟན་བཅོས་འགྱུར་རོ་ཅོག་གསུང་པར་དུ་བསྒྲུབས་པའི་དཀར་ཆག་ཚངས་པའི་དབྱངས་ཞེས་སྤྱར་མ་མདའ་ཚད་མ་ལྡེབ་གྲངས་6ལས་དྲངས།

② ཀོ་ཆ་བསོད་ནམས་སྟོབས་རྒྱལ་གྱིས་བྲིས་པའི་ལྷ་རྒྱ་རིའི་ལོ་རྒྱུས་ཕྱོགས་བསྒྲིགས་སུ་རང་ཁོངས་མི་སེར་གསེར་བཟོ་བ་དང་། དངུལ་བཟོ། ལྷ་བྲིས། ཤིང་བཀོས་ཞེས་ལྔ་ཁའི་ལོ་རྒྱུས་རིག་གནས་དཔྱད་གཞིའི་རྒྱུ་བདམས་བསྒྲིགས། བོད་ལྗོངས་མི་དམངས་དཔེ་སྐྲུན་ཁང་གི་2006ལོའི་སྤྱར་མའི་ཤོག་གྲངས་140དུ་གསལ་བ་ལ་ཁུངས་བཙལ་ཡོད།

③ ནོར་གླིང་དུ་བཞུགས་པའི་བཀའ་འགྱུར་གསེར་བྲིས་མི་དབང་སངས་རྒྱས་རྒྱ་མཚོའི་སྐུ་དུས་（1653-1705）བཞེངས་པའི་འཛམ་གླིང་རྒྱན་གཅིག་གི་མཛད་བྱང་ལས་དྲངས།

ལྷའི་རི་མོ་འཇམ་འབུར་གཉིས་ཀྱི་བྲིས་ལ་རང་དབང་ཐོབ་པའི་སྨན་ལུགས་ཀྱི་རི་མོའི་འབྲི་རྒྱུན་དམིགས་བསལ་ཅན་ཞིག་ཡོད་པ་དེ་ཡང་བོད་ཀྱི་གསུང་རབ་རིག་པའི་ཕྱུག་ལས་གནང་མཁན་དག་གིས་རྟོགས།

མཇུག་བསྡོམས།

མདོར་ན་ཨེ་ཁུལ་དུ་འབྲི་གཟུགས་ཁྱད་འཕགས་ཅན་ཞིག་ཡོད་པའི་རྒྱུ་མཚན་གྱིས་ཡུལ་དེའི་སྣག་ཤོག་བཀོ་གསུམ་གྱི་ལག་རྩལ་ཙམ་མ་ཟད་གསུང་རབ་ཀྱི་ལྷེ་ལྷའི་རི་མོའི་སྒྱུ་རྩལ་ཡང་ཡུལ་ལུང་གཞན་ནས་མཇལ་དགའ་བའི་དམིགས་བསལ་གྱི་ཁྱད་ཆོས་མངའ་བའི་རིག་གཞུང་ཞིག་བྱུང་ཡོད་པ་ནི་གོང་གི་གནད་དོན་དེ་དག་ལས་སྐྱེ་བོ་ཀུན་གྱིས་མིག་མཐོང་ལག་ཟིན་བྱུང་། དེ་ལྟར་བྱུང་དགོས་པའི་རྒྱུ་མཚན་ཡང་ཞིབ་ཏུ་བསམས་ཚེ། དུས་རབས་13པའི་ཆོས་རྗེ་ས་པཎ་གྱི་གསུངས་པ་བཞིན་སྣག་ཤོག་སྨྱུག་གུ་མི་གཟབ་པར་ཡི་གེ་གཟབ་པ་ཡིག་མཁན་འཁྲུལ་ཞེས་པ་ལྟར་ཨེ་ཁུལ་གྱི་ཁྱད་འཕགས་ཀྱི་ཤོག་སྣག་བཀོ་གསུམ་དང་ལྷེ་ལྷའི་རི་མོའི་ལག་རྩལ་བཅས། རིག་གནས་འཕེལ་རྒྱས་ཀྱི་གོམ་བགྲོད་ལས་བརྟད་ན་ཨེ་ཁུལ་གྱི་ཁྱད་འཕགས་ལྡོ་ལྡན་ཏེ་ཡིག་བཀོས་སྣག་ཤོག་དང་ལྷེ་ལྷ་བ་བཅས་བཞི་ནི་གཅིག་གིས་གཅིག་ལ་རམ་འདེགས་སུ་སོང་ཏེ་འཕེལ་རྒྱས་བྱུང་བའི་འབྲས་བུ་ཞིག་ཡིན་ཉུང་། ཕྱོགས་གཞན་ཞིག་ནས་སེམས་ཚོ་དེ་ཡང་ཕྱུད་ཞིམ་པོ་མར་གྱི་བཀའ་དྲིན་བཞིན་ཡུལ་དེའི་འཕྲུལ་ཡིག་ཚད་ལྡན་ཨེ་བྲིས་ཀྱིས་ཕྱིན་པའི་འབྲས་བཟང་ཞིག་ཡིན་པར་ཡང་ཞོར་དུ་འཕྲུམས་སོ།

དུས་རབས་བཅུ་བདུན་པའི་ཨེ་བྲིས།

ལེའུ་ཉེར་བཞི་པ། དུས་རབས་18-19པའི་གསུང་རབ་བྲིས་མའི་མཛད་བྱང་།

ལེ་ཚན་དང་པོ། མལ་གྲོའི་གཡའ་མ་རི་དགོན་རྫོ་རྗེ་གཙོད་པའི་མཛད་བྱང་།

མཛད་བྱང་མ་དཔེ།

དང་པོ། མཛད་བྱང་མ་ཕྱུགས།

༄༅།།ཨེ་མ་ཧོ། །སངས་རྒྱས་ཀང་གཉིས་གཙོ་བོ་འགྲོ་བའི་དཔལ་། ཞི་བདེ་རྣམ་གཉིས་འབྱུང་བ་དམ་པའི་ཆོས་། འདྲེན་མཆོག་ཕྱིར་མི་ལྡོགས་པ་ལེགས་པའི་ཚོགས། སྐྱོབ་པ་དཀོན་མཆོག་གསུམ་ལ་ཕྱག་འཚལ་བསྟོད་། ཀྱེ་རང་བཞིན་རྗེ་བྲལ་···ཆོས་སྐུ་ལ་། དག་སྣང་འཇའ་ཚོན་ལྷ་བུའི་ལོང་སྐུར་བྱོན་ །མཆོག་གི་སྤྲུལ་སྐུ་བཅོམ་ལྡན་ཤཱག་ཐུབ་དེས་། གཟིགས་པ་གཉིས་ཀྱི་འཛམ་བུའི་གླིང་དུ་གཟིགས་། གྲོང་ཁྱེར་ཆེན་པོ་སེར་སྐྱའི་ཕོ་བྲང་དེར་། དགོངས་པ་བཞི······། སྡེ་སྣོད་གསུམ་དང་རྒྱུད་སྡེ་རྣམ་པ་བཞི་། སྔགས་དང་རྒྱུ་འབྲས་ཟབ་མོའི་ཆོས་ལྷ་གསུངས་། བཅོམ་ལྡན་ཤཱག་ཐུབ་སྐུ་ལ་ཕྱག་འཚལ་བསྟོད་།ཀྱེ···རྣམ་དག་གནོད་སྦྱོད་དཔལ་གྱི་རི་། གནས་ཀྱི་མཆོག་འགྱུར་འབྲི་ཁུང་སེ་བའི་གླིང་། དག···རྒྱུད་དང་རང་བཞིན་བྱིན་བརླབ་ཅན་། ཐོག་མ་མེད་ནས་བྱང་ཆུབ་ཐུགས་སྐྱེངས་པས་། སྙིགས་མའི་དུས་ན་འགྲོ་བའི་སྐྱབ་གཅིག་པོ་། སྟོན་

ལམ་དབང་གིས་སྤྲུལ་པའི་སྐྱར་བཞུགས་པ། ཁུ་དཔོན་ཡབ་སྲས་རྒྱུད་པ་ངོ་མཚར་ཅན། འདྲེན་མཆོག་ད་ལྟར་བཞུགས་ཀྱི་རིན་པོ་ཆེ། གསོལ་བ་བཏབ་ན་བྱིན་བརླབ་དངོས་སུ་འབྱུང་། བླ་མའི་རྣམ་ཐར་ཕྱག་རྒྱ་ཆེན་པོ་སྟོན། ཁྲི་ཚོ་བཅོ་བརྒྱད་དགེ་འདུན་ཚོགས་ཀྱིས་བསྐོར། སྤྱི་ང་རྗེར་རྒྱལ་སྐུ་མཆེད་སྐུ་ལ་ཕྱག་འཚལ་བསྟོད། ཀྱེ་གླིང་བཞིའི་གླིང་མཆོག་འཛམ་བུ་གླིང་། འཛམ་གླིང་རྟེ་བ་རྒྱ་གར་རྡོ་རྗེ་གདན། སོགས་སྐར་གནས་པ་ལྷོའི་འཛམ་བུ་གླིང་། ཁ་བ་ཅན་ལྗོངས་བྱང་རི་ངོས་ཀྱི་ས། ཕུ་ན་ལྷ་གཉན་ཇོ་བོ་དཔལ་ལབ་ཞོལ། མདའ་ན་ཆབ་ཆེ་མེར་ཚུ་སྟོན་པོའི་འགྲམ། བར་ན་ས་བཟང་གནག་རྟ་ལུག་གསུམ་འཕེལ། བཀྲ་ཤིས་ཉམས་དགའ་མེར་གྱི་བླ་མ་དེར། བཀོད་པ་ཞལ་ལྟ་མཛད་པའི་སློབ་དཔོན་ཤཱག་རྒྱལ་དེ། སྐུ་ཚེ་མི་འགྱུར་རྟག་ཏུ་བརྟན་པར་ཤོག་ཀྱི་གདུང་རུས་ཁྱད་འཕགས་ཡ་རབ་འདྲུ་ཡི་རྒྱུད། སྐྱེས་པའི་ཕོ་ལ་གྲགས་པའི་གཏམ་ཡོད་པ། ཕོ་རྒོ་དད་ལྡན་ཚེ་ཟེ་མགོན་དོར་དང་། འཛངས་ལ་འཕྲུལ་ཆག་གླིང་མོ་དཔལ་སྐྱིད་དང་། གཟ་མི་གྲོས་མཛད་དམ་པའི་ཆོས་ལ་མོས། འདི་ཕྱིའི་དོན་དུ་གླིགས་བམ་ཁྱད་འཕགས་དང་། མདོ་སྡེའི་རྒྱལ་པོ་རྡོ་རྗེ་གཅོད་པ་བཞེངས། ནམ་མཁའི་ལྷ་བྲན་འདྲ་བའི་གཞོན་ནུ་སིང་འགེ་སྤུན་ཉིས་དང་། གང་འག་ལྷ་མོ་འདྲ་བའི་བསོད་ནམས་མཚོ། ཞང་མཚན་རྟག་ཏུ་ཆོས་དང་མཇལ་བར་ཤོག་ཀྱི་ཤ་བོང་གཡུ་ལོ་གན་ཤོག་བཟང་པོ་འདི། ལིང་ག་ཐེ་ས་རྒྱལ་པོའི་དགོར་མཛོད་ནས། གྲུང་དང་གཟིངས་དང་ཐེག་ཆེན་མཛོ་ལ་དྲངས། ནོར་གྱི་ཉིང་པོ་ཀྱི་ལིང་ལྟའ་བླུས། དཀྱུས་ཡིག་ཞུ་རིག་ཅར་ལ་རྒྱུས་འདྲ་འདི། ད་ལྟ་མཁས་པ་དཀོན་ཅོག་གྲོགས་ཆོས་གཟབས། དབུའི་དང་པོ་འཕྲེང་གསུམ་འབུར་མ་དང་།གསེར་རྟུལ་བཟོ་ལ་འོད་ཟེར་འཁྲོ་བ་འདི། ད་ལྟ་མཁས་པ་ཁོ་བོ་མགོན་དཔལ་ང་། བླུན་པོར་མ་བསྟད་མཁས་པ་མང་ལ་གཏུགས། མཁྱེན་པ་ཅན་གྱིས་གཟིགས་དང་སྒྲོ་བ་སྐྱེས། ཆ་ག་གླེག་ཤིང་རྒྱ་བྱང་གསེར་ལ་གྲུབ། ཞུ་དག་མཁས་པས་ནོར་པའི་སྐྱོན་རྣམ་བསལ། མེལ་སྤུན་རྣམ་གཉིས་མཁས་པའི་ཕུལ་དུ་ཕྱིན། མིའི་མཆོག་གྲུར་ཡོན་དག་རྗེ་རྗེ་འབུམ། དབུ་གསྟོན་ཞོར་འཁྱོག་མཛད་པ་ངོ་མཚར་ཆེ། གཞན་ཡང་ཟ་མ་ཟེའུ་ཚུང་བྱས་པའི་ཉེ་དུ་འབྲེལ་བ་དང་། ཡོན་མཆོད་འཁོར་བཅས་མཐའ་ཡས་སེམས་ཅན་རྣམས། ཚེ་འདི་བདེ་སྐྱིད་ཕུན་སུམ་འཚོགས་པ་དང་། ཕྱི་མ་བླ་མེད་བྱང་ཆུབ་སྙིང་པོ་ཐོབ་པར་ཤོག། ཏེ་ཏེ་ཏེ།[1] ཞེས་པའོ།

① གཡའ་མ་རི་དགོན་པའི་མདོ་སྡེ་རྒྱལ་པོ་རྡོ་རྗེ་གཅོད་པའི་མཛད་བྱང་ལས་དྲངས།

གཉིས་པ། མཛད་བྱང་གི་དཔེ་ཞིབ།

གཅིག བསྟོད་ཕྱག

༄༅:། །ཨེ་མ་ཧོ། སངས་རྒྱས་རྐང་གཉིས་གཙོ་བོ་འགྲོ་བའི་དཔལ། །ཞི་བདེ་རྣམ་གཉིས་འབྱུང་བ་དམ་པའི་ཆོས། །འདྲེན་མཆོག་ཕྱིར་མི་ལྡོག་པ་ལེགས་པའི་ཚོགས། སྐྱབས་པ་དཀོན་མཆོག་གསུམ་ལ་ཕྱག་འཚལ་བསྟོད། །ཀྱེ་རང་བཞིན་རྗེ་བྲལ་ཆོས་སྐུ་ལ། །དག་སྣང་འཇའ་ཚོན་ལྷ་བུའི་ལོང་སྐུར་འབྱོན། །མཆོག་གི་སྤྲུལ་སྐུ་བཅོམ་ལྡན་ཤཱཀ་ཐུབ་དེས། །གཟིགས་པ་གཉིས་ཀྱི་འཛམ་བུའི་གླིང་དུ་གཟིགས། །གྲོང་ཁྱེར་ཆེན་པོ་སེར་སྐྱའི་ཕོ་བྲང་དེར། །དགོངས་པ་བཞི······། སྡེ་སྣོད་གསུམ་དང་རྒྱུད་སྡེ་རྣམ་པ་བཞི། །སྡིག་དང་རྒྱུ་འབྲས་ཟབ་མོའི་ཆོས་ལྔ་གསུངས། །བཅོམ་ལྡན་ཤཱཀ་ཐུབ་སྐུ་ལ་ཕྱག་འཚལ་བསྟོད། ཀྱེ···རྣམ་དག་གཞོ་སྟོད་དཔལ་གྱི་རི། །གནས་ཀྱི་མཆོག་འགྱུར་འབྲི་ཁུང་སེ་བའི་གླིང་།དག···རྒྱུད་དང་རང་བཞིན་བྱིན་བརླབ་ཅན། །ཐོག་མ་མེད་ནས་བྱང་ཆུབ་ཐུགས་སྐྱེངས་པས། །སྙིགས་མའི་དུས་ན་འགྲོ་བའི་སྐྱབ་གཅིག་པོ། །སྨོན་ལམ་དབང་གིས་སྤྲུལ་པའི་སྐུར་བཞུགས་པ། །ཁུ་དབོན་ཡབ་སྲས་རྒྱུད་པ་ངོ་མཚར་ཅན། འདྲེན་མཆོག་ད་ལྟར་བཞུགས་ཀྱི་རིན་པོ་ཆེ། གསོལ་བ་བཏབ་ན་བྱིན་བརླབ་དངོས་སུ་འབྱུང་། །བླ་མའི་རྣམ་ཐར་ཕྱག་རྒྱ་ཆེན་པོ་སྟོན། ཁྲི་ཚོ་བཅོ་བརྒྱད་དགེ་འདུན་ཚོགས་ཀྱིས་བསྐོར། སྤྱི་ང་ཇོར་རྒྱལ་སྐུ་མཆེད་སྐུ་ལ་ཕྱག་འཚལ་བསྟོད།[1]ཅེས་མཛད་བྱང་དུ་བྱུང་བ་ལ་གཞིགས་ན། འདིར་མདོ་སྡེ་རྒྱལ་པོ་རྡོ་རྗེ་གཅོད་པ་དེ་བཞེངས་པའི་སྐབས་སུ་དུས་རབས་13རྗེས་ཀྱི་མཛད་བྱང་གི་སྒྲིག་གཞིའི་གཞུང་ལུགས་བཞིན་ཨེ་མ་ཧོ་ཞེས་པས་མགོ་བརྩམས་ཏེ་སངས་རྒྱས་ཆོས་དགེ་འདུན་ཏེ་དཀོན་མཆོག་གསུམ་ལ་ལུས་ངག་ཡིད་གསུམ་གྱི་ཕྱག་བསྟོད་མཛད་པ་དང་སྦྲགས། རིམ་པས་ཀྱེ་ཞེས་འབོད་པའི་སྒྲས་དབུ་བརྩམས་ཏེ་སྐུ་གསུམ་གྱི་ཁྱད་འཕགས་ཡོན་ཏན་རྣམས་བརྗོད་པ་དང་ལྷན་ཅིག་ཏུ་ཆོས་སྐུ་དང་སྤྲུལ་སྐུ། ལོངས་སྐུ་བཅས་ལ་བསྟོད་ཕྱག་ཕུལ་ཏེ། ནང་བསྟན་གྱི་ཆོས་རྣམས་མདོ་སྡེའི་སྡེ་སྣོད་དང་འདུལ་བའི་སྡེ་སྣོད། མངོན་པའི་སྡེ་སྣོད་གསུམ་དང་རྒྱུད་སྡེ་བཞི་སྟེ་བྱ་བའི་རྒྱུད། སྤྱོད་པའི་རྒྱུད། རྣལ་འབྱོར་རྒྱུད། རྣལ་འབྱོར་བླ་མེད་རྒྱུད་བཅས་ཀྱི་རྣམ་བཞག་གསུངས་མཛད་སྟོན་པར་ཕྱག་འཚལ་ཕུལ་ཞིང་། དེ་རྗེས་རིམ་པས་བཞིན་སྐབས་དེའི་མཆོད་ཡོན་སྦྱིན་བདག་གི་དད་པའི་རྩ་བའི་བླ་མ་འཁམ་སྐྱབས་བཙོལ་སའི་

① གཡའ་མ་རི་དགོན་པའི་མདོ་སྡེ་རྒྱལ་པོ་རྡོ་རྗེ་གཅོད་པའི་མཛད་བྱང་ལས་དྲངས།

སྐྱེ་བོ་དམ་པ་དེའི་སྐུ་གསུང་ཐུགས་ཀྱི་མཛད་རྣམ་བརྗོད་པ་སྟེ། ཐོག་མར་བླ་མ་དམ་པའམ་སྐྱབས་མཆོག་དེའི་བཞུགས་ཡུལ་ཏེ་དྲི་བསུང་མངར་ཆིམ་ཆིམ་འཐུལ་བའི་དག་ཞིང་གཞོན་ནུ་དཔལ་གྱི་རི་སྟེ་དཔལ་འབྲི་གུང་དགོན་ཆགས་སའི་ལུང་གཞུང་དེར་གཞོནའམ་གཞུ་ཞེས་བརྗོད་པ་ལས་དེའི་ཕུར་གཞོ་སྟོད་དང་མདར་གཞོ་སྨད་ཅེས་དབྱེ་བ་ལས་གཞོ་སྟོད་དཔལ་གྱི་གནས་རི་སེ་བ་གླིང་སྟེ་འབྲི་གུང་སེ་བ་གླིང་དང་། གཞོ་སྨད་ནི་དུས་རབས་14པར་སྤྱན་སྔ་རྡོ་རྗེ་རྒྱལ་པོའི་སྐུ་དུས་སུ་གཞུ་སྨད་གཡའ་མ་རིར་མགོན་ཁང་དང་སྒྲུབ་སྡེ་ཡང་བཏབ་[1]པ་ལས་གཞོ་སྟོད་དཔལ་རི་འབྲི་གུང་དགོན་དུ་སྔར་བྱོན་པའི་སྐུ་སྐྱེའམ་གདན་རབས་རྣམས་ཀྱི་མཛད་རྣམ་ཕྲུག་རྒྱ་ཆེན་པོ་ཞེས་བཀའ་བརྒྱུད་པའི་ལྷ་བའི་ཐ་སྙད་[2]བརྗོད་པ་དང་སྤྲུགས་བླ་མའི་མཚན་སྤྱི་ང་རྗོར་རྒྱལ་སྐུ་མཆེད་དེ། སྤྱི་ང་ནི་སྤྱན་སྔ་ཞེས་པའི་འབྲི་རྩོལ་ཡུལ་སྐད་དུ་སོང་བ་ཞིག་ཡིན་ཞིང་དེ་ནི་འབྲི་གུང་བཀའ་བརྒྱུད་པའི་རྗེས་འབྲངས་རྣམས་ཀྱི་ཆེས་དམིགས་བསལ་ཅན་གྱི་མཚན་བསྟོད་ཅིག་ཡིན་པ་སྟེ། མཚན་དེ་ཤེར་འབྱུང་གི་མཚན་ཡིན་ལ། ཤེར་འབྱུང་གྲགས་འབྱུང་སོགས་སློབ་མའི་གཙོ་བོ་ཚོགས་ཆོས་ཀྱི་སྐབས་མ་ཡིན་པར་ཡང་སྐུ་མདུན་དུ་བཞུགས་ནས། ཆོས་ཞུ་བ་མཛད་པ་རྣམས་ལ་སྤྱན་སྔ་ཞེས་གྲགས་ཤིང་ཕྱིས་སུ་རྗེ་བཅུ་གཉིས་པ་དང་ཉེར་གཉིས་པ་ལ་ཡང་། བླ་མ་གོང་མ་རྣམས་ཀྱི་སྤྱན་སྔར་བཞུགས་པས་སྤྱན་སྔ་ཞེས་པའི་མཚན་དུ་གསོལ་[3]ཞེས་པས་སྤྱན་སྔ་བའི་གོ་དོན་དང་དེའི་འཕེལ་རིམ་ཤེས་ཤིང་། རྡོ་རྗེ་རྒྱལ་མཚན་ནི་རབ་བྱུང་ལྔ་པའི་ཤིང་སྤྲེལ་ལོ་སྟེ་སྤྱི་ལོ་1284ལོར་འདན་སྟོད་སྐྱུ་རའི་གདུང་ལས་དཔོན་སློམ་པ་རྡོ་རྗེ་སེང་གེའི་སྲས། ཐོག་ཁ་བའི་གཅུང་ཨ་ནུ་རྒྱལ་པོ་ཞེས་པ་དེ་ཉིད་འབྲི་གུང་ཕྱོགས་འདིར་བྱོན་ཏེ་གཞུ་སྨད་ཀྱི་སའི་ཆ་ལས་འཛོན་མ་ཞེས་པ་དེར་བཞུགས་ནས་སྲས་གཉིས་འཁྲུངས་པ་ནི། ཆེ་བ་བསོད་ནམས་རྡོ་རྗེ་ཞེས་དང་ཆུང་བ་རྡོ་རྗེ་རྒྱལ་མཚན་ཞེས་གྲགས་པ་[4]

---

① འབྲི་གུང་བསྟན་འཛིན་དཔལ་མའི་རྒྱལ་མཚན་གྱིས་མཛད་པའི་འབྲི་གུང་གདན་རབས་གསེར་ཕྲེང་བོད་ལྗོངས་བོད་ཡིག་དཔེ་རྙིང་དཔེ་སྐྲུན་ཁང་གི་1989ལོའི་པར་མའི་ཤོག་གྲངས་130ལས་བཏུས།

② མཁས་དབང་དུང་དཀར་བློ་བཟང་འཕྲིན་ལས་ཀྱི་གྲུབ་མཐའི་སྐོར་གྱི་རྣམ་བཤད་མི་རིགས་དཔེ་སྐྲུན་ཁང་གི་2004ལོའི་པར་མའི་ཤོག་གྲངས་559ལས་བཏུས།

③ འབྲི་གུང་བསྟན་འཛིན་དཔལ་མའི་རྒྱལ་མཚན་གྱིས་མཛད་པའི་འབྲི་གུང་གདན་རབས་གསེར་ཕྲེང་བོད་ལྗོངས་བོད་ཡིག་དཔེ་རྙིང་དཔེ་སྐྲུན་ཁང་གི་1989ལོའི་པར་མའི་ཤོག་གྲངས་87ལས་བཏུས།

④ འབྲི་གུང་བསྟན་འཛིན་དཔལ་མའི་རྒྱལ་མཚན་གྱིས་མཛད་པའི་འབྲི་གུང་གདན་རབས་གསེར་ཕྲེང་བོད་ལྗོངས་བོད་ཡིག་དཔེ་རྙིང་དཔེ་སྐྲུན་ཁང་གི་1989ལོའི་པར་མའི་ཤོག་གྲངས་124ལས་བཏུས།

སྟེ་རབ་བྱུང་དྲུག་པའི་ལྕགས་སྟག་སྤྱི་ལོ་1350ལོར་སྐུ་ངན་ལས་འདས་[1]ཞེས་པ་ལས་དུས་རབས་14པའི་ནང་དུ་བྱོན་པའི་སྤྲུལ་སྐུ་རྡོ་རྗེ་རྒྱལ་པོ་དང་གཅེན་རྡོ་རྗེ་རིན་ཆེན་སོགས་ཁུ་དབོན་རྣམས་ལ་སྒོ་གསུམ་གུས་པའི་ངང་ནས་ཕྱག་འཚལ་བསྟོད་པ་དེ་ཡིན།

གཉིས། ཡུལ་ལུང་།

སྔོན་གྱི་མཛད་བྱང་ཁག་ཏུ་བརྗོད་པ་བཞིན་གསུང་རབ་འབྲི་བཞེངས་ཀྱི་ཡུལ་ལུང་ནི་བསྟོད་པ་དུང་ཆེན་གཟུགས་ལས་ཤེས་པ་སྟེ། ཀྱི་གླིང་བཞིའི་གླིང་མཆོག་ལྷོའི་འཛམ་བུ་གླིང་། འཛམ་གླིང་རྗེ་བ་རྒྱ་གར་རྡོ་རྗེ་གདན། སོགས་སྐར་གནས་པ་ལྷོའི་འཛམ་བུ་གླིང་། ཁ་བ་ཅན་ལྗོངས་བྱང་རི་ངོས་ཀྱི་ས། ཕུ་ན་ལྷ་གཉན་ཇོ་བོ་དཔལ་ལབ་ཞོལ། མདའ་ན་ཆབ་ཆེ་མེར་ཚུ་སྔོན་པོའི་འགྲམ། བར་ན་ས་བཟང་གནག་རྟ་ལུག་གསུམ་འཕེལ། བཀྲ་ཤིས་ཉམས་དགའ་མེར་ཀྱི་ལྷ་ཁང་དེར་[2]ཞེས་བྱུང་བ་ལ་གཞིགས་ན། ཀྱི་ཞེས་འབོད་པའི་སྒྲས་འགོ་བཙུགས་ཏེ་ལྷོ་འཛམ་བུ་གླིང་དང་ནུབ་བ་གླང་སྤྱོད། བྱང་སྒྲ་མི་སྙན་དང་ཤར་ལུས་འཕགས་པོ་བཅས་གླིང་བཞིའི་ནས་ནས་མཆོག་ཏུ་འགྱུར་པའི་གླིང་ནི་ལྷོ་འཛམ་བུ་གླིང་འདི་ཡིན་ཞིང་། གླིང་འདིའི་གནས་ཀྱི་ལྟེ་བ་སྟེ་རྒྱ་གར་རྡོ་རྗེ་གདན་ནི་རྒྱ་ནག་གི་བཙུན་པ་སྡེ་སྣོད་འཛིན་པའམ་ཟན་ཙང་གིས་གསུངས་དོན། བྱང་ཆུབ་ལྗོན་པའི་རྭ་བའི་དཀྱིལ་དུ་རྡོ་རྗེ་གདན་ནམ་བྱང་ཆུབ་སྙིང་པོ་ཡོད། དེ་ནི་བསྐལ་པ་བཟང་པོའི་སངས་རྒྱས་སྟོང་ཐོག་མར་འཚང་རྒྱ་བ་ན་བྱང་ཆུབ་ཆེན་པོའི་གནས་འདི་ཉིད་ཡིན་པས་མི་གཡོ་མི་འཇིག་བརྟན་པ་སྲ་བ་སྟོང་གསུམ་གྱི་སྟོང་ཆེན་པོའི་འཇིག་རྟེན་གྱི་དཀྱིལ་ཏེ། འོག་གསེར་གྱི་འཁོར་ལོ་ལ་བརྟེན་པ་རང་བཞིན་ནི་རྡོ་རྗེ་རིན་པོ་ཆེ་འབའ་ཞིག་ལས་གྲུབ་པ་དང་། སངས་རྒྱས་ཐམས་ཅད་འདིར་བཞུགས་ནས་རྡོ་རྗེ་ལྟ་བུའི་ཏིང་ངེ་འཛིན་ལ་སྙོམས་པར་འཇུག་པས་ན་མིང་དེ་ལྟར་ཆགས་སོ་[3]ཞེས་དང་། བོད་ཀྱི་གསུང་རབ་སྨྲ་བའི་དབང་པོ་དགེ་འདུན་ཆོས་འཕེལ་གྱིས་བུད་དྷ་ག་ཡ་ཡང་ན་རྡོ་རྗེ་གདན་གྱི་གནས་

① འབྲི་གུང་བསྟན་འཛིན་དཔལ་མའི་རྒྱལ་མཚན་གྱིས་མཛད་པའི་འབྲི་གུང་གདན་རབས་གསེར་ཕྲེང་བོད་ལྗོངས་བོད་ཡིག་དཔེ་རྙིང་དཔེ་སྐྲུན་ཁང་གི་1989ལོའི་སྤར་མའི་ཤོག་གྲངས་128ལས་དྲངས།

② གཡའ་མ་རི་དགོན་པའི་མདོ་སྡེ་རྒྱལ་པོ་རྡོ་རྗེ་གཅོད་པའི་མཛད་བྱང་ལས་དྲངས།

③ རྒྱ་ནག་གི་བཙུན་པ་སྡེ་སྣོད་འཛིན་པའམ་ཟན་ཙང་གིས་མཛད་པའི་ཆེན་པོ་ཐང་གུར་དུས་ཀྱི་རྒྱ་གར་ཞིང་གི་བཀོད་པའི་དཀར་ཆག་ཀྲུང་གོ་བོད་རིག་པའི་དཔེ་སྐྲུན་ཁང་གི་2006ལོའི་སྤར་མའི་ཤོག་གྲངས་198ལས་དྲངས།

མཆོག་དེ་ནི་ནང་པའི་མདོ་དང་ཆོས་འབྱུང་ནང་དུ་གསལ་བ་ལྟར་དེར་ཤཱཀྱའི་རིགས་ལས་འཁྲུངས་པའི་དགེ་སློང་གོ་ཏྲ་མ་ཉིད་ཨུ་ཏུ་ཕྱི་ལ་ཞེས་པ་ག་ཡ་ད་དང་ཉེ་བའི་སར་ཤིང་པི་བལ་འོག་ཏུ་སྒྲིད་ལ་བདུད་བཏུལ། གུང་ལ་མཉམ་པར་བཞག ཐོ་རེངས་ལ་མངོན་པར་རྫོགས་པར་སངས་རྒྱས་པའི་གནས་མཆོག་གཉིས་པ་ཡིན་ནོ། གང་ཡིན་ཟེར་ན། གནས་དེ་ནི་སྐྱེས་བུ་དམ་པའི་བྱིན་གྱིས་བརླབས་པའི་གནས་བྱུད་དྷ་ག་ཡ་བོདྷ་ག་ཡ་ཞེས་སུ་གྲགས་ཤིང་དེས་ན་ཤིང་དེའི་མིང་དུ་བོ་དྷི་ཤིང་ཀུན་ལ་གྲགས་སོ། ཆོས་རྒྱལ་ཨ་ཤོ་ཀ་ནང་པའི་བསྟན་པར་ཞུགས་ནས་ལོ་བཅུའི་རྗེས་སུ་གནས་དེར་ཕེབས་ཤིང་དེའི་མཚན་དུ་སམ་བོ་དྷི་ཞེས་རྗོར་བཀོས་པ་དང་། ཡང་ནང་པ་གཞན་ནས་འདིའི་མཚན་དུ་མཧཱ་བོདྷི་ཞེས་གསོལ་ཏོ། རྒྱ་གར་ཤར་ཕྱོགས་ཀྱི་རེ་ལིའི་ས་ཚིགས་ག་ཡཨིའི་ཊེ་ཤོན་ནས་མེ་ལི་བདུན་ཙམ་གྱི་སར་བྱུད་དྷ་ག་ཡང་ན་རྡོ་རྗེ་གདན་གྱི་གནས་དེ་ཡོད་ཅིང་། འགྲོ་ལམ་ཧ་ཅང་བདེ་སྐབས་ཊག་སིའི་(Taxi)ཞེས་པ་སྣུས་པ་མོ་ཊར་དང་རིག་ཤོའུ་(Rushal)ཞེས་པ་མིས་འདྲེན་འཁོར་ལོ་དང་ཊམ་ཊམ་ཞེས་པའི་ཤིང་རྟ་འཁོར་ལོ་སོགས་སྣུས་ནས་འགྲོ་ཐུབ། གནས་འདིར་གནས་མཇལ་བ་རྣམས་ཀྱི་ཆེད་དུ་ནང་པའི་མགྲོན་ཁང་ཡང་ཡོད། པིའི་ཊབ་ལིའུ་ཊིའི་ཨིན་སེ་པེག་ཤོན་བངྒ་ལོ་དང་རེ་ལིའི་འགྲུལ་ཁང་དུའང་འགྲུལ་བ་རྣམས་ཡུན་ཐུང་དུའི་རིང་སྡོད་ཆོག[1]ཅེས་གསུངས་པས་རྒྱ་གར་རྡོ་རྗེ་གདན་གྱི་ས་མིང་གི་འབྱུང་ཁུངས་དང་དེའི་ལོ་རྒྱུས་དང་གནས་སྟངས་སོགས་ཅི་འདྲ་ཞིག་ཡིན་པ། དུས་རབས་7པའི་ནང་དུ་རྒྱ་གར་དུ་ཕྱིན་པའི་རྒྱ་ནག་བཙུན་པ་ཟན་ཙང་དང་དུས་རབས་20ནང་དུ་རྒྱ་གར་དུ་ཕྱིན་པའི་བོད་ཀྱི་མཁས་པ་དགེ་འདུན་ཆོས་འཕེལ་རྣམ་གཉིས་ཀྱི་གསུང་ལས་ཤེས་རྟོགས་ཐུབ། སོག་ག་སྡེ་ལྔ་འཛམ་བུ་གླིང་འདིར་གནས་པའི་གངས་རི་ར་བས་བསྐོར་བའི་བོད་ཀྱི་བྱང་ངོས་སུ་ཆགས་པའི་ས་ཡུལ་འདིར། ཡུལ་གྱི་ཕུ་མདའ་བརྩིས་པའི་ཕུ་ན་ཡུལ་ལྷ་གཞི་བདག་གཉན་པོར་གནས་པའི་རྗེ་བོ་དཔལ་ལབ་ཞེས་པ་ནི་གོང་དུ་བྱུང་བའི་འབྲི་གུང་ཆགས་སའི་དཔལ་རིའི་འདབས་ཞོལ་དང་མདའ་ན་ཆུ་བོ་ཆེན་པོ་མི་ཆུ་སྔོན་པའི་འགྲམ། བར་ན་རྩ་ཆུ་བཟང་བས་གནག་རྟ་ལུག་གསུམ་འཕེལ་བའི་བཀྲ་ཤིས་ཉམས་དགའ་མེར་གྱི་ལྷ་དེར་ཞེས་འབྲི་གུང་ཆགས་སའི་ལུང་ཤུར་དེའི་དགེ་མཚན་རྣམས་བརྗོད་འདུག་པ་

① མཁས་དབང་དགེ་འདུན་ཆོས་འཕེལ་གྱིས་རྒྱ་གར་གྱི་མཆོད་རྟེན་དང་གནས་མཆོག་རྣམས་ཀྱི་བཤད་པ་ཞེས་པའི་ཤོག་གྲངས་156ལས་དྲངས།

ལ་གཞིགས་ན། གསུང་རབ་འབྲི་བཞེངས་ཀྱི་གནས་དེ་ནི་འབྲི་གུང་ཚགས་སའི་རྒྱ་རྒྱུད་ཀྱི་གནས་བཀྲ་ཤིས་ཉམས་དགའ་མེར་གྱི་བླ་ཞེས་པའི་གནས་དེ་ཡིན་སྙམ།

གསུམ། སྦྱིན་བདག

ཀྱི་གདུང་རུས་ཁྲུད་འཕགས་ཡ་རབ་འདྲུ་ཡི་རྒྱུད། སྐྱེས་པའི་ཕོ་ལ་གྲགས་པའི་གཏམ་ཡོད་པ། ཕོ་རྒོ་དད་ལྡན་ལྡེ་ཟེ་མགོན་དོར་དང་། འཛངས་ལ་འཕྲུལ་ཆག་གླིང་མོ་དཔལ་སྐྱིད་དང་། གཟ་མི་གྲོས་མཛད་དམ་པའི་ཆོས་ལ་མོས། འདི་ཕྱིའི་དོན་དུ་གླིགས་བམ་ཁྲུད་འཕགས་དང་། མདོ་སྡེའི་རྒྱལ་པོ་རྡོ་རྗེ་གཅོད་པ་བཞེངས། ནམ་མཁའི་ལྷ་བྲན་འདྲ་བའི་གཞོན་ནུ་སིང་འགེ་སྲུན་ཉིས་དང་། གང་འག་ལྷ་མོ་འདྲ་བའི་བསོད་ནམས་མཚོ། ཞང་མཚན་རྟག་ཏུ་ཆོས་དང་མཇལ་བར་ཤོག་ཅེས་དང་མིའི་མཆོག་གྱུར་ཡོན་དག་རྡོ་རྗེ་འབུམ། དབུ་གསྟོན་ཞོར་འཁྱོག་མཛད་པ་ངོ་མཚར་ཆེ། གཞན་ཡང་ཟ་མ་ཟེའུ་ཆུང་བྱས་པའི་ཉེ་དུ་འབྲེལ་བ་དང་། ཡོན་མཆོད་འཁོར་བཅས་མཐའ་ཡས་སེམས་ཅན་རྣམས།[1] ཞེས་བྱུང་བས་ལས་མདོ་སྡེ་རྒྱལ་པོ་རྡོ་རྗེ་གཅོད་པ་དེ་འབྲི་བཞེངས་བསྐྲུངས་པའི་སྐབས་སུ་དད་པ་སྐྱོངས་མེད་པའི་སྦྱིན་བདག་གནང་མཁན་གྱི་གདུང་རུས་ནི་ཁྲུད་པར་འཕགས་པ་ཡ་རབ་འདྲུ་ཡི་རྒྱུད་པ་སྟེ། མཉམ་མེད་མགོན་པོ་འབྲི་གུང་པ་ཆེན་པོ་འདི་ཉིད་ཐོན་ཚུལ་ལ་གདུང་རབས་དང་སྐུ་འཁྲུངས་ཚུལ་གྱི་སྐོར་ལས། བོད་ཁ་བ་ཅན་འདིར་འཕགས་པ་སྤྱན་རས་གཟིགས་ཀྱི་གདུལ་བྱའི་ཞིང་དང་བྱིན་རླབས་ཀྱི་མཐུས། མིའུ་གདོང་དྲུག་གི་ནང་ཚན་མིའུ་རིགས་བཞི་དང་སྦྱར་ན་བྲམ་ཟེའི་རིགས་བཙན་པོ་འགྲུ་བམ། ཡང་ན་བྱས་པ་ལག་རྗེས་ཅན་འགྲུ་ཞེས་པའི་རིགས་ལས། འགྲུ་སྟག་རྒོད་བྱ་བ་འཛམ་བུ་གླིང་དུ་ཕྱུག་པ་ཞིག་བྱུང་བ་ལ་བུ་བདུན་ཡོད་པས་ཕ་ལ་གོས་ཁྲུད་འཕགས་སྔོན་རྒྱུའི་སྲམ་གྱི་ཕྱིང་པ་གླིང་ནས་སྦྲ་ཐོག་བཞག་པ་རླུང་གིས་ཁྱེར་ནས་མཚོ་ནང་དུ་ལྷུང་བ་བུ་བདུན་གཅིག་ལ་གཅིག་འཆང་། ཕྱི་མས་མཛོའི་སྣ་ཐག་ལ་འཇུས་པས་མཛོ་སྣ་བོ་ལ་བུ་བདུན་མཆོར་བྱིང་བས། འགྲུ་མི་རབས་ཆད་ཁར་མཛོ་སྣ་བོ་ལ། ཞེས་པ་བྱུང་། འགྲུ་སྟག་རྒོད་རྒན་པོར་གྱུར་ནའང་། སླར་རོངས་བཟའ་བླངས་པས་བུ་གསུམ་བྱུང་བའི་སིང་འགྲུ་ཉེ་མ་དཀར་ནག་ཁྲ་གསུམ་ཞེས།

[1] གཡའ་མ་རི་དགོན་པའི་མདོ་སྡེ་རྒྱལ་པོ་རྡོ་རྗེ་གཅོད་པའི་མཛད་བྱང་ལས་དྲངས།

དེ་འགྲུ་མི་རབས་ཆད་ཁར་མུན་པར་ཉལ་བའི་བུ་བྱུང་ཉི་མ་ནག་པོ། རེས་མིས་མཐོང་རེས་སྤྲས་སྐབས་བུ་ཉི་མ་ཁྲ་གོ དངོས་སུ་ཉི་མར་བསྟོད་པས་བུ་ཉི་མ་དཀར་པོ་ཞེས་གྲགས་[1]ཞེས་གསུང་པ་ལྟར་ན། དཔལ་འབྲི་གུང་པའི་ཆོས་རྒྱུད་འཛིན་མཁན་དེ་ནི་བོད་ཀྱི་རུས་ཆེན་བཞི་རྒྱུ་སྨྲ་གདོང་སྟོང་འདྲུ་ཞེས་པའི་ནང་གི་འགྲུ་ལས་ཆད་པ་གོང་གི་ལུང་ལས་ཤེས་ཙ་ན། ད་ཐེངས་ཀྱི་མདོ་མཆོག་རྒྱལ་པོ་རྡོ་རྗེ་གཙོད་པ་དེའི་སྦྱིན་བདག་ཡང་རུས་འགྲུ་ཡིན་པ་ཁྱད་པར་འཕགས་པ་རུས་རྒྱུད་འགྲུ་ཡི་རྒྱུད་ཅེས་པ་དང་། སྐྱེས་པའི་མི་ལ་གྲགས་པའི་གཏམ་དང་ཕོ་ཐོ་དད་ལྡན་ཨོ་ཐེ་མགོན་དོར་དང་། འཇངས་མི་གླིང་མོ་དཔལ་སྐྱིད་རྣམ་གློ་ཁ་གྲོས་གཅིག་ཏུ་མཐུན་ཏེ་ཚེ་འདི་ཕྱིའི་དོན་དུ་རྡོ་རྗེ་གཙོད་པ་འབྲི་བཞེངས་བསྐྲུངས་པར་གནང་། དགེ་བའི་ལས་དེའི་ཕྱོགས་སུ་ཕྱུར་བ་གྲུ་འདེགས་གནང་མཁན་གྱི་སྤུན་ཉེ་སྐྱེས་འབྲས་མཚར་བའི་གཞོན་ནུ་སེང་གེ་སྤུན་གཉིས་དང་བསོད་ནམས་མཚོ་བཅས་ཀྱིས་གནང་ཞིང་། སྔོས་སུ་གསུང་རབ་རྡོ་རྗེ་གཙོད་པ་དེ་འབྲི་བཞེངས་བསྐྲུངས་པའི་སྐབས་སུ་དབུ་སྟོན་ཞོར་འཁྱོག་མཛད་པ་སྟེ་སྦྱིན་བདག་རྣམས་ཀྱིས་གསུང་རབས་དེ་འབྲི་བཞེངས་བྱ་བའི་བརྒྱུད་རིམ་ནང་དུ། ལས་ཡུན་ཟླ་དུས་རེ་རེ་ལ་བཟའ་བཏུང་ཕུན་སུམ་ཚོགས་པའི་ཟླ་སྟོན་ཁྱད་དུ་འཕགས་པ་བཏང་བ་སོགས་ལས་གསུང་རབ་འབྲི་བཞེངས་བསྐྲུངས་པའི་རིང་གི་འགྲོ་སོང་གཏོང་ལེན་གྱི་གདེང་ཡོད་པས་ཁོག་ཚུད་ངོ་མཚར་ཆེ་ཞེས་བྱུང་། དེ་དུས་ཀྱི་སྦྱིན་བདག་ཇོ་གཙུག་དང་མ་ཅིག་ཤེ་མོ་ལ་སོགས་པའི་སྤུན་མི་རིགས་ཅི་ཞིག་བྱུང་བ་དེ་ཡང་ཤེས། ཞོར་དུ་དབུ་སྟོན་སྐོར་ལ། བོད་ཀྱི་ཡུལ་དུ་གསུང་རབ་འབྲི་བཞེངས་སོགས་ལས་དོན་ཆེ་ཁག་བསྒྲུབ་པའི་རིང་ལ་འགོ་མཇུག་བར་གསུམ་ལ་གཞིགས་པའི་སྟོན་མོ་དང་། དུས་ཚོད་ཀྱི་རིང་ཐུང་ལ་གཞིགས་པའི་གསུང་རབ་འབྲི་བཞེངས་ཀྱི་བྱ་བར་བཞུགས་མཁན་ཡིག་མཁན་དང་སྣག་ཤོག་བཟོ་མཁན་གྱི་བཟོ་པ་རྣམས་ལ་ཟླ་སྟོན་སོགས་གཏོང་བའི་སྲོལ་དེ་བོད་བཙན་པོའི་དུས་ནས་བྱུང་ཟིན་པ་སྟེ། ཉང་ཆོས་འབྱུང་དུ་རྒྱལ་པོ་དེའི་[ཁྲི་ལྡེ་སྲོང་བཙན་ (ཁྲི་ལོ་798-800?)]སྐུ་རིང་ལ་ཡི་གེའི་མཁན་པོ་འབྲི་ཡོན་ཏན་ཞེས་བྱ་བ་བྱུང་སྟེ། རྗེ་ལ་ཡི་གེའི་སྣངས་སུ་ཕུལ་བས། ཉ་ལྟོ་དཀར་ཚུ་ནས་བཏོན་པ་འདྲ་བ་ཞིག་བྱུང་སྟེ། གུང་བློན་རྣམས་ཀྱི་གཡར་དམ་དུ་བཟང་བས། རྗེས་རྗེས་དང་བསྐྱེན་བཀུར་བ་ནི། དབུ་སྟོན། གཞུང་སྟོན།

317

① འབྲི་གུང་བསྟན་འཛིན་དཔལ་མའི་རྒྱལ་མཚན་གྱིས་མཛད་པའི་འབྲི་གུང་གདན་རབས་གསེར་ཕྲེང་བོད་ལྗོངས་བོད་ཡིག་དཔེ་རྙིང་དཔེ་སྐྲུན་ཁང་གི་1989ལོའི་སྤར་མའི་ཤོག་གྲངས་64ལས་དྲངས།

ཐ་སྟོན། ཟ་སྲུང་། ཟླ་སྟོན། སྐྲ་འབྲུད་ཚུ་སྟོན། ཟ་འདེགས། བྱ་དགའི་སྟོན་མོ་དཔག་ཏུ་མེད་[①]ཅེས་པའི་འགྲེལ་བཤད་དུ། ཡི་གེ་མཁས་པ་འབྲི་ཡོན་ཏན་གྱིས་བཙན་པོ་ལ་ཡི་གེའི་རྒྱུགས་ཚད་ཕུལ་བས་ཡིག་གཟུགས་ཕུལ་དུ་བྱུང་བ་གསར་གཏོད་བྱས་པར་བརྟེན་བློན་པོ་རྣམས་ཀྱི་ལས་འགན་བསྒྲུབ་རྒྱུར་ཕན་པ་ཆེན་པོ་བྱུང་ཞིང་། དེའི་བདག་རྐྱེན་དང་བསྙེན་བཀུར་ལ། ཁོང་གིས་ཚེས་དཔེ་འབྲི་སྐབས་དབུ་ཚུགས་པའི་སྟོན་མོ་དང་། གཞུང་གི་དཀྱིལ་ཚད་ལ་སོན་དུས་བར་སྟོན། མཇུག་སྒྲིལ་དུས་མཐའ་མའི་སྟོན་མོ་དང་། རྒྱུན་གཏན་ཟ་མ་འགན་སྲུང་། ཟླ་བ་འབྱུང་ངོ་ཅོག་ལ་ཟླ་བའི་སྟོན་མོ། སྐྲ་འབྲུ་དུས་ཚུ་སྟོན་སོགས་བྱ་དགའི་སྟོན་མོ་དཔག་ཏུ་མེད་པ་[②]དེ་དག་ལས་ང་ཚོས་གོང་གི་གཡའ་མ་རིའི་རྫོ་རྗེ་གཙོད་པའི་མཛད་བྱུང་དུ་བྱུང་བའི་དབུ་སྟོན་ཞེས་པའི་གོ་དོན་ཡང་གསལ་པོར་རྟོགས་ཐུབ་པ་མ་ཟད། གསུང་རབ་འབྲི་བཞེངས་ཀྱི་དབུ་སྟོན་དང་བར་སྟོན། ཐ་སྟོན་དང་ཟླ་སྟོན་སོགས་ཀྱི་སྟོན་མོ་དེ་ཡང་བོད་ཀྱི་བཙན་པོ་ཁྲི་གཙུག་ལྡེ་བཙན་སད་ན་ལེགས་ཀྱི་ (ཁྲི་ལོ་798-800?) སྐུ་དུས་ནས་བྱུང་ཟིན་པ་དེ་ཡང་ཤེར་དུ་ཤེས།

བཞི། འབྲི་ཤོག

འགྲུ་རྒྱུད་དུ་འབྲུངས་པའི་དད་པ་སྐྱོ་ངས་མེད་པའི་སྦྱིན་བདག་ལྕེ་ཟི་མགོན་དོར་དང་གླིང་མོ་དཔལ་སྐྱིད་རྣམ་གཉིས་ཀྱིས་གཙོས་པའི་སྙིང་ཉེ་ཕྱུན་མཆེད་རྣམས་ཀྱིས་སྦྱིན་བདག་གནང་སྟེ་གསུང་རབ་དེ་འབྲི་བཞེངས་བསྐྲུངས་པའི་སྐབས་སུ་དེར་ཉེ་བར་མཁོ་བའི་འབྲི་ཤོག་སྟེ་ཤ་བིང་གཡུ་ལོ་གན་ཤོག་སྟེ་ཤ་བིང་ཞེས་པ་ནི་རྒྱ་སྐད་ཀྱི་[上品]ཕྲུས་ལེགས་ཞེས་པའི་དོན་མིན་ནམ་སྙམ་པ་དང་། གན་ཤོག་ནི་བོད་ཀྱི་གསུང་རབ་སྦྲ་བ་དུང་དཀར་བློ་བཟང་འཕྲིན་ལས་མཆོག་གིས་གསུངས་པ་ལྟར་ན་རྒྱ་ནག་ནས་ཐོན་པའི་རྒྱ་ཤོག་དང་གན་ཤོག་ཧུ་ཅོ་གསུམ་[③]ཞེས་གསུངས་པ་ལྟར་ན། ཤ་བིང་གན་ཤོག་ཅེས་པ་ནི་རྒྱ་ནག་གི་ཤོག་བུ་ཕྲུས་ལེགས་དེ་ལིང་ག་ཐེ་ས་ཞེས་པ་རྒྱ་ནག་རྒྱལ་རབས་ཀྱི་རྒྱལ་པོ་ག་གེ་མོ་ཞིག་གི་མིང་ངམ་དོན་ཅི་ཞིག་ཡིན་

① ཉང་ཉི་མ་འོད་ཟེར་གྱིས་མཛད་པའི་དེབ་ཐེར་ཆོས་འབྱུང་མེ་ཏོག་སྙིང་པོ་སྦྲང་རྩིའི་བཅུད་བོད་ལྗོངས་བོད་ཡིག་དཔེ་རྙིང་དཔེ་སྐྲུན་ཁང་གི་2010ལོའི་སྤར་མའི་ཤོག་གྲངས་384ལས་དྲངས།

② ཚབ་སྤེལ་ཚེ་བརྟན་ཕུན་ཚོགས་དང་ནོར་བྲང་ཨོ་རྒྱན་གྱིས་གཙོ་སྒྲིག་མཛད་པའི་བོད་ཀྱི་ལོ་རྒྱུས་རགས་རིམ་གཡུ་ཡི་འཕྲེང་བ་བོད་ལྗོངས་དཔེ་རྙིང་དཔེ་སྐྲུན་ཁང་གི་2006ལོའི་སྤར་མའི་ཤོག་གྲངས་372ལས་དྲངས།

③ མཁས་དབང་དུང་དཀར་བློ་བཟང་འཕྲིན་ལས་ཀྱིས་མཛད་པའི་དུང་དཀར་བོད་རིག་པའི་ཚིག་མཛོད་ཆེན་མོ་བོད་རིག་པའི་དཔེ་སྐྲུན་ཁང་གི་2002ལོའི་སྤར་མའི་ཤོག་གྲངས་2030ལས་དྲངས།

མིན་རེ་ཞིག་ཁ་གསལ་ཞིག་བརྗོད་མ་ཐུབ་ཙང་། ལིང་ག་ཐེ་ས་རྒྱལ་པོའི་ནོར་མཛོད་ནས་གླུ་ཉོ་མཛད་དེ་འབྲི་བཞེངས་སུ་གདན་དྲངས་པའི་སྐབས་སུ་ཆུ་ལ་བསྐྱོད་པའི་གྲུ་གཟིངས་དང་སྐམ་སར་བསྐྱོད་པའི་མཛོ་ལ་བཀལ་ཏེ་ས་ཐག་རིང་པོ་ནས་དཀའ་ཚེགས་ལ་མ་འཛེམས་པར་འབྲི་ཤོག་གདན་དྲངས་ཤིང་། ནོར་གྱི་སྙིང་པོ་སྟེ་ཀྱི་ལི་ལྷ་ཞེས་པ་གྱི་ལིང་རྟ་མཆོག་འབྲི་ཤོག་གི་གླུ་རིན་དུ་སྤྲད་དེ་གླུས་ནས་རྡོ་རྗེ་གཅོད་པ་འབྲི་བཞེངས་བསྐྱངས་པ་སྟེ་མཛད་བྱང་ལས་ཀྱང་རྟོགས་ཐུབ་པ་སྟེ། ཀྱེ་ཤ་བིང་གཡུ་ལོ་གན་ཤོག་བཟང་པོ་འདི། ལིང་ག་ཐེ་ས་རྒྱལ་པོའི་དཀོར་མཛོད་ནས། གྲུ་དང་གཟིངས་དང་ཐེག་ཆེན་མཛོ་ལ་དྲངས། ནོར་གྱི་ཉིང་པོ་ཀྱི་ལིང་ལྷའ་གླུས་①ཞེས་པས་རྟོགས།

ལྔ། ཡིག་མཁན།

འགྱུ་རྒྱུད་དུ་འཁྲུངས་པའི་དད་པ་སྐྱོ་ངས་མེད་པའི་སྦྱིན་བདག་ལྕེ་ཟེ་མགོན་དོར་དང་གླིང་མོ་དཔལ་སྐྱིད་རྣམ་གཉིས་ཀྱིས་གཙོས་པའི་སྙིང་ཉེ་སྤུན་མཆེད་རྣམ་པས་སྦྱིན་བདག་གནང་སྟེ། གསུང་རབ་དེ་འབྲི་བཞེངས་བསྐྱངས་པའི་སྐབས་སུ་ཉེར་མཁོའི་སྣུམ་ཤོག་སོགས་གྲ་སྒྲིག་ཟིན་རྗེས་མ་དཔེ་ནས་བུ་དཔེར་འབྲི་མཁན་གྱི་སྒོ་གསུམ་ཐང་ཆད་འབྲི་མཁན་གྱི་ཡིག་པ་ཅི། དུས་རབས་16-17པའི་ནང་དུ་སུག་བྲིས་ལ་མཁས་པ་དཀོན་མཆོག་གྲོགས་ཀྱིས་མཛད་པ་དེ་ཤེས་ཤིང་། གསུང་རབ་རྡོ་རྗེ་གཅོད་པ་དེའི་དབུ་དང་པོ་ཡིག་ཕྲེང་གསུམ་ཅན་ཏེ་གསེར་ཡིག་འབུར་མ་སམ་བོད་ཅན་དེ་ནི་མགོན་དཔལ་གྱི་ཕྱག་སོར་ལས་བྱོན་པ་ཞིག་ཡིན། མགོན་དཔལ་གྱི་ཕྱག་ཡིག་འབྲི་རྒྱུན་དེའི་འབྱུང་ཁུངས་ནི་མཛད་བྱང་ལས། རང་ཉིད་དུས་རྒྱུན་རིང་པོ་ཐུན་པོར་མ་བསྟད་པར་ཡིག་འབྲི་མཁས་པ་མང་པོའི་ཞབས་ལ་གཏུགས་ནས་སློབ་སྦྱོང་ལ་འབད་པ་བྱས་ཏེ་གཞུང་ཡོད་པའི་ཡིག་གཟུགས་ཀྱི་འབྲི་རྒྱུན་ཞིག་ཡིན་པར་བཤད་ཅིང་། མགོན་དཔལ་གྱིས་འབྲི་བཤུས་བགྱིས་པའི་གསུང་རབ་དེར་ཤེས་བྱར་མཁྱེན་རྒྱ་ཡོད་པའི་ཡིག་པ་དབུ་ཆེན་རྣམས་ཀྱིས་གཟིགས་དང་ཡིད་སེམས་སྤྲོ་བ་སྐྱེས་དགོས་པ་ཞིག་ཀྱང་ཡོད། འབྲི་བཤུས་ཀྱི་ཚང་འཁོར་གཞུང་སྟོང་ཞུ་དག་མཁན་ལ་སོགས་པ་ནི་མེལ་སྤུན་རྣམ་གཉིས་མཛད་དེ་འབྲི་ཞུས་ཀྱི་ཡིག་གཟུགས་དང་ནང་དོན་མཚོན་པའི་དག་ཆ་སོགས་གང་གིས་ཐད་ནས་ཀྱང་ཕུལ་དུ་བྱུང་བ་ཞིག་ཡིན་པ་སྟེ་མཛད་བྱང་ལས། དཀྱུས་ཡིག་མུ་ཏིག་ཅར་ལ་རྒྱུས་འདྲ་

① གཡའ་མ་རི་དགོན་པའི་མདོ་སྔེ་རྒྱལ་པོ་རྡོ་རྗེ་གཅོད་པའི་མཛད་བྱང་ལས་དྲངས།

འདི། ད་ལྷ་མཁས་པ་དཀོན་ཅོག་གྲོགས་ཚོས་གཟབས། དབུའི་དང་པོ་འཕྲེང་གསུམ་འབུར་མ་དང་། གསེར་རྟུལ་བཟོ་ལ་འོད་ཟེར་འཕྲོ་བ་འདི། ད་ལྟ་མཁས་པ་ཁོ་བོ་མགོན་དཔལ་ང་། ཤྲུན་པོར་མ་བསྟོད་མཁས་པ་མང་ལ་གཏུགས། མཁྱེན་པ་ཅན་གྱིས་གཟིགས་དང་སྦྱོབ་སྐྱེས་ཞེས་དང་། ཞུ་དག་མཁས་པས་ནོར་པའི་སྐྱོན་རྣམ་བསལ། མེལ་སྤྱན་རྣམ་གཉིས་མཁས་པའི་ཕྱུལ་དུ་ཕྲིན། [1] ཞེས་པས་རྫོགས་ཤིང་། གཞུང་བྱིངས་ཀྱི་འབྲི་གཟུགས་ནི་མཛད་བྱང་ལས། དཀྱུས་ཡིག་ཨུ་ཧྲིག་ཅར་ལ་རྒྱུས་འདྲ་འདི [2] ཞེས་བྱུང་བ་ལྟར་ན། བོད་ཀྱི་མཁས་པ་སྔོན་མ་རྣམས་ཀྱིས་བཞེད་སྲོལ་ལྟར་ན། འབྲི་གཟུགས་ཨུ་ཧྲིག་སྟར་ལ་བརྒྱུས་འདྲ་དེ་ནི་བསྟན་པ་སྔ་དར་གྱི་དུས་སུ་ཡིག་རིགས་མཁས་པ་རྣམས་ཀྱིས་འབྲི་གཟུགས་མི་འདྲ་བ་དགུ་ཅན་ཁག་བརྒྱད་ཙམ་ཞིག་གསར་དུ་གཏོད་པ་སྟེ། སྤལ་ནག་བགྲད་འདྲ། [3] སོ་ཕག་གཤིབས་འདྲ། [4] བྱ་པོ་འཛོལ་འདྲ། [5] ནས་ནག་འཕྲེང་དཀར་གྱི་སྟེང་དུ་བཀྲམ་འདྲ། [6] སྦྲུ་ནག་བགྲད་འདྲ། [7] ཉ་མོ་ཆུ་ནང་ནས་ཐོན་པ་འདྲ། [8] སེང་གེ་

---

① གཡའ་མ་རི་དགོན་པའི་མདོ་སྡེ་རྒྱལ་པོ་རྗེ་རྗེ་གཅོད་པའི་མཛད་བྱང་ལས་དྲངས།

② གཡའ་མ་རི་དགོན་པའི་མདོ་སྡེ་རྒྱལ་པོ་རྗེ་རྗེ་གཅོད་པའི་མཛད་བྱང་ལས་དྲངས།

③ སྲོང་བཙན་སྒམ་པོའི་(ཕྱི་ལོ་?-650)དུས་སུ་ལྷ་སའི་ཤར་རྒྱུད་འཇང་ཁོག་སྟང་ལྷ་ཁང་སྟེ་དེང་གི་ལྷ་ས་གྲོང་ཁྱེར་སྟག་རྩེ་རྫོང་ཁོངས་སུ་ཡོད་པ་དེའི་བྲག་རྫོའི་ཐོག་བརྐོས་པའི་ཐོན་མིས་སྲོང་བཙན་སྒམ་པོར་བསྟོད་པའི་སྙན་ཚིག་དུམ་བུ་དེའི་ཡིག་གཟུགས་ནི་སྤལ་ནག་ན་ཁར་བགྲད་འདྲ་ཟེར་བ་དེ་ཡིན་པར་གྲགས།

④ མང་སྲོང་མང་བཙན་གྱི་(ཕྱི་ལོ་650-676)དུས་སུ་ཡིག་མཁན་ཆ་དར་རིན་ཆེན་འབར་གྱིས་ཕྱག་བྲིས་ལ་སོ་ཕག་གཤིབས་འདྲ་བྱུང་ཞེས་བོད་ཀྱི་མཁས་པ་ཆེན་པོ་ཁྲུང་པོ་གཡུ་ཁྲིས་མཛད་པའི་ཡི་གེའི་དར་གུད་བྱུང་ཚུལ་དང་ཀ་ཁ་སུམ་ཅུའི་ཕྱག་ཚད་འདི་རྣམས་ཡངས་རྩེའི་མུན་སྒྲིབ་བྱང་ཤག་ཤག་ཉི་འོད་དུ། དཀའ་བཅུ་ངག་དབང་རྒྱལ་མཚན་དག་གིས་ཞུས་ཞེས་པ། དབུ་ཆེན་བྲིས་མ། ལྡེབ་གྲངས་4-6པ་ལས་དྲངས།

⑤ འདུས་སྲོང་མང་པོ་རྗེའི་(ཕྱི་ལོ་676-704)དུས་སུ་ཡིག་མཁན་ཆབ་དཀར་བེའུ་ཚེ་ཟེར་བས་བྲིས་པའི་ཕྱག་བྲིས་ལ་བྱ་པོ་འཛོལ་བ་འདྲ་བྱུང་ཞེས་བོད་ཀྱི་མཁས་པ་ཆེན་པོ་ཁྲུང་པོ་གཡུ་ཁྲིས་མཛད་པའི་ཡི་གེའི་དར་གུད་བྱུང་ཚུལ་དང་ཀ་ཁ་སུམ་ཅུའི་ཕྱག་ཚད་འདི་རྣམས་ཡངས་རྩེའི་མུན་སྒྲིབ་བྱང་ཤག་ཤག་ཉི་འོད་དུ། དཀའ་བཅུ་ངག་དབང་རྒྱལ་མཚན་དག་གིས་ཞུས་ཞེས་པ། དབུ་ཆེན་བྲིས་མ། ལྡེབ་གྲངས་4-6པ་ལས་དྲངས།

⑥ བཙན་པོ་ཁྲི་ལྡེ་གཙུག་བརྟན་(ཕྱི་ལོ་704-754)གྱི་དུས་སུ་ཡིག་མཁན་དགེ་བསྙེན་དཀོན་མཆོག་དབང་ཟེར་བས་བྲིས་པའི་ཕྱག་བྲིས་ལ་ནས་ནག་ཕྲེང་དཀར་གྱི་སྟེང་དུ་བཀྲམ་པ་འདྲ་བྱུང་ཞེས་བོད་ཀྱི་མཁས་པ་ཆེན་པོ་ཁྲུང་པོ་གཡུ་ཁྲིས་མཛད་པའི་ཡི་གེའི་དར་གུད་བྱུང་ཚུལ་དང་ཀ་ཁ་སུམ་ཅུའི་ཕྱག་ཚད་འདི་རྣམས་ཡངས་རྩེའི་མུན་སྒྲིབ་བྱང་ཤག་ཤག་ཉི་འོད་དུ། དཀའ་བཅུ་ངག་དབང་རྒྱལ་མཚན་དག་གིས་ཞུས་ཞེས་པ། དབུ་ཆེན་བྲིས་མ། ལྡེབ་གྲངས་4-6པ་ལས་དྲངས།

⑦ མུ་ནེ་བཙན་པོའི་(ཕྱི་ལོ་797-798)དུས་ཀྱི་ཡིག་མཁན་ཚེ་སྤོང་བྱང་ཆུབ་ཟེར་བས་བྲིས་པའི་ཕྱག་བྲིས་ལ་སྦྲུར་ནག་བགྲད་པ་འདྲ་བྱུང་ཞེས་བོད་ཀྱི་མཁས་པ་ཆེན་པོ་ཁྲུང་པོ་གཡུ་ཁྲིས་མཛད་པའི་ཡི་གེའི་དར་གུད་བྱུང་ཚུལ་དང་ཀ་ཁ་སུམ་ཅུའི་ཕྱག་ཚད་འདི་རྣམས་ཡངས་རྩེའི་མུན་སྒྲིབ་བྱང་ཤག་ཤག་ཉི་འོད་དུ། དཀའ་བཅུ་ངག་དབང་རྒྱལ་མཚན་དག་གིས་ཞུས་ཞེས་པ། དབུ་ཆེན་བྲིས་མ། ལྡེབ་གྲངས་4-6པ་ལས་དྲངས།

⑧ མུ་ཏིག་བཙན་པོའི་(ཕྱི་ལོ་798-815)དུས་ཀྱི་ཡིག་མཁན་འབྲི་ཡོན་ཏན་ཞུས་བས་བྲིས་པའི་ཕྱག་བྲིས་ལ་ཉ་མོ་ཆུ་ནང་ནས་ཐོན་པ་

གནམ་འཕྲོང་འདྲ།① སུ་ཏིག་སྟར་རྒྱུས་འདྲ་ཞེས་འབྲི་གཟུགས་མི་འདྲ་བ་ཁག་བརྒྱད་འདྲེན་པའི་ནང་གི་འབྲི་གཟུགས་ཁྱད་འཕགས་སུ་ཏིག་སྟར་ལ་བརྒྱུས་པ་སྟེ་རྒྱལ་པོ་ཁྲི་གཙུག་ལྡེ་བཙན་(ཁྲི་ལོ་815-836)གྱི་སྐུ་དུས་སུ་གྲུ་ཤོད་གཉིས་བྱ་བ་ཡི་གེའི་མཁན་པོ་གཉིས་བྱུང་སྟེ། རྗེ་ལ་ཡི་གེའི་སྟངས་ཕུལ་བས། སེང་གེ་གནམ་འཕྲོང་འདྲ་བ་དང་། སུ་ཏིག་སྟར་ལ་རྒྱུས་པ་འདྲ་གཅིག་བྱུང་སྟེ། རྗེ་ས་བདག་རྒྱལ་པོའི་ཐུགས་དམ་འབྲི་བར་བཟང་②ཞེས་པ་ལས་སྐབས་འདིའི་མཛད་བྱང་དུ་བྱུང་བའི་སུ་ཏིག་སྟར་ལ་རྒྱུས་དང་སེང་གེ་གནམ་འཕྲོང་འདྲ་བའི་འབྲི་གཟུགས་དེ་དུས་རབས་9པའི་སྔོན་ནས་བྱུང་ཟིན་པ་དེ། ཉང་ཉི་མ་འོད་ཟེར་ (1124-1192) གྱིས་བརྩམས་པའི་ཆོས་འབྱུང་མེ་ཏོག་སྙིང་པོ་སྦྲང་རྩིའི་བཅུད་དང་བོད་ཀྱི་མཁས་པ་ཆེན་པོ་ཁྱུང་པོ་གཡུ་ཁྲིས་མཛད་པའི་ཡི་གེའི་དར་རྒྱུད་བྱུང་ཚུལ་དང་ཀ་ཁ་སུམ་ཅུའི་ཕྱག་ཚད་ཅེས་པ་ལས་ར་སྦྱོད་ཐུབ་གཤིས། དེས་ན་ཡིག་མཁན་མགོན་དཔལ་གྱི་འབྲི་གཟུགས་དེ་འབྲི་རྒྱུན་ཁུངས་བཙུན་ཞིག་ཡིན་པའང་ཤེར་དུ་རྟོགས།

དྲུག ཤོག་ཤིང་།

འགྲུ་རྒྱུད་དུ་འཁྲུངས་པའི་དད་པ་སྐྱོངས་མེད་པའི་སྦྱིན་བདག་ལྕེ་ཟེ་མགོན་དོར་དང་སྤྱིང་མོ་དཔལ་སྐྱིད་རྣམ་གཉིས་ཀྱིས་གཙོས་པའི་སྙིང་ཉེ་སྤུན་མཆེད་རྣམས་ཀྱིས་སྦྱིན་བདག་གནང་སྟེ་ཡིག་མཁན་དགེ་ཆེན་དཀོན་མཆོག་གྲོགས་ཚོ་དང་མགོན་དཔལ་གཉིས་ཀྱིས་འབྲི་བཤུས་ཟིན་པ་དང་སྦྲགས། ཞུས་དག་མཁན་པོ་མེལ་སྤུན་རྣམ་གཉིས་ཀྱིས་མཛད་དེ་གསུང་

འདྲ་བྱུང་ཞེས་བོད་ཀྱི་མཁས་པ་ཆེན་པོ་ཁྱུང་པོ་གཡུ་ཁྲིས་མཛད་པའི་ཡི་གེའི་དར་རྒྱུད་བྱུང་ཚུལ་དང་ཀ་ཁ་སུམ་ཅུའི་ཕྱག་ཚད་འདི་རྣམས་ཡངས་རྩེའི་སྨན་སྦྲིང་བྱང་ཤག་ཤག་ཉི་འོད་དུ། དཀའ་བཅུ་ངག་དབང་རྒྱལ་མཚན་དག་གིས་ཞུས་ཞེས་པ། དབུ་ཆེན་བྲིས་མ། ལྡེབ་གྲངས་4-6པ་ལས་དྲངས།

① ཁྲི་རལ་པ་ཅན་གྱི་(ཁྲི་ལོ་815-836)དུས་སུ་ཡིག་མཁན་གྲུ་ཤོད་རྣམ་གཉིས་ཀྱིས་བྲིས་པའི་ཕྱག་བྲིས་ལ་སེང་གེ་གནམ་དུ་མཆོངས་པ་འདྲ་བྱུང་ཞེས་བོད་ཀྱི་མཁས་པ་ཆེན་པོ་ཁྱུང་པོ་གཡུ་ཁྲིས་མཛད་པའི་ཡི་གེའི་དར་རྒྱུད་བྱུང་ཚུལ་དང་ཀ་ཁ་སུམ་ཅུའི་ཕྱག་ཚད་འདི་རྣམས་ཡངས་རྩེའི་སྨན་སྦྲིང་བྱང་ཤག་ཤག་ཉི་འོད་དུ། དཀའ་བཅུ་ངག་དབང་རྒྱལ་མཚན་དག་གིས་ཞུས་ཞེས་པ། དབུ་ཆེན་བྲིས་མ། ལྡེབ་གྲངས་4-6པ་ལས་དྲངས།

② ཉང་ཉི་མ་འོད་ཟེར་གྱིས་མཛད་པའི་ཆོས་འབྱུང་མེ་ཏོག་སྙིང་པོ་སྦྲང་རྩིའི་བཅུད་བོད་ལྗོངས་བོད་ཡིག་དཔེ་རྙིང་དཔེ་སྐྲུན་ཁང་གི་2010ལོའི་སྤར་མའི་ཤོག་གྲངས་ 386དང་ བོད་ཀྱི་མཁས་པ་ཆེན་པོ་ཁྱུང་པོ་གཡུ་ཁྲིས་མཛད་པའི་ཡི་གེའི་དར་རྒྱུད་བྱུང་ཚུལ་དང་ཀ་ཁ་སུམ་ཅུའི་ཕྱག་ཚད་འདི་རྣམས་ཡངས་རྩེའི་སྨན་སྦྲིང་བྱང་ཤག་ཤག་ཉི་འོད་དུ། དཀའ་བཅུ་ངག་དབང་རྒྱལ་མཚན་དག་གིས་ཞུས་ཞེས་པ། དབུ་ཆེན་བྲིས་མ། ལྡེབ་གྲངས་4-6པ་ལས་དྲངས།

རབ་དེ་བཞེངས་བསྒྲུབས་རྗེས། གསུང་རབ་ཀྱི་ཉེར་བར་མཁོ་བའི་ན་བཟའ་སྟེ་ཁག་ལྔ་ལས་གླེགས་ཤིང་གང་ཞིག་སྔོན་པའི་སྐོར་ལ་ཤིང་རིགས་ཀྱི་ནང་ནས་རྒྱ་ཤུག་ལས་སྒྲུབ་སྟེ་དེའི་སྟེང་དུ་གསེར་ཆུ་བསྐུས་ནས་བསྒྲུབས་པའི་གླེགས་ཤིང་སྟེ་ཆ་ག་གླེགས་ཤིང་རྒྱ་བྱང་གསེར་ལ་གྲུབ།[①] ཞེས་པས་རྟོགས། གླེགས་ཤིང་གི་ཚོན་རྩིའི་སྐོར་ལ་དུས་རབས་13པའི་ནང་དུ་བྱོན་པའི་འགྲོ་མགོན་ཆོས་རྒྱལ་འཕགས་པས་གསུངས་པ་ལྟར་ན། གླེགས་ཤིང་གསེར་གྱིས་མདོག་སྣང་བ། །འཇམ་པའི་མདངས་འོད་འཕྲིན་པ་ནི། །ཐུབ་པ་དགེས་པས་ཉིད་སྲུས་ལ། །འཇམ་པ་མཛད་པ་ལྟ་བུར་གདའ། །གླེགས་ཤིང་ཕྱི་བས་ནང་གི་མདངས། །དམར་ཞིང་ཀུན་ནས་འཚེར་བ་ནི། །རྒྱལ་བའི་ཞལ་གྱི་སྒྲོས་གསལ་ནས། །ལྟགས་ཀྱི་དབང་པོ་བཀྲམ་འདྲ་མཆིས། །[②] ཞེས་གསུངས་པས་ཀྱང་གསུང་རབ་ཀྱི་སྒྲིལ་ཆས་ལྷའི་ནང་ནས་གླེགས་ཤིང་གི་ཚོན་རྩི་བསྒྱུར་སྟངས་དེ་ལས་མཚོན་དོན་གང་ཞིག་ཡིན་པ་དེ་ནི་ལག་ནང་དུ་སྒྲུ་ཏུ་ར་བཀློན་པོ་བཞག་པ་ལྟ་བུར་སྣང་།

བདུན། བསྔོ་སྨོན།

འབྲི་ཤོག་གན་ཤོག་གི་སྟེང་དུ་ཡིག་མཁན་དབུ་ཆེན་དཀོན་མཆོག་སྒྲོགས་ཚོ་དང་དཔལ་མགོན་རྣམ་གཉིས་ཀྱིས་བྲིས་ཤིང་ཞུ་དག་མེལ་ཚུན་རྣམ་གཉིས་ཀྱིས་གནང་སྟེ་བཞེངས་བསྒྲུབས་པའི་རྗེས་སུ་གསུང་རབ་དེའི་མཆོད་ཡོན་སྦྱིན་བདག་ཉུས་འགྲུ་རྒྱུད་ལས་ཆད་པའི་ཀླུ་ཐེ་མགོན་དོར་དང་། གླིང་མོ་དཔལ་སྐྱིད་ལ་སོགས་པས་གསུང་རབ་དེའི་ཐད་དགེ་བའི་ལས་ཕྲན་བུ་ཙམ་ཡང་བསྒྲུབ་མཁན་གྱི་སྐུ་མཆེད་ལ་སོགས་པ་སྨོན་ལམ་ཁོངས་སུ་གཏོགས་པའི་སེམས་ཅན་རྣམས། ཚེ་འདི་བདེ་སྐྱིད་ཕུན་སུམ་ཚོགས་པ་དང་ཚེ་ཕྱི་མ་བླ་ན་མེད་པའི་བྱང་ཆུབ་སྙིང་པོ་ཐོབ་པར་ཤོག་ཅེས་བསྔོ་སྨོན་བཏབ་པ་སྟེ་མཛད་བྱང་ལས། ཡོན་མཆོད་འཁོར་བཅས་མཐའ་ཡས་སེམས་ཅན་རྣམས། ཚེ་འདི་བདེ་སྐྱིད་ཕུན་སུམ་འཚོགས་པ་དང་། ཕྱི་མ་བླ་མེད་བྱང་ཆུབ་སྙིང་པོ་ཐོབ་པར་ཤོག[③] ཅེས་པས་རྟོགས།

---

① གཡའ་མ་རི་དགོན་པའི་མདོ་སྡེ་རྒྱལ་པོ་རྗེ་རྗེ་གཅོད་པའི་མཛད་བྱང་ལས་དྲངས།

② ས་སྐྱ་བཀའ་འབུམ་ལས་འགྲོ་མགོན་ཆོས་རྒྱལ་འཕགས་པའི་གསུང་པོད་བ་སྡེ་དགེ་སྤར་མའི་ལྡེབ་གྲངས་17ལས་དྲངས།

③ གཡའ་མ་རི་དགོན་པའི་མདོ་སྡེ་རྒྱལ་པོ་རྗེ་རྗེ་གཅོད་པའི་མཛད་བྱང་ལས་དྲངས།

བརྒྱད། མཇུག་བསྡུའི་ཚིག

ཇོ་རྗེ་གཙོད་པ་དེ་འབྲི་བཞེངས་བགེགས་མེད་ལེགས་གྲུབ་ཟིན་སྐབས་དད་པ་སྐྱོངས་མེད་པའི་སྦྱིན་བདག་དང་སློ་གསུམ་ཐང་ཆད་འབྲི་བའི་ཡིག་མཁན་དང་། རྐང་འགྲོར་གཞུང་སྐྱོང་གི་ཞུ་དག་མཁན་ལ་སོགས་པའི་འབྲི་བཞེངས་ཀྱི་ལས་དེར་བཞུགས་པའི་ལས་མི་རྣམས་ཀྱི་ལུས་སེམས་གཉིས་ཀྱི་ངལ་བའི་འབྲུར་པོ་ལྷོ་བ་དེ་རང་བཞིན་གྱིས་ལྗོད་དུ་འབབ་པའི་དགའ་འཐོད་དེ་ཧེ་ཧེ་ཧེ་[1]ཞེས་བཀོད་འདུག

ལེ་ཚན་གཉིས་པ། མངའ་རིས་ལྷུན་གྲུབ་ཆོས་སྡེའི་པེར་ཕྱིན་བརྒྱད་སྟོང་མཛོད་བྱང་།

མཛོད་བྱང་མ་དཔེ།

① གཡའ་མ་རི་དགོན་པའི་མདོ་སྡེ་རྒྱལ་པོ་ཇོ་རྗེ་གཙོད་པའི་མཛོད་བྱང་ལས་དྲངས།

དང་པོ། མཛོད་བྱང་མ་ཕྱུས།

༄།ཨེ་མ་ཧོ།། ཐེ་སྟོང་རྒྱ་མཚོ་ཆེ་ནང་མ་ལུས་པ། །ཞིགས་བསྡུས་རྣམ་མཁྱེན་ནོར་བུ་རིན་པོ་ཆེ། །སྒྲིབ་གཉིས་རྣམ་བསལ་སྐུ་གསུམ་མཐར་ཕྱིནད་པ། །བསམ་རྫོགས་འབྲས་བུའི་ཡུམ་ལ་ཕྱག་འཚལ་བསྟོད། །སྐུ་གསུམ་ལྷུན་གྲུབ་མཁའ་ལྟར་ཡོངས་ལ་ཁྱབ། །ཉོན་མོངས་ནད་སེལ་ཉི་ལྟར་ཀུན་གྱི་དཔལ། །བསླབ་གསུམ་རྣམ་དག་ཟླ་ལྟར་དྲི་མ་མེད། །རིན་ཆེན་དཀོན་མཆོག་གསུམ་ལ་ཕྱག་འཚལ་བསྟོད། །ཀུན་མཁྱེནད་སྤྲོས་བྲལ་སྤྲུལད་པ་མ་འགགས་པ། །གནས་པའི་དོན་དམ་མཐར་ཕྱིནད་སངས་རྒྱས་དང་། །རྟོགས་པའི་བླ་མ་མཆོན་པའི་ཐེ་སྟོང་ལ།། མོས་པས་ཕྱག་འཚལ་འགྲོ་རྣམས་བྱིན་གྱིས་རློབས། །ཀྱེ་ལགས། །གླིང་བཞིའི་གླིང་མཆོག་ལྷོའི་འཛམ་བུ་གླིང་། །རི་མཐོ་ས་གཙང་སྤུ་རྒྱལ་བོད་ཀྱི་ཡུལ། །ཁ་བ་ཅན་ལྗོངས་བསྟན་པ་དར་བའི་གནས།།དགེ་བཅུ་འཛོམས་པ་གུ་གེ་ལྷོ་སྟོད་ཡུལ། །ཆུ་བཞིའི་མཆོག་འགྱུརད་འགའ་འགའ་དལ་འབབ་ས། །ལྷུན་གྲུབ་ཡིད་འཛིན་ལྷ་ཡུལ་ལྷུམ་སྐྱོགས་སུ།། སྟོན་ཆེ་བསོད་ནམས་བསགས་པས་དལ་འབྱོརད་མི་ལུས་ཐོབ།།ད་ལྟ་གཏོང་ཕོད་ལྡན་པས་རྒྱ་མ་ཆོས་ལ་བྱེད།། ཡ་རབས་ཁུངས་བཙུན་ཤུད་ཀྱི་ལྡན་འཛིས་སྲས། །དགེ་ཚོགས་དཔག་མེད་ཆུ་གཏེར་ལས་འཁྲུངས་པ། །བསོད་ནམས་དཔལ་འབྱོར་དཔག་བསམ་སྡོང་པོ་ལ། །ཐོས་བསམ་སྒོམ་གསུམ་ལོ་འབྲས་མེ་ཏོག་རྒྱས། །ཤག་ཀྱའི་དགེ་སློང་ཤེས་རབ་འོད་ཀྱི་ནི། །ཕ་མའི་དྲིན་ལན་གཞལ་བར་བྱ་བ་དང་། །སྒྱུ་མའི་ནོར་ལ་སྙིང་པོ་བླང་བའི་ཕྱིར།། འཕགས་པ་བརྒྱད་སྟོང་རིན་ཆེན་གསེར་གྱིས་བཞེངས། །བསགས་པ་ཆོས་ལ་གཏོང་བ་ངོ་མཚར་ཆེ། །བུད་མེད་ལུས་ལ་གཡོ་སྒྱུ་རབ་སྤངས་པ། །འཛངས་གཤིན་བློ་ལྡན་ཤུ་ཚ་གཙོད་པན་གྱིས། །མཆོད་གནས་མཉེས་པའི་ཞབས་ཏོག་ཚུལ་བཞིན་མཛད། །དད་པ་སྐྱོངས་མེད་པ་ངོ་མཚར་ཆེ། །ཆོས་ཀྱི་སྤྱན་ཅན་རྡོ་རྗེ་ཤེས་རབ་ཀྱིས།། དགེ་སྐུལ་ཡིག་གཉེར་མཛད་པ་ངོ་མཚར་ཆེ། །གཉེན་དུ་འབྲེལ་པ་རྣམས་ཀྱི་སྒྲི་འདོགས་བཟང་། །ཀྱེ་ལགས། །གྲྭ་ཤོད་ཀ་ཁྱུང་སུམ་པ་ལྷེ་ལསྟོགས། །མཁས་པ་ཀུན་གྱི་རྒྱུད་པ་ཞིགས་འཛིན་པ། །ཙ་བཞིར་གྲགས་པའི་དཔོན་ཆེན་འཕན་དགའ་དང་། །འབྲིས་གློག་དོན་ལ་མཁས་པའི་ཐར་སེང་གིས། །མ་རིག་རྨོངས་པའི་དྲི་མ་ཕྱིར་བསལ་ནས། །འཕྲིང་ཤོག་གཡུ་ལོ་སྤུ་རིས་མེད་པ་ལ། །དྲི་མེད་གཡའ་བྲལ་རིན་ཆེན་གསེར་གྱི་བཟོའོ། །དམ་མདོག་ཁྲིད་གསུམ་

ལྷུན་པ་ངོ་མཚར་ཆེ། །སེང་གེ་མཆོང་འདྲ་རྒྱ་སྐད་ཁ་གང་དང་། །སྨུ་ཏིག་ཕྲེང་འདྲ་འཕྲུལ་ཆེན་ཡི་གེར་བཀོད། །ཆད་ལྷག་ནོར་གསུམ་རི་བོང་ར་དང་མཚུངས། །ཏིང་འཛིན་ད་རྩེགས་གཅིག་མཛད་པ་ངོམཚར་ཆེ། ། འདི་བཞེངས་དགེ་བ་གངས་རི་ལས་འོངས་དེས། །ཡོན་མཆོད་འཁོར་བཅས་མཁའ་མཉམ་སེམས་ཅན་རྣམས། ། མྱི་ལུས་རིན་ཆེན་གྲུ་ལ་རབ་བརྟེན་ནས། །ཀུན་མཁྱེན་རྒྱ་མཚོའི་གནས་སུ་ཕྱིན་པར་ཤོག། །ཕྱོགས་དང་ཕྱོགས་མཚམས་ཐམས་ཅད་དུ།།བཀྲ་ཤིས་བདེ་ལེགས་ཀྱིས་ཁྱབ་པར་གྱུརདཅིག། དགེའོ། བཀྲ་ཤིསསོ།། ཏེཏེ་[1] ཞེས་པའོ།

གཉིས་པ། མཛད་བྱང་གི་དཔེ་ཞིབ།

གཅིག བསྟོད་ཕྱག

དུས་རབས་13རྗེས་ཀྱི་མཛད་བྱང་གི་བསྟོད་ཕྱག་ཇི་བཞིན་ཤེར་ཕྱིན་བརྒྱད་སྟོང་པ་འདི་འབྲི་བཞེངས་ཟིན་པའི་རྗེས་སུ་དད་པ་སྐྱོ་ངས་མེད་པའི་སྦྱིན་བདག་མཆོག་ནས་གང་ཞིག་བཞེངས་པར་འདོད་པའི་གསུང་རབ་སྟེ། ཤེར་ཕྱིན་ཡུམ་ལ་བསྟོད་ཕྱག་ཕུལ་བ་དང་ལྷན་ཅིག་དཀོན་མཆོག་གསུམ་ལ་ཕྱག་འཚལ་ཞིང་སེམས་ཅན་སོ་སོའི་སེམས་ཁམས་དང་མོས་པར་འཚམས་པའི་ཕྱིན་རླབས་ཤོག ཅེས་བསྟོད་ཕྱག་ཕུལ་བ་སྟེ་མཛད་བྱང་ལས། ༄། །ཨོཾ་སྭ་སྟི། །སྡེ་སྣོད་རྒྱ་མཚོ་ཆེ་ནང་མ་ལུས་པ། །ལེགས་བསྡུས་རྣམ་མཁྱེན་ནོར་བུ་རིན་པོ་ཆེ། །སྒྲིབ་གཉིས་རྣམ་བསལ་སྐུ་གསུམ་མཐར་ཕྱིན་པ། །བསམ་རྫོགས་འབྲས་བུའི་ཡུམ་ལ་ཕྱག་འཚལ་བསྟོད། །སྐུ་གསུམ་ལྷུན་གྲུབ་མཁའ་ལྟར་ཡོངས་ལ་ཁྱབ། །ཉོན་མོངས་ནད་སེལ་ཉི་ལྟར་ཀུན་གྱི་དཔལ། །བསླབ་གསུམ་རྣམ་དག་ཟླ་ལྟར་དྲི་མ་མེད། ། རིན་ཆེན་དཀོན་མཆོག་གསུམ་ལ་ཕྱག་འཚལ་བསྟོད། །ཀུན་མཁྱེན་སྤྲོས་བྲལ་སྤྱལད་པ་མ་འགགས་པ། ། གནས་པའ་དོན་དམ་མཐར་ཕྱིན་སངས་རྒྱས་དང་། །རྫོགས་པའི་བླ་མ་མཆོན་པའི་སྡེ་སྣོད་ལ། །མོས་པས་ཕྱག་འཚལ་འགྲོ་རྣམས་བྱིན་གྱིས་རློབས།།[2] ཞེས་པས་སོ།

① མངའ་རིས་རྩ་མདའ་རྫོང་ལྷུན་གྲུབ་ཆོས་སྡེའི་ཤེར་ཕྱིན་བརྒྱད་སྟོང་གསེར་བྲིས་ཀྱི་དབུ་ཤོག་ནང་མའི་ཞལ་ཁེབས་ལས་དྲངས།

② མངའ་རིས་རྩ་མདའ་རྫོང་ལྷུན་གྲུབ་ཆོས་སྡེའི་ཤེར་ཕྱིན་བརྒྱད་སྟོང་གསེར་བྲིས་ཀྱི་དབུ་ཤོག་ནང་མའི་ཞལ་ཁེབས་ལས་དྲངས།

གཉིས། ཡུལ་ལུང་།

ཀྱི་ལགས།། གླིང་བཞིའི་གླིང་མཆོག་ལྷོའི་འཛམ་བུ་གླིང་། །རི་མཐོ་ས་གཙང་སྤུ་རྒྱལ་བོད་ཀྱི་ཡུལ། །ཁ་བ་ཅན་ལྗོངས་བསྟན་པ་དར་བའི་གནས། །དགེ་བཅུ་འཛོམས་པ་གུ་གེ་ལྷོ་སྟོད་ཡུལ། །ཆུ་བཞིའི་མཆོག་འགྱུརད་འགའ་འགའ་དལ་འབབ་ས། །ལྷུན་གྲུབ་ཡིད་འཛིན་ལྷ་ཡུལ་ལྷུམ་སྐྱོགས་སུ། ། [1] ཞེས་བྱུང་བ་ལ་གཞིགས་ན། ཤེར་རབ་ཀྱི་ཕ་རོལ་ཏུ་ཕྱིན་པ་བརྒྱད་སྟོང་དེ་འབྲི་བཞེངས་བྱ་སའི་གནས་ཡུལ་ནི། ཀྱི་ལགས་ཞེས་འབོད་པའི་སྒྲས་དབུ་འཕེན་ཏེ་བྱང་སྒྲ་མི་སྙན་ལ་སོགས་པའི་གླིང་བཞིའི་ནང་ནས་མཆོག་ཏུ་གྱུར་པ་ལྷོ་འཛམ་བུ་གླིང་དེར་གནས་པའི་རི་མཐོ་ས་གཙང་སྤུ་རྒྱལ་བོད་ཀྱི་ཡུལ་ཏེ་ཁ་བ་ཅན་གྱི་ལྗོངས་སུ་སངས་རྒྱས་ཀྱི་བསྟན་པ་དར་ཞིང་རྒྱས་པ། དགེ་བཅུ་སྟེ་ཡིད་ཀྱི་བརྣབ་སེམས་གནོད་སེམས་ལོག་ལྟ་དང་། ངག་གི་ཕྲ་མ་ཚིག་རྩུབ་ངག་འཆལ་དང་། ལུས་ཀྱི་སྲོག་གཅོད་མ་བྱིན་ལེན་དང་མི་ཚངས་སྤྱོད་བཅས་མེད་པ་སྟེ་དགེ་བཅུ་འཛོམས་པའི་གུ་གེ་སྟེ། Pt1287བཙན་པོ་རིམ་བྱུང་གི་ལོ་རྒྱུས་སུ། བཙན་པོ་སྲོང་བཙན་སྒམ་པོའི་སྐུ་མཆེད་སྲིང་མོ་སད་མར་ཀར་བྱ་བ་དེ་ཞང་ཞུང་གི་རྒྱལ་པོ་ལིག་མྱི་རྒྱའམ་ལི་སྣ་ཤུར་གྱི་བཙུན་མོར་བྱོན་ཇེས་ཞང་ཞུང་དེ་སྤུ་རྒྱལ་བོད་བཙན་པོའི་མངའ་འབངས་སུ་འདུ་དགོས་པའི་གསང་བའི་མགུར་ཞིག་བླངས་འདུག་པའི་ནང་། ཡུལ་གྱི་ནི་སྐལ་སོག་པ། ཁྱུང་ལུང་ནི་རྔུལ་མཁར་ཞིག……བྲན་གྱི་ནི་སྐལ་པོག་པ། གུ་གེ་ནི་ཁྲང་པྲན་ཞིག [2] ཅེས་འཁོད་པ་ལས་གུ་གེ་ཞེས་པའི་ས་མིང་ནི་བོད་བཙན་པོའི་སྐུ་དུས་ནས་ཡོད་པ་ཞིག་ཡིན་པ་མ་ཟད། གནའ་རབས་ཞང་ཞུང་གི་རྒྱལ་པོའི་མངའ་རིས་ཡིན་ཞིང་། ཞང་ཞུང་རྒྱལ་པོའི་སྡོད་གནས་ཕོ་བྲང་ཁྱུང་ལུང་རྔུལ་མཁར་གྱི་ཉེ་འཁོར་དུ་གནས་པར་བསྟན། བསྟན་པ་ཕྱི་དར་གྱི་རྗེས་ནས་བཙན་པོ་སྣང་དར་མའི་རྒྱུད་པ་ལྡེ་གཙུག་མགོན་གྱིས་མངའ་རིས་སྐོར་གསུམ་དུ་གྲགས་པའི་ཡ་གྲུལ་གུ་གེར་གུ་གེའི་རྒྱལ་རབས་བཙུགས། གུ་གེ་རྒྱལ་པོའི་ཕོ་བྲང་དེང་གི་མངའ་རིས་ས་ཁུལ་རྩ་མདའ་རྫོང་མི་དམངས་སྲིད་གཞུང་གནས་ཡུལ་ལས་སྤྱི་ལི་18ཀྱི་སར་རྩ་ཧྲེང་ཁུལ་གྱི་སྣང་ཆེན་ཁ་འབབ་གཙང་པོའི་འགྲམ་དུ་གནས་ཡོད། སྤྱི་ལོ1985ལོར་བོད་རང་སྐྱོང་ལྗོངས་རིག་

① མངའ་རིས་རྩ་མདའ་རྫོང་ལྷུན་གྲུབ་ཆོས་སྡེའི་ཤེར་ཕྱིན་བརྒྱད་སྟོང་གསེར་བྲིས་ཀྱི་དབུ་ཤོག་ནང་མའི་ཞལ་ཁེབས་ལས་དྲངས།

② 见，王尧藏学文集（卷-）《敦煌本吐蕃历史文书、吐蕃制度文化研究》，中国藏学出版 社2012年版，第 65页。

དངོས་དོ་དམ་ཅུས་ཀྱིས་ཆེད་ལས་མཁས་པ་སྒྲིག་འཛུགས་བྱས་ཏེ་བརྟག་དཔྱད་བྱས་པ་བརྒྱུད། ཀུ་གེའི་ཕོ་བྲང་མཁར་ཤུལ་དེར་རྒྱ་ཁྱོན་ཆེད་དངོས་སྐྱོམ་གྲུ་བཞི་མ་72དང་། ཁང་མིག་445དང་། ས་ཕུག་879། མཁར་རྫོང་58། གསང་ལམ་4། མཆོད་རྟེན་28། བང་སོ་གཅིག མཚོན་ཆ་ཁང་1། བ་ཆས་ཁང་1། འབྲུ་མཛོད་ཆེ་ཆུང་བསྡོམས་པའི་11། ཕུག་མཆོད་ཁང་4། དུར་ཁང་1་བཅས་ཡོད་[1]ཅེས་པའི་གནས་དེའི་ལྷོ་ཕྱོགས་སྟོད་ཡུལ་དུ་ཆུ་བཞིའི་ནང་ནས་དལ་གྱི་འབབ་པའི་གཙྭའི་འགྲམ་ངོགས་སུ་ས་ཡུལ་ཆགས་སྟངས་རང་བཞིན་ལྷུན་གྱིས་གྲུབ་པའི་ས་ལྷུམ་སྐྱོགས་ཏེ། མངའ་རིས་ཀྱི་ཁ་སྐད་དུ་ཚོ་སྲིབ་གསུམ་དཀྱིལ་ཤང་དང་ཚོ་རིབ་གསུམ་འཁྱིལ་དཀྱིལ་ལམ་ཚོ་ཉུབ་གསུམ་དཀྱིལ་[2]ཞེས་པ་སྟེ་ད་ལྟ་མངའ་རིས་ས་ཁུལ་རྩ་མདའ་རྫོང་ཁོངས་ཀྱི་མཚོ་ཉུབ་གསུམ་འཁྱིལ་ཤང་གི་མངའ་འོག་ཏུ་ཡོད་པའི་གསུམ་འཁྱིལ་ནི་རྩ་མདའ་རྫོང་མི་དམངས་སྲིད་གཞུང་ནས་སྤྱི་ལེ་270ཙམ་གྱི་སར་ཡོད་པ་དེར་འབྲི་བཞེངས་གནང་བ་དེ་ཡུལ་ལུང་གི་བསྟོད་པ་དུང་ཆེན་གཟུགས་ལས་ཤེས་སོ།

གསུམ། སྦྱིན་བདག

ཤེར་ཕྱིན་བརྒྱད་སྟོང་དེ་འབྲི་བཞེངས་བྱ་བའི་སྐབས་སུ་དད་པ་སྐྱོ་ངས་མེད་པའི་རྒྱུ་འགྲོ་སྦྱར་མཁན་གྱི་སྦྱིན་བདག་གི་སྐོར་ལ། ཚེ་འདི་ཕྱི་གཉིས་ལས་སྐུ་ཚེ་སྔོན་མ་བསོད་ནམས་ཀྱི་ཚོགས་ཆླབས་པོ་ཆེ་བསགས་པས་དལ་བ་བརྒྱད་དང་འབྱོར་པ་བཅུ་ལྡན་པའི་མི་ལུས་ཐོབ་ཅིང་བསགས་པའི་ནོར་རྣམས་སྦྱིན་པའི་ཕྱག་ཡངས་པོར་གཏོང་བའི། ཡ་རབས་ཁྲུངས་བཙུན་ཤུད་ཀྱི་ལྡན་འཛོམས་སྲས་ཏེ་ཅུས་མིང་ཤུད་ཀྱི་སྐོར་ལ་འགོས་ལོ་གཞོན་ནུ་དཔལ་གྱིས་དེབ་སྔོ་མ་བདག་ལ་གནང་སྟེ། གདུང་ཤུད་ཡིན་ཞེས་དང་པད་མ་བཀའ་ཐང་ལས་ཤུད་བུ་དཔལ་གྱི་སེང་གེ་བཞི་ལ་ནི[3]ཞེས་དང་། བཀའ་ཐང་སྡེ་ལྔར་རྒྱལ་པོའི་ཐུགས་དམ་ཇི་ལྟར་བཞེངས་ཚུལ་སྐོར་

① 见， 四川大学中国藏学研究所、 四川大学历史文化学院编：中国藏地考古（三）天地出版社 2012 年版， 第 650 页。

② 见，西藏自治区革命委员会测绘局、 西藏军区司令部侦查处编， 西藏地名资料简编（初稿）1979 年版，第 266 页。

③ བཙན་ལྷ་ངག་དབང་ཚུལ་ཁྲིམས་ཀྱིས་རྩོམ་སྒྲིག་མཛད་པའི་བརྡ་དཀྲོལ་གསེར་གྱི་མེ་ལོང་ཞེས་བྱ་བ་མི་རིགས་དཔེ་སྐྲུན་ཁང་གི་1997ལོའི་སྤར་མའི་ཤོག་གྲངས་939ལས་དྲངས།

དུ་བློན་པོ་རྣམས་ཀྱིས་སྤུ་བླངས་པ། །འགོས་ཀྱིས་དྲང་ཤིང་དཀར་པོ་བླངས། །གཏོང་གིས་ཟེར་ཆེན་ཟེར་ཚུང་བླངས། །ཤུད་བུས་དུང་ཆེན་དུང་ཚུང་བླངས། །མྱང་གིས་གསེར་གྱི་དྲིལ་ཆེན་བླངས་[①] ཞེས་པས་ཤུད་ཀྱི་རུས་རྒྱུད་དེ་བོད་བཙན་པོའི་རྒྱལ་རབས་ནས་མིང་གྲགས་ཅན་གྱི་བློན་པོའི་གོ་གནས་བཟུང་མྱོང་བའི་གདུང་རྒྱུད་ཅིག་ཡིན་ཞིང་། དཔའ་བོ་གཙུག་ལག་འཕྲེང་བས་ཀྱང་ཁུ་སྟོན་གྱི་ལོ་རྒྱུས་ཆེན་མོར་གཞི་བཅོལ་ཏེ་གཉགས་ཀྱིས་དོན་མཁར་མདའ་ཡི་བང་སོ་བྱས། །ཤུད་པུས་སེང་གེ་ཅན་གྱི་བང་སོ་བྱས། །འཕྲུལ་རྒྱལ་བང་གྲེང་འཕྱོས་ཁུ་ཡིས་བྱས། །སྟོ་བཞེར་སྣི་བས་ཐོབ་སྔེ་འབྲུ་འཕྲོར་ལུས། །སྲོང་བཙན་འབྲོ་ཅོག་གཉིས་ཀྱིས་ཐོབ་ལུས།[②] ཞེས་གསུངས་པ་ལྟར་ན། ཕྱི་ལོ་877ལོར་ཤུད་པུའི་རུས་སེང་གེ་ཅན་ཏེ་ཁྲི་ལྡེ་གཙུག་བརྟན་གྱི་བང་སོ་བྱས[③] པ་སོགས་ཀྱིས་བོད་ཀྱི་ལོ་རྒྱུས་ཐོག་ཤུད་ཀྱི་རུས་རྒྱུད་བྱུང་མྱོང་ཡོད་པ་མ་ཟད་ཐ་ན། ཤུད་ཀྱི་རུས་རྒྱུད་ཀྱིས་དུས་རབས་མི་འདྲ་བའི་ནང་དུ་ལས་བཟང་ངན་ཅི་ཞིག་བྱས་པ་དེ་ཡང་གོང་གི་སྐད་ཆ་དག་ལས་རྟོགས། གང་ལྟར་ཡང་ད་ཐེངས་འདིར་ཕྱིན་པའི་སྦྱིན་བདག་ཀྱང་ཤུད་ཀྱི་རུས་ལས་ཆད་པའི་ཤུད་ལྷུན་འཛོམས་ཀྱི་སྲས་བསོད་ནམས་དཔལ་འབྱོར་གྱིས་སྐབས་དེའི་ཤེར་ཕྱིན་འབྲི་བཞེངས་ཀྱི་སྦྱིན་བདག་གནང་བ་དང་། དགེ་སྦྱོང་ཤེས་རབ་འོད་ཀྱིས་ཀྱང་མཆོད་ཡོན་སྦྱིན་བདག་གནང་བའི་སྐབས་སུ་མཆོད་གནས་རྣམས་མཉེས་པའི་ཞབས་ཏོག་མཛད་མཁན་ཤུད་ཀྱི་རུས་ལས་ཆད་པའི་ཤུ་ཚ་གཙོད་པན་གྱིས་ཀྱང་དད་པ་སྐྱོངས་མེད་པའི་སྦྱིན་བདག་གང་ལེགས་གནང་བ་དང་སྦྲགས། ཤུད་ཀྱི་གཉེན་ཉེ་རྣམས་ཀྱིས་ཀྱང་རྣམ་པར་དཀར་བའི་དགེ་བའི་ལས་དེ་བསྒྲུབ་པ་ལ་ཕྱུར་བ་གྲུ་འདེགས་གནང་བ་བཅས་ལས་ངོ་མཚར་ཆེ་ཞེས་དང་། སྐབས་དེ་དུས་དགེ་བའི་ལས་ལ་སྐུལ་བའི་ཡིག་གཉེར་ནི་ཆོས་ཀྱི་མཁྱེན་རྒྱ་ཡངས་པའི་ཇོ་ཇེ་ཤེས་རབ་ཀྱིས་མཛད་པ་ཞིག་ཡིན། ཡིག་གཉེར་རམ་གཉེར་ཡིག་ཅེས་པའི་ཆེས་ཐོག་མའི་ཐ་སྙད་ནི་ཏུན་ཧོང་གི་ཡིག་རྙིང་Gh.73!xv5ལས། ཤོག་ཆད་འདི་རྣམས་དེ་ཚན་

① ཀུ་རུ་ཨོ་རྒྱན་གླིང་པས་ཡར་ཀླུང་ཤེལ་གྱི་བྲག་ཕུག་ནས་བཏོན་པའི་བཀའ་ཐང་སྡེ་ལྔ་མི་རིགས་དཔེ་སྐྲུན་ཁང་གི་1985ལོའི་པར་མའི་ཤོག་གྲངས་141ལས་དྲངས།

② དཔའ་བོ་གཙུག་ལག་འཕྲེང་བས་མཛད་པའི་ཆོས་འབྱུང་མཁས་པའི་དགའ་སྟོན་མི་རིགས་དཔེ་སྐྲུན་ཁང་གི་2006ལོའི་པར་མའི་ཤོག་གྲངས་277ལས་དྲངས།

③ ཆབ་སྤེལ་ཚེ་བརྟན་ཕུན་ཚོགས་དང་ནོར་བྲང་ཨོ་རྒྱན་གྱིས་རྩོམ་སྒྲིག་མཛད་པའི་བོད་ཀྱི་ལོ་རྒྱུས་རགས་རིམ་གཡུ་ཡི་འཕྲེང་བ་བོད་ལྗོངས་དཔེ་རྙིང་དཔེ་སྐྲུན་ཁང་གི་2006ལོའི་པར་མའི་ཤོག་གྲངས་468ལས་དྲངས།

སོ་སོའི་ལྷ་བཙུ་ཀྲང་དང་འོག་སྣ་ལ་གཉེར་བར་གཏན་པ་ཚེས་ལ། ཏམ་པ་བ་ཛེའུ་བརྟན་གོང་གིས་ནི་སྟོན་ཏུ་སྐོསྟེ། སྤྲེའུ་ལོ་སྟོན་སླ་ར་བ་སུམ་ཚུན་ཆད་ཀྱིས་གཉེར་འགུམསུ་སྐྱོལ་ཅིག་ཅེས་མཆིད་གྱིས་བཅས་ནས་གཉེར་ཡིག་དཀར་ཆག་ཏུ་བྲིས། གཉེར་བས་ཀྱང་ངོ་ཐོག་ཕོད་པར་འཚོལ་ཏེ། ཤོག་ཤོག་འགྱུར་ན་དངོས་སུ་བསྡུ་[1]ཞེས་པས་སྟོན་བཙན་པོའི་དུས་ཀྱི་ཚེས་བཤུ་འབྲི་མའི་ལས་རིགས་སུ་གཉེར་པའི་མིང་བྱུང་ཡོད་པ་མ་ཟད། གཉེར་བའི་འགན་ནུས་ཀྱང་བསྟན་ཡོད་པ་སྟེ་གཉེར་བ་ནི་ཤོག་ཤོག་རྣམས་དོ་དམ་དང་རྩིས་ལེན་མགོ་སྐྱོད་བྱེད་མཁན་དང་། གཉེར་ཡིག་ཅེས་པ་ནི་ཤོག་ཤོག་འགྱུར་རེ་ཅོག་ཅི་ཡོད་རྩིས་ཐོར་བཀོད་པའི་ཐོ་ཡིག་ལ་ཟེར། དེས་ན་སྐབས་འདིར་བྱུང་བའི་ཡིག་གཉེར་རྡོ་རྗེ་ཤེས་རབ་ཀྱི་འོས་འགན་ཅི་ཞིག་ཡིན་པ་ཞོར་དུ་རྟོགས་པ་སྟེ་མཛད་བྱང་ལས། །སྟོན་ཚེ་བསོད་ནམས་བསགས་པས་དལ་འབྱོརད་སྨྲི་ལུས་ཐོབ་། །ད་ལྟ་གཏོང་ཕོད་ལྡན་པས་རྒྱ་མ་ཚེས་ལ་བྱེད་། །ཡ་རབས་ཁྲུངས་བཙུན་ཤུད་ཀྱི་ལྡན་འཛོམས་སྲས་། །དགེ་ཚོགས་དཔག་མེད་ཆུ་གཏེར་ལས་འབྲུངས་པ་། ། བསོད་ནམས་དཔལ་འབྱོར་དཔག་བསམ་སྡོང་པོ་ལ་། །ཐོས་བསམ་སྒོམ་གསུམ་ལོ་འབྲས་མེ་ཏོག་རྒྱས་། །ཤག་ཀྱའི་དགེ་སློང་ཤེས་རབ་འོད་ཀྱི་ནི་།[2]ཞེས་དང་། ཡང་བུད་མེད་ལུས་ལ་གཡོ་སྒྱུ་རབ་སྤངས་པ་། ། འཛངས་གཞིན་བློ་ལྡན་ཤུ་ཚ་གཙོད་པན་གྱིས་། །མཆོད་གནས་མཉེས་པའི་ཞབས་ཏོག་ཚུལ་བཞིན་མཛད་། །དད་པ་སྒྲོ་ངས་མེད་པ་ངོ་མཚར་ཆེ་། །ཆོས་ཀྱི་སྤྱན་ཅན་རྡོ་རྗེ་ཤེས་རབ་ཀྱིས་། །དགེ་སྐུལ་ཡིག་གཉེར་མཛད་པ་ངོ་མཚར་ཆེ་། །གཉེན་དུ་འབྲེལ་པ་རྣམས་ཀྱི་སྐྱེ་འདོགས་བཟང་།[3]
ཞེས་པས་ཀྱང་རྟོགས།

བཞི། དགོས་པ།

ཤུད་ཀྱི་རྒྱུད་པ་ཤུད་ལྡན་འཛོམས་ཀྱི་སྲས་བསོད་ནམས་དཔལ་འབྱོར་དང་ཤུ་ཚ་གཙོད་པན་རྣམ་གཉིས་ཀྱིས་ཤེར་ཕྱིན་བརྒྱད་སྟོང་པ་དེ་འབྲི་བཞེངས་དགོས་དོན་ནི་སྟོན་གྱི་མཛད་བྱང་གཞན་རྣམས་སུ་བྱུང་བ་བཞིན། ཚེ་འདིར་སྐྱེས་ཤིང་དྲིན་གྱིས་བསྐྱངས་པར་གནང་མཁན་

① 见，[英]拖玛斯编著/刘忠杨忠译注：敦煌西域藏文社会历史文献， 民族出版社2003年 版，第 7o 页。

② མངའ་རིས་རྩ་མདའ་རྫོང་ལྷུན་གྲུབ་ཆོས་སྡེའི་ཤེར་ཕྱིན་བརྒྱད་སྟོང་གསེར་བྲིས་ཀྱི་དབུ་ཤོག་ནང་མའི་ཞལ་ཁེབས་ལས་དྲངས།

③ མངའ་རིས་རྩ་མདའ་རྫོང་ལྷུན་གྲུབ་ཆོས་སྡེའི་ཤེར་ཕྱིན་བརྒྱད་སྟོང་གསེར་བྲིས་ཀྱི་དབུ་ཤོག་ནང་མའི་ཞལ་ཁེབས་ལས་དྲངས།

གྱི་ཕ་མའི་དྲིན་ལན་འཇལ་ཆེད་དང་། རང་གིས་ཕ་མས་བཞག་པ་དང་རང་གིས་ལག་གཉིས་ལ་བརྟེན་ནས་བསགས་པའི་རྒྱུ་ནོར་རྣམས་ལ་སྙིང་པོ་ལེན་པའི་སླད་དུ་བརྒྱད་སྟོང་པ་གསེར་བྲིས་དེའི་འབྲི་བཞེངས་ཀྱི་རྒྱུ་འགྲོ་སྦྱར་བ་སྟེ་མཛད་བྱང་ལས། ཕ་མའི་དྲིན་ལན་གཞལ་བར་བྱ་བ་དང་།། སྒྱུ་མའི་ནོར་ལ་སྙིང་པོ་བླང་བའི་ཕྱིར། །འཕགས་པ་བརྒྱད་སྟོང་རིན་ཆེན་གསེར་གྱིས་བཞེངས།། བསགས་པ་ཆོས་ལ་གཏོང་བ་ངོ་མཚར་ཆེ།[①] ཞེས་པས་རྟོགས་སོ།

ལྔ། འབྲི་ཤོག

འཐིང་ཤོག་གཡུ་ལོ་སྔུ་རིས་མྱེད་པ་ལ། །དྲི་མྱེད་གཡའ་བྲལ་རིན་ཆེན་གསེར་གྱི་བཟོའོ།། དམ་མདོག་ཁྱད་གསུམ་ལྡན་པ་ངོ་མཚར་ཆེ།[②] ཞེས་བྱུང་བ་ལྟར་ན་ཤུད་ཀྱི་རྒྱུད་པ་ཤུད་ལྡན་འཛོམས་ཀྱི་སྲས་བསོད་ནམས་དཔལ་འབྱོར་དང་ཤུ་ཚ་གཙོད་པན་རྣམ་གཉིས་ཀྱིས་དད་པ་སྐྱོངས་མེད་པའི་སྦྱིན་བདག་གནང་སྟེ་ཤེར་ཕྱིན་བརྒྱད་སྟོང་པ་དེ་འབྲི་བཞེངས་བསྐྱངས་པའི་སྐབས་སུ། དེར་ཉེ་བར་མཁོ་བའི་འབྲི་ཤོག་སྟེ་འབྲི་ཤོག་ཕུལ་བྱུང་མཐིང་ཤོག་གཡུ་ལོ་ཅན་ངོས་གཙང་བའི་ཐོག་ཏུ་སྣག་ནག་གི་དྲི་མེད་པ་རིན་ཆེན་གསེར་གྱི་སྣག་ཚ་བཀྱིས་ཏེ་དམ་མདོག་ཁྱད་གསུམ་ལྡན་པ་སྤུས་ཀ་དག་པས་ངོ་མཚར་ཆེ་ཞེས་བརྗོད་འདུག མཐིང་ཤོག་གསེར་བྲིས་ཀྱི་སྐོར་ལ། འགྲོ་མགོན་ཆོས་རྒྱལ་འཕགས་པས་མཐིང་ཤོག་མཐིང་གའི་མདངས་ཆགས་ལ། །དབང་པོའི་གཞུ་ཡི་འོད་འཕྲིན་པ། །ལྟོགས་ལས་བྱེ་བ་ཁྲག་ཁྲིག་འོད། །ཀུན་འཕྲིན་པ་ལྟ་བུར་གདའ། །གསེར་གྱི་ཡིག་གེ་གསེར་ཕྲེང་ལྟར། །ཕྲེང་དུ་དངར་ཞིང་བསྟན་པ་ནི། ལྟོགས་ཀྱི་འོད་ཀྱི་རྩེ་མོ་ལ། །ཐུབ་པའི་སྐུ་གཟུགས་བཀྲམ་འདྲར་མཆིས། །ཡི་གེའི་གྲུག་སྐྱེད་གོང་འོག་ཏུ། །ལྗིང་ཞིང་འཁྲུག་པར་གནས་པ་ནི། །སྤྲུལ་པའི་སྐུ་ལ་རྒྱལ་སྲས་དང་། །སློབ་མས་ཞབས་འབྲིང་བགྱིས་འདྲར་གདའ[③] ཞེས་པས་ཀྱང་སྣག་ཤོག་དང་འབྲི་གཟུགས་ཀྱི་ཁྱད་འཕགས་ཡོན་ཏན་ལ་དམིགས་བསལ་གྱིས་བསྔགས་པ་གནང་འདུག

---

① མངའ་རིས་རྩ་མདའ་རྫོང་ལྷུན་གྲུབ་ཆོས་སྡེའི་ཤེར་ཕྱིན་བརྒྱད་སྟོང་གསེར་བྲིས་ཀྱི་དབུ་ཤོག་ནང་མའི་ཞལ་ཁེབས་ལས་དྲངས།

② མངའ་རིས་རྩ་མདའ་རྫོང་ལྷུན་གྲུབ་ཆོས་སྡེའི་ཤེར་ཕྱིན་བརྒྱད་སྟོང་གསེར་བྲིས་ཀྱི་དབུ་ཤོག་ནང་མའི་ཞལ་ཁེབས་ལས་དྲངས།

③ ས་སྐྱ་བཀའ་འབུམ་ལས་འགྲོ་མགོན་ཆོས་རྒྱལ་འཕགས་པའི་གསུང་པོད་བ་སྟེ་དགེ་སྤར་མའི་ལྡེབ་གྲངས་18ལས་དྲངས།

དྲུག ཡིག་ཞུས།

དང་པ་སྐྱོ་ངས་མེད་པའི་སྦྱིན་བདག་ཤུད་ལྡན་འཇོམས་ཀྱི་སྲས་བསོད་ནམས་དཔལ་འབྱོར་དང་ཤུད་ཚ་གཙོད་པན་རྣམ་གཉིས་ཀྱིས་རྒྱུ་འགྲོ་སྦྱར་ཏེ་ཤེར་ཕྱིན་བརྒྱད་སྟོང་པ་དེ་འབྲི་བཞེངས་གནང་བའི་སྐབས་སུ། སྒོ་གསུམ་ཐང་ཆད་འབྲི་མཁན་གྱི་ཡིག་པ་ནི་ཡི་གེའི་འབྲི་རྒྱུན་ཁུངས་བཙུན་ལྡན་པའི་ཐར་སེང་གིས་གནང་བ་ཞིག་ཡིན། ཡིག་མཁན་དགུ་ཆེན་ཐར་སེང་གི་འབྲི་རྒྱུན་ནི་ཀྱེ་ལགས། །གྲྭ་ཨོད་ཀ་ཁྱུང་སུམ་པ་ལྕེ་ལ་སྒྲོགས། །མཁས་པ་ཀུན་གྱི་རྒྱུད་པ་ཞིགས་འཛིན་པ། །ཙ་བཞིར་གྲགས་པའི་དཔོན་ཆེན་འཕན་དགའ་དང་། །འབྲིས་གློག་དོན་ལ་མཁས་པའི་ཐར་སེང་གིས། །མ་རིགས་རྫོངས་པའི་དྲི་མ་ཕྱིར་བསལ་ནས། ……སེང་གེ་མཆོང་འདྲ་རྒྱ་སྐད་ཁ་གང་དང་། །སྐུ་ཏིག་ཐྲེང་འདྲ་འཕྲུལ་ཆེན་ཡི་གེར་བཀོད། །ཆད་ལྷག་ནོར་གསུམ་རི་བོང་རྭ་དང་མཚུངས། །ཏིང་འཛིན་རྩེགས་གཅིག་མཛད་པ་ངོ་མཚར་ཆེ།[①] ཞེས་བྱུང་བ་ལྟར་ན། སྐབས་འདིར་བྱུང་བའི་གྲྭ་ཨོད་ཀ་ཁྱུང་སུམ་པ་ལྕེ་ལ་སོགས་ཞེས་བྱུང་བ་ལ་གཞིགས་ན། དུས་རབས་མི་འདྲ་བའི་ཡི་གེའི་མཁན་པོའི་མཚན་ནས་བརྗོད་པར་ཏེ་ཐོག་མར་གྲྭ་ཨོད་རྣམ་གཉིས་ཏེ་བོད་ཀྱི་བཙན་པོ་ཁྲི་གཙུག་ལྡེ་བཙན་ཁྲི་རལ་པ་ཅན་(ཁྲི་ལོ་805-841)ཏེ་དུས་རབས་9པའི་ནང་དུ་བྱོན་པའི་ཡིག་མཁན་དགུ་ཆེན་རྣམ་གཉིས་[②]དང་། ཀ་ཁྱུང་ཞེས་པ་ནི་དུས་རབས་11པའི་ནང་དུ་བྱུང་བའི་འབྲི་གཟུགས་ལེབ་གྲུ་བཞི་སྡེ་ལུགས་གསར་གཏོད་མཁན་ཡིག་མཁན་དཔོན་ཆེན་ཀ་བ་[③]དང་འབྲི་གཟུགས་ཆ་ཆེན་དང་ཆ་ཕྲན་གྱི་སྲོལ་གཏོད་

---

① མངའ་རིས་རྩ་མདའ་རྫོང་ལྡན་གྲུབ་ཆོས་སྡེའི་ཤེར་ཕྱིན་བརྒྱད་སྟོང་གསེར་བྲིས་ཀྱི་དགུ་ཤོག་ནང་མའི་ཞལ་ཁེབས་ལས་དྲངས།

② རྒྱལ་པོ་ཁྲི་གཙུག་ལྡེ་བཙན་ཁྲི་རལ་པ་ཅན་གྱི་སྐུ་རིང་ལ་གྲྭ་ཨོད་གཉིས་བྱ་བ་ཡི་གེའི་མཁན་པོ་གཉིས་བྱུང་སྟེ། རྫེ་ལ་ཡི་གེའི་སྣངས་ཕུལ་…ཞའི་གཙོགས་ཀྱི་རྗོ་རིང་གི་འགྲམ་དུ་ཡི་གེའི་དཔེ་གཅིག་བཏབ་ནས་བཞག་ཅེས་ཉང་ཉི་མ་འོད་ཟེར་གྱིས་མཛད་པའི་ཆོས་འབྱུང་མེ་ཏོག་སྙིང་པོ་སྦྲང་རྩིའི་བཅུད་བོད་ལྗོངས་བོད་ཡིག་དཔེ་རྙིང་དཔེ་སྐྲུན་ཁང་གི2010ལོའི་སྤར་མའི་ཤོག་གྲངས་ 386་དང་། བོད་ཀྱི་མཁས་པ་ཁྱུང་པོ་གཡུ་ཁྲིས་མཛད་པའི་ཡི་གེའི་དར་རྒྱུད་བྱུང་རྩོལ་དང་ཀ་ཁ་སུམ་ཅུའི་ཕྲག་ཚད་ཅེས་པ་བྲིས་མའི་ལྷེབ་གྲངས་6པར་ཡང་གསལ།

③ རྫ་བོའི་སློབ་མ་ཁུ་རྗོག་འབྲོམ་གསུམ་གྱི་སྐུ་རིང་ལ། ཡི་གེའི་མཁན་པོ་ཀ་ཁྱུང་རྣམ་པ་གཉིས་བྱ་བ་བྱུང་སྟེ། དཔོན་ཀ་བས་ནི། ཀ་ཆུང་ཟླ་བ་ཚལ་གྱི་བྲག་ལ་ནས་བྲིས་པས་ལེབ་གྲུ་བཞི་སྡེ་ལུགས་ཞེས་བྱ་བ་བསྒྲགས་སོ། དེ་ཇི་ལྟ་བ་བཞིན་དུ་མཁྱེན་པའི་ཁྱུང་པོ་གཡུ་ཁྲི་དེས་གསང་སྔགས་ཀྱི་ཆོས་དགྱེས་པ་རྗེ་རྫེའི་མཁན་པོ་ཡིན་པས། དཀྱིལ་འཁོར་གྱི་ཐིག་ལ་དཔེ་བླངས་ཏེ། ཆ་ཆེན་དང་ཆ་ཕྲན་ལསོགས་པའི་ཐིག་བཏབ་ཅེས་བོད་ཀྱི་མཁས་པ་ཁྱུང་པོ་གཡུ་ཁྲིས་མཛད་པའི་ཡི་གེའི་དར་རྒྱུད་བྱུང་རྩོལ་དང་ཀ་ཁ་སུམ་ཅུའི་ཕྲག་ཚད་ཅེས་པ་བྲིས་མའི་ལྷེབ་གྲངས་7པར་གསལ།

ཡིག་མཁན་ཁྱུང་པོ་གཡུ་ཁྲི་སྟ་མ་རྣམ་གཉིས་ཡིན།[1] དེ་མིན་སུམ་པ་ལྡེ་ལ་སོགས་ཞེས་བྱུང་བ་ལྟར་ན་སོགས་སྐབས་ནང་དུ་ཡིག་མཁན་ཅི་ཞིག་བསྡུས་ཡོད་པ་སྨྲ་བའི་འབབ་སྟེགས་བསྐྱར་མ་ཐུབ་ཅུང་། སུམ་པ་ནི་དུས་རབས་12པའི་ནང་དུ་བྱོན་པའི་ཡིག་མཁན་ཁྲབ་འཇུག་ལྷའི་སྤྲུལ་པར་གྲགས་པའི་སུམ་པ་གནོད་སྦྱིན་ཞུ་བ་[2]མི་དབང་སངས་རྒྱས་རྒྱ་མཚོས་བེ་དཀར་གཡའ་སེལ་དུ་རྫབ་ཆེན་དང་རྫབ་ཆུང་[3]སློལ་གཏོད་གནང་མཁན་ཁོང་དང་། ལྡེ་[4]ནི་ལྡེ་ཁྲི་འབྲུག་སོགས་ཀྱི་གདུང་རྒྱུད་དུ་བྱོན་པའི་ཡིག་མཁན་ཞིག་མིན་ནམ་སྙམ་པ་ལས་གཞན་པའི་དཔྱད་གཞི་ལག་ཏུ་མ་སོན་སྐབས་ཡིག་མཁན་འདི་ཡིན་ཞེས་ཞུ་ཆོད་མ་ཐུབ། མདོར་ན་གང་ལྟར་ཡང་གོང་གི་ཡིག་མཁན་དབུ་ཆེན་རྣམ་པའི་ཕྱག་བཟོའི་འབྲི་རྒྱུན་རྒྱུན་འཛིན་ལེགས་པར་གནང་

---

① ཁྱུང་ནི་ཁྱུང་པོ་གཡུ་ཁྲི་སྟེ་བོད་ཀྱི་གསུང་རབ་སྨྲ་བ་དུང་དཀར་བློ་བཟང་འཕྲིན་ལས་མཆོག་གིས་གསུངས་དོན། བསྟན་པ་སྔ་དར་དང་ཕྱི་དར་བར་གྱི་ཡིག་མཁན་ཆེ་མོ་ཞིག་ཁོང་གིས་དཀྱིལ་འཁོར་འབྲི་ལུགས་ཀྱི་ཐིག་ཚད་འགོད་ཐབས་བཞིན་བོད་ཡིག་དབུ་ཅན་གྱི་ཆ་ཚད་གཏན་འབེབས་གནང་སྟེ་བོད་ཡིག་དབུ་ཅན་གྱི་ཡིག་གཟུགས་སྤྱིའི་ཆ་ནས་དེ་ལྟར་གནས། བོད་ལྗོངས་རྒྱལ་རྩེ་དཔལ་འཁོར་ཆོས་སྡེའི་ནང་བཞུགས་གསེར་བྲིས་བཀའ་འགྱུར་ཐེམ་སྤྱངས་མ་ནི་ཁྱུང་པོ་གཡུ་ཁྲིའི་ལུགས་ལྟར་བཞེངས་པའི་ཁྱུང་བྲིས་ཀྱི་དཔེ་མཚོན་ཡིན་པ་དང་། རྒྱལ་བ་ལྔ་པ་ཆེན་པོའི་དུས་སུ་བཞེངས་པའི་དཔལ་འབྲས་སྤུངས་ཀྱི་བཀའ་འགྱུར་གསེར་བྲིས་འཛམ་གླིང་གཡས་བཞག་ཞུ་བ་དེ་ནི་རྒྱལ་རྩེའི་བཀའ་འགྱུར་ཐེམ་སྤྱངས་མ་དཔེར་བླངས་ནས་བཞེངས་པ་ཁྱུང་བྲིས་ཀྱི་དཔེ་མཚོན་ཡིན་ཞེས་མཁས་དབང་དུང་དཀར་བློ་བཟང་འཕྲིན་ལས་མཆོག་གིས་མཛད་པའི་དུང་དཀར་བོད་རིག་པའི་ཚིག་མཛོད་ཀྲུང་གོ་བོད་རིག་པའི་དཔེ་སྐྲུན་ཁང་གི་2002ལོའི་སྤར་མའི་ཤོག་གྲངས་336ཏུ་གསལ།

② རྗེ་བོའི་སྐུ་མཆེད་རིན་པོ་ཆེ་རྣམ་པ་གསུམ་གྱི་སྲས་སུ་གྱུར་པ་བྱ་ཡུལ་བ་ཤར་པ་སོགས་ཀྱི་བསྟན་པ་འཛིན་སྐྱོང་བསྲུང་སྤེལ་མཛད་པའི་དུས་སུ། ……སུམ་པ་རྒྱ་གར་བཟང་སྦྱིད་གྲུ་བཞིའི་ལུགས་ལ་མཁས་པ་དེའི་དཔོན་དུ་གྱུར་པ། སུམ་པ་གནོད་སྦྱིན་དེ་ཁྲབ་འཇུག་གི་སྤྲུལ་པར་གྲགས་ཏེ། སྨྱུག་ཐོགས་ཡོངས་ལ་བཀའ་དྲིན་ཆེ། ཞེས་བོད་ཀྱི་མཁས་པ་ཁྱུང་པོ་གཡུ་ཁྲིས་མཛད་པའི་ཡི་གེའི་དར་གུད་བྱུང་ཚུལ་དང་ཀ་ཁ་སུམ་ཅུའི་ཕྱག་ཚད་ཅེས་པ་བྲིས་མའི་ལྡེབ་གྲངས་9པར་གསལ།

③ ཚེ་ཏན་ཞབས་དྲུང་རྗེ་བཙུན་འཇིགས་མེད་རིག་པའི་བློ་གྲོས་མཆོག་གི་གསུང་འབུམ་པོད་བཞི་པ་མི་རིགས་དཔེ་སྐྲུན་ཁང་གི་2007ལོའི་སྤར་མའི་ཤོག་གྲངས་109ལས་བྲངས།

④ ལྡེའི་གདུང་བརྒྱུད་ནི་གནམ་རིམ་པ་བཅུ་གསུམ་གྱི་སྟེང་ན་འབྲུག་ལྷ་བུའི་ལྡེ་དང་ས་མེ་ཀྱི་ཞུ་བ་ལྷ་བུའི་བཙུན་མོ་བཞེས་པའི་སྲས་ལ་ལྷ་གནན་རྩེ་རྒྱལ་པོ་བྱུང་། དེའི་གདུང་རྒྱུད་ལ་ལྡེའི་མིང་ཐོབ། ལྷ་གནན་རྩེ་རྒྱལ་པོ་དང་ཀླུ་གཟའ་བཙུན་མོ་བཞེས་པའི་སྲས་ལ་ལྡེ་ཉི་ཟེར་འཕྲུལ་གྱི་རྒྱལ་པོ་བྱུང་། དེ་ལས་སྲས་བདུན་གྱི་ཐ་ཆུང་ཤེལ་གྱི་སྐས་ལས་བབས་ཏེ།སྟག་གཟིག་གི་ཡུལ་དང་། དེ་ནས་ཧོར། དེ་ནས་རྒྱ་ཡུལ། དེ་ནས་ཡར་རིམ་འབྲུད་ཀྱིས་ཡར་ལུང་དུ་ཕེབས་སོ། བོད་ཡུལ་དབུའང་རྒྱལ་པོ་སྲོང་བཙན་སྒམ་པོའི་ནང་བློན་ལྡེ་དབང་ཆེན་གྱི་བགྲིས་ནས་བསྟན་འགྲོ་ལ་ཕན་པ་རྒྱ་ཆེན་པོ་བྱས། དེའི་རྗེས་སུ་སྒྲ་བསྒྱུར་གྱི་ལོ་ཙཱ་བ་ལྡེ་ཁྲི་འབྲུག་དང་ལྡེ་ལོ་ཙཱ་བ་རྡོ་ན་སེང་ཧ་སོགས་ཀྱིས་ཤེར་ཕྱིན་སོགས་བསམ་གྱིས་མི་ཁྱབ་པ་བསྒྱུར་ཅིང་སྒྲའི་གནས་བརྒྱད་ལ་སོགས་པ་བརྩམས། ལོ་ཙཱ་བ་ལྡེ་ཁྲི་འབྲུག་གིས་སྒྲ་བསྒྱུར་གྱི་ལོ་ཙཱ་བ་དང་རྒྱལ་པོ་ཁྲི་སྲོང་ལྡེའུ་བཙན་དང་སད་ན་ལེགས་གཉིས་ཀྱི་ནང་བློན་མཛད། གཞན་ཡང་ལྡེ་བློ་ལྡན་སེང་གེ་དང་། ལྡེ་མདོ་སྡེ་པ་སེང་གེ་ལ་སོགས་རྣལ་འབྱོར་མང་པོ་བྱོན། ལྡེ་ལོ་ཙཱ་བ་དགའ་བའི་དཔལ་དང་། ལྡེ་ལོ་ཙཱ་བ་ཀླུ་མེས་དང་། ལྡེ་ལོ་ཙཱ་བ་བཀྲ་ཤིས་བརྩེགས་པ་སོགས་བྱུང་ཞེས་རྗེ་ནང་ཏཱ་ར་ནཱ་ཐས་མཛད་པའི་མྱང་ཆོས་འབྱུང་བོད་ལྗོངས་མི་དམངས་དཔེ་སྐྲུན་ཁང་གིས་2002ལོའི་སྤར་མའི་ཤོག་གྲངས་156ཏུ་གསལ།

མཁན། བོད་ཏུ་བཞིར་འབྲི་གཟུགས་སྐད་གྲགས་ལྡན་པའི་དཔོན་ཆེན་འཕན་དགའ་ཞེས་བརྗོད་པ་ལ་གཞིགས་ན་ཡིག་མཁན་དབུ་ཆེན་འཕན་དགའ་ཁོང་གིས་འབྲུངས་འདུས་ལོ་ཚིགས་ཞུ་མ་ཤེས་ཏུང་། ཡིག་མཁན་ཁོང་གི་མཚན་མདུན་དུ་བྱུང་བའི་དཔོན་ཆེན་ཞེས་བྱུང་བ་དེ་ལ་བསམས་ན། བོད་ཀྱི་གསུང་རབ་སྨྲ་བ་དགེ་འདུན་ཆོས་འཕེལ་གྱིས་བཙན་པོ་དང་། ཇོ་དང་། རྒྱལ་པོ་དང་། མངའ་བདག་དང་། བླ་སོགས་ནི་སྔོན་གྱི་བཟ་ཡིན་ཞིང་། ས་སྐྱོང་དང་མི་དབང་སོགས་ནི་ལེགས་སྦྱར་སྐད་ཀྱི་ཧྲུ་བླ་ལ་དང་ན་རེནྡྲ་སོགས་བསྒྱུར་བར་འདུག་པས་བསྟན་བཙོས་ཀྱི་ཐ་སྙད་ཙམ་ཡིན་ནོ། དེ་མཚུངས་སྡེ་པ་བྱ་བ་ཡང་ཕྱིས་ཀྱི་ཐ་སྙད་ཡིན་ལ། དེ་ཡང་རྒྱ་གར་པ་རྣམས་རྒྱལ་པོ་ལ་དེ་བ་སྡེ་ལྷ་ཞེས་འབོད་པ་དེ་ཟུར་ཆག་ནས། ཁ་ཆེ་བ་རྣམས་ཀྱི་སྐད་ལ་བདེ་ཤང་དུ་འབོད་པའི་ཐ་སྙད་དེ་དག་ཐོག་མར་མངའ་རིས་ཆོས་རྒྱལ་རྣམས་ལ་ཚེ་ལོ་སྦྱར་ཞིང་། ཕྱིས་རིན་སྤུངས་སྡེའུ་གདོང་གཙང་པ་སོགས་ལ་ཡང་སྦྱར་རོ་[1]ཞེས་པ་ལས་རིགས་འགྲེལ་ན། དཔོན་ཆེན་ཞེས་པའི་མཚན་བསྟོད་དེ་ཡང་དུས་རབས་15-16ཡས་མས་ཙམ་དུ་འགྲེལ་ནུས་པས་ན། སྐབས་འདིའི་ཡིག་མཁན་དབུ་ཆེན་འཕན་དགའ་ཡང་དུས་རབས་དེ་ཙམ་གྱི་ཡིག་མཁན་དབུ་ཆེན་ཞིག་ཡིན་པར་སེམས། དུས་རབས་16-17པའི་ཡིག་མཁན་དབུ་ཆེན་འཕན་དགའི་རྒྱུད་འཛིན་པ་སྐབས་འདིའི་ཤེར་ཕྱིན་འབྲི་བཞེངས་ཀྱི་ཡིག་མཁན་དབུ་ཆེན་ཐར་སེང་གིས་སོར་རྩེ་ལས་ཐོན་པ་ཞིག་ཡིན། གསུང་རབ་དེའི་འབྲི་གཟུགས་ཀྱི་ཐད་ལ་གསུང་རབ་དེའི་མཚན་བྱང་སམ་བོད་ཤན་སྦྱར་ཏེ་སམ་སྐྲི་ཏའི་གཟུགས་ནི་སེང་གེ་གནམ་ལ་འཕྱོང་འདྲ་བ་དང་བོད་ཡིག་ནི་མུ་ཏིག་སྟར་ལ་བརྒྱུས་འདྲ་བའི་འབྲི་གཟུགས་སྟེ། རྒྱལ་པོ་ཁྲི་གཙུག་ལྡེ་བཙན་གྱི་སྐུ་དུས་སུ་གྲ་ཤོད་གཉིས་བྱ་བའི་ཡི་གེའི་མཁན་པོ་གཉིས་བྱུང་སྟེ། ཇོ་ལ་ཡི་གེའི་སྟངས་ཕུལ་བས། སེང་གེ་གནམ་འཕྱོང་འདྲ་བ་དང་། མུ་ཏིག་སྟར་ལ་རྒྱུས་པ་འདྲ་གཅིག་བྱུང་སྟེ། ཇོ་ས་བདག་རྒྱལ་པོའི་ཐུགས་དམ་འབྲི་བར་བཟང་[2]ཞེས་པ་ལས་མུ་ཏིག་ལྟར་ལ་རྒྱུས་དང་སེང་གེ་གནམ་འཕྱོང་འདྲ་བའི་འབྲི་གཟུགས་དེའང་དུས་རབས་9པའི་སྔོན་ནས་བྱུང་ཟིན་པ་

① མཁས་དབང་དགེ་འདུན་ཆོས་འཕེལ་གྱི་གསུང་རྩོམ་ཕྱོགས་བསྒྲིགས་པོད་དང་པོ་ནུབ་བྱང་མི་རིགས་སློབ་ཆེན་གྱི་སྤར་མའི་ཤོག་གྲངས་175ལས་དྲངས།

② ཉང་ཉི་མ་འོད་ཟེར་གྱིས་མཛད་པའི་ཆོས་འབྱུང་མེ་ཏོག་སྙིང་པོ་སྦྲང་རྩིའི་བཅུད་བོད་ལྗོངས་བོད་ཡིག་དཔེ་རྙིང་དཔེ་སྐྲུན་ཁང་གི་2010ལོའི་སྤར་མའི་ཤོག་གྲངས་386ལས་དྲངས།

དེའང་ཉང་ཉི་མ་འོད་ཟེར་ (1124-1192) གྱིས་བརྩམས་པའི་ཆོས་འབྱུང་མེ་ཏོག་སྙིང་པོ་སྦྲང་རྩིའི་བཅུད་དང་དཀའ་བཅུ་ངག་དབང་རྒྱལ་མཁན་གྱིས་ཞུས་པའི་བོད་ཀྱི་མཁས་པ་ཆེན་པོ་བྱུང་པོ་གཡུ་ཁྲིས་མཛད་པའི་ཡི་གེའི་དར་གུད་བྱུང་ཚུལ་དང་ཀ་ཁ་སུམ་ཅུའི་ཕྱག་ཚད་བཅས་ལས་ར་སྒྲོད་ཐུབ། མདོར་ན་གསུང་རབ་དེ་འབྲི་ཞུས་དག་པ་ནི་སྣ་གསུམ་ཐང་ཆད་འབྲི་བའི་ཡིག་པས་ཀློ་རྩེ་གཅིག་ཏུ་སྒྲིམ་ཏེ་འབྲི་བཤུས་མཛད་པ་ལས་ཐང་འཁྱོར་གཞུང་སྦྱོང་གི་ཆད་ལྷག་མི་མངའ་བ་དེ་ཡང་བསྟན་འདུག

བདུན། བསྔོ་སྨོན།

ཤེར་ཕྱིན་བརྒྱད་སྟོང་པ་འདི་ཤུད་ཀྱི་རྒྱུད་པ་ཤུད་ལྷན་འཛོམས་ཀྱི་སྲས་བསོད་ནམས་དཔལ་འབྱོར་དང་ཤུ་ཚ་གཙོད་པན་རྣམ་གཉིས་ཀྱིས་དད་པ་སྐྱོ་ངས་མེད་པའི་སྦྱིན་བདག་གནང་སྟེ། སྣ་གསུམ་ཐང་ཆད་འབྲི་བའི་ཡིག་མཁན་དབུ་ཆེན་ཐར་སེང་གེས་ཤོག་བུ་མཐིང་གའི་སྟེང་དུ་སྣག་ཚ་གསེར་ལས་འབྲི་ཞུས་ཡང་དག་པ་བྱས་ཏེ། འབྲི་བཞེངས་ལེགས་གྲུབ་ཟིན་པའི་རྗེས་སུ་དགེ་བའི་ལས་འདིའི་ཕྱོགས་སུ་ཞབས་ཏོག་ཕྲན་བུ་ཙམ་ཡང་བསྒྲུབ་མཁན་གྱི་གཉེན་ཉེ་སོགས་སྨོན་ལམ་ཁོངས་སུ་གཏོགས་པའི་སེམས་ཅན་རྣམས་ཚེ་ཕྱི་མ་མི་ལུས་རིན་ཆེན་ལ་བརྟེན་ནས་ཀུན་མཁྱེན་གྱི་གོ་འཕང་ཐོབ་པ་དང་དུས་དང་རྣམ་པ་ཀུན་ཏུ་བཀྲ་ཤིས་བདེ་ལེགས་སུ་གྱུར་ཅིག་ཅེས་སྨོན་ལམ་བཏབ་པ་སྟེ་མཛད་བྱང་ལས། དགེ་བ་གངས་རི་ལས་འོངས་དེས། །ཡོན་མཆོད་འཁོར་བཅས་མཁའ་མཉམ་སེམས་ཅན་རྣམས། །ཕྱི་ལུས་རིན་ཆེན་གྲུ་ལ་རབ་བརྟེན་ནས། །ཀུན་མཁྱེན་ད་རྒྱ་མཚོའི་གནས་སུ་ཕྱིན་ད་པར་ཤོག། །ཕྱོགས་དང་ཕྱོགས་མཚམས་ཐམས་ཅད་དུ། །བཀྲ་ཤིས་བདེ་ལེགས་ཀྱིས་ཁྱབ་པར་གྱུརད་ཅིག། དགེའོ། །བཀྲ་ཤིས་སོ། །ཧྲིཧྲི།[1] ཞེས་པའོ།

① མངའ་རིས་ཕྱི་གཡང་ཤེར་ཕྱིན་བརྒྱད་སྟོང་གསེར་བྲིས་པོད་ཀ་པའི་མཛད་བྱང་ལས་དྲངས།

ལེ་ཚན་གསུམ་པ། མངའ་རིས་ཕྱི་གཡང་གསེར་འོད་དམ་པའི་མདོའི་མཛད་བྱང་།

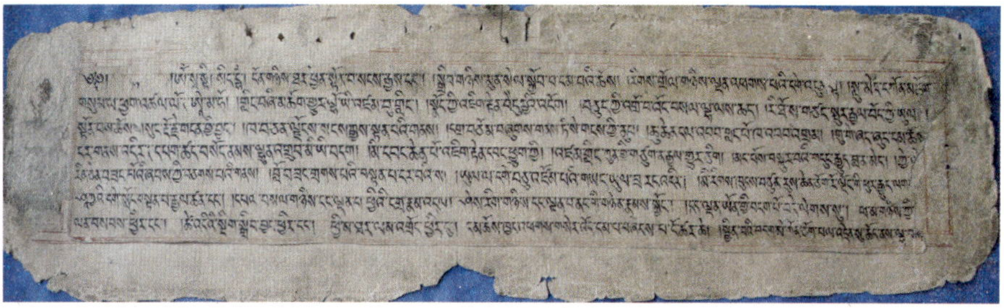

མཛད་བྱང་མ་དཔེ།

དང་པོ། མཛད་བྱང་མ་ཕྱུས།

༄༅། །ཨོཾ་སྭ་སྟི། །སེང་ཧྲ། །དོན་གཉིས་ཐར་ཕྱིན་སྟོན་པ་སངས་རྒྱས་དང་། །སྒྲིབ་གཉིས་མུན་སེལ་སྐྱོབ་པ་དམ་པའི་ཆོས། །རིགས་གྲོལ་གཉིས་ལྡན་འཕགས་པའི་དགེ་འདུན་སྡེ། །སླུ་མེད་དཀོན་མཆོག་གསུམ་ལ་ཕྱག་འཚལ་ལོ། །ཨེ་མ་ཧོ། །གླིང་བཞིའི་མཆོག་གྱུར་ལྷོ་ཡི་འཛམ་བུ་གླིང་། །སྟོད་ཀྱི་འཛིག་རྟེན་བེཊྚཏའི་འདོག། བཙུད་ཀྱི་འགྲོ་བ་འོད་གསལ་ལྷ་ལས་ཆད། །རི་མཐོ་ས་གཙང་སྲུར་རྒྱལ་བོད་ཀྱི་ཡུལ། སྟོན་པས་ཆོས་གསུངས་རྡོ་རྗེ་གདན་གྱི་བྱང་། །ཁ་བ་ཅན་ལྗོངས་སངས་རྒྱས་བསྟན་པའི་གནས།། དགྲ་བཅོམ་བཞུགས་གནས་ཏི་སེ་གངས་ཀྱི་ནུབ།། ཆུ་ཆེན་དལ་འབབ་གླང་པོ་ཁ་འབབ་འགྲམ།། གུ་གེ་ཞང་ཞུང་དམ་ཆོས་དར་གནས་འདིར།། དཔག་ཚད་བསོད་ནམས་ལྷུན་འགྲུབ་མི་ཡི་བདག། མི་དབང་ཆེན་པོ་འཛིག་རྟེན་དབང་ཕྱུག་གྱི།། འཛམ་གླིང་ཀུན་གྱི་གཙུག་ན་རྒྱལ་གྱུར་ཅིག། མང་པོས་བཀུར་བའི་གདུང་རྒྱུད་བླ་ན་མེད།། ཀྱི་ལེགས་རིན་ཅེན་བཟང་པོའི་ཞབས་ཀྱིས་བཅགས་པའི་གནས།། བློ་བཟང་གྲགས་པའི་བསྟན་པ་དར་བའི་ས།། ཡུལ་ལ་དགེ་བཅུ་འཇོམ་པའི་གཡང་ཡུལ་ཟ་རང་འདིར།། མི་རིགས་ཁྲུངས་བཙུན་ཏུས་ཆེན་ཅོག་རོ་ལྗོང་གི་ཕུར་རྒྱུད་ལགས།། ཤཱཀྱའི་དགེ་སློང་བསྟན་པ་རྒྱལ་མཚན་དང་། །དཔའ་བསལ་གཉིས་དང་ལྡན་པ་ཕྱིའི་དགྲ་རྣམ་འདུལ།། ཤེས་རིག་གཉིས་དང་ལྡན་པ་ནང་གི་གཉེན་རྣམས་སྐྱོང་། །དད་ལྡན་ཡོན་གྱི་བདག་པོ་བདེ་ལེགས་སུ། །ཕ་མ་གཉིས་ཀྱི་དྲིན་ལན་བསབ་ཕྱིར་དང་། །ཚེ་འདིའི་སྡིག་སྒྲིབ་བྱང་ཕྱིར་དང་། །ཕྱི་མ་ཐར་ལམ་བགྲོད་ཕྱིར་དུ།། དམ་ཆོས་ཁྱད་འཕགས་གསེར་འོད་དམ་པ་བཞེངས་པ་ངོ་མཚར་ཆེ།། སྦྱིན་པའི་བདག་པོ་

དཀོན་ཅོག་པལ་འདྲེན་སུ་ཚོད་ནས།། ལྷ་བཞི……[1]ཞེས་པའོ།

གཉིས་པ། མཛད་བྱང་གི་དབྱེ་ཞིབ།

གཅིག བསྟོད་ཕྱག

༄༅།། ཨོཾ་སྭ་སྟི། སིང་ཧ། དོན་གཉིས་ཐར་ཕྱིན་སྟོན་པ་སངས་རྒྱས་དང་། །སྒྲིབ་གཉིས་མུན་སེལ་སྐྱོབ་པ་དམ་པའི་ཆོས།།རིགས་གྲོལ་གཉིས་ལྡན་འཕགས་པའི་དགེ་འདུན་སྟེ། །སླུ་མེད་དཀོན་མཆོག་གསུམ་ལ་ཕྱག་འཚལ་ལོ་[2]ཞེས་བྱུང་བ་ལྟར་ན། དེ་ཡང་སྟོན་གྱི་མཛད་བྱང་ཇི་བཞིན་ཐོག་མར་སྒོ་གསུམ་གུས་པའི་སྒོ་ནས་དཀོན་མཆོག་གསུམ་སྟེ་སངས་རྒྱས་དང་ཆོས། དགེ་འདུན་བཅས་གསུམ་ལ་གུས་ཕྱག་བསྟོད་པ་དེ་ཡིན།

གཉིས། ཡུལ་ལུང་།

འཕགས་པ་གསེར་འོད་དམ་པའི་མདོ་དེ་འབྲི་བཞེངས་བསྐྲུངས་སའི་གནས་ནི་མཛད་བྱང་གི་ཡུལ་བསྟོད་དུང་ཆེན་གཟུགས་ལས་ཁ་གསལ་ཞིག་རྟོགས་ཐུབ་པ་སྟེ། ཨེ་མ་ཧོ།།གླིང་བཞི་མཆོག་གྱུར་ལྷོ་ཡི་འཛམ་བུ་གླིང་། །སྟོད་ཀྱི་འཛིག་རྟེན་བེཧུཏྲའི་འདོག། བཅུད་ཀྱི་འགྲོབ་འོད་གསལ་ལྷ་ལས་ཆད།། རི་མཐོ་ས་གཙང་སྤུར་རྒྱལ་བོད་ཀྱི་ཡུལ།། སྟོན་པས་ཆོས་གསུངས་རྡོ་རྗེ་གདན་གྱི་བྱང་།། ཁ་བ་ཅན་ལྗོངས་སངས་རྒྱས་བསྟན་པའི་གནས།། དགྲ་བཅོམ་བཞུགས་གནས་ཏི་སི་གངས་ཀྱི་ནུབ།། ཆུ་ཆེན་དལ་འབབ་གླང་པོ་ཁ་འབབ་འགྲམ།། གུ་གེ་ཞང་ཞུང་དམ་ཆོས་དར་གནས་འདིར།། དཔག་ཚད་བསོད་ནམས་ལྷུན་འགྲུབ་མི་ཡི་བདག། མི་དབང་ཆེན་པོ་འཛིག་རྟེན་དབང་ཕྱུག་གྱི།། འཛམ་གླིང་ཀུན་གྱི་གཙུག་ན་རྒྱལ་གྱུར་ཅིག། མང་པོས་བཀུར་བའི་གདུང་རྒྱུད་བླ་ན་མེད།། ཀྱི་ལེགས་རིན་ཅན་བཟང་པོའི་ཞབས་ཀྱི་བཅགས་པའི་གནས།། བློ་བཟང་གྲགས་པའི་བསྟན་པ་དར་བའི་ས།། ཡུལ་ལ་དགེ་བཅུ་འཛོམས་པའི་གཡང་ཡུལ་ཟ་རང་འདིར།།[3]ཞེས་བྱུང་བ་ལྟར་ན། ཐོག་མར་ཨེ་མ་ཧོ་ཞེས་པས་དབུ་འཕེན་ཏེ་བྱང་སྒྲ་མི་སྙན་

---

① མངའ་རིས་ཕྱི་གཡང་འཕགས་པ་གསེར་འོད་དམ་པའི་མདོའི་མཛད་བྱང་ལས་དྲངས།

② མངའ་རིས་ཕྱི་གཡང་འཕགས་པ་གསེར་འོད་དམ་པའི་མདོའི་མཛད་བྱང་ལས་དྲངས།

③ མངའ་རིས་ཕྱི་གཡང་འཕགས་པ་གསེར་འོད་དམ་པའི་མདོའི་མཛད་བྱང་ལས་དྲངས།

ལ་སོགས་པའི་གླིང་བཞིའི་ནང་ནས་མཆོག་ཏུ་གྱུར་པ་ལྷོ་འཛམ་བུ་གླིང་གི་ཕྱི་སྣོད་ཀྱི་འཇིག་རྟེན་བཀོད་པ་དང་ནང་བཅུད་ཀྱི་སེམས་ཅན་ཏེ་ཐོག་མར་འགྲོ་བ་འོད་གསལ་ལྷ་ལས་ཆད་[1]ཅེས་གྲགས་པ་དང་། ལྷག་དོན་དུ་གླིང་དེའི་ནང་དུ་ཆགས་པའི་རི་མཐོ་ཞིང་ས་གཙང་བའི་བོད་ཡུལ་དེ་ནི། སྤྱི་ལོའི་སྔོན་གྱི་ལོ་340ཡས་མས་སུ་སྟོན་པ་ཤཱཀྱ་ཐུབ་པས་ཆོས་གསུངས་པའི་གནས་རྒྱ་གར་རྡོ་རྗེ་གདན་[2]ཏེ་བོད་ཀྱི་གསུང་རབ་སྨྲ་བའི་དབང་པོ་དགེ་འདུན་ཆོས་འཕེལ་གྱིས་བུད་དྷ་ག་ཡ་ཡང་ན་རྡོ་རྗེ་གདན་[3]གྱི་བྱང་ཕྱོགས་སུ་མཐའ་བཞི་གངས་རིས་བསྐོར་ཞིང་ནང་ཆོས་དར་བའི་གནས་དེར། ཏེ་སི་སྟེ་བོད་རང་སྐྱོང་ལྗོངས་མངའ་རིས་ས་ཁུལ་སྤུ་ཧྲེངས་རྫོང་དུ་ཡོད་པའི་གངས་རི་ཞིག་གི་མིང་སྟེ། ཡོངས་གྲགས་སུ་སྟོད་གངས་རིན་པོ་ཆེ་ཟེར་ཞིང་། མཐོ་ཚད་རྒྱ་མཚོའི་ངོས་ལས་སྤྱི་ཁྲི་དྲུག་སྟོང་བདུན་བརྒྱ་བཅུ་བཞི་དང་། གངས་རིར་བསྐོར་བ་ཆ་ཚང་གཅིག་ཐེབས་པའི་འཁོར་ཚད་སྤྱི་ལེ་ལྔ་བཅུ་ང་གཉིས། གངས་རིའི་བསྐོར་ལམ་གྱི་གཙོ་གནད་སྒྲོལ་མ་ལ་ཡི་མཐོ་ཚད་རྒྱ་མཚོའི་ངོས་ལས་སྤྱི་ཁྲི་ལྔ་སྟོང་བདུན་བརྒྱ་ཉེ་ཤུ་རྩ་གསུམ་ཡོད་ཅེས་

① འོད་གསལ་ལྷ་ལས་ཆད་པའི་སྐོར་ནི་འཕོན་གྱི་རུས་རྒྱུད་དང་ཕག་གྲུ་རླངས་ཀྱི་རུས་རྒྱུད་དང་། ལྡེ་ཁྲི་འབྲུག་གི་རུས་རྒྱུད་སོགས་འོད་གསལ་ལྷ་ལས་ཆད་པར་བཤད།

② རྒྱ་ནག་གི་བཙུན་པ་སྒེ་སྟོད་འཛིན་པའམ་ཟན་ཙང་གིས་གསུངས་དོན། བྱང་ཆུབ་ལྡོན་པའི་ར་བའི་དཀྱིལ་དུ་རྡོ་རྗེའི་གདན་ནམ་བྱང་ཆུབ་སྙིང་པོ་ཡོད། དེ་ནི་བསྐལ་པ་བཟང་པོའི་སངས་རྒྱས་སྟོང་ཐོག་མར་འཚང་རྒྱ་བ་ན་བྱང་ཆུབ་ཆེན་པོའི་གནས་འདི་ཉིད་ཡིན་པས་མི་གཡོ་མི་འཇིག་བརྟན་པ་སྟེ་བ་སྟོང་གསུམ་གྱི་སྟོང་ཆེན་པོའི་འཇིག་རྟེན་གྱི་དཀྱིལ་ཏེ། འོག་གསེར་གྱི་འཁོར་ལོ་ལ་བརྟེན་པ་རང་བཞིན་ནི་རྡོ་རྗེ་རིན་པོ་ཆེ་འབབ་ཞིག་ལས་གྲུབ་པ་དང་། སངས་རྒྱས་ཐམས་ཅད་འདིར་བཞུགས་ནས་རྡོ་རྗེ་ལྟ་བུའི་ཏིང་ངེ་འཛིན་ལ་སྙོམས་པར་འཇུག་པས་ན་མིང་དེ་ལྟར་ཆགས་སོ་ཞེས་ཆེན་པོ་ཐང་གུར་དུས་ཀྱི་རྒྱ་གར་ཞིང་གི་བཀོད་པའི་དཀར་ཆག་གྲུང་གོ་བོད་རིག་པའི་དཔེ་སྐྲུན་ཁང་གི་2006ལོའི་སྤར་མའི་ཤོག་གྲངས་198ལས་བྲངས།

③ རྡོ་རྗེ་གདན་གྱི་གནས་མཆོག་དེ་ནི་ནང་པའི་མདོ་དང་ཆོས་འབྱུང་ནང་དུ་གསལ་བ་ལྟར་དེར་ཤཱཀྱའི་རིགས་ལས་འཁྲུངས་པའི་དགེ་སློང་གཽ་ཏ་མ་ཉིད་ཨུ་རུ་ཝི་ལ་ཞེས་པ་ག་ཡ་ད་དང་ཉེ་བའི་སར་ཤིང་པི་བལ་འོག་ཏུ་སྒོམ་ལ་བདུལ་བཏུལ། གྲུང་ལ་མཉམ་པར་བཞག་ཐོ་རེངས་ལ་མངོན་པར་རྫོགས་པའི་སངས་རྒྱས་པའི་གནས་མཆོག་གཉིས་པ་ཡིན་ནོ། གང་ཡིན་ཟེར་ན་གནས་དེ་ནི་སྐྱེས་བུ་དམ་པའི་བྱིན་གྱིས་བརླབས་པའི་གནས་བུད་དྷ་ག་ཡ་བོདྡྷ་ག་ཡ་ཞེས་སུ་གྲགས་ཤིང་དེས་ན་ཤིང་དེའི་མིང་དུ་བོ་དྷི་ཤིང་ཞེས་ཀུན་ལ་གྲགས་སོ། ཆོས་རྒྱལ་ཨ་ཤོག་ནང་པའི་བསྟན་པར་བཞུགས་ནས་ལོ་བཅུའི་རྗེས་སུ་གནས་དེར་ཐེབས་ཤིང་དེའི་མཚན་དུ་དུ་སམ་བོ་དྷི་ཞེས་རྗོར་བཀོས་པ་དང་། ཡང་ནང་པ་གཞན་ནས་འདིའི་མཚན་དུ་མཧཱ་བོ་དྷི་ཞེས་གསོལ་ཏོ། རྒྱ་གར་ཤར་ཕྱོགས་ཀྱི་རི་ལེའི་ས་ཆ་ས་ག་ཡཨིའི་ཊེ་ཤོན་ནས་མེ་ལི་བདུན་ཙམ་གྱི་སར་བུད་དྷ་ག་ཡང་ན་རྡོ་རྗེ་གདན་གྱི་གནས་དེ་ཡོད་ཅིང་། འགྲོ་ལམ་ཌ་ཅང་བདེ་སྟབས་ཊག་སིསི་ཞེས་པ་གླས་པ་མཊར་དང་རིག་ཤོ་ཞེས་པ་མིས་འདྲེན་འཁོར་ལོ་དང་ཊམ་ཊམ་ཞེས་པའི་ཤིང་རྟ་འཁོར་ལོ་སོགས་གླས་ནས་འགྲོ་ཐུབ། གནས་འདིར་གནས་མཇལ་བ་རྣམས་ཀྱི་ཆེད་དུ་ནང་པའི་མགྲོན་ཁང་ཡང་ཡོད། པིའི་ཊབ་ལིའུ་ཊིའི་ཨིནསེ་པིག་ཤོན་བཏྲ་ལོ་དང་རེ་ལིའི་འགྲུལ་ཁང་དུང་འགྲུལ་པ་རྣམས་ཡུན་ཐུང་དུའི་རིང་སྡོད་ཆོག་ཅེས་མཁས་དབང་དགེ་འདུན་ཆོས་འཕེལ་གྱིས་རྒྱ་གར་གྱི་མཆོད་རྟེན་དང་གནས་མཆོག་རྣམས་ཀྱི་བཤད་པ་ཞེས་པའི་ཤོག་གྲངས་156ལས་བྲངས།

དང་གངས་ཏི་སི་འདིར་རྒྱ་གར་ཨུ་རྒྱན་རིག་བྱེད་སྨྲ་བ་དང་[①]བོད་ཀྱི་གཡུང་དྲུང་བོན[②]། ནང་པ་སངས་རྒྱས་ཆོས་ལུགས་བཅས་ཚང་མས་རང་རང་སོ་སོའི་སྟོན་བྱུང་ལོ་རྒྱུས་གཞིར་བཟུང་ནས་མཆོད་བསྐོར་བྱ་སྲོལ་ཞིག་ཆགས་ཡོད། སངས་རྒྱས་ཆོས་ལུགས་ཀྱི་གཞུང་མདོན་པ་མཛོད་དང་། ཡོངས་གྲགས་ཀྱི་ངག་རྒྱུན་ལ། གངས་རི་ཆེན་པོ་ཏི་སི་ནི་གངས་རི་རང་བྱུང་གི་མཆོད་རྟེན་དབྱིབས་ཅན་དུ[③]ཡོད་ཙང་དགྲ་བཅོམ་པ་བཞུགས་གནས་ཏི་སི་གངས་ཀྱི་ཤར་ལྷོ་ནུབ་བྱང་བཞི་ལས་བྱུང་གི་ངོས་སུ་ཆུ་ཆེན་དལ་གྱི་འབབ་པའི་གླང་ཆེན་ཁ་འབབ་ནི་གངས་ཏི་སེའི་ནུབ་ཕྱོགས་ནས་ཀསྨིརའི་ཡུལ་གྱི་བར་ཁ་ནུབ་ཏུ་གཏད་ནས་འབབ་ཅིང་། དེ་ནས་པ་ཅི་སི་ཐན་གྱི་བྱང་ངོས་ནས། ལྷོ་ནུབ་ཕྱོགས་སུ་ཁ་གཏད་དེ་རྒྱལ་ས་ཁ་ར་ཆིའི་མཚོ་འགག་ཏུ་ཨ་ར་པེ་རྒྱ་མཚོར་འདྲེས[④]ཤིང་རྒྱུགས་པའི་ཆུ་བོ་གླང་ཆེན་ཁ་འབབ་ཀྱི་ངོགས་སུ་ཆགས་པའི་ཞང་ཞུང་སྟེ་ཞང་ཞུང་གི་ས་མིང་ཐད་ལ་གོ་བ་མི་འདྲ་བ་ཁག་གསུམ་ཙམ་ཞིག་ལེན་དགོས་པ་སྟེ། གཅིག་གི་མཐོ་བོད་བཙན་པོའི་རྒྱལ་རབས་མ་བྱུང་བའི་སྔོན་གྱི་ཞང་ཞུང་སྐོར་ལ་བོན་གྱི་ལོ་རྒྱུས་དེབ་ཐེར་དང་བོན་གྱི་མཁས་པ་དབྲ་སྟོན་སྐལ་བཟང་བསྟན་པའི་རྒྱལ་མཚན་གྱིས་མཛད་པའི་འཛམ་གླིང་ཡུལ་བཤད་དུ་ཞང་ཞུང་གི་ཡུལ་ལ་སྒོ་ཕུག་བར་གསུམ་ཞེས་ཡོད་པས་ལས། ཞང་ཞུང་ཕུག་པ་ནི་གངས་ཏི་སེའི་ནུབ་ཕྱོགས་བླ་བ་གསུམ་ལྷག་གི་ལམ་ན་མེ་སག་གི་པར་ཟིག་དང་། ཧྲ་དག་ཤན་དང་། ཧྲ་ལག་སོགས་ཡོད། དེང་སང་ནི་མཐའ་མིས་དབང་བྱས་ཞེས་དང་ཞང་ཞུང་བར་པ་ནི་ཏི་སེའི་ནུབ་ཕྱོགས་ཞག་འགའི་ཤུལ་ཙམ་ན་ཚེ་དབང་རིག་འཛིན་གྱི་སྒྲུབ་གནས་བྱ་དུ་གཙུག་ལྷན་ཡོད་ཅེས་དང་། ཞང་ཞུང་སྒོ་པ་ནི་སྨད་ཀྱི་ཤེ་ལེ་རྒྱ་གར་ཞེས་ཁྲུང་པོ་

① སྟོན་རྒྱ་གར་གྱི་ཨུ་རྒྱན་ཆོས་ལུགས་པའི་ནང་གསེས་དབང་ཕྱུག་པ་དང་གཅེར་བུ་པ་སོགས་ལྷ་དབང་ཕྱུག་ལ་སྐྱབས་གནས་སུ་འཛིན་པ་རྣམས་ཀྱིས་གངས་ཏི་སི་འདི་བཞིན་ལྷ་ཆེན་དབང་ཕྱུག་ཆེན་པའི་བཞུགས་གནས་ཡིན་པའང་ངོས་འཛིན་བྱེད་ཀྱི་ཡོད་ཅེས་མཁས་དབང་དུང་དཀར་བློ་བཟང་འཕྲིན་ལས་ཀྱིས་མཛད་པའི་དུང་དཀར་བོད་རིག་པའི་ཚིག་མཛོད་ཆེན་མོ་ཀྲུང་གོ་བོད་རིག་པའི་དཔེ་སྐྲུན་ཁང་གི་2002ལོའི་སྤར་མའི་ཤོག་གྲངས་478ལས་དྲངས།

② གཡུང་དྲུང་བོན་གྱི་ཆོས་བརྒྱུད་འཛིན་པ་རྣམས་ཀྱིས་སྟོན་པ་གཤེན་རབས་མི་བོ་ཆེ་མཆོག་ཞབས་ཀྱིས་བཅགས་ནས་བྱིན་གྱིས་བརླབས་པའི་གནས་ཁྱད་པར་ཅན་ཡིན་པར་ངོས་འཛིན་པའི་གནས་བཤད་ཏི་སེའི་དཀར་ཆག་ཚངས་དབྱངས་ཡིད་འཕྲོག་ཅེས་པར་གསལ།

③ མཁས་དབང་དུང་བློ་བཟང་འཕྲིན་ལས་ཀྱིས་མཛད་པའི་དུང་དཀར་བོད་རིག་པའི་ཚིག་མཛོད་ཀྲུང་གོ་བོད་རིག་པའི་དཔེ་སྐྲུན་ཁང་གི་2002ལོའི་སྤར་མའི་ཤོག་གྲངས་478ལས་དྲངས།

④ མཁས་དབང་དུང་བློ་བཟང་འཕྲིན་ལས་ཀྱིས་མཛད་པའི་དུང་དཀར་བོད་རིག་པའི་ཚིག་མཛོད་ཀྲུང་གོ་བོད་རིག་པའི་དཔེ་སྐྲུན་ཁང་གི་2002ལོའི་སྤར་མའི་ཤོག་གྲངས་479ལས་དྲངས།

རི་རྩེ་དྲུག་ཡིན་པས། སུམ་པའི་གླིང་གི་གྲིམ་ཤོད་ཡང་ཟེར།[①] ཞེས་དང་བོད་བཙན་པོའི་སྐབས་སུ་ཏུན་ཧོང་གི་ཡིག་རྙིང་P.T1288ནང་བཙན་པོ་རིམ་བྱུང་གི་ལོ་རྒྱུས་གླེང་སྐབས། ཞང་ཞུང་ཡོག་ཅིང་བཙན་པོ་ཁྲི་འདུས་སྲོང་ཉེན་ཀར་ན་བཞུགས་པའི་ལོ་ཆིག[②] P.T 1287བཙན་པོ་སྲོང་བཙན་སྒམ་པོའི་རིང་ལ། །ཡབ་འབངས་ནི་འཕྲུས། ཡུམ་འབངས་ནི་ལོག། གཉེན་ཞང་ཞུང་། མཛོ་སུམ་པ།།⋯⋯ཀུན་ཀྱང་ལོག[③] ཅེས་དང་བཙན་པོ་སྲོང་བཙན་གྱི་སྐུ་དུས། ཞང་ཞུང་གི་རྒྱལ་པོ་ལ་དྲངས་སྟེ། ཆབ་སྲིད་མཛད་ནས། །ཞང་ཞུང་གི་རྒྱལ་པོ་ལོག་མྱི་རྒྱ་སྲིད་བརླག་སྟེ།། ཞང་ཞུང་ཐམས་ཅད་འབངས་སུ་བཀུག་གོ[④] ཞེས་པ་སོགས་ལས་དུས་རབས་7-9ནང་དུ་ཞང་ཞུང་དེ་རྒྱལ་ཕྲན་སིལ་མ་ཞིག་ཡིན་པ་དང་བཙན་པོ་སྲོང་བཙན་གྱིས་མངའ་ཁོངས་སུ་བཙུག་པ་ལས་སྐབས་དེ་དུས་ཀྱི་ཞང་ཞུང་གི་ས་ཁྱོན་དེའང་རྟོགས། དུས་རབས་11པའི་རྗེས་ཀྱི་ཞང་ཞུང་ནི་དཔའ་བོ་གཙུག་ལག་འཕྲེང་བས་བོད་སིལ་བུའི་ལོ་རྒྱུས་གསུངས་སྐབས་འདི་ལྟར་བྱུང་སྟེ། སྐྱིད་ལྡེ་ཉི་མ་མགོན་སྐུ་ནར་སོན་རྗེས་ཁོང་གི་སྲིད་ཕལ་ཆེར་ཡུམ་བརྟན་རྒྱུད་ཀྱིས་ཁྱེར་བས་བཞུགས་བཟོད་མི་བདེ་བ་བྱུང་སྟེ། མངས་རིས་སུ་ཐོན།⋯⋯སྐྱིད་པ་ལེགས་ཤིང་བློ་གྲོས་ཆེ་བས་མངས་རིས་བསྐོར་གསུམ་གྱི་མི་རྣམས་མགུ་སྟེ་རྗེ་ཞུས།།⋯སྲས་སྟོད་ཀྱི་མགོན་གསུམ་དུ་གྲགས་པ་ལས་ཆེ་བ་དཔལ་གྱི་རིག་པ་མགོན་གྱིས་མང་ཡུལ་བཟུང་། བར་པ་བཀྲ་ཤིས་ལྡེ་

---

① འཛམ་གླིང་ཡུལ་བཤད་ཀྱི་དགོངས་དོན་ལྟར་ན་གནའ་བོའི་ཞང་ཞུང་གི་མངའ་རིས་ནི།བོད་བཙན་པོའི་རྒྱལ་རབས་ཞང་ཞུང་དབང་དུ་མ་འདུས་སྔ་རོལ་ལ་ཞང་ཞུང་སྒོ་པའི་ཁོངས་སུ་དེང་སྐབས་ཀྱི་བོད་ལྗོངས་ནག་ཆུ་ས་ཁུལ་ཁྱོན་ཡོངས་ (ལྷ་རི་རྫོང་གི་ལྟོ་བརྒྱད་ས་ཁུལ་ཕུད་) དང་ཆབ་མདོའི་རྫོང་ཁག་ཅིག མཚོ་སྔོན་ཞིང་ཆེན་གྱི་ཡུལ་ཤུལ་ཁུལ་རྣམས་གཏོགས་པ་དང་། ཞང་ཞུང་བར་པའི་ཁོངས་སུ་དེང་སང་གི་མངའ་རིས་ས་ཁུལ་ཡོངས་རྫོགས་དང་གཞིས་རྩེའི་མངའ་ཁོངས་ནས་སྐྱིད་རོང་། འབྲོང་པ། ས་དགའ་སོགས་རྫོང་ཁག་ཅིག་འདུ་བ། ཞང་ཞུང་ཕྱུག་པའི་ཁོངས་པའི་སུ་དེང་སང་གི་དབྱི་ལང་དང་ཀཤྨིར་སོགས་ཁི་ཆེའི་ཡུལ་རྣམས་ཚུད་ཡོད་པ་ཡིན་ཞེས་མིག་དམར་ཚེ་རིང་ནས་བརྩམས་པའི་ཏུན་ཧོང་ནས་ཐོན་པའི་བོད་ཀྱི་ལོ་རྒྱུས་ཡིག་ཆ་ལས་བྱུང་བའི་བོད་ལྗོངས་ས་མིང་ཞེས་པའི་ཤོག་གྲངས་16ལས་དྲངས། ཞང་ཞུང་གི་སྐོར་རྒྱས་པར་གཟིགས་འདོད་ན་གུ་གེ་པཎ་ཆེན་གྲགས་པ་རྒྱལ་མཚན་གྱིས་མཛད་པའི་ཉི་མའི་རིགས་ཀྱི་རྒྱལ་རབས་སྐྱེ་རྒུའི་ཅོད་པན་ཉི་ཟླའི་ཕྲེང་མཛེས་པོ་བྲང་པོ་ཏྭ་ལའི་དཔེ་ཚོགས་དཔལ་ས་སྐྱ་པའི་གསུང་རབ་བོད་དང་པོ་ལོ་རྒྱུས་དང་ཆོས་འབྱུང་ཤོག་གྲངས་236-242བར་གསལ།

② 见，王尧藏学文集（卷-）敦煌本吐蕃历史文书及吐蕃制度文化研究，中国藏学出版社 2012年版，第 57 页。

③ 见；王尧藏学文集（卷-）敦煌本吐蕃历史文书及吐蕃制度文化研究，中国藏学出版社 2012年版，第 57 页。

④ ཏུན་ཧོང་ནས་ཐོན་པའི་བོད་ཀྱི་ལོ་རྒྱུས་ཡིག་ཆ་མི་རིགས་དཔེ་སྐྲུན་ཁང་གི་སྤྱི་ལོ་1980ལོའི་པར་མའི་ཤོག་གྲངས་794ལས་དྲངས།

མགོན་གྱིས་སྤྱུ་རངས་བཟུང་། ཆུང་བ་ལྷེ་གཙུག་མགོན་གྱིས་ཞང་ཞུང་བཟུང་[1]ཞེས་པ་ལས་དུས་རབས་11པའི་རྗེས་ནས་ཞང་ཞུང་ཞེས་པ་དེ་མངའ་རིས་ཁུལ་གྱི་ཡུལ་བྱེ་བྲག་ཅིག་གི་མིང་དུ་གྱུར་པ་གོ་བླ་ཐུབ་པ་མ་ཟད། འགོས་ལོ་གཞོན་ནུ་དཔལ་གྱིས་ཀྱང་ཞང་ཞུང་སྟེ་གུ་གེའི་མངའ་ཞབས་ན་ཡོད་[2]ཅེས་པས་ཞང་ཞུང་དེ་ད་ལྟ་བོད་ལྗོངས་མངའ་རིས་ས་ཁུལ་རྩ་མདའ་རྫོང་གི་ཁོངས་སུ་ཡོད་པ་དེ་ཡིན། མངའ་རིས་ས་ཁུལ་ཁོངས་སྟེར་བོད་ས་གནས་སྲིད་གཞུང་སྐབས་ཀྱི་རྫོང་ཡོད་ས་དེར། རྗེ་བོ་རྗེ་སོགས་མཁན་སློབ་མང་དུ་བྱོན་པས་དམ་ཆོས་དར་ཞིང་གང་བསམ་ལྷུན་གྱིས་འགྲུབ་པའི་གནས་ཟ་རང་སྟེ་སྐྱ་ཤུར་གྱི་རྒྱལ་པོ་ལི་བྱིན་ཁྲི་ལ་དང་སྐྱིད་ལྡེ་ཉི་མ་མགོན་གཉིས་འབྲུགས་པའི་སྐབས་སུ་ཡང་ས་མིང་དེ་ཐོན་ཡོད་པ་སྟེ། དེ་ནས་ཁྱུང་དཔུང་སྟོང་རི་མོས། སྐྱ་ཤུར་གྱི་རྒྱལ་པོ་ལི་བྱིན་ཁྲི་ལ་ཞུས་པ། རྒྱལ་པོ་ཆེན་པོ་ལགས། ཉི་མ་དབུས་ཀྱི་ལྷ་སྲས་སྐྱིད་ལྡེ་ཉི་མ་མགོན་ནི། རྗེའི་ཆབ་སྲིད་ལ་སྙོ་བར་བྱུང་སྐད་དོ། ཞང་ཞུང་ཁྲི་ལྡེའི་དམག་དང་སྐྱིད་ཚལ་ཞུས་པས། ཤེལ་གྱི་ཁྲི་ལས་བབས་ཏེ། མཁར་ཁྱུང་ལུང་དངུལ་དཀར་ནས། ཞང་ཞུང་ཁྲི་སྡེའི་དམག་དང་ཆས་ནས། ར་ལར་ཕེབས། འབྲུགས་ཁྲིའི་སྡེའི་དམག་ཐམས་ཅད་ངོ་ལོག སྐྱ་ཤུར་རྒྱལ་པོ་གོ་གོར་བཙུས་ནས། གྲིབ་མ་ལ་སྙོན་རྒྱབ། ལྕགས་ཀྱི་མི་རེང་དུ་བཙུས་པས། སྤྱི་བོར་ཟངས་ཀྱི་ཁབ་བརྒྱབ་ནས་བསད་དོ། དཔུང་མར་བྱ་སྟག་དང་། ལ་ཤིང་བཀྲག་ནས་ལོག་སྟེ། ཙ་རང་གི་མཁར་བཟུང་། དད་བཟང་ཁྲུས་ཨ་ཏུའི་ཡུལ་བཟུང་། གུ་གུ་ཁྱུང་གིས་སྤུ་ཧྲངས་ཀྱི་སྨད་ལྷེམ་མོ་བཟུང་ངོ་། དུས་དེར་སྐྱིད་ལྡེ་ཉི་མ་མགོན་ལ། རྒྱལ་སྲིད་ཕྱག་ཏུ་ཕུལ་[3]ཞེས་པ་ལས་དུས་རབས་12པའི་སྔོན་ནས་མངའ་རིས་ཁུལ་དུ་ཟ་རང་ཞེས་པའི་ས་མིང་ཡོད་པ་ཤེས། རྩ་རང་དང་རྩ་བྲང་ངམ་རྩབ་རངས་ནི་རྩ་རངས་ཀྱི་འབྲི་སྟངས་ཡུལ་སྐད་དུ་སོང་བ་ཞིག་ཡིན་ཞིང་དེ་སྔའི་རྫོང་རྩ་མདའ་རྫོང་དང་རྩ་བྲང་རྫོང་[4]གཉིས་སྤྱི་ལོ་1960ལོར་གཅིག་ཏུ་

① དཔའ་བོ་གཙུག་ལག་འཕྲེང་བས་མཛད་པའི་ཆོས་འབྱུང་མཁས་པའི་དགའ་སྟོན་མི་རིགས་དཔེ་སྐྲུན་ཁང་གི་སྤར་མའི་ཤོག་གྲངས་434ལས་དྲངས།

② འགོས་ལོ་་གཞོན་ནུ་དཔལ་གྱིས་མཛད་པའི་དེབ་ཐེར་སྔོན་པོ་སི་ཁྲོན་མི་རིགས་དཔེ་སྐྲུན་ཁང་གི་1984ལོའི་སྤར་བའི་ཤོག་གྲངས་62ལས་དྲངས།

③ གུ་གེ་པཎ་ཆེན་གྲགས་པ་རྒྱལ་མཚན་གྱིས་མཛད་པའི་ཉི་མའི་རིགས་ཀྱི་རྒྱལ་རབས་སྐྱེ་རྒུའི་ཙོད་པན་ཉི་ཟླའི་ཕྲེང་མཛེས་པོ་བྲང་པོ་ཏྭ་ལའི་དཔེ་ཚོགས་དཔལ་ས་སྐྱ་པའི་གསུང་རབ་པོད་དང་པོ་ལོ་རྒྱུས་དང་ཆོས་འབྱུང་། མཚོ་སྔོན་མི་རིགས་དཔེ་སྐྲུན་ཁང་གི་2013ལོའི་སྤར་མའི་ཤོག་གྲངས་241ལས་དྲངས།

④ དེ་སྔ་མངའ་རིས་ས་ཁུལ་དུ་རྫོང་བཞི་དཔོན་བཞི་ཞེས་བརྗོད་པའི་ལུགས་སྲོལ་ཡོད་པ་དེའི་གྲས་ཀྱི་རྫོང་བཞི་སྟེ་རྩ་རངས་རྫོང་

སྒྲིལ་བས་དེང་གི་ཙ་མདའ་རྫོང་[1]ཞེས་པའི་ཐ་སྙད་བྱུང་། སྔོན་གྱི་ཙ་རངས་རྫོང་གི་གནས་སའི་བདག་པོ་འཇིག་རྟེན་དབང་ཕྱུག་སྟེ་ཁོང་གི་དབུ་རྩོམ་གཙན་ཞིང་ཆབ་སྲིད་རྒྱ་མཚོའི་དཔལ་བཞིན་རྒྱས་པའི་མངའ་ཁོངས་སུ་གཏོགས་པའི་གཡང་ཡུལ་ཟ་རང་ནི་སྤྱི་ལོ1933ལོར་མངའ་རིས་ཁུལ་དུ་གནའ་རྫས་རྟོག་ཞིབ་ཏུ་ཡོང་མཁན་དབྱི་ཏ་ལིའི་མཁས་པ་ཏུའུ་ཆིས་དཀར་དཔག་དང་ཚུ་སུ་དང་ཟ་རང་བར་ལ་སྤྱི་ལི་ཁ་ཤས་ཀྱི་ལམ་ཐག་ལས་མེད། ས་ཁུལ་དེ་ནི་རི་ཤུར་ལུང་སྟོང་ཡིན་ཀྱང་དེའི་ནང་དུ་ནང་བསྟན་གྱི་དགོན་པ་ཞིག་ཡོད་པ་གསལ་པོར་མཐོང་[2]ཞེས་པས་ཀྱང་གསུང་རབ་དེ་འབྲི་བཞེངས་བསྐྲུངས་པའི་གནས་ཟ་རང་སྟེ་དེང་གི་ཙ་མདའ་རྫོང་གི་གྲོང་སྡེའི་ལྟེ་བར་གནས་པའི་མཐོ་ལྡིང་དགོན་པ་ནས་སྤྱི་ལི་བདུན་ཅུ་དོན་ལྔ་ལྷག་ཙམ་གྱི་སར་གནས་པ་དེར། དུས་རབས་11པའི་ནང་དུ་ལོ་ཆེན་རིན་ཆེན་བཟང་པོས་ཞབས་དངོས་སུ་བཙུགས་མཛད་པ་མ་ཟད་རྒྱ་དཔེ་མི་ཙུང་བ་ཞིག་བོད་སྐད་དུ་བསྒྱུར་བའི་ས་དང་། དུས་རབས་15པར་བྱོན་པའི་རྗེ་ཙོང་ཁ་པ་བློ་བཟང་གྲགས་པས་སྤྲོལ་གཏོད་པའི་དགེ་ལུགས་པའི་བསྟན་པ་ཡང་དར་བའི་ས་ཞིག་ཡིན་པ་ནི་མཛད་བྱང་ལས་རྟོགས།

གསུམ། སྦྱིན་བདག

ཀུ་གེའི་མངའ་ཞབས་གཡང་ཡུལ་ཟ་རང་སུ་འཕགས་པ་གསེར་འོད་དམ་པའི་མདོ་འདི་འབྲི་བཞེངས་བྱ་སྐབས་སུ་དད་པ་སྐྱོ་ངས་མེད་པའི་སྦྱིན་བདག་གནང་མཁན་ནི་ཏུས་རྒྱུད་ཁུངས་བཙུན་ཅོག་རོ་ལྗོང་སྟེ་བོད་ཀྱི་ཏུས་ཆེན་བཞིའི་ཡ་གྱལ་སྟེ་སེ་དང་རྨུ་དང་། ལྗོང་དང་སྟོང་སྟེ་ཏུས་ཚན་ཆེན་པོ་བཞིའོ། དེ་ལས་སོ་སོར་ཕྱེ་བ་ལ། སེ་ལས་བྱུས་ལེགས་བུ་བཞི་སྲིད། རྨུ་ལས་གོད་ལེ་ཁྲ་བརྒྱད་སྲིད། ལྗོང་ལས་ཏུས་ཆེན་བཅོ་བརྒྱད་སྲིད། སྟོང་ལས་ཏུས་ཆེན་བཅོ་བརྒྱད་སྲིད་ཅེས་པའི་ནང་གི་ལྗོང་ཏུས་ཆེན་བཅོ་བརྒྱད་སོ་སོར་གྱེས་པའི་ཏུས་ཀྱི་མིང་ནི་ཅོག་དང་ཅོག་ཅེ། ཅོག་རོ་དང་འབྲོམ་དང་། ཁྱུང་པོ། རླ་བ་དང་། འབྲིང་དང་། ལྷ་ལུང་དང་ལྷ་རྩེ་

མདའ་པ་རྫོང་སོགས་ཡིན།

① 见，西藏地名资料简编， 西藏自治区革命委员会测绘局 1979年编（ 内部资料）266页。

② 见，[意]图齐著魏正中 萨尔吉 主编梵天佛地第;卷 西藏西部的寺院及一书象征 第一册 斯比蒂与库那瓦， 上海古籍出版社 意大利亚飞研究院出版， 第 6页。

དང་། གྲང་དང་དགེས་པ། ཁྱུང་ན་དང་ཉ་དང་། ཚེ་སྤོང་དང་། ཙུ་ནག་དང་། སྙི་དང་ཕོ་གོ་ཐག་བཟང་ལྷ་རུས་ཆེན་བཅོ་བརྒྱད་ཟེར་[1]ཞེས་པའི་ནང་གི་ལྡོང་ལས་གྱེས་པའི་རུས་ཆེན་བཅོ་བརྒྱད་གྲས་ཤིག་ཡིན་གཤིས་རིགས་རུས་ཁུངས་བཙུན་ཅོག་རོ་ལྡོང་གི་ཕུར་རྒྱུད་བསྟན་པ་རྒྱལ་མཚན་དང་དཔལ་བསམ་རྣམ་གཉིས་དགྲ་འདུལ་གཉེན་སྐྱོང་གི་ལས་རྣམས་གྲུབ་མཁས་ཤིང་།། དད་ལྡན་ཡོན་གྱི་བདག་པོ་བདེ་ལེགས་དང་སྦྱིན་པའི་བདག་པོ་དཀོན་མཆོག་དཔལ་གྱིས་མཛད་པ་དེ་མཛད་བྱང་ལས།། མི་རིགས་ཁུངས་བཙུན་རུས་ཆེན་ཅོག་རོ་ལྡོང་གི་ཕུར་རྒྱུད་ལགས།། ཤཱཀྱའི་དགེ་སློང་བསྟན་པ་རྒྱལ་མཚན་དང་།། དཔའ་བསལ་གཉིས་དང་ལྡན་པ་ཕྱིའི་དགྲ་རྣམ་འདུལ།། ཤེས་རིག་གཉིས་དང་ལྡན་པ་ནང་གི་གཉེན་རྣམས་སྐྱོང་།། དད་ལྡན་ཡོན་གྱི་བདག་པོ་བདེ་ལེགས་སུ།། ……སྦྱིན་པའི་བདག་པོ་དཀོན་ཅོག་པལ་འདྲེན་སུ་ཚོདནས།། ལྔ་བཞི………།[2]ཞེས་པས་སོ།

བཞི། དགོས་པ།

ཅོག་རོ་ལྡོང་གིས་རྒྱུད་བསྟན་པ་རྒྱལ་མཚན་དང་དཔལ་བསམ་རྣམ་གཉིས་ཀྱིས་དགྲ་འདུལ་གཉེན་སྐྱོང་གི་ལས་རྣམས་གྲུབ་མཁས་ཤིང་། དད་ལྡན་ཡོན་གྱི་བདག་པོ་བདེ་ལེགས་དང་སྦྱིན་པའི་བདག་པོ་དཀོན་མཆོག་དཔལ་སོགས་ཀྱིས་དད་པ་སྐྱོ་ངས་མེད་པའི་སྦྱིན་བདག་གནང་སྟེ་འཕགས་པ་གསེར་འོད་དམ་པའི་མདོ་སྡེ་འབྲི་བཞེངས་བསྐྲུན་པའི་དགོས་པའམ་དམིགས་ཡུལ་ནི། མི་ལུས་རིན་ཆེན་འདི་ཆུང་སྲུར་མོ་གང་ནས་དྲིན་གྱིས་བསྐྲུངས་མཁན་གྱི་ཡབ་ཡུམ་རྣམ་གཉིས་དང་། ཚེ་འདི་ཕྱི་གཉིས་ལས་ཚེ་འདིའི་སྡིག་སྒྲིབ་བྱང་ཕྱིར་དང་། སྐྱུ་ཚེ་ཕྱི་མ་ཐར་ལམ་བགྲོད་པའི་སླད་དུ་འབྲི་བཞེངས་བསྐྲུངས་པ་སྟེ་མཛད་ལས། ཕ་མ་གཉིས་ཀྱི་དྲིན་ལན་བསབ་ཕྱིར་དང་།། ཚེ་འདིའི་སྡིག་སྒྲིབ་བྱང་ཕྱིར་དང་།། ཕྱི་མ་ཐར་ལམ་བགྲོད་ཕྱིར་དུ།། དམ་ཆོས་ཁྱད་འཕགས་གསེར་འོད་དམ་པ་བཞེངས་པ་ངོ་མཚར་ཆེ།།[3]ཞེས་པས་སོ། །

[1] རྗེ་འབངས་རྣམས་ཀྱི་རིགས་རུས་གསལ་བའི་སྒྲོན་མེ་བྲིས་མ་ལྡེབ་གྲངས་47ལས་དྲངས།

[2] མངའ་རིས་ཕྱི་གཡང་འཕགས་པ་གསེར་འོད་དམ་པའི་མདོའི་མཛད་བྱང་ལས་དྲངས།

[3] མངའ་རིས་ཕྱི་གཡང་འཕགས་པ་གསེར་འོད་དམ་པའི་མདོའི་མཛད་བྱང་ལས་དྲངས།

ལེ་ཚན་བཞི་པ། མངའ་རིས་ཕྱི་གཡང་རྫོ་རྗེ་གཙོད་པའི་མཛད་བྱང་།

མཛད་བྱང་མ་དཔེ།

དང་པོ། མཛད་བྱང་མ་ཕྱུས།

༄༅། །ཨོཾ་སྭ་སྟི་སིད་དྷཾ། བླ་མ་དང་འཇམ་པའི་དབྱངས་ལ་ཕྱག་འཚལ་སྟོད།། ཤེས་བྱ་ཀུན་མཁྱེན་ལྷར་བཅས་སྐྱེ་དགུའི་དཔལ།། ཐོག་མཐའ་བར་དགེ་ལུང་དང་རྟོགས་པའི་དཔལ།། རྒྱུད་དང་རིག་པ་མན་ངག་བསྒོམ་པའི་དཔལ།། སྐྱབས་གསུམ་དཀོན་མཆོག་གསུམ་ལ་ཕྱག་འཚལ་སྟོད།། གླིང་བཞི་ཁྱད་འཕགས་ལྷོའི་འཛམ་བུའི་གླིང་།། དགྲ་བཅོམ་བཞུགས་གནས་ཏི་སེ་གངས་ཀྱི་འགྲུལ།། དངོས་གྲུབ་ཆབ་ལྷམ་མ་པང་མཚོའི་ནུབ།། ཆུ་བཞིའི་ནང་ན་སྣ་སྣ་ཆབ་ཀྱི་འཁྲམ།། ཨེ་མ་ཧོ།། སྲིད་ཀྱི་སྙིང་པོ་རྒྱལ་ས་དགའ་ལིང་འདིར།། ཏུས་ཆེན་ཁྱད་འཕགས་ཞང་ཏུང་ཆོ་ཆེན་རྒྱུད།། སྔོན་སྦྱོད་དུས་ན་བསོད་ནམས་རབ་བསགས་པའི།། དཔལ་འབྱོར་སྟོང་པོ་བསོད་ནམས་ལོ་འབྲས་ཅན།། གཞོན་ུ་རབ་བྱུང་ཚུལ་ཁྲིམས་རྒྱན་གྱིས་མཛེས།། ངེས་པའི་དོན་རྟོགས་ཆོས་སྐྱབ་འོད་ཟེར་དང་།། ངེས་སྟོབས་ཤུགས་ཀྱི་ཆོས་སྐྱོང་གཞོན་ནུ་དང་།། སྐུ་མཆེད་གཉིས་ཀྱིས་ཐུགས་སྐྱོངས་རབ་རྫོགས་ནས། །སངས་རྒྱས་བསྟན་པ་རིན་ཆེན་རྒྱས་ཕྱིར་དང་།། འགྲོ་རྣམས་ཐར་པའི་ལམ་ལ་བཀོད་ཕྱིར་དང་།། ཁྱད་པར་ཡུམ་གྱི་དྲིན་ལན་བསབ་ཕྱིར་དུ།། དམ་ཆོས་ཁྱད་འཕགས་རྫོ་རྗེ་གཙོད་པ་བཞེངས།། གསགས་པ་ཆོས་ཕྱིར་བཞོང་བ་ངོ་མཚར་ཆེ།། དེ་ལས་བྱུང་བའི་དགེ་བ་དྲི་མེད་དེས། །ཡོན་མཆོད་སྐུ་ཚེ་རིང་བ་དང་།། མི་མཐུན་ཕྱོགས་རྣམས་ཉེ་བར་ཞི་བ་དང་།། ཐུགས་སྐོངས་མཐའ་དག་ཆོས་བཞིན་འགྲུབ་པར་ཤོག །དགེའོ། །མ་

ཧྲཱ་ལ་ཧྲཱ་ཧླ། བཀྲ་ཤིས་ཞལ་དྲོ།།[1] ཞེས་པའོ། །

གཉིས་པ། མཛད་བྱང་གི་དབྱེ་ཞིབ།

གཅིག བསྟོད་ཕྱག

དེ་ཡང་ཐོག་མར་འདིར་དུས་རབས་16རྗེས་ཀྱི་མཛད་བྱང་གི་སྒྲིག་གཞི་ཇི་བཞིན་མཛད་བྱང་གི་དོན་དངོས་ལ་མ་འཇུག་པར་སྔོན་དུ་བླ་མ་དང་འཇམ་དཔལ་དབྱངས་ལ་བསྟོད་ཕྱག་ཕུལ་བ་དང་སྒྲགས་སྐྱབས་གནས་དཀོན་མཆོག་གསུམ་ལ་ཡང་སྒོ་གསུམ་གུས་པས་བསྟོད་ཕྱག་ཕུལ་བ་སྟེ་མཛད་བྱང་ལས། ༄༅། །ཨོཾ་སྭ་སྟི་སིདྡྷཾ། བླ་མ་དང་འཇམ་པའི་དབྱངས་ལ་ཕྱག་འཚལ་ལོ། །ཤེས་བྱ་ཀུན་མཁྱེན་ལྷར་བཅས་སྐྱེ་དགུའི་དཔལ། །ཐོག་མཐའ་བར་དགེ་ལུང་དང་རྟོགས་པའི་དཔལ། །རྒྱུད་དང་རིག་པ་མན་ངག་བརྗོམ་པའི་དཔལ། །སྐྱབས་གསུམ་དཀོན་མཆོག་གསུམ་ལ་ཕྱག་འཚལ་ལོ།།[2] ཅེས་པས་རྩོམས།

གཉིས། ཡུལ་ལུང་།

གསུང་རབ་དེ་འབྲི་བཞེངས་ཀྱི་དད་པ་སྐྱོ་ངད་མེད་པའི་རྒྱུ་འགྲོ་སྦྱར་མཁན་གྱི་སྦྱིན་བདག་དང་སྒོ་གསུམ་ཐང་ཆད་འབྲི་བའི་ཡིག་མཁན་གྱིས་འབྲི་བཞེངས་བྱ་སའི་གནས་སམ་ཡུལ་ནི་མཛད་བྱང་གི་བསྟོད་པ་དུང་ཆེན་གཟུགས་ལས་གོ་ཤེས་ཐུབ་པ་སྟེ། ནུབ་བ་སྦྲང་སྤྱོད་ལ་སོགས་པའི་གླིང་བཞིའི་ནང་ནས་ཁྱད་དུ་འཕགས་པའི་གླིང་ལྷོ་འཛམ་བུ་གླིང་གི་ནང་ནས་རི་མཐོ་ས་གཙང་སྤུ་རྒྱལ་བོད་ཀྱི་ཡུལ་ལས་དགྲ་བཅོམ་བཞུགས་སའི་གནས་གངས་དཀར་ཏི་སེ་སྟེ་བོད་རང་སྐྱོང་ལྗོངས་མངའ་རིས་ས་ཁུལ་སྤུ་ཧྲེངས་རྫོང་དུ་ཡོད་པའི་གངས་རི་ཞིག་གི་མིང་སྟེ། ཡོངས་གྲགས་སུ་སྟོད་གངས་རིན་པོ་ཆེ་ཟེར་ཞིང་། མཐོ་ཚད་རྒྱ་མཚོའི་ངོས་ལས་སྤྱི་ཁྲི་དྲུག་སྟོང་བདུན་བརྒྱ་བཅུ་བཞི་དང་། གངས་རིར་བསྐོར་བ་ཆ་ཚང་གཅིག་ཐེབས་པའི་འཁོར་ཚད་སྤྱི་ལི་ལྔ་བཅུ་ང་གཉིས། གངས་རིའི་བསྐོར་ལམ་གྱི་གཙོ་གནད་སྒྲོལ་མ་ལ་ཡི་མཐོ་

---

① མངའ་རིས་ཕྱི་གཡང་རྫོ་རྗེ་གཙོད་པའི་དབུ་ཤོག་གི་ཞལ་ཤོག་ནང་མའི་ཞལ་ཁེབས་ལས་དྲངས།

② མངའ་རིས་ཕྱི་གཡང་རྫོ་རྗེ་གཙོད་པའི་དབུ་ཤོག་གི་ཞལ་ཤོག་ནང་མའི་ཞལ་ཁེབས་ལས་དྲངས།

ཚད་རྒྱ་མཚོའི་ངོས་ལས་སྤྱི་ཁྲི་ལྔ་སྟོང་བདུན་བརྒྱ་ཉི་ཤུ་རྩ་གསུམ་ཡོད་ཅེས་དང་གངས་ཏི་སི་འདིར་རྒྱ་གར་མུ་སྟེགས་རིག་བྱེད་སྨྲ་བ[1]། བོད་ཀྱི་གཡུང་དྲུང་བོན[2]། ནང་པ་སངས་རྒྱས་ཆོས་ལུགས་བཅས་ཚང་མས་རང་རང་སོ་སོའི་སྟོན་བྱུང་ལོ་རྒྱུས་གཞིར་བཟུང་ནས་ཕྱག་མཆོད་བསྐོར་བ་བྱ་སྲོལ་ཞིག་ཆགས་ཡོད། སངས་རྒྱས་ཆོས་ལུགས་ཀྱི་གཞུང་མངོན་པ་མཛོད་དང་།ཡོངས་གྲགས་ཀྱི་ངག་རྒྱུན་ལ། གངས་རི་ཆེན་པོ་ཏི་སི་ནི་གངས་རི་རང་བྱུང་གི་མཆོད་རྟེན་དབྱིབས་ཅན་དུ[3]ཡོད་ཅིང་། མཆོད་རྟེན་དགྲ་བཅོམ་དང་མཚོ་མ་ཕམ་གཡུ་མཚོ་འདི་ཉིད་ཀྱི་ཆུ་བོ་ཡན་ལག་བརྒྱད་ལྡན་ཁོ་ན་ཡིན་ཞིང་ཡོན་ཏན་གྱིས་མ་ཕམ་པས་ན་མ་ཕམ་ཞེས་འབོད་པར་གསུངས་སོ། བོན་གྱི་ལོ་རྒྱུས་སུ་སྔར་བོད་ཀྱི་བཙན་པོས་ཞང་ཞུང་མངའ་འོག་ཏུ་མ་བསྡུས་གོང་གི་ཞང་ཞུང་དང་བོད་ཀྱི་ས་མཚམས་ནི་མཚོ་མ་ཕམ་ཡིན་པར་བཤད། གཡུ་མཚོ་ཞེས་འབོད་པ་ནི་མཚོའི་མདོག་ལ་བརྟེན་ནས་བཏགས་པ་ཡིན། མ་ཕམ་གཡུ་མཚོའི་མཐོ་ཚད་ནི་རྒྱ་མཚོའི་ངོས་ནས་སྤྱི་ཁྲི་4600སར་གནས་ཡོད་ཅིང་། རྒྱ་ཁྱོན་སྤྱི་ཁྲི་གྲུ་བཞི་མ་320དང་། གཏིང་ཚད་རིང་ཤོས་སུ་སྤྱི་ཁྲི་92ཡོད[4]པ་དེའི་ནུབ་ངོས་སུ་ཆུ་བོ་བཞིའི་ཡ་གྱལ་ཧླ་ཧླ་ཧླེ་གངྒ་ནི་ཏི་སེའི་ལྷོ་ངོས་བྲག་སླང་པོའི་སྣ་འདྲ་བ་ནས་གངྒའི་ཆུ་འགོ་བཙུགས་ཏེ་ནུབ་ཏུ་ཁ་བལྟས་ནས་མ་ཕམ་གྱི་མཚོའི་ནང་གི་དཀྱིལ་གཤགས་ནས་མཚོ་དང་གཙང་པོ་མ་འདྲེས་པར་ལ་དྭགས་བརྒྱུད་དེ་ཞང་ཞུང་དང་གུ་གེའི་ཡུལ་བར་ནུབ་ཕྱོགས་སུ་འབབ། དེ་ནས་སོ་ཏི་སྤྱིལ་ལྡོག་དང་གར་ཞའི་ཆུ་རྣམས་བསྡུས་ནས་ལྡོར་འགྲོ། དེ་ནས་རྒྱ་གར་གཞུང་བཞིན་ཤར་དུ་འབབ་སྟེ་ཤར་ཕྱོགས་རྒྱ་

① སྔོན་རྒྱ་གར་གྱི་མུ་སྟེགས་ཆོས་ལུགས་པའི་ནང་གསེས་དབང་ཕྱུག་པ་དང་གཅེར་བུ་པ་སོགས་ལྷ་དབང་ཕྱུག་ལ་སྐྱབས་སུ་འཛིན་པ་རྣམས་ཀྱིས་གངས་ཏི་སི་འདི་བཞིན་ལྷ་ཆེན་དབང་ཕྱུག་ཆེན་པོའི་བཞུགས་གནས་ཡིན་པའང་ངོས་འཛིན་བྱེད་ཀྱི་ཡོད་ཅེས་མཁས་དབང་དུང་དཀར་བློ་བཟང་འཕྲིན་ལས་ཀྱིས་མཛད་པའི་དུང་དཀར་བོད་རིག་པའི་ཚིག་མཛོད་ཀྲུང་གོ་བོད་རིག་པའི་དཔེ་སྐྲུན་ཁང་གི་2002ལོའི་སྤར་མའི་ཤོག་གྲངས་478ལས་དྲངས།

② གཡུང་དྲུང་བོན་གྱི་ཆོས་བརྒྱུད་འཛིན་པ་རྣམས་ཀྱིས་སྟོན་པ་གཤེན་རབས་མི་བོ་ཆེ་མཆོག་ཞབས་ཀྱིས་བཅགས་ནས་བྱིན་གྱིས་བརླབས་པའི་གནས་ཁྱད་པར་ཅན་ཡིན་པར་ངོས་འཛིན་པའི་གནས་བཤད་ཏི་སིའི་དཀར་ཆག་ཚངས་དབྱངས་ཡིད་འཕྲོག་ཅེས་པར་གསལ།

③ མཁས་དབང་དུང་དཀར་བློ་བཟང་འཕྲིན་ལས་ཀྱིས་མཛད་པའི་དུང་དཀར་བོད་རིག་པའི་ཚིག་མཛོད་ཀྲུང་གོ་བོད་རིག་པའི་དཔེ་སྐྲུན་ཁང་གི་2002ལོའི་སྤར་མའི་ཤོག་གྲངས་478ལས་དྲངས།

④ མཁས་དབང་དུང་དཀར་བློ་བཟང་འཕྲིན་ལས་ཀྱིས་མཛད་པའི་དུང་དཀར་བོད་རིག་པའི་ཚིག་མཛོད་ཀྲུང་གོ་བོད་རིག་པའི་དཔེ་སྐྲུན་ཁང་གི་2002ལོའི་སྤར་མའི་ཤོག་གྲངས་1589ལས་དྲངས།

མཚོར་འགྲོ་ཞེས་གསལ་ཞིང་།[①] དུས་རབས་7པའི་ནང་དུ་རྒྱ་གར་དུ་དངོས་སུ་ཕེབས་མྱོང་བའི་རྒྱ་ནག་གི་མཁས་པ་ཐང་སན་ཙང་ངམ་ཐེ་སྣོད་འཛིན་པ་གསུམ་པས་ཆུ་བོ་མུ་ན་ལས་ཤར་དུ་རྒྱང་གྲགས་བརྒྱད་བརྒྱ་ཙམ་སོང་བ་ན། ཆུ་ཀླུང་གངྒ་སྟེ་ཞིང་སུ་ལེ་དབར་བཞི་ལྡེ་ཙམ། མཐར་རྒྱ་མཚོར་འབབ་པ་དང་ཉེ་བ་ན་ཞིང་དུ་རྒྱང་གྲགས་བཅུ་ལྷག་པ། མདོག་སྔོ་ཞིང་ནག་པ་ཐ་གྲོང་དང་ཀླུ་རིགས་ཀྱི་ཚོ་འཕྲུལ་ཆེ་ཡང་གནོད་པ་མེད་པ། རོ་མངར་བ་བསིལ་བ་རྡུལ་དང་འདྲེས་མར་རྒྱུ་བས་ཙུང་ཟད་སྙོག་པ། གཏམ་རྒྱུད་རྙིང་པ་ན་ཆུ་བོ་འདིར་ལུས་དང་ཡན་ལག་བཀྲུས་པས་སྡིག་སྒྲིབ་འདག་པ་དང་། ཤྭིབ་སྟེ་མཚོང་ན་ལྷའི་བདེ་བ་མྱོང་བར་འགྱུར་བའི་སྐྱེ་བ་ལེན་པར་གྲགས་པས་སྐྱེ་བོ་ཕྲུན་རྫོངས་འགའ་གཉྟར་མཚོང་ཤྭིབས་མང་པོ་བྱུང་ངོ་།[②] ཞེས་པའི་ཆུ་བོ་དེའི་འགྲམ་དུ་ཆགས་པའི་ཆབ་སྲིད་དང་དཔལ་འབྱོར། རིག་གནས་བཅས་ཀྱི་སྙིང་པོ་འདུས་པའི་རྒྱལ་ས་དགའ་ལིང་ཞེས་པ་ནི་ད་ལྟའི་ཧྭ་མདའ་རྫོང་ཁོངས་ཀྱི་མདའ་པ་ཤང་དུ་གནས་ཡོད། མདའ་པ་ལ་མདའ་འབབ་དང་མདའ་མཁར་གཉིས། མདའ་པ་ཁ་རྫོང་སོགས་[③]འབྲི་སྲོལ་མི་འདྲ་ཁག་ཁ་ཤས་འདུག ཧྭ་མདའ་རྫོང་མི་དམངས་སྲིད་གཞུང་གནས་ཡུལ་ནས་ཏ་ལམ་སྤྱི་ལི་80ཡས་མས་ཙམ་དུ་ཡོད་པའི་དཀར་ལིང་དེར་འབྲི་བཞེངས་བསྐྱངས་པ་དེ་མཛད་བྱང་ལས། གླིང་བཞི་ཁྱད་འཕགས་ལྗོངས་ཀྱི་འཛམ་བུའི་གླིང་། །དགྲ་བཅོམ་བཞུགས་གནས་ཏི་སེ་གངས་ཀྱི་འགྲུལ། །དངོས་གྲུབ་ཆབ་ལྟམ་མ་པང་མཚོའི་ཉུབ། །ཆུ་བཞིའི་ནང་ན་གངྒ་ལྷ་ཆབ་ཀྱི་འགྲམ། །ཨེ་མ་ཧོ། །སྲིད་ཀྱི་སྙིང་པོ་རྒྱལ་ས་དགའ་ལིང་འདིར། །[④] ཞེས་པས་ཤེས་སོ།

---

① ཏ་ཚག་ཚེ་དབང་རྒྱལ་གྱིས་སྤྱི་ལོ་1446ལོར་མཛད་པའི་ལྷོ་རོང་ཆོས་འབྱུང་བོད་ལྗོངས་བོད་ཡིག་དཔེ་རྙིང་དཔེ་སྐྲུན་ཁང་གི་1994ལོའི་སྤར་མའི་ཤོག་གྲངས་736ལས་དྲངས།

② ཐང་ཙན་ཙང་དང་ཕེན་ཅིན་བཙམས་ཤིང་ཀུང་མགོན་པོ་བསྒྱུབས་ཀྱིས་བསྒྱུར་བའི་ཆེན་པོ་ཐང་གུར་དུས་ཀྱི་རྒྱ་གར་ཞིང་གི་བཀོད་པའི་དཀར་ཆག་ཀྲུང་གོ་བོད་རིག་པའི་དཔེ་སྐྲུན་ཁང་གི་2006ལོའི་སྤར་མའི་ཤོག་གྲངས་97ལས་དྲངས།

③ 见，西藏自治区革命委员会测绘局、 西藏军区司令部侦查处编西藏地名资料简编（初稿）稿）1979 年版第 267 页。

④ མངའ་རིས་ཕྱི་གཡང་རྫོ་རྗེ་གཙོད་པའི་དབུ་ཤོག་གི་ཞལ་ཤོག་ནང་མའི་ཞལ་ཁེབས་ལས་དྲངས། །

གསུམ། སྨིན་བདག

ཨེ་མ་ཧོ༔ །སྲིད་ཀྱི་སྙིང་པོ་རྒྱལ་ས་དཀའ་ལྡིང་འདིར༔ །ཏུས་ཆེན་ཁྱད་འཕགས་ཞང་ཏུང་ཚོ་ཆེན་རྒྱུད༔ ། སྟོན་སྐྱོད་དུས་ན་བསོད་ནམས་རབ་བསགས་པའི༔ །དཔལ་འབྱོར་སྟོང་པོ་བསོད་ནམས་ལོ་འབྲས་ཅན༔ ། གཞོ་ནུ་རབ་བྱུང་ཚུལ་ཁྲིམས་རྒྱན་གྱིས་མཛེས༔ །ངེས་པའི་དོན་རྟོགས་ཆོས་སྐྱབ་འོད་ཟེར་དང་༔ ། ངེས་སྟོབས་ཤུགས་ཀྱི་ཆོས་སྐྱོང་གཞོན་ནུ་དང་༔ ། སྐུ་མཆེད་གཉིས་ཀྱིས་ཐུགས་སྒོངས་རབ་རྫོགས་ནས༔ །[1]ཞེས་བྱུང་བ་ལ་གཞིགས་ན། མཚོ་མ་ཕམ་གཡུ་མཚོའི་ནུབ་ངོས་དང་གནྜ་འབབ་པའི་འགྲམ་ངོགས་སུ་ཆགས་པའི་སྲིད་ཀྱི་སྙིང་པོ་རྒྱལ་ས་དཀའ་ལྡིང་དུ་གསུང་རབ་རྫོ་རྗེ་གཙོད་པ་དེ་འབྲི་བཞེངས་བསྐྲུངས་པའི་སྐབས་སུ། དེར་ཉེ་བར་མཁོ་བའི་སྣག་ཤོག་སོགས་ཀྱི་རྒྱུ་འགྲོ་སྐྱོར་མཁན་གྱི་དད་པ་སྐྱོ་ངད་མེད་པའི་སྨིན་བདག་སྟེ། ཏུས་ཆེན་ཁག་ལས་ཁྱད་དུ་འཕགས་པའི་ཞང་ཏུང་ཚོ་ཆེན་རྒྱུད་ཅེས་བརྗོད་པ་ལྟར་ན། ཞང་ནི་བོད་ཀྱི་ཏུས་མིང་ཞིག་སྟེ་དཔེ་ཆོས་རིན་ཆེན་སྤུངས་པའི་བརྡ་དཀྲོལ་ལས་ཞང་ནི་ཏུས་མིང་ཞེས་དང་འགོས་ལོ་གཞོན་ནུ་དཔལ་གྱིས་རོང་ལྷོ་རྩའི་སྐྱེ་པོ་གྲགས་པ་རྒྱལ་མཚན་གདུང་ཏུས་ཞང་ཞེས་གསུངས་ཤིང་། སྒྲ་བཞེད་ལས་ཀྱང་ཕག་གི་ལོ་ལ་བཙན་པོ་པོ་བྲང་ཟུར་ཕུད་སྐྱུང་དུ་ཚལ་ན་བཞུགས་པའི་ཚེ་ཆོས་ཀྱི་ཁ་འཛིན་ཞང་ཉ་བཟང་དང་[2]ཞེས་བྱུང་བས་ཞང་དེ་བོད་ཀྱི་ཏུས་མིང་ཞིག་ཡིན་པ་དེ་ཤེས། དེས་ན་གདུང་རྒྱུད་དེ་ལས་ཆད་པའི་མི་དཔོན་དེ་སྟོན་གྱི་དུས་ནས་བསོད་ནམས་ཀྱི་ཚོགས་རབ་བསགས་པའི་དྲིན་ལས་དཔལ་འབྱོར་ཕུན་སུམ་ཚོགས་པ་དང་རབ་ཏུ་བྱུང་ནས་ཚུལ་ཁྲིམས་རྣམ་དག་བསྲུང་ཞིང་ངེས་པའི་དོན་རྟོགས་པའི་ཆོས་སྐྱབ་འོད་ཟེར་དང་ཆོས་སྐྱོང་གཞོན་ནུ་སྐུ་མཆེད་གཉིས་ཀྱི་ཐུགས་དགོངས་རྫོགས་ཕྱིར་དད་ལྡན་སྨིན་བདག་མཛད་དེ་བཞེངས་པར་མངོན་ནོ།

---

① མངའ་རིས་ཕྱི་གཡང་རྫོ་རྗེ་གཅོད་པའི་དབུ་ཤོག་གི་ཞལ་ཤོག་ནང་མའི་ཞལ་ཁེབས་ལས་དྲངས།

② བཙན་ལྷ་ངག་དབང་ཚུལ་ཁྲིམས་ཀྱིས་རྩོམ་སྒྲིག་བྱས་པའི་བརྡ་དཀྲོལ་གསེར་གྱི་མེ་ལོང་ཞེས་བྱ་བ་མི་རིགས་དཔེ་སྐྲུན་ཁང་གིས་1997ལོའི་སྤར་མའི་ཤོག་གྲངས་761ལས་དྲངས།

བཞི། དགོས་པ།

ཞང་ཀུང་ཚོ་ཆེན་རྒྱུད་པས་གསུང་རབ་རྡོ་རྗེ་གཅོད་པ་དེ་འབྲི་བཞེངས་བསྐྲུངས་པའི་དགོས་པ་ནི་གོང་དུ་སོང་བ་ཇི་བཞིན་སྐུ་མཆེད་རྣམ་གཉིས་ཏེ་ཆོས་སྒྲུབ་འོད་ཟེར་དང་ཆོས་སྐྱོང་གཞོན་ནུ་གཉིས་ཀྱི་ཐུགས་དགོངས་རྫོགས་ཕྱིར་དང་། སྟོན་པ་སངས་རྒྱས་ཤཱཀྱ་ཐུབ་པའི་རིང་ལུགས་རྒྱས་ཕྱིར་དང་བཅུད་ཀྱི་འགྲོ་བ་རྣམས་ཐར་པའི་ལམ་ལ་འདྲེན་ཕྱིར་དང་ལྷག་དོན་དུ་ཞང་ཀུང་ཚོ་ཆེན་རྒྱུད་པའི་མ་ཡུམ་གྱི་དྲིན་ལན་བསབ་པའི་ཕྱིར་དུ་འབྲི་བཞེངས་བསྐྲུངས་པ་དེ་མཇུག་བྱང་ལས། སངས་རྒྱས་བསྟན་པ་རིན་ཆེན་རྒྱས་ཕྱིར་དང་། །འགྲོ་རྣམས་ཐར་པའི་ལམ་ལ་བཀོད་ཕྱིར་དང་། །ཁྱད་པར་ཡུམ་གྱི་དྲིན་ལན་བསབ་ཕྱིར་དུ། །དམ་ཆོས་ཁྱད་འཕགས་རྡོ་རྗེ་གཅོད་པ་བཞེངས།།[①] ཞེས་པས་རྟོགས།

ལྔ། བསྔོ་སྨོན།

ཞང་ཀུང་ཚོ་ཆེན་རྒྱུད་པས་རང་གི་མ་ཡུམ་གཙོས་པའི་སེམས་ཅན་རྣམས་ཀྱི་ཆེད་དུ་གསུང་རབ་རྡོ་རྗེ་གཅོད་པ་དེ་འབྲི་བཞེངས་བསྐྲུངས་ཏེ་འབྲི་བཞེངས་བསྒྲུབས་རྗེས་སུ། དགེ་བའི་ལས་འདི་ལྟ་བུ་ཞིག་མཛད་པ་ལས་ཡོན་མཆོད་རྣམས་སྐུ་ཚེ་རིང་བ་དང་ནང་དང་ཕྱིའི་མི་མཐུན་ཕྱོགས་རྣམས་ཉེ་བར་ཞི་ཞིང་མེད་པར་གྱུར་ཏེ། རང་རང་གི་རེ་འདོད་བཞིན་བསམ་དོན་གྲུབ་པར་ཤོག་ཅེས་བསྔོ་སྨོན་བཏབ་པ་སྟེ། གསགས་པ་ཆོས་ཕྱིར་བཞེང་བ་ངོ་མཚར་ཆེ།། དེ་ལས་བྱུང་བའི་དགེ་བ་དྲི་མེད་དེས། །ཡོན་མཆོད་སྐུ་ཚེ་རིང་བ་དང་། །མི་མཐུན་ཕྱོགས་རྣམས་ཉེ་བར་ཞི་བ་དང་།། ཐུགས་སྐོངས་མཐའ་དག་ཆོས་བཞིན་འགྲུབ་པར་ཤོག །[②] ཅེས་པས་སོ།

དྲུག མཇུག་བསྡུའི་ཚིག

ཞང་ཀུང་ཚོ་ཆེན་རྒྱུད་པས་དད་པ་སྐྱོངས་མེད་པའི་སྦྱིན་བདག་གནང་སྟེ་རང་གི་དྲིན་ཅན་མ་ཡུམ་གྱི་དྲིན་ལན་བསབ་ཕྱིར་འབྲི་བཞེངས་བསྐྲུངས་པའི་གསུང་རབ་རྡོ་རྗེ་གཅོད་པ་

① མངའ་རིས་ཕྱི་གཡང་རྡོ་རྗེ་གཅོད་པའི་དབུ་ཤོག་གི་ཞལ་ཤོག་ནང་མའི་ཞལ་ཁིབས་ལས་དྲངས།

② མངའ་རིས་རྩ་མདའ་ཕྱི་གཡང་རྡོ་རྗེ་གཅོད་པའི་དབུ་ཤོག་གི་ཞལ་ཤོག་ནང་མའི་ཞལ་ཁིབས་ལས་དྲངས།

དེ། མངའ་རིས་ཁུལ་གྱི་མ་ཕམ་གཡུ་མཚོའི་ནུབ་དང་ཆུ་བོ་གནྡའི་འགྲམ་དུ་ཆགས་པའི་སྲིད་དཔལ་ཆོས་གསུམ་དར་རྒྱས་ཆེ་བའི་རྒྱལ་ས་དཀར་ཡིང་དུ། འབྲི་བཞེངས་ལེགས་པར་བསྒྲུབས་རྗེས་སྨོན་ལམ་ཁོངས་སུ་གཏོགས་པའི་སེམས་ཅན་རྣམས་རང་གི་མོས་པ་དང་འཚམས་པའི་སྨོན་ལམ་འདོད་དོན་དོན་ཐོག་ཏུ་སྨིན་ཕྱིར་བསྔོ་སྨོན་བཏབ་པ་དང་སྦྲགས། མཛོད་བྱང་དེའི་མཇུག་བསྡུའི་ཚིག་ཏུ་སམ་བོད་གཉིས་ཀྱིས་ཐོག་ནས་བཀྲ་ཤིས་རྣམ་པར་དག་པའི་ཚིག་གིས་མཇུག་བསྡུས་པ་སྟེ་དགེའོ་། མ་ངྒ་ལ་ངྒ་ཝྭ་། །བཀྲ་ཤིས། །ཞལ་ངོ་ ·[1]ཞེས་པས་སོ།

ལེ་ཚན་ལྔ་པ། མངའ་རིས་ཕྱི་གཡང་དཔལ་གསང་བ་འདུས་པའི་རྒྱུད་མཛོད་བྱང་།

མཛོད་བྱང་མ་དཔེ།

① མངའ་རིས་ཕྱི་གཡང་རྫོ་རྗེ་གཙོད་པའི་དབུ་ཤོག་གི་ཞལ་ཤོག་ནང་མའི་ཞལ་ཁིབས་ལས་དྲངས།

དང་པོ། མཛད་བྱང་མ་ཕྱུགས།

༄༅། །ཨོཾ་སྭ་སྟི། དྲི་མ་ཀུན་བྲལ་ཐུབ་དབང་སྐྱབས་ཀྱི་མཆོག །འགྲོ་བློའི་མུན་སེལ་ལུང་རྟོགས་དམ་པའི་ཆོས། ། ཚོགས་མཆོག་མཆོད་པར་འོས་པའི་དགེ་འདུན་སྡེ། །བླ་མེད་གསུམ་ལ་གུས་པས་ཕྱག་འཚལ་ལོ། །ཨེ་མ་ཧོ། གླིང་གི་མཆོག་གྱུར་ལྷོའི་འཛམ་བུ་གླིང་། བསྟན་པའི་འབྱུང་གནས་བོད་ཡུལ་ཟལ་མོ་རྒང་། དགེ་བཅུ་འཛོམ་པའི་ཞང་ཞུང་ལྷོངས་འདི་ནི། དགེ་བ་བཅུ་ཡི་ཁྲིམས་ཀྱིས་འཛིན་མི་ཁྱོན། བསྐྱོང་མཁས་ས་སྐྱོང་འཇིག་རྟེན་དབང་ཕྱུག་ཞེས། རྗེ་བློན་ཕྱོགས་ལ་རྒྱལ་གྱུར་ཅིག །ས་ལ་འབྱུར་དུ་དོད་པའི་དགེ་ཐང་འདིར། རིགས་བཟང་ཁྲུངས་བཙུན་པ་ཆེན་ཁྲུང་པོའི་རྒྱུད། ལྷག་བསམ་དཀར་བས་དམ་པའི་ཆོས་ལ་མོས། བློ་གྲོས་ལྡན་པས་ཕྱི་ནང་ཀུན་དང་འཐུན། ། ཡོན་གྱི་བདག་པོ་བདེ་ལེགས་དོན་གྲུབ་གྱིས། གྲོགས་དེ་ཕ་རོལ་རྒོལ་ཕྱིར་དུ། གསུང་གི་རྟེན་དུ་གསུང་འདུས་གསར་རྒྱུད་བཞེངས། བསགས་པ་དགེ་ལ་འབད་པ་རྗེས་ཡིད་རང་། གང་དེ་ཁྲིམ་གྱི་བདག་མོ་ཞེས་པ་ནི། བུད་མེད་ལུས་ལ་གཡོ་སྒྱུ་རབ་སྤངས་ན། ཆོས་ལ་མོས་དད་པའི་བརྩོན་འགྲུས་ཀྱི་མ་དང་། སྤོང་མ་སྐྱིད་དང་གཉིས་སུ། མཆོད་གནས་གཉིས་པའི་ཞབས་རྟོགས་རྗེ་ཡི་རང་། དཀའ་ཐུ་དགེ་འདོགས་མཛད་པ་རྣམས་ཀྱང་ངོ་མཚར་ཆེ། འདིའི་དགེ་བས་ཡོན་མཆོད་གཙོ་བྱས་འགྲོ་དྲུག་སེམས་ཅན་རྣམས། བླ་མེད་སངས་རྒྱས་གོ་འཕངས་མྱུར་འཐོབ་ཤོག། མངྒལམ།[①] ཞེས་པའོ།

གཉིས་པ། མཛད་བྱང་གི་དབྱེ་ཞིབ།

གཅིག བསྟོད་ཕྱག

གསང་འདུས་གསང་རྒྱུད་འདིའི་མཛད་བྱང་གི་དབུར་ཡང་སྔོན་གྱི་གསུང་རབ་ཇི་བཞིན་རྒྱ་སྐད་ཀྱི་ཐོག་ནས་བཀྲ་ཤིས་ཞེས་པས་དབུ་འཕེན་ཏེ་དཀོན་མཆོག་གསུམ་གྱི་ཡོན་ཏན་རྣམས་ལེགས་པར་བརྗོད་པ་དང་ཐུགས་དཀོན་མཆོག་གསུམ་ལ་གུས་པས་བསྟོད་ཕྱག་ཕུལ་བ་སྟེ་མཛད་བྱང་ལས། ༄། ། ཨོཾ་སྭ་སྟི། དྲི་མ་ཀུན་བྲལ་ཐུབ་དབང་སྐྱབས་ཀྱི་མཆོག །འགྲོ་བློའི་མུན་སེལ་ལུང་རྟོགས་དམ་པའི་ཆོས། །ཚོགས་མཆོག་མཆོད་པར་འོས་པའི་དགེ་འདུན་སྡེ། །བླ་མེད་

① མངའ་རིས་ཕྱི་གཡང་མཐིང་ཤོག་གསེར་བྲིས་དཔལ་གསང་བ་འདུས་པའི་རྒྱུད་ཀྱི་མཛད་བྱང་ལས་དྲངས།

གསུམ་ལ་གུས་པས་ཕྱག་འཚལ་ལོ་[①]ཞེས་པས་སོ།

གཉིས། ཡུལ་ལུང་།

དཔལ་གསང་བ་འདུས་པའི་གསང་རྒྱུད་འདི་དད་པ་སྐྱོ་ངས་མེད་པའི་སྦྱིན་བདག་གིས་རང་གིས་བསགས་པའི་རྒྱུ་ནོར་རྣམས་སྙིང་པོ་ལེན་ཕྱིར་དུ་གསུང་རབ་དེའི་རྒྱུ་འགྲོ་སྤྱར་ཏེ་འབྲི་བཞེངས་བྱ་བའི་གནས་ནི་འདི་ལྟར་ཏེ། ཨེ་མ་ཧོ་ཞེས་པས་ངོ་མཚར་ཡུལ་གྱི་བསྟོད་པ་དུང་ཆེན་གཟུགས་སུ་བཀོད་པ་སྟེ་གླིང་བཞིའི་ནང་ནས་མཆོག་ཏུ་གྱུར་པ་ལྷོ་འཛམ་བུ་གླིང་གི་ནང་ནས་བསྟན་པ་དར་ས་རི་མཐོ་ས་གཙང་བོད་ཡུལ་ཟལ་མོ་སྒང་དུ་ནང་ཆོས་དར་ཞིང་། ཡིད་ཀྱི་བརྟབ་སེམས་གནོད་སེམས་ལོག་ལྟ་དང་། ངག་གི་བྲ་མ་ཚིག་རྩུབ་ངག་འཁྱལ་སོགས་མེད་པའི་ས་སྟེ་དགེ་བཅུ་ལྡན་པའི་ཡུལ་ཞང་ཞུང་གི་ལྗོངས་དེ་དགེ་བ་བཅུའི་ཁྲིམས་ཀྱིས་སྐྱོང་མཁས་པའི་ས་སྐྱོང་འཛིག་རྟེན་དབང་ཕྱུག་ཅེས་སྙན་པའི་གྲགས་པས་རྗེ་དཔོན་ཕྱོགས་ཐམས་ཅད་ལས་རྣམ་པར་རྒྱལ་གྱུར་ཅིག་ཅེས་རྗེ་བོར་བསྟོད་པ་དང་ཆབས་ཅིག རྗེ་བོ་འཛིག་རྟེན་དབང་ཕྱུག་གི་མངའ་ཁོངས་སུ་གཏོགས་པའི་ཡུལ་དགེ་ཐང་དུ་འབྲི་བཞེངས་བསྒྲུབས་པ་ཏེ་མཛོད་བྱང་ལས། ཨེ་མ་ཧོ། གླིང་གི་མཆོག་གྱུར་ལྷོའི་འཛམ་བུ་གླིང་། བསྟན་པའི་འབྱུང་གནས་བོད་ཡུལ་ཟལ་མོ་རྒང་། དགེ་བཅུ་འཇོམ་པའི་ཞང་ཞུང་ལྗོངས་འདི་ནི། དགེ་བ་བཅུ་ཡི་ཁྲིམས་ཀྱིས་འཛིན་མི་ཁྱོན། བསྐྱོང་མཁས་ས་སྐྱོང་འཛིག་རྟེན་དབང་ཕྱུག་ཞེས། རྗེ་དཔོན་ཕྱོགས་ལ་རྒྱལ་གྱུར་ཅིག། ས་ལ་འབུར་དུ་དོད་པའི་དགེ་ཐང་འདིར།[②]ཞེས་པས་རྟོགས།

གསུམ། སྦྱིན་བདག

རིགས་བཟང་ཁུངས་བཙུན་ཕ་ཆེན་ཁྱུང་པོའི་རྒྱུད། ལྷག་བསམ་དཀར་བས་དམ་པའི་ཆོས་ལ་མོས། བློ་གྲོས་ལྡན་པས་ཕྱི་ནང་ཀུན་དང་འཐུན། ཡོན་གྱི་བདག་པོ་བདེ་ལེགས་དོན་

---

① མངའ་རིས་ཕྱི་གཡང་མཐིང་ཤོག་གསེར་བྲིས་དཔལ་གསང་བ་འདུས་པའི་རྒྱུད་ཀྱི་མཛོད་བྱང་ལས་དྲངས།

② མངའ་རིས་ཕྱི་གཡང་མཐིང་ཤོག་གསེར་བྲིས་དཔལ་གསང་བ་འདུས་པའི་རྒྱུད་ཀྱི་མཛོད་བྱང་ལས་དྲངས།

གྲུབ་གྱིས། གྲོགས་དེ་ཕ་རོལ་གྲོད་ཕྱིར་དུ་[①]ཞེས་མཛད་བྱང་དུ་བྱུང་བ་ལ་གཞིགས་ན། སྐབས་འདིའི་དད་པ་སྐྱོ་ངས་མེད་པའི་སྦྱིན་བདག་གནང་མཁན་གྱི་རིགས་རུས་ནི་རིགས་བཟང་ཁུངས་བཙུན་པ་ཆེན་ཁྱུང་པོ་སྟེ་བོད་རུས་ཆེན་བསེ་རྨ་དགའ་ལྡོང་ཞེས་དྲངས་པའི་ནང་གི་ལྡོང་གི་ཡ་གྱལ་ཞིག་ཡིན་པ་ནི་ལྡོང་གི་རུས་ཆེན་བཅོ་བརྒྱད་དུ་ཟེར་བ་སྟེ་ཅོག་དང་། ཅོག་ཅེ། ཅོག་རོ་དང་། འབྲོམ་དང་ཁྱུང་པོ། ཟླ་བ་དང་འབྲིང་། ལྷ་ལུང་དང་ལྷ་རྩེ་དང་གྲང་། དགེས་པ། ཁླ་ན་དང་ཉ་དང་། ཚེ་སྤོང་། ཨུ་ནག་དང་སྐྱི་དང་། ཕོ་གོ་དང་ཐག་བཟང་ལ་རུས་ཆེན་བཅོ་བརྒྱད་[②]ཅེས་པའི་ནང་གི་ཁྱུང་གི་མི་རྒྱུད་དུ་འཁྲུངས་པའི་ཡོན་གྱི་བདག་པོ་བདེ་ལེགས་དོན་གྲུབ་དེ་ཆོས་ལ་ལྷག་བསམ་རྣམ་པར་དཀར་བ་དང་ལེགས་ཉེས་རྣམ་འབྱེད་ཀྱི་བློ་གྲོས་ལྡན་ཞིང་ཕྱིའི་དགྲ་རྣམས་འདུལ་མཁས་པ་དེས་སྦྱིན་བདག་གཙོ་བོ་མཛད་པ་དང་། ལས་དེའི་ཕྱོགས་སུ་ཕྱུར་བ་གྲུ་འདེགས་ཀྱི་ཕྱུག་རོགས་གནང་མཁན་སྦྱིན་བདག་ནི་བདེ་ལེགས་དོན་གྲུབ་ཀྱི་བཙུན་མོ་ལུས་ལ་གཡོ་སྒྱུ་མི་མངའ་བ་མ་བརྩོན་འགྲུས་དང་སྲོང་མོ་སྐྱིད་རྣམ་གཉིས་ཀྱིས་ལས་དེར་ཞབས་ཏོག་གང་ལེགས་གནང་བ་ལས་རྗེ་བདེ་ལེགས་དོན་གྲུབ་ཡི་རངས་བྱུང་བ་སྟེ་མཛད་བྱང་ལས། བསགས་པ་དགེ་ལ་འབད་པ་རྗེས་ཡིད་རང་། གང་དེ་ཁྱིམ་གྱི་བདག་མོ་ཞེས་པ་ནི། བུད་མེད་ལུས་ལ་གཡོ་སྒྱུ་རབ་སྤངས་ན། ཆོས་ལ་མོས་དད་པའི་བརྩོན་འགྲུས་ཀྱི་མ་དང་། སྲོང་མ་སྐྱིད་དང་གཉིས་སུ། མཆོད་གནས་གཉིས་པའི་ཞབས་ཏོགས་རྗེ་ཡི་རང་། དགའ་རུ་དགེ་འདོགས་མཛད་པ་རྣམས་ཀྱང་ངོ་མཚར་ཆེ།[③]ཞེས་པས་རྟོགས།

བཞི། དགོས་པ།

ལྡོང་གི་རུས་ཆེན་བཅོ་བརྒྱད་ཀྱི་ཡ་གྱལ་ལས་ཆད་པའི་ཁྱུང་གི་རྒྱུད་དུ་འཁྲུངས་པའི་སྦྱིན་བདག་བདེ་ལེགས་དོན་གྲུབ་དང་ཁོང་གི་བཙུན་མོ་དང་སྲིང་མ་སྐྱིད་རྣམ་པས་སྦྱིན་བདག་མཛད་དེ་གསུང་རབ་གསང་འདུས་གསང་རྒྱུད་དེ་འབྲི་བཞེངས་བསྒྲུངས་པའི་དགོས་པ་ནི་

---

① མངའ་རིས་ཕྱི་གཡང་མཐིང་ཨོག་གསེར་བྲིས་དཔལ་གསང་བ་འདུས་པའི་རྒྱུད་ཀྱི་མཛད་བྱང་ལས་དྲངས།

② རྗེ་འབངས་རྣམས་ཀྱི་རིགས་རུས་གསལ་བའི་སྒྲོན་མེ་བྲིས་མའི་ལྡེབ་གྲངས་47ལས་དྲངས།

③ མངའ་རིས་ཕྱི་གཡང་མཐིང་ཨོག་གསེར་བྲིས་དཔལ་གསང་བ་འདུས་པའི་རྒྱུད་ཀྱི་མཛད་བྱང་ལས་དྲངས།

ཕྱིའི་དགྲ་རྣམས་འདུལ་བའི་ཕྱིར་དུ་བཞེངས་པ་སྟེ་མཛད་བྱང་ལས། གྲོགས་དེ་ཕ་རོལ་རྒོད་ཕྱིར་དུ། གསུང་གི་རྟེན་དུ། གསུང་འདུས་གསར་རྒྱུད་བཞེངས་[1]ཞེས་པས་ཤེས་སོ།

ལྔ། བསྔོ་སྨོན།

ལྷོང་གི་ཏུས་ཆེན་བཅོ་བརྒྱད་ཀྱི་ཡ་གྱལ་ལས་ཆད་པའི་ཁྲུང་གི་རྒྱུད་དུ་འཁྲུངས་པའི་སྦྱིན་བདག་བདེ་ལེགས་དོན་གྲུབ་དང་ཁོང་གི་བཙུན་མོ་དང་སྲིང་མ་སྐྱིད་རྣམ་པས་སྦྱིན་བདག་མཛད་དེ་སྔོ་གསུམ་ཐང་ཆད་འབྲི་བའི་ཡིག་མཁན་གྱིས་འབྲི་བཤུས་ཟིན་པ་དང་སྤྲུགས་ཀང་འཁྱོར་གཞུང་སྲོང་གི་ཞུ་གདུག་མཁན་པོས་ཞུས་དག་ཟིན་པ་དང་ཆབས་ཅིག་གསུང་རབ་གསང་འདུས་གསང་རྒྱུད་དེ་འབྲི་བཞེངས་ཟིན་པའི་དོན་དུ་སྨོན་ལམ་ཁོངས་སུ་གཏོགས་པའི་སེམས་ཅན་རྣམས་ཀྱི་མོས་པ་དང་འཚམས་པའི་སྨོན་ལམ་བཏབ་པ་སྟེ་མཛད་བྱང་ལས། འདིའི་དགེ་བས་ཡོན་མཆོད་གཙོ་བྱས་འགྲོ་དྲུག་སེམས་ཅན་རྣམས། བླ་མེད་སངས་རྒྱས་གོ་འཕང་མྱུར་འཐོབ་ཤོག། མངྒལམ།[2]ཞེས་པས་རྟོགས།

---

① མངའ་རིས་ཕྱི་གཡང་མཐིང་ཤོག་གསེར་བྲིས་དཔལ་གསང་བ་འདུས་པའི་རྒྱུད་ཀྱི་མཛད་བྱང་ལས་དྲངས།

② མངའ་རིས་ཕྱི་གཡང་མཐིང་ཤོག་གསེར་བྲིས་དཔལ་གསང་བ་འདུས་པའི་རྒྱུད་ཀྱི་མཛད་བྱང་ལས་དྲངས།

ལེ་ཚན་དྲུག་པ། བོད་ལྗོངས་དཔེ་མཛོད་ཁང་ཀློ་གྲོས་རྒྱ་མཚོས་ཞུས་པའི་མདོའི་མཛད་བྱང་།

མཛད་བྱང་མ་དཔེ།

དང་པོ། མཛད་བྱང་མ་ཕྱུས།

༄༅།། །སྭ་སྟི། རྒྱལ་བློ་གསུང་རབ་རིན་ཆེན་འགྱུར་འཚལ། །དུས་གསུམ་བཞེངས་པ་ཤིང་རྟའི་སྲོལ་མཛེད་མཁན། ། ཏྃ་དཀར་དགེ་བཅུ་སྤྱོད་ལ་རབ་ཏུ་བརྟན། །ཀུན་བཟང་འཕགས་པའི་སྐྱེ་དགུའི་གཙུག་ན་མཐོ །དེ་ལྟའི་ཐུགས་རྗེའི་རྒྱུན་བརླ་མི་དབང་ཆེ། །བསོད་ནམས་ལྷུན་གྱི་གྲུབ་པ་རྒྱལ་པ་ཞེས། །ལུགས་གཉིས་འཁོར་པ་ཁྲི་ལ་དལ་འཚོ་དེའི། ། བཀའ་ལུང་ཇི་བཞིན་བཀའ་འགྱུར་བཅོ་ལྔའི་སྡེ། །མཐིང་ཤོག་ངོས་ལ་བཅོ་སྦྱངས་བཀྲ་སོགས། །གཞན་ལས་ཁྱད་དུ་ཐོན་པ་ངོ་མཚར་རྒྱན། ། གསེར་མཛོད་འཛིན་པ་འཛཾ་ དབང་གྲགས་པ་བགྱིས། །ཞུ་ཆེན་མཁྲ་པ་མཆོག་གྲུབ་དཾ་ཆོས་ཏེ། །དགེ་བས་ཏྃ་དཀར་སྲོལ་འཛིན་ལྷ་བསཾ་བཅས། །བསྟན་པ་སྤྱིན་བདག་མི་

དབང་སྐུ་མཆེད་རྣམས་ཀྱི། །སྐུ་ཚེ་ལྷུན་པོ་ལྟར་བརྟན་ཆབ་སྲིད་རྣམས། །དབྱར་མཚོ་ལྟར་རྒྱས་དཔལ་འབྱོར་ཕུན་ཚོགས་ཞིང་། །ཁྱད་པར་གསུང་རབས་རིན་ཆེན་ཚོགས་འདི་དག། །སྲིད་པ་ཇི་བཞིན་གནས་པ་རྟག་གནས་ཏེ། །མཁའ་ཁྱབ་འགྲོ་བ་མ་ལུས་ཀུན་མཁྱེན་གྱི། །བླ་སྡེ་གོ་འཕང་ཆོག་དེས་མཐོན་གྱུར་ཅིག །མངྒལཾ་[1]ཞེས་པའོ།

གཉིས་པ། མཛད་བྱང་གི་དབྱེ་ཞིབ།

གཅིག སྦྱིན་བདག

བློ་གྲོས་རྒྱ་མཚོས་ཞུས་པའི་མདོ་དེ་འབྲི་བཞེངས་བྱ་བའི་སྐབས་སུ་དད་པ་སྐྱོ་ངས་མེད་པའི་སྦྱིན་བདག་གནང་མཁན་ནི། རྒྱ་གར་སྐད་ཀྱི་སུ་སྟི་ཞེས་པས་དབུ་འཛིན་ཏེ་རྒྱལ་བའི་གསུང་རབ་རིན་ཆེན་འགྱུར་རོ་འཚལ་ཏེ་སྤྱི་ལོ་1431ལོའི་ཟླ་3པའི་ཚེས་14ཉིན་དབུ་བཙམས་སྟེ་བཀའ་འགྱུར་པོད་111ཅན་རང་བཞིན་ཅན་[2]དེ་དང་དེ་ཡི་དགོངས་པ་འགྲེལ་བྱེད་བསྟན་བཅོས་པོད་205ཅན་[3]དེ་དག་དུས་གསུམ་གྱི་ནང་དུ་འབྲི་བཞེངས་བྱེད་པའི་དུས་གསུམ་ནི་

① བོད་ལྗོངས་དཔེ་མཛོད་ཁང་དུ་བཞུགས་པའི་མཐིང་ཤོག་གསེར་བྲིས་པོད་བ་པ་བློ་གྲོས་རྒྱ་མཚོས་ཞུས་པའི་མདོའི་མཛད་བྱང་ལྡེབ་གྲངས་11ལས་དྲངས།

② དེ་ཡབ་རྗེ་ནང་ཆེན་ཀུན་དགའ་རྒྱལ་མཚན་དང་། མ་ཅིག་བཟང་མོ་དཔལ་བས་ཐོག་དྲངས་པའི། བདག་གཞན་རྒྱུད་ལ་ཚོགས་གཉིས་སྤེལ་ཕྱིར་དུ། སྟོན་གྱི་ཆོས་རྒྱལ་བྱང་ཆུབ་སེམས་དཔའ་རྣམས། འགྲོ་བའི་དོན་དུ་བཞུགས་པའི་སྐུ་རིང་ནས། བཙམས་ཏེ་དེ་སང་བར་དུ་རྒྱ་གར་དང་། ཁ་ཆེ་ཨུ་རྒྱན་ཤམྦྷ་ལ་དང་ནི། ལང་ཀའི་གླིང་དང་སེང་ག་ལ་ཡི་གླིང་། གསེར་གླིང་ཟངས་གླིང་ཟ་ཧོར་བལ་ཡུལ་དང་། ལི་དང་རྒྱ་ནག་ཡུལ་ནས་བོད་ཡུལ་འདིར། འགྱུར་རོ་ཅོག་རྒྱལ་བའི་བཀའ་དང་ནི། དེ་འགྲེལ་བསྟན་བཅོས་དྲི་མ་མེད་པ་རྣམས། བསྟན་པའི་སྦྱིན་བདག་རབ་བརྟན་ཀུན་བཟང་འཕགས། ཆོས་ཀྱི་རྒྱལ་པོ་དེ་ཡི་ཐུགས་དམ་དུ། རྒྱུན་མི་ཆད་པར་བཞེངས་པ་ཆོས་ཀྱི་སྒོ། ……དེ་ལྟར་རྒྱུད་ལུང་མདོ་རྣམས་ཡོངས་བསྡོམས་ན། དུམ་བཞུགས་བརྒྱ་དང་བཅུ་གཅིག་བཞུགས་པ་རྣམས། རིན་ཆེན་གསེར་གྱིས་མཐིང་ཤོག་ངོས་དག་ལ། གང་གའི་རྒྱུན་བཞིན་དུས་ཆད་མེད་པར་འགོད་ཅེས་པོ་དོང་པཎ་ཆེན་འཇིགས་མེད་གྲགས་པས་མཛད་པའི་ཆོས་ཀྱི་རྒྱལ་པོ་རབ་བརྟན་ཀུན་བཟང་འཕགས་ཀྱི་རྣམ་ཐར་བོད་ལྗོངས་མི་དམངས་དཔེ་སྐྲུན་ཁང་གི་1987ལོའི་སྤར་མའི་ཤོག་གྲངས་172-173བར་དུ་གསལ།

③ དེ་ཡང་རབ་བརྟན་ཀུན་བཟང་འཕགས་ཀྱི་རྣམ་ཐར་ལས། དེ་ཡི་དགོངས་པ་འགྲེལ་བྱེད་བསྟན་བཅོས་མཆོག པཎ་གྲུབ་ཚད་མའི་སྐྱེས་བུས་མཛད་པ་རྣམས། ཇི་ལྟར་བཞུགས་པའི་རིམ་པ་བརྗོད་པ་ནི། ……འདི་ལ་ཆོས་ཚན་བཅུ་ཕྲག་བདུན་དང་གཅིག དུམ་པར་བཞུགས་པ་ཟུང་སྤྲེལ་གཉིས་བཞུགས་སོ། འདི་འདྲའི་བསྟན་བཅོས་དྲི་མེད་གསུང་རབ་རྣམས། ཡོངས་བསྒྲིལ་པོ་ཏི་བརྒྱ་ཕྲག་གཉིས་དང་ལྔ། ཐམས་ཅད་ཟུང་འཇུག་འགྲེལ་བའི་གླེགས་ཤིང་ཅན། ཡེ་ཤེས་རོ་གཅིག་མཚོན་པའི་སྣ་རགས་ཅིང་། བཟོད་པའི་གོས་མཆོག་ཐོབ་ཕྱིར་ན་བཟས་སྲུས། རིན་ཆེན་དུ་མ་ལས་གྲུབ་ཕྱིར་[མཁའ་སྤྱོད་བླ་བྲང་དཀར་པོའི་ཁྲ་མིག་གཡས་གཡོན་དུ་]བཞུགས་སོ་ཞེས་པོ་དོང་པཎ་ཆེན་འཇིགས་མེད་གྲགས་པས་མཛད་པའི་ཆོས་ཀྱི་རྒྱལ་པོ་རབ་བརྟན་ཀུན་བཟང་འཕགས་ཀྱི་རྣམ་ཐར་བོད་ལྗོངས་མི་དམངས་དཔེ་སྐྲུན་ཁང་གི་1987ལོའི་སྤར་མའི་ཤོག་གྲངས་174-180བར་དུ་གསལ།

དུས་ཅི་ཙམ་ཞིག་ཡིན་མིན་མ་ཤེས་ཀྱང་ཆོས་རྒྱལ་རབ་བརྟན་ཀུན་བཟང་འཕགས་ཀྱི་སྒྲིག་སྒྲོལ་ལྟར་ན། རྒྱལ་བའི་བཀའ་དང་དེ་འགྲེལ་གྱི་བསྟན་བཅོས་དྲི་མ་མེད་པ་འཕགས་པའི་ཡུལ་ནས་བྱུང་ཕྱོགས་འདིར་འགྱུར་རོ་ཅོག་རྣམས་ཁྲིགས་ཆགས་བཞེངས་པའི་ཚུལ་རྒྱས་པར་འགོད་ཀྱིས་མི་ལང་ནའང་ཆ་ཙམ་བརྗོད་ན། ཕྱི་གེའི་ཤྭ་ཧོར་ཟླ་གསུམ་པའི་ཚེས་གཅིག་ནས་བཙུགས། སྟོན་ཟླ་འབྲིང་པོའི་གནམ་གང་ཚུན་ཟླ་བ་བདུན་གྱི་བར་ལ་བཀའ་འགྱུར་གསེར་གྱིས་བཞེངས་པ་བཞུགས་[①]ཞེས་པ་ལས་བོད་ཟླ་3པའི་1ཚེས་ནས་ཟླ་8པའི་ཚེས་30བར་སྟེ་ཁྱོན་ཟླ་བདུན་ཙམ་ཞིག་ནང་དུ་ཡིན། དེའི་རྒྱུན་ནི་ཇི་སྲིད་བསྐལ་པ་མ་སྟོངས་ཀྱི་བར་དུ་མི་ཆད་པར་སྐྱབ་པའི་ཐུན་རྐྱེན་དང་ལྡན་པར་[②]འཕྲེད་མཁན་ཏེ་རྣམ་དཀར་དགེ་བའི་ལས་ལ་སྤྱོད་པ་ཆོས་རྒྱལ་རབ་བརྟན་ཀུན་བཟང་འཕགས་སྟེ། བོད་རབ་བྱུང་དྲུག་པའི་ས་མོ་སྦྲུལ་ལོ་སྟེ་སྤྱི་ལོ་1389ལོའི་ཟླ་6པར་རྒྱལ་རྩེ་རྒྱ་གྲོང་དུ་ཡབ་ནང་ཆེན་ཀུན་དགའ་འཕགས་དང་ཡུམ་བྱང་སེམས་བཟང་མོ་དཔལ་མོ་གཉིས་ཀྱི་སྲས་སུ་སྐུ་འཁྲུངས། མཚན་འདི་ཉིད་དཔྱལ་སྟོན་ཆེན་པོ་ཀུན་དགའ་རྒྱལ་མཚན་པས་འདོགས་པར་མཛད། སྐུ་གཞོན་ནུའི་དུས་སུ་བཀའ་དྲིན་ཆེ་བའི་བླ་མ་དམ་པ་རྣམ་པ་གསུམ་ལ་བརྟེན་པའི་ཐུགས་བསྐྱེད་སེམས་དཔའ་ཆེན་པོ་ཆོས་ཀྱི་རིན་པོ་ཆེ་སྙམ་པར་མཛད། ཆོས་རྒྱལ་རབ་བརྟན་ཀུན་བཟང་ཞེས་ཆོས་ཀྱི་རྒྱལ་པོ་དེ་ཉིད་དགུང་ལོ་ཉི་ཤུ་རྩ་ལྔ་བཞེས་པ་རྒྱ་གར་བ་རྣམ་རྒྱལ་ཞེས་པ་སྟེ་སྤྱི་ལོ་1414ལོ་ལ་ལྷུང་རར་ཆོས་གཞི་བཏིང་། མཁས་གྲུབ་དགེ་ལེགས་དཔལ་བ་བྱང་ནས་གདན་དྲངས་ཏེ་ཆོས་དཔོན་དུ་མངའ་གསོལ། ཆོས་རྒྱལ་དགུང་ལོ་ཉི་ཤུ་རྩ་དྲུག་བཞེས་པ་ཤིང་ཕོ་རྟའི་ལོ་སྟེ་སྤྱི་ལོ་1415ལོ་ལ་རྒྱལ་མཁར་རྩེ་པའི་མདུན་གྱི་སྒང་ཚུ་ལ་ཟམ་ཆེན་མིག་དྲུག་དང་ལྡན་པའི་དབུས་ན་བྱང་ཆུབ་ཆེན་པོའི་མཆོད་རྟེན་ཁྲི་ལམ་ཅན་དུ་བཞུགས་ནང་ན་དཀྱིལ་འཁོར་ཆེན་པོ་དགུ་ཡོད་པ་བཅས་སོགས་དམངས་ལ་ཕན་པའི་བྱ་བ་རྒྱ་ཆེན་དང་ནང་བསྟན་གྱི་སྒོ་ནས་ཀྱང་རྒྱལ་རྩེ་དཔལ་འཁོར་ཆོས་སྡེ་བཞེངས་པ་སོགས་དགོན་སྡེའི་འཛུགས་སྐྲུན་ཡང་[③]ཁོང་གིས་ཐུགས་རྗེའི་བཀའ་དྲིན་ནམ་སྐུ་ཉིད་ཀྱི་བཀའ་

① བོ་དོང་པཎ་ཆེན་འཇིགས་མེད་གྲགས་པས་མཛད་པའི་ཆོས་ཀྱི་རྒྱལ་པོ་རབ་བརྟན་ཀུན་བཟང་འཕགས་ཀྱི་རྣམ་ཐར་བོད་ལྗོངས་མི་དམངས་དཔེ་སྐྲུན་ཁང་གི་1987ལོའི་པར་མའི་ཤོག་གྲངས་360ལས་དྲངས།

② བོ་དོང་པཎ་ཆེན་འཇིགས་མེད་གྲགས་པས་མཛད་པའི་ཆོས་ཀྱི་རྒྱལ་པོ་རབ་བརྟན་ཀུན་བཟང་འཕགས་ཀྱི་རྣམ་ཐར་བོད་ལྗོངས་མི་དམངས་དཔེ་སྐྲུན་ཁང་གི་1987ལོའི་པར་མའི་ཤོག་གྲངས་169ལས་དྲངས།

③ ཇོ་ནང་ཏཱ་ར་ནཱ་ཐས་མཛད་པའི་མྱང་ཆོས་འབྱུང་བོད་ལྗོངས་མི་དམངས་དཔེ་སྐྲུན་ཁང་གི་2002ལོའི་པར་མའི་ཤོག་གྲངས་

འགྱུར་མཐིང་ཤོག་འབྲི་བའི་ལམ་སྲོལ་གཏོད་པ་[1]དེའི་རྒྱུན་མ་ཆད་པར་བབས་པའི་མི་དབང་ཆེན་པོ་བསོད་ནམས་ལྷུན་གྱིས་གྲུབ་པའི་རྒྱལ་པོ་དེ་ཆོས་དང་སྲིད་གཉིས་ཀྱི་འཁོར་པའི་ཁྲི་ལ་ཞི་བདེ་བག་ཕེབས་དང་འཚོ་བ་དེའི་བཀའ་ལུང་ཇི་བཞིན། རྒྱལ་བའི་བཀའ་འགྱུར་ལས་པོད་བཅོ་ལྔ་སྟེ་བློ་གྲོས་རྒྱ་མཚོས་ཞུས་པའི་མདོ་འདི་འབྲི་བཞེངས་གནང་བ་ལས་གསུང་རབ་དེའི་དད་པ་སྐྱོངས་མེད་པའི་སྦྱིན་བདག་ནི་མི་དབང་ཆེན་པོ་བསོད་ནམས་ལྷུན་གྲུབ་ཀྱིས་མཛད་པ་སྟེ་མཛད་བྱང་ལས།༄༅།།སྭ་སྟི།རྒྱལ་པླི་གསུང་རབ་རིན་ཆེན་འགྱུར་འཚལ། །དུས་གསུམ་བཞེངས་པླི་ཤིང་རྟའི་སྲོལ་འཛིན་མཁན། །ཇཾ་དཀར་དགེ་བཅུ་སྤྱོད་ལ་རབ་ཏུ་བརྟན། །ཀུན་བཟང་འཕགས་པའི་སྐྱེ་དགུའི་གཙུག་ན་མཐོ། །དེ་ལྟའི་ཐུབསྟན་རྗེའི་རྒྱུན་བསྲུ་མི་དབང་ཆེ། །བསོད་ནམས་ལྷུན་གྱི་གྲུབ་པླི་རྒྱལ་པ་ཞེས། །ལུགས་གཉིས་འཁོར་པི་ཁྲི་ལ་དལ་འཚོ་དེའི། །བཀའ་ལུང་ཇི་བཞིན་བཀའ་འགྱུར་བཅོ་ལྔའི་སྟེ། [2]ཞེས་པས་རྟོགས།

གཉིས། ལྷག་ཤོག

དུས་རབས་15པའི་ནང་དུ་མྱང་སྟོད་ཁུལ་དུ་ཡབ་ནང་ཆེན་ཀུན་དགའ་འཕགས་དང་ཡུམ་བྱང་སེམས་བཟང་མོ་དཔལ་མོ་གཉིས་ཀྱི་སྲས་སུ། སྤྱི་ལོ1389ལོའི་ཟླ་6པར་སྐུ་འཁྲུངས་པའི་ཆོས་རྒྱལ་རབ་བརྟན་ཀུན་བཟང་འཕགས་ཀྱིས་འཕྲིན་ལས་ཀྱི་རྒྱུན་ལས་འབབ་པ་ལྟར། མི་དབང་ཆེན་པོ་བསོད་ནམས་ལྷུན་གྲུབ་ཀྱིས་དད་པ་སྐྱོངས་མེད་པའི་སྦྱིན་བདག་གནང་སྟེ་བཀའ་འགྱུར་པོད་11 །རང་བཞིན་ཅན་དུ་བཞུགས་པ་དེའི་གྲས་སུ་བཞུགས་པའི་པོད་བཅོ་ལྔ་པ་སྟེ་བློ་གྲོས་རྒྱ་མཚོས་ཞུས་པའི་མདོ་ཏེ་འབྲི་བཞེངས་གནང་བའི་སྐབས་སུ། གསུང་རབ་ཀྱི་འབྲི་རྫས་ལ་ཉེར་བར་མཁོ་བའི་ལྷག་ཤོག་བོད་ཤོག་མཐིང་ཤོག་ངོས་གཙང་བའི་ཐོག་ལ་སྣག་ཚ་རིན་ཆེན་དང་པོ་གསེར་ལས་འབྲི་བཞེངས་བསྒྲུངས་པ་སོགས་ཀྱིས་བོད་གཞན་ལས་ཁྱད་

50ལས་དྲངས།

① པཎ་ཆེན་བསོད་ནམས་གྲགས་པས་གསུངས་དོན། གསེར་གྱི་བཀའ་འགྱུར་ནི་དེ་ནས་བཟུང་སྟེ་དེང་སང་གི་བར་དུ་ཡང་བཞེངས་པ་རྒྱུན་མ་ཆད་པ་སྟེ་སྡེ་དཔོན་གཅིག་ལ་དཀར་ཕྱོགས་ཀྱི་མཛད་པ་རྣམས་ཆེ་ཤོས་སུ་འདུག་ཅེས་དེབ་ཐེར་དམར་པོ་གསར་མ་བོད་ལྗོངས་མི་དམངས་དཔེ་སྐྲུན་ཁང་གི་1982ལོའི་སྤར་མའི་ཤོག་གྲངས་61དུ་གསལ་བར་མགོ་བཏགས་བཅོལ་ཡོད།

② བོད་ལྗོངས་དཔེ་མཛོད་ཁང་དུ་བཞུགས་པའི་མཐིང་ཤོག་གསེར་བྲིས་པོད་བ་པ་བློ་གྲོས་རྒྱ་མཚོས་ཞུས་པའི་མདོའི་མཛད་བྱང་ལྡེབ་གྲངས་11ལས་དྲངས།

དུ་འཕགས་པས་ངོ་མཚར་ཆེ་བ་བྱུང་རྒྱེན་ནི། གསེར་གྱི་རྒྱུ་འགྲོ་དོ་དམ་གནང་མཁན་འཛམ་དབྱངས་གྲགས་པས་གནང་བ་སྟེ་མཛད་བྱང་ལས།མཐིང་ཤོག་ངོས་ལ་བཙོ་སྦྱངས་བཀྲ་སོགས། །གཞན་ལས་ཁྱད་དུ་ཐོན་པྣི་ངོ་མཚར་རྒྱེན། །གསེར་མཛོད་འཛིན་པ་འཛམ་དབང་ཀྲྀ་ཥྞ་བགྱིས།[1]ཞེས་པས་སོ། སྐབས་དོན་འདིར་སྣག་ཤོག་གི་སྐོར་ཡིན་ཙ་ན་མི་དབང་བསོད་ནམས་ལྷུན་གྲུབ་ཀྱི་སྐུ་དུས་སུ་འབྲི་བཞེངས་བསྐྲུངས་པའི་སྣག་ཤོག་གི་སྐོར་གོང་གི་དེ་ཙམ་ཞིག་ལས་ཞུ་མ་ཤེས་རུང་། དུས་རབས་15པར་གོང་མ་ཆོས་རྒྱལ་རབ་བརྟན་ཀུན་བཟང་འཕགས་ཀྱི་བཀའ་འགྱུར་འབྲི་བཞེངས་ཀྱི་སྣག་ཤོག་སྐོར་ལ་རིགས་འབྲེལ་ཏེ་ཞུས་ན། ཤོག་བུ་ཉིས་སྦྱར་གྱི་རྩིས་ཤོག་ཡུག་བརྒྱ་དང་དྲུག་ཅུ་མ་ཡོད་པའི་དུམ་པ་ཉི་ཤུ་རྩ་དགུ་དང་།ཤོག་ཡུག་བཞི་རེ་དགོས་པའི་རིན། དུམ་པ་རེ་ལ་དངུལ་ཊམ་ཁ་བཞི་མའི་རྩིས། ཊམ་ཁ་བརྒྱ་དང་བཅུ་བདུན།[2]ཞེས་བྱུང་བ་ལྟར་ན། དུས་རབས་15ཡས་མས་སུ་ཤོག་བུ་ཉིས་སྦྱར་ཡུག་160ལ་བཀའ་འགྱུར་པོད་29འབྲི་བཞེངས་ཐུབ་པ་དང་བཀའ་འགྱུར་པོད་1ལ་ཁྱོན་ཤོག་བུ་ཡུག་4དགོས། ཤོག་བུ་ཡུག་4ལ་རིན་དུམ་པ་རེ་ལ་དངུལ་ཊམ་ཁ་བཞི་མའི་རྩིས་ན་ཊམ་ཁ་117དགོས་པ་ལྟར་རྩིས་ན་པོད་གཅིག་ལ་ཁྱོན་ལྡེབ་གྲངས་360སྟེ་བཀའ་འགྱུར་གསེར་གྱིས་བཞེངས་པ་བཞུགས། སུམ་བརྒྱ་དྲུག་ཅུ་མ་ལ་དུ་མ་རེར་བྱས་པ།[3]ཞེས་པའི་དབང་དུ་རྩིས་ན་ལྡེབ་གྲངས་རེ་ལ་རིན་དངུལ་སྲང་0.4རེ་ཐོབ་པ་བཅས་བཀའ་འགྱུར་གྱི་ཤོག་བུ་དང་། བསྟན་འགྱུར་གྱི་སྣག་ཤོག་སྐོར་ལ་བསྟན་འགྱུར་བཞུགས་པའི་བརྒྱ་བཅུ་བདུན་མ་སྟེ་ལྡེབ་གྲངས་417ལ་པོ་ཏི་རེར་བྱས་པའི་པོད་ངོ་བཅུ་གསུམ་རེ་བཞེངས་པའི་པོ་ཏི་རེ་ལ་སྣག་ཚ་ཝོ་ཁྱིད་བཅུ་གསུམ་མ་རེ་གཏོང་པའི་རྩིས་བསྒྲིལ་བས། སྣག་ཚ་ཝོ་བརྒྱ་དྲུག་ཅུ་རེ་གཉིས། ཤོག་བུ་ཤོག་ཡུག་རེ་ལ་མདའ་ཚད་བཞི་དྲུས་ཐོན་པའི་རྩིས། བརྒྱ་དྲུག་བཅུ་མ་ལ་དུམ་པར་བྱས་པ་བརྒྱད་དང་། ཤོག་ཡུག་བདུན་ཅུ་དོན་

① བོད་ལྗོངས་དཔེ་མཛོད་ཁང་དུ་བཞུགས་པའི་མཐིང་ཤོག་གསེར་བྲིས་པོད་བ་པ་སྙི་གྲོས་རྒྱ་མཚོས་ཞུས་པའི་མདོའི་མཛད་བྱང་ལྡེབ་གྲངས་11ལས་དྲངས།

② པོ་དོང་པཎ་ཆེན་འཇིགས་མེད་གྲགས་པས་མཛད་པའི་ཆོས་ཀྱི་རྒྱལ་པོ་རབ་བརྟན་ཀུན་བཟང་འཕགས་ཀྱི་རྣམ་ཐར་བོད་ལྗོངས་མི་དམངས་དཔེ་སྐྲུན་ཁང་གི་1987ལོའི་སྤར་མའི་ཤོག་གྲངས་361ལས་དྲངས།

③ པོ་དོང་པཎ་ཆེན་འཇིགས་མེད་གྲགས་པས་མཛད་པའི་ཆོས་ཀྱི་རྒྱལ་པོ་རབ་བརྟན་ཀུན་བཟང་འཕགས་ཀྱི་རྣམ་ཐར་བོད་ལྗོངས་མི་དམངས་དཔེ་སྐྲུན་ཁང་གི་1987ལོའི་སྤར་མའི་ཤོག་གྲངས་361ལས་དྲངས།

དྲུག་གི་རིན་ཊམ་ཁ་སུམ་ཅུ་སོ་གསུམ་དང་གཅིག་གི་བཅུ་ཆས་ཆག་པ།[1] ཞེས་བྱུང་བས་ཀྱང་། དུས་རབས་15ཡས་མས་སུ་བསྐྲུན་འགྱུར་འབྲི་བཞེངས་ཀྱི་སྣག་ཤོག་འགྲོ་དཔྱད་བཅས་ཤེས། དེས་ན་མི་དབང་བསོད་ནམས་ལྷུན་གྲུབ་ཀྱི་སྐུ་དུས་སུ་འང་བཀའ་འགྱུར་འབྲི་བཞེངས་ཀྱི་ཤོག་བུའི་འགྲོ་སོང་དང་རིན་ཐང་ཡང་དེ་དང་རིགས་འགྲེའོ།

གསུམ། ཡིག་ཞུས་མཁན།

གསུང་རབ་དེ་དག་འབྲི་བཞེངས་གནང་བའི་སྐབས་སུ་སྒོ་གསུམ་ཐང་ཆད་འབྲི་བའི་ཡིག་པ་ནི་བོད་འདིའི་མཛོད་བྱང་གི་སྐོར་དུ་མ་གསལ་ཙང་སྐྱེ་བོ་ཕྱོགས་ནས་ཕྱིན་པའི་ཡིག་མཁན་ཞིག་ཡིན་པར་སེམས་ཏེ། ཆོས་རྒྱལ་རབ་བརྟན་ཀུན་བཟང་འཕགས་དགུང་ལོ་བཞི་བཅུ་ཞེ་གསུམ་བཞེས་པ་ལྕགས་མོ་ཕག་གི་ལོ་སྤྱི་ལོ1431ལོའི་ཟླ་3པའི་ཚེས་14ཉིན་སྐར་མ་རྒྱལ་ལ་བབ་པའི་ཉིན་ནས་བདེ་བར་གཤེགས་པའི་གསུང་གི་རྟེན་བོད་ཡུལ་འདིར་འགྱུར་རོ་ཅོག་དང་། དེའི་[ཚུ་ཐོ་བྱེ་བ་ལོ་ནས་]འགྲེལ་བྱེད་བསྟན་པ་དེ་འཛིན་པའི་སྐྱེས་བུ་དམ་པ་རྣམས་ཀྱི་མཛད་པ་དྲི་མ་མེད་པ་རྣམས་ཐུགས་དམ་དུ་བཞེངས་པའི་ཁྲིགས་སུ་མཛད་པ[འདི་ལོ་བསྟོད་ཚོགས་དང་། དུས་འཁོར་རྒྱུད་འགྲེལ། ལང་གཤེགས་འགྲེལ་པ་རྣམས་བཞེངས་པ་གསལ་འགོད་སྣང་།]སྐྱེ་བོ་ནས་ཡི་གེའི་མཁན་པོ་དཔོན་མོ་ཆེ་སངས་རྒྱས་རྒྱལ་མཚན་དཔོན་སློབ་རྣམས་ཀྱིས་ཐོག་མར་དམ་པའི་ཆོས་དཀོན་མཆོག་བརྩེགས་པ་དང་། ཡུམ་བར་པ་ཉི་ཁྲི་བཞེངས་པ་ནས་བཟུང་། བཀའ་འགྱུར་སྐྱ་གསེར་ཚར་རེ་བཞེངས།[2] ཞེས་བྱུང་བ་དང་གཅིག གཉིས་མི་དབང་བསོད་ནམས་ལྷུན་གྲུབ་ཀྱི་སྐུ་དུས་བཀའ་འགྱུར་གྲས་སུ་བཞུགས་པའི་པོད་བཅོ་ལྔ་པ་བློ་གྲོས་རྒྱ་མཚོས་ཞུས་པའི་མདོ་དེ་འབྲི་བཞེངས་བསྐྲུངས་དགོས་དོན་ཡང་། གོང་གི་ཆོས་རྒྱལ་རབ་བརྟན་ཀུན་བཟང་འཕགས་ཀྱིས་རྣམ་དཀར་འཕྲིན་ལས་ཀྱི་རྒྱུན་ཇི་སྲིད་བསྐལ་པ་མ་སྟོངས་ཀྱི་བར་དུ་མི་ཆད་པར་སྒྲུབ་པའི་འབྱུང་རྐྱེན་ལ་བརྟེན་ཏེ་ཡིན་ཅ་ན། ཐེངས་འདིའི་ཡིག་

① ཇོ་དོང་པཎ་ཆེན་འཇིགས་མེད་གྲགས་པས་མཛད་པའི་ཆོས་ཀྱི་རྒྱལ་པོ་རབ་བརྟན་ཀུན་བཟང་འཕགས་ཀྱི་རྣམ་ཐར་བོད་ལྗོངས་མི་དམངས་དཔེ་སྐྲུན་ཁང་གི་1987ལོའི་སྤར་མའི་ཤོག་གྲངས་366ལས་དྲངས།

② ཇོ་དོང་པཎ་ཆེན་འཇིགས་མེད་གྲགས་པས་མཛད་པའི་ཆོས་ཀྱི་རྒྱལ་པོ་རབ་བརྟན་ཀུན་བཟང་འཕགས་ཀྱི་རྣམ་ཐར་བོད་ལྗོངས་མི་དམངས་དཔེ་སྐྲུན་ཁང་གི་1987ལོའི་སྤར་མའི་ཤོག་གྲངས་169ལས་དྲངས།

མཁན་ཡང་སྟོན་གྱི་ལམ་སྲོལ་བཞིན་སླེ་མོ་ནས་ཕྱིན་མེད་དམ་སླམ། སྣོ་གསུམ་ཐང་ཆད་འབྲི་བའི་སླེ་མོའི་ཡིག་པ་རྣམས་ཀྱིས་འབྲི་བཤུས་ཟིན་རྗེས་རྐང་འགྱུར་གཞུང་སྲོང་གི་ཞུ་དག་མཁན་པོ་མཁས་མཆོག་དམ་ཆོས་ཀྱིས་མཛད་དེ་དགེ་བའི་རྣམ་པར་དཀར་བའི་སྲོལ་འཛིན་ལྷག་བསམ་གྱིས་བཞེངས་པ་སྟེ་མཛད་བྱང་ལས།ཞུ་ཆེན་མཁླ་པ་མཆོག་གྲུབ་དཾ་ཆོས་ཏེ། །དགེ་བས་རྣཾ་དཀར་སྲོལ་འཛིན་ལྷ་བསཾ་བཅས།[①]ཞེས་པས་རྟོགས། དུས་རབས་15-16པའི་ནང་དུ་སྣོ་གསུམ་ཐང་ཆད་འབྲི་བའི་ཡིག་མཁན་གྱི་དོས་ནས་འཆད་ན་ཡང་། དུམ་པ་རེ་འབྲི་བའི་ཡིག་མཁན་གྱི་ཆུ་སྟོར་མར་གྲོལ་བཞི་རེ་ཐོབ་པ་བསྒྲིལ་བས་གྲོལ་ལྔ་བཅུ་ང་གཉིས།[②]ཞེས་པ་སྟེ་བཀའ་འགྱུར་གྱི་གྲས་སུ་བཞུགས་པའི་ལྡེབ་གྲངས་360ཅན་གྱི་ཚོད་དུ་ཟིན་པའི་པོད་རེ་ཡིག་པས་འབྲི་བཤུས་བྱས་པའི་ཡིག་མཁན་གཅིག་གི་ཟླ་ཆར་ཆུ་སྟོར་མར་གྲོལ་4རེ་རྩིས་པའི་ཡིག་མཁན་13ལ་ཕྱིན་གྲོལ་13><4=52ཐོབ་པ་དེ་ཤེས་ཤིང་། འབྲི་བཤུས་ཀྱི་ལས་ཀའི་སྨུས་ཚད་ལ་གཞིགས་པའི་ཡིག་པར་ཡང་རིམ་པ་མི་འདྲ་བ་ཁག་ལྔར་ཕྱེ་སྟེ། བཀའ་འགྱུར་བའི་གཟབ་སྟོན་མར་དུ་ཤོམ་པའི་ཡིག་མཁན་དྲུག་པ་གཉིས་ལ་མར་ཀྱུ་སྲང་བཅོ་བརྒྱད་རེ། དེ་འོག་གཉིས་ལ་ཀྱུ་སྲང་ཕྱེད་དང་བཅུ་བཞི་རེ། དེ་འོག་བཞི་ལ་ཀྱུ་སྲང་བཅུ་གཉིས་རེ། དེ་འོག་ལ་གསུམ་ལ་ཀྱུ་སྲང་ཕྱེད་དང་བཅུ་གཅིག་རེ། དེ་འོག་གཉིས་ལ་ཀྱུ་སྲང་དགུ་རེ[③]་ཞེས་བྱུང་བ་ལྟར་ན། བཀའ་འགྱུར་གྱི་གཟབ་སྟོན་མར་དུ་ཕབ་པའི་ཡིག་མཁན་ལ་རིམ་པ་ལྔ་སྟེ་ཐོབ་ཐང་མར་གྲངས་རིམ་པས་བཞིན་ཆེ་ས་ནས་ཆུང་སར་སོང་བ་སྟེ་2=18>2:14>4=12>3=11>2=9 གོང་གི་རྩིས་རིག་དེ་ལས་ཤེས། ཞུས་དག་མཁན་གྱི་ཉིན་རེའི་ཟླ་ཆ་དང་ཉིན་གཅིག་ལ་ཞུས་དག་ལྡེབ་གྲངས་ཅི་ཙམ་ཞིག་བྱ་དགོས་སམ་ཞེས་ན། ཞུས་དག་པ་ཆ་གཅིག་གིས་དུམ་པ་རེའི་ཞུས་དག་བྱེད་པ་ལ་ལ་ཉི་མ་བདུན་རེ་[དུམ་པ་བཅུ་གསུམ་གྱི་ཞག་བསྒྲིལ་ནས]དགོས་པ། ཟླ་བ་གསུམ་དང་ཞག་གཅིག་

---

① བོད་ལྗོངས་དཔེ་མཛོད་ཁང་དུ་བཞུགས་པའི་མཐིང་ཤོག་གསེར་བྲིས་པོད་བ་པ་བློ་གྲོས་རྒྱ་མཚོས་ཞུས་པའི་མདོའི་མཛད་བྱང་ལས་དྲངས།

② པོ་ཏོང་པཎ་ཆེན་འཇིགས་མེད་གྲགས་པས་མཛད་པའི་ཆོས་ཀྱི་རྒྱལ་པོ་རབ་བརྟན་ཀུན་བཟང་འཕགས་ཀྱི་རྣམ་ཐར་བོད་ལྗོངས་མི་དམངས་དཔེ་སྐྲུན་ཁང་གི་1987ལོའི་སྤར་མའི་ཤོག་གྲངས་362ལས་དྲངས།

③ པོ་ཏོང་པཎ་ཆེན་འཇིགས་མེད་གྲགས་པས་མཛད་པའི་ཆོས་ཀྱི་རྒྱལ་པོ་རབ་བརྟན་ཀུན་བཟང་འཕགས་ཀྱི་རྣམ་ཐར་བོད་ལྗོངས་མི་དམངས་དཔེ་སྐྲུན་ཁང་གི་1987ལོའི་སྤར་མའི་ཤོག་གྲངས་362ལས་དྲངས།

འགོར་བ་ཁལ་བཅུ་བདུན་དང་བྲེ་བཅུ་ཕྱུལ་དོ།[1] ཞེས་བྱུང་བ་ལྟར་ན་ཞུས་པ་ཚ་གཅིག་གིས་ལྡེབ་གྲངས་སུམ་བརྒྱ་དྲུག་ཅུ་ཅན་པོད་གཅིག་ཉིན་མ་བདུན་ལ་བཏང་ཚར་གྱི་ཡོད་ན་[360+7=51.4]་ཉིན་གཅིག་ལ་ལྡེབ་གྲངས་ལྔ་བཅུ་ང་གཉིས་ཡས་མས་ཞུས་དག་གཏོང་དགོས་པ་དང་། པོད་བཅུ་གསུམ་ལ་ཟླ་བ་གསུམ་དང་ཞག་གཅིག་[ཉིན་91]ལ་ཁལ་བཅུ་བདུན་དང་བྲེ་བཅུ་ཕྱུལ་དོ་ཡིན་ན། ཁལ་བཅུ་བདུན་དང་བྲེ་བཅུ་ཕྱུལ་དོ་ལ་ཉིན་དགུ་བཅུ་གོ་གཅིག་བགོས་ན་ཉིན་རེའི་གླ་ཕོགས་ཀྱང་རང་བཞིན་གྱིས་རྟོགས། དེས་ན་དུས་རབས་15-16པའི་ཡིག་མཁན་དང་ཞུས་དག་མཁན་གྱི་ཉིན་རེའི་གླ་ཕོགས་དང་ཉིན་རེའི་འབྲི་བཤུས་དང་ཞུས་དག་གི་འོས་འགན་ཅི་ཞིག་ཡིན་པ་དེ་ཤེས་ཐུབ།

བཞི། བསྔོ་སྨོན།

དུས་རབ་15-16པའི་ནང་དུ་མི་དབང་བསོད་ནམས་ལྷུན་གྲུབ་ཀྱིས་ཆོས་རྒྱལ་རབ་བརྟན་ཀུན་བཟང་འཕགས་ཀྱི་འཕྲིན་ལས་རྒྱུན་བཞིན་བཀའ་འགྱུར་མཐིང་ཤོག་གསེར་བྲིས་དེ་ཡིག་མཁན་སླེ་མོ་ནས་བྱོན་པའི་ཡིག་པ་དང་ཞུ་དག་མཁན་པོ་མཁས་མཆོག་མཆོག་གྲུབ་དམ་ཆོས་སོགས་ཀྱིས་གནང་སྟེ། བཀའ་འགྱུར་པོད་གྲངས་111རང་བཞིན་ཅན་དེ་འབྲི་བཞེངས་བསྒྲུབས་པའི་རྗེས་སུ་རྣམ་དཀར་དགེ་བའི་ལས་ཆབས་པོ་ཆེ་འདི་འདྲ་ལེགས་གྲུབ་བྱུང་བ་ལས་བསྔོ་བ་སྨོན་ལམ་འདི་བཏབ་པ་སྟེ། བསྟན་པའི་སྦྱིན་བདག་མི་དབང་བསོད་ནམས་ལྷུན་གྲུབ་ཀྱིས་གཙོས་པའི་སྐུ་མཆེད་རྣམས་སྐུ་ཚེ་རི་རྒྱལ་ལྷུན་པོ་ཇི་བཞིན་བརྟན་པ་དང་ཆབ་སྲིད་དབྱར་གྱི་མཚོ་མོ་ཇི་བཞིན་རྒྱས་པ། དཔལ་འབྱོར་ཕུན་སུམ་ཚོགས་པར་ཤོག་ཅེས་འབྲི་བཞེངས་ཀྱི་སྦྱིན་བདག་མི་དབང་ཡིན་པའི་ཆ་ནས་བཏབ་པའི་སྨོན་ལམ་དང་། ལྷག་དོན་དུ་ད་ཐེངས་འབྲི་བཞེངས་བསྐྲུངས་པའི་གསུང་རབ་མཐིང་ཤོག་བཀའ་འགྱུར་འདི་སྲིད་པ་ཇི་སྲིད་གནས་པ་དེ་སྲིད་དུ་གནས་ཤིང་། མཁའ་ཁྱབ་སེམས་ཅན་འགྲོ་བ་མ་ལུས་པ་ཀུན་མཁྱེན་གྱི་གོ་འཕང་ཐོབ་པར་ཤོག་ཅེས་བཏབ་པ་སྟེ་མཛད་བྱང་ལས། བསྟན་པའི་སྦྱིན་བདག་མི་དབང་སྐུ་མཆེད་རྣམས་ཀྱི། །སྐུ་ཚེ་ལྷུན་པོ་ལྟར་བརྟན་ཆབ་སྲིད་རྣམས། །དབྱར་མཚོ་ལྟར་རྒྱས་དཔལ་འབྱོར་ཕུན་ཚོགས་

---

① བོ་དོང་པཎ་ཆེན་འཇིགས་མེད་གྲགས་པས་མཛད་པའི་ཆོས་ཀྱི་རྒྱལ་པོ་རབ་བརྟན་ཀུན་བཟང་འཕགས་ཀྱི་རྣམ་ཐར་བོད་ལྗོངས་མི་དམངས་དཔེ་སྐྲུན་ཁང་གི་1987ལོའི་སྤར་མའི་ཤོག་གྲངས་361ལས་དྲངས།

ཞིང་། །ཁྱད་པར་གསུང་རབས་རིན་ཆེན་ཚོམ་བུ་འདི་དག །སྲིད་པ་ཇི་བཞིན་གནས་པ་རྟག་གནས་ཏེ། །མཁའ་ཁྱབ་འགྲོ་བ་མ་ལུས་ཀུན་མཁྱེན་གྱི། བླ་མེད་གོ་འཕང་ཆོག་དེས་མངོན་གྱུར་ཅིག། མངྒ་ལཾ།[①] ཞེས་པའོ།

ལེ་ཚན་བདུན་པ། རྒྱལ་རྩེ་དཔལ་ཆོས་བཀའ་འགྱུར་པོད་མ་པའི་མཛད་བྱང་།

མཛད་བྱང་མ་དཔེ།

དང་པོ། མཛད་བྱང་མ་ཕྱུས།

༄༅། །མཐས་ཡས་རྗེས་འགྲོ་འཇིག་རྟེན་ཀུན། །རང་རྒྱུད་སངས་རྒྱས་ས་ལ་དགྲི་བའི་ལམ། །དམ་པ་ཆོས་ཀྱི་གླེགས་བམ་བཀའ་འགྱུར་ཅེས། །འཇིག་རྟེན་གསུམ་གྱིས་མཆོད་འོས་ངོ་མཚར་ཕྲེང་། །དགེ་ལ་སྲིད་ཞུ་མཛད་པ་ཆོས་ཀྱི་རྒྱལ། །འཕགས་པའི་མཚན་ཅན་ནས་བཟུང་མི་ཡི་དབང་། །བསོད་ནམས་ལྷུན་གྱི་གྲུབ་པའི་···དགེ་ཏུ་ལེགས་བྱས་མ་ཉམས་ཆོས་ཀྱི་རྒྱལ་སྲིད་ཆེ། །གང་གི་འཕྲིན་ལས་དར་མ་རདྣ་གྱིས། །རྒྱུ་རྐྱེན་ཕུན་སུམ་ཚོགས་པའི་པུསྟ་ཀ། །བཅུ་དྲུག་པ་ནས་མཚར་དུ་མདར་བ་འདི། །པུཏྟི་མ་ཏིས་ཞུས་ཤིང་དག་པར་བསྒྲུབས། །མ་སྨད་བསོད་ནམས་དཔལ་དུ་གྱུརད་པ་འདིས། །ཆོས་ཀྱི་རྒྱལ་པོའི་ཆབ་སྲིད་བརྟན་པ་འདི། །ཡུལ་ཕྱོགས་འདི་སོགས་ཡངས་པའི་འཇིག་རྟེན་ཀུན། །བདེ་སྐྱིད་ཕུན་སུམ་ཚོགས་པ་དགེ་ལེགས་ཤོག མངྒ་ལཾ།[②] ཞེས་པའོ།

① བོད་ལྗོངས་དཔེ་མཛོད་ཁང་དུ་བཞུགས་པའི་མཐིང་ཤོག་གསེར་བྲིས་པོད་བ་པ་སྣོ་གྲོས་རྒྱ་མཚོས་ཞུས་པའི་མདོའི་མཛད་བྱང་ལས་དྲངས།

② རྒྱལ་རྩེ་དཔལ་ཆོས་དགོན་གྱི་འདུ་ཁང་ཤར་དུ་བཞུགས་པའི་བཀའ་འགྱུར་པོད་མ་པའི་དབུ་ཞབས་སྲིབ་ངོས་ལས་དྲངས།

གཉིས་པ། མཛད་བྱང་གི་དཔེ་ཞིབ།

གཅིག སྤྱིན་བདག

༄༅། །མཐས་ཡས་རྗེས་འགྲོ་འཇིག་རྟེན་ཀུན། །རང་རྒྱུད་སངས་རྒྱས་ས་ལ་དཀྲི་བའི་ལམ། །དམ་པ་ཆོས་ཀྱི་གླེགས་བམ་བཀའ་འགྱུར་ཅེས། །འཇིག་རྟེན་གསུམ་གྱིས་མཆོད་འོས་ངོ་མཚར་ཕྲེང་། །དགེ་ལ་སྲིད་ཞུ་མཛད་པ་ཆོས་ཀྱི་རྒྱལ། །འཕགས་པའི་མཚན་ཅན་ནས་བཟུང་མི་ཡི་དབང་། །བསོད་ནམས་ལྷུན་གྱི་གྲུབ་པའི་······དགེ་ཏུ་ལེགས་བྱས་མ་ཉམས་ཆོས་ཀྱི་རྒྱལ་སྲིད་ཆེ།[1]ཞེས་བྱུང་བ་ལྟར་ན། སྔོན་གྱི་པོད་བཅོ་ལྔ་པ་བློ་གྲོས་རྒྱ་མཚོས་ཞུས་པའི་མདོ་པོད་དེ་དང་པོད་བཅུ་དྲུག་པ་འདི་ནི་དུས་རབས15པའི་ནང་དུ་བྱོན་པའི་ཆོས་རྒྱལ་རབ་བརྟན་ཀུན་བཟང་འཕགས་ཀྱི་འཕྲིན་ལས་རྒྱུན་ལས་བཞེངས་པ་སྟེ། མཐའ་ཡས་སེམས་ཅན་རྣམས་ཀྱི་རང་རྒྱུད་སངས་རྒྱས་སར་དཀྲི་བའི་དམ་ཆོས་གླེགས་བམ་བཀའ་འགྱུར་ཏེ་པོད་111ཅན་དེ་[2]གོང་གི་ཆོས་རྒྱལ་རབ་བརྟན་ཀུན་བཟང་འཕགས་ཀྱི་རྣམ་ཐར་ལས་ཤེས་ཤིང་། འཇིག་རྟེན་གསུམ་སྟེ་ས་བླ་ས་སྟེང་ས་འོག་ཏེ་འཇིག་རྟེན་གསུམ་གྱིས་མཆོད་པར་འོས་པའི་གསུང་རབ་འདི་ལ་སྲིད་ཞུ་བསྒྲུབ་མཁན་ཆོས་རྒྱལ་འཕགས་པ་སྟེ་བོད་རབ་བྱུང་དྲུག་པའི་ས་མོ་སྦྲུལ་ལོ་སྟེ། སྤྱི་ལོ1389ལོའི་ཟླ་6པར་རྒྱལ་རྩེ་རྒྱ་གྲོང་དུ་ཡབ་ནང་ཆེན་ཀུན་དགའ་འཕགས་དང་ཡུམ་བྱང་སེམས་བཟང་མོ་དཔལ་མོ་གཉིས་ཀྱི་སྲས་སུ་སྐུ་འཁྲུངས། མཚན་འདི་ཉིད་དཔྱལ་སྟོན་ཆེན་པོ་ཀུན་དགའ་རྒྱལ་མཚན་པས་འདོགས་པར་མཛད། སྐུ་གཞོན་ནུའི་དུས་སུ་བཀའ་དྲིན་ཆེ་བའི་བླ་མ་དམ་པ་རྣམ་པ་གསུམ་ལ་བརྟེན་པའི་ཐུགས་བསྐྱེད་སེམས་དཔའ་ཆེན་པོ་ཆོས་ཀྱི་རིན་

---

① རྒྱལ་རྩེ་དཔལ་ཆོས་དགོན་གྱི་འདུ་ཁང་ཤར་དུ་བཞུགས་པའི་བཀའ་འགྱུར་པོད་མ་པའི་དབུ་ཞབས་སྨིན་ངོས་ལས་དྲངས།

② དེ་ཡབ་རྗེ་ནང་ཆེན་ཀུན་དགའ་རྒྱལ་མཚན་དང་། མ་ཅིག་མཛང་མོ་དཔལ་བས་ཐོག་དྲངས་པའི། བདག་གཞན་རྒྱུད་ལ་ཚོགས་གཉིས་སྤེལ་ཕྱིར་དུ། སྔོན་གྱི་ཆོས་རྒྱལ་བྱང་ཆུབ་སེམས་དཔའ་རྣམས། འགྲོ་བའི་དོན་དུ་བཞུགས་པའི་སྐུ་རིང་ནས། བརྩམས་ཏེ་དེ་སང་བར་དུ་རྒྱ་གར་དང་། །ཁ་ཆེ་ཨུ་ཏྲི་ཤམྦྷ་ལ་དང་ནི། ལང་ཀའི་གླིང་དང་སེང་ག་ལ་ཡི་གླིང་། གསེར་གླིང་ཟངས་གླིང་ཟ་ཧོར་བལ་ཡུལ་དང་། ལི་དང་རྒྱ་ནག་ཡུལ་ནས་བོད་ཡུལ་འདིར། འགྱུར་རོ་ཅོག་རྒྱལ་བའི་བཀའ་དང་ནི། དེ་འགྲེལ་བསྟན་བཅོས་དྲི་མ་མེད་པ་རྣམས། བསྟན་པའི་སྦྱིན་བདག་རབ་བརྟན་ཀུན་བཟང་འཕགས། ཆོས་ཀྱི་རྒྱལ་པོ་དེ་ཡི་ཐུགས་དམ་དུ། རྒྱུན་མི་ཆད་པར་བཞེངས་པ་ཆོས་ཀྱི་སྒོ། ······དེ་ལྟར་རྒྱུད་ལུང་མདོ་རྣམས་ཡོངས་བསྡོམས་ན། དུམ་བཞུགས་བརྒྱ་དང་བཅུ་གཅིག་བཞུགས་པ་རྣམས། རིན་ཆེན་གསེར་གྱིས་མཐིང་ཤོག་ངོས་དག་ལ། གང་གའི་རྒྱུན་བཞིན་དུས་ཆད་མེད་པར་འགོད་ཅེས་བོ་དོང་པཎ་ཆེན་འཇིགས་མེད་གྲགས་པས་མཛད་པའི་ཆོས་ཀྱི་རྒྱལ་པོ་རབ་བརྟན་ཀུན་བཟང་འཕགས་ཀྱི་རྣམ་ཐར་བོད་ལྗོངས་མི་དམངས་དཔེ་སྐྲུན་ཁང་གི་1987ལོའི་པར་མའི་ཤོག་གྲངས་172-173བར་དུ་གསལ།

པོ་ཆེ་སྒྲུབ་པར་མཛད། ཆོས་རྒྱལ་རབ་བརྟན་ཀུན་བཟང་ཞེས་ཆོས་ཀྱི་རྒྱལ་པོ་དེ་ཉིད་དགུང་ལོ་ཉི་ཤུ་རྩ་ལྔ་བཞེས་པ་རྒྱ་གར་བ་ནྟམ་རྒྱལ་ཞེས་པའི་ལོ་ལ་ལྷུང་རར་ཆོས་གཞི་བཏིང་། མཁས་གྲུབ་དགེ་ལེགས་དཔལ་བ་བྱང་ནས་གདན་དྲངས་ཏེ་ཆོས་དཔོན་དུ་མངའ་གསོལ། ཆོས་རྒྱལ་དགུང་ལོ་ཉེ་ཤུ་རྩ་དྲུག་བཞེས་པ་ཤིང་ཕོ་རྟའི་ལོ་ལ་རྒྱལ་མཁར་རྩེ་པའི་མདུན་གྱི་མྱང་ཆུ་ལ་ཟམ་ཆེན་མིག་དྲུག་དང་ལྡན་པའི་དབུས་ན་བྱང་ཆུབ་ཆེན་པོའི་མཆོད་རྟེན་ཁྲི་ལམ་ཅན་དུ་བཞུགས་ནང་ན་དཀྱིལ་འཁོར་ཆེན་པོ་དགུ་ཡོད་པ་བཅས་སོགས་དམངས་ལ་ཕན་པའི་བྱ་བ་རྒྱ་ཆེན་དང་། ནང་བསྟན་གྱི་སྒོ་ནས་ཀྱང་རྒྱལ་རྩེ་དཔལ་འཁོར་ཆོས་སྡེ་བཞེངས་པ་སོགས་དགོན་སྡེའི་འཛུགས་སྐྲུན་ཡང་གནང་མཁན་[1]ཆོས་རྒྱལ་རབ་བརྟན་ཀུན་བཟང་འཕགས་ནས་མི་རབས་གསུམ་དུ་ཆོད་པའི་མི་དབང་བསོད་ནམས་ལྷུན་གྲུབ་ཀྱིས་སྔོན་གྱི་དགེ་བའི་འཕྲིན་ལས་རྒྱུན་མ་ཉམས་པར་བསྐྱངས་སྟབས་རྒྱལ་མཁར་རྩེ་པའི་ཆབ་སྲིད་དང་དཔལ་འབྱོར་སོགས་ཀྱི་རྒྱལ་སྲིད་ཆེ་བར་སྣང་།

གཉིས། ཡིག་ཞུས།

རྒྱལ་མཁར་རྩེ་པའི་མི་དབང་ཆེན་པོ་བསོད་ནམས་ལྷུན་གྲུབ་ཀྱིས་འཕྲིན་ལས་ཏེ་བཀའ་འགྱུར་པོད་111ཅན་དེ་འབྲི་བཞེངས་གནང་སྐབས་སུ་དར་མ་རཏྣ་སྟེ་ཆོས་ཀྱི་རིན་ཆེན་གྱིས་རྒྱ་འགྲོ་ཕུན་སུམ་ཚོགས་པའི་རྒྱུ་སྦྱར་ཏེ་པོད་བཅུ་དྲུག་པ་ངོ་མཚར་ཆད་དུ་བྱུང་བ་དེ་འབྲི་བཞེངས་གནང་ཞིང་། པོད་དེ་དག་གི་ཁང་འགྱུར་གཞུང་སྡོང་གི་ཞུ་དག་ནི་དུས་རབས་16པའི་ཞུས་ཆེན་པུཎྜི་མ་ཏི་སྟེ་བསོད་ནམས་བློ་བཟང་གིས་ཞུས་ཤིང་དག་པར་མཛད་དེ་བསྒྲུབ་པར་གནང་བ་དེ་མཛད་བྱང་ལས། གང་གི་འཕྲིན་ལས་དར་མ་རཏྣ་ཀྱིས། །རྒྱུ་རྐྱེན་ཕུན་སུམ་ཚོགས་པའི་པུསྟ་ཀ། །བཅུ་དྲུག་པ་ནས་མཚར་དུ་མངར་བ་འདི། པུཎྜི་མ་ཏིས་ཞུས་ཤིང་དག་པར་བསྒྲུབས།[2]ཞེས་པས་ཤེས་ཤིང་། ཡིག་མཁན་དང་ཞུས་དག་མཁན་གྱི་སྣ་ཡོན་དང་ཉིན་རེ་རེའི་འབྲི་བཤུས་དང་ཞུས་དག་ལྷེབ་གྲངས་ཅི་ཙམ་ཞིག་གཏོང་དགོས་པའི་སྐོར་དེ་གོང་གི་མཛད་

---

① ཛོ་ནང་ཏཱ་ར་ནཱ་ཐས་མཛད་པའི་མྱང་ཆོས་འབྱུང་བོད་ལྗོངས་མི་དམངས་དཔེ་སྐྲུན་ཁང་གི་2002ལོའི་སྤར་མའི་ཤོག་གྲངས་50ལས་དྲངས།

② རྒྱལ་རྩེ་དཔལ་ཆོས་དགོན་གྱི་འདུ་ཁང་ཤར་དུ་བཞུགས་པའི་བཀའ་འགྱུར་པོད་མ་པའི་དབུ་ཞབས་སྲིབ་ངོས་ལས་དྲངས།།

བྱང་དུ་ཞུས་ཟིན་པས་དེར་གཟིགས་པར་འཚལ།

གསུམ། བསྡོ་སྨོན།

བཀའ་འགྱུར་གྱི་པོད་བཅུ་དྲུག་པ་སྟེ་ཡིག་མཁན་ཆོས་ཀྱི་རིན་ཆེན་གྱིས་འབྲི་བཤུས་ཟིན་ཞིང་ཞུས་དག་མཁན་པོ་བསོད་ནམས་བློ་བཟང་གིས་ཞུས་དག་བསྒྲུབས་པའི་རྗེས་སུ། གསུང་རབ་འདིའི་འབྲི་བཞེངས་ཀྱི་རྒྱུ་འགྲོ་སྦྱོར་མཁན་གྱི་མི་དབང་བསོད་ནམས་ལྷུན་གྲུབ་ཀྱི་ཆབ་སྲིད་བརྟན་པ་དང་ཡུལ་ཕྱོགས་སྤྱང་གཞུང་འདི་སོགས་རྒྱ་ཆེ་ཞིང་ཡངས་པའི་རྒྱལ་ཁམས་ཀུན་ཏུ་བདེ་སྐྱིད་ཕུན་སུམ་ཚོགས་པ་དང་དགེ་ལེགས་ཤོག་ཅེས་བཀྲ་ཤིས་ཞེས་སྨོན་ལམ་བཏབ་པ་སྟེ་མཛད་བྱང་ལས། མ་སྨད་བསོད་ནམས་དཔལ་དུ་གྱུར་ད་པ་འདིས། །ཆོས་ཀྱི་རྒྱལ་པོའི་ཆབ་སྲིད་བརྟན་པ་འདི། །ཡུལ་ཕྱོགས་འདི་སོགས་ཡངས་པའི་འཛིག་རྟེན་ཀུན། །བདེ་སྐྱིད་ཕུན་སུམ་ཚོགས་པ་དགེ་ལེགས་ཤོག་མངྒ་ལཾ། །[1]ཞེས་པས་རྟོགས་སོ། །

[1] རྒྱལ་རྩེ་དཔལ་ཆོས་དགོན་གྱི་འདུ་ཁང་ཤར་དུ་བཞུགས་པའི་བཀའ་འགྱུར་པོད་མ་པའི་དབུ་ཞབས་སྤྱིབ་ངོས་ལས་དྲངས།

ལེའུ་ཉེར་ལྔ་པ། དུས་རབས་17-19པའི་གསུང་རབ་བྲིས་མའི་མཛད་བྱང་།

ལེ་ཚན་དང་པོ། བཀྲས་ལྷུན་ཕར་ཕྱིན་བརྒྱད་སྟོང་མཛད་བྱང་།

མཛད་བྱང་མ་དཔེ།

དང་པོ། མཛད་བྱང་མ་ཞུས།

༄། །ཨོཾ་སྭ་སྟི་། །མཚན་དཔེའི་གཟི་འོད་རབ་ཏུ་འབར་བའི་སྐུ། ཡན་ལག་དྲུག་ཅུ་ཚངས་སྒྲ་སྒྲོགས་པའི་གསུང་། ཇི་ལྟ་ཇི་བཞིན་མ་ལུས་མཁྱེན་པའི་ཐུགས། བཅོམ་ལྡན་ཟས་གཙང་སྲས་ལ་ཕྱག་འཚལ་ལོ། གྲངས་མེད་གསུམ་དུ་ཚོགས་གཉིས་ལེགས་བསགས་པའི། སྟོ་ཚོགས་འདུལ་བྱ་མ་ལུས་ཐམས་ཅད་ལ། གང་གིས་གང་འདུལ་དེ་དང་དེར་བསྟན་ནས། སེམས་ཅན་བསམ་འདས་བརྗོད་བྲལ་གདུལ་དཀར་རྣམས། མཐོང་ཐོས་དྲན་ཕྱོགས་སངས་རྒྱས་ཞབས་ལ་འདུད། …ལེགས་གསུངས་ཟབ་ཞི་སྤྲོས་དང་བྲལ། སྨྲ་བསམ་བརྗོད་མེད་འོད་གསལ་འདུས་མ་བྱས། ནམ་མཁའི་ངོ་བོ་ཐོག་མཐའ་བར་གསུམ་དགེ །ཐར་པའི་ལམ་སྟོན་དམ་ཆོས་ཞབས་ལ་འདུད། དུས་གསུམ་སངས་རྒྱས་ཀུན་གྱི་སྤྲུལ་པའི་སྲས། འགྲོ་ལ་བུ་ལྟར་བརྩེ་བའི་ཐུགས་རྗེ་ཅན། འགྲོ་བ་མཁྱེན་བརྩེའི་ནུས་མཐུའི་སྒྲོལ་མཛད་པ། ཚོགས་མཆོག་བྱང་སེམས་དགེ་འདུན་ཞབས་ལ་

འདུད།། ཀྱེ་གླིང་བཞིའི་མཆོག་གྱུར་ལྷོ་འཛམ་བུ་གླིང་།། ཞིང་ཁམས་མཆོག་གྱུར་མི་མཇེད་འཇིག་རྟེན་ཁམས།། རྡོ་རྗེ་གདན་མཚུངས་དཔལ་ལྡན་ས་སྐྱའི་མདངས།། ཡུལ་ལ་དབྱངཆགས་ས་ལ་འབུར་དུ་དོད།། ཕུ་ན་རི་དྭགས་རྩེ་ཞིང་ཀླུ་རྒྱལ་ཕྱུག །མདའ་ན་གཡུ་མཚོ་འཁྱིལ་ཞིང་འབྲུ་བཅུད་སྨིན།། ཆུ་བྱ་སྣ་ཚོགས་སྐད་སྙན་སྒྲོགས་པའི་ས།། དགེ་བཅུ་འཛོམས་པའི་ཤབ་སྨད་རྒྱལ་ཁང་འདིར།། སྔོན་བསགས་བསོད་ནམས་ཆུ་སྟེར་བགས་པའི་མཐུས།། ཚེ་འདིར་དལ་འབྱོར་རིགས་རུས་ཕུན་ཚོགས་ཅན།། གསང་སྔགས་སྙིང་མའི་རིགས་ལྡན་ཕྱུག་ལྷ་བའི།། ཡུམ་སྲས་སྐུ་མཆེད་དཀའ་གྲོས་ཆོས་ལ་འཐུན།། སྒྱུ་མའི་ནོར་ལ་སྙིང་པོ་ལེན་དང་འདྲ།། དྲིན་ཅན་ཕ་མས་དྲིན་ལན་བསབ་ཕྱིར་དང་།། ཚེ་ལས་འདས་སྲས་རྒྱལ་བུ་གླིང་དང་།། ལྷ་མོ་བཀྲ་ཤིས་རྣམས་ཀྱི་སྡིག་བསྒྲིབ་བསྱུང་ཕྱིར་དུ།། དམ་ཆོས་ཁྱད་འཕགས་ཉི་ཁྲི་བཞི་གདུམས་དང་།། རི་ཁྲོད་ལོ་ཀྱོན་གཡག་གཟུངས་ལུག་གཟུངས······།། གསེར་འོད་ནོར་འཕེལ་འོད་སྣ་འདི་རྣམས་བཞེངས།། འདིའི་ཞལ་ལྟེ་ཞུ་བ་མཁན་པོ་ནི།། སློབ་དཔོན་ཉི་མ་རིན་ཆེན་དག་གིས་མཛད།། དམ་ཆོས་འདི་རྣམས་བཞེངས་པའི་ཡི་གེ་པ།། སྔོན་དུས་མཁས་པ་ཁྱུང་པོ་གཡུ་ཁྲིར་གྲགས།། མཁས་པའི་རྒྱུད་འཛིན······བསམ་གཏན་བཀྲ་ཤིས་དང་།། སྡེབ་ལག་འཛོམ་པའི་གྲགས་པ་བཤེས་གཉེས།། ལེགས་དག་སྒོམས······ལྷག་མེད་པར་བྲིས།། འབུལ་བ་སྟོན་མོས་མཆོད་གནས་གཉེས་པར་མཛད།། དུས་ཚོད་ཆོས་གྲངས་བཟའ་སྐར་བཟང་པོ་ལ།། ······སྒྲོད་རབ་གནས་བཀྲ་ཤིས་མངའ་གསོལ་མཛད།། བཅུགས་དཔལ་བཀྲ་ཤིས་རྗེ་རབ་བསྐབས་ཆང······།། དེ་ལས་བྱུང་བའི་དགེ་བ་ཅི་མཆིས་པ།། ཞལ་བཞུགས་རྣམས་ཀྱང་སྐུ་ཚེ་བསྟན་ཕྱིར་དང་།། བདེར་གཤེགས་རྣམས་ཀྱི་ཐར······རྫོགས་ཕྱིར་དུ།། དམ་ཆོས་འདི་རྣམས་བཞེངས་པ་ངོ་མཚར་དཔལ།། བསགས་པ་ཆོས་ལ་སྤྱོད་པ་ངོ་མཚར་ཆེ།། དགེ་བས་འགྲོ་ཀུན་སངས་རྒྱས་མྱུར་ཐོབ་ཤོག །འདོད་པའི་ཆར་འབེབས་མཛད······།། བསྟོན་བཟང་པོ་ཞུས།།[1] ཞེས་པའོ།

① བཀྲས་ལྷུན་དགོན་དུ་བཞུགས་པའི་ཤེར་ཕྱིན་མཛད་བྱང་ལས་དྲངས།

གཉིས་པ། མཛད་བྱུང་གི་དཔྱེ་ཞིབ།

གཅིག བསྟོད་ཕྱག

༄། །ཨོཾ་སྭ་སྟི་ ། །མཚན་དཔེའི་གཟི་འོད་རབ་ཏུ་འབར་བའི་སྐུ།། ཡན་ལག་དྲུག་ཅུ་ཚངས་སྒྲ་སྒྲོགས་པའི་གསུང༌།། ཇི་ལྟ་ཇི་བཞིན་མ་ལུས་མཁྱེན་པའི་ཐུགས།། བཅོམ་ལྡན་ཟས་གཙང་སྲས་ལ་ཕྱག་འཚལ་ལོ།། གྲངས་མེད་གསུམ་དུ་ཚོགས་གཉིས་ལེགས་བསགས་པའི།། སྣ་ཚོགས་འདུལ་བྱ་མ་ལུས་ཐམས་ཅད་ལ།། གང་གིས་གང་འདུལ་དེ་དང་དེར་བསྟན་ནས།། སེམས་ཅན་བསམ་འདས་བཟོད་བྲལ་གདུལ་དཀར་རྣམས།། མཐོང་ཐོས་དྲན་ཕྱོགས་སངས་རྒྱས་ཞབས་ལ་འདུད།། …ལེགས་གསུངས་ཟབ་ཞི་སྤྲོས་དང་བྲལ།། སྒྲ་བསམ་བརྗོད་མེད་འོད་གསལ་འདུས་མ་བྱས།། ནམ་མཁའི་ངོ་བོ་ཐོག་མཐའ་བར་གསུམ་དགེ །ཐར་པའི་ལམ་སྟོན་དམ་ཆོས་ཞབས་ལ་འདུད།། དུས་གསུམ་སངས་རྒྱས་ཀུན་གྱི་སྤྲུལ་པའི་སྲས།། འགྲོ་ལ་བུ་ལྟར་བརྩེ་བའི་ཐུགས་རྗེ་ཅན།། འགྲོ་བ་མཁྱེན་བརྩེའི་ནུས་མཐུའི་སྤྲོལ་མཛད་པ།། ཚོགས་མཆོག་བྱང་སེམས་དགེ་འདུན་ཞབས་ལ་འདུད།།[①] ཅེས་མཛད་བྱང་དུ་བྱུང་བ་ལ་གཞིགས་ན། དེ་ཡང་ཐོག་མར་སྟོན་པ་སངས་རྒྱས་བཅོམ་ལྡན་འདས་ཀྱི་སྐུ་གསུང་ཐུགས་ལ་བསྟོད་ཕྱག་ཕུལ་བ་དང་དེ་རྗེས་ཡང་། སངས་རྒྱས་ཆོས་དགེ་འདུན་གསུམ་གྱི་ཡོན་ཏན་རྣམས་བརྗོད་པ་དང་སྤྲགས་དཀོན་མཆོག་གསུམ་ལ་ཡང་བསྟོད་ཕྱག་ཕུལ་བ་དེ་རེད།

གཉིས། ཡུལ་ལུང་།

ཀྱེ་གླིང་བཞིའི་མཆོག་གྱུར་ལྷོ་འཛམ་བུ་གླིང༌།། ཞིང་ཁམས་མཆོག་གྱུར་མི་མཇེད་འཇིག་རྟེན་ཁམས།། རྡོ་རྗེ་གདན་མཚུངས་དཔལ་ལྡན་ས་སྐྱའི་མདངས།། ཡུལ་ལ་དབྱང་ཆགས་ས་ལ་འབུར་དུ་དོད།། ཕུ་ན་རི་དྭགས་རྩེ་ཞིང་ཀླུ་རྒྱལ་ཕྱུག །མདའ་ན་གཡུ་མཚོ་འཁྱིལ་ཞིང་འབྲུ་བཅུད་སྨིན།། ཚ་བྱ་སྣ་ཚོགས་སྐད་སྙན་སྒྲོགས་པའི་ས།། དགེ་བཅུ་འཇོམས་པའི་ཤབ་སྨད་རྒྱལ་

① བཀྲས་ལྷུན་དགོན་དུ་བཞུགས་པའི་ཤེར་ཕྱིན་མཛད་བྱང་ལས་དྲངས།

ཁང་འདིར།།[1] ཞེས་བྱུང་བ་ལྟར་ན། དེ་ཡང་ཐོག་མར་ཡུལ་ལུང་གི་བསྟོད་པ་དུང་ཆེན་གཟུགས་སུ་བཀོད་པ་སྟེ། གླིང་བཞིའི་ནང་ནས་མཆོག་ཏུ་གྱུར་པ་ལྷོ་འཛམ་བུ་གླིང་ཡིན་ཞིང་། གླིང་དེའི་དབུས་སུ་གནས་པའི་རྒྱ་གར་རྡོ་རྗེ་གདན་ལྟར་མཚུངས་པའི་དཔལ་ལྡན་ས་སྐྱ་པ་སྟེ་ས་སྐྱའི་གཙུག་ལག་ཁང་ཆེན་པོ་ཡིན། དུས་རབས་13པའི་སྐབས་ནས་དཔལ་ས་སྐྱར་འབོད་པ་དེའི་འདབས་སུ་ཆགས་པའི་ཡུལ་ཏེ། ས་ལ་གཡང་ཆགས་ཤིང་འབུར་དུ་དོད་པའི་ཡུལ་ལུང་། ཕུ་ན་རི་དྭགས་རྣམས་རྩེ་ཞིང་གླུ་རྒྱལ་སྒྲུག་པ་དང་། མདའ་ན་གཡུ་མཚོ་འཁྱིལ་ཞིང་འབྲུ་བཅུད་སྨིན་ལ། ཆུ་བྱ་སྣ་ཚོགས་ཀྱི་སྐད་སྙན་སྒྲོགས་པའི་ས་སྟེ། དགེ་བ་བཅུ་ཚང་བའི་ཤབ་སྟེ་དེང་གི་གཞིས་རྩེ་ས་ཁུལ་ས་སྐྱ་རྫོང་གི་མངའ་ཁོངས་སུ་ཆགས་པའི་ཤབ་སྟོད་སྨད་གཉིས་སུ་དབྱེ་བའི་ནང་གི་ཤབ་སྨད་ཀྱི་རྒྱལ་ཁང་ཞེས་འབོད་པ་དེར་གསུང་རབ་དེ་དག་འབྲི་བཞེངས་བསྐྲུངས་པ་དེ་ཤེས།

གསུམ། སྦྱིན་བདག

དེང་གི་གཞིས་རྩེ་ས་ཁུལ་གྱི་མངའ་ཁོངས་སུ་ཆགས་པའི་ཤབ་སྟོད་སྨད་གཉིས་སུ་དབྱེ་བའི་ནང་གི་ཤབ་སྨད་དུ་ཆགས་པའི་རྒྱལ་ཁང་དེར་གསུང་རབ་དེ་དག་འབྲི་བཞེངས་བསྐྲུངས་པའི་སྐབས་དད་པ་སྐྱོ་ངས་མེད་པའི་སྦྱིན་བདག་ཅི་ཞིག་བྱོན་པའི་སྐོར་ལ་མཛད་བྱང་ལས། སྟོན་བསགས་བསོད་ནམས་ཆུ་སྟེར་བགས་པའི་མཐུས།། ཚེ་འདིར་དལ་འབྱོར་རིགས་རུས་ཕུན་ཚོགས་ཅན།། གསང་སྔགས་སྙིང་མའི་རིགས་ལྡན་ཕྱུག་ལྷ་བའི།། ཡུམ་སྲས་སྐུ་མཆེད་དཀའ་གྲོས་ཆོས་ལ་འཐུན།།[2] ཞེས་བྱུང་བ་ལྟར་ན། རིགས་རུས་ཁྱད་འཕགས་ཅན་གསང་སྔགས་རྙིང་མའི་རིགས་ལྡན་ཕྱུག་ལྷ་བའི་ཡུམ་སྲས་སྐུ་མཆེད་རྣམས་པས་འབྲི་བཞེངས་གནང་ཞེས་པ་ཙམ་ལས་ཡུམ་སྲས་སྐུ་མཆེད་ཀྱི་མཚན་མ་གསལ་ལོ།

① བཀྲས་ལྷུན་དགོན་དུ་བཞུགས་པའི་ཤེར་ཕྱིན་མཛད་བྱང་ལས་དྲངས།

② བཀྲས་ལྷུན་དགོན་དུ་བཞུགས་པའི་ཤེར་ཕྱིན་མཛད་བྱང་ལས་དྲངས།

བཞི། དགོས་པ།

ཕྱུག་ལྷ་བའི་ཡུམ་སྲས་རྣམ་པས་གཞིས་རྩེའི་ཁུལ་དུ་ཆགས་པའི་ཤབ་སྨད་ཀྱི་རྒྱལ་ཁང་དུ་དད་པ་སྐྱོ་ངས་མེད་པའི་སྦྱིན་བདག་གནང་སྟེ། གསུང་རབ་པོད་གྲངས་མི་ཉུང་བ་ཞིག་འབྲི་བཞེངས་གནང་བའི་དགོས་པ་ནི། རང་གི་སྔོན་གྱི་ཕ་མེས་དང་རང་གི་བསགས་པའི་རྒྱུ་ནོར་ལ་སྙིང་པོ་ལེན་པ་དང་དྲིན་ཅན་ཕ་མའི་དྲིན་ལན་བསབ་ཕྱིར་དང་། ཚེ་ལས་འདས་པའི་རྒྱལ་སྲས་རྒྱལ་བུ་གླིང་དང་ལྷ་མོ་བཀྲ་ཤིས་བཅས་ཀྱི་སྡིག་སྒྲིབ་བྱང་བའི་སླད་དུ་འབྲི་བཞེངས་བསྐྲུངས་པ་སྟེ། མཛད་བྱང་ལས་སྐྱུ་མའི་ནོར་ལ་སྙིང་པོ་ལེན་དང་འདྲ། དྲིན་ཅན་ཕ་མས་དྲིན་ལན་བསབ་ཕྱིར་དང་། ཚེ་ལས་འདས་སྲས་རྒྱལ་བུ་གླིང་དང་། ལྷ་མོ་བཀྲ་ཤིས་རྣམས་ཀྱི་སྡིག་བསྒྲིབ་བསྲུང་ཕྱིར་དུ། [1]ཞེས་པས་རྟོགས།

ལྔ། རྣམ་གྲངས།

གཞིས་རྩེའི་ཤབ་སྨད་ཀྱི་རྒྱལ་ཁང་དུ་ཕྱུག་ལྷ་བ་ཡུམ་སྲས་ཀྱིས་རང་གི་རྒྱུ་ནོར་ལ་སྙིང་པོ་ལེན་པ་དང་དྲིན་ཅན་ཕ་མའི་དྲིན་ལན་སོགས་མཇལ་བའི་སླད་དུ་སྐབས་དེ་དུས་གསུང་རབ་ཅི་དང་ཅི་ཞིག་བཞེངས་པའི་སྐོར་ལ། མཛད་བྱང་ལས་དམ་ཆོས་ཁྲིད་འཕགས་ཉི་ཁྲི་བཞི་གདུམས་དང་། རི་ཁྲོད་ལོ་རྒྱུན་གཡག་གཟུངས་ལུག་གཟུངས་······། གསེར་འོད་ནོར་འཕེལ་འོད་སྣ་འདི་རྣམས་བཞེངས།། [2]ཞེས་བྱོན་པ་ན། ཤེར་ཕྱིན་ཉི་ཁྲི་པོད་བཞི་དང་རི་ཁྲོད་ལོ་མ་རྒྱུན་པ་དང་གཡག་གཟུངས་ལུག་གཟུངས་དང་། དེ་མིན་འཕགས་པ་གསེར་འོད་དམ་པ་བཅས་འབྲི་བཞེངས་གནང་བ་དེ་ཤེས།

དྲུག ཡིག་མཁན།

གཞིས་རྩེ་ས་ཁུལ་ས་སྐྱ་རྫོང་གི་མངའ་འོག་ཤབ་སྨད་རྒྱལ་ཁང་དུ་ཤེར་ཕྱིན་པོད་ཉི་ཁྲི་

---

[1] བཀྲས་ལྷུན་དགོན་དུ་བཞུགས་པའི་ཤེར་ཕྱིན་མཛད་བྱང་ལས་དྲངས།

[2] བཀྲས་ལྷུན་དགོན་དུ་བཞུགས་པའི་ཤེར་ཕྱིན་མཛད་བྱང་ལས་དྲངས།

སོགས་བྲིས་བཞེངས་བསྐྲུངས་པའི་སྐབས་སུ་འདིའི་རྒྱུ་འགྲོ་དག་སྐུ་གོན་ལེགས་པར་ཟིན་པའི་རྗེས་སུ་ཞལ་ལྡེ་མཁན་པོ་སློབ་དཔོན་ཉི་མ་རིན་ཆེན་གྱིས་མཛད་དེ། སྔོ་གསུམ་ཐང་ཆད་འབྲི་བའི་ཡིག་མཁན་ཐོན་གྱི་ཡིག་དཔོན་ཀ་ཁྲུང་རྣམ་གཉིས་སུ་གྲགས་པའི་ནང་གི་དཔོན་ཀ་བ་མིན་པའི་ཁྲུང་པོ་གཡུ་ཁྲིའི་ཕྱག་རྒྱུན་ལ་སྦྱངས་ཤིང་འབྲི་རྒྱུན་འབྱོངས་པའི་ཡིག་མཁན་བསམ་གཏན་བཀྲ་ཤིས་དང་གྲགས་པ་བཤེས་གཉེན་རྣམ་གཉིས་ཀྱིས་འབྲི་བཤུས་མཛད་དེ་བཞེངས་པ་ནི་མཛད་བྱང་ལས། འདིའི་ཞལ་ལྡེ་ཞུ་བ་མཁན་པོ་ནི།། སློབ་དཔོན་ཉི་མ་རིན་ཆེན་དག་གིས་མཛད།། དམ་ཆོས་འདི་རྣམས་བཞེངས་པའི་ཡི་གེ་པ།། ཐོན་དུས་མཁས་པ་ཁྲུང་པོ་གཡུ་ཁྲིར་གྲགས།། མཁས་པའི་རྒྱུད་འཛིན····བསམ་གཏན་བཀྲ་ཤིས་དང་།། སྐྱེབ་ལག་འཛོམ་པའི་གྲགས་པ་བཤེས་གཉེན།། ལེགས་དག་སྙོམས····ལྷག་མེད་པར་བྲིས།།[①] ཞེས་པས་རྟོགས།

བདུན། རབ་གནས།

བོད་ཀྱི་སྲོལ་རྒྱུན་རིག་གནས་ལས་བྱུང་བ་ཇི་བཞིན་ནང་བསྟན་གྱི་སྐུ་གསུང་ཐུགས་ཀྱི་རྟེན་ཅི་ཞིག་བཞེངས་ཙང་དེ་དག་འབྲི་བཞེངས་བསྐྲུངས་པའི་སྐབས་སུ་གཟའ་སྐར་འཕྲོས་སྦྱོར་ལྡན་པའི་དུས་བཟང་ཞིག་ལ། འཛུགས་བར་གྲོལ་གྱི་སྟོན་མོ་ལེགས་པར་བཤམས་ཏེ་ཟས་ནོར་ལོངས་སྤྱོད་ཕུན་སུམ་ཚོགས་པ་ཕུལ་ཏེ་འབྲི་བཞེངས་ཀྱི་ལག་རྩལ་པ་རྣམས་མཉེས་པར་བྱས་ཏེ། རྟེན་དེ་དག་དུས་བཀག་བཟོས་པའི་ནང་དུ་མཆོད་ཡོན་སྦྱིན་བདག་གི་འདོད་བློ་ཁེངས་པ་ཞིག་བཞེངས་བསྒྲུབས་པའི་རྗེས་སུ། མདོ་སྔགས་གཉིས་ལ་མངའ་བརྙེས་པའི་མཁས་པ་ག་གེ་མོས་རྟེན་དེ་དག་རབ་ཏུ་གནས་པའི་ཆོ་ག་སྟེ། སྐུ་གསུང་ཐུགས་རྟེན་བཞེངས་ཟིན་རྗེས་བགེགས་སྐྲོད་དང་རབ་གནས་མ་བྱས་ན་གདོན་འདྲེ་ཡི་དྭགས་སོགས་ཀྱིས་རྟེན་དེ་དག་བདག་ཏུ་བཟུང་ནས་གནས་ཏེ་མི་ལ་གནོད་འཚེ་གཏོང་བས་བགེགས་སྐྲོད་བྱ་དགོས་པ་དང་། དེ་རྗེས་རྟེན་དེ་གང་གི་ཡིན་པའི་ཡེ་ཤེས་པ་གནད་དྲངས་ནས་བསྟིམས་བཞུགས་བྱས་པ་ལ་རབ་

① བཀྲས་ལྷུན་དགོན་དུ་བཞུགས་པའི་ཤེར་ཕྱིན་མཛད་བྱང་ལས་དྲངས།

གནས་[1]བཀྲ་ཤིས་མངའ་གསོལ་མཛད་དེ་བཞུགས་སོ་གསོལ་བ་སྟེ། མཛད་བྱང་ལས་འབུལ་བ་སྟོན་མོས་མཆོད་གནས་གཉིས་པར་མཛད།། དུས་ཚོད་ཆོས་གྲངས་བཟའ་སྐར་བཟང་པོ་ལ།། ……སྐྲོད་རབ་གནས་བཀྲ་ཤིས་མངའ་གསོལ་མཛད།། བཅུགས་དཔལ་བཀྲ་ཤིས་རྗེ་རས་བསྐབས་ཆང……།།[2]ཞེས་པས་རྗོགས།

བརྒྱད། བསྔོ་སྨོན།

དད་པ་སྐྱོ་ངས་མེད་པའི་སྦྱིན་བདག་ཕྱུག་ལྷ་བའི་ཡུམ་སྲས་རྣམ་པས་གཞིས་རྩེའི་ཁུལ་དུ་ཆགས་པའི་ཤབ་སྨད་ཀྱི་རྒྱལ་ཁང་དུ་གསུང་རབ་དེ་རྣམས་རང་གི་ཡབ་ཡུམ་དང་རང་གིས་བསགས་པའི་རྒྱུ་ནོར་རྣམས་ཆོས་ཕྱོགས་སུ་བཏང་སྟེ། གསུང་རབ་ལེགས་པར་འབྲི་བཞེངས་བསྒྲུབས་པའི་བྱིན་རླབས་ལས་འདིར་ཞལ་བཞུགས་པའི་གཉེན་ཉེ་རྣམས་སྐུ་ཚེ་བརྟན་པ་དང་ཤི་ངན་ལས་འདས་པ་རྣམས་ཐར་པའི་ལམ་ཐོབ་པར་ཤོག་ཅེས་བཏབ་པ་དང་སྦྲགས་དགེ་བས་འགྲོ་ཀུན་སངས་རྒྱས་ཐོབ་པར་ཤོག་ཅེས་བསྔོ་སྨོན་བཏབ་བ་སྟེ། མཛད་བྱང་ལས། ……ལས་བྱུང་བའི་དགེ་བ་ཅི་མཆིས་པ།། ཞལ་བཞུགས་རྣམས་ཀྱང་སྐུ་ཚེ་བསྟན་ཕྱིར་དང་།། བདེར་གཤེགས་རྣམས་ཀྱི་ཐར……རྫོགས་ཕྱིར་དུ།། དམ་ཆོས་འདི་རྣམས་བཞེངས་པ་ངོ་མཚར་དཔལ།། བསགས་པ་ཆོས་ལ་སྤྱོད་པ་ངོ་མཚར་ཆེ།། དགེ་བས་འགྲོ་ཀུན་སངས་རྒྱས་མྱུར་ཐོབ་ཤོག །འདོད་པའི་ཆར་འབེབས་མཛད……།། བསྟོན་བཟང་པོ་ཞུས།།[3]ཞེས་པས་སོ།

---

① དུང་དཀར་བོད་རིག་པའི་ཚིག་མཛོད་ཆེན་མོ་ཀྲུང་གོ་བོད་རིག་པའི་དཔེ་སྐྲུན་ཁང་གི་2002ལོའི་སྤར་མའི་ཤོག་གྲངས་1892ལས་དྲངས།

② བཀྲས་ལྷུན་དགོན་དུ་བཞུགས་པའི་ཤེར་ཕྱིན་མཛད་བྱང་ལས་དྲངས།

③ བཀྲས་ལྷུན་དགོན་དུ་བཞུགས་པའི་ཤེར་ཕྱིན་མཛད་བྱང་ལས་དྲངས།

ལེ་ཚན་གཉིས་པ། བཀྲས་ལྷུན་ལས་བརྒྱ་པ་ཞེས་པའི་དབུ་ཤོག་ཞབས་མཆན།

ཞབས་མཆན་མ་དཔེ།

དང་པོ། ཞབས་མཆན་མ་ཕྱིས།

ལྷ་ལུང་རྫོ་འོ་དགེ་བསྙེན་བདག་གི་སོ་མོའི་རྩལ་ལས་གྲུབ། །[1]ཅེས་པའོ།

གཉིས་པ། ཞབས་མཆན་གྱི་དཔྱེ་ཞིབ།

དད་པ་སྐྱོ་ངས་མེད་པའི་སྦྱིན་བདག་མཆོག་ནས་རྒྱུ་འགྲོ་སྦྱར་ཏེ་སྒོ་གསུམ་ཐང་ཆད་འབྲི་བའི་ཡིག་མཁན་ནི་ལྷ་ལུང་དགོན་གྱི་རྫོ་བོ་དགེ་བསྙེན་གྱིས་ཆད་ལྷག་མེད་པར་འབྲི་བཞེངས་བསྐྲུབ་པ་སྟེ་ཡིག་མཁན་གྱི་སྐོར་ཡིན།

① བཀྲས་ལྷུན་དགོན་དུ་བཞུགས་པའི་ལས་བརྒྱ་པ་ཞེས་པའི་དབུ་ཤོག་ཞབས་མཆན་ལས་དྲངས།

ལེ་ཚན་གསུམ་པ། བཀྲས་ལྷུན་འཕགས་པ་དེ་ཁོ་ན་ཉིད་བསྡུས་པའི་ དབུ་ཤོག་ཞབས་མཆན།

ཞབས་མཆན་མ་དཔེ།

དང་པོ། ཞབས་མཆན་མ་ཕྱིས།

ཀྱེ།། ཡོན་ཆེན་རྒྱ་མཚོ་སྐུ་མཆེད་པའི། །བསོད་ནམས་བསགས་པས་རྒྱུད་འབུམ་ཁྲ་ཆེན་བཞེངས།། མཁས་པའི་དབང་པོ་རྒྱལ་མཚན་བཟང་པོས་བྲིས།། ཨོཾ་སྭསྟི།།①ཞེས་པའོ།

གཉིས་པ། ཞབས་མཆན་གྱི་དབྱེ་ཞིབ།

སྐབས་འདིར་ཀྱེ་ཞེས་འབོད་པ་གསལ་བྱེད་སྒྲས་དབུ་བཙམས་ཏེ་གསུང་རབ་དེ་འབྲི་བཞེངས་གནང་བའི་སྐབས་སུ་དད་པ་སྐྱོ་ངས་མེད་པའི་སྦྱིན་བདག་ནི་ཡོན་ཆེན་རྒྱ་མཚོ་སྐུ་

① བཀྲས་ལྷུན་དགོན་དུ་བཞུགས་པའི་ཕགས་པ་དེ་བཞིན་གཤེགས་པ་ཐམས་ཅད་ཀྱི་དེ་ཁོ་ན་ཉིད་བསྡུས་པ་ཞེས་བྱ་བའི་རྒྱུད་མཛོད་བྱང་ལས་དྲངས།

མཆེད་རྣམ་གཉིས་ཀྱིས་བསོད་ནམས་ཀྱི་ཚོགས་བསྣབས་པོ་ཆེ་བསགས་པའི་ཆེད་དུ། གསུང་རབ་དེ་དག་བཞེངས་པའི་སྐབས་སུ། སྒོ་གསུམ་ཐང་ཆད་འབྲི་བའི་ཡིག་མཁན་ནི་སྟོན་གྱི་ཤེར་ཕྱིན་དཔོན་པོ་རྣམས་ཀྱི་འབྲི་གཟུགས་ལ་བྱང་བ་ཆུབ་པའི་ཡིག་མཁན་རྒྱལ་མཚན་བཟང་པོ་ཞུ་བ་ཕྱིན་ཏེ། འབྲི་བཞེངས་དུས་ཐོག་ཏུ་བསྒྲུབས་པ་དེའི་སྐོར་ཡིན།

ལེ་ཚན་བཞི་པ། བཀྲས་ལྡན་འཕགས་པ་མི་འཁྲུག་བཀོད་པ་མདོའི་དབུ་ཤོག་ཞབས་མཆན།

ཞབས་མཆན་མ་དཔེ།

དང་པོ། ཞབས་མཆན་མ་ཕྱུགས།

སྦྱིན་བདག་བསྐལ་པ་བཟང་པོ་པ།། སྐུ་མཆེད་ཡབ་སྲས་ཁུ་དབོན་པའི།། ཐུགས་དམ་དཀོན་བརྩེགས་ཁ་པའི་སྟོད།། གར་འགྲོངས་བཀྲ་ཤིས་ལེགས་པས་བྲིས།། འགྲོ་དོན་ལྷུན་གྱིས་གྲུབ་པར་ཤོག། མངྒལཾ།།[1] ཞེས་པའོ།

① བཀྲས་ལྡན་དགོན་དུ་བཞུགས་པའི་འཕགས་པ་དེ་བཞིན་གཤེགས་པའི་མི་འཁྲུག་བཀོད་པ་ཞེས་བྱ་བའི་ཐེག་པ་ཆེན་པོའི་མདོའི་

གཉིས་པ། ཞབས་མཆན་གྱི་དབྱེ་ཞིབ།

མདོ་དཀོན་མཆོག་བརྩེགས་པ་དེ་འབྲི་བཞེངས་གནང་བའི་སྐབས་སུ་དེའི་རྒྱུ་འགྲོ་སྒྲོར་མཁན་གྱི་སྦྱིན་བདག་ནི། བསྐལ་པ་བཟང་པོ་བ་ཞེས་མིང་ནས་འབོད་དེ་སྐུ་མཆེད་ཡབ་སྲས་ཁུ་དབོན་གྱིས་བྱས་ཏེ་འབྲི་བཞེངས་བསྐྲུནས་ཤིང་། བོད་དེའི་སྟོད་གི་ལྟོ་གར་སྲི་ག་འཕྲེང་གསུམ་དེ་ཤེས་བྱ་སྣག་གསེར་གཉིས་ལ་དབང་ཐོབ་པའི་བཀྲ་ཤིས་ལེགས་པས་ཕྲིས་གཤིས། དེས་འགྲོ་བ་རིགས་དྲུག་ཅི་ཞིག་བསམ་པ་དེ་ལྷུན་གྱིས་གྲུབ་པར་ཤོག་ཅེས་སྨོན་ལམ་བཏབ་པ་དེ་ཡིན།

ལེ་ཚན་ལྔ་པ། བཀྲས་ལྷུན་འཁོར་ལོ་སྡོམ་པའི་རྒྱུད་ཀྱི་རྒྱལ་པོའི་དབུ་ཤོག་ཞབས་མཆན།

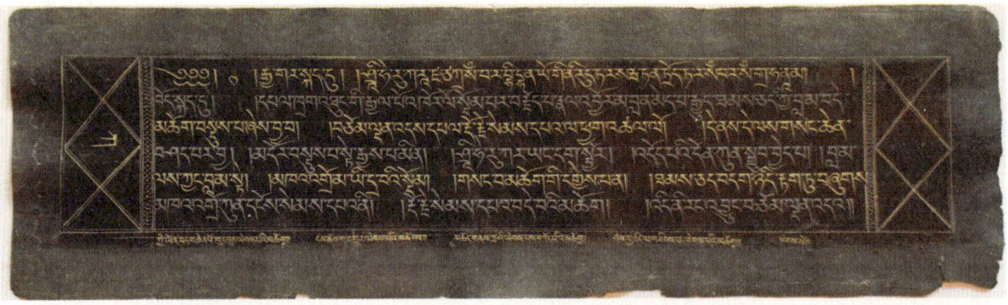

ཞབས་མཆན་མ་དཔེ།

དང་པོ། ཞབས་མཆན་མ་ཕྱུགས།

ཀྱཻ།། ཡོན་བདག་ཆེན་པོ་ཁུ་དབོན་ལེགས་པའི་མཆོག། དམ་ཆོས་ཀ་འགྱུར་ལེགས་པའི་ཚོགས།། མཆོད་གནས་ཀྲ་ཤི་ལེགས་པས་བཀོད་པའི་མཆོག།། ཤེས་བྱ་འདི་ལ་གཟིགས་དང་ལེགས་པའི་མཆོག།།[①] ཞེས་པའོ།།

མཛོད་བྱང་ལས་དྲངས།

① བཀྲས་ལྷུན་དགོན་དུ་བཞུགས་པའི་དཔལ་འཁོར་ལོ་སྡོམ་པའི་རྒྱུད་ཀྱི་རྒྱལ་པོའི་དབུ་ཤོག་གི་ཞབས་མཆན་ལས་དྲངས།

གཉིས་པ། ཞབས་མཆན་གྱི་དབྱེ་ཞིབ།

དམ་ཆོས་བཀའ་འགྱུར་པོད་བརྒྱ་གྲངས་ཅན་དེ་འབྲི་བཞེངས་བསྐྲུངས་པའི་སྐབས་ཀྱི་དད་པ་སྐྱོ་ངས་མེད་པའི་སྦྱིན་བདག་འདི་ཞེས་མཚན་ནས་འབོད་མེད་ཀྱང་ཡོན་བདག་ཆེན་པོ་ཁྲུ་དཔོན་ལེགས་པའི་མཆོག་གིས་མཛད་པ་དང་སྦྲགས། མཆོད་གནས་བཀྲ་ཤིས་ལེགས་པས་འབྲི་བཞེངས་ཀྱི་ཡི་གེ་བ་མཛད་དེ་བསྒྲུབས་པ་ལས་ཤིས་བྱ་འདི་ལ་སྨྲན་གྱིས་གཟིགས་དང་ལེགས་པའི་མཆོག་ཡོང་བ་སྨོན་ཞེས་པ་དེ་ཡིན།

ལེ་ཚན་དྲུག་པ། བཀྲས་ལྷུན་འཕགས་པ་ཡབ་སྲས་མཇལ་བའི་མདོའི་དབུ་ཤོག་ཞབས་མཆན།

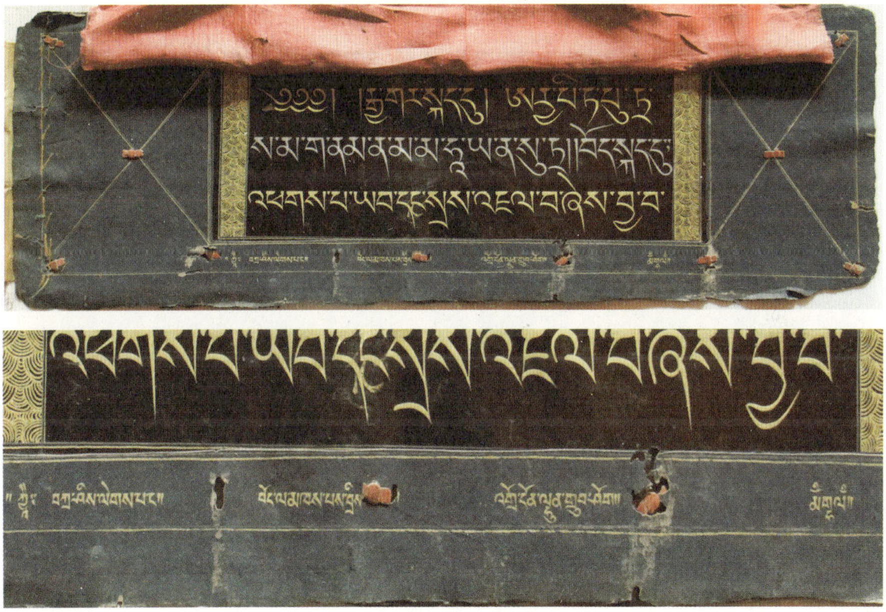

ཞབས་མཆན་མ་དཔེ།

དང་པོ། ཞབས་མཆན་མ་ཡིག

ཀྱཱི།། བཀྲ་ཤིས་ལེགས་པ་ང་།། བོད་ལ་མཁས་པས་བྲིས། །འགྲོ་དོན་ལྷུན་གྲུབ་ཤོག།

ཨོཾ་སྭསྟི། [1] ཞེས་པའོ།

གཉིས་པ། ཞབས་མཆན་གྱི་དཔྱེ་ཞིབ།

དད་པ་སྐྱོ་ངས་མེད་པའི་སྦྱིན་བདག་མཆོག་ནས་རྒྱུ་འགྲོ་གཏོས་ཆེ་བ་སྦྱར་ཏེ་གསུང་རབ་འཕགས་པ་ཡབ་སྲས་མཇལ་བའི་མདོ་དེ་འབྲི་བཞེངས་བསྐྱངས་པའི་སྐབས་སུ། ལེགས་མགྱོགས་དག་གསུམ། གཙང་སྐོམས་འགྲིག་གསུམ་བཅས་དུག་ཚང་བ་འབྲི་བའི་ཡིག་མཁན་བཀྲ་ཤིས་ལེགས་པས་འབྲི་བཤུས་མཛད་པ་ཡིན། ཤོང་གི་འབྲི་གཟུགས་ནི་བོད་ཡུལ་དུ་སྣན་པའི་གྲགས་པ་ཡོད་གཤིས། འགྲོ་དོན་ལྷུན་གྱིས་གྲུབ་པར་ཤོག་ཅེས་སྨོན་ལམ་བཏབ་པ་དེ་ལགས།

ལེ་ཚན་བདུན་པ། བཀྲས་ལྷུན་འཕགས་པ་མི་འཁྲུག་བཀོད་པའི་མདོའི་དབུ་ཤོག་ཞབས་མཆན།

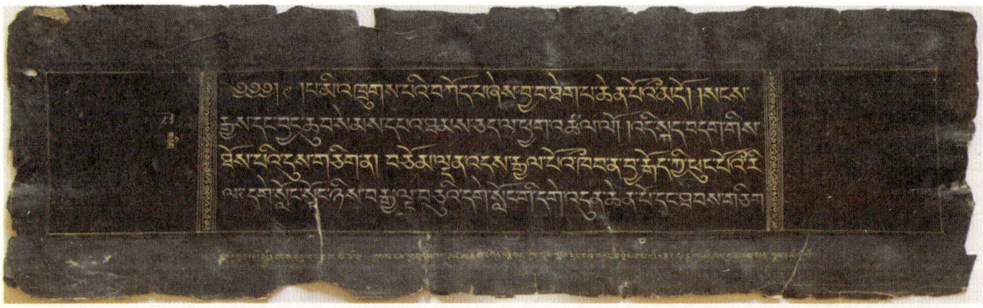

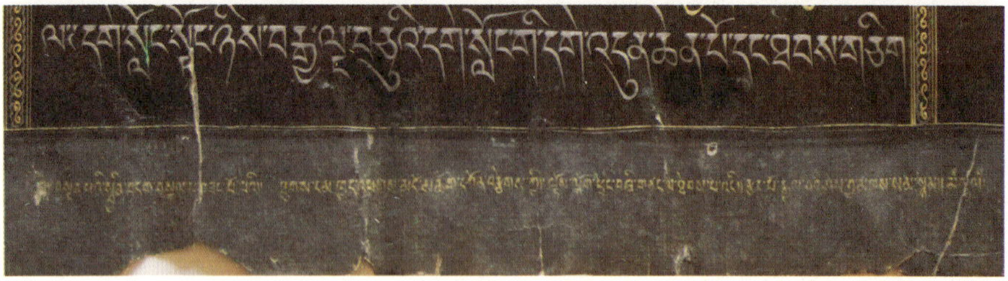

ཞབས་མཆན་མ་དཔེ།

① བཀྲས་ལྷུན་དགོན་དུ་བཞུགས་པའི་འཕགས་པ་ཡབ་སྲས་མཇལ་བའི་མདོའི་དབུ་ཤོག་གི་ཞབས་མཆན་ལས་དྲངས།

དང་པོ། ཞབས་མཆན་མ་ཕྱུགས།

ཀྱེ། །བསྟན་པའི་སྦྱིན་བདག་བསྐལ་པ་བཟང་པོ་བའི། །ཕྱོགས་དམ་ཁྱད་འཕགས་མདོ་མཆོག་དཀོན་བརྩེགས་ཀྱི།། ལྷོས་ལྐོག་ཕྲེང་བཞི་གཙང་ལ་ཕེབས་པ་འདི། །ཙང་པ་རྒྱལ་བའི་ཤེས་བྱ་མཁས་སམ་སྐམ། ། མཾ་ཌྷལཾ།།[1]ཞེས་པའོ།

གཉིས་པ། ཞབས་མཆན་གྱི་དབྱེ་ཞིབ།

ཀྱེ་ཞེས་འབོད་པ་གསལ་བྱེད་སྒྲས་དབུ་འཛིན་ཏེ་ཕྱོགས་དམ་མདོ་དཀོན་མཆོག་བརྩེགས་པ་དེ་འབྲི་བཞེངས་གནང་བའི་སྐབས་སུ་དེའི་རྒྱུ་འགྲོ་སྦྱོར་མཁན་གྱི་སྦྱིན་བདག་ནི་བསྐལ་པ་བཟང་པོ་བ་ཞེས་མིང་ནས་འབོད་ཏེ། པོད་དེའི་སྟོད་གི་ལྷོ་གར་སྲི་ཀ་འཕྲེང་གསུམ་དེ་ཤེས་བྱ་སྣག་གསེར་གཉིས་ལ་དབང་ཐོབ་པའི་གཙང་པ་རྒྱལ་བའི་ཤེས་བྱ་མཁས་སམ་སྐམ་ཞེས་ཡིག་མཁན་གྱི་འབྲི་གཟུགས་ལ་བསྟོད་པ་དེ་ལགས།

ལེ་ཚན་བརྒྱད་པ། བཀྲས་ལྷུན་ཚངས་པའི་མདོའི་དབུ་ཤོག་ཞབས་མཆན།

མཛད་བྱང་མ་དཔེ།

---

[1] བཀྲས་ལྷུན་དགོན་དུ་བཞུགས་པའི་འཕགས་པ་དཀོན་མཆོག་བརྩེགས་པའི་མདོའི་དབུ་ཤོག་གི་ཞབས་མཆན་ལས་དྲངས།

དང་པོ། ཞབས་མཆན་མ་ནུས།

༄ །མདོ་སྡེ་རིན་ཆེན་ཕྲུགས་དམ་དམ་ཆོས་འདི། །མི་དབང་ཡོན་བཙུན་གྲགས་པ་དར་དང་ནི། །བློ་རིག་གསལ་ལྡན་བཀྲ་ཤིས་ལྡན་གྱིས་བཞེངས། །དགེ་བས་བདག་གཞན་བྱང་ཆུབ་ཐོབ་པར་ཤོག། ①ཅེས་པའོ།

གཉིས་པ། ཞབས་མཆན་གྱི་དབྱེ་ཞིབ།

མཐིང་ཤོག་གསེར་བྲིས་ཚངས་པའི་མདོ་འདི་ནི་སྔོན་ཡུལ་ལུང་གང་ཞིག་དང་ཡིག་ཞུས་མཁན་སུ་ཞིག་གིས་འབྲི་བཞེངས་བསྐྲུངས་ཡོད་མེད་སོགས་མ་ཤེས་ཐུབ། དུས་རབས་17-19པའི་ནང་དུ་འབྲི་བཞེངས་བསྐྲུངས་པ་ནི་སྐབས་འདིའི་སྦྱིན་བདག་ཏུ་གྱུར་པའི་ཡོན་བཙུན་གྲགས་པའི་མཚན་གྱི་ཆེ་བསྟོད་དུ་གྱུར་པའི་མི་དབང་ཞེས་པས་ཤེས་པ་སྟེ། བོད་ཀྱི་གསུང་རབ་སྨྲ་བ་དགེ་འདུན་ཆོས་འཕེལ་གྱིས་དེ་ཡང་བཙན་པོ་དང་རྗེ་དང་། རྒྱལ་པོ་དང་། མངའ་བདག་དང་། ལྷ་སོགས་ནི་སྔོན་གྱི་བརྗོད་ཡིན་ཞིང་། ས་སྐྱོང་དང་མི་དབང་སོགས་ནི་ལེགས་སྦྱར་སྐད་ཀྱི་ནྲྀ་པ་ལ་དང་ན་རེནྡྲ་སོགས་བསྒྱུར་བར་འདུག་པས་བསྟན་བཅོས་ཀྱི་ཐ་སྙད་ཙམ་ཡིན་ནོ། དེ་མཚུངས་སྡེ་པ་བྱ་བ་ཡང་ཕྱིས་ཀྱི་ཐ་སྙད་ཡིན་ལ། དེ་ཡང་རྒྱ་གར་པ་རྣམས་ཀྱིས་རྒྱལ་པོ་ལ་དེ་བ་སྟེ་ལྷ་ཞེས་འབོད་པ་དེ་ཟུར་ཆག་ནས། ཁ་ཆེ་བ་རྣམས་ཀྱི་སྐད་ལ་བདེ་ཤང་དུ་འབོད་པའི་ཐ་སྙད་དེ་ག་ཐོག་མར་མངའ་རིས་ཆོས་རྒྱལ་རྣམས་ལ་ཚོ་ལོར་སྒྱུར་ཞིང་། ཕྱིས་རིན་སྤུངས་སྡེའུ་གདོང་གཙང་པ་སོགས་ལ་ཡ་སྒྱུར་རོ། ②ཞེས་པས་ཡོན་བཙུན་གྲགས་པ་དར་བློ་རིག་གསལ་ལྡན་བཀྲ་ཤིས་ལྡན་རྣམ་གཉིས་ཀྱི་འབྲུངས་འདས་ལོ་ཚིགས་སོགས་མ་ཤེས་ཐུབ། གོང་གི་མི་དབང་ཞེས་པ་ལས་དུས་རབས་ཆེ་ལོང་ཞིག་རྟོགས་ཐུབ་པ་དང་། དེ་རྗེས་མཐར་སྨོན་ལམ་ཁོངས་སུ་གཏོགས་པའི་སེམས་ཅན་རྣམས་བྱང་ཕྲུབ་ཐོབ་པར་ཤོག་ཅེས་སྨོན་ལམ་བཏབ་པ་དེ་ཡིན།

① བཀྲས་ལྷུན་དགོན་དུ་བཞུགས་པའི་ཚངས་པའི་མདོ་པོད་ཚ་པའི་ལྡེབ་གྲངས་303པའི་ཞབས་མཆན་ལས་དྲངས།

② མཁས་དབང་དགེ་འདུན་ཆོས་འཕེལ་གྱི་གསུང་རྩོམ་ཕྱོགས་བསྒྲིགས་པོད་དང་པོ་ནུབ་བྱང་མི་རིགས་སློབ་ཆེན་གྱི་སྲུང་མའི་ཤོག་གྲངས་175ལས་དྲངས།

ལེ་ཚན་དགུ་པ། བཀྲས་ལྷུན་འཕགས་པ་ལས་ཀྱི་སྐྲིབ་པ་རྒྱུན་གཅོད་པའི་མདོ་

ཕོད་ཚ་པའི་མཛད་བྱང་།

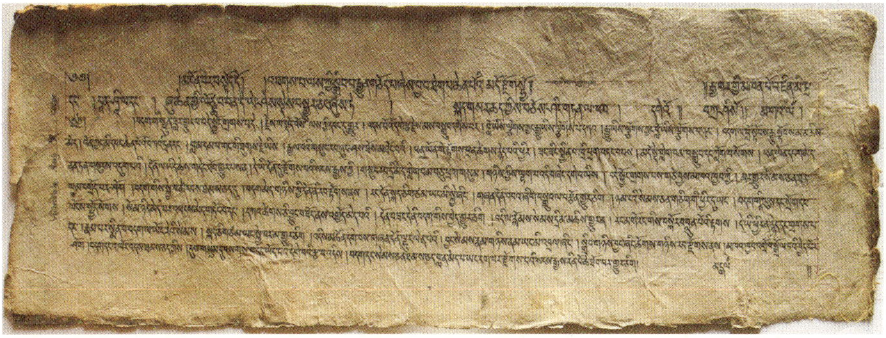

མཛད་བྱང་མ་དཔེ།

དང་པོ། མཛད་བྱང་མ་ཕྱུས།

༄། །བདག་གི་སྨུན་ཟླར་གྱུར་བ་བདེ་སྐྱོང་གྲགས་པ་དེ། རྗེས་ལ་སྟོད་འོས་ལས་ཀྱི་དབང་དུ་གྱུར། འདས་པོའི་དགེ་རྩ་རྗེས་མས་བསྒྲུབ་དགོས་པར། བློ་ཡིས་ལྷོགས་ཀྱང་རྒྱུ་ཡིས་ལྷོགས་པར་དཀའ། རྒྱུ་ཡིས་ལྷོགས་ཀྱང་བློ་ཡིས་ལྷོགས་པ་ཉུང་། བདག་ལ་བློ་སྟོབས་རྒྱུ་སྟོབས་མ་མཆིས་མོད། འོན་ཀྱང་མི་དབང་ཆེན་པོའི་བཀའ་དྲིན་དང་། བླ་མ་དམ་པ་གང་གིས་ཐུགས་རྗེ་ཡིས། རྒྱལ་བའི་གསུང་རབ་ཉུང་ཤས་ཐོས་མཐོང་བའི། ཕན་ཡོན་གོ་རྟོགས་ཐུན་ཚོགས་རྙེད་པའི་ཕྱིར། ཟང་ཟིང་སྦྱིན་པ་ཁྲི་ཕྲག་བཏང་བ་བས། མདོ་སྡེ་གླེགས་བམ་བསྒྲུབ་དང་ཀློག་པ་སོགས། ཕན་ཡོན་དཔག་མེད་ནན་ཏན་གསུངས་འདུག་པའི། དོན་ལ་ཡིད་ཆེས་གདེང་ཐོབ་གྱུར་བས་ན། དེ་ཡི་དོན་དུ་རྫོགས་པའི་སངས་རྒྱས་ཀྱི། གསུང་རབ་དྲི་མེད་གླེགས་བམ་བཅུ་གསུམ། གཉིས་ཀྱིས་ལྷག་པ་འདི་བཞེང་དགེ་བ་ཡིས། བདེ་སྐྱོང་གྲགས་པས་གཙོ་བྱས་མཁའ་ཁྱབ་ཀྱི། མར་གྱུར་སེམས་ཅན་ཐར་ལམ་བགྲོད་པར་ཤོག། བདག་གིས་སྐྱེ་བ་ཚེ་རབས་ཐམས་ཅད་དུ། བདག་མེད་གཉིས་ཀྱི་དོན་ནི་རབ་རྟོགས་ནས། རང་དོན་སྐད་ཅིག་ཙམ་ཡང་མི་སྐྱེ་ཞིང་། གཞན་དོན་འབའ་ཞིག་བསྒྲུབ་ལ་བརྩོན་གྱུར་ཅིག །ཉམ་པའི་སེམས་ཅན་གཅིག་གི་ཕྱིར་དུ་ཡང་། བདག་གིས་ལུས་དང་སྲོག་དང་ལོངས་སྤྱོད་སོགས། སོམ་ཉིད་མེད་པར་འཕངས་མེད་གཏོང་བ་དང་། དཀའ་ཚེགས་ཅི་བྱུང་བཟོད་ནས་འགྱོད་མེད་པའི། དོན་བཟང་དེ་ནི་བདག

གིས་བྱེད་གྱུར་ཅིག །འདི་ལ་རློམས་སེམས་དྲི་མ་མཆིས་གྱུར་ན། རང་མགོ་རང་གིས་བསྐོར་བ་བླུན་པོའི་རྟགས། དེ་ཡི་ཕྱིར་ན་རྙེད་དང་གྲགས་པ་དང་། རྣམ་པར་སྨིན་པ་བདག་ལ་ཡོང་རེའི་སེམས། སྐད་ཅིག་ཙམ་ཡང་སྐྱེ་བར་མ་གྱུར་ཅིག །འདིས་མཚོན་དགེ་བས་གཞན་དོན་ལྷུར་ལེན་པའི། བྱང་སེམས་རྣམ་གཉིས་ནམ་ཡང་མི་འབྲལ་ཞིང་། སྒྲིབ་གཉིས་བྱང་ཞིང་ཚོགས་གཉིས་རབ་རྫོགས་ནས། མཁའ་ཁྱབ་འགྲོ་བ་སྒྲོལ་བའི་བྱེད་པོར་ཤོག། བདག་དང་འཁོར་འདས་ཐམས་ཅད་ཀྱིས། དུས་གསུམ་དུ་བསགས་པ་དང་ཡོད་པའི་དགེ་བའི་རྩ་བ་འདིས། བདག་དང་སེམས་ཅན་ཐམས་ཅད་བླ་ན་མེད་པ་ཡང་དག་པར་རྫོགས་པའི་སངས་རྒྱས་རིན་པོ་ཆེ་ཐོབ་པར་གྱུར་ཅིག་[1]ཅེས་པའོ།

གཉིས་པ། མཛད་བྱང་གི་དཔྱེ་ཞིབ།

གཅིག སྨིན་བདག་གི་སེམས་ཁམས།

༄། །བདག་གི་སྤུན་ཟླར་གྱུར་བ་བདེ་སྐྱོང་གྲགས་པ་དེ། རྗེས་ལ་སྤོད་འོས་ལས་ཀྱི་དབང་དུ་གྱུར། འདས་པོའི་དགེ་རྩ་རྗེས་མས་བསྒྲུབ་དགོས་པར། བློ་ཡིས་ལྡོགས་ཀྱང་རྒྱུ་ཡིས་ལྡོགས་པར་དཀའ། རྒྱུ་ཡིས་ལྡོགས་ཀྱང་བློ་ཡིས་ལྡོགས་པ་ཉུང་། བདག་ལ་བློ་སྟོབས་རྒྱུ་སྟོབས་མ་མཆིས་མོད།[2]ཅེས་བྱུང་བ་ལ་གཞིགས་ན་སྟོན་གྱི་གསུང་རབ་ཁག་གི་མཛད་བྱང་དང་ཆེས་མི་འདྲ་བ་ཞིག་སྟེ། འདིར་ཐོག་མར་བདེ་སྐྱོང་གྲགས་པའི་སྤུན་ཟླ་འཇིག་རྟེན་པ་རོལ་དུ་ཕྱིན་པའི་རྗེས་སུ་ཁོང་བདེ་སྐྱོང་གྲགས་པས་འཇིག་རྟེན་གྱི་འགྲོ་ལུགས་ཇི་བཞིན་རང་གི་ཚེ་འདས་སྤུན་ཉེ་དང་ནང་མི་སོགས་ཀྱི་རྗེས་འཇུག་བསྒྲུབ་དགོས་པ་བདེན་པ་ཉག་གཅིག་ཡིན་ཙང་། དེང་འདིར་སྐྱེ་བོ་ལ་ལ་ཞིག་གཞན་པོའི་རྗེས་འཇུག་བསྒྲུབ་པ་ལ། རང་གི་བློ་ཡིས་ལྡོགས་ཀྱང་ཁྲིམ་ཚང་རྒྱུ་སྟབས་དབུལ་བའི་རྐྱེན་གྱིས་རྒྱུ་ནོར་གྱིས་མི་ལྡོགས་པ་དང་། ཡང་ཁྲིམ་ཚང་ག་གེ་ཞིག་ནི་རྒྱུ་ནོར་ལོངས་སྤྱོད་འདང་ངེས་བཞིན་པ་ཡོད་ན་ཡང་རང་གི་བློ་ཡིས་མི་ལྡོགས་པ་སོགས

382

---

[1] བཀྲས་ལྷུན་དགོན་དུ་བཞུགས་པའི་འཕགས་པ་ལས་ཀྱི་སྒྲིབ་པ་གཙོད་པ་ཞེས་བྱ་བ་ཐེག་པ་ཆེན་པོའི་མདོའི་མཛད་བྱང་ལྡེབ་གྲངས་293ལས་དྲངས།

[2] བཀྲས་ལྷུན་དགོན་དུ་བཞུགས་པའི་འཕགས་པ་ལས་ཀྱི་སྒྲིབ་པ་གཙོད་པ་ཞེས་བྱ་བ་ཐེག་པ་ཆེན་པོའི་མདོའི་མཛད་བྱང་ལྡེབ་གྲངས་293ལས་དྲངས།

ཡང་ཟུང་ཤས་མཆིས། དེས་ན་བདག་བདེ་སྐྱོང་གྲགས་པ་ནི་རང་གི་སྐུ་མཆེད་འདས་པོ་དག་གི་རྗེས་འཇུག་བསྒྲུབ་པའི་བློ་སྟོབས་དང་རྒྱུ་སྟོབས་གཉིས་ཀ་མ་མཆིས་ཞེས་བརྗོད་པ་ནི། དུས་རབས་དེའི་ནང་དུ་གཙང་ཡུལ་དུ་གནས་པའི་གྲོང་མི་ཕལ་པ་རྣམས་ཀྱི་ཁྱིམ་ཚང་གི་དཔལ་འབྱོར་གནས་འབབ་དང་སྐུ་འདས་རྣམས་ཀྱི་རྗེས་འཇུག་རིམ་འགྲོ་བསྒྲུབས་པའི་གོམས་སྲོལ་བར་འགལ་བ་ཅི་ཞིག་ཡོད་པ་དེ་གསལ་བཤད་གནང་འདུག་སྙམ།

གཉིས། འབྲི་བཞེངས་དགོས་པ།

གོང་དུ་བདེ་སྐྱོང་གྲགས་པས་རང་གི་ངོས་ནས་ཚེ་འདས་སྐུ་མཆེད་དག་གི་རྗེས་འཇུག་རིམ་འགྲོ་བསྒྲུབས་པའི་བློ་སྟོབས་དང་རྒྱུ་སྟོབས་གཉིས་ཀ་མེད་པའི་གནས་ཚུལ་མ་གསང་དྲང་པོར་བརྗོད་ཟིན་ཙང་། བདེ་སྐྱོང་གྲགས་པ་ཁོང་གི་བཀའ་དྲིན་ཆེ་བའི་མི་དབང་ཆེན་པོ་དང་། རང་གི་བློ་ཁ་ཆོས་ལ་སྐུལ་བའི་བླ་མ་དམ་པའི་ཐུགས་རྗེ་གཉིས་ལས་ནང་བསྟན་གྱི་གསུང་རབ་ཟུང་ཤས་ཤིག་ལ་ཐོས་བསམ་བྱེད་པའི་གོ་སྐབས་བྱུང་ཏེ། ཆོས་ཀྱི་ཕན་ཡོན་ཡང་ཟུང་ངུ་ཙམ་ཞིག་རྟོགས་ནས་ཟང་ཟིང་རྒྱུ་ནོར་གྱི་སྦྱིན་པ་བཏང་བ་དང་། རྒྱལ་བའི་གསུང་རབ་གླེགས་བམ་སོགས་འབྲི་བཞེངས་དང་ཀློག་འདོན་སོགས་བྱས་ན། ཕན་ཡོན་དཔག་མེད་ཡོང་ཞེས་ནན་ཏན་གསུངས་བ་དེ་ལ་བློ་ཡིད་གཉིས་སུ་མ་གནས་པར་བདེན་པར་ཡིད་ཆེས་ཐོབ་སྟེ། བདེ་སྐྱོང་གྲགས་པས་རང་གི་ཚེ་འདས་གཤིན་པོ་དག་གི་རྗེས་འཇུག་སྐད་དུ། ནང་བསྟན་གསུང་རབ་གླེགས་བམ་བཅུ་གསུམ་གཉིས་ཙམ་ཞིག་འབྲི་བཞེངས་བཏབ་པའི་ནང་དོན་སྟེ། མཛད་བྱང་ལས། འོན་ཀྱང་མི་དབང་ཆེན་པོའི་བཀའ་དྲིན་དང་། བླ་མ་དམ་པ་གང་གིས་ཐུགས་རྗེ་ཡིས། རྒྱལ་བའི་གསུང་རབ་ཟུང་ཤས་ཐོས་མཐོང་བའི། ཕན་ཡོན་གོ་རྟོགས་ཐུབ་ཚོགས་རྙེད་པའི་ཕྱིར། ཟང་ཟིང་སྦྱིན་པ་ཁྲི་ཕྲག་བཏང་བ་བས། མདོ་སྡེ་གླེགས་བམ་བསྒྲུབ་དང་ཀློག་པ་སོགས། ཕན་ཡོན་དཔག་མེད་ནན་ཏན་གསུངས་འདུག་པའི། དོན་ལ་ཡིད་ཆེས་གདེང་ཐོབ་གྱུར་བས་ན། དེ་ཡི་དོན་དུ་རྫོགས་པའི་སངས་རྒྱས་ཀྱི། གསུང་རབ་དྲི་མེད་གླེག་བམ་བཅུ་གསུམ། གཉིས་ཀྱིས་ལྷག་པ་འདི་བཞེང་དགེ་བ་ཡིས།[①] ཞེས་པས་རྟོགས།

① བཀྲས་ལྷུན་དགོན་དུ་བཞུགས་པའི་འཕགས་པ་ལས་ཀྱི་སྒྲིབ་པ་གཙོད་པ་ཞེས་བྱ་བ་ཐེག་པ་ཆེན་པོའི་མདོའི་མཛད་བྱང་ལྗེབ་གྲངས་293ལས་དྲངས།

གསུམ། བསྔོ་སྨོན།

བདེ་སྐྱིད་གྲགས་པས་ནང་བསྟན་ཆོས་ལུགས་ཀྱི་ནང་དོན་རྟོགས་ཤིང་རང་གི་སྤྱན་ཟླ་ཚེ་འདས་དག་གི་རྗེས་འཇུག་རིམ་འགྲོ་བསྐྱབས་པའི་སླད་དུ་ནང་བསྟན་གསུང་རབ་གླེགས་བམ་པོད་བཅུ་གསུམ་གཉིས་ཙམ་ཞིག་འབྲི་བཞེངས་གནང་བ་དེ་ལས་བྱུང་བའི་དགེ་བས། མཁའ་ཁྱབ་སེམས་ཅན་མཐའ་དག་བླ་ན་མེད་པ་ཡང་དག་པར་རྫོགས་པའི་སངས་རྒྱས་རིན་པོ་ཆེ་ཐོབ་པར་གྱུར་ཅིག་ཅེས་བསྔོ་སྨོན་བཏབ་པ་སྟེ་མཛད་བྱང་ལས། བདེ་སྐྱིད་གྲགས་པས་གཙོ་བྱས་མཁའ་ཁྱབ་ཀྱི། མར་གྱུར་སེམས་ཅན་ཐར་ལམ་བགྲོད་པར་ཤོག། བདག་གིས་སྐྱེ་བ་ཚེ་རབས་ཐམས་ཅད་དུ། བདག་མེད་གཉིས་ཀྱི་དོན་ནི་རབ་རྟོགས་ནས། རང་དོན་སྐད་ཅིག་ཙམ་ཡང་མི་སྐྱེ་ཞིང་། གཞན་དོན་འབའ་ཞིག་བསྒྲུབ་ལ་བརྩོན་གྱུར་ཅིག །ཉམ་པའི་སེམས་ཅན་གཅིག་གི་ཕྱིར་དུ་ཡང་། བདག་གིས་ལུས་དང་སྲོག་དང་ལོངས་སྤྱོད་སོགས། སོམ་ཉིད་མེད་པར་འཕངས་མེད་གཏོང་བ་དང་། དཀའ་ཚེགས་ཅི་བྱུང་བཟོད་ནས་འགྱོད་མེད་པའི། དོན་བཟང་དེ་ནི་བདག་གིས་བྱེད་གྱུར་ཅིག །འདི་ལ་ཉོན་མོངས་སེམས་དྲི་མ་མཆིས་གྱུར་ན། རང་མགོ་རང་གིས་བསྐོར་བ་བླུན་པོའི་རྟགས། དེ་ཡི་ཕྱིར་ན་ཉེད་དང་གྲགས་པ་དང་། རྣམ་པར་སྨིན་པ་བདག་ལ་ཡོང་རེའི་སེམས། སྐད་ཅིག་ཙམ་ཡང་སྐྱེ་བར་མ་གྱུར་ཅིག །འདིས་མཚོན་དགེ་བས་གཞན་དོན་ལྷུར་ལེན་པའི། བྱང་སེམས་རྣམ་གཉིས་ནམ་ཡང་མི་འབྲལ་ཞིང་། སྒྲིབ་གཉིས་བྱང་ཞིང་ཚོགས་གཉིས་རབ་རྫོགས་ནས། མཁའ་ཁྱབ་འགྲོ་བ་སྒྲོལ་བའི་བྱེད་པོར་ཤོག། བདག་དང་འཁོར་འདས་ཐམས་ཅད་ཀྱིས། དུས་གསུམ་དུ་བསགས་པ་དང་ཡོད་པའི་དགེ་བའི་རྩ་བ་འདིས། བདག་དང་སེམས་ཅན་ཐམས་ཅད་བླ་ན་མེད་པ་ཡང་དག་པར་རྫོགས་པའི་སངས་རྒྱས་རིན་པོ་ཆེ་ཐོབ་པར་གྱུར་ཅིག[1]ཅེས་པའོ།

---

① བཀྲས་ལྷུན་དགོན་དུ་བཞུགས་པའི་འཕགས་པ་ལས་ཀྱི་སྒྲིབ་པ་གཙོད་པ་ཞེས་བྱ་བ་ཐེག་པ་ཆེན་པོའི་མདོའི་མཛད་བྱང་ལྡེབ་གྲངས་293ལས་དྲངས།

ལེ་ཚན་བཅུ་པ། བཀྲས་ལྷུན་འཕགས་པ་དཀོན་མཆོག་བརྩེགས་པའི་མདོའི་མཛད་བྱང་།

མཛད་བྱང་མ་དཔེ།

དང་པོ། མཛད་བྱང་མ་ཕྱུགས།

༄༅། །ཨོཾ་སྭ་སྟི་སི་དྡྷཾ། །རྒྱལ་བ་དཔག་མེད་རྣམས་ཀྱི་ཚངས་དབྱངས་ཀྱིས། །ཟབ་ཅིང་རྒྱ་ཆེའི་འཁོར་ལོ་བསྐོར་བའི་ཁུར། །གང་གིས་བསྐུར་བའི་རིའི་རྒྱལ་པོ་ནི། །དཔལ་ལྡན་བྱ་རྒོད་ཕུང་པོ་ཞེས་སུ་གྲགས། །རྨད་བྱུང་ས་འཛིན་ཕྱོགས་དེར་སྟོན་གཤེགས་པས། །ཕྱོགས་བཅུའི་ཞིང་དེར་འོད་ཀྱིས་རབ་འགེངས་ཤིང་། །ས་ཆེན་རྣམ་པ་དྲུག་ཏུ་གཡོ་མཛད་པའི། །ཤཱཀྱའི་སེང་གེའི་ཞབས་ལ་མགོས་ཕྱག་འཚལ། །དེར་ནི་ཐུབ་པའི་དཔལ་གྱིས་མགྲུར་ནས་ནི། །ཕུན་ཚོགས་འཁོར་ལ་ལེགས་པར་བཀའ་སྩལ་པ། །ལེགས་བཤད་ཀུན་གྱི་རབ་དང་ཕུལ་ཉིད་ནི། །ལེགས་བཤད་བླ་མེད་ཤེས་རབ་ཕ་རོལ་ཕྱིན། །དེ་ནི་ལྷ་མིའི་འདྲེན་པས་ལན་གསུམ་དུ། །རྒྱལ་བས་གསུངས་པའི་ཆོས་མཛོད་ཀུན་འཛིན་པ། །ཆོས་འཛིན་ཀུན་དགའ་བོ་ལ་སྟད་པའི་ཚེ། །ང་ཡིས་བཤད་པའི་ཆོས་ཀྱི་རྣམ་གྲངས་གཞན། །མ་ལུས་བོར་ཏམ་ཆུད་གཟན་གྱུར་ཀྱང་སླའི། །རྒྱལ་བའི་ཡུམ་འདི་ཅུང་ཟད་ཆུད་གསན་ན། །དེ་ཚེ་ཁྱོད་ལ་སྐྱོན་དུ་བཟུང་ངོ་ཞེས། །ནན་ཏན་ཆེན་པོས་བཀའ་སྩལ་མཛད་པ་དང་། །མདོ་སྡེ་མཆོག་དེ་གང་དུ་བཞུགས་པའི་ཡུལ། །དེར་ནི་རྒྱལ་བའི་དབང་པོ་བཞུགས་སོ་ཞེས། །རྒྱལ་ཡུམ་དེ་ལ་གུས་ཕྱག་འཚལ། །དད་ལྡན་རྣམས་ལ་བཟང་པོའི་གསོལ་གཏོད་པ། །ད་དུང་བར་དུ་ཉམས་པར་མ་གྱུར་ཏོ། །འཇལ་དཔལ་སྤྱན་རས་གཟིགས་དང་ཕྱག་རྡོར་སོགས། །སའི་སྙིང་པོ་ནམ་མཁའི་སྙིང་པོ་དང་ས་བཅུའི་དགེ་འདུན་རྣམས་ལ་ཕྱག་འཚལ་

ལོ།། བྱམས་པ་ཐོག་མེད་དབྱིག་གཉེན་རྣམ་གྲོལ་བདེ།། མཆོག་ཏུ་དུལ་བའི་སྡེ་དང་གྲགས་པའི་
དཔལ།། སེང་བཟང་ཀུན་སུ་ལུ་དང་གསེར་གླིང་པ།། ཇོ་ཆེན་སྤྱོད་རྒྱུད་རྣམས་ལ་ཕྱག་འཚལ་
གཏོད།། མི་དཔོན་རྣམ་གསུམ་སོགས་ཆོས་རྒྱལ་བྱང་སེམས་ཀྱིས།། དབུ་རྙེད་གསོལ་གཏོད་དར་
ཞིང་རྒྱས་པར་མཛད།། ལོ་པཎ་རྣམས་ཀྱིས་དམ་ཆོས་བོད་དུ་བསྒྱུར།། འདི་འདྲའི་བཀའ་དྲིན་
རྒྱུན་དུ་དྲན་པར་རིགས།། བློ་གྲོས་མཁའ་ལྟར་ཡངས་པའི་མཁའ་དབྱིངས་ནས།། ལྟ་ངན་ཀུན་
སྲེག་ལྷ་བདུན་རྒྱལ་པོ་ཤར།། ཆོས་མིན་ཀུན་བསལ་ཆོས་ཀྱི་རྒྱལ་པོར་གྲགས།། ཙོང་ཁ་པ་དང་
དེའི་སྲས་མཐུ་བོ་མཆོག།། སྨོན་ལམ་དཔལ་གཉིས་རྒྱལ་མཚན་ཞབས་ལ་གུས་པས་བསྟོད།། ཀྱེ།།
གླིང་བཞིའི་གླིང་མཆོག་ལྷོ་རྒྱལ་འཛམ་བུ་གླིང་།། ཤཱཀྱ་མཆེད་གཉིས་བཞུགས་པའི་བྱང་གི་
ཕྱོགས།། འབུར་ཉུ་རྒྱས་པ་རྒྱལ་ཁྲོང་བཞི་ཁ་འདིའི།། ཤུ་ན་ལྷ་བཟང་ཡུལ་བཟང་པོ་བཞུགས།།
འདའ་ན་དང་ཚུ་དལ་གྱི་འབབ་པའི་སྡིང་།། མཐོ་རིས་ཡོན་ཏན་དུ་མས་རྒྱན་པའི་མཆོག།
དཔོན་པོ་བསོད་རྒྱལ་ཡབ་སྲས་ཁུ་དབོན་པ།། དཔལ་འབར་གཡང་འདུ་ཡབ་མེས་རིགས་རྒྱུད་
བཟང་།། གདུང་ཉུས་འཁོར་བཙུན་སྟོང་ཚུང་ཉག་རེའི་རྒྱུད།། ཏུར་སྨིག་གཙུག་རྒྱན་བསླབ་
གསུམ་རྒྱན་གྱིས་མཛེས།། མཆད་པ་རྗོམ་ལ་བློ་གྲོས་རྒྱས་པ་ཡི།། དགེ་བའི་བཤེས་གཉེན་དཔོན་
པོ་བཙོན་བསམ་དང་།། སྐྱེས་པའི་ཕོ་ལ་གྲགས་པའི་སྨན་པ་ཅན།། བློ་གྲོས་སྟོབས་ལྡན་འབྱོར་
ལྡན་ཆོས་ལ་སྤྱོད།། སྦྱིན་པའི་བདག་པོ་བསྐལ་པ་བཟང་པོ་དང་།། ཕྱིའི་དགྲ་འདུལ་ནང་གི་སྨན་
ཀྱོང་པའི།། སྦྱིན་པའི་བདག་པོ་ཚེ་རིངས་རྒྱལ་མཚན་པ།། བསོད་ནམས་དཔལ་འབར་ཕྱུགས་
རྫལ་ལྡན་པ་ཡིན།། སྦྱིན་པའི་བདག་པོ་བསྲི་དར་དཔལ་པོ་དང་།། ཅེས་སྦྱུག་ཡིད་འོངས་དགེ་
བསྙེན་མགོན་པོ་སོགས།། ཞལ་ངོ་རྣམས་ཀྱི་བཀའ་གྲོས་ཆོས་ལ་མཐུན།། རྣམ་ལོ་རྒྱལ་པོ་ས་པོ་
རྟག་ལོ་ལ།། དཀོན་མཆོག་རྗེགས་པ་ཁྲི་འོད་འབར་བཞེངས།། ལྟོག་དཀར་གླེགས་ཤིང་བཀྲས་
ལེགས་འགྱུ་ཉུ་གཉིས་ཀྱི་ཤིས།། ཀྱུས་ཡིག་ཕན་ཡུལ་མཁས་ཐུས་རྣམས་ཀྱི་བཟབས།། གསེར་
མདུལ་མགོན་རྒྱལ་ཚེ་རིངས་དཔལ་འབྱོར་ཤེས།། ཞུ་དག་མཁས་པས་ནོར་པའི་ཀྱོན་རྣམས་
གསལ་ནས།། ནམ་བཟའ་སྐྲ་རགས་གླེགས་ཆབ་ཕུན་སུམ་ཚོགས།། བསྟན་པའི་གོར་ཞུགས་པའི་
དཔལ་འབུམ་ཀྱིད་དང་ནི།། འཛངས་ལ་འཕྲུལ་ཆགས་ཟས་དང་ནོར་གྱི་གཏེར།། བུ་ནོར་ཆོས་
གསུམ་འཛོམ་པའི་འབུམ་ཀྱིད་ཆོས་དཔལ་དང་།། ·····ཨ་འབུམ་ཀྱིད་མོ་སོགས།། གང་དགའ་ལྷ་
མོ་འདྲ་བའི་ཕྱུག་རྗེར་ལྷ་མོ་དང་།། རྣམ་སྤྱོད་ཀུན་མཛེས་རྒྱལ་མོ་མཚོ་ལ་སོགས།། མི་ཏོག་ལྟར་

མཛེས་ཏིང་དཀར་དཔལ་མོ་བུ་འགྲེན་དང་།། ཟ་མ་ཝེར་འགྱོགས་བྱས་པའི་ཉེ་འབྲེལ་སོགས།། མི་ཚག་ཚུ་ཚག་ཀྱལ་བའི་འཁོར་གཡོག་རྣམས།། ཨཾ་ཧཱུཾ།།[①]ཞེས་པའོ།

གཉིས་པ། མཛད་བྱང་གི་དབྱེ་ཞིབ།

གཅིག བསྟོད་ཕྱག

༄༅།། །།ཨོཾ་སྭ་སྟི་སི་དྡྷཾ།། །།རྒྱལ་བ་དཔག་མེད་རྣམས་ཀྱི་ཚངས་དབྱངས་ཀྱིས།། ཟབ་ཅིང་རྒྱ་ཆེའི་འཁོར་ལོ་བསྐོར་བའི་ཁུར།། གང་གིས་བསྐྱུར་བའི་རིའི་རྒྱལ་པོ་ནི།། དཔལ་ལྡན་བྱ་རྒོད་ཕུང་པོ་ཞེས་སུ་གྲགས།། རྨད་བྱུང་ས་འཛིན་ཕྱོགས་དེར་སྟོན་གཤེགས་པས།། ཕྱོགས་བཅུའི་ཞིང་དེར་འོད་ཀྱིས་རབ་འགེངས་ཤིང་།། ས་ཆེན་རྣམ་པ་དྲུག་ཏུ་གཡོ་མཛད་པའི།། ཤཱཀྱའི་སེང་གེའི་ཞབས་ལ་མགོས་ཕྱག་འཚལ།། དེར་ནི་ཐུབ་པའི་དཔལ་གྱིས་མགྲུར་ནས་ནི།། ཕུན་ཚོགས་འཁོར་ལ་ལེགས་པར་བཀའ་སྩལ་པ།། ལེགས་བཤད་ཀུན་གྱི་རབ་དང་ཕུལ་ཉིད་ནི།། ལེགས་བཤད་བླ་མེད་ཤེས་རབ་ཕ་རོལ་ཕྱིན།། དེ་ནི་ལྷ་མིའི་འདྲེན་པས་ལན་གསུམ་དུ།། རྒྱལ་བས་གསུངས་པའི་ཆོས་མཛོད་ཀུན་འཛིན་པ།། ཆོས་འཛིན་ཀུན་དགའ་བོ་ལ་སྟད་པའི་ཚེ།། ང་ཡིས་བཤད་པའི་ཆོས་ཀྱི་རྣམ་གྲངས་གཞན།། མ་ལུས་བོར་ཏམ་ཚུད་གཟན་ཕྱུར་ཀྱང་བླའི།། རྒྱལ་བའི་ཡུམ་འདི་ཙུང་ཟད་ཚུད་གསན་ན།། དེ་ཚེ་ཁྱོད་ལ་སྐྱོན་དུ་བཟུང་ངོ་ཞེས།། ནན་ཏན་ཆེན་པོས་བཀའ་སྩལ་མཛད་པ་དང་།། མདོ་སྡེ་མཆོག་དེ་གང་དུ་བཞུགས་པའི་ཡུལ།། དེར་ནི་རྒྱལ་བའི་དབང་པོ་བཞུགས་སོ་ཞེས།། རྒྱལ་ཡུམ་དེ་ལ་གུས་ཕྱག་འཚལ།། དད་ལྡན་རྣམས་ལ་བཟང་པོའི་གསོལ་གཏོད་པ།། ད་དུང་བར་དུ་ཉམས་པར་མ་གྱུར་ཏོ།། འཇམ་དཔལ་སྤྱན་རས་གཟིགས་དང་ཕྱག་རྡོར་སོགས།། སའི་སྙིང་པོ་ནམ་མཁའི་སྙིང་པོ་དང་ས་བཅུའི་དགེ་འདུན་རྣམས་ལ་ཕྱག་འཚལ་ལོ།།[②]ཞེས་བྱུང་བ་ལ་གཞིགས་ན། ནང་དོན་ཏ་ཙང་ཞིབ་ཞིང་ཕྲ་བའི་སྒོ་ནས་སངས་རྒྱས་ཆོས་དགེ་འདུན་ཏེ་དཀོན་མཆོག་གསུམ་ལ་བསྟོད་ཕྱག་ཕུལ་བ་དེ་མཛད་བྱང་དེའི་ཁྱད་ཆོས་སུ་འཕྲུམས་སོ།

① བཀྲས་ལྷུན་དགོན་དུ་བཞུགས་པའི་མདོ་དཀོན་བརྩེགས་ཀྱི་མཛད་བྱང་ལས་དྲངས།

② བཀྲས་ལྷུན་དགོན་དུ་བཞུགས་པའི་མདོ་དཀོན་བརྩེགས་ཀྱི་མཛད་བྱང་ལས་དྲངས།

གཉིས། ཆོས་ཁུངས་བརྗོད་པ།

བྱམས་པ་ཐོག་མེད་དབྱིག་གཉེན་རྣམ་གྲོལ་བདེ།། མཆོག་ཏུ་དུལ་བའི་སྡེ་དང་གྲགས་པའི་དཔལ།། སེང་བཟང་ཀུན་སྲུ་ལུ་དང་གསེར་གླིང་པ།། རྒྱ་ཆེན་སྤྱོད་རྒྱུད་རྣམས་ལ་ཕྱག་འཚལ་གཏོད།། མི་དབོན་རྣམ་གསུམ་སོགས་ཆོས་རྒྱལ་བྱང་སེམས་ཀྱིས།། དབུ་རྙེད་གསོལ་གཏོད་དར་ཞིང་རྒྱས་པར་མཛད།། ལོ་པཎ་རྣམས་ཀྱིས་དམ་ཆོས་བོད་དུ་བསྒྱུར།། འདི་འདྲའི་བཀའ་དྲིན་རྒྱུན་དུ་དྲན་པར་རིགས།། བློ་གྲོས་མཁའ་ལྟར་ཡངས་པའི་མཁའ་དབྱིངས་ནས།། ལྟ་ངན་ཀུན་སྲིག་ལྟ་བདུན་རྒྱལ་པོ་ཤར།། ཆོས་མིན་ཀུན་བསལ་ཆོས་ཀྱི་རྒྱལ་པོར་གྲགས།། ཙོང་ཁ་པ་དང་དེའི་སྲས་མཐུ་བོ་མཆོག།། སློན་ལམ་དཔལ་གཉིས་རྒྱལ་མཚན་ཞབས་ལ་གུས་པས་བསྟོད།[1] །ཅེས་བྱུང་བ་ལ་གཞིགས་ན། དེ་ཡང་ཐོག་མར་ནང་བསྟན་གྱི་གཞུང་རྣམས་དར་འཕེལ་མཛད་མཁན་གྱི་རྒྱ་གར་འཕགས་པའི་ཡུལ་དུ་བྱོན་པའི་སློབ་དཔོན་སེང་གེ་བཟང་པོའི་ཡར་སྔོན་དུ་བྱོན་པའི་རྒྱ་ཆེན་སྤྱོད་ཀྱི་སློབ་དཔོན་གྱི་སྐོར་ལ། འཕགས་ཡུལ་དུ་ཕར་ཕྱིན་བསྟན་པ་ལ་མཛད་རྗེས་བླ་ན་མེད་པ་འཇོག་མཁན་སློབ་དཔོན་སེང་གེ་བཟང་པོའི་དུས་རབས་གཏན་འབེབས་བྱས་ཏེ་དེ་ནས་ལུགས་ལྡོག་གི་མངོན་རྟོགས་རྒྱན[2]གྱི་དུས་རབས་གཏན་འབེབས་བྱ་རྒྱུ་ནི་གནད་དུ་འཁེལ་བའི་ཐབས་མཁས་ཡིན། དེ་ཡང་སློབ་དཔོན་ནི། རྒྱན་སྣང་མཇུག་བྱང་ལས། རྒྱལ་པོ་མཆོག་བརྒྱུད་རྒྱལ་རིགས་ནས་འཁྲུངས་རྒྱལ་པོ་དཔལ་ལྡན་ཆོས་སྐྱོང་རིང་ལ་ནི། དཀའ་འགྲེལ་བཟང་པོ་དེ་ཉིད་སྣང་བ་ཞེས་བྱ་བ་འདི་ནི་བདག་གིས་རྣམ་པར་བརྩམས།།ཞེས་རང་ཉིད་ཀྱིས་གསུངས་པ་བཞིན་པཱ་ལ་རྒྱལ་རབས་ཀྱི་རྒྱལ་པོ་དྷརྨ་པཱ་ལའི་སྐུ་དུས་སུ་བརྩམས་འདུག རྒྱལ་པོ་འདིས་རྒྱལ་སྲིད་སྐྱོང་བའི་དུས་རབས་ནི་ཕྱི་ལོ་776ནས་

---

① བགྲུས་ལྷུན་དགོན་དུ་བཞུགས་པའི་མདོ་དཀོན་བརྩེགས་ཀྱི་མཛད་བྱང་ལས་དྲངས།

② མངོན་རྟོགས་རྒྱན་དེ་ནི་བྱམས་ཆོས་སྡེ་ལྔའི་ནང་གི་ཡ་གྱལ་ཞིག་ཡིན་ཞིང་དེ་ཡང་བྱམས་པ་མགོན་པོས་མཛད་པའི་བསྟན་བཅོས་ནི་མཁས་པ་ཀུན་ལ་ཧྲུང་ལྟར་གྲགས་པའི་བྱམས་ཆོས་སྡེ་ལྔ་ཟེར་བ་དེ་ཡིན། བྱམས་ཆོས་སྡེ་ལྔའི་མཚན་གཞི་ངོས་འཛིན་ཞུ་ཕྱོགས་ཀྱི་སྐོར་ལ། རྒྱ་ནག་ཏུ་གྲགས་པའི་གསུང་རྒྱུན་དང་། རང་རེའི་བོད་དུ་གྲགས་པའི་གསུང་རྒྱུན་གཉིས་མི་མཐུན་ཞིང་། རྒྱ་ནག་གི་གསུང་རྒྱུན་ལྟར་ན། རྣལ་འབྱོར་སྤྱོད་པའི་ས། རྣལ་འབྱོར་གྱི་རྣམ་པ་དབྱེ་བ། མདོ་སྡེ་རྒྱན། དབུས་དང་མཐའ་རྣམ་པར་འབྱེད་པ། རྡོར་གཅོད་འགྲེལ་པ་བཅས་ལྔ་ཡིན་པ་གསལ་ཞིང་། རང་རེ་ལ་མདོ་སྡེ་རྒྱན། དབུས་མཐའ་རྣམ་འབྱེད། ཆོས་དང་ཆོས་ཉིད་རྣམ་པར་འབྱེད་པ། མངོན་རྟོགས་རྒྱན། རྒྱུད་བླ་མ་བཅས་ལྔ་ཡིན། དེ་དག་གི་དཔྱད་པ་ནི་ཁང་དཀར་ཚུལ་ཁྲིམས་སྐལ་བཟང་གི་བྱམས་ཆོས་བསྒྱུར་ཞིབ་ཞེས་པ་ཉི་ཧོང་སྤར་བའི་གསུང་རྩོམ་གྱི་ཤོག་གྲངས་6དེར་གཟིགས་པར་འཚལ། A Synthetic Study Of The Treatises Of Maitreyanatha by Tsuitrim Kelsang Khangkar ,Japan June 4.2011.

808བར་དུ་འམ་ཡང་ན་ཕྱི་ལོ་770ནས་810གང་ཉུང་དུ་ངེས་པའི་རྒྱུ་མཚན་གྱིས་དུས་རབས་བརྒྱད་པའི་མཇུག་ཏུ་སློབ་དཔོན་སེང་གེ་བཟང་པོ་མཛད་འཕྲིན་རྒྱས་པར་ཤོད་མི་དགོས། སློབ་དཔོན་འདིའི་གོང་གི་བརྒྱུད་རིམ་ཡང་། བུ་སྟོན་གསན་ཡིག་(Toh.No,5199\La16b4)ལས། ཐུབ་པ་ཆེན་པོ། བྱམས་པ། ཐོགས་མེད་དབྱིག་གཉེན། འཕགས་པ་གྲོལ་སྡེ། བཙུན་པ་གྲོལ་སྡེ། མཆོག་གི་སྡེ། དུལ་བའི་སྡེ། རྣམ་སྣང་བཟང་པོ། སེང་གེ་བཟང་པོ་ཞེས་གསུངས་པ་ལ་བརྟེན་ནས་རགས་ཙམ་ཚོད་དཔག་ཐུབ།[①] ཞེས་དང་དེ་རྗེས་བུ་སློབ་ཀུན་སུ་ལུ(ཀུ་ས་ལི་ཆེ་བ་དང་ཀུ་ས་ལི་ཆུང་བ་)དང་། དུས་རབས་11པའི་གསེར་གླིང་པ་སོགས་ཀྱི་མཚན་ནས་དྲངས་ཏེ་རྒྱ་ཆེན་སྤྱོད་པའི་རྒྱུད[②]ཀྱི་སློབ་དཔོན་གོང་མའི་མཚན་ནས་དྲངས་པ་དེ་ལས་གསུང་རབ་དེ་འབྲི་བཞེངས་ཀྱི་དད་པ་སྐྱོ་ངས་མེད་པའི་སྦྱིན་བདག་མཆོག་གི་བླ་མ་དམ་པ་ནི་རྒྱ་ཆེན་སྤྱོད་རྒྱུད་འཛིན་མཁན་ཞིག་ཡིན་པའང་ཤེར་དུ་རྟོགས། དེ་རྗེས་གཞི་ནས་ཁ་བའི་ལྗོངས་སུ་ཆོས་རྒྱུད་དེ་འདྲེན་པར་མཛད་མཁན་ཆོས་རྒྱལ་མེ་དཔོན་རྣམ་གསུམ་གྱི་སྐུ་དུས་སུ་དབུ་རྙེད་གསོལ་གཏོང་དར་ཞིང་རྒྱས་པར་མཛད་པ་དང་། ལོ་པཎ་རྣམས་ཀྱིས་དམ་ཆོས་བོད་དུ་བསྒྱུར་བ་ལས་ཁོང་རྣམ་པའི་བཀའ་དྲིན་དྲན་པར་རིགས་སོ་ཞེས་ཆོས་རྒྱལ་དང་ལོ་པཎ་རྣམས་པའི་སྐུ་དྲིན་དྲན་པར་བརྗོད་པ་དང་སྦྲགས། དུས་རབས་15པའི་ནང་དུ་བྱོན་པའི་ཆོས་རྗེ་ཙོང་ཁ་པ་བློ་བཟང་གྲགས་པ་(1357-1419)དང་ཁོང་གི་ཐུགས་སྲས་སློན་ལམ་དཔལ་བ་སྟེ་དགའ་ལྡན་ཁྲི་ཐོག་བརྒྱད་པ་སློན་ལམ་དཔལ་ལེགས་པའི་བློ་གྲོས་(1414-1491)[③]གཉིས་ལ་གུས་ཕྱག་ཕུལ་བ་དེ་ལས་གསུང་རབ་དེ་འབྲི་བཞེངས་མཁན་གྱི་དད་པ་སྐྱོ་ངས་མེད་པའི་སྦྱིན་བདག་ནི་རི་བོ་དགེ་ལུགས་པའི་གྲུབ་མཐའ་འཛིན་མཁན་ཞིག་ཡིན་པ་དེ་བས་ཁ་གསལ་རྟོགས།

---

① ཁང་དཀར་ཚུལ་ཁྲིམས་སྐལ་བཟང་གིས་མཛད་པའི་བྱམས་ཆོས་བསྒྱུར་ཞིབ་ཞེས་པ་ཉེ་འོང་སྤར་མའི་ཤོག་གྲངས་234ལས་དྲངས།

② རྒྱ་ཆེན་སྤྱོད་བརྒྱུད་ནི་རྗེ་བཙུན་བྱམས་པ་ནས་ཐོགས་མེད་སྐུ་མཆེད་སོགས་བརྒྱུད་ནས་བྱུང་བའི་ལམ་རིམ་གྱི་བརྒྱུད་པའོ་ཞེས་བོད་རྒྱ་ཚིག་མཛོད་ཆེན་མོ་མི་རིགས་དཔེ་སྐྲུན་ཁང་གི་སྤར་མའི་ཤོག་གྲངས་531དུ་གསལ།

③ ཁྲི་ཐོག་བརྒྱད་པ་རྣམ་འགྲེལ་སྒྲིབ་ཊཱི་ཀ་མཛད་པ་པོ་རྗེ་སློན་ལམ་དཔལ་བ་ཞེས་གློང་རྫོལ་ངག་དབང་བློ་བཟང་གི་གསུང་འབུམ་པོད་གཉིས་པ། བོད་ལྗོངས་བོད་ཡིག་དཔེ་རྙིང་དཔེ་སྐྲུན་ཁང་གི་2002ལོའི་སྤར་མའི་ཤོག་གྲངས་110དུ་གསལ།

གསུམ། ཡུལ་ལུང་བསྟོད་པ།

ཀྱཻ།། གླིང་བཞིའི་གླིང་མཆོག་ཛམྦུ་རྒྱལ་འཛམ་བུ་གླིང་།། ཤཱཀྱ་མཆེད་གཉིས་བཞུགས་པའི་བྱང་གི་ཕྱོགས།། འབུར་ཙ་རྒྱས་པ་རྒྱལ་ཁྲོང་བཞི་ཁ་འདིའི།། ཕུ་ན་ལྷ་བཟང་ཡུལ་བཟང་པོ་བཞུགས།། འདའ་ན་དང་ཆུ་དལ་གྱི་འབབ་པའི་སྡིང་།། མཐོ་རིས་ཡོན་ཏན་དུ་མས་རྒྱན་པའི་མཆོག།[1] ཅེས་བྱུང་བ་ལྟར་ན། དད་པ་སྐྱོ་ངས་མེད་པའི་སྦྱིན་བདག་མཆོག་ནས་དུས་རབས་16-17པའི་ནང་དུ་མདོ་སྔེ་དགོན་བརྩེགས་དེ་འབྲི་བཞེངས་གནང་བའི་ཡུལ་ལུང་ནི་གླིང་བཞིའི་ནང་དུ་མཆོག་ཏུ་གྱུར་པ་ཛམྦུ་འཛམ་བུ་གླིང་ཡིན་ཞིང་། དེའི་ནང་དུ་བཞུགས་པའི་ཤཱཀྱ་མཆེད་གཉིས་བཞུགས་ཡུལ་སྔེ་རྒྱ་གར་འཕགས་པའི་ཡུལ་གྱི་བྱང་ཕྱོགས་སུ་ཁྱད་འཕགས་འབུར་དུ་དོད་པའི་ས། ཕུ་ན་ལྷ་བཟང་ཡུལ་བཟང་བཞུགས་ཤིང་། མདའ་ན་དང་ཆུ་དལ་གྱི་འབབ་པའི་ས་ཞེས་བརྗོད་པའི་ནང་གི་དང་ཆུ་དེ་གལ་ཏེ་སྨྱང་ཆུ་ཞེས་བརྗོད་ཀྱི་ཡོད་ན། དེང་གི་གཞིས་རྩེ་གྲོང་ཁྱེར་གྱི་མངའ་ཁོངས་སུ་གནས་པའི་རྒྱལ་གྲོང་གཞི་ཁ་ཞུ་བ་དེ་མིན་ནམ་སྙམ་ནས་ས་མིང་ལ་རྒྱུས་མངའ་ཆེ་བ་རྣམས་ཀྱིས་བརྟག་པར་འཚལ།

བཞི། སྦྱིན་བདག

གཞིས་རྩེ་ས་ཁུལ་མངའ་ཁོངས་རྒྱལ་གྲོང་གཞིས་ཁ་དེར་གསུང་རབ་དེ་འབྲི་བཞེངས་བསྐྲུངས་པའི་སྐབས་སུ། གསུང་རབ་འབྲི་རྫས་སོགས་ཉེ་བར་མཁོ་བ་རྣམས་ཀྱི་རྒྱུ་འགྲོ་སྒྲུབ་མཁན་གྱི་དད་པ་སྐྱོ་ངས་མེད་པའི་སྦྱིན་བདག་ནི་དཔོན་བསོད་རྒྱལ་ཡབ་སྲས་ཁུ་དབོན་དང་དཔལ་འབར་གཡང་འདུ་ཡབ་མེས་དང་། དགེ་བའི་བཤེས་གཉེན་དཔོན་པོ་བཙོན་བསམ་དང་། བསྐལ་བཟང་བཟང་པོ་དང་། བསྲི་དར་དཔལ་པོ་སོགས་ཀྱིས་གནང་སྟེ་འབྲི་བཞེངས་བསྐྲུངས་པ་ནི་མཛད་བྱང་ལས། མཐོ་རིས་ཡོན་ཏན་དུ་མས་རྒྱན་པའི་མཆོག། དཔོན་པོ་བསོད་རྒྱལ་ཡབ་སྲས་ཁུ་དབོན་པ།། དཔལ་འབར་གཡང་འདུ་ཡབ་མེས་རིགས་རྒྱུད་བཟང་།། གདུང་ཙུས་འཕོང་བཙུན་སྟོང་ཚུང་ཉག་རེའི་རྒྱུད།། དུར་སླིག་གཙུག་རྒྱན་བསླབ་གསུམ་རྒྱན་གྱིས་མཛེས།། མཆད་པ་རྩོམ་ལ་བློ་གྲོས་རྒྱས་པ་ཡི།། དགེ་བའི་བཤེས་གཉེན་དཔོན་པོ་བཙོན་བསམ་དང་།།

---

① བཀྲས་ལྷུན་དགོན་དུ་བཞུགས་པའི་མདོ་དགོན་བརྩེགས་ཀྱི་མཛད་བྱང་ལས་དྲངས།

སྐྱེས་པའི་ཕོ་ལ་གྲགས་པའི་སྔན་པ་ཅན།། བློ་གྲོས་སྟོབས་ལྡན་འཁོར་ལྡན་ཆོས་ལ་སྤྱོད།། སྦྱིན་པའི་བདག་པོ་བསྐལ་པ་བཟང་པོ་དང་།། ཕྱིའི་དགྲ་འདུལ་ནང་གི་སྔན་ཀྱང་པའི།། སྦྱིན་པའི་བདག་པོ་ཚེ་རིངས་རྒྱལ་མཚན་པ།། བསོད་ནམས་དཔལ་འབར་སྤྱགས་རྩལ་ལྡན་པ་ཡིན།། སྦྱིན་པའི་བདག་པོ་བསྲི་དར་དཔལ་པོ་དང་།། ཅེས་སྤྱུག་ཡིད་འོངས་དགེ་བསྙེན་མགོན་པོ་སོགས།། ཞལ་ངོ་རྣམས་ཀྱི་བཀའ་གྲོས་ཆོས་ལ་མཐུན།། རྣམ་ལོ་རྒྱལ་པོ་ས་པོ་རྟག་ལོ་ལ།།[①]ཞེས་པས་རྟོགས།

ལྔ། ཡིག་ཞུས།

གཞིས་རྩེ་ས་ཁུལ་མངའ་ཁོངས་རྒྱལ་གྲོང་གཞིས་ཁ་དེར་གསུང་རབ་དེ་འབྲི་བཞེངས་བསྐྲུངས་པའི་སྐབས་སུ། གསུང་རབ་འབྲི་རྫས་སོགས་ཉེ་བར་མཁོ་བ་རྣམས་ཀྱི་རྒྱུ་འགྲོ་སྒྲོར་མཁན་གྱི་དད་པ་སྐྱོངས་མེད་པའི་སྦྱིན་བདག་ནི་དཔོན་བསོད་རྒྱལ་ཡབ་སྲས་ཁུ་དཔོན་དང་དཔལ་འབར་གཡང་འདུ་ཡབ་མེས་སོགས་ཀྱིས་དད་པ་སྐྱོངས་མེད་པའི་སྦྱིན་བདག་གནང་སྟེ། མདོ་སྡེ་དཀོན་མཆོག་བརྩེགས་པ་དེ་རྣམ་ལོ་རྒྱལ་པོ་སྟེ་ས་ཕོ་རྟ་ཡི་ལོ་ལ་ཤོག་བུ་མཐིང་ག་ལ་སྣག་ཚ་གསེར་འདུལ་མགོན་རྒྱལ་རིང་དཔལ་འབྱོར་གྱིས་ལེགས་པར་བཏུལ་ཏེ་འཇམ་མཉེན་གར་སླ་སྙོམ་པར་བཏུལ་ཏེ། དབུ་ཤོག་སྲི་ཀ་ཕྲེང་གསུམ་དེ་བགྲུས་ལེགས་འཛུ་ཏུ་གཉིས་ཀྱིས་བྲིས་ཤིང་། དཀྱུས་ཀྱི་གཞུང་ཡོངས་སུ་རྫོགས་པ་ཡུལ་ངས་པོ་ཆེ་འཕན་པོར་བསྒྱུར་བའི་ཡུལ་ཧྲི་དེང་གི་ལྷ་ས་ས་ཁུལ་གྱི་འཕན་པོ་རྫོང་ནས་ཕེབས་པའི་མཁས་དབུས་ལེགས་པར་བྲིས་པ་དང་སྦྲགས། དེར་རྐང་འཁྱོར་གཞུང་སྲོང་གི་ཞུ་དག་མཁན་པོས་ཞུས་དག་མཛད་དེ་ལེགས་པར་བསྒྲུབ་པ་སྟེ། མཛད་བྱང་ལས། རྣམ་ལོ་རྒྱལ་པོ་ས་པོ་རྟག་ལོ་ལ།། དཀོན་མཆོག་རྩེགས་པ་ཁྲི་འོད་འབར་བཞེངས།། ཤོག་དཀར་སླེགས་ཤིང་བགྲུས་ལེགས་འཛུ་ཏུ་གཉིས་ཀྱི་ཤེས།། ཀྱུས་ཡིག་པན་ཡུལ་མཁས་དབུས་རྣམས་ཀྱི་བཟབས།། གསེར་མདུལ་མགོན་རྒྱལ་ཚེ་རིངས་དཔལ་འཁོར་ཤེས།། ཞུ་དག་མཁས་པས་ནོར་པའི་ཀྱོན་རྣམས་གསལ་ནས།།[②]ཞེས་པས་རྟོགས།

① བཀྲས་ལྷུན་དགོན་དུ་བཞུགས་པའི་མདོ་དཀོན་བརྩེགས་ཀྱི་མཛད་བྱང་ལས་དྲངས།

② བཀྲས་ལྷུན་དགོན་དུ་བཞུགས་པའི་མདོ་དཀོན་བརྩེགས་ཀྱི་མཛད་བྱང་ལས་དྲངས།

དྲུག སྒྲིལ་ཆས།

གཞིས་རྩེ་ས་ཁུལ་མངའ་ཁོངས་རྒྱལ་གྲོང་གཞིས་ཁ་དེར་གསུང་རབ་དེ་འབྲི་བཞེངས་བསྐྲུངས་པའི་སྐབས་སུ། གསུང་རབ་འབྲི་རྫས་སོགས་ཉེ་བར་མཁོ་བ་རྣམས་ཀྱི་རྒྱུ་འགྲོ་སྦྱོར་མཁན་གྱི་དད་པ་སྐྱོངས་མེད་པའི་སྦྱིན་བདག་ནི་དཔོན་བསོད་རྒྱལ་ཡབ་སྲས་ཁུ་དབོན་དང་དཔལ་འབར་གཡང་འདུ་ཡབ་མེས་སོགས་ཀྱིས་དད་པ་སྐྱོངས་མེད་པའི་སྦྱིན་བདག་གནང་སྟེ། མདོ་སྡེ་དཀོན་མཆོག་བརྩེགས་པ་དེ་རྣམ་ལོ་རྒྱལ་པོ་ས་ཕོ་རྟ་ཡི་ལོ་ལ་ཤོག་བུ་མཐིང་ག་ལ་སྣག་ཚ་གསེར་འདུལ་མཁན་རྒྱལ་རིང་དཔལ་འབྱོར་གྱིས་འཛམ་མཉེན་གར་སླ་སྙོམ་པ་བཏུལ་ཏེ། དབུ་ཤོག་གི་སྲིད་ཀ་ཕྲེང་གསུམ་དེ་བཀྲས་ལེགས་འགྱུ་རུ་གཉིས་ཀྱིས་བྲིས་ཤིང་། དཀྱུས་ཀྱི་གཞུང་ཡོངས་སུ་རྫོགས་པ་ཡུལ་ངས་པོ་ཆེ་འཕན་པོར་བསྒྱུར་བའི་ཡུལ་ཏེ་དེང་གི་ལྷ་ས་ས་ཁུལ་གྱི་འཕན་པོ་རྫོང་ནས་ཕེབས་པའི་མཁས་ཕྱུས་ལེགས་པར་བྲིས་པ་དང་སྦྲགས། དེ་དག་གི་ཁང་འཁྱོར་གཞུང་སྒྲོང་གི་ཞུ་དག་མཁན་པོས་ཞུས་དག་མཛད་དེ་ལེགས་པར་བསྒྲུབས་རྗེས། གནའ་དཔེ་སྲུང་སྐྱོབ་ཀྱི་ཆེད་དུ་བསྒྲོན་པའི་སྒྲིལ་ཆས་ཏེ་རྡུལ་དྲིགས་འགོག་པའི་ན་བཟའ་དཔེ་རས་དང་། དཔེ་ཉིང་དོ་དམ་བདེ་བའི་སླད་དུ་བསྒྲོན་པའི་དཔེ་ཉིང་གི་སྒོར་ཐིག་ནང་དུ་བཞུགས་པའི་རྒྱུན་འདུ་ལས་སྐུ་རགས་སུ་གྱུར་བའི་གླེགས་ཐག་ཆབ་མགོ་ཅོ་པར་གྱིས་སྤྲས་པ་སོགས་ནི། བཙུན་པ་དཔལ་འབུམ་དང་ཁྲིམ་པ་འབུམ་སྐྱིད་ཆོས་དཔལ་སོགས་ཀྱིས་ཞབས་ཏོག་ལེགས་པར་བསྒྲུབས་ཏེ། སྣ་ཚོགས་བཟོ་པའི་ཚོགས་ཀྱིས་རྩལ་ལས་ཐོན་ཏེ་བསྒྲོན་པ་ཞིག་སྟེ། མཛད་བྱང་ལས། ནམ་བཟའ་སྐུ་རགས་གླེགས་ཆབ་ཕུན་སུམ་ཚོགས།། བསྟན་པའི་གོར་ཞུགས་པའི་དཔལ་འབུམ་སྐྱིད་དང་ནི།། འཛངས་ལ་འཕྲུལ་ཆགས་ཟས་དང་ནོར་གྱི་གཏེར།། བུ་ནོར་ཆོས་གསུམ་འཛོམ་པའི་འབུམ་སྐྱིད་ཆོས་དཔལ་དང་།། ……ཨ་འབུམ་སྐྱིད་མོ་སོགས།། གང་དགའ་ལྷ་མོ་འདྲ་བའི་ཕྱུག་རྗེར་ལྷ་མོ་དང་།། རྣམ་སྒྲོལ་ཀུན་མཛེས་རྒྱལ་མོ་མཚོ་ལ་སོགས།། མེ་ཏོག་ལྟར་མཛེས་ཏིང་དཀར་དཔལ་མོ་བུ་འགྲེན་དང་།། ཟ་མ་ཞོར་འགྱོགས་བྱས་པའི་ཉེ་འབྲེལ་སོགས།། མི་ཚག་ཆུ་ཚག་ཀྱལ་བའི་འཁོར་གཡོག་རྣམས།།[1]ཞེས་པས་རྟོགས།

① བཀྲས་ལྷུན་དགོན་དུ་བཞུགས་པའི་མདོ་དཀོན་བརྩེགས་ཀྱི་མཛད་བྱང་ལས་དྲངས།

ལེ་ཚན་བཅུ་གཅིག་པ། བཀྲས་ལྷུན་འཕགས་པ་འདུས་པ་རིན་པོ་ཆེའི་མདོའི་མཛད་བྱང་།

མཛད་བྱང་མ་དཔེ།

དང་པོ། མཛད་བྱང་མ་ཕྱུས།

བསྟན་པའི་སྦྱིན་བདག་མི་དབང་སྐུ་མཆེད་ཀྱི། གྲོང་བཞིའི་གླིང་མཆོག་ལྷོའི་འཛམ་བུ་གླིང་། དམ་ཆོས་དར་བ་གཡས་རུ་བྱང་ཕྱོགས་ཀྱི། རུ་བཞིའི་སྙིང་པོ་བཀྲ་ཤིས་ལྷང་འགྲོའི་ནང་། ཕུ་ན་རིན་ཆེན་·········སྨིན་པའི་ས། བར་ན་སངས་རྒྱས་བྱང་སེམས་འཁྲུན་པའི་གནས། ས་ལ་ཞག་ཆགས་བཀྲ་ཤིས་གསུམ་གྲོང་འདིར། རིགས་རུས་བཟང་པོ་རྣམ་ཐོས་སྲས···། ཕར་རྫེས་བུས་འཛིན་མ་སེ་ཁྲི་ནུ་དང་། མཆེ་སྤེར་ཚང་ནས་རྒྱས་པ་མ་སེ་ཁྲི་ནུ་འཕེལ། རིགས་བཟང་འཛིན་མཁན་སྒྲོ་མོ་འཚོ་མོ་ལགས། ཁུ་དབོན་ཡ་སྲས·········ཡུམ་སྲས་ཀྱི། ཐུགས་དགོངས་རྫོགས་དང་སྒྲིབ་གཉིས་བྱང་ཕྱིར་དུ······།[①] ཞེས་པའོ།

གཉིས་པ། མཛད་བྱང་གི་དབྱེ་ཞིབ།

གཅིག ཡུལ་ལུང་།

མཐིང་ཤོག་དཔུལ་བྲིས་ཡིག་ཕྲེང་དྲུག་ཅན་དེ་འབྲི་བཞེངས་བྱ་སའི་ཡུལ་ལུང་ནི་གཙང་སྟོད་སྨད་ཀྱི་ཕྱོགས་སུ་གནོགས་པའི་བཀྲ་ཤིས་གསུམ་གྲོང་དུ་ཡིན་པ་ནི་མཛད་བྱང་ལས།

① བཀྲས་ལྷུན་དགོན་དུ་བཞུགས་པའི་དཔུལ་བྲིས་འཕགས་པ་འདུས་པ་རིན་པོ་ཆེའི་མདོའི་མཛད་བྱང་ལས་དྲངས། འོན་ཏེ་མཛད་བྱང་ཤིན་ཏུ་བགྲེས་ཟད་ཆེ་བས་འདི་ལས་བཤུ་མ་ཐུབ་པོ།

བསྟན་པའི་སྦྱིན་བདག་མི་དབང་སྐུ་མཆེད་ཀྱི། གྲོང་བཞིའི་གླིང་མཆོག་ལྷོའི་འཛམ་བུ་གླིང་། དམ་ཆོས་དར་བ་གཡས་རུ་བྱང་ཕྱོགས་ཀྱི། རུ་བཞིའི་སྙིང་པོ་བཀྲ་ཤིས་ལང་འགྲོའི་ནང་། ཕུ་ན་རིན་ཆེན………སྙིན་པའི་ས། བར་ན་སངས་རྒྱས་བྱང་སེམས་འཁྱོན་པའི་གནས། ས་ལ་ཞག་ཆགས་བཀྲ་ཤིས་གསུམ་གྲོང་འདིར།[①]ཞེས་པས་སོ།

གཉིས། སྦྱིན་བདག

མྱང་སྨད་བཀྲས་ལྷུན་དགོན་དུ་བཞུགས་པའི་འཕགས་པ་འདུས་པ་རིན་པོ་ཆེའི་མདོ་འདི་འབྲི་བཞེངས་གནང་བའི་སྐབས་སུ་དད་པ་སྐྱོ་ངས་མེད་པའི་སྦྱིན་བདག་ནི་སྐབས་དེར་བཀྲ་ཤིས་གསུམ་གྲོང་གི་མི་དབང་རུས་རྒྱུད་དུ་ཕྱོན་པའི་མ་སེ་ཁྲི་ནུ་དང་མ་སེ་ཁྲི་ནུ་འཕེལ་ལ་སོགས་པས་སྦྱིན་བདག་མཛད་དེ་འབྲི་བཞེངས་བསྐྲུན་པ་ནི་མཛད་བྱང་ལས། རིགས་རུས་བཟང་པོ་རྣམ་ཐོས་སྲས···། ཕར་རྗེས་བུས་འཛིན་མ་སེ་ཁྲི་ནུ་དང་། མཆེ་སྲིར་ཚང་ནས་རྒྱས་པ་མ་སེ་ཁྲི་ནུ་འཕེལ། རིགས་བཟང་འཛིན་མཁན་སྒྲོ་མོ་འཚོ་མོ་ལགས། ཁུ་དཔོན་ཡ་སྲས······ ···ཡུམ་སྲས་ཀྱི། ཐུགས་དགོངས་རྫོགས་དང་སྒྲིབ་གཉིས་བྱང་ཕྱིར་དུ······།[②]ཞེས་པའོ།

① བཀྲས་ལྷུན་དགོན་དུ་བཞུགས་པའི་དངུལ་བྲིས་འཕགས་པ་འདུས་པ་རིན་པོ་ཆེའི་མདོའི་མཛད་བྱང་ལས་དྲངས། འོན་ཏེ་མཛད་བྱང་ཤིན་ཏུ་བགྲེས་ཟད་ཆེ་བས་འདི་ལས་བཤུ་མ་ཐུབ་པོ།

② བཀྲས་ལྷུན་དགོན་དུ་བཞུགས་པའི་དངུལ་བྲིས་འཕགས་པ་འདུས་པ་རིན་པོ་ཆེའི་མདོའི་མཛད་བྱང་ལས་དྲངས། འོན་ཏེ་མཛད་བྱང་ཤིན་ཏུ་བགྲེས་ཟད་ཆེ་བས་འདི་ལས་བཤུ་མ་ཐུབ་པོ།

ལེའུ་ཉེར་དྲུག་པ། གཙང་ཡིག་སྐོར།

གཅིག གཙང་ཡིག་ཐ་སྙད།

བོད་ཀྱི་རིག་གནས་ཀྱིས་རྒྱང་ཟབ་པའི་གཙང་གི་ཁུལ་དུ་སྔོན་གྱི་དུས་ནས་གསུང་རབ་འབྲི་བཞེངས་ཀྱི་ཡིག་གཟུགས་དམིགས་བསལ་ཅན་ཞིག་ཡོད་པའི་སྐོར་ད་ཐེངས་གནའ་དཔེ་ཡོངས་བཤེར་དང་སྲུང་སྐྱོབ་སྐབས་རང་ཉིད་ཀྱིས་གསུང་རབ་རི་བོའི་གཏོས་དང་མཉམ་པའི་ཕྲད་ནས་དངོས་སུ་མཇལ་བའི་གསུང་རབ་བྲིས་མ་ཁག་གི་མཛད་བྱང་སོགས་སུ་གཙང་ཡིག་གམ་གཙང་བྲིས་ཞེས་པའི་ཆེད་བརྗོད་ཐ་སྙད་བཀོལ་བ་འདི་དང་འདིའོ་ཞེས་མ་མཇལ་ཙང་། སློང་བཞིའི་ལོ་རྒྱུས་སུ་གཙང་ཡིག་བྱ་ཕོ་འཁྱིལ་བ་འདྲ་[①]ཞེས་བྱུང་བ་ལས་གཙང་ཁུལ་དུ་གསུང་རབ་སོགས་འབྲི་བཞེངས་བྱེད་པའི་འབྲི་གཟུགས་དམིགས་བསལ་ཅན་གཙང་ཡིག་ཅེས་པའི་འབྲི་གཟུགས་ཤིག་ཡོད་པ་རྟོགས་པ་དང་སྦྲགས་ང་རང་ཉིད་ཀྱི་ལྷ་རྒྱ་ཐོས་རྒྱ་ཡང་རྒྱས། ལྷག་དོན་དུ་གཙང་ཡིག་བྱུང་ས་དེང་གི་གཉའ་ལམ་རྫོང་གི་མངའ་ཁོངས་སྤྱང་ཚོ་གཙང་པོའི་ཁུལ་ཏེ། སློང་བཞིའི་ལོ་རྒྱུས་ལས་ཡི་གེ་བྱ་ཕོ་འཁྱིལ་བ་འདྲ་བ་དེ་རྣམས་བསྐྲུབས་པ་ལགས་ཏེ། སྤྱང་ཚོ་སྐོར་པའི་ལུག་རྫི་གཅིག་གིས་དེ་རྣམས་རྙེད་དེ། ད་ལྟར་གཙང་ཡིག་བྱ་ཕོ་འཁྱིལ་བ་འདྲ་བ་ལགས་སོ།[②]ཞེས་པས་གཙང་ཡིག་རྙེད་ཁུངས་ས་ཁུལ་དེ་ཡང་སྤྱང་ཚོ་དེ་ཡིན་ཙ་ན། དུས་རབས་15པའི་ནང་དུ་འབྲི་བཞེངས་གནང་བའི་གསུང་རབ་བྲིས་མ་ཤེར་ཕྱིན་ཞིག་གི་དབུ་ཤོག་ཏུ། འཛམ་ཆུང་གྲུ་བཞིའ། སྤྱང་ཚོ་ཕྲུར་མའི་ལུགས།[③]ཞེས་པའི་ནང་གི་ཡིག་མཁན་གྲུ་བཞི་སྨེ་ལུགས་འབྲི་བའི་ཕྲུར་མ་ཁོང་ཡང་དེང་གི་གཉའ་ལམ་རྫོང་གི་མངའ་ཁོངས་སྤྱང་ཚོ་ཁུལ་ནས་ཐེབས་པའི་ཡིག་མཁན་ཞིག་ཡིན་པ་སྟེ། དུས་རབས་16པའི་ནང་དུ་ལ་སྟོད་ཁུལ་དུ་བྱོན་པའི་

---

① སློང་བཞིའི་ལོ་རྒྱུས་བྲིས་མ་ཁྲ་ཚད་མའི་ལྡེབ་གྲངས་4ལས་དྲངས།

② སློང་བཞིའི་ལོ་རྒྱུས་བྲིས་མ་ཁྲ་ཚད་མའི་ལྡེབ་གྲངས་4ལས་དྲངས།

③ གུང་ཐང་ཙད་དུ་བཞུགས་པའི་ཤེར་ཕྱིན་བྲིས་མའི་དབུ་ཤོག་གི་མཛད་བྱང་ལས་དྲངས།

དཔལ་ལྡན་བླ་མ་དམ་ཆོས་ལེགས་ཀྱི་རྣམ་ཐར་རམ་དེབ་ཐེར་དུའང་། ད་ལྟ་གུ་གེ་རྒྱལ་པོའི་གློན་པོ་རིགས་མང་དབེར་བ་ཞེས་གྲགས་པ་འདི་ཚོ་ཡིན། སྤྱིར་ལ་སྟོད་སྟོའི་སྐད། གཞུང་ཚུ་བོད་ཤོད་གཙང་པོའི་སྐོ། སྤྱི་མིང་ལ་བ་རོག་གཞུང་ཟེར་བ། དེའི་ནང་གི་གཙོ་ཚོ་གཞུང་བྱ་བ་ཅིག་ཡོད་པ་དེ་བཟུང་ནས་བཤད། ཡུལ་དེ་ནས་ཅུང་ཟད་ཅིག་ནུབ་ཏུ་འོངས་པའི་ས། ཆུ་དེའི་བྱང་ན་ལྷ་ཁྱུང་རྩེ་ཟེར་བའི་རྫོང་ཡོད་[1]ཅེས་གསུངས་པས་ཀྱང་། སྐབས་འདིའི་ཐ་སྙད་བོད་ཤོད་དང་གླིང་བཞིའི་ལོ་རྒྱུས་སུ་བྱུང་བའི་གཙང་ཡིག་རྙེད་སའི་ས་མིང་སྤྱོང་ཞོ་གཉིས་གཅིག་ཡིན་པའི་ཆ་ནས་གླིང་ན། གཙང་ཡིག་ཅེས་པའི་ཐ་སྙད་དེ་བོད་ཀྱི་ལོ་རྒྱུས་ཐོག་བྱུང་ཡོད་པ་མ་ཟད་དེའི་འབྲི་རྒྱུན་ཡང་དུས་རབས་16ཡས་མས་སུ་གྲ་མ་ཉམས་པར་བཞུགས་ཡོད་པ་དེ་གོང་གི་མཛད་བྱང་ལས་རྟོགས།

གཉིས། གཙང་ཡིག་བྱུང་བ།

དེ་ཡང་ཆུ་མགོ་གངས་ལ་གཏུགས་པ་ཇི་བཞིན་གཙང་ཡིག་གམ་གཙང་བྲིས་ཀྱི་འབྲི་རྒྱུན་དེ་ཡང་སྔོན་གྱི་མལ་ཡིག་དང་བྲག་ཡིག ཀླེ་བྲིས་དང་ཨེ་བྲིས་ཇི་བཞིན་བོད་བཙན་པོའི་སྐུ་དུས་ཀྱི་འབྲི་གཟུགས་ལས་ཆད་པ་ཞིག་ཡིན་པ་སྟེ། གླིང་བཞིའི་ལོ་རྒྱུས་ལས་ད་ལྟ་གཙང་ཡིག་བྱ་ཕོ་འཁྱོལ་བ་འདྲ་[2]ཞེས་འབྲི་གཟུགས་ཀྱི་ཁྱད་ཆོས་ལས་བསྙད་ན། གཙང་ཡིག་གི་ཁྱད་ཆོས་བརྗོད་པའི་ཚིག་བྱ་ཕོ་འཁྱོལ་བ་དེ་ནི་བོད་བཙན་པོའི་སྐུ་དུས་སུ་བྱུང་བའི་འབྲི་གཟུགས་ཆེན་པོ་བརྒྱད་ཀྱི་ཡ་གྱལ་ཞིག་ཡིན་པ་ནི་སྐྱེ་བོ་ཀུན་གྱི་ཤེས་མོད་ཀྱང་། དེ་ཡང་གླིང་བཞིའི་ལོ་རྒྱུས་ལས། སྤྱི་ལོའི་དུས་རབས་7པའི་ནང་དུ་བྱོན་པའི་བཙན་པོ་གུང་སྲོང་བཙན་སྐུ་རིང་ལ། ཡི་གེའི་མཁན་པོ་གྲགས་པ་ཅན་མ་བྱུང་། དེའི་སྲས་འདུས་སྲོང་མང་པོ་རྗེ་ཀླུ་ནང་གི་(སྤྱི་ལོ་650-676) སྐུ་རིང་ལ། ཡི་གེའི་མཁན་པོ་ཆ་དཀར་འབེའུ་ཚེ་ཞེས་བྱ་བ་བྱུང་སྟེ། རྗེ་ལ་ཡི་གེའི་སྟངས་ཕུལ་བ་ནི། བྱ་ཕོ་འཁྱོལ་པ་འདྲ་བ་ཅིག་བྱུང་། རྗེའི་ཐུགས་དམ་དང་འབངས་ཀྱི་གཡར་དམ་ཡང་གོ་མ་ཁུངས་པས། གཙང་སྟོད་སྤྱོང་ཞོའི་ཡུལ་དུ་བཤུགས། བྲག་མེ་རིས་ཀྱི་རྩར་སྲས་ཟངས་བུམ་

---

① འཇིགས་མེད་བཟང་པོས་མཛད་པའི་དཔལ་ལྡན་བླ་མ་དམ་པ་ཆོས་ལེགས་ཀྱི་རྣམ་ཐར་རམ་དེབ་ཐེར་དུས་རབས་16པའི་གུང་ཐང་སྤར་མའི་ལྡེབ་གྲངས་11པ་ལས་དྲངས།

② གླིང་བཞིའི་ལོ་རྒྱུས་བྲིས་མ་ཁྲ་ཚད་མའི་ལྡེབ་གྲངས་4ལས་དྲངས།

བྱ་མ་སྦྲུམ་མ་གཉིས། སྨྲ་གུ་བཅད་ཁམ་ཅན། ཡི་གེ་བྱ་ཕོ་འགྲོལ་བ་འདྲ་བ་དེ་རྣམས་བསྒྲུབས་པ་ལགས་ཏེ། སློང་ཚོ་སྐོར་པའི་ལུག་རྫི་གཅིག་གིས་དེ་རྣམས་རྙེད་དེ། ད་ལྟར་གཙང་ཡིག་བྱ་ཕོ་འགྲོལ་བ་འདྲ་བ་ལགས་སོ།[1] ཞེས་པས་གཙང་ཡིག་འབྲི་གཟུགས་ཀྱི་མ་མ་གང་ལས་ཆད་པ་དེ་བསྟན་ཞིང་། དུས་རབས་16-17ནང་དུ་བྱོན་པའི་ཡིག་མཁན་ཐར་སེང་གིས་གསུང་རབ་འབྲི་བཞེངས་མཛད་བྱང་དུ། གྲ་ཤོད་ཀ་ཁྱུང་སུམ་པ་ལྟེ་ལ་སྟོགས་།། མཁས་པ་ཀུན་གྱི་རྒྱུད་པ་ལེགས་འཛིན་པ།། ཙ་བཞིའི་དཔོན་ཆེན་ཕན་དགའ་དང་།། འབྲི་གློག་དོན་ལ་མཁས་པའི་ཐར་སེང་གིས།།[2] ཞེས་གསུངས་པ་དེ་ཡང་གཙང་ཡིག་ཡིག་ཁྱུངས་བརྗོད་པ་སྟེ། གླིང་བཞིའི་ལོ་རྒྱུས་སུ་ཁྲི་གཙུག་ལྡེ་བཙན་རལ་པ་ཅན་གྱི་(སྐྱེ་ལོ་805-841)སྐུ་རིང་ལ། ཡི་གེའི་མཁན་པོ་གྲ་ཤོད་རྣམ་པ་གཉིས་བྱུང་སྟེ། རྗེ་ལ་ཡི་གེའི་སྟངས་ཕུལ་བ་ནི། སེང་གེ་གནམ་ལ་འཕྱོངས་པ་འདྲ་བ་ཅིག་བྱུང་[3] ཞེས་གསུངས་པ་ལས་ཡིག་མཁན་ཐར་སེང་གིས་སྐབས་འདིར་བརྗོད་པའི་གྲ་ཤོད་རྣམ་གཉིས་ནི་དུས་རབས་9པའི་ནང་དུ་བྱོན་པའི་འཕྲུལ་ཡིག་མཁན་པོ་སེང་གེ་གནམ་ལ་འཕྱོངས་འདྲ་དེ་སྤྲོལ་གཏོད་མཁན་གྱི་གྲ་ཤོད་རྣམ་གཉིས་དང་གཞན་རྣམས་ནི། དུས་རབས་14-15ནང་དུ་གཙང་སྟོད་ཁུལ་དུ་བྱུང་བའི་ཡིག་མཁན་དར་མ་བཀྲ་ཤིས་ཀྱིས་མངའ་རིས་གུང་ཐང་རྒྱལ་པོའི་མངའ་འོག་དེང་གི་འབྲོང་པ་རྫོང་གི་ཡུལ་གྲོ་ཤོད་དུ་དད་པ་སྐྱོངས་མེད་པའི་སྦྱིན་བདག་རིན་རྒྱལ་དང་ཡོན་བདག་འཕན་ཕྱུག་རྒྱལ་མཚན། ཡོན་བདག་གྲགས་པ་དང་དགྲ་ལྷ། ཨ་མ་སྲིད་འདྲེན་དང་བཀྲ་ཤིས་མཆོད་ཚོ། ཡོན་གྱི་བདག་མོ་སྨན་ནེ་དང་གྱི་གོད་ལ་སོགས་པས་རང་རང་གི་ཐུགས་དམ་ཤེར་ཕྱིན་ཉི་ཁྲི་དང་བརྒྱ་ཏོག་གསེར་བཅས་འབྲི་བཞེངས་བསྐྲུངས་པའི་སྐབས་སུ་ཡིག་མཁན་དར་མ་བཀྲ་ཤིས་ཀྱིས་ཤེར་ཕྱིན་དེའི་མཛད་བྱང་དུ་ཚིག་སྣ་བསྡུས་པའི་སྒོ་ནས་གཙང་ཡིག་གི་ཡིག་ཁྱུངས་བརྗོད་པ་སྟེ། ཀྱེ་བསྟན་པའི་གཞི་གྱུར་འཕྲུལ་ཆེན་ཡི་གེ་དང་། །སྔོན་དུས་མཁས་པ་ཀ་ཁྱུང་རྣམ་གཉིས་དང་། །བར་དུ་མཁས་པ་སྦལ་དང་སུམ་པ་དང་། །ཤེར་འབུམ་དཔོན་ལ་གུས་པས་བདག་རང་འདུད། །[4] ཅེས་གཙང་སྟོད་ཀྱི་ཡིག་མཁན་དར་མ་བཀྲ་

① གླིང་བཞིའི་ལོ་རྒྱུས་བྲིས་མ་ཁྲུ་ཚད་མའི་ལྡེབ་གྲངས་4ལས་དྲངས།

② མངའ་རིས་ས་ཁུལ་རྩ་མདའ་རྫོང་གུ་གེའི་ཁུལ་དུ་འབྲི་བཞེངས་བྱས་པའི་ཤེར་ཕྱིན་གྱི་མཛད་བྱང་ལས་དྲངས།

③ གླིང་བཞིའི་ལོ་རྒྱུས་བྲིས་མ་ཁྲུ་ཚད་མའི་ལྡེབ་གྲངས་6ལས་དྲངས།

④ གུང་ཐང་རྫོང་དུ་བཞུགས་པའི་དཔེ་རྙིང་གི་དབུ་ཤོག་ནང་མའི་ཞལ་ཁེབས་ལས་དྲངས།

ཤེས་ཀྱིས་བྲིས་པ་ལ་གཞིགས་ན། སྔོ་གསུམ་དད་པས་འབྲི་བའི་ཡིག་མཁན་དར་མ་བཀྲ་ཤིས་ཀྱིས་ཐོག་མར་ཡིག་ཁྲུངས་སྟོན་པའི་སྐད་དུ། སངས་རྒྱས་བསྟན་པའི་གཞིར་གྱུར་པའི་འཕྲུལ་ཆེན་ཡི་གེ་འདི་ཞེས་སྟོན་བཙན་པོའི་སྐབས་ཀྱི་འབྲི་གཟུགས་སུ་ཕུལ་བའི་ཐ་སྙད་བྱུང་བ་ལ་གཞིགས་ན། སྤྱི་ལོའི་སྔོན་གྱིས་ལོ་450ཡས་མས་སུ་རྒྱ་གར་འཕགས་པའི་ཡུལ་དུ་བྱོན་པའི་སྟོན་པ་སངས་རྒྱས་བཅོམ་ལྡན་འདས་[1]ཀྱིས་གསུངས་པའི་ཆོས་གཞུང་དེ་སྣོད་སྤྱོད་སྡེལ་གསུམ་བྱེད་པའི་རྨང་གཞི་ལྷ་བུ་ནི་མངའ་རིས་གུ་གེའི་རྒྱལ་རབས་ལྟེབས་མགོ་མ་སོགས་ནས་གསུངས་པའི་བྱེད་ནུས་ཁྱད་འཕགས་ལྡན་པའི་འཕྲུལ་གྱི་ཡི་གེ་ཞེས་བཙན་པོའི་སྐུ་དུས་ཀྱི་ཐ་སྙད་བེད་སྤྱོད་གནང་བ་དང་། དེ་རྗེས་སྟོན་གྱི་མཁས་པ་ཀ་ཁྱུང་རྣམ་གཉིས་ཞེས་དུས་རབས་11པའི་ནང་དུ་བྱོན་པའི་འཕྲུལ་ཡིག་མཁན་པོ་ལེབ་གྲུ་བཞི་སྡེ་ལུགས་གསར་གཏོད་མཁན་དཔོན་ཀ་བ་དང་ཆ་ཆེན་དང་ཆ་ཕྲན་གྱི་འབྲི་གཟུགས་སྲོལ་གཏོད་མཁན་པོ་ཁྱུང་པོ་གཡུ་ཁྲི་རྣམ་གཉིས་ཞུ་ཡི་ཡོད་པ་སྟེ། སློང་བཞིའི་ལོ་རྒྱུས་ལས་ཇོ་བོའི་སློབ་མ་ཁུ་རྔོག་འབྲོམ་གསུམ་གྱི་སྐུ་རིང་ལ། ཡི་གེའི་མཁན་པོ་ཀ་ཁྱུང་རྣམ་པ་གཉིས་བྱ་བ་བྱུང་སྟེ། དཔོན་ཀ་བས་ནི་ཀ་ཚུགས་ལྷ་བ་ཚལ་གྱི་བྲག་ལ་བྲིས་པས་ལེབ་གྲུ་བཞི་སྡེ་ལུགས་ཞེས་བྱ་བར་བསྒྲགས་སོ། དེ་ཇི་ལྟ་བ་བཞིན་དུ་མཁྱེན་པའི་ཁྱུང་པོ་གཡུ་ཁྲི་དེས་གསང་སྔགས་ཀྱི་ཆོས་དཀྱིས་པ་ཇོ་རྗེའི་མཁན་པོ་ཡིན་པས། དཀྱིལ་འཁོར་གྱི་ཐིག་ལ་དཔེ་བླངས་ཏེ། ཆ་ཆེན་དང་ཆ་ཕྲན་ལ་སོགས་པའི་ཐིག་བཏབ[2]ཅེས་པས། སྐབས་འདིར་བྱུང་བའི་སྟོན་དུས་ཏེ་དུས་རབས་11པའི་ནང་དུ་བྱོན་པའི་ཡིག་མཁན་དཔོན་ཀ་བ་དང་ཁྱུང་པོ་གཡུ་ཁྲི་རྣམ་གཉིས་ཡིན་པ་དེ་ཤེས་ཤིང་། དེ་དང་འདྲ་བར་དུས་རབས་17པའི་གཙང་གི་ཡིག་མཁན་བསམ་གཏན་བཀྲ་ཤིས་ཀྱིས་ཀྱང་གསུངས་དོན། སྟོན་དུས་མཁས་པ་ཁྱུང་པོ་གཡུ་ཁྲིར་གྲགས།། མཁས་པའི་རྒྱུད་འཛིན····བསམ་གཏན་བཀྲ་ཤིས་དང་།། སྡེབ་ལག་འཛོམ་པའི་གྲགས་པ་བཤེས་གཉིས།། ལེགས་དག་སློམས····ལྷག་མེད་པར་བྲིས།།[3]ཞེས་པས་ཀྱང་རྟོགས། ཡང་འདིར་བར་དུ་མཁས་པ་སྤེལ་དང་སུམ་ཞེས་བརྗོད་པ་དེ་ཡང་དུས་རབས་12ནང་དུ་བྱོན་པའི་ཡིག་མཁན་དབུ་ཆེན་སྤེལ་དར་མ་ཙནྡྲའི་བུ་སློབ་སྤེལ་ཤཱཀྱ་འབུམ་ཞེས་བཟང་སྤྱོད་གྱུ་

① 见，【英国】凯伦·阿姆斯特丹著 孙艳燕 白彦兵 译《轴心时代》海南出版社2010年5月版313页。

② སློང་བཞིའི་ལོ་རྒྱུས་བྲིས་མ་ཁྲ་ཚད་མའི་ལྡེབ་གྲངས་7པ་ལས་དྲངས།

③ བཀྲས་ལྷུན་དགོན་དུ་བཞུགས་པའི་ཤེར་ཕྱིན་མཛད་བྱང་ལས་དྲངས།

བཞི་སྡེ་ལུགས་ལ་དབང་ཐོབ་པ་ཡོང་ཡིན་པ་སྟེ། གླིང་བཞིའི་ལོ་རྒྱུས་ལས། ཁྱུང་པོ་སྡེ་དུས་ཀྱི་བུར་གྲགས་པ་བཞིའི་ཐོག་མ། སྤྲེའུ་ནག་པ་སྟག་དར་མ་ཙཀྲ་ཞེས་བྱ་བ། ཁྱུང་ལུགས་ཀྱི་རྒྱུས་བཤད་ཡོད་དུ་ཆུད་ཅིང་། བཟང་སྤྱོད་གྲུ་བཞིའི་སྡེ་ལུགས་དབང་ཐོབ་པ་དེའི་གདུང་རྒྱུད་དང་སློབ་རིམ་མང་ལ་རགས་པ་སྐར་མ་ལྟ་བུ་ཞིག་བྱུང་ན་ཡང་། དེའི་ནང་ནས་བདེ་བར་གཤེགས་པའི་འོད་ཟེར་འཕོག་པ། བྱིས་པ་ནས་སྐྱུག་འདེབས་ལ་བྱུང་བ། ལེགས་པའི་ལུགས་གཞན་ལ་ནོད་ཅིང་རྟོག་དཔྱོད་བྱས་པ། བཟང་སྤྱོད་གྲུ་བཞིའི་སྡེ་ལུགས་མཐར་ཕྱིན་པ། སློབ་རིམ་རྣམས་གདམས་ངག་བུ་ལྟར་དུ་སྟེར་བ། སྤྲུལ་སྐུ་སྟག་ཤཱཀྱ་འབུམ་ཞེས་བྱ་བ་བྱུང་། དགེ་བཤེས་གནས་བརྟན། ས་བདག་རྒྱལ་པོས་ཐོག་དྲངས་པ། ཞང་བློན་དང་བཅས་པའི་མཆོད་གནས་བྱས་ཏེ། འཇིག་རྟེན་མགོན་པོ་ཆོས་རྗེའི་བཀའ་བརྒྱུད་པ། བླ་མ་གཙུང་རིན་པོ་ཆེ་ལ། སྦྱིན་བདག་དང་པ་ཅན་དགྱེས་པར་བྱ་བའི་ཕྱིར་ཡོན་ཕུལ་བཞེས་ཀྱི་སྡོམ་པ་བླངས། དེའི་དུས་སུ་སྦྱིན་བདག་རྣམས་ཀྱིས་གཙིགས་དགེ་གནང་བ་ནི། རྒྱལ་བློན་གྱིས་གནང་བའི་གཙིགས་རྣམས་དཔང་དུ་བཙུགས་ཏེ། དད་དང་གུས་པ་ལ་རྒྱུ་ཟློག་མི་བྱེད་པ་གཙིགས་སུ་ལགས་སོ་[1]ཞེས་པས་སྐབས་འདིར་བྱུང་བའི་སྟག་ནི་དུས་རབས་12པའི་ཡིག་མཁན་སྟག་དར་མ་ཙཀྲ་དམ་སྟག་ཤཱཀྱ་འབུམ་ཡིན་པ་དེ་རྟོགས་ཤིང་། སུམ་པ་ནི་དུས་རབས་12པའི་ནང་དུ་ཐོན་པའི་བཟང་སྤྱོད་གྲུ་བཞིའི་ལུགས་ལ་མཁས་པ་སུམ་པ་གནོད་སྦྱིན་ཞུ་བ་ཡོང་ཡིན་པ་སྟེ། གླིང་བཞིའི་ལོ་རྒྱུས་ལས། སྐུ་མཆེད་རིན་པོ་ཆེ་རྣམ་པ་གསུམ་གྱི་སྲས་སུ་གྱུར་པ་བྱ་ཡུལ་པ་ཤར་པ་ལ་སོགས་པས་སངས་རྒྱས་ཀྱི་བསྟན་པ་འཛིན་སྐྱོང་བསྲུང་སྤེལ་མཛད་པའི་དུས་སུ། ཡི་གེའི་མཁན་པོ་སྣ་ནམ་ཞང་བཙུན་རྩེ་སློབ་མར་གྲགས་པ། སུམ་པ་རྒྱ་གར་རྗོག་དར་མ་རྒྱལ་མཚན། ཤེའུ་དགེ་འབར། དོལ་པོ་སྤྲང་ཆུང་། ལན་པའི་འགྲེད་དང་། མལ་སེང་ལ་འབར་ལ་སོགས་པའི་སློབ་མ་དང་། ཉིང་སློབ་མང་དུ་བྱུང་ན་ཡང་། སུམ་པ་རྒྱ་གར་བཟང་སྤྱོད་གྲུ་བཞིའི་ལུགས་ལ་མཁས་པ་དེའི་དཔོན་དུ་གྱུར་པ། སུམ་པ་གནོད་སྦྱིན་དེ་ཁྲབ་འཇུག་གི་སྤྲུལ་པར་གྲགས་ཏེ། སྐྱུག་ཐོག་ཡོངས་ལ་བཀའ་དྲིན་ཆེ། དེའི་རྗེས་ལ་བཟོའི་རྩམ་གྲངས་ཀྱང་རྒྱས། ཆོས་གསེར་གྱིས་བཞེངས་པ་དར་བའི་དུས་སུ། དཔོན་གནོད་སྦྱིན་རིག་པའི་བུ། སྤྲུལ་སྐུ་རོང་པོ་ལུགས་སྐྱེས་ཞེས་བྱ་བ་བྱུང་སྟེ། དེས་ཁྱུང་པོ་སྣ་ནམ་སུམ་པ་ལ་སོགས་པ་རྣམས་ཀྱི་ལེགས་དུས་ཀྱི་རྗེས་སུ་འབྲངས་ནས། གསར་མ་གཞན་ལས་

[1] གླིང་བཞིའི་ལོ་རྒྱུས་བྲིས་མ་ཁྲ་ཚད་མའི་ལྡེབ་གྲངས་10པ་ལས་དྲངས།

རས་ཆུང་པ། ཁྱེས་པ་ནས་སྨྱུག་འདེབས་ལ་བྱང་བ། ཁྱུང་པོའི་གདམས་ངག་ལ་རྟོག་དཔྱོད་བྱས་པ། སྣག་གསེར་གཉིས་ལ་དངོས་གྲུབ་ཐོབ་པ་ཅིག་བྱུང་[①]ཞེས་པས་སུམ་པ་དེ་དུས་རབས་12པའི་ནང་དུ་བྱོན་པའི་སུམ་པ་གནོད་སྦྱིན་ཞུ་བ་ཁོང་ཡིན་པ་སྟེ་གླིང་བཞིའི་ལོ་རྒྱུས་སུ་བྱུང་བའི་སྐུ་མཆེད་རིན་པོ་ཆེ་རྣམ་པ་གསུམ་སྟེ་བཀའ་གདམས་སྐུ་མཆེད་གསུམ་སྟེ། དགེ་བཤེས་པོ་ཏོ་བ་(སྤྱི་ལོ་1027-1105)དང་། དགེ་བཤེས་སྤྱན་སྔ་བ(སྤྱི་ལོ་1033-1103)། དགེ་བཤེས་ཕུ་ཆུང་བ་(སྤྱི་ལོ་1031-)བཅས་གསུམ་ལ་གོ་ཞིང་། ཁོང་རྣམ་ནི་འབྲོམ་སྟོན་པའི་(སྤྱི་ལོ་1004-1064)ཐུགས་སྲས་སློབ་མ་གཙོ་བོ་ཡིན་པས་བཀའ་གདམས་སྐུ་མཆེད་གསུམ་ཞེས་ཟེར། བླ་མ་གཅིག་གི་དྲུང་ནས་བཀའ་གདམས་ཀྱི་ཆོས་སྐོར་གསན་པའི་མཆེད་གྲོགས་ཡིན་པའི་ཆ་ནས་དེ་ལྟར་བརྗོད་པ་ལས། གཉེན་ཚན་གྱི་འབྲེལ་བ་ཡོད་པའི་སྐུ་མཆེད་ལ་གོ་རྒྱུ་མིན་ཞེས་བོད་ཀྱི་གསུང་རབ་སྒྲ་བ་དུང་དཀར་བློ་བཟང་འཕྲིན་ལས་ཀྱིས་གསུངས་པས་སྐུ་མཆེད་རིན་པོ་ཆེ་རྣམ་པ་གསུམ་ཞེས་པའི་དོན་དང་ཁོང་རྣམ་གསུམ་གྱི་ཐུགས་སྲས་སུ་གྱུར་པ་བྱ་ཡུལ་པ་སྟེ་བྱ་ཡུལ་བ་གཞོན་ནུ་འོད་(སྤྱི་ལོ་1075-1138)དང་ཤ་ར་པ་སྟེ་ཤ་ར་བ་ཡོན་ཏན་གྲགས་(སྤྱི་ལོ་1085-1171)ཞུ་བ་བཅས་ལས་གོང་དུ་དྲངས་པའི་ཡིག་མཁན་ལྡེ་ཕུད་པའི་གྲ་ཤོད་ཀ་ཁྱུང་སུམ་པ་བཅས་ཀྱི་དུས་རབས་ཆེ་ལོང་ཙམ་ཞིག་རྟོགས། ཡིག་མཁན་ལྡེའི་སྐོར་ལ་ཡིག་མཁན་གྱི་རིགས་རུས་དང་གོང་གི་འཕྲུལ་ཡིག་མཁན་པོ་རྣམ་པའི་མཚན་འདྲེན་པའི་སྔ་ཕྱིའི་གོང་རིམ་བཅས་ལ་གཞི་བཅོལ་ཏེ་ཞུས་ན། རུས་ལྡེ་ཡིན་པའི་ཆ་ནས་བོད་བཙན་པོའི་སྐབས་ཀྱི་ལོ་ཙཱ་བ་ལྡེ་ཁྲི་འབྲུག་གི་རྒྱུད་པ་སྟེ། དུས་རབས་11པར་དཔལ་ཞ་ལུ་གསེར་ཁང་ཕྱག་བཏབ་པ་པོ་ལྡེ་ཤེས་རབ་བྱུང་གནས་ཀྱི་མི་རྒྱུད་ལས་ཆད་པ་ཏ་ལམ་དུས་རབས་12-13པའི་ནང་བྱོན་པའི་ཡིག་མཁན་ཀ་གེ་མོ་མིན་ནམ་སྙམ། མདོར་ན་གང་ལྟར་ཡང་གཙང་ཡིག་མཁན་པོས་གྲ་ཤོད་ཀ་ཁྱུང་སུམ་པ་ལྡེ་ལ་སོགས་པར་གུས་པས་བཏུད་པ་ནི་གཅིག་ནས་དུས་རབས་9-13པའི་ནང་དུ་བྱོན་པའི་ཡིག་མཁན་རྣམས་ཀྱི་སྐུ་དྲིན་ཆོར་བ་དང་། གཉིས་ནས་གཙང་ཡིག་གི་ཡིག་རྒྱུན་བརྗོད་པ་ཞིག་ཡིན་གཤིས། དེས་ན་གཙང་ཁུལ་འབྲི་གཟུགས་དེ་ཡང་སྔོན་གྱི་འབྲི་གཟུགས་གཞན་རྣམས་དང་འདྲ་བར་བཙན་པོའི་སྐབས་ཀྱི་འབྲི་རྒྱུན་ལས་ཆད་པ་ཞིག་ཡིན་པ་ནི། གོང་གི་ཤེར་ཕྱིན་དཔོན་པོ་རྣམས་ཀྱི་མཚན་བརྗོད་པས་ཀྱང་གཅིག་ཤེས་ཀུན་གྲོལ་བྱུང་།

① གླིང་བཞིའི་ལོ་རྒྱུས་བྲིས་མ་ཁྲ་ཚད་མའི་ལྡེབ་གྲངས་9པ་ལས་དྲངས།

གསུམ། གཙང་ཡིག་དཔེ་ཆེན།

གཙང་བྲིས་ནི་སྔོན་གྱི་འབྲི་གཟུགས་གཞན་དང་འདྲ་བའི་འབྲི་རྒྱུན་ཡོད་པའི་འབྲི་གཟུགས་ཤིག་ཡིན་གཤིས་གཙང་ཁུལ་གྱི་རིག་གནས་རྒྱབ་ལྗོངས་དང་བསྟུན་ཏེ་བསམ་གཞིགས་བྱས་ཆོ། དུས་རབས་9-19ནང་དུ་འབྲི་གཟུགས་མཁས་པ་འདི་ཙམ་ཞིག་བྱོན་ཡོད་ཅེས་ཁོ་བོས་ལག་པའི་སོར་མོ་ནང་དུ་བགུག་ནས་བགྲངས་པའི་སྟོབས་པ་ཀྱང་མེད་ལ་བགྲངས་ཀྱང་ག་ལ་ཐུབ། འོན་ཏེ་ད་ཐེངས་ཁོ་བོས་འདིར་གཙང་ཁུལ་དུ་འབྲི་བཞེངས་བྱས་པར་མངོན་པའི་གསུང་རབ་བྲིས་མའི་མཛད་བྱང་ལས་མཇལ་བའི་ཡིག་མཁན་གྱི་མཚན་ནས་དཔེ་མཚོན་ཙམ་ཞིག་འདྲེན་ན་འདི་ལྟར་སྟེ། དུས་རབས་11-12ནང་དུ་བྱོན་པའི་ཡིག་མཁན་བྱ་ཚ་འོད་པོ[①]དང་དུས་རབས་14-16ཙམ་དུ་བྱོན་པའི་ཡིག་མཁན་དར་མ་བཀྲ་ཤིས་དང་བཀྲ་ཤིས་གྲོགས་ཆོ། བཀྲ་ཤིས་རྒྱལ་མཚན་དང་ནེ་ལུང་རྡོ་རྗེ་མགོན། སྤོང་ཝེ་ཕྲུར་མ། དང་ཚ་སྨྱོན་འགྲོ་ལེ། འབུམ་སྨྱོན་གྲུབ་ཅེ་དང་དཔོན་ཆེན་ཤུད་ཀེ། འཇམ་[②]དང་། མེས་པོ་ཆོས་རགས་དང་མེས་པོ་ཚུ་ག་གེ། ནུབ་རིས་མཁས་བཙུན་དང་གུར་ཙ་དོན་གྲུབ།[③]ད་དུང་དུས་རབས་17-19པའི་ནང་དུ་བྱོན་པར་མངོན་པའི་ཡིག་མཁན་བསམ་གཏན་བཀྲ་ཤིས་དང་ལྷ་ལུང་རྫ་འོ་དགེ་བསྙེན་[④]དང་རྒྱལ་མཚན་བཟང་པོ།[⑤]རྩང་པ་རྒྱལ་བ་[⑥]སོགས་རང་ཉིད་ཀྱིས་དངོས་སུ་མཇལ་སྐྱོང་བའི་གསུང་རབ་བྲིས་མའི་མཛད་བྱང་ལས་བརྗོད་ཁུལ་བྱས་པ་ཙམ་ཞིག་ཡིན་པས་གཞན་རྣམས་ཀྱང་དེ་དང་འབྲེལ་ཏེ་རིགས་བསྒྲེའོ།

བཞི། གཙང་ཡིག་ཁྱད་ཆོས།

དེ་ཡང་དུས་རབས་9-10པའི་ནང་དུ་གཙང་བྲིས་ཀྱི་ཁྱད་ཆོས་སུ་གླིང་བཞིའི་ལོ་རྒྱུས་

---

① ངམ་རིང་རྫོང་ལྷ་སྡིངས་དགོན་དུ་བཞུགས་པའི་ཤེར་ཕྱིན་པོད་ཀ་པའི་མཛད་བྱང་ལས་དྲངས།

② གུང་ཐང་རྡུད་དགོན་དུ་བཞུགས་པའི་ཤེར་ཕྱིན་པོད་ཁ་པའི་དབུ་ཤོག་གི་མཛད་བྱང་ལས་དྲངས།

③ གུང་ཐང་རྡུད་དུ་བཞུགས་པའི་ཤེར་ཕྱིན་བརྒྱད་སྟོང་པ་པོད་ཀ་པའི་དབུ་ཤོག་ནང་མའི་ཞལ་ཁེབས་ལས་དྲངས་པ་ཡིན།

④ བཀྲས་ལྷུན་དགོན་དུ་བཞུགས་པའི་ལས་བརྒྱ་པ་ཞེས་པའི་དབུ་ཤོག་ཞབས་མཆན་ལས་དྲངས།

⑤ བཀྲས་ལྷུན་དགོན་དུ་བཞུགས་པའི་ཕགས་པ་དེ་བཞིན་གཤེགས་པ་ཐམས་ཅད་ཀྱི་དེ་ཁོ་ན་ཉིད་བསྡུས་པ་ཞེས་བྱ་བའི་རྒྱུད་མཛད་བྱང་ལས་དྲངས།

⑥ བཀྲས་ལྷུན་དགོན་དུ་བཞུགས་པའི་འཕགས་པ་དཀོན་མཆོག་བརྩེགས་པའི་མདོའི་དབུ་ཤོག་གི་ཞབས་མཆན་ལས་དྲངས།

ལས་བྱ་ཕོ་འཁྱིལ་བ་འདྲ་ཞེས་དང་། དུས་རབས་11-12པའི་ནང་དུ་བྱོན་པའི་ཡིག་མཁན་བྱ་ཚ་འོད་པོ་ཁོང་གི་ཕྱག་བྲིས་ལ་དམིགས་བསལ་གྱི་ཁྱད་ཆོས་འདི་དང་འདི་ཡོད་ཅེས་བརྗོད་མ་ཐུབ་ཙང་ཁོང་གི་དུས་རབས་11-12པའི་ནང་དུ་འབྲི་བཤུས་བསྐྲུངས་པར་མངོན་པའི་ཤེར་ཕྱིན་ཞིག་གི་མཛད་བྱང་དུ། ༄༅།བདག་རང་བྱ་ཚ་འོད་པོ་འདི། །མཁས་པ་ཙམ་ཡང་མ་ལགས་སྟེ། །རང་སེམས་སྤྱང་དུ་བཙུགས་ནས་སུ། །སེམས་ལ་གཡོ་སྒྱུ་མྱེད་པར་བྲིས། ། ༄༅། ཀྱེ་ལྷ་ས་འཕྲུལ་སྣང་ར་མོ་ཆེ། །མཛེས་པའི་སྐུ་གཅིག་ལགས་སོ་སྐད། །ཕྱི་ཆུང་ཤུ་མོ་དར་མ་ཡང་། །མཛངས་པའི་ཚད་གཅིག་ལགས་སོ་སྐད།[①]ཅེས་བརྗོད་པ་ལྟར་ན་ཡིག་མཁན་ཁོང་ཡང་ཚད་ལྡན་གྱི་སྒོ་གསུམ་ཐང་ཆད་མེད་པར་འབྲི་བའི་འཕྲུལ་ཡིག་པ་ཞིག་ཡིན་པ་དེ་རྟོགས་ཤིང་། དུས་རབས་14-15ནང་དུ་བྱོན་པའི་གཙང་པ་ཡིག་མཁན་དབུ་ཆེན་དར་མ་བཀྲ་ཤིས་ཀྱི་འབྲི་གཟུགས་ལ་དམིགས་བསལ་གྱི་ཁྱད་ཆོས་ཏེ། ཡི་གེའི་འབྲི་གཟུགས་ཚད་ལྡན་ཡིན་པ་ལས་བཀོད་པ་ལེགས་པའི་སངས་རྒྱས་ཞིང་ཁམས་དང་འདྲ་བ། ནང་གི་ཁ་མིག་གསལ་བའི་ཁྱད་ཆོས་ལས་བཀོད་པ་ལེགས་པའི་རྒྱལ་པོའི་ཕོ་བྲང་དང་འདྲ། དབུ་ཤོག་དང་པོར་རྒྱ་སྐད་ཁ་མིག་གསལ་བས་ཉི་མ་ཤར་ལྟར་གསལ་བ་དང་། བར་གྱི་གཞུང་ཡིག་རྣམས་ཆོག་དང་ཤད་སོགས་མ་འཛོལ་ཞིང་སྣད་ཀྱི་ལི་འབོལ་དཀྱུས་ལ་སོགས་ཚད་དང་ལྡན་པ་སྟེ། མཛད་བྱང་ལས་ཀྱི་ཤེས་བྱའི་རྣམ་དག་ཚད་ལྡན་པ་འདི། །ཕྱི་ཤོམས་བཀོད་ལེགས་སངས་རྒྱས་ཞིང་དང་མཚུངས། ། ནང་ཤོམས་བཀོད་ལེགས་རྒྱལ་པོ་འི་ཕོ་བྲང་འདྲ། ། རྒྱ་སྐད་ཁ་ལ་ཉི་ཤར་དང་།། བར་གྱི་ཁ་གང་ཆིག་ཆོད་དང་། །སྣད་ཀྱི་ལི་འབོལ་རྒྱུས་ལས་སོགས། །ཤེས་བྱ་རྣམ་དག་དྲི་མེད་འདི། ༄༅།ཆོས་རྒྱལ་ཆེན་པོས་ཐུགས་དྲངས་ནས། །ཆེན་པོ་ཡོངས་ཀྱི་བླ་མཆོད་བགྱིས། །རིག་པའི་འབྱུང་གནས་ལྟར་མདོ་ཡི། །དར་མ་གྲ་ཤིས་བདག་གིས་བཀོད། །ཀྲ་ཤིས་གྲོགས་ཆོས་ལེགས་པར་བྲིས། །[②]ཞེས་པས་རྟོགས་ཤིང་། དེ་དང་འདྲ་བར་ཡིག་མཁན་བཀྲ་ཤིས་གྲོགས་མཆོའི་འབྲི་གཟུགས་ཁྱད་ཆོས་ནི། ཐུགས་དམ་ཁྱད་འཕགས་བཞེངས་པ་ལ། །བླ་མཆོད་བཟབ་བཞུངས་བྱེད་པ་དེ། །ཀྲ་ཤིས་གྲོགས་མཆོ་མ་ལགས་སམ། །རྟེན་འབྲེལ་འབྲིག་པའི་ཡོན་མཆོད་སྐྱིད། །ཆག་ཚད་ལྡན་པར་བཀོད་པ་ལ།།ཀུན་གྱི་སྤྱན་ལ་མཛེས་པ་དེ། །ཀྲ་ཤིས་རྒྱལ་མཚན་མ་ལགས་སམ། །དེ་ལ་གཟིགས་པའི་ལྟད་

① ངམ་རིང་རྫོང་ལྷ་སྡིངས་དགོན་དུ་བཞུགས་པའི་ཤེར་ཕྱིན་བོད་ཀ་པའི་མཛད་བྱང་ལས་དྲངས།

② གུང་ཐང་རྫོང་དུ་བཞུགས་པའི་དཔེ་རྙིང་གི་དབུ་ཤོག་ནང་མའི་ཞལ་ཁེབས་ལས་དྲངས།

མོ་སྐྱིད།། [1]ཅེས་དང་། །ཡང་ཀྱེ་ལགས་ཤེས་བྱའི་བཞི་མ་འཕྲུལ་ཆེན་སུམ་བཅུ་འདི། །སྟོད་དུ་གཟུགས་དང་བར་དུ་ཁ་གང་དང་། །སྨད་དུ་ལི་འབོལ་རྒྱུས་ཀྱི་ཤོམ་ར་འདི། །ཁོ་བོ་བསོད་ནམས་རྟནེ་བྲིས་པ་ལགས།། བཞུང་གི་རྒྱུས་ལ་ལྷག་མེད་པ་འདི།། འཁས་པ་རྣམས་ཀྱིས་འདི་ལྟར་བཀོད།།། མཁས་པ་རྣམས་ཀྱིས་གཟིགས་ན་སྨྲོ་བ་རབ་ཏུ་སྐྱེ། [2]ཞེས་དང་། དེ་མིན་ཡིག་མཁན་དབང་རིན་གྱི་འབྲི་གཟུགས་ཏེ། ཀྱེ་གཟུགས་དང་ཁ་གང་རྒྱུས་ལ་བསོགས། །མཁས་པ་རྣམས་ལ་སྙིན་ཅིང་སྤྲུངས་པའི།། དབང་རིན་བདག་གིས་བྲིས་པ་ལགས།། [3]ཞེས་དང་གཞན་ཀྱི་ཞེས་པས་སྟོན་བསྟུས་ཏེ་ཡིག་མཁན་དབུ་ཆེན་མན་ཧུ་སྲི་སྟེ་འཇམ་དབྱངས་དང་དུས་གསུམ་གྱི་སློབ་དཔོན་མཁས་པར་ལུས་ངག་ཡིད་གསུམ་གྱིས་གུས་ཕྱག་ཕུལ་བ་དང་ཆབས་ཅིག ཤེར་ཕྱིན་ཡུམ་འདིའི་དབུ་ཤོག་གི་མཚན་བྱང་རྒྱ་སྐད་དེ་སྟོན་གུང་ཐང་ཆོས་རྒྱལ་མངའ་ཁོངས་ཀྱི་ནེ་ལུང་རྫོ་རྗེ་འགོན་གཟབ་པར་བྲིས་པ་སྟེ། ཀྱེ་ལགས། མན་ཧུ་སྲི་དང་དུས་གསུམ་སློབ་དཔོན་ལ།།བདག་ཉིད་གུས་པའི་སྒོ་ནས་ཕྱག་འཚལ་སྟོད། དཾ་ཆོས་ཨུ་ལྟོ་རྒྱ་གར་སྐད་དུ་འདི། ནེ་ལུང་རྫོ་རྗེ་འགོན་གྱིས་ལེགས་པར་བཀོད་[4]ཅེས་གསུངས་པས་ཀྱང་ངེས་ཤེས་རྙེད། ལྷག་དོན་དུ་དུས་རབས་15-17གུང་ཐང་ཁུལ་གྱི་ཡིག་གཟུགས་ཁྱད་ཆོས་ཏེ། སྐབས་འདིར་འཇད་མེད་མཚོ་རིགས་ཀྱི་རྒྱུད་པས་སྦྱིན་བདག་གནང་སྟེ་གསུང་རབ་འདི་འབྲི་བཞེངས་བསྐྲུངས་པའི་སྐབས་སུ་གསུང་རབ་འབྲི་བཞེངས་ཀྱི་ཡིག་མཁན་ནི། ཀྱེ་ལགས་ཞེས་འབོད་པའི་སྤྲས་དབུ་བཙུགས་ཏེ་ཡུལ་གུང་ཐང་ཕྱོགས་ཀྱི་ཡིག་མཁན་ཆོས་རགས་(གྲགས་)ལུགས་ཏེ་འབྲི་གཟུགས་ཤ་ཆུང་ཞིང་ཙུང་ཟད་མཉེན་ཆ་ལྡན་པ་དེ་དང་འབྲི་གཟུགས་ཙུང་ཟད་ཤ་ཆེ་ལ་མཉེན་ཆ་མི་ལྡན་པ་མེས་པོ་ཚུ་ག་གེའི་ལུགས་དང་། འབྲི་གཟུགས་རེས་མེད་ཀུན་ལ་ཆ་རྒྱུས་ཡོན་པའི་ནུབ་རིའི་མཁས་བཏུས་ཀྱི་ལུགས་དང་འབྲི་གཟུགས་ཀུན་ལ་སྤྲུངས་པ་མཛད་དེ་འབྲི་རྒྱུན་འཕྱོངས་ཏེ་ཀུན་གྱི་སྤྱན་ལ་མཛེས་པའི་ཡིག་པ་གུར་ཙ་དོན་གྲུབ་ཀྱི་ལུགས་ཞེས་བརྗོད་པས་ཀྱང་གུང་ཐང་ཁུལ་གྱི་ཡིག་མཁན་མི་འདྲ་བ་ཆོས་གྲགས་སོགས་ཀྱི་འབྲི་གཟུགས་ཁྱད་ཆོས་བརྗོད་པ་སྟེ།

① གུང་ཐང་ཙུད་དུ་བཞུགས་པའི་ཤེར་ཕྱིན་པོད་ག་པའི་དབུ་ཤོག་ནང་མའི་ཞལ་ཁིབས་ལས་དྲངས།

② གུང་ཐང་ཙུད་དུ་བཞུགས་པའི་དཔེ་རྙིང་གི་དབུ་ཤོག་ཞལ་ཁིབས་ལས་དྲངས།

③ གུང་ཐང་ཙུད་དུ་བཞུགས་པའི་དཔེ་རྙིང་ཤེར་ཕྱིན་སྟོང་ཕྲག་བརྒྱ་པའི་དབུ་ཤོག་ནང་མའི་ཞལ་ཁིབས་ལས་དྲངས།

④ གུང་ཐང་ཙུད་དུ་བཞུགས་པའི་དཔེ་རྙིང་ཤེར་ཕྱིན་བརྒྱད་སྟོང་པའི་དབུ་ཤོག་ནང་མའི་ཞལ་ཁིབས་ལས་དྲངས།

༄༅།ཀྱི་ལགས།། ཚུང་ལ་དོད་པ།།མེས་པོ་ཆོས་རགས་ལུགས།།ཆེ་ལ་རྒྱངས་པ།།མེས་པོ་ཚུ་ག་གེའི་ལུགས།།རས་མེད་རྒྱུས་ལ་མཁས་པ།།ནུབ་རིས་མཁས་བཙུས་ལུགས།།ཀུན་གྱི་སྤྱན་ལ་མཛེས་པ།།གུར་ཚ་དོན་གྲུབ་ལགས།།འདི་ལ་སློད་ན་ཕྲག་དོག་ཡིན།།①ཞེས་པ་དང་འདྲ་བར། དུས་རབས་11-12པའི་ནང་དུ་བྱོན་པའི་ཡིག་མཁན་དཔོན་ག་བ་དང་སུམ་པ་གནོད་སྦྱིན་སོགས་ཀྱི་འབྲི་གཟུགས་གྲུ་བཞི་སྡེ་ལུགས་ཀྱི་འབྲི་རྒྱུན་ཡོད་པའི་སྤྱོང་ཞོ་ཕྲུར་མ་སོགས་ཡིག་མཁན་དབུ་ཆེན་བཞིའི་འབྲི་གཟུགས་ཀྱི་ཁྱད་ཆོས་ཀུང་ཚིག་སྣ་བསྡུས་པའི་སྒོ་ནས་གསུངས་པ་སྟེ། འཇོམ་ཚུང་གྲུ་བཞིའ། སྤྱོང་ཞོ་ཕྲུར་མའི་ལུགས། འཇམ་ས་སྒྲོས་པ། ཚ་སྨྱོན་འགྲོ་ལོའི་ལུགས། ཚུང་ལ་དོད་པ། འཁུན་སྨྱོན་གྲུབ་ཚེའི་ལུགས། ཅེ་བྱས་ལྷུན་གྱིས་གྲུབ་པ། ཇོན་ཆེན་ཤུད་ཀེའི་ལུགས། ཉེས་པའི་སྐྱོན་དང་བྲལ་བ། ཁོ་བོ་འཛད་གེའ་ལུགས། ཞེས་གསུངས་པ་ཡང་ཡིག་མཁན་དབུ་ཆེན་དག་གི་འབྲི་གཟུགས་ཁྱད་ཆོས་སྨྲས་པ་ཞིག་ལགས་སོ།

ལྔ། འཁྲུལ་ཡིག་ཆེ་བསྟོད།

དེས་ན་གོང་དུ་བཀོད་པའི་གཙང་ཡིག་གི་ཐ་སྙད་དང་བྱུང་བ། ཡིག་མཁན་དབུ་ཆེན་སོགས་ཀྱིས་ལོ་རྒྱུས་ལས་ད་ཐེངས་རང་རེས་འབོད་པའི་གཙང་ཡིག་ཅེས་པའི་འབྲི་གཟུགས་དེ་ཡང་སྔོན་གྱི་འབྲི་གཟུགས་ལྕེ་ཁའི་བྲག་ཡིག་དང་འཕན་པོའི་མལ་བྲིས། སླེ་བྲིས་དང་ཨེ་བྲིས་ཇི་བཞིན་འབྲི་རྒྱུན་རིང་བ་དང་འབྲི་གཟུགས་ལ་དམིགས་བསལ་གྱི་ཁྱད་ཆོས་མངའ་བའི་ཡིག་གཟུགས་ཤིག་ཡིན་པ་ཤེས་ཐུབ་གཤིས། དེས་ན་ལྕེ་ཁའི་བྲག་ཡིག་དང་འཕན་པོའི་མལ་ལུགས། སླེ་བྲིས་དང་ཨེ་བྲིས་བཅས་ལ་འཁྲུལ་ཡིག་གིས་ཆེ་བསྟོད་མཛད་པ་ཇི་བཞིན་གཙང་བྲིས་དེ་ལ་ཡང་འཁྲུལ་ཡིག་གི་ཆེ་བསྟོད་མཛད་པ་ཡང་དོན་ལ་གནས་པ་མ་ཟད་བསྟོད་པ་ཡང་མཛད་པ་སྟེ། མཛད་བྱང་ལས། མཁས་པ་གོང་མའི་རིགས། །འབུམ་བྱུང་ཏྲ་ཤིས་ལགས། །འཁྲུལ་ཡིག་ངོ་མཚར་ཆེ། །མཐོ་རིས་ཐོབ་པར་ཤོག②ཅེས་བྱུང་བ་ལ་གཞིགས་ན། དེ་ཡང་གཙང་གི་ཡིག་མཁན་འབུམ་བྱུང་བཀྲ་ཤིས་ཀྱིས་གཙང་གི་འབྲོང་པའི་ཁོངས་ཀྱི་ཡུལ་གྲོ་ཤོད་དུ་གསུང་རབ་ཉི་ཁྲི་དེ་འབྲི་བཞེངས་བསྐྲུན་པའི་སྐབས་སུ། ཡིག་མཁན་ཁོང་གིས་སྔོན་བྱོན་མཁས་པ་གོང་

① གུང་ཐང་ཙུད་དུ་བཞུགས་པའི་ཤེར་ཕྱིན་བརྒྱད་སྟོང་པ་པོད་ག་པའི་དབུ་ཤོག་ནང་མའི་ཞལ་ཁེབས་ལས་དྲངས་པ་ཡིན།

② གུང་ཐང་ཙུད་དུ་བཞུགས་པའི་དཔེ་རྙིང་ཤེར་ཕྱིན་བརྒྱད་སྟོང་པ་པོད་ཁ་པའི་དབུ་ཤོག་ནང་མའི་ཞལ་ཁེབས་ལས་དྲངས།

མ་སྟེ་དུས་རབས་11-12པའི་ནང་དུ་བྱོན་པའི་ཀ་ཁྱུང་རྣམ་གཉིས་དང་སྤྲུལ་དང་སྲུམ་པ་ལ་སོགས་པའི་འབྲི་རྒྱུན་ལེགས་པར་སྤྱངས་ཏེ། འབྱོངས་པའི་ཡིག་པ་འབུམ་བྱུང་བཀྲ་ཤིས་ཀྱིས་འབྲི་གཟུགས་ཚད་དང་ལྡན་པར་འབྲི་བཤུས་གནང་བ་ལས་ཁོང་གི་འབྲི་གཟུགས་ལ་འཁྲུལ་ཡིག་གི་ཆེ་བསྟོད་གནང་བ་དང་། དེ་བཞིན་དུ་རྗེ་བཙུན་གཙང་པ་ཏེ་ཏ་ཀའི་ཐུན་མོང་གི་རྣམ་ཐར་ཞེས་ཤཱཀྱའི་དགེ་སློང་དངོས་གྲུབ་དཔལ་འབར་གྱིས་མཛད་པ་དེ། དུས་རབས་16པར་གུང་ཐང་ཁུལ་དུ་སྤར་དུ་བཏབ་པའི་སྐབས་སུ་སྤར་རྩའི་ཡི་གེ་བ་གུང་ཐང་ཁབ་སྟོད་ཀྱི་ནམ་མཁའ་འཕེལ་གྱིས་དུས་རབས་12པའི་ཡིག་མཁན་སྲུམ་པ་གནོད་སྦྱིན་གྱི་ལུགས་བཞིན་འབྲི་བཞེངས་བྱས་པ་ལས་འཁྲུལ་ཡིག་གིས་བསྟོད་པ་སྟེ། འཁྲུལ་ཡིག་འཇམ་སྙིག་སྲུམ་ལུགས་གྲུ་བཞི་འདི། །ལྷག་བསམ་དག་པས་སྐོ་གསུམ་དད་ནས། །སྨན་ཁབ་སྟོད་པ་ནམ་མཁའ་འཕེལ་ལེགས་བྲིས།[①] ཞེས་པས་ཀྱང་གཙང་ཡིག་གི་ཆེ་བསྟོད་དུ་འཁྲུལ་ཡིག་གིས་བརྒྱན་པའི་དཔེ་མཚོན་ཙམ་བཀོད་པ་ལགས།

དྲུག གཙང་ཡིག་ལྡེ་ལྷ།

གསུང་རབ་བྲིས་སྤར་གི་དབུ་ཞབས་གཉིས་སུ་ལྷ་སྐུ་བྱོན་པ་དང་ཡང་ན་ཞབས་ཤོག་ཏུ་མཆོད་རྟེན་བྲིས་པའམ་གསུང་རབ་ཀྱི་མཛད་བྱང་ཁག་མཆོད་རྟེན་དབྱིབས་གཟུགས་སུ་བྲིས་སྤར་བཏབ་པའི་དང་ཚུལ་ལ་བསམས་ཚེ། གང་བཞེངས་པར་བྱེད་པའི་གསུང་རབ་དེ་ལས་གསུང་དང་གསུང་རབ་དེའི་དབུ་ཞབས་ལྷ་སྐུ་ལས་སྐུ་དང་། དེའི་མཛད་བྱང་གི་བཀོད་དབྱིབས་མཆོད་རྟེན་གྱི་རྣམ་པས་ཐུགས་མཚོན་པ་ནི་ནང་བསྟན་ལས་བྱུང་བའི་སྐུ་གསུང་ཐུགས་ཀྱི་མཚོན་བྱེད་ཡིན་པ་ནི། དུས་རབས་14པའི་ནང་དུ་གཙང་ཁུལ་དུ་འབྲི་བཞེངས་བསྐྲུངས་པའི་ཞལ་ཐང་གཙོགས་ཆེན་དག་གི་ལྷ་སྐུ་དང་རྒྱབ་བྱང་བཀོད་དབྱིབས་བཅས་དང་རིགས་བསྒྲི་སྟེ་བརྗོད་ན་ཡང་རྟོགས་སླ་བ་ཞིག་ཡིན། དེས་ན་གཙང་སྟོད་དུ་གཙང་ཡིག་མཁན་པོས་སྐོ་གསུམ་ཐང་ཆད་མེད་པར་དད་པ་སྐྱོངས་མི་མངའ་བའི་སྦྱིན་བདག་གི་རེ་འདོད་བཞིན་གསུང་རབ་ཁག་འབྲི་བཞེངས་གནང་བའི་སྐབས་སུ། དེ་དག་གི་དབུ་ཞབས་སུ་དུས་

① རྗེ་བཙུན་གཙང་པ་ཏེ་ཏ་ཀའི་ཐུན་མོང་གི་རྣམ་ཐར་ཞེས་ཤཱཀྱའི་དགེ་སློང་དངོས་གྲུབ་དཔལ་འབར་གྱིས་མཛད་པ་གུང་ཐང་ཟུར་ཚོའི་སྤར་མའི་ལྡེབ་གྲངས་31་ལས་དྲངས།

རབས་དེ་དག་གི་ཁྱད་ཆོས་ལྡན་པའི་དབུ་ལྷ་བསྒྲོན་པ་ནི་རང་ཅག་རྣམས་ཀྱི་འདྲེན་བྱེད་དུ་གྱུར་བ་ལགས། དེས་ན་དུས་རབས་14པའི་ཡར་སྔོན་དུ་གཙང་ཁུལ་དུ་འབྲི་བཞེངས་བསྐྲུངས་པར་མངོན་པའི་གསུང་རབ་ཕྱིས་མ་དཔལ་ཞ་ལུ་དང་ས་སྐྱ་སོགས་སུ་བཞུགས་པའི་གསུང་རབ་དག་ལ་བལ་ཕྱིས་ཀྱི་རི་མོའི་སྒྱུ་རྩལ་ལྡན་པའི་དབུ་ལྷ་བཞུགས་པ་རི་མོའི་ཤེས་བྱ་ལྡན་པ

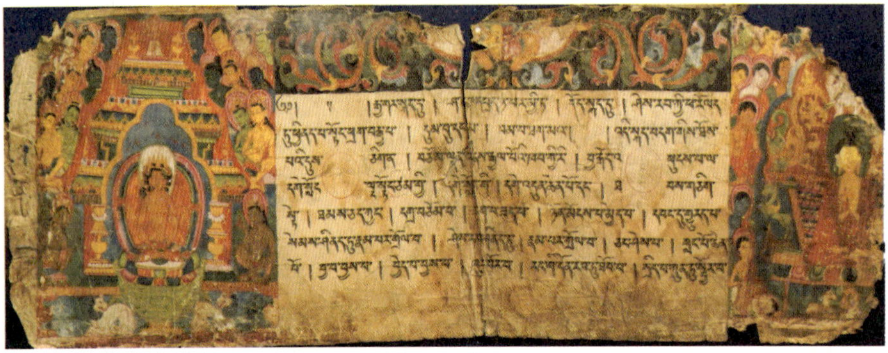

དུས་རབས་12-13པའི་གཙང་ཡིག་དབུ་ཞབས་ལྷ་སྐུ།

རྣམས་ཀྱིས་ཤེས་ཤིང་། དུས་རབས་15རྗེས་ཀྱི་གཙང་ཁུལ་གྱི་གསུང་རབ་ཕྱིས་སྣར་དག་ལ་གསུང་རབ་ཀྱི་བརྗོད་དོན་དང་བསྟུན་ཏེ་དབུ་ལྷ་ཕྱིན་ཡོད་པ་སྟེ། གུང་ཐང་སྣར་མ་དྭགས་པོའི་ཐར་རྒྱན་སྣར་བྱང་ཏུ། ལྗེ་ལྷའི་དཔེ་རིས་མཁས་མཆོག་དྲི་མེད་དང་། །འོད་ཟེར་གཉིས་ཀྱི་སོར་མོའི་རྣ་འཕྲུལ་ལོ། ཞེས་དང་གུང་ཐང་སྣར་མ་སྐྱེས་བུ་གསུམ་གྱི་ལམ་གྱི་རིམ་པ་ལས། ལྗེ་ལྷའི་དཔེ་རིས་མཁས་པ་དཔལ་ཆེན་དང་། ། གཙང་པ་བསོད་ནམས་འོད་ཟེར་སོགས་ཀྱིས་ཕྱིས། [1] ཞེས་པས་ང་ཚོས་གཙང་ཕྱིས་ཀྱི་གསུང་རབ་ཁག་ལ་ཡུལ་དུས་དང་བསྟུན་ཏེ་གསུང་རབ་ཀྱི་དབུ་ཞབས་སུ་སྐུ་བརྙན་ཕྱིས་ཡོད་པ་དེ་རྟོགས་པ་མ་ཟད། དབུ་ལྷ་དེ་རྣམས་ནི་ཕྱིན་ལེགས་ཤིང་ད་ལྟ་རང་གསུང་ཕྱིན་མི་ཡོང་ངམ་སྙམ་པའི་སྒྱུ་རྩལ་ཡང་ལྡན་པ་སྟེ། ལྗེ་ལྷ་རང་ཕྱིན་གསུང་འཕྱོན་ཇི་བཞིན་པ། །སྨན་ཐང་སྤྲུལ་འཛིན་དཀོན་མཆོག་རྒྱལ་པོས་བཀོད་ [2] ཅེས་པས

① རྗེ་བཙུན་གསང་བས་མཛད་པའི་སྐྱེས་བུ་གསུམ་གྱི་ལམ་རིམ་ཁྲིད་དུ་སྦྱར་བ་གུང་ཐང་སྣར་མའི་ལྡེབ་གྲངས་མཇུག་ཤོས་ལས་དྲངས།

② མཆོག་ལྡན་མགོན་པོས་མཛད་པའི་སྤྲུལ་སྐུ་རིག་འཛིན་མཆོག་ལྡན་མགོན་པོའི་མགུར་འབུམ་དད་ལྡན་སྤྲོ་བ་བསྐྱེད་བཞུགས་སོ་ཞེས་ཁྲུང་ཇོང་སྣར་མའི་སྣར་བྱང་ལས་དྲངས།

དབུ་ཞབས་ལྷ་སྐུ་བྱོན་ལེགས་པ་དང་ལྷ་སྐུའི་སྒྱུ་རྩལ་དེ་ཡང་བོད་ཀྱི་རི་མོའི་སྒྱུ་རྩལ་ལུགས་བཞི་ལས་དུས་རབས་15པའི་ནང་དུ་བྱོན་པའི་སྤྲུལ་སྐུ་སྨན་ཐང་པའི་འབྲི་ལུགས་ཡིན་པ་དེ་གོང་གི་དེ་ལས་རྟོགས་མོད་ཀྱང་། གལ་པོ་ཆེ་ལ་ནན་ཏན་ཟེར་བ་ལྟར། ཀློང་ཆེན་གྱི་ཐེག་མཆོག་མཛོད་ཀྱི་སྤར་བྱང་ལས་ལྷོ་ལྷའི་རི་མོ་སྤྲུལ་སྐུ་སྨན་ཐང་པའི། བརྒྱུད་འཛིན་མཁས་པའི་འབྱུང་གནས་གུང་ཐང་བ། མཁས་པ་དྲི་མེད་སོར་མོའི་སྒྱུ་རྩལ་པོ། ①ཞེས་པས་དུས་རབས་16རྗེས་ཀྱི་གཙང་སྟོད་ཀྱི་གསུང་རབ་བྲིས་སྤར་དུ་བྱོན་པའི་ལྷོ་ལྷའི་རི་མོ་བ་དྲི་མེད་དང་འོད་ཟེར། དཔལ་ཆེན་དང་གཙང་པ་བསོད་ནམས་འོད་ཟེར། དཀོན་མཆོག་རྒྱལ་པོ་སོགས་ཀྱིས་སོར་མོའི་འདུ་བྱེད་ལས་ཐོན་པའི་དབུ་ལྷ་ད་ལྟ་རང་གསུང་བྱོན་མི་ཡོང་ངམ་སྙམ་པ་བྱོན་ལེགས་པོ་དེ་དག་གི་རི་མོའི་སྒྱུ་རྩལ་ནི་དུས་རབས་15པའི་ལོ་རབ་20ཡས་མས་སུ་ལྷོ་བྲག་བྱང་གི་སྨན་ཐང་དུ་སྐྱེ་འཁྲུངས་ཤིང་②རི་མོའི་མཛད་འཕྲིན་གཙང་ཁུལ་དུ་ཆེ་ཆེར་རྒྱས་པའི་སྨན་ལྷ་དོན་གྲུབ་ཀྱི་རི་མོའི་སྒྱུ་རྩལ་གྱི་ལུགས་ཏེ་ད་ལྟ་སྨན་ལུགས་ཞེས་བརྗོད་པ་གཙང་ཁུལ་གྱི་དགོན་སྡེ་ཁག་གི་ལྡེབས་རིས་དང་གོང་གི་མཛད་བྱང་ལས་ཤུགས་ལ་རྟོགས། དུས་རབས་17པའི་རྗེས་ནས་གཙང་ཁུལ་དུ་འབྲི་བཞེངས་བྱས་པའི་གསུང་རབ་བྲིས་སྤར་དང་བྲིས་མ་སྐྱ་ཚོས་དང་སྟོ་ཚོས་སོགས་ཀྱི་དབུ་ཞབས་ལྷ་སྐུའི་རི་མོའི་སྒྱུ་རྩལ་ནི་སྔོན་གྱི་དུས་རབས་16པའི་སྨན་ལྷ་དོན་གྲུབ་ཀྱི་རི་མོའི་སྒྱུ་རྩལ་ལས་རི་མོའི་རྣམ་འགྱུར་གྱི་རྩ་ལག་ཡངས་པོར་གྲོལ་བའི་སྤྲུལ་སྐུ་ཆོས་དབྱིངས་རྒྱ་མཚོའི་ཕྱག་སྲོལ་ཏེ་ཀྱི་ལགས། སྔོན་དུས་ཀྱི་སྨན་ཐང་ཡབ་སྲས་དང་དེང་དུས་ཀྱི་ཆོས་དབྱིངས་རྒྱ་མཚོག་གཉིས། རིག་གནས་ཀུན་ཤེས་ཀྱི་འཚོང་དུས་སུ་རིགས་རུས་ཀྱི་ཚོ་འཐང་སྲང་ལ་མ་བསྟད་པ། གཙུག་ལག་འདི་བྲི་ལ་གཞལ་བ་ན་རུས་ཚུགས་ཀྱི་འབྲུ་ལ་ཉམས་ན་ཡང་། རྣམ་འགྱུར་གྱི་བྲི་སྲང་ཁོ་བོ་མང་③ཞེས་པས་སྨན་གསར་གྱི་དབུ་ལྷ་བྱོན་ཡོད་པ་ནི་སྔོན་བཀྲས་ལྷུན་སོགས་སུ་བཞུགས་པའི་གསུང་རབ་ཀྱི་དབུ་ཞབས་ལྷ་སྐུའི་སྒྱུ་རྩལ་ལས་རྟོགས།

① ཀུན་མཁྱེན་ཀློང་ཆེན་རབ་འབྱམས་པས་མཛད་པའི་ཐེག་ཆོག་མཛོད་གུང་ཐང་སྤར་མའི་སྤར་བྱང་ལས་དྲངས།

② 见,大卫・杰克逊著 向红笳 谢继胜 熊文彬 译《西藏绘画史》西藏人民出版社2010年版，第85页。

③ ལྷ་ལྡན་སྤྲུལ་པའི་གཙུག་ལག་ཁང་གི་ལྡེབས་བྲིས་དུས་རབས་16པའི་ནང་དུ་བྲིས་པའི་ལྡེབས་བྲིས་ཀྱི་ཞབས་མཆན་ལས་དྲངས།

དུས་རབས་16གྱུང་ཐང་སྤྱར་མའི་དབུ་ཞབས་ལྷ་སྐུ།

བདུན། གཙང་ཡིག་སྤྱར་བཀོ།

ཡུལ་དུས་གང་ཞིག་ཡིན་ཀྱང་འབྲི་གཟུགས་ཀྱིས་ཁྱད་ཆོས་ལས་ཡུལ་དེའི་གསུང་རབ་བྲིས་སྤྱར་ལ་ཤུགས་རྐྱེན་ཆེན་པོ་ཐེབ་ཀྱི་ཡོད་པ་ནི་སྐེ་མོའི་ཁྱད་འཕགས་གསུམ་[①]བཞིན་སྐྱེ་བོ་ཀུན་གྱི་མཁྱེན་གསལ་ལགས། དེས་ན་གཙང་བྲིས་ཀྱང་དེ་ལས་མ་འདས་སོ། དུས་རབས་15པའི་ནང་དུ་དེང་རི་ཤེལ་དཀར་དུ་སི་ཏུ་ཆོས་རིན་གྱི་དགོངས་རྫོགས་སུ་སྤྱར་དུ་བཏབ་པའི་སློབ་དཔོན་སེང་གེ་བཟང་པོའི་མངོན་རྟོག་རྒྱན་འགྲེལ་པ་དོན་གསལ་སྤྱར་མ་སྤུས་ལེགས་བྲིས་སྤྱར་ངོ་ཚོད་དགའ་བའི་སྤྱར་མ་དང་། དུས་རབས་16པའི་གུང་ཐང་རྒྱ་རྒྱུད་དུ་སྤྱར་དུ་བཏབ་པའི་གསུང་རབ་སྤྱར་མ་ཁག་གི་ཡིག་མཁན་དང་སྤྱར་པའི་མིང་ཡང་གསུང་རབ་སོ་སོའི་ལྡེབ་གྲངས་ཀྱི་གྲུད་དུ་གསལ་[②]བའི་སྤྱར་མ་སྤུས་ལེགས་ས་ཡུལ་གཞན་ནས་མཇལ་དཀའ་བའི་གསུང་རབ་ཇོ་བོ་རྗེའི་རྣམ་ཐར་དང་ཀུན་མཁྱེན་ཀློང་ཆེན་རབ་འབྱམས་པའི་གསུང་འབུམ་སོགས་རྨད་དུ་བྱུང་བའི་གསུང་རབ་དང་། རྟེན་བཞེངས་དཀར་ཆག་ལས་ཀྱང་། མཁས་ཤིང་གྲུབ་པའི་དབང་ཕྱུག་ས་གསུམ་ན་འགྲན་ཟླ་ཐམས་ཅད་དང་བྲལ་བ་རྗེ་བཙུན་ཀུན་དགའ་སྙིང་པོའི་དག་པའི་ཐུགས་བསྐྱེད་དང་འཕྲིན་ལས་ཀྱི་འཇུག་པ་ཕྱུལ་དུ་བྱུང་བ་ཀུན་ཏུ་བཟང་པོའི་རྣམ་པར་འཕྲུལ་པ་ལས་བྱུང་བའི་རྟག་བརྟན་དམ་པ་ཆོས་ཀྱི་གན་མཛོད་དམ་དགའ་ལྡན་ཕུན་ཚོགས་གླིང་གི་པར་མཁས་མགྱོགས་མཚུངས་མེད་པས་དཔྱོད་ལྡན་ཀུན་དགའ་བྱེད་ནུས་དབུ་མཛད་བདེ་ལེགས་བགྲིས་དང་དབུ་ཚུང་ཆོས་འཁོར་[③]ཞེས་བྱུང་བ་ལྟར་ན། དུས་རབས་

---

① སྐེ་མོའི་སྐེ་ཤོག་དང་སྐེ་བྲིས། སྤྱར་བཀོའི་ལག་རྩལ་བཅས་གསུམ་ཡིན།

② རང་རང་སོ་སོའི་བཀོས་དང་ཡི་གེ་བ། རང་རང་སུག་རྗེས་རང་རང་ཐད་ན་གསལ་ཞེས་པའི་མཛད་བྱང་ལ་ཁྱུངས་བཙོལ་ཡོད།

③ མི་དབང་པོ་ལྷའི་རྟེན་བཞེངས་དཀར་ཆག་ལས་བཀའ་འགྱུར་རིན་པོ་ཆེའི་གསུང་པར་སྲིད་གསུམ་རྒྱན་གཅིག་ཛ་འཕྲུལ་ཤིང་

16པའི་ཡར་སྟོན་ནས་གཙྩ་བསྟན་སྐྱོང་དབང་པོའི་རམ་འདེགས་ལ་བསྟེན་པའི་ཇོ་ནང་ཀུན་དགའ་སྒྲོལ་མཆོག་གིས་ཕྱག་བཏབ་པའི་རྟག་བརྟན་ཕུན་ཚོགས་གླིང་དུ་སྟོན་གྱི་གཙང་ཡིག་མཁན་པོ་རྣམས་ཀྱིས་ཕྱག་སོར་ལས་ཐོན་པའི་གསུང་རབ་གཙང་གིས་སྤར་པས་སྤར་དུ་བཏབ་པའི་རྟག་བརྟན་ཕུན་ཚོགས་གླིང་གི་སྤར་མ། དུས་རབས་དེ་ཉིད་ཀྱི་ཁྲོད་ཆོས་བཞུགས་པའི་སྤར་ཤིང་དང་གོང་གི་རྟེན་བཞེངས་དཀར་ཆག་དུ་གསལ་བ་དག་ལས་ཤེས་ཤིང་། དུས་རབས་17པའི་ནང་དུ་དིང་རི་ཤེལ་དཀར་དུ་མི་དབང་ཕོ་ལྷས་དེང་གི་སྣར་ཐང་བཀའ་འགྱུར་དུ་འདོད་པ་དེ་སྤར་དུ་བཏབ་པའི་སྐབས་སུ་སྐྱེ་དང་ཨེ་པའི་སྤར་པ་དབུ་ཆེན་རྣམས་དང་ལྷན་ཏུ་བཀའ་འགྱུར་པོད་བརྒྱའི་རང་བཞིན་ཅན་དེ་སྤར་ལ་བརྐོ་བའི་སྤར་པ་དབུ་ཆེན་རྣམས་དང་གྲལ་གཅིག་ཏུ་བཞུགས་ནས་སྤར་གྱི་སོར་མོའི་འདུ་བྱེད་ལས་འབྲུངས་པའི་ཤེལ་དཀར་སྤར་ཤིང་དང་དིང་རིའི་ཁོངས་ཀྱི་ནེའུ་རང་སྤར་ཁང་དང་དང་བྲག་དཀར་རྟ་བཟོ་སོ་སོར་བཞུགས་པའི་སྤར་ཤིང་ངོ་གྲངས་3000ལ་ཉེ་བ་རྣམས་དང་། ད་དུང་གཞིས་རྩེ་བཀྲིས་ལྷུན་དགོན་ནས་པཎ་ཆེན་ན་རིམ་གྱི་གསུང་སྤར་དུ་བཏབ་པ་སོགས་ཙུང་ཟད་ཅིག་བསམས་ཚོ། དེ་ཡང་གཙང་ཡིག་མཁན་པོའི་ཕྱག་སོར་ལས་ཐོན་པའི་འཕྲུལ་ཡིག་ཁྲོད་འཕགས་གཙང་གིས་སྤར་པས་སྤར་དུ་བརྐོས་པ་ལས་བྱུང་བའི་སྤར་མ་ཤིག་ཡིན་པ་སྟེ། སྤར་བྱང་དུ་ཆོས་སྦྱིན་རྒྱ་ཆེར་སྤེལ་ཕྱིར་བཀྲིས་ལྷུན་ནས་སྤར་དུ་བཏབ་ཞེས་བྱོན་པས་ཀྱང་གཙང་གི་སྤར་བརྐོའི་ལག་རྩལ་དེ་རྟོགས་སོ། །

རྟའི་དཀར་ཆག་ཪོ་མཚར་བཀོད་པའི་རྒྱ་མཚོའི་ལྡེ་མིག་སྤར་མ་མདའ་ཚད་མ་སྟོད་ཆའི་ལྡེབ་གྲངས་58ལས་དྲངས།

ལེའུ་ཉེར་བདུན་པ། དུས་རབས་18-19པའི་གསུང་རབ་བྲིས་མའི་མཛོད་བྱང་།

ལེ་ཚན་དང་པོ། ཆབ་མདོ་རི་བོ་ཆེ་དགོན་པར་ཕྱིན་དབུ་ཤོག་མགོ་མཆན།

དབུ་མཚན་མ་དཔེ།

དང་པོ། དབུ་མཚན་མ་ལྕུས།

རིགས་ལྡན་སང་གཞོན་སྤྲུལ་གྱིས་བྲིས་ཞེས་པའོ།

གཉིས་པ། དབུ་མཚན་གྱི་དབྱེ་ཞིབ།

གཅིག ཡིག་མཁན།

འཕགས་པ་ཤེས་རབ་ཀྱི་ཕ་རོལ་ཏུ་ཕྱིན་པ་བརྒྱད་སྟོང་པ་འདི་འབྲི་བཞེངས་བྱ་མཁན་གྱི་ཡིག་མཁན་ནི། དུས་རབས་18-19པར་བྱོན་པའི་ཤེས་བྱ་སྣག་གསེར་གཉིས་ལ་དབང་ཐོབ་པའི་ཡིག་མཁན་རིགས་ལྡན་སང་གཞོན་སྤྲུལ་གྱིས་འབྲི་བཞེངས་བྱས་པ་ནི་ཤེར་ཕྱིན་དེའི་དབུ་མཚན་ལས་ཤེས།

ལེ་ཚན་གཉིས་པ། ཆབ་མདོ་གནས་ཐང་དགོན་གྱི་གསུང་རབ་དབུ་མཆན།

དཔེ་མཚོན་མ་དཔེ།

དང་པོ། དབུ་མཆན་མ་ཕྱུས།

|| མི་དཔོན་ཁྲིམ་རྒྱལ་འབྲུམ་དང་ནི|| ཡབ་ཡུཾ་སྲས་གསུཾ་ཐུགས་དཾ་དུ||དབུའི་འབུར་ཆེན་འཛོམ་གླིང་རྒྱན|| མཁས་པར་གྲགས་པ་ཨ་ཇོར་ཡིན|| [1]ཞེས་པའོ།

གཉིས་པ། ཞབས་མཆན་གྱི་དབྱེ་ཞིབ།

གནས་ཐང་དགོན་དུ་བཞུགས་པའི་གསུང་རབ་དབུ་ཤོག་འབུར་མ་དེའི་ཞབས་མཆན། མི་དཔོན་ཁྲིམ་རྒྱལ་འབྲུམ་དང་ནི|| ཡབ་ཡུཾ་སྲས་གསུཾ་ཐུགས་དཾ་དུ||དབུའི་འབུར་ཆེན་འཛོམ་གླིང་རྒྱན|| མཁས་པར་གྲགས་པ་ཨ་ཇོར་ཡིན|| [2]ཞེས་པ་དེ་ནི་གསུང་རབ་དེ་མི་དཔོན་ཅི་ཞིག་གི་ཐུགས་དམ་དང་དབུ་ཤོག་སྲི་ཀ་ཅན་དེ་འབྲི་བཞེངས་བསྐྲུངས་མཁན་གྱི་ཡིག་མཁན་ཅི་ཞིག་ཡིན་པ་དེ་གསུངས་གནང་འདུག

---

① ཆབ་མདོ་གནས་ཐང་དགོན་གྱི་གསུང་རབ་དབུ་མཆན་ལས་དྲངས།

② ཆབ་མདོ་གནས་ཐང་དགོན་གྱི་གསུང་རབ་དབུ་མཆན་ལས་དྲངས།

ལེ་ཚན་གསུམ་པ། ཆབ་མདོ་རི་བོ་ཆེ་དགོན་ཤེར་ཕྱིན་དབུ་ཤོག་མཚན།

དབུ་ཤོག་མཚན་མ་དཔེ།

དང་པོ། དབུ་ཤོག་མཚན་མ་བཀོད་པ།

········ནོར་བུའི·····ནམ་མཁའ་དཔལ་བཟངས་མཁས་ཞེས་ལྷ་མིས་སྟགས་པ་བསྟོས། མཆོད་ཞལ་གྱི།ཞེས་དང་༔ །ཀླི་བསྟན་པའི་གསལ་བྱེད····མདོ་རྟོག་ཀར་སུམ་ལུགས་འདི། །རིག་པའི་འབྱུང་གནས་འཕན་ཡུལ་ལུང་ཆེན་ནས། །རིག་པའི་འདུ་བྱེད་སོར་མོའི་རྩལ་ལས་གྲུབ། །ནམཁའ་དཔལ་བཟངས་ཞེས་བྱ་འདི་ལ་མཁས····།[①] ཞེས་པའོ།

གཉིས་པ། མཚན་གྱི་དབྱེ་ཞིབ།

གཅིག ཡིག་མཁན།

གསུང་རབ་འདི་བྲིས་བཞེངས་བསྒྲུངས་པའི་སྐབས་སུ་དད་པ་སྐྱོ་ངས་མེད་པའི་སྦྱིན་བདག་གིས་རྒྱ་འགྲོ་སྒྲུར་ཏེ་འབྲི་བཞེངས་བསྒྲུངས་པའི་སྐབས་སུ། ཞེས་བྱ་སྣག་གསེར་གཉིས་ལ་དབང་ཐོབ་པའི་ཡིག་མཁན་ནི་མལ་ལུགས་ཀྱི་འབྲི་རྒྱུན་འཛིན་མཁན་ནམ་མཁའ་དཔལ་བཟང་གྲོན་པ་སྟེ་མཛད་བྱུང་ལས། ········ནོར་བུའི·····ནམ་མཁའ་དཔལ་བཟངས་མཁས་ཞེས་ལྷ་མིས་སྟགས་པ་བསྟོས། མཆོད་ཞལ་གྱི།ཞེས་དང་༔ །ཀླི་བསྟན་པའི་གསལ་བྱེད····མདོ་རྟོག

---

① རི་བོ་ཆེ་དགོན་པའི་ཤེར་ཕྱིན་དབུ་ཀ་པའི་དབུ་ཞབས་ཀྱི་མཚན་ལས་དྲངས།

ཀར་སུམ་ལུགས་འདི། །རིག་པའི་འབྱུང་གནས་འཕན་ཡུལ་ལུང་ཆེན་ནས། །རིག་པའི་འདུ་བྱེད་སོར་མོའི་རྩལ་ལས་གྲུབ། །ནམ་ཁའ་དཔལ་བཟངས་ཤེས་བྱ་འདི་ལ་མཁས····།[①] ཞེས་པས་རྟོགས། འཕན་པོ་མལ་ལུགས་ཀྱི་དམིགས་བསལ་ཁྱད་ཆོས་ཤིག་ནི་མཐིང་ཤོག་གསེར་བྲིས་འབུར་མའི་འབྲི་རྒྱུན་ལ་བྱུང་བ་ཆུབ་པ་ཞིག་ཡིན་པ་ནི་སྐབས་འདིའི་ཤེར་ཕྱིན་དང་དཔལ་ཞ་ལུའི་མཐིང་ཤོག་གསེར་བྲིས་དག་གི་ཡིག་མཁན་ལས་ཀྱང་ཤེས་མོད་ཀྱང་གཙོ་བོ་སྔོན་གྱི་ལེའུ་མལ་བྲིས་ཀྱི་སྐོར་དེར་གཟིགས་པར་འཚལ། །

ལེ་ཚན་བཞི་པ། ཆབ་མདོ་གནས་ཐང་དགོན་པའི་གསང་འདུས་དབུ་ཤོག་ཞབས་མཚན།

དབུ་ཤོག་མཚན་མ་དཔེ།

དང་པོ། དབུ་ཤོག་ཞབས་མཚན་མ་ཕྱུས།

ཨཱ། ཕུན་སུམ་ཚོགས་པའི་ལེགས་སྦྱར་གསུང་རབ་མཆོག། མཆོག་ཏུ་དད་པའི་ཡིད་ཅན་སྦྱིན་བདག་མཆོག། མཆོག་གི་ཡིག་གཟུགས་རྣམ་དཀར་ལེགས་སྦྱར་མཆོག། མཆོག་གསུམ་གོ་འཕང་ཐོབ་པའི་དགེ་ལེགས་མཆོག། དམ་ཆོས་ཁྱད་འཕགས་གངས་ལྡན་བོད་ཀྱི་རྒྱན། །ལྷག་བསམ་དག་པའི་སྦྱིན་བདག་ཐར་པའི་རྒྱན། །བདེ་སྐྱིད་དོམ་པའི་དཔལ་འཛིན་མདོ་ཁམས་རྒྱན།། ཚེ་དབང་མིང་ཅན་ཡིག་མཁན་ཀུན་གྱི་རྒྱན། །དང་། ཨཱ། རྒྱལ་གསུང་དམ་ཆོས་དར་ཞིང་རྒྱས་པའི་དཔལ།། དྲི་མེད་ཡིག་རིགས་དར་ཞིང་རྒྱས་པའི་དཔལ།། བརྟན་རྗེའི་ལེགས་སྦྱར་དར་

① རི་བོ་ཆེ་དགོན་པའི་ཤེར་ཕྱིན་དབུ་ཀ་པའི་དབུ་ཞབས་ཀྱི་མཚན་ལས་དྲངས།

ཞིང་རྒྱས་པའི་དཔལ།། བདག་གཞན་ཚོགས་གཉིས་དར་ཞིང་རྒྱས་པའི་དཔལ།། དགེ་བཅུ་ཚང་བའི་ངོམ་རྒྱལ་ཆོས་ལྡིང་ནས།། སྟོན་གྱི་མཁས་པ་མལ་གྱི་ལུགས་སྲོལ་ལམ།། འཛིན་མཁས་ཚེ་དབང་འབུམ་ཞེས་བྱ་བ་ཡི།། སོར་མོའི་འདུ་བྱེད་བསྒྱུར་འདིས་དགེ་ལེགས་འཕེལ།།[1] ཞེས་པའོ།

གཉིས་པ། ཞབས་མཚན་གྱི་དབྱེ་ཞིབ།

གཅིག སྦྱིན་བདག

དཔལ་གསང་བ་འདུས་པའི་སྐོར་གྱི་གནའ་དཔེ་དབུ་ཤོག་སྲིད་ཀ་ཕྲེང་གཉིས་ཅན་དེའི་མགོ་མཚན་དུ་ཕྱོན་པའི་ཚོགས་བཅད་སྙན་ངག་རྒྱན་གྱི་སྐོར་བའི་ལམ་ནས། སྟོན་པས་གསུངས་པའི་གསུང་རབ་དང་དེ་འབྲི་བཞེངས་བྱ་མཁན་གྱི་དད་པ་སྐྱོ་ངས་མེད་པའི་སྦྱིན་བདག་དང་། སྒོ་གསུམ་ཐང་ཆད་མེད་པར་འབྲི་བའི་ཡིག་མཁན་སོགས་ལ་བསྟགས་པ་བརྗོད་པ་དང་དེ་དག་མཆོག་གསུམ་གྱི་གོ་འཕང་ཐོབ་པར་ཤོག་ཅེས་སྨྲས་པ་དང་སྨྲགས། ལྷག་དོན་དུ་དད་པ་སྐྱོ་ངས་མེད་པའི་སྦྱིན་བདག་མཆོག་གི་མཚན་ནས་འབོད་དེ་དཔལ་འཛིན་ཁོང་མདོ་ཁམས་ཀྱི་རྒྱན་དང་ཡིག་མཁན་ཚེ་དབང་ཁོང་སུག་བྲིས་ཀུན་གྱི་རྒྱན་ཞེས་དམིགས་སུ་བཀར་ཏེ་བརྗོད་པ་ཞིག་སྟེ། ༄། ཕུན་སུམ་ཚོགས་པའི་ལེགས་བྱས་གསུང་རབ་མཆོག། མཆོག་ཏུ་དད་པའི་ཡིད་ཅན་སྦྱིན་བདག་མཆོག། མཆོག་གི་ཡིག་གཟུགས་རྣམ་དཀར་ལེགས་བྱས་མཆོག། མཆོག་གསུམ་གོ་འཕང་ཐོབ་པའི་དགེ་ལེགས་མཆོག། དམ་ཆོས་ཁྱད་འཕགས་གངས་ལྗོངས་བོད་ཀྱི་རྒྱན། །ལྷག་བསམ་དག་པའི་སྦྱིན་བདག་ཐར་པའི་རྒྱན། །བདེ་སྐྱིད་ངོམ་པའི་དཔལ་འཛིན་མདོ་ཁམས་རྒྱན།། ཚེ་དབང་མིང་ཅན་ཡིག་མཁན་ཀུན་གྱི་རྒྱན།[2] ཅེས་པའོ།

གཉིས། ཡིག་མཁན།

༄། རྒྱལ་གསུང་དམ་ཆོས་དར་ཞིང་རྒྱས་པའི་དཔལ།། དྲི་མེད་ཡིག་རིགས་དར་ཞིང་རྒྱས་པའི་དཔལ།། བརྟན་རྗེའི་ལེགས་བྱས་དར་ཞིང་རྒྱས་པའི་དཔལ།། བདག་གཞན་ཚོགས་

---

① ཆབ་མདོ་གནས་ཐང་དགོན་དུ་བཞུགས་པའི་གསང་འདུས་སྐོར་གྱི་དབུ་ཤོག་ཞབས་མཚན་ལས་དྲངས།

② ཆབ་མདོ་གནས་ཐང་དགོན་དུ་བཞུགས་པའི་གསང་འདུས་སྐོར་གྱི་དབུ་ཤོག་ཞབས་མཚན་ལས་དྲངས།

གཉིས་དར་ཞིང་རྒྱས་པའི་དཔལ།། དགེ་བཅུ་ཚང་བའི་ངོམ་རྒྱལ་ཆོས་ལུང་ནས།། སྔོན་གྱི་མཁས་པ་མལ་གྱི་ལུགས་སྲོལ་ལམ།། འཛིན་མཁས་ཚེ་དབང་འབུམ་ཞེས་བྱ་བ་ཡི།། སོར་མོའི་འདུ་བྱེད་བསྒྱུར་འདིས་དགེ་ལེགས་འཕེལ།།[1] ཞེས་དཔལ་གསང་འདུས་སྐོར་གྱི་གསུང་རབ་དབུ་ཤོག་འབུར་མ་དེའི་ཞབས་མཚན་དུ་བྱོན་པ་དེ་ལས། སྤར་ལས་ལྷག་པའི་སྒོ་ནས་མགོ་མཚན་དུ་བརྗོད་པའི་ཡིག་མཁན་ཚེ་དབང་ཁོང་གི་མཚན་ཡོངས་ལ་ཚེ་དབང་འབུམ་ཞེས་བརྗོད་པ་རྟོགས་ཤིང་། སུག་བྲིས་ཀུན་གྱི་རྒྱན་དུ་གྱུར་པའི་ཡིག་མཁན་ཚེ་དབང་འབུམ་ཁོང་ནི་ཆབ་མདོ་ཁུལ་གྱི་ཡུལ་དགེ་བཅུ་ཚང་བའི་ངོམ་རྒྱལ་ཆོས་ལུང་སྟེ་དེང་གི་རི་བོ་ཆེའི་མངའ་འོག་ནས་བྱོན་པའི་ཡིག་མཁན་ཞིག་དང་། ཁོང་གི་སུག་བྲིས་ནི་སྔོན་འཕེན་ཡུལ་དུ་དུས་རབས་11ཡས་མས་སུ་དར་ནས་རྗེས་སུ་མདོ་ཁམས་ཕྱོགས་སུ་དར་ཁྱབ་བྱུང་བའི་མལ་སེང་ལ་འབར་འབྲི་རྒྱུན་འཛིན་མཁན་ཞིག་ཡིན་པ་དེ་ཚིགས་བཅད་ཀྱི་ལམ་ནས་སྙན་ཆ་ལྡན་པ་ཞིག་གསུངས་པ་དེ་ལགས།

ལེ་ཚན་ལྔ་པ། ཆབ་མདོ་རྫ་གདའ་དགོན་པེར་ཕྱིན་བརྒྱད་སྟོང་པའི་མཛད་བྱང་།

མཛད་བྱང་མ་དཔེ།

དང་པོ། མཛད་བྱང་མ་ཕྱུས།

ཨོཾ་ས་སྟི་བཧྭེ། སྐྱབ་གནས་མཆོག་གྱུར་དཀོན་མཆོག་གསུམ་ལ་གུས་ཕྱག་འཚལ།། ཀྱེ་སྤྲུལ་སྐུ་ཤཱཀྱ་ཐུབ་པས་བྱ་རྒོད་ཕུང་པོ་རི་ལ་རྒྱལ་ཡུམ་བརྒྱད་སྟོང་གསུངས།།།ཆོས་སྐུ་རྡོ་རྗེ་འཆང་ཆེན་པོས་འོག་མིན་གནས་སུ་རྒྱུད་སྡེ་བཞི་གསུངས།། བྱམས་པ་ཀུན་ཏུ་བཟང་དང་གསང་བའི་

① ཆབ་མདོ་གནས་ཐང་དགོན་དུ་བཞུགས་པའི་གསང་འདུས་སྐོར་གྱི་དབུ་ཤོག་ཞབས་མཚན་ལས་དྲངས།

བདག། སོ་སོའི་སྡེ་སྣོད་རྣམས་ཀྱི་བཀའི་བསྡུས་མཛད། །རང་བྱུང་བསྟན་པ་གཏད་པའི་ཀུན་དགའ་སོགས།། ལོ་པན་སྐྱེས་མཆོག་སྐྱེས་མཆོག་རྣམས་ཀྱི་བཀའ་དྲིན་གྱིས་སྡེ་སྣོད་གསུམ་པོ་བོད་ཀྱི་སྐད་དུ་བསྒྱུར།། ཀྱེ་གླིང་བཞི་གླིང་མཆོག་ཛམྦུ་རྒྱས་འཛམ་བུའི་གླིང་།། སྔོང་ལ་མཆོག་གྱུར་མདེའ་གས་ཟལ་མོ་སྒང་།། གླིང་འདིའི་ལྟེ་བ་རྒྱ་གར་རྡོ་རྗེ་གདན།།།གནས་ཀྱི་མཆོག་རབ་བྱ་རྒོད་ཕུང་པོ་དེར།། སྤྲུལ་སྐུ་ཟས་གཙང་སྲས་ཀྱི་ཆོས་ཀྱི་འཁོར་ལོ་བསྐོར། །འདྲེན་པའི་གཙོ་བོ་དེ་ལ་གུས་ཕྱག་འཚལ།།ཕུ་ན་ཟོ་དོར་བཟང་པོ་སྐྱུག་གདའ་མག་ཁྲིམ་མདུན།། མདའ་ན་ཆབ་བཟང་པོ་ངོམ་ཆུ་སྔོན་མོ་དལ་དུ་འབབ།། བར་ན་གནས་བཟང་སག་གདའ་འདིར།། གཞི་མ་ཐིང་ཤོག་བཻཌཱུརྻ་འདྲ་ལ།། རིན་ཆེན་གསེར་དངུལ་གྱི་སྤྲས་པའི་མདོའ་མཆོག་འདི།། བཞེངས་པའི་ཡོན་བདག་གྲོག་པོ་ལྡན་བ་ནི།། དཔལ་རྩལ་ཆོས་ལ་བྱེད་པའི་ཨ་འཕེས།། འཛོང་ལ་འཕྲུལ་མ་ཐོགས་་སྒྲོན་ཆེ་མ།། འདིར་ལྟར་བསྒྲུབ་པའི་དགེ་བའི་རྩ་བ་ལ་བརྟེན་ནས།། དིང་ནས………།། རྟག་ཏུ་ཧ་དང་གླང་ཆེན་རིན་ཆེན་དང་། འདོད་འཇོའི་བ་དང་མ་རྨོས་ལོ་ཏོག་ལ།། དེ་དག་ལ་ཡང་ལོང་སྤྱོད་ཆེ་ལྡན་ཤོག། དྲིན་ཅན་མ་ཐོག་དང་ཉེ་དུ་ཉེ་འབྲེལ་རྣམས་དང་། ཤི་གསོན་ཕོ་ལག་……།། ……འཛད་པར་ཤོག………།① ཞེས་པའོ།

གཉིས་པ། མཛད་བྱང་གི་དཔེ་ཞིབ།

གཅིག བསྟོད་ཕྱག

ཨོཾ་ས་སྟི་བཧྲེ། སྐྱབ་གནས་མཆོག་གྱུར་དཀོན་མཆོག་གསུམ་ལ་གུས་ཕྱག་འཚལ།།② ཞེས་གསུངས་པ་ནི་ཐོག་མར་སམ་སྐྲི་ཏ་གཟུགས་འགྱུར་གྱི་སྒོ་ནས་དབུ་འཕེན་པ་དང་སྦྲགས་དེ་རྗེས་རིམ་པས་བཞིན་འགྲོ་བ་རིགས་དྲུག་གི་སྐྱབ་གནས་མཆོག་ཏུ་གྱུར་པ་སྟེ་སངས་རྒྱས་ཆོས་དགེ་འདུན་གསུམ་ལ་ལུས་ངག་ཡིད་གསུམ་གྱི་སྒོ་ནས་ཕྱག་འཚལ་བསྟོད་པ་དེ་ལགས།

གཉིས། བྱུང་བ།

ཀྱེ་སྤྲུལ་སྐུ་ཤག་ཀྱ་ཐུབ་པས་བྱ་རྒོད་ཕུང་པོ་རི་ལ་རྒྱལ་ཡུམ་བརྒྱད་སྟོང་གསུངས།།།ཆོས་

① ཆབ་མདོ་རྫོང་གདའ་དགོན་དུ་བཞུགས་པའི་ཤེར་ཕྱིན་གྱི་མཛད་བྱང་ལས་དྲངས།

② ཆབ་མདོ་རྫོང་གདའ་དགོན་དུ་བཞུགས་པའི་ཤེར་ཕྱིན་གྱི་མཛད་བྱང་ལས་དྲངས།

སྐུ་རྡོ་རྗེ་འཆང་ཆེན་པོས་འོག་མིན་གནས་སུ་རྒྱུད་སྡེ་བཞི་གསུངས།། བྱམས་པ་ཀུན་ཏུ་བཟང་དང་གསང་བའི་བདག། སོ་སོའི་སྡེ་སྣོད་རྣམས་ཀྱི་བཀའི་བསྡུས་མཛད། །རང་བྱུང་བསྟན་པ་གཏད་པའི་ཀུན་དགའ་སོགས།། ལོ་པཎ་སྐྱེས་མཆོག་སྐྱེས་མཆོག་རྣམས་ཀྱི་བཀའ་དྲིན་གྱིས་སྡེ་སྣོད་གསུམ་པོ་བོད་ཀྱི་སྐད་དུ་བསྒྱུར།།[1] ཞེས་གསུངས་པ་དེ་ཡང་འདིར་བསྟོད་ཕྱག་སོང་ཟིན་པའི་རྗེས་སུ་ནང་བསྟན་གྱི་གསུང་རབ་ཁག་གི་བྱུང་བ་ཉུང་ངུ་ཞིག་བརྗོད་པ་ལགས་ཏེ། རྒྱ་གར་གྱི་གནས་ཆེན་བརྒྱད་དུ་འདྲེན་པའི་ནང་གི་བྱ་རྒོད་ཕུང་པོ་རིར་སྟོན་པ་སངས་རྒྱས་བཅོམ་ལྡན་འདས་ཀྱིས་རྒྱལ་བའི་བཀའ་བསྟན་གྱི་སྙིང་པོ་ཤེར་ཕྱིན་ཡུམ་བརྒྱད་སྟོང་པ་གསུངས་པ་དང་། སྤྲུལ་སྐུ་ལོངས་སྐུ་ཆོས་སྐུ་གསུམ་ལས་ཆོས་སྐུ་རྡོ་རྗེ་འཆང་གིས་ནང་བསྟན་ནས་གསུངས་པའི་འོག་མིན་གྱི་གནས་སུ་བྱ་རྒྱུད་དང་སྤྱོད་རྒྱུད་དང་། རྣལ་འབྱོར་རྒྱུད་དང་རྣལ་འབྱོར་བླ་མེད་རྒྱུད་བཅས་ཏེ་རྒྱུད་སྡེ་བཞི་གསུངས་ཞེས་གྲགས་པ་དང་། དེ་རྗེས་བྱམས་མགོན་དང་འཕགས་པ་ཀུན་ཏུ་བཟང་པོ་དང་། གསང་བའི་བདག་པོ་སོགས་ཀྱིས་ནང་བསྟན་གྱི་ནང་དོན་ལ་གཞིགས་པའི་མདོ་སྡེའི་སྡེ་སྣོད་དང་འདུལ་བའི་སྡེ་སྣོད། མངོན་པའི་སྡེ་སྣོད་བཅས་ཀྱི་དབྱེ་བར་བཞག་ཏེ་བཀའི་བསྡུ་བ་མཛད་ཅིང་། དེ་དག་རྒྱ་བོད་ཀྱི་ལོ་པཎ་སྐུ་དྲིན་ཅན་རྣམས་ཀྱི་བཀའ་དྲིན་ལས་བོད་ཀྱི་སྐད་ཡིག་ཏུ་བསྒྱུར་ཞེས་གསུངས་པ་ནི་ནང་བསྟན་གསུང་རབ་དེ་དག་གི་བྱུང་བ་ཉུང་ངུ་ཞིག་བརྗོད་པ་ལགས།

གསུམ། ཡུལ་བསྟོད།

ཀྱེ་གླིང་བཞི་གླིང་མཆོག་ལྷོ་རྒྱས་འཛམ་བུའི་གླིང་།། སྒོང་ལ་མཆོག་གྱུར་མདེའུ་གས་ཟལ་མོ་སྒང་།། གླིང་འདིའི་ལྟེ་བ་རྒྱ་གར་རྡོ་རྗེ་གདན།།།གནས་ཀྱི་མཆོག་རབ་བྱ་རྒོད་ཕུང་པོ་རིར།། སྤྲུལ་སྐུ་ཟས་གཙང་སྲས་ཀྱི་ཆོས་ཀྱི་འཁོར་ལོ་བསྐོར། །འདྲེན་པའི་གཙོ་བོ་དེ་ལ་གུས་ཕྱག་འཚལ།།ཕུ་ན་ཟོ་དོར་བཟང་པོ་སྐྱུག་གདའ་མག་ཁྲིམ་མདུན།། མདའ་ན་ཆབ་བཟང་པོ་རྡོམ་ཆུ་སྔོན་མོ་དལ་དུ་འབབ།། བར་ན་གནས་བཟང་སག་གདའ་འདིར།།[2] ཞེས་བྱུང་བ་ནི། དེ་ཡང་ཐོག་མར་ཤེས་རབ་ཀྱི་ཕ་རོལ་ཏུ་ཕྱིན་པ་འདི་འབྲི་བཞེངས་བྱེད་པའི་ཡུལ་ལུང་བརྗོད་པའི་སྐབས་

① ཆབ་མདོ་རྫོང་གདའ་དགོན་དུ་བཞུགས་པའི་ཤེར་ཕྱིན་གྱི་མཛད་བྱང་ལས་དྲངས།

② ཆབ་མདོ་རྫོང་གདའ་དགོན་དུ་བཞུགས་པའི་ཤེར་ཕྱིན་གྱི་མཛད་བྱང་ལས་དྲངས།

འདིར་ཡིན་ཙ་ན། ཐོག་མར་གླིང་བཞིའི་ནང་ནས་མཆོག་ཏུ་འགྱུར་པ་ལྷོ་འཛམ་བུ་གླིང་འདི་ཡིན་ཞིང་། ལྷོ་འཛམ་བུ་གླིང་གི་ནང་ནས་ཀྱང་གླིང་གི་ལྟེ་བ་རྒྱ་གར་རྡོ་རྗེ་གདན་དང་། དེའི་བྱང་ཕྱོགས་སུ་ཆགས་པའི་རི་མཐོ་ས་གཙང་གངས་ཀྱིས་བསྐོར་བའི་བོད་ཡུལ་དང་། དེའི་ནང་ནས་ཀྱང་སྨད་དྲུག་ཏུ་འདྲེན་པའི་ནང་གི་ཟལ་མོ་སྒང་དུ་ཆགས་པའི་གནས་ཏེ་ཕུ་ན་ཟླ་དོར་བཟང་པོ་སྐྱུག་གདའ་མག་ཁྲིམ་མདུན་ཏེ་ཕུ་ན་རྒྱབ་རི་ཟླ་དོར་བཟང་པོ་ཞེས་པ་ད་ལྟ་ཆབ་མདོ་གྲོང་ཁྱེར་མངའ་ཁོངས་ཀྱི་ས་སྐད་ཤང་དུ་ཆགས་པའི་ཟླ་དོར་ཞེས་པའི་གནས་རི་དེ་དང་། དེའི་མདའ་ན་ཆབ་བཟང་པོ་ངོམ་ཆུ་སྔོན་མོ་སྟེ་གྲུབ་ཆེན་ཉག་སེའི་མ་འོངས་པའི་ལུང་བསྟན་ལས། དཔལ་ཀ་ལོ་ཟླ་ངོམས་མཚམས་མདའ་ཏཱ། ཞོང་གི་སི་ལ་སྐྱེ་བ་ཡིན་ཞེས་པ་ལྟར་ཆབ་མདོ་ཆུ་གཉིས་བར་ལ་ཆགས་སའི་ཆུ་གཉིས་ཏེ་ངོམ་ཆུ་དང་ཟླ་ཆུ་གཉིས་ཀྱི་བར་དུ་ཆགས་པའི་གནས་ཆབ་མདོ་གྲོང་ཁྱེར་གྱི་ནུབ་ཁུལ་གྱི་ལུང་ཤུར་ནས་རྒྱུགས་པའི་ཆུ་དེ་ངོམ་ཆུ་ཡིན་ཞིང་། བར་ན་གནས་བཟང་སག་གདའ་སྟེ་དེང་གི་ས་སྐད་ཤང་གི་ཁོངས་སུ་ཡོད་པའི་སག་གདའ་དེར་གསུང་རབ་དེ་འབྲི་བཞེངས་བསྐྲུངས་པ་ཡིན་ཞེས་གསུངས་པ་ལགས།

བཞི། འབྲི་རྗེས།

གཞི་མ་ཐིང་ཤོག་བཻཌཱུརྻ་འདྲ་ལ།། རིན་ཆེན་གསེར་དངུལ་གྱི་སྦྲུས་པའི་མདོའ་མཆོག་འདི།།[1] ཞེས་པ་ལས་གསུང་རབ་ཤེར་ཕྱིན་བརྒྱད་སྟོང་པ་དེ་འབྲི་བཞེངས་བྱ་སའི་གནས་ངོམས་ཆུ་རྒྱུགས་སའི་ས་སྐད་ཤང་གི་མདའ་ཁོངས་སག་གདའ་དེར་དད་པ་སྐྱོ་ངས་མེད་པའི་སྦྱིན་བདག་གིས་རྒྱུ་འགྲོ་ཕུན་སུམ་ཚོགས་པ་སྦྱར་ཏེ་འབྲི་བཞེངས་བསྐྲུངས་པའི་སྐབས། དེའི་འབྲི་རྗེས་ནི་གཙོགས་ཆེ་བའི་མཐིང་ཤོག་སྟེང་དུ་སྣག་ཚ་ཁྲད་འཕགས་རིན་ཆེན་གསེར་དངུལ་གྱིས་འབྲི་བཞེངས་མཛད་པ་དེ་རྟོགས།

ལྔ། སྦྱིན་བདག

ཤེར་ཕྱིན་མཐིང་ཤོག་གསེར་བྲིས་དེ་ཟླ་དོར་དང་ངོམས་ཆུ་གཉིས་ཀྱི་བར་དུ་ཆགས་པའི་

---

[1] ཆབ་མདོ་རྫོ་གདའ་དགོན་དུ་བཞུགས་པའི་ཤེར་ཕྱིན་གྱི་མཛད་བྱང་ལས་དྲངས།

སག་གདའ་དེར་སྣོ་གསུམ་ཐང་ཆད་འབྲི་བའི་ཡིག་མཁན་གྱིས་འབྲི་བཞེངས་གནང་བའི་སྐབས་སུ། དད་པ་སྐྱོ་ངས་མེད་པའི་སྦྱིན་བདག་ནི་དཔལ་རྒྱལ་ཆོས་ལ་བྱེད་པའི་ཨ་འཕེལ།། འཛོང་ལ་འཕྲུལ་མ་ཐོགས་སྒྲོན་ཚེ་མ།། སོགས་བྱོན་པ་ནི་གོང་གི་ཤེར་ཕྱིན་མཛད་བྱང་ལས་རྟོགས།

བྲུག བསྔོ་སྨོན།

གསུང་རབ་མཐིང་ཤོག་གསེར་བྲིས་དེ་འབྲི་བཞེངས་བསྒྲུབས་པའི་རྗེས་སུ་དད་པ་སྐྱོ་ངས་མེད་པའི་སྦྱིན་བདག་ལ་སོགས་ཀྱི་རེ་མོས་དང་བསྟུན་ཏེ་བསྔོ་བ་སྨོན་ལམ་འདི་ལྟར་ཕུལ་ཡོད་པ་སྟེ། འདིར་ལྟར་བསྒྲུབ་པའི་དགེ་བའི་རྩ་བ་ལ་བརྟེན་ནས།། དིང་ན་རྟག་ཏུ་རྟ་དང་གླང་ཆེན་རིན་ཆེན་དང་། འདོད་འཛོའི་བ་དང་མ་རྨོས་ལོ་ཏོག་ལ།། དེ་དག་ལ་ཡང་ལོང་སྤྱོད་ཚེ་ལྡན་ཤོག། དྲིན་ཅན་མ་ཐོག་དང་ཉེ་དུ་ཉེ་འབྲེལ་རྣམས་དང་། ཤི་གསོན་ཕོ་ལག……… ||……འཛད་པར་ཤོག………|[1]ཅེས་པའོ།

ལེ་ཚན་དྲུག་པ། ཆབ་མདོ་བྱམས་པ་གླིང་ཤེར་ཕྱིན་བརྒྱད་སྟོང་པའི་དབུ་ཤོག་ཞབས་མཚན།

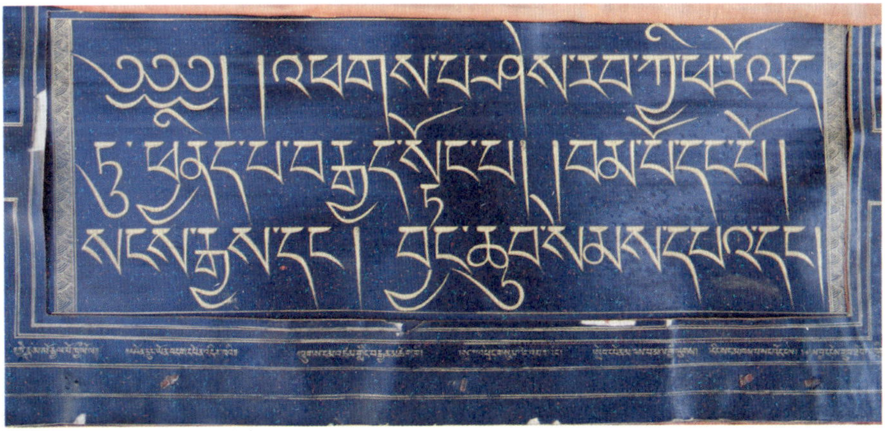

ཞབས་མཚན་མ་དཔེ།

① ཆབ་མདོ་རྫོ་གདའ་དགོན་དུ་བཞུགས་པའི་ཤེར་ཕྱིན་གྱི་མཛད་བྱང་ལས་དྲངས།

དང་པོ། ཞབས་མཆན་མ་ཕྱུགས།

ཀླི་ནམ་ལོ་རྒྱལ་པོ་ཁྲི་ལོ་ལ། །དཔོན་དྲུང་ཡོན་བདག་དཔོན་འདིར་བ། །ཐུགས་དམ་འཛམ་གླིང་རྒྱན་མཆོག་གི། །སྲི་ག་འཕྲེང་གསུམ་འོད་འབར་འདི། །སློབ་དཔོན་མཁས་པ་མལ་གྱི་ལུགས། །དིང་སང་མཁས་པ་སང་འོད་དངས། །ཤེས་བྱའི་དངོས་གྲུབ་ཐོབ་པར་ཤྲིས། ། དགེའོ་[1]ཞེས་པའོ།

གཉིས་པ། ཞབས་མཆན་གྱི་དབྱེ་ཞིབ།

གཅིག སྙིན་བདག

ཤེར་ཕྱིན་མཐིང་ཤོག་གསེར་བྲིས་འདི་ཀླི་ནམ་ལོ་རྒྱལ་པོ་ཁྲི་ལོ་ཞེས་བྱུང་བ་ལ་གཞིགས་ན། ནམ་ལོ་རྒྱལ་པོ་ཞེས་པ་ནི་མངོན་བརྗོད་ལྟར་ན་ཆུ་སྦྲུལ་ལོ་ཡིན་པ་རྟོགས་མོད་ཀྱང་རབ་བྱུང་མ་གསལ་བའི་སྐབས་ཀྱིས་ཆུ་སྦྲུལ་ལོ་ཅི་ཞིག་ཡིན་པ་ཞུ་མ་ཐུབ། འོན་ཏེ་གསུང་རབ་དེའི་འབྲི་རྫས་དང་འབྲི་གཟུགས་ལ་བལྟས་ན་ཏ་ལམ་དུས་རབས་17-18པའི་ནང་དུ་བྱོན་པའི་དཔོན་དྲུང་ཡོན་བདག་དཔོན་གྱི་ཐུགས་དམ་འཛམ་གླིང་རྒྱན་མཆོག་འདི་བཞེངས་པར་སྣང་།

གཉིས། ཡིག་མཁན།

དུས་རབས་17-18པའི་སྐབས་སུ་དཔོན་དྲུང་ཡོན་བདག་དཔོན་གྱི་ཐུགས་དམ་འཛམ་གླིང་རྒྱན་མཆོག་འདི་བཞེངས་པའི་སྐབས་སུ། དབུ་ཤོག་དང་པོ་གཉིས་པ་གསེར་བྲིས་འབུར་མ་ཅན་ཡིག་ཕྲེང་གསུམ་ཅན་འདི་སློབ་དཔོན་མཁས་པ་འཕན་ཡུལ་གྱི་མལ་ལུགས་ཏེ། དུས་རབས་12པའི་ནང་དུ་བྱོན་པའི་ཡིག་མཁན་མལ་སེང་ལ་འབར་གྱི་ཕྱག་རྒྱུན་འཛིན་པ་དིང་སང་སྟེ་དུས་རབས་18པའི་ནང་དུ་བྱོན་པའི་ཡིག་མཁན་སང་འོད་ཀྱིས་འབྲི་བཤུས་བྱས་པ་སྟེ་མཛད་བྱང་ལས། །སློབ་དཔོན་མཁས་པ་མལ་གྱི་ལུགས། །དིང་སང་མཁས་པ་སང་འོད་དངས། །ཤེས་བྱའི་དངོས་གྲུབ་ཐོབ་པར་ཤྲིས། །[2]ཞེས་པས་ཡིག་མཁན་གྱི་སྐོར་དེ་ཤེས།

---

① ཆབ་མདོ་བྱམས་པ་གླིང་དུ་བཞུགས་པའི་ཤེར་ཕྱིན་གསེར་བྲིས་པོད་ཀ་པའི་ཞལ་ཤོག་ལས་དྲངས།

② ཆབ་མདོ་བྱམས་པ་གླིང་དུ་བཞུགས་པའི་ཤེར་ཕྱིན་གསེར་བྲིས་པོད་ཀ་པའི་ཞལ་ཤོག་ལས་དྲངས།

གསུམ། བསྔོ་སྨོན།

གསུང་རབ་འདིའི་མཇུག་ཏུ་བཏབ་པའི་བསྔོ་བ་སྨོན་ལམ་ནི་རིགས་དྲུག་སེམས་ཅན་ཐམས་ཅད་དང་སྨོན་ལམ་ཡོངས་སུ་གཏོགས་པའི་སེམས་ཅན་རྣམས་ཀྱི་ཆེད་དུ་བཏབ་པ་ཞིག་མ་ཡིན་པར། སྔོ་གསུམ་ཐང་ཆད་འབྲི་བའི་ཡིག་མཁན་གྱི་དོན་ནས་འཆད་ན་ཤེས་བྱའི་དངོས་གྲུབ་ཐོབ་པའི་སླད་དུ་བྲིས་པ་ཞིག་སྟེ། །དིང་སང་མཁས་པ་སང་འོད་ངས། །ཤེས་བྱའི་དངོས་གྲུབ་ཐོབ་པར་བྲིས། །།[1]ཞེས་པས་ཀྱང་རྟོགས་སོ།

བཞི། མཇུག་ཚིག

གསུང་རབ་ཤེར་ཕྱིན་མཐིང་ཤོག་གསེར་བྲིས་འདི་སྦྱིན་བདག་དཔོན་དྲུང་ཡོན་བདག་དཔོན་གྱི་ཐུགས་དམ་འཛམ་གླིང་རྒྱན་མཆོག་ཏུ་གྲགས་པ་འདི་ཡིག་མཁན་མལ་ལུགས་འཛིན་པ་སང་འོད་ཀྱིས་དུས་12པའི་ནང་འཕན་ཡུལ་དུ་དར་ཁྱབ་བྱུང་བའི་མལ་བྲིས་ཀྱི་རྒྱུན་འཛིན་པ་སང་འོད་ཀྱིས་དུས་རབས་18པར་འབྲི་བཞེངས་བསྒྲུབས་པའི་རྗེས་སུ། སྔོན་གྱི་མཁས་པ་རྣམས་ཀྱིས་གསུངས་པ་ཇི་བཞིན་མཇུག་བསྔོ་བ་དེ་ལ་ནན་ཏན་མཛད་ཅེས་པ་ལྟར། རྣམ་དཀར་དགེ་བའི་ལས་དེ་ལྟ་བུ་ཞིག་ལེགས་གྲུབ་བྱུང་བའི་མཐར་བོད་སྐད་ཀྱིས་ཐོག་ནས་མཇུག་བསྡུའི་ཚིག་ཏུ་དགེའོ་ཞེས་པས་མཇུག་བསྡུས་འདུག

ལེ་ཚན་བདུན་པ། ཆབ་མདོ་རི་བོ་ཆེ་དགོན་མདོ་བསྐལ་བཟང་མཛོད་བྱང་།

མཛོད་བྱང་མ་དཔེ།

[1] ཆབ་མདོ་བྱམས་པ་གླིང་དུ་བཞུགས་པའི་ཤེར་ཕྱིན་གསེར་བྲིས་པོད་ཀ་པའི་ཞལ་ཤོག་ལས་དྲངས།

དང་པོ། མཛོད་བྱང་མ་ལུས།

༄༅། །ཨོཾ་ས་སྟི། །མཆོད་པའི་རྟེན་གྱུར་རྫོགས་པའི་སངས་རྒྱས་དང་། །བསླུབ་པའི་ལམ་མཆོག་དམ་པའི་ལྷ་ཆོས་དང་། །འདྲེན་པའི་མཆོག་གྱུར་འཕགས་པའི་དགེ་འདུན་དང་། །སྐྱབས་གནས་དཀོན་མཆོག་གསུམ་ལ་ཕྱག་འཚལ་བསྟོད། །ཀྱེ་ཆོས་སྐུ་སྐྱེ་མེད་ནམ་མཁའི་མཐའ་དང་མཉམ། །ལོངས་སྐུ་རྣམ་པར་སྣང་མཛད་གོང་ཆེན་མཚོ། །སྤྲུལ་སྐུ་འཛམ་གླིང་བྱེ་བ་ཕྲག་བརྒྱ་སྟེ། །དགོང་སྟོན་མཐོ་ལ་ཉི་ཟླས་བརྒྱན་པའི་འོག། །བདལ་པ་བཀོད་ལེགས་དོག་མོ་སའི་སྟེང་། །སྟོང་གསུམ་མི་མཇེད་ཤཱཀྱ་ཐུབ་པའི་ཞིང་། །རྒྱལ་རབ་དགུ་ཁྲི་དགུ་འབུམ་དགུ་སྟོང་དང་། །ཉི་བརྒྱ་ཉི་ཤུ་རྩ་ལྔའི་བར་དག་ཏུ། །རིག་རྒྱུད་ཕལ་པ་གཞན་གྱིས་མ་བསླད་པར། །མི་ཕམ་མགོན་པོ་རྒྱལ་པོར་དབང་བསྐུར་ནས། །ཡུམ་མཆོག་སྒྱུ་མ་ལྷ་མཛེས་ལྷུམ་ཞུགས་ཤིང་། །མཚན་མཆོག་རྒྱལ་པོ་ཤཱཀྱའི་སྲས་སུ་འཁྲུངས། །བདུད་དང་མུ་སྟེགས་འདུལ་ཕྱིར་གཉེན་པོ་རུ། །ཆོས་ཀྱི་ཕུང་པོ་བརྒྱད་ཁྲི་བཞི་སྟོང་གསུངས། །དམ་ཆོས་བསྟན་པ་སྐྱོང་བའི་བསྲུངས་མ་དང་། །ཡེ་ཤེས་མགོན་པོའི་ཚོགས་རྣམས་རྒྱལ་གྱུར་ཅིག། །ཀྱེ་གླིང་ལ་ཁྱད་འཕགས་ལྷོ་རྒྱལ་འཛམ་བུ་གླིང་། །སྟོང་བཞི་སྟོང་མཆོག་ལྷོ་རྒྱལ་ཚ་བ་སྐྱང་།།ཕུ་ན་ལྷ་བཟང་བཙོ་རྒྱལ་རི་ཏིའི་ཡུལ།།མདའ་ན་ཆབ་བཟང་དབྱི་ཆུ་སྔོན་མོའི་འགྲམ། །མཆེར་ས་བཟང་པོ་བད་ཕུ་དིལ་རྟག་དེར། །དམ་ཆོས་ཁྱད་འཕགས་བསྐལ་པ་བཟང་པོ་འདི། །བཞེངས་པའི་ཡོན་བདག་གྲགས་པར་ལྡན་པ་ནི། །ཕྱི་ཡི་ཉུས་ཆེན་སྨུག་པོ་ལྫོང་ལ་ཆད། །ནང་ཆེན་བཟང་པོ་དམ་མི་ཆེ་རྒྱུད་ཀྱི། །སྐྱེས་པའི་མི་ལ་གྲགས་པའི་གཏམ་ཡོད་པའི། །ཤཱཀྱའི་དགེ་ཚུལ་བསོད་ནམས་བཀྲ་ཤིས་དང་། །ཤཱཀྱའི་ཚུལ་འཛིན་བ་བདེ་ཤེས་རབ་དཔལ། ། རི་རྒྱལ་ལྷུན་པོ་འདྲ་བའི་དཔོན་བློ་དང་། །ཕྱི་ཡི་དགྲ་འདུལ་ནང་གི་སྲིད་སྐྱོང་བའི། །དཔོན་མགོན་ཆོས་སྐྱོང་ཁྲ་གོ་སྐུ་མཆེད་དང་། །དམ་པ་ཆོས་སྐྱོང་སྲུང་དང་ཆོས་ཕྱུག་སོགས། །འཛང་ལ་འཕྲུལ་ཐོག་ཟས་ཆང་བདུད་རྩིར་བསྒྱུར། །དབས་ཟ་བསོད་ནམ་སྒྲོན་དང་རི་ཟ་བསོད་ནམས་མཚོ། །ཉ་སྒྲོན་ཁྲི་མོ་ལོད་དང་། །ཆོས་སྐྱོང་མཚོ། །ཁྲུ་དཔོན་ཡབ་སྲས་བཀའ་གྲོས་ཆོས་ལ་འཐུན། །དྲིན་ཆེན་ཡབ་ཡུམ་དྲིན་ལན་བསབས་པ་དང་། །འདས་པོ་གོང་མའི་ཐུགས་དགོང་རྫོགས་ཕྱིར་དང་། །རང་གི་ཉེས་བྱས་སྡིག་པ་བཤགས་ཕྱིར་དུ། །ཁྱད་འཕགས་ཤོག་བུ་བེཌཱུརྻ་འདྲ་ལ།།རིན་ཆེན་གསེར་དངུལ་གཉིས་ཀྱི་ལེགས་པར་བྲིས། །དབུ་ཡི་དང་པོ་རྒྱ་གར་སྐད་དུ་འདི། །ཕྱི་ཡི་ཤ་རྒྱུས་ནང་གི་ཐིག་ཆ་ཚད། །ཡིག་ཐང་གོང་ལ་སེང་གེ་འགྱིང་བ་འདྲ། །

དཀྱུས་སུ་ཧིག་ཅར་ལ་རྒྱུས་འདྲ་འདི།།གྲོགས་མཆེད་རྣམས་ཀྱིས་ལེགས་པར་བཟབ།།ཆ་ག་གླིགས་ཤིང་རྒྱ་བྱང་གསེར་ལས་གྲུབ། །མ་རིག་ནོར་འཁྲུལ་སྤོང་ཕྱིར་ཞུ་དག་ལ། ། སྲྀ་སྒྲོན་ཚར་བཅད་སངས་རྒྱས་བཀའ་བཞིན་བསྒྲུབས། །ཟྭ་ལེན་ཡོན་ཤུག་བྱས་པའི་ཉེ་དུ་ཉེ་འབྲེལ་དང་། །མི་ཚག་ཆུ་ཚག་སྤྲད་པའི་ཛ་མ་ལག་པ་དེ། །ཆོས་འདིའི་ཕྱོགས་སུ་གོམ་པ་གཅིག་འདོར་བ། །ཡོན་མཆོད་འཁོར་དང་བཅས་པ་ཐཾད་ཀྱང་། །ཚེ་འདིར་བདེ་སྐྱིད་ཕུན་སུམ་ཚོགས་པ་དང་། །བསྐལ་བཟང་སངས་རྒྱས་སྟོང་དང་རྩ་གཉི་ཀྱི། །ཞིང་མཆོག་དག་ཏུ་རྟག་ཏུ་སྐྱེ་བར་ཤོག། །སྟུས་བདེན་ཞིང་ཆོས་ཀྱང་བདེན། །དེ་བཞིན་དགེ་འདུན་བདེན་པ་སྟེ། ། བདེན་པ་གསུམ་གྱིས་བྱིན་བརླབས་ཀྱིས། །སྨོན་ལམ་འདི་བཏབ་མྱུར་འགྲུབ་ཤོག། །བཀྲ་ཤིས་པར་གྱུར་ཅིག དམ་ཆོས་བསྐལ་པོ་བཟང་པོ་འདི། །གླིགས་ཤིང་གླིགས་ཐག་ན་བཟའ་ལྡན་གྱིས་གྲུབ། །གར་བཞུགས་གནས་དེར་དངོས་གྲུབ་ཆར་ལྟར་འབེབས། །གང་དང་གང་དུ་བཞུགས་གྱུར་པ། །དེ་དང་དེར་ནི་མི་མཐུན་ཕྱོགས། །ཞི་ཞིང་བདེ་ལེགས་རྒྱས་གྱུར་ཅིག། །ཚེ་ལ་འདས་པ་དཔོན་རྒན་ཁྲི་ལོད་དང་དཔོན་འབུམ་དང་པར་ཏུ་ཟ་དཔལ་མཚོ་མས་ཐོག་གྲང་ཁམས་གསུམ་སེམས་ཅན་ཐམས་ཅད་ཀྱི་དོན་དུ་བསྔོ་བར་བགྱིའོ། །མཾ་ཏྲ་ལྷཱ། །[①]ཞེས་པའོ།

གཉིས་པ། མཛད་བྱང་གི་དཔེ་ཞིབ།

གཅིག བསྟོད་ཕྱག

༄༅། །ཨོཾ་ས་སྟི། །མཆོད་པའི་རྟེན་གྱུར་རྫོགས་པའི་སངས་རྒྱས་དང་། །བསྒྲུབ་པའི་ལམ་མཆོག་དམ་པའི་ལྷ་ཆོས་དང་། །འདྲེན་པའི་མཆོག་གྱུར་འཕགས་པའི་དགེ་འདུན་དང་། །སྐྱབས་གནས་དཀོན་མཆོག་གསུམ་ལ་ཕྱག་འཚལ་བསྟོད། ། དགོང་སྟོན་མཐོ་ལ་ཉི་ཟླས་བརྒྱན་པའི་འོག། །བདལ་པ་བཀོད་ལེགས་དོག་མོ་སའི་སྟེང་། །སྟོང་གསུམ་མི་མཇེད་ཤཱཀྱ་ཐུབ་པའི་ཞིང་། །རྒྱལ་རབ་དགུ་ཁྲི་དགུ་འབུམ་དགུ་སྟོང་དང་། །ཉི་བརྒྱ་ཉི་ཤུ་རྩ་ལྔའི་བར་དག་ཏུ། ། རིག་རྒྱུད་ཕལ་པ་གཞན་གྱིས་མ་བསླད་པར། །མི་ཕམ་མགོན་པོ་རྒྱལ་པོར་དབང་བསྐུར་ནས། །ཡུམ་མཆོག་སྒྱུ་མ་ལྷ་མཛེས་ལྷུམ་ཞུགས་ཤིང་། །མཚན་མཆོག་རྒྱལ་པོ་ཤཱཀྱའི་སྲས་སུ་འཁྲུངས། །བདུད་

① ཆབ་མདོ་རི་བོ་ཆེ་དགོན་མདོ་བསྐལ་བཟང་གི་མཛད་བྱང་ལས་དྲངས།

དང་མུ་སྟེགས་འདུལ་ཕྱིར་གཉེན་པོ་རུ། །ཆོས་ཀྱི་ཕུང་པོ་བརྒྱད་ཁྲི་བཞི་སྟོང་གསུངས། །དམ་ཆོས་བསྟན་པ་སྐྱོང་བའི་བསྲུངས་མ་དང་། །ཡེ་ཤེས་མགོན་པོའི་ཚོགས་རྣམས་རྒྱལ་གྱུར་ཅིག། །[1]ཅེས་པ་བྱུང་བ་ལྟར་ན། དེ་ཡང་ཐོག་མར་དཀོན་མཆོག་གསུམ་ལ་ཕྱག་འཚལ་ཕུལ་བ་དང་སྦྲགས། དེ་རྗེས་རིམ་པས་བཞིན་ཡུམ་སྒྱུ་མ་ལྷ་མཛེས་ལ་སྟོན་པ་སྐུ་བལྟམས་ཤིང་། བདུད་དང་མུ་སྟེགས་འདུལ་བའི་ཕྱིར་ཆོས་ཀྱི་ཕུང་པོ་བརྒྱད་ཁྲི་བཞི་སྟོང་གསུངས་པ་དང་། དམ་ཆོས་བསྟན་པ་སྐྱོང་བའི་སྲུང་མ་ཡེ་ཤེས་མགོན་པོའི་ཚོགས་རྣམས་རྒྱལ་གྱུར་ཅིག་ཅེས་གསུངས་འདུག་ཕྱིར་ན་དམ་ཆོས་བསྟན་པ་སྐྱོང་བའི་སྲུང་མ་ནི་གྲུབ་མཐའ་ཁག་མི་འདྲ་བ་སོ་སོར་ཆོས་སྐྱོང་སྲུང་མ་ཡང་མི་འདྲ་བ་ཡོད་པ་སྟེ། ས་སྐྱའི་སྲུང་མ་གུར་ཞལ་དང་མགོན་པོ་ཕྱག་བཞི་པ། དགེ་ལུགས་པའི་དམ་ཅན་ཆོས་རྒྱལ་དང་དཔལ་ལྷ་མོ། རྙིང་མ་པའི་མགོན་པོ་ཕྱག་དྲུག་དང་ལྷ་མོ་ཨེ་ཀ་ཛྭ་ཏི། མར་པ་བཀའ་བརྒྱུད་དམ་ཅན་རྡོ་རྗེ་ལེགས་པ་དང་མགོན་པོ་ཕྱག་བཞི་པ། ཤང་པ་བཀའ་བརྒྱུད་པའི་མགོན་པོ་ཕྱག་དྲུག འབྲི་གུང་བཀའ་བརྒྱུད་སྲུང་མ་ཨ་ཕྱི། གཙང་བཀའ་བརྒྱུད་སྲུང་མ་མགོན་པོ་བེང་། བཀའ་བརྒྱུད་ཡོངས་ཀྱི་སྲུང་མ་དུས་སོལ་མ། སྟག་ལུང་བཀའ་བརྒྱུད་སྲུང་མ་ཏྲག་བཙན། འབྲུག་པ་བཀའ་བརྒྱུད་སྲུང་མ་སྨྱོན་ཁ་དང་ཐག་པ་མེ་ལེན། བཀའ་བརྒྱུད་ཀྱི་ཡིས་ཚེ་རིང་མཆེད་ལྔ་བཅས་ཡིན་པ་དེ་ཡང་རེ་ཞིག་སྲུང་མའི་སྐོར་ལ་བརྗོད་པ་ཡིན།

གཉིས། ཡུལ་ལུང་།

ཀྱེ་གླིང་ལ་ཁྱད་འཕགས་ལྗོངས་རྒྱལ་འཛམ་བུ་གླིང་། །སྟོང་བཞི་སྟོང་མཆོག་ལྗོངས་རྒྱལ་ཚ་བ་སྐང་། །ཕུ་ན་ལྷ་བཟང་བཙོ་རྒྱལ་རི་ཏིའི་ཡུལ། །མདའ་ན་ཆབ་བཟང་དབྱི་ཆུ་སྔོན་མོའི་འགྲམ། །མཆོར་ས་བཟང་པོ་བད་ཕུ་དིལ་རྟག་དེར། [2]ཞེས་བྱུང་བ་ལ་གཞིགས་ན། དེ་ཡང་ཐོག་མར་སྔོན་གྱི་མཛད་བྱང་ཁག་བཞིན་ཀྱེ་ཞེས་འབོད་པའི་སྒྲས་འགོ་བཙུགས་ཏེ་གླིང་བཞིའི་ནང་ནས་ཁྱད་དུ་འཕགས་པ་ལྗོངས་འཛམ་བུ་གླིང་དེ་ཡིན་པ་བཤད་པ་དང་གླིང་དེའི་ནང་ནས་ཀྱང་སྐང་བཞིའི་ཡ་གྱལ་ཏེ་ཚ་བ་སྐང་དེ་ཡིན་པར་བསྟན་པ་དང་། ཚ་བ་སྐང་དེའི་ཕུ་ན་ལྷ་བཟང་གཙོ་རྒྱལ་རི་ཏིའི་ཡུལ་དང་མདའ་ན་ཆུ་བཟང་བ་དབྱི་ཆུ་སྔོན་མོ་སྟེ་དེང་གི་རི་བོ་ཆེའི་མདའ་ཁོངས་སུ་

[1] ཆབ་མདོ་རི་བོ་ཆེ་དགོན་མདོ་བསྐལ་བཟང་གི་མཛད་བྱང་ལས་དྲངས།

[2] ཆབ་མདོ་རི་བོ་ཆེ་དགོན་མདོ་བསྐལ་བཟང་གི་མཛད་བྱང་ལས་དྲངས།

གཙོ་གཏོགས་པའི་རི་ཆུ་དེ་གཉིས་ཀྱི་བར་དུ་ཆགས་པའི་བད་ཕུ་དིལ་རྟག་དེར་འབྲི་བཞེངས་བསྐྲུངས་པ་ནི་བསྟོད་པ་དུང་ཆེན་གཟུགས་ཀྱི་རྣམ་པའི་ཐོག་ནས་བསྟན་པ་ལགས།

གསུམ། སྦྱིན་བདག

།དམ་ཆོས་ཁྲིད་འཕགས་བསྐལ་པ་བཟང་པོ་འདི། །བཞེངས་པའི་ཡོན་བདག་གྲགས་པར་ལྡན་པ་ནི། །ཁྲི་ཡི་ཉུས་ཆེན་སྟག་པོ་ལྫོང་ལ་ཆད། །ནང་ཆེན་བཟང་པོ་དམ་མི་ཆེ་རྒྱུད་ཀྱི། །སྐྱེས་པའི་མི་ལ་གྲགས་པའི་གཏམ་ཡོད་པའི། །ཤཱཀྱའི་དགེ་ཚུལ་བསོད་ནམས་བཀྲ་ཤིས་དང་། །ཤཱཀྱའི་ཚུལ་འཛིན་བ་བདེ་ཤེས་རབ་དཔལ། །རི་རྒྱལ་ལྷུན་པོ་འདྲ་བའི་དཔོན་བློ་དང་། །ཁྲི་ཡི་དགྲ་འདུལ་ནང་གི་སྲིད་སྐྱོང་བའི། །དཔོན་མགོན་ཆོས་སྐྱོང་ཁྲ་གོ་སྐུ་མཆེད་དང་། །དམ་པ་ཆོས་སྐྱོང་སྲུང་དང་ཆོས་ཕྱུག་སོགས། །འཛང་ལ་འཕྲུལ་ཐོག་ཟས་ཆང་བདུད་རྩིར་བསྒྱུར། །དཔལ་ཟ་བསོད་ནམ་སྒྲོན་དང་རི་ཟ་བསོད་ནམས་མཚོ། །ཉ་སྒྲོན་ཁྲི་མོ་ལོད་དང་། །ཆོས་སྐྱོང་མཚོ། །ཁྱུ་དབོན་ཡབ་སྲས་བཀའ་གྲོས་ཆོས་ལ་འཐུན།[1] ཞེས་པ་ལས་ཆབ་མདོ་གྲོང་ཁྱེར་རི་བོ་ཆེའི་རྫོང་གི་མངའ་ཁོངས་སུ་ཆགས་པའི་མཆོར་ས་བཟང་པོ་དེར་དད་པ་སྐྱོ་ངས་མེད་པའི་ལྫོང་གི་ཉུས་ཆེན་བརྒྱད་ལས་རྟག་པོ་ལྫོང་གི་ནང་ཆེན་བཟང་པོ་དམ་མི་ཆེ་རྒྱུད་དགེ་ཚུལ་བསོད་ནམས་བཀྲ་ཤིས་དང་། བདེ་ཤེས་རབ་གསལ། དཔོན་མགོན་ཆོས་སྐྱོང་ཁྲ་གོ་སྐུ་མཆེད་དང་ཆོས་སྐྱོང་སྲུང་དང་ཆོས་ཕྱུག་ལ་སོགས་པས་གསུང་རབ་འབྲི་བཞེངས་ཀྱི་དུས་ཡུན་རིང་ཐུང་ལ་གཟིགས་སྟེ་ཛ་ཆང་དུས་ཐོག་ཏུ་འདྲེན་པ་དང་། དཔལ་ཟ་བསོད་ནམས་སྒྲོན་དང་རི་ཟ་བསོད་ནམས་མཚོ། ཉ་སྒྲོན་ཁྲི་མོ་ལོད་དང་ཆོས་སྐྱོང་མཚོ། ཁྱུ་དབོན་ཡབ་སྲས་རྣམས་བཀའ་གྲོས་ཆོས་ལ་མཐུན་ཏེ་འབྲི་བཞེངས་ཀྱི་སྦྱིན་བདག་ཏུ་བྱོན་པ་དེ་ཤེས་སོ།

བཞི། དགོས་པ།

དད་པ་སྐྱོ་ངས་མེད་པའི་སྦྱིན་བདག་ལྫོང་གི་རྒྱུད་པ་རྟག་པ་ལྫོང་གིས་ནང་ཆེན་བཟང་པོ་སོགས་ཀྱིས་རྒྱུ་འགྲོ་སྦྱར་ཏེ་གསུང་རབ་དེ་དེང་གི་རི་བོ་ཆེའི་རྫོང་གི་མངའ་ཁོངས་སུ་འབྲི་

[1] ཆབ་མདོ་རི་བོ་ཆེ་དགོན་མདོ་བསྐལ་བཟང་གི་མཛད་བྱང་ལས་དྲངས།

བཞེངས་གནང་བའི་དགོས་པ་ཁག་གསུམ་སྟེ་གཅིག་རང་ཉིད་ཀྱི་ཚེ་འདིར་སྐྱེས་པའི་ཡབ་ཡུམ་རྣམ་གཉིས་ཀྱིས་ཆུང་སྔར་མོ་གང་ནས་བསྐྱངས་པའི་དྲིན་ལན་བསབ་ཕྱིར་དང་། གཉིས་འཇིག་རྟེན་འདི་ནས་འཇིག་རྟེན་ཕ་རོལ་ཏུ་སོང་བའི་དམ་པ་རྣམས་ཀྱི་ཐུགས་དགོངས་རྫོགས་ཕྱིར་དང་། གསུམ་རང་གིས་ཉེས་བྱས་སྡིག་པ་རྣམས་བཤགས་པའི་ཕྱིར་དུ་གསུང་རབ་དེ་བཞེངས་པ་ནི་མཛད་བྱང་ལས། །དྲིན་ཆེན་ཡབ་ཡུམ་དྲིན་ལན་བསབས་པ་དང་། །འདས་པོ་གོང་མའི་ཐུགས་དགོང་རྫོགས་ཕྱིར་དང་། །རང་གི་ཉེས་བྱས་སྡིག་པ་བཤགས་ཕྱིར་དུ། །[1]ཞེས་པས་རྟོགས།

༥། སྣག་ཤོག

།ཁྱད་འཕགས་ཤོག་བུ་བེཧྲཱ་འདྲ་ལ།།རིན་ཆེན་གསེར་དངུལ་གཉིས་ཀྱི་ལེགས་པར་བྲིས། །དབུ་ཡི་དང་པོ་རྒྱ་གར་སྐད་དུ་འདི། །ཕྱི་ཡི་ཤ་རྒྱུས་ནང་གི་ཐིག་ཆ་ཚད། །ཡིག་ཐང་གོང་ལ་སེང་གེ་འཁྱིལ་བ་འདྲ། །དཀྱུས་མུ་ཏིག་ཙར་ལ་རྒྱུས་འདྲ་འདི།།གྲོགས་མཆེད་རྣམས་ཀྱིས་ལེགས་པར་བཟབ།།[2]ཅེས་བྱུང་བ་ལས་གསུང་རབ་དེ་རི་བོ་ཆེའི་རྫོང་གི་མདའ་ཁོངས་སུ་འབྲི་བཞེངས་བསྐྲུངས་པའི་སྐབས་སུ་འབྲི་བཞེངས་ལ་ཉེ་བར་མཁོ་བའི་སྣག་ཚ་ནི་རིན་ཆེན་གསེར་དངུལ་གཉིས་བཙོ་སྦྱངས་བྱས་པའི་སྣག་ཚ་དང་འབྲི་ཤོག་ནི་ཤོག་བུ་མཐིང་གའི་སྟེང་དུ། སྲོལ་རྒྱུན་བཞིན་དབུ་ཤོག་གི་དང་པོ་རྒྱ་གར་སྐད་དེ་འབྲི་གཟུགས་ཕྱི་ཡི་ཤ་རྒྱུས་ནང་གི་ཐིག་ཆ་ཚང་བའི་ཡིག་ཐང་སེང་གེ་འཁྱིལ་འདྲ་བ་དང་། གཞུང་བྲིངས་རྣམས་བོད་ཡིག་གི་འབྲི་གཟུགས་མུ་ཏིག་སྟར་ལ་བརྒྱུས་པ་སྟེ། སྤེལ་ནག་བགྲད་འདྲ། སོ་ཕག་གཤིབ་འདྲ། མུ་ཏིག་སྟར་ལ་བརྒྱུས། ནས་སྔོན་ཐོག་བཀྲམ། སེང་གེ་གནམ་འཕྱོང་། བྱ་ཕོ་འཛོལ་འདྲ། ཉ་མོ་ཆུ་མཚོང་། སྦྲུ་ནག་བགྲད་འདྲ་ཞེས་བསྟན་པ་སྟ་དར་གྱི་དུས་སུ་འབྲི་གཟུགས་རིགས་མི་འདྲ་བ་བརྒྱད་དུ་བགྲངས་པའི་ནང་ནས་མུ་ཏིག་སྟར་ལ་བརྒྱུས་པ་དེའི་ཐོག་ནས་འབྲི་བཞེངས་བསྐྲུངས་པ་དེ་གོང་གི་མཛད་བྱང་ལས་ཤེས། བོད་ལ་འབྲི་གཟུགས་མུ་ཏིག་སྟར་ལ་བརྒྱུས་དང་སེང་གེ་འཁྱིལ་པ་འདི་གཉིས་ནི་བོད་བཙན་པོའི་སྐུ་དུས་ནས་བྱུང་ཟིན་པ་སྟེ། རྒྱལ་པོ་ཁྲི་ལྡེ་སྲོང་བཙན་སད་ན་ལེགས་མཇིང་ཡོན་ (798-815) གྱི་སྐུ་རིང་ལ་གྲ་ཤོད་གཉིས་བྱ་བ་ཡི་གེའི་མཁན་པོ་གཉིས་བྱུང་སྟེ། ཛེ་

[1] ཚབ་མདོ་རི་བོ་ཆེ་དགོན་མདོ་བསྐལ་བཟང་གི་མཛད་བྱང་ལས་དྲངས།

[2] ཚབ་མདོ་རི་བོ་ཆེ་དགོན་མདོ་བསྐལ་བཟང་གི་མཛད་བྱང་ལས་དྲངས།

ལ་ཡི་གེའི་སྣང་ངས་ཕུལ་བས་སེང་གེ་གནམ་འཕྱོང་དང་སྨུ་ཏིག་སྐར་ལ་རྒྱུས་པ་འདྲ་བ་བྱུང་སྟེ། རྗེ་ས་བདག་རྒྱལ་པོའི་ཐུགས་དམ་འབྲི་བར་བཟང་བས། ཞྭའི་གཙོགས་ཀྱི་རྗོ་རིང་སྟེ་ལྷ་སའི་ཤར་ངོས་ཀྱི་སྤྱི་ལོ་བརྒྱད་ཅུ་ཙམ་གྱི་མལ་གྲོའི་ཕོངས་སུ་གནས་པའི་ཞྭ་ལྷ་ཁང་རྗོ་རིང་ཤར་ནུབ་གཉིས་ཀྱི་འགྲམ་དུ་ཡི་གེའི་དཔེ་གཅིག་བཏབ་ནས་བཞག གསེར་ཡིག་ནི་དགེ་རྒྱས་བྱེ་མ་གླིང་གི་བཟང་པོ་སྤྱོད་པ་དང་། ཡེར་པའི་ཕུང་པོ་གསུམ་པའི་མདོ། མདོ་སྔ་ཚོགས་བཞུགས་པའི་གསེར་འབུམ་དེ་རྣམས་འབྲི་བའི་དུས་སུ་རྗེས་རྩིས་གནང་བ་ནི། བསུ་བ་ཞུ་རྟེན། གདན་གཡས་གྲལ། གཏང་རག་གི་འབུལ་བ་བསམ་གྱིས་མི་ཁྱབ་པ་གནང་། རྩེ་སར་ཞིང་དོར་གཅིག་སྐྱོ་རོགས་སུ་རྩེད་འཛོ་སྣ་ཚོགས་པ་གནང་ངོ་། བོད་ཡུལ་དུ་གསུང་རབ་མང་དུ་བྲིས་ཤིག་ཅེས་བཀའ་སྩལ་ཏོ་[1]ཞེས་ཁྲུང་པོ་གཡུ་ཁྲིའི་གཞུང་ལུགས་དང་མྱང་ཉི་མ་འོད་ཟེར་ཆོས་འབྱུང་དུ་གསུངས་པའི་སྟོན་ཀྱི་འབྲི་གཟུགས་སེང་གེ་གནམ་འཕྱོང་དང་སྨུ་ཏིག་སྐར་ལ་བརྒྱུས་འདྲ་འདི་གཉིས་དུས་རབས་9པའི་ནང་དུ་བྱུང་བ་དང་དེ་གཉིས་སྲོལ་གཏོད་མཁན་པོ་གྲ་ཤོད་རྣམ་གཉིས་ཡིན་པ་དེ་གོང་གི་ལུང་ལས་ཁ་གསལ་ཞིག་རྟོགས།

དྲུག གླིགས་ཤིང་།

ཆ་ག་གླིགས་ཤིང་རྒྱ་བྱང་གསེར་ལས་གྲུབ་ཅེས་བྱུང་བ་ལ་གཞིགས་ན། བོད་ཀྱི་གནའ་དཔེར་གླིགས་ཤིང་བསྒྲོན་རྒྱུ་དེ་དུས་རབས་ཅི་ཙམ་ཞིག་ལ་མགོ་འཚུགས་པ་ཡིན་ནམ་ཞེས་ན། དེ་ནི་དུས་རབས་8-9པའི་སྔོན་ནས་ཡོད་པ་ཞིག་རེད་སྙམ། ཏུན་ཧོང་ནས་ཐོན་པའི་བོད་ཀྱི་ཡིག་རྙིང་དེ་དག་ནི་རྒྱལ་ཁབ་ཕྱི་ནང་གི་བོད་རིག་པ་སྨྲ་བ་དག་གིས། དུས་རབས་9-10བར་གྱི་ཡིག་ཆ་ཞིག་ཡིན་པའི་ངོས་འཛིན་གནང་གི་ཡོད་གཤིས། ཀན་སུའུ་ཞིང་ཆེན་ཧྲེན་རྫས་བཤམས་མཛོད་ཁང་དུ་ཏུན་ཧོང་ནས་ཐོན་པའི་གནའ་དཔེ་ཧི་སླེད་ཅིག་ཉར་ཚགས་གནང་ཡོད། དེ་དག་ཐོག་མར་བཤམས་མཛོད་ཁང་དེར་འཚོར་བའི་སྐབས་སུ་གསུང་རབ་དེ་དག་ལ་རང་རང་སོ་སོར་གཙུ་ཁ་འགྲིག་ཏུ་སོང་བ་ལྟ་བུའི་གླིགས་ཤིང་རེ་རེ་མཆིས་པའི་སྒྲོས་གདའ་ལ། སུད་སིའི་ཨ་མི་ཧད་ལེགས་ (瑞士艾米海勒) ཀྱིས་མཛད་པའི་བོད་ཀྱི་ནང་བསྟན་སྒྱུ་རྩལ་

[1] ཉང་ཉི་མ་འོད་ཟེར་གྱིས་མཛད་པའི་ཆོས་འབྱུང་མེ་ཏོག་སྙིང་པོ་སྦྲང་རྩིའི་བཅུད་ཅེས་པ་བོད་ལྗོངས་མི་དམངས་དཔེ་སྐྲུན་ཁང་གི་1988ལོའི་པར་མའི་ཤོག་གྲངས་417ལས་དྲངས།

ཞེས་པའི་དེབ་དེའི་ནང་དུ་དུས་རབས་9པའི་སྐབས་ཀྱི་གླེགས་ཤིང་ཞིག་ངོ་སྤྲོད་གནང་ཡོད་པ་སྟེ་འདི་ལྟར། གླེགས་ཤིང་དེའི་ཆེ་ཆུང་ནི་66cmདང་19cm གླེགས་ཤིང་དེའི་མདུན་ངོས་སུ་ཆུ་སྐྱེས་པདྨ་འདབ་བརྒྱད་ཀྱིས་བརྒྱན་པའི་ཆོས་འཁོར་གསུམ་ཡོད། གླེགས་ཤིང་གི་བྱུར་ངོས་སུ་སྐུ་བརྙན་བཀོས་ཡོད། སྐུ་བརྙན་དེ་ནི་སངས་རྒྱས་རྣམ་པར་སྣང་མཛད་ཀྱི་ཕྱག་རྒྱ་ཅན་ཞིག

དུས་རབས་དགུ་པའི་གླེགས་ཤིང་།

ཡིན། སྐུ་བརྙན་དེའི་གཞོགས་གཡས་གཡོན་དུ་རི་དྭགས་གཉིས་ཏེ་སེངྒེ་ཡིན། གླེགས་ཤིང་འདི་དུས་རབས་9པའི་ནང་བཞེངས་གནང་བ་རེད་[1]ཅེས་གསུང་པ་ལྟར་ན། གླེགས་ཤིང་དེའི་སྟེང་དུ་བཀོས་པའི་ཆུ་སྐྱེས་པདྨ་མས་བརྒྱན་པའི་ཆོས་འཁོར་གྱི་རི་མོ་དེ་དང་ཆ་མཚུངས་པ་ཞིག དུས་རབས་8-9པའི་བར་གྱི་ཏུན་ཧོང་ཡིག་རྙིང་གི་ཞབས་ཤོག་སྟེང་དུའང་བྲིས་འདུག[2]ལ་ད་དུང་ཤླ་འབུམ་གྱི་ལེའུ་དང་བམ་པོ། ཚོགས་སོགས་ཀྱི་ཚད་བསྟན་པ་ཞེས་པར་ད་ལྟ་གཡོ་རུ་ཁྲ་སྣ་ན་བཞུགས་སོ། དེ་ཡང་འགྱུར་མ་རྒྱས་ནས་ཕྱིས་སྤྱི་ལོ་763ལོའི་རྒྱལ་བུ་མུ་ཏིག་བཙན་པོའི་ཐུགས་དམ་དུ་བཞེངས་སྐད། ལྕུགས་ཐུར་ཅན་དེ་དང་བིད་པ་ཏར་བསྟུན་ཅིང་སྤྱ་གོར་བེ་ཙ་ནས་ཞུ་ཆེན་བྱས་ནས་ཆེ་ལོང་༡་གཏན་ལ་ཕབ་ནས་དྲུག་དུམ་པ་༡་བྲིས་པར་གདའ། པན་བི་ཏ་ལ་མ་ཐུགས་ཀྱང་སྟེར་གྱི་བས་འགྱུར་མ་ལས་རྒྱས་སྐད། གླེགས་ཤིང་ལས་མཚན་དུ་ཐོགས་པ་རྒྱལ་པོའི་ཐུགས་དམ་སམས་གབ་ཅན་ཞེས་གྲགས། དེ་ལ་ཐུགས་ཆེས་ནས་ཐུགས་དམ་དུ་མཛད། ཤླ་འགྱུར་འབྲིང་པོ་བྱ་བ་ལགས།[3]ཞེས་གསུངས་པ་ལ་བལྟས་ན། བེ་རོ་ཙ་ན་ནི་རྒྱལ་པོ་ཁྲི་སྲོང་ལྡེ་བཙན་གྱི་ (755-797) སྐུ་དུས་སུ་བྱོན་པའི་ལོ་ཙཱ་བ་ཞིག་ཡིན་པ་དང་ལྷག་དོན་དུ་

---

① 见,［瑞士 ］艾利凯勒《西藏佛教艺术》［M］文化艺术出版社2008年1月55页。

② Crstina Scherrer-Schaub and George Bonani,Establishing a typology of the old Tibetan manuscripts:a multidisciplinary approach, China Tibetology publishing house ,Press,2008 P134

③ ཤེས་རབ་ཀྱི་ཕ་རོལ་དུ་ཕྱིན་པའི་བམ་པོ་དང་། ལེའུ་དང་། ཤད་དང་། ཚོགས་དང་། གྲངས་བཞུགས་པའི་ཚད་བསྟན་པ་ཞེས་པའི་དཔེ་རྙིང་བྲིས་མ་ཁྲ་ཚད་མའི་ལྡེབ་གྲངས་5ལས་དྲངས།

གླིགས་ཤིང་ལས་མཚན་ཐོགས་པ་སམས་གབ་ཅན་ཞེས་བྱུང་བ་ལས། བོད་ཀྱི་གནའ་དཔེར་དུས་རབས་8་པའི་ཡར་སྔོན་ནས་གླིགས་ཤིང་བསྒྲོན་སྲོལ་ཡོད་པ་དེ་དངོས་རིག་དང་གཞུང་ལུགས་གཉིས་ཀྱི་ཐོག་ནས་བསྒྲུབ་པ་ཞིག་ཡིན་[①]ཞེས་པས་དེའི་བྱུང་བ་ཤེས། སྐབས་འདིར་འབྲི་བཞེངས་བསྐྲུངས་པའི་གསུང་རབ་ཀྱི་སྲུང་སྐྱོབ་ཆེད་དུ་ཕུལ་བའི་ཕྱིའི་སྒྲིལ་ཆས་གླིགས་ཤིང་གླིགས་ཐག་ན་བཟའ་ལ་སོགས་པའི་སྐོར་ལ། འགྲོ་མགོན་ཆོས་འཕགས་ཀྱིས་ཤོ་སྡུག་ལྔ་གསུམ་དུ་བཀའ་བསྟན་བཞེངས་སྐབས་གསུངས་པ་ལྟར་ན། སྣ་ཚོགས་བཟོ་རིག་མཁས་པའི་ཚོགས་རྣམས་ཀྱིས། དྲས་དང་གླིགས་ཤིང་གླིགས་ཐག་ན་བཟའ་སོགས། འགྲོ་བའི་ཡིད་འཕྲོག་ཕུལ་དུ་བྱུང་བ་ཡི། རྣམ་པར་བཀྲ་བ་ཕུན་སུམ་ཚོགས་པ་བསྒྲུབ་[②]ཅེས་པས་སྐབས་དེའི་གླིགས་ཤིང་བཟོ་མཁན་གྱི་བཟོ་རིགས་མཁས་པ་ཕྱོན་པ་དེ་ཤུགས་ལ་རྟོགས། རྒྱ་བྱང་ཞེས་པ་ནི་གླིགས་ཤིང་གི་རྒྱ་སྤུས་ཏེ་ཤིང་རྒྱ་བྱང་དང་དེའི་ཁ་དོག་གསེར་དུ་བསྒྱུར་དོན་ནི་འགྲོ་མགོན་ཆོས་འཕགས་ཀྱིས། གླིགས་ཤིང་གསེར་གྱི་མདོག་སྣང་བ། །འཛུམ་པའི་མདངས་འོད་འཕྲིན་པ་ནི། །ཐུབ་པ་དགེས་པས་ཉིད་སྲས་ལ། །འཛུམ་པ་མཛད་པ་ལྟ་བུར་གདའ། གླིགས་ཤིང་ཕྱི་བས་ནང་མདངས། །དམར་ཞིང་ཀུན་ནས་འཚེར་བ་ནི། །རྒྱལ་བའི་ཞལ་གྱི་སྒྲོས་གསལ་ནས། ལྷགས་ཀྱི་དབང་པོ་བཀྲམ་འདྲ་མཆིས། །མཐིང་ཤོག་མཐིང་གའི་མདངས་ཆགས་ལ། །དབང་པོའི་གཞུ་ཡི་འོད་འཕྲིན་པ། །ལྷགས་ལས་བྱེ་བ་ཁྲག་ཁྲིག་འོད། །ཀུན་ནས་འཕྲིན་པ་ལྟ་བུར་གདའ། །གསེར་གྱི་ཡི་གེ་གསེར་ཕྲེང་ལྟར། །ཕྲེང་དུ་དངར་ཞིང་བསྟན་པ་ནི། །ལྷགས་ཀྱི་འོད་ཀྱི་རྩེ་མོ་ལ། །ཐུབ་པའི་སྐུ་གཟུགས་བཀྲམ་འདྲར་མཆིས། །ཡི་གེའི་གུག་སྐྱེད་གོང་འོག་ཏུ། །ལྡིང་ཞིང་འཁྱུག་པར་གནས་པ་ནི། །སྤྲུལ་པའི་སྐུ་ལ་རྒྱལ་སྲས་དང་། །སློབ་མས་ཞབས་འབྲིང་བགྱིས་འདྲར་གདའ། །[③]ཞེས་པས་གླིགས་ཤིང་གི་ཚོན་རྩི་དང་སྣག་ཤོག་གི་ཁ་དོག་བཅས་ཀྱི་མཚོན་དོན་གང་ཞིག་ཡིན་པ་དེ་གོང་གི་འགྲོ་མགོན་ཆོས་རྒྱལ་འཕགས་པའི་གསུང་ལས་རྟོགས།

① པད་མ་བཀྲ་ཤིས་ཀྱིས་བརྩམས་པའི་བོད་ཡིག་གནའ་དཔེའི་རྣམ་བཤད་ཅེས་པ་བོད་ལྗོངས་མི་དམངས་དཔེ་སྐྲུན་ཁང་གི་2013ལོའི་སྤར་མའི་ལེའུ་བཞི་པ་གནའ་དཔེའི་སྒྲིལ་ཆས་སྐོར་དུ་གཟིགས་པར་འཚལ།

② ས་སྐྱའི་བཀའ་འབུམ་པོད་བཞི་པ་ཁམས་སྡེ་དགེའི་སྤར་མའི་ཤོག་གྲངས་303ལས་དྲངས།

③ ས་སྐྱའི་བཀའ་འབུམ་པོད་བཞི་པ་ཁམས་སྡེ་དགེའི་སྤར་མའི་ཤོག་གྲངས་316ལས་དྲངས།

བདུན། ཡིག་ཤུས།

།མ་རིག་ནོར་འཁྲུལ་སྤོང་ཕྱིར་ཞུ་དག་ལ། །སྨྲ་སྐྱོན་ཚར་བཅད་སངས་རྒྱས་བཀའ་བཞིན་བསྒྲུབས། །[①]ཞེས་བྱུང་བ་ལས་རི་བོ་ཆེ་རྫོང་གི་མངའ་ཁོངས་སུ་གསུང་རབ་འབྲི་བཞེངས་བསྐྲུངས་པའི་སྐབས་སུ་ཆང་འཁྱོར་གཞུང་སྤོང་གི་ཞུས་དག་མཐིལ་ཕྱིན་པ་བྱས་ཏེ་འབྲི་བཞེངས་བསྐྲུངས་པ་དེ་མཛད་བྱུང་ལས་རྟོགས།

བརྒྱད། བསྔོ་སྨོན།

།ཟོ་ལེན་ཡོན་ཤུག་བྱས་པའི་ཉེ་དུ་ཉེ་འབྲེལ་དང་། །མི་ཚག་ཚུ་ཚག་སྲིད་པའི་ཇ་མ་ལག་པ་དེ། །ཆོས་འདིའི་ཕྱོགས་སུ་གོམ་པ་གཅིག་འདོར་བ།།ཡོན་མཆོད་འཁོར་དང་བཅས་པ་ཐོད་ཀྱང་། །ཚེ་འདིར་བདེ་སྐྱིད་ཕུན་སུམ་ཚོགས་པ་དང་། །སྐལ་བཟང་སངས་རྒྱས་སྟོང་དང་རྩ་གཉིས་ཀྱི། །ཞིང་མཆོག་དག་ཏུ་རྟག་ཏུ་སྐྱེ་བར་ཤོག། །སྡུས་བདེན་ཞིང་ཆོས་ཀྱང་བདེན། །བདེན་པ་གསུམ་གྱིས་བྱིན་བརླབས་ཀྱིས། །སྨོན་ལམ་འདི་བཏབ་མྱུར་འགྲུབ་ཤོག། །བཀྲ་ཤིས་པར་གྱུར་ཅིག དམ་ཆོས་སྐལ་པོ་བཟང་པོ་འདི། །གླིགས་ཤིང་གླིགས་ཐག་ན་བཟའ་ལྷུན་གྱིས་གྲུབ། །གར་བཞུགས་གནས་དེར་དངོས་གྲུབ་ཆར་ལྟར་འབེབས། །གང་དང་གང་དུ་བཞུགས་གྱུར་པ། །དེ་དང་དེར་ནི་མི་མཐུན་ཕྱོགས།། ཞི་ཞིང་བདེ་ལེགས་རྒྱས་གྱུར་ཅིག། །ཚེ་ལ་འདས་པ་དཔོན་རྐྱན་ཁྲི་ཡོད་དང་དཔོན་འབུམ་དང་པར་དུ་ཟ་དཔལ་མཚོ་མས་ཐོག་གྲང་ཁམས་གསུམ་སེམས་ཅན་ཐམས་ཅད་ཀྱི་དོན་དུ་བསྔོ་བར་བགྱིའོ། །མཾ་ཀ་ལཾ། །[②]ཞེས་གསུངས་པ་ལས། ང་ཆོས་གསུང་རབ་འདི་འབྲི་བཞེངས་བསྐྲུངས་ཟིན་པའི་རྗེས་སུ། རྣམ་པར་དཀར་བའི་དགེ་བའི་ལས་འདིའི་ཕྱོགས་སུ་གོམ་པ་གང་ཙམ་ཞིག་སྤོ་མཁན་གྱི་དད་པ་སྐྱོ་ངས་མེད་པའི་སྦྱིན་བདག་རྣམས་ཚེ་འདིར་བདེ་སྐྱིད་ཕུན་སུམ་ཚོགས་ཤིང་། སངས་རྒྱས་ཀྱི་ཞིང་མཆོག་ཏུ་སྐྱེ་བར་ཤོག་ཅེས་སྐབས་དེ་དུས་ཀྱི་སྦྱིན་བདག་གི་ངོས་ནས་སྨོན་ལམ་དང་། ད་ཐེངས་འབྲི་བཞེངས་བྱས་པའི་གསུང་རབ་འདི་འབྲི་བཞེངས་བསྒྲུབ་པའི་བྱིན་རླབས་ལས་མདོ་བསྐལ་བཟང་དེ་གར་བཞུགས་གནས་དེར་དངོས་གྲུབ་ཆར་ལྟར་འབེབས།། གང་དང་གང་དུ་བཞུགས་གྱུར་པ། །དེ་དང་དེར་ནི་མི་

① ཆབ་མདོ་རི་བོ་ཆེ་དགོན་མདོ་བསྐལ་བཟང་གི་མཛད་བྱུང་ལས་དྲངས།

② ཆབ་མདོ་རི་བོ་ཆེ་དགོན་མདོ་བསྐལ་བཟང་གི་མཛད་བྱུང་ལས་དྲངས།

མཐུན་ཕྱོགས། །ཞི་ཞིང་བདེ་ལེགས་རྒྱས་གྱུར་ཅིག། །ཅེས་དང་། གསུམ་པ་ཚེ་འདས་གཞིན་པོའི་ངོས་ནས་བརྗོད་ན་ཡང་ཚེ་ལ་འདས་པ་དཔོན་རབ་ཁྲི་ཡོད་དང་དཔོན་འབུམ་དང་པར་ཏུ་ཟ་དཔལ་མཚོ་མས་ཐོག་བསྒྲང་ཁམས་གསུམ་སེམས་ཅན་ཐམས་ཅད་ཀྱི་དོན་དུ་བསྔོ་བར་ཤོག ཅེས་བསྔོ་སྨོན་བཏབ་པ་ནི་གོང་གི་མཛོད་བྱང་ལས་ཤེས།

ལེ་ཚན་བརྒྱད་པ། ཆབ་མདོ་སྙིང་ཆེན་དཀྱིལ་མཁར་དགོན་སེར་ཕྱིན་མཛད་བྱང་།

མཛོད་བྱང་མ་དཔེ།

དང་པོ། མཛོད་བྱང་མ་ཕྱུས།

༄། །ཨོཾ་ས་སྟི་སི་དྡྷི། ཀྱེ་སྐྱོང་པའི་གནས་དང་མཆོག་གྱུར་པ།། བླ་ན་མེད་པ་འཕགས་པའི་ཚོག།།སངས་རྒྱས་ཆོས་དང་དགེ་འདུན་དཀོན་མཆོག་གསུམ་ལ་ཕྱག་འཚལ་ལོ།། སྔ་རབ་འདས་དང་ད་ལྟར་བཞུགས།། ཕྱི་རབ་འབྱོན་ལ་གུས་པར་འདུད།། རྒྱལ་བ་ཤག་ཀྱ་ཐུབ་པའི་བསྟན་པ་འདིར།། ཉན་ཐོས་རྣམ་དང་བྱང་ཆུབ་སེམས།། རིམ་པ་བྱོན་པ་བཀའ་འདྲིན་ཆེ།། རྒྱ་གར་ཡུལ་དུ་ཆོས་དར་བ།། བོད་ཀྱི་རྒྱལ་པོའི་སྐུ་བསོད་ཀྱི།། ལོ་བཙ་མཁས་པས་དར་ཞིང་རྒྱས་པའི་དམ་པའི་ཆོས་འདི་བསྒྱུར་བས་ངོ་མཚར་ཆེ།། རྒྱལ་པོ་མེས་དབོན་སྐུ་འཁམ་བཟང་བར་ཤོག།། དེ་གོང་ག་གར་ཆག་འགོས་འདྲེན་ཡིན།། །ཀྱེ་ཕྱི་སྟོད་ཆག་པ་འབྱུང་བ་བཞི་ལས་གྲུབ།། མ་ཆུ་མཁའ་ཀླུང་ས་ལས་གྲུབ་པའི།། གླིང་བཞིའི་གླིང་མཆོག་ལྷོ་རྒྱལ་འཛམ་བུའི་གླིང་།། གླིང་འདི་ཡི་ཧྲེ་བ་རྒྱ་གར་རྡོ་རྗེའི་གདན།། གནས་ཀྱི་མཆོག་རབ་བྱ་རྒོད་ཕུང་པ་དེར།། མི་མཆོག་དམ་པས་ཆོས་ཀྱི་འཁོར་ལོ་སྐོར།། ཁྲིས་འདོན་སྐོམ་གསུམ་བོད་ཀྱི་དཔལ་དུ་ཤར།། ད་ལྟ་བྱང་

ཕྱོག་ཁ་བ་ཅན་གྱི་ཡུལ།། རི་མཐོ་ས་གཙང་གང་རི་གཉེན་གྱི་འགྲུལ།། གནམ་ལ་འབྲུག་སྒྲིན་འོད་ཟེར་འཛོམ་པའི་འོག།། ས་ལ་བཀྲ་ཤིས་འབྲས་དྲུག་འཁྲུང་བའི་སྙིང་།། མི་ལ་བུ་ནོར་ཆོས་གསུམ་འཛོམ་པའི་ཡུལ།། འཛམ་གླིང་རྒྱན་གྱི་ཇོ་བོ་བཞུག་པའི་གནས།། དེ་རྣམ་གང་ཡང་འཛོམ་པ་བོད་ཀྱི་ཡུལ།། མཐོང་བ་དང་ཐོས་པ་ཀུན་གྱིས་སྨོན།། ཤུ་ན་ལྷ་བཟང་ཟ་མ་རི་རྒྱུད་ཀྱི་འགྲུལ།། མདའ་ན་ཆབ་བཟང་གཡུའ་ཆུ་སྔོན་མོ་དལ་དུ་འབབ་པའི་ཆུ།། ཡུལ་སའི་ཟྭ་དོར་གདོང་རྒྱལ་ཁྲ་ཡག་གི་ཞོལ།། མཆེར་ས་བཟང་པོ་ཕྱུག་ལུང་རྒྱས་ཐོག་ཏུ།། རྒྱ་མའི་ནོར་ལ་སྙིང་པོ་བླང་ནས་བྲིས།། ཕྱིའི་ཟུས་ཆེན་དཔའ་བའི་འགྲུ་ལ་ཆད།། ནང་ཚན་རྒྱུད་དུ་དད་ན་ཞན་པ།། ཤཱཀྱ་ཡི་ཚུལ་འཛིན་རྡོ་རྗེ་རིན་ཆེན་དང་།། གཙོད་མོ་དང་།། ཕྱིའི་དགྲ་འདུལ་ནང་གི་བསྲིད་འཛིན་བློ་ཕྱུག་ཆོས་ལ་གཏད་པའི་ཡོན་བདག་དཀོན་ཆོག་སྐྱུང་དང་།། དཔའ་རྩལ་སྟོབས་དང་ལྡན་པའི་ཨ་ཤུག་དང་།། ཤེས་རིག་སྟོབས་དང་ལྡན་པའི་སྐྲ་ཕྱུག་དང་།། ལྷ་འབྲུ་སྐྲུ་འབྲུ་འགྲ་བའི་ཨ་རྒྱ་ས་ཏ་འབུམ་ཁྲིམ་ལོད་དང་།། དད་ལྡན་ཆོས་ལ་དཀར་བའི་བསམ་བཟང་དང་།། ཆོས་སྐྱོན་མགོན་འགྲུ་ཏུ་རྒྱལ་འགྲུར་འབུམ་དང་།། བུ་ནོར་ཆོས་གསུམ་འཛོམ་པའི་ལུག་བརྒྱ་ཟ་རིན་ཆེན་སྒྲོན་དང་།། འཛང་ལ་འཕྲུལ་ཆེ་ཐོག་པའི་འབྲིང་བསོད་ནམས་སྐྱིད།། གོ་རིག་ཉི་མའི་ཟེར་དང་འདྲ་ཤེང་ཟས་ཆང་བདུད་རྩིར་སྒྱུར་བའི་རྒྱ་མཚོ་སྐྱིད་དང་།། སྐྲུ་མོ་འདྲ་བའི་སྐྲུ་སྒྲོན་དང་།། མེ་ཚ་ཆུ་ཆག་སྲིང་པའི་མ་ལག་བདེ་དང་།། ཟ་ལེན་ཡོན་ཤུག་བྱེད་པའི་ཉེ་དུ་ཉེ་འབྲེལ་དང་།། བྲིས་པ་གླིག་ཤེང་ཞུ་དག་མཁན་པོ་དང་།། ཆོས་འདི་ལ་དད་ཅིང་གུས་པར་བྱེད་པའི།། གཞུང་བཟང་ཤེས་རབ་ཕར་ཕྱིན་བཞེངས་པའི།། གྲོག་བཟང་འདི་གང་བགྱིད་པ།། ལམ་བཟང་ཤེས་རབ་ཕ་རོལ་ཕྱིན་སློམ་པའི་འབྲས་བཟང་ཆོས་ཀྱིས་སྐུ་ཉིད་ཐོབ་པར་ཤོག།། [1] ཅེས་པའོ།

གཉིས་པ། མཛད་བྱང་གི་དཔེ་ཞིབ།

གཅིག ལོ་པཎ་ལ་འདུད་པ།

༄། །ཨོཾ་ས་སྟི་སི་ཧྲི། ཀྱེ་སྐྱང་པའི་གནས་དང་མཆོག་གྱུར་པ།། བླ་ན་མེད་པ་འཕགས་པའི་ཚོགས།།སངས་རྒྱས་ཆོས་དང་དགེ་འདུན་དཀོན་མཆོག་གསུམ་ལ་ཕྱག་འཚལ་ལོ།། སྟ་རབ་

① ཆབ་མདོ་སྤེང་ཆེན་དཀྱིལ་མཁར་དགོན་དུ་བཞུགས་པའི་ཤེར་ཕྱིན་གྱི་མཛད་བྱང་ལས་དྲངས།

འདས་དང་ད་ལྟར་བཞུགས།། ཕྱི་རབ་འགྲོན་ལ་གུས་པར་འདུད།། རྒྱལ་བ་ཤཱཀྱ་ཐུབ་པའི་བསྟན་པ་འདིར།། ཉན་ཐོས་རྣམ་དང་བྱང་ཆུབ་སེམས།། རིམ་པ་བྱོན་པ་བཀའ་འདྲིན་ཆེ།། རྒྱ་གར་ཡུལ་དུ་ཆོས་དར་བ།། བོད་ཀྱི་རྒྱལ་པོའི་སྐུ་བསོད་ཀྱི།། ལོ་པཎ་མཁས་པས་དར་ཞིང་རྒྱས་པའི་དམ་པའི་ཆོས་འདི་བསྒྱུར་བས་ངོ་མཚར་ཆེ།། རྒྱལ་པོ་མེས་དབོན་སྐུ་འཁམ་བཟང་བར་ཤོག།[1] ཅེས་པ་ནི་ཐོག་མར་སམ་སྐྲི་ཏ་གཟུགས་འགྱུར་གྱི་ཐོག་ནས་དབུ་འཕེན་ཏེ། སངས་རྒྱས་ཆོས་དགེ་འདུན་དཀོན་མཆོག་གསུམ་ལ་ཕྱག་འཚལ་ཕུལ་བ་དང་སྦྲགས། རྒྱ་གར་འཕགས་པའི་ཡུལ་དང་ཁ་བ་ཅན་དུ་ནང་བསྟན་ལ་མཛད་འཕྲིན་ཆེ་བའི་མཁས་པ་སྔོན་དུས་བྱོན་ཟིན་པ་དང་ད་ལྟ་སྐུ་འཚོ་བཞིན་པ་དང་མ་འོངས་པར་འབྱོན་པར་འགྱུར་བའི་མཁས་པ་རྣམས་ལ་གུས་པས་འདུད་པ་དང་ཆབས་ཅིག་ཁོང་རྣམས་པའི་སྐུ་དྲིན་དྲན་ཤེས་ཐུབ་པ་དེ་ལགས།

གཉིས། ཆོས་ཁུངས།

།།ཀྱེ་ཕྱི་སྣོད་ཆགས་པ་འབྱུང་བ་བཞི་ལས་གྲུབ།། མ་ཆུ་མཁའ་རླུང་ས་ལས་གྲུབ་པའི།། གླིང་བཞིའི་གླིང་མཆོག་ཛམྦུ་རྒྱལ་འཛམ་བུའི་གླིང་།། གླིང་འདི་ཡི་རྗེ་བ་རྒྱ་གར་རྡོ་རྗེའི་གདན།། གནས་ཀྱི་མཆོག་རབ་བྱ་རྒོད་ཕུང་པ་དེར།། མི་མཆོག་དམ་པས་ཆོས་ཀྱི་འཁོར་ལོ་སྐོར།། བྲིས་འདོན་སྒོམ་གསུམ་བོད་ཀྱི་དཔལ་དུ་ཤར།།[2] ཞེས་བྱུང་བ་ལ་གཞིགས་ན། དེ་ཡང་སྔོན་གྱི་མཛད་བྱང་ཁག་བཞིན་གསུང་རབ་འབྲི་བཞེངས་ཀྱི་ཡུལ་ལུང་བསྟོད་པ་དུང་ཆེན་གཟུགས་སུ་བཀོད་པ་སྟེ། ཐོག་མར་འབྱུང་བ་བཞི་ལས་གྲུབ་པའི་འཇིག་རྟེན་གྱི་ཁམས་དེའི་ནང་ནས་ནང་བསྟན་ནས་གསུངས་པ་ལྟར་གླིང་བཞིའི་ནང་ནས་མཆོག་ཏུ་གྱུར་པ་ཛམྦུ་འཛམ་བུ་གླིང་ཞེས་བརྗོད་ཅིང་། གླིང་དེའི་ནང་ནས་ཀྱང་ལྗེ་བ་རྒྱ་གར་རྡོ་རྗེ་གདན་དང་། དེའི་ནང་ནས་ཀྱང་གནས་ཁྱད་འཕགས་བྱ་རྒོད་ཕུང་པོ་རིར་སྟོན་པས་གསུངས་པའི་ནང་བསྟན་གྱི་སྙིང་པོ་ཤེར་ཕྱིན་སོགས། བོད་ཡུལ་དུ་བྲིས་ཀློག་སྒོམ་གསུམ་དཔལ་དུ་ཤར་བ་ལགས་ཞེས་གསུངས་པ་དེ་ཡིན།

---

① ཆབ་མདོ་སྙིང་ཆེན་དཀྱིལ་མཁར་དགོན་དུ་བཞུགས་པའི་ཤེར་ཕྱིན་གྱི་མཛད་བྱང་ལས་དྲངས།

② ཆབ་མདོ་སྙིང་ཆེན་དཀྱིལ་མཁར་དགོན་དུ་བཞུགས་པའི་ཤེར་ཕྱིན་གྱི་མཛད་བྱང་ལས་དྲངས།

གསུམ། ཡུལ་ལུང་།

ད་ལྟ་བྱང་ཕྱོགས་ཁ་བ་ཅན་གྱི་ཡུལ།། རི་མཐོ་ས་གཙང་གང་རི་གཏོན་གྱི་འགྲུལ།། གནམ་ལ་འབྲུག་སྤྲིན་འོད་ཟེར་འཛོམ་པའི་འོག།། ས་ལ་བཀྲ་ཤིས་འབྲས་དྲུག་འཁྲུང་བའི་སྟེང་།། མི་ལ་བུ་ནོར་ཆོས་གསུམ་འཛོམ་པའི་ཡུལ།། འཛམ་གླིང་རྒྱན་གྱི་ཛ་བོ་བཞུག་པའི་གནས།། དེ་རྣམ་གང་ཡང་འཛོམ་པ་བོད་ཀྱི་ཡུལ།། མཐོང་བ་དང་ཐོས་པ་ཀུན་གྱིས་སྨོན།། ཕུ་ན་ལྷ་བཟང་ཟ་མ་རི་རྒྱུད་ཀྱི་འགྲུལ།། མདའ་ན་ཆབ་བཟང་གཡུའ་ཆུ་སྔོན་མོ་དལ་དུ་འབབ་པའི་ཆུ།། ཡུལ་སའི་ཟོ་དོར་གདོང་རྒྱལ་ཁྲ་ཡག་གི་ཞོལ།། མཚེར་ས་བཟང་པོ་ཕྲུག་ལུང་རྒྱས་ཐོག་ཏུ།།[①] ཞེས་བྱུང་བ་ལྟར་ན། ནང་ཆོས་དེ་དུས་ད་ལྟ་རྒྱ་གར་གྱི་བྱང་ཕྱོགས་སུ་གནས་པའི་བོད་ཡུལ་ཏེ། རི་མཐོ་ས་གཙང་ཞིང་གངས་རི་གཉན་གྱིས་བསྐོར་ཞིང་། གནམ་ལ་འབྲུག་སྤྲིན་འོད་ཟེར་འཛོམས་པའི་འོག་ཏུ། ས་ལ་བཀྲ་ཤིས་འབྲས་དྲུག་སྐྱེས་པའི་གནས་ཁྱད་འཕགས་ཀྱི་སྟེང་དུ། མི་ལ་བུ་ནོར་ཆོས་གསུམ་འཛོམས་པའི་ས་སྟེ་འཛམ་གླིང་གི་གཙུག་རྒྱན་ཛ་བོ་བཞུགས་པ་དགེ་མཚན་གང་ཡང་འཛོམ་པའི་ཡུལ་ལུང་དེ། སྐྱེ་བོ་ཀུན་གྱིས་མཐོང་ཐོས་གང་བྱུང་ཡང་ཡིད་སྨོན་གྱི་གནས་སུ་གྱུར་པའི་ས་ཡུལ་དེ། ཕུ་ན་ལྷ་བཟང་ཟ་མ་རི་རྒྱུད་སྟེ་དེང་གི་ཆབ་མདོ་རི་བོ་ཆེའི་མངའ་ཁོངས་སུ་ཡོད་པའི་རི་རྒྱུད་དེའི་འགྲུལ་དང་། མདའ་ན་ཆབ་བཟང་གཡུའ་ཆུ་སྔོན་མོ་དལ་དུ་འབབ་པའི་ངོགས་སུ་ཆགས་པའི་ཟོ་དོར་གདོང་རྒྱལ་ཁྲ་ཡག་གི་ཞོལ་གྱི་ནང་དུ་ཆགས་པའི་མཚེར་ས་སྟེ་འབྲོག་ས་བཟང་པོ་ཕྲུག་ལུང་རྒྱས་ཐོག་ཅེས་པའི་ས་དེར་གསུང་རབ་ཤེར་ཕྱིན་དེ་འབྲི་བཞེངས་གནང་བའི་སྐོར་ལགས།།

བཞི། སྦྱིན་བདག

ཆབ་མདོ་ཁུལ་གྱི་རི་བོ་ཆེའི་མངའ་ཁོངས་སུ་ཆགས་པའི་ཟོ་དོར་དུ་དད་པ་སྐྱོ་ངས་མེད་པའི་སྦྱིན་བདག་མཆོག་ནས་རང་གི་ཕ་མེས་རྣམས་ཀྱིས་བསགས་པའི་རྒྱུ་ནོར་རྣམས་ལ་སྙིང་པོ་ལེན་པའི་ཆེད་དུ། གསུང་རབ་ཀྱི་སྙིང་པོ་ཤེས་རབ་ཀྱི་ཕ་རོལ་ཏུ་ཕྱིན་པ་དེ་འབྲི་བཞེངས་གནང་བའི་སྐབས་སུ་ཕྱོན་པའི་སྦྱིན་བདག་ནི། ཉུས་ཆེན་དྲུག་གི་ཉུས་འགྲུ་ལས་ཆད་པ་ཇོ་ཛེ་

---

① ཆབ་མདོ་སྙིང་ཆེན་དཀྱིལ་མཁར་དགོན་དུ་བཞུགས་པའི་ཤེར་ཕྱིན་གྱི་མཛད་བྱང་ལས་དྲངས།།

རིན་ཆེན་དང་གཙོད་མོ་སྤུན་ཉེ་ཅི་ཞིག་བྱོན་པ་ནི་མཛད་བྱང་ལས། ཕྱིའི་རྟུས་ཆེན་དཔལ་བའི་འགྲུ་ལ་ཆད།། ནང་ཚན་རྒྱུད་དུ་དད་ན་ཞན་པ།། ཤཱཀྱ་ཡི་ཚུལ་འཛིན་རྡོ་རྗེ་རིན་ཆེན་དང་།། གཙོད་མོ་དང་།། ཕྱིའི་དགྲ་འདུལ་ནང་གི་བསྲིད་འཛིན་ཀློ་ཕུག་ཆོས་ལ་གཏད་པའི་ཡོན་བདག་དཀོན་ཆོག་སྲུང་དང་།། དཔའ་རྩལ་སྟོབས་དང་ལྡན་པའི་ཨ་ཤུག་དང་།། ཤེས་རིག་སྟོབས་དང་ལྡན་པའི་སྐྱུ་ཕྲུག་དང་།། ལྷ་འབྲུ་སྐྱུ་འབྲུ་འགྲ་བའི་ཨ་རྒྱ་ས་ཉ་འབུམ་ཁྲིམ་ཡོད་དང་།། དད་ལྡན་ཆོས་ལ་དགར་བའི་བསམ་བཟང་དང་།། ཆོས་སྐྱོན་མགོན་འགྲུ་རྟུ་རྒྱལ་འགྲུར་འབུམ་དང་།། བུ་ནོར་ཆོས་གསུམ་འཛོམ་པའི་ལུག་བརྒྱ་ཟ་རིན་ཆེན་སྒྲོན་དང་།། འཛང་ལ་འཕྲུལ་ཆེ་ཐོག་པའི་འབྲིང་བསོད་ནམས་སྐྱིད།། གོ་རིག་ཉེ་མའི་ཟེར་དང་འདྲ་ཤིང་ཟས་ཆང་བདུད་རྩིར་སྒྱུར་བའི་རྒྱ་མཚོ་སྐྱིད་དང་།། སྐྱུ་མོ་འདྲ་བའི་སྐྱུ་སྒྲོན་དང་།། མེ་ཚ་ཆུ་ཆག་སྲིང་པའི་མ་ལག་བདེ་དང་།། ཟ་ལེན་ཡོན་ཤུག་བྱེད་པའི་ཉེ་དུ་ཉེ་འབྲེལ་དང་[1] ཞེས་པས་རྫོགས།

ལྔ། བསྔོ་སྨོན།

བྲིས་པ་སླེག་ཤིང་ཞུ་དག་མཁན་པོ་དང་།། ཆོས་འདི་ལ་དད་ཅིང་གུས་པར་བྱེད་པའི།། གཞུང་བཟང་ཤེས་རབ་ཕར་ཕྱིན་བཞེངས་པའི།། གྲོག་བཟང་འདི་གང་བགྱིད་པ།། ལམ་བཟང་ཤེས་རབ་ཕ་རོལ་ཕྱིན་སྒོམ་པའི་འབྲས་བཟང་ཆོས་ཀྱིས་སྐུ་ཉིད་ཐོབ་པར་ཤོག།[2] ཅེས་བརྗོད་པ་ལྟར་ན། ཆབ་མདོ་རི་བོ་ཆེའི་མངའ་ཁོངས་སུ་ཆགས་པའི་ཟློ་དོར་ཁུལ་དུ་ཤེས་རབ་ཀྱི་ཕ་རོལ་ཏུ་ཕྱིན་པ་དེ་མཐིང་ཤོག་སྟེང་དུ་གསེར་བྲིས་བསྒྲུངས་པའི་སྐབས་སུ་སྔོ་གསུམ་ཐང་ཆད་མེད་པར་འབྲི་བའི་ཡིག་མཁན་དང་ཀྲང་འཕྱོར་གཞུང་སྒྲོང་གི་ཞུས་དག་སོགས་ཀྱིས་འབྲི་བཞེངས་གྲུབ་པའི་རྗེས་སུ། མཇུག་བསྔོ་བ་དེ་ལ་ནན་ཏན་བྱ་ཞེས་གསུངས་པ་ལྟར་གསུང་རབ་འབྲི་བཞེངས་ཀྱི་ཡིག་ཞུས་དང་མཆོད་ཡོན་སྦྱིན་བདག་སྤུན་ཉེ་སོགས་ལས་དགེ་བའི་ལས་བཟང་འདི་ལ་རམ་འདེགས་ཅི་ཞིག་བགྱིས་པ་ལས་ཁོང་རྣམས་སྐུ་གསུམ་ལས་ཆོས་སྐུ་ཐོབ་པར་ཤོག་ཅེས་བཏབ་པ་ནི་གཞུང་དེའི་མཛད་བྱང་གི་བསྔོ་སྨོན་ལགས་སོ།

① ཆབ་མདོ་སྟེང་ཆེན་དཀྱིལ་མཁར་དགོན་དུ་བཞུགས་པའི་ཤེར་ཕྱིན་གྱི་མཛད་བྱང་ལས་དྲངས།

② ཆབ་མདོ་སྟེང་ཆེན་དཀྱིལ་མཁར་དགོན་དུ་བཞུགས་པའི་ཤེར་ཕྱིན་གྱི་མཛད་བྱང་ལས་དྲངས།

ལེ་ཚན་དགུ་པ། ཆབ་མདོ་རི་བོ་ཆེ་གནས་ཐང་དགོན་པེར་ཕྱིན་མཛད་བྱང་།

མཛད་བྱང་མ་དཔེ།

དང་པོ། མཛད་བྱང་མ་ཕྱུས།

རྒྱལ་བ་དཔག་མེད་རྣམས་ཀྱི་ཚངས་དབྱངས་ཀྱིས། །ཟབ་ཅིང་རྒྱ་ཆེའི་འཁོར་ལོ་བསྐོར་བའི་ཁུར།། གང་གིས་བཟུང་བའི་རི་ཡི་དབང་པོ་ན།། དཔལ་ལྡན་བྱ་རྒོད་ཕུང་པོ་རི་ཞེས་སུ་གྲགས།། རྨད་བྱུང་ས་འཛིན་མཆོག་དེར་མངོན་གཤེགས་ནས།། ཕྱོགས་བཅུའི་···ཀྱི་རབ་དགོངས་ཤིང་།། ས་ཆེན་རྣམ་དྲུག་ཏུ་གཡོས་མཛད་པའི།། ཤཱཀྱའི་སེང་གེའི་ཞབས་ལ་མགོས་ཕྱག་འཚལ།། དེ་ནི་ཐུབ་པས་དཔལ་གྱི་མགུར་ནས་ནི།། ཕུན་ཚོགས་འཁོར་ལོ་ལེགས་པར་བཀའ་སྩལ་པ།། ལེགས་བཤད་ཀུན་གྱི་རབ་དང་ཕུལ་ཉིད་ནི།། ལེགས་བཤད་བླ་མེད་ཤེས་རབ་ཕ་རོལ་ཕྱིན།། དེ་ནི་ལྷ་དང་མི་ཡི་འདྲེན་པས་ལན་གསུམ་དུ།། རྒྱལ་བས་གསུངས་པའི་ཆོས་མཛོད་ཀུན་འཛིན་པ།། ཆོས་འཛིན་ཀུན་དགའ་བོ་ལ་གཏོད་པ་ན།། ང་ཡིས་བཤད་པའི་ཆོས་ཀྱི་རྣམ་གྲངས་གཞན།། མ་ལུས་བོར་ཏམ་ཆུད་གཟན་གྱུར་ཀྱང་བླའི།། རྒྱལ་བའི་ཡུམ་འདི་ཅུང་ཟད་ཆུད་གཟན་ན།། དེ་ཚེ་ཁྱོད་ལ་སྐྱོན་དུ་བཟུང་ངོ་ཞེས།། ནན་ཏན་ཆེན་པོས་བཀའ་སྩལ་མཛད་པ་དང་།། མདོ་སྡེ་མཆོག་འདི་གང་དུ་བཞུགས་པའི་ཡུལ།། དེར་ནི་རྒྱལ་བའི་དབང་པོ་བཞུགས་སོ་ཞེས།། སྟོན་པ་ཉིད་དང་ཁྱད་པར་མ་མཆིས་པར།། ཉིད་ཀྱི་ཞལ་ནས་རྣམ་པ་དུ་མར་བསྔགས།། འདི་བྲིས་པ་དང་ཀློག་དང་མཆོད་པ་ལ་སོགས།། གསུང་རབ་གཞན་ལས་ཆེས་ཆེར་ཁྱད་ཞུགས་པར།། ཡང་དང་ཡང་དུ་གཏན་ཚིགས་དང་བཅས་ཏེ།། གསུངས་ཕྱིར་འདི་ལ་འཇུག་རྣམས་སྐལ་བ་བཟང་།། ཚུལ་འདི་གཟིགས་ནས་མཁས་པ་དུ་མ་ཡིས།། འབད་པོ་ཆེན་པོས་ཡང་ཡང་མཛད་པ།། དད་ལྡན་རྣམས་ལ་བཟང་པོའི་སྲོལ་གཏོད་པ།། ད་དུང་བར་དུ་ཉམས་པར་མ་གྱུར་ཏོ།། དེ་ཕྱིར་

མངོན་མཐོའི་དཔལ་གྱིས་རབ་ཏུ་མཛེས།། སྐྱབས་གསུམ་བླ་མ་གཙུག་གི་རྒྱན་དུ་འཛིན།། རང་སྲིད་ཚུལ་བཞིན་སྐྱོང་བའི་ཁུར་ཁྱེར་བ།། བསྟན་ལ་གུས་ཤིང་གཏོང་ལ་དུབ་ཏུ་དགའ།། ས་ཡི་ཐིག་ལེར་གནས་པའི་གནས་ཀྱི་མཆོག། བཀྲ་ཤིས་ཆུ་བོ་དལ་གྱི་འབབ་པའི་ངོགས།། བྲོ་དོར་བཟང་པོ་ཀུན་གྱི་གཙོ།། རི་ཡི་རྒྱལ་པོ་ཏི་ཡི་ཞོལ།། གནས་ཐོང་ཞེས་སུ་གྲག་པའི་དགོན་ཆེན་དེར།། ཕྱི་ཡི་རྡུལ་ཆེན་སྨུག་པོ་གདོང་ལས་ཆད།། ནང་ཚན་གླིང་ཆེན་དག་ལས་སྐྱེས་པ་ཡིས།། ཤཱཀྱའི་དགེ་ཚུལ་ཀུན་དགའ་ཤེས་རབ་ཀྱིས།། བེ་དུ་རྱ་ལྟར་དག་པའི་མཐིང་ཤོག་ལ།། ཡུམ་ཆེན་བརྒྱད་སྟོང་གླེགས་བམ་འདི།། རིན་ཆེན་གསེར་དང་དངུལ་གྱི་ཡི་གེའི་གཟུགས།། ངོ་མཚར་རྨད་དུ་གྱུར་པ་འདི་དག་བཞེང་།། གླེགས་བམ་འདི་རྣམས་གཞན་ལས་ཕུལ་དུ་བྱུང་།། གཞིས་ཁའི་མཆོག་གྱུར་མདའ་ནམས་གནས་བཟང་དེར།། ཕྱི་དགྲ་འདུལ་ཞིང་ནང་སྲིད་སྐྱོང་བའི་ཁྲི་མེ་དང་།། དཔལ་རྩལ་སྟོབས་དང་ལྡན་པའི་ཉ་མགོན་སོགས།། ལྷ་འབྲུག་ལྷུ་འབྲུག་འགྲ་བའི་ཆོས་དབང་སྐྱབ་དང་མདོ་སྐྱབ་དང་།། མཚོ་མོ་དལ་ཆེན་འདྲ་བའི་གཙུར་གཟའ་ཨར་རྟེ་མ།། ཟས་ཆང་བདུད་རྩིར་བསྒྱུར་བའི་པད་མཚོ་མ་རྣམས་ཀྱིས།། མཁས་པར་སྦྱང་པའི་ཡི་གེ་པ་རྣམས་ལ།། རྟེད་དང་བཀུར་སྟི་མཆོག་གི་མཆོད་པ་དང་།། བཤེས་གཉེན་མཁས་པ་དག་གིས་དྲག་མཛད་པས།། ཞུ་དག་མཁས་པས་ནོར་པའི་སྐྱོན་རྣམས་བསལ།། ངོ་མཚར་རྨད་དུ་གྱུར་པ་འདི་དག་བཞེང་།། བདེ་གཤེགས་ཀུན་གྱི་ལམ་གཅིག་བུ།། རྒྱལ་བ་སྲས་བཅས་བསྐྱེད་པའི་ཡུམ།། རབ་ཟབ་བསྟན་པའི་སྙིང་པོ་མཆོག།།གཞུང་བཟང་སྟོང་ཕྲག་བརྒྱ་པ་སོགས།། བསྒྲུབས་ལ་བསོད་ནམས་གང་ཐོབ་དེས།། ཀྲང་གཉིས་གཙོ་བོ་སངས་རྒྱས་སུ།། རིང་པོར་མི་ཐོག་བདག་གྱུར་ཏེ།། འགྲོ་ཀུན་སངས་རྒྱས་སར་འདྲེན་ཤོག། ཇི་སྲིད་དེ་མ་ཐོབ་པ་ཡི།།། སྐྱེ་བ་གཞན་དང་གཞན་དག་ཏུ།། ཐེག་མཆོག་རིགས་སུ་སྐྱེ་བ་དང་།། བཤེས་གཉེན་དམ་པ་རྟེད་པར་ཤོག། དེ་ལས་ཤེས་རབ་ཕ་རོལ་ཕྱིན།། ལེགས་པར་ཐོས་ཤིང་སེམས་པ་དང་།། དེ་དོན་ཚུལ་བཞིན་བསྒྲུབ་པ་ཡིས།། རྒྱལ་རྣམས་མཉེས་པར་བྱེད་པར་ཤོག། སེམས་ནི་ཉོན་མོངས་དབང་སོང་བས།། ལུས་དང་ངག་དང་ཡིད་ཀྱིས་ནི།།། སྡིག་པ་གང་དག་བགྱིས་པ་རྣམས།། དེ་དག་ཐམས་ཅད་བྱང་གྱུར་ཅིག། སངས་རྒྱས་བྱང་ཆུབ་སེམས་དཔའ་དང་།། རྣམ་པ་ཀུན་ཏུ་མི་འབྲལ་ཞིང་།། དེ་ཡིས་བསྟན་པའི་ལམ་བཟང་ལ།། རླབས་ཆེན་བརྩོན་འགྲུས་རྩོམ་པར་ཤོག། རིགས་མཐོ་གཟུགས་མཛེས་གཟི་བརྗིད་ཆེ།། ཚེ་མཐར་ཕྱིན་དང་ནད་མེད་དང་།། ཆོས་ལྡན་འབྱོར་པ་ཕུན་ཚོགས་ཤིང་། །ཤེས་རབ་

རྒྱ་ཆེན་ཐོབ་པར་ཤོག། ཕྱུལ་ཕྱོགས་ཀུན་ཏུ་དཔལ་འབར་ཞིང་།། དགེ་ལེགས་རྒྱུན་མི་འཆད་པ་དང་།། དཀར་ཕྱོགས་སྐྱོང་བའི་ལྷ་རྣམས་ཀྱིས།། རྟག་ཏུ་བརྩེ་བས་སྐྱོང་གྱུར་ཅིག། འདི་ཡིས་ཆེད་དུ་ལུས་དང་ངག། ཡིད་ཀྱི་འབྱུན་པའི་ལས་རྣམས་ནི།། ཙུང་ཟད་ཙམ་རེ་བྱས་པ་རྣམས།། ཀུན་ཀྱང་བྱང་ཆུབ་ཐོབ་པར་ཤོག། ཤིན་ཏུ་རྒྱས་པའི་མདོ་སྡེ་འདི།། གང་དང་གང་དུ་བཞུགས་གྱུར་པ།། དེ་དང་དེར་ནི་མི་མཐུན་ཕྱོགས།། ཞི་ཞིང་བདེ་ལེགས་རྒྱས་གྱུར་ཅིག། དེ་ལྟར་ངོ་མཚར་ཡོན་ཏན་གྱི་གཞི།། དམ་ཆོས་རིན་ཆེན་འདི་ཡི་བྱིན་བརླབས་ཀྱིས།། ཚེ་རབས་འདིར་ཡང་བར་ཆད་ཀུན་ཞི་ནས།། སྨོན་ལམ་ཐམས་ཅད་ཆོས་བཞིན་འགྲུབ་པར་ཤོག། སརྦ་མ་ང་ལཾ་བྷ་བན་ཏུ།།[1] ཞེས་པའོ།

གཉིས་པ། མཛད་བྱང་གི་དབྱེ་ཞིབ།

གཅིག གལ་ཆེའི་རང་བཞིན།

438

རྒྱལ་བ་དཔག་མེད་རྣམས་ཀྱི་ཚངས་དབྱངས་ཀྱིས། །ཟབ་ཅིང་རྒྱ་ཆེའི་འཁོར་ལོ་བསྐོར་བའི་ཁུར།། གང་གིས་བཟུང་བའི་རི་ཡི་དབང་པོ་ན།། དཔལ་ལྡན་བྱ་རྒོད་ཕུང་པོ་རི་ཞེས་གྲགས།། རྨད་བྱུང་ས་འཛིན་མཆོག་དེར་མངོན་གཤེགས་ནས།། ཕྱོགས་བཅུའི་…ཀྱི་རབ་དགོངས་ཤིང་།། ས་ཆེན་རྣམ་དྲུག་ཏུ་གཡོས་མཛད་པའི།། ཤཱཀྱའི་སེང་གེའི་ཞབས་ལ་མགོས་ཕྱག་འཚལ།། དེ་ནི་ཐུབ་པས་དཔལ་གྱི་མགུར་ནས་ནི།། ཕུན་ཚོགས་འཁོར་ལོ་ལེགས་པར་བཀའ་སྩལ་པ།། ལེགས་བཤད་ཀུན་གྱི་རབ་དང་ཕུལ་ཉིད་ནི།། ལེགས་བཤད་བླ་མེད་ཤེས་རབ་ཕ་རོལ་ཕྱིན།། དེ་ནི་ལྷ་དང་མི་ཡི་འདྲེན་པས་ལན་གསུམ་དུ།། རྒྱལ་བས་གསུངས་པའི་ཆོས་མཛོད་ཀུན་འཛིན་པ།། ཆོས་འཛིན་ཀུན་དགའ་བོ་ལ་གཏོད་པ་ན།། ང་ཡིས་བཤད་པའི་ཆོས་ཀྱི་རྣམ་གྲངས་གཞན།། མ་ལུས་བོར་ཏམ་ཚུད་གཟན་གྱུར་ཀྱང་བླའི།། རྒྱལ་བའི་ཡུམ་འདི་ཙུང་ཟད་ཚུད་གཟན་ན།། དེ་ཚེ་ཁྱོད་ལ་སྐྱོན་དུ་བཟུང་ངོ་ཞེས།། ནན་ཏན་ཆེན་པོས་བཀའ་སྩལ་མཛད་པ་དང་།། མདོ་སྡེ་མཆོག་འདི་གང་དུ་བཞུགས་པའི་ཡུལ།། དེར་ནི་རྒྱལ་བའི་དབང་པོ་བཞུགས་སོ་ཞེས།། སྟོན་པ་ཉིད་དང་ཁྱད་པར་མ་མཆིས་པར།། ཉིད་ཀྱི་ཞལ་ནས་རྣམ་པ་དུ་མར་བསྔགས།། འདི་བྲིས་པ་

---

① ཆབ་མདོ་གནས་ཐང་དགོན་དུ་བཞུགས་པའི་ཤེར་ཕྱིན་མཛད་བྱང་ལས་དྲངས།

དང་གློག་དང་མཆོད་པ་ལ་སོགས།། གསུང་རབ་གཞན་ལས་ཆེས་ཆེར་ཁྱད་ཞུགས་པར།། ཡང་དང་ཡང་དུ་གཏན་ཚིགས་དང་བཅས་ཏེ།། གསུངས་ཕྱིར་འདི་ལ་འཇུག་རྣམས་སྐལ་བ་བཟང་།། ཚུལ་འདི་གཟིགས་ནས་མཁས་པ་དུ་མ་ཡིས།། འབད་པོ་ཆེན་པོས་ཡང་ཡང་མཛད་པ།། དད་ལྡན་རྣམས་ལ་བཟང་པོའི་སྲོལ་གཏོད་པ།། ད་དུང་བར་དུ་ཉམས་པར་མ་གྱུར་ཏོ།།[1]ཞེས་གསུངས་པ་ནི། སྐབས་འདིར་དད་པ་སྐྱོ་ངས་མེད་པའི་སྦྱིན་བདག་གིས་རྒྱུ་འགྲོ་གཏོས་ཆེ་བ་སྤྲར་ཏེ་འབྲི་བཞེངས་བྱ་བའི་གསུང་རབ་དེའི་བྱུང་བ་དང་དེའི་གལ་ཆེའི་རང་བཞིན་སོགས་གང་ཡིན་པ་དེ་ཙུང་ཟད་ཅིག་ཞིབ་པྲའི་སྒོ་ནས་གསུངས་པ་དེ་ལགས།

གཉིས། ཡུལ་ལུང་།

དད་པ་སྐྱོ་ངས་མེད་པའི་སྦྱིན་བདག་མཆོག་ནས་རྒྱུ་འགྲོ་སྤྲར་ཏེ་སྒོ་གསུམ་ཐང་ཆད་མེད་པར་འབྲི་བའི་ཡིག་མཁན་གདན་དྲངས་ཏེ། གསུང་རབ་དེ་འབྲི་བཞེངས་བྱ་བའི་སྐབས་སུ་ཡུལ་གང་ཞིག་ཏུ་འབྲི་བཞེངས་བསྐྲུངས་པ་ནི། ཆབ་མདོའི་ངོམ་ཟླ་གཉིས་ལས་ངོམ་ཆུ་རྒྱུགས་ཁུལ་གྱི་ངོགས་སུ་ཆགས་པའི་ཐོ་དོར་བཟང་པོ་གཙོ་སྐྱེ་རི་ཡི་རྒྱལ་པོ་ཏི་སྐྱེ་དེང་གི་ཆབ་མདོ་རི་བོ་ཆེའི་མངའ་ཁོངས་ཀྱི་ས་ཆབ་མདོའི་ཁ་ཙུབ་དང་རི་བོ་ཆེའི་ས་མཚམས་སུ་གནས་པའི་གྲུ་གུ་ལ་དང་ཐགས་ཙུང་ཟད་ཅིག་ཉེ་བའི་ལུང་ཤུར་དུ་ཆགས་པའི་གནས་ཐོང་སྐྱེ་གནས་ཐང་དགོན་ནི་དུས་རབས་15པར་བྱོན་པའི་རྗེ་ཙོང་ཁ་པ་བློ་བཟང་གྲགས་པའི་དངོས་སློབ་བསྟན་པ་ཕྱོགས་མཐར་སྤེལ་བའི་དར་ཆེན་དྲུག་དང་ལྔ་བཅུ་ང་གསུམ་དུ་གྲགས་པའི་ནང་གི་ལྗོ་པ་གནས་ཐང་བླ་མ་རྒྱལ་མཚན་སེང་གེ[2]ཞེས་བྱོན་པ་ཕོང་གི་མཚན་གནས་སུ་གནས་ཐང་ཞེས་སུག་བྲིས་གནང་བ་ནི་མི་དབང་སངས་རྒྱས་ཀྱིས་དཔག་ཤོང་གནས་ཐང་ནི་ལྗོ་པ་རྒྱལ་མཚན་སེང་གེས་འཕགས་པའི་གནས་བརྟན་བཅུ་དྲུག་ཞལ་གཟིགས་པའི་གནས་སུ་དགོན་པ་བཏབ་པས་མིང་དེ་ལྟར་དུ་གྲགས[3]ཞེས་པས་སྐབས་འདིར་གསུང་རབ་འབྲི་བཞེངས་ཀྱི་ས་གནས་

439

① ཆབ་མདོ་གནས་ཐང་དགོན་དུ་བཞུགས་པའི་ཤེར་ཕྱིན་མཛད་བྱང་ལས་དྲངས།

② སློང་རྫོལ་བླ་མ་ངག་དབང་བློ་བཟང་གི་གསུང་འབུམ་པོད་དེབ་གཉིས་པ་བོད་ལྗོངས་བོད་ཡིག་དཔེ་རྙིང་དཔེ་སྐྲུན་ཁང་གི་2002ལོའི་སྤར་མའི་ཤོག་གྲངས་344ལས་དྲངས།

③ མི་དབང་སངས་རྒྱས་རྒྱ་མཚོས་མཛད་པའི་དགའ་ལྡན་ཆོས་འབྱུང་བཻཌཱུར་སེར་པོ་ཀྲུང་གོའི་བོད་ཀྱི་ཤེས་རིག་དཔེ་སྐྲུན་ཁང་གི་1991ལོའི་སྤར་མའི་ཤོག་གྲངས་318ལས་དྲངས།

ཐང་ཞེས་པའི་དགོན་དེའི་མིང་དོན་ཡང་རྟོགས་པ་སྟེ་མཛད་བྱང་ལས། ས་ཡི་ཐིག་ལེར་གནས་པའི་གནས་ཀྱི་མཆོག། བཀྲ་ཤིས་ཆུ་བོ་དཔལ་གྱི་འབབ་པའི་ངོག། ཐོ་དོར་བཟང་པོ་ཀུན་གྱི་གཙོ།། རི་ཡི་རྒྱལ་པོ་ཏི་ཡི་ཞོལ།། གནས་ཐང་ཞེས་སུ་གྲགས་པའི་དགོན་ཆེན་དེར།། [1]ཞེས་པས་རྟོགས།

གསུམ། སྦྱིན་བདག

ཆབ་མདོ་རི་བོ་ཆེ་རྫོང་གི་མངའ་ཁོངས་སུ་གནས་པའི་གནས་ཐང་དགོན་དུ་གསུང་རབ་ཀྱི་འབྲི་རྫས་སོགས་སྟ་གོན་གང་ལེགས་ཟིན་པའི་རྗེས་སུ་སློ་གསུམ་ཐང་ཆད་མེད་པར་འབྲི་བའི་ཡིག་མཁན་གྱིས་འབྲི་བཞེངས་གནང་བའི་དུས་སུ། དད་པ་སྐྱོ་ངས་མེད་པའི་སྦྱིན་བདག་ཅི་ཞིག་བྱོན་པ་ནི་གསུང་རབ་དེའི་མཛད་བྱང་ལས། གཞིས་ཁའི་མཆོག་གྱུར་མདའ་ནམས་གནས་བཟང་དེར།། ཕྱི་དགྲ་འདུལ་ཞིང་ནང་སྲིད་སྐྱོང་བའི་ཁྲི་མི་དང་།། དཔལ་རྩལ་སྟབས་དང་ལྡན་པའི་ཉ་མགོན་སོགས།། ལྷ་འབྲུག་ལྷུ་འབྲུག་འགྲ་བའི་ཆོས་དབང་སྐྱབ་དང་མདོ་སྐྱབ་དང་།། མཚོ་མོ་དཔལ་ཆེན་འདྲ་བའི་གཙུར་གཟའ་ཨར་ཏེ་མ།། ཟས་ཆང་བདུད་རྩིར་བསྒྱུར་བའི་པད་མཚོ་མ་རྣམས་ཀྱིས།། མཁས་པར་སྦྱང་པའི་ཡི་གེ་པ་རྣམས་ལ།། རྙེད་དང་བཀུར་སྟི་མཆོག་གི་མཆོད་པ་དང་།། [2]ཞེས་བྱོན་པས་ཀྱང་གསུང་རབ་འབྲི་བཞེངས་ཀྱི་སྦྱིན་བདག་དེ་རྟོགས།

བཞི། ཡིག་ཁྱུས།

རི་བོ་ཆེ་ཁུལ་གྱི་གཞིས་ཀ་མདའ་ནམས་དཔོན་ཁྲི་མི་དང་ཉ་མགོན་སོགས་ཀྱིས་དད་པ་སྐྱོ་ངས་མེད་པའི་སྦྱིན་བདག་གནང་སྟེ། གནས་ཐང་དགོན་དུ་གསུང་རབ་དེ་འབྲི་བཞེངས་བསྐྲུངས་པའི་སྐབས་སུ་སུག་བྲིས་མཁས་པའི་ཡིག་མཁན་དགེ་ཚུལ་ཀུན་དགའ་ཤེས་རབ་ཀྱིས་འབྲི་བཤུས་ལེགས་པར་ཟིན་པ་དང་སྦྲགས། གསུང་རབ་དེའི་ཀ་ཁང་འཕྲོར་གཞུང་སྒྲོང་གི་ཞུས་དག་ནི་ཁོང་གི་གྲོགས་པོ་རྣམས་ཀྱིས་གནང་སྟེ་འབྲི་བཤུས་བསྒྲུབས་པ་དེ་ནི་མཛད་བྱང་ལས། ཕྱི་ཡི་ཊུས་ཆེན་སྨུག་པོ་གདོང་ལས་ཆད་།། ནང་ཚོན་གླིང་ཆེན་དག་ལས་སྐྲེས་པ་ཡིས།། ཤཱཀྱའི་དགེ་ཚུལ་ཀུན་དགའ་ཤེས་རབ་ཀྱིས།། བེ་དུ་ཪྱ་ལྟར་དག་པའི་མཐིང་ཤོག་ལ།། ཡུམ་ཆེན་བརྒྱད་

---

① ཆབ་མདོ་གནས་ཐང་དགོན་དུ་བཞུགས་པའི་ཤེར་ཕྱིན་མཛད་བྱང་ལས་དྲངས།

② ཆབ་མདོ་གནས་ཐང་དགོན་དུ་བཞུགས་པའི་ཤེར་ཕྱིན་མཛད་བྱང་ལས་དྲངས།

སྟོང་གླིགས་བམ་འདི།། རིན་ཆེན་གསེར་དང་དངུལ་གྱི་ཡི་གེའི་གཟུགས།། ངོ་མཚར་རྨད་དུ་གྱུར་པ་འདི་དག་བཞེང་།། གླིགས་བམ་འདི་རྣམས་གཞན་ལས་ཕུལ་དུ་བྱུང་།། བཤེས་གཉེན་མཁས་པ་དག་གིས་དག་མཛད་པས།། ཞུ་དག་མཁས་པས་ནོར་པའི་སྐྱོན་རྣམས་བསལ།། ངོ་མཚར་རྨད་དུ་གྱུར་པ་འདི་དག་བཞེང་།།[①] ཞེས་པས་རྟོགས།

ལྔ། འབྲི་རྫས།

ཏུས་ཆེན་སྨུག་པོ་གདོང་ལས་ཆད་པའི་ཡིག་མཁན་ཀུན་དགའ་ཤེས་རབ་ཀྱིས་གནང་སྟེ་གསུང་རབ་དེ་རི་བོ་ཆེའི་གནས་ཐང་དགོན་དུ་སྦྱིན་བདག་གཞིས་ཀ་མདའ་ནམས་དཔོན་ཆེན་གྱིས་གནང་སྟེ་ཤོག་བུ་མཐིང་ཤོག་སྟེང་དུ་སྣག་ཚ་གསེར་དངུལ་གྱིས་འབྲི་བཞེངས་གནང་བ་སྟེ་མཛད་བྱང་ལས། བེ་དུ་རྱ་ལྟར་དག་པའི་མཐིང་ཤོག་ལ།། ཡུམ་ཆེན་བརྒྱད་སྟོང་གླིགས་བམ་འདི།། རིན་ཆེན་གསེར་དང་དངུལ་གྱི་ཡི་གེའི་གཟུགས།། ངོ་མཚར་རྨད་དུ་གྱུར་པ་འདི་དག་བཞེང་།། གླིགས་བམ་འདི་རྣམས་གཞན་ལས་ཕུལ་དུ་བྱུང་།།[②] ཞེས་པས་རྟོགས་སོ།

དྲུག བསྔོ་སྨོན།

རི་བོ་ཆེའི་མངའ་ཁོངས་ཀྱི་གནས་ཐང་དགོན་དུ་ཡུལ་དེའི་གཞིས་ཀ་མདའ་ནམས་དཔོན་ཁྲི་མེ་སོགས་ཀྱིས་སྦྱིན་བདག་གནང་སྟེ། སྦྱིན་བདག་གིས་རེ་འདོད་བཞིན་འབྲི་བཞེངས་བསྒྲུབས་ཟིན་པའི་རྗེས་སུ། གསུང་རབ་འབྲི་བཞེངས་ཀྱི་ལས་ཀར་རམ་འདེགས་ཕྲན་བུ་ཙམ་ཡང་བསྒྲུབ་མཁན་གྱི་སྐྱེ་བོ་རྣམས་ཀྱི་སེམས་ཀྱི་དད་མོས་དང་མཐུན་པའི་བསྔོ་བ་སྨོན་ལམ་བཏབ་པ་སྟེ་མཛད་བྱང་ལས། རྒྱལ་བ་སྲས་བཅས་བསྐྱེད་པའི་ཡུམ།། རབ་ཟབ་བསྟན་པའི་སྙིང་པོ་མཆོག།གཞུང་བཟང་སྟོང་ཕྲག་བརྒྱ་པ་སོགས།། བསྒྲུབས་ལ་བསོད་ནམས་གང་ཐོབ་དེས།། ཡབ་གཉིས་གཙོ་བོ་སངས་རྒྱས་སུ།། རིང་པོར་མི་ཐོགས་བདག་གྱུར་ཏེ།། འགྲོ་ཀུན་སངས་རྒྱས་སར་འདྲེན་ཤོག།། ཇི་སྲིད་དེ་མ་ཐོབ་པ་ཡི།།། སྐྱེ་བ་གཞན་དང་གཞན་དག་ཏུ།། ཐེག་མཆོག་རིགས་སུ་སྐྱེ་བ་དང་།། བཤེས་གཉེན་དམ་པ་རྙེད་པར་ཤོག།། དེ་ལས་ཤེས་རབ་ཕ་རོལ་ཕྱིན།།

---

① ཚབ་མདོ་གནས་ཐང་དགོན་དུ་བཞུགས་པའི་ཤེར་ཕྱིན་མཛད་བྱང་ལས་དྲངས།

② ཚབ་མདོ་གནས་ཐང་དགོན་དུ་བཞུགས་པའི་ཤེར་ཕྱིན་མཛད་བྱང་ལས་དྲངས།

ལེགས་པར་ཐོས་ཤིང་སེམས་པ་དང་།། དེ་དོན་ཚུལ་བཞིན་བསྒྲུབ་པ་ཡིས།། རྒྱལ་རྣམས་མཉེས་པར་བྱེད་པར་ཤོག། སེམས་ནི་ཉོན་མོངས་དབང་སོང་བས།། ལུས་དང་ངག་དང་ཡིད་ཀྱིས་ནི།།། སྡིག་པ་གང་དག་བགྱིས་པ་རྣམས།། དེ་དག་ཐམས་ཅད་བྱང་གྱུར་ཅིག། སངས་རྒྱས་བྱང་ཆུབ་སེམས་དཔའ་དང་།། རྣམ་པ་ཀུན་ཏུ་མི་འབྲལ་ཞིང་།། དེ་ཡིས་བསྟན་པའི་ལམ་བཟང་ལ།། རླབས་ཆེན་བརྩོན་འགྲུས་རྩོམ་པར་ཤོག། རིགས་མཐོ་གཟུགས་མཛེས་གཟི་བརྗིད་ཆེ།། ཚེ་མཐར་ཕྱིན་དང་ནད་མེད་དང་།། ཆོས་ལྡན་འཁོར་པ་ཕུན་ཚོགས་ཤིང་། །ཤེས་རབ་རྒྱ་ཆེན་ཐོབ་པར་ཤོག། ཕུལ་ཕྱོགས་ཀུན་ཏུ་དཔལ་འབར་ཞིང་།། དགེ་ལེགས་རྒྱུན་མི་འཆད་པ་དང་།། དཀར་ཕྱོགས་སྐྱོང་བའི་ལྷ་རྣམས་ཀྱིས།། རྟག་ཏུ་བརྩེ་བས་སྐྱོང་གྱུར་ཅིག། འདི་ཡིས་ཆེད་དུ་ལུས་དང་ངག། ཡིད་ཀྱི་འཁྲུན་པའི་ལས་རྣམས་ནི།། ཅུང་ཟད་ཙམ་རེ་བྱས་པ་རྣམས།། ཀུན་ཀྱང་བྱང་ཆུབ་ཐོབ་པར་ཤོག། ཤིན་ཏུ་རྒྱས་པའི་མདོ་སྡེ་འདི།། གང་དང་གང་དུ་བཞུགས་གྱུར་པ།། དེ་དང་དེར་ནི་མི་མཐུན་ཕྱོགས།། ཞི་ཞིང་བདེ་ལེགས་རྒྱས་གྱུར་ཅིག། དེ་ལྟར་ངོ་མཚར་ཡོན་ཏན་གྱི་གཞི།། དམ་ཆོས་རིན་ཆེན་འདི་ཡི་བྱིན་བརླབས་ཀྱིས།། ཚེ་རབས་འདིར་ཡང་བར་ཆད་ཀུན་ཞི་ནས།། སྨོན་ལམ་ཐམས་ཅད་ཆོས་བཞིན་འགྲུབ་པར་ཤོག། [1]ཅེས་པས་རྫོགས།

① ཆབ་མདོ་གནས་ཐང་དགོན་དུ་བཞུགས་པའི་ཤེར་ཕྱིན་མཛད་བྱང་ལས་དྲངས།

ལེའུ་ཉེར་བརྒྱད་པ། ཟོ་བྲིས་སྐོར།

སྤྱིར་ན་ཆབ་མདོའི་ཁུལ་དུ་ཁམས་བྲིས་ཞེས་པ་ཙམ་ལས་ཟོ་བྲིས་ཞེས་པའི་འབྲི་གཟུགས་ཤིག་ཡོད་པའི་སྐོར། བགྲི་ན་བ་ཁོ་བོ་རང་ཉིད་ཀྱི་ངོས་ནས་གླེང་ན་གོ་ཐོས་སུ་ཀྱང་མ་སྩོང་། འོན་ཏེ་ཆབ་མདོ་ཁུལ་དུ་འབྲི་བཞེངས་བསྐྲུངས་པའི་གོང་གི་ཤེར་ཕྱིན་བརྒྱད་སྟོང་པ་མཐིང་ཤོག་གསེར་བྲིས་འདི་དག་དད་པ་སྐྱོ་ངས་མེད་པའི་སྦྱིན་བདག་མཆོག་ནས་རྒྱ་འགྲོ་གཏོས་ཆེ་བ་སྤྲུར་ཏེ་འབྲི་བཞེངས་བསྐྲུངས་པའི་སྐབས་སུ་སྔོ་གསུམ་ཐང་ཆད་འདྲི་བའི་ཡིག་མཁན་དང་། རྣམ་འགྱུར་ལྡན་སུམ་ཚོགས་པའི་དབུ་ལྷའི་རི་མོ་བ་འདི་དང་འདི་ཞེས་མཛད་བྱང་དང་དབུ་ཤོག་གི་ཞབས་མཚན་ཏུ་མ་གསལ་སྤྲབས་རྫོངས་ཚོད་ཀྱི་འདི་ཡིན་ཞེས་བརྗོད་མ་ཐུབ། འོན་ཏེ་གསུང་རབ་དེ་གྲུས་ཉར་ཚགས་མཁན་གྱི་ཚན་པ་དང་ཡུལ་དེ་གའི་མི་རྣམས་ཀྱིས་ཟོ་བྲིས་ཞེས་དང་། མཛད་བྱང་དུའང་ཟོ་དོར་ཞེས་ལན་གཅིག་ཙམ་མ་ཡིན་པར་བྱོན་པ་ལྟར་ན། སྐབས་དོན་འདིར་ཡང་ཟོ་བྲིས་ཀྱི་སྐོར་རགས་ཙམ་ཞིག་ཞུ་བར་སྤྲོ།

གཅིག ཟོ་བྲིས་ཐ་སྙད།

ཟོ་བྲིས་ཞེས་པའི་འབྲི་གཟུགས་དམིགས་བསལ་ཅན་དེ་དུས་ནམ་ཞིག་ལ་དར་ཡོད་མེད་ཁ་གསལ་ཞིག་མ་ཤེས་ཙང་། ཟོ་བྲིས་དེ་སྔོན་གྱི་དུས་ནས་མདོ་ཁམས་སུ་དར་ཁྱབ་བྱུང་བའི་འབྲི་གཟུགས་ཤིག་ཡིན་པ་ནི་ཆབ་མདོའི་ཁུལ་གྱི་ལོ་རྒྱུས་དང་སློལ་རྒྱུན་རིག་གནས་ལ་ཆ་རྒྱུས་ཡོད་པའི་སྐྱེ་བོ་རྣམས་ཀྱི་ཞལ་ནང་དུ་ཡོད་པས་ཀྱང་དེའི་དོན་སྙིང་རྗོགས། གནས་ཚུལ་དེའི་དབང་གིས་2017ལོའི་ཟླ་7་པའི་ཚེས་13ཉིན་མཁར་རོ་ཆུས་ཀྱི་ས་སྣང་ཤང་ཁུལ་དུ་གནས་པའི་དགོན་སྡེ་ཁག་ལ་གནའ་དཔེ་ཡོངས་བཤེར་དུ་བསྐྱོད་པའི་ཞོར་དུ། ཆེད་མངགས་གོ་སྐབས་བཙལ་ཏེ་སྔོན་དར་ཁྱབ་བྱུང་བའི་ཟོ་ཡིག་འབྲི་སའི་ཡུལ་ལུང་དེར་བརྟག་དཔྱད་དུ་སོང་བ་ལགས། ཁམས་ཀྱི་ལོ་རྒྱུས་སྨྲ་བའི་མཁན་པོ་རྣམས་ཀྱི་ཞལ་ནང་དུ་ཡོད་པའི་ཟོ་ཡིག་ཅེས་པའི་

འབྲི་གཟུགས་ཀྱི་མིང་དེ་ཡང་དོན་ངོ་མ་ལྟར་ན། དབུས་གཙང་ཁུལ་དུ་ས་ཁྲབ་རྫོ་ཁྲབ་ཏུ་སོང་བའི་འབྲི་གཟུགས་ཏེ་སྣེ་བྲིས་དང་ཨེ་བྲིས་ཇི་བཞིན་ཡུལ་ལུང་གི་མིང་ལས་བྱུང་བ་ཞིག་ཡིན་པ་ནི། སྐབས་འདིའི་ཤེར་ཕྱིན་གྱི་མཛད་བྱང་དུ་བྱུང་བའི་བྲོ་དོར་ཞེས་པའི་གྲོང་ཚོ་དེའི་ནང་གི་ཡིག་མཁན་རྣམས་ཀྱིས་འབྲི་བཞེངས་བྱས་པའི་གསུང་རབ་ལ་བྲོ་བྲིས་ཞེས་འབོད་པར་སྣང་།

གཉིས། བྲོ་བྲིས་ཡིག་ཁུངས།

བྲོ་བྲིས་ཞེས་པའི་འབྲི་གཟུགས་ཤིག་ཆབ་མདོའི་ཁུལ་དུ་དར་ཡོད་པ་ནི་སྔོན་གྱི་དོན་ཚན་དེ་དག་ལས་ཤེས་ནའང་། ཆབ་མདོའི་ཁུལ་དུ་དར་ཁྱབ་བྱུང་བའི་བྲོ་གྲོང་ཚོའི་བྲོ་ཡིག་དེ་རང་རེ་རྣམས་ཀྱི་ཞལ་ནང་དུ་ཡོད་པའི་ཁམས་བྲིས་ཞེས་པའི་འབྲི་གཟུགས་འདི་ལས་ཆད་པའི་འབྲི་གཟུགས་ཤིག་ཡིན་མིན་མ་ཤེས་ཏང་། ཁམས་བྲིས་ཀྱི་བྱུང་བའི་སྐོར་ལ་བོད་ཀྱི་ལོ་རྒྱུས་དེབ་ཐེར་ཆོས་འབྱུང་མེ་ཏོག་སྙིང་པོ་སྦྲང་རྩིའི་བཅུད་ལས། རྒྱལ་པོ་དེའི་（མུ་ནེ་བཙན་པོ་）སྐུ་རིང་ལ། ཡི་གེ་མཁན་པོ་ཚེ་སྤོངས་བྱང་ཆུབ་ཅེས་བྱ་བ་བྱུང་སྟེ། ཇེ་ལ་ཡི་གེའི་སྟངས་ཕུལ་པས། སྤྱིར་ནག་བལ་གྱིས་བཏུམས་པ་འདྲ་བ་ཅིག་བྱུང་། ཇེའི་དབུ་རྟེན་གྱི་འོག་ཏུ་སྦས་ཏེ་བསྣམས་ནས་མདོ་ཁམས་སྨད་དུ་ཕྱུགས་ཏེ་ཁམས་ཡིག་ཏུ་གྲགས་སོ།[1] ཞེས་གསུངས་པ་ལས་རང་རེས་ཁམས་ཡིག་ཅེས་པའི་འབྲི་གཟུགས་དེའི་བྱུང་བ་རགས་ཙམ་ཞིག་ཤེས་མོད་ཀྱང་། ད་ཐེངས་འདིར་འཆད་པའི་བྲོ་བྲིས་ཞེས་པའི་འབྲི་གཟུགས་འདི་ཁམས་བྲིས་སུ་གྲགས་པའི་འབྲི་གཟུགས་དེ་ལས་ཆད་པའི་འབྲི་གཟུགས་ཤིག་ཡིན་པའི་ཁུངས་བཙན་གྱི་ཡིག་ཆ་ད་བར་མ་མཇལ་སྟབས་རེ་ཞིག་བཏང་སྙོམས་སུ་བཞག་རྒྱུ་ལགས། འོན་ཏེ་ཆབ་མདོའི་ཁུལ་དུ་དར་ཁྱབ་བྱུང་བའི་བྲོ་གྲོང་ཚོའི་བྲོ་ཡིག་ཅེས་པའི་འབྲི་གཟུགས་འདིའི་ཁྱབ་ཁོངས་དང་འབྲི་གཟུགས་མཁན་པོ་རྣམས་ཀྱིས་འབྲི་བཞེངས་བྱས་པའི་གསུང་རབ་ཀྱི་མཛད་བྱང་ལས་བརྗོད་ན། ངོམ་ཆུ་རྒྱུགས་ཁུལ་དུ་དར་ཁྱབ་བྱུང་བའི་འབྲི་གཟུགས་ལ་བྲོ་བྲིས་ཞེས་འབོད་པ་ནི་ད་ཐེངས་ཀྱི་གནའ་དཔེ་ཡོངས་བཤེར་གྱི་ལས་ཀའི་ཁྲོད་དུ་ངོམ་ཆུ་རྒྱུགས་ཁུལ་དུ་ཉར་ཚགས་སུ་ཚུད་པའི་གནའ་དཔེ་དང་། ཤེར་ཕྱིན་དེ་དག་གི་དབུ་ཤོག་ཞབས་མཚན་ལས་སྔོན་གྱི་འབྲི་གཟུགས་འཕན་ཡུལ་ཁུལ་དུ་དར་

[1] ཉང་ཉི་མ་འོད་ཟེར་གྱིས་བརྩམས་པའི་ཆོས་འབྱུང་མེ་ཏོག་སྙིང་པོ་སྦྲང་རྩིའི་བཅུད་ཅེས་པ་བོད་ལྗོངས་མི་དམངས་དཔེ་སྐྲུན་ཁང་གི་1988ལོའི་སྤར་མའི་ཤོག་གྲངས་411ལས་དྲངས།

ཁྱབ་བྱུང་བའི་མལ་ལུགས་ལས་ཆད་པ་ཞིག་ཡིན་པ་སྟེ། དགེ་བཅུ་ཚང་བའི་ངོམ་རྒྱལ་ཆོས་ལུང་ནས།། སྔོན་གྱི་མཁས་པ་མལ་གྱི་ལུག་སྲོལ་ལམ།།འཛིན་མཁས་ཚེ་དབང་འབུམ་ཞེས་བྱ་བ་ཡི།།སོར་མོའི་འདུ་བྱེད་བསྒྱུར་འདེབས་དགེ་ལེགས་འཕེལ།།[1]ཞེས་དང་། ཡང་ཀྱི་སྔོན་གྱི་མཁས་པ་མལ་གྱི་ལུག། ཡིག་མཁན་དབང་ཡོལ་སྟག་གི་མིང་། རྒྱ་མཚོ་དབང་པོའི་ལོ་ལ་བྲིས། དགེ་བས་འགྲོ་དྲུག་སྲིད་མཚོ་ལས། སྒྲོལ་ཞིང་སྨིན་པའི་བདག་པོ་ཡང་། མངའ་ཐང་དར་ལ་རྒྱས་གྱུར་ཅིག[2]ཅེས་ངོམ་ཚ་རྒྱུགས་ཁུལ་དུ་གསུང་རབ་འབྲི་བཞེངས་གནང་མཁན་གྱི་ཡིག་མཁན་ཚེ་དབང་འབུམ་སོགས་སྔོ་གསུམ་དད་པའི་ངང་ནས་འབྲི་བཞེངས་གནང་བའི་སྐབས་སུ་ཁོང་གི་འབྲི་གཟུགས་འབྲི་རྒྱུན་དེ་ནི་དུས་རབས་12པའི་ནང་དུ་ལྷ་སའི་ཤར་ཕྱོགས་སུ་དར་ཁྱབ་ཆེ་བའི་མལ་སེང་ལ་འབར་གྱི་ལུགས་ལས་ཆད་པ་ཞིག་ཡིན་[3]ཞེས་གསུངས་གཤིས། གལ་ཏེ་ངོམས་རྒྱལ་ཆོས་ལུང་གི་ཡིག་མཁན་ཁོང་ཡང་ཟློ་བྲིས་དར་སའི་ཟློ་དོར་དང་ངོམ་ཚ་རྒྱུགས་ཁུལ་ནས་ཕེབས་པའི་ཡིག་མཁན་ཞིག་ཡིན་ཙ་ན། ད་ཐེངས་ཀྱི་ཆབ་མདོ་ཁུལ་དུ་དར་ཁྱབ་ཆེ་བའི་ཟློ་བྲིས་དེ་ཡང་ཚ་འགོ་གངས་ལས་ཆད་པ་ཇི་བཞིན་མལ་བྲིས་ལས་ཆད་པའི་འབྲི་གཟུགས་ཤིག་མིན་ནམ་སྙམ་ནས་ཟློ་བྲིས་མཁན་པོ་རྣམས་ལ་དཔྱད་གཞིར་ཕུལ་བ་ལགས།

གསུམ། ཟློ་བྲིས་ཁྱད་ཆོས།

མདའ་ན་ངོམ་ཚ་རྒྱུགས་ཤིང་ཕུ་ན་ཟློ་དོར་མཉན་པོ་ཡོད་པའི་བར་ན་ཆགས་པའི་གྲོང་ཚོ་དེ་རི་བོའི་ཆེའི་མངའ་ཁོངས་ཀྱི་ཟློ་གྲོང་ཚོ་ཡིན་མོད་ཀྱང་ཆབ་མདོ་མཁར་རོ་ཆུས་ཀྱི་མངའ་ཁོངས་ས་སྣང་ནས་ཕྱིན་ཚེ་ལམ་ཐག་ཏ་ཙང་ཉེ་སྐབས། ད་ལམ་དངོས་སུ་ཡུལ་དེར་སོང་སྟེ་ཡུལ་དེ་གའི་གྲོང་མི་རྣམས་དང་བཀའ་མོལ་བྱུང་གསལ། ཟློ་དོར་གྲོང་ཚོའི་མི་རྣམས་ཀྱིས་ད་ལྟའང་གསུང་རབ་འབྲི་བཤུས་བྱ་བཞིན་ཡོད་པ་མ་ཟད། ཟློ་གྲོང་ཚོའི་ཡུལ་མི་རྣམས་ཀྱི་ལག་ནང་དུའང་འབྲི་བཞེངས་ཀྱི་ལོ་རྒྱུས་རིང་ཐུང་དང་འབྲི་རྫས་ཀྱི་སྤུས་ཚད། ནང་དོན་ལ་མ་ལྟོས་པའི་ཁོང་རྣམས་ཀྱི་མེས་པོ་རྣམས་ཀྱིས་འབྲི་བཞེངས་བྱས་པའི་གསུང་རབ་འདི་དང་འདིའོ་

① ཆབ་མདོ་ཁུལ་ནས་མཇལ་བའི་རྒྱུད་པོད་ཀ་པའི་དབུ་ཤོག་ཞབས་མཆན་ལས་དྲངས།

② ཆབ་མདོ་ཁུལ་ནས་མཇལ་བའི་ཤེར་ཕྱིན་མཐིང་ཤོག་གསེར་བྲིས་དབུ་ཤོག་ཞབས་མཆན་ལས་དྲངས།

③ མལ་ལུགས་ཀྱི་འབྲི་རྒྱུན་གྱི་སྐོར་དེ་སྔོན་དུ་འཆད་ཟིན་པའི་མལ་ལུགས་ཀྱི་སྐོར་དེར་གཟིགས་པར་འཚལ།

ཞེས་མིག་ལ་དངོས་སུ་སྟོན་རྒྱུ་འདུག ཟོ་གྲོང་ཚོ་དེར་ཁྱོན་ཁྱིམ་དུད་སུམ་བཅུ་ཙམ་ཞིག་ཡོད་ཅིང་དེའི་ནང་གི་ལོ་ངོ་བཞི་བཅུ་ཡན་གྱི་གྲོང་མི་ཚང་མས་གསུང་རབ་འབྲི་བཞེངས་ཐུབ་ཀྱི་ཡོད་ཅིང་། སྔོན་གྲོང་ཚོ་དེའི་མི་རྣམས་ཀྱིས་གསུང་རབ་འབྲི་བཞེངས་ཀྱི་ལས་ཀ་དེ་གཙོ་བོར་བཟུང་ནས་འཚོ་གནས་བྱ་ཡི་ཡོད་ཅེས་གསུངས་བྱུང་། དེས་ན་གྲོང་ཚོ་དེའི་ཡིག་མཁན་ནམ་ཆོས་བཤུ་ཚང་མས་ཡི་གེ་ཤེས་ཀྱི་ཡོད་མེད་ཀྱི་སྐོར་བཀའ་འདྲི་ཞུས་ཙ་ན། གྲོང་མིས་ལ་ལས་ཤེས་ཀྱི་ཡོད་ལ་ལས་ཤེས་ཀྱི་མེད་ཅེས་ལན་བཏབ་བྱུང་། དེས་ན་ཡིག་ངོ་མ་ཆོད་པའི་ཆོས་བཤུ་བ་རྣམས་ཀྱིས་གསུང་རབ་ཇི་ལྟར་འབྲི་བཤུས་བྱ་ཐུབ་བམ་ཟེར་ན། ཡིག་ངོ་མ་ཆོད་པའི་ཆོས་བཤུ་བ་རྣམས་ཀྱིས་འབྲི་བཤུས་བཏབ་པའི་ཡིག་གཟུགས་ལ་ཟོ་གྲོང་ཚོའི་མི་རྣམས་ཀྱིས་འདྲ་ཡིག་གམ་འདྲ་བཏབ་ཅེས་བརྗོད་ཀྱི་ཡོད་པ་མ་ཟད། སྐྱེ་བོ་ཕོས་འབྲི་བཤུས་བཏབ་པ་ལ་ཟོ་ཕོ་བྲིས་དང་བུད་མེད་རྣམས་ཀྱིས་འབྲི་བཤུས་བཏབ་པ་ལ་ཟོ་མོ་བྲིས་ཞེས་འབོད་ཅིང་། ལྷག་དོན་དུ་གྲོང་ཚོ་དེའི་ནང་དུ་སྔོན་གྱི་གྲོང་ཁྱིམ་མཁར་རོར་སོང་བ་གཅིག་ལ་དབུ་བ་ཚང་ཞེས་འབོད་པའི་ཁྱིམ་ཚང་ཞིག་ཀྱང་མིག་ལ་སྟོན་རྒྱུ་འདུག ཁོ་པ་ཚོས་བཤད་པ་ལྟར་ན། སྔོན་ཡུལ་དེར་གསུང་རབ་འབྲི་བཤུས་བཏབ་པ་ཡིན་ན་ཐོག་མར་གྲོང་ཚོ་དེའི་དབུ་བ་ཚང་གིས་གང་བཞེངས་པར་བགྱིས་པའི་གཞུང་དེའི་དབུ་ཤོག་གི་ལྡེབ་གྲངས་མི་འཁུང་ཞིག་འབྲི་བཤུས་བཏབ་ཟིན་པའི་རྗེས་སུ། གཞི་ནས་གཞུང་དེའི་ནང་དོན་བྱིངས་རྣམས་ཁྱིམ་ཚང་གཞན་གྱིས་མུ་མཐུད་འབྲི་བཤུས་བྱ་བ་དང་། གལ་ཏེ་དབུ་བ་ཚང་གིས་འབྲི་བཤུས་མ་བྱས་ན་གྲོང་ཁྱིམ་གཞན་གྱིས་ཀྱང་སྤྱིར་གྱི་ཆ་ནས་གསུང་རབ་འབྲི་བཤུས་ཀྱི་ལག་ལེན་བྱ་ཡི་མེད་པའི་སྐོར་གསུངས་པ་ནི་བོད་ཀྱི་ཆོས་བཤུ་བྲིས་མའི་ལམ་ལུགས་དང་མཐུན་པ་ཞིག་ཡིན། གང་ཡིན་ཟེར་ན། ཟོ་གྲོང་ཚོར་སྔོན་དུས་གསུང་རབ་འབྲི་བཞེངས་ཀྱི་ལམ་ལུགས་ཐུས་སྒོ་ཚང་པོ་ཞིག་ཡོད་པའི་རྒྱུ་མཚན་གྱིས་ད་ལྟ་རང་རེ་རྣམས་ཀྱི་དངོས་སུ་མཇལ་ཐུབ་པའི་གསུང་རབ་བྲིས་མ་འགའ་ཞིག་གི་འབྲི་གཟུགས་ལ་ཞིབ་ཏུ་འཇུག་སྐབས། གཞུང་བྲིས་ཡིན་ནའང་དབུ་ཤོག་ནས་རྩིས་པའི་ལྡེབ་གྲངས་མི་འཁུང་བ་ཞིག་བྲིས་དག་པ་ནི་ཡིག་མཁན་དབུ་ཆེན་གྱི་ཕྱག་བྲིས་དང་བྱིངས་རྣམས་ཙུང་ཟད་འབྲི་གཟུགས་གཞན་པ་ནི་དབུ་ཆེན་གྱི་བུ་སློབ་འམ་ཡིག་བཤུ་ཕལ་པས་བྲིས་བཞེངས་བྱས་པའི་ལམ་ལུགས་ལས་ཤེས་ཤིང་། ལྷག་དོན་དུ་ཟོ་གྲོང་ཚོའི་དབུ་བ་ཚང་ཞེས་པའི་ཁྱིམ་ཚང་དེ་ནི་སྔོན་གྱི་ཡིག་མཁན་དབུ་ཆེན་སྐྱན་གྲགས་ཅན་ཞིག་གི་ཁྱིམ་གཞིས་སམ་ཁྱིམ་རྒྱུད་

ཅིག་ཡིན་པ་དེའང་ཞོར་དུ་རྟོགས།

བཞི། ཐོ་ཐྲིས་ཁྲབ་ཁོངས།

ད་ལམ་ཆབ་མདོ་ཁུལ་དུ་གནའ་དཔེ་ཡོངས་བཤེར་དུ་བསྐྱོད་པའི་སྐབས་སུ་ཆབ་མདོ་ཆགས་སའི་ཡུལ་གཞིས་ཀྱི་ཁྲུད་ཆོས་ལས་གླིང་ན། ད་ཐེངས་ཐོ་ཐྲིས་ཞེས་འབོད་པའི་ཐོ་ཐྲིས་མཁན་པོ་རྣམས་ཀྱིས་འཁྲི་བཞེངས་བཏབ་པའི་དུས་རབས་མི་འདྲ་བའི་གནའ་དཔེ་སྟོ་པོད་དང་སྐུ་པོད་གང་ཡིན་པ་དེ་དག་སྤྱིར་གྱི་ཆ་ནས་ཆབ་མདོ་ཆུ་གཉིས་ཏེ་ཟླ་ངོམ་གཉིས་ཀྱི་བར་དུ་ཆགས་པའི་གནས་གཞི་དེ་གཙོ་བོར་བཟུངས་ཏེ་བརྗོད་ན། ཐོ་ཐྲིས་ཀྱིས་བཞེངས་པའི་དཔེ་རྙིང་ཉར་ཚགས་ཀྱི་དགོན་སྡེའི་ཆོས་ལུགས་དང་གཞི་ཁྲོན་ཆེ་ཆུང་ལ་མི་ལྟོས་པའི་སྤྱིར་གྱི་ཆ་ནས་རི་བོ་ཆེའི་རྒྱ་རྒྱུད་དུ་ཡིན་པ་དེ་གསལ་པོར་རྟོགས་པ་མ་ཟད། དགོན་དེ་དག་ཏུ་བཞུགས་པའི་དཔེ་རྙིང་མི་འདྲ་བ་ཞིག་གི་མཛོད་བྱང་དུའང་ངོམ་ཆུའི་འགྲམ་དང་ཐོ་དོར་ལྷ་རི་ཞེས་ཐོན་པ་ལས། ང་ཚོས་ཆབ་མདོ་ཁུལ་དུ་ཁམས་ཀྱི་སྒྲོལ་རྒྱུན་རིག་གནས་ལ་དགའ་དད་ཆེ་བའི་སྐྱེ་བོ་རྣམས་ཀྱིས་འབོད་པའི་ཐོ་ཐྲིས་ཞེས་པ་དེ་ནི་ཏ་ལམ་ངོམ་ཆུ་རྒྱུགས་ཁུལ་དུ་དར་ཁྱབ་བྱུང་བའི་འབྲི་གཟུགས་ཤིག་དང་དེ་མིན་ཐོ་ཐྲིས་དེ་མལ་བྲིས་ལས་ཆད་པའི་འབྲི་གཟུགས་ཤིག་ཡིན་པ་ཡིད་རྟོན་འཕེལ་ན་ང་ཚོས་དེ་ལས་གོམ་གང་མདུན་སྤོས་ཀྱི་བསམ་གཞིགས་བྱས་ན། འབྲི་གཟུགས་དེ་ཡང་ཆབ་མདོའི་ནུབ་ཕྱོགས་སུ་དར་ཁྱབ་བའི་འབྲི་གཟུགས་ཤིག་ཡིན་པ་ནི། དེ་སྔ་ནག་ཆུའི་ཤར་ངོས་ཀྱི་འབྲི་ཐུ་དང་སྦྲག་ཆེན་སོགས་ནས་ཀྱང་མལ་བྲིས་མཁན་པོ་རྣམས་ཀྱིས་ཕྲུག་སོར་ལས་ཐོན་པའི་གསུང་རབ་མི་ཉུང་བ་ཞིག་མཇལ་བས་ཀྱང་ཐོ་ཐྲིས་ཁྲབ་ཁོངས་དེ་ཆབ་མདོའི་ནུབ་བྱང་ཁུལ་དུ་ཡིན་པ་དེ་རྟོགས། དེ་དང་འདྲ་བར་ཆབ་མདོའི་ཟླ་ཆུ་རྒྱུགས་ཁུལ་དུ་དར་ཁྱབ་བྱུང་བའི་འབྲི་གཟུགས་ལ་སྔེ་བྲིས་ཏེ་ཁམས་སྔེ་དགེ་ཁུལ་ནས་དར་ཁྱབ་བྱུང་བའི་འབྲི་གཟུགས་ཤིག་ཡིན་གཤིས། དེས་ན་སྔེ་ལུགས་དེ་ཆབ་མདོའི་ཤར་ཕྱོགས་སུ་དར་ཁྱབ་ཆེ་བའི་འབྲི་གཟུགས་ཤིག་མིན་ནམ་སྙམ་ནས་ཁམས་བྲིས་པ་རྣམས་ལ་དཔྱད་གཞིའི་ཚུལ་དུ་ཕུལ་བ་ལགས།

ལྔ། ཟོ་བྲིས་ཟོ་ཤོག

གོང་དུ་ཞུས་པ་བཞིན་ཟོ་གྲོང་ཚོར་དམིགས་བསལ་ཅན་གྱི་འབྲི་གཟུགས་ཟོ་ཡིག་ཅེས་པའི་འབྲི་གཟུགས་ཤིག་ཡོད་པ་ནི་སྔོན་གྱི་དཔེ་རྙིང་དང་ཡུལ་དེའི་མི་རྣམས་ཀྱིས་བྲི་བཞེངས་བྱས་པའི་གནའ་དཔེ་དང་ཡུལ་མིའི་བཤད་སྲོལ་དག་ལས་ཤེས་རྟོགས་བྱུང་གཤིས། དེས་ན་ཟོ་གྲོང་ཚོར་གསུང་རབ་འབྲི་བཤུས་བྱེད་པའི་ལག་རྩལ་ཞིག་ཡོད་ན་གསུང་རབ་འབྲི་བཞེངས་བྱེད་པའི་སྣག་ཤོག་གཉིས་ཀྱང་སྐྱེ་ཤོག་དང་ཨེ་ཤོག་ཇི་བཞིན་ཡུལ་དེའི་ཐོན་ཁུངས་སམ་གང་ལས་བྱུང་བ་ཡིན་ནམ་ཞེས་ན། ཡུལ་དེའི་རྒན་རབས་རྣམས་ཀྱིས་གསུངས་པ་ལྟར་ན་སྔོན་གྱི་དུས་ནས་ཟོ་གྲོང་ཚོའི་མི་རྣམས་ཀྱིས་བོད་ཤོག་བཟོ་ཐུབ་པ་མ་ཟད་ཐང་ཤིང་གི་པགས་པ་དང་ར་མ་རིག་ལྕུགས་ཁག་མི་འདྲ་བ་གཉིས་ཀྱི་ཤོག་བུ་བཟོ་ཐུབ་ཀྱི་ཡོད། འོན་ཏེ་ལོ་རྒྱུས་ཀྱི་འཕོ་འགྱུར་དང་དཔལ་འབྱོར་གྱི་དགོས་དབང་གིས་ད་ལྟ་ཡུལ་དེའི་མི་རྣམས་ཀྱིས་ར་མ་རིག་ལྕུགས་ཀྱི་ཤོག་བུ་ལས་ཐང་ཤིང་གི་ཤོག་བུ་བཟོ་བའི་ལག་རྩལ་དེ་ལག་ལེན་ཐུབ་མཁན་མེད་ཅེས་གསུངས། དེང་དུས་ར་མ་རིག་ལྕུགས་ལས་བཟོས་པའི་ཟོ་ཤོག་ཅེས་མི་ཤེས་བ་ཞིག་མིག་ལ་སྟོན་རྒྱུ་ཡོད་པ་མིག་མཐོང་ལག་ཟིན་བྱུང་བ་དེ་ཡང་ཞིབ་ཏུ་སེམས་ཚེ་འབྲི་གཟུགས་རིག་པའི་འཕེལ་ཕྱོགས་ཀྱི་ངོས་ནས་བརྗོད་ནའང་ཚོས་ཉིད་ཅིག་ལགས།

དྲུག ཟོ་བྲིས་དབུ་ལྷ།

རི་བོ་ཆེའི་མངའ་ཁོངས་ཀྱི་ས་སྐྱང་ཤང་གི་ཟོ་གྲོང་ཚོར་འབྲི་ཤོག་གཉིས་འཛོམས་པའི་ཐོག་ལ་གསུང་རབ་འབྲི་བཞེངས་ཀྱི་ལམ་ལུགས་ཀྱང་དོ་ནན་པོ་ཞིག་ཡོད་པ་ནི་གོང་གི་ནང་དོན་ལས་ཤེས་ཤིང་། ཉེ་ལམ་ཆབ་མདོའི་མངའ་ཁོངས་ནས་མཇལ་བའི་གསུང་རབ་བྲིས་མ་སྔོ་པོད་དང་སྐྱ་པོད་ཟོ་བྲིས་སུ་འབོད་པ་དེ་དག་གི་དབུ་ཤོག་ཁག་ལ་གསུང་རབ་ཀྱི་ནང་དོན་དང་གོ་བསྟུན་ཏེ། བྲིས་དག་ཅིང་དུས་རབས་ཀྱི་ཁྱད་ཆོས་ལྡན་པའི་དབུ་ལྷ་སྐུ་རྩལ་གྱི་ཉམས་དང་ལྡན་པའང་མི་ཤེས་བ་ཞིག་བྱོན་ཡོད་པ་དེ་སྐྱེ་བོ་རྣམས་ཀྱི་མཐོང་ཆོས་སུ་གྱུར་བ་ལགས། དེས་ན་བོད་ཀྱི་གསུང་རབ་རིག་པའི་ངོས་ནས་ཞུས་ན། གསུང་རབ་དེའི་བརྗོད་བྱའི་ནང་དོན་ལ་གཞིགས་པའི་གསུང་རབ་ལ་དབུ་ཞབས་ལྷ་སྐུ་འབྲི་མཁན་ཡང་ཡུལ་དུས་ལ་གཞིགས་པའི་ཨེ་བྲིས་ཇི་བཞིན་རང་ཡུལ་ནས་ཕེབས་པའི་དབུ་ལྷ་འབྲི་མཁན་ཡོད་དགོས་མོད་ཀྱང་། ཟོ་གྲོང་

ཚོའི་ནང་དུ་དབུ་ལྷ་འབྲི་མཁན་གྱི་ལྷ་བྲིས་ཡོད་པའི་སྐོར་གྲོས་སྒྲོས་མི་གདའ། འོན་ཏེ་ཟོ་གྲོང་ཚོའི་ནང་དུ་མི་རབས་གཉིས་གསུམ་ཙམ་གྱི་སྔོན་དུ་འབྲི་བཞེངས་གནང་བའི་གསུང་རབ་དེ་དག་ལ་ཉམས་ཞིབ་བྱེད་སྐབས། གསུང་རབ་དེ་དག་གི་དབུ་ཞབས་སུ་སྔོན་གྱི་གསུང་རབ་ཁག་བཞིན་ལྷ་སྐུ་བྱོན་ཡོད་པ་མ་ཟད། ལྷ་སྐུ་དེ་དག་ཡང་ཤིན་ཏུ་ནས་བྲིས་དག་ཅིང་བལ་བྲིས་ཀྱི་སྒྱུ་རྩལ་གྱི་ཁྱད་ཆོས་མངའ་བ་མ་ཟད་ཐ་ན་གསུང་རབ་འབྲི་མའི་དུས་ཚོད་ལས་ཀྱང་སྔར་བར་མངོན་པའི་དབུ་ལྷ་བྱོན་འདུག དེར་བརྟེན་གསུང་རབ་དེ་དག་གི་དབུ་ལྷའི་སྐོར་ལ་ཉམས་ཞིབ་བྱས་པ་བརྒྱུད་ང་རང་ལ་མྱོང་ཚོར་ཆེན་པོ་ཞིག་བྱུང་བ་སྟེ། ཟོ་གྲོང་ཚོའི་གསུང་རབ་ཀྱི་དབུ་ལྷ་ནི་དུས་རབས་13-14ཡས་མས་སུ་རི་བོ་ཆེའི་ཉེ་ངོགས་སུ་བཞུགས་པའི་བལ་བྲིས་རི་མོ་མཁན་གྱི་ཕྱག་སོར་ལས་ཐོན་པའི་བྲིས་དག་པའི་རི་མོ་རྣམས་བཀོས་ཐོར་སྙིང་དུ་བྱོན་པ་དག རྗེས་སུ་ཟོ་གྲོང་ཚོའི་ཡིག་པ་རྣམས་ཀྱིས་གསུང་རབ་འབྲི་བཤུས་ཟིན་རྗེས་གསུང་རབ་ཀྱི་བརྗོད་བྱའི་ནང་དོན་དང་གོ་བསྟུན་ཏེ་གསུང་རབ་ཀྱི་དབུ་ཞབས་ལྷ་སྐུར་སྔོན་དུས་བལ་བྲིས་སྔར་དུ་བཏབ་པ་དེ་དག་སྔར་གབ་ཏུ་བྱོན་པ་ཞིག་ཡིན་པ་དེ་གཤམ་གྱི་གསུང་རབ་བྲིས་མ་དེ་དག་ལས་རང་བཞིན་གྱིས་རྟོགས་ཐུབ་པ་བྱུང་།

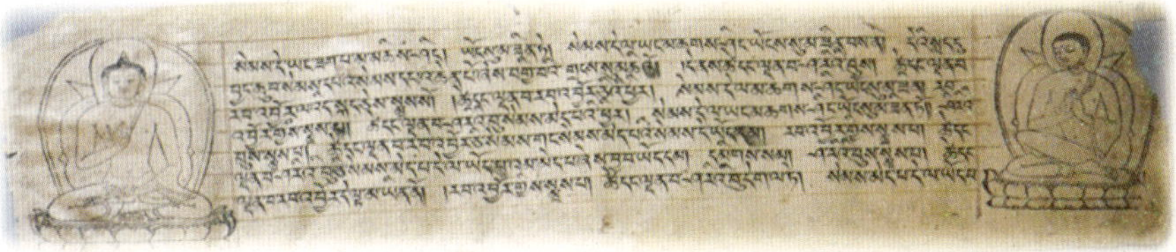

ཟོ་བྲིས་དབུ་ལྷ།

མཇུག་བསྡུའི་གཏམ།

མདོར་ན་ད་ཐེངས་འདིར་ཆབ་མདོ་ཁུལ་གྱི་ངོམ་ཆུ་རྒྱུགས་ཁུལ་དུ་དར་ཁྱབ་བྱུང་བའི་བོ་བྲིས་ལ་དཔྱད་པ་བགྱིས་པ་དང་སྦྲགས། བོ་བྲིས་ཀྱི་ཐ་སྙད་དང་ཁྱབ་ཁོངས། བོ་བྲིས་ཁྱད་ཆོས་དང་འབྲི་བཤུས་ཀྱི་ལམ་ལུགས་སོགས་ཅི་ཞིག་ཡིན་པ་དཔྱད་པ་བྱས་ཏེ་འབྲི་ཁུལ་བྱས་ཟིན། རང་ཉིད་སྨུག་བྲིས་ཀྱི་སྦྱོང་བ་དམན་པ་དང་ཁམས་ཕྱོགས་ཀྱི་ལོ་རྒྱུས་དང་ས་གཞིས་ལ་རྒྱུས་མངའ་དབེན་པའི་སྐབས་ཀྱིས་གནད་དུ་མ་འཁེལ་བའི་ཞུ་ཚིག་དང་ལྷག་དོན་དུ་བོ་བྲིས་དང་སྨེ་བྲིས་གཉིས་ཀྱི་ཁྱབ་ཁོངས་བརྗོད་ཁུལ་བྱས་པ་དེ་རྣམས་གཏེར་སྣ་ཇོ་འདྲེན་གྱི་ཚུལ་དུ་ཁམས་ཀྱི་ཡིག་མཁན་རྣམས་ལ་དཔྱད་གཞིའི་ཚུལ་དུ་ཕུལ་ལགས།

ལེའུ་ཉེར་དགུ་པ། མཛོད་བྱང་གི་སྒྲིག་གཞིའི་སྐོར།

གོང་དུ་བཀོད་པའི་དུས་རབས་མི་འདྲ་བའི་མཛོད་བྱང་དག་ལས་ང་ཚོས་གསུང་རབ་བྲིས་མའི་མཛོད་བྱང་གི་འཕེལ་རིམ་ཇི་འདྲ་ཞིག་ཡིན་པ་དེ་ཁ་གསལ་ཞིག་རྟོགས་ཐུབ་ཅིང་། སྤྱིར་གྱི་ཆ་ནས་གསུང་རབ་བྲིས་མའི་མཛོད་བྱང་གི་ནང་དོན་ལ་གཞིགས་ཏེ་དབྱེ་ཞིབ་བྱས་ཚེ། མཛོད་བྱང་གི་འགོ་འབྱུང་ཚིག་བསྟོད་པ།[①] ཆ་ཡོན།[②] དགོས་པ། བསྔོ་སྨོན་དང་མཇུག་བསྡུའི་ཚིག་བཅས་ནང་དོན་ཁག་མི་འདྲ་བ་དྲུག་ཙམ་ཞིག་འདུས་དགོས་པར་སེམས་ཤིང་། དཔལ་ས་སྐྱའི་ཤེར་ཕྱིན་མཛོད་བྱང་དུའང་། དང་པོ་དཀོན་མཆོག་སྤྱི་ལ་རྟེན། གཉིས་པ་བཞུགས་པའི་ཡུལ་ལ་བསྟོད། གསུམ་པ་རྒྱས་པ་འབུམ་ལ་སྟོད། བཞི་པ་མཆོད་གནས་མཉེས་པའི་མཚན་ལ་བསྟོད། ལྔ་དང་དྲུག་པས་ཡོན་དག་བསྟོད་པའི་མཚན།[③] ཞེས་བྱུང་བས་ཀྱང་མཛོད་བྱང་གི་ནང་དོན་རགས་ཙམ་ཞིག་རྟོགས་མོད་ཀྱང་། གལ་པོ་ཆེ་ལ་ནན་ཏན་ཟེར་བ་ལྟར་འདིར་མཛོད་བྱང་གི་བརྗོད་བྱ་རྩིལ་པོ་ཞིག་རྟོགས་སླ་བའི་ཆེད་དུ་གོམ་པ་རྒྱག་པ་བགྲོད་ལ་ཕན་པའི་དཔེ་བཞིན་མཛོད་བྱང་གི་བརྗོད་དོན་ཁག་རེ་རེ་བཞིན་བཀྲལ་བ་གཤམ་གསལ་ལྟར།

དང་པོ། འགོ་འབྱུང་སྐོར།

སྤྱིར་བཏང་བྱས་ན་དུས་རབས་གང་ཞིག་གི་མཛོད་བྱང་ཡིན་རུང་ནང་དོན་ཚང་ཡོད་མེད་དང་རྒྱས་བསྡུས་ལ་མ་ལྟོས་པའི་མཛོད་བྱང་གི་དབུར་སྐལ་པ་བཟང་པོའི་དུས་འདིར་དགེ་བའི་ལས་འདི་འདྲ་ཞིག་བསྒྲུབ་པ་ལ། ཡུལ་དུས་སོ་སོའི་ཁྱད་ཆོས་ལྡན་པའི་སེམས་ཁམས་

---

① ནང་ཆོས་སམ་སྟོན་པ་དང་དེ་འབྲེལ་བླ་སློབ་དང་འབྲི་བཞེངས་ཡུལ་ལུང་སོགས་ཀྱི་ཁྱད་ཆོས་ལ་བསྟོད་པ།

② སྒྲིན་བདག་འཁོར་དང་འབྲི་རྫས་དང་འབྲི་ཞུས་མཁན་དང་སྣ་ཚོགས་བཟོ་པའི་ཚོགས་ཀྱི་ཆ་ཡོན་འཛོམས་པ།

③ དུས་རབས་13-14པའི་ཉང་སྨད་བཙན་དར་གྱིས་བྲིས་པའི་ཤེར་ཕྱིན་དཔལ་ས་སྐྱ་དགོན་དུ་བཞུགས་པའི་མཛོད་བྱང་ལས་དྲངས།

མཚོན་པོའི་རང་མདངས་ཤིག་ཡོད་ངེས་པ་སྟེ་འདི་ལྟར།

གཅིག ཀྱེ།

༄། །ཀྱེ་སྟོང་གསུམ་སྤྱི་ཕུད་ཤག་ཀྱ་ཐུབ་པའི་ཞིང་། [①] ༄། །ཀྱེ་སྟོད་ཀྱི་འཇིག་རྟེན་ཀླུང་གིས་བཏེག [②] ༄། །ཀྱེ་ཡོན་དག་ཁྱད་པར་འཕགས་པ་ཀླུ་རུ་ཁྲུ་ཚབ་གྱིས། [③] ༄༎ཀྱེ་གསོན་དང་དགོངས་དང་ཡོན་ཏག་པ། [④] ཞེས་བྱུང་བ་ལ་གཞིགས་ན་མཛད་བྱང་དེ་དག་གི་འགོ་འབྱུད་ཚིག་སྟེ་ཀྱེ་ཞེས་སྐྱེ་བོ་ཀུན་གྱི་ཡིད་ཀྱི་དྭངས་བ་འདྲེན་པའི་ཚིག་འདིས་དབུ་བཙུགས་ཏེ་གསུང་རབ་དེ་དག་དད་པ་སྐྱོངས་མེད་པའི་མཆོད་ཡོན་སྦྱིན་བདག་དང་སྒོ་གསུམ་ཐང་ཆད་འབྲི་བའི་ཡིག་མཁན་དང་རྐང་འཁྱོར་གཞུང་སྦྱོང་གི་ཞུས་མཁན་སོགས་ཀྱིས་འབད་པས་གསུང་རབ་དེ་དག་དུས་ཐོག་ཏུ་འབྲི་བཞེངས་བྱུང་སྟེ། གསུང་རབ་དེ་འབྲི་བཞེངས་ཀྱི་གནས་ཚུལ་ཚིག་སྣ་བསྡུས་ཤིང་སྙན་ཆ་ལྡན་པའི་སྒོ་ནས་མཛད་བྱང་བཀོད་པའི་སྐབས་ཀྱི་འགོ་འབྱུད་ཚིག་སྟེ་ཀྱེ་ཞེས་པས་འགོ་འབྱུད་པ་དེ་ལགས།

གཉིས། ཨེ་མ་ཧོ།

༄། །ཨེ་མ་ཧོ།། སྙིང་བཞི་ཁྱད་པར་འཕགས་།། [⑤] ཨཻ་མ་ཧོ་། །ཡིད་འོང་མཛེས་པའི་གཟི་བརྗིད་ལྟ་ན་སྡུག·····། [⑥] ༄། །ཨེ་མ་ཧོ། མི་ཆོག་དགེ་སློང་རིན་ཆེན་གྲུབ་ཀྱི་ཐུགས་དམ་ཉེ་ཁྲིའམ་གླེགས་ཤིང་གྱི།། [⑦] ཞེས་སོགས་བྱུང་བ་ལ་གཞིགས་ན་སྒོ་གསུམ་ཐང་ཆད་འབྲི་བའི་ཡིག་མཁན་དང་རྐང་འཁྱོར་གཞུང་སྦྱོང་གི་ཞུས་དག་སོགས་ཀྱིས་གསུང་རབ་དེ་དད་པ་སྐྱོངས་མེད་པའི་མཆོད་ཡོན་སྦྱིན་བདག་གི་རེ་འདོད་བཞིན་བདེ་བླག་ངང་འབྲི་བཞེངས་བྱུང་བའི་གནས་ཚུལ

---

① འོན་ཀེ་རུར་བཞུགས་པའི་ཤེར་ཕྱིན་གྱི་མཇུག་བྱང་།

② འོན་ཀེ་རུར་བཞུགས་པའི་ཤེར་ཕྱིན་གྱི་མཇུག་བྱང་།

③ འོན་ཀེ་རུར་བཞུགས་པའི་ཤེར་ཕྱིན་གྱི་མཇུག་བྱང་།

④ དཔལ་ས་སྐྱ་དགོན་དུ་བཞུགས་པའི་ཤེར་ཕྱིན་བོད་ཀ་པའི་མཇུག་བྱང་།

⑤ འོན་ཀེ་རུར་བཞུགས་པའི་མདོ་མངས་མཐོང་སྨོན་གྱི་མཇུག་བྱང་།

⑥ ར་ལུང་དགོན་དུ་བཞུགས་པའི་ཤེར་ཕྱིན་གྱི་མཇུག་བྱང་།

⑦ ཞ་ལུ་དགོན་དུ་བཞུགས་པའི་ཤེར་ཕྱིན་གྱི་མཇུག་བྱང་།

སོགས་བཀོད་པའི་མཛད་བྱང་སུག་བྲིས་གནང་སྐབས། གསུང་རབ་ཀྱི་འབྲི་གཟུགས་དང་དབུ་ཞབས་ལྷ་སྐུའི་ཕྱོན་སྟངས་ཆད་དུ་བྱུང་བ་ལས་ངོ་མཚར་ཆད་དུ་བྱུང་བའི་དབུ་འཕེན་ཚིག་ཡེ་མ་ཧོ་ཞེས་པས་འགོ་འཛུད་པ་དེ་རྟོགས།

གསུམ། ཨོཾ་སྭ་སྟི།

ཨོཾ་སྭ་སྟི། །ཤག་ཐུབ་བསྟན་པ་སྤྱུ་རྒྱལ་བོད་ཀྱི་ཡུལ།།[①] ཨོཾ་སྭ་སྟི། ཡན་ལག་དྲུག་ཅུའི་འཕང་འགྲོ་ལས་དྲངས་པའི།།[②] ཞེས་པ་ལྟ་བུ་ནི་དུས་རབས་13རྗེས་ཀྱི་མཛད་བྱང་གི་དབུ་འཕེན་སྟངས་དམིགས་བསལ་ཅན་ཞིག་ཡིན། དེའི་ཐོག་ལ་རྒྱལ་ སྤྱིའི་བོད་རིག་པ་སློབ་དང་སམ་སྐྲི་ཏའི་གཞུང་ལ་དཔྱད་པ་གནང་མཁན་དག་གིས་དུས་རབས་14པའི་རྗེས་ནས་བོད་གཞུང་དུ་སམ་སྐྲི་ཏ་གཟུགས་འགྱུར་ཚད་ལྡན་འབྲི་བའི་ལམ་སྲོལ་ཞིག་བྱུང་ཡོད་ཅེས་དང་། བོད་ཀྱི་གསུང་རབ་སློབ་དགེ་འདུན་ཆོས་འཕེལ་གྱིས་ཀྱང་རབ་བྱུང་11པའི་རྗེས་ནས་བོད་ཀྱི་ཡུལ་ལུང་དུ་སུམ་འབིད་འབྲི་བའི་ལམ་སྲོལ་ཞིག་བྱུང་ཡོད་ཅེས་གསུངས་པ་དེ་དག་ལ་གཞི་བཅོལ་ཏེ་ཞུས་ན་གསུང་རབ་འབྲི་བཞེངས་ཀྱི་མཛད་བྱང་འགོ་འཛུད་ཚིག་སྟེ་ཨོཾ་སྭ་སྟི་ཞེས་པས་འགོ་འཛུད་པར་ཡང་རྟོགས།

གཉིས་པ། བསྟོད་ཕྱག་སྐོར།

དུས་རབས་མི་འདྲ་བའི་ནང་དུ་འབྲི་བཞེངས་བསྐྲུངས་པའི་གསུང་རབ་དེའི་བརྗོད་བྱའི་ནང་དོན་དང་འབྲེལ་ཏེ་གཞུང་དེ་གསར་གཏོད་མཛད་མཁན་གྱི་སྟོན་པ་ཤཱཀྱ་ཐུབ་པ་དང་འགྲེལ་བྱེད་དབང་པོ་རྒྱ་གར་གྱི་རྒྱན་དྲུག་ཕྱོགས་གཉིས་དང་། བོད་རྒྱུད་ནང་བསྟན་གྱི་གྲུབ་མཐའ་སོ་སོའི་སྲོལ་འབྱེད་ཀྱི་མཁན་པོ་རྣམས་དང་། སྐབས་འདིའི་མཆོད་ཡོན་སྦྱིན་བདག་དང་འབྲི་བཞེངས་ཀྱི་ཡིག་མཁན་སོ་སོ་དང་འབྲེལ་བའི་རྩ་བའི་བླ་མ་དང་། དེ་མིན་ད་དུང་གང་བཞེངས་པར་བྱ་བའི་གཞུང་དེའི་ནང་དོན་ལ་མོས་གུས་ལྡན་པའི་སྒོ་ནས་བསྟོད་ཕྱག་མཛད་པ་ནི་མཛད་བྱང་གི་ནང་དོན་ལས་བསྟོད་ཕྱག་སྐོར་དེ་ཡིན།

① ཞ་ལུ་དགོན་དུ་བཞུགས་པའི་ཤེར་ཕྱིན་གྱི་མཇུག་བྱང་།

② ཐོ་བྲང་པོ་ཏ་ལར་བཞུགས་པའི་བཀའ་འགྱུར་གྱི་མཇུག་བྱང་།

གཅིག སྟོན་པའི་བསྟོད་པ།

༄༅། ཨེ་མ་ཧོ། །ཞིང་བཞིའི་ནང་ནས་ཁྱད་པར་འཕགས། །གདོད་ཀྱི་འཇིག་རྟེན་ཤིང་རྟ······། །ཞིང་མཆོག་དེ་དག་ལས་མཆོག་ཏུ་གྱུར་པ་ལྷོ་འཛམ་གླིང་ཡིན་པར་ཤེས། །སྟོན་པའི་ནང་ནས་ཁྱད་པར་འཕགས། །དགའ་ལྡན་གནས་སུ་བདེ་བར་གཤེགས། །སྤྲུལ་པ་མཐའ་དག་སྟོན་པར་མཛད། །སྟོན་པ་དེ་ལ་མཚན་གསོལ་བ། །བཅོམ་ལྡན་ཤཱཀ་ཐུབ་ཡིན་པར་ཤེས། [①]ཞེས་པའི་མཛད་བྱང་ལས་སྟོན་པ་བཅོམ་ལྡན་འདས་ཀྱི་མཛད་རྣམ་ལ་བསྟོད་ཕྱག་མཛད་པ་ཞིག་ཡིན།

གཉིས། སྐུ་གསུང་ཐུགས་ཀྱི་བསྟོད་པ།

ཨོཾ་མ་ཧོ།། །མི་འགྱུར་ལྷུན་གྲུབ་རྡོ་རྗེ་ལྟ་བུའི་སྐུ། །གསུང་དབྱངས་འགག་འགྲུལ་མེད་པ་ཚངས་པའི་དབྱངས། ། དགོས་འདོད་ཐམས་ཅད་འབྱུང་བ་ནོར་བུའི་ཐུགས། །སྐུ་གསུམ་མཉམ་པར་བཞག་པའི་སྐ་ཅིག་མ། །སྟོབས་ལྡན་བདུད་ཀྱི་དཔུང་རྣམས་རབ་ཏུ་འཇོམས། །རྒྱལ་བ་ཤཱཀྱ་ཐུབ་པ་ཕྱག་འཚལ་བསྟོད།ཅེས་པ་ནི་མཛད་བྱང་གི་ནང་དོན་བསྟོད་ཕྱག་ལས་སངས་རྒྱས་ཀྱི་སྐུ་གསུང་ཐུགས་ལ་བསྟོད་པ་མཛད་པ་དེ་ཡིན།

གསུམ། སྐུ་གསུམ་གྱི་བསྟོད་པ།

ཀྱེ་རང་བཞིན་རྗེ་བྲལ་ཆོས་སྐུ་ལ། དག་སྣང་འཇའ་ཚོན་ལྟ་བུའི་ལོངས་སྐུར་བྱོན། མཆོག་གི་སྤྲུལ་སྐུ་བཅོམ་ལྡན་ཤཱཀ་ཐུབ་དེས། གཟིགས་པ་གཉིས་ཀྱི་འཛམ་བུའི་གླིང་དུ་གཟིགས། གྲོང་ཁྱེར་ཆེན་པོ་སེར་སྐྱའི་ཕོ་བྲང་དེར། དགོངས་པ་བཞི······། སྡེ་སྣོད་གསུམ་དང་རྒྱུད་སྡེ་རྣམ་པ་བཞི། སྔགས་དང་རྒྱུ་འབྲས་ཟབ་མོའི་ཆོས་ལྔ་གསུངས། བཅོམ་ལྡན་ཤཱཀ་ཐུབ་སྐུལ་ལ་ཕྱག་འཚལ་བསྟོད། [②]ཅེས་དང་ཨོཾ་མ་ཧོ།། །ཆོས་སྐུ་ནམ་མཁའི་རང་བཞིན་དག་པ་ལས་གཟུགས་སྐུ་འཇའ་ཚོན་བལྟ་བུར་རང་བཞིན་མེད། །སྤྲུལ་སྐུ་ཀ་ཁ་ཕ་མ་སུམ་ཅུ་བྱོན། །གསལ་

① མལ་གྲོའི་བྱ་ཡུལ་མང་ར་དགོན་གྱི་བགྲེས་ཟད་ཆེ་བའི་ཤེར་ཕྱིན་གྱི་མཛད་བྱང་ལས་དྲངས།

② གཡའ་མ་རི་དགོན་པའི་མདོ་སྡེ་རྒྱལ་པོ་རྡོ་རྗེ་གཅོད་པའི་མཛད་བྱང་ལས་དྲངས།

བྱེད་ཡི་གེའི་ཚོགས་ལ་ཕྱག་འཚལ་ལོ།[1] ཞེས་པ་ནི་མཇོད་བྱང་གི་ནང་དོན་ལས་སྐུ་གསུམ་སྟེ་ཆོས་སྐུ་དང་སྤྲུལ་སྐུ། ལོངས་སྐུ་བཅས་ལ་བསྟོད་ཕྱག་མཛད་པ་དེ་ཡིན།

བཞི། དཀོན་མཆོག་གསུམ་གྱི་བསྟོད་པ།

༄༅།། ཨེ་མ་ཧོ། སངས་རྒྱས་རྐང་གཉིས་གཙོ་བོ་འགྲོ་བའི་དཔལ་། ཞི་བདེ་རྣམ་གཉིས་འབྱུང་བ་དམ་པའི་ཆོས་། འདྲེན་མཆོག་ཕྱིར་མི་ལྡོག་པ་ལེགས་པའི་ཚོགས། སྐྱབས་པ་དཀོན་མཆོག་གསུམ་ལ་ཕྱག་འཚལ་བསྟོད་། ཨེ་མ་ཧོ། །སྐུ་གསུམ་བདག་ཉིད་དཀོན་ཅོག་རིན་ཅེན་ཛོ། ། མི་ནུབ་བསྟན་པའི་རྒྱལ་མཚན་བསྟན་འགྱུར་ཅིག། ། འགྲོ་རྣམ་ཐར་པའི་ལམ་ལ་འགོད་མཛད་པའི་། །བླ་མེད་དཀོན་མཆོག་གསུམ་ལ་ཕྱག་འཚལ་བསྟོད་ །ཅེས་པ་ནི་མཇོད་བྱང་གི་བསྟོད་ཕྱག་ཁྲིད་ཙུང་ཟད་ཅིག་མཐོང་འབབ་བའི་སངས་རྒྱས་ཆོས་དགེ་འདུན་ཏེ་དཀོན་མཆོག་གསུམ་གྱི་ཡོན་ཏན་ལ་བསྟོད་ཕྱག་མཛད་པའི་ནང་དོན་ཞིག་ཡིན།

ལྔ། བླ་མར་བསྟོད་པ།

ཨེ་མ་ཧོ།། །གངས་ཅན་ཤིང་ཏའི་བཀྲོལ་འབྱེད་བཙོང་ཁ་པ། །མངོན་རྟོགས་རིག་པའི་དབང་ཕྱུག་རྒྱལ་ཚབ་རྗེ། །མདོ་སྔགས་བསྟན་པའི་བདག་པོ་དགེ་ལེགས་དཔལ། །མཚུངས་མེད་ཡབ་སྲས་གསུམ་ལ་ཕྱག་འཚལ་བསྟོད་།[2] ཅེས་སྔོ་གསུམ་ཐང་ཆད་འབྲི་བའི་ཡིག་མཁན་ནམ་དད་པ་སྐྱོ་ངས་མེད་པའི་སྦྱིན་བདག་མཆོག་གིས་དད་མོས་བྱེད་པའི་བླ་མ་གོང་མ་སྟེ། རྗེ་ཡབ་སྲས་གསུམ་གྱི་མཚན་ནས་དྲངས་ཏེ་བསྟོད་ཕྱག་ཕུལ་བ་དག་ལས་ཤེས་ཤིང་། ལྷག་དོན་དུ་སྐབས་འདིའི་གསུང་རབ་འབྲི་བཞེངས་ཀྱི་ཡིག་མཁན་དང་སྦྱིན་བདག་ངོས་ནས་བསྙད་ན་ཡང་ཁོང་རྣམ་པའི་དད་མོས་ཆོས་ལུགས་གྲུབ་མཐའ་དེ་ཡང་རི་བོ་དགེ་ལུགས་པ་ཡིན་པ་ཡང་ཚོར་དུ་རྟོགས་གཤིས། དེས་ན་གྲུབ་མཐའ་གཞན་གྱི་སྐོར་དེ་ཡང་དེ་དང་རིགས་བསྒྲེ་ཏེ་གཅིག་ཤེས་ཀུན་གྲོལ་ཡོད་པ་ཞུ།

---

① མངའ་རིས་རྩ་མདའ་རྫོང་ཡི་རི་དགོན་དུ་བཞུགས་པའི་ཤེར་ཕྱིན་བརྒྱད་སྟོང་པའི་མཇོད་བྱང་ཡིན།

② མངའ་རིས་རྩ་མདའ་རྫོང་ཡི་རི་དགོན་དུ་བཞུགས་པའི་ཤེར་ཕྱིན་བརྒྱད་སྟོང་པའི་མཇོད་བྱང་ཡིན།

དྲུག གཞུང་ལ་བསྟོད་པ།

༄༅ཀྱེ་གསུམ་པ་ཀའི་རིགས། །ཕ་རོལ་ཕྱིན་པ་ལགས། །བརྒྱད་སྟོང་ངོ་མཚར་ཆེ། །ཡུན་དུ་གནས་པར་ཤོག། ①ཅེས་དང ………སྐྱེས་བུའི་ཡིད་འཕྲོག་ཅིང་། …………ནོར་བུ་རིན་པོ་ཆེ། །མཐོང་བ་དོན་ལྡན་རྒྱལ་བའི་ཡུམ་ལ་འདུད། ། ②ཅེས་པ་ནི་དད་པ་སྐྱོ་ངས་མེད་པའི་མཆོད་ཡོན་སྦྱིན་བདག་མཆོག་གིས་རྒྱུ་འགྲོ་སྦྱར་ཏེ། ཡུལ་དུས་དང་མཐུན་པའི་སྒོ་ནས་གང་བཞེངས་པར་འདོད་པའི་གཞུང་དེར་བསྟོད་ཕྱག་བགྱིས་པ་དེ་ཡིན།

གསུམ་པ། ཡུལ་ལུང་སྐོར།

ཡུལ་ལུང་གི་བསྟོད་པ་འདིར་མཛད་བྱང་གི་ནང་དོན་ལས་འཆད་ན་རིམ་པས་རྒྱ་ཆེ་ས་ནས་ཆུང་སར་སོང་བའི་རྣམ་པ་ཞིག་སྟེ། ཐོག་མར་གླིང་བཞི་ལས་ལྷོ་འཛམ་བུ་གླིང་དང་། དེ་རྗེས་འཛམ་བུ་གླིང་གི་ནང་ནས་རྒྱ་གར་འཕགས་པའི་ཡུལ་དང་། རྒྱ་གར་འཕགས་པའི་ཡུལ་ལས་རིམ་པས་བཞིན་བོད་ཡུལ་ཁ་བ་ཅན་དང་། བོད་ཡུལ་ཁ་བ་ཅན་ལས་ཉུ་བཞི་གང་གི་ཁོངས་སུ་གཏོགས་པའི་གསུང་རབ་འབྲི་བཞེངས་ཀྱི་ཡུལ་ལུང་དངོས་ཀྱི་མིང་ནས་འབོད་དེ་བསྟོད་པ་དུང་ཆེན་གཟུགས་སུ་བཀོད་པ་ཞིག་ཡིན་སྐབས་དེས་ན་གཤམ་དུ་རིམ་པས་བརྗོད་པར་བྱའོ།

གཅིག ལྷོ་འཛམ་བུ་གླིང་།

༄། །གླིང་བཞི་ཁྱད་པར་འཕགས། ། །ལྷོའ་འི་འཛམ་གླིང་ལགས། ། །སོག་ག་ངོ་མཚར་ཆེ། ། ། །ལྷ་ཆོས་དར་བར་ཤོག། ③ཅེས་དང་། ༄། །གླིང་བཞིའི་གླིང་མཆོག་འཛམ་བུ་གླིང་། ④ཞེས་བྱང་བ་ནི་གླིང་བཞིའི་ཁྱད་འཕགས་ཀྱི་ཡོན་ཏན་བརྗོད་ཟིན་པའི་རྗེས་སུ་གླིང་དེ་དག་གི་ནང་ནས་ལྷོ་འཛམ་བུ་གླིང་དེ་དེ་བས་ཁྱད་དུ་འཕགས་པ་ཞིག་ཡིན་ཞེས་བསྟོད་པ་མཛད་པ་ཞིག

---

① ཚལ་མདོ་བྱམས་གླིང་དགོན་དུ་བཞུགས་པའི་ཤེར་ཕྱིན་པོད་ཀ་པའི་མཛད་བྱང་ལས་དྲངས།

② རྒྱ་མ་ཁྲི་སྐར་དུ་བཞུགས་པའི་ཤེར་ཕྱིན་འབུམ་ཟིལ་མ་ཅན་པོད་ཀ་པའི་མཛད་བྱང་ལས་དྲངས།

③ འོན་ཀེ་རུའི་ཤེར་ཕྱིན་གྱི་མཛད་བྱང་།

④ འོན་ཀེ་རུའི་ཤེར་ཕྱིན་གྱི་མཛད་བྱང་།

ཡིན་པ་ནི་སྐྱེ་བོ་ཀུན་གྱིས་མཐོང་ཆོས་ལགས།

གཉིས། རྒྱ་གར་གྱི་ཡུལ།

༄།།གླིང་བཞི་ཁྱད་པར་འཕགས་༎ ༎ལྷོའ་འི་འཛམ་གླིང་ལགས་༎ ༎སོག་ཀ་ངོ་མཚར་ཆེ་༎ ༎ལྷ་ཆོས་དར་བར་ཤོག་༎ གནས་རབ་ཁྱད་པར་འཕགས་༎རྒྱ་གར་རྡོ་རྗེ་ལགས་། །ཆོས་དཀོར་ངོ་མཚར་ཆེ་། །ལྷ་ཆོས་རྒྱས་པར་ཤོག་། ༄༅།།།སྟོན་པ་ཁྱད་པར་འཕགས་། ༄།།བཅོམ་ལྡན་ཤག་ཐུབ་ལགས་། ༄། །ལྷ་ཆོས་ངོ་མཚར་ཆེ་། ༄།། །ཀུན་ལ་སྟོན་པར་ཤོག་།[1] ཅེས་པ་སོགས་ནི་གླིང་བཞིའི་ནང་ནས་ཁྱད་དུ་འཕགས་པ་ལྷོ་འཛམ་བུ་གླིང་བསྟན་པ་དང་། དེ་རྗེས་རིམ་པས་བཞིན་རྒྱ་གར་འཕགས་པའི་ཡུལ་གྱི་ཆགས་དབྱིབས་སོགས་བརྗོད་པའི་ཞོར་དུ། སྟོན་པ་ཐོག་མར་སངས་རྒྱས་པའི་གནས་རྡོ་རྗེ་གདན་བསྟན་པ་དེ་ལགས།

གསུམ། བོད་ཡུལ།

༄༅།། ཀྱེ་བསྐལ་པ་བཟང་པོ་ལགས་། ། ལྷ་ཆོས་ཁྱད་དུ་འཕགས་། །ཤཀ་ཐུབ་ངོ་མཚར་ཆེ་། ། ཡུལ་ཅིག་གཡུ་རུ་ལགས་། །།[2] ཞེས་དང་༄།།ཀྱེ་ཕྱི་སྣོད་འཇིག་རྟེན་འཁོར་བ་ཆགས་པའི་གཞི་། །འཁོར་ལོ་རྩིབས་བརྒྱད་འདྲ་བ་ཀྲུང་གི་འོག་། །པད་མ་འདབ་བརྒྱད་འདྲ་བ་དོག་སའི་སྟེང་༎ གནམ་ས་གཡུ་ཁ་སྦྱོར་ལྟ་བུའི་བར་། །གླིང་མཆོག་ཧྲེ་ཊ་ཙ་འདྲ་མཛམ་བུའི་གླིང་། །རི་མཐོ་ས་གཙང་སྤུ་རྒྱལ་བོད་ཀྱི་ཡུལ་ [3] ཞེས་དང་། དང་ཀྱེ་ལགས་། གླིང་བཞིའི་གླིང་མཆོག་ལྷོའི་འཛམ་བུའི་གླིང་། །རི་མཐོ་ས་གཙང་སྤུ་རྒྱལ་བོད་ཀྱི་ཡུལ་། །ཁ་བའི་ཅན་ལྗོངས་བསྟན་པ་དར་བའི་གནས་། །[4] ཞེས་པ་སོགས་ནི་མཛད་བྱང་གི་ཡུལ་བསྟོད་ལས་རྒྱ་གར་འཕགས་པའི་ཡུལ་གྱི་བསྟོད་པ་བརྗོད་ཟིན་པའི་རྗེས་སུ་རིམ་པས་བཞིན་བོད་ཡུལ་གྱི་རི་ཆུ་ས་གཙང་དང་གནམ་འཁོར་ལོ་རྩིབས་བརྒྱད་སོགས་ཀྱི་ཁྱད་ཆོས་སོགས་བརྗོད་པ་དང་སྒྲུགས་བོད་ཡུལ་ལ་བསྟོད་

① འོན་ཀེ་རུའི་ཤེར་ཕྱིན་གྱི་མཛད་བྱང་།

② གྲོ་མཁར་ཆོས་སྡེའི་ཤེར་ཕྱིན་གྱི་མཛད་བྱང་ལས་དྲངས།

③ དཔལ་ས་སྐྱ་དགོན་དུ་བཞུགས་པའི་ཤེར་ཕྱིན་གྱི་མཇུག་བྱང་།

④ མངའ་རིས་ས་ཁུལ་རྩ་མདའ་རྫོང་ལྷུན་གྲུབ་ཆོས་སྡེ་དགོན་དུ་བཞུགས་པའི་ཤེར་ཕྱིན་མཛད་བྱང་ཡིན།

ཚོག་ཕྲུལ་བ་དེ་ཡིན།

བཞི། འབྲི་བཞེངས་ཡུལ་ལུང་།

མཛད་བྱང་ལས།། ཡུལ་ཅིག་གཡུ་ཏུ་ལགས་། །།དམྱལ་མོ་ཁྱད་དུ་འཕགས་།།མཚོ་དྲོ་ངོ་མཚར་ཆེ་།།[①]ཞེས་དང་དོག་ས་བཀོད་ལེགས་བཞུགས་ཡུལ་ལྗོང་དར་དུ། [②]དང་། ཆོས་རྒྱལ་མངའ་འོག་ཞང་ཞང་ཡུལ་གྱི་དབུས། བདེ་བའི་འབྱུང་གནས་དགའ་ལྡན་ལྷ་ཡུལ་འདྲ། གནས་ཀྱི་མཆོག་གྱུར་རྒྱལ་ས་བྱེ་གར་དུ། [③]དང་། །དགེ་བཙུ་འཛོམས་པ་གུ་གེ་ལྷོ་སྟོད་ཡུལ་། །ཆུ་བཞིའི་མཆོག་གྱུརད་འགའ་འགའ་དལ་འབབ་། །ལྗོངས་གྲུབ་ཡིད་འཛིན་ལྷ་ཡུལ་ལྷུམ་སྐྱོགས་སུ་[④] ཞེས་པ་སོགས་ལས་རིམ་པས་བཞིན་བསྟོད་པ་དུང་ཆེན་གཟུགས་སུ་བཀོད་པའི་ནང་ནས་གསུང་རབ་འབྲི་བཞེངས་ཀྱི་ཡུལ་ལུང་དངོས་ཏེ། སྟོན་ས་སྐྱ་ཁྲི་དཔོན་གྱི་མངའ་འོག་ཏུ་ཡོད་པའི་ལྗོང་དར་དང་མངའ་རིས་གུ་གེའི་ཁོངས་སུ་གཏོགས་པའི་ཡུལ་བྱེ་གར་དང་ལྷུམ་སྐྱོགས། ལྷོ་ཁ་ས་ཁྲུལ་ལྷུན་རྩེའི་གྲོ་མཁར་ཆོས་སྡེ་སྟོན་ཆོས་རྒྱལ་ཁྲ་པའི་མངའ་ཁོངས་བཅས་སོ་སོའི་ས་གཞིས་དང་ཡུལ་འབབ་ཀྱི་ཁྱད་ཆོས་བརྗོད་པ་དེ་གཙོ་བོ་གསུང་རབ་འབྲི་བཞེངས་ཀྱི་ཡུལ་ལུང་དངོས་དེ་ཡིན་ཙ་ན་ས་མིང་གཞན་རྣམས་ཀྱང་དེ་ལས་རིགས་འགྲེའོ།

བཞི་པ། ཆ་ཡོན་སྐོར།

རིམ་པས་བཞིན་དད་པ་སྐྱོ་ངས་མེད་པའི་སྦྱིན་བདག་སྐྱངས་ཞལ་དང་གཉེན་ཉེ་འཁོར་གྱི་མཚན་དང་། སྤྲུས་ཚད་ཀྱི་ཡང་རྩེར་སོན་པའི་དམིགས་བསལ་གྱི་སྣ་ཤོག་དང་སྣོ་གསུམ་ཐང་ཆད་འདྲི་པའི་བྲིས་མཁན་དང་། ཀང་འགྱུར་གཞུང་སྲོང་ཞུ་གཏུག་མཁན་དང་རི་མོའི་སྒྱུ་རྩལ་ལ་མཁས་པའི་དབུ་ལྷ་མཁན་སོགས་ཅི་ཞིག་འཛོམས་པ་དེ་དག་གི་མཚན་ནས་སྨོས་པ་ནི་མཛད་བྱང་གྱི་ནང་དོན་ལས་ཆ་ཡོན་འཛོམས་པའི་སྐོར་དེ་གཤམ་གསལ།

① གྲོ་མཁར་ཆོས་སྡེར་བཞུགས་པའི་ཤེར་ཕྱིན་གྱི་མཛད་བྱང་ལས་དྲངས།

② དཔལ་ས་སྐྱ་དགོན་དུ་བཞུགས་པའི་ཤེར་ཕྱིན་གྱི་མཇུག་བྱང་།

③ 见，【意】图齐著 魏正中 萨尔吉主编，《梵天佛地》上海古籍出版社 意大利亚非研究院。第三卷120页。

④ མངའ་རིས་ས་ཁུལ་རྩ་མདའ་རྫོང་ལྷུན་གྲུབ་ཆོས་སྡེ་དགོན་དུ་བཞུགས་པའི་ཤེར་ཕྱིན་མཛད་བྱང་ཡིན།

གཅིག སྦྱིན་བདག

1.རྒྱལ་བློན།

ཏུན་ཧོང་གི་ཤོག་དྲིལ་pt999་བཙན་པོའི་སྐུ་ཡོན་དུ་ཚེ་དཔག་མེད་མདོ་བཞེངས་པ་དང་འཕགས་མདོའི་སྐུ་རྟེན་བཀོས་བཞེངས་ཀྱི་དཀར་ཆག་ཛོ་ཡིག་མ་ལས།སྐུ་རིང་ལ་རྗེ་བློན་ཡོན་བདག་དང་སེམས་ཅན་ཐམས་ཅད་ཀྱི་དོན་གྱི་ཕྱིར[1] ཞེས་པས་སྤྱི་ལོ་806ལོར་རྗེ་ཁྲི་ལྡེ་སྲོང་བཙན་དང་བློན་པོ་དང་སེམས་ཅན་ཐམས་ཅད་ཀྱི་དོན་དུ་འབྲི་བཞེངས་བསྒྱུར་བ་དེ་གོང་གི་མཛད་བྱང་ལས་ཤེས་ཤིང་། ལྷག་དོན་དུ་འབུམ་གྱི་བྱུང་བ་བརྗོད་པའི་ནང་དུ་བོད་བཙན་པོའི་རྒྱལ་རབས་སུ་རྒྱལ་བློན་འཁོར་དང་བཅས་པ་མ་གཏོགས་པས་གསུང་རབ་འབྲི་བཞེངས་མི་ཐུབ་པའི་སྐོར་བཀའ་བསྟན་གྱི་ལོ་རྒྱུས་སུ་བྱོན་པ་མ་ཟད་ཏུན་ཧོང་གི་ཆོས་བཤུ་བྲིས་མའི་ཟིན་ཐོ་ཁག་ཏུ་ཡང་གསུང་རབ་འབྲི་བཞེངས་ཀྱི་རྒྱུ་འགྲོ་བླ་ནས་སྦྱར་བ་དེ་ལས་ཀྱང་ཤེས།

2.བཙུན་མོ།

འབུམ་གྱི་བྱུང་བ་བརྗོད་པའི་སྐབས་སུ་འབྲོམ་བཟའ་བྱང་ཆུབ་སྨན་གྱིས་རབ་བྱུང་རྣམས་ལ་བསྙེན་བཀུར་བའི་གདུགས་ཚོད་ཐོན་ཚེ་ཚར་རེ་སྒྲོག་པར་འགྱེད་བདེ་བའི་ཆེད་དུ་བམ་པོ་རེ་ལ་ཤོག་དྲིལ་རེ་བྱས་པ་འཇུག་སྟོད་ལ་བརྟེན་པའི་ཤ་སྒྲོ་ཅན[2] ཞེས་པ་ལས་བཙུན་མོས་དད་པ་སྐྱོ་ངས་མེད་པའི་སྦྱིན་བདག་གནང་སྟེ་གསུང་རབ་བཞེངས་པ་དང་ཁྲི་སྲོང་ལྡེ་བཙན་གྱི་སྐུ་དུས་སུ་བཙུན་མོ་རྣམས་ཀྱི་ཐུགས་དམ་སྐུ་རྟེན་བཞེངས་པ་དེ་དག་བཞུགས་སའི་ལྷ་ཁང་ཡང་བཞེངས་པས་ཀྱང་བཙུན་མོའི་འཁོར་གྱི་སྦྱིན་བདག་མཛད་དེ་གསུང་རབ་བཞེངས་གནང་ཡོད་པ་ནི་སྨོས་ཅི་དགོས།

3.སྡེ་དཔོན།

དེ་ཡང་། །ཡུལ་ལས་ཁྱད་དུ་འཕགས་པ་འོན་གྱི་སྣ་ནམ་ས། །སའི་རྒྱ་མདུད་བཀྲ་ཤིས་བླ་གད་ན། །དཔའ་རྩལ་རྐོ་དྲག་འཛོམ་པ་བླས་ཏ་ཁྲ་ཅབ་འབར། །རྐོ་འཛངས་གསལ་

---

① གཉའ་གོང་དཀོན་མཆོག་ཚེས་བརྟན་གྱིས་བརྩམས་པའི་བོད་ཀྱི་བརྡ་རྙིང་ཡིག་ཆ་བདམས་བསྒྲིགས་འཕགས་མདོའི་སྐུ་རྟེན་བཀོས་བཞེངས་ཀྱིདཀར་ཆག་ཛོ་ཀོས་མ་ཀྲུང་དབྱང་མི་རིགས་སློབགྲྭ་ཆེན་མོའི་དཔེ་སྐྲུན་ཁང་གི་1995ལོའི་ཕྱར་མའི་ཤོག་གྲངས་173ལས་དྲངས།

② ཤེས་རབ་ཀྱི་ཕ་རོལ་ཏུ་ཕྱིན་པའི་བམ་པོ་དང་། ལེའུ་དང་། ཤད་དང་། ཚིགས་དང་། གྲངས་བཞུགས་པའི་ཚད་བསྟན་པ་ཞེས་པ་དཔེ་རྙིང་བྲིས་མའི་ལྡེབ་གྲངས་ལས་དྲངས།

གཞོག་འཕྱང་བ་ཡོང་ཡོང་འཁྲོ་མ་བཟའ། །ཚུང་ནས་ན་ལ་སུམ་རྒྱས་པ་ཏེ་དཔལ་གཙུག་ཏོར་སྐྱབས། །སྤྱོད་ལམ་ཡིད་དུ་འོང་བ་ངན་ཏེ་མེན་ཏོག་ཏེ། །དད་པ་སྐྱོ་ངས་མེད་པའི་ཡོན་དག་འཁོར་བཅས་རྣམས། །སྟོང་ཕྲག་བརྒྱ་པ་བཞེངས་པའི་བྱིན་རླབས་ཀྱིས། །བདེ་སྐྱིད་ཕུན་སུམ་ཚོགས་ཤིང་བྱང་ཆུབ་འཐོབ་པར་ཤོག །། སྟོང་ཁམས་ཁ་ལོ་བསྒྱུར་བའི་གླས་ཏ་ལྷ་དཔལ་དང་། ། དགྲ་རྣམས་འདུལ་བའི་ནུ་འོ་ནམ་ཀ་དང་། །གཉེན་ལ་གདུང་སེམས་མཛད་པའི་ཡོན་དག་འཕགས་པ་སྐྱབས། །ཕ་སྤུན་ཕྱི་སྐོར་ནང་སྐོར་ཕོ་ཉེ་མོ་ཉེ་རྣམས། ། ཟ་མ་ཟེ་ཚུང་བཟང་ངོ་དངོས་ཅག་རབ་ཏུ་ཀ །། ། [1] ཞེས་བྱུང་བ་དེ་ལས་དུས་རབས་12པའི་ནང་དུ་འོན་སྐྱིད་ཏ་ཁུལ་དུ་མདོ་མངས་མཐོང་སྨོན་འབྲི་བཞེངས་བསྒྲུངས་པའི་སྐབས་སུ་གླས་ཏ་ཁུ་ཅབ་འབར། ཡོང་ཡོང་འཁྲོ་མ་བཟའ། ཏེ་དཔལ་གཙུག་ཏོར་སྐྱབས། ངན་ཏེ་མེན་ཏོག་ཏེ་བཅས་ཀྱིས་ཡོན་བདག་གནང་སྟེ། མངའ་བདག་མགོན་ནེའི་ཐུགས་དམ་མདོ་མངས་མཐོང་སྨོན་བཞེངས་པ་དེ་ལས་མཛད་བྱང་གི་སྦྱིན་བདག་སྟེ་ཡུལ་ལུང་སྡེ་དཔོན་གྱིས་བཞེངས་གནང་བའི་སྐོར་དེ་ཡིན།

4. དགེ་འདུན་སྡེ།

འདིར་དགེ་བཤེས་དགེ་སྟོན་གྱིས་མདོ་སྡེ་རྒྱལ་པོ་འོད་འབར་དེ་བཞེངས་པའི་སྐབས་སུ་མཆོད་ཡོན་སྦྱིན་བདག་འཁོར་དང་བཅས་པ་སྨོན་ལམ་ཁོངས་སུ་གཏོགས་པའི་སེམས་ཅན་རྣམས། རང་རང་གི་མོས་པ་དང་འཚམས་པའི་བསྔོ་སྨོན་དུ་ཡོན་བདག་མཆོད་གནས་དགེ་འདུན་སྡེ་རྣམས་ཀྱིས། །བླ་ན་མེད་པའི་གོ་འཕང་མཆོག་ཐོབ་ནས། །སྲིད་པའི་མཚོ་ལས་སྒྲོལ་བར་ཤོག། [2] ཅེས་པས་རྟོགས།

གཉིས། འབྲི་ཛས་སྣག་ཤོག

རྐང་པོ་ཅིག་ཚགས་ཤོ་གུ་ངོ་མཚར་ཆེ། །རྒྱའི་ཏོང་ཀུན་སྣག་ཚ་ངོ་མཚར་ཆེ།། [3] ཞེས་བྱུང་བ་ལས་དུས་རབས་13པའི་སྟོད་དུ་ལྷོ་ཁ་ས་ཁུལ་སྣེ་གདོང་རྫོང་འོན་སྐྱིད་ཏུར་མདོ་མངས་མཐོང་སྨོན་འབྲི་བཞེངས་གནང་པའི་སྐབས་སུ་གསུང་རབ་དེའི་འབྲི་བཞེངས་ལ་ཉེ་བར་མཁོ་

① འོན་ཀེ་ཏུར་བཞུགས་པའི་མངའ་བདག་མགོན་ནེའི་སྐུ་དུས་སུ་བཞེངས་པའི་མདོ་མང་མཐོང་སྨོན་གྱི་མཛད་བྱང་ཡིན།

② གྲོ་མཁར་ཆོས་སྡེའི་མདོ་མངས་པོད་ཉ་པའི་ལྡེབ་གྲངས་330ལས་དྲངས།

③ འོན་ཀེ་ཏུར་བཞུགས་པའི་མངའ་བདག་མགོན་ནེའི་སྐུ་དུས་སུ་བཞེངས་པའི་མདོ་མང་མཐོང་སྨོན་གྱི་མཛད་བྱང་ཡིན།

བའི་འབྲི་རྫས་སྣག་ཤོག་ཅི་ཞིག་འཛོམས་པ་སྟེ་རྐོང་པོ་ཁྲུལ་ནས་དྲངས་པའི་རྐོང་པོ་ཆིག་ཚག་ཤོག་བུ་དང་། རྒྱ་ནག་ཡུལ་ནས་ཐོན་པའི་ཁྱད་འཕགས་སྣག་ཚ་གཉིས་ལས་འབྲི་བཞེངས་བསྒྲུབས་པ་དེ་ནི་མཛད་བྱུང་གི་ནང་དོན་ལས་འབྲི་རྫས་ཁྱད་འཕགས་འཛོམས་པའི་སྐོར་དེ་ཡིན།

གསུམ། འབྲི་ཞུས་མཁན།

དེ་རྗེས་རིམ་པས་བཞིན་སྒོ་གསུམ་ཐང་ཆད་འབྲི་བའི་ཡིག་པ་དང་རྐང་འགྲོར་གཞུང་སྦྱོང་ཞུ་དག་མཁན་གྱི་མཚན་ནས་བརྗོད་དེ་འབྲི་བཤུས་དག་པའི་ཁྱད་ཆོས་ཏེ། དེཔ་བས་དོན་དག་ཡིག་མཁན་ཡིག་ངོ་མཚར་ཆེ། །ཆུས་པ་ཉི་སྒྲགས་ཡིག་དཔོན་ངོ་མཚར་ཆེ། །གཉེར་དང་ཞུ་ཏིག་བླ་མ་ཞང་གིས་མཛད། [1]ཅེས་པ་ལས་དུས་རབས་12པའི་སྟོད་ཙམ་ཞིག་ལ་ལྷོ་ཁ་ས་ཁུལ་སྣེ་གདོང་རྫོང་འོན་སྐྱིད་ཙུར་མདོ་མངས་མཐོང་སྨོན་དེ་འབྲི་བཞེངས་བསྒྲུབས་པའི་སྐབས་སུ་འབྲི་ཞུས་མཁན་ཅི་ཞིག་གིས་གནང་བ་སྟེ། ཡིག་མཁན་ཆུས་པ་ཉི་སྒྲགས། འབྲི་བཤུས་ཀྱི་རྐང་འགྲོར་གཞུང་སྦྱོང་ཞུ་ཏིག་བླ་མ་ཞང་གིས་གནང་བ་སོགས་ནི་མཛད་བྱུང་གི་ནང་དོན་ལས་འབྲི་ཞུས་འཛོམས་པའི་ཁྱད་ཆོས་ཏེ་གཞན་རྣམས་ཀྱང་དེ་དང་རིགས་བསྒྲེའོ།

བཞི། དབུ་ལྷ་འབྲི་མཁན།

རིན་ཆེན་གསེར་ལ་དྲི་མེད་རྒྱལ་བའི་སྐུ། །བཞེངས་པ་འདི་ལ་དཔོན་ཆེན་སྙིང་པོ་མཁས། ། སྣ་ལྔའི་ཚོན་ལ་ཚད་ལྡན་རྒྱལ་བའི་སྐུ། །བཞེངས་པ་འདི་ལ་གུར་སྟོན་ཡོན་རྒྱལ་མཁས། །[2]ཞེས་བྱུང་བ་ལས་གསུང་རབ་འདི་འབྲི་བཞེངས་བསྒྲུབས་པའི་སྐབས་སུ་དད་པ་སྐྱོ་ངས་མེད་པའི་སྦྱིན་བདག་གིས་རྒྱུ་སྦྱར་ཏེ་སྒོ་གསུམ་ཐང་ཆད་འབྲི་བའི་ཡིག་མཁན་གྱིས་འབྲི་བཤུས་བསྒྲུབས་ཟིན་པའི་སྐབས་སུ། གཞུང་གི་ནང་དོན་དང་འབྲེལ་ཏེ་དབུ་ཞབས་ལྷ་སྐུ་འབྲི་མཁན་གྱི་རི་མོ་བ་ནི་ལ་སྟོད་ལྷོ་བྱང་དང་གུང་ཐང་ཁབ་པའི་ཁུལ་དུ་དར་ཁྱབ་ཆེ་བའི་གུ་གེའི་ལུགས་ཀྱི་རི་མོ་མཁས་པ་དཔོན་ཆེན་སྙིང་པོས་རྒྱུ་གསེར་ལས་ཤཱཀྱ་ཐུབ་པའི་སྐུ་བརྙན་བྲིས་ཤིང་། དེ་མིན་

① འོན་ཀེ་ཙུར་བཞུགས་པའི་མངའ་བདག་མགོན་ནེའི་སྐུ་དུས་སུ་བཞེངས་པའི་མདོ་མང་མཐོང་སྨོན་གྱི་མཛད་བྱུང་ཡིན།

② གུང་ཐང་ཙུད་དུ་བཞུགས་པའི་དཔེ་རྙིང་དབུ་ཤོག་ནང་མའི་ཞལ་ཁིབས་ལས་དྲངས།

བྱིངས་ཀྱི་ལྷ་སྐུ་རྣམས་ཚོན་མདོག་རྣམ་པར་བཀྲ་ཤིང་རི་མོ་ཕྱག་ཚད་ལྡན་པར་གྲུར་སྟོན་ཡོན་ཏན་རྒྱལ་གྱིས་ཕྱག་སོར་ལས་བྱོན་ཞེས་གསུངས་པ་དེ་ཡང་མཛད་བྱུང་གི་ཆ་ཡོན་ལས་ལྷེ་ལྷའི་རི་མོ་བ་ཁྱད་འཕགས་འཛོམས་པ་དེ་ཡིན།

ལྔ། སླིགས་ཤིང་སྐུ་རགས་ན་བཟའ།

དམ་ཆོས་སྐལ་པོ་བཟང་པོ་འདི། །གླིགས་ཤིང་སླིགས་ཐག་ན་བཟའ་ལྷུན་གྱིས་གྲུབ། [①]ཅེས་གསུངས་པ་ལས་མདོ་བསྐལ་བཟང་འདི་དད་པ་སྐྱོ་ངས་མེད་པའི་སྦྱིན་བདག་དང་སྒོ་གསུམ་ཐང་ཆད་འབྲི་བའི་ཡིག་པ་དང་ཀྲང་འཁྱོར་གཞུང་སྒྲོང་གི་ཞུས་དག་ལ་སོགས་པའི་མཐུན་རྐྱེན་འཛོམས་ཏེ། འབྲི་བཞེངས་ཟིན་པ་དང་སྨྲགས་གསུང་རབ་དེའི་ཞབས་ཏོག་དང་སྨོན་སྐྱབ་དང་བདག་གཉེར་ཆེད་དུ་ཕྱི་ཆས་ན་བཟའ་སླིགས་ཤིང་སྐུ་རགས་བཅས་དུས་གཅིག་ཏུ་གྲུབ་པ་དེ་ཡང་སྣ་ཚོགས་བཟོ་པའི་ཚོགས་ཀྱི་ཆ་ཡོན་འཛོམས་པ་དེ་རྟོགས།

ལྔ་པ། དགོས་པའི་སྐོར།

མཛད་བྱུང་དུ་མཆོད་ཡོན་སྦྱིན་བདག་དང་ཆ་ཡོན་རྣམས་འཛོམས་ཏེ་གསུང་རབ་དེ་འབྲི་བཞེངས་བསྐྲུངས་པའི་དགོས་པ་ནི་མཛད་བྱུང་གི་ནང་དོན་ཁྲོད་ནས་ཅུང་ཟད་ཅིག་གལ་ཆེ་བར་མངོན། གང་ཡིན་ཟེར་ན། གསུང་རབ་འབྲི་བཞེངས་དང་གསུང་རབ་ན་བཟའ་སོགས་གང་ཅིའི་ཐད་ལ་འབྲེལ་བ་དམ་པོ་ཡོད་པ་མ་ཟད། གསུང་རབ་འབྲི་བཞེངས་ཀྱི་དད་པ་སྐྱོ་ངས་མེད་པའི་སྦྱིན་བདག་སུ་ཞིག་གིས་གནང་བ་དེ་ཡང་རྟོགས་ཐུབ་གཤིས། དེས་ན་གཤམ་དུ་དགོས་པ་གང་ཞིག་གི་ཆེད་དུ་འབྲི་བཞེངས་བསྐྲུངས་གནང་ཡོད་མེད་རེ་རེ་བཞིན་བཤད་པར་བྱའོ།

གཅིག རྒྱལ་སློན་ཆེད་དུ།

ཏུན་ཧོང་གི་ཤོག་དྲིལ་pt999་བཙན་པོའི་སྐུ་ཡོན་དུ་ཚེ་དཔག་མེད་མདོ་བཞེངས་པ་

① ཆབ་མདོ་རི་བོ་ཆེ་དགོན་དུ་བཞུགས་པའི་མདོ་བསྐལ་བཟང་གི་མཛད་བྱུང་ལས་དྲངས།

སོགས་དང་འཕགས་མདོའི་སྐུ་རྟེན་བཀོས་བཞེངས་ཀྱི་དཀར་ཆག་རྗེ་ཡིག་མ་ལས།
ཁྲི་ལྡེ་སྲོང་བཙན་གྱིས་སྐུ་རིང་ལ་རྗེ་བློན་ཡོན་བདག་དང་སེམས་ཅན

ཐམས་ཅད་ཀྱི་དོན་གྱི་ཕྱིར[①]ཞེས་བྱུང་བ་ལ་གཞིགས་ན། བོད་བཙན་པོའི་རྒྱལ་རབས་སུ་རྒྱལ་བློན་འཁོར་དང་བཅས་རྣམས་ཀྱི་སྐུ་ཡོན་དུ་གསུང་རབ་འབྲི་བཞེངས་བསྐྲུངས་པ་དེ་གོང་གི་མཛད་བྱུང་དག་ལས་རྟོགས་ཤིང་། བཀའ་བསྟན་གྱི་ལོ་རྒྱུས་སུ་རྟོན་རྒྱལ་བློན་འཁོར་དང་བཅས་པ་མ་གཏོགས་ཀྱིས་གསུང་རབ་འབྲི་བཞེངས་མི་ཐུབ་ཅེས་བྱུང་བ་ཀྱང་རྒྱལ་བློན་རྣམས་ཀྱི་ཆེད་དུ་གསུང་རབ་འབྲི་བཞེངས་བསྐྲུངས་པ་དེ་ཤེས།

གཉིས། སྡེ་དཔོན་ཆེད་དུ།

དེ་ཡང་མཛད་བྱུང་ལས། ཆོས་ཁྱད་དུ་འཕགས་པ་དགེ་བཤེས་འོར་སྟོན་བྱུང་། །དགེ་འདུན་རྣམས་སྒྲོ་སྒྲོ་བློ་བློ་ནས། །མདོ་མངས་མཐོང་སྨོན་ཞལ་གྱིས་བཞེས་སོ་སྐད།[②]ཅེས་བྱུང་བ་ལྟར་ན། དུས་རབས་11-12པའི་ནང་དུ་མངའ་བདག་མགོན་ནེས་ཕྱུག་བཏབ་པའི་འོན་ཀེ་ཅུ་ལྷ་ཁང་དུ་ཆོས་ཀྱི་མཁན་པོ་ཁྱད་དུ་འཕགས་པ་དགེ་བཤེས་འོར་སྟོན་དང་དགེ་འདུན་རྣམས་གྲོས་ཀྱི་བློ་ཁ་གཅིག་ཏུ་མཐུན་ཏེ་མངའ་བདག་མགོན་ནེའི་ཐུགས་དམ་མདོ་མངས་མཐོང་སྨོན་བཞེངས་པ་ལ་ཞལ་མཐུན་བྱུང་ནས་བཞེངས་པ་དེ་དང་། དུས་རབས་14ནང་དུ་ཞ་ལུའི་སྐུ་ཞང་གྲགས་པ་རྒྱལ་མཚན་གྱི་ཐུགས་དམ་དུ་བཞེངས་པའི་བཀའ་འགྱུར་མཐིང་ཤོག་གསེར་བྲིས་ཞ་ལུའི་བསེ་སྒོ་མ་ནང་བཞུགས་པ་སོགས་ལས། དུས་རབས་13པའི་རྗེས་ནས་ཡུལ་ལུང་དེའི་སྡེ་དཔོན་དང་མི་གྲགས་རྣམས་ཀྱི་ཐུགས་དམ་དུ་གསུང་རབ་ཅི་དང་ཅི་ཞིག་འབྲི་བཞེངས་བསྐྲུངས་པ་དེའང་ཞོར་དུ་ རྟོགས།

---

① གཉའ་གོང་དཀོན་མཆོག་ཚེས་བརྟན་གྱིས་བརྩམས་པའི་བོད་ཀྱི་བཙ་སྙིང་ཡིག་ཆ་བདམས་བསྒྲིགས་འཕགས་མདོའི་སྐུ་རྟེན་བཀོས་བཞེངས་ཀྱིདཀར་ཆག་རྗེ་ཀོས་མ་ཀྲུང་དབྱང་མི་རིགས་སློབགྲྭ་ཆེན་མོའི་དཔེ་སྐྲུན་ཁང་གི་1995ལོའི་སྤར་མའི་ཤོག་གྲངས་173ལས་དྲངས།

② འོན་ཀེ་ཅུར་བཞུགས་པའི་ཤེར་ཕྱིན་བྲིས་མ་རྒྱ་གར་གྱི་མཁན་པོ་ཤྲིད་ཧ་ཀ་ར་ཤྲ་པ་དང་། ལོ་ཙ་བ་བན་དེ་ཡེ་ཤེས་སྙིང་པོས་བསྒྱུར་ད། ཞུ་ཆེན་གྱི་ལོ་ཙ་བ་བན་དེ་དཔལ་བརྩེགས་ཀྱི་ཞུས་ཏེ་གཏན་ལ་ཕབ་པ། འཕགས་པ་འགྲོ་བ་ཐམས་ཅད་ཡོངས་སུ་སྐྱོབ་པར་བྱེད་པའི་ཡོངས་སུ་བསྔོ་བ་ཞེས་བྱ་བ་རྫོགས་སོ་ཞེས་པའི་མཛད་བྱུང་ལས་དྲངས། (སྤྱན་ཁྲིར་རྒྱ་བགྲེས་ཟད་ཆེ་སྟབས་པོད་གྲངས་དང་ལྡེབ་གྲངས་འགོད་མ་ཐུབ།)

གསུམ། དཔོན་མོའི་ཆེད་དུ།

མཛད་བྱང་ལས། དཔོན་མོའི་ཞབས་ཏོག་སྐུའི་རིམ་འགྲོ་དང་། །བདག་གཞན་བླ་མེད་བྱང་ཆུབ་ཐོབ་བྱའི་ཕྱིར་[①]ཞེས་བྱུང་བ་ལ་གཞིགས་ན། སྨད་སྟོད་གཞུང་དུ་གནས་པའི་ཚོང་འདུས་དེར་རིགས་བརྒྱུད་བཟང་པོ་འབེ་རོའི་རྒྱུད་པ་དཔོན་པོ་གཞོན་ནུ་དང་ཚེ་ཏུས་ཁུངས་བཙུན་ཀུན་བཟང་དཔལ་མོ་རྣམ་གཉིས་ཀྱིས་གསུང་རབ་དེ་འབྲི་བཞེངས་བྱ་བའི་དགོས་པ་ནི་དཔོན་མོའི་ཞབས་ཏོག་དང་སྐུའི་རིམ་འགྲོ་ཕྱིར་འབྲི་བཞེངས་བསྐྲུངས་པ་དེ་ཤེས།

བཞི། ཡབ་ཡུམ་ཆེད་དུ།

མཛད་བྱང་ལས། ཕ་དང་ཁུ་བོའི་དྲིན་ལན་བསྟབ་པའི་ཕྱིར། འདི་ཕྱི་ཡི་དོན་དུ་རྒྱལ་འབྲིང་རྣམས་གསུམ་བཞེངས། [②]ཞེས་བྱུང་བ་ལ་གཞིགས་ན། བོད་ཡིག་གསུང་རབ་བྲིས་མ་ལ་ལ་ཞིག་ནི་རང་གི་ཚེ་འདིར་དྲིན་གྱིས་བསྐྱངས་མཁན་གྱི་ཡབ་ཡུམ་དང་སྐུ་མཆེད་རྣམ་པའི་སྐུ་དྲིན་གསོལ་བའི་ཆེད་དུ་འབྲི་བཞེངས་བསྐྲུངས་པ་ཞིག་སྟེ། དུས་རབས་13-14ནང་དུ་སྣེ་མོའི་ཇོ་མོ་ལྷ་ཆུའི་འགྲམ་དུ་ཆགས་པའི་སྲས་གཞོང་དུ་དད་པ་སྐྱོ་ངས་མེད་པའི་སྦྱིན་བདག་ཁྱུང་གི་རྒྱུད་ལས་ཆད་པའི་རྒྱལ་པོ་བསོད་ནམས་དར་མ་དང་། ཡོན་བཙུན་སླེ་ནེ་སོགས་ཀྱིས་ཤེར་ཕྱིན་རྒྱས་པ་དེ་བཞེངས་པའི་དགོས་པ་ནི་ཚེ་འདིར་བསྐོས་པའི་རང་གི་ཕ་མ་དང་ཁུ་བོའི་དྲིན་རྣམས་བསབ་ཕྱིར་བཞེངས་པ་དེ་རྟོགས།

ལྔ། ཆོས་དོན་རྟོགས་པ།

མཛད་བྱང་ལས། ཡོན་བདག་ཁྱད་འཕགས་ཁུ་ཚབ་ཏང་ཞལ་གྱིས། །དགེ་བ་ཡིད་ཆེས་སྔིག་པའི་དོན་རྟོགས་ནས། །ཐུགས་དམ་སྟོང་ཕྲག་བརྒྱ་པ་བཞེངས་སུ་གསོལ་[③]ཞེས་དང་། ཤེས་ན་ཡོན་དག་འདྲེན་གྱི་དོ་མེད་སླ་ཏུ་ཁུ་ཚབ་དང་། ཡོན་དག་མོ་འདྲེན་གྱི་དོ་མེད་མཛངས་མ་

① དཔལ་ཞ་ལུ་དགོན་དུ་བཞུགས་པའི་བཀའ་འགྱུར་གྱི་མཛད་བྱང་ཡིན།

② སྣེ་མོ་མར་རྒྱང་མཁའ་སྤྱོད་དུ་བཞུགས་པའི་ཤེར་ཕྱིན་པོད་ཀ་པའི་མཛད་བྱང་དབུ་ཤོག་གི་ཞལ་ཁེབས་ལས་དྲངས།

③ འོན་ཀེ་ཏུར་བཞུགས་པའི་ཤེས་རབ་ཀྱི་ཕ་རོལ་ཏུ་ཕྱིན་པ་སྟོང་ཕྲག་བརྒྱ་པ། ཆོས་ཉིད་ཀྱི་འགྱུར་བའ་བསྟན་པའི་ལེའུ། བདུན་ཅུ་རྩ་སོ། པོད་ཕ་པའི་ལྡེབ་གྲངས་343་ལས་དྲངས།

ལོ་ལོད་གཉིས་ཀྱིས་ལས་དགེ་སྡིག་གཉིས་ཀྱི་དོན་རྟོགས་ཞེས་གསུངས་པ་བཅས་ལས་ཀྱང་གོང་གི་གསུང་རབ་དེ་དག་དད་པ་སྐྱོ་ངས་མེད་པའི་སྦྱིན་བདག་མཆོག་ནས་ཆོས་ཀྱི་གནས་ལུགས་རྒྱུ་མཚན་ཤེས་ནས་བཞེངས་པ་དེ་རྟོགས།

དྲུག ཚེ་འདི་ཕྱི་གཉིས།

མཛད་བྱུང་ལས། ཡོན་བདག་སྡོ་དོ་གདོར་བསོད་ཀྱིས། །འདི་དང་ཕྱི་མའི་དོན་གྱི་ཕྱིར[①]ཞེས་དང་། མི་ཡི་མཆོག་གྱུར་ཡོན་བདག་འབུམ་དཔལ་གྱིས། །བསོད་ནམས་བསགས་པས་དལ་འབྱོར་མི་ལུས་ཐོབ། །སྦྱིན་པ་བཏང་བས་མི་ཟད་བསྙེན་ལ་སྤྱོད། འདི་ཕྱི་གཉིས་ཀྱི་ཕན་བདེ་བསྒྲུབ་པའི་ཕྱིར། །ཡི་དམ་ཁྲིད་འཕགས་གླིགས་བམ་མཐོང་སྨོན་བཞེངས།[②]ཞེས་པ་ལས་དད་པ་སྐྱོ་ངས་མེད་པའི་སྦྱིན་བདག་མཆོག་གིས་རྒྱུ་འགྲོ་གཏོས་ཆེ་བ་བཏང་སྟེ་གསུང་རབ་འབྲི་བཞེངས་བྱེད་དགོས་དོན་ནི་རང་གི་ཚེ་འདིའི་ཁ་ཆེ་དབང་ཐང་དང་ཚེ་ཕྱི་མ་བདེ་ཞིང་སྐྱིད་པ་ཡོང་ཆེད་དུ་བཞེངས་པ་དེ་གོང་གི་མཛད་བྱུང་ལས་རྟོགས།

བདུན། དགོངས་རྫོགས།

1.སྐྱེས་ཆེན་དམ་པ།

ལྷ་ལྡན་སྤྲུལ་པའི་གཙུག་ལག་ཁང་དུ་བཀའ་འགྱུར་མཐིང་ཤོག་གསེར་བྲིས་པོད་བརྒྱའི་རང་བཞིན་ཅན་དེ་འབྲི་བཞེངས་གནང་བའི་དགོས་པ་ནི་རྒྱལ་དབང་སྐུ་འཕྲེང་བརྒྱད་པ་འཇམ་དཔལ་རྒྱ་མཚོའི་ (1758-1804) དགོངས་རྫོགས་དང་སླར་ཡང་བསྟན་འགྲོའི་དཔལ་དུ་ཡང་སྲིད་མྱུར་དུ་ཐོན་པ་སོགས་ཀྱི་དགོས་པར་རབ་བྱུང་བཅུ་བཞི་པའི་མེ་ཡོས་ཏེ་སྤྱི་ལོ་1807ལོར་གངས་ཅན་མགོན་པོ་ཐམས་ཅད་མཁྱེན་པ་དངོས་སློ་བཟང་བསྟན་པའི་དབང་ཕྱུག་འཇམ་དཔལ་རྒྱ་མཚོ་དགོངས་པ་ཡོངས་སུ་རྫོགས་པ་དང་། སླར་ཡང་བསྟན་འགྲོའི་དཔལ་དུ་ཡང་སྲིད་མྱུར་དུ་གསལ་བ་སོགས་ཀྱི་ཆེད་དུ་དམིགས་ནས་ཁལ་ཁ་ཁྲ་རལ་ཆེན་པོའི་མཛོད་ནས་རྒྱ་དངུལ་སྲང་ཉི་ཁྲི་དགུ་སྟོང་ལྔ་བརྒྱ་ཐམ་པའི་རྒྱུ་སྤྱར་ནས་རབ་བྱུང་14ཞེས་པ་མེ་ཡོས་

---

① གྲོ་མཁར་ཆོས་སྡེའི་མདོ་སྡེ་ཕལ་པོ་ཆེ་པོད་ཀ་པའི་ལྡེབ་གྲངས་290ལས་དྲངས།

② ཨེའི་རི་འཕོར་ཆོས་སྡེ་དགོན་པའི་ཤེར་ཕྱིན་མཛད་བྱུང་ལས་དྲངས།

ཡོར་ལྷ་ལྷན་གཙུག་ལག་ཁང་དུ། [①] ཞེས་པས་སྐྱེ་ཆེན་དམ་པའི་དགོངས་རྫོགས་སུ་དམིགས་ཏེ་བཞེངས་པ་དེ་ཡང་རྟོགས།

2.མི་དབང་།

དེ་ཡང་མཛད་བྱང་ལས། གོང་མ་ཡོན་མཆོད་སྐུའི་རིམ་གྲོ་དང་། །རང་བཞིན་རྣམས་ཀྱི་སྡིག་སྒྲིབ་སྦྱང་ཕྱིར་དང་། །སྐུ་གཤེགས་རྣམས་ཀྱི་ཐུགས་དགོངས་རྫོགས་ཕྱིར་དང་། །ཁྱད་པར་སྐུ་གཤེགས་ནམ་མཁའ་བཟང་མོ་ཡིས། ། སྡིག་སྒྲིབ་དག་ནས་ཚོགས་གཉིས་རྫོགས་ཕྱིར་ [②] ཞེས་བྱུང་བ་ལ་གཞིགས་ན། སྔོན་གྱི་ལ་སྟོད་ལྷོ་དང་དེང་གི་གཞའ་ལམ་ཁུལ་གྱི་ཟུར་ཚོའི་སྤང་གི་རྒྱུད་དུ་འབྲུངས་པའི་གོང་མ་བདེ་ཆེན་རྒྱལ་མཚན་ལ་སོགས་ཀྱི་སྐུའི་རིམ་འགྲོ་དང་སྐུ་གཤེགས་རྣམས་ཀྱི་ཐུགས་དགོངས་རྫོགས་ཕྱིར་གསུང་རབ་དེ་འབྲི་བཞེངས་བསྐྲུངས་པ་ནི་མི་དབང་རྣམས་ཀྱི་སྐུའི་རིམ་འགྲོར་བཞེངས་པ་དེ་ཡང་ཤེས།

3. མི་སེར་དཀྱུས་མ།

མཛད་བྱང་ལས། །འདས་པོ་གོང་མའི་ཐུགས་དགོང་རྫོགས་ཕྱིར་ [③] ཞེས་བྱུང་བ་ལ་གཞིགས་ན། དེ་ཡང་དད་པ་སྐྱོ་ངས་མེད་པའི་སྦྱིན་བདག་གནང་མཁན་ལྷོང་གི་རྒྱུད་པ་རྒྱུག་པ་ལྷོང་གིས་ནང་ཆེན་བཟང་པོ་སོགས་ཀྱི་རྒྱུ་འགྲོ་སྦྱར་ཏེ་གསུང་རབ་དེ་འབྲི་བཞེངས་གནང་བའི་དགོས་པ་ནི། འཇིག་རྟེན་འདི་ནས་འཇིག་རྟེན་ཕ་རོལ་ཏུ་སོང་བའི་དམ་པ་རྣམས་ཀྱི་ཐུགས་དགོངས་རྫོགས་ཕྱིར་བཞེངས་པ་དེ་རྟོགས།

བརྒྱད། ནོར་གྱི་སྙིང་པོར་དམིགས་པ།

མཛད་བྱང་ལས། སྐྱུ་མའི་ནོར་ལ་སྙིང་པོ་མེད་གཟིགས་ནས། །དམ་ཆོས་ཁྱད་འཕགས་། །འཕགས་པ་བརྒྱད་སྟོང་པ་བཞེངས་པ་ངོ་མཚར་ཆེ། ། [④] ཞེས་བྱུང་བ་ལ་གཞིགས་ན། དེ་ཡང་དད་པ་སྐྱོ་ངས་མེད་པའི་སྦྱིན་བདག་གིས་ཤེར་ཕྱིན་བརྒྱད་སྟོང་པ་དེ་འབྲི་བཞེངས་གནང་བའི་

① ཕོ་བྲང་པོ་ཏ་ལའི་ཐུབ་དབང་ལྷ་ཁང་དུ་བཞུགས་ཡོད་པའི་ཕྲི་སྣ་ཚོགས་པོད་ཀ་པའི་ལྡེབ་གྲངས་235ལས་དྲངས།

② ངམ་རིང་ནུབ་དགོན་འཕགས་པ་སྟོང་ཆེན་པོ་ཞེས་རབ་ཏུ་འཛོམ་པའི་ཐེག་པ་ཆེན་པོའི་མདོའི་མཛད་བྱང་ལས་དྲངས།

③ ཆབ་མདོ་རི་བོ་ཆེའི་མདོ་བསྐལ་བཟང་གི་མཛད་བྱང་ལས་དྲངས།

④ མངའ་རིས་རྩ་མདའ་རྫོང་ཡི་རི་དགོན་དུ་བཞུགས་པའི་ཤེར་ཕྱིན་བརྒྱད་སྟོང་པ་དེའི་མཛད་བྱང་ཡིན།

དགོས་པ་ནི་ཚེ་འདིར་བསགས་པའི་ནོར་ལ་སྙིང་པོ་ལེན་ཕྱིར་ཤེས་རབ་ཀྱི་ཕ་རོལ་ཏུ་ཕྱིན་པ་བརྒྱད་སྟོང་པ་བཞེངས་པ་དེ་རྫོགས།

དགུ། སྨན་གྲགས་ཆེད་དུ།

མཛོད་བྱང་ལས་ལོངས་སྤྱོད་རྫས་ལ་སྙིང་པོ་བླང་པ་དང་། སྙན་པའི་གྲགས་པ་ཕྱོགས་བཅུར་ཁྱབ་པའི་ཕྱིར་། [1]ཞེས་བྱུང་བ་ལ་གཞིགས་ན་དེ་ཡང་ཁྱུང་གི་རིགས་སུ་འཁྲུངས་པའི་སྦྱིན་བདག་དར་མ་བསོད་ནམས་ཀྱིས་ཤེར་ཕྱིན་ཡུམ་རྒྱས་འབྲིང་བསྡུས་གསུམ་པོད་ཉི་ཤུ་ཙན་དེ་སྙེ་མོའི་སྲས་གཞོང་དུ་བཞེངས་དོན་ཡང་རང་གིས་བསགས་པའི་ནོར་རྣམས་ལ་སྙིང་པོ་ལེན་པ་དང་སྙན་པའི་གྲགས་པ་ཕྱོགས་བཅུར་ཁྱབ་པའི་ཕྱིར་འབྲི་བཞེངས་བསྐྲུངས་པ་དེ་རྫོགས།

བཅུ། སྐུའི་ཞབས་ཏོག་ཏུ།

དེ་ཡང་རྒྱལ་མཆོག་ལྔ་པ་ཆེན་པོ་སྐུ་ཚེ་རིང་པོར་འཚོ་བའི་ཞབས་ཏོག་ཏུ་[2]ཞེས་བྱུང་བ་ལ་གཞིགས་ན། ནོར་བུ་གླིང་ཁའི་ནང་དུ་བཞུགས་པའི་མི་དབང་སངས་རྒྱས་རྒྱ་མཚོའི་སྐུ་དུས་གཡེ་ཕྱོགས་ནས་ཡིག་པ་དང་དབུ་ལྷ་མཁན་བསྐོང་བསྐུ་གནང་སྟེ། ཤར་འོལ་ཁ་སྟག་རྩེར་བཀའ་འགྱུར་སྤུས་ལེགས་མཐིང་ཤོག་གསེར་བྲིས་པོད་བརྒྱ་དང་བཅུ་བཞིའི་རང་བཞིན་ཅན་

① སྙེ་མོ་མར་ཀྲང་མཁའ་སྤྱོད་དུ་བཞུགས་པའི་ཀྱི་ཤེར་ཕྱིན་བརྒྱད་སྟོང་པོད་ན་པའི་མཛོད་བྱང་དབུ་ཤོག་གི་ཞལ་ཁིབས་ལས་དྲངས།

② འོ་སྐོལ་གྱི་སྟོན་པ་མཉམ་མེད་ཤཱཀྱའི་རྒྱལ་པོས་བཀའ་སྩལ་བའི་གསུང་རབ་མཐའ་ཡས་པ་དབུས་འགྱུར་འཆང་ནས་ པུར་རྒྱལ་གྱི་ཡུལ་འདིར་འགྱུར་བའི་གསང་སྔགས་སྔ་འགྱུར་གྱི་རྒྱུད་རྣམས་ཤིན་ཏུ་བཀའ་གཉན་པས་མདོ་སྒྲུ་སེམས་གསུམ་བཀའ་བརྒྱད་སོགས་ནས་གཙོ་བསྡུས་དང་། འཁོར་ལོ་དང་པོའི་ལུང་སྡེ་བཞི། གཉིས་པའི་ཤེར་ཕྱོགས། གསུམ་པའི་དཀོན་མཆོག་བརྩེགས་པ་དང་། སངས་རྒྱས་ཕལ་པོ་ཆེ། ཐེག་པ་སྣ་ཚོགས་ནས་བསྡུས་པའི་མདོ་སྣ་ཆེས་མང་བ། གསར་མའི་རྒྱུད་འབུམ་སོགས་བཀའ་འགྱུར་རིན་པོ་ཆེ་ ཆེན་པོ་དེ་བས་སྐྱོང་བ་སངས་རྒྱས་རྒྱ་མཚོས་སུམ་རྩེན་ས་ལ་འཕོས་འདྲའི་ཡུལ་གྱུ་ཤར་འོལ་ཁ་སྟག་རྩེར་དེད་རང་རིང་པོར་འཚོ་ཐབས་སུ་དམིགས་ནས་མགོ་དགུའི་འཕྲོར་པ་ལ་གཏོང་ཡོད་ཀྱི་དཔའ་བ་ལས། འཐུངས་པའི་དྲི་མ་མཐའ་དག་སྤངས་ཏེ། འཛམ་བུའི་གླིང་གི་གླིགས་བམ་ཐམས་ཅད་ཀྱི་གཙུག་རྒྱན་དུ་གྱུར་པ་བཞེངས་ཞེས་ནོར་གླིང་པོ་བྲང་དུ་བཞུགས་པའི་མི་དབང་སངས་རྒྱས་རྒྱ་མཚོས་ཤར་འོལ་ཁ་སྟག་རྩེར་བཞེངས་པའི་བཀའ་འགྱུར་འཛམ་གླིང་རྒྱན་གཅིག་གི་པོད་ཆ་པའི་ལྡེབ་གྲངས་423དུ་གསལ་བར་གཞི་བཅོལ་ཡོད།

བཞུགས་པ་དེ་ལྷ་པ་ཆེན་པོའི་སྐུའི་ཞབས་ཏོག་ཏུ་བྲི་བཞེངས་བསྐྲུངས་གནང་བ་དེ་ཤེས།

བཅུ་གཅིག དཀྲ་འདུལ་གཉེན་སྐྱོང་།

མཛད་བྱང་ལས། གྲོགས་དེ་ཕ་རོལ་རྒོད་ཕྱིར་དུ། གསུང་གི་རྟེན་དུ། གསུང་འདུས་གསང་རྒྱུད་བཞེངས་ཞེས་བྱུང་བ་ལ་གཞིགས་ན། ལྷོང་གི་ཏུས་ཆེན་བཅོ་བརྒྱད་ཀྱི་ཡ་གྱལ་ལས་ཆད་པའི་ཁྲུང་གི་རྒྱུད་དུ་འཁྲུངས་པའི་སྦྱིན་བདག་བདེ་ལེགས་དོན་གྲུབ་དང་ཁོང་གི་བཙུན་མོ་དང་སྲིང་མ་སྐྱིད་རྣམ་པས་སྦྱིན་བདག་མཛད་དེ་གསང་འདུས་གསང་རྒྱུད་དེ་འབྲི་བཞེངས་བསྐྲུངས་པའི་དགོས་པ་ནི་ཕྱིའི་དཀྲ་རྣམས་འདུལ་བའི་ཕྱིར་དུ་བཞེངས་པ་དེ་རྟོགས།

བཅུ་གཉིས། འཆད་ཉན་ཆེད་དུ།

བོད་ཡིག་གནའ་དཔེའི་ལོ་རྒྱུས་སུ་སློབ་གཉེར་ལ་དད་ཞེན་ཆེ་བའི་སྐྱ་སེར་རྣམས་ཀྱིས་རང་རང་གིས་སློབ་གཉེར་ལ་མཁོ་བའི་གཞུང་ཆེན་རང་རང་གི་འགོས་འཁྱེར་ལ་གཞིགས་པའི་འབྲི་བཤུས་མཛད་པ་གསལ་ཡོད་མོད་ཙུང་། རང་རིགས་ཀྱི་ཧོར་སྤྲར་མ་ཞེས་འབོད་པའི་གསུང་རབ་དེ་དག་གི་གྲས་ཏེ་སྤྱི་ལོ1284ལོར་ཡོན་གྱི་ཏྲ་ཏུར་སྤྲར་པོད་གཉིས་བརྒྱ་བཏབ་པའི་ས་པཎ་གྱི་ཚད་མ་རིགས་གཏེར་དང་སྡོམ་གསུམ་རབ་དབྱེ་སོགས་གཙོ་བོ་རིག་པའི་གཞུང་ལུགས་དེ་བཤད་ཉན་སྤེལ་བའི་སླད་དུ་བཞེངས་[1]པ་དེ་རྟོགས།

དྲུག་པ། བསྔོ་སྨོན་སྐོར།

གསུང་རབ་གང་ཞིག་འབྲི་བཞེངས་གནང་བའི་སྐབས་སུ་ཆ་ཡོན་སོགས་ལེགས་པར་འཛོམས་ཏེ་གསུང་རབ་དེ་མཆོད་ཡོན་སྦྱིན་བདག་མཆོག་གི་དགོས་པ་གང་ཞིག་གི་ཆེད་དུ་འདོད་བློ་དང་འཚམས་པ་ཞིག་འབྲི་བཞེངས་ཟིན་པའི་རྗེས་སུ་མཇུག་བྱང་དེར་བརྗོད་བྱ་ཡུལ་དུས་དང་འཚམས་པའི་བསྔོ་བ་སྨོན་ལམ་བཏབ་ཡོད་པ་སྟེ།

[1] སྤྱི་ལོ1284ལོར་ཡོན་གྱི་རྒྱལ་ས་ཏ་ཏུར་སྤྲར་པོད་ཉིས་བརྒྱ་བཏབ་པའི་ས་པཎ་གྱི་ཚད་མ་རིགས་གཏེར་གྱི་དཔར་བྱང་སྨོན་ལ་གཞི་བཅོལ་ཏེ་ཞུས་ཁུལ་བྱས་ཡོད།

གཅིག རྒྱལ་བློན།

གསུང་རབ་ཀྱི་མཛད་བྱང་དུ་བསྔོ་བ་སྨོན་ལམ་རྒྱལ་བློན་འཁོར་དང་བཅས་པའི་སེམས་ཅན་ཐམས་ཅད་ཀྱི་ཆེད་དུ་བཏབ་པ་ནི་གོང་གི་འབིས་མདོའི་དར་མ་བྲག་བཀོས་དཀར་ཆག་དང་ཏུན་ཧོང་ཤོག་དྲིལ་pt999བཙན་པོའི་སྐུ་ཡོན་དུ་ཚེ་དཔག་མེད་མདོ་བཞེངས་པ་སོགས་ལས། གསུང་རབ་དེ་འབྲི་བཞེངས་བསྐྲུངས་ཟིན་པའི་རྗེས་སུ་མཇུག་གི་བསྔོ་སྨོན་དེ་ཡང་རྒྱ་ཆེ་ས་ནས་ཞུས་ན་བཙན་པོ་འཁོར་དང་བཅས་པ་བཙན་པོའི་ཆབ་སྲིད་དང་མངའ་འབངས་མི་ཕྱུག་སོགས་ལ་ནད་དང་མུ་གེ་མེད་ཅིང་འབྲུགས་རྫོད་ཞི་སྟེ་ཆར་ཆུ་དུས་ཐོག་ཏུ་འབབ་ཞིང་ལོ་ཏོག་འབྲས་བཟང་ཡོང་བའི་བསྔོ་སྨོན་བཏབ་པ་ཞིག་ཡིན།

གཉིས། མི་དབང་།

དུས་རབ་15པའི་ནང་དུ་མི་དབང་བསོད་ནམས་ལྷུན་གྲུབ་ཀྱིས་ཆོས་རྒྱལ་རབ་བརྟན་ཀུན་བཟང་འཕགས་ཀྱི་འཕྲིན་ལས་རྒྱུན་བཞིན་བཀའ་འགྱུར་མཐིང་ཤོག་གསེར་བྲིས་དེ་ཡིག་མཁན་སྐྱེ་མོ་ནས་བྱོན་པའི་ཡིག་པ་དང་ཞུ་དག་མཁན་མཆོག་གྲུབ་དམ་ཆོས་སོགས་ཀྱིས་གནང་སྟེ། བཀའ་འགྱུར་པོད་གྲངས་111རང་བཞིན་ཅན་དེ་འབྲི་བཞེངས་བསྒྲུབས་པའི་རྗེས་སུ་རྣམ་དཀར་དགེ་བའི་ལས་རླབས་པོ་ཆེ་འདི་འདྲ་ལེགས་གྲུབ་བྱུང་བ་ལས་མི་དབང་སྐུ་མཆེད་ཀྱི་ཆེད་དུ་བསྔོ་བ་སྨོན་ལམ་སྟེ། བསྟན་པའི་སྦྱིན་བདག་མི་དབང་བསོད་ནམས་ལྷུན་གྲུབ་ཀྱིས་གཙོས་པའི་སྐུ་མཆེད་རྣམས་སྐུ་ཚེ་རི་རྒྱལ་ལྷུན་པོ་ཇི་བཞིན་བརྟན་པ་དང་ཆབ་སྲིད་དབྱར་གྱི་མཚོ་མོ་ཇི་བཞིན་རྒྱས་པ། དཔལ་འབྱོར་ཕུན་སུམ་ཚོགས་པར་ཤོག[1]ཅེས་པས་རྫོགས།

གསུམ། རིགས་དྲུག

སྔོན་གི་རུས་ཆེན་བཅོ་བརྒྱད་ཀྱི་ཡ་གྱལ་ལས་ཆད་པའི་ཁྱུང་གི་རྒྱུད་དུ་འཁྲུངས་པའི་སྦྱིན་བདག་བདེ་ལེགས་དོན་གྲུབ་དང་ཁོང་གི་བཙུན་མོ་དང་སྲིང་མ་སྐྱིད་རྣམ་པས་སྦྱིན་བདག

① བསྟན་པའི་སྦྱིན་བདག་མི་དབང་སྐུ་མཆེད་རྣམས་ཀྱི། །སྐུ་ཚེ་ལྷུན་པོ་ལྟར་བརྟན་ཆབ་སྲིད་རྣམས། །དབྱར་མཚོ་ལྟར་རྒྱས་དཔལ་འབྱོར་ཕུན་ཚོགས་ཞེས་བོད་ལྗོངས་དཔེ་མཛོད་ཁང་དུ་བཞུགས་པའི་མཐིང་ཤོག་གསེར་བྲིས་པོད་བ་པ་བློ་གྲོས་རྒྱ་མཚོས་ཞུས་པའི་མདོའི་མཛད་བྱང་ལ་རྒྱབ་བརྟེན་བྱས་ཏེ་ཞུས།

མཛད་དེ། སྒོ་གསུམ་ཐང་ཆད་འབྲི་བའི་ཡིག་མཁན་གྱིས་འབྲི་བཤུས་ཟིན་པ་དང་སྦྲགས་རྐང་འགྱུར་གཞུང་སྤོང་གི་ཞུ་གཏུག་མཁན་པོས་ཞུས་དག་ཟིན་པ་དང་ཆབས་ཅིག་གསུང་རབ་གསང་འདུས་གསང་རྒྱུད་དེ་འབྲི་བཞེངས་ཟིན་པའི་དོན་དུ། སྨོན་ལམ་ཡོངས་སུ་གཏོགས་པའི་སེམས་ཅན་རྣམས་ཀྱི་མོས་པ་དང་འཚམས་པའི་སྨོན་ལམ་སྐྱེ་འདིའི་དགེ་བས་ཡོན་མཆོད་གཙོ་བྱས་འགྲོ་དྲུག་སེམས་ཅན་རྣམས། བླ་མེད་སངས་རྒྱས་པོ་འཕངས་མྱུར་འཐོབ་ཤོག། ཅེས་པས་སོ།

བཞི། དྲིན་ཅན་ཕ་མ།

ལ་སྟོད་བྱང་གི་རྒྱལ་པོའི་ཕོ་བྲང་ལྷ་རི་རྩེ་མོའི་ནུབ་ཏུ་ཆགས་པའི་གནས་ཆེན་གཙང་ལུང་སྐྱེ་དེང་གི་ས་དགའི་ཡོངས་ལྷའི་ར་བ་དབུས་དང་ཕུ་ན་ལྷ་གཉན་གངས་དཀར་བཞུགས་ཤིང་། མདའ་ན་ཆུ་བོ་ཆེན་པོ་བཞི་ལས་གླང་ཆེན་ཁ་འབབ་རྒྱུག་པའི་གཡས་ཀྱི་མདོ་ཤོད་དེར་གསུང་རབ་དེ་བཞེངས་སྐབས། དད་པ་སྐྱོ་ངས་མེད་པའི་སྦྱིན་བདག་རིགས་རུས་ཁུངས་བཙུན་བསེ་རྦུ་དགའ་ལྷོང་སྟོང་བཞིའི་སྟོང་གྱི་རྒྱུད་ལས་ཆད་པའི་དགེ་བཤེས་ཆོས་དཔལ་གྱིས་རྒྱུ་འགྲོ་སྦྱར་ཏེ། སྒོ་གསུམ་ཐང་ཆད་འབྲི་བའི་ཡིག་མཁན་གྱིས་འབྲི་བཞེངས་བསྒྲུངས་ཏེ་བདེ་བླགས་དང་ལེགས་བསྒྲུབས་ཟིན་རྗེས་རང་རང་སེམས་ཅན་གྱི་མོས་པ་དང་འཚམས་པའི་བསྔོ་བ་སྨོན་ལམ་སྐྱེ། མར་གྱུར་འགྲོ་ཀུན་སེམས་ཅན་ཐམས་ཅད་དང་། །ཕ་མ་གཉིས་པོས་སངས་རྒྱས་མྱུར་ཐོབ་ཤོག། [①]ཅེས་པས་རྫོགས་སོ།

ལྔ། ཡོན་བདག་ལྭོར།

དཔལ་ཞ་ལུ་དགོན་དུ་བཞུགས་པའི་མཐིང་ཤོག་གསེར་བྲིས་མལ་ཡིག་མཁན་པོས་དབུ་ཤོག་སྲི་ཀ་འཕྲེང་གསུམ་ཅན་གྱི་གསེར་བྲིས་བཀའ་འགྱུར་པོད་བརྒྱ་དང་བཅུ་གཅིག་ཅན་དེ་དད་པ་སྐྱོ་ངས་མེད་པའི་སྦྱིན་བདག་གིས་རྒྱུ་འགྲོ་གཏོས་ཆེ་བ་སྦྱར་ཏེ་བཞེངས་ཟིན་རྗེས། རིགས་བཟང་ཁུངས་བཙུན་དཔོན་མོ་ཆོས་འབུམ་ཡོན་བདག་ལྭོར་དང་བཅས་པའི་སྐད་དུ་

① ས་དགའ་ནུབ་དགོན་དུ་བཞུགས་པའི་ཤེར་ཕྱིན་གྱི་མཛད་བྱང་ལས་དྲངས།

བསྔོ་སྨོན་མཛད་པ་སྟེ། རང་གི་ཐུགས་དམ་དུ་འབྲི་བཞེངས་བསྐྲུངས་ཟིན་པའི་རྗེས་སུ། རིགས་བཟང་ཁྲུངས་བཙུན་དཔོན་མོ་ཆོས་འབུམ་དང་། །ཆོས་སྐྱོང་པ་ལ་བུ་འདྲེན་པ་ལ་གསུམ་། །ཀུན་གྱི་ཡིད་དུ་འོང་འཛུམ་པའི་མདངས་དང་ལྡན་། །དཔེ་ཆོས་འདི་བཞེངས་བསོད་ནམས་ཆེན་པོ་ཡིས་། །ཡོན་མཆོད་དཔོན་གཡོག་དང་བཅས་པ་དང་། །ཟ་མ་དགེ་འདུད་ཞབས་ཏོག་མཛད་པ་དང་།། ནམ་མཁའི་མཐའ་ཁྱབ་སེམས་ཅན་མ་ལུས་པ་ཀུན་། [1]ཞེས་པས་རྫོགས།

དྲུག ཡིག་མཁན།

ཆབ་མདོ་ཁུལ་དུ་བཞུགས་པའི་ཤེར་ཕྱིན་ཡུམ་རྒྱས་པ་དེ་དག་དད་པ་སྐྱོངས་མེད་པའི་སྦྱིན་བདག་མཆོག་གིས་རྒྱུ་འགྲོ་སྤུས་ལེགས་སྦྱར་ཏེ་སྔོན་གྱི་མཁས་པ་མལ་གྱི་ལུགས་བཞིན་བྲིས་བཞེངས་བསྐྲུངས་མཁན་གྱི་ཡིག་པ་སང་འོད་ལ་སོགས་པས་བྲིས་བཞེངས་ཟིན་པའི་རྗེས་སུ་སྒོ་གསུམ་ཐང་ཆད་འབྲི་བའི་ཡིག་བཤུས་མཁན་གྱི་མོས་པ་དང་འཚམས་པའི་བསྔོ་བ་སྨོན་ལམ་བསྐྱོན་ཡོད་པ་སྟེ། དིང་སང་མཁས་པ་སང་འོད་ངས། །ཤེས་བྱའི་དངོས་གྲུབ་ཐོབ་པར་བྲིས། །ཞེས་པས་རྫོགས།

བདུན། ཚེ་འདི་ཕྱི་གཉིས།

མཆིམས་སླུམ་ཚུང་དང་མོ་བཙུན་མེ་ཟ་འཕྲུན་ནེ་སོགས་ཀྱི་ཐུགས་དམ་འབྲི་བཞེངས་ཟིན་རྗེས་སུ་སྦྱིན་བདག་གཙོ་འཁོར་དང་ཡིག་མཁན་དངོས་རང་དམའ་ཚ་དང་བཅས་པའི་སྨོན་ལམ་ཁོངས་སུ་གཏོགས་པའི་སེམས་ཅན་རྣམས་ཚེ་འདི་བདེ་སྐྱིད་ཕུན་ཚོགས་ཤིང་། ཕྱི་མ་བླ་མེད་འབྲས་བུ་བྱང་ཆུབ་འཐོབ་པར་ཤོག[2]ཅེས་དང་ད་དུང་ སྦྱིན་བདག་གཙོ་འཁོར་རྣམས་ཚེ་འདི་ཕྱི་གཉིས་ཀྱི་དོན་དུ་བསྔོ་བ་སྨོན་ལམ་བཏབ་པ་ནི་གོང་གི་གྲོ་མཁར་ཆོས་སྡེ་དང་འོན་ཀེ་རུའི་མདོ་མངས་མཐོང་སྨོན་གྱི་བསྔོ་སྨོན་དུའང་མཛལ་དུ་ཡོད་པ་སྟེ། ཚེ་འདི་བཀྲ་ཤིས་དང་ཕྱི་མ་བྱང་ཆུབ་ཐོབ་པར་ཤོག་ཅེས་པས་ཀྱང་རྫོགས།

---

① དཔལ་ཞ་ལུ་དགོན་དུ་བཞུགས་པའི་བཀའ་འགྱུར་གྱི་མཛད་བྱང་ཡིན།

② འོན་ཀེ་རུར་བཞུགས་པའི་སླུམ་ཚུང་གི་ཐུགས་དམ་ཆོས་ཐམས་ཅད་འདྲེ་བ་མེད་པའར་ཆོས་བསྟན་ད་ཏོ་ཞེས་པའི་པོད་ན་པའི་ལྡེབ་གྲངས་284ལས་དྲངས།

བརྒྱད། གསུང་རབ་བཞུགས་ཡུལ།

ཆབ་མདོ་ཁུལ་དུ་བཞུགས་པའི་མདོ་བསྐལ་བཟང་དེ་དད་པ་སྐྱོ་ངས་མེད་པའི་སྦྱིན་བདག་མཆོག་ནས་འབྲི་བཞེངས་རྒྱུ་འགྲོ་སྔྲར་ཧྲེ་སྒོ་གསུམ་ཐང་ཆད་འབྲི་བའི་ཡིག་མཁན་གྱིས་འབྲི་བཞེངས་ཟིན་པའི་རྗེས་སུ་མདོ་བསྐལ་བཟང་དེ་གར་བཞུགས་གནས་དེར་དངོས་གྲུབ་ཆར་ལྟར་འབེབས་ཤིང་མི་མཐུན་ཕྱོགས་རྣམས་ཞི་ཞིང་བདེ་ལེགས་སུ་གྱུར་ཅིག་ཅེས་པའི་བསྔོ་སྨོན་ནི། དམ་ཆོས་བསྐལ་པོ་བཟང་པོ་འདི། །གློགས་ཤིང་གློགས་ཐག་ན་བཟའ་ལྡན་གྱིས་གྲུབ། །གར་བཞུགས་གནས་དེར་དངོས་གྲུབ་ཆར་ལྟར་འབེབས། །གང་དང་གང་དུ་བཞུགས་གྱུར་པ། །དེ་དང་དེར་ནི་མི་མཐུན་ཕྱོགས། །ཞི་ཞིང་བདེ་ལེགས་རྒྱས་གྱུར་ཅིག། [1]ཅེས་པས་རྫོགས།

བདུན་པ། སྨོན་ཚིག་སྐོར།

དད་པ་སྐྱོ་ངས་མེད་པའི་སྦྱིན་བདག་གིས་རྒྱུ་འགྲོ་སྔྲར་ཧྲེ་སྒོ་གསུམ་ཐང་ཆད་འབྲི་བའི་ཡིག་པས་འབྲི་བཤུས་ཟིན་པ་དང་རྐང་འཁྱོར་གཞུང་སྦྱོང་ཞུ་དག་མཁན་གྱིས་ཞུས་དག་ལེགས་པར་ཟིན་རྗེས་ཡུལ་དུས་དང་འཚམས་པའི་སྒོ་ནས་བསྔོ་བ་སྨོན་ལམ་བཏབ་པ་དང་སྨྲགས་སྨོན་ཚིག་ཡང་རིགས་མི་འདྲ་བ་ཡོད་པ་སྟེ།

གཅིག བྱང་ཆུབ་ཐོབ་པར་ཤོག

སྦྱིན་བདག་གཡར་སོ་སྟང་ཞལ་གྱིས་རྒྱུ་འགྲོ་སྔྲར་ནས་ཡིག་མཁན་རོང་གི་བན་དེས་འབྲི་བཞེངས་བསྒྲུབས་ཟིན་པའི་དུས་སུ། ལས་དོན་དེའི་ཐད་དུ་རྣམ་དཀར་དགེ་བའི་ལས་ཅི་ཙམ་ཞིག་བགྱིས་པ་ཙམ་གྱིས་ཕོང་རྣམ་པའི་སེམས་ཀྱི་དམིགས་པ་དང་འདོད་དོན་བསྒྲུབ་ཆེད་མཛད་བྱང་གི་མཇུག་ཏུ་བླ་མེད་བྱང་ཆུབ་ཐོབ་པར་ཤོག [2]ཅེས་པའོ།

---

① ཆབ་མདོ་རི་བོ་ཆེ་དགོན་དུ་བཞུགས་པའི་མདོ་སྐལ་བཟང་གི་མཛད་བྱང་ལས་དྲངས།

② གྲོ་མཁར་ཆོས་སྡེར་བཞུགས་པའི་ཤེར་ཕྱིན་པོད་ཏ་པའི་མཇུག་བྱང་དུ། ཡོན་བདག་འཁོར་བཅས་སྟང་ཞལ་དང་། །ཡིད་འོང་གྲོགས་པོ་ཞལ་རྣམས་དང་། །བདག་དང་མ་ལུས་སེམས་ཅན་རྣམས། །བླ་མེད་བྱང་ཆུབ་ཐོབ་པར་ཤོག་ཅེས་པར་མགོ་བཏགས་བརྩོལ་

གཉིས། ཟླ་མེད་འབྲས་བུ་ཐོབ་པར་ཤོག

དེ་ཡང་སྔོན་གྱི་མཛད་བྱུང་སྨོན་ཚིག་བྱང་ཆུབ་ཐོབ་པར་ཤོག་ཅེས་པའི་དོད་དུ་དུས་རབས་དེ་དག་གི་རྗེས་ཙམ་དུ་བྲིས་པར་མངོན་པའི་ཁྲིད་འཕགས་སྨོན་ཚིག་སྟེ། ཟླ་ན་མེད་པའི་འབྲས་བུ་ཐོབ་པར་ཤོག [1]ཅེས་བཏབ་པ་དེ་འདྲའི་སྨོན་ཚིག་ཀྱང་འདུག

གསུམ། སྲིད་པའི་མཚོ་ལས་གྲོལ་བར་ཤོག

དེ་ཡང་གོང་དུ་སོང་བའི་སྨོན་ཚིག་དག་ལས་རིམ་པས་ལོ་འདབས་ཡངས་པོར་གྲོལ་བའི་ངང་ཚུལ་དུ་སོང་བ་སྟེ། དུས་རབས་12-13་སྨོན་ཚིག་སྟེང་དུ་ཟླ་ན་མེད་པའི་གོ་འཕང་མཆོག་ཐོབ་པར་ཤོག་ཅེས་པའི་སྨོན་ཚིག་སྟེང་དུ་སྣར་ཡང་སྲིད་པའི་མཚོ་ལས་སྒྲོལ་བར་ཤོག [2]ཅེས་བཏབ་པའི་སྨོན་ཚིག་ཀྱང་མཆིས།

བཞི། ལྷ་ཆོས་བྱེད་པར་ཤོག

གསུང་རབ་འབྲི་བཞེངས་སོགས་ཀྱི་ལས་དོན་ནྲབས་པོ་ཆེ་དེ་ལྟ་བུ་ཞིག་བསྒྲུབས་ལ་ཉེ་བའི་སྐབས་སུ་ཇོ་ཡུ་དགྲ་བཞེར་དང་བོད་རྐོན་ཤེས་རབ་འབར་ལ་སོགས་པས་ཟླ་སྟོན་མཛད་པའི་སྐབས་སུ་སྨོན་ལམ་ཁོངས་སུ་གཏོགས་པའི་སེམས་ཅན་ཏེ་སྦྱིན་བདག་དང་ཡིག་ཞུས་མཁན། རྣམ་པར་དཀར་བའི་དགེ་བའི་ལས་འདིའི་ཕྱོགས་སུ་ནུས་པ་ཕྲན་བུ་ཙམ་འདོན་མཁན་རྣམས་ཚེ་འདི་ཕྱི་གཉིས་སུ་ནང་ཆོས་སྤྱོད་པ་དང་བདེ་སྐྱིད་ཕུན་སུམ་ཚོགས་པར་ཤོག [3]ཅེས་པའི་སྨོན་ཚིག་ཀྱང་མཇལ་རྒྱུ་འདུག

ཡོད།

① དེ་ཡང་ཀྱི་འཇངས་གཤིན་ལྷན་པ་དད་གུས་རྒྱན་གྱིས་སྤྲས།། སྲིད་འདྲེན་སྐྱོང་དང་རྒྱན་ཚག་སྲོལ་གཉིས།། ཞབ་ཏིག་སྐྱོ་ངང་མེད་པས་མཆོད་མཚོ་མཉེས།། ཁཞིན་འཛུམ་མདངས་ལྡན་ཡོན་བདག་མོ་ལ་བསྟོད།། དགེ་བ་འདི་ཡིས་ཡོན་མཆོད་འཁོར་རྣམ་བཅས།། ཟླ་ན་མེད་པའི་འབྲས་བུ་ཐོབ་པར་ཤོག་ཅེས་དཔལ་ས་སྐྱ་དགོན་དུ་བཞུགས་པའི་གསུང་རབ་བྲིས་མའི་མཛད་བྱང་ལ་མགོ་བཏགས་བཅོལ་ཡོད།

② རང་རང་གི་མོས་པ་དང་འཚམས་པའི་བསྔོ་སྨོན་དུ་མདོ་སྡེ་རྒྱལ་པོ་འོད་འབར་འདི་བཞེངས་པས་ཟླ་ན་བྱེད་པའི་གོ་འཕང་མཆོག་ཐོབ་ནས།། སྲིད་པའི་མཚོ་ལས་སྒྲོལ་བར་ཤོག་ཅེས་གྲོ་མཁར་ཆོས་སྡེའི་མདོ་མངས་པོད་ཉ་པའི་ལྡེབ་གྲངས་330པར་ཐོན་པ་ལ་མགོ་བཏགས་བཅོལ་ཏེ་ཞུས་ཡོད།

③ གྲོ་མཁར་ཆོས་སྡེའི་མདོ་སྡེ་ཕལ་པོ་ཆེ་པོད་ཀ་པའི་ལྡེབ་གྲངས་290ལས་དྲངས།

༥༧། འོག་མིན་གནས་སུ་བགྲོད་པར་ཤོག

དུས་རབས་11-12པའི་ནང་དུ་གཉལ་ཁུལ་དུ་བོད་བཙན་པོའི་སྐུ་དུས་སུ་ཡུལ་སྐྱི་རོའི་ལྷང་སྟོན་གྱི་རྗེ་སྐྱི་རྗེ་མང་པོའི་བློན་པོ་ཤེ་ཙ་ཡིས་མི་རྒྱུད་ལས་ཆད་པའི་སྨོམ་ཤེ་སྐུ་མཆེད་དང་དཔོན་ཤེཙ་བུ་ལ་སོགས་པས་དད་པ་སྐྱོ་ངས་མེད་པའི་སྦྱིན་བདག་གནང་སྟེ། སྐོ་གསུམ་ཐང་ཆད་འབྲི་བའི་ཡིག་པ་གཉལ་སྨད་པོ་ཞོག་གི་ཡིག་མཁན་གྱིས་འབྲི་བཤུས་དང་ཞུས་དག་ལེགས་པར་ཕྱིན་ཏེ་འབྲི་བཞེངས་ལེགས་གྲུབ་ཟིན་རྗེས། ལུས་ཀྱི་ངལ་བ་དང་སེམས་ཀྱི་སྡུག་བསྔལ་སོགས་རང་བཞིན་གྱིས་ལྷོད་དུ་ཕབ་པའི་མཆོད་ཡོན་སྦྱིན་བདག་ལ་སོགས་སྨོན་ལམ་ཁོངས་སུ་གཏོགས་པའི་སེམས་ཅན་རྣམས་འོག་མིན་གནས་སུ་འགྲོགས་པར་ཤོག [1]ཅེས་བཏབ་པའང་འདུག

༥༨། འཇམ་དཔལ་ཞལ་མཐོང་ཤོག

དུས་རབས་12-13པའི་ནང་དུ་མངའ་བདག་མགོན་ནེའི་ཐུགས་དམ་མདོ་མངས་མཐོང་སྨོན་དེ་གཉལ་གྱི་ཡིག་པ་གཡོར་པོའི་མཁས་བརྣམས་དང་ཁྲུ་རིངས་བཅས་ཀྱིས་གཞུང་འབྲི་བཤུ་བྱ་སྐབས་གཞུང་དེ་དག་གི་དབུ་ཤོག་གི་ཡིག་མཁན་སློང་སྟོན་གཟུང་འབར་གྱིས་བྱས་ཏེ། འབྲི་བཞེངས་བསྒྲུབ་པ་དང་ཐུགས་ཞུ་དག་སྲངས་སུམ་བཅད་དེས་མཇད་དེ་ལེགས་གྲུབ་བྱུང་བའི་སྐབས་སུ། སྨོན་ལམ་ཁོངས་སུ་གཏོགས་པའི་སེམས་ཅན་རྣམས་ཀྱི་རེ་འདོད་དང་འཚམས་པའི་བསྔོ་སྨོན་དུ་ཡོན་མཆོད་གཉིས་པོ་འཇམ་དཔལ་ཞལ་མཐོང་ཤོག [2]ཅེས་ཤེས་རབ་ཀྱི་ལྷ་མཆོག་ཏུ་གྱུར་པ་དེའི་ཞལ་མཇལ་བར་ཤོག་ཅེས་སྨོན་ཚིག་བསྒྲོན་པའང་འདུག

---

① གྲོ་མཁར་ཆོས་སྡེའི་ཤེར་ཕྱིན་གྱི་མཛད་བྱང་ལས་དྲངས།

② འོན་ཀེ་དུར་བཞུགས་པའི་ཤེར་ཕྱིན་བྲིས་མ་རྒྱ་གར་གྱི་མཁན་པོ་ཅྱིད་ཏ་ཀ་ར་ཤྲ་པ་དང་། ལོ་ཙ་བ་བན་དེ་ཡེ་ཤེས་སྙིང་པོས་བསྒྱུར་ད། ཞུ་ཆེན་གྱི་ལོ་ཙ་བ་བན་དེ་དཔལ་བརྩེགས་ཀྱི་ཞུས་ཏེ་གཏན་ལ་ཕབ་པ། འཕགས་པ་འགྲོ་བ་ཐམས་ཅད་ཡོངས་སུ་སྐྱོབ་པར་བྱེད་པའི་ཡོངས་སུ་བསྔོ་བ་ཞེས་བྱ་བ་རྫོགས་སོ་ཞེས་པའི་མཛད་བྱང་ལས་དྲངས། (སྤྱན་ཁྲིར་རྒྱ་བགྲེས་ཟད་ཆེ་སྟབས་པོད་གྲངས་དང་ལྡེབ་གྲངས་འགོད་མ་ཐུབ།)

བདུན། ཕྱི་མ་བླ་མེད་བྱང་ཆུབ་འཐོབ་པར་ཤོག

གཉལ་ཁུལ་དུ་མཆིམས་སླུམ་ཆུང་དང་མོ་བཙུན་མེ་ཟ་འཕྲུན་ནེ་སོགས་ཀྱི་ཐུགས་དམ་འབྲི་བཞེངས་ཟིན་རྗེས་སུ་སྦྱིན་བདག་གཙོ་འཁོར་དང་ཡིག་མཁན་དངོས་རང་དམའ་ཚ་དང་བཅས་པའི་སྨོན་ལམ་ཁོངས་སུ་གཏོགས་པའི་སེམས་ཅན་རྣམས་ཚེ་འདི་བདེ་སྐྱིད་ཕུན་ཚོགས་ཤིང་། ཕྱི་མ་བླ་མེད་འབྲས་བུ་བྱང་ཆུབ་འཐོབ་པར་ཤོག[①]ཅེས་པའི་སྨོན་ཚིག་བསྒྲོན་པའི་མཛད་བྱང་ཡང་མཇལ་རྒྱུ་འདུག

བརྒྱད། བྱང་ཆུབ་ལམ་ལ་ཚུད་པར་ཤོག

དད་པ་སྐྱོ་ངས་མེད་པའི་སྦྱིན་བདག་གཏོང་ཕོད་ཅན་བདག་མོ་སྨོད་མོ་བཀྲ་ཤིས་རྒྱན་གྱིས་རྒྱུ་འགྲོ་སྦྱར་བ་དང་དུས་རབས་12-13པའི་ནང་གི་ཡིག་མཁན་དབུ་ཆེན་གཙུག་ཤེས་རབ་སེང་གེ་གདན་ཞུ་གྲོས་འཆམ་ནས་འབྲི་བཞེངས་བསྒྲུབས་པ་དང་སྦྲགས། གསུང་རབ་དེ་བཞེངས་པའི་དགེ་བས་སྨོན་ལམ་ཁོངས་སུ་གཏོགས་པའི་སེམས་ཅན་རྣམས་ཀྱི་མོས་པ་དང་འཚམས་པའི་སྨོན་ཚིག་སྟེ། སངས་རྒྱས་ཉིད་དུ་སྐྱེ་བ་དང་བླ་མེད་བྱང་ཆུབ་འབྲས་བུ་དང་བྱང་ཆུབ་ལམ་ལ་ཚུད་པར་ཤོག[②]ཅེས་བྲིས་པའི་སྨོན་ཚིག་དེ་འདྲ་ཡང་མཇལ་དུ་སྣང་།

དགུ ཤེར་ཕྱིན་ཡུམ་ལ་བསྐྱབས་སུ་མཆི།

རྣམ་པར་དཀར་བའི་དགེ་བའི་ལས་དེ་བསྒྲུབ་པའི་རིང་ལ་ཐ་ན་ཟ་མ་ཆུང་དུ་ཙམ་ཡང་འདྲེན་མཁན་གྱི་ཕ་མ་སྤུན་མཆེད་ལ་སོགས་པའི་སྐྱེ་འགྲོ་རྣམས་ཀྱི་མོས་པ་དང་འཚམས་པའི་བསྔོ་སྨོན་དང་སྨོན་ལམ་ཁོངས་སུ་གཏོགས་པའི་སེམས་ཅན་རྣམས་ཞེས་བརྗོད་ཟིན་པ་དང་སྦྲགས། སྐབས་དེར་གང་བཞེངས་པར་འདོད་པའི་གསུང་རབ་སྟེ་རྒྱལ་བ་ཤཱཀྱ་ཐུབ་པས་བྱ

① འོན་ཀེ་ཏུར་བཞུགས་པའི་སླུམ་ཆུང་གི་ཐུགས་དམ་ཆོས་ཐམས་ཅད་འདྲེ་བ་མེད་པའར་ཆོས་བསྟོནད་ཏོ་ཞེས་པའི་པོད་ན་པའི་ལྡེབ་གྲངས་284ལས་དྲངས།

② མཛད་བྱང་ལས། འདི་བཞེངས་པའི་བསོད་ནམས་ཀྱིས།། །མཐའ་ཡས་སེམས་ཅན་མ་ལུས་ཀུན།། །སངས་རྒྱས་ཉིད་དུ་སྐྱེ་བར་ཤོག །། བླ་མེད་འབྲས་བུ་ཐོབ་པར་ཤོག། །བྱང་ཆུབ་ལམ་ལ་ཚུད་པར་ཤོག ཅེས་འོན་ཀེ་ཏུར་བཞུགས་པའི་ཤེར་ཕྱིན་ཡུམ་པོད་ཀ་པའི་ལྡེབ་གྲངས་283ནུ་བྲོན་པ་ཞིག་ལ་ལུང་ཁུངས་བཙལ་ཏེ་ཞུས་ཁུལ་བྱས།

ཐོད་ཕུང་པོ་རིར་གསུངས་པའི་ཤེར་ཕྱིན་ཡུམ་དེ་ལ་གུས་ཕྱག་གམ་སྐྱབས་སུ་མཆིའོ་[1] ཞེས་མཛད་བྱང་སྨོན་ཚིག་ཚིག་སྟ་བསྡུས་པ་དེ་འདྲ་བཀོད་པའང་མཇལ་རྒྱུ་གདའ།

བཅུ། སྐུ་གསུམ་ཐོབ་པར་ཤོག

དེ་ཡང་དུས་ཕྱིས་སུ་བྲིས་བཞེངས་བསྐྲུངས་པར་མངོན་པའི་གསུང་རབ་བྲིས་མ་དག་གི་བསྔོ་བ་སྨོན་ལམ་གྱི་སྨོན་ཚིག་ཏུ་སྐུ་གསུམ་ཐོབ་པར་ཤོག་[2]ཅེས་པའི་སྨོན་ཚིག་བསྒྲིན་པ་ཡང་ཙུང་ཟད་ཅིག་མཇལ་དུ་སྣང་།

བཅུ་གཅིག སངས་རྒྱས་ཐོབ་པར་ཤོག

དུས་རབས་13པར་འབྲི་བཞེངས་བསྐྲུངས་པའི་གསུང་རབ་དཔལ་ས་སྐྱར་བཞུགས་པའི་ཤེར་ཕྱིན་ཞིག་གི་སྨོན་ཚིག་ཏུ་ སྟོན་གྱི་གཞུང་བཞིན་སྨོན་ཚིག་བྱང་ཆུབ་ཐོབ་པར་ཤོག་དང་སངས་རྒྱས་ཀྱི་གོ་འཕངས་ཐོབ་པར་ཤོག་ཅེས་མ་བྲིས་པར་སཾ་སྐྲི་ཏ་གཟུགས་འགྱུར་གྱི་སྒོ་ནས་མཛད་བྱང་དུ་འབུ་ཐ་ཡ་[3]ཞེས་པའི་སྨོན་ཚིག་བསྒྲིན་པའང་རེ་གཉིས་འདུག

བཅུ་གཉིས། འགྱུར་ལྡོག་མེད་པའི་ས་ལ་འགོད་པར་ཤོག

ཤེར་ཕྱིན་ཡུམ་རྒྱས་འབྲིང་བསྡུས་གསུམ་དེ་གཞུ་སྐྱེ་མོའི་ཁུལ་དུ་སྒོ་གསུམ་ཐང་ཆད་འབྲི་བའི་ཡིག་པ་དཔལ་མགོན་དར་པོས་བྲིས་ཤིང་ཞུས་དག་མཁན་པོ་ཙན་དར་རྗེ་རིན་གྱིས་ཞུ་དག་བཏང་ནས་ལེགས་གྲུབ་བྱུང་རྗེས། སྨོན་ལམ་ཁོངས་སུ་གཏོགས་པའི་སེམས་ཅན་རྣམས་ཐར་པའི་ལམ་སྟེ་ཐེན་པ་དང་འགྱུར་ལྡོག་མེད་པའི་ས་ལ་གནས་པར་ཤོག་[4]ཅེས་པའི་སྨོན་ཚིག་བསྒྲིན་པའང་འདུག

476

---

① ཟ་ལུང་དགོན་དུ་བཞུགས་པའི་མདོ་པོད་ཁ་པའི་ མཛད་བྱང་ལས་དྲངས།

② དཔལ་ཞ་ལུ་དགོན་དུ་བཞུགས་པའི་བཀའ་འགྱུར་གྱི་མཛད་བྱང་ཏུ་གསལ་བ་ལ་ལུང་ཁུངས་བཙལ་ཡོད།

③ དཔལ་ས་སྐྱར་བཞུགས་པའི་ཤེར་ཕྱིན་པོད་ག་པའི་ལྡེབ་གྲངས་189ལས་དྲངས།

④ སྐྱེ་མོའི་མར་རྒྱང་མཁའ་སྤྱོད་དུ་བཞུགས་པའི་ཤེར་ཕྱིན་པོད་ཀ་པའི་མཛད་བྱང་དབུ་ཤོག་གི་ཞལ་ཁེབས་སུ་ཐོན་པ་ལ་གཞི་བཙལ་ཡོད།

བཅུ་གསུམ། བདེ་ལེགས་སྨོག

ཤུད་ཀྱི་རྒྱུད་པ་ཤུད་ལྡན་འཛོམས་ཀྱི་སྲས་བསོད་ནམས་དཔལ་འབྱོར་དང་ཤུ་ཚ་གཙོད་པན་རྣམ་གཉིས་ཀྱིས་དད་པ་སྐྱོ་ངས་མེད་པའི་སྦྱིན་བདག་གནང་སྟེ་སྒོ་གསུམ་ཐང་ཆད་འབྲི་བའི་ཡིག་མཁན་དབུ་ཆེན་ཐར་སེང་གིས་སྨོག་བྱུ་མཐིང་གའི་སྟེང་དུ་སྣག་ཚ་གསེར་ལས་འབྲི་ཞུས་ཡང་དག་པ་བྱས་ཏེ་འབྲི་བཞེངས་ལེགས་གྲུབ་ཟིན་རྗེས། དགེ་བའི་ལས་འདིའི་ཕྱོགས་སུ་ཞབས་ཏོག་སྒྲུབ་ཙམ་ཡང་གནང་མཁན་གྱི་གཉེན་ཉེ་སོགས་སློན་ལམ་ཡོངས་སུ་གཏོགས་པའི་སེམས་ཅན་རྣམས་ཚེ་ཕྱི་མ་མི་ལུས་རིན་ཆེན་ལ་བརྟེན་ནས་ཀུན་མཁྱེན་གྱི་གོ་འཕང་ཐོབ་པ་དང་དུས་དང་རྣམ་པ་ཀུན་ཏུ་བཀྲ་ཤིས་བདེ་ལེགས་སུ་གྱུར་ཅིག་ཅེས་པའི་སློན་ཚིག་དེ་འདྲ་ཡང་འདུག

བཅུ་བཞི། བསམ་དོན་གྲུབ་པར་སྨོག

ལ་སྟོད་ཁུལ་དུ་ཞང་ཙང་ཚོ་ཆེན་རྒྱུད་པས་རང་གི་མ་ཡུམ་གཙོས་པའི་སེམས་ཅན་རྣམས་ཀྱི་ཆེད་དུ་གསུང་རབ་རྗོ་རྗེ་གཅོད་པ་དེ་འབྲི་བཞེངས་བསྐྲུངས་ཏེ་འབྲི་བཞེངས་བསྒྲུབས་རྗེས། དགེ་བའི་ལས་འདི་ལྟ་བུ་ཞིག་མཛད་པ་ལས་ཡོན་མཆོད་རྣམས་སྐུ་ཚེ་རིང་བ་དང་། ནང་དང་ཕྱིའི་མི་མཐུན་ཕྱོགས་རྣམས་ཉེ་བར་ཞི་ཞིང་རང་རང་གི་རེ་འདོད་བཞིན་བསམ་དོན་གྲུབ་པར་སྨོག[①]ཅེས་སློན་ཚིག་ཐྲོན་པའང་མཇལ་རྒྱུ་མཆིས།

བཅོ་ལྔ། རྣམ་མཁྱེན་ས་ལ་འགོད་པར་སྨོག

ལ་སྟོད་བྱང་གི་གནས་གྲོ་སྨོད་དུ་དད་པ་སྐྱོ་ངས་མེད་པའི་སྦྱིན་བདག་གིས་རྒྱུ་འགྲོ་སྦྱར་ཏེ་སྒོ་གསུམ་ཐང་ཆད་མེད་པའི་ཡིག་པས་འབྲི་བཤུས་ཟིན་པ་དང་སྒྲགས་རྐང་འབྱོར་གཞུང་སྦྲོང་གི་ཞུས་དག་པས་ཞུས་དག་བསྒྲུབས་ཏེ། ཕྱོགས་རིས་མེད་པའི་གཉེན་ཉེ་རྣམས་པས་དགེ

① བསགས་པ་ཆོས་ཕྱིར་བཟོང་བ་ངོ་མཚར་ཆེ།། དེ་ལས་བྱུང་བའི་དགེ་བ་དྲི་མེད་དེས།། ཡོན་མཆོད་སྐུ་ཚེ་རིང་བ་དང་།། མི་མཐུན་ཕྱོགས་རྣམས་ཉེ་བར་ཞི་བ་དང་།། ཐུགས་སྨོངས་མཐའ་དག་ཆོས་བཞིན་འགྲུབ་པར་སྨོག་ཅེས་མངའ་རིས་རྫ་མདའ་རྫོང་འཕགས་པ་ཤེས་རབ་ཀྱི་ཕ་རོལ་ཏུ་ཕྱིན་པ་བརྒྱད་སྟོང་པའི་དབུ་སྨོག་གི་ཞལ་སྨོག་ནང་མའི་ཞལ་ཁེབས་སུ་བྱུང་བ་ལ་གཞི་བཅོལ་ཏེ་ཞུས་ཡོད།

བའི་ལས་འདི་བསྒྲུབ་པའི་རིང་སྟོན་མོ་འཛུགས་བར་གྲོལ་གསུམ་གྱི་ཞབས་འདེགས་མཐའ་གཅིག་ཏུ་གནང་བ་ལས། སྨོན་ལམ་ཁོངས་སུ་གཏོགས་པའི་སེམས་ཅན་རྣམས་ཐེག་ཆེན་ལམ་གྱི་ཐོག་ནས་རིགས་དྲུག་སེམས་ཅན་ཐམས་ཅད་རྣམ་མཁྱེན་གྱི་ས་ལ་འགོད་པར་ཤོག་[1]ཅེས་སྨོན་ཚིག་བསྒྲོན་པའང་མཇལ་ཏུ་སྣང་།

བཅུ་དྲུག མཐོ་རིས་ཐོབ་པར་ཤོག

དུས་རབས་16ཡས་མས་སུ་མང་ཡུལ་གུང་ཐང་ཁུལ་གྱི་ཡིག་པ་ཚོས་རགས་དང་ཚུ་ག་ག མཁས་བཏུས་དང་གུར་ཙ་དོན་གྲུབ་བཅས་ཀྱིས་གསུང་རབ་ཀྱི་དབུ་ཞབས་ལ་མ་ལྟོས་པར་འབྲི་གཟུགས་ལེགས་ཤིང་། འབྲི་བཤུས་དག་པ་བཅས་ལས་བསྒྲུབས་པའི་རྗེས་སུ་གསུང་རབ་དེའི་ཕྱོགས་སུ་རྣམ་པར་དཀར་བའི་དགེ་བའི་ལས་ཕྲན་བུ་ཙམ་ཡང་བསྒྲུབ་མཁན་གྱི་ཡོན་བདག་ལ་སོགས་པ་སྨོན་ལམ་ཁོངས་སུ་གཏོགས་པའི་སེམས་ཅན་རྣམས་མཐོ་རིས་ཐོབ་པར་ཤོག་[2]ཅེས་པའི་སྨོན་ཚིག་བསྒྲོན་པའང་མཇལ་རྒྱུ་སྣང་།

བརྒྱད་པ། མཇུག་བསྡུའི་ཚིག་སྐོར།

མཛད་བྱང་གི་དོན་ཡོངས་སུ་རྫོགས་ཟིན་པའི་མཚམས་དེར་དགའ་འབོད་ཀྱི་ཚིག་གམ་བཀྲ་ཤིས་པའི་ཚིག་སོགས་དུས་རབས་ཀྱི་འགྲོས་དང་མཐུན་པའི་མཇུག་བསྡུའི་ཚིག་རེ་རེ་ཡང་བརྗོད་ཡོད་པ་སྟེ་གཤམ་གསལ།

གཅིག ཧེ་ཧེ།

༄༅ཿཆོས་རྒྱལ་ཆེན་པོས་ཐོགས་དྲངས་ནས། །ཆེན་པོ་ཡོངས་ཀྱི་ལྷ་མཆོད་བགྱིས། །རིག་པའི་འབྱུང་གནས་ལྷར་མདོ་ཡི། །དར་མ་ཀྲ་ཤིས་བདག་གིས་བཀོད། །ཀྲ་ཤིས་གྲོགས་ཚོས་ལེགས་

---

① གུང་ཐང་ཙད་དུ་བཞུགས་པའི་གླེགས་ཤིང་གི་ནང་དོན་ལས་དྲངས།

② ཡོན་དག་ན་གུ་ལགས་། །སྐྱུ་ནོར་རྡོ་མཆར་ཆེ་། །ཕངས་མེད་ཕུལ་བ་ལགས་། །ལམ་སྣ་ཟིན་པར་ཤོག། །འཛད་མེད་མཆོའི་རིགས་། ། ནོད་མོ་རིན་ཆེན་ལགས་། །ཞབས་སྟོག་རྡོ་མཆར་ཆེ་། །ཤ་མར་ཆང་གསུམ་ལགས་། །སྐྱོ་ངས་མེད་པར་དྲངས་། །མཐོ་རིས་ཐོབ་པར་ཤོག། །གྲུས་མོ་རྡོ་མཆར་ཆེ་། །ནོད་ཙ་དར་རྒྱན་ལགས་། །རིགས་རྒྱུད་རྡོ་མཆར་ཆེ་། །སོག་འཛོག་འཛོམ་པ་ཤོག། །སེམས་ཉིད་ཆོས་ལ་ནོད་པའི་ཡོན་དག་སེང་ངེ་ལགས་;ཅི་བསམ་གྲུབ་པར་ཤོག་ཅེས་གུང་ཐང་ཙད་དུ་བཞུགས་པའི་ཤེར་ཕྱིན་བརྒྱད་སྟོང་པའི་དབུ་ཤོག་ནང་མའི་ཞལ་ཁེབས་ལས་དྲངས་པ་ཡིན།

པར་བྱིས། །ཧེ་ཧེ།།[①] ཞེས་དང་ཡང་ཇོ་གཙུག་ཡབ་སྲས་གིས། །ཞུ་ཏུག་རྡལ་གསུམ་མཛད། །ཆག་ཚད་ཡོན་ཆོད་བསྒྲིས། །མཁས་པ་ཁྱད་ལས་འཕགས།། རྒྱལ་གྱིས་བན་དེས་བྲིས། །ཡོན་མཆོད་འཁོར་བཅས་རྣམས། །འདི་དང་ཕྱི་མ་རུ། །ལྷ་ཆོས་སྤྱོད་པར་ཤོག། །བདེ་སྐྱིད་ཕུན་སུམ་ཚོགས་པར་གྱུར་ཅིག། །ཧེ་ཧེ་ཧེ།། [②]ཞེས་དང་། མར་རྒན་བརྩོན་འགྲུས་འབུམ།། །། འོད་གསེར་གཞོན་នུ་འབུམ་དང་།། །།རྒྱལ་བདེ་ཁྲུམ་བཙན་སྤུན།། །།ཞབས་ཏོག་ངོ་མཚར་ཆེ།། །།ཡོན་མཆོད་མཁོར་བཅས་དང་།། །།ཟ་མ་བྱས་པ་རྣམས།། །།ཚེ་འདི་བཀྲ་ཤིག།། །།ཕྱི་མ་བྱང་ཆུབ་ཐོབ་པར་ཤོག།། ཧེ་ཧེ།།[③] ཞེས་སོགས་བྱུང་བ་ལ་གཞིགས་ན། དེ་ཡང་འབྲི་བཞེངས་རྣམས་ཀྱིས་གསུང་རབ་པོད་ཉིས་བརྒྱ་ཅན་བསྟན་འགྱུར་ནས་པོད་སྣ་གཅིག་བརྒྱད་སྟོང་སོགས་འབྲི་བཞེངས་ཀྱི་ལས་འགན་དེ་དུས་ཐོག་ཏུ་ལེགས་གྲུབ་བྱུང་ཚེ། ཡིག་ཞུས་དང་སྦྱིན་བདག སྣ་ཚོགས་བཟོ་རིགས་ཚོགས་རྣམས་ཀྱི་ལུས་ཀྱི་ངལ་བ་དང་སེམས་ཀྱི་སྡུག་བསྔལ་ལྡིད་པོ་དེ་ཡང་རང་བཞིན་གྱིས་མེད་པར་གྱུར་ནས་སེམས་སྙིད་དུ་འབབ་ཐུབ་པས་ན། ཡིག་ཞུས་དང་སྦྱིན་བདག སྣ་ཚོགས་བཟོ་རིགས་ཚོགས་རྣམས་ཀྱི་སེམས་ནང་དགའ་ལྷང་ལྷང་གི་སྤྲོ་སྣང་ཞིག་རང་བཞིན་གྱིས་བྱུང་བའི་རྒྱུ་མཚན་བཅས་ལས། གསུང་རབ་ཀྱི་མཛད་བྱང་གི་མཇུག་ཚིག་ཏུ་ཡང་སེམས་ཀྱི་དགའ་འཚོད་དེ་ཧེ་ཧེ་ཞེས་ཐོན་པར་སེམས་སོ།

གཉིས། ཧེ་ཧེ་བཀྲ་ཤིས།

༄།།འདི་བཞེངས་པའི་བསོད་ནམས་ཀྱིས། །བླ་ན་མེད་པའི་བྱང་ཆུབ་ཐོབ་པར་ཤོག། །།ཧེ་ཧེ་ཀྲ་ཤིས།།[④]ཞེས་མཇུག་བསྡུའི་ཚིག་ཏུ་ཧེ་ཧེ་བཀྲ་ཤིས་ཞེས་བྱུང་བ་ལ་གཞིགས་ན། དེ་ཡང་དད་པ་སྐྱོ་ངས་མེད་པའི་རྒྱུ་འགྲོ་སྐྱོར་མཁན་གྱི་སྦྱིན་བདག་གཙོ་འཁོར་དང་སྒོ་གསུམ་ཐང་ཆད་འབྲི་བའི་ཡིག་པ་དང་རྐང་འཁྱོར་གཞུང་སྐྱོང་གི་ཞུས་དག་མཁན་ལ་སོགས། ལས་དེར་བཞུགས་མཁན་གྱི་མི་རྣམས་ཀྱིས་གསུང་རབ་འབྲི་བཞེངས་ཀྱི་ལས་བཟང་པོ་འདི་བདེ་

① གུང་ཐང་ཅུད་དུ་བཞུགས་པའི་དཔེ་རྙིང་གི་དབུ་ཤོག་ནང་མའི་ཞལ་ཁེབས་སུ་བྱོན་པ་ལ་གཞི་བཅོལ་ཏེ་ཞུས་ཡོད།

② གྲོ་མཁར་ཆོས་སྡེའི་མདོ་སྡེ་ཕལ་པོ་ཆེ་པོད་ཀ་པའི་ལྡེབ་གྲངས་290ལས་དྲངས།

③ རྒྱ་མ་ཁྲི་སྐར་དུ་བཞུགས་པའི་མདོའི་མཛད་བྱང་ལས་དྲངས་པ་ཡིན། དཔེ་རྙིང་དེའི་སྣེ་ཐིག་གི་རྒྱ་ཡན་བགྲེས་ཟད་དུ་སོང་ཟིན་སྐབས་དཔེ་མིང་དང་པོད་གྲངས་འདི་ཡིན་ཞེས་ཞུ་ཐབས་བྲལ།

④ འོན་ཀེ་རུ་བཞུགས་པའི་ཤེར་ཕྱིན་སྟོང་ཕྲག་བརྒྱ་པ་བམ་པོ་དང་པོའི་དབུ་ཤོག་གི་ཉིན་དོས་ལས་དྲངས་པ་ཡིན།

ལྷག་དང་ལེགས་གྲུབ་བྱུང་བའི་རྒྱུ་མཚན་བཅས་ཀྱིས་མ་བཅོས་སེམས་ཀྱི་གཉིང་ནས་དགའ་འདོད་ཧེ་ཧེ་དང་ལས་དེ་བདེ་ལྷག་དང་གྲུབ་པས་བོད་མིའི་སེམས་ཁམས་ལྟར་བཀྲ་ཤིས་ཤོག་ཅེས་པའི་ཚིག་དེ་རང་བཞིན་གྱིས་ཐོན་པར་ཟད།

གསུམ། དགེའོ།

ཡོན་མཆོད་བཀྲ་ཤིས་བདེ་ལེགས་ཤོག དགེའོ།[1]ཞེས་དང་། མཁས་པ་གོང་མའི་རིགས། །འབྱུང་བྱུང་ཀྲ་ཤིས་ལགས། །འཕྲུལ་ཡིག་ངོ་མཚར་ཆེ། །མཐོ་རིས་ཐོབ་པར་ཤོག། །དགེའོ།།[2]ཞེས་དང་། ཀླུ་རྣམ་ལོ་རྒྱལ་པོ་ཁྲི་ལོ་ལ། །དཔོན་དྲུང་ཡོན་བདག་དཔོན་འདིར་བ། །ཐུགས་དམ་འཛམ་གླིང་རྒྱན་མཆོག་གི། །སྲི་ག་འཕྲེང་གསུམ་འོད་འབར་འདི། །སློབ་དཔོན་མཁས་པ་མལ་གྱི་ལུགས། །དིང་སང་མཁས་པ་སང་འོད་དངས། །ཤིས་བྱའི་དངོས་གྲུབ་ཐོབ་པར་སྲིས། ། །དགེའོ་[3]ཞེས་པ་སོགས་གསུང་རབ་བྲིས་མའི་མཛད་བྱང་གི་མཇུག་བསྡུའི་ཚིག་དེ་དགེའོ་ཞེས་བྱོན་པ་ལ་གཞིགས་ན། སྔོན་གྱི་མཁས་པ་རྣམས་ཀྱིས་གསུངས་པ་ཇི་བཞིན་མཇུག་བསྡོ་བ་དེ་ལ་ནན་ཏན་མཛོད་ཅེས་པ་ལྟར་རྣམ་དཀར་དགེ་བའི་ལས་དེ་ལྟ་བུ་ཞིག་ལེགས་གྲུབ་བྱུང་བའི་མཐར། རང་རིགས་ཀྱི་སྐད་ཀྱིས་ཐོག་ནས་མཇུག་བསྡུའི་ཚིག་ཏུ་དགེའོ་ཞེས་ཤིས་པ་བརྗོད་པའི་དོན་དང་ལེགས་པའི་བྱ་བ་བྱས་ལ་དགེའོ་ཞེས་པས་མཇུག་བསྡུས་པར་སེམས།

བཞི། མངྒལམ།

༄། ཀྱེ་ལགས་། །གོང་མའི་ལུགས་ཚད་དང་ལྡན་པ་འདི་། །དོན་གྲུབ་བདག་གི་ཤེས་བྱ་ལགས་། །མ་ཧྰ་ལ་ཧྰ་ཐ་[4]ཞེས་དང་བླ་སྟེ་གོ་འཕཏླ་ཚོག་དེས་མངོན་གྱུར་ཅིག །མཧྰལཾ་[5]ཞེས་དང་ཚེ་ལ་འདས་པ་དཔོན་ཏན་ཁྲི་ལོད་དང་དཔོན་འབུམ་དང་པར་དུ་ཟ་དཔལ་མཆོ་མས་ཐོག་གྲང་ཁམས་གསུམ་སེམས་ཅན་ཐམས་ཅད་ཀྱི་དོན་དུ་བསྔོ་བར་བགྱིའོ། །མཾ་ཧྰ་ལླ། །[6]ཞེས་དང་།

---

① དཔལ་ཞ་ལུར་བཞུགས་པའི་བོད་ཉེ་ཁྲིའི་གླེགས་ཤིང་ཞིག་གི་ནང་ངོས་སུ་བཀོད་ནས་འདུག

② ཀུང་ཐང་ཏུན་དུ་བཞུགས་པའི་དཔེ་རྙིང་ཤེར་ཕྱིན་བརྒྱད་སྟོང་པའི་དབུ་ཤོག་ནང་མའི་ཞལ་ཁེབས་ལས་དྲངས།

③ ཆབ་མདོ་བྱམས་པ་གླིང་དགོན་དུ་བཞུགས་པའི་ཤེར་ཕྱིན་གསེར་བྲིས་བོད་ཀ་པའི་ཞལ་ཤོག་ལས་དྲངས།

④ ཀུང་ཐང་ཏུན་དུ་བཞུགས་པའི་ཤེར་ཕྱིན་བརྒྱད་སྟོང་པའི་དབུ་ཤོག་ནང་མའི་ཞལ་ཁེབས་ལས་དྲངས།

⑤ བོད་ལྗོངས་དཔེ་མཛོད་ཁང་མཐིང་ཤོག་གསེར་བྲིས་བོད་བ་པ་བློ་གྲོས་རྒྱ་མཚོས་ཞུས་པའི་མདོའི་མཛད་བྱང་ལས་དྲངས།

⑥ ཆབ་མདོ་རི་བོ་ཆེ་དགོན་དུ་བཞུགས་པའི་མདོ་བསྐལ་བཟང་གི་མཛད་བྱང་ལས་དྲངས།

འགག་མེད་གསུང་དབྱངས་དྲུག་བཅུའི་བཀྲ་ཤིས་ཤོག། །…མེད་མི་ཏོག་ཐུགས་ཀྱི་བཀྲ་ཤིས་ཤོག། །མཾ་ཧྐ་ལཾ་①ཞེས་དང་། ཀྱེའི་བསྟན་པའི་སྦྱིན་བདག་འགྱུར་རྗེ་རོང་པོ་ཡི། །དཔོན་ཚང་འོད་ཟེར་ཡབ་སྲས་ཐུགས་དམ་ལ། །གསེར་གྱི་བརྒྱུད་སྟོང་ལྟོ་དཀར་འཕྲེང་གསུམ་འདི། །རིག་པའི་འབྱུང་གནས་ཁོ་འོ་འཕན་ཡུལ་བ། ། མལ་ལུགས་གྲུ་བཞིར་བདགིས་བྲིས། མཧྐལ། ②ཞེས་པ་སོགས་བྱུང་བ་ལ་གཞིགས་ན་བསྟན་པའི་སྦྱིན་བདག་དད་པ་སྐྱོངས་མེད་པའི་འགྱུར་རྗེ་རོང་པོ་རྗེའི་དཔོན་ཚང་ཡབ་སྲས་ཀྱི་ཐུགས་དམ་ཤེར་ཕྱིན་བརྒྱུད་སྟོང་པ་མཐིང་ཤོག་གསེར་བྲིས་དེ། འབྲི་བཞེངས་གྲུབ་པའི་རྗེས་སུ་སྨོ་གསུམ་ཐང་ཆད་མེད་པར་འབྲི་མཁན་གྱི་ཡིག་པ་འཕན་པོ་རིག་པའི་འབྱུང་གནས་ནས་ཕེབས་པའི་མལ་ལུགས་ཀྱི་རྒྱུད་འཛིན་པ་ག་གེ་མོ་དེས་མཇུག་བསྡུའི་ཚིག་ཏུ་སྨོན་དང་འདྲ་བར་དགེའོ་ཞེས་པས་མཇུག་མ་བསྡུས་པར་མཧྐལ་ཞེས་སམ་སྐྲི་ཏ་གཟུགས་སྒྱུར་བྲིས་པ་ལ་གཞིགས་ན། ཡིག་མཁན་དེ་ཡང་སམ་བོད་གཉིས་ལ་མངའ་བརྙེས་པའི་ཡིག་མཁན་ཞིག་ཡིན་སྙམ། འོན་ཏེ་སྐབས་འདིར་བཀྲ་ཤིས་ཞེས་པའི་སམ་སྐྲི་ཏ་གཟུགས་འགྱུར་མཧྐལ་ཞེས་པའི་འབྲི་གཟུགས་འདི་དག་ལས་མངྒ་ལཾ་ཞེས་པའི་འབྲི་གཟུགས་འདི་བྱུང་ནས་ལམ་བུ་ཡུན་རིང་ཞིག་བརྒྱུད་ཟིན་པ་དེ་ཡང་ཤོར་དུ་རྟོགས།

ལྔ། སརྦ་མངྒ་ལཾ།།

དེ་ཡང་དཔེར་ན། ། །གསུམ་ལྡན་བླ་མ་མཆོག་གི་བཀྲ་ཤིས་ཤོག། སརྦ་མངྒ་ལཾ་③ཞེས་དང་། །འདི་ལ་འདུན་པས་ཡ་བྱད་ཉེར་སྦྱོར་དང་། །གཉེར་བྱེད་པ་དང་དེ་ཡི་གྲོགས་བྱེད་དང་། །ཡིད་རང་བྱེད་པའི་སྐྱེ་བོ་ཐམས་ཅད་ཀྱང་། །ཚེ་འདིར་ཕུན་ཚོགས་མཐར་ཐུག་སངས་རྒྱས་ཤོག། སརྦ་མངྒ་ལཾ།། ④ཞེས་བྱོན་པ་ལ་གཞིགས་ན། དེ་ཡང་སྔོན་གྱི་མཇུག་བསྡུའི་ཚིག་བཞིན་སམ་སྐྲི་ཏ་གཟུགས་འགྱུར་གྱི་ཐོག་ནས་བཀྲ་ཤིས་བདེ་ལེགས་ཞེས་པས་མཇུག་བསྡུས་པ་ཞིག་ཡིན།

① ས་དགའ་ནུབ་དགོན་དུ་བཞུགས་པའི་འཕགས་པ་སྟོང་ཆེན་པོ་ཞེས་རབ་ཏུ་འཛོམ་པའི་མདོའི་མཛད་བྱང་ལས་དྲངས།

② ནག་ཆུ་སོག་བཀྲ་ཤིས་ལྡོངས་ཀྱི་ཤེར་ཕྱིན་བརྒྱུད་སྟོང་པོད་ཀ་པའི་ཞལ་ཤོག་གི་ཞབས་མཆན་ལས་དྲངས།

③ ས་དགའ་ནུབ་དགོན་དུ་བཞུགས་པའི་འདུས་པ་རིན་པོ་ཆེའི་དཀར་ཆག་མཐོང་བ་འཛུམ་ཤོར་ལས་དྲངས།

④ བཀའ་འགྱུར་བསྟན་འགྲོའི་དཔལ་མགོན་པོད་ཀ་པའི་མཛད་བྱང་ལས་དྲངས།

དྲུག སམ་སྐྲི་ཏ་གཟུགས་འགྱུར་ལས་མཚུག་བསྒྱུས་པ།

མངྒ་ལམ། སརྦ་མངྒ་ལཾ།། ནྣ་མོ་འབུད་དྷ་ཡཱ། ནྣ་མོ་དྷར་མཱ་ཡཱ། ནྣ་མོ་སང་གྷ་ཡཱ།[1] ཞེས་པས་མཚུག་བསྒྱུས་པ་ལ་གཞིགས་ན། དེ་ཡང་གསུང་རབ་དེ་འབྲི་བཤུས་བྱ་མཁན་གྱི་སྔོ་གསུམ་ཐང་ཚད་འབྲི་བའི་ཡིག་མཁན་ཁོང་ནི་རྒྱ་བོད་གཉིས་ལ་བྱང་བ་ཕྱུག་པ་ཞིག་ཡིན་པའི་རྣམ་པའི་ཐོག་ནས་སཾསྐྲི་ཏས་གཟུགས་འགྱུར་གྱིས་གསུང་རབ་ཀྱི་མཛད་བྱང་མཚུག་བསྒྱུས་པའི་རྣམ་པ་ཡང་མང་དུ་སྣང་།

བདུན། བཀྲ་ཤིས།

དགོས་འདོད་ཆར་ལྟར་འབབ་པར་ཤོག། ལོངས་སྤྱོད་སྤྲིན་བཞིན་འདུ་བར་ཤོག།། བཀྲ་ཤིས་སོ།[2] ཞེས་དང་། གཉིས་མེད་ཆོས་སྐྲ་ཆེན་པོར་སྒྲོག་པར་ཤོག། བཀྲ་ཤིས་སོ།།[3] ཞེས་པ་ནི་བོད་སྐད་ཀྱི་ཐོག་ནས་རྣམ་པར་དཀར་བའི་དགེ་བའི་ལས་འདི་ལྟ་བུ་ཞིག་གྲུབ་པ་ལ་ཁ་ཞེ་གཉིས་མེད་ཀྱི་སྔོ་ནས་བཀྲ་ཤིས་ཞེས་པས་མཚུག་བསྒྱུས་པ་ཞིག་ཡིན།

བརྒྱད། ཞལ་དྲོ།

།ལེགས་པ་ཡིན།། །དགེའོ།། །བྲི་མོ་བགྱིས་པ་ལགས།། །ཧེ་ཧེ་ཧེ།། །ཞལ་དྲོའོ།། །[4] ཞེས་པས་མཚུག་བསྒྱུས་པའི་ཚིག་གི་དོན་ནས་བརྗོད་ན་ཅུང་ཟད་ཅིག་སྤྲ་བའི་མཛད་བྱང་ཞིག་ཡིན། དེ་ནི་མངྒལཾ་དང་བཀྲ་ཤིས་ཞེས་པའི་ཚིག་དེ་འདྲས་མཚུག་བསྡུ་བའི་སྲོལ་དེ་མ་བྱུང་བའི་ཡར་སྔོན་དུ་བཙ་ཅུང་ཟད་རྙིང་པའི་ཚིག་སྟེ་ཞལ་དྲོ་ཞེས་པས་བསྒྱུས་པར་སྣང་།

---

① འོན་ཀེ་ཏུར་བཞུགས་པའི་ཤེར་ཕྱིན་བྲིས་མའི་མཛད་བྱང་ཡིན།

② སྣེ་མོ་མར་རྒྱང་མཁར་སྤྱོད་དུ་བཞུགས་པའི་ཤེར་ཕྱིན་པོད་ཁ་པའི་མཛད་བྱང་དབུ་ཤོག་གི་ཞལ་ཕྱིབས་ལས་དྲངས།

③ སྣེ་མོ་མར་རྒྱང་མཁར་སྤྱོད་དུ་བཞུགས་པའི་ཀྱི་ཤེར་ཕྱིན་བརྒྱད་སྟོང་པོད་ན་པའི་མཛད་བྱང་དབུ་ཤོག་གི་ཞལ་ཕྱིབས་ལས་དྲངས།

④ སྣེ་མོ་མར་རྒྱང་མཁར་སྤྱོད་དུ་བཞུགས་པའི་ཤེར་ཕྱིན་པོད་ཐ་པའི་མཛད་བྱང་པོད་དེའི་དབུ་ཤོག་ཞལ་ཕྱིབས་ལས་དྲངས།

དགུ། མཁས་མཁས་ཞིགས་ཨ།

གསུང་རབ་འབྲི་བཞེངས་ཀྱི་ལས་དོན་ཁག་ནན་ཏན་དང་ནས་བསྒྲུབ་པའི་རེ་སྨོན་དུ་བྲི་མོ་བགྲིས་པ་ལགས་[①]དང་མཁས་མཁས་ཞིགས་ཨ་།[②]ཞེས་པས་མཛད་བྱུང་གི་མཇུག་བསྡུས་པ་ལ་གཞིགས་ན། དེ་ཡང་རྣམ་པར་དཀར་བའི་དགེ་བའི་ལས་འདིའི་ཕྱོགས་སུ་གོམ་པ་ཅི་ཙམ་ཞིག་སྤོ་མཁན་རྣམས་ལ་མཆོད་ཡོན་སྦྱིན་བདག་མི་དབང་མཆོག་གིས་ལས་ཀའི་དྲན་སྐུལ་གྱི་སླད་དུ་མཁས་མཁས་ཞིགས་ཨ་དང་བྲི་མོ་བགྲིས་ཞེས་བཀོད་པར་འགྱུརམས། དེ་འདྲ་ཡིན་དོན་ནི་བོད་ཀྱི་གསུང་རབ་འབྲི་བཞེངས་ཀྱི་ལོ་རྒྱུས་ཐོག་ཏུ་བྱུང་སྲོང་ཡོད་པ་ཞིག་སྟེ། ཞྭ་ལུ་དགོན་གྱི་བསེ་སྒོམ་ར་བཞུགས་པའི་སྐུ་ཞང་གྲགས་པ་རྒྱལ་མཚན་གྱི་ཐུགས་དམ་བཀའ་འགྱུར་རོ་ཅོག་རྒྱ་ཤོག་བཻཌཱུརྱ་བཞུ་བ་ལྷ་བུ་ལ་རིན་ཆེན་གསེར་ལས་སྣག་ཚ་བགྲིས་ཏེ་བཞེངས་པའི་སྐབས་སུའང་བམ་མཚམས་དང་བཀའ་འགྱུར་གྱི་པོད་སོ་སོའི་མགོར་དཔོན་ཡིག་པ་རྣམས་ལ་སྣན་བསྐུལ་བའི་བཀའ་ཤོག་ཤིན་ཏུ་ནན་ཆེ་བ་གནང་བ་ཞེས[③]པ་ལས་གོང་གི་མཛད་བྱུང་མཇུག་ཚིག་ཏུ་མཁས་མཁས་ཞིགས་ཨང་ཞེས་བཀོད་པའི་དགོས་པ་ཡང་རིགས་འདེད་ཐུབ་པ་ཞིག་ཡིན།

---

① སྣེ་མོ་མར་རྒྱང་མཁའ་སྤྱོད་དུ་བཞུགས་པའི་ཤེར་ཕྱིན་པོད་ཐ་པའི་མཛད་བྱུང་པོད་དེའི་དབུ་ཤོག་ཞལ་ཁེབས་ལས་དྲངས།

② སྣེ་མོ་མར་རྒྱང་མཁའ་སྤྱོད་དུ་བཞུགས་པའི་ཀྱི་ཤེར་ཕྱིན་བརྒྱད་སྟོང་པོད་ཉ་པའི་མཛད་བྱུང་དབུ་ཤོག་གི་ཞལ་ཁེབས་ལས་དྲངས།

③ ན་མོ་བུདྡྷ་ཡ། བུ་སྟོན་རིན་པོ་ཆེའི་ཐུགས་དམ་འདུལ་བ་ལུང་གི་ཕྱི་ཧྲིའི་གོ་རིམས་ལ། ཀ་ཁ་ག་གསུམ་ལ་ལུང་རྣམ་པར་འབྱེད་པ་ཤོ་ལོག་ཉི་ཁྲི་ལྔ་སྟོང་། བམ་པོ་བརྒྱད་ཅུ་རྩ་གསུམ། ང་ལ་དགེ་སློང་མའི་སོ་ཐར་དང་རྣམ་པར་འབྱེད་པ། ཤུ་ལོག་སྟོང་ཕྲག་དགུ་དང་ཉིས་བརྒྱ། བམ་པོ་སུམ་ཅུ། ཅ་ཆ་ཇ་ཉ་བཞི་ལ་ལུང་གཞི། ཤུ་ལོག་སུམ་ཁྲི་ཉིས་སྟོང་བདུན་བརྒྱ་བམ་པོ་བརྒྱ་དང་རྩ་དགུ། ཏ་ཐ་གཉིས་ལ་ལུང་ཕྲན་ཚེགས་ཤུ་ལོག་ཆིག་ཁྲི་བརྒྱད་སྟོང་བདུན་བརྒྱ་བམ་པོ་ལྔ་ཅུ་རྩ་དགུ། ད་ན་གཉིས་ལ་ལུང་བླ་མའམ་གཞུང་དམ་པ་ལ། ཤུ་ལོག་ཆིག་ཁྲི་ལྔ་སྟོང་དང་དགུ་བརྒྱ། བམ་པོ་ང་གསུམ། བམ་པོའི་གྲངས་འདི་སྟོན་གྱི་དཀར་ཆག་འཕང་ཐང་མ་བཞིན་བཀོད་པ་ཡིན་ཞིང་། རྣམ་འབྱེད་ཐོག་མར་འགོད་པའི་རྒྱུ་མཚན་བུ་རིན་པོ་ཆེས་མཛད་པའི་འདུལ་བ་སྤྱིའི་རྣམ་གཞག་ན་ཞིབ་པར་མཛད་ལ། ལུང་སྡེ་བཞི་པ་བོད་ན་རི་ཕུག་བླ་བྲང་གི་འདི་བས་དག་པ་མི་གདའ་བས། དེ་བསྟན་པ་རིན་པོ་ཆེ་ལ་དམིགས་ནས་བཞེངས་པར་བཞེད་པ་རྣམས་ཀྱིས་ཕྱི་མོ་འདི་ལ་ཞུས་མཛོད་ཅིང་ཞེ་ན། ཆོས་རྗེ་ཉིད་ཀྱིས་འདུལ་ལུང་མང་པོ་ལ་གཏུགས་ནས་དཔེའི་ད་དྲག་དང་ས་དྲག་པ་དང་བ་ཙམ་ལ་ཡང་བྲིས་བསུབས་དཀའ་ལས་ལ་མ་གཟིགས་པར་ཞུས་དག་ཚར་མང་པོ་མཛད། ཞུས་མཚམས་སུ་རྣམས་ལ་བཙོས་བྱས་སུ་དོགས་ནས་ཐུགས་དམ་གྱིས་མནན། པོ་ཏི་རེ་རེའི་མགོར། དཔོན་ཡིག་པ་རྣམས་ལ་སྣན་བསྐུལ་བའི་བཀའ་ཤོག་ཤིན་ཏུ་ནན་ཆེ་བ་ཐར་གྱི་ལོ་རྒྱུས་དང་བཅས་པ་བཀོད་སྣང་ངོ་ཞེས་པ་བོད་ལྗོངས་རྟེན་རྫས་བཤམས་མཛོད་ཁང་དུ་བཞུགས་པའི་སྐུ་ཞང་ཆེན་པོ་གྲགས་པ་རྒྱལ་མཚན་གྱི་ཐུགས་དམ་བཀའ་འགྱུར་རོ་ཅོག་བཻཌཱུརྱ་བཞུ་བ་ལྷ་བུ་ལ་རིན་ཆེན་གསེར་ལས་སྣག་ཚ་བགྲིས་བཞེངས་པའི་དཀར་ཆག་ཞ་ལུ་གཙུག་ལག་གི་བསེ་སྒོམ་ན་བཞུགས་པ་དེའི་དཀར་ཆག་བཀའ་འགྱུར་འཚལ་གྱི་དཀར་ཆག་ཡིད་བཞིན་ནོར་བུ་རིན་པོ་ཆེ་དབང་གི་རྒྱལ་པོའི་ཕྲེང་བ་ཞེས་པ་བྲིས་མ་དཔེ་ཚུགས་ལྡེབ་གྲངས་21སུ་ཐོན་པ་ལ་གཞི་ཁུངས་བཙལ་ཏེ་ཞུས་ཡོད།

མཇུག་བསྡུའི་གཏམ།

སྤྱིར་ན་བོད་ཡིག་གནའ་དཔེ་བྲིས་མའི་མཛོད་བྱང་གི་རྣམ་པར་ཉམས་ཞིབ་བྱེད་སྐབས། དུས་རབས་གང་ཞིག་གི་གནའ་དཔེ་ཡིན་རུང་གནའ་དཔེ་དེ་དག་གི་མཛོད་བྱང་ངམ་ཞབས་མཆན་འབྲི་སའི་ཁྱད་ཆོས་ལ་གཞིགས་ན། མཛོད་བྱང་དེ་དག་ནི་སྤྱིར་གྱི་ཆ་ནས་གསུང་རབ་བྲིས་མ་དེའི་བརྗོད་བྱའི་ནང་དོན་ཆ་ཡོངས་སུ་རྫོགས་པ་འབྲི་བཤུས་བསྒྲུབས་པའི་རྗེས་སུ། གནའ་དཔེ་དེའི་དབུ་ཤོག་དང་ཞབས་ཤོག་གཉིས་ཀྱི་ས་གཞུང་དོན་གྱིས་མ་ཟིན་པའི་སྟོང་ཆ་དེར་ཡིག་མཁན་ནམ་སྦྱིན་བདག་གིས་འབྲི་བཞེངས་ཀྱི་གནས་ཚུལ་མཛོད་བྱང་ངམ་ཞབས་མཆན་མ་ཡིག་ལས་འབྲི་གཟུགས་ཙུང་ཟད་ཅིག་ཆུང་བས་བཏབ་པ་ཞིག་ཡིན་འདུག དེར་བརྟེན་བོད་ལྗོངས་ཀྱི་གནའ་དཔེ་ཉར་ཚགས་ཚན་པ་ལ་ལར་ད་ཆ་གནའ་དཔེ་བྲིས་མ་ཉར་ཚགས་པོད་བརྒྱ་ཉིས་བརྒྱ་ཡས་མས་ཡོད་རུང་། གནའ་དཔེ་བྲིས་མ་རྩ་ཆེན་དེ་དག་རིག་གསར་སོགས་ཀྱི་ལས་འགུལ་གྱིས་རིག་གནས་ལ་བརྡབ་གསིག་བྱུང་བའི་རྐྱེན་གྱིས་སྔོན་གནའ་དཔེ་སྲུང་སྐྱོབ་སྐད་དུ་བསྒྲོན་པའི་ཕྱིའི་སྒྲིལ་ཆས་དཔེ་རས་སོགས་དང་ཁ་གྱུར་ཏེ། དུས་ཡུན་བསྒྲང་བྱ་དྲུག་ཙུར་ཉེ་བ་ཞིག་གི་ནང་དུ་ཞབས་ཞུ་བསྐྱེན་བཀུར་སོགས་གང་ཡང་མེད་པར་ས་འོག་དང་ཁང་རུལ་ཏུ་བཞུགས་དགོས་གཤིས། ལྟོག་ཐབས་མེད་པའི་དུས་བཞིའི་འགྱུར་བ་ལས་དབྱར་གྱི་ཆར་ཆུ་ཉི་འོད་དང་དགུན་གྱི་གྲང་ངར་གདངས་རླུང་གིས་བརྡུངས་ཏེ། གནའ་དཔེ་བྲིས་མ་གཙིགས་ཆེན་དེ་དག་གི་དབུ་ཞབས་དག་དཔྱིད་རླུང་གིས་འདེད་དེ་གར་སོང་ཆ་མེད་དུ་སོང་བས་ན། གནའ་དཔེ་བྲིས་མ་བརྟག་པའི་སྐེ་ཁྱུངས་བཙུན་ཤོས་ཀྱི་མཛོད་བྱང་ཁག་ཀྱང་དེ་བཞིན་དུ་ཟད། དེ་བཞིན་དུ་གསུང་རབ་ཀྱི་དབུ་ཤོག་རི་མོས་བརྒྱན་པ་དེ་དག་གཙེས་རྟོར་ལ་གཙིགས་ཐང་མེད་པའི་ཕྱིས་པའི་ལག་རྩེད་དང་རླུང་ཕྱུས་འདེད་མེད་པར་བཞུགས་ཡོད་ན་ཡང་། ལ་ལ་ཞིག་དུས་བཞིའི་འགྱུར་ལྡོག་གི་ཆར་རླུང་དང་ཉི་འོད་ཀྱིས་བརྡུངས་ཏེ་བགྲེས་ཟད་ཆེ་བར་གྱུར་ནས་ད་ལྟ་མཐའ་དུ་སྣང་རུང་ཡིག་ངོ་ཚོད་དཀའ་བས་གློ་ཕམ་གྱི་གནས་སུ་

གྱུར་སྐབས། དེས་ན་ད་ཐེངས་བོད་ཡིག་གནའ་དཔེ་ཐྲིས་མའི་མཛོད་བྱང་གི་ངོས་འཛིན་ཞེས་པའི་དེབ་འདི་ཁོ་བོས་དུས་ཡུན་བགྲང་བྱ་བརྒྱད་ཙམ་གྱི་ནང་དུ་བོད་ཀྱི་ས་ཁུལ་ཁག་ཏུ་གནའ་དཔེ་ཡོངས་བཤེར་དང་སྲུང་སྐྱོབ་བྱེད་པའི་ལས་རིམ་ནང་དུ་མཐོང་རིག་བྱུང་བའི་གནའ་དཔེ་ཐྲིས་མའི་མཛོད་བྱང་དང་ཞབས་མཆན་ཆེས་གཙོས་ཆེན་ནམ་ཤིན་ཏུ་ནས་མཇལ་དཀའ་བ་དེ་དག དུས་ཀྱི་འཕོ་འགྱུར་ལ་མ་ལྟོས་པའི་གནའ་དཔེ་ཐྲིས་མ་རི་བོའི་གཏོས་ལྟར་བཞུགས་པ་དེ་དག་གི་ཁྲོད་ནས་ལོ་རེ་ནས་ལོ་རེ་ཆུ་ཐིག་བཞིན་བསགས་ཏེ་བསྡུ་སྒྲིག་བྱས་པའི་གནའ་དཔེའི་མཛོད་བྱང་དཔྱད་གཞིའི་རིན་ཐང་ཆེ་བ་ཁག་ཡིན། སྤྱི་ལོ་2014 ལོར་ཁོ་བོ་བོད་ལྗོངས་ཀྱི་གྲངས་ཉུང་ཆེད་ལས་མི་སྣ་གསོ་སྐྱོང་གི་རྣམ་གྲངས་ལས་གཞིར་རྩོད་དེ་དུས་ཡུན་བགྲང་བྱ་གཅིག་ཙམ་གི་ནང་དུ་ཀྲུང་དབྱང་མི་རིགས་སློབ་ཆེན་དུ་གནའ་དཔེ་རིག་པའི་སྐོར་གྱི་ཆེད་སྦྱོང་དུ་བསྐྱོད་པའི་གོ་སྐབས་བཟང་པོ་ཞིག་ཐོབ། ཁོ་བོས་དུས་ཚོད་དེའི་ནང་དུ་རང་ཉིད་ཀྱི་ལས་གཞིའི་སློབ་ཚན་ཕུད་པའི་དུས་ཚོད་ཡོད་རྒུ་དམ་འཛིན་བྱས་ཏེ་སྔོན་གྱི་གནའ་དཔེ་ཡོངས་བཤེར་རིང་བསགས་པའི་དཔྱད་གཞིའི་རིན་ཐང་ཆེ་བའི་མཛོད་བྱང་དང་དབུ་ཞབས་མཆན་ཁག་འབད་པ་ཆེན་པོས་མ་བཤུས་བཏབ་པ་དང་སྦྲགས་ཞོར་དུ་རང་ནུས་ཅི་ཡོད་ཀྱིས་དཔྱད་པ་ཡང་བྱེད་ཁུལ་བྱས་ཙང་། བོད་ཡིག་གནའ་དཔེ་ཐྲིས་མ་ནི་དུས་རབས་ཀྱི་བར་འགྱངས་རིང་བ་དང་འབྲི་རྫས་སྣག་ཤོག་དང་འབྲི་གཟུགས་འཕྲུལ་ཡིག་སོགས་ལ་དུས་རབས་ཀྱི་འགྱུར་བ་ཆེས་མངོན་གསལ་མི་ཆེ་བ་དང་། དེ་བཞིན་དཔེ་གཟུགས་ཀྱང་ཆེས་དམིགས་བསལ་ཅན་རེ་གཉིས་མ་གཏོགས་གླེགས་བམ་གཟུགས་སུ་སྒྲུབ་པ་ཤ་སྟག་ཡིན་གཤིས། གསུང་རབ་ཐྲིས་མ་མིག་གིས་མཐོང་ཚད་དང་ལག་པས་རེག་ཚད་ཀྱི་རིག་དངོས་རིན་ཐང་སོགས་ང་རང་ཉིད་ཀྱི་ངོས་ན་ཞུས་ན་གཏན་ལ་འབེབས་དཀའ་བར་སྣང་། དེར་བརྟེན་ཁོ་བོས་འདིར་བཀོད་པའི་དུས་རབས་མི་འདྲ་བའི་གནའ་དཔེ་ཐྲིས་མའི་མཛོད་བྱང་དེ་དག་དཔེ་རྙིང་ཡོངས་བཤེར་གྱི་ལས་རིམ་ནང་དུ་ཐྲིས་མ་ལག་པའི་སོར་མོ་ནང་དུ་བཀུག་སྟེ་བགྲངས་ཐབས་བྲལ་བའི་ཁྲོད་ནས། དུས་རབས་ཀྱི་འཕོ་འགྱུར་དང་འབྱུང་བཞིའི་འགྱུར་བས་མ་བརྟུངས་པའི་གནའ་དཔེ་ཐྲིས་མ་གཙོས་ཆེན་གྱི་དབུ་ཞབས་གང་ཙང་དུ་བཞུགས་པའི་གནའ་དཔེའི་མཛོད་བྱང་ངམ་དབུ་ཞབས་ཀྱི་མཆན་བཞུགས་པ་རང་ཉིད་ཀྱིས་དངོས་སུ་མཇལ་བའི་མཛོད་བྱང་དང་ཞབས་མཆན་བཞུགས་པའི་གནའ་དཔེ་ཐྲིས་མ་ཆེས་ཉུང་ཤས་ཤིག་གི་མཛོད་བྱང་

ཡིན། དཔེ་རྙིང་དེ་དག་གི་མཛོད་བྱང་ལ་དབྱེ་ཞིབ་བྱ་སྐབས། མཛོད་བྱང་ནང་དོན་གཞི་འདུས་ཆེ་བ་སྟེ་དད་པ་སྒྲོ་དངས་མེད་པའི་སྦྱིན་བདག་དང་སྒོ་གསུམ་ཐང་ཆད་འབྲི་བའི་ཡིག་མཁན། རྐང་འཁོར་གཞུང་སྟོང་གི་ཞུས་དག་མཁན། བི་ཤྭ་ཀརྨ་ལྟ་བུའི་ལྷེ་ལྷའི་རི་མོ་བ། འབྲི་རྫས་བཏུལ་སྦྱངས་མཁས་པའི་སྣག་ཤོག་མཁན་པོ། དུས་དང་བཅོམ་གྱི་སྣ་ཚོགས་བཟོ་པའི་ཚོགས་བཅས་ཀྱི་དུས་རབས་མི་འདྲ་བའི་སྤྱི་ཚོགས་ཀྱི་གནས་བབ་དང་འབྲུངས་འདས་ལོ་ཚིགས་སོགས་ཀྱི་ལོ་རྒྱུས་རྒྱབ་ལྗོངས་དང་། གསུང་རབ་འབྲི་བཞེངས་ཀྱི་ཁྱད་འཕགས་ཡུལ་ལུགས་དང་དེང་ཐོན་ཁ་ཐི་ཐོན་ཐིང་སོགས་ཀྱིས་ཞལ་ཁིབས་ནམ་མཁའ་མཛོད་ནས་ས་གཞི་མཛོད་བར་དང་། སྒོར་ཐིག་གི་རྒྱན་དུ་ལས་ཕྱིས་གླེགས་ཐག་ཏུ་ཕྱོན་པ་ཆེད་དུ་བཏགས་པའི་སི་ཏ་ཧྭའི་གླེགས་ཐག་དང་བསྙེན་བཀུར་ཞབས་ཏོག་དང་དོ་དམ་ཆེད་དུ་བསྒྲོན་པའི་གླེགས་ཤིང་ན་བཟའ་སོགས་ལ་དཔྱད་པ་གནད་དུ་འཁེལ་བ་ཞིག་གཏོང་ཐུབ་ཚེ། གནའ་དཔེ་དེ་འབྲི་བཞེངས་ཀྱི་དུས་རབས་དང་ཡུལ་ལུང་གང་དུ་བཞེངས་ཡོད་མེད་ཀྱང་ཚིག་ཐག་ཆོད་པའི་སྟོམ་ཚིག་ཅིག་བྱུང་སྲིད་མོད། འོན་ཏེ་ཀྱི་ན་བ་ཁོ་བོ་ཡུལ་ལུང་འགྲིམ་ཉུང་བ་དང་ལྟ་རྒྱ་ཐོས་རྒྱ་ཆུང་བ། ཤེས་བྱའི་གནས་ལ་འཇུག་པ་དམན་ཞིང་ལྷག་དོན་དུ་གསུང་རབ་བྲིས་མ་ཆེས་གཙིགས་ཆེན་ལ་ལ་ཞིག་ནི་སྤྱི་ཚོགས་ཀྱིས་འཕོ་འགྱུར་དང་ཆོས་ལུགས་གྲུབ་མཐའི་འགྱུར་བས་ཐོག་མའི་འབྲི་བཞེངས་ཀྱི་ཡུལ་ལུང་དང་། ད་ལྟའི་བཞུགས་ཡུལ་གྱི་འཕོ་འགྱུར་སྐྱེ་བོ་ཕལ་པའི་བསམ་རྒྱ་ལས་འདས་པ་སྟེ་སྔོན་ཡར་ཀླུང་གཙང་པོའི་སྨད་དུ་བཞེངས་ཏེ་ད་ལྟ་བཞུགས་ཡུལ་ལྷ་ས་སྐྱིད་ཆུའི་སྟོད་དུ་བྱུང་བ་སོགས་ཀྱིས་རྐྱེན་པས་མཛོད་བྱང་གི་དབྱེ་ཞིབ་མི་ཉུང་བ་ཞིག་ངེས་འཛིན་གནད་དུ་འཁེལ་མེད་པ་དང་། ཡང་གསུང་རབ་ལ་ལ་ཞིག་གི་མཛོད་བྱང་དུ་སྡེ་དཔོན་དང་ཡིག་ཞུས་མཁན་དང་། ཡུལ་ལུང་སོགས་མཛོད་བྱང་གི་བརྗོད་པ་དུང་ཆེན་གཟུགས་སུ་ཁ་གསལ་ཞིག་གསུངས་ཡོད་མོད་ཀྱང་ཉར་ཚགས་ཁུལ་དེ་རང་དུ་དཔྱད་པ་བྱེད་པའི་གོ་སྐབས་བྱུང་ན། བོད་ཀྱི་མཁས་པ་རྣམས་ཀྱི་གསུང་རྒྱུན་བཞིན་མཁས་པ་མི་གཙོ་རྒྱུས་ཡོད་གཙོ་ཞེས་པ་ལྟར་ཆ་རྒྱུས་མེད་པའི་ཡུལ་ལུང་དང་རི་ཆུ། ཡུལ་ལྷ་གཞི་བདག་དང་གཞིས་ཀ་སོགས་ཀྱི་མིང་ཡིག་ཚགས་ཁག་ནས་མཇལ་དཀའ་བ་དེ་དག་ཡུལ་དེ་གའི་རྒན་པོ་རྣམས་ཀྱི་ཞལ་ལས་ཐད་ཀར་འགྲོལ་ཐུབ་མོད་ཀྱང་། ལས་བྲེལ་དང་སྙིད་ལ་ངན་པའི་རྐྱེན་གྱིས་དཔྱད་པ་དུས་ཐོག་ཏུ་ཞུ་མ་ཐུབ་སྐབས་རྗེས་སོར་དུས་ཁོམ་ཡོད་དུས་མཛོད་བྱང་དེ་དག་ལ་དབྱེ་ཞིབ་བྱ་སྐབས་སྦྱིན་བདག་

དང་ཡིག་མཁན། ས་མིང་དེ་དག་ངོས་འཛིན་ཁ་གསལ་མ་ཐུབ་པར་མཇུབ་མོ་རི་སྟོན་ཙམ་ཞིག་དང་། ཁྱད་པར་དུ་གསུང་རབ་ཐྲིས་མ་སྔ་གྲས་དག་ལ་མཛད་བྱང་བསྒྲོན་ཡོད་ཙང་ཚིག་སྣ་བཏུས་དྲགས་པ་དང་འབྲི་བཞེངས་ཀྱི་ལོ་ཚིགས་མ་འཁོད་པ་དང་ལ་ལ་ཞིག་ལོ་ཚིགས་ཐོན་ཡོད་ཙང་དེ་དག་གི་ལོ་ཚིགས་ལོ་རྟགས་ཙམ་ལས་རབ་བྱུང་འཁོད་མེད་གཉིས། གསུང་རབ་དེ་དག་གི་དུས་རབས་འཛོག་མཚམས་དེར་ཡང་སྟོམ་ཚིག་ཁ་གསལ་མེད་པ། ཡང་གསུང་རབ་ལ་ལ་ཞིག་འབྲི་བཞེངས་ཀྱི་དད་པ་སྐྱེ་ངས་མེད་པའི་སྦྱིན་བདག་དང་སྒོ་གསུམ་ཐང་ཚད་འབྲི་བའི་ཡིག་མཁན། རྐང་འཁྱེར་གཞུང་སྟོང་གི་ཞུས་དག་དང་འབྲི་བཞེངས་ཀྱི་ཡུལ་ལུང་སོགས་གཅིག་ཡིན་གཉིས། མཛད་བྱང་གི་དབྱེ་ཞིབ་ཏུ་ནང་དོན་མི་འདྲ་བ་ཞིག་ཆེས་བསྒྱུར་བློས་ཀྱི་གནས་སུ་སོང་བ་མངོན་གསལ་དུ་སྣང་ཡང་། པོ་བོས་གསུང་རབ་དེའི་མཛད་བྱང་གི་དབྱེ་ཞིབ་འཕྲུས་སྐོ་ཚང་པོ་དང་གནའ་དཔེ་ཉར་ཚགས་ཚན་པ་སོ་སོས་རང་ཉིད་ཀྱི་གཅེས་ནོར་དེ་དག་གི་རིན་ཐང་ཁ་གསལ་ཞིག་ཤེས་རྟོགས་ཡོང་ཆེད། དེ་དག་ལ་བསྲུན་སྐྱང་དང་བསྒྱུར་བློས་ཀྱི་ལས་ལ་འཚེར་སྣང་ཡེ་ནས་མེད་པར་དེ་དག་ཇི་མ་ཇི་བཞིན་ཞུ་ཁུལ་བྱས་པ་སོགས་ཡིན། ལར་ནས་གནའ་དཔེ་ཐྲིས་མའི་མཛད་བྱང་གི་ཞིབ་འཇུག་ཏུ་གནའ་དཔེ་རིག་པ་ཞེས་པའི་རིག་ཚན་གཅིག་པོ་ན་མ་ཡིན་པར་ས་གཞིས་རིག་པ་དང་ལོ་རྒྱུས་རིག་པ། སྐད་བརྡ་རིག་པ་དང་སྒྱུ་རྩལ་རིག་པ། ནང་བསྟན་རིག་པ་དང་ལོ་ཚིགས་རིག་པ། ཐ་ན་དར་གོས་དང་ནག་ཤོག་གི་དཔྱད་པ་སོགས་རིག་གཞུང་ཁག་མང་པོ་ཞིག་འདུས་པས་ཡིན།

མདོར་ན་གང་ལྟར་ཡང་ད་ཐེངས་ཀྱི་གནའ་དཔེ་ཐྲིས་མའི་མཛད་བྱང་གི་ངོས་འཛིན་ཞེས་པའི་དེབ་འདི་འདྲ་ཞིག་འབྲི་ཐུབ་པ་ནི་གཅིག་ནས་བོད་རང་སྐྱོང་ལྗོངས་རིག་གནས་ཐིང་གི་ཆེས་མཐོའི་གཟིགས་སྐྱོང་དང་གཉིས་ནས་ས་ཁུལ་ཁག་གི་གནའ་དཔེ་ཡོངས་བཤེར་ཚན་པ་དང་གནའ་དཔེ་ཉར་ཚགས་ཚན་པས་རྙིང་ཞེན་བག་འཁུམས་མེད་པར་ཐོ་འགོད་ལས་ཀར་རམ་འདེགས་དང་། གསུམ་ནས་བོད་རང་སྐྱོང་ལྗོངས་གནའ་དཔེ་སྲུང་སྐྱོབ་ལྟེ་གནས་ལས་མི་ཡོངས་ཀྱིས་ངལ་བ་དུ་མ་ཁྱད་དུ་བསད་དེ་བོད་ལྗོངས་སུ་གནའ་དཔེ་ཡོངས་བཤེར་ཐོ་འགོད་བགྱིས་པའི་འབྲས་བུར་རྨང་གཞི་བཙལ་ཏེ་བྱུང་བ་ཞིག་ཡིན་པ་ལས་ང་མི་གཅིག་གི་ནུས་པས་གནམ་ས་མི་ཚོད་པ་ལྟར་སྐྱབ་ཐབས་བྲལ་བས་ན། འདིར་ཕོགས་རྣམས་ལ་སེམས་ཀྱི་གཏིང་ནས་སྐུ་དྲིན་ཆེ་ཞུ་རྒྱུ་ཡིན། དེ་མིན་ཕོ་བོས་བོད་ཡིག་གནའ་དཔེ་ཐྲིས་མའི་མཛད་བྱང་གི་ངོས་

འཛིན་ཞེས་པའི་དེབ་འདི་འབྲི་དགོས་དོན་ནི་བོད་ཡིག་གནའ་དཔེའི་ཕྱག་ལས་གནང་མཁན་དག་ལ་བོད་ཡིག་གནའ་དཔེ་བྲིས་མའི་ཞིབ་འཇུག་གི་ཐབས་ལམ་ངོ་སྤྲོད་ཙམ་ཞིག་དང་། ལྷག་དོན་དུ་གནའ་དཔེ་ཡོངས་བཤེར་གྱི་ལས་རིམ་ནང་དུ་དངོས་སུ་མཇལ་རེག་བྱུང་བའི་གནའ་དཔེ་གཙོགས་ཆེན་ཁག་གི་དཔྱད་གཞིའི་རིན་ཐང་ཆེས་ཆེ་བའི་མཛོད་བྱང་ངམ་ཞབས་མཚན་དེ་དག་བཙོས་ལྷད་མེད་པར་མཉམ་སྤྱོད་དང་ཞིབ་འཇུག་མ་འོངས་པར་བོད་ཡིག་གནའ་དཔེ་རིག་པའི་ཕྱག་ལས་དང་རིག་དངོས་ཀྱི་ཕྱག་ལས་གནང་མཁན་དག་གི་ཐུན་མོང་གིས་འབད་པར་བརྟེན་ཏེ་བོད་ཡིག་གནའ་དཔེ་བྲིས་མའི་གཞུང་ལུགས་འཕྲུས་ཚང་ཞིག་ཡོང་རེའི་འདུན་པས་བསྐུལ་ཏེ་བྲིས་ཁུལ་བགྱིས་པ་ལགས་གལ་ཏེ་ཀང་ཀྱོར་གཞུང་སྐྱོང་ཞུས་དག་ལ་སོགས་ཀྱི་ནོངས་པ་ཅི་མཆིས་ཡོ་བསྲུང་ཡོད་པ་ཞུའོ། །

རྩོམ་པ་པོས།

༢༠༡༨ ལོའི་ཟླ་ཚེས་བཟང་པོར།

དཔྱད་གཞིའི་ཡིག་ཆ།

བོད་ཡིག་གི་དཔྱད་གཞིའི་ཡིག་ཆ།

1.བྱང་པ་བཀྲ་ཤིས་རྣམ་རྒྱལ་དཔལ་བཟང་གིས་མཛད་པའི་དཔྱད་དོན་རིན་ཆེན་ཕྲེང་བ་རིག་པའི་བང་མཛོད་མང་པོ་འདིར་ནང་བཞུགས་ཞེས་པའི་དཔེ་རྙིང་བྲིས་མ་མདའ་ཚད་མ།

2.ཟུར་ཀ་རས་ཛ་ཡས་ཕོ་བྲང་ཆེན་པོ་སྟེ་གདོང་རྩེའི་གཙུག་ལག་ཁང་གི་གཞལ་ཡས་ཁང་དུ་སྦྱར་བའི་བྱིས་པ་དགའ་བར་བྱེད་པའི་བསྟན་བཅོས་ལེགས་པར་བཤད་པ་པདྨ་དཀར་པོའི་རྒྱན་པོ་ཞེས་པ་བྲིས་མ།

3. སྤྱི་ལོ་1447ལོར་དིང་རི་ཤེལ་དཀར་དུ་སི་ཏུ་ཆོས་རིན་དགོངས་རྫོགས་སུ་བཞེངས་པའི་སྤར་མ། སློབ་དཔོན་སེང་གེ་བཟང་པོས་མཛད་པའི་མངོན་རྟོགས་རྒྱན་གྱི་འགྲེལ་པ་དོན་གསལ་ཤེལ་དཀར་གྱི་སྤར་མ།

4.མི་དབང་ཕོ་ལྷའི་རྟེན་བཞེངས་དཀར་ཆག་སྟོད་སྨད་ཕོ་བྲང་པོ་ཏ་ལར་བཞུགས་པའི་སྤར་མ་མདའ་ཚད་མ།

5.བོད་ཀྱི་མཁས་པ་ཆེན་པོ་ཁྲུང་པོ་གཡུ་ཁྲིས་མཛད་པའི་སྨྱུ་གུའི་བསྟན་བཅོས་མུན་སེལ་སྒྲོན་མེ་དབུ་ཆེན་བྲིས་མ།

6.བོད་ཀྱི་མཁས་པ་ཆེན་པོ་ཁྲུང་པོ་གཡུ་ཁྲིས་མཛད་པའི་ཡི་གེའི་དར་རྒྱུད་བྱུང་ཚུལ་དང་ཀ་མད་སུམ་ཅུའི་ཕྱུག་ཚད་དབུ་ཆེན་བྲིས་མ།

7.ཡི་གེའི་མཁན་པོ་ལྷུན་མ་རྩེ་མངས་ཀྱི་ཡིག་དཔེ་བྲིས་མ་ཁྲུ་ཚད་མ།

8.གསར་དུ་རྙེད་སོན་བྱུང་བའི་ཇག་རོང་དགའ་ལྡན་བྱིན་ཆགས་གླིང་གི་ཙོང་གི་ཡི་གེ།

9.མངོན་པ་མཛོད་ཀྱི་གཞུང་འགྲེལ་དབུ་ཤོག་ཏུ་མཛོད་ཀྱི་རང་འགྲེལ་དཔལ་བརྩེགས་ཀྱི་འགྱུར་ཞེས་པ་བྲིས་མ་མདའ་ཚད་མ།

10.དབུས་གཙང་སྟེ་པ་འགྱེད་པའི་མདོ། ཕྱི་ར་175། བྲིས་མ།

11.རྗེ་ཙོང་ཁ་པ་བློ་བཟང་གྲགས་པའི་གསུང་རྟགས་རིམ་ཆེན་མོ་དུས་རབས་15པའི་གོང་དཀར་སྤར་མ།

12.གྲུ་གེའི་པཎ་ཆེན་གྲགས་པ་རྒྱལ་མཚན་གྱིས་མཛད་པའི་ཉི་མའི་རིགས་ཀྱི་རྒྱལ་རབས་སྐྱི་རྒྱུའི་ཙོད་པན་ཉི་ཟླའི་ཕྲེང་མཛེས་བྲིས་མ།

13.གྲགས་པ་རྒྱལ་མཚན་གྱིས་མཛད་པའི་ལྷ་བླ་མ་ཡེ་ཤེས་འོད་ཀྱི་རྣམ་ཐར་རྒྱས་པ་ཞེས་པ་བྲིས་མ།

14 གྲོ་སྐོར་དཔོན་དྲུང་གིས་མཛད་པའི་འཇད་ཀྱི་ལུང་བཤད་མཁས་པ་གསུམ་གྱི་གཞུང་ལས་བཏུས་པ་དཔེ་རྙིང་བྲིས་མ།

15.དཔལ་ཞ་ལུ་དགོན་བཀའ་འགྱུར་ལྷ་ཁང་གི་ལྡེབས་རིས་སངས་རྒྱས་ཡོན་པོས་བྲིས་དང་ཤེར་ཕྱིན་ཡུམ་ལྷ་ཁང་གི་བྱང་སེམས་ཀྱི་ལྡེབས་རིས་ལྷ་རིས་མཆམས་བསད་ནམས་འབུམ་གྲུས་བྲས་(མཆིམས་བསོད་ནམས་འབུམ་གྱིས་བྲིས་)པའི་ལྡེབས་རིས་ཀྱི་ཞལ་བྱང་།

16.ངག་དབང་བློ་བཟང་རྒྱ་མཚོས་མཛད་པའི་འཛམ་བུའི་གླིང་གི་གླིགས་བམ་ཐམས་ཅད་ཀྱི་གཙུག་རྒྱན་དུ་གྱུར་པ་བཞེངས་པའི་ཚེ་དཀར་ཆག་ཆེ་བརྗོད་བསྔོ་སྨོན་དང་འབྲེལ་བ་རྒྱས་ཙམ་ཞིག་བྲིས་མ་མདའ་ཚད་མ།

17.ཤེས་རབ་ཀྱི་ཕ་རོལ་དུ་ཕྱིན་པའི་བམ་པོ་དང་། ལེའུ་དང་། ཤད་དང་། ཚིག་དང་། གྲངས་བཞུགས་པའི་ཚད་བསྟན་པ་ཞེས་པའི་དཔེ་རྙིང་སེ་ར་དགོན་དུ་བཞུགས་པ་བྲིས་མ་ཁྲ་ཚད་མ།

18.དཀར་ཆག་འཕང་ཐང་མ་བོད་ལྗོངས་རྙེན་རྫས་བཤམས་མཛོད་དུ་བཞུགས་པའི་བྲིས་མ་ཁྲ་ཚད་མ།

19.དཔལ་ལྡན་འབྲས་སྤུངས་དགོན་དུ་བཞུགས་པའི་བཅོམ་ལྡན་རིགས་པའི་རལ་གྲིའི་གསུང་པོད་བྲིས་མ།

20.ས་སྐྱ་བསོད་ནམས་རྒྱལ་མཚན་གྱི་དཔེ་ཞེས་གདོང་འཛར་དུ་བྲིས་པའི་སྒྲ་སྦྱོར་བམ་གཉིས་མཆན་ཅན་དཔེ་རྙིང་བྲིས་མ།

21. མཆད་ཁ་པའི་གྲུབ་མཐའ་ཞེས་པ་འབྲུ་ཚ་ཤ་ཆེན་བྲིས་མ་མདའ་ཚད་མ།

22.ཨ་ལགས་ཤ་བསྟན་དར་ལྷ་རམས་ཀྱི་གསུང་འབུམ་པོད་ཞ་པ་བླ་བྲང་སྤར་མ།

23.གསེར་ཏོག་བློ་བཟང་ཚུལ་ཁྲིམས་རྒྱ་མཚོའི་གསུང་འབུམ་པོད་ཏ་པ་སྐུ་འབུམ་སྤར་མ།

24.རྒྱལ་དབང་ལྔ་པས་མཛད་པའི་ཆོས་རྒྱལ་སྲུབ་ཕྱུག་གི་སྐུ་རྟེན་དཀར་ཆག་ཁྲིས་མ།

25.གུ་གེའི་རྒྱལ་རབས་ལྟེབས་མགོ་མ་ཁྲིས་མ།

26.གོང་སྨན་དཀོན་བདེ་ལེགས་ཀྱི་གསོ་རིག་དགོས་པ་ཀུན་འབྱུང་ཁྲིས་མ་དཔེ་ཐུང་ཁྲུ་ཚད་མ།

27.བདེ་བར་གཤེགས་པའི་གསུང་རབ་འགྱུར་རོ་འཚལ་བཞེངས་པའི་གསལ་བྱེད་སྤེལ་སྤྱོར་གྱི་རྣམ་པར་བཀྲ་བ་ཞེས་བཀའ་འགྱུར་བསྟན་འགྱོའི་དཔལ་མགོན་གྱི་དཀར་ཆག་ཁྲིས་མ་དཔེ་ཚུགས།

28.མཁར་ནག་པ་རྗེ་རྗེ་ཚེ་བརྟན་གྱིས་བརྩམས་པའི་འོལ་དགའ་ཆོས་འབྱུང་རྟོག་བྲལ་ནོར་ལྡན་གྱི་རྫིང་བུ་ཞེས་བྱ་བ་དཔེ་ཚུགས་ཁྲུ་ཚད་མ།

29.བོད་ལྗོངས་རྟེན་རྫས་བཤམས་མཛོད་ཁང་དུ་བཞུགས་པའི་སྐུ་ཞང་ཆེན་པོ་གྲགས་པ་རྒྱལ་མཚན་གྱི་ཐུགས་དམ་བཀའ་འགྱུར་རོ་ཙོག་བཻཌཱུརྱ་བཞུ་བ་ལྷ་བུ་ལ་རིན་ཆེན་གསེར་ལས་སྣག་ཚ་བགྱིས་བཞེངས་པའི་དཀར་ཆག་ཞ་ལུ་གཙུག་ལག་གི་བསེ་སྒོ་མ་ན་བཞུགས་པ་དེའི་དཀར་ཆག་བཀའ་འགྱུར་འཚལ་གྱི་དཀར་ཆག་ཡིད་བཞིན་ནོར་བུ་རིན་པོ་ཆེ་དབང་གི་རྒྱལ་པོའི་ཕྲེང་བ་ཞེས་པ་ཁྲིས་མ།

30.འགྲོ་མགོན་ཆོས་རྒྱལ་འཕགས་པས་མཛད་པའི་བདེ་བར་གཤེགས་པའི་གསུང་རབ་འགྱུར་རོ་འཚལ་བཞེངས་པའི་གསལ་བྱེད་སྤེལ་སྤྱོར་གྱི་རྒྱན་རྣམ་པར་བཀྲ་བ་ཞེས་པ་ཁམས་སྡེ་དགེའི་སྤར་མ།

31.འཇིགས་མེད་བཟང་པོས་མཛད་པའི་དཔལ་ལྡན་བླ་མ་དམ་པ་ཆོས་ལེགས་ཀྱི་རྣམ་ཐར་རམ་དེབ་ཐེར་གུང་ཐང་སྤར་མ།

32.མི་དབང་སངས་རྒྱས་རྒྱ་མཚོས་མཛད་པའི་དཀར་ཆག་ཐར་གླིང་གྲུ་གཟིངས། བོད་ལྗོངས་མི་དམངས་དཔེ་སྐྲུན་ཁང་གི་1990ལོའི་སྤར་མ།

33.ཉང་ཉི་མ་འོད་ཟེར་གྱིས་མཛད་པའི་ཆོས་འབྱུང་མེ་ཏོག་སྙིང་པོ་སྦྲང་རྩིའི་བཅུད། བོད་ལྗོངས་མི་དམངས་དཔེ་སྐྲུན་ཁང་གི་1988ལོའི་སྤར་མ།

34. པཎ་ཆེན་ཤཱཀྱ་མཆོག་ལྡན་གྱིས་མཛད་པའི་མངོན་རྟོགས་རྒྱན་གྱི་འགྲེལ་པ་རྒྱ་གར་རྫི་ལིའི་སྤར་མ།

35.དཔའ་བོ་གཙུག་ལག་འཕྲེང་བས་མཛད་པའི་ཆོས་འབྱུང་མཁས་པའི་དགའ་སྟོན། མི་རིགས་དཔེ་སྐྲུན་ཁང་གི་1986ལོའི་སྤར་མ།

36.འགོས་ལོ་གཞོན་ནུ་དཔལ་གྱིས་མཛད་པའི་དེབ་ཐེར་སྔོན་པོ། སི་ཁྲོན་མི་རིགས་དཔེ་སྐྲུན་ཁང་གི་1983ལོའི་སྤར་མ།

37.མཁས་པ་ལྡེའུས་མཛད་པའི་རྒྱ་བོད་ཀྱི་ཆོས་འབྱུང་རྒྱས་པ། བོད་ལྗོངས་མི་དམངས་དཔེ་སྐྲུན་ཁང་གི་1987ལོའི་པར་མ།

38.ཀཿཐོག་རིག་འཛིན་ཚེ་དབང་ནོར་བུའི་བཀའ་འབུམ། ཀྲུང་གོའི་བོད་རིག་པ་དཔེ་སྐྲུན་ཁང་གི་2006ལོའི་པར་མ།

39.རྒྱལ་བ་ལྔ་པ་ངག་དབང་བློ་བཟང་རྒྱ་མཚོས་མཛད་པའི་དེབ་ཐེར་དཔྱིད་ཀྱི་རྒྱལ་མོའི་གླུ་དབྱངས། པེ་ཅིང་མི་རིགས་དཔེ་སྐྲུན་ཁང་གི་1988ལོའི་པར་མ།

40.དཔལ་འབྱོར་བཟང་པོས་མཛད་པའི་རྒྱ་བོད་ཡིག་ཚང་ཆེན་མོ། སི་ཁྲོན་མི་རིགས་དཔེ་སྐྲུན་ཁང་གི་1985ལོའི་པར་མ།

41.སྡེ་སྲིད་སངས་རྒྱས་རྒྱ་མཚོས་མཛད་པའི་དགའ་ལྡན་ཆོས་འབྱུང་བཻཌཱུརྱ་སེར་པོ་ཞེས་པ། ཀྲུང་གོའི་བོད་རིག་པའི་དཔེ་སྐྲུན་ཁང་གི་1989ལོའི་པར་མ།

42.སྒྲིག་སྟོན་རིན་ཆེན་བཀྲ་ཤིས་ཀྱིས་མཛད་པའི་བཟོ་གསར་རྙིང་གི་རྣམ་གཞག་ལི་ཤིའི་གུར་ཁང་། པེ་ཅིང་མི་རིགས་དཔེ་སྐྲུན་ཁང་གི་1982ལོའི་པར་མ།

43.ལྕང་བཀྲ་ཤིས་རྒྱ་མཚོས་མཛད་པའི་བོད་མི་བུ་གདོང་དྲུག་གི་རུས་མཛོད་མེ་ཏོག་སྐྱེད་ཚལ། མཚོ་སྔོན་མི་རིགས་དཔེ་སྐྲུན་ཁང་གི་1992ལོའི་པར་མ།

44.ལྡེའུ་ཇོ་སྲས་ཀྱིས་བརྩམས་པའི་ལྡེའུ་ཆོས་འབྱུང་། བོད་ལྗོངས་མི་དམངས་དཔེ་སྐྲུན་ཁང་གི་1987ལོའི་པར་མ།

45.དེའུ་དམར་དགེ་བཤེས་བསྟན་འཛིན་ཕུན་ཚོགས་ཀྱིས་མཛད་པའི་རིག་པ་བཟོ་ཡི་གནས་ཀྱི་ལས་ཚོགས་ཐུན་ཚོགས་འདོད་རྒུར་སྒྱུར་བ་པྲ་ཕབ་འོད་ཀྱི་སྣང་བརྙན། བོད་ལྗོངས་བོད་ཡིག་དཔེ་རྙིང་དཔེ་སྐྲུན་ཁང་གི་1990ལོའི་པར་མ།

46.རྟ་ཚག་ཚེ་དབང་རྒྱལ་གྱིས་མཛད་པའི་ལྷོ་རོང་ཆོས་འབྱུང་། བོད་ལྗོངས་བོད་ཡིག་དཔེ་རྙིང་དཔེ་སྐྲུན་ཁང་གི་1994ལོའི་པར་མ།

47.ཏ་སི་བྱང་ཆུབ་རྒྱལ་མཚན་མྱ་ངན་འདས་ཆུང་ཞལ་ཆེམས་སུ་བཞུགས་པ། བོད་ལྗོངས་བོད་ཡིག་དཔེ་རྙིང་དཔེ་སྐྲུན་ཁང་གི་པར་མ།

48.ཐང་ཟན་ཙང་དང་པེན་ཅིས་བརྩམས་ཞིང་གུང་མགོན་པོ་སྐྱབས་ཀྱིས་བསྒྱུར་བའི་ཆེན་པོ་ཐང་གུར་དུས་ཀྱི་རྒྱ་གར་ཞིང་གི་བཀོད་པའི་དཀར་ཆག ཀྲུང་གོའི་བོད་རིག་པ་དཔེ་སྐྲུན་ཁང་གི་2006ལོའི་

སྤར་མ།

49.ཚལ་པ་ཀུན་དགའ་རྡོ་རྗེས་བརྩམས་པའི་དེབ་ཐེར་དམར་པོ་དུང་དཀར་བློ་བཟང་འཕྲིན་ལས་ཀྱིས་མཆན་འགྲེལ་བཀོད་པ་པེ་ཅིང་མི་རིགས་དཔེ་སྐྲུན་ཁང་གི་1981ལོའི་སྤར་མ།

50.བོ་དོང་པཎ་ཆེན་འཇིགས་མེད་རྣམ་རྒྱལ་གྱིས་མཛད་པའི་ཆོས་རྒྱལ་རབ་བརྟན་ཀུན་བཟང་འཕགས་ཀྱི་རྣམ་ཐར། བོད་ལྗོངས་མི་དམངས་དཔེ་སྐྲུན་ཁང་གི་སྤར་མ།

51.རྗེ་ནང་ཏྲ་ར་ནཱ་ཐས་མཛད་པའི་སྒྱུང་ཡུལ་སྟོད་སྨད་བར་གསུམ་གྱི་ངོ་མཚར་གཏམ་གྱི་ལེགས་བཤད་མཁས་པའི་འཇུག་ངོགས། བོད་ལྗོངས་མི་དམངས་དཔེ་སྐྲུན་ཁང་གི་2002ལོའི་སྤར་མ།

52.འབྲི་གུང་བསྟན་འཛིན་དཔལ་མའི་རྒྱལ་མཚན་གྱིས་མཛད་པའི་འབྲི་གུང་གདན་རབས་གསེར་ཕྲེང་། བོད་ལྗོངས་བོད་ཡིག་དཔེ་རྙིང་དཔེ་སྐྲུན་ཁང་གི་1989ལོའི་སྤར་མ།

53.འཇམ་དབྱངས་མཁྱེན་བརྩེ་དབང་པོས་མཛད་པའི་ལྷ་ལྡན་སོགས་དབུས་འགྱུར་ཆོས་སྡེ་ཁག་དང་ཡར་ཀླུངས་ལྷོ་རྒྱུད། གཙང་སྟོད། བྱང་ར་སྒྲེང་རྒྱལ་བའི་འབྱུང་གནས་སོགས་ཀྱི་རྟེན་གནས་མང་པའི་གནས་ཡིག་ངོ་མཚར་ལུང་སྟོན་མེ་ལོང་། བོད་ལྗོངས་བོད་ཡིག་དཔེ་རྙིང་དཔེ་སྐྲུན་ཁང་གི་1995ལོའི་སྤར་མ།

54. པཎ་ཆེན་བསོད་ནམས་གྲགས་པའི་དེབ་ཐེར་དམར་པོ་གསར་མ། བོད་ལྗོངས་མི་དམངས་དཔེ་སྐྲུན་ཁང་གི་1982ལོའི་སྤར་མ།

55. རྗེ་བོ་ཤཱཀྱ་ཤྲཱིས་མཛད་པའི་ཡར་ལུང་ཇོ་བོའི་ཆོས་འབྱུང་། བོད་ལྗོངས་མི་དམངས་དཔེ་སྐྲུན་ཁང་གི་1988ལོའི་སྤར་མ།

56.བུ་སྟོན་ཆོས་འབྱུང་། མི་རིགས་དཔེ་སྐྲུན་ཁང་གི་1988ལོའི་སྤར་མ།

57.ཤཱཀྱ་རིན་ཆེན་སྡེས་མཛད་པའི་ཡར་ལུང་ཇོ་བོའི་ཆོས་འབྱུང་། བོད་ལྗོངས་མི་དམངས་དཔེ་སྐྲུན་ཁང་གི་1988ལོའི་སྤར་མ།

58. གུ་རུ་ཨུ་རྒྱན་གླིང་པས་ཡར་ཀླུངས་ཤེལ་གྱི་བྲག་ཕུག་ནས་བཏོན་པར་གྲགས་པའི་བཀའ་ཐང་སྡེ་ལྔ། མི་རིགས་དཔེ་སྐྲུན་ཁང་གི་1990ལོའི་སྤར་མ།

59.མཁས་དབང་དགེ་འདུན་ཆོས་འཕེལ་གྱི་གསུང་འབུམ། བོད་ལྗོངས་བོད་ཡིག་དཔེ་རྙིང་དཔེ་སྐྲུན་ཁང་གི་2008ལོའི་སྤར་མ།

60.མཁས་དབང་དགེ་འདུན་ཆོས་འཕེལ་གྱི་གསུང་རྩོམ་ཕྱོགས་བསྒྲིགས། ནུབ་བྱང་མི་རིགས་སློབ་

ཆེན་ སྤར་མ།

61.དུང་དཀར་བློ་བཟང་འཕྲིན་ལས་ཀྱིས་མཛད་པའི་བོད་ཀྱི་དཀར་ཆག་རིག་པ། མི་རིགས་དཔེ་སྐྲུན་ཁང་གི་2004ལོའི་སྤར་མ།

62.དུང་དཀར་བློ་བཟང་འཕྲིན་ལས་ཀྱི་གསུང་རྩོམ་ཕྱོགས་བསྒྲིགས། ཀྲུང་གོའི་བོད་ཀྱི་ཤེས་རིག་དཔེ་སྐྲུན་ཁང་གི་1997ལོའི་སྤར་མ།

63.ཚེ་ཏན་ཞབས་དྲུང་རྗེ་འཇིགས་མེད་རིགས་པའི་བློ་གྲོས་གསུང་འབུམ་པོད་བཞི་པ། མི་རིགས་དཔེ་སྐྲུན་ཁང་གི་2007ལོའི་སྤར་མ།

64.ཁང་དཀར་ཚུལ་ཁྲིམས་སྐལ་བཟང་གིས་མཛད་པའི་བོད་ཀྱི་གནའ་རབས་ལོ་རྒྱུས་བདམས་བཏུས་གངས་ལྗོངས་འོད་འབུམ། ཉི་ཧོང་གངས་ལྗོངས་ནང་རིག་མཐུན་ཚོགས་ཀྱི་2014ལོའི་སྤར་མ།

65.ཁང་དཀར་ཚུལ་ཁྲིམས་སྐལ་བཟང་གིས་མཛད་པའི་བྱམས་ཆོས་སྡེ་ལྔའི་བསྒྱུར་ཞིབ། ཉི་ཧོང་གངས་ལྗོངས་ནང་རིག་མཐུན་ཚོགས་ཀྱི་སྤར་མ།

66. དོན་གྲུབ་རྒྱལ་གྱིས་མཛད་པའི་བཙན་པོ་ཁྲི་སྲོང་ལྡེ་བཙན་གྱི་རྣམ་ཐར། མི་རིགས་དཔེ་སྐྲུན་ཁང་གི་1997ལོའི་སྤར་མ།

67. མཁར་རྫེའུ་བསམ་གཏན་གྱི་གསུང་རྩོམ་ཕྱོགས་བསྒྲིགས་མདའ་དང་འཕང་། བདེ་ཁང་བསོད་ནམས་ཆོས་རྒྱལ་གྱིས་དབྱིན་ཡིག་ནས་བོད་ཡིག་ཏུ་བསྒྱུར་བ། ཀྲུང་གོའི་བོད་རིག་པ་དཔེ་སྐྲུན་ཁང་གི་2007ལོའི་སྤར་མ།

68. ཚབ་སྤྲེལ་ཚེ་བརྟན་ཕུན་ཚོགས་དང་ནོར་བྲང་ཨོ་རྒྱན་གྱིས་རྩོམ་སྒྲིག་མཛད་པའི་བོད་ཀྱི་ལོ་རྒྱུས་རག་རིམ་གཡུ་ཡི་ཕྲེང་བ། བོད་ལྗོངས་བོད་ཡིག་དཔེ་རྙིང་དཔེ་སྐྲུན་ཁང་གི་སྤར་མ།

69. གཉའ་གོང་དཀོན་མཆོག་ཚེས་བརྟན་གྱིས་བརྩམས་པའི་བོད་ཀྱི་བརྡ་རྙིང་ཡིག་ཆ་བདམས་བསྒྲིགས། ཀྲུང་དབྱང་མི་རིགས་སློབ་ཆེན་གྱི་1995ལོའི་ སྤར་མ།

70. པ་ཚབ་པ་སངས་དབང་འདུས་ཀྱིས་རྩོམ་སྒྲིག་བྱས་པའི་སྤུ་རྒྱལ་བོད་ཀྱི་རྗོ་བཀོས་ཡི་གེ་ཕྱོགས་བསྒྲིགས་ཀྱི་མ་ཡིག་དག་བཤེར་དང་དེའི་ཚིག་འགྲེལ་དྭངས་སང་གངས་ཀྱུ། བོད་ལྗོངས་མི་དམངས་དཔེ་སྐྲུན་ཁང་གི་2013ལོའི་སྤར་མ།

71. མིག་དམར་ཚེ་རིང་གིས་བརྩམས་པའི་ཏུན་ཧོང་ནས་ཐོན་པའི་བོད་ཀྱི་ལོ་རྒྱུས་ཡིག་ཆ་ལས་བྱུང་བའི་བོད་ལྗོངས་ས་མིང་། བོད་ལྗོངས་བོད་ཡིག་དཔེ་རྙིང་དཔེ་སྐྲུན་ཁང་གི་2005ལོའི་སྤར་མ།

72. བོད་ཀྱི་ལོ་རྒྱུས་རིག་གནས་དཔྱད་གཞིའི་རྒྱུ་ཆ་བདམས་བསྒྲིགས་དེབ་19པ། བོད་ལྗོངས་མི་དམངས་དཔེ་སྐྲུན་ཁང་གི་2006ལོའི་སྤར་མ།

73. པད་མ་བཀྲ་ཤིས་ཀྱིས་བརྩམས་པའི་བོད་ཡིག་གནའ་དཔེའི་རྣམ་བཤད། བོད་ལྗོངས་མི་དམངས་དཔེ་སྐྲུན་ཁང་གི་2013ལོའི་སྤར་མ།

74.པད་མ་བཀྲ་ཤིས་ཀྱིས་བྲིས་པའི་གསུང་རབ་བྲིས་མའི་མཇུག་བྱང་ལས་འཕྲོས་ཏེ་འཕྲུལ་ཡིག་ལ་དཔྱད་པ། བོད་ལྗོངས་ཞིབ་འཇུག་2014ལོའི་དུས་དེབ་4པ།

75.པད་མ་བཀྲ་ཤིས་ཀྱིས་བྲིས་པའི་གསུང་རབ་བྲིས་མའི་དབུ་ཞབས་ལྷ་སྐུ་ལས་འཕྲོས་ཏེ་བོད་ཡིག་གནའ་དཔེའི་ཁྱད་ཆོས་བཤད་པ། བོད་ལྗོངས་ཞིབ་འཇུག་2010ལོའི་དུས་དེབ་1པ།

76.པད་མ་བཀྲ་ཤིས་ཀྱིས་བྲིས་པའི་བཙན་པོའི་བླ་འབུམ་གྱི་བམ་མཚམས་ལ་དཔྱད་པ། བོད་ལྗོངས་ཞིབ་འཇུག་2015ལོའི་དུས་དེབ་4་པ།

77. པད་མ་བཀྲ་ཤིས་ཀྱིས་བྲིས་པའི་གསར་དུ་རྙེད་སོན་བྱུང་བའི་གུ་གེའི་རྒྱལ་རབས་ལྟེབས་མགོ་མའི་རིན་ཐང་ལ་དཔྱད་པ། བོད་ལྗོངས་ཞིབ་འཇུག་2013ལོའི་དུས་དེབ་3པ།

78. པད་མ་དབང་ཆེན་གྱི་བོད་ཀྱི་ཐམ་ག་འི་རིག་གནས་སྐོར། བོད་ལྗོངས་སྒྱུ་རྩལ་ཞིབ་འཇུག་2008ལོའི་དུས་དེབ་དང་པོ།

79. དུང་དཀར་ཚིག་མཛོད་ཆེན་མོ། ཀྲུང་གོ་བོད་རིག་པའི་དཔེ་སྐྲུན་ཁང་གི་2009ལོའི་སྤར་མ།

80. དཔའ་ལྡན་ཨོན་དང་ཧོའུ་ཙུན་ཆི་གཉིས་ཀྱིས་བསྒྲིགས་པའི་བོད་རྒྱ་ཤན་སྦྱར་གྱི་ཤེས་བྱའི་རྣམ་གྲངས་ཀུན་བཏུས་ཚིག་མཛོད། མཚོ་སྔོན་མི་རིགས་དཔེ་སྐྲུན་ཁང་གི་1987ལོའི་སྤར་མ།

81. ཀྲང་དབྱི་སུན་གྱིས་རྩོམ་སྒྲིགས་བྱས་པའི་བོད་རྒྱ་ཚིག་མཛོད་ཆེན་མོ། མི་རིགས་དཔེ་སྐྲུན་ཁང་གི་1993ལོའི་སྤར་མ།

82. བཙན་ལྷ་ངག་དབང་ཚུལ་ཁྲིམས་ཀྱིས་རྩོམ་སྒྲིག་བྱས་པའི་བརྡ་དཀྲོལ་གསེར་གྱི་མེ་ལོང་། མི་རིགས་དཔེ་སྐྲུན་ཁང་གི་སྤར་མ།

རྒྱ་ཡིག་གི་དཔྱད་གཞིའི་ཡིག་ཆ།

1.王尧藏学文集 (卷-) 《敦煌本吐蕃历史文书、吐蕃制度文化研究》中国藏学出版 社2012年版。

2.王尧藏学文集（卷三）吐蕃简牍综录、藏语文研究》中国藏学研究出版社2012年版。

3. 王尧、陈践：《敦煌古藏文文献探索集》上海：上海古籍出版社。

4.四川大学中国藏学研究所、四川大学历史文化学院编:《中国藏地考古》(三) 天地出版社 20l2 年版。

5.《法国国家图书馆藏敦煌藏文文献》上海古籍出版社2009年版。

6.熊文彬、张春生主编《西藏文化博物馆根敦群培生平学术》中国藏学出版社2012年版。

7. 张亚莎著《11世纪西藏的佛教艺术-从扎塘寺壁画研究出发》中国藏学出版社2008年版。

8. 李炜 著《早期汉译佛经的来源与翻译方法初探》中华书局2011年版。

9.李崇峰著《佛教考古-从印度到中国》上海古籍出版社2014年版，第6页。

10. 罗布林卡管理处编：罗布林卡斯喜堆古殿壁画，中国藏学出版社2012年版。

11. 林冠群著《唐代吐蕃历史与文化论集》中国藏学出版社2007年版。

12. 王尧 陈践 译注：《敦煌本吐蕃历史文书》，民族出版社1992年版。

13.杨本加：《敦煌藏文写本卷根本萨婆多部律摄研究》，民族出版社，2012年第2期。

14.李翎著《藏传佛教阿弥陀佛与观世音像研究》甘肃名族出版社2012年版。

15.郑炳林 主编/耿昇 译《法国藏学精粹》读者出版集团2011年版 第2卷 。

16.任继愈著《佛教大辞典》凤凰出版社2002年版。

17. 张长虹、廖旸主编《越过喜马拉雅-西藏西部佛教艺术与考古译文集》，四川大学出版社2007年出版。

19. 谢继胜主编《藏传佛教艺术发展史》上，上海古籍出版社。

20.林冠群著《唐代吐蕃历史与文化伦》中国藏学出版社2007年版。

21.《新唐书》卷216下《吐蕃传》。

22.敦煌研究院编《敦煌吐蕃文化学术研讨会论文集》甘肃民族出版社2009年11月第一版。

23.马德主编《甘肃藏敦煌藏文文献叙录》甘肃民族出版社2011年9月第一版。

24. 霍巍著《吐蕃时代考古新发现及其研究》科学出版社2012年版。

25. 陈庆英著《吐蕃飞马印章考释》载《西部西藏的文化历史》中国藏学出版社2008年版。

26.《法藏敦煌藏文文献》上海古籍出版社2009年版第10卷。

27.霍巍著《吐蕃时代考古新发现及其研究》科学出版社2012年版。

28. 郑炳林主编 耿昇译《法国藏学精粹》甘肃人民出版社2011年4月出版。

29.西藏阿里地区文化局编《古韵天成 尊者遗珍-阿里地区古代壁画藏图集（托林寺白殿）》浙江大学出版社2015年7月版。

30. 廖旸著《克孜尔石窟壁画年代学研究》社会科学文献出版社出版，2012年11月版。

31.金克木著《文化卮言》中国人民大学出版社，2006年12月。

32. 国家图书馆、古籍保护中心编《西域遗珍》（新疆历史文献暨古籍保护成果展图录）。

33.季羡林 著 《浮屠与佛 佛教十五题》中华书局2006年6月83页。

34. 陈自仁著《敦煌之痛-斯坦因在丝绸之路上的探险与盗宝活动》甘肃人民美术出版社2011年11月版。

35.苏远鸣著《敦煌汉文写本的断代》郑炳林主编耿昇译《法国敦煌学精粹》读者出版集团出版社。

36.荣新江著《敦煌学十八讲》《敦煌写本学》北京大学出版社2001年版。

27. 宿白著《汉文佛典目录》（宿白未刊讲稿系列）文物出版社2009年6月版。

38. 张涌泉著《敦煌写本文献学》甘肃教育出版社2013年12月版。

39. 林冠群著《唐代吐蕃氏族》中国藏学2010年第2期。

40.许新国《都兰吐蕃墓葬出土含绶鸟织锦研究》载《中国藏学》1996年，第3期。

41.西藏自治区山南地区文物局《西藏浪卡子县查加沟古墓葬德清理》，《考古》2001年，第6期。

42. 阿顿·华多太：《论都兰古墓的民族属性》《中国藏学》2012年第4期。

43.郑炳林《唐五代敦煌粟特人与归义军政权》载《敦煌研究》

44.钱伯泉《墨离军及其相关问题》载《敦煌研究》2003年第一期。55.王惠民著《吐蕃长度单位“箭”》考，藏学学刊（第七辑）

45.方广锠著《中国写本大藏经研究》上海古籍出版社2006年版

46.樊锦诗主编《敦煌吐蕃统治时期石窟与藏传佛教艺术研究》读者出版集团2012年版。

47.任继愈主编江庆柏著《中国版本文本丛书·稿本》江苏古籍出版社2002年版。

རྒྱ་འགྱུར་གྱི་དཔྱད་གཞིའི་ཡིག་ཆ།

1.【意】图齐著魏正中 萨尔吉 主编,《梵天佛地第三卷》西藏西部的寺院及一书象征第一册 斯比蒂与库那瓦，上海古籍出版社 意大利亚飞研究院出版。

2.【意】图齐著 魏正中 萨尔吉 主编《梵天佛地》第四卷 江孜及其寺院 第一册 佛寺总论 上海古籍出版社 意大利非亚研究院出版。

3.【英】 拖玛斯编著/刘忠杨忠译注:《敦煌西域藏文社会历史文献》 民族出版社2003年 版。

4.【英】马克·奥利尔·斯坦因著海涛编译《西域盗宝记》 西苑出版社 2009 年版。

5.【德】大卫·杰克逊著 王启龙译 《萨迦派文献的两个早期版本》《国外藏学研究译文集》（第十七辑）西藏人民出版社2004年版.

6.【德】茨默著 桂林 杨富学译《佛教与回鹘社会》民族出版社2007年版。

7.【奥地利】海尔默特·拖舍(Helmut Tauscher) 布鲁诺·雷恩(Bruno Lain)著《西部西藏地区甘珠尔传承》载《西部西藏的文化历史》中国藏学出版社。

8.安克里斯汀娜·施考伯 乔治·博纳尼著《用多学科方法建立古藏文写本的类型学》《西部西藏的文化历史》中国藏学出版社2008版。

9.【法】啊·福歇(A.Foucher) 著 王平先 魏文捷 译 王冀青审校 佛教艺术的早期阶段(THE BEGINNINGS OF BUDDHIST ART)甘肃人民出版社2008年版。

10.【法】石泰安著《吐蕃王朝时代告身中对隐喻的使用》郑炳林主编耿昇译《法国敦煌学精粹》读者出版集团出版社。

11.【法】伯希和著耿昇昇译《西域探险日记》 中国藏学出版社2014 年版、

12.【法】戴仁著《敦煌写本纸张的颜色》、《敦煌和吐鲁番写本的断代研究》、《

敦煌的经折装写本》郑炳林主编 耿昇译《法国敦煌学精粹》读者出版集团2011年4月版。

13.【瑞士】艾米·海勒著 赵能 廖旸 译《西藏佛教艺术》文化艺术出版社2008年版。

14.【瑞士】安·克麗丝蒂娜·谢勒-肖布著王启龙译《敦煌与塔波古藏文写本研究方法论问题》法国汉学，第5期，中华书局2000年版。

15.【美】范德康著 刘翠兰译《小仪藏文中bam po 一词的意义及用法》，四川大学中国藏学研究所编《藏学学刊》第5辑。

16.【美】艾略特·史伯岭著陈庆英译《评《拉堆绛（家族）世系》》：国外藏学研究译文，第十三辑西藏人民出版社。

17.【日】佐藤长著《西藏历史地理研究》岩波书局，东京1978年版。

18.【日】藤枝晃著 徐庆全 李树清译荣新江校《敦煌写本概述》《敦煌研究》1996年第2期。

19.【日】山口益著肖平译《般若思想史》上海古籍出版社2004年8月版。

20.【日】藤枝晃著《写本书志学》载于张涌泉《敦煌写本文献学》甘肃教育出版社2013年版。

21.【日】池田温著《中国古代写本识语记录集》（上下）北京图书馆馆刊，1994年3、4期。

དབྱིན་ཡིག་གི་དཔྱད་གཞིའི་ཡིག་ཆ།

[1].W.W.Rockhiil.The Early History of Li country[Khotan].In The life of the Buaaha. chapteNcwyouk. I935.

[3]. Thoms Walter, on Wan Chmg's Trauels in Indan AD629.645.vol2 New Dclhi I996.

4. H.E.Richardson, 《Minnisters of the Tibetan kingdonm 》

5. G.Tucci, 《The tombs of the Tibetan king 》p.66,Roma1950.

6. F.W.Thomas ,Tibetan literary Texts and Docunments Concerning Chinese Turkestan part I. P.271,not .6,London,1935.L.Petech,op.cit.

7. Crstina Scherrer-Schaub and George Bonani,Establishing a typology of the old Tibetan manuscripts:a multidisciplinary approach, China Tibetology publishing house ,Press,2008 Avadansataka,J.S.Speyer VoL.I,1906-1909,Motilal Banarsidass publishers, Delhi,

༄། །དུས་རབས་༡—༧༡པའི་བོད་ཡིག་གནའ་དཔེ་བྲིས་མའི་མཛོད་བྱང་དང་མཆན་གྱི་ངོས་འཛིན། ༼སྟོད་ཆ། སྨད་ཆ།༽

རྩོམ་སྒྲིག་པ།	པད་མ་བཀྲ་ཤིས།
རྩོམ་སྒྲིག་འགན་འཁུར་བ།	པ་སངས་དབང་ཆེན།
དེབ་གཞིའི་མཛེས་འཆོས་པ།	སྐལ་བཟང་ནོར་བུ།
པར་འདེབས་འགན་འཁུར་བ།	བཀྲ་ཤིས་བསམ་གྲུབ།
པར་གཞི་སྒྲིག་བཟོ་བ།	ཀརྨ་དགེ་ལེགས།
དཔེ་སྐྲུན་འགྲེམས་སྤེལ་ཚན་པ།	བོད་ལྗོངས་མི་དམངས་དཔེ་སྐྲུན་ཁང་། (ལྷ་ས་གླིང་སྐོར་བྱང་ལམ་སྒོ་ཨང་20པ།) རྒྱལ་ཡོངས་གསར་འགྱུར་དཔེ་ཚོང་ཁང་གིས་ཁྱབ་བསྒྲགས་བྱས། (?)
པར་འདེབས་ཚན་པ།	པར་འདེབས་ཚད་ཡོད་ཀུང་སི།
དེབ་ཚད།	787×960 1/16
པར་ཤོག	61.5
ཡིག་གྲངས།	ཁྲི་80
པར་གཞི།	2018ལོའི་ཟླ་5པར་པར་གཞི་1བསྒྲིགས།
པར་ཐེངས།	2018ལོའི་ཟླ་5པར་པར་ཐེངས་1བཏབ།
པར་གྲངས།	01-2，000
དཔེ་རྟགས།	ISBN978-7-223-05801-8
རིན་གོང་།	སྒོར་120.00 (སྟོད་སྨད།)

ཨ། དུས་རབས་(༨—༡༠)པའི་བོད་ཡིག་གནའ་དཔེ་བྲིས་མའི་མངོན་བྱང་དང་མཚན་གྱི་ངོས་འཛིན།

སྟོད་ཆ།

པད་མ་བཀྲ་ཤིས་ཀྱིས་བརྩམས།

བོད་ལྗོངས་མི་དམངས་དཔེ་སྐྲུན་ཁང་།

民族文字出版专项资金资助项目

图书在版编目（CIP）数据

历代藏文古籍写本尾跋题记解读 : 藏文 / 白张著.
-- 拉萨 : 西藏人民出版社，2018.5
ISBN 978-7-223-05801-8

Ⅰ. ①历… Ⅱ. ①白… Ⅲ. ①藏语－古籍－题跋－研究－藏语 Ⅳ. ①G256.4

中国版本图书馆CIP数据核字(2018)第006130号

历代藏文古籍写本尾跋题记解读（上、下册）

编　　著：白　张
责任编辑：巴桑旺庆
装帧设计：格桑罗布
责任印制：扎西桑珠
版式设计：嘎玛格勒
出版发行：西藏人民出版社（拉萨市林廓北路20号）
印　　刷：深圳市精彩印联合印务有限公司
开　　本：787×960　1/16
印　　张：61.5
字　　数：800千
版　　次：2018年5月第1版
印　　次：2018年5月第1次印刷
印　　数：01-2,000
书　　号：ISBN978-7-223-05801-8
定　　价：120.00元（上、下册）

དཔེ་སྐྲུན་གསལ་བཤད།

ད་ལམ་ངེད་དཔེ་སྐྲུན་ཁང་གིས་དུས་རབས་༩-༡༩པའི་བོད་ཡིག་གནའ་བྲིས་མའི་མཛོད་བྱང་དང་མཆན་གྱི་ངོས་འཛིན་ཞེས་པའི་དེབ་སྟོད་སྨད་འདི་གཉིས་དཔེ་སྐྲུན་ལ་ཉེ་བའི་སྐབས་འདིར་རྒྱ་ཆེའི་ཀློག་པ་པོ་རྣམས་ལ་ཞུ་དོན། དེབ་འདི་གཉིས་ནི་རྩོམ་པ་པོས་དུས་ཡུན་རིང་པོ་ཞིག་གི་ནང་དུ་བྲིས་པའི་བོད་ཡིག་གནའ་དཔེ་བྲིས་མའི་སྐོར་གྱི་དེབ་ཅིག་ཡིན།

དེས་ན་རྒྱལ་སྤྱིའི་གནའ་དཔེ་རིག་པའི་ཕྱུག་ལས་དང་ཞིབ་འཇུག་གནང་མཁན་རྣམས་ཀྱིས་གནའ་དཔེ་ལ་རིན་ཐང་གསུམ་བརྗོད་གནང་གི་ཡོད་པ་སྟེ། གནའ་དཔེ་འབྲི་བཞེངས་ཀྱི་ལོ་རྒྱུས་རིང་ཐུང་ལས་རིག་དངོས་ཀྱི་རིན་ཐང་དང་། སྣག་ཤོག་འབྲི་གསུམ་གྱི་ཁྱད་ཆོས་དང་ལྷེ་ལྷའི་རི་མོ་བཅས་དམིགས་བསལ་གྱི་མཚོན་རྟགས་སོགས་ལས་སྒྱུ་རྩལ་གྱི་རིན་ཐང་། དེང་གི་རིག་གཞུང་ཞིབ་འཇུག་ལ་མགོ་བ་གང་ཞིག་ཕྱིས་རབས་པས་བཙོས་སླད་མ་བཞུགས་པའི་དཔྱད་གཞི་གཙིགས་ཆེ་མགོ་འདོན་ལས་ཞིབ་འཇུག་གི་རིན་ཐང་ཞེས་བརྗོད་ཀྱི་ཡོད།

དེར་བརྟེན་ད་ཐེངས་ཀྱི་དུས་རབས་༩-༡༩པའི་བོད་ཡིག་གནའ་དཔེ་བྲིས་མའི་མཛོད་བྱང་དང་མཆན་གྱི་དངོས་འཛིན་ཞེས་པའི་དེབ་འདི་ཡང་གོང་གི་གནའ་དཔེ་རིག་པའི་དགོངས་དོན་བཞིན་གནའ་དཔེའམ་དཔེ་སྙིང་གི་རིན་ཐང་ཁག་མ་ཉམས་པའི་ཆེད་དུ། རྩོམ་པ་པོས་སྔོན་གྱི་མཛོད་བྱང་ངམ་ཞབས་མཆན་མ་བཤུས་ཀྱི་ནང་དོན་དུ། དུས་རབས་མི་འདྲ་བའི་གནའ་དཔེའི་ནང་དུ་བྱུང་བའི་ཡུལ་དུས་མི་འདྲ་བའི་མཛོད་བྱང་ངམ་མཆན་གྱི་འབྲི་རྒྱུན་གྱི་མ་དཔེ་སོར་བཞག་གི་རྣམ་པའི་ཐོག་ནས་མཛོད་བྱང་དང་མཆན་གྱི་ནང་དོན་ཁབ་ཤུལ་སྐྱུད་པས་བསྟན་པ་ལྟར་ཕབ་བཤུས་བགྱིས་དོན་ནི་གནའ་དཔེའི་ཞིབ་འཇུག་གི་རིན་ཐང་དང་རིག་དངོས་ཀྱི་རིན་ཐང་། སྒྱུ་རྩལ་གྱི་རིན་ཐང་བཅས་མི་ཉམས་པའི་ཆེད་དུ་ཡིན་པ་བོད་ཡིག་གནའ་དཔེའི་སྐོར་ལ་ཞིབ་འཇུག་གནང་མཁན་གྱི་སྐྱེ་བོ་རྣམས་ཀྱིས་ཤེས་མོད་ཀྱང་། དེང་གི་རིག་ཚན་གཞན་གྱི་ལམ་སྲོལ་ལས་ལྡོག་ས་ཀློག་ཞུ་མཁན་གྱི་ཀློག་པ་པོའི་ངོས་ནས་འཆད་ན།

དེབ་འདིའི་མཛོད་བྱང་དང་མཚན་མ་བཤུས་ལེ་ཚན་དེའི་འབྲི་གཟུགས་དང་བཟ་དག་ཐ་ན་མིང་ཚིག་བཀོལ་སྟངས་སོགས་ཡོངས་གྲགས་ཀྱི་སུམ་རྟགས་གཞུང་ལ་བཀུར་བསྟི་མ་ཞུས་པའི་རྣམ་པ་ཞིག་རང་བཞིན་གྱིས་ཚོར་སྣང་ཞིག་བྱུང་སྲིད། དཔེར་ན་ཤེས་རབ་ཀྱི་ཕ་རོལ་ཏུ་ཕྱིན་པ་ལ་ཤེས་རབ་ཀྱི་ཕ་རོལ་དུ་ཕྱིན་པ་ཞེས་ད་དྲག་ཐོབ་པའི་དབང་གིས་ལ་དོན་གྱི་ཐྲད་ཏུ་ཡིག་ཐོབ་ཙུང་དུ་ཡིག་བྲིས་པ་ནི། བོད་བཙན་པོའི་སྐབས་སུ་འབྲི་བཤུས་བསྐྱངས་པའི་བཙན་པོའི་བླ་འབུམ་དུ་གྲགས་པའི་ཤེར་ཕྱིན་འབུམ་དེ་དག་ཏུ་ཐྲད་དུ་ཡིག་བྱོན་པ་ལས་ཏུ་ཡིག་མ་བྱོན་པའི་རྣམ་པ་ལས། དུས་རབས་དེ་དག་གི་གསུང་རབ་འབྲི་བཞེངས་ཀྱི་རྣམ་པ་ཁ་གསལ་ཞིག་ཤེས་རྟོགས་ཡོང་ཆེད་མ་དཔེ་ཇི་བཞིན་ཐྲད་དུ་ཡིག་བྲིས་པ་ཡང་། སྔོན་བཙན་པོའི་སྐབས་ཀྱི་ཡིག་རྙིང་ཁྲོད་ཆོས་མངོན་པ་སྡེ་ག་མད་ཀྱི་སྡེ་པ་གཅིག་གི་ནང་དུ་ཡི་གེ་ཕན་ཚུན་བརྗེས་རེས་རྣམ་པ་དང་། གཉིས་ནས་དུས་རབས་༡༥པའི་གཡས་གཡོན་དུ་འབྲི་བཞེངས་གནང་བའི་གསུང་རབ་དག་གི་མཛོད་དུའང་ཡུལ་དུས་དབང་གིས་མིང་ཚིག་མི་ཉུང་བ་ཞིག་ཡུལ་སྐད་དུ་སོང་བའི་འབྲི་ཚུལ་ཏེ། རི་མོ་མཁས་པ་ལྷོ་བྲག་བསྟན་འཛིན་ནོར་བུ་ལ་ལྷོ་རགས་བསྟན་འཛིན་ནོར་བུ་ཞེས་ལྷོ་ཁའི་ཡུལ་སྐད་དང་། ཁམས་ཀྱི་གནས་ཐང་དགོན་པ་ལ་ཁམས་སྐད་དབང་གིས་གནས་ཐོང་དགོན་དང་། ལ་སྟོད་ལྷོ་བྱང་གི་དཔེ་རྙིང་དུ་ཡིག་མཁན་ཆོས་གྲགས་ལ་ཆོས་རགས་དང་མངའ་རིས་ཡུལ་སྐད་དུ་ཡུལ་བྱེ་དཀར་ལ་བེ་དཀར་ཞེས་པ་སོགས་ཡུལ་དུས་མི་འདྲ་བར་མཛོད་བྱང་ངམ་ཞབས་མཚན་དང་། གསུམ་ནས་སྔོན་བཙན་པོའི་སྐབས་ཀྱི་ཡིག་རྙིང་དུ། ཚིག་ཕྲད་ཡི་ནས་མ་བཞུགས་པའི་ཞབས་མཚན་དང་དེ་མིན་ཚིག་ཕྲད་བཞུགས་པའི་ཞབས་མཚན་འགར་ཚིག་ཕྲད་ང་ལ་ཡིག་མ་ལྟོས་པར་ཚང་མར་ཚིག་དང་ཤད་བྱོན་པ་སོགས་བོད་ཡིག་སུམ་རྟགས་གཞུང་ལ་བཀུར་བསྟི་མ་བགྱིས་པའི་འབྲི་ཚུལ་དང་། བཞི་ནས་རྒྱ་གར་རྒྱ་ནག་ལ་སོགས་པའི་རིག་གནས་ཀྱིས་ཤན་བཞུགས་པའི་མཛོད་བྱང་སྟེ། སམ་སྐྲི་ཏའི་གཟུགས་འགྱུར་གཅིག་བསྒྱུར་མེད་པ་སངས་རྒྱས་ལ་འབུ་དྡྷ་དང་བརྒྱ་བྱིན་ལ་གེའུ་ཤིག་ལ་སོགས་པ་དང་རྒྱ་སྐད་ཀྱི་རྫོགས་རྟགས་བྱོན་པ་སོགས་མི་རིགས་གཞན་གྱི་རིག་གནས་ཤན་བཞུགས་པའི་མཛོད་བྱང་ངམ་ཞབས་མཚན་དང་། ལྔ་ནས་སྐུང་ཡིག་ལ་ལར་གྲངས་ཡིག་བྲིས་པ་སྟེ་དེ་བཞིན་དུ་ཞེས་པར་དེ་བཞིན་དུ་དང་ཁ་གཅིག་ན་རེ་ལ་ཁ་༡་ན་རེ་ཞེས་པ་སོགས་ཀྱི་སྐུང་ཡིག་བཀོལ་ནས་བྲིས་པའི་མཛོད་བྱང་ངམ་ཞབས་མཚན་སོགས་ཀྱི་འབྲི་གཟུགས་ཀྱིས་རྒྱ་ཆེའི་སློག་པོ་རྣམས་

ལ་གོ་བ་ལོག་པ་མི་བྱེད་པའམ་ཡང་ན་ལེ་ཚན་དེ་ཡི་གེ་འབྲི་བཤུས་བྱུག་པའམ་ཞུས་དག་མ་བྱེད་པའི་ཚོར་སྣང་མི་ཡོང་བའི་སླད་དུ། རྒྱ་ཆེའི་ཀློག་པ་པོ་རྣམས་ལ་གསལ་བཤད་ཚུལ་དུ་བགྱིས་པ་ལགས། འོན་ཏེ་རྒྱལ་སྤྱིའི་གསུང་རབ་རིག་པའི་ཞིབ་འཇུག་གནང་མཁན་དག་ལ་མཚོན་ན་གོང་གི་མཛད་བྱང་དང་མཆན་མ་དཔེ་ཁབ་ཤུལ་སྐྲུན་པས་བསྣན་པ་ལྟར་འབྲི་བཤུས་བཏབ་པའི་ནང་དོན་དེ་དག་དང་ལྷག་དོན་དུ་མ་དཔེའི་སོ་སོའི་པར་རིས་ལྷན་ཅིག་ཏུ་བཀོད་པ་ལས་གནའ་དཔེའི་ཞིབ་འཇུག་གི་རིན་ཐང་དང་སྒྱུ་རྩལ་གྱི་རིན་ཐང་། རིག་དངོས་རིན་ཐང་བཅས་མ་ཉམས་པར་གནས་པའི་གཙིགས་ཆེན་གྱིས་དཔྱད་གཞི་ཞིག་མཁོ་འདོན་བྱས་པར་སེམས་གཤིས། གལ་ཏེ་ནོངས་པ་མཆིས་ན་ཐུགས་ལ་བཟོད་པ་འཚལ་ཞུ་རྒྱུ་ལགས།

རྩོམ་སྒྲིག་འགན་འཁུར་བས།
༢༠༡༨ལོའི་ཟླ་༥ཚེས་༢༥ཉིན།

དཀར་ཆག

སྔོན་འགྲོའི་གཏམ། 1

ལེའུ་དང་པོ། གནའ་དཔེ་དྲིས་མའི་སྤྱི་བཤད་སྐོར། 6

ལེའུ་གཉིས་པ། གསུང་རབ་དྲིས་མའི་མཛད་བྱང་། 62

ལེའུ་གསུམ་པ། དུས་རབས་9-10པའི་གསུང་རབ་དྲིས་མའི་མཛད་བྱང་ངོས་འཛིན། 67

ལེ་ཚན་དང་པོ། འབྲས་སྤུངས་ཤེར་ཕྱིན་སྟོང་ཕྲག་བརྒྱའ་པ་པོད་ཁ་པའི་བམ་མཚམས། 67

ལེ་ཚན་གཉིས་པ། རྒྱ་མཚོ་གྲོ་མཁར་ཤེར་ཕྱིན་སྟོང་ཕྲག་བརྒྱའ་པ་པོད་ཀ་པའི་བམ་མཚམས། 76

ལེ་ཚན་གསུམ་པ། རྒྱ་མཚོ་གྲོ་མཁར་ཤེར་ཕྱིན་སྟོང་ཕྲག་བརྒྱའ་པ་པོད་ཁ་པའི་བམ་མཚམས། 81

ལེ་ཚན་བཞི་པ། རྒྱ་མཚོ་གྲོ་མཁར་ཤེར་ཕྱིན་སྟོང་ཕྲག་བརྒྱའ་པ་པོད་ག་པའི་བམ་མཚམས། 87

ལེ་ཚན་ལྔ་པ། རྒྱ་མཚོ་གྲོ་མཁར་ཤེར་ཕྱིན་སྟོང་ཕྲག་བརྒྱའ་པ་པོད་ང་པའི་བམ་མཚམས། 95

ལེའུ་བཞི་པ། དུས་རབས་9-10པའི་གསུང་རབ་དྲིས་མའི་བམ་མཚམས་ཀྱི་ངོས་འཛིན། 101

ལེའུ་ལྔ་པ། དུས་རབས་10-12པའི་གསུང་རབ་དྲིས་མའི་མཛད་བྱང་ངོས་འཛིན། 120

ལེ་ཚན་དང་པོ། འོན་ཀེ་ཏུའི་ཤེར་ཕྱིན་ཁྲི་བརྒྱད་སྟོང་པའི་བམ་མཚམས། 120

　　དང་པོ། བམ་མཚམས་མ་བཤུས། 120

　　གཉིས་པ། མཛད་བྱང་གི་དཔེ་ཞིབ། 121

ལེ་ཚན་གཉིས་པ། འོན་ཀེ་ཏུའི་ཤེར་ཕྱིན་ཁྲི་བརྒྱད་སྟོང་པའི་བམ་མཚམས། 125

　　དང་པོ། བམ་མཚམས་མ་བཤུས། 125

　　གཉིས་པ། བམ་མཚམས་ཀྱི་དཔེ་ཞིབ། 125

ལེ་ཚན་གསུམ་པ། སྐྱི་ཐང་སྒྲོལ་མ་ལྷ་ཁང་ཤེར་ཕྱིན་སྟོང་ཕྲག་བརྒྱ་པ་
པོད་ག་པའི་བམ་མཚམས། 127

དང་པོ། བམ་མཚམས་སྐུ་བརྙན། 127

གཉིས་པ། བམ་མཚམས་ཀྱི་དབྱེ་ཞིབ། 128

ལེ་ཚན་བཞི་པ། འོན་ཀེ་རུའི་ཤེར་ཕྱིན་དེ་བཞིན་གཤེགས་པ་རྣམས་ཀྱི་ཡང་དག་པའི་
ཤེས་པ་བཟ་སྒྲོད་པར་འགྱུར་རོ་ཞེས་པའི་མཛད་བྱང་། 132

དང་པོ། མཛད་བྱང་མ་བཤུས། 132

གཉིས་པ། མཛད་བྱང་གི་དབྱེ་ཞིབ། 132

ལེ་ཚན་ལྔ་པ། འོན་ཀེ་རུའི་འཕགས་པ་དཀོན་མཆོག་བརྩེགས་པའི་མདོའི་མཛད་བྱང་། 137

དང་པོ། མཛད་བྱང་མ་བཤུས། 138

གཉིས་པ། མཛད་བྱང་གི་དབྱེ་ཞིབ། 138

ལེ་ཚན་དྲུག་པ། ལྷ་རྩེ་ལྷ་ཕྱིངས་ཤེར་ཕྱིན་སྟོང་ཕྲག་བརྒྱད་པ་པོད་ཀ་པའི་མཛད་བྱང་། 141

དང་པོ། མཛད་བྱང་མ་བཤུས། 141

གཉིས་པ། མཛད་བྱང་གི་དབྱེ་ཞིབ། 142

ལེ་ཚན་བདུན་པ། མངའ་རིས་རྩ་མདའ་ཛོང་ཡིབ་རི་དགོན་གྱི་ཤེར་ཕྱིན་མཛད་བྱང་། 144

དང་པོ། མཛད་བྱང་མ་བཤུས། 144

གཉིས་པ། མཛད་བྱང་གི་དབྱེ་ཞིབ། 145

ལེ་ཚན་བརྒྱད་པ། མངའ་རིས་རྩ་མདའ་འཕུར་རིའི་ཤེར་ཕྱིན་སྟོང་ཕྲག་བརྒྱད་པ་
ལས་ལེའུ་ལྔ་པའི་མཛད་བྱང་། 146

དང་པོ། མཛད་བྱང་མ་བཤུས། 147

གཉིས་པ། མཛད་བྱང་གི་དབྱེ་ཞིབ། 147

ལེའུ་དྲུག་པ། འབྲུལ་ཡིག་སྒྲོར། 150

ལེའུ་བདུན་པ། དུས་རབས་12-13པའི་གསུང་རབ་ཀྱི་མཛད་བྱང་ངོས་འཛིན། 154

ལེ་ཚན་དང་པོ། གུང་ཐང་ཙུད་འཕགས་པ་དཀོན་མཆོག་བརྩེགས་པ་ཆེན་པོའི་
ཆོས་ཀྱི་རྣམ་གྲངས་ལེའུ་སྟོང་ཕྲག་བརྒྱ་པའི་མཛད་བྱང་།......154
དང་པོ། མཛད་བྱང་མ་བཤུས།......154
གཉིས་པ། མཛད་བྱང་གི་དབྱེ་ཞིབ།......155
ལེ་ཚན་གཉིས་པ། འབྲས་སྤུངས་དགོན་དུ་བཞུགས་པའི་ཤེར་ཕྱིན་པོད་ཁ་པའི་དབུ་མཆན།....163
དང་པོ། དབུ་མཆན་མ་བཤུས།......163
གཉིས་པ། དབུ་མཆན་གྱི་དབྱེ་ཞིབ།......164
ལེ་ཚན་གསུམ་པ། གུང་ཐང་ཙུད་ཤེར་ཕྱིན་སྟོང་ཕྲག་ཉི་ཤུ་ལྔ་པ་ཡོངས་སུ་
གཏད་པའི་ལེའུ་མཛད་བྱང་།......168
དང་པོ། མཛད་བྱང་མ་བཤུས།......168
གཉིས་པ། མཛད་བྱང་གི་དབྱེ་ཞིབ།......169
ལེ་ཚན་བཞི་པ། མངའ་རིས་རྩ་མདའ་ཡིབ་རི་དགོན་ཤེར་ཕྱིན་མཛད་བྱང་།......172
དང་པོ། མཛད་བྱང་མ་བཤུས།......172
གཉིས་པ། མཛད་བྱང་གི་དབྱེ་ཞིབ།......172
ལེ་ཚན་ལྔ་པ། མངའ་རིས་འཁོར་ཆགས་དགོན་ཤེར་ཕྱིན་སྟོང་ཕྲག་བརྒྱ་པའི་མཛད་བྱང་།...174
དང་པོ། མཛད་བྱང་མ་བཤུས།......174
གཉིས་པ། མཛད་བྱང་གི་དབྱེ་ཞིབ།......175
ལེ་ཚན་དྲུག་པ། དཔལ་ས་སྐྱ་དགོན་ཤེར་ཕྱིན་པོད་ག་པའི་མཛད་བྱང་།......177
དང་པོ། མཛད་བྱང་མ་བཤུས།......177
གཉིས་པ། མཛད་བྱང་གི་དབྱེ་ཞིབ།......177
ལེ་ཚན་བདུན་པ། རྒྱལ་རྩེ་རྭ་ལུང་དགོན་ཤེར་ཕྱིན་པོད་ཁ་པའི་མཛད་བྱང་།......180
དང་པོ། མཛད་བྱང་མ་བཤུས།......180
གཉིས་པ། མཛད་བྱང་གི་དབྱེ་ཞིབ།......181

ལེ་ཚན་བརྒྱད་པ། རྒྱལ་རྩེ་ར་ལུང་དགོན་ཤེར་ཕྱིན་འབུམ་ཤོག་མོ་ཆེའི་མཛད་བྱང་། 184

དང་པོ། མཛད་བྱང་མ་བཤུས། 184

གཉིས་པ། མཛད་བྱང་གི་དཔྱེ་ཞིབ། 184

ལེའུ་བརྒྱད་པ། ཡི་ལུགས་དང་ལྷན་ལུགས་སྐོར། 187

ལེ་ཚན་དང་པོ། ཡི་ལུགས་སྐོར། 188

དང་པོ། ཞབས་མཚན་མ་བཤུས། 188

གཉིས་པ། ཞབས་མཚན་གྱི་དཔྱེ་ཞིབ། 188

ལེ་ཚན་གཉིས་པ། ལྷན་ལུགས་སྐོར། 190

དང་པོ། དབུ་མཚན་མ་བཤུས། 190

གཉིས་པ། དབུ་མཚན་གྱི་དཔྱེ་ཞིབ། 191

ལེའུ་དགུ་པ། དུས་རབས་12-13པའི་གསུང་རབ་བྲིས་མའི་མཛད་བྱང་ངོས་འཛིན། 203

ལེ་ཚན་དང་པོ། རྒྱ་མཚོ་གྲོ་མཁར་ཤེར་ཕྱིན་མཛད་བྱང་། 203

དང་པོ། མཛད་བྱང་མ་བཤུས། 203

གཉིས་པ། མཛད་བྱང་གི་དཔྱེ་ཞིབ། 204

ལེ་ཚན་གཉིས་པ། རྒྱ་མཚོ་གྲོ་མཁར་ཤེར་ཕྱིན་པོད་ཀ་པའི་མཛད་བྱང་། 208

དང་པོ། མཛད་བྱང་མ་བཤུས། 209

གཉིས་པ། མཛད་བྱང་གི་དཔྱེ་ཞིབ། 209

ལེ་ཚན་གསུམ་པ། རྒྱ་མཚོ་གྲོ་མཁར་ཤེར་ཕྱིན་སྟོང་ཕྲག་བརྒྱད་པ་པོད་ཁ་པའི་མཛད་བྱང་། 214

དང་པོ། མཛད་བྱང་མ་བཤུས། 215

གཉིས་པ། མཛད་བྱང་གི་དཔྱེ་ཞིབ། 215

ལེ་ཚན་བཞི་པ། རྒྱ་མཚོ་གྲོ་མཁར་ཤེར་ཕྱིན་པོད་ཁ་པའི་མཛད་བྱང་། 216

དང་པོ། མཛད་བྱང་མ་བཤུས། 216

གཉིས་པ། མཛད་བྱང་གི་དཔྱེ་ཞིབ། 216

ལེ་ཚན་ལྔ་པ། རྒྱ་མཚོ་ཀྱི་མཁར་ཤེར་ཕྱིན་པོད་ག་པའི་མཛོད་བྱང་། 217

དང་པོ། མཛོད་བྱང་མ་བཤུས། 217

གཉིས་པ། མཛོད་བྱང་གི་དབྱེ་ཞིབ། 218

ལེ་ཚན་དྲུག་པ། རྒྱ་མཚོ་ཀྱི་མཁར་ཤེར་ཕྱིན་པོད་ཉ་པའི་ཞབས་མཆན། 221

དང་པོ། ཞབས་མཆན་མ་བཤུས། 221

གཉིས་པ། ཞབས་མཆན་གྱི་དབྱེ་ཞིབ། 222

ལེ་ཚན་བདུན་པ། རྒྱ་མཚོ་ཀྱི་མཁར་མདོ་ཤེར་ཕྱིན་པོད་ཏ་པའི་མཛོད་བྱང་། 224

དང་པོ། མཛོད་བྱང་མ་བཤུས། 224

གཉིས་པ། མཛོད་བྱང་གི་དབྱེ་ཞིབ། 224

ལེ་ཚན་བརྒྱད་པ། རྒྱ་མཚོ་ཀྱི་མཁར་ཤེར་ཕྱིན་སྟོང་ཕྲག་བརྒྱའ་པ་པོད་ན་པའི་མཛོད་བྱང་། ...226

དང་པོ། མཛོད་བྱང་མ་བཤུས། 226

གཉིས་པ། མཛོད་བྱང་གི་དབྱེ་ཞིབ། 227

ལེ་ཚན་དགུ་པ། རྒྱ་མཚོ་ཀྱི་མཁར་མདོ་མངས་པོད་ཊ་པའི་མཛོད་བྱང་། 228

དང་པོ། མཛོད་བྱང་མ་བཤུས། 228

གཉིས་པ། མཛོད་བྱང་གི་དབྱེ་ཞིབ། 229

ལེ་ཚན་བཅུ་པ། རྒྱ་མཚོ་ཀྱི་མཁར་སངས་རྒྱས་ཕལ་པོ་ཆེའི་མདོ་པོད་ཀ་པའི་མཛོད་བྱང་། ...232

དང་པོ། མཛོད་བྱང་མ་བཤུས། 232

གཉིས་པ། མཛོད་བྱང་གི་དབྱེ་ཞིབ། 232

ལེ་ཚན་བཅུ་གཅིག་པ། རྒྱ་མཚོ་ཀྱི་མཁར་མདོ་སྡེ་ཕལ་པོ་ཆེ་པོད་ཀ་པའི་མཛོད་བྱང་། 233

དང་པོ། མཛོད་བྱང་མ་བཤུས། 234

གཉིས་པ། མཛོད་བྱང་གི་དབྱེ་ཞིབ། 234

ལེ་ཚན་བཅུ་གཉིས་པ། རྒྱ་མཚོ་ཀྱི་མཁར་མདོ་སངས་རྒྱས་ཕལ་པོ་ཆེ་པོད་
ཁ་པའི་མཛོད་བྱང་། 240

དང་པོ། མཛོད་བྱང་མ་བཤུས། 240

གཉིས་པ། མཛོད་བྱང་གི་དཔྱེ་ཞིབ། 241

ལེ་ཚན་བཅུ་གསུམ་པ། རྒྱ་མཚོ་གྲོ་མཁར་འཇམ་དཔལ་རྣམ་པར་རོལ་པའི་མདོའི་ཞབས་མཆན། 245

དང་པོ། ཞབས་མཆན་མ་བཤུས། 245

གཉིས་པ། ཞབས་མཆན་གྱི་དཔྱེ་ཞིབ། 245

ལེའུ་བཅུ་པ། དུས་རབས་12-13པའི་གསུང་རབ་བྲིས་མའི་མཛོད་བྱང་ངོས་འཛིན། 250

ལེ་ཚན་དང་པོ། འོན་ཀེ་རུའི་ཤེར་ཕྱིན་པོད་ཀ་པའི་མཛོད་བྱང་། 250

དང་པོ། མཛོད་བྱང་མ་བཤུས། 250

གཉིས་པ། མཛོད་བྱང་གི་དཔྱེ་ཞིབ། 251

ལེ་ཚན་གཉིས་པ། འོན་ཀེ་རུའི་མདོ་མངས་མཐོང་སྨོན་མཛོད་བྱང་། 255

དང་པོ། མཛོད་བྱང་མ་བཤུས། 255

གཉིས་པ། མཛོད་བྱང་གི་དཔྱེ་ཞིབ། 256

ལེ་ཚན་གསུམ་པ། འོན་ཀེ་རུའི་མདོ་མངས་མཐོང་སྨོན་མཛོད་བྱང་། 261

དང་པོ། མཛོད་བྱང་མ་བཤུས། 261

གཉིས་པ། མཛོད་བྱང་གི་དཔྱེ་ཞིབ། 262

ལེ་ཚན་བཞི་པ། འོན་ཀེ་རུའི་འཕགས་པ་འགྲོ་བ་ཐམས་ཅད་ཡོངས་སུ་སྐྱོབ་པར་བྱེད་པའི་མཛོད་བྱང་། 266

དང་པོ། མཛོད་བྱང་མ་བཤུས། 266

གཉིས་པ། མཛོད་བྱང་གི་དཔྱེ་ཞིབ། 267

ལེ་ཚན་ལྔ་པ། འོན་ཀེ་རུའི་ཤེར་ཕྱིན་སྟོང་ཕྲག་བརྒྱད་པ། ཆོས་ཉིད་མི་འགྱུར་བ་བསྟན་པའི་ལེའུའི་མཛོད་བྱང་། 275

དང་པོ། མཛོད་བྱང་མ་བཤུས། 275

གཉིས་པ། མཛད་བྱང་གི་དབྱེ་ཞིབ། 276

ལེ་ཚན་དྲུག་པ། ཝེན་ཀེ་ཏུའི་ཤེར་ཕྱིན་སྟོང་ཕྲག་བརྒྱ་པ། བམ་པོ་དང་པོའི་མཛད་བྱང་།...279

དང་པོ། མཛད་བྱང་མ་བཤུས། 279

གཉིས་པ། མཛད་བྱང་གི་དབྱེ་ཞིབ། 280

ལེ་ཚན་བདུན་པ། ཝེན་ཀེ་ཏུའི་ཤེར་ཕྱིན་མཛད་བྱང་། 283

དང་པོ། མཛད་བྱང་མ་བཤུས། 283

གཉིས་པ། མཛད་བྱང་གི་དབྱེ་ཞིབ། 284

ལེ་ཚན་བརྒྱད་པ། ཝེན་ཀེ་ཏུའི་ཤེར་ཕྱིན་སྟོང་ཕྲག་བརྒྱ་པ་པོད་ཛ་པའི་མཛད་བྱང་། 288

དང་པོ། མཛད་བྱང་མ་བཤུས། 288

གཉིས་པ། མཛད་བྱང་གི་དབྱེ་ཞིབ། 289

ལེ་ཚན་དགུ་པ། ཝེན་ཀེ་ཏུའི་ཆོས་ཐམས་ཅད་འབྱི་བ་མེད་པར་ཆོས་སྟོན་པ་པོད་ན་པའི་མཛད་བྱང་། 292

དང་པོ། མཛད་བྱང་མ་བཤུས། 292

གཉིས་པ། མཛད་བྱང་གི་དབྱེ་ཞིབ། 293

ལེ་ཚན་བཅུ་པ། ཝེན་ཀེ་ཏུའི་ཤེར་ཕྱིན་སྟོང་ཕྲག་བརྒྱ་པ་ལས། ལེའུ་སུམ་ཅུ་བརྒྱད་དོ་ཞེས་པའི་མཛད་བྱང་། 298

དང་པོ། མཛད་བྱང་མ་བཤུས། 299

གཉིས་པ། མཛད་བྱང་གི་དབྱེ་ཞིབ། 299

ལེ་ཚན་བཅུ་གཅིག་པ། ཝེན་ཀེ་ཏུའི་གསུང་རབ་ཁག་གི་མཛད་བྱང་བསྡོམས། 301

ལེའུ་བཅུ་གཅིག་པ། དུས་རབས་12-13པའི་གསུང་རབ་བྲིས་མའི་མཛད་བྱང་ངོས་འཛིན། 305

ལེ་ཚན་དང་པོ། བྲ་ཡུལ་བྱམས་ཆེན་མདོ་པོད་ཕ་པའི་ཞབས་མཆན། 305

དང་པོ། ཞབས་མཆན་མ་བཤུས། 305

གཉིས་པ། ཞབས་མཆན་གྱི་དབྱེ་ཞིབ། 306

ལེ་ཚན་གཉིས་པ། བྱ་ཡུལ་བྱམས་ཆེན་འཕགས་པ་གླང་རུ་ལུང་བསྟན་མདོའི་མཛད་བྱང་། ...307

དང་པོ། མཛད་བྱང་མ་བཤུས། ...307

གཉིས་པ། མཛད་བྱང་གི་དབྱེ་ཞིབ། ...308

ལེ་ཚན་གསུམ་པ། ཤོ་པ་མཁར་སྙིང་ཤེར་ཕྱིན་བརྒྱད་སྟོང་པོད་ཀ་པའི་མཛད་བྱང་། ...308

དང་པོ། མཛད་བྱང་མ་བཤུས། ...308

གཉིས་པ། མཛད་བྱང་གི་དབྱེ་ཞིབ། ...309

ལེ་ཚན་བཞི་པ། ཤོ་པ་མཁར་སྙིང་ཤེར་ཕྱིན་སྟོང་ཕྲག་བརྒྱའ་པ་པོད་ཁ་པའི་མཛད་བྱང་། ...311

དང་པོ། མཛད་བྱང་མ་བཤུས། ...311

གཉིས་པ། མཛད་བྱང་གི་དབྱེ་ཞིབ། ...311

ལེ་ཚན་ལྔ་པ། ཤོ་པ་མཁར་སྙིང་ཤེར་ཕྱིན་སྟོང་ཕྲག་བརྒྱ་པ་པོད་ཁ་པའི་མཛད་བྱང་། ...312

དང་པོ། མཛད་བྱང་མ་བཤུས། ...312

གཉིས་པ། མཛད་བྱང་གི་དབྱེ་ཞིབ། ...313

ལེ་ཚན་དྲུག་པ། ཤོ་པ་མཁར་སྙིང་ཤེར་ཕྱིན་སྟོང་ཕྲག་བརྒྱ་པ་པོད་ཁ་པའི་མཛད་བྱང་། ...316

དང་པོ། མཛད་བྱང་མ་བཤུས། ...316

གཉིས་པ། མཛད་བྱང་གི་དབྱེ་ཞིབ། ...316

ལེ་ཚན་བདུན་པ། ཤོ་པ་མཁར་སྙིང་ཤེར་ཕྱིན་སྟོང་ཕྲག་བརྒྱའ་པ་པོད་ག་པའི་མཛད་བྱང་། ...318

དང་པོ། མཛད་བྱང་མ་བཤུས། ...318

གཉིས་པ། མཛད་བྱང་གི་དབྱེ་ཞིབ། ...319

ལེ་ཚན་བརྒྱད་པ། ཤོ་པ་མཁར་སྙིང་ཤེར་ཕྱིན་སྟོང་ཕྲག་བརྒྱ་པ་པོད་ག་པའི་མཛད་བྱང་། ...323

དང་པོ། མཛད་བྱང་མ་བཤུས། ...324

གཉིས་པ། མཛད་བྱང་གི་དབྱེ་ཞིབ། ...324

ལེ་ཚན་དགུ་པ། ཤོ་པ་མཁར་སྙིང་མདོ་པོད་ཛ་པའི་མཛད་བྱང་། ...328

དང་པོ། མཛད་བྱང་མ་བཤུས། ...328

གཉིས་པ། མཛད་བྱང་གི་དབྱེ་ཞིབ། 329

ལེ་ཚན་བཅུ་པ། ཤོ་པ་མཁར་སྟེང་ཤར་ཕྱིན་སྟོང་ཕྲག་བརྒྱ་པ་ཡོད་ཇ་པའི་མཛད་བྱང་། ...332

དང་པོ། མཛད་བྱང་མ་བཤུས། 332

གཉིས་པ། མཛད་བྱང་གི་དབྱེ་ཞིབ། 332

ལེ་ཚན་བཅུ་གཅིག་པ། ཤོ་པ་མཁར་སྟེང་ཤར་ཕྱིན་སྟོང་ཕྲག་བརྒྱ་པ་ཡོད་ཏ་པའི་མཛད་བྱང་། ..333

དང་པོ། མཛད་བྱང་མ་བཤུས། 333

གཉིས་པ། མཛད་བྱང་གི་དབྱེ་ཞིབ། 333

ལེ་ཚན་བཅུ་གཉིས་པ། ཤོ་པ་མཁར་སྟེང་ཤར་ཕྱིན་སྟོང་ཕྲག་བརྒྱད་པ་
ཡོད་ཚ་པའི་མཛད་བྱང་། 335

དང་པོ། མཛད་བྱང་མ་བཤུས། 335

གཉིས་པ། མཛད་བྱང་གི་དབྱེ་ཞིབ། 335

ལེ་ཚན་བཅུ་གསུམ་པ། ཤོ་པ་མཁར་སྟེང་ཤར་ཕྱིན་སྟོང་ཕྲག་བརྒྱད་པ་
ཡོད་ཚ་པའི་མཛད་བྱང་། 337

དང་པོ། མཛད་བྱང་མ་བཤུས། 337

གཉིས་པ། མཛད་བྱང་གི་དབྱེ་ཞིབ། 338

ལེ་ཚན་བཅུ་བཞི་པ། ཤོ་པ་མཁར་སྟེང་ཤར་ཕྱིན་སྟོང་ཕྲག་བརྒྱ་པའི་མཛད་བྱང་། 339

དང་པོ། མཛད་བྱང་མ་བཤུས། 339

གཉིས་པ། མཛད་བྱང་གི་དབྱེ་ཞིབ། 340

ལེ་ཚན་བཅོ་ལྔ་པ། ཤོ་པ་མཁར་སྟེང་མདོ་སངས་རྒྱས་ཕལ་པོ་ཆེའི་མཛད་བྱང་། 342

དང་པོ། མཛད་བྱང་མ་བཤུས། 342

གཉིས་པ། མཛད་བྱང་གི་དབྱེ་ཞིབ། 342

ལེའུ་བཅུ་གཉིས་པ། བྲག་ཡིག་སྐོར། 344

ལེའུ་བཅུ་གསུམ་པ། དུས་རབས་13-14པའི་གསུང་རབ་ཁྲིས་མའི་མཛོད་བྱང་ངོས་འཛིན། 352

ལེ་ཚན་དང་པོ། སྣེ་ཐང་སྒྲོལ་མ་ལྷ་ཁང་ཤེར་ཕྱིན་སྟོང་ཕྲག་བརྒྱད་པའི་ལེའུ་སྐྱ་ཆིངས། 352

དང་པོ། ལེའུ་མཚམས་སྐྱ་ཆིངས། 353

གཉིས་པ། ལེའུ་སྐྱ་ཆིངས་ཀྱི་དཔེ་ཞིབ། 353

ལེ་ཚན་གཉིས་པ། སྣེ་ཐང་སྒྲོལ་མ་ལྷ་ཁང་ཤེར་ཕྱིན་པོད་ཀ་པའི་མཛོད་བྱང་། 358

དང་པོ། མཛོད་བྱང་མ་བཤུས། 358

གཉིས་པ། མཛོད་བྱང་གི་དཔེ་ཞིབ། 359

ལེ་ཚན་གསུམ་པ། སྣེ་ཐང་སྒྲོལ་མ་ལྷ་ཁང་ཤེར་ཕྱིན་པོད་ག་པའི་མཛོད་བྱང་། 360

དང་པོ། མཛོད་བྱང་མ་བཤུས། 360

གཉིས་པ། མཛོད་བྱང་གི་དཔེ་ཞིབ། 360

ལེ་ཚན་བཞི་པ། སྣེ་ཐང་སྒྲོལ་མ་ལྷ་ཁང་ཤེར་ཕྱིན་པོད་ཛ་པའི་མཛོད་བྱང་། 361

དང་པོ། མཛོད་བྱང་མ་བཤུས། 361

གཉིས་པ། མཛོད་བྱང་གི་དཔེ་ཞིབ། 361

ལེ་ཚན་ལྔ་པ། སྣེ་ཐང་སྒྲོལ་མ་ལྷ་ཁང་ཤེར་ཕྱིན་པོད་ཐ་པའི་མཛོད་བྱང་། 363

དང་པོ། མཛོད་བྱང་མ་བཤུས། 364

གཉིས་པ། མཛོད་བྱང་གི་དཔེ་ཞིབ། 364

ལེ་ཚན་དྲུག་པ། སྣེ་ཐང་སྒྲོལ་མ་ལྷ་ཁང་ཤེར་ཕྱིན་པོད་ཐ་པའི་མཛོད་བྱང་། 368

དང་པོ། མཛོད་བྱང་མ་བཤུས། 368

གཉིས་པ། མཛོད་བྱང་གི་དཔེ་ཞིབ། 368

ལེ་ཚན་བདུན་པ། སྣེ་ཐང་སྒྲོལ་མ་ལྷ་ཁང་ཤེར་ཕྱིན་པོད་ན་པའི་ཞབས་མཆན། 370

དང་པོ། ཞབས་མཆན་མ་བཤུས། 371

གཉིས་པ། ཞབས་མཆན་གྱི་དཔེ་ཞིབ། 371

ལེ་ཚན་བརྒྱད་པ། སྣེ་ཐང་སྒྲོལ་མ་ལྷ་ཁང་ཤེར་ཕྱིན་པོད་ན་པའི་ཞབས་མཆན། 372

དང་པོ། ཞབས་མཆན་མ་བཤུས། 372

གཉིས་པ། ཞབས་མཆན་གྱི་དབྱེ་ཞིབ། 373

ལེ་ཚན་དགུ་པ། སྙེ་ཐང་སྒྲོལ་མ་ལྷ་ཁང་ཤེར་ཕྱིན་པོད་ཕ་པའི་མཛོད་བྱང་། 374

དང་པོ། མཛོད་བྱང་མ་བཤུས། 374

གཉིས་པ། མཛོད་བྱང་གི་དབྱེ་ཞིབ། 375

ལེའུ་བཅུ་བཞི་པ། དུས་རབས་13-14པའི་གསུང་རབ་བྲིས་མའི་མཛོད་བྱང་ངོས་འཛིན། 376

ལེ་ཚན་དང་པོ། རྒྱ་མ་ཁྲི་སྐད་ཤེར་ཕྱིན་མཛོད་བྱང་། 376

དང་པོ། མཛོད་བྱང་མ་བཤུས། 376

གཉིས་པ། མཛོད་བྱང་གི་དབྱེ་ཞིབ། 377

ལེ་ཚན་གཉིས་པ། རྒྱ་མ་ཁྲི་སྐད་ཤེར་ཕྱིན་པོད་ཀ་པའི་མཛོད་བྱང་། 381

དང་པོ། མཛོད་བྱང་མ་བཤུས། 381

གཉིས་པ། མཛོད་བྱང་གི་དབྱེ་ཞིབ། 382

ལེ་ཚན་གསུམ་པ། མལ་གྲོའི་ཆོས་ལུང་ཤེར་ཕྱིན་མཛོད་བྱང་། 392

དང་པོ། མཛོད་བྱང་མ་བཤུས། 392

གཉིས་པ། མཛོད་བྱང་གི་དབྱེ་ཞིབ། 393

ལེ་ཚན་བཞི་པ། མལ་གྲོའི་བྱ་ཡུལ་མང་རའི་ཤེར་ཕྱིན་མཛོད་བྱང་། 396

དང་པོ། མཛོད་བྱང་མ་བཤུས། 396

གཉིས་པ། མཛོད་བྱང་གི་དབྱེ་ཞིབ། 397

ལེ་ཚན་ལྔ་པ། ལོ་དགོན་པའི་ཤེར་ཕྱིན་པོད་ཐ་པའི་མཛོད་བྱང་། 399

དང་པོ། མཛོད་བྱང་མ་བཤུས། 399

གཉིས་པ། མཛོད་བྱང་གི་དབྱེ་ཞིབ། 400

ལེ་ཚན་དྲུག་པ། ཆབ་མདོ་བྱམས་པ་གླིང་ཤེར་ཕྱིན་མཛོད་བྱང་། 402

དང་པོ། མཛོད་བྱང་མ་བཤུས། 402

གཉིས་པ། མཛོད་བྱང་གི་དབྱེ་ཞིབ། 402

ལེའུ་བཅོ་ལྔ་པ། མལ་བྲིས་སྐོར། 406

ལེའུ་བཅུ་དྲུག་པ། དུས་རབས་13-14པའི་གསུང་རབ་བྲིས་མའི་མཛོད་བྱང་ངོས་འཛིན། 414

ལེ་ཚན་དང་པོ། བོད་ལྗོངས་རྟེན་རྫས་བཤམས་མཛོད་ཁང་གི་དཀར་ཆག་འཕང་ཐང་མའི་མཛོད་བྱང་། 414

དང་པོ། མཛོད་བྱང་མ་བཤུས། 415

གཉིས་པ། མཛོད་བྱང་གི་དབྱེ་ཞིབ། 416

ལེ་ཚན་གཉིས་པ། ས་སྐྱའི་ཤེར་ཕྱིན་པོད་ཀ་པའི་མཛོད་བྱང་། 421

དང་པོ། མཛོད་བྱང་མ་བཤུས། 421

གཉིས་པ། མཛོད་བྱང་གི་དབྱེ་ཞིབ། 422

ལེ་ཚན་གསུམ་པ། ཞ་ལུའི་ཤེར་ཕྱིན་གྱི་དབུ་ཤོག་ཞབས་མཚན། 425

དང་པོ། དབུ་ཤོག་ཞབས་མཚན་མ་བཤུས། 425

གཉིས་པ། ཞབས་མཚན་གི་དབྱེ་ཞིབ། 426

ལེ་ཚན་བཞི་པ། ཆབ་མདོ་རི་བོ་ཆེའི་ཤེར་ཕྱིན་བརྒྱད་སྟོང་པའི་དབུ་ཤོག་ཞབས་མཚན། 429

དང་པོ། ཞབས་མཚན་མ་བཤུས། 429

གཉིས་པ། ཞབས་མཚན་གྱི་དབྱེ་ཞིབ། 429

ལེ་ཚན་ལྔ་པ། ངོར་དགོན་ཤེར་ཕྱིན་བརྒྱད་སྟོང་འགྱུར་བྱང་། 431

དང་པོ། འགྱུར་བྱང་མ་བཤུས། 431

གཉིས་པ། འགྱུར་བྱང་གི་དབྱེ་ཞིབ། 432

ལེ་ཚན་དྲུག་པ། བཀྲས་ལྷུན་འཕགས་པ་ཚངས་པ་ཁྱད་པར་སེམས་ཀྱིས་ཞུས་པའི་མདོའི་མཛོད་བྱང་། 435

དང་པོ། མཛོད་བྱང་མ་བཤུས། 436

གཉིས། མཛོད་བྱང་གི་དབྱེ་ཞིབ། 436

ལེ་ཚན་བདུན་པ། འོན་ཀེ་རུའི་འཕགས་པ་འཇིག་རྟེན་གྱི་རྗེས་སུ་
མཐུན་པར་འཇུག་པ་མདོའི་མཛོད་བྱང་། 437

དང་པོ། མཛོད་བྱང་མ་བཤུས། 437

གཉིས་པ། མཛོད་བྱང་གི་དབྱེ་ཞིབ། 438

ལེ་ཚན་བརྒྱད་པ། སྣང་ཐར་དགོན་དུ་བཞུགས་པའི་གླེགས་ཤིང་གི་ནང་མཆན། 439

དང་པོ། ནང་མཆན་མ་བཤུས། 439

གཉིས་པ། གླེགས་ཤིང་ནང་མཆན་གྱི་དབྱེ་ཞིབ། 441

སྔོན་འགྲོའི་གཏམ།

བོད་ཡུལ་དུ་སྤར་[1]གྱི་རིག་པ་དེ་མ་དར་བའི་ཡར་སྔོན་ནམ་དུས་རབས་13པའི་སྟོད་ཙམ་དུ་སྤར་དུ་བཏབ་པའི་སྤར་མ་སྤྲ་གྲུས་རང་རིགས་ཀྱིས་རྡོར་སྤར་མ་ཞེས་འབོད་པ་དེ་རིགས་མ་བྱུང་བའི་ཡར་སྔོན་དུ་བོད་ཡིག་གནའ་དཔེ་ཚང་མ་སྒོ་གསུམ་ཐང་ཆད་འབྲི་མཁན་གྱི་ཡིག་པའི་སོར་མོའི་འདུ་བྱེད་དང་ཆང་འཁྱེར་གཞུང་སྤྱོང་གི་ཞུས་དག་མཁན་གྱི་ངལ་བ་ཁོ་ནར་བརྟེན་ཏེ་འབྲི་བཞེངས་བྱ་དགོས་པ་དང་གཅིག གཉིས་སྤར་གྱི་རིག་པ་སྤེ་དུས་རབས་15པར་རྗེ་ཙོང་ཁ་པ་བློ་བཟང་གྲགས་པའི་སྐུ་ཚེའི་སྨད་དུ་སྤར་དུ་བཏབ་པའི་དགའ་ལྡན་སྤར་རྙིང་དུ་གྲགས་པ་དེ་བྱུང་བའི་རྗེས་སུ་གནའ་དཔེ་སྤར་དུ་བརྐོས་པའི་རིག་པའམ་ལག་རྩལ་དེ་ས་ཁྱབ་རྫོ་ཁྱབ་དང་ཆར་ཤུལ་རྗེས་ཀྱི་ཤ་མོ་བཞིན་ལུང་ཤུར་གང་སར་བརྫོལ་ཡོད་ན་ཡང་། ཡིག་མཁན་དང་མཆོད་ཡོན་སྦྱིན་བདག་གིས་བསོད་ནམས་ཀྱི་ཚོགས་རླབས་པོ་ཆེ་གསོག་པའི་ཆེད་དུ། མ་དཔེ་བྲིས་མ་ནས་བུ་དཔེ་བྲིས་མར་འབྱིན་པ་དང་མ་དཔེ་དུས་རབས་15པའི་གོང་དཀར་སྤར་མ་ནས་བུ་དཔེ་བྲིས་མ་མཐིང་ཤོག་གསེར་དངུལ་སྤེལ་མར་སྤོས་པ་འགྱུར་རྗེ་རོང་པོ་དཔོན་ཚང་ཡབ་སྲས་ཐུགས་དམ་ཤེར་ཕྱིན་བརྒྱད་སྟོང་པ་སོགས་ཉུང་ཤས་དང་། གཞུང་ས་དང་རྫོང་གཞིས་ཁག་གིས་དད་པ་སྐྱོ་ངས་མེད་པའི་སྦྱིན་བདག་གནང་སྟེ་རྒྱུ་འགྲོ་གཏོས་ཆེ་བ་སྤྱར་ཏེ་པོད་བརྒྱ་དང་བཅུའི་རང་བཞིན་ཅན་བཀའ་འགྱུར་དང་པོད་ཉིས་བརྒྱ་ཙམ་གྱི་རང་བཞིན་ཅན་གྱི་བསྟན་འགྱུར། པོད་ཉི་ཤུ་ཅན་གྱི་མདོ་མངས་སོགས་འབྲི་བཞེངས་གནང་བའི་བྲིས་མ་ཕྱུས་དག་དང་། གཞན་དཔལ་འབྱོར་གྱི་འཕོས་ཀ་དེ་ཙམ་ལས་མེད་ཀྱང་རང་ཉིད་སློབ་གཉེར་གྱིས་འདུན་པ་དྲག་པོས་སྐུལ་ཏེ་ཆེད་དུ་འབྲི་བཤུས་མཛད་པའི་གསུང་རབ་གཞུང་ཆེན་དཔེ་དཀོན་སྐབས་དེ་རང་དུ་ནག་མཆན་དང་དམར་མཆན། དཀྲུས་མཆན་སོགས་བཏབ་པའི་གནའ་དཔེ་བྲིས་མ་གཙིགས་ཆེན་དང་། ཡུལ་དུས་མི་འདྲ་བའི་བརྡ་རྙིང་དང་སྐུང་ཡིག་གི་ལམ་

① སྤར་ཞེས་པ་ནི་པར་གྱི་འབྲི་སྲོལ་གཞན་ཞིག་ཡིན།

ནས་འབྲི་བཤུས་མཛད་པའི་བོད་ཡིག་གནའ་དཔེ་བྲིས་མ་ཚ་ག་ཕྱུག་ལེན་དང་ཡིག་ཚང་སོགས་དུས་ཀྱི་འཕོ་འགྱུར་ལ་མ་ལྟོས་པའི་ད་བར་ཉར་ཚགས་ཐུབ་པའི་གནའ་དཔེ་བྲིས་མའི་གྲངས་འབོར་དང་དཔེ་གཟུགས་ཀྱི་རྣམ་པ། འབྲི་གཟུགས་ཀྱི་ཡི་གེ་དང་འབྲི་རྫས་ཀྱི་སྣག་ཤོག དབུ་ཞབས་ཀྱི་ལྷ་སྐུའི་སྒྲུ་རྩལ་སོགས་ཕྱིའི་དཔེ་གཟུགས་ཐད་ནས་བརྗོད་ན་ཡང་ལོ་རྒྱུས་ཤེས་དཔལ་ཡུན་རིང་ལྡན་པའི་མི་རིགས་གཞན་ལ་འགྲམ་ཆ་ལྡང་མི་དགོས་པ་ཞིག་མཆིས་ཤིང་། ལྷག་དོན་དུ་གསུང་རབ་འབྲི་བཞེངས་ཀྱི་རྒྱུ་འགྲོའི་ཐོག་ལ་མི་རིགས་རང་ཉིད་ཀྱི་རིག་གནས་ཤུགས་རྐྱེན་དང་སྒོ་གསུམ་དད་པས་རྩེ་གཅིག་ཏུ་གཏོལ་ཏེ་འབྲི་བཞེངས་གནང་བའི་གནའ་དཔེ་བྲིས་མ་རྒྱུ་གཙང་ཕྱུས་གཙང་གསེར་དངུལ་སྙིལ་མའི་བྲིས་མ་ལྟོ་གར་འབུར་མ་དང་། ལྟོ་གར་འབུར་མའི་ཟློན་བསྐྱོར་སྐད་ཆེད་དུ་དྲས་དྲུབ་བྱས་པའི་ཁྱད་འཕགས་ལྷ་ལྡན་གྱི་ཞལ་ཁེབས་སུ་ཧྲུས་དང་ལེང་། དེང་ཕོན་དང་ཁ་ཐེ། གནམ་མཁའ་མཛོད་དང་ས་གཞི་མཛོད་སོགས་མི་རིགས་གཞན་སུས་ཀྱང་དོ་ཟླ་བྲལ་བ་ཞིག་རེད་འདུག དེར་བརྟེན་ཉེ་བའི་ལོ་འགའི་ནང་རྒྱལ་ཁབ་ཀྱིས་ཤུགས་ཆེའི་རྒྱབ་སྐྱོར་འོག་བོད་ལྗོངས་སུ་བོད་ཡིག་གནའ་དཔེ་ཡོངས་བཤེར་དང་སྲུང་སྐྱོབ་ཀྱི་ལས་ཀ་སྤུབ་རིང་བོད་ཡིག་གནའ་དཔེ་བྲིས་མར་བརྟག་དཔྱད་བྱེད་པའི་རིག་པའི་གཞུང་ལུགས་ཤིག་དེང་གི་ཆར་རིག་དངོས་ཀྱི་ཕྱུག་ལས་གནང་མཁན་དང་རིག་དངོས་ཉར་ཚགས་ཚན་པ། བོད་ཡིག་གནའ་དཔེ་ཡོངས་བཤེར་དང་སྲུང་སྐྱོབ། གནའ་དཔེར་ཞིབ་འཇུག་གནང་མཁན་རྣམས་ཀྱིས་ངོས་ནས་འཆད་ན་ཡང་ཁ་ཚ་དགོས་གཏུགས་ཀྱི་རིག་པ་ཞིག་ཏུ་འགྱུམས་ཏེ། ཕོ་བོས་བོད་ཡིག་གནའ་དཔེ་བྲིས་མའི་སྐོར་གྱི་ཞིབ་འཇུག་ཐད་ལ་དེང་གི་རྒྱལ་སྤྱིའི་བོད་རིག་པ་སྨྲ་བ་རྣམས་ཀྱིས་རིག་ཚན་མང་པོའི་ཐད་ནས་བོད་ཀྱི་གསུང་རབ་བྲིས་མའི་ཞིབ་འཇུག་[1]དང་། བོད་ཡིག་དཔེ་རྙིང་བྲིས་མའི་ཞིབ་འཇུག་ཐབས་ལམ།[2] ཏུན་ཧོང་གསུང་རབ་བྲིས་མའི་ཤོག་བུའི་

---

① Cristina Scherrer-(Paris and Lausanne) and George Bonani(Lausanner) Establishing b typology of the old Tibetan manuscripts: a multidis ciplinary approach, The Cultural History of western Tibet ,Chian Tibetology Publishing Hbuse 2008,p299-335. 安克里斯汀娜·施考伯 乔治·博纳尼著《用多学科方法建立古藏文写本的类型学》《西部西藏的文化历史》中国藏学出版社2008版。

② 见，【瑞士】安·克里斯汀娜·谢勒著《敦煌与塔波古藏文写本研究的方法论问题》《法国汉学》敦煌学专号 第五辑 中华书局2000年版。

མདོག་ཁ།[1] ཏུན་ཧོང་གསུང་རབ་བྲིས་མའི་མཛད་བྱང་ཞིབ་འཇུག[2] ཏུན་ཧོང་བྲིས་མའི་རྣམ་བཤད་[3]ཅེས་པ་སོགས་རྒྱལ་སྤྱིའི་བོད་རིག་པའི་ལྷུགས་རྩོམ་དང་རྒྱལ་ནང་དུ་ཏུན་ཧོང་གནའ་དཔེ་བྲིས་མའི་རིག་པ་[4]དང་། ཏུན་ཧོང་རིག་པའི་སྐོར་འཆད་ཁྲིད་བཅོ་བརྒྱད་[5]ཅེས་པ་དང་། བོད་ཀྱི་ཞིབ་འཇུག་པས་བྲིས་པའི་གསུང་རྟེན་བརྟག་པ་[6]དང་། དབུ་ཤོག་ཞལ་ཁེབས་བརྟག་པ།[7] སྔོན་དང་ད་ལྟའི་བར་ཡུལ་སོ་སོའི་ཡིག་རིགས་དང་བོད་ཡིག་གི་སྒྲ་སྒྱུར་སྐོར།[8] ད་དུང་དཀར་ཆག་རིག་པ།[9] བོད་ཡིག་གནའ་དཔེ་བྲིས་མའི་ཞིབ་འཇུག་གི་ཐབས་ལམ་[10]ཞེས་པ་སོགས་ཡུལ་དུས་མི་འདྲ་བའི་ལྷུགས་རྩོམ་དེ་དག་ལ་རྒྱང་བཅོལ་བ་དང་སློབ་སྦྱོང་ཞུས་ཏེ་གོང་དུ་བརྗོད་པའི་བོད་ཡིག་གནའ་དཔེ་བྲིས་མ་དེ་དག་ལ་ཞིབ་འཇུག་ཙུང་ཟད་ཅིག་འཐུས་ཚང་ཡོང་སླད། བོད་ཡིག་གསུང་རབ་བྲིས་མའི་རིག་པ་ཞེས་པའི་རིག་ཚན་ཞིག་ཤིན་ཏུ་ནས་དགོས་མཁོ་ཆེ་བར་སེམས་ཏེ། མ་གཞི་དེ་སྔ་ཁོ་བོས་བྲིས་པའི་བོད་ཡིག་གནའ་དཔེའི་རྣམ་བཤད་[11]ཅེས་པའི་ནང་གི་ལེའུ་བཅོ་བརྒྱད་གནའ་དཔེ་བརྟག་ཐབས་སྐོར་དུ་གནའ་དཔེ་བརྟག་

① 见，【法】戴仁著《敦煌写本纸张的颜色》、《敦煌和吐鲁番写本的断代研究》、《敦煌的经折装写本》郑炳林主编 耿昇译《法国敦煌学精粹》读者出版集团2011年4月版第709-761页。

② 见，【日本】池田温著 李德范译 孙晓林校《中国古代写本识语集录_解说》《北京图书馆馆刊》1995年 1 /2期。

③ 见，【日本】藤枝晃著 徐庆全、李树清汉译，荣新江校《敦煌写本概述》，《敦煌研究》1996年2月，96-119页。

④ 见，张涌泉著《敦煌写本文献学》甘肃教育出版社2013年12月版。

⑤ 见，荣新江著《敦煌学十八讲》北京大学出版社2001年8月版。

⑥ བྱ་པ་བཀྲ་ཤིས་རྣམ་རྒྱལ་དཔལ་བཟང་གིས་མཛད་པའི་དཔྱད་དོན་རིན་ཆེན་འཕྲེང་བ་རིག་པའི་བང་མཛོད་མང་པོ་འདིར་ནང་བཞུགས་ཞེས་པའི་དཔེ་སྙིང་བྲིས་མ་མདའ་ཚད་མ་ཕོ་བྲང་པོ་ཏ་ལར་བཞུགས་པའི་ལྡེབ་གྲངས་19-20ཏུ་གསལ་བ།

⑦ ཐུཾ་ཀ་རས་ཛ་ཡས་ཕོ་བྲང་ཆེ་པོ་སྟེ་གདོང་རྩེའི་གཙུག་ལག་ཁང་གི་གཞལ་ཡས་ཁང་དུ་སྦྱར་བའི་བྱིས་པ་དགའ་བར་བྱེད་པའི་བསྟན་བཅོས་ལེགས་པར་བཤད་པ་པདྨ་དཀར་པོའི་ཆུན་པོ་ཞེས་པ་བྲིས་མ་ཕོ་བྲང་པོ་ཏ་ལར་བཞུགས་པའི་ལྡེབ་གྲངས་73-84བར་ཏུ་གསལ།

⑧ བོད་ཀྱི་གསུང་རབ་སྨྲ་བ་མཁས་དབང་དགེ་འདུན་ཆོས་འཕེལ་གྱི་མཛད་པའི་རྒྱལ་ཁམས་རིག་པས་བསྐོར་བའི་གཏམ་རྒྱུད་གསེར་གྱི་ཐང་མ་བོད་ལྗོངས་བོད་ཡིག་དཔེ་སྙིང་དཔེ་སྐྲུན་ཁང་གི་2008ལོའི་སྤར་མའི་ཤོག་གྲངས་248-294བར་གསལ།

⑨ བོད་ཀྱི་གསུང་རབ་སྨྲ་བ་དུང་དཀར་བློ་བཟང་འཕྲིན་ལས་ཀྱིས་མཛད་པའི་བོད་ཀྱི་དཀར་ཆག་རིག་པ་མི་རིགས་དཔེ་སྐྲུན་ཁང་གི་2004ལོའི་སྤར་མ།

①⓪ 见，巴桑旺堆著关于古藏文写本的研究方法的再探索《中国藏学》2009年第3期，第60页。

①① པད་མ་བཀྲ་ཤིས་ཀྱིས་བརྩམས་པའི་བོད་ཡིག་གནའ་དཔེའི་རྣམ་བཤད། བོད་ལྗོངས་མི་དམངས་དཔེ་སྐྲུན་ཁང་གི་2013ལོའི་

ཐབས་ཀྱི་ཐབས་ལམ་17ཙམ་ཞིག་འབྲི་ཁྱུལ་བྱས་ཡོད་མོད་ཀྱང་། གསུང་རབ་བྲིས་མ་དངོས་མཐོང་ཐུབ་པའི་[1]དང་ལྷག་དོན་དུ་ཕྱུག་གི་དངོས་སུ་རིག་སྦྱོང་མེད་པའི་ཞིབ་འཇུག་པ་རྣམས་ཀྱི་ངོས་ནས་བརྗོད་ན་ཡང་ཅུང་ཟད་ཅིག་གནའ་དཔེ་བྲིས་མའི་རིག་པའམ་བྲིས་མ་བརྟག་ཐབས་ཀྱི་ཐབས་ལམ་དེ་མཇུབ་མོ་རི་སྟོན་ཙམ་དུ་སོང་མེད་དམ་སྙམ། དེར་བརྟེན་ད་ཐེངས་ཁོ་བོས་གནའ་དཔེ་བྲིས་མ་མི་ཐུབ་པ་ཞིག་མཐོང་བའི་སྐལ་བ་བཟང་པོ་ཐོབ་པ་དང་གོ་བསྡུན་ཏེ་གནའ་དཔེ་བྲིས་མ་བརྟག་ཐབས་ཀྱི་རིག་པ་སྤྱི་ཕྱིའི་དཔེ་གཟུགས་རྣམ་པ་[2]དང་ནང་བརྗོད་དོན་[3]བརྟག་ཐབས་ཀྱི་རིག་པ་གཉིས་དང་། རང་ཉིད་ཀྱི་ལས་ཀའི་ཉམས་མྱོང་ལས་ཕྱོགས་བསྡོམས་ཞུས་ཏེ་བྲིས་མ་བརྟག་ཐབས་ལས་ཁུངས་བཙན་ཤོས་ཏེ་གནའ་དཔེ་བྲིས་མའི་མཛད་བྱང་ལ་མགོ་བརྟགས་བཙལ་ནས་དུས་རབས་གཏན་ལ་འབེབས་དགོས་པ་དེ་གནད་ཀྱི་དམ་པ་ཞིག་ཏུ་སེམས་ཏེ། ཁོ་བོས་དུས་ཡུན་བརྒྱད་བྱ་བཅུ་ཙམ་ནང་དུ་གནའ་དཔེ་ལེགས་སྒྲིག་དང་ལྷག་དོན་དུ་དུས་ཡུན་བརྒྱད་བྱ་ལྔ་ཙམ་གྱི་ནང་དུ་བོད་ལྗོངས་ཀྱི་ས་ཁུལ་ཁག་ཏུ་བསྐྱོད་དེ་བོད་ཡིག་གནའ་དཔེ་ཡོངས་བཤེར་ཐོ་འགོད་བྱེད་པའི་ལས་རིམ་ཁྲིད་དུ། རང་ཉིད་ཀྱིས་དངོས་སུ་མཐོང་རེག་བྱུང་བའི་དུས་རབས་མི་འདྲ་བའི་གནའ་དཔེ་བྲིས་མའི་མཛད་བྱང་ཁག་ལ་ཨ་པའི་ཁ་ཐོར་ལ་གཙང་ཞེན་བཞིན་ཆེས་གཙིགས་མཐོང་བྱས་ཏེ་ལུས་སེམས་ཀྱི་ངལ་བར་མ་འཛེམས་པར་ལས་ཞོར་དུ་བསྡུ་སྒྲིག་བྱས་ཏེ། རྒྱ་ཆེའི་ཞིབ་འཇུག་པ་དང་མཉམ་སྤྱོད་བྱ་ཆེད་དེབ་འདིའི་བརྗོད་བྱའི་ནང་དོན་གཙོ་བོ་སྟེ་གསུང་རབ་བྲིས་མའི་མཛད་བྱང་ལ་བཙོས་ལྟད་མ་བགྱིས་པར་མ་དཔེའི་དཔར་རིས་དང་ལྷན་དུ་མ་དཔེ་འདྲ་བཤུས་བཏབ་པ་དང་སྦྲགས། རང་ཉིད་ཀྱིས་གནའ་དཔེ་བྲིས་མའི་རིག་པའི་གཞུང་ལུགས་དང་གོ་བསྡུན་ཏེ་མཛད་བྱང་ལ་དབྱེ་ཞིབ་བྱས་ཏེ་བོད་ཡིག་གནའ་དཔེ་བྲིས་མའི་རིག་པ་ཞིག་ཡོང་བའི་རེ་སྨོན་དང་གཅིག་གཉིས་མི་རིགས་སློབ་གླིང་ཁག་གི་བོད་ཡིག་གནའ་དཔེ་བྲིས་མའི་རིག་པར་ཞིབ་འཇུག་ཏུ་འཇུག་པའི་ལས་དང་པོ་བ་རྣམས་ལ་གནའ་དཔེ་བྲིས་མའི་རིག་པའི་སྐོར་གྱི་ཤེས་བྱ་དང་

མཆན་མ།

见，荣新江著《敦煌学十八讲》《敦煌写本学》北京大学出版社2011年版，第302页。

② 见，【日本】藤枝晃著《写本书志学》载于张涌泉《敦煌写本文献学》甘肃教育出版社2013年版，第23页。

③ 见，【日本】池田温著《中国古代写本识语记录集》（上下）北京图书馆馆刊，1994年3、4期，第87页。

གཞུང་ལུགས་ཕྲན་བུ་ཙམ་ཞིག་མགོ་འདོན་དང་རྗེས་སུ་རང་རིགས་ལ་གནའ་དཔེ་ཐྲིས་མའི་རིག་པ་འཕྲུས་ཚང་ཞིག་ཡོང་བར་དམིགས་ཏེ་གཏེར་སྣ་རྗེ་འདྲེན་དང་། གསུམ་ལྷག་དོན་དུ་བོད་ཀྱི་རིག་དངོས་ཀྱི་ཕྱུག་ལས་གནང་མཁན་རྣམས་ལ་རིག་དངོས་ཀྱི་ཆ་ཤས་སུ་གཏོགས་པའི་གནའ་དཔེ་ཐྲིས་མའི་རིག་པ་ཤེས་རྟོགས་བྱ་རྒྱུ་དེ་གལ་ཆེན་ནང་གི་དོན་ཆེན་ཞིག་སྟེ། པེ་ཅིང་སློབ་གྲྭ་ཆེན་མོའི་རིག་དངོས་སློབ་གླིང་གི་གནའ་རྫས་རྟོག་ཞིབ་ཀྱི་ཞིབ་འཇུག་སློབ་མར་དགེ་རྒན་ཆེན་མོ་བསོད་དཔལ་（宿白）མཆོག་ནས་རྒྱ་ཡིག་བཀའ་བསྟན་གྱི་དཀར་ཆག་རིག་པའི་གཞུང་ལུགས་ལྟགས་ཁྲིད་གནང་སྐབས་གསུངས་དོན། སློབ་ཚན་འདིས་ཐོག་མར་དོན་དངོས་ཀྱི་གནད་དོན་ཁག་གཉིས་ཐག་གཅོད་ཐུབ་པ་སྟེ། གཅིག་ཇི་ལྟར་བྱས་ཏེ་རྒྱ་ཡིག་བཀའ་བསྟན་བརྟག་པ་དང་། གཉིས་རྒྱ་ཡིག་བཀའ་བསྟན་གྱིས་ནང་བསྟན་གནའ་ཤུལ་གྱི་གནའ་རྫས་རྟོག་ཞིབ་དང་ཞིབ་འཇུག་བྱ་རྒྱུར་དགོས་མགོ་ཆེན་པོ་ཡོད་[1]ཅེས་པའི་བཀའ་མོལ་དང་སློབ་ཚན་དེ་ལྟགས་ཁྲིད་གནང་བའི་དགོས་མཁོར་མཉོ་བསམས་བྱས་ན། བོད་ཀྱི་རིག་དངོས་ཀྱི་ཕྱུག་ལས་གནང་མཁན་དག་གིས་ཀྱང་གནའ་དཔེ་ཐྲིས་མའི་རིག་པར་ཆ་རྒྱུས་དང་ཤེས་རྟོགས་ཕྲན་བུ་ཞིག་བྱུང་ན། རྗེས་སོར་བོད་ཀྱི་རིག་དངོས་དང་གནའ་རྫས་རྟོག་ཞིབ་ཐད་ཀྱི་ལས་ཀ་དེ་མི་རིགས་གཞན་ལ་བཅོལ་མི་དགོས་པར་རང་རྐྱ་འཕེར་བའི་ཐོག་ལས་ཤོགས་ཆེ་བ་དང་བརྟག་དཔྱད་གནང་དུ་འཁེལ་བ་ཞིག་ཡོང་བའི་འདུན་པ་དྲག་པོས་བསྐུལ་ཏེ་བོད་ཡིག་གནའ་དཔེ་ཐྲིས་མའི་མཛད་བྱང་དང་མཚན་གྱི་ངོས་འཛིན་ཞེས་པའི་དེབ་དེ་འབྲི་བའི་གློ་ཁ་བསྐྱེད་དེ་ཐྲིས་པ་ཡིན།

---

① 见，宿白著《汉文佛典目录》（宿白未刊讲稿系列）文物出版社2009年6月版，第1页。

ལེའུ་དང་པོ། གནའ་དཔེ་བྲིས་མའི་སྤྱི་བཤད་སྐོར།

གཅིག དུས་རབས།

བོད་ལྗོངས་ཀྱི་མངའ་འོག་ཏུ་བཞུགས་པའི་གནའ་དཔེའི་སྐར་གཞིའི་ངོས་ན་བསྟད་ན། ཡུལ་དུས་ཀྱིས་འཚོ་འགྱུར་ལ་མ་ལྟོས་པའི་ཕྱིར་གྱི་ཆ་ནས་སྐར་མ་ལས་བྲིས་མ་མང་བའམ་མཐོང་འཕལ་བའི་གནས་ཚུལ་ཞིག་ཡིན་པ་ནི། ད་ཐེངས་ཁོ་བོ་བོད་ལྗོངས་ཀྱི་གནའ་དཔེ་ཡོངས་བཤེར་དང་སྲུང་སྐྱོབ་ཀྱི་ལས་ཀར་དངོས་སུ་བཞུགས་ཏེ་མིག་མཐོང་ལག་ཟིན་བྱུང་བའི་འབྲས་བུ་ཞིག་ཡིན་ལ་གནའ་དཔེ་དེ་དག་གི་རིན་ཐང་ཡང་ཤིན་ཏུ་ནས་གཙིགས་ཆེན་ཞིག་ཏུ་འགྱུར། དེས་ན་དེ་དག་གི་ཁྲོད་ནས་དུས་རབས་ཀྱིས་ཚབ་མཚོན་ཙམ་ཞིག་དཔེ་མཚོན་དུ་བཀོད་ན། དུས་རབས་9-10ནང་དུ་འབྲི་བཤུས་མཛད་པའི་ཏུན་ཧོང་གི་ཆོས་བཤུ་བྲིས་མ་དང་བོད་ལྗོངས་ཀྱི་གནའ་དཔེ་ཡོངས་བཤེར་དང་སྲུང་སྐྱོབ་ཀྱི་ལས་ཀའི་ནང་དུ་མིག་མཐོང་ལག་ཟིན་བྱུང་བའི་ལྷོ་ཁའི་རྒྱ་མཚོ་སྒོ་མཁར་ཆོས་སྡེ་དང་། དཔལ་ལྡན་འབྲས་སྤུངས་དགོན་དང་ཆབ་མདོ་ཁུལ་དུ་བཞུགས་པའི་བཙན་པོའི་ལྷ་འབུམ་དང་སྔོན་ལྷོ་བྲག་ཤར་ནུབ་གཉིས་སུ་ཕྱེ་བའི་

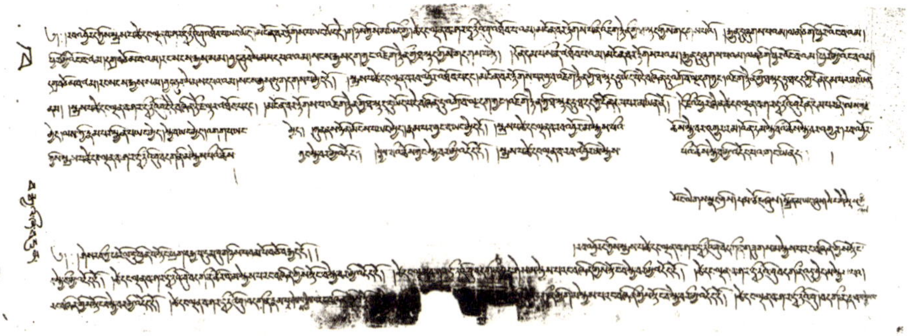

དུས་རབས་9-10པའི་གནའ་དཔེ།

ནང་གི་ལྷོ་བྲག་ཤར་གྱི་ཁོངས་སུ་གཏོགས་པའི་མཚོ་སྣད་དགའ་ཐང་འབུམ་པ་ཆེ་ནས། ཐོན་པའི་རྙེལ་དྲི་འདུལ་བའི་རབས་ལ་སོགས་པ་དུས་རབས་9-10པའི་གསུང་རབ་བྲིས་མ་དང་། དུས་

རབས་11-12པའི་ནང་འབྲི་བཞེངས་མཛད་པའི་འོན་ཀེ་རུ་དང་རྒྱ་མཚོ་གྲོ་མཁར་ཆོས་སྡེ་དང་བྱ་ཡུལ་པད་དཀར་དགོན་དང་། མངའ་རིས་མཐོ་ལྡིང་དང་འཁོར་ཆགས་དགོན་དང་ལོ་དགོན་པ་སོགས་སུ་བཞུགས་པའི་གསུང་རབ་ཡིག་མ་དེ་དག་ནི་མངའ་བདག་མགོན་ནེའི་ཐུགས་དམ་མདོ་མངས་མཐོང་སྨོན་དང་གུ་གེའི་རྒྱལ་རབས་ལྟེབས་མགོ་མ། ཁྲི་དོར་ཏང་ཞལ་གྱི་ཐུགས་དམ། སྐལ་བ་དཔལ་བརྩེགས་ཀྱི་འགྱུར་ཆོས་མངོན་པ་མཛོད་ཀྱི་འགྲེལ་པ་ཉི་མའི་སྣང་བ་ལ་སོགས་པ་དུས་རབས་དེའི་འབྲི་གཟུགས་ཀྱི་ཁྱད་ཆོས་མངའ་བའི་གསུང་རབས་ཡིག་མ་དང་། དུས་རབས་13-15ནང་དུ་མ་དཔེ་ཡིག་མ་ནས་བུ་དཔེར་བཏབ་པའི་བོད་བཙན་པོའི་སྐབས་ཀྱི་དཀར་ཆག་ཆེན་པོ་གསུམ་གྱི་ཡ་གྱལ་དཀར་ཆག་འཕང་ཐང་མ་དང་དབའ་བཞེད། གཞུ་སྙེ་མོའི་མར་རྒྱུད་མཁའ་སྤྱོད་དུ་བཞུགས་པའི་ཤེར་ཕྱིན་རྒྱས་འབྲིང་བསྡུས་གསུམ་དང་། རྒྱལ་རྩེ་ཆོས་རྒྱལ་རབ་བརྟན་ཀུན་བཟང་འཕགས་ཀྱི་སྐུ་དུས་འབྲི་བཞེངས་བསྐྲུངས་པའི་བཀའ་བསྟན་དང་མངའ་རིས་གུང་ཐང་ཙད་དུ་བཞུགས་པའི་གུ་གེའི་དབུ་ཞབས་ལྷ་སྐུའི་སྒྲུ་རྩལ་གྱིས་ཁྱད་ཆོས་ལྡན་པའི་བཀའ་བསྟན་སྐྱ་ཆོས་ལ་སོགས་པའི་གསུང་རབ་ཡིག་མ་དང་། དུས་རབས་16-19ནང་དུ་འབྲི་བཤུས་བསྐྲུངས་པའི་གནའ་དཔེ་བཙན་པོའི་སྐུ་དུས་ཡུལ་ངས་པོ་ཆེ་འཕན་པོར་བསྒྱུར་བའི་གཙོ་པའི་གཞུང་དུ་དུས་རབས་12པའི་ནང་དུ་བྱ་འཆད་ཁ་པས་ཕྱག་བཏབ་པའི་འཆད་ཁ་དགོན་དང་དགེ་བཤེས་བྱ་ཡུལ་བས་ཕྱག་བཏབ་པའི་མང་ར་དགོན་དུ་བཞུགས་པའི་ཤེར་ཕྱིན་མཐིང་ཤོག་ཡུམ་རྒྱས་འབྲིང་བསྡུས་གསུམ་དང་། ཟང་ཟང་ལྷ་བྲག་དཀར་པོར་འབྲི་བཤུས་བསྐྲུངས་པའི་རྙིང་མ་རྒྱུད་འབུམ་པོད་སོ་ལྔ་དང་། དུས་རབས་17པར་རྒྱལ་བ་ལྔ་པ་ངག་དབང་བློ་བཟང་རྒྱ་མཚོའི་དགོངས་རྫོགས་སུ་འབྲི་བཞེངས་བསྐྲུངས་པའི་བཀའ་བསྟན་ཨེ་ཡིག་གི་ཁྱད་ཆོས་མངའ་བའི་གསུང་རབ་ཡིག་མ་དང་། ས་སྐྱའི་ཆོས་རྫོགས་བྲག་རི་མའི་གྲལ་དུ་བཞུགས་པའི་སྟགས་འཆང་ངག་དབང་ཀུན་དགའ་རྣམ་རྒྱལ་གྱི་ཡུམ་གྱི་ཐུགས་དམ་བཀའ་འགྱུར་བསྟན་འགྱུར་དཔལ་མགོན་ཕྱི་ཆས་རང་འགྲིག་ཅན་གྱི་མཐིང་ཤོག་གསེར་ཡིག་སྙེ་དང་ཨེ་ཡིས་ཡིག་མཁན་དབུ་ཆེན་གྱིས་ལྷན་དུ་འབྲི་བཤུས་བསྐྲུངས་པའི་བཀའ་འགྱུར་སོགས། དུས་རབས་མི་འདྲ་བའི་ནང་དུ་འབྲི་བཞེངས་བསྐྲུངས་པའི་གསུང་རབ་ཡིག་མ་ལག་པའི་སོར་མོ་ནང་དུ་བགུག་སྟེ་བགྲང་ཐབས་བྲལ་བའི་ཁྲོད་ནས་དུས་རབས་མི་འདྲ་བའི་གནའ་དཔེ་ཡིག་མའི་དཔེ་མཚོན་ཙམ་ཞིག་བརྗོད་པ་ལགས།

གཉིས། འབྲི་རྫས།

གནའ་དཔེ་བྲིས་མ་ནི་དུས་རབས་མི་འདྲ་བའི་དཔལ་འབྱོར་དང་རིག་གནས་ཆང་གཞིར་བཅོལ་ཏེ་བྲིས་བཞེངས་བསྐྲུངས་པ་ཞིག་ཡིན་སྐབས་འབྲི་རྫས་ཀྱི་ངོས་ནས་བརྗོད་ན་ཡང་། དུས་རབ་8-9པའི་ནང་དུ་ཁྲི་སྲོང་ལྡེ་བཙན་དང་ཁྲི་ལྡེ་སྲོང་བཙན་གྱི་སྐུ་དུས་ཤོག་བུ་མཐིང་ག་ལ་གསེར་གྱིས་བྲིས་ནས་གསེར་གྱི་སྒྲོམ་བུར་བཞག་སྟེ་བཀའ་གཙིགས་ཀྱི་ཡི་གེ་བསམ་ཡས་ཀྱི་དཀོར་མཛོད་དུ་བཞག་པ་བྲང་ཏེ་ཤྲི་ལ་ཕཆམས་བྲིས་བཤུས་བཏབ་པ་དང་། ཏུན་ཧོང་དང་ལྷོ་ཁའི་རྒྱ་མཚོ་སྒོ་མཁར་དང་དཔལ་ལྡན་འབྲས་སྤུངས་དགོན་དང་ཆབ་མདོ་ཁུལ་སོགས་སུ་བཞུགས་པའི་འབྲི་ཤོག་སྤུས་ལེགས་Pt1997བོད་ཡུལ་གྱི་ཤོག་ཤོག་བདེ་བ་དང་འདྲ་བའི་[1]ཤོག་བུ་སྤུས་ལེགས་བོད་ཤོག་གམ་བོད་ཤོག་འདྲ་བས་བཞེངས་པའི་ལྷ་འབུམ་དང་དེ་མིན་Pt1288སྤྱིའི་ལོ་ (སྤྱི་ལོ་744ལོ་) བཙན་པོ་ཐླས་ཁྲམ་དམར་པོ་ཤོག་ཤོག་གསེར་པོ་ལ་སྤོས་པ་ལས་[2]འབྲི་བཞེངས་བྱས་པའི་ཁྲམ་བྱང་ཤིན་ཙང་དང་མཚོ་སྔོན་གྱི་དུར་ལམ་དང་མངའ་རིས་སོགས་ནས་རྙེད་སོན་བྱུང་བའི་ཁྲམ་བྱང་དང་། བཙན་པོའི་སྐུ་དུས་སུ་ལོ་རྒྱུས་ཤིན་ཏུ་བརྟུས་ནས་མི་འཆལ་བར་བྱ་བའི་ཕྱིར་རྗེ་རིང་ལ་གཟོང་གིས་བྲིས་ནས་བཞག་པ་བཀའ་གཙིགས་ཀྱི་རྗེ་རིང་དང་ཤོག་ཤོག་མ་དར་བའི་རྐྱེན་གྱིས་སེམས་ཅན་གྱི་རུས་པགས་གཉིས་སུ་བྲིས་པའི་མོ་དཔེ་སྟེ། ཤིན་ཙང་ནས་རྙེད་སོན་བྱུང་བའི་ལུག་གི་སོག་པའི་མོ་དཔེ་དང་མངའ་རིས་རུ་ཐོག་ཏུ་བཞུགས་པའི་སེམས་ཅན་གྱི་པགས་པའི་སྟེང་བྲིས་པའི་རི་མོ། མཐོ་བོད་བཙན་པོའི་སྐུ་དུས་ཀྱི་ཡིག་རྙིང་ཁག་གསུམ་དུ་གྲགས་པའི་ཡ་ཀྱལ་གསར་དུ་རྙེད་སོན་བྱུང་བའི་ཇག་རོང་དགའ་ལྡན་བྱིན་ཅན་གཙུག་ལག་ཁང་གི་ཅོང་[3]དང་བསམ་ཡས་དང་ཁྲ་འབྲུག་བྲག་ཡེར་པ་བཅས་ཀྱི་ཅོང་སོགས་བསྟན་པ་སྟ་དར་གྱི་གནའ་དཔེའི་འབྲི་རྫས། དུས་རབས་11-13ནང་དུ་འབྲི་

---

① 见，法藏p. t1997

② 见，法藏p. t1288及阴法鲁、许树安、刘玉才主编《中国古代文化史》“唐徐坚《初学记》卷二一《恒玄伪事》说：古无帋（纸），故用简，非主于敬业也。今诸用简者，皆以黄纸代之。”北京大学出版社2008年版第351页。

③ ༄༅། བོད་ཀྱི་ལྷ་བཙན་པོ་ཁྲི་ལྡེ་གཙུག་བརྟན་མཆེད་ཀྱི་སྐུ་ཡོན་དུ་བཙོས་སྟེ༔ ཞང་ལྷ་སྒྲ་ཀྱུ་ལ་སློབས་སྦྱད་ཀྱིས་ཇག་རོང་དགའ་ལྡན་བྱིན་ཅན་གཙུག་ལག་ཁང་གི་རྒྱན་དུ་དྲིལ་ཆེན་ཅིག་ཕུལ་བའི་ཡོན་ཀྱིས་ཡོན་བདག་དང་སེམས་ཅན་ཐམས་ཅད་བླ་ན་མེད་དེ་བྱང་ཆུབ་ཀྱི་རྒྱལ་བར་སྨོན་ཏོ། དྲིལ་འདི་ལྷུགས་ཀོང……གིས་ཡི་གེ་བྲིས་ཏེ་དགེ་སློང་ཆོས་གྲིན་གྱིས་བླུགས་སོ་ཞེས་ཞལ་བྱང་དུ་གསལ།

བཤུས་བསྐྱངས་པའི་འབྲི་རྫས་ཁྱད་འཕགས་ཅན། མི་དབང་སངས་རྒྱས་རྒྱ་མཚོས་གྲོ་ཁ་ཤིང་ཤུན་རས་དང་ཤོག་བུ་སོགས་གསུངས་པ་ལས་མངའ་རིས་གུ་གེའི་མཐོ་ལྡིང་ལྷ་ཁང་དུ་བཞུགས་པའི་ཤེར་ཕྱིན་རྒྱ་དཔེ་དང་བོད་དཔེ་འཇམ་དཔལ་མཚན་བརྗོད་སོགས་གྲོ་ཁ་ཤིང་ཤུན་སྟེང་

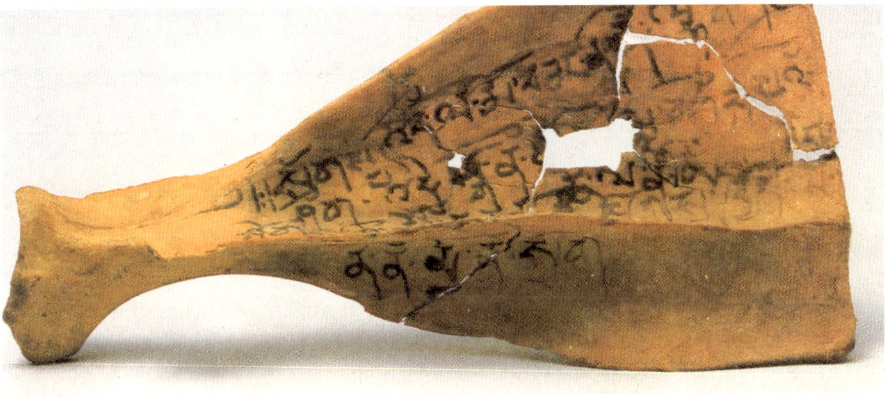

དུས་རབས་9-10པའི་ལུག་གི་སོག་པའི་མོ་དཔེ།

དུ་འབྲི་བཤུས་བསྐྱངས་པའི་གྲོ་ཁ་ཤིང་ཤུན་གསུང་རབ་བྲིས་མ་དང་། ལྷོ་ཁའི་རྒྱ་མཚོ་གྲོ་མཁར་ཆོས་སྡེར་བཞེངས་པའི་མདོ་མངས་དང་འོན་ཀེ་རུ་ལྷ་ཁང་དུ་བཞུགས་པའི་མངའ་བདག་མགོན་ནེའི་ཐུགས་དམ་དང་སྐེ་མོའི་མར་རྐྱང་མཁའ་སྤྱོད་དུ་བཞུགས་པའི་ཤེར་ཕྱིན་ཡུམ་རྒྱས་འབྲིང་བསྡུས་གསུམ་ལས་རྒྱས་པ་སོགས་ཁེང་པའི་འདབས་ཤོག་སྟེ་རྐོང་ཤོག་ལས་[①]བཞེངས་པའི་གསུང་རབ་བྲིས་མ། དུས་རབས་14-16ནང་དུ་ཡུལ་དུས་ཀྱི་འབྲི་རྫས་སྣག་ཤོག་ལས་བཞེངས་པའི་དཔལ་ཞ་ལུ་དགོན་དུ་བཞུགས་པའི་སྐུ་ཞང་གྲགས་པ་རྒྱལ་མཚན་གྱི་ཐུགས་དམ་བཀའ་འགྱུར་རྒྱ་ཤོག་མ་[②]དང་མལ་གྲོའི་གཞོ་སྨད་དུ་ཆགས་པའི་གཡེ་མ་རི་དགོན་དུ་བཞུགས་པའི་ཤེར་ཕྱིན་སེའུ་ཤོག་མ་[③]དང་ཆོས་རྒྱལ་རབ་བརྟན་ཀུན་བཟང་འཕགས་ཀྱི་སྐུ་དུས་བཞེངས་པའི་སྐེ་ཤོག་གསུང་རབ་བྲིས་མ། དུས་རབས་17-19པའི་ནང་དུ་ཨེ་པའི་ཡིག་མཁན་

① པད་མ་བཀྲ་ཤིས་ཀྱིས་བྲིས་པའི་གསུང་རབ་བྲིས་མའི་མཇུག་བྱང་ལས་འཕྲོས་ཏེ་འཕྲུལ་ཡིག་ལ་དཔྱད་པ། བོད་ལྗོངས་ཞིབ་འཇུག 2014ལོའི་དུས་དེབ་4པའི་ཤོག་གྲངས་107ཏུ་གསལ།

② བོད་ལྗོངས་རྟེན་རྫས་བཤམས་མཛོད་ཁང་དུ་བཞུགས་པའི་ཞ་ལུའི་སྐུ་ཞང་གྲགས་པ་རྒྱལ་མཚན་གྱི་ཐུགས་དམ་བཀའ་འགྱུར་གྱི་དཀར་ཆག་བྲིས་མའི་དབུ་ཤོག་གི་ཉིན་ངོར་གསལ།

③ 见，[美]艾略特·史伯岭著陈庆英译《评《拉堆绛（家族）世系》》：国外藏学研究译文，第十三辑西藏人民出版社，“塞胡王在藏文史籍中更多被记载为སེ་དུ་རྒྱལ་པོ།”。

བཞི། སྣོར་ཐིག

གསུང་རབ་བྲིས་མའི་ངོས་སུ་བཞུགས་པའི་སྣོར་ཐིག་གི་ངོས་ནས་བརྗོད་ན་དུས་རབས་ཆེས་སྔ་བའི་གསུང་རབ་བྲིས་མ་དག་ལ་ལྡེབ་གྲངས་འགོད་པའི་སྲོལ་དེ་བྱུང་མེད་གཤིས། གསུང་རབ་དེའི་ནང་དོན་དང་ལྡེབ་གྲངས་སྔ་ཕྱི་མི་འཁྲུག་པའི་ཆེད་དུ་གསུང་རབ་དེའི་སྣོར་ཐིག་ནང་དུ་རྒྱུན་བུ་བརྒྱུས་ནས་ལྡེབ་གཅིག་ཏུ་སྡེབས[①] པའི་གསུང་རབ་རྒྱལ་ཁབ་དཔེ་མཛོད་ཁང་དུ་བཞུགས་པའི་བོད་དཔེ། དུས་རབས་9-10ཙམ་ལྡན་གྱི་བྲིས་མ་བླའམ་གཞུང་སའི་ཕྱོགས་ནས་དོ་དམ་གནང་སྟེ་འབྲི་བཞེངས་བསྐྲུངས་པའི་གསུང་རབ་བྲིས་མར་སྤྱིར་གྱི་ཆ་ནས་སྣོར་ཐིག་གསལ་བ་མ་ཟད་སྣོར་ཐིག་དེས་ཟིན་པའི་ས་དེར། གསུང་རབ་ཀྱི་བརྗོད་བྱའི་ནང་དོན་དང་འབྲེལ་བའི་ནང་དོན་མ་བྲིས་པར་ངོས་གཙང་མར་བཞག་པའི་གསུང་རབ་བྲིས་མ་བཙན་པོའི་བླ་འབུམ། དེའི་སྣོར་ཐིག་གི་ཕྲེད་གཞུང་རིང་ཚད་ལ་3.5cmདང་སྣོར་ཐིག་དང་སྣོར་ཐིག

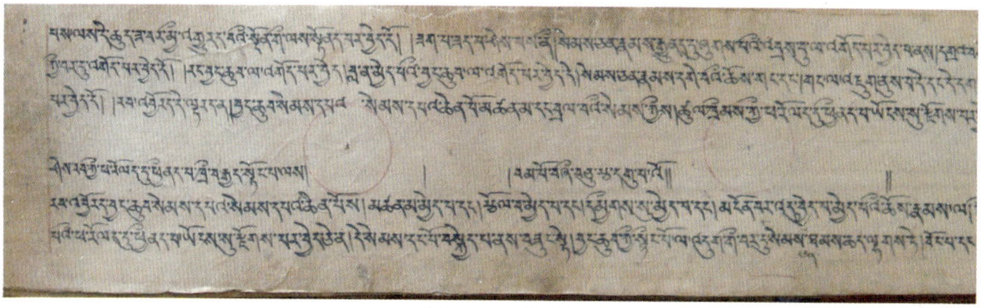

དུས་རབས་9-10པའི་གནའ་དཔེ་སྣོར་ཐིག་ཅན།

བར་གྱི་རིང་ཚད་ལ་23cm། ལྡེབ་གྲངས་ཀྱི་ངོས་སུ་སྣོར་ཐིག་གསལ་ཡང་དེའི་དབུས་ཀྱི་ཁུང་བུའི་ནང་དུ་རྒྱུན་བུ་བརྒྱུས་མེད་པར་གསུང་རབ་ཀྱི་གོ་རིམ་དེ་ལྡེབ་གྲངས་ཀྱིས་ཟིན་པའི་བཙན་པོའི་སྐུ་དུས་ཀྱི་གསུང་རབ་བྲིས་མ། དུས་རབས་12-13གསུང་རབ་བྲིས་མའི་ལྡེབ་གྲངས་ངོས་སུ་སྣོར་ཐིག་གསལ་ཙང་དེའི་དབུས་སུ་ཁུང་བུ་ཕུག་མེད་པ་ཞ་ལུ་དགོན་དང་བྱ་ཡུལ་དགོན་སོགས་སུ་བཞུགས་པའི་གསུང་རབ་བྲིས་མ། དུས་རབས་17-19པའི་གསུང་རབ་ཀྱི་ལྡེབ

① པད་མ་བཀྲ་ཤིས་ཀྱིས་བརྩམས་པའི་བོད་ཡིག་གནའ་དཔེའི་རྣམ་བཤད། བོད་ལྗོངས་མི་དམངས་དཔེ་སྐྲུན་ཁང་གི་2013ལོའི་ཟླ་11པའི་སྤར་མའི་ཤོག་གྲངས་280དང་པད་མ་བཀྲ་ཤིས་ཀྱིས་བྲིས་པའི་གསུང་རབ་བྲིས་མའི་དབྱེ་ཞིབས་ལྷ་སྐུ་ལས་འཕྲོས་ཏེ་བོད་ཡིག་གནའ་དཔེའི་ཁྱད་ཆོས་བཤད་པ་ཞེས་པ་བོད་ལྗོངས་ཞིབ་འཇུག་2009ལོའི་དུས་དེབ་1པའི་ཤོག་གྲངས་110ཏུ་གསལ།

དང་ལྷན་དུ་ཕྱོན་པའི་ཤོག་འདུལ་པས་བཟོས་པའི་ཨེ་ཤོག་སྙིང་དུ་བྲིས་པའི་གསུང་རབ་བྲིས་མ་གསེར་ཆོས་མི་དབང་སངས་རྒྱས་རྒྱ་མཚོའི་སྐུ་དུས་བཞེངས་པའི་གསུང་རབ་བྲིས་མ་དང་། གཡེ་པའི་ཤོག་ལས་མཁན་པོས་ལེགས་པར་བཏུལ་ཏེ་ཤོག་ཆག་བསྒྲུབ་སྟེ་གཡེ་ཤོག་སྙིང་དུ་སྐུ་རབ་རྣམ་རྒྱལ་རྫོང་དུ་འབྲི་བཞེངས་བསྐྲུངས་པའི་གཡེ་ཤོག་གསུང་རབ་བྲིས་མ་སོགས་མདོར་ན་བོད་ཡུལ་གྱི་ཡུལ་དུས་དང་བསྟུན་ཏེ་འབྲི་བཞེངས་བསྐྲུངས་པའི་གསུང་རབ་བྲིས་མའི་འབྲི་རྫས་ཏེ། ཁ་ཆེ་དབང་ཐང་དང་གཙིགས་ཆེ་བའི་འབྲི་ཤོག་དར་གོས་དང་རྒྱ་ནག་ནས་ཐོན་པའི་རྒྱ་ཤོག་དང་གན་ཤོག་ཧུ་ཅེ་གསུམ་ཕུད། གཙང་སླེ་མོ་ཁུལ་ནས་ཐོན་པའི་གཙང་ཤོག མཚོ་སྣ་ནས་ཐོན་པའི་མཚོ་ཤོག དྭགས་པོ་སྟོད་ནས་ཐོན་པའི་དྭགས་ཤོག དྭགས་པོ་སྨད་ནས་ཐོན་པའི་སྐྱིམ་ཤོག སྟོད་གཉའ་ནང་ནས་ཐོན་པའི་གཉའ་ཤོག ཆབ་མདོ་བྲག་གཡབ་ནས་ཐོན་པའི་ཁམས་ཤོག འབྲུག་ཡུལ་ནས་ཐོན་པའི་ལྷོ་ཤོག མོན་ཡུལ་ནས་ཐོན་པའི་མོན་ཤོག[①] སོགས་ཡུལ་དུས་མི་འདྲ་བའི་འབྲི་རྫས་ཕུན་སུམ་ཚོགས་པའི་རྒྱུ་སྦྱུས་ལས་བཞེངས་པའི་གཙིགས་ཆེན་བྲིས་མ་མང་དུ་མཆིས།

གསུམ། སྣེ་ཐིག

སྣེ་ཐིག་ནི་བོད་ཀྱི་གླེགས་བམ་གྱི་རྒྱ་རིམ་པ་བདུན[②]གྱི་ཡ་གྱལ་ཞིག་ཡིན་ཞིང་། ཕྱིར་གྱི་ཆ་ནས་བྲིས་ཕྱར་གྱི་གནའ་དཔེ་གང་ཞིག་ཡིན་རུང་དུས་རབས་ཇི་ཙམ་གྱིས་སྔ་བ་ཡིན་ན་སྣེ་ཐིག་རྒྱ་ཡང་དེ་ཙམ་གྱིས་སྐབས་བདེ་བར་བྲིས་པ་སྟེ། དུས་རབས་8-12བར་གྱི་བོད་ཡིག་གནའ་དཔེ་བྲིས་མ་ཡིན་ན་ཕྱིར་གྱི་ཆ་ནས་གཡས་གཡོན་གྱི་སྣེ་ཐིག་རྒྱ་ལས་གོང་འོག་གི་སྣེ་ཐིག་རྒྱ་དེ་འབྲི་སྲོལ་བྱུང་མི་འདུག གཡས་གཡོན་གྱི་སྣེ་ཐིག་དེ་ཡང་རྐྱང་ཐིག་ལས་གཉིས་ཐིག་མེད་པ་

---

① མི་དབང་སངས་རྒྱས་རྒྱ་མཚོས་མཛད་པའི་དཀར་ཆག་ཐར་གླིང་གྲུ་གཟིངས། བོད་ལྗོངས་མི་དམངས་དཔེ་སྐྲུན་ཁང་གི་1990ལོའི་སྤར་མའི་ཤོག་གྲངས་497ལས་དྲངས།

② བོད་ཡིག་གནའ་དཔེའི་དཔེ་གཟུགས་གླེགས་བམ་ལ་རྒྱ་རིམ་པ་བདུན་གྱི་འཆིང་ཡོད་པ་སྟེ། གཅིག་བརྗོད་དོན་མི་འཁྲུགས་པའི་ཆེད་དུ་ཐེ་ཚན་རྒྱ། གཉིས་གླེགས་བམ་ཕན་ཚུན་མི་ནོར་བའི་ཆེད་དུ་ཀ་ཐོའི་རྒྱ། གསུམ་ལེ་ཚན་མི་ནོར་བའི་ཆེད་དུ་ཐུན་ཕྱིར་གྱི་རྒྱ། བཞི་ཆད་ལྷག་མི་འབྱུང་ཆེད་དུ་ཤོག་གྲངས་ཀྱི་རྒྱ། ལྔ་མཐའ་སྣེ་མི་འཚོལ་བའི་ཆེད་དུ་སྣེ་ཐིག་གི་རྒྱ། དྲུག་སྲུང་སྐྱོབ་ཀྱི་ཆེད་དུ་གླེགས་ཤིང་སྐུ་རགས་ཀྱི་རྒྱ། བདུན་མཆོད་པའི་ཆེད་དུ་ན་བཟའི་རྒྱ་བཅས་ཡོད་ཅེས་བོད་ཀྱི་གསུང་རབ་སྨྲ་བ་དུང་དཀར་བློ་བཟང་འཕྲིན་ལས་མཆོག་གི་བོད་ཀྱི་དཀར་ཆག་རིག་པ་མི་རིགས་དཔེ་སྐྲུན་ཁང་གི་2004ལོའི་སྤར་མའི་ཤོག་གྲངས་48ཏུ་གསལ།

བཙན་པོའི་བླ་འབུམ་སོགས་ཡིན། དུས་རབས་13གནའ་དཔེ་ སྤྱར་མ་རང་རིགས་ཀྱི་ཧོར་སྤྱར་མར་གྲགས་པ་དེ་ཡང་སྔོན་གྱི་བྲིས་མ་ཇི་བཞིན་གཡས་གཡོན་སྐེ་ཐིག་རྒྱ་གཅིག་ཐིག་སྐེ་ཡོན་གྱི་རྒྱལ་ས་ཏ་ཏུར་སྤྱར་པོད་ཉིས་བརྒྱ་བཏབ་པའི་ས་པཋ་གྱི་ཚད་མ་རིགས་གཏེར་དང་སྡོམ་གསུམ་རབ་དབྱེ་སོགས་ཀྱང་ཁྱད་ཆོས་དེ་ལྟར་སྣང་། དུས་རབས་15ནང་གི་སྤྱར་མ་སྤྱི་ལོ་1407ལོའི་ལ་སྟོད་ཤེལ་དཀར་གྱི་སྤྱར་མ་རྒྱ་གར་གྱི་སློབ་དཔོན་སེང་གེ་བཟང་པོས་མཛད་པའི་མངོན་རྟོགས་རྒྱན་གྱི་འགྲེལ་པ་དོན་གསལ་དང་། སྤྱི་ལོ་1426ལོའི་གཞི་ཀ་བྲག་དཀར་གྱི་སྤྱར་མ་དགའ་ལྡན་སྤྱར་རྙིང་དུ་གྲགས་པའི་རྗེ་རིན་པོ་ཆེའི་གསུང་བྱང་ཆུབ་ལམ་རིམ་སོགས་ལ་གཡས་གཡོན་གྱི་སྐེ་ཐིག་རྒྱ་གཉིས་ཐིག་ལས་གོང་འོག་གི་སྐེ་ཐིག་ཡོད་མེད་པའི་གསུང་རབ་དང་། དུས་རབས་16ནས་བཟུང་སྤྱར་བཀོའི་ལག་རྩལ་དེ་འཕྱོངས་པོ་བྱུང་བའི་རྐྱེན་གྱིས་དུས་རབས་17པའི་རྗེས་ཀྱི་གནའ་དཔེ་བྲིས་སྤྱར་གང་ཡིན་ཡང་གཡས་གཡོན་དང་གོང་འོག་མཐའ་བཞི་གཉིས་ཐིག་རྒྱ་བཀོ་འབྲི་བྱས་པའི་གནའ་དཔེ་མཛལ་རྒྱུ་ཤིན་ཏུ་མང་། དེས་ན་བྱ་དངོས་གང་ཞིག་ཡིན་ཡང་མེད་པ་ནས་ཡོད་པ་དང་ཡོད་པ་ནས་འཕྲུལ་ཚང་དུ་འགྲོ་བ་དངོས་པོའི་འཕེལ་རྒྱས་ཀྱི་ཆོས་ཉིད་བཞིན། དུས་ཕྱིས་ཀྱི་བོད་ཡིག་གནའ་དཔེ་བྲིས་སྤྱར་འགའ་ཞིག་གི་གཡས་གཡོན་དང་གོང་འོག་མཐའ་བཞིར་གཉིས་ཐིག་ཡོད་པ་མ་ཟད་ཐིག་གཉིས་བར་ལ་རྒྱ་ནག་ལྕུགས་རི་དང་བཀྲ་ཤིས་རྟགས་བརྒྱད། རྒྱལ་སྲིད་སྣ་བདུན། མཆོད་པའི་ལྷ་མོ་སོགས་ཀྱི་རི་མོ་བསྟན་པའི་གནའ་དཔེ་མངའ་རིས་དང་ས་སྐྱ། རྩེ་ཐང་དང་ནོར་གླིང་སོགས་སུ་བཞུགས་པ་མིག་གི་དགའ་སྟོན་དུ་སྣང་།

སྐེ་ཐིག་རྒྱ་མཆོད་པའི་ལྷ་མོས་བརྒྱན་པའི་དཔེ་རིས།

གྲངས་ངོས་སུ་སྐོར་ཐིག་དེ་གསལ་ཉུང་ལྡེབ་གྲངས་དེའི་སྐོར་ཐིག་ནང་དུ་གསུང་རབ་དེའི་བརྗོད་བྱའི་ནང་དོན་དང་འབྲེལ་བའི་སྐུ་བརྙན་དང་བཀྲ་ཤིས་རྟགས་བརྒྱད་དང་རྒྱལ་སྲིད་སྣ་བདུན། མུ་ཏིག་སོགས་ཀྱིས་སྤྲ་རྒྱན་བཏབ་པའི་གསུང་རབ། དུས་རབས་དེ་དག་ཏུ་གཞུང་སའམ་རྫོང་གཞིས་འབྱོར་ཕྱུག་ཅན་གྱིས་འབྲི་བཞེངས་བསྐྲུངས་པའི་གསུང་རབ་བྲིས་མ་ནོར་གླིང་དང་པོ་ཏ་ལ། ས་སྐྱ་དང་ཞ་ལུ་སོགས་སུ་བཞུགས། དེ་ལས་ལྷག་ཏེ་གསུང་རབ་བྲིས་མའི་ངོས་སུ་སྐོར་ཐིག་གསལ་ཉུང་སྔོན་བཙན་པོའི་སྐབས་ཀྱི་ལྷ་ནས་འབྲི་བཞེངས་བསྐྲུངས་པ་བཞིན། སྐོར་ཐིག་ངོས་གཙང་མར་མ་བཞག་པར་དཀྱུས་གཅིག་ཏུ་ཆོས་གཞུང་འབྲི་བཞེངས་གནང་བ་ཕྱིར་གྱི་ཆ་ནས་མི་སྣེར་གྱི་སློབ་གཉེར་ལ་མཁོ་བའི་སླད་དུ་འབྲི་བཞེངས་བསྐྲུངས་པའི་གནའ་དཔེ་བྲིས་མ་རྩ་ཆེན་མངའ་རིས་འཁོར་ཆགས་དགོན་དང་བྱེ་དཀར་ཆོས་སྡེ། བྱེ་ཡུལ་བྱམས་ཆེན་དགོན་དང་ཨེའི་ཆོས་རྫོང་སོགས་སུ་བཞུགས། ལར་སྐོར་ཐིག་གིས་གསུང་རབ་བྲིས་མ་དེ་གཞུང་སྣེར་དང་བྲིས་ཤུར་གྱི་བཅད་མཚམས་ཟིན་ཐུབ་པ་སྟེ། ཕྱིར་གྱི་ཆ་ནས་སྐོར་ཐིག་ངོས་གཙང་དུ་ཡོད་ན་གཞུང་ས་དང་མེད་ན་སྣེར་གྱིས་འབྲི་བཤུས་བགྱིས་པའི་གསུང་རབ་བྲིས་མ་དང་སྐོར་ཐིག་མེད་ན། དུས་རབས་15རྗེས་ཀྱི་བྲིས་མའམ་ཤུར་མ་གང་ཉུང་ཞིག་ཡིན་མོད་ཀྱང་དེའི་གོང་གི་ཤུར་མ་སྔ་གྲས་དག་ལ་སྐོར་ཐིག་བཀོས་པའང་[1]རེ་གཉིས་བྱེ་དཀར་ཆོས་སྡེ་དང་། བྱེ་ཡུལ་བྱམས་ཆེན་དགོན། བཀྲ་ཤིས་ལྷུན་པོ་སོགས་སུ་བཞུགས་པའི་ཤུར་མ་སྔ་གྲས་རྒྱ་གར་སློབ་དཔོན་སེང་གེ་བཟང་པོས་མཛད་པའི་མངོན་རྟོགས་རྒྱན་གྱི་འགྲེལ་པ་དོན་གསལ་ལ་སོགས་པ་རེ་གཉིས་མཐོང་དུ་སྣང་།

ལྔ། ལྡེབ་གྲངས།

གསུང་རབ་བྲིས་མའི་ངོས་སུ་གསལ་བའི་སྐོར་ཐིག་གི་མིག་ཕུའི་ནང་དུ་རྒྱུན་བུ་བརྒྱུས་ཏེ་གསུང་རབ་ཀྱི་ནང་དོན་དང་ལྡེབ་གྲངས་ཕན་ཚུན་མི་འཁྲུགས་པའི་བྱེད་ནུས་དེ། ལྡེབ་གྲངས་འགོད་པའི་ལམ་སྲོལ་དེས་ཕ་ཤུལ་བུས་འཛིན་པ་ཇི་བཞིན་འགྱུར་རྗེས། རིམ་གྱིས་གསུང་

① སྤྱི་ལོ་1447ལོར་དིང་རི་ཤེར་དཀར་དུ་སི་ཏུ་ཆོས་རིན་དགོངས་རྫོགས་སུ་བཞེངས་པའི་ཤུར་མ་སློབ་དཔོན་སེང་གེ་བཟང་པོས་མཛད་པའི་མངོན་རྟོགས་རྒྱན་གྱི་འགྲེལ་པ་དོན་གསལ་ཤེལ་དཀར་གྱི་ཤུར་མ་སྐོར་ཐིག་ཅན་ཞིག་སླེ་མོ་བྱེ་དཀར་དང་གཙང་བཀྲས་ལྷུན་དགོན་དུ་བཞུགས་པ་དེར་སྟེ་བཙོལ་ཏེ་ཞུ་ཞུལ་བྱས་ཡོད།

རབ་བྲིས་མའི་ལྡེབ་གྲངས་འགོད་སྟོལ་དེའང་དུས་རབས་མི་འདྲ་བའི་ཁྱད་ཆོས་སམ་སྒྱུ་རྩལ་ལྡན་པར་བྲིས་ཡོད་པ་སྟེ། དུས་རབས་8-12ནང་དུ་འབྲི་བཞེངས་བསྐྲུངས་པའི་གསུང་རབ་བྲིས་མའི་ལྡེབ་གྲངས་སྤྱིར་གྱི་ཆ་ནས་གཞན་རྣམས་དང་གཅིག་མཚུངས་སུ་ཡོད་མོད་ཀྱང་། ལྡེབ་གྲངས་དྲུག་ཅུ་ནས་བདུན་ཅུའི་བར་གྱི་ལྡེབ་གྲངས་དེ་གང་ཞིག་ཏུ་ཐོན་ཅུང་། དུས་རབས་དེའི་དམིགས་བསལ་ཁྱད་ཆོས་ཅན་གྱི་འབྲི་སྟོལ་ཏེ་རེ་གཅིག་རེ་གཉིས་ཞེས་པར་རོ་གཅིག་རོ་གཉིས་ཞེས་རེ་ལ་རོ་[①]ཞེས་བྲིས་པ་བཙན་པོའི་བླ་འབུམ་དང་སྙེ་ཐང་སྒྲོལ་མ་ལྷ་ཁང་དང་དཔལ་ཞ་ལུ་དགོན་སོགས་སུ་བཞུགས་པའི་ཤེར་ཕྱིན་མདོ་མངས་དང་། དུས་རབས་11པའི་ནང་དུ་འགྱིང་ཇོ་ལོ་ཙཱ་བ་ཟླ་བའི་འོད་ཟེར་གྱིས་དུས་འཁོར་བོད་ལ་བསྒྱུར་རྗེས་རིམ་བཞིན་གསུང་རབ་བྲིས་མའི་ལྡེབ་གྲངས་ཀྱི་བརྒྱ་གནས་[②]ཏེ་དམིགས་བསལ་རྟགས་ I དང་ ⁞ དང་ § དང་

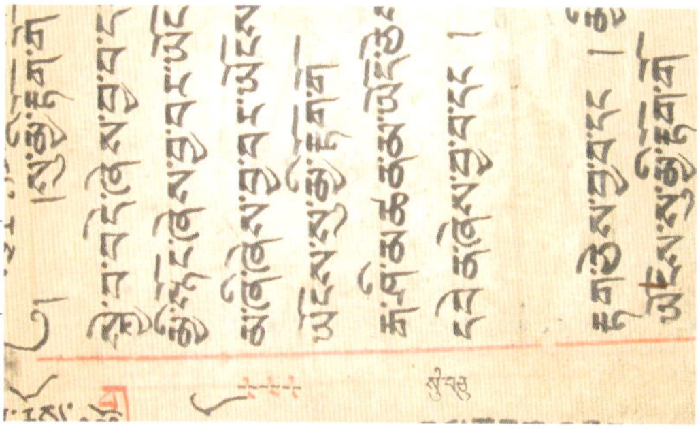

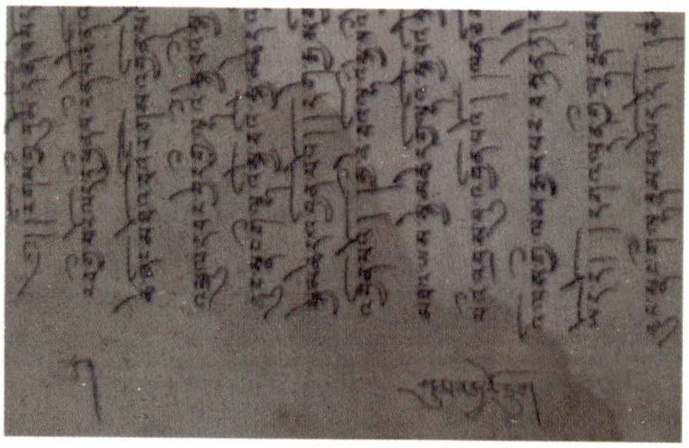

དུས་རབས་9-12པའི་གནའ་དཔེ་བྲིས་མའི་ལྡེབ་གྲངས།

×དང་ད་དུང་རྟགས་འདི†དང་འདི་འདྲ་བས་མཚོན་པར་བྱས་པའི་གསུང་རབ་བྲིས་མ་འོན་ཀེ་ཏུ་དང་གྲོ་མཁར་ཆོས་སྡེ། མར་རྒྱུང་མཁའ་སྤྱོད་དང་གུང་ཐང་ཏུད་སོགས་སུ་བཞུགས་པའི་གནའ་དཔེ་དང་། ད་དུང་ནང་དོན་གལ་ཆེའི་རིགས་དགོན་སྡེ་དང་ཕོ་བྲང་ཁག་གི་སྒྲོད་དེབ་དང་མགྲོན་དེབ་སོགས་ཀྱི་ལྡེབ་གྲངས་སྟེང་དུ་ནང་དོན་ཡོད་མེད་ལ་མ་ལྟོས་པར་ལྡེབ་གྲངས་

① པད་མ་བཀྲ་ཤིས་ཀྱིས་བྲིས་པའི་བཙན་པོའི་དུས་ཀྱི་ཤེར་ཕྱིན་བྲིས་མའི་སྐོ་ཐིག་རྒྱའི་གུད་དུ་གསལ་བའི་རོ་ཡིག་ལ་དཔྱད་པ། བོད་ལྗོངས་ཞིབ་འཇུག 2016ལོའི་དུས་དེབ་4པའི་ཤོག་གྲངས30་གསལ།

② 见，[瑞士]安·克麗丝蒂娜·谢勒-肖布著王启龙译《敦煌与塔波古藏文写本研究方法论问题》法国汉学，第5期，中华书局2000年版，第257页。

ཚང་མ་དམིགས་བསལ་ཅན་གྱི་རྟགས་ཐམ་གྱིས་བསྟན་པའི་དཔེ་གཟུགས་ལྷེབ་མགོ་མ་པོ་ཏ་ལ་དང་ནོར་གླིང་། ས་སྐྱ་དང་ཞ་ལུ། ཡིག་ཚགས་ལས་ཁུངས་སོགས་སུ་བཞུགས་པའི་དཔེ་རྙིང་། གསུང་རབ་ལ་ལ་ཞིག་གི་ནང་དོན་དེ་ལྷེབ་གྲངས་སུམ་ཅུ་ནང་ཚུན་དུ་བྱོན་ཡོད་ན་གསུང་རབ་དེའི་ལྷེབ་གྲངས་ཀྱི་ངོས་སུ་ལྷེབ་གྲངས་ཨང་ཡིག་མ་བཀོད་པར་ཐད་ཀར་ཀ་མད་སུམ་ཅུའི་གོ་རིམ་གྱིས་ཐེན་པའི་དཔེ་རྙིང་བྲིས་མ་ཤོ་པོ་ལྔ་ལྷིངས་དགོན་དུ་ཡང་རེ་གཉིས་མཇལ་རྒྱུ་འདུག ད་དུང་རྒྱ་ནག་ཁུལ་དུ་འབྲི་བཞེངས་གནང་བའི་བོད་དཔེ་ཧོར་སྤྱར་མ་དག་བོད་ཀྱི་ཡི་གེ་བས་བྲིས་ཤིང་རྒྱ་ནག་བཟོ་པའི་ཚོགས་ཀྱིས་སྤྱར་དུ་བརྐོས་པའི་སྐབས་ཀྱིས་གསུང་རབ་ཀྱི་ལྷེབ་གྲངས་བོད་རྒྱ་ཤན་སྦྱར[1]དང་། སྤྱི་ལོ1447ལོར་དིང་རི་ཤར་དཀར་དུ་སི་ཏུ་ཆོས་རིང་དགོངས་རྫོགས་སུ་བཞེངས་པའི་སྤར་མ་སློབ་དཔོན་སེང་གེ་བཟང་པོས་མཛད་པའི་མངོན་རྟོགས་རྒྱན་གྱི་འགྲེལ་པ་དོན་གསལ་ཤེལ་དཀར་སྤར་མའི་ལྷེབ་གྲངས་ཀྱི་ཉིན་ངོའི་སྤྱན་འཁྱེར་གྱི་རྒྱའི་ནང་དུ། སྲོལ་རྒྱུན་བཞིན་ལྷེབ་གྲངས་ཡིག་ཆེན་ཨང་གྲངས་དང་དེའི་སྦྲིབ་ངོར་བོད་ཨང་བཀོད་པའི་གསུང་རབ་དང་། དུས་རབས་11པའི་རྒྱ་དཔེ་གྲོ་ཁ་ཤིང་ཤུན་ཡིག་ཐྲེང་བཅུ་གཅིག་ཅན་ཤིན་ཏུ་ནས་རྩ་ཆེན་མངའ་རིས་མཐོ་ལྡིང་དགོན་དང་། དུས་རབས་13-14ནང་དུ་འབྲི་བཤུས་བསྐྲུངས་པའི་ཏ་ལའི་ལོ་མའི་དཔེ་ཆ་ཕོ་བྲང་པོ་ཏ་ལའི་དབྱིགས་ནོར་ཁང་དུ་བཞུགས་པའི་རྒྱ་དཔེ་བཅས་ཀྱི་ལྷེབ་གྲངས་སུ་བོད་ཤན་སྦྱར་བྱོན་པ་སོགས་དུས་རབས་མི་འདྲ་བའི་ལྷེབ་གྲངས་ཀྱི་ཁྱད་ཆོས་ལྡན་པའི་གསུང་རབ་བྲིས་མ་སྤུས་དག་སྣ་མང་མཇལ་རྒྱུ་གདའ།

དྲུག ཡིག་ཕྲེང་།

སྤྱིར་གསུང་རབ་བྲིས་མའི་ངོས་ནས་ཞུས་ན་གསུང་རབ་དེའི་ལྷེབ་ངོས་སུ་བྱོན་པའི་ཡིག་ཕྲེང་ནི་གླེགས་བམ་དཔེ་གཟུགས་ཀྱི་ལྷེབ་གྲངས་སྟེ་ཐིག་རྒྱས་ཟིན་པའི་སྟོང་ཆར་བརྟེན་ཏེ་ཞུ་དགོས་པ་ཞིག་ཡིན་མོས་ཀྱང་། བོད་ཡིག་གནའ་དཔེ་བྲིས་མའི་རྣམ་པར་ཉམས་ཞིབ་བྱས་ཏེ་འཆད་ན་སྐབས་གཞུང་ས་ཕྱོགས་ཀྱིས་འབྲི་བཞེངས་གནང་བའི་གསུང་རབ་དེ་དག་གི་ཡིག་ཕྲེང་ལ་ཁྲིམས་ཅུང་ཟད་ཅིག་ཡོད་དམ་སྙམ། ད་ལྟ་རང་རེ་རྣམས་ཀྱིས་མཇལ་དུ་མཆིས་པའི་

---

① པད་མ་བཀྲ་ཤིས་ཀྱིས་བརྩམས་པའི་བོད་ཡིག་གནའ་དཔེའི་རྣམ་བཤད་ལེའུ་བཅོ་ལྔ་པ་ལྷེབ་གྲངས་སྐོར། བོད་ལྗོངས་མི་དམངས་དཔེ་སྐྲུན་ཁང་གི་2013ལོའི་ཟླ་11པའི་སྤར་མའི་ཤོག་གྲངས་289-299དུ་གསལ།

བཙན་པོའི་ཕྲ་འབུམ་དུ་གྲགས་པ་རྒྱ་མཚོ་གྲོ་མཁར་དང་དཔལ་ལྡན་འབྲས་སྤུངས་དགོན་སོགས་སུ་བཞུགས་པའི་ཤེར་ཕྱིན་འབུམ་དང་། ཏུན་ཧོང་དུ་ཕྲ་ནས་འབྲི་བཞེངས་བསྐྱངས་པའི་ཤེར་ཕྱིན་འབུམ་སོགས་ཀྱི་ལྡེབ་གྲངས་ཀྱི་ཡིག་ཕྲེང་ལ་དཔྱེ་ཞིབ་བྱ་སྐབས་དེ་དག་གི་ཡིག་ཕྲེང་ཁྱད་ཆོས་ནི། ཡིག་ཕྲེང་12ཅན་ཤ་སྟག་ཏུ་བྱོན་པ་དང་དེའི་ཤོག་རྒྱ72×23cmཅན་དང་བམ་པོའི་འབབ་མཚམས་ཀྱང་སྤྱིར་གྱི་ཆ་ནས་ལྡེབ་གྲངས7ནས8བར་ཆོད་པའི་སར་བྱོན་པའི་[1]རྒྱུ་མཚན་བཅས་དང་། དུས་རབས8-9པའི་ནང་དུ་གསུང་རབ་འབྲི་བཞེངས་ཀྱི་ཕྲ་དཔེ་དང་ཆོས་བཤུ་བྲིས་མའི་འབྲི་ཤོག་གི་ཚུ་ཞེང་དང་དོ་དམ་སྒྲིག་སྲོལ་བཅས་ཀྱི་རྒྱུ་མཚན་གྱིས་ཡིན་ནམ་སྙམ། དེ་དང་དོད་མཚུངས་ཏུན་ཧོང་ནས་ཐོན་པའི་རྒྱ་ཡིག་གི་ཡིག་ཆ་ཚད་ལྡན་དེ་དག་ཡིག་ཕྲེང་28ཅན་[2]དང་ཡིག་ཕྲེང་རེ་རེ་ཡང་རྒྱ་ཡིག་ཡིག་འབྲུ17རེ་བྱོན་ཡོད་[3]ཅེས་ཏུན་ཧོང་གི་གསུང་རབ་བྲིས་མའི་ཞིབ་འཇུག་མཁས་པས་གསུངས་པར་ཡང་ཐུགས་མདུ། གང་ལྟར་ཡང་བཙན་པོའི་ཕྲ་འབུམ་དུ་གྲགས་པ་ཡིག་ཕྲེང་12ཅན་དུ་བྱོན་པའི་དཔེ་རྙིང་བྲིས་མ་དང་། དུས་རབས12པའི་ནང་དུ་འབྲི་བཤུས་བསྐྱངས་པར་མངོན་པའི་ཤེར་ཕྱིན་ཡུམ་སྐྱེ་ཐང་སྒྲོལ་མ་ལྷ་ཁང་དུ་བཞུགས་པ་གསུང་རབ་ཡིག་ཕྲེང་13ཅན་དང་། ཤོག་རྒྱའི་ངོས་ནས་བརྗོད་ན་ཡང་འབུམ་ཤོག་མོ་ཆེ་ལས་ཤོག་རྒྱ་ཙུང་ཟད་ཅིག་ཆུང་བར་སྣང་། སྔོན་ས་སྐྱ་རང་དུ་བྲིས་པར་མངོན་པའི་རྣམ་འགྲེལ་གྱི་རྒྱན་ པྲཛྙཱཀཱརགུཔྟས་མཛད་པ་ཤོག་བུ་ཡིག་ཕྲེང་13ཅན་བཞུགས་པ[4]བོད་ཀྱི་གསུང་རབ་སྒྲ་བ་དགེ་འདུན་ཆོས་འཕེལ་གྱིས་མཇལ་སྐྱོང་བ་དེ་འདྲ་མིན་ནམ་སྙམ

---

① པད་མ་བཀྲ་ཤིས་ཀྱིས་བྲིས་པའི་བཙན་པོའི་ཕྲ་འབུམ་གྱི་བམ་མཚམས་ལ་དཔྱད་པ་ཞེས་པ་བོད་ལྗོངས་ཞིབ་འཇུག2015ལོའི་དུས་དེབ་བཞི་པའི་སྟེང་དུ་གསལ་བར་གཟིགས་པར་འཚལ།

② ཚད་ལྡན་གྱི་གསུང་རབ་བྲིས་མ་ནི་ཡིག་ཕྲེང་28ཅན་དང་ཡིག་ཕྲེང་རེར་ཡིག་འབྲུ17ཡོད་གཤིས་གསུང་རབ་འབྲི་མ་པོད་གཅིག་ལ་འབྲི་ཤོག་ཅི་ཙམ་དང་ཡིག་འབྲུ་ཅི་ཙམ་ཞིག་ཡོད་མེད་ལམ་སེང་རྩིས་བྱེད་ཐུབ་ཅེས་见，荣新江著《敦煌学十八讲》北京大学出版社2001年版，第303页。

③ ཁྱད་པར་ཆེ་ཤོས་ཅན་ཞིག་ནི་ཆོས་བཤུ་བྲིས་རྙིང་སྟེང་གི་ཡིག་ཕྲེང་གཅིག་གི་ཡིག་འབྲུ་དེ་རྗེས་སོར་ཚད་གཞི་ངེས་གཏན་ཅན་གྱི་ཡིག་ཕྲེང་རེ་རེ་ཡིག་འབྲུ17དང་། དུས་རབས5པའི་དུས་མཇུག་ཙམ་དུ་འགྱུར་བ་མེད་པའི་ཚད་གཞི་ཅན་དུ་བསྒྱུབས་ཞེས་见，苏远鸣著《敦煌汉文写本的断代》郑炳林主编耿昇译《法国敦煌学精粹》读者出版集团出版社，第765页。

④ རྣམ་འགྲེལ་གྱི་རྒྱན་པྲཛྙཱཀཱརགུཔྟས་མཛད་པ་ཤོག་བུ་ལྡེབ་མོ་ཆེན་པོ་ཐིག་ཕྲེང་བཅུ་གསུམ་སོགས་སུ་བྲིས་པ་ལེའུ་གཉིས་པ་དང་གསུམ་པ། འདི་བིཀྲམཤཱིལ་ཁ་ཆེ་པཎ་ཆེན་གྱི་ཞབས་ཞུར་བྱོན་པ་དེ་བཞིའི་ཕྱག་བྲིས་ཡིན་ཅིང་ས་རང་དུ་བྲིས་པར་མངོན་ཞེས་མཁས་དབང་དགེ་འདུན་ཆོས་འཕེལ་གྱིས་མཛད་པའི་རྒྱལ་ཁམས་རིག་པས་བསྐོར་བའི་གཏམ་རྒྱུད་གསེར་ཐང་སྙིད་ཆ་ནུབ་བྱང་མི་རིགས་སློབ་ཆེན་གྱི་སྤར་མ་ཤོག་གྲངས25དུ་གསལ།

པ་བྱུང་ཞེས་པའི་གསུང་རབ་ཇི་བཞིན་དང་། དུས་རབས་15པའི་སྐབས་སུ་བོད་དུ་སྤར་གྱི་ལག་རྩལ་རྒྱ་ཁྱབ་ཏུ་སོང་བ་དང་སྦྲགས་ཡིག་གཟུགས་ཀྱང་དབུ་ཆེན་གྱིས་ཚད་བཟུང་བའི་སྐབས་ཀྱིས་སྤར་གྱི་འབྲི་གཟུགས་ལ་འགྱུར་ལྡོག་ཆེས་དམིགས་བསལ་ཅན་ཞིག་བྱུང་མེད་[①]གཤིས། དུས་དེ་ནས་བཟུང་བོད་ཡིག་གནའ་དཔེ་ཕྲིས་སྤར་གཞུང་སའམ་བླ་ནས་གནང་བ་

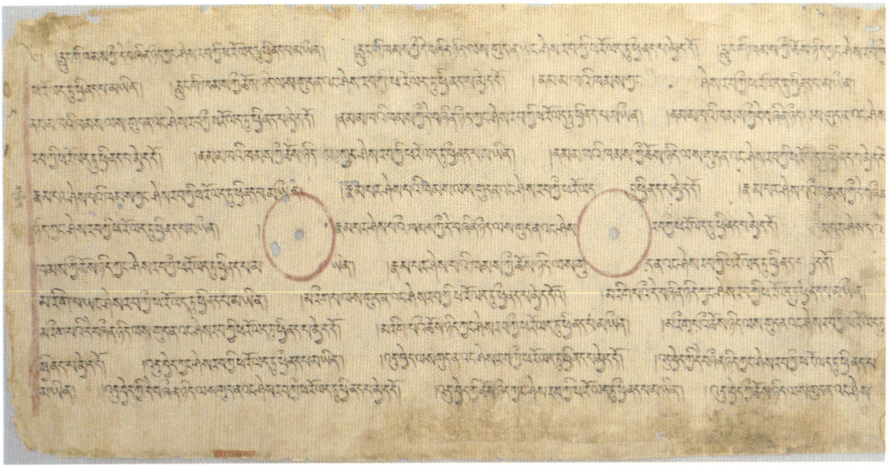

དུས་རབས་12-13པའི་གནའ་དཔེ་ཡིག་ཕྲེང་བཅུ་གསུམ་ཅན།

རྣམས་ཕྱིར་གྱི་ཆ་ནས་ཡིག་ཕྲེང་དྲུག་གམ་བདུན་ཕྱོན་པའི་གསུང་རབ་ཕྲིས་སྤར་ཀྲོལ་དུ་དངར་བ་སྣང་། དུས་ཕྱིས་སུ་འབྲི་བཤུས་བསྐྲུན་པའི་འབུམ་ཤོག་མོ་ཆེ་སེ་ར་དང་ངོར་དགོན་དུ་བཞུགས་པ་དེ་དག་ཀྱང་ཤོག་རྒྱའི་ཆེ་ཆུང་ལ་མ་བལྟོས་པར་ཚང་མ་ཡིག་ཕྲེང་དྲུག་གམ་བདུན་ཅན་དུ་སྣང་། དེ་ལྟར་གསུང་རབ་ཀྱི་ཡིག་ཕྲེང་ཚད་ལྡན་དྲུག་ཅན་ནམ་བདུན་ཅན་དུ་ངེས་ན་གསུང་རབ་འབྲི་བཞེངས་བསྐྲུན་སྐབས་སྣག་ཤོག་དང་ན་བཟའ་གླེགས་ཤིང་སྐུ་རགས་ཀྱི་རྒྱུ་

① ལྟག་པར་རྗེ་རིན་པོ་ཆེའི་སྐུ་དུས་ཙམ་ནས་བཟུང་དཔེ་རྣམས་དཔར་འདེབས་བྱེད་པའི་སྲོལ་དེ་དར་ཁྱབ་ཆེ་བར་གྱུར་ཅིང་། དེང་སང་ཤིང་དཔར་འཕོར་ཆེན་བོད་ཡུལ་ན་ཡོད་པ་འདི་ཙམ་ས་སྟེང་གཞན་གང་དུ་ཡང་མེད་པར་གྲགས། དཔར་ལས་བྱེད་པའི་མགོ་རྩོམ་པ་དེ་ནས་བཟུང་ཡིག་གཟུགས་དང་དག་ཆ་སོགས་ཀྱང་ཕལ་ཆེར་སྲོལ་ལུགས་གཅིག་ལས་ཉུང་ཟད་ཀྱང་མ་འགྱུར་བར་གནས་པ་ཙམ་བྱུང་། དེས་ན་ད་དུང་ཡང་རང་རེ་རྣམས་ཇི་སྲིད་བསྟན་བཅོས་ཀྱི་ཐ་སྙད་དང་ཆོས་སྐད་ལ་ཆ་འཛོག་བྱེད་པ་དེ་སྲིད་དུ་བོད་ཡུལ་ཡོངས་རྫོགས་ཀྱི་སྐད་རིགས་ཀྱང་གཅིག་ཏུ་གནས་པ་ཡིན་ཞེས་བོད་ཀྱི་གསུང་རབ་སྨྲ་བ་དགེ་འདུན་ཆོས་འཕེལ་གྱིས་མཛད་པའི་རྒྱལ་རབས་དེབ་ཐེར་དཀར་པོ་ནུབ་བྱང་མི་རིགས་སློབ་ཆེན་གྱིས་སྤར་བའི་ཤོག་གྲངས་218ཏུ་གསལ་བར་ལུང་ཁུངས་བཙལ་ཏེ་ཞུས་ཁུལ་བྱས།

འགྲོ། འབྲི་ཞུས་དང་སྡུ་ཚོགས་བཟོ་པའི་ཚོགས་ཀྱི་སྣྲ་ཡོན་སོགས་ཀྱི་འགྲོ་སོང་ཡང་སྟོན་རྩིས་བྱ་རྒྱུར་ཕན་ནུས་ལྡན་ན་མེད་པ་ཞིག་ཐོན་ཐུབ་པའི་རྒྱུ་མཚན་གྱིས་ཡིན་པར་སེམས་ཏེ། དུས་རབས་15ནང་དུ་ཆོས་རྒྱལ་རབ་བརྟན་ཀུན་བཟང་འཕགས་ཀྱི་སྐུ་དུས་བཀའ་བསྟན་འབྲི་བཞེངས་གནང་བའི་སྐབས་སུ་རྒྱུ་འགྲོའི་སྟོན་རྩིས་ཀྱང་ལྡེབ་གྲངས་ལ་བརྩོལ་གནང་བའི་[①]གསུང་རབ་རྒྱལ་རྩེ་དཔལ་ཆོས་དགོན་དུ་བཞུགས་པའི་བཀའ་བསྟན་དང་། བཀའ་བསྟན་དེ་དག་ལས་རིགས་འདྲིགས་བྱས་ཏེ་མཐར་གཏུགས་ནས་ཞུས་ན་ལྡེབ་གྲངས་ཀྱི་ཚད་གཞི་[②]དེ་ཡང་ལྡེབ་གྲངས་ཀྱི་ཡིག་ཕྲེང་7འམ་6ཅན་ལ་མགོ་བཏགས་བརྩོལ་ནས་རྩིས་གནང་བ་ཞིག་ཡིན་པ་ཐེ་ཚོམ་མེད། འོན་ཏེ་སྔར་མ་ཆེས་སྔ་གྲས་ཏེ་དཔལ་ལྡན་འབྲས་སྤུངས་སྔར་མ་སྣེའུ་ཛོང་གི་དཔོན་ནམ་མཁའ་བཟང་པོས་སྦྱིན་བདག་མཛད་དེ་སྔར་དུ་བཞེངས་པའི་གསུང་རབ་ཡིག་ཕྲེང་བརྒྱད་ཅན་བྱས་པ་སོགས་བྲིས་སྔར་འཛོལ་འགྲོ་བ་ལྟ་བུའི་གསུང་རབ་སྔར་མ་སྤུས་དག་དམིགས་བསལ་ཅན་རེ་གཉིས་ཀྱང་བོད་ཡུལ་ན་མཇལ་རྒྱུ་གདའ།

① ཡི་གེའི་གྲྭ་ཧོ་བླ་བ་གསུམ་པའི་ཆོས་གཅིག་ནས་བཙུགས། སྟོན་བླ་འབྲིང་པོའི་གནམ་གང་ཚུན་བླ་བ་བདུན་གྱི་བར་ལ་བཀའ་འགྱུར་གསེར་གྱིས་བཞེངས་པ་བཞུགས། སུམ་བརྒྱ་དྲུག་ཅུ་མ་ལ་དུམ་པ་རེར་བྱས་པའི་པོ་ཏི་བོ་བཅུ་གསུམ་གྱི་པོ་ཏི་རེ་ལ་གསེར་མགུར་ཞོ་ཉི་ཤུ་ལ་འདུལ་ཆད་ཞོ་རེ་ནས་སེ་ཕྱེད་མ་དང་བཅས་པ་ལ། གསེར་ཞོ་ཉིས་བརྒྱ་དང་དྲུག་ཅུ་རེ་ལྔ་སེ་བ་བཅུ། ཤོག་བུ་ཉིས་སྦྱར་གྱི་རྩིས་ཤོག་ཡུག་བརྒྱ་དྲུག་ཅུ་མ་ཡོད་པའི་དུམ་པ་ཉི་ཤུ་རྩ་དགུ་དང་། ཤོག་ཡུག་བཞི་རེ་དགོས་པའི་རིན། དུམ་པ་རེ་ལ་དངུལ་ཊམ་ཁ་བཞི་མའི་རྩིས། ཊམ་ཁ་བརྒྱ་དང་བཅུ་བདུན། ཡིག་མཁན་རེས་དུམ་པ་རེ་འབྲི་པའི་རྩིས་རྒྱུགས་ཐོབ་ཆ་ལ། སྤྱི་དོང་གི་ནས་ཁལ་ཉི་ཤུ་རྩ་གཅིག་བྲེ་བཅོ་ལྔ་རེ་དགོས་པ། དུམ་པ་བཅུ་གསུམ་གྱི་ཐོབ་བསྡོལ་བས་ཁལ་ཉིས་བརྒྱ་དང་བརྒྱད་ཅུ་གྱ་གཉིས་བྲེ་བཅོ་ལྔ། ཞུས་དག་པ་ཆ་གཅིག་གིས་དུམ་པ་རེའི་ཞུས་དག་བྱེད་པ་ལ་ཉི་མ་བདུན་རེ [དུམ་པ་བཅུ་གསུམ་གྱི་ཞག་བསྡོལ་ནས་]དགོས་པ། བླ་བ་གསུམ་དང་ཞག་གཅིག་འགོར་བས་མི་རེ་ལ་བླ་རྒྱགས་ཁལ་གཉིས་བྲེ་བཅུ་བདུན་ཕུལ་ལུ་ལྔ་ཐོབ་པ་བསྡོལ་བས་ཁལ་བཅུ་བདུན་དང་བྲེ་བཅུ་ཕུལ་དོ་ཞེས་འཇིགས་མེད་གྲགས་པས་མཛད་པའི་རབ་བརྟན་ཀུན་བཟང་འཕགས་ཀྱི་རྣམ་ཐར་བོད་ལྗོངས་མི་དམངས་དཔེ་སྐྲུན་ཁང་1987ལོའི་པར་མའི་ཤོག་གྲངས་361དུ་གསལ་བར་ལ་གཞི་བརྩོལ་ཏེ་ཞུས་ཁུལ་བྱས་ཡོད།

② བསྟན་འགྱུར་བཞུགས་བཞི་བརྒྱ་བདུན་མ་ལ་པོ་ཏི་རེ་རེར་བྱས་པའི་པོད་ངོ་བཅུ་གསུམ་རེ་བཞེངས་པའི། པོ་ཏི་རེ་ལ་སྣག་ཚ་ཞོ་ཕྱེད་བཅུ་གསུམ་མ་རེ་གཏོང་བའི་རྩིས་བསྡོལ་བས། སྣག་ཚ་ཞོ་བརྒྱ་དྲུག་ཅུ་ཕྱེད་རེ་གཉིས། ཤོག་བུ་ཤོག་ཡུག་རེ་ལ་མདའ་ཚད་མ་བཞི་དྲས་ཐོན་པའི་རྩིས། བརྒྱ་དྲུག་བཅུ་མ་ལ་དུམ་པར་བྱས་པ་བརྒྱད་དང་། ཤོག་ཡུག་བདུན་ཅུ་དོན་དྲུག་གི་རིན་ཊམ་ཁ་སུམ་ཅུ་སོ་གསུམ་དང་གཅིག་གི་བཅུ་ཆས་ཆག་པ། ……ཞུས་དག་པ་ཆ་གཅིག་གིས་པོ་ཏི་རེའི་ཞུས་དག་ལ་ཉི་མ་བརྒྱད་དང་ཉི་མ་གཅིག་གི་གསུམ་ཆ་རེ་དགོས་པ། པོ་ཏི་བཅུ་གསུམ་གྱི་ཞུས་དག་དགོས་ཚོད་ཀྱི་ཞག་གྲངས་བསྡོམས་ན་བླ་བ་ཕྱེད་བཞི་དང་ཞག་གསུམ་ཉི་མ་གཅིག་གི་གསུམ་ཆ་དགོས་ཞེས་འཇིགས་མེད་གྲགས་པས་མཛད་པའི་རབ་བརྟན་ཀུན་བཟང་འཕགས་ཀྱི་རྣམ་ཐར་བོད་ལྗོངས་མི་དམངས་དཔེ་སྐྲུན་ཁང་1987ལོའི་པར་མའི་ཤོག་གྲངས་361དུ་གསལ་བར་ལ་གཞི་བརྩོལ་ཏེ་ཞུས་ཁུལ་བྱས་ཡོད།

བདུན། སྣག་ཚ།

དུས་རབས་མི་འདྲ་བའི་འབྲི་ཤོག་དང་ལྷན་ཅིག་ཏུ་གྲུབ་པའི་དུས་རབས་དེའི་ཁྱད་ཆོས་ཀྱི་སྣག་ཚས་བཞེངས་པའི་གསུང་རབ་ཕྲིས་མ་སྟེ། དུས་རབས་8-9ནང་དུ་འབྲི་བཞེངས་བསྐྲུན་པའི་བཙན་པོ་ཐ་ལྡ་འབུམ་ཁག་གི་སྣག་ཚ་སྟེ། ཆོས་རྒྱལ་ཁྲི་སྲོང་ལྡེ་བཙན་ཐེག་ཆེན་གྱི་ཆོས་ལ་གུས་དད་ཤིན་ཏུ་ཆེ་བས་ཉིད་ཀྱི་མཚལ་ཁྲག་དང་ར་དཀར་མོའི་འོ་མ་སྦྱར་པའི་སྣག་ཚས་ཕྲིས་པ་རེག་ཟིག་དམར་པོ། མཁན་ཆེན་ཞི་བ་འཚོ་དང་སློབ་དཔོན་པད་མ་འབྱུང་གནས་དང་ཆོས་རྒྱལ་ཁྲི་སྲོང་ལྡེ་བཙན་གྱི་ཤངས་མཚལ་གྱིས་སྣག་དོད་བགྱིས་ཏེ་བཞེངས་པའི་འབུམ་དམར། བཙན་པོའི་དབུ་སྐྲ་དང་རམས་བསྲེས་ཏེ་སྣག་ཚས་འབྲི་བཞེངས་གནང་བའི་རེག་ཟིག་སྔོན་པོ[1]སོགས་བཙན་པོའི་ཐ་ལྡ་འབུམ་དང་། ཁྲི་སྲོང་ལྡེ་བཙན་དང་ཁྲི་ལྡེ་སྲོང་བཙན་གྱི་སྐུ་དུས་ལོ་རྒྱུས་བསྡུས་པ་དང་གཅིས་པ་ཤོག་བུ་མཐིང་ག་ལ་གསེར་གྱིས་ཕྲིས་ནས་གསེར་གྱི་སྒྲོམ་བུར་བཞག་སྟེ་བཀའ་གཙིགས་ཀྱི་ཡི་གེ་བསམ་ཡས་ཀྱི་དཀོར་མཛོད་དུ་བཞག་པ་བྲང་ཏེ་ཕྱི་ལ་ཕྱག་ཕྱིས་ཕྲིས་བཤུས་བགྱིས་པའི་ཡིག་ཚང་[2]སོགས་དུས་རབས་8-10ནང་དུ་སྣག་ཚ་མི་འདྲ་བས་འབྲི་བཞེངས་བསྐྲུན་པའི་གནའ་དཔེའི་ལོ་རྒྱུས་མཚིས་ཀྱང་དུས་དང་སྐལ་པའི་དབང་གིས་ད་བར་མ་མཇལ། དུས་རབས་11- 13པའི་ནང་དུ་སྣག་ཚ་སྤུས་དག་ཧོང་ལུན་སྣག་ཚས་འབྲི་བཞེངས་བསྐྲུན་པའི་གསུང་རབ་ལྷོ་ཁའི་གྲོ་མཁར་ཆོས་སྡེ་དང་འོན་ག་ཏུ་ལྷ་ཁང་དང་

---

① ཆོས་རྒྱལ་ཁྲི་སྲོང་ལྡེ་བཙན་ཐེག་ཆེན་གྱི་ཆོས་ལ་གུས་དད་ཤིན་ཏུ་ཆེ་བས་ཉིད་ཀྱི་མཚལ་ཁྲག་དང་ར་དཀར་མོའི་འོ་མ་སྦྱར་ནས་ཕྲིས་པ་དུམ་བུ་བཞི་ཕྱུང་བ་ལ་རེག་ཟིག་དམར་པོར་གྲགས་པ་དང་། སྟོན་ལྷ་ས་གོང་གི་ས་ཕག་མཆོད་རྟེན་གྱི་ནང་དུ་བཞུགས་པར་བཤད། དེ་དང་མཚན་མཐུན་པ་མཁན་སློབ་ཆོས་གསུམ་གྱི་ཤངས་མཚལ་གྱིས་བཞེངས་པའི་འབུམ་དམར་སྤྲུལ་སྐུ་དྲི་མེད་ལྷུན་པོས་གཏེར་ནས་སྤྱན་དྲངས་པ་ཞིག་གོང་པོ་བུ་ཆུ་ན་བཞུགས་ཟེར། སྲས་མཆོག་དང་ཞང་ཨཱརྱ་ཕྲ་རོ་གཉིས་སོགས་ཀྱིས་རྒྱ་གར་ནས་དཔེ་བླངས་ཏེ་བསྒྱུར་བའི་ཚེ། ཡོ་བྱད་རྣམས་འབངས་ལ་ཁྲལ་བསྡུས་ནས་བསྒྱུར་བས་དཔྱ་འབུམ། བཙན་པོའི་དབུ་སྐྲ་དང་རམས་བསྲེས་པའི་རེག་ཟིག་སྔོན་པོ་དུམ་པ་བཞི་པ་ལ་ལྕུགས་ཐུར་བརྒྱུས་བས་ལྕུགས་ཐུར་མ་ཡང་གྲགས་པ་སྔོན་བསམ་ཡས་སུ་བཞུགས་སྐད། རེག་ཟིག་སྔོ་དམར་གཉིས་རྫུ་འཕྲུལ་གྱིས་ཡབ་ཡོབ་ཏུ་བསྒྱུར་བས་ན་དེའི་མིང་དུ་འདོགས་པར་གསུངས་པའང་འདུག་ཅེང་ཐ་ལྡ་གྱུར་ཚང་བར་ངོས་འཛིན་མཛད་ཅེས་མི་དབང་པོ་ལྷའི་རྟེན་བཞེངས་དཀར་ཆག་ཕོ་བྲང་པོ་ཏ་ལར་བཞུགས་པའི་སྤྱར་མའི་ལྡེབ་གྲངས་21ཧུ་གསལ།

② ལོ་རྒྱུས་བསྡུས་པ་གཅིས་པར་བྱས་པ་ནི། གསེར་དངུལ་གྱིས་ཕྲིས་ནས་བསེ་སྒྲོམ་དངུལ་གྱིས་སྦྲས་པའི་ནང་དུ་བཞུགས། དངུལ་གྱི་སྒོ་ལྕུགས་བཅུག་སྟེ་དཀར་ཆག་ཡི་གེར་བྱས་སོ། སྲུང་མ་གནོད་སྦྱིན་དང་རྒྱལ་པ་ལ་གཏད་དོ་ཞེས་པ་མཁས་པ་ལྡེའུས་མཛད་པའི་རྒྱ་བོད་ཀྱི་ཆོས་འབྱུང་རྒྱས་པ་བོད་ལྗོངས་མི་དམངས་དཔེ་སྐྲུན་ཁང་གི་1987ལོའི་སྤར་མའི་ཤོག་གྲངས་356ཧུ་གསལ་བར་ཁུངས་བཙོལ།

སྣེ་མོའི་མར་རྒྱང་མཁའ་སྤྱོད་དུ་བཞུགས་པའི་མདོ་མངས་མཐོང་སྨོན་[①]དང་། དུས་རབས་16-18ནང་དུ་རིན་ཆེན་སྣ་ལྔ་ལེགས་པར་བཏུལ་ཏེ་ཤོག་བུ་མཐིང་གའི་སྟེང་དུ་འབྲི་གཟུགས་དག་པའི་མལ་ལུགས་དབུ་ཆེན་གྱིས་དབུ་ཀ་པ་སྲི་ཀ་ཕྲེང་གསུམ་འབུར་མ་ཅན་གྱི་གསེར་ཆོས་དང་། དེ་མིན་རང་རང་ཡུལ་དུས་སོ་སོའི་སྣག་པས་བཏུལ་བའི་ཡུལ་ཐོན་གྱི་སྣག་ཚས་འབྲི་བཞེངས་བསྐྲུངས་པ། ལྔ་པ་ཆེན་པོའི་དགོངས་རྫོགས་སུ་བཞེངས་པའི་གསུང་རབ་ཆབ་མདོའི་ཤོ་སྟག་སྟོ་གསུམ་དུ་གྲགས་པའི་ཤོ་པ་མདོ་དང་སྟོ་རོང་དུ་བཞེངས་པའི་བཀའ་འགྱུར་ཕྱུས་ལེགས་སྐྱ་ཆོས་རོས་གཙང་[②]དང་། དུས་རབས་18-19ནང་དུ་གཡེ་པའི་ཤོག་འདུལ་བ་རྣམས་དང་ལྷན་དུ་ཕྱིན་པའི་སྣག་པས་ལེགས་བཏུལ་གྱི་སྣག་ཚས་སྐྱ་རབ་རྣམ་རྒྱལ་རྫོང་དང་ཁེ་གསུམ་གཞིས་ཀ། འཕྱིང་བ་སྟག་རྩེ་སོགས་སུ་བཞེངས་པའི་གསུང་རབ་བྲིས་མ་སྐྱ་ཆོས་དང་སྔོ་ཆོས་དང་། དུས་རབས་དེའི་ནང་དུ་མལ་ལུགས་མཁན་པོ་རྣམས་ཀྱིས་བཙོ་སྦྱངས་ལེགས་པར་བྱས་ཏེ་བཏུལ་བའི་གསེར་ཆུ་ལས་འབྲི་བཞེངས་བསྐྲུངས་པའི་ཤེར་ཕྱིན་གསེར་བྲིས་དཔལ་ཞ་ལུ་དང་ཆབ་མདོ་རི་བོ་ཆེ་དགོན་དུ་བཞུགས་པ་[③]སོགས་ཡུལ་དུས་མི་འདྲ་བའི་སྣག་པས་བཏུལ་སྦྱང་བྱས་པའི་སྨྲོན་དྲེག་བཏུལ་མའི་སྣག་ཚ་ཕྱུས་ལེགས་ཀྱིས་འབྲི་བཞེངས་བསྐྲུངས་པའི་ཁྱད་འཕགས་གསུང་རབ་དང་། བོད་ཀྱི་གསུང་རབ་སྨྲ་བ་རྣམས་ཀྱི་གསུང་རྒྱུན་བཞིན་མཚོན་གྱིས་བྲིས་སྤྱར་བཏབ་པའི་གསུང་རབ་གཡུང་ལོ་དང་ལི་ཐང་། སྡེ་དགེ་སོགས་ཀྱི་བཀའ་བསྟན་

དུས་རབས་18པའི་དམིགས་བསལ་བྲིས་རྫས་ཅན་གྱི་གནའ་དཔེ།

① པད་མ་བཀྲ་ཤིས་ཀྱིས་བརྩམས་པའི་བོད་ཡིག་གནའ་དཔེའི་རྣམ་བཤད། བོད་ལྗོངས་མི་དམངས་དཔེ་སྐྲུན་ཁང་གི་2013ལོའི་ཟླ་11པའི་སྤར་མའི་ཤོག་གྲངས་108རུ་གསལ།

② པད་མ་བཀྲ་ཤིས་ཀྱིས་བརྩམས་པའི་བོད་ཡིག་གནའ་དཔེའི་རྣམ་བཤད། བོད་ལྗོངས་མི་དམངས་དཔེ་སྐྲུན་ཁང་གི་2013ལོའི་ཟླ་11པའི་སྤར་མའི་ཤོག་གྲངས་100རུ་གསལ།

③ པད་མ་བཀྲ་ཤིས་ཀྱིས་བྲིས་པའི་གསུང་རབ་བྲིས་མའི་མཇུག་བྱང་ལས་འཕྲོས་ཏེ་འཕྲུལ་ཡིག་ཅེས་པའི་སྐོར་ལ་དཔྱད་པ། བོད་ལྗོངས་ཞིབ་འཇུག་2014ལོའི་དུས་དེབ་4པར་གསལ།

མཚལ་སྤྲར་མ་སྤྲར་ཕུད་དུ་ཕྱིན་པ་བཅས་སྣག་མདོག་སྣ་མང་ཕུན་སུམ་ཚོགས་པས་བྲིས་སྤྲར་བཏབ་པའི་གསུང་རབ་བལྟ་བས་མི་ངོམས་པ་སྣང་།

བརྒྱད། སྒྲ་གུ།

བོད་ཡིག་གནའ་དཔེ་བྲིས་མའི་འབྲི་རྫས་ཀྱི་ཁྲོད་དུ་སྣག་ཤོག་ཕུད་པའི་ད་དུང་གསུང་རབ་འབྲི་བཞེངས་ལ་ཉེ་བར་མཁོ་བའི་ཡི་གེ་འབྲི་བྱེད་ཀྱི་སྨྱུ་གུ་ནི་མེད་དུ་མེད་ཐུང་བ་ཞིག་ཡིན། དེས་ན་དུས་རབས་མི་འདྲ་བའི་ནང་དུ་གསུང་རབ་འབྲི་བཞེངས་གནང་བའི་སྐབས་སུ་གསུང་རབ་འབྲི་བཞེངས་ཀྱི་ཡུལ་དུས་དང་བསྟུན་ཏེ་འབྲི་བྱེད་ཀྱི་སྨྱུ་གུ་བཟོས་ཏེ་འབྲི་གནང་མཛད་པ་སྔོན་གྱི་མེས་པོ་དག་གིས་ཞལ་ལས་ཤེས་ཤིང་། དུས་རབས8-10པའི་བཙན་པོའི་ལྟ་འབུམ་དང་ཚེ་དཔག་མེད་མདོ་ལ་སོགས་པའི་གསུང་རབ་དེ་དག་འབྲི་བཞེངས་གནང་བའི་སྐབས་སུ་ཡིག་མཁན་གྱི་ཆེད་དུ་སྤྱོད་པའི་སྨྱུ་གུའི་སྐོར་ལ་རྒྱུ་ཕྱུས་འདི་དང་རྩི་ཤིང་འདིས་བྱས་ཏེ་འབྲི་བཞེངས་བསྐྱངས་པའི་སྐོར་ཁོ་བོས་ད་བར་གསུང་རབ་ཀྱི་མཛད་བྱང་དག་ལས་མཐོང་ཐོས་སུ་མ་གྱུར་ཀྱང་། གསུང་རབ་བྲིས་མ་དེ་དག་གི་འབྲི་གཟུགས་ལ་གཞིགས་ན་ཡུལ་དུས་དེའི་ཐོན་ཁུངས་ལས་རྒྱུ་ཆ་བདམས་ཏེ་འབྲི་བཞེངས་གནང་བ་ཞིག་སྟེ། བཙན་པོའི་རྒྱལ་རབས་སྐབས་མི་རིགས་མཐུན་སྒྲིལ་དང་བློན་ཆེན་མཛད་རྗེས། ནང་བསྟན་དར་རྒྱས་ལ་སོགས་ལོ་རྒྱུས་གཙིགས་ཆེན་རྣམས་མི་འཆལ་བར་ཆེད་དུ་གཙུགས་པའི་རྡོ་རིང་ཡི་གེ་བརྐོ་བྱེད་གཟོང་སྒྱུག་དང་། ཏུན་ཧོང་དུ་བཞེངས་པའི་ཤེར་ཕྱིན་འབུམ་དང་ཚེ་དཔག་མེད་མདོ་དང་བོད་ཀྱི་རྒྱལ་རབས་རིམ་བྱུང་སོགས་ཏུན་ཧོང་གི་ཉེ་འཁོར་དུ་སྐྲུན་པའི་འདམ་རྩ་དང་ཤིང་གི་སྨྱུ་གུ།
སྲུ་སྨྱུག་གིས[①]འབྲི་བཞེངས་བྱས་པ་ལི་ཡུལ་དང་ཏུན་ཧོང་ཁུལ་དུ་གནའ་རྫས་རྟོག་ཞིབ་ཏུ

① སྤྱི་ལོ་1907ལོའི་ཟླ་བ་དང་པོའི་ནང་དུ་ཤིང་ཅང་གི་མི་ལན་[米兰]རྫོང་ཤུལ་ཁུལ་དུ་རིག་དངོས་རྫོག་ཞིབ་ལ་ཕྱིན་པའི་དབྱིན་གོའི་མཁས་པ་སི་ཏན་དབྱིན་[斯坦因]གིས་ཞིག་རལ་དུ་སོང་བའི་མཁར་ཤུལ་གྱི་ནང་ནས་དཔེ་སྨྱུག་རྙིང་པ་གཅིག་རྙེད་སོན་བྱུང་སྟེ་ཁོང་གིས་གསུངས་པ་ལྟར་ན། མི་ལན་གྱི་མཁར་ཤུལ་དེའི་ཁང་པ་ཞིག་རལ་ཞིག་གི་ནང་ནས། སི་ཏན་དབྱིན་[斯坦因]གིས་བོད་ཡིག་གི་ཡིག་རྙིང་མི་ཉུང་བ་ཞིག་དང་ཤིང་གི་སྨྱུ་གུ། འདམ་རྩའི་སྨྱུ་གུ་དང་བལ་ཐག་སོགས་རིག་དངོས་ཇི་སྙེད་ཅིག་རྙེད་བྱུང་བ་དེ་དག་ལས་ཚོད་དཔག་བྱས་ཚེ་ས་འདིར་སྔོན་བོད་བཙན་པོའི་དུ་དམག་དང་ཡིག་གཉེར་བ་སོགས་ས་འདིར་བཅར་སྡོད་བྱེད་སྒོང་བ་དེ་རྟོགས། 见，陈自仁著《敦煌之痛–斯坦因在丝绸之路上的探险与盗宝活动》甘肃人民美术出版社2011年11月版，第181页。

ཕེབས་མཁན་སི་ཏན་དཔྱིང་གིས་རྙེད་པའི་དཔེ་རྙིང་དང་ད་དུང་ནག་ཆུ་ཉེ་མ་རྫོང་གི་དྭངས་ར་གཡུ་མཚོའི་ངོགས་སུ་ཆགས་པའི་བོན་དགོན་གཡུང་དྲུང་བསམ་གཏན་གླིང་གི་གནའ་དཔེ་ཁྲི་རྗེ་ལུང་བསྟན་མདོ་བྱ་རྒོད་མཆུ་བྲིས་[①]དང་། དུས་རབས་14པའི་བོད་ཀྱི་གསུང་རབ་སྨྲ་བ་བུ་སྟོན་རིན་ཆེན་གྲུབ་ཀྱིས་བཀོལ་སྤྱོད་གནང་མྱོང་བའི་ལྟུགས་སྐྲུག་[②]དང་སི་སྐྲུག་སྐྲུ་མའི་སྐྲུ་གུ་[③]སོགས་ཀྱིས་ཡུལ་དུས་མི་འདྲ་བར་འབྲི་བཞེངས་གནང་བའི་གསུང་རབ་ལག་པའི་སོར་མོ་ནང་དུ་བགྲུག་ནས་བགྲང་བར་དཀའ་བའི་གསུང་རབ་བྲིས་མ་དང་། དུས་རབས་12པའི་རྗེས་ཙམ་ནས་དཔོན་ག་བ་དང་སུམ་པ་གནོད་སྦྱིན་གྱི་སྐུ་དུས་ནས་གསུང་རབ་གསེར་ཆོས་བཞེངས་པའི་ལམ་སྲོལ་དར་བའི་རྗེས་སུ་བོད་ཀྱི་ཡུལ་ལུང་མི་འདྲ་བར་དབྱར་གྱི་སྤང་ལ་ཤོ་མོ་བརྗོལ་བ་བཞིན་ཡུལ་ལུང་ཁག་གི་མཆོད་ཡོན་སྦྱིན་བདག་ཁག་གིས་རང་རང་འཕོས་འགྱུར་ལ་གཞིགས་པའི་འབྲི་ཟས་མི་འདྲ་བའི་སྐྲུ་གུའི་[④]སྐྲུག་ཁ་[⑤]བརྟན་ཏེ་དབུ་ཤོག་སྲི་ཀ་ཕྲེང་གསུམ་

① བྱ་རྒོད་མཆུ་བྲིས་ཞེས་པ་ནི་བོན་གྱི་གནའ་དཔེ་ཁྲི་རྗེ་ལུང་བསྟན་གྱི་མདོ་དེ་འབྲི་བཞེངས་བྱ་སྐབས་བྱ་རྒོད་པའི་མཆུ་ཡིས་སྐྲུ་གུའི་དོད་བྱས་ཏེ་འབྲི་བཞེངས་བསྐྲུངས་པ་ཞིག་ཡིན་ཅེས་གཡུང་དྲུང་བསམ་གཏན་གླིང་དགོན་གྱི་དཀོན་གཉེར་རྒན་པ་དག་གི་ཞལ་ལས་གོ་ཐོས་བྱུང་།

② ལྟུགས་སྐྲུག་གི་སྐོར་ལ་ཡང་ལྟུགས་རིགས་གདམ་ཞིང་མགར་བ་མཁས་ལ་ཐུག །ཞུན་ཐར་ཐོན་ཞིང་ངར་དང་ལྡན་པར་བྱ། །ལྕག་པ་སྲབ་དྲང་བྲང་བ་གཞོལ་བ་བྱ། །རྩེ་མོས་ཚག་ལོན་བྲང་བས་ཐིག་ཐེབས་པ། །འཇམ་ངར་ལྡན་པའི་བརྡར་ལ་བླང་བར་བྱ། །ཅུང་ཟད་བཙུགས་ནས་བརྡར་བས་འཕྱུག་རྗེ་འབྱུང་། །རྗེ་བའི་ཚད་ནི་གྱེན་དུ་སྐྲ་བྲེག་ནུས། །དེས་ཀྱང་སྐྲུ་གུའི་མཐུན་རྐྱེན་འགྲུབ་པ་ཡིན། །ཞེས་པ་སྐྲུ་གུའི་བསྟན་བཅོས་མུན་སེལ་སྒྲོན་མེ་བོད་ཀྱི་མཁས་པ་ཆེན་པོ་ཁྱུང་པོ་གཡུ་ཁྲིས་མཛད་པའི་ཡི་གེའི་དར་གུད་བྱུང་ཚུལ་དང་ག་ཁ་སུམ་ཅུའི་ཕྲུག་ཚད་འདི་རྣམས་ཡངས་རྩེའི་མུན་གླིང་བྱང་ཤག་ཤག་ཉི་འོད་དུ། དཀའ་བཅུ་དག་དབང་རྒྱལ་མཚན་དག་གིས་ཞུས་ཞེས་པ་དབུ་ཆེན་བྲིས་མའི་ལྡེབ་གྲངས་10-11ལས་དྲངས།

③ སྐྲུ་གུའི་བསྟན་བཅོས་མུན་སེལ་སྒྲོན་མེ་ལས། །ཕྱི་རབས་སྐྲུག་ཐོགས་རྣམས་ལ་ཕན་པའི་ཕྱིར། །དང་པོ་སྐྲུ་གུའི་རིགས་ལ་བརྟག་པར་བྱ། །རྩི་འཇམ་ཤ་དྲང་བུ་ག་རན་ལ། །མཁྲིགས་ཤིང་ཀླུམ་ལ་ཕྱིན་པ་བཟང་བ་ཡིན། ། གཙོད་ལུགས་མ་ལོག་སྦོམ་རན་པ་ལ། །མཐོ་ལས་མི་རིང་ཁྱུད་ལས་མི་ཐུང་བྱ། །དེ་འདྲའི་སྐྲུག་མའི་ཡོན་ཏན་ཚང་བ་ལ། ། ཞེས་སྐྲུ་གུའི་བསྟན་བཅོས་མུན་སེལ་སྒྲོན་མེ་བོད་ཀྱི་མཁས་པ་ཆེན་པོ་ཁྱུང་པོ་གཡུ་ཁྲིས་མཛད་པའི་ཡི་གེའི་དར་གུད་བྱུང་ཚུལ་དང་ག་ཁ་སུམ་ཅུའི་ཕྲུག་ཚད་འདི་རྣམས་ཡངས་རྩེའི་མུན་གླིང་བྱང་ཤག་ཤག་ཉི་འོད་དུ། དཀའ་བཅུ་དག་དབང་རྒྱལ་མཚན་དག་གིས་ཞུས་ཞེས་པ་དབུ་ཆེན་བྲིས་མའི་ལྡེབ་གྲངས་10-11ལས་དྲངས།

④ ཕྲུག་ཚད་གཞན་རྣམས་གོང་དང་འདྲ་བ་ལ། །མཆུ་ཚད་སྣག་གསེར་འབུན་ཐང་གསེར་སྐྲུག་འདྲ། །མཆུ་ཚད་སྲབ་ཅིང་ཕ་ལུང་ཡངས། །གཙོད་པའི་དུས་སུ་ཕྱི་ཟུར་ཨེན་ཙམ་གནན། ། རད་ཙམ་བཏར་བའི་གསེར་སྐྲུག་ཡོན་ཏན་ཅན། ། དྲང་པོར་ཐེབས་ན་ཀླུམ་སྒྲོས་ཞག་ཆགས་འབྱུང་། །དེ་ལྟར་བསྟན་བཅོས་ཉམས་སུ་བླངས་གྱུར་ན། ། འཕྲུལ་ཆེན་ཡི་གེའི་མན་ངག་གསལ་བྱས་ནས། །སྤྲུལ་སྐུ་ཡི་གེས་འགྲོ་དོན་བྱེད་པར་ཤོག་ཅེས་སྐྲུ་གུའི་བསྟན་བཅོས་མུན་སེལ་སྒྲོན་མེ་བོད་ཀྱི་མཁས་པ་ཆེན་པོ་ཁྱུང་པོ་གཡུ་ཁྲིས་མཛད་པའི་ཡི་གེའི་དར་གུད་བྱུང་ཚུལ་དང་ག་ཁ་སུམ་ཅུའི་ཕྲུག་ཚད་འདི་རྣམས་ཡངས་རྩེའི་མུན་གླིང་བྱང་ཤག་ཤག་ཉི་འོད་དུ། དཀའ་བཅུ་དག་དབང་རྒྱལ་མཚན་དག་གིས་ཞུས་ཞེས་པ་དབུ་ཆེན་བྲིས་མའི་ལྡེབ་གྲངས་10-11ལས་དྲངས།

⑤ ནམ་མཁའ་གར་བདེར་སྐྲུ་གུའི་བཟོ་བྱེད་དེ། །གས་ནི་ཚོགས་ཀླུང་ལ་ཏང་སོར་གསུམ་འདོན། །རྟ་ཟ་ཉིས་གཤིབས་ཚད་ཡིན་

ཅན་བཞེངས་པའི་མཐིང་ཤོག་གསེར་ཆོས་དོ་མཚར་རྨད་དུ་བྱུང་བ་ལྷེ་ལྷའི་རི་མོའི་སྒྱུ་རྩལ་གྱིས་བརྒྱན་པའི་གནའ་དཔེ་རྩེ་ཕོ་བྲང་དང་དཔལ་ཞ་ལུ་དགོན། ནོར་གླིང་དང་དཔལ་ལྡན་འབྲས་སྤུངས། ས་སྐྱ་དགོན་དང་ཆབ་མདོ་རི་བོ་ཆེ་[1]སོགས་སུ་མིག་གི་དགའ་སྟོན་དུ་སྣང་།

དགུ། འབྲི་གཟུགས།

དུས་རབས་མི་འདྲ་བའི་འབྲི་གཟུགས་ཁྱད་ཆོས་མངའ་བའི་གནའ་དཔེ་བྲིས་མ་སྟེ། དུས་རབས་9-10ནང་དུ་ཤང་སྟག་བརྟན་དང་རྡོ་རྗེ་འཛིན་སོགས་ཀྱིས་འབྲི་བཞེངས་བསྐྲུངས་པའི་བཙན་པོའི་བླ་འབུམ་འབྲི་གཟུགས་ཁྱད་འཕགས་ཅན་འཕྲུལ་ཡིག[3]དང་བཙན་པོའི་རྒྱལ་རབས་སྐབས་མི་རིགས་མཐུན་སྒྲིལ་དང་བློན་ཆེན་མཛད་རྗེས། ནང་བསྟན་དར་རྒྱས་ལ་སོགས་

མདུན་གྱི་ལྟོ་བ་ལ། །རྩེ་སོར་གཉིས་དབྲལ་ནས་ཤོང་གང་དོག་ཚད། །ཆ་སྙོམས་མཚུ་ཚད་སོར་གཅིག་རིམ་གྱིས་གཞོལ། །ཕྲ་ལུང་ཁ་ཏུབ་གཏིང་ཟབ་ཕྱི་སྒྲོས་གཙང་། །མཁྲང་ལ་ལྷེམས་ཆགས་ཁ་ལ་མཐོ་དམའ་མེད། །མགོ་ཞུར་མི་བྱ་སྨུག་མའི་རང་ལུགས་ཚང་། །གྲུ་བཞི་ཅུང་ཟད་ཟླུམ་ལ་སྐོར་བའི་མཚུ་དེ་ལ། །འཇམ་དར་ལྡན་པའི་ཤུ་རྗོས་ཤད་ཙམ་བཟར། །ཟ་ཆེངས་བསྐོར་མ་མང་དུ་བྱ། །དམ་ལྟོད་ཚད་ནི་རྩེ་མོ་མ་འབྱར་ཙམ། །དེ་ལྟར་སྒྲོན་སྤུངས་སྨྱུ་གུ་ཚད་ལྡན་ཏེ། །དྲང་པོར་ཐེབས་ན་སྣག་ལམ་རྒྱུ་བཞི་ཚང་། །ཞེས་ སྨྱུ་གུའི་བསྟན་བཅོས་མུན་སེལ་སྒྲོན་མེ་བོད་ཀྱི་མཁས་པ་ཆེན་པོ་ཁྲུང་པོ་གཡུ་ཁྲིས་མཛད་པའི་ཡི་གེའི་དར་གུད་བྱུང་རྩལ་དང་ཀ་ཁ་སུམ་ཅུའི་ཕྱག་ཚད་འདི་རྣམས་ཡངས་རྩེའི་མུན་གླིང་བྱང་ཤག་ཤག་ཉི་འོད་དུ། དཀའ་བཅུ་ངག་དབང་རྒྱལ་མཚན་དག་གིས་ཞུས་ཞེས་པ་དབུ་ཆེན་བྲིས་མའི་ལྡེབ་གྲངས་10-11་ལས་དྲངས།

① ཆབ་མདོ་ཁུལ་གྱི་མེས་པོ་རྣམས་ཀྱི་ཞལ་གདམ་དུ། ཆབ་མདོ་དགོན་པའི་རྣ། རི་བོ་ཆེའི་དཔེ་ཆ། བྲག་ཡབ་དགོན་པའི་གོས་ཆེན་ཞེས་གསུངས་སྲོལ་ཡོད་པ་ལས་ཆབ་མདོ་རི་བོ་ཆེའི་དགོན་གྱི་དམིགས་བསལ་ལྷེ་ལྷས་བརྒྱན་པའི་མཐིང་ཤོག་གསེར་ཆོས་ཀྱི་ཁྱད་ཆོས་དེ་གསུངས་ཀྱི་འདུག

2 见“在米兰遗址的一间房子，斯丹因发现了大量的文书、木笔、芦苇笔”。陈自仁著《斯丹因在丝绸之路上的探险与盗宝活动-敦煌之痛》甘肃人民美术出版社2011年11月版，第181页。

③ པད་མ་བཀྲ་ཤིས་ཀྱིས་བྲིས་པའི་གསུང་རབ་བྲིས་མའི་མཇུག་བྱང་ལས་འཕྲོས་ཏེ་འཕྲུལ་ཡིག་ཅེས་པའི་སྐོར་ལ་དཔྱད་པ་བོད་ལྗོངས་ཞིབ་འཇུག2014ལོའི་དུས་དེབ་4པར་གསལ།

ལོ་རྒྱུས་གཙོས་ཆེན་རྣམས་མི་འཚལ་བར་ཆེད་དུ་གཙུགས་པའི་རྗེ་རྗེང་ཡི་གེའི་གཟུགས་ཏེ། སྲོང་བཙན་ (ཁྲི་ལོ? -650) སྐུ་དུས་ཐོན་མི་ཡི་གེའི་མཁན་པོས་ཡི་གེའི་དཔེ་གཅིག་ལྷ་སའི་རྗེ་རིང་ལ་བཏབ་པ་སྤྱལ་ནག་ན་ལ་རྒྱས་པ་འདྲ་[1]དང་མང་སྲོང་མང་བཙན་ (ཁྲི་ལོ650-676) སྐུ་རིང་ལ་ཡི་གེའི་མཁན་པོ་ཕྱུ་ངར་རིན་ཆེན་འབར་གྱི་ཡི་གེ་སྐར་ཚུང་ཟླ་བ་ཚལ་གྱི་བྲག་ལ་བཏབ་པའི་སོ་ཕག་གཤིབས་འདྲ་[2]དང་། འདུས་སྲོང་མང་པོ་རྗེ་གླུ་ནང་ (ཁྲི་ལོ676-704) སྐུ་རིང་ལ། ཡིག་གེའི་མཁན་པོ་ཆ་དཀར་འབེའུ་ཅོས་རྗེ་ལ་ཡི་གེའི་སྣང་ཕྱུལ་བ་བྱ་པོ་འཁྱོལ་བ་འདྲ་བ་[3]དང་། ཁྲི་ལྡེ་གཙུག་བཙན་མེས་ཁྲི་སྲོང་ལྡེའུ་བཙན་གྱི་ (ཁྲི་ལོ704-754) རིང་ལ་ཡི་གེའི་མཁན་པོ་གཙང་དགེ་བསྙེན་དཀོན་དབང་གིས་རྗེ་ལ་ཡི་གེའི་སྣང་ཕྱུལ་བ་ལ་ནས་སྔོན་མོ་འབྲུ་བདུན་ཕྲེང་དཀར་གྱི་སྟེང་དུ་བཀྲམ་པ་འདྲ་བ། [4]མིར་དགེ་བཙུང་པོ་མཁར་གྱི་བྲག་ལ་བཏབ་པ། ཁྲི་སྲོང་ལྡེའུ་བཙན་གྱི་ (ཁྲི་ལོ755-797) སྐུ་རིང་ལ་ཡི་གེའི་མཁན་པོ་འབྲི་ཤོ་ཁྲམ་གྱི་རྗེ་ལ་ཡི་གེའི་སྣང་ཕྱུལ་བ་ལ་ཨུ་ཏིག་སྐར་ལ་བརྒྱུས་པ་བསམ་ཡས་རྗེ་ལ་བཏབ་པ། [5]མུ་ནེའི་བཙན་པོའི་ (ཁྲི་ལོ797-798) སྐུ་རིང་ལ་ཡི་གེའི་མཁན་པོ་ཚེ་སྤོང་བྱང་ཆུབ་ཀྱིས་རྗེ་ལ་ཡི་གེའི་སྣང་ཕྱུལ་བ་སྤུར་ནག་བགྲད་པ་འདྲ་བ་[6]དང་། ཁྲི་སྲོང་ལྡེ་བཙན་གྱི་ (798-815ཁྲི་ལོ) སྐུ་རིང་ལ་ཡི་གེའི་མཁན་པོ་འབྲེ་ཡོན་ཏན་གྱིས་རྗེ་ལ་ཡི་གེའི་སྣང་ཕྱུལ་བ་ལ་ཉ་ལྕོ་དཀར་ཆུ་ནང་ནས་བཏོན་པ་འདྲ་བ་བང་སོ་ཕྲིད་ཀྱི་རྗེ་ལ་བཏབ་པ། [7]རྒྱལ་པོ་ཁྲི་གཙུག་ལྡེའུ་བཙན་རལ་པ་ཅན་གྱི་ (ཁྲི་

① བོད་ཀྱི་མཁས་པ་ཆེན་པོ་ཁྱུང་པོ་གཡུ་ཁྲིས་མཛད་པའི་ཡི་གེའི་དར་གུད་བྱུང་ཚུལ་དང་ཀ་ཁ་སུམ་ཅུའི་ཕྱག་ཚད་བཞུགས་སོ། དཔུ་ཆེན་བྲིས་མའི་ལྷེབ་གྲངས4-6པ་ལས་དྲངས།

② བོད་ཀྱི་མཁས་པ་ཆེན་པོ་ཁྱུང་པོ་གཡུ་ཁྲིས་མཛད་པའི་ཡི་གེའི་དར་གུད་བྱུང་ཚུལ་དང་ཀ་ཁ་སུམ་ཅུའི་ཕྱག་ཚད་བཞུགས་སོ། དཔུ་ཆེན་བྲིས་མའི་ལྷེབ་གྲངས4-6པ་ལས་དྲངས།

③ བོད་ཀྱི་མཁས་པ་ཆེན་པོ་ཁྱུང་པོ་གཡུ་ཁྲིས་མཛད་པའི་ཡི་གེའི་དར་གུད་བྱུང་ཚུལ་དང་ཀ་ཁ་སུམ་ཅུའི་ཕྱག་ཚད་བཞུགས་སོ། དཔུ་ཆེན་བྲིས་མའི་ལྷེབ་གྲངས4-6པ་ལས་དྲངས།

④ བོད་ཀྱི་མཁས་པ་ཆེན་པོ་ཁྱུང་པོ་གཡུ་ཁྲིས་མཛད་པའི་ཡི་གེའི་དར་གུད་བྱུང་ཚུལ་དང་ཀ་ཁ་སུམ་ཅུའི་ཕྱག་ཚད་བཞུགས་སོ། དཔུ་ཆེན་བྲིས་མའི་ལྷེབ་གྲངས4-6པ་ལས་དྲངས།

⑤ བོད་ཀྱི་མཁས་པ་ཆེན་པོ་ཁྱུང་པོ་གཡུ་ཁྲིས་མཛད་པའི་ཡི་གེའི་དར་གུད་བྱུང་ཚུལ་དང་ཀ་ཁ་སུམ་ཅུའི་ཕྱག་ཚད་བཞུགས་སོ། དཔུ་ཆེན་བྲིས་མའི་ལྷེབ་གྲངས4-6པ་ལས་དྲངས།

⑥ བོད་ཀྱི་མཁས་པ་ཆེན་པོ་ཁྱུང་པོ་གཡུ་ཁྲིས་མཛད་པའི་ཡི་གེའི་དར་གུད་བྱུང་ཚུལ་དང་ཀ་ཁ་སུམ་ཅུའི་ཕྱག་ཚད་བཞུགས་སོ། དཔུ་ཆེན་བྲིས་མའི་ལྷེབ་གྲངས4-6པ་ལས་དྲངས།

⑦ བོད་ཀྱི་མཁས་པ་ཆེན་པོ་ཁྱུང་པོ་གཡུ་ཁྲིས་མཛད་པའི་ཡི་གེའི་དར་གུད་བྱུང་ཚུལ་དང་ཀ་ཁ་སུམ་ཅུའི་ཕྱག་ཚད་བཞུགས་སོ། དཔུ་ཆེན་བྲིས་མའི་ལྷེབ་གྲངས4-6པ་ལས་དྲངས།

ལོ་815-836) སྐུ་རིང་ལ་ཡི་གེའི་མཁན་པོ་གྲ་ཤོད་རྣམ་པ་གཉིས་ཀྱིས་རྗེ་ལ་ཡི་གེའི་སྣངས་ཕུལ་བ་ལ་སེང་གེ་གནམ་ལ་འཕྱོངས་པ་འདྲ་བ་ཞའི་རྩིབས་ཀྱི་རྗོ་རིང་ལ་བཏབ་[①]པ་བཅས་ནི་བསྟན་པ་སྔ་དར་སྐབས་ཀྱི་འབྲི་གཟུགས་མི་འདྲ་བའི་གནའ་དཔེ་དང་། དུས་རབས་11-13 པའི་ནང་གི་གནའ་དཔེའི་ཡིག་གཟུགས་ཏེ་བསྟན་པ་ཕྱི་དར་གྱི་མགོར་སྐུ་གསུང་ཐུགས་ཀྱི་རྟེན་ཐམས་ཅད་བསྐྲུར་གསོ་བྱུང་བའི་དུས་སུ། ཡི་གེའི་མཁན་པོ་སྦྲ་བཙན་ཤེ་རིས་ཡིག་མཁན་གྲ་ཤོད་རྣམ་གཉིས་ཀྱི་འབྲི་རྒྱུན་ལ་ལེགས་པར་བརྟག་ནས་བྱུང་བའི་ཡིག་གཟུགས་བར་གསར་[②]དང་། ཁོང་གི་སློབ་མ་མཐོང་པ་རྡོ་རྗེ་དང་མགོ་ཁོམ་གཡུང་དྲུང་དང་ཞ་འབྲུག་གསལ་འབྱུང་བཅས་ཡིག་མཁན་གྱིས་ཡི་གེའི་སྣ་མ་ལ་བརྟེན་པའི་གསར་མ་བར་གསར་ལེབ་གྱུ་བཞི་[③]དང་། ཁོང་རྣམས་ཀྱི་སློབ་མ་སྣ་ནམ་ཡེ་ཤེས་གྲགས་དང་། ལོ་ཤེས་རབ་དབང་ཕྱུག་ཅེས་པའི་ཡིག་མཁན་རྣམ་གཉིས་ཀྱི་འབྲི་གཟུགས་ལ་དཔེ་བླངས་ཏེ་འབྲི་གཟུགས་ཕུལ་དུ་བྱུང་བ་ཡིག་མཁན་ལོ་ཤཀ་རྡོར་གྱིས་སྣ་མ་ལ་བརྟག་དཔྱད་གནང་སྟེ་བྱུང་བའི་འབྲི་གཟུགས་གསར་མ། [④]དེ་རྗེས་ཁུ་རྔོག་འབྲོམ་གསུམ་གྱི་སྐུ་རིང་ལ་ཡིག་མཁན་ཀ་ཁྱུང་གཉིས་ལས་དཔོན་ཀ་བས་ཀ་ཆུང་བླ་བ་ཚལ་གྱི་བྲག་ལ་བྲིས་པའི་ལེབ་གྱུ་བཞི་སྟེ་ལུགས་[⑤]དང་། ཁྱུང་པོ་གཡུ་ཁྲིས་དཀྱིལ་འཁོར་ལ་ཐིག་དཔེ་བླངས་ནས་ཆ་ཆེན་དང་ཆ་ཕྲན་ལ་སོགས་པར་ཐིག་བཏབ་པའི་ཁྱུང་བྲིས། དགེ་བཤེས་འབྲོམ་གྱི་སློབ་མར་གྱུར་པ་སྐུ་མཆེད་རིན་པོ་ཆེ་གསུམ་གྱི་སྐུ་རིང་ལ་ཡི་གེའི་མཁན་པོ་ཁྱུང་པོའི་བུར་གྲགས་པ་རྒྱལ་གྱི་ཆོས་རྡོར་སོགས་བཅུ་གཉིས་ཀྱི་ [⑥]ནང་ནས་སྣ་ནམ་ཞང་

① བོད་ཀྱི་མཁས་པ་ཆེན་པོ་ཁྱུང་པོ་གཡུ་ཁྲིས་མཛད་པའི་ཡི་གེའི་དར་གུད་བྱུང་ཚུལ་དང་ཀ་ཁ་སུམ་ཅུའི་ཕྱག་ཚད་བཞུགས་སོ། དབུ་ཆེན་བྲིས་མའི་ལྡེབ་གྲངས་4-6པ་ལས་དྲངས།

② བོད་ཀྱི་མཁས་པ་ཆེན་པོ་ཁྱུང་པོ་གཡུ་ཁྲིས་མཛད་པའི་ཡི་གེའི་དར་གུད་བྱུང་ཚུལ་དང་ཀ་ཁ་སུམ་ཅུའི་ཕྱག་ཚད་བཞུགས་སོ། དབུ་ཆེན་བྲིས་མའི་ལྡེབ་གྲངས་7པ་ན་ངོས་ལས་དྲངས།

③ བོད་ཀྱི་མཁས་པ་ཆེན་པོ་ཁྱུང་པོ་གཡུ་ཁྲིས་མཛད་པའི་ཡི་གེའི་དར་གུད་བྱུང་ཚུལ་དང་ཀ་ཁ་སུམ་ཅུའི་ཕྱག་ཚད་བཞུགས་སོ། དབུ་ཆེན་བྲིས་མ། ལྡེབ་གྲངས་7པ་ན་ངོས་ལས་དྲངས།

④ བོད་ཀྱི་མཁས་པ་ཆེན་པོ་ཁྱུང་པོ་གཡུ་ཁྲིས་མཛད་པའི་ཡི་གེའི་དར་གུད་བྱུང་ཚུལ་དང་ཀ་ཁ་སུམ་ཅུའི་ཕྱག་ཚད་བཞུགས་སོ། དབུ་ཆེན་བྲིས་མའི་ལྡེབ་གྲངས་7པ་བ་ངོས་ལས་དྲངས།

⑤ བོད་ཀྱི་མཁས་པ་ཆེན་པོ་ཁྱུང་པོ་གཡུ་ཁྲིས་མཛད་པའི་ཡི་གེའི་དར་གུད་བྱུང་ཚུལ་དང་ཀ་ཁ་སུམ་ཅུའི་ཕྱག་ཚད་བཞུགས་སོ། དབུ་ཆེན་བྲིས་མའི་ལྡེབ་གྲངས་7པ་བ་ངོས་ལས་དྲངས།

⑥ བོད་ཀྱི་མཁས་པ་ཆེན་པོ་ཁྱུང་པོ་གཡུ་ཁྲིས་མཛད་པའི་ཡི་གེའི་དར་གུད་བྱུང་ཚུལ་དང་ཀ་ཁ་སུམ་ཅུའི་ཕྱག་ཚད་བཞུགས་སོ། དབུ་ཆེན་བྲིས་མའི་ལྡེབ་གྲངས་8པ་ན་ངོས་ལས་དྲངས།

བཙུན་རྡོ་རྗེ་འབར་གྱིས་བྲི་ཡུལ་བ་ཤར་པ་ལ་སོགས་པའི་སྐུ་དུས་སུ། ཡི་གེའི་མཁན་པོ་སྟ་ནམ་ཞང་བཙུན་ཙེ་སློབ་མ་སུམ་པ་རྒྱ་གར་རྗོག་དར་མ་རྒྱལ་མཚན་ཤེའུ་དགེ་འབར་[1]སོགས་ཀྱི་ཡིག་མཁན། སུམ་པ་རྒྱ་གར་བཟང་སྲིད་གྲུ་བཞིའི་ལུགས་ལ་མཁས་པ་དེའི་དཔོན་དུ་གྱུར་པ། སུམ་པ་གནོད་སྦྱིན་དེ་ཁྲབ་འཇུག་གི་སྤྲུལ་པར་གྲགས་[2]པའི་ཡིག་མཁན། དཔོན་གནོད་སྦྱིན་གྱི་བུ་སློབ་སྤྲུལ་པའི་སྐུ་རོང་པོ་ལུགས་སྐྱེས་ཤེས་བྲི་སྣག་གསེར་གཉིས་ལ་དབང་ཐོབ་པའི་ཡིག་མཁན། དེའི་རྗེས་སུ་དགེ་བཤེས་གནས་བརྟན་ཡི་གེའི་མཁན་པོས་གསེར་གྱི་འབུར་འོད་འཕྲོ་བའི་འབྲི་གཟུགས། ཁྲུང་པོ་སྣ་དུས་ཀྱི་བུར་གྲགས་པ་བཞིའི་ཐོག་མ་སྤྲེའུ་ནག་པ་སྤེལ་དར་མ་ཙནྡྲལེའུ་དང་པོ། གནའ་དཔེ་བྲིས་མའི་སྤྱི་བཤད་སྐོར། ཀྱི་འབྲི་གཟུགས་བཟང་སྲིད་གྲུ་བཞིའི་སྔེ་ལུགས་[3] རྗེ་འཇིག་རྟེན་མགོན་པོ་ཆོས་རྗེའི་བཀའ་བརྒྱུད་པ་བླ་མ་གཙང་རིན་པོ་ཆེའི་སྐུ་དུས་ཡིག་མཁན་སྤྲུལ་སྐུ་སྤེལ་ཤཱཀྱ་འབུམ་[4]གྱིས་བྲིས་པའི་འབྲི་གཟུགས་སོགས་དུས་རབས་10-13ནང་དུ་བྱོན་པའི་ཡིག་མཁན་ཁྱད་འཕགས་ཀྱི་ཕྱག་སོའི་འབྲི་རྒྱུན་ལས་བཞེངས་པའི་གསུང་རབ་བྲིས་མ་གཙང་ཁུལ་དང་འཕན་ཡུལ། ཆབ་མདོ་སོགས་སུ་མཇལ་རྒྱུ་སྣང་ཞིང་། ད་དུང་གནའ་དཔེ་ཡོངས་བཤེར་གྱི་སྐབས་སུ་རང་ཉིད་ཀྱིས་ཤེས་རྟོགས་བྱུང་བའི་དུས་རབས་12-13འབྲི་གཟུགས་དམིགས་བསལ་ཅན་གྱི་ཡིག་མཁན་སྟེ། གཡོར་པོའི་མཁས་དམ་མམ་དཀྱིལ་གྱི་མཁས་བརྣམས་ཀྱི་འབྲི་གཟུགས་ཁྱད་འཕགས་ཅན་ཡར་ལྷ་ཤམ་པོའི་རྒྱབ་མདུན་གཉིས་སུ་དར་ཁྱབ་བྱུང་བའི་གཡོར་པོའི་བྲག་ཡིག་གིས་འབྲི་བཞེངས་བསྐྲུན་པའི་གནའ་དཔེ་གཉལ་གྱི་ཤོ་པ་ཤར་ནུབ་གཉིས་དང་ཀེ་ཙ་ལྷ་ཁང་སོགས་སུ་བཞུགས་པའི་མདོ་མངས་བྲིས་མ་དང་།

[1] བོད་ཀྱི་མཁས་པ་ཆེན་པོ་ཁྲུང་པོ་གཡུ་ཁྲིས་མཛད་པའི་ཡི་གེའི་དར་གུད་བྱུང་རྩུལ་དང་ཀ་ཁ་སུམ་ཅུའི་ཕྱག་ཚད་བཞུགས་སོ། དཔུ་ཆེན་བྲིས་མའི་ལྡེབ་གྲངས་8པ་བ་ངོས་ལས་དྲངས།

[2] བོད་ཀྱི་མཁས་པ་ཆེན་པོ་ཁྲུང་པོ་གཡུ་ཁྲིས་མཛད་པའི་ཡི་གེའི་དར་གུད་བྱུང་རྩུལ་དང་ཀ་ཁ་སུམ་ཅུའི་ཕྱག་ཚད་བཞུགས་སོ། དཔུ་ཆེན་བྲིས་མའི་ལྡེབ་གྲངས་8པ་བ་ངོས་ལས་དྲངས།

[3] བོད་ཀྱི་མཁས་པ་ཆེན་པོ་ཁྲུང་པོ་གཡུ་ཁྲིས་མཛད་པའི་ཡི་གེའི་དར་གུད་བྱུང་རྩུལ་དང་ཀ་ཁ་སུམ་ཅུའི་ཕྱག་ཚད་བཞུགས་སོ། དཔུ་ཆེན་བྲིས་མའི་ལྡེབ་གྲངས་9པ་ན་ངོས་ལས་དྲངས།

[4] བོད་ཀྱི་མཁས་པ་ཆེན་པོ་ཁྲུང་པོ་གཡུ་ཁྲིས་མཛད་པའི་ཡི་གེའི་དར་གུད་བྱུང་རྩུལ་དང་ཀ་ཁ་སུམ་ཅུའི་ཕྱག་ཚད་བཞུགས་སོ། དཔུ་ཆེན་བྲིས་མའི་ལྡེབ་གྲངས་10པ་ན་ངོས་ལས་དྲངས།

[1]དུས་རབས་12- 13ནང་དུ་ཕེབས་པའི་ཡིག་མཁན་མལ་རྩག་[2]རྣམ་གཉིས་ལས་རྩག་ཤེས་རབ་སེང་གེའི་ཕྱག་སྲོལ་ལས་འབྲི་བཞེངས་བསྐྲུངས་པའི་གསུང་རབ་བྲིས་མ་དང་ཡིག་མཁན་ལྷན་མ་བརྩེ་མངས་ཀྱི་ཕྱག་སྲོལ་ལས་བྱུང་བའི་ལྷན་ལུགས་སྐྱེ་འབྲུ་ཚ་ཞབས་རིང་གི་འབྲི་གཟུགས[3]སོགས་ལས་བཞེངས་པའི་གསུང་རབ་བྲིས་མ་ཡར་ཀླུངས་གཙང་པོའི་ལྷོ་རྒྱུད་དུ་བཞུགས་པའི་གནའ་དཔེ་བྲིས་མ་དང་། དུས་རབས་12-13ནང་དུ་བྱོན་པའི་ཡི་གེའི་མཁན་པོ་མལ་རྩགས་གཉིས་ལས་མལ་དར་པོ་གགས་ཀིས་འབྲི་ཆན་ཏེ་འཕན་པོའི་མལ་བྲིས་ཀིས་འབྲི་ཆན་ལས་

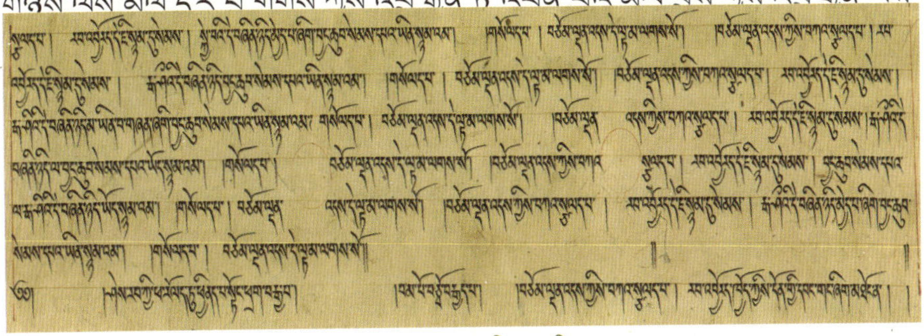

དུས་རབས་12-13པའི་བྲག་ཡིག

བཞེངས་པའི་གནའ་དཔེ་བྲིས་མ་ལོ་དགོན་དང་ནག་ཚུའི་བཀྲ་ཤིས་ལྷོངས་དང་ཆབ་མདོའི་ཁྲ་དཀྱིལ་མ་གཙུགས་ལག་ཁང་སོགས་སུ་བཞུགས་པའི་དུས་རབས་མི་འདྲ་བའི་ཤེར་ཕྱིན་ཡུམ་བཅས་མལ་ཡིག་གིས་བྲིས་པའི་གསུང་རབ་[4]དང་། དུས་རབས་14པའི་ནང་དུ་ཡུལ་དུས་དང་བསྟུན་ཏེ་གཞུང་པ་ནམ་མཁའ་བཟང་པོས་བྲིས་ཞིང་གཞུང་པའི་རྒྱུད་དུ་སྤར་དུ་བཏབ་པའི་གོང་དཀར་སྤར་རྙིང་དང་དུས་རབས་17ཡས་མས་སུ་སྐྱེ་མོ་བློ་བཟང་རྣམ་རྒྱལ་དང་ཨེ་པ་ཡོན་ཏན་བག་གྲོ་སོགས་ཀྱིས་འབྲི་བཞེངས་བསྐྲུངས་པའི་དཔལ་ས་སྐྱ་དགོན་གྱི་ཆོས་བརྩིགས་བྲག་རི་མའི་གྲལ་དུ་བཞུགས་པའི་སྟག་ས་འཚང་དག་དབང་ཀུན་དགའ་བསོད་ནམས་རྒྱལ་མཚན་

① པད་མ་བཀྲ་ཤིས་ཀྱིས་བྲིས་པའི་གསུང་རབ་བྲིས་མའི་མཇུག་བྱང་ལས་འཕྲོས་ཏེ་འཕྲུལ་ཡིག་ལ་དཔྱད་པ་ཞེས་པ་བོད་ལྗོངས་ཞིབ་འཇུག་2014ལོའི་དུས་དེབ་4པའི་སྟེང་དུ་བཀོད་པ་ལས་དྲངས།

② པད་མ་བཀྲ་ཤིས་ཀྱིས་བྲིས་པའི་གསུང་རབ་བྲིས་མའི་མཇུག་བྱང་ལས་འཕྲོས་ཏེ་འཕྲུལ་ཡིག་ཅེས་པའི་སྐོར་ལ་དཔྱད་པ་བོད་ལྗོངས་ཞིབ་འཇུག་2014ལོའི་དུས་དེབ་4པར་གསལ།

③ ཡི་གེའི་མཁན་པོ་ལྷན་མ་རྩེ་མངས་ཀྱི་འབྲི་གཟུགས་སྐོར་གྱི་དཔེ་རིས་ཤིག་མཇལ་བྱུང་བ་དེ་ལ་ཁུངས་བཙལ་ཡོད།

④ པད་མ་བཀྲ་ཤིས་ཀྱིས་བྲིས་པའི་གསུང་རབ་བྲིས་མའི་མཇུག་བྱང་ལས་འཕྲོས་ཏེ་འཕྲུལ་ཡིག་ལ་དཔྱད་པ་ཞེས་པ་བོད་ལྗོངས་ཞིབ་འཇུག་2014ལོའི་དུས་དེབ་4པའི་སྟེང་དུ་བཀོད་པ་ལས་དྲངས།

གྱི་ཡུམ་མཆོག་བསོད་ནམས་བཟང་མོའི་ཐུགས་དམ་བཀའ་འགྱུར་གསེར་ཆོས་[①]དང་། སྤྱི་ལོ་1683ལོར་མི་དབང་སངས་རྒྱས་རྒྱ་མཚོས་རྒྱལ་བ་ལྔ་པ་ངག་དབང་བློ་བཟང་རྒྱ་མཚོ་སྐུ་ཚེ་རིང་པོ་འཚོ་བར་སྨོན་པར་བཞེངས་པའི་བཀའ་འགྱུར་ཨེ་པ་ཁྲི་ཐྲུག་སོགས་ཨེ་པས་བཞེངས་པའི་ནོར་སྒྲིང་གསུང་རབ་བྲིས་མ་དང་། དུས་རབས་15པའི་ནང་དུ་གཙང་ཡིག་[②]མཁན་པོས་འབྲི་བཞེངས་གནང་བའི་གསུང་རབ་ཉུང་དང་སྙེམ་དུ་བཞུགས་པ། དེ་མིན་ཁམས་ཡིག་[③]གམ་ཟོ་བྲིས་ལས་བྲིས་པའི་གསུང་རབ་ཆབ་མདོའི་ངོམས་ཆུ་རྒྱུགས་ཁུལ་དུ་བཞུགས་པའི་གསུང་རབ་སོགས་ཡུལ་དུས་སོ་སོར་འབྲི་བཞེངས་བསྐྲུན་པའི་འབྲི་གཟུགས་ཁྱད་འཕགས་ཅན་གྱི་གསུང་རབ་བྲིས་མ་[④]སྣ་མང་ཕུན་སུམ་ཚོགས་པ་སྒྱུ་རྩལ་གྱི་རིན་ཐང་ལྡན་དུ་བྱུང་བའི་གཞའ་དཔེ་གཙོགས་ཆེན་རང་རེའི་གོ་སྐལ་དུ་བཞུགས་པ་ཇི་སྙེད་ཅིག་གནང་།

བཅུ། ཡིག་འགོ།

བོད་ཡིག་གཞའ་དཔེ་ནི་སྔོན་རྒྱ་གར་འཕགས་པའི་ཡུལ་གྱི་དཔེ་སྙིང་ལ་ལད་མོ་བགྱིས་ཏེ་

---

① པད་མ་བཀྲ་ཤིས་ཀྱིས་བརྩམས་པའི་བོད་ཡིག་གཞའ་དཔེའི་རྣམ་བཤད་བོད་ལྗོངས་མི་དམངས་དཔེ་སྐྲུན་ཁང་གི་2013ལོའི་ཟླ་11པའི་སྤར་མའི་ཤོག་གྲངས་241དུ་གསལ།

② གུང་སྲོང་བཙན་སྐུ་རིང་ལ། ཡི་གེའི་མཁན་པོ་གྲགས་པ་ཅན་མ་བྱུང་། དེའི་སྲས་འདུས་སྲོང་མང་པོ་རྗེ་ཀླུ་ནང་གི་སྐུང་རིང་ལ། ཡི་གེའི་མཁན་པོ་ཆ་དཀར་འབེའུ་ཅེ་ཞེས་བྱ་བ་བྱུང་སྟེ། རྗེ་ལ་ཡི་གེའི་སྟངས་ཕུལ་བ་ནི། བྱ་པོ་འཁྱོལ་པ་འདྲ་བ་གཅིག་བྱུ། རྗེའི་ཐུགས་དམ་དང་འབབས་ཀྱི་གཡར་དམ་ཡང་གོ་མ་ཁུངས་པས། གཙང་སྟོད་སྲོང་ཚོའི་ཡུལ་དུ་བཤུགས། ཐག་མེ་རིས་ཀྱི་རྩར་སྲས་ཟངས་དུམ་བྱ་མ་སྤྲུལ་ལམ་གཉིས། སྦྱུ་གུ་བཅད་ཁམ་ཅན། ཡི་གེ་བྱ་པོ་འཁྱོལ་བ་འདྲ་བ་དེ་རྣམས་བསྒྱུབས་པ་ལགས་ཏེ། སྲོང་ཚོ་སྐོར་པའི་ལུག་རྫི་གཅིག་གིས་དེ་རྣམས་རྙེད་དེ། ད་ལྟར་གཙང་ཡིག་བྱ་པོ་འཁྱོལ་བ་འདྲ་བ་ལགས་ཞེས་བོད་ཀྱི་མཁས་པ་ཆེན་པོ་ཁྲུང་པོ་གཡུ་ཁྲིས་མཛད་པའི་ཡི་གེའི་དར་གུད་བྱུང་རྩོལ་དང་ཀ་ཁ་སུམ་ཅུའི་ཕྱག་ཚད་བཞུགས་སོ་ཞེས་དབུ་ཆེན་བྲིས་མའི་ལྡེབ་གྲངས་5་པར་གསལ།

③ རྒྱལ་པོ་ཁྲུ་ནེའི་བཙན་པོའི་སྐུ་རིང་ལ་ཡི་གེའི་མཁན་པོ་ཆེ་སྲོང་བྱང་ཆུབ་ཅེས་བྱ་བ་བྱུང་སྟེ་རྗེ་ལ་ཡི་གེའི་སྟངས་ཅིག་ཕུལ་བ་ནི། སྦྲུར་ནག་བགྲད་པ་འདྲ་བ་ཞིག་བྱུང་། རྗེས་ཞབས་འོག་ཏུ་བཙུག་ནས་བསྒྲུབས་པ་ནི། མདོ་ཁམས་སུ་སྤྱུགས། ད་ལྟར་ཁམས་ཡིག་ལགས་སོ། བོད་ཀྱི་མཁས་པ་ཆེན་པོ་ཁྲུང་པོ་གཡུ་ཁྲིས་མཛད་པའི་ཡི་གེའི་དར་གུད་བྱུང་རྩོལ་དང་ཀ་ཁ་སུམ་ཅུའི་ཕྱག་ཚད་བཞུགས་སོ་ཞེས་དབུ་ཆེན་བྲིས་མའི་ལྡེབ་གྲངས་6པ་ལས་དྲངས།

④ རྒྱ་གར་བའི་སྐུ་བརྙན་ཕལ་ཆེར་གྱི་གཤམ་ལ་ཁ་བྱང་ཡོད་པས་དུས་ཐོག་སོ་སོའི་ཡིག་གཟུགས་མི་འདྲ་བ་རྣམས་ངོས་ཆོད་ན་རྒྱལ་རྒྱུད་གང་གི་སྐབས་ཡིན་ཤེན་ཏུ་གསལ་བར་ཤེས་ནུས་པས་གནའི་སྐུ་བརྙན་ཡིན་པ་ཅི་ལྟར་ངོས་ཟིན་སྙམ་པ་ཡང་མི་དགོས་ཞེས་བོད་ཀྱི་གསུང་རབ་སྒྲ་བ་དགེ་འདུན་ཆོས་འཕེལ་གྱི་གསུང་རྩོམ་ཕྱོགས་བསྒྲིགས་པོད་གཉིས་པ་ནུབ་བྱང་མི་རིགས་སློབ་ཆེན་སྤར་མའི་ཤོག་གྲངས་61དུ་གསལ་ལ་གཞི་ཁུངས་བཙལ་ཏེ་ཞུས་ཡོད།

བོད་ལ་དར་བ་ཞིག་ཡིན་གཤིས། བོད་ཡིག་གནའ་དཔེ་བྲིས་མ་དེ་དག་གི་ཡིག་འགོ་ཡང་ཐོག་མར་རྒྱ་གར་གྱི་གནའ་དཔེ་དག་ལས་བྱུང་བ་ཞིག་ཡིན།[1] རྒྱ་དཔེ་སྔོན་མ་རྣམས་ཀྱི་དབུ་ཤོག་གི་དང་པོ་ལ་ཨོཾ་ཞིག་བྲིས་པ་མ་གཏོགས་གཞན་ལྷེབ་རེ་རེའི་མགོ་ལ་ཏིང་ཀྱོག་སོགས་བྲིས་པ་ཡང་མི་སྣང་བས་ཁ་ཐོར་ཚེ་ལྷེབ་ཀྱི་ཉིན་སྲིབ་གང་ཡིན་ཀྱང་མི་ཤེས། ཤོག་བུ་ལ་བྲིས་པའི་རྒྱ་དཔེ་རྣམས་ནི་ཤོག་བུའི་ཉིན་ལ་གུར་ཀུམ་གྱི་ཁ་བསྒྱུར་ཏེ་སེར་པོ་དང་སྲིབ་ཕྱོགས་རང་མདོག་བཞག་པ་ཤ་སྟག་ཏུ་སྣང་[2]བ་ལས་གནའ་དཔེ་བྲིས་མ་ཆེས་སྔ་གྲས་ལ་ཕལ་ཆེར་དབུ་འཕྱུད་དེ་བྱུང་མེད་པའི་གནའ་དཔེ་དང་། ད་དུང་ལྷེབ་གྲངས་ཀྱི་སྟེང་དུ་ཡིག་འགོ་མ་འཁོད་པ་དང་ལྷེབ་གྲངས་དེ་ཁ་དོག་མ་བསྒྱུར་བར་ཡིག་འགོའི་བྱེད་ནུས་དེ་ལྷེབ་གྲངས་ཉིན་ངོ་ལ་ན་དང་སྲིབ་ངོ་ལ་བ་ཡིག་བྱིན་པ་ལྷེབ་གྲངས་ཀྱི་ཉིན་སྲིབ་ངོས་ཟིན་པའི་གནའ་དཔེའང་རེ་གཉིས་མཇལ་རྒྱུ་འདུག དེ་རྗེས་རིམ་པས་བཞིན་བོད་ཡིག་བྲིས་མའི་མགོར་ཕྱིན་པའི་ཡིག་འགོའམ་དང་འཁྱིག་དེ་སྔོན་རྒྱ་གར་གྱི་ཡིག་སྲོལ་འཛིན་པ་ཞིག་ཡིན་ཙ་ན། ས་པཊ་ཀྱིས་གླང་པོ་ཆེའི་སྣ་དང་རྒྱ་གར་ལྷོ་ཕྱོགས་པ་རྣམས་ཀྱིས་དུང་དཀར་གྱི་གཟུགས་ལྟ་བུ་སྣང་ཞེས་དང་ད་དུང་གུབ་ཏའི་(悉昙)ཡི་གེར་ལས་མཆེད་[3]ཅེས་དང་བོད་ཡིག་གནའ་དཔེའི་སྟེང་དུ་ཕྱིན་པའི་ཡིག་འགོའམ་དང་འཁྱིག་དེ་འབྲུ་ཤའི་ (吉尔吉特) གནའ་དཔེ་ལི་ཡུལ་བརྒྱུད་ནས་བོད་དུ་དར་བ་རེད་[4]ཅེས་རྒྱལ་སྤྱིའི་བོད་རིག་པ་སླ་བ་བོད་ཡིག་བྲིས་མར་ཞིབ་

① བོད་ཀྱི་གསུང་རབ་སྨྲ་བའི་དབང་པོ་དགེ་འདུན་ཆོས་འཕེལ་མཆོག་གིས་གསུངས་པ་སྟེ། ཡིག་མགོའི་ཏིང་ཀྱོག་འདི་ཡང་ཨོཾ་ཡིག་ཏུ་ཤེས་ལ། རྒྱ་དཔེ་རྣམས་ལ་དབུ་ཤོག་གི་དང་པོར་ཨོཾ་ཞིག་བྲིས་འདུག་ཅིང་། སྔོན་དང་ད་ལྟའི་བར་གྱི་རྒྱ་ཡིག་ལ་ཨོཾ་གྱི་གཟུགས་ཨུཾ་འདི་འདྲ་ཡིན་ཅིང་། དེ་ལས་ཀྱང་ཨོཾ་རིང་པོ་ནི་ཨི་སྐད་དུ་ཀུན་མཁྱེན་བླ་མས། ཨོཾ་རིང་དོངས་ཀུན་རང་བཞིན་ཆ་མེད་རྟག གསུངས་པ་ལྟར་བྲམ་ཟེ་རྣམས་ཀྱིས་འགངས་ཆེན་དུ་བརྩིས་གཤིས། ཡིག་མགོ་སོགས་ན་ཨོཾ་རིང་པོ་འདི་རྟག་ཏུ་ཡོང་། ཨོཾ་རིང་གི་གཟུགས་རྒྱ་ཡིག་ལ་འདི་ཡིན་ཅིང་། དཔེ་སྟེང་འགའ་ལ་ཡིག་མགོའི་ཏིང་ཀྱོག་ཀྱང་། འདི་ལྟར་བྲིས་པ་མཐོང་བས་འདི་ཨོཾ་ཡིག་གི་གཟུགས་འགྱུར་བ་ཡིན་ནོ།ཞེས་དགེ་འདུན་ཆོས་འཕེལ་གྱིས་མཛད་པའི་རྒྱལ་ཁམས་རིག་པས་བསྐོར་བའི་གཏམ་རྒྱུད་གསེར་གྱི་ཐང་མ་ནུབ་བྱང་མི་རིགས་སློབ་ཆེན་གྱི་སྤར་མའི་ཤོག་གྲངས་210ལས་བཏུ་གསལ།

② དགེ་འདུན་ཆོས་འཕེལ་གྱིས་མཛད་པའི་རྒྱལ་ཁམས་རིག་པས་བསྐོར་བའི་གཏམ་རྒྱུད་གསེར་གྱི་ཐང་མ་ནུབ་བྱང་མི་རིགས་སློབ་ཆེན་གྱི་སྤར་མའི་ཤོག་གྲངས་199ལས་དྲངས།

③ 见，克里斯汀娜・施考伯 乔治・博纳尼著 用多种学科研究藏文古写本 西部西藏的文化历史 中国藏学出版社2008年 311页.

④ ཡིག་མགོ་དེ་བོད་ལ་ཇི་ལྟར་བྱུང་བའི་སྐོར་ལ། འབྲུ་ཤ་ (吉尔吉特) དང་ཁ་ཆེ། ལི་ཡུལ་སོགས་གྲོང་པ་ཁྱིམ་མཆེས་ཀྱི་ས་ཁུལ་ཁག་ནས་ཐོན་པའི་གནའ་དཔེ་དག་གི་སྟེང་དུ་ཡང་དང་འཁྱིག་དེ་བྲིས་འདུག ང་ཚོས་ཞིབ་འཇུག་བྱས་པའི་གནའ་དཔེ་བྲིས་མ་དང་རྗེ་རིང་། ཅོང་གི་ཡི་གེ་ལས་གསལ་བཤད་ཐུབ་པ་སྟེ་ཉེ་འཁོར་གྲོང་པ་ཁྱིམ་མཆེས་ཁག་བར་གྱི་རིག་གནས་ལ་འབྲེལ་བ་ཏ

འཇུག་གནང་མཁན་དག་གིས་གསུངས། དེས་ན་ཡིག་འགོ་དེ་ཡང་གསུང་རབ་འབྲི་བཞེངས་དུས་རབས་ཀྱི་འགྲོས་དང་བསྟུན་ཏེ་རིམ་པས་བཞིན་མཛེས་ཆ་ལྡན་པར་བྱོན་པའི་གསུང་རབ་བྲིས་མ་སྟེ། དུས་རབས་10པའི་ཡར་སྔོན་གྱི་གནའ་དཔེ་ཡིག་འགོ་ཙུང་ཟད་ཅིག་སྟབས་བདེ་པོ་[༡༢]འདི་ལྟར་བྲིས་པའི་གསུང་རབ་ལྷོ་ཁའི་གྲོ་མཁར་ཆོས་སྡེ་དང་འབྲས་སྤུངས་དགོན་དང་ཆབ་མདོ་ཁུལ་དུ་བཞུགས་པའི་ཤེར་ཕྱིན་འབུམ་པོད་རེ་གཉིས་དང་། དེ་རྗེས་དུས་རབས་12-13ནང་གི་གནའ་དཔེའི་ཡིག་འགོ་སྔོན་གྱི་དེ་ལས་འབྲི་གཟུགས་དག་པ་དང་ཙུང་ཟད་མཛེས་ཆ་ལྡན་པ་ཞིག་སྟེ། [༡༣] །འདི་ལྟ་བུ་བྱོན་པའི་གསུང་རབ་མངའ་རིས་འཕོར་ཆགས་དགོན་དང་སྙེ་ཐང་སྒྲོལ་མ་ལྷ་ཁང་། འོན་ཀེ་རུ་དང་གྲོ་མཁར་ཆོས་སྡེ། བྱ་ཡུལ་བྱམས་ཆེན་དང་ལོ་དགོན་པ། སྣེ་མོའི་བྱེ་མཁར་ཆོས་སྡེ་སོགས་སུ་བཞུགས་པ་ཇི་སྙེད་ཅིག་མཆིས། དུས་རབས་14པའི་རྗེས་ནས་དེང་གི་ཡིག་འགོ་[༡༤] །འདི་དང་[༡༥] །འདི་བཞིན་བྲིས་པའི་གསུང་རབ་བྲིས་མ་དང་། དུས་རབས་16པའི་རྗེས་ནས་གསུང་རབ་ཀྱི་ཡིག་འགོ་དེའང་མཛེས་ཆ་ལྡན་པ་ཙམ་མ་ཟད་དེ་དང་ལྷན་ཅིག་ཏུ་ནོར་བུ་མེ་འབར་དང་བཀྲ་ཤིས་རྟགས་བརྒྱད་བུམ་གཟུགས་དང་གཡུང་དྲུང་སོགས་ཀྱི་རི་མོས་བརྒྱན་པ། ཡུལ་དུས་སོ་སོའི་ཁྱད་ཆོས་མངའ་བའི་དཔེ་རྙིང་བྲིས་མ་ལག་པའི་སོར་མོ་ནང་དུ་བཀུག་ནས་བགྲངས་པར་དཀའ་བའི་དཔེ་རྙིང་བོད་ཀྱི་ཡུལ་ལུང་གང་སར་མཇལ་རྒྱུ་མང་།

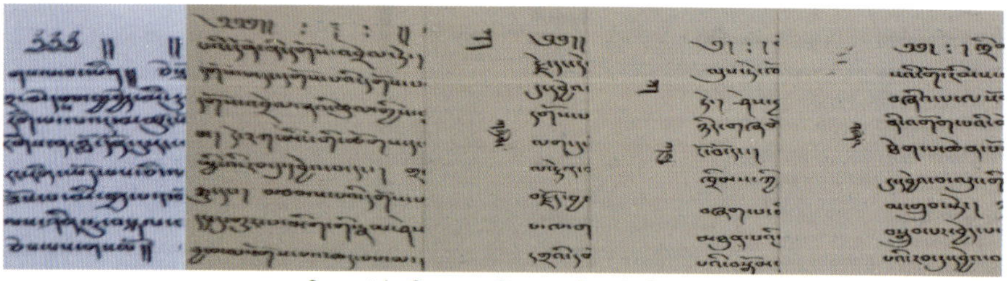

ཡིག་མགོ་འབྲི་སྟངས་མི་འདྲ་བའི་དཔེ་རིས།

ཅང་དམ་པོ་ཡོད་པ་ཞིག་རེད། སྤྱི་ལོའི་དུས་རབས་6པ་ནས་འགོ་བཙུགས་ཏེ་ཡིག་མགོའམ་དང་འཁྱོག་དེ་རིགས་འདྲ་མིན་སྣ་ཚོགས་ཀྱི་རྣམ་པའི་ཐོག་ནས་འབྲི་སྲོལ་བྱུང་འདུག སྐབས་རེ་གནའ་བོའི་གུབ་ཏའི་ཡི་གེ་(悉昙)དང་མཉམ་དུ་ཐོན་ཡོད། རྗེས་སུ་ཁུ་ཁྲ་(库车)དང་ལི་ཡུལ་དུ་བྲམ་ཟེའི་ཡི་གེས་བྲིས་པའི་གནའ་དཔེའི་ཁྲོད་དུའང་བྱུང་ཡོད། གནའ་དཔེ་འབྲི་བཞེངས་ཀྱི་དུས་སུ་བེད་སྤྱོད་པའི་ཡིག་མགོའམ་དང་འཁྱོག་དེ་འབྲུ་ཤའི（吉尔吉特）གནའ་དཔེ་ལི་ཡུལ་བརྒྱུད་ནས་བོད་དུ་དར་བ་རེད་ཅེས་见，[瑞士]安·克麗兹蒂娜·谢勒-肖布著：敦煌与塔波古藏文写本研究的方法论问题 法国汉学 中华书局2000年 257页.

བཅུ་གཅིག ཚེག་ཤད།

དུས་རབས་8-9བར་དུ་བྲིས་བཞེངས་གནང་བའི་གནའ་དཔེ་དེ་དག་གི་ཚེག་དང་ཤད་ནི་དུས་རབས་11གནའ་དཔེའི་ཚེག་ཤད་རྒྱག་སྟངས་དང་མི་འདྲ་བ་སྟེ། ཚེག་གི་ངོས་ནས་ཞུས་ན། དུས་རབས་8-9པའི་ནང་དུ་ལུགས་སུ་བླུགས་པའི་ཅོང་དང་གཟོང་གིས་བཀོས་པའི་ཇོ་རིང་ཡི་གེར་ཚེག་མ་བྱིན་པ་སྟེ་ཇག་རོང་དགའ་ལྡན་གྱི་ཅོང་གི་ཡི་གེ་སྟེ། ༄།། བོདཀྱིལྷབཙནཔོཁྲིལྡེགཙུགབརྟནམཆིདཀྱིསྐུཡོནདུབཟོསཏེ༔ ཞངལྷསྒྲརྒྱལསྙིབསསྤྱདཀྱིསཇགརོངདགུ

ལྡནབྱིནཅནགཙུགལགཁངགིརྒྱེནདུདྲིལཆེནཅིགཕྱུལབའིཡོནཀྱིསཡོནབདགདངསེམསཅནཐམསཅདབླནམྱེདདེབྱངཆུབཀྱི་རྒྱུབཔརསྨོནཏོ། དྲིལའདི་ལྷགསགོང·····གིསཡིགེབྲིསྟེདགེསློངཚེསཕྲནགྱིསབླུགསོ་[1] ཞེས་དང་ ༄།། ཁྲིའིལོལསྐུགཟུགསའབུརདུབཀོསཔདངདངརམཀུནབྲིསཔའིསྨོན་ལམལསོགསཔབཙནཔོཁྲིལྡེསྲོངབཙན་[2] ཞེས་པ་སོགས་ཚེག་དང་ཤད་མ་བྱིན་པའི་ཡིག་རྙིང་དང་། དུས་རབས་9-10པར་འབྲི་བཞེངས་བསྐྲུངས་པའི་ཇོ་རིང་ཡི་གེ་དང་བཙན་པོའི་བླ་འབུམ་དག་གི་ཚེག་གི་འབབ་སྟངས་[3] ལ་བལྟས་ན་དུས་ཕྱིས་ཀྱི་ཚེག་ཇི་བཞིན་ཡི་གེའི་མགོ་དང་གྲལ་གཅིག་ཏུ་མ་བཞུགས་པར་ཅུང་ཟད་ཅིག་འབབ་གཞོལ་བྱུང་བ་ལྟ་བུ་བྲིས་པའི་ཇོ་རིང་གི་ཡི་གེ་དང་། དུས་རབས་13སྔོན་གྱི་བྲིས་མའི་ཤད་ནི་སུམ་རྟགས་གཞུང་གི་རྩ་ཚིགས་ང་ཡིག་མ་གཏོགས་ཡིག་ཤད་བར་ཚེག་མེད་དེ་སོགས་ཞིབ་ཏུ་འབད་ཅེས་པ་ཇོག་ལོའི་དག་ཡིག་བསྡུས་པའི་གཞུང་ལུགས་ལ་བཀུར་བསྐྱི་མ་བགྱིས་པའི་ཚུལ་གྱིས་ཚེག་གི་རྗེགས་མཚམས་ཚང་མར་ཚེག་དང་ཤད་བརྒྱབ་ཡོད་པ་སྟེ།P.t1287 རི་མཐོ་ས་གཙང་། སྤུ་རྒྱལ་བོད་ཀྱི་ཡུལ་། ཞེས་པ་ཏུན་ཧོང་ཡིག་རྙིང་དང་ད་དུང་མདའ་རིས་འཕོར་ཆགས་དགོན་དུ་བཞུགས་པའི་དཔེ་

---

① གསར་དུ་རྙེད་སོན་བྱུང་བའི་ཇག་རོང་དགའ་ལྡན་བྱིན་ཆགས་གླིང་གི་ཅོང་གི་ཡི་གེར་གསལ།

② ཡུལ་ཤུལ་ཁུལ་གྱི་བཀའ་གཙིགས་བྲག་བཀོས་མ་ལས་དྲངས།

③ དབྱིན། IOL.Tib.J.VOL.31ཡུམ་ཤེས་རབ་ཀྱི་ཕ་རོལ་ཏུ་ཕྱིན་པའི་བམ་ཚད་མདོར་བསྡུས། ཡུམ་ཤེས་རབ་ཀྱི་ཕ་རོལ་དུ་ཕྱིན་པ་ལ་། ཚག་བྱ་བ་བཞི་དང་། བཞི་འབུམ་ཡོད་། ཤད་བཞི་འབུམ་ཡོད་། ཤུ་ལོག་སྟོང་ཕྲག་བརྒྱལ། ལེའུ་བདུན་ཅུ་རྩ་གཉིས།། བམ་པོ་སུམ་བརྒྱའ་ཡོད།། ཉི་ཁྲི་ལྔ་སྟོང་ལ་ཚགས་བྱེ་བ་གཅིག་དང་འབུམ་གཅིག་ཡོད།། ཤུ་ལོག་སྟོང་ཕྲག་ཉི་ཤུ་ལྔ། ལེའུ་བདུན་བཅུ་རྩ་གཉིས། བམ་པོ་བདུན་ཅུ་རྩ་ལྔ། ཁྲི། ཁྲི་བརྒྱད་སྟོང་ལ་ཚག་བདུན་འབུམ་དགུ་ཡོད་།ཤད་བདུན་ཁྲི་ཉིས་སྟོང་། ཤུ་ལོག་སྟོང་ཕྲག་བཅོ་བརྒྱད་། ལེའུ་བརྒྱད་ཅུ་བརྩ་བདུན། བམ་པོ་དྲུག་ཅུ་ཡོད་དོ། ཁྲི་པ་ལ་ཚག་འབུམ་བཞི་ཁྲི། ཤད་བཞི་ཁྲི། ཤུ་ལོག་སྟོང་ཕྲག་བཅུ། ལེའུ་སུམ་ཅུ་རྩ་དྲུག། བམ་པོ་སུམ་ཅུ་རྩ་དྲུག། །བརྒྱད་སྟོང་པ་ལ། ཚག་སུམ་འབུམ་ལྔ་ཁྲི། ཤད་སུམ་འབུམ་ཁྲི་ཉིས་སྟོང་། ཤུ་ལོག་སྟོང་ཕྲག་བརྒྱད། ལེའུ་སུམ་བཅུ་རྩ་བཞི་དྲུག། བམ་པོ་ཉི་ཤུ་རྩ་བཞི་མཆིས་སོ།།ཞེས་པ་ལས་རྟོགས།

ཉིང་སྟེ། དགེ་རྩ་ཅི་བྱེད་ཐམས་ཅད་འབྱུ་ཏྲར་བསྔོས་ན་འབྱུ་ཏྲར་ཆ་གསུང་། ཚུ་བོ་ཉལ་ཉིལ་དེད་པ་བཞིན་དགེ་རྩ་འབྱུ་ཏྲར་བསྔོས་ན་སྡིག་ཐམས་ཅད་འདག་པ་ཡིན། དགེ་རྩ་འབྱུ་ཏྲར་བསྔོས་པས་འབྱུ་ཏྲ་མ་ཐོབ་བར་དུ་འཁོར་བའི་བདེ་བ་ཐམས་ཅད་དེ་ལས་ཡོང་གསུང་། དཔེ་དེ་བིན་དུ་དགེ་རྩ་བ་ཡང་རྫོགས་པའི་བྱང་ཆུབ་དུ་བསྔོས་ན་འབྱུ་ཏྲ་མ་ཐོབ་པར་དེ་ལ་ཟད་པ་མྱེད་དོ་ཞེས་གསུངས། འབྱུ་ཏྲ་ཐོབ་ན་ད་ག་ན་འཛད་གསུང་།[①]ཞེས་པ་དང་། དུས་རབས་12ཡས་མས་སུ་འབྲི་བཤུས་བསྐྱངས་པའི་མངོན་པ་མཛོད་སྐྭ་བ་དཔལ་བརྩེགས་ཀྱི་འགྱུར་བོད་ལྗོངས་ཡིག་ཚགས་ལས་ཁྲུངས་སུ་བཞུགས་པ་ཞིག་ཏུ། ༄། །རྒྱ་གར་སྐད་དུ། ཨ་བྷི་དྷར་མ་ཀོ་ཤམ་ཧྲུ་ཏྲྀམ། །བོད་སྐད་དུ། ཆོས་མངོན་པའི་མཛོད་ཀྱི་བཤད་པའ། །འཇམ་དཔལ་གཞོན་ནུར་གྱུརད་པ་ལ་ཕྱག་འཚལ་ལོ། །གང་ཞིག་ཀུན་ལ་མུན་པ་གཏན་བཅོམ་ཞིང་། །འཁོར་བའི་འདམ་ལས་འགྲོ་བ་དྲངས་པ་མཛད་པ། །དོན་བཞིན་སྟོནད་པ་དེ་ལ་ཕྱག་འཚལ་ནས། །ཆོས་མངོན་པ་མཛོད་ཀྱི་བསྟན་བཅོས་རབ་བཤད་བྱ། །[②]ཞེས་དང་། དུས་རབས་13པའི་སྟོད་ཙམ་དུ་བཞེངས་པའི་ཏོར་ཕྱར་མ་ས་པཎ་གྱི་ཚད་མ་རིགས་གཏེར་དང་སྡོམ་གསུམ་རབ་དབྱེ་ལྟ་བུར་ཡང་དེ་ལྟར་བྲིས་ནས་འདུག ད་ལྟ་རང་རེ་རྣམས་ཀྱི་གཏེར་ཚག་ཞེས་བརྗོད་པ༔འདི་ཡང་དུས་རབས་10སྔོན་བྲིས་མ་ཏུན་ཧོང་Pt1288དོན་ཆེན་གྱི་གནད་བསྡུས་ལོ་ཚིགས་སུ། ༄ཿསྤྲེལ༔གྱི་ལོ་ལ་བབ་སྟེ། བཙན་པོ་ཉེན་ཁར་ན་བསཞུག་ཤིང་། དབྱར་དུ༔བློན་ཆེན༔པོ༔བཙན༔སླས༔འདུན་མ་ཟྲིད་མདར༔ བསྡུསྟེ་ཅེས་དང་ལྷ་ས་གྲོང་འཁྱེར་སྲིད་གྲོས་སུ་བཞུགས་པའི་དབའ་བཞེད་དུ། དབའ་ཡེ་ཤེས་དབང་པོ་དང་། འབའ་སང་ཤི་ཅས་དཀོན་མཆོག ཨཀྱི་རྟེན་བཙུགས: ཡིས་དབང་པོ་ཆེ་འདས་ཀར་མི་མ་ཡིན་པ་དག་གིས་བསུ་ཞིང: དྲི་ཞིམ་པོ་དང: ཞེས་དང་ད་དུང་བོད་ལྗོངས་དཔེ་མཛོད་ཁང་དུ་བཞུགས་པའི་དུས་རབས་12པའི་ནང་གི་གནའ་དཔེ་བྲིས་མ་དབུས་གཙང་སྐེ་པ་འགྱེད་པའི་མདོའི་ནང་དུ། ངས་བསྙེན་རྫོགས་ཀྱི་སྡོམ་པ་ཐོབ་པ་ཡིན་ཏེ: མཁན་པོ་ན་རེ་དེར་བས་གསུང་བའི་ཕྱིར་རོ: ཞེས་ཟེར་བས་དེར་བས་

[①] འཁོར་ཆགས་དགོན་དུ་བཞུགས་པའི་དཔེ་ཉིང་དབུ་ཆེན་བྲིས་མ་དབུ་ཞབས་མ་ཚང་བ་ཞིག་གི་ལྡེབ་གྲངས་23ལས་དྲངས།

[②] སློབ་དཔོན་ཤཱཀྱ་ཀུའི་དགེ་སློང་དབྱིག་གཉེན་གྱི་མཛད་པ་འདི། །རྫོགས་སྷོ། །རྒྱ་གར་གྱི་མཁན་པོ་འཛི་ན་མྱིད་ྲ་དང་། ཞུ་ཆེན་གྱི་གྱི་ལོ་ཙ་བ་དཔལ་བརྩེགས་ཀྱིས་བསྒྱུརད་ཅིང་ཞུས་ནས་གཏན་ལ་ཕབ་པའ། ཞེས་པ་དུས་རབས་12ཀྱི་བྲིས་མ་ཞབས་མཆན་ཡང་དེ་གཤེད་དུ་བཏབ་པར་མངོན་པའི་མངོན་པ་མཛོད་ཀྱི་གཞུང་དབུ་ཤོག་ཏུ་མཛོད་ཀྱི་རང་འགྲེལ་དཔལ་བརྩེགས་ཀྱི་འགྱུར་བཞུགས་སོ་ཞེས་བོད་ལྗོངས་ཡིག་ཚགས་ལས་ཁུངས་སུ་བཞུགས་པའི་པོད་ཀ་པའི་ལྡེབ་གྲངས་1པའི་སྦྱིབ་ངོ་ལས་དྲངས།

ཀྱི་བསྙེན་རྫོགས་སུ་གྲགས༔ དེས་ཏྲ་ནག་ཕུའི་བྱ་ཚང་བཟུང༔ དེ་ནས་ཤངས་ཀྱི་བྱེ་ཕུག་བཟུང༔ བྱ་ཚང་ནས་མཆེད་པ་ལ་འཇྫད་ཀྱི་གནས་བརྒྱད་བྱུང༔ དེ་མཚོ་ལ་མཆེད་པ་རྣམས་ལ་གཙང་གི་འབྲི་ཚོ་ཟེར་བ་ཡིན།།[①] ཞེས་པ་ལྷ་བུའི་གནའ་དཔེ་དང་། དུས་རབས་15སྐབས་སུ་རྒྱ་ནག་ཏུ་སྤར་བཏབ་པའི་བོད་ཡིག་གནའ་དཔེ་སྤྱོད་འཇུག་དང་ཀྱེ་རྡོ་རྗེའི་རྒྱུད་སོགས་ཀྱི་ཤད་ཀྱི་ཚོད་དུ་རྒྱ་ནག་གི་རིག་གནས་ཀྱིས་ཤན་བཞུགས་པའི་ངང་ཚུལ་སྟེ་གཅིག་ཤད་དོད་དུ་རྟགས; འདི་ལྟར་བྲིས་པ་[②] དང་དུས་ཕྱིས་ཀྱི་གནའ་དཔེ་བྲིས་མའི་སྟེང་དུ་གཏེར་ཚགས་དེ་མི་ཕྱོན་པར་གོང་འོག་གཅིག་ཏུ་དྲིལ་ནས་གཅིག་ཚིག་རིང་པོས་བཅད་[③] དེ་འབྲི་བཤུས་བྱས་པའི་གནའ་དཔེ་སོགས་ཡུལ་དུས་མི་འདྲ་བར་བཞེངས་པའི་དུས་རབས་ཀྱི་ཁྱད་ཆོས་མངའ་བའི་གནའ་དཔེ་བྲིས་མ་ཡང་མཇལ་རྒྱུ་མང་།

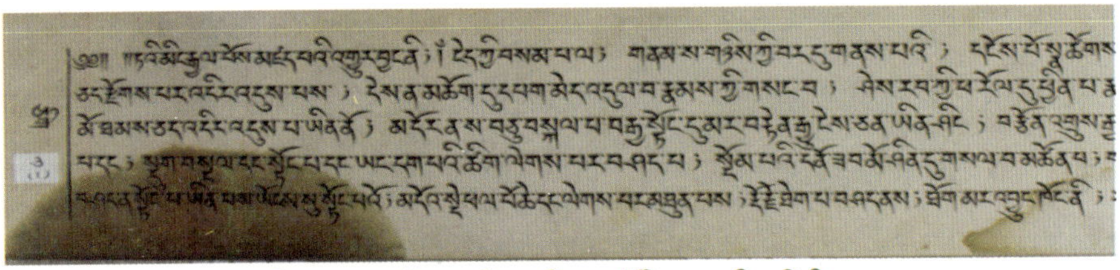

དམིགས་བསལ་གྱི་ཤད་བྲིས་པའི་ཡུང་ལོའི་སྤར་མའི་དཔེ་རིས།

བཅུ་གཉིས། སམ་སྐྲ་ཏ་གཟུགས་འགྱུར།

དུས་རབས་13ཡར་སྔོན་དུ་བོད་ཀྱི་ལོ་ཙཱ་བ་སྐུ་དྲིན་ཅན་རྣམས་ཀྱིས་མི་རིགས་གཞན་གྱི་ཕུལ་བྱུང་རིག་གནས་བོད་སྐད་དུ་བསྒྱུར་བའི་དུས་སྐབས་ཤིག་ཡིན། འགྱུར་ཡིག་དེ་དག་གི་

① དབུས་གཙང་སྡེ་པ་འགྲེད་པའི་མདོ་ ཕྱི་ར་175རྗོགས་ཅན་བྲིས་མའི་ལྡེབ་གྲངས་5ལས་དྲངས།

② ༄། ཏ་མིང་རྒྱལ་པོས་མཛད་པའི་འགྱུར་བྱང་ནི; ༈དེད་ཀྱི་བསམ་པ་ལ; གནས་ས་གཉིས་ཀྱི་བར་དུ་གནས་པའི; དངོས་པོ་སྣ་ཚོགས་རང་སོར་སྐྱེ་ཞིང་འཕེལ་བ; བསྒོམ་པའི་དོན་དམ་སྣང་བ་ནི; ཆོས་རྣམས་ཐམས་ཅད་རྫོགས་པ་འདིར་འདུས་པས; …………………………འཕགས་པ་རྣམས་ཀྱི་མཛད་འཕྲིན་རྒྱུད་པའི་རྒྱུ་ཡིན་ནོ།། ཡུན་ལོ་བཅུ་གསུམ་པའི་ལོ་ཟླ་བ་བཞི་པའི་བཅུ་བདུན་གྱི་ཉིན།།; །།ཞེས་སྤྱོད་འཇུག་དང་ཀྱེ་རྡོ་རྗེ་རྒྱུད་ཀྱི་རྒྱལ་པོ། ယུང་ལོ་བཅུ་གསུམ་པ་སྟེ་1415ལོའི་རྒྱ་ནག་སྤར་མའི་སྤར་བྱང་ལས་དྲངས།

③ དེའི་སྐོར་ལ་དགེ་འདུན་ཆོས་འཕེལ་གྱིས་ཡིག་རྙིང་ཕལ་ཆེར་ལ་ཚོགས་སྟེང་འོག་གཉིས་རེ་རེའི་བར་ན་གང༔ དུ༔ སོང༔ ཡང༔ སོགས་འདིར་འདུག་ལ་ཚོགས་སྟེང་འོག་གཉིས་མཉམ་དུ་བསྲེས་པ་ལས་དབུ་མེད་ཀྱི་ཚིག་རིང་པོ་གང་དུ་སོང་ཡང་སོགས་འདི་ལྟ་བུ་བྱུང་བར་ཤེས་སོ་ཞེས་དགེ་འདུན་ཆོས་འཕེལ་གྱིས་རྒྱལ་ཁམས་རིག་པས་བསྐོར་བའི་གཏམ་རྒྱུད་གསེར་གྱི་ཐང་མ། ནུབ་བྱང་མི་རིགས་སློབ་ཆེན་གྱི་སྤར་མའི་ཤོག་གྲངས་210དུ་གསལ།

ནང་དུ་མ་ཡིག་གང་ཞིག་ཡིན་པ་དེ་དག་གིས་ཤན་བཞུགས་པ་ནི་ཡིག་བསྒྱུར་རིག་པ་ལས་གསུངས་པ་བཞིན་ཡིག་བསྒྱུར་ནི། ཡིད་འཕངས་ཀྱི་གཞུང་ལུགས་ཤིག་ཡིན་ཞེས་པ་ལྟར་མི་རིགས་གཞན་གྱི་རིག་གནས་ཀྱིས་ཤན་བཞུགས་པས་ཡིན་ནམ་སྙམ། སྔོན་རྒྱ་གར་ནས་བསྒྱུར་བའི་གཞུང་ཞིག་ཡིན་ན་ཐོག་མར་དེ་བསྒྱུར་བའི་མ་ཡིག་དེ་དག་ལ་སཾསྐྲྀཏ་འབྲི་སྟངས་གཅིག་བསྒྱུར་མེད་པ་དང་རྒྱ་གར་སྐད་ཀྱི་Buddhaཞེས་པའི་ཚིག་དེ་ཐོག་མར་སྒྲ་བསྒྱུར་གྱི་རྣམ་པར་གནས་པ་ཏུན་ཧོང་ཡིག་རྙིང་ p.t.849ན་མོ་འབུ་ཐ་ཡཱ་དང་ P.T.123སྒྲ་སྦྱོར་བམ་གཉིས་ཀྱི་མདུན་དུ་ཡང་ཤཱ་ཀ་མོ་བུད་དྷ་ཡ་དང་དཔལ་ས་སྐྱའི་བྱང་དགོན་ཉམས་གསོའི་སྐབས་ས་འོག་ནས་ཐོན་པའི་ཤེར་ཕྱིན་བྲིས་མའི་མཛད་བྱང་དུ། འབུ་དྷ་ཡ་ཞེས་བྲིས་པའི་དཔེ་རྙིང་དང་། དུས་རབས་11པར་ལོ་ཆེན་རིན་ཆེན་བཟང་པོས་ཕྱག་བཏབ་པའི་འཕོར་ཆགས་དགོན་དུ་བཞུགས་པའི་འདུལ་བའི་སྐོར་གྱི་པོད་ཞིག་ཏུ། འབུདྡ་ཏ་མཉེས་པ་དང་། རང་ནའི་ཟས་འཁྲོག་པ་དང་། འབུ་ཏའི་འཕོར་རྣམས་ཕྱོགས་དེ་སྤོང་བར་དམ་བཅོས། དེ་ལ་འབུ་ཏས་གསུངས་པ། འབུ་ཏའི་རྒྱན་ཆན་གོན། འབུ་ཏའི་སློབ་མ་ཁྲིམས་དང་མི་ལྡན་ན། འབུ་ཏ་དང་ཐརད་པ་བས་མཐོ་རིས་ཐོབ་པ་ཡང་ག་ནས་འོང་། བྱང་སེམས་ལས་འབུ་ཏ་བྱུང་ལ། ཆོས་དང་ཆོས་འཛིན་པ་ཐ་དད་མ་ཡིན་བསོ། ཆོས་སྤྱངས་དང་འབུ་ཏའི་རིགས་གཅོད་པར་ཞུགས་པས་སོ།[1] ཞེས་དང་། ད་དུང་དཔེ་རྙིང་གཞན་ཞིག་ཏུ་དཔེ་དེ་བཞིན་དུ་དགེ་རྒྱ་ཅི་བྱེད་ཐམས་ཅད་འབུ་ཏར་བསྔོས་ན་འབུ་ཏར་ཆ་གསུང་། ཆུ་བོ་ཉལ་ཉིལ་དེད་པ་བཞིན་དགེ་རྒྱ་འབུ་ཏར་བསྔོས་ན་སྡིག་ཐམས་ཅད་འདག་པ་ཡིན་། དགེ་རྒྱ་འབུ་ཏར་བསྔོས་པས་འབུ་ཏ་མ་ཐོབ་བར་དུ་འཕོར་བའི་བདེ་བ་ཐམས་ཅད་དེ་ལས་ཡོང་གསུང་། དཔེ་དེ་བིན་དུ་དགེ་རྒྱ་བ་ཡང་རྫོགས་པའི་བྱང་ཆུབ་དུ་བསྔོས་ན་འབུ་ཏ་མ་ཐོབ་པར་དེ་ལ་ཟད་པ་མེད་དོ་ཞེས་གསུངས། འབུ་ཏ་ཐོབ་ན་ད་ག་ན་འཛད་གསུང་།[2] ཞེས་པ་རྒྱ་གར་སྐད་ཀྱི་Buddhaཞེས་པ་དེ་བོད་ཡིག་སྒྲ་ཇི་མ་ཇི་བཞིན་འདོན་ཐབས་བྱས་[3] ཏེ་འབུ་ཐ་དང་འབུ་དྷ་དེ་རྗེས་འབུདྡ་ར་དང་བུད་དྷ། དེ་ནས་ད་ལྟའི་བུདྡྷ་ཞེས་

---

① འཕོར་ཆགས་དགོན་དུ་བཞུགས་པའི་དཔེ་རྙིང་བྲིས་མ་འདུལ་བའི་སྐོར་གྱི་ལྡེབ་གྲངས་4ལས་དྲངས།

② འཕོར་ཆགས་དགོན་དུ་བཞུགས་པའི་དཔེ་རྙིང་དབུ་ཆེན་བྲིས་མ་དབུ་ཞབས་མ་ཚང་བ་ཞིག་གི་ལྡེབ་གྲངས་23ལས་དྲངས།

③ རྒྱ་ནག་གི་མཁས་པ་ཅིད་ཤན་ལིང་གིས་ང་ཚོས་འཛམ་གླིང་ཐོག་གི་ཕྱི་ནས་གཡར་ཡོང་བའི་ཡིག་རིག་དེ་དག་ལ་ཉམས་ཞིབ་བྱས་ན་དེ་དག་ཚང་མར་ཐུན་མོང་གི་ཁྱད་ཆོས་ཤིག་ཡོད། ལྷག་དོན་དུ་སྒྲ་བསྒྱུར་བྱས་པའི་ཡི་གེ་གཅིག་ཐོག་མར་གཞན་ནས་གཡར་ཡོང་བའི་སྐབས། ཆེས་མང་པོ་ཞིག་ཐོག་མའི་སྒྲ་གདངས་བཞིན་གནས་ཡོད་སྟབས་མི་རིགས་དེའི་ཕ་སྐད་དང་མཉམ་དུ་འདྲེས་

དུས་རབས་8-14དུས་རབས་མི་འདྲ་བའི་གནའ་དཔེར་བྲིས་པ་མཇལ་རྒྱུ་འདུག དུས་རབས་14པའི་རྗེས་ཀྱི་གསུང་རབ་ཏུ་འབུ་ཏ་Buddhaཞེས་པར་སངས་རྒྱས་ཞེས་པས་ཡོངས་སུ་ཁ་ལོ་བསྒྱུར་ཞིང་། ད་དུང་དེ་དང་འདྲ་བར་ཆོས་ཞེས་པར་ཡང་དཀར་ཆག་འཕངས་ཐང་མར་དྷརྨ་ཞུ་ཆེན་བྱས། p.t849ན་མོ་དར་མ་ཡཱ། IOL Tib J370 གནམ་བབས་ཀྱི་དར་མ་བམ་པོ་གཅིག་གོ་དང་། འོན་ཀེ་རུའི་ཤེར་ཕྱིན་གྱི་མཛོད་བྱང་། ན་མོ་འབུ་ཐ་ཡཱ། ན་མོ་དྷརྨ་ཡཱ། ན་མོ་སངྒ་ཡཱ་ཞེས་པ་སོགས་སྣང་། དེ་དང་འདྲ་བར་ཤ་རིའི་བུ་དང་བརྒྱ་སྦྱིན་ཞེས་པར་ཡང་དུས་རབས་12པའི་གནའ་དཔེར་ཤཱ་ར་དྭ་ཏའི་བུ་བདེན་པ་གཉིས་ལ་སེམས་ཅན་དམིགས་པ་མེད་དོ།[1] ཤ་ར་དྭའི་བུ་ཁྱོ་བོ་ནི། ཚེ་དང་ལྡན་པ་ཤ་ར་དྭ་ཏའི་བུ། ཤ་ར་དྭ་ཏའི་བུ།[2] དང་ཤ་ར་དྭ་ཏའི་བུ་བྱང་ཆུབ་སེམས་དཔའ་སེམས་དཔའ་ཆེན་པོ་དེས།[3] ཞེས་དང་བརྒྱ་སྦྱིན་ལ་ཀཽཤི་ཀཿསྟེ་འབྲི་གཟུགས་མི་འདྲ་བ། ཀེ་ཨུ་ཤི་ཀ་མཐརད་ཀྱིས་གནས་པའི་སྙོམས་པར་འཇུག་པ་དགུ་ནི་བཏགས་པ་ཙམ། ཀེ་ཨུ་ཤི་ཀ་དེ་ཅིའི་ཕྱིར་ཞེ་ན། ཀེ་ཨུ་ཤི་ཀ་གཟུངས་ཀྱི་སྒོ་རྣམས་ནི་བཏགས་པ་ཙམ་སོ།[4] ཞེས་དང་། ཀེཨུ་ཤི་ཀ་དེ་ལྟར་ལུས་འདི་ནི་རྣམས་ཐམས་ཅད་མཁྱེནད་པ་ཉིད་ཀྱི་ཡེ་ཤེས་ཀྱི་གཞི་སྟེ།[5] ཞེས་དང་། ད་དུང་ཀཽཨུ་ཤི་ཀ་ཡང་གལ་ཏེ་འགའ་ཞིག་གིས་དེའི་ལུས་ལ་དབྱིག་འམ། ཀཽཨུ་ཤི་ཀ་འདི་ལྟ་སྟེ་ཤེས་རབ་ཀྱི་ཕ་རོལ་ཏུ་ཕྱིན་པ་འདི་ནི་རིག་སྔགས་ཆེན་མོའོ།[6] ཞེས་པ

ཐབས་མེད་པ་ལྟ་བུ་སྣང་། དེར་སུས་བལྟས་ཀྱང་ཐད་ཀར་ཕྱི་ནས་གཡར་བའི་ཡི་གེ་ཞིག་ཡིན་པ་རྟོགས། དུས་ཀྱི་དབང་གིས་སྔོན་གྱི་རྣམ་པ་དེར་འགྱུར་ལྡོག་བྱུང་ནས་རིམ་བཞིན་རང་གི་ཕ་སྐད་དུ་འགྱུར་ཞེསགསུངས་པ་ལས་འབུ་དྷ་ཞེས་པའི་ཚིག་དེ་སྒྲ་བསྒྱུར་ཡིན་པ་ཤེས། རྗེས་སུ་ནང་བསྟན་ལ་གོ་བ་མཐིལ་ཕྱིན་པ་ཞིག་ཆགས་པའི་རྗེས་སུ་རྒྱ་སྐད་ཀྱི་Buddha་འབུ་དྷ་ཞེས་པ་དེར་སངས་རྒྱས་ཞེས་པའི་ཚིག་བྱུང་། དེ་དང་འདྲ་བ་རྒྱ་རིགས་ཀྱི་ནང་བསྟན་གཞུང་ལུགས་ནང་དུའང་མཐོང་རྒྱུ་ཡོད་པ་སྟེ། རྒྱ་སྐད་ཀྱི་Buddhaཞེས་པར་རྒྱ་ནག་གི་ཡི་གེར་浮屠དང་佛ཞེས་བྱུང་ཡོད་པའི་སྐོར་ལ་ཅིད་ཤན་ལིང་གིས་浮屠ཞེས་པའི་ཚིག་འདི་རྒྱ་གར་ནས་འགྱུར་བའི་རྗེས་སུ་ཆེས་ཉུང་ཤས་ཤིག་གིས་བེད་སྤྱོད་པ་དང་རྗེས་སུ་ནུབ་ཁུལ་གྱིས་མཁས་པ་རྒྱ་ནག་ཏུ་སྒྲ་སྒྱུར་གནང་བར་ཕེབས་པ་ནས་བཟུང་▯ཞེས་པའི་མིང་ཚིག་དེ་བྱུང་བ་རེད། རྗེས་སུ་འབུ་དྷ་ཞེས་པ་ལ་སངས་རྒྱས་ཞེས་པ་དེ་གོ་བ་བླངས་བདེ་བའི་དབང་གིས་སངས་རྒྱས་ཞེས་པའི་ཚིག་དེས་Buddhaཞེས་པའི་ཚབ་བྱས་ཞེས་གསུངས། 见，季羡林 著 《浮屠与佛 佛教十五题》 中华书局2006年6月83页。

① འོན་ཀེ་རུའི་ཤེར་ཕྱིན་པོད་ཀ་པ་ལས་དྲངས།

② ཆབ་མདོར་བཞུགས་པའི་དུས་རབས་8-9པའི་ཤེར་ཕྱིན་བྲིས་མ་པོད་ང་པ་ལས་དྲངས།

③ བོད་ལྗོངས་སློབ་ཆེན་དུ་བཞུགས་པ་སྨུ་རི་དགོན་ནས་ཐོན་པའི་ཤེར་ཕྱིན་པོད་ཇ་པ་ཤོག་གྲངས་344་ལས་དྲངས།

④ 见，国家图书馆、古籍保护中心编《西域遗珍》（新疆历史文献暨古籍保护成果展图录）157页。

⑤ སྙེ་ཐང་སྒྲོལ་མ་ལྷ་ཁང་དུ་བཞུགས་པའི་ཤེར་ཕྱིན་བྲིས་མ་པོད་ག་པ་ལས་དྲངས།

⑥ 见，【意大利】图齐著，魏正中、萨尔吉主编《梵天佛地》（第三卷）208页。

སོགས་བྱུང་བ་ལས། དུས་རབས་8-9པའི་བར་དུ་ཤ་ར་དྭ་འི་བུ་དང་ཀེ་ཝུ་ཤི་ཀ་དང་དུས་རབས་12པར་ཤ་ར་དེ་ཧའི་བུ་དང་ཀེའུ་ཤི་ཀ། དུས་རབས་14རྗེས་ནས་ཤྲཱ་རིའི་བུ་དང་ཀཽཤིཀཿཞེས་འབྲི་གཟུགས་འགྱུར་བ་ལས་ཡུལ་དུས་གང་དུ་བཞེངས་ཀྱང་དུས་ཇི་ཙམ་སྔ་བ་དེར་རྒྱ་སྐད་གཟུགས་འགྱུར་དེ་ཙམ་གྱིས་མང་བ་[1]དང་ཐ་སྙད་གཅིག་བསྒྱུར་མེད་པ་བཞུགས་པའི་གསུང་རབ་བྲིས་མ་དག་མཇལ་བ་ལས། དེས་ན་རྒྱ་ནག་དང་ཞང་ཞུང་[2]སོགས་ཀྱིས་ཐ་སྙད་གཞན་རྣམས་ཀྱང་དེ་དང་རིགས་བསྒྲེའོ།

བཅུ་གསུམ། བརྡ་གསར་རྙིང་།

དུས་རབས་13སྔོན་གྱི་གནའ་དཔེ་ཡུལ་དུས་མི་འདྲ་བར་འབྲི་བཞེངས་བསྐྲུངས་པའི་གནའ་དཔེ་དག་ལ་བརྡ་རྙིང་བཀོལ་བའི་གནའ་དཔེ་བྲིས་མ་མི་ཉུང་བ་ཞིག་མཇལ་རྒྱུ་འདུག དུས་རབས་14པར་བཀས་བཅད་[3]མཐར་ཕྱིན་པ་ཞིག་ཕྱིན་པའི་རྒྱུ་མཚན་གྱིས་དེ་ལྟར་ཡིན་སྙམ། བོད་ལྗོངས་སུ་བོད་ཡིག་གནའ་དཔེ་ཡོངས་བཤེར་དང་བརྟག་དཔྱད་ལ་བསྐྱོད་རིང་གནའ་དཔེ་བརྡ་རྙིང་གིས་བྲིས་པ་མི་ཉུང་བ་ཞིག་མཇལ་བ་དེ་དག་གི་ཁྲོད་ནས་དཔེ་མཚོན་ཙམ་ཞིག་ཞུས་ན། བསྐལ་བཟང་པོའི་མདོའ་ལས་ཞེས་པ་དང་། སྟྭའི་མྱེ་སྦྲོན་ཕྱལ་ཏེ་དང་པོ་བྱང་ཆུབ་ཕྱོགས་སུ་སེམས་བསྐྱེད་དོ། བྱང་ཆུབ་ཏུ་སྨོནད་པའི་སེམས་དང་། བྱང་ཆུབ་

① དགེ་འདུན་ཆོས་འཕེལ་གྱིས་ཀྱང་སྔོན་གྱི་དཔེ་སྙིང་རྣམས་ལ་རྒྱ་སྐད་རང་སོར་བཞག་པ་ཡང་མང་སྟེ། དཔེར་ན་བུདྡྷ་ལ་སྐྱབས་སུ་འགྲོ་བ་སོགས་དང་། གཅིན་ཨ་སཾགས་ཡག་ཙནྡའི་ལྷ་བ་སྦྱོལ་ཕྱེས་ཏེ་བྱ་བ་དང་། ཕྲ་སྦྱོར་བམ་གཉིས་སུ་ཧྲཱྀ་ཞུ་ཆེན་གྱི་སོགས་དང་། གཞན་ཡང་དཔལ་བརྩེགས་ཀྱི་མདོ་བསྡུས་བྱ་བ་བསྟན་འགྱུར་དུ་ཞུགས་པ་དེ་དཔེ་སྙིང་འབྲུལ་མེད་ཅིག་འདུག་པས་དོན་འདི་ནི་ཧ་ལའི། བུདྡྷའི་སྲས་ནི་ཙནྡུ་ལའོ།སོགས་རྒྱ་སྐད་མང་དུ་བྲིས་སོ་ཞེས་དགེ་འདུན་ཆོས་འཕེལ་གྱི་རྒྱལ་ཁམས་རིག་པས་བསྐོར་བའི་གཏམ་རྒྱུད་གསེར་གྱི་ཐང་མའི་སྟོད་ཆ་ནུབ་བྱང་མི་རིགས་སློབ་ཆེན་གྱི་སྤར་མ་མའི་ཤོག་གྲངས་224ན་གསལ་བ་ལ་མགོ་བཏགས་བཙལ་ཏེ་ཞུས་པ་ཡིན།

② སྐྱོག་སྟོན་རིན་ཆེན་བཀྲ་ཤིས་ཀྱིས་མཛད་པའི་བརྡ་གསར་རྙིང་གི་རྣམ་གཞག་ལི་ཤིའི་གུར་ཁང་པེ་ཅིང་མི་རིགས་དཔེ་སྐྲུན་ཁང་གི་1982ལོའི་སྤར་མའི་ཤོག་གྲངས་18-12བར་གསལ་བར་ལ་མགོ་བཏགས་བཙལ་ཏེ་ཞུས།

③ བཙན་པོ་ཁྲི་སྲོང་ལྡེ་བཙན་གྱི་སྐུན་སྔར་མཁན་པོ་དང་ལོ་ཙཱ་བ་མཁས་པ་རྣམས་འཚོགས་ཏེ། ཧྭ་དཀོན་མཆོག་སྤྲིན་དང་ལང་ཀར་གཤེགས་པའི་མདོ་གཉིས་བསྒྱུར་ཅིང་གཏན་ལ་ཕབ་སྟེ་བཙན་པོས་བཀས་བཅད་པ་དེ་ནི་བཀའ་བཅད་རྣམ་གསུམ་དུ་གྲགས་པའི་དང་པོ་ཡིན། བཀས་བཅད་གཉིས་པ་ནི་སྤྱི་ལོ་815ལོར། བཙན་པོ་ཁྲི་ལྡེ་སྲོང་བཙན་གྱི་རིང་ལ་མཛད་པ་ཡིན་ཏེ། བཀས་བཅད་དེ་གཏན་ལ་ཕབ་ས་ནི་ཕོ་བྲང་འོན་ཅང་དོ་རེད། བཀའ་བཅད་གསུམ་པ་ནི་ལོ་ཙཱ་བ་རིན་ཆེན་བཟང་པོ་ནས་རིམ་པར་བྱུང་བ་ཡིན་ཞེས་དཔལ་དོན་གྲུབ་རྒྱལ་གྱིས་མཛད་པའི་བཙན་པོ་ཁྲི་སྲོང་ལྡེ་བཙན་གྱི་རྣམ་ཐར་མི་རིགས་དཔེ་སྐྲུན་ཁང་གི་1997ལོའི་སྤར་མའི་ཤོག་གྲངས་296ན་གསལ།

ཏུ་ཆས་པའི་སེམས་ཅན་དེ་དག་ནི་ཤིནད་དུ་དགོནད་ནོ། །རྒྱལ་པོ་ཆེན་པོ་ནམ་བདེའ་བ་བཏང་བ་ཡིན་ནོ། །འོནད་ཀྱང་རྒྱལ་པོ་ཆེན་པོ་བླ་ན་མེད་པ། །རྣམ་པར་ཐརད་པ། །ཐེལད་ཀྱིས། །དབྱརད་ཀྱི་དུས། །བསྙེན་རྫོགས། །དབུགས་འབྱིནད་པ། [1]ཞེས་དང་༄༅།དབུ་ནི་དབྱར་སླ་ར་བ་ལ་དྲལ་གཉིས་ལ་བཙུས་སོ།[2]ཞེས་སོགས་བྲིས་པའི་དུས་རབས་12སྔོན་གྱི་གནའ་དཔེ་བྲིས་མ[3]དང་། འཕོར་ཆགས་དགོན་དུ་བཞུགས་པའི་སྔོན་པའི་སྐྱེས་རབས་དང་གྲོ་མཁར་ཆོས་སྡེའི་ཤེར་ཕྱིན་པོད་དེ་དག་དུས་རབས་11ཡར་སྔོན་གྱི་བྲིས་མ་དང་ད་དུང་ལྷོ་ཁ་ས་ཁུལ་དང་ཆབ་མདོ་ཁུལ་དུ་བཞུགས་པའི་ཤེར་ཕྱིན་པོད་ག་པ་དང་ང་པ་ཞིག་ཏུ། བཅོམ་ལྡན་འདའས་ཀྱིས་བཀའ་བསྩལད་པའ་ཤ་ར་དྭ་ཏའི་དེ་ནི་དེ་ལྟ་མ་ཡིན་ཏེ། སའི་ཁམས་ནི་ཡིག་མཆིས་པའོ། ཆུའི་ཁམས་ནི་ཡིག་མ་མཆིས་པའོ། བསམ་གཏན་རྣམས་ནི་ཡིག་མ་མཆིས། །འཛིག་རྟེནད་ན་དེ་བཞིན་གཤེགས་པའ་འི་སྟོབས་བཅུ་སྟོང་ཞེས་བྱ་བར་སྟོནད་ཏོ། ཡོངས་སུ་མྱི་འཛིནད་ཡོངས་སུ་མྱི་འཛིནད་པས་ཉེ་བར་མྱིལེདན་ཏོ།[4]ཞེས་དང་ཐམས་ཅད་ཤེས་པ་ཉིད་ཀྱི་ཆོས་ཉིད། བྱང་ཆུབ་སེམས་དཔའ་ཐམས་ཅད་ཀྱི་རྟེན་ཡིན། སེམས་ཅན་རྣམས་ཡོངས་སུ་སྨིན་པར་བགྱིད་པ།[5]ཞེས་པ་སོགས་ད་ལྟ་ང་ཚོས་དུས་རབས་12[6]སྔོན་གྱི་གནའ་དཔེ་བྲིས་མ་མི་ཉུང་བ་ཞིག་མཇལ་ཏུ་སྣང་། །བཀས་བཅད་གསུམ་པ་ནི་ལྷ་བླ་མ་ཡེ་ཤེས་འོད་ཀྱི་དུས་སྲོ་སྐྱུར་ལོ་ཙྪ་བ་ཆེན་

---

① མངའ་རིས་ས་ཁུལ་འཕོར་ཆགས་དགོན་དུ་བཞུགས་པའི་གནའ་དཔེ་སྐྱེས་རབས་ལས་དྲངས།

② སྣེ་ཐང་སྒྲོལ་མ་ལྷ་ཁང་ཤེར་ཕྱིན་བྲིས་མ་པོད་ང་པ་ལས་དྲངས།

③ བོད་ཀྱི་ལོ་རྒྱུས་ཐོག་བཀས་བཅད་ཐེངས་གསུམ་ཙམ་ཞིག་བྱས་པ་སྟེ། བཀའ་བཅད་དང་པོ་སྟེ་དུས་རབས་8པའི་སྐབས་བཙན་པོ་ཁྲི་སྲོང་ལྡེ་བཙན་གྱི་དུས་དང་པོ་བྱས། དེ་དག་ཏུ་ད་དྲག་དང་། དཔྱིད་སླ་ར་བ་སོགས་དང་། དེའ་ལའ་ནིའ་ཞེས་པ་ལྟ་བུ་འ་ཡིག་མཐའ་རྟེན་སྦྱར་བ་ནི་སུམ་རྟགས་ཀྱི་དགོངས་པ་ཡིན་ཀྱང་དོན་ལ་ཐོབ་པ་གཞིར་བཅས་ནས་ཡི་གེ་ཉུང་བའི་སླད་དུ་བཞག་པ་ཡིན་ཞེས་སྐྱོག་སྟོན་རིན་ཆེན་བཀྲ་ཤིས་ཀྱིས་མཛད་པའི་བཟོ་གསར་རྙིང་གི་རྣམ་གཞག་ལི་ཤིའི་གུར་ཁང་མི་རིགས་དཔེ་སྐྲུན་ཁང་གི་སྤར་མའི་ཤོག་གྲངས་2ཏུ་གསལ་བར་ལུང་ཁུངས་བཙལ་ཏེ་སྨྲས།

④ གྲོ་མཁར་ཆོས་སྡེའི་ཤེར་ཕྱིན་པོད་ག་པ་ལས་དྲངས།

⑤ སྣེ་ཐང་སྒྲོལ་མ་ལྷ་ཁང་དུ་བཞུགས་པའི་ཤེར་ཕྱིན་བྲིས་མ་པོད་ག་པ་ལས་དྲངས།

⑥ དེ་དག་གི་ནང་དུ། ག་སྡེའི་ནང་གི་ག་དང་ཁ། ཙ་སྡེའི་ནང་གི་ཙ་དང་ཚ། ཏ་སྡེའི་ནང་གི་ཏ་དང་ཐ། པ་སྡེའི་ནང་གི་པ་དང་ཕ་ཕན་ཚུན་བརྗེ་རེས་མཛད་པ་དང་གི་གུ་ཕྱིར་ལོག་པ། མ་ལ་ཡ་བཏགས་པ་སོགས་བྲིས་ཡོད་གཤིས་གནའ་དཔེ་དེ་རིགས་ནི་དུས་རབས་12སྔོན་གྱི་བྲིས་མ་ཤ་སྟག་ཏུ་འབྱུམས། སྐྱོག་སྟོན་རིན་ཆེན་བཀྲ་ཤིས་ཀྱིས་ཀྱང་བཀས་བཅད་དང་པོའི་སྐབས། མྱེད། མྱིན་སོགས་ཡ་བཏགས་པ་དང་རལ་གྱི་སོགས་ནི་ལོ་ཙྪ་བ་ཁ་ཅིག་གིས་ཡུལ་སྐད་ཤོར་བར་གྲགས་པ་ཡིན་ནོ་ཞེས་གསུངས་པ་ལས་དེ་དག་གི་གནས་ལུགས་ཤེས་ཞེས་སྐྱོག་སྟོན་རིན་ཆེན་བཀྲ་ཤིས་མཛད་པའི་བཟོ་གསར་རྙིང་གི་རྣམ་གཞག་ལི་ཤིའི་གུར་ཁང་མི་རིགས་དཔེ་སྐྲུན་ཁང་གི་སྤར་མའི་ཤོག་གྲངས་2ཏུ་གསལ་བ་ལ་ལུང་ཁུངས་བཙལ་ཏེ་ཞུས།

པོ་རིན་ཆེན་བཟང་པོ་ནས་དཔང་ལོ་ཙཱ་བ་ཆེན་པོ་དང་སླིགས་དུས་ཀྱི་སྐད་གཉིས་སྨྲ་བ་གཅིག་ཕུ་བ་ལོ་ཆེན་ཧྣམ་ཕུ་ལ་ཧྲ་དྲའི་བར་བྱོན་པ་རྣམས་ཡིན་ལ། ལོ་ཆེན་གྱིས་ནི། གཉིས་ཟླ་ལ་ཉི་ཟླ་དང་། བསྟན་བཅོས་ལ་བསྟན་ཆོས་དང་། སྡུག་པོ་ལ་འཐུག་པོ། བསམ་གཏན་ལ་བསམ་གཏན་ཞེས་གསུངས་པ་ལ་བལྟས་ན། སྐེ་ཐང་སྒྲོལ་མ་ལྷ་ཁང་དུ་བཞུགས་པའི་ཤེར་ཕྱིན་དུ། ཐམས་ཅད་ཤེས་པ་ཉིད་ཀྱི་ཆོས་ཉིད། སེམས་ཅན་རྣམས་ཡོངས་སུ་སྨིན་པར་བགྱིད་པ། ཀེ་འུ་ཤི་ཀ་དེ་ལྟར་ལུས་འདི་ནི་རྣམ་པ་ཐམས་ཅད་མཁྱེནད་པ་ཉིད་ཀྱི་ཡེ་ཤེས། ཆོས་ཀྱི་གནའས་ཉིད་འཇིག་རྟེན་ན་ཡོད་པ་ཡིན།[1] ཞེས་དང་གྲོང་མཁར་ཆོས་སྡེའི་ཤེར་ཕྱིན་དུ། བཅོམ་ལྡན་འདའས་ཀྱིས་བཀའ་བསྩལད་པའ་ཤ་ར་དྭ་ཏའི་དེ་ནི་དེ་ལྟ་མ་ཡིན་ཏེ། སའི་ཁམས་ནི་ཡིགེ་མཆིས་པའོ། བསམ་གཏན་རྣམས་ནི་ཡིགེ་མ་མཆིས། ཡོངས་སུ་སྨི་འཛིནད་ཡོངསུ་སྨི་འཛིནད་པས་ཉེ་བར་མི་ལེནད་དོ་[2] ཞེས་སོགས་བྱུང་པ་ལ་གཞིགས་ན། གནའ་དཔེ་དེ་རིགས་ནི་དུས་རབས་13སྟོན་གྱི་གནའ་དཔེ་ཞིག་ཡིན། དེས་ན་བརྡ་རྙིང་དང་ཡིག་ཕྲེང་དང་བམ་མཚམས་སུ་ཡིག་ཞུས་མཚན་འཁོད་པའི་དུས་རབས་10སྟོན་གྱི་གནའ་དཔེ་བྲིས་མ་ཡང་ཙུང་ཟད་ཅིག་མཇལ་དུ་སྣང་།

བཅུ་བཞི། ཆེད་སྤྱོད་ཐ་སྙད།

བསྟན་པ་སྔ་དར་གྱི་ནང་དུ་འབྲི་བཞེངས་བྱས་པའི་གནའ་དཔེའི་ངོས་ནས་བརྗོད་ན་སྤྱི་སྤྱོད་ཐ་སྙད་དམིགས་བསལ་ཅན་མི་ཉུང་བ་ཞིག་ཡོད་མོད་ཀྱང་། ང་རང་གིས་ཤེས་ཚད་ལས་ཞུས་ན་སྟོན་གྱི་གནའ་དཔེའི་ཁྲོད་དུ་བཞུགས་པའི་ཆེད་དམིགས་བསལ་ཅན་གྱི་ཐ་སྙད་ནི་ཏུན་ཧོང་གི་ཡིག་རྙིང་དུ་སྐད་གསར་བཅད་མ་བྱས་པའི་དཔེ་ཤིན་ཏུ་དཀོན་མོད། འོན་ཀྱང་སྐབས་ལེགས་པ་ཞིག་ལ་དཔེར་ན་ཏུན་ཧོང་ཡིག་རྙིང་སྒོམ་རིམ་དང་པོར་ (S.T.648; p.t.825) དེ་བཞིན་གཤེགས་པ་ལ། ཡང་དག་པར་གཤེགས་པ་དང་། རྟེན་ཅིང་འབྲེལ་བར་འབྱུང་བ་ལ། རྐྱེན་དང་འདུས་པ་ཚོགས་ཏེ་བྱུང་བ་དང་། སྤྱན་རས་གཟིགས་དབང་ཕྱུག་ལ་སྤྱན་རས་གཟིགས་དབང་

---

① སྐེ་ཐང་སྒྲོལ་མ་ལྷ་ཁང་ཤེར་ཕྱིན་པོད་ང་པ་ལས་དྲངས།

② གྲོ་མཁར་ཆོས་སྡེར་བཞུགས་པའི་ཤེར་ཕྱིན་པོད་ག་པ་ལས་དྲངས།

པོ་[①]ཞེས་པ་སོགས་དང་ལོ་རྒྱུས་ཤིན་ཏུ་བསྡུས་ནས་མི་འཆལ་བར་བྱ་བའི་ཕྱིར་ཇོ་རིང་ལ་ལ་གཟོང་གིས་བྲིས་པའི་ཡིག་རྙིང་སོགས་ཀྱི་ནང་དུ་ནང་བསྟན་གྱི་མཁན་པོ་ཞེས་པའི་དོན་དུ་བཙོམ་ལྡན་རིང་ལུགས་[②]དང་དབའ་བཞེད་དུ་བཙོམ་ལྡན་གྱིས་རིང་ལུགས་སུ་བསྐོས་[③]ཞེས་པ་སོགས་དུས་རབས་ཀྱི་ཁྱད་ཆོས་ལྡན་པའི་ཆེད་སྤྱོད་ཐ་སྙད་བཞུགས་པའི་དཔེ་རྙིང་ཞུང་དུ་ཞིག་མཇལ་ཏུ་སྣང་། བོད་ལ་བསྟན་པ་ཕྱི་དར་ནས་འགོ་ཚུགས་ཏེ་ཆོས་ལུགས་གྲུབ་མཐའ་མི་འདྲ་བ་མི་ཉུང་བ་ཞིག་འཕེལ་ཡོད་དེ། རྙིང་མ་དང་ས་སྐྱ། བཀའ་བརྒྱུད་དང་དགེ་ལུགས། ཇོ་ནང་སོགས་ཡིན། ད་ལྟ་ང་ཚོས་མཇལ་ཐུབ་པའི་གནའ་དཔེ་མང་པོ་ཞིག་ནི་གྲུབ་མཐའ་དེ་དག་གི་སྲོལ་འབྱེད་མཁན་པོ་དང་དེའི་རྗེས་འབྲངས་ཀྱི་བུ་སློབ་དག་གི་ལྷུགས་རྩོམ་གནང་ནས་བྱུང་བ་ཞིག་ཡིན་སྟབས། ད་ལྟ་དཔེ་རྙིང་འཚོར་ཆེན་བཞུགས་པའི་དགོན་སྡེ་དེ་དག་སྔོན་ལོ་རྒྱུས་དང་དུས་ཀྱི་དབང་གིས་གྲུབ་མཐའི་འགྱུར་བ་ཅི་ཞིག་བྱུང་མྱོང་ཡོད་མེད་དེ་ཡང་དུས་ཡུན་རིང་པོ་དགོན་དེར་བཞུགས་པའི་གནའ་དཔེ་དེ་དག་ལས་བརྟག་དཔྱད་ཐུབ་པ་སྟེ། རབ་བྱུང་ན་གནའ་དཔེ་དེ་དག་ཆ་ཚང་ལྷུགས་གློག་ཞུས་ནས་གཏན་ལ་དབབ་དགོས་མོད་ཀྱང་། དུས་ཚོད་དང་ཆ་རྐྱེན་མ་འཛོམས་པ་ཡིན་ན་ཆོས་ལུགས་གྲུབ་མཐའ་ཁག་གི་ཆེད་སྤྱོད་ཐ་སྙད་ལས་གཏན་ལ་དབབ་ན་འཛོལ་ནོར་ཉུང་བ་དང་ལས་ཤོག་ཐོན་པའི། གནའ་དཔེ་ག་གེ་མོ་ཞིག་གི་

① ཏུན་ཧོང་ཡིག་རྙིང་སྣོམ་རིམ་དང་པོར་（S.T.648; p.t.825）དེ་བཞིན་གཤེགས་པ་ལ། ཡང་དག་པར་གཤེགས་པ་དང་། རྟེན་ཅིང་འབྲེལ་བར་འབྱུང་བ་ལ། རྒྱུན་དང་འདུས་པ་ཚོགས་ཏེ་བྱུང་བ་དང་། སྤྱན་རས་གཟིགས་དབང་ཕྱུག་ལ་སྤྱན་རས་གཟིགས་དབང་པོ་ཞེས་པ་སོགས་གསལ་ཡོད་པས་དེ་འདྲའི་རིགས་ཀྱི་བཀའ་བསྟན་གྱི་འགྱུར་རྣམས་སྐད་གསར་བཅད་ཀྱིས་གཏན་ལ་མ་ཕབ་པ་ཡིན་པར་གསར་པོར་ཤེས་ནུས། གཞན་ཡང་སྤྱི་སྒྲ་དཔེར་ན་གང་ཞིག་ནས་དེ་ལ་དང་། གང་གི་ཚེ་ནས་དེའི་ཡི་ཚེ་དང་། ཇི་ཙམ་ནས་དེ་ཙམ་དང་། ཇི་སྲིད་ནས་དེ་སྲིད་སོགས་ནི་ལེགས་སྦྱར་སྐད་ལ་ཡོད་ཀྱང་རྒྱ་སྐད་དང་ཉི་ཧོང་སྐད་ལ་མེད་པ་ལྟར་བོད་སྐད་ལའང་མེད་པས་ན་ཏུན་ཧོང་ཡིག་རྙིང་སྣོམ་རིམ་དུ་རྩ་བ་ནས་མི་གསལ། དེ་རྗེས་སྐད་གསར་བཅད་སྐབས་སུ་ཐ་སྙད་དེ་དག་གསར་དུ་བཟོས་པ་བརྟེན་ད་ཡོད་བཀའ་བསྟན་དུ་གསལ་ཞེས་ཁང་དཀར་ཚུལ་ཁྲིམས་སྐལ་བཟང་གིས་མཛད་པའི་བོད་ཀྱི་གནའ་རབས་ལོ་རྒྱུས་བདམས་བཏུས་གངས་ལྗོངས་འོད་འབུམ་ཞེས་པ་ཉི་ཧོང་གངས་ལྗོངས་ནང་རིག་མཐུན་ཚོགས་2014ལོའི་སྤར་མའི་ཤོག་གྲངས་197དུ་བཞུགས་པ་ལས་དྲངས།

② བོད་འབངས་ལས་ཐར་པར་གཟུད་པའི་སྒོ་ཕྱི་བཀག་པར། དད་པའི་རྣམས་ལས་ཐར་པ་བཙུད་དེ། དེའི་ནང་ནས་ནུས་པ་ལས། །བཙོམ་ལྡན་འདས་ཀྱི་རིངས་ལུགས་བྱེད་པའི་རྟག་ཏུ་བསྒོ་ཞིང་། བཙོམ་ལྡན་འདས་ཀྱི་རིངས་ལུགས་བྱེད་པའི་ཆོས་འཁོར་ནས་བྱའོ་ཞེས་རྒྱལ་སྡེ་སྐར་ཆུང་ལྷ་ཁང་གི་ཇོ་རིང་ཡི་གེའི་སྐོར་པ་ཚབ་པ་སངས་དབང་འདུས་ཀྱིས་རྩོམ་སྒྲིག་བྱས་པའི་སྤུ་རྒྱལ་བོད་ཀྱི་རྡོ་བཀོས་ཡི་གེ་ཕྱོགས་བསྒྲིགས་ཀྱི་མ་ཡིག་དག་བཤེར་དང་དེའི་ཚིག་འགྲེལ་དྭངས་སང་གངས་རྒྱ་ཞེས་པ་བོད་ལྗོངས་མི་དམངས་དཔེ་སྐྲུན་ཁང་གི་2013ལོའི་སྤར་མའི་ཤོག་གྲངས་47དུ་གསལ།

③ དུས་རབས་12པའི་ནང་དུ་འབྲི་བཞེངས་བསྐྲུངས་པའི་དབའ་བཞེད་བྲིས་མའི་ལྡེབ་གྲངས་16དུ་ལས་དྲངས།

གཞུང་དུ་གསལ་སྟོང་འཛིན་མེད་ཞེས་པའི་ཐ་སྙད་དེ་མང་པོ་མཇལ་ཐུབ་པའི་སྐབས་སུ་གནའ་དཔེ་དེ་ས་སྐྱ་བའི་གནའ་དཔེ་ཡིན་པར་ཐག་བཅད་ཆོག ①དེས་ན་གྲུབ་མཐའ་གཞན་གྱི་ལྟ་བའི་ཐ་སྙད་ཆེད་སྤྱོད་དེ། རྙིང་མའི་རྫོགས་ཆེན། བཀའ་བརྒྱུད་པའི་ཕྱག་ཆེན། ས་སྐྱ་པའི་གསལ་སྟོང་འཛིན་མེད། ཤངས་པ་བཀའ་བརྒྱུད་པའི་གཙུ་མ། དྭགས་པོའི་ལྷན་ཅིག་སྐྱེས་སྦྱོར། འབྲི་གུང་པའི་ལྔ་ལྡན། ཞང་པོའི་དཀར་པོ་ཆིག་ཐུབ། ཇོ་ནང་པའི་གཞན་སྟོང་སོགས་② གནའ་དཔེའི་ཕྱག་ལས་གནང་མཁན་དག་གི་བློ་ལ་ཡོད་ན། གནའ་དཔེ་དེ་གྲུབ་མཐའ་གང་ཞིག་གི་གནའ་དཔེ་ཡིན་མིན་ཐད་ཀར་ཤེས་ཐུབ་པ་མ་ཟད། གནའ་དཔེ་ཉར་ཚགས་སུ་བཞུགས་པའི་དགོན་སྡེའང་ལོ་རྒྱུས་ཀྱི་དུས་ཡུན་རིང་པོའི་ནང་དུ་དགོན་སྡེའི་གྲུབ་མཐར་ཡང་འགྱུར་བ་ཅི་ཞིག་བྱུང་ཡོད་མེད་དེའང་ཤུགས་ལ་རྟོགས་ཐུབ་པའི་གནའ་དཔེ་མཇལ་རྒྱུ་མང་།

བཅོ་ལྔ། སྐུང་ཡིག

སྐུང་ཡིག་བེད་སྤྱོད་དགོས་དོན་ནི་གསུང་རབ་འབྲི་བཤུས་བསྐྱངས་མཁན་གྱི་སྒོ་གསུམ་ཐང་ཆད་འབྲི་བའི་ཡི་གེ་བ་རྣམས་ཀྱི་ངོས་ནས་འཆད་ན་ལས་ཤོག་ཆེ་བ་དང་། མཆོད་ཡོན་སྦྱིན་བདག་གི་ངོས་ནས་བསྙད་ན་ཡང་རྒྱུ་འགྲོའི་འགྲོ་སོང་ཆུང་བ་དང་། གསུང་རབ་ཀྱི་བརྗོད་བྱའི་ནང་དོན་ངོས་ནས་བརྗོད་ན་གྲ་ས་ཁག་གི་དམིགས་བསལ་གྱི་འདོན་ཆ་དང་ཆོ་ག་ཕྱག་ལེན་སོགས་ཀྱི་གཞུང་དེའི་ནང་དོན་དང་གདམས་པ་རྣམས་བླ་མ་སྐུ་གོང་མའི་སྙན་བརྒྱུད་ལས་ཤེས་རྟོགས་དགོས་པའི་གསང་རྒྱ་ཅན་གྱི་དཔེ་རྙིང་སོགས་ཆེས་སྐུང་ཡིག་གིས་བཅིངས་པ་མང་། དུས་རབས་མི་འདྲ་བའི་སྐུང་ཡིག་གི་འབྲི་སྲོལ་ཏེ། དུས་རབས་8-9ཏུན་ཧོང་དུ་འབྲི་བཞེངས་གནང་བའི་གནའ་དཔེ་མི་ཉུང་བ་ཞིག་ལ་སྐུང་ཡིག་བེད་སྤྱད་གནང་ཡོད་ཙང་། དེ་དག་ནི་ཙུང་ཟད་ཅིག་སྐུང་ཡིག་སྟབས་བདེ་མོ་བྲིས་པ་སྟེ་ཁམསུ་དང་ལུགསུ་ཞེས་པ་ལྟ་བུ་ལ་

① བོད་ཀྱི་གསུང་རབ་སྨྲ་བ་དུང་དཀར་བློ་བཟང་འཕྲིན་ལས་མཆོག་གིས་ས་སྐྱ་རང་གི་ལམ་འབྲས་ཀྱི་ལྟ་བ་དེ་ལ་གསལ་སྟོང་འཛིན་མེད་ཟེར། དེ་ནི་ས་སྐྱ་རང་གི་ཆོས་ཀྱི་མིང་ཚིག་ཅིག་ཡིན་པས་བཀའ་རྒྱུད་པ་སོགས་ཆོས་ལུགས་གཞན་ལ་གསལ་སྟོང་འཛིན་མེད་ཟེར་བ་དེ་གསུང་སྲོལ་མེད་ཅེས་མཁས་དབང་དུང་དཀར་བློ་བཟང་འཕྲིན་ལས་ཀྱི་གསུང་པོད་ཀ་པ། མི་རིགས་དཔེ་སྐྲུན་ཁང་གི་2004ལོའི་སྤར་མའི་ཤོག་གྲངས་475རུ་གསལ་བ་ལ་མགོ་བརྟགས་བཅོལ་ཏེ་ཞུས།

② མཁས་དབང་དུང་དཀར་བློ་བཟང་འཕྲིན་ལས་ཀྱི་གསུང་པོད་ཀ་པ་མི་རིགས་དཔེ་སྐྲུན་ཁང་གི་2004ལོའི་སྤར་མའི་ཤོག་གྲངས་559ལས་དྲངས།

དོན་གྱི་ཕྲད་བསྡུས་པ་དང་རྫོགས་སོ་དང་གསུངས་སོ། སྲིད་མ་བརྒྱ་གོ་ཞེས་པ་ལྟ་བུ་སྐར་བསྡུའི་ཕྲད་སྐུང་པ། མཁར་བུ་རེ་རེ་ན་གནསྟེ། ཀ་ཁྲིར་བཏགསྟེ་ཞེས་པ་ལྷག་བཅས་ཕྲད་སྐུང་པ། དཀོན་མཆོག་གསུཾ་དུ། སློན་ལཾ། ནཾ་ནཾ་ཞ་ཞར་ཞེས་པ་ལྟ་བུ་རྗེས་སུ་ང་རོ་སོགས་བསྡུས་པའི་ཁྱད་ཆོས་ཅམ་ལས་ཆེས་བཙན་པའི་སྐུང་ཡིག་བྲིས་མེད་པ་ཏུན་ཧོང་དང་རྫོ་རིང་སོགས་ཀྱི་ཡི་གེ་དང་། དུས་རབས་8-9པའི་ཅོང་དང་བྲག་རྐོས་སུ་བརྐོས་པའི་ཡི་གེ་དམིགས་བསལ་ཅན་ཚིག་དང་ཤད་སྐུང་པའམ་མ་བྱོན་པའི་ཡིག་རྙིང་དགའ་ལྡན་བྱིན་ཆགས་གླིང་གི་ཅོང་[①] དང་ཡུལ་ཤུལ་བྲག་རྐོས་ཡི་གེ[②]སོགས་ཚིག་དང་ཤད་མ་བྱོན་པའི་ཡིག་རྙིང་དང་། དུས་རབས་9-10པའི་བཙན་པོའམ་བླ་ནས་འབྲི་བཞེངས་གནང་བའི་བླ་འབུམ་དག་ལ་སྤྱིར་གྱི་ཆ་ནས་སྐུང་ཡིག་བཀོལ་མེད་པའི་འབུམ་གྲོ་མཁར་ཆོས་སྡེ་དང་འབྲས་སྤུངས་དགོན། ཆབ་མདོ་སོགས་སུ་བཞུགས། དུས་རབས་12པའི་རྗེས་ཅམ་ལ་དགོན་སྡེ་དང་གྲྭ་ས་ཁག་གི་མི་སྒེར་རང་ཉིད་ཀྱི་སློབ་གཉེར་ལ་མཁོ་བའི་གསུང་རབ་གཞུང་ཆེན་པོད་དྲུག་དང་། ལོ་རྒྱུས་དཔེ་རྙིང་རྩ་ཆེན་རྣམས་སུ་ཨང་ཡིག་གིས་སྐུང་ཡིག་དོད་དུ་བྲིས་པ་དབའ་བཞེད་དང་། མངའ་རིས་འཁོར་ཆགས་དགོན་དུ་བཞུགས་པའི་མདོན་པ་མཛོད་སོགས་སུ་དཔེར་ན་བདེན་པ་ཉག་གཅིག་ལ་བདེན་པ་ཉག་༡་དང་བདེན་པ་གཉིས་ལ་བདེན་པ་༢། དཀོན་མཆོག་གསུམ་ལ་དཀོན་མཆོག་༣་དང་བདེན་བཞིའི་ཆོས་འཁོར་ལ་བདེན་༤འི་ཆོས་འཁོར། དེ་བཞིན་དུ་ལ་དེ་༦་དུ་ཞེས་པ་སོགས་ཨང་གྲངས་ཀྱིས་ཡི་གེའི་དོད་བྱས་པའི་གསུང་རབ་བྲིས་མ་ཡང་མི་ཉུང་བ་ཞིག་མཇལ་རྒྱུ་སྣང་། འོན་ཏེ་གྲངས་ཀྱིས་ཡི་གེའི་དོད་བྱེད་པའི་འབྲི་ལུགས་དེ་ཡང་ལ་དམིགས་བསལ་གྱི་ལམ་ལུགས་ཤིག་ཡོད་པར་སེམས་ཏེ། སྤྱིར་གྱི་ཆ་ནས་གྲངས་གཅིག་ནས་བཞི་གྲངས་བར་གྱིས་ཡི་གེའི་དོད་བྱས་པ་ལས་བཞི་ཡན་གྱི་དཔེར་ན་མདའ་ལྔ་ཞེས་པ་སོགས་བྱུང་ཚེ་ལྔ་དེ་གྲངས་༥ཡིས་ཚབ་མ་བྱས་པར་ཐད་ཀར་ཡི་གེ་ལྔ་བྲིས་པ་སོགས་ལས། ང་ཚོས་གསུང་རབ་བྲིས་མའི་གྲངས་ཡིག་གི་ལམ་ལུགས་དེ་ཐད་ཀར་རྟོགས་ཐུབ། དུས་རབས་16-18པའི་ནང་དུ་འབྲི་བཤུས་

---

① བོད་ཀྱི་ལྷ་བཙན་པོ་ཁྲི་ལྡེ་གཙུག་བརྟན་མཆེད་ཀྱི་སྐུ་ཡོན་དུ་བསྔོས་སྟེ༔ ཞང་ལྷ་སྣ་རྒྱ་ལ་སླེབས་སྤྱད་ཀྱིས་ཇག་རོང་དང་དགའ་ལྡན་བྱིན་ཅན་གཙུག་ལག་ཁང་གི་རྐྱེན་དུ་དྲི་ལ་ཆེན་ཅིག་བསྩལ་བའི་ཡོན་གྱིས་ཡོན་བདག་དང་སེམས་ཅན་ཐམས་ཅད་བླན་མེད་དེ་བྱང་ཆུབ་ཀྱི་རྒྱུ་བ་པར་སྨོན་ཏོ། དྲི་ལ་འདི་ལྟུགས་ཀོང······གིས་ཡི་གེ་བྲི་སྟེ་དགེ་སློང་ཆོས་གྲིན་གྱིས་བླུགས་སོ་ཞེས་གསར་དུ་རྙེད་སོན་བྱུང་བའི་དགའ་ལྡན་བྱིན་ཆགས་གླིང་གི་ཅོང་གི་ཡི་གེར་གསལ།

② ཡུལ་ཤུལ་ཁུལ་གྱི་བཀའ་གཙིགས་བྲག་བརྐོས་མ་ལས་དྲངས།

བྲིས་པའི་ཚོ་ག་ཕྱག་ལེན་གྱི་གཞུང་དང་། བོན་གྱི་གཟུངས་སོགས་ལ་སྔགས་ཡིག་ཤིན་ཏུ་མང་བས་སྐབས་རེ་སྔགས་ཡིག་ཚད་དང་ཚད་མེད་པར་བྲིས་པ་ལས་གཞུང་གི་ནང་དོན་ཡང་གོ་དཀའ་བར་སྣང་། སྤྱི་ལོ2015ལོར་བོད་ལྗོངས་ཡིག་ཚགས་ལས་ཁུངས་ནས་མཇལ་བའི་གནའ་དཔེ་དཔེ་ཆ་བས་རང་གི་སློབ་གཉེར་ལ་མཁོ་བའི་དཔེ་རྙིང་ཚད་མ་རྣམ་འགྲེལ་གྱི་རང་དོན་རྗེས་དཔག་གི་ལེའུ་འབྲེལ་དང་མཐའ་དཔྱོད་རང་ལུགས་མཐུན་མོང་མ་ཡིན་པའི་སྤྱི་དོན་ཞེས་པར། ཁ་ཅིག་ལ་ཁ༡་དང་ཁ་ཅིག་ན་རེ་ལ་ཁ༢་ཞེས་པ་སོགས་སྔགས་ཡིག་འགྲོལ་དཀའ་བས་བཞེངས་བའི་གནའ་དཔེ་དང་། ད་དུང་གོང་གི་དེ་དག་ཕུད་པའི་དམིགས་བསལ་ཅན་གྱི་རྟགས་×འདིས་ཡི་གེ་བསྡུས་པ་སྟེ་བཀའ་བརྒྱུད་ཀྱི་གསོལ་འདེབས་འཆི་མེད་ནོར་བུའི་ཕྲེང་བར་དཔལ་དབང་ཕྱུག་མིད་ལའི་སྐུ་ལ×××དང་། འཇིག་རྟེན་མགོན་པོའི་ཞབས་ལ×××།ཞེས་སོགས་དམིགས་བསལ་རྟགས་ཀྱིས་ཕྱག་འཚལ་ལོ་ཞེས་པའི་ཡི་གེ་གསུམ་པོ་དེ་སྐྲུང་པ་སོགས་དུས་རབས་མི་འདྲ་བའི་ནང་དུ་སྔགས་ཡིག་མི་འདྲ་བ་བྱོན་པའི་གསུང་རབ་བྲིས་མ་རི་སྲུལ་ཁག་ཏུ་བཞུགས་པའི་དགོན་སྡེར་ཙུང་ཟད་ཅིག་མཇལ་རྒྱུ་མང་།

བཅུ་དྲུག དབུ་ཞབས་ལྷ་སྣ།

གསུང་རབ་སོ་སོའི་བརྗོད་བྱའི་གཞུང་དང་སྣོ་བསྟུན་ཏེ་འབྲི་བཞེངས་གནང་བའི་དབུ་ཞབས་ལྷ་སྐུའམ་ལྷེ་ལྷ་[1]སྟེ། དུས་རབས9པའི་སྔོན་དུ་འབྲི་བཞེངས་བྱས་པའི་གསུང་རབ་བྲིས་མ་ཁག་གི་དབུ་ཞབས་སུ་དུས་ཕྱིས་ཀྱི་གསུང་རབ་བྲིས་མ་ཇི་བཞིན་ལྷེ་ལྷ་ཡོད་པ་ཞིག་ཡིན་ཙང་། སྐབས་དེའི་དུས་རབས་ཀྱི་ཁྲིད་ཆོས་དང་མི་རིགས་ཀྱི་བསམ་བློའི་འཁྱེར་སོའི་དབང་གིས་བོད་ཀྱི་གསུང་རབ་བྲིས་མ་ཁག་གི་དབུ་ཞབས་སུའང་། རྒྱ་གར་འཕགས་པའི་ཡུལ་གྱི་གསུང་རབ་བྲིས་མ་དང་ཇོ་བཀོས་ཀྱི་རི་མོ་བཞིན་ཇི་བཞིན་ནང་བསྟན་གསར་གཏོད་མཛད་མཁན་གྱི་སྟོན་པའི་སྐུ་བརྙན་འབྲི་བའི་སྲོལ་དེ་མ་དར་བའི་ཡར་སྔོན་དུ། གནའ་དཔེ་དེ་དག་གི་དབུ་ཞབས་སུ་འཕགས་ཡུལ་ལ་ལད་མོ་བགྱིས་པའི་ངང་ཚུལ་བཞིན་བོད་དཔེ་བྲིས་མ་

① པད་མ་བཀྲ་ཤིས་ཀྱིས་བྲིས་པའི་དབུ་ཞབས་ལྷ་སྐུ་ལས་འཕྲོས་ཏེ་བོད་ཡིག་གནའ་དཔེའི་ཁྱད་ཆོས་བཤད་པ། བོད་ལྗོངས་ཞིབ་འཇུག2008ལོའི་དུས་དེབ4པའི་ཤོག་གྲངས51དང་པད་མ་བཀྲ་ཤིས་ཀྱིས་བརྩམས་པའི་བོད་ཡིག་གནའ་དཔེའི་རྣམ་བཤད་བོད་ལྗོངས་མི་དམངས་དཔེ་སྐྲུན་ཁང་གི2013ལོའི་ཟླ11པའི་སྤར་མའི་ཤོག་གྲངས184དུ་གསལ།

འགའི་དབུ་ཞབས་གང་ཉུང་དུ་བྱང་ཆུབ་ལྗོན་ཤིང་དང་བཞུགས་ཁྲི། མེ་ཏོག་པད་མ་དང་ཆོས་འཁོར།① མཆོད་རྟེན་དང་གླང་ཆེན། གདུགས་དང་རྐྱས་འཛིགས་②སོགས་ཀྱི་རི་མོའི་ལམ་ནས་དབུ་ཞབས་ལྷ་སྐུ་མཚོན་པའི་གསུང་རབ་བྲིས་མ་ཏུན་ཧོང་དང་འོན་ཀེ་ཉ་ལྷ་ཁང་། པེ་ཅིང་མི་རིགས་ཕོ་བྲང་དུ་བཞུགས་པ་རེ་གཉིས་འདུག དེ་རྗེས་རིམ་པས་བཞིན་སངས་རྒྱས་དང་བྱང་སེམས་ཀྱི་སྐུ་བརྙན་བཀོད་པའི་ལམ་སྲོལ་དེ་དར་བའི་རྗེས་སུ་དུས་རབས་8-10ནང་བོད་དུ་འབྲི་བཞེངས་བྱས་པའི་བྲག་བརྐོས་ཀྱི་སྟེང་དུ། སྤྱིར་གྱི་ཆ་ནས་གཙོ་འཁོར་རྣམ་པར་སྣང་མཛད་དང་ཉེ་བའི་སྲས་ཆེན་བརྒྱད་བཀོད་པ་ཤ་སྟག་སྟེ། ཆབ་མདོའི་བྲག་གཡབ་རི་མདའི་རྣམ་པར་སྣང་མཛད་དང་ཡུལ་ཤུལ་གྱི་བི་ཁོག་གི་རྣམ་པར་སྣང་མཛད་དང་གསར་དུ་རྙེད་

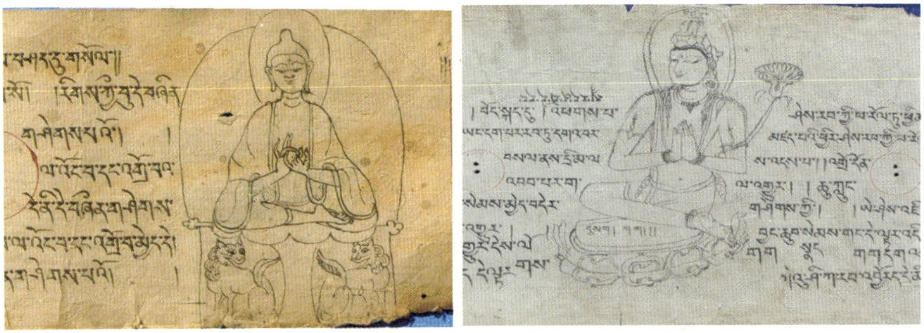

དུས་རབས་10-12གསུང་རབ་བྲིས་མའི་དབུ་ཞབས་ལྷ་སྐུ།

པའི་ཆབ་མདོའི་སྣར་ཁམས་ལྷ་མགོ་སྟེང་རྣམ་པར་སྣང་མཛད། གཞིས་རྩེའི་ལྷ་རྩེ་རྫོང་རྙིང་ཆགས་སའི་བྲག་ཕུག་ཏུ་བརྐོས་པའི་རྣམ་པར་སྣང་མཛད་སོགས་སྤྱིར་གྱི་ཆ་ནས་གཙོ་སྐུ་རྣམ་སྣང་དང་ལྷ་མགྲོན་དུ་ཉེ་བའི་སྲས་ཆེན་བརྒྱད་བཞེངས་བཞུགས་གང་ཉུང་གི་རྣམ་པའི་ཐོག

① དེ་མིན་བཟོ་ལ་ལྟོས་ནས་ཀྱང་ཤིན་ཏུ་གསལ་བར་ངོས་ཟིན། སྐུ་འཁྲུངས་པ་ལ་ཡུམ་དང་པདྨ་བདུན། སངས་རྒྱས་པར་ཁྲི་ལྷམ་དང་བྱང་ཆུབ་ཤིང་། ཆོས་འཁོར་བསྐོར་བར་རི་དྭགས་གཉིས་དང་འཁོར་ལོ། མྱ་ངན་ལས་འདས་ནས་སཱ་ལ་གཉིས་དང་ཁྲི་རིང་པོ་སྟེ་མཚན་མ་བཞི་པོ་འདི་ཙམ་རྟག་ཏུ་འབྱུང་ཞེས་བོད་ཀྱི་གསུང་རབ་སྨྲ་བ་དགེ་འདུན་ཆོས་འཕེལ་གྱི་གསུང་རྩོམ་ཕྱོགས་བསྒྲིགས་པོད་གཉིས་པ་ནུབ་བྱང་མི་རིགས་སློབ་ཆེན་སྤར་མའི་ཤོག་གྲངས་61ཏུ་གསལ།

② དེ་དག་ལས་བྱང་ཆུབ་ལྗོན་ཤིང་ནི་བདག་ཅག་གི་སྟོན་པ་སངས་རྒྱས་བཅོམ་ལྡན་འདས་སངས་རྒྱས་པའི་མཚོན་རྟགས་དང་། བཞུགས་ཁྲི་དང་ཆོས་འཁོར་གཉིས་ནི་སྟོན་པས་གནས་དེར་ཆོས་ཀྱི་འཁོར་ལོ་བསྐོར་བར་མཚོན་པ་དང་། མཆོད་རྟེན་ལས་སྟོན་པ་སྐུ་མྱ་ངན་ལས་འདས་པ་དང་གླང་ཆེན་ལས་དགའ་བ་མངལ་འཇུག་མཚོན་པ་སོགས་ཡིན།见【法】阿•福歇（A•Foucher）著王平先 魏文捷译王冀青审校《THE BEGINNINGS OF BUDDHIST ART》《佛教艺术的早期阶段》甘肃人民出版社2008年11月版第55页。

ནས་ལྷ་མགྲོན་དུ་བྱོན་པའི་བྲག་བརྐོས་ཡི་གེ་དང་། དུས་རབས་10ནང་དུ་འབྲི་བཞེངས་བསྐྲུངས་པར་མངོན་པའི་འོན་ཀེ་རུ་ལྷ་ཁང་གི་ཤེར་ཕྱིན་ཞིག་གི་ལྡེབ་གྲངས་ཉིས་བརྒྱ་ཉེར་བརྒྱད་ཀྱི་སྟེང་དུ་སེང་གེའི་ཁྲི་ལ་བཞུགས་པའི་རྣམ་སྣང་སྐུ་བྲིས་ཅན་གསུང་རབ་དང་། དུས་རབས་11-12པའི་ནང་དུ་མངའ་རིས་རྩ་མདའ་དང་སྤུ་ཧྲེངས་སོགས་སུ་འབྲི་བཞེངས་གནང་བའི་གནའ་དཔེ་ཀུ་གེའི་སྐུ་རྩལ་གྱི་ཁྱད་ཆོས་ལྡན་པའི་ལྷེ་ལྷའི་རི་མོ་སྟོན་པའི་མཛད་རྣམ་དང་། ཤེར་ཕྱིན་ཡུམ་ལ་སོགས་པའི་ཞབས་འོག་ཏུ་སྐབས་དེ་དུས་འབྲི་བཞེངས་ཀྱི་རྒྱུ་འགྲོ་སྒྲུར་མཁན་གྱི་དད་པ་སྐྱོ་ངས་མེད་པའི་སྦྱིན་བདག་ལྷ་བཙུན་སྐུ་མཆེད་བྱོན་པའི་ལྷེ་ལྷའི་རི་མོ་ཡུལ་དུས་དེའི་ནང་གི་མངའ་རིས་ཀྱི་ཡུལ་སྲོལ་གོམས་གཤིས་དང་ལྷ་བཙུན་ཁག་གི་ཆ་ལུགས་ལ་ཞིབ་འཇུག་གི་དཔྱད་གཞི་[1]ཆེ་བའི་ལྷེ་ལྷ་བཞུགས་པའི་གསུང་རབ་ཤེར་ཕྱིན་སོགས་བཞུགས་པ་མང་དུ་མཇལ་རྒྱུ་སྣང་། སྐྱེ་ཐང་སྒྲོལ་མ་ལྷ་ཁང་དུ་བཞུགས་པའི་དུས་རབས་12པའི་ཤེར་ཕྱིན་འབུམ་གྱི་བམ་པོའི་རྫོགས་མཚམས་སོ་སོར་ཤེར་ཕྱིན་ཡུམ་གྱི་སྐུ་བརྙན་དང་། དུས་རབས་14འཕགས་པ་བསྐལ་པ་བཟང་པོའི་མདོའི་ལེའུ་མཚམས་སུ་བྱོན་པའི་རྒྱུ་སྐར་ཉེར་བདུན་སྐུ་བརྙན་བཀྲ་བྲིས་རྨད་དུ་བྱུང་བ། གྲོ་མཁར་དུ་བཞུགས་པའི་ཤེར་ཕྱིན་བརྒྱད་པ་ཚིགས་སུ་བཅད་པ་ཞིག་གི་དབུ་ཤོག་ཏུ་པད་གདན་ལྟག་པོར་གྲོལ་བའི་སྟེང་སྤྱན་རས་གཟིགས་སེམས་ཉིད་ངལ་སོར་བཞུགས་པ་ཧ་ལམ་ད་ལྟ་རང་གསུང་བྱོན་མ་སྨྱོང་ངམ་སྙམ་པ་ལྟ་བུའི་དབུ་ལྷ་སྐུ་བྲིས་ཅན་དང་། དེ་མིན་བོད་ལྗོངས་དཔེ་མཛོད་ཁང་དུ་བཞུགས་པའི་རྒྱ་དཔེ་མཐིང་ཤོག་གསེར་བྲིས་ལེའུ་མཚམས་སུ་སྟོན་པའི་མཛད་པ་སོགས་ཀྱིས་བརྒྱན་པའི་གནའ་དཔེ། དུས་རབས་14- 16ནང་དུ་གཙང་ཁུལ་དུ་འབྲི་བཞེངས་བྱས་པའི་གསུང་རབ་བྲིས་མ་བལ་བོད་སྐྱུ་རྩལ་[2]ཅན་གྱི་དབུ་ཞབས་ལྷ་སྐུས་བརྒྱན་པའི་ཞ་ལུ་དགོན་གསུང་རབ། དུས་རབས་16-18 ནང་

① རང་རེ་བོད་ཀྱི་ལྷ་རྙིང་པ་ནི་བོད་ཀྱི་ལྷ་རྣམས་དང་བཙན་བྱ་བ་ས་བདག་ཡིན་ནོ། གོ་རིམ་མང་པོ་བརྩེགས་པ་དང་། ཇོ་ཇྫེ་ལེགས་པ་སོགས་བསེ་ཐེབ་གྱོན་པ་ཡང་སྣང་བས་དེ་དག་རང་རེའི་རྩོན་གྱི་མི་གཙོ་བོ་དག་གི་ཆས་ཡིན་ནོ་ཞེས་བོད་ཀྱི་གསུང་རབ་སྒྲ་བ་དགེ་འདུན་ཆོས་འཕེལ་གྱི་གསུང་རྩོམ་ཕྱོགས་བསྒྲིགས་པོད་གཉིས་པ་ནུབ་བྱང་མི་རིགས་སློབ་ཆེན་སྤར་མའི་ཤོག་གྲངས་63རུ་གསལ་བར་མགོ་བཏགས་བཅོལ།

② དཔལ་ཞ་ལུ་དགོན་བཀའ་འགྱུར་ལྷ་ཁང་གི་ལྡེབས་རིས་དུས་རབས་14-16ནང་དུ་འབྲི་བཞེངས་བསྐྲུངས་པའི་རྒྱལ་བ་རིགས་ལྔའི་ལྡེབས་རིས་ཀྱི་ཞབས་མཚན་དུ་བྱོན་པའི་ལྷ་རིས་སངས་རྒྱས་ཨོན་པོས་བྲིས་དང་ཤེར་ཕྱིན་ཡུམ་ལྷ་ཁང་གི་བྱང་སེམས་ཀྱི་ལྡེབས་རིས་ལྷ་རིས་མཚམས་བསད་ནམས་འབུམ་གྲུས་བྲས་(མཆིམས་བསོད་ནམས་འབུམ་གྱིས་བྲིས་)ཞེས་པར་ཁུངས་བཙོལ་ཏེ་བྲིས་པ་ཡིན།

དུ་གཙང་སྟོད་དང་གཙང་ཁུལ་དུ་འབྲི་བཞེངས་བྱས་པའི་གསུང་རབ་ཕྲིས་མ་ལྗོ་བྲག་སྨན་ཐང་པའི་ཕྱག་སོའི་[1]རྒྱུད་འཛིན་ལས་འཕྲུངས་པའི་སྨན་ལུགས་རྒྱུད་འཛིན་དྲི་མེད་སེང་གེ་སོགས་ཀྱི་སོར་རྩེ་ལས་འཕྲུངས་པའི་[2]ལྷེ་ལྷ་ཅན་གསུང་རབ་གླེང་ཆེན་དྲི་མེད་འོད་ཟེར་གྱིས་མཛད་པའི་ཆོས་ཉིད་མཛོད་སོགས་དང་། དུས་རབས་16-17ནང་དུ་གྲ་དོལ་གཞུང་དུ་སྤར་དུ་བཞེངས་པའི་གསུང་རབ་གོང་དཀར་སྨད་སྟོད་མཁྱེན་བརྩེ་ཆེན་པོའི་ཕྱག་སོའི་འབྲི་རྒྱུན་ཅན་ལྷེ་ལྷས་བརྒྱན་པའི་དགའ་ལྡན་སྤར་རྙིང་། དུས་རབས་16-18ནང་དུ་ལྷ་སའི་ཤར་ཕྱོགས་གཙོ་གཞུང་དང་ཆབ་མདོའི་ཁུལ་དུ་འབྲི་བཞེངས་བྱས་པའི་གསུང་རབ་གཙྭ་གར་ཕྲིས་ཀྱི་འབྲི་རྒྱུན་གྱི་དབུ་ལྷ་བྱོན་པའི་གསུང་རབ། རྒྱལ་བ་ལྔ་པ་ཆེན་པོའི་དགོངས་རྫོགས་སུ་ཕྲིས་བཞེངས་བསྐྲུངས་པའི་བཀའ་འགྱུར་གསེར་ཕྲིས་ལྷེ་ལྷ་འཇམ་འབུར་རང་རང་སོ་སོའི་གང་འབབ་སར་དབུ་ཀ་པ་རྣམས་ཀྱི་དབུ་ལྷ་འབུར་དོད་བཞེང་མི་ཨེ་པ་ལྔ་འཛོམ་དང་བཙུན་ཚུང་། དེ་ཕྱིན་དབུ་ལྷ་བྱིངས་འདྲི་མི་ཕོ་བྲང་རབ་བརྟན་དང་ལྗོ་རགས་བསྟན་འཛིན་ནོར་བུ་[3]སོགས་རི་མོ་མཁན་

① དཔལ་ས་སྐྱ་དགོན་དུ་བཞུགས་པའི་སྨན་ལྷ་དོན་གྲུབ་ཀྱི་ཕྱག་སོར་ལས་ཐོན་པའི་སྟོན་པ་གཙོ་འཁོར་དང་སྦྱིན་བདག་ཁ་རག་དཔོན་བཙུན་བཞུགས་པའི་ཐང་གའི་རྒྱབ་བྱང་དུ། བཟོད་པ་དཀའ་ཐུབ་བཟོད་པ་དམ་པ་ནི། །མྱ་ངན་འདས་པ་མཆོག་ཅེས་སངས་རྒྱས་གསུང་། །རབ་ཏུ་བྱུང་བ་གཞན་ལ་གནོད་པ་དང་། །གཞན་ལ་འཚེ་བ་དགེ་སྦྱོང་མ་ཡིན་ནོ།། བཀྲ་ཤིས། དགེའོ། ༄༅། །སྭ་སྟི། ལྷར་བཅས་འཇིག་རྟེན་ཀུན་གྱི་སྐྱབས་གཅིག་པུ།། ཐུབ་དབང་གནས་བརྟན་བཅུ་དྲུག་འཁོར་བཅས་རྣམས།། རིན་ཆེན་མར་གད་མདངས་ལྟར་རབ་མཛེས་པའི།། ལྷ་རྫས་གོས་ཀྱི་གཞིར་མ་ཕུན་ཚོགས་ལ༑ ལེགས་པར་བསྒྲུབ་པའི་ཐང་སྐུ་དགུ་ཕྲག་གཅིག། དབང་པོའི་གཞུ་ལྟར་རབ་མཛེས་རྒྱ་དར་ལ།། ཚེ་དཔག་མེད་མགོན་འཇམ་དབྱངས་སྤྱན་རས་གཟིགས། །སྒྲོལ་དཀར་ཆོས་སྐྱོང་ཆེན་མོ་དར་ཐང་ལྔ༑ ཐུབ་དབང་གནས་བཅུ་སྒྲོལ་མ་རྣམ་སུམ་སྟེ།། རས་ཕྲིས་ཐང་སྐུ་གསུམ་དང་བཅས་པ་རྣམས།། ༄༅སྐྱེ་བ་སྐྱེ་བར་དགེ་ཚོགས་དུ་མ་ཡིས།། ལེགས་པར་བསྒྲུབ་པས་མཐོ་རིས་མཆོག་ཐོབ་པ།། ཁ་རག་རྒྱལ་པོའི་རིགས་འཁྲུངས་དགེ་ལ་སྤྲོ།། འབྱོར་པ་རྣམ་ཐོས་བུ་ལ་འདྲེན་འདྲ་བ།། མིའི་བླུ་མཆོག་དཔོན་པོ་བཀྲས་རྒྱལ་དང་།། ཡིད་འཕྲོག་འཆི་མེད་བུ་མོའང་སྐྱོང་བྱེད་ཅིང་།། ནོར་འཛིན་མཛེས་མའི་དཔལ་དང་འབྱོར་པ་ལ།། འདྲེན་འདྲ་བྱང་སེམས་ལྡན་པ་དཔལ་ལ་ཡིས།། ཡབ་ཡུམ་ལྷག་པའི་བསམ་པས་ཀུན་སློངས་ནས།། སྒྱུ་མའི་ནོར་ལ་སྙིང་པོ་བླང་པ་དང་།། འགྲོ་ཀུན་རྒྱལ་བའི་གོ་འཕང་ཐོབ་ཕྱིར་བསྒྲུབས།། །ཚུལ་འདི་ལག་རྩེར་སོན་བྱེད་རི་མོ་བ།། ལྗོ་བྲག་སྨན་ཐང་ཕྱོགས་ནས་ཀྱི་ནའི་ལས།། ཕྱུར་ལེན་སྨན་བླ་དོན་གྲུབ་ཞེས་བྱ་བ།། གང་གི་སོར་མོ་བསྐྱོད་པའི་ཟློས་གར་ལས༑ སྲས་བཅས་རྒྱལ་བའི་རི་མོ་འདི་སྤྲུལ་སོ།། རྣཾ་དཀར་དགེ་འདིས་སྲིད་གསུམ་འཁོར་བའི་རྒྱ་མཚོ་ལས།། དར་འགྱུར་མཆོག་གི་གྲུ་ཆེན་ལྷག་བསམ་དར་གཙུགས་ཏེ།། མ་ལུས་ལུས་ཅན་འགྲོ་བ་འདྲེན་བྱེད་པའི།། རྣམ་མཁྱེན་རྒྱལ་བའི་དེད་དཔོན་མཆོག་དེ་མྱུར་ཐོབ་ཤོག།། ཕྱོགས་དུས་ཐམས་ཅད་དུ་བཀྲ་ཤིས་པར་གྱུར་ཅིག། དགེའོ།། ཞེས་བཞུགས་པ་དེ་ཡིན།

② པད་མ་བཀྲ་ཤིས་ཀྱིས་ཕྲིས་པའི་དབུ་ཞབས་ལྷ་སྐུ་ལས་འཕྲོས་ཏེ་བོད་ཡིག་གནའ་དཔེའི་ཁྱད་ཆོས་བཤད་པ་ཞེས་པ་བོད་ལྗོངས་ཞིབ་འཇུག་2008ལོའི་དུས་དེབ་4པའི་ཤོག་གྲངས་51དང་པད་མ་བཀྲ་ཤིས་ཀྱིས་བརྩམས་པའི་བོད་ཡིག་གནའ་དཔེའི་རྣམ་བཤད་བོད་ལྗོངས་མི་དམངས་དཔེ་སྐྲུན་ཁང་གི་2013ལོའི་ཟླ་11པའི་སྤར་མའི་ཤོག་གྲངས་184དུ་གསལ།

③ ངག་དབང་བློ་བཟང་རྒྱ་མཚོས་མཛད་པའི་འཛམ་བུའི་གླིང་གི་གླེགས་བམ་ཐམས་ཅད་ཀྱི་གཙུག་རྒྱན་དུ་གྱུར་པ་བཞེངས་པའི་ཚེ་དཀར་ཆག་ཆེ་བརྗོད་བསྡུ་སྟོན་དང་འབྲེལ་བ་རྒྱས་ཙམ་ཞིག་དཀོན་བརྩེགས་པོད་ཆ་པའི་ལྡེབ་གྲངས་420ནས་ངོས་ལས་དྲངས།

གྱི་ཕྱུག་སོར་ལས་འབྱུངས་པའི་གསུང་རབ་ངོ་མཚར་དབུ་ལྷས་བརྒྱན་པ་ཞིབ་རྒྱུས་མི་འདྲ་བའི་གསུང་རབ་ཡུལ་དུས་[1]སོ་སོར་[2]འབྲི་བཞེངས་བསྐྲུངས་པའི་ཁྱད་འཕགས་ཕུན་སུམ་ཚོགས་པའི་སྒྱུ་རྩལ་ཅན་[3]གྱི་དབུ་ཞབས་ལྷ་སྐུས་བརྒྱན་པའི་གསུང་རབ་བྲིས་མ་བོད་ཀྱི་རི་མོའི་སྒྱུ་རྩལ་ཐད་ཞིབ་འཇུག་གི་རིན་ཐང་ཆེད་དུ་བྱུང་བ་ཕྱི་རབས་ཀྱིས་བཙོས་ལྷད་མ་བཞུགས་པ་

དུས་རབས་12-13གསུང་རབ་བྲིས་མའི་དབུ་ཞབས་ལྷ་སྐུ།

① ཇོ་བོས་རྒྱ་གར་ན་བཟོ་ཐམས་ཅད་མཆུངས་པར་ཡོད་ཅེས་གསུངས་པར་གྲགས་པ་བཞིན་དུས་ཐོག་རེ་རེས་ཀྱི་བཟོ་ཐམས་ཅད་ངེས་པར་དུ་རྣམ་པ་གཅིག་ཏུ་སྣང་ངོ་། དེས་ན་ཡི་གེ་ལ་བརྟེན་ནས་ནི་སྔོན་གྱི་བྱུང་བ་དང་སྤྱོད་པ་སོགས་མང་དུ་ཤེས་ནུས་པ་ཡིན་ལ་རི་མོ་ལ་བརྟེན་ནས་ཀྱང་མང་པོ་ཞིག་ཤེས་པར་ནུས་ཞེས་གསུང་རབ་སྒྲ་བ་དགེ་འདུན་ཆོས་འཕེལ་གྱི་གསུང་རྩོམ་ཕྱོགས་བསྒྲིགས་པོད་གཉིས་པ་ནུབ་བྱང་མི་རིགས་སློབ་ཆེན་གྱི་སྤར་མའི་ཤོག་གྲངས་56ལས་དྲངས།

② སྤྱི་ལོ་2015ལོའི་ཟླ་11པའི་ནང་དུ་ཆབ་མདོའི་རི་བོ་ཆེའི་ཁྲ་འཁྱིལ་མ་གཙུག་ལག་ཁང་དུ་གནའ་དཔེ་བརྟག་དཔྱད་ལ་བསྐྱོད་པའི་སྐབས་སུ་ཆབ་མདོའི་རིག་དངོས་ཀྱི་ཕྱུག་ལས་གནང་མཁན་གྱི་ཞལ་ལས་གོ་ཐོས་བྱུང་གསལ། ད་ལྟའི་རི་བོ་ཆེ་རྫོང་ཁོངས་སུ་བཟོ་གྲོང་ཚོ་ཞེས་པའི་སྡེ་ཁག་གཅིག་ཡོད། ཡུལ་དེའི་མི་རྣམས་ཀྱིས་བཤད་སྲོལ་ལྟར་ན་ཡུལ་དེར་སྔོན་གནའ་དཔེ་བྲིས་བཞེངས་བྱ་སའི་གནས་ཤིག་ཡིན་ཞིང་། གསུང་རབ་འབྲི་བཞེངས་བྱ་སྐབས་ཡིག་ཤུས་མ་བྱས་པའི་སྔོན་དུ་ངེས་པར་དུ་གསུང་རབ་ཀྱི་ལྷ་སྐུ་འབྲི་མཁན་གྱི་རི་མོ་བས་ལྷ་སྐུ་འབྲི་དགོས་སྐབས། ཡུལ་དེའི་ནང་དུ་གསུང་རབ་ཀྱི་བརྗོད་བྱའི་གཞུང་དང་སྒོ་བསྟུན་ཏེ་དབུ་ལྷ་འབྲི་མཁན་གྱི་ཁྱིམ་ཚང་ཞིག་མིང་ལ་དབུ་བ་ཚང་ཞེས་ཟེར། སྔོན་འབྲི་བཞེངས་བྱ་སྐབས་ཐོག་མར་དབུ་པ་ཚང་གིས་གསུང་རབ་ཀྱི་ལྡེ་ལྷ་དང་དབུ་ཤོག་བྲིས་ཚར་རྗེས་གཞི་ནས་ཡུལ་དེའི་མི་གཞན་ལ་འབྲི་བཤུས་ཀྱི་ལས་ཀ་སྤྲད་ཀྱི་ཡོད་ཅེས་གསུངས་ཞིང་། དེང་གི་ཆར་ཡང་དབུ་བ་ཚང་ཞེས་འབོད་པའི་དུད་ཚང་ཞིག་ཡོད་ཅེས་པ་ལས་ཡུལ་དུས་སོ་སོར་འབྲི་བཞེངས་བསྐྲུངས་པའི་གསུང་རབ་བྲིས་མ་ནི། ཡུལ་དུས་མི་འདྲ་བའི་རིག་གནས་དང་སྒྱུ་རྩལ་གྱིས་རྣམ་པའི་ཐོན་རྫས་ཤིག་ཡིན་གཤིས་གསུང་རབ་བྲིས་མའི་ལྷ་སྐུ་ཡང་དེ་ལས་མ་འདས་སོ།

③ དབུ་ཞབས་ལྷ་སྐུའམ་ལྡེ་ལྷའི་རི་མོས་དུས་རབས་མི་འདྲ་བའི་གསུང་རབ་ངོས་འཛིན་བྱེད་ཐུབ་པ་སྟེ། དབུ་ཞབས་ལྷ་སྐུའི་དབུ་དང་སྐུ་གཟུགས་ཆ་སྙོམས་ཤིང་། སྐུ་གཟུགས་ཀྱི་དཔྱང་ཞེང་ཆེ་ལ་སྐུ་སྐེད་ཕྲ་བ་ཞལ་རས་ཀྱང་དེ་ཙམ་ལེགས་པོ་མེད་པའི་དགའ་ལྡན་ཕུར་རྡིང་ཞེས་གསུང་རབ་སྒྲ་བ་དུང་དཀར་བློ་བཟང་འཕྲིན་ལས་ཀྱི་གསུང་རྩོམ་ཕྱོགས་བསྒྲིགས་ཀྲུང་གོའི་བོད་ཀྱི་ཤེས་རིག་དཔེ་སྐྲུན་ཁང་གི་1997ལོའི་སྤར་མའི་ཤོག་གྲངས་422་ན་གསལ།

ཡིད་དུ་འོང་བར་སྣང་།

བཅུ་བདུན། ལོ་ཚིགས།

བོད་ཡིག་གནའ་དཔེའི་མཇུག་བྱང་གི་ཁྲོད་དུ་གནའ་དཔེ་དེ་འབྲི་བཞེངས་གྲུབ་པའི་ལོ་ཚིགས་བཀོད་སྲོལ་དེ་བྱུང་རྗེས། དུས་རབས་8-10པའི་ནང་གི་གནའ་དཔེའི་ལོ་ཚིགས་ནི་ལོ་འཁོར་བཅུ་གཉིས་ལ་སྦྱར་ཡོད་པ་p.t1288དོན་ཆེན་གནད་བསྡུས་ཀྱི་ལོ་ཚིགས་སུ་འཁོད་པ་སྟེ། ༄༅།།ཁྱིའི་ལོ་ལ་བབ་སྟེ། ༄༅།།ཕག་གི་ལོ་བབ་སྟེ། ཞེས་པ་དང་ཕག་གི་ལོའི་དཔྱིད་སླ་འབྲིང་པོ་ཚེས་དགུ་ལ་ཁམས་ཙུལ་གྱི་རིང་ལུགས་བན་དེ་སྟ་ནམ་བློ་གྲོས་དབང་པོ་དང་། མྱང་སྟག་དགྲ་རྡོག་རྗེ་དང་། གཞི་འཛིན་བན་དེ་ཐུབ་བསྟན་སུག་པས་ལགས་ན་ཆོས་ཉི་ཤུ་ལ་ཤུལ་སེ་རོང་དུ་གཤགས་ཏེ་རྗེས་བྱང་དུ་བྲིས་པའོ།[1] ཞེས་དང་ད་དུང་ལྫོ་ཁ་གྲོ་མཁར་ཆོས་སྡེར་བཞུགས་པའི་བཙན་པོའི་ཆླ་འབུམ་གྱི་ཞབས་མཆན་དུ། དབྱུ་ནི་དབྱར་སླ་ར་བ་ན་འཚུགས་སོ་ཞེས་པ་ལྟ་བུ་པ་དང་། དེ་མིན་བོད་བཙན་པོའི་སྐབས་ཀྱི་ཁྲི་རྟགས་འགོད་པའི་ལོ་རྒྱུས་བསྡུས་པ་སྟེ་དབོན་ཞང་མཇལ་མཐུན་རྡོ་རིང་དུ་སྐྱིད་རྟགས་ལོ་[2]ཞེས་པའི་གནའ་དཔེ། དུས་རབས་12རྗེས་ནས་གནའ་དཔེའི་ལོ་ཚིགས་དེ་བོད་ཀྱི་རབ་བྱུང་[3]ལ་མགོ་བཏགས་བརྩིལ་ནས་འབྲི་སྲོལ་བྱུང་ཡོད་པ་ཞིག་ཡིན། དུས་རབས་14རྗེས་ཀྱི་གནའ་དཔེ་ལ་ལ་ཞིག་གི་ལོ་ཚིགས་དེ་སྟོན་པའི་འདས་ལོར་བརྩིལ་ཡོད་ཙང་། སྟོན་པའི་འདས་ལོར་བརྩིལ་ཚུལ་མི་འདྲ་བ་[4]དག་ལས་གནའ་དཔེ་དེ་གྲུབ་མཐའ་གང་ཞིག་གི་གནའ་དཔེ་བྲིས་མ་ཡིན་པའང་ཞོར་དུ་རྟོགས་པའི་གསུང་རབ་བྲིས་མ་མཇལ་རྒྱུ་མང་། དུས་རབས་13པའི་རྗེས་ཀྱི་གནའ་དཔེ་རྒྱ་ནག་དུ་བྲིས་བཞེངས་གནང་

---

① 见，敦煌法藏本Peltib 1025上海古籍出版社。

② མདོ་རྡོ་རིངས་ལ་བྲིས་པ་འདི་ཡང་། བོད་ཆེན་པོའི་ལོའི་མྱིང་སྐྱིད་རྟག་ལོ་དགུ། རྒྱ་ཆེན་པོའི་ལོའི་མྱིང་ཅང་གེང་ལོ་གསུམ། ཆུ་མོ་ཡོས་བུའི་ལོའི་དཔྱིད་སླད་འབྲིང་པོ་ཚེས་བཅུ་བཞི་ལ། །ཛི་རིངས་ལ་ཡི་གེ་བྲིས་སོ་ཞེས་ལྷ་ས་གཙུག་ལག་ཁང་གི་མདུན་དུ་སྤྱི་823ལོར་བཙུགས་པའི་ཐང་བོད་མནའ་འབྲེལ་གཏིགས་ཀྱི་རྡོ་རིང་ཡི་གེར་གསལ་བ་ལ་མགོ་བཏགས་བརྩིལ་ཡོད།

③ རབ་བྱུང་དང་པོ་སྤྱི་ལོ1027ནས་འགོ་ཚུགས་པ་ཞིག་ཡིན།

④ སངས་རྒྱས་ཀྱི་འདས་ལོ་རྩི་ཚུལ་ལ་ཁག་མི་འདྲ་བ་སྟེ། བུ་སྟོན་དང་རྗེ་ཙོང་བའི་ལུགས་གཅིག་དང་། ཕུག་ལུགས་དང་གཉིས། རྡོ་བོ་ཨ་ཏི་ཤའི་ལུགས་དང་གསུམ། ས་སྐྱ་པཎ་ཆེན་ལུགས་དང་བཞི། དེང་སང་ཧིན་རྡུའི་ལུགས་བཅས་ལྔ་ཡོད་ཅེས་དགེ་ཤུན་ཞོན་དང་ཧོའུ་རྩེན་ཆི་གཉིས་ཀྱིས་བསྒྲིགས་པའི་བོད་རྒྱ་ཤན་སྦྱར་གྱི་ཤེས་བྱའི་རྣམ་གྲངས་ཀུན་བཏུས་ཚིག་མཛོད་ཅེས་མཚོ་སྔོན་མི་རིགས་དཔེ་སྐྲུན་ཁང་གི1987ལོའི་སྤར་མའི་ཤོག་གྲངས་879དུ་གསལ།

བའི་གནའ་དཔེའི་ལོ་ཚིགས་དེ། རྒྱ་ནག་གི་རྒྱལ་རབས་ལ་ཁུངས་བཙོལ་ཡོད་པ་སྟེ་ཡུང་ལོ་བརྒྱད་པར་བཞེངས་པའི་སློབ་དཔོན་ཞི་བ་ལྷས་མཛད་པའི་སྤྱོད་འཇུག་དང་ཡུང་ལོའི་བཀའ་འགྱུར་སོགས་ཡོད། རྒྱ་གར་གྱི་སྐུ་བརྙན་དང་གནའ་དཔེའི་ལོ་ཚིགས་[1]དེ་བི་ཀྲ་མའི་ལོར་[2]བཙོལ་ཡོད་པའི་གནའ་རྫས། བོད་ཡུལ་དུ་ཡུལ་དུས་མི་འདྲ་བའི་ནང་དུ་འབྲི་བཞེངས་གནང་བའི་བོད་དཔེ་དང་རྒྱ་དཔེའི་ལོ་ཚིགས་འགོད་སྟངས་མི་འདྲ་བ་རང་རང་སོ་སོའི་ཁྱད་ཆོས་ལྡན་པའི་གནའ་དཔེ་ཡང་མཐའ་དུ་སྣང་།

བཅོ་བརྒྱད། ཞལ་ཁྱབས།

དུས་རབས་8པའི་ནང་དུ་བཙན་པོ་ཁྲི་སྲོང་ལྡེ་བཙན་གྱི་སྐུ་དུས་བོད་ཀྱི་ཆོས་སྲིད་དང་དཔལ་འབྱོར་སོགས་ལ་བཞག་པའི་གལ་ཆེའི་བཀའ་གཙིགས་རྣམས་མཐིང་ཤོག་གསེར་བྲིས་ཀྱིས་དཀོར་མཛོད་དུ་བདག་ཉར་གནང་བའི་[3]ཤོག་དྲིལ་དང་། དུས་རབས་12པའི་ནང་དུ་བོད་ལ་གསུང་རབ་མཐིང་ཤོག་ཅན་འབྲི་བའི་ལམ་སྲོལ་དེ་བྱུང་བ་ནས་བཟུང་། རིམ་པས་བཞིན་གསུང་རབ་དེ་དག་གི་དབུ་ཀ་པ་རྣམས་སུ་སམ་བོད་ཤན་སྦྱར་དཔེ་མིང་འབུར་མ་དང་དེའི་གཡས་གཡོན་དུ་དུས་རབས་ཀྱི་ཁྱད་ཆོས་ལྡན་པའི་དབུ་ལྷ་འཇམ་འབུར་གང་ལ་གང་འོས་བྲིས་སྲོལ་བྱུང་ཡོད་པ་དེ་དག་ལ་བགེགས་བསྲུང་དང་། བགྲེས་བཟད་མི་འོང་བའི་ཐོན་བསྐྱོར་སླད་དུ་བསྒྲོན་པའི་ཞལ་ཁྱབས། སྤྱིར་བཏང་གི་ཤོག་བུ་འཇམ་ཤོག་གམ་བྱང་དར་ནས་དམིགས་

[1] བོད་ཀྱི་གསུང་རབ་སྐྲ་བ་དགེ་འདུན་ཆོས་འཕེལ་གྱིས་རྒྱ་དཔེ་འདི་གཉིས་བི་ཀྲ་མའི་ལོ་སྟོང་སུམ་བརྒྱ་བདུན་ཅུ་ལ་བྲིས་ཞེས་བྱུང་བས། སྔག་ལོ་དེ་བར་ལོ་སྟོང་གཅིག་དང་དོན་བཞི་ཙམ་སོང་། རྒྱ་དཔེ་འགའ་རེའི་མཐར་ཏག་ཏུ་ལོ་ཚིགས་འདི་བྱུང་ཞིང་། འཕགས་རྒྱལ་གྱི་རྒྱལ་པོ་བི་ཀྲ་མ་དི་ཏྱ་རྣམ་གནོན་ཉི་མ་བྱ་བའི་ཁྲི་ལོ་ནས་བརྩིས་པ་ཡིན་ཞེས་དགེ་འདུན་ཆོས་འཕེལ་གྱི་རྒྱལ་ཁམས་རིག་པས་བསྐོར་བའི་གཏམ་རྒྱུད་གསེར་གྱི་ཐང་མའི་སྟོད་ཆ་ནུབ་བྱང་མི་རིགས་སློབ་ཆེན་གྱི་པར་མའི་ཤོག་གྲངས་13དུ་གསལ།

[2] འཕགས་རྒྱལ་གྱི་རྒྱལ་པོ་འཁོར་ལོས་བསྒྱུར་བའི་བིཀྲ་མའི་ལོ་རྒྱུས་ནི་གཏམ་རྒྱུད་ཙམ་དུ་གནས་སོད། འོན་ཀྱང་འདིའི་ལོ་ཚིགས་ཤེས་པ་ཤིན་ཏུ་གལ་ཆེ་བས་སངས་རྒྱས་འདས་ནས་ལོ་དྲུག་གི་སྟེང་དུ་ཁྲི་བཟུང་བར་བྱེད་དགོས་ཤིང་། རྒྱ་གར་གྱི་སྐུ་བརྙན་དང་རྒྱ་དཔེ་བྲིས་མ་སོགས་ལ་རང་རེའི་རབ་བྱུང་གི་ཚོད་དུ་ལོ་ཚིགས་འདི་འགོད་པ་ཡིན་ཞེས་དགེ་འདུན་ཆོས་འཕེལ་གྱི་རྒྱལ་ཁམས་རིག་པས་བསྐོར་བའི་གཏམ་རྒྱུད་གསེར་གྱི་ཐང་མའི་སྟོད་ཆ་ནུབ་བྱང་མི་རིགས་སློབ་ཆེན་གྱི་པར་མའི་ཤོག་གྲངས་258དུ་གསལ།

[3] ལོ་རྒྱུས་བསྡུས་པ་གཅིས་པར་བྱས་པ་ནི། གསེར་དངུལ་གྱིས་བྲིས་ནས་བསེ་སྒྲོམ་དངུལ་གྱིས་སྦྲས་པའི་ནང་དུ་བཞུགས། དངུལ་གྱི་སྒོ་ལྕགས་བཅུག་སྟེ་དཀར་ཆག་ཡི་གེར་བྱས་སོ། སྲུང་མ་གནོད་སྦྱིན་དང་རྒྱལ་པོ་ལ་གཏད་དོ། ཞེས་མཁས་པ་ལྡེའུས་མཛད་པའི་རྒྱ་བོད་ཀྱི་ཆོས་འབྱུང་རྒྱས་པ་བོད་ལྗོངས་མི་དམངས་དཔེ་སྐྲུན་ཁང་གི་1987ལོའི་སྤར་མའི་ཤོག་གྲངས་356དུ་གསལ།

བསལ་ཚོན་དང་རི་མོས་[①]རྣམ་པར་བརྒྱན་པའི་གོས་ཆེན་ཁ་ཏི་ལྷ་བརྩེགས་ཅན་གསུང་རབ་བྲིས་མ་སྟེ། དུས་རབས་12ཡས་མས་སུ་འབྲི་བཞེངས་བསྐྲུངས་པའི་ཤེར་ཕྱིན་ཞལ་ཁེབས་འཛམ་ཤོག་ཅན་དཔལ་ས་སྐྱའི་བྱང་དགོན་ཉམས་གསོའི་སྐབས་ས་འོག་ཐོན་པའི་ཤེར་ཕྱིན་དང་། དུས་རབས་18-19ནང་དུ་བཞེངས་པའི་གྲ་ཏོག་གསེར་གསུམ་གྱི་གསུང་རབ་བྲིས་མ་ཞལ་ཁེབས་གསུམ་ལྡན་ལ་སྟོད་ལྷོ་བྱང་ཁུལ་དུ་བཞེངས་པ། བཀའ་བསྟན་མཐིང་ཤོག་གསེར་བྲིས་དང་པ་

---

① ད་ནི་ཚོས་དང་ཁ་དོག་གི། །དབྱེ་བ་བ་མདོ་ཙམ་སྟན་པ་ལ། །ག་ཧཾ་ཞེས་པ་དཀར་པོའི་མིང་། །དཀར་པོ་ཪོ་བོ་མ་སླད་པའོ། །ཏ་ཧུཾ་ཞེས་པ་རྒྱ་ཡི་སྐད། །ཏ་ནི་ཆེན་པོའི་མིང་དག་ཡིན། །ཧུམ་ཟེར་བ་ནི་དམར་པོ་ལ་ཟེར་བས། །དམར་པོ་ཆེན་པོ་ལ་འདོགས་པ། །ཤིན་ཏུ་དམར་པོ་ཟེར་བའོ། །ཟེའུ་ཞེས་པ་ཆུང་ཆུང་མིན། །ཟེ་ཧུཾ་ཙུང་ཟད་དམར་བ་སྟེ། །ཏ་ཧུཾ་ལས་ནི་སྐྱ་བོ། །ཐོ་ཧུཾ་ཞེས་པ་དམར་ཞིང་སྨུམ། །ཏ་ཧུཾ་ལས་ནི་སྨུམ་པའོ། །དེ་བས་ཚོས་ཁ་ནོད་པ་ལ། །དམར་སྨུག་ཅེས་སུ་འདོགས་པའོ། །ལྭ་ཧཾ་ཞེས་པ་སེར་ཆེན་ཏེ། །སེར་པོ་ཁོ་ན་ཅིག་ཡིན་ནོ། ། དེ་བས་ཙུང་ཟད་སྨུམ་པ་ཡི། །བཙོ་མ་གསེར་མདོག་འདྲ་བ་ལ། །ཧྲུ་ཧཾ་ཞེས་སུ་འདོགས་པའོ། །དེ་བས་ཀྱང་ནི་སྨུམ་པ་ཡི། །སེར་པོ་དམར་བའི་མདངས་ཡོད་པ། །ཧུར་ཁ་ལས་ནི་དྭངས་པ། །ཧྲུ་ལྭ་ཧཾ་ཞེས་པ་འདོགས་པའོ། །དེ་ལྟར་ཚོན་སྣ་ཁ་དོག་ལ། །རང་མིང་ཡོད་པ་འགའ་ཞིག་ལས། །ཕལ་ཆེར་དངོས་པོ་གཞན་དག་ལ། །གྲགས་པའི་མིང་འདོགས་ཁོ་ན་སྟེ། །དཔེར་ན་ས་རྒྱུ་ར་དང་ནི། །ལི་ཁྲིའི་མདོག་འདྲ་བ་ལ། །སན་རྒྱུ་རའི་ལི་ཁྲི་ཟེར། །མཚལ་མདོག་འདྲ་བ་མཚལ་ཁ་དང་། །ཧུར་ཁ་རྫོང་ཁ་གྲ་ཁ་དང་། །ཀློ་ཁ་མཆིད་ཁ་ཁྲག་ཁ་དང་། ། ལྷ་ཁ་ལ་སོགས་དམར་པོའི་མཚན། །དཧུལ་ཁ་འོ་ཁ་དཀར་པོའི་མཚན། །སེར་པོ་ལ་ཡ་སྨུག་ཁ་དང་། །སྐྱེར་ཁ་ཛ་ཁ་ལ་ཧེན་པའོ། །སྔོན་པོའི་རིགས་ལའང་ལྗང་ནག་ལ། །དམར་པོའི་མདངས་ཅན་གཅིག་ལ་ནི། །ཟངས་ཁ་ཞེས་པ་དེ་བཞིན་ནོ། །ལྗང་ཁ་ལྗོང་ཁ་གནམ་ཁ་དང་། །གཡུ་ཁ་སྤུད་ཁ་སེར་ཁ་དང་། །ཟྭ་ཁ་ནེ་ཙོ་ཁ་དང་ནི། །ཧུད་ཁ་ལ་སོགས་གྲོས་པ་མང་། ། དེ་ཡང་དམར་པོའི་རིགས་ལ་ནི། །མཆིན་སྐྱ་མཆིན་དམར་མཆིན་ནག་དང་། །ཧུར་སྐྱ་ཧུར་ནག་ཧུར་སེར་དང་། །སེར་པོ་ལ་ཡང་སྨུག་སྐྱེར་དང་། །སྨུག་སྐྱ་ཤིང་མདོག་ཛ་དཀར་མདོག །སྔོན་པོའི་རིགས་ལ་ལྗང་ནག་དང་། །ལྗང་སྐྱ་ལྗང་སྔོན་ལྗང་ཁ་དངོས། །ནེ་ཙོ་ལའང་ནེ་སེར་དང་། །ནེ་སྐྱེར་ནེ་ལྡང་ནེ་སྔོན་དང་། །ནེ་ནག་སྤང་སྐྱ་ལ་སོགས་པའོ། །དེ་དག་ཚོས་ཁའི་དབྱེ་བའོ། །མན་ལ་རིགས་ནི་གཉིས་སུ་འབྱེད། ། གོས་མན་འདི་ནི་རྒྱ་ལིང་འདྲ། །ཐགས་ཕང་སྟེང་ཞིང་འབོལ་བ་ན། །རི་མོ་མེད་པ་ཅིག་ཡིན་ནོ། །དར་མན་རྒྱ་སྤུན་སྤྲིལ་བ་ལ། །དར་བས་ཙུང་ཐུབ་རྒྱ་དང་པ་འདྲའོ།།སྦྲ་འདིའི་རྒྱ་འདིའི་གོས་wཡིན་པ་ལ། །བསྒྲིན་པའི་སྤུ་ནི་སེང་སྤྲུད་དོ། །ཞེ་ར་ཞེས་པ་འདིའི་རྒྱུ། །སོ་མ་ར་ཛ་དང་ཟམ་ཟོ། ། གང་ཡིན་གཅིག་ལ་སྤུན་ནི་དར། །རྒྱུ་ཚོགས་སྣ་ཚོགས་འདུས་པ་ལ། །དིང་གོན་ཁ་ཐི་ཐོན་ཐིང་དང་། །ཟ་འོག་བརྩེགས་པ་སོགས་འབྱུང་བ་ནི། །ཁ་ཐི་རིགས་སུ་རྟོགས་པ་ཡིན། །ཁྱུང་རིས་འབྲུག་རིས་རྒྱ་ཛ་དང་། །མེ་ཏོག་འཁོར་ལོ་སྣ་རིས་དང་། ། ལྕགས་སྒྲོག་རྣམས་ཀྱི་རི་མོ་ཡོད། །ཚོས་ཁ་སྣ་ཚོགས་སྣ་ཚང་དགོས། །ཚོས་སྣ་ཚོགས་མེད་པ་ན། །ཁ་ཐིའི་མིང་ནི་མི་འཐོབ་སོ། །མིང་འདོགས་བཞི་མའི་མདོག་དང་བསྟུན། །དེ་ཡང་ཁ་ཐིའི་བྱེ་བྲག་ལས། །མེ་ཏོག་ཆེ་ལེབ་ལྕགས་སྒྲོག་སོགས། ། གསེར་ལེབ་ཐགས་ལ་སླངས་པ་ན། །ཁ་ཐི་གསེར་པོ་ཞེས་སུ་བཏགས། །བསེ་ཁྲིམ་ཁ་དོག་གང་ཅུང་སྟེང་། །སྤྲབ་ལེ་འཁོར་ལོ་ནང་དུ་ནི། །རི་དྭགས་བསེ་ཅུའི་གཟུགས་གཅིག་དགོས། །འདི་ཁ་ཐི་སེ་ཁྲིམ་ཟེར། །ཐགས་ཕང་དེ་ལས་སྟེང་པ་ལ། །ཚོས་སྣ་བདུན་ལས་མི་མང་ཞིང་། །རི་མོའི་བྱེ་བྲག་ཁ་ཐི་དང་། །དབྱིབས་འདྲ་བ་ནི་ཐོན་ཐི་འོ། །ཚོས་སྣ་བཞི་པ་མན་ཆད་ཀྱིས། །འབྲུག་དང་པ་ཊ་རྒྱ་བྱ་དང་། །འཁོར་ལོ་ལ་སོགས་ཅི་འདྲ་ཡང་། །དེ་དག་ཟ་འོག་བཅས་པ་དང་། ། ཏོར་གྱི་སྐད་ལ་ཟ་ཟ་ཟེར། །ཪོ་བོ་ཚོགས་གཉིས་མ་ཡི་མིང་། །དེ་ཡང་སྟེང་འོག་བསྟོལ་བ་སྟེ། །སྟག་སྐྱའི་ཐག་རིས་ཁོ་ནའོ། ། དིང་ཕོན་ཞེས་པ་འདི་ཉིད་ནི། །སྟོད་ཏོར་ལས་འབྱུང་ཁ་ཁྲིམ་ཅན། །ཁ་གང་ཐོགས་ལ་ཚོས་སྣ་ཚོགས། །སྟེང་དུ་གསེར་གྱི་ཁྲབ་པ་འོང་། །ཞྭ་གོས་གདན་གསུམ་ཡིན་ཞེས་ཟེར། ། ཆེ་ཆུང་རིམ་པ་གསུམ་བྱུང་ངོ་། །དེ་ལྟར་ཡ་རབ་ན་བཟའི་མཆོག །གོས་ཀྱི་དབྱེ་གསལ་རིམ་པ་ནི། །ཆོས་ཀྱི་རྒྱལ་པོ་འཕགས་པའི་དྲུང་། །རྒྱལ་པོའི་བཙུན་མོ་བཟོ་རིག་ཏས། །ཕུལ་བའི་གོས་ཀྱི་རྣམ་བཤད་ཅིག་ཅེས་ལེགས་པར་བཤད་པ་པད་མ་དཀར་པོའི་ཆུན་པོ་བྲིས་མའི་ལྡེབ་གྲངས་80-81བར་གསལ།

སྐྱེ་ངས་མེད་པའི་སྦྱིན་བདག་གིས་རང་གི་འཁོས་འཁྱོར་ལ་གཞིགས་པའི་ཞལ་ཁེབས་དམིགས་བསལ་ཅན་ཏེ། ལྷ་བརྩེགས་ཕྱུལ་བའི་བཀའ་འགྱུར་དཔལ་ས་སྐྱ་དགོན་དུ་བཞུགས་པའི་སྟུགས་འཆང་ངག་དབང་ཀུན་དགའ་བསོད་ནམས་ཀྱི་ཡུམ་མཆོག་བསྟན་འཛིན་བཟང་མོའི་ཐུགས་དམ་མཐོང་སྨོན་དང་། རྒྱལ་བ་ལྔ་པ་ངག་དབང་བློ་བཟང་རྒྱ་མཚོའི་དགོངས་རྫོགས་སུ་ཤར་འོལ་ཁ་སྟག་རྩེ་དང་བཟད། ཤོ་སྟག་ལྡོ་གསུམ་དང་ཤེལ་དཀར་དང་འཕྱིང་བ་སྟག་རྩེ་སོགས་སུ་བཞེངས་པའི་བཀའ་འགྱུར་མཐིང་ཤོག་གསེར་བྲིས་འཛམ་གླིང་རྒྱན་གཅིག་སོགས་ཀྱི་དབུ་ཀ་པ་རྣམས་ཀྱི་ཞལ་ཁེབས་སུ། དུས་རབས་མི་འདྲ་བའི་གོས་དར་ཕྱུས་ལེགས་ཞལ་ཁེབས་གསུམ་ནས་ལྷ་བརྩེགས་ཅན་གྱི་གོས་ཆེན་དྲས་དྲུབ་སྟེ། འབྲུག་ཚང་སྐོར་དང་ཆུ་བྲག་ཁ་ཏི་དང་ཙུན། ས་གཞི་མཛོད་དང་ནམ་མཁའ་མཛོད། ཧུས་དང་ལིང་དང་སིན། སི་ཏི་ཧོ་དང་ཟ་ཟ་སོགས་དམིགས་བསལ་གྱི་རྒྱུ་སྤུན་དང་འཐག[1] ཁྱད་འཕགས་ཅན་ལས་བཏགས་པའི་གོས་ཆེན་གྱི་ཞལ་

① དེ་ཡང་དང་པོ་རྒྱུ་དང་ཐག །ཆོས་དང་རི་མོ་རྣམ་བཞི་ལས། ། རང་རང་ངོས་འཛིན་བསྟན་པ་ནི། །ལ་ཧུས་མིང་དང་གསུམ་དབྱེ་བ། ། རྒྱུའི་བཟང་ངན་རིམ་པར་འདུག །ལ་ནི་གོས་ཀྱི་རྒྱུའི་དྭངས་མ། །ལྐྱད་མེད་རྒྱུ་སྤུན་གཉིས་སྤྲིལ་ལ། །ཐགས་བཀང་གཉིས་པར་སྤུན་སྐྱུར་བ། །ཐགས་རིགས་གཞིར་ཡོད་པ་འདྲ། །ནང་རིགས་ཐགས་མིག་ངོ་བོ་ནི། །རི་དྭགས་མིག་རྗེས་བཞིན་དུ་ཡོད། །དེའི་སྟེང་གི་རི་མོ་ནི། ། ལིང་ཧུས་གཉིས་ལ་ཡོད་པ་ཡིན། །བཞི་རིགས་བཅུ་གཉིས་མར་རྫོགས་པ། །ལཱ་པད་སྟོང་འབྲུག་དང་ཁྱུང་། །མ་ཏེ་བསེ་རུ་ལ་སོགས་པ། ། ཐོག་འཛོག་རི་མོ་ནི་རིགས་བྱུང་། །མིང་འདོག་རི་མོས་འཛོས་པར་གནང་། །ལའི་རིགས་མཐུན་སི་འདི་འདང་། །རྒྱུ་ནི་ལ་དང་འདྲ་བ་ལ། ། ཐགས་སྐད་སྐྱ་ཧུས་ལྷ་བུ་ལ། །དེ་བས་རྩིགས་པས་ཐགས་མིག་ཅན། །དེ་ལ་ཐར་སླུ་ལ་སོགས་པ། །རྟེན་དང་མཆོད་རྫས་འབྱུང་སོད་ཀྱི། ། གོས་ཀྱི་རྣམ་པར་གྲུབ་པ་མྱུང་། །འདི་གཉིས་སྟོད་ཧོར་སྨད་ཧོར་གྱི། ། དུས་ལ་མང་རྒྱ་ལ་ནི། །ཧོར་གྱི་ལ་བས་ཐུག་ཅིང་འགོལ། །ཁྱད་པར་རི་མོའི་བྱེ་བྲག་མང་། །སེང་འདི་དར་སློམ་ལྕུགས་མའི་མིང་། །རྒྱུ་སྤུན་གཉིས་མཉམ་སྤྲིལ་ཐགས་མིང་ཅན། །དེ་ཡང་ལའི་རིགས་སུ་འདུག ། གཉིས་པ་ཧུས་ཀྱི་དབྱེ་བ་ནི། སྦྱི་ཧུས། བསྒྱི་ཧུས། ཏ་ཧུས། ཙ་ཧུས། རྐྱང་ཧུས་དང་ལྔ་རུ་འདོད། །བསེ་ཧུས་འདི་ནི་རྒྱུ་སྤུན་མཉམ། ཐགས་བཟང་སྐད་འགྲིག་འོད་ཆེ་བ། །ཕྱི་ནང་མེད་ཅིང་ཤིན་ཏུ་དྭངས། །ཧོར་གོས་མ་འཆུག་པ་ནི་ཡིན། །ད་ལྟ་ཤེལ་ཐགས་ཟེར་བ་གནང་། །ཕལ་ཆེར་རི་མོ་མི་འབྱུང་གི། །འོང་ན་འང་ལཱ་ཆོ་ཏང་། །འབྲུག་དང་ཡིག་གསར་ལ་སོགས་པ། །ཁ་འཛོག་མ་རྫོགས་གཞན་མི་འབྱུང་། །མདོག་ཀྱང་ག་ཧཾ་ལུ་ཏམ་དང་། །ཀ་ཧཾ་ཐུ་ཧཾ་ཐོ་ཧཾ་དང་། །སྨུག་ཁ་འདི་དག་རྒྱལ་པོ་ཡི། །གོས་ཡིན་གཞན་ལ་འདི་མི་འབྱུང་། ། བསྒྱི་ཧུས་འདི་ནི་རྒྱ་ཕྲ་ལ། །གྲིམ་ལ་ཐགས་བཟང་ཕྱི་ནང་མེད། །ཁྲིགས་ཤིང་སྲོན་པས་ཆག་པ་སླ། །རི་མོ་སྨུག་པོའི་གསེབ་ཏུ་ནི། །རི་དྭགས་བསེ་གཟུགས་ཡོད་པ་དང་། །མེ་ཏོག་སྦྲིན་ཆུང་ལ་སོགས་ཀྱི། །གསེབ་ཏུ་རིན་ཆེན་སྣ་ཚོགས་ཀྱི། །པ་ལམ་སྣ་རྒྱན་དོང་རྩེ་དང་། །བྲེ་གདོང་དགོས་དོས་སྣང་མཆི་དང་། །བསམ་འཕེལ་དཔལ་གྱི་ལ་སོགས་པ། །ཀླུམ་ཚལ་གསེབ་ཏུ་འབྱུང་གྱུར་ན། །ས་གཞི་མཛོད་ཅེས་མིང་དུ་འདོགས། སྦྲིན་གྱི་གསེབ་ཏུ་བྱུང་བ་ན། །ནམ་མཁའ་མཛོད་ཅེས་མིང་དུ་བཏགས། །བསྒྱི་ཧུས་རི་མོ་མེད་པ་ཕལ། །ཧོར་གོས་ཕྱི་མ་ཤས་ཆེ་ཡིན། །ཙ་ཧུས་རྒྱུ་སྤྲིལ་སྤུན་མ་སྤྲིལ། །བོད་རྣམས་ཐགས་དང་འདྲ་བ་ལ། །ཕྱི་ལ་ཐགས་རྐང་འདྲ་བ་དང་། །འཐོལ་ལ་འཐུག་པ་གཅིག་ཡིན་ནོ། །ཏ་ཧུས་འདི་ནི་ཕྱི་འཇམ་ལ། །འོད་ཡོད་ཕྱི་ནང་ཁྱད་ཆེ་བ། །ཕལ་ཆེར་གོས་ཤིང་རྩིང་བ་ནི། །ད་ལྟ་ཧུས་ཞེས་ཟེར་བ་ཡིན། །རྒྱ་གོས་ངེས་པ་ཅན་དུ་འདུག །རི་མོ་ངེས་མེད་སྣ་ཚོགས་བྱུང་། །རྐྱང་ཧུས་ཕྱུན་བཤད་སླམ་ལ། །སྐད་ཕྱི་སྐད་དང་ཁྱད་མེད་པ། །སྲབ་འགྲིག་རི་མོ་མེད་པ་ཡིན། །ཚུ་རྩེ་འདི་ནི་རྒྱུ་སྤུན་མཉམ། །འཐུག་འཁྲིག་ཕྱི་ནང་མེད་པ་ལ། །ད་ལྟ་གལ་ཞེས་འདི་ཡིན། །ཚུ་ཟ་ཞེས་པ་རྒྱ་ཕྲ་བ། ། སྤུན་ནི་སྦོམ་པོ་སྐྱུར་བ་འདྲ། །ཕྱི་ལྟས་རེ་བའི་དབྱིབས་འདྲ་བ། ། ད་ལྟ་རེ་ཐགས་

ཞེས་ཀྱང་ཟེར། །འདི་ལ་རི་མོ་མི་འབྱུང་གི། །ཕལ་ཆེར་ཏོར་གྱི་གོས་སུ་འདུག །སོག་པོ་ཐགས་ཞེས་ཟེར་བ་ནི། །བོད་ཀྱི་ཐེར་མའི་ཐགས་འདྲ་ལ། །ཐག་མིག་རི་མོ་མེད་མོད་ཀྱང་། །རི་མོ་སྣ་རིས་རྣམ་པ་ཅན། །གྲུ་གསུམ་དུ་ནི་མངོན་པ་ལ། །ཕྱི་ནང་ཆེར་མེད་པ་ལ། །མོན་ལུག་རྩེའི་རི་མོ་ནི། །བསྒྲེ་རྒྱུས་ཐགས་སྤྲིན་རིས་དང་། །མེ་ཏོག་སྤྲིན་རིས་ལ་སོགས་པ། །ཐགས་འོག་ལ་ཡོད་དེའི་སྟེང་། །ལའི་ཐགས་ཀང་སྲུབ་བ་ཅིག །སྐད་མཚམས་སུ་ནི་ཐགས་རང་གི། །སྦྲེལ་བར་མངོན་པ་ཅིག་ལ་ཟེར། །འདི་དང་སོག་པོ་ཐགས་འདི་གཉིས། །ལའི་རིགས་སུ་འདོད་པའང་འདུག །གང་སྐུ་དཔེ་ཞེས་གྲགས་པ་ནི། །སོག་ཆེན་རྒྱ་ཐགས་རྒྱུས་དང་འདྲ། །གོས་ཤིས་གང་ཧྲུང་ཡིན་པའི་སྟེང་། །སྤྲིན་དང་འབྲུག་ཆུ་ལ་སོགས་པ། །ཐོགས་འཛོགས་ཡངས་པ་ཅིག་དགོས་སོ། །ཏ་ཟི་ཞེས་པ་འདི་ཉིད་ནི། །བསྒྲེ་རྒྱུས་འདྲ་བའི་ཁྲིགས་འགྲིག་བཟང་། །སྟེང་དུ་གསེར་སྤྲིལ་རི་མོ་ལ། །གྲུ་བཞི་གྲུ་གསུམ་སྐོར་མོ་དང་། ། ཏོར་ལྷམ་མགོ་དང་སྲུབ་ལེ་དང་། །སྦུ་འབྲེལ་ལྟར་ལ་རྒྱུས་པ་འདྲ་ཡོད། །སྟོད་ཏོར་ཡི་གེས་མཚན་པ་ཡོད། །ཡི་གེ་ཏ་ཟི་ཞེས་པ་ནི། །གོས་ཕྱིས་གང་ཧྲུང་ཡིན་པའི་སྟེང་། །གསེར་ལེབ་ཀྱི་ནི་རི་མོ་གཅིག །དཀྱུས་དང་མ་འབྲེལ་བ་ཅིག་དགོས། །འདི་དག་བཞི་དང་བསྟུན་པ་ལ། །ཏ་ཟི་ཞེས་ཟེར་གྲགས་མོད་ཀྱང་། །གསེར་རིས་སྤྲེལ་ན་རི་མོ་ཐོབ་སོ། །ཉི་མི་མང་ཞེས་ཟེར་བ་ནི། །གོས་བཤིས་གང་ཧྲུང་ཡིན་པའི་སྟེང་། །གསེར་ལེབ་རི་མོ་སྤྲིན་ཆེ་དང་། །མེ་ཏོག་ཤིང་ལོ་ལ་སོགས་པ། །འབྲེལ་བས་ཁེངས་པ་ཅིག་ལ་ཟེར། ། གཞི་མ་བསྒྲེ་རྒྱུས་དང་བསྒྲེ་རྒྱུས་དང་། །རྨ་རྒྱུས་ཉ་གང་གི་ཁར། །གསེར་སྤྲིལ་མ་སྤྲིལ་སྐུས་འདུག་ན། །དེ་ལ་ན་ཕྱིས་ཟེར་བ་དང་། །གསེར་སྤྲིལ་སྐད་ལ་སླང་འདུག་ན། །དེ་ལ་ན་རྒྱུས་ཟེར་བར་འདུག །གསེར་ལེབ་སྟེང་མ་མ་སྤྲེལ་ན། །དེ་ལ་ཉ་ཕྱིས་ཟེར་བ་དང་། །སྐད་ལ་སླང་ན་ཉ་རྒྱུས་སོ། །དེ་དག་སོ་སོའི་དབྱེ་བ་ནི། །རང་རང་བཞིའི་ཚོས་ཀྱི་འབྱེད། །སྤྲ་ཧུམ་སྟེངས་སུ་མ་བྱུང་ན། ། དེ་ལ་ཧུ་ལེན་ཞེས་པ་དང་། །དཀར་པོའི་སྟེང་དུ་ཐོ་གན་དང་། །ནག་པོ་ལ་ནི་ར་གན་རྒྱུས། །ལྗང་གུ་ལ་ནི་རྨ་ན་རྒྱུས། །དེ་དག་ཕལ་ཆེར་སྟོད་ཏོར་གོས། །འོན་ཀྱང་དམར་པོ་ལྗང་གུ་སོགས། །སྨད་ཏོར་རྒྱ་ལའང་འབྱུང་བར་འདུག །ཁྲིད་ནི་སྟོད་ཏོར་ཁོ་ནའི་སྐྱེ། །ཚོས་དང་རི་མོ་སྣ་ཚོགས་ལ། །རི་མོའི་སོ་འཚམས་ཁ་དོག་དང་། །ཐག་མིག་གཉིས་ཀའི་དབྱེ་བ་ལ། ། ཐགས་མིག་སྐད་འཚམས་རྒྱུ་སྲུབ་ཀྱི། །སྐུད་པ་མི་མངོན་པ་གཅིག་ཡིན། །འདི་དག་རྒྱུས་ཀྱི་དབྱེ་བའོ། །ད་ནི་ལེང་གི་དབྱེ་བ་ལ། །ཚང་ལེང་ཀྲུང་ལེང་སྐམ་ཆུ་ལེང་། །གཡར་ལེང་དར་ལེང་ཨམ་དུ་ལེང་། །ཧྲུག་ཏུ་དབྱེ་ན་ཚང་ལེང་། །སྤྲིན་དང་ཤིང་ལོ་མེ་ཏོག་སོགས། །ཆུ་ལ་ཐགས་འགྲིག་འོ་ཆེའོ། །ཀྲུང་ལེང་ལ་ནི་སྤྲིན་ཆེན་ཏེ། །མེ་ཏོག་ཨུཏྤལ་འཁོར་བ་ཡི། ། གསེབ་ཏུ་རིན་ཆེན་སྣ་ཚོགས་དང་། །རྒྱུས་ཀྱི་སྐབས་སུ་བསྟན་པ་དང་། །དོང་རྩེ་ཧྲུག་ཏུ་གྲགས་པ་ཡང་། །ཐགས་དང་རི་མོ་ཙུང་ཟད་རྩིང་། །ཨམ་དུ་ལེང་ཞེས་གྲགས་པ་ཡིན། །རི་མོའི་རྣམ་གྲངས་ཤིན་ཏུ་མང་། །འདི་ཉིད་སྟོད་ཏོར་སྨད་ཏོར་དང་། །རྒྱ་ལའང་འབྱུང་གི་ལ་ནི། །བཞི་མའི་རི་མོ་བཅུ་གཉིས་ཏེ། །གི་ཧི་སིན་ལ་སེང་སྣན་དང་། །ཕ་རིས་ཁྲབ་རིས་ལྕགས་སྒྲོག་དང་། །ཆུ་རིས་ནས་འདྲ་སིག་ཚེ་དང་། ། དོང་རྩེ་སྐྱུ་ཕྱིབ་ཐེམ་ཚེའོ། །དང་པོ་གི་ཧི་ཞེས་པ་ནི། །རྒྱུ་བཟང་ཐགས་འགྲིག་རི་མོའི་དབྱིབས། །ཕོ་རིས་འདྲ་བ་ཟུར་ཧྲུག་ལ། །རི་མོ་རིམ་པ་གསུམ་ནང་ན། །མེ་ཏོག་ཚོམ་བུ་བདུན་ཡོད་པ། །དེ་ལ་གི་ཧི་འབྲུ་བདུན་ཟེར། །རིམ་པ་མེ་ཏོག་ཉུང་ན་ངན། །སིན་ལ་ཞེས་པ་འདི་ཉིད་ནི། །རི་མོ་སྣ་རྒྱན་དབྱིབས་འདྲ་ལ། །ཉིས་རིམ་ཡོད་པའི་ནང་དུ་ནི། །ཡི་གེ་མ་བྱུང་སིན་ལ་ཟེར། །གཡུང་དྲུང་རིགས་སུ་བྱུང་བ་ན། །སིན་ལ་གཡུང་དྲུང་ཅེས་བརྗོད་དང་། །ནང་དུ་མེ་ཏོག་བྱུང་བ་ན། །སིན་ལ་མེ་ཏོག་ཅེས་པའོ། །སེང་སྣན་ཞེས་པ་འདི་ཉིད་ནི། །རི་མོ་སིན་ལ་དབྱིབས་འདྲ་བ། །འདེབས་དང་ཟུར་གཉིས་ཁ་བཅག་པ་ནི། །རི་མོ་སྣ་བརྒྱན་དབྱིབས་འདྲ་ལ། །ཉིས་རི་ཡོད་པས་ནང་དུ་ནི། །གླང་པོའི་མིག་གམ་ཏོར་འཐིལ་འདྲ། །ནང་དུ་འཁོར་ལོའི་མིག་འབྲས་འདྲ། །ཕོ་རིས་དུད་འགྲོའི་ཕོ་བོ་རིས། །ཟུར་ལྔ་གཉིས་རིམ་ནང་སྟོང་དང་། ། ཁྲབ་འདེབས་ཞེས་པ་རྣམ་སྲས་སོགས། །རྒྱལ་ཆེན་བཞིའི་གོས་བརྒྱན་གྱིས། །རི་མོ་གྲུ་གསུམ་ནས་གྱེས་པའོ། །ལྕགས་སྒྲོག་རི་མོ་གྲུ་བཞི་པ། ། གཉིས་གཉིས་རེ་རེས་སྣང་པའོ། །ཆུ་རིས་ཆུ་བོའི་གཉེར་མ་སྟེ། །ནས་འདྲ་བ་ནི་གོ་སྣ་ཞིང་། །སྐྱུ་ཕྱིབ་རི་མོ་གྲུ་བཞི་པ། །ཆུང་ཆུང་རིམ་གཉིས་ཡོད་པ། །ཟུར་རྣམས་སྤྲེལ་ཞིང་གོས་ཤིང་འབོལ། །སྲུ་མ་ཅིག་ལ་ཟེར་བ་འདུག །དོང་རྩེ་འདི་ནི་རི་མོའི་དབྱིབས། །སྐོར་མོ་ཉིས་རིམས་ནང་གི་རིས། །ནས་འདྲ་བ་བཞི་ཏུ་ཕྱེ་པའོ། །སིག་རྩེ་རི་མོ་གྲུ་བཞི་པ། །རེ་བའི་ཐགས་འདྲ་སྐད་འབལ་བ། །སྐད་འཚམས་ལ་ནི་གཞན་རིམ་པ་མེད། །རྒྱུ་སྲུབ་སྤྲིལ་མ་གཉིས་ལ་ཟེར། །ཐེ་ཚོམ་ཞེས་པ་འདིའི་རྒྱུ། །གོས་དར་གྱི་གཞིས་བྱས་པ་ལ། །རི་མོ་སིན་ལ་དབྱིབས་འདྲ་བ། །དེ་བས་ཅིང་པ་འདི་ཡིན་ནོ། །བཞི་མ་འདི་དག་ཡིན་པའི་ཁར། ། སྤྲིན་དང་མེ་ཏོག་རླུམ་ཚལ་དང་། །ཨུཏྤལ་འཁོར་ལོ་སོགས་ཀྱི་ནང་། །པདྨ་ཚེ་ཏང་ཡིག་གསར་དང་། ། འབྲུག་དང་དོང་རྩེ་ཧྲུག་ལ་སོགས། །ཐོག་འཛོག་ཀྱང་པ་ལས་མེད་ན། །རང་རང་མིང་ཐོགས་

ཁེབས་བསྒྲོན་པའི་བཀའ་འགྱུར་རབ་འབྱིང་ཐ་གསུམ་དཔལ་ས་སྐྱ་དང་ཞ་ལུ། ནོར་གླིང་དང་ཙོ་ཏ་ལ། སེ་འབྲས་དགའ་གསུམ་སོགས་ཀྱི་ཀུན་དགའ་ར་བར་གྲལ་ལ་དངར་བ་བཞུགས།

དུས་རབས་18པའི་དབུ་ཤོག་ཞལ་ཁེབས་ལྷ་བརྩེགས་ཅན་གྱི་གནའ་དཔེ།

བཅུ་དགུ། དཔེ་གཟུགས།

དུས་རབས་མི་འདྲ་བའི་མི་རྣམས་ཀྱི་བསམ་བློའི་མཛེས་ཆོས་སྒྱུ་རྩལ་དང་བརྗོད་བྱའི་ནང་དོན་གྱི་ཁྱད་ཆོས་དང་བདག་ཉར་བཅས་ཀྱི་དགོས་མཁོའི་སླད་དུ་གནའ་དཔེའི་དཔེ་གཟུགས་ཀྱང་སྣ་ཚོགས་བྱུང་ཡོད་པ་སྟེ། དུས་རབས་8- 10ནང་དུ་འབྲི་བཞེངས་བསྐྲུན་པའི་ཏུན་ཧོང་གི་ཤོག་དྲིལ་དང་འཁྲོམ་བཟའ་བྱང་ཆུབ་སྨན་གྱིས་རབ་བྱུང་རྣམས་ལ་བསྙེན་བཀུར་བའི་གདུགས་ཚོད་ཐོན་པའི་ཚེ་ཚར་རེ་སྒྲོག་པར་འགྱེད་བདེ་བའི་ཆེད་དུ། བམ་པོ་རེ་ལ་ཤོག

དང་བཅས་པར་གདའ། །སྐམ་ཆུང་ཡིང་ནི་རྒྱ་འཕྲུག་ཅིང་། །འོད་ཆེ་རི་མོའི་བྱེ་བྲག་ནི། །སྤྲིན་དང་ཆུ་གཉེར་རླུམ་ཚལ་ལ། །ཐོག་འཛོག་མེད་པ་ཤས་ཆེའོ། །གཡང་ཡིང་འདི་ནི་རྒྱ་རྩིང་ཞིང་། །ཐགས་ངན་རི་མོས་དབྱེ་བ་ནི། །སྤྲིན་ཆུང་ཤིང་ལོའི་རྩིག་པའོ། །དར་ཡིང་ལས་ནི་སྤྲིན་ཆུང་རྩིང་། ། བསེག་རྩེ་རྩེལ་རྩིག་ཡིན་པ་ལ། །ཡིང་གི་རིགས་སུ་རྫོགས་པ་ཀུན། །ཕྱི་ནང་འཛམ་རྒྱུ་ཁྱད་ཆེ་ཞིང་། །རི་མོ་མང་ཞིང་ཁྱད་ཆེ་ཞིང་། །འདི་དག་ཡིང་གི་རིགས་སུ་འདུག །རྡོ་རྗེ་སེང་ལམ་ཞེས་པ་ནི། །བཞི་མ་སྤྲིན་དང་ཀླུ་མཚལ་དང་། །ཨུཏྤལ་འཁོར་ལོ་སོགས་ཡོད་པའི་ནང་། །སྣ་ཚོགས་རྡོ་རྗེ་བྱུང་བ་ན། །རྡོ་རྗེ་སེང་ལམ་ཞེས་སུ་བརྗོད། །གཞི་མ་ཇི་ལྟར་ཡིན་ཀྱང་རུང་། །སྟེང་དུ་རི་མོ་འཁོར་ལོ་དང་། །རལ་མིག་ནང་དུ་རྡོ་རྗེ་ནི། །ཆུང་ཆུང་ཡོད་པ་དེ་ཉིད་ལ། །རྡོ་རྗེ་ཆུང་དུའི་ཕྱག་མཚན་ཟེར་ཞེས་ལེགས་པར་བཤད་པ་པད་མ་དཀར་པོའི་རྒྱན་པོ་ཞེས་པ་བྲིས་མ་ཁྲུ་ཚད་མ་ཞིག་མཐལ་བྱུང་བ་དེའི་ལྡེབ་གྲངས་74-79བར་གསལ།

དྲིལ་རེ་བྱས་པ་འཇུག་སྟོད་ལ་བརྟེན་ནས་ཤ་སྒྲོ་ཅན་དུ་མིང་བཏགས་ཏེ་མཆིམས་ཕུ་ན་བཞུགས་པར་གསུངས་པའི་གསུང་རབ་དང་།[①] དུས་རབས་13པའི་ནང་དུ་འབྲི་བཤུས་བསྐྲུངས་པའི་དཀར་ཆག་འཕང་ཐང་སྔོན་མ་དཔེ་ཤོག་དྲིལ་ཞིག་ལས་བུ་དཔེ་གླེགས་བམ་གཟུགས་སུ་བྱོན་པའི་གསུང་རབ།[②] དུས་རབས་12-13ནང་དུ་ནང་བསྟན་གྱི་མདོན་པ་མཛོད་སོགས་གཞུང་ཆེན་རྣམས་གཙོགས་ཆེ་བར་མཛད་དེ་ཚད་ལྡན་གྱི་གླེགས་བམ་མདའ་ཚད་མ་སྟེ་63×23cm་ཤོག་རྒྱ[③] ཅན་བོད་ཀྱི་དགོན་སྡེ་ཆེ་ཁག་ཏུ་བཞུགས་པ། དུས་རབས་9-10རྗེས་ཏེ་འདུལ་བའི་རབས་སོགས་བོན་གྱི་ཆོ་གའི་སྐོར་དཔེ་གཟུགས་ལྡེབས་མགོ་མ་ལྡོ་ཁའི་དགའ་ཐང་འབུམ་པ་ཆེ་ནས་ཐོན་པ། དུས་རབས་10-12པའི་ནང་དུ་འབྲི་བཞེངས་བསྐྲུངས་པའི་གུ་གེའི་རྒྱལ་རབས་ལྡེབས་མགོ་མ[④] དང་གུ་གེའི་རྒྱལ་རབས་ཤོག་གཅིག་མ། དེ་བཞིན་དུས་རབས་19པའི་ནང་དུ་དཀར་ཆག་ཏུ་བཏབ་པའི་ནོར་གླིང་གུ་འཛིན་པོ་བྲང་གི་དཔེ་རྙིང་དཀར་ཆག་དང་མགྲོན་དེབ་དང་ཐམ་དེབ་སོགས་སྤྱིར་གྱི་ཆ་ནས་ནང་དོན་རྒྱུན་བཀོལ་ཆེ་ཞིང་གཙོགས་ཆེ་བའི་ཚོ་གོ་ཕྱུག་ལེན་དང་དུང་ཚིག་དང་འདོན་སྐང་དབྱངས། དགོན་སྡེའི་དཀར་ཆག་དང་སྤྲོད་དེབ། སྨན་རྩིས་མན་ངག་སོགས་དཔེ་གཟུགས་ལྡེབས་མགོར་མར་བཅོལ་པའི་དཔེ་གཟུགས་དང་། དུས་རབས་མི་འདྲ་བའི་ནང་དུ་ཤོག་རྒྱ་ཆེ་ཆུང་མི་འདྲ་བ་སྣ་ཚོགས་སུ་བྱོན་པའི་གླེགས་བམ་གཟུགས་ཏེ། འབྲངས་སྤུངས་དང་གྲོ་མཁར་ཆོས་སྡེ་དང་ཆབ་མདོ་ཁུལ་དུ་བཞུགས་པའི་བཙན་པོའི་ལྷ་འབུམ་དང་། དུས་རབས་13ནས་བཟུང་ནང་བསྟན་གྱི་སྐུ་གསུང་

---

① ཤེས་རབ་ཀྱི་ཕ་རོལ་ཏུ་ཕྱིན་པའི་བམ་པོ་དང་། ལེའུ་དང་། ཤད་དང་། ཚིག་དང་། གྲངས་བཞུགས་པའི་ཚད་བསྟན་པ་ཞེས་པའི་དཔེ་རྙིང་སེ་ར་དགོན་དུ་བཞུགས་པ་བྲིས་མ་པྲ་ཚད་མའི་ལྡེབ་གྲངས་5ལས་བྲངས།

② མ་དཔེ་ནས་བུ་དཔེར་འབྲི་བཤུས་གནང་མཁན་གྱི་ཡིག་པའི་གསལ་བཤད་དུ་དཀར་ཆག་འདི་ནི་སྔོན་གྱི་ཤོག་དྲིལ་ཆེན་པོ་ན་འདུག་པ་ཇི་ལྟ་བ་ཞིན་དུ་བྲིས་པས་ཤིན་ཏུ་ཡིད་ཆེས་པ་ལགས་སོ་ཞེས་དཀར་ཆག་འཕང་ཐང་མ་བོད་ལྗོངས་རྟེན་རྫས་བཤམས་མཛོད་དུ་བཞུགས་པའི་བྲིས་མ་པྲ་ཚད་མ་དེའི་ཞབས་མཆན་ལས་བྲངས།

③ སྤྱིར་བཏང་བྱས་ན་མདའ་ཚད་མ་དང་མདའ་རྒྱང་ཞེས་པར་ཁྱད་པར་ཡོད་སྟེ་མདའ་རྒྱང་ཅམ་གྱི་ས་ཞེས་པ་ནི་མདའ་འཕེན་པའི་ས་ཚོད་ཅམ་གྱི་རིང་ཚད་དེ་སྤྱིར་བཏང་གི་མིའི་གོམ་པ་130ཅམ་སྟེ་སྨིད་100ཡས་མས་ཀྱི་ཚད་གཞི་དང་། གླེགས་བམ་མདའ་ཚད་མ་ནི་གླེགས་བམ་གྱི་རིང་ཚད་ལ་ལི་སྨིད་60-70ཅམ་གྱི་ཤོག་རྒྱ་ཞིག་ཡིན་དགོས་ཞེས་མཐོང་བོད་བཙན་པོའི་སྐབས་ཀྱི་འཇལ་ཚད་སྟེ་མདའ་དང་སོ་མོ་ཞེས་པ་སྟེ་王惠民著《吐蕃长度单位“箭”》考，藏学学刊（第七辑）第34页，岩尾一史著《古代吐蕃长度单位“箭”“指”》【日本】《敦煌写本学研究年报》总第4期，2010年3月。

④ པད་མ་བཀྲ་ཤིས་ཀྱིས་བྲིས་པའི་གསར་དུ་རྙེད་སོན་བྱུང་བའི་གུ་གེའི་རྒྱལ་རབས་ལྡེབས་མགོ་མའི་རིན་ཐང་ལ་དཔྱད་པ་ཞེས་བོད་ལྗོངས་ཞིབ་འཇུག་བོད་ཡིག་དུས་དེབ་2013ལོའི་དུས་དེབ་3པར་གཟིགས་པར་འཚལ།

ཐུགས་གསུམ་གྱི་རྟེན་ལས་གསུང་གི་རྟེན་དུ་བཞེངས་པའི་གླེགས་བམ་དཔལ་ས་སྐྱའི་ཆོས་རྫིགས་བྲག་རི་མའི་གྲས་སུ་བཞུགས་པའི་ལྷུགས་ལུང་མ་དང་། ཇོ་ནང་ཏཱ་ར་ནཱ་ཐས་དངོས་སུ་གཟིགས་སྐྱོང་བའི་ར་ལུང་དགོན་གྱི་འབུམ་ཤོག་མོ་ཆེ་ལ་སོགས་པའི་དུས་རབས་མི་འདྲ་བའི་ནང་དུ་བཞེངས་པའི་དཔེ་གཟུགས་གླེགས་བམ་སྐྱེ་ཤོག་མོ་ཆེ་དང་མདའ་ཚད་མ་དང་ཁྲུ་ཚད་མ། མཐོ་ཚད་མ་དང་ལག་ངར་ཅན་སོགས་དང་། ད་དུང་རྒྱ་ནག་གི་དཔེ་གཟུགས་ལས་བྱོན་པར་མངོན་པའི་དཔེ་གཟུགས་རང་རིགས་ཀྱིས་ཤོག་གཅིག་མཐའམ་ལྟེབས་འཁྱིག་མར་འཕོད་པའི་བཀའ་འགྱུར་ལི་ཐང་སྤར་མ་སོགས་ཡུལ་དུས་སོ་སོའི་ཁྱད་ཆོས་ལྡན་པའི་གནའ་དཔེ་བྲིས་མ་དཔེ་གཟུགས་[①]སྣ་ཚོགས་སུ་བཅོལ་བའང་མཇལ་རྒྱུ་མང་།

དུས་རབས་མི་འདྲ་བའི་དཔེ་གཟུགས་ལྟེབས་མགོ་མ་དང་ལྟེབས་ཟུར་མ།

ཉི་ཤུ། དཔེ་མིང་།

དགེ་འདུན་ཆོས་འཕེལ་གྱིས་སྔོན་གྱི་རྒྱ་དཔེ་རྣམས་ལ་ཁ་ཡིག་དང་ལྟེབ་གྲངས་མེད་ཅེས་གསུངས་པ་ལ་དཔག་ན་གནའ་དཔེར་ཐོག་མར་ཁ་ཡིག་འབྲི་སྲོལ་མེད་པ་དེ་ཤེས། རྗེས་སུ་བོད་

① གནའ་དཔེའི་དཔེ་གཟུགས་ཀྱི་སྐོར་ལ་གསུང་རབ་སྨྲ་བ་དགེ་འདུན་ཆོས་འཕེལ་གྱི་གསུང་ལས་མཇུག་བསྡོམས་ཞུས་ན། རྒྱ་གར་ལྷོ་ཕྱོགས་རྣམས་ཀྱིས་ཏ་ལའི་འདབ་མར་ལྕགས་ཁབ་ཀྱི་རྩེ་མོས་ཡི་གེ་བྲི་བར་འདུག་སྐྱེ་ཤོག་བདེ་བ་མི་སྣང་མོད། ཡི་གེ་ནམ་ཡང་ཆུད་མི་ཟ། སིནྡྷ་ལར་ཡང་ཤེ་སྡོང་གི་གླེགས་བམ་རྣམས་ལྕགས་ཁབ་ཀྱིས་འབྲི་ཡིན་འདུག གཞན་ཡུལ་དབུས་དང་བལ་ཡུལ་ནས་བྱུང་བ་རྣམས་ནི་སྣག་ཚའི་ཡི་གེ་ཤ་སྟག་ཏུ་སྣང་། ཕྱིར་དེབ་ལྟེབ་མ་རིང་པོ་བྲི་བའི་སྲོལ་འདི་དང་པོ་ཏ་ལའི་ལོ་མར་བྲིས་པ་ལ་བརྟེན་ཏེ་རྒྱ་གར་དང་བོད་ཡུལ་སོགས་ལ་དར་བར་འདུག་ཅིང་། རྒྱ་གར་རྣམས་ཤོག་བུའི་མིང་ལ་ད་དུང་ཡང་ལོ་མ་ཟེར། གཞན་སྔོན་རང་རེ་རྣམས་ཀྱི་ཁྲིམས་ཡིག་སོགས་ཤོག་དྲིལ་ལ་ཡོད་དམ་སྙམ་ཞིང་། དེབ་བྱེད་པའི་སྲོལ་ནི་དང་པོ་རྒྱ་ནག་དང་། དེ་ནས་ཏ་ཟིག་སོགས་སུ་གནའ་དུས་ཤིག་ནས་དར་བར་ཡིན་མོད། རང་རེ་ལ་སྲོལ་ཡེ་མ་བྱུང་། དེབ་ཀྱི་སྟེང་དུ་བྲིས་པའི་རྒྱལ་རབས་ཀྱི་ཡི་གེ་སོགས་ལ་དེབ་ཐེར་ཞེས་ཧོ་རིག་དང་ཏ་ཟིག་རྣམས་ཀྱིས་འབོད་པའི་བརྡ་སོག་ཡུལ་དུ་སླེབས་ཏེ་དེབ་ཐེར་དང་དེ་ནས་བོད་ཀྱིས་ཀྱང་བརྗ་ཆད་དེ་ཤླངས་ཏེ་རྒྱལ་རབས་ལ་དེབ་ཐེར་སོགས་སུ་བྲིས་སོ།ཞེས་དགེ་འདུན་ཆོས་འཕེལ་གྱིས་མཛད་པའི་རྒྱལ་ཁམས་རིག་པས་བསྐོར་བའི་གཏམ་རྒྱུད་གསེར་གྱི་ཐང་མ། ཀན་སུའུ་མི་རིགས་སྐྲུན་ཚན་སྤར་མའི་ཤོག་གྲངས་ 200ཏུ་གསལ།

ཡིག་གནའ་དཔེར་ཁ་ཡིག་འབྲི་སྲོལ་དེ་བྱུང་བ་ནས་བཟུང་། དུས་རབས་13པའི་ནང་དུ་ས་སྐྱར་གཞོང་སྟོན་རྡོ་རྗེ་རྒྱལ་མཚན་གྱི་སྣན་ངག་མེ་ལོང་མ་བོད་དུ་མ་བསྒྱུར་བའི་བར་དུ། གནའ་དཔེའི་མཚན་བྱང་དག་ཚིག་རྒྱན་གྱི་མ་སྤྲས་པར་ཐད་ཀར་གཞུང་གི་ནང་དོན་རྟོགས་ཐུབ་པའི་དཔེ་མིང་སྟེ། དཔེར་ན་དུས་རབས་13པའི་ནང་འབྲི་བཤུས་བགྱིས་པའི་ལོ་རྒྱུས་དེབ་ཐེར་དབའ་བཞེད་དང་སྨན་དཔེ་བཙན་པོའི་བླ་སྨན། གསུང་རབ་རིག་པའི་གཞུང་དཀར་ཆག་འཕྲེ་ཐང་མ་ཞེས་པ་ལྟ་བུ་ཡིན། དུས་རབས་13རྗེས་ནས་བོད་ལ་སྙན་ངག་དར་ཁྱབ་ཤིན་ཏུ་ཆེན་པོ་བྱུང་བའི་སྐབས་ཀྱིས་གནའ་དཔེའི་མཚན་བྱང་ལའང་རྒྱན་གྱིས་སྤྲས་པ་མ་ཟད། སྔོན་གྱི་ཚིག་ལྷུག་དེ་ཚིགས་བཅད་ཀྱི་ལམ་ནས་འབྲི་སྲོལ་ཡང་བྱུང་བའི་གནའ་དཔེ་སྟེ། ཕོ་བྲང་པོ་ཏ་ལར་བཞུགས་པའི་གནའ་དཔེ་ཞིག་གི་མཚན་བྱང་ནི་འདི་ལྟར། སྙིང་དང་འདྲ་བའི་སློབ་མ་ལ། སྙིང་ནས་གདམས་པའི་བསླབ་བྱ་ནི། སྙིང་གཏམ་བཅུ་གསུམ་ཞེས་བྱ་བ། སྙིང་གྱི་གཏིང་ནས་གདམས་པ་ལགས་ཞེས་དང་པེ་ཅིང་རྒྱལ་ཁབ་དཔེ་མཛོད་ཁང་དུ་བཞུགས་པའི་སྐྱབ་ཐབས་སྐོར་གྱི་དཔེ་མིང་ཞིག་ཏུ། ནམ་མཁའ་རྣལ་འབྱོར་གར་གྱི་དབང་པོ་ཡི། །འཕྲུལ་སྣང་རོལ་བར་ཤར་བའི་རྫུན་ཆོས་ལས། །རྗེ་བཙུན་སེང་ལྡེང་ནགས་སྒྲོལ་ཐུབ་པའི་ཐབས། །འཕྲིན་ལས་གནད་ལྡན་ཅོན་ཏ་ན་མ་ཊི་བཞུགས། །དམ་མེད་ལོག་ལྟའི་བང་མཛོད་དག་ལ། །བསྟན་པར་མི་བྱ་དམ་ཚིག་རྡོ་རྗེས་རྒྱ། །ཞེས་པ་སོགས་དཔེ་མིང་ཚིགས་བཅད་ཅན་བཞུགས་པ་དེ་འདྲ་སྨིན་གླིང་ལོ་ཆེན་ཆོས་དཔལ་བཟང་པོའི་ (1654-1718) གསུང་འབུམ་གྱི་མཚན་བྱང་དུའང་མཐའ་རྒྱ་སྣང་། དུས་རབས་13་པའི་རྗེས་ནས་སྔོན་གྱི་དཔེ་མིང་ལྟ་བུ་གཞི་རྩ་འདུས་པ་དང་ཚིག་རྒྱན་གྱི་མ་བརྒྱན་པ་ལྟ་བུ་ཞིག་མ་ཡིན་པར་དེ་ལས་ལྡོག་ཏེ་ཚིག་སྣ་རིང་བ་དང་ཚིག་རྒྱན་གྱིས་སྤྲས་པའི་དཔེ་མིང་ཤིན་ཏུ་རིང་པོ་སྟེ། དུས་རབས་18པའི་ཞུ་ཆེན་ཚུལ་ཁྲིམས་རིན་ཆེན་གྱིས་མཛད་པའི་སྡེ་དགེའི་བསྟན་འགྱུར་གྱི་དཀར་ཆག་ཞལ་བྱང་དུ་ཀུན་མཁྱེན་ཉི་མའི་གཉེན་གྱི་བཀའ་ལུང་གི་དགོངས་དོན་རྣམ་པར་འགྲེལ་བའི་བསྟན་བཅོས་གངས་ཅན་པའི་སྐད་དུ་འགྱུར་རོ་འཚལ་གྱི་ཆོས་སྦྱིན་རྒྱུན་མི་ཆད་པའི་ངོ་མཚར་འཕྲུལ་གྱི་ཕྱི་མོ་རྫོགས་ལྡན་བསྐལ་པའི་བསོད་ནམས་ཀྱི་སྦྱིན་ཕུང་རྒྱས་པ་དཀྲིགས་པའི་ཚུལ་ལས་བརྩམས་པའི་གཏམ་ངོ་མཚར་ཆུ་གཏེར་འཕེལ་བའི་ཟླ་བ་གསར་པ་ཞེས་པ་ལྟ་བུ་ཚིག་སྣ་ཤིན་ཏུ་རིང་པོའི་ཞལ་བྱང་བཞུགས་པའང་འདུག

དུས་རབས་16པའི་[1]རྗེས་ནས་གཞུང་སའམ་རྫོང་གཞིས་ཁག་ནས་ཡོན་སྦྱར་དེ་འབྲི་སྐར་གནང་བའི་གསུང་རབ་མཚན་བྱང་སུམ་འབེད་ཅན་ལག་པའི་སོར་མོ་ནང་དུ་བཀུག་ནས་བགྲངས་ཐབས་བྲལ་བ་ལྷ་བུའི་གནའ་དཔེ་གསེར་ཆོས་དང་ར་མ་ལུག་སུམ་འབེད་འབུར་མ་དང་སྐྱ་ཆོས་སུམ་འབེད་འཇམ་བྲིས་མ་སོགས་ཡུལ་དུས་མི་འདྲ་བར་བྲིས་བཞེངས་བསྐྲུན་པའི་གནའ་དཔེ་བོད་ལྗོངས་སུ་ཤིན་ཏུ་མཇལ་རྒྱུ་མང་། དེ་མིན་དུས་རབས་13པའི་གསུང་རབ་བྲིས་མ་དཔེ་དཀོན་མི་ཉུང་བ་ཞིག་གི་གནའ་དཔེའི་དབུ་ཤོག་ཏུ་ཕྱིས་ཀྱི་ཡིག་མཁན་གྱིས་དཔེ་རྙིང་དེ་འབྲི་བཤུས་བྱ་སྐབས་དཔེ་རྙིང་དེའི་མཛད་པ་པོ་དང་མཚན་བྱང་ལྷན་དུ་བཀོད་པ་མ་ཟད་འབྲི་ཤུས་བྱས་པའི་དཔེ་རྙིང་དེ་བདག་པོ་སུ་ཡིན་མིན་ཡང་ཤོར་དུ་བཀོད་པའི་དཔེ་རྙིང་མཚན་བྱང་སྟེ། དཔེའ་ལེའུ་འདིའ་ཡི་ནང་ན།། བསྟན་པ་རྒྱས་པ་རྒྱན་གྱི་ཉི་འོད།།རིགས་པའི་རལ་གྲིའི་བཀའ་ཏེ།།དགེ་འདུན་བཟང་པོའི་དཔེ་དགེའོ།། [2]ཞེས་པ་ལྟ་བུ་དཔེ་རྙིང་གི་མཚན་བྱང་དང་མཛད་པ་པོ་དང་དཔེའི་བདག་པོ་སུ་ཡིན་མིན་སོགས་ཁ་གསལ་བཀོད་པའི་དཔེ་མིང་ཡང་འདུག་ཅིང་། ལྷག་དོན་དུ་བཅོམ་ལྡན་རིགས་པའི་རལ་གྲིའི་དཔེ་མིང་ཁྱད་ཆོས་ཏེ་ཕྱིར་གྱི་ཆ་ནས་དཔེ་མིང་རྒྱན་ཚིག་ཏུ་རྒྱན་གྱི་མེ་ཏོག་ཅེས་བྱོན་པ་མཇལ་རྒྱུ་མང་བས་ན་དེ་ཡང་ཁོང་གི་དཔེ་མིང་ཁྱད་ཆོས་སུ་འགྱུམས་སོ།

ལེར་གཅིག མཆན་ཅན།

བོད་ཡུལ་དུ་གསུང་རབ་འབྲི་བཞེངས་ལམ་སྲོལ་དར་བའི་རྗེས་ནས་གསུང་རབ་དེ་དག་གི་བརྗོད་བྱའི་ནང་དོན་ལ་གཞིགས་ནས་འཆད་ན། ཕྱིར་གྱི་ཆ་ནས་གཞུང་ཆེན་པོད་དྲུག་ཏུ་གྲགས་པའི་གཞུང་སོགས་རང་རང་གིས་སློབ་དཔོན་དག་གིས་ལྷུགས་ཁྲིད་གནང་བའི་སྐབས་

---

① དེའི་སྐོར་ལ་བོད་ཀྱི་གསུང་རབ་སྦྲ་བ་དགེ་འདུན་ཆོས་འཕེལ་གྱིས་རང་རེ་རྣམས་ཀྱི་སུམ་རྟགས་བྱ་བ་བྲི་བའི་སྲོལ་འདི་སྟོན་གྱི་ལོ་རྒྱ་བ་ཉི་ཟླ་འདྲ་བ་དེ་དག་གི་རིང་ནས་བཟུང་། དུས་ཕྱིས་ཀྱི་རིག་རལ། གློང་ཆེན། བུ་སྟོན། རྗེ་ཡབ་སྲས་ལ་སོགས་པའི་བར་དུ་ནི་མེད། དེ་ནས་རབ་བྱུང་བཅུ་གཅིག་པའི་ནང་ཙམ་ན། གཞུང་སའི་སྐུ་དྲག་ཆེན་པོ་རྣམས་ཀྱིས་མགོ་མཛད་པའི་སྲིའི་ས་རིས་ཙམ་སྦྱངས་པ་ཐམས་ཅད་ཀྱིས་རང་རང་གི་གླིགས་བམ་ཅིག་ངོས་སྒོ་འགྲམ་སོགས་ཐམས་ཅད་དུ་སུམ་རྟགས་ཚད་དང་ཚད་མེད་པར་བྲི་བའི་སྲོལ་དེ་མཆེད་ཅེས་དགེ་འདུན་ཆོས་འཕེལ་གྱིས་མཛད་པའི་རྒྱལ་ཁམས་རིག་པས་བསྐོར་བའི་གཏམ་རྒྱུད་གསེར་གྱི་ཐང་མའི་སྟོད་ཆ། ནུབ་བྱང་མི་རིགས་སློབ་ཆེན་གྱི་སྤར་མའི་ཤོག་གྲངས་235དུ་གསལ་བ་གཞི་བཅོལ་ཏེ་ཞུས་ཡོད།

② དཔལ་ལྡན་འབྲས་སྤུངས་དགོན་དུ་བཞུགས་པའི་བཅོམ་ལྡན་རིགས་པའི་རལ་གྲིའི་གསུང་པོད་ཀྱི་མཚན་བྱང་ལས་དྲངས།

སུ། རང་རང་གི་བུ་སློབ་རྣམས་པས་སློབ་གཉེར་ལ་མཁོ་བའི་གཞུང་ཆེད་དུ་འབྲི་བཤུས་བསྐྲུངས་པའམ་ཡང་ན། དུས་རབས་སྔོན་མར་གཞན་གྱིས་འབྲི་བཤུས་ཟིན་པའི་དཔེ་རྙིང་རང་གི་ལག་ཏུ་འགྱོར་པ་དེ་དག་བུ་སློབ་རྣམས་པས་རང་གི་ཡིག་ཆར་བཀྲིས་ཏེ་ལྷགས་ཁྲིད་གནང་སྐབས། དཔེ་རྙིང་བྲིས་མ་དེའི་ཞབས་འོག་དང་གཡས་གཡོན་གང་རུང་དུ་བུ་སློབ་རྣམས་ཀྱིས་བླ་མ་དམ་པའི་ངག་འགྲེལ་ཟིན་ཐོར་ཙམ་དུ་བཀོད་པའི་གསུང་རབ་བྲིས་མཆན་བཏབ་པ་ཏུན་ཧོང་ནས་ཐོན་པའི་གནའ་དཔེ་སོགས་དཔེ་རྙིང་གཅིགས་ཆེན་མི་ཉུང་བ་ཞིག་ཀྱང་མཇལ་དུ་སྣང་། དུས་རབས་11-13ནང་དུ་གཞུང་དེ་འཆད་ཉན་བྱ་སྐབས་སུ་གཞུང་དེ་དག་གི་ཞབས་འོག་ཏུ་རང་ཉིད་ཀྱིས་ཟིན་ཐོར་ཙམ་དུ་མཆན་བཏབ་པའི་དཔེ་རྙིང་དཀོན་གྲས་མི་ཉུང་བ་ཞིག་མངའ་རིས་འཁོར་ཆགས་དགོན་དང་བྲ་ཡུལ་བྱམས་ཆེན། བྱེ་དཀར་ཆོས་སྡེ་དང་ཡིག་ཚགས་ལས་ཁུངས་སུ་བཞུགས་པ་མཇལ་རྒྱུ་ཡོད་པ་སྟེ་དཔེར་ན་སློབ་དཔོན་ཤཱཀ་ཀྱའི་དགེ་སློང་དབྱིག་གཉེན་གྱི་མཛད་པ་འདི། །ཛོགས་སྷོ། །རྒྱ་གར་གྱི་མཁན་པོ་འཛི་ན་མྱིད་ཏྲ་དང་། ཞུ་ཆེན་གྱི་ཀྱི་ལོ་ཙ་བ་དཔལ་བརྩེགས་ཀྱིས་བསྒྱུརད་ཅིང་ཞུས་ནས་གཏན་ལ་ཕབ་པའ། །ཞེས་པར་ཤ། །སངས་རྒྱས་བཅོམ་ལྡན་འདས་ཀྱིས་ཆོས་མངོན་པ་གསུངས་སོ་ལོ། །ཞེས་མ་ཡིག་ཏུ་བྱོན་པའི་ལོ་ཡིག་གི་ཞབས་མཆན་དུ། ལོ་ཞེས་པ་ནི་འདི་བྲི་ཆོས་མངོན་པ་པ་རྣམས་ཀྱི་གཞུང་ལུགས་ཡིན་གི་མདོ་སྡེ་པ་དག་གི་མ་ཡིན་ནོ་ཞེས་ཕ་རོལ་གི་འདོད་པ་སྟོན་པར་བྱེད་དོ། མདོ་སྡེ་པའི་འདོད་པ་གང་ཡིན་ཞེ་ན་དག་དང་དག་མདོ་ཚད་མར་བྱེད་ཀྱི་བསྟན་བཅོས་ཚད་མར་མྱི་བྱེད་པ་ཡིན་ནོ། དྲིས་པ་གལ་ཏེ་བསྟན་བཅོས་ཚད་མར་མྱི་བྱེད་ན་དེ་དག་ཙི་ལྟར་སྡེ་སྣོད་གསུམ་རྣམ་པར་འཇོག་མདོ་ལས་ཀྱང་ཆོས་མངོན་པའི་སྡེ་སྣོད་འབྱུང་ངོ་[①]ཞེས་འབྲི་གཟུགས་དབུ་ཆེན་ནས་དབུ་མེད་ལ་གྱུར་ལ་ཁད་དང་གི་གུ་ཕྱིར་ལྡོག་པ་དང་སྡེ་པ་གཅིག་པའི་མིང་གཞི་བརྗེས་རེས་མཛད་པའི་མཆན་བཞུགས་པའི་དཔེ་རྙིང་གཅིགས་ཆེན་དང་། ད་དུང་དུས་རབས་13པའི་ནང་དུ་འབྲི་བཤུས་བསྐྲུངས་པའི་དཔལ་ས་སྐྱའི་བླ་མ་དམ་པ་བསོད་ནམས་རྒྱལ་

① སློབས་དཔོན་ཤཱག་ཀྱའི་དགེ་སློང་དབྱིག་གཉེན་གྱི་མཛད་པ་འདི། །ཛོགས་སྷོ། །རྒྱ་གར་གྱི་མཁན་པོ་འཛི་ན་མྱིད་ཏྲ་དང་། ཞུ་ཆེན་གྱི་ཀྱི་ལོ་ཙ་བ་དཔལ་བརྩེགས་ཀྱིས་བསྒྱུརད་ཅིང་ཞུས་ནས་གཏན་ལ་ཕབ་པའ། །ཞེས་པ་དུས་རབས་12ཀྱི་བྲིས་མ་ཞབས་མཆན་ཡང་དེ་གཤེད་དུ་བཏབ་པར་མངོན་པའི་མངོན་པ་མཛོད་ཀྱི་གཞུང་དབུ་ཤོག་སུ་མཛོད་ཀྱི་རང་འགྲེལ་དཔལ་བརྩེགས་ཀྱི་འགྱུར་བཞུགས་སོ་ཞེས་བོད་ལྗོངས་ཡིག་ཚགས་ལས་ཁུངས་སུ་བཞུགས་པའི་པོད་ཀ་པའི་ལྡེབ་གྲངས་4པའི་ཉིན་ངོ་ལས་དྲངས།

མཚན་གྱིས་ཕྱག་དཔེའི་ཁྲིད་དུ་བཞུགས་པའི་སྤྲ་སྦྱོར་བམ་གཉིས་ཞིག་འདུག་པ་དེའི་སྟེང་དུའང་འབྲུ་ཚ་ཞབས་རིང་ཅན་གྱི་མཆན་བྱོན་པ་[1]དང་། དུས་རབས་13མཆད་ཁའི་གྲུབ་མཐའ་ཞབས་མཆན་ཅན་སྟེ་འདི་ལྟར་རིགས་བྱེད་ཀྱི་མཐའ་པ་དང་། གྲངས་ཅན་པ་དང་། བྱེ་བྲག་པ་དང་། སྤྱོད་པའོ་ཞེས་པའི་སྐད་ཆ་དེའི་ནང་གི་རིགས་བྱེད་ཅེས་པའི་ཞབས་འོག་ཐིག་གི་སྟེ་འཕེན་ཏེ་མཆན་དུ་འབྲུ་ཚ་ཞབས་ཐུང་ཞིག་གིས་སྲིད་སྲུངས་དང་། སྙན་དངགས་དང་། ངེས་བརྗོད། མཆོད་སྦྱིན་ནོ་[2]ཞེས་དུས་རབས་ཀྱི་ཁྱད་ཆོས་ལྡན་པའི་འབྲི་གཟུགས་ཀྱི་མཆན་བཏབ་པའི་གནའ་དཔེ་ཡང་མཇལ་མང་། དེ་མིན་གཞུང་དང་མཆན་[3]བཏབ་པའི་དུས་རབས་གཅིག་མཚུངས་མ་ཡིན་པར་མངོན་པའི་གཞུང་ཆེན་པོད་དྲུག་གི་གནའ་དཔེ་ཡང་མཇལ་རྒྱུ་གདའ།

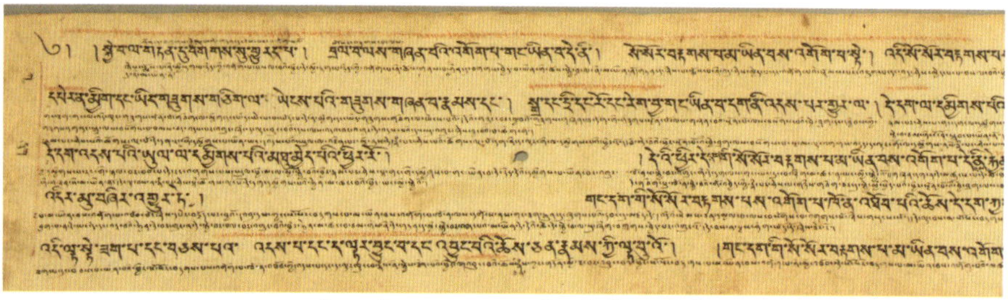

དུས་རབས་12པའི་མཆན་བཏབ་པའི་དཔེ་རྙིང་དཔེ་རིས།

ཉེར་གཉིས། རྟགས་ཐམ།

བོད་ཀྱི་གནའ་བོའི་དུས་རབས་མི་འདྲ་བའི་ནང་དུ་འབྲི་བཞེངས་གནང་བའི་ཡིག་རྙིང་གི་སྟེང་དུ་དུས་རབས་དེའི་ལག་རྩལ་དང་རིག་གནས་ཀྱི་ཚུ་ཚད་དང་འབྲེལ་བའི་ཕྱག་རྒྱའམ་སུག་རྒྱ། ཡང་ན་ཐམ་གའི་ཁ་རིས་དང་དབྱིབས་གཟུགས་མི་འདྲ་བ་བཏབ་པའི་ཡིག་ཚགས་མི་

① ས་སྐྱ་བསོད་ནམས་རྒྱལ་མཚན་གྱི་དཔེ་ཞེས་གདོང་འཛར་དུ་བྲིས་པའི་དཔེ་རྙིང་ཁྲིད་དུ་སྤྲ་སྦྱོར་བམ་གཉིས་མཆན་བཞུགས་པ་ཞིག་བོད་ལྗོངས་དཔེ་མཛོད་ཁང་ནས་མཇལ་བ་ལས་ཞུས།

② དུས་རབས་13མཆད་ཁ་པའི་གྲུབ་མཐའ་ཞེས་པ་འབྲུ་ཚ་ཤ་ཆེན་བྲིས་མ་མདའ་ཚད་མའི་ལྡེབ་2པའི་སྲིབ་ངོས་ལས་དྲངས།

③ མཆན་ནི་མཆན་འགྲེལ་མཁན་པོ་དག་གིས་འབྲི་གཟུགས་ངོས་ནས་བརྗོད་ན་འབྲུ་ཚ་དང་དབུ་ཆེན་གང་ཞིག་མཆིས་ཀྱང་འབྲི་གཟུགས་དེ་གཞུང་གི་མ་ཡིག་ལས་ཤ་ཆུང་བས་བྲིས་པ་ཤ་ཕྲག་དང་ སྣག་མདོག་ངོས་ན་རྩ་བ་མཚལ་དང་མཆན་སྣག་པོ་ཡང་ན་རྩ་བ་སྣག་པོ་དང་མཆན་མཚལ་གྱིས་བཏབ་པ་སོགས་ཡུལ་དུས་མི་འདྲ་བའི་ནང་དུ། བྲིས་བཞེངས་བསྐྲུངས་པའི་དཔེ་རྙིང་རྩ་ཆེན་བོད་ཀྱི་དགོན་སྡེ་ཁག་ཏུ་བཞུགས་པ་མི་ཉུང་བ་ཞིག་མཇལ་རྒྱུ་འདུག་པ་དེ་དག་ལས། དུས་རབས་ཅི་ཙམ་ཞིག་ཏུ་བོད་དུ་ནང་བསྟན་གྱི་འཆད་ཉན་དར་རྒྱས་ཇི་ཙམ་ཞིག་བྱུང་བ་ཡང་མཆན་བཏབ་པའི་བྲིས་མ་དེ་དག་གི་དུས་རབས་ལས་ཤུགས་ལ་རྟོགས།

ཞུང་བ་ཞིག་བོད་ལྗོངས་དང་རྒྱལ་ཁབ་ཕྱི་ནང་དུ་ཉར་ཚགས་སུ་བཞུགས་ཡོད་པ་ནི་བོད་ཀྱི་གསུང་རབ་རིག་པའི་ཕྱུག་ལས་གནང་མཁན་དག་གི་མཐོང་ཆོས་སུ་གྱུར་བ་ལགས། ཧྥ་རན་སི་རྒྱལ་ཁབ་དཔེ་མཛོད་ཁང་དུ་ཉར་བའི་བོད་ཡིག་ཡིག་རྙིང་ཨང་རྟགས་ pt 1082སྟེང་དུ་ཁྲི་ཕུར་ཕོ་ཉ་དང་ཀན་སུའུ་ཏུན་ཧོང་ཛོང་རིག་གནས་ཁང་དུ་ཉར་བའི་ཡིག་ཚངས་རྟགས་0336སྟེང་གི་ཐམ་གའི་ཁ་རིས་མཆིའི་བྱིའུ་བ་ཞེས་པ་དང་ཏུན་ཧོང་གི་ཡིག་རྙིང་pt1083རྒྱ་ཤ་བཙུ་པའི་བུ་མོ་འཕྲོག་མི་ཆོག་པའི་ཡིག་ཚང་གི་སྟེང་དུ་ཁྲིམ་ག་ཆེན་པོ་ནས་རྟགས་བཀྱེ་[1]ཞེས་དང་ཁྲི་ལྡེ་སྲོང་བཙན་གྱི་སྤྱི་ལོ་812ལོར་བཙུགས་པའི་ཞ་ལྷ་ཁང་གི་རྡོ་རིང་ཞབས་འོག་རྟགས་ཐམ་གཡུང་དྲུང་གི་ཁ་རིས་དང་ཤིན་ཅང་ནས་ཐོན་པའི་ཁྲམ་བྱང་རྟགས་ཐམ་ཅན་[2]དང་ད་དུང་གསར་དུ་རྙེད་སོན་བྱུང་བའི་ཐམ་ག་རྟ་ཕུར་ཐམ་ག་མང་གཟིགས་རྒྱ་[3]སོགས། དུས་རབས་8-10ནང་དུ་བཏབ་པའི་ཐམ་ག་ཅན་[4]གྱི་ཡིག་རྙིང་མང་པོ་ཞིག་ཡོད། བོད་ལྗོངས་སུ་གནའ་

---

① དཔེར་ན་ཏུན་ཧོང་ནས་ཐོན་པའི་ཡིག་རྙིང་སྟེང་དུ་ཕྱག་རྒྱས་བཏབ་པ་དང་སུག་རྒྱས་བཏབ་ཅེས་པ་དང་ལྷག་དོན་དུ་ཏུན་ཧོང་གི་ཡིག་རྙིང་pt1083རྒྱ་ཤ་བཙུ་པའི་བུ་མོ་འཕྲོག་མི་ཆོག་པའི་ཡིག་ཚགས་ཀྱི་སྟེང་དུ་ཁྲིམ་ག་ཆེན་པོ་ནས་རྟགས་བཀྱེ་ ཞེས་པའི་རྟགས་ཐམ་བཏབ་ཡོད་པ་ད་ལྟ་ཡང་མཇལ་རྒྱུ་འདུག法国国家图书馆藏《敦煌藏文文献》〔10〕上海古籍出版社2009版, 307页。

② ཁྲམ་བྱང་དེའི་གཡས་སུ་གྲིས་གཞོག་བརྒྱབ་པའི་ནང་དུ་ཁྲམ་བྱང་གི་གལ་ཆེ་ཚུང་ལ་གཞིགས་པའི་རྟགས་ཐམ་བརྒྱབ་འདུག་ཅེས་ཁྲམ་བྱང་ཞིབ་འཇུག་པ་དག་གིས་གསུངས། གོང་དུ་བརྗོད་པའི་ཡིག་ཚགས་དེ་གསུམ་ནི་མཐོ་བོད་བཙན་པོའི་སྐབས་ཀྱི་ཡིག་རྙིང་གལ་ཆེན་གསུམ་དུ་གྲགས་པ་དེ་དག་ཡིན་ཞེས་བོད་ཡིག་གནའ་དཔེའི་རྣམ་བཤད་བོད་ལྗོངས་མི་དམངས་དཔེ་སྐྲུན་ཁང་གི་2013ལོའི་སྤར་མའི་ཤོག་གྲངས་306དུ་གསལ།

③ མཐོ་བོད་རྒྱལ་རབས་ཀྱི་རྟ་ཕུར་ཕོ་ཉའི་ཐམ་གའི་དཔྱད་པ་ཞེས་པར་མཐོ་བོད་རྒྱལ་རབས་ཀྱི་ས་ཚུགས་གནའ་བོའི་ཐམ་གའི་སྐོར་ལ་བོད་ཀྱི་རིག་དངོས་ཞིབ་འཇུག་པས་རྟ་ས་ནས་ཆ་རྒྱུས་ཡོད་པ་ཞིག་ཡིན་པ་ནི་སྨོས་མ་དགོས་པ་ཞིག་ཡིན་སྟེ། ཏུན་ཧོང་ཕུག་པ་ལས་ཐོན་པའི་བོད་ཡིག་ཤོག་དྲིལ་སྟེང་ས་ཚུགས་ཀྱི་ཐམ་གའི་ཁ་རིས་གསལ་བའི་རྒྱུ་མཚན་གྱིས་ཡིན་ཞེས་དང་། ཐམ་ག་འདིའི་ཁ་རིས་ལ་བལྟས་ན་རྟ་ཕུར་གྱི་གཟུགས་བརྙན་བཀོད་པ་དང་དེའི་མཚན་བྱང་དུ་བོད་ཡིག་མང་གཟིགས་རྒྱ་ཞེས་བྲིས་པ་དེ་དག་ལ་ཞིབ་འཇུག་བྱས་པ་ལྟར་ན། མང་གཟིགས་ཞེས་པ་ནི་མཐོ་བོད་ཀྱི་ས་ཚུགས་ག་གེ་མོ་ཞིག་གི་མིང་དང་རྒྱ་ཞེས་པ་ནི་མཐོ་བོད་བཙན་པོའི་སྐབས་སུ་ཐམ་གའི་མིང་ཞིག་ཡིན། དེར་བརྟེན་གོང་གི་རྟགས་ཐམ་དེ་ནི་མཐོ་བོད་བཙན་པོའི་སྐབས་ཀྱི་མང་གཟིགས་ས་ཚུགས་ཀྱི་བེད་སྤྱོད་པའི་རྟགས་ཐམ་ཞིག་ཡིན་པ་རྗོགས་ཞེས་庆英著《吐蕃王朝飞马使印章考释》《西部西藏的文化历史》中国藏学出版 2008年版，35页。

④ ཐམ་གའི་ཁ་རིས་ཁྲི་གཤོག་པ་ཅན་དང་ཁྲིམ་ཆེན་པོ་ནས་རྟགས་སུ་བཀྱེ་དང་རྟ་ཕུར་ཐམ་ག་མང་གཟིགས་རྒྱ་ཞེས་སོགས་བྱུང་བར་བལྟས་ན་མཐོ་བོད་བཙན་པོའི་རྒྱལ་རབས་སུ་ས་ཚུགས་དང་ཕོ་བྲང་ཁག་ནས་བེད་སྤྱོད་པའི་རྟགས་ཐམ་དེ་དག་གི་ཁ་རིས་ནི་སྲོག་ཆགས་ཀྱི་གཟུགས་དང་ལྡན་ཅིག་ཏུ་ས་ཚུགས་སོ་སོའི་མཚན་བྱང་དང་སུག་རྒྱས་བཏབ་པའི་ཁ་རིས་ནི་སྐོར་དབྱིབས་ཡིན་ལ་ཆེ་ཆུང་ཡང་སྣ་ཚོགས་སུ་བྱུང་བ་ནི་དུས་རབས་8-10བར་གྱི་ཡིག་རྙིང་གི་སྟེང་དུ་གསལ་བའི་རྟགས་ཐམ་གྱི་ཁ་རིས་ཡིན་ཞེས་见，石泰安著《吐蕃王朝时代告身中对隐喻的使用》郑炳林主编耿昇译《法国敦煌学精粹》读者出版集团出版社，第

དཔེ་རིན་ཐང་ཤིན་ཏུ་ཆེ་བ་མི་ཉུང་བ་ཞིག་གི་དབུ་ཤོག་ཏུ་འབྲས་ཕྱིའམ་ནང་ཚ་༡༢༧སོགས་བྲིས་པའི་དཔེ་དཀོན་གཙོགས་ཆེན་སྟོན་དཔལ་ལྡན་འབྲས་སྤུངས་དགོན་གྱི་དཔེ་མཛོད་ཉར་ཚགས་སུ་ཚུད་པའི་དཔེ་རྟགས་[①]ཅན་དང་། ལོ་རྒྱུས་རིག་པ་དང་སྐད་བརྡ་རིག་པར་དཔྱད་གཞི་ཤིན་ཏུ་ཆེ་བ་བོད་ལྗོངས་ཡིག་ཚགས་ལས་ཁུངས་སུ་བཞུགས་པའི་གནའ་དཔེ་བྲིས་མའི་སྙིང་གི་དམིགས་བསལ་རྟགས་རྒྱལ་སྲས་འཛིགས་མེད་དཔེའོ་[②]ཞེས་པ་སོགས་ཡུལ་དུས་མི་འདྲ་བའི་གནའ་དཔེ་བྲིས་མར་སུག་རྒྱ་བཏབ་པའི་གནའ་དཔེ་བྲིས་མ་མཐའ་རྒྱུ་ཤིན་ཏུ་མང་། དུས་རབས་13པའི་[③]རྗེས་ནས་དཔལ་ས་སྐྱའི་སྐབས་བཀོལ་སྤྱོད་བྱས་པའི་ཐམ་རྟགས་ཁ་རིས་ས་ཡིག་དབུ་མགོ་ནོར་བུས་བརྒྱན་པ་དང་འབྲི་གུང་དགོན་གྱི་དཔེ་མཛོད་དུ་བཞུགས་པའི་གནའ་དཔེ་རྟགས་ཐམ་ཁ་རིས་ཨ་ཡིག་དང་གཙ་པས་བེད་སྤྱོད་བྱས་པའི་ཐམ་ཀའི་ཁ་རིས་ནི་གཙ། དེ་སྔའི་བོད་ས་གནས་སྲིད་གཞུང་གི་ཐམ་ག་ནི་དབྱིབས་གྲུ་བཞི་དང་། ཡོན་རྒྱལ་རབས་དང་

266页。

① དེ་དག་ལ་དབྱེ་ཞིབ་རགས་ཙམ་ཞིག་བྱས་ན་དེའི་སྟེང་དུ་གསལ་བའི་ཀ་མད་བཀོད་པ་དེ་ནི་གནའ་དཔེ་དེའི་རིགས་ཚན་གྱི་རྟགས་ཡིན། དཔེར་ན་ཚ་ཡིག་ནི་ཚད་མའི་སྐོར་དང་ར་ཡིག་ནི་ལོ་རྒྱུས་ཀྱི་གནའ་དཔེ་ཡིན། དེའི་གཤམ་གྱི་བོད་ཨང་དེ་ནི་ཀུན་དགའ་ར་བའི་གྲལ་རྟགས་ཡིན་པར་སེམས། ཡི་གེ་འབྲས་ཞེས་པའི་དོན་ནི་དཔལ་ལྡན་འབྲས་སྤུངས་དགོན་གྱི་མཚོན་རྟགས་ཤིག་ཡིན། ཕྱིའམ་ནང་ཞེས་བྱུང་བ་ནི་དཔེ་རྙིང་གི་དཔེ་ཁུངས་བརྗོད་པའི་རྟགས་ཤིག་ཡིན། གོང་གི་རྟགས་དེ་རིགས་མཐའ་བ་ཙམ་གྱིས་གནའ་དཔེ་དེ་ནི་དཔལ་ལྡན་འབྲས་སྤུངས་དགོན་གྱི་ཡིན་པ་ཐད་ཀར་ཐག་བཅད་ཆོག་ལ་དུས་རབས་ཀྱང་17སྔོན་གྱི་གནའ་དཔེ་ཡིན་པ་ནི། རྒྱལ་བ་ལྔ་པ་ཆེན་པོ་དགོངས་པ་རྫོགས་（1682ལོ）པའི་རྗེས་སུ་ལྔ་པ་ཆེན་པོའི་ཕྱག་དཔེ་རྣམས་དཀར་ཆག་བཟོས་པ་མ་ཟད། ལྷ་སྒྲིལ་དུ་བྱས་ཞེས་དུ་ཀུ་ལའི་གོས་བཟང་འཕྲོས་ང་པའི་བྲིས་མར་གསལ་བ་ལ་མགོ་བཏགས་བཙོལ་ཏེ་ཞུས་ཁུལ་བྱས།

② དེ་ནི་གནའ་དཔེ་བྱུང་བ་བརྗོད་པ་སྟེ། རྒྱལ་སྲས་འཇིགས་མེད་ཅེས་ནི་འོན་རྒྱལ་སྲིད་འཇིགས་མེད་སྟེ་སྤྱི་ལོ་1696ལོར་ལྷ་ལུང་སྙིང་པར་སྐུ་འཁྲུངས་ཤིང་། དགུང་ལོ་བཞིའི་ཐོག་འོན་ཆོས་སྡིངས་དར་རྒྱས་གླིང་དུ་ཕེབས་ནས། སློབ་གཉེར་ལ་འབད་པ་རྩེ་གཅིག་ཏུ་གནང་སྟེ་ཆོས་གཞུང་དང་རིག་གནས་ལ་ཐོས་པ་རྒྱ་ཆེར་རྒྱས་ཤིང་། སྐུ་ཚེ་གང་པོར་ཆོས་འཁོར་རྒྱ་ཆེར་བསྐོར་ནས་མཐར་དགུང་ལོ་ང་ལྔ་སྟེ་སྤྱི་ལོ་1750ལོར་སྐུ་གཤེགས་ཅེས་དུང་དཀར་བོད་རིག་པའི་ཚིག་མཛོད་ཆེན་པོར་བྱུང་བ་ལྟར་ན། གོང་གི་གསུང་རབ་དེ་གྲས་ཀྱང་དུས་རབས་18ནང་འོན་ཆོས་སྡིངས་དར་རྒྱས་གླིང་དུ་བཞུགས་སྒྲུང་བའི་འོན་རྒྱལ་སྲས་འཇིགས་མེད་ཀྱི་ཕྱག་དཔེའི་དཔེ་རྟགས་ཡིན་པ་དེ་རྟོགས།

③ གླེགས་བམ་དཔེ་གཟུགས་ཀྱི་སྟེང་དུ་ཐམ་ག་འགོད་པའི་སྲོལ་ནི་ཏྲ་ལའི་བླ་མ་སྐུ་འཕྲེང་ལྔ་པ་དང་། པཎ་ཆེན་རིན་པོ་ཆེ་སྐུ་ཕྲེང་ལྔ་པའི་དུས་ནས་ཕྱག་དཔེའི་ཐོག་དཔེ་ཐམ་གནང་སྲོལ་བྱུང་ཞིང་། དེ་ཡང་སྐུ་སྐོར་གྱི་སྐུ་ཆས་དང་ཕྱག་དཔེའི་རིགས་ལ་དམིགས་བསལ་གྱི་བསྐྱོན་པ་གནང་བྱེད་མགུལ་ཐམ་ཞེས་པའི་རྟགས་ཐམ་ཆུང་དུ་ཞིག་ཡོད་པ་དེ་ཕྱག་དཔེའི་དབུ་ཤོག་གི་ཁ་བྱང་གི་སྟེང་དང་། ཞབས་ཤོག་གི་ཟུར་དུ་བསྐྱོན་པ་གནང་ཡོད། དེ་སྔའི་བོད་ས་གནས་སྲིད་གཞུང་གི་ཡིག་ཆ་གང་ཡིན་ལ་མགོ་ཤོག་དང་ཞབས་ཤོག ཤོག་གྲངས་རེ་རེ་བཞིན་གྱི་གྲངས་ཀའི་ཐོག་དང་། ཟུར་མཚན་གྱི་མགོ་མཇུག ཡི་གེ་མེད་པའི་ཤོག་སྟོང་གི་ཟུར་བཅས་ལ་རྟགས་ཐམ་ཡོད། ཞེས་བོད་ཀྱི་གསུང་རབ་སྒྲ་བ་དུང་དཀར་བློ་བཟང་འཕྲིན་ལས་ཀྱི་གསུང་རྩོམ་ཕྱོགས་བསྒྲིགས་ཀྲུང་གོ་བོད་རིག་པའི་དཔེ་སྐྲུན་ཁང་གི་1997ལོའི་སྤར་མའི་ཤོག་གྲངས་389དུ་གསལ་བ་ལ་སྡེ་ཁུངས་བཙལ།

མིང་རྒྱལ་རབས། ཆིང་རྒྱལ་རབས་བཅས་ཀྱི་སྐབས་སུ་བོད་ཀྱི་སེར་སྐྱ་དཔོན་རིགས་ལ་གནང་བའི་ཐམ་ག་འི་ཁ་རིས་ནི། བོད་ཡིག་དང་སོག་ཡིག མན་ཡིག རྒྱ་ཡིག ད་དུང་འགྲོ་མགོན་འཕགས་པས་བཟོས་པའི་ཧོར་ཡིག་གསར་མ་བཅས་བཀོས་ཡོད། ཡོན་རྒྱལ་རབས་སྐབས་ཀྱི་

དུས་རབས་9-12རྗགས་ཐམ་བཀོད་པའི་ཡིག་ཆའི་དཔེ་རིས།

ཐམ་གའི་ཁ་རིས་ནི་བོད་ཡིག་དང་ཧོར་ཡིག་གསར་མ་མང་། མིང་རྒྱལ་རབས་སྐབས་ཀྱི་ཐམ་གའི་ཁ་རིས་མང་ཆེ་ཤོས་ནི་རྒྱ་ཡིག་ཡིན། ཆིང་རྒྱལ་རབས་སྐབས་ཀྱི་ཐམ་གའི་ཁ་རིས་ནི་བོད་ཡིག་དང་མན་ཡིག རྒྱ་ཡིག་གསུམ་མམ་ཡང་ན་བོད་ཡིག་དང་མན་ཡིག རྒྱ་ཡིག་དང་ཧོར་ཡིག་བཅས་བཞི་མཉམ་དུ་བཀོད་ཡོད་[①]པའི་ཐམ་གའི་དབྱིབས་གཟུགས་དང་ཁ་རིས་མི་འདྲས་བས་དཔེ་རྙིང་གི་འགོ་མཇུག་གང་ཙུང་དུ་བཏབ་པའི་གནའ་དཔེའང་མི་ཉུང་བ་ཞིག་དཔལ་ས་སྐྱ་དང་པོ་ཏ་ལ། ནོར་གླིང་དང་བོད་ལྗོངས་ཡིག་ཚགས་ལས་ཁུངས་དང་བོད་ལྗོངས་རྟེན་རྫས་བཤམས་མཛོད་ཁང་སོགས་སུ་བཞུགས་པ་མཇལ་རྒྱུ་མང་། མདོར་ན་གོང་དུ་འཆད་པ་དེ་རྣམས་ནི་བོད་ཡིག་གནའ་དཔེ་བྲིས་མའི་སྟེང་ནས་མཇལ་བའི་དམིགས་བསལ་ཁྱད་ཆོས་ལ་མགོ་བཏགས་བཙོལ་ཏེ་བོད་ཡིག་གནའ་དཔེ་བྲིས་མའི་སྤྱི་བཤད་ཚུལ་དུ་ངོ་སྤྲོད་བྱ་ཁུལ་བྱས་པ་དེ་ལགས།

61

---

① པད་མ་དབང་ཆེན་གྱི་བོད་ཀྱི་ཐམ་གའི་རིག་གནས་སྐོར་བོད་ལྗོངས་སྒྱུ་རྩལ་ཞིབ་འཇུག 2008ལོའི་དུས་དེབ་དང་པོའི་ཤོག་གྲངས་63ལས་དྲངས།

ལེའུ་གཉིས་པ། གསུང་རབ་བྲིས་མའི་མཛད་བྱང་།

གཅིག མཛད་བྱང་གི་མཚན་ཉིད།

མཛད་བྱང་ནི་གསུང་རབ་དེ་ཐོག་མར་མཛད་པ་པོར་སྐུལ་སློང་གི་ས་བོན་ཐད་ཀར་བསྐུན་གནང་མཁན་གྱི་བླ་སློབ་དང་མཆོད་ཡོན་སྦྱིན་བདག ལྷགས་རྩོམ་མཁན། ལྷགས་རྩོམ་གྱི་དུས་ཡུན། ལྷགས་རྩོམ་གྱི་ལུང་ཁུངས་རྒྱབ་རྟེན།[①] ལྷགས་རྩོམ་གྱི་རིག་ཐིག་མཁན་ཏེ་ཡི་གེ་བ། ཞུས་དག་མཁན། དབུ་ཞབས་ལྷ་སྐུ་འབྲི་མཁན། ཉེར་མཁོའི་སྣ་ཤོག་རྒྱུ་སྦྱུས་དང་ཡུལ་དུས་སོགས་ཁ་གསལ་གཏིང་གསལ་ཞིག་བཀོད་པ་དེ་ལ་རྒྱ་བོད་ཀྱི་གསུང་རབ་རིག་པ་སྨྲ་བ་དག་གིས་གསུང་རབ་ཀྱི་མཛད་བྱང་ཞེས་བརྗོད་གནང་གི་འདུག་པས་དེ་ལྟར་འཐད།

གཉིས། མཛད་བྱང་གི་བྱུང་བ།

དེ་ཡང་རྒྱ་གར་འཕགས་པའི་ཡུལ་ལས་ཞུས་ན་རྒྱ་གར་ལ་སྟོན་པ་སངས་རྒྱས་ཤཱཀྱ་ཐུབ་པ་སྤྱི་ལོའི་སྔོན་གྱི་ལོ་486ལོར་སྐུ་མྱ་ངན་ལས་འདས་རྗེས་རྒྱ་གར་འཕགས་པའི་ཡུལ་གྱི་ཆོས་རྒྱལ་ཏེ། མ་ག་དྷའི་རྒྱལ་པོ་མ་སྐྱེས་དགྲ་དང་ཆོས་རྒྱལ་མྱ་ངན་མེད་ལ་སོགས་པས་སྦྱིན་བདག་གནང་སྟེ་བཀའ་བསྡུ་ཐེངས་གཉིས་ཙམ་ཞིག་བྱུང་མོད་ཀྱང་བཀའ་བསྡུ་བགྱིས་པའི་གསུང་རབ་དེ་དག་གི་མཇུག་ཏུ་མཛད་བྱང་བཀོད་གནང་མེད་པར་སྣང་། གལ་ཏེ་ཡོད་པའི་དབང་དུ་བཏང་ནའང་བསྡུ་བསྒྲིགས་ཙམ་དུ་ཟད་ཅེས་ནང་བསྟན་གསུང་རབ་ཀྱི་ཞིབ་འཇུག་པ་རྣམས་ཀྱིས་སྨྲས་ཙ་ན། བཀའ་བསྡུ་གསུམ་པ་གནང་མཁན་རྒྱལ་པོ་ཀ་ནི་ཀ་སྤྱི་ལོ་ (140-170) ཡི་སྐུ་དུས་སུ་བྱོན་པའི་སློབ་དཔོན་ཧ་དབྱངས་ཀྱིས་རང་ཉིད་ཀྱི་ཕྱུལ་བྱུང་རྣམ་དཔྱོད་ལ་བརྟེན་

---

① རྒྱ་གར་རྒྱན་དྲུག་མཆོག་གཉིས་ཀྱི་ཡ་གྱལ་སློབ་དཔོན་ཟླ་གྲགས་ཀྱིས་མཛད་པའི་སྒྲོན་གསལ་ལས་གསུངས་པའི་བསྟན་བཅོས་ཀྱི་རྩིས་མགོ་ལྔ་སྟེ། རྩོམ་པ་པོ་གང་གིས་མཛད་པ། གཞུང་གང་ལས་བཏུས་པ། ཕྱོགས་གང་དུ་གཏོགས་པ། དགོས་ཆེད་གང་ཡིན་པ། དབུ་ནས་ཞབས་སུ་བསྡུ་བའི་དོན་ཞེས་བསྟན་བཅོས་ཀྱི་རྩིས་འགོ་ལྔ་ཙའང་སྣང་།

ནས། སྟོན་པའི་སྐྱེས་རབས་ཀྱི་ཞབས་ཤོག་ཏུ་རང་ཉིད་ཀྱི་མཚན་བྱང་བཀོད་པའི་སྲོལ་དེ་གཏོད་པ་ནས་བཟུང་། འཕགས་ཡུལ་གྱི་ནང་བསྟན་གསུང་རབ་ཀྱི་མཇུག་ཏུ་མི་སྣེར་གྱི་མཚན་བྱང་བཀོད་པའི་སྲོལ་དེ་དར་བ་རེད། དེའི་ཡར་སྔོན་དུ་ནང་བསྟན་གསུང་རབ་ཁག་ཀྱང་རྒྱ་གར་གྱི་རྩོམ་རིག་གཞན་དང་འདྲ་བར་མཛད་པ་པོའི་མཚན་བྱང་མི་གསལ་བའམ་ཡང་ན་བསྡུ་བསྒྲིགས་ཀྱི་རྣམ་པའི་ཚུལ་དུ་ཟད།① ཅེས་འཇར་པན་གྱི་ནང་བསྟན་མཁས་པ་སྐུ་ཞབས་སན་ཁོའོ་ཡིས་(山口益)ཤེར་ཕྱིན་བསམ་བློའི་འཕེལ་རྒྱས་ཞེས་པར་གསུངས་པ་དང་རྒྱ་ནག་གི་མཁས་དབང་ཅིན་ཁོའོ་མུ་ (金克木) ཡིས་རིག་གནས་ཀྱི་དཀའ་སྟོན་དུ། སྤྱི་ལོ་344-413ལོའི་ལོ་ཆེན་གཞོན་ནུའི་སྲོག (鸠摩罗什) གིས་ནང་བསྟན་མཁས་པ་སློབ་དཔོན་རྟ་དབྱངས་དང་ཀླུ་སྒྲུབ། འཕགས་པ་ལྷ་བཅས་ཀྱི་རྣམ་ཐར་རྒྱ་ཡིག་ཏུ་བསྒྱུར་གནང་བ་རེད། མཁས་པ་དེ་གསུམ་ནི་སྤྱི་ལོའི་དུས་རབས་ཡས་མས་ཀྱི་མཁས་པ་ཞིག་ཡིན་ཞེས་དང་ཤིན་ཅང་ཐུའུ་ལུའུ་ཕན་ནས་ཐོན་པའི་ཡིག་རྙིང་བགྲེས་ཟད་ཆེ་བ་དེ་དག་ལ་ཞིབ་འཇུག་བྱས་པ་བརྒྱུད། བགྲེས་ཟད་དུ་ཕྱིན་པའི་ཡིག་རྙིང་དེ་དག་ནི་ནང་བསྟན་ཟློས་གར་གྱི་གཞུང་ཞིག་ཡིན། དེར་ལྷེབ་གྲངས་མང་པོ་མེད་ཀྱང་དོན་སྙིང་གཟབ་མོ་ལྡན་པ་ཞིག་ཡིན། དེས་རྒྱ་གར་རྩོམ་རིག་ལོ་རྒྱུས་ཐོག་གལ་ཆེའི་གནས་བབས་བཟུང་ཡོད་པ་བརྗོད་མི་དགོས་ལ་ཐ་སྙུག་ཤོས་ལའང་རྒྱ་གར་ཟློས་གར་གཞུང་ལུགས་གྲགས་ཅན་ཟློས་གར་བཤད་པ་དང་། བརྩམས་ཆོས་ཞོའོ་ཉི་ཁྲ་ 《小尼车》ཞེས་པ་དེ་གཉིས་སྤྱི་ལོ་ཡས་མས་ཏི་རང་རྒྱལ་གྱི་ཏན་རྒྱལ་རབས་ཀྱི་བརྩམས་ཆོས་ཡིན་པ་བདེན་དཔང་ཐུབ། ཟློས་གར་བགྲེས་ཟད་སོང་བ་དེ་དག་གི་ཁྲོད་དུ་ལུས་པའི་ཟློས་གར་གཞུང་ཞིག་གི་མཛད་བྱང་དུ་ཡེ་ཤེས་ཀྱི་སྤྱན་མངའ་བའི་རྟ་དབྱངས་ཀྱིས་ཞེས་སྦྱར་ཡོད། དེ་ནི་སྔན་ངག་བརྩམས་ཆོས་གྲགས་ཅན་སངས་རྒྱས་ཀྱི་སྐྱེས་རབས་མཛད་མཁན་དེ་ཡིན་པ་ཐག་ཆོད་②ཅེས་གསུངས་པ་ལས་སློབ་དཔོན་རྟ་དབྱངས་ཀྱིས་སངས་རྒྱས་ཀྱི་སྐྱེས་རབས་ཞེས་པ་དེ་ལྷུགས་རྩོམ་གནང་བ་དང་སྦྲགས་གཞུང་དེའི་མཛད་བྱང་དུ་རང་ཉིད་ཀྱི་མཚན་བྱང་ཐོག་མར་བཀོད་པ་དེ་ནས་བཟུང་། རྒྱ་གར་དུ་རིམ་པས་བཞིན་ས་ལ་སྣུམ་འཐིམ་པ་བཞིན་གཞུང་སོ་སོའི་ཞབས་ཤོག་ཏུ་མཛད་པ་པོའི་མཚན་བཀོད་པའི་སྲོལ་དེ་བྱུང་། སློབ་དཔོན་དཔའ་བོས་མཛད་པའི་སྐྱེས་

① 见，【日】山口益著肖平译，《般若思想史》上海古籍出版社2004年8月，13页。

② 见，金克木著《文化卮言》中国人民大学出版社，2006年12月，第323页。

རབས་སོ་བཞི་དེ་བོད་ལ་བཙན་པོ་ཁྲི་ལྡེ་སྲོང་བཙན་སད་ན་ལེགས་མཛིང་ཡོན་(ཁྲི་ལོ་798-815)གྱི་སྐུ་དུས་སུ་ལོ་ཙཱ་བ་དཔལ་མཉྫུ་ཤྲི་ཝརྨ་སྦེ་རང་རིགས་ཀྱིས་འཇམ་དཔལ་གོ་ཆ་ཞེས་པས་རྒྱ་གར་གྱི་སྐད་ནས་བོད་སྐད་དུ་བསྒྱུར་གནང་ཡོད་མོད། འོན་ཏེ་བོད་ཀྱི་གནའ་དཔེ་རིག་པའི་གཞུང་ལས་བརྗོད་ན། ༄། །ཁྲིའིལོལསྐུགསུགསའབུརདུབཀོསཔདངདརམཀུནབྲིསཔའིསྒོནལམལསོགསཔབཙནཔོཁྲིལྡེསྲོངབཙནགྱིསྐུརིངལཛེསྣོནཡོནབདགདངསེམསཅནཐམསཅདཀྱིདོནཀྱིཕྱིརདགེསློངལོཆེནཡེཤེསདབྱངསཀྱིསབགྱིསྟེ།བཟོབོདགེསློངརིནཆེནསྣངམཛདདང།རྒྱལབཟངདངདཔལལྡན དངལགདཔོནཐམསཅདདགེལེགསསུབྱེདཔགཙུགནས

བླལམིསྟོབསལྡནནམསྟེ། བྲགལསྐུགཟུགསདངདརམའདིརྣམསབྲིསཔདངདཀོནམཆོགགསུམགྱིརྟེནགྱིརྣམཔ

སེམསཅནགངདགགིསམཐོངབདངརེགཔདངཕྱགའཚལབདངཐོསཔདངདྲནཔའིབསོདནམསདངཡེཤེཀྱིསབཙནཔོཡབསྲསདངསེམསཅནཐམསཅདབླནམེདཔའིབྱངཆུབདུགྲུབཔརསྨོནཏོ།[①]

ཞེས་འབིས་མདོའི་སྐུ་རྟེན་བཀོས་བཞེངས་ཀྱི་དཀར་ཆག་རྡོ་བཀོས་ཡི་གེ་ལས་ཕྱུང་ན། འདིའི་ཁྲི་ལོ་སྤྱི་ལོ་806ལོར་དགེ་སློང་ལོ་ཆེན་པོ་ཡེ་ཤེས་དབྱངས་ཀྱིས་བགྱིས་ནས་བཟོ་བོ་དགེ་སློང་རིན་ཆེན་སྣང་མཛད་དང་རྒྱལ་བཟང་དང་དཔལ་ལྡན་སོགས་ཀྱིས་བྱས་ཏེ་བཙན་པོ་ཁྲི་ལྡེ་སྲོང་བཙན་སད་ན་ལེགས་མཛིང་གི་(ཁྲི་ལོ་798- 815)སྐུ་དུས་སུ་རྒྱལ་བློན་རྗེ་འབངས་དང་སེམས་ཅན་གྱི་དོན་དུ་བྲག་ལ་སྐུ་བརྙན་གཙོ་བོ་རྣམ་པར་སྣང་མཛད་དང་འཁོར་ཉེ་བའི་སྲས་ཆེན་བརྒྱད་ཀྱི་སྐུ་བརྙན་དང་གསུང་རབ་བཀོས་པའི་སྐོར་གྱི་མཛད་བྱུང་ཞིག་ཡིན། དེས་ན་དུས་རབས་9པའི་སྔོན་ནས་མཛད་བྱུང་འབྲི་སྲོལ་བྱུང་ཡོད་པ་དེ་འབིས་རྡོའི་བྲག་བཀོས་ལས་ཤེས་ཤིང་གསུང་རབ་འབྲི་མའི་ངོས་ནས་བརྗོད་ན་ཡང་དུས་རབས་13པའི་བོད་ཀྱི་གསུང་རབ་སྒྲ་བ་བཅོམ་ལྡན་རིགས་རལ་གྱིས་བཙན་པོ་ཁྲི་བསྲོང་ལྡེ་བཙན་ (ཁྲི་ལོ་755-797) གྱི་སྐུ་ཚེའི་སྟོད་ལ་བསྒྱུར་བ་རྣམས་ལ་ཕལ་ཆེ་བ་ལ་འགྱུར་བྱང་མ་བཏབ་པར་སྣང་ལ། སྐུ་ཚེའི་སྨད་ནས་ནི་འགྱུར་བྱང་བཏབ་ནས་སྣང་ངོ་། དེ་ལ་བན་ཧྲེ་ཡེཤྡེ་ལགས་པས་བསྒྱུར་ཞེས་པ་ལགས་པའི་སྒྲ་སྒྲོས་པ་རྣམས་ནི། དེ་ལོ་ཚ་བ་མང་པོས་མཐུད་ནས་བསྒྱུར་ཏེ། ལོ་ཚ་བ་ཞུ་ཆེན་རྗེ་ (གཙོ་) བོ་དེའི་མིང་སྒྲོས་པ་ཡིན། སོགས་པའི་སྒྲ་མེད་པ་རྣམས་ནི་དེ་ཉིད་ཀྱི་ཡིན། ཞུ་ཆེན་གྱི་ལོ་ཚ་ཞེས་

① འདི་ནི་སྤྱི་ལོ་806ལོར་མཚོ་སྔོན་ཡུལ་ཤུལ་ཁུལ་གྱི་འབིས་ཁོག་ལུང་དུ་བཞུགས་པའི་རྡོ་བཀོས་ལས་དྲངས།

བྱ་བ་ནི། དེའི་ཚེ་མཁས་པ་མཐར་ཕྱིན་པ་དེས་ཞུས་དག་བྱས་ན་ཡིད་ཆེས་པའི་གནས་ཡིན་པའམ། ཡང་ན་རྒྱ་དཔེའ་ལས་བོད་སྐད་དུ་བསྒྱུར་བ་བོད་དཔེའ་ལས་རྒྱ་སྐད་དུ་བསྒྱུར་ན་ སྡེབ་སྦྱོར་སྒྲ་དང་མཐུན་པར་འོང་བ་སྟེ། འདི་ནི་སྲིད་པའང་ཤིན་ཏུ་དཀའོ།[1] ཞེས་གསུངས་པ་བཅས་ལས་རྒྱ་བོད་ཀྱི་ཡུལ་དུ་གསུང་རབ་བྲིས་མའི་མཇུག་ཏུ་མཛད་བྱང་འགོད་པའི་སྲོལ་དུས་ནམ་ཞིག་བྱུང་བའི་སྐོར་རོ།

གསུམ། མཛད་བྱང་གི་གལ་ཆེའི་རང་བཞིན།

བོད་ཀྱི་གསུང་རབ་ཡོད་དོ་ཅོག་སྔོན་གྱི་ལོ་པཎ་སྐུ་དྲིན་ཅན་དང་མཁས་པ་གནམ་གྱིས་ས་བཀབ་པ་ལྟར་བྱོན་པ་དག་གི་བློ་གྲོས་ཀྱི་རྩལ་ལས་གྲོན་པ་ཤ་སྟག་ཡིན་གཤིས་བསྒྱུར་རྩོམ་གྱི་སྤྱུས་ཚད་འགན་འཁྲི་དང་སྒྲ་ཡོན་འཇལ་བའི་ཕྱིར་ཡུལ་དུས་དབང་གིས་དེ་དག་ལ་མཛད་བྱང་མང་ཉུང་དང་ཞིབ་རྒྱས་ལ་མ་ལྟོས་པའི་མཛད་བྱང་ངེས་པར་དུ་ཡོད་དགོས་པ་ཞིག་ལགས་ཀྱང་ཡུལ་དུས་དང་ལོ་རྒྱུས་ཀྱི་རྐྱེན་པས་གནའ་དཔེ་མི་ཉུང་བ་ཞིག་ལ་མཛད་བྱང་བཀོད་པ་མ་མཇལ། མཛད་བྱང་གིས་བོད་ཀྱི་གསུང་རབ་རིག་པའི་ཕྱུག་ལས་གནང་མཁན་དག་ལ་གཙིགས་ཆེན་གྱི་ཆ་འཕྲིན་མང་པོ་ཞིག་མགོ་འདོན་ཐུབ་པ་སྟེ། གསུང་རབ་དེ་ཐོག་མར་ཡུལ་དུས་གང་ཞིག་ཏུ་ལོ་པཎ་གང་ཞིག་གིས་མ་དཔེ་གང་ཞིག་ལ་བརྟེན་ནས་བསྒྱུར་གནང་བ་དང་ཡིག་མཁན་དང་ཞུས་དག་སུས་གནང་ཡོད་མེད་དང་། མཛད་པ་པོར་སྐུལ་སློང་གི་ས་བོན་ཐད་གར་བསྐྲུན་གནང་མཁན་གྱི་བླ་སློབ་སུ་དང་སུ། ལྟགས་རྩོམ་མཁན་སུ་དང་སུ། ཡུལ་ལུང་གང་དང་གང་། དུས་ཡུན་རིང་ཐུང་། ལུང་ཁུངས་ཀྱི་རྒྱབ་རྟེན་གང་ལ་བརྟེན་ཡོད་མེད། ལྟགས་རྩོམ་དེ་རིག་ཟླིག་ཏུ་ཕབ་མཁན་གྱི་ཡི་གེ་བ་སུ་དང་སུ། ཡུལ་དུས་གང་ཞིག་ཏུ་སྣག་ཤོག་གི་ཆ་རྐྱེན་དང་དབུ་ཞབས་ལྷ་སྐུ། གསུང་རབ་དེ་སུ་ཞིག་གི་ཆེད་དུ་འབྲི་སྤར་བཏབ་ཡོད་མེད་སོགས་སྤྱར་གཞིའི་རིན་ཐང་དང་ཞིབ་འཇུག་གི་རིན་ཐང་། སྒྱུ་རྩལ་གྱི་རིན་ཐང་བཅས་གཏན་ལ་དབབ་ཐུབ་པ་དེ་ནི་གསུང་རབ་ཀྱི་མཛད་བྱང་གིས་ཡིན། འོན་ཏེ་ལོ་རྒྱུས་དང་དུས་རབས་དབང་གིས་གསུང་རབ་ལ་ལར་མཛད་བྱང་མ་གསལ་བའམ་མཛད་པ་པོ་གསལ་པོར་མ་

[1] བཙོམ་ལྡན་རིགས་པའི་རལ་གྲིས་མཛད་པའི་བསྟན་པ་རྒྱས་པའི་ཉིན་བྱེད་བྲིས་མའི་ཤོག་གྲངས་197ཏུ་གསལ།

བཀོད་པ་དམའ་ས་བཟུང་ནས་འབྲི་གནང་མཛད་པ་སྟེ། དཔེར་ན་སྙོམས་ལས་པ་དང་སྤྲང་འཕྲུམས་པ། བགྱི་ན་བ། ཤཱཀྱའི་དགེ་སློང་ཞིག་གིས་དབྱར་ཁྲལ་ཙམ་དུ་བྲིས་ཞེས་པ་སོགས་དང་ཐ་ན་མཛད་པ་པོའི་མཚན་ཡི་ནས་མ་གསལ་སྐབས། གསུང་རབ་དེ་དག་རྒྱ་ཆེའི་ཞིབ་འཇུག་པ་རྣམས་ཀྱིས་ལུང་དུ་འདྲེན་པའི་སློབས་པ་བྲལ་བ་དང་གསུང་རབ་རིག་པའི་ཕྱུག་ལས་གནང་མཁན་དག་གི་ངོས་ནས་འཆད་ན་ཡང་། གསུང་རབ་དེའི་ཞིབ་འཇུག་གི་རིན་ཐང་སོགས་ཅུང་ཟད་ཅིག་གཏན་ལ་དབབ་དཀའ་བར་སྣང་། དེར་བརྟེན་དུས་རབས་18པའི་ནང་དུ་བྱོན་པའི་ཨ་ལག་ཤ་བསྟན་དར་ལྷ་རམས་པས། བསྟན་བཅོས་རྩོམ་པ་པོས་མཛད་བྱང་དུ་རང་མིང་གསལ་བར་མི་སློས་པའམ། རང་མིང་དངོས་སུ་སྦས་ནས་གཞན་ལ་མ་གྲགས་པའི་མིང་གཞན་དག་བཙུགས་པ་སོགས་སྐྱོན་ཆེ་ཤོས་ཡིན་ཏེ། བྱེད་པ་པོའི་མིང་མི་གསལ་བའི་དབང་གིས་བསྟན་བཅོས་འགའ་ཞིག་ལེགས་བཤད་དུ་སྣང་ནའང་ཐེ་ཚོམ་དུ་གྱུར་ནས་མཁས་པ་དག་གིས་ཤེས་བྱེད་དུ་དྲངས་མ་ནུས་པ་ཡང་དེས་ལན་འདུག་པས། སྐྱོན་དེ་དག་དོར་ཏེ་མིང་ཉུས་ཡུལ་སོགས་གསལ་བར་སློས་པའི་སྒོ་ནས་བོད་ཀྱི་ཡོངས་ལ་གྲགས་པའི་བརྡ་གསར་རྙིང་གི་གཞིར་བཟུང་ནས་ཡིག་འབྲུ་རྣམས་སུམ་ཅུ་པ་དང་རྟགས་ཀྱི་འཇུག་པ་མ་ནོར་བ་ཐོབ་པའི་ཚུལ་གྱིས་བརྩམས་པར་བྱའོ།[1] ཞེས་གསུངས་གནང་བ་དེས་གསུང་རབ་ཀྱི་མཛད་བྱང་གིས་གསུང་རབ་ཀྱི་སྤྱར་གཞིའི་རིན་ཐང་དང་ཞིབ་འཇུག་རིན་ཐང་། སྒྱུ་རྩལ་གྱི་རིན་ཐང་བཅས་གསལ་པོར་སྟོན་ཐུབ་པའི་གལ་ཆེའི་རང་བཞིན་ལྡན་པ་དེ་ཡང་བཤད་ཡོད་སྙམ།

① ཨ་ལགས་ཤ་བསྟན་དར་ལྷ་རམས་ཀྱི་གསུང་འབུམ་པོད་ཞ་པ་བླ་བྲང་སྤར་མའི་ལྡེབ་གྲངས་19ལས་དྲངས།

ལེའུ་གསུམ་པ། དུས་རབས་9-10པའི་གསུང་རབ་བྲིས་མའི་མཛོད་བྱང་ངོས་འཛིན།

བོད་ལྗོངས་ཁུལ་དུ་གནའ་དཔེ་ཡོངས་བཤེར་གྱི་ལས་ཀ་དེ་བསྒྲུབ་པའི་རིང་ལ་དུས་རབས་8-9པའི་ནང་དུ་འབྲི་བཤུས་བསྐྲུངས་པའི་ཤེར་ཕྱིན་འབུམ་བཅན་པོའི་ལྷ་འབུམ་དུ་གྲགས་པ་ལྔ་ཁའི་གྲོ་མཁར་ཆོས་སྡེ་དང་དཔལ་ལྡན་འབྲས་སྤུངས་དགོན་དུ་བཞུགས་པ་དེ་དག་རང་ཉིད་ཀྱིས་དངོས་དང་བརྒྱུད་པའི་སྒོ་ནས་མཇལ་བའི་སྐལ་བ་བཟང་པོ་ཞིག་ཐོབ། དེས་ན་ཁོ་བོས་ཤེར་ཕྱིན་འབུམ་དེ་དག་གི་མཛོད་བྱང་ངམ་བམ་མཚམས་སོ་སོར་ཐོན་པའི་ཡིག་ཞུས་མཁན་གྱི་མཚན་ནས་དྲངས་ཏེ་དཔྱད་པར་བྱའོ།

ལེ་ཚན་དང་པོ། འབྲས་སྤུངས་ཤེར་ཕྱིན་སྟོང་ཕྲག་བརྒྱད་པ་བོད་ཁ་པའི་བམ་མཚམས།

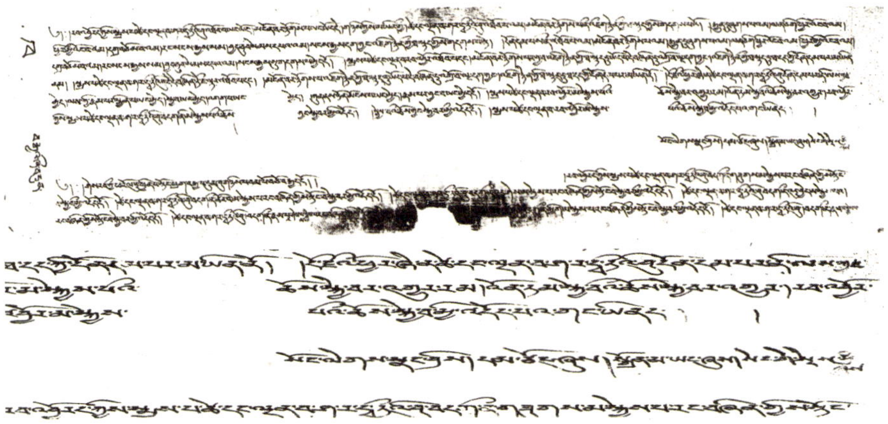

མཛོད་བྱང་མ་དཔེ།

དང་པོ། བམ་མཚམས་མ་བཤུས།

དཔལ་ལྡན་འབྲས་སྤུངས་ཀྱི་གནས་བཅུ་ལྷ་ཁང་དུ་བཞུགས་པའི་བཙན་པོ་ཁྲི་ལྡེ་སྲོང་བཙན་ (755-797) གྱི་ཐུགས་དམ་གླེགས་བམ་གཉིས་པ་སྟེ་པོད་ཁ་པའི་མཛད་བྱང་སྟེ། ཁོང་གཡུ་ལེགས་བྲིས། དམ་ཅོང་ཞུས། ཅེང་སེའུ་ཡང་ཞུས། ཕབ་ཏར་སུམ་ཞུས།ཤེས་རབ་ཀྱི་ཕ་རོལ་དུ་ཕྱིན་པ་སྟོང་ཕྲག་བརྒྱའ་པ་དུམ་བུ་གཉིས་པ་བམ་པོ་གཉིས་པ།།[1] ཁོང་གཡུ་ལེགས་གིས་བྲིས། དམ་ཅོང་ཞུས། ཆོས་ཀྱི་སྒྲོལ་མ་ཡང་ཞུས། ཕབ་ཏར་སུམ་ཞུས།།༄༅།ཤེས་རབ་ཀྱི་ཕ་རོལ་དུ་ཕྱིན་པ་སྟོང་ཕྲག་བརྒྱའ་པ་དུམ་བུ་གཉིས་པ་བམ་པོ་གསུམ་པ།།[2] གཡུ་ལེགས་བྲིས། དམ་ཅོང་ཞུས། སྒྲོན་མ་ཡང་ཞུས། སེང་གེ་སྟེས་སུ་ཞུས། ༄༅།ཤེས་རབ་ཀྱི་རོལ་དུ་ཕྱིན་པ་སྟོང་ཕྲག་བརྒྱའ་པ་དུམ་བུ་གཉིས་པ་བམ་པོ་ལྔའོ། [3] དང་གཡུ་ལེགས་བྲིས། དམ་ཅོང་ཞུས། སྒྲོན་མ་ཡང་ཞུས། སེང་གེ་སྟེས་སུམ་ཞུས། ༄༅།ཤེས་རབ་ཀྱི་རོལ་དུ་ཕྱིན་པ་སྟོང་ཕྲག་བརྒྱའ་པ་དུམ་བུ་གཉིས་པ་བམ་པོ་དྲུག་གོ།[4] དང་གཡུ་ལེགས་བྲིས། དམ་ཅོང་ཞུས། ཆོས་ཀྱི་སྒྲོན་མ་ཡང་ཞུས། སེང་གེ་སྟེས་སུ་ཞུས། ༄༅།ཤེས་རབ་ཀྱི་ཕ་རོལ་དུ་ཕྱིན་པ་སྟོང་ཕྲག་བརྒྱའ་པ་དུམ་བུའ་གཉིས་པ་བམ་པོ་བདུན་ནོ། །[5] གཡུ་ལེགས་བྲིས། དམ་ཅོང་ཞུས། སྒྲོན་མ་ཡང་ཞུས། སེང་གེ་སྟེས་སུ་ཞུས། ༄༅།ཤེས་རབ་ཀྱི་ཕ་རོལ་དུ་ཕྱིན་པ་སྟོང་ཕྲག་བརྒྱའ་པ་དུམ་བུ་གཉིས་པ་བམ་པོ། བརྒྱད་དོ། །[6] གཡུ་ལེགས་བྲིས། དམ་ཅོང་ཞུས། སྒྲོན་མ་ཡང་ཞུས། སེང་གེ་སྟེས་སུ་ཞུས། ༄༅།ཤེས་རབ་ཀྱི་ཕ་རོལ་དུ་ཕྱིན་པ་སྟོང་ཕྲག་བརྒྱའ་པ་དུམ་བུ་གཉིས་པ་བམ་པོ་བཅུའོ།།[7] ཁོང་གཡུ་ལེགས་བྲིས། དམ་ཅོང་ཞུས། སྒྲོན་མ་ཡང་ཞུས། ཕབ་ཏར་སུ་ཞུས། ༄༅།ཤེས་རབ་ཀྱི་ཕ་རོལ་དུ་ཕྱིན་པ་སྟོང་ཕྲག་བརྒྱའ་པ་དུམ་བུ་གཉིས་པ་བམ་པོ་བཅུ་གཅིག་གོ།།[8] སོང་ལེགས་སྣང་བྲིས། །དམ་ཅོང་ཞུས། ཆོས་གྱི་སྒྲོན་མ་ཡང་ཞུས། སེང་གེ་སྟེས་སུ་ཞུས། ༄༅།ཤེས་རབ་ཀྱི་ཕ་རོལ་དུ་ཕྱིན་པ་སྟོང་ཕྲག་བརྒྱའ་པ་དུམ་བུ་གཉིས་

---

① འབྲས་སྤུངས་དགོན་གྱི་ཤེར་ཕྱིན་སྟོང་ཕྲག་བརྒྱའ་པ་པོད་ཁ་པའི་ལྡེབ་གྲངས་6་པའི་སྤྱིབ་ངོས་ལས་དྲངས།

② འབྲས་སྤུངས་དགོན་གྱི་ཤེར་ཕྱིན་སྟོང་ཕྲག་བརྒྱའ་པ་པོད་ཁ་པའི་ལྡེབ་གྲངས་16་པའི་ཉིན་ངོས་ལས་དྲངས།

③ འབྲས་སྤུངས་དགོན་གྱི་ཤེར་ཕྱིན་སྟོང་ཕྲག་བརྒྱའ་པ་པོད་ཁ་པའི་ལྡེབ་གྲངས་35ཉིན་ངོས་ལས་དྲངས།

④ འབྲས་སྤུངས་དགོན་གྱི་ཤེར་ཕྱིན་སྟོང་ཕྲག་བརྒྱའ་པ་པོད་ཁ་པའི་ལྡེབ་གྲངས་44་སྤྱིབ་ངོས་ལས་དྲངས།

⑤ འབྲས་སྤུངས་དགོན་གྱི་ཤེར་ཕྱིན་སྟོང་ཕྲག་བརྒྱའ་པ་པོད་ཁ་པའི་ལྡེབ་གྲངས་55ཉིན་ངོས་ལས་དྲངས།

⑥ འབྲས་སྤུངས་དགོན་གྱི་ཤེར་ཕྱིན་སྟོང་ཕྲག་བརྒྱའ་པ་པོད་ཁ་པའི་ལྡེབ་གྲངས་65ཉིན་ངོས་ལས་དྲངས།

⑦ འབྲས་སྤུངས་དགོན་གྱི་ཤེར་ཕྱིན་སྟོང་ཕྲག་བརྒྱའ་པ་པོད་ཁ་པའི་ལྡེབ་གྲངས་84ཉིན་ངོས་ལས་དྲངས།

⑧ འབྲས་སྤུངས་དགོན་གྱི་ཤེར་ཕྱིན་སྟོང་ཕྲག་བརྒྱའ་པ་པོད་ཁ་པའི་ལྡེབ་གྲངས་94ཉིན་ངོས་ལས་དྲངས།

པ་བམ་པོ་བཅུ་གཉིས་སོ།།[1] སོང་ལེགས་སྣང་བྲིས། དམ་ཙོང་ཞུས། སྒྲོན་མ་ཡང་ཞུས། སེང་གེ་སྡེས་སྐྱུ་ཞུས། ༀཿཞེས་རབ་ཀྱི་ཕ་རོལ་དུ་ཕྱིན་པ་སྟོང་ཕྲག་བརྒྱད་པ་དུམ་བུ་གཉིས་པ་བམ་པོ་བཅུ་གསུམ་མོ།[2] སོང་ལེགས་སྣང་བྲིས། དམ་ཙོང་ཞུས། ཆོས་ཀྱི་སྒྲོན་མ་ཡང་ཞུས། སེང་གེ་སྡེས་སྐྱུཾ་ཞུས། ༀཿཞེས་རབ་ཀྱི་ཕ་རོལ་དུ་ཕྱིན་པ་སྟོང་ཕྲག་བརྒྱད་པ་དུམ་བུ་གཉིས་པ་བམ་པོ་བཅུ་བཞིའོ།།[3] སོང་ལེགས་སྣང་བྲིས་སོ། །དམ་ཙོང་ཞུས། ཆོས་ཀྱི་སྒྲོན་མ་ཡང་ཞུས། སེང་གེ་སྡེས་སྐྱུཾ་ཞུས། ༀཿཞེས་རབ་ཀྱི་ཕ་རོལ་དུ་ཕྱིན་པ་སྟོང་ཕྲག་བརྒྱད་པ་དུམ་བུ་གཉིས་པ་བམ་པོ་བཅོ་ལྔའོ།།[4] སོང་ལེགས་སྣང་བྲིས་སོ། །དམ་ཙོང་ཞུས་། སྒྲོན་མ་ཡང་ཞུས། འོད་སྣང་སྐྱུཾ་ཞུས། ༀཿཞེས་རབ་ཀྱི་ཕ་རོལ་དུ་ཕྱིན་པ་སྟོང་ཕྲག་བརྒྱད་པ་དུམ་བུ་གཉིས་པ་བམ་པོ་བཅུའ་དྲུག་གོ།།[5] སོང་ལེགས་སྣང་བྲིས་སོ། །དམ་ཙོང་ཞུས་། སྒྲོན་མ་ཡང་ཞུས། འོད་སྣང་སྐྱུཾ་ཞུས། ༀཿཞེས་རབ་ཀྱི་ཕ་རོལ་དུ་ཕྱིན་པ་སྟོང་ཕྲག་བརྒྱད་པ་དུམ་བུ་གཉིས་པ་བམ་པོ་བཅུའ་བདུན་ནོ།།[6] སོང་ལེགས་སྣང་བྲིས། དམ་ཙོང་ཞུས། སྒྲོན་མ་ཡང་ཞུས། སེང་གེ་སྡེས་སྐྱུཾ་ཞུས། ༀཿཞེས་རབ་ཀྱི་ཕ་རོལ་དུ་ཕྱིན་པ་སྟོང་ཕྲག་བརྒྱད་པ་དུམ་བུ་གཉིས་པ་བམ་པོ་བཅོ་བརྒྱད་དོ།།[7] སོང་ལེགས་སྣང་གིས་བྲིས། དམ་ཙོང་ཞུས། ཆོས་ཀྱི་སྒྲོན་མ་ཡང་ཞུས། སེང་གེ་སྡེས་སྐྱུཾ་ཞུས། ༀཿཞེས་རབ་ཀྱི་ཕ་རོལ་དུ་ཕྱིན་པ་སྟོང་ཕྲག་བརྒྱད་པ་དུམ་བུ་གཉིས་པ་བམ་པོ་བཅུ་དགུའོ།།[8] སོང་ལེགས་སྣང་བྲིས། དམ་ཙོང་ཞུས། སྒྲོན་མ་ཡང་ཞུས། ཤང་བེན་སུམ་ཞུས། ༀཿཞེས་རབ་ཀྱི་ཕ་རོལ་དུ་ཕྱིན་པ་སྟོང་ཕྲག་བརྒྱད་པ་དུམ་བུ་གཉིས་པ་བམ་པོ་ཉི་ཤུའོ།[9] སོང་ལེགས་སྣང་བྲིས། །དམ་ཙོང་ཞུས། ཆོས་ཀྱི་སྒྲོན་མ་ཡང་ཞུས། ཤང་བེན་སྐྱུཾ་ཞུས། ༀཿཞེས་རབ་ཀྱི་ཕ་རོལ་དུ་ཕྱིན་པ་སྟོང་ཕྲག་བརྒྱད་པ་དུམ

① འབྲས་སྤུངས་དགོན་གྱི་ཤེར་ཕྱིན་སྟོང་ཕྲག་བརྒྱད་པ་པོད་ཁ་པའི་ལྡེབ་གྲངས་122སྲིབ་ངོས་ལས་དྲངས།

② འབྲས་སྤུངས་དགོན་གྱི་ཤེར་ཕྱིན་སྟོང་ཕྲག་བརྒྱད་པ་པོད་ཁ་པའི་ལྡེབ་གྲངས་129སྲིབ་ངོས་ལས་དྲངས།

③ འབྲས་སྤུངས་དགོན་གྱི་ཤེར་ཕྱིན་སྟོང་ཕྲག་བརྒྱད་པ་པོད་ཁ་པའི་ལྡེབ་གྲངས་121ཉིན་ངོས་ལས་དྲངས།

④ འབྲས་སྤུངས་དགོན་གྱི་ཤེར་ཕྱིན་སྟོང་ཕྲག་བརྒྱད་པ་པོད་ཁ་པའི་ལྡེབ་གྲངས་127ཉིན་ངོས་ལས་དྲངས།

⑤ འབྲས་སྤུངས་དགོན་གྱི་ཤེར་ཕྱིན་སྟོང་ཕྲག་བརྒྱད་པ་པོད་ཁ་པའི་ལྡེབ་གྲངས་134སྲིབ་ངོས་ལས་དྲངས།

⑥ འབྲས་སྤུངས་དགོན་གྱི་ཤེར་ཕྱིན་སྟོང་ཕྲག་བརྒྱད་པ་པོད་ཁ་པའི་ལྡེབ་གྲངས་141་ན་ལས་དྲངས།

⑦ འབྲས་སྤུངས་དགོན་གྱི་ཤེར་ཕྱིན་སྟོང་ཕྲག་བརྒྱད་པ་པོད་ཁ་པའི་ལྡེབ་གྲངས་147ཉིན་ངོས་ལས་དྲངས།

⑧ འབྲས་སྤུངས་དགོན་གྱི་ཤེར་ཕྱིན་སྟོང་ཕྲག་བརྒྱད་པ་པོད་ཁ་པའི་ལྡེབ་གྲངས་155ཉིན་ངོས་ལས་དྲངས།

⑨ འབྲས་སྤུངས་དགོན་གྱི་ཤེར་ཕྱིན་སྟོང་ཕྲག་བརྒྱད་པ་པོད་ཁ་པའི་ལྡེབ་གྲངས་162ཉིན་ངོས་ལས་དྲངས།

བུ་གཉིས་པ་བམ་པོ་ཉེ་ཤུ་གཅིག་གོ། [①] ཅང་སྐྱག་ཅུང་ཕྲིས། དམ་ཅོང་ཞུས། ཕབ་ཧིང་ཡང་ཞུས། སེང་གེ་སྐྱེས་སྐྱུཾ་ཞུས། ༄༅།ཤེས་རབ་ཀྱི་ཕ་རོལ་ཏུ་ཕྱིན་པ་སྟོང་ཕྲག་བརྒྱད་པ་དུམ་བུ་གཉིས་པ་བམ་པོ་ཉི་ཤུ་གཉིས་སོ། [②] ཅང་སྐྱག་ཅུང་ཕྲིས། དམ་ཅོང་ཞུས། ཕབ་ཧིང་ཡང་ཞུས། སེང་གེ་སྐྱེས་སྐྱུཾ་ཞུས། ༄༅།ཤེས་རབ་ཀྱི་ཕ་རོལ་ཏུ་ཕྱིན་པ་སྟོང་ཕྲག་བརྒྱད་པ་དུམ་བུ་གཉིས་པ་བམ་པོ་ཉི་ཤུ་གསུམ་མོ། [③] ཅང་སྐྱག་ཅུང་ཕྲིས། དམ་ཅོང་ཞུས། ཕབ་ཧིང་ཡང་ཞུས། སེང་གེ་སྐྱེས་སྐྱུཾ་ཞུས། ༄༅།ཤེས་རབ་ཀྱི་ཕ་རོལ་ཏུ་ཕྱིན་པ་སྟོང་ཕྲག་བརྒྱད་པ་དུམ་བུ་གཉིས་པ་བམ་པོ་ཉི་ཤུ་བཞིའོ། [④] ཅང་སྐྱག་ཅུང་ཕྲིས། དམ་ཅོང་ཞུས། ཕབ་ཧིང་ཡང་ཞུས། སེང་གེ་སྐྱེས་སྐྱུཾ་ཞུས། ༄༅།ཤེས་རབ་ཀྱི་ཕ་རོལ་ཏུ་ཕྱིན་པ་སྟོང་ཕྲག་བརྒྱད་པ་དུམ་བུ་གཉིས་པ་བམ་པོ་ཉི་ཤུ་ལྔོ། [⑤] ཅང་སྐྱག་ཅུང་ཕྲིས། དམ་ཅོང་ཞུས། ཕབ་ཧིང་ཡང་ཞུས། སེང་གེ་སྐྱེས་སྐྱུཾ་ཞུས། ༄༅།ཤེས་རབ་ཀྱི་ཕ་རོལ་ཏུ་ཕྱིན་པ་སྟོང་ཕྲག་བརྒྱད་པ་དུམ་བུ་གཉིས་པ་བམ་པོ་ཉི་ཤུ་དྲུག་གོ། [⑥] ཅང་སྐྱག་ཅུང་ཕྲིས། ཚེའུ་ཅེང་ཞུས། ཕབ་ཧིང་ཡང་ཞུས། སེང་གེ་སྐྱེས་སྐྱུམ་ཞུས། ༄༅།ཤེས་རབ་ཀྱི་ཕ་རོལ་ཏུ་ཕྱིན་པ་སྟོང་ཕྲག་བརྒྱད་པ་དུམ་བུ་གཉིས་པ་བམ་པོ་ཉི་ཤུ་བདུན་ནོ། [⑦] ཅང་སྐྱག་ཅུང་ཕྲིས། ཚེའུ་ཅེང་ཞུས། ཕབ་ཧིང་ཡང་ཞུས། སེང་གེ་སྐྱེས་སྐྱུམ་ཞུས། ༄༅།ཤེས་རབ་ཀྱི་ཕ་རོལ་ཏུ་ཕྱིན་པ་སྟོང་ཕྲག་བརྒྱད་པ་དུམ་བུ་གཉིས་པ་བམ་པོ་ཉི་ཤུ་བརྒྱད་དོ། [⑧] ཅང་སྐྱག་ཅུང་ཕྲིས། ཅེའུ་ཅེང་ཞུས། ཕབ་ཧིང་ཡང་ཞུས། སེང་གེ་སྐྱེས་སྐྱུམ་ཞུས། ༄༅།ཤེས་རབ་ཀྱི་ཕ་རོལ་ཏུ་ཕྱིན་པ་སྟོང་ཕྲག་བརྒྱད་པ་དུམ་བུ་གཉིས་པ་བམ་པོ་ཉི་ཤུ་དགུའོ། [⑨] ཅང་སྐྱག་ཅུང་ཕྲིས། ཅེའུ་ཅེང་ཞུས། ཕབ་ཧིང་ཡང་ཞུས། སེང་གེ་སྐྱེས་སྐྱུམ་ཞུས། ༄༅།ཤེས་རབ་ཀྱི་ཕ་རོལ་ཏུ་ཕྱིན་པ་སྟོང་ཕྲག་བརྒྱད་པ་དུམ་བུ་གཉིས་པ་བམ་པོ་སུམ་

① འབྲས་སྤུངས་དགོན་གྱི་ཤེར་ཕྱིན་སྟོང་ཕྲག་བརྒྱད་པ་པོད་ཁ་པའི་ལྡེབ་གྲངས་169ཉིན་ངོས་ལས་དྲངས།

② འབྲས་སྤུངས་དགོན་གྱི་ཤེར་ཕྱིན་སྟོང་ཕྲག་བརྒྱད་པ་པོད་ཁ་པའི་ལྡེབ་གྲངས་176་ཉིན་ལས་དྲངས།

③ འབྲས་སྤུངས་དགོན་གྱི་ཤེར་ཕྱིན་སྟོང་ཕྲག་བརྒྱད་པ་པོད་ཁ་པའི་ལྡེབ་གྲངས་182ཉིན་ངོས་ལས་དྲངས།

④ འབྲས་སྤུངས་དགོན་གྱི་ཤེར་ཕྱིན་སྟོང་ཕྲག་བརྒྱད་པ་པོད་ཁ་པའི་ལྡེབ་གྲངས་191ཉིན་ངོས་ལས་དྲངས།

⑤ འབྲས་སྤུངས་དགོན་གྱི་ཤེར་ཕྱིན་སྟོང་ཕྲག་བརྒྱད་པ་པོད་ཁ་པའི་ལྡེབ་གྲངས་197སྲིབ་ངོས་ལས་དྲངས།

⑥ འབྲས་སྤུངས་དགོན་གྱི་ཤེར་ཕྱིན་སྟོང་ཕྲག་བརྒྱད་པ་པོད་ཁ་པའི་ལྡེབ་གྲངས་225སྲིབ་ངོས་ལས་དྲངས།

⑦ འབྲས་སྤུངས་དགོན་གྱི་ཤེར་ཕྱིན་སྟོང་ཕྲག་བརྒྱད་པ་པོད་ཁ་པའི་ལྡེབ་གྲངས་111སྲིབ་ངོས་ལས་དྲངས།

⑧ འབྲས་སྤུངས་དགོན་གྱི་ཤེར་ཕྱིན་སྟོང་ཕྲག་བརྒྱད་པ་པོད་ཁ་པའི་ལྡེབ་གྲངས་223ཉིན་ངོས་ལས་དྲངས།

⑨ འབྲས་སྤུངས་དགོན་གྱི་ཤེར་ཕྱིན་སྟོང་ཕྲག་བརྒྱད་པ་པོད་ཁ་པའི་ལྡེབ་གྲངས་231ཉིན་ངོས་ལས་དྲངས།

ཅུ་འོ།།[1] ཅང་སྟག་ཅུང་བྲིས། ཅེའུ་ཅེང་ཞུས། ཕབ་ཏིང་ཡང་ཞུས། སེང་གེ་སྡེས་སུམ་ཞུས། ༄། །ཤེས་རབ་ཀྱི་ཕ་རོལ་ཏུ་ཕྱིན་པ་སྟོང་ཕྲག་བརྒྱ་པ་དུམ་བུ་གཉིས་པ་བམ་པོ་སུམ་ཅུ་གཅིག་གོ།[2] ཅང་ལེགས་རྒྱས་བྲིས། དམ་ཚོང་ཞུས། ཕབ་ཏིང་ཡང་ཞུས། ཤང་བེན་སུམ་ཞུས། ༄། །ཤེས་རབ་ཀྱི་ཕ་རོལ་ཏུ་ཕྱིན་པ་སྟོང་ཕྲག་བརྒྱ་པ་དུམ་བུ་གཉིས་པ་བམ་པོ་སུམ་ཅུ་གཉིས་སོ།[3] ཅང་ལེགས་རྒྱས་བྲིས། དམ་ཚོང་ཞུས། ཕབ་ཏིང་ཡང་ཞུས། ཤང་བེན་སུམ་ཞུས། ༄། །ཤེས་རབ་ཀྱི་ཕ་རོལ་ཏུ་ཕྱིན་པ་སྟོང་ཕྲག་བརྒྱ་པ་དུམ་བུ་གཉིས་པ་བམ་པོ་སུམ་ཅུ་གསུམ་མོ།[4] ཅང་ལེགས་རྒྱས་བྲིས། དམ་ཚོང་ཞུས། ཕབ་ཏིང་ཡང་ཞུས། ཤང་བེན་སུམ་ཞུས། ༄། །ཤེས་རབ་ཀྱི་ཕ་རོལ་ཏུ་ཕྱིན་པ་སྟོང་ཕྲག་བརྒྱ་པ་དུམ་བུ་གཉིས་པ་བམ་པོ་སུམ་ཅུ་བཞི་འོ།[5] སྟག་སྐྱེས་བྲིས། དམ་ཙོང་ཞུས། ཕབ་ཏིང་ཡང་ཞུས། ཤང་བེན་སུམ་ཞུས། ༄། །ཤེས་རབ་ཀྱི་ཕ་རོལ་ཏུ་ཕྱིན་པ་སྟོང་ཕྲག་བརྒྱ་པ་དུམ་བུ་གཉིས་པ་བམ་པོ་སུམ་ཅུ་ལྔ་འོ།[6] སྟག་སྐྱེས་བྲིས། དམ་ཙོང་ཞུས། ཕབ་ཏིང་ཡང་ཞུས། ཤང་བེན་སུམ་ཞུས། ༄། །ཤེས་རབ་ཀྱི་ཕ་རོལ་ཏུ་ཕྱིན་པ་སྟོང་ཕྲག་བརྒྱ་པ་དུམ་བུ་གཉིས་པ་བམ་པོ་སུམ་ཅུ་དྲུག་གོ།[7] སོང་ལེགས་སྣང་བྲིས། དམ་ཙོང་ཞུས། ཆོས་ཀྱི་སྒྲོན་མ་ཡང་ཞུས། འོད་སྣང་སུམ་ཞུས། ༄། །ཤེས་རབ་ཀྱི་ཕ་རོལ་ཏུ་ཕྱིན་པ་སྟོང་ཕྲག་བརྒྱ་པ་དུམ་བུ་གཉིས་པ་བམ་པོ་སུམ་ཅུ་བདུན་ནོ།[8] བརྟན་ཀོང་བྲིས། དམ་ཙོང་ཞུས། ཕབ་ཏིང་ཡང་ཞུས། ཇོ་ཀྱེ་སུམ་ཞུས། ༄། །ཤེས་རབ་ཀྱི་ཕ་རོལ་ཏུ་ཕྱིན་པ་སྟོང་ཕྲག་བརྒྱ་པ་དུམ་བུ་གཉིས་པ་བམ་པོ་སུམ་ཅུ་དགུའོ།[9] བརྟན་ཀོང་བྲིས། དམ་ཙོང་ཞུས། ཕབ་ཏིང་ཡང་ཞུས། ཡེ་ཤེས་རྒྱམ་སུམ་ཞུས། ༄། །ཤེས་རབ་ཀྱི་ཕ་རོལ་ཏུ་ཕྱིན་པ་སྟོང་ཕྲག་བརྒྱ་པ་དུམ་བུ་གཉིས་པ་བམ་པོ་སུམ་ཅུ་དགུའོ།[10] བརྟན་ཀོང་བྲིས། དམ་ཙོང་

---

① འབྲས་སྤུངས་དགོན་གྱི་ཤེར་ཕྱིན་སྟོང་ཕྲག་བརྒྱ་པ་པོད་ཁ་པའི་ལྡེབ་གྲངས་238ཉིན་ངོས་ལས་དྲངས།

② འབྲས་སྤུངས་དགོན་གྱི་ཤེར་ཕྱིན་སྟོང་ཕྲག་བརྒྱ་པ་པོད་ཁ་པའི་ལྡེབ་གྲངས་245ཉིན་ངོས་ལས་དྲངས།

③ འབྲས་སྤུངས་དགོན་གྱི་ཤེར་ཕྱིན་སྟོང་ཕྲག་བརྒྱ་པ་པོད་ཁ་པའི་ལྡེབ་གྲངས་250སྒྲིབ་ངོས་ལས་དྲངས།

④ འབྲས་སྤུངས་དགོན་གྱི་ཤེར་ཕྱིན་སྟོང་ཕྲག་བརྒྱ་པ་པོད་ཁ་པའི་ལྡེབ་གྲངས་258ཉིན་ངོ་ལས་དྲངས།

⑤ འབྲས་སྤུངས་དགོན་གྱི་ཤེར་ཕྱིན་སྟོང་ཕྲག་བརྒྱ་པ་པོད་ཁ་པའི་ལྡེབ་གྲངས་266ཉིན་ངོས་ལས་དྲངས།

⑥ འབྲས་སྤུངས་དགོན་གྱི་ཤེར་ཕྱིན་སྟོང་ཕྲག་བརྒྱ་པ་པོད་ཁ་པའི་ལྡེབ་གྲངས་274སྒྲིབ་ངོས་ལས་དྲངས།

⑦ འབྲས་སྤུངས་དགོན་གྱི་ཤེར་ཕྱིན་སྟོང་ཕྲག་བརྒྱ་པ་པོད་ཁ་པའི་ལྡེབ་གྲངས་282སྒྲིབ་ངོས་དྲངས།

⑧ འབྲས་སྤུངས་དགོན་གྱི་ཤེར་ཕྱིན་སྟོང་ཕྲག་བརྒྱ་པ་པོད་ཁ་པའི་ལྡེབ་གྲངས་་297ཉིན་ངོས་ལས་དྲངས།

⑨ འབྲས་སྤུངས་དགོན་གྱི་ཤེར་ཕྱིན་སྟོང་ཕྲག་བརྒྱ་པ་པོད་ཁ་པའི་ལྡེབ་གྲངས་322 སྒྲིབ་ངོས་དྲངས།

⑩ འབྲས་སྤུངས་དགོན་གྱི་ཤེར་ཕྱིན་སྟོང་ཕྲག་བརྒྱ་པ་པོད་ཁ་པའི་ལྡེབ་གྲངས་371 སྒྲིབ་ངོས་དྲངས།

ཞུས། ཕབ་ཏིང་ཡང་ཞུས། དེའུ་ཅིང་སུམ་ཞུས། ༄༅།ཤེས་རབ་ཀྱི་ཕ་རོལ་ཏུ་ཕྱིན་པ་སྟོང་ཕྲག་བརྒྱད་པ་དུམ་བུ་གཉིས་པ་བམ་པོ་བཞི་བཅུ་གཅིག་གོ།[1] ཅང་ལྷ་སྣང་བྲིས། དམ་ཚོང་ཞུས། ཆོས་ཀྱི་སྒྲོན་མས་ཡང་ཞུས། ཤང་བེན་སུམ་ཞུས། ༄༅།ཤེས་རབ་ཀྱི་ཕ་རོལ་ཏུ་ཕྱིན་པ་སྟོང་ཕྲག་བརྒྱད་པ་དུམ་བུ་གཉིས་པ་བམ་པོ་བཞ་བཅུ་གཉིས་སོ།[2] ཅང་ལྷ་སྣང་གིས་བྲིས། དཾ་ཚོང་ཞུས། སྒྲོན་མས་ཡང་ཞུས། ཤང་བེན་སུམ་ཞུས། ༄༅།ཤེས་རབ་ཀྱི་ཕ་རོལ་ཏུ་ཕྱིན་པ་སྟོང་ཕྲག་བརྒྱད་པ་དུམ་བུ་གཉིས་པ་བམ་པོ་བཞི་བཅུ་གསུམ་མོ།[3] ཅང་ལྷ་སྣང་གིས་བྲིས། །དམ་ཚོང་ཞུས། སྒྲོན་མས་ཡང་ཞུས། ཤང་བེན་སུམ་ཞུས། ༄༅།ཤེས་རབ་ཀྱི་ཕ་རོལ་ཏུ་ཕྱིན་པ་སྟོང་ཕྲག་བརྒྱད་པ་དུམ་བུ་གཉིས་པ་བམ་པོ་བཞི་བཅུ་བཞིའོ། །[4] ཅང་ལྷ་ལེགས་བྲིས། །ཆིའུ་ཛིང་ཞུས། སྒྲོན་མས་ཡང་ཞུས། ཕབ་དར་སུམ་ཞུས། ༄༅།ཤེས་རབ་ཀྱི་ཕ་རོལ་ཏུ་ཕྱིན་པ་སྟོང་ཕྲག་བརྒྱད་པ་དུམ་བུ་གཉིས་པ་བམ་པོ་བཞི་བཅུ་ལྔའོ།[5] ཅང་ལྷ་སྣང་གིས་བྲིས། །དམ་ཚོང་ཞུས། ཆོས་ཀྱི་སྒྲོན་མས་ཡང་ཞུས། ཕབ་ཏར་སུམ་ཞུས།༄༅།ཤེས་རབ་ཀྱི་ཕ་རོལ་ཏུ་ཕྱིན་པ་སྟོང་ཕྲག་བརྒྱད་པ་དུམ་བུ་གཉིས་པ་བམ་པོ་བཞི་བཅུ་དྲུག་གོ།[6] ཅང་ལྷ་སྣང་གིས་བྲིས། དམ་ཚོང་ཞུས། སྒྲོན་མས་ཡང་ཞུས། ཕབ་ཏར་སུམ་ཞུས། ༄༅།ཤེས་རབ་ཀྱི་ཕ་རོལ་ཏུ་ཕྱིན་པ་སྟོང་ཕྲག་བརྒྱད་པ་དུམ་བུ་གཉིས་པ་བམ་པོ་བཞི་བཅུ་བདུནོ༔།[7] ལྷ་སྣང་གིས་བྲིས། དམ་ཚོང་ཞུས། ཆོས་ཀྱི་སྒྲོན་མས་ཡང་ཞུས། སེང་གེ་སྡེས་སུམ་ཞུས། ༄༅།ཤེས་རབ་ཀྱི་ཕ་རོལ་ཏུ་ཕྱིན་པ་སྟོང་ཕྲག་བརྒྱད་པ་དུམ་བུ་གཉིས་པ་བམ་པོ་གཞི་བཅུ་བརྒྱད་དོ།[8] ལྷ་སྣང་གིས་བྲིས། །དམ་ཚོང་ཞུས། ཆོས་ཀྱི་སྒྲོན་མས་ཡང་ཞུས། ཕབ་ཏར་སུམ་ཞུས། ༄༅།ཤེས་རབ་ཀྱི་ཕ་རོལ་ཏུ་ཕྱིན་པ་སྟོང་ཕྲག་བརྒྱ་པ་དུམ་བུ་གཉིས་པ་བམ་པོ་བཞི་བཅུ་དགུའོ།[9] ཅང་ལྷ་སྣང་གིས་བྲིས། དམ་ཚོང་ཞུས། ཕབ་ཏིང་ཡང་ཞུས། ཕབ་ཏར་སུཾ་ཞུས། ༄༅།ཤེས་རབ་ཀྱི་ཕ་རོལ་

① འབྲས་སྤུངས་དགོན་གྱི་ཤེར་ཕྱིན་སྟོང་ཕྲག་བརྒྱད་པ་པོད་ཁ་པའི་ལྡེབ་གྲངས་378ཉིན་ངོས་ལས་དྲངས།
② འབྲས་སྤུངས་དགོན་གྱི་ཤེར་ཕྱིན་སྟོང་ཕྲག་བརྒྱད་པ་པོད་ཁ་པའི་ལྡེབ་གྲངས་324 སྲིབ་ངོས་དྲངས།
③ འབྲས་སྤུངས་དགོན་གྱི་ཤེར་ཕྱིན་སྟོང་ཕྲག་བརྒྱད་པ་པོད་ཁ་པའི་ལྡེབ་གྲངས་་332ཉིན་ངོས་ལས་དྲངས།
④ འབྲས་སྤུངས་དགོན་གྱི་ཤེར་ཕྱིན་སྟོང་ཕྲག་བརྒྱད་པ་པོད་ཁ་པའི་ལྡེབ་གྲངས་339 སྲིབ་ངོས་དྲངས།
⑤ འབྲས་སྤུངས་དགོན་གྱི་ཤེར་ཕྱིན་སྟོང་ཕྲག་བརྒྱད་པ་པོད་ཁ་པའི་ལྡེབ་གྲངས་347ཉིན་ངོས་ལས་དྲངས།
⑥ འབྲས་སྤུངས་དགོན་གྱི་ཤེར་ཕྱིན་སྟོང་ཕྲག་བརྒྱད་པ་པོད་ཁ་པའི་ལྡེབ་གྲངས་354 སྲིབ་ངོས་དྲངས།
⑦ འབྲས་སྤུངས་དགོན་གྱི་ཤེར་ཕྱིན་སྟོང་ཕྲག་བརྒྱད་པ་པོད་ཁ་པའི་ལྡེབ་གྲངས་363 སྲིབ་ངོས་དྲངས།
⑧ འབྲས་སྤུངས་དགོན་གྱི་ཤེར་ཕྱིན་སྟོང་ཕྲག་བརྒྱད་པ་པོད་ཁ་པའི་ལྡེབ་གྲངས་371ཉིན་ངོས་ལས་དྲངས།
⑨ འབྲས་སྤུངས་དགོན་གྱི་ཤེར་ཕྱིན་སྟོང་ཕྲག་བརྒྱད་པ་པོད་ཁ་པའི་ལྡེབ་གྲངས་380ཉིན་ངོས་ལས་དྲངས།

དུ་ཕྱིན་པ་སྟོང་ཕྲག་བརྒྱ་པ་དུམ་བུ་གཉིས་པ་བམ་པོ་ལྔ་བཅུ་པོ།[1] ཅང་ལྷ་སྣང་གིས་བྲིས། དམ་ཚོང་ཞུས། ཕབ་ཏིང་ཡང་ཞུས། ཤང་བེན་སུམ་ཞུས། ༄༅།།ཤེས་རབ་ཀྱི་ཕ་རོལ་དུ་ཕྱིན་པ་སྟོང་ཕྲག་བརྒྱ་པ་དུམ་བུ་གཉིས་པ་བམ་པོ་ལྔ་བཅུ་གཅིག་གོ།[2] བམ་སྟག་སླེབས་བྲིས། ཆེའུ་ཅིང་ཞུས། སེང་གེ་སྟེས་ཡང་ཞུས། ཤང་བེན་སུམ་ཞུས། ༄༅།།ཤེས་རབ་ཀྱི་ཕ་རོལ་དུ་ཕྱིན་པ་སྟོང་ཕྲག་བརྒྱ་པ་དུམ་བུ་གཉིས་པ་བམ་པོ་ལྔ་བཅུ་གཉིས་སོ།[3] བམ་སྟག་སླེབས་བྲིས། །ཆེའུ་ཅིང་ཞུས། སེང་གེ་སྟེས་ཡང་ཞུས། ཤང་བེན་སུམ་ཞུས། ༄༅།།ཤེས་རབ་ཀྱི་ཕ་རོལ་དུ་ཕྱིན་པ་སྟོང་ཕྲག་བརྒྱ་པ་དུམ་བུ་གཉིས་པ་བམ་པོ་ལྔ་བཅུ་གསུམ་མོ།[4] ཆེའ་སྟག་ཟིགས་བྲིས། ཆེའུ་ཅིང་ཞུས། སེང་གེ་སྟེས་ཡང་ཞུས། ཤང་བེན་སུམ་ཞུས། ༄༅།།ཤེས་རབ་ཀྱི་ཕ་རོལ་དུ་ཕྱིན་པ་སྟོང་ཕྲག་བརྒྱ་པ་དུམ་བུ་གཉིས་པ་བམ་པོ་ལྔ་བཅུ་བཞིའོ།[5] ཆེའི་སྟག་ཟིགས་བྲིས། ཆེའུ་ཅིང་ཞུས། སེང་གེ་སྟེས་ཡང་ཞུས། ཤང་བེན་སུམ། ༄༅།།ཤེས་རབ་ཀྱི་ཕ་རོལ་དུ་ཕྱིན་པ་སྟོང་ཕྲག་བརྒྱ་པ་དུམ་བུ་གཉིས་པ་བམ་པོ་ལྔ་བཅུ་ལྔའོ།[6] ཀླུ་རྒྱས་བྲིས། ཆེའུ་ཅིང་ཞུས། སེང་གེ་སྟེས་ཡང་ཞུས། ཤང་བེན་སུམ་ཞུས། ༄༅།།ཤེས་རབ་ཀྱི་ཕ་རོལ་དུ་ཕྱིན་པ་སྟོང་ཕྲག་བརྒྱ་པ་དུམ་བུ་གཉིས་པ་བམ་པོ་ལྔ་བཅུ་དྲུག་གོ།།[7] ཀླུ་རྒྱས་བྲིས། ཆེའུ་ཅིང་ཞུས། སེང་གེ་སྟེས་ཡང་ཞུས། ཤང་བེན་སུམ་ཞུས། ༄༅།།ཤེས་རབ་ཀྱི་ཕ་རོལ་དུ་ཕྱིན་པ་སྟོང་ཕྲག་བརྒྱ་པ་དུམ་བུ་གཉིས་པ་བམ་པོ་ལྔ་བཅུ་བདུན་ནོ།[8] ཀླུ་རྒྱས་བྲིས། ཆེའུ་ཅིང་ཞུས། སེང་གེ་སྟེས་ཡང་ཞུས། ཤང་བེན་སུམ་ཞུས། ༄༅།།ཤེས་རབ་ཀྱི་ཕ་རོལ་དུ་ཕྱིན་པ་སྟོང་ཕྲག་བརྒྱ་པ་དུམ་བུ་གཉིས་པ་བམ་པོ་ལྔ་བཅུ་བརྒྱད་དོ།[9] སོང་ལེགས་སྣང་བྲིས། ཆེའུ་ཅིང་ཞུས། སེང་གེ་སྟེས་ཡང་ཞུས། ཤང་བེན་སུམ་ཞུས། ༄༅།།ཤེས་རབ་ཀྱི་ཕ་རོལ་དུ་ཕྱིན་པ་སྟོང་ཕྲག་བརྒྱ་པ་དུམ་བུ་

① འབྲས་སྤུངས་དགོན་གྱི་ཤེར་ཕྱིན་སྟོང་ཕྲག་བརྒྱའ་པ་པོད་ཁ་པའི་ལྡེབ་གྲངས་388ཉིན་ངོས་ལས་དྲངས།

② འབྲས་སྤུངས་དགོན་གྱི་ཤེར་ཕྱིན་སྟོང་ཕྲག་བརྒྱའ་པ་པོད་ཁ་པའི་ལྡེབ་གྲངས་396ཉིན་ངོས་ལས་དྲངས།

③ འབྲས་སྤུངས་དགོན་གྱི་ཤེར་ཕྱིན་སྟོང་ཕྲག་བརྒྱའ་པ་པོད་ཁ་པའི་ལྡེབ་གྲངས་424ཉིན་ངོས་ལས་དྲངས།

④ འབྲས་སྤུངས་དགོན་གྱི་ཤེར་ཕྱིན་སྟོང་ཕྲག་བརྒྱའ་པ་པོད་ཁ་པའི་ལྡེབ་གྲངས་412ཉིན་ངོས་ལས་དྲངས།

⑤ འབྲས་སྤུངས་དགོན་གྱི་ཤེར་ཕྱིན་སྟོང་ཕྲག་བརྒྱའ་པ་པོད་ཁ་པའི་ལྡེབ་གྲངས་418 སྦྱིབ་ངོས་དྲངས།

⑥ འབྲས་སྤུངས་དགོན་གྱི་ཤེར་ཕྱིན་སྟོང་ཕྲག་བརྒྱའ་པ་པོད་ཁ་པའི་ལྡེབ་གྲངས་424ཉིན་ངོས་ལས་དྲངས།

⑦ འབྲས་སྤུངས་དགོན་གྱི་ཤེར་ཕྱིན་སྟོང་ཕྲག་བརྒྱའ་པ་པོད་ཁ་པའི་ལྡེབ་གྲངས་432ཉིན་ངོས་ལས་དྲངས།

⑧ འབྲས་སྤུངས་དགོན་གྱི་ཤེར་ཕྱིན་སྟོང་ཕྲག་བརྒྱའ་པ་པོད་ཁ་པའི་ལྡེབ་གྲངས་441ཉིན་ངོས་ལས་དྲངས།

⑨ འབྲས་སྤུངས་དགོན་གྱི་ཤེར་ཕྱིན་སྟོང་ཕྲག་བརྒྱའ་པ་པོད་ཁ་པའི་ལྡེབ་གྲངས་449 སྦྱིབ་ངོས་དྲངས།

གཉིས་པ་བམ་པོ་ལྔ་བཅུ་དགུ་པ། [1] སོང་ལེགས་སྣང་གིས་བྲིས། །ཆེའུ་ཅིང་ཞུས། སེང་གེ་སྐྱེས་ཡང་ཞུས། ཤང་བེན་སུམ་ཞུས། ༄ཤེས་རབ་ཀྱི་ཕ་རོལ་ཏུ་ཕྱིན་པ་སྟོང་ཕྲག་བརྒྱ་པ་དུམ་བུ་གཉིས་པ་བམ་པོ་དྲུག་ཅུ་པ། [2] སོང་ལེགས་སྣང་བྲིས། ཆེའུ་ཅིང་ཞུས། སེང་གེ་སྐྱེས་ཡང་ཞུས། ཤང་བེན་སུམ་ཞུས། ༄ཤེས་རབ་ཀྱི་ཕ་རོལ་ཏུ་ཕྱིན་པ་སྟོང་ཕྲག་བརྒྱ་པ་དུམ་བུ་གཉིས་པ་བམ་པོ་དྲུག་ཅུ་རྩ་གཅིག་གོ། [3] ཅང་ལྷ་ལོད་གྱིས་བྲིས། ཆེའུ་ཅིང་ཞུས། ཕབ་ཧིང་ཡང་ཞུས། དམ་ཙོང་སུཾ་ཞུས། ༄ཤེས་རབ་ཀྱི་ཕ་རོལ་ཏུ་ཕྱིན་པ་སྟོང་ཕྲག་བརྒྱ་པ་དུམ་བུ་གཉིས་པ་བམ་པོ་དྲུག་ཅུ་གཉིས་སོ། [4] ཅང་ལྷ་ལོད་གྱིས་བྲིས་། ཆེའུ་ཆིང་ཞུས། ཕབ་དར་ཡང་ཞུས། དཾ་ཙོང་སུཾ་ཞུས། ༄ཤེས་རབ་ཀྱི་ཕ་རོལ་ཏུ་ཕྱིན་པ་སྟོང་ཕྲག་བརྒྱའ་པ་དུམ་བུ་གཉིས་པ་བམ་པོ་དྲུག་ཅུ་བཞི་པོ། [5] ཅང་ལྷ་ལོད་གྱིས་བྲིས། ཆེའུ་ཆིང་ཞུས། ཕབ་དར་ཡང་ཞུས། དཾ་ཙོང་སུཾ་ཞུས། ༄ཤེས་རབ་ཀྱི་ཕ་རོལ་ཏུ་ཕྱིན་པ་སྟོང་ཕྲག་བརྒྱ་པ་དུམ་བུ་གཉིས་པ་བམ་པོ་དྲུག་ཅུ་ལྔ་པོ། [6] ལྷ་ལོད་གྱིས་བྲིས། ཆེའུ་ཆིང་ཞུས། ཕབ་དར་ཡང་ཞུས། དཾཙོང་སུཾ་ཞུས། ༄ཤེས་རབ་ཀྱི་ཕ་རོལ་ཏུ་ཕྱིན་པ་སྟོང་ཕྲག་བརྒྱ་པ་དུམ་བུ་གཉིས་པ་བམ་པོ་དྲུག་ཅུ་དྲུག་གོ། [7] ལྡ་ལྷ་ལོད་གྱིས་བྲིས། ཆེའུ་ཆིང་ཞུས། ཕབ་དར་ཡང་ཞུས། དམ་ཙོང་སུམ་ཞུས། ༄ཤེས་རབ་ཀྱི་ཕ་རོལ་ཏུ་ཕྱིན་པ་སྟོང་ཕྲག་བརྒྱ་པ་དུམ་བུ་གཉིས་པ་བམ་པོ་དྲུག་ཅུ་བདུན་ནོ། [8] ལྷ་ལོད་གྱིས་བྲིས། ཆེའུ་ཆིང་ཞུས། ཕབ་དར་ཡང་ཞུས། དམ་ཙོང་སུམ་ཞུས། ༄ཤེས་རབ་ཀྱི་ཕ་རོལ་ཏུ་ཕྱིན་པ་སྟོང་ཕྲག་བརྒྱའ་པ་དུམ་བུ་གཉིས་པ་བམ་པོ་དྲུག་ཅུ་དགུ་པོ། [9] ཅང་ལྷ་ལོད་གྱིས་བྲིས། ཆེའུ་ཆིང་ཞུས། ཕབ་དར་ཡང་ཞུས། དཾ་ཙོང་སུཾ་ཞུས། ༄ཤེས་རབ་ཀྱི་ཕ་རོལ་ཏུ་ཕྱིན་པ་སྟོང་ཕྲག་བརྒྱའ་པ་དུམ་བུ་གཉིས་པ་བམ་

---

① འབྲས་སྤུངས་དགོན་གྱི་ཤེར་ཕྱིན་སྟོང་ཕྲག་བརྒྱའ་པ་པོད་ཁ་པའི་ལྡེབ་གྲངས་456ཉིན་ངོས་ལས་དྲངས།

② འབྲས་སྤུངས་དགོན་གྱི་ཤེར་ཕྱིན་སྟོང་ཕྲག་བརྒྱའ་པ་པོད་ཁ་པའི་ལྡེབ་གྲངས་463 སྦྱིབ་ངོས་དྲངས།

③ འབྲས་སྤུངས་དགོན་གྱི་ཤེར་ཕྱིན་སྟོང་ཕྲག་བརྒྱའ་པ་པོད་ཁ་པའི་ལྡེབ་གྲངས་470 སྦྱིབ་ངོས་དྲངས།

④ འབྲས་སྤུངས་དགོན་གྱི་ཤེར་ཕྱིན་སྟོང་ཕྲག་བརྒྱའ་པ་པོད་ཁ་པའི་ལྡེབ་གྲངས་478ཉིན་ངོས་ལས་དྲངས།

⑤ འབྲས་སྤུངས་དགོན་གྱི་ཤེར་ཕྱིན་སྟོང་ཕྲག་བརྒྱའ་པ་པོད་ཁ་པའི་ལྡེབ་གྲངས་492ཉིན་ངོས་ལས་དྲངས།

⑥ འབྲས་སྤུངས་དགོན་གྱི་ཤེར་ཕྱིན་སྟོང་ཕྲག་བརྒྱའ་པ་པོད་ཁ་པའི་ལྡེབ་གྲངས་498ཉིན་ངོས་དྲངས།

⑦ འབྲས་སྤུངས་དགོན་གྱི་ཤེར་ཕྱིན་སྟོང་ཕྲག་བརྒྱའ་པ་པོད་ཁ་པའི་ལྡེབ་གྲངས་502ཉིན་ངོས་ལས་དྲངས།

⑧ འབྲས་སྤུངས་དགོན་གྱི་ཤེར་ཕྱིན་སྟོང་ཕྲག་བརྒྱའ་པ་པོད་ཁ་པའི་ལྡེབ་གྲངས་511 སྦྱིབ་ངོས་དྲངས།

⑨ འབྲས་སྤུངས་དགོན་གྱི་ཤེར་ཕྱིན་སྟོང་ཕྲག་བརྒྱའ་པ་པོད་ཁ་པའི་ལྡེབ་གྲངས་524 སྦྱིབ་ངོས་དྲངས།

པོ་བདུན་ཅུའོ། [1] ཅང་ལྷ་ལོད་ཀྱིས་བྲིས། ཆེའུ་ཆེང་ཞུས། ཕབ་དར་ཡང་ཞུས། དཾ་ཅོང་སུྃ་ཞུས། ༄། ཤེས་རབ་ཀྱི་ཕ་རོལ་ཏུ་ཕྱིན་པ་སྟོང་ཕྲག་བརྒྱ་པ་དུམ་བུ་གཉིས་པ་བམ་པོ་བདུན་ཅུ་གཅིག་གོ། [2] ལྷ་ལོད་ཀྱིས་བྲིས། ཆེའུ་ཆེང་ཞུས། ཕབ་དར་ཡང་ཞུས། དམ་ཅོང་སུམ་ཞུས། ༄། ཤེས་རབ་ཀྱི་ཕ་རོལ་ཏུ་ཕྱིན་པ་སྟོང་ཕྲག་བརྒྱ་པ་དུམ་བུ་གཉིས་པ་བམ་པོ་བདུན་ཅུ་གཉིས་སོ། [3] ལྷ་ལོད་ཀྱིས་བྲིས། ཆེའུ་ཆེང་ཞུས། ཕབ་དར་ཡང་ཞུས། དམ་ཅོང་སུྃ་ཞུས། ༄། ཤེས་རབ་ཀྱི་ཕ་རོལ་ཏུ་ཕྱིན་པ་སྟོང་ཕྲག་བརྒྱ་པ་དུམ་བུ་གཉིས་པ་བམ་པོ་བདུན་ཅུ་གསུམ་མོ། [4] དོ་ལྷ་སྒྲིན་བྲིས། ཆེའུ་ཆེང་ཞུས། ཅི་ཀྱིན་ཡང་ཞུས། དམ་ཅོང་སུམ་ཞུས། ༄། ཤེས་རབ་ཀྱི་ཕ་རོལ་ཏུ་ཕྱིན་པ་སྟོང་ཕྲག་བརྒྱ་པ་དུམ་བུ་གཉིས་པ་བམ་པོ་བདུན་ཅུ་བཞིའོ། [5] དོ་ལྷ་སྒྲིན་བྲིས། ཆེའུ་ཆེང་ཞུས། དམ་ཅོང་ཡང་ཞུས། ཕབ་ཧིང་སུམ་ཞུས། ༄། ཤེས་རབ་ཀྱི་ཕ་རོལ་ཏུ་ཕྱིན་པ་སྟོང་ཕྲག་བརྒྱས་དུམ་བུ་གཉིས་པ་བམ་པོ་བདུན་ཅུ་ལྔའོ། [6] དོ་ལྷ་སྒྲིན་བྲིས་། ཆེའུ་ཆེང་ཞུས། ཐམ་ཚོང་ཡང་ཞུས། ཕབ་དར་སུམ་ཞུས། ༄། ཤེས་རབ་ཀྱི་ཕ་རོལ་ཏུ་ཕྱིན་པ་སྟོང་ཕྲག་བརྒྱས་དུམ་བུ་གཉིས་པ་བམ་པོ་བདུན་ཅུ་དྲུག་གོ། [7] ཞེས་པ་བཅས་ནི་དཔལ་ལྡན་འབྲས་སྤུངས་དགོན་དུ་བཞུགས་པའི་མངའ་བདག་ཁྲི་གཙུག་ལྡེ་བཙན་ (755-797) གྱི་ཀླ་འབུམ་དུ་གྲགས་པ་དེའི་ཡིག་མཁན་དང་ཞུས་དག་མཁན། བམ་གྲངས་བཅས་ཡིན།

① འབྲས་སྤུངས་དགོན་གྱི་ཤེར་ཕྱིན་སྟོང་ཕྲག་བརྒྱའ་པ་པོད་ཁ་པའི་ལྡེབ་གྲངས་531 སྲིབ་ངོས་དྲངས།

② འབྲས་སྤུངས་དགོན་གྱི་ཤེར་ཕྱིན་སྟོང་ཕྲག་བརྒྱའ་པ་པོད་ཁ་པའི་ལྡེབ་གྲངས་537ཉིན་ངོས་ལས་དྲངས།

③ འབྲས་སྤུངས་དགོན་གྱི་ཤེར་ཕྱིན་སྟོང་ཕྲག་བརྒྱའ་པ་པོད་ཁ་པའི་ལྡེབ་གྲངས་545ཉིན་ངོས་ལས་དྲངས།

④ འབྲས་སྤུངས་དགོན་གྱི་ཤེར་ཕྱིན་སྟོང་ཕྲག་བརྒྱའ་པ་པོད་ཁ་པའི་ལྡེབ་གྲངས་553ཉིན་ངོས་ལས་དྲངས།

⑤ འབྲས་སྤུངས་དགོན་གྱི་ཤེར་ཕྱིན་སྟོང་ཕྲག་བརྒྱའ་པ་པོད་ཁ་པའི་ལྡེབ་གྲངས་560 ཉིན་ངོས་ལས་དྲངས།

⑥ འབྲས་སྤུངས་དགོན་གྱི་ཤེར་ཕྱིན་སྟོང་ཕྲག་བརྒྱའ་པ་པོད་ཁ་པའི་ལྡེབ་གྲངས་567ཉིན་ངོས་ལས་དྲངས།

⑦ འབྲས་སྤུངས་དགོན་གྱི་ཤེར་ཕྱིན་སྟོང་ཕྲག་བརྒྱའ་པ་པོད་ཁ་པའི་ལྡེབ་གྲངས་574 སྲིབ་ངོས་དྲངས།

ལེ་ཚན་གཉིས་པ། རྒྱ་མཚོ་གྲོ་མཁར་ཤེར་ཕྱིན་སྟོང་ཕྲག་བརྒྱད་པ་པོད་ཀ་པའི་བམ་མཚམས།

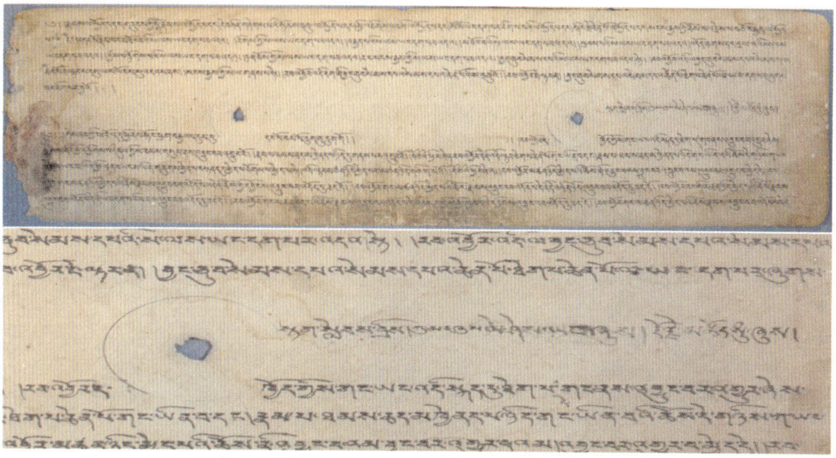

མཛོད་བྱང་མ་དཔེ།

དང་པོ། བམ་མཚམས་མ་བཤུས།

རྒྱ་མཚོ་གྲོ་མཁར་ཆོས་སྡེར་བཞུགས་པའི་གླ་འབུམ་པོད་བཞི་ཡོད་པ་དེ་དག་གི་ཡིག་མཁན་དང་ཞུས་མཁན་སོ་སོའི་མཚན་འཁོད་པ་ལས་པོད་ཀ་པའི་མཛོད་བྱང་ནི། ཅང་སྟག་ཟྲིགས་ཀྱིས་བྲིས། །ཡེ་ཤེས་ཞུས། སེང་གེ་ཡང་ཞུས། ཀུ་མ་ར་སུམ་ཞུས། ༄༅། །ཤེས་རབ་ཀྱི་ཕ་རོལ་དུ་ཕྱིནད་པ་སྟོང་ཕྲག་བརྒྱ་པ་དུམ་བུ་དང་པོ་བམ་པོ་གཉིས་སོ། །[1] ཕ་འཛིས་བྲིས། གཙོ་ནུ་ཞུས། མཆོག་རབ་ཡང་ཞུས། བསོད་ནំས་སྦྱོང་ཞུས། ༄༅། །ཤེས་རབ་ཀྱི་ཕ་རོལ་དུ་ཕྱིནད་པ་སྟོང་ཕྲག་བརྒྱ་པ་དུམ་བུ་དང་པོ་བམ་པོ་བཞི་འོ། [2] སྟག་ཟྲིགས་བྲིས། ཛེ་འགིམ་ཞུས། སེང་གེ་ཡང་ཞུས། ཀུ་མ་ར་སྦྱོང་ཞུས། ༄༅། །ཤེས་རབ་ཀྱི་ཕ་རོལ་དུ་ཕྱིནད་པ་སྟོང་ཕྲག་བརྒྱ་པ་དུམ་བུ་དང་པོ་བམ་པོ་ལྔའོ། ། [3] ཕ་འཛིས་བྲིས། །གཙུག་ལ་ཧོར་ཞུས། སེང་འགེ་ཡང་ཞུས། ཀུ་མ་ར་སྦྱོང་ཞུས། ༄༅། །ཤེས་རབ་ཀྱི་ཕ་རོལ་དུ་ཕྱིནད་པ་སྟོང་ཕྲག་བརྒྱད་པ་དུམ་བུ་དང་པོ་བམ་པོ་དྲུག་གོ། ། [4] ཕ་འཛིས་

---

① རྒྱ་མཚོ་གྲོ་མཁར་ཆོས་སྡེའི་ཤེས་རབ་ཀྱི་ཕ་རོལ་དུ་ཕྱིན་པ་སྟོང་ཕྲག་བརྒྱད་པ་པོད་ཀ་པའི་ལྡེབ་གྲངས་8ཉིན་ངོས་ལས་དྲངས།

② རྒྱ་མཚོ་གྲོ་མཁར་ཆོས་སྡེའི་ཤེས་རབ་ཀྱི་ཕ་རོལ་དུ་ཕྱིན་པ་སྟོང་ཕྲག་བརྒྱད་པ་པོད་ཀ་པའི་ལྡེབ་གྲངས་25 སྲིབ་ངོས་ལས་དྲངས།

③ རྒྱ་མཚོ་གྲོ་མཁར་ཆོས་སྡེའི་ཤེས་རབ་ཀྱི་ཕ་རོལ་དུ་ཕྱིན་པ་སྟོང་ཕྲག་བརྒྱད་པ་པོད་ཀ་པའི་ལྡེབ་གྲངས་33 སྲིབ་ངོས་ལས་དྲངས།

④ རྒྱ་མཚོ་གྲོ་མཁར་ཆོས་སྡེའི་ཤེས་རབ་ཀྱི་ཕ་རོལ་དུ་ཕྱིན་པ་སྟོང་ཕྲག་བརྒྱད་པ་པོད་ཀ་པའི་ལྡེབ་གྲངས་40 སྲིབ་ངོས་ལས་དྲངས།

བྲིས་། གཙུག་ལ་ཧོར་ཞུས། །ཇོ་ཛེ་ཡང་ཞུས། ཀུ་མ་ར་སུཾ་ཞུས། ༄༅། ཤེས་རབ་ཀྱི་ཕ་རོལ་ཏུ་ཕྱིནད་པ་སྟོང་ཕྲག་བརྒྱའ་པ་དུམ་བུ་དང་པོ་བམ་པོ་བདུན་ནོ། །[1] ཚར་ལོང་ཁྲིམ་འཕན་བྲིས། ཀུ་མ་ར་ཞུས། བསོད་ནམས་ཡང་ཞུས། སྟག་ལ་རྟེན་སུམ་ཞུས། ༄༅། ཤེས་རབ་ཀྱི་ཕ་རོལ་ཏུ་ཕྱིན་པ་སྟོང་ཕྲག་བརྒྱ་པ་དུམ་བུ་དང་པོ་བམ་པོ་བཅུ་གཉིས་སོ། [2] ཁྲིམ་འཕན་གྱིས་བྲིས། ཀུ་མ་ར་ཞུས། འདྲོན་བ་ཡང་ཞུས། མཆོག་རབ་སུཾ་ཞུས། ༄༅།ཤེས་རབ་ཀྱི་ཕ་རོལ་ཏུ་ཕྱིན་པ་སྟོང་ཕྲག་བརྒྱའ་པ་དུམ་བུ་དང་པོ་བམ་པོ་བཅུ་གསུམ་མོ། །[3] ཚར་ལོང་ཁྲིམ་འཕན་བྲིས། ཀུ་མ་ར་ཞུས། འདྲོན་བ་ཡང་ཞུས། སྟག་ལ་རྟེན་སུཾ་ཞུས། ༄༅། ཤེས་རབ་ཀྱི་ཕ་རོལ་ཏུ་ཕྱིནད་པ་སྟོང་ཕྲག་བརྒྱའ་པ་དུམ་བུ་དང་པོ་བམ་པོ་བཅུ་བཞིའོ། །[4] ཁྲིམ་འཕན་བྲིས། །ཀུ་མ་ར་ཞུས། །འདྲོན་བ་ཡང་ཞུས། སྟག་ལ་རྟེན་སུཾ་ཞུས། ༄༅། ཤེས་རབ་ཀྱི་ཕ་རོལ་ཏུ་ཕྱིན་པ་སྟོང་ཕྲག་བརྒྱའ་པ་དུམ་བུ་དང་པོ་བམ་པོ་བཅོ་ལྔ་འོ། །[5] ཁྲིམ་འཕན་བྲིས་། ཀུ་མ་ར་ཞུས། འདྲོན་བ་ཡང་ཞུས། མཆོག་རབ་སུམ་ཞུས། ༄༅། ཤེས་རབ་ཀྱི་ཕ་རོལ་ཏུ་ཕྱིན་པ་སྟོང་ཕྲག་བརྒྱ་པ་དུམ་བུ་དང་པོ་བམ་པོ་བཅུ་དྲུག་གོ། །[6] ཁྲིམ་འཕན་བྲིས། ཀུ་མ་ར་ཞུས། བསོད་ནམས་ཡང་ཞུས། མཆོག་རབ་སུམ་ཞུས། །༄༅། ཤེས་རབ་ཀྱི་ཕ་རོལ་ཏུ་ཕྱིན་པ་སྟོང་ཕྲག་བརྒྱ་པ་དུམ་བུ་དང་པོ་བམ་པོ་བཅུ་བདུན་ནོ། །[7] ཁྲིམ་ཕན་གྱིས་བྲིས་། ཀུ་མ་ར་ཞུས་། འདྲོན་བ་ཡང་ཞུས། མཆོག་རབ་སུམ་ཞུས་། །༄༅། ཤེས་རབ་ཀྱི་ཕ་རོལ་ཏུ་ཕྱིན་པ་སྟོང་ཕྲག་བརྒྱ་པ་དུམ་བུ་དང་པོ་བམ་པོ་བཅོ་བརྒྱད་དོ། །[8] ཁྲིམ་འཕན་བྲིས། ཀུ་མ་ར་ཞུས། བསོད་ནམས་ཡང་ཞུས། །ཛེ་འགེམ་སུམ་ཞུས། ༄༅། ཤེས་རབ་ཀྱི་ཕ་རོལ་ཏུ་ཕྱིན་པ་སྟོང་ཕྲག་བརྒྱའ་པ་དུམ་བུ་དང་པོ་བཅུ་དགུའོ། །[9] ཁྲིམ་འཕན་བྲིས། ཀུ་མ་ར་ཞུས། འདྲོན་བ་ཡང་ཞུས། མཆོག་རབ་ཐ་ཞུས། ༄༅། ཤེས་རབ་ཀྱུ་ཕ་རོལ་ཏུ་ཕྱིན་པ་སྟོང་ཕྲག་བརྒྱའ་པའ་དུམ་བུ་དང་

---

① རྒྱ་མཚོ་གྲོ་མཁར་ཆོས་སྡེའི་ཤེས་རབ་ཀྱི་ཕ་རོལ་ཏུ་ཕྱིན་པ་སྟོང་ཕྲག་བརྒྱའ་པ་པོད་ཀ་པའི་ལྡེབ་གྲངས་48ཉིན་ངོས་ལས་དྲངས།

② རྒྱ་མཚོ་གྲོ་མཁར་ཆོས་སྡེའི་ཤེས་རབ་ཀྱི་ཕ་རོལ་ཏུ་ཕྱིན་པ་སྟོང་ཕྲག་བརྒྱའ་པ་པོད་ཀ་པའི་ལྡེབ་གྲངས་83 སྒྲིབ་ངོས་ལས་དྲངས།

③ རྒྱ་མཚོ་གྲོ་མཁར་ཆོས་སྡེའི་ཤེས་རབ་ཀྱི་ཕ་རོལ་ཏུ་ཕྱིན་པ་སྟོང་ཕྲག་བརྒྱའ་པ་པོད་ཀ་པའི་ལྡེབ་གྲངས་90 སྒྲིབ་ངོས་ལས་དྲངས།

④ རྒྱ་མཚོ་གྲོ་མཁར་ཆོས་སྡེའི་ཤེས་རབ་ཀྱི་ཕ་རོལ་ཏུ་ཕྱིན་པ་སྟོང་ཕྲག་བརྒྱའ་པ་པོད་ཀ་པའི་ལྡེབ་གྲངས་97ཉིན་ངོས་ལས་དྲངས།

⑤ རྒྱ་མཚོ་གྲོ་མཁར་ཆོས་སྡེའི་ཤེས་རབ་ཀྱི་ཕ་རོལ་ཏུ་ཕྱིན་པ་སྟོང་ཕྲག་བརྒྱའ་པ་པོད་ཀ་པའི་ལྡེབ་གྲངས་103 སྒྲིབ་ངོས་ལས་དྲངས།

⑥ རྒྱ་མཚོ་གྲོ་མཁར་ཆོས་སྡེའི་ཤེས་རབ་ཀྱི་ཕ་རོལ་ཏུ་ཕྱིན་པ་སྟོང་ཕྲག་བརྒྱའ་པ་པོད་ཀ་པའི་ལྡེབ་གྲངས་110ཉིན་ངོས་ལས་དྲངས།

⑦ རྒྱ་མཚོ་གྲོ་མཁར་ཆོས་སྡེའི་ཤེས་རབ་ཀྱི་ཕ་རོལ་ཏུ་ཕྱིན་པ་སྟོང་ཕྲག་བརྒྱའ་པ་པོད་ཀ་པའི་ལྡེབ་གྲངས་117ཉིན་ངོས་ལས་དྲངས།

⑧ རྒྱ་མཚོ་གྲོ་མཁར་ཆོས་སྡེའི་ཤེས་རབ་ཀྱི་ཕ་རོལ་ཏུ་ཕྱིན་པ་སྟོང་ཕྲག་བརྒྱའ་པ་པོད་ཀ་པའི་ལྡེབ་གྲངས་125 སྒྲིབ་ངོས་ལས་དྲངས།

⑨ རྒྱ་མཚོ་གྲོ་མཁར་ཆོས་སྡེའི་ཤེས་རབ་ཀྱི་ཕ་རོལ་ཏུ་ཕྱིན་པ་སྟོང་ཕྲག་བརྒྱའ་པ་པོད་ཀ་པའི་ལྡེབ་གྲངས་132 སྒྲིབ་ངོས་ལས་དྲངས།

པོ་བམ་པོ་ཉི་ཤུའོ། །[1] ཁྲིམ་འཕན་བྲིས། །ཀུ་མ་ར་ཞུས། འདྲོན་པ་ཡང་ཞུས། མཆོག་རབ་སུམ་ཞུས། ༄༅། ཤེས་རབ་ཀྱི་ཕ་རོལ་ཏུ་ཕྱིན་པ་སྟོང་ཕྲག་བརྒྱ་པ་དུམ་བུ་དང་པོ་བམ་པོ་ཉི་ཤུ་གཅིག་གོ། །[2] འདྲི་གུང་ཟེགས་བྲིས། །ཀུ་མ་ར་ཞུས། །འདྲོན་པ་ཡང་ཞུས། །མཆོག་རབ་སུམ་ཞུས། ༄༅། ཤེས་རབ་ཀྱི་ཕ་རོལ་ཏུ་ཕྱིན་པ་སྟོང་ཕྲག་བརྒྱའ་པ་དུམ་བུ་དང་པོ་བམ་པོ་ཉི་ཤུ་གཉིས་སོ། །[3] འབྲི་ལེགས་ཟེགས་ཀྱིས་བྲིས། །ཀུ་མ་ར་ཞུས། །བསོད་ནམས་ཡང་ཞུས། །སྟག་ལ་རྟེན་སུམ་ཞུས། ༄༅། ཤེས་རབ་ཀྱི་ཕ་རོལ་ཏུ་ཕྱིན་པ་སྟོང་ཕྲག་བརྒྱ་པ་དུམ་བུ་དང་པོ་བམ་པོ་ཉི་ཤུ་གསུམ་སྟེ། །[4] འབྲི་ལེགས་ཟེགས་བྲིས། །ཀུམ་ཀང་མཛོད་ཞུས། །བསོད་ནམས་ཡང་ཞུས། མཆོག་རབ་སུམ་ཞུས། ༄༅། ཤེས་རབ་ཀྱི་ཕ་རོལ་ཏུ་ཕྱིན་པ་སྟོང་ཕྲག་བརྒྱའ་དུམ་བུ་དང་པོ་བམ་པོ་ཉི་ཤུ་བཞིའོ། །[5] འབྲི་གུང་ཟེགས་བྲིས། ཀུ་མ་ར་ཞུས། འདྲོན་པ་ཡང་ཞུས། མཆོག་རབ་སུམ་ཞུས། །༄༅། ཤེས་རབ་ཀྱི་ཕ་རོལ་ཏུ་ཕྱིན་པ་སྟོང་ཕྲག་བརྒྱའ་པ་དུམ་བུ་དང་པོ་བམ་པོ་ཉི་ཤུ་ལྔའོ། །[6] གུང་ཟེགས་བྲིས། ཀུ་མ་ར་ཞུས། །བསོད་ནམས་ཡང་ཞུས། མཚོག་རབ་སུམ་ཞུས། ༄༅། ཤེས་རབ་ཀྱི་ཕ་རོལ་ཏུ་ཕྱིནད་པ་སྟོང་ཕྲག་བརྒྱ་པ་དུམ་བུ་དང་པོ་བམ་པོ་ཉི་ཤུ་དྲུག་གོ། །[7] གུང་ཟེགས་བྲིས། ཀུ་མ་ར་ཞུས། །བསོད་ནམས་ཡང་ཞུས། །མཆོག་རབ་སུམ་ཞུས། །༄༅། ཤེས་རབ་ཀྱི་ཕ་རོལ་ཏུ་ཕྱིནད་པ་སྟོང་ཕྲག་བརྒྱའ་པ་དུམ་བུ་དང་པོ་བམ་པོ་ཉི་ཤུ་བདུན་ནོ། །[8] གུང་ཟེགས་བྲིས། གིམ་ཀང་མཛོད་ཞུས། བསོད་ནམས་ཡང་ཞུས། མཆོག་རབ་སུམ་ཞུས། །༄༅།ཤེས་རབ་ཀྱི་ཕ་རོལ་ཏུ་ཕྱིན་པ་སྟོང་ཕྲག་བརྒྱའ་པ་དུམ་བུ་དང་པོ་བམ་པོ་ཉི་ཤུ་དགུའོ། །[9] གུང་ཟེགས་བྲིས། གིམ་ཀང་མཛོད་ཞུས། འདྲོན་པ་སྣང་ཡང་ཞུས། མཆོག་རབ་སུམ་ཞུས། །༄༅། ཤེས་རབ་ཀྱི་ཕ་རོལ་ཏུ་ཕྱིན་པ་སྟོང་ཕྲག་

---

① རྒྱ་མཚོ་གྲོ་མཁར་ཆོས་སྡེའི་ཤེས་རབ་ཀྱི་ཕ་རོལ་ཏུ་ཕྱིན་པ་སྟོང་ཕྲག་བརྒྱའ་པ་པོད་ཀ་པའི་ལྡེབ་གྲངས་143 སྒྲིབ་ངོས་ལས་དྲངས།

② རྒྱ་མཚོ་གྲོ་མཁར་ཆོས་སྡེའི་ཤེས་རབ་ཀྱི་ཕ་རོལ་ཏུ་ཕྱིན་པ་སྟོང་ཕྲག་བརྒྱའ་པ་པོད་ཀ་པའི་ལྡེབ་གྲངས་154 སྒྲིབ་ངོས་ལས་དྲངས།

③ རྒྱ་མཚོ་གྲོ་མཁར་ཆོས་སྡེའི་ཤེས་རབ་ཀྱི་ཕ་རོལ་ཏུ་ཕྱིན་པ་སྟོང་ཕྲག་བརྒྱའ་པ་པོད་ཀ་པའི་ལྡེབ་གྲངས་164 སྒྲིབ་ངོས་ལས་དྲངས།

④ རྒྱ་མཚོ་གྲོ་མཁར་ཆོས་སྡེའི་ཤེས་རབ་ཀྱི་ཕ་རོལ་ཏུ་ཕྱིན་པ་སྟོང་ཕྲག་བརྒྱའ་པ་པོད་ཀ་པའི་ལྡེབ་གྲངས་167 སྒྲིབ་ངོས་ལས་དྲངས།

⑤ རྒྱ་མཚོ་གྲོ་མཁར་ཆོས་སྡེའི་ཤེས་རབ་ཀྱི་ཕ་རོལ་ཏུ་ཕྱིན་པ་སྟོང་ཕྲག་བརྒྱའ་པ་པོད་ཀ་པའི་ལྡེབ་གྲངས་173 སྒྲིབ་ངོས་ལས་དྲངས།

⑥ རྒྱ་མཚོ་གྲོ་མཁར་ཆོས་སྡེའི་ཤེས་རབ་ཀྱི་ཕ་རོལ་ཏུ་ཕྱིན་པ་སྟོང་ཕྲག་བརྒྱའ་པ་པོད་ཀ་པའི་ལྡེབ་གྲངས་180ཉིན་ངོས་ལས་དྲངས།

⑦ རྒྱ་མཚོ་གྲོ་མཁར་ཆོས་སྡེའི་ཤེས་རབ་ཀྱི་ཕ་རོལ་ཏུ་ཕྱིན་པ་སྟོང་ཕྲག་བརྒྱའ་པ་པོད་ཀ་པའི་ལྡེབ་གྲངས་187ཉིན་ངོས་ལས་དྲངས།

⑧ རྒྱ་མཚོ་གྲོ་མཁར་ཆོས་སྡེའི་ཤེས་རབ་ཀྱི་ཕ་རོལ་ཏུ་ཕྱིན་པ་སྟོང་ཕྲག་བརྒྱའ་པ་པོད་ཀ་པའི་ལྡེབ་གྲངས་193 སྒྲིབ་ངོས་ལས་དྲངས།

⑨ རྒྱ་མཚོ་གྲོ་མཁར་ཆོས་སྡེའི་ཤེས་རབ་ཀྱི་ཕ་རོལ་ཏུ་ཕྱིན་པ་སྟོང་ཕྲག་བརྒྱའ་པ་པོད་ཀ་པའི་ལྡེབ་གྲངས་205 སྒྲིབ་ངོས་ལས་དྲངས།

བརྒྱད་པ་དུམ་བུ་དང་པོ་བམ་པོ་སུམ་ཅུའོ། །[1] གུང་ཟིགས་བྲིས། གུ་མ་ར་ཞུས། བསོད་ནམས་ཡང་ཞུས། སྟག་ལ་རྟེན་སུམ་ཞུས། ། ༄། ཤེས་རབ་ཀྱི་ཕ་རོལ་ཏུ་ཕྱིན་པ་སྟོང་ཕྲག་བརྒྱད་པ་དུམ་བུ་དང་པོ་བམ་པོ་སུམ་ཅུ་གཅིག་གོ། །[2] ལེགས་རྩན་བྲིས། །གུ་མ་ར་ཞུས། བསོད་ནམས་ཡང་ཞུས། ། མཆོག་རབ་སུམ་ཞུས། ༄། ཤེས་རབ་ཀྱི་ཕ་རོལ་ཏུ་ཕྱིན་པ་སྟོང་ཕྲག་བརྒྱ་པ་དུམ་བུ་དང་པོ་བམ་པོ་སུམ་ཅུ་གཉིས་སོ། །[3] ལེགས་རྩན་བྲིས། གུ་མ་ར་ཞུས། ། བསོད་ནམས་ཡང་ཞུས། མཆོག་རབ་སུམ་ཞུས། ༄། ཤེས་རབ་ཀྱི་ཕ་རོལ་ཏུ་ཕྱིན་པ་སྟོང་ཕྲག་བརྒྱ་པ་དུམ་བུ་དང་པོ་བམ་པོ་སུམ་ཅུ་བཞིའོ། [4] འབྲོ་ལེགས་རྩན་གྱིས་བྲིས། གུ་མ་ར་ཞུས། བསོད་ནམས་ཡང་ཞུས། མཆོག་རབ་སུམ་ཞུས། ༄། ཤེས་རབ་ཀྱི་ཕ་རོལ་ཏུ་ཕྱིན་པ་སྟོང་ཕྲག་བརྒྱ་པ་དུམ་བུ་དང་པོ་བམ་པོ་སུམ་ཅུ་ལྔའོ། །[5] ལེག་རྩན་བྲིས། ། གིམ་གང་མཛོད་ཞུས། །བསོད་ནམས་ཡང་ཞུས། གིམ་གང་མཛོད་སུམ་ཞུས། ༄། ཤེས་རབ་ཀྱི་ཕ་རོལ་ཏུ་ཕྱིན་པ་སྟོང་ཕྲག་བརྒྱ་པ་དུམ་བུ་དང་པོ་བམ་པོ་སུམ་ཅུ་བདུན་ནོ། །[6] ཟེའུ་སྟག་ལེགས་བྲིས་། གུ་མ་ར་ཞུས། ། བསོད་ནམས་ཡང་ཞུས། ། མཆོག་རབ་སུམ་ཞུས། ༄། ཤེས་རབ་གྱི་ཕ་རོལ་ཏུ་ཕྱིན་པ་སྟོང་ཕྲག་བརྒྱ་པ་དུམ་བུ་དང་པོ་བམ་པོ་བཞི་བཅུ་གསུམ་མོ། [7] ཟེའུ་སྟག་ལེགས་བྲིས། ལེགས་རྩན་ཞུས། འདྲེན་བ་ཡང་ཞུས། སྟག་ལ་རྟེན་སུམ་ཞུས། ༄། ཤེས་རབ་གྱི་ཕ་རོལ་ཏུ་ཕྱིནད་པ་སྟོང་ཕྲག་བརྒྱ་པ་དུམ་བུ་དང་པོ་བམ་པོ་བཞི་བཅུ་ལྔའོ། །[8] ཟེའུ་སྟག་ལེགས་བྲིས། གུ་མ་ར་ཞུས། འདྲེན་བ་ཡང་ཞུས། མཆོག་རབ་སུམ་ཞུས། ༄། ཤེས་རབ་གྱི་ཕ་རོལ་ཏུ་ཕྱིནད་པ་སྟོང་ཕྲག་བརྒྱ་པ་དུམ་བུ་དང་པོ་བམ་པོ་བཞི་བཅུ་བརྒྱད་དོ། །[9] ཕ་འཛིས་བྲིས། གུ་མ་ར་ཞུས། བསོད་ནམས་ཡང་ཞུས། སྟག་ལ་རྟེན་སུམ་ཞུས། ༄། ཤེས་རབ་གྱི་ཕ་རོལ་ཏུ་ཕྱིནད་པ་སྟོང་ཕྲག་བརྒྱད་པ་དུམ་བུ་དང་པོ། །བམ་པོ་ལྔ་བཅུ་གཉིས་

① རྒྱ་མཚོ་གྲོ་མཁར་ཆོས་སྡེའི་ཤེས་རབ་ཀྱི་ཕ་རོལ་ཏུ་ཕྱིན་པ་སྟོང་ཕྲག་བརྒྱད་པ་པོད་ཀ་པའི་ལྡེབ་གྲངས་217 ཉིན་ངོས་ལས་དྲངས།

② རྒྱ་མཚོ་གྲོ་མཁར་ཆོས་སྡེའི་ཤེས་རབ་ཀྱི་ཕ་རོལ་ཏུ་ཕྱིན་པ་སྟོང་ཕྲག་བརྒྱད་པ་པོད་ཀ་པའི་ལྡེབ་གྲངས་216 སྲིབ་ངོས་ལས་དྲངས།

③ རྒྱ་མཚོ་གྲོ་མཁར་ཆོས་སྡེའི་ཤེས་རབ་ཀྱི་ཕ་རོལ་ཏུ་ཕྱིན་པ་སྟོང་ཕྲག་བརྒྱད་པ་པོད་ཀ་པའི་ལྡེབ་གྲངས་་223ཉིན་ངོས་ལས་དྲངས།

④ རྒྱ་མཚོ་གྲོ་མཁར་ཆོས་སྡེའི་ཤེས་རབ་ཀྱི་ཕ་རོལ་ཏུ་ཕྱིན་པ་སྟོང་ཕྲག་བརྒྱད་པ་པོད་ཀ་པའི་ལྡེབ་གྲངས་237ཉིན་ངོས་ལས་དྲངས།

⑤ རྒྱ་མཚོ་གྲོ་མཁར་ཆོས་སྡེའི་ཤེས་རབ་ཀྱི་ཕ་རོལ་ཏུ་ཕྱིན་པ་སྟོང་ཕྲག་བརྒྱད་པ་པོད་ཀ་པའི་ལྡེབ་གྲངས་243ཉིན་ངོས་ལས་དྲངས།

⑥ རྒྱ་མཚོ་གྲོ་མཁར་ཆོས་སྡེའི་ཤེས་རབ་ཀྱི་ཕ་རོལ་ཏུ་ཕྱིན་པ་སྟོང་ཕྲག་བརྒྱད་པ་པོད་ཀ་པའི་ལྡེབ་གྲངས་248 སྲིབ་ངོས་ལས་དྲངས།

⑦ རྒྱ་མཚོ་གྲོ་མཁར་ཆོས་སྡེའི་ཤེས་རབ་ཀྱི་ཕ་རོལ་ཏུ་ཕྱིན་པ་སྟོང་ཕྲག་བརྒྱད་པ་པོད་ཀ་པའི་ལྡེབ་གྲངས་286 སྲིབ་ངོས་ལས་དྲངས།

⑧ རྒྱ་མཚོ་གྲོ་མཁར་ཆོས་སྡེའི་ཤེས་རབ་ཀྱི་ཕ་རོལ་ཏུ་ཕྱིན་པ་སྟོང་ཕྲག་བརྒྱད་པ་པོད་ཀ་པའི་ལྡེབ་གྲངས་299སྲིབ་ངོས་ལས་དྲངས།

⑨ རྒྱ་མཚོ་གྲོ་མཁར་ཆོས་སྡེའི་ཤེས་རབ་ཀྱི་ཕ་རོལ་ཏུ་ཕྱིན་པ་སྟོང་ཕྲག་བརྒྱད་པ་པོད་ཀ་པའི་ལྡེབ་གྲངས་324ཉིན་ངོས་ལས་དྲངས།

སོ། །[1] ཕ་འཇིས་བྲིས། །ཀུ་མ་ར་ཞུས། བསོད་ནམས་ཕྲ་ཞུས། མཆོག་རབ་སུམ་ཞུས། ༄༅། ཤེས་རབ་ཀྱི་ཕ་རོལ་དུ་ཕྱིནད་པ་སྟོང་ཕྲག་བརྒྱའ་པ་དུམ་བུ་དང་པོ་བམ་པོ་ལྔ་བཅུ་གསུམ་སོ། །[2] མེག་ལེ་ཕ་འཇིས་བྲིས་། །ཀུ་མ་ར་ཞུས། འདྲོན་བ་ཡང་ཞུས། མཆོག་རབ་སུམ་ཞུས། ། ༄༅། ཤེས་རབ་ཀྱི་ཕ་རོལ་དུ་ཕྱིནད་པ་སྟོང་ཕྲག་བརྒྱའ་པ་དུམ་བུ་དང་པོ་བམ་པོ་ལྔ་བཅུ་དྲུག་གོ་། །[3] མེག་ལེ་ཕ་འཇིས་བྲིས་། །ཀུ་མ་ར་ཞུས། བསོད་ནམས་ཕྲ་ཞུས། མཅོག་རབ་སུམ་ཞུས། ། ༄༅། ཤེས་རབ་ཀྱི་ཕ་རོལ་དུ་ཕྱིནད་པ་སྟོང་ཕྲག་བརྒྱའ་པ་དུམ་བུ་དང་པོ་བམ་པོ་ལྔ་བཅུ་བཞི་འོ་། །[4] ཕ་འཇིས་བྲིས་། །ཀུ་མ་ར་ཞུས། ། བསོད་ནམས་ཡང་ཞུས། །མཆོག་རབ་སུམ་ཞུས། ། ༄༅། ཤེས་རབ་ཀྱི་ཕ་རོལ་དུ་ཕྱིནད་པ་སྟོང་ཕྲག་བརྒྱ་པ་དུམ་བུ་དང་པོ་བམ་པོ་དྲུག་ཅུའོ།[5] ཅང་སྟག་ལེགས་ཀྱིས་བྲིས། ཀུ་མ་ར་ཞུས། ཡེ་ཤེས་ཡང་ཞུས། མཆོག་རབ་སུམ་ཞུས། ། ༄༅། ཤེས་རབ་ཀྱི་ཕ་རོལ་དུ་ཕྱིན་པ་སྟོང་ཕྲག་བརྒྱའ་པ་དུམ་བུ་དང་པོ་བམ་པོ་དྲུག་ཅུ་བཞིའོ། །[6] སྟག་སླེབས་བྲིས། ཀུ་མ་ར་ཞུས། ཡེ་ཤེས་ཡང་ཞུས། རྡོ་རྗེ་མཆོད་སུམ་ཞུས། ༄༅། ཤེས་རབ་ཀྱི་ཕ་རོལ་དུ་ཕྱིན་པ་སྟོང་ཕྲག་བརྒྱའ་པ་དུམ་བུ་དང་པོ་བམ་པོ་དྲུག་ཅུ་དྲུག་གོ། །[7] གུང་ཟིགས་བྲིས། །གིམ་གང་མཛོད་ཞུས། བསོད་ནམས་ཡང་ཞུས། སྟག་ལ་རྟོན་སུམ་ཞུས་ཞེས་པ་ནི་ཤེར་ཕྱིན་པོད་ཀ་པའི་བམ་མཚམས་ཀྱི་ཡིག་ཞུས་ལགས་སོ།

---

① རྒྱ་མཚོ་གྲོ་མཁར་ཆོས་སྡེའི་ཤེས་རབ་ཀྱི་ཕ་རོལ་དུ་ཕྱིན་པ་སྟོང་ཕྲག་བརྒྱའ་པ་པོད་ཀ་པའི་ལྡེབ་གྲངས་351 སྲིབ་ངོས་ལས་དྲངས།

② རྒྱ་མཚོ་གྲོ་མཁར་ཆོས་སྡེའི་ཤེས་རབ་ཀྱི་ཕ་རོལ་དུ་ཕྱིན་པ་སྟོང་ཕྲག་བརྒྱའ་པ་པོད་ཀ་པའི་ལྡེབ་གྲངས་358ཉིན་ངོས་ལས་དྲངས།

③ རྒྱ་མཚོ་གྲོ་མཁར་ཆོས་སྡེའི་ཤེས་རབ་ཀྱི་ཕ་རོལ་དུ་ཕྱིན་པ་སྟོང་ཕྲག་བརྒྱའ་པ་པོད་ཀ་པའི་ལྡེབ་གྲངས་366ཉིན་ངོས་ལས་དྲངས།

④ རྒྱ་མཚོ་གྲོ་མཁར་ཆོས་སྡེའི་ཤེས་རབ་ཀྱི་ཕ་རོལ་དུ་ཕྱིན་པ་སྟོང་ཕྲག་བརྒྱའ་པ་པོད་ཀ་པའི་ལྡེབ་གྲངས་369 སྲིབ་ངོས་ལས་དྲངས།

⑤ རྒྱ་མཚོ་གྲོ་མཁར་ཆོས་སྡེའི་ཤེས་རབ་ཀྱི་ཕ་རོལ་དུ་ཕྱིན་པ་སྟོང་ཕྲག་བརྒྱའ་པ་པོད་ཀ་པའི་ལྡེབ་གྲངས་494 སྲིབ་ངོས་ལས་དྲངས།

⑥ རྒྱ་མཚོ་གྲོ་མཁར་ཆོས་སྡེའི་ཤེས་རབ་ཀྱི་ཕ་རོལ་དུ་ཕྱིན་པ་སྟོང་ཕྲག་བརྒྱའ་པ་པོད་ཀ་པའི་ལྡེབ་གྲངས་་433 སྲིབ་ངོས་ལས་དྲངས།

⑦ རྒྱ་མཚོ་གྲོ་མཁར་ཆོས་སྡེའི་ཤེས་རབ་ཀྱི་ཕ་རོལ་དུ་ཕྱིན་པ་སྟོང་ཕྲག་བརྒྱའ་པ་པོད་ཀ་པའི་ལྡེབ་གྲངས་449ཉིན་ངོས་ལས་དྲངས།

ལེ་ཚན་གསུམ་པ། རྒྱ་མཚོ་གྲོ་མཁར་ཤེར་ཕྱིན་སྟོང་ཕྲག་བརྒྱད་པ་པོད་ཁ་པའི་བམ་མཚམས།

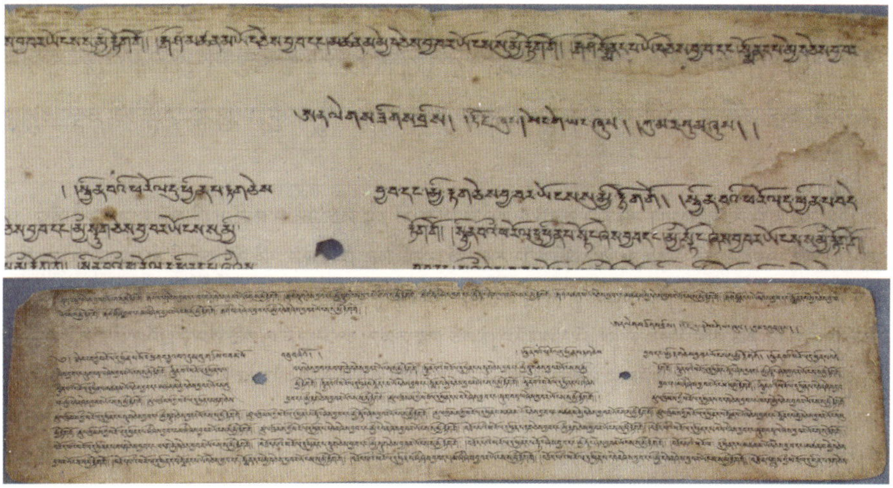

མཛོད་བྱང་མ་དཔེ།

དང་པོ། བམ་མཚམས་མ་བཤུས།

པོད་ཁ་པའི་མཛོད་བྱང་སྟེ། ཨན་ལེགས་ཟིགས་བྲིས། །ཇོ་རྗེས་ཞུས། སེང་གེ་ཡང་ཞུས། །ཀུ་མ་ར་སུམ་ཞུས། ༄། ཤེས་རབ་ཀྱི་ཕ་རོལ་དུ་ཕྱིན་པ་སྟོང་ཕྲག་བརྒྱའ་པ་དུམ་བུ་གཉིས་པ་བམ་པོ་བཅུ་བཞིའོ།། [1] ཁང་མང་ཟིགས་གྱིས་བྲིས། འདྲོན་བ་ཞུས། མཆོག་རབ་ཡང་ཞུས། ཀུ་མ་ར་སྲུ་ཞུས། ༄།།ཤེས་རབ་ཀྱི་ཕ་རོལ་དུ་ཕྱིན་པ་སྟོང་ཕྲག་བརྒྱའ་པ་དུམ་བུ་གཉིས་པ་བམ་པོ་བརྒྱད་དོ། [2] ཨན་ལེག་ཟིགས་བྲིས། །འདྲོན་བ་ཞུས། མཆོག་རབ་ཡང་ཞུས། །ཀུ་མ་ར་སུམ་ཞུས། ༄།།ཤེས་རབ་ཀྱི་ཕ་རོལ་དུ་ཕྱིན་པ་དུམ་བུ་གཉིས་པ་བམ་པོ་བཅུ་བདུན། [3] ཨན་ལེག་ཟིགས་བྲིས། །ཇོ་རྗེ་མཛོད་ཞུས། མཆོག་རབ་ཡང་ཞུས། །བསོད་ནམས་སུམ་ཞུས། ༄།།ཤེས་རབ་ཀྱ་ཕ་རོལ་དུ་ཕྱིན་པ་སྟོང་ཕྲག་བརྒྱའ་པ་དུམ་བུ་གཉིས་པ་བམ་པོ་བཅུ་གཉིས་སོ། [4] ཕང་སྟག་བཙན་གྱིས་བྲིས་།

① རྒྱ་མཚོ་གྲོ་མཁར་ཆོས་སྡེའི་ཤེས་རབ་ཀྱི་ཕ་རོལ་དུ་ཕྱིན་པ་སྟོང་ཕྲག་བརྒྱའ་པ་པོད་ཁ་པའི་ལྡེབ་གྲངས་91 སྤྱིབ་ངོས་ལས་དྲངས།

② རྒྱ་མཚོ་གྲོ་མཁར་ཆོས་སྡེའི་ཤེས་རབ་ཀྱི་ཕ་རོལ་དུ་ཕྱིན་པ་སྟོང་ཕྲག་བརྒྱའ་པ་པོད་ཁ་པའི་ལྡེབ་གྲངས་51 སྤྱིབ་ངོས་ལས་དྲངས།

③ རྒྱ་མཚོ་གྲོ་མཁར་ཆོས་སྡེའི་ཤེས་རབ་ཀྱི་ཕ་རོལ་དུ་ཕྱིན་པ་སྟོང་ཕྲག་བརྒྱའ་པ་པོད་ཁ་པའི་ལྡེབ་གྲངས་85ཉིན་ངོས་ལས་དྲངས།

④ རྒྱ་མཚོ་གྲོ་མཁར་ཆོས་སྡེའི་ཤེས་རབ་ཀྱི་ཕ་རོལ་དུ་ཕྱིན་པ་སྟོང་ཕྲག་བརྒྱའ་པ་པོད་ཁ་པའི་ལྡེབ་གྲངས་81 སྤྱིབ་ངོས་ལས་དྲངས།

རྡོ་རྗེ་ཞུས། སེང་འགེ་དཔལ་ཡང་ཞུས། ཀུ་མ་ར་སུམ་ཞུས། ༄༅།ཤེས་རབ་ཀྱི་ཕ་རོལ་ཏུ་ཕྱིན་པ་སྟོང་ཕྲག་བརྒྱ་པ་དུམ་བུ་གཉིས་པ་བམ་པོ་བཅུ་གཅིག་གོ། [1] ཕང་སྟག་བརྟན་གྱིས་བྲིས། །རྡོ་རྗེས་ཞུས། མཆོག་རབ་ཡང་ཞུས། བསོད་ནམས་སྐུཾ་ཞུས། ༄༅།ཤེས་རབ་ཀྱི་ཕ་རོལ་ཏུ་ཕྱིན་པ་སྟོང་ཕྲག་བརྒྱད་པའ་དུམ་བུ་གཉིས་པ་བམ་པོ་དགུའོ། [2] ཁང་མང་ཟེགས་གྱིས་བྲིས། འདྲོན་བ་ཞུས། སེང་འགེ་ཡང་ཞུས། ཀུ་མ་ར་སྐུཾ་ཞུས། ༄༅།ཤེས་རབ་ཀྱི་ཕ་རོལ་ཏུ་ཕྱིན་པ་སྟོང་ཕྲག་བརྒྱད་པ་དུམ་བུ་གཉིས་པ་བམ་པོ་བདུན་ནོ། [3] ཞང་ཀོང་བྲིས། །རྡོ་རྗེ་ཞུས། སེང་འགེ་ཡང་ཞུས། ༄༅།ཤེས་རབ་ཀྱི་ཕ་རོལ་ཏུ་ཕྱིན་པ་སྟོང་ཕྲག་བརྒྱ་པ་དུམ་བུ་གཉིས་པ་བམ་པོ་དྲུག་གོ། [4] ཁང་མང་ཟེགས་བྲིས། །རྡོ་རྗེ་ཞུས། །མཆོག་རབ་ཡང་ཞུས། །བསོད་ནམས་སུམ་ཞུས། ༄༅།ཤེས་རབ་ཀྱི་ཕ་རོལ་ཏུ་ཕྱིན་པ་སྟོང་ཕྲག་བརྒྱ་པ་དུམ་བུ་གཉིས་པ་བམ་པོ་ལྔའོ། [5] ཨན་ལེགས་ཟེགས་བྲིས། འདྲོན་བ་ཞུས། སེང་གེ་དཔལ་ཡང་ཞུས། བསོད་ནམས་སྐུཾ་ཞུས། ༄༅།ཤེས་རབ་ཀྱི་ཕ་རོལ་ཏུ་ཕྱིན་པ་སྟོང་ཕྲག་བརྒྱད་པ་དུམ་བུ་གཉིས་པ་བམ་པོ་བཅུ་དྲུག་གོ། [6] སྤང་གླུ་ལེགས་བྲིས། ཤང་བེན་ཞུས། སེང་འགེ་ཡང་ཞུས། ཀུ་མ་ར་སྐུཾ་ཞུས། ༄༅། ཤེས་རབ་ཀྱི་ཕ་རོལ་ཏུ་ཕྱིན་པ་སྟོང་ཕྲག་བརྒྱད་པ་དུམ་བུ་གཉིས་པ་བམ་པོ་ཉི་ཤུ་ལྔའོ། [7] སྤང་གླུ་ལེགས་བྲིས། འཕན་ལ་སྐྱེས་ཞུས། སེང་འགེ་ཡང་ཞུས། ཀུ་མ་ར་སུམ་ཞུས། ༄༅།ཤེས་རབ་ཀྱི་ཕ་རོལ་ཏུ་ཕྱིན་པ་སྟོང་ཕྲག་བརྒྱད་པ་དུམ་བུ་གཉིས་པ་བམ་པོ་ཉི་ཤུ་དྲུག་གོ། [8] སྤང་གླུ་ལེགས་བྲིས། །ཤང་བེན་ཞུས། མཆོག་རབས་ཡང་ཞུས། །ཀུ་མ་ར་སུམ་ཞུས། ༄༅།ཤེས་རབ་ཀྱི་ཕ་རོལ་ཏུ་ཕྱིན་པ་སྟོང་ཕྲག་བརྒྱད་པ་དུམ་བུ་གཉིས་པ་བམ་པོ་ཉི་ཤུ་བདུན་ནོ། [9] ༄༅། སྤང་གླུ་ལེགས་བྲིས། ཤང་བེན་ཞུས། མཆོག་རབ་ཡང་ཞུས། །ཀུ་མ་ར་

---

① རྒྱ་མཚོ་གྲོ་མཁར་ཆོས་སྡེའི་ཤེས་རབ་ཀྱི་ཕ་རོལ་ཏུ་ཕྱིན་པ་སྟོང་ཕྲག་བརྒྱད་པ་པོད་ཁ་པའི་ལྡེབ་གྲངས་74 སྲིབ་ངོས་ལས་དྲངས།

② རྒྱ་མཚོ་གྲོ་མཁར་ཆོས་སྡེའི་ཤེས་རབ་ཀྱི་ཕ་རོལ་ཏུ་ཕྱིན་པ་སྟོང་ཕྲག་བརྒྱད་པ་པོད་ཁ་པའི་ལྡེབ་གྲངས་69 སྲིབ་ངོས་ལས་དྲངས།

③ རྒྱ་མཚོ་གྲོ་མཁར་ཆོས་སྡེའི་ཤེས་རབ་ཀྱི་ཕ་རོལ་ཏུ་ཕྱིན་པ་སྟོང་ཕྲག་བརྒྱད་པ་པོད་ཁ་པའི་ལྡེབ་གྲངས་44 སྲིབ་ངོས་ལས་དྲངས།

④ རྒྱ་མཚོ་གྲོ་མཁར་ཆོས་སྡེའི་ཤེས་རབ་ཀྱི་ཕ་རོལ་ཏུ་ཕྱིན་པ་སྟོང་ཕྲག་བརྒྱད་པ་པོད་ཁ་པའི་ལྡེབ་གྲངས་34ཉིན་ངོས་ལས་དྲངས།

⑤ རྒྱ་མཚོ་གྲོ་མཁར་ཆོས་སྡེའི་ཤེས་རབ་ཀྱི་ཕ་རོལ་ཏུ་ཕྱིན་པ་སྟོང་ཕྲག་བརྒྱད་པ་པོད་ཁ་པའི་ལྡེབ་གྲངས་23 སྲིབ་ངོས་ལས་དྲངས།

⑥ རྒྱ་མཚོ་གྲོ་མཁར་ཆོས་སྡེའི་ཤེས་རབ་ཀྱི་ཕ་རོལ་ཏུ་ཕྱིན་པ་སྟོང་ཕྲག་བརྒྱད་པ་པོད་ཁ་པའི་ལྡེབ་གྲངས་125ཉིན་ངོས་ལས་དྲངས།

⑦ རྒྱ་མཚོ་གྲོ་མཁར་ཆོས་སྡེའི་ཤེས་རབ་ཀྱི་ཕ་རོལ་ཏུ་ཕྱིན་པ་སྟོང་ཕྲག་བརྒྱད་པ་པོད་ཁ་པའི་ལྡེབ་གྲངས་155 སྲིབ་ངོས་ལས་དྲངས།

⑧ རྒྱ་མཚོ་གྲོ་མཁར་ཆོས་སྡེའི་ཤེས་རབ་ཀྱི་ཕ་རོལ་ཏུ་ཕྱིན་པ་སྟོང་ཕྲག་བརྒྱད་པ་པོད་ཁ་པའི་ལྡེབ་གྲངས་161 སྲིབ་ངོས་ལས་དྲངས།

⑨ རྒྱ་མཚོ་གྲོ་མཁར་ཆོས་སྡེའི་ཤེས་རབ་ཀྱི་ཕ་རོལ་ཏུ་ཕྱིན་པ་སྟོང་ཕྲག་བརྒྱད་པ་པོད་ཁ་པའི་ལྡེབ་གྲངས་167ཉིན་ངོས་ལས་དྲངས།

སུམ་ཞུས། ༄༅།ཤེས་རབ་ཀྱི་ཕ་རོལ་དུ་ཕྱིན་པ་སྟོང་ཕྲག་བརྒྱའ་པ་དུམ་བུ་གཉིས་པ་བམ་པོ་ཉི་ཤུ་བརྒྱད་དོ། [1] སླང་ཀླུ་ལེགས་བྲིས། ཞང་བེན་ཞུས། དཔལ་སྙིང་ཡང་ཞུས། ཀུ་མ་ར་སུམ་ཞུས། ༄༅།ཤེས་རབ་ཀྱི་ཕ་རོལ་དུ་ཕྱིནད་པའ།སྟོང་ཕྲག་བརྒྱའ་པ།དུམ་བུ་གཉིས་པ། བམ་པོ་ཉི་ཤུ་དགུའོ། [2] སླང་ཀླུ་ལེགས་བྲིས། །ཞང་བེན་ཞུས། མཆོག་རབ་ཡང་ཞུས། བསོད་ནམས་སུམ་ཞུས། ༄༅། ཤེས་རབ་ཀྱི་ཕ་རོལ་དུ་ཕྱིན་པ་སྟོང་ཕྲག་བརྒྱ་པ་དུམ་བུ་གཉིས་པ་བམ་པོའ་སུམ་ཅུའོ། [3] སླང་ཀླུ་ལེགས་བྲིས། །ཞང་བེན་ཞུས། མཆོག་རབ་ཡང་ཞུས། ཀུ་མ་ར་སུམ་ཞུས། ༄༅།ཤེས་རབ་ཀྱི་ཕ་རོལད་དུ་ཕྱིནད་པ་སྟོང་ཕྲག་བརྒྱ་པ་དུམ་བུ་གཉིས་པ་བམ་པོ་སུམ་ཅུ་གཅིག་གོ། [4] ཀླུ་དཔལ་གྱིས་བྲིས། ། རྡོ་རྗེ་མཆོད་ཞུས། །དཔལ་སྙིང་པོ་ཡང་ཞུས། བསོད་ནམས་སུམ་ཞུས། ༄༅། ཤེས་རབ་ཀྱི་ཕ་རོལད་དུ་ཕྱིནད་པ་སྟོང་ཕྲག་བརྒྱ་པ་དུམ་བུ་གཉིས་པ་བམ་པོ་སུམ་ཅུ་གཉིས་སོ། [5] ཀླུ་དཔལ་གྱིས་བྲིས། འདྲོན་བ་ཞུས། སེང་འགི་སླ་ཡུ་ཞུས། བསོད་ནམས་སུམ་ཞུས། ༄༅།ཤེས་རབ་ཀྱི་ཕ་རོལད་དུ་ཕྱིནད་པ་སྟོང་ཕྲག་བརྒྱ་དུམ་བུ་གཉིས་པ་བམ་པོ་སུམ་ཅུ་གསུམ་མོ། [6] ཀླུ་དཔལ་གྱིས་བྲིས། འདྲོན་པ་ཞུས། མཆོག་རབ་ཡང་ཞུས། བསོད་ནམས་སུམ་ཞུས། ༄༅།ཤེས་རབ་ཀྱི་ཕ་རོལད་དུ་ཕྱིནད་པ་སྟོང་ཕྲག་བརྒྱ་པ་དུམ་བུ་གཉིས་པ་བམ་པོ་སུམ་ཅུ་བཞིའོ། [7] ལྷའཙེསི་བྲིས། རྡོ་རྗེ་ཞུས། སེངའགིསླཀྱིསཡུཞུས། །བསོད་ནམས་སུམ་ཞུས། ༄༅།ཤེས་རབ་ཀྱི་ཕ་རོལ་དུ་ཕྱིན་པ་སྟོང་ཕྲག་བརྒྱའ་པའ་དུམ་བུ་གཉིས་པ་བམ་པོ་བཞི་བཅུའོ། [8] ལྷ་འཚོ་བྲིས། འདྲོན་བ་ཞུས།

---

① རྒྱ་མཚོ་སྒོ་མཁར་ཆོས་སྡེའི་ཤེས་རབ་ཀྱི་ཕ་རོལ་དུ་ཕྱིན་པ་སྟོང་ཕྲག་བརྒྱའ་པ་པོད་ཁ་པའི་ལྡེབ་གྲངས་174 སྡེབ་ངོས་ལས་དྲངས།

② རྒྱ་མཚོ་སྒོ་མཁར་ཆོས་སྡེའི་ཤེས་རབ་ཀྱི་ཕ་རོལ་དུ་ཕྱིན་པ་སྟོང་ཕྲག་བརྒྱའ་པ་པོད་ཁ་པའི་ལྡེབ་གྲངས་182 སྡེབ་ངོས་ལས་དྲངས།

③ རྒྱ་མཚོ་སྒོ་མཁར་ཆོས་སྡེའི་ཤེས་རབ་ཀྱི་ཕ་རོལ་དུ་ཕྱིན་པ་སྟོང་ཕྲག་བརྒྱའ་པ་པོད་ཁ་པའི་ལྡེབ་གྲངས་188 སྡེབ་ངོས་ལས་དྲངས།

④ རྒྱ་མཚོ་སྒོ་མཁར་ཆོས་སྡེའི་ཤེས་རབ་ཀྱི་ཕ་རོལ་དུ་ཕྱིན་པ་སྟོང་ཕྲག་བརྒྱའ་པ་པོད་ཁ་པའི་ལྡེབ་གྲངས་194ཉིན་ངོས་ལས་དྲངས།

⑤ རྒྱ་མཚོ་སྒོ་མཁར་ཆོས་སྡེའི་ཤེས་རབ་ཀྱི་ཕ་རོལ་དུ་ཕྱིན་པ་སྟོང་ཕྲག་བརྒྱའ་པ་པོད་ཁ་པའི་ལྡེབ་གྲངས་199 སྡེབ་ངོས་ལས་དྲངས།

⑥ རྒྱ་མཚོ་སྒོ་མཁར་ཆོས་སྡེའི་ཤེས་རབ་ཀྱི་ཕ་རོལ་དུ་ཕྱིན་པ་སྟོང་ཕྲག་བརྒྱའ་པ་པོད་ཁ་པའི་ལྡེབ་གྲངས་205 སྡེབ་ངོས་ལས་དྲངས།

⑦ རྒྱ་མཚོ་སྒོ་མཁར་ཆོས་སྡེའི་ཤེས་རབ་ཀྱི་ཕ་རོལ་དུ་ཕྱིན་པ་སྟོང་ཕྲག་བརྒྱའ་པ་པོད་ཁ་པའི་ལྡེབ་གྲངས་212ཉིན་ངོས་ལས་དྲངས།

⑧ རྒྱ་མཚོ་སྒོ་མཁར་ཆོས་སྡེའི་ཤེས་རབ་ཀྱི་ཕ་རོལ་དུ་ཕྱིན་པ་སྟོང་ཕྲག་བརྒྱའ་པ་པོད་ཁ་པའི་ལྡེབ་གྲངས་་253 སྡེབ་ངོས་ལས་དྲངས།

མཆོག་རབ་ཡང་ཞུས། །ཀུ་མ་ར་སུམ་ཞུས། ༀཿཤེས་རབ་ཀྱི་ཕ་རོལ་ཏུ་ཕྱིན་པ་སྟོང་ཕྲག་བརྒྱད་པ་དུམ་བུ་གཉིས་པ་བམ་པོ་བཞི་བཅུ་གཅིག་གོ།[①] ཞང་སྐུག་བརྟན་གྱིས་བྲིས། ། རྡོ་རྗེ་ཞུས། མཆོག་རབ་ཡང་ཞུས། བསོད་ནམས་སུམ་ཞུས། ༀཿ ཤེས་རབ་ཀྱི་ཕ་རོལ་ཏུ་ཕྱིན་པ་སྟོང་ཕྲག་བརྒྱད་པ་དུམ་བུ་གཉིས་པ་བམ་པོ་བཞི་བཅུ་གཉིས་སོ། །[②] ཞང་སྐུག་བརྟན་གྱིས་བྲིས། རྡོ་རྗེ་ཞུས། དཔལ་སྐྱིད་པོ་ཡང་ཞུས། བསོད་ནམས་སུམ་ཞུས། ༀཿ ཤེས་རབ་ཀྱི་ཕ་རོལ་ཏུ་ཕྱིན་པ་སྟོང་ཕྲག་བརྒྱད་པ་དུམ་བུ་གཉིས་པ་བམ་པོ་བཞི་བཅུ་གསུམ་མོ།[③] ཞང་སྐུག་བརྟན་གྱིས་བྲིས། ། རྡོ་རྗེ་ཞུས། སེང་གེ་དཔལ་ཡང་ཞུས། བསོད་ནམས་སུམ་ཞུས། །ༀཿཤེས་རབ་ཀྱི་ཕ་རོལ་ཏུ་ཕྱིནད་པ་སྟོང་ཕྲག་བརྒྱད་པ་དུམ་བུ་གཉིས་པ་བམ་པོ་བཞི་བཅུ་བཞིའོ། །[④] ཞང་སྐུག་བརྟན་གྱིས་བྲིས། འདྲོན་བ་ཞུས། དཔལ་སྐྱིད་པོ་ཡང་ཞུས། ཀུ་མ་ར་སུམ་ཞུས། ༀཿཤེས་རབ་ཀྱི་ཕ་རོལ་ཏུ་ཕྱིན་པ་སྟོང་ཕྲག་བརྒྱད་པ་དུམ་བུ་གཉིས་པ་བམ་པོ་བཞི་བཅུ་དྲུག་གོ།[⑤] ཞང་སྐུག་བརྟན་གྱིས་བྲིས། འདྲོན་བ་ཞུས། མཆོག་རབ་ཡང་ཞུས། ཀུ་མ་ར་སུམ་ཞུས། ༀཿཤེས་རབ་ཀྱི་ཕ་རོལ་ཏུ་ཕྱིནད་པ་སྟོང་ཕྲག་བརྒྱ་པ་དུམ་བུ་གཉིས་པ་བམ་པོ་བཞི་བཅུ་བདུན་ནོ། །[⑥] ཞང་སྐུག་བརྟན་གྱིས་བྲིས། འདྲོན་བ་ཞུས། དཔལ་སྐྱང་པོ་ཡང་ཞུས། ཀུ་མ་ར་སུམ་ཞུས། ༀཿ ཤེས་རབ་ཀྱི་ཕ་རོལ་ཏུ་ཕྱིན་པ་སྟོང་ཕྲག་བརྒྱད་པ་དུམ་བུ་གཉིས་པ་བམ་པོ་བཞི་བཅུ་བརྒྱད་དོ། །[⑦] ཞང་སྐུག་བརྟན་གྱིས་བྲིས། འདྲོན་བ་ཞུས། དཔལ་སྐྱིད་པོ་ཡང་ཞུས། ཀུ་མ་ར་སུམ་ཞུས། ༀཿ ཤེས་རབ་ཀྱི་ཕ་རོལ་ཏུ་ཕྱིན་པ་སྟོང་ཕྲག་བརྒྱད་པ་དུམ་བུ་གཉིས་པ་བམ་པོ་བཞི་བཅུ་དགུའོ། །[⑧] ཞང་སྐུག་བརྟན་

---

① རྒྱ་མཚོ་གྲོ་མཁར་ཆོས་སྡེའི་ཤེས་རབ་ཀྱི་ཕ་རོལ་ཏུ་ཕྱིན་པ་སྟོང་ཕྲག་བརྒྱད་པ་པོད་ཁ་པའི་ལྡེབ་གྲངས་259 སྲིབ་ངོས་ལས་དྲངས།

② རྒྱ་མཚོ་གྲོ་མཁར་ཆོས་སྡེའི་ཤེས་རབ་ཀྱི་ཕ་རོལ་ཏུ་ཕྱིན་པ་སྟོང་ཕྲག་བརྒྱད་པ་པོད་ཁ་པའི་ལྡེབ་གྲངས་261 སྲིབ་ངོས་ལས་དྲངས།

③ རྒྱ་མཚོ་གྲོ་མཁར་ཆོས་སྡེའི་ཤེས་རབ་ཀྱི་ཕ་རོལ་ཏུ་ཕྱིན་པ་སྟོང་ཕྲག་བརྒྱད་པ་པོད་ཁ་པའི་ལྡེབ་གྲངས་268 སྲིབ་ངོས་ལས་དྲངས།

④ རྒྱ་མཚོ་གྲོ་མཁར་ཆོས་སྡེའི་ཤེས་རབ་ཀྱི་ཕ་རོལ་ཏུ་ཕྱིན་པ་སྟོང་ཕྲག་བརྒྱད་པ་པོད་ཁ་པའི་ལྡེབ་གྲངས་273 སྲིབ་ངོས་ལས་དྲངས།

⑤ རྒྱ་མཚོ་གྲོ་མཁར་ཆོས་སྡེའི་ཤེས་རབ་ཀྱི་ཕ་རོལ་ཏུ་ཕྱིན་པ་སྟོང་ཕྲག་བརྒྱད་པ་པོད་ཁ་པའི་ལྡེབ་གྲངས་285 སྲིབ་ངོས་ལས་དྲངས།

⑥ རྒྱ་མཚོ་གྲོ་མཁར་ཆོས་སྡེའི་ཤེས་རབ་ཀྱི་ཕ་རོལ་ཏུ་ཕྱིན་པ་སྟོང་ཕྲག་བརྒྱད་པ་པོད་ཁ་པའི་ལྡེབ་གྲངས་292 སྲིབ་ངོས་ལས་དྲངས།

⑦ རྒྱ་མཚོ་གྲོ་མཁར་ཆོས་སྡེའི་ཤེས་རབ་ཀྱི་ཕ་རོལ་ཏུ་ཕྱིན་པ་སྟོང་ཕྲག་བརྒྱད་པ་པོད་ཁ་པའི་ལྡེབ་གྲངས་299ཉིན་ངོས་ལས་དྲངས།

⑧ རྒྱ་མཚོ་གྲོ་མཁར་ཆོས་སྡེའི་ཤེས་རབ་ཀྱི་ཕ་རོལ་ཏུ་ཕྱིན་པ་སྟོང་ཕྲག་བརྒྱད་པ་པོད་ཁ་པའི་ལྡེབ་གྲངས་306ཉིན་ངོས་ལས་དྲངས།

གྲིས་བྲིས། རྡོ་རྗེ་ཞུས། སེང་གེ་ཡང་ཞུས། ཀུ་མ་ར་སུམ་ཞུས། ༀཿ ཤེས་རབ་ཀྱི་ཕ་རོལ་ཏུ་ཕྱིན་པ་སྟོང་ཕྲག་བརྒྱད་པ་དུམ་བུ་གཉིས་པ་བམ་པ་ལྔ་བཅུའོ། །ཐམ་བ་འོ། ། [1] བོང་མེ་ལྷ་འཚོས་བྲིས། འདྲོན་བ་ཞུས། མཆོག་རབ་ཡང་ཞུས། ཀུ་མ་ར་ཡང་ཞུས། ༀཿ ཤེས་རབ་ཀྱི་ཕ་རོལ་ཏུ་ཕྱིན་པ་སྟོང་ཕྲག་བརྒྱ་པ་དུམ་བུ་གཉིས་པ་བམ་པོ་ལྔ་བཅུ་དྲུག་གོ། ། [2] ལྷ་འཚོས་བྲིས། འདྲོན་བ་ཞུས། མཆོག་རབ་ཡང་ཞུས། བསོད་ནཾས་སུམ་ཞུས། ༀཿ ཤེས་རབ་ཀྱི་ཕ་རོལ་ཏུ་ཕྱིན་པ་སྟོང་ཕྲག་བརྒྱད་པ་དུམ་བུ་གཉིས་པ་བམ་པོ་ལྔ་བཅུ་བདུན་ནོ། ། [3] ལྷ་འཚོས་བྲིས་། རྡོ་རྗེས་ཞུས། དཔལ་སྙིང་པོ་ཡང་ཞུས། ཀུ་མ་ར་སུཾ་ཞུས། ༀཿ ཤེས་རབ་ཀྱ་ཕ་རོལ་ཏུ་ཕྱིན་པ་སྟོང་ཕྲག་བརྒྱད་པ་དུམ་བུ་གཉིས་པ་བམ་པོ་ལྔ་བཅུ་བརྒྱད་དོ། ། [4] བོང་མེ་ལྷ་འཚོས་བྲིས། རྡོ་རྗེ་ཞུས། མཆོག་རབ་ཡང་ཞུས། ཀུ་མ་ར་སུམ་ཞུས། ༀཿ ཤེས་རབ་ཀྱི་ཕ་རོལ་ཏུ་ཕྱིན་པ་སྟོང་ཕྲག་བརྒྱད་པ་དུམ་བུ་གཉིས་པ་བམ་པོ་ལྔ་བཅུ་དགུའོ། ། [5] ལྷ་འཚོས་བྲིས། རྡོ་རྗེ་ཞུས། དཔལ་སྙིང་པོ་ཡང་ཞུས། ཀུ་མ་ར་སུམ་ཞུས། ༀཿ ཤེས་རབ་ཀྱི་ཕ་རོལ་ཏུ་ཕྱིན་པ་སྟོང་ཕྲག་བརྒྱད་པ་དུམ་བུ་གཉིས་པ་བམ་པོ་དྲུག་ཅུའོ། ། [6] ཞེས། གཙུག་ཏོར་བྲིས། འདྲོན་བ་ཞུས། །མཆོག་རབ་ཡང་ཞུས། ཀུ་མ་ར་སུམ་ཞུས། ༀཿ ཤེས་རབ་ཀྱི་ཕ་རོལ་ཏུ་ཕྱིན་པ་སྟོང་ཕྲག་བརྒྱ་པ་དུམ་བུ་གཉིས་པ་བམ་པོ་དྲུག་ཅུ་གཉིས་སྟོ། ། [7] གཙུག་ཏོར་གྱིས་བྲིས། །འདྲོན་བ་ཞུས། དཔལ་སྙིང་པོ་ཡང་ཞུས། ཀུ་མ་ར་སུམ་ཞུས། ༀཿ ཤེས་རབ་ཀྱི་ཕ་རོལ་ཏུ་ཕྱིན་པ་སྟོང་ཕྲག་བརྒྱ་པ་དུམ་བུ་གཉིས་པ་བམ་པོ་དྲུག་ཅུ་

① རྒྱ་མཚོ་གྲོ་མཁར་ཆོས་སྡེའི་ཤེས་རབ་ཀྱི་ཕ་རོལ་ཏུ་ཕྱིན་པ་སྟོང་ཕྲག་བརྒྱད་པ་པོད་ཁ་པའི་ལྡེབ་གྲངས་312 སྡེབ་ངོས་ལས་དྲངས།

② རྒྱ་མཚོ་གྲོ་མཁར་ཆོས་སྡེའི་ཤེས་རབ་ཀྱི་ཕ་རོལ་ཏུ་ཕྱིན་པ་སྟོང་ཕྲག་བརྒྱད་པ་པོད་ཁ་པའི་ལྡེབ་གྲངས་353ཉིན་ངོས་ལས་དྲངས།

③ རྒྱ་མཚོ་གྲོ་མཁར་ཆོས་སྡེའི་ཤེས་རབ་ཀྱི་ཕ་རོལ་ཏུ་ཕྱིན་པ་སྟོང་ཕྲག་བརྒྱད་པ་པོད་ཁ་པའི་ལྡེབ་གྲངས་360 སྡེབ་ངོས་ལས་དྲངས།

④ རྒྱ་མཚོ་གྲོ་མཁར་ཆོས་སྡེའི་ཤེས་རབ་ཀྱི་ཕ་རོལ་ཏུ་ཕྱིན་པ་སྟོང་ཕྲག་བརྒྱད་པ་པོད་ཁ་པའི་ལྡེབ་གྲངས་367 སྡེབ་ངོས་ལས་དྲངས།

⑤ རྒྱ་མཚོ་གྲོ་མཁར་ཆོས་སྡེའི་ཤེས་རབ་ཀྱི་ཕ་རོལ་ཏུ་ཕྱིན་པ་སྟོང་ཕྲག་བརྒྱད་པ་པོད་ཁ་པའི་ལྡེབ་གྲངས་364ཉིན་ངོས་ལས་དྲངས།

⑥ རྒྱ་མཚོ་གྲོ་མཁར་ཆོས་སྡེའི་ཤེས་རབ་ཀྱི་ཕ་རོལ་ཏུ་ཕྱིན་པ་སྟོང་ཕྲག་བརྒྱད་པ་པོད་ཁ་པའི་ལྡེབ་གྲངས་379 སྡེབ་ངོས་ལས་དྲངས།

⑦ རྒྱ་མཚོ་གྲོ་མཁར་ཆོས་སྡེའི་ཤེས་རབ་ཀྱི་ཕ་རོལ་ཏུ་ཕྱིན་པ་སྟོང་ཕྲག་བརྒྱད་པ་པོད་ཁ་པའི་ལྡེབ་གྲངས་394 སྡེབ་ངོས་ལས་དྲངས།

གསུམ་སོ། །[①] རིབ་གོང་གཙུག་ཏོར་གྱིས་བྲིས། འཛིན་བ་ཞུས། མཆོག་རབ་ཡང་ཞུས། ཀུ་མ་ར་སུཾ་ཞུས། ༀཿ ཤེས་རབ་ཀྱི་ཕ་རོལ་དུ་ཕྱིན་པ་སྟོང་ཕྲག་བརྒྱ་པ་དུམ་བུ་གཉིས་པ་བམ་པོ་དྲུག་ཅུ་བཞིའོ། །[②] གཙུག་ཏོར་བྲིས། རྡོ་རྗེ་ཞུས། དཔལ་སྙིང་པོ་ཡང་ཞུས། བསོད་ནམས་སུམ་ཞུས། ༀཿ ཤེས་རབ་ཀྱི་ཕ་རོལ་དུ་ཕྱིན་པ་སྟོང་ཕྲག་བརྒྱ་པ་དུམ་བུ་གཉིས་པ་བམ་པོ་དྲུག་ཅུ་ལྔའོ། །[③] ཨང་ལེགས་འདུས་བྲིས། རྡོ་རྗེ་མཛོད་ཞུས། དཔལ་སྙིང་པོ་ཡང་ཞུས། བསོད་ནམས་སུཾ་ཞུས། ༀཿ ཤེས་རབ་ཀྱི་ཕ་རོལ་དུ་ཕྱིན་པ་སྟོང་ཕྲག་བརྒྱའ་པ་དུམ་བུ་གཉིས་པ་བམ་པོ་བདུན་ཅུ་བཞིའོ། [④] ཡང་ལེགས་འདུས་བྲིས། །རྡོ་རྗེ་མཛོད་ཞུས། །དཔལ་སྙིང་ཡང་ཞུས། །བསོད་ནམས་སུམ་ཞུས། །ༀཿ ཤེས་རབ་ཀྱ་ཕ་རོལ་དུ་ཕྱིན་པ་སྟོང་ཕྲག་བརྒྱའ་པ་དུམ་བུ་གཉིས་པ་བམ་པོ་བདུན་ཅུ་ལྔའོ། ། [⑤]ཞེས་པ་ནི་ཤེས་རབ་ཀྱི་ཕ་རོལ་ཏུ་ཕྱིན་པ་སྟོང་ཕྲག་བརྒྱ་པའི་པོད་ཁ་པའི་མཛད་བྱང་ཡིན།

① རྒྱ་མཚོ་གྲོ་མཁར་ཆོས་སྡེའི་ཤེས་རབ་ཀྱི་ཕ་རོལ་དུ་ཕྱིན་པ་སྟོང་ཕྲག་བརྒྱའ་པ་པོད་ཁ་པའི་ལྡེབ་གྲངས་401 སྤྱིབ་ངོས་ལས་དྲངས།

② རྒྱ་མཚོ་གྲོ་མཁར་ཆོས་སྡེའི་ཤེས་རབ་ཀྱི་ཕ་རོལ་དུ་ཕྱིན་པ་སྟོང་ཕྲག་བརྒྱའ་པ་པོད་ཁ་པའི་ལྡེབ་གྲངས་408 སྤྱིབ་ངོས་ལས་དྲངས།

③ རྒྱ་མཚོ་གྲོ་མཁར་ཆོས་སྡེའི་ཤེས་རབ་ཀྱི་ཕ་རོལ་དུ་ཕྱིན་པ་སྟོང་ཕྲག་བརྒྱའ་པ་པོད་ཁ་པའི་ལྡེབ་གྲངས་414 སྤྱིབ་ངོས་ལས་དྲངས།

④ རྒྱ་མཚོ་གྲོ་མཁར་ཆོས་སྡེའི་ཤེས་རབ་ཀྱི་ཕ་རོལ་དུ་ཕྱིན་པ་སྟོང་ཕྲག་བརྒྱའ་པ་པོད་ཁ་པའི་ལྡེབ་གྲངས་473 སྤྱིབ་ངོས་ལས་དྲངས།

⑤ རྒྱ་མཚོ་གྲོ་མཁར་ཆོས་སྡེའི་ཤེས་རབ་ཀྱི་ཕ་རོལ་དུ་ཕྱིན་པ་སྟོང་ཕྲག་བརྒྱའ་པ་པོད་ཁ་པའི་ལྡེབ་གྲངས་481ཉིན་ངོས་ལས་དྲངས།

ལེ་ཚན་བཞི་པ། རྒྱ་མཚོ་གྲོ་མཁར་ཤེར་ཕྱིན་སྟོང་ཕྲག་བརྒྱད་པ་པོད་ག་པའི་བམ་མཚམས།

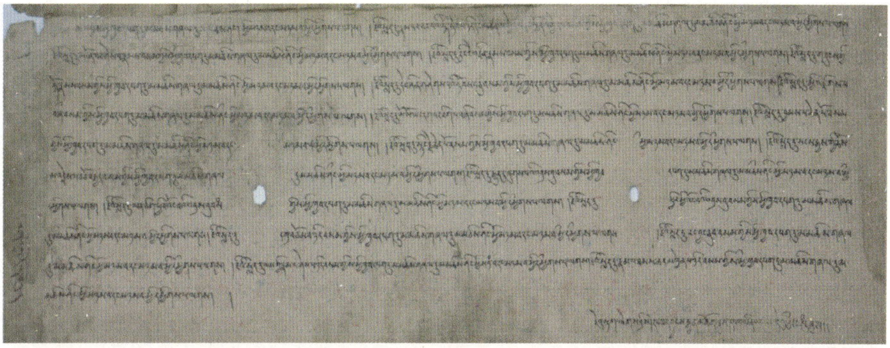

མཛད་བྱང་མ་དཔེ།

དང་པོ། བམ་མཚམས་མ་བཤུས།

ཤེས་རབ་ཀྱི་ཕ་རོལ་དུ་ཕྱིན་པ་སྟོང་ཕྲག་བརྒྱ་པ་པོད་ག་པའི་མཛད་བྱང་། སོང་སྣག་སྐྱེས་བྲིས། དཔལ་དབྱངས་ཞུས། དཔལ་འཛིན་ཡང་ཞུས། རྡོ་རྗེ་སུམ་ཞུས། ། ༄༅། ཤེས་རབ་ཀྱི་ཕ་རོལ་དུ་ཕྱིན་པ་སྟོང་ཕྲག་བརྒྱད་པ་དུམ་བུ་གསུམ་པ་བམ་པོ་བཞིའོ། ། [1] སོང་སྣག་སྐྱེས་བྲིས། ། དཔལ་དབྱངས་ཞུས། དཔལ་འཛིན་ཡང་ཞུས། རྡོ་རྗེ་ཞུས། ༄༅། ཤེས་རབ་ཀྱི་ཕ་རོལ་དུ་ཕྱིནད་པ་སྟོང་ཕྲག་བརྒྱད་པ་དུམ་བུ་གསུམ་པ་བམ་པོ་ལྔའོ། ། [2] སོང་སྣག་སྐྱེས་བྲིས། །དཔལ་དབྱངས་ཞུས། དཔལ་འཛིན་ཕྱུ་ཞུས། རྡོ་རྗེ་སུཾ་ཞུས། ༄༅། ཤེས་རབ་ཀྱི་ཕ་རོལད་དུ་ཕྱིན་པ་སྟོང་ཕྲག་བརྒྱ་

---

① རྒྱ་མཚོ་གྲོ་མཁར་ཆོས་སྡེའི་ཤེས་རབ་ཀྱི་ཕ་རོལ་དུ་ཕྱིན་པ་སྟོང་ཕྲག་བརྒྱད་པ་པོད་ག་པའི་ལྡེབས་གྲངས་34སྲིབ་ངོས་ལས་དྲངས།

② རྒྱ་མཚོ་གྲོ་མཁར་ཆོས་སྡེའི་ཤེས་རབ་ཀྱི་ཕ་རོལ་དུ་ཕྱིན་པ་སྟོང་ཕྲག་བརྒྱད་པ་པོད་ག་པའི་ལྡེབས་གྲངས་44ཉིན་ངོས་ལས་དྲངས།

པ་དུམ་བུ་གསུམ་པ་བམ་པོ་དྲུག་གོ། །① སོང་སྟག་སྐྱེས་བྲིས། དཔལ་དབྱངས་ཞུས། དཔལ་འཛིན་ཡང་ཞུས། རྡོ་རྗེ་སུམ་ཞུས། །༄༅། ཤེས་རབ་ཀྱི་ཕ་རོལ་ཏུ་ཕྱིནད་པ་སྟོང་ཕྲག་བརྒྱའ་པ་དུམ་བུ་གསུམ་པ་བམ་པོ་དགུའོ། །② སོང་སྟག་སྐྱེས་བྲིས། དཔལ་དབྱངས་ཞུས། དཔལ་འཛིན་ཡང་ཞུས། རྡོ་རྗེ་མཛོད་སུམ་ཞུས། །༄༅། ཤེས་རབ་ཀྱི་ཕ་རོལ་ཏུ་ཕྱིནད་པ་སྟོང་ཕྲག་བརྒྱའ་པ་དུམ་བུ་གསུམ་པ་བམ་པོ་བཅུའོ། །③ སོང་སྟག་སྐྱེས་བྲིས། དཔལ་དབྱངས་ཞུས། དཔལ་འཛིན་ཡང་ཞུས། རྡོ་རྗེ་སུམ་ཞུས། །༄༅། ཤེས་རབ་ཀྱི་ཕ་རོལ་ཏུ་ཕྱིནད་པ་སྟོང་ཕྲག་བརྒྱའ་པ་དུམ་བུ་གསུམ་པ་བམ་པོ་བཅུ་གཅིག་གོ། །④ ལེའུ་སླུ་སྟོན་གིས་བྲིས། དཔལ་དབྱངས་ཞུས། དཔལ་འཛིན་ཡང་ཞུས། རྡོ་རྗེ་སུམ་ཞུས། ༄༅། ཤེས་རབ་ཀྱི་ཕ་རོལ་ཏུ་ཕྱིན་པ་སྟོང་ཕྲག་བརྒྱ་པ་དུམ་བུ་གསུམ་པ་བམ་པོ་བཅུ་གཉིས་སོ། །⑤ ལེའུ་སླུ་སྟོན་གྱིས་བྲིས། དཔལ་དབྱངས་ཞུས། དཔལ་འཛིན་ཡང་ཞུས། རྡོ་རྗེ་མཛོད་སུམ་ཞུས། །༄༅། ཤེས་རབ་ཀྱི་ཕ་རོལ་ཏུ་ཕྱིན་པ་སྟོང་ཕྲག་བརྒྱའ་པ་དུམ་བུ་གསུམ་པ་བམ་པོ་བཅུ་གསུམ་མོ། །⑥ ལིའུ་སླུ་སྟོན་བྲིས། དཔལ་དབྱངས་ཞུས། དཔལ་འཛིན་ཡང་ཞུས། རྡོ་རྗེ་མཛོད་སུམ་ཞུས། །༄༅། ཤེས་རབ་ཀྱི་ཕ་རོལ་ཏུ་ཕྱིན་པ་སྟོང་ཕྲག་བརྒྱ་པ་དུམ་བུ་གསུམ་པ་བམ་པོ་བཅུ་བཞིའོ། །⑦ ལིའུ་སླུ་སྟོན་གིས་བྲིས། དཔལ་དབྱངས་ཞུས། དཔལ་འཛིན་ཡང་ཞུས། རྡོ་རྗེ་མཛོད་སུམ་ཞུས། །༄༅། ཤེས་རབ་ཀྱི་ཕ་རོལ་ཏུ་ཕྱིན་པ་སྟོང་ཕྲག་བརྒྱའ་

① རྒྱ་མཚོ་སྒོ་མཁར་ཆོས་སྡེའི་ཤེས་རབ་ཀྱི་ཕ་རོལ་ཏུ་ཕྱིན་པ་སྟོང་ཕྲག་བརྒྱའ་པ་པོད་ག་པའི་ལྡེབས་གྲངས་55ཉིན་ངོས་ལས་དྲངས།

② རྒྱ་མཚོ་སྒོ་མཁར་ཆོས་སྡེའི་ཤེས་རབ་ཀྱི་ཕ་རོལ་ཏུ་ཕྱིན་པ་སྟོང་ཕྲག་བརྒྱའ་པ་པོད་ག་པའི་ལྡེབས་གྲངས་81ཉིན་ངོས་ལས་དྲངས།

③ རྒྱ་མཚོ་སྒོ་མཁར་ཆོས་སྡེའི་ཤེས་རབ་ཀྱི་ཕ་རོལ་ཏུ་ཕྱིན་པ་སྟོང་ཕྲག་བརྒྱའ་པ་པོད་ག་པའི་ལྡེབས་གྲངས་90ཉིན་ངོས་ལས་དྲངས།

④ རྒྱ་མཚོ་སྒོ་མཁར་ཆོས་སྡེའི་ཤེས་རབ་ཀྱི་ཕ་རོལ་ཏུ་ཕྱིན་པ་སྟོང་ཕྲག་བརྒྱའ་པ་པོད་ག་པའི་ལྡེབས་གྲངས་་99 སྡིབ་ངོས་ལས་དྲངས།

⑤ རྒྱ་མཚོ་སྒོ་མཁར་ཆོས་སྡེའི་ཤེས་རབ་ཀྱི་ཕ་རོལ་ཏུ་ཕྱིན་པ་སྟོང་ཕྲག་བརྒྱའ་པ་པོད་ག་པའི་ལྡེབས་གྲངས་108ཉིན་ངོས་ལས་དྲངས།

⑥ རྒྱ་མཚོ་སྒོ་མཁར་ཆོས་སྡེའི་ཤེས་རབ་ཀྱི་ཕ་རོལ་ཏུ་ཕྱིན་པ་སྟོང་ཕྲག་བརྒྱའ་པ་པོད་ག་པའི་ལྡེབས་གྲངས་117 སྡིབ་ངོས་ལས་དྲངས།

⑦ རྒྱ་མཚོ་སྒོ་མཁར་ཆོས་སྡེའི་ཤེས་རབ་ཀྱི་ཕ་རོལ་ཏུ་ཕྱིན་པ་སྟོང་ཕྲག་བརྒྱའ་པ་པོད་ག་པའི་ལྡེབས་གྲངས་125 སྡིབ་ངོས་ལས་དྲངས།

ཕ་དུམ་བུ་གསུམ་པ་བམ་པོ་བཅོ་ལྔའོ།།[①] ཡིའུ་སླུ་རྟོན་གིས་བྲིས། དཔལ་དབྱངས་ཞུས། དཔལ་འཛིན་ཡང་ཞུས། རྡོ་རྗེ་མཚོད་སུམ་ཞུས།།༄། ཤེས་རབ་ཀྱི་ཕ་རོལ་ཏུ་ཕྱིན་པ་སྟོང་ཕྲག་བརྒྱ་པ་དུམ་བུ་གསུམ་པ་བམ་པོ་བཙུ་དྲུག་གོ།།[②] ཡིའུ་སླུ་རྟོན་བྲིས། དཔལ་དབྱངས་ཞུས། དཔལ་འཛིན་ཡང་ཞུས། རྡོ་རྗེ་མཚོད་སུམ་ཞུས། །༄། ཤེས་རབ་ཀྱི་ཕ་རོལ་ཏུ་ཕྱིན་པ་སྟོང་ཕྲག་བརྒྱད་ཕ་དུམ་བུ་གསུམ་པ་བམ་པོ་བཙུ་བདུན་ནོ།།[③] ཡིའུ་སླུ་རྟོན་བྲིས། དཔལ་དབྱངས་ཞུས། དཔལ་འཛིན་ཡང་ཞུས། རྡོ་རྗེ་མཚོད་སུམ་ཞུས།།༄།། ཤེས་རབ་ཀྱི་ཕ་རོལ་ཏུ་ཕྱིན་པ་སྟོང་ཕྲག་བརྒྱད་པ་དུམ་བུ་གསུམ་པ་བམ་པོ་བཅོ་བརྒྱད་དོ།།[④] ཡིའུ་སླུ་རྟོན་བྲིས། དཔལ་དབྱངས་ཞུས། དཔལ་འཛིན་ཡང་ཞུས། རྡོ་རྗེ་སུམ་ཞུས། །༄། ཤེས་རབ་ཀྱི་ཕ་རོལ་ཏུ་ཕྱིན་པ་སྟོང་ཕྲག་བརྒྱད་པ་དུམ་བུ་གསུམ་པོ་བམ་པོ་ཉི་ཤུའོ།།[⑤] ཞིམ་ཚར་ཚེར་གྱི་འབྲིས། དཔལ་དབྱངས་ཞུས། དཔལ་འཛིན་ཡང་ཞུས། རྡོ་རྗེ་མཚོད་སུམ་ཞུས། ༄། ཤེས་རབ་ཀྱི་ཕ་རོལ་ཏུ་ཕྱིན་པ་སྟོང་ཕྲག་བརྒྱ་པ་དུམ་བུ་གསུམ་པ་བམ་པོ་ཉི་ཤུ་བདུན་ནོ།།[⑥] ཞིམ་མང་ཉེན་གྱིས་བྲིས། དཔལ་དབྱངས་ཞུས། དཔལ་འཛིན་ཡང་ཞུས། རྡོ་རྗེ་མཚོད་སུམ་ཞུས། ༄། ཤེས་རབ་ཀྱི་ཕ་རོལ་ཏུ་ཕྱིན་པ་སྟོང་ཕྲག་བརྒྱད་པ་དུམ་བུ་གསུམ་པ་བམ་པོ་ཉི་ཤུ་བརྒྱད་དོ།།[⑦] ཞིམ་མང་ཉེན་བྲིས།། དཔལ་བྱང་ཞུས། དཔལ་འཛིན་ཡེ་ཞུས། རྡོ་རྗེ་མཚོད་སུམ་ཞུས། ༄། ཤེས་རབ་ཀྱི་ཕ་རོལ་ཏུ་ཕྱིན་པ་སྟོང་ཕྲག་བརྒྱ་

① རྒྱ་མཚོ་གྲོ་མཁར་ཆོས་སྡེའི་ཤེས་རབ་ཀྱི་ཕ་རོལ་ཏུ་ཕྱིན་པ་སྟོང་ཕྲག་བརྒྱད་པ་པོད་ཀ་པའི་ལྡེབས་གྲངས་134ཉིན་ངོས་ལས་དྲངས།

② རྒྱ་མཚོ་གྲོ་མཁར་ཆོས་སྡེའི་ཤེས་རབ་ཀྱི་ཕ་རོལ་ཏུ་ཕྱིན་པ་སྟོང་ཕྲག་བརྒྱད་པ་པོད་ཀ་པའི་ལྡེབས་གྲངས་143ཉིན་ངོས་ལས་དྲངས།

③ རྒྱ་མཚོ་གྲོ་མཁར་ཆོས་སྡེའི་ཤེས་རབ་ཀྱི་ཕ་རོལ་ཏུ་ཕྱིན་པ་སྟོང་ཕྲག་བརྒྱད་པ་པོད་ཀ་པའི་ལྡེབས་གྲངས་152ཉིན་ངོས་ལས་དྲངས།

④ རྒྱ་མཚོ་གྲོ་མཁར་ཆོས་སྡེའི་ཤེས་རབ་ཀྱི་ཕ་རོལ་ཏུ་ཕྱིན་པ་སྟོང་ཕྲག་བརྒྱད་པ་པོད་ཀ་པའི་ལྡེབས་གྲངས་161 སྲིབ་ངོས་ལས་དྲངས།

⑤ རྒྱ་མཚོ་གྲོ་མཁར་ཆོས་སྡེའི་ཤེས་རབ་ཀྱི་ཕ་རོལ་ཏུ་ཕྱིན་པ་སྟོང་ཕྲག་བརྒྱད་པ་པོད་ཀ་པའི་ལྡེབས་གྲངས་176 སྲིབ་ངོས་ལས་དྲངས།

⑥ རྒྱ་མཚོ་གྲོ་མཁར་ཆོས་སྡེའི་ཤེས་རབ་ཀྱི་ཕ་རོལ་ཏུ་ཕྱིན་པ་སྟོང་ཕྲག་བརྒྱད་པ་པོད་ཀ་པའི་ལྡེབས་གྲངས་227 སྲིབ་ངོས་ལས་དྲངས།

⑦ རྒྱ་མཚོ་གྲོ་མཁར་ཆོས་སྡེའི་ཤེས་རབ་ཀྱི་ཕ་རོལ་ཏུ་ཕྱིན་པ་སྟོང་ཕྲག་བརྒྱད་པ་པོད་ཀ་པའི་ལྡེབས་གྲངས་222 སྲིབ་ངོས་ལས་དྲངས།

པ་དུམ་བུ་གསུམ་པ་བམ་པོ་ཉི་ཤུ་དགུའོ། །[①] ཞིམ་མང་ཉོན་གྱི་བྲིས། དཔལ་དབྱངས་ཞུས། དཔལ་འཛིན་ཡང་ཞུས། རྡོ་རྗེ་སུམ་ཞུས། ༄༅། ཤེས་རབ་ཀྱི་ཕ་རོལ་ཏུ་ཕྱིནད་པ་སྟོང་ཕྲག་བརྒྱད་པ་དུམ་བུ་གསུམ་པ་བམ་པོ་སུམ་ཅུའོ།། [②] ཞིམ་མང་ཉེན་བྲིས། དཔལ་དབྱངས་ཞུས། དཔལ་འཛིན་ཡང་ཞུས། རྡོ་རྗེ་མཛོད་སུམ་ཞུས། །༄༅། ཤེས་རབ་ཀྱི་ཕ་རོལ་ཏུ་ཕྱིན་པ་སྟོང་ཕྲག་བརྒྱད་པ་དུམ་བུ་གསུམ་པ་བམ་པོ་སུམ་ཅུ་གཅིག་གོ། ། [③] དེན་སྟག་རྒྱས་བྲིས། ། དཔལ་དབྱངས་ཞུས། དཔལ་འཛིན་ཡང་ཞུས། རྡོ་རྗེ་མཛོད་སྐྱིུ་ཞུས། །༄༅། ཤེས་རབ་ཀྱི་ཕ་རོལ་ཏུ་ཕྱིན་པ་སྟོང་ཕྲག་བརྒྱ་པ་དུམ་བུ་གསུམ་པ་བམ་པོ་སུམ་ཅུ་གཉིས་སོ། ། [④] དེན་སྟག་རྒྱས་བྲིས། །དཔལ་དབྱངས་ཞུས། དཔལ་འཛིན་ཡང་ཞུས། རྡོ་རྗེ་མཛོད་སྐྱིུ་ཞུས། །༄༅། ཤེས་རབ་ཀྱི་ཕ་རོལ་ཏུ་ཕྱིན་པ་སྟོང་ཕྲག་བརྒྱ་པ་དུམ་བུ་གསུམ་པ་བམ་པོ་སུམ་ཅུ་གསུམ་སོ།། [⑤] དེན་སྟག་རྒྱས་བྲིས། ། དཔལ་དབྱངས་ཞུས། དཔལ་འཛིན་ཡང་ཞུས། རྡོ་རྗེ་སུམ་ཞུས། །༄༅། ཤེས་རབ་ཀྱི་ཕ་རོལ་ཏུ་ཕྱིན་པ་སྟོང་ཕྲག་བརྒྱ་པ་དུམ་བུ་གསུམ་པ་བམ་པོ་སུམ་ཅུ་བཞིའོ།། [⑥] དེན་སྟག་རྒྱས་བྲིས། དཔལ་དབྱངས་ཞུས། དཔལ་འཛིན་ཡང་ཞུས། རྡོ་རྗེ་སུམ་ཞུས། །༄༅། ཤེས་རབ་ཀྱི་ཕ་རོལ་ཏུ་ཕྱིན་པ་སྟོང་ཕྲག་བརྒྱ་པ་དུམ་བུ་གསུམ་པ་བམ་པོ་སུམ་ཅུ་ལྔའོ། ། [⑦] དེན་སྟག་རྒྱ་བྲིས། ། དཔལ་དབྱངས་ཞུས། དཔལ་འཛིན་ཡང་ཞུས། རྡོ་རྗེ་མཛོད་སུམ་ཞུས། །༄༅། ཤེས་རབ་ཀྱི་ཕ་རོལ་ཏུ་ཕྱིན་

① རྒྱ་མཚོ་གྲོ་མཁར་ཚོས་སྡེའི་ཤེས་རབ་ཀྱི་ཕ་རོལ་ཏུ་ཕྱིན་པ་སྟོང་ཕྲག་བརྒྱད་པ་པོད་ཀ་པའི་ལྡེབས་གྲངས་238 སྲིབ་ངོས་ལས་དྲངས།

② རྒྱ་མཚོ་གྲོ་མཁར་ཚོས་སྡེའི་ཤེས་རབ་ཀྱི་ཕ་རོལ་ཏུ་ཕྱིན་པ་སྟོང་ཕྲག་བརྒྱད་པ་པོད་ཀ་པའི་ལྡེབས་གྲངས་245ཉིན་ངོས་ལས་དྲངས།

③ རྒྱ་མཚོ་གྲོ་མཁར་ཚོས་སྡེའི་ཤེས་རབ་ཀྱི་ཕ་རོལ་ཏུ་ཕྱིན་པ་སྟོང་ཕྲག་བརྒྱད་པ་པོད་ཀ་པའི་ལྡེབས་གྲངས་250 སྲིབ་ངོས་ལས་དྲངས།

④ རྒྱ་མཚོ་གྲོ་མཁར་ཚོས་སྡེའི་ཤེས་རབ་ཀྱི་ཕ་རོལ་ཏུ་ཕྱིན་པ་སྟོང་ཕྲག་བརྒྱད་པ་པོད་ཀ་པའི་ལྡེབས་གྲངས་258 སྲིབ་ངོས་ལས་དྲངས།

⑤ རྒྱ་མཚོ་གྲོ་མཁར་ཚོས་སྡེའི་ཤེས་རབ་ཀྱི་ཕ་རོལ་ཏུ་ཕྱིན་པ་སྟོང་ཕྲག་བརྒྱད་པ་པོད་ཀ་པའི་ལྡེབས་གྲངས་264 སྲིབ་ངོས་ལས་དྲངས།

⑥ རྒྱ་མཚོ་གྲོ་མཁར་ཚོས་སྡེའི་ཤེས་རབ་ཀྱི་ཕ་རོལ་ཏུ་ཕྱིན་པ་སྟོང་ཕྲག་བརྒྱད་པ་པོད་ཀ་པའི་ལྡེབས་གྲངས་270ཉིན་ངོས་ལས་དྲངས།

⑦ རྒྱ་མཚོ་གྲོ་མཁར་ཚོས་སྡེའི་ཤེས་རབ་ཀྱི་ཕ་རོལ་ཏུ་ཕྱིན་པ་སྟོང་ཕྲག་བརྒྱད་པ་པོད་ཀ་པའི་ལྡེབས་གྲངས་276 སྲིབ་ངོ་ས་ལས་དྲངས།

པ་སྟོང་ཕྲག་བརྒྱ་པ་དུམ་བུ་གསུམ་པ་བམ་པོ་སུམ་ཅུ་དྲུག་གོ།།[1] དེན་སྟག་རྒྱས་བྲིས།། དཔལ་དབྱངས་ཞུས། གྲོལ་ཐལ་ཡང་ཞུས། རྡོ་རྗེ་མཛོད་སུམ་ཞུས།།ཨཱཿ ཤེས་རབ་ཀྱི་ཕ་རོལ་ཏུ་ཕྱིན་པ་སྟོང་ཕྲག་བརྒྱ་པ་དུམ་བུ་གསུམ་པ་བམ་པོ་སུམ་ཅུ་བརྒྱད་དོ།།[2] དེན་སྟག་རྒྱས་བྲིས།། དཔལ་དབྱངས་ཞུས། གྲོལ་ཐལ་ཡང་ཞུས། རྡོ་རྗེ་མཛོད་སུམ་ཞུས།།ཨཱཿ ཤེས་རབ་ཀྱི་ཕ་རོལ་ཏུ་ཕྱིན་པ་སྟོང་ཕྲག་བརྒྱ་པ་དུམ་བུ་གསུམ་པ་བམ་པོ་སུམ་ཅུ་དགུའོ།།[3] དེན་སྟག་རྒྱས་བྲིས། དཔལ་དབྱངས་ཞུས། གྲོལ་ཐལ་ཡང་ཞུས། རྡོ་རྗེ་མཛོད་སུམ་ཞུས།།ཨཱཿ ཤེས་རབ་ཀྱི་ཕ་རོལ་ཏུ་ཕྱིན་པ་སྟོང་ཕྲག་བརྒྱའ་པ་དུམ་བུ་གསུམ་པ་བམ་པོ་བཞི་བཅུའོ།།[4] དེན་ཡོང་ཡོང་བྲིས། དཔལ་དབྱངས་ཞུས། དཔལ་འཛིན་ལྷ་ཞུས། རྡོ་རྗེ་སུཾ་ཞུས།།ཨཱཿ ཤེས་རབ་ཀྱི་ཕ་རོལ་ཏུ་ཕྱིན་པ་སྟོང་ཕྲག་བརྒྱའ་པ་དུམ་བུ་གསུམ་པ་བམ་པོ་བཞི་བཅུ་གཅིག་གོ།།[5] ལྷ་བརྟན་གྱིས་བྲིས།། དཔལ་དབྱངས་ཞུས། དཔལ་འཛིན་ཡང་ཞུས། རྡོ་རྗེ་མཛོད་སུམ་ཞུས།། ཨཱཿ ཤེས་རབ་ཀྱི་ཕ་རོལ་ཏུ་ཕྱིན་པ་སྟོང་ཕྲག་བརྒྱའ་པ་དུམ་བུ་གསུམ་པ་བམ་པོ་བཞི་བཅུ་གཉིས་སོ།།[6] ལྷ་བརྟན་བྲིས། དཔལ་དབྱངས་ཞུས། ཕབ་ཏར་ཡང་ཞུས། རྡོ་རྗེ་མཛོད་སུམ་ཞུས།།ཨཱཿ ཤེས་རབ་ཀྱི་ཕ་རོལ་ཏུ་ཕྱིན་པ་སྟོང་ཕྲག་བརྒྱ་པ་དུམ་བུ་གསུམ་པོ་བམ་པོ་བཞི་བཅུ་གསུམ་སོ།།[7] ལྷ་བརྟན་གྱིས་བྲི། །དཔལ་དབྱངས་ཞུས། ཕབ་ཏར་ཡང་ཞུས། རྡོ་རྗེ་མཛོད་སུམ་ཞུས།། ཨཱཿ ཤེས་རབ་ཀྱི་ཕ་རོལ་

---

① རྒྱ་མཚོ་གྲོ་མཁར་ཆོས་སྡེའི་ཤེས་རབ་ཀྱི་ཕ་རོལ་ཏུ་ཕྱིན་པ་སྟོང་ཕྲག་བརྒྱའ་པ་པོད་ག་པའི་ལྡེབས་གྲངས་283ཉིན་ངོས་ལས་དྲངས།

② རྒྱ་མཚོ་གྲོ་མཁར་ཆོས་སྡེའི་ཤེས་རབ་ཀྱི་ཕ་རོལ་ཏུ་ཕྱིན་པ་སྟོང་ཕྲག་བརྒྱའ་པ་པོད་ག་པའི་ལྡེབས་གྲངས་299 སྲིབ་ངོས་ལས་དྲངས།

③ རྒྱ་མཚོ་གྲོ་མཁར་ཆོས་སྡེའི་ཤེས་རབ་ཀྱི་ཕ་རོལ་ཏུ་ཕྱིན་པ་སྟོང་ཕྲག་བརྒྱའ་པ་པོད་ག་པའི་ལྡེབས་གྲངས་305ཉིན་ངོས་ལས་དྲངས།

④ རྒྱ་མཚོ་གྲོ་མཁར་ཆོས་སྡེའི་ཤེས་རབ་ཀྱི་ཕ་རོལ་ཏུ་ཕྱིན་པ་སྟོང་ཕྲག་བརྒྱའ་པ་པོད་ག་པའི་ལྡེབས་གྲངས་310ཉིན་ངོས་ལས་དྲངས།

⑤ རྒྱ་མཚོ་གྲོ་མཁར་ཆོས་སྡེའི་ཤེས་རབ་ཀྱི་ཕ་རོལ་ཏུ་ཕྱིན་པ་སྟོང་ཕྲག་བརྒྱའ་པ་པོད་ག་པའི་ལྡེབས་གྲངས་316 སྲིབ་ངོས་ལས་དྲངས།

⑥ རྒྱ་མཚོ་གྲོ་མཁར་ཆོས་སྡེའི་ཤེས་རབ་ཀྱི་ཕ་རོལ་ཏུ་ཕྱིན་པ་སྟོང་ཕྲག་བརྒྱའ་པ་པོད་ག་པའི་ལྡེབས་གྲངས་323ཉིན་ངོས་ལས་དྲངས།

⑦ རྒྱ་མཚོ་གྲོ་མཁར་ཆོས་སྡེའི་ཤེས་རབ་ཀྱི་ཕ་རོལ་ཏུ་ཕྱིན་པ་སྟོང་ཕྲག་བརྒྱའ་པ་པོད་ག་པའི་ལྡེབས་གྲངས་་331 སྲིབ་ངོས་ལས་དྲངས།

དུ་ཕྱིན་པ་སྟོང་ཕྲག་བརྒྱད་པ་དུམ་བུ་གསུམ་པ་བམ་པོ་བཞི་བཅུ་བཞིའོ།། [①] ལྷ་བརྟན་གྱིས་བྲིས།། དཔལ་དབྱངས་ཞུས། ཕབ་ཏར་ཡང་ཞུས། རྡོ་རྗེ་མཛོད་སུམ་ཞུས།། ༄༅། །ཤེས་རབ་ཀྱི་ཕ་རོལ་དུ་ཕྱིན་པ་སྟོང་ཕྲག་བརྒྱ་དུམ་བུ་གསུམ་པ་བམ་པོ་བཞི་བཅུ་ལྔའོ།། [②] ལྷ་བརྟན་གྱིས་བྲིས། དཔལ་དབྱངས་ཞུས། དཔལ་འཛིན་ཡང་ཞུས། རྡོ་རྗེ་མཛོད་སུམ་ཞུས།། ༄༅། །ཤེས་རབ་ཀྱི་ཕ་རོལ་ཕྱིན་པ་སྟོང་ཕྲག་བརྒྱད་པ་དུམ་བུ་གསུམ་པ་བམ་པོ་བཞི་བཅུ་བདུན་ནོ།། [③] ལྷ་བརྟན་གྱིས་བྲིས།། དཔལ་དབྱངས་ཞུས། ཕབ་ཏར་ཡང་ཞུས། རྡོ་རྗེ་སུམ་ཞུས། ༄༅། །ཤེས་རབ་ཀྱི་ཕ་རོལ་དུ་ཕྱིན་པ་སྟོང་ཕྲག་བརྒྱ་པ་དུམ་བུ་གསུམ་པ་བམ་པོ་བཞི་བཅུ་བརྒྱད་དོ།། [④] ལྷ་བརྟན་གྱིས་བྲིས། དཔལ་དབྱངས་ཞུས། ཕབ་ཏར་ཡང་ཞུས། རྡོ་རྗེ་སུམ་ཞུས།། ༄༅། །ཤེས་རབ་ཀྱི་ཕ་རོལ་དུ་ཕྱིན་པ་སྟོང་ཕྲག་བརྒྱད་པ་དུམ་བུ་གསུམ་པ་བམ་པོ་བཞི་བཅུ་དགུའོ།། [⑤] ལྷ་བརྟན་གྱིས་བྲིས། དཔལ་དབྱངས་ཞུས། དཔལ་འབྱོར་ཡང་ཞུས། རྡོ་རྗེ་མཛོད་སུམ་ཞུས།། ༄༅། །ཤེས་རབ་ཀྱི་ཕ་རོལ་དུ་ཕྱིན་པ་སྟོང་ཕྲག་བརྒྱད་པ་དུམ་བུ་གསུམ་པ་བམ་པོ་ལྔ་བཅུའོ།། [⑥] ཨིམ་ཀླུ་བཞེར་གྱིས་བྲིས། དཔལ་དབྱངས་ཞུས། ཕབ་ཏར་ཡང་ཞུས། དེའུ་ཤིང་སུཾ་ཞུས།། ༄༅། །ཤེས་རབ་ཀྱི་ཕ་རོལ་དུ་ཕྱིན་པ་སྟོང་ཕྲག་བརྒྱད་པ་དུམ་བུ་གསུམ་པ་བམ་པོ་ལྔ་བཅུ་གཅིག་གོ།། [⑦] ཨིམ་ཀླུ་བཞེར་གྱིས་བྲིས། དཔལ་དབྱངས་ཞུས། ཕབ་ཏང་ཡང་ཞུས། དེའུ་ཅང་སུཾ་ཞུས། ༄༅། །ཤེས་རབ་ཀྱི་ཕ་རོལ་དུ་ཕྱིན་པ་སྟོང་

---

① རྒྱ་མཚོ་གྲོ་མཁར་ཆོས་སྡེའི་ཤེས་རབ་ཀྱི་ཕ་རོལ་དུ་ཕྱིན་པ་སྟོང་ཕྲག་བརྒྱད་པ་པོད་ཀ་པའི་ལྡེབས་གྲངས་339 སྒྲིབ་ངོས་ལས་དྲངས།

② རྒྱ་མཚོ་གྲོ་མཁར་ཆོས་སྡེའི་ཤེས་རབ་ཀྱི་ཕ་རོལ་དུ་ཕྱིན་པ་སྟོང་ཕྲག་བརྒྱད་པ་པོད་ཀ་པའི་ལྡེབས་གྲངས་345 སྒྲིབ་ངོས་ལས་དྲངས།

③ རྒྱ་མཚོ་གྲོ་མཁར་ཆོས་སྡེའི་ཤེས་རབ་ཀྱི་ཕ་རོལ་དུ་ཕྱིན་པ་སྟོང་ཕྲག་བརྒྱད་པ་པོད་ཀ་པའི་ལྡེབས་གྲངས་359 སྒྲིབ་ངོས་ལས་དྲངས།

④ རྒྱ་མཚོ་གྲོ་མཁར་ཆོས་སྡེའི་ཤེས་རབ་ཀྱི་ཕ་རོལ་དུ་ཕྱིན་པ་སྟོང་ཕྲག་བརྒྱད་པ་པོད་ཀ་པའི་ལྡེབས་གྲངས་367 སྒྲིབ་ངོས་ལས་དྲངས།

⑤ རྒྱ་མཚོ་གྲོ་མཁར་ཆོས་སྡེའི་ཤེས་རབ་ཀྱི་ཕ་རོལ་དུ་ཕྱིན་པ་སྟོང་ཕྲག་བརྒྱད་པ་པོད་ཀ་པའི་ལྡེབས་གྲངས་375 སྒྲིབ་ངོས་ལས་དྲངས།

⑥ རྒྱ་མཚོ་གྲོ་མཁར་ཆོས་སྡེའི་ཤེས་རབ་ཀྱི་ཕ་རོལ་དུ་ཕྱིན་པ་སྟོང་ཕྲག་བརྒྱད་པ་པོད་ཀ་པའི་ལྡེབས་གྲངས་379 སྒྲིབ་ངོས་ལས་དྲངས།

⑦ རྒྱ་མཚོ་གྲོ་མཁར་ཆོས་སྡེའི་ཤེས་རབ་ཀྱི་ཕ་རོལ་དུ་ཕྱིན་པ་སྟོང་ཕྲག་བརྒྱད་པ་པོད་ཀ་པའི་ལྡེབས་གྲངས་398 སྒྲིབ་ངོས་ལས་དྲངས།

ཕྲག་བརྒྱད་པ་དུམ་བུ་གསུམ་པ་བམ་པོ་ལྔ་བཅུ་གསུམ་མོ། [1] ཤིམ་སླུ་བཞེར་གྱི་བྲིས། དཔལ་དབྱངས་ཞུས། ཕབ་ཏང་ཡང་ཞུས། དེའུ་ཅེང་སུམ་ཞུས། ༄༅། ཤེས་རབ་ཀྱི་ཕ་རོལ་ཏུ་ཕྱིན་པ་སྟོང་ཕྲག་བརྒྱད་པའ་དུམ་བུ་གསུམ་པ་བམ་པོ་ལྔ་བཅུ་བཞིའོ། [2] ཤིམ་སླུ་བཞེར་བྲིས། དཔལ་དབྱངས་ཞུས། དཔལ་འཛིན་ཡུ་ཞུས། དེའུ་ཤིང་སྒུཾ་ཞུས། ༄༅། ཤེས་རབ་ཀྱི་ཕ་རོལ་ཏུ་ཕྱིན་པ་སྟོང་ཕྲག་བརྒྱད་པའ་དུམ་བུ་གསུམ་པ་བམ་པོ་ལྔ་བཅུ་ལྔའོ། ། [3] ཤིམ་སླུ་བཞེར་བྲིས། །དཔལ་དབྱངས་ཞུས། ཕབ་ཏར་ཡང་ཞུས། དེའུ་ཤིང་སུམ་ཞུས། ༄༅། ཤེས་རབ་ཀྱི་ཕ་རོལ་ཏུ་ཕྱིན་པ་སྟོང་ཕྲག་བརྒྱད་ཕ་དུམ་བུ་གསུམ་པ་བམ་པོ་ལྔ་བཅུ་དྲུག་གོ། ། [4] ཤིམ་སླུ་བཞེར་བྲིས། ། དཔལ་དབྱངས་ཞུས། དཔལ་འཛིན་ཡང་ཞུས། དེའུ་ཤིང་སུམ་ཞུས། ༄༅། ཤེས་རབ་ཀྱི་ཕ་རོལ་ཏུ་ཕྱིན་པ་སྟོང་ཕྲག་བརྒྱད་ཕ་དུམ་བུ་གསུམ་པ་བམ་པོ་ལྔ་བཅུ་བདུན་ནོ། [5] ཤིམ་སླུ་བཞེར་བྲིས། །དཔལ་དབྱངས་ཞུས། ཕབ་ཏར་ཡང་ཞུས། དེའུ་ཤིང་སུམ་ཞུས། ༄༅། ཤེས་རབ་ཀྱི་ཕ་རོལ་ཏུ་ཕྱིན་པ་སྟོང་ཕྲག་བརྒྱད་པ་དུམ་བུ་གསུམ་པ་བམ་པོ་ལྔ་བཅུ་བརྒྱད་དོ། ། [6] ཤིམ་སླུ་བཞེར་བྲིས། །དཔལ་དབྱངས་ཞུས། ཕབ་ཏར་ཡང་ཞུས། དེའུ་ཤིང་སུམ་ཞུས། ༄༅། ཤེས་རབ་ཀྱི་ཕ་རོལ་ཏུ་ཕྱིན་པ་སྟོང་ཕྲག་བརྒྱད་པ་དུམ་བུ་གསུམ་པ་བམ་པོ་ལྔ་བཅུ་དགུའོ། ། [7] ཤིམ་སླུ་བཞེར་བྲིས། །དཔལ་དབྱངས་ཞུས། ཕབ་ཏར་ཡང་ཞུས། དེའུ་ཤིང་སུམ་ཞུས། ༄༅། ཤེས་རབ་ཀྱི་ཕ་རོལ་ཏུ་ཕྱིན་པ་སྟོང་

① རྒྱ་མཚོ་གྲོ་མཁར་ཚོས་སྡེའི་ཤེས་རབ་ཀྱི་ཕ་རོལ་ཏུ་ཕྱིན་པ་སྟོང་ཕྲག་བརྒྱད་པ་པོད་ཀ་པའི་ལྡེབས་གྲངས་401ཉིན་ངོས་ལས་བྲངས།

② རྒྱ་མཚོ་གྲོ་མཁར་ཚོས་སྡེའི་ཤེས་རབ་ཀྱི་ཕ་རོལ་ཏུ་ཕྱིན་པ་སྟོང་ཕྲག་བརྒྱད་པ་པོད་ཀ་པའི་ལྡེབས་གྲངས་409 སྲིབ་ངོས་ལས་བྲངས།

③ རྒྱ་མཚོ་གྲོ་མཁར་ཚོས་སྡེའི་ཤེས་རབ་ཀྱི་ཕ་རོལ་ཏུ་ཕྱིན་པ་སྟོང་ཕྲག་བརྒྱད་པ་པོད་ཀ་པའི་ལྡེབས་གྲངས་418ཉིན་ངོས་ལས་བྲངས།

④ རྒྱ་མཚོ་གྲོ་མཁར་ཚོས་སྡེའི་ཤེས་རབ་ཀྱི་ཕ་རོལ་ཏུ་ཕྱིན་པ་སྟོང་ཕྲག་བརྒྱད་པ་པོད་ཀ་པའི་ལྡེབས་གྲངས་425ཉིན་ངོས་ལས་བྲངས།

⑤ རྒྱ་མཚོ་གྲོ་མཁར་ཚོས་སྡེའི་ཤེས་རབ་ཀྱི་ཕ་རོལ་ཏུ་ཕྱིན་པ་སྟོང་ཕྲག་བརྒྱད་པ་པོད་ཀ་པའི་ལྡེབས་གྲངས་430 སྲིབ་ངོས་ལས་བྲངས།

⑥ རྒྱ་མཚོ་གྲོ་མཁར་ཚོས་སྡེའི་ཤེས་རབ་ཀྱི་ཕ་རོལ་ཏུ་ཕྱིན་པ་སྟོང་ཕྲག་བརྒྱད་པ་པོད་ཀ་པའི་ལྡེབས་གྲངས་439 སྲིབ་ངོས་ལས་བྲངས།

⑦ རྒྱ་མཚོ་གྲོ་མཁར་ཚོས་སྡེའི་ཤེས་རབ་ཀྱི་ཕ་རོལ་ཏུ་ཕྱིན་པ་སྟོང་ཕྲག་བརྒྱད་པ་པོད་ཀ་པའི་ལྡེབས་གྲངས་447ཉིན་ངོས་ལས་བྲངས།

ཕྲག་བརྒྱད་པ་དུམ་བུ་གསུམ་པ་བམ་པོ་དྲུག་ཅུའོ། །[①] ཨིམ་གླུ་བཞེར་བྲིས། །དཔལ་དབྱངས་ཞུས། ཕབ་ཏར་ཡང་ཞུས། དེའུ་ཇི་སུཾ་ཞུས། ༄༅། ཤེས་རབ་ཀྱི་ཕ་རོལ་ཏུ་ཕྱིན་པ་སྟོང་ཕྲག་བརྒྱ་པ་དུམ་བུ་གསུམ་པ་བམ་པོ་དྲུག་ཅུ་གཅིག་གོ། [②] ཧེའུ་སྟག་ལེགས་བྲིས། དཔལ་དབྱངས་ཞུས། ཕབ་ཏར་ཡང་ཞུས། དེའུ་ཨིང་སུཾ་ཞུས། ༄༅། ཤེས་རབ་ཀྱི་ཕ་རོལ་ཏུ་ཕྱིན་པ་སྟོང་ཕྲག་བརྒྱད་པ་དུམ་པོ་གསུམ་པ་བམ་པོ་དྲུག་ཅུ་གཉིས་སོ། །[③] ཧེའུ་སྟག་ལེགས་བྲིས། དཔལ་དབྱངས་རྒྱན་མཆོག་ཞུས། དཔལ་འཛིན་ཡང་ཞུས། དེའུ་ཨིང་སུཾ་ཞུས། །༄༅། ཤེས་རབ་ཀྱི་ཕ་རོལ་ཏུ་ཕྱིན་པ་སྟོང་ཕྲག་བརྒྱད་པ་དུམ་བུ་གསུམ་པ་བམ་པོ་དྲུག་ཅུ་གསུམ་མོ། །[④] སྟག་ལེགས་བྲིས། དཔལ་དབྱངས་ཞུས། ཕབ་ཏར་ཡང་ཞུས། དེའུ་ཨེང་སུམ་ཞུས། །༄༅། ཤེས་རབ་ཀྱི་ཕ་རོལ་ཏུ་ཕྱིན་པ་སྟོང་ཕྲག་བརྒྱད་པ་དུམ་བུ་གསུམ་པ་བམ་པོ་དྲུག་ཅུ་བཞིའོ། །[⑤] སྟག་ལེགས་བྲིས། དཔལ་དབྱངས་ཞུས། ཕབ་ཏར་ཡང་ཞུས། དེའུ་ཨེང་སུམ་ཞུས། ༄༅། ཤེས་རབ་ཀྱི་ཕ་རོལ་ཏུ་ཕྱིན་པ་སྟོང་ཕྲག་བརྒྱད་པ་དུམ་བུ་གསུམ་པ་དྲུག་ཅུ་དྲུག་གོ། །[⑥] སྟག་ལེགས་བྲིས། དཔལ་དབྱངས་ཞུས། ཕབ་ཏར་ཡང་ཞུས། དེའུ་ཨེང་སུཾ་ཞུས། ༄༅། ཤེས་རབ་ཀྱི་ཕ་རོལ་ཏུ་ཕྱིནད་པ་སྟོང་ཕྲག་བརྒྱད་པ་དུམ་བུ་གསུམ་པ་བམ་པོ་དྲུག་ཅུ་དགུའོ། །[⑦] ཞེས་པ་ནི་ཤེར་ཕྱིན་པོད་ག་པའི་བམ་མཚམས་ཀྱི་ཡིག་ཞུས་ལགས་སོ།

① རྒྱ་མཚོ་གྲོ་མཁར་ཚོས་སྡེའི་ཤེས་རབ་ཀྱི་ཕ་རོལ་ཏུ་ཕྱིན་པ་སྟོང་ཕྲག་བརྒྱད་པ་པོད་ག་པའི་ལྡེབ་གྲངས་454ཉིན་ངོས་ལས་དྲངས།

② རྒྱ་མཚོ་གྲོ་མཁར་ཚོས་སྡེའི་ཤེས་རབ་ཀྱི་ཕ་རོལ་ཏུ་ཕྱིན་པ་སྟོང་ཕྲག་བརྒྱད་པ་པོད་ག་པའི་ལྡེབ་གྲངས་461 གྲིབ་ངོས་ལས་དྲངས།

③ རྒྱ་མཚོ་གྲོ་མཁར་ཚོས་སྡེའི་ཤེས་རབ་ཀྱི་ཕ་རོལ་ཏུ་ཕྱིན་པ་སྟོང་ཕྲག་བརྒྱད་པ་པོད་ག་པའི་ལྡེབ་གྲངས་470ཉིན་ངོས་ལས་དྲངས།

④ རྒྱ་མཚོ་གྲོ་མཁར་ཚོས་སྡེའི་ཤེས་རབ་ཀྱི་ཕ་རོལ་ཏུ་ཕྱིན་པ་སྟོང་ཕྲག་བརྒྱད་པ་པོད་ག་པའི་ལྡེབ་གྲངས་477ཉིན་ངོས་ལས་དྲངས།

⑤ རྒྱ་མཚོ་གྲོ་མཁར་ཚོས་སྡེའི་ཤེས་རབ་ཀྱི་ཕ་རོལ་ཏུ་ཕྱིན་པ་སྟོང་ཕྲག་བརྒྱད་པ་པོད་ག་པའི་ལྡེབ་གྲངས་484 གྲིབ་ངོས་ལས་དྲངས།

⑥ རྒྱ་མཚོ་གྲོ་མཁར་ཚོས་སྡེའི་ཤེས་རབ་ཀྱི་ཕ་རོལ་ཏུ་ཕྱིན་པ་སྟོང་ཕྲག་བརྒྱད་པ་པོད་ག་པའི་ལྡེབ་གྲངས་498ཉིན་ངོས་ལས་དྲངས།

⑦ རྒྱ་མཚོ་གྲོ་མཁར་ཚོས་སྡེའི་ཤེས་རབ་ཀྱི་ཕ་རོལ་ཏུ་ཕྱིན་པ་སྟོང་ཕྲག་བརྒྱད་པ་པོད་ག་པའི་ལྡེབ་གྲངས་517 གྲིབ་ངོས་ལས་དྲངས།

ལེ་ཚན་ལྔ་པ། རྒྱ་མཚོ་གྲོ་མཁར་ཤེར་ཕྱིན་སྟོང་ཕྲག་བརྒྱད་པ་ ཕོད་ང་པའི་བམ་མཚམས།

མཛད་བྱང་མ་དཔེ།

དང་པོ། བམ་མཚམས་མ་བཤུས།

ཕོད་ང་པའི་མཛད་བྱང་། ཁོང་རྣམ་བྲིས། །འཇོན་པ་ཞུས། ལྷ་ལེགས་ཡང་ཞུས། གཉན་གོང་སུམ་ཞུས། ༄། ཤེས་རབ་ཀྱི་ཕ་རོལ་དུ་ཕྱིན་པ་སྟོང་ཕྲག་བརྒྱ་པ་དུམ་བུ་བཞི་པ། བམ་པོ་གཉིས་སོ། ① ཕང་སྟག་བརྟན་གིས་བྲིས། འཇོན་པ་ཞུས། སྟག་བརྟན་ཡང་ཞུས། འབྲུ་ལ་སྐྱེས་སུམ་ཞུས། ༄། ཤེས་རབ་ཀྱི་ཕ་རོལ་དུ་ཕྱིན་པ་སྟོང་ཕྲག་བརྒྱད་པ་དུམ་བུ་བཞི་པ་བམ་པོ་བཞིའོ། ། ② ཕང་སྟག་བརྟན་གིས་བྲིས་། འཇོན་པ་ཞུས། སྟག་བརྟན་ཡང་ཞུས། འཕན་ལྷ་སྐྱེས་སུམ་ཞུས། ། ༄། ཤེས་རབ་ཀྱི་ཕ་རོལ་དུ་ཕྱིནད་པ་སྟོང་ཕྲག་བརྒྱད་པ་དུམ་བུ་བཞི་པ་བམ་པོ་དྲུག་གོ། ། ③

---

① རྒྱ་མཚོ་གྲོ་མཁར་ཆོས་སྡེའི་ཤེས་རབ་ཀྱི་ཕ་རོལ་དུ་ཕྱིན་པ་སྟོང་ཕྲག་བརྒྱད་པ་ཕོད་ང་པའི་ལྡེབ་གྲངས་8ཤིན་ངོས་ལས་དྲངས།

② རྒྱ་མཚོ་གྲོ་མཁར་ཆོས་སྡེའི་ཤེས་རབ་ཀྱི་ཕ་རོལ་དུ་ཕྱིན་པ་སྟོང་ཕྲག་བརྒྱད་པ་ཕོད་ང་པའི་ལྡེབ་གྲངས་20སྦྱིབ་ངོས་ལས་དྲངས།

③ རྒྱ་མཚོ་གྲོ་མཁར་ཆོས་སྡེའི་ཤེས་རབ་ཀྱི་ཕ་རོལ་དུ་ཕྱིན་པ་སྟོང་ཕྲག་བརྒྱད་པ་ཕོད་ང་པའི་ལྡེབ་གྲངས་34ཤིན་ངོས་ལས་

ཕང་སྟག་བརྟན་གིས་བྲིས་། སྟག་ལེགས་ཞུས། ལྷ་ལེགས་ཡང་ཞུས། ལྷ་སྣང་གསུམ་ཞུས། ། ཤཿ ཤེས་རབ་ཀྱི་ཕ་རོལ་ཏུ་ཕྱིན་པ་སྟོང་ཕྲག་བརྒྱད་པ་དུམ་བུ་དང་པོ་བམ་པོ་བདུན་ནོ།།[1] ཕང་སྟག་བརྟན་གིས་བྲིས། སྟག་ལེགས་ཞུས། ལྷ་ལེགས་ཡང་ཞུས། ལྷ་སྣང་ཞུས། ། ཤཿ ཤེས་རབ་ཀྱི་ཕ་རོལ་ཏུ་ཕྱིན་པ་སྟོང་ཕྲག་བརྒྱད་པ་དུམ་བུ་བཞི་པ་བམ་པོ་བརྒྱད་དོ།།[2] སྟག་ལེགས་བྲིས། སྟག་འོད་ཞུས། ལྷ་ལེགས་ཡང་ཞུས། སེང་འགེ་གསུམ་ཞུས། ། ཤཿ ཤེས་རབ་ཀྱི་ཕ་རོལ་ཏུ་ཕྱིན་པ་སྟོང་ཕྲག་བརྒྱ་པ་དུམ་བུ་བཞི་པ་བམ་པོ་ཉི་ཤུ་དྲུག་གོ།།[3] ཇེའུ་སྟག་ལེགས་བྲིས། འཛྲོན་ལ་ཧོར་ཞུས། སྟག་བརྟན་ཡང་ཞུས། དཔལ་གྱི་སེང་འགེ་གསུམ་ཞུས། ། ཤཿ ཤེས་རབ་ཀྱི་ཕ་རོལ་ཏུ་ཕྱིན་པ་སྟོང་ཕྲག་བརྒྱ་པ་དུམ་བུ་བཞི་པ་བཾ་པོ་ཉི་ཤུ་བདུན་ནོ།།[4] ཇེའུ་སྟག་ལེགས་བྲིས། འཛྲོན་ལ་ཧོར་ཞུས། སྟག་བརྟན་ཡང་ཞུས། སེང་འགེ་དཔལ་གསུམ་ཞུས། ། ཤཿ ཤེས་རབ་ཀྱི་ཕ་རོལ་ཏུ་ཕྱིན་པ་སྟོང་ཕྲག་བརྒྱ་པ་དུམ་བུ་བཞི་པ་བམ་པོ་ཉི་ཤུ་བརྒྱད་དོ།།[5] ཇེའུ་སྟག་ལེགས་བྲིས་། འཛྲོན་བ་ཞུས། ལྷལེགསཡང་ཞུས། ། ལྷ་སྣང་གསུམ་ཞུས། ། ཤཿ ཤེས་རབ་ཀྱི་ཕ་རོལ་ཏུ་ཕྱིན་པ་སྟོང་ཕྲག་བརྒྱ་པ་དུམ་བུ་བཞི་པ་བམ་པོ་ཉི་ཤུ་དགུའོ།།[6] ཇེའུ་སྟག་ལེགས་བྲིས། སྟག་སླེབས་ཞུས། ལྷལེགསཡང་ཞུས། ལྷ་སྣང་གསུམ་ཞུས། ཤཿ ཤེས་རབ་ཀྱི་ཕ་རོལ་ཏུ་ཕྱིན་པ་སྟོང་ཕྲག་བརྒྱད་པ་དུམ་བུ་བཞི་པ་བམ་པོ་སུམ་ཅུའོ།།[7] སྟག་འོད་བྲིས་།། འཛྲོན་ལ་ཞུས། ལྷལེགས་ཡང་ཞུས།

དྲངས།

① རྒྱ་མཚོ་གྲོ་མཁར་ཆོས་སྡེའི་ཤེས་རབ་ཀྱི་ཕ་རོལ་ཏུ་ཕྱིན་པ་སྟོང་ཕྲག་བརྒྱད་པ་པོད་ང་པའི་ལྡེབས་གྲངས་40ཉིན་དོན་ལས་དྲངས།

② རྒྱ་མཚོ་གྲོ་མཁར་ཆོས་སྡེའི་ཤེས་རབ་ཀྱི་ཕ་རོལ་ཏུ་ཕྱིན་པ་སྟོང་ཕྲག་བརྒྱད་པ་པོད་ང་པའི་ལྡེབས་གྲངས་45 སྲིབ་དོན་ལས་དྲངས།

③ རྒྱ་མཚོ་གྲོ་མཁར་ཆོས་སྡེའི་ཤེས་རབ་ཀྱི་ཕ་རོལ་ཏུ་ཕྱིན་པ་སྟོང་ཕྲག་བརྒྱད་པ་པོད་ང་པའི་ལྡེབས་གྲངས་159ཉིན་དོན་ལས་དྲངས།

④ རྒྱ་མཚོ་གྲོ་མཁར་ཆོས་སྡེའི་ཤེས་རབ་ཀྱི་ཕ་རོལ་ཏུ་ཕྱིན་པ་སྟོང་ཕྲག་བརྒྱད་པ་པོད་ང་པའི་ལྡེབས་གྲངས་166ཉིན་དོན་ལས་དྲངས།

⑤ རྒྱ་མཚོ་གྲོ་མཁར་ཆོས་སྡེའི་ཤེས་རབ་ཀྱི་ཕ་རོལ་ཏུ་ཕྱིན་པ་སྟོང་ཕྲག་བརྒྱད་པ་པོད་ང་པའི་ལྡེབས་གྲངས་172 སྲིབ་དོན་ལས་དྲངས།

⑥ རྒྱ་མཚོ་གྲོ་མཁར་ཆོས་སྡེའི་ཤེས་རབ་ཀྱི་ཕ་རོལ་ཏུ་ཕྱིན་པ་སྟོང་ཕྲག་བརྒྱད་པ་པོད་ང་པའི་ལྡེབས་གྲངས་179 སྲིབ་དོན་ལས་དྲངས།

⑦ རྒྱ་མཚོ་གྲོ་མཁར་ཆོས་སྡེའི་ཤེས་རབ་ཀྱི་ཕ་རོལ་ཏུ་ཕྱིན་པ་སྟོང་ཕྲག་བརྒྱད་པ་པོད་ང་པའི་ལྡེབས་གྲངས་198 སྲིབ་དོན་ལས་དྲངས།

རྡོ་རྗེ་མཛོད་སུམ་ཞུས། །༄། ཤེས་རབ་ཀྱི་ཕ་རོལ་ཏུ་ཕྱིན་པ་སྟོང་ཕྲག་བརྒྱ་པ་དུམ་བུ་བཞི་པ་བམ་པོ་སུམ་ཅུ་གཉིས་སོ། །[1] སྐག་ཡོད་བྲིས། སྐག་སླིབས་ཞུས། སྐག་བརྟན་ཡང་ཞུས། རྡོ་རྗེ་མཛོད་སུམ་ཞུས། །༄། ཤེས་རབ་ཀྱི་ཕ་རོལ་ཏུ་ཕྱིན་པ་སྟོང་ཕྲག་བརྒྱ་པ་དུམ་བུ་བཞི་པ་བམ་པོ་སུམ་ཅུ་ལྔའོ། །[2] སྐག་ཡོད་བྲིས། །འདྲོན་ལ་ཧོར་ཞུས། ལྷ་ལེགས་ཡང་ཞུས། མཆོག་རབ་སུམ་ཞུས། །༄། ཤེས་རབ་ཀྱི་ཕ་རོལ་ཏུ་ཕྱིན་པ་སྟོང་ཕྲག་བརྒྱ་པ་དུམ་བུ་བཞི་པ་བམ་པོ་སུམ་ཅུ་གསུམ་སོ། །[3] སྐག་ཡོད་བྲིས། སྐག་སླིབས་ཞུས། ལྷ་ལེགས་ཡང་ཞུས། མཆོག་རབ་སུམ་ཞུས། །༄། ཤེས་རབ་ཀྱི་ཕ་རོལ་ཏུ་ཕྱིན་པ་སྟོང་ཕྲག་བརྒྱ་པ་དུམ་བུ་བཞི་པ་བམ་པོ་སུམ་ཅུ་བཞིའོ། །[4] སྐག་ཡོད་བྲིས། སྐག་སླིབས་ཞུས། ལྷ་ལེགས་ཡང་ཞུས། རྡོ་རྗེ་མཛོད་སུམ་ཞུས། །༄། ཤེས་རབ་ཀྱི་ཕ་རོལ་ཏུ་ཕྱིན་པ་སྟོང་ཕྲག་བརྒྱད་པ་དུམ་བུ་བཞི་པ་བམ་པོ་སུམ་ཅུ་དྲུག་གོ། །[5] ཅང་སྐག་ཡོད་ཀྱིས་བྲིས། སྐག་སླིབས་ཞུས། ལྷ་ལེགས་ཡང་ཞུས། མཆོག་རབ་སུམ་ཞུས། །༄། ཤེས་རབ་ཀྱི་ཕ་རོལ་ཏུ་ཕྱིན་པ་སྟོང་ཕྲག་བརྒྱ་དུམ་བུ་བཞི་པ་བམ་པོ་སུམ་ཅུ་བདུན་ནོ། །[6] ཨེམ་སླུ་ལེགས་བྲིས། །ཤང་བེན་ཞུས། ལྷ་ལེགསཡངཞུས། །ཚིག་གཞོ་ནུ་སུམ་ཞུས། ༄། ཤེས་རབ་ཀྱི་ཕ་རོལ་ཏུ་ཕྱིན་པ་སྟོང་ཕྲག་བརྒྱ་པ་དུམ་བུ་བཞི་པ་བམ་པོ་བདུན་ཅུ་ལྔའོ། །[7] ཨེམ་སླུ་ལེགས་བྲིས། །ཤང་བེན་ཞུས། ལྷ་ལེགས་ཡང་ཞུས། འཕན་ལེགས་སུམ་ཞུས། ༄། ཤེས་རབ་ཀྱི་ཕ་རོལ་ཏུ་ཕྱིན་པ་སྟོང་ཕྲག་བརྒྱད་པ་དུམ་བུ་བཞི་པ་བམ་པོ་བདུན་བཅུ་བཞིའོ། །[8] སྐག་ཅབ་བྲིས། །ཤང་བེན་ཞུས།

① རྒྱ་མཚོ་གྲོ་མཁར་ཆོས་སྡེའི་ཤེས་རབ་ཀྱི་ཕ་རོལ་ཏུ་ཕྱིན་པ་སྟོང་ཕྲག་བརྒྱད་པ་པོད་ང་པའི་ལྡེབས་གྲངས་198 སྲིབ་ངོས་ལས་དྲངས།

② རྒྱ་མཚོ་གྲོ་མཁར་ཆོས་སྡེའི་ཤེས་རབ་ཀྱི་ཕ་རོལ་ཏུ་ཕྱིན་པ་སྟོང་ཕྲག་བརྒྱད་པ་པོད་ང་པའི་ལྡེབས་གྲངས་218ཉིན་ངོས་ལས་དྲངས།

③ རྒྱ་མཚོ་གྲོ་མཁར་ཆོས་སྡེའི་ཤེས་རབ་ཀྱི་ཕ་རོལ་ཏུ་ཕྱིན་པ་སྟོང་ཕྲག་བརྒྱད་པ་པོད་ང་པའི་ལྡེབས་གྲངས་204 སྲིབ་ངོས་ལས་དྲངས།

④ རྒྱ་མཚོ་གྲོ་མཁར་ཆོས་སྡེའི་ཤེས་རབ་ཀྱི་ཕ་རོལ་ཏུ་ཕྱིན་པ་སྟོང་ཕྲག་བརྒྱད་པ་པོད་ང་པའི་ལྡེབས་གྲངས་210 སྲིབ་ངོས་ལས་དྲངས།

⑤ རྒྱ་མཚོ་གྲོ་མཁར་ཆོས་སྡེའི་ཤེས་རབ་ཀྱི་ཕ་རོལ་ཏུ་ཕྱིན་པ་སྟོང་ཕྲག་བརྒྱད་པ་པོད་ང་པའི་ལྡེབས་གྲངས་227 སྲིབ་ངོས་ལས་དྲངས།

⑥ རྒྱ་མཚོ་གྲོ་མཁར་ཆོས་སྡེའི་ཤེས་རབ་ཀྱི་ཕ་རོལ་ཏུ་ཕྱིན་པ་སྟོང་ཕྲག་བརྒྱད་པ་པོད་ང་པའི་ལྡེབས་གྲངས་234ཉིན་ངོས་ལས་དྲངས།

⑦ རྒྱ་མཚོ་གྲོ་མཁར་ཆོས་སྡེའི་ཤེས་རབ་ཀྱི་ཕ་རོལ་ཏུ་ཕྱིན་པ་སྟོང་ཕྲག་བརྒྱད་པ་པོད་ང་པའི་ལྡེབས་གྲངས་501ཉིན་ངོས་ལས་དྲངས།

⑧ རྒྱ་མཚོ་གྲོ་མཁར་ཆོས་སྡེའི་ཤེས་རབ་ཀྱི་ཕ་རོལ་ཏུ་ཕྱིན་པ་སྟོང་ཕྲག་བརྒྱད་པ་པོད་ང་པའི་ལྡེབས་གྲངས་496ཉིན་ངོས་ལས་

སྐྱག་བརྟན་ཡང་ཞུས། །འཕན་ལེགས་སུམ་ཞུས། ཤེས་རབ་ཀྱི་ཕ་རོལ་ཏུ་ཕྱིན་པ་སྟོང་ཕྲག་བརྒྱད་པ་དུམ་བུ་བཞི་པ་བམ་པོ་དྲུག་ཅུ་དགུའོ། །[1] ལྷ་འཚོས་བྲིས། ཤང་བེན་ཞུས། ལྷལེགས་ཡང་ཞུས། སྐྱགབརྟནསུམཞུས། ༄༅། ཤེས་རབ་ཀྱི་ཕ་རོལ་ཏུ་ཕྱིན་པ་སྟོང་ཕྲག་བརྒྱདཔ་དུམ་བུ་བཞི་པ་བམ་པོ་ལྔ་བཅུ་བདུན་ནོ། །[2] ལྷ་འཚོ་བྲིས། ཤང་བེན་ཞུས། ལྷལེགས་ཡང་ཞུས། སྐྱག་བརྟན་སུམ་ཞུས། ༄༅། ཤེས་རབ་ཀྱི་ཕ་རོལ་ཏུ་ཕྱིན་པ་སྟོང་ཕྲག་བརྒྱད་པ་དུམ་བུ་བཞི་པ་བམ་པོ་ལྔ་བཅུ་ལྔའོ།[3] ལྷ་འཚོས་བྲིས། ཤང་བེན་ཞུས། ལྷལེགསཡངཞུས། སྐྱག་བརྟནསུཾཞུས། ༄༅། ཤེས་རབ་ཀྱི་ཕ་རོལ་ཏུ་ཕྱིན་པ་སྟོང་ཕྲག་བརྒྱད་པ་དུམ་བུ་བཞི་པ་བམ་པོ་ལྔ་བཅུ་བཞིའོ།[4] ལྷ་འཚོས་བྲིས། ཤང་བེན་ཞུས། ལྷ་ལེགས་ཡང་ཞུས། སོ་ཞི་སུཾ་ཞུས། ༄༅། ཤེས་རབ་ཀྱི་ཕ་རོལ་ཏུ་ཕྱིན་པ་སྟོང་ཕྲག་བརྒྱད་པ་དུམ་བུ་བཞི་པ་བམ་པོ་ལྔ་བཅུ་གསུམ་མོ། །[5] ལྷ་འཚོས་བྲིས། ཤང་བེན་ཞུས། སྐྱག་བརྟན་ཡང་ཞུས། སོ་ཞིས་སུམ་ཞུས། ༄༅། ཤེས་རབ་ཀྱི་ཕ་རོལ་ཏུ་ཕྱིན་པ་སྟོང་ཕྲག་བརྒྱད་པ་དུམ་བུ་བཞི་པ་བམ་པོ་ལྔ་བཅུ་གཉིས་སོ།[6] ཕང་ལེགས་ཀོང་འབྲི། འདྲོན་ལ་ཏོར་ཞུས། སོ་ཞིས་ཡང་ཞུས། སེང་གེ་སུམ་ཞུས། །༄༅། ཤེས་རབ་ཀྱི་ཕ་རོལ་ཏུ་ཕྱིན་པ་སྟོང་ཕྲག་བརྒྱད་པ་དུམ་བུ་བཞི་པ་བམ་པོ་ལྔ་བཅུ་གཅིག་གོ།[7] ཕང་ལེགས་ཀོང་བྲིས་སོ། །ཤང་བེན་ཞུས། ལྷ་ལེགས་ཡང་ཞུས། སེང་གེ་སུམ་ཞུས། ༄༅། ཤེས་རབ་ཀྱི་ཕ་རོལ་ཏུ་ཕྱིནད་པ་སྟོང་ཕྲག་བརྒྱད་པ། དུམ་བུ་བཞི་པ་

དྲངས།

① རྒྱ་མཚོ་སྒོ་མཁར་ཆོས་སྡེའི་ཤེས་རབ་ཀྱི་ཕ་རོལ་ཏུ་ཕྱིན་པ་སྟོང་ཕྲག་བརྒྱད་པ་པོད་ང་པའི་ལྡེབ་གྲངས་464ཉིན་ངོས་ལས་དྲངས།

② རྒྱ་མཚོ་སྒོ་མཁར་ཆོས་སྡེའི་ཤེས་རབ་ཀྱི་ཕ་རོལ་ཏུ་ཕྱིན་པ་སྟོང་ཕྲག་བརྒྱད་པ་པོད་ང་པའི་ལྡེབ་གྲངས་381ཉིན་ངོས་ལས་དྲངས།

③ རྒྱ་མཚོ་སྒོ་མཁར་ཆོས་སྡེའི་ཤེས་རབ་ཀྱི་ཕ་རོལ་ཏུ་ཕྱིན་པ་སྟོང་ཕྲག་བརྒྱད་པ་པོད་ང་པའི་ལྡེབ་གྲངས་366ཉིན་ངོས་ལས་དྲངས།

④ རྒྱ་མཚོ་སྒོ་མཁར་ཆོས་སྡེའི་ཤེས་རབ་ཀྱི་ཕ་རོལ་ཏུ་ཕྱིན་པ་སྟོང་ཕྲག་བརྒྱད་པ་པོད་ང་པའི་ལྡེབ་གྲངས་360 སྲིབ་ངོས་ལས་དྲངས།

⑤ རྒྱ་མཚོ་སྒོ་མཁར་ཆོས་སྡེའི་ཤེས་རབ་ཀྱི་ཕ་རོལ་ཏུ་ཕྱིན་པ་སྟོང་ཕྲག་བརྒྱད་པ་པོད་ང་པའི་ལྡེབ་གྲངས་360ཉིན་ངོས་ལས་དྲངས།

⑥ རྒྱ་མཚོ་སྒོ་མཁར་ཆོས་སྡེའི་ཤེས་རབ་ཀྱི་ཕ་རོལ་ཏུ་ཕྱིན་པ་སྟོང་ཕྲག་བརྒྱད་པ་པོད་ང་པའི་ལྡེབ་གྲངས་350ཉིན་ངོས་ལས་དྲངས།

⑦ རྒྱ་མཚོ་སྒོ་མཁར་ཆོས་སྡེའི་ཤེས་རབ་ཀྱི་ཕ་རོལ་ཏུ་ཕྱིན་པ་སྟོང་ཕྲག་བརྒྱད་པ་པོད་ང་པའི་ལྡེབ་གྲངས་342 སྲིབ་ངོས་ལས་དྲངས།

བམ་པོ་ལྔ་བཅུ་པོ།།[①] ཕྱང་ལེགས་ཀོང་བྲིས་། ཤང་བེན་ཞུས། ལྷ་ལེགས་ཡང་ཞུས། སེ་འགེ་སུམ་ཞུས། ༄། ཤེས་རབ་ཀྱི་ཕ་རོལ་ཏུ་ཕྱིནད་པ་སྟོང་ཕྲག་བརྒྱད་པའ། དུམ་བུ་བཞི་པ་མཾ་པོ་བཞི་བཅུ་དགུའོ། [②] ཕྱང་ལང་ཚོས་བྲིས་། །ཤང་བེན་ཞུས། ལྷལེགསཡང་ཞུས། །དཔལ་གྱི་སེང་གེ་སུམ་ཞུས། ༄། ཤེས་རབ་ཀྱི་ཕ་རོལ་ཏུ་ཕྱིནད་པ་སྟོང་ཕྲག་བརྒྱད་པ་དུམ་བུ་བཞི་པ་བམ་པོ་བཞི་བཅུ་བརྒྱད་དོ།།[③] ཕྱང་ཡོང་ཅེས་བྲིས། །ཤང་བེན་ཞུས། ལྷལེགས་ཡང་ཞུས། དཔལ་གྱི་སེང་གེ་སུམ་ཞུས། ༄། ཤེས་རབ་ཀྱི་ཕ་རོལ་ཏུ་ཕྱིན་པ་སྟོང་ཕྲག་བརྒྱ་པ་དུམ་བུ་བཞི་པ་བམ་པོ་བཞི་བཅུ་བདུན་ནོ།།[④] པོ་འཛི་བྲིས་། ཤང་བེན་ཞུས། །ལྷལེགས་ཡང་ཞུས། དཔལ་གྱི་སེང་གེ་སུམ་ཞུས། ༄། ཤེས་རབ་ཀྱི་ཕ་རོལ་ཏུ་ཕྱིན་པ་སྟོང་ཕྲག་བརྒྱད་པ་དུམ་བུ་བཞི་པ། བམ་པོ་བཞི་བཅུ་དྲུག་གོ།[⑤] པོ་འཛིས་བྲིས་། ཤང་བེན་ཞུས། ལྷལེགས་ཡང་ཞུས། སེང་གེ་དཔལ་སུམ་།ཞུས། ༄། ཤེས་རབ་ཀྱི་ཕ་རོལ་ཏུ་ཕྱིན་པ་སྟོང་ཕྲག་བརྒྱད་པ་དུམ་བུ་བཞི་པ་བམ་པོ་བཞི་བཅུ་ལྔའོ། [⑥] པོ་འཛིས་བྲིས། །ཤང་བེན་ཞུས། ལྷལེགས་ཡང་ཞུས། སེང་གེ་དཔལ་སུམ་ཞུས། ༄། ཤེས་རབ་ཀྱི་ཕ་རོལ་ཏུ་ཕྱིན་པ་སྟོང་ཕྲག་བརྒྱད་པ་དུམ་བུ་བཞི་པ། བམ་པོ་བཞི་བཅུ་གསུམ་མོ། [⑦] པོ་འཛིས་བྲིས། །ཤང་བེན་ཞུས། ལྷལེགས་ཡང་ཞུས། དཔལ་གྱི་སེང་གེ་སུམ་ཞུས། ༄། ཤེས་རབ་ཀྱི་ཕ་རོལ་ཏུ་ཕྱིན་པ་སྟོང་ཕྲག་བརྒྱད་པ་དུམ་བུ་བཞི་པ་བམ་པོ་བཞི་བཅུ་གཉིས་སོ།།[⑧] ཕྱང་ལེགས་ཀོང་

① རྒྱ་མཚོ་གྲོ་མཁར་ཆོས་སྡེའི་ཤེས་རབ་ཀྱི་ཕ་རོལ་ཏུ་ཕྱིན་པ་སྟོང་ཕྲག་བརྒྱད་པ་པོད་ང་པའི་ལྡེབས་གྲངས་339ཉིན་ངོས་ལས་དྲངས།

② རྒྱ་མཚོ་གྲོ་མཁར་ཆོས་སྡེའི་ཤེས་རབ་ཀྱི་ཕ་རོལ་ཏུ་ཕྱིན་པ་སྟོང་ཕྲག་བརྒྱད་པ་པོད་ང་པའི་ལྡེབས་གྲངས་329 སྒྲིབ་ངོས་ལས་དྲངས།

③ རྒྱ་མཚོ་གྲོ་མཁར་ཆོས་སྡེའི་ཤེས་རབ་ཀྱི་ཕ་རོལ་ཏུ་ཕྱིན་པ་སྟོང་ཕྲག་བརྒྱད་པ་པོད་ང་པའི་ལྡེབས་གྲངས་321 སྒྲིབ་ངོས་ལས་དྲངས།

④ རྒྱ་མཚོ་གྲོ་མཁར་ཆོས་སྡེའི་ཤེས་རབ་ཀྱི་ཕ་རོལ་ཏུ་ཕྱིན་པ་སྟོང་ཕྲག་བརྒྱད་པ་པོད་ང་པའི་ལྡེབས་གྲངས་216ཉིན་ངོས་ལས་དྲངས།

⑤ རྒྱ་མཚོ་གྲོ་མཁར་ཆོས་སྡེའི་ཤེས་རབ་ཀྱི་ཕ་རོལ་ཏུ་ཕྱིན་པ་སྟོང་ཕྲག་བརྒྱད་པ་པོད་ང་པའི་ལྡེབས་གྲངས་309 སྒྲིབ་ངོས་ལས་དྲངས།

⑥ རྒྱ་མཚོ་གྲོ་མཁར་ཆོས་སྡེའི་ཤེས་རབ་ཀྱི་ཕ་རོལ་ཏུ་ཕྱིན་པ་སྟོང་ཕྲག་བརྒྱད་པ་པོད་ང་པའི་ལྡེབས་གྲངས་298ཉིན་ངོས་ལས་དྲངས།

⑦ རྒྱ་མཚོ་གྲོ་མཁར་ཆོས་སྡེའི་ཤེས་རབ་ཀྱི་ཕ་རོལ་ཏུ་ཕྱིན་པ་སྟོང་ཕྲག་བརྒྱད་པ་པོད་ང་པའི་ལྡེབས་གྲངས་289 སྒྲིབ་ངོས་ལས་དྲངས།

⑧ རྒྱ་མཚོ་གྲོ་མཁར་ཆོས་སྡེའི་ཤེས་རབ་ཀྱི་ཕ་རོལ་ཏུ་ཕྱིན་པ་སྟོང་ཕྲག་བརྒྱད་པ་པོད་ང་པའི་ལྡེབས་གྲངས་274 སྒྲིབ་ངོས་ལས་

བྲིས། འཛྲོན་ལ་ཧོར་ཞུས། ལྷ་ལེགས་ཡང་ཞུས། རྡོ་རྗེ་མཛོད་སུམ་ཞུས། ། ༄༅ ཤེས་རབ་ཀྱི་ཕ་རོལ་དུ་ཕྱིནད་པ་སྟོང་ཕྲག་བརྒྱའ་པ་དུམ་བུ་བཞི་པ་བམ་པོ་བཞི་བཅུའོ། །[1] ཙང་སྟག་ལོད་བྲིས། འཛྲོན་ལ་ཧོར་ཞུས། ལྷ་ལེགས་ཡང་ཞུས། རྡོ་རྗེ་མཛོད་སུམ་ཞུས། ༄༅ ཤེས་རབ་ཀྱི་ཕ་རོལ་དུ་ཕྱིན་པ་སྟོང་ཕྲག་བརྒྱའ་པ་དུམ་བུ་བཞི་པ་བམ་པོ་སུམ་ཅུ་དགུའོ། [2] སྟག་ལོད་བྲིས། འཛྲོན་བ་ཞུས། ལྷ་ལེགས་ཡང་ཞུས། མཆོག་རབ་སུམ་ཞུས། ༄༅ ཤེས་རབ་ཀྱི་ཕ་རོལ་དུ་ཕྱིན་པ་སྟོང་ཕྲག་བརྒྱའ་པ་དུམ་བུ་བཞི་པ་བམ་པོ་སུམ་ཅུ་བརྒྱད་དོ། །[3] ཨེམ་ཀླུ་ལེགས་བྲིས། ། ཤང་བེན་ཞུས། ལྷ་ལེགས་ཡང་ཞུས། འཕན་ལེགས་སུམ་ཞུས། ༄༅ ཤེས་རབ་ཀྱི་ཕ་རོལ་དུ་ཕྱིན་པ་སྟོང་ཕྲག་བརྒྱའ་པ་དུམ་བུ་བཞི་པ་བམ་པོ་བདུན་ཅུ་བཞིའོ། ། [4] ཨེམ་ཀླུ་ལེགས་བྲིས། །ཤང་བེན་ཞུས། ལྷ་ལེགས་ཡང་ཞུས། །ཚིག་གཞོན་ནུ་སུམ་ཞུས། ༄༅ ཤེས་རབ་ཀྱི་ཕ་རོལ་དུ་ཕྱིན་པ་སྟོང་ཕྲག་བརྒྱ་པ་དུམ་བུ་བཞི་པ་བམ་པོ་བཅུ་ལྔའོ། ། [5] ཞེས་པ་སོགས་གོང་དུ་འབྲི་བཤུ་བྱས་པའི་མཛད་བྱང་ངམ་བམ་མཚམས་དེ་དག་ནི་དུས་རབས་9-10པའི་ནང་དུ་བྲིས་བཞེངས་བསྐྲུངས་པའི་ཤེར་ཕྱིན་བྲིས་མ་ཤ་སྟག་གི་བམ་མཚམས་ཡིན།

དྲངས།

① རྒྱ་མཚོ་གྲོ་མཁར་ཚོས་སྡེའི་ཤེས་རབ་ཀྱི་ཕ་རོལ་དུ་ཕྱིན་པ་སྟོང་ཕྲག་བརྒྱའ་པ་པོད་ང་པའི་ལྡེབས་གྲངས་257 སྲིབ་ངོས་ལས་དྲངས།

② རྒྱ་མཚོ་གྲོ་མཁར་ཚོས་སྡེའི་ཤེས་རབ་ཀྱི་ཕ་རོལ་དུ་ཕྱིན་པ་སྟོང་ཕྲག་བརྒྱའ་པ་པོད་ང་པའི་ལྡེབས་གྲངས་250ཉིན་ངོས་ལས་དྲངས།

③ རྒྱ་མཚོ་གྲོ་མཁར་ཚོས་སྡེའི་ཤེས་རབ་ཀྱི་ཕ་རོལ་དུ་ཕྱིན་པ་སྟོང་ཕྲག་བརྒྱའ་པ་པོད་ང་པའི་ལྡེབས་གྲངས་243 སྲིབ་ངོས་ལས་དྲངས།

④ རྒྱ་མཚོ་གྲོ་མཁར་ཚོས་སྡེའི་ཤེས་རབ་ཀྱི་ཕ་རོལ་དུ་ཕྱིན་པ་སྟོང་ཕྲག་བརྒྱའ་པ་པོད་ང་པའི་ལྡེབས་གྲངས་495ཉིན་ངོས་ལས་དྲངས།

⑤ རྒྱ་མཚོ་གྲོ་མཁར་ཚོས་སྡེའི་ཤེས་རབ་ཀྱི་ཕ་རོལ་དུ་ཕྱིན་པ་སྟོང་ཕྲག་བརྒྱའ་པ་པོད་ང་པའི་ལྡེབས་གྲངས་501ཉིན་ངོས་ལས་དྲངས།

ལེའུ་བཞི་པ། དུས་རབས་9-10པའི་གསུང་རབ་བྲིས་མའི་ཐམ་མཚམས་ཀྱི་ངོས་འཛིན།

གཅིག ལྷ་འབུམ།

བོད་ཀྱི་གསུང་རབ་རིག་པའི་ཕྱག་ལས་གནང་མཁན་གྱི་རྒན་རབས་རྣམས་ཀྱིས་ངོས་ནས་ཞུས་ན་ལྷ་འབུམ་ཞེས་པའི་ཐ་སྙད་དེ་ཆ་རྒྱུས་མངའ་ཞིང་དེའི་གོ་དོན་ཡང་རྟོགས་མོད། འོན་ཏེ་གསུང་རབ་རིག་པར་འཇུག་པའི་ལས་དང་པོ་བ་རྣམས་ལ་སྨྲ་པའི་ཕྱིར་ལྷ་འབུམ་ཞེས་པ་དེ་འགྲེལ་ན་འདི་ལྟར། དེ་ཡང་བཙན་པོའི་དུས་ཀྱི་ཆོས་རྒྱལ་སྲོང་བཙན་སྒམ་པོ་ནས་བཙན་པོ་དར་མ་འུ་དུམ་བཙན་(ཕྱི་ལོ་836-841)བར་སངས་རྒྱས་ཆོས་ལུགས་དར་བའི་ལོ་སུམ་བརྒྱ་ཙམ་གྱི་ནང་དུ་ཆ་མཐའ་རྒྱུ་ཡོད་པའི་བཀའ་དང་བསྟན་བཅོས་རྒྱ་ཁྱབ་དང་ཡོངས་སུ་བསྒྱུར་བའི་དུས་ཚོད་ནི། མངའ་བདག་ཁྲི་སྲོང་ལྡེ་བཙན་གྱི་(ཕྱི་ལོ་757-763) སྐྱི་ལོའི་དུས་རབས་8་པའི་དུས་དཀྱིལ་ནས་མངའ་བདག་ཁྲི་གཙུག་ལྡེ་བཙན་གྱི་(ཕྱི་ལོ་815-836)སྐྱི་ལོའི་དུས་རབས་9་པའི་དུས་དཀྱིལ་བར་གྱི་ལོ་བརྒྱ་སྐོར་གྱི་དུས་ཚོད་ནང་ཡིན། མཐོ་བོད་བཙན་པོའི་སྐབས་ཀྱི་དུས་ཚོད་དེ་འདྲའི་ནང་སངས་རྒྱས་ཆོས་ལུགས་ཀྱི་བཀའ་དང་བསྟན་བཅོས་དུ་མ་བསྒྱུར་བ་ལས་བཙན་པོས་ཐུགས་སྣང་དང་དོ་འཁུར་ཆེ་བཞེས་ཀྱིས་གནད་དམ་པར་བཟུང་སྟེ་བསྒྱུར་བཞེངས་གནང་བའི་སྐབས་སུ་དད་པ་སྐྱོ་ངས་མེད་པའི་རྒྱུ་འགྲོ་སྦྱོར་མཁན་གྱི་སྦྱིན་བདག་བཙན་པོའམ་ལྷ་[1]ནས་གནང་བ་ལས་ལྷ་དང་། བཙན་པོ་དེ་དག་གི་ཐུགས་དམ་དུ་

---

① ལྷ་ཆེན་མོ་ནས་འཚོ་བ་སྦྱོར་ཀ་ཏ་སླིང་དུ་གཡོ་མལ་བྱས་ཏེ་རབ་ཏུ་བྱུང་བ་སུམ་བརྒྱ་ལ་ཟས་སྣ་གསུམ་གསུམ་འདྲེན་དེའི་ལག་དཔོན་ཇོ་མོ་བྱང་ཆུབ་རྗེས་མཛད། གདན་ནོན་པ་དང་རྒྱས་པ་བམ་པོ་རེ་རེ་ལ་ཤོག་དྲིལ་བྱས་ནས་འབུམ་ཚར་རེ་བཀའ་སྒྲོག་དེ་ནས་ཆོས་སྐོར་སྟོད་སྨད་རྐྱེན་དུ་འཚོ་བའི་རྐྱེན་དུ་ཉི་བརྒྱ་ཙ་ལྔ་ལྷའི་ནང་ནས་འཚོང་བའི་གནང་བ་ལ་ཞེས་ལྡེའུ་ཆོས་འབྱུང་བོད་ལྗོངས་མི་དམངས་དཔེ་སྐྲུན་ཁང་གི་1987ལོའི་སྤར་མའི་ཤོག་གྲངས་131དང་སྒྲ་སྒྱུར་གྱི་ལོ་ཙྪ་བ་དེ་ལ་གསོལ་ཐང་ནི། བློན་པོ་ཆེན་པོ་ཀུན་དང་མཉམ་མོ། བློན་པོ་ཆེན་པོའི་ཟ་ཐང་ནི། རྒྱལ་པོས་གསོལ་བའི་སུམ་ཆ་གཅིག་ཡིན་ནོ། རྒྱལ་པོ་ཆེན་པོའི་གསོལ་ཐང་ནི། སྣུ་སྲུང་བརྒྱ་བརྒྱའི་ཆས་དང་བཅས་པ་ན་མ་རེ་རེ་ལ་ཡོད་ཅེས་དང་། ད་དུང་དགེ་འདུན་གྱི་འཚོ་བ་ལྷ་ནས་སྦྱོར་བའི་ཚད་གཞི་ཡང་། ཆོས་དཔོན་

བཞེངས་མང་ཤོས་ནི་ཤེར་ཕྱིན་སྟོང་ཕྲག་བརྒྱ་པའམ་འབུམ་རྒྱས་པ་འདི་ཡིན་པ་རིག་པའི་གཞུང་དང་ཏུན་ཧོང་གི་ཡིག་རྙིང་དངོས་ལས་ཤེས་ཤིང་། ཤེས་རབ་ཀྱི་ཕ་རོལ་ཏུ་ཕྱིན་པ་སྟོང་ཕྲག་བརྒྱ་པའམ་ཕྱིས་སུ་ཤེར་ཕྱིན་ཡུམ་དུ་གྲགས་པ་འདིར་རྒྱ་དཔེའི་དབང་དུ་བྱས་ན་ཤོ་ལོ་ཀ་སྟོང་ཕྲག་བརྒྱའམ་འབུམ་[①]ཡོད་པས་མཚན་ཡང་འབུམ་དུ་གྲགས་པ་ལགས།

གཉིས། བམ་པོ།

བོད་ཀྱི་གསུང་རབ་རིག་པ་སྨྲ་བ་མཁས་དབང་དུང་དཀར་བློ་བཟང་འཕྲིན་ལས་མཆོག་གིས་གསུངས་པ་ལྟར་ན། བམ་པོ་ཞེས་པ་ནི་སྔོན་བཙན་པོའི་དུས་སྐབས་སུ་བོད་ཡིག་གི་གསུང་རབ་རྣམས་ཤོག་དྲིལ་དུ་བྱས་ན་འཛོག་པ་དང་གླེགས་བམ་དུ་བྱས་ནས་འཛོག་པ་སྣ་ཚོགས་ཡོད། བམ་པོ་ནི་བོད་ཡིག་གི་དབང་དུ་བྱས་ན་ཚིགས་བཅད་ལ་ཚིག་རྐང་བཞི་དང་། ཚིག་ལྷུག་མར་ཚེག་བར་ཏེ་ཡིག་འབྲུ་སུམ་ཅུ་སོ་གཉིས་རེ་ལ་ཤོ་ལོ་ཀ་རེ་དང་ཤོ་ལོ་ཀ་སུམ་བརྒྱ་སྟེ་ཚེག་བར་སུམ་སྟོང་བརྒྱ་དང་ཉི་ཤུ་ཐམ་པ་ལ་བམ་པོ་གཅིག་ཏུ་རྩིས་པ་ཡིན། སྐབས་རེ་ཤོ་ལོ་ཀ་སུམ་བརྒྱ་ལྔ་བཅུ་དང་། བཞི་བརྒྱ་ཙམ་ལ་བམ་པོ་རེ་རེ་རྩིས་པ་ཡང་མི་ཉུང་བ་ཡོད་ཅེས་གསུངས་པས་བམ་པོ་ཞེས་པའི་ཐ་སྙད་ཀྱི་གོ་དོན་རགས་ཙམ་ཞིག་ཤེས།

གསུམ། སྦྱིན་བདག

སྐབས་དོན་འདིར་གཙོ་བོ་གསུང་རབ་འབྲི་བཞེངས་ཀྱི་དོན་གཉེར་མཁན་ནམ་སྦྱིན་

རེ་ལ་ལོ་རེ་ལ་ནས་ཁལ་བདུན་ཅུ་རྩ་ལྔ། ན་བཟའ་དགུ་ཕྲུག་རེ་རེ། སྤྱོད་མར་སྲང་སྟོང་གཅིག་བརྒྱ། ཆིབས་འོག་ཐེག་རྟ་རེ། ཤོག་བུ་དེབ་བཅུ་བཞི། སྣག་ཚ་ཡུག་གསུམ། ལན་ཚྭ་ཟད་མེད། མཆིམས་ཕུའི་སྒོམ་ཆེན་ཉི་ཤུ་རྩ་ལྔ་ལ། ནས་ཁལ་ལྔ་བཅུ་རྩ་ལྔ། སྤྱོད་མར་སྲང་བརྒྱད་བརྒྱ་རེ། ན་བཟའ་དྲུག་ཕྲུག་རེ། མཚམས་ཀྱི་བར་དེ་རང་ཁ་མ་རྣམས་ལ། ནས་ཁལ་བརྒྱད་བརྒྱད། ཤོག་དེབ་གཉིས་རེ། སྣག་ཚ་ཡུག་རེ། སློབ་དཔོན་གྱི་གཉེར་པ་ཉི་ཤུ་རྩ་ལྔ་ལ་ནས་ཁལ་ཉི་ཤུ་རྩ་ལྔ། གོས་སུམ་ཕྲུག་རེ་རེ། ཐོས་བསམ་དང་དགེ་བ་ཉམས་དང་དཔགས་ནས་བྱེད་པ་རྣམས་ལ་ཟན་དང་ཚོད་མའི་ཚུལ་རྒྱུན་དུ་གནང་། ཡོན་བདག་ཕོ་མོ་ཉ་མ་ཆོས་ཉན་རྣམས་ལ་ཡང་དུས་དུས་སུ་དགའ་སྟོན། བཟའ་མགྲོན་གྱི་བྱ་དགའ་ཡང་རྒྱུན་དུ་གནང་ནས་ཆོས་དར་བར་བྱས་པས་རྗེ་བཀའ་དྲིན་ཆེ་བ་ལགས་ཞེས་ཉང་ཉི་མ་འོད་ཟེར་གྱིས་མཛད་པའི་ཆོས་འབྱུང་མེ་ཏོག་སྙིང་པོ་སྦྲང་རྩིའི་བཅུད་བོད་ལྗོངས་མི་དམངས་དཔེ་སྐྲུན་ཁང་གི་1988ལོའི་སྤར་མའི་ཤོག་གྲངས་408-409རུ་གསལ།

① ཤེས་རབ་ཀྱི་ཕ་རོལ་ཏུ་ཕྱིན་པའི་བམ་པོ་དང། ལེའུ་དང་། ཤད་དང་། ཚིག་དང་། གྲངས་བཞུགས་པའི་ཚད་བསྟན་པ། བྲིས་མ། ལྡེབ་གྲངས་62ལས་དྲངས།

བདག་གི་སྐོར་ཡིན་ཙ་ན། ཤེར་ཕྱིན་འདི་དག་གི་དུམ་བུ་སོ་སོའི་བམ་མཚམས་སུ་གོང་དུ་བརྗོད་པ་ལྟར་ཡིག་པ་དང་ཞུས་དག་མཁན་གྱི་མཚན་ཙམ་ལས་དུས་རབས་11རྗེས་ཀྱི་གསུང་རབ་ཇི་བཞིན། དད་པ་སྐྱོ་ངས་མེད་པའི་མཆོད་ཡོན་སྦྱིན་བདག་གི་མཚན་དང་བསྔོ་སྨོན་སོགས་གང་ཡང་མ་བཀོད་པར་བརྟེན་གསུང་རབ་འདིའི་སྦྱིན་བདག་འདི་ཡིན་ཞེས་བམ་མཚམས་ལས་ཐད་ཀར་བརྗོད་མེད་རུང་། ཨོམ་བླུ་ལེགས་བྲིས་། ཤང་བེན་ཞུས། ལྷ་ལེགས་ཡང་ཞུས། འཕན་ལེགས་སུམ་ཞུས་ཞེས་པ་ལྟ་བུའི་བྲིས་སྣང་འདི་དག་དང་ཐ་ན་འབྲི་ཞུས་མཁན་གྱི་མཚན་ཡང་མཐོ་བོད་བཙན་པོས་སྐྱི་ལོ་782-848ལོ་སྟེ་ལོ་ངོ་བདུན་ཅུ་ལྷག་ཙམ་ཏུན་ཧོང་ལ་དབང་བསྒྱུར་བའི་སྐབས་ཀྱི་ཆོས་བཤུ་བྲིས་མའི་བམ་མཚམས་དང་གཙུ་ཁ་རང་འགྲིག་ཏུ་སོང་བ་ལྟ་བུ་ཞིག་འདུག དེས་ན་མཐོ་བོད་བཙན་པོའི་སྐབས་སུ་ནང་བསྟན་བོད་དུ་ཐོག་མར་དར་བའི་སྐབས་སུ་བཙན་པོ་འཁོར་དང་བཅས་པའི་མཐོ་རིམ་གྱི་ཤེས་ལྡན་མི་སྣ་ཤ་སྟག་གི་དད་མོས་དང་གཅིག གཉིས་དུས་རབས་8-9ནང་དུ་རྒྱ་དཀར་ནག་དང་མཐོ་བོད་གང་དུ་ཡིན་ཀྱང་སྣག་ཤོག་དཀོན་པ་དང་འབྲི་རྫས་གཅོགས་ཤིན་ཏུ་ཆེ་བའི་རྒྱུ་མཚན་གྱིས་རྒྱལ་བློན་འཁོར་དང་བཅས་པ་མ་གཏོགས་འབངས་ཀྱིས་ཤེར་ཕྱིན་བྲིས་བཞེངས་མ་ཐུབ་པ་[①]དང་། གསུམ་དགོན་སྡེ་འཛུགས་སྐྲུན་དང་བདག་གཉེར་མཁན་དང་ཆོས་ལུགས་ཀྱི་ཚོ་ག་གཉེར་མཁན། གསུང་རབ་བསྒྱུར་ཞུས་འབྲི་བཞེངས་སོགས་ཀྱི་རྒྱུ་འགྲོ་ཚང་མ་ཁྲི་སྲོང་ལྡེ་བཙན་(ཁྲི་ལོ་757-763)གྱིས་དབུ་བརྩམས་ཏེ་དགེ་འདུན་གྱི་འཚོ་བ་ཡང་བླ་ནས་སྦྱར་བ་དང་སྦྲགས་ཁྲི་གཙུག་ལྡེ་བཙན་ཁྲི་རལ་པ་ཅན་ (ཁྲི་ལོ་815-841) གྱིས་དགོན་སྡེར་མཆོད་གཞིས་ཕུལ་བ་བཅས་[②]ཀྱི་གནས་ཚུལ་ལ་བལྟས་ན། དུས་རབས་8-9པའི་ནང་དུ་གསུང་རབ་འབྲི་བཞེངས་བསྐྲུངས་པའི་སྦྱིན་བདག་སུ་ཞིག་གིས་གནང་ཡོད་མེད་དེ་གསལ་པོ་ཞིག་ཤེས་ཐུབ་རུང་། གལ་པོ་ཆེ་ལ་ནན་ཏན་ཟེར་བ་ལྟར། ཏུན་ཧོང་ནས་ཐོན་པའི་ཡིག་ཆ་ལས་ཞུས་ན། (1)ཚད་ཀྱི་སྐྱིན་··སྦྱར་ཤིག······རྣ··ན་བཟླ······འཐུ་ར་ཁག་ཡི་ཕྱུག་རྒྱ་ཞིག་ནོད་ཏུ་གསོལ། (2)ཀྭ་ཙུའི་ཁྲོམ་ཆེན་གྱི་དར་མ་སྡེ་གཅིག་ཡོ་བྱད་དང་འཚང་བར།། བློན་རྒྱལ་ཁྲི་(3)དང་བློན་ལྷོང་བཟང་གྱི་བན་དེ་དཔལ་གྱི་

① པད་མ་བཀྲ་ཤིས་ཀྱིས་བརྩམས་པའི་བོད་ཡིག་གནའ་དཔེའི་རྣམ་བཤད་ བོད་ལྗོངས་མི་དམངས་དཔེ་སྐྲུན་ཁང་གི་2013ལོའི་ སྤར་མའི་ཤོག་གྲངས་3ལས་དྲངས།

② 见，林冠群著《唐代吐蕃史论集》中国藏学出版社出版2006年版，第246页。

བཟང་པོ་ལ་བརྗོདནསྐྱེ། ད་ལྟར་ཡང་(4)ཁྲིམ་སར་བཞུགས་ན་བྱུལ་རྟག་ཀྱི་ཕྱག་རྒྱ་ནི་མ་མཆིས། ། བླ་གོད་ནི་ཡང་སྐུལད(5)། དར་མ་དང་ཡོ་བྱད་ཀྱི་རྒྱུ་དཔྱའ་ལས་གོད་པ་མངའ་རྣམས་ཀྱི་ཆད་དུ་བདས་སམ། མ་(6)བདས་པར་རྒྱུ་གོད་ཀྱི་ཕྱག་རྒྱ་རྣམ་གཅིག་ནོད་དུ་གསོལ། །དེ་ལྟར་མ་གནང་ནས་(7)དར་མ······བླ་ནས་སྣད་བསྐྱ་བའི་ཕྱག་རྒྱ་ནོད་དུ་གསོལ·····རྒྱའི་འབུམ་པ་སྡེ་གསུམ། བོད་ཀྱི་འབུམ་པ་སྡེ་དྲུག་(13)གི་ཚལ་མ་སྐྱུང་ཁལ་བཞི་བརྒྱ་བདུན་བཅུ་ཙམ་དང་ཡོན་ཁལ་དྲུག་ཅུ་ཙམ་དང་སྣག་(15)ཤོག་གི་རིན་ལྟསོགས་པ་བླ་ནས་མ་སྐྱལ་ཏེ།[①]ཞེས་པའི་ནང་གི་བླ་ནས་མ་སྐྱལ་དང་བླ་ནས་སྣད་བསྐྱ་བའི་ཕྱག་རྒྱ་ཞེས་དང་ད་དུང་རྟ་(824ལོ་)དང་ལུག་(825ལོ་)གི་ལོ། ལྷ་སྲས་ཀྱི་(ཁྲི་རལ་པ་ཅན་)སྐུ་ཡོན་དར་མ་ཤེས་རབ་འབུམ་པ། བྲི་པའི་ཡི་གེ་བ་རྣམས་ཀྱི་ཁོང་ན་ཤོག་ཆད་ཅི་མཆིས་[②]ཞེས་པ་སོགས་དང་དཔལ་ལྡན་འབྲས་སྤུངས་སུ་བཞུགས་པའི་བླ་འབུམ་གྱི་ཞལ་ཤོག་དབུ་མཆན་དུ་དཔལ་ལྷ་བཙན་པོ་ཁྲི་ལྡེ་སྲོང་བཙན་(ཁྲི་ལོ་797-815) གྱི་ཐུགས་དམ་གླེགས་བམ་བཞི་པ་འདི། སྐར་ཆུང་གཙུག་ལག་ཁང་མེས་ཚོགས་པ་ཐལ་བའི་གསེབ་ནས་མ་ཚོག་པར་བྱོན་པ་ལགས་བྱིན་གྱི་རླབས་ཤིན་ཏུ་ཆེ་བ་ཡིན་ནོ་[③]ཞེས་པ་སོགས་ལས་དུས་རབས་8-9པའི་ནང་དུ་གསུང་རབ་འབྲི་བཞེངས་ཀྱི་དད་པ་སྐྱོ་ངས་མེད་པའི་སྦྱིན་བདག་ནི་གཞུང་སའམ་བཙན་པོ་འཁོར་བཅས་ཡིན་པ་དེ་བས་གསལ་པོར་རྟོགས། འོན་ཏེ་སྐབས་དེ་དུས་སྣག་ཤོག་དཀོན་པ་དང་བཙན་པོ་འཁོར་དང་བཅས་པ་མ་གཏོགས་པའི་གཞན་གྱིས་གསུང་རབ་འབྲི་བཞེངས་མ་ཐུབ་པའི་དབང་གིས་བམ་པོའི་ཇོགས་མཚམས་སུ་བཙན་པའི་མཚན་ནམ་སྦྱིན་བདག་གི་མཚན་དམིགས་བསལ་ཟུར་དུ་བཀོད་པའི་དགོས་པའང་ཆེས་ཆེར་མ་མཐོང་བར་སེམས་སོ།

བཞི། འབྲི་བཤུས་ངོ་དམ།

ཤེར་ཕྱིན་དེ་དག་གི་བམ་མཚམས་ལ་དཔྱེ་ཞིབ་བྱ་སྐབས་བམ་པོ་བཅུ་ཚར་གཅིག་གི་

---

① 见，[英]托马斯编著 刘忠 扬名 译注《敦煌-西域古藏文社会历史文献》民族出版社2003年版，第421页。

② 见，[英]托马斯编著 刘忠 扬名 译注《敦煌-西域古藏文社会历史文献》民族出版社2003年版，第423页。

③ འབྲས་སྤུངས་དགོན་དུ་བཞུགས་པའི་བཙན་པོ་ཁྲི་ལྡེ་སྲོང་བཙན་གྱི་ཐུགས་དམ་བླ་འབུམ་པོད་ཁ་པའི་དབུ་ཤོག་མགོ་མཆན་ལས་དྲངས།

ནང་ཚུན་དུ་སྒོ་གསུམ་ཐང་ཆད་བྲིས་པའི་ཡིག་མཁན་དང་རྐང་འཁོར་གཞུང་སྲོང་ཞུ་གཏུག་མཁན་གྱི་ཞུས་དག་པ་ལ་འགྱུར་བ་མེད་པར་གཞུང་གཞིར་བཞག་ལས་གནས་ཀྱི་གོ་རིམ་ཀྱང་གཏན་ཆགས་སུ་གནས། འོན་ཏེ་དུམ་པ་དེའི་རྗེས་ཀྱི་བམ་པོ་བཅུ་ཚན་ཞིག་ཏུ་བྱོན་སྐབས་མ་གཞི་ཡིག་མཁན་ཕུད་པའི་ཞུས་མཁན་གྱི་མཚན་གཅིག་མཚུངས་སུ་བྱོན་ཡོད་ཀྱང་། དེ་དག་གི་ལས་གནས་གོ་རིམ་གཅིག་ཏུ་མ་ངེས་པར་ཕན་ཚུན་བརྗེ་རེས་སུ་སོང་ཡོད་པ་མ་ཟད། ཐ་ན་ཡིག་པ་ཡང་གཞན་ཞིག་གིས་འབྲི་བཤུས་གནང་བ་སྟེ་གོང་དུ་བཀོད་པའི་བམ་མཚམས་ཀྱི་དཔེ་མཚོན་ལས་ཤེས་མོད་ཀྱང་དེ་བས་རྒྱ་ཆེའི་གློག་པ་པོ་རྣམས་བལྟ་གློག་སྟབས་བདེ་ཡོང་ཆེད་རེའུ་མིག་ཏུ་བཀོད་པ་གཤམ་གསལ།

ཤེར་ཕྱིན་དུམ་བུ་དང་བམ་གྲངས།	ཡིག་མཁན།	དང་ཞུས།	ཡང་ཞུས།	སུམ་ཞུས།
དུམ་བུ་གསུམ་པ་བམ་པོ་བཞི་བཅུ་དགུ་པོ།	ལྷ་བརྟན་གྱིས་བྲིས།	དཔལ་དབྱངས་ཞུས།	ཕབ་ཏར་ཡང་ཞུས།	རྡོ་རྗེ་སུམ་ཞུས།
དུམ་བུ་གཉིས་པ་བམ་པོ་གཉིས།	ཁོང་གཡུ་ལེགས་བྲིས།	དམ་ཚོང་ཞུས།	ཅེང་སེའུ་ཡང་ཞུས།	ཕབ་ཏར་སུམ་ཞུས།
དུམ་བུ་གཉིས་པ་བམ་པོ་དྲུག་ཅུ་དྲུག་གོ།	ལྷ་ལོད་ཀྱིས་བྲིས།	ཆེའུ་ཆིང་ཞུས།	ཕབ་ཏར་ཡང་ཞུས།	ཤང་པེན་སུམ་ཞུས།
དུམ་བུ་དང་པོ་བམ་པོ་བདུན་ནོ།	ཁྲིམ་འཕན་གྱིས་བྲིས།	ཀུ་མ་ར་ཞུས།	འཛོན་པ་ཡང་ཞུས།	མཆོག་རབ་སུམ་ཞུས།
དུམ་བུ་གཉིས་པ་བམ་པོ་ཉི་ཤུ་ལྔའོ།	སྟག་སྒྲ་ལེགས་བྲིས།	ཤང་པེན་ཞུས།	མཆོག་རབས་ཡང་ཞུས།	ཀུ་མ་ར་སུམ་ཞུས།
དུམ་བུ་གཉིས་པ་བམ་པོ་བཞི་བཅུའོ།	ལྷ་འཚོ་བྲིས།	འཛོན་པ་ཞུས།	མཆོག་རབ་ཡང་ཞུས།	ཀུ་མ་ར་སུམ་ཞུས།
དུམ་བུ་དང་པོ་བམ་པོ་ལྔ་བཅུ་བཞི་འོ།	ཕ་འཛིས་བྲིས།	ཀུ་མ་ར་ཞུས།	བསོད་ནམས་ཡང་ཞུས།	མཆོག་རབ་སུམ་ཞུས།

དེས་ན་ང་ཚོས་གོང་གི་རེའུ་མིག་ཏུ་བཀོད་པའི་ཞུས་དག་མཁན་གོ་རིམ་སྐོར་ལ་བརྟག་ན། རྐང་འཁོར་གཞུང་སྲོང་ཞུ་གཏུག་མཁན་པོ་ཀུ་མ་ར་ལྟ་བུར་ཆ་བཞག་ནས་བརྗོད་ན་བམ་པོ་འགའ་ཞིག་གི་ཐོག་མའི་ཞུས་ཆེན་དང་བམ་པོ་འགའ་ཞིག་གི་བར་ཞུས་དང་བམ་པོ་འགའ་ཞིག་ཐ་མའི་ཞུས་ཆེན་སོགས་ཀྱི་གོ་གནས་བཟུང་ཡོད་པ་བཅས་ལ་གཞིགས་ན། ང་ཚོས་གནད་

དོན་ཞིག་རྟོགས་ཐུབ་པ་སྟེ་སྒོ་གསུམ་ཐང་ཆད་འབྲི་བའི་ཡིག་མཁན་གྱིས་འབྲི་བཤུས་ཟིན་རྗེས་ཞུས་དག་རིམ་པ་གསུམ་ཚང་བར་འགྲོ་སྐབས་ཁང་འཁྱོར་གཞུང་སྒྲོང་ཞུ་གཏུག་མཁན་གྱི་ལས་འགན་དེ་བརྒྱ་ཁ་གཅིག་གཙོད་མ་ཡིན་པར་འགན་འཁྲི་རྒྱུ་མ་ཕུ་འདེད་དུ་བཙོལ་ཏེ་རིམ་པས་བཞིན་སྔ་མ་ལས་ཕྱི་མ་ལྷི་བའི་རྣམ་པ་ཞིག་མངོན་པ་སྟེ། ཏུན་ཧོང་Db.t0405༄༅།།ཙང་ལྷ་ལོད་རོ་བར་ཞུས་ཕས་བྱུང་ངོ། ཕྲེང་གཅིག་ལྷག་པ་དང་ཞུས་དང་བར་ཞུས་ལོང་བ་གཉིས་ཀྱིས་མ་མཐོང་ནས་སུམ་ཞུས་པས་ཤད་ཀྱིས་མནན་ནོ།[①]ཞེས་བྱུང་བ་ལ་མཚོན་ན་ཡིག་པས་འབྲི་བཤུས་འཕྱུག་སྟེ། ཞུས་དང་ཞུས་དང་བར་ཞུས་གཉིས་ཀྱིས་ཧོར་ཁོངས་བྱུང་སྟེ་ལོང་བ་གཉིས་ཀྱིས་མ་མཐོང་ནས་སུམ་ཞུས་པས་ཤད་ཀྱིས་མནན་ནོ་ཞེས་ཙུང་ཟད་ཅིག་ལས་ཡུས་ཆེ་བའི་ཉམས་དང་ལྡན་པའི་སྒོ་ནས་གསུངས་པས་ན་ཞུས་དག་གི་ལས་རིམ་མི་འདྲ་བའི་དབང་གིས་འགན་འཁྲི་ཡང་མི་འདྲ་བ་དེ་རང་བཞིན་གྱིས་མངོན་ཞིང་། ད་དུང་Db.t0392༄༅།། ཕྱང་ཀླུ་ལེགས་ཀྱི་རོ་འདི་ཡང་ཆབ་སྲི་ཆེ་ལ་བཙོར་ཙུང་བ་ཞིག་བ་ལས། མྱི་སྐྱུག་གཉིས་ཞུ་ཆེན་བགྱིས་ནས། རོལ་དབྱུང་བ་ལགས་སོ། སྨྱན་བ་གཉིས་སྐྱུག་པ་ལ་གསོལ།[②]ཞེས་པ་དེ་ནི་ཡི་གེ་འབྲི་བཤུས་འཕྱུག་མེད་ན་ཡང་ལྡེབ་གྲངས་ངོས་སུ་ཆུ་ཐིག་ཤོར་ཡོད་པའི་རྐྱེན་གྱིས་ཞུས་དག་མཁན་གྱིས་རྒྱུན་གཏན་འཚོ་བའི་ཁྲིད་ཀྱི་མི་དང་མིའི་འབྲེལ་བར་མ་གཟིགས་པར། ཆོས་བཤུ་འབྲི་མའི་ལམ་ལུགས་ལྟར་ཤོག་རོར་བཏང་བའི་རྒྱུ་མཚན་དེར་ཡིག་མཁན་གྱིས་མ་འདོད་པའི་ཁང་རའི་ཚིག་སྨྲས་པ་སྟེ་སྨྱན་པ་གཉིས་སྐྱུག་པ་གསོལ་ཞེས་པ་བཅས་ལས། དུས་རབས་8-9པའི་ནང་དུ་གསུང་རབ་འབྲི་བཤུས་ཀྱི་ལས་དེར་རྒྱུན་གཏན་འཚོ་བའི་ནང་གི་མི་དང་མིའི་འབྲེལ་བ་ཆེ་ཆུང་ལ་བལྟས་ཏེ་ལྟག་སྒོ་མེད་པ་དང་གསུང་རབ་འབྲི་བཤུས་ཀྱི་ལས་ཀའི་སྤུས་ཚད་འགན་འཁྲི་དང་ལེན་ཐུབ་ཆེད། བམ་པོ་བཅུ་ཚན་རེ་རེར་ཁང་འཁྱོར་གཞུང་སྒྲོང་ཞུ་གཏུག་མཁན་གྱི་ལས་རིམ་དེ་ཡང་ལས་གནས་གཏན་འཛུགས་སུ་མ་བཞག་པར་ཕན་ཚུན་བརྗེ་རེས་སུ་སོང་བ་དེ་ལས་ཀྱང་། དུས་རབས་8-9པའི་སྐབས་ནས་གསུང་རབ་འབྲི་བཤུའི་དོ་དམ་དང་ལས་ཀའི་སྤུས་ཚད་འགན་འཁྲི་ཚགས་ཚུད་པོ་ཞིག་ཆགས་ཡོད་པ་དེ་མངོན།

① 见，马德主编《甘肃藏敦煌藏文文献叙录》甘肃民族出版社2011年9月第一版，第204页。

② 见，马德主编《甘肃藏敦煌藏文文献叙录》甘肃民族出版社2011年9月第一版，第202页。

ལྔ། འབྲི་ཤོག་དོ་དམ།

དུས་རབས་8-9པའི་གསུང་རབ་འབྲི་བཤུའི་སྣག་ཤོག་དོ་དམ་དེ་ཡང་བམ་པོར་བརྩིས་པའི་སྐོར་ལ། ཏུན་ཧོང་གི་ཡིག་རྙིང་ལས་pt1641ཤེར་རབ་ཀྱི་ཕ་རོལ་ཏུ་ཕྱིན་པ་ཁྲི་བརྒྱ་པའི་ལྷེབ་གྲངས་ཀྱི་སྒྲིབ་དོན་སུ་སྣྭན་ལྷ་བཙན་གྱིས་བམ་པོ་ལྔ་གུར་བྲིས་ཏེ། དྲུག་བམ་གཅིག་ཡུག་ལྔ་བདུན་བམ་པོ་གཅིག་ཡུག་བདུན། བརྒྱད་བམ་པོ་གཅིག་ཡུག་བདུན། དགུ་བམ་པོ་གཅིག་ཡུག་དྲུག། དྲུག་ཅུ་གཅིག་ཡུག་བདུན། ·····སྤྱི་སྡོམས་ན་ཡུག་སུམ་ཅུ་རྩ་གཉིས།[①]ཞེས་དང་དབྱིན་ཇིར་ཉར་བའི་ཏུན་ཧོང་ཡིག་ཆ་tltd2-1616.5x2cmཁྲམ་བྱང་གི་སྟེང་དུ་གསལ་བ། སྣག་བརྟན་དང་བུན་ཅེའུ་གྱི་གུར་བརྩིས་པ། བམ་ཐུམ་འདིའི་ནང་ན་ཡུག་གསུམ་པ་བམ་པོ་བདུན་བཅུ་ཙམ་དགུ། ཡུག་བཞི་པ་བམ་པོ་བཅུ་གསུམ། ཡུག་ཕྱེད་དང་ལྔ་པ་བམ་པོ་གཅིག། ཡུག་ཕྱེད་དང་བཞི་པ་བམ་པོ་བདུན། སྤྱིར་བརྩིས་ན་བམ་པོ་བརྒྱའ་ལ་ཤོག་ཤོག་ཡུག་སུམ་བརྒྱའ་རྩ་བཅུ་བརྒྱད་བྱུང་།[②]ཞེས་པས་དུས་རབས་8-9པའི་ནང་དུ་གསུང་རབ་འབྲི་བཞེངས་ཀྱི་སྣག་ཤོག་གི་དོ་དམ་དེ་བམ་གྲངས་ལ་བརྟེན་ཡོད་པ་ནི་གོང་དུ་བརྗོད་པའི་ཆོས་བཤུ་འབྲི་མའི་ཐོ་ཡིག་ཁག་ལས་ཤེས་ཐུབ་མོད་ཀྱང་། བམ་མཚམས་ཀྱི་འབབ་སྟངས་ལ་གཞི་བཙལ་ཏེ་ཞུས་ན་ཡང་ཙུང་ཟད་ཅིག་རྟོགས་ཐུབ་པ་སྟེ། མ་གཞི་ཟླ་འབུམ་དེ་དག་གི་བམ་མཚམས་སུ་གོང་དུ་བརྗོད་པ་བཞིན་ཡིག་ཞུས་མཁན་གྱི་མཚན་ཙམ་ལས་སྣག་ཤོག་གི་སྐོར་བརྗོད་མེད། འོན་ཏེ་ང་ཚོས་ཟླ་འབུམ་གྱི་བམ་མཚམས་དེ་ལྷེབ་གྲངས་ཅི་ཞིག་གི་སྟེང་དུ་ཐོན་ཡོད་མེད་ལ་ཉམས་ཞིབ་བྱས་ཏེ་བམ་པོ་གཅིག་ལ་ལྷེབ་གྲངས་ཅི་ཞིག་ཡོད་མེད་ངེས་ཤེས་ཐུབ་ཚེ། རྣམ་འབྲི་བཤུ་ཁང་ནས་ཤེར་ཕྱིན་དུམ་པོ་གཅིག་འབྲི་བཞེངས་དགོས་ན་ཡིག་མཁན་ལ་སྣག་ཤོག་ཅི་ཙམ་ཞིག་མགོ་འདོན་གྱིས་གྲ་སྒྲིག་དང་། ཡིག་མཁན་གྱིས་ཆོས་བཤུ་ཁང་ནས་སྣག་ཤོག་བླངས་ཟིན་པའི་རྗེས་སུ་ཡིག་མཁན་གྱིས་སྣག་ཤོག་དོ་དམ་གང་འདྲ་གནང་དགོས་མིན་དེ་ཡང་ཞོར་དུ་རྟོགས་ཐུབ་པ་སྟེ།

① ཧྥ་རན་སིར་ཉར་བའི་ཏུན་ཧོང་ཡིག་ཆ་ p.t1641ཤེར་རབ་ཀྱི་ཕ་རོལ་ཏུ་ཕྱིན་པ་ཁྲི་བརྒྱ་པའི་ལྷེབ་གྲངས་ཀྱི་སྒྲིབ་དོན་ལས་དྲངས།

② 见，[英]托马斯编著 刘忠 扬名 译注《敦煌-西域古藏文社会历史文献》民族出版社2003年版，第423页。

ཉར་ཚགས་ཡོད་གྲངས།	བམ་མཚམས་ཡིག་ཞུས་མཁན།	ལྡེབ་གྲངས།	འབྱིན་ཐོབ།
འབྲས་སྤུངས་ པོད་ཁ་པ།	ཁོང་གཡུ་ལེགས་བྲིས། དམ་ཅོང་ཞུས། ཅེང་སེའུ་ཡང་ཞུས། ཕབ་དར་སུམ་ཞུས། ༄༅ ཤེས་རབ་ཀྱི་ཕ་རོལ་ཏུ་ཕྱིན་པ་སྟོང་ཕྲག་བརྒྱའ་པ་དུམ་བུ་གཉིས་པ་བམ་གཉིས་སོ།	ལྡེབས་གྲངས་བརྒྱད་པའི་བ་ངོས།	16-8=8
འབྲས་སྤུངས་ པོད་ཁ་པ།	ཁོང་གཡུ་ལེགས་གིས་བྲིས། དམ་ཅོང་ཞུས། ཆོས་ཀྱི་སྒྲོན་མ་ཡང་ཞུས། ཕབ་ཏར་སུམ་ཞུས། ༄༅ ཤེས་རབ་ཀྱི་ཕ་རོལ་ཏུ་ཕྱིན་པ་སྟོང་ཕྲག་བརྒྱའ་པ་དུམ་བུ་གཉིས་པ་བམ་པོ་གསུམ་མོ།	ལྡེབ་གྲངས་བཅུ་རྩ་དྲུག་པའི་ན་ངོས།	
གྲོ་མཁར་ པོད་ ཀ་པ།	ཕ་འཛིས་བྲིས། གཞོན་ནུ་ཞུས། མཆོག་རབ་ཡང་ཞུས། བསོད་ནམས་སྐྱོང་ཞུས། ༄༅ ཤེས་རབ་ཀྱི་ཕ་རོལ་ཏུ་ཕྱིནད་པ་སྟོང་ཕྲག་བརྒྱ་པ་དུམ་བུ་དང་པོ་བམ་པོ་བཞི་འོ།	ལྡེབས་གྲངས་ཉེར་ལྔའི་བ་ངོས།	33-25=8
གྲོ་མཁར་ པོད་ ཀ་པ།	སྟག་ཟྲིགས་བྲིས། ཛྙ་འགེམ་ཞུས། སེང་གེ་ཡང་ཞུས། ཀུ་མ་ར་སྐྱོང་ཞུས། ༄༅ ཤེས་རབ་ཀྱི་ཕ་རོལ་ཏུ་ཕྱིནད་པ་སྟོང་ཕྲག་བརྒྱ་པ་དུམ་བུ་དང་པོ་བམ་པོ་ལྔའོ། །	ལྡེབས་གྲངས་སོ་ གསུམ་གྱི་བ་ངོས།	
གྲོ་མཁར་ པོད་ ཁ་པ།	ཨན་ལེགས་ཟྲིགས་བྲིས། འདྲོན་པ་ཞུས། མཆོག་རབ་ཡང་ཞུས། ཀུ་མ་ར་སུམ་ཞུས། ༄༅ ཤེས་རབ་ཀྱི་ཕ་རོལ་ཏུ་ཕྱིན་པ་སྟོང་ཕྲག་བརྒྱ་པ་དུམ་བུ་གཉིས་པ་བམ་པོ་བཅུ་གསུམ།	ལྡེབས་གྲངས་གྱ་ལྔ་པའི་ན་ངོས།	93-85=8
གྲོ་མཁར་ པོད་ ཁ་པ།	ཨན་ལེགས་ཟྲིགས་བྲིས། རྡོ་རྗེ་ཞུས། སེང་གེ་ཡང་ཞུས། ཀུ་མ་ར་སུམ་ཞུས། ༄༅ ཤེས་རབ་ཀྱི་ཕ་རོལ་ཏུ་ཕྱིན་པ་སྟོང་ཕྲག་བརྒྱའ་པ་དུམ་བུ་གཉིས་པ་བམ་པོ་བཅུ་བཞིའོ།	ལྡེབས་གྲངས་གོ་སུམ་བ་ངོས།	
གྲོ་མཁར་ པོད་ ག་པ།	ཨིམ་ཀླུ་བཞེར་བྲིས། དཔལ་དབྱངས་ཞུས། ཕབ་ཏང་ཡང་ཞུས། དེའུ་ཨིང་སྐྱོ་ཞུས། ༄༅ ཤེས་རབ་ཀྱི་ཕ་རོལ་ཏུ་ཕྱིན་པ་སྟོང་ཕྲག་བརྒྱའ་པ་དུམ་བུ་གསུམ་པ་བམ་པོ་ལྔ་བཅུ་བརྒྱད་དོ།	ལྡེབས་གྲངས་བཞི་ བརྒྱ་ སོ་ དགུའི་ ན་ ངོས།	447-439=8
གྲོ་མཁར་ པོད་ ག་པ།	ཨིམ་ཀླུ་བཞེར་བྲིས། དཔལ་དབྱངས་ཞུས། ཕབ་ཏར་ཡང་ཞུས། དེའུ་ཁྲི་སྐྱོ་ཞུས། ༄༅ ཤེས་རབ་ཀྱི་ཕ་རོལ་ཏུ་ཕྱིན་པ་སྟོང་ཕྲག་བརྒྱའ་པ་དུམ་བུ་གསུམ་པ་ལྔ་བཅུ་དགུའོ།	ལྡེབས་གྲངས་བཞི་ བརྒྱ་ཞེ་བདུན་གྱི་ན་ ངོས།	
གྲོ་མཁར་ པོད་ ང་པ།	ལྷ་འཚོས་བྲིས། ཤང་བེན་ཞུས་། ལྷལེགསཡངཞུས། སྟག་བཙན་སྐྱོ་ཞུས། ༄༅ ཤེས་རབ་ཀྱི་ཕ་རོལ་ཏུ་ཕྱིན་པ་སྟོང་ཕྲག་བརྒྱའ་པ་དུམ་བུ་བཞི་པ་བམ་པོ་ལྔ་བཅུ་བཞིའོ་།	ལྡེབས་གྲངས་སུམ་ བརྒྱ་ ང་ དགུའི་ བ་ ངོས།	366-359=7
གྲོ་མཁར་ པོད་ ང་པ།	ལྷ་འཚོ་བྲིས། ཤང་བེན་ཞུས་། ལྷལེགསཡང་ཞུས། སྟག་བཙན་སྐྱོ་ཞུས། ༄༅ ཤེས་རབ་ཀྱི་ཕ་རོལ་ཏུ་ཕྱིན་པ་སྟོང་ཕྲག་བརྒྱའ་པ་དུམ་བུ་བཞི་པ་བམ་པོ་ལྔ་བཅུ་ལྔའོ།	ལྡེབས་གྲངས་སུམ་བརྒྱ་རེ་དྲུག་ན་ངོས།	

གོང་གི་རེའུ་མིག་ལས་ཤེས་རྟོགས་བྱུང་གསལ། སྤྱིར་གྱི་ཆ་ནས་དུས་རབས་8-9པའི་ནང་འབྲི་བཞེངས་བསྐྲུངས་པའི་བཙན་པོའི་ལྷ་འབུམ་པོད་མི་འདྲ་བ་དེ་དག་གི་བམ་གྲངས་ཀྱི་ཐོན་མཚམས་དེ་ཤེར་ཕྱིན་དེ་དག་གི་བམ་གྲངས་དང་ཡིག་ཞུས་མཁན་མཚན་འགོད་པའི་ལྡེབ་གྲངས་གང་ཙང་ཞིག་ནས་འགོ་བཙུགས་ཏེ་ལྡེབ་གྲངས་རེ་རེ་བཞིན་བགྲངས་པའི་སྐབས་ལ་རྗེས་ཀྱི་བམ་གྲངས་དང་། ཡིག་ཞུས་མཁན་འབྲི་སའི་ལྡེབ་གྲངས་དེ་ནི་སྤྱིར་གྱི་ཆ་ནས་ལྡེབ་གྲངས་བརྒྱད་པའམ་བདུན་པའི་སྟེང་གི་ཉིན་སྲིབ་གང་ཙང་ཞིག་ཏུ་ཐོན་ཡོད་པ་དེ་གོང་གི་རེའུ་མིག་ཐོག་གི་འཐེན་ཐོབ་གྲངས་ལས་ཤེས། དུས་རབས་8-9པའི་ནང་དུ་གཞུང་སའམ་ལྷ་ནས་ཤེར་ཕྱིན་འབྲི་བཤུས་བསྐྲུངས་པའི་ཤེར་ཕྱིན་དེ་དག་གི་ལྡེབ་གྲངས་ཀྱི་ཡིག་ཕྲེང་ནི་སྤྱི་མཚུངས་ཏེ། ཡིག་ཕྲེང་12ཅན་ཤ་སྟག་དང་སྟོར་ཐིག་གི་དཀྱུས་ཚད་ལ་3.5cmདང་སྟོར་ཐིག་གཡས་གཡོན་བར་གྱི་རིང་ཚད་ནི་23cm། སྟོར་ཐིག་ཏུ་རྒྱུན་བུ་བརྒྱུས་མེད་ཙང་དེ་དག་ལ་མིག་ཕུ་ཕུག་ཡོད་པ། ལྡེབ་གྲངས་དེ་དག་གི་ཤོག་རྒྱ་23×70cm བཅས་ཀྱི་ཁྱད་ཆོས་ལ་བལྟས་ན། ང་ཚོས་གནད་དོན་ཁག་ཅིག་ཤེས་ཐུབ་པ་སྟེ་གཅིག་དུས་རབས་8-9ནང་དུ་བཙན་པོའི་མངའ་འོག་ཏུ་ཡོད་པའི་ཏུན་ཧོང་དུ་ཤེར་ཕྱིན་འབུམ་ལ་སོགས་པ་འབྲི་བཞེངས་བསྐྲུངས་པའི་སྐབས་སུ། ཆེད་མངགས་བོད་ཀྱི་གསུང་རབ་གླེགས་བམ་གཟུགས་ཀྱི་ཁྱད་ཆོས་ལ་གཞིགས་ཏེ་འབྲི་ཤོག་དམིགས་བསལ་ལས་བསྒྲོན་བྱས་པ་ནི་ཐང་གི་འབྲི་ཤོག་ཤོག་རྒྱ་30×45cmཅན་དང་ཆུ་ཞེང་འགབ་མི་ཐུབ་པའི་རྒྱུ་མཚན་[①]དང་། གཉིས་གསུང་རབ་འབྲི་བཤུས་བྱ་སྐབས་སུ་གོང་གི་ལྷ་དཔེའི་ལྡེབ་གྲངས་ལ་གཞིགས་པའི་ཧྣཚའི་མཛོད་ནས་སྣག་ཤོག་ལྷངས་ཏེ། སྔོ་གསུམ་དང་པས་འབྲི་བཤུས་བྱ་སྐབས་སྔོན་གྱི་ལྷ་དཔེ་ལྟར་ཤེར་ཕྱིན་དེའི་བམ་གྲངས་ལ་གཞིགས་ཏེ་སྣག་ཤོག་མང་ཉུང་འཇལ་དགོས་སྐབས། བམ་པོ་རེར་ཤོག་བུ་ལྡེབ་མ་བརྒྱད་དམ་བདུན་དུ་བརྩིས་ནས་མགོ་སྒྲོད་གནང་བའི་རྒྱུ་མཚན་གྱིས་ལེའུ་སོ་སོའི་བམ་མཚམས་དེ་ཡང་ལྡེབ་གྲངས་བརྒྱད་པའམ་བདུན་པའི་ཉིན་སྲིབ་གང་ཙང་ཞིག་ཏུ་རང་བཞིན་གྱིས་ཐོན་པ་ལགས། གལ་ཏེ་བམ་གྲངས་ཁོ་ནར་བརྩིས་ཏེ་སྣག་ཤོག་ལ་དོ་དམ་མ་གནང་བ་ཡིན་ན། ཡིག་པས་འབྲི་བཤུས་ཀྱི་ཡིག་གཟུགས་ཆེ་ཆུང་དང་ཡི་གེ་ཚགས་དམ་ལྷོད་ཤོར་ནས་ལྡེབ་གྲངས་བརྒྱད་དམ་བདུན་གྱི་ཉིན་སྲིབ་གང་ཙང་དུ་ཏག་ཏག་མ་ཐོན་པར་འབྲི་ཤོག་ཆད་དེ་གཞུང་ས་ཕྱོགས་ནས་སྐྱར་ལེན་

① 见，[日]藤枝晃著 徐庆全 李树清译荣新江校《敦煌写本概述》《敦煌研究》1996年第2期，第105页。

ཚེ་གཞུང་སའི་འཆར་གཞི་ལྟར་མི་འགྲོ་བ་དང་། དེ་ལས་ཟློག་ཏེ་ཡིག་པས་འབྲི་བཤུས་ཚགས་ཤིན་ཏུ་དམ་པོ་བགྱིས་ཏེ་ཤོག་བུ་གྲོན་ཆུང་བྱས་ཏེ་རང་ཉིད་ཀྱི་ཁེ་ཕོག་གི་དོན་དུ་མི་གཞན་ལ་ནང་ཤུགས་གཏོང་བ་སོགས་ཀྱི་གནས་ཚུལ་མི་ཐོན་པའི་ཆིངས་རྒྱ་བཅས་ཡིན། གལ་ཏེ་གནས་ཚུལ་དེ་དག་ཐོན་ཚེ་ཚབ་ཆེ་ཆུང་ལ་གཞིགས་ཏེ་ཉེས་པ་གཏོང་གི་ཡོད་སྐབས་ཆིངས་རྒྱ་དེ་ལས་མི་འགལ་བའི་སླད་དུ་ཡིག་པས་སྐབས་རེ་བམ་པོའི་ལྡེབ་གྲངས་སྟོན་མ་ཁག་ཏུ་ཡི་གེ་ཙུང་ཟད་ཚགས་དམ་པོ་བགྱིས་ནས་འབྲི་བཤུས་བྱས་སྐབས་བམ་མཚམས་སུ་བྱོན་ལ་ཉེ་བའི་སྐབས་དེར་ཤོག་བུ་ལྷང་ངེས་བཞིན་པ་ཡོད་ན། ཡིག་པས་ལྡེབ་གྲངས་བརྒྱད་པའམ་བདུན་པ་ཟིན་ཆེད་དུ་ལྡེབ་གྲངས་དེ་དག་གི་ཉིན་སྲིབ་གང་ཙུང་དུ་ཡི་གེ་ཚགས་དམ་པོ་མེད་པར་ཡིག་ཕྲེང་དང་ལྡེབ་གྲངས་ཀྱི་ཟིན་ཚོད་ཙམ་དུ་བྲིས་པའང་མཐའ་རྒྱུ་མང་བས་ཤེས། ད་དུང་ཡིག་པས་བམ་པོའི་ལྡེབ་གྲངས་ཕོ་ན་གཙིགས་སུ་བཟུང་ནས་རྫས་ཀྱི་མཇོད་ནས་བླངས་པའི་སྣག་ཤོག་གི་ཕྱུས་ཀ་ཞན་དུ་བཏང་ཚེ་སྣག་ཤོག་དོ་དམ་པས་ཤོག་རོར་གཏོང་གི་ཡོད་པ་སྟེ།Db.t0338སྣག་ཙ་བཟང་ངན་བལྟ་[1]ཞེས་དང་Db.t0611བཙན་སློབས་ཀྱི་རོ་ཤོག་ཤོག་ངན་ཏེ་ཕྱུང་ངོ་[2]ཞེས་པ་དང་ལྷག་དོན་དུ་P.T1997བོད་ཡུལ་གྱི་ཤོག་ཤོག་བདེ་བ་དང་འདྲ་བོ་ཞེས་པས་གང་ལས་ལྷག་པའི་གསལ་བཤད་ཐུབ། དེས་ན་དུས་རབས་8-9པའི་གསུང་རབ་འབྲི་བཤུའི་སྣག་ཤོག་དོ་དམ་དེ་ཡང་བམ་པོ་ཁོ་ནར་ཚད་བཟུང་བ་ཞིག་མ་ཡིན་པར་ལྡེབ་གྲངས་ལ་ཡང་མགོ་བརྟགས་བཅོལ་ཏེ་དོ་དམ་གནང་ཡོད་པར་སེམས་སོ།

དྲུག ཡིག་མཁན་གྲུབ་ཆ།

བཙན་པོའི་བླ་འབུམ་གྱི་ཡིག་མཁན་གྱི་གྲུབ་ཆ་དེ་ཡང་བླ་འབུམ་གྱི་བམ་མཚམས་སུ་བྱོན་པའི་ཡིག་མཁན་ལས་ཙུང་ཟད་ཅིག་བརྗོད་ན་བོད་རིགས་དང་རྒྱ་རིགས་ཕུད་པའི་ད་དུང་འ་ཞ་དང་གྲུ་གུ་སོགས་མི་རིགས་མི་འདྲ་བ་མང་པོ་ཞིག་གིས་གྲུབ་སྟེ་འབྲི་བཞེངས་བྱས་པ་ཞིག་ཡིན། དཔེར་ན་ཡིག་མཁན་རེབ་ཀོང་གཙུག་ཏོར་[3]ཞེས་པ་ལས་ཡི་གེ་བ་དེ་ནི་ད་ལྟའི་

① 见，马德主编《甘肃藏敦煌藏文文献叙录》甘肃民族出版社2011年9月第一版，第191页。

② 见，敦煌研究院编《敦煌吐蕃文化学术研讨会论文集》甘肃民族出版社2009年11月第一版，第396页

③ རྒྱ་མཚོ་གྲོ་མཁར་ཆོས་སྡེའི་ཤེས་རབ་ཀྱི་ཕ་རོལ་དུ་ཕྱིན་པ་སྟོང་ཕྲག་བརྒྱ་པ་པོད་ཁ་པའི་ལྡེབ་གྲངས་408ཀྱི་བ་ངོས་ལས་དྲངས།

མཚོ་སྔོན་ས་ཁུལ་གྱི་ཁོངས་སུ་གཏོགས་པའི་རེབ་གོང་རིག་པའི་འབྱུང་གནས་ཞེས་པའི་ས་དེ་ནས་བྱོན་པའི་ཡིག་མཁན་བོད་པ་ཞིག་ཡིན་པའི་རྒྱུ་མཚན་གྱིས་མཚན་རེབ་ཀོང་གཙུག་ཏོར་ཞེས་དང་། ཡིག་མཁན་ལྷང་སྟག་བཏན་[1]དང་ལྷང་ལེགས་སྣང་[2]། ཙང་སྟག་ལེགས་[3]དང་ཙང་ལེགས་སྣང་[4]ལ་སོགས་པའི་ཡིག་མཁན་གྱི་རུས་མིང་ངོས་ནས་བརྗོད་ན་རུས་ཙང་（张）དང་ལྷང་（王）གཉིས་ནི་རྒྱ་མི་རིགས་ཀྱི་རུས་མིང་ཡིན་ཞིང་རུས་དེ་དག་གི་རྗེས་སུ་བོད་མིང་སྦྱར་དོན་ནི་སྐབས་དེར་ཏུན་ཧོང་ལ་དབང་བསྒྱུར་བྱ་མཁན་གྱི་རིག་གནས་ཀྱི་ཤུགས་རྐྱེན་དང་སྤྱི་ཚོགས་ཀྱི་གནས་འབབ་དེ་འདྲ་མཉམ་ཡོང་བའི་ཆེད་དུ་མིང་སྟག་བཏན་དང་ལེགས་སྣང་སོགས་བཏགས་པར་བཤད། དེ་མིན་ད་དུང་འ་ཞ་དང་གྲུ་གུ་སོགས་ཀྱི་ཡིག་པ་ཡང་བྱུང་ཡོད་པ་སྟེ་ཛེའུ་སྟག་ལེགས་དང་མིག་ལེ་ཕ་འཇིས་[5]སོགས་ཀྱི་རུས་མིང་ལས་ཞུས་ན། སྔོན་མིག་ལེ་ཞེས་པའི་རྫོང་ཞིག་ཡོད་པའི་སྐོར་ཤིན་ཙང་གི་མིར་ལེའི་ཕུག་པའི་ལྡེབས་རིས་མཚན་བྱང་（克孜尔目录）[6]ཏུ་གསལ་བ་དང་། དུས་རབས་7པའི་ནང་དུ་འ་ཞའི་ཚོ་པ་མིག་ལེ་ཞེས་པ་དེ་མཚོ་སྔོན་པའི་རྒྱུད་དུ་འཚོ་སྡོད་བྱེད་སྐབས་མཐོ་བོད་བཙན་པོས་མངའ་འོག་ཏུ་བསྡུས་ཤིང་མིག་ལེ་ཞེས་པ་ནི་འ་ཞའི་སྐད་དུ་སྦྱང་གི་ཞེས་པའི་དོན་ཡིན་གཤིས་[7]སྔོན་གྱི་ཚོ་པའམ་རུས་པ་དེ་ལས་ཆད་པ་ཡིན་ཙང་ཡིག་མཁན་གྱི་རུས་མིང་དུ་ཡང་མིག་ལེ་ཕ་འཇིས་ཞེས་པ་སོགས་བྱུང་

---

① རྒྱ་མཚོ་གྲོ་མཁར་ཚོས་སྡེའི་ཤེས་རབ་ཀྱི་ཕ་རོལ་ཏུ་ཕྱིན་པ་སྟོང་ཕྲག་བརྒྱད་པ་པོད་ང་པའི་ལྡེབ་གྲངས་20་བ་ངོས་ལས་དྲངས།

② རྒྱ་མཚོ་གྲོ་མཁར་ཚོས་སྡེའི་ཤེས་རབ་ཀྱི་ཕ་རོལ་ཏུ་ཕྱིན་པ་སྟོང་ཕྲག་བརྒྱད་པ་པོད་ང་པའི་ལྡེབ་གྲངས་20་བ་ངོས་ལས་དྲངས།

③ རྒྱ་མཚོ་གྲོ་མཁར་ཚོས་སྡེའི་ཤེས་རབ་ཀྱི་ཕ་རོལ་ཏུ་ཕྱིན་པ་སྟོང་ཕྲག་བརྒྱད་པ་པོད་ང་པའི་ལྡེབ་གྲངས་250་ན་ངོས་ལས་དྲངས།

④ རྒྱ་མཚོ་གྲོ་མཁར་ཚོས་སྡེའི་ཤེས་རབ་ཀྱི་ཕ་རོལ་ཏུ་ཕྱིན་པ་སྟོང་ཕྲག་བརྒྱད་པ་པོད་ང་པའི་ལྡེབ་གྲངས་274་བ་ངོས་ལས་དྲངས།

⑤ རྒྱ་མཚོ་གྲོ་མཁར་ཚོས་སྡེརའི་ཤེས་རབ་ཀྱི་ཕ་རོལ་ཏུ་ཕྱིན་པ་སྟོང་ཕྲག་བརྒྱད་པ་པོད་ཀ་པའི་ལྡེབ་གྲངས་366་ན་ངོས་ལས་དྲངས།

⑥ མི་ལེའི་ཕུག་པའི་ལྡེབས་རིས་མཚན་བྱང་དུ་སངས་རྒྱས་པ་རྣམས་ལ་མེན་དྲིའམ་པོ་ལོ་སིའམ་ཨ་ནན་ད་ལྷར་མ་ཐོ་གར་གྱི་རྒྱལ་པོས་ཁུང་རྣམས་ལ་བྲིས་རྣམས་གསོ་མཁན། འདྲི་མཁན། མི་ཧྲ་ད་ཐ་དང་། གཅེར་བུ་བའི་གནས་ནས་བྱོན་པས་ན་ར་བ་ཏ་ན་ད་ཐ་དང་། རུ་མ་ཁ་མ་ནས་བྱོན་པས་བྲི་ཡ་རབ་ན་དང་། གསོ་བའི་སློབ་མ་རྣམས་ཀྱིས་འབྲི་བར་བྱེད་དོ། མེན་དྲི་རྒྱལ་པོ་རྒྱ་སེར་གྱི་རྒྱལ་བས་མི་དོ། གསོ་སྐྱ་ལེན་པས་བདེ་བ་ཅན་ལ་གཤེགས་སོ། རྒྱ་སེར་གྱི་རྒྱལ་པོ་ཆེན་པོའི་སྲུས་མིར་ལེའི་རྫོང་ལ་གཤེགས་ནས། སྨོན་ལམ་བཏབ་པས་གཅེར་བ་རྣམས་ཐམས་ཅད་དུས་ཀྱི་འཁོར་ལོ་བ་རྣམས་ཐམས་ཅད་གཙོད་པས་སངས་རྒྱས་ལ་ཁུང་རྣམས་ཐམས་ཅད་གསོས་སོ། ཞེས་མི་ལེའི་ཕུག་པའི་ལྡེབ་རིས་ཀྱི་མཚན་བྱང་དུ་གསལ།廖旸著《克孜尔石窟壁画年代学研究》社会科学文献出版社出版，2012年11月版，第51页。

⑦ 见，钱伯泉《墨离军及其相关问题》载《敦煌研究》2003年第一期。

བ་ལས་འ་ཞའི་ཡིག་མཁན་དང་། དེ་མིན་ཡིག་མཁན་ཁོང་གཡུ་ལེགས་[①]དང་ཁང་མང་གཟིགས།[②]ཨན་ལེགས་ཟིགས་[③]དང་ཨང་ལེགས་འདུས་སོགས་ནི་སུ་སུའི་རིགས་ལས་བྱུང་བའི་ཡིག་མཁན་ཡིན་པ་ནི་རུས་ཁང་ (康) དང་ཨན་ (安) [④]ནི་སུ་སུའི་རུས་ཆེན་དྲུག་ཏུ་འདྲེན་པའི་ནང་གི་རུས་མིང་ཞིག་ཡིན་པ་ལས་ཤེས། དེས་ན་རིག་གནས་ཀྱི་རྫང་ཟབ་པ་དང་མི་རིགས་སྣ་མང་གི་འདུ་འཛོམས་དང་དཔལ་འབྱོར་འཕེལ་རྒྱས་ཆེ་བའི་ཏུན་ཧོང་དེར་དུས་རབས་8-9པའི་ནང་དུ་ཤར་ཕྱིན་འབྲུམ་དེ་དག་འབྲི་བཞེངས་བསྐྲུན་པའི་སྐབས་སུ། ཡུལ་དེའི་མི་རིགས་མི་འདྲ་བས་བོད་ཀྱི་རིག་གནས་དང་ལྷག་དོན་དུ་ནང་བསྟན་འཕེལ་རྒྱས་འགྲོ་བའི་ལས་རིམ་གྱི་ཁྲོད་དུ་མཛད་རྗེས་མི་དམན་པ་ཞིག་བཞག་པ་དེ་ཡང་ཀླ་འབྲུམ་དེའི་བམ་མཚམས་ཀྱི་ཡིག་མཁན་གྱི་གྲུབ་ཆ་ལས་ཤེས།

བདུན། ཡིག་མཁན་སླ་ཡོན།

དུས་རབས་15པའི་ནང་གི་སླ་ཡོན་ནི་ཉིན་སླ་དང་ཐླ་སླའི་རྩིས་ལུགས་ཏེ་ཆོས་རྒྱལ་རབ་བརྟན་ཀུན་བཟང་འཕགས་ཀྱིས་སྤྱི་ལོ་1431ལོར་བཀའ་འགྱུར་གསེར་བྲིས་བཞེངས་སྐབས་སུ་སྟོན་ཐླ་འབྲིང་པོའི་གནམ་གང་ཚུན་ཐླ་བ་བདུན་གྱི་བར་ལ་བཀའ་འགྱུར་གསེར་གྱིས་བཞེངས་པ་བཞུགས། སུམ་བརྒྱ་དྲུག་ཅུ་མ་ལ་དུམ་པ་རེར་བྱས་པའི་པོད་ངོ་བོ་བཅུ་གསུམ་གྱི་པོད་ངོ་རེ་ལ་གསེར་མགུར་ཝེ་ཉི་ཤུ་ལ་འདུལ་ཚད་ཝེ་རེ་བྱས་ནས་སེ་ཕྱེད་མ་དང་བཅས་པ་ལ། གསེར་ཝེ་ཉིས་བརྒྱ་དང་དྲུག་ཅུ་རེ་ལྔ་སེ་བ་བཅུ། ཤོག་བུ་ཉིས་སྦྱར་གྱི་རྩིས་ཤོག་ཡུག་བརྒྱ་དྲུག་ཅུ་མ་ཡོད་པའི་དུམ་པ་ཉི་ཤུ་རྩ་དགུ་དང་ཤོག་ཡུག་བཞི་རེ་དགོས་པའི་རེན། དུམ་པ་རེ་ལ་དངུལ་ཏམ་ཁ་བཞི་མའི་རྩིས། ཏམ་ཁ་བརྒྱ་དང་བཅུ་བདུན། ཡིག་མཁན་རེས་དུམ་པ་རེ་འབྲི་བའི་རྩིས་ཀྱི་

---

① འབྲས་སྤུངས་དགོན་དུ་བཞུགས་པའི་བཙན་པོ་ཁྲི་ལྡེ་སྲོང་བཙན་གྱི་ཐུགས་དམ་ཀླ་འབྲུམ་པོད་ཁ་པའི་ལྡེབ་གྲངས་9པའི་སྒྲིབ་ལས་དྲངས།

② རྒྱ་མཚོ་གྲོ་མཁར་ཆོས་སྡེའི་ཤེས་རབ་ཀྱི་ཕ་རོལ་དུ་ཕྱིན་པ་སྟོང་ཕྲག་བརྒྱད་པ་པོད་ཁ་པའི་ལྡེབ་གྲངས་34་ན་ངོས་ལས་དྲངས།

③ རྒྱ་མཚོ་གྲོ་མཁར་ཆོས་སྡེའི་ཤེས་རབ་ཀྱི་ཕ་རོལ་དུ་ཕྱིན་པ་སྟོང་ཕྲག་བརྒྱད་པ་པོད་ག་པའི་ལྡེབ་གྲངས་439་ན་ངོས་ལས་དྲངས།

④ 见，郑炳林《唐五代敦煌粟特人与归义军政权》载《敦煌研究》“”唐前期在敦煌设从化乡以安置粟特人p3559《唐敦煌郡敦煌县差科薄（天宝年代）记载，敦煌县从化乡257位粟特人中有安、康、石、史、曹、米等性。

[ཚང་རྒྱ་ཐུག་ཐལ་ཨར་ཚང་]རྒྱུགས་སོགས་ཐོབ་ཆ་ལ། སྤྱི་སྡོམ་གྱི་ནས་ཁལ་ཉི་ཤུ་རྩ་གཅིག་བྲེ་བཅོ་ལྔ་རེ་དགོས་པ། དུམ་པ་བཅུ་གསུམ་གྱི་ཐོབ་བསྒྲིལ་བས་ཁལ་ཉིས་བརྒྱ་དང་བརྒྱད་ཅུ་རྩ་གཉིས་བྲེ་བཅོ་ལྔ། ཞུས་དག་པ་ཆ་གཅིག་གིས་དུམ་པ་རེའི་ཞུས་དག་བྱེད་པ་ལ་ཉི་མ་བདུན་རེ་[དུམ་པ་བཅུ་གསུམ་གྱི་ཞག་བསྒྲིལ་ནས།]དགོས་པ། ཟླ་བ་གསུམ་དང་ཞག་གཅིག་འགོར་བས་མི་རེ་ལ་ཟླ་རྒྱུགས་ཁལ་གཉིས་བྲེ་བཅུ་བདུན་ཕུལ་ལུ་ལྔ་ཐོབ་པ་བསྒྲིལ་བས་ཁལ་བཅུ་བདུན་དང་བྲེ་བཅུ་ཕུལ་དོ་[1]ཞེས་པས་དུས་རབས་15པར་བཀའ་བསྟན་འབྲི་བཞེངས་སྐབས་ཀྱི་འབྲི་ཞུས་གླ་ཡོན་ཉིན་གླ་དང་ཟླ་གླ་ཡིན་པ་གསལ་བ་དང་དེ་ལས་ལྡོག་ཏེ། དུས་རབས་8-9པའི་ནང་གསུང་རབ་འབྲི་བཞེངས་བསྒྲུངས་པའི་སྐབས་སུ་གསུང་རབ་ཀྱི་བམ་པོའི་ཚད་ལ་གཞིགས་ཏེ་གླ་ཡོན་འཛལ་གྱི་ཡོད་པའི་སྐོར་ད་བར་མཛད་བྱུང་དང་དུས་རབས་8-9པའི་སྐབས་ཀྱི་ཡིག་ཆ་མ་མཇལ་ཙང་། དུས་རབས་11པའི་ནང་དུ་གུ་གེའི་ཁྲུལ་དུ་གསུང་རབ་འབྲི་བཞེངས་བསྒྲུངས་པའི་སྐབས་ལ་གླ་ཡོན་འདི་ལྟར་བརྩིས་ཡོད་པ་སྟེ། གསུང་རབ་བྲི་བའི་གླ་ཞུས་ནི། ཤེས་རབ་ཀྱི་ཕ་རོལ་ཏུ་ཕྱིན་པ་ལ། བམ་པོ་རེ་རེ་ལ་ཝེ་ཕྱེད་དང་༢.༢སྲུ་བརྩིས་ནས། སྲང་དྲུག་བཅུ་ཙ་ཕྱེད་དང་གསུམ། ཉི་ཁྲི་ལྔ་སྟོང་པ་ལ་སྲང་བཅྭ་ལྔ་དང་ཝེ་ལྔ། ཁྲི་བརྒྱད་སྟོང་པ་ལ་སྲང་བཅུ་གཅིག་དང་ཝེ་༢། ཁྲི་པ་ལ་སྲང་དྲུག་དང་ཝེ་༢། བརྒྱད་སྟོང་པ་ལ་སྲང་ལྔ། སྣོད་མ་མདོ་སྡེ་གཞན་ལ། བམ་པོ་གསུམ་ཆད་པའི་སྡེ་ཚེ་བ་ལ། བམ་པོ་རེ་རེ་ལ་ཝེ་ཕྱེད་༢.༢། དེ་མན་ཆོད་བམ་ཝེ་ཐང་དུ་བཙལ། གསུང་རབ་ཀློག་པའི་ཚེ། ཇི་ལྟ་བ་བཞིན་དུ་བྱུང་ན། ཤེས་རབ་ཀྱི་ཕ་རོལ་དུ་ཕྱིན་པ། ཚར་༡ལ་སྲང་༡་ཉི་ཁྲི་ལྔ་སྟོང་པ་ལ་ཝེ་གཉིས། ཁྲི་བརྒྱད་སྟོང་པ་ལ་ཝེ་ཕྱེད་དོ། ཁྲི་པ་ལ་ཝེ་རེ་འབུལ། དེ་ལས་ཚར་མང་དུ་ཀློག་ན། ཉེར་ཁྲི་པ་ནི་༥སྲང་། ཁྲི་བརྒྱད་སྟོང་པ་ལ་ལྔ་སྲང་། ཁྲི་པ་ལ་བཅུ་སྲང་། བརྒྱད་སྟོང་པ་ལ་བཅུ་གཉིས་སྲང་། མདོ་གཞན་ནི་བམ་པོ་ཉི་ཤུ་པ་ལ་ཝེ་༡ཐང་དུ་བཙལ་[2]ཞེས་གསུངས་པ་ལྟར་ན། དུས་རབས་11པའི་ནང་དུ་ལྷ་བླ་མ་ཡེ་ཤེས་འོད་ཀྱི་སྐུ་དུས་སུ་གུ་གེའི་ཁྲུལ་དུ་གསུང་རབ་འབྲི་བཞེངས་བསྒྲུངས་པའི་སྐབས་ལ་ཡིག་པ་རྣམས་ཀྱི་གླ་ཡོན་དེ་ཉིན་གླ་དང་ཟླ་གླར་མ་བརྩིས་པར་བམ་པོའི་གྲངས་ལ་བཅོལ་ཏེ་གླ་ཡོན་

① འཛིགས་མེད་གྲགས་པས་བརྩམས་པའི་ཆོས་རྒྱལ་རབ་བརྟན་ཀུན་བཟང་འཕགས་ཀྱི་རྣམ་ཐར་བོད་ལྗོངས་མི་དམངས་དཔེ་སྐྲུན་ཁང་གི་1987ལོའི་སྤར་མའི་ཤོག་གྲངས་361ལས་དྲངས།

② གྲགས་པ་རྒྱལ་མཚན་གྱིས་མཛད་པའི་ལྷ་བླ་མ་ཡེ་ཤེས་འོད་ཀྱི་རྣམ་ཐར་རྒྱས་པ་ཞེས་པ་བྲིས་མའི་ལྡེབ་གྲངས་9ལས་དྲངས།

འཇལ་བའི་རྣམ་པ་ཞིག་ཡིན་པ་ནི་གསུང་རབ་བྲི་མའི་བླ་ཞུས་ནི། ཤེས་རབ་ཀྱི་ཕ་རོལ་ཏུ་ཕྱིན་པ་ལ། བམ་པོ་རེ་རེ་ལ་ཞོ་ཕྱེད་དང་༢.༢སྲུ་བསྡེབས་ནས། སྲང་དྲུག་བཅུ་རྩ་ཕྱེད་དང་གསུམ་ཞེས་གསུངས་པ་ལྟར། བམ་པོ་སུམ་བརྒྱ་ཅན་གྱི་ཤེར་ཕྱིན་དུམ་བུ་གཅིག་ཡིགམཁན་གྱིས་འབྲི་བཤུས་བྱས་པའི་གླ་ཡོན་ཞོ་སྲང་[1]དུ་བརྩིས་ན་བམ་པོ་གཅིག་ལ་ཞོ་1.5་དང་། ཤེས་རབ་ཀྱི་ཕ་རོལ་ཏུ་ཕྱིན་པ་བམ་པོ་300ལ། ཡིག་མཁན་འབྲི་བཤུས་གླ་ཡོན་ཁྲོན་ཞོ་200ཐོབ། གལ་ཏེ་དེ་སྲང་ལ་དབབ་ན་སྲང་62.5། དེ་ཞོ་ལ་དབབ་ན་སྲང་གཅིག་ལ་ཞོ་3.2ཐོབ་ཀྱི་ཡོད་[2]ཅེས་པས་ཤེས། དེས་ན་དུས་རབས་11པའི་ལྷ་བླ་མ་ཡེ་ཤེས་འོད་ཀྱིས་གུ་གེའི་ཁུལ་དུ་གསུང་རབ་འབྲི་སློག་གི་གླ་ཡོན་གྱི་བཀའ་གཙིགས་དེ་གལ་ཏེ་བོད་བཙན་པོའི་སྐུ་དུས་ཀྱི་གླ་ཡོན་བརྩིས་ལུགས་དང་གཅིག་མཚུངས་སམ་བཙན་པོའི་སྐབས་ཀྱི་གླ་ཡོན་བརྩིས་སྟངས་མ་དཔེར་བྱས་ཏེ་འབྲི་བཞེངས་ཀྱི་གླ་ཡོན་བརྩིས་ལུགས་ལ་རྒྱབ་བསྙོན་དུ་གནང་བའི་བཀའ་གཙིགས་ཤིག་ཡིན་ཚེ། དུས་རབས་8-9གསུང་རབ་འབྲི་བཞེངས་གླ་ཡོན་དེའང་བམ་གྲངས་ལ་བརྩིས་སྟེ་གླ་ཡོན་འཇལ་གྱི་ཡོད་པ་ནི། དུས་རབས་11པའི་ལྷ་བླ་མ་ཡེ་ཤེས་ཀྱིས་མཛད་པའི་བཀའ་གཙིགས་ཀྱི་ནང་དོན་ལས་ཤུགས་ལ་རྟོགས། ད་དུང་ཁམས་སྡེ་དགེའི་བཀའ་འགྱུར་པོད་ཁྲི་པའི་མཛད་བྱང་དུ་ཡི་གེ་པ་དོན་ཆེད་དུ། བརྩིས་ནས་ཤོ་ལོ་ཀ་སུམ་སྟོང་དང་། དེ་ལས་ལྔ་བཅུ་ལྷག་ཅིག་ནི། འདི་ཡི་ཚད་དུ་བྱས་པ་ཡིན། བམ་པོ་བཅུ་དང་ཤོ་ལོ་ཀ་ལྔ་བཅུ་ཡོད་[3]ཅེས་པ་ཀྱང་བོད་བཙན་པོའི་སྐུ་དུས་སུ་འབྲི་བཞེངས་བསྐྲུངས་པའི་ཤེར་ཕྱིན་དེ་དག་གི་བམ་པོ་སོ་སོའི་མཚམས་སུ་ཡིག་ཞུས་མཁན་མཚན་དང་། ཐ་ན་ཆད་པ་གཙོད་པའི་སྐབས་སུ་ཡང་བམ་པོ་རེ་རེ་ལ་ཁྲིམས་

---

① ཞོ་སྲང་གི་ཚད་གཞིའི་སྐོར་ལ། སྟོང་བཙན་སྒམ་པོ་ནས་ཁྲི་རལ་པ་ཅན་གྱི་བར་བཙན་པོའི་རྒྱལ་རབས་སྐབས་ཀྱི་ཚད་གཞི་ནི། ཤ་མར་སོགས་འདེགས་བྱེད་ཀྱི་སྲང་གི་ཚད་གཞི་ནི། ནས་ཏོག་ཆེ་བ་གཉིས་དང་། འབྲིང་བ་གཉིས། ཆུང་བ་གཉིས་བཅས་ནས་འབྲུ་ཆེ་ཆུང་དྲུག་གི་ཕྱེད་ཚད་ལ་སེ་བ་གང་། སེ་བ་ཉི་ཤུའི་ཕྱེད་ལ་ཞོ་གང་། ཞོ་བཅུའི་ཕྱེད་ལ་སྲང་གང་། སྲང་བཞིའམ་སྟོར་བཞི་ལ་ཉག་གང་། ཉག་ཉི་ཤུ་སྟེ་སྲང་བརྒྱད་ཅུ་ཐམ་པ་ལ་ཞལ་གཅིག་བརྩི་བ་ནི་སྐབས་དེའི་འདེགས་འཇལ་གྱི་སྲང་ཚད་ཡིན། འདེགས་བྱེད་ཀྱི་སྲང་ནི་ཤིང་སྲང་ཡིན་པར་གྲགས། གསེར་དངུལ་སོགས་ཀྱི་འདེགས་བྱེད་ཚད་ནི་སྨན་བདུན་ལ་ནས་གཅིག ནས་བདུན་ལ་ཞོ་གང་། ཞོ་བཅུ་ལ་སྲང་གང་ཡིན་པར་གྲགས། ཞེས་ཆབ་སྤྱིལ་ཚེ་བརྟན་ཕུན་ཚོགས་དང་ནོར་བྲང་ཨོ་རྒྱན་གྱིས་སྒྲིག་སྙོམ་མཛད་པའི་བོད་ཀྱི་ལོ་རྒྱུས་རག་རིམ་གཡུ་ཕྲེང་སྟོད་ཆ། བོད་ལྗོངས་དཔེ་རྙིང་དཔེ་སྐྲུན་ཁང་གི་2006ལོའི་སྤར་མའི་ཤོག་གྲངས་130ལས་དྲངས།

② 见，范德康著 刘翠兰译《小仪藏文中bam po 一词的意义及用法》，四川大学中国藏学研究所编《藏学学刊》第5辑，第147页。

③ 见，《西藏大藏经》台北 【德格版】版，第三十六卷，[ki334a]。

རྒྱུགས་བཅུ་མན་ཆད་གཏོང་[①] དགོས་དོན་ཡང་མདོར་བསྡུས་ནས་བཤད་ན། དུས་རབས་8-9པའི་ཆོས་བསྒྱུ་འབྲི་མའི་སྣ་ཡོན་དེ་བམ་པོར་གཞིགས་ཏེ་འཇལ་གྱི་ཡོད་པ་གཅིག་ཤེས་ཀུན་གྲོལ་ཐུབ་བོ།

བརྒྱད། བམ་པོའི་ལྡེབ་གྲངས།

དེས་ན་སྣག་ཤོག་གི་ངོ་དམ་དང་ཡིག་མཁན་གྱི་སྣ་ཡོན་སོགས་བམ་པོར་བཅོལ་ཏེ་ལག་བསྟར་བྱ་ཡི་ཡོད་པའི་སྐོར་གོང་དུ་ཞུས་པ་ལྟར་ཡིན་ཅ་ན། སྐབས་དོན་འདིར་བམ་པོ་ཞེས་པ་དཔེ་ཆ་བ་རྣམས་ཀྱི་ཞལ་རྒྱུན་དུ་ཡོད་པའི་ཐ་སྙད་འདིའི་སྐོར་ལ་རེ་ཞིག་དཔྱད་དགོས་པ་བྱུང་། བམ་པོ་ཞེས་པའི་ཐ་སྙད་འདི་པོ་ཏི་དང་ཤོ་ལོ་ཀ་ཇི་བཞིན་སམ་སྐྲི་ཏའི་གཟུགས་འགྱུར་གྱི་ཐ་སྙད་ཅིག་མ་ཡིན་པར་བོད་རང་གི་ས་སྐྱེས་རྗོ་སྐྱེས་སུ་ཆགས་པའི་ཐ་སྙད་ཅིག་ཡིན་པ་ནི། དུས་རབས་13པའི་ནང་དུ་བྱོན་པའི་གསུང་རབ་སྨྲ་བའི་དབང་པོ་བུ་སྟོན་རིན་ཆེན་གྲུབ་ཀྱིས་གསུངས་དོན་ (བམ་པོའི་) དགོས་པ་གཞུང་ཚད་མང་ཉུང་རྟོགས་པའི་ཕྱིར་ལོ་ཙྪ་བས་བྱས་ཀྱི། རྒྱ་དཔེ་ལ་བམ་པོ་མི་བགྲངས་ཤོ་ལོ་ཀ་བགྲང་ངོ་[②] ཞེས་པས་དཔེ་སྙིང་མང་པོར་བལྟ་ཀློགས་མི་དགོས་པར་བམ་པོ་ཞེས་པའི་ཐ་སྙད་དེ། བོད་ཀྱི་ལོ་ཙྪ་བས་སྒྲ་བསྒྱུར་གནང་དུས་གཏན་འབེབ་བྱས་ཏེ་བྱུང་བ་ཞིག་ལས་རྒྱ་དཔེ་ལས་བྱུང་བའི་ཐ་སྙད་ཞིག་མིན་པ་ནི་ཚིག་དོན་མང་པོས་འགྲེལ་མི་དགོས་པར་ནག་ཐོག་བཅག་ཁེལ་དུ་གསུང་འདུག འོ་ན་རང་རིགས་ཀྱི་སྐད་དུ་ཆགས་པའི་བམ་པོ་རེ་རེའི་རིང་ཐུང་གི་ཚད་གཞི་དེ་ཅི་ལྟ་བུ་ཞིག་ཡིན་པའི་སྐོར་ལ་བུ་སྟོན་གྱི་གསུང་ལས་ཞུས་ན། བམ་པོ་ཆེ་བ་ནི། ཤོ་ལོ་ཀ་སྟོང་གི་སུམ་ཆ་ལ་བྱས་པ་དང་། ཆུང་བ་ནི་ཤོ་

---

① "ཏུན་ཧོང་ཁུལ་དུ་ཆོས་བསྒྱུ་འབྲི་བཞེངས་ཐེངས་གཅིག་ལ་ཡིག་པ་དང་ཞུས་དག་མཁན་ཉིས་བརྒྱ་སུམ་ཅུ་སོ་དགུ་དང་བོད་གཅིག་འབྲི་བཤུས་བྱེད་པར་དུས་ཡུན་ལོ་གསུམ་དང་ཆོས་བསྒྱུ་འབྲི་བཞེངས་བྱེད་པའི་དུས་ཚོད་ནང་དུ་ཡིག་པ་དང་ཞུས་དག་པ་ཁྲིམ་གྱི་དུད་འགྲོ་དང་ནོར་ཟས་རྣམས་གཏའ་མར་འཛོག་པ་དང་གལ་ཏེ་ལྟ་རྟོགས་མཁན་གྱི་ལས་འགན་དེ་དག་དུས་ཐོག་ཏུ་མ་འགྲུབ་ཚེ་ཐུན་ཉེ་འཁོར་བཀག་གཞར་བྱེད་པ་དང་པོ་ཏི་རེ་རེ་ནས་བམ་པོ་རེ་རེ་ཆད་ན་ཁྲིམས་རྒྱུགས་བཅུ་མན་བཞུ་ཡི་ཡོད་ཅེས།"
林冠群著《唐代吐蕃史论集》中国藏学出版社2006年版，第430页。

② བུ་སྟོན་གྱིས་མཛད་པའི་རྒྱ་གར་གྱི་སློབ་དཔོན་སེང་གེ་བཟང་པོའི་མངོན་རྟོགས་རྒྱན་གྱི་འགྲེལ་པ་ཤེས་རབ་ཀྱི་ཕ་རོལ་དུ་ཕྱིན་པའི་མན་ངག་གི་བསྟན་བཅོས་མངོན་པར་རྟོགས་པའི་རྒྱན་ཅེས་བའི་འགྲེལ་པ་རྒྱ་ཆེར་བཤད་པ་ལུང་གི་སྙེ་མ་ཞེས་པ་བུ་སྟོན་དང་སྒྲ་ཚད་པའི་གསུང་འབུམ་ཕྱོགས་བསྒྲིགས། མི་རིགས་དཔེ་སྐྲུན་ཁང་གི་སྤར་མ་པོད་18པའི་ལྡེབ་གྲངས་10ལས་དྲངས། The Collected works of Bu ston and Sgra tshad pa [Lhasa print],part 18 (New Delhi: International Academy of Indian Culture,1971),10.

ལོ་ཀ་གསུམ་བརྒྱ་ལ་བྱས་པ་གཉིས་ལས་འདིར་ཐ་མ་སྟེ། རྒྱ་དཔེ་ལ་ཤློ་ལོ་ཀ་སྟོང་ལྔ་བརྒྱ་ཞེས་འབྱུང་བས་སོ། ཤློ་ལོ་ཀ་ནི་ཚིགས་བཅད་ཡིན་ན། ཚིགས་བཅད་ཀྱི་རྐང་པ་ནི་བཞི་ལ་ཤློ་ལོ་ཀ་གཅིག་གོ། ལྷུག་པ་ལ་ཚེག་བར་སུམ་ཅུ་སོ་གཉིས་ལ་ཤློ་ལོ་ཀ་གཅིག་གོ། དགོས་པ་གཞུང་ཚད་མང་ཉུང་རྟོགས་པའི་ཕྱིར་ལོ་ཙཱ་བས་བྱས་[1]ཞེས་པས་བམ་པོ་རེ་རེ་ཤློ་ལོ་ཀ་སུམ་བརྒྱ་དང་ཤློ་ལོ་ཀ་གཅིག་ལ་ཚིག་རྐང་བཞིའམ་ཚིག་ལྷུག་ལ་ཡིག་འབྲུ་སུམ་ཅུ་སོ་གཉིས་སུ་གཏན་ལ་དབབ་པ་དེ་ཤེས། དུས་རབས་9པའི་ཤེར་ཕྱིན་འབྲི་བཤུས་ཀྱི་བམ་ཚད་དེ་ཤློ་ལོ་ཀ་སུམ་བརྒྱ་དང་ལྔ་བརྒྱ་བྱས་པ་གང་ཞིག་ཡིན་ནམ་སྙམ་ན། དུས་རབས་9པའི་ཤེར་ཕྱིན་གྱི་བམ་པོར་ཤློ་ལོ་ཀ་འདི་ལྟར་བརྩིས་ཡོད་པ་སྟེ། དུས་རབས་9པའི་ཤེར་ཕྱིན་བྲིས་མའི་ལྡེབ་ངོས་སུ་ཡིག་ཕྲེང་12ཅན་དང་སྐོར་ཐིག་གིས་ཟིན་པའི་སྟོང་ཆ་དང་ཚིག་གི་བཅད་མཚམས་ཀྱི་ངལ་བསོའི་སྟོང་ཆ་ཕུད་པའི་ཡིག་ཕྲེང་གཅིག་ལ་རགས་རྩིས་བྱས་ན་ཆ་སྙོམ་ཡིག་འབྲུ་ཆ་60ཡས་མས་བྲིས་འདུག དེས་ན་ལྡེབ་གྲངས་གཅིག་གི་ཉིན་སྲིབ་གཅིག་ཏུ་བསྒྲིལ་པར་ཡིག་ཕྲེང་24[12+12=24]ལྟར་ན་ལྡེབ་གྲངས་གཅིག་ལ་ཁྱོན་བསྡོམས་ཡིག་འབྲུ་1440[60×24=1440]་ཡས་མས་ཡོད། གོང་དུ་བརྗོད་པ་ལྟར་དུས་རབས་9པའི་ནང་དུ་འབྲི་བཞེངས་བསྐྲུངས་པའི་ཤེར་ཕྱིན་གྱི་བམ་པོ་གཅིག་ལ་ལྡེབ་གྲངས་8ཡོད་པའི་དབང་དུ་བཏང་ན་བམ་པོ་གཅིག་ལ་ཁྱོན་ཡིག་འབྲུ་11520 [8×1440=11520] ཡས་མས་སུ་འཁོར་གྱི་འདུག བོད་ཀྱི་གསུང་རབ་སྒྲ་བའི་དབང་པོ་དུང་དཀར་བློ་བཟང་འཕྲིན་ལས་མཆོག་གིས་གསུངས་དོན། རྒྱལ་པོ་ཁྲི་སྲོང་ལྡེ་བཙན་(ཁྲི་ལོ་757-763)གྱི་སྐུ་དུས་སུ་བོད་ཀྱི་ཤོག་བཟོའི་ལག་རྩལ་དར་ཁྱབ་ཆེ་ཙམ་ཡོད་པ་དཔེར་ན། སྐབས་དེར་རྒྱ་གར་ནས་བོད་དུ་བསྒྱུར་བའི་བོད་ཡིག་གི་གསུང་རབ་ཚང་མ་ཤོག་དྲིལ་བྱས་ཏེ་ཡིག་འབྲུ་དགུ་སྟོང་དྲུག་བརྒྱ་ལ་བམ་པོ་གཅིག་སྟེ། པོད་གཅིག་གི་ཚད་དུ་བརྩིས་པ་མ་ཟད། དེ་ཡང་ཡི་གེ་ཆེན་པོ་མ་གཏོགས་ཚུང་ཚུང་བྲིས་མི་ཆོག་པའི་བཀའ་ཕབ་ཡོད།[2]ཅེས་ཚིག་ལྷུག་གི་འགྲོ་

---

① བུ་སྟོན་གྱིས་མཛད་པའི་རྒྱ་གར་གྱི་སློབ་དཔོན་སེང་གེ་བཟང་པོའི་མངོན་རྟོགས་རྒྱན་གྱི་འགྲེལ་པ་ཤེས་རབ་ཀྱི་ཕ་རོལ་ཏུ་ཕྱིན་པའི་མན་ངག་གི་བསྟན་བཅོས་མངོན་པར་རྟོགས་པའི་རྒྱན་ཅེས་བའི་འགྲེལ་པ་རྒྱ་ཆེར་བཤད་པ་ལུང་གི་སྙེ་མ་ཞེས་པ་བུ་སྟོན་དང་སྒྲ་ཚད་པའི་གསུང་འབུམ་ཕྱོགས་བསྒྲིགས། མི་རིགས་དཔེ་སྐྲུན་ཁང་གི་སྨར་མ་པོད་18པའི་ལྡེབ་གྲངས་10ལས་དྲངས། The Collected works of Bu ston and Sgra tshad pa [Lhasa print],part 18 (New Delhi: International Academy of Indian Culture,1971),10.

② མཁས་དབང་དུང་དཀར་བློ་བཟང་འཕྲིན་ལས་ཀྱི་མཛད་པའི་དུང་དཀར་ཚིག་མཛོད་ཆེན་མོ་ཀྲུང་གོ་བོད་རིག་པའི་དཔེ་སྐྲུན་ཁང་གི་2009ལོའི་སྨར་མའི་ཤོག་གྲངས་2030ལས་དྲངས།

སྐྱངས་ལྟར་རྩིས་ན་བམ་པོ་གཅིག་ལས་ཡིག་འབྲུ་1920[11520-9600=1920]ཡས་མས་ཙམ་ཞིག་འཕྲི་འཇེབ་དགོས་པ་རང་བཞིན་གྱིས་ཤེས། དེར་བརྟེན་ང་རང་ཉིད་བསམ་ཚུལ་ལྟར་ན་དེ་གནད་འགག་ཆེན་པོ་གཅིག་མིན་པར་སྣང་། རྒྱུ་མཚན་ནི་བཙན་པོའི་བླ་འབུམ་གྱི་བམ་པོའི་ཛོགས་མཚམས་དེ་སྦྱོར་གྱི་ལྷེབ་གྲངས་8པའི་ཉིན་ངོས་སུ་འབབ་ཡོད་ན་སྤྱིབ་ངོས་ཀྱི་ཡིག་འབྲུ་720ཡས་མས་ཙམ་ཞིག་དང་། གཉིས་བོད་ཀྱི་གསུང་རབ་གླེགས་བམ་གཟུགས་ཀྱི་འབྲི་བཞེངས་ཀྱི་རྣམ་པར་བལྟས་ན་གཞུང་དེའི་ཐོག་མའི་དབུ་ཤོག་གི་ཉིན་ངོར་གཞུང་གི་ནང་དོན་འབྲི་བཤུ་གནང་བའི་ལམ་ལུགས་དེ་མེད་གཤིས་སླར་ཡང་ལྷེབ་གྲངས་ཀྱི་ཉིན་ངོས་ཀྱི་ཡིག་འབྲུ་720ཡས་མས་ཙམ་ཞིག་རང་བཞིན་གྱིས་འཕྲི་དགོས་པ་བྱུང་། དེ་ལྟར་བརྩིས་ན་ལྷེབ་གྲངས་ཀྱི་ཉིན་སྤྱིབ་གཅིག་ཏུ་སྡེབ་པའི་ཁྱོན་ཡིག་འབྲུ་1440[720+720=1440]ཡས་མས་ཞིག་རང་བཞིན་གྱིས་འཕྲི་དགོས། དེ་བཞིན་དུ་བརྩིས་ན་བཙན་པོའི་བླ་འབུམ་གྱི་བམ་པོ་གཅིག་ལ་ཆ་སྙོམ་ལྷེབ་གྲངས་བདུན་དུ་རྩིས་ན་བམ་པོ་གཅིག་ལ་ཡིག་འབྲུ་10080[7×1440=10080]ཡས་མས་ཙམ་ཞིག་ཏུ་འགྱུར་གྱི་འདུག སྔོན་དུ་གསུང་རབ་སྨྲ་བ་དུང་དཀར་བློ་བཟང་འཕྲིན་མཆོག་གི་བམ་པོ་གཅིག་ལ་ཡིག་འབྲུ་དགུ་སྟོང་དྲུག་བརྒྱར་གསུང་པ་དང་བསྡུར་ན་ཡིག་འབྲུ་480[10080-9600=480]ཙམ་ཞིག་གི་ཧེ་བག་བྱུང་། འོན་ཏེ་དེ་དག་འགལ་བ་མ་ཡིན་སྙམ། དུས་རབས་12པར་བྱོན་པའི་དབུས་པ་བློ་གསལ་བྱང་ཆུབ་འབུམ་གྱིས་བརྗ་གསར་རྙིང་ཤན་འབྱེད་པའི་མེ་ལོང་ལས། མཉམ་པའི་དོན་བཤད་དོ། རྒྱ་གར་གྱི་ཤོ་ལོ་ཀའི་ཚད་དེས། བོད་ཀྱི་ཚིགས་བཅད་མ་ཚང་བ་དང་ལྷག་པ་ཅི་རིགས་སུ་འགྱུར་བས་ཤོ་ལོ་ཀའི་ཚད་དང་དེ་སྒོམས་མ་ནུས་པས། ཚད་དེ་མཉམ་པོར་བགོས་ནས་བམ་པོར་བྱས་སོ། །[①]ཞེས་པས་སོ། མདོར་ན་དུས་རབས་8-9ནང་དུ་འབྲི་བཞེངས་བསྐྲུངས་པའི་ཤེར་ཕྱིན་གྱི་བམ་པོ་ལ་ཤོ་ལོ་ཀ་315་དང་ཡིག་འབྲུ་10080ཡས་མས་ལ་བམ་པོ་རེ་རེ་དང་བམ་པོ་རེ་རེ་ལ་སྦྱོར་གྱི་ཆ་ནས་ལྷེབ་གྲངས་7ཡས་མས་ཀྱི་དོ་དམ་ལས་སྒོ་གསུམ་ཐང་ཆད་འབྲི་བའི་ཡིག་མཁན་གྱི་སླ་ཡོན་དང་སྣག་ཤོག་སོགས་ལྷེབ་གྲངས་སུ་བརྩིས་ཏེ་འཛལ་གྱི་ཡོད་པ་དཔྱད་གཞིའི་ཚོད་དུ་ཕུལ་ལོ། །

① པཎ་ཆེན་ཤཱཀྱ་མཆོག་ལྡན་(1428-1507)གྱིས་སྤྱི་ལོ་1454ལོར་མཛད་པའི་མདོན་རྟོགས་རྒྱན་གྱི་འགྲེལ་པ་རྒྱ་གར་རྙི་ལིའི་སྤྱར་མའི་ལྷེབ་གྲངས་210་ལས་དྲངས།

དགུ། ཡིག་གཟུགས།

གོང་དུ་ཞུས་པ་བཞིན་བམ་གྲངས་ལ་གཞིགས་པའི་ཟླ་ཡོན་འཛལ་གྱི་ཡོད་ན་བམ་གྲངས་ཇི་ཙམ་གྱི་མང་པོ་འབྲི་བཤུས་ཐུབ་ན་ཟླ་ཡོན་ཡང་དེ་ཙམ་གྱི་མང་པོ་འཛལ་ཐུབ་གཤིས་དེང་གི་ཟླ་པ་གླས་པ་ཇི་བཞིན་ཡིན་ནམ་ཞེས་ན་དེ་ལྟར་མ་ཡིན་སྙམ། གསུང་རབ་འབྲི་བཤུས་བསྐྱངས་པའི་སྐབས་ལ་བོད་ཡིག་གསུང་རབ་ཁག་ཏུ་བྱུང་བ་ཇི་བཞིན་སྟོན་པའི་བཀའ་ཡིན་ན་དཔེ་ཅན་ནམ་གཟབ་བྲིས་བྱ་དགོས་ཀྱི་ཡོད། བཙན་པོའི་སྐུ་དུས་སུ་གསུང་རབ་འབྲི་བཞེངས་བསྐྱངས་པའི་སྐབས་སུ་འབྲི་བཤུས་མཁན་གྱིས་ཡིག་གཟུགས་ལའང་དོ་ནན་པོ་གནང་ཡོད། གལ་ཏེ་འཕྲུལ་ཡིག་ཚད་དང་ལྡན་པ་མ་བྲིས་པར་ཟླ་ཆོས་དང་མགྱོགས་ཆོས་བྱས་ན་བམ་པོའི་ཁྲིད་ནས་འབྲི་གཟུགས་ངན་པའི་ལྡེབ་གྲངས་དེ་དག་ཕྱིར་བཏོན་ཏེ་ཤོག་རོར་གཏོང་གི་ཡོད་པ་ཏུན་ཧོང་གི་P.t133ཁང་པན་ཀུན་རྫོན་དར་གྱི་རོ་ལགསྟེ། ཡི་གེ་པའི་ཕྱིར་ཕྱུང་ངོ་ཞེས་ཆོས་བཤུའི་འབྲི་མའི་ལམ་ལུགས་ལས་ཤེས་ལ། དུས་རབས་11པའི་ནང་དུ་ཡང་གུ་གེའི་ལྷ་བླ་མ་ཡེ་ཤེས་འོད་ཀྱིས་བཀའ་གཙིགས་སུའང་དེ་ལྟར་ལག་བསྟར་གནང་ཡོད་པ་སྟེ་ཡོན་དམར་ལོད་ཕྱེད་མ་ལས། གསུང་རབ་བྲིས་པའི་བླ་ཞུས་ནི་ཡིག་མཁན་དངོས་ཀྱི་བགྱིད། ཡི་གེ་འབྲུ་ཚུགས་བཟབ་པར་བྲིས་ཏེ་ཕྲ་བ་རྣམས་ནི་གསར་སློབ་ཀྱང་བགྱིད་དུ་སྟང་། འབྲིང་དུ་ཆུད་པ་རྣམས་ཀྱིས་སྡེ་ཆེ་ཕྲ་རིམ་བཞིན་དུ་བྲི། ཟླ་ཆོས་དང་སྐྱོ་ཡིག་བགྱིས་ན། ཅི་བྲིས་པའི་༤་ཆ་༧རང་རྒྱུགས་དང་ཐུགས་དམ་དུ་འབྲི་འཚལ། ལྷག་པ་དང་ཆད་པ་མི་འཚམས་པ་བྱུང་ན་ཁོ་ན་དངོས། སླིགས་བུ་ལ་སྤོས་འཚལ།[①] ཞེས་པ་སོགས་ལས་ཀྱང་གོང་སྨོས་བཞིན་དུས་རབས་11པའི་གུ་གེའི་ལྷ་མ་ཡེ་ཤེས་ཀྱི་བཀའ་གཙིགས་དེ། དུས་རབས་8-9གསུང་རབ་འབྲི་བཤུའི་བཀའ་གཙིགས་ལ་གཞི་བཅོལ་དེ་སྔར་ཡང་གུ་གེའི་ཁུལ་དུ་བཀའ་གཙིགས་ཀྱི་རྒྱབ་བསྙོན་དུ་གནང་བ་ཞིག་ཡིན་ན། གསུང་རབ་འབྲི་བཤུའི་འབྲི་གཟུགས་ལའང་དོ་དམ་དོ་ནན་པོ་གནང་གི་ཡོད་པ་དེ་རྟོགས།

---

① གྲགས་པ་རྒྱལ་མཚན་གྱིས་མཛད་པའི་ལྷ་བླ་མ་ཡེ་ཤེས་འོད་ཀྱི་རྣམ་ཐར་རྒྱས་པ་ཞེས་པ་བྲིས་མའི་ལྡེབ་གྲངས་9ལས་དྲངས།

བཅུ། བསྔོ་སྨོན།

དུས་རབས་8-9པའི་ནང་དུ་སྐུ་གསུང་ཐུགས་ཀྱི་རྟེན་ཅི་ཙམ་ཞིག་བཞེངས་ཡོད་ན་ཡང་དེ་དག་བཞེངས་སྐབས་ཀྱི་དོན་གཉེར་བྱ་མཁན་ནི་གོང་གི་བཙན་པོའམ་བླ་ནས་གནང་བ་ཞིག་ཡིན་པ་ནི་གོང་གི་སྦྱིན་བདག་གི་སྐོར་དུ་བཤད་ཟིན་པས་དེས་འཐུས་སོ། དེས་ན་ཏུན་ཧོང་ནས་ཐོན་པའི་ཤོག་དྲིལ་pt999་བཙན་པོའི་སྐུ་ཡོན་དུ་ཚེ་དཔག་མེད་མདོ་བཞེངས་པ་སོགས་ལ་གཞིགས་ན། གསུང་རབ་དེ་འབྲི་བཞེངས་བསྐྲུངས་ཟིན་པའི་རྗེས་སུ་མཇུག་གི་བསྔོ་སྨོན་དེ་ཡང་གསུང་རབ་རིག་པའི་གཞུང་ལུགས་ལྟར་རྒྱ་ཆུང་ས་ནས་ཞུས་ན་བཙན་པོ་འཁོར་དང་བཅས་པ་དང་རྒྱ་ཆེ་ས་ནས་བཤད་ན་བཙན་པོའི་ཆབ་སྲིད་དང་མངའ་འབངས་མི་ཕྱུག་སོགས་ལ་ནད་དང་མུ་གེ་མེད་ཅིང་འབྲུགས་རྫོད་ཞི་སྟེ་ཆར་ཆུ་དུས་ཐོག་ཏུ་འབབ་ཞིང་ལོ་ཏོག་འབྲས་བཟང་ཡོང་བའི་བསྔོ་སྨོན་བཏབ་པ་ཞིག་ཡིན་དེས།

ལེའུ་ལྔ་པ། དུས་རབས་10-12པའི་གསུང་རབ་བྲིས་མའི་མཛད་བྱང་ངོས་འཛིན།

ལེ་ཚན་དང་པོ། འོན་ཀེ་ཏུའི་ཤེར་ཕྱིན་ཁྲི་བརྒྱད་སྟོང་པའི་བམ་མཚམས།

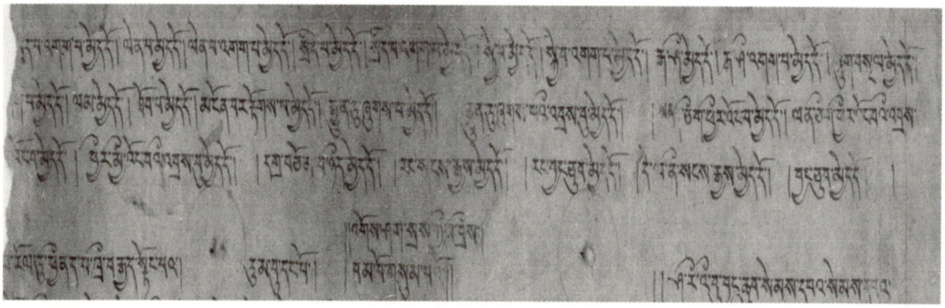

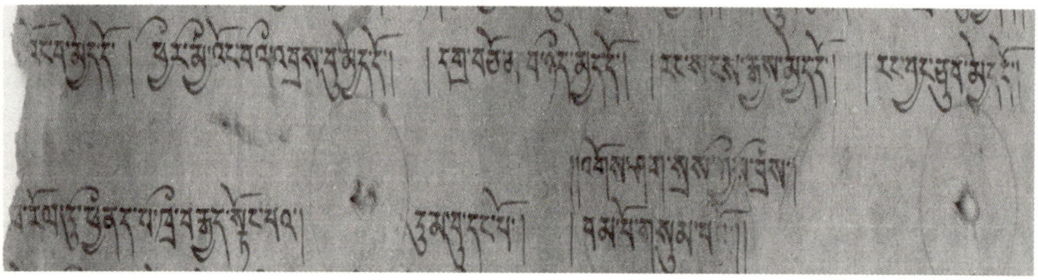

མཛད་བྱང་མ་དཔེ།

དང་པོ། བམ་མཚམས་མ་ཕྱུས།

ཤེར་རབ་ཀྱི་ཕ་རོལ་ཏུ་ཕྱིན་པ་ཁྲི་བརྒྱད་སྟོང་པའ། དུམ་བུ་དང་པོ། བམ་པོ་གསུམ་པ། འགོས་ཤག་སྲས་ཀྱིས་བྲིས། ①ཞེས་པའོ།

① འོན་ཀེ་ཏུར་བཞུགས་པའི་ཤེས་རབ་ཀྱི་ཕ་རོལ་ཏུ་ཕྱིན་པ་ཁྲི་བརྒྱད་སྟོང་པའ། དུམ་བུ་དང་པོ། བམ་གསུམ་པའི་ཡིག་མཁན་ཡིན།

གཉིས་པ། མཛད་བྱང་གི་དཔེ་ཞིབ།

འོན་ཀེ་ཏུར་བཞུགས་པའི་ཤེར་ཕྱིན་བྲིས་མ་བམ་པོ་གཉིས་པའི་རྫོགས་མཚམས་དེར་འགོས་ཤག་སྲུས་ཀྱིས་བྲིས་ཞེས་ཡིག་མཁན་གྱི་མཚན་ཁོ་ན་ལས་གཞན་པའི་ཞུས་དག་མཁན་གྱི་མཚན་དང་མཆོད་ཡོན་སྦྱིན་བདག་སོགས་ཀྱི་མཚན་བཀོད་མེད་གཤིས། དེར་བརྟེན་འདིར་ཡིག་མཁན་འགོས་ཤག་སྲུས་ཀྱི་སྐོར་བརྗོད་པ་དང་ཆབས་ཅིག་དཔེ་རྙིང་དེའི་དུས་རབས་ཡང་ངོས་འཛིན་བྱ་རྒྱུ་ཡིན།

གཅིག རུས་རྒྱུད།

ཡིག་མཁན་དེ་ནི་དུས་རབས་9-10པའི་ནང་དུ་བྱོན་པའི་ཡིག་མཁན་ཞིག་ཡིན་པར་སེམས། རྒྱུ་མཚན་ནི་ཤེར་ཕྱིན་དེ་འོན་ཀེ་ཏུ་ལྷ་ཁང་དུ་ཉར་ཚགས་བྱས་ནས་ད་བར་ལོ་ངོ་དགུ་བརྒྱ་ཡས་མས་ཀྱི་ལོ་རྒྱུས་ཡོད་པ་ནི་ཤེར་ཕྱིན་དེའི་བྲིས་གཟུགས་ལས་ཤེས་ཤིང་། བོད་བཙན་པོའི་སྐབས་ཀྱི་ཡིག་རྙིང་དང་ཏུན་ཧོང་ནས་ཐོན་པའི་དཔེ་རྙིང་གི་ཡིག་གཟུགས་དང་ཏུ་གཅིག་ཏུ་བཞག་སྟེ་བསྡུར་སྐབས། དེ་དག་གི་གི་གུ་ཕྱིར་ལོག་པ་དང་མ་ལ་ཡ་བཏགས། ད་དྲག་བཀོལ་སྟངས། འཕྲུལ་ཡིག་འབྲི་གཟུགས་སོགས་ལ་བལྟས་ན་ཏ་ལམ་ཏུན་ཧོང་གི་ཡིག་རྙིང་དང་དུས་རབས་མཉམ་པ་ཙམ་ཞིག་ལས་ཕྱིས་དྲགས་པའི་འཚོར་སྣང་ཞིག་མི་བྱུང་། ལྷག་དོན་དུ་དཔེ་རྙིང་དེའི་སྐོར་ཐིག་དུ་མི་ཕུ་ཕུག་པ་དང་བམ་པོའི་རྫོགས་མཚམས་དེར་ཡིག་མཁན་བྲིས་ཡོད་པ་བཅས་ལས། དཔེ་རྙིང་འདི་ནི་མ་མཐར་ཡང་དུས་རབས་11ཡར་སྔོན་དུ་ཡིག་མཁན་འགོས་ཤག་སྲུས་ཀྱིས་འབྲི་བཤུས་བགྱིས་པའི་དཔེ་རྙིང་ཞིག་ཡིན་པ་ཐེ་ཚོམ་མེད་སྙམ། དེས་ན་ཡིག་མཁན་གྱི་རུས་འགོས་ལས་འཆད་ན། རང་རེ་བོད་ཀྱི་ལོ་རྒྱུས་ཐོག་རུས་འགོས་ཀྱི་མཁས་པ་ཇི་སྙེད་ཅིག་བྱུང་ཡོད་པ་སྟེ། རྒྱལ་པོ་འདུས་སྲོང་མང་པོ་རྗེའི་སྐབས་ཏེ་དུས་རབས་7པའི་སྨད་ཙམ་དུ་སྐུ་འཁྲུངས་པའི་འགོས་གཡག་ཆུང་། དུས་རབས་8པའི་དུས་འགོར་འཁྲུངས་པའི་འཕྲུལ་བློན་མཛངས་མི་བདུན་གྱི་དྲུག་པ་འགོས་ཁྲི་བཟང་ཡབ་ལྷག་དང་སྤྱི་ལོ་833-859ནང་དུ་ཏུན་ཧོང་དུ་ཕེབས་ནས་བཀའ་དང་བསྟན་བཅོས་མང་པོ་བོད་ཡིག་ཏུ་བསྒྱུར་མཁན་གྱི་ལོ་ཙཱ་བ་ཆེན་པོ་འགོས་ཆོས་འགྲུབ། སྤྱི་ལོ་1089ལོར་སྐུ་འཁྲུངས་པའི་འགོས་ཁུག་པ་

ལྷས་བཅས། སྤྱི་ལོ་1389ལོར་འབྱུངས་པའི་འགོས་ལོ་ཡིད་བཟང་རྩེ་པ་གཞོན་ནུ་དཔལ་བ། དུས་རབས་14པར་མདོ་སྔགས་རིག་གནས་ཀུན་ལ་མཁས་པའི་རྩེར་སོན་པ་འགོས་ལོ་ཆེན་ཆོས་སྐྱོང་བཟང་པོ་སོགས་བྱུང་བ་ལས་དུས་རབས་མི་འདྲ་བའི་ནང་དུ་འགོས་ཀྱི་ཁྱིམ་རྒྱུད་དེར་སྤྲོལ་རྒྱུན་རིག་གནས་ཀྱི་སློབ་གསོའི་རྒྱང་བརྟན་པོ་ཞིག་ཚུགས་ཡོད་པ་ཤུགས་ལ་རྟོགས་ཐུབ། དེས་ན་འགོས་ཞག་སྲས་ཀྱང་རིག་གནས་ཀྱི་རྒྱང་བརྟན་པོ་ཚུགས་པའམ་སློབ་གསོའི་ཆ་རྐྱེན་འཛོམས་པའི་འགོས་ཀྱི་ཁྱིམ་གཞིས་ཤིག་ཏུ་འཁྲུངས་པར་བརྟེན་འབྲི་ཀློག་དོན་ལ་སོགས་གང་ཅིའི་ཐད་ནས། སློབ་གསོ་ཐོབ་པའི་གོ་སྐབས་དང་ཁོར་ཡུག་བཟང་པོ་ཞིག་ཡོད་གཤིས། འགོས་ཀྱི་མཚན་ཅན་གཞན་དང་འདྲ་བའི་སྤྲོལ་རྒྱུན་རིག་གནས་ལ་སྦྱང་སྦྱོད་གནང་མཁན་གྱི་མཁས་པ་ཞིག་ཡིན་ཙ་ན། དུས་རབས་10-11པའི་ནང་དུ་ཤེར་ཕྱིན་སྟོང་ཕྲག་བརྒྱ་པ་དེ་འབྲི་བཤུས་ཀྱི་ཡི་གེ་བར་བྱོན་པར་སེམས།

གཉིས། འཁྲུངས་ཡུལ།

འགོས་ཞག་སྲས་དེ་ཡུལ་ལུང་གང་ཞིག་ཏུ་འཁྲུངས་སམ་ཞེས་ན། བཀའ་ཐང་སྡེ་ལྔར་སྟོང་སྡེ་ཏ་དམག་དཔྱད་པའི་སྐབས་སུ། རུ་ལག་སྨད་ཀྱི་སྟོང་སྡེ་བཞིའི་ཡ་གྱལ་དུ་གད་བཀྲམ་འགོས་ཀྱི་སྟོང་སྡེ་ཡིན།[①] ཡང་དེ་ཉིད་དུ་གཡས་རུའི་སྟོང་སྡེ་བརྒྱད་འདྲེན་སྐབས་ཡིལ་རབས་ཟྙམ་སྙེང་འགོས་ཀྱི་སྟོང་སྡེ་ཡིན་[②]ཞེས་འཁོད་པར་གཞིགས་ན། དེ་སྔ་བོད་ལ་སྟོང་སྡེ་རེ་གཅིག་བགོས་པའི་སྐབས་འགོས་ཀྱི་རིགས་རྒྱུད་ཀྱིས་སྟོང་སྡེ་གཉིས་བཟུང་ཡོད་ལ། གཡས་རུ་སྨད་ཀྱི་དམག་དཔོན་ཡང་འགོས་ཀྱི་རྒྱུད་དུ་འཁྲུངས་པའི་འགོས་ཁྲི་བསྙེན་དཔལ་མོ་ཡིན་པར་འདུག[③]དཔའ་བོ་གཙུག་ལག་འཕྲེང་བས་དེའི་སྐབས་ཀྱི་གཡས་རུ་དང་རུ་ལག་ནི་གཙང་གི་ས་ཆར་ཕྱེ་བའི་རུ་གཉིས་སམ་ས་ཁོངས་བཅད་པ་གཉིས་ཡིན་པར་གསལ་བ་དང་། དེས་མ་ཟད་འཆིང་ང་འཆིང་ཡུལ་མགོས་དང་སྣུབས་ཀྱི་ཡུལ་[④]ཞེས་འཆིང་ང་འཆིང་ཡུལ་འགོས་དང་སྣུབས་ཀྱི་

① བཀའ་ཐང་སྡེ་ལྔ། མི་རིགས་དཔེ་སྐྲུན་ཁང་གི་1986ལོའི་སྤར་མའི་ཤོག་གྲངས་437ལས་དྲངས།

② བཀའ་ཐང་སྡེ་ལྔ། མི་རིགས་དཔེ་སྐྲུན་ཁང་གི་1986ལོའི་སྤར་མའི་ཤོག་གྲངས་438ལས་དྲངས།

③ བཀའ་ཐང་སྡེ་ལྔ། མི་རིགས་དཔེ་སྐྲུན་ཁང་གི་1986ལོའི་སྤར་མའི་ཤོག་གྲངས་437ལས་དྲངས།

④ དཔའ་བོ་གཙུག་ལག་འཕྲེང་བས་མཛད་པའི་ཆོས་འབྱུང་མཁས་པའི་དགའ་སྟོན་སྟོད་ཆ། མི་རིགས་དཔེ་སྐྲུན་ཁང་གི་1986ལོའི་སྤར་མའི་ཤོག་གྲངས་186ལས་དྲངས།

ཡུལ་ཡིན་པར་བཤད་པ་སོགས་ལ་བལྟས་ན། འགོས་ཀྱི་རིགས་རྒྱུད་ནི་བོད་ཀྱི་ལོ་རྒྱུས་སྟེང་རིགས་རྒྱུད་ཆེ་ཁག་གཅིག་ཡིན་པ་སྨོས་མི་དགོས། ཡིན་ནའང་ཡིག་མཁན་འགོས་ཤག་སྲས་ཞེས་ཞུ་བ་འདི་ནི་ཡུལ་ལུང་གང་དུ་འགོས་ཀྱི་རིགས་རྒྱུད་དུ་སྐུ་འཁྲུངས་པའི་སྐོར་ལོ་རྒྱུས་ཆོས་འབྱུང་སོགས་སུ་ང་རང་ཉིད་ཀྱིས་མ་མཇལ་སྐབས། འདིར་རང་ཉིད་ཀྱིས་རྟོགས་ཚོད་ལྟར་ན། མཁས་པ་ལ་ལས་སྤྱི་ལོ་1089ལོར་སྐུ་འཁྲུངས་པའི་འགོས་ཁུག་པ་ལྷས་བཙས་ནི་གཙང་རྟ་ནག་ཕུའི་ཁུག་པ་ནས་ཡིན་པར་བཞེད། གཞན་ཡང་འགོས་ལོ་གཞོན་ནུ་དཔལ་ཡང་འགོས་ཀྱི་རྒྱུད་དུ་སྐུ་འཁྲུངས་པར་དོགས་པ་མེད་ཀྱང་། བོད་ཀྱི་ལོ་རྒྱུས་ལྟར་ན་འགོས་ལོ་གཞོན་ནུ་དཔལ་བ་ནི་ལྷོ་ཁ་ས་ཁུལ་འཕྱོངས་རྒྱས་རྒྱས་སྨན་ལྷ་ཁང་གི་མདའ་འམ་པ་རའི་གྲོང་ནག་མེ་དགུ་ཟེར་བར་སྐུ་འཁྲུངས་པར་འདོད་ན། དཔའ་བོ་གཙུག་ལག་འཕྲེང་བས་གསུངས་པའི་འཆིང་ང་འཆིང་ཡུལ་ནི་འགོས་དང་སྦུབས་ཀྱི་ཡུལ་ཞེས་པ་དང་མཐུན། འདིར་བརྗོད་པའི་འཆིང་ང་འཆིང་ཡུལ་ནི་ད་ལྟའི་འཕྱོངས་རྒྱས་འཕྲིང་དབར་ས་ཁུལ་ཡིན་པ་[1]གསུང་རབ་སླ་བ་དུང་དཀར་བློ་བཟང་འཕྲིན་ལས་མཆོག་གིས་གསུངས་ཤིང་། ད་དུང་བོད་རྒྱ་ཚིག་མཛོད་ཆེན་མོར་འགོས་ཀྱི་ཐ་སྙད་འགྲེལ་སྐབས་འགོས་ནི་ལྷོ་ཁ་ས་ཁུལ་ཕོངས་འཕྱོངས་རྒྱས་རྫོང་གི་ས་ཁུལ་འཆིང་ང་ཟེར་བར་བྱུང་བའི་སྟར་བོད་ཀྱི་རིགས་རུས་ཤིག་ཡིན་པར་བཤད་པ་དང་། ད་དུང་འགོས་ཆོས་འགྲུབ་དང་འགོས་ལོ་གཞོན་ནུ་དཔལ་ཞེས་པའི་ལོ་ཙྰ་བ་ཆེན་པོ་རྣམས་བྱོན་ཞེས་[2]བཀོད་པ་ལ་གཞིགས་ན། དུས་རབས་10པའི་ཡར་སྟོན་དུ་བྱོན་པའི་ཡིག་མཁན་དབུ་ཆེན་འགོས་ཤག་སྲས་ཀྱང་འོན་ཀེ་ཙ་ལྷ་ཁང་དང་ས་ཐག་མི་རིང་བའི་འཕྱོངས་རྒྱས་རྫོང་ཁོངས་ཀྱི་འཆིང་ང་ཞེས་པའི་ས་དེར་འགོས་ཀྱི་ཁྱིམ་གཞིས་སུ་སྐུ་འཁྲུངས་པ་ཞིག་ཡིན་ཅ་ན། སྐབས་དེ་དུས་ཤེར་ཕྱིན་སྟོང་ཕྲག་བརྒྱ་པ་དེ་འབྲི་བཤུ་བར་གདན་འདྲེན་ཞུས་པར་སྙམ། སྐབས་དེ་དུས་འབུམ་བཞེངས་མཁན་ཡིག་མཁན་གདན་འདྲེན་ཞུ་སྲོལ་ཡོད་པ་སྟེ། འགོས་ལོ་གཞོན་ནུ་དཔལ་གྱིས་འདུས་པ་མར་ལུགས་ཀྱི་སྐབས་དེར་འཚུར་སྟོན་དབང་ངེའི་སྐོར་གསུངས་སྐབས། འཚུར་སྟོན་དབང་ངེས་སློབ་གཉེར་ལ་འབད་པ་ཆེན་པོ་མཛད། དུས་ཕྱིས་སྐུ་བསོད་རྒྱས་ཏེ་འབུམ་

① དུང་དཀར་ཚིགས་མཛོད་ཆེན་མོ་ཀྲུང་གོ་བོད་ཀྱི་ཤེས་རིག་དཔེ་སྐྲུན་ཁང་གི་2009ལོའི་སྤར་མའི་ཤོག་གྲངས་633ལས་དྲངས།

② ཀྲང་དབྱི་སུན་གྱིས་གཙོ་འགན་བཞེས་ནས་རྩོམ་སྒྲིག་བྱས་པའི་བོད་རྒྱ་ཚིག་མཛོད་ཆེན་མོ་མི་རིགས་དཔེ་སྐྲུན་ཁང་གི་སྤར་མའི་སྟོད་ཆའི་ཤོག་གྲངས་503ལས་དྲངས།

བཞེངས་པའི་ཡིག་མཁན་ལ། ད་ལྟ་གསང་བ་འདུས་པའི་གདམས་པ་སྒྲུ་ཆེ་ཞེས་དྲིས་[①]ཞེས་པ་ལས་སྐབས་དེ་དུས་འབུམ་བཞེངས་མཁན་གྱི་ཡིག་མཁན་འགོས་ཤག་སྲས་ལྷ་བྱ་གདན་འདྲེན་ཞུ་སྩོལ་ཡོད་པ་དེ། དུས་རབས་དང་ཡུལ་གྱི་བར་ཐག་ངོས་ནས་བརྗོད་ན་ཡང་དེང་གི་འཕྲོངས་རྒྱས་དང་འོན་ཀེ་ཊའི་བར་ལ་ས་ཐག་རིང་ཐུང་མིས་བགྲོད་པའི་ཉིན་ལམ་ཕྱེད་ཙམ་གྱི་རྒྱང་ཐག་གིས་ཆོད་པའི་རྒྱུ་མཚན་བཅས་ལ་བལྟས་ན་ཡང་འོས་ཞིང་འཚམས་པ་ཞིག་ཡིན་སྙམ།

གསུམ། དུས་རབས།

དེས་ན་གོང་དུ་ཞུས་པ་ལྟར་ཡིག་མཁན་འགོས་ཤག་སྲས་ནི་དུས་རབས་10-11པའི་ནང་དུ་བྱོན་པའི་ཡིག་མཁན་ཞིག་ཡིན་པའི་རྒྱུ་མཚན་དང་གཅིག གཉིས་ཤེར་ཕྱིན་དེའི་བྲིས་གཟུགས་ཏེ་བོད་བཙན་པོའི་རླ་འབུམ་དང་ཏུན་ཧོང་ནས་ཐོན་པའི་ཤེར་ཕྱིན་དང་ཏུ་གཅིག་ཏུ་བཞག་སྟེ་བསྡུར་ན་དེ་དག་གི་གི་གུ་ཕྱིར་ལོག་པ་དང་མ་ལ་ཡ་བཏགས། ད་དྲག་བཀོལ་སྟངས་དང་འཕྲུལ་ཡིག་འབྲི་གཟུགས། སྣག་ཤོག་གི་མདོག་ཁ་དང་ལྷག་དོན་དུ་ཤེར་ཕྱིན་དེའི་ལྡེབ་གྲངས་ངོས་ཀྱི་སྒོར་ཐིག་ཏུ་མིག་ཕུ་ཕུག་པ་དང་བམ་པོའི་རྫོགས་མཚམས་སུ་ཡིག་མཁན་བྱོན་ཡོད་པ་བཅས་ལས། འོན་ཀེ་ཏུར་བཞུགས་པའི་ཤེར་ཕྱིན་ཁྲི་བརྒྱད་སྟོང་པ་དེ་དུས་རབས་10-11ནང་དུ་ཡིག་མཁན་དབུ་ཆེན་འགོས་ཤག་སྲས་ཀྱིས་འབྲི་བཤུས་བྱས་པའི་དཔེ་རྙིང་ཞིག་ཡིན་པར་འགྱུར་མས་སོ།

① འགོས་ལོ་གཞོན་ནུ་དཔལ་གྱིས་མཛད་པའི་དེབ་ཐེར་སྔོན་པོ་སི་ཁྲོན་མི་རིགས་དཔེ་སྐྲུན་ཁང་གི་1983ལོའི་སྤར་མའི་སྟོད་ཆའི་ཤོག་གྲངས་500ལས་དྲངས།

ལེ་ཚན་གཉིས་པ། ཨོན་ཀོ་ཏུའི་སེར་ཕྱིན་ཁྲི་བརྒྱད་སྟོང་པའི་བམ་མཚམས།

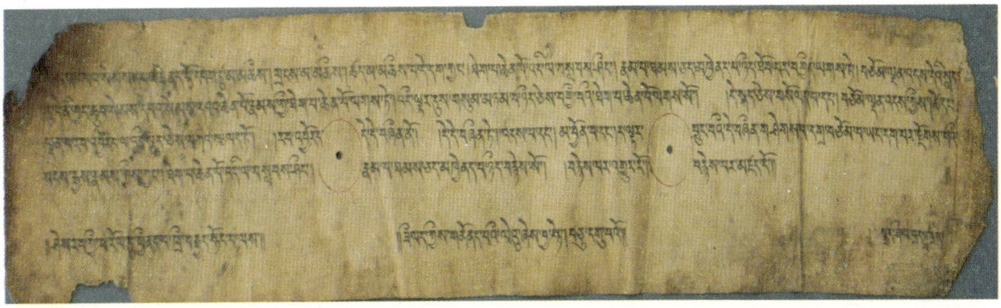

མཛོད་བྱང་མ་དཔེ།

དང་པོ། བམ་མཚམས་མ་ཕྱུས།

།།ཤེས་རབ་ཀྱི་ཕ་རོལ་ཏུ་ཕྱིན་ད་པ་ཁྲི་བརྒྱད་སྟོང་པ་ལས།། །།ཟེ་ལད་ཀྱིས་གསོན་ད་པའི་ལེའུ་ཞེས་བྱ་སྟེ་། བཅུ་དགུ་པའོ། སྤྲད་ཤི་ལ་བྲད་ཉས་བྲིས། [1] ཞེས་པའོ།

གཉིས་པ། བམ་མཚམས་ཀྱི་དཔྱེ་ཞིབ།

།།ཤེས་རབ་ཀྱི་ཕ་རོལ་ཏུ་ཕྱིན་ད་པ་ཁྲི་བརྒྱད་སྟོང་པ་ལས།། །།ཟེ་ལད་ཀྱིས་གསོན་ད་པའི་ལེའུ་ཞེས་བྱ་སྟེ་། བཅུ་དགུ་པའོ་ཞེས་པའི་མཛད་བྱང་དུའང་སྟོན་གྱི་མཛད་བྱང་ཁག་ཇི་བཞིན་ཡིག་མཁན་མཚན་ཙམ་ལས་གཞན་པའི་དད་པ་སྐྱོ་ངས་མེད་པའི་སྦྱིན་བདག་ལ་སོགས་པའི་སྐོར་ཐོན་མེད་གཤིས་དེས་ན་འདིར་ཡང་ཡིག་མཁན་གྱི་སྐོར་ལས་འགྲོས་ཏེ་དཔེ་ཆིང་གི་དུས་རབས་ངོས་འཛིན་ཞུ་རྒྱུ་ཡིན།

① ཨོན་ཀོ་ཏུར་བཞུགས་པའི་ཤེས་རབ་ཀྱི་ཕ་རོལ་ཏུ་ཕྱིན་ད་པ་ཁྲི་བརྒྱད་སྟོང་པའི་བམ་མཚམས་ལས་དྲངས།

གཅིག ཡིག་མཁན།

འོན་ཀེ་རུར་བཞུགས་པའི་ཤེར་ཕྱིན་ཁྲི་བརྒྱད་སྟོང་པ་འདི་དད་པ་སྐྱོ་ངས་མེད་པའི་མཆོད་ཡོན་སྦྱིན་བདག་གིས་ཁྲི་བརྒྱད་སྟོང་པ་དེ་འབྲི་བཞེངས་གནང་བའི་སྐབས་སུ། ཉེར་མཁོའི་སྣག་ཤོག་སོགས་སྣ་གོན་ལེགས་པར་ཟིན་པའི་རྗེས་སུ་ཡིག་མཁན་སུ་བྱོན་ཡོད་པའི་སྐོར་ལ། ཤེར་ཕྱིན་ཁྲི་བརྒྱད་སྟོང་པ་ཟིལ་གྱིས་གནོན་པའི་ལེའུ་དེའི་རྫོགས་མཚམས་སུ་ཡིག་མཁན་སྤྲད་ཤི་ལ་བྲད་ཉས་བྲིས་ཞེས་བྱོན་པ་ལས་ཐད་ཀར་ཤེས་ཐུབ། འདིར་བྱུང་བའི་ཡིག་མཁན་སྤྲད་ཤི་ལ་བྲད་ཉ་ཞེས་པ་དེ་དུས་རབས་འདི་ཙམ་གྱི་ཡིག་མཁན་ཞིག་ཡིན་ཞེས་སྨྲ་བའི་འབབ་སྐྱིགས་བསྐྱུར་དཀའ་རུང་དཔེ་རྙིང་དེའི་བྲིས་གཟུགས་དང་བམ་པོའི་བབ་མཚམས་སུ་ཡིག་མཁན་གྱི་མཚན་བྱོན་ཡོད་པ་བཅས་ལ་གཞིགས་ན། ཡིག་མཁན་ཁོང་མ་མཐར་ཡང་དུས་རབས་11པའི་རྗེས་དང་དུས་རབས་12པའི་སྔོན་དུ་བྱུང་བའི་ཡིག་མཁན་ཞིག་ཡིན་པ་པོད་དེའི་འབྲི་གཟུགས་དང་སྐོར་ཐིག་སོགས་ཕྱིའི་ཁྱད་ཆོས་ལས་ཤེས་ཤིང་། དེ་མིན་ཁོང་གི་རིགས་རུས་ཀྱི་སྐོར་ལ་བསྙད་ན། བོད་ཀྱི་ལོ་རྒྱུས་ཁུངས་བཙུན་དུས་རབས་12ཡས་མས་སུ་བྲིས་པའི་ལྡེའུ་ཆོས་འབྱུང་དུ། བོད་ཀྱི་ལོ་རྒྱུས་གླེང་བའི་སྐབས་སུ་རྒྱལ་ཕྲན་བསིལ་མ་བཅུ་གཉིས་འདྲེན་དུས། ཡུལ་གྱིས་སྣ་རོལ་མོ་གོང་ན། རྒྱལ་པོ་དྲང་རྗེ་གོང་ནམ་བཞུགས། བློན་པོ་སྤྲད་དང་ཞུ།[1] ཞེས་བྱུང་བའི་ནང་གི་བློན་པོ་སྤྲད་དང་སྐབས་འདིའི་ཡིག་མཁན་རྣམ་གཉིས་རིགས་རུས་གཅིག་མཚུངས་ཡིན་ན། བོད་ཀྱི་ལོ་རྒྱུས་ཐོག་རུས་སྤྲད་ཅེས་པའི་མིང་རུས་བྱུང་མྱོང་ཡོད་པ་མ་ཟད། རིགས་རུས་དེས་རྒྱལ་ཕྲན་བསིལ་མ་བཅུ་གཉིས་སྐབས་སུ་ཡུལ་གྱིས་སྣ་རོལ་མོ་གོང་གི་རྒྱལ་པོ་དྲང་རྗེ་གོང་ནམ་གྱི་བློན་པོ་ཡང་མཛད་མྱོང་ཡོད་པ་དེ་ལས། ད་ཐེངས་འོན་ཀེ་རུའི་དཔེ་རྙིང་བྲིས་མ་འདིའི་སྒོ་གསུམ་ཐང་ཆད་འབྲི་བའི་ཡིག་མཁན་སྤྲད་ཤི་ལ་བྲད་ཉ་ཞུ་བ་དེ་ཡང་རིགས་རུས་ཁུངས་བཙན་གྱི་ཡིག་མཁན་ཞིག་ཡིན་པ་སྣག་ཤོག་མང་པོས་འགྲེལ་མི་དགོས་པར་རྟོགས།

གཉིས། དུས་རབས།

འདིར་ཞུ་དགོས་པ་ཞིག་ལ་བགྱི་ན་བ་རང་ཉིད་ཀྱིས་ངོས་ན་བརྗོད་ན་ད་བར་རུས་སྤྲད་

① མཁས་པ་ལྡེའུས་མཛད་པའི་རྒྱ་བོད་ཀྱི་ཆོས་འབྱུང་རྒྱས་པ་བོད་ལྗོངས་བོད་ཡིག་དཔེ་རྙིང་དཔེ་སྐྲུན་ཁང་གི་1987ལོའི་པར་མའི་ཤོག་གྲངས་225ལས་དྲངས།

དམ་སྲིད་ཀྱི་སྐོར་འཁོད་པའི་ཡིག་ཚང་ཞིག་ད་བར་མ་མཇལ་སྐབས་ཡིག་པ་ཁོང་གིས་འཁྲུངས་འདས་ཕར་བཞག་ཐ་ན་དུས་རབས་འདི་ཙམ་ཞིག་གི་ཡིག་མཁན་ཡིན་ཞེས་ཐད་ཀར་བརྗོད་མ་ཐུབ་ཙང་། །།ཤེས་རབ་ཀྱི་ཕ་རོལ་ཏུ་ཕྱིན་པ་ཁྲི་བརྒྱད་སྟོང་པ་ལས།། །།ཐེ་ལད་ཀྱིས་གནོན་པའི་ལེའུ་ཞེས་བྱ་སྟེ། བཅུ་དགུ་པའོ་ཞེས་པའི་དཔེ་རྙིང་འདི་དང་དུས་རབས་9-10པའི་ནང་དུ་བྲིས་བཞེངས་བསྐྲུངས་པའི་བཙན་པོའི་བླ་འབུམ་སོགས་ཅུ་གཅིག་ཏུ་བཞག་སྟེ་དཔེ་རྙིང་བརྟག་ཐབས་ཀྱི་ཕྱི་རྣམ་པའི་ཐོག་ནས་འཆད་ན་ཆེད་སྒྱུད་ཀྱི་བཪ་རྙིང་དང་མ་ལ་ཡ་བཏགས་དང་། གི་གུ་ཕྱིར་བྱུང་བ་དང་ལྡེབ་གྲངས་ངོས་སུ་སྐོར་ཐིག་བཞུགས་ཡོད་པ་བཅས་དང་། ལྷག་དོན་དུ་ལེའུའི་མཚམས་སུ་ཡིག་མཁན་གྱི་མཚན་དང་འབྲི་གཟུགས་དམིགས་བསལ་ཅན་བཅས་བྱུང་བ་ལས་སྔོན་བཙན་པོའི་དུས་ཀྱི་གནའ་དཔེ་བྲིས་མ་དང་དོ་མཉམ་པར་སྣང་། དེས་ན་ད་ལྟ་འོན་ཀེ་རུར་བཞུགས་པའི་ཤེས་རབ་ཀྱི་ཕ་རོལ་ཏུ་ཕྱིན་པ་ཁྲི་བརྒྱད་སྟོང་པ་ལས།། །།ཐེ་ལད་ཀྱིས་གནོན་པའི་ལེའུ་ཞེས་བྱ་སྟེ། བཅུ་དགུ་པའོ་ཞེས་པ་དེ་ནི་དུས་རབས་10-11་ཡས་མས་སུ་བྲིས་པ་ཞིག་ཡིན་པ་བགྱི་ན་བ་ཁོ་བོ་རང་ཉིད་ཀྱིས་དཔེ་རྙིང་བརྟག་ཐབས་ཉམས་མྱོང་ལས་ཞུས་པ་ཡིན།

ལེ་ཚན་གསུམ་པ། སྙེ་ཐང་སྒྲོལ་མ་ལྷ་ཁང་ཤེར་ཕྱིན་སྟོང་ཕྲག་བརྒྱ་པ་ཐོད་ཀ་པའི་བམ་མཚམས།

མཛད་བྱུང་མ་དཔེ།

དང་པོ། བམ་མཚམས་སྐྱ་བརྟན།

ཤེས་རབ་ཀྱི་ཕ་རོལ་ཏུ་ཕྱིན་པ་སྟོང་ཕྲག་བརྒྱ་པ་དུམ་བུ་གཉིས་པ་བམ་པོ་ཐོག་མ་འོ་[1]ཞེས་པའི་བམ་མཚམས་སུ་ཕྱིན་པའི་སྐྱ་ཆིངས།

གཉིས་པ། བམ་མཚམས་ཀྱི་དབྱེ་ཞིབ།

གཅིག དགོས་པ།

ཕྱིར་ན་བམ་པོ་ཞེས་པའི་སྐོར་དེ་སྔོན་དུ་ཞུས་པའི་དུས་རབས་8-9པའི་ནང་དུ་འབྲི་བཤུས་བསྐྱངས་པའི་བཙན་པོའི་ལྷ་འབྲུམ་དུ་གྲགས་པའི་ཤེར་ཕྱིན་ཁག་གི་བམ་མཚམས་ཀྱི་སྐོར་[2]དུ་ཞིབ་པར་བརྗོད་ཟིན་པས་དེས་འཐུས་སོ། དུས་རབས་8-9བཙན་པོའི་ལྷ་འབྲུམ་དུ་གྲགས་པ་དེ་དག་གི་བམ་མཚམས་སུ་ཕྱིར་གྱི་ཆ་ནས་ཡིག་ཞུས་མཁན་གྱི་མཚན་རྣམས་བྱུང་བ་ནི་གསུང་རབ་བྲིས་མ་དེ་དག་གི་འབྲི་བཞེངས་ཀྱི་ སྲུས་ཚད་འགན་ལེན་དང་། དུས་རབས་11-12ནང་དུ་འབྲི་བཞེངས་བྱས་པར་མངོན་པའི་སྣེ་ཐང་སྒྲོལ་མ་ལྷ་ཁང་གི་ཤེར་ཕྱིན་སྟོང་ཕྲག་བརྒྱ་པ་ཤོག་མོ་ཆེ་འདིའི་བམ་པོའི་མཚམས་སུ་ཡིག་ཞུས་མཁན་གྱི་མཚན་མེད་པར་དུས་རབས་དེའི་ཁྱད་ཆོས་ལྡན་པའི་སྐྱ་བརྟན་རེ་རེ་བམ་པོའི་འབབ་མཚམས་སུ་སྐྱ་ཆིངས་ཕྱིན་པ་ནི། བམ་ཚད་མི་འཁྲུགས་པའི་ཆེད་དུ་སྐྱ་ཆིངས་ཀྱིས་བསྟན་པའི་དོན་ཡིན་པ་སྟེ་ཆོས་ཀྱི་མཚན་ཐམས་ཅད་རྒྱ་དཔེ་ལ་ལེའུ་མཚམས་དང་ཞབས་ན་ཡོད་པ་ལ་དམ་པ་ཡི་ཆོས་ཁུངས་བཙུན་པ་དང་རྒྱལ་པོ་བཀའ་རྟགས་ཀྱི་ཕྱག་རྒྱ་ཡིན་[3]ཞེས་པས་སྐྱ་ཆིངས་དང་བོད་དཔེ་ལ་བམ་པོ་བགྲངས་ཀྱིས་རྒྱ་དཔེ་ལ་མི་བགྲངས་ངོ་ཞེས་སྔོན་བྱོན་ལོ་པཎ་རྣམས་ཀྱི་གསུང་ལས་སྣེ་ཐང་སྒྲོལ་མ་ལྷ་ཁང་གི་ཤེར་ཕྱིན་འབུམ་ཤོག་མོ་ཆེའི་བམ་མཚམས་སྐྱ་ཆིངས་ཀྱིས་བཅད་པ་ནི་བོད་དཔེའི་ཁྱད་ཆོས་ཏེ་རྒྱ་རིམ་པ་བདུན་ལས་བམ་པོའི་རྒྱུའི་དོན་ཡིན་པ་ཡང་མཐོང་ངོ་།

[1] སྣེ་ཐང་སྒྲོལ་མ་ལྷ་ཁང་དུ་བཞུགས་པའི་ཤེར་ཕྱིན་སྟོང་ཕྲག་བརྒྱ་པའི་པོད་ག་པའི་དུམ་བུའི་གཉིས་པའི་བམ་པོའི་མཚམས་སུ་བཞུགས་པའི་ཤེར་ཕྱིན་ཡུམ་དེ་ཡིན།

[2] པད་མ་བཀྲ་ཤིས་ཀྱིས་བྲིས་པའི་བཙན་པོའི་ལྷ་འབྲུམ་གྱི་བམ་མཚམས་ལ་དཔྱད་པ་ཞེས་པ་བོད་ལྗོངས་ཞིབ་འཇུག2015ལོའི་དུས་དེབ་3པར་གཟིགས་པར་འཚལ།

[3] ཉང་ཉི་མ་འོད་ཟེར་གྱིས་མཛད་པའི་ཆོས་འབྱུང་མེ་ཏོག་སྙིང་པོ་སྦྲང་རྩིའི་བཅུད་བོད་ལྗོངས་མི་དམངས་དཔེ་སྐྲུན་ཁང་གི་པར་མ་ཤོག་གྲངས394ལས་དྲངས།

གཉིས། སྐུ་བརྙན་དོན་འཛིན།

དུས་རབས་11-12པའི་ནང་དུ་འབྲི་བཤུས་བསྐྲུངས་པའི་ཤེར་ཕྱིན་སྟོང་ཕྲག་བརྒྱ་པ་དེའི་བམ་པོའི་མཚམས་སུ་དུས་རབས་དེའི་ཁྱད་ཆོས་ལྡན་པའི་སྐུ་བརྙན་ཞིག་བཞུགས་ཡོད་པ་ནི་གོང་གི་མཛད་བྱང་མ་དཔེའི་དཔར་རིས་ལས་སྐྱེ་བོ་ཀུན་གྱིས་མཐོང་ཆོས་སུ་གྱུར་བ་ལགས། དེས་ན་དུས་རབས་11-12པའི་ནང་དུ་འབྲི་བཤུས་བསྐྲུངས་པའི་གསུང་རབ་འབུམ་ཤོག་མོ་ཆེ་དེའི་བམ་མཚམས་སུ་བྲིས་པའི་སྐུ་ཆེངས་སྐུ་བརྙན་དེ་ཅི་ཞིག་ཡིན་ནམ་སྙམ་ན། དེ་ཡང་ཐོག་མར་གསུང་རབ་དེའི་བརྗོད་བྱའི་ནང་དོན་ལས་འཆད་ན། དུས་རབས་11-12པའི་ནང་དུ་འབྲི་བཞེངས་བསྐྲུངས་པའི་གསུང་རབ་དེ་ནི་ཤེར་རབ་ཀྱི་ཕ་རོལ་ཏུ་ཕྱིན་པ་སྟོང་ཕྲག་བརྒྱ་པ་ཡིན་པ་ནི་གསུང་རབ་དེའི་བམ་པོའི་འབབ་མཚམས་སུ་ཤེས་རབ་ཀྱི་ཕ་རོལ་ཏུ་ཕྱིན་ད་པ་སྟོང་ཕྲག་བརྒྱ་པ། དུམ་བུ་གཉིས་པ་བམ་པོ་ཐོག་མ་འོ་[1]ཞེས་པའི་བཀའ་མོལ་དེས་སྟག་ཤོག་མང་པོས་འགྲེལ་མི་དགོས་པར་ཤེས་ཤིང་། གཉིས་གསུང་རབ་བྲིས་མའི་དབུ་ཞབས་ལྷ་སྐུ་རིག་པའི་དོས་ནས་བརྗོད་ན་དུས་རབས་མི་འདྲའི་སྐུ་བརྙན་དེ་དག་ནི་གསུང་རབ་དེ་དག་གི་བརྗོད་བྱའི་ནང་དོན་ལ་མགོ་བརྟགས་བརྩོལ་ཏེ་འབྲི་དགོས་པའི་གཞུང་ལུགས་དང་། གསུམ་སྤྱི་ལོ་2013ལོར་མངའ་རིས་ས་ཁུལ་སྤུ་ཧྲེངས་རྫོང་གི་བཤག་འཕེལ་གླིང་ནས་མཇལ་བའི་དུས་རབས་16-17འཕགས་པ་བསྐལ་པ་བཟང་པོ་ཞེས་བྱ་བའི་མདོ་ཞིག་མཇལ་བྱུང་བ་དེའི་ལེའུ་མཚམས་སུ་བསྐལ་པ་བཟང་པོའི་སངས་རྒྱས་སྟོང་གི་སྐུ་བརྙན་རེ་རེ་བྲོན་ཡོད་པ་བཅས་ཀྱིས་རྒྱུ་མཚན་དང་། བཞི་ཤེར་ཕྱིན་སྟོང་ཕྲག་བརྒྱ་པ་དེའི་བམ་པོའི་མཚམས་སུ་བྲོན་པའི་སྐུ་བརྙན་དེ་ཞལ་གཅིག་ཕྱག་བཞི་པ། སྐུ་མདོག་སེར་པོ་པད་གདན་སྟེང་དུ་རྡོ་རྗེ་དཀྱིལ་ཀྲུང་དུ་བཞུགས་པ་དབུ་རྒྱན་རྩེ་སྔྲོ་གསུམ་ཅན་གྱི་ཆ་བྱད་དང་། ཕྱག་བཞི་པ་སྟེ་མདུན་གྱི་ཕྱག་གཉིས་ཐུགས་ཁར་སྦྱར་ཏེ་ཆོས་བསྐོར་གྱི་ཕྱག་རྒྱ་དང་རྒྱབ་ཀྱི་ཕྱག་གཉིས་སྟེ་ཕྱག་གཡོན་དུ་རྡོ་རྗེ་འཆང་བ་དང་ཕྱག་གཡས་སུ་པུ་ཏི་བསྣམས་པའི་ཕྱག་མཚན་ཅན་གྱི་སྐུ་བརྙན་ཞིག་རེད་འདུག ཕྱག་མཚན་དེ་དག་གི་ཁྲོད་ནས་ཕྱག་གཡས་པར་བསྣམས་པའི་པུ་ཏི་དེ་ནི་ཤེར་ཕྱིན་ཡུམ་གྱིས་མཚོན་དོན་[2]ཡིན་གཤིས། དེས་ནས་གསུང་རབ་ཀྱི་བརྗོད་བྱའི་ནང་དོན་དང་དབུ་ཞབས་ལྷ་སྐུ་རིག་པ་དང་སྐུ

---

① སྣེ་ཐང་སྒྲོལ་མ་ལྷ་ཁང་དུ་བཞུགས་པའི་ཤེར་ཕྱིན་སྟོང་ཕྲག་བརྒྱ་པ་པོད་ག་པའི་ལྡེབ་གྲངས་1པ་ལས་དྲངས།

② 见，[瑞士] 艾米・海勒著 赵能 廖旸 译《西藏佛教艺术》文化艺术出版社2008年版，第28页。

བརྙན་གྱི་ཕྱག་མཚན་བཅས་ལས་ཞེར་ཕྱིན་དེའི་བམ་པོའི་སྐུ་ཚེངས་སུ་བྱོན་པའི་སྐུ་བརྙན་དེ་ནི་ཞེར་ཕྱིན་ཡུམ་ཡིན་པ་དེ་བས་ངེས་ཞེས་བརྟན་པོ་རྙེད།

གསུམ། དུས་རབས།

སྣེ་ཐང་སྒྲོལ་མ་ལྷ་ཁང་དུ་བཞུགས་པའི་ཞེར་ཕྱིན་སྟོང་ཕྲག་བརྒྱ་པའི་བམ་མཚམས་ཞེར་ཕྱིན་ཡུམ་གྱིས་སྐུ་ཚེངས་བརྒྱབ་པ་དེའི་གཞུང་གི་བྲིས་གཟུགས་ཏེ་བོད་བཙན་པོའི་སྐུ་དུས་ཀྱི་ཞེར་ཕྱིན་ཡུམ་དང་འབྲི་གཟུགས་ཆ་འདྲ་བ་སྟེ་གི་གུ་ཕྱིར་ལོག་པ་དང་སྐད་གསར་བཅད་མ་བྱས་སྔོན་གྱི་འབྲི་གཟུགས་ཀྱི་ཁྱད་ཆོས་ལྡན་པ་དང་། དཔེ་རྙིང་དེའི་ལྡེབ་གྲངས་ཀྱི་ངོས་སུ་སྒོར་ཐིག་གཉིས་ཀྱིས་བརྒྱན་པ་དང་ལྷག་དོན་དུ་ལྡེབ་གྲངས་དྲུག་ཅུ་ནས་བདུན་ཅུའི་བར་གྱི་ལྡེབ་གྲངས་འགོད་ཚུལ་དེ་བཙན་པོའི་ཟླ་འབུམ་དང་གཅིག་མཚུངས་ཏེ་རོ་གཅིག་རོ་གཉིས་⋯རོ་དགུ་ཞེས་པས་དཔེ་རྙིང་དེ་བཙན་པོའི་ཟླ་འབུམ་དང་དུས་རབས་མཉམ་པར་འདོད་མོད། འོན་ཀྱང་དཔེ་རྙིང་དེའི་ལྡེབ་གྲངས་སྟེང་དུ་བྲིས་པའི་ཡིག་ཕྲེང་ནི་བཙན་པོའི་ཟླ་འབུམ་དང་ཁྱད་པར་ཆེ་བ་སྟེ། ཟླ་འབུམ་ཡིན་ན་ཡིག་ཕྲེང་བཅུ་གཉིས་དང་འདི་ནི་ཡིག་ཕྲེང་བཅུ་གསུམ་ཅན། བམ་མཚམས་སུ་ཟླ་འབུམ་ཡིན་ན་ཡིག་ཞུས་མཁན་གྱི་མཚན་དང་། འདིའི་བམ་མཚམས་སུ་སྐུ་བརྙན་བྱོན་པ་བཅས་ཀྱིས་རྐྱེན་པས་ཞེར་ཕྱིན་དེ་དུས་རབས་11པའི་སྨད་ཙམ་དུ་འབྲི་བཤུས་བྱས་པའི་ཞེར་ཕྱིན་སྟོང་ཕྲག་བརྒྱ་པ་ཞིག་ཡིན་པར་སྣང་། དེ་ལྟར་བརྗོད་དོན་ནི་ཞེར་ཕྱིན་སྟོང་ཕྲག་བརྒྱ་པ་དེའི་བམ་མཚམས་ཀྱི་སྐུ་ཚེངས་སུ་བྱོན་པའི་ཞེར་ཕྱིན་ཡུམ་གྱི་སྣང་བརྙན་ལས་ཞུས་ན། སྣེ་ཐང་སྒྲོལ་མ་ལྷ་ཁང་དུ་བཞུགས་པའི་ཞེར་ཕྱིན་སྟོང་ཕྲག་བརྒྱ་པའི་བམ་མཚམས་སུ་བྱོན་པའི་ཞེར་ཕྱིན་ཡུམ་དང་མངའ་རིས་མཐོ་ལྡིང་དགོན་ལྷ་ཁང་དཀར་པོའི་ལྡེབས་རིས་སུ་བྱོན་པའི་ཞེར་ཕྱིན་ཡུམ་གཉིས་བསྡུར་བ་བགྱིས་ན་ཞེར་ཕྱིན་ཡུམ་དེ་དག་གི་དུས་རབས་ཡང་ཞོར་དུ་ཤེས་ཐུབ་པ་སྟེ། སྣེ་ཐང་སྒྲོལ་མ་ལྷ་ཁང་གི་ཞེར་ཕྱིན་སྟོང་ཕྲག་བརྒྱ་པ་དང་མཐོ་ལྡིང་ལྷ་ཁང་དཀར་པོའི་ལྡེབས་རིས་སུ་བྱོན་པའི་ཞེར་ཕྱིན་ཡུམ་འདི་གཉིས་ཀ་སྤྱིར་གྱི་ཆ་ནས་ཞལ་གཅིག་ཕྱག་བཞི་པ། རྡོ་རྗེ་དཀྱིལ་མོ་ཀྲུང་དུ་བཞུགས་པ། སྐུ་མདོག་གསེར་པོ་ཡིན་པ་གཅིག་མཚུངས་སུ་སྣང་མོད་ཀྱང་། དེ་གཉིས་ཀྱི་ཁྱད་པར་ནི་སྣེ་ཐང་གི་ཞེར་ཕྱིན་གྱི་ཡུམ་དེ་དབུ་རྒྱན་རྩེ་སྒྲོ་གསུམ་ཅན་དང་ཕྱག་གཡོན་གྱི་གཉིས་པར་རྡོ་རྗེ་འཛིན་པ་སོགས་ནི་དུས་

རབས་10-11ཁ་ཆེའི་རི་མོའི་འབྲི་རྒྱུན་གྱི་བརྗོད་བྱ་[1]ཡིན་པ་དང་། མངའ་རིས་མཐོ་ལྡིང་དགོན་ལྷ་ཁང་དཀར་པོའི་ལྡེབས་རིས་ཤེར་ཕྱིན་ཡུམ་ཕྱག་བཞི་པ་སྐུ་མདོག་གསེར་པོ་ཅན་དེ་དབུ་རྒྱན་རིགས་ལྔ་ཅན་དང་ཕྱག་གཡོན་གཉིས་པར་ནོར་བུའི་འཕྲེང་བ་བསྣམས་པ་དེ་དུས་རབས་15རྗེས་ཀྱི་བརྩམས་བྱ་[2]ཡིན་པ་སྟེ། མངའ་རིས་མཐོ་ལྡིང་དགོན་གྱི་ལྷ་ཁང་དཀར་པོའི་ལྡེབས་རིས་ཀྱི་ཤེར་ཕྱིན་ཡུམ་དེ་དང་གྲལ་གཅིག་ཏུ་མངའ་བའི་སྐུ་དེ་དག་ཏུ་ཁྲིད་དུ་དུས་རབས་11པའི་ལོ་ཆེན་རིན་ཆེན་བཟང་པོ་དང་དུས་རབས་15པའི་རྗེ་ཙོང་ཁ་པ་བློ་བཟང་གྲགས་པའི་སྣང་བརྙན་སོགས་བྲིས་བཞེངས་གནང་བ་ལས་མངའ་རིས་མཐོ་ལྡིང་དགོན་གྱི་ལྷ་ཁང་དཀར་པོའི་ལྡེབས་རིས་ཤེར་ཕྱིན་ཡུམ་དེ་ནི་མ་མཐར་ཡང་། དུས་རབས་15རྗེས་ཀྱི་བརྩམས་བྱ་ཞིག་ཡིན་པ་རྗེ་རིན་པོ་ཆེའི་སྣང་བརྙན་ལས་ཤེས་ཤིང་། ལྷག་དོན་སྐུ་བརྙན་དེ་དག་གི་ཞབས་མཚན་དུ་རྗེ་ཙོང་ཁ་པ་བློ་བཟང་གྲགས་པས་མཛད་པའི་ཤོ་ལོ་ཀ་བཅུ་བཞི་ཅན་ཡོན་ཏན་གཞི་གྱུར་མ་[3]བཀོད་པ་ལས་དེ་བས་ངེས་པ་ཉེད། ངེས་ན་ང་རང་གིས་བསམ་ཚུལ་ལྟར་ན་ད་ཐེངས་ཀྱི་སྣེ་ཐང་སྒྲོལ་མ་ལྷ་ཁང་དུ་བཞུགས་པའི་ཤེར་ཕྱིན་སྟོང་ཕྲག་བརྒྱ་པ་བམ་མཚམས་ཤེར་ཕྱིན་ཡུམ་གྱིས་སྐུ་ཆིངས་བཅད་པ་དེ་ནི་དུས་རབས་11-12པའི་ནང་དུ་འབྲི་བཤུས་གནང་བའི་ཤེར་ཕྱིན་ཞིག་ཡིན་པ་ནི་ཤེར་ཕྱིན་གྱི་འབྲི་གཟུགས་དང་བམ་པོའི་སྐུ་ཆིངས་སུ་ཕྱོན་པའི་ཤེར་ཕྱིན་ཡུམ་གྱི་སྣང་བརྙན་བཅས་ལས་འཁྲུམས་སོ།

---

① 见，[瑞士] 艾米·海勒著 赵能 廖旸 译《西藏佛教艺术》文化艺术出版社2008年版，第28页。

② ལྷོ་ངོས་ལྡེབས་རིས་གཉིས་པ་རྗེ་ཙོང་ཁ་པ་བློ་བཟང་གྲགས་པ་དང་ལོ་ཆེན་རིན་ཆེན་བཟང་པོ་རྣམ་གཉིས་ཀྱི་ཐུགས་སྲས་གཉིས་པོ་སོ་སོར་གཡས་གཡོན་ལྷ་མགྲོན་དུ་བྱོན། གཡས་གཡོན་དང་སྙིང་ངོས་སུ་བཞུགས་པའི་སྐུ་བརྙན་ཆུང་དུ་གྲལ་གསུམ་ལ་མངའ་བ་དེས་རྗེ་རིན་པོ་ཆེ་དང་ལོ་ཆེན་རིན་ཆེན་བཟང་པོ་རྣམ་གཉིས་ཀྱི་ལྷ་མགྲོན་དུ་བྱོན་ཏེ་ཅུང་ཟད་སོ་སོར་སྣང་། ཕྱོགས་བྱང་ནས་ལྷོ་ངོས་སུ་རིམ་པས་བཞིན་ཞལ་གསུམ་ཕྱག་བཞི་པ་སྐུ་མདོག་དཀར་པོ་ཅན་གཙུག་གཏོར་རྣམ་རྒྱལ་མ་དང་། ཞལ་གཅིག་ཕྱག་བཞི་པ་སྐུ་མདོག་སེར་པོ་ཅན་གྱི་ཤེར་ཕྱིན་ཡུམ། ཞལ་གསུམ་ཕྱག་དྲུག་སྐུ་མདོག་དཀར་པོ་ཅན་གདུགས་དཀར། ཞལ་གསུམ་ཕྱག་དྲུག་སྐུ་མདོག་སེར་པོ་ཅན་རི་ཁྲོད་ལོ་མ་གྱོན་མ། ཞལ་གཅིག་ཕྱག་གཉིས་སྐུ་མདོག་དམར་པོ་ཅན་ལྷ་མོ་འོད་ཟེར་མ་དང་དེ་མིན་ཞལ་གཅིག་ཕྱག་གཉིས་ཅན་ལྷ་མོ་དབྱངས་ཅན་མ་བཅས་བྲིས་འདུག见，西藏阿里地区文化局编《古韵天成 尊者遗珍-阿里地区古代壁画藏图集（托林寺白殿）》浙江大学出版社2015年7月版，第17、28页。

③ ༢༢། །ཡོན་ཏན་ཀུན་གྱི་གཞིར་གྱུར་དྲིན་ཅན་རྗེ།།ཚུལ་བཞིན་བསྟེན་པ་ལམ་གྱི་རྩ་བ་རུ། ལེགས་པར་མཐོང་ནས་འབད་པ་དུ་མ་ཡིས། གུས་པ་ཆེན་པོས་བསྟེན་པར་བྱིན་གྱིས་རློབས། ལན་གཅིག་རྙེད་དཀའ་བའི་དལ་བའི་རྟེན་བཟང་འདི། ཤིན་ཏུ་རྙེད་དཀའ་དོན་ཆེན་ཤེས་གྱུར་ནས། ཉིན་མཚན་ཀུན་ཏུ་སྙིང་པོ་ལེན་པའི་བློ། རྒྱུན་ཆད་མེད་པར་སྐྱེ་བར་བྱིན་གྱིས་རློབས།ཞེས་པ་སོགས་ལྡེབས་རིས་ཞབས་མཚན་ལས་དྲངས། 见，西藏阿里地区文化局编《古韵天成 尊者遗珍-阿里地区古代壁画藏图集（托林寺白殿）》浙江大学出版社2015年7月版，第164、166页。

ལེ་ཚན་བཞི་པ། འོན་ཀེ་ཏའི་སེར་ཕྱིན་དེ་བཞིན་གཤེགས་པ་རྣམས་ཀྱི་ཡང་དག་པའི་ཤེས་པ་བརྡ་སྤྲོད་པར་འགྱུར་རོ་ཞེས་པའི་མཛད་བྱང་།

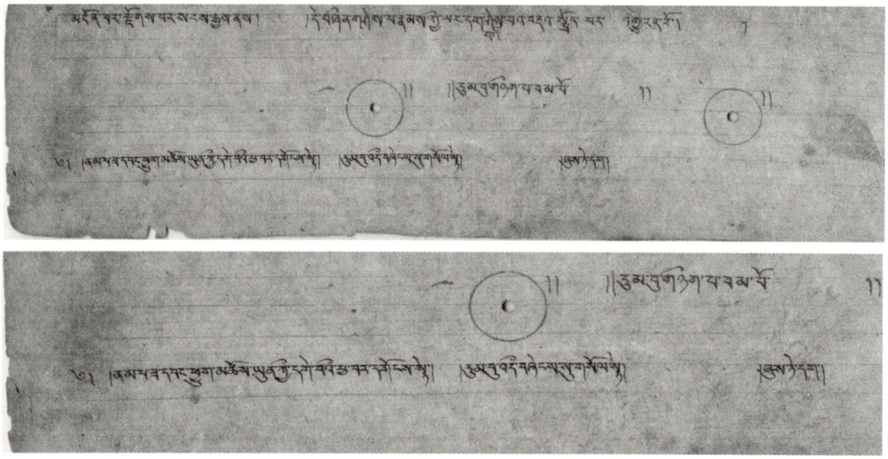

མཛད་བྱང་མ་དཔེ།

དང་པོ། མཛད་བྱང་མ་བཤུས།

འོན་ཀེ་ཏའི་ཤེར་ཕྱིན་དེ་བཞིན་གཤེགས་པ་རྣམས་ཀྱི་ཡང་དག་པའི་ཤེས་པའ་བརྡའ་སྤྲོད་པར་འགྱུར་རོ། དུམ་བུ་གཉིས་པ་བམ་པོ། ༡ །ནམ་པ་ཟ་དབང་ཕྱུག་མཆོས་ཡུན་གྱི་དགེ་བའི་ཚ་བར་དགོངས་སྟེ། །དུམ་བུ་འདི་བཞེངས་སུ་གསོལ་སྟེ། ཞུས་དག [①] ཅེས་པའོ།

གཉིས་པ། མཛད་བྱང་གི་དབྱེ་ཞིབ།

འོན་ཀེ་ཏ་ལྷ་ཁང་དུ་བཞུགས་པའི་ཤེར་ཕྱིན་དེ་བཞིན་གཤེགས་པ་རྣམས་ཀྱི་ཡང་དག་པའི་ཤེས་པའ་བརྡའ་སྤྲོད་པར་འགྱུར་རོ་ཞེས་པའི་ཤེར་ཕྱིན་དེའི་མཛད་བྱང་དུ་དེ་བཞིན་གཤེགས་པ་རྣམས་ཀྱི་ཡང་དག་པའི་ཤེས་པའ་བརྡའ་སྤྲོད་པར་འགྱུར་རོ། དུམ་བུ་གཉིས་པ་བམ་པོ། ༡ །ནམ་པ་ཟ་དབང་ཕྱུག་མཆོས་ཡུན་གྱི་དགེ་བའི་ཚ་བར་དགོངས་སྟེ། །དུམ་བུ་འདི་བཞེངས་སུ་

① འོན་ཀེ་ཏ་ལྷ་ཁང་དུ་བཞུགས་པའི་ཤེར་ཕྱིནདེ་བཞིན་གཤེགས་པ་རྣམས་ཀྱི་ཡང་དག་པའི་ཤེས་པའ་བརྡའ་སྤྲོད་འགྱུར་རོ་ཞེས་པའི་པོད་ཁ་པའི་ལྡེབ་གྲངས་111ལས་དྲངས།

གསོལ་སྟེ། ཞུས་དག[①]ཅེས་གོང་གི་མཛད་བྱང་ཁག་ལས་གོ་ལྡོག་ཧ་དད་པ་སྐྱོ་ངས་མེད་པའི་སྨྲིན་བདག་གི་མཚན་ཙམ་ལས་ཡིག་མཁན་གྱི་མཚན་མ་གསལ་སྟབས་དེས་ན་འདིར་གཙོ་བོ་སྨྲིན་བདག་གི་སྐོར་ལ་དཔྱད་པ་ཞུ་རྒྱུ་ཡིན།

གཅིག སྦྱིན་བདག

འོན་ཀེ་ཏུར་བཞུགས་པའི་ཤེར་ཕྱིན་དེ་བཞིན་གཤེགས་པ་རྣམས་ཀྱི་ཡང་དག་པའི་ཤེས་པའ་བརྟའ་སྤྱོད་པར་འགྱུར་རོ་ཞེས་པའི་དུམ་བུ་འདིའི་ངོས་ནས་བརྗོད་ན་ཆེས་དམིགས་བསལ་ཅན་གྱི་མཛད་བྱང་ཞིག་ཡིན། སྔོན་གྱི་དུས་རབས་9-10པའི་ནང་འབྲི་བཞེངས་བསྐྲུངས་པའི་གསུང་རབ་ཅིག་ཡིན་ན། སྤྱིར་གྱི་ཆ་ནས་སྔོ་གསུམ་ཐང་ཆད་འབྲི་བའི་ཡིག་མཁན་དང་རྐང་འཁྱོར་གཞུང་སྲོང་ཞུ་གཏུག་མཁན་གྱི་མཚན་ཙམ་ལས་གཞན་པའི་སྦྱིན་བདག་གི་མཚན་འབྲི་སྲོལ་བྱུང་མེད་པ་ལྟ་བུར་སྣང་། དེ་དག་ལ་བསམ་གཞིགས་ནན་ཏན་དུ་བྱས་ན་དུས་རབས་9-10པའི་ནང་དུ་འབྲི་བཞེངས་བསྐྲུངས་པའི་ཏུན་ཧོང་དུ་བཞུགས་པའི་བོད་ཀྱི་ལོ་རྩ་བ་གྲགས་ཅན་འགོས་ཆོས་གྲུབ་ཀྱི་བསྒྱུར་གནང་བའི་མདོ་འཕགས་པ་དགོངས་པ་ཟབ་མོ་ངེས་པར་འགྲེལ་བའི་མདོ་རྒྱ་ཆེར་འགྲེལ་ཞེས་པའི་བསྒྱུར་བྱང་དུ། འཕགས་པ་དགོངས་པ་ཟབ་མོ་ངེས་པར་འགྲེལ་བའི་མདོ་རྒྱ་ཆེར་འགྲེལ་པ་རྒྱའི་སློབ་དཔོན་ཝེན་ཅིག་གིས་མཛད་པ་རྫོགས་སོ། དཔལ་ལྷ་བཙན་པོའི་བཀའ་ལུང་གིས། ཞུས་ཆེན་གྱིས་ལོ་ཙྪ་བ་དགེ་སློང་འགོས་ཆོས་གྲུབ་ཀྱིས་རྒྱའི་དཔེ་ལས་བསྒྱུར་ཅིང་ཞུས་ཏེ་གཏན་ལ་ཕབ་པའོ[②]ཞེས་པ་ལྟ་བུ་དང་བསྡུར་ཏེ་དཔྱེ་ཞིབ་བྱ་སྐབས། སྤྱིར་གྱི་གསུང་རབ་འབྲི་བསྒྱུར་གྱི་སྦྱིན་བདག་གི་མཚན་ཐོན་པ་ནི་གཅིག་མཚུངས་ཏེ་ཏུན་ཧོང་ཡིག་རྙིང་དུ་བྱུང་བའི་དཔལ་ལྷ་བཙན་པོ་སྟེ་ཁྲི་གཙུག་ལྡེ་བཙན་ཁྲི་རལ་པ་ཅན་ (815-836) དང་འོན་ཀེ་ཏུའི་ཤེར་ཕྱིན་དེ་བཞིན་གཤེགས་པ་རྣམས་ཀྱི་ཡང་དག་པའི་ཤེས་པའ་བརྟའ་སྤྱོད་ཅེས་པའི་འབྲི་བཞེངས་ཀྱི་སྦྱིན་བདག་ནི་ནམ་པ་ཟ་དབང་ཕྱུག་གིས་ཞེས་དོན་གཉེར་མཁན་ནམ་སྦྱིན་བདག་གི་མཚན་ཐོན་པ་གཅིག་མཚུངས་སུ་སྣང་། དེས་ན་ད་ཐེངས

① འོན་ཀེ་ཏུ་ལྷ་ཁང་དུ་བཞུགས་པའི་ཤེར་ཕྱིན་དེ་བཞིན་གཤེགས་པ་རྣམས་ཀྱི་ཡང་དག་པའི་ཤེས་པའ་བརྟའ་སྤྱོད་འགྱུར་རོ་ཞེས་པའི་པོད་ཁ་པའི་ལྡེབ་གྲངས་111ལས་དྲངས།

② འགོས་ཆོས་གྲུབ་ཀྱིས་བསྒྱུར་བའི་གསུང་རབ་PT349-3-4ལས་དྲངས།

འདིར་འོན་ཀེ་ཏུའི་ཤེར་ཕྱིན་དེ་བཞིན་གཤེགས་པ་རྣམས་ཀྱི་ཡང་དག་པའི་ཤེས་པའ་བརྡའ་སྤྲོད་པར་འགྱུར་ཞེས་པའི་དད་པ་སྐྱོ་ངས་མེད་པའི་སྨྲིན་བདག་གི་ཏུས་ཁུངས་དང་དུས་རབས་ཅི་ཞིག་གི་མི་སྣ་དང་སྤྱི་ཚོགས་ཀྱི་ཐོབ་ཐང་སོགས་ཀྱི་སྐོར་ལ་རེ་ཞིག་དཔྱད་པ་འདི་ལྟར།

གཉིས། གནས་བབ།

ཏུན་ཧོང་གི་མདོ་འཕགས་པ་དགོངས་པ་ཟབ་མོ་ངེས་པར་འགྲེལ་བའི་མདོ་རྒྱ་ཆེར་འགྲེལ་པ་འདིའི་དད་པ་སྐྱོ་ངས་མེད་པའི་སྦྱིན་བདག་ནི་དུས་རབས་9པའི་ནང་གི་མཐོ་བོད་བཙན་པོ་ཁྲི་གཙུག་ལྡེ་བཙན་ཁྲི་རལ་པ་ཅན་ (ཁྲི་ལོ815-836) ཡིན་པའི་སྐབས་ཀྱིས་མཇུག་བྱང་དུའང་འགོས་ཆོས་གྲུབ་ལ་བཀའ་རྩལ་ཞེས་མཐོ་ས་ནས་དམའ་སར་བཀའ་མངགས་གནང་བ་ཞིག་དང་། འོན་ཀེ་ཏུའི་ཤེར་ཕྱིན་དེ་བཞིན་གཤེགས་པ་རྣམས་ཀྱི་ཡང་དག་པའི་ཤེས་པའ་བརྡའ་སྤྲོད་པར་འགྱུར་ཞེས་པ་དེ་ནམ་པ་ཟ་དབང་ཕྱུག་གིས་ཡུན་གྱི་དགེ་བའི་རྩ་བར་དགོངས་སྟེ་བཞེངས་སོ་གསོལ་[1]ཞེས་པའི་སྐད་ཆ་དེ་ལས་སྐབས་དེ་དུས་ཀྱི་དད་པ་སྐྱོ་ངས་མེད་པའི་སྦྱིན་བདག་ཁོང་གི་སྤྱི་ཚོགས་ཀྱི་གནས་འབབ་དང་ཐོབ་ཐང་སོགས་ཅི་འདྲ་ཞིག་ཡིན་པ་སྟེ་དམའ་ས་ནས་མཐོ་སར་རེ་གསོལ་ཞུས་པ་དེ་རྟོགས།

གསུམ། ཏུས་རྒྱུད།

འོན་ཀེ་ཏུའི་ཤེར་ཕྱིན་དེ་བཞིན་གཤེགས་པ་རྣམས་ཀྱི་ཡང་དག་པའི་ཤེས་པའ་བརྡའ་སྤྲོད་པར་འགྱུར་ཞེས་པའི་དད་པ་སྐྱོ་ངས་མེད་པའི་སྦྱིན་བདག་ནི་ནམ་པ་ཟ་དབང་ཕྱུག་མཆོས་ཞེས་མཛད་བྱང་དུ་བྱུང་བ་ལ་གཞིགས་ན། ནམ་པ་ཟ་ཞེས་པ་ནི་མཐོ་བོད་བཙན་པོའི་སྐུ་དུས་སུ་རྒྱལ་བཙན་པོ་དང་རིགས་ཏུས་ཚོ་འབྲང་འབྲེལ་ཆེ་བའི་ཏུས་ཆེན་བཞིའི་གྲས་ཏེ། འབྲོ་དང་མཆིམས། སྣ་ནམ་དང་ཚེས་སྤོང་[2]ཞེས་པའི་ནང་གི་སྣ་ནམ་ཏུས་ལས་མཆེད་པའི་ནམ་པ་ཟ་སྟེ་སྣ་རྣམ་ཟ་ཞེས་པ་ལས་ཤེས་ཤིང་། སྣ་ནམ་ཟ་ཞེས་པའི་མི་རྒྱུད་ལས་སྣམ་ནམ་ཟ་ཞི་སྟེང་

① འོན་ཀེ་ཏུ་ལྷ་ཁང་དུ་བཞུགས་པའི་ཤེར་ཕྱིན་དེ་བཞིན་གཤེགས་པ་རྣམས་ཀྱི་ཡང་དག་པའི་ཤེས་པའ་བརྡའ་སྤྲོད་འགྱུར་རོ་ཞེས་པའི་པོད་ཁ་པའི་ལྡེབ་གྲངས་111ལས་དྲངས།

② 见。林冠群著《唐代吐蕃史论集》中国藏学出版社2006年版，第25页。

ཞེས་པ་མཐོ་བོད་བཙན་པོ་ཁྲི་ལྡེ་གཙུག་བཙན་ (ཁྲི་ལོ་704-754) གྱི་བཙུན་མོར་བྱོན་སྐྱོང་ཞིང་བཙན་པོ་ཁྲི་སྲོང་ལྡེ་བཙན་ (ཁྲི་ལོ་755-797) གྱི་སྐུ་དུས་སུ་སྣ་ནམ་གྱི་མི་རྒྱུད་ལས་སྣ་ནམ་ཟ་རྒྱལ་བཙན་ལྷ་སྣང་ཞེས་པས་ཞང་བློན་གྱི་ལས་གནས་ཀྱང་འཛིན་སྐྱོང་ཡོད། མཐོ་བོད་བཙན་པོའི་སྐུ་དུས་སུ་སྟོང་སྡེའི་རྩ་དམག་དཔྱད་པའི་སྐབས། གཡོ་རུ་ན་སྟོང་སྡེ་བརྒྱད་སྟོང་བུ་ཆུང་དང་དགུ། །ཡར་ཀླུངས་དང་ཕྱི་ལུང་གཉིས། །གཉགས་དང་ཚེ་སྤོང་སྟོང་སྡེ་ཡིན། །ཟློང་དང་ལུང་པ་གཉིས་པོ་ནི། །མྱང་དང་སྣ་ནམ་སྟོང་སྡེ་ཡིན་[1]ཞེས་པ་ལས་སྣ་ནམ་དེ་གཡོ་རུའི་སྟོང་དཔོན་གནང་སྐྱོང་ཡང་ཡོད། ད་དུང་ལོ་རྒྱུས་སྨྲ་བའི་མཁས་པ་ལྡེའུས་ཞང་གསུམ་བློན་བཞིས་དབུས་ཀྱི་འདུན་ས་འཛིན་[2]ཞེས་པ་ལས་ཁྲི་སྲོང་བཙན་དུས་ལ་ཞང་དང་བློན་གྱིས་བོད་དབུས་གཞུང་གི་འདུན་ས་འཛིན་པ་ཡོད་གསུངས་ལ། ཆོས་འབྱུང་མཁས་པའི་དགའ་སྟོན་དུ་སྟོད་ན་འབྲོ་[རྒྱལ་མཚན་སེང་གེ་]སྨད་ན་མཆིམས་[རྒྱལ་གཟིགས་ཤུད་ཏིང་]བར་ན་སྣ་ནམ་[སྣ་ནམ་རྒྱལ་ཆན།]བློན་པོ་[སྦྲས་སྐྱེས་བཟང་སྟག་ན་][3]བཅས་རྣམས་སུ་ཞང་གསུམ་བློན་དང་བཞི་ཞེས་སྐུ་ཞང་དང་བློན་ཆེན་གྱི་བྱ་བ་བྱེད་དོ་[4]ཞེས་པའི་ཞང་གསུམ་ནི་ཁྲི་གཉན་གཟུངས་བཙན་གྱིས་འབྲོ་བཟའ་མོ་དུར་ཡང་ཁབ་ཏུ་བཞེས་ཤིང་སྟག་བུ་གཉན་གཟིགས་ཀྱིས་འབྲོ་བཟའ་སྣང་བཙུན་ཁབ་ཏུ་བཞེས་པས་འབྲོ་ཡི་ཁྲིམ་རྒྱུད་ཞང་དུ་འགྱུར་བ་དང་། འབྲོང་གཉན་ལྡེའུ་ཡིས་དྭགས་པོའི་ཡུལ་ནས་མཆིམས་བཟའ་ཀླུ་རྒྱལ་ཁབ་ཏུ་བཞེངས་པ་ལས་མཆིམས་ཀྱི་ཁྲིམ་རྒྱུད་ཞང་དུ་གྱུར། ཁྲི་ལྡེ་གཙུག་བཙན་གྱིས་སྣ་ནམ་བཟའ་ཁབ་ཏུ་བླངས་པ་ལས་སྣ་ནམ་གྱི་ཁྲིམ་རྒྱུད་ཞང་དུ་[5]གྱུར་བ་བཅས་ལས་སྣ་ནམ་གྱི་ཁྲིམ་རྒྱུད་ཀྱི་བྱུང་བ་ཉུང་ངུ་ཞིག་དང་ལྷག་དོན་དུ་མཐོ་བོད་བཙན་པོའི་རྒྱལ་རབས་སུ་སྣ་ནམ་ཁྲིམ་རྒྱུད་ཀྱི་སྤྱི་ཚོགས་གནས་འབབ་དང་ཐོབ་ཐང་ཅི་ཞིག་བཟུང་ཡོད་པ་དེ་རྟོགས། ད་དུང་གཤམ་གྱི་ཡིག་མཁན་འཕན་ཡུལ་སྨན་གྱི་སྐོར་

① བཀའ་ཐང་སྡེ་ལྔ་མི་རིགས་དཔེ་སྐྲུན་ཁང་གི་སྤྱི་ལོ་1986ལོའི་པར་མའི་ཤོག་གྲངས་439ལས་དྲངས།

② མཁས་པ་ལྡེའུས་མཛད་པའི་ལྡེའུ་ཆོས་འབྱུང་བོད་ལྗོངས་མི་དམངས་དཔེ་སྐྲུན་ཁང་གི་སྤྱི་ལོ་1987ལོའི་པར་མའི་ཤོག་གྲངས་254ལས་དྲངས།

③ ཆབ་སྤེལ་ཚེ་བརྟན་ཕུན་ཚོགས་དང་ནོར་བྲང་ཨོ་རྒྱན་གྱིས་རྩོམ་སྒྲིག་བྱས་པའི་བོད་ཀྱི་ལོ་རྒྱུས་རག་རིམ་གཡུ་ཡི་ཕྲེང་བ་བོད་ལྗོངས་བོད་ཡིག་དཔེ་རྙིང་དཔེ་སྐྲུན་གྱི་སྤྱི་ལོ་2006ལོའི་པར་མའི་ཤོག་གྲངས་92ལས་དྲངས།

④ 见，林冠群著《唐代吐蕃史论集》中国藏学出版社2006年版，第83页。

⑤ དཔའ་བོ་གཙུག་ལག་འཕྲེང་བས་མཛད་པའི་ཆོས་འབྱུང་མཁས་པའི་དགའ་སྟོན་མི་རིགས་དཔེ་སྐྲུན་ཁང་གི་སྤྱི་ལོ་2006ལོའི་པར་མའི་ཤོག་གྲངས་92ལས་དྲངས།

དུ་འགོས་ལོ་གཞོན་ནུ་དཔལ་གྱིས་གསུངས་པ་བཞིན་སྣ་ནམ་རྡོ་རྗེ་དབང་ཕྱུག་གིས་སྤྱི་ལོ་1027ལོར་རྒྱལ་ལྷ་ཁང་བཞེངས་པ་[1]དང་སྐབས་འདིའི་དུས་རབས་11པའི་ནང་དུ་ནམ་པ་ཟ་དབང་ཕྱུག་མཆོས་ཡུན་གྱི་དགེ་བའི་རྩ་བར་དགོངས་སྟེ། དུམ་བུ་འདི་བཞེངས་སུ་གསོལ། ཞུས་དག[2]ཅེས་པ་སོགས་ལ་དཔག་ན། དུས་རབས་8-12ནང་དུ་སྣ་ནམ་གྱིས་ཁྲིམ་རྒྱུད་པས་རང་རང་གི་འཛིན་ཐང་དང་ཁྲིམ་གཞིས་ཀྱི་དཔལ་འབྱོར་གྱི་གནས་བབ་ལ་གཞིགས་པའི་མི་ཡུལ་ཐོག་བྱ་བ་ཅི་ཞིག་བསྒྲུབས་ཡོད་མེད་དེ་ཤེས། ལྷག་དོན་དུ་དུས་རབས་12པའི་ཡར་སྟོན་དུ་ཤེར་ཕྱིན་འབུམ་ལ་སོགས་པ་བཙན་པོའི་འཁོར་དང་བཅས་པ་མ་གཏོགས་འབངས་ཀྱིས་འབྲི་བཞེངས་མི་ཐུབ་པའི་རྒྱུ་མཚན་སོགས་ལས། དུས་རབས་12པའི་དུས་འགོར་འཕན་ཡུལ་སླན་གྱིས་འབྲི་བཞེངས་བསྐྲུངས་པའི་འཕགས་པ་དཀོན་མཆོག་བརྩེགས་པའི་མདོ་སྟོང་ཕྲག་བརྒྱ་པ་ལས་མངལ་དུ་འཇུག་པར་བསྟན་པའི་འདུས་པ་སྟེ་འདུས་པ་བཅོ་ལྔ་པ་རྫོགས་སྷོ་ཞེས་པའི་དཔེ་ཆིང་དེའི་འབྲི་བཞེངས་ཀྱི་སྦྱིན་བདག་སྐོར་མཛད་བྱང་དུ་མི་གསལ་ནའང་དད་པ་སྐྱོངས་མེད་པའི་སྦྱིན་བདག་སྣ་པ་ཟ་དབང་ཕྱུག་མཆོ་ཡིན་ནམ་སྙམ་པ་སྟེ། གཅིག་འཕན་པོ་རྒྱལ་ལྷ་ཁང་གི་དགོན་སྡེའི་མཆོད་ཡོན་སྦྱིན་བདག་དང་། གཉིས་དུས་རབས་12པའི་ནང་དུ་བཙན་པོ་འཁོར་དང་བཅས་པ་མ་གཏོགས་ཀྱིས་འབུམ་འབྲི་བཞེངས་མི་ཐུབ་པ། གསུམ་སྣ་ནམ་གྱི་ཁྲིམ་རྒྱུད་ལྟ་བུ་དཔལ་འབྱོར་གྱི་རྨང་གཏིང་ཟབ་མོ་ཡོད་པས་འབྲི་བཞེངས་ཐུབ་པ་ལས་གཞན་གྱིས་མིན་གཤིས། དེས་ན་ང་ཚོས་དེ་བས་ཀྱང་གོ་བ་འཕེན་དགོས་པ་ཞིག་ལ་འོན་ཀེ་རུ་ལྷ་ཁང་གི་དཔེ་ཆིང་ཤེར་ཕྱིན་དེ་བཞིན་གཤེགས་པ་རྣམས་ཀྱི་ཡང་དག་པའི་ཤེས་པའ་བརྡའ་སྤྲོད་པར་འགྱུར་རོ་ཞེས་པའི་མཛད་བྱང་དུ་དད་པ་སྐྱོངས་མེད་པའི་སྦྱིན་བདག་གི་མཚན་ནམ་པ་ཟ་དབང་ཕྱུག་མཚོ་ཞེས་བྱུང་བ་དེས་ཀྱང་དེ་བས་ངེས་ཤེས་ཆེད།

① འགོས་ལོ་གཞོན་ནུ་དཔལ་གྱིས་མཛད་པའི་དེབ་ཐེར་སྔོན་པོ་ཐེ་ཁྲོན་མི་རིགས་དཔེ་སྐྲུན་ཁང་གི་སྤྱི་ལོ་1984ལོའི་སྤར་མའི་ཤོག་གྲངས་119ལས་དྲངས།

② འོན་ཀེ་རུ་ལྷ་ཁང་དུ་བཞུགས་པའི་ཤེར་ཕྱིན་དེ་བཞིན་གཤེགས་པ་རྣམས་ཀྱི་ཡང་དག་པའི་ཤེས་པའ་བརྡའ་སྤྲོད་འགྱུར་རོ་ཞེས་པའི་པོད་ཁ་པའི་ལྡེབ་གྲངས་111ལས་དྲངས།

བཞི། དུས་རབས།

འོན་ཀེ་རུ་ལྷ་ཁང་གི་ཤེར་ཕྱིན་དེ་བཞིན་གཤེགས་པ་རྣམས་ཀྱི་ཡང་དག་པའི་ཤེས་པའ་བརྡའ་སྤྲོད་པར་འགྱུར་རོ། དུམ་བུ་གཉིག་པ་བམ་པོ། ༡ །ནམ་པ་ཟ་དབང་ཕྱུག་མཆོས་ཡུན་ཀྱི་དགེ་བའི་རྩ་བར་དགོངས་སྟེ། ། དུམ་བུ་འདི་བཞེངས་སུ་གསོལ་སྟེ། །ཞུས་དག [1]ཅེས་པའི་དཔེ་རྙིང་དེའི་འབྲི་གཟུགས་ནི་དུས་རབས་9-10པའི་ནང་དུ་འབྲི་བཞེངས་བྱས་པའི་དཔེ་རྙིང་བྲིས་མའི་འབྲི་གཟུགས་དང་བམ་མཚམས་དང་སྔོར་ཐིག་ཁྱད་ཆོས་སོགས་ཉ་གཅིག་ཏུ་བཞག་སྟེ་བསྡུར་བ་བགྱིས་ན་དེ་གཉིས་ཀྱི་ཁྱད་པར་འབྱེད་དཀའ་བ་ལྟ་བུ་དང་། ལྷག་དོན་དུ་སྟོན་བཙན་པོའི་སྐུ་དུས་འབྲི་ཟློས་གཙིགས་ཆེ་བ་དང་རྒྱ་འགྲོ་ལྗོས་ཆེ་བའི་རྐྱེན་གྱིས་བཙན་པོ་འཁོར་དང་བཅས་པ་མ་གཏོགས་ཀྱིས་འབྲི་བཞེངས་མི་ཐུབ་པའི་རྒྱུ་མཚན་བཅས་ལས་ད་ཐེངས་མཇལ་བའི་འོན་ཀེ་རུ་ལྷ་ཁང་དུ་བཞུགས་པའི་དཔེ་རྙིང་ཤེར་ཕྱིན་དེ་བཞིན་གཤེགས་པ་རྣམས་ཀྱི་ཡང་དག་པའི་ཤེས་པའ་བརྡའ་སྤྲོད་པར་འགྱུར་རོ་ཞེས་པ་དེ་དད་པ་སྐྱོངས་མེད་པའི་སྦྱིན་བདག་ནམ་པ་ཟ་དབང་ཕྱུག་མཆོས་དུས་རབས་11-12པར་བཞེངས་པར་མངོན།

ལེ་ཚན་ལྔ་པ། འོན་ཀེ་རུའི་འཕགས་པ་དཀོན་མཆོག་བརྩེགས་པའི་མདོའི་མཛད་བྱང་།

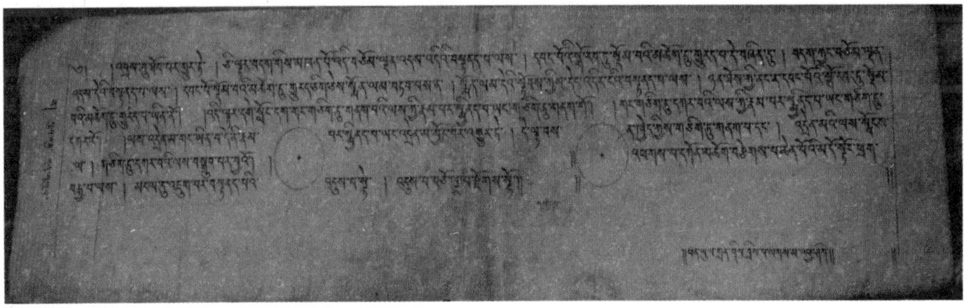

མཛད་བྱང་མ་དཔེ།

① འོན་ཀེ་རུ་ལྷ་ཁང་དུ་བཞུགས་པའི་ཤེར་ཕྱིན་དེ་བཞིན་གཤེགས་པ་རྣམས་ཀྱི་ཡང་དག་པའི་ཤེས་པའ་བརྡའ་སྤྲོད་འགྱུར་རོ་ཞེས་པའི་པོད་ཁ་པའི་ལྡེབ་གྲངས་111ལས་དྲངས།

② འོན་ཀེ་རུར་བཞུགས་པའི་འཕགས་པ་དཀོན་མཆོག་བརྩེགས་པའི་མདོ་སྟོང་ཕྲག་བརྒྱ་པ་ལས་མངལ་དུ་འཇུག་པར་བསྟན་པའི་འདུས་པ་སྟེ་འདུས་པ་བཅོ་ལྔ་པ་རྫོགས་སྷོ་ཞེས་པའི་ཡིག་མཁན་ལས་དྲངས།

དང་པོ། མཛོད་བྱང་མ་ཕྱུགས།

འཕགས་པ་དཀོན་མཆོག་བརྩེགས་པ་ཆེན་པོའི་མདོ་སྟོང་ཕྲག་བརྒྱ་པ་ལས། མངལ་དུ་འཇུག་པའི་འདུས་པ་སྟེ། འདུས་པ་བཅོ་པ་རྫོགས་པ་སྟོ། །འཕན་ཡུལ་སྣན་གིས་བྲིས་པ་ལ་མ་འཕྲུ་ཤིག་ཅེས་པའོ།

གཉིས་པ། མཛོད་བྱང་གི་དཔྱེ་ཞིབ།

འཕགས་པ་དཀོན་མཆོག་བརྩེགས་པའི་མདོ་སྟོང་ཕྲག་བརྒྱ་པ་ལས་མངལ་དུ་འཇུག་པར་བསྟན་པའི་འདུས་པ་སྟེ་འདུས་པ་བཅོ་ལྔ་པ་རྫོགས་སྟོ་ཞེས་པའི་མཛོད་བྱང་དུ་གོང་ལྟར་ཡིག་མཁན་གྱི་མཚན་ལས་གཞན་པའི་མཆོད་ཡོན་སྦྱིན་བདག་དང་བསྒོ་སློན། ཞུས་དག་སོགས་ཀྱི་སྐོར་གང་ཡང་བཀོད་མེད་སྐབས། འདིར་ཡང་ཡིག་མཁན་གྱི་སྐོར་ལ་དཔྱད་པ་བྱས་པ་དང་སྦྲགས་ཡིག་མཁན་ལས་འཕྲོས་ཏེ་མཆོད་ཡོན་སྦྱིན་བདག་སྐོར་ལ་ཡང་ཅུང་ཟད་ཅིག་ཞུ་རྒྱུ་ཡིན།

གཅིག ཡུལ་ལུང་།

དུས་རབས་10-12པའི་ནང་དུ་འབྲི་བཞེངས་བསྒྲུངས་པའི་འོན་ཀེ་རུ་ལྷ་ཁང་གི་འཕགས་པ་དཀོན་མཆོག་བརྩེགས་པའི་མདོ་སྟོང་ཕྲག་བརྒྱ་པ་ལས་མངལ་དུ་འཇུག་པར་བསྟན་པའི་འདུས་པ་སྟེ་འདུས་པ་བཅོ་ལྔ་པ་རྫོགས་སྟོ་ཞེས་པའི་མཛོད་བྱང་དུ། འཕན་ཡུལ་སྣན་གིས་བྲིས་པ་ལ་མ་འཕྲུ་ཤིག[1]ཅེས་བྲིས་འདུག་པ་ལ་གཞིགས་ན། འཕན་ཡུལ་ཞེས་པ་དེ་ད་ལྟ་བོད་རང་སྐྱོང་ལྗོངས་ཀྱི་ལྷ་བའི་གྲོང་ཁྱེར་ལྷ་སའི་ཤར་ངོས་ཀྱི་སྤྱི་ལེ་སུམ་ཅུ་ཙམ་གྱི་སར་གནས་པའི་འཕན་པོ་ཞེས་འབོད་པ་དེ་ཡིན་པར་མངོན། འཕན་པོ་ཞེས་པ་ནི་མཐོ་བོད་བཙན་པོའི་དུས་སུ་ལྷ་ས་སྐྱིད་ཆུ་རྒྱུགས་ཁུལ་དུ་ཆགས་པའི་རྒྱལ་ཕྲན་སིལ་མ་སྐྱིད་རོའི་ལྡང་སྟོན་དང་ངས་པོའི་ཁྲ་སུམ་དང་འོ་ཡུལ་གྱི་སྤྱར་ཁར་དང་ཀླུམ་རོའི་ཡ་སུམ[2]བཅས་ཆགས་ཡོད་པའི་ཡ་གྱལ་གྱི་ངས་པོ་ཁྲ་སུམ་ཞེས་པ་དེ་ཡིན། དུས་རབས་7པའི་ནང་དུ་བཙན་པོ་སྲོང་བཙན་སྒམ་པོའི་ཡབ་

---

① འོན་ཀེ་རུ་ལྷ་ཁང་གི་འཕགས་པ་དཀོན་མཆོག་བརྩེགས་པའི་མདོ་སྟོང་ཕྲག་བརྒྱ་པ་ལས་མངལ་དུ་འཇུག་པར་བསྟན་པའི་འདུས་པ་སྟེ་འདུས་པ་བཅོ་ལྔ་པ་རྫོགས་སྟོ་ཞེས་པའི་མཛོད་བྱང་ལས་དྲངས།

② ཏུན་ཧོང་ཡིག་རྙིང་P.t1287རྒྱལ་ཕྲན་སིལ་མའི་ལོ་རྒྱུས་ལས་དྲངས།

མེས་སྟག་བུ་སྙན་གཟིགས་ཀྱི་སྐུ་དུས་སུ་བློན་པོ་དབས་དང་ཞང་ལ་སོགས་པའི་རམ་འདེགས་ལ་བརྟེན་ཏེ་རྒྱལ་ཕྲན་སིལ་མ་དེ་དག་སྤུ་རྒྱལ་གྱི་མངའ་འོག་ཏུ་བཙུག་པ་མ་ཟད། ཐ་ན་ཟིང་པོ་རྗེས་དབང་བསྒྱུར་བའི་རྒྱལ་ཕྲན་ངས་པོ་ཆེ་ཞེས་པའི་ས་མིང་ཡང་འཕན་ཡུལ་དུ་བསྒྱུར་བར་མཛད་[①]ཅེས་གསུངས་པ་ལས། འཕན་ཡུལ་ཞེས་པའི་ས་མིང་དེའི་སྔོན་གྱི་བྱུང་བ་དང་ཡུལ་ངས་པོ་ཆེ་ཞེས་འཕན་ཡུལ་དུ་བསྒྱུར་ནས་ད་བར་ལོ་ངོ་གཅིག་སྟོང་ལྷག་ཙམ་ཞིག་ཕྱིན་པའི་ལྷ་སའི་ཤར་ངོས་སུ་གནས་པའི་ཡུལ་ལུང་དེ་ཡིན་པར་རྟོགས། དེས་ན་འཕན་ཡུལ་སྣན་ཀྱིས་བྲིས་ཞེས་པའི་སྒོ་གསུམ་ཐང་ཆད་འབྲི་མཁན་གྱི་ཡིག་པ་སྣན་གྱི་འཁྲུངས་ཡུལ་ལམ་ཡུལ་དེ་ཕྱོགས་ནས་ཕྱིན་པའི་ཡིག་པ་ཞིག་ཡིན་པ་དེ་ཤུགས་ལ་རྟོགས་སོ།

གཉིས། ཡིག་མཁན།

འཕན་ཡུལ་ནས་ཡིན་པའི་ཡིག་མཁན་སྣན་ཞེས་པ་དེ་ཡིག་པ་སུ་ཞིག་ཡིན་པའི་སྐོར་ལ་ཅུང་ཟད་ཅིག་ཞུས་ན། དེ་ཡང་ཐོག་མར་ཡིག་མཁན་སྣན་དེའི་ཕ་ཡུལ་ལྷ་སའི་ཤར་ཕྱོགས་སུ་གནས་པའི་ཡུལ་ལུང་འཕན་པོ་ནས་ཡིན་པའི་རྒྱུ་མཚན་གོང་དུ་བཤད་པ་དེ་ལས་ཤེས་ཤིང་། འཕན་པོའི་ནང་དུ་མཚན་ལ་སྣན་ཞུ་བའི་སྐྱེ་བོ་སུ་ཞིག་བྱོན་ཡོད་དམ་ཞེས་ན། དེ་ཡང་དུས་རབས་14པའི་འགོས་ལོ་གཞོན་ནུ་དཔལ་བས་རྒྱལ་ལྷ་ཁང་གི་མཁན་རྒྱུད་དུ་གསུངས་པ་ལྟར་ན། སྤྱི་ལོ་1027ལོར་སྣ་ནམ་རྡོ་རྗེ་དབང་ཕྱུག་གིས་ཕྱག་བཏབ་པའི་འཕན་པོ་རྒྱལ་ལྷ་ཁང་གི་མཁན་བརྒྱུད་དུ་དགེ་བཤེས་སྣན་ས་ཕོ་སྤྲེའུ་ལོ་སྟེ་སྤྱི་ལོ་1128ལོར་འཁྲུངས་ཤིང་། རང་ལོ་དྲུག་ཅུ་རྩ་གཉིས་པ་སྤྱི་ལོ་1189ལོ་སྟེ་ས་བྱ་ལ་གདན་སར་བྱོན་ནས་ལོ་གསུམ་བཞུགས། རང་ལོ་དྲུག་ཅུ་རྩ་བཞི་པ་ལྕགས་ཕག་སྟེ་སྤྱི་ལོ་1191ལོར་གཤེགས། ལྷ་ཁང་བཏབ་ནས་ལོ་འདི་ཡན་ལ་ལོ་བརྒྱ་དང་བརྒྱད་ཅུ་སོང་ངོ་[②]ཞེས་པ་ལྟར་ན། འཕན་པོ་རྒྱལ་ལྷ་ཁང་གི་གདན་ས་སྤྱི་ལོ་1189ལོ་སྟེ་ས་བྱ་ནས་མགོ་བཙམས་ཏེ་དུས་ཡུན་ལོ་གསུམ་ཙམ་བསྐྱངས་པ་གནང་མཁན་གྱི་དགེ་བཤེས་སྣན་དང་སྐབས་འདིར་བྱུང་བའི་ཡི་གེ་བ་དབུ་ཆེན་འཕན་ཡུལ་སྣན་ཞུ་བ་དེ་མི་གཅིག་ཡིན་

① 见，林冠群《唐代吐蕃氏族》《中国藏学》2014年，第2期9页。

② འགོས་ལོ་གཞོན་ནུ་དཔལ་གྱིས་མཛད་པའི་དེབ་ཐེར་སྔོན་པོ་ཟེ་ཁྲིན་མི་རིགས་དཔེ་སྐྲུན་ཁང་གི་1984ལོའི་པར་མའི་ཤོག་གྲངས་119ལས་དྲངས།

པར་སེམས། རྒྱུ་མཚན་ནི་གཅིག་ནས་འཕན་པོ་རྒྱལ་ལྷ་ཁང་གི་མཁན་པོ་དགེ་བཤེས་སླན་དང་སྐབས་དེའི་ཡིག་པ་འཕན་ཡུལ་སྣན་ནི་ཡུལ་ལུང་གཅིག་ནས་བྱོན་པའི་མི་གཅིག་ཡིན་པ་དང་གཅིག གཉིས་ནས་དེ་ལས་ངོ་མཚར་ཆེ་བ་ཞིག་ནི་ཁོང་རྣམ་གཉིས་ཀྱི་ཉུས་མིང་ཡང་སླན་ཞེས་འབྲི་གཟུགས་གཅིག་མཚུངས་དང་། གསུམ་གསུང་རབ་དེའི་འབྲི་གཟུགས་སོགས་དཔེ་རྙིང་གི་ཁྱད་ཆོས་བཅས་ལས་དུས་རབས་ཀྱང་12པའི་ནང་བྱོན་པའི་མཁས་པ་གཅིག་ཡིན་པར་འགྱུམས།

གསུམ། དུས་རབས།

ཀེ་ཊུ་ལྷ་ཁང་དུ་བཞུགས་པའི་འཕགས་པ་དཀོན་མཆོག་བརྩེགས་པའི་མདོ་སྟོང་ཕྲག་བརྒྱ་པ་ལས་མངལ་དུ་འཇུག་པར་བསྟན་པའི་འདུས་པ་སྟེ་བཅོ་ལྔ་པ་རྫོགས་སོ་ཞེས་པའི་མདོ་དེའི་ སྣག་ཤོག་གི་ཁ་དོག་དང་འབྲི་གཟུགས་ཀྱི་ཁྱད་ཆོས་སོགས་ལ་བལྟས་ན། འབྲི་གཟུགས་ནི་དུས་རབས་11-12ཡས་མས་སུ་བཞེངས་པའི་དཔེ་རྙིང་གི་འབྲི་གཟུགས་དང་ཐག་ཉེ་བ་དང་། སྣག་ཤོག་གི་ངོས་ནས་འཆད་ན་ཡང་ལྡེབ་གྲངས་ཀྱི་ངོས་སུ་སྔོན་བཙན་པོའི་སྐབས་ཀྱི་ཟླ་འབུམ་དུ་གྲགས་པ་དེ་དག་དང་འདྲ་བར་གཞུང་གི་ལྡེབ་གྲངས་མི་འཁྲུགས་པའི་སླད་དུ་བསྒྲིབ་པའི་སྒོར་ཐིག་གསལ་བ་མ་ཟད་སྒོར་ཐིག་ཏུ་ཁུང་བུ་ཡང་སྣང་། སྒོར་ཐིག་གི་ནང་དུ་གཞུང་གི་ནང་དོན་གི་འབབ་མཚམས་ལ་མ་ལྟོས་པར་དེ་དག་གི་ནང་དུ་ནང་དོན་འབྲི་བཤུས་མེད་པ་བཅས་ལ་བལྟས་ན། དད་པ་སྒྲོ་ངས་མེད་པའི་སྦྱིན་བདག་གིས་ཆེད་མངགས་ཡིག་མཁན་གདན་ཞུས་བྱས་ཏེ་འབྲི་བཤུས་བསྒྲུངས་པ་ཏ་ཙང་གིས་མངོན་གསལ་དོད་པོ་དང་། འོན་ཏེ་བམ་པོའི་འབབ་མཚམས་སུ་སྔོན་བཙན་པོའི་སྐབས་སུ་འབྲི་བཤུས་བསྒྲུངས་པའི་བཙན་པོའི་ཟླ་འབུམ་གྱི་བམ་མཚམས་ཁྱད་ཆོས་མི་ལྡན་པ་སྟེ་བམ་མཚམས་སུ་ཡིག་ཞུས་རྣམ་གཉིས་ཀྱི་མཚན་མི་གསལ་བ་དང་། ཡང་དུས་རབས་13རྗེས་ཀྱི་བྲིས་བཤུས་གཞུང་བཞིན་བམ་པོའི་མཚམས་སུ་ཡིག་ཞུས་གཉིས་ཀྱི་མཚན་ཡེ་ནས་མ་འཁོད་པའི་ཁྱད་ཆོས་མི་ལྡན་པ་སྟེ་བམ་མཚམས་སུ་ཡིག་པ་ཁོ་ནའི་མཚན་གསལ་བ་བཅས་ལས་གསུང་རབ་དེ་དུས་རབས་10-12བར་འབྲི་བཤུས་བསྒྲུངས་པའི་བམ་མཚམས་ཀྱི་ཁྱད་ཆོས་དང་། ལྷག་དོན་དུ་གོང་དུ་ཞུས་པ་ཇི་བཞིན་སྤྱི་ལོ་1189ལོར་སྟ་རྣམ་རྡོ་རྗེ་དབང་ཕྱུག་གིས་ཕྱག་བཏབ་པའི་འཕན་པོ་རྒྱལ་ལྷ་ཁང་གི་མཁན་པོ་གནང་མྱོང་མཁན་དགེ་བཤེས་སླན་དང་མི་གཅིག་ཡིན་ཚེ། ད་ཐེངས་

མཛལ་བའི་འོན་ཀེ་རུ་ལྷ་ཁང་དུ་བཞུགས་པའི་འཕགས་པ་དཀོན་མཆོག་བརྩེགས་པའི་མདོ་སྟོང་ཕྲག་བརྒྱ་པ་ལས་མངལ་དུ་འཇུག་པར་བསྟན་པའི་འདུས་པ་བཅོ་ལྔ་པ་ཞེས་པ་དེ་དུས་རབས་12པའི་ནང་དུ་འབྲི་བཞེངས་བསྐྲུངས་པ་ནི་ཡིག་མཁན་གྱི་འབྲུངས་འདས་ཡོ་ཚིགས་དང་གསུང་རབ་འབྲི་བཤུའི་ཁྱད་ཆོས་བཅས་ལས་ཞུ་ཁུལ་བྱས་པ་ལགས།

ལེ་ཚན་དྲུག་པ། ལྷ་རྩེ་ལྷ་ཕྱིངས་ཤེར་ཕྱིན་སྟོང་ཕྲག་བརྒྱད་པ་པོད་ཀ་པའི་མཛད་བྱང་།

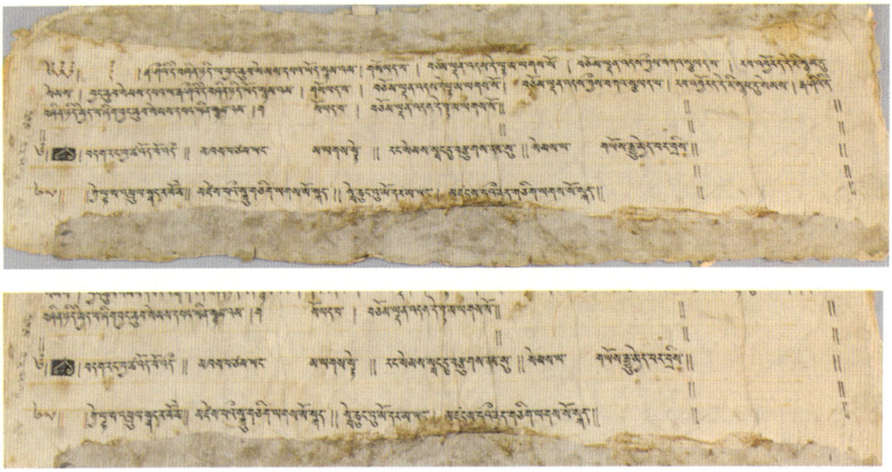

མཛད་བྱང་མ་དཔེ།

དང་པོ། མཛད་བྱང་མ་ཕྱུས།

༄༅།བདག་རང་བྱ་ཚ་འོད་པོ་འདི་། །མཁས་པ་ཙམ་ཡང་མ་ལགས་སྟེ་། །རང་སེམས་སྤྱང་དུ་བཙུགས་ནས་སུ་། །སེམས་ལ་གཡོ་སྒྱུ་མྱེད་པར་བྲིས་། ། ༄༅། ཀྱེ་ལྷ་ས་འཕྲུལ་སྣང་ར་མོ་ཆེ་། ། མཛེས་པའི་སྐུ་གཅིག་ལགས་སོ་སྐད་། །ཕྱི་ཚུང་འུ་མོ་དར་མ་ཡང་། །མཛངས་པའི་ཚད་གཅིག་ལགས་སོ་སྐད། [1] ཞེས་པའོ།

① ལྷ་རྩེ་ཇོང་ལྷ་ཕྱིངས་དགོན་དུ་བཞུགས་པའི་ཤེར་ཕྱིན་པོད་ཀ་པའི་མཛད་བྱང་ལས་དྲངས།

གཉིས་པ། མཛད་བྱང་གི་དབྱེ་ཞིབ།

མཛད་བྱང་གི་དབྱེ་ཞིབ་འདིར་གཙོ་བོ་ཡིག་མཁན་གྱི་སེམས་ཁམས་དང་ཡིག་མཁན་གྱིས་འབྲི་བཤུས་ཟིན་པའི་དཔེ་དེའི་རིན་ཐང་བརྗོད་པ་སྟེ་གཉམ་གསལ།

གཅིག ཡིག་མཁན།

སྐབས་འདིའི་མཛད་བྱང་སྐོར་དུ་སྔོན་གྱི་མཛད་བྱང་ཁག་བཞིན་བསྟོད་ཕྱག་དང་ཡུལ་ལུང་གི་བསྟོད་པ་དུང་ཆེན་གཟུགས་སུ་མ་བཀོད་པར་ཐད་ཀར་ཡིག་མཁན་གྱི་སྐོར་ལ་འཇུག་པ་སྟེ། ཤེར་ཕྱིན་འདི་འབྲི་བཞེངས་ཀྱི་སྒོ་གསུམ་ཐང་ཆད་འབྲི་མཁན་གྱི་ཡིག་པ་བྱ་ཚ་འོད་པ་ཞུ་བ་དེ་ཡིན་ཞིང་། ཡིག་མཁན་ཁོང་འབྲི་བཤུས་སོགས་ཀྱི་གཞུང་ལ་མཁས་པ་ཞིག་མ་ཡིན་ཡང་གསུང་རབ་འབྲི་བཞེངས་ཀྱི་ལས་འདིར་རང་སེམས་དབང་དུ་བཙུགས་ཏེ་ལུས་སེམས་ལ་གཡོ་སྒྱུ་མེད་པར་འབྲི་བཤུས་བསྒྱུངས་པ་ཡིན་ཞེས་གསུངས་པ་དེ་མཛད་བྱང་ལས། ༄༅།།བདག་རང་བྱ་ཚ་འོད་པོ་འདི། །མཁས་པ་ཙམ་ཡང་མ་ལགས་སྟེ། །རང་སེམས་སྲིད་དུ་བརྩུགས་ནས་སུ། །སེམས་ལ་གཡོ་སྒྱུ་མྱེད་པར་བྲིས། །ཞེས་པས་རྫོགས། དེས་ན་གོང་གི་མཛད་བྱང་འདིར་ཡིག་མཁན་གྱི་སེམས་ཁམས་སུ་རང་སེམས་དབང་དུ་བཙུགས་ཏེ་སེམས་ལ་གཡོ་སྒྱུ་མེད་པར་བྲིས་ཞེས་བརྗོད་པ་ལས་ང་ཚོས་དུས་རབས་9-10ནང་དུ་གསུང་རབ་འབྲི་བཤུས་ཀྱི་ལམ་ལུགས་དོ་བཙན་པོ་དེ་ཡང་རང་དབང་མེད་པར་ཡིད་ལ་དྲན་ཐུབ་པ་ཞིག་སྟེ། ཧུན་ཧོང་དུ་གསུང་རབ་འབྲི་བཤུས་བྱ་སྐབས་ཐོག་མར་ཡིག་མཁན་རང་གི་ནོར་ལུག་སོགས་ཆོས་བཤུ་འབྲི་མའི་ལས་ཁུངས་སུ་གཏའ་མར་བཞག་སྟེ་འབྲི་བཤུའི་ལས་ཀར་བཞུགས་དགོས་པ་དང་སྣེ་འབྲེལ་ན་ཡིག་མཁན་གྱིས་གསུང་རབ་འབྲི་བཞེངས་ཀྱི་ལས་དེར་ལུས་སེམས་རྣལ་དུ་མ་ཕབ་པར་ཞིབ་ཚགས་མེད་པའི་གླ་པའི་ངང་ཚུལ་དུ་སོང་ཆོ། ཆོས་བཤུ་འབྲི་བཤུས་ཀྱི་སྲུས་ཚད་ལ་ཤུགས་རྐྱེན་ངན་པ་ཐེབས་པའི་དབང་གིས་འབྲི་བཤུས་སུ་ཀ་ཁང་འཁྱོར་དང་འབྲི་ཞུས་འགྲོ་སྒྲོན་དུ་སོང་བའི་གནས་ཚུལ་ཐོན་སྟབས། དེས་ན་སྐབས་འདིའི་ཡིག་མཁན་གྱིས་གནས་ཚུལ་འདི་དག་མི་ཐོན་པའི་ཆེད་དུ་ཡིད་སེམས་དབང་བོར་བཞག་སྟེ་འབྲི་བཤུས་བྱས་ཡོད་པ་དེ་བསྟན་ཡོད།

གཉིས། འགྲེལ་དོན།

༄༅། ཀྱེ་ལྷ་ས་འཕྲུལ་སྣང་ར་མོ་ཆེ། །མཛེས་པའི་སྐུ་གཅིག་ལགས་སོ་སྐད། །སྤྱི་ཚུང་ཝུ་མོ་དར་མ་ཡང་། །མཛངས་པའི་ཚད་གཅིག་ལགས་སོ་སྐད།[1]ཞེས་བྱུང་བ་ལྟར་ན། འདིར་ཡིག་མཁན་གྱི་སྐོར་རྣམས་བརྗོད་ཟིན་པའི་འགྲེལ་དོན་དུ་སྐབས་འདིར་དད་པ་སྐྱེ་ངས་མེད་པའི་སྦྱིན་བདག་གིས་རྒྱུ་འགྲོ་སྤྲར་ཏེ་སྐོ་གསུམ་ཐང་ཆད་འབྲི་བའི་ཡིག་མཁན་གྱིས་འབྲི་བཤུས་དང་། ཧང་འཁོར་གཞུང་སྲོང་གི་ཞུས་དག་མཁན་གྱིས་ཞུས་དག་ཟིན་པའི་གསུང་རབ་སྟེ་དར་མ་ཞེས་རྒྱ་སྐད་གཟུགས་འགྱུར་གྱི་རྣམ་པའི་ཐོག་ནས་ཆོས་དང་སྤྱི་ཚུང་ཞེས་པ་ནི་བོད་སྐད་ཀྱི་གླེགས་བམ་གཟུགས་ཏེ་དཔེ་ཆ་ཚུང་ཚུང་གི་གཟུགས་སུ་སྒྲུབ་པའི་སྤྱི་ཚུང་དར་མ་དེ་ཡང་འཛངས་པའི་ཚད་ཅིག་ཡིན་ཞེས་གསུངས་ཤིང་། དེ་མིན་ཡུལ་མི་རྣམས་ཀྱིས་དཔེ་གཟུགས་གླེགས་བམ་ཚུང་ཚུང་འདི་ནི་ཝུ་མོ་དར་མ་སྟེ་བོད་བཙན་པོའི་རྒྱུད་པ་ཝུ་དུམ་བཙན་པོ་[2]ཞེས་པའི་དོན་དུ་སེམས་ཏེ་ཡུལ་མི་རྣམས་ཀྱི་ཞལ་རྒྱུན་དུའང་གླང་དར་མའི་དཔེ་ཆ་ཞེས་ཀྱང་གསུང་སྲོལ་འདུག་དེ་དོན་ལ་གནས་མིན་དཔྱད་དགོས་སོ། མདོར་ན་གང་ལྟར་ཡང་དུས་རབས་11པའི་སྔོན་དུ་བྲིས་བཞེངས་བསྐྲུངས་པར་མངོན་པའི་གསུང་རབ་འདི་ཡང་ར་ས་འཕྲུལ་སྣང་ར་མོ་ཆེའི་རྟེན་གཙོ་སྟོན་པ་ཤཱཀྱ་ཐུབ་པའི་སྐུ་བརྙན་དགུང་ལོ་བཅུ་གཉིས་ལ་སོན་པའི་འདྲ་སྐུ་[3]དེ་དང་ད་ཐེངས་དུས་རབས་11པའི་ནང་དུ་ཡིག་མཁན་བྱ་ཚ་འོད་པོས་འབྲི་བཤུས་བྱས་པའི་

---

① ལྷ་རྗེ་ཇོང་ལྷ་སྡིངས་དགོན་དུ་བཞུགས་པའི་ཤེར་ཕྱིན་པོད་ཀ་པའི་མཛད་བྱང་ལས་དྲངས།

② གླང་དར་གྱི་སྐོར་ལ་རྒྱ་ནག་གི་ཡིག་ཆར་ཁྲི་རལ་རང་བཞིན་གྱིས་གཤེགས་པར་གསལ་བ་བཞིན་དོན་ལ་གནས་པར་མ་ཟད། གླང་དར་གྱི་སྐོར་གསལ་བའི་ཐང་ཧུའུ་གསར་པའི་སྔ་ཕྱིའི་བརྗོད་པ་རྣམས་ཀྱང་བསྒྲིགས་ཚེ་དཔའ་རྒྱལ་ཧོ་རེ་སྟག་སྣས་བསྒྲོངས་པ་ལྟར་ཡང་གོ་བ་ལེན་ཐུབ་པར་བརྟེན་དངོས་གནས་བྱས་ན་གླང་དར་མ་ནི་རང་རེའི་ལོ་རྒྱུས་ཁག་ཏུ་ཁྲི་རལ་བགྲོང་མཁན་དུ་གྲགས་པའི་དཔའ་རྒྱལ་ཧོ་རེ་སྟག་སྣས་བགྲོངས་པར་མངོན། ཆོས་བསྣུབས་མཁན་ཡང་གླང་དར་མིན་པ་ནི་དཔེར་ན་གླང་དར་རྒྱལ་ཁྲིར་མངའ་གསོལ་ནས་སྤྱི་ལོ་༨༤༡ནས་༨༤༢བར་ཙམ་ལ་བྲིས་སམ་མཉམ་པའི་ཏུན་ཧོང་གཏེར་ཡིག་ཏུ་བཙན་པོ་ཝུའི་དུས་བརྟན་གྱི་སྨོན་ཡོན་དུ་བསྔོ་བ་P.T134ཞེས་པའི་སྨོན་ལམ་ཞིག་ཡོད་ཅིང་དེར་གླང་དར་གྱི་དུས་སྐབས་ཀྱི་གནས་ཚུལ་རྣམས་མཚོན་གྱི་ཡོད་ཅིང་དེར་གླང་དར་གྱིས་བསྟན་པ་བསྣུབས་པར་མི་གསལ་བའི་སྐོར་ཁང་དཀར་སྐལ་བཟང་ཚུལ་ཁྲིམས་ཀྱིས་མཛད་པའི་བོད་ཀྱི་གནའ་རབས་ལོ་རྒྱུས་བདམས་བཏུས་གངས་ལྗོངས་འོད་འབུམ་ཨོ་ཐ་ནི་གཙུག་ལག་སློབ་ཆེན་གྱི་2014ལོའི་སྤར་མའི་ཤོག་གྲངས་230དུ་གསལ།

③ ར་མོ་ཆེའི་གཙུག་ལག་ཁང་ནི་ར་ས་འཕྲུལ་སྣང་གཙུག་ལག་ཁང་གི་བྱང་ངོས་སུ་གནས་ཡོད་པ་སྟེ། ཐོག་མ་སྤྱི་ལོའི་དུས་རབས་བདུན་པའི་དུས་དཀྱིལ་ལྕགས་གླང་641ལོར་ཐང་གི་རྒྱ་བཟའ་ཀོང་ཇོ་བོད་དུ་ཕེབས་སྐབས་སྟོན་པ་དགུང་ལོ་བཅུ་གཉིས་ལ་སོན་པའི་འདྲ་སྐུ་འདི་ཇོང་སྐལ་དུ་གནང་བ་ལྟར་མིས་འདྲེན་ཤིང་རྟ་འཁོར་ལོའི་ཐོག་བཞག་ནས་བོད་ལ་གདན་དྲངས་ཏེ་ཀོང་ཇོ་འཁོར་བཅས་ལྷ་སའི་བྱང་ངོས་ར་མོ་ཆེའི་ཕྱི་ངོས་ཀྱི་ཐང་ཆེན་དུ་འབྱོར་སྐབས་འཁོར་ལོ་འདམ་རྫབ་ཀྱི་ནང་བྱིང་སྟེ་གྱོད་ཆེན་གྱིས་ག་ཆོད་

དཔེ་ཐུང་འུ་སྐོ་དར་མ་འདི་ཡང་འབྲི་བཤུས་དག་པས་གཙིགས་ཆེ་བ་དང་མཛངས་པའི་ཚད་ཅིག་མཉམ་པ་ཞིག་ཡིན་ཞེས་གསུངས་པ་དེ་ཡང་དཔེ་རྙིང་དེའི་རིན་ཐང་གསུངས་པ་ལགས།

ལེ་ཚན་བདུན་པ། མངའ་རིས་རྒྱ་མདའ་རྫོང་ཡིབ་རི་དགོན་གྱི་ཤེར་ཕྱིན་མཛད་བྱང་།

མཛད་བྱང་མ་དཔེ།

དང་པོ། མཛད་བྱང་མ་ཕྱུས།

༄། །བམ་གྲངས་ཉེར་བ་ཡོད། ༄། ། །ཡིག་དཔོན་དར་མ་རྒྱས་བྲིས་པ་ལགས།། ①ཞེས་པའོ།

འཐེན་ཀྲུང་རང་སར་ལུས་རྐྱེན་ཇོ་བོའི་སྐུ་དེའི་མཐའ་བཞིར་ཀ་བ་བཙུགས། དར་དཀར་གྱི་ཡོལ་བ་བྲེས། མཆོད་པ་ཕུལ། དེ་ནས་སྤོར་ཐང་གི་གབ་རྩེ་བཏིང་ནས་བརྩིས་པས་ར་སོ་ཆེའི་ས་དེ་ཀླུའི་ཕོ་བྲང་ཡིན་པ་དང་དེར་ཇོ་བོ་བཞུགས་སུ་གསོལ་ན་ཀླུ་གནོད་པར་ཤེས་ཏེ་རྒྱ་ནག་ནས་བཟོ་བོ་མཁས་པ་མང་པོ་བོས་ཏེ་གཙུག་ལག་ཁང་གི་རྨང་བཏིང་བས་དུས་ཡུན་ལོ་གཅིག་ལ་གྲུབ་སྟེ་འཕྲུལ་སྣང་གཙུག་ལག་ཁང་དང་ལྷན་ཅིག་ཏུ་ལེགས་སྒྲུབ་མཛད། ལྷ་ཁང་འདིའི་སྒོ་ཡང་ཤར་ཕྱོགས་རྒྱ་ནག་ཏུ་གཏད། རྗེས་སུ་རྒྱལ་པོ་སྲོང་བཙན་སྒམ་པོ་སྐུ་འདས་རྗེས་རྒྱ་བཟའི་ཞལ་བཀོད་ལྟར་སྐབས་དེར་ལྷ་ས་གཙུག་ལག་ཁང་གི་ཇོ་བོ་དང་ར་མོ་ཆེའི་ཇོ་བོ་བཞུགས་ས་བརྗེས་ཏེ་བལ་བཟའི་རྟེན་སྐལ་ཇོ་བོ་མི་བསྐྱོད་རྡོ་རྗེ་ལྷ་ཁང་དེའི་རྟེན་གྱི་གཙོ་བོར་བཞུགས་སུ་གསོལ། ཞེས་མཁས་པའི་དབང་པོ་དུང་དཀར་བློ་བཟང་འཕྲིན་ལས་མཆོག་གིས་མཛད་པའི་དུང་དཀར་བོད་རིག་པའི་ཚིག་མཛོད་ཤོག་གྲངས་1882ཏུ་གསལ།

① མངའ་རིས་རྒྱ་མདའ་རྫོང་ཡིབ་རི་དགོན་དུ་བཞུགས་པའི་ཤེར་ཕྱིན་བརྒྱད་སྟོང་པ་དེའི་མཛད་བྱང་ཡིན།

གཉིས་པ། མཛོད་བྱང་གི་དབྱེ་ཞིབ།

གཅིག བམ་པོ།

 སྤྱིར་ན་མཛོད་བྱང་གི་དབྱེ་ཞིབ་ཏུ་གོང་དུ་བརྗོད་པའི་མཛོད་བྱང་གི་དོན་ཁག་འདུ་དགོས་པ་ཞིག་ཡིན་མོད་འོན་ཏེ་ཤེར་ཕྱིན་འདིའི་འབྲི་གཟུགས་དང་ལྷེབ་ངོས་སུ་སྣོར་ཐིག་གསལ་བའི་ངང་ཚུལ་སོགས་ལ་བལྟས་ན། དུས་རབས་11ནང་དུ་འབྲི་བཞེངས་བསྐྲུངས་པའི་ཤེར་ཕྱིན་ཞིག་ཡིན་པར་འཇུམས། དེས་ན་ཤེར་ཕྱིན་འདིའི་མཛོད་བྱང་དུའང་གཞན་དུས་རབས་13རྗེས་ཀྱི་མཛོད་བྱང་གི་ནང་དོན་ལྟར་མ་བཀོད་པར་ཐད་ཀར་མཛོད་བྱང་དུ་བམ་གྲངས་ནོར་བ་ཡོད་ཅེས་བྲིས་པར་གཞིགས་ན། སྤྱིར་ན་བམ་གྲངས་ཀྱི་སྐོར་དེ་སྔོན་གྱི་དུས་རབས་8-9པའི་ནང་འབྲི་བཞེངས་བསྐྲུངས་པའི་ཤེར་ཕྱིན་གྱི་མཛོད་བྱང་དབྱེ་ཞིབ་ཏུ་ཞིབ་པར་བརྗོད་ཟིན་མོད་ཀྱང་། འདིར་ས་བཅད་མ་སྟོངས་ཙམ་ཞིག་བརྗོད་ན་བམ་གྲངས་ཞེས་པའི་ཐ་སྙད་འདི་ནི་དུས་རབས་8-9པའི་སྐབས་སུ་བོད་ཀྱི་ལོ་པཎ་རྣམས་ཀྱིས་གསུང་རབ་མི་འགྲུགས་པའི་ཆེད་དུ་བཏབ་པའི་རྒྱ་[1]སྡེ་གསུང་རབ་བམ་གྲངས་ཀྱི་ཚད་དུ་བཙལ་དགོས་པ་བྱུང་ཡོད་ལ། དེས་མ་ཟད་དུས་རབས་11པར་བྱོན་པའི་བོད་བཙན་པོའི་རྒྱུད་པ་ལྷ་བླ་མ་ཡེ་ཤེས་འོད་ཀྱི་སྐུ་དུས་གསུང་རབ་འབྲི་བཞེངས་དང་ལྟགས་གློག་གི་སྣ་ཡོན་དེའང་བམ་གྲངས་ལ་བཙལ་ཡོད་པས་ཀྱང་དེའི་གནད་འགག་རྟོགས། དེས་ན་སྐབས་འདིར་བྱུང་བའི་བམ་གྲངས་ནོར་བ་ཡོད་ཅེས་གསུངས་པ་ནི་ཤེར་ཕྱིན་ལ་བམ་པོ་སུམ་ཅུ་སོ་དྲུག་ཏུ་བརྩིས་པའི་ཚེ་བམ་གྲངས་འགོད་སྟངས་ནོར་ཡོད་པ་བསྟན་པ་དང་དུས་རབས་8-9པའི་ནང་དུ་གཞུང་ས་ནས་འབྲི་བཞེངས་བསྐྲུངས་པའི་གསུང་རབ་ཅིག་ཡིན་ན། སྤྱིར་གྱི་ཆ་ནས་གསུང་རབ་དེའི་བམ་པོའི་མཚམས་སུ་ཡིག་ཞུས་མཁན་གྱི་མཚན་བྱང་འཕོད་པ་དེའང་བམ་པོར་གཞིགས་པའི་ཞུས་དག་དང་སྣ་ཡོན་འཇལ་ཆེད་ཡིན་སྟབས་དེས་ན་འདིར་བམ་གྲངས་ནོར་བ་ཡོད་ཅེས་པའི་ཐ་སྙད་དེ་ཐོན་པར་ཟད། འོན་ཏེ་བཙན་པོའི་སྐུ་དུས་ཀྱི་འབྲི་བཞེངས་ལམ་ལུགས་ལག་བསྟར་བྱས་ཚོ། བམ་པོ་འདི་

[1] བོད་ཀྱི་གསུང་རབ་སྒྲ་བའི་དབང་པོ་དུང་དཀར་བློ་བཟང་འཕྲིན་ལས་མཆོག་གིས་རྒྱ་རིམ་པ་དང་ལྡན་པ་ཞིག་སྟེ། 1བརྗོད་དོན་མི་འགྲུགས་པའི་ཆེད་དུ་སྡེ་ཚན་གྱི་རྒྱ། 2གླེགས་བམ་ཕན་ཚུན་མི་ནོར་བའི་ཆེད་དུ་ཀ་ཁའི་རྒྱ། 3 ལེ་ཚན་མི་ནོར་བའི་ཆེད་དུ་སྦྲུན་ཁྲིར་གྱི་རྒྱ། 4ཆད་ལྷག་མི་འབྱུང་བའི་ཆེད་དུ་ཤོག་གྲངས་རྒྱ། 5 མཐའ་སྡེ་མི་འཚོལ་བའི་ཆེད་དུ་སྡེ་ཐིག་རྒྱ། 6སྲུང་སྐྱོབ་ཆེད་དུ་གླེགས་ཤིང་སྐུ་རགས་རྒྱ། 7 མཆོད་པའི་ཆེད་དུ་ན་བཟའི་རྒྱ་བཅས་ཡོད་ཅེས་བོད་ཀྱི་དཀར་ཆག་རིག་པ་ཞེས་པ་མི་རིགས་དཔེ་སྐྲུན་ཁང་གི་2004ལོའི་སྤར་མའི་ཤོག་གྲངས་48ར་གསལ།

ཞུས་དག་མཁན་གྱིས་ངེས་པར་དུ་ཤོག་རོར་གཏོང་དགོས་པ་ཞིག་ཡིན་མོད་ཀྱང་། འདིར་ཤོག་རོར་མ་ཕྱིན་པའི་རྒྱུ་མཚན་ནི་སྐབས་དེ་དུས་ཀྱི་འབྲི་བཤུས་ལམ་ལུགས་དེ་ཙམ་གྱི་དོ་ནན་པོ་མེད་པ་དེའང་ཤུགས་ལ་རྟོགས།

གཉིས། ཡིག་མཁན།

ཤེར་ཕྱིན་པོད་འདི་དད་པ་སྒྲོ་ངས་མེད་པའི་སྦྱིན་བདག་གིས་རྒྱ་འགྲོ་བཏོན་ཏེ་འབྲི་བཞེངས་བསྐྲུངས་པའི་སྐབས་སུ་སྒོ་གསུམ་ཐང་ཆད་འབྲི་བའི་ཡིག་མཁན་ནི་དུས་རབས་11-12པར་ཕྱོན་པའི་ཡིག་མཁན་དར་མ་རྩེ་ཞེས་ཞུ་བ་དེས་སུག་ཕྲིས་གནང་བ་མཛོད་བྱང་ལས་རྟོགས། སྐབས་འདིར་ཕྱོན་པའི་ཡིག་མཁན་དབུ་ཆེན་དང་དུས་རབས་8པའི་ཁྲི་སྲོང་ལྡེ་བཙན་སྐུ་དུས་སུ་བྱུང་བར་གྲགས་པའི་བོད་ཡིག་འབྲི་གཟུགས་ཁྱད་འཕགས་ཅན་ལྡན་ལུགས་དང་ལི་ལུགས་ཞེས་གཉིས་བྱུང་བའི་ནང་གི་སྔོན་གྱི་འབྲི་རྒྱུན་མ་ཉམས་པར་ད་བར་བཞུགས་ཞེས་གྲགས་པའི་ལྡན་ལུགས་སྲོལ་གཏོད་མཁན་པོ་ལྡན་མ་རྩེ་མང་དང་སྐབས་འདིའི་ཡིག་དཔོན་དར་མ་རྩེ་ཞེས་པ་གཉིས་ཡིག་མཁན་དབུ་ཆེན་གཅིག་ཏུ་མི་འཁྲུལ་བ་ཞུའོ།

ལེ་ཚན་བརྒྱད་པ། མངའ་རིས་རྩ་མདའ་འཕྱར་རིའི་ཤེར་ཕྱིན་

སྟོང་ཕྲག་བརྒྱ་པ་ལས། །ལེའུ་ལྔ་པའི་མཛོད་བྱང་།

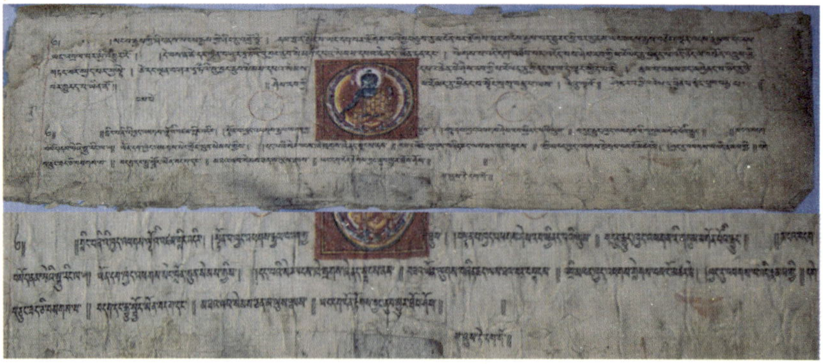

མཛོད་བྱང་མ་དཔེ།

དང་པོ། མཛད་བྱང་མ་ཕྱུས།

༄། །གླིང་བཞི་འི་ཁྱད་འཕགས་ལྷོ་འི་འཛམ་བུ་གླིང་འདིར། །སྟོན་པ་ཁྱད་འཕགས་ཤཱཀྱ་ཐུབ། །བསྟན་པ་ཁྱད་འཕགས་ཤེས་རབ་ཕྱིན་པའི་ཡུམ། །གདུང་རྒྱུད་ཁྱད་འཕགས་རི་གསུམ་མགོན་པོའི་རྒྱུད། །མངའ་བདག་བསྟོད་ནམས་རྩེའི་སྐུ་རིང་ལ། །ཡོན་དག་ཁྱད་འཕགས་སེང་སློན་ཀུན་སེམས་ཀྱིས། །དད་པའི་སེན་ལངས་ཁེ་གྲགས་ཞེནད་སྤངས་ནས། །བཟའ་ཡོན་ལུགས་བཞིན་ཆད་ལས་ཐལ་བར་བསྐྲངས། །འབྲི་མཁན་ཁྱད་འཕགས་གླིགས་བམ་ངོ་མཚར་ཆེ། །ཁྱད་དུ་འཕགས་པ་འདི་རྣམས་ཀྱི། །དགེ་བ་ཅུང་ཟད་ཅི་བསགས་པ། །བདག་དང་རྒྱ་སྦྱོར་ཡོན་བདག་དང་། །མཐའ་ཡས་སེམས་ཅན་མ་ལུས་རྣམས། །ཡང་དག་དོན་རྫོགས་བྱང་ཆུབ་མྱུར་ཐོབ་ཤོག། །མ་ཞུས་ཏེ་དག་གོ། །[1]ཞེས་པའོ། །

གཉིས་པ། མཛད་བྱང་གི་དཔྱེ་ཞིབ།

གཅིག སྟོན་པར་བསྟོད།

༄། །གླིང་བཞི་འི་ཁྱད་འཕགས་ལྷོ་འི་འཛམ་བུ་གླིང་འདིར། །སྟོན་པ་ཁྱད་འཕགས་ཤཱཀྱ་ཐུབ། །བསྟན་པ་ཁྱད་འཕགས་ཤེས་རབ་ཕྱིནད་པའི་ཡུམ། [2]ཞེས་བྱུང་བ་ལ་གཞིགས་ན་དེ་ཡང་གླིང་བཞིའི་ནང་ནས་ཁྱད་དུ་འཕགས་པ་སྟེ་ལྷོ་འཛམ་བུ་གླིང་དེ་ཡིན་ཞེས་གསུངས་པ་དང་གླིང་དེའི་ནང་དུ་ཆགས་པའི་རྒྱ་གར་འཕགས་པའི་ཡུལ་དུ། ནང་ཆོས་ཀྱི་སྒྲོལ་གཏོད་མཛད་མཁན་སྤྱི་ལོའི་སྔོན་གྱི་ལོ་450ཡས་མས་སུ་སྐུ་འཁྲུངས་པའི་སྟོན་པར་བསྟོད་པ་མཛད་པ་དང་སྡུགས་ཁོང་གིས་རྒྱ་གར་འཕགས་པའི་ཡུལ་གྱི་བྱ་རྒོད་ཕུང་པོ་རིར་ཤེར་ཕྱིན་ཡུམ་གསུངས་པ་དེ་ལ་བསྟོད་པ་མཛད་པ་ཞིག་ཡིན་འདུག

---

① མངའ་རིས་རྩ་མདའ་རྫོང་འཕྲུར་རི་དགོན་ཤར་ཕྱིན་སྟོང་ཕྲག་བརྒྱའ་པ་པོད་ཀུའི་ལྡེབ་གྲངས་45ལས་དྲངས།།

② མངའ་རིས་རྩ་མདའ་རྫོང་འཕྲུར་རི་དགོན་ཤར་ཕྱིན་སྟོང་ཕྲག་བརྒྱའ་པ་པོད་ཀུའི་ལྡེབ་གྲངས་45ལས་དྲངས།།

གཉིས། སྨིན་བདག་བསྟོད་པ།

གདུང་རྒྱུད་ཁྱད་འཕགས་རི་གསུམ་མགོན་པོའི་རྒྱུད། །མངའ་བདག་བསྟོད་ནམས་རྩེའི་སྐུ་རིང་ལ། །ཡོན་དག་ཁྱད་འཕགས་སེང་ལྡན་ཀུན་སེམས་ཀྱིས། །དད་པའི་སེན་ལངས་ཁེ་གྲགས་ཞེནད་སྤངས་ནས། །བཟའ་ཡོན་ལུགས་བཞིན་ཚད་ལས་ཐལ་བར་བསྐངས། །འབྲི་མཁན་ཁྱད་འཕགས་སླེགས་བམ་ངོ་མཚར་ཆེ། །[1]ཞེས་བྱུང་བ་ལ་གཞིགས་ན། ཤེར་ཕྱིན་ཡུམ་དེ་འབྲི་བཞེངས་གནང་བའི་སྐབས་སུ་དད་པ་སྐྱོ་ངས་མེད་པའི་སྦྱིན་བདག་བསྟན་པ་ཕྱི་དར་གྱི་འགོར་མངའ་རིས་གེ་གུར་བྱོན་པའི་མངའ་བདག་བསོད་ནམས་རྩེ་ལྡེའི་གདུང་རྒྱུད་ནི་སངས་རྒྱས་ཆོས་ལུགས་ཀྱི་བཤད་སྲོལ་ལ། སངས་རྒྱས་ཐམས་ཅད་མཁྱེན་བརྩེ་ནུས་པ་གསུམ་ལྡན་གྱི་རྣམ་པར་ཤར་བའི་ཆོ་མཁྱེན་པའི་རང་གཟུགས་འཇམ་དཔལ་དབྱངས། བརྩེ་བའི་རང་གཟུགས་ནི་སྤྱན་རས་གཟིགས། མཐུ་སྟོབས་ནུས་པའི་རང་གཟུགས་ནི་གསང་བདག་ཕྱག་ན་རྡོ་རྗེ་ཡིན་པས་སངས་རྒྱས་ཐམས་ཅད་ཀྱི་རིགས་བསྡུས་ན་རིགས་གསུམ་དུ་འདུས་[2]ཞེས་གསུངས་པ་ལྟར། མཁྱེན་བརྩེ་ནུས་གསུམ་དང་ལྡན་པའི་མི་རྒྱུད་དུ་འབྱུངས་པ་མངོན་ཞིང་། གུ་གེའི་རྒྱལ་རབས་སུ་གུ་གེའི་རྒྱལ་རབས་ལྷ་པ་མངའ་བདག་རྩེ་ལྡེ་ལ་སྲས་བཞི་བྱུང་བ་སྟེ། སེང་གྲགས། ཙ་མི་དྷི་ཏཱ། ཟངས་ཁ་ཚ་བཀྲ་ཤིས་འབར་ལྡེ་བཙན། ཆོ་ཆེན་བསོད་ནམས་རྩེ་བཅས་བཞི་བྱུང་[3]ཞེས་འཁོད་པའི་ནང་གི་ཆོ་ཆེན་བསོད་ནམས་རྩེ་ཞུ་བ་པོང་ཡིན་ན་པོང་གི་སྐུ་རིང་ལ། དད་པ་སྐྱོ་ངས་མེད་པའི་སྦྱིན་བདག་མངའ་བདག་བསོད་ནམས་རྩེ་ལྡེའི་སེང་ལྡན་ཀུན་སེམས་ཀྱིས་ནང་ཆོས་ལ་དད་པའི་སེམས་འཁྲུངས་ནས་ཟ་མ་དུས་ཐོག་ཏུ་འདྲེན་པར་མཛད་དེ་བཞེངས་པ་ལས་ང་རྒྱལ་དང་སྣན་གྲགས་ཆེད་དུ་མ་ཡིན་ཞེས་གསུངས།

གསུམ། བསྔོ་སྨོན།

ཁྱད་དུ་འཕགས་པ་འདི་རྣམས་ཀྱི། །དགེ་བ་ཅུང་ཟད་ཅི་བསགས་པ། །བདག་དང་རྒྱུ་

① མངའ་རིས་རྩ་མདའ་རྫོང་འཕུར་རི་དགོན་ཤེར་ཕྱིན་སྟོང་ཕྲག་བརྒྱད་པ་པོད་ཀྲའི་ལྡེབ་གྲངས་45ལས་དྲངས།།

② མཁས་དབང་དུང་དཀར་བློ་བཟང་འཕྲིན་ལས་མཆོག་གིས་མཛད་པའི་དུང་དཀར་བོད་རིག་པའི་ཚིག་མཛོད་ཆེན་མོ། ཀྲུང་གོའི་བོད་རིག་པ་དཔེ་སྐྲུན་ཁང་གི་2002ལོའི་སྤར་མའི་ཤོག་གྲངས་1910པ་ལས་དྲངས།

③ མཁས་དབང་དུང་དཀར་བློ་བཟང་འཕྲིན་ལས་མཆོག་གིས་མཛད་པའི་དུང་དཀར་བོད་རིག་པའི་ཚིག་མཛོད་ཆེན་མོ། ཀྲུང་གོའི་བོད་རིག་པ་དཔེ་སྐྲུན་ཁང་གི་2002ལོའི་སྤར་མའི་ཤོག་གྲངས་496པ་ལས་དྲངས།

སྦྱོར་ཡོན་བདག་དང་། །མཐའ་ཡས་སེམས་ཅན་མ་ལུས་རྣམས་། །ཡང་དག་དོན་རྟོགས་བྱང་ཆུབ་མྱུར་ཐོབ་ཤོག། །མ་ཞུས་ཏེ་དག་གོ། །[①]ཞེས་གསུངས་པ་ལྟར་ན། དད་པ་སྐྱོ་ངས་མེད་པའི་མངའ་བདག་བསོད་ནམས་རྩེའི་སེང་གློན་ནང་ཆོས་ལ་དད་པ་ལྡན་པའི་ཀུན་སེམས་ཀྱིས་སྟོན་པས་གསུངས་པའི་ཤེར་ཕྱིན་ཡུམ་དེ་འབྲི་བཞེངས་གནང་སྟེ། གསུང་རབ་དེ་འབྲི་བཞེངས་བསྒྲུབས་པའི་སྐབས་སུ་སེམས་ཅན་རྣམས་ཀྱི་རེ་སྨོན་དང་འཚམས་པའི་བསྔོ་བ་སྨོན་ལམ་སྟེ་གསུང་རབ་འདིའི་སྦྱིན་བདག་ཡོང་དང་ལས་དེའི་ཐད་ལ་མཐུན་རྐྱེན་སྦྱོར་མཁན་སྦྱིན་བདག་ཅི་དང་མཐའ་ཡས་སེམས་ཅན་རྣམས་བྱང་ཆུབ་ཐོབ་པར་ཤོག་ཅེས་བཏབ་པ་དེ་ལགས།

① མངའ་རིས་རྩ་མདའ་རྫོང་འཕྲུར་རི་དགོན་ཤེར་ཕྱིན་སྟོང་ཕྲག་བརྒྱད་པ་པོད་ཀྲའི་ལྡེབ་གྲངས་45ལས་དྲངས།།

ལེའུ་དྲུག་པ། འཕྲུལ་ཡིག་སྐོར།

གོང་གི་མཛད་བྱུང་ཁག་གི་ནང་དུ་འབྲི་གཟུགས་ཆད་དུ་བྱུང་བའི་བསྟོད་ཚིག་ཏུ་འཕྲུལ་ཡིག་གིས་བསྟོད་པ་ཕུལ་བ་མི་ཉུང་བ་ཞིག་མཐོང་ཐུབ། དེ་དག་མཛད་བྱུང་གི་དབྱེ་ཞིབ་ཏུ་ནང་དོན་གཞན་དང་འདྲ་བའི་དཔྱད་པ་བྱས་མེད་པར་བཞག ད་ཐེངས་འདིར་གཙོ་བོ་གོང་གི་མཛད་བྱུང་ཁག་ལས་འཕྲོས་ཏེ་འཕྲུལ་ཡིག་ སྐོར་ལ་དཔྱད་པ་རང་བློས་དཔོག་ཚོད་ཙམ་ཞིག་བྱ་རྒྱུ་ཡིན།

གཅིག འཕྲུལ་གྱི་གོ་དོན།

འཕྲུལ་འདི་མཐོ་བོད་བཙན་པའི་རྒྱལ་རབས་སུ་བྱུང་བའི་སྐབས་དེའི་སྤྱི་ཚོགས་ཀྱི་ཆབ་སྲིད་དང་དཔལ་འབྱོར། རིག་གནས་སོགས་ཀྱིས་ཐད་ལ་གཞན་གྱི་དོ་ཟླ་བྲལ་བའི་ལེགས་སྐྱེས་དང་ཕན་ནུས་འདོན་ཐུབ་པའི་མི་དང་རིག་གནས་ཀྱི་གཞི་འདུས་ཆེ་བའི་བྱ་དངོས་སོགས་གང་ཉུང་ལ་རང་རང་གི་འབབ་དང་བསྟུན་ཏེ་དེའི་ཁྱད་བསྟོད་དུ་སྤྱིར་བ་ཞིག་རེད་འདུག དཔེར་ན། འཕྲུལ་གྱི་ལྷ་བཙན་པོ་དང་འཕྲུལ་བློན་འཛངས་མི་བདུན། ར་ས་འཕྲུལ་སྣང་དང་བང་སོ་རྒྱལ་ཆེན་འཕྲུལ། འཕྲུལ་གྱི་ཡི་གེ་ཉེད་དང་ཀོང་ཅོ་འཕྲུལ་གྱི་རྒྱལ་པོ་སོགས་འཕྲུལ་གྱིས་ཆེ་བསྟོད་མཛད་པ་མང་པོ་ཞིག་འདུག དེས་ན་འཕྲུལ་ཞེས་པའི་ཚིག་འདིར་དམིགས་སུ་བཀར་ནས་དོན་འདི་འདྲ་ཞིག་གོ་དགོས་ཞེས་སྨྲ་བའི་འབབ་སྟེགས་བསྒྱུར་དཀའ་ཡང་། ཚིག་དེ་སྤྱིར་སའི་ཚིག་གྲོགས་དང་སྐད་ཆའི་འགྲོས་དང་བསྟུན་ཏེ་གོ་བ་ལེན་དགོས་པ་ཞིག་ཡིན་པ་སྟེ་དཔེར་ན་རྗེ་བློན་འཕྲུལ་ནི་འཕྲུལ་གྱི་རྗེ་བློན་ཏེ་སྤྲུལ་པའི་རྒྱལ་བློན་བྱ་བ་དང་དོན་གཅིག[1] འཕྲུལ་བློན་ཞེས་པ་ལྟ་བུ་ནི་རིག་འཕྲུལ་དྲན་སྐྱེན་གྱི་བློན་པོ་[2] དང་འཕྲུལ་ཡིག་ཞེས་

---

① དགེ་འདུན་ཆོས་འཕེལ་གྱིས་མཛད་པའི་དེབ་ཐེར་དཀར་པོའི་ཤོག་གྲངས་182ལས་དྲངས།

② བོད་རྒྱ་ཚིག་མཛོད་ཆེན་པོའི་ཤོག་གྲངས་1794ལས་དྲངས།

པ་ནི་བརྡ་ཡིག་དང་གཏེར་ཡིག་ལྟ་བུ་གསང་བར་སྦྱོད་པའི་ཡིག་གཟུགས་ཤིག་ལ་ཟེར་[1]ཞེས་པས་འཕྲུལ་གྱི་གོ་དོན་ཡང་རགས་ཙམ་ཞིག་ཤེས།

གཉིས། འཕྲུལ་གྱི་བྱུང་བ།

འཕྲུལ་ཞེས་པའི་ཚིག་དེ་ནི་བོད་ཡིག་དཔེ་རྙིང་གི་ཡིག་གཟུགས་དང་མཐོ་བོད་བཙན་པོ་དང་བློན་པོ། རིག་གནས་ཀྱི་གཞི་འདུས་ཆེ་བའི་ལྡེ་གནས་གཙུག་ལག་ཁང་སོགས་ཀྱི་མཚན་བསྟོད་དུ་འཕྲུལ་ཞེས་འབྲི་བའི་སྲོལ་དེ་ནི་དུས་རབས་8པའི་སྐབས་ནས་ཡོད་པ་ཞིག་སྟེ། འཕྱོངས་རྒྱས་སྟག་རྩེའི་རྡོ་རིང་ཡི་གེར་འཕྲུལ་གྱི་ལྷ་བཙན་པོ་ཡབ་མྱེས་ལྷ་དང་མྱིའི་རྗེར་གཤེགས་ཏེ། ཆོས་གཙུག་ལག་ནི་ལུགས་བཟང་། དབུ་རྔོག་བརྟན་པོ་ནི་ཕྱིན་དུ་ཆེའོ། [2]ཞེས་དང་ཞྭ་ལྷ་ཁང་གི་རྡོ་རིང་དུ། གནམ་ལྷབ་ཀྱི་རྒྱལ་པོ། འཕྲུལ་གྱི་ལྷ་བཙན་པོ་ཁྲི་ལྡེ་སྲོང་བརྩན་གྱི། བཀས། [3]ཞེས་དང་རྐྱལ་སྟེ་སྐར་ཆུང་གི་རྡོ་རིང་དུ། འཕྲུལ་གྱི་ལྷ་བཙན་པོ་ཁྲི་ལྡེ་སྲོང་བརྩན་གྱི་རིང་ལ། [4]ཞེས་དང་འཕྱོངས་རྒྱས་རྡོ་རིང་དུ་བཙན་པོ་ལྷ་སྲས། ཁྲི་ལྡེ་སྲོང་བརྩན། ལྷ་འཕྲུལ་གྱི་ཞལ་སྔ་ནས། བང་སོ་རྒྱལ་ཆེན་འཕྲུལ་ཞེས་མཚན་པ་འདི་ལགས་སོ།[5]ཞེས་དང་སྐོད་ལུང་མཚུར་ཕུ་དགོན་པའི་རྡོ་རིང་དུ། ཁྲི་གཙུག་ལྡེ་བརྩན་འཕྲུལ་གྱི་བཀའ་དྲིན།[6]ཞེས་དང་ལྷ་སའི་གཙུག་ལག་ཁང་གི་མདུན་གྱི་རྡོ་རིང་དུ། བོད་ཀྱི་རྒྱལ་པོ་ཆེན་པོ་འཕྲུལ་གྱི་ལྷ་བཙན་པོ་དང་། རྒྱའི་རྒྱལ་པོ་ཆེན་པོ་རྒྱ་རྗེ་ཧྭང་ཏེ། འཕྲུལ་གྱི་ལྷ་བཙན་པོ་འོ་ལྡེ་སྤུ་རྒྱལ།[7]ཞེས་པ་སོགས་སྟོན་དུ་བཀོད་པའི་རྡོ་རིང་དེ་དག་གི་ནང་དོན་ལ་བསམ་གཞིགས་ཤིག་བྱས་ཚེ། རྡོ་རིང་དེ་དག་ནི་ཆོས་རྒྱལ་ཁྲི་སྲོང་ལྡེ་བཙན་ (ཁྲི་ལོ་755-797) དང་ཁྲི་ལྡེ་སྲོང་བཙན་སད་ན་ལེགས་ (ཁྲི་ལོ་797-804) ཁྲི་གཙུག་ལྡེ་བཙན་ཁྲི་རལ་པ་ཅན་ (ཁྲི་ལོ་815-838) བཅས་ཀྱི་སྐུ་དུས་སུ་བཙུགས་པའི་རྡོ་རིང་ཤ་

---

① དུང་དཀར་བློ་བཟང་འཕྲིན་ལས་ཀྱིས་མཛད་པའི་དུང་དཀར་བོད་རིག་པའི་ཚིག་མཛོད་ཀུང་གོའི་བོད་རིག་པའི་དཔེ་སྐྲུན་ཁང་གི་2006ལོའི་སྤར་མའི་ཤོག་གྲངས་1391ལས་དྲངས།

② འཕྱོངས་རྒྱས་སྟག་རྩེའི་རྡོ་རིང་ཡི་གེ་ལས་དྲངས།

③ ཞྭ་ལྷ་ཁང་གི་རྡོ་རིང་ཡི་གེ་ལས་དྲངས།

④ རྐྱལ་སྟེ་སྐར་ཆུང་གི་རྡོ་རིང་ཡི་གེ་ལས་དྲངས།

⑤ འཕྱོངས་རྒྱས་བཙན་པོའི་བང་སོའི་རྡོ་རིང་ཡི་གེ་ལས་དྲངས།

⑥ སྐོད་ལུང་མཚུར་ཕུ་དགོན་གྱི་རྡོ་རིང་ཡི་གེ་ལས་དྲངས།

⑦ གཙུག་ལག་ཁང་གི་རྡོ་རིང་ཡི་གེ་ལས་དྲངས།

སྟག་ཡིན་པ་[①] རྒྱལ་ཕྲིའི་བོད་རིག་པ་སྨྲ་བ་རྣམས་ཀྱིས་མགྲིན་གཅིག་ཡིན་གཤིས། རྗེ་རིང་དེ་དག་གི་སྐེང་དུ་འཕྲུལ་གྱི་ལྷ་བཙན་པོ་ཁྲི་གཙུག་ལྡེ་བཙན་དང་འཕྲུལ་གྱི་ལྷ་བཙན་པོ་འོ་ལྡེ་སྤྲུ་རྒྱལ་ཞེས་པ་དང་ཧུན་ཧྭང་ཡིག་ཆ་pt1085ཕོ་བྲང་ལྡན་དཀར་ནས། …… རྗེ་བློན་འཕྲུལ་གྱི་བཀའ་དྲིན་སོགས་བྱུང་བ་བཅས་ཀྱིས། འཕྲུལ་གྱི་མཚན་བསྟོད་དེ་ནི་རྒྱལ་ཕྱིའི་བོད་རིག་པ་མཁས་པའི་གསུངས་སྒྲོས་ལྟར་བོད་ཀྱི་བཙན་པོ་ཁྲི་སྲོང་ལྡེ་བཙན་གྱི་ (ཁྲི་ལོ་755-797) སྐུ་དུས་ནས་འགོ་འཛུགས་ཟིན་པ་རྗེ་རིང་གི་ཡི་གེ་དང་ཧུན་ཧྭང་གི་ཡིག་རྙིང་གཉིས་ལས་མགོ་བཏགས་འགྲོལ་སླ་མོད་ཀྱང་། གལ་པོ་ཆེ་ལ་ནན་ཏན་ཟེར་བ་ལྟར། མཐོ་བོད་བཙན་པོའི་སྐབས་ཀྱི་དཀར་ཆག་ཆེན་མོ་གསུམ་དུ་གྲགས་པའི་ནང་ནས་དུས་རབས་13པར་འབྲི་བཤུས་བགྱིས་པའི་དཀར་ཆག་འཕང་ཐང་མའི་བུ་དཔེ་བོད་ལྗོངས་རྟེན་རྫས་བཤམས་མཛོད་ཁང་དུ་བཞུགས་པ་དེའི་ཞབས་ཤོག་ཏུའང་འཕྲུལ་གྱི་ལྷ་བཙན་པོ་ཁྲི་སྲོང་ལྡེ་བཙན་[②]ཞེས་དང་གསར་དུ་རྙེད་སོན་བྱུང་བའི་དུས་རབས་12པར་འབྲི་བཤུ་བྱས་པའི་གུ་གེའི་རྒྱལ་རབས་ལྡེབས་མགོ་མར་ཡང་སྣད་ན་མེས་སྲོང་རྩན་སྒམ་པོའི་སྐུ་རིང་ལ། དམ་པའི་ཆོས་ཀྱི་སྲོལ་གཏོད་དེ། ར་ས་འཕྲུལ་སྣང་གི་གཙུག་ལག་ཁང་བཞེངས་སུ་གསོལ། མདོ་སྡེ་དཀོན་མཆོག་སྤྲིན་མཆོད་གནས་སུ་མཛད། ལྷ་ཤག་ཀྱ་མུ་ནེ་སྤྱན་དྲངས། མཐོན་མིན་སམ་པོ་ར་དང་རྗེ་འབངས་ཀྱིས་ཡི་གེའི་དཔེས་གྲུབ (རྙིད་སྟེ) འཕྲུལ་གྱི་ཡི་གེའི་ཁུངས་བཏོན་[③]ཞེས་དང་དུས་རབས་12པར་འབྲི་བཤུས་བགྱིས་པའི་ཆོས་འབྱུང་གི་ཡི་གེ་ཞིབ་མོར་ཡང་མེས་སྲོང་བཙན་རྗེ་བཙུན་སྤྱན་རས་གཟིགས་ཀྱི་སྤྲུལ་པར་འདུག དེའི་རྗེས་ལ་རྒྱལ་པོ་འཕྲུལ་མངའ་བ་ཡང་བྱོན་[④]ཞེས་པས་ཀྱང་ཁྱད་འཕགས་ཀྱི་བྱེད་ནུས་ལྡན་པའི་མི་དང་བྱ་དངོས་སོགས་ལ་འཕྲུལ་གྱིས་ཁྱད་བསྟོད་བྱེད་པའི་སྲོལ་དེ་དུས་རབས་8པའི་སྐབས་ཏེ་སྲོང་བཙན་སྒམ་པའི་རྗེས་ནས་བྱུང་བ་ཞིག་ཡིན་པ་གོང་གི་ལུང་ཁུངས་ཁག་རྒྱབ་བརྟེན་བྱས་ཏེ་གསལ་བཤད་བྱ་ཐུབ་པ་ཞིག་ཡིན།

---

① 见，郑炳林主编 耿昇译《法国藏学精粹》甘肃人民出版社2011年4月出版 155页。

② དཀར་ཆག་འཕང་ཐང་མ་བྲིས་མའི་མཛད་བྱང་ལས་དྲངས།

③ གུ་གེའི་རྒྱལ་རབས་ལྡེབས་མགོ་མ་བྲིས་མའི་pt0842ལས་དྲངས།

④ བོད་ལྗོངས་དཔེ་མཛོད་ཁང་དུ་བཞུགས་པའི་ཆོས་འབྱུང་གི་ཡི་གེ་ཞིབ་མོ་དཔེ་རྟགས། ཕྱི་ར། 185 བྲིས་མའི་ལྡེབ་གྲངས་51ལས་དྲངས།

གསུམ། འཕྲུལ་ཡིག་བརྒྱན་པའི་འབྲི་གཟུགས།

འདིར་སྐབས་སུ་བབ་པའི་དོན་ནི་དུས་རབས་མི་འདྲ་བའི་གསུང་རབ་བྲིས་མའི་མཇུག་བྱང་ལས་བྱུང་བའི་གསུང་རབ་འབྲི་བཞེངས་ཀྱི་ཡི་གེར་འཕྲུལ་ཡིག་ཅེས་པས་ཆེ་བསྟོད་བྱས་པའི་སྐོར་ཡིན་ཙ་ན། དཔེ་རྙིང་ཡོངས་བཤེར་དང་སྲུང་སྐྱོབ་ཀྱི་ལས་ཀ་བསྒྲུབ་རིང་འཕྲུལ་གྱིས་ཆེ་བསྟོད་བྱས་པའི་ཡི་གེ་སྟེ་བྲག་ཡིག་དང་མལ་ཡིག ཀླེ་བྲིས་དང་ཨེ་བྲིས། གཙང་བྲིས་དང་ཧོར་བྲིས་སོགས་མཇལ་སྐབས་གཤམ་དུ་ཡུལ་དུས་མི་འདྲ་བའི་ནང་འབྲི་བཞེངས་བསྒྲུངས་པའི་གསུང་རབ་བྲིས་མའི་མཇུག་བྱང་གི་ནང་དོན་སོ་སོའི་སྐབས་འབབ་དང་བསྟུན་ཏེ་དེའི་སྐོར་ཞུ་རྒྱུ་ཡིན།

ལེའུ་བདུན་པ། དུས་རབས་12-13པའི་གསུང་རབ་ཀྱི་མཛད་བྱང་ངོས་འཛིན།

ལེ་ཚན་དང་པོ། ཀུང་ཐང་ཅུད་འཕགས་པ་དཀོན་མཆོག་བརྩེགས་པ་ཆེན་པོའི་ཆོས་ཀྱི་རྣམ་གྲངས་ལེའུ་སྟོང་ཕྲག་བརྒྱ་པའི་མཛད་བྱང་།

མཛད་བྱང་མ་དཔེ།

དང་པོ། མཛད་བྱང་མ་ཕྱུགས།

འཕགས་པ་དཀོན་མཆོག་བརྩེགས་པ་ཆེན་པོའི་ཆོས་ཀྱི་རྣམ་གྲངས་ལེའུ་སྟོང་ཕྲག་བརྒྱ་པ་ལས། །རྒྱ་གར་ཡུལ་དང་། །ལི་ཡུལ་དང་རྒྱ་ལས་དཔེའ་རྙེད་པ་ལས་ལེའུ་ཚང་ཞིང་བསྒྱུར་དུ

ཏུང་བ་རྣམས་བསྒྱུར་ཏེ།།།།ཛོགས་སྷོ།།༄༅།རྒྱ་གར་གྱི་མཁན་པོ་འཛི་ན་མི་ཏྲ་དང་། ད་ན་ཤི་ལ་དང་། སུ་རེན་དྲ་བོ་དྷི་དང་། ཞུ་ཆེན་གྱི་ལོ་ཙ་བ་བན་དྷེ་ཡེ་ཤེས་སྡེ་ལ་སོགས་པས་བསྒྱུར་ཅིང་ཞུས་ཏེ། སྐད་གསར་ཆད་ཀྱིས་ཀྱང་བཅོས་ནས་གཏན་ལ་ཕབ་པའ། ༄༅།བོད་ཀྱི་དཔལ་ལྷ་བཙན་པོའི་ཐུགས་དམ། ཡུལ་ཀུ་ཏང་རྫུམ་གྱི་ལ་པར་གི་མཁར་ཐང་ལ་ཛོང་དུ། ཡོན་བདག་ཕུག་དགེ་བསྙེན་དང་། ཡོན་བདག་མོ་སར་ནམ་ཟ་བརྩོན་འགྲུས་ལྷ་མོས་ཡོན་བདག་བགྱིས་ཏེ། དེ་བཞིན་གཤེགས་པ་ཐམས་ཅད་ཀྱི་གསུང་རབ་ཀྱི་དམ་པ། འཕགས་པ་དཀོན་མཆོག་བརྩེགས་པ་ཆེན་པོའི་ཆོས་ཀྱི་རྣམ་གྲངས། དོན་དམ་པའི་བདེན་པ་གསལ་བར་སྟོན་པ། བྱང་ཆུབ་སེམས་དཔའི་སྤྱོད་པ་བསྟུས་པ། ཐེག་པ་ཆེན་པོའི་ཚུལ་གསར་བར་འགྲེལ་པ། ལེའུ་སྟོང་ཕྲག་བརྒྱ་བ་འདི་བཞེངས་སུ་གསོལ་བའི་བསོད་ནམས་ཀྱིས། དཔལ་ལྷ་བཙན་པོ་ཞ་སྔ་ནས་དང་། དུས་ཐམས་ཅད་པའི་དགེ་བའི་བཤེས་གཉེན་དང་། སྐྱེ་བོ་ཐམས་ཅད་ཀྱི་ཕ་མ་དང་། བདག་དང་མཐའ་ཡས་པའི་སེམས་ཅན་མཐའ་ཡས་སྒྲིབ་པ་མ་ལུས་པ་ནི་བསལ། ཚོགས་མ་ལུས་པ་ཛོགས་ནས་ཆོས་ཀྱི་དོན་མ་ལུས་པར་ཁོང་དུ་ཆུད་དེ། རྣམ་པར་ཐརད་པའི་སྒོ་ཐམས་ཅད་ལ་འཇུག་ཅིང་། ཐབས་དང་ཤེས་རབ་ཕུན་སུམ་ཚོགས་པ་····གོ་ཕང་ཐོབ་སྟེ། མཐར་ཡང་བླ་ན་མེད་པའི་བྱང་ཆུབ་ཀྱི་གོ་འཕང་ཐོབ་པར་གྱུརད་ཅིག།།[1]ཅེས་པའོ།

གཉིས་པ། མཛད་བྱང་གི་དབྱེ་ཞིབ།

གཅིག བསྒྱུར་བྱང་།

འཕགས་པ་དཀོན་མཆོག་བརྩེགས་པ་ཆེན་པོའི་ཆོས་ཀྱི་རྣམ་གྲངས་ལེའུ་སྟོང་ཕྲག་བརྒྱ་པ་ལས།རྒྱ་གར་ཡུལ་དང་། ལི་ཡུལ་དང་རྒྱ་ལས་དཔེའ་རྙེད་པ་ལས་ལེའུ་ཚང་ཞིང་བསྒྱུར་དུ་ཏུང་བ་རྣམས་བསྒྱུར་ཏེ།།།།ཛོགས་སྷོ།།༄༅།རྒྱ་གར་གྱི་མཁན་པོ་འཛི་ན་མི་ཏྲ་དང་། ད་ན་ཤི་ལ་དང་། སུ་རེན་དྲ་བོ་དྷི་དང་། ཞུ་ཆེན་གྱི་ལོ་ཙ་བ་བན་དྷེ་ཡེ་ཤེས་སྡེ་ལ་སོགས་པས་བསྒྱུར་ཅིང་ཞུས་ཏེ། སྐད་གསར་ཆད་ཀྱིས་ཀྱང་བཅོས་ནས་གཏན་ལ་ཕབ་པའ།[2]ཞེས་འགྱུར་བྱང་དུ་བྱུང་བ་ལ་གཞིགས་ན། འཕགས་པ་དཀོན་མཆོག་བརྩེགས་པ་ནི་བཀའ་འགྱུར་གྱི་གྲས་སུ་བཞུགས་

① ཀྱང་ཐང་ཏུད་དུ་བཞུགས་པའི་དཔེ་རྙིང་མདོ་དཀོན་མཆོག་བརྩེགས་པའི་མཛད་བྱང་ལས་དྲངས།

② ཀྱང་ཐང་ཏུད་དུ་བཞུགས་པའི་དཔེ་རྙིང་མདོ་དཀོན་མཆོག་བརྩེགས་པའི་མཛད་བྱང་ལས་དྲངས།

པའི་མདོ་ཞིག་གི་མིང་། སྔར་རྒྱ་གར་དུ་མདོ་འདི་ལ་ལེའུ་སྟོང་ཕྲག་བརྒྱ་ཡོད་པར་གྲགས་ཀྱང་སངས་རྒྱས་ཆོས་ལུགས་ལ་དགྲ་ཐེངས་གསུམ་བྱུང་བའི་རྐྱེན་གྱིས་ལེའུ་བཞི་བཅུ་ཞེ་དགུ་མ་གཏོགས་དེ་འཕྲོས་མེས་ཚིག་ནས་མ་ཚང་བར་གྱུར་པ་ལས། མ་དཔེ་ལེའུ་ཆ་ཚང་པ་སྔེ་མང་ཆེ་བ་རྒྱ་གར་ནས་རྙེད་པ་དང་། འགའ་ཞིག་ལི་ཡུལ་དང་། རྒྱ་ནག་ནས་རྙེད་པ་བཅས་ལོ་ཙཱ་བ་ཞང་ཡེ་ཤེས་སྡེས་བསྒྱུར་ཞིང་སྐད་གསར་བཅད་ཀྱིས་བཅོས་པ། ཉུང་ཤས་ཞིག་ལོ་ཙཱ་བ་རྣམ་ཏྲ་ཤྲི་ལ་དང་། འགོས་ཆོས་གྲུབ་ཀྱིས་བསྒྱུར་བ་བཅས་སྡེ་དགེའི་བཀའ་འགྱུར་གྱི་མདོ་ཕྱོགས་དཀོན་བརྩེགས་པོད་ཀ་པ་ནས་ཆ་པ་བར་ཡོད་[1]ཅེས་གསུངས་པ་དེ་སྐབས་འདིའི་འགྱུར་བྱང་དང་ཁ་རང་འགྲིག་ཏུ་སོང་། དེས་ན་འགྱུར་བྱང་དུ་བྱུང་བའི་ལི་ཡུལ་ཞེས་པའི་གོ་དོན་ཐད་ལ་རྒྱལ་སྤྱིའི་བོད་རིག་པ་སྨྲ་བ་རྣམས་ཀྱིས་འགྲེལ་ལུགས་མི་འདྲ་བ་ཁག་ཁ་ཤས་ཡོད་པ་སྟེ། ཕུ་ལི་བན་ (蒲立本) གྱི་ངོས་འཛིན་ལྟར་ན་སྔོན་ཐང་རྒྱལ་རབས་ཀྱིས་ལི་ཡུལ་རྒྱལ་པོར་རུས་མིང་ལི་གནང་བ་སྟེ། དཔེར་ན་ལི་ཡུལ་རྒྱལ་པོ་ལི་ཧྲིང་ཐན་ཞེས་པ་སོགས་བྱུང་བ་ལས་རྒྱལ་པོའི་རུས་མིང་ས་མིང་དུ་ཕོས་པ་ལས་རིམ་གྱིས་ལི་ཡུལ་ཞེས་བྱུང་[2]ཞེས་དང་། ཨ་མི་རི་ཁའི་རོ་ཁའོ་(W.W.Rockhiil) ཡིས་ངོས་འཛིན་ལྟར་ན། བོད་ཡིག་ལི་ནི་ཟངས་ཀྱི་དོན་ཡིན་གཤིས་བོད་ཡིག་གསུང་རབ་ཏུ་ལི་ཡུལ་ཞེས་འབོད་[3]ཅེས་དང་། ཕར་ཐེས་(Thoms Walters)ཀྱིས་ངོས་འཛིན་ལྟར་ན་ལི་ཡིག་ནང་དོན་ནི་ས་བོན་འདེགས་པ་སྟེ་རྒྱ་ཡིག་ (犁) ཅེས་པ་ལས་ལི་ཡུལ་ལས་ཞྭོ་གཡག་ཐོན་པ་དང་འབྲེལ་བ་ཡོད་[4]ཅེས་དང་། དགེན་པ་ཚབ་པ་སངས་དབང་འདུས་ལགས་ཀྱིས་ལི་ཡིག་ནང་དོན་ནི་ཟངས་ཏེ་ལྕགས་རིགས་མཉམ་དུ་བསྲེས་པའི་ནང་དོན་ཡིན། གནའ་བོའི་བོད་མི་རྣམས་ཀྱིས་ལི་ཡུལ་ནི་རྒྱ་གར་འཕགས་པའི་ཡུལ་གྱི་ནང་བསྟན་ཡི་གེ་བྱུང་ས་དང་རྒྱ་ནག་རྒྱལ་རབས་ཀྱི་མི་ཆོས་དག་མཉམ་དུ་འདྲེས་པའི་རྒྱལ་ཁབ་ལ་ལི་ཡུལ་ཞེས་འབོད་ཀྱི་ཡོད་[5]ཅེས་པ་བཅས་ལ་བལྟས་ན། སྔོན་གྱི་མཁས་པ་རྣམ་གཉིས་ཀྱིས་རྒྱ་ནག་གི་ལོ་རྒྱུས་དང་

---

① མཁས་དབང་དུང་དཀར་བློ་བཟང་འཕྲིན་ལས་ཀྱིས་མཛད་པའི་དུང་དཀར་བོད་རིག་པའི་ཚིག་མཛོད་ཀྲུང་གོའི་བོད་རིག་པ་དཔེ་སྐྲུན་ཁང་གི་2002ལོའི་སྤར་མའི་ཤོག་གྲངས་43ལས་དྲངས།

② W.W.Rockhiil.The Early History of Li country[Khotan].In The life of the Buaaha.chapteNcwyouk. l935.P230-248

③ W.W.Rockhiil.The Early History of Li country[Khotan].In The life of the Buaaha.chapte Ncwyouk. l935.P230-248

④ Thoms Walter, on Wan Chmg's Trauels in Indan AD629.645.vol2 New Dclhi I996p300

⑤ 见，巴桑旺堆：《藏文文献中的若干古于阗史料》，《敦煌学辑刊》 1986 年，第 1期。

རྒྱ་ཡིག་གི་གོ་དོན་ཐོག་ནས་འགྲེལ་པ་དང་། ཕྱི་མ་རྣམ་གཉིས་ཀྱིས་བོད་ཡིག་གི་ཐོག་ནས་གོ་བ་བླངས་ཏེ་འགྲེལ་བརྗོད་གནང་བ་ཞིག་རེད་འདུག་སུ་ཞིག་དག་དང་མ་དག་བདེན་ཁ་གཅོད་མ་ཐུབ་ཙང་། མདོར་བསྡུས་ནས་ཞུས་ན་གོང་གི་དེ་དག་ནི་ལི་ཡུལ་ཞེས་པའི་ཐ་སྙད་ཀྱི་འགྲེལ་ཚུལ་མི་འདྲ་བ་དེ་དག་ཤེས། འོན་ཏེ་ལི་ཡུལ་གྱི་ས་མིང་ངོས་འཛིན་དང་ལོ་རྒྱུས་ཐད་ལ་བོད་ཀྱི་སྔ་རབས་མཁས་པ་རྣམས་ཀྱིས་འགྲེལ་ལུགས་སུ་གསུང་རབ་སྨྲ་བ་དགེ་འདུན་ཆོས་འཕེལ་གྱིས་གསུངས་པ་ལྟར་ན། བོད་ཀྱི་འབངས་སུ་ཚུད་དོ་བྱ་བའི་ལི་ཡུལ་དེ་ཕྱོགས་གར་ཡོད་སོགས་ཀྱང་བར་སྐབས་སུ་ཐམས་ཅད་ཀྱིས་བརྗེད་པ་ལྟར་གྱུར་ཏེ། ལོ་ངོ་བརྒྱ་ཕྲག་དུ་མ་སོང་ཞིང་། དེའི་བར་ལ་འགའ་ཞིག་གིས་འོལ་ཚོད་བྱས་ཏེ། བལ་ཡུལ་དང་ལི་ཡུལ་དོན་གཅིག་པར་བྱས་ནས། སྤྱང་ཏུ་ལུང་བསྟན་གྱི་གནས་ཐམས་ཅད་ཀྱང་དེ་ཕྱོགས་སུ་ངོས་འཛིན་བྱས་སོ། དེ་ནས་ལོ་ཙྪ་བ་ཤཱཀྱ་ལ་པའི་ཞལ་ནས། དེང་སང་བོད་ན་ལི་ཡུལ་ངོས་ཟིན་མཁན་རེ་མདའ་བ་དང་ངེད་ལས་མེད་ཅེས་གསུངས་པར་གྲགས་པ་ཡང་ཕལ་ཆེར་དོན་ལ་གནས་པ་ཡིན་ལ། བལ་ཡུལ་དང་ལི་ཡུལ་མི་གཅིག་པ་ནི་གོ་ལུང་པས། རྒྱ་གར་ཤར་ནུབ་ལི་དང་བལ་པོའི་ཡུལ་ཞེས་དེ་གཉིས་ཡུལ་སོ་སོར་གསུངས་པས་ཀྱང་ཤེས་ལ། བཅོམ་ལྡན་རིགས་རལ་གྱིས་ཀྱང་། ས་ནུས་བཟུང་བའི་ལི་ཡུལ་དེ། རྒྱ་བོད་མཚམས་ཀྱི་བལ་པོ་མིན། ཞེས་ཤིན་ཏུ་གསལ་བར་གསུངས་སོ། དེས་ན་ལི་ཡུལ་དེ་ནི་བོད་ཀྱི་བྱང་རྒྱབ་དང་། ཨུ་ཏྲ་ཀུའི་ལྷོ་མཐར་ཆགས་པའི་ཡུལ། རྒྱ་གར་སྐད་དུ་གཾ་ས་དེ་ཤ། ཡུལ་གཞན་དུ་ཏུ་ཀི་སྟན་དང་། རྒྱ་ནག་པས་སིན་ཛང་དུ་འབོད་པ་འདི་ཡིན། འདིའི་མཐའ་མཚོ་སྔོན་པོའི་བྱང་རྒྱབ་དང་འབྲེལ་ཞིང་། ནུབ་ཀྱི་མཐའ་ནི་མངའ་རིས་ལ་དྭགས་ཕྱོགས་དང་ཚོང་འགྲུལ་ཡོད་པའི་ཡར་ཀན་བྱ་བ་དེ་ཡིན་[1]ཞེས་པས་སྔོན་གྱི་འགྱུར་བྱང་དུ་བྱུང་བའི་ལི་ཡུལ་ཞེས་པའི་ས་གནས་དེ་རྒྱ་སྐད་སིན་ཅང་[新疆之于阗]ཡིན་པ་ངོས་འཛིན་གསལ་པོ་ཞིག་བྱུང་། འོན་ཏེ་ད་ལྟའི་ལི་ཡུལ་གྱི་ཡུལ་སྲོལ་གོམས་གཤིས་དང་ཆོས་ལུགས་སོགས་ལ་བསམ་གཞིགས་བྱས་ན་ཡུལ་དེ་ལས་ནང་ཆོས་ཇི་བསྒྱུར་ཞེས་ན། དེ་ཡང་གསུང་རབ་སྨྲ་བ་དགེ་ཆོས་ཀྱིས་སྔར་ཕྱོགས་འདིར་བསྟན་པ་རྒྱ་ཆེར་དར་བ་ལས། སྲོང་བཙན་གྱི་སྐུ་དུས་ཙམ་ན་ཆོས་བསྣུབས་ཏེ། དགེ་སློང་རྣམས་བོད་དང་རྒྱ་གར་དུ་བྲོས། དེ་ནས་བཟུང་ཀླ་ཀློའི་རྒྱལ་

① མཁས་དབང་དགེ་འདུན་ཆོས་འཕེལ་གྱི་གསུང་རྩོམ་ཕྱོགས་བསྒྲིགས་བོད་དང་པོ་ནུབ་བྱང་མི་རིགས་སློབ་ཆེན་གྱི་2003ལོའི་སྤར་མའི་ཤོག་གྲངས་180ལས་དྲངས།

ཁམས་ཀྱི་ལྟེ་བར་གྱུར་ཏེ་ཡོད། ད་དུང་ཡང་གོ་ཤྲཱི་གླང་རུའི་གཙུག་ལག་ཁང་གི་ཤུལ་དང་། གཞན་ཡང་མཆོད་རྟེན་ཞིག་པ་དང་སྔོན་གྱི་དགོན་རྙིང་ཤིན་ཏུ་མང་བ་འདུག ཡུལ་འདིའི་མི་རིགས་རྣམས་སོག་རྒྱུད་ཡིན། ཀུན་མཁྱེན་ཀློང་ཆེན་པས། ལྷང་ར་སྨུག་པོ་ལ་སོགས་པའི་སོག་ཡུལ་[1]ཞེས་གསུངས་པས་གོང་གི་དོགས་གནས་རྣམས་མ་བཤིག་རང་གིས་འགྲོལ། ལི་ཡུལ་དེ་དུས་རབས་7པའི་དུས་དཀྱིལ་ནང་དུ་བོད་བཙན་པོས་མངའ་འོག་ཏུ་བསྡུ་སྐྱོང་ཡོད་པ་སྟེ། ཉེ་དུས་འདིར་ཡུལ་དེའི་བྱེ་མའི་གསེབ་ནས་བོད་ཀྱི་རྫོང་གོག་མང་པོའི་ཤུལ་གསར་དུ་རྙེད་པ་ལས། སྔ་མོའི་བོད་ཀྱི་ཡོ་བྱད་སྣ་ཚོགས་དང་། ཡུལ་མི་ལས་ཁྲལ་བསྡུས་པའི་བྱང་བུ་ཆེ་ཆུང་དུ་མ། དམག་དཔོན་སོགས་ཀྱིས་ཕན་ཚུན་བཏང་བའི་ཡི་གེ་ལ་སོགས་པ་ཆེས་མང་པོ་ཞིག་འཐོན་ནས། རྒྱལ་ཁབ་དུ་མར་འཁྱེར་ཏེ་[2]སྔོན་གྱི་ལོ་རྒྱུས་དཔྱོད་པའི་མཁས་པ་ཐམས་ཅད་ཀྱང་ཡིད་ཆེས་པ་ཡིན་ནོ་[3]ཞེས་པས་གོང་གི་བསྒྱུར་བྱང་དུ་བྱུང་བའི་ལི་ཡུལ་ཞེས་པའི་གནས་སྟངས་དང་གོ་དོན་སོགས་གང་ཡིན་པ་དེ་ཤེས། དེ་མིན་ད་དུང་སྐབས་འདིར་བྱུང་བའི་མཁན་པོ་འཛི་ན་མི་ཏྲ་སྟེ་རང་རིགས་ཀྱིས་རྒྱལ་བའི་བཤེས་གཉེན་[4]དང་། ད་ན་ཤཱི་ལ་སྟེ་སྦྱིན་པའི་ངང་ཚུལ་[5]དང་། སུ་

① མཁས་དབང་དགེ་འདུན་ཆོས་འཕེལ་གྱི་གསུང་རྩོམ་ཕྱོགས་བསྒྲིགས་བོད་དང་པོ་ནུབ་བྱང་མི་རིགས་སློབ་ཆེན་གྱི་2003ལོའི་སྤར་མའི་ཤོག་གྲངས་180ལས་དྲངས།

② 见，[法]伯希和著耿昇译 《西域探险日记》 中国藏学出版社2014 年版、 [英]马克·奥利尔· 斯坦因著海涛编译《西域盗宝记》 西苑出版社 2009 年版。

③ མཁས་དབང་དགེ་འདུན་ཆོས་འཕེལ་གྱི་གསུང་རྩོམ་ཕྱོགས་བསྒྲིགས་བོད་དང་པོ་ནུབ་བྱང་མི་རིགས་སློབ་ཆེན་གྱི་2003ལོའི་སྤར་མའི་ཤོག་གྲངས་181ལས་དྲངས།

④ ཛི་ན་མི་ཏྲའི་འགྱུར་ནི་མང་ཤོས་ཡིན་ཅིང་མཁན་པོ་གཞན་བཞིའི་ (སུ་རེནྡྲ་བོ་དྷི་དང་པྲ་ཛྙཱ་བོ་དྷི་དང་། དཱ་ན་ཤཱི་ལ་དང་བོདྷི་མི་ཏྲ་) འགྱུར་ཐམས་ཅད་གཅིག་ཏུ་བསྡོམས་པའི་གྲངས་འབོར་ཕྱེད་ཀ་ཙམ་ཟིན། དེའི་འགྱུར་གྱི་ལྔ་ཆ་གསུམ་བཀའ་གཏོགས། དེའི་ནང་ནས་གསུམ་ཆ་གཅིག་གསང་སྔགས་སུ་གཏོགས། ཅིག་ཤོས་བསྟན་བཅོས་ཀྱི་འགྱུར་ཕལ་ཆེར་མདོ་ཕྱོགས་སུ་གཏོགས། དེའི་ཕྱེད་ཀ་འདུག་པ་དང་སེམས་ཙམ་པར་གཏོགས་ཞེས་ཁང་དཀར་ཚུལ་ཁྲིམས་སྐལ་བཟང་གིས་མཛད་པའི་བོད་ཀྱི་གནའ་རབས་ལོ་རྒྱུས་བདམས་བཏུས་གངས་ལྗོངས་འོད་འབུམ་ཞེས་པ་ཉིན་ཧོང་གངས་ལྗོངས་ནང་རིག་མཐུན་ཚོགས་ཀྱི་2014ལོའི་སྤར་མའི་ཤོག་གྲངས་192རུ་གསལ།

⑤ དཱ་ན་ཤཱི་ལའི་འགྱུར་ནི་མཁས་པ་གཞན་བཞིའི་ (སུ་རེནྡྲ་བོ་དྷི་དང་པྲ་ཛྙཱ་བོ་དྷི་དང་། ཛི་ན་མི་ཏྲ་ དང་བོདྷི་མི་ཏྲ་) འགྱུར་ཐམས་ཅད་གཅིག་ཏུ་བསྡོམས་པའི་གྲངས་འབོར་གྱི་བཞི་ཆ་གཅིག་ཙམ་ཟིན་ཅིང་། དེའི་ནང་ནས་ཕྱེད་ཀ་བཀར་གཏོགས། དེའི་ནང་ནས་ཕྱེད་ཀ་གསང་སྔགས་སུ་གཏོགས། ཅིག་ཤོས་བསྟན་བཅོས་གསུམ་ཆ་གཉིས་མདོ་ཕྱོགས་སུ་གཏོགས། སེམས་ཙམ་པ་དང་དབུ་མ་པ་བཞི་ཆ་གཅིག་ཙམ་དུ་གཏོགས། ལྔ་ཆ་གཉིས་གསང་སྔགས་སུ་གཏོགས་ཞེས་ཁང་དཀར་ཚུལ་ཁྲིམས་སྐལ་བཟང་གིས་མཛད་པའི་བོད་ཀྱི་གནའ་རབས་ལོ་རྒྱུས་བདམས་བཏུས་གངས་ལྗོངས་འོད་འབུམ་ཞེས་པ་ཉིན་ཧོང་གངས་ལྗོངས་ནང་རིག་མཐུན་ཚོགས་ཀྱི་2014ལོའི་སྤར་མའི་ཤོག་གྲངས་192རུ་གསལ།

རིན་ཏྲ་བོ་དེ་སྟེ་ལྷ་དབང་ཕྱུག[1]དང་། ཞུ་ཆེན་གྱི་ལོ་ཙཱ་བ་བན་དྷེ་ཡེ་ཤེས་སྡེའི་འགྱུར་མང་པོ་ཏུན་ཧོང་གི་ཡིག་རྙིང་(S.TIV) དུའང་བཞུགས་པ་མ་ཟད་འགྱུར་བྱང་དུ་ཞུ་ཆེན་ལོ་ཙཱ་བ་ཞེས་གསལ། ལོ་ཙཱ་བ་ཆེན་པོ་འདིའི་འགྱུར་ཤིན་ཏུ་ནས་མང་པོ་ཡོད་པའི་རྒྱུ་མཚན་ནི་མགོན་པོ་གང་ཉིད་རྣམ་དཔྱོད་བླ་ན་མེད་པ་ཁྱད་དུ་འཕགས་པ་ཞིག་ཡོད་པ་ཤོད་མི་དགོས་པ་དང་གཅིག གཉིས་དོན་ལོ་ཙཱ་བ་ཆེན་པོ་འདིའི་གཤམ་འོག་ཏུ་ལོ་ཙཱ་བ་ཆུང་བ་བཅུ་ཕྲག་མང་པོས་གང་དང་གང་ལ་དེ་དང་དེ་ལ་འཚམས་པའི་བཀའ་བསྟན་བསྒྱུར་པ་རྣམས་ལ་མགོན་པོ་འདིས་མཐའ་མའི་ཞུ་ཆེན་མཛད་པས་འགྱུར་བྱང་དུ་ཁོང་ཉིད་ཀྱི་མཚན་བཀོད་པ་ནི་ཞུ་ཆེན་ལོ་ཙཱ་བ་ཞེས་པའི་གོ་གནས་ཀྱིས་མཚོན། མདོར་ན་ལོ་ཙཱ་བ་ཆེན་པོ་ཡེ་ཤེས་སྡེས་ཤེར་ཕྱིན་ཉི་ཁྲི་(D No.3ka-C9)དང་། ཕལ་ཆེར་(D No.44ka-A) དང་། དཀོན་བརྩེགས་(D No.45ka-Cha) ཀྱིས་མཚོན་ཐེག་ཆེན་མདོ་སྣ་ཚོགས་ཀྱང་མང་ཆེ་བ་བསྒྱུར། ས་ལྡེ་ལྔ་(D Nos.4035-4042.Tshi-"I")དང་། ཐེག་བསྡུས་(D Nos.3381-82.Sa)དང་། དབུ་མ་བདེན་གཉིས་རང་འགྲེལ་དང་བཅས་པ་(D No.3ka-Ga)དང་།དབུ་མ་རྒྱན་ (D Nos.3384-85.Sa)སོགས་ཀྱིས་མཚོན་མདོ་སྔགས་དགོངས་འགྲེལ་དང་བཅས་པ་ཇི་སྙེད་ཅིག་བསྒྱུར[2]ཞེས་པས་ལོ་ཙཱ་བ་ཡེ་ཤེས་སྡེའི་འགྱུར་གང་ཞིག་བཞུགས་ཡོད་མེད་དེ་ཡང་ཟུར་བལྟས་ལེབ་ཚོད་དུ་སོང་། དེ་སྐད་གསར་ཆད་ཀྱིས་ཀྱང་བཅོས་ནས་གཏན་ལ་ཕབ་པའ[3]ཞེས་བྱུང་བ་ལྟར་ན། བོད་ཀྱི་ལོ་རྒྱུས་ཐོག་བཀའ་བཅད་རྣམ་གསུམ་བྱུང་སྒྲོང་བ་ལ་སྔོན་བྱོན་མཁས་པ་རྣམས་ཞལ་མཐུན་ན་ཡང་། བཀས་བཅད་རྣམ་པ་གསུམ་དུས་ནམ་ཞིག་ལ་དང་། རྒྱལ་པོ་གང་ཞིག་གི་སྐུ་རིང་ལ་བྱུང་བའི་སྐོར་ལ་མཁས་པ་རྣམས་བཞེད་དགོངས་ཙུང་ཟད་མི་འདྲ་བའང་ཡོད་མོད་ཀྱང་། སྐབས་འདིར་དཔལ་དོན་གྲུབ་རྒྱལ་གྱིས་ལྟ་བ་གཞིར་བཞག་ནས་བརྗོད་ན། བཙན་པོ་ཁྲི་སྲོང་ལྡེ་བཙན་གྱི་

① སུ་རེནྡྲ་བོ་དྷའི་འགྱུར་ནི་མཁས་པ་གཞན་བཞིའི་ (སུ་ཛཱི་ན་མི་ཏྲ་དང་ཤཱི་ལེནྡྲ་བོ་དྷི་དང་། དཱ་ན་ཤཱི་ལ་དང་བོདྷི་མི་ཏྲ་) འགྱུར་ཐམས་ཅད་གཅིག་ཏུ་བསྡོམས་པའི་གྲངས་འབོར་བདུན་ཆ་གཅིག་ཙམ་ཟིན་ཅིང་། དེའི་ནང་ནས་དྲུག་ཆ་ལྔ་བཀའ་གཏོགས། དེའི་ནང་ནས་ལྔ་ཆ་གཅིག་གསང་སྔགས་སུ་གཏོགས། ཅིག་ཤོས་བསྟན་བཅོས་ཀྱི་འགྱུར་ཐམས་ཅད་མདོ་ཕྱོགས་སུ་གཏོགས། དེའི་ཕྱེད་ཀ་དབུ་མ་པར་གཏོགས་སོ་ཞེས་ཁང་དཀར་ཚུལ་ཁྲིམས་སྐལ་བཟང་གིས་མཛད་པའི་བོད་ཀྱི་གནའ་རབས་ལོ་རྒྱུས་བདམས་བཏུས་གངས་ལྗོངས་འོད་འབུམ་ཞེས་པ་ཉིན་ཧོང་གངས་ལྗོངས་ནང་རིག་མཐུན་ཚོགས་ཀྱི་2014ལོའི་སྤར་མའི་ཤོག་གྲངས་192ཏུ་གསལ།

② ཁང་དཀར་ཚུལ་ཁྲིམས་སྐལ་བཟང་གིས་མཛད་པའི་བོད་ཀྱི་གནའ་རབས་ལོ་རྒྱུས་བདམས་བཏུས་གངས་ལྗོངས་འོད་འབུམ་ཞེས་པ་ཉིན་ཧོང་གངས་ལྗོངས་ནང་རིག་མཐུན་ཚོགས་ཀྱི་2014ལོའི་སྤར་མའི་ཤོག་གྲངས་193ཏུ་གསལ།

③ གུང་ཐང་ཙུད་ཏུ་བཞུགས་པའི་དཔེ་རྙིང་མདོ་དཀོན་མཆོག་བརྩེགས་པའི་མཛད་བྱང་ལས་དྲངས།

སྤྱན་སྔར་མཁན་པོ་དང་ལོ་ཙཱ་བ་མཁས་པ་རྣམས་འཚོགས་ཏེ། རྣམ་དཀོན་མཆོག་སྤྲིན་དང་ལང་ཀར་གཤེགས་པའི་མདོ་གཉིས་བསྒྱུར་ཅིང་གཏན་ལ་ཕབ་སྟེ་བཙན་པོས་བཀས་བཅད་པ་དེ་ནི་བཀས་རྣམ་གསུམ་དུ་གྲགས་པའི་དང་པོ་ཡིན། བཀས་བཅད་གཉིས་པ་ནི་སྤྱི་ལོ་814ལོར། བཙན་པོ་ཁྲི་ལྡེ་སྲོང་བཙན་གྱི་རིང་ལ་མཛད་པ་ཡིན་ཏེ། བཀས་བཅད་དེ་གཏན་ལ་ཕབ་ས་ནི་ཕོ་བྲང་འོན་ཅང་དོ་རེད། བཀས་བཅད་ཐེངས་གསུམ་པ་ནི་ལོ་ཙཱ་བ་རིན་ཆེན་བཟང་པོ་ནས་རིམ་པར་བྱུང་བ་ཡིན་[1] ཞེས་གསུངས་པ་ཅུང་ཟད་ཅིག་ཁ་གསལ་ཞིང་རྒྱུ་མཚན་ལྡན་པར་སེམས་ནས་འདིར་བཀོད་པ་ཡིན་དེའི་སྐོར་རྒྱས་པར་གཟིགས་འདོད་ན་དཔལ་དོན་གྲུབ་རྒྱལ་གྱིས་བརྩམས་པའི་བཙན་པོ་ཁྲི་ལྡེ་སྲོང་བཙན་གྱི་རྣམ་ཐར་དུ་བལྟ་བར་བྱའོ།

གཉིས། ཡུལ་ལུང་།

༄༅། བོད་ཀྱི་དཔལ་ལྷ་བཙན་པོའི་ཐུགས་དམ་། ཡུལ་ཀུ་ཏང་རྩམ་གྱི་ལ་པར་གི་མཁར་ཐང་ལ་རྫོང་དུ་[2] ཞེས་བྱུང་བ་ལ་གཞིགས་ན། བོད་ཀྱི་དཔལ་ལྷ་བཙན་པོ་སྟེ་མང་ཡུལ་གུང་ཐང་དུ་བཙན་པོའི་རྒྱལ་རབས་ཐོག་མར་བྱུང་ཚུལ་ནི། བར་སྐབས་བོད་སྤྱི་ལ་དབང་བའི་རྒྱལ་པོ་མེད་པར་འོད་སྲུང་ཡུམ་བརྟན་འཁྲུག་སྟེ་བོད་སིལ་བུར་སོང་བའི་རྗེས། གུང་ཐང་གི་ཡུལ་མི་རྣམས་བགྲོས་ནས་ཙ་ཅག་ཐུབ་མོང་སྐྱོང་བའི་རྗེ་བོ་ཞིག་དགོས་པ་འདུག་ཅེས་དཔལ་ལྡེ་ལ་བཙུན་མོ་ཅིག་རོ་བཟའ་འབབ་རེ་ཁབ་ཏུ་བཞེས་པའི་སྲས་གཉིས་ཀྱི་གཅེན་པོ་འོད་ཟེར་ལྡེ་ཞེས་བྱ་བ་གུང་ཐང་དུ་སྤྱན་འདྲེན་པར་སེམས་པོ་སྟོད་ཀྱི་ཁྲི་རྗེ་དང་ཞང་བཙན་ལྡན་རིང་མོ་བྱ་བ་གཉིས་ཕྱིན་ཏེ། འོད་ཟེར་ལྡེ་གུང་ཐང་དུ་གདན་དྲངས་ཐང་སྟོད་ཐོ་ལོ་ཞེས་པར་གདན་ཕབ་ནས་སྐུ་མཁར་བརྩིགས་ཤིང་། སྤྱན་འདྲེན་མཁན་གཉིས་ཀྱིས་བློན་པོ་བྱས་ཏེ་ཆབ་སྲིད་བསྐྱངས་པ་དེ་ནས་གུང་ཐང་རྒྱལ་རབས་བྱུང་། དེ་ལྟར་ཁྲི་བཀྲ་ཤིས་བརྩེགས་པ་དཔལ་ནས་ཁྲི་བསོད་ནམས་དབང་ཕྱུག་ལྡེ་འདི་ཡན་ཁྱུག་པའི་དབང་དུ་བྱས་ན་མང་དུ་ཡོད་ཆུང་པར་བྱས་ན་དཔལ་ལྡེའི་སྲས་དམར་པོ་ལྡེ་བསྒྲང་ན་ཉེ་ཤུ་རྩ་བཞི་དང་དེ་མ་བསྒྲང་ན་རྒྱལ་རབས་ཉེ་ཤུ་རྩ་གསུམ་མོ་

① དོན་གྲུབ་རྒྱལ་གྱིས་བརྩམས་པའི་བཙན་པོ་ཁྲི་ལྡེ་སྲོང་བཙན་གྱི་རྣམ་ཐར་མི་རིགས་དཔེ་སྐྲུན་ཁང་གི་1997ལོའི་སྤར་མའི་ཤོག་གྲངས་298ལས་དྲངས།

② གུང་ཐང་ཏད་དུ་བཞུགས་པའི་དཔེ་རྙིང་མདོ་དཀོན་མཆོག་བརྩེགས་པའི་མཛད་བྱང་ལས་དྲངས།

ཞེས་བོད་རྗེ་ལྷ་བཙད་པོའི་གདུང་རབས་མངའ་རིས་སྨད་གུང་ཐང་དུ་ཇི་ལྟར་བྱུང་བ་ལས་ཤེས། དེས་ན་བཙན་པོའི་ཐུགས་དམ་འབྲི་བཞེངས་གནས་ཀུ་ཐང་ཞེས་པ་ནི་གུང་ཐང་ཞེས་པའི་ས་མིང་ཁ་སྐད་དུ་སོང་བ་ཞིག་མ་ཡིན་པ་སྟེ། གུང་ཐང་ཞེས་པ་ནི་མངའ་བདག་ཁྲི་བཀྲ་ཤིས་བརྩེགས་པ་དཔལ་གྱིས་སྲས་སྨད་ཀྱི་ལྡེ་གསུམ་དུ་གྲགས་པའི་གདུང་ཡུལ་ཐ་དད་དུ་གྱེས་པ་ལས་བོད་ཡུལ་སྟོད་སྨད་མངའ་རིས་ཆ་མང་ཡུལ་གུང་ཐང་ཞེས་ཉེ་སྲས་ནམ་མཁའ་ཉེ་མའི་གུང་དུ་སླེབས་པས་གུང་ཐང་དང་། སྲིད་པའི་མ་མོ་བདུན་སོགས་གནས་པས་མ་ཡུལ་དང་། གྲུབ་པའི་གནས་ཆེན་མང་དུ་ཡོད་པས་མང་ཡུལ་དུ་གྲགས་[1]ཞེས་པར་བལྟས་ན་མང་ཡུལ་དང་མར་ཡུལ་ས་མིང་གཅིག་མིན་པ་ཤེས་ཤིང་། དེས་ན་འདིའི་སྐབས་ཀྱི་ས་མིང་ཀུ་ཐང་དང་གུང་ཐང་ཞེས་པ་གཉིས་ཀྱང་ས་མིང་མི་གཅིག་པ་སྟེ། དཔལ་ལྡན་བླ་མ་དམ་པ་ཆོས་ལེགས་ཀྱིས་དེབ་ཐེར་དུ། ཡར་འབྲོག་ན་རབ་འབྱམས་ཤེར་རྒྱལ་བཞུགས་པའི་དྲུང་དུ་འགྲོ་སྙམ་པ་བྱུང་བ་ལ། རིང་པོར་མ་ཐོགས་པར་ཁོང་པ་དེའི་དགུན་དེ་ མྱུ་ངན་ལས་འདས་སོ་ཟེར་བའི་གཏམ་ཐོས་ནས་དེར་འགྲོ་བའི་སྤྲོད་པ་ཆོད། དེ་ནས་སྟར་ཀུ་ཐང་སྐད་མི་གཅིག་གི་སྦྱིན་བདག་འདྲ་ལ། ང་དཔེ་ཆ་འདྲ་བཞེངས་པས་དེའི་ཡོན་ལ་ཕན་པའི་ཅི་འགྱུར་འདྲ་སླང་ཟེར་བ་བྱུས་ནས་དང་། དེའི་ཚེ་ན་བླ་དཀུན་ཏ་ སྐར་བསྟད་ན་ལེགས་པོ་ཞིག་མོ་འོང་བ་འདུག་སྙམ་ནས། ཀུ་ཐང་ཉེ་ལོད་དུ་སྟར་གྱི་ཡོན་བདག་སར་ཕྱིན་[2]ཞེས་པས་ས་མིང་གཅིག་མཚུངས་མིན་པར་བསྟན། དེས་ན་ཀུ་ཐང་དུ་གནས་པའི་རྩམ་གྱི་ལ་པར་གྱི་མཁར་ཐང་ལ་ལ་རྫོང་དུ་འཕགས་པ་དཀོན་མཆོག་བརྩེགས་པའི་མདོ་དེ་འབྲི་བཞེངས་བསྐྲུངས་པ་དེའང་ཡུལ་བསྐོད་དུང་ཆེན་གཟུགས་ལས་ཤེས།

གསུམ། སྦྱིན་བདག

སྟར་གུང་ཐང་རྒྱལ་པོའི་མངའ་འོག་ཏུ་ཆགས་པའི་ཀུ་ཐང་གི་རྩམ་གྱི་མཁར་རྫོང་དུ་འཕགས་པ་དཀོན་མཆོག་བརྩེགས་པ་དེ་འབྲི་བཞེངས་བསྐྲུངས་པའི་སྐབས་སུ་དེར་ཉེ་བར་

---

① ཀཿཐོག་རིན་འཛིན་ཚེ་དབང་ནོར་བུའི་བཀའ་འབུམ་སྨད་ཆད་ཀྲུང་གོའི་བོད་རིག་པ་དཔེ་སྐྲུན་ཁང་གི་2006ལོའི་སྤར་མའི་ཤོག་གྲངས་61ལས་དྲངས།

② འཇིགས་མེད་བཟང་པོས་མཛད་པའི་དཔལ་ལྡན་བླ་མ་དམ་པ་ཆོས་ལེགས་ཀྱི་རྣམ་ཐར་རམ་དེབ་ཐེར་དུས་རབས་16པའི་གུང་ཐང་སྤར་མའི་ལྡེབ་གྲངས་72ལས་དྲངས།

མཁོ་བའི་རྒྱུ་འགྲོ་སྐྱོར་མཁན་གྱི་ཡོན་བདག་ནི་ཚ་ཤུག་གི་དགེ་བསྙེན་དང་ཡོན་གྱི་བདག་མོ་སར་ནམ་ཟ་བརྩོན་འགྲུས་ལྷ་མོ་རྣམ་གཉིས་ཀྱིས་དད་པ་སྐྱོ་ངས་མེད་པའི་སྦྱིན་བདག་གནང་སྟེ་གསུང་རབ་འཕགས་པ་དཀོན་མཆོག་བརྩེགས་པ་དེ་འབྲི་བཞེངས་བསྒྲུངས་པ་དང་སྤྲགས། ཆབས་ཅིག་བྱང་ཆུབ་སེམས་དཔའི་སྤྱོད་པ་བསྟུས་པ་དང་ལེའུ་སྟོང་ཕྲག་བརྒྱ་པ་བཅས་ཀྱང་བཞེངས་པ་སྟེ་མཛད་བྱང་ལས། ཡོན་བདག་ཤུག་དགེ་བསྙེན་དང་། ཡོན་བདག་མོ་སར་ནམ་ཟ་བརྩོན་འགྲུས་ལྷ་མོས་ཡོན་བདག་བགྱིས་ཏེ། དེ་བཞིན་གཤེགས་པ་ཐམས་ཅད་ཀྱི་གསུང་རབ་ཀྱི་དམ་པ། འཕགས་པ་དཀོན་མཆོག་བརྩེགས་པ་ཆེན་པོའི་ཆོས་ཀྱི་རྣམ་གྲངས། དོན་དམ་པའི་བདེན་པ་གསལ་བར་སྟོན་པ། བྱང་ཆུབ་སེམས་དཔའི་སྤྱོད་པ་བསྟུས་པ། ཐེག་པ་ཆེན་པོའི་ཚུལ་གསར་བར་འགྲེལ་པ། ལེའུ་སྟོང་ཕྲག་བརྒྱ་བ་འདི་བཞེངས་སུ་གསོལ་བའི་བསོད་ནམས་ཀྱིས།①ཞེས་པས་རྟོགས།

བཞི། བསྔོ་སྨོན།

ཀུང་ཐང་ཆོས་ཀྱི་རྒྱལ་པོའི་ཞལ་སྔ་ནས་ཡུལ་རྩམ་གྱི་ལ་པར་གྱི་མཁར་ཐང་ལ་རྫོང་དུ་གསུང་རབ་འཕགས་པ་དཀོན་མཆོག་བརྩེགས་པ་དང་བྱང་ཆུབ་སེམས་དཔའི་སྤྱོད་ལ་འཇུག་པ་དང་། ལེའུ་སྟོང་ཕྲག་བརྒྱ་པ་བཅས་འབྲི་བཞེངས་བསྒྲུངས་དགོས་པ་བཀས་བསྐུལ་བ་ལས་དེ་ལེགས་གྲུབ་བྱུང་བའི་སྐབས་སུ་སྨོན་ལམ་ཁོངས་སུ་གཏོགས་པའི་དགེ་བའི་བཤེས་གཉེན་དང་སྐྱེ་བོ་རྣམས་ཀྱི་རང་རང་སོ་སོའི་ལུས་སྐྱེས་པར་བྱེད་པའི་དྲིན་ཅན་ཕ་མ་དང་། མཐའ་ཡས་པའི་སེམས་ཅན་གྱི་སྒྲིབ་པ་མ་ལུས་སེལ་ཏེ་མཐར་བླ་ན་མེད་པའི་བྱང་ཆུབ་ཀྱི་གོ་འཕང་ཐོབ་པར་ཤོག་ཅེས་བཏབ་པ་སྟེ། མཛད་བྱང་ལས། དཔལ་ལྷ་བཙན་པོ་ཞ་སྔ་ནས་དང་། དུས་མཐའ་ཡས་པའི་དགེ་བའི་བཤེས་གཉེན་དང་། སྐྱེ་བོ་ཐམས་ཅད་ཀྱི་ཕ་མ་དང་། བདག་དང་མཐའ་ཡས་པའི་སེམས་ཅན་མཐའ་ཡས་སྒྲིབ་པ་མ་ལུས་པ་ནི་བསལ། ཚོགས་མ་ལུས་པ་རྫོགས་ནས་ཆོས་ཀྱི་དོན་མ་ལུས་པར་ཁོང་དུ་ཆུད་དེ། རྣམ་པར་ཐར་པའི་སྒོ་ཐམས་ཅད་ལ་འཇུག་ཅིང་། ཐབས་དང་ཤེས་རབ་ཕུན་སུམ་ཚོགས་པ……ཕང་ཐོབ་སྟེ། མཐར་ཡང་བླ་ན་མེད་པའི་

① ཀུང་ཐང་ཅུད་དུ་བཞུགས་པའི་དཔེ་རྙིང་མདོ་དཀོན་མཆོག་བརྩེགས་པའི་མཛད་བྱང་ལས་དྲངས།

བྱང་ཆུབ་ཀྱི་གོ་འཕང་ཐོབ་པར་གྱུར་ཅིག །[①]ཅེས་པས་དོན་རྟོགས།

ལེ་ཚན་གཉིས་པ། འབྲས་སྤུངས་དགོན་དུ་བཞུགས་པའི་ཤེར་ཕྱིན་པོད་ཁ་པའི་དབུ་མཆན།

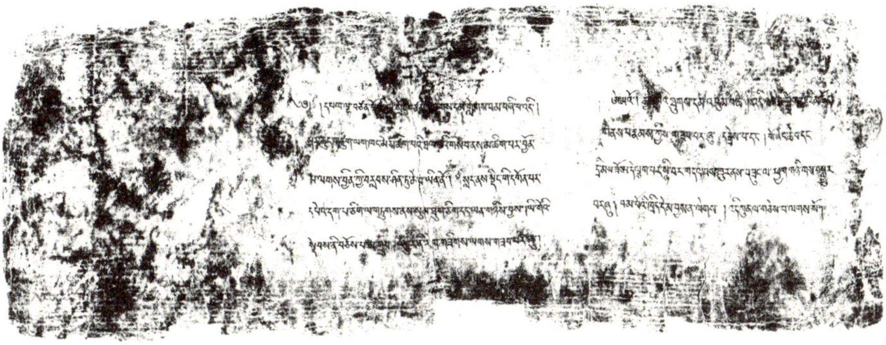

དབུ་མཆན་མ་དཔེ།

དང་པོ། དབུ་མཆན་མ་ཕྱུས།

འབྲས་སྤུངས་དགོན་དུ་བཞུགས་པའི་དུས་རབས་9-10ཤེར་ཕྱིན་པོད་ཁ་པ་དེའི་དབུ་ཤོག་ཏུ་བཞུགས་པའི་མཆན་འདི་ལྟར། ༄། དཔལ་ལྷ་བཙན་པོ་ཁྲི་ལྡེ་སྲོང་བཙན་གྱི་ཐུགས་དམ་གླེགས་བམ་བཞི་པ་འདི། སྐར་ཆུང་གཙུག་ལག་ཁང་མེས་ཚོག་པ་ཐལ་བའི་གསེབ་ནས་མ་ཚོག་པར་བྱོན་པ་ལགས་བྱིན་གྱི་རླབས་ཤིན་ཏུ་ཆེ་བ་ཡིན་ནོ། སླད་ནས་ལྡིང་གི་དགོན་པར་དཔེའ་དག་པ་གཅིག་ལ་གཏུགས་ནས་སུམ་ཐུག་གཅིག་དང་ལན་གཉིས་བྱས། ཡི་གེའི་སྡེབས་ནི་བཅོས་པ་མ་གྲུབ། འགྱུར་ནི་རིག་གཟིགས་ལགས་གཟབ་པར་ཞུ། ། ཨེ་མའོ། །རྒྱལ་བའི་ཐུགས་དམ་འབུམ་པོ་ཆེ། འདི་ཀ་སྒྲོག་པའི་མཆོད་གནས་པ་རྣམས་ཀྱིས་གཟབ་པར་ཞུ། དཀྲིས་པ་དང་། གོ་ཞིང་ཆེ་བ་དང་དྲི་མས་ཟིན་པ་དེ་ལྷག་པར་སླེ་བར་གདའ་བས་ཟུར་ནས་བཟུང་ལ། ཕྲུག་གཉེ་གས་བསྐྱུར་བར་ཞུ། བམ་པོ་ཁྲིད་དེ་མ་བྱས་ན་ལེགས། འདི་ཀུན་ལ་གཅེས་པ་ལགས་སོ།། [②]ཞེས་པའོ།

① གུང་ཐང་རུད་དུ་བཞུགས་པའི་དཔེ་རྙིང་མདོ་དཀོན་མཆོག་བརྩེགས་པའི་མཛད་བྱང་ལས་དྲངས།

② འབྲས་སྤུངས་དགོན་དུ་བཞུགས་པའི་བཙན་པོ་ཁྲི་ལྡེ་སྲོང་བཙན་གྱི་ཐུགས་དམ་བླ་འབུམ་པོད་ཁ་པའི་དབུ་ཤོག་ལས་དྲངས།

གཉིས་པ། དབུ་མཚན་གྱི་དབྱེ་ཞིབ།

གཅིག ལོ་འཁྲུངས།

དབུ་ཤོག་གི་འགོ་མཚན་དེར་གསུང་རབ་རིག་པའི་གཞུང་ལུགས་ལས་དབྱེ་ཞིབ་རོབ་ཙམ་ཞིག་ཞུས་ན། ཤེར་ཕྱིན་དེའི་དཔེ་ཁུངས་བརྗོད་པ་སྟེ་དཔལ་ལྷ་བཙན་པོ་ཁྲི་ལྡེ་སྲོང་བཙན་ཏེ་སད་ན་ལེགས་མཛེང་ཡོན་ (ཁྲི་ལོ་797-815) [1]ཞེས་པ་ནི་བཙན་པོ་ཁྲི་སྲོང་ལྡེ་བཙན་(ཁྲི་ལོ་754-797) གྱི་སྲས་བཞི་ཅ་འདྲེན་པའི་ནང་གི་ཐ་ཆུང་དེ་ཁྲི་ལྡེ་སྲོང་བཙན་སད་ན་ལེགས་བྱིན་ཡོན་ཞུ་ཞིང་སྤྱི་ལོ་776ལོར་སྐུ་འཁྲུངས་ཤིང་དགུང་ལོ་ཉེར་གསུམ་གྱི་ཐོག་ཏུ་རྒྱལ་ས་བཟུང་སྟེ་སྤྱི་ལོ་815ལོར་སྐུ་འདས་པ་[2]ཡོང་གི་ཐུགས་དམ་ཤེར་ཕྱིན་གླེགས་བམ་བཞི་པ་དེ་ཡིན་པ་གསལ།

གཉིས། འབྱུང་ཁུངས།

སྐར་ཆུང་གཙུག་ལག་ཁང་མེས་ཚོགས་པ་ཐལ་བའི་གསེབ་ནས་མ་ཚོགས་པ་བྱོན་པ་ལགས་བྱིན་གྱི་རླབས་ཤིན་ཏུ་ཆེ་བ་ཡིན་[3]ཞེས་པ་ལྟར་ན། ཁྲི་ལྡེ་སྲོང་བཙན་ནམ་སད་ན་ལེགས་མཛེང་ཡོན་ (ཁྲི་ལོ་797-815) གྱིས་ཕྱག་བཏབ་པའི་སྐར་ཆུང་ལྷ་ཁང་སྟེ་ལྷ་སའི་སྐྱིད་ཆུའི་ལྷོ་ནུབ་ཕྱོགས་ར་མ་སྒང་གི་ཉེ་འདབས་སངས་རྒྱས་དགོན་པ་ཡོད་ས་དེ་ཡིན་ཞིང་ལྷ་ཁང་དེའི་ཆེ་ཆུང་སྐར་མ་ཆུང་བ་ཞིག་གི་ཚད་ཙམ་ཡོད་པ་ལས་སྐར་ཆུང་དུ་ཐོགས་ཤིང་། ཁྲི་ལྡེ་སྲོང་བཙན་ནམ་མཚན་གྱི་རྣམ་གྲངས་སུ་ཏིག་བཙན་པོ་སྟེ་ཤིང་སྟག་ལོ་དགུང་ལོ་བཞི་པའི་སྐབས་ཉམས་སད་པའི་ཕྱིར་ཁྲིར་བཀོད་པས་ཡབ་ཀྱིས་ནོར་བུའི་ཅོད་པན་བཅིངས་པས་བཀྲ་ཤིས་པའི་ལྟས་མང་དུ་བྱུང་ཞིང་། དབུ་རྒྱན་ནོར་བུའི་ལྡིད་ཀྱིས་དབུ་ཟད་ཡོ་བས་སད་ན་ལེགས་འཛིང་ཡོན་དུ་མཚན་གསོལ་བ་དེ་བཅུ་གཉིས་པར་ཡབ་ཁྲི་སྲོང་ལྡེའུ་བཙན་གཤེགས། ཉེར་གཉིས་ལ་གཅེན་

① འབྲས་སྤུངས་དགོན་དུ་བཞུགས་པའི་བཙན་པོ་ཁྲི་ལྡེ་སྲོང་བཙན་གྱི་ཐུགས་དམ་ལྷ་འབྲུམ་པོད་ཁ་པའི་དབུ་ཤོག་ལས་དྲངས།

② ཁང་དཀར་ཚུལ་ཁྲིམས་སྐལ་བཟང་གི་བོད་ཀྱི་གནའ་རབས་ལོ་རྒྱུས་བདམས་བཏུས་གངས་ལྗོངས་འོད་འབུམ། གངས་ལྗོངས་ནང་རིག་མཐུན་ཚོགས་ཀྱི་2014ལོའི་སྤར་མའི་ཤོག་གྲངས་234ལས་དྲངས།

③ འབྲས་སྤུངས་དགོན་དུ་བཞུགས་པའི་བཙན་པོ་ཁྲི་ལྡེ་སྲོང་བཙན་གྱི་ཐུགས་དམ་ལྷ་འབྲུམ་པོད་ཁ་པའི་དབུ་ཤོག་ལས་དྲངས།

གཤེགས་པས་སེང་གེའི་ཁྲིར་མངའ་གསོལ། རྒྱལ་སྲིད་ལོ་ངོ་སུ་ཕྱི་གཉིས་བསྐྱོངས་པའི་ཉེར་གཅིག་མཛད། སྐར་ཚུང་ཇོ་རྗེ་དབྱིངས་ཀྱི་གཙུག་ལག་ཁང་བཞེངས། [1]ཞེས་པས་བཙན་པོ་ཁྲི་ལྡེ་སྲོང་བཙན་ནམ་སད་ན་ལེགས་འཛིན་ཡོན་གྱི་སྐུ་དུས་སུ་ཕྱག་བཏབ་པའི་རྒྱལ་སྡེ་སྐར་ཚུང་ལྷ་ཁང་དེར། དུས་ཚོད་ཇི་ཙམ་ཞིག་གི་ནང་དུ་མི་སྐྱོན་ཤོར་བ་ཁ་གསལ་ཞིག་ཞུ་མ་ཤེས་ཀྱང་བཙན་པོ་ཁྲི་ལྡེ་སྲོང་བཙན་ནམ་སད་ན་ལེགས་འཛིན་ཡོན་གྱི་ཐུགས་དམ་ཤར་ཕྱིན་པོད་ཁ་པ་དེའི་དབུ་མཆན་གྱི་ཡིག་གཟུགས་ལ་གཞིགས་ཚེ། མ་མཐར་ཡང་དུས་རབས་13པའི་སྔོན་དུ་མི་སྐྱོན་བྱུང་ཟིན་པ་ནི་མཆན་དེ་འགོད་མཁན་གྱི་འབྲི་གཟུགས་ལས་ཤེས། མི་སྐྱོན་བྱུང་རྗེས་ལྷ་ཁང་དེ་དག་གི་སྐུ་གསུང་ཐུགས་ལས་གསུང་གི་རྟེན་གླ་འབུམ་དེ་རྗེས་སུ་དཔལ་ལྡན་འབྲས་སྤུངས་དགོན་དུ་ཕྱིན་པ་དེ་ལགས། གནས་ཚུལ་དེ་དང་འདྲ་བ་ད་ལྟ་ཕོ་བྲང་པོ་ཏ་ལའི་སྲོང་བཙན་བྲག་ཕུག་ཏུ་བཞུགས་པའི་འཇམ་དཔལ་གཤིན་རྗེ་གདོང་དྲུག་གི་སྐུ་བརྙན་ཆོས་རྒྱལ་ལི་མ་[2]དེ་ཡང་རྒྱལ་དབང་ལྔ་པས་མཛད་པའི་ཕོ་བྲང་པོ་ཏ་ལའི་ཆོས་རྒྱལ་སྒྲུབ་ཕུག་གི་སྐུ་རྟེན་དཀར་ཆག་ལྟར་ན། འཇམ་དཔལ་གཤིན་རྗེ་གདོང་དྲུག་གི་སྐུ་བརྙན་འདི་ནི་འོན་ཅང་རྡོའི་ཕོ་བྲང་མེས་འཇིག་དུས་ནམ་མཁའ་ལ་འཕུར་ཏེ་ཕྱིན་[3]ཞེས་འཕོད་པ་བཅས་ལས་འཇམ་དཔལ་གཤིན་རྗེ་གདོང་དྲུག་དེའི་འབྱུང་ཁུངས་དེ་ཡང་གོང་གི་བཙན་པོའི་གླ་འབུམ་དང་འདྲ་བར་འོན་ཤང་རྡོའི་ཕོ་བྲང་མེས་འཇིག་དུས་ཕོ་བྲང་དུ་ཕྱིན་པ་དང་མེའི་འཇིག་པ་ནི་དུས་རབས་12པའི་ནང་དུ་ལྷ་བླ་མ་ཡེ་ཤེས་འོད་ཀྱི་སྐུ་དུས་མི་སྐྱོན་བྱུང་[4]ཞེས་གསལ། གལ་ཏེ་དུས་

① ཀཿཐོག་རིག་འཛིན་ཚེ་དབང་ནོར་བུས་མཛད་པའི་རྒྱལ་བའི་བསྟན་པ་རིན་པོ་ཆེ་བྱང་ཕྱོགས་སུ་འབྱུང་བའི་རྩ་ལག་བོད་རྗེ་ལྷ་བཙན་པོའི་གདུང་རབས་ཚིག་ཉུང་དོན་གསལ་ཡིད་ཀྱི་མེ་ལོང་ཞེས་བྱ་བ་ཀྲུང་གོའི་བོད་རིག་པ་དཔེ་སྐྲུན་ཁང་གི་སྤར་མའི་ཤོག་གྲངས་49ལས་དྲངས།

② བོད་བཙན་པོའི་སྐུ་དུས་ལུགས་བརྒྱབ་པའི་སྐུ་བརྙན་གྱི་དབྱེ་བ་སྟེ་ཆོས་ལི་ཐོག་མ་ནི་སྲོང་བཙན་སྒམ་པོའི་སྐུ་དུས་བཞེངས་པའི་ཆོས་རྒྱལ་སྐུ་ལ་ལྔ་ཐོད་དང་ན་བཟའ་བེར་དང་ཕྱག་སོར་བཟོང་རིས་ཅན། ཆོས་ལི་བར་པ་ནི་ཁྲི་སྲོང་ལྡེ་བཙན་སྐབས་བཞེངས་པའི་ཆོས་རྒྱལ་སྐུ་ལ་ལྔ་ཐོད་མེད་པ་ལ། དབུ་སྐྲ་ལན་བུ་གཡས་གཡོན་གཉིས་སུ་འཕྱུངས། ཆོས་ལི་ཕྱི་མ་ནི་ཁྲི་རལ་པ་ཅན་གྱི་སྐུ་དུས་ལུགས་སུ་བླུགས་པའི་སྐུ་སྟེ་པད་སྟེངས་དབུས་སུ་རྒྱལ་པོའི་མཚན་གྱི་བརྒྱན། འདི་ནི་རྒྱལ་པོའི་ཐུགས་དམ་དུ་བཞེངས་ནས། གཟུངས་བཞུགས་རབ་གནས་ཕུན་སུམ་ཚོགས་པར་གྲགས་ཞེས་བྱ་པ་བཀྲ་ཤིས་རྣམ་རྒྱལ་གྱི་དཔྱད་དོན་རིན་ཆེན་འཕྲེང་བ་སྤར་མའི་ལྡེབ་གྲངས་12ན་གསལ།

③ རྒྱལ་དབང་ལྔ་པས་མཛད་པའི་ཆོས་རྒྱལ་སྒྲུབ་ཕུག་གི་སྐུ་རྟེན་དཀར་ཆག་ལས་དྲངས།

④ དུང་དཀར་ཚིག་མཛོད་དུ་འབྲུག་པ་ཆོས་འབྱུང་དུ་ལྷ་བླ་མ་ཡེ་ཤེས་འོད་ཀྱི་དུས་སུ་ཨུ་ཤང་ལྷ་ཁང་མེས་ཚིགས་པ་ཉམས་གསོ་མཛད་ཅེས་གསལ།

རབས་12པའི་ནང་དུ་མེས་སྔོན་བྱུང་སའི་ས་མིང་འཇོག་ནོར་བྱུང་ཡོད་ན་གོང་གི་གསུང་རྟེན་དེ་དང་སྐུ་རྟེན་དེ་དུས་གཅིག་ཏུ་བྱུང་བར་སེམས།

གསུམ། མ་དཔེ་ཁ་སྐོང་།

དེ་མིན་སྔད་ནས་ལྡིང་གི་དགོན་པར་དཔེའ་དག་པ་གཅིག་ལ་གཏུགས་ནས་སུམ་ཐུག་གཅིག་དང་ལན་གཉིས་བྱས། ཡི་གེའི་སྡེབས་ནི་བཅོས་པ་མ་གྲུབ། འགྱུར་ནི་རིག་གཟིགས་ལགས་གཟབ་པར་ཞུ་[1]ཞེས་པའི་ལྡིང་གི་དགོན་པ་དེ་དེང་སང་གི་ས་ཆ་གང་ཞིག་ཡིན་མིན་ཞུ་མ་ཤེས་ཏེ་ང་། བཙན་པོ་ཁྲི་ལྡེ་སྲོང་བཙན་ནམ་སད་ན་ལེགས་འཛིང་ཡོན་ (ཁྲི་ལོ་797-815) ཐུགས་དམ་བཞུགས་སའི་གནས་རྒྱལ་སྡེ་སྐར་ཚུང་ལྷ་ཁང་ལ་དུས་རབས་12པའི་སྔོན་ཙམ་དུ་མིའི་འཇིག་པ་བྱུང་བའི་སྐབས་སུ། བཙན་པོའི་ཐུགས་དམ་ཤེར་ཕྱིན་པོད་དེ་དག་མེ་སྔོན་ཁྲིད་ནས་སྲུང་སྐྱོབ་ཐུབ་སྟེ་དུས་རབས་13པའི་ནང་དུ་ཡིག་འབྲི་མཁས་པས་ལྡིང་གི་དགོན་པར་སྔོན་གྱི་མ་དཔེ་དག་པོ་ཞིག་ལ་མ་དཔེ་བཅོལ་ཏེ། སྔོན་གྱི་མ་དཔེ་ཇི་མ་ཇི་བཞིན་ཁབ་ཤུལ་སྐྱུད་པས་བསྟན་པ་ལྟ་བུ་ལས་ཡི་གེའི་སྡེབས་ནི་བཅོས་པ་མ་གྲུབ་ཅེས་གསུངས་པ་ལས་དབུ་ཤོག་གཉིས་མེ་ལྷའི་ཞལ་དུ་སོང་བ་དེ་འབྲི་བསབ་བསྐྱངས་པ་ནི་གོང་གི་དབུ་ཤོག་གི་མཚན་ལས་ཤེས་པ་མ་ཟད། བཙན་པོའི་བླ་འབུམ་དེ་དངོས་སུ་མཇལ་བའི་སྐབས་སུ་ཡང་བློ་རིག་པས་ལེགས་པར་བརྟག་པ་ན་ད་ལྟ་དཔལ་ལྡན་འབྲས་སྤུངས་དགོན་དུ་བཞུགས་པའི་བཙན་པོའི་བླ་འབུམ་པོད་ཁ་པ་དེའི་ལྡེབ་གྲངས་གཅིག་ནས་བཅོ་ལྔ་བར་གྱི་ནང་དོན་དེ་མ་དཔེ་དག་པ་ཞིག་ལ་བཅོལ་ཏེ་རྗེས་སུ་ཁ་གསབ་གནང་བ་ཞིག་ཡིན་པ་ནི་གཞུང་ཕྱིངས་ཀྱི་འབྲི་གཟུགས་དང་སྣག་ཤོག་གཉིས་ཙ་གཅིག་ཏུ་བཞག་སྟེ་བསྡུར་བ་ཙམ་གྱིས་དེའི་གནད་དོན་རྟོགས་ཤིང་། འགྱུར་ནི་རིག་གཟིགས་ལགས་ཞེས་པའི་དོན་ནི་ཤེར་ཕྱིན་སྟོང་ཕྲག་བརྒྱ་པའམ་འབུམ་འདི་སྔོན་གྱི་ཆོས་རྒྱལ་ལོ་པཎ་སྐུ་དྲིན་ཅན་རྣམས་ཀྱིས་མཛད་འཕྲིན་ལས་འགྱུར་མི་འདྲ་བ་དྲུག་ཙམ་བྱུང་སྐད། དེ་དག་ལས་ཆྱངས་ཁམས་པ་གོ་ཆའི་འབུམ་ཐུགས་འགྱུར་མ་དེར་མངའ་བདག་ཁྲི་སྲོང་ལྡེ་བཙན་གྱིས་དེར་ཕྱི་མོ་གནང་ནས་རིག་ཟིག་སྔོ་དམར་བཞེངས་པས་འགྱུར་རིག་

---

① འབྲས་སྤུངས་དགོན་དུ་བཞུགས་པའི་བཙན་པོ་ཁྲི་ལྡེ་སྲོང་བཙན་གྱི་ཐུགས་དམ་བླ་འབུམ་པོད་ཁ་པའི་དབུ་ཤོག་ལས་དྲངས།

གཟིགས་ལགས་ཞེས་པའི་དོན་ཡང་རྟོགས་སོ།

བཞི། ལྷུགས་སྒྲོག་མཁན་ལ་རེ་སྨོན།

དེ་མིན་ད་དུང་ཨེ་མའོ། །རྒྱལ་བའི་ཐུགས་དམ་འབུམ་པོ་ཆེ། འདི་ཀ་སྒྲོག་པའི་མཆོད་གནས་པ་རྣམས་ཀྱིས་གཟབ་པར་ཞུ། དཀྲིས་པ་དང་། གོ་ཞིང་ཆེ་བ་དང་དྲི་མས་ཐོས་པ་དེ་ལྷག་པར་སླེ་བར་གདའ་བས་ཟུར་ནས་བཟུང་ལ། ཕྱག་གཉེ་གས་བསྒྱུར་བར་ཞུ། བམ་པོ་ཁྲིད་དེ་མ་བྱས་ན་ལེགས། འདི་ཀུན་ལ་གཅེས་པ་ལགས་སོ་[①]ཞེས་བྱུང་བ་ལྟར་ན། དུས་རབས་13པའི་ནང་དུ་འབུམ་དེ་ལྷིང་གི་དགོན་པར་མ་དཔེ་དག་པ་ཞིག་ལ་སྣེ་ཁུངས་བཙལ་ཏེ་ཁབ་ཤུལ་སྐྱེལ་པས་བསྟན་པ་ཇི་བཞིན་འབྲི་བཤུས་བསྐྱངས་སྐབས་ཡིག་པས་གནའ་དཔེ་དེར་རིག་དངོས་ཀྱི་རིན་ཐང་ཆེན་པོ་ཞིག་ལྡན་པའི་རྒྱུ་མཚན་གྱིས་གནའ་དཔེ་སྲུང་སྐྱོབ་ཀྱི་ཐད་ནས་ལྷུགས་སྒྲོག་ཞུ་མཁན་གྱི་སྐྱེ་བོ་རྣམས་ལ་རེ་སྨོན་ཞུས་པ་སྟེ། འབུམ་དེ་ལྷུགས་སྒྲོག་གནང་སྐབས་ལྡེབ་གྲངས་རེ་རེ་བཞིན་ཕྱག་གཉིས་ཀྱིས་བསྒྱུར་བ་ལས་བམ་པོ་རྟིལ་པོ་མི་སྒྲོག་པའི་རེ་འདོད་ཞུས་པ་དེ་ཡིན། དེ་དང་འདྲ་བ་ཞིག་སྣེ་ཐང་སྒྲོལ་མ་ལྷ་ཁང་དུ་བཞུགས་པའི་ཤེར་ཕྱིན་འབུམ་དུས་རབས་13ཡས་མས་སུ་འབྲི་བཞེངས་བགྱིས་པའི་པོད་ན་པ་ཞིག་གི་བམ་མཚམས་སུ་ཀྱི་ཕྱོགས་ནས་ཕྱིན་པའི་ལྷ་རྗེ་ཀུན། །ཤོ་གུའི་དཀྱིལ་དུ་ཐེབ་རྒྱ་ མི་གཏང་ཟུར་ནས་བཟློགས་པར་ཞུ། །བམ་སྒྲོག་ཤོག་སྐྱུར་འདི་ག་མ་གཅིག། །གསལ་དག་དབྱངས་དང་ལྡན་ན་ཤིན་དུ་ལེགས། ། ཚགས་ཀྱི་དུས་སུ་ཝུར་ཝུར་མ་བགྱི། །སེན་ཚགས་ལེགས་པར་མཛོད། ། ཁྲུས་དང་གཙང་སྦྲ་ཆེ་བར་མཛོད། །[②]ཅེས་གསལ་བ་ལས་དུས་རབས་13པའི་ནང་གསུང་རབ་ལྷུགས་སྒྲོག་ཞུ་མཁན་དག་གིས་གསུང་རབ་ལ་གཅེས་སྤྲས་དང་བདག་གཅེས་གང་ལེགས་གནང་དགོས་པའི་རེ་སྨོན་ཞུས་པ་དེ་ཡང་དོན་གཅིག་མཚུངས་སུ་འདུག་སྙམ།

① འབྲས་སྤུངས་དགོན་དུ་བཞུགས་པའི་བཙན་པོ་ཁྲི་ལྡེ་སྲོང་བཙན་གྱི་ཐུགས་དམ་ སྣ་འབུམ་པོད་ཁ་པའི་དབུ་ཤོག་ལས་དྲངས།

② སྣེ་ཐང་སྒྲོལ་མ་ལྷ་ཁང་དུ་བཞུགས་པའི་དུས་རབས་14བྲིས་མ་ཤེར་ཕྱིན་པོད་ན་པ་ལྡེབ་གྲངས་389ལས་དྲངས།

ལེ་ཚན་གསུམ་པ། གུང་ཐང་ཅུད་སེར་ཕྱིན་སྟོང་ཕྲག་ཉི་ཤུ་ལྔ་པ་ཡོངས་སུ་གཏད་པའི་ལེའུ་མཛད་བྱང་།

མཛད་བྱང་མ་དཔེ།

དང་པོ། མཛད་བྱང་མ་ཞུས།

༄༅། ཐབས་མཁས་ཐུགས་རྗེས་འགྲོ་བ་སེམས་ཅན་དོན། །མཛད་པ་འདི་ལ···གསུམ་སངས་རྒྱས་མཁས། །········། །མོ་ཆོས་འདི་ལ་ཡོན་བདག་སྐྱབས་པ་མཁས། །འབྲུ་འི་བཙུད་ལ་སྦྱིན་པ་འགྲོན་ཟ་འགྱེད། །བྱ་བཞག་འདི་ལ་གཉན་མོ་ལྷ་མེན་མཁས། །བཀྲག་ལ་བཞིན་མཛེས་ཕ་མས་བསྐོས་པ་ཉན། །སྦྱོད་ཚུལ་འདི་ལ་སེང་སྲིང་བདུན་པོ་མཁས། །དབུ་ཞབས་མྱེད་པར་འཇམ་སྒྲོས་ཚད་དང་ལྡན། །གཟུགས་རྒྱུས་གཉིས་ལ་ཀྲ་ཤིས་མཆོད་ཚོ་མཁས། །རིན་ཆེན་གསེར་ལ་དྲི་མེད་རྒྱལ་བའི་སྐུ། །བཞེངས་པ་འདི་ལ་དཔོན་ཆེན་སླེང་པོ་མཁས། །སྣ་ལྔའི་ཚོན་ཚད་ལྡན་རྒྱལ་བའི་སྐུ། །བཞེངས་པ་འདི་ལ་གུར་སྟོན་ཡོན་རྒྱལ་མཁས། །ཡོན་མཆོད་འདི་སྐྱིད་ཕྱི་མ་བྱང་ཆུབ་ཐོབ། །[1]ཅེས་པའོ།

[1] གུང་ཐང་ཅུད་དུ་བཞུགས་པའི་དཔེ་རྙིང་གི་དབུ་ཤོག་ནང་མའི་ཞལ་ཁྱབས་ལས་དྲངས།

གཉིས་པ། མཛད་བྱུང་གི་དཔེ་ཞིབ།

གཅིག བསྟོད་ཕྱག

༄༅། ཐབས་མཁས་ཐུགས་རྗེས་འགྲོ་བ་སེམས་ཅན་དོན། །མཛད་པ་འདི་ལ་་་གསུམ་སངས་རྒྱས་མཁས། །…………། །[1]ཞེས་བྱུང་བ་ལྟར་ན། འགྲོ་བ་ཐར་པའི་ལམ་དུ་འདྲེན་པར་སྟོན་པ་སངས་རྒྱས་བཅོམ་ལྡན་འདས་མཁས་ཞེས་བསྔགས་པ་བརྗོད་པ་ཞིག་ཡིན་འདུག

གཉིས། སྦྱིན་བདག

མོ་ཆོས་འདི་ལ་ཡོན་བདག་སྐྱབས་པ་མཁས་། །འབྲུ་འི་བཅུད་ལ་སྦྱིན་པ་འགྲོན་ཟ་འགྱེད་། །བྱ་བཞག་འདི་ལ་གཉན་མོ་ལྷ་མེན་མཁས་། །བཀྲག་ལ་བཞིན་མཛེས་ཕ་མས་བསྐོས་པ་ཉན་། །སྤྱོད་ཚུལ་འདི་ལ་མིང་སྲིང་བདུན་པོ་མཁས་། །[2]ཞེས་བྱུང་བ་ལ་གཞིགས་ན། གསུང་རབ་འདི་འབྲི་བཞེངས་བསྐྲུངས་པའི་སྐབས་སུ་རྒྱུ་འགྲོ་སྒྱུར་མཁན་སྦྱིན་བདག་ནི་ཡོན་བདག་སྐྱབས་པ་དང་ཐིལ་ནོན་འགྲོན་ཟ་དང་གཉན་མོ་ལྷ་མེན་གསུམ་གྱིས་གཙོས་པའི་མིང་སྲིང་བདུན་ཏེ། མི་གསར་དང་བསམ་གྲུབ། ཡོན་དག་མོ་ལྷ་མེན། དཔལ་མོ་དང་རྒྱལ་པ། ཨེ་ཧོག་དང་བུ་མོ་ཆུང་། གཡང་ལྷམ་[3]གྱིས་ཕྱུར་བུར་བཞི་ནས་འདེགས་པ་བཞིན་གནང་སྟེ་བཞེངས།

གསུམ། ཡིག་ཞུས།

གསུང་རབ་འབྲི་བཞེངས་ཀྱི་སྣག་ཤོག་སོགས་གྲ་སྒྲིག་ཟིན་པའི་རྗེས་སུ་གཞུང་གི་དབུ་ཞབས་ཀྱི་དཔེ་བར་མ་ལྟོས་པར་ཡི་གེ་དོ་མཉམ་ལ་ཐིག་ཚད་ལྡན་པར་སྒོ་གསུམ་ཐང་ཆད་འབྲི་མཁན་གྱི་ཡིག་པ་ནི་ཡིག་མཁན་དབུ་ཆེན་བཀྲ་ཤིས་མཆོད་མཚོ་ཡིན་པ་མཛད་བྱུང་ལས། དབུ་ཞབས་མྱེད་པར་འཛམ་སྒྲོས་ཚད་དང་ལྡན། །གཟུགས་རྒྱུས་གཉིས་ལ་ཀྲ་ཤིས་

---

① གུང་ཐང་ཅུད་དུ་བཞུགས་པའི་དཔེ་རྙིང་གི་དབུ་ཤོག་ནང་མའི་ཞལ་ཁེབས་ལས་དྲངས།

② གུང་ཐང་ཅུད་དུ་བཞུགས་པའི་དཔེ་རྙིང་གི་དབུ་ཤོག་ནང་མའི་ཞལ་ཁེབས་ལས་དྲངས།

③ གུང་ཐང་ཅུད་དུ་བཞུགས་པའི་དཔེ་རྙིང་དེའི་དབུ་ཤོག་ནང་མའི་ཞབས་འོག་ཏུ་བཤྭན་པའི་མཆོད་ཡོན་སྦྱིན་བདག་གི་མཚན་བྱང་ལས་དྲངས།

མཆོད་མཚོ་[1]ཞེས་པས་རྫོགས།

བཞི། དབུ་ཞབས་ལྷ་སྐུ།

དབུ་ཞབས་ལྷ་སྐུ་ནི་བོད་ཀྱི་གསུང་རབ་ཀྱི་ཐུན་མོང་མ་ཡིན་པའི་ཁྱད་ཆོས་ཤིག་ཡིན། དེ་ནི་གནའ་དཔེའི་དབུ་ཤོག་གི་ཉིན་སྲིབ་གང་རུང་གི་གཡས་གཡོན་གཉིས་སུ་གསུང་རབ་ཀྱི་གཞུང་དང་གྲུབ་མཐའ་སོ་སོའི་སྲོལ་འབྱེད་ཀྱི་སློབ་དཔོན་གོང་མ་དག་གི་སྐུ་བརྙན་དང་གཞུང་དེ་མཛད་མཁན་གྱི་མཛད་པ་པོ། གསུང་རབ་དེ་བྲིས་སྤར་བཞེངས་སོགས་ཀྱི་བྱ་བར་དཔལ་འབྱོར་ཐོག་ནས་ཕྱར་བ་གྲུ་འདེགས་གནང་མཁན་གྱི་སྦྱིན་པའི་བདག་པོ་དང་ནང་བསྟན་སྲུང་མ་སོགས་ཀྱི་སྐུ་བརྙན་བྲིས་གནང་ཡོད་པ་དེ་ལ་དབུ་ཞབས་ལྷ་སྐུ་[2]ཞེས་བརྗོད། དེས་ན་གསུང་རབ་འདི་འབྲི་བཞེངས་བསྐྲུངས་པའི་སྐབས་སུ་དད་པ་སྐྱོ་ངས་མེད་པའི་ཡོན་བདག་སྐྱབས་དང་གཉན་མོ་ལྷ་མེན་སོགས་ཀྱིས་གནང་སྟེ་སྒོ་གསུམ་ཐང་ཆད་འབྲི་བའི་ཡིག་པ་བཀྲ་ཤིས་མཆོད་མཚོས་འབྲི་བཤུས་ཟིན་པ་དང་སྒྲུབས། གཞུང་གི་ནང་དོན་དང་འབྲེལ་ཏེ་དབུ་ཞབས་ལྷ་སྐུ་འབྲི་མཁན་གྱི་རི་མོ་བ་ནི་ལ་སྟོད་ལྷོ་བྱང་དང་གུང་ཐང་ཁབ་པའི་ཁུལ་དུ་དར་ཁྱབ་ཆེ་བའི་གུ་གེའི་ལུགས་ཀྱི་རི་མོ་མཁས་པ་དཔོན་ཆེན་སྙིང་པོས་རྒྱ་གསེར་ལས་ཐྲཀྱ་ཐུབ་པའི་སྐུ་བརྙན་བྲིས་ཤིང་། དེ་མིན་འབྱིངས་ཀྱི་ལྷ་སྐུ་རྣམས་ཚོན་མདོག་རྣམ་པར་བཀྲ་ཞིང་རི་མོའི་ཐིག་ཚད་ལྡན་པར་གུར་སྟོན་ཡོན་ཏན་རྒྱལ་གྱིས་ཐིག་སོར་ལས་བྱོན་པ་སྟེ་མཛད་བྱུང་ལས། །རིན་ཆེན་གསེར་ལ་དྲི་མེད་རྒྱལ་བའི་སྐུ། །བཞེངས་པ་འདི་ལ་དཔོན་ཆེན་སྙིང་པོ་མཁས། །སྣ་ལྔའི་ཚོན་ལ་ཚད་ལྡན་རྒྱལ་བའི་སྐུ། ། བཞེངས་པ་འདི་ལ་གུར་སྟོན་ཡོན་རྒྱལ་མཁས། །[3]ཞེས་པས་རྫོགས། དེ་མིན་ཞོར་དུ་བོད་ཀྱི་གྲུབ་མཐའ་སོ་སོའི་བསྟན་སྲུང་སྐོར་ངོ་སྤྲོད་ཞུས་ན། སྤྱིར་གྱི་ཆ་ནས་ས་སྐྱ་པའི་སྲུང་མ་གུར་ཞལ་དང་མགོན་པོ་ཕྱག་བཞི་པ། དགེ་ལུགས་ཀྱི་དམ་ཅན་ཆོས་རྒྱལ་དང་དཔལ་ལྷ་མོ། རྙིང་མ་བའི་མགོན་པོ་ཕྱག་དྲུག་དང་ལྷ་མོ་ཨེ་ཀ་ཛྷ་ཏི། མར་པ་

① གུང་ཐང་རྫོང་དུ་བཞུགས་པའི་དཔེ་རྙིང་དབུ་ཤོག་ནང་མའི་ཞལ་ཁྱབས་ལས་དྲངས།

② པད་མ་བཀྲ་ཤིས་ཀྱིས་བརྩམས་པའི་བོད་ཡིག་གནའ་དཔེའི་རྣམ་བཤད་བོད་ལྗོངས་མི་དམངས་དཔེ་སྐྲུན་ཁང་གི་2013ལོའི་སྤར་མའི་ཤོག་གྲངས་191ལས་དྲངས།

③ གུང་ཐང་རྫོང་དུ་བཞུགས་པའི་དཔེ་རྙིང་དབུ་ཤོག་ནང་མའི་ཞལ་ཁྱབས་ལས་དྲངས།

བཀའ་བརྒྱུད་དམ་ཅན་རྡོ་རྗེ་ལེགས་པ་དང་མགོན་པོ་ཕྱག་བཞི། ཤང་པ་བཀའ་བརྒྱུད་མགོན་པོ་ཕྱག་དྲུག འབྲི་གུང་བཀའ་བརྒྱུད་སྲུང་མ་ཨ་ཕྱི། ཀརྨ་བཀའ་བརྒྱུད་སྲུང་མ་མགོན་པོ་བེང་། བཀའ་བརྒྱུད་ཡོངས་ཀྱི་སྲུང་མ་དུས་སོལ་མ། སྟག་ལུང་བཀའ་བརྒྱུད་པའི་སྲུང་མ་ཏྲག་བཙན། འབྲུག་པ་བཀའ་བརྒྱུད་སྲུང་མ་སྐྱོན་ཁ་དང་ཧག་པ་མེ་ལེན། བཀའ་བརྒྱུད་སྤྱི་ཡིས་ཚེ་རིང་མཆེད་ལྔ་བཅས་ཡིན་པ་གསུང་རབ་རིག་པའི་ཕྱག་ལས་གནང་མཁན་དག་གི་བློ་ལ་ཡོད་ན། དཔེ་རྙིང་དེ་དག་གྲུབ་མཐའ་གང་ཞིག་གི་དཔེ་རྙིང་ཡིན་མིན་གཞུང་མང་པོར་རྒྱབ་རྟེན་བཙོལ་མི་དགོས་པར་དེ་མ་ཐག་ཏུ་བརྟག་དཔྱད་ཐུབ་པ་དེ་ཡང་དབུ་ཞབས་ལྷ་སྐུའི་དྲིན་ལས་ཡིན། གལ་ཏེ་དབུ་ཞབས་ལྷ་སྐུའི་བྱུང་བ་དང་དགོས་པ། དབུ་ཞབས་ལྷ་སྐུའི་བཟོད་བྱ་དང་སྒྱུ་རྩལ་སོགས་ཀྱི་སྐོར་རྒྱས་པར་མཁྱེན་འདོད་ན་ཁོ་བོས་བྲིས་པའི་བོད་ཡིག་གནའ་དཔེའི་རྣམ་བཤད་ཅེས་པ་བོད་ལྗོངས་མི་དམངས་དཔེ་སྐྲུན་ཁང་གིས་2013སྤྱར་བའི་ལེའུ་དགུ་པར་གཟིགས་པར་འཚལ།

ལྔ། བསྡོ་སྨོན།

མཚོད་ཡོན་སྦྱིན་བདག་གི་རེ་འདོད་བཞིན་ཡིག་མཁན་དབུ་ཆེན་བཀྲ་ཤིས་མཆོད་མཚོས་འབྲི་བཤུས་བསྒྲུབས་པ་དང་དབུ་ཞབས་ལྷ་སྐུའི་རི་མོ་བ་གུར་སྟོན་ཡོན་རྒྱལ་རྣམ་གཉིས་ཀྱིས་གཞུང་གི་དབུ་ཞབས་ལྷ་སྐུ་རྣམས་ཕྱག་ཚད་ལྡན་པར་བྲིས་ཚར་རྗེས་སུ་སྨོན་ལམ་ཁོངས་སུ་གཏོགས་པའི་སེམས་ཅན་ཏེ་ཡོན་མཆོད་རྣམས་ཚེ་འདིར་བདེ་ཞིང་སྐྱིད་པ་དང་ཕྱི་མ་བྱང་ཆུབ་ཀྱི་གོ་འཕང་འཐོབ་པར་ཤོག་ཅེས་མཛད་བྱང་ལས་ཡོན་མཆོད་འདི་སྐྱིད་ཕྱི་མ་བྱང་ཆུབ་ཐོབ་[1]ཅེས་པས་སོ།

---

① གུང་ཐང་ཅུད་དུ་བཞུགས་པའི་དཔེ་རྙིང་གི་དབུ་ཤོག་ནང་མའི་ཞལ་ཁིབས་ལས་དྲངས།

ལེ་ཚན་བཞི་པ། མངའ་རིས་རྒྱ་མདའ་ཤིབ་རི་དགོན་ཤེར་ཕྱིན་མཛོད་བྱང་།

མཛོད་བྱང་མ་དཔེ།

དང་པོ། མཛོད་བྱང་མ་ཕྱུས།

༄༅། དུང་ཤོག་དཀར་པོ་མ་སྨོས་ཞིང་། མ་སྨོས་ཞིང་ལ་འདོད་རྒྱ་འགྲུང་།། རིན་ཅན་གུར་གུམ་སྤྲུལ་སྐུའི་ཤུལ། །སྤྲུལ་སྐུའི་ཤུལ་ལ་ཕྲ་སྨོམ་མེད། །སྨྱུག་གུ་སྐད་ཅིག་ཅང་ཤེས་རྟ། །ཅང་ཤེས་རྟ་ལ་ངལ་དུབ་མེད། །གཡུ་ལོ་སྣག་ས་འདོ་འཛོམས་པ། །འདོ་འཛོམས་པ་ལ་སྐྱེ་འབྲི་མེད། །ཡི་གེ་ཕོག་ཆུང་ཤ་བོ་ཆེ། །པོ་ཏིའི་ནང་ན་འཛུམ་པག་ཅན། །རྗོ་རྗེས་བྱི་ཤོ་ཀར་མ་བསྐྲུབས། །གྲུབ་པས་ཡོན་ཏན་ཀུན་ལ་ཁྱབ། །ཀྲི་ཤིན་རྗོ་རྗེ་གྲུབ་ཀྱིས་བྲིས།།[①] ཞེས་པའོ།

གཉིས་པ། མཛོད་བྱང་གི་དབྱེ་ཞིབ།

གཅིག སྣག་ཤོག

འཁོར་ཆགས་དགོན་དུ་བཞུགས་པའི་ཤེར་ཕྱིན་དེའི་མཛོད་བྱང་དུ་སྣག་ཤོག་གི་ཁྱད་

① མངའ་རིས་རྒྱ་མདའ་ཁུལ་དུ་བཞུགས་པའི་ཤེར་ཕྱིན་བྲིས་མ་པོད་གླ་པའི་ལྡེབ་གྲངས་6ལས་དྲངས།

ཆོས་སོགས་བཀོད་པ་མ་མཐའ་ཙང་། རྩ་མདའ་རྫོང་ནས་མཐའ་བའི་ཤེར་ཕྱིན་པོད་ཀླུ་དེའི་མཛད་བྱང་དུ་སྟག་ཤོག་གི་ཁྱད་ཆོས་ཁོ་ན་བརྗོད་པ་ལས་གཞན་ཡུལ་ལུང་དང་སྦྱིན་བདག་སོགས་བྲིས་གནང་མི་འདུག སྟག་ཤོག་དང་སྨྱུག་གུའི་ཁྱད་ཆོས་ནི་ཚིགས་བཅད་ཀྱི་ལམ་ནས་ཤིན་ཏུ་སྙན་ཆ་ལྡན་པ་ཞིག་བཀོད་འདུག འབྲི་རྫས་ཤོག་བུ་དེ་ཡང་ས་བཅུད་ལྡན་པའི་ཞིང་ས་ཞིག་དང་ཤོག་བུ་དེའི་ཉིན་ངོ་གུར་གུམ་ཚོན་གྱིས་ཁ་དོག་བསྒྱུར་བ་སྟེ་སྔོན་གྱི་དཔེ་རྙིང་གི་ཉིན་སྲིབ་འབྱེད་སླ་བའི་ཁྱད་ཆོས་ཏེ། བོད་ཀྱི་གསུང་རབ་སྨྲ་བ་དགེ་འདུན་ཆོས་འཕེལ་གྱིས་དབུ་ཤོག་གི་དང་པོ་ཨོཾ་ཞིག་བྲིས་པ་མ་གཏོགས་གཞན་ལྷེབ་རེ་རེའི་མགོ་ལ་ཏིང་ཀྱིག་སོགས་བྲིས་པ་ཡང་མི་སྣང་བས་ཁ་ཐོར་ཚེ་ལྷེབ་ཀྱི་ཉིན་སྲིབ་གང་ཡིན་མི་ཤེས། ཤོག་བུ་ལ་བྲིས་པའི་རྒྱ་དཔེ་རྣམས་ནི་ཤོག་བུའི་ཉིན་ལ་གུར་གུམ་གྱིས་ཁ་བསྒྱུར་ཏེ་སེར་པོ་དང་སྲིབ་ཕྱོགས་རང་མདོག་བཞག་པ་ཤ་སྟག་ཏུ་སྣང་[1]ཞེས་གསུངས་པས་རྟོགས། སྤྲུལ་སྐུའི་ཤུལ་ལ་ཕྲ་སྦོམ་མེད་ཅེས་པ་སྟེ་འབྲི་ཤོག་ཉིན་སྲིབ་ངོས་སུ་བྲིས་པའི་འཕྲུལ་ཡིག་ལ་ཕྲ་སྦོམ་མི་མངའ་བ་སྟེ། སྨྱུག་གུ་ཅང་ཤེས་རྟ་པོ་དེ་འབྲི་བཤུས་ཡི་གེའི་ལས་ལ་ངལ་བ་མེད་པ་དང་སྟག་ཚ་གཡུ་ལོ་འོད་མདངས་ལ་ཉམས་པ་མེད་ཅེས་བརྗོད་འདུག་པ་སྟེ་མཛད་བྱང་ལས། ༄། དུང་ཤོག་དཀར་པོ་མ་སྨོས་ཞིང་། མ་རྨོས་ཞིང་ལ་འདོད་རྒྱུ་འཁྲུངས།། རིན་ཅེན་གུར་གུམ་སྤྲུལ་སྐུའི་ཤུལ། །སྤྲུལ་སྐུའི་ཤུལ་ལ་ཕྲ་སྦོམ་མེད། །སྨྱུག་གུ་སྐད་ཅིག་ཅང་ཤེས་རྟ། །ཅང་ཤེས་རྟ་ལ་ངལ་དུབ་མེད། །གཡུ་ལོ་སྟག་ས་འདོ་འཛོམས་བ། །འདོ་འཛོམས་བ་ལ་སྐྱོ་འབྲི་མེད། །[2]ཅེས་བརྗོད་པས་དེའི་དོན་ཤེས།

གཉིས། ཡིག་མཁན།

སྔོན་དུ་སྟག་ཤོག་གཉིས་ཀྱི་ཁྱད་ཆོས་བརྗོད་ཟིན་པའི་རྗེས་སུ་འབྲི་གཟུགས་ཀྱི་ཁྱད་ཆོས་བརྗོད་པ་སྟེ་ཡི་གེ་ཁོག་ཆུང་ཤོ་བོ་ཆེ། །པོ་ཏིའི་ནང་ན་འཛུམ་བག་ཅན་ཞེས་གསུངས་པ་ནི། ཤོག་བུའི་ཉིན་སྲིབ་འབྱེད་པའི་སླད་དུ་ཉིན་ངོ་གུར་གུམ་གྱིས་ཆོས་གཞི་བསྒྱུར་ཟིན་པའི་ངོས་

① གསུང་རབ་སྨྲ་བ་དགེ་འདུན་ཆོས་འཕེལ་གྱིས་མཛད་པའི་རྒྱལ་ཁམས་རིག་པས་བསྐོར་བའི་གཏམ་རྒྱུད་གསེར་གྱི་ཐང་མ་ནུབ་བྱང་མི་རིགས་སློབ་ཆེན་གྱི་སྤར་མའི་ཤོག་གྲངས་199ལས་དྲངས།

② མངའ་རིས་རྩ་མདའ་ཁུལ་དུ་བཞུགས་པའི་ཤེར་ཕྱིན་བྲིས་མ་པོད་ཀླུ་པའི་ལྷེབ་གྲངས་6ལས་དྲངས།

དེ་དག་གི་སྟེང་དུ་འབྲི་གཟུགས་ཁྱད་ཆོས་དམིགས་བསལ་ཅན་ཏེ་ཡི་གེ་སོ་སོའི་ཁོག་མིག་ཆུང་ཡང་གཞི་མའི་འབྲི་གཟུགས་ཤ་གཟུགས་ཆེ་བ་སྐེ་སྨྱུག་གུ་ཙུང་ཟད་ཅིག་ཁ་སྒོམ་ཤ་ལྡན་པས་འབྲི་གཟུགས་ཀྱི་ཐང་ལག་ལ་ཡང་ཙུང་ཟད་ཕྲ་སྒོམ་མེད་པ་ལས་སློག་མཁན་གྱིས་བལྟ་སློག་བདེ་བའི་འབྲི་གཟུགས་ཏེ་ཡི་གེ་ཤ་ཆེ་ཞིང་འཇམ་བག་ཅན་གྱི་ངང་ཚུལ་དུ་བཞུགས་པ་དེ་འབྲི་མཁན་ནི་སྣོ་གསུམ་ཐང་ཚད་འབྲི་བའི་ཡིག་པ་རྒྱ་ཤེན་རྡོ་རྗེ་གྲུབ་ཀྱི་སུག་བྲིས་ཏེ་མཛད་བྱང་ལས། རྒྱ་ཤེན་རྡོ་རྗེ་གྲུབ་ཀྱིས་བྲིས་ཞེས་པས་ཡིག་མཁན་དང་འབྲི་གཟུགས་ཀྱི་ཁྱད་ཆོས་གང་ཞིག་ཡིན་པ་དེ་རྟོགས་སོ།

ལེ་ཚན་ལྔ་པ། མངའ་རིས་འཁོར་ཆགས་དགོན་ཤེར་ཕྱིན་སྟོང་ཕྲག་བརྒྱ་པའི་མཛད་བྱང་།

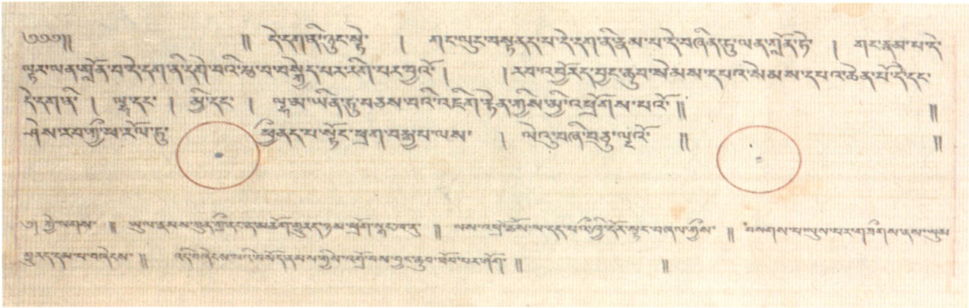

མཛད་བྱང་མ་དཔེ།

དང་པོ། མཛད་བྱང་མ་ཕྱིས།

མངའ་རིས་སྤུ་ཧྲེང་འཁོར་ཆགས་དགོན་དུ་བཞུགས་པའི་གསུང་རབ་བྲིས་མ་ཤེས་རབ་ཀྱི་ཕ་རོལ་དུ་ཕྱིནད་པ་སྟོང་ཕྲག་བརྒྱ་པ་ལས། ལེའུ་བཞི་བཅུ་ལྔའོ་ཞེས་པའི་མཛད་བྱང་དུ། ཀྱི་ལགས། །ཡུལ་རྣམ་ཀུན་གྱི་ནང་ན་མཆོག་གྱུརད་ཉམ་ཐྲོག་སྣང་ཁ་ཏ།། ལས་འཕྲོ་ཆོས་ལ་དད་པའི་ཁྲི་དོར་སྣང་ཞལ་གྱིས།། བསགས་པ་ལུས་པར་གཟིགས་ནས་ཡུམ་གྱུརད་དམ་པ་བཞེངས། འདི་བཞེངས་པའི་བསོད་ནམས་ཀྱིས་འགྲོ་བས་བྱང་ཆུབ་ཐོབ་པར་ཤོག།[1] ཞེས་པའོ།

① མངའ་རིས་སྤུ་ཧྲེང་འཁོར་ཆགས་དགོན་དུ་བཞུགས་པའི་ཤེར་ཕྱིན་བྲིས་མའི་ལྡེབ་གྲངས་359ལས་དྲངས།

གཉིས་པ། མཛད་བྱུང་གི་དབྱེ་ཞིབ།

གཅིག ཡུལ་ལུང་།

གོང་གི་མཛད་བྱུང་གི་སྒྲིག་གཞིའི་ཁྱད་ཆོས་ལ་གཞིགས་ན་དུས་རབས་13པའི་མཛད་བྱུང་གི་སྒྲིག་གཞིའི་ཁྱད་ཆོས་མི་ལྡན་སྐབས་ཡུལ་ལུང་གི་བརྗོད་པ་དུང་ཆེན་གཟུགས་ཞེས་སྨྲ་ཐབས་བྲལ། འོན་ཏེ་མཛད་བྱུང་གི་མགོ་འཕྲུད་ཚིག་སྟེ་ཀྱི་ལགས་ཞེས་པས་མགོ་འཕྲུད་པའི་ངང་ཚུལ་ལ་བལྟས་ན། དུས་རབས་12་མཛད་བྱུང་མགོ་འཕྲུད་སྟངས་ཀྱི་ཁྱད་ཆོས་ཡིན་པ་གོང་གི་ཤེར་ཕྱིན་དག་གི་མཛད་བྱུང་ལས་ཤེས། མཛད་བྱུང་དེའི་ནང་དུ་བྱུང་བའི་ས་མིང་ཉམ་ཐྲོག་སྣང་ཁ་རུ་ལས་འགྲོ་ཆོས་ལ་དད་པའི་ཁྱི་དོར་སྟང་ཞལ་ཞེས་བྱུང་བ་ལྟར་ན་འཁོར་ཆགས་དགོན་གྱི་མདུན་ངོས་ཀྱི་རི་སྟེང་དུ་ཉམ་ཐྲག་སྣང་ཁ་ཞེས་པའི་ས་མིང་འབོད་སྲོལ་ཡོད་ཅེས་ཡུལ་ལུང་དེའི་མི་རྣམས་ཀྱི་ངག་རྒྱུན་ཙམ་ལས་གཞན་པའི་ཡིག་ཆ་མཇལ་མ་ཐུབ།

གཉིས། སྦྱིན་བདག

འཁོར་ཆགས་དགོན་དང་ས་ཐག་ཉེ་བའི་ཉམ་ཐྲོག་སྣང་ཁ་དེར་ཤེར་ཕྱིན་དེ་འབྲི་བཞེངས་བསྐྲུངས་པའི་སྐབས་སུ། ཤེར་ཕྱིན་གྱི་ཉེ་བར་མཁོ་བའི་འབྲི་རྫས་སོགས་ཡོ་བྱད་སྦྱོར་མཁན་གྱི་དད་པ་སྐྱོ་ངས་མེད་པའི་སྦྱིན་བདག་ནི་ཤེར་ཕྱིན་དེའི་མཛད་བྱུང་དུ། ལས་འགྲོ་ཆོས་ལ་དད་པའི་ཁྱི་དོར་སྟང་ཞལ་གྱིས་། །བསགས་པ་ལུས་པར་གཟིགས་ནས་ཡུམ་གྱུརད་དམ་པ་བཞེངས་།[①] ཞེས་བྱུང་བ་ལྟར་ན། འཁོར་ཆགས་དགོན་ཆགས་སའི་ནུབ་ངོས་ཀྱི་སླང་ཆེན་ཁ་འབབ་གཙང་པོའི་ཕ་རོལ་གྱི་ལུང་ཤུར་རི་མགོ་དུས་བཞིས་གདངས་ཀྱིས་བརྒྱན་པ་དེ་ལ་ད་ལྟའི་མི་རྣམས་ཀྱིས་ཁྱི་དོར་ཞེས་འབོད་ཀྱི་འདུག ཁྱི་དོར་ཞེས་པ་དེ་ནི་ཐོག་མར་མིའི་མཚན་ནས་པར་ལུང་པའི་མིང་ངམ་ཡང་ན་ལུང་པའི་མིང་ནས་ཚུར་མིའི་མིང་ལ་ཆགས་པ་གང་ཞིག་ཡིན་མིན་ཁ་གསལ་མ་ཤེས་རུང་། ཁྱི་དོར་སྟང་ཞལ་གཉིས་ཞེས་པ་ནི་ཁྱི་དོར་བཟའ་ཚོ་གཉིས་ཞེས་པའི་དོན་ཡིན། སྟང་ཞལ་ཞེས་པའི་ཚིག་དེ་ནི་བོད་བཙན་པོའི་སྐབས་སུ་སྤྱོད་གོ་ཆེ་བའི་ཚིག་ཅིག་ཡིན་པ་ནི་ཏུན་ཧོང་p.T.1288༡༔ཁྱི་ལོ་ལ་བབ་སྟེ། བཙན་པོ༘བལ་པོ་ན༘བཞུགས། ཕྱི་དྲོན་

① མངའ་རིས་སྤུ་ཧྲེང་འཁོར་ཆགས་དགོན་དུ་བཞུགས་པའི་ཤེར་ཕྱིན་བྲིས་མའི་ལྡེབ་གྲངས་359ལས་དྲངས།

ན་བཞུགས། མཁྲིས་ཕ་ཐང་དུ་འདུན༔མ་འདུསྐྱེ༔བཙན་མོ༔ཕོང་ཙོ་གཤེགས༔པའི་ཡོ་བྱད་བཀྲལ། ཞང་བཙན་ཏོ་ལྷས༔བྱི་ན་ལས༔སྟོགས་པས། གཉེ་བོ་བགྱིསྐྱེ། བཙན་མོ༔གིམ༔ཤང་ཕོང་ཅོ༔ར་སའི་ཤ་ཙལ་གཤེགས། དགུན་བཙན་པོ༔སྤྲངས་དབྱལ༔བྲག་མ་ན་བཞུགས༔[1]ཞེས་པ་དང་བསམ་ཡས་དྲིལ་བུའི་ཁ་བྱང་དུ་ཅོང་འདི་བགྱིས་ཏེ་དེའི་བསོད་ནམས་ཀྱི་སྟོབས་ཀྱིས་ལྷ་བཙན་པོ་ཁྲི་སྲོང་ལྡེ་བཙན་ཡབ་སྲས་སྤྲངས་དཔྱལ་གསུང་དབྱངས་དྲུག་སྒྲ་དབྱངས་དང་ལྡན་ཏེ་བླ་ན་མེད་པའི་བྱང་ཆུབ་དུ་གྲུབ་པར་སྨོན་ནོ[2]ཞེས་པ་སོགས་ལས་སྤྲངས་དཔྱལ་ཞེས་པ་དེ་ནི་བཙན་པོའི་སྐབས་ཀྱི་མིང་ཚིག་གཅིག་ཡིན་པ་དེ་དང་ཤེར་ཕྱིན་དེའི་འབྲི་གཟུགས་དང་ལྡེབ་གྲངས་ཀྱི་སྟེང་དུ་སྙོར་ཐིག་གསལ་ཡོད་པ་བཅས་ལས་དུས་རབས་རགས་པ་ཞིག་ཤེས།

གསུམ། བསྔོ་སྨོན།

མཛད་བྱང་འདིའི་སྨོན་ལམ་དུ་འདི་བཞེངས་པའི་བསོད་ནམས་ཀྱིས་འགྲོ་བ་བྱང་ཆུབ་ཐོབ་པར་ཤོག[3]ཅེས་པའི་དོན་ལས་འདི་བཞེངས་ཞེས་པ་ནི་ཤེར་ཕྱིན་ཡུམ་བཞེངས་པ་ནི་སྔོན་གྱི་མཛད་བྱང་ལས་ཤེས་ཤིང་། བསྔོ་སྨོན་ཏེ་དུས་རབས་13སྔོན་གྱི་བསྔོ་སྨོན་ལྟར་འགྲོ་བས་བྱང་ཆུབ་ཐོབ་པར་ཤོག་ཅེས་པས་ཀྱང་འཕོར་ཚགས་དགོན་དུ་བཞུགས་པའི་ཤེར་ཕྱིན་དེ་དུས་རབས་13པའི་ཡར་སྔོན་དུ་འབྲི་བཞེངས་བསྐྲུངས་པ་ཞིག་ཡིན་སྙམ།

① ཏུན་ཧོང་ནས་ཐོན་པའི་བོད་ཀྱི་ལོ་རྒྱུས་ཡིག་ཆ་དབང་རྒྱལ་དང་བསོད་ནམས་སྐྱིད་ཀྱིས་བསྒྱུར་ཅིང་བཀྲལ་བ་མི་རིགས་དཔེ་སྐྲུན་ཁང་གི་1992ལོའི་དཔར།

② གཉའ་གོང་དཀོན་མཆོག་ཚེ་བརྟན་གྱིས་བརྩམས་པའི་བོད་ཀྱི་བརྡ་སྙིང་ཡིག་ཆ་བདམས་བསྒྲིགས་ཀྲུང་དབྱང་མི་རིགས་སློབ་ཆེན་གྱི་ 1995ལོའི་སྤར་མའི་ཤོག་གྲངས་132དུ་གསལ།

③ མངའ་རིས་སྤུ་ཧྲེང་འཕོར་ཚགས་དགོན་དུ་བཞུགས་པའི་ཤེར་ཕྱིན་བྲིས་མའི་ལྡེབ་གྲངས་359ལས་དྲངས།

ལེ་ཚན་དྲུག་པ། དཔལ་ས་སྐྱ་དགོན་ཤེར་ཕྱིན་པོད་ག་པའི་མཛད་བྱང་།

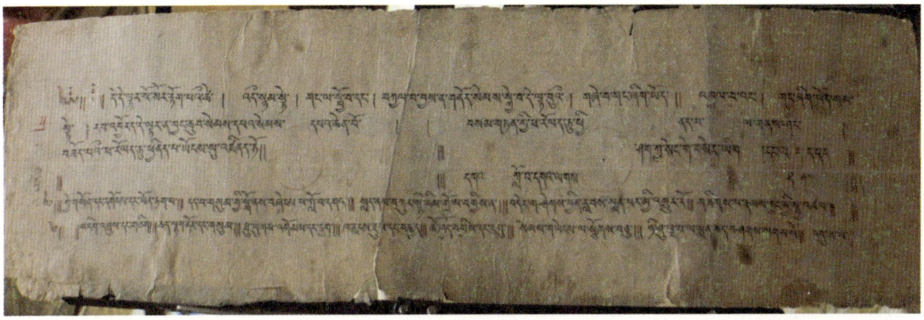

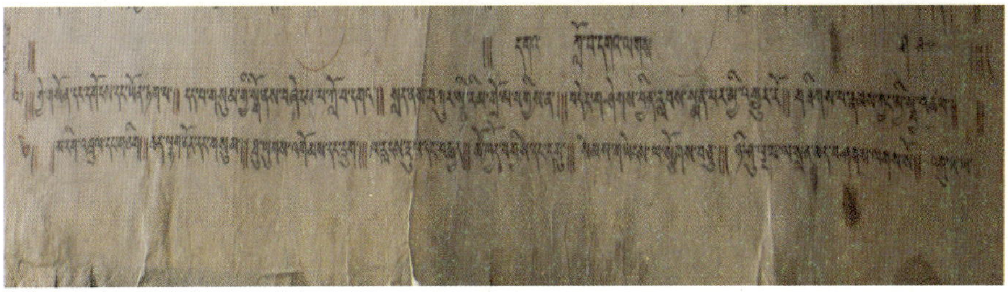

མཛད་བྱང་མ་དཔེ།

དང་པོ། མཛད་བྱང་མ་ཕྱུས།

༄༅།ཀྱེ་གསོན་དང་དགོངས་དང་ཡོན་ཏག་པ་། །དད་པ་གསུམ་གྱི་སྒོ་ནས་བཞེངས་པ་ཀློ་བོ་དགའ་། །སླད་ནས་བགྱུར་སྣི་རིམ་གྲོ་མ་བགྱིས་ན་། །བདེར་གཤེགས་ཕྱིན་ རླབས་སྨན་པར་མྱི་འགྱུར་རོ་། །གཟིགས་པ་རྣམས་ཀྱང་མྱི་སྤྱྭ་འཚལ་། །༄༅།མ་རིག་འཁྲུལ་དང་གཅིག །ཆད་ལྷག་ནོར་དང་གསུམ་། །ཐྲུ་ཡུགས་འགོམས་དང་དྲུག་། །ཁ་རླངས་རྟུལ་དང་བརྒྱད་། །ཚོ་ཁྲོད་བགྱིས་དང་དགུ་། །སེམས་གཡེངས་ལ་སྟོགས་བཅུ་། །ཉི་ཤུ་ལྔ་པ་སླན་ཆད་བཤགས་ལགས་སོ་། །འཐུ་ཐ་ཡ་།།[1]ཞེས་སོ།

གཉིས་པ། མཛད་བྱང་གི་དབྱེ་ཞིབ།

མཛད་བྱང་འདིར་སྟོན་གྱི་མཛད་བྱང་ཇི་བཞིན་འབུམ་འབྲི་བཞེངས་ཀྱི་མཆོད་ཡོན་སྦྱིན་

① ས་སྐྱར་བཞུགས་པའི་ཤེར་ཕྱིན་པོད་ག་པའི་ལྡེབ་གྲངས་189ལས་དྲངས།

བདག་དང་སྟག་ཤོག་གི་སྨུས་ཀ། ཡུལ་ལུང་སོགས་ཀྱི་ཁྱད་ཆོས་ སྤྱིར་གྱི་ཆ་ནས་གསལ་བཤད་གནང་མེད་སྐབས་དེའི་སྐོར་འགྲེལ་བརྗོད་བྱ་མ་ཐུབ།

གཅིག གསུང་རབ་ཕན་ཡོན།

འོན་ཀྱང་མཛོད་བྱང་གི་ཚིག་འགྲོས་དང་བརྡ་དག་བཀོལ་སྟངས་ལ་དཔྱད་པ་བྱས་ན། སྔོན་གྱི་མཛོད་བྱང་གཞན་དང་འདྲ་བར་མཛོད་བྱང་གི་མགོ་འཕུད་ཚིག་སྟེ་ཀྱི་ཞེས་པས་མགོ་འཛིན་མཛད་པ་ལས། ཨེ་མ་ཧོ་དང་སྭ་སྟི་ཞེས་པ་སོགས་ཀྱིས་མ་བྱས་པའི་རྣམ་པ་ལས་འདི་ནི་དུས་རབས་12-13པའི་ནང་གི་གསུང་རབ་ཅིག་ཡིན་པར་སེམས། ལྷག་དོན་དུ་མཛོད་བྱང་དེའི་སྐད་ཆའི་འགྲོས་དང་སྤེལ་སྦྱོར་གི་རྐང་པ་རེ་རེར་ཏུན་ཧོང་གི་ཡིག་རྙིང་ལྟར་ཚིག་འབྲུ་ལྔ་ཅན་དུ་ངེས་ཤིང་མཛོད་བྱང་གི་ནང་དོན་གཙོ་བོ་དད་པ་སྐྱོངས་མེད་པའི་སྦྱིན་བདག་གིས་ལུས་ངག་ཡིད་གསུམ་གྱི་དད་པའི་སྒོ་ནས་རྒྱུ་འགྲོ་སྦྱར་ཏེ། གསུང་རབ་དེ་འབྲི་བཞེངས་གནང་བ་ལ་ཡིད་སེམས་དགའ་སྣང་དང་གསུང་རབ་དེ་འབྲི་བཞེངས་ཟིན་པའི་རྗེས་སུ་བཀུར་བསྟིའི་སླད་དུ་ན་བཟའ་དཔེ་རས་དང་གདོང་དར། སྒྲིགས་བམ་མི་འཁྲུགས་པའི་རྒྱུའི་ཆེད་དུ་བསྒྲོན་པའི་སྒྲིགས་ཤིང་དང་སྒྲིགས་ཐག་ལ་སོགས་པ་གང་ལེགས་ཕུལ་ཏེ་ཉར་ཚགས་གང་ལེགས་བྱ་རྒྱུ་དང་རིམ་འགྲོ་སྟེ་ཆོས་བཟང་དུས་བཟང་ལ་གསུང་རབ་དེ་ཀློག་འདོན་མ་བྱས་ན། གསུང་རབ་ལས་བྱུང་དགོས་པའི་ཕན་ནུས་སོགས་མི་བྱུང་བ་དེ་ཀོའུ་ཤི་ཀའི་བཤགས་མདོ་ལ་སོགས་པར་གསུང་པ་ལྟར་སྣང་།

གཉིས། འཀྱོད་བཤགས།

གསུང་རབ་དེ་འབྲི་བཞེངས་བྱ་བའི་སྐབས་སུ་སྒོ་གསུམ་ཐང་ཆད་འབྲི་མཁན་གྱི་ཡིག་མཁན་དང་ཀློག་མཁན་གྱི་ངོས་ནས་སྦྲ་གསང་ཡེ་ནས་མེད་པར་གཞུང་འདི་འབྲི་བཤུས་བྱ་སྐབས་སྐྱོན་ཅི་བྱུང་དེ་འཀྱོད་བཤགས་བྱས་པ་སྟེ། ཡིག་མཁན་དང་ཀློག་མཁན་རང་ཉིད་ཀྱི་རིག་གནས་ཚུ་ཚད་དམན་པའི་རྐྱེན་གྱིས་གཞུང་གི་ནང་དོན་མ་རྟོགས་ལོག་པར་གོ་བ་འཁྲུལ་བ་དང་གཞུང་གི་ཡིག་ཕྲེང་གོང་འོག་འཛོལ་བ་དང་ནང་དོན་ཆད་ལྷག་བྱུང་སྟེ་འབྲི་ཀློག་ནོར་

བ་དང་། གསུང་རབ་ལ་བརྩི་བཀུར་མེད་པར་ཡིག་མཁན་དང་ཀློག་མཁན། ཉར་ཚགས་མཁན་གྱིས་གང་བྱུང་གིས་ཕྱུ་པའི་ཐུ་ལེ་ཕྱིན་པ་དང་འགོམས་པ་དང་། འབྲི་བཤུས་མཁན་དང་ཀློག་མཁན་གཉིས་ཀྱི་འབྲི་ཀློག་སྐབས་སུ་ཞལ་ནས་ཞལ་ཆུ་ལྷུང་བ་དང་ས་རྡུལ་འགོས་པ། འབྲི་ཀློག་བྱ་བའི་སྐབས་སུ་དོན་མེད་ཀྱི་སེམས་གཡེངས་པ་སོགས་ཀྱི་ཉེས་པ་བྱུང་ན་བཤགས་པར་བགྱིས་པ་སྟེ། ༄༅།མ་རིག་འཕྲུལ་དང་གཅིག། །ཚད་ལྷག་ནོར་དང་གསུམ་། །ཕྱུ་ཡུགས་འགོམས་དང་དྲུག་། །ཁ་ཆྭངས་རྡུལ་དང་བརྒྱད་། །ཚོ་ཁྱོད་བགྱིས་དང་དགུ་། །སེམས་གཡེངས་ལ་སྩོགས་བཅུ་། །ཉི་ཤུ་ལྔ་པ་སླན་ཚད་བཤགས་ལགས་སོ་། །[①]ཞེས་པས་ཤེར་ཕྱིན་འབྲི་ཀློག་གི་སྐབས་སུ་ཉེས་སྐྱོན་བྱུང་བ་དེ་བཤགས་པའི་དོན་ཡིན།

གསུམ། བསྔོ་སྨོན།

མཇུག་བསྡུའི་བསྔོ་སྨོན་དུ་སྔོན་གྱི་གཞུང་བཞིན་མཇུག་ཏུ་བྱང་ཆུབ་ཐོབ་པར་ཤོག་དང་སངས་རྒྱས་ཀྱི་གོ་འཕངས་ཐོབ་པར་ཤོག་ཅེས་མ་བཀོད་པར་ཐད་ཀར་སཾ་སྐྲི་ཏ་གཟུགས་འགྱུར་གྱི་སྒོ་ནས་མཇུག་བྱང་དུ་འབུ་ཐ་ཡ་[②]ཞེས་བཀོད་འདུག འབུ་ཐ་ཡ་ཞེས་པའི་ཚིག་འདིའི་སྐོར་ལ་རེ་ཞིག་འགྲེལ་ན། བོད་སྐད་དུ་སངས་རྒྱས་ལ་ཞེས་པའི་དོན་ཡིན་ཞིང་སྔོན་གྱི་ཡིག་རྙིང་ཏུན་ཧོང་དུའང་ཚིག་འདི་བྱུང་བ་སྟེ། P.T.849 ན་མོ་འབུ་ཐ་དྷ་ཞེས་དང་ P.T.123སྒྲ་སྦྱོར་བམ་གཉིས་ཀྱི་མདུན་དུ་ཡང་༢༢༢།།ན་མོ་བུད་དྷ་ཡ་ཞེས་སོགས་བྱུང་བ་དང་ལྷག་དོན་དུ་དུས་རབས་11པར་ལོ་ཆེན་རིན་ཆེན་བཟང་པོས་ཕྱག་བཏབ་པའི་འཕོར་ཚགས་དགོན་དུ་བཞུགས་པའི་འདུལ་བའི་སྐོར་ཞིག་ཏ། འབུདྡྷ་ཏ་མཉེས་པ་དང་། རད་ནའི་ཟུས་འཕྲོག་པ་དང་། འབུ་ཏའི་འཕོར་རྣམས་ཕྱུགས་དེ་སྤོང་བར་དམས་བཙོ། དེ་ལ་འབུས་གསུངས་པ། འབུ་ཏའི་རྒྱན་ཆན་གོན། འབུ་ཏའི་སློབ་མ་ཁྲིམས་དང་མི་ལྡན་ན། འབུ་ཏ་དང་ཐརད་པ་བས་མཐོ་རིས་ཐོབ་པ་ཡང་ག་ནས་འོང་། བྱང་སེམས་ལས་འབུ་ཏ་བྱུང་ལ། ཆོས་དང་ཆོས་འཛིནད་པ་ཐ་དད་མ་ཡིན་བསོ། ཆོས་སྤངས་དང་འབུ་ཏའི་རིགས་གཙོད་པར་ཞུགས་པས་སོ། [③]ཞེས་དང་། ད་དུང་དཔེ་

① ས་སྐྱར་བཞུགས་པའི་ཤེར་ཕྱིན་པོད་ག་བའི་ལྡེབ་གྲངས་189ལས་དྲངས།

② ས་སྐྱར་བཞུགས་པའི་ཤེར་ཕྱིན་པོད་ག་བའི་ལྡེབ་གྲངས་189ལས་དྲངས།

③ འཕོར་ཚགས་དགོན་དུ་བཞུགས་པའི་དཔེ་སྙིང་བྲིས་མ་འདུལ་བའི་སྐོར་དུས་རབས་12པའི་གནའ་དཔེ་ཞིག་ལས་དྲངས།

ཉིང་གཞན་ཞིག་ཏུ་དཔེ་དེ་བཞིན་དུ་དགེ་རྩ་ཅི་བྱེད་ཐམས་ཅད་འབུ་ཏར་བསྔོས་ན་འབུ་ཏར་ཆ་གསུང་། ཆུ་བོ་ཉལ་ཉིལ་དེད་པ་བཞིན་དགེ་རྩ་འབུ་ཏར་བསྔོས་ན་སྡིག་ཐམས་ཅད་འདགས་པ་ཡིན། དགེ་རྩ་འབུ་ཏར་བསྔོས་པས་འབུ་ཏ་མ་ཐོབ་པར་དུ་འཁོར་བའི་བདེ་བ་ཐམས་ཅད་དེ་ལས་ཡོང་གསུང་། དཔེ་དེ་བཞིན་དུ་དགེ་རྩ་བ་ཡང་རྫོགས་པའི་བྱང་ཆུབ་དུ་བསྔོས་ན་འབུ་ཏ་མ་ཐོབ་པར་དེ་ལ་ཟད་པ་མེད་དོ་ཞེས་གསུངས། འབུ་ཏ་ཐོབ་ན་ད་ག་ན་འཛད་གསུང་། [1]སོགས་ལས་རྒྱ་སྐད་ཀྱི་Buddhaཞེས་པ་སོགས་ལ་བལྟས་ན། ས་སྐྱའི་གཙུག་ལག་ཁང་གི་ཆོས་བརྩེགས་བྲག་རི་མའི་གྲས་སུ་བཞུགས་པའི་ཤེར་ཕྱིན་བྲིས་མ་དེ་ནི། དུས་རབས་12-13ཤེར་ཕྱིན་བྲིས་མ་ཞིག་ཡིན་པར་འདོད། འབུ་ཐ་ཞེས་པའི་ཚིག་གི་འབྱུང་ཁུངས་དང་སམ་སྐྲི་ཏ་གཟུགས་འགྱུར་སྐོར་ཞིབ་ཕྲ་ཤེས་འདོད་ན་ཁོ་བོས་བྲིས་པའི་བོད་ཡིག་གནའ་དཔེའི་རྣམ་བཤད་བོད་ལྗོངས་མི་དམངས་དཔེ་སྐྲུན་ཁང་ནས་སྤར་བ་དེའི་གནའ་དཔེ་བརྟག་ཐབས་ཀྱི་ལེའུ་དེར་གཟིགས་པར་འཚལ།

180

ལེ་ཚན་བདུན་པ། རྒྱལ་རྩེ་ར་ལུང་དགོན་པེར་ཕྱིན་པོད་ཁ་པའི་མཛད་བྱང་།

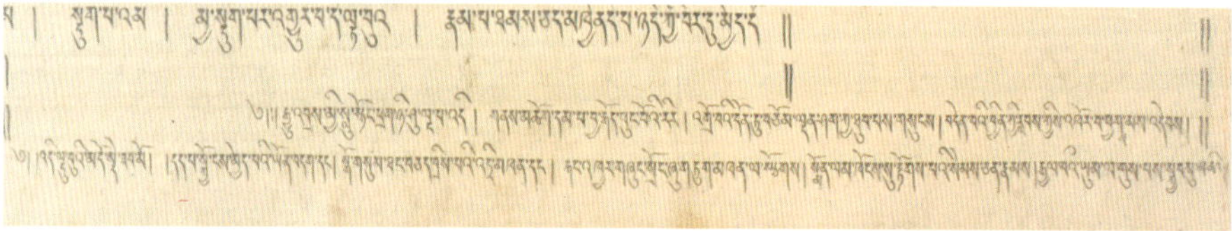

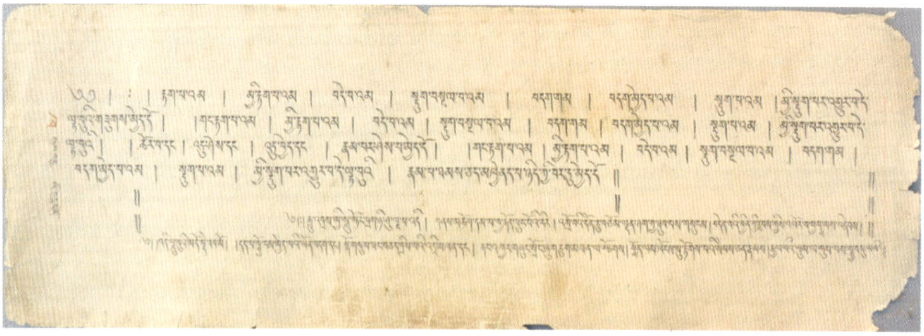

མཛད་བྱང་མ་དཔེ།

① འཁོར་ཆགས་དགོན་དུ་བཞུགས་པའི་དཔེ་ཉིང་བྲིས་མ་འདུལ་བའི་སྐོར་དུས་རབས་12པའི་གནའ་དཔེ་ཞིག་ལས་དྲངས།

དང་པོ། མཛད་བྱང་མ་བཤུས།

༄༅།།རྒྱུ་འབྲས་མྱི་སླུ་སྟོང་ཕྲག་ཉི་ཤུ་ལྔ་པ་འདི། གནས་མཆོག་དམ་པ་བྱ་རྒོད་ཕུང་པོའི་རིར། འགྲོ་བའི་དོན་དུ་བཅོམ་ལྡན་ཤཱཀྱ་ཐུབ་པས་གསུངས། བདེན་པའི་བྱིན་གྱི་རླབས་ཀྱིས་འཁོར་བ་ཕྱུག་མས་འདེབས། ༄།།འདི་ལྷ་བུའི་མདོ་སྡེ་ཟབ་མོ། །དད་པ་སྐྱོ་ངས་མྱེད་པའི་ཡོན་བདག་དང༌། །སློ་གསུམ་ཐང་བཅད་བྲིས་པའི་འབྲི་མཁན་དང༌། ཆང་འཕྱར་གཞུང་སྦྱོང་ཞུ་གཏུག་མཁན་ལ་སྟོགས། སྨོན་ལམ་ཁོངས་སུ་གཏོགས་པའི་སེམས་ཅན་རྣམས། རྒྱལ་བའི་ཡུམ་ལ་གུས་པས་སྐྱབས་སུ་མཆིའ།[①] ཞེས་པའོ།

གཉིས་པ། མཛད་བྱང་གི་དབྱེ་ཞིབ།

མཛད་བྱང་འདིར་གསུང་རབ་འདིའི་བྱུང་བ་ཉུང་ངུ་དང་འབྲི་བཞེངས་ཀྱི་རྒྱུ་འགྲོ་གཏོང་མཁན་གྱི་ཡོན་བདག་གཙོ་འཁོར་དང་མ་དཔེ་གཞིར་བཞག་འབྲི་བཤུས་བྱ་མཁན་གྱི་ཡིག་པ་དང་ནོར་འཛོལ་བཅོས་པའི་ཞུས་དག་མཁན་བཅས་ཀྱི་ལས་རིགས་སོ་སོའི་ཁྱད་ཆོས་ལ་གཞིགས་ཏེ། རང་རང་སོ་སོའི་སེམས་ཁམས་ཀྱི་ཁྱད་ཆོས་རྣམས་གནད་དུ་འཁེལ་ཞིང་ཚིག་སྙ་བསྡུས་པོས་བརྗོད་པ་གཤམས་གསལ།

གཅིག གསུང་རབ་བྱུང་བ།

ཤེར་ཕྱིན་འདིའི་མཛད་བྱང་དུ་སྟོན་གྱི་མཛད་བྱང་ཇི་བཞིན་མཆོད་ཡོན་སྦྱིན་བདག་དང་སྣག་ཤོག་ཡུལ་དུས་སོགས་གང་ཡང་མ་བཀོད་པར་གང་བཞེངས་པར་འདོད་པའི་གསུང་རབ་འདི་སྐྱེ་བུ་དམ་པ་སུས་མཛད་པ་དང་མཛད་སའི་གནས་དང་དེའི་དགོས་པ་བཅས་བྲིས་འདུག་པ་སྟེ། རྒྱུ་འབྲས་མི་སླུ་སྟོང་ཕྲག་ཉི་ཤུ་ལྔ་པ་སྟེ་ཤེར་ཕྱིན་རྒྱས་འབྲིང་བསྡུས་གསུམ་ལས་འབྲིང་བ་ཤེར་ཕྱིན་སྟོང་ཕྲག་ཉི་ཤུ་ལྔ་པ་དེ་ཡིན་པ་དང་ཤེར་ཕྱིན་དེ་གསུངས་སའི་གནས་ནི། རྒྱ་གར་གྱི་བྱ་རྒོད་ཕུང་པོ་རིར་སྟོན་པས་ཤེར་ཕྱིན་གསུངས་པའི་སྐོར་ཐང་གི་བཙུན་པ་སྡེ་སྣོད་འཛིན་པ་ཟན་ཅང་གིས་རྒྱ་གར་ལམ་ཡིག་ཏུ་གསུངས་པ་ལྟར་ཡིན་ཞིང༌། ཤེར་ཕྱིན་དེའི་བྱིན་

① ར་ལུང་དགོན་དུ་བཞུགས་པའི་ཤེར་ཕྱིན་པོད་ཁ་པའི་མཛད་བྱང་ལས་དྲངས།

ཐབས་ཀྱིས་འཁོར་བའི་སེམས་ཅན་རྣམས་སྡུག་བསྔལ་ལས་གྲོལ་བར་ཤོག་ཅེས་བསྔོ་སྨོན་བཏབ་པ་དེ་བསྟན་འདུག

གཉིས། སྦྱིན་བདག་གི་སེམས་ཁམས།

བཀའ་བསྟན་པོད་བརྒྱ་ནས་ཉིས་བརྒྱ་བར་འབྲི་བཞེངས་གནང་བའི་སྐབས་འབྲི་རྫས་སྣག་ཤོག་དང་སྒྲིལ་ཆས་གླེགས་ཤིང་དང་གླེགས་ཐག་དཔེ་རས་དང་གདོང་དར་སོགས་བླུ་ཉོའི་རིན་འབབ་ཀྱི་རྒྱུ་འགྲོ་དང་། འབྲི་བཞེངས་ཀྱི་ཡིག་ཞུས་དང་ལྷ་ཁྲིམས། འཚེམས་བཟོ་དང་ཤིང་བཟོ། ལྕགས་བཟོ་སོགས་ཀྱི་ཉིན་གཅིག་དུས་གསུམ་གྱི་ཟས་སོང་དང་ལས་རིགས་ཁག་གི་གླ་ཆ་དང་འཛུགས་བར་སྒྲོལ་སོགས་ཀྱི་སྔོན་མོའི་རྒྱུ་འགྲོའི་སྤུས་ཚད་དང་ལས་ཡུན་རིང་བས་ལོ་ནས་ལོའི་བར་གྱི་རྒྱུ་འགྲོ་གཏོས་ཆེ་བའི་སྦྱོར་བ་ལ་ཉིན་གཅིག་ལྟར་གྱི་གཏོང་ཕོད་ཀྱི་དད་པ་འགྱུར་བ་མེད་པ་ཤིག་དགོས་པའི་རྒྱུ་མཚན་གྱིས་སྦྱིན་བདག་གི་སེམས་ཁམས་ཁྲད་ཆོས་སུ་དད་པ་སྐྱོ་ངས་མྱེད་པའི་སྦྱིན་བདག[①]ཅེས་མཛད་བྱུང་དུ་སྦྱར་འདུག

གསུམ། ཡིག་མཁན་གྱི་སེམས་ཁམས།

སྣག་ཤོག་སོགས་སྤྲ་གོན་ལེགས་པར་ཟིན་ནས་དེ་དག་བེད་སྤྱོད་དེ་དད་པ་སྐྱོ་ངས་མེད་པའི་སྦྱིན་བདག་གི་རེ་འདུན་བཞིན་པོ་ཏིའི་མགོ་མཇུག་བར་གསུམ་གྱི་དབྱེ་བར་མ་ལྟོས་པར་འབྲི་གཟུགས་ཚད་ལྡན། ཡིག་པ་རང་གི་དགའ་སྐྱོ་ཆགས་སྡང་གི་དབང་དུ་མ་སོང་བར་ཉིན་གཅིག་ལ་བཞག་པའི་འབྲི་གཟུགས་ཏེ་ཚིག་དང་ཤད་ལ་སོགས་པ་དོ་མཉམ་ཞིང་འབྲི་ཤོག་གི་སྟེང་དུ་སྣག་རྫོབ་མེད་ཅིང་ངོས་གཙང་བ། ཡི་གེའི་དག་ཐོན་པ་ཞག་སུམ་བརྒྱ་དྲུག་ཅུའི་གཡས་གཡོན་དུ་ལུས་ངག་ཡིད་རྣལ་མར་གནས་ཏེ་ཉིན་གཅིག་ལ་བཞག་པ་ཇི་བཞིན་འབྲི་བཤུས་ཀྱི་ལས་དེ་བགྱིས་པའི་སྐབས། ལུས་ཀྱིས་མ་བགྱིས་པར་ལེ་ལོ་ལས་གང་བྱུང་གི་སྐྱུང་ཡིག་འབྲི་བ་དང་ངག་ངལ་བར་འཛེམས་སྟེ་མ་དཔེ་སྦྱོར་ཀློག་ལས་ཕབ་བཤུས་མ་བྱས་པར་གཞུང་གི་གོང་འོག་འབྲེལ་མ་ཆགས་པ་དང་། གླེགས་བམ་ཆེ་བར་ལྷེབ་གྲངས་ལྔ་བརྒྱ་དྲུག་ཅུ་ཡན་ལ་བྱོན་པ་

① ར་ལུང་དགོན་དུ་བཞུགས་པའི་ཤེར་ཕྱིན་པོད་ཁ་པའི་མཛད་བྱུང་ལས་དྲངས།

ཞིག་འབྲི་བཤུས་བྱ་དགོས་པ་མཐོང་སྐབས་ཡིད་ཐང་ཆད་སྟེ་མི་དགའ་བའི་རྣམ་པས་འབྲི་བཤུའི་དགའ་སྒྲོ་ཆག་སྟང་སོགས་ཀྱི་གནས་ཚུལ་མི་བྱུང་བའི་ཡིག་མཁན་གྱི་སེམས་ཁམས་ཀྱི་ཁྱད་ཆོས་སུ་སྒོ་གསུམ་ཐང་བཅད་བྲིས་པའི་འདྲི་མཁན་[1]ཞེས་བྱུང་།

བཞི། ཞུས་མཁན་གྱི་སེམས་ཁམས།

སྒོ་གསུམ་ཐང་ཆད་འབྲི་བའི་ཡིག་མཁན་གྱིས་འབྲི་བཤུས་ཟིན་པའི་གསུང་རབ་ཀྱི་དག་ཞུས་ལ་ཡིག་ཕྲེང་མང་ཉོས་བཅུ་གཉིས་ནས་རྒྱུན་ལྡན་ཅན་གྱི་བདུན་ནམ་དྲུག་ཏུ་ཐོན་པའི་ལྟེབ་གྲངས་ཀྱི་ཡིག་ཕྲེང་གོང་འོག་འཛོལ་ནོར་ཡོད་མེད་དང་། གཞུང་གི་ནང་དོན་ཀ་ང་འཕྲེང་ཆད་ལྷག་དང་སུམ་ཅུ་པ་དང་རྟགས་ཀྱི་སྦྱོར་བ། ཐ་ན་ཡི་གེའི་ཚེག་དང་ཤད་ལ་སོགས་པ་ངལ་བར་མ་འཛེམས་པར་དག་ཞུས་གནང་མཁན་གྱི་ལས་རིགས་ཀྱི་ཁྱད་ཆོས་སུ་མཛད་བྱང་དུ་ཀ་ང་འཁྱེར་གཞུང་སྟོང་ཞུ་གཏུག་མཁན་ལ་སྟོགས། [2]ཞེས་སྨྲར་བས་རྟོགས།

ལྔ། བསྔོ་སྨོན།

རྣམ་པར་དཀར་བའི་དགེ་བའི་ལས་དེ་བསྒྲུབས་པའི་རིང་ལ་ཐ་ན་ཟ་མ་ཚུང་དུ་ཙམ་ཡང་འདྲེན་མཁན་གྱི་ཕ་མ་སྤུན་མཆེད་ལ་སོགས་པའི་སྐྱེ་འགྲོ་རྣམས་ཀྱི་མོས་པ་དང་འཚམས་པའི་བསྔོ་སྨོན་དང་སྨོན་ལམ་ཡོངས་སུ་གཏོགས་པའི་སེམས་ཅན་རྣམས་ཞེས་བརྗོད་ཟིན་པ་དང་སྦྲགས། སྐབས་དེར་གང་བཞེངས་པར་འདོད་པའི་གསུང་རབ་སྟེ་རྒྱལ་བ་ཤཱཀྱ་ཐུབ་པས་བྱ་རྒོད་ཕུང་པོ་རིར་གསུངས་པའི་ཤེར་ཕྱིན་ཡུམ་དེ་ལ་གུས་ཕྱག་གམ་སྐྱབས་སུ་མཆིའོ་ཞེས་མཛད་བྱང་ཚིག་སྣ་བསྡུས་པ་དང་དོན་རྗོག་རྩིལ་པོ། སྤྲིག་གཞི་ཚང་ཞིང་ཤིན་ཏུ་ནས་གཙིགས་ཆེན་ཞིག་གནང་འདུག

---

① རྭ་ལུང་དགོན་དུ་བཞུགས་པའི་ཤེར་ཕྱིན་པོད་ཁ་པའི་མཛད་བྱང་ལས་དྲངས།

② རྭ་ལུང་དགོན་དུ་བཞུགས་པའི་ཤེར་ཕྱིན་པོད་ཁ་པའི་མཛད་བྱང་ལས་དྲངས།

ལེ་ཚན་བརྒྱད་པ། རྒྱལ་རྩེ་ར་ལུང་དགོན་པེར་ཕྱིན་འབུམ་ཤོག་མོ་ཆེའི་མཛོད་བྱང་།

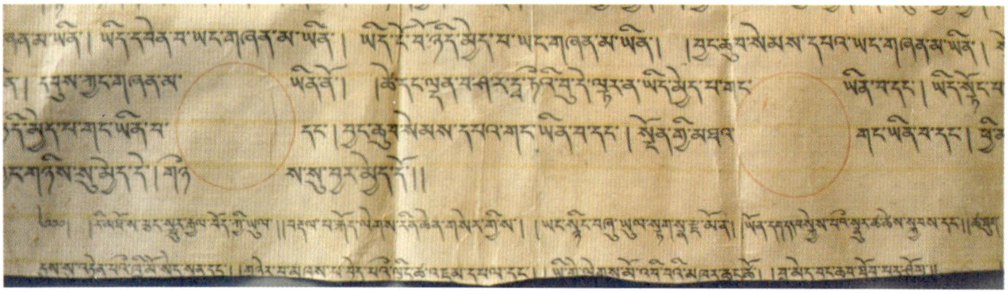

མཛོད་བྱང་མ་དཔེ།

དང་པོ། མཛོད་བྱང་མ་ཕྱུས།

༄༅།།རི་མཐོ་ས་རྩང་སྤྱར་རྒྱལ་བོད་ཀྱི་ཡུལ་། །བརྡལ་པ་རྐོད་ལེགས་རིན་ཆེན་གསེར་གྱི་ས་། །ཡང་སྙིང་བཞུ་ཡུལ་སྟག་སྣ་ཛ་མོ་ན་། །ཡོན་དག་དད་པ་སྐྱེས་པའི་སྣུར་ཚ་ཚེ་སྐྱབས་དང་། །ཚ་ཐུག་དུས་སུ་འདྲེན་པའི་ཁྲི་མོ་སེ་སན་དང་། །གཉེར་པ་མཁས་པ་བྱེད་པའི་ལྷིང་ཚ་འཇམ་དཔལ་དང་། །ཡི་གེ་ལེགས་མོ་འབྲི་བའི་མཁར་ཚུང་ཚོ་། །བླ་མེད་བྱང་ཆུབ་ཐོབ་པར་ཤོག།[①]ཅེས་པའོ།

གཉིས་པ། མཛོད་བྱང་གི་དབྱེ་ཞིབ།

གཅིག ཡུལ་ལུང་།

མཛོད་བྱང་འདིའི་ནང་དུ་བསྟན་པ་སྤྱ་དར་གྱི་ཚིག་ཉམས་ཀྱིས་ཤན་བཞུགས་པའི་ཐོག་ནས་གསུང་རབ་འབྲི་བཞེངས་ཀྱི་ཡུལ་ལུང་བསྟོད་པ་དུང་ཆེན་གཟུགས་སུ་བཀོད་པ་སྟེ། རི་མཐོ་ས་རྩང་སྤྱར་རྒྱལ་བོད་ཀྱི་ཡུལ། བརྡལ་པ་རྐོད་ལེགས་རིན་ཆེན་གསེར་གྱི་ས་། །ཡང་སྙིང་བཞུ་ཡུལ་སྟག་སྣ་ཛ་མོ་ན་ཞེས་རིམ་པས་བཞིན་དོན་གྱི་འབབ་ས་ར་ལུང་དགོན་དང་ཐག་མི་རིང་བའི་ས་སྟག་སྣ་ཛ་མོ་[②]ཞེས་པ་དེར་གསུང་རབ་དེ་འབྲི་བཞེངས་བསྐྲུངས་པ་དེ་བཤད་འདུག

① ར་ལུང་དགོན་དུ་བཞུགས་པའི་ཤེར་ཕྱིན་འབུམ་ཤོག་མོ་ཆེའི་མཛོད་བྱང་ཡིན།

② ར་ལུང་དགོན་དུ་བཞུགས་པའི་ཤེར་ཕྱིན་འབུམ་ཤོག་མོ་ཆེའི་མཛོད་བྱང་ཡིན།

གཉིས། སྤྱིན་བདག

རྭ་ལུང་དགོན་གི་འབྲུམ་ཤོག་མོ་ཆེ་དེ་ཐོག་མར་ཡུལ་སྟག་སྣ་རྫ་མོ་ན་འབྲི་བཞེངས་བྱ་བའི་སྐབས་སུ་དད་པ་སྐྱོ་ངས་མེད་པའི་ཡོན་བདག་སྟུར་ཚ་ཚེ་སྐྱབས་ཀྱིས་གནང་བ་དང་། གསུང་རབ་འབྲི་བཞེངས་ཀྱི་ཕྱག་ལས་ལ་བཞུགས་མཁན་གྱི་ཡིག་པ་དང་ཤོག་བཟོ། ཤིང་བཟོ་དང་ལྕགས་བཟོ། ཚེམས་བཟོ་སོགས་ལ་ཞོགས་སྤྲ་ལངས་དང་དགོང་ཕྱི་ཉལ་བྱས་ཏེ་གསུང་རབ་འབྲི་བཞེངས་འཆར་གཞི་ལྟར་སྒྲུབ་པའི་སྐད་དུ། དུས་ཚོད་དེ་དག་ལ་གཞིགས་པའི་སྤྲ་དགོང་ཚ་ཐུག་དུས་སུ་གཏོང་མཁན་ཁྲི་མོ་སེ་སན་དང་། ཡིག་པ་དང་ལས་མི་རྣམས་ཀྱི་སྣ་ཆ་དང་སྣག་ཤོག་སོགས་ཉེ་མཁོའི་རྒྱུ་འགྲོ་སྦྲོད་གཉེར་མཁས་པ་ལྀིང་ཚ་འཇམ་དཔལ་བཅས་ཀྱིས་ལས་ཀའི་དོ་དམ་དང་སྦྱིན་བདག་གནང་བ་སྐེ་མཛོད་བྱང་ལས། །ཡོན་དག་དད་པ་སྐྱེས་པའི་སྟུར་ཚ་ཚེ་སྐྱབས་དང་། །ཚ་ཐུག་དུས་སུ་འདྲེན་པའི་ཁྲི་མོ་སེ་སན་དང་། །གཉེར་པ་མཁས་པ་བྱེད་པའི་ལྀིང་ཚ་འཇམ་དཔལ་དང་། [1]ཞེས་པས་རྟོགས་ཐུབ།

གསུམ། ཡིག་མཁན།

དད་པ་སྐྱོ་ངས་མེད་པའི་སྦྱིན་བདག་སྟུར་ཚ་ཚེ་སྐྱབས་དང་གསུང་རབ་འབྲི་བཞེངས་ཀྱི་ལས་ཀའི་དོ་དམ་སོགས་ལ་ཕྱུར་བ་གྲུ་འདེགས་གནང་མཁན་སྦྱིན་བདག་ཁྲི་མོ་སེ་སན་དང་ལྀིང་ཚ་འཇམ་དཔལ་སོགས་ཀྱིས་གནང་སྐེ་གསུང་རབ་འབྲི་བཞེངས་ཀྱི་ཉེར་མཁོའི་རྒྱུ་འགྲོ་སོགས་སྣ་གོན་གང་ལེགས་ཟིན་པའི་རྗེས་སུ། གཞུང་གཞིར་བཞག་གསུང་རབ་འབྲི་བཞེངས་ཀྱི་ཡི་གེ་བ་ནི་འབྲི་གཟུགས་ལེགས་པོ་འབྲི་མཁན་ཏེ་སོར་མོའི་འདུ་བྱེད་བསྒྱུར་ལ་མཁས་པའི་ཡིག་པ་མཁར་ཆུང་ཚོས་གནང་བ་དེ་མཛོད་བྱང་ལས་ཤེས་སོ།

བཞི། བསྔོ་སྨོན།

བསྔོ་སྨོན་ཏེ་བླ་མེད་བྱང་ཆུབ་ཐོབ་པར་ཤོག་ཅེས་པར་བལྟས་ན་དུས་རབས་13ནང་གི་

[1] རྭ་ལུང་དགོན་དུ་བཞུགས་པའི་ཤེར་ཕྱིན་འབུམ་ཤོག་མོ་ཆེའི་མཛོད་བྱང་ཡིན།

གསུང་རབ་བྲིས་མ་ཞིག་ཡིན་པར་མངོན། དུས་རབས་17པའི་ནང་དུ་བྱོན་པའི་བོད་ཀྱི་མཁས་པ་ཇོ་ནང་ཏཱ་ར་ནཱ་ཐས་ཀྱང་འབུམ་དེ་དངོས་སུ་མཇལ་སྐྱོང་བ་སྟེ་ར་ལུང་གི་གསུང་རྟེན་ནི། རིན་པོ་ཆེ་བཻཌཱུརྻ་སྔོན་པོས་བྲིས་པའི་གླེགས་བམ། གན་ཤོག་མཐིང་ཤུན་ལ་གསེར་བཟང་པོས་བྲིས་པའི་བཀའ་འགྱུར། འབུམ་ཤོག་མོ་ཆེ་ལ་སོགས་པའི་སྐྱ་པོད་བརྒྱ་ཕྲག་མང་པོ། [1]ཞེས་པ་སོགས་ལས་འབུམ་ཤོག་མོ་ཆེ་དེ་དག་ནི་དུས་རབས་12-13པའི་གསུང་རབ་བྲིས་མ་ཞིག་ཡིན་ནམ་སྙམ།

① ཏཱ་ར་ནཱ་ཐས་མཛད་པའི་རྒྱུད་ཆོས་འབྱུང་བོད་ལྗོངས་མི་དམངས་དཔེ་སྐྲུན་ཁང་གི་2002ལོའི་སྤར་མའི་ཤོག་གྲངས་14ལས་དྲངས།

ལེའུ་བརྒྱད་པ། ལི་ལུགས་དང་ལྷན་ལུགས་སྐོར།

དེ་ཡང་བོད་ཡིག་གི་འབྲི་གཟུགས་རིག་པའི་ཐོག་ནས་བརྗོད་ན། བོད་ཡིག་འབྲི་གཟུགས་འབྲུ་ཆེན་ལི་ལུགས་དང་ལྷན་ལུགས་ཞེས་འབོད་པའི་འབྲི་གཟུགས་དམིགས་བསལ་ཅན་གཉིས་བྱུང་སྒྲོང་ཡོད་པ་ནི། དུས་རབས་18པའི་མི་དབང་སངས་རྒྱས་རྒྱ་མཚོས་ཐོན་མིའི་ཡིག་རྒྱུན་རིམ་གྱིས་བརྒྱུད་དེ་ཁྲུང་པོ་གཡུ་ཁྲི་དང་། སུམ་པ་གནོད་སྦྱིན་སོགས་ཀྱིས་དར་རྒྱས་སུ་མཛད་པ་ལ་རྫབ་ཆེན་དང་རྫབ་ཆུང་། འབྲུ་ཆེན་དང་འབྲུ་ཆུང་། འབྲུ་ཆེན་ལ་ལི་ལུགས། ལྷན་ལུགས[1] ཞེས་དང་ཡང་བོད་ཀྱི་གསུང་རབ་སྨྲ་བ་དུང་དཀར་བློ་བཟང་འཕྲིན་ལས་ཀྱིས་གསུངས་པ་བཞིན། ཡི་གེ་དབུ་མེད་ལ་འབྲུ་མ་ཡང་ཟེར་ཞིང་དེ་ལ་ལི་ལུགས་དང་ལྷན་ལུགས་གཉིས་ཡོད་[2]ཅེས་གསུངས་པ་སོགས་ལས། སྔོན་དུས་བོད་ཁུལ་དུ་འབྲི་གཟུགས་དབུ་ཆེན་དང་དབུ་མེད་ཅེས་རིགས་གཉིས་སུ་དབྱེ་བའི་ནང་ནས་དབུ་མེདའམ་འབྲུ་ཆེན་ལ་ལི་ལུགས་དང་ལྷན་ལུགས་ཞེས་འབོད་པའི་འབྲི་གཟུགས་རིགས་གཉིས་བྱུང་སྒྲོང་ཡོད་པ་ནི་སྔག་ཤོག་མང་པོས་འགྲེལ་མི་དགོས་པར་གོང་གི་ལུང་ཁག་གཉིས་ལས་གསལ་པོར་རྟོགས།

---

① མི་དབང་སངས་རྒྱས་རྒྱ་མཚོས་མཛད་པའི་དཀར་ཆག་ཐར་གླིང་གྱུ་གཟིངས་བོད་ལྗོངས་མི་དམངས་དཔེ་སྐྲུན་ཁང་གི་1990ལོའི་སྤར་མའི་ཤོག་གྲངས་348ལས་དྲངས།

② མཁས་དབང་དུང་དཀར་བློ་བཟང་འཕྲིན་ལས་ཀྱི་གསུང་རྩོམ་ཕྱོགས་བསྒྲིགས་ཀྲུང་གོའི་བོད་ཀྱི་ཤེས་རིག་དཔེ་སྐྲུན་ཁང་གི་1997ལོའི་སྤར་མའི་ཤོག་གྲངས་306ལས་དྲངས།

ལེ་ཚན་དང་པོ། ལི་ལུགས་སྐོར།

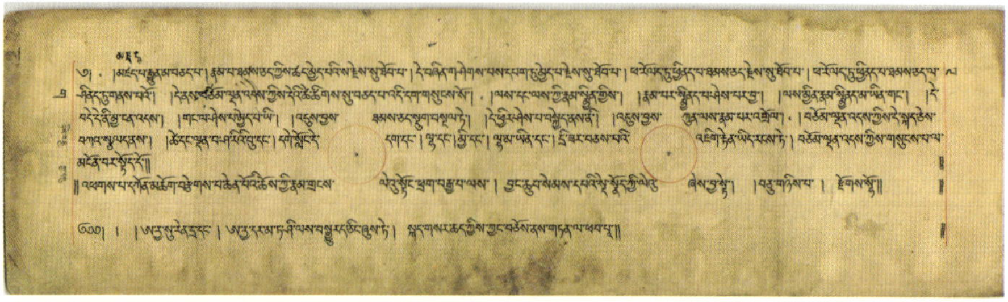

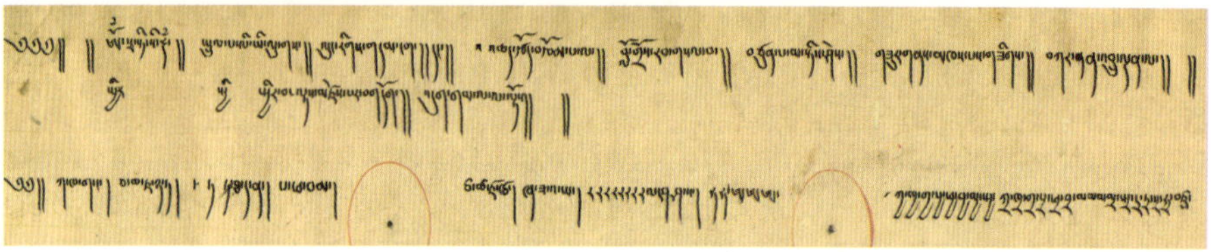

ཞབས་མཚན་མ་དཔེ།

དང་པོ། ཞབས་མཚན་མ་ཕྱུས།

༄༅། །ཨོཾ་སྭ་སྟི་སི་ཧྃ་། །སྤྲུལ་པ་ལི་ཡི་ལུ་གས་། །ལུང་རིགས་གདམ་ངག་།།དང་། །འཆད་རྩོད་བརྩོམ་པ་ལ་། །བློ་གྲོས་རབ་གསལ་བ་། །བཙུན་པ་མ་ཧིས་ཤེས་། །གཟུར་གནས་མཁས་པས་གཟིགས་། །བཀར་ཏན་འབྲུ་ལྷན་ལ་། །སྤྱིར་བ་ལྷུས་མཇོས་པར་བགོདགས་། །འདུག་གམ་ལ་ལ་ལྟོས་། །[①]ཞེས་པའོ།

གཉིས་པ། ཞབས་མཚན་གྱི་དབྱེ་ཞིབ།

གཅིག ལི་ལུགས།

སྤྲུལ་པ་ལི་ཡི་ལུ་གས་། །ལུང་རིགས་གདམ་ངག་།།དང་། །འཆད་རྩོད་བརྩོམ་པ་ལ་། །བློ་གྲོས་རབ་གསལ་བ་། །བཙུན་པ་མ་ཧིས་ཤེས་། །གཟུར་གནས་མཁས་པས་གཟིགས་། །[②]ཞེས་བྱུང་

---

① འཕགས་པ་དཀོན་མཆོག་བརྩེགས་པ་ཆེན་པོའི་ཆོས་ཀྱི་རྣམ་གྲངས་ལེའུ་སྟོང་ཕྲག་བརྒྱ་པ་ལས་། བྱང་ཆུབ་སེམས་དཔའི་སྡེ་སྣོད་ཀྱི་ལེའུ་ཞེས་བྱ་བ་སྟེ། བཅུ་གཉིས་པ། ཛོགས་སོ་ཞེས་པའི་པོད་ག་པའི་ལྡེབ་གྲངས་289ཞབས་མཚན་ལས་དྲངས།

② འཕགས་པ་དཀོན་མཆོག་བརྩེགས་པ་ཆེན་པོའི་ཆོས་ཀྱི་རྣམ་གྲངས་ལེའུ་སྟོང་ཕྲག་བརྒྱ་པ་ལས་། བྱང་ཆུབ་སེམས་དཔའི་སྡེ་སྣོད་ཀྱི་ལེའུ་ཞེས་བྱ་བ་སྟེ། བཅུ་གཉིས་པ། ཛོགས་སོ་ཞེས་པའི་པོད་ག་པའི་ལྡེབ་གྲངས་289ཞབས་མཚན་ལས་དྲངས།

བ་ལ་གཞིགས་ན། ཤེར་ཕྱིན་པོད་འདིའི་ཞབས་མཆན་དུ་སྟོན་གྱི་མཛད་བྱང་བཞིན་མཆོད་ཡོན་སྦྱིན་བདག་སོགས་མ་གསུངས་པར་གོང་དུ་ཞུས་པའི་ཡི་ལུགས་ཀྱི་འབྲི་གཟུགས་སྐོར་བརྗོད་པ་ཞིག་ཡིན་སྙམ། གལ་ཏེ་གོང་གི་ཞབས་མཆན་དེ་ཡི་ལུགས་ཀྱི་སྐོར་ཞིག་ཡིན་ན་འབྲི་གཟུགས་ཀྱི་དམིགས་བསལ་ཁྱད་བསྟོད་དུ། བོད་བཙན་པོའི་སྐབས་ནས་བརྗོད་པའི་ཚིག་ཏེ་འཕྲུལ་ཡིག་སྤྲུལ་ཡིག་ཏུ་གྱུར་བ་དེས་བརྒྱན་པའི་ཡི་ལུགས་ཞེས་བརྗོད་ཅིང་། དེའི་འབྲི་གཟུགས་ཀྱི་ཐིག་རྩ་རིག་པའི་གཞུང་ལུགས་ཀྱི་ཤེས་བྱ་ནི་བཤེས་གཉེན་དམ་པའི་གདམས་པ་དང་། འཆད་རྩོད་རྩོམ་ལ་བློ་གྲོས་རབ་ཏུ་གསལ་བའི་བཙུན་པ་མ་ཏི་སྟེ་དུས་རབས་14པའི་ནང་དུ་བྱོན་པའི་ས་བཟང་མ་ཏི་པཎ་ཆེན་ཞུ་བ་ཁོང་ཡིན་ན། ཁོང་གིས་དོན་གྱི་གནད་ལུགས་རྣམས་ཤེས་ཞེས་ཡི་ལུགས་ཀྱི་འབྲི་རྒྱུན་བརྗོད་པ་ཞིག་མིན་ནམ་སྙམ།

གཉིས། འབྲི་གཟུགས་ཁྱད་ཆོས།

གཟུར་གནས་མཁས་པས་གཟིགས་།། བཀར་ཏན་འབྲུ་ལྡན་ལ་།། སྦྱིར་བ་ལྟས་མཛེས་པར་བགདོགས་།། འདུག་གམ་ལ་ལ་སྟོས་།།① ཞེས་བྱུང་བ་ལ་གཞིགས་ན། སྟོན་གྱི་འབྲི་གཟུགས་ཡི་ལུགས་དེ་དམིགས་བསལ་གྱི་ཁྱད་ཆོས་མངའ་བའི་འབྲི་གཟུགས་ཤིག་ཡིན་མིན་བློ་གཟུར་པོར་གནས་པའི་འབྲི་གཟུགས་མཁས་པས་གཟིགས་དང་། བཅོམ་ལྡན་འདས་ཀྱིས་གསུངས་པའི་བཀའ་བསྟན་རྣམས་འབྲུ་མའམ་ཡི་ལུགས་ཀྱི་ལམ་ནས་འབྲི་བཤུས་བཏབ་པ་ལས། སྦྱིར་གྱི་ཆ་ནས་བྲིས་ཆ་སྙུན་ལ་མཛེས་པར་སྣང་། དེ་དོན་ལ་གནས་ཡོད་མེད་གསུངས་པར་འཚོལ་ཞེས་བརྗོད་པ་ཡིན་ནམ་སྙམ།

གསུམ། ཡི་ལུགས་ཀྱི་ཐིག་རྩ།

བོད་ཀྱི་གསུང་རབ་སྒྲ་བ་དུང་དཀར་བློ་བཟང་འཕྲིན་ལས་ཀྱིས་གསུངས་པ་ལྟར་ན། ཡི་གེ་དབུ་མེད་ལ་འབྲུ་མ་ཡང་ཟེར་ཞིང་དེ་ལ་ཡི་ལུགས་དང་ལྡན་ལུགས་གཉིས་ཡོད་པ་ལས། ཡི་ལུགས་ཐོག་མར་གསར་གཏོད་བྱེད་མཁན་སུ་ཡིན་སྐོར་ལོ་རྒྱུས་ཐོག་མི་གསལ་བ་མ་ཟད། དེའི་

① འཕགས་པ་དཀོན་མཆོག་བརྩེགས་པ་ཆེན་པོའི་ཆོས་ཀྱི་རྣམ་གྲངས་ལེའུ་སྟོང་ཕྲག་བརྒྱ་པ་ལས། བྱང་ཆུབ་སེམས་དཔའི་སྡེ་སྣོད་ཀྱི་ལེའུ་ཞེས་བྱ་བ་སྟེ། བཅུ་གཉིས་པ། ཛོགས་སོ་ཞེས་པའི་པོད་ག་པའི་ལྡེབ་གྲངས་289ཞབས་མཆན་ལས་དྲངས།

ལག་རྒྱུན་དེང་སང་ཆད་ཟིན་ཞེས་ལོ་རྒྱུས་འགའ་ཤས་ནང་གསལ་[1]ཞེས་གསུངས་པས་ཀྱང་ལི་ལུགས་ཀྱི་འབྲི་རྒྱུན་ད་ལྟ་མིང་གི་ལྷག་མ་ཙམ་དུ་ཟད་དམ་སྙམ། འོན་ཏེ་ བོད་ཡིག་འབྲི་གཟུགས་སྐོར་དུ། ལྡན་མ་རྩེ་མངས་ལུགས་ཀྱི་འབྲུ་ཚུགས་ངམ་དེང་སང་ལྡན་ཡིག་ཏུ་གྲགས་པའི་བྲིངས་གོང་དང་འདྲ་བ་ལས་འདིར་མི་འདྲ་བའི་ཁྱད་པར་ཅུང་ཟད་ཅིག་མཚོན་པ་རྣམས་ཐིག་ཁོག་ཏུ་ལེགས་པར་དྲངས་པའོ།[2]ཞེས་བྱུང་བ་ལ་ཉམས་ཞིབ་བྱས་ཚེ་གལ་ཏེ་བྲིངས་ཀྱི་ཁོངས་སུ་ལི་ལུགས་ཀྱི་འབྲི་གཟུགས་ཚུད་ཡོད་ན། ལྡན་ལུགས་དང་ལི་ལུགས་ཀྱི་འབྲི་གཟུགས་ཐིག་རྩ་དང་སྒྲུག་རིམ་བསྒྱུར་སྟངས་ཐད། ཁྱད་པར་ཆེས་ཆེ་བ་ཞིག་མེད་པ་མངོན། ལྷག་དོན་དུ་དུས་རབས་18པའི་མི་དབང་སངས་རྒྱས་ཀྱིས་དཀར་ཆག་ཐར་གླིང་དུ་གསུངས་པ་བཞིན། འབྲུ་ཆེན་དང་འབྲུ་ཚུགས་། འབྲུ་ཆེན་ལ་ལི་ལུགས། ལྡན་ལུགས་[3]ཞེས་བརྗོད་པས་ཀྱང་མཚོ་བསམ་བྱ་དགོས་པ་ཞིག་ལགས། གལ་ཏེ་གོང་དུ་བརྗོད་པ་དེ་དོན་ལ་གནས་ཚེ་ལི་ལུགས་འབྲུ་ཆེན་གྱི་ཐིག་རྩའི་བསྒྱུར་རིམ་དེ་ཡང་གཤམ་གྱི་ལྡན་ལུགས་ལས་ཤེས་པར་བྱའོ།

ལེ་ཚན་གཉིས་པ། ལྡན་ལུགས་སྐོར།

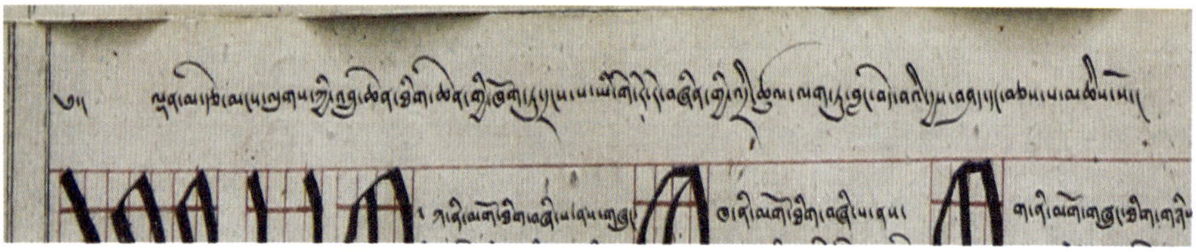

དབུ་མཚན་མ་དཔེ།

དང་པོ། དབུ་མཚན་མ་བཤུས།

ལྡན་མ་རྩེ་མངས་ལུགས་ཀྱི་འབྲུ་ཚུགས་ངམ་དེང་སང་ལྡན་ཡིག་ཏུ་གྲགས་པའི་བྲིངས་གོང་

① མཁས་དབང་དུང་དཀར་བློ་བཟང་འཕྲིན་ལས་ཀྱི་གསུང་རྩོམ་ཕྱོགས་བསྒྲིགས་ཀྲུང་གོའི་བོད་ཀྱི་ཤེས་རིག་དཔེ་སྐྲུན་ཁང་གི་1997ལོའི་སྤར་མའི་ཤོག་གྲངས་306ལས་དྲངས།

② ལྷ་ས་ནས་འབྲི་གཟུགས་ཀྱི་དཔེ་རིས་འབྲུ་ཚུགས་གི་ལམ་ནས་འབྲི་བཤུས་བཏབ་པ་ཞིག་མཐའ་བ་དེའི་ལྡེབ་གྲངས་34ལས་དྲངས།

③ མི་དབང་སངས་རྒྱས་རྒྱ་མཚོས་མཛད་པའི་དཀར་ཆག་ཐར་གླིང་རྒྱ་གཞིངས་བོད་ལྗོངས་མི་དམངས་དཔེ་སྐྲུན་ཁང་གི་1990ལོའི་སྤར་མའི་ཤོག་གྲངས་348ལས་དྲངས།

དང་འདྲ་བ་ལས་འདིར་མི་འདྲ་བའི་ཁྱད་པར་ཙུང་ཟད་ཅིག་མཆིས་པ་རྣམས་ཐིག་ཁོག་ཏུ་ལེགས་པར་དྲངས་པའོ། ལྷན་མ་རྗེ་མངས་ལུགས་ཀྱི་འབྲུ་ཆེན་ཐིག་ཆེན་གྱི་ཁོག་ཏུ་དྲངས་པའི་ཡི་གེ་རེ་རེ་བཞིན་གྱི་འདྲི་ཚུལ་ལག་ཏུ་བླང་བདེ་བའི་རྒྱས་བཤད་དང་བཅས་པ་མཆིས་སོ།[①] ཞེས་པའོ།

གཉིས་པ། དབུ་མཆན་གྱི་དབྱེ་ཞིབ།

དུས་རབས་18པའི་མི་དབང་སངས་རྒྱས་རྒྱ་མཚོས་ཐོན་མིའི་ཡིག་རྒྱུན་རིམ་གྱིས་བརྒྱུད་དེ་ཁྱུང་པོ་གཡུ་ཁྲི་དང་། སུམ་པ་གནོད་སྦྱིན་སོགས་ཀྱིས་དར་རྒྱས་སུ་མཛད་པ་ལ་རྫབ་ཆེན་དང་རྫབ་ཆུང་། འབྲུ་ཆེན་དང་འབྲུ་ཆུང་། འབྲུ་ཆེན་ལ་ལི་ལུགས། ལྷན་ལུགས་[②] ཞེས་གསུངས་པས་ལྷན་ལུགས་ཞེས་པའི་འབྲི་གཟུགས་འབྲུ་ཆེན་ཞིག་ཡོད་པ་སྣང་ཤོག་མང་པོས་འགྲེལ་མི་དགོས་པར་ཁ་གསལ་ཞིག་རྟོགས་པ་མ་ཟད། ད་ཐེངས་ལྷན་ལུགས་སྐོར་གྱི་ཐིག་རྩའི་ཤེས་བྱ་ཞིག་མཇལ་བས་ཀྱང་དེའི་སྐོར་གྱི་ཤེས་བྱའི་སྒོ་འཕར་ཡངས་པོར་ཆེ་བར་སྣང་།

གཅིག ལྷན་ལུགས་ཀྱི་བྱུང་བ།

ལྷན་མ་རྗེ་མངས་ཀྱི་འབྲི་རྒྱུན་དེ་ལྷན་མ་ཚེ་མང་ཡང་ཟེ་ཞིང་། ཕལ་ཆེར་ཁྲི་སྲོང་ལྡེ་བཙན་དུས་ཀྱི་ཡིག་མཁན་ཆེན་མོ་ཞིག་ཡིན་ཞེས་བོད་ཀྱི་གསུང་རབ་སློབ་དུང་དཀར་བློ་བཟང་འཕྲིན་ལས་མཆོག་གིས་གསུངས་པ་ལྟར་ན། སྔོན་གྱི་ལྷན་ལུགས་སྲོལ་གཏོད་མཁན་པོ་ལྷན་མ་རྗེ་མངས་ཟེ་བའི་ཡི་གེའི་མཁན་པོ་དེ་ནི་དུས་རབས་8པའི་ནང་དུ་བྱུང་བའི་ཡིག་མཁན་ཞིག་ཡིན་པའི་ཆ་ནས་འབྲུ་ཆེན་ལྷན་ལུགས་ཞེས་པའི་འབྲི་གཟུགས་དེ་ཡང་། དུས་རབས་8པའི་སྐབས་ནས་བྱུང་ཟིན་པ་དེ་བོད་ཀྱི་གསུང་རབ་སློབ་དུང་དཀར་བློ་བཟང་འཕྲིན་ལས་མཆོག་གི་གསུང་ལས་ཐད་ཀར་རྟོགས།

① ལྷ་ས་ནས་འབྲི་གཟུགས་ཀྱི་དཔེ་རིས་འབྲུ་ཆུང་གི་ལམ་ནས་འབྲི་བཤུས་བཏབ་པ་ཞིག་མཇལ་བ་དེའི་ལྡེབ་གྲངས་34ལས་དྲངས།
② མི་དབང་སངས་རྒྱས་རྒྱ་མཚོས་མཛད་པའི་དཀར་ཆག་ཐར་གླིང་གྲུ་གཟིངས་བོད་ལྗོངས་མི་དམངས་དཔེ་སྐྲུན་ཁང་གི་1990ལོའི་ཐེངས་དང་པོའི་ཤོག་གྲངས་348ལས་དྲངས།

གཉིས། འབྲི་གཟུགས་དབུ་མེད།

བོད་ཀྱི་གསུང་རབ་སྒྲ་བ་དུང་དཀར་བློ་བཟང་འཕྲིན་ལས་མཆོག་གིས་གསུངས་པ་ལྟར་ན། ལྡན་མ་རྩེ་མངས་ཁོང་གིས་བོད་ཡིག་གི་དབུ་མེད་ལ་བཀའ་བཅད་གནང་ནས་ད་ལྟ་བར་དར་བའི་དབུ་མེད་དེ་ནི་ལྡན་ལུགས་ཀྱི་བརྒྱུད་པ་ཡིན་ཞེས་བརྗོད་པ་ལྟར་ན། དུས་རབས་8པའི་ནང་དུ་བྱོན་པའི་ཡིག་མཁན་ལྡན་མ་རྩེ་མངས་དེ་ནི་ད་ལྟ་རང་རེ་རྣམས་ཀྱིས་བརྗོད་པའི་འབྲི་གཟུགས་དབུ་ཅན་འབྲི་བཞེངས་གནང་མཁན་གྱི་ཡིག་མཁན་ཞིག་ནི་མིན་པར། དགེ་ཆོས་ཀྱིས་གསུངས་པའི་དབུ་མེད་དེ་དང་པོ་ནས་ཆེད་དུ་བཟོས་པ་མིན་པར་དབུ་ཅན་མགྱོགས་པོར་བྲིས་པ་ལས་རང་བཞིན་གྱིས་བྱུང་བར་ཡིག་རྙིང་གི་དཔེ་དང་ད་དུང་ཡང་ལྷོ་ཡིག་ཏུ་གྲགས་པ་འབྲུག་ཡུལ་ན་འབྲི་བཞིན་པ་དག་མཐོང་ན་དངོས་སུ་གསལ་བ་འདི་ལྟར་སྦྲུལ་ཏེ་ཀམ་འདི་ལྟར་བྲིས་པས་དབུ་མེད་ཀྱི་སླད་ཀོར་ཀམ་འདི་འདྲ་ལ་ཕ་ཡིག་ལ་དབུ་ཅན་དབུ་མེད་གཉིས་གཟུགས་མི་འདྲ་དྲགས་པས་ཡུན་རིང་པོར་ཅི་ལྟར་འགྱུར་ཚུལ་མ་ཤེས་ཀྱང་ཕྱིས་ཙ་ན་ཕ་ཡིག་འ་འདི་འདྲ་མཐོང་ན་གོའོ་[1]ཞེས་དབུ་ཆེན་མགྱོགས་པོར་བྲིས་ནས་དབུ་མེད་བྱུང་བའི་འབྲི་གཟུགས་ཀྱི་གཞུང་ལུགས་ལ་མཁས་པ་ཞིག་ཡིན་པ་ནི་གོང་གི་བཀའ་མོལ་དེ་ལས་ཤེས།

གསུམ། ལྡན་ལུགས་ཀྱི་ཐིག་རིས།

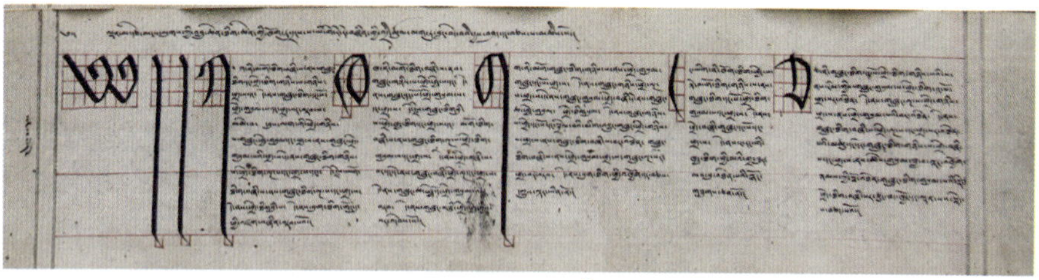

ལྡན་ལུགས་མ་དཔེ།

ཀ་ནི་མགོ་ཐིག་བཞི་པ་ནས་གཞུང་ཐིག་དང་ཕྲེད་ཐིག་གཉིས་པ་གཉིས་ཕྲད་ས་དང་། དེ་

① མཁས་དབང་དགེ་འདུན་ཆོས་འཕེལ་གྱི་གསུང་རྩོམ་ཕྱོགས་བསྒྲིགས་པོད་གཉིས་པ་རྒྱལ་ཁམས་རིག་པས་བསྐོར་བའི་གཏམ་རྒྱུད་གསེར་གྱི་ཐང་མ་ནུབ་བྱང་མི་རིགས་སློབ་ཆེན་གྱི་སྤར་མའི་ཤོག་གྲངས་211ལས་དྲངས།

ནས་གཞུང་ཐིག་དང་པོ་ཕྲེད་གསུམ་པ་དང་ཕྲད་སར་བཏབ་པ། མཆེ་བ། དབུས་ལག་གི་ཕྲེད་གཉིས་པ་གཞུང་ཕྱེད་གསུམ་དང་ཕྲད་ས་ནས་གཞུང་ཕྲེད་གསུམ་པའི་ཕྲད་ས། དེ་ནས་གཞུང་ཐིག་གཉིས་པ་ཕྲེད་ཐིག་ལྔ་པ་དང་ཕྲད་ས་དང་། དེ་རྗེས་མགོ་ཐིག་བཞི་པ་ནས་གཞུང་ཐིག་ལྔ་པ་དང་ཕྲད་ས། དེ་ནས་ཕྲེད་ཐིག་གསུམ་པ། དེ་ནས་སྨུག་ཐིག་གོང་དུ་ཕྱི་འཛག་བཞིན་བཏབ་པའོ།

༧།ནི་མགོ་ཐིག་བཞི་པ་ནས་གཞུང་གཉིས་པ་ཕྲེད་ཕྱེད་པ་དང་། དེ་ནས་གཞུང་དང་པོ་ཕྲེད་གསུམ་པ་དང་ཕྲད་ས། དེ་རྗེས་གཞུང་ཐིག་གསུམ་པ་ཕྲེད་ཁྲུད་ཐིག་དང་ཕྲད་ས་དང་། མགོ་ཐིག་བཞི་པ་ནས་གཞུང་ཐིག་ལྔ་པ་ཕྲེད་ཐིག་གསུམ་པ་དང་ཕྲད་ས། དེ་ནས་ཕྲེད་བཞི་པ་བར་དང་། དེ་ནས་གཞུང་བཞི་ཕྲེད་ལྔ་དང་ཕྲད་ས། དེ་ནས་གཞུང་ཆ་ཕྱེད་དོ་ཕྲེད་གསུམ་ལ་བཏབ། དེ་ནས་གཞུང་བཞི་ཕྲེད་ཕྱེད་ཀྱིས་སར་འདེབས་སོ།

༡།ནི་མགོ་གཞུང་ཐིག་གཉིས་པ་ནས་ཕྲེད་གསུམ་གཞུང་དང་པོ་ཕྲད་ས། དེ་ནས་གཞུང་གཉིས་ཕྲེད་ལྔ་པ་ཕྲད་ས། དེ་ནས་གཞུང་གསུམ་ཕྲེད་བཞི། དེ་ནས་གཞུང་ཆ་ཕྱེད་གསུམ། ཕྲེད་ཐིག་གསུམ། དེ་ནས་གཞུང་གཉིས་པ་ཕྲེད་དང་པོ་དང་སྦྲེལ་བའི་མིག་འབྱུང་གཞུང་ཕྲེད་གཉིས་པ་ཕྲད་ས་ནས་གཞུང་ཐིག་བཞི་པ་བར་འཐེན། གཞུང་ཐིག་བཞི་པ་ནས་ཕྲེད་གསུམ་ཕྲད་ས་གཞུང་ལྔ་པར་ཕྲད་སར་བཏབ། དེ་ནས་སྨུག་ཐིག་ཕྱི་འཁྱོག་དང་བཅས་དཀྱུས་ལྟར་ཡིན།

༤།ཡིག་ནི་ཁོག་ཐིག་ཕྱེད་པ་སྟེ་མགོ་ཐིག་གཉིས་པ་ནས་གཞུང་ཐིག་དང་པོ་ཕྲེད་ཐིག་གསུམ་པ་དང་ཕྲད་ས། དེ་ནས་ཕྲེད་བཞི་གཞུང་དང་པོ་དང་ཕྲད་ས། དེ་ནས་ང་རང་གི་ཁྲུད་ཐིག་ཕྱི་མའི་གྲྭ་ཟུར་མས་སུ་འཐེན་པའི་སྐོང་གཟུགས་ཅན་ནོ།

༣།ཡིག་ནི་གཞུང་ཐིག་དང་པོ་ཕྲེད་ཐིག་གཉིས་པའི་ས་ནས་རིམ་གྱིས་གཞུང་གསུམ་པ་ཕྲེད་ཐིག་དང་པོ་ཕྲད་སར་འཐེན། དེ་ནས་གཞུང་ལྔ་པ་ཕྲེད་གཉིས་ཕྲད་ས་ནས་ཕྲེད་གསུམ་པའི་བར་འཐེན། དེ་ནས་གཞུང་ཐིག་བཞི་པ་ཕྲེད་ལྔ་པ་དང་ཕྲད་སར་འཐེན་པའི་མཆུ་དང་། དེར་གཞུང་ཐིག་གཉིས་པ་ཕྲེད་བཞི་པ་དང་ཕྲད་ས་ནས་ཆོས་གསུམ་ཟླ་བ་ལྟར་འཁྱོག་ཉམས་ཀྱི་སྒྲོ་འཐེན་གཞུང་ཐིག་གསུམ་པའི་སྟེང་ཕྲེད་ཐིག་བཞི་སར་ཅུང་ཟད་ཁྱོགས་དང་ལྡན་པས་སྙེ་པ་བཅད་པའོ།

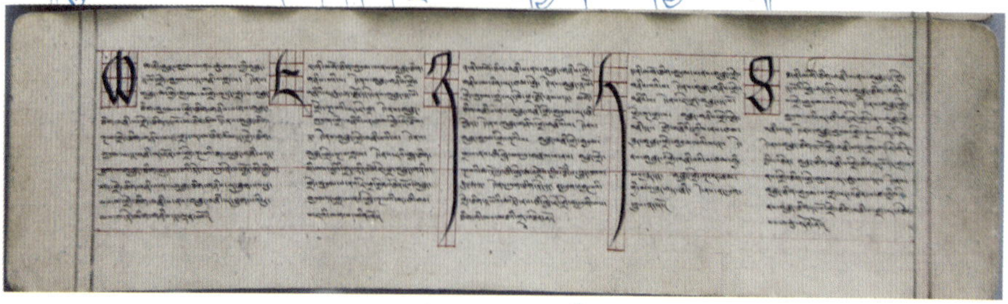

ཞབས་མཚན་མ་དཔེ།

ཡ།ནི་གཞུང་གསུམ་ས་ནས་ཆུ་བབས་ཀྱི་གཞུང་དང་པོ་ཕྲེད་གསུམ་པ་དང་བཞི་པ་ཕྲད་ས། དེ་ནས་གཞུང་ཆ་ཕྱེད་གསུམ་པ་ཕྲེད་ལྔ་དང་ཕྲད་ས་གཞུང་ཐིག་གསུམ་པ་ཕྲེད་ཐིག་གཉིས་པ་ནས་གཞུང་ཐིག་བཞི་པ་ཕྲེད་ཐིག་དང་པོ་མ་ཟིན་ཙམ། དེ་ནས་གཞུང་ཐིག་ལྔ་པ་ཕྲེད་ཐིག་གཉིས་པ་དང་ཕྲད་སར་མ་ཟིན་ཙམ་དང་ཕྲེད་ཐིག་གསུམ་པ་དང་བཞི་པར་ནོན་པ་ཕྲེད་ལྔ་པའི་ཐད་གཞུང་བཞི་པ་དང་། ཐུག་པ་གཞུང་ཐིག་གསུམ་པའི་སྙིང་མས་སུ་ཉེ་བ་ཁྱོང་གི་དཀྱིལ་བཅད་ཕྲེད་ཐིག་བཞི་པ་ནས་གཞུང་ཐིག་གཉིས་པར་ཐུག་པས་ཊ་ཡས་མ་ཕྲེད་ཐིག་བཞི་པ་ནས་གཞུང་བཞི་པར་ཐུག་པའི་ཊ་མས་མ་སྐྱེ་མིག་གཉིས་དང་ལྡན་པའོ།

ང།ནི་མགོ་ཐིག་གསུམ་པ་ནས་གཞུང་ཐིག་གཉིས་པའི་ས། དེ་ནས་གཞུང་གཉིས་ཕྲེད་བཞིའི་སར་ཅུང་ཟད་ཁྱོང་དང་། དེ་ནས་གཞུང་དང་པོ་ཕྲེད་ལྔ་པའི་སར་ཟེ་ཕྲ། དེ་ནས་གཞུང་གསུམ་ཕྲེད་བཞིའི་སར་ཁམ་ཕྱེད་ཇོ་སྒོམ་དང་། དེ་ནས་གཞུང་ཕྲེད་བཞི་པའི་ས། དེ་ནས་གཞུང་ཕྲེད་ལྔ་པ་ཕྲད་ས། དེ་ནས་ཟའི་ཁྱད་ཐིག་གི་མས་ཕྱིའི་གྲུར་ལྕེར་བཟོ་ཟེ་ཕྲ་གྱེན་འཐེན་ངོས་གཞུང་གསུམ་དང་ཕྲད་ས་ནས་ཕྱེད་ལྔ་པའི་བར་ཁམ་ཕབ་ས་ཟའི་ལག་པ་ཡིན་ནོ།

ཀ།ནི་མགོ་ཐིག་བཞི་པ་ནས་གཞུང་གཉིས་ཕྲེད་གཉིས་མ་ཟིན་སར་ཁམ་ཕྱེད། དེ་ནས་གཞུང་དང་པོ་ཕྲེད་གསུམ་ཕྲད་སར་རྩེ་ཕྲ་ཁྱོང་ཉམས་དང་། མགོ་ཐིག་བཞི་པ་ནས་གཞུང་བཞི་ཕྲེད་གསུམ་སར་ཁམ་ཕྱེད་དང་། དེ་ནས་གཞུང་གཉིས་ཕྲེད་བཞིའི་ས། དེ་ནས་གཞུང་གསུམ་ཕྲེད་ལྔའི་ས། གཞུང་བཞི་ཕྲེད་གསུམ་ཕྲད་ས་ནས་ཁམ་ཕྱེད་མས་སུ་གཞལ་ས་ནས། གཞུང་ཕྲེད་ལྔ་པའི་ཆ་སྟོད་དུ་ཁམ་ཕྱེད་ཆ་འགྲོས་ཀྱིས་སྒོམ་པ་སྨུར་ཐབས་ཅུང་ཟད་དང་། དེ་ནས་སུག་ཐིག་སྙིང་དང་ ནང་སུག་འགུགས་པའི་ཕྲེད་ཐིག་དང་པོའི་ཆ་སྟོད་ནས་ཁམ་ཕྱེད་ཇེ་ཕྲེད་ནང་སུག་གི་ཡས་ཐིག་གི་མས་མཐའི་གྲུར་འཐེན་ནོ།

ད།ནི་མགོ་ཐིག་གསུམ་པ་ནས་གཞུང་ཕྲེད་གཉིས་པའི་ས། དེ་ནས་གཞུང་གཉིས་ཕྲེད་

བཞིའི་ས། དེ་ནས་ཛེ་ཕྲར་གཞུང་དང་པོ་ཐྲེད་ལྷོ་ཕྲད་ས། གཞུང་གཉིས་ཐྲེད་ཕྱེད་བཞི་དང་། ཐྲེད་བཞིའི་དཀྱིལ་ནས་ཁམ་ཟུར་གཞུང་ཐྲེད་གསུམ་པའི་ས་དང་། དེ་ནས་གཞུང་འཕྲེད་བཞི་པའི་ས་ཁམ་གྱི་ཡས་ཟུར་དང་། གཞུང་ཐྲེད་ལྷོ་བར་ཁམ་གྱི་ཡས་ཟུར་བདར་ཞིང་། དེ་ནས་ནང་སྐུག་དཀྲུར་ལྷར་རོ།

ཞ་ནི་མགོ་ཐིག་བཞི་པ་ནས་གཞུང་དང་ཐྲེད་དང་པོའི་ཕྱེད་བར་དང་དེ་ནས་གཞུང་ཐིག་གཉིས་པ་ཐྲེད་གསུམ་པའི་བར་དང་། དེ་ནས་གཞུང་གཞུང་ཐྲེད་གསུམ་པའི་སར་ཁམ་གང་ཛེ་ཕྲ། དེ་ནས་གཞུང་ཐྲེད་བཞི་པ་དང་། དེ་ནས་གཞུང་གསུམ་ཐྲེད་ལྷོ་པའི་བར་འཐེན། དེ་ནས་གཞུང་ཐིག་དང་པོ་ཐྲེད་བཞི་པ་དང་ཕྲད་སར་ཛེ་གསེགས་ཀྱིས་འཐེན། གཞུང་ཐིག་བཞི་པ་ཐྲེད་ཐིག་དང་པོ་དང་ཕྲད་ས་ནས་ཐྲེད་ཐིག་ཕྱེད་གསུམ་བར་ཆུ་བབས་དང་། དེ་ནས་གཞུང་ཐིག་གསུམ་པ་ཕྲད་སར་འཐེན་པ་ཐ་དཀྱིལ། དེ་ནས་གཞུང་ཐིག་དང་པོ་ཐྲེད་ཐིག་བཞི་པ་ཕྲད་སར་འཐེན་པས་མཆུ་བཏོན་ནོ།

ཞབས་མཆན་མ་དཔེ།

།་ཡིག་གི་ཐྲེད་ཐིག་ཕྱེད་ས་ཅན་ནི་མགོ་ཐིག་གསུམ་པའི་ཡས་ལ་ཁམ་གྱི་མས་ཟུར་བཙོལ་བའི་གཞུང་དང་པོ་ཐྲེད་བཞི། ཐྲེད་ལྷོ་པ་བར་འཐེན་ལ་ནང་སྐུག་དཀྲུས་ལྷར་ཡིན་ནོ།

ཀ་ནི་མགོ་ཐིག་གསུམ་པ་ནས་ཁམ་ཕྱེད་གཞུང་དང་པོ་ཐྲེད་གཉིས་དང་། གཞུང་དང་པོ་ཐྲེད་གསུམ་ཕྲད་སའི་དཀྱིལ་དུ་འཐེན། དེ་ནས་ཁམ་གང་གཞུང་གསུམ་ཐྲེད་ལྷོར་ཁམ་གྱི་མས་ཟུར་བཙོལ་ནས་འཐེན། དེ་ནས་གཞུང་ལྷོ་ཐྲེད་དང་པོ་ཕྲད་སར་ཁམ་ཕྱེད་ཛེ་ཕྲ་ཅན་དང་། མགོ་ཐིག་གསུམ་པར་ཁམ་གྱི་མས་ཟུར་བཙོལ་བའི་གཞུང་བཞི་ཐྲེད་གསུམ་གྱི་དཀྱིལ་དང་གཞུང་ལྷོ་ཐྲེད་བཞིར་ཁམ་གྱི་མས་ཟུར་བཙོལ་ནས་འཐེན། དེ་ནས་ནང་སྐུག་དཀྲུས་ལྷར་རོ།

པ་ནི་མགོ་ཐིག་གཉིས་པ་ནས་གཞུང་ཐིག་གཉིས་པ་ལྷར། གཞུང་དང་པོ་ཐྲེད་ཕྱེད་བཞིའི་

ས་དང་། དེ་ནས་ཕྲེད་ལྔ་གཞུང་གསུམ་ལ་ཁམ་གྱི་མས་ཟུར་བཅོལ་ས་དང་། དེ་རྗེས་མགོ་ཐིག་བཞི་པའི་ཐིག་སྟེངས་ཐུར་དུ་གཞུང་བཞི་ཕྲེད་གསུམ་གྱི་ས་དང་། དེ་ནས་གཞུང་གསུམ་ཕྲེད་ལྔ་དང་ཕྲད་སར་འཐེན་ནོ།

ཡ།ནི་གཞུང་ཐིག་གཉིས་པ་ནས་ཕྲེད་གཉིས་དང་གཞུང་དང་པོ་མ་ཟིན་ཙམ་གྱི་ས་དང་། དེ་ནས་གཞུང་དང་པོ་ཕྲེད་ལྔའི་བར་དང་། དེ་ནས་གཞུང་གསུམ་ཕྲེད་བཞི་གཞུང་བཞི་ནས་ཕྲེད་གཉིས་པའི་ས་ནས་གཞུང་གསུམ་ཕྲེད་བཞི་པའི་ལག་གི་སྣ་དང་སྦྲེལ། དེ་ནས་གཞུང་བཞི་ཕྲེད་ལྔ་པའི་ས་དང་གཞུང་བཞི་ཕྲེད་གཉིས་པའི་ས་ནས་ཕྲེད་གསུམ་པའི་ཐད་གཞུང་ལྔ་པ་དང་། དེ་ནས་ཕྲེད་བཞི་བར་ཆུ་བབས་ཀྱི་ཕབ། དེ་ནས་ཕྲེད་ལྔ་པའི་སྣ་དང་སྦྲེལ་ལོ།

ར།ནི་མགོ་ཐིག་གསུམ་པ་ནས་གཞུང་ཕྲེད་གཉིས་པ་ལྷག་ཙམ། དེ་ནས་ཕྲེད་ཐིག་གསུམ་པ་བར་ཆུ་བབས། དེ་ནས་ནང་དུ་བསྐུམ་པའི་གཞུང་ཐིག་གསུམ་པ་ཕྲེད་ཐིག་ལྔ་པ་དང་ཕྲད་སར་འཐེན། མགོ་ཐིག་གསུམ་པ་ནས་གཞུང་ཐིག་ཕྱེད་ལྔ་ཕྲེད་ཐིག་ཕྱེད་བཞིར་འཐེན་གཞུང་ཐིག་གསུམ་པ་འཕྲེད་ཐིག་ལྔ་པར་ཕྲད་སར་འཐེན་པའོ།

ལ།ནི་གཞུང་ཐིག་གསུམ་པ་ནས་དང་པོ་མ་ཟིན་ཙམ་དང་། དེ་ནས་ཕྲེད་གསུམ་པ་བར་དང་དེ་ནས་ཕྲེད་ཐིག་ལྔ་པ་མ་ཟིན་ཙམ་བར། དེ་ནས་གཞུང་ཐིག་གསུམ་ཕྲེད་བཞི་པ་དང་ཕྲད་སར་འཐེན། དེ་ནས་གཞུང་ཕྲེད་ལྔ་པ་བར་འཐེན་པ་དང་། གཞུང་ཐིག་ལྔ་པའི་ཕྱི་ལག་འཁྱོང་བ་ནས་འཐེན་ས་སྤྲད་དོ།

ཞབས་མཚན་མ་དཔེ།

ཤ།ནི་གཞུང་ཐིག་དང་པོ་ཕྲེད་ཐིག་གཉིས་པའི་ས་ནས་རིམ་གྱི་གཞུང་གསུམ་པ་ཕྲེད་ཐིག་དང་པོ་ཕྲད་སར་འཐེན་པ་སོགས་གོང་གི་ཙ་ཛ་ལྟ་བ་ལ་ཙ་ལག་གཏོད་པ་ཙམ་མ་གཏོགས་ཁྱད་པར་མེད་དོ།

ས།ནི་གཞུང་གསུམ་པ་ནས་ཆུ་བབས་ཀྱི་གཞུང་དང་པོ་ཕྲེད་གསུམ་པ་དང་བཞི་པ་ཕྲད་

ས། དེ་ནས་གཞུང་ཆ་ཕྱེད་གསུམ་པ་ཕྲེད་ལྔ་དང་ཕྲད་སར་འཕེན་པ་སོགས་གོང་གི་ཆ་ཕོ་ན་དང་འདྲ་བ་ལ་ཚ་ལག་བཏགས་པ་ཙམ་ལས་ཁྱད་པར་མ་མཆིས་སོ།

༦་ནི་མགོ་ཐིག་གསུམ་པ་ནས་གཞུང་ཐིག་གཉིས་པའི་སར་འཕེན་པ་སོགས་གོང་གི་ཇ་དང་འདྲ་བ་ལས་ཇ་ལག་གོང་མ་གཞུང་ཆ་ཕྱེད་གཉིས་ནས་ཕྲེད་ཐིག་གོང་མར་ཁམ་ཡས་ཟུར་བཙལ་བ་གཞུང་ཐིག་ཕྱེད་ལྔ་པའི་བར་རོ།

༧་ནི་གཞུང་ཐིག་བཞི་པ་དང་གསུམ་པ། དེ་ནས་ཕྲེད་ཐིག་གསུམ་པ་གཞུང་ཐིག་དང་པོ་དང་ཕྲད་སར་འཕེན། དེ་ནས་ཁྱད་ཐིག་གི་མས་ཟུར་དུ་འཕེན་གཞུང་ཐིག་བཞི་པ་ནས་གཞུང་ལྔ་ཕྲེད་གཉིས་ལ་འཕེན། དེ་ནས་གཞུང་བཞི་ཕྲེད་ཆ་ཕྱེད་དེའི་སར་ནང་དུ་འཕེན་ཕྲེད་ཐིག་གསུམ་པའི་སྟེང་གཞུང་ཐིག་གཉིས་པ་མ་ཟིན་ཙམ་ནས་གཞུང་ཐིག་ལྔ་པ་མ་ཟིན་པར་ཇེ་སྐྱུར་གྱི་འཕེན། དེ་ནས་གཞུང་ཐིག་གསུམ་པ་ཕྲེད་ཐིག་བཞི་པ་བར་འཕེན། དེ་ནས་གཞུང་ཐིག་བཞི་པ་ཕྲེད་ཐིག་ལྔ་པ་བར་དང་། གཞུང་ཐིག་བཞི་པ་ཕྲེད་གསུམ་པ་ཕྲད་ས་ནས་གཞུང་ཐིག་ལྔ་པ་བར་འཕེན། དེ་ནས་གཞུང་བཞི་ཕྲེད་ལྔར་འཕེན་ནོ།

༨་ནི་གཞུང་ཐིག་བཞི་པ་ནས་གསུམ། དེ་ནས་ཕྲེད་ཐིག་གསུམ་པ་དང་གཞུང་ཐིག་དང་པོ་ཕྲད་ས། དེ་ནས་ཁྱད་ཐིག་གི་རྩེ་བར་འཕེན། གཞུང་ཐིག་བཞི་པ་ཕྲེད་ཐིག་དང་པོ་ནས་གཞུང་ལྔ་ཕྲེད་གཉིས་བར་འཕེན། གཞུང་ཆ་ཕྱེད་བཞི་དང་ཕྲེད་ཕྱེད་དམ་ནས། གཞུང་ཆ་ཕྱེད་དེའི་བར་འཕེན། དེ་ནས་གཞུང་ཆ་ཕྱེད་བཞི་ཕྲེད་ཆ་ཕྱེད་ལྔའི་བར་འཕེན། དེ་ནས་ཕྲེད་དམ་གཞུང་ལྔ་མ་ཟིན་བར་འཕེན། གཞུང་ཆ་ཕྱེད་བཞི་དང་ཕྲེད་ཕྱེད་དེའི་ས་ནས་ཕྲེད་བཞི་གཞུང་ལྔ་ཕྲད་ས་ནས་བར་འཕེན། དེ་ནས་ནང་འཛག་དགུས་ལྷར་རོ། 197

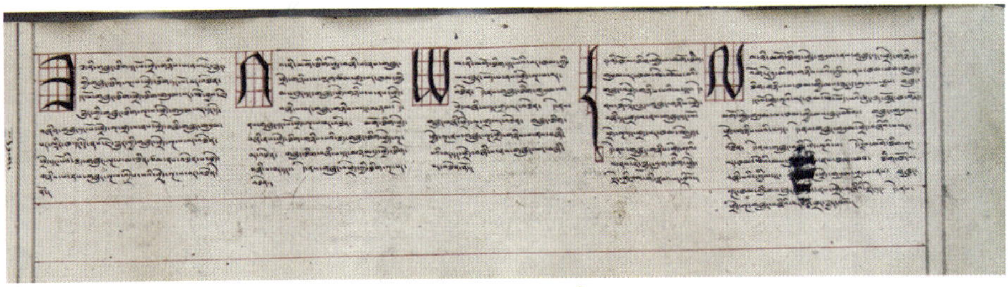

ཞབས་མཆན་མ་དཔེ།

༩་ནི་གཞུང་ཐིག་དང་པོ་ཕྲེད་གཉིས་པ་ནས་ཇེ་སྐྱུར་གྱི་གཞུང་ཐིག་ལྔ་པ་ཕྲེད་ཐིག་དང་

པོ་བར་འཐེན། དང་པོ་གཞུང་ཐིག་ཕྲེད་ཐིག་གསུམ་པར་རྩེ་བྱས་ཇེ་སྨུར་གྱི་གཞུང་ཐིག་ལྷུ་པ་ཕྲེད་གསུམ་བར་དང་། དེ་བཞིན་གཞུང་དང་པོ་ཕྲེད་ལྷུ་ཕྲད་ས་ནས་ཕྲེད་བཞི་གཞུང་གསུམ་པར་ལྷིར་ཁ་དང་། དེ་ནས་ཇེ་སྨུར་གྱི་གཞུང་ཕྲེད་ལྷུ་པ་བར་འཐེན། ཕྲེད་དང་པོའི་ཐད་གཞུང་ལྷུ་པ་མ་ཟིན་ཙམ་ནས་འཐེན་པ་ཕྲེད་གཉིས་པ་ནས་གཞུང་ལྷུ་པ་འདྲིས་སའི་ཕྲེད་ལྷུ་པ་བར་འཐེན་ནོ།

ཁ།ཉི་མགོ་ཐིག་ཕྱེད་བཞི་པ་ནས་གཞུང་ཕྲེད་གཉིས་པ་ལྷག་ཙམ་ཕྲད་སར་ཁམ་གྱི་མས་ཟུར་དང་གཞུང་ཕྲེད་གཉིས་པ་ནས་ཕྲེད་བཞི་པ་བར་གཞུང་གཉིས་པ་དང་མཉམ། དེ་ནས་གཞུང་དང་པོ་ཕྲེད་ལྷུ་པ་བར་འཐེན། མགོ་ཐིག་ཕྱེད་བཞི་ནས་ཕྲེད་ཐིག་གཉིས་པའི་ཐད་གཞུང་ཐིག་ཕྱེད་ལྷུ་བར་འཐེན། གཞུང་ཐིག་བཞི་པ་དང་མཉམ་དུ་ཕྲེད་ཐིག་བཞི་པ་བར་དང་། དེ་ནས་གཞུང་འཕྲེད་ཀྱི་ཐིག་ལྷུ་པར་འཐེན།

ཡ།ཉི་མགོ་ཐིག་དང་པོའི་སར་ཁམ་གྱི་ཡས་ཟུར་ཡོད་ས་ནས་ཕྲེད་ལྷུ་པ་བར་འཐེན། དེ་ནས་གཞུང་ཐིག་གསུམ་པ། ཕྲེད་བཞི་པ་དང་ཕྲད་སར་འཐེན། དེ་ནས་གཞུང་བཞི་ཕྲེད་ལྷུ་ཕྲད་སར་འཐེན། གཞུང་ཐིག་ཕྱེད་ལྷུ་ནས་གཞུང་ལྷུ་ཕྲེད་གཉིས་པ་ནས་བཞི་པའི་བར་དང་ཕྲེད་བཞི་པ་ནས་གཞུང་ཡང་བཞི་སར་འཐེན་ནོ།

ཞ།ཉི་ཁོལ་ཐིག་ཕྱེད་པ་མགོ་ཐིག་གསུམ་པར་ཁམ་རྩེ་བཙོལ་བའི་གཞུང་འཕྲེད་གཉིས་པའི་ས་དང་པོ་དང་། དེ་ནས་ཐད་སྟེང་རྒྱུད་གཞུང་གཉིས་ཕྲེད་བཞི་དང་ཕྲད་ས་ནས་གཞུང་དང་པོ་ཕྲེད་ལྷུ་དང་ཕྲད་སར་ཁམ་རྩེ་དྲུད། དེ་ནས་གཞུང་གཉིས་ཕྲེད་ལྷུའི་ས་ནས་ཇེ་སྨུར་སུག་ཐིག་ཕྱེད་སྟེང་ཕྱི་སུག་གི་རྣམ་པར་བྲིའོ།

ལ།ཉི་མགོ་ཐིག་ཕྱེད་གསུམ་ནས་གཞུང་དང་ཕྲེད་གཉིས་འོག་རེའུ་མིག་གཉིས་པའི་དཀྱིལ་ནས་ཁམ་ཕབ་གཞུང་ཐིག་གཉིས་པ་ཁམ་གྱི་མས་ཟུར་དུ་ལུས་པ་བྱས། གཞུང་དང་པོའི་ཕྲེད་ལྷུའི་སར་ཁམ་རྩེ་ཡོད་པའི་ཚུང་ཟད་ཁྱོང་ཁ་གཏོད། མགོ་ཕྱེད་གསུམ་ལ་ཁམ་གྱི་མས་ཟུར་བཙོལ། གཞུང་གསུམ་ཕྲེད་གཉིས་པའི་ས་དང་། དེ་ནས་གཞུང་གསུམ་ཕྲེད་བཞིའི་ས་བར་འཐེན། དེ་ནས་གཞུང་བཞིན་ཕྲེད་ལྷུའི་ས། དེ་རྗེས་མགོ་ཐིག་ལྷུ་པར་ཁམ་རྩེའི་མས་ཟུར་ནས་ཁམ་ཕབ། ཐིག་ཁོངས་བཞི་པའི་དཀྱིལ་དང་། ཕྲེད་གསུམ་ཕྲད་ས་ནས། གཞུང་ལྷུར་ཁམ་གྱི་མས་ཟུར་ས་ནས་ཕྲེད་བཞིའི་སྟེང་དང་། དེ་ནས་ཕྲེད་ལྷུ་གཞུང་བཞིའི་སར་རྣ་ཕྲད་

སྦྱར་བའོ།

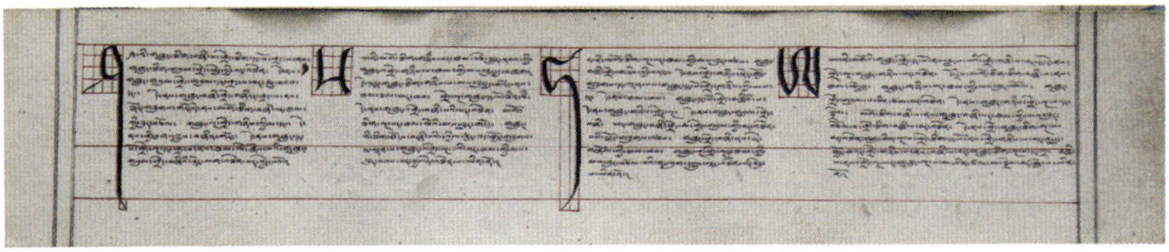

ཞབས་མཆན་མ་དཔེ།

ཀ་ནི་གཞུང་ཐིག་བཞི་པ་ཕྲེད་ཐིག་དང་པོ་ཕྲད་ས་ནས་གཞུང་ཐིག་གསུམ་ཕྲེད་ཕྱེད་ཀྱི་སར་འཐེན། དེ་ནས་གཞུང་གསུམ་ཕྲེད་གསུམ་དང་ཕྲད་ས་བར་ཆུ་བབས་དང་། དེ་ནས་གཞུང་བཞི་ཕྲེད་བཞི་དང་ཕྲད་ས་ནས། སྐོར་གཟུགས་གཏོད། དེ་ནས་མགོ་ཐིག་བཞི་པར་ཁམ་གྱི་ཟུར་བཅོལ། གཞུང་ལྔ་ཕྲེད་གཉིས་ཀྱི་ས་དང་། དེ་ནས་ཕྱི་ཤུག་དཀྱུས་བཞིན་གཏོད། དེ་ནས་གཞུང་དང་པོ་ཕྲེད་ལྔ་དང་ཕྲད་ས་ནས་ཁམ་རྩེ་ཞེས་པའི་གཞུང་གསུམ་ཕྲེད་བཞིའི་སྙེང་ལག་འཐེན་པར་བྱའོ།

ཁ་ནི་མགོ་ཐིག་གཉིས་པར་ཁམ་རྩེ་སྦྱར་སྐབས་ཀྱི་གཞུང་འཕྲེད་གཉིས་པ་ཁམ་གྱི་མས་ཟུར་དུ་བཞག དེ་ལྟར་གཞུང་ཐིག་གཉིས་པ་མས་ཟུར་དུ་བཀོད་ནས་ཁམ་ཐལ་མར་ཕབ། ཕྲེད་ལྔ་གཞུང་དང་པོ་ཟིན་ཙམ། དེ་ནས་གཞུང་འཕྲེད་བཞི་པའི་སར་འཐེན། མགོ་ཐིག་ལྔ་སར་ཁམ་རྩེའི་མས་ཟུར་གཏོད། གཞུང་གི་ཐིག་ཁོངས་བཞི་པའི་དཀྱིལ་ཚུན་ཟད་ཁྱོར་གཟུགས་དང་ལྡན་པ་གཞུང་འཕྲེད་ལྔ་པའི་སར་ཁམ་གྱི་མས་ཟུར་བབས་སར་ཕྱུས་ཏེ་འཐེན་པ་ཡིན་ནོ།

ག་ནི་མགོ་ཐིག་ལྔ་པར་ཁམ་གྱི་མས་ཟུར་བཅས། གཞུང་བཞི་ཕྲེད་གཉིས་ཀྱི་ས་དང་། དེ་ནས་ཕྲེད་གཉིས་སྙེང་ཁྱོར་གཟུགས་དང་ལྡན་པས་གཞུང་དང་པོ་ཕྲེད་གཉིས་ཀྱི་ཡས་དང་། དེ་ནས་ཁམ་ཕབ། གཞུང་དང་པོ་ཕྲེད་བཞིའི་ས། དེ་ནས་གཞུང་གཉིས་ཕྲེད་ལྔ། དེ་ནས་གཞུང་གསུམ་ཕྲེད་བཞི། ཡང་གཞུང་བཞི་ཕྲེད་ཆ་ཕྱེད་གསུམ་གྱི་བར་འཐེན་པའི་སྐོང་གཟུགས་བཅས། གཞུང་ཕྲེད་བཞི་ནས་ཛེ་གཡོན་གྱི་ཁམ་ཕབ། གཞུང་ལྔ་ཕྲེད་ལྔར་ཁམ་གྱི་མས་ཟུར་བཅོལ་བའི་ནང་ཤུག་དཀྱུས་ལྟར་འཐེན་པར་བྱེད་པ་ཡིན་ནོ།

ང་ནི་མགོའི་གཞུང་ཕྲེད་དང་པོ་ནས་བླངས་པའི་ཕྲེད་བཞི་པ་བར་དང་། དེ་ནས་ཕྲེད་ལྔ་གཞུང་གཉིས་པར་འཐེན། དེ་རྗེས་མགོ་ཐིག་ཐིག་བཞི་པ་ནས་ཁམ་རྩེ་བྲུད། གཞུང་གཉིས་

སར་ཁམ་གྱི་མས་ཟུར་བཅོལ། གཞུང་ཤྲེད་གསུམ་པ་ཟིན་ཙམ་བར་འཐེན། དེ་ནས་གཞུང་གཉིས་ཤྲེད་ལྡེ་པ་དང་སྦྲེལ། མགོ་ཐིག་བཞི་པ་ནས་གཞུང་བཞི་པར་ཁམ་གྱི་མས་ཟུར་བཅོལ་བ་ཤྲེད་ཐིག་བཞི་པ་བར་འཐེན། དེ་ནས་ཤྲེད་གཞུང་ཐིག་ལྡེ་པ་བར་འཐེན་གཞུང་ཐིག་ལྡེ་པ་ཤྲེད་ཐིག་དང་པོ་ནས་ཤྲེད་གཉིས་པ་བར་ནང་དུ་ཁྱོང་ཁ་དང་ཤྲེད་གཉིས་པ་ནས་བཞི་པ་བར་གཞུང་ཐིག་ལྡེ་པ་དང་འདྲ། བཞི་པ་ནས་ཤྲེད་ལྡེ་པར་གཞུང་ལྡེ་པ་མ་ཟིན་ཙམ་ལ་སྦྲེལ་བར་བྱེད་པ་ཡིན་ནོ།

ཐ་དྲུག་གི་གི་གུ་ནི་ཤྲེད་ཐིག་ལྡེ་དང་གཞུང་ཁྱད་ཐིག་དང་དྲུག་པའི་ཐིག་བཏབ་ལ། མགོ་ཐིག་གསུམ་པ་ནས་གཞུང་དང་པོ་ཤྲེད་གསུམ་སྤྲད་སར་ཁམ་ཕྱེད་དྲུད། དེ་ནས་གཞུང་གཉིས་ཤྲེད་གསུམ་དང་། གཞུང་གསུམ་ཤྲེད་གསུམ་སྤྲད་སའི་མས་ཀྱི་ཐིག་ཁོངས་དཀྱིལ་དང་། དེ་ནས་གཉིས་པའི་ཁམ་རྩེ་གཞུང་གསུམ་ཤྲེད་གསུམ་གྱི་སར་བཀུག དེ་རྗེས་མགོ་ཐིག་གསུམ་པ་ནས་ཁམ་ཕབ། མས་ཕྱིའི་གྲུ་ཟུར་དུ་རྩེ་སྤྲར་བཀོད།

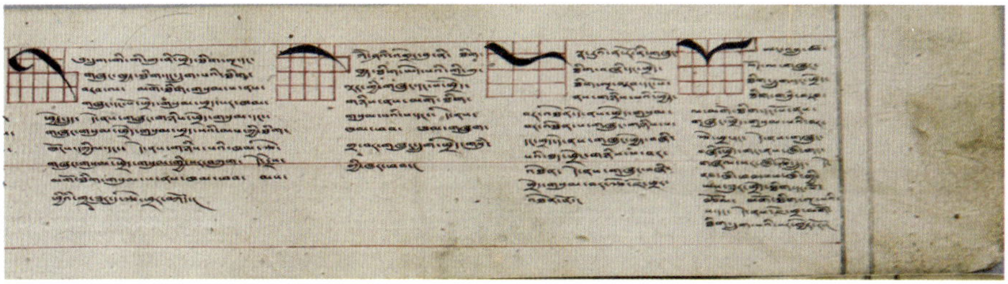

ཞབས་མཆན་མ་དཔེ།

གི་ཤའི་འཁྱོང་ཐ་ནི། ཐིག་ཁྱད་ཐིག་མེད་པའི་གི་གུ་ལྟར་གྱི་གཞུང་དང་པོ་ཤྲེད་གཉིས་ནས་མགོ་ཐིག་གསུམ་པའི་ས་དང་། དེ་ནས་ཁམ་ཕབ། ཁམ་གཞུག་སྒྲུ་བར་གཞུང་དྲུག་ཤྲེད་གསུམ་གྱི་ཁར་ཕབ།

སྣ་རུའི་ན་རོ་ནི་གཞུང་ཐིག་བཞི་དང་ཤྲེད་ཐིག་ལྡེ་བཏབ་དང་པོ་ནས་གཉིས་པའི་ཕྱེད་བར་འཐེན། དེ་ནས་ཤྲེད་གསུམ་བར་འཐེན་པ་གཞུང་གཉིས་པ་དང་སྤྲད། དེ་ནས་གཞུང་ཕྱེད་བཞི་པའི་ཐད་ཤྲེང་གཉིས་པ་བར་འཐེན། དེ་ནས་གཞུང་བཞི་ཤྲེད་གསུམ་བར་རྩེ་ཇེ་སྤྲར་འཐེན་ནོ།

ཡང་འབྲུ་ཚ་སོགས་ལ་གཞུང་ཐིག་དྲུག་དང་ཕྲེད་ཐིག་གསུམ་བཏབ་ལ་མགོ་ཐིག་དང་པོ་ནས། གཞུང་ཕྲེད་གསུམ་པའི་བར་རྩེ་ཕྲ་དང་། དེ་ནས་གཞུང་བཞི་ཕྲེད་གང་ནས་ཁམ་གང་གཞལ་སར་ཁམ་རྩེ་དྲུད། དེ་ནས་ཁམ་ཕབ་པས་ཁམ་གྱི་ཡས་ཟུར་ཕྲེད་ཐིག་དང་པོ་བཅོལ། མགོ་ཐིག་ལྟེ་པའི་ས་དང་། དེ་ནས་ཛེ་ཕྲ་མགོ་ཐིག་དྲུག་པའི་སར་ཁྱེར་རོ་ཞེས་པ་ནི་ལྷན་མ་རྩེ་མངས་ཀྱི་ལུགས་ལྷན་ལུགས་ཞེས་བརྗོད་པ་དེའི་འབྲི་གཟུགས་ཀྱི་ཐིག་རྩའི་སྐོར་ལས་དྲངས། འོན་ཏེ་གོང་གི་ཐིག་རིས་དེ་དང་བོད་ཀྱི་གསུང་རབ་སྨྲ་བ་དུང་དཀར་བློ་བཟང་འཕྲིན་ལས་མཆོག་གིས་ལྷན་ལུགས་དེ་ཡང་རྗེས་སུ་ཡིག་མཁན་སོ་སོའི་ལག་རྩལ་འདྲ་མིན་གྱི་དབང་གིས་ཡིག་གཟུགས་གཏན་ཁེལ་མེད་པ་ཞིག་ཏུ་གྱུར་པར་བརྟེན། དུས་རབས་བཅོ་ལྔ་པའི་མགོར་རྒྱལ་རྩེ་རབ་བརྟན་ཀུན་བཟང་འཕགས་པས། གནའ་རབས་ལྷན་ལུགས་ཀྱི་ཡིག་གཟུགས་ལ་མཁས་པའི་མི་མང་པོ་བསགས་ནས་དེའི་ནང་གི་ཡིག་གཟུགས་ལེགས་ཤོས་ཤིག་ལ་དཔེ་བྱས་ཏེ་དབུ་མེད་ཀྱི་ཐིག་རིས་དང་ཐིག་བཤད་བརྩམས་ཤིང་། དེའི་འགྲེལ་པ་ཡང་གོང་གསལ་སྡེ་སྲིད་སངས་རྒྱས་རྒྱ་མཚོས་བརྩམས་པའི་བཻ་དཀར་གཡའ་སེལ་དུ་གསལ་① ཞེས་གསུངས་པའི་ཐིག་རིས་དང་གཅིག་མཚུངས་ཡིན་མིན་དཔྱད་པར་འཚལ།

མཇུག་བསྡུའི་གཏམ།

ད་ཐེངས་འདིར་ཁོ་བོས་སྔོན་གྱི་གནའ་དཔེའི་ཞབས་མཆན་དག་ལ་སྙེ་བཙོལ་ཏེ་དབུ་མེད་ཀྱི་འབྲུ་ཚའི་འབྲི་གཟུགས་ཁྱད་འཕགས་ཅན་ལྷན་ལུགས་དང་ལི་ལུགས་ཞེས་གྲགས་པ་དེ་གཉིས་ཀྱི་སྐོར་ལ། ས་བཅད་མ་སྐྲོངས་ཙམ་ཞིག་ཞུ་ཁུལ་བྱས་པ་ཞིག་ཡིན། མི་དབང་སངས་རྒྱས་རྒྱ་མཚོས་གསུངས་པའི་རྒྱ་གར་མཁས་པའི་གཞུང་འགྲེལ་རྣམས་ལ་འབྲུ་ཆེན། བོད་ཀྱི་གཞུང་ལུགས་རྣམས་ལ་འབྲུ་ཆུང་བྲི་བའི་ཚུལ་དར་ནི་རིམ་པའི་ཆེ་བ་བདག་རྐྱེན་གྱི་དབང་གིས་ཐོབ② ཅེས་གསུངས་པ་བཞིན། མ་གཞི་བྱས་ན་བོད་ལྗོངས་ཀྱི་གནའ་དཔེ་ཡོངས་བཤེར་

① མཁས་དབང་དུང་དཀར་བློ་བཟང་འཕྲིན་ལས་ཀྱི་གསུང་རྩོམ་ཕྱོགས་བསྒྲིགས་ཀྲུང་གོའི་བོད་ཀྱི་ཤེས་རིག་དཔེ་སྐྲུན་ཁང་གི་1997ལོའི་སྤར་མའི་ཤོག་གྲངས་307ལས་དྲངས།

② མི་དབང་སངས་རྒྱས་རྒྱ་མཚོས་མཛད་པའི་དཀར་ཆག་ཐར་གླིང་རྒྱ་གཟིངས་བོད་ལྗོངས་མི་དམངས་དཔེ་སྐྲུན་ཁང་གི་1990ལོའི་སྤར་མའི་ཤོག་གྲངས་348ལས་དྲངས།

གྱི་ལས་ཀའི་ཁྲོད་དུ་གསུང་རབ་འབྲུ་ཚ་ཐིག་ཆེན་ལམ་ནས་བྱོན་པའི་གསུང་རབ་པོད་གཉིས་བརྒྱ་ཙམ་བཞུགས་པའི་བསྟན་འགྱུར་རྒྱལ་རྩེ་དཔལ་ཆོས་དགོན་གྱི་ལྷ་ཁང་ཤར་དུ་བཞུགས་པའི་བསྟན་འགྱུར་དང་། དེ་མིན་སློབ་གཉེར་བ་རྣམས་ལ་མཁོ་བའི་གཞུང་ཆེན་བཀའ་པོད་ལྔའི་རྩ་འགྲེལ་ལྷན་དུ་བཞུགས་པ་འབྲུ་ཚ་ཐིག་ཆེན་དང་ཐིག་ཆུང་གང་རུང་གིས་འབྲི་བཤུས་བཏབ་པ་ཆེས་མི་ཉུང་བ་ཞིག་མཇལ་དུ་སྣང་རུང་། ཁོ་བོ་རང་ཉིད་ཀྱིས་ངོས་ནས་ཞུས་ན་དེ་དག་གི་ཁྲོད་ནས་འདི་དང་འདི་ལྡན་ལུགས་དང་དེ་དང་དེ་ཡི་ལུགས་ཀྱིས་བྲིས་ཞེས་སྒྲུ་རྩལ་གྱི་རིན་ཐང་གཏན་ལ་དབབ་དཀའ་བ་ཞིག་སྟེ་འབྲི་གཟུགས་ཁྱད་ཆོས་མཛོད་བྱང་དང་ཞབས་མཚན་དུ་མ་གསལ་པ་དང་གཅིག གཉིས་ནས་ལྡན་མ་རྩེ་མདངས་ལུགས་ཀྱི་འབྲུ་ཆུང་ངམ་དེང་སང་ལྡན་ཡིག་ཏུ་གྲགས་པའི་བྱིངས་གོང་དང་འདྲ་བ་ལས་འདིར་མི་འདྲ་བའི་ཁྱད་པར་ཅུང་ཟད་ཅིག་མཆིས་པ་རྣམས་ཐིག་ཁོག་ཏུ་ལེགས་པར་དྲངས་པའོ།[1] ཞེས་དང་། གསུམ། ལྡན་ལུགས་དེ་ཡང་རྗེས་སུ་ཡིག་མཁན་སོ་སོའི་ལག་རྩལ་འདྲ་མིན་གྱི་དབང་གིས་ཡིག་གཟུགས་གཏན་ཁེལ་མེད་པ་ཞིག་ཏུ་གྱུར་པར་བརྗེན།[2] ཞེས་དང་། བཞི་ལྟག་དོན་དུ་བཀྲི་ན་བ་ཁོ་བོ་འབྲི་གཟུགས་ཀྱི་ལག་ལེན་དངོས་ཀྱིས་དབྱུལ་བའི་སྐབས་བཅས་ཀྱིས་འབྲི་གཟུགས་དབུ་མེད་ཀྱི་གཞུང་ལས་འདི་ལྡན་ལུགས་དང་དེ་ཡི་ལུགས་ཅེས་སྨྲ་བའི་འབབ་སྟེགས་བསྒྱུར་ནས་གསུང་རབ་དངོས་སྐྱུན་འདྲེན་ཞུ་མ་ཐུབ། འོན་ཏེ་ད་ཐེངས་མཇལ་བའི་ལྡན་ལུགས་ཀྱི་ཐིག་རྩ་ཞིག་ལ་སྟེ་བཙོལ་ཏེ་ལྡན་ལུགས་ཀྱི་ཐིག་རྩའི་དཔེ་རིས་དང་སྒྱུག་རིམ་བསྒྱུར་བའི་གསལ་བཤད་དེ་དག་འབྲི་བཤུས་ཀྱིས་ངལ་བར་མ་འཛེམས་པར་དབུ་མེད་བལྟ་ཀློག་ལ་གོམ་བྱང་མེད་པའི་སྒྱུག་ཐོག་རྣམས་ལ་ཕན་པའི་ཆེད་དུ། འབྲི་གཟུགས་དབུ་མེད་ལས་དབུ་ཅན་གྱི་འབྲི་གཟུགས་སུ་སྤོ་ཁྱལ་བྱས་པ་དེ་ཡང་། ཕྱི་རབས་ཀྱི་སྒྱུག་ཐོག་པ་རྣམས་དབུ་མེད་འབྲུ་ཚའི་འབྲི་གཟུགས་རྣལ་མ་ཞིག་སྦྱང་བ་འདོད་པ་རྣམས་ལ་སྨན་པའི་རེ་བས་བསྐྱལ་ཏེ་ཞུ་ཁྱལ་བགྱིས་པ་ལགས།

① ལྷ་ས་ནས་འབྲི་གཟུགས་ཀྱི་དཔེ་རིས་འབྲུ་ཆུང་གི་ལམ་ནས་འབྲི་བཤུས་བཏབ་པ་ཞིག་མཇལ་བ་དེའི་ལྡེབ་གྲངས་34ལས་དྲངས།

② མཁས་དབང་དུང་དཀར་བློ་བཟང་འཕྲིན་ལས་ཀྱི་གསུང་རྩོམ་ཕྱོགས་བསྒྲིགས་ཀྲུང་གོའི་བོད་ཀྱི་ཤེས་རིག་དཔེ་སྐྲུན་ཁང་གི་1997ལོའི་སྤར་མའི་ཤོག་གྲངས་307ལས་དྲངས།

ལེའུ་དགུ་པ། དུས་རབས་12-13པའི་གསུང་རབ་བྲིས་མའི་མཛད་བྱང་ངོས་འཛིན།

ལེ་ཚན་དང་པོ། རྒྱ་མཚོ་གྲོ་མཁར་ཤེར་ཕྱིན་མཛད་བྱང་།

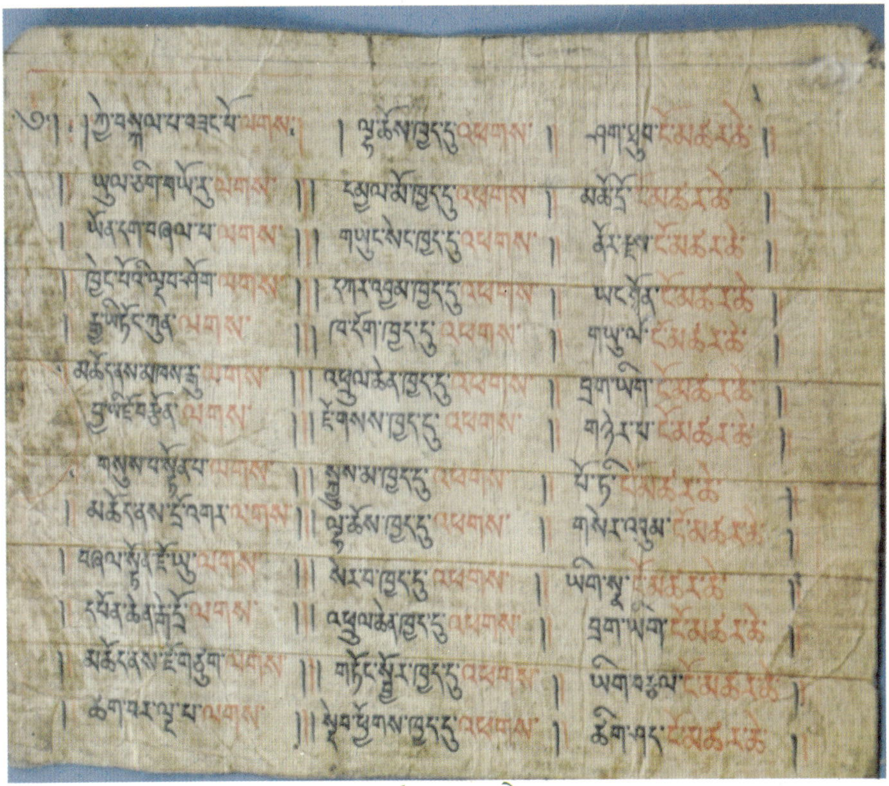

མཛད་བྱང་མ་དཔེ།

དང་པོ། མཛད་བྱང་མ་ཕྱུས།

༄། །ཁྲི་བསྐལ་པ་བཟང་པོ་ལགས། །ལྷ་ཆོས་ཁྲིད་དུ་འཕགས། །ཤག་ཐུབ་དོ་མཚར་ཆེ།།

ཡུལ་གཅིག་གཡུ་རྟ་ལགས། །དམྱལ་མོ་ཁྱད་དུ་འཕགས། །མཚོ་དྲྭ་ངོ་མཚར་ཆེ། །ཡོན་བདག་བཞལ་པ་ལགས།། །གཡུང་སེང་ཁྱད་དུ་འཕག། །ནོར་རྫས་ངོ་མཚར་ཆེ། །ཁྱིང་པོའི་ལྷབ་ཤོག་ངོ་མཚར་ཆེ། །དཀར་འཇམ་ཁྱད་དུ་འཕགས། །ཡང་སྐོན་ངོ་མཚར་ཆེ། །རྒྱ་ཡི་ཧོང་ཀུན་ལགས། །ཁ་དོག་ཁྱད་དུ་འཕགས། །གཡུ་ལོ་ངོ་མཚར་ཆེ། །མཆོད་ནས་མཁས་རྒུ་ལགས། །འཕྲུལ་ཆེན་ཁྱད་དུ་འཕགས། །བྲག་ཡིག་ངོ་མཚར་ཆེ། །བྱ་ཡི་ཛོ་བརྗོན་ལགས། །ཛོ་གསས་ཁྱད་དུ་འཕགས། །གཉེར་པ་ངོ་མཚར་ཆེ། །གསུམ་པ་སྟོན་པ་ལགས། །སྐྱུས་མ་ཁྱད་དུ་འཕགས། །པོ་ཏི་ངོ་མཚར་ཆེ། །མཆོད་ནས་དྲྭ་འགར་ལགས། །ལྷ་ཆོས་ཁྱད་དུ་འཕགས། །གསེར་འབུམ་ངོ་མཚར་ཆེ། ། བཞལ་སྟོན་ཛོ་ཡུ་ལགས། །སེར་བ་ཁྱད་དུ་འཕགས། །ཡིག་སྣ་ངོ་མཚར་ཆེ། །དཔོན་ཆེན་ཐེ་དྲྭ་ལགས། །འཕྲུལ་ཆེན་ཁྱད་དུ་འཕགས། །བྲག་ཡིག་ངོ་མཚར་ཆེ། །མཆོད་ནས་ཛོ་གཙུག་ལགས། །གཏོང་སྒྲུར་ངོ་ཁྱད་དུ་འཕགས། །ཡིག་བརྩལ་ངོ་མཚར་ཆེ། །ཚིག་པར་ལྷུ་པ་ལགས། །སྟེབ་སྦྱོགས་ཁྱད་དུ་འཕགས། །ཚིག་ཤད་ངོ་མཚར་ཆེ། །[1]ཞེས་པའོ།

གཉིས་པ། མཛད་བྱང་གི་དབྱེ་ཞིབ།

མཛད་བྱང་གི་དབྱེ་ཞིབ་ཅེས་པའི་ལེ་ཚན་འདིའི་ནང་དུ་གཙོ་བོ་གོང་དུ་ཕྲིས་བཤུས་བྱས་པའི་ཤེར་ཕྱིན་དེའི་མཛད་བྱང་གི་བརྗོད་བྱའི་ནང་དོན་དང་རྫོད་བྱེད་ཚིག་གི་སྒྲིག་གཞི་བཅས་ཀྱི་ཁྱད་ཆོས་ལ་མགོ་བཏགས་བཙལ་ཏེ་གསུང་རབ་ཀྱི་རིན་ཐང་སྐོར་ཞུ་རྒྱུ་ཡིན།

གཅིག ཡུལ་ལུང་།

གོང་གི་མཛད་བྱང་གི་ནང་དུ་ཀྱི་ཞེས་འབོད་པའི་སྐབས་འགོ་བཙུགས་ཏེ་གསུང་རབ་འདི་ཉིད་འབྲི་བཞེངས་བྱ་སའི་ཡུལ་ལུང་གི་ཁྱད་ཆོས་བསྟོད་པ་དུང་ཆེན་གཟུགས་སུ་བཀོད་པ་སྟེ། ཀྱི་བསྐལ་པ་བཟང་པོ་ལགས། །ལྷ་ཆོས་ཁྱད་དུ་འཕགས། །ཤག་ཐུབ་ངོ་མཚར་ཆེ། །ཡུལ་ཅིག་གཡུ་རྟ་ལགས། །དམྱལ་མོ་ཁྱད་དུ་འཕགས།། མཚོ་དྲྭ་ངོ་མཚར་ཆེ། །[2]ཞེས་བཀོད་པ་ལ་

① གྲོ་མཁར་ཆོས་སྡེའི་ཤེར་ཕྱིན་སྐྱ་པོད་ཡིག་ཕྲེང་བརྒྱད་ཅན་ཤོག་རྒྱ་62×20cmཅན་གྱི་མཛད་བྱང་ལས་དྲངས།

② གྲོ་མཁར་ཆོས་སྡེའི་ཤེར་ཕྱིན་སྐྱ་པོད་ཡིག་ཕྲེང་བརྒྱད་ཅན་ཤོག་རྒྱ་62×20cmཅན་གྱི་མཛད་བྱང་ལས་དྲངས།

གཞིགས་ན། ཡུལ་གཡུ་ཐུ་ཞེས་པ་ནི་སྔོན་བཙན་པོ་སྲོང་བཙན་སྒམ་པོའི་ (? -649) སྐུ་དུས་བོད་ཡུལ་གྱི་སྲིག་གཞིའི་དོ་དམ་ཆེད་དུ་དབུས་གཙང་ཏུ་བཞི་སྟེ་གཡོ་ཏུ་དང་དབུ་ཏུ། གཡས་ཏུ་དང་ཏུ་ལག་ཅེས་ཕྱེ་བའི་ནང་ནས་དབྱུལ་ཡུལ་དེ་གཡུ་ཏུའི་ཁོངས་སུ་གཏོགས་པའི་དུས་རབས་15པའི་ནང་དུ་བྱུང་བའི་ཐ་སྙད་གཉལ་སྟེ་དྭགས་ཅེས་པ་དེ་ཡིན་པ་ནི། ལྡེའུ་ཆོས་འབྱུང་ལས་གཡོ་ཏུའི་ཏུ་མཚམས་གླིང་སྐབས་སུ། ཤར་ཀོང་ཡུལ་བྲེ་སྣ། ནུབ་ཁ་རག་སྤྱི་སྟུད། བྱང་དམའ་ལ་ལ་རྒྱུད། ལྷོ་ཤ་འུག་སྟག་སྒོ། དབུས་ཡར་ལུང་ཁྲ་འབྲུག་གོ་[1]ཞེས་པ་ལྟར་ན། གཡོ་ཏུ་དེ་དེང་གི་ལྷོ་ཁ་ས་ཁུལ་གྱི་ཤར་ལྷོའི་མཐའ་ཕྱོད་པའི་ཡུལ་གྲུ་ཕལ་ཆེ་བ་སྟེ་སྣེ་གདོང་དང་འཕྱོངས་རྒྱས། གྲ་ནང་དང་གོང་དཀར། སྣ་དཀར་རྩེ་དང་ལྷོ་བྲག མཚོ་སྣ་དང་མཚོ་སྨད། ཚ་གསུམ་དང་ལྷུན་རྩེ། ཟངས་རི་དང་རྒྱལ་ཚ་བཅས་དང་ཉིང་ཁྲི་ས་ཁུལ་གྱི་ནུབ་བྱང་རྒྱུད་དུ་ཡོད་པའི་ཉིང་ཁྲི་དང་སྨན་གླིང་། སྣང་རྫོང་བཅས་ཡིན་པའི་རྒྱུ་མཚན་གྱིས་དབྱུལ་མོ་གཡུ་ཏུ་ཞེས་བརྗོད་པ་དེ་ཡང་། དུས་རབས་7པའི་སྐབས་ཀྱི་སྐད་འགྲོས་མ་ཉམས་པར་གནས་ཡོད་པ་དེ་དང་། གཡུ་ཏུའི་ཁོངས་སུ་གཏོགས་པའི་དབྱུལ་དེ་ད་ལྟའི་ལྷོ་ཁ་ས་ཁུལ་ལྷུན་རྩེ་ཁུལ་དུ་གནས་པའི་གཉལ་གྱི་འབྲི་སྟངས་རྙིང་པ་ཞིག་ཡིན་པ་དང་། དྲོ་འགར་རམ་གྲོ་མཁར། མཚོ་དྲོའམ་ཚོ་སྒྲོ་ཞེས་པ་ནི་དུས་རབས་14པའི་འགོས་ལོ་གཞོན་ནུ་དཔལ་གྱི་དེབ་ཐེར་སྔོན་པོ་དང་དུས་རབས་16པའི་དེབ་ཐེར་རྫོགས་ལྡན་གསར་པའི་དགའ་སྟོན་དུ་ཡར་ཀླུངས་ཀྱི་སྨད། མང་ཡུལ་ལྗོངས་ཀྱི་འདབས་སུ་བྱའི་རྒྱལ་པོ་གཞོག་བཟང་དང་འདབ་བཟང་གི་རིགས་ལས་མཆེད་པའི་བྱ་ཤ་ཀ་ལ་སྲུས་རྡོ་རྗེ་ལེགས་པ་དང་རྡོ་རྗེ་དབང་ཕྱུག་གཉིས་བྱུང་བ་གཉལ་ཕྱོགས་སུ་ཕྱིན། རྒྱ་མཚོ་གྲོ་མཁར་བཏབ་[2]ཅེས་གསུངས་པ་ལྟར་ན་གོང་གི་ཚོ་སྒྲོའམ་མཚོ་དྲོ། དྲོ་འགར་དང་གྲོ་མཁར་སོགས་ཐ་སྙད་ཀྱི་འབྲི་ཚུལ་མི་འདྲ་བ་ཙམ་ལས་དོན་གྱི་འབབ་ས་གསུང་རབ་དེ་དག་འབྲི་བཞེངས་བྱ་སའི་ས་གནས་ཏེ་ལྷོ་ཁ་ས་ཁུལ་ལྷུན་རྩེ་རྫོང་རི་ཐང་ཤང་དུ་གནས་པའི་དུས་རབས་11པར་ཕྱག་བཏབ་པའི་རྒྱ་མཚོ་གྲོ་མཁར་ཆོས་སྡེ་ཡིན་པ་བསྟན།

---

① མཁས་པ་ལྡེའུ་མཛད་པའི་ལྡེའུ་ཆོས་འབྱུང་བོད་ལྗོངས་མི་དམངས་དཔེ་སྐྲུན་ཁང་གི་སྤྱི་ལོ་1987ལོའི་སྤར་མའི་ཤོག་གྲངས་272ལས་དྲངས།

② འགོས་ལོ་གཞོན་ནུ་དཔལ་གྱིས་མཛད་པའི་དེབ་ཐེར་སྔོན་པོ་སི་ཁྲོན་མི་རིགས་དཔེ་སྐྲུན་ཁང་གི་སྤྱི་ལོ་1984ལོའི་སྤར་མའི་ཤོག་གྲངས་1265ལས་དྲངས།

གཉིས། སྦྱིན་བདག

།།ཡོན་བདག་བཞལ་པ་ལགས།། །གཡུང་སེང་ཁྲིད་དུ་འཕགས།། །ནོར་རྫས་ངོ་མཚར་ཆེ།།[①]ཞེས་བྱུང་བ་ལྟར་ན། དེང་གི་ལྷོ་ཁ་ས་ཁུལ་གྱི་གཉལ་ཁུལ་དུ་དུས་རབས་11པའི་ནང་དུ་ཆོས་རྒྱལ་བྱ་པའི་རྒྱུད་པས་ཕྱག་བཏབ་པའི་གྲོ་མཁར་ཆོས་སྡེར་གསུང་རབ་དེ་འབྲི་བཞེངས་བསྐྲུངས་པའི་སྐབས་སུ། དེ་དག་གི་སྣག་ཤོག་དང་ཡིག་མཁན་གྱི་སླ་ཡོན་སོགས་ཉེར་མཁོ་སྒྲུར་མཁན་གྱི་དད་པ་སྐྱོངས་མེད་པའི་སྦྱིན་བདག་གི་རིགས་རུས་དང་ཁྱིམ་གཞིས་འདི་ཡིན་ཞེས་མཛད་བྱང་དུ་མ་གསལ་རུང་། སྐབས་དེའི་གསུང་རབ་འབྲི་བཞེངས་ཀྱི་སྦྱིན་བདག་ནི་གཡུང་སེང་ཞུ་བ་དེ་ཡིན་པ། གོང་གི་མཛད་བྱང་ལས་ཤེས་ཤིང་ཁོང་གིས་རྒྱ་འགྲོ་བཏང་སྟེ་འབྲི་བཞེངས་ཀྱི་ཕྱུས་ཀ་གཙོ་ཆེར་བཟུང་སྟེ་སླ་ཆོས་དང་མགྱོགས་ཆོས་ཀྱི་ལས་མ་བགྱིས་པར་གལ་པོ་ཆེ་ལ་ནན་ཏན་ཟེར་བ་ལྟར་རྒྱ་འགྲོ་དག་གི་འགན་འཁྲི་དང་དུ་བླངས་ཏེ་འབྲི་བཞེངས་བྱས་སྟབས་ནོར་རྫས་ངོ་མཚར་ཆེ་ཞེས་བྱུང་བར་མངོན།

གསུམ། སྣག་ཤོག

།།ཁྲིང་པོའི་ལྷབ་ཤོག་ངོ་མཚར་ཆེ།། །དཀར་འཛམ་ཁྲིད་དུ་འཕགས།། །ཡང་སྙོན་ངོ་མཚར་ཆེ།། །རྒྱ་ཡི་ཏོང་ཀུན་ལགས།། །ཁ་དོག་ཁྲིད་དུ་འཕགས།། །གཡུ་ལོ་ངོ་མཚར་ཆེ།།[②]ཞེས་མཛད་བྱང་དུ་བྱུང་བ་ལྟར་ན། ལྷུན་རྩེ་རྫོང་གི་གྲོ་མཁར་ཆོས་སྡེར་སྦྱིན་བདག་གཡུང་སེང་གིས་འབྲི་རྫས་སོགས་གྲ་སྒྲིག་ཟིན་རྗེས། སྒོ་གསུམ་ཐང་ཆད་འབྲི་མཁན་གྱི་ཡིག་པ་གདན་དྲངས་ཏེ། གསུང་རབ་དེ་འབྲི་བཞེངས་བྱ་བའི་སྐབས་སུ་སྣག་ཤོག་གི་རྒྱུ་ཕྱུས་ཅི་ཞིག་བཏང་ཡོད་པ་སྟེ། སྤྱིར་གྱི་ཆ་ནས་བོད་བཙན་པོའི་དུས་ཀྱི་གསུང་རབ་ཀྱི་མཛད་བྱང་དུ་འབྲི་ཤོག་གི་ཁྲིད་ཆོས་ཏེ། P.T1997བོད་ཡུལ་གྱི་ཤོག་ཤོག་བདེ་བ་དང་འདྲའོ་[③]ཞེས་ཤོག་བུའི་ཁྲིད་ཆོས་བཀོད་པ་ཙམ་ལས་སྣག་ཚའི་ཁྲིད་ཆོས་བཀོད་པ་ད་ཕན་མ་མཇལ་སྟབས་དེས་ན་རྒྱ་མཚོ་གྲོ་མཁར་ཆོས་སྡེར་བཞེངས་པའི་གསུང་རབ་ཀྱི་མཛད་བྱང་དུ་སྣག་ཤོག་གི་ཁྲིད་ཆོས་ཁ་གསལ་ཞིག་བརྗོད་ཡོད་

① གྲོ་མཁར་ཆོས་སྡེའི་ཤེར་ཕྱིན་སྐྱ་པོད་ཡིག་ཕྲེང་བརྒྱད་ཅན་ཤོག་རྒྱ་62×20cmཅན་གྱི་མཛད་བྱང་ལས་དྲངས།

② གྲོ་མཁར་ཆོས་སྡེའི་ཤེར་ཕྱིན་སྐྱ་པོད་ཡིག་ཕྲེང་བརྒྱད་ཅན་ཤོག་རྒྱ་62×20cmཅན་གྱི་མཛད་བྱང་ལས་དྲངས།

③ ཏུན་ཧོང་དུ་འབྲི་བཞེངས་བསྐྲུངས་པའི་ཤེས་རབ་ཀྱི་ཕ་རོལ་ཕྱིན་པ་སྟོང་ཕྲག་བརྒྱ་པའི་ཞབས་མཆན་ལས་དྲངས།

ཅ་ན། ད་ཕན་ཁོ་བོས་མཇལ་བའི་མཛད་བྱུང་དུ་སྣག་ཤོག་གི་ཁྱད་ཆོས་བརྗོད་པའི་མཛད་བྱུང་ཆེས་སྤྱ་གྲས་ཤིག་ཏུ་འཁུམས། དུས་རབས་12-13པའི་ནང་དུ་སྤུས་ཚད་ཚད་ལྡན་གྱི་གསུང་རབ་འབྲི་བཞེངས་ཀྱི་སྣག་ཤོག་གི་ཐོན་ཁུངས་བརྗོད་པ་སྟེ། ཁང་པོ་སྟེ་ཀོང་པོའི་ལྷབ་ཤོག་གི་ཁྱད་ཆོས་ནི་ལྡེབ་གྲངས་ཀྱི་ཉིན་སྲིབ་ཁྱད་པར་ལ་མ་ལྟོས་པར་ངོས་འཛམ་ཤ་ལྡན་ལ་ཁ་དོག་དཀར་བའི་ཀོང་པའོ་ལྷབ་ཤོག་གི་སྙིང་དུ། རྒྱ་ནག་ཧོང་ཀུན་གྱི་སྣག་ཚ་གཡུ་ལོའི་མདོག་ཤས་ཆེ་བ་དེས་འབྲི་བཤུས་བྱས་པའི་གསུང་རབ་དེའི་ཁྱད་ཆོས་ཀྱི་བསྟོད་ཚིག་ཏུ་ངོ་མཚར་ཆེ་ཞེས་དམིགས་སུ་བཀར་ནས་བརྗོད་འདུག དེ་ལྟར་བརྗོད་དོན་ནི་སྔོན་བཙན་པོའི་སྐུ་དུས་དུས་རབས་8-9པའི་སྐབས་ཀྱི་གསུང་རབ་འབྲི་བཤུའི་ལམ་ལུགས་རྒྱུན་འཛིན་བྱས་པའི་རྐྱེན་གྱིས་ཡིན་སྙམ། སྔོན་བཙན་པོའི་སྐུ་དུས་གསུང་རབ་འབྲི་བཤུའི་ལམ་ལུགས་ཀྱི་སྒྲིག་གཞི་ཧ་ཅང་གིས་བཙན་པའི་སྟབས་ཀྱིས་ཆོས་ཤོག་ངན་པ་དང་སྣག་ཚ་བཟང་ངན་བལྟ། ཡི་གེ་ངན་པས་རོར་འགྱུར་ངོ་[①]ཞེས་པའི་རྒྱུ་མཚན་གྱིས་སྣག་ཤོག་གི་སྤུས་ཀ་འགན་ལེན་ཞུས་པ་དང་ཆབས་ཅིག་སྣག་ཤོག་གི་ཁྱད་ཆོས་ཀྱང་བརྗོད་པར་སེམས་སོ།

བཞི། ཡིག་མཁན།

སྤྱིར་གྱི་ཆ་ནས་གནའ་དཔེ་གང་ཞིག་ཡུལ་དུས་གང་ཞིག་ཏུ་འབྲི་བཞེངས་བསྐྲུངས་པའི་སྐབས་སུ་དད་པ་སྐྱོ་ངས་མེད་པའི་སྦྱིན་བདག་གིས་ཉེར་མཁོའི་རྒྱུ་འགྲོ་རྣམས་སྟ་གོན་ཟིན་པའི་རྗེས་སུ། གཞུང་དེ་མ་དཔེ་ནས་བུ་དཔེར་དབབ་མཁན་གྱི་ཡིག་མཁན་ལེགས་ཉེས་ལ་མ་ལྟོས་པར་ངེས་པར་དུ་ཡོད་དགོས་པ་ཞིག་ཡིན། དེར་བརྟེན་རྒྱ་མཚོ་གྲོ་མཁར་ཆོས་སྡེར་གསུང་རབ་དེ་འབྲི་བཤུས་བསྐྲུངས་པའི་སྐབས་སུ་བྱོན་པའི་ཡིག་མཁན་ནི། མཛད་བྱུང་ལས། །འཕྲུལ་ཆེན་ཁྱད་དུ་འཕགས་། །བྲག་ཡིག་ངོ་མཚར་ཆེ་། །བྱ་ཡི་རྗེ་བཙོན་ལགས་། །ཞེས་དང་ །ཡིག་སྣ་ངོ་མཚར་ཆེ་། །དཔོན་ཆེན་ཀེ་དྲོ་ལགས་། །འཕྲུལ་ཆེན་ཁྱད་དུ་འཕགསས་། །བྲག་ཡིག་ངོ་མཚར་ཆེ་། །[②]ཞེས་བྱུང་བ་ལ་གཞིགས་ན། དུས་རབས་12-13པའི་ནང་དུ་གཉལ་ཁུལ་དུ་དད་པ་སྐྱོ་ངས་མེད་པའི་སྦྱིན་བདག་གཡུང་སེང་གིས་གསུང་རབ་དེ་དག་བཞེངས་པའི་སྐབས་སུ་བྱོན་པའི་

① 见，敦煌研究院编《敦煌吐蕃文化学术研讨会论文集》2009年甘肃民族出版社，第396页。

② 见，敦煌研究院编《敦煌吐蕃文化学术研讨会论文集》2009年甘肃民族出版社，第396页。

ཡིག་མཁན་ནི་ཆོས་རྒྱལ་བྱ་བའི་རྒྱུད་པ་བྱ་ཡི་ཛོ་བརྩོན་དང་དཔོན་ཆེན་ཐེ་དྲྀ་བཅས་ཀྱི་གནང་བ་དེ་ཞེས།

ལྔ། མཇུག་རྫོགས།

དེང་གི་ལྔོ་ཁ་ས་ཁུལ་གྱི་གཉལ་ཁུལ་དུ་ཆགས་པའི་གྲོ་མཁར་ཆོས་སྡེར་གསུང་རབ་དེ་འབྲི་བཞེངས་བྱ་བའི་སྐབས་སུ་དེ་དག་གི་སྣག་ཤོག་དང་ཡིག་མཁན་གྱི་སྣུ་ཡོན་སོགས་ཉེ་བར་མཁོ་བ་སྦྱོར་མཁན་གྱི་དད་པ་སྐྱོ་ངས་མེད་པའི་སྦྱིན་བདག་གཡུང་སེང་ཕུད་པའི་ད་དུང་རང་ཉིད་ཀྱི་སྐུ་མཆེད་དམ་དཔལ་འབྱོར་གྱི་འཁོར་ཀ་ལྡན་པའི་ཡུལ་མི་སོགས་ཀྱིས་མཇུག་རྫོགས་ཡང་སྦྱར་ཡོད་པ་སྟེ་མཛད་བྱང་དུ། །ཛོ་གསས་ཁྲུད་དུ་འཕགས། །གཉེར་པ་ངོ་མཚར་ཆེ། ཞེས་དང་།མཆོད་གནས་ཛོ་གཙུག་ལགས། །གཏོང་སྦྱོར་ངོ་ཁྲུད་དུ་འཕགས།[1] ཞེས་བྱུང་བ་ལ་གཞིགས་ན། གསུང་རབ་དེ་འབྲི་བཞེངས་བསྐྲུངས་པའི་སྐབས་སུ་རིག་གནས་འཕེལ་རྒྱས་ཀྱི་བྱ་བ་རླབས་པོ་ཆེ་དེ་བསྒྲུབ་པའི་སྐབས་སུ། ཉེ་བར་མཁོ་བའི་སྣག་ཤོག་དང་སྣུ་ཡོན་སོགས་སྦྲོད་གཉེར་བྱ་མཁན་གྱི་ཛོ་གསས་དང་བཟའ་བཀུང་དུས་ཐོག་ཏུ་སྦྱོར་མཁན་གྱི་མཆོད་གནས་ཛོ་གཙུག་སོགས་ཀྱིས་གསུང་རབ་འབྲི་བཞེངས་ཀྱི་བྱ་བར་ཕྱུར་བ་གྲུ་འདེགས་གནང་བ་དེ་གོང་གི་མཛད་བྱང་ལས་ཤེས།

ལེ་ཚན་གཉིས་པ། རྒྱ་མཚོ་གྲོ་མཁར་ཤེར་ཕྱིན་པོད་ཀ་པའི་མཛད་བྱང་།

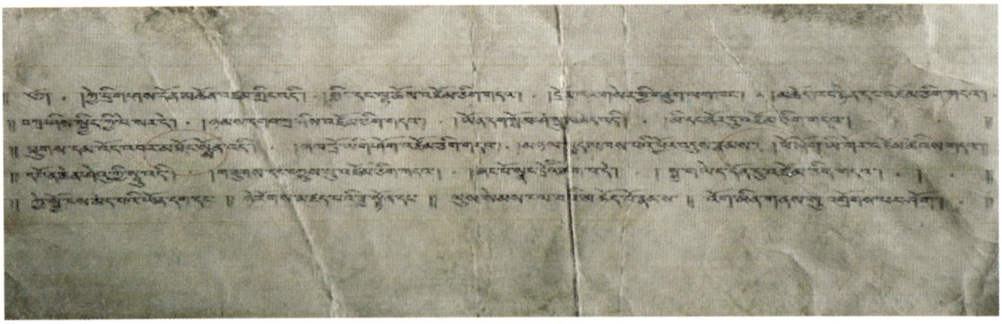

མཛད་བྱང་མ་དཔེ།

[1] གྲོ་མཁར་ཆོས་སྡེར་བཞུགས་པའི་ཤེར་ཕྱིན་སྐུ་པོད་ཡིག་ཐྲེང་བརྒྱད་ཅན་ཤོག་རྒྱ་62×20cmཅན་གྱི་མཛད་བྱང་ལས་དྲངས།

དང་པོ། མཛད་བྱང་མ་ཕྱུགས།

༄། །ཀྱེ་ཕྱིག་ཤས་དོན་མཆོན་འཛམ་གླིང་འདིར། །གླིང་དང་ལྷ་ཆོས་འཛོམ་ཅིག་གདའ། །དྲོ་མཁར་གསེར་གྱི་གཙུག་ལག་ཁང་། །མཆོད་ཁང་རྟེན་དང་འཛོམ་ཅིག་གདའ། ། བཀྲ་ཤིས་སྐྱིད་ཀྱི་པེ་སར་དེ། །ཉམས་དགའ་ཀྲ་ཤིས་འཛོམ་ཅིག་གདའ། །ཡོན་དག་སློམ་ཤེ་སྐྱུ་མཆེད་འདི། །མི་དང་ནོར་དུ་འཛོམ་ཅིག་གདའ། །ཐུགས་དམ་འོད་འབར་མཐོང་སློན་འདི། །ཞལ་དྲོ་ཡིག་ཤོག་འཛོམ་ཅིག་གདའ། །མཉལ་སྨད་མཁས་པའི་ཕྱོར་འདུས་རྣམས། །པོ་ཞོག་ཡི་གེར་འཛོམ་ཚོའིས་གདའ། །དཔོན་ཆེན་ཤེའུ་ཀྱི་སྲུ་འདི། །གཟུགས་དང་དཀྱུས་སུ་འཛོམ་ཅིག་གདའ། །ཞང་པོ་སྣང་དྲོའི་ཆག་པ་དེ། །སྲི་གཡིད་དོན་དུ་འཛོམ་ཅིག་གདའ། །ཀྱེ་སྐྱོ་ངས་མེད་པའི་ཡོན་དག་དང་། །ཉེ་རོགས་མཛད་པའི་བླ་སྟོན་དང་། །ལུས་སེམས་ངལ་བའི་མཆོད་པོ་རྣམས། །འོག་མིན་གནས་སུ་འགྲོགས་པར་ཤོག ། ①ཅེས་པའོ།

གཉིས་པ། མཛད་བྱང་གི་དབྱེ་ཞིབ།

གཅིག ཡུལ་ལུང་།

༄། །ཀྱེ་ཕྱིག་ཤས་དོན་མཆོན་འཛམ་གླིང་འདིར། །གླིང་དང་ལྷ་ཆོས་འཛོམ་ཅིག་གདའ། །དྲོ་མཁར་གསེར་གྱི་གཙུག་ལག་ཁང་། །མཆོད་ཁང་རྟེན་དང་འཛོམ་ཅིག་གདའ། ། བཀྲ་ཤིས་སྐྱིད་ཀྱི་པེ་སར་དེ། །ཉམས་དགའ་ཀྲ་ཤིས་འཛོམ་ཅིག་གདའ། །②ཞེས་བྱུང་བ་ལ་གཞིགས་ན། སྟོན་གྱི་མཛད་བྱང་ཇི་བཞིན་བསྟོད་པ་དུང་ཆེན་གཟུགས་སུ་བཀོད་པ་སྟེ། ལྷོ་འཛམ་བུ་གླིང་འདིར་སྟོན་པའི་དམ་ཆོས་དར་ཞིང་རྒྱས་པ་དང་། གླིང་དེའི་ནང་དུ་ཆགས་པའི་གཉལ་གྱི་གྲོ་མཁར་རམ་དྲོ་མཁར་གསེར་གྱི་གཙུག་ལག་ཁང་འདིར་མཆོད་པ་བྱ་སའི་འདུ་ཁང་དང་དེའི་ནང་དུ་སྐུ་གསུང་ཐུགས་ཀྱི་རྟེན་རྣམ་འཛོམ་པའི་གནས་དང་། བཀྲ་ཤིས་སྐྱིད་ཀྱི་པེ་སར་དེ་ཡུལ་ཉམས་དགའ་ཞིང་བཀྲ་ཤིས་པའི་གནས་དེར་ཐུགས་དམ་འོད་འབར་མཐོང་སློན་འབྲི་བཞེངས་བསྐྲུངས་པ་དེ་རྟོགས།

① གྲོ་མཁར་ཆོས་སྡེའི་ཤེར་ཕྱིན་ཐུགས་དམ་འོད་འབར་ཐུགས་སློན་མཛད་བྱང་ལས་དྲངས།

② གྲོ་མཁར་ཆོས་སྡེའི་ཤེར་ཕྱིན་ཐུགས་དམ་འོད་འབར་ཐུགས་སློན་མཛད་བྱང་ལས་དྲངས།

གཉིས། སྦྱིན་བདག

གཉལ་གྱི་གྲོ་མཁར་དུ་ཐུགས་དམ་འོད་འབར་མཐོང་སྨོན་དེ་འབྲི་བཞེངས་གནང་བའི་སྐབས་སུ་དེར་རྒྱུ་འགྲོ་སྦྱོར་མཁན་གྱི་དད་པ་སྐྱོ་ངས་མེད་པའི་སྦྱིན་བདག་གནང་མཁན་ནི་སྔོམ་པ་ཤེ་སྐྱུ་མཆེད་ཀྱིས་མཛད་དེ་འབྲི་བཞེངས་བསྐྲུངས་པ་ནི་མཛད་བྱང་ལས། ཡོན་དག་སྔོམ་ཤེ་སྐྱུ་མཆེད་འདི། །མི་དང་ནོར་དུ་འཛོམ་ཅིག་གདའ། །[1]ཞེས་པས་རྟོགས།

གསུམ། ཡིག་མཁན།

གཉལ་གྱི་གྲོ་མཁར་དུ་ཐུགས་དམ་འོད་འབར་མཐོང་སྨོན་དེ་འབྲི་བཞེངས་གནང་བའི་སྐབས་སུ་དེར་རྒྱུ་འགྲོ་སྦྱོར་མཁན་གྱི་དད་པ་སྐྱོ་ངས་མེད་པའི་སྦྱིན་བདག་གནང་མཁན་ནི་སྔོམ་པ་ཤེ་སྐྱུ་མཆེད་ཀྱིས་མཛད་དེ་འབྲི་བཞེངས་བསྐྲུངས་པའི་སྐབས་སུ། ཐུགས་དམ་དེར་ཉེ་བར་མཁོ་བའི་སྣག་ཤོག་རྣམས་སྔ་གོན་ལེགས་པར་ཟིན་པ་དང་སྤྲགས་སྒོ་གསུམ་ཐང་ཆད་འབྲི་བའི་ཡིག་མཁན་ནི་གཉལ་སྨད་ཕྱོགས་པོ་ཞོག་གྱིས་ས་ནས་ཕྱིན་པའི་ཡིག་པས་འབྲི་བཤུས་བསྐྲུངས་པ་དེ་མཛད་བྱང་ལས། ཐུགས་དམ་འོད་འབར་མཐོང་སྨོན་འདི། །ཞལ་དྲོ་ཡིག་ཤོག་འཛོམ་ཅིག་གདའ། །མཉལ་སྨད་མཁས་པའི་ཕྱོར་འདུས་རྣམས། །པོ་ཞོག་ཡི་གེར་འཛོམ་ཚོའིས་གདའ། །[2] ཞེས་པས་རྟོགས།

བཞི། ཡོན་བདག་འཁོར།

།།དཔོན་ཆེན་ཤེའུ་ཀྱི་སྲུ་འདི། །གཟུགས་དང་དཀྱུས་སུ་འཛོམ་ཅིག་གདའ། །ཞང་པོ་སྣང་དྲོའི་ཆག་པ་དེ། །སྒྲ་གཡིད་དོན་དུ་འཛོམ་ཅིག་གདའ། །ཀྱི་སྐྱོ་ངས་མེད་པའི་ཡོན་དག་དང་། །[3]ཞེས་བྱུང་བ་ལྟར། གཉལ་སྨད་ཕྱོགས་ཀྱི་ཡིག་མཁན་པོ་ཞོག་ནས་ཕྱིན་ཏེ་དད་པ་སྐྱོ་ངས་མེད་པའི་སྦྱིན་བདག་སྔོམ་ཤེ་སྐྱུ་མཆེད་ཀྱི་རྒྱུ་འགྲོ་སྦྱར་ཏེ་འབྲི་བཞེངས་བསྐྲུངས་པའི་སྐབས། རྣམ་པར་དཀར་བའི་ལས་དེའི་ཕྱོགས་སུ་འཕྱུར་བ་གྲུ་འདེགས་གནང་མཁན་གྱི་ཡོན་

---

① གྲོ་མཁར་ཚོས་སྡེའི་ཤེར་ཕྱིན་ཐུགས་དམ་འོད་འབར་ཐུགས་སྨོན་མཛད་བྱང་ལས་དྲངས།

② གྲོ་མཁར་ཚོས་སྡེའི་ཤེར་ཕྱིན་ཐུགས་དམ་འོད་འབར་ཐུགས་སྨོན་མཛད་བྱང་ལས་དྲངས།

③ གྲོ་མཁར་ཚོས་སྡེའི་ཤེར་ཕྱིན་ཐུགས་དམ་འོད་འབར་ཐུགས་སྨོན་མཛད་བྱང་ལས་དྲངས།

བདག་དཔོན་ཤེའུ་བུ་དང་ཞང་པོ་སྣང་ཙྱ་སོགས་ཀྱིས་རང་གིས་འཕོས་འགྱུར་ལ་གཞིགས་པའི་མི་ཤུགས་དང་དངོས་པོའི་རྒྱབ་བསྐྱོར་གང་ལེགས་གནང་བ་དེ་གོང་གི་མཛད་བྱུང་ལས་ཤེས། དུས་རབས་12-13པའི་གཡས་གཡོན་དུ་འབྲི་བཞེངས་བསྐྲུངས་པའི་ཤེར་ཕྱིན་དེའི་སྦྱིན་བདག་གི་ཏུས་མིང་ སྨོམ་ཤེ་སྐུ་མཆེད་དང་དཔོན་ཆེན་ཤེའུ་ཡི་སྤྱུའམ་བུ་ཞེས་བྱུང་བར། ང་ཚོས་བསམ་གཞིགས་བྱས་ན་ཏུས་མིང་ཤེའུ་ཞེས་པ་དེ་ནི་མཐོ་བོད་བཙན་པོའི་རྒྱལ་རབས་ཀྱི་སྐུ་དུས་སུ་བོད་ཀྱི་བློན་ཆེན་ཁག་གི་ཏུས་མིང་དུ་བྱུང་བའི་ཏུས་ཤིག་ཡིན་པ་སྟེ། ཏུན་ཧོང་ནས་ཐོན་པའི་ཡིག་རྙིང་རྒྱལ་ཕྲན་རིམ་བྱུང་གི་མིང་P.T.1286ཡི་ནང་དུ། ༄། །རྒྱལ་ཕྲན་ཡུལ་ཡུལ་ན། མཁར་ཕུ་རེ་རེ་ན་གནསྟེ། རྒྱལ་ཕྲན་བགྱིད་པ་དང་། རྒྱལ་ཕྲན་གྱི་བློན་པོ་བགྱིད་པ་འི་རབ་ལ། ……………། ཡུལ་གནུབས་ཀྱི་གླིང་དགུའ་ན་རྗེ་གནུས་རྗེ་འི་སྲིས་པ། །བློན་པོ་རྫི་འུ་དང་གྲོ་གཉིས། །ཡུལ་མྱང་རོ་འི་ཤམ་པོ་ན། རྗེ་ལོ་ངམ་ཁྲི་བྲོམ་ཚ། བློན་པོ་ངབ་མྱི་དང་འབྲི་གཉིས། །ཡུལ་སྐྱི་རོ་འི་ལྡང་སྟོན་ན། རྗེ་སྐྱི་རྗེ་འི་མང་པོ། བློན་པོ་ཤེ་འུ་དང་སྤུག[①]ཅེས་དང་རྒྱལ་ཕྲན་བཅུ་གཉིས་ཀྱི་སྐོར་དུ། ཡུལ་ཡུལ་ཉང་རོ་ཤམ་པོ་ན། རྒྱལ་པོ་ལོ་ངམ་ཁྲི་རོམ། བློན་པོ་ཤེའུ་དང་ཡུག[②]ཅེས་བྱུང་བ་བཅས་ལས། དུས་རབས་8-9པའི་ནང་དུ་ཏུས་མིང་ཤེའུ་ཞེས་པའི་བློན་ཆེན་པོ་ཞིག་བྱུང་མྱོང་ཡོད་པ་མ་ཟད་བློན་ཆེན་ཁོང་ཡང་ཡུལ་སྐྱི་རོ་སྟེ་དེང་གི་ལྷ་སའི་རྒྱ་ཁྲུལ་རྗེ་སྐྱི་རྗེ་མང་པོའི་སྐུ་དུས་ཀྱི་བློན་ཆེན་སྤུག་དང་ཤེ་འུ་ཞེས་གྲགས་ཅན་གཉིས་སུ་འདྲེན་པའི་ནང་གི་ཡ་གྱལ་ཏུས་ཤེའུ་ཡིན་པ་དེ་ལོ་རྒྱུས་ཡིག་ཚང་ལས་ཤེས་ཤིང་། ད་དུང་མཚོ་སྔོན་དུར་ལམ་ནས་རྙེད་སོན་བྱུང་བའི་མཐོ་བོད་བཙན་པོའི་སྐུ་དུས་ཀྱི་བང་སོའི་དངོས་ལས་རྙེད་སོན་བྱུང་བའི་རྫོ་རིང་གི་ཞལ་བྱང་དུ་བློན་ཤེའུ་ཁྲི་ག[③]དང་བང་སོའི་ནང་གི་བྱང་བུའི་སྟེང་དུ་ཤེའུ་རག་གདུང་ཚིག[④]ཅེས་རིག་དངོས་ལག་སོན་བྱུང་བས་ཀྱང་སྔར་ལས་ལྷག་པའི་སྒོ་ནས་གསལ་

① 见，王尧藏学文集（卷一）敦煌本吐蕃历史文书、吐蕃制度文化研究，中国藏学研究出版社2012年版，第76页。

② མཁས་པ་ལྡེའུས་མཛད་པའི་རྒྱ་བོད་ཀྱི་ཆོས་འབྱུང་རྒྱས་པ་བོད་ལྗོངས་མི་དམངས་དཔེ་སྐྲུན་ཁང་གི་1987ལོའི་སྤར་མའི་ཤོག་གྲངས་225ལས་བྲངས།

③ 见，阿顿·华多太：论都兰古墓的民族属性《中国藏学》2012年第4期，第127页。

④ 见，王尧藏学文集（卷三）吐蕃简牍综录、藏语文研究，中国藏学研究出版社2012年版，第257页。阿顿·华多太：论都兰古墓的民族属性《中国藏学》2012年第4期，第127页。

བཤད་ཐུབ་པ་ཞིག་ནི། ཤེའུ་ཉུས་རྒྱུད་ཀྱིས་བོད་བཙན་པོའི་སྐབས་ཀྱི་སྤྱི་ཚོགས་ཀྱི་གནས་འབབ་དང་ཐོབ་ཐང་སོགས་གང་འདྲ་ཞིག་བཟུང་ཡོད་མེད་དེ་རིག་དངོས་དང་ཡིག་ཆགས་གཉིས་ཀྱིས་ཐོག་ནས་རྟོགས། སྤྱི་ཚོགས་ཀྱི་འཕོ་འགྱུར་དང་དུས་འགྱུར་དབང་གིས་བྱ་དངོས་ལ་འཕེལ་གྲིབ་བྱུང་བ་ཇི་བཞིན་ཉུས་ཆེན་ཤེའུ་ཡི་མི་རྒྱུད་ཀྱི་གནས་སྟངས་ལ་ཡང་འགྱུར་བ་བྱུང་ཡོད་པ་སྟེ་ཏུན་ཧོང་གི་ཡིག་རྙིང་དུ་ཤེའུ་ལྷ་སྦྱིན་ལ་སྟོགས་པ་མི་བཞི་ལ་ཁལ་རེ་རེ་ཁལ་བཞིའི་[1]ཞེས་བྱུང་པས་ཤེའུ་ཡི་མི་རྒྱུད་དུ་སྤྱིར་བཏང་གི་མི་ཕལ་པ་ཡང་བྱུང་སྙོང་ཡོད་པ་དང་། དེ་རྗེས་དུས་རབས་11-12ཡས་མས་སུ་བོད་བསིལ་བུར་འཐོར་བའི་རྗེས་སུ་ཡུལ་ལུང་སོ་སོར་མི་དཔོན་སྡེ་ཁག་མི་འདྲ་བ་ཇི་སྙེད་ཅིག་བྱུང་བ་ལྟར། སྐབས་འདིར་གཉལ་གྱི་ཕྱོགས་སུའང་མི་རྒྱུད་ཤེའུ་ལས་ཆད་པའི་དཔོན་ཆེན་ཡང་བྱུང་སྙོང་བ་སྟེ། དཔོན་ཆེན་ཤེའུ་བུ་བྱིད་བཞིན་བཟང་བ་ཁོང་གིས་སྦྱིན་བདག་མཛད་དེ་གསུང་རབ་དེ་འབྲི་བཞེངས་གནང་བ་གོང་གི་མཛད་བྱང་ལས་ཤེས་ཤིང་། དུས་རབས་11-12ནང་དུ་ཐོན་པའི་ཤེའུ་ཉུས་རྒྱུད་ལས་ཆད་པའི་ཤེའུ་དཔོན་ཆེན་གྱི་བུ་རྒྱུད་དག་གིས་སྔོན་གྱི་མཐོ་བོད་བཙན་པོའི་སྐབས་ཀྱི་གསུང་རབ་འབྲི་བཞེངས་ཀྱི་སྲོལ་བཟང་དེ་ཕ་རྗེས་བུས་བསྐྱངས་པ་ཇི་བཞིན་སྔོམ་ཤེའུ་སྐུ་མཆེད་དང་དཔོན་ཤེའུ་བུས་མཛད་པ་དེ་ལས་ཀྱང་། སྔོན་བཙན་པོའི་སྐུ་དུས་བཙན་པོ་འཁོར་དང་བཅས་པ་མ་གཏོགས་འབངས་ཀྱིས་གསུང་རབ་འབྲི་བཞེངས་མི་ཐུབ་[2]ཅེས་པའང་དོན་ལ་གནས་པར་སེམས། མདོར་ན་གང་ལྟར་ཡང་ཐོན་ཤེའུ་མི་རྒྱུད་དག་གིས་རང་རང་གི་འཁོས་འཇོར་ལ་གཞིགས་པའི་བོད་ཀྱི་བྱ་བཞག་ཁག་འཕེལ་རྒྱས་འགྲོ་རྒྱུར་མཛད་རྗེས་མི་དམན་པ་ཞིག་བཞག་པ་དེ་ཡང་མཚོ་སྔོན་དུར་ལམ་གྱི་བང་བསོ་དང་ཏུན་ཧོང་ཡིག་རྙིང་དང་ད་ཐེངས་ཀྱི་གསུང་རབ་དེའི་མཛད་བྱང་བཅས་ལས་རྟོགས།

ལྔ། ལྷ་སྟོན།

། །ཀྱི་སྐྱོ་ངས་མེད་པའི་ཡོན་དག་དང་། །ཉེ་རོགས་མཛད་པའི་ལྷ་སྟོན་དང་། ། [3]ཞེས་བྱུང་

---

① 见，王尧、陈践：《敦煌古藏文文献探索集》【M】上海：上海古籍出版社，第235页。

② པད་མ་བཀྲ་ཤིས་ཀྱིས་བརྩམས་པའི་བདྫ་ཡིག་གནའ་དཔེའི་རྣམ་བཤད་བོད་ལྗོངས་མི་དམངས་དཔེ་སྐྲུན་ཁང་གི་2013ལོའི་སྤྱར་མའི་ཤོག་གྲངས་3ཉ་གསལ།

③ གྲོ་མཁར་ཆོས་སྡེའི་ཤེར་ཕྱིན་ཐུགས་དམ་འོད་འབར་ཐུགས་སྨོན་མཛད་བྱང་ལས་དྲངས།

བ་ལྟར་ན། བོད་ཀྱི་རྒྱུན་སྲོལ་རིག་གནས་ལྟར་ན་ལས་དོན་ཆེ་ཆུང་གང་ཞིག་ཡིན་རུང་། དེ་དག་བསྒྲུབ་པའི་རིང་ལ་དད་པ་སྐྱོ་ངས་མེད་པའི་ཡོན་བདག་རྣམས་ཀྱིས་རང་རང་གིས་འཁོར་འགྱུར་ལ་གཞིགས་པའི་སྐུ་གསུང་ཐུགས་རྟེན་གསར་བཞེངས་དང་རང་རང་གི་སྡོད་གནས་སོགས་འཛུགས་སྐྲུན་བྱེད་པའི་སྐབས་སུ་ལས་ཡུན་གྱི་རིང་ཐུང་ལ་གཞིགས་པའི་འབྲི་བཞེངས་ཀྱི་ཡིག་མཁན་དང་དྲས་དྲིགས་གླིགས་ཤིང་གླིགས་ཐག་སོགས་ལེགས་སྒྲུབ་བྱེད་མཁན་གྱི་བཟོ་པའི་ཚོགས་ལ་དད་པ་སྐྱོ་ངས་མེད་པའི་སྤྱིན་བདག་གིས་ཟླ་བ་གཅིག་གི་དུས་ཡུན་དུ་དགའ་སྟོན་ཐེངས་རེ་བཏང་བ་ནི་གོང་གི་མཛད་བྱུང་ལས་ཤེས། བོད་ཡུལ་དུ་གསུང་རབ་འབྲི་བཞེངས་སོགས་ཀྱི་ལས་གཞི་ཆེན་པོ་བསྒྲུབས་པའི་རིང་ལ་ཟླ་སྟོན་སོགས་གཏོང་བའི་སྲོལ་དེ་དུས་ནམ་ཞིག་ལ་དར་བའི་སྐོར་ལ། རྒྱལ་པོ་ཁྲི་ལྡེ་སྲོང་བཙན་སད་ན་ལེགས་མཛིང་ཡོན་གྱི་སྐུ་དུས་སུ་ཡི་གེའི་མཁན་པོ་འབྲི་ཡོན་ཏན་ཞེས་བྱ་བ་བྱུང་སྟེ། རྗེ་ལ་ཡི་གེ་སྣངས་སུ་ཕུལ་བས། ཉ་རིང་དཀར་ཆུ་ནས་བཏོན་པ་འདྲ་བ་ཞིག་བྱུང་སྟེ། གུང་བློན་རྣམས་ཀྱི་གཡར་དམ་དུ་བཟང་བས་རྗེས་རྩིས་དང་བསྙེན་བཀུར་བ་ནི། དབུ་སྟོན། གཞུང་སྟོན། ཐ་སྟོན། ཟ་སྲུང་། ཟླ་སྟོན། སྐྲ་འབྲུད་ཆུ་སྟོན། ཟ་འདེགས། བྱ་དགའི་སྟོན་མོ་དཔག་ཏུ་མེད་དོ།[1] ཞེས་བྱུང་བ་ལས་ཟླ་སྟོན་སོགས་ཀྱི་སྟོན་མོ་མཐོ་བོད་བཙན་པོའི་སྐུ་དུས་ནས་དར་བ་དེ་གོང་གི་ལུང་ལས་ཤེས། སྟོན་མོ་དེ་དག་གོ་དོན་དུ། ཡི་གེ་མཁས་པ་འབྲི་ཡོན་ཏན་གྱིས་བཙན་པོ་ལ་ཡི་གེའི་རྒྱུགས་ཚད་ཕུལ་བས་ཡིག་གཟུགས་ཕུལ་དུ་བྱུང་བ་གསར་གཏོད་བྱས་པར་བརྟེན་བློན་པོ་རྣམས་ཀྱིས་ལས་འགན་བསྒྲུབ་རྒྱུར་ཕན་པ་ཆེན་པོ་བྱུང་ཞིང་། དེའི་བདག་རྐྱེན་དང་བསྙེན་བཀུར་ལ། ཁོང་གི་ཆོས་དཔེ་འབྲི་བསྐབས་དབུ་ཚུགས་པའི་སྟོན་མོ་དང་། གཞུང་གི་དཀྱིལ་ཚད་ལ་སོན་དུས་བར་སྟོན། མཇུག་སྒྲིལ་དུས་མཐའ་མའི་སྟོན་མོ་དང་། རྒྱུན་གཏན་ཟ་མ་འགག་སྲུང་། ཟླ་བ་འབྱུང་ངོ་ཚོག་ལ་ཟླ་བའི་སྟོན་མོ། སྐྲ་འབྲུ་དུས་ཆུ་སྟོན་སོགས་བྱ་དགའི་སྟོན་མོ་དཔག་ཏུ་མེད་པ་གནང་[2] ཞེས་པས་གོང་གི་མཛད་བྱུང་དུ་བྱུང་བའི་ཟླ་སྟོན་གྱི་གོ་དོན་དང་ཟླ་སྟོན་ལ་སོགས་པའི་སྟོན་མོའི་བྱུང་བ་ཡང་ཞོར་དུ་ཤེས་སོ།

---

① ཉང་ཉི་མ་འོད་ཟེར་གྱིས་བརྩམས་པའི་ཆོས་འབྱུང་མེ་ཏོག་སྙིང་པོ་སྦྲང་རྩིའི་བཅུད་ཅེས་པ་བོད་ལྗོངས་མི་དམངས་དཔེ་སྐྲུན་ཁང་གི་1988ལོའི་སྤྱར་མའི་ཤོག་གྲངས་415ལས་དྲངས།

② ཆབ་སྤེལ་ཚེ་བརྟན་ཕུན་ཚོགས་དང་ནོར་བྲང་ཨོ་རྒྱན་གྱིས་རྩོམ་སྒྲིག་བྱས་པའི་བོད་ཀྱི་ལོ་རྒྱུས་རགས་རིམ་གཡུ་ཡི་ཕྲེང་བ་བོད་ལྗོངས་དཔེ་རྙིང་དཔེ་སྐྲུན་ཁང་གི་2006ལོའི་སྤྱར་མའི་ཤོག་གྲངས་372ལས་དྲངས།

དྲུག བསྔོ་སྨོན།

དུས་རབས་12-13པའི་ནང་དུ་གཉལ་གྱི་པོ་ཞོག་ཅེས་པར་བོད་བཙན་པོའི་སྐུ་དུས་ཡུལ་སྐྱི་རོའི་ལྡུང་སྟོན་གྱི་རྗེ་སྐྱི་རྗེ་མང་པོའི་བློན་པོ་ཤེ་ཙ་འམ་ཡུལ་ཉང་རོ་ཤམ་པོའི་རྒྱལ་པོ་ལོ་ངམ་ཁྲི་རོམ་གྱི་བློན་པོ་ཤེའུ་ཡིས་མི་རྒྱུད་ལས་ཆད་པའི་སྨོམ་ཤེ་སྐུ་མཆེད་དང་དཔོན་ཤེའུ་བུ་ལ་སོགས་པས་དད་པ་སྐྱོ་ངས་མེད་པའི་སྦྱིན་བདག་གནང་སྟེ་སྐོ་གསུམ་ཐང་ཆད་འབྲི་བའི་ཡིག་པ་གཉལ་སྨད་ཀྱི་པོ་ཞོག་ས་ནས་ཕྱོན་ཏེ་འབྲི་བཤུས་ཟིན་ཞིང་ཞུས་ལེགས་པར་ཕྱིན་ཏེ། གསུང་རབ་དེ་འབྲི་བཞེངས་ལེགས་བསྒྲུབ་ཟིན་རྗེས་ལུས་ཀྱི་ངལ་བ་དང་སེམས་ཀྱི་སྡུག་བསྔལ་སོགས་རང་བཞིན་གྱིས་ལྷོད་དུ་ཕབ་པའི་མཆོད་ཡོན་སྦྱིན་བདག་ལ་སོགས་སྨོན་ལམ་ཁོངས་སུ་གཏོགས་པའི་སེམས་ཅན་རྣམས་འོག་མིན་གནས་སུ་འགྲོགས་པར་ཤོག་ཅེས་བསྔོ་སྨོན་བཏབ་པ་སྟེ། ལུས་སེམས་ངལ་བའི་མཆོད་པོ་རྣམས། །འོག་མིན་གནས་སུ་འགྲོགས་པར་ཤོག། །[1]ཅེས་པས་སོ།

ལེ་ཚན་གསུམ་པ། རྒྱ་མཚོ་གྲོ་མཁར་ཤེར་ཕྱིན་སྟོང་ཕྲག་བརྒྱ་པ་པོད་ཁ་པའི་མཛོད་བྱང་།

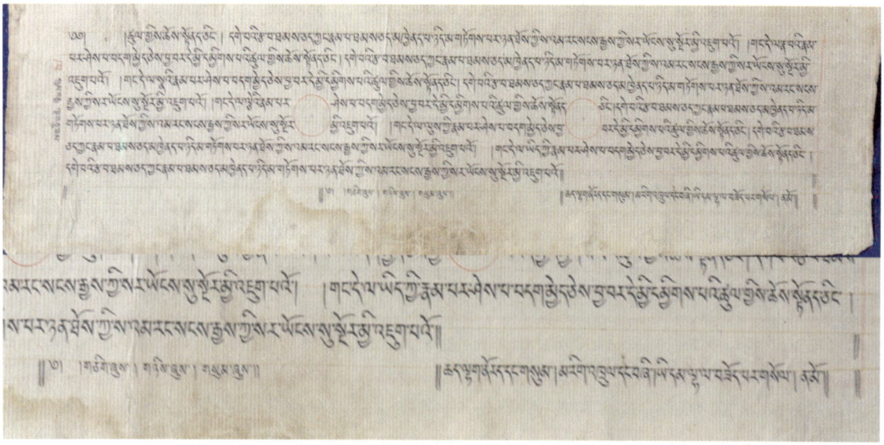

མཛོད་བྱང་མ་དཔེ།

① གྲོ་མཁར་ཆོས་སྡེའི་ཤེར་ཕྱིན་ཐུགས་དམ་འོད་འབར་ཐུགས་སྨོན་མཛོད་བྱང་ལས་དྲངས།

དང་པོ། མཛད་བྱང་མ་ཕྱུས།

༄། །གཅིག་ཞུས་། གཉིས་ཞུས་། གསུམ་ཞུས་།། །།ཚད་ལྡན་ནོར་དང་གསུམ་། མ་རིག་འཁྲུལ་དང་བཞི་། ཡི་དམ་ལྷ་ལ་བཟོད་པར་གསོལ་། ན་མོ་། ।[①]ཞེས་པའོ།

གཉིས་པ། མཛད་བྱང་གི་དཔྱེ་ཞིབ།

ཤེས་རབ་ཀྱི་ཕ་རོལ་ཏུ་ཕྱིན་པ་སྟོང་ཕྲག་བརྒྱད་པ་པོད་ཁ་པ་དེའི་མཛད་བྱང་དུ་བྱོན་པ་དེ་དག་ལ་གཞིགས་ན། སྔོན་གྱི་མཛད་བྱང་ཁག་བཞིན་ཡུལ་ལུང་གི་བསྟོད་པ་དུང་ཆེན་གཟུགས་སུ་བཀོད་པ་ཞིག་མིན་སྐབས་འདིར་འབྲི་བཞེངས་ཀྱི་ཡུལ་ལུང་དང་མཆོད་ཡོན་སྦྱིན་བདག འབྲི་ཛས་སོགས་ཀྱི་སྐོར་ལ་ཞུ་མ་ཐུབ། དེས་ན་འདིར་མཛད་བྱང་དང་འབྲེལ་ཏེ་ཡིག་ཞུས་མཁན་གྱི་སྐོར་ལ་ཞུ་རྒྱུ་ཡིན།

གཅིག ཡིག་བཤུས་མཁན།

འདིར་ཡང་གསུང་རབ་འབྲི་བཞེངས་ཀྱི་ཡིག་མཁན་སྔོ་གསུམ་ཐང་ཚད་འདྲི་བའི་འབྲི་མཁན་དང་ཕང་འཁོར་གཞུང་སྤྱོང་གི་ཞུས་དག་མཁན་གྱི་མཚན་ནས་ཡིག་མཁན་འདི་དང་ཞུས་དག་མཁན་འདི་དང་འདིའོ་ཞེས་སྨྲ་མ་ཐུབ། འོན་ཏེ་ཤེས་རབ་ཀྱི་ཕ་རོལ་ཏུ་ཕྱིན་པ་སྟོང་ཕྲག་བརྒྱད་པ་པོད་ཁ་པ་འདི་བཞེངས་པའི་སྐབས་སུ། ཡིག་མཁན་གྱི་མ་དཔེ་ལས་དུ་དཔེར་བླ་དག་པ་ཞིག་ཕབ་འབྲི་ཟིན་པ་དང་སྦྲགས་ཞུས་དག་མཁན་གྱིས་ཀྱང་སླ་ཆོས་དང་མགྱོགས་ཆོས་མ་བྱས་པར་ཞུས་གསུམ་ཞུས་བཏང་པ་ནི་གོང་གི་མཛད་བྱང་ལས་ ༄། །གཅིག་ཞུས་། གཉིས་ཞུས་། གསུམ་ཞུས་།།[②]ཞེས་པས་བཙན་པོའི་སྐབས་ཀྱི་ཆོས་བཤུ་བྲིས་མའི་ལམ་ལུགས་ལྟ་བུ་རྒྱུན་འཛིན་བྱས་པ་རྟོགས་ཤིང་། ལྷག་དོན་དུ་ཤེར་ཕྱིན་འདིའི་མཛད་བྱང་དུ་ཡིག་ཞུས་གང་ཙུང་གིས་བྲིས་པའི་ནང་དོན་ཏེ། །ཚད་ལྡན་ནོར་དང་གསུམ་། མ་རིག་འཁྲུལ་དང་བཞི་། ཡི་དམ་ལྷ་ལ་བཟོད་པར་གསོལ་། ན་མོ་། ।[③]ཞེས་ཏུན་ཧོང་ནས་ཐོན་པའི་ཡིག་རྙིང་

① གྲོ་མཁར་ཆོས་སྡེའི་ཤེས་རབ་ཀྱི་ཕ་རོལ་ཏུ་ཕྱིན་པ་སྟོང་ཕྲག་བརྒྱད་པ་པོད་ཁ་པའི་ལྡེབ་གྲངས་350ལས་དྲངས།

② གྲོ་མཁར་ཆོས་སྡེའི་ཤེས་རབ་ཀྱི་ཕ་རོལ་ཏུ་ཕྱིན་པ་སྟོང་ཕྲག་བརྒྱད་པ་པོད་ཁ་པའི་ལྡེབ་གྲངས་350ལས་དྲངས།

③ གྲོ་མཁར་ཆོས་སྡེའི་ཤེས་རབ་ཀྱི་ཕ་རོལ་ཏུ་ཕྱིན་པ་སྟོང་ཕྲག་བརྒྱད་པ་པོད་ཁ་པའི་ལྡེབ་གྲངས་350ལས་དྲངས།

Pt1069སྙིང་དུ། ༄། །ལྷག་ཆད་ནོར་དང་གསུམ་། མ་རིག་འཁྲུལ་དག་བཞི་། ཐུགས་དང་ཅིར་འགལ་བཟོད་པར་གསོལ་[1]ཞེས་ཡིག་ཞུས་མཁན་གྱི་སེམས་ཁམས་གཙུ་ཁ་སྨྲར་ལྟ་བུ་ཞིག་བྱུང་བས་ཀྱང་ཤེར་ཕྱིན་དེའི་དུས་རབས་རགས་ཙམ་ཞིག་ཤེས་མོད་ཀྱང་། ཞིབ་ཏུ་བསམས་ན། མཐོ་བོད་བཙན་པོའི་སྐབས་ཀྱི་གསུང་རབ་བླ་ནས་འབྲི་བཞེངས་གནང་བ་བཞིན་ཡིག་མཁན་གྱིས་འབྲི་བཤུས་ཟིན་པའི་རྗེས། ཡིག་ཞུས་མཁན་གྱི་མཚན་རིམ་པས་བཞིན་ཐོན་པ་སྟེ་ཡིག་མཁན་ག་གེ་མོས་བྲིས། ཞུས་དང་པོ་ག་གེ་མོ་དང་ཞུས་གཉིས་པ་ག་གེ་མོ། ཞུས་གསུམ་པ་ག་གེ་མོ་ཞེས་ཞུས་དག་མཁན་གྱི་མཚན་རིམ་གྱིས་མ་ཐོན་པའི་རྒྱུ་མཚན་གྱིས་ཤེར་ཕྱིན་འདི་དུས་རབས་12-13པའི་ནང་དུ་འབྲི་བཞེངས་བསྐྲུངས་པ་ཞིག་ཡིན་པར་འཁྲུམས།

ལེ་ཚན་བཞི་པ། རྒྱ་མཚོ་གྲོ་མཁར་ཤེར་ཕྱིན་པོད་ཁ་པའི་མཛད་བྱང་།

མཛད་བྱང་མ་དཔེ།

དང་པོ། མཛད་བྱང་མ་ཕྱུས།

ཤེར་ཕྱིན་པོད་ཁ་པ་ཡིག་ཕྲེང་བརྒྱད་ཅན་ཤོག་རྒྱ་68.1×17.5cmཅན་གྱི་ཞབས་ཤོག་ཏུ། ཁྲི་བོ་གུམ་གྱིས་ཞུས་ཏེ་དག་པར་མཆིས་། ༄། །ཨ་ཀ་ཉིས་བརྒྱ་བདུན་གྱིས་བར་ནས་། བཅོ་བརྒྱད་ཀྱི་བར་ན་བཅུ་གཅིག་ཆད་དོ་[2]ཞེས་པའོ།

གཉིས་པ། མཛད་བྱང་གི་དབྱེ་ཞིབ།

གོང་གི་ཤེར་ཕྱིན་པོད་ཁ་པ་དེའི་མཛད་བྱང་དུ་ཞུས་དག་སུས་མཛད་ཡོད་མེད་དང་

① 见，法藏敦煌藏文文献，第10册 上海古籍出版社出版 第226页。

② གྲོ་མཁར་ཆོས་སྡེའི་ཤེར་ཕྱིན་པོད་ཁ་པའི་ལྡེབ་གྲངས་351ལས་དྲངས།

ཞུས་དག་མཛད་དེ་ལྷེབ་གྲངས་ཅི་ཞིག་ཆད་པའི་སྐོར་ཙམ་ཞིག་ལས། གསུང་རབ་དེའི་སྔག་ཤོག་དང་ཡིག་མཁན། མཆོད་ཡོན་སྦྱིན་བདག་བཅས་ཀྱི་སྐོར་ཟུར་ཙམ་ཡང་འཁོད་མེད་འདུག དེས་ན་འདིར་གསུང་རབ་དེ་འབྲི་བཤུས་ཟིན་རྗེས་རྐང་འགྱུར་གཞུང་སྟོང་ཞུ་གཏུག་གི་ལས་ཀ་གནང་མཁན་ནི་ཁྲི་བོ་གུམ་གྱིས་གནང་བ་དང་སྦྲགས། པོད་དེའི་ཁྲོད་ནས་ལྷེབ་གྲངས་བཅུ་གཅིག་ཆད་པའི་སྐོར་ཡང་གསུངས་ཡོད་པ་སྟེ། ཁྲི་བོ་གུམ་གྱིས་ཞུས་ཏེ་དག་པར་མཆིས། ༈། །ཨ་ཀ་གཉིས་བརྒྱ་བདུན་གྱི་བར་ནས། བཅོ་བརྒྱད་ཀྱི་བར་ན་བཅུ་གཅིག་ཆད་དོ་[1]ཞེས་གསུངས་འདུག་པ་ལ་གཞིགས་ན། སྐབས་དེ་དུས་ཀྱི་ཆོས་བཤུ་འབྲི་མའི་ལམ་ལུགས་ཀྱི་སྒྲིག་གཞི་དེ་ཙམ་དོ་ནན་པོ་ཞིག་མེད་པ་དེ་ཤུགས་ལ་རྟོགས། གལ་ཏེ་སྟོན་བཙན་པོའི་སྐབས་ལྟར་ཆོས་བཤུ་འབྲི་མའི་ལམ་ལུགས་ལག་བསྟར་གནང་ཡོད་ན་དེ་དག་ཤོག་རོ་མི་གཏོང་བའི་ངེས་པ་གང་ཡང་མ་མཆིས་སོ།

ལེ་ཚན་ལྔ་པ། རྒྱ་མཚོ་གྲོ་མཁར་ཤེར་ཕྱིན་པོད་ག་པའི་མཛད་བྱང་།

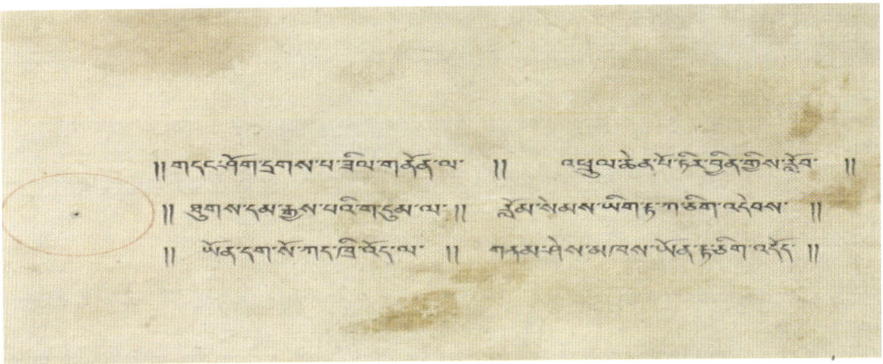

མཛད་བྱང་མ་དཔེ།

དང་པོ། མཛད་བྱང་མ་ཕྱིས།

ཤེར་ཕྱིན་པོད་ག་པ་ཡིག་ཕྲེང་8ཅན་གྱི་མཇུག་བྱང་། གདང་ཤོག་དྲགས་པ་ཟིལ་མནོན་ལ་། །འཕྲུལ་ཆེན་པོ་ཏིར་བྱིན་གྱིས་རློབ་། །ཕྱུགས་དམ་རྒྱས་པ་ག་དུམ་ལ་། །ཧྲོམ་སེམས་ཡིག་ཧ་

① གྲོ་མཁར་ཆོས་སྡེའི་ཤེར་ཕྱིན་པོད་ཁ་པའི་ལྷེབ་གྲངས་351ལས་དྲངས།

217

ཀ་ཅིག་འདེབས་། །ཡོན་དག་སོ་ཀད་ཁྲི་འོད་ལ་། །གནས་ཤེས་མཁས་ཡོན་རྟ་ཅིག་འདོད་། །[①]
ཅེས་པའོ།

གཉིས་པ། མཛོད་བྱང་གི་དབྱེ་ཞིབ།

གཅིག སྔག་ཤོག

ཤེར་ཕྱིན་པོད་ག་པ་འདི་ཡིག་མཁན་གྱིས་འབྲི་བཞེངས་བསྒྲུངས་སྐབས་དེར་སྔག་ཤོག་གི་རྒྱ་ཕྱུས་ཅི་ཞིག་བཏང་ཡོད་པའི་སྐོར་ལ། གདང་ཤོག་དྲགས་པ་ཟེལ་མཐོན་ལ་། །འཕྲུལ་ཆེན་པོ་ཧྲིར་བྱིན་གྱིས་རློབ་། ། ཐུགས་དམ་རྒྱས་པ་ག་དུམ་ལ་། །རློམ་སེམས་ཡིག་རྟ་ཀ་ཅིག་འདེབས་།[②] ཞེས་བྱུང་བ་ལ་གཞིགས་ན། ཤོག་བུའི་ཉིན་སྲིབ་ལ་དབྱེ་བ་མེད་པར་དཀར་གཙང་གདང་ཤོག་གྲགས་པ་ཟེལ་མཐོན་གྱི་སྟེང་དུ། འབྲི་གཟུགས་ཁྱད་འཕགས་ལྡན་པ་འཕྲུལ་ཡིག་བྲིས་པ་ལས་ཡི་གེའི་རིན་ཐང་དུ་རྟ་གཅིག་འདོད་པ་དང་སྒྲུགས་འདི་བྱིན་རླབས་ཆེ་སྐབས། ཡིག་མཁན་གྱི་གླ་ཡོན་ཡང་རྟ་གཅིག་འདོད་དོ་ཞེས་བསྙད་པ་ནི་སྔག་ཤོག་ཁྱད་ཆོས་སོ། བོད་ཀྱི་རིག་གནས་ཁོར་ཡུག་ལས་བརྗོད་ན། རྟ་ནི་བཙན་པོའི་སྐུ་དུས་ནས་བོད་ཡུལ་གྱི་ས་གཞིས་ཀྱི་ཆགས་སྟངས་ཁྱད་ཆོས་ལ་གཞིགས་ནས་བྱུང་བ་སྟེ། ཏུན་ཧོང་གི་p.t1286རྒྱལ་ཕྲན་རིམ་བྱུང་གི་མིང་དུ། མྱི་འཛངས་ཤིང་དཔའ་རྟ་སྐྱེ། ཆོས་བཟང་དུ་བྱེད། རྟ་མགྱོགས་སུ་འཕལེ་བ་འི་གནས་སུ།[③] ཞེས་པ་དང་ཡར་ལུང་ཆོས་འབྱུང་དུ་གནམ་རི་སྲོང་བཙན་གྱི་སྐོར་དེར་རྒྱལ་པོ་འདིའི་རིང་ལ་རྒྱ་ནག་ནས་རྩིས་དང་སྨན་བྱུང་། རྒྱ་དང་གྲུ་གུ་བཏུལ། ཉང་སྤས་གཉོན་དང་གསུམ་མངའ་འོག་ཏུ་བཙུག སྐུ་མཁར་ཁྲི་བརྩེགས་འབུམ་རྟགས་ཞེས་བྱ་བ་དམར་པོའི་འོ་མས་འགྲུབ་པའི་འཛིམ་པས་བརྩིགས། དམུས་རེ་ཡོང་བ་ཁྲིད་དེ་བྲག་གསུམ་དིང་མའི་མཚོ་འགྲམ་ནས་རྟ་འདོ་བ་ཅང་བཙལ་བས་རྙེད་ནས་རྒྱལ་པོའི་ཕྱིབས་པ་བྱས།[④] ཞེས་པ་སོགས་ལས་རྟའི་བྱུང་བ་

① གོ་མཁར་ཆོས་སྡེར་བཞུགས་པའི་ཤེར་ཕྱིན་པོད་ག་པའི་མཇུག་བྱང་ལས་དྲངས།

② གོ་མཁར་ཆོས་སྡེར་བཞུགས་པའི་ཤེར་ཕྱིན་པོད་ག་པའི་མཇུག་བྱང་ལས་དྲངས།

③ 见，王尧 陈践译著《敦煌本吐蕃历史文书》民族出版社1992年版，第68页。

④ ཤཱཀྱ་རིན་ཆེན་སྡེས་མཛད་པའི་ཡར་ལུང་ཇོ་བོའི་ཆོས་འབྱུང་བོད་ལྗོངས་མི་དམངས་དཔེ་སྐྲུན་ཁང་གི་1988ལོའི་པར་མའི་ཤོག་གྲངས་52ལས་དྲངས།

ཤེས་ཤིང་། རྟ་ནི་གཡུལ་འགྱེད་བྱེད་པའི་གལ་ཆེན་ལག་ཆ་ཞིག་ཡིན་ཞིང་། བོད་མིས་རྒྱུན་གཏན་འཚོ་བའི་ནང་དུ་ཅང་ཤེས་རྟ་བཀོལ་བ་མ་ཟད་ཐ་ན་དུར་སའི་ནང་དུའང་རྟ་དང་རྟ་ཆས་སོགས་བརྫངས་པའི་སྲོལ་[1]ཡོད་པ་སྟེ། ཏུན་ཧོང་p.t1287 བཙན་པོ་རིམ་བྱུང་གི་ལོ་རྒྱུས་སུ། བཙན་པོས་བཀའ་སྩལད་པ། དབྱི་ཚབ་སྒྲོ་བ་ཉེ་བས། གུམ་ན་མཆད་ཕྱག་དར་ཏེ་བརྩིག་པར་གནང་། རྟ་ནི་བརྒྱའ་དགུམ་པར་གནང་། བུ་ཚ་གང་ཅུང་གཅིག། །གསེར་གྱི་ཡི་གེ་མྱི་ཆད་པར་བསྩལད་པར་བཀའ་སྩལ་ཏོ་[2]ཞེས་པ་ནི་བཙན་པོ་སྲོང་བཙན་སྒམ་པོས་དབའ་དབྱི་ཚབ་ལ་གནང་བའི་ཞལ་ཆེམས་སུ་རྗེས་སུ་བང་སོའི་ནང་དུ་དུར་རྫས་རྟ་བརྒྱ་ཡིས་རྫོངས་གནང་རྒྱུ་དེ་ལས་ཀྱང་གསལ་བཤད་ཐུབ། བཀའ་ཐང་སྡེ་ལྔའི་ནང་དུ་བོད་ཁམས་རུ་བཞིར་ཕྱེ་བའི་སྐབས་སུ། །གཡས་རུའི་གླུངས་ལ་ཡུལ་སྡེ་བཅུ་དྲུག་ཡོད། བྱང་ཕྱུགས་ཏེ་ཤོད་ཟང་ཟང་སྟག་སྡེ་དང་། །སྟག་རིས་མུས་ལྟོག་འཛད་[3]དང་རྟ་ནག་དང་། །ཞན་ཐག་ཤངས་དང་མོན་མར་གོ་རི་དང་། །ལང་འགྲོ་སྤྲ་གོར་ཚུར་ཝོ་སླེ་མོ་བཅས་[4]ཞེས་པ་ལས་བཙན་པོའི་སྐབས་སུ་བོད་ཡུལ་རུ་བཞིར་ཕྱེ་བའི་ནང་གི་རུའི་དབར་གྱི་སྟོབས་ཤུགས་ཅན་གྱི་དམག་སྡེ་དེ་ཡང་རྟ་དམག་གི་སྤྱི་མདོག་ལ་མགོ་བཙོལ་ཏེ་དབྱེ་བ་བཞག་པ་སོགས་ལས་རྟ་ལ་གཙིགས་མཐོང་བྱས་པ་དེ་ཤེས། ཀྱང་ཡྭ་ཁྲུལ་དུ་མངའ་བསྒྱུར་སྐྱོང་བའི་མཐོ་བོད་ལས་བརྗོད་ན་རྟ་སྐབའམ་ཡབ་ཀྱི་བདེ་སྐྱིད་ནི་དེ་བས་ཀྱང་དོན་སྙིང་ཆེན་པོ་ལྡན་པ་ཞིག་ཡིན། དེས་ན་བཙན་པོའི་རྟ་དམག་རྣམས་སྐབས་དེ་དུས་སྟོབས་ཤུགས་ཆེ་ཤོས་དམག་སྡེ་ཞིག་ཡིན་པར་མངོན། ཐང་དང་ཨ་ལ་པོའོ་བར་ཀྱི་ཨོའོ་ཡྭ་ཁྲུལ་གྱི་དམག་འཁྲུག་ཁྲོད་དུ་ནུས་པ་དཔེ་མི་སྲིད་པ་ཐོན་ཡོད་[5]ཅེས་པ་ལས་རྟ་དམག་གི་

① 见，霍巍著《吐蕃时代考古新发现及其研究》科学出版社2012年版，第221页。

② 见，王尧 陈践译著《敦煌本吐蕃历史文书》民族出版社1992年版，第68页。

③ འཛད་ནི་བཞད་ཀྱི་འབྲི་སྲོལ་རྙིང་པ་ཞིག་སྟེ་སྤྱི་ལོ་2015ལོར་བོད་ལྗོངས་ཡིག་ཚགས་ལས་ཁུངས་སུ་གནའ་དཔེ་ཡོངས་བཤེར་ཐོ་འགོད་བྱེད་པའི་ནང་དུ་འཛད་ཀྱི་ལུང་བཤད་ཅེས་པའི་དཔེ་རྙིང་གཙིགས་ཆེན་ཞིག་མཇལ་བྱུང་བ་དེ་ཞིབ་ཏུ་ལྟགས་ཀློགས་ཞུ་དུས་དེའི་ནང་དོན་ནི་གཞིས་རྩེ་ས་ཁུལ་གྱི་མངའ་ཁོངས་སུ་ཡོད་པའི་བཞད་མཐོང་སྨོན་གྱི་ལུང་བཤད་ཅིག་རེད་འདུག་རྗེས་སོར་བཞད་ཀྱི་ལུང་བཤད་ཅེས་པའི་དཔེ་རྙིང་དང་བསྡུར་ཏེ་དཔྱད་པ་བྱེད་དུས་འཛད་དེ་བཞད་ཀྱི་འབྲི་སྲོལ་ཆེས་རྙིང་པ་ཞིག་ཡིན་པ་རང་བཞིན་གྱིས་རྟོགས།

④ ཀུ་རུ་ཨུ་རྒྱན་གླིང་པས་ཡར་ཀླུངས་ཤེལ་གྱི་བྲག་ཕུག་ནས་བཏོན་པར་གྲགས་པའི་བཀའ་ཐང་སྡེ་ལྔ་མི་རིགས་དཔེ་སྐྲུན་ཁང་གི་1990ལོའི་པར་མའི་ཤོག་གྲངས་185ལས་དྲངས།

⑤ 见，霍巍著《吐蕃时代考古新发现及其研究》科学出版社2012年版，第225页。

ནུས་པ་ཤེས། དེ་མིན་ད་དུང་ཉེ་བའི་ལོ་འགའི་ནང་དུ་ས་འོག་ནས་ཐོན་པའི་རྫ་ཆས་སོགས་ལས་ཀྱང་དེ་བས་གསལ་བཤད་ཐུབ་པ་ཞིག་སྟེ། མཚོ་སྔོན་དུར་ལམ་ནས་རྙེད་སོན་བྱུང་བའི་བཙན་པོའི་སྐུ་དུས་ཀྱི་བང་སོ་དང་ལྷོ་ཁ་ས་ཁུལ་སྣ་དཀར་རྩེ་རྫོང་ར་ཚག་གྲོག་རོང་གི་བང་སོ་[1]ནས་རྙེད་སོན་བྱུང་བའི་བཙན་པོའི་དུས་ཀྱི་རྒྱུ་དངོས་གསེར་དངུལ་ལས་བརྟུངས་པའི་རྫ་སྣ་དང་ཡབ། སྒོ་ཐག་སོགས་དང་ད་དུང་གསར་དུ་རྙེད་སོན་བྱུང་བའི་བཙན་པོའི་སྐབས་ཀྱི་མང་གཟིགས་རྒྱའི་ཐམ་གའི་ཁ་རིས་སུ་རླུང་གཤོག་ཆིབས་རྟའི་[2]གཟུགས་བརྙན་བཀོད་པའི་རིག་དངོས་རྩ་ཆེན་དེ་དག་ལས་བོད་པ་རྣམས་ཀྱིས་སྦྱང་ཤེས་རྟ་ལ་དམིགས་བསལ་གྱིས་གཙིགས་མཐོང་ཆེན་པོ་གནང་གི་ཡོད་པ་གོང་གི་རིག་དངོས་ཁག་ལས་ཤེས་ཤིང་། དེ་མིན་བརྗོད་བྱ་ཅང་ཤེས་རྟ་ཕོར་བཙོལ་བའི་དུས་རབས་མི་འདྲ་བའི་བརྩམས་ཆོས་ཀྱང་མི་ཉུང་བ་ཞིག་ཡོད་པ་སྟེ་ཏུན་ཧོང་གི་ཡིག་རྙིང་དཔེ་རྟགས་Tibj731རྟ་རྐྱང་དབྱེ་བའི་རབས་དང་p.t1062 རྟའི་བཅོས་ཐབས་སྣ་ཚོགས་p.t1063 རྟའི་བཅོས་ཐབས་སྣ་ཚོགས་[3]དང་། དུས་རབས་17ཡས་མས་ཀྱི་གནའ་དཔེ་བྲིས་མ་ཞང་ཞུང་རྟ་མཁན་མཁས་པ་སློབ་དཔོན་དགེ་བའི་དཔལ་གྱིས་མཛད་པའི་རྟ་བཅོས་དངུལ་དཀར་མེ་ལོང་ལྟེབས་མགོ་[4]དང་། བྲག་དཀར་རྟ་སོ་དང་གོང་པ་ཁུལ་ནས་རྙེད་སོན་བྱུང་བའི་རྟ་བཅོས་སྐོར་ལྟེབ་གྲངས་སོ་སོར་རྟའི་རི་མོས་བརྒྱན་པའི་རྟ་བཅོས་དང་ཅོག་རོའི་རྟ་བཤད་སྐོར་སོགས་ལས། བོད་པ་རྣམས་ཀྱིས་གནའ་ནས་ད་བར་རྟར་བཅངས་པའི་འདུ་ཤེས་དང་རིན་ཐང་ཅི་ཞིག་བཞག་པ་དེ་གོང་གི་རིག་དངོས་དང་རྟ་བཅོས་ཀྱི་གཞུང་ལུགས་ཁག་ལས་གསལ་པོར་རྟོགས། དེས་ན་གོང་གི་གསུང་རབ་འབྲི་བཞེངས་ཀྱི་བྱ་བར་བཞུགས་མཁན་གྱི་སླ་ཡོན་དུའང་རྟ་འདོད་པ་ནི་གནའ་དཔེའི་འབྲི་གཟུགས་དང་ཡིག་མཁན་ལ་གདེང་འཛོག་ཆེན་པོ་ཞིག་གནང་བ་དེ་ཡང་གོང་གི་རིག་དངོས་དང་བརྩམས་ཆོས་དག་ལས་ཤེས་ཤིང་ཏུན་ཧོང་གི་ཡིག་རྙིང་ p.t1287བཙན་པོ་རིམ་བྱུང་གི་

① 见，西藏自治区山南地区文物局：《西藏浪卡子县查加沟古墓葬德清理》，《考古》2001年，第6期。

② 见，陈庆英著《吐蕃飞马印章考释》载《西部西藏的文化历史》中国藏学出版社2008年版，第35页。

③ 见，《法藏敦煌藏文文献》上海古籍出版社2009年版第10卷，第209-214页。

④ བོད་རང་སྐྱོང་ལྗོངས་ཡིག་ཚགས་ལས་ཁུངས་སུ་བཞུགས་པའི་བྲིས་མ་དཔེ་རིས་ཀྱིས་བརྒྱན་པ་དཔེ་གཟུགས་ལྟེབས་མགོ་ཞིག་ཡིན།

ལོ་རྒྱུས་སུ་ཡང་སྨྲི་བཟང་ནི་ཧ་བཟངས་ཞིག[①]ཅེས་པས་ཀྱང་གོ་བ་འཕོན་ནོ།

གཉིས། སྨྱིན་བདག

ཤེར་ཕྱིན་པོད་ག་པ་འདི་བྲིས་བཞེངས་ཀྱི་སྦྱིན་བདག་ནི་སོ་ཀད་ཁྲི་འོད་ཅེས་ཞུ་བ་དེས་གནང་བ་མཛོད་བྱང་ལས་ཤེས་ཤིང་། སྦྱིན་བདག་གི་རིག་གནས་ཚུ་ཚད་དང་ཡོན་ཏན་ལ་རིན་ཐང་ཧ་ཅིག་འདོད་པ་དེ་ཡང་གོང་གི་སྨྲག་ཤོག་དཔེ་ཞིབ་ཏུ་བརྗོད་པ་དེས་དགོས་གཉིས་ཆོད་དུ་བྱས་ཏེ་འདིར་སྐྱར་ཡང་སུག་བྲིས་ཀྱི་ངལ་བ་བསྐྱེན་པར་མི་བྱ་ཞིང་། མཛོད་བྱང་དུ་ཡོན་དག་སོ་ཀད་ཁྲི་འོད་ལ། །གནས་ཤེས་མཁན་ཡོན་ཧ་ཅིག་འདོད[②]ཅེས་པས་སོ།

ལེ་ཚན་དྲུག་པ། རྒྱ་མཚོ་གྲོ་མཁར་ཤེར་ཕྱིན་པོད་ཉ་པའི་ཞབས་མཆན།

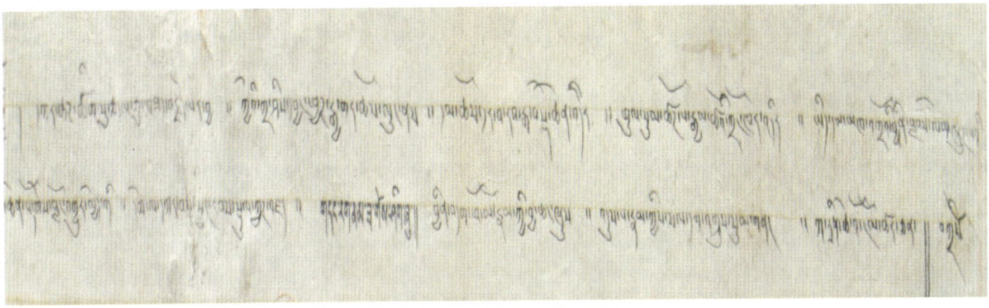

མཛོད་བྱང་མ་དཔེ།

དང་པོ། ཞབས་མཆན་མ་ཕྲུས།

༄། །ཀར་ཆག་ཚིགས་སུ་བཅད་པ་ཉུང་ཟད་བརྗོད་པར་བྱ། །ཀྱིའི་ཀྱཻ་ཤིས་དབྱང་ཕྱུགས་རྒྱ་གར་ཆོས་ལུང་ནས།། དམ་ཆོས་དར་བ་རབ་ཏ་བསྒེ་ཆེན་འདིར། །ཕུལ་སུམ་ཚོགས་པ་རྒྱ་མཚོ་གྲོང་ཁར་འདིར། །ཡིད་དམ་མཁའ་འགྲོའི་བླངས་ལམ་བཞུགས་པའི། །བྱིན་བདག་ཆེན་པོ་དགེས་བློང་བླ་འགྱུར་སྨེད་འདི། །དགེ་ལ་དཀར་བས་སུང་རབས་སྤྱལ་ཀྱང་འཛད། །གདང་རག་ནམ་ཟ་གོས་ཤིག་ཞུ། །བྱིན་བདག་ཕོ་མོ་རྣམས་ཀྱི་བྱ་ཚང་ཞུས། འདུས་པ་རྣམ་ཀྱིས་སལ་

① 见，王尧 陈践译著《敦煌本吐蕃历史文书》民族出版社1992年版，第68页。

② གྲོ་མཁར་ཆོས་སྡེར་བཞུགས་པའི་ཤེར་ཕྱིན་པོད་ག་པའི་མཇུག་བྱང་ལས་དྲངས།

དག་འགྱུས་སུམ་གནང་། ཀ་དྲིན་ཆེ་བའི་ངོ་མཚར་ཆེ། [1]ཞེས་སོ།

གཉིས་པ། ཞབས་མཆན་གྱི་དབྱེ་ཞིབ།

གཅིག ཡུལ་ལུང་།

ཤེར་ཕྱིན་པོད་ཉ་པ་དེ་འབྲི་བཞེངས་བྱ་ས་ནི་ཡུལ་ལུང་གི་བསྐོད་པ་དུང་ཆེན་གཟུགས་ལས་རྫོགས་པ་སྟེ། ཀྱེ་བཀྲ་ཤིས་གཡང་ཆག་རྒྱ་གར་ཆོས་ལུང་ནས་ཞེས་རིམ་པས་བཞིན་ཆེ་ས་ནས་ཆུང་སར་སོང་བ་སྟེ། དམ་ཆོས་དར་བ་རབ་དགའ་བདེ་ཆེན་ཞེས་བརྗོད་འདུག དེས་ན་རབ་དགའ་བདེ་ཆེན་ཞེས་པའི་ས་མིང་འདི་ཡུལ་ལུང་འདི་ཞེས་ཁ་གསལ་ཞིག་ཞུ་མ་ཤེས་ཙང་། དེ་ནི་གཉལ་གྱི་ཡུལ་ལུང་དུ་ཆགས་པའི་གནས་ཤིག་ཡིན་ནམ་སྙམ། གང་ཡིན་ཟེར་ན། མཛད་བྱུང་གི་བསྐོད་པ་དུང་ཆེན་གཟུགས་ལས་མཐར་ཡུལ་ལུང་གི་བསྐོད་པ་འབབ་ས་དེ་རྒྱ་མཚོ་གྲོ་མཁར་ཏེ་དུས་རབས་14པའི་འགོས་ལོ་གཞོན་ནུ་དཔལ་གྱི་དེབ་ཐེར་སྔོན་པོ་དང་དུས་རབས་16པའི་དེབ་ཐེར་ཇོགས་ལྡན་གསར་པའི་དགའ་སྟོན་དུ་ཡར་གླུངས་ཀྱི་སྨད། མང་ཡུལ་ལྷོངས་ཀྱི་འདབས་སུ་བྱའི་རྒྱལ་པོ་གཤོག་བཟང་དང་འདབ་བཟང་གི་རིགས་ལས་མཆེད་པའི་བྱ་ཤ་ཀ་ལ་སྲུས་རྡོ་རྗེ་ལེགས་པ་དང་རྡོ་རྗེ་དབང་ཕྱུག་གཉིས་བྱུང་བ་གཉལ་ཕྱོགས་སུ་བྱོན། རྒྱ་མཚོ་གྲོ་མཁར་བཏབ།[2]ཅེས་གསུངས་པ་ལྟར་ན་གོང་གི་མཛད་བྱུང་གི་རྒྱ་མཚོ་གྲོ་མཁར་ཞེས་པ་ནི་གཉལ་སྨེ་དྲུག་གི་ཁོངས་སུ་ཡོད་ཙ་ན། གོང་གི་རབ་དགའ་བདེ་ཆེན་དེ་ཡང་གཉལ་ཡུལ་སྟེ་རྒྱ་མཚོ་གྲོ་མཁར་ལས་ས་ཁྱད་ཙུད་ཟད་ཅིག་ཆེ་བའི་ས་གནས་ཤིག་ཡིན་ནམ་སྙམ།

གཉིས། སྦྱིན་བདག

སྔྲིར་ན་བཙན་པོའི་དུས་ནས་ད་བར་གསུང་རབ་ཅི་ཞིག་འབྲི་བཞེངས་གནང་ཙང་དེ་དག་འབྲི་བཞེངས་ཀྱི་དམིགས་ཡུལ་ཅི་ཞིག་ཡིན་ཙང་། འབྲི་བཞེངས་ཀྱི་རྒྱུ་འགྲོ་གཏོང་མཁན་གྱི་སྦྱིན་བདག་ནི་གནད་ཀྱི་དམ་པ་ཞིག་ཡིན། དེས་ན་ལྷུན་རྩེའི་རྒྱ་མཚོ་གྲོ་མཁར་དུ་ཤེར་ཕྱིན་

① གྲོ་མཁར་ཆོས་སྡེའི་ཤེར་ཕྱིན་པོད་ཉ་པའི་ལྡེབ་གྲངས་285ལས་དྲངས།

② འགོས་ལོ་གཞོན་ནུ་དཔལ་གྱིས་མཛད་པའི་དེབ་ཐེར་སྔོན་པོ་ཟི་ཁྲོན་མི་རིགས་དཔེ་སྐྲུན་ཁང་གི་1984ལོའི་སྤར་མའི་ཤོག་གྲངས་1265ལས་དྲངས།

པོད་ཉ་པ་དེ་འབྲི་བཞེངས་བསྐྲུངས་པའི་སྐབས་ལ་དགེ་སློང་འགྱུར་མེད་ཞུ་བ་དད་པ་སྐྱོ་ངས་མེད་པའི་སྦྱིན་བདག་ཅིག་བྱོན་པ་དེས་གསུང་རབ་དེ་བཞེངས་པ་ནི་མཛད་བྱང་དུ་བྱིན་བདག་ཆེན་པོ་དགེས་སློང་འགྱུར་མེད་འདི།། དགེ་ལ་དགར་བས་སུང་རབས་སྤྱལ་ཀྱང་འཛད་[1]ཅེས་པས་རྟོགས་སོ།

གསུམ། གཏང་རག

གདང་རག་ནི་གཏང་རག་གི་འབྲི་སྲོལ་རྙིང་པ་ཞིག་ཡིན་ཞིང་དེ་ནི་ཡུལ་གང་ཟག་གང་ཞིག་ལ་རང་ཉིད་ཀྱིས་རེ་བཙོལ་བཅམ་བྱ་བ་མངགས་པ་ཞིག་རེ་ཡུལ་དེས་ཇི་མ་ཇི་བཞིན་དུ་བསྒྲུབས་པར་བཀའ་དྲིན་གཞལ་བའི་ཆེད་དུ་དངོས་པོའི་སྐྱེས་འབུལ་བཅམ་ཚིག་གིས་བསྔགས་པ་བརྗོད་པ་ལ་ཟེར་[2]ཞེས་གསུངས་པ་ལྟར་ན། སྐབས་འདིར་དད་པ་སྐྱོ་ངས་མེད་པའི་སྦྱིན་བདག་གི་རྒྱུ་འགྲོ་བཏང་སྟེ་ཁོང་རང་གི་རེ་འདོད་བཞིན། སློ་གསུམ་ཐང་ཆད་འབྲི་མཁན་གྱི་ཡིག་པས་འབྲི་བཤུས་ཟིན་པ་དང་། ཁང་འཁོར་གཞུང་སྲོང་གི་ཞུ་གཏུག་མཁན་པོས་ཞུས་ལན་གསུམ་ཕྱིན་ཏེ་གསུང་རབ་འབྲི་བཞེངས་ཀྱི་བྱ་བ་རླབས་པོ་ཆེ་དེ་ལེགས་གྲུབ་ཟིན་རྗེས་བཀྲ་ཤིས་དགའ་སྟོན་མཛད་པའི་སྟོན་མོ་ཞིག་ཡིན། གཏང་རག་གཏོང་བའི་སྲོལ་ནི་ཉང་ཆོས་འབྱུང་དུ་རྒྱལ་པོ་དེའི་ (ཁྲི་ལྡེ་སྲོང་བཙན་) སྐུ་རིང་ལ་ཡི་གེའི་མཁན་པོ་འབྲི་ཡོན་ཏན་ཞེས་བྱ་བ་བྱུང་སྟེ། ཇེ་ལ་ཡི་གེའི་སྣང་ས་སུ་ཕུལ་བས། ཉ་ལྕོ་དགར་ཚུ་ནས་བཏོན་པ་འདྲ་བ་ཞིག་བྱུང་སྟེ། གུང་བློན་རྣམས་ཀྱི་གཡར་དམ་དུ་བཟང་བས། རྗེས་རྗེས་དང་བཀྲེན་བཀུར་བ་ནི། དབུ་སྟོན། ཐ་སྟོན། ཟ་སྲུང་། ལྷ་སྟོན། སྐུ་འབྲུད་ཚུ་སྟོན། ཟ་འདེགས། བྱ་དགའི་སྟོན་མོ་དཔག་ཏུ་མེད་[3]ཅེས་གསུངས་པས་བོད་བཙན་པོ་ཁྲི་ལྡེ་སྲོང་བཙན་སྐུ་དུས་ནས་ཡོད་པ་དེ་རྟོགས། དེས་ན་རྒྱ་མཚོ་གྲོ་མཁར་ཆོས་སྡེར་གསུང་རབ་འདི་ལེགས་གྲུབ་ཟིན་པའི་སྟོན་མོ་ཐ་སྟོན་སམ་གཏང་རག་གཏོང་བའི་སྐབས་སུ། ཡིག་ཞུས་མཁན་ལ་ཇ་ཆང་དང་ཟས་རིགས་ཡིད་ཚིམ་པར་བཤམས་པ་མ་ཟད།

① གྲོ་མཁར་ཆོས་སྡེའི་ཤེར་ཕྱིན་པོད་ཉ་པའི་ལྡེབ་གྲངས་285ལས་དྲངས།

② མཁས་དབང་དུང་དཀར་བློ་བཟང་འཕྲིན་ལས་མཆོག་གིས་མཛད་པའི་དུང་དཀར་བོད་རིག་པའི་ཚིག་མཛོད་ཆེན་མོ་ཀྲུང་གོ་བོད་རིག་པ་དཔེ་སྐྲུན་ཁང་གི་2002ལོའི་ སྤར་མའི་ཤོག་གྲངས་959ལས་དྲངས།

③ ཉང་ཉི་མ་འོད་ཟེར་གྱིས་མཛད་པའི་དེབ་ཐེར་ཆོས་འབྱུང་མེ་ཏོག་སྙིང་པོ་སྦྲང་རྩིའི་བཅུད་བོད་ལྗོངས་བོད་ཡིག་དཔེ་རྙིང་དཔེ་སྐྲུན་ཁང་གི་2010ལོའི་སྤར་མའི་ཤོག་གྲངས་384ལས་དྲངས།

ཡིག་ཞུས་མཁན་གྱིས་ན་བཟའ་གོས་ཤིག་གསོལ་རས་སུ་ཕུལ་བ་དེ་ཡང་དོན་འགྲོལ་བྱུང་གཤིས། སྦྱིན་བདག་སེང་གེ་དང་བཅས་པའི་ཕོ་མོ་རྣམས་ཀྱིས་གཏང་རག་དེ་ཡང་བཀའ་དྲིན་ཆེ་ཞེས་ཞུས་པ་སྟེ། གདང་རག་ནམ་ཟ་གོས་ཤིག་ཞུ། །ཡིན་བདག་ཕོ་མོ་རྣམས་ཀྱི་བྱ་ཚང་ཞུས། འདུས་པ་རྣམ་ཀྱིས་སལ་དག་འགྲུས་སུམ་གནང་། ག་དྲིན་ཆེ་བའོ་ངོ་མཚར་ཅན་[1]ཞེས་པས་སོ།

ལེ་ཚན་བདུན་པ། རྒྱ་མཚོ་གྲོ་མཁར་མདོ་ཤེར་ཕྱིན་པོད་ཏ་པའི་མཛད་བྱང་།

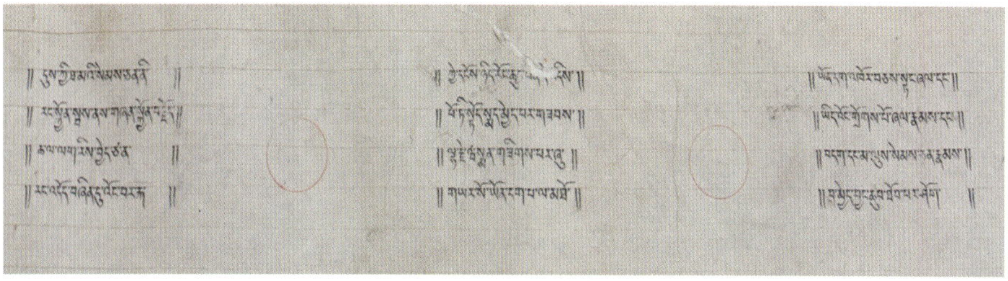

མཛད་བྱང་མ་དཔེ།

དང་པོ། མཛད་བྱང་མ་ཕྱུས།

ཤེར་ཕྱིན་པོད་ཏ་པ་ཡིག་ཕྲེང་8ཅན་ཤོག་རྒྱ་72.2×21cmཅན་གྱི་མཇུག་བྱང་དུ། དུས་ཀྱི་ཐ་མའི་སེམས་ཅན་ནི། །རང་སྐྱོན་སྤངས་ནས་གཞན་སྐྱོན་བརྗོད། །ཆ་ལ་ལག་རིས་བྱེད་ཙ་ན། །རང་འདོད་བཞིན་དུ་འོང་བ་ཆ། །ཀྱེ་དངོས་ཉིད་རོང་ཆུང་བན་དེ་འདིས། །པོ་ཏི་སྟོང་སྣད་མྱེད་པར་གཟབས། །ལྷ་རྗེ་ཕ་སྨན་གཟིགས་པར་ཞུ། །གཡར་སོ་ཡོན་དག་པ་ལ་མཐོ། ། ཡོན་བདག་འཁོར་བཅས་སྣང་ཞལ་དང་། །ཡིད་འོང་གྲོགས་པོ་ཞལ་རྣམས་དང་། ། བདག་དང་མ་ལུས་སེམས་ཅན་རྣམས། །བླ་མྱེད་བྱང་ཆུབ་ཐོབ་པར་ཤོག། །[2] ཅེས་པའོ།

གཉིས་པ། མཛད་བྱང་གི་དབྱེ་ཞིབ།

གཅིག འབྲི་བཞེངས།

མཛད་བྱང་འདི་ཡང་སྔོན་གྱི་མཛད་བྱང་དུང་ཆེན་གཟུགས་སུ་མི་སྣང་བར་ཐད་ཀར་

---

① གྲོ་མཁར་ཆོས་སྡེའི་ཤེར་ཕྱིན་པོད་ཉ་པའི་ལྡེབ་གྲངས་285ལས་དྲངས།

② གྲོ་མཁར་ཆོས་སྡེར་བཞུགས་པའི་ཤེར་ཕྱིན་པོད་ཏ་པའི་མཇུག་བྱང་ལས་དྲངས།

གསུང་རབ་འབྲི་བཞེངས་ཀྱི་ལས་དེ་ཙུང་ཟད་ཅིག་དཀའ་བའི་གནས་ཚུལ་དང་དུས་རབས་དེའི་ནང་གི་མིའི་རང་བཞིན་ཀྱང་ཙུང་ཟད་ཅིག་བརྗོད་པ་སྟེ། དུས་ཀྱི་ཐ་མའི་སེམས་ཅན་ནི།། རང་སྐྱོན་སྦས་ནས་གཞན་སྐྱོན་བརྗོད།། ཆ་ལ་ལག་རིས་བྱེད་ཙ་ན།། རང་འདོད་བཞིན་དུ་འོང་བ་ཀ།།[①]ཞེས་པས་སོ།

གཉིས། ཡིག་མཁན།

ཞེར་ཕྱིན་པོད་ཏ་པ་འདི་སྣོ་གསུམ་ཐང་ཆད་འབྲི་བའི་ཡིག་པའི་གནས་ཚུལ་ཀྱི་ཞེས་འཕོད་པའི་སྒྲས་འགོ་དྲངས་ཏེ་བརྗོད་པ་ཞིག་ཡིན་འདུག ཀྱི་དངོས་ཉིད་རིང་ཆུང་བན་དེ་འདིས།། །པོ་ཏི་སྟོད་སྨད་མེད་པར་གཟབས།། །ལྷ་རྗེ་ཕ་སྨན་གཟིགས་པར་ཞུ།[②]ཞེས་བཀོད་པ་ལྟར་ན། སྐབས་དེ་དུས་ཞེར་ཕྱིན་པོད་འདིའི་དབུ་ཞབས་ཀྱི་ཁྱད་པར་ལ་མ་ལྟོས་པར་ཡིག་མཁན་རིང་ཆུང་བན་དེས་སྣ་ཚོས་དང་མགྱོགས་ཚོས་སུ་མ་བཀྲིས་པར་གཞུང་དོན་ཡོངས་རྫོགས་དོ་དོ་ཏན་ཏན་གནང་སྟེ་གཟབ་པར་བྲིས་ཤིང་། དེ་ལྟར་ཡིན་མིན་ཕྱུགས་ཐག་གཅོད་པ་ལ་སྐབས་དེ་དུས་ཀྱི་ཞུས་ཆེན་ནམ་གསུང་རབ་འབྲི་བཞེངས་ལ་ཉམས་མྱོང་ལྡན་པའི་ལྷ་རྗེ་ཕ་སྨན་གྱིས་གཟིགས་ནས་གསུངས་པར་འཚལ་ལོ་ཞེས་རེ་འདོད་བརྗོད་པ་དེ་རྟོགས།

གསུམ། སྦྱིན་བདག

ཞེར་ཕྱིན་པོད་འདི་རིང་ཆུང་བན་དེས་སྣོ་གསུམ་ཐང་ཆད་དང་ནས་འབྲི་བཞེངས་བྱ་བའི་སྐབས་སུ། དེར་ཉེར་མཁོའི་རྒྱུ་འགྲོ་སྦྱོར་མཁན་ནི་གཡར་སོ་སྟང་ཞལ་ཏེ་སྟང་ཞལ་ཞེས་པའི་ཚིག་འདི་ནི་ཏུན་ཧོང་གི་ཡིག་རྙིང་དག་ཏུ་བྱུང་བ་བཞིན། དཔྱར་བཙན་པོ་སྟང་ཞལ་གཉིས་མང་ཡུལ་ན་བཞུགས་ཞེས་པས་སྟང་ཞལ་ནི་བཟའ་ཚོ་གཉིས་ཀྱི་བརྡ་རྙིང་ཡིན་པ་རྟོགས། དེས་ན་གཡར་སོ་བཟའ་ཟླ་རྣམ་གཉིས་ཀྱིས་སྦྱིན་བདག་གནང་བ་སྟེ་མཛད་བྱང་ལས། གཡར་སོ་ཡོན་དག་པ་ལ་མཐོ།། །ཡོན་བདག་འཁོར་བཅས་སྟང་ཞལ་དང་།། །ཡིད་འོང་གྲོགས་

① གྲོ་མཁར་ཆོས་སྡེར་བཞུགས་པའི་ཞེར་ཕྱིན་པོད་ཏ་པའི་མཇུག་བྱང་ལས་དྲངས།

② གྲོ་མཁར་ཆོས་སྡེར་བཞུགས་པའི་ཞེར་ཕྱིན་པོད་ཏ་པའི་མཇུག་བྱང་ལས་དྲངས།

པོ་ཞལ་རྣམས་དང་།[①] ཞེས་པས་སོ།

བཞི། བསྔོ་སྨོན།

སྦྱིན་བདག་གཡར་སོ་སྣང་ཞལ་གྱིས་རྒྱུ་འགྲོ་སྦྱར་ནས་ཡིག་མཁན་རོང་གི་བན་དེས་འབྲི་བཞེངས་བསྒྲུབས་པའི་དུས་སུ། ལས་དོན་དེའི་ཐད་དུ་རྣམ་དཀར་དགེ་བའི་ལས་ཅི་ཙམ་ཞིག་བགྱིས་པ་ཙམ་གྱིས་ཁོང་རྣམ་པའི་སེམས་ཀྱི་དམིགས་པ་དང་འདོད་དོན་བསྒྲུབ་ཆེད་མཛད་བྱང་གི་མཇུག་ཏུ་ཡོན་བདག་སྣང་ཞལ་དང་ཡིད་འོང་གྲོགས་པོ་རྣམས་དང་ཡི་གེ་བ་ཁོང་རང་ཉིད་དང་བཅས་སྨོན་ལམ་ཁོངས་སུ་གཏོགས་པའི་སེམས་ཅན་རྣམས་བླ་མེད་བྱང་ཆུབ་ཐོབ་པར་ཤོག་ཅེས་དུས་རབས་12-13པའི་བསྔོ་སྨོན་སྨོས་པ་སྟེ་མཛད་བྱང་ལས། ཡོན་བདག་འཁོར་བཅས་སྣང་ཞལ་དང་། །ཡིད་འོང་གྲོགས་པོ་ཞལ་རྣམས་དང་། །བདག་དང་མ་ལུས་སེམས་ཅན་རྣམས། །བླ་མེད་བྱང་ཆུབ་ཐོབ་པར་ཤོག[②] ཅེས་པས་སོ།

ལེ་ཚན་བརྒྱད་པ། རྒྱ་མཚོ་གྲོ་མཁར་སེར་ཕྱིན་སྟོང་ཕྲག་བརྒྱའ་པ་པོད་ན་པའི་མཛད་བྱང་།

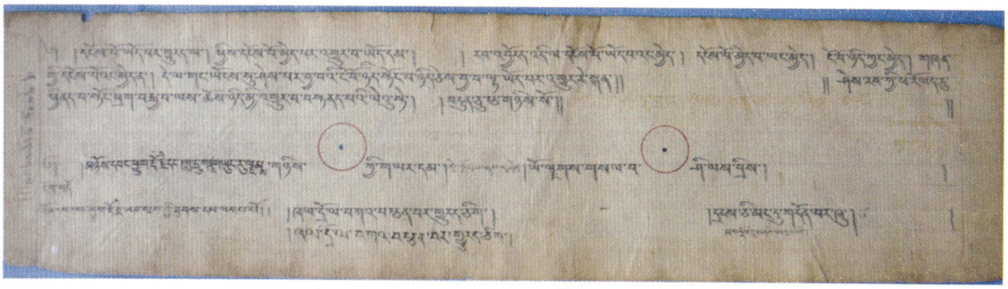

མཛད་བྱང་མ་དཔེ།

དང་པོ། མཛད་བྱང་མ་ཕྱུས།

མཉོས་དབང་ཕྱུག་རྡོ་རྗེ་དང་། །སྨྲ་དྲུ་གཟའ་གཡུང་དྲུང་ཏུ་ལྷམས་གཉིས་ཀྱི་གཡར་དམ་།

① གྲོ་མཁར་ཆོས་སྡེར་བཞུགས་པའི་ཤེར་ཕྱིན་པོད་ཏ་པའི་མཇུག་བྱང་ལས་དྲངས།

② གྲོ་མཁར་ཆོས་སྡེར་བཞུགས་པའི་ཤེར་ཕྱིན་པོད་ཏ་པའི་མཇུག་བྱང་ལས་དྲངས།

ཡོ་ལྡོགས་གསལ་བ་ཤེ་ལས་བྲིས་། ཞལ་དྲོ་ལ་བཀའ་བཙན་པར་གྱུར་ཅིག །དྲངས་ཅི་མང་དུ་གནོན་བར་ཞུ། [1]ཞེས་པའོ།

གཉིས་པ། མཛད་བྱུང་གི་དབྱེ་ཞིབ།

གཅིག སྦྱིན་བདག

ཤེར་ཕྱིན་སྟོང་ཕྲག་བརྒྱད་པ་པོད་ན་པ་འདི་དད་པ་སྐྱོ་ངས་མེད་པའི་སྦྱིན་བདག་མཆོས་དབང་ཕྱུག་རྡོ་རྗེ་དང་ཀླུ་དྲུ་གཟའ་གཡུང་དྲུང་ཊ་ལྡེམས་རྣམ་གཉིས་ཀྱིས་སྦྱིན་བདག་གནང་བ་ནི་མཛད་བྱུང་ལས། མཆོས་དབང་ཕྱུག་རྡོ་རྗེ་དང་། ཀླུ་དྲུ་གཟའ་གཡུང་དྲུང་ཊ་ལྡེམས་གཉིས་ཀྱི་གཡར་དམ་ཞེས་པས་རྟོགས།

གཉིས། ཡིག་མཁན།

མཆོས་དབང་ཕྱུག་རྡོ་རྗེ་དང་ཀླུ་དྲུ་གཟའ་གཡུང་དྲུང་ཊ་ལྡེམས་གཉིས་ཀྱི་གཡར་དམ་དུ་ཤེར་ཕྱིན་དེ་འབྲི་བཞེངས་གནང་བའི་སྐབས་སུ་འབྲི་རྫས་རྣམས་སྣ་གོན་ལེགས་པར་ཟིན་པའི་རྗེས་སུ་སྒོ་གསུམ་ཐང་ཆད་འབྲི་བའི་ཡིག་པ་ནི་ཡོ་ལྡོགས་གསལ་བ་ཤེས་ལ་བྱོན་པ་སྟེ། མཛད་བྱུང་ལས། ཡོ་ལྡོགས་གསལ་བ་ཤེ་ལས་བྲིས་།ཞེས་པས་རྟོགས།

གསུམ། ཐུགས་སྨོན།

མཆོས་དབང་ཕྱུག་རྡོ་རྗེ་དང་ཀླུ་དྲུ་གཟའ་གཡུང་དྲུང་ཊ་ལྡེམས་གཉིས་ཀྱི་གཡར་དམ་དུ་ཤེར་ཕྱིན་དེ་ཡིག་མཁན་ཡོ་ལྡོགས་གསལ་བ་ཤེ་ལས་འབྲི་བཞེངས་བསྒྲུབས་ཟིན་པའི་རྗེས་སུ་ཁོང་རྣམས་ཀྱི་ཐུགས་སྨོན་ལྟར་ལས་དོན་ཅི་ཡང་ཞལ་དྲོ་ཞིང་བཀའ་བཙན་པ་དང་གསུང་རབ་འདིའི་འཕྲིན་ལས་ཀྱི་རྒྱུན་སྐྱོངས་བའི་སླད་དུ་གློག་འདོན་གང་མང་ཡོད་པ་ཞུ་ཞེས་བརྗོད་པ་སྟེ། ཞལ་དྲོ་ལ་བཀའ་བཙན་པར་གྱུར་ཅིག །དྲངས་ཅི་མང་དུ་གནོན་བར་ཞུ། [2]ཞེས་པས་

---

① གྲོ་མཁར་ཆོས་སྡེར་བཞུགས་པའི་ཤེས་རབ་ཀྱི་ཕ་རོལ་ཏུ་ཕྱིན་པ་སྟོང་ཕྲག་བརྒྱད་པ་པོད་ན་པའི་ལྡེབ་གྲངས་389ལས་དྲངས།

② གྲོ་མཁར་ཆོས་སྡེར་བཞུགས་པའི་ཤེས་རབ་ཀྱི་ཕ་རོལ་ཏུ་ཕྱིན་པ་སྟོང་ཕྲག་བརྒྱད་པ་པོད་ན་པའི་ལྡེབ་གྲངས་389ལས་དྲངས།

རྗོགས།

ལེ་ཚན་དགུ་པ། རྒྱ་མཚོ་གྲོ་མཁར་མདོ་མངས་པོད་༢་པའི་མཛད་བྱང་།

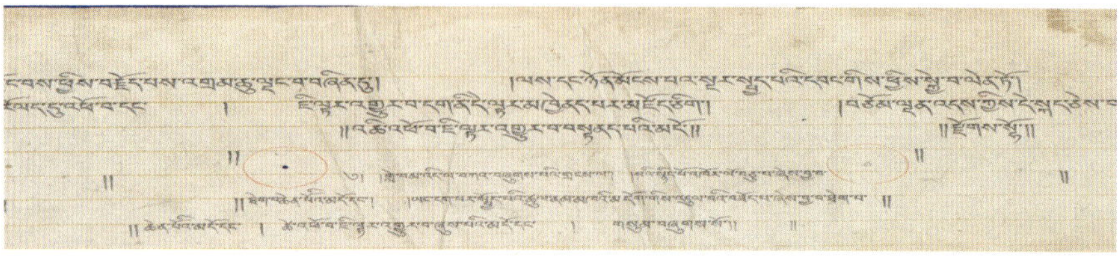

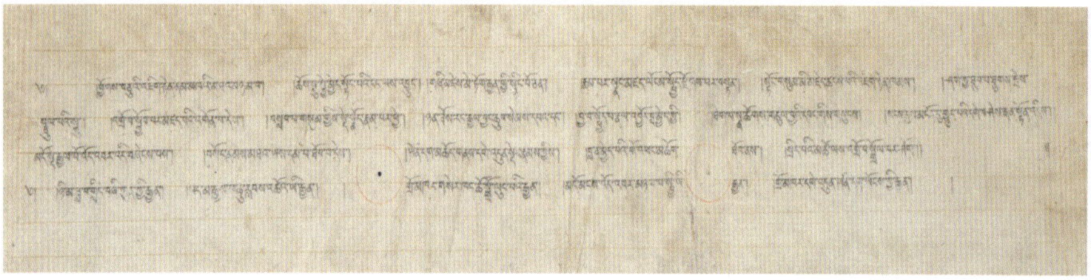

མཛད་བྱང་མ་དཔེ།

དང་པོ། མཛད་བྱང་མ་ཕྱུས།

མདོ་མངས་པོད་༢་པ་ཡིག་ཕྲེང་8ཅན་ཤོག་རྒྱ་69×20.4cmཅན་གྱི་མཇུག་བྱང་དུ། ༄། །གླི་བམ་འདི་ལ་བཀའ་བཞུགས་པའི་གྲངས་ལ། །སའི་སྙིང་པོ་འཁོར་ལོ་བཅུ་པ་ཞེས་བྱ་བ། །ཐེག་པ་ཆེན་པོའི་མདོ་དང་། །ཡང་དག་པར་སྦྱོད་པའི་ཚུལ་ནམ་མཁའི་མདོག་གིས་འདུལ་བའི་བཟོད་པ་ཞེས་བྱ་བ་ཐེག་པ་ཆེན་པོའི་མདོ་དང་། །ཆོ་འཕོས་པ་ཇི་ལྟར་འགྱུར་བ་ཞུས་པའི་མདོ་དང་། །གསུམ་བཞུགས་སོ། ། ༄། །ཕྱོགས་བཅུའི་འཇིག་རྟེན་ནམ་མཁའི་མཐའ་མཉམ་པ། །ཆོས་སྐུ་སྐྱེ་མེད་སྟོང་པའི་ངང་ལས་འབྱུང་། །གཞི་མཛེས་མེ་ཏོག་རྒྱན་གྱི་སྙིང་པོ་ཅན། །རྣམ་པར་སྣང་མཛད་ལོངས་སྤྱོད་རྫོགས་པར་བསྟན། །སྟོང་གསུམ་མི་མཇེད་ཚངས་པའི་འཇིག་རྟེན་ཁམས། །ཤཱ་ཀྱ་ཐུབ་པ་ཐུགས་རྗེས་སྤྲུལ་པའི་སྐུ། །འགྲོ་བ་སྐྱོབ་པར་མཛད་པའི་འགོན་པོ་དེས། །བསླབ་པ་གསུམ་གྱི་སྡེ་སྣོད་རྣམ་པར་ཕྱེ། །ཉན་ཐོས་རང་རྒྱལ་བྱང་ཆུབ་སེམས་དཔའ་དང་། །བྱ་བ་སྤྱོད་པའི་རྣལ་འབྱོར་བླ་མེད་ཀྱི། །ཐེག་པ་སྣ་ཚོགས་གདུལ་བྱའི་དབང་གིས་གསུངས། །སངས་རྒྱས་མངོན་དུ་གྱུར་པའི་དགེ་བཤེས་ཐན་སྟོན་འདིས། །མདོ་སྡེ་

རྒྱལ་པོ་འོད་འབར་འདི་བཞེངས་པས། །བསོད་ནམས་མཐའ་ཡས་དམ་པ་ཐོབ་པ་དེས། །ཡོན་བདག་མཆོད་གནས་དགེ་འདུན་སྡེ་རྣམས་ཀྱིས། །བླ་ན་མེད་པའི་གོ་འཕང་མཆོག་ཐོབ་ནས། །སྲིད་པའི་མཚོ་ལས་སྒྲོལ་བར་ཤོག། །ཉི་མ་ཟླ་བ་གླིང་བཞིའི་ཀུན་གྱི་རྒྱན། །པད་མ་རྒྱས་པ་ཚུ་རླབས་འཚོའ་ཡི་རྒྱན། །གྲོ་མཁར་གསེར་ཁང་ཚེ་སྒྲོ་ལྡིང་པའི་རྒྱན། །མདོ་མངས་འོད་འབར་མཉལ་པ་སྐྱེ་ཡི་རྒྱན། ། གྲོ་མཁར་ཡོན་དག་ཡོངས་ཀྱི་རྒྱན། །[1] ཞེས་པའོ།

གཉིས་པ། མཛད་བྱང་གི་དབྱེ་ཞིབ།

གཅིག ཆོས་ཚན།

མདོ་མངས་པོད་ཉ་པ་འདིའི་མཛད་བྱང་ནི་སྔོན་གྱི་མཛད་བྱང་ཁག་གི་བསྟོད་པ་དུང་ཆེན་གཟུགས་དང་མི་འདྲ་བར་ཐད་ཀར་གསུང་རབ་དེའི་ནང་དུ་ཆོས་ཚན་ཅི་ཡོད་པའི་སྐོར་གསུངས་ཡོད་པ་སྟེ་མཛད་བྱང་ལས། ༄། །གླེ་བམ་འདི་ལ་བཀའ་བཞུགས་པའི་གྲངས་ལ། །སའི་སྙིང་པོ་འཁོར་ལོ་བཅུ་པ་[2] ཞེས་བྱ་བ། །ཐེག་པ་ཆེན་པོའི་མདོ་དང་། །ཡང་དག་པར་སྤྱོད་པའི་ཚུལ་ནམ་མཁའི་མདོག་གིས་འདུལ་བའི་བཟོད་པ་[3] ཞེས་བྱ་བ་ཐེག་པ་ཆེན་པོའི་མདོ་དང་། །ཚེ་འཕོས་པ་ཇི་ལྟར་འགྱུར་བ་ཞུས་པའི་མདོ་[4] དང་། །གསུམ་བཞུགས་སོ། །[5] ཞེས་པས་རྟོགས།

གཉིས། བསྟོད་པ།

ཤེར་ཕྱིན་པོད་ཉ་པ་འདིའི་མཛད་བྱང་གི་ནང་དོན་གོང་དུ་བརྗོད་པའི་མདོ་དེ་དག

① གྲོ་མཁར་ཆོས་སྡེའི་མདོ་མངས་པོད་ཉ་པའི་ལྡེབ་གྲངས་330ལས་དྲངས།

② བམ་པོ་བཅུ་དང་ལེའུ་བརྒྱད་པ། རྒྱའི་མཁན་པོ་དྷ་ཤང་ཟམ་མོ་ལ་སོགས་དང་ལོ་ཙཱ་བ་བརྡེ་རྣམ་པར་མི་རྟོག་པའིའགྱུར་ཞེས་ཕང་དབྱི་ནོན་ཀྱིས་གཙོ་སྒྲིག་བྱས་པའི་སངས་རྒྱས་ཆོས་གཞུང་གི་མིང་མཛོད། མཚོ་སྔོན་མི་རིགས་དཔེ་སྐྲུན་ཁང་གི་1922ལོའི་སྤྱར་མའི་ཤོག་གྲངས་845ལས་གསལ།

③ ཡང་དག་པར་སྤྱོད་པའི་ཚུལ་ནམ་མཁའི་མདོག་གིས་འདུལ་བའི་བཟོད་པ་ཞེས་པ་འདི་ནི་རྒྱ་ནག་གི་སྐད་ལས་བོད་སྐད་དུ་བསྒྱུར་བའི་མདོ། ཞེས་ཕང་དབྱི་ནོན་གྱིས་གཙོ་སྒྲིག་བྱས་པའི་སངས་རྒྱས་ཆོས་གཞུང་གི་མིང་མཛོད། མཚོ་སྔོན་མི་རིགས་དཔེ་སྐྲུན་ཁང་གི་1922ལོའི་སྤྱར་མའི་ཤོག་གྲངས་739ལས་གསལ།

④ འཆི་འཕོ་བ་ཇི་ལྟར་འགྱུར་བ་བསྟན་པའི་མདོ། མི་རྟག་པ་ཉིད་ཀྱི་མདོ་ཤོ་ལོ་བཅོ་ལྔ་ཡེ་ཤེས་སྡེའི་འགྱུར་ཞེས་བུ་སྟོན་ཆོས་འབྱུང་མི་རིགས་དཔེ་སྐྲུན་ཁང་གི་1988ལོའི་སྤྱར་མའི་ཤོག་གྲངས་214དུ་གསལ།

⑤ གྲོ་མཁར་ཆོས་སྡེའི་མདོ་མངས་པོད་ཉ་པའི་ལྡེབ་གྲངས་330ལས་དྲངས།

ཕུད་པའི་དུས་རབས་13པའི་རྗེས་ཀྱི་མཛད་བྱུང་བཞིན། ཐོག་མར་གང་བཞེངས་པར་འདོད་པའི་གསུང་རབ་དེ་དག་གི་དཔེ་མིང་བརྗོད་པ་ནི་གོང་ལྟར་ཡིན། དེ་ནས་རིམ་པས་བཞིན་སྐུ་གསུམ་སྟེ་ཆོས་སྐུ་དང་སྤྲུལ་སྐུ། ལོངས་སྐུ་བཅས་ཀྱི་བསྟོད་པ་བརྗོད་ཡོད་པ་སྟེ། ༄། །ཕྱོགས་བཅུའི་འཇིག་རྟེན་ནམ་མཁའི་མཐའ་མཉམ་པ། །ཆོས་སྐུ་སྐྱེ་མེད་སྟོང་པའི་ངང་ལས་འབྱུང་། །གཞི་མཛེས་མེ་ཏོག་རྒྱན་གྱི་སྙིང་པོ་ཅན། །རྣམ་པར་སྣང་མཛད་ལོངས་སྤྱོད་རྫོགས་པར་བསྟན། །སྟོང་གསུམ་མི་མཇེད་ཚངས་པའི་འཇིག་རྟེན་ཁམས། །ཤཱཀྱ་ཐུབ་པ་ཐུགས་རྗེས་སྤྲུལ་པའི་སྐུ། །འགྲོ་བ་སྐྱོབ་པར་མཛད་པའི་འགོན་པོ་དེས། །བསླབ་པ་གསུམ་གྱི་སྡེ་སྣོད་རྣམ་པར་ཕྱེ། །ཉན་ཐོས་རང་རྒྱལ་བྱང་ཆུབ་སེམས་དཔའ་དང་། །བྱ་བ་སྤྱོད་པའི་རྣལ་འབྱོར་བླ་མེད་ཀྱི། །ཐེག་པ་རྣ་ཚོགས་གདུལ་བྱའི་དབང་གིས་གསུངས། །[1]ཞེས་པས་རྗོགས་ཤིང་། སྟོན་པའི་གསུང་ལ་བསླབ་པ་གསུམ་སྟེ་ཚུལ་ཁྲིམས་དང་ཤེས་རབ། ཏིང་ངེ་འཛིན་བཅས་ཀྱི་ནང་དོན་ལ་གཞི་བཅོལ་ཏེ་བཞག་པའི་སྡེ་སྣོད་གསུམ་སྟེ་འདུལ་བའི་སྡེ་སྣོད་དང་མདོ་སྡེའི་སྡེ་སྣོད། མངོན་པའི་སྡེ་སྣོད་[2]བཅས་ཀྱི་རྣམ་གཞག་གསུངས་ཤིང་། ཐེག་པ་ཆེ་ཆུང་གི་ཉན་ཐོས་དང་རང་རྒྱལ། བྱང་ཆུབ་སེམས་དཔའ་བཅས་དང་། རྒྱུད་སྡེའི་དབང་དུ་བྱ་བའི་རྒྱུད་དང་སྤྱོད་པའི་རྒྱུད། རྣལ་འབྱོར་རྒྱུད་དང་རྣལ་འབྱོར་བླ་མེད་ཀྱི་རྒྱུད་ཅེས་པའི་རྣམ་གཞག་ལས་གདུལ་བྱའི་དབང་གིས་ཆོས་གསུངས་པ་དེ་བརྗོད་གནང་འདུག

230

① གྲོ་མཁར་ཆོས་སྡེའི་མདོ་མངས་ཕོད་ཊ་པའི་ལྡེབ་གྲངས་330ལས་དྲངས།

② སྡེ་སྣོད་གསུམ་གྱི་འགྱུར་ཕྱག་སྟེ་ཐམས་ཅད་མཁྱེན་པ་ལ་ཕྱག་འཚལ་ལོ་ཞེས་ན་འདུལ་བའི་སྡེ་སྣོད་དང་འཇམ་དཔལ་དབྱངས་གཞོན་ནུར་ཕྱག་འཚལ་ལོ་ཞེས་པ་ནི་མངོན་པའི་སྡེ་སྣོད། སངས་རྒྱས་བྱང་ཆུབ་སེམས་དཔའ་ལ་ཕྱག་འཚལ་ལོ་ཞེས་པ་ནི་མདོ་སྡེའི་སྡེ་སྣོད་ཀྱི་འགྱུར་ཕྱག་ཡིན་པ་སོགས་སྔོན་གྱི་མཁས་པ་རྣམས་ཀྱིས་གསུངས་མོད་ཀྱང་། གསུང་རབ་སླ་བ་དགེ་འདུན་ཆོས་འཕེལ་གྱིས་རྒྱལ་ཁམས་རིག་པས་བསྐོར་བའི་གཏམ་རྒྱུད་གསེར་ཐང་དུ། སྡེ་སྣོད་གསུམ་ངོས་འཛིན་གྱི་འགྱུར་ཕྱག་དགོས་པ་འདི་ཆོས་རྒྱལ་གྱི་བཀས་བཅད་ཟེར་མོད། རྒྱ་དཔེ་ཐམས་ཅད་ཀྱི་མགོ་ལ་ཡང་སངས་རྒྱས་དང་བྱང་ཆུབ་སེམས་དཔའ་ཐམས་ཅད་ལ་ཕྱག་འཚལ་ལོ་དང་། འཇམ་དཔལ་གཞོན་ནུར་གྱུར་པ་ལ་ཕྱག་འཚལ་ལོ་སོགས་རྒྱ་ཡིག་རང་ལ་ཡྲིས་སྣང་ཞིང་། གཤེད་དམར་སོགས་ཀྱི་རྒྱུད་དང་གཞན་ཡང་བོད་དུ་བསྒྱུར་ཟིན་པ་ཇི་སྙེད་ཅིག་གི་ཕྱི་མོའི་རྒྱ་དཔེ་ངོར་སོགས་ན་བཞུགས་པ་ལ་ཡང་། རྡོ་རྗེ་མཁས་འགྲོ་ལ་ཕྱག་འཚལ་ལོ་སོགས་བོད་སྐད་ལ་གང་ཡོད་རྒྱ་དཔེ་ལ་ཡང་སྣང་། འོ་ན་རྒྱ་དཔེ་དེ་དག་ལོ་ཙཱ་བ་རང་གི་ཕྱག་ཕྲིས་ཡིན་ནམ་སྙམ་ན། དེ་ཡང་མིན་ཏེ། བལ་ཡུལ་དང་རྒྱ་གར་ན་ནང་པའི་དཔེ་ཉུང་ཟད་ཙམ་བཞུགས་པ་དེ་ཀུན་གྱི་དབུ་ལ་ཡང་ཕྱག་འཚལ་ལོ་དེ་ཁོ་ན་ལྟར་སྣང་། ད་དུང་ཞུ་ཚུགས་དགོས་བྱས་ནས་རྒྱ་གར་དང་མཚུངས་པར་ཆོས་རྒྱལ་གྱིས་བཀས་བཅད་དོ་སྙམ་པ་ཙམ་འབད་ཅེས་དགེ་འདུན་ཆོས་འཕེལ་གྱི་གསུང་པོད་གཉིས་པ་ནུབ་བྱང་མི་རིགས་སློབ་ཆེན་ཕྱར་མའི་ཤོག་གྲངས་199ལས་དྲངས།

གསུམ། ཡུལ་ལུང་།

དགེ་བཤེས་དགེ་སྟོན་འཁོར་དང་བཅས་པས་མདོ་སྡེ་རྒྱལ་པོ་འོད་འབར་དེ་བཞེངས་ཡུལ་གང་དུ་ཡིན་མིན་སྐོར་ལ། མཛད་བྱུང་ལས། །ཉི་མ་ཟླ་བ་གླིང་བཞིའི་ཀུན་གྱི་རྒྱན། །པད་མ་རྒྱས་པ་ཆུ་རླབས་འཚོའ་ཡི་རྒྱན། ། གྲོ་མཁར་གསེར་ཁང་ཚེ་སྒྲོ་ལུང་པའི་རྒྱན། །མདོ་མངས་འོད་འབར་མཉལ་པ་སྤྱི་ཡི་རྒྱན། ། གྲོ་མཁར་ཡོན་དག་ཡོངས་ཀྱི་རྒྱན། །[1] ཞེས་བྱུང་བ་ལ་གཞིགས་ན། སྙན་ངག་གི་དོན་རྒྱན་སོ་ལྔའི་ནང་གསེས་དཔེ་རྒྱན་གྱིས་ཐོག་ནས་གསུང་རབ་འབྲི་བཞེངས་ཀྱི་ཡུལ་ལུང་ལྷུན་རྩེ་རྫོང་ཁོངས་སུ་ཡོད་པའི་གྲོ་མཁར་ཆོས་སྡེ་ཡིན་པ་ནི། སྔོན་དུས་རབས་12ཡས་མས་སུ་ཕྱག་བཏབ་པའི་གྲོ་མཁར་གསེར་ཁང་དེ་ནི་ཚེ་སྒྲོ་ལུང་པའི་རྒྱན་དང་དགེ་བཤེས་དགེ་སྟོན་འཁོར་སོགས་ཀྱིས་བཞེངས་པའི་མདོ་སྡེ་རྒྱལ་པོ་འོད་འབར་དེ་ནི་རྒྱུ་སྤུས་ཕུན་སུམ་ཚོགས་པ་དང་འབྲི་ཞུས་དག་པའི་སྒོ་ནས་གྲོ་མཁར་མཆོད་ཡོན་སྦྱིན་བདག་ཡོངས་ཀྱི་རྒྱན་ཞེས་པ་སོགས་ལས། མདོ་སྡེ་རྒྱལ་པོ་འོད་འབར་བཞུགས་སའི་གནས་གྲོ་མཁར་དེ་ཡང་སྐབས་དེ་དུས་ཆོས་དཔལ་གཉིས་ཀྱི་ཕྱོགས་ནས་ཡང་རྩེར་སོན་པ་ལས་ཡོན་བདག་སྤྱི་ཡི་རྒྱན་དུ་འགྱུར་ཞེས་པའང་ས་ཡུལ་གང་དུ་འབྲི་བཞེངས་བསྐྲུན་པ་དེ་ཤེས།

བཞི། བསྔོ་སྨོན།

འདིར་དགེ་བཤེས་དགེ་སྟོན་གྱིས་མདོ་སྡེ་རྒྱལ་པོ་འོད་འབར་དེ་བཞེངས་པའི་སྐབས་སུ་མཆོད་ཡོན་སྦྱིན་བདག་འཁོར་དང་བཅས་པ་སྨོན་ལམ་ཁོངས་སུ་གཏོགས་པའི་སེམས་ཅན་རྣམས། རང་རང་གི་མོས་པ་དང་འཚམས་པའི་བསྔོ་སྨོན་དུ་མདོ་སྡེ་རྒྱལ་པོ་འོད་འབར་འདི་བཞེངས་པས། །བསོད་ནམས་མཐའ་ཡས་དམ་པ་ཐོབ་པ་དེས། །ཡོན་བདག་མཆོད་གནས་དགེ་འདུན་སྡེ་རྣམས་ཀྱིས། །བླ་ན་མེད་པའི་གོ་འཕང་མཆོག་ཐོབ་ནས། །སྲིད་པའི་མཚོ་ལས་སྒྲོལ་བར་ཤོག །[2] ཅེས་པས་གོ་བ་འཁོན་ནོ།

---

① གྲོ་མཁར་ཆོས་སྡེའི་མདོ་མངས་པོད་ཏ་པའི་ལྷེབ་གྲངས་330ལས་དྲངས།

② གྲོ་མཁར་ཆོས་སྡེའི་མདོ་མངས་པོད་ཏ་པའི་ལྷེབ་གྲངས་330ལས་དྲངས།

ལེ་ཚན་བཅུ་པ། རྒྱ་མཚོ་གྲོ་མཁར་སངས་རྒྱས་ཕལ་པོ་ཆེའི་མདོ་ཕོད་ཀ་པའི་མཛད་བྱང་།

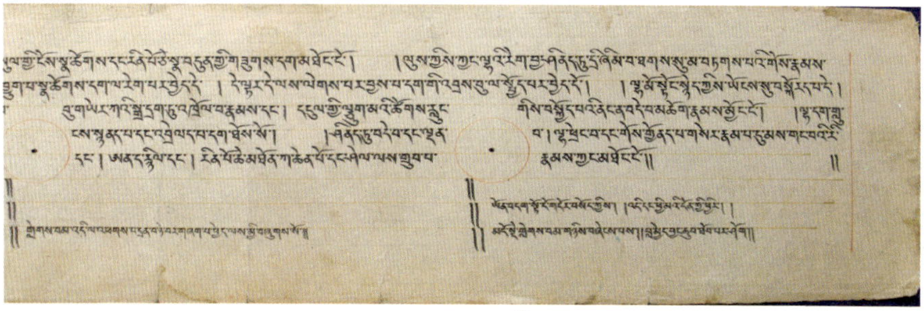

མཛད་བྱང་མ་དཔེ།

དང་པོ། མཛད་བྱང་མ་ཕྱུགས།

མདོ་སྡེ་ཕལ་པོ་ཆེ་ཡིག་ཕྲེང་7ཅན་ཤོག་རྒྱ་72.2×22.4cmཅན་དེའི་མཛད་བྱང་དུ། ཡོན་བདག་སྟོ་དོ་གདོར་བསོད་ཀྱིས། །འདི་དང་ཕྱི་མའི་དོན་གྱི་ཕྱིར། །མདོ་སྡེ་གླེགས་བམ་གཉིས་བཞེངས་པས། །བླ་མེད་བྱང་ཆུབ་ཐོབ་པར་ཤོག[①]ཅེས་སོ།

གཉིས་པ། མཛད་བྱང་གི་དབྱེ་ཞིབ།

གཅིག སྤྱིན་བདག

མཛད་བྱང་འདིར་སྟོན་གྱི་མཛད་བྱང་ཇེ་བཞིན་བསྟོད་པ་དུང་ཆེན་གཟུགས་ཀྱི་ཐོག་ནས་མདོ་སྡེ་ཕལ་པོ་ཆེ་དེ་འབྲི་བཞེངས་ཀྱི་ཡུལ་སོགས་གང་ཡང་མ་གསུངས་པར་ཐད་ཀར་ཡོན་བདག་གི་སྐོར་གསུངས་ཡོད་སྟབས། ཡོན་བདག་གི་སྐོར་ལ་བརྗོད་ན་ཡོན་བདག་སྟོ་དོ་གདོར་བསོད་ཀྱིས[②]གནང་སྟེ་མདོ་སྡེ་ཕལ་པོ་ཆེ་དེ་འབྲི་བཞེངས་གནང་བ་དེ་ཤེས།

གཉིས། དགོས་པ།

ཡོན་བདག་སྟོ་དོ་གདོར་བསོད་ཀྱིས་རྒྱུ་འགྲོ་བཏང་ནས་མདོ་སྡེ་ཕལ་པོ་ཆེ་གླེགས་བམ་

① གྲོ་མཁར་ཆོས་སྡེའི་སངས་རྒྱས་ཕལ་པོ་ཆེ་ཞེས་བྱ་བ་ཤིན་ཏུ་རྒྱས་པའི་མདོ་ཕོད་ཀ་པའི་ལྡེབ་གྲངས་290ལས་དྲངས།

② གྲོ་མཁར་ཆོས་སྡེའི་སངས་རྒྱས་ཕལ་པོ་ཆེ་ཞེས་བྱ་བ་ཤིན་ཏུ་རྒྱས་པའི་མདོ་ཕོད་ཀ་པའི་ལྡེབ་གྲངས་290ལས་དྲངས།

པོད་ཀ་པ་དེ་འབྲི་བཞེངས་ཡིག་མཁན་གདན་ཞུ་བྱས་ཏེ། འབྲི་བཞེངས་བྱེད་པའི་དགོས་པ་ནི་ཚེ་འདིའི་ཁ་ཆེ་དབང་ཐང་དང་ཚེ་ཕྱི་མ་བདེ་ཞིང་སྐྱིད་པ་ཡོང་ཆེད་དུ་བཞེངས་པ་ཞིག་ཡིན་པ་ནི་མཛད་བྱང་ལས། འདི་དང་ཕྱི་མའི་དོན་གྱི་ཕྱིར་[1]ཞེས་པས་རྟོགས་སོ།

གསུམ། བསྔོ་སྨོན།

ཡོན་བདག་སྟོ་དོ་གདོར་བསོད་ཀྱིས་གཙོས་སྨོན་ལམ་ཁོངས་སུ་གཏོགས་པའི་སེམས་ཅན་རྣམས་བླ་མེད་བྱང་ཆུབ་ཐོབ་པར་ཤོག་ཅེས་དུས་རབས་13སྔོན་གྱི་ཁྱད་ཆོས་མངའ་བའི་སྨོན་ལམ་དེ་རང་བཏབ་འདུག

ལེ་ཚན་བཅུ་གཅིག་པ། རྒྱ་མཚོ་གྲོ་མཁར་མདོ་སྡེ་ཕལ་པོ་ཆེ་པོད་ཀ་པའི་མཛད་བྱང་།

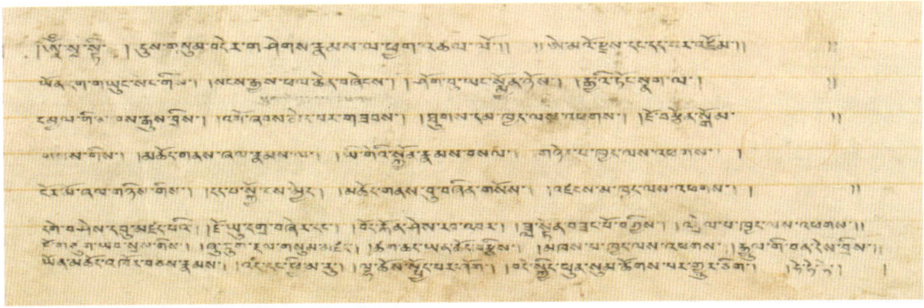

མཛད་བྱང་མ་དཔེ།

① གྲོ་མཁར་ཆོས་སྡེའི་སངས་རྒྱས་ཕལ་པོ་ཆེ་ཞེས་བྱ་བ་ཤིན་ཏུ་རྒྱས་པའི་མདོ་པོད་ཀ་པའི་ལྡེབ་གྲངས་290ལས་དྲངས།

དང་པོ། མཛད་བྱང་མ་ཡིག་ཕབ་ལུས།

མདོ་སྡེ་ཕལ་པོ་ཆེ་ཡིག་ཕྲེང་7ཅན་ཤོག་རྒྱ་72.2×22.4cmཅན་མཇུག་བྱང་དུ། ༄། །ཨོཾ་སྭ་སྟི། དུས་གསུམ་དེར་གཤེགས་རྣམས་ལ་ཕྱག་འཚལ་ལོ། །ཨེ་མའོ་རྫས་དང་དད་པར་འཛོམ། །ཡོན་དག་གཡུ་སང་གིས། །སངས་རྒྱས་ཕལ་ཆེན་བེཞངས། །ཤོག་བུ་ཡང་སྦྱོན་ཉོས། །རྒྱ་འི་ཧོང་སྣག་ལ། །དམྱལ་གི་མཁས་རྒྱས་བྲིས། །འོག་ཞབས་མེད་པ་གཟབས། །ཐུགས་དམ་ཁྱད་ལས་འཕགས། །ཇོ་བཙོན་སྐོམ་གསས་གིས། །མཆོད་གནས་ཞལ་རྣམས་ལ། །ཡི་གེའི་སྐྱོན་རྣམས་བསལ། །གཉེར་པ་ཁྱད་ལས་འཕགས། །ངོར་མོ་ཞལ་གཉིས་གིས། །དད་པ་སྐྱོ་ངས་མེད། །མཆོད་གནས་བུ་བཞིན་གསོས། །འཇངས་མ་ཁྱད་ལས་འཕགས། །དགེ་བཤེས་དབུ་མཛད་པའི། །ཇོ་ཡུ་དགྲ་བཞེར་དང་། །བོད་ཀོན་ཤེས་རབ་འབར། །ཟླ་སྟོན་བཟང་པོ་བགྱིས། །འབྲེལ་པ་ཁྱད་ལས་འཕགས།། ཇོ་གཙུག་ཡབ་སྲས་གིས། །ཞུ་དུག་རྣལ་གསུམ་མཛད། །ཆག་ཚད་ཡོན་ཆོད་བཅྱིས། །མཁས་པ་ཁྱད་ལས་འཕགས། །རྒྱལ་གྱིས་བན་དེས་བྲིས། །ཡོན་མཆོད་འཁོར་བཅས་རྣམས། །འདི་དང་ཕྱི་མ་རུ། །ལྷ་ཆོས་སྤྱོད་པར་ཤོག། །བདེ་སྐྱིད་ཕུན་སུམ་ཚོགས་པར་གྱུར་ཅིག། །ཧེ་ཧེ་ཧེ། ། [1]ཞེས་པའོ།

གཉིས་པ། མཛད་བྱང་གི་དབྱེ་ཞིབ།

གཅིག བསྔོད་པ།

མཛད་བྱང་གི་དོན་དངོས་ལ་མ་འཇུག་པའི་ཡར་སྔོན་དུ་ཨོཾ་སྭ་སྟི་ཞེས་དུས་རབས་13རྗེས་ཀྱི་མཛད་བྱང་གི་ཁྱད་ཆོས་ལྡན་པའི་འགོ་བརྗོད་ཀྱི་ཚིག་ལས་སྔོན་བསྒྲུས་ཏེ་གསུང་རབ་ཀྱི་ནང་དོན་དང་འབྲེལ་བའི་སྒོ་ནས་དུས་གསུམ་བདེ་བར་གཤེགས་པ་རྣམས་ལ་བསྔོད་ཕྱག་ཕུལ་བ་སྟེ། ༄། །ཨོཾ་སྭ་སྟི། དུས་གསུམ་དེར་གཤེགས་རྣམས་ལ་ཕྱག་འཚལ་ལོ། [2]ཞེས་སོ།

① གྲོ་མཁར་ཆོས་སྡེའི་མདོ་སྡེ་ཕལ་པོ་ཆེ་པོད་ཀ་པའི་ལྡེབ་གྲངས་290ལས་དྲངས།

② གྲོ་མཁར་ཆོས་སྡེའི་མདོ་སྡེ་ཕལ་པོ་ཆེ་པོད་ཀ་པའི་ལྡེབ་གྲངས་290ལས་དྲངས།

གཉིས། སྨིན་བདག

མཛད་བྱུང་ལས། །ཨེ་མའོ་ཐུས་དང་དད་པར་འཛོམ། །ཡོན་དག་གཡུ་སང་གིས། །སངས་རྒྱས་ཕལ་ཆེན་བཞེངས། །[1]ཞེས་བྱུང་བ་ལ་གཞིགས་ན། ཐོག་མར་ཨེ་མའོ་ཞེས་པས་སྟོན་བསྔགས་ཏེ་གསུང་རབ་མདོ་ཕལ་པོ་ཆེ་འབྲི་བཞེངས་ཀྱི་ཉེར་མཁོའི་འབྲི་ཐུས་ལ་སོགས་པའི་རྒྱུ་འགྲོ་རྣམས་གྲ་སྒྲིག་ཟིན་རྗེས། ནང་བསྟན་ལ་ལུས་ངག་ཡིད་གསུམ་གྱིས་སྒོ་ནས་དད་པ་ལྡན་པའི་ཡོན་བདག་གཡུ་སང་གིས་རང་གི་དགོས་མཁོ་དང་འཚམས་པའི་སངས་རྒྱས་ཕལ་པོ་ཆེའི་མདོ་དེ་བཞེངས་པ་གསལ། སངས་རྒྱས་ཕལ་པོ་ཆེའི་མདོའི་བརྗ་ཆིང་དུ་སངས་རྒྱས་རྒྱ་ག་ཆད་དུ་གྲགས་ཤིང་། ཡང་སྔན་གྱི་གོང་རྒྱན་དུའང་བསྒྱུར་ཡོད་ལ། མདོ་འདི་ལ་ཤོ་ལོ་ཀ་འབུམ་དང་ལེའུ་བརྒྱ་ཡོད་པར་གྲགས་པ་རྒྱ་གར་གྱི་མཁན་པོ་ཛི་ན་མི་ཏྲ་དང་། ལོ་ཙཱ་བ་ཡེ་ཤེས་སྡེ་སོགས་ཀྱིས་བསྒྱུར་ཅིང་ལོ་ཆེན་བེ་རོ་ཙ་ནས་དག་པར་ཕབ་[2]ཅེས་བསྒྱུར་བྱུང་གི་གསལ་བཤད་དུ་སྣང་།

གསུམ། སྣག་ཤོག

ཐུས་དང་དད་པ་འཛོམས་པའི་ཡོན་བདག་གཡུ་སང་གིས་རང་གི་བཞེད་འདོད་ལྟར་སངས་རྒྱས་ཕལ་པོ་ཆེའི་མདོ་དེ་འབྲི་བཞེངས་གནང་བའི་སྐབས་སུ། ཉེ་བར་མཁོ་བའི་འབྲི་ཐུས་ཅི་ཞིག་བཏང་ཡོད་པའི་སྐོར་ལ་མཛད་བྱུང་ལས། ཤོག་བུ་ཡང་སྨྱོན་ཉོས། །རྒྱ་འི་ཧོང་སྣག་ལ། །[3]ཞེས་བྱུང་བ་ལྟར་ན། ཤོག་བུའི་ཉིན་སྲིབ་གཉིས་ངོས་གཙང་ཞིང་ཡང་བ་དང་མཉེན་ཆ་ལྡན་པ་དེ་རིན་གོང་ལ་མ་ལྟོས་པར་བླུ་ཉོ་མཛད་དེ། དེའི་སྟེང་དུ་སྐབས་དེ་དུས་སྣག་ཚའི་ནང་ནས་ཕུལ་དུ་བྱུང་བ་རྒྱ་ནག་ཧོང་ཀུན་གྱི་སྣག་ཚ་བེད་སྤྱད་དེ་འབྲི་བཞེངས་གནང་བ་གསལ།

བཞི། ཡིག་ཞུས།

གོང་གི་མཛད་བྱུང་བཞིན་ཞུས་ན་དད་པ་སྐྱོ་ངས་མེད་པའི་སྦྱིན་བདག་གཡུ་སང་གིས་

① གྲོ་མཁར་ཆོས་སྡེའི་མདོ་སྡེ་ཕལ་པོ་ཆེ་པོད་ཀ་པའི་ལྡེབ་གྲངས་290ལས་དྲངས།

② ཕང་དབྱི་ནོན་གྱིས་གཙོ་འགན་བཞེས་ནས་རྩོམ་སྒྲིག་བྱས་པའི་སངས་རྒྱས་ཆོས་གཞུང་གི་ཚིག་མཛོད་བོད་རྒྱ་ཤན་སྦྱར་མཚོ་སྔོན་མི་རིགས་དཔེ་སྐྲུན་ཁང་གི་1992ལོའི་སྤྱར་མའི་ཤོག་གྲངས་502ལས་དྲངས།

③ གྲོ་མཁར་ཆོས་སྡེའི་མདོ་སྡེ་ཕལ་པོ་ཆེ་པོད་ཀ་པའི་ལྡེབ་གྲངས་290ལས་དྲངས།

འབྲི་བཞེངས་ཀྱི་ཤོག་བུ་ཡང་སྨྱོན་དང་རྒྱ་ནག་གི་སྣག་ཚ་སོགས་གྲ་སྒྲིག་ཟིན་པའི་རྗེས་སུ། མ་དཔེ་ནས་བུ་དཔེར་འབྲི་བཞེངས་བྱ་མཁན་གྱི་ཡིག་མཁན་ནི། སྐབས་དེ་དུས་ཡུལ་ལུང་དེར་སྙན་གྲགས་ལྡན་པའི་ཡིག་པ་གཉའ་སྡེ་དྲུག་ཁུལ་གྱི་མཁས་རྒྱུས་གསུང་རབ་ཀྱི་དབུ་ཞབས་ཀྱི་དབྱེ་བ་མ་བཞག་པར་གཞུང་ཧྲིལ་པོ་གཟབ་ནན་དང་ནས་འབྲི་བཤུས་བགྱིས་པ་ལས་ཐུགས་དམ་ཁྱད་དུ་འཕགས་པ་དང་། ཇོ་བརྩོན་སྨོམ་སྲས་དང་ཇོ་གཙུག་ལ་སོགས་ཀྱིས་མཆོད་ཡོན་ཞལ་བུ་སྟེ་མེས་པོ་[1]རྣམས་ཀྱིས་ཡིག་སྐྱོན་བྱུང་བ་རྣམས་སེལ་ཞིང་ཇོ་གཙུག་ཡབ་སྲས་ཀྱི་ཀྲང་འཁོར་གཞུང་སྦྱོང་གི་ཡི་གེའི་ཞུས་དག་ལན་གསུམ་མཛད་པ་སྟེ་མཛད་བྱང་ལས། དཀྱིལ་གྱི་མཁས་རྒྱུས་བྲིས་། །འོག་ཞབས་མེད་པ་གཟབས་། །ཐུགས་དམ་ཁྱད་ལས་འཕགས་། །ཇོ་བརྩོན་སྨོམ་གསས་གིས་། །མཆོད་གནས་ཞལ་རྣམས་ལ་། །ཡི་གེའི་སྐྱོན་རྣམས་བསལ་། །ཞིས་དང་ཇོ་གཙུག་ཡབ་སྲས་གིས་། །ཞུ་ཏུག་ཐལ་གསུམ་མཛད་། །[2]ཅེས་པས་རྟོགས་སོ།

ལྔ། གཉེར་པ།

སྐབས་དོན་འདིར་གཉེར་པའི་སྐོར་ཡིན་པས་ན། ཐོག་མར་གཉེར་པ་ཞེས་པ་ནི་ཅ་དངོས་སོགས་དོ་དམ་བྱེད་མཁན་གྱི་གང་ཟག་ཞིག་ལ་ཟེར། ཏུན་ཧོང་ཡིག་རྙིང་ལས་བརྗོད་ན་དབྱིན་ཇིའི་རྒྱ་གར་དཔེ་མཛོད་ཁང་དུ་ཉར་བའི་ཡིག་ཆ་ཨང་Gh73.xv5འདིའི་ནང་དུ། གཉེར་བས་ཀྱང་ངོ་ཟློག་ཕོད་པར་འཚོལ་ཏེ། ཤོག་ཤོག་འཁོར་ན་དངོས་སུ་བསྡུ། ཤོག་ཤོག་མ་འཁོར་རམ། རང་རང་འཚལ་བ་ཞིག་མཆིས་ན་ཕུ་ནུ་ཉེ་ཏུང་གཅིག་བྲུངས་ཏེ། ཤོག་ཤོག་གི་གཉེར་འགྲུམསྲུ་སྒྱལ་གཉེར་མ་འཁྲུམས་ཀྱི་བར་དུ་ཕྱུགས་ནོར་ལ་སྟོགས་པ་གཏའ་ཉེ་རི་ཐྲོགས་ལ། ཏུབ་མ་བ་ལ་གཏོད་ཅིག གཉེར་བས་ངོ་ཟློག་མ་ཕོད་དམ། གཉེར་མ་གཏུས་པར་གྱུར་ན། ལི་ཅིང་རྣམས་ཀྱང་ཤོག་ཤོག་ཡུག་རེ་ལྟག་བཅུ་བཅུའི་ཐང་དུ་རྒྱབ་ཚད་གྱིས་ཤོད་པར་གཙོད་དོ་[3]ཞེས་དང་ཡང་ཡིག་ཆ་ Gh73.xv5ལས། ཤོག་ཆད་འདི་རྣམས་དེ་ཚན་སོ་སོའི་ལྔ་བཅུ་ཀྲང་དང་འོག་སྣ་

① ཞལ་བུ་ཞེས་པ་ནི་མེས་པོའི་ཞེ་ས་སྟེ། ཏུན་ཧོང་གཏེར་ཡིག་ཞང་ཤུའི་བསྒྱུར་ཡིག་དུམ་བུར་སྤྱུ་བླ་དང་ཞལ་བུ་ལ་སྟོགས་པ་མཆོད་ཅིང་། གསོལ་བ་རིགས་པ་ཡང་མྱི་མཆེད་མྱི་གསལ་ཞེས་བཙན་ལྷ་དག་དབང་ཚུལ་ཁྲིམས་ཀྱིས་རྩོམ་སྒྲིག་བྱས་པའི་བརྡ་དཀྲོལ་གསེར་གྱི་མེ་ལོང་། མི་རིགས་དཔེ་སྐྲུན་ཁང་གི་སྤར་མའི་ཤོག་གྲངས་766ལས་དྲངས། །

② ཀྲོ་མཁར་ཆོས་སྡེའི་མདོ་སྡེ་ཕལ་པོ་ཆེ་པོད་ཀ་པའི་ལྡེབ་གྲངས་290ལས་དྲངས།

③ 见，托马斯著刘忠 杨铭译《敦煌西域古藏文社会历史文献》民族出版社2003年版第423-424页。

ལ་གཉེར་བར་གཏན་པ་ཆོས་ལ། རྟབ་མ་བ་ཛེའུ་བརྟན་ཀོང་གིས་ནི་སྟོན་ཏུ་སྐོསྟེ། སྤྲེའུ་ལོ་སྟོན་སླ་ར་བ་སུམ་ཚུན་ཆད་ཀྱིས་གཉེར་འགྱུམསུ་སྤྱོལ་ཅེས་མཆིད་གྱིས་བཅས་ནས་གཉེར་ཡིག་དཀར་ཆག་ཏུ་བྲིས་པ། གཉེར་བས་ཀྱང་ངོ་ཟློག་ཕོད་པར་འཚོལ་ཏེ། ཤོག་ཤོག་འབྱོར་ན་དངོས་སུ་བསྟུ་[1]ཞེས་བྱུང་བ་ལྟར་ན། འདི་ལས་གཉེར་པ་ནི་ཆོས་བཤུ་འབྲི་མའི་ཤོག་ཤོག་དོ་དམ་བྱེ་མཁན་བདག་གཉེར་མཁན་དང་། ཤོག་ཁྲལ་འབྱོར་ཡོད་མེད་ཀྱི་རྩིས་ལེན་བྱེ་མཁན་ཞིག་ལ་ཟེར་ཞིང་། དེ་མིན་ད་དུང་གཉེར་ཡིག་ཅེས་པ་ནི་ཤོག་ཤོག་འབྱོར་རོ་ཅོག་ཅི་ཡོད་ཡི་གེར་བཀོད་པའི་ཐོ་ཡིག་ལ་ཟེར་[2]ཞེས་པ་ལས་དུས་རབས་8-9པའི་ནང་དུ་ཆོས་བཤུ་ཁང་གི་གཉེར་པའི་ལས་འགན་ཅི་ཞིག་ཡིན་པ་རགས་ཙམ་ཞིག་ཤེས། སྐབས་འདིའི་གསུང་རབ་འབྲི་མའི་གཉེར་པའི་ངོས་ནས་ཞུས་ན། ཡོན་བདག་གཡུ་སང་གིས་སྦྱིན་བདག་མཛད་དེ་ཡིག་ཞུས་མཁན་པོ་གཉལ་གྱིས་མཁས་རྒྱ་དང་ཇོ་བཙོན་དང་ཇོ་གཙུག་སོགས་ཀྱིས་འབྲི་ཞུས་གནང་སྟེ། གསུང་རབ་འབྲི་བཞེངས་བསྐྲུངས་པའི་སྐབས་ལ་དངོས་པོའི་འགྲོ་སོང་གཏོང་བར་མཁས་པའི་གཉེར་པ་དགེ་བཤེས་དབུ་མཛད་ཀྱིས་གནང་སྟེ་གསུང་རབ་དེ་དག་བདེ་ལྷག་དང་ལེགས་གྲུབ་བྱུང་བའི་རྗེས་སུ། ཟླ་སྟོན་བཟང་པོ་གཏོང་མཁན་ནི་ཇོ་ཡུ་དགྲ་བཞེར་དང་བོད་སྐོན་ཤེས་རབ་འབར་གཉིས་ཀྱིས་མཛད་པ་སྟེ། གཉེར་པ་ཁྱད་ལས་འཕགས་། ། དོར་མོ་ཞལ་གཉིས་གིས་། །དད་པ་སྐྱོ་ངས་མྱེད་། །མཆོད་གནས་བུ་བཞིན་གསོས་། །འཛངས་མ་ཁྱད་ལས་འཕགས་། །དགེ་བཤེས་དབུ་མཛད་པའི་། ། ཇོ་ཡུ་དགྲ་བཞེར་དང་། །བོད་སྐོན་ཤེས་རབ་འབར་། །ཟླ་སྟོན་བཟང་པོ་བགྱིས་། །འབྲེལ་པ་ཁྱད་ལས་འཕགས་།།[3]ཞེས་པ་ལས་དུས་རབས་12-13པའི་ནང་དུ་གསུང་རབ་འབྲི་བཞེངས་ཀྱི་གཉེར་པའི་ལས་འགན་ནི་གསུང་རབ་འབྲི་བཞེངས་ཀྱི་ཉེ་བར་མཁོ་བའི་སྣག་ཤོག་གཅིག་པོ་མ་ཡིན་པར་ཟས་སོང་སོགས་ཀྱི་དངོས་པོ་མཁོ་སྒྲུབ་དོ་དམ་གྱི་ཕྱག་ལས་གནང་མཁན་དེ་ཡིན་པ་རྒྱ་མཚོ་གྲོ་མཁར་ཆོས་སྡེའི་གསུང་རབ་ཀྱི་མཛད་བྱང་དེ་ལས་ལག་ནང་དུ་སྨུ་ཏ་ར་བརྙན་པོ་བཞག་པ་ལྟ་བུ་ཞིག་ཡིན་པ་ཤེས་ཐུབ་

① 见，托马斯著刘忠 杨铭译《敦煌西域古藏文社会历史文献》民族出版社2003年版第423-424页。

② རྨེ་ཏུ་ཡུལ་ལྷ་ཐར་གྱིས་བརྩམས་པའི་བོད་བཙན་པོའི་རྒྱལ་རབས་ཀྱི་ཆབ་སྲིད་ལམ་ལུགས་ཞིབ་འཇུག་ཅེས་པ་མི་རིགས་དཔེ་སྐྲུན་ཁང་གི་2010ལོའི་སྤར་མའི་ཤོག་གྲངས་124ལས་དྲངས།

③ གྲོ་མཁར་ཆོས་སྡེའི་མདོ་སྡེ་ཕལ་པོ་ཆེ་བོད་ཀ་པའི་ལྡེབ་གྲངས་290ལས་དྲངས།

པ་མ་ཟད། དུས་རབས་8-9ཙམ་བཞུ་ཁང་གི་གཉེར་པའི་ལས་འགན་དང་བསྡུར་ན་དུས་རབས་12-13པའི་ནང་གི་གཉེར་པའི་ལས་འགན་དེར་འགྱུར་ལྡོག་ཐུན་བུ་བྱུང་ཡོད་པ་དེ་ཤེས།

དྲུག བསྔོ་སྨོན།

ལས་དོན་ཆྭབས་པོ་ཆེ་དེ་ལྟ་བུ་ཞིག་བསྒྲུབས་ལ་ཉེ་བའི་སྐབས་སུ་ཇོ་ཡུ་དགྲ་བཞེར་དང་བོད་རྐོན་ཤེས་རབ་འབར་ལ་སོགས་པས་ཟླ་སྟོན་མཛད་པའི་སྐབས་སུ་སྨོན་ལམ་ཁོངས་སུ་གཏོགས་པའི་སེམས་ཅན་ཏེ་སྦྱིན་བདག་དང་ཡིག་ཞུས་མཁན། རྣམ་པར་དཀར་བའི་དགེ་བའི་ལས་འདིའི་ཕྱོགས་སུ་ནུས་པ་ཐུན་བུ་ཙམ་འདོན་མཁན་རྣམས་ཚེ་འདི་ཕྱི་གཉིས་སུ་ནང་ཆོས་སྤྱོད་པ་དང་བདེ་སྐྱིད་ཕུན་སུམ་ཚོགས་པར་ཤོག་ཅེས་བསྔོ་སྨོན་བཏབ་པ་སྟེ། །ཡོན་མཆོད་འཁོར་བཅས་རྣམས་། །འདི་དང་ཕྱི་མ་རུ། །ལྷ་ཆོས་སྤྱོད་པར་ཤོག། །བདེ་སྐྱིད་ཕུན་སུམ་ཚོགས་པར་གྱུར་ཅིག། །[1]ཅེས་པས་སོ།

བདུན། མཇུག་བསྡུའི་ཚིག

མཛད་བྱང་གི་བསྟོད་པ་དུང་ཆེན་གཟུགས་ཀྱི་ནང་དོན་མ་ལུས་པ་བརྗོད་ཟིན་པའི་རྗེས་སུ་དུས་རབས་15པའི་རྗེས་ཀྱི་མཛད་བྱང་བཞིན་མཇུག་བསྡུའི་ཚིག་ཏུ་མངྒལཾ་དང་བཀྲ་ཤིས། ཞལ་དྲོ་སོགས་ཀྱི་མཇུག་མ་བསྡུས་པར་འདིར་ཆེས་དམིགས་བསལ་ཅན་གྱི་བསྡུ་ཚིག་སྟེ། ཏེ་ཏེ་ཏེ་ཞེས་པས་མཇུག་བསྡུས་བའི་རྒྱུ་མཚན་ཅི་ཡིན་སྙམ་ན། ང་རང་གིས་བསམ་ཚུལ་ལྟར་ན། རྒྱུ་མཚན་གཉིས་ཏེ་གཅིག་སྦྱིན་བདག་གི་སྐོར་ལས་འཆད་ན་མཐོ་བོད་བཙན་པོའི་སྐུ་དུས་སུ་གསུང་རབ་འབྲི་བཞེངས་ཀྱི་སྦྱིན་བདག་ནི་སྤྱིར་གྱི་ཆ་ནས་བཙན་པོ་འཁོར་དང་བཅས་པ་མ་གཏོགས་གཞན་འབངས་རྣམས་ཀྱིས་གསུང་རབ་བཞེངས་དཀའ་བ་དང་། དུས་རབས་13པའི་རྗེས་ནས་སྤྱིར་གྱི་ཆ་ནས་ཡུལ་གྲུ་སོ་སོའི་རྫོང་གཞིས་ཁག་གི་མི་དཔོན་རྣམས་ཀྱིས་མཆོད་ཡོན་སྦྱིན་བདག་མཛད་དེ་བཞེངས་གནང་བ་བཅས་ལས་གསུང་རབ་འབྲི་བཞེངས་ཀྱི་སྦྱིན་བདག་དེ། སྤྱིར་བཏང་གི་མི་ཕལ་པ་དང་ཁྱིམ་གཞིས་དཀྱུས་མ་ཞིག་གིས་འབྲི་བཞེངས་ཀྱི་ལས་བཟང་

---

① གྲོ་མཁར་ཆོས་སྡེའི་མདོ་སྡེ་ཕལ་པོ་ཆེ་པོད་ཀ་པའི་ལྡེབ་གྲངས་290ལས་དྲངས།

དེ་སྐབས་པའི་འདུན་པ་བར་སྣང་དུ་ཧ་རྒྱུགས་ཀྱང་། རྒྱ་འགྲོ་གཏོར་ཆེ་བའི་རྐྱེན་གྱིས་ལས་དེར་སྤྱར་མཐིལ་ལ་སོ་མི་ཐེབ་པའི་དཔེ་བཞིན་དུ། ལས་དོན་དེ་བསྒྲུབས་དཀའ་བ་ཞིག་ཡིན་པ་གོང་གི་དུས་རབས་མི་འདྲ་བའི་སྦྱིན་བདག་གི་ལོ་རྒྱུས་རྒྱབ་ལྗོངས་དག་ལས་ཞལ་མེ་ལོང་དུ་གཟིགས་ནས་ཞལ་ངོ་ཚོད་ཐུབ་པ་ཞིག་སྟེ། དཔེར་ན་དུས་རབས་17པའི་ནང་རྒྱལ་བ་ལྔ་པ་ངག་དབང་བློ་བཟང་རྒྱ་མཚོའི་དགོངས་རྫོགས་སུ་ཚ་བ་མཛོ་སྐད་དུ་རྒྱ་འགྲོ་ཁལ་བཞི་ཁྲི་ཆིག་སྟོང་ཉིས་བརྒྱ་རེ་དྲུག་ལས་གྲུབ་པའི་བཀའ་འགྱུར་སྐྱ་པོད་བཞེངས་གནང་བ་དང་འོལ་ཀར་བཀའ་འགྱུར་གསེར་ཆོས་འཛམ་གླིང་རྒྱན་གཅིག་རྒྱ་འགྲོ་ཁལ་ཆིག་འབུམ་བརྒྱད་ཁྲི་དྲུག་སྟོང་བདུན་བརྒྱ་དོན་གསུམ་ལས་གྲུབ་པ་གསར་བཞེངས་གནང་[①]ཞེས་པས་ལས་རྒྱ་འགྲོའི་རྩིས་གཏོར་ཆེ་གཤིས། དད་པ་སྐྱོ་ངས་མེད་པའི་སྦྱིན་བདག་ཞིག་གི་ངོས་ནས་བརྗོད་ན་ཡང་གསུང་རབ་འབྲི་བཞེངས་རྒྱ་འགྲོའི་དཔལ་འབྱོར་གཏོར་ཆེ་བའི་ཆ་ནས་སྦྱིན་བདག་གི་ཐུག་པའི་སྙིང་དུ་དཔལ་འབྱོར་གྱི་འགན་འཁྲི་ལྗིད་པོ་ཞིག་རང་བཞིན་གྱིས་འབབ་ཡོད་པ་དང་། གཉིས་སྣ་གསུམ་ཐང་ཆད་འབྲི་བའི་ཡིག་མཁན་གྱི་ངོས་ནས་བརྗོད་ན་ཡང་ཏུན་ཧོང་གི་ཆོས་བཤུ་འབྲི་མའི་ལམ་ལུགས་སུ་གསུང་རབ་དེ་འབྲི་བཞེངས་མ་བསྒྲུབས་པའི་བར་དུ་ཡིག་མཁན་རང་གི་ནོར་ལུག་སོགས་གཏའ་མར་བཞག་སྟེ། འབྲི་བཞེངས་བྱ་དགོས་པ་དང་སྦྲགས་ཞུས་གསུམ་ཞུས་མ་ཕྱིན་པའི་བར་དུ་ཡིག་མཁན་གྱི་སེམས་ལ་འབྲི་བཞེངས་ཀྱི་ཆོས་ཤོག་ངན་པ་[②]དང་སྣག་ཚ་བཟང་ངན་བལྟ། [③]ཏུན་ཧོང་གི་P.t133ཁང་པན་ཀུན་རྫོན་དར་གྱི་རོ་ལགསྟེ། ཡི་གེ་པའི་ཕྱིར་ཕྱུང་ངོ་ཞེས་པ་སོགས་བྱུང་བ་ལས་ཡི་གེ་དང་ཤོག་ཤོག་ངན་པས་ཤོག་རོར་ཕྱིན་པའི་མང་ཉུང་གཞིར་བཞག་ལ་ཆད་པ་སྤྱོད་དོགས་ཀྱི་སེམས་ཁྲལ་བཅས་ཕྱུས་ཚད་ཀྱི་འགན་འཁྲི་ལྗིད་པོ་ཞིག་འཕྱུར་དགོས་སྐབས་ཡིག་ཞུས་གཉིས་ལ་ཡང་མཆོད་ཡོན་སྦྱིན་བདག་ལྟར་འབྲི་བཞེངས་མ་སྒྲུབ་བར་ལ་སེམས་ཀྱི་སྡུག་བསྔལ་དང་ལུས་པོའི་ངལ་བ་མི་ཉུང་བ་ཞིག་མཆིས་གཤིས། དེས་ན་འབྲི་བཞེངས་མཁན་གྱིས་གསུང་རབ་འབྲི་བཞེངས་ཀྱི་ལས་འགན་དེ་དུས་ཐོག་ཏུ་ལེགས་

① བཀའ་བསྟན་འབྲི་བཞེངས་ཀྱི་རྒྱ་འགྲོའི་སྐོར་ཕོ་བྲང་པོ་ཏ་ལའི་ཕོ་བྲང་དམར་པོའི་ཁྲམས་སྐོར་གཉིས་པའི་ལྡེབས་རིས་ཀྱི་ཞབས་མཆན་ལས་དྲངས། འདིའི་སྐོར་དེ་རྒྱས་པར་གཟིགས་འདོད་ན་ཁོ་བོས་བྲིས་པའི་བོད་ཡིག་གནའ་དཔེའི་རྣམ་བཤད་ཅེས་པ་བོད་ལྗོངས་མི་དམངས་དཔེ་སྐྲུན་ཁང་གི་2013ལོའི་སྤྱར་མའི་ཤོག་གྲངས་99-102ནང་དུ་གཟིགས་པར་འཚལ།

② 见，敦煌研究院编《敦煌吐蕃文化学术研讨会论文集》甘肃民族出版社2009年11月第一版，第396页。

③ 见，马德主编《甘肃藏敦煌藏文文献叙录》甘肃民族出版社2011年9月第一版，第191页。

གྲུབ་བྱུང་ཚོ། ཡིག་ཞུས་དང་སྦྱིན་བདག་རྣམ་གཉིས་ཀྱི་ལུས་ཀྱི་ངལ་བ་དང་སེམས་ཀྱི་སྡུག་བསྔལ་དེ་ཡང་རང་བཞིན་གྱིས་མེད་པར་འགྱུར་ནས་སེམས་སྟོད་དུ་འབབ་ཐུབ་པས་ན། ཡིག་ཞུས་དང་སྦྱིན་བདག་གཉིས་ཀྱི་སེམས་ནང་དགའ་ལྷང་ལྷང་གི་སྤྲོ་སྣང་ཞིག་རང་བཞིན་གྱིས་བྱུང་བའི་རྒྱུ་མཚན་བཅས་ལས་མཛོད་བྱང་གི་མཇུག་ཚིག་ཏུ་ཡང་སེམས་ཀྱི་དགའ་འདོད་དེ་ཧེ་ཧེ་ཧེ་ཞེས་ཐོན་པར་སེམས་སོ།

ལེ་ཚན་བཅུ་གཉིས་པ། རྒྱ་མཚོ་གྲོ་མཁར་མདོ་སྔགས་རྒྱས་ཕལ་ཕོ་ཆེ་ཕོད་ཁ་པའི་མཛོད་བྱང་།

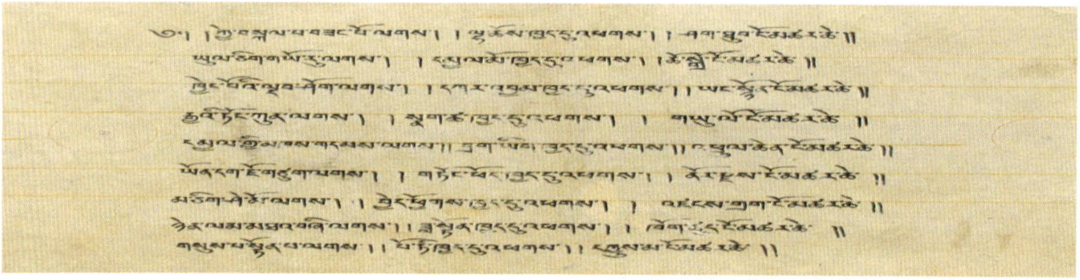

མཛོད་བྱང་མ་དཔེ།

དང་པོ། མཛོད་བྱང་མ་ཕྱུགས།

རྒྱ་མཚོ་གྲོང་མཁར་ཆོས་སྡེར་བཞུགས་པའི་མདོ་པོད་ཁ་པ་ཡིག་བྲེང་དྲུག་ཅན་གྱི་ཤོག་རྒྱ་70.5×22cm ཅན་གྱི་མཛུག་བྱང་དུ། ༄། །ཀྱི་བསྐལ་པ་བཟང་པོ་ལགས། །ལྷ་ཆོས་ཁྲིད་དུ་འཕགས། །ཤག་ཐུབ་ངོ་མཚར་ཆེ། ། ཡུལ་ཅིག་གཡུ་དུ་ལགས། །དམྱལ་མོ་ཁྲིད་དུ་འཕགས། ། ཚོ་སྒྲོ་ངོ་མཚར་ཆེ། །ཁྲིང་པོའི་ལྷབ་ཤོག་ལགས། །དཀར་འཛམ་ཁྲིད་དུ་འཕགས། །ཡང་སློན་ངོ་མཚར་ཆེ། །རྒྱའི་ཧོང་ཀུན་ལགས། །སྐག་ཚ་ཁྲིད་དུ་འཕགས། །གཡུ་ལོ་ངོ་མཚར་ཆེ། །དམྱལ་གྱི་མཁས་གདམས་ལགས། །བྲག་ཡིག་ཁྲིད་དུ་འཕགས། །འཕྲུལ་ཆེན་ངོ་མཚར་ཆེ། །ཡོན་དག་ཛོ་གཙུག་ལགས། །གཏོང་ཕོད་ཁྲིད་དུ་འཕགས། །ཞོར་ཛས་ངོ་མཚར་ཆེ། །མ་ཅིག་ཤེ་མོ་ལགས། །ཁྲིད་ཕྱོགས་ཁྲིད་དུ་འཕགས། །འཛངས་གྲག་ངོ་མཚར་ཆེ། །ཉེན་ལམ་མཐའ་བཞི་ལགས། །ཟླ་སྟོན་ཁྲིད་དུ་འཕགས། །ཕོག་ཚུད་ངོ་མཚར་ཆེ། །གསུམ་པ་སྟོན་པ་ལགས། །པོ་ཏི་

ཁྱད་དུ་འཕགས། །དཀྱུས་མོ་ངོ་མཚར་ཆེ། །[①]ཞེས་པའོ།

གཉིས་པ། མཛོད་བྱང་གི་དབྱེ་ཞིབ།

གཅིག ཡུལ་ལུང་།

མདོ་པོད་ཁ་པ་འདི་ཡང་ཐོག་མར་ཡུལ་ལུང་གང་ཞིག་ཏུ་འབྲི་བཞེངས་བསྐྲུངས་པའི་སྐོར་ལ་ཤེར་ཕྱིན་དེའི་མཛོད་བྱང་ལས། ༄། །ཀྱེ་བསྐལ་པ་བཟང་པོ་ལགས། །ལྷ་ཆོས་ཁྱད་དུ་འཕགས། །ཤག་ཐུབ་ངོ་མཚར་ཆེ། །ཡུལ་ཅིག་གཡུ་རུ་ལགས། །དཀྱིལ་མོ་ཁྱད་དུ་འཕགས། །ཚོ་གྲོ་ངོ་མཚར་ཆེ། །[②]ཞེས་ཀྱི་ཡིས་འགོ་འབྱུད་དེ་ཡུལ་ལུང་གི་བསྟོད་པ་དུང་ཆེན་གཟུགས་སུ་བྱོན་ཡོད་པ་དེ་ལས། གོང་དུ་ཞུས་པ་བཞིན་ལྷོ་ཁ་ས་ཁུལ་ལྷུན་རྩེ་དེ་ཡང་བོད་བཙན་པོའི་སྐུ་དུས་བོད་ཡུལ་རུ་བཞིར་ཕྱེ་བའི་ནང་གི་གཡུ་རུའི་ཁོངས་སུ་གཏོགས་པའི་ས་ཞིག་ཡིན་པ་གོང་གི་མཛོད་བྱང་དབྱེ་ཞིབ་ཏུ་ཞུས་ཟིན་པས་དེ་བཞིན་དང་། ཡུལ་ཅིག་གཡུ་རུ་དང་དཀྱིལ་མོ་ས་ཆུ་འཛོམས་པས་ཁྱད་དུ་འཕགས་ཞེས་དང་། ལྷག་དོན་དུ་འབྲི་བཞེངས་ཀྱི་གནས་དེ་ནི་ཡུལ་བསྟོད་དུང་ཆེན་གཟུགས་ཏེ་རིམ་པས་བཞིན་རྒྱ་ཆེ་ས་ནས་དོག་སར་སོང་བ་སྟེ་དོན་གྱི་འབབ་ས་མཚོ་སྒྲོ་སྟེ་དུས་རབས་11པའི་ནང་དུ་ཕྱག་བཏབ་པའི་རྒྱ་མཚོ་གྲོ་མཁར་ཆོས་སྡེ་ཡིན་པ་དེ་གསལ།

གཉིས། སྦྱིན་བདག

གཉལ་གྱི་ཕྱོགས་སུ་དུས་རབས་12པའི་ནང་དུ་མདོ་པོད་ཁ་པ་དེ་རིགས་འབྲི་བཞེངས་བྱ་སྐབས་སྦྱིན་བདག་སུས་གནང་ཡོད་མེད་ཀྱི་སྐོར་དེ་ཡང་གསུང་རབ་ཀྱི་མཛོད་བྱང་ལས། །ཡོན་དག་ཇོ་གཙུག་ལགས། །གཏོང་ཕོད་ཁྱད་དུ་འཕགས། །ནོར་རྫས་ངོ་མཚར་ཆེ། །མ་ཅིག་ཤེ་མོ་ལགས། །ཡིད་ཕྱོགས་ཁྱད་དུ་འཕགས། །འཛངས་གྲག་ངོ་མཚར་ཆེ། །ཉེན་ལམ་མཐའ་བཞི་ལགས། །ཀླུ་སྟོན་ཁྱད་དུ་འཕགས། །ཁོག་ཚུད་ངོ་མཚར་ཆེ། །གསུམ་པ་སྟོན་པ་ལགས། །

① གྲོ་མཁར་ཆོས་སྡེའི་ཤེའདད་ཏུ་རྒྱས་པ་ཆེན་པོའི་མདོ་སངས་རྒྱས་ཕལ་པོ་ཆེ་ཞེས་བྱ་བ་པོད་ཁ་པའི་མཛོད་བྱང་ལས་དྲངས།

② གྲོ་མཁར་ཆོས་སྡེའི་ཤེའདད་ཏུ་རྒྱས་པ་ཆེན་པོའི་མདོ་སངས་རྒྱས་ཕལ་པོ་ཆེ་ཞེས་བྱ་བ་པོད་ཁ་པའི་མཛོད་བྱང་ལས་དྲངས།

པོ་ཏི་ཁྲིད་དུ་འཕགས། །དཀྲུམ་མོ་ངོ་མཚར་ཆེ། ། [①] ཞེས་བྱུང་བ་ལ་བསམས་ན། དུས་རབས་12པའི་ནང་དུ་རྒྱ་མཚོ་གྲོ་མཁར་ཆོས་སྡེར་མདོ་དེ་འབྲི་བཞེངས་བསྐྱངས་པའི་སྐབས་སུ་དད་པ་སྐྱོ་ངས་མེད་པའི་སྦྱིན་བདག་ནི་ཇོ་གཙུག་གིས་གནང་སྟེ་བསགས་པའི་ནོར་ལ་སེར་སྣ་མེད་པར་གཏོང་ཕོད་ལྡན་པས་སྦྱིན་བདག་ཁྲིད་དུ་འཕགས་པ་དང་། མ་ཅིག་ཤེ་མོ་ལགས་ཀྱིས་གསུང་རབ་འབྲི་བཞེངས་བསྐྱངས་པའི་སྐབས་ལ་དགྲ་འདུལ་གཉེན་སྐྱོང་གི་ལས་ཀའི་བྱེད་ཕྱོགས་ཆད་དུ་བྱུང་བ་ལས་ཁྲིད་དུ་འཕགས་པས་འཇངས་པ་དང་སྙན་གྲགས་ཆེ་ཞིང་། མཐའ་བཞིའི་ཉེ་ལམ་ན་གནས་པའི་དད་ལྡན་སྦྱིན་བདག་རྣམས་ཀྱིས་ཀྱང་གསུང་རབ་དེ་འབྲི་བཞེངས་བྱ་བའི་བརྒྱུད་རིམ་ནང་དུ། ལས་ཡུན་ཟླ་དུས་རེ་རེ་ལ་བཟའ་བཏུང་ཕུན་སུམ་ཚོགས་པའི་ཟླ་སྟོན་ཁྲིད་དུ་འཕགས་པ་བཏང་བ་སོགས་ལས་གསུང་རབ་འབྲི་བཞེངས་བསྐྱངས་པའི་རིང་གི་འགྲོ་སོང་གི་གཏོང་ལེན་གདེང་ལོན་པས་ཁོག་ཚུད་ངོ་མཚར་ཆེ་ཞེས་བྱུང་བ་སོགས་ལས། དེ་དུས་ཀྱི་སྦྱིན་བདག་ཇོ་གཙུག་དང་མ་ཅིག་ཤེ་མོ་ལ་སོགས་པའི་ཕྱུག་མི་རིགས་ཅི་ཞིག་བྱུང་བ་དེ་ཤེས། ཞོར་དུ་ཟླ་སྟོན་གྱི་སྒོར་ལ་བོད་ཡུལ་དུ་གསུང་རབ་འབྲི་བཞེངས་སོགས་སྐུ་གསུང་ཐུགས་ཀྱི་རྟེན་ཁག་བཞེངས་པའི་རིང་ལ་འཛུགས་བར་གྲོལ་གསུམ་ལ་གཞིགས་པའི་སྟོན་མོ་དང་། དུས་ཚོད་ཀྱི་རིང་ཐུང་ལ་གཞིགས་པའི་གསུང་རབ་འབྲི་བཞེངས་ཀྱི་བྱ་བར་བཞུགས་མཁན་ཡིག་མཁན་དང་སྣག་ཤོག་བཟོ་མཁན་གྱི་བཟོ་པ་རྣམས་ལ་ཟླ་སྟོན་སོགས་གཏོང་བའི་སྲོལ་དེ་བོད་བཙན་པོའི་དུས་ནས་བྱུང་ཟིན་པ་སྟེ། ཆོས་འབྱུང་མེ་ཏོག་སྙིང་པོ་སྦྲང་རྩིའི་བཅུད་དུ་རྒྱལ་པོ་དེའི་ (ཁྲི་ལྡེ་སྲོང་བཙན་ཁྲི་ལོ་798-800) སྐུ་རིང་ལ་ཡི་གེའི་མཁན་པོ་འབྲི་ཡོན་ཏན་ཞེས་བྱ་བ་བྱུང་སྟེ། རྗེ་ལ་ཡི་གེའི་སྟངས་སུ་ཕུལ་བས། ཉ་ལྷོ་དཀར་ཆུ་ནས་བཏོན་པ་འདྲ་བ་ཞིག་བྱུང་སྟེ། གུང་བློན་རྣམས་ཀྱི་གཡར་དམ་དུ་བཟང་བས། རྗེས་རྗེས་དང་བསྙེན་བཀུར་བ་ནི། དབུ་སྟོན། གཞུང་སྟོན། ཐ་སྟོན། ཟ་སྦུང་། ཟླ་སྟོན། སྲ་འཁྲུད་ཆུ་སྟོན། ཟ་འདེགས། བྱ་དགའི་སྟོན་མོ་དཔག་ཏུ་མེད་ [②] ཅེས་པའི་འགྲེལ་བཤད་དུ། ཡི་གེ་མཁས་པ་འབྲི་ཡོན་ཏན་གྱིས་བཙན་པོ་ལ་ཡི་གེའི་རྒྱུགས་ཚད་ཕུལ་བས་ཡིག་གཟུགས་ཕུལ་དུ་བྱུང་བ་གསར་གཏོད་བྱས་

① གྲོ་མཁར་ཆོས་སྡེའི་ཤེར་ཕྱིན་ཏུ་རྒྱས་པ་ཆེན་པོའི་མདོ་སངས་རྒྱས་ཕལ་པོ་ཆེ་ཞེས་བྱ་བ་པོད་ཁ་པའི་མཛད་བྱང་ལས་དྲངས།

② ཉང་ཉི་མ་འོད་ཟེར་གྱིས་མཛད་པའི་དེབ་ཐེར་ཆོས་འབྱུང་མེ་ཏོག་སྙིང་པོ་སྦྲང་རྩིའི་བཅུད་བོད་ལྗོངས་བོད་ཡིག་དཔེ་རྙིང་དཔེ་སྐྲུན་ཁང་གི་2010ལོའི་སྤར་མའི་ཤོག་གྲངས་384ལས་དྲངས།

པར་བརྟེན་ཀློན་པོ་རྣམས་ལས་འགན་བསྒྲུབ་རྒྱུར་ཕན་པ་ཆེན་པོ་བྱུང་ཞིང་། དེའི་བདག་རྐྱེན་དང་བསྙེན་བཀུར་ལ། ཁོང་གིས་ཆོས་དཔེ་འབྲི་སྐབས་དབུ་ཚུགས་པའི་སྨོན་མོ་དང་། གཞུང་གི་དཀྱིལ་ཚད་ལ་སོན་དུས་བར་སྨོན། མཇུག་སྒྲིལ་དུས་མཐའ་མའི་སྨོན་མོ་དང་། རྒྱུན་གཏན་ཟ་མ་འགན་སྲུང་། བླ་བ་འབྱུང་ངོ་ཅོག་ལ་བླ་བའི་སྨོན་མོ། སྐྱ་འབྲུ་དུས་ཚ་སྨོན་སོགས་བྱ་དགའི་སྨོན་མོ་དཔག་ཏུ་མེད་པ་[1]དེ་དག་ལས་ང་ཚོས་གོང་གི་རྒྱ་མཚོ་གྲོ་མཁར་ཆོས་སྡེའི་མདོ་པོད་ཁ་པའི་མཛད་བྱང་དུ་གསལ་བའི་བླ་སྨོན་གྱི་གོ་དོན་གསལ་པོ་ཞིག་རྟོགས་ཐུབ་པ་མ་ཟད། གསུང་རབ་འབྲི་བཞེངས་ཀྱི་བྱ་བའི་དབུ་སྨོན་དང་བར་སྨོན། ཐ་སྨོན་དང་བླ་སྨོན་སོགས་ཀྱི་སྨོན་མོ་དེ་བོད་ཀྱི་བཙན་པོ་ཁྲི་གཙུག་ལྡེ་བཙན་སད་ན་ལེགས་ (ཁྲི་ལོ་798-800) ཀྱི་སྐུ་དུས་ནས་བྱུང་ཟིན་པ་དེ་ཡང་ཞོར་དུ་ཤེས།

གསུམ། སྣག་ཤོག

དེ་ཡང་སྣག་ཤོག་གི་སྐོར་ལ་མཛད་བྱང་ལས་ཁྱིང་པོའི་ལྷབ་ཤོག་ལགས། །དཀར་འཛམ་ཁྱད་དུ་འཕགས། །ཡང་སྙིན་ངོ་མཚར་ཆེ། །རྒྱའི་ཧོང་ཀུན་ལགས། །སྣག་ཚ་ཁྱད་དུ་འཕགས། །གཡུ་ལོ་ངོ་མཚར་ཆེ། །།[2]ཞེས་བྱུང་བ་ལྟར་ན། ལྷུན་རྩེ་རྫོང་གི་གྲོ་མཁར་ཆོས་སྡེར་སྦྱིན་བདག་ཇོ་གཙུག་གིས་འབྲི་རྫས་སོགས་གྲ་སྒྲིག་ཟིན་རྗེས། སྐོ་གསུམ་ཐང་ཆད་འབྲི་མཁན་གྱི་ཡིག་པ་གདན་དྲངས་ཏེ། གསུང་རབ་དེ་འབྲི་བཞེངས་བྱ་བའི་སྐབས་སུ་སྣག་ཤོག་གི་རྒྱུ་ཕྲུས་ཅི་ཞིག་བཏང་ཡོད་པའི་སྐོར་ལ། དུས་རབས་12-13པའི་ནང་དུ་འབྲི་བཞེངས་བྱས་པའི་གསུང་རབ་ཀྱི་མཛད་བྱང་དུ་སྣག་ཤོག་གི་ཐོན་ཁུངས་དང་ཁྱད་ཆོས་བརྗོད་ཡོད་པ་སྟེ། ཁྱིང་པོ་སྐྱེ་རྐོང་པོའི་ལྷབ་ཤོག་གི་ཁྱད་ཆོས་ནི་ལྷེབ་གྲངས་ཀྱི་ཉིན་སྲིབ་ལ་དབྱེ་བ་མེད་པར་ངོས་འཛམ་ཤ་ལྷན་ཞིང་དཀར་གཙང་ལྡན་པ་དང་རྒྱ་ནག་ཧོང་ཀུན་གྱི་སྣག་ཚ་གཡུ་ལོའི་མདོག་ཤས་ཆེ་བ་དེ་དག་བེད་སྤྱོད་བྱས་ཏེ་འབྲི་བཤུས་བྱས་པ་ཞིག་ཡིན་ཙང་དེའི་ཁྱད་ཆོས་སུ་བསྟོད་ཚིག་ངོ་མཚར་ཆེ་ཞེས་དམིགས་སུ་བཀར་ནས་བརྗོད་འདུག དེ་ལྟར་བརྗོད་དོན་ནི་སྟོན་བཙན་པོའི་

---

① ཆབ་སྲིད་ཚེ་བརྟན་ཕུན་ཚོགས་དང་ནོར་བྲང་ཨོ་རྒྱན་གྱིས་རྩོམ་སྒྲིག་བྱས་པའི་བོད་ཀྱི་ལོ་རྒྱུས་རགས་རིམ་གཡུ་ཡི་འཕྲེང་བ། བོད་ལྗོངས་དཔེ་རྙིང་དཔེ་སྐྲུན་ཁང་གི་2006ལོའི་སྤར་མའི་ཤོག་གྲངས་372ལས་དྲངས།

② གྲོ་མཁར་ཆོས་སྡེའི་ཤེནད་ཏུ་རྒྱས་པ་ཆེན་པོའི་མདོ་སངས་རྒྱས་ཕལ་པོ་ཆེ་ཞེས་བྱ་བ་པོད་ཁ་པའི་མཛད་བྱང་ལས་དྲངས།

སྐུ་དུས་ཀྱི་གསུང་རབ་འབྲི་བཤུའི་ལམ་ལུགས་རྒྱུན་འཛིན་བྱས་པའི་རྒྱུ་མཚན་གྱིས་ཡིན་སྙམ་སྟེ། སྔོན་བཙན་པོའི་སྐུ་དུས་གསུང་རབ་འབྲི་བཤུའི་ལམ་ལུགས་ཀྱི་སྒྲིག་གཞི་ཧ་ཅང་གིས་བཙན་པའི་སྟབས་ཀྱིས་ཆོས་ཤོག་ངན་པ་དང་སྣག་ཚ་བཟང་ངན་བལྟ། ཡི་གེ་ངན་པས་རོར་འགྱུར་ངོ་[1]ཞེས་པའི་རྒྱུ་མཚན་གྱིས་སྣག་ཤོག་གི་སྤུས་ཀ་འགན་ལེན་ཞུས་པ་དང་ཆབས་ཅིག་སྣག་ཤོག་གི་ཁྱད་ཆོས་ཀྱང་བརྗོད་པར་སེམས།

བཞི། ཡིག་མཁན།

སྤྱིར་གྱི་ཆ་ནས་གནའ་དཔེ་གང་ཞིག་ཡུལ་དུས་གང་ཞིག་ཏུ་འབྲི་བཞེངས་བསྐྲུངས་པའི་སྐབས་སུ་དད་པ་སྒྲོ་ངས་མེད་པའི་སྦྱིན་བདག་གིས་ཉེར་མཁོའི་རྒྱུ་འགྲོ་རྣམས་སྟ་གོན་ཟིན་ཛེས། གཞུང་དེའི་མ་དཔེ་ནས་བུ་དཔེར་དབབ་མཁན་གྱི་ཡི་གེ་བ་ལེགས་ཉེས་ལ་མ་ལྟོས་པར་ངེས་པར་དུ་ཡོད་དགོས་པ་ཞིག་ཡིན། དེར་བརྟེན་རྒྱ་མཚོ་གྲོ་མཁར་ཆོས་སྡེར་གསུང་རབ་དེ་འབྲི་བཞེངས་བསྐྲུངས་པའི་སྐབས་སུའང་ཡིག་མཁན་གཉལ་གྱི་མཁས་གདམས་ཞུ་བ་ཕོང་བྱོན་ཡོད་པ་སྟེ་མཛད་བྱང་ལས། དམྱལ་གྱི་མཁས་གདམས་ལགས་། །བྲག་ཡིག་ཁྱད་དུ་འཕགས་། །འཕྲུལ་ཆེན་ངོ་མཚར་ཆེ་།[2]ཞེས་བྱུང་བས་རྟོགས། གསུང་རབ་གང་ཞིག་འབྲི་བཞེངས་བསྐྲུངས་པའི་སྐབས་སུ་སྣག་ཤོག་དང་ཡིག་མཁན་སོགས་རང་རང་ཡུལ་ཁུངས་ཐོན་ཟས་བེད་སྤྱད་དེ་འབྲི་བཞེངས་བྱ་རྒྱུ་ནི་གསུང་རབ་འབྲི་བཞེངས་ཀྱི་ཆོས་ཉིད་ལས་མ་འདས་ཤིང་། དེས་ན་སྔོ་གསུམ་ཐང་ཆད་འབྲི་བའི་ཡིག་མཁན་ཡང་ཡུལ་ལུང་གཞན་ནས་གདན་ཞུ་བྱ་མ་དགོས་པར་གཉལ་ཕྱོགས་ནས་བྱོན་པ་དེ་ཡིག་མཁན་མཁས་གདམས་ཕོང་གི་མཚན་གྱི་མདུན་དུ་བྲིས་པའི་དམྱལ་ལས་ཤེས་ཤིང་། སྐབས་དེ་དུས་གཉལ་གྱི་ཁུལ་དུ་རིག་གནས་དང་དཔལ་འབྱོར་དར་རྒྱས་ཤུགས་ཆེན་པོ་ཞིག་བྱུང་ཡོད་པ་དེའང་ཟུར་བལྟས་ལེབ་ཚོད་དུ་སྣང་ངོ་།

① 见，敦煌研究院编《敦煌吐蕃文化学术研讨会论文集》2009年甘肃民族出版社，第396页。

② གྲོ་མཁར་ཆོས་སྡེའི་ཤེནད་ཏུ་རྒྱས་པ་ཆེན་པོའི་མདོ་སངས་རྒྱས་ཕལ་པོ་ཆེ་ཞེས་བྱ་བ་པོད་ཁ་པའི་མཛད་བྱང་ལས་དྲངས།

ལེ་ཚན་བཅུ་གསུམ་པ། རྒྱ་མཚོ་གྲོ་མཁར་འཇམ་དཔལ་རྣམ་པར་རོལ་པའི་མདོའི་ཞབས་མཆན།

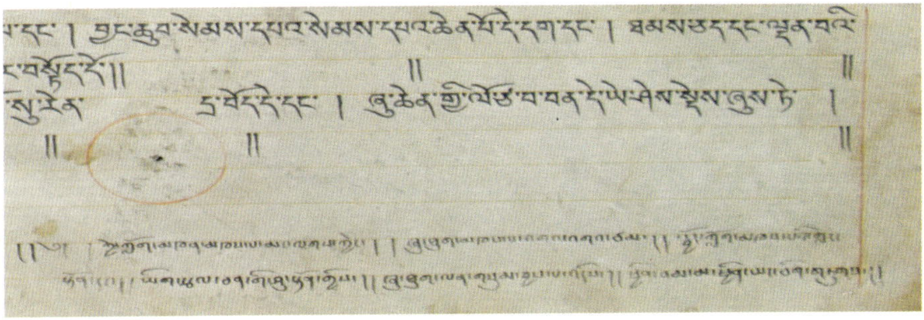

མཛད་བྱུང་མ་དཔེ།

དང་པོ། ཞབས་མཆན་མ་ཕྱུས།

འཕགས་པ་འཇམ་དཔལ་རྣམ་པར་རོལ་པ་ཞེས་བྱ་བ་ཐེག་པ་ཆེན་པོའི་མདོའ་རྫོགས་སྷོ་ཞེས་ཡིག་ཕྲེང་བརྒྱད་ཅན་དང་ཤོག་རྒྱ་68.1×17.5cmཅན་གྱི་མཛད་བྱུང་དུ། རྒྱ་གར་གྱི་མཁན་པོ་སུ་རེན་དྲ་བོད་དེ་དང་ཞུ་ཆེན་ལོ་ཙ་བ་བན་དེ་ཡེ་ཤེས་སྡེས་ཞུས་ཏེ། གཏན་ལ་ཕབ་པའ། ༀ། །ཀྱེ་ཀློག་མཁན་མཁས་པ་མ་ལགས་ཀྱང་། །ཞུ་ཐུག་མཁས་པ་འགའ་འགའ་ཙམ། །སྦྱོར་ཀློག་མཁས་པའི་སླང་སྟོན་། །ཡིག་རྩལ་ཅན་གི་ཤུ་སྟོན་གྱིས་། །ཞུ་ཐུག་ལན་གསུམ་བྱས་པ་འདིས་། །སྦྱིན་ནམ་མ་སྦྱིན་ཡང་ཅིག་གཏུགས་[1]ཞེས་པའོ།

གཉིས་པ། ཞབས་མཆན་གྱི་དབྱེ་ཞིབ།

འཕགས་པ་འཇམ་དཔལ་རྣམ་པར་རོལ་བ་ཞེས་པའི་མདོ་དེ་འབྲི་བཤུས་ཀྱི་སྦྱིན་བདག་དང་ཡུལ་ལུང་འདི་ཡིན་ཞེས་གསུང་རབ་འདིའི་ཞབས་མཆན་དུ་བཀོད་མེད་པར་བརྟེན་ད་ཕན་འབྲི་བཞེངས་ཀྱི་སྦྱིན་བདག་དང་ཡུལ་ལུང་འདི་ཡིན་ཞེས་ཞུ་མ་ཐུབ། འོན་ཏེ་ཞབས་མཆན་དུ་གསལ་བའི་ནང་དོན་མདོར་བསྡུས་དེ་ལ་སྙེ་བཙོལ་ཏེ་བསྒྱུར་ཞུས་ཀྱི་སྐོར་ལ་ཞུ་རྒྱུ་ཡིན།

① གྲོ་མཁར་ཆོས་སྡེའི་འཕགས་པ་འཇམ་དཔལ་རྣམ་པར་རོལ་པ་ཞེས་བྱ་བ་ཐེག་པ་ཆེན་པོའི་མདོའི་ཞབས་མཆན་ལས་དྲངས།

གཅིག བསྒྱུར་མཁན།

ད་ལྟ་རང་རེ་རྣམས་ཀྱི་མཐའ་ཡུལ་དུ་ཡོད་པའི་གསུང་རབ་མི་ཉུང་བ་ཞིག་ནི་ཐོག་མར་མི་རིགས་གཞན་གྱི་སྐད་ལས་བསྒྱུར་ཏེ་བོད་དུ་དར་བ་ཞིག་ཡིན་པ་ནི་བོད་ཀྱི་གསུང་རབ་རིག་པའི་ཕྱུག་ལས་གནང་མཁན་དག་གིས་ཆ་རྒྱུས་ཡོད་པ་ཞིག་ཡིན། དེས་ན་འཕགས་པ་འཇམ་དཔལ་རྣམ་པར་རོལད་བའི་མདོ་དེ་ཡང་ཐོག་མར་མཐོ་བོད་བཙན་པོའི་སྐུ་དུས་སུ། རྒྱ་གར་གྱི་མཁན་པོ་སུ་རེན་དྲ་བོད་དེ་ད་སྟེ་བོད་སྐད་དུ་ལྷ་དབང་བྱང་ཆུབ་ཞུ་བ་དེའི་འགྱུར་ཡིན་སྐབས། ཁོང་གི་འགྱུར་ནི་ད་ལྟ་བཀའ་བསྟན་དུ་བཞུགས་པ་ཐམས་ཅད་གཅིག་ཏུ་བསྡོམས་པའི་གྲངས་འབོར་བདུན་ཆ་གཅིག་ཙམ་མདོ་ཕྱོགས་སུ་གཏོགས། དེའི་ཕྱེད་ཀ་དབུ་མ་པར་གཏོགས[①]ཞེས་ཁང་དཀར་ཚུལ་ཁྲིམས་སྐལ་བཟང་གིས་གསུངས་པ་དང་ཆོས་རྒྱལ་ཁྲི་སྲོང་ལྡེ་བཙན་གྱི་སྐུ་དུས་སུ་བྱུང་བའི་ལོ་ཙཱ་བ་སྐ་ཅོག་ཞང་གསུམ་གྱི་ཡ་གྱལ་ལོ་ཙཱ་བ་རབ་དགུའི་ནང་གསེས་གཞོན་གསུམ་གྱི་ཡ་གྱལ་ཞང་ཡེ་ཤེས་སྡེའི་འགྱུར་མང་པོ་ཞིག་ཏུན་ཧོང་གི་ཡིག་རྙིང་ (S.T69) དུ་འང་བཞུགས་པ་མ་ཟད་འགྱུར་བྱང་དུ་ཞུ་ཆེན་ལོ་ཙཱ་བ་ཞེས་གསལ། ལོ་ཙཱ་བ་ཆེན་པོ་འདིའི་འགྱུར་ཤིན་ཏུ་ནས་མང་པོ་ཡོད་པའི་རྒྱུ་མཚན་ནི་མགོན་པོ་གང་ཉིད་རྣམ་དཔྱོད་ཟླ་ན་མེད་པ་ཁྱད་པར་དུ་འཕགས་པ་ཞིག་ཡོད་པ་ཤོད་མི་དགོས་པ་དང་གཅིག་གཉིས་དོན་ལོ་ཙཱ་བ་ཆེན་པོ་འདིའི་གཤམ་འོག་ཏུ་ལོ་ཙཱ་བ་ཆུང་བ་བཅུ་ཕྲག་མང་པོས་གང་དང་གང་ལ་དེ་དང་དེ་འཚམས་པའི་བཀའ་བསྟན་བསྒྱུར་པ་རྣམས་མགོན་པོ་འདིས་མཐའ་མའི་ཞུ་ཆེན་མཛད་པས་འགྱུར་བྱང་དུ་ཁོང་ཉིད་ཀྱི་མཚན་བཀོད་པ་ནི་ལོ་ཙཱ་ཞེས་པའི་གོ་གནས་མཆོན། དུས་རབས་13པའི་བོད་ཀྱི་གསུང་རབ་སྨྲ་བ་བཅོམ་ལྡན་རིགས་པའི་རལ་གྲིས་ཀྱང་གསུངས་དོན། དེ་ལ་བཙན་པོ་ཁྲི་སྲོང་ལྡེ་བཙན་གྱི་སྐུ་ཚེའི་སྟོད་ལ་བསྒྱུར་བ་རྣམས་ཕལ་ཆེ་བ་ལ་འགྱུར་བྱང་མ་བཏབ་པར་སྣང་ལ་སྐུ་ཚེ་སྨད་ནས་ནི་འགྱུར་བྱང་བཏབ་ནས་སྣང་ངོ་དེ་ལ་བན་དེ་ཡེ་ཤེས་སྡེ་ལགས་པས་བསྒྱུར་ཞེས་སོགས་པའི་སྒྲ་མེད་པ་རྣམས་ནི་དེ་ཉིད་ཀྱི་ཡིན་ནོ་[②]ཞེས་པས་ཀྱང་དེའི་གནད་འགག་རང་བཞིན་གྱིས་རྟོགས། མདོར་ན་ལོ་ཙཱ་བ་ཆེན་པོ་ཡེ་ཤེས་སྡེས་ཤེར་ཕྱིན་

① ཁང་དཀར་ཚུལ་ཁྲིམས་སྐལ་བཟང་གིས་མཛད་པའི་བོད་ཀྱི་གནའ་རབས་ལོ་རྒྱུས་བདམས་བཏུས་གངས་ལྗོངས་འོད་འབུམ་ཞེས་པ་གངས་ལྗོངས་ནང་རིག་མཐུན་ཚོགས་ཀྱི་2014ལོའི་སྤར་མའི་ཤོག་གྲངས་192ལས་དྲངས།

② བཅོམ་ལྡན་རིགས་པའི་རལ་གྲིས་མཛད་པའི་ཆོས་འབྱུང་བསྟན་པ་རྒྱས་པའི་ཉིན་བྱེད་བྲིས་མ་སྤར་སློག་བོད་ལྗོངས་དཔེ་མཛོད་ཁང་གི་དཔེ་རྟགས་06734ལྡེབ་གྲངས་60ལས་དྲངས།

ཉི་ཁྲི་ (D.No.3.ka-Ga) དང་ཕལ་ཆེན་ (D.No.44.ka-A) དང་། དཀོན་བརྩེགས་ (D.No.44.ka-cha) ཀྱིས་མཚོན་ཐེག་ཆེན་མདོ་སྡེ་ཚོགས་ཀྱང་མང་ཆེ་བ་བསྒྱུར། ས་སྡེ་ལྔ་ (D.NoS.4035-4042Tshi-i) དང་ཐེག་བསྡུས་ (D.No.4048.Ri) དང་། མངོན་པ་ཀུན་བཏུས་ ((D.No.4049.Ri) དང་དབུ་མ་བདེན་གཉིས་རང་འགྲེལ་དང་བཅས་པ་D.NoS.3881-82.Sa) དང་དབུ་མ་རྒྱན་ (D.NoS.3884-85.Sa) སོགས་ཀྱིས་མཚོན་མདོ་སྔགས་དགོངས་འགྲེལ་དང་བཅས་པ་ཧ་སྙེད་ཅིག་བསྒྱུར་[1]ཞེས་པས་བན་དེ་ཡེ་ཤེས་སྡེའི་འགྱུར་གང་ཡོད་མེད་སོགས་རགས་ཙམ་ཞིག་ཤེས་ནུས་སོ་དེ་ནི་འགྱུར་བྱང་གིས་བཀའ་དྲིན་ཡིན།

གཉིས། ཡིག་ཞུས།

འཕགས་པ་འཇམ་དཔལ་རྣམ་པར་རོལ་པ་ཞེས་བྱ་བའི་མདོ་འདི་འབྲི་བཞེངས་བསྐྲུངས་པའི་དུས་སུ་སྐོ་གསུམ་ཐང་ཆད་འབྲི་བའི་ཡིག་མཁན་འདི་ཡིན་ཞེས་ད་ཕན་བརྗོད་མ་ཐུབ་ཅུང་། མཛད་བྱང་ལ་མགོ་བཏགས་བཙོལ་ཏེ་ཞུས་ན་ཀྱི་ཞེས་པའི་འབོད་སྒྲས་འགོ་བཙམས་ཏེ་མཛད་བྱང་དུ་ཞུ་དག་སུས་མཛད་ཡོད་མེད་ཀྱི་སྐོར་ལ་འདི་ལྟར། སྦྱོར་ཀློག་གི་ངག་ཞུས་སྐད་སྟོན་དང་ཤུ་སྟོན་རྣམ་གཉིས་ཀྱིས་གནང་བ་དང་སྦྲགས་ཞུས་དག་གི་རིམ་པ་དེ་ཡང་། གཅིག་ཞུས་དང་ཡང་ཞུས། སུམ་ཞུས་ཏེ་[2]བཙན་པོའི་སྐབས་ཀྱི་ཆོས་བཤུ་འབྲི་བཤུས་ཀྱི་ཞུས་དག་ལྟར་རིམ་པ་གསུམ་ཕྱིན་པ་དེ་ལས་གསུང་རབ་དེའི་འབྲི་བཤུས་ཀྱང་རགས་ཙམ་ཞིག་རྟོགས་ཐུབ་པ་སྟེ་མཛད་བྱང་ལས། ཀྱེ་ཀློག་མཁན་མཁས་པ་མ་ལགས་ཀྱང་། །ཞུ་ཐུག་མཁས་པ་འགའ་འགའ་ཙམ། །སྦྱོར་ཀློག་མཁས་པའི་སྐད་སྟོན་། ། ཡིག་རྩལ་ཅན་གྱི་ཤུ་སྟོན་གྱིས་། །ཞུ་ཐུག་ལན་གསུམ་བྱས་པ་འདིས་། །བྲིན་ནམ་མ་སྦྲིན་ཡང་ཅིག་གཏུགས་[3]ཞེས་པས་རྟོགས་སོ།

---

① ཁང་དཀར་ཚུལ་ཁྲིམས་སྐལ་བཟང་གིས་མཛད་པའི་བོད་ཀྱི་གནའ་རབས་ལོ་རྒྱུས་བདམས་བཏུས་གངས་ལྗོངས་འོད་འབུམ་ཞེས་པ་གངས་ལྗོངས་ནང་རིག་མཐུན་ཚོགས་ཀྱི་2014ལོའི་སྤར་མའི་ཤོག་གྲངས་193ལས་དྲངས།

② GL.t0267ཤེས་རབ་ཀྱི་ཕ་རོལ་ཏུ་ཕྱིན་པ་སྟོང་ཕྲག་བརྒྱ་པ་དུམ་བུ་གསུམ་པ་བམ་པོ་བཞི་བཅུ་གསུམ་མོ། ཙང་ཨི་ཙེ་གྱིས་བྲིས། ཕབ་ཏིང་ཞུས། ཅི་ཀེང་ཡང་ཞུས། ཤང་པེན་གྱིས་སུམ་ཞུས་པ་ལྟ་བུ་ཞུས་གསུམ་ཕྱིན་པའི་དཔེ་རྙིང་ཡིན། གན་སུའུ་ཞིང་ཆེན་དུ་ཉར་བའི་ཏུན་ཧོང་བོད་ཡིག་ཡིག་རྙིང་དཀར་ཆག་གན་སུའུ་མི་རིགས་དཔེ་སྐྲུན་ཁང་གི་2011ལོའི་སྤར་མའི་ཤོག་གྲངས་91ལས་དྲངས།

③ ཀྱོ་མཁར་ཆོས་སྡེའི་འཕགས་པ་འཇམ་དཔལ་རྣམ་པར་རོལ་པ་ཞེས་བྱ་བ་ཐེག་པ་ཆེན་པོའི་མདོའི་ཞབས་མཚན་ལས་དྲངས།

གསུམ། སྤྱི་བསྡོམས།

སྐབས་དོན་འདིར་གོང་དུ་བརྗོད་པའི་རྒྱ་མཚོ་གྲོ་མཁར་ཆོས་སྡེར་བཞུགས་པའི་གསུང་རབ་དེ་དག་གི་མཛད་བྱང་དཔྱད་པ་སྟོན་དུ་སོང་བ་དག་ལ་གཞི་བཟུང་སྟེ་བལྟ་གློག་བདེ་བའི་སླད་དུ་རེའུ་མིག་ཏུ་བཀོད་པ་སྟེ།

དཔེ་མིང་།	ཡིག་མཁན།	ཞུས་དག	སྦྱིན་བདག
ཤེར་ཕྱིན་སྐྱ་པོད།	བྱ་ཡི་རྗེ་བཙན།	དཔོན་ཆེན་ཏྲེ་དྲོ།	བཞལ་པ།
ཤེར་ཕྱིན་པོད་ག་པ།			སོ་ཀད་ཁྲི་འོད།
ཤེར་ཕྱིན་པོད་ག་པ།	དམྱལ་གྱི་མཁས་རྒྱ།	རྗེ་གཙུག་ཡབ་སྲས།	གཡུ་སང་།
རྣམ་པར་རོལ་བའི་མདོ།		གླང་སྟོན་དང་ཤུ་སྟོན།	
ཤེར་ཕྱིན་པོད་ཁ་པ།		ཁྲོ་བོ་གུམ།	
ཤེར་ཕྱིན་པོད་ཉ་པ།			སེང་གེ།
ཤེར་ཕྱིན་པོད་ཏ་པ།	རོང་ཆུང་བན་དེ།		གཡར་སོ།
མདོ་མངས་པོད་ད་པ།	དགེ་བཤེས་ཏན་སྟོན།		དགེ་འདུན་སྟེ་རྣམས།
མདོ་སྡེ་ཕལ་པོ་ཆེ་པོད་ག་པ།			སྟོ་དོ་གདོང་བསོད།

[རེའུ་མིག་དང་པོ།]

སྣག་ཤོག	བཞེངས་ཡུལ།	དམིགས་ཡུལ།	བསྡུ་སྨྲན།
ཁེང་པོའི་ལྷབ་ཤོག རྒྱའི་ཧྲོང་ཀུན་སྣག་ཚ།	མཚོ་དྲོ།		
ཁྲེང་པོའི་ལྷབ་ཤོག རྒྱའི་ཧྲོང་ཀུན་སྣག་ཚ།	ཚོ་སྒྲོ།		
གདང་ཤོག			འདི་དང་ཕྱི་མ་ལྷ་ཆོས་སྤྱོད་པར་ཤོག བདེ་སྐྱིད་ཕུན་སུམ་ཚོགས་པར་ཤོག
	རྒྱ་མཚའི་གྲོ་མཁར།		ཕྱི་མ་བྱང་ཆུབ་ཐོབ་པར་ཤོག
	གྲོ་མཁར།		བླ་ན་མེད་པའི་གོ་འཕང་མཆོག་ཐོབ་ནས། སྲིད་པའི་མཚོ་ལས་སྒྲོལ་བར་ཤོག
			བླ་མེད་བྱང་ཆུབ་ཐོབ་པར་ཤོག
ཤོག་བུ་ཡང་སྙོན། རྒྱའི་ཧྲོང་སྣག		འདི་དང་ཕྱི་མའི་དོན་གྱི་ཕྱིར།	བླ་མེད་བྱང་ཆུབ་ཐོབ་པར་ཤོག

ཞེས་པ་ལས་ང་ཚོས་མངོན་གསལ་དོད་པོས་མཐོང་ཐུབ་པ་ཞིག་ནི་ཤེར་ཕྱིན་ཡུམ་རྒྱས་འབྲིང་བསྡུས་གསུམ་དང་མདོ་མངས་སོགས་གསུང་རབ་མི་འདྲ་བ་ཞིག་དུས་རབས་12-13པའི་ནང་དུ་གཡོར་པོའི་ཁོངས་སུ་གཏོགས་པའི་གཉལ་གྱི་རྒྱ་མཚོ་གྲོ་མཁར་ཆོས་སྡེར་འབྲི་བཞེངས་བསྐྲུན་པའི་སྐབས་སུ། གཉལ་སྟེ་དྲུག་གི་ཕྱོགས་ནས་དད་པ་སྐྱོ་ངས་མེད་པའི་སྦྱིན་བདག་ཅི་ཞིག་བྱུང་པ་དང་། དེ་དག་སྒོ་གསུམ་ཐང་ཆད་འབྲི་མཁན་གྱི་ཡིག་པ་གང་དང་གང་ཞིག་གདན་དྲངས་པ་དང་། ཆང་འཁྱེར་གཞུང་སྐྱོང་གི་ཞུས་དག་དབུ་ཆེན་ཅི་དང་ཅི་ཞིག་ཕེབས་པ། འབྲི་རྫས་སྣག་ཤོག་གི་རྒྱུ་སྤུས་ཅི་ཞིག་བཏང་སྟེ་དགོས་པ་གང་ཞིག་གི་ཆེད་དུ་འབྲི་བཞེངས་བསྐྲུན་པ། སྨོན་ལམ་ཁོངས་སུ་གཏོགས་པའི་སེམས་ཅན་རྣམས་ཀྱི་མོས་པ་དང་འཚམས་པའི་སྨོན་ལམ་ཅི་དང་ཅི་ཞིག་བཏབ་པ་བཅས་གོང་གི་མཛད་བྱང་གི་དཔྱད་པ་དང་རེའུ་མིག་དག་ལས་ཞལ་མི་ལོང་དུ་གཟིགས་ནས་ཞལ་ངོ་ཚོད་ཐུབ་པ་ལྟ་བུ་ཞིག་བྱུང་ངོ་།

ལེའུ་བཅུ་པ། དུས་རབས་12-13པའི་གསུང་རབ་བྲིས་མའི་མཛད་བྱང་ངོས་འཛིན།

ལེ་ཚན་དང་པོ། ལོན་ཀོ་ཏུའི་ཤེར་ཕྱིན་པོད་ཀ་པའི་མཛད་བྱང་།

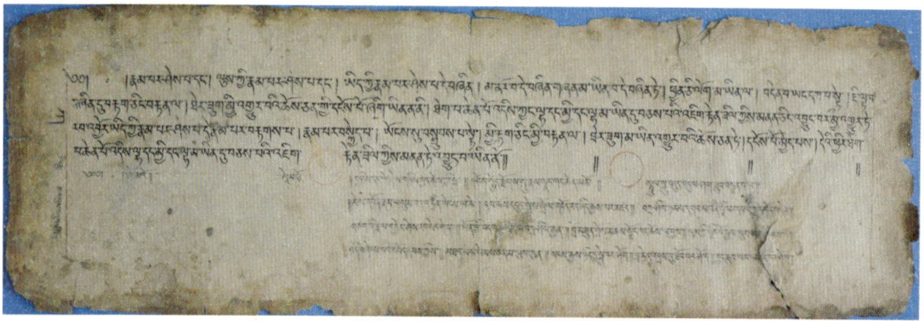

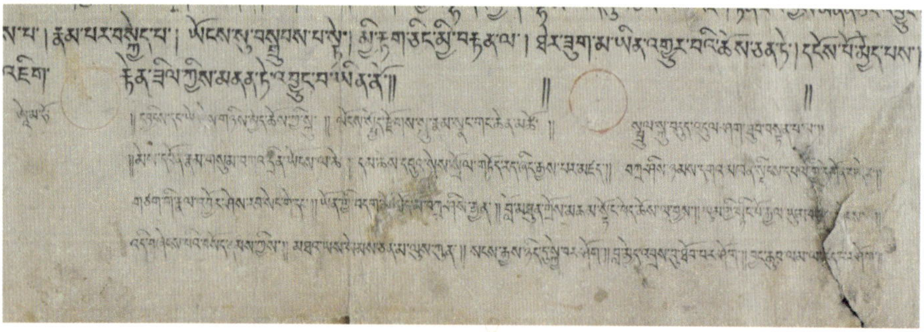

མཛད་བྱང་མ་དཔེ།

དང་པོ། མཛད་བྱང་མ་ཕྱུས།

ཨོཾ་མ་ཧོ་། །དབྱིངས་དང་ཡེ་ཤེས་གཉིས་མེད་ཆོས་ཀྱི་སྐུ། །ལོངས་སྤྱོད་རྫོགས་སྐུ་རྣམ་སྣང་གང་ཆེན་མཚོ། །སྤྲུལ་སྐུ་བདུད་འདུལ་ཞག་ཐུབ་བསྟན་པ་ལ། །མེས་དཔོན་རྣམ་གསུམ་བཀའ་དྲིན་ཡོངས་ལ་ཆེ། ། དམ་ཆོས་དབུའ་སླེས་སྲོལ་གཏོད་རང་ཞིང་རྒྱས་པར་མཛད། །བཀྲ་

ཤེས་ཉམས་དགའ་མཁན་སྙིངས་དཔལ་གྱི་དགོན་པ་དེར།། གཙག་གི་རྣལ་འབྱོར་ཤེས་རབ་སེང་གེ་དང་། །ཡོན་གྱི་བདག་མོ་སྨོད་མོ་བཀྲ་ཤིས་རྒྱན། །བློ་མཐུན་གྲོས་མཆམ་སྟོང་ཕོད་ཆོས་ལ་བྱས། །ཡུམ་གྱི་སྙིང་པོ་རྒྱལ་ཡུམ་···བཞེངས། །འདི་བཞེངས་པའི་བསོད་ནམས་ཀྱིས། །མཐའ་ཡས་སེམས་ཅན་མ་ལུས་ཀུན། །སངས་རྒྱས་ཉིད་དུ་སྐྱེ་བར་ཤོག། །བླ་མེད་འབྲས་བུ་ཐོབ་པར་ཤོག། །བྱང་ཆུབ་ལམ་ལ་རྫུད་པར་ཤོག ①ཅེས་པའོ།

གཉིས་པ། མཛད་བྱང་གི་དབྱེ་ཞིབ།

གཅིག བསྟོད་ཕྱག

ཨོཾ་མ་ཧོ་ཞེས་ངོ་མཚར་འབོད་པའི་སྐབས་འགོ་བཙུགས་ཏེ་ཆོས་སྐུ་དང་སྤྲུལ་སྐུ། ལོངས་སྐུ་བཅས་གསུམ་གྱི་ཡོན་ཏན་རྣམས་བརྗོད་པ་དང་ཕྱགས། ཕྱི་ལོའི་སྟོན་གྱི་ལོ་450ནང་དུ་བྱོན་པའི་ཤཱཀྱ་ཐུབ་པའི་བསྟན་པ་བོད་ལ་དར་ཞིང་རྒྱས་པར་མཛད་མཁན་གྱི་ཆོས་རྒྱལ་མེས་དབོན་རྣམ་གསུམ་སྟེ་ལྷ་ཐོ་ཐོ་རི་གཉན་བཙན་དང་སྲོང་བཙན་སྒམ་པོ། ཁྲི་སྲོང་ལྡེ་བཙན་བཅས་གསུམ་དང་གཞན་ཞིག་ནི་སྲོང་བཙན་སྒམ་པོ་དང་ཁྲི་སྲོང་ལྡེ་བཙན། ཁྲི་རལ་པ་ཅན་བཅས་གསུམ་ལའང་མེས་དབོན་རྣམ་གསུམ་ཞེས་བགྲངས་སྲོལ་ཡོད་པའི་སྐོར་གོང་གི་མཛད་བྱང་གི་དཔྱད་པར་བཤད་ཟིན་པས་དེས་འཐུས། དེས་ན་འདིར་མེས་དབོན་རྣམ་གསུམ་གང་ཞིག་ཏུ་ངོས་འཛིན་དགོས་མིན་མ་ཤེས་ཀྱང་མཛད་བྱང་ལས། ཨོཾ་མ་ཧོ། །དབྱིངས་དང་ཡེ་ཤེས་གཉིས་མེད་ཆོས་ཀྱི་སྐུ། །ལོངས་སྤྱོད་རྫོགས་སྐུ་རྣམ་སྣང་གང་ཆེན་མཚོ། །སྤྲུལ་སྐུ་བདུད་འདུལ་ཤཱཀྱ་ཐུབ་བསྟན་པ་ལ། །མེས་དབོན་རྣམ་གསུམ་བཀའ་དྲིན་ཡོངས་ལ་ཆེ།། དམ་ཆོས་དབུའ་སླེས་སྲོལ་གཏོད་རད་ཞིང་རྒྱས་པར་མཛད།། ②ཅེས་པས་སོ།

གཉིས། ཡུལ་ལུང་།

དེས་ན་གོང་གི་མཛད་བྱང་གི་བསྟོད་པ་ལས་གསུང་རབ་འདི་འབྲི་བཞེངས་བྱ་སའི་

① འོན་གི་ཅུར་བཞུགས་པའི་ཤེར་ཕྱིན་ཡུམ་པོད་ཀ་པའི་ལྡེབ་གྲངས་283ལས་དྲངས།
② འོན་གི་ཅུར་བཞུགས་པའི་ཤེར་ཕྱིན་ཡུམ་པོད་ཀ་པའི་ལྡེབ་གྲངས་283ལས་དྲངས།

གནས་ནི་ནང་བསྟན་དར་ཞིང་རྒྱས་པའི་དགོན་སྡེ་བརྒྱ་ཤིས་ཉམས་དགའ་མཁན་སྡིངས་དཔལ་གྱི་དགོན་པ་དེ་ཡིན་པ་མཛད་བྱང་ལས་ཤེས་ཐོད་ཀྱང་། ད་ལྟ་མཁན་སྡིངས་དཔལ་གྱི་དགོན་པ་དེ་ང་རང་གིས་ཤེས་ཚོད་ལྟར་ན། ས་ཆ་འདིར་ཡོད་ཅེས་མ་ཞུ་མ་ཤེས་པས་མུ་མཐུད་བརྟག་པར་འཚལ།

གསུམ། སྦྱིན་བདག

གསུང་རབ་འདི་མཁན་སྡིངས་དཔལ་གྱི་དགོན་པར་འབྲི་བཞེངས་གནང་བའི་སྐབས་སུ་དད་པ་སྐྱོ་ངས་མེད་པའི་རྒྱུ་འགྲོ་སྦྱོར་མཁན་གྱི་སྦྱིན་བདག་ནི་ཡོན་གྱི་བདག་མོ་སྨོད་མོ་བཀྲ་ཤིས་རྒྱན་གྱིས་མཛད་དེ་བཞེངས་གནང་བ་མཛད་བྱང་ལས་ཤེས།

བཞི། ཡིག་མཁན།

གསུང་རབ་འདི་མཁན་སྡིངས་དཔལ་གྱི་དགོན་པར་འབྲི་བཞེངས་གནང་བའི་སྐབས་སུ་དད་པ་སྐྱོ་ངས་མེད་པའི་རྒྱུ་འགྲོ་སྦྱོར་མཁན་གྱི་སྦྱིན་བདག་ནི་ཡོན་གྱི་བདག་མོ་སྨོད་མོ་བཀྲ་ཤིས་རྒྱན་གྱིས་མཛད་དེ་བཞེངས་གནང་བའི་སྐབས་སུ་སྒོ་གསུམ་ཐང་ཆད་འབྲི་བའི་ཡིག་མཁན། དུས་རབས་12པའི་ནང་དུ་བྱོན་པའི་ཡིག་མཁན་སྔན་གྲགས་ཅན་མལ་གཙུག་ཅེས་གཉིས་སུ་འདྲེན་པའི་ནང་གི་གཙུག་ཤེས་རབ་སེང་གེ་ཞུ་བ་དེས་མཛད་པ་ནི་མཛད་བྱང་ལས། །གཙུག་གི་རྣལ་འབྱོར་ཤེས་རབ་སེང་གེ་དང་། །ཡོན་གྱི་བདག་མོ་སྨོད་མོ་བཀྲ་ཤིས་རྒྱན་། །བློ་མཐུན་གྲོས་མཆམ་སྟོང་ཕོད་ཆོས་ལ་བྱས་། །ཡུམ་གྱི་སྙིང་པོ་རྒྱལ་ཡུམ་བཞེངས་།[1] ཞེས་པས་དོན་གྱི་མགོ་བཏགས་འགྲོལ་ཐུབ། དེས་ན་གཤམ་ཏུ་ཡིག་མཁན་རྒྱགས་ཀྱི་སྐོར་ལ་རེ་ཞིག་འགྲེལ་ན། ལོ་དགོན་དུ་བཞུགས་པའི་ཤེར་ཕྱིན་བྲིས་མ་ཞིག་གི་མཛད་བྱང་དུའང་ཡིག་མཁན་དབུ་ཆེན་མལ་གཙུག་ཞེས་མཉམ་དུ་ཐོན་ཡོད་པ་སྟེ། ༈ ། ཀྱེ་ཁྱབ་འཇུག་ལྷ་ཡི་རིགས་། ། མལ་རྒྱགས་གཉིས་པོ་ལགས་། ། འཕྲུལ་ཆེན་ངོ་མཚར་ཆེ་། ། ཀུན་གྱིས་ཞུ་བར་ཤོག །[2] ཅེས་པས་ཡིག་མཁན་མལ་དང་རྒྱགས་རྣམ་གཉིས་ནི་དུས་རབས་12པའི་ནང་དུ་བྱོན་

① འོན་ཀེ་རུར་བཞུགས་པའི་ཤེར་ཕྱིན་ཡུམ་པོད་ཀ་པའི་ལྡེབ་གྲངས་283ལས་དྲངས།
② བྱང་ཆུབ་གླིང་དགོན་དུ་བཞུགས་པའི་ཤེར་ཕྱིན་པོད་ཀ་པའི་མཛད་བྱང་དུ་གསལ།

པའི་བྱད་དུ་འཕགས་པའི་འཕྲུལ་ཡིག་མཁན་པོ་ཞིག་ཡིན་པ་སྟེ། བོད་ཡིག་གནའ་དཔེ་བྲིས་མའི་རིག་པ་ལས་དེའི་ཡིག་གཟུགས་དང་ཚེག་ཤད་ཀྱི་རྒྱུག་སྟངས། སྐད་ཆའི་འགྲོས་དང་ཚིག་བར་ལྷུ་པ། སྔོར་ཐིག་སོགས་ཕྱིའི་རྣམ་པའི་ཐད་ནས་བསྙད་ན་ཡང་དུས་རབས་12ནང་གི་གནའ་དཔེ་བྲིས་མའི་བྱད་ཆོས་ལྡན་པའི་རྒྱུ་མཚན་དང་གཅིག གཉིས་ནས་རྩགས་ཤེས་རབ་སེང་གེ་ཞུ་བའི་ཡིག་མཁན་ཁོང་གིས་འབྲུངས་འདས་ལོ་ཚིགས་སོགས་གསལ་པོ་ཞིག་ཞུ་མ་ཤེས་རུང་ལོ་དགོན་དུ་བཞུགས་པའི་ཤེར་ཕྱིན་གྱི་མཛད་བྱང་དུ་ཡིག་མཁན་མལ་རྩགས་རྣམ་གཉིས་ཀྱི་ཆེ་བསྟོད་དུ་ཀྱེ་ཁྱབ་འཇུག་ལྷ་ཡི་རིགས་ཞེས་བྱུང་བར་ང་ཚོས་བསམ་གཞིགས་བྱས་ན་གླིང་བཞིའི་ལོ་རྒྱུས་སུ། དུས་རབས་12པའི་ནང་དུ་བྱོན་པའི་སུམ་པ་གནོད་སྦྱིན་དེ་ཁྱབ་འཇུག་གི་སྤྲུལ་པར་གྲགས་ཏེ་སྨྲུག་ཐོགས་ཡོངས་ལ་བཀའ་དྲིན་ཆེ་①ཞེས་གསུངས་པ་ལྟར་ན་སྐབས་འདིའི་ཡིག་མཁན་མལ་རྩགས་རྣམ་གཉིས་ཀྱི་དུས་རབས་དེ་ཡང་ཆེ་ལོང་ཙམ་ཞིག་རྟོགས་ཤིང་། ལྷག་དོན་གླིང་བཞིའི་ལོ་རྒྱུས་སུ་འབྲོམ་གྱི་སྐུ་མཆེད་རིན་པོ་ཆེ་གསུམ་གྱི་སློབ་སུ་གྱུར་པ་བྱ་ཡུལ་པ་ཤ་ར་བ་ལ་སོགས་པས་སངས་རྒྱས་བསྟན་པ་འཛིན་སྐྱོང་བསྲུང་སྤེལ་མཛད་པའི་དུས་སུ། ཡི་གེའི་མཁན་པོ་སྣ་ནམ་པ་ཞང་བཙུན་རྩེ་སློབ་མར་གྲགས་པ། སུམ་པ་རྒྱ་གར་རྫོག་དར་མ་རྒྱལ་མཚན་ཤེའུ་དགེ་འབར། དོལ་པོ་སྤྲང་ཆུང་། ལན་པའི་འགྱེད་དང་མལ་སེང་ལ་སོགས་པའི་སློབ་མ་དང་ཉེ་སློབ་མང་དུ་བྱུང་②ཞེས་གསུངས་པ་ལྟར་ན། དགེ་བཤེས་འབྲོམ་སྟོན་པ་ (སྤྱི་ལོ1004-1064) ནི་དུས་རབས་11པའི་ནང་དུ་བྱོན་པའི་མཁས་པ་སྙན་གྲགས་ཅན་ཞིག་དང་སྐུ་མཆེད་གསུམ་སྟེ་དགེ་བཤེས་པོ་ཏོ་བ་ (སྤྱི་ལོ1031-1105) དང་དགེ་བཤེས་སྤྱན་སྔ་བ་ (སྤྱི་ལོ1038-1103) ། དགེ་བཤེས་ཕུ་ཆུང་བ་ (སྤྱི་ལོ1031-?) བཅས་གསུམ་གྱི་སློབ་སུ་གྱུར་པ་དགེ་བཤེས་བྱ་ཡུལ་བ་ (སྤྱི་ལོ1100-1166) དང་ཤ་ར་བ་ (སྤྱི་ལོ1070-1141) སོགས་ཏེ་དུས་རབས་12པའི་ནང་དུ་བྱོན་པའི་བསྟན་འཛིན་སྐྱེས་བུ་ཡིན་པ་བཅས་གླིང་བཞིའི་ལོ་རྒྱུས་དང་གསུང་རབ་བྲིས་མའི་རིག་པ་ལས། ང་ཚོས་མལ་རྩགས་རྣམ་གཉིས་ཀྱང་དུས་རབས་12པར་བྱོན་པའི་

① བོད་ཀྱི་མཁས་པ་ཕྲེང་པོ་གཡུ་ཁྲིས་ཀྱིས་མཛད་པའི་ཡི་གེའི་དར་གུད་བྱུང་ཚུལ་དང་ཀ་ཁ་སུམ་ཅུའི་ཕྱག་ཚད་ཅེས་པའི་དཔེ་སྙིང་བྲིས་མ་ལྡེབ་གྲངས་8པའི་བ་དོན་ལས་དྲངས།

② བོད་ཀྱི་མཁས་པ་ཕྲེང་པོ་གཡུ་ཁྲིས་ཀྱིས་མཛད་པའི་ཡི་གེའི་དར་གུད་བྱུང་ཚུལ་དང་ཀ་ཁ་སུམ་ཅུའི་ཕྱག་ཚད་ཅེས་པའི་དཔེ་སྙིང་བྲིས་མ་ལྡེབ་གྲངས་8པའི་བ་དོན་ལས་དྲངས།

ཡིག་མཁན་ཞིག་ཡིན་པ་ཤེས་པ་མ་ཟད་མལ་སེང་[①]རྣམ་གཉིས་ཀྱིས་མཚན་དངོས་ལ་མལ་དར་མ་དང་རྒྱགས་ཤེས་རབ་སེང་གེ་[②]ཞེས་ཞུ་ཡི་ཡོད་པ་དེ་ཤེས། དུས་རབས་12པའི་ནང་དུ་བྱོན་པའི་ཡིག་མཁན་དགེ་ཆེན་རྒྱགས་ཤེས་རབ་སེང་གེ་དང་མལ་དར་མ་རྣམ་གཉིས་ལ་འཕྲུལ་ཆེན་མལ་རྒྱགས་ཞེས་པའི་ཡིག་མཁན་གྱི་མཚན་བསྟོད་ཕུལ་བའི་རྒྱུ་མཚན་གྱིས་བོད་ཀྱི་གསུང་རབ་རིག་པའི་ཕྱག་ལས་གནང་མཁན་དག་གིས་མལ་རྒྱགས་རྣམ་གཉིས་ཞེས་མཚན་གྱི་འབོད་སྲོལ་བྱུང་བ་དེས་ཀྱང་ཁོང་རྣམ་གཉིས་ཀྱི་འབྲི་གཟུགས་རིན་ཐང་ཡང་རང་བཞིན་གྱིས་ཤེས། མལ་གྱིས་འབྲི་རྒྱུན་ལས་བྱུང་བའི་མལ་ལུགས་ཞེས་པའི་འབྲི་གཟུགས་ཀྱི་སྐོར་དེ་ཞིབ་པར་གཤམ་གྱི་མལ་ལུགས་ཀྱི་སྐོར་དུ་གཟིགས་པར་བྱའོ།

ལྔ། བསྔོ་སྨོན།

དད་པ་སྐྱོ་ངས་མེད་པའི་སྦྱིན་བདག་གཙོང་ཕོད་ཅན་བདག་མོ་སྨོད་མོ་བཀྲ་ཤིས་རྒྱན་གྱིས་རྒྱུ་འགྲོ་སྦྱར་བ་དང་དུས་རབས་12པའི་ནང་གི་ཡིག་མཁན་དགེ་ཆེན་སྙན་གྲགས་ཅན་གྱི་རྒྱགས་ཤེས་རབ་སེང་གེས་མཛད་རྒྱུ་གྲོས་འཆམ་ནས་འབྲི་བཞེངས་བསྒྲུབས་པ་དང་སྒྲགས་གསུང་རབ་དེ་བཞེངས་པའི་དགེ་བས་སྨོན་ལམ་ཡོངས་སུ་གཏོགས་པའི་སེམས་ཅན་རྣམས་ཀྱི་མོས་པ་དང་འཚམས་པའི་སྨོན་ལམ་བཏབ་པ་དེ་མཛད་བྱང་ལས། འདི་བཞེངས་པའི་བསོད་ནམས་ཀྱིས། །མཐའ་ཡས་སེམས་ཅན་མ་ལུས་ཀུན། །སངས་རྒྱས་ཉིད་དུ་སྐྱེ་བར་ཤོག། །བླ་མེད་འབྲས་བུ་ཐོབ་པར་ཤོག། །བྱང་ཆུབ་ལམ་ལ་ཚུད་པར་ཤོག[③]ཅེས་པས་དུས་རབས་12-13བར་གྱི་བསྔོ་སྨོན་ཏེ་བླ་མེད་བྱང་ཆུབ་ཐོབ་པར་ཤོག་ཅེས་པ་དེ་རང་བཏབ་འདུག

① བོད་ཀྱི་མཁས་པ་ཆེན་པོ་ཁྲུང་པོ་གཡུ་ཁྲིས་མཛད་པའི་ཡི་གེའི་དར་གུད་བྱུང་ཚུལ་དང་ཀ་ཁ་སུམ་ཅུའི་ཕྱག་ཚད་ཅེས་པའི་དཔེ་སྙིང་བྲིས་མ་ཁྲ་ཚད་མའི་ལྡེབ་གྲངས་8པར་གསལ།

② འོན་ཀེ་ཏུར་བཞུགས་པའི་ཤེར་ཕྱིན་ཡུམ་བོད་ཀ་པའི་ལྡེབ་གྲངས་283ལས་དྲངས།

③ འོན་ཀེ་ཏུར་བཞུགས་པའི་ཤེར་ཕྱིན་ཡུམ་བོད་ཀ་པའི་ལྡེབ་གྲངས་283ལས་དྲངས།

ལེ་ཚན་གཉིས་པ། འོན་ཀེ་རུའི་མདོ་མངས་མཐོང་སྨོན་མཛད་བྱང་།

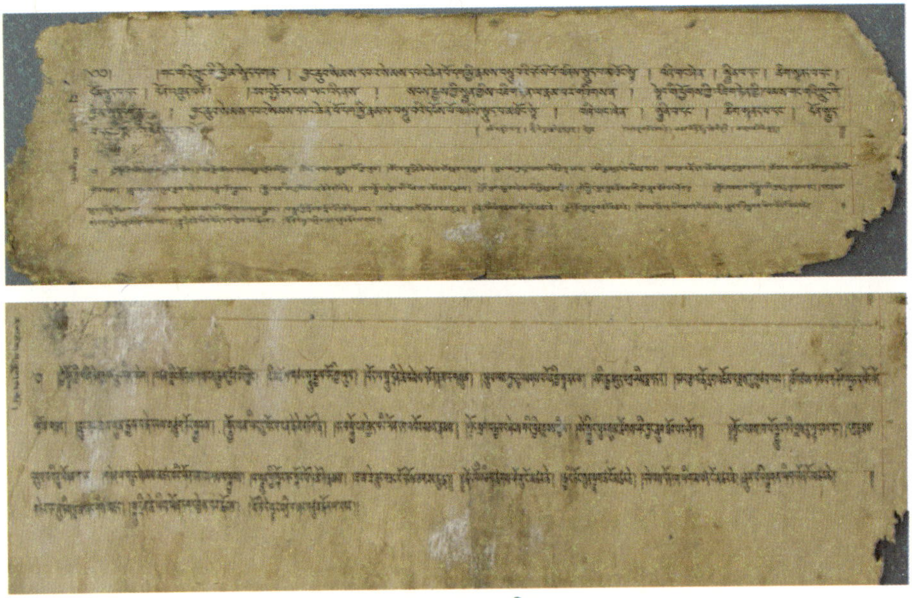

མཛད་བྱང་མ་དཔེ།

དང་པོ། མཛད་བྱང་མ་ཕྱུས།

འོན་ཀེ་རུར་བཞུགས་པའི་མདོ་མངས་མཐོང་སྨོན་ཡིག་ཕྲེང་བརྒྱད་ཅན་ཤོག་རྒྱ་62×23cmཅན་གྱི་མཛད་བྱང་སྟེ། ༄།།ཀྱེ་སྟོད་ཀྱི་འཇིག་རྟེན་ཀླུང་གིས་བཏེག །འཛམ་གླིང་སོགས་ཀ་སངས་རྒྱས་བྱོན་པའི་གླིང་། །རི་མཐོ་ས་གཙང་སྤུ་རྒྱལ་བོད་ཀྱི་ཡུལ། །བོད་ལ་སྐྱ་དྲིན་ཆེ་བ་མེས་དབོན་རྣམ་པ་གསུམ། །ཡུལ་ལས་ཁྱད་དུ་འཕགས་པ་འོན་གྱི་སྣ་ནམ་ས། །སའི་རྒྱ་མདུད་བཀྲ་ཤིས་ལྷ་གད་ན། །དཔལ་རྩལ་ཀོ་དྲག་འཇོམས་པ་ལྷས་རུ་ཁྲུ་ཙབ་འབར། །ཀོ་འཛངས་གསལ་གཞོག་འཕྲུང་བ་ལོང་ལོང་འབྲོ་མ་བཟའ། །ཆུང་ནས་ན་ལ་སུམ་རྒྱས་པ་ཀེ་དཔལ་གཙུག་ཏོར་སྐྱབས། །སྤྱོད་ལམ་ཡིད་དུ་འོང་བ་ངན་ཀེ་མེན་ཏོག་ཀེ། །དད་པ་སྐྱོ་ངས་མེད་པའི་ཡོན་དག་འཁོར་བཅས་རྣམས། །སྟོང་ཕྲག་བརྒྱ་པ་བཞེངས་པའི་བྱིན་རླབས་ཀྱིས། །བདེ་སྐྱིད་ཕུན་སུམ་ཚོགས་ཤིང་བྱང་ཆུབ་འཐོབ་པར་ཤོག། ། །། སྟོང་ཁམས་ཁ་ལོ་བསྒྱུར་བའི་སླས་རུ་ལྷ་

དཔལ་དང་། །དགྲ་རྣམས་འདུལ་བའི་ནུ་ཝེ་ནམ་ཀ་དང་། །གཉེན་ལ་གདུང་སེམས་མཛད་པའི་ཡོན་དག་འཕགས་པ་སྐྱབས། །ཕ་སྤུན་ཕྱི་སྐོར་ནང་སྐོར་ཕོ་ཉེ་མོ་ཉེ་རྣམས། །ཟ་མ་ཟེ་ཚུང་བཟང་ངོ་དངོས་ཅག་རབ་ཏུ་ཀ།། །།སྐོང་པོ་ཅིག་ཚགས་ཤོ་གུ་ངོ་མཚར་ཆེ། །རྒྱུའི་ཧོང་ཀུན་སྣག་ཚ་ངོ་མཚར་ཆེ། །དེབ་བས་དོན་དག་ཡིག་མཁན་ཡིག་ངོ་མཚར་ཆེ། །ཆུས་པ་ཉི་སྒྲགས་ཡིག་དཔོན་ངོ་མཚར་ཆེ།། །གཉེར་དང་ཞུ་ཧྲིག་བླ་མ་ཞང་གིས་མཛད། །སྐྱུ་དྲིན་ཆེ་ཡིས་ཡོན་བདག་དགྱེས་པར་སྐོངས། །པོ་ཏི་དེ་ལྟར་འབྲི་བ་ཞང་བཙུན་དཀོན་ལ་འབར་[1]ཞེས་པའོ།

གཉིས་པ། མཛད་བྱུང་གི་དབྱེ་ཞིབ།

གཅིག ཡུལ་ལུང་།

གོང་གི་མཛད་བྱུང་ལས་མདོ་མངས་མཐོང་སྨོན་འདི་འབྲི་བཞེངས་བྱ་སྐབས་སྟོན་གྱི་གྲོ་མཁར་ཆོས་སྡེའི་ཤེར་ཕྱིན་ཁག་གི་མཛད་བྱུང་ཇི་བཞིན་ཡུལ་ལུང་གི་བསྟོད་པ་དུང་ཆེན་གཟུགས་སུ་བཀོད་པ་སྟེ། །ཀྱེ་སྟོད་ཀྱི་འཇིག་རྟེན་ཆུང་གིས་བཏེག །འཛམ་གླིང་སོགས་ཀ་སངས་རྒྱས་བྱོན་པའི་གླིང་། །རི་མཐོ་ས་གཙང་སྤུ་རྒྱལ་བོད་ཀྱི་ཡུལ། །བོད་ལ་སྐྱུ་དྲིན་ཆེ་བ་མེས་དབོན་རྣམ་པ་གསུམ། །ཡུལ་ལས་ཁྱད་དུ་འཕགས་པ་འོན་གྱི་སྣ་ནམ་ས། །སའི་རྒྱ་མདུད་བཀྲ་ཤིས་བླ་གད་ན།།[2]ཞེས་བྱུང་བ་ལྟར་ན། གཙོ་བོ་ཡུལ་ལུང་གི་བཀོད་པ་དུང་ཆེན་གཟུགས་ཏེ་རི་མཐོན་པོའི་རྩེ་ནས་ལུང་པའི་ལུང་ཤུར་མཇུབ་མོས་སྟོན་པ་ཇི་བཞིན་བཀོད་པ་སྟེ་འཇིག་རྟེན། →འཛམ་གླིང་སོག་ཀ།[3]→ བོད་ཡུལ། →འོན་གྱི་སྣ་ནམ་ས། →བཀྲ་ཤིས་བླ་གད་ན་ཞེས་རིམ་པས་བཞིན་ས་རྒྱ་ཆེ་ས་ནས་ཆུང་ས་བསྟན་པ་ཞིག་ཡིན། དེ་དག་གི་ནང་ནས་དོན་གྱི་འབབ་ས་ནི་

[1] འོན་ཀེ་ཏུར་བཞུགས་པའི་མངའ་བདག་མགོན་ནེའི་སྐུ་དུས་སུ་བཞེངས་པའི་མདོ་མངས་མཐོང་སྨོན་ཕོད་པའི་ལྡེབ་གྲངས་361ལས་དྲངས།

[2] འོན་ཀེ་ཏུར་བཞུགས་པའི་མངའ་བདག་མགོན་ནེའི་སྐུ་དུས་སུ་བཞེངས་པའི་མདོ་མངས་མཐོང་སྨོན་ཕོད་པའི་ལྡེབ་གྲངས་361ལས་དྲངས།

[3] སོག་ཀའམ་སོག་ཁ་ཞེས་པ་ནི་འཛམ་བུ་གླིང་གི་མིང་སྟེ། གཡུང་དྲུང་བོན་གྱི་བསྟན་འབྱུང་ལས། སྣང་གསྲོང་རི་གླུང་མང་བའི་གསྲོང་དབར་རྣམས། རྒྱ་མཚོས་ཁེངས་པའི་ཕྱི་དབྱིབས་སོག་ཀ་སྟེ་ཞེས་གསུངས། དཔེར་ན། འདུལ་བ་ཀུན་བཏུས་ལས། གོང་དུ་ཚོགས་བསགས་གཙང་མ་མི་ལུས་ཐོབ། ད་ལྟའི་གནས་བཟང་འཛམ་གླིང་སོག་ཁར་སྐྱེས་ཞེས་དང་། དྲན་པ་བཀའ་ཐང་ལས། སྒྱུ་འཕྲོག་བླ་རྫོལ་སྨྲ་བ་མ་ཡིན་པའི། །འཛམ་གླིང་སོག་ཁའི་མི་རིགས་སྨྲ་དག་པ། །ཞེས་བཙན་ལྷ་ངག་དབང་ཚུལ་ཁྲིམས་ཀྱིས་རྩོམ་སྒྲིག་མཛད་པའི་བརྡ་དཀྲོལ་གསེར་གྱི་མེ་ལོང་ཞེས་བྱ་བ་མི་རིགས་དཔེ་སྐྲུན་ཁང་གི་1997ལོའི་སྤར་མའི་ཤོག་གྲངས་979ཏུ་གསལ།

འོན་མོ་ལུང་རིང་སྟེ་ད་ལྟ་འོན་ཀེ་རུ་ལྷ་ཁང་གནས་སའི་ཡུལ་ལུང་དེ་ཡིན། དེ་ནི་ལྗོ་ཁ་ས་ཁྲུལ་སྟེ་གདོང་རྫོང་ཁོངས་སུ་གནས་པའི་འོན་སྐྱིད་པ་ཤང་དེ་ནི་དུས་རབས་10པའི་སྔོན་དུ་སྣ་ནམ་གྱིས་བདག་སྐྱོངས་བྱས་པའི་ས་ཞིག་ཡིན་པ་ནི། ཡུལ་ལས་ཁྱད་དུ་འཕགས་པ་འོན་གྱི་སྣ་ནམ་ས་ཞེས་དང་ད་དུང་འོན་ཀེ་རུ་ལྷ་ཁང་དུ་བཞུགས་པའི་སྣ་ནམ་གྱིས་བཞེངས་པའི་དཔེ་རྙིང་ཤེར་ཕྱིན་ཡིག་བྲིང་དྲུག་ཅན་ཞིག་གི་བམ་མཚམས་སུ། ༄། ནམ་པ་ཟ་དབང་ཕྱུག་མཆོས་ཡུན་གྱི་དགེ་བའི་རྩ་བར་དགོངས་སྟེ་། དུམ་བུ་འདི་བཞེངས་སུ་གསོལ་སྟེ། ཞུས་དག་པ་[①]སོགས་ཀྱིས་སྔོན་འོན་མོ་ལུང་རིང་དེ་བོད་བཙན་པོའི་སྐབས་ཀྱི་མཆོ་བྲང་རུས་ཚོ་བཞི་སྟེ། འབྲོ་དང་མཆིམས། སྣ་ནམ་དང་ཚེ་པོང་[②]བཅས་བཞི་རུ་བགྲངས་པའི་ནང་ནས་རུས་སྣ་ནམ་གྱི་བདག་སྐྱོང་བྱས་པའི་ས་ཁོངས་ཞིག་ཡིན་པའང་ཤེས། དེ་མིན་ད་དུང་ཡུལ་ལུང་གི་བསྟོད་པ་དུང་ཆེན་གཟུགས་འདིར། བོད་ལ་སྐུ་དྲིན་ཆེ་བ་མེས་དབོན་རྣམ་གསུམ་ཞེས་བརྗོད་འདུག་པ་ལ་གཞིགས་ན། ཆོས་རྒྱལ་མེས་དབོན་རྣམ་གསུམ་འདི་ལ་དྲངས་ཚུལ་རིགས་མི་འདྲ་བ་གཉིས་ཡོད་པའི་སྐོར་ལ་བོད་ཀྱི་གསུང་རབ་སློབ་དུང་དཀར་བློ་བཟང་འཕྲིན་ལས་མཆོག་གིས། གཅིག་ནི་ལྷ་ཐོ་ཐོ་རི་སྙན་ཤལ། སྲོང་བཙན་སྒམ་པོ (ཁྲི་ལོ་? -650) ། ཁྲི་སྲོང་ལྡེ་བཙན་ (ཁྲི་ལོ་755-797) གསུམ་དུ་བྱས་པ་དང་། གཞན་ཞིག་ནི་སྲོང་བཙན་ (ཁྲི་ལོ་? -650) །ཁྲི་སྲོང་ (ཁྲི་ལོ་755-797) ། ཁྲི་རལ་པ་ཅན་ (ཁྲི་ལོ་815-836) གསུམ་ལ་ངོས་འཛིན་པ་ཡིན། འདྲེན་ཚུལ་དང་པོ་དེ་ནི་ལྷ་ཐོ་ཐོ་རི་སྙན་ཤལ་གྱི་དུས་སུ་ཆོས་ཀྱི་དབུ་བརྙེས། སྲོང་བཙན་གྱི་དུས་སུ་སྲོལ་གཏོད། ཁྲི་སྲོང་གི་དུས་སུ་དར་ཞིང་རྒྱས་པར་མཛད་ཅེས་པའི་ཐ་སྙད་སྤྱིར་སྲོལ་ལྟར་དང་། འདྲེན་ཚུལ་གཉིས་པ་ནི་སྤྱན་རས་གཟིགས་ཀྱི་སྤྲུལ་པ་སྲོང་བཙན་ འཇམ་དཔལ་དབྱངས་ཀྱི་སྤྲུལ་པ་ཁྲི་སྲོང་ལྡེ་བཙན། ཕྱག་ན་རྡོ་རྗེའི་སྤྲུལ་པ་ཁྲི་རལ་པ་ཅན་ཞེས་རིགས་གསུམ་མགོན་པོའི་སྤྲུལ་པའི་རྒྱལ་པོ་གསུམ་ཟེར་བའི་ཐ་སྙད་སྤྱིར་སྲོལ་ལྟར་ཡིན་[③]ཞེས་གསུངས་པ་ལྟར་ན། མཛད་བྱང་ནང་དུ་མེས་དབོན་རྣམ་གསུམ་ཞེས་པ་ལས་ཆོས་རྒྱལ་སོ་སོའི་མཚན་ནས་བགྲངས་མེད་སྐབས་ཆོས་རྒྱལ་མེས་དབོན་

① འོན་ཀེ་རུར་བཞུགས་པའི་ཤེར་ཕྱིན་སྐུ་བྲིས་བོད་ཁ་པའི་ལྡེབ་གྲངས་111ལས་དྲངས།

② 见，林冠群著《唐代吐蕃史论集》中国藏学出版社2006年版，第27页。

③ མཁས་དབང་དུང་དཀར་བློ་བཟང་འཕྲིན་ལས་མཆོག་གིས་མཛད་པའི་དུང་དཀར་བོད་རིག་པའི་ཚིག་མཛོད་ཆེན་མོ་ཀྲུང་གོའི་བོད་རིག་པ་དཔེ་སྐྲུན་ཁང་གི་2002ལོའི་པར་མའི་ཤོག་གྲངས་843ལས་དྲངས།

རྣམ་གསུམ་གྱི་འདྲེན་ལུགས་དེ་བཞིད་པ་གང་ཞིག་ཡིན་མིན་ཞུ་མ་ཤེསཅུང་། མཛད་བྱང་འདིའི་ཁྲད་ཆོས་དང་མཚོད་ཡོན་སྦྱིན་བདག་དང་ཡིག་ཞུས་སོགས་ལས་མེས་དཔོན་རྣམ་གསུམ་ཞེས་པའི་ཐ་སྙད་འདི་དུས་རབས་12པའི་སྔོན་དུ་བྱུང་ཟིན་པ་དེ་སྨོས་མ་དགོས་པ་ཞིག་ཡིན།

གཉིས། སྦྱིན་བདག

བྱ་དངོས་གང་ཞིག་ཡིན་ཅུང་དེ་དག་བཟོ་སྐྲུན་བྱེད་པའི་སྐབས་སུ་དཔལ་འཁོར་ཐད་ཀྱི་རྒྱབ་བསྐྱོར་གནང་མཁན་གྱི་སྦྱིན་བདག་ནི་ངེས་པར་དུ་ཡོད་དགོས་པ་ཞིག་ཡིན་ན། བོད་ཀྱི་གསུང་རབ་འབྲི་བཞེངས་ཀྱི་ལས་དེ་ཡང་དེ་ལས་མ་འདས་སོ། དེས་ན་མཛད་བྱང་དུ། ། དཔའ་རྩལ་ཆེ་དྲག་འཇོམ་པ་ལྷས་ཅུ་ཁྲུ་ཙབ་འབར། །ཆོ་འཛངས་གསལ་གཞོག་འཕྲུང་བ་ཡོང་ཡོང་འགྲོ་མ་བཟའ། །ཚུང་ནས་ན་ལ་སུམ་རྒྱས་པ་ཆེ་དཔལ་གཙུག་ཏོར་སྐྱབས། །སྦྱོད་ལམ་ཡིད་དུ་འོང་བ་ངན་ཆེ་མེན་ཏོག་ཆེ། །དད་པ་སྐྱོ་ངས་མེད་པའི་ཡོན་དག་འཁོར་བཅས་རྣམས། །ཞེས་དང་། སྟོང་ཁམས་ཁ་ལོ་བསྒྱུར་བའི་གླས་ཅུ་ལྷ་དཔལ་དང་། ། དགྲ་རྣམས་འདུལ་བའི་ནུ་འོ་ནམ་ཀ་དང་། །གཉེན་ལ་གདུང་སེམས་མཛད་པའི་ཡོན་དག་འཕགས་པ་སྐྱབས། ། ཕ་སྤུན་ཕྱི་སྐོར་ནང་སྐོར་ཕོ་ཉེ་མོ་ཉེ་རྣམས། ། ཟ་མ་ཟེ་ཚུང་བཟང་ངོ་དངོས་ཅག་རབ་ཏུ་ཀ། ། ། །[1]ཞེས་བྱུང་བ་ལ་བལྟས་ན། དུས་རབས་12པར་མངའ་བདག་མགོན་ནེའི་ཐུགས་དམ་སོགས་འོན་མོ་ལུང་རིང་དུ་འབྲི་བཞེངས་བསྐྲུངས་སྐབས་སྦྱིན་བདག་གཙོ་བོ་དཔའ་ཞིང་དྲག་རྩལ་འཇོམས་པའི་གླས་ཅུ་ཁྲུ་ཙབ་འབར་དང་། ཆོ་འཛངས་ཅན་གྱི་ཡོང་ཡོང་འགྲོ་མ་བཟའ། སྐུ་ན་ཚུང་དུས་ནས་མཁྱེན་རྒྱ་ཡངས་པའི་ཆེ་དཔལ་གཙུག་ཏོར་སྐྱབས་དང་། སྦྱོད་ལམ་ཡིད་དུ་འོང་བའི་ངན་ཆེ་མེན་ཏོག་ཆེ་བཅས་དང་དད་པ་སྐྱོ་ངས་མེད་པའི་སྦྱིན་བདག་གཙོ་བོ་དང་རྣམ་དཀར་དགེ་བའི་ལས་དེར་ཕྱར་བ་གྲུ་འདེགས་གནང་མཁན་འཁོར། དབང་དང་མཐུ་སྟོབས་ཁྲད་འཕགས་ཅན་གྱི་སྟོང་གསུམ་ཁ་ལོ་བསྒྱུར་བའི་གླས་ཅུ་ལྷ་དཔལ་དང་ཕྱིའི་དགྲ་རྣམས་འདུལ་བའི་ནུ་འོ་ནམ་ཀ་དང་ནང་གི་གཉེན་ལ་གདུང་སེམས་མཛད་མཁན་འཕགས་པ་སྐྱབས་ལ་སོགས་པའི་ཕ་སྤུན་ཕྱི་སྐོར་ནང་སྐོར་ཕོ་ཉེ་མོ་ཉེ་རྣམས་ཀྱིས་དངོས་པོའི་རྒྱུ་འགྲོ་

① འོན་ཀེ་ཅུར་བཞུགས་པའི་མངའ་བདག་མགོན་ནེའི་སྐུ་དུས་སུ་བཞེངས་པའི་མདོ་མངས་མཐོང་སློན་པོད་པའི་ལྡེབ་གྲངས་361ལས་དྲངས།

ཆུང་ཚགས་སོགས་སྦྱར་ཏེ་ལས་ཡུན་གྱི་རིང་ཐུང་ལ་གཞིགས་པའི་ཟླ་མ་དུས་ཐོག་ཏུ་འདྲེན་པ་ལ་འུ་ཅག་རྣམས་ཡིད་ལ་སྤྲོ་བ་བསྐྱིངས་ཞེས་མཛད་བྱང་དུ་གསུངས་འདུག སྐབས་འདིར་བྱུང་བའི་སྦྱིན་བདག་བླས་ཏུ་ཁུ་ཚབ་འབར། ཀླ་ཏུ་དཀར་ནག་གཉིས་དང་སླས་ཏུ་ལྷ་དཔལ་ཞེས་པ་སོགས་ཡི་གེའི་དག་ཆ་བླ་དང་སླ་དང་ཀླ་སོགས་འབྲི་ཚུལ་མི་འདྲ་བ་མི་ཉུང་བ་ཞིག་མཆིས་ཀྱང་། དོན་གྱི་གནད་དམ་པ་ནི་ཏུས་ཀླད་ཀྱི་འབྲི་ཚུལ་མི་འདྲ་བ་ཞིག་ཡིན་པ་ནི་གོང་གི་སྦྱིན་བདག་གི་ཏུས་མིང་དུ་བྱུང་བའི་རྒྱུ་མཚན་དང་ཀླད་ཏུ་ཞེས་པ་ནི་བོད་ཀྱི་ཏུས་མིང་ཞིག་སྟེ། དེབ་ཐེར་སྔོན་པོར་སྐལ་ལྡན་ཡེ་ཤེས་སེང་གེ་ནི་ཏུས་ཀླད་ཏུ་ཡིན་①ཞེས་པས་དེའི་དོན་སྙིང་རྟོགས། འོན་ཏེ་ཕྱིས་སུ་ཏུས་ཀླད་ལས་ཆད་པའི་རྒྱུད་པ་ཇི་ཡོད་དཔྱད་གཞིའི་ཡིག་ཆ་ད་ཕན་ཀོ་བོས་མ་མཐོང་སྐབས་འོལ་ཚོད་ཀྱིས་ཞུ་ཏུ་མ་བཏུབ་བོ།

གསུམ། སྣག་ཤོག

དུས་རབས་12པའི་ནང་དུ་ལྷོ་ཁའི་འོན་མོ་ལུང་རིང་གི་བཀྲ་ཤིས་བླ་གད་དུ་མཆོད་ཡོན་སྦྱིན་བདག་ཀླད་ཏུ་ཁུ་ཚབ་འབར་དང་ཀླད་ཏུ་ལྷ་དཔལ་སོགས་ཀྱིས་དད་པ་སྐྱོ་ངས་མེད་པའི་སྦྱིན་བདག་གནང་སྟེ་སྐབས་དེར་མཁོ་བའི་གསུང་རབ་མདོ་མངས་སོགས་འབྲི་བཞེངས་ཀྱི་ཉེ་བར་མཁོ་བའི་སྣག་ཤོག་ནི། སྟོན་གྱི་རྒྱ་མཚོ་གྲོ་མཁར་ཆོས་སྡེའི་གསུང་རབ་བཞིན་ཀོང་ཡུལ་ནས་ཐོན་པའི་ཀོང་ཤོག་ཁྱད་འཕགས་ཅན་དང་སྣག་ཚ་སྤུས་ལེགས་རྒྱ་ནག་ཧོང་ཀུན་གྱི་སྣག་ཚ་བདེ་སྤྱད་དེ་སྒོ་གསུམ་ཐང་ཆད་འབྲི་བའི་འདྲི་མཁན་གྱི་ཡིག་པས་བྲིས་པ་སྟེ་མཛད་བྱང་ལས། ཀོང་པོ་ཅིག་ཚགས་ཤོ་གུ་ངོ་མཚར་ཆེ། །རྒྱའི་ཧོང་ཀུན་སྣག་ཚ་ངོ་མཚར་ཆེ། །②ཞེས་པས་རྟོགས་སོ།

① བཙན་ལྷ་ངག་དབང་ཚུལ་ཁྲིམས་ཀྱིས་མཛད་པའི་བརྡ་དཀྲོལ་གསེར་གྱི་མེ་ལོང་མི་རིགས་དཔེ་སྐྲུན་ཁང་གི་1997ལོའི་པར་མའི་ཤོག་གྲངས་13ལས་དྲངས།

② འོན་ཀེ་རུར་བཞུགས་པའི་མངའ་བདག་མགོན་ནེའི་སྐུ་དུས་སུ་བཞེངས་པའི་མདོ་མངས་མཐོང་སྨོན་ཡོད་པའི་ལྡེབ་གྲངས་361ལས་དྲངས།

བཞི། ཡིག་ཞུས།

སྐད་ཙ་ཁུ་ཚབ་དང་སྐད་ཙ་ཁུ་དཔལ་སོགས་ཀྱིས་གཙོས་པའི་དད་པ་སྐྱོ་ངས་མེད་པའི་སྦྱིན་བདག་རྣམས་ཀྱིས་རང་རང་གི་འཕོས་འགྱུར་ལ་གཞིགས་པའི་གསུང་རབ་ཀྱི་རྒྱུ་འགྲོ་སྦྱར་ཏེ་འབྲི་བཞེངས་སྣ་ཚོས་སུ་མ་བྱས་པར་ཕྱུས་ཀ་གཙིགས་སུ་འཛིན་ཏེ་ལམ་ཐག་གི་རིང་ཐུང་གི་དཀའ་ངལ་ལ་མ་འཛེམས་པར་ཁོང་པོའི་ཤོག་བུ་དང་། རྒྱ་ནག་གི་སྣག་ཚ་བླུ་ཉོ་བྱས་ཏེ་སྟོ་གསུམ་ཐང་ཆད་འབྲི་མཁན་གྱི་ཡིག་པ་ཆུས་པ་ཉི་སྒྲགས་ཀྱིས་ཡིག་དཔོན་མཛད་དེ་འབྲི་བཞེངས་བསྐྲུངས་པའི་སྐབས། ཆང་འཁྱོར་གཞུང་སྲོང་གི་ཞུ་དག་ནི་དུས་རབས་12པའི་དུས་མགོར་བྱོན་པའི་གུང་ཐང་བླ་མ་ཞང་སྟེ་གུང་ཐང་བླ་མ་བརྩོན་འགྲུས་གྲགས་པ་ཞུ་བ་བོང་ཡིན་ན། རབ་བྱུང་གཉིས་པའི་ཆུ་སྟག་སྟེ་སྤྱི་ལོ་1122 ལོར་ཡུལ་ངམ་ཤོད་ཚ་གྲུར་ཞང་གི་རིགས་ལས་བྱུང་བའི་ཡབ་སྟགས་འཆང་རྡོ་རྗེ་སེམས་པ་དང་། ཡུམ་མང་སྐྱིད་གཉིས་ཀྱི་སྲས་སུ་སྐུ་འཁྲུངས་ཤིང་། རབ་བྱུང་གསུམ་པའི་ཆུ་གླང་སྟེ་སྤྱི་ལོ་1193ལོར་གཤེགས། ཁོང་གིས་སྐུ་ན་གྲ་མོ་ཉིད་ནས་སློབ་གཉེར་ལ་འབད་པ་མཐའ་གཅིག་ཏུ་གཞོལ་ཏེ་དྭགས་སྒམ་པོ་ཚུལ་ཁྲིམས་སྙིང་པོ་སོགས་བླ་མར་བསྟེན་པ་དང་སྦྲགས། སྤྱི་ལོ་1175ལོར་ཚལ་ཡང་དགོན་དང་སྤྱི་ལོ་1187ལོར་གུང་ཐང་དགོན་པ་ཕྱག་བཏབ་ནས་ལྷ་ཆེན་དཔལ་འབར་བཞེངས། དེ་ནས་དར་སྤེལ་བྱུང་བའི་ཆོས་ལུགས་ལ་ཚལ་པ་བཀའ་བརྒྱུད་[1]ཅེས་གྲགས་ཞེས་གསུངས་པས་ན། དུས་རབས་12པའི་ནང་བྱོན་པའི་བླ་མ་ཞང་བརྩོན་འགྲུས་གྲགས་ཀྱིས་ཞུ་དག་མཛད་དེ་སྣག་ཤོག་གི་རྒྱུ་ཕྱུས་དང་འབྲི་བཞེངས་ཕྱུས་དག་པའི་སྐབས་ཀྱིས་ཡོན་བདག་སྐད་ཙ་རྣམ་གཉིས་ལ་སོགས་དགྱེས་ཚོར་དང་སྤྲོ་སྣང་ཡོད་པར་སྣང་ཞེས་པ་དེ་ཡིན་པ་ནི་མཛད་བྱང་ལས། །དེཔ་བས་དོན་དག་ཡིག་མཁན་ཡིག་ངོ་མཚར་ཆེ། ། ཆུས་པ་ཉི་སྒྲགས་ཡིག་དཔོན་ངོ་མཚར་ཆེ། །གཉེར་དང་ཞུ་ཏིག་བླ་མ་ཞང་གིས་མཛད། །སྐུ་དྲིན་ཆེ་ཡིས་ཡོན་བདག་དགྱེས་པར་གྱོངས། །པོ་ཏི་དེ་ལྟར་འབྲི་བ་ཞང་བཙུན་དགོན་ལ་འབར་[2]ཞེས་སོ།

---

① འགོས་ལོ་གཞོན་ནུ་དཔལ་གྱིས་མཛད་པའི་དེབ་ཐེར་སྔོན་པོ་སི་ཁྲོན་མི་རིགས་དཔེ་སྐྲུན་ཁང་གི་1984ལོའི་སྤར་མའི་ཤོག་གྲངས་832-837ནས་དྲངས།

② འོན་ཀེ་ཏུར་བཞུགས་པའི་མངའ་བདག་མགོན་ནེའི་སྐུ་དུས་སུ་བཞེངས་པའི་མདོ་མངས་མཐོང་སྨོན་པོད་པའི་ལྡེབ་གྲངས་361ལས་དྲངས།

ལྔ། བསྔོ་སྨོན།

དད་པ་སྐྱོ་ངས་མེད་པའི་སྦྱིན་བདག་གི་རེ་འདོད་བཞིན་སྒོ་གསུམ་ཐང་ཆད་འབྲི་བའི་ཡིག་མཁན་གྱི་ཡིག་པས་འབྲི་བཤུས་ཟིན་རྗེས། རྐང་འགྱུར་གཞུང་སྟོང་གི་ཞུས་དག་ལེགས་པར་ཕྱིན་པའི་རྗེས་སུ་རྣམ་དཀར་དགེ་བའི་ལས་དེ་ལྟ་བུ་ཞིག་བསྒྲུབས་པ་ལ་སྨོན་ལམ་ཡོངས་སུ་གཏོགས་པའི་སེམས་ཅན་རྣམས་ཀྱི་ཡིད་མོས་བཞིན་བསྔོ་བ་སྨོན་ལམ་བཏབ་པ་སྟེ་ཚེ་འདི་བདེ་སྐྱིད་ཕུན་སུམ་ཚོགས་ཤིང་། ཕྱི་མ་བྱང་ཆུབ་འཐོབ་པར་ཤོག[1]ཅེས་བཏབ་འདུག

ལེ་ཚན་གསུམ་པ། ཧོན་ཀེ་ཏུའི་མདོ་མངས་མཐོང་སྨོན་མཛད་བྱང་།

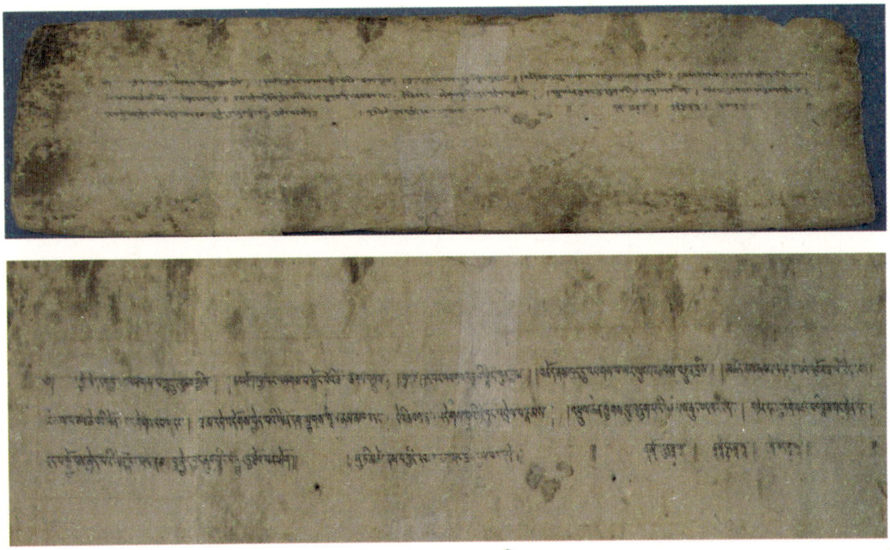

མཛད་བྱང་མ་དཔེ།

དང་པོ། མཛད་བྱང་མ་བཤུས།

༄།།ཀྱེ་ཡོན་དག་ཁྱད་པར་འཕགས་པ་ཏླ་ཏུ་ཁུ་ཚབ་གྱིས།།ཆབ་ཤོག་ཁྱད་པར་འཕགས་

① ཧོན་ཀེ་ཏུར་བཞུགས་པའི་མངའ་བདག་མགོན་ནེའི་སྐུ་དུས་སུ་བཞེངས་པའི་མདོ་མངས་མཐོང་སྨོན་ཡོད་པའི་ལྡེབ་གྲངས་361ལས་དྲངས།

པ་སྙིང་པོའི་ཚིག་ཚོགས་བསྡུས་། །སྨུག་ཚ་ཁྱད་པར་འཕགས་པ་རྒྱའི་སྟོང་ཁུན་བྱས་།། བཅོད་གནས་ཁྱད་དུ་འཕགས་པ་ཡར་ལུངས་མཁས་བཙུན་ཁྲིས་། །མཆོད་གནས་ཞབས་ནས་འདེགས་པའི་འབྲོ་ཟ་ལོ་ལེང་དང་། །རིམ་ལ་པ་ཙལ་ཆེ་བའི་ཡོན་དག་དགེགས་དཔལ་དང་། །ཟ་མ་དགེ་འདོགས་བྱེད་པའི་ཡོན་དག་ལྷགས་སྤྱལ་ནམ་མཁའ་དང་།།དེའི་ཚབས་ནས་འདེགས་པའི་ཉེ་དུང་འབྲེལ་བ་རྣམས་། །འཕྲུལ་ཆེན་ལུགས་སུ་འདུག་པའི་འཆིམས་ཆུང་བདག་རང་དང་།། གཉེར་དང་ཞུ་ཏིག་མཛད་པའི་བླ་མ་སྟོན་དང་། །དད་པ་སྐྱོ་ངས་མྱེད་པའི་སྦྱིན་བདག་ཏང་ཞལ་རྣམ་། །བླ་མྱེད་བྱང་ཆུབ་སྙིང་པོ་མྱུར་དུ་ཐོབ་པར་ཤོག་། །ཞུ་ཏི་མཆོད་ནས་པ་ཀྱིད་འབར་མ་ཞང་གྱིས་བྱས་པས་དགེའོ་།།[1] ཞེས་པའོ།

གཉིས་པ། མཛད་བྱང་གི་དབྱེ་ཞིབ།

གཅིག སྦྱིན་བདག

མདོ་མངས་མཐོང་སྨོན་དེ་འབྲི་བཞེངས་བསྐྲུངས་པའི་སྐབས་སུ་རྒྱ་འགྲོ་སྦྱོར་མཁན་གྱི་དད་པ་སྐྱོ་ངས་མེད་པའི་སྦྱིན་བདག་ཅི་ཞིག་ཅྱོན་ཡོད་པའི་སྐོར་ལ་མཛད་བྱང་ལས། ཀྱི་ཡོན་དག་ཁྱད་པར་འཕགས་པ་ཟླ་ཏ་ཁྲུ་ཚབ་གྱིས་[2] ཞེས་བྱུང་བ་ལ་གཞིགས་ན། སྟོན་གྱི་གསུང་རབ་ཁག་གི་སྦྱིན་བདག་དང་ཉུས་གཅིག་མཚུངས་ཀྱི་ཟླ་ཏ་ཁྲུ་ཚབ་གྱིས་གནང་སྟེ་འབྲི་བཞེངས་བསྐྲུངས་ཤིང་། དེའི་ཐོག་ལ་ཕྱུར་བ་གྲུ་འདེགས་ཀྱིས་རྒྱ་འགྲོ་སྦྱོར་མཁན་གྱི་སྤྱུན་མི་རིགས་ཀྱང་ཡོད་པ་སྟེ། མཆོད་གནས་ཞབས་ནས་འདེགས་པའི་འབྲོ་ཟ་ལོ་ལེང་དང་། །རིམ་ལ་པ་ཙལ་ཆེ་བའི་ཡོན་དག་དགེགས་དཔལ་དང་། །ཟ་མ་དགེ་འདོགས་བྱེད་པའི་ཡོན་བདག་ལྷགས་སྤྱལ་ནམ་མཁའ་དང་། །དེའི་ཚབས་ནས་འདེགས་པའི་ཉེ་དྲུང་འབྲེལ་བ་རྣམས་། །[3] ཞེས་བྱུང་བ་སྟེ། སྦྱིན་བདག་གཙོ་བོ་ཟླ་ཏ་ཁྲུ་ཚབ་ཕུད་པའི་ད་དུང་འབྲོ་ཟ་ལོ་ལེང་དང་འབད་ཅིང་རྩལ་ཆེ་

① འོན་ཀེ་ཉུར་བཞུགས་པའི་མངའ་བདག་མགོན་ནེའི་སྐུ་དུས་སུ་བཞེངས་པའི་མདོ་མངས་མཐོང་སྨོན་གྱི་མཛད་བྱང་། （སྤྱན་ཁྲིར་གྱི་རྒྱ་བགྲེས་ཟད་ཤིན་ཏུ་ཆེ་བས་པོད་གྲངས་དང་ལྤེབ་གྲངས་འགོད་མ་ནུས།）

② འོན་ཀེ་ཉུར་བཞུགས་པའི་མངའ་བདག་མགོན་ནེའི་སྐུ་དུས་སུ་བཞེངས་པའི་མདོ་མངས་མཐོང་སྨོན་གྱི་མཛད་བྱང་། （སྤྱན་ཁྲིར་གྱི་རྒྱ་བགྲེས་ཟད་ཤིན་ཏུ་ཆེ་བས་པོད་གྲངས་དང་ལྤེབ་གྲངས་འགོད་མ་ནུས།）

③ འོན་ཀེ་ཉུར་བཞུགས་པའི་མངའ་བདག་མགོན་ནེའི་སྐུ་དུས་སུ་བཞེངས་པའི་མདོ་མངས་མཐོང་སྨོན་གྱི་མཛད་བྱང་། （སྤྱན་ཁྲིར་གྱི་རྒྱ་བགྲེས་ཟད་ཤིན་ཏུ་ཆེ་བས་པོད་གྲངས་དང་ལྤེབ་གྲངས་འགོད་མ་ནུས།）

བའི་དགེ་དཔལ་དང་། ཟ་མ་དུས་ཐོག་ཏུ་འདྲེན་པའི་ཡོན་བདག་ལྷགས་སྤྱལ་ནམ་མཁའ་དང་འཆིམས་ཚུང་བདག་རང་ལ་སོགས་པས་ཀྱང་རང་རང་གི་འཁོས་འཁྱེར་ལ་གཞིགས་པའི་རྣམ་དཀར་དགེ་བའི་ལས་དེ་བསྒྲུབ་པའི་རིང་ལ་སྲི་ཞུ་ཅི་ཞིག་སྒྲུབ་པ་དེ་རྫོགས། གོང་དུ་བརྗོད་པའི་སྦྱིན་བདག་གཙོ་འཁོར་རྣམས་ཀྱི་རུས་ལ་ཅུང་ཟད་དཔྱད་ན། སྦྱིན་བདག་གཙོ་བོ་ཀླད་རུ་ཁུ་ཚབ་ཞེས་པའི་རུས་ཀླད་རུའི་སྐོར་དེ་གོང་གི་མཛད་བྱུང་དུ་ཞུས་ཟིན་པ་དེ་ཕྱུད་པའི་ད་དུང་འབྲོ་ཟ་ལོ་ལེང་ཞེས་པའི་རུས་འབྲོ་དང་འཆིམས་ཚུང་བདག་རང་ཞེས་པའི་རུས་འཆིམས་བཅས་ཀྱི་སྐོར་ལ་ཞུས་ན། རུས་འབྲོ་དང་འཆིམས་གཉིས་ནི་མཐོ་བོད་བཙན་པོ་སྐྱོང་བཙན་སྐུ་དུས་ཞང་གསུམ་བློན་བཞིར་བགྲང་བའི་ནང་གི་འབྲོ་དང་མཆིམས། །སྣ་ནམ་བཅས་ཞང་གསུམ་གྱི་ཁོངས་སུ་གཏོགས་པའི་རུས་ཆེན་ཞིག་ཡིན་འདུག དེ་ཡིན་དོན་ནི་ཁྲི་གཉན་གཟུངས་བཙན་གྱིས་འབྲོ་བཟའ་མོ་དུར་ཡང་ཁབ་ཏུ་བཞེས་ཤིང་སྟག་བུ་གཉན་གཟིགས་ཀྱི་འབྲོ་བཟའ་སློན་བཙུན་ཁབ་ཏུ་བཞེས་པས་འབྲོ་ཡི་ཁྲིམ་རྒྱུད་ཞང་དུ་གྱུར་པ་དང་། འབྲོང་གཉན་ལྡེའུ་ཡིས་དྭགས་པོའི་ཡུལ་ནས་མཆིམས་བཟའ་སླུ་རྒྱལ་ཁབ་ཏུ་བཞེས་པ་ལ་བརྟེན་ནས་མཆིམས་ཀྱི་ཁྲིམ་རྒྱུད་ཞང་དུ་གྱུར། ཁྲི་ལྡེ་གཙུག་བཙན་གྱིས་སྣ་ནམ་བཟའ་ཁབ་ཏུ་བླངས་པ་ལས་སྣ་ནམ་གྱི་ཁྲིམ་རྒྱུད་ཞང་དུ་གྱུར་བ་བཅས་ལས་ཞང་དུ་བོས་པ་དག་དོན་ལ་བཙན་པོའི་ཁྲིམ་རྒྱུད་དང་གཉེན་འབྲེལ་བྱུང་བའི་ཁྲིམ་རྒྱུད་ཀྱི་བློན་པོའི་འབོད་མིང་ཡིན་[1]ཞེས་པས་ཞང་གསུམ་གྱི་འདྲེན་ལུགས་ཤེས་ཤིང་། ཞང་གསུམ་གྱི་རུས་ཀྱི་འབྱུང་ཁུངས་ཐད་ལ་རྒྱལ་སྤྱིའི་བོད་རིག་པ་སྨྲ་བ་རྣམས་ཀྱིས་གསུངས་དོན། བཙན་པོ་དང་གཉེན་སྒྲིག་ཅུང་མང་བའི་རུས་ཏེ། འབྲོ་དང་མཆིམས། སྣ་ནམ་དང་ཚེ་སྤོང་བཅས་རུས་ཚོ་བཞི་ལ་རུས་ཆེན་མོ་ཞེས་བརྗོད། སྐབས་འདིར་བྱུང་བའི་སྦྱིན་བདག་རུས་འབྲོ་[2]ནི་ཞང་ཞུང་ཕྱོགས་ནས་ཐོན་ཞིང་མངའ་ཁོངས་ནི་ད་ལྟའི་གཙང་སྟོད་ཁུལ་གྱི་ས་སྐྱའི་ནུབ་བྱང་ལྷ་རྩེ་དང་ལ་སྟོད་ཤེལ་དཀར་ཁུལ་ཡིན། མཆིམས་རྒྱལ་ནི་ཁོང་པོ་དང་སྤོ་བོ་མཚམས་ནས་ཐོན་[3]ཞེས་དང་ཏའུ་ཆེས་མཆིམས་རྒྱུད་ནི་བསམ་ཡས་ཀྱི་

① རྒྱ་རུ་ཡུལ་ལྷ་ཐར་གྱིས་བརྩམས་པའི་བོད་བཙན་པོའི་རྒྱལ་རབས་ཀྱི་ཆབ་སྲིད་ལམ་ལུགས་ཞིབ་འཇུག་མི་རིགས་དཔེ་སྐྲུན་ཁང་གི་2010ལོའི་སྤར་མའི་ཤོག་གྲངས་74ལས་དྲངས།

② 见，《新唐书》卷216下《吐蕃传》载："婢婢，姓卢没，名赞心牙，羊同国人。"是以得知没卢氏原籍羊同国。

③ H.E.Richardson,《Minnisters of the Tibetan kingdonm》p.16,p21

ཉེ་འདབས་སུ་གནས་ཤིང་།[①]མཆིམས་རྒྱལ་ནི་མཐོ་བོད་རྒྱལ་རབས་གཅིག་བསྒྱུར་མ་བྱས་པའི་སྔོན་ལ་རྒྱལ་ཕྲན་སིལ་མ་ཞིག་གི་རྒྱལ་པོ་[②]ཞིག་གོ། ཏུས་སྣ་ནམ་ནི་ཀྲུང་ཡཱ་ས་མར་ཀན་（中亚撒马尔干）ཁུལ་ནས་ཡིན་ཞིང་དེ་སྔོན་ཨ་རོབ་ཀྱིས་ཕ་རོལ་བྱས་ཤིང་ཀླི་ཏུས་（月氏）ཀྱིས་ཐག་རིང་ཏུས་རྒྱུད་ཅིག་ཡིན།[③]སྣ་ནམ་ལ་གཡོན་ཏུའི་སྟོད་ནས་སྟོང་སྡེ་གཉིས་སྲིད་ཅིང་དེ་ནི་དེང་གི་བོད་ལྷོངས་ཡར་འབྲོག་གཡུ་མཚོའི་ཤར་རྒྱུད་དང་མཐོ་བོད་བཙན་པོའི་འབྱུང་ཁུངས་དང་ཉུང་ཟད་ཅིག་ཐག་ཉེ་བ་ཡིན།[④]ཚེ་སྤོང་ནི་མཐོ་བོད་གཅིག་བསྒྱུར་མ་བྱས་སྔོན་དུ་ཟིན་པོ་རྗེའི་མངའ་ཁོངས་ཀྱི་ཏུས་ཚོ་ཞིག་ཡིན། རྗེས་སུ་མྱང་དང་དབའས། མནོན་སོགས་ཏུས་ཚོ་དང་ལྷན་ཅིག་ཏུ་མཐོ་བོད་བཙན་པོར་རྒྱབ་བསྐྱོར་བྱས་གཤིས། ཚེ་སྤོང་ཟ་སྐྱིད་ཆུ་རྒྱུགས་ཁུལ་གྱི་ཏུས་ཚོ་ཞིག་ཆགས་[⑤]ཞེས་པས་གོང་གི་ཏུས་འབྲོ་དང་མཆིམས་སོགས་ཀྱི་འབྱུང་ཁུངས་དང་དེ་དག་གི་མངའ་ཁོངས་གང་དུ་ཡོད་མེད་སོགས་ཁ་གསལ་ཞིག་ཤེས་ཐུབ་པས་ན། སྐབས་འདིའི་གསུང་རབ་འབྲི་བཞེངས་ཀྱི་སྦྱིན་བདག་འཁོར་དུ་གཏོགས་པའི་འབྲོ་ཟ་ལོ་ལེང་དང་འཆིམས་ཚུང་བདག་རང་བཅས་ཀྱི་རྒྱུད་པའང་གང་ཞིག་ལས་ཆད་པའི་ལོ་རྒྱུས་རགས་བསྡུས་ཙམ་ཞིག་ཤེས།

གཉིས། སྣག་ཤོག

གོང་གི་མཛད་བྱུང་ཁག་དང་འདྲ་བར་དད་པ་སྐྱོ་ངས་མེད་པའི་སྦྱིན་བདག་ཀླད་ཏུ་ཁུ་ཚབ་དང་འབྲོ་ཟ་ལོ་ལེང་དང་འཆིམས་ཚུང་བདག་རང་བཅས་ཀྱིས་རྒྱ་འགྲོ་སྦྱར་ནས་གསུང་རབ་དེ་འབྲི་བཞེངས་བསྒྲུངས་པའི་སྐབས་སུ། གསུང་རབ་ཀྱི་འབྲི་ཤོག་ཅི་ཞིག་བཀོད་ཡོད་པའི་སྐོར་ལ་མཛད་བྱུང་ལས། ཆབ་ཤོག་ཁྲིད་པར་འཕགས་པ་སྐོང་པོ་ཆིག་ཚོགས་བསྡུས་། །སྣག་ཚ་

---

① G.Tucci, 《The tombs of the Tibetan king 》p.66,Roma1950.

② 见，王尧 陈践 《敦煌本吐蕃历史文书》，第96.161页。

③ F.W.Thomas ,Tibetan literary Texts and Docunments Concerning Chinese Turkestan part I. P.271,not .6,London,1935.L. Petech,op.cit.P.12.

④ 见，佐藤长著《西藏历史地理研究》岩波书局，东京1978年，第369页。

⑤ 见，林冠群著《唐代吐蕃历史与文化伦家》中国藏学出版社2007年版，第135页。

ཁྲིད་པར་འཕགས་པ་རྒྱའི་སྟོང་ཁུན་བྱས་[1]ཞེས་བྱུང་བ་ལས། དུས་རབས་12པའི་ནང་དུ་ཁྲིད་དུ་འཕགས་པའི་ཀོང་ཨོག་ཆིག་ཚགས་ལྷུ་ཏོ་བྱས་ཏེ་ཁྲིད་དུ་འཕགས་པའི་རྒྱ་ནག་གི་སྣག་ཚ་བཏང་སྟེ་འབྲི་བཞེངས་བསྐྲུངས་པ་དེ་རྟོགས།

གསུམ། ཡིག་ཞུས།

སྦྱིན་བདག་ཀླད་ཅ་ཁུ་ཚབ་དང་འབྲོ་ཟ་ལོ་ལེང་དང་འཆིམས་ཚུང་བདག་རང་བཅས་ཀྱིས་རྒྱ་འགྲོ་བཏང་སྟེ་གསུང་རབ་འབྲི་བཞེངས་ཀྱི་ཉེ་བར་མཁོ་བའི་སྣག་ཤོག་སྟེ་ཀོང་པོའི་ཤོག་བུ་དང་རྒྱ་ནག་གི་སྣག་ཚ་གྲ་སྒྲིག་ཟིན་པ་དང་སྦྲགས། སྒོ་གསུམ་ཐང་ཆད་འབྲི་བའི་ཡིག་མཁན་བཆོད་གནས་ཁྲིད་དུ་འཕགས་པ་ཡར་ལུངས་མཁས་བཙུན་[2]གྱིས་བྲིས་བཤུས་བགྱིས་ཞིང་། ཀང་འགྱུར་གཞུང་སྟོང་གི་ཞུ་དག་ནི་བླ་མ་སྟོན་གྱིས་[3]བྱས་ཏེ་ལེགས་བསྒྲུབ་བྱུང་བ་དེ་བསྟན་འདུག

བཞི། བསྔོ་སྨོན།

སྦྱིན་བདག་ཀླད་ཅ་ཁུ་ཚབ་དང་འབྲོ་ཟ་ལོ་ལེང་དང་མཆིམས་ཚུང་བདག་རང་བཅས་ཀྱིས་རྒྱ་འགྲོ་སྦྱར་ནས་སྒོ་གསུམ་ཐང་ཆད་འབྲི་བའི་ཡིག་པ་ཡར་ཀླུངས་ཀྱི་མཁས་བཙུན་གྱིས་བྱས་སྟེ་ཀང་འགྱུར་གཞུང་སྟོང་གི་ཞུས་དག་པ་ཀྱིད་འབར་ས་མ་ཞང་གིས་མཛད་དེ་འབྲི་བཞེངས་ལེགས་གྲུབ་བྱུང་རྗེས། སྨོན་ལམ་ཡོངས་སུ་གཏོགས་པའི་སེམས་ཅན་རྣམས་ཀྱི་མོས་པ་དང་འཚམས་པའི་སྨོན་ལམ་བླ་མེད་བྱང་ཆུབ་སྙིང་པོ་མྱུར་དུ་ཐོབ་པར་ཤོག་ཅེས་བཏབ་པ་ནི་མཛད་བྱང་ལས། བླ་མེད་བྱང་ཆུབ་སྙིང་པོ་མྱུར་དུ་ཐོབ་པར་ཤོག་[4]ཅེས་པས་སོ།

① འོན་ཀེ་རུར་བཞུགས་པའི་མངའ་བདག་མགོན་ནེའི་སྐུ་དུས་སུ་བཞེངས་པའི་མདོ་མངས་མཐོང་སྨོན་གྱི་མཛད་བྱང་། （སྤྱན་ཁྲིར་གྱི་རྒྱ་བགྲེས་ཟད་ཤིན་ཏུ་ཆེ་བས་ཡོད་གྲངས་དང་ལྟེབ་གྲངས་འགོད་མ་ནུས།）

② འོན་ཀེ་རུར་བཞུགས་པའི་མངའ་བདག་མགོན་ནེའི་སྐུ་དུས་སུ་བཞེངས་པའི་མདོ་མངས་མཐོང་སྨོན་གྱི་མཛད་བྱང་། （སྤྱན་ཁྲིར་གྱི་རྒྱ་བགྲེས་ཟད་ཤིན་ཏུ་ཆེ་བས་ཡོད་གྲངས་དང་ལྟེབ་གྲངས་འགོད་མ་ནུས།）

③ འོན་ཀེ་རུར་བཞུགས་པའི་མངའ་བདག་མགོན་ནེའི་སྐུ་དུས་སུ་བཞེངས་པའི་མདོ་མངས་མཐོང་སྨོན་གྱི་མཛད་བྱང་། （སྤྱན་ཁྲིར་གྱི་རྒྱ་བགྲེས་ཟད་ཤིན་ཏུ་ཆེ་བས་ཡོད་གྲངས་དང་ལྟེབ་གྲངས་འགོད་མ་ནུས།）

④ འོན་ཀེ་རུར་བཞུགས་པའི་མངའ་བདག་མགོན་ནེའི་སྐུ་དུས་སུ་བཞེངས་པའི་མདོ་མངས་མཐོང་སྨོན་གྱི་མཛད་བྱང་། （སྤྱན་

ལེ་ཚན་བཞི་པ། ནོན་ཀོ་ཏའི་འཕགས་པ་འགྲོ་བ་ཐམས་ཅད་ཡོངས་སུ་སྐྱོབ་པར་བྱེད་པའི་མཛོད་བྱང་།

མཛོད་བྱང་མ་དཔེ།

དང་པོ། མཛོད་བྱང་མ་ཕྱུས།

༄། །ཀྱེ་སྟོང་གསུམ་སྤྱི་ཕུད་ཤག་ཀྱ་ཐུབ་པའི་ཞིང་། །འཛམ་གླིང་མངའ་རིས་བོད་ཀྱི་རྒྱལ་ཁམས་འདིར། །རི་མཐོ་ས་གཙང་གངས་ཀྱི་རྒྱུད་ཀྱིས་བསྐོར། །ཡུལ་ལས་ཁྱད་པར་འཕགས་པ་འོན་མོ་སླུང་རིངས་འདིར། །མྱི་ལས་ཁྱད་པར་འཕགས་པ་མངའ་བདག་མགོན་ནེ་བྱུང་། །ཞང་བློན་ཁྱད་པར་འཕགས་པ་ཞང་སྟོན་སྲ་བན་བྱུང་། །ཆོས་དཀོར་ཁྱད་དུ་འཕགས་པ་ལྷ་ཁང་ཀེར་ཏ་བྱུང་། །ཆོས་མཁན་ཁྱད་དུ་འཕགས་པ་དགེ་བཤེས་འོར་སྟོན་བྱུང་། ། དགེ་འདུན་རྣམས་སྒྲོ་སྒྲོ་བློ་བློ་ནས། ། མདོ་མངས་མཐོང་སྨོན་ཞལ་གྱིས་བཞེས་སོ་སྐད། །ཤོའུ་ཁྱད་འཕགས་ཁེང་པོའི་དུང་རང་ལགས། །སྣག་ཚ་ཁྱད་པར་འཕགས་པ་རྒྱའི་ཧོང་སྣག་ལགས། །ཡིག་མཁན་ཁྱད་དུ་འཕགས་པ་གཡོར་པོའི་མཁས་བཟམས་ཡིན། ། འདི་ལ་སྨོད་ན་མཐོའ་དོགས་ཡིན་པས་མ་ཉན་ཅིག། ། ལྷ་ཁང་ཀེ་ཏ་སྲིད་པའི་ཆུ་བོ་ལ། །གནས་བརྟན་གག་པ་གྲང་རྟན་ཟམ་པ་

ཁྲིར་གྱི་རྒྱ་བགྲེས་ཟད་ཤིན་ཏུ་ཆེ་བས་པོད་གྲངས་དང་ལྡེབ་གྲངས་འགོད་མ་ནུས།)

བཙུགས། །གནས་བརྟན་གཞོན་འོད་ཟམ་སྟེས་ཕན་ཚུན་བྱས། །གཟའ་མྱི་རྣམས་པོ་ཕར་འགྲོ་ཚུར་འགྲོ་བྱེད། །མཆོད་གནས་རྣམས་པོ་ཡར་འགྲོ་མར་འགྲོ་བྱེད། །དགེ་བཤེས་འབྲོ་སློམ་དང་པའི་སྟོང་པ་ལ།། མཆོད་གནས་དགེ་འདུན་རྣམས་ཀྱིས་བསྙེན་བཀུར་བྱེད་རེ་སྐྱོའ། །མཆོད་གནས་ཁུ་རིངས་ཡི་གེ་གཟོབ་རེ་སྐྱོའ། །པོ་ཏི་ཕ་དུམ་འདིའ་ཡིས་བྱིན་རླབས་ཀྱིས། །ཡོན་མཆོད་གཉིས་པོ་འཛམ་དཔལ་ཞལ་མཐོང་ཤོག། །དབུ་མཁན་ཁྲིད་དུ་འཕགས་པ་ཀླུང་སྟོན་གཟུང་འབར་ཡིན། །ཞུས་མཁན་ཤེས་རབ་ཅན་གྱི་སྤྲངས་སུམ་བན་དེ་ལགས། །གཞོན་ལ་ཁྲུག་པ་ཆེ་བའི་སྨི་ཆུང་གཉེར་པ་ཡིན། །བཟང་ལ་ནར་ཆགས་གཟའ་བ་རྣམས་པོ་ཡིན། །མཁས་ལ་རྨྱིན་པ་ཡར་ལུངས་མཆོད་གནས་ལགས། [1]ཞེས་པའོ།

གཉིས་པ། མཛད་བྱུང་གི་དབྱེ་ཞིབ།

གཅིག ཡུལ་ལུང་།

འཕགས་པ་འགྲོ་བ་ཐམས་ཅད་ཡོངས་སུ་སྐྱོབ་པར་བྱེད་པའི་ཡོངས་སུ་བསྔོ་བ་ཞེས་བྱ་བའི་གསུང་རབ་འདི་འབྲི་བཞེངས་བྱ་སའི་ཡུལ་དེ་ཡང་སྔོན་དུ་སོང་བ་ལྟར་མཛད་བྱུང་ལ་མགོ་བཏགས་བཙོལ་ཏེ་ཞུ་དོན། ༄།།ཀྱེ་སྟོང་གསུམ་སྤྱི་ཕུད་ཤག་ཀྱ་ཐུབ་པའི་ཞིང་། །འཛམ་གླིང་མངའ་རིས་བོད་ཀྱི་རྒྱལ་ཁམས་འདིར། །རི་མཐོ་ས་གཙང་གངས་ཀྱི་རྒྱུད་ཀྱིས་བསྐོར། །ཡུལ་ལས་ཁྱད་པར་འཕགས་པ་འོན་མོ་ཀླུང་རིངས་འདིར།། [2]ཞེས་བྱུང་བ་ལ་གཞིགས་ན། རིམ་པས་བཞིན་ས་རྒྱུས་ཆེ་ས་ནས་ཆུང་སར་སོང་བ་སྟེ། སྟོང་གསུམ། →བོད་ཡུལ། →འོན་མོ་ཀླུང་རིངས་ཞེས་བརྗོད་པས་ཀྱང་གསུང་རབ་འདི་འབྲི་བཞེངས་ཀྱི་ཡུལ་ལུང་ལྷོ་ཁ་ས་ཁུལ་སྣེ་གདོང་རྫོང་ཁོངས་ཀྱི་འོན་སྐྱིད་པ་ཤང་གི་འོན་ཀེ་རུ་ལྷ་ཁང་གནས་སའི་ལུང་ཤུར་དེ་ཡིན་པ་སྣག་ཤོག

① འོན་ཀེ་རུར་བཞུགས་པའི་ཤེར་ཕྱིན་བྲིས་མ་རྒྱ་གར་གྱི་མཁན་པོ་བྱིད་ཏ་ཀ་ར་པྲ་བ་དང་། ལོ་ཙ་བ་བན་དེ་ཡེ་ཤེས་སྙིང་པོས་བསྒྱུར་ནས། ཞུ་ཆེན་གྱི་ལོ་ཙ་བ་བན་དེ་དཔལ་བརྩེགས་ཀྱི་ཞུས་ཏེ་གཏན་ལ་ཕབ་པ། འཕགས་པ་འགྲོ་བ་ཐམས་ཅད་ཡོངས་སུ་སྐྱོབ་པར་བྱེད་པའི་ཡོངས་སུ་བསྔོ་བ་ཞེས་བྱ་བ་རྫོགས་སོ་ཞེས་པའི་མཛད་བྱུང་ལས་དྲངས། (སྤྱན་ཕྱིར་རྒྱ་བགྲེས་ཟད་ཤིན་ཏུ་ཆེ་སྐབས་པོད་གྲངས་དང་ལྡེབ་གྲངས་འགོད་མ་ཐུབ།)

② འོན་ཀེ་རུར་བཞུགས་པའི་ཤེར་ཕྱིན་བྲིས་མ་རྒྱ་གར་གྱི་མཁན་པོ་བྱིད་ཏ་ཀ་ར་པྲ་བ་དང་། ལོ་ཙ་བ་བན་དེ་ཡེ་ཤེས་སྙིང་པོས་བསྒྱུར་ནས། ཞུ་ཆེན་གྱི་ལོ་ཙ་བ་བན་དེ་དཔལ་བརྩེགས་ཀྱི་ཞུས་ཏེ་གཏན་ལ་ཕབ་པ། འཕགས་པ་འགྲོ་བ་ཐམས་ཅད་ཡོངས་སུ་སྐྱོབ་པར་བྱེད་པའི་ཡོངས་སུ་བསྔོ་བ་ཞེས་བྱ་བ་རྫོགས་སོ་ཞེས་པའི་མཛད་བྱུང་ལས་དྲངས། (སྤྱན་ཕྱིར་རྒྱ་བགྲེས་ཟད་ཤིན་ཏུ་ཆེ་སྐབས་པོད་གྲངས་དང་ལྡེབ་གྲངས་འགོད་མ་ཐུབ།)

མང་པོས་འགྲེལ་མི་དགོས་པར་ཤེས།

གཉིས། སྨིན་བདག

འདིར་ཡང་གསུང་རབ་འདི་བཞེངས་པའི་མཆོད་ཡོན་སྦྱིན་བདག་གི་སྐོར་ཡིན་ཙ་ན་ཐོག་མར་མཛོད་བྱང་ལ་ལུང་ཁུངས་བཙལ་ཏེ་ཞུ་རྒྱུ་ཡིན། མཛོད་བྱང་དུ། སྨྱི་ལས་ཁྲིད་པར་འཕགས་པ་མངའ་བདག་མགོན་ནེ་བྱུང་།། ཞང་བློན་ཁྲིད་པར་འཕགས་པ་ཞང་སྟོན་སྦྲ་བན་བྱུང་། །ཆོས་དཀོར་ཁྲིད་དུ་འཕགས་པ་ལྷ་ཁང་གེར་ཀྲ་བྱུང་།། ཆོས་མཁན་ཁྲིད་དུ་འཕགས་པ་དགེ་བཤེས་འོར་སྟོན་བྱུང་། །དགེ་འདུན་རྣམས་སྒྲོ་སྒྲོ་བློ་བློ་ནས།། མདོ་མངས་མཐོང་སྨོན་ཞལ་གྱིས་བཞེས་སོ་སྐད།[①]ཅེས་བྱུང་བ་ལྟར་ན། གསུང་རབ་དེ་འབྲི་བཞེངས་ཀྱི་སྦྱིན་བདག་ནི་སྨྱི་ལས་ཁྲིད་པར་འཕགས་པ་མངའ་བདག་མགོན་ནེ་སྟེ་བོད་ཀྱི་བཙན་པོ་གླང་དར་མ་ནས་མར་བརྩིས་པའི་མི་རབས་དྲུག་པ་ཡིན་ཞིང་། ཁོང་གི་ཡབ་མཚལ་སྣ་ཡེ་ཤེས་རྒྱལ་མཚན་གྱི་མཆོད་ཡོན་སྦྱིན་བདག་མཛད་དེ་དུས་རབས་11པར་བླུ་མེས་ཚུལ་ཁྲིམས་ཤེས་རབ་སོགས་ཀྱི་བསྟན་པའི་མེ་རོ་སློང་བར་རྒྱབ་བསྐྱོར་མཛད་[②]ཅིང་། དེའི་སྲས་མངའ་བདག་མགོན་ནེ་ཞུ་བ་ཁོང་ལ་ཞང་བློན་ཁྲིད་པར་འཕགས་པ་ཞང་སྟོན་སྦྲ་བན་བྱུང་ཞེས་པའི་ཞང་བློན་ཏེ་བཙན་པོ་སྲོང་བཙན་སྒམ་པོའི་སྐུ་དུས་སུ་འབྲོ་དང་མཆིམས་དང་སྣ་ནམ་གསུམ་དང་ཞང་པོ་མིན་པའི་བློན་པོ་སྤྲས་བཅས་མི་བཞིས་མཉམ་དུ་སྲིད་འཛིན་གྱི་ལས་དོན་སྒྲུབ་པ་ལ་ཟེར། ཞང་བློན་ནི་རྒྱལ་པོའི་མ་ཡི་ཕྱོགས་ནས་གཉེན་ཚན་འགྲོ་བའི་བློན་པོ་ལ་ཟེར་ཞིང་། བློན་པོ་དེ་དག་གི་མིང་འབོད་པའི་སྐབས་དངོས་མིང་གི་འགོར་ཞང་ཞེས་བརྗོད་སྲོལ་ཡོད། དེའི་རྒྱུ་མཚན་ནི་ཞང་པོ་ནི་ཨ་ཁུ་དང་མི་འདྲ་བར་ཚ་བོ་ལ་ཤ་ཚ་དང་བརྩེ་དུང་ཆེ་བའི་དབང་གིས་བློན་པོའི་ནང་དུ་ཞང་བློན་མང་ཙམ་ཡོད་ན་བཙན་པོའི་བདེ་འཇགས་ལ་ཕན་པ་ཡོད་པ་རེད་[③]ཅེས་གསུངས་

---

① འོན་ཀེ་ཏུར་བཞུགས་པའི་ཤེར་ཕྱིན་བྲིས་མ་རྒྱ་གར་གྱི་མཁན་པོ་བྱིད་ཏ་ཀ་ར་པྲ་པ་དང་། ལོ་ཙ་བ་བན་དེ་ཡེ་ཤེས་སྙིང་པོས་བསྒྱུར། ཞུ་ཆེན་གྱི་ལོ་ཙ་བ་བན་དེ་དཔལ་བརྩེགས་ཀྱི་ཞུས་ཏེ་གཏན་ལ་ཕབ་པ། འཕགས་པ་འགྲོ་བ་ཐམས་ཅད་ཡོངས་སུ་སྐྱོབ་པར་བྱེད་པའི་ཡོངས་སུ་བསྔོ་བ་ཞེས་བྱ་བ་རྫོགས་སོ་ཞེས་པའི་མཛད་བྱང་ལས་དྲངས། (སྤྱན་ཁྲིར་རྒྱ་བགྲེས་ཟད་ཤིན་ཏུ་ཆེ་སྐབས་བོད་གྲངས་དང་ལྗིབ་གྲངས་འགོད་མ་ཐུབ།)

② 见，巴桑旺堆著《关于古写本德研究方法在探讨》《中国藏学》2009年3期，第80页。

③ མཁས་དབང་དུང་དཀར་བློ་བཟང་འཕྲིན་ལས་མཆོག་གིས་མཛད་པའི་དུང་དཀར་བོད་རིག་པའི་ཚིག་མཛོད་ཆེན་མོ་ཀྲུང་གོའི་

པ་ལས་ཞང་བློན་ཞེས་པའི་ཚིག་གི་འབྱུང་ཁུངས་དང་དེའི་གོ་དོན། ཕན་ཡོན་སོགས་གང་ཡིན་པ་ཞིབ་ཆ་ལྡན་པ་ཞིག་ཤེས། སྔོན་གྱི་དཔེ་རྙིང་གི་མཛད་བྱང་དུ་བྱུང་བའི་ཞང་བློན་ཁྲིད་དུ་འཕགས་པ་ཞང་བློན་ཞང་སྟོན་སྒྲ་བན་ནི་བོད་ཀྱི་བཙན་པོ་སྣང་དར་མའི་རྒྱུད་པ་མི་རབས་དྲུག་པ་སྟེ་མངའ་བདག་མགོན་ནེའི་ཡུམ་མཆོག་གི་སྲུན་ཞང་སྟོན་སྒྲ་བན་ཞེས་པ་ཐན་གཞོན་གང་ཏུང་ཞིག་བྱོན་པ་དེ་ཡིན་པར་སེམས། དེས་ན་མངའ་བདག་མགོན་ནེའི་ཞང་བློན་ཁྲིད་འཕགས་ཞང་སྟོན་སྒྲ་བན་སོགས་ཀྱིས་གསུང་རབ་འབྲི་བཞེངས་ཀྱི་ལས་ཀ་སྟེ་རིག་གནས་དང་ཆབ་སྲིད་དང་དཔལ་འབྱོར་སོགས་ཀྱི་ལས་ཀར་ཕྱུར་བ་གྲུ་འདེགས་གནང་བ་ལས་ཞང་བློན་ཁྲིད་འཕགས་ཞང་སྟོན་སྒྲ་བན་བྱུང་ཞེས་དང་། དེ་མིན་མཛད་བྱང་དུ་ཆོས་འཁོར་ཁྲིད་དུ་འཕགས་པ་ལྷ་ཁང་ཀེ་རུ་བྱུང་ཞེས་པ་ལྟར་ན། འོན་ཀེ་རུ་ལྷ་ཁང་དེའི་སྐོར་ལ་བོད་ཀྱི་ལོ་རྒྱུས་སྨྲ་བ་རྣམས་ཀྱིས་བཞེད་དགོངས་མི་འདྲ་བ་ཧེ་སྣེད་ཅིག་བཀོད་ཡོད་ཀྱང་། ལོ་རྒྱུས་དེབ་ཐེར་དང་དགོན་པའི་དཀར་ཆག་སོགས་ཁུངས་བཙུན་ཞིག་མ་རྙེད་བར་དུ་འདི་འདྲ་ཞིག་གོ་ཞེས་ཁ་ཚོན་མ་བཅད་པར་རེ་ཞིག་བཏང་སྙོམས་སུ་བཞག་རྒྱུ་ཡིན། འདིར་གཙོ་བོ་གསུང་རབ་ཀྱི་མཛད་བྱང་གི་དབྱེ་ཞིབ་སྐོར་ཡིན་ཙ་ན། མཛད་བྱང་ལས་བྱུང་བ་ལྟར་བརྗོད་ན་ལྷ་ཁང་ཀེ་རུ་དེ་ནི་མངའ་བདག་མགོན་ནེའི་སྐབས་སུ་ལྷ་ཁང་ཀེ་རུ་བྱུང་ཞེས་བརྗོད་པ་ལ་ཆ་བཞག་ན་མངའ་བདག་མགོན་ནེའི་འབྲུངས་འདས་ལོ་ཚིགས་སོགས་ཁ་གསལ་ཞིག་མ་ཤེས་ཏུང་། སྣང་དར་མ་ནས་མི་རབས་རེ་རེ་ལ་མི་ལོ་བཞི་བཅུའི་བར་དུ་བརྩིས་ཚེ་དེའི་བར་དུ་མི་ལོ་གཉིས་བརྒྱ་ཡས་མས་ཀྱི་བར་དུ་ཆོད་དགོས་སྐབས། དེ་དག་དེང་གི་ལོ་རྩིས་རིག་གཞུང་ལྟར་དུས་རབས་ལ་དབབ་ན་ཕལ་ཆེར་དུས་རབས་11པའི་ནང་དུ་འཁྱོར་བ་དང་གཅིག གཉིས་མཁས་པ་ལྡེའུས་བོད་བཙན་པོའི་རྒྱུད་པ་མངའ་བདག་ཡུམ་བརྟན (843-878)[1]ཀྱི་སྐོར་འཆད་པའི་སྐབས་སུ་ཡུམ་བརྟན་གྱི་སྲས་ཁྲི་ལྡེ་མགོན་སྙན། དེ་ལ་སྲས་གཉིས་ཏེ། གཅེན་རིག་པ་མགོན་

བོད་རིག་པ་དཔེ་སྐྲུན་ཁང་གི་2002ལོའི་སྤར་མའི་ཤོག་གྲངས་1761ལས་དྲངས།

① ཀ༔ཐོག་རིག་འཛིན་ཚེ་དབང་ནོར་བུས་མཛད་པའི་བཙན་པོའི་གདུང་རབས་ཚིག་ཉུང་དོན་གསལ་ནང་བསྟན་པ་ལྟར། འོད་སྲུངས་བལྟམས་པའི་དུས་ནི་ཡབ་དར་མ་མ་གཤེགས་གོང་སྟེ་སྤྱི་ལོ་842ཆུ་ཁྱི་ལོར་ཡུམ་སྦུ་སྣ་སྣང་དུ་བལྟམས་པ་དང་། ཡུམ་བརྟན་ནི་ཡབ་དར་མ་གཤེགས་པའི་ལོ་སྟེ་སྤྱི་ལོ་843ཆུ་ཕག་ལོར་བལྟམས་པས་ཁོང་གཉིས་དབར་དགུང་ཁྲད་ལོ་གཅིག་ཡོད་པར་བཞེད་པ་ནི་འཐད་ལྡན་ཡིན་པའི་རྒྱུ་མཚན་མང་པོ་ནས་གསལ་པོར་མཐོང་ཐུབ་ཅེས་བོད་ཀྱི་ལོ་རྒྱུས་རགས་རིམ་གཡུ་འཕྲེང་སྟོད་ཆའི་ཤོག་གྲངས་427ན་གསལ།

དང་། གཙུང་ཉི་འོད་དཔལ་མགོན་ནོ་ཞེས་[①]དང་གཙུང་ཉི་འོད་དཔལ་མགོན་སྨྱོད་རྒྱུད་པའི་སྐོར་ལ། ཉི་འོད་ཀྱི་སྲས་མགོན་སྨྱོད། དེའི་སྲས་ཚ་ལ་ན་ཡེ་ཤེས་རྒྱལ་མཚན་ (? -917) དེ་ལ་སྲས་བཞི་སྟེ། གསུམ་ལ་གྱེས་པས་འཕན་སྤུལ། ལྷོ་བྲག རབས་ཤོད་མལ་དྲོ་ལ་སོགས་པར་གྱེས། [སྲས་ཆེ་བ་ཨ་ཙ་རའི་སྲས་]མགོན་ནེ་[②]ཞེས་བྱུང་བས་ཀྱང་དེའི་གནད་དོན་དེ་དུས་རབས་11པའི་ནང་དུ་བྱུང་བ་ར་སྨྲོད་ཐུབ་ལ། ད་དུང་མངའ་བདག་མགོན་ནེ་ཞེས་པའི་མགོན་ནེའི་མཚན་ཅན་གྱི་མདུན་དུ་བྱོན་པའི་མངའ་བདག་ཞེས་པའི་ཐ་སྙད་འདིའི་སྐོར་ལ། བོད་ཀྱི་གསུང་རབ་སྒྲ་བའི་དབང་པོ་དགེ་འདུན་ཆོས་འཕེལ་མཆོག་གིས་གསུངས་དོན། དེ་ཡང་བཙན་པོ་དང་རྗེ་དང་། རྒྱལ་པོ་དང་། མངའ་བདག་དང་། ལྷ་སོགས་ནི་སྔོན་གྱི་བརྗ་ཡིན་ཞིང་། ས་སྐྱོང་དང་མི་དབང་སོགས་ནི་ལེགས་སྦྱར་སྐད་ཀྱི་ཧྲཱུ་བྷཱ་ལ་དང་ན་རེནྡྲ་སོགས་བསྒྱུར་བར་འདུག་པས་བསྟན་བཅོས་ཀྱི་ཐ་སྙད་ཙམ་ཡིན་ནོ། དེ་མཚུངས་སྡེ་པ་བྱ་བ་ཡང་ཕྱིས་ཀྱི་ཐ་སྙད་ཡིན་ལ། དེ་ཡང་རྒྱ་གར་པ་རྣམས་རྒྱལ་པོ་ལ་དེ་བ་སྟེ་ལྷ་ཞེས་འབོད་པ་དེ་ཟུར་ཆག་ནས། ཁ་ཆེ་བ་རྣམས་ཀྱི་སྐད་ལ་བདེ་ཤང་དུ་འབོད་པའི་ཐ་སྙད་དེ་དག་ཐོག་མར་མངའ་རིས་ཆོས་རྒྱལ་རྣམས་ལ་ཚོ་ལོ་སྒྱུར་ཞིང་། ཕྱིས་རིན་སྤུངས་སྣེའུ་གདོང་གཙང་པ་སོགས་ལ་ཡང་སྤྱུར་[③]ཞེས་གསུངས་པས། མངའ་བདག་ཞེས་པའི་ཐ་སྙད་དེ་བཙན་པོ་དང་རྗེ། ལྷ་དང་རྒྱལ་པོ་སོགས་སྔོན་གྱི་བརྗ་ཞེས་པས་སྔོན་དེ་དུས་འདི་འདྲ་ཞིག་གོ་ཞེས་ཁ་ཚོན་གཅོད་མ་ཐུབ་ཀྱང་། དུས་རབས་12སྔོན་གྱི་ཐ་སྙད་ཅིག་ཡིན་པ་ནི་ཕྱིས་ཏེ་དུས་རབས་13པའི་རྗེས་ཀྱི་རིན་སྤུངས་དང་སྣེའུ་གདོང་། གཙང་པ་སོགས་ལ་སྒྱུར་ཞེས་པས་རྟོགས། དེས་ན་འོན་ཀེ་ཏུ་ལྷ་ཁང་ཕྱུག་བཏབ་མཁན་མངའ་བདག་མགོན་ནེ་དུས་རབས་11པར་བྱོན་པའི་བཙན་པོའི་མི་རྒྱུད་ཅིག་ཡིན་ཙ་ན་ལྷ་ཁང་དེ་ཡང་ཕྱུག་བཏབ་པའི་དུས་རབས་ཀྱང་དེ་ལས་མ་འདས་སོ་སྙམ།

① མཁས་པ་ལྡེའུས་མཛད་པའི་རྒྱ་བོད་ཆོས་འབྱུང་རྒྱས་པ་ བོད་ལྗོངས་བོད་ཡིག་དཔེ་རྙིང་དཔེ་སྐྲུན་ཁང་གི་1987ལོའི་པར་མའི་ཤོག་གྲངས་367ལས་དྲངས།

② མཁས་པ་ལྡེའུས་མཛད་པའི་རྒྱ་བོད་ཆོས་འབྱུང་རྒྱས་པ་ བོད་ལྗོངས་བོད་ཡིག་དཔེ་རྙིང་དཔེ་སྐྲུན་ཁང་གི་1987ལོའི་པར་མའི་ཤོག་གྲངས་368ལས་དྲངས།

③ དགེ་འདུན་ཆོས་འཕེལ་གྱི་གསུང་འབུམ་པོད་དང་པོ། ནུབ་བྱང་མི་རིགས་སློབ་ཆེན་གྱི་པར་མའི་ཤོག་གྲངས་175ལས་དྲངས།

གསུམ། དགོས་པ།

དེ་ཡང་མཛད་བྱང་ལས་ཆོས་ཁྱད་དུ་འཕགས་པ་དགེ་བཤེས་འོར་སྟོན་བྱུང་།། དགེ་འདུན་རྣམས་སློ་སློ་བློ་བློ་ནས།། །མདོ་མངས་མཐོང་སྨོན་ཞལ་གྱིས་བཞེས་སོ་སྐད། [①]ཅེས་བྱུང་བ་ལྟར་ན། དུས་རབས་11-12པའི་ནང་དུ་མངའ་བདག་མགོན་ནེས་ཕྱག་བཏབ་པའི་འོན་ཀེ་ཙ་ལྷ་ཁང་དུ་ཆོས་ཀྱི་མཁན་པོ་ཁྱད་དུ་འཕགས་པ་དགེ་བཤེས་འོར་སྟོན་དང་དགེ་འདུན་རྣམས་གྲོས་ཀྱི་བློ་ཁ་གཅིག་མཐུན་གྱིས་སྐོ་ནས་མངའ་བདག་མགོན་ནེའི་ཐུགས་དམ་མདོ་མངས་མཐོང་སྨོན་བཞེངས་པ་ལ་ཞལ་མཐུན་བྱུང་ནས་བཞེངས་པ་དེ་རྟོགས་ཤིང་། འདིར་བྱུང་བའི་དགེ་བཤེས་འོར་སྟོན་ཞེས་པའི་མཚན་གྱི་མདུན་དུ་བྱུང་བའི་དགེ་བཤེས་ཞེས་པའི་ཚིག་གི་དོན་ལ་བསམས་ན། དགེ་བཤེས་ཞེས་པའི་ཐ་སྙད་དེ་ནི་དུས་རབས་11པར་བྱོན་པའི་དགེ་བཤེས་འབྲོམ་སྟོན་པ་རྒྱལ་བའི་འབྱུང་གནས་ཞེས་པའི་མཚན་བྱང་ལས་རིམ་བཞིན་དར་ཁྱབ་བྱུང་བ་[②]བཅས་ལས་མངའ་བདག་མགོན་ནེའི་ཐུགས་དམ་མདོ་མངས་མཐོང་སྨོན་འབྲི་བཞེངས་དང་འོན་ཀེ་ཙ་ལྷ་ཁང་ཕྱག་འདེབས་པའི་དུས་རབས་ཀྱང་རགས་ཙམ་ཞིག་ཤེས་ཐུབ།

བཞི། སྣག་ཤོག

མངའ་བདག་མགོན་ནེའི་ཐུགས་དམ་མདོ་མངས་མཐོང་སྨོན་དེ་དུས་རབས་12པའི་ནང་དུ་འོན་ཀེ་ཙའི་དགེ་བཤེས་འོར་སྟོན་དང་དགེ་འདུན་རྣམས་གྲོས་མོལ་ཞལ་མཐུན་བྱུང་སྟེ་འབྲི་བཞེངས་གནང་བའི་སྐབས་སུ་དེར་ཉེ་བར་མཁོ་བའི་སྣག་ཤོག་སྟེ། དུས་རབས་12པའི་སྲུས་ལེགས་ཤོག་བུ་རྐོང་པོ་ནས་ཐོན་པོའི་རྐོང་ཤོག་དང་སྣག་ཚ་ཁྱད་དུ་འཕགས་པ་རྒྱའི་ཧོང་ཀུན་སྣག་ཚ་བེད་སྤྱད་དེ་འབྲི་བཞེངས་བྱས་པ་ཞིག་ཡིན་པ་མཛད་བྱང་ལས། ཤོའུ་ཁྱད་འཕགས་ཁེང་

① འོན་ཀེ་ཙུར་བཞུགས་པའི་ཤེར་ཕྱིན་བྲིས་མ་རྒྱ་གར་གྱི་མཁན་པོ་ཅྱིད་ཧ་ཀ་ར་པྲ་པ་དང་། ལོ་ཙ་བ་བན་དེ་ཡེ་ཤེས་སྙིང་པོས་བསྒྱུར་ད། ཞུ་ཆེན་གྱི་ལོ་ཙ་བ་བན་དེ་དཔལ་བརྩེགས་ཀྱི་ཞུས་ཏེ་གཏན་ལ་ཕབ་པ། འཕགས་པ་འགྲོ་བ་ཐམས་ཅད་ཡོངས་སུ་སྐྱོབ་པར་བྱེད་པའི་ཡོངས་སུ་བསྔོ་བ་ཞེས་བྱ་བ་རྫོགས་སོ་ཞེས་པའི་མཛད་བྱང་ལས་དྲངས། （སྤྱན་ཕྱིར་རྒྱ་བགྲེས་ཟད་ཤིན་ཏུ་ཆེ་སྟབས་པོད་གྲངས་དང་ལྡེབ་གྲངས་འགོད་མ་ཐུབ། ）

② པད་མ་བཀྲ་ཤིས་ཀྱིས་བརྩམས་པའི་བོད་ཡིག་གནའ་དཔེའི་རྣམ་བཤད། བོད་ལྗོངས་མི་དམངས་དཔེ་སྐྲུན་ཁང་གི་2013ལོའི་པར་མའི་ཤོག་གྲངས་349ལས་དྲངས།

པོའི་དུང་རང་ལགས། །སྣག་ཚ་ཁྱད་པར་འཕགས་པ་རྒྱའི་ཧོང་སྣག་ལགས། །[1]ཞེས་པས་སོ།

ལྔ། ཡིག་ཞུས།

མངའ་བདག་མགོན་ནེའི་ཐུགས་དམ་མདོ་མངས་མཐོང་སྨོན་དེ་དུས་རབས་12པའི་ནང་དུ་འོན་ཀེ་རུའི་དགེ་བཤེས་འོར་སྟོན་དང་དགེ་འདུན་རྣམས་གྱིས་མོལ་ཞལ་མཐུན་བྱུང་སྟེ་འབྲི་བཞེངས་གནང་བའི་སྐབས་སུ་དེར་ཉེ་བར་མཁོ་བའི་སྣག་ཤོག་སྟེ་དུས་རབས་12པའི་ཕྱུས་ལེགས་ཤོག་བུ་རཀོང་ཤོག་དང་རྒྱ་ནག་གི་སྣག་ཚ་བཏང་ནས་འབྲི་བཞེངས་བྱ་སྐབས། སྒོ་གསུམ་ཐང་ཆད་འབྲི་བའི་ཡིག་པ་ནི་ཡུལ་གཉལ་ཕྱོགས་ནས་བྱོན་པའི་གཡོར་པོའི་མཁས་བཙམས་དང་ཁུ་རིངས། གཞུང་དེ་དག་གི་དབུ་ཤོག་འབྲི་མཁན་ནི་སླུང་སྟོན་གཟུང་འབར་རྣམ་གཉིས་ཀྱིས་གནང་སྟེ་གཞུང་ཡོངས་སུ་རྫོགས་པ་འབྲི་བཞེངས་ཟིན་པ་དང་སྦྲགས། དེ་དག་གི་ཀང་འགྱུར་གཞུང་སྟོང་གི་ཞུ་དག་ནི་ཤེས་རབ་ཅན་གྱི་སྤྲངས་སུམ་བན་དེས་མཛད་པ་སྟེ་མཛད་བྱང་ལས། །ཡིག་མཁན་ཁྱད་དུ་འཕགས་པ་གཡོར་པོའི་མཁས་བཙམས་ཡིན། ། འདི་ལ་སྨོད་ན་མཐོལ་དོགས་ཡིན་པས་མ་ཉན་ཅིག་ཞེས་དང་དབུ་མཁན་ཁྱད་དུ་འཕགས་པ་སླུང་སྟོན་གཟུང་འབར་ཡིན། ཞུས་མཁན་ཤེས་རབ་ཅན་གྱི་སྤྲངས་སུམ་བན་དེ་ལགས། [2]ཞེས་བྱུང་བས་དོན་དེ་རྟོགས་སོ།

དྲུག བསྡོ་སྨོན།

དུས་རབས་12པའི་ནང་དུ་མངའ་བདག་མགོན་ནེའི་ཐུགས་དམ་མདོ་མངས་མཐོང་སྨོན་

① འོན་ཀེ་རུར་བཞུགས་པའི་ཤེར་ཕྱིན་བྲིས་མ་རྒྱ་གར་གྱི་མཁན་པོ་ཕྱིད་ཏ་ཀ་ར་པྲ་པ་དང་། ལོ་ཙ་བ་བན་དེ་ཡེ་ཤེས་སྙིང་པོས་བསྒྱུར་ད། ཞུ་ཆེན་གྱི་ལོ་ཙ་བ་བན་དེ་དཔལ་བརྩེགས་ཀྱི་ཞུས་ཏེ་གཏན་ལ་ཕབ་པ། འཕགས་པ་འགྲོ་བ་ཐམས་ཅད་ཡོངས་སུ་སྐྱོབ་པར་བྱེད་པའི་ཡོངས་སུ་བསྔོ་བ་ཞེས་བྱ་བ་རྫོགས་སོ་ཞེས་པའི་མཛད་བྱང་ལས་དྲངས། （སྤྱན་ཁྲིར་རྒྱ་བགྲེས་ཟད་ཤེད་ཏུ་ཆེ་སྟབས་བོད་གྲངས་དང་ལྡེབ་གྲངས་འགོད་མ་ཐུབ།）

② འོན་ཀེ་རུར་བཞུགས་པའི་ཤེར་ཕྱིན་བྲིས་མ་རྒྱ་གར་གྱི་མཁན་པོ་ཕྱིད་ཏ་ཀ་ར་པྲ་པ་དང་། ལོ་ཙ་བ་བན་དེ་ཡེ་ཤེས་སྙིང་པོས་བསྒྱུར་ད། ཞུ་ཆེན་གྱི་ལོ་ཙ་བ་བན་དེ་དཔལ་བརྩེགས་ཀྱི་ཞུས་ཏེ་གཏན་ལ་ཕབ་པ། འཕགས་པ་འགྲོ་བ་ཐམས་ཅད་ཡོངས་སུ་སྐྱོབ་པར་བྱེད་པའི་ཡོངས་སུ་བསྔོ་བ་ཞེས་བྱ་བ་རྫོགས་སོ་ཞེས་པའི་མཛད་བྱང་ལས་དྲངས། （སྤྱན་ཁྲིར་རྒྱ་བགྲེས་ཟད་ཤེད་ཏུ་ཆེ་སྟབས་བོད་གྲངས་དང་ལྡེབ་གྲངས་འགོད་མ་ཐུབ།）

དེ་གཉལ་གྱི་ཡིག་པ་གཡོར་པོའི་མཁས་བཙམས་དང་ཁྲུ་རིངས་བཅས་ཀྱིས་གཞུང་འབྲི་བཤུ་བྱ་སྐབས་གཞུང་དེ་དག་གི་དབུ་ཤོག་གི་ཡིག་མཁན་ནི་སྨྱུང་སྟོན་གཟུང་འབར་གྱིས་བྱས་ཏེ་འབྲི་བཞེངས་བསྒྲུབ་པ་དང་སྦྲགས། ཞུ་དག་སྦྱངས་སུམ་བན་དེས་མཛད་དེ་ལེགས་གྲུབ་བྱུང་བའི་སྐབས་སུ་སྨོན་ལམ་ཁོངས་སུ་གཏོགས་པའི་སེམས་ཅན་རྣམས་ཀྱི་རེ་འདོད་དང་འཚམས་པའི་བསྔོ་སྨོན་དུ་ཡོན་མཆོད་གཉིས་པོ་འཇམ་དཔལ་ཞལ་མཐོང་ཤོག་[1]ཅེས་བཏབ་འདུག

བདུན། འཕྲོས་དོན།

མཛད་བྱང་དེ་དག་གི་ནང་དུ་གསུང་རབ་འབྲི་བཞེངས་ཀྱི་གནས་ཚུལ་ཕུད་པའི་ད་དུང་དུས་རབས་11-12པའི་ནང་དུ་འོན་མོ་གླུང་རིང་གི་ཕུ་ནས་ལུང་པའི་མདར་རྒྱུགས་པའི་ཆུ་བོ་དེས་སྤུན་ཉེའི་བགྲོད་བཞུད་དང་ཡོན་བདག་གི་འགྲོ་འོང་ལ་བཀག་རྒྱ་ཆེན་པོ་ཞིག་བཟོས་པའི་གནས་ཚུལ་ལ་དམིགས་ཏེ། གནས་བརྟན་གག་པས་ཟམ་ཞིག་བརྒྱབ་ནས་གཞོན་འོད་ཀྱིས་ཟམ་སྟེ་ཕན་ཚུན་འབྲེལ་བར་བྱས་ཏེ་ཆུ་བོའི་གཡས་གཡོན་གྱི་བཟའ་མི་རྣམས། ཕར་འགྲོ་ཚུར་འོངས་དང་མཆོད་གནས་རྣམས་ཡར་འགྲོ་མར་འགྲོ་བྱ་ཐུབ་པ་བྱུང་བའི་དངོས་ཡོད་གནས་ཚུལ་ལོ་རྒྱུས་དེབ་ཐེར་ཁག་ཏུ་ཡང་མཐོང་དཀོན་པའི་དཔྱད་གཞིའི་ཡིག་ཆ་སྟེ་མཛད་བྱང་ལས། ལྷ་ཁང་ཀེ་ཏུ་སྲིད་པའི་ཆུ་བོ་ལ། །གནས་བརྟན་གག་པ་གྲང་རྟན་ཟམ་པ་བཙུགས། །གནས་བརྟན་གཞོན་འོད་ཟམ་སྟུས་ཕན་ཚུན་བྱས། ། གཟའ་མི་རྣམས་པོ་ཕར་འགྲོ་ཚུར་འགྲོ་བྱེད། །མཆོད་གནས་རྣམས་པོ་ཡར་འགྲོ་མར་འགྲོ་བྱེད། [2]ཅེས་པ་དང་། ད་དུང་ཆུ་ལ་མཁར་དུ་གསྐྱིགས་པའི་སྲུར་གཡོར་ཕྱོར་འདུས་ཞེས་པ་སོགས་གཙིགས་ཤིན་ཏུ་ཆེ་བའི་ཡིག་ཆ་ཁྲུངས་བཙུན་ཡང་སྣང་། སྤྱིར་ན་བོད་ཀྱི་ལོ་རྒྱུས་ཐོག་ཆུ་ལ་ཟམ་པ་འཛུགས་པའི་ལམ་སྲོལ་ནི་མཐོ་

① འོན་ཀེ་རུར་བཞུགས་པའི་ཤེར་ཕྱིན་བྲིས་མ་རྒྱ་གར་གྱི་མཁན་པོ་བྱིད་ཏ་ཀ་ར་པྲ་བ་དང་། ལོ་ཙ་བ་བན་དེ་ཡེ་ཤེས་སྙིང་པོས་བསྒྱུར་ད། ཞུ་ཆེན་གྱི་ལོ་ཙ་བ་བན་དེ་དཔལ་བརྩེགས་ཀྱི་ཞུས་ཏེ་གཏན་ལ་ཕབ་པ། འཕགས་པ་འགྲོ་བ་ཐམས་ཅད་ཡོངས་སུ་སྐྱོབ་པར་བྱེད་པའི་ཡོངས་སུ་བསྔོ་བ་ཞེས་བྱ་བ་རྫོགས་སོ་ཞེས་པའི་མཛད་བྱང་ལས་དྲངས། (སྤྱན་ཁྱེར་རྒྱ་བགྲེས་ཟད་ཤིན་ཏུ་ཆེ་སྐབས་བོད་གྲངས་དང་ལྡེབ་གྲངས་འགོད་མ་ཐུབ།)

② འོན་ཀེ་རུར་བཞུགས་པའི་ཤེར་ཕྱིན་བྲིས་མ་རྒྱ་གར་གྱི་མཁན་པོ་བྱིད་ཏ་ཀ་ར་པྲ་བ་དང་། ལོ་ཙ་བ་བན་དེ་ཡེ་ཤེས་སྙིང་པོས་བསྒྱུར་ད། ཞུ་ཆེན་གྱི་ལོ་ཙ་བ་བན་དེ་དཔལ་བརྩེགས་ཀྱི་ཞུས་ཏེ་གཏན་ལ་ཕབ་པ། འཕགས་པ་འགྲོ་བ་ཐམས་ཅད་ཡོངས་སུ་སྐྱོབ་པར་བྱེད་པའི་ཡོངས་སུ་བསྔོ་བ་ཞེས་བྱ་བ་རྫོགས་སོ་ཞེས་པའི་མཛད་བྱང་ལས་དྲངས། (སྤྱན་ཁྱེར་རྒྱ་བགྲེས་ཟད་ཤིན་ཏུ་ཆེ་སྐབས་བོད་གྲངས་དང་ལྡེབ་གྲངས་འགོད་མ་ཐུབ།)

བོད་བཙན་པོ་སྲུ་དེ་གུང་རྒྱལ་གྱི་སྐུ་དུས་སུ་བྱུང་བའི་བོད་ཀྱི་འཕྲུལ་བློན་འཛངས་མི་བདུན་གྱི་ཐོག་མ་རུ་ལས་སྐྱེས་ཀྱིས་ཆུ་ལ་ཟམ་པ་བཙུགས་[1]གནང་བ་དང་། དེ་རྗེས་དུས་རབས་12པའི་ནང་དུ་མངའ་བདག་མགོན་ནེའི་སྐུ་དུས་འོན་ལུང་པའི་ཕུ་ནས་མདར་རྒྱུགས་པའི་ཆུ་བོར་གནས་བརྟན་གག་པ་དང་གཞོན་འོད་གཉིས་ཀྱིས་ཟམ་པ་བརྒྱབ་སྟེ་སྐྱེ་བོ་ཕོ་མོ་རྣམས་ཡར་འགྲོ་མར་འགྲོ་བྱེད་པར་ཕན་པ་བསྐྲུན་པ་དང་། དུས་རབས་14པའི་ནང་དུ་ཕག་གྲུའི་རྒྱལ་རབས་ཀྱི་སྐབས་སུ་ཏའི་སི་ཏུ་བྱང་ཆུབ་རྒྱལ་མཚན་གྱི་སྐུ་དུས་སུ་གཞིས་ཀ་རྣམས་ཀྱི་གསོ་སྦྲན་དང་ཡུལ་གྲུ་སོ་སོར་སྐྱེ་ཤིང་འཛུགས་པ། ཤམ་ཆུ་ལ་ཟམ་མོ་ཆེ་འཛུགས་པ། སྣེའུ་གདོང་རྩེའི་ཕོ་བྲང་རྒྱ་བསྐྱེད་དེ་རྣམ་པར་རྒྱལ་བའི་ཁང་བཟང་ས་ལ་འཕོས་པ་ལྟ་བུ་མཛད་[2]ཅེས་པ་དེ་ཡང་། ཡར་ཀླུངས་ཁུལ་དུ་རྒྱུགས་པའི་ཤམ་ཆུ་སྟེ་སྲིད་པའི་ལྷ་དགུར་འདྲེན་པའི་ནང་གི་ཡར་ལྷ་ཤམ་པོའི་མགུལ་རྒྱན་ནས་ཆས་པའི་ཆུ་བོ་དེར་ཡུལ་ཡར་ཀླུངས་ཀྱི་སྐྱེ་འགྲོ་རྣམས་ཐུན་མི་རིགས་ཀྱི་འབྲེལ་འགྲིག་དང་ལས་དོན་གྱི་ཆེད་དུ་འགྲོ་འོང་ལ་ཕན་པའི་ཟམ་པ་བསྐྲུན་པ་དེ་ཤེས། དེ་རྗེས་དུས་རབས་15པའི་ནང་དུ་ཆོས་རྒྱལ་རབ་བརྟན་ཀུན་བཟང་འཕགས་ཀྱི་སྐུ་དུས་སུ། དགུང་ལོ་ཉེ་ཤུ་རྩ་དྲུག་པ་སྟེ་སྤྱི་ལོ་1415ལོར་ལ། ཆུ་བོ་ཆེན་པོ་ཉང་ཆུ་ལ། བགོད་པ་ཕུལ་དུ་ཕྱིན་པའི་ཟམ་པ་ཆེན་པོ་བཙུགས། དེའི་སྟེང་དུ་ཀག་ཏི་བཞེངས་[3]ཞེས་པས་ཀྱང་བོད་ཀྱི་ཡུལ་ཁག་སོ་སོར་དུས་རབས་མི་འདྲ་བའི་ནང་བྱོན་པའི་ཡུལ་སྡེའི་སྡེ་དཔོན་ཁག་གིས་རང་རང་གི་ཡུལ་དུས་སོ་སོའི་དགོས་མཁོ་དང་ཡུལ་དེའི་སྐྱེ་འགྲོ་རྣམས་ཀྱི་ཐུན་མི་རིགས་ཀྱི་འབྲེལ་འགྲིག་དང་ལས་དོན་ཆེད་དུ་འགྲོ་འོང་ལ་ཕན་པའི་ཟམ་པ་བསྐྲུན་པ་སོགས་ནི་མཛད་རྗེས་རླབས་པོ་ཆེ་ཞིག་ཡིན་གཤིས་གསུང་རབ་དེའི་མཛད་བྱང་དུའང་འཁོད་པར་སེམས་སོ།

① དཔའ་བོ་གཙུག་ལག་འཕྲེང་བས་མཛད་པའི་ཆོས་འབྱུང་མཁས་པའི་དགའ་སྟོན་དུ། བོད་ཡུལ་འཕྲུལ་བློན་འཛངས་པའི་བདུན་གྱི། །ཐོག་མར་གྱུར་པ་རུ་ལས་སྐྱེས་འདི་ཡིན། མཛངས་པའི་ལས་སུ་ཤིང་བསྲེགས་སོལ་བ་བྱུང་། །དེ་ཡིས་རྗེ་བཙུ་གསེར་དངུལ་ཟངས་ལྕགས་བྱུང་། །ཤིང་ལ་མིག་ཕུག་གཉོལ་དང་གཉའ་ཤིང་བྱས། ། ས་གཞི་བརྐོས་ནས་ཕུ་ཆུ་ཡུར་དུ་དྲངས། །རྨོན་པ་དོར་བསྡེབས་སྤང་ཐང་ཞིང་དུ་རྔོས། །བརྒལ་བས་མི་ཐར་ཆུ་ལ་ཟམ་པ་བཙུགས། །རྨོས་པའི་ལོ་ཏོག་ཐར་མར་འདི་ནས་བྱུང་། ཞེས་པེ་ཅིན་མི་རིགས་དཔེ་སྐྲུན་ཁང་གི་2006ལོའི་སྤར་མའི་ཤོག་གྲངས་89རུ་གསལ།

② རྒྱལ་བ་ལྔ་པ་ངག་དབང་བློ་བཟང་རྒྱ་མཚོས་མཛད་པའི་དེབ་ཐེར་དཔྱིད་ཀྱི་རྒྱལ་མོའི་གླུ་དབྱངས་པེ་ཅིན་མི་རིགས་དཔེ་སྐྲུན་ཁང་གི་1988ལོའི་སྤར་མའི་ཤོག་གྲངས་131ལས་དྲངས།

③ དཔལ་འབྱོར་བཟང་པོས་མཛད་པའི་རྒྱ་བོད་ཡིག་ཚང་ཆེན་མོ་སི་ཁྲོན་མི་རིགས་དཔེ་སྐྲུན་ཁང་གི་1985ལོའི་སྤར་གྱི་ཤོག་གྲངས་286ལས་དྲངས།

ལེ་ཚན་ལྔ་པ། ཏོན་ཀོ་ཏའི་ཤེར་ཕྱིན་སྟོང་ཕྲག་བརྒྱད་པ། ཆོས་ཉིད་ཀྱི་འགྱུར་བ་བསྟན་པའི་ལེའུའི་མཛད་བྱང་།

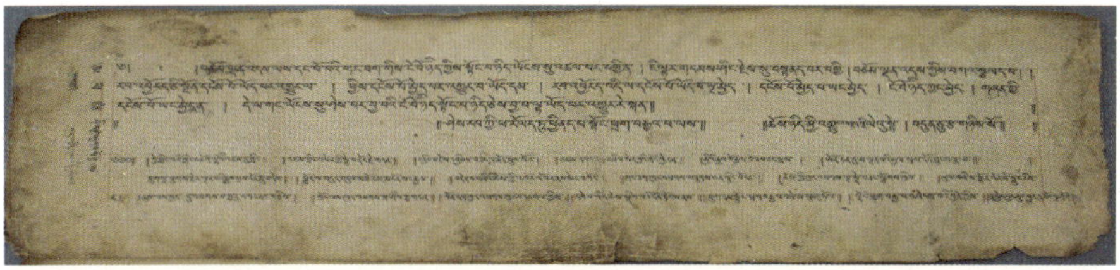

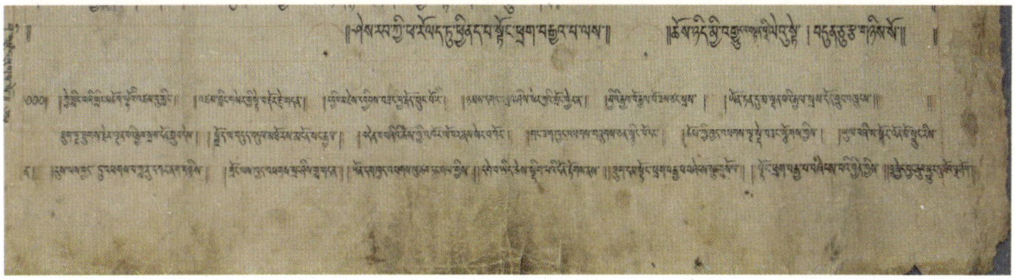

མཛད་བྱང་མ་དཔེ།

དང་པོ། མཛད་བྱང་མ་ཕྱུས།

༡༢༡། །ཀྱེ་གླིང་བཞི་གླིང་མཆོག་ལྷོའི་འཛམ་བུ་གླིང་། །འཛམ་གླིང་གསེར་གྱི་སྙེ་བ་ཇོར་ཛེ་གདན། །དཔྱིབ་མཛོས་དཔྱིབས་བཟང་བྱ་རྒོད་ཕུང་པོ་རི། །ཉམས་དགའ་བཀྲའ་ཤིས་སེར་ཀྱའི་གྲོང་ཁྱེར་ན། །མྱིའི་རྒྱལ་པོ་རྒྱལ་པོ་ཟས་ཙང་སྲས། །ཡོན་ཏན་དུ་མ་ལྡན་པའི་རྒྱལ་སྲས་དོན་གྲུབ་འཁྲུངས།། ཐུགས་ལྡེ་ཐུགས་རྗེར་ལྡན་པའི་རྒྱལ་སྲས་དོན་གྲུབ་དེས།། སྲིད་ལ་བདུད་བཏུལ་མཐོ་རས་མངོན་སང་རྒྱས། །བདེན་བཞིའི་ཆོས་ཀྱི་འཕོར་ལོ་བར་ནས་སེར་བཀོར། །གང་ཟག་ཁྱད་འཕགས་གཟུགས་ཅན་སྙིང་པོ་དང་། །ཆོས་ཀྱི་ཁྱད་འཕགས་ལྷ་སྡེ་བཟང་སྟོགས་ཀྱིས། །ཡུལ་བཞིས་ས་སྐོར་འོན་མོ་སླུང་རིས་ན།། ཏུས་ལ་ཁྱད་དུ་འཕགས་པ་ཀླུ་ཏུ་དཀར་ནག་གཉིས། །གྲོང་ལས་ཁྱད་འཕགས་སྲུ་ཤིས་སྨ་གད་ན། །ཡོན་བདག་ཁྱད་འཕགས་ཁུ་ཚབ་ཏང་ཞལ་གྱིས། །དགེ་བ་ཡིད་ཆེས་སྡིག་པའི་དོན་རྟོགས་ནས། །ཐུག་དམ་སྟོང་ཕྲག་བརྒྱ་པ་བཞེངས་སུ་གསོལ། །སྟོང་ཕྲག་བརྒྱ་པ་བཞེངས་པའི་བྱིན་ཀྱིས། །ཀླུ་མེད་བྱང་ཆུབ་སྒྲུར་

ཏུ་ཕྱིན་པར་ཤོག །།[1] ཅེས་པའོ།

གཉིས་པ། མཛད་བྱུང་གི་དབྱེ་ཞིབ།

གཅིག ཡུལ་ལུང་།

ཤེས་རབ་ཀྱི་ཕ་རོལ་ཏུ་ཕྱིན་པ་སྟོང་ཕྲག་བརྒྱ་པ་ཆོས་ཉིད་མི་འགྱུར་བ་བསྟན་པའི་མཛད་བྱུང་འདིར་ཡང་སྔོན་གྱི་མཛད་བྱུང་གི་གཞུང་བཞིན། གསུང་རབ་འབྲི་བཞེངས་ཀྱི་ཡུལ་ལུང་བསྟོད་པ་དུང་ཆེན་གཟུགས་སུ་བཀོད་པ་དེ་དག་ལས་རྟོགས་ཐུབ་པ་སྟེ། ཀྱེ་ཞེས་འབོད་པའི་སྒྲས་འགོ་བརྩམས་ཏེ་གླིང་བཞི་སྐྱེ་མདོན་པ་མཛོད་ལས་ཤར་ལུས་འཕགས་པའི་གླིང་། ལྷོར་འཛམ་བུ་གླིང་། ནུབ་ཏུ་བ་ལང་སྤྱོད་ཀྱི་གླིང་། བྱང་དུ་སྒྲ་མི་སྙན་གྱི་གླིང་བཅས་གླིང་བཞིའི་ནང་ནས་མཆོག་ཏུ་གྱུར་པ་ལྷོ་འཛམ་བུ་གླིང་དེ་ཡིན། གླིང་དེའི་ནང་ནས་གནས་ཀྱི་ལྟེ་བ་རྒྱ་གར་རྡོ་རྗེ་གདན་དང་རིའི་གཟུགས་དབྱིབས་མཛེས་པའི་བྱ་རྒོད་ཕུང་པོ་རི་དང་། ཉམས་དགའ་སེར་ཀྱའི་གྲོང་ཁྱེར་ཞེས་པ་ནས་ཡུལ་བཞིས་ས་སྐོར་འོན་མོ་ལྷུང་རིང་ཡུལ་ལུང་དུ་གནས་པའི་སྲུ་ཤིས་སྣ་གད་ན་ཞེས་པའི་མཐར་ཐུག་གི་དོན་གྱི་འབབ་ས་དེ་ལྷོ་ཁ་ས་ཁྲུལ་འོན་སྐྱིད་པ་ཤང་གི་ཁོངས་སུ་གནས་པའི་སྲུ་ཤིས་སྣ་གད་ཞུ་བ་དེ་ཡིན་པ་མཛད་བྱུང་ལས། ཀྱེ་གླིང་བཞི་གླིང་མཆོག་འཛམ་བུ་གླིང་། །འཛམ་གླིང་གསེར་གྱི་སྙེ་བ་རྡོར་རྗེ་གདན། །དབྱིབ་མཛེས་དབྱིབས་བཟང་བྱ་རྒོད་ཕུང་པོ་རི། །ཉམས་དགའ་བཀྲའ་ཤིས་སེར་ཀྱའི་གྲོང་ཁྱེར་ན། །ཞེས་དང་། ཡུལ་བཞིས་ས་སྐོར་འོན་མོ་སླུང་རིས་ན། །ཙུས་ལ་ཁྱད་དུ་འཕགས་པ་སྣྲ་ཙུ་དཀར་ནག་གཉིས། །གྲོང་ལས་ཁྱད་འཕགས་སྲུ་ཤིས་སྣ་གད་ན། །[2] ཞེས་པས་ཤེས། དེ་ཕུད་པའི་གོང་གི་མཛད་བྱུང་གཞན་དང་མི་འདྲ་བར་གསུང་རབ་འབྲི་བཞེངས་ཀྱི་ཡུལ་ལུང་བསྟོད་པ་བརྗོད་པའི་ཞོར་དུ་སྟོན་པ་སངས་རྒྱས་བཅོམ་ལྡན་འདས་ཀྱི་རྣམ་ཐར་ཀྱང་རགས་ཙམ་ཞིག་བརྗོད་འདུག་པ་སྟེ། མྱིའི་རྒྱལ་པོ་རྒྱལ་པོ་སྲས་གཙང་སྲས། །ཡོན་ཏན་དུ་མ་ལྡན་པའི་རྒྱལ་སྲས་དོན་

① འོན་ཀེ་ཙུར་བཞུགས་པའི་ཤེས་རབ་ཀྱི་ཕ་རོལད་ཏུ་ཕྱིནད་པ་སྟོང་ཕྲག་བརྒྱའ་པ། ཆོས་ཉིད་མྱི་འགྱུར་བའ་བསྟན་སྤྱི་ལེའུ། བདུན་ཙུ་རྩ་གཉིས་སོ་ཞེས་པའི་པོད་ཕ་པའི་ལྡེབ་གྲངས་343་ལས་དྲངས།

② འོན་ཀེ་ཙུར་བཞུགས་པའི་ཤེས་རབ་ཀྱི་ཕ་རོལད་ཏུ་ཕྱིནད་པ་སྟོང་ཕྲག་བརྒྱའ་པ། ཆོས་ཉིད་མྱི་འགྱུར་བའ་བསྟན་སྤྱི་ལེའུ། བདུན་ཙུ་རྩ་གཉིས་སོ་ཞེས་པའི་པོད་ཕ་པའི་ལྡེབ་གྲངས་343་ལས་དྲངས།

གྲུབ་འབྱུངས་།། ཐུགས་ལྷ་ཐུགས་རྗེར་ལྡན་པའི་རྒྱལ་སྲས་དོན་གྲུབ་དེས་།། སྐྱོད་ལ་བདུད་བཏུལ་མཐོ་རིས་མངོན་སངས་རྒྱས་། །བདེན་བཞིའི་ཆོས་ཀྱི་འཁོར་ལོ་བར་ནས་སེར་བསྐོར་། །ཀང་ཟག་ཁྱད་འཕགས་གཟུགས་ཅན་སྙིང་པོ་དང་། །ཆོས་ཀྱི་ཁྱད་འཕགས་ལྷ་སྡེ་བཟང་སྐོགས་ཀྱིས་། །[1]ཞེས་པའི་དོན་ནི་མིའི་རྒྱལ་པོ་ཟས་གཙང་གི་སྲས་སུ་ཡོན་ཏན་དུ་མ་ལྡན་པའི་རྒྱལ་སྲས་དོན་གྲུབ་སྟེ་སྤྱི་ལོའི་སྔོན་གྱི་ལོ་450ཡས་མས་སུ་སྟོན་པ་ཤཱཀྱ་ཐུབ་པ་སྐུ་འཁྲུངས་ཤིང་། སྟོན་པ་བྱང་ཆུབ་ལྗོན་ཤིང་གི་འོག་ཏུ་ཏིང་ངེ་འཛིན་ལ་བཞུགས་པའི་སྐབས་སུ་ས་སྲོས་ཀྱི་མཚམས་སུ་བདུད་བཏུལ་ཏེ་མཐར་ཐོ་རེངས་ཀྱི་མཚམས་སུ་སངས་རྒྱས་ཤིང་། སྡུག་བསྔལ་གྱི་བདེན་པ་ལ་སོགས་པའི་བདེན་བཞིའི་ཆོས་ཀྱི་འཁོར་ལོ་འཁོར་ལྷ་སྡེ་བཟང་པ་སྟེ་ཀུན་ཤེས་ཀཽཎྜི་ཉྫ་དང་རྟ་ཐུལ། རླངས་པ་དང་མིང་ཆེན། བཟང་ལྡན་བཅས་ལྔ་ལ་ཆོས་བསྐོར་མཛད་པའི་མཛད་རྣམ་ཞུང་དུ་ཞིག་ཀྱང་བརྗོད་འདུག དེས་ན་མཛོད་བྱང་དུ་སྟོན་པའི་མཛད་རྣམ་བརྗོད་པའི་ལུགས་དེ་དུས་རབས་12པའི་དུས་མཇུག་ཙམ་ལ་འགོ་བཙམས་པར་མངོན་པ་འདི་ཡང་མཛོད་བྱང་འདིའི་ཁྱད་ཆོས་སུ་འཁྱུམས་སོ།

གཉིས། སྦྱིན་བདག

ཤེར་ཕྱིན་སྟོང་ཕྲག་བརྒྱ་པ་འདི་འབྲི་བཞེངས་བྱ་བའི་སྐབས་སུ་དད་པ་སྐྱོ་ངས་མེད་པའི་རྒྱ་འགྲོ་སྦྱོར་མཁན་གྱི་སྦྱིན་བདག་ཅི་ཞིག་བྱོན་ཡོད་པ་ནི་མཛོད་བྱང་ལས། ཏུས་ལས་ཁྱད་འཕགས་པ་ཧླ་ཏུ་དཀར་ནག་གཉིས་། །གྲོང་ལས་ཁྱད་དུ་འཕགས་པ་སྲ་ཤེས་སླ་གད་ན་། །ཡོན་བདག་ཁྱད་འཕགས་ཁུ་ཚབ་ཏང་ཞལ་གྱིས་། །[2]ཞེས་བྱུང་བ་ལ་གཞིགས་ན། སྔོན་གྱི་མཛོད་བྱང་དུ་ཞུས་ཟིན་པའི་སྦྱིན་བདག་བཞིན་ཏུས་རྒྱུད་ཁྱད་དུ་འཕགས་པ་ཧླད་ཏུ་ཁུ་དཀར་ནག་གཉིས་དང་འོན་གྱི་ལུང་ཤུར་དུ་ཆགས་པའི་གྲོང་ལས་ཁྱད་དུ་འཕགས་པ་སྲ་ཤེས་སླ་གད་ན་བཞུགས་པའི་མཆོད་ཡོན་སྦྱིན་བདག་གཞན་ལས་ཁྱད་དུ་འཕགས་པ་ཧླད་ཏུ་ཁུ་ཚབ་ཏང་ཞལ་སྟེ་ཧླད་

---

① འོན་ཀེ་ཏུར་བཞུགས་པའི་ཤེས་རབ་ཀྱི་ཕ་རོལ་ཏུ་ཕྱིན་པ་སྟོང་ཕྲག་བརྒྱ་པ། ཆོས་ཉིད་ཀྱི་འགྱུར་བབ་བསྟན་པའི་ལེའུ། བདུན་ཙུ་ཙ་གཉིས་སོ་ཞེས་པའི་བོད་ཕ་པའི་ལྡེབ་གྲངས་343ལས་དྲངས།

② འོན་ཀེ་ཏུར་བཞུགས་པའི་ཤེས་རབ་ཀྱི་ཕ་རོལ་ཏུ་ཕྱིན་པ་སྟོང་ཕྲག་བརྒྱ་པ། ཆོས་ཉིད་ཀྱི་འགྱུར་བབ་བསྟན་པའི་ལེའུ། བདུན་ཙུ་ཙ་གཉིས་སོ་ཞེས་པའི་བོད་ཕ་པའི་ལྡེབ་གྲངས་343ལས་དྲངས།

ཏུ་བཟའ་ཚོ་རྣམ་གཉིས་ཀྱིས་རྒྱུ་འགྲོ་སྦྱར་ནས་བཞེངས་པ་དེ་གསལ་ལོ།

གསུམ། དགོས་པ།

འོན་གྱི་སྲ་ཤིས་སླ་གད་ན་བཞུགས་པའི་ཏུས་སླད་ཏུ་ལས་འབྲུངས་པའི་སྦྱིན་བདག་སླད་ཏུ་དཀར་ནག་གཉིས་དང་སླད་ཏུ་ཁྲུ་ཚབ་བཟའ་ཚོ་གཉིས་ཀྱིས་གསུང་རབ་ཤེར་ཕྱིན་སྟོང་ཕྲག་བརྒྱ་པ་དེ་བཞེངས་དགོས་པའི་དམིགས་ཡུལ་ནི། ཁོང་རྣམ་པས་ཆོས་ཀྱིས་སྙིང་པོ་རྟོགས་ཏེ་ལས་རྒྱུ་འབྲས་རྩིས་ཤིང་། དགེ་བའི་ལས་ལ་ཡིད་ཆེས་དང་སྡིག་པའི་ལས་ཀྱི་ངན་འབྲས་བྱུང་བའི་དོན་གྱི་སྙིང་པོ་རྟོགས་ཏེ་བཞེངས་མཛད་པ་སྟེ་མཛད་བྱང་ལས། ཡོན་བདག་ཁྲུད་འཕགས་ཁྲུ་ཚབ་ཏང་ཞལ་གྱིས། །དགེ་བ་ཡིད་ཆེས་སྡིག་པའི་དོན་རྟོགས་ནས། །ཐུགས་དམ་སྟོང་ཕྲག་བརྒྱ་པ་བཞེངས་སུ་གསོལ་[①]ཞེས་པས་གསུང་རབ་འདྲི་བཞེངས་ཀྱི་དགོས་པ་རྟོགས།

བཞི། བསྔོ་སྨོན།

དད་པ་སྐྱོ་ངས་མེད་པའི་སྦྱིན་བདག་སླད་ཏུ་ཁྲུ་ཚབ་ཏང་ཞལ་གྱིས་ཆོས་ཀྱི་སྙིང་པོ་རྟོགས་ནས་ཤེར་ཕྱིན་སྟོང་ཕྲག་བརྒྱ་པ་དེ་འབྲི་བཞེངས་ཟིན་རྗེས། རང་རང་སོས་པ་དང་འཚམས་པར་བཏབ་པའི་སྨོན་ལམ་ནི། དུས་རབས་12པའི་ཁྲིད་ཆོས་མངའ་བའི་སྨོན་ལམ་སྟེ་བླ་མེད་བྱང་ཆུབ་མྱུར་དུ་ཐོབ་པར་ཤོག་ཅེས་བཏབ་པ་དེ་མཛད་བྱང་ལས། སྟོང་ཕྲག་བརྒྱ་པ་བཞེངས་པའི་བྱིན་རླབས་ཀྱིས། །བླ་མེད་བྱང་ཆུབ་མྱུར་ཏུ་ཐོབ་པར་ཤོག[②]ཅེས་པས་ཤེས།

---

① འོན་ཀེ་ཏུར་བཞུགས་པའི་ཤེས་རབ་ཀྱི་ཕ་རོལ་ཏུ་ཕྱིན་པ་སྟོང་ཕྲག་བརྒྱའ་པ། ཆོས་ཉིད་ཀྱི་འགྱུར་བའ་བསྟན་པོ་ལེའུ། བདུན་ཅུ་ཙ་གཉིས་སོ་ཞེས་པའི་པོད་ཕ་པའི་ལྡེབ་གྲངས་343་ལས་དྲངས།

② འོན་ཀེ་ཏུར་བཞུགས་པའི་ཤེས་རབ་ཀྱི་ཕ་རོལ་ཏུ་ཕྱིན་པ་སྟོང་ཕྲག་བརྒྱའ་པ། ཆོས་ཉིད་ཀྱི་འགྱུར་བའ་བསྟན་པོ་ལེའུ། བདུན་ཅུ་ཙ་གཉིས་སོ་ཞེས་པའི་པོད་ཕ་པའི་ལྡེབ་གྲངས་343་ལས་དྲངས།

ལེ་ཚན་དྲུག་པ། ནོན་ཀེ་ཅུའི་ཤེར་ཕྱིན་སྟོང་ཕྲག་བརྒྱ་པ། བམ་པོ་དང་པོའི་མཛད་བྱང་།

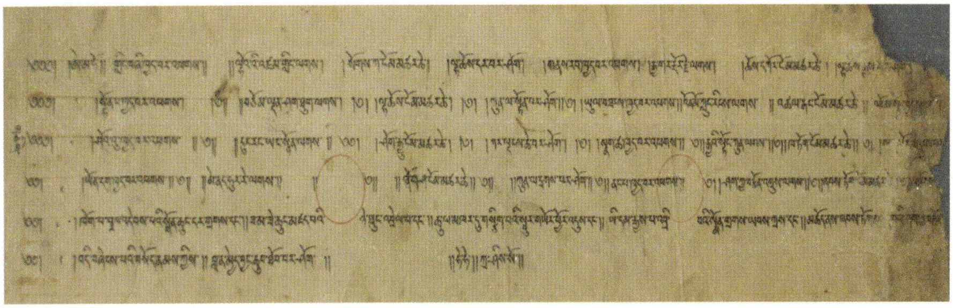

མཛད་བྱང་མ་དཔེ།

དང་པོ། མཛད་བྱང་མ་བཤུས།

༄།།ཨེ་མ་ཧོ།། སྙིང་བཞི་ཁྱད་པར་འཕགས་།། །།སྟོང་འི་འཛམ་སྙིང་ལགས་།། །།སོགས་ཀ་ངོམ་མཚར་ཆེ་།། །།ལྷ་ཆོས་དར་བར་ཤོག་།། །།གནས་རབ་ཁྱད་པར་འཕགས་། །རྒྱ་གར་རྡོར་རྗེ་ལགས་། །ཆོས་དཀོར་ངོམ་མཚར་ཆེ་། །ལྷ་ཆོས་རྒྱས་པར་ཤོག་། ༄།།།སྟོན་པ་ཁྱད་པར་འཕགས་། ༄།བཅོམ་ལྡན་ཤག་ཐུབ་ལགས་། ༄ །ལྷ་ཆོས་ངོམ་མཚར་ཆེ་། ༄། །ཀུན་ལ་སྟོན་པར་ཤོག་། ༄།།ཡུལ་བཟངས་ཁྱད་པར་འཕགས་། ༄།།འོན་མོ་ལུང་རིངས་ལགས་། ༄།།འཚལ་ཐང་ངོམ་མཚར་ཆེ་། ༄། །ལོངས་སྤྱོད་བྱེད་པར་ཤོག་།། ༄།ཤོའ་ཙུ་ཁྱད་པར་འཕགས་།། ༄།དུང་རང་ཡང་སྙོན་ལགས་།། ༄།ཤོག་རྒྱུ་ངོམ་མཚར་ཆེ་།། ༄།ཀར་ལྷངས་ཆེ་བར་ཤོག་།། ༄།སྣག་ཚ་ཁྱད་པར་འཕགས་།། ༄།རྒྱུའི་སྟོང་ཀུན་ལགས་།། ༄།ཁ་ཧོག་ངོམ་མཚར་ཆེ་།། ༄།སྣག་ལོར་འཁྲུངས་པ་ལགས་། ༄།ཡོན་དག་ཁྱད་པར་འཕགས་། ༄།།མི་ནད་ཧུར་རེ་ལགས་། ༄།།ཞོ་གཤ་ངོམ་མཚར་ཆེ་། ༄།།ཀུན་ལ་དྲགས་པར་ཤོག་། ༄།།ནང་པ་ཁྱད་པར་འཕགས་། ༄།།ཤག་ཀྱ་བརྩོན་འགྲུས་ལགས་།།ཞབས་ཧོག་ངོམ་མཚར་ཆེ་།། ༄ །མཐོ་རས……། ། ༄།།ཁོག་པ་པར་ལ་འདེབས་པའི་སྣོན་ཚུང་དར་གྲགས་དང་།། ཟ་མ་ཟེ་ཚུང་མཛད་པའི་ཉེ་ཐུང་འབྲེལ་པ་དང་། །ཚུ་ལ་མཁར་དུ་གཟིགས་པའི་སྲུར་གཡོར་ཕྱོར་འདུས་དང་། ། ཡི་དམ་རྒྱས་པ་འབྲི་བའི་སྣོན་གྲགས་ཡབས་ཀྲས་དང་། །མཆོད་ཡོན་

ཞབས་ཏོག་མཛད་པའི་ཤག་ཀྱ་བརྩོན། ༄༅། །འདི་བཞེངས་པའི་བསོད་ནམས་ཀྱིས། །བླ་ན་མེད་པའི་བྱང་ཆུབ་ཐོབ་པར་ཤོག། །ཧེ་ཧེ། ། ཀྲ་ཤིས་སོ། །[①]ཞེས་པའོ།

གཉིས་པ། མཛད་བྱང་གི་དབྱེ་ཞིབ།

གཅིག ཡུལ་ལུང་།

དེ་ཡང་ཐོག་མར་མཛད་བྱང་ལས། ༈། །ཨེ་མ་ཧོ། །གླིང་བཞི་ཁྱད་པར་འཕགས། ། །ལྷོའ་འི་འཛམ་གླིང་ལགས། ། ། སོགས་ཀ་དོམ་མཚར་ཆེ། ། །ལྷ་ཆོས་དར་བར་ཤོག། ། །གནས་རབ་ཁྱད་པར་འཕགས། །རྒྱ་གར་རྡོར་རྗེ་ལགས། ། ཆོས་དཀོར་དོམ་མཚར་ཆེ། །ལྷ་ཆོས་རྒྱས་པར་ཤོག། ༄༅། ། །སྟོན་པ་ཁྱད་པར་འཕགས། ༈། །བཅོམ་ལྡན་ཤག་ཐུབ་ལགས། ༈ །ལྷ་ཆོས་དོམ་མཚར་ཆེ། ༈། །ཀུན་ལ་སྟོན་པར་ཤོག། ༈། །ཡུལ་བཟངས་ཁྱད་པར་འཕགས། ༈། །འོན་མོ་ལུང་རིངས་ལགས། [②]ཞེས་བྱུང་བ་ལས། སྟོན་གྱི་མཛད་བྱང་གཞན་དང་མི་འདྲ་བར་ཀྱི་ཞེས་འབོད་པའི་སྐབས་འགོ་མ་བརྩམས་པར་ཨེ་མ་ཧོ་ཞེས་པས་འགོ་བརྩམས་ཏེ་བསྟོད་ཚིག་དུང་གཟུགས་སུ་བཀོད་པ་སྔེ་རིམ་པས་བཞིན་རྒྱ་ཆེ་ས་ནས་ཆུང་སར་སོང་བ་སྟེ། གླིང་བཞིའི་ནང་ནས་ཁྱད་དུ་འཕགས་པ་ལྷོ་འཛམ་བུ་གླིང་ཞེས་བརྗོད་པ་དང་སྒྲུགས་ཐད་ཀར་གནས་རབ་ཁྱད་དུ་འཕགས་པ་རྒྱ་གར་རྡོ་རྗེ་གདན་ཞེས་ནང་ཆོས་དར་བའི་གནས་བསྟན་པ་དང་། དེ་རྗེས་བོད་ཡུལ་གྱི་ནང་ནས་ཡུལ་བཟང་ཁྱད་དུ་འཕགས་པ་འོན་མོ་ལུང་རིང་འདི་ཡིན་ཞེས་བསྟན་ཅན། མཛད་བྱང་གི་སྒྲིག་གཞིའི་ལུགས་ལྟར་འཆད་ན་གསུང་རབ་འདི་འབྲི་བཞེངས་ཀྱི་ཡུལ་ལུང་ནི་ལྷོ་ཁ་ས་ཁུལ་སྣེ་གདོང་རྫོང་ཁོངས་སུ་གཏོགས་པའི་འོན་སྐྱིད་པ་ཤང་གནས་ཁུལ་དེ་ཡིན་པ་བསྟན།

① འོན་ཀེ་ཏུ་བཞུགས་པའི་ཤེར་ཕྱིན་སྟོང་ཕྲག་བརྒྱ་པ། བམ་པོ་དང་པོ། དབུ་ཤོག་གི་ཉིན་དོས་ལས་དྲངས་པ་ཡིན། （དབུ་ཤོག་འདི་ཕལ་ཆེར་ཞུས་དག་མ་ཕྱིན་པའི་རྣམ་པར་སྣང་། ཤེར་རབ་ཀྱ་ཕ་རོལད་ཏུ་ཕྱིནད་པ་སྟོང་ཕྲག་བརྒྱ་པ། བམ་པོ་དང་པོ། ཞེས་དབྱངས་ཡིག་ཞུས་དག་མ་ཕྱིན་པའི་འབྲི་གཟུགས་དང་། དབུ་ཞབས་ལྷ་སྐུ་ཡང་མ་གྲོན་པར་ལུས་པའི་རྣམ་པ་ཞིག་འདུག）

② འོན་ཀེ་ཏུ་བཞུགས་པའི་ཤེར་ཕྱིན་སྟོང་ཕྲག་བརྒྱ་པ། བམ་པོ་དང་པོ། དབུ་ཤོག་གི་ཉིན་དོས་ལས་དྲངས་པ་ཡིན། （དབུ་ཤོག་འདི་ཕལ་ཆེར་ཞུས་དག་མ་ཕྱིན་པའི་རྣམ་པར་སྣང་། ཤེར་རབ་ཀྱ་ཕ་རོལད་ཏུ་ཕྱིནད་པ་སྟོང་ཕྲག་བརྒྱ་པ། བམ་པོ་དང་པོ། ཞེས་དབྱངས་ཡིག་ཞུས་དག་མ་ཕྱིན་པའི་འབྲི་གཟུགས་དང་། དབུ་ཞབས་ལྷ་སྐུ་ཡང་མ་གྲོན་པར་ལུས་པའི་རྣམ་པ་ཞིག་འདུག）

གཉིས། སྣག་ཤོག

སྔོ་ཁའི་འོན་མོ་སླུང་རིང་འདིར་གསུང་རབ་འདི་འབྲི་བཞེངས་བསྐྲུངས་པའི་སྐབས་སུ་དད་པ་སྐྱོ་ངས་མེད་པའི་རྒྱུ་འགྲོ་སྦྱོར་མཁན་གྱི་སྦྱིན་བདག་གིས་འབྲི་བཞེངས་སྣ་ཚོས་དང་མགྱོགས་ཚོས་སུ་མ་བྱུས་པར་སྣག་ཤོག་ལ་གཙིགས་མཐོང་དང་དང་དོད་དཔེ་མི་སྲིད་པ་གནང་ཡོད་པ་སྟེ། འབྲི་བཞེངས་ཀྱི་ཤོག་བུ་ཁྱད་དུ་འཕགས་པ་སྟེ་ཡང་ཞིང་སྙོན་པ་དང་ཁ་དོག་དཀར་ཞིང་མདངས་གཙང་བ་རྐོང་ཤོག་གི་སྟེང་དུ་སྣག་ཚ་ཁྱད་དུ་འཕགས་པ་སྟེ་ས་ཐག་རིང་པོ་ནས་ལྷུ་ཉོ་བྱས་པའི་རྒྱའི་སྟོང་ཀུན་གྱི་སྣག་ཚ་སྟེ་ཁ་དོག་ལེགས་པའམ་རྒྱུ་སྤུས་དག་པས་དུས་ཡུན་རིང་པོ་གནས་ཐུབ་པ་བཅས་ཡིན་པ་ནི་མཛད་བྱུང་ལས། ༄། །འཚལ་རྒྱང་དོམ་མཚར་ཆེ་། ༄། །ཡོངས་སྦྱོད་བྱེད་པར་ཤོག་།། ༄།ཤོལ་ཨུ་ཁྱད་པར་འཕགས་།། ༄།དུང་རང་ཡང་སྙོན་ལགས་།། ༄།ཤོག་རྒྱུ་དོམ་མཚར་ཆེ་།། ༄།ཀར་ལྷངས་ཆེ་བར་ཤོག་།། ༄།སྣག་ཚ་ཁྱད་པར་འཕགས་།། ༄།རྒྱའི་སྟོང་ཀུན་ལགས་།། ༄།ཁ་ཏོག་དོམ་མཚར་ཆེ་།། ༄།སྣག་ཡོར་འབྲུངས་པ་ལགས་།[1] ཞེས་པས་སོ།

གསུམ། སྦྱིན་བདག

འོན་མོ་སླུང་རིང་དུ་གསུང་རབ་འབྲི་བཞེངས་ཀྱི་རྒྱུ་སྤུས་ལ་དང་དོད་གནང་སྟེ་ཤོག་བུ་ཡང་ཞིང་མཉེན་ཆ་ལྡན་པ། དཀར་མདངས་ཅན་རྐོང་ཤོག་གི་སྟེང་དུ་སྣག་ཚ་རྒྱུ་སྤུས་བཟང་བས་དུས་ཡུན་རིང་པོར་གནས་ཐུབ་པའི་རྒྱ་ནག་ཧོང་ཀུན་གྱི་སྣག་ཚ་བེད་སྤྱད་དེ་གསུང་རབ་སྤུས་ལེགས་ཅན་དེ་འབྲི་བཞེངས་བསྐྲུངས་སྐབས། དད་པ་སྐྱོ་ངས་མེད་པའི་རྒྱུ་འགྲོ་སྦྱོར་མཁན་གྱི་སྦྱིན་བདག་གཙོ་འཁོར་ཅི་ཞིག་བྱོན་ཡོད་པའི་སྐོར་ལ། མཛད་བྱུང་ལས། ༄།།ཡོན་དག་ཁྱད་པར་འཕགས་། ༄།།མི་ནད་ཧུར་རེ་ལགས་། ༄།།ཞོ་གཤ་དོམ་མཚར་ཆེ་། ༄།།ཀུན་ལ་དྲགས་པར་ཤོག ༄།།ནང་པ་ཁྱད་པར་འཕགས་། ༄།།ཤག་ཀྱ་བརྩོན་འགྲུས་ལགས་།།ཞབས་ཏོག་དོམ་མཚར་ཆེ་།། ༄ །མཐོ་རས……། ། ༀ།།བོག་པ་པར་ལ་འདེབས་པའི་སྔོན་ཚུད་དར་གྲགས་

① འོན་ཀེ་རུ་བཞུགས་པའི་ཤེར་ཕྱིན་སྟོང་ཕྲག་བརྒྱ་པ། བམ་པོ་དང་པོ། དབུ་ཤོག་གི་ཉིན་དོས་ལས་དྲངས་པ་ཡིན། （དབུ་ཤོག་འདི་པལ་ཆེར་ཞུས་དག་མ་ཕྱིན་པའི་རྣམ་པར་སྣང་། ཤེར་རབ་ཀྱ་ཕ་རོལད་ཏུ་ཕྱནད་པ་སྟོང་ཕྲག་བརྒྱ་པ། བམ་པོ་དང་པོ། ཞེས་དབྱངས་ཡིག་ཞུས་དག་མ་ཕྱིན་པའི་འབྲི་གཟུགས་དང་། དབུ་ཞབས་ལྷ་སྐུ་ཡང་མ་གྲོན་པར་ལུས་པའི་རྣམ་པ་ཞིག་འདུག）

དང་། །ཟ་མ་ཟེ་ཚུང་མཛད་པའི་ཉེ་ཐུང་འབྲེལ་པ་དང་། །ཚུ་ལ་མཁར་དུ་གསྒྲིགས་པའི་སྲུར་གཡོར་ཕྱོར་འདུས་དང་། །ཡི་དམ་རྒྱས་པ་འབྲི་བའི་སྨོན་གྲགས་ཡབས་ཀྲས་དང་། །མཆོད་ཡོན་ཞབས་ཏོག་མཛད་པའི་ཤག་ཀྱ་བརྩོན་།[①] ཞེས་བྱུང་བ་ལྟར་ན། ཡོན་བདག་གི་ནང་ནས་ཁྱད་དུ་འཕགས་པ་མི་ནད་ཏུར་རེས་རྒྱ་འགྲོ་གཏོང་ཕོད་ཀྱི་ཞོ་ཤ་སྟེ་སྙིང་སྟོབས་དང་ནུས་པ་ཆེ་བ་དེས་མཛད་པས་སླན་པའི་གྲགས་པ་ཀུན་ལ་ཁྱབ་པར་ཤོག་དང་སྒོ་གསུམ་དད་པའི་སྒོ་ནས་ཁྱད་དུ་འཕགས་པའི་ནང་ཆོས་དང་སྟོན་པ་ཤག་ཀྱ་ཐུབ་པ་ལ་ཞབས་ཏོག་དང་སྲི་ཞུ་སྒྲུབ་པས་ངོ་མཚར་ཆེ་བ་ཞིག་ཡིན། རྣམ་དཀར་དགེ་བའི་ལས་དེའི་ཕྱོགས་སུ་ཕྱུར་བ་གྲུ་འདེགས་གནང་མཁན་གྱི་ཁོག་པ་པར་ལ་འདེབས་པའི་སྙོན་ཚུང་དར་གྲགས་དང་བཅས་པའི་གཉེན་རྣམས་ཀྱིས་འབྲི་བཞེངས་ཀྱི་སྐབས་སུ་ཟ་མ་དུས་ཐོག་ཏུ་བཏང་གནང་ཞིང་། ད་དུང་ཚུ་ལ་མཁར་བརྩིགས་པའི་སྲུར་གཡོར་ཕྱོར་འདུས་དང་ཡི་དམ་རྒྱས་པ་འབྲི་བའི་སྨོན་གྲགས་ཡབ་སྲས་ཀྱིས་ཀྱང་མཆོད་ཡོན་གྱི་ཞབས་ཏོག་མཛད་པ་བཅས་ནི་སྐབས་འདིའི་སྦྱིན་བདག་གི་སྐོར་རོ།

བཞི། བསྔོ་སྨོན།

གསུང་རབ་འདི་འབྲི་བཞེངས་ལེགས་པར་བསྒྲུབས་ཟིན་པའི་རྗེས་སུ་མཆོད་ཡོན་སྦྱིན་བདག་འཁོར་དང་བཅས་པའི་སྨོན་ལམ་ཁོངས་སུ་གཏོགས་པའི་སེམས་ཅན་རྣམས་ཀྱི་འདོད་པ་དང་འཚམས་པའི་བསྔོ་སྨོན་དུ་བླ་ན་མེད་པའི་བྱང་ཆུབ་ཐོབ་པར་ཤོག་ཅེས་སྨོན་ལམ་བཏབ་པ་དེ་ཡང་མཛད་བྱང་ལས། ༄༅། །འདི་བཞེངས་པའི་བསོད་ནམས་ཀྱིས། །བླ་ན་མེད་པའི་བྱང་ཆུབ་ཐོབ་པར་ཤོག་[②]ཅེས་པས་སོ།

① འོན་ཀེ་ཏུ་བཞུགས་པའི་ཤེར་ཕྱིན་སྟོང་ཕྲག་བརྒྱ་པ། བམ་པོ་དང་པོ། དབུ་ཤོག་གི་ཉིན་ངོས་ལས་དྲངས་པ་ཡིན། （དབུ་ཤོག་འདི་པལ་ཆེར་ཞུས་དག་མ་ཕྱིན་པའི་རྣམ་པར་སྣང་། ཤེར་རབ་ཀྱ་ཕ་རོལད་ཏུ་ཕྱིནད་པ་སྟང་ཕྲག་བརྒྱ་པ། བམ་པོ་དང་པོ། ཞེས་དབྱངས་ཡིག་ཞུས་དག་མ་ཕྱིན་པའི་འབྲི་གཟུགས་དང་། དབུ་ཞབས་ལྷ་སྐུ་ཡང་མ་བྱོན་པར་ལུས་པའི་རྣམ་པ་ཞིག་འདུག）

② འོན་ཀེ་ཏུ་བཞུགས་པའི་ཤེར་ཕྱིན་སྟོང་ཕྲག་བརྒྱ་པ། བམ་པོ་དང་པོ། དབུ་ཤོག་གི་ཉིན་ངོས་ལས་དྲངས་པ་ཡིན། （དབུ་ཤོག་འདི་པལ་ཆེར་ཞུས་དག་མ་ཕྱིན་པའི་རྣམ་པར་སྣང་། ཤེར་རབ་ཀྱ་ཕ་རོལད་ཏུ་ཕྱིནད་པ་སྟང་ཕྲག་བརྒྱ་པ། བམ་པོ་དང་པོ། ཞེས་དབྱངས་ཡིག་ཞུས་དག་མ་ཕྱིན་པའི་འབྲི་གཟུགས་དང་། དབུ་ཞབས་ལྷ་སྐུ་ཡང་མ་བྱོན་པར་ལུས་པའི་རྣམ་པ་ཞིག་འདུག）

ལྔ། མཇུག་བསྡུའི་ཚིག

མཇུག་བསྡུའི་ཚིག་ཧེ་ཧེ།། ཀྲ་ཤིས་སོ་[①]ཞེས་བྱུང་བ་ནི་དད་པ་སྐྱོ་ངས་མེད་པའི་རྒྱུ་འགྲོ་སྦྱོར་མཁན་གྱི་སྦྱིན་བདག་གཙོ་འཁོར་དང་སློ་གསུམ་ཐང་ཆད་འབྲི་བའི་ཡིག་པ་དང་ཕང་འཁྱོར་གཞུང་སྲོང་གི་ཞུས་དག་མཁན་ལ་སོགས་པ་ལས་དེར་བཞུགས་མཁན་གྱི་མི་རྣམས་ཀྱིས་གསུང་རབ་འབྲི་བཞེངས་ཀྱི་ལས་བཟང་པོ་འདི་བདེ་བླག་དང་ལེགས་གྲུབ་བྱུང་བའི་རྒྱུ་མཚན་གྱིས་མ་བཅོས་སེམས་ཀྱི་གཏིང་ནས་དགའ་འབོད་ཧེ་ཧེ་བཀྲ་ཤིས་ཞེས་པའི་ཚིག་དེ་རང་བཞིན་གྱིས་ཐོན་པར་ཟད།

ལེ་ཚན་བདུན་པ། ཏོན་ཀོ་ཏུའི་ཤེར་ཕྱིན་མཛད་བྱང་།

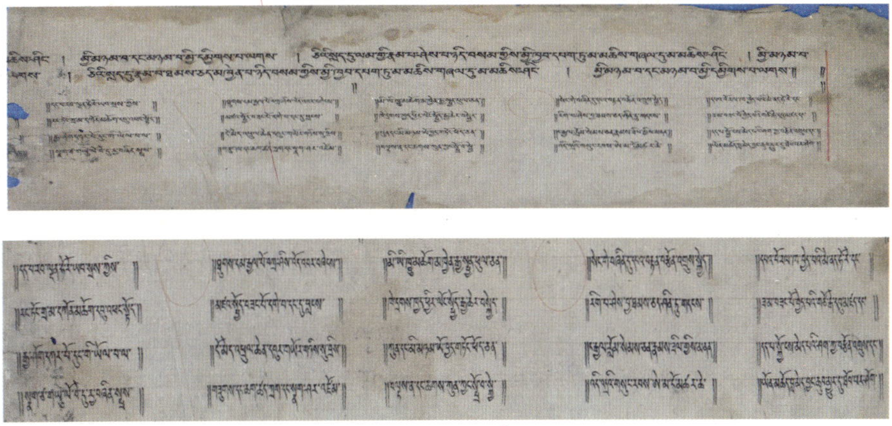

མཛད་བྱང་མ་དཔེ།

དང་པོ། མཛད་བྱང་མ་ཕྱུགས།

ལྡེབ་གྲངས་ཤིན་ཏུ་བགྲེས་ཟད་དུ་སོང་བའི་མཛད་བྱང་དུ། ……………………། །དད་པ་རབ་ལྡན་ཧོ་རེ་ཡབ་སྲས་ཀྱིས།། ཐུགས་དམ་རྒྱལ་པོ་བཀྲ་ཤིས་འོད་འབར་བཞེངས།། མི་ཡི་ཁྲུ་མཆོག་མཁྱེན་རྒྱ་སྤྱན་ཕྱུལ་ཅན།། སེང་གེ་བཞིན་དུ་དཔའ་བརྟན་བརྩོན་འགྲུས་སྐྱེད།། དཔའ་

① ཏོན་ཀོ་ཏུ་བཞུགས་པའི་ཤེར་ཕྱིན་སྟོང་ཕྲག་བརྒྱ་པ། བམ་པོ་དང་པོ། དབུ་ཤོག་གི་ཉིན་ངོས་ལས་དྲངས་པ་ཡིན། (དབུ་ཤོག་འདི་པལ་ཆེར་ཞུས་དག་མ་ཕྱིན་པའི་རྣམ་པར་སྣང་། ཤེར་རབ་ཀྱི་ཕ་རོལ་ཏུ་ཕྱིན་པ་སྟོང་ཕྲག་བརྒྱ་པ། བམ་པོ་དང་པོ། ཞེས་དབྱངས་ཡིག་ཞུས་དག་མ་ཕྱིན་པའི་འབྲི་གཟུགས་དང་། དབུ་ཞབས་ལྷ་སྐུ་ཡང་མ་བྱོན་པར་ལུས་པའི་རྣམ་པ་ཞིག་འདུག)

བོ་རལ་ཁ་བྱེད་པའི་མེ་ནད་ཧོ་རེ་དང་།། ……………………། །རང་ཧོང་གྲྭ་མ་དཀོན་མཆོག་དབུ་འཕང་སྟོད།། མཛའ་སྤྱོད་བཟང་པོ་དགེ་བ་དང་དུ་བླངས།། ཁེ་དྲུགས་ཁྱད་ཕྱིར་ལོང་སྤྱོད་རྒྱ་ཆེར་བསྐྱེད།། རིག་པ་ཤེས་བྱ་ཐམས་ཅད་ཤིན་དུ་གདངས།། ཟ་མ་བཟང་པོ་བྱེད་པའི་གཙོ་རྐེ་དབུ་མཛད་དང་།། ……………………། །རྒྱ་ཤོག་དཀར་པོ་དུང་གི་ཡོལ་བ་ལ།། དོ་མེད་འཕྲུལ་ཆེན་དབུར་གཡོར་གཉིས་སུ་བྲིས།། ཀུན་དང་མི་མཉམ་ཡོ་བྱད་གཏོང་ཕོད་ཅན།། ང་རྒྱལ་རློམ་སེམས་ཅན་རྣམས་ཟིལ་གྱིས་མནན།། དད་པ་སྐྱོ་ངས་མེད་པའི་ཤག་ཀྱ་བརྩོན་འགྲུས་དང་།། ……………………དེར། །སྣག་ཙ་གཡུ་ལོ་བེ་དུ་རྱ་བཞིན་སྲུས། །གཟུགས་དང་ཆག་ཚད་ཀྲག་དང་སྣག་ཤར་འཛོམས།། བལྟས་ན་དང་ཆགས་ཀུན་ཀྱང་སྤྲོ་བ་སྐྱེ།། འདི་འདྲའི་གསུང་རབ་ཨེ་མ་ངོ་མཚར་ཆེ།། ཡོན་མཆོད་བླ་མེད་བྱང་ཆུབ་མྱུར་དུ་ཐོབ་པར་ཤོག། [1]ཅེས་པའོ།

གཉིས་པ། མཛད་བྱུང་གི་དབྱེ་ཞིབ།

གཅིག ཡུལ་ལུང་།

གསུང་རབ་འདིའི་མཛད་བྱུང་གི་དབྱེ་ཞིབ་སྐོར་དེར་སྤྱིར་གྱི་གཞུང་ལུགས་ལྟར་ན་ཐོག་མར་ཀྱེ་དང་ཨེ་མ་ཧོ་ཞེས་པ་སོགས་ཀྱིས་འགོ་བརྩམས་ཏེ་ཐོག་མར་གསུང་རབ་འདི་འབྲི་བཞེངས་ཀྱི་ཡུལ་ལུང་བསྟོད་པ་དུང་ཆེན་གཟུགས་སུ་བཀོད་པ་དེ་ཡིན་དགོས། འོན་ཏེ་དཔེ་ཉིང་འདི་ལོ་རྒྱུས་ཀྱི་འཕོ་འགྱུར་དང་དུས་བཞིའི་འགྱུར་ལྡོག་ལས་ཆར་ཐུང་དང་དྲོད་གྲང་གིས་བརྡུངས་ཏེ་ཙུང་ཟད་ཅིག་བགྲེས་ཟད་དུ་སོང་ཡོད་གཤིས། འབད་པ་ཇི་ཙམ་གྱིས་མ་དཔེ་བཤུ་ཁྲུལ་བགྱིས་ཀྱང་གོང་གི་དེ་ཙམ་ཞིག་ལས་བཤུ་མ་ཐུབ་སྐབས། ཡུལ་ལུང་འདི་ཞེས་བརྗོད་པར་མ་ནུས་ཀྱང་དཔེ་ཉིང་དེ་དག་ད་ལྟ་བཞུགས་པའི་ས་གནས་ལྷོ་ཁ་ས་ཁུལ་འོན་མོ་ལྷུང་རིང་ཡིན་པ་དང་གཅིག་གཉིས་གོང་གི་མཛད་བྱུང་ཁག་གི་སྦྱིན་བདག་དང་མཚན་གཅིག་མཚུངས་ཀྱིས་འབྲི་བཞེངས་གནང་བ་ལས་འོན་མོ་ལྷུང་རིང་དུ་བཞེངས་པར་ངོས་འཛིན་བྱས་ཡོད།

[1] འོན་ཀེ་ཏུར་བཞུགས་པའི་ཤེར་ཕྱིན་བགྲེས་ཟད་ཆེ་བ་ཞིག་གི་མཛད་བྱུང་ལས་དྲངས། （སྤྱན་ཕྱིར་རྒྱ་བགྲེས་ཟད་ཤིན་ཏུ་ཆེ་བས་ཕོད་གྲངས་དང་ལྡེབ་གྲངས་འགོད་མ་ནུས། ）

གཉིས། སྦྱིན་བདག

དེ་ཡང་མཛད་བྱུང་ལས་དད་པ་རབ་ལྡན་ཧོ་རེ་ཡབ་སྲས་ཀྱིས། །ཐུགས་དམ་རྒྱལ་པོ་བཀྲ་ཤིས་འོད་འབར་བཞེངས་[1]ཞེས་བྱུང་བ་ལྟར་ན། སྐབས་དེ་དུས་ཀྱི་མཆོད་ཡོན་སྦྱིན་བདག་སྒོ་གསུམ་དད་པ་རབ་དང་ལྡན་པ་ཧོ་རེ་ཡབ་སྲས་གཉིས་ཀྱི་ཐུགས་དམ་དུ་འཕགས་པ་རྒྱལ་པོ་བཀྲ་ཤིས་འོད་འབར་བཞེངས་ཞེས་པས་གསུང་རབ་བགྲེས་ཟད་ཆེ་བ་དེའི་འབྲི་བཞེངས་ཀྱི་སྦྱིན་བདག་གཙོ་བོ་སུ་ཞིག་ཡིན་པ་དེ་ཤེས་ཤིང་། དེ་མིན་ད་དུང་ཧོ་རེ་ཡབ་སྲས་ཀྱིས་ཐུགས་དམ་རྒྱལ་པོ་བཀྲ་ཤིས་འོད་འབར་འདི་བཞེངས་པའི་སྐབས་སུ་དེའི་ཐད་ལ་ཕྱུར་བ་གྲུ་འདེགས་མཁན་གྱི་སྤུན་མི་རིགས་ཀྱང་བྱོན་ཡོད་པ་སྟེ། མིའི་ནང་ནས་ཁྲུ་མཆོག་མཁྱེན་རྒྱ་ཅན་ཕུལ་དུ་བྱུང་བ་དང་དཔའ་རྩལ་བརྩོན་འགྲུས་སོགས་སེང་གེ་ལྟ་བུར་མངའ་བ། དཔའ་བོ་རལ་ཁ་བྱེད་པའི་མེ་ནད་ཧོ་རེ་དང་། རང་ཧོད་གྲྭ་མ་སྟེ་དམག་སྡེས་དཀོན་མཆོག་གི་དབུ་འཕང་གོང་དུ་བསྟོད་ཅིང་མཛའ་སྦྱོད་བཟང་པོས་དགེ་བའི་ལས་མ་སླུལ་པ་དང་དུ་བླངས། ཁེ་ཕོག་དང་སྙན་གྲགས་ཀྱི་ཕྱིར་བསགས་པའི་ལོངས་སྤྱོད་སྦྱིན་པ་རྒྱ་ཆེར་བསྐྱེད་ཅིང་རིག་གནས་ཤེས་བྱ་ཐམས་ཅད་ལ་རིག་པ་ཤིན་ཏུ་དྭངས་བ། འབྲི་བཞེངས་ཀྱི་བྱ་བར་བཞུགས་པའི་ལས་མི་ཡོངས་ལ་ཟ་མ་བཟང་པོ་གཏོང་མཁན་གཙོ་ཆེ་དབུ་མཛད་དང་སྣག་ཤོག་རྒྱུ་འགྲོ་གཏོང་མཁན་དད་པ་སྐྱོ་ངས་མེད་པའི་ཤག་ཀྱ་བརྩོན་འགྲུས་སོགས་བྱོན་ཡོད་པ་ནི་མཛད་བྱུང་ལས། མི་ཡི་ཁྲུ་མཆོག་མཁྱེན་རྒྱ་སྤྱན་ཕུལ་ཅན། །སེང་གེ་བཞིན་དུ་དཔའ་བརྟན་བརྩོན་འགྲུས་སྐྱེད། །དཔའ་བོ་རལ་ཁ་བྱེད་པའི་མེ་ནད་ཧོ་རེ་དང་། ……………… །རང་ཧོད་གྲྭ་མ་དཀོན་མཆོག་དབུ་འཕང་སྟོད། །མཛའ་སྦྱོད་བཟང་པོ་དགེ་བ་དང་དུ་བླངས། །ཁེ་དྲགས་ཁྱད་ཕྱིར་ལོང་སྤྱོད་རྒྱ་ཆེར་བསྐྱེད། །རིག་པ་ཤེས་བྱ་ཐམས་ཅད་ཤིན་ཏུ་གདངས། །ཟ་མ་བཟང་པོ་བྱེད་པའི་གཙོ་ཆེ་དབུ་མཛད་དང་། …………………… །རྒྱ་ཤོག་དཀར་པོ་དུང་གི་ཡོལ་བ་ལ། །དོ་མེད་འཕྲུལ་ཆེན་དབུར་གཡོར་གཉིས་སུ་བྲིས། །ཀུན་དང་མི་མཉམ་ཡོ་བྱད་གཏོང་ཕོད་ཅན། །ང་རྒྱལ་ཆོམ་སེམས་ཅན་རྣམས་ཟིལ་གྱིས་མནན། །དད་པ་སྐྱོ་ངས་མེད་པའི་ཤག་ཀྱ་བརྩོན་འགྲུས་དང་། [2]ཞེས་པས་སྦྱིན་

① འོན་ཀེ་ཏུར་བཞུགས་པའི་ཤེར་ཕྱིན་བགྲེས་ཟད་ཆེ་བ་ཞིག་གི་མཛད་བྱུང་ལས་དྲངས། (སྤྱན་ཁྲིར་རྒྱ་བགྲེས་ཟད་ཤིན་ཏུ་ཆེ་བས་པོད་གྲངས་དང་ལྷེབ་གྲངས་འགོད་མ་ནུས།)

② འོན་ཀེ་ཏུར་བཞུགས་པའི་ཤེར་ཕྱིན་བགྲེས་ཟད་ཆེ་བ་ཞིག་གི་མཛད་བྱུང་ལས་དྲངས། (སྤྱན་ཁྲིར་རྒྱ་བགྲེས་ཟད་ཤིན་ཏུ་ཆེ་བས་པོད་གྲངས་དང་ལྷེབ་གྲངས་འགོད་མ་ནུས།)

བདག་གང་དང་གང་ཕྱོན་ཡོད་པ་ཤུགས་ལ་རྟོགས། སྐབས་འདིར་བྱུང་བའི་ཐུགས་དམ་རྒྱལ་པོ་བཀྲ་ཤིས་འོད་འབར་ཞེས་པ་དེ་འབྲི་བཞེངས་བསྐྲུངས་མཁན་གྱི་སྦྱིན་བདག་ཧོ་རེ་ཡབ་སྲས་དང་མེ་ནད་ཧོ་རེ་དང་དེ་མིན་གོང་གི་མཛད་བྱུང་གི་སྦྱིན་བདག་མེ་ནད་ཧུ་རེ་ཞེས་པ་སོགས་དུས་རབས་གང་ཞིག་གི་ནང་ཕྱོན་པའི་སྦྱིན་བདག་སྐོར་ལ་རགས་ཙམ་ཞིག་ཞུ་དོན། གསུང་རབ་འདི་དག་སྤྱིར་གྱི་ཆ་ནས་ལྷོ་ཁའི་འོན་སྐྱིད་པ་ཤང་ཁུལ་དུ་འབྲི་བཞེངས་བསྐྲུངས་པ་ཞིག་ཡིན་པ་ནི་མེ་ནང་ཧུ་རེས་སྦྱིན་བདག་གནང་བའི་ཤེར་ཕྱིན་སྟོང་ཕྲག་བརྒྱ་པ་བམ་པོ་དང་པོའི་མཛད་བྱུང་དུ་ཡུལ་བཟངས་ཁྲིད་དུ་འཕགས། འོན་མོ་ལུང་རིང་ཞེས་པས་མགོ་བཏགས་དཀྱིལ་ཐུབ་ཅིང་། དེས་ན་སྦྱིན་བདག་ཧོ་རེ་ཡབ་སྲས་ཞེས་བྱུང་བའི་ཧོ་རེ་ནི་བོད་བཙན་པོ་གླང་དར་མའི་ (803-843) རྒྱུད་པ་མངའ་བདག་ཡུམ་བརྟན་ (843-788) གྱི་མི་རབས་དྲུག་པ་ཞིག་ཡིན་འདུག་པ་སྟེ་མཁས་པ་ལྡེའུས་ཡུམ་བརྟན་གྱི་རྒྱུད་འཆད་པའི་སྐབས། ཡུམ་བརྟན་གྱི་སྲས་ཁྲི་ལྡེ་མགོན་སྙན། དེ་ལས་སྲས་གཉིས་ཏེ། གཅེན་རིག་པ་མགོན་དང་གཅུང་ཉེ་འོད་དཔལ་མགོན་ནོ། གཉེན་གྱི་སྲས་ཁྲི་ལྡེ། དེའི་སྲས་འོད་པོ། དེ་ལ་སྲས་གསུམ་སྟེ། ཁྲི་ལྡེ་ཨ་ཙ་ར། ཁྲི་ལྡད་མགོན་བཙན། མགོན་བརྩེགས་སོ[①]ཞེས་དང་འོད་པོའི་སྲས་གསུམ་གྱི་ཆུང་བ་ཁྲི་ལྡེ་མགོན་བརྩེགས་ལ་སྲས་གཉིས། ཧོ་རེ་དང་ཁྲི་དཔལ་ལོ། ཧོ་རེའི་སྲས་བཙད་པོ་ནེ་དུ་ཁྲི་གཙུག[②]ཞེས་བྱུང་བ་ལྟར་ན། སྦྱིན་བདག་ཧོ་རེ་ཡབ་སྲས་ཀྱང་སྔོན་གྱི་འོན་ཀེ་རུ་ཕྲུག་བཏབ་མཁན་གྱི་མངའ་བདག་ཡུམ་བརྟན་གྱི་རྒྱུད་པ་མདོ་མངས་མཐོང་སྨོན་བཞེངས་མཁན་གྱི་སྦྱིན་བདག་མངའ་བདག་མགོན་ནེ་དང་དུས་མཚུངས་པར་ཕྱོན་པའི་མངའ་བདག་ཡུམ་བརྟན་གྱི་མི་རབས་དྲུག་པ་ཡིན་སྟབས། དེས་ན་ཐུགས་དམ་བཀྲ་ཤིས་འོད་འབར་དེ་ཡང་དུས་རབས་11པའི་ནང་དུ་བོད་བཙན་པོའི་རྒྱུད་པ་ཧོ་རེ་ཡབ་སྲས་ཏེ་ཧོ་རེ་ཡབ་དང་སྲས་བཙད་པོ་ནེ་དུའམ་མེ་ནད་ཧོ་རེ་བཅས་ཀྱི་ཐུགས་དམ་དུ་འབྲི་བཞེང་བསྐྲུངས་པ་དེ་ཁ་གསལ་བྱུང་།

① མཁས་པ་ལྡེའུས་མཛད་པའི་རྒྱ་བོད་ཆོས་འབྱུང་རྒྱས་པ། བོད་ལྗོངས་བོད་ཡིག་དཔེ་རྙིང་དཔེ་སྐྲུན་ཁང་གི་1987ལོའི་པར་མའི་ཤོག་གྲངས་367ལས་དྲངས།

② མཁས་པ་ལྡེའུས་མཛད་པའི་རྒྱ་བོད་ཆོས་འབྱུང་རྒྱས་པ། བོད་ལྗོངས་བོད་ཡིག་དཔེ་རྙིང་དཔེ་སྐྲུན་ཁང་གི་1987ལོའི་པར་མའི་ཤོག་གྲངས་367ལས་དྲངས།

གསུམ། སྣག་ཤོག

ཧོ་རེ་ཡབ་སྲས་ཀྱིས་ཐུགས་དམ་རྒྱལ་པོ་བཀྲ་ཤིས་འོད་འབར་འདི་བཞེངས་པའི་སྐབས་སུ་སྦྱིན་བདག་མེ་ནད་ཧོ་རེ་དང་གཙོ་ཆེ་དབུ་མཛད་སོགས་ཀྱིས་འབྲི་རྫས་ལ་ཉེ་བར་མཁོ་བའི་སྣག་ཤོག་ཅི་ཞིག་བཏང་ཡོད་པའི་སྐོར་ལ། རྒྱ་ཤོག་དཀར་པོ་དུང་གི་ཡོལ་བ་ལ། དོ་མེད་འཕྲུལ་ཆེན་དབུར་གཡོར་གཉིས་སུ་བྲིས། ཀུན་དང་མི་མཉམ་ཡོ་བྱད་གཏོང་ཕོད་ཅན། ང་རྒྱལ་རློམ་སེམས་ཅན་རྣམས་ཟིལ་གྱིས་མནན། དད་པ་སྐྱོ་ངས་མེད་པའི་ཤག་ཀྱ་བརྩོན་འགྲུས་དང་། ………………………། སྣག་ཙ་གཡུ་ལོ་བེ་དུ་རྱ་བཞིན་སྤྲས། གཟུགས་དང་ཆག་ཚད་ཀྲག་དང་སྣག་ཤར་འཛོམས། བལྟས་ན་དང་ཆགས་ཀུན་ཀྱང་སྤྲོ་བ་སྐྱེ། འདི་འདྲའི་གསུང་རབ་ཨེ་མ་ངོ་མཚར་ཆེ།[①]ཞེས་བྱུང་བ་ལ་གཞིགས་ན། གསུང་རབ་འདི་འབྲི་བཞེངས་ཀྱི་ཤོག་བུ་ནི་གོང་གི་གསུང་རབ་འབྲི་བཞེངས་ཀྱི་ཤོག་བུ་རྐོང་ཤོག་དང་མི་འདྲ་བར་རྒྱ་ཤོག་དཀར་པོ་དུང་གི་ཡོལ་ཅན་དེའི་སྟེང་དུ་སྣག་ཚ་གཡུ་ལོ་བེཌཱུརྱའི་མདོག་ལྡན་གྱི་སྣག་ཚས་ཡིག་གཟུགས་ཁྱད་འཕགས་ལྡན་པ་འཕྲུལ་ཡིག་དབུ་གཡོར་གཉིས་སུ་བྲིས་ཤིང་། ཡི་གེའི་གཟུགས་དང་ཕྲུག་ཚད་བཀྲ་ཞིང་སྣག་ཤར་འཛོམས་པའི་གསུང་རབ་འདི་ཀུན་དང་མི་འདྲ་བའི་ཡོ་བྱད་གཏོང་ཕོད་ལྡན་པས་ང་རྒྱལ་རློམས་སེམས་ཅན་རྣམས་གཟིལ་གྱིས་མནན་ཞིང་བལྟས་ན་མི་རྣམས་ཀུན་ཀྱང་སྤྲོ་བ་སྐྱེས་པ་ལྟ་བུ་ཞིག་ཡོད་ཅེས་སྣག་ཤོག་གི་རྒྱུ་སྤུས་ཙམ་མ་ཡིན་པར་ཡིག་གཟུགས་ཀྱི་ཁྱད་ཆོས་ཀྱང་ཞོར་དུ་བརྗོད་འདུག

ལྔ། བསྔོ་སྨོན།

ཧོ་རེ་ཡབ་སྲས་ཀྱིས་ཐུགས་དམ་རྒྱལ་པོ་བཀྲ་ཤིས་འོད་འབར་འདི་བཞེངས་པའི་སྐབས་སུ་སྦྱིན་བདག་མེ་ནད་ཧོ་རེ་དང་གཙོ་ཆེ་དབུ་དང་དད་པ་སྐྱོ་ངས་མེད་པའི་ཤག་ཀྱ་བརྩོན་འགྲུས་སོགས་ཀྱིས་འབྲི་རྫས་ལེགས་པར་སྒྲུབ་ཏེ། ཐུགས་དམ་རྒྱལ་པོ་བཀྲ་ཤིས་འོད་འབར་འདི་བཞེངས་བསྒྲུབས་པའི་རྗེས་ལ་སྨོན་ལམ་ཕོངས་སུ་གཏོགས་པའི་སེམས་ཅན་རྣམས་ཀྱི་མོས་པ་དང་འཚམས་པའི་སྨོན་ལམ་བླ་མེད་བྱང་ཆུབ་ཐོབ་པར་ཤོག་ཅེས་བཏབ་པ་སྟེ་མཛད་བྱང་

① འོན་ཀེ་རུར་བཞུགས་པའི་ཤེར་ཕྱིན་བགྲེས་ཟད་ཆེ་བ་ཞིག་གི་མཛད་བྱང་ལས་དྲངས། （སྤྱན་ཕྱིར་རྒྱ་བགྲེས་ཟད་ཤིན་ཏུ་ཆེ་བས་པོད་གྲངས་དང་ལྡེབ་གྲངས་འགོད་མ་ནུས། ）

ལས།འདི་འདྲའི་གསུང་རབ་ཨེ་མ་ངོ་མཚར་ཆེ།།ཡོན་མཆོད་བླ་མེད་བྱང་ཆུབ་མྱུར་དུ་ཐོབ་པར་ཤོག།[1]ཅེས་པས་སོ།

ལེ་ཚན་བརྒྱད་པ། འོན་ཀེ་ཏུའི་ཤེར་ཕྱིན་སྟོང་ཕྲག་བརྒྱ་པ་པོད་ཛ་པའི་མཛོད་བྱང་།

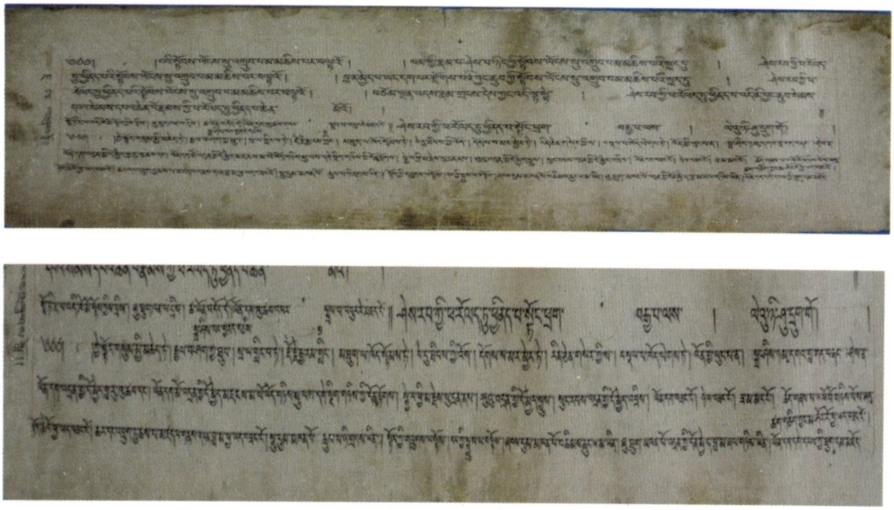

མཛོད་བྱང་མ་དཔེ།

དང་པོ། མཛོད་བྱང་མ་བཤུས།

༄། །ཀྱེ་སྟོང་གསུམ་མི་མཆེད་དེ། །རྒྱལ་བ་ཤག་ཀྱ་ཐུབ། །སྲ་ལ་གླིང་བ་ཏེ། །རྡོ་རྗེ་རྒྱ་རམ་གླིང་། མཐུག་ལ་བོད་སློམས་ཏེ། །བེ་དུ་ཐིབས་ཀྱི་འོག། དོགས་ས་མར་སྨྱེར་ཏེ། །རིན་ཆེན་གསེར་ཀྱི་ས། །བསྐལ་པ་བོད་ལེགས་ཏེ། །འོན་གྱི་ལུང་པ་ན། །སྐྲ་ཤིས་ཉམས་དགའ་སླ་གད་བཀྲང་། ཤིས་ན་ཡོན་དག་འདྲན་གྱི་དོ་མྱེད་སླ་ཏ་ཁུ་ཚབ་དང་། ཡོན་དག་མོ་འདྲན་གྱི་དོ་མྱེད་མཛངས་མ་ལོ་ལོད་གཉིས་སུ་ལས་དགེ་སྡིག་གཉིས་ཀྱི་དོན་རྟོགས། །སྐྱེ་བ་ཕྱི་མ་རྗེས་སུ་དྲན་ནས། །ཤུཨུ་འདྲན་གྱི་དོ་མྱེད་སྦྱུས། །སྲུང་རབས་འདྲན་གྱི་དོ་མྱེད་འབྲིས། །ཡོན་དག་བཟང་ངོ་། ཉེ་བ་བཟང་ངོ་། ཟ་མ་མང་ངོ་། ཚོད་གནས་པ་ལ་ཕོའོ་གཉིས་པོས་ཞབས་ཏོག་ཆེའོ་ཕྱུ་ཡད་བཟང་ངོ་། ཚར་

① འོན་ཀེ་ཏུར་བཞུགས་པའི་ཤེར་ཕྱིན་བགྲིས་ཟིན་ཆེ་བ་ཞིག་གི་མཛོད་བྱང་ལས་དྲངས། （སྤྱན་ཕྱིར་རྒྱ་བགྲིས་ཟིན་ཤིན་ཏུ་ཆེ་བས་པོད་གྲངས་དང་ཤོག་གྲངས་འགོད་མ་ནུས།）

དང་འབྲུག་ཏུ་ཆས་པ་མཛད་པ་གནས་གཏན་བླ་མ་ཕྱ་ཡང་བཟང་ངོ་། སྒྲུ་དུམ་མཁན་པོ་རྒྱུས་པ་ཉི་གྲགས་ཡིན། སྟོད་ཀྱི་གཟུགས་ལ་སྟོས། བར་གྱི་རྐྱུས་ལ་བསྟོས། ཞབས་དུམ་མཁན་པོ་འཆིམས་ཆུང་ཡ་མ་ཡིན། ཞུ་ཐུག་མཁན་པོ་འདྲེན་གྱི་དོན་མེད་བླ་མ་ཞལ་གཉིས་ཡིན། ཡོན་དག་དགེ་དཔལ་གྱི་ཐུགྶ་དམ་མཛོད། ཚག་གཅིག་ཀྱང་མ་ཤོར་རོ་ཕྱ་ཡང་བཟང་ངོ་། (སྒྲོ་ཏི་ཛ་པ་འདི་ཁོ་་མོ་སློས་ཀྱིས་བྲིས། ཞུ་ཐུག་མཁན་ལ་དྲིས། ཚ་ཡོན་འདོད་དོ། ཡོན་དག་ཁྱུ་ཚབ་འབར། ཐྲལ་བ་འབུར་རེ་མཛོད་དོ། སྒྲ་ཤིས་པར་སྒྱུར་ད་གཅིག) ①ཅེས་པའོ།

གཉིས་པ། མཛོད་བྱང་གི་དབྱེ་ཞིབ།

གཅིག ཡུལ་ལུང་།

དེ་ཡང་ཤེར་ཕྱིན་འདི་འབྲི་བཞེངས་བསྐྲུངས་པའི་གནས་ཡུལ་ཀྱང་གོང་གི་མཛོད་བྱང་ལ་གཞི་བཅོལ་ཏེ་ཞུས་ན། མཛོད་བྱང་ལས། ཀྱེ་སྟོང་གསུམ་མྱི་མཆེད་དེ། རྒྱལ་བ་ཤག་ཀྱ་ཐུབ། སྲུ་ལ་གླིང་བ་ཏེ། རྡོ་རྗེ་རྒྱ་རམ་གླིང་། མཐུག་ལ་འཁོད་སྐློམས་ཏེ། བེ་དུ་ཐེབས་ཀྱི་འོག། དོགས་ས་མར་མྱེར་ཏེ། རིན་ཆེན་གསེར་ཀྱི་ས། བསྐལ་པ་ཁོད་ལེགས་ཏེ། འོན་གྱི་ལུང་པ་ན། སྒྲ་ཤིས་ཉམས་དགའ་སླ་གད་བཀྲང་། ②ཞེས་བྱུང་བ་ལྟར་ན། མཛོད་བྱང་གི་འགོ་འབྱུད་ཚིག་དེ་ཀྱི་ཞེས་པའི་འབོད་སྒྲས་འོག་བརྩམས་ཏེ་སྟོང་གསུམ་སྟེ་འཇིག་རྟེན་གཅིག་ནས་སྟོང་བར་གཅིག་དང་། སྟོང་དེ་གཅིག་ཏུ་བསྡེས་ནས་སྟོང་བར་པ་གཅིག་དང་། ཡང་དེ་གཅིག་ཏུ་བསྡེས་ནས་སྟོང་བར་གཅིག་སྟེ་དེ་དག་གི་ཉི་མ་བྱེ་བ་ཕྲག་བརྒྱ་ཟླ་བ་སོགས་③ཀྱི་སྟོང་གསུམ་མི་མཆེད་དེ་རྒྱལ་བ་ཤག་ཀྱ་ཐུབ་པ་ཞེས་བརྗོད་དེ་རིམ་པས་བཞིན་སྲུ་ཞིང་བརྟན་ལ་གླིང་བ་དེ་རྡོ་རྗེ་རྒྱ་རམ་གླིང་། མཐུག་ལ་འཁོད་སྐློམས་ཀྱི་བེ་དུ་ཐེབས་ཀྱི་འོག་ཏུ་གནས་པའི་ས་གཞི་མར་མྱེར་ཏེ་རིན་ཆེན་གྱི་ས་གཞི་དང་། དད་པ་ཁོད་ལེགས་ཀྱི་དགེ་མཚན་ལྡན་པའི་འོན་གྱི་ལུང་པ་ན

① འོན་ཀེ་རུ་ར་བཞུགས་པའི་ཡོན་དག་དགེ་དཔལ་གྱི་ཐུགས་དམ་ཤེས་རབ་ཀྱི་ཕ་རོལ་ཏུ་ཕྱིན་པ་སྟོང་ཕྲག་བརྒྱ་པ་ལས་ལེའུ་ཉི་ཤུ་དྲུག་གོ་ཞེས་པའི་པོད་ཛ་པའི་ལྡེབ་གྲངས་350ལས་དྲངས།

② འོན་ཀེ་རུ་ར་བཞུགས་པའི་ཡོན་དག་དགེ་དཔལ་གྱི་ཐུགས་དམ་ཤེས་རབ་ཀྱི་ཕ་རོལ་ཏུ་ཕྱིན་པ་སྟོང་ཕྲག་བརྒྱ་པ་ལས་ལེའུ་ཉི་ཤུ་དྲུག་གོ་ཞེས་པའི་པོད་ཛ་པའི་ལྡེབ་གྲངས་350ལས་དྲངས།

③ བོད་རྒྱ་ཤན་སྦྱར་གྱི་ཤེས་བྱའི་རྣམ་གྲངས་ཀུན་བཏུས་ཚིག་མཛོད་ཞེས་པ་མཚོ་སྔོན་མི་རིགས་དཔེ་སྐྲུན་ཁང་གི་1987ལོའི་པར་མའི་ཤོག་གྲངས་82ལས་དྲངས།

བཀྲ་ཤིས་ཉམས་དགའ་ལྷ་གད་སྣང་ཞེས་རིམ་པས་བཞིན་རྒྱ་ཆེ་ས་ནས་ཆུང་སར་བརྗོད་པ་ལས་དོན་གྱི་འབབ་ས་གསུང་རབ་འབྲི་བཞེངས་ཀྱི་ཡུལ་ལུང་ལྡོ་ཁ་ས་ཁུལ་སྣེ་གདོང་རྫོང་ཁོངས་འོན་སྐྱིད་པ་ཤང་ཁུལ་དུ་གནས་པའི་བཀྲ་ཤིས་ཉམས་དགའ་བའི་ལྷ་གད་སྣང་ཞེས་པ་དེ་ཡིན་པར་རྟོགས།

གཉིས། སྦྱིན་བདག

འོན་གྱི་བཀྲ་ཤིས་ལྷ་གད་སྣང་དུ་ཡོན་བདག་དགེ་དཔལ་གྱི་ཐུགས་དམ་ཤེར་ཕྱིན་པོད་ཇ་པ་འདི་རིགས་འབྲི་བཞེངས་བསྐྲུངས་པའི་སྐབས་སུ་དད་པ་སྐྱོ་ངས་མེད་པའི་སྦྱིན་བདག་གཙོ་འཁོར་ཅི་ཞིག་བྱོན་པའི་སྐོར་ལ་མཛད་བྱང་ལས། ཤིས་ན་ཡོན་དག་འདྲུན་གྱི་དོ་མེད་ལྷ་ཙ་ཁུ་ཚབ་དང་། ཡོན་དག་མོ་འདྲུན་གྱི་དོ་མེད་མཛངས་མ་ལོ་ལོད་གཉིས་ཀྱིས་ལས་དགེ་སྡིག་གཉིས་ཀྱི་དོན་རྟོགས་། སྐྱེ་བ་ཕྱི་མ་རྗེས་སུ་དྲན་ནས་། ཤུའུ་འདྲུན་གྱི་དོ་མེད་སླུས་། སུང་རབས་འདྲུན་གྱི་དོ་མེད་འབྲིས་། ཡོན་དག་བཟང་ངོ་། ཉེ་བ་བཟང་ངོ་། ཟ་མ་མང་ངོ་། ཚོད་གནས་པ་ལ་ཕོ་འོ་གཉིས་པོས་ཞབས་རྟོག་ཆེའོ་ཕྲུ་ཡད་བཟང་ངོ་། ཆར་དང་འབྲུག་ཏུ་ཆས་པ་མཛད་པ་གནས་གཏན་ལྷ་མ་ཕྲུ་ཡད་བཟང་ངོ་། [1]ཞེས་བྱུང་བ་ལ་གཞིགས་ན། ཡོན་བདག་འགྲུན་གྱི་དོ་མེད་པ་ལྷད་ཙ་ཁུ་ཚབ་དང་ཡོན་གྱི་བདག་མོ་མཛངས་མ་ལོ་ལོད་གཉིས་ཀྱིས་གཙོ་བོ་གནང་སྟེ་གསུང་རབ་འབྲི་བཞེངས་བསྐྲུངས་པའི་སྐབས་སུ་རྒྱུ་འགྲོ་ལྷང་ངེས་བཞིན་པ་མགོ་འདོན་གནང་བ་ལས་ཡོན་བདག་བཟང་ཞེས་དང་། སྣག་ཤོག་དང་ལྷ་ཡོན་སོགས་མགོ་སྒྲོད་ཀྱི་དོ་དམ་བཟང་བས་གཉེར་པ་བཟང་དང་། ལས་ཡུན་གྱི་རིང་ཐུང་ལ་གཟིགས་པའི་ལས་བཟོའི་ཟ་མ་བྲོ་བ་བཟང་ཞིང་ལྷང་ངེས་བཞིན་དུས་ཐོག་ཏུ་འདྲེན་པས་ཟ་མ་མང་ངོ་ཞེས་དང་། གཞན་མཆོད་གནས་པ་ལ་ཞབས་ཏོག་ཆེ་བའི་ཕུ་ནུ་གཉིས་དང་གནས་བརྟན་ལྷ་མ་སོགས་ཀྱིས་ལས་དེར་ཕྱར་བ་བྲུ་འདེགས་གནང་བ་ལས་ཕྲུག་ལས་བཟང་ངོ་ཞེས་བསྟོད་ཚིག་ཕུལ་བ་ལས་ཡོན་བདག་དགེ་དཔལ་གྱི་ཐུགས་དམ་འདི་བཞེངས་པའི་སྐབས་མཆོད་ཡོན་སྦྱིན་བདག་གི་གནས་ཚུལ་ཅི་ཞིག་ཡིན་པ་དེ་གསལ་པོར་གསུངས་འདུག

---

① འོན་ཀེ་རུར་བཞུགས་པའི་ཡོན་དག་དགེ་དཔལ་གྱི་ཐུགས་དམ་ཤེས་རབ་ཀྱི་ཕ་རོལ་ཏུ་ཕྱིན་པ་སྟོང་ཕྲག་བརྒྱ་པ་ལས་ལེའུ་ཉི་ཤུ་རྡུག་གོ་ཞེས་པའི་པོད་ཇ་པའི་ལྡེབ་གྲངས་350ལས་དྲངས།

གསུམ། ཡིག་ཞུས།

དད་པ་སྐྱོ་ངས་མེད་པའི་སྦྱིན་བདག་ཀླད་ཏ་ཁྲུ་ཚབ་དང་ལོ་ལོད་གཉིས་ལ་སོགས་པས་སྦྱིན་བདག་གནང་སྟེ་ཡོན་བདག་དགེ་དཔལ་གྱི་ཐུགས་དམ་དེ་འབྲི་བཞེངས་གནང་བའི་སྐབས་སུ་ཨོག་བུ་འགྲན་གྱི་དོ་མེད་བླུས་ཏེ་འབྲི་བཞེངས་བསྐྲུངས་པའི་སྐབས་ལ་ཡིག་མཁན་དང་ཞུས་དག་མཁན་ཅི་ཞིག་བྱོན་པའི་སྐོར་ལ། སྔོ་གསུམ་ཐང་ཚད་འབྲི་བའི་ཡིག་མཁན་ནི། སྨྲ་ཏམ་མཁན་པོ་ཆུས་པ་ཉི་གྲགས་ཀྱིས་གསུང་རབ་ཀྱི་དབུ་ཞབས་དང་དཀྱུས་ཀྱི་དབྱེ་བར་བཞག་པའི་སྟོད་ཆ་དང་བར་གྱི་ཆ་རྣམས་བྲིས་ཤིང་། ཞབས་ཀྱི་ཆ་ཤས་རྣམས་ནི་མཁན་པོ་འཆིམས་ཆུང་ཡ་མས་འབྲི་བཞེངས་བྱས་ཤིང་། དེ་དག་རྐང་འཁོར་གཞུང་སྟོང་གི་ཞུ་དག་ནི་སྐབས་དེ་དུས་ཀྱི་ཞུས་ཆེན་དབུ་ཆེན་བླ་མ་ཞལ་གཉིས་ཀྱིས་མཛད་དེ་ཐ་ན་ཚིག་དང་ཤད་གཅིག་ཀྱང་མ་ཆད་པར་ཞུས་དག་གནང་བ་ལས་ཕྱུག་ལས་བཟང་ཞེས་བྱུང་བ་སྟེ། སྨྲ་ཏམ་མཁན་པོ་ཆུས་པ་ཉི་གྲགས་ཡིན། སྟོད་ཀྱི་གཟུགས་ལ་སྟོས། བར་གྱི་སྲུས་ལ་བསྟོས། ཞབས་དུམ་མཁན་པོ་འཆིམས་ཆུང་ཡ་མ་ཡིན། ཞུ་ཐུག་མཁན་པོ་འགྲན་གྱི་དོན་མེད་བླ་མ་ཞལ་གཉིས་ཡིན། ཡོན་དག་དགེ་དཔལ་གྱི་ཐུགས་དམ་མཛོད། ཚག་གཅིག་ཀྱང་མ་ཨོར་རོ་ཕྲ་ཡད་བཟང་ངོ་།[①] ཞེས་པས་རྟོགས་སོ།

བཞི། དགོས་པ།

འོན་མོ་ལུང་གི་བཀྲ་ཤིས་བླ་གད་སྐད་དུ་ཡོན་བདག་དགེ་དཔལ་གྱི་ཐུགས་དམ་ཤེར་ཕྱིན་པོད་ཇ་པ་འདི་རིགས་ཡིག་མཁན་སྨྲ་ཏམ་མཁན་པོ་ཆུས་པ་ཉི་གྲགས་དང་འཆིམས་ཆུང་བདག་སོགས་ཀྱིས་འབྲི་བཞེངས་བསྐྲུངས་པའི་དགོས་པ་ནི་ཡོན་བདག་ཀླད་ཏ་ཁྲུ་ཚབ་དང་ཡོན་བདག་མོ་ལོ་ལོད་གཉིས་ཀྱིས་ནང་ཆོས་ཀྱི་དོན་སྙིང་རྟོགས་ནས་དགེ་སྡིག་ལས་ལ་ཡིད་ཆེས་ཤིང་ཚེ་ཕྱི་མ་རྗེས་སུ་དྲན་པ་ལས་འབྲི་བཞེངས་བསྐྲུངས་པ་སྟེ་མཛད་བྱང་ལས། ཤེས་ན་ཡོན་དག་འདྲན་གྱི་དོ་མེད་སླ་ཏ་ཁྲུ་ཚབ་དང་། ཡོན་དག་མོ་འདྲན་གྱི་དོ་མེད་མཛངས་མ་ལོ་ལོད་གཉིས་སུ་ལས་དགེ་སྡིག་གཉིས་ཀྱི་དོན་རྟོགས། སྐྱེ་བ་ཕྱི་མ་རྗེས་སུ་དྲན་ནས། ཤྭའུ་འདྲན་

---

① འོན་ཀེ་ཏུར་བཞུགས་པའི་ཡོན་དག་དགེ་དཔལ་གྱི་ཐུགས་དམ་ཤེས་རབ་ཀྱི་ཕ་རོལ་ཏུ་ཕྱིན་པ་སྟོང་ཕྲག་བརྒྱ་པ་ལས་ལེའུ་ཉི་ཤུ་དྲུག་པོ་ཞེས་པའི་པོད་ཇ་པའི་ལྟེབ་གྲངས་350ལས་དྲངས།

ཀྱི་དོ་མྱེད་སྐུས། སུང་རབས་འདྲན་ཀྱི་དོ་མྱེད་འབྲིས། [1]ཞེས་པས་རྫོགས་སོ།

ལེ་ཚན་དགུ་པ། འོན་ཀེ་ཏུའི་ཆོས་ཐམས་ཅད་འབྱེ་བ་མེད་པར་ཆོས་སྟོན་པ་པོད་ན་པའི་མཛོད་བྱང་།

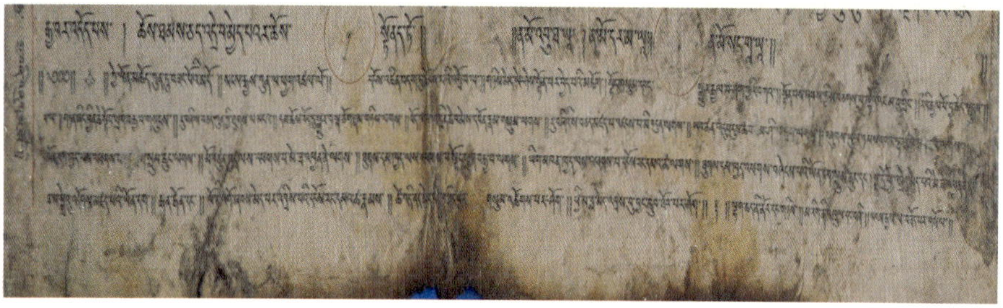

མཛོད་བྱང་མ་དཔེ།

དང་པོ། མཛོད་བྱང་མ་ཕྱུས།

ན་མོ་འབུ་ཐ་ཡཱ། ན་མོ་དྷར་མ་ཡཱ། ན་མོ་སང་གྷཱ་ཡཱ ༀཿ། ཀྱི་ཡོན་མཆོད་ཀུན་ཏུ་བཟང་པོའི་མདོ། །སངས་རྒྱས་ཀུན་ལ་ཕྱག་འཚལ་ལོ།། དངོས་འཛིན་བདག་ཏུ་རྨོངས་པའི་འགྲོ་བ་ལ། །གཉིས་མེད་ཡེ་ཤེས་སྟོན་པར་བྱེད་པའི་མཆོག། །སྟོང་གསུམ་དབང་བསྒྱུར་རྒྱལ་བ་ཤག་ཀྱའི་བཀའ། །སྟོན་པས་ཞབས་ཀྱིས་བཅགས་པ་ལྗོངས་འཛམ་བུ་གླིང་། །དེའི་རྒྱལ་པོ་བྲོ་རྒོད་སྤུངས། པ་ལ། །གཉན་ཞིང་བྱིན་ཆེ་སྟོང་ཕྲག་བརྒྱ་པ་གསུངས། །ཏ་བཞི་ས་བཅད་ཀུན་གྱི་ཐུགས་ལ་མངའ། །དམ་ཆོས་བོད་དུ་སྒྱུར་བ་སྐ་ཅོག་རྣམ་གཉིས་ལགས། །བོད་ལ་བཀའ་དྲིན་ཆེ་བ་མེས་དབོན་རྣམ་གསུམ་ལགས། །ཏ་བཞིའི་ས་བཅད་མཛད་པ་འཛངས་པ་མི་བདུན

[1] འོན་ཀེ་ཏུར་བཞུགས་པའི་ཡོན་དག་དགེ་དཔལ་གྱི་ཐུགས་དམ་ཤེས་རབ་ཀྱི་ཕ་རོལ་དུ་ཕྱིན་པ་སྟོང་ཕྲག་བརྒྱ་པ་ལས་ལེའུ་ཉི་ཤུ་དྲུག་གོ་ཞེས་པའི་པོད་ཛ་པའི་ལྡེབ་གྲངས་350ལས་དྲངས།

ལགས་། །ཡབ་ཚན་གདུང་རྒྱུས་ཆེ་བ་ཛམ་ཤི་ལ་ཕྲག་ལགས་། །བཞུགས་ཡུལ་ཉམས་དགའ་ལྷ་ཡུལ། །····ལགས་། །ཡོན་དག་ཁྱད་ལས་འཕགས་པ་ལྷའ་། །སློམ་ཆུང་ལགས་། །མོ་བཙུན་ཁྱད་ལས་འཕགས་པ་མེ་ཟ་འཕྲུན་ནེ་ལགས་།། ཐུགས་དམ་ཁྱད་དུ་འཕགས་པ་སྟོང་ཕྲག་བརྒྱ་པ་ལགས་། །ཡིག་མཁན་ཁྱད་ལས་འཕགས་པ་དངོས་རང་དམའ་ཚ་ལགས་། །ཐུགས་དམ་ཁྱད་འཕགས་བཞེངས་པའི་ཡོན་ཏག་སློམ་ཆུང་དང་། །ཇོ་དྲྭ་ཕྱེ་འབྲེད་མྱེད་པའི་མེ་ཟེ་འཕྲུན་ནེ་དང་། །ཟ་མ་སྒྲེའུ་འདོགས་མཛད་པའི་ཡོན་དག། ཀན་ཀོན་དང་། །པོ་ཧི་འགོ་ཞབས་མེད་པར་འབྲིས་པའི་དངོས་རང་དམའ་ཚ་རྣམས་། །ཚེ་འདི་ནད་མེད་བདེ་སྐྱིད་ཕུན་གསུམ་འཚོགས་པར་ཤོག་། །ཕྱི་མ་བླ་མེད་འབྲས་བུ་བྱང་ཆུབ་འཐོབ་པར་ཤོག་། །ལྷག་ཆད་ནི་ནོར་དང་གཉིས་། །མ་རིག་ནི་འཁྲུལ་དང་བཞི། །སངས་རྒྱས་ལ་བཟོད་པར་གསོལ་།། [1]ཞེས་པའོ།

གཉིས་པ། མཛད་བྱང་གི་དབྱེ་ཞིབ།

གཅིག བསྔོད་ཕྱག

པོད་འདིའི་མཛད་བྱང་གོང་གི་མཛད་བྱང་ཁག་དང་མི་འདྲ་བར་མཛད་བྱང་གི་ནང་དོན་དངོས་ལ་མ་འཇུག་པའི་སྔོན་དུ། ཀྱེ་ཞེས་པས་སྔོན་བསུས་ཏེ་གང་བཞེངས་པར་འདོད་པའི་གསུང་རབ་སྟེ་ནང་བསྟན་སྲོལ་གཏོད་སྟོན་པ་ཤག་ཀྱ་ཐུབ་པའི་བཀའ་ལ་བསྔོད་ཕྱག་ཕུལ་ཡོད་པ་སྟེ་མཛད་བྱང་ལས། ༄༅། ཀྱེ་ཡོན་མཆོད་ཀུན་ཏུ་བཟང་པོའི་མདོ་། སངས་རྒྱས་ཀུན་ལ་ཕྱག་འཚལ་ལོ་། དངོས་འཛིན་བདག་ཏུ་རྨོངས་པའི་འགྲོ་བ་ལ་། གཉིས་མེད་ཡེ་ཤེས་སྟོན་པར་བྱེད་པའི་མཆོག་། སྟོང་གསུམ་དབང་སྒྱུར་རྒྱལ་བ་ཤག་ཀྱའི་བཀའ། [2]ཞེས་པས་རྟོགས་སོ།

གཉིས། ཡུལ་ལུང་།

གསུང་རབ་འདི་འབྲི་བཞེངས་ཀྱི་ཡུལ་ལུང་བརྗོད་པའི་དོན་ལ་འབབ་ཙ་ན། མཛད་བྱང་

---

① འོན་ཀེ་ཏུར་བཞུགས་པའི་སློམ་ཆུང་གི་ཐུགས་དམ་ཆོས་ཐམས་ཅད་འདྲི་བ་མྱེད་པའར་ཆོས་བསྟོནད་ཏོ་ཞེས་པའི་པོད་ན་པའི་ལྡེབ་གྲངས་284ལས་དྲངས།

② འོན་ཀེ་ཏུར་བཞུགས་པའི་སློམ་ཆུང་གི་ཐུགས་དམ་ཆོས་ཐམས་ཅད་འདྲི་བ་མྱེད་པའར་ཆོས་བསྟོནད་ཏོ་ཞེས་པའི་པོད་ན་པའི་ལྡེབ་གྲངས་284ལས་དྲངས།

ལས་སྟོན་པས་ཞབས་ཀྱིས་བཅགས་པ་ལྷོའ་འཛམ་བུ་གླིང་། རིའི་རྒྱལ་པོ་བྱ་རྒོད་སྤུངས། པ་ལ། གཉན་ཞིང་བྱིན་ཆེ་སྟོང་ཕྲག་བརྒྱ་པ་གསུངས། ཏ་བཞི་ས་བཅད་ཀུན་གྱི་ཐུགས་ལ་མངའ། དམ་ཆོས་བོད་དུ་སྒྱུར་བ་སྐ་ཅོག་རྣམ་གཉིས་ལགས། བོད་ལ་བཀའ་དྲིན་ཆེ་བ་མེས་དཔོན་རྣམ་གསུམ་ལགས། ཏ་བཞིའི་ས་བཅད་མཛད་པ་འཛངས་པ་མི་བདུན་ལགས། ཡབ་ཚན་གདུང་རུས་ཆེ་བ་ཛམ་ཤི་ལ་ཕྲག་ལགས། བཞུགས་ཡུལ་ཉམས་དགའ་ལྷ་ཡུལ། ····ལགས། ①ཞེས་པ་ལྟར་ན། སྟོན་པ་སངས་རྒྱས་ཤཱཀྱ་ཐུབ་པས་ཞབས་ཀྱིས་བཅག་པའི་གླིང་བཞིའི་ནང་ནས་མཆོག་ཏུ་འགྱུར་པ་ལྷོ་འཛམ་བུ་གླིང་སྟེ། གླིང་འདིའི་ནང་ནས་ཀྱང་རྒྱ་གར་འཕགས་པའི་ཡུལ་དང་ཡུལ་དེའི་ནང་ནས་རི་རྒྱལ་བྱ་རྒོད་ཕུང་པོ་རི་སྟེ། ཕྱི་ལོའི་དུས་རབས་7པའི་ནང་རྒྱ་གར་ཡུལ་དུ་ཞབས་དངོས་སུ་བཅག་མྱོང་བའི་རྒྱ་ནག་གི་བཙུན་པ་ཐང་ཟན་ཙང་སྡེ་སྡེ་སྣོད་འཛིན་པས་གསུངས་དོན། གྲོང་ཁྱེར་གྱི་བྱང་ཤར་མཚམས་སུ་རྒྱང་གྲགས་བཅུ་ཕྲག་བཞི་ལྔ་ཙམ་སོང་བ་ན། རི་ག་ཊ་རི་ཊ་སྟེ་བྱ་རྒོད་ཕུང་པའི་རི་བོ་ཡོད་དོ། བྱང་རི་རྒྱབ་ཡོལ་གྱི་ཚུལ་དུ་ངོས་གཅིག་འབུར་དུ་དོད་པ་བྲག་རི་རྒྱང་ནས་བལྟས་ན་བྱ་རྒོད་མང་པོ་ཚོགས་ནས་ཕུང་པ་ལྟར་སྣང་བས་མིང་དེ་ཐོགས་སོ། ②ཞེས་པས་རྒྱ་གར་གྱི་གནས་མཆོག་བྱ་རྒོད་ཕུང་པའི་རི་ཞེས་པའི་ཐ་སྙད་ཀྱི་བྱུང་བ་ཁ་གསལ་ཞིག་ཤེས་ཤིང་། གནས་འདིར་སྔོན་ཞིང་བྱིན་བརླབས་ཆེ་བའི་ཤེར་ཕྱིན་སྟོང་ཕྲག་བརྒྱ་པ་གསུངས་པ་དེ་ཡང་། རྒྱ་ནག་གི་བཙུན་པ་ཐང་ཟན་ཙང་སྡེ་སྡེ་སྣོད་འཛིན་གྱིས་བྱ་རྒོད་ཕུང་པའི་སྟེགས་བུ་བྱ་སྐྱིབས་མདོག་སྔོ་ལྗང་སྦྲུབ་འཁྱུག་འདྲེས་མ་སྟེ། སྔོན་སྟོན་པ་འཚོ་ཞིང་གཞེས་པ་ན་རི་བོ་འདིར་ལོ་ལྔ་བཅུ་ལྷག་ཤེར་ཕྱིན་ལ་སོགས་པའི་མདོ་སྡེ་མང་པོ་གསུངས་སོ་③ཞེས་པས་ཀྱང་མཛད་བྱུང་དུ་ཤེར་ཕྱིན་སྟོང་ཕྲག་བརྒྱ་པ་གསུངས་པའི་ཡུལ་ལུང་བརྗོད་པ་དང་དོན་ལ་གནས་ཤིང་། དེ་ནས་རིམ་པས་བཞིན་བོད་ཀྱི་ཡུལ་ལ་དབབ་པའི་སྐབས་འདིར་མཐོ་བོད་བཙན་པོ་སྲོང་བཙན་སྒམ་པོས་དབུས་གཙང་ཏ་བཞིར་ཕྱེ་བའི་

① འོན་ཀེ་ཏུར་བཞུགས་པའི་སྨུམ་ཆུང་གི་ཐུགས་དམ་ཆོས་ཐམས་ཅད་འདྲེ་བ་མེད་པའང་ཆོས་བསྟོནད་ཏོ་ཞེས་པའི་པོད་ན་པའི་ལྡེབ་གྲངས་284ལས་དྲངས།

② ཐང་ཟན་ཙང་དང་པེན་ཅིས་བརྩམས་གུང་མགོན་པོ་སྐྱབས་ཀྱིས་བསྒྱུར་བའི་ཆེན་པོ་ཐང་གུར་དུས་ཀྱི་རྒྱ་གར་ཞིང་གི་བཀོད་པའི་དཀར་ཆག་ཅེས་པ་ཀྲུང་གོའི་བོད་རིག་པ་དཔེ་སྐྲུན་ཁང་གི་2006ལོའི་སྤར་མའི་ཤོག་གྲངས་218ལས་དྲངས།

③ ཐང་ཟན་ཙང་དང་པེན་ཅིས་བརྩམས་གུང་མགོན་པོ་སྐྱབས་ཀྱིས་བསྒྱུར་བའི་ཆེན་པོ་ཐང་གུར་དུས་ཀྱི་རྒྱ་གར་ཞིང་གི་བཀོད་པའི་དཀར་ཆག་ཅེས་པ་ཀྲུང་གོའི་བོད་རིག་པ་དཔེ་སྐྲུན་ཁང་གི་2006ལོའི་སྤར་མའི་ཤོག་གྲངས་218ལས་དྲངས།

ཐུགས་མངའ་ཞིང་། དམ་ཆོས་བོད་དུ་བསྒྱུར་བ་ལ་ལོ་ཙྪ་བ་སྐ་ཅོག་རྣམ་གཉིས་ལགས་ཞེས་པ་ལྟར་ན། སྐབས་འདིར་བོད་པ་རྣམས་ཀྱི་ཞལ་རྒྱུན་དུ་ཡོད་པའི་སྐ་ཅོག་ཞང་གསུམ་ཞེས་མི་འདྲེན་པའི་རྒྱུ་མཚན་ནི་ཁང་དཀར་ཚུལ་ཁྲིམས་སྐལ་བཟང་ལགས་ཀྱིས་ལོ་ཙྪ་བ་ཀ་ཅོག་གཉིས་ཁྲི་སྲོང་དུས་ཀྱི་ལོ་ཙྪ་བ་ཡིན་པར་གསལ་བའི་ཐོག་ཞང་ཡེ་ཤེས་སྡེ་ཡང་ཁྲི་སྲོང་སྐབས་ཀྱི་ལོ་ཙྪ་བའི་གྲས་སུ་བཙུག་ཡོད། དེས་མཚོན་པའི་རང་རེའི་ཕྱིས་ཀྱི་ལོ་རྒྱུས་ཁག་ཏུ་ཀ་ཅོག་ཞང་གསུམ་ཁྲི་སྲོང་སྐུ་དུས་ཀྱི་ལོ་ཙྪ་བ་ཡིན་པའི་ཐོག་ཀ་ཅོག་གཉིས་ཞང་གི་གོང་འགོད་སྲོལ་འདུག་ཀྱང་། དོན་ལ་ཞང་ཡེ་ཤེས་སྡེ་ནི་ཁྲི་ལྡེ་སྲོང་བཙན་སད་ན་ལེགས་འཛིང་ཡོན་གྱི་སྐུ་དུས་ཀྱི་ལོ་ཙྪ་བ་དང་ཀ་ཅོག་གཉིས་ཁྲི་རལ་གྱི་སྐུ་དུས་ཀྱི་ལོ་ཙྪ་བ་ཡིན་པ་རེད། དེའི་རྒྱུ་མཚན་གསལ་ཤོས་གཅིག་ནི་གོང་གི་ལོ་རྒྱུས་[①]དེ་དག་ལས་ཧིང་པ་ས་སྐྱ་པ་སློབ་དཔོན་བསོད་ནམས་རྩེ་མོས་（1142-1182）མཛད་པའི་ཆོས་ལ་འཇུག་པའི་སྒོ་（ང་། 312b5-313a2;Sa-skya bka`Bum, Tokyo,1968,vol.2,p.343）ལས། ཁྲི་ལྡེ་སྲོང་བཙན་ཞེས་བྱ་བའི་སྐུ་རིང་ལ་སྐར་ཆུང་ལ་སོགས་པའི་གཙུག་ལག་ཁང་ཡང་བཞེངས། རྒྱ་གར་གྱི་མཁན་པོ་ཛྙ་ན་སེ་ན་ལ་སོགས་པ་སྤྱན་དྲངས། སྒྱུར་བྱེད་དམ་པ་ཡེ་ཤེས་སྡེ་ལ་སོགས་པས་སྔར་མ་བསྒྱུར་བ་རྣམས་ཀྱང་བསྒྱུར། བསྒྱུར་པ་རྣམས་ཀྱང་སྐད་གསར་བཅད་ཀྱིས་དག་པར་བྱས་ཏེ་རྒྱས་པར་མཛད། དེའི་སྲས་ཁྲི་གཙུག་ལྡེ་བཙན་གྱི་སྐུ་རིང་ལ་འོན་ཅང་རྡོ་ལ་སོགས་པའི་གཙུག་ལག་ཁང་སྟོང་བཞེངས། འཛམ་བུའི་གླིང་སུམ་གཉིས་ལ་མངའ་མཛད། རྒྱ་གར་གྱི་མཁན་པོ་ཛཱི་ན་མི་ཏྲ་ལ་སོགས་པ་སྤྱན་དྲངས། སྒྱུར་བྱེད་དམ་པ་བནྡེ་དཔལ་བརྩེགས་དང་ཀླུའི་རྒྱལ་པོ་རྒྱལ་མཚན་ལ་སོགས་པས་བཀའ་དང་བསྟན་བཅོས་དུ་མ་བསྒྱུར་ཏེ་ཞེས་གསུངས་པ་དེ་དེ་བཞིན་དུ་དོན་ལ་གནས་[②]ཞེས་གསུངས་པ་ལྟར་

---

① བུ་སྟོན་ཆོས་འབྱུང་དུ། བེ་རོ་ཙ་ནའི་གླིང་དུ་ཆོས་འཆད་པ་ལ་སོགས་པས་བསྟན་པ་ཡོངས་སུ་རྫོགས་པར་དར་བར་བྱས་ཏེ། འབྲུག་གི་ལོ་ལ་ཕོ་བྲང་ལྡན་དཀར་ན་བཞུགས་པའི་སྟོན་ཟླ་སྐྱུར་གྱི་བནྡེ་དཔལ་བརྩེགས་དང་། བནྡེ་ཀླུའི་དབང་པོ་ལ་སོགས་པས་བོད་ཁམས་སུ་དམ་པའི་ཆོས་འགྱུར་རོ་འཚལ་གྱི་མཚན་བྱང་བམ་པོ་དང་ཤོ་ལོ་ཀའི་གྲངས་མཆིས་པ་གཏན་ལ་ཕབ་ནས། དཀར་ཆག་ཏུ་བྲིས་སོ་ཞེས་ཀྲུང་གོའི་བོད་རིག་པའི་དཔེ་སྐྲུན་ཁང་གི་1988ལོའི་སྤར་མའི་ཤོག་གྲངས་187རུ་གསལ། དཔའ་བོ་གཙུག་ལག་འཕྲེང་བས་མཛད་པའི་མཁས་པའི་དགའ་སྟོན་ལས་ཀྱང་། བེ་རོ་ཙ་ནའི་གླིང་དུ་ཆོས་འཆད་པ་ལ་སོགས་པས་བསྟན་པ་ཡོངས་སུ་རྫོགས་པར་དར་བར་བྱས་ཏེ་འབྲུག་གི་ལོ་ལ་ཕོ་བྲང་ལྡན་དཀར་ན་བཞུགས་པའི་སྟོན་ཟླ་སྐྱུར་གྱི་བནྡེ་དཔལ་བརྩེགས་དང་བནྡེ་ཀླུའི་དབང་པོ་ལ་སོགས་པས་བོད་ཁམས་སུ་དམ་པའི་ཆོས་འགྱུར་རོ་འཚལ་གྱི་མཚན་བྱང་བམ་པོ་དང་ཤོ་ལོ་ཀའི་གྲངས་སུ་མཆིས་པར་གཏན་ལ་ཕབ་ནས་དཀར་ཆག་ཏུ་བྲིས་སོ་ཞེས་པེ་ཅིན་མི་རིགས་དཔེ་སྐྲུན་ཁང་གི་2006ལོའི་སྤར་མའི་ཤོག་གྲངས་190རུ་གསལ།

② ཁང་དཀར་ཚུལ་ཁྲིམས་སྐལ་བཟང་གིས་མཛད་པའི་བོད་ཀྱི་གནའ་རབས་ལོ་རྒྱུས་བདམས་བཏུས་གངས་ལྗོངས་འོད་འབུམ་ཉིན་

ན། སྐབས་འདིར་བྱུང་བའི་དམ་ཆོས་བསྒྱུར་བ་སྐད་ཅིག་གཉིས་ཞེས་འདྲེན་པའང་རྒྱུ་མཚན་ངེས་ཅན་ཞིག་ལྡན་པ་སྟེ་སྐད་ཅིག་རྣམ་གཉིས་དང་ཞང་ཡེ་ཤེས་སྡེ་རྣམས་ནི་རྒྱལ་རབས་མི་འདྲ་བའི་ནང་དུ་བྱོན་པའི་རྒྱུ་མཚན་དང་གཅིག གཉིས་སྐད་ཅིག་རྣམ་གཉིས་ཞེས་འདྲེན་པ་ཡང་ཕྱིས་རབས་བཤད་སྲོལ་གྱིས་ཤན་མ་བཞུགས་པའི་རྒྱུ་མཚན་གྱིས་ཡིན་པར་སེམས། བོད་ལ་བཀའ་དྲིན་ཆེ་བའི་མེས་དབོན་རྣམ་པ་གསུམ[①]དང་དབུས་གཙང་ཏུ་བཞིའི་ས་བཅད་མཛད་པ་པོ་འཕྲུལ་བློན་འཇངས་མི་བདུན་ཡིན་ཞེས་བརྗོད་ཙང་དབུས་གཙང་ཏུ་བཞིའི་ས་བཅད་མཛད་མཁན་ནི་ཆོས་རྒྱལ་སྲོང་བཙན་སྒམ་པོ་ཡིན་པ་མཁས་པ་ལྡེའུས། རྒྱལ་པོ་ (སྲོང་བཙན་སྒམ་པོ་) འདིའི་སྐུ་ཚེའི་སྟོད་ལ་བོད་ཏུ་བཞིར་ཕྱེ། སུམ་པའི་ཏུ་སྣ་ལག་སྟེར་བཅད། བསྐོས་པའི་རྒྱལ་པོ་སྡེའི་བཞིའི་མངའ་འོག་ཏུ་བསྡུས། སོ་ཁ་རྒྱ་ཡུལ་དུ་བཅས། རྒྱལ་ཕྲན་བཅུ་གཉིས་བྲན་དང་འབངས་སུ་བཅད།[②]ཅེས་པས་ཏུ་བཞིའི་ས་བཅད་བྱ་མཁན་འཕྲུལ་བློན་འཇངས་མི་བདུན་དེ་ཡིན་མིན་དཔྱད་པར་བྱ་བའི་གནས་སོ། མདོར་ན་མེས་པོ་ཡབ་མེས་ཀྱི་གདུང་ཆེ་བ་ཛམ་ཤི་ལ་ཕྲག་གི་བཞུགས་ཡུལ་ཉམས་དགའ་བ་ལྷ་ཡུལ་ལྟ་བུར་སྣང་བ་འོན་མོ་ཀླུང་རིང་དེ་ཡིན་པ་སྔོན་དུ་བརྗོད་པའི་ལྷོ་ཁ་ས་ཁུལ་གྱི་འོན་གྱི་ཡུལ་ལུང་དེ་ཡིན་པར་སྣང་།

གསུམ། སྦྱིན་བདག

གསུང་རབ་འབྲི་བཞེངས་ཀྱི་སྦྱིན་བདག་སྐོར་དེ་ཡང་མཛད་བྱུང་ལས་ཡོན་དག་ཁྱད་པར་འཕགས་པ་ལྟའ། སློམ་ཆུང་ལགས། མོ་བཙུན་ཁྱད་ལས་འཕགས་པ་མེ་ཟ་འཕྲུན་ནེ་ལགས། ཐུགས་དམ་ཁྱད་ལས་འཕགས་པ་སྟོང་ཕྲག་བརྒྱ་པ་ལགས་ཞེས་དང་ཐུགས་དམ་ཁྱད་འཕགས་བཞེངས་པའི་ཡོན་ཏག་སློམ་ཆུང་དང་། སོ་དྲོ་ཕྱེ་འབྲིད་མྱེད་པའི་མེ་ཟེ་འཕྲུན་ནེ་དང་། ཟ་མ་སྦྲེའུ་འདོགས་མཛད་པའི་ཡོན་དག། ཀན་ཀོན་དང་།[③]ཞེས་བྱུང་བ་ལྟར་ན། ཡོན་བདག་ཁྱད་

བོད་ནང་རིག་དེབ་གྲངས་xivགངས་ལྗོངས་ནང་རིག་མཐུན་ཚོགས་ཀྱིས་2014ལོའི་སྤར་མའི་ཤོག་གྲངས་201ལས་དྲངས།

① མེས་དབོན་རྣམ་གསུམ་གྱི་སྐོར་དེ་སྟོན་གྱི་གྲོ་མཁར་ཆོས་སྡེའི་ཤེར་ཕྱིན་གྱི་མཛད་བྱུང་དཔེ་ཞིབ་ཏུ་ཞུས་ཟིན་པས་དེར་གཟིགས་པར་འཚལ།

② མཁས་པ་ལྡེའུས་མཛད་པའི་རྒྱ་བོད་ཀྱི་ཆོས་འབྱུང་རྒྱས་པ་བོད་ལྗོངས་བོད་ཡིག་དཔེ་སྙིང་དཔེ་སྐྲུན་ཁང་གི་ 2010ལོའི་སྤར་མའི་ཤོག་གྲངས་240ལས་དྲངས།

③ འོན་ཀེ་ཏུར་བཞུགས་པའི་སློམ་ཆུང་གི་ཐུགས་དམ་ཆོས་ཐམས་ཅད་འདྲེ་བ་མྱེད་པའར་ཆོས་བསྟོན་ད་ཏོ་ཞེས་པའི་པོད་ན་པའི་

པར་འཕགས་པ་འཆིམས་སྨྲུམ་ཆུང་དང་མོ་བཙུན་ཁྱད་དུ་འཕགས་པ་མི་ཟ་འཕྲུན་ནེ་གཉིས་ཀྱིས་དད་པ་སྐྱོ་ངས་མེད་པའི་སྦྱིན་བདག་གཙོ་བོ་གནང་སྟེ་ཐུགས་དམ་ཁྱད་དུ་འཕགས་པ་ཞེར་ཕྱིན་སྟོང་ཕྲག་བརྒྱ་པ་བཞེངས་པའི་སྐབས་སུ་ཡོན་བདག་མཆིམས་སྨྲུམ་ཆུང་དང་མི་ཟེ་འཕྲུན་ནེ་རྣམས་ཀྱིས་ལས་ཀའི་དུས་ཚིགས་ལ་གཞིགས་པའི་ཞལ་ལག་གཏོང་གནང་མཛད་པ་ལས་སྦྱིན་བདག་རྒན་རྒོན་རྣམས་པས་གསུང་རབ་འབྲི་བཞེངས་ཀྱི་ཞབས་ཏོག་གང་ལེགས་མཛད་དེ་འབྲི་བཞེངས་བསྐྲུངས་པའི་སྐོར་ཡིན།

བཞི། ཡིག་ཞུས།

ཡོན་བདག་མཆིམས་སྨྲུམ་ཆུང་དང་མོ་བཙུན་མི་ཟ་འཕྲུན་ནེ་སོགས་ཀྱི་ཐུགས་དམ་འབྲི་བཞེངས་བསྐྲུངས་པའི་སྐབས་སུ། ཡིག་མཁན་ཅི་ཞིག་གིས་གནང་བ་ནི་སུག་བྲིས་ཕྲུག་ཚད་དང་ལྡན་པ་དངོས་རང་དམའ་ཚས་གསུང་རབ་ཀྱི་དབུ་ཞབས་ཀྱི་ཁྱད་པར་ལ་མ་ལྟོས་པར་གཟབ་ནན་གྱིས་ངང་ནས་བྲིས་པའི་སྐོར་ཏེ། མཛད་བྱུང་ལས་ཡིག་མཁན་ཁྱད་དུ་འཕགས་པ་དངོས་རང་དམའ་ཚ་ལགས་ཞེས་དང་པོ་ཏི་འགོ་ཞབས་མེད་པར་འབྲིས་པའི་དངོས་རང་དམའ་ཚ་རྣམས་[1]ཞེས་པས་རྫོགས།

ལྔ། བསྔོ་སྨོན།

མཆིམས་སྨྲུམ་ཆུང་དང་མོ་བཙུན་མི་ཟ་འཕྲུན་ནེ་སོགས་ཀྱི་ཐུགས་དམ་འབྲི་བཞེངས་ཟིན་རྗེས་སུ་སྦྱིན་བདག་གཙོ་འཁོར་དང་ཡིག་མཁན་དངོས་རང་དམའ་ཚ་དང་བཅས་པའི་སྨོན་ལམ་ཁོངས་སུ་གཏོགས་པའི་སེམས་ཅན་རྣམས་ཚེ་འདི་བདེ་བསྐྱིད་ཕུན་གསུམ་འཚོགས་པར་ཤོག། ཕྱི་མ་བླ་མེད་འབྲས་བུ་བྱང་ཆུབ་ཐོབ་པར་ཤོག[2]ཅེས་སྨོན་ལམ་བཏབ་འདུག

ལྡེབ་གྲངས་284ལས་དྲངས།

① འོན་ཀེ་ཏུར་བཞུགས་པའི་སྨྲུམ་ཆུང་གི་ཐུགས་དམ་ཆོས་ཐམས་ཅད་འདྲེ་བ་མེད་པའར་ཆོས་བསྟོནད་ཏོ་ཞེས་པའི་པོད་ན་པའི་ལྡེབ་གྲངས་284ལས་དྲངས།

② འོན་ཀེ་ཏུར་བཞུགས་པའི་སྨྲུམ་ཆུང་གི་ཐུགས་དམ་ཆོས་ཐམས་ཅད་འདྲེ་བ་མེད་པའར་ཆོས་བསྟོནད་ཏོ་ཞེས་པའི་པོད་ན་པའི་ལྡེབ་གྲངས་284ལས་དྲངས།

༤ུག མཇུག་བསྡུའི་ཚིག

ཕྱིར་མཇུག་བྱང་གི་སྒྲིག་གཞི་ལྟར་ན་མཇུག་བསྡུའི་ཚིག་ཏུ་རྣམ་དཀར་དགེ་བའི་ལས་དེ་བདེ་གླགས་དང་ལེགས་སྐྱབ་བྱུང་བའི་དགྲེས་ཚོར་གྱི་རྣམ་པ་མཚོན་པའི་སླད་དུ་ཏེ་ཏེ་དང་ཏ་ཏ། བཀྲ་ཤིས་ཞེས་པ་སོགས་བརྗོད་པ་ཤ་སྟག་ཡིན་མོད། འོན་ཏེ་མཆིམས་སྨྲུམ་ཆུང་གི་ཐུགས་དམ་འདི་བཞེངས་སྐབས་སུ་ཞུས་དག་མཁན་བརྗོད་མེད་གཉིས་ཡིག་མཁན་གྱིས་འབྲི་ཞུས་ཀྱི་ལས་གཅིག་ཕྱོགས་སུ་བྱས་པ་ལས་གསུང་རབ་ཀྱི་འབྲི་ཞུས་སོགས་ཀྱི་སྤྱུས་ཚད་ཐད་ལ་ནང་དོན་ལྷག་ཆད་དང་འབྲི་བཤུས་ནོར་བ། ནང་དོན་མ་རྟོགས་པ་སྟེ་མ་རིག་པ་དང་ཚིག་དོན་གོང་འོག་འཁྲུལ་བ་སོགས་ཀྱི་ནོངས་པ་མཆིས་ན་སངས་རྒྱས་ལ་བཟོད་པ་གསོལ་ཞེས་བརྗོད་པ་སྟེ། ཀྱི་ལྷག་ཆད་ནོར་དང་གསུམ་མ་རིག་འཁྲུལ་དང་བཞི་སྐྱ་ལ་བཟོད་པར་གསོལ་ལད།[①] ཅེས་གལ་ཏེ་ནོངས་པ་མཆིས་ན་འགྱོད་བཤགས་ཕུལ་བ་དེ་ཡང་ཤེར་ཕྱིན་པོད་དེའི་མཇུག་བྱང་གི་ཁྱད་ཆོས་སུ་འགྱུམས་སོ།

ལེ་ཚན་བཅུ་པ། འོན་ཀེ་རུའི་ཤེར་ཕྱིན་སྟོང་ཕྲག་བརྒྱ་པ་ལས། ལེའུ་སུམ་ཅུ་བརྒྱད་དོ་ཞེས་པའི་མཇུག་བྱང་།

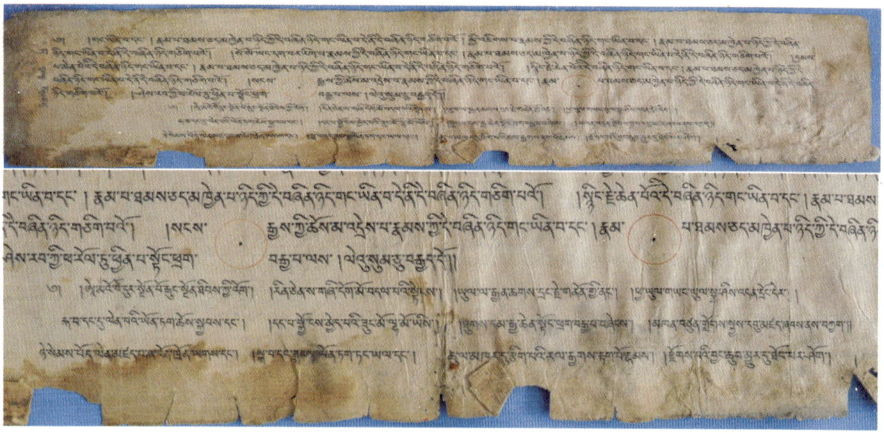

མཇུག་བྱང་མ་དཔེ།

① འོན་ཀེ་རུར་བཞུགས་པའི་སྨྲུམ་ཆུང་གི་ཐུགས་དམ་ཆོས་ཐམས་ཅད་འདྲེ་བ་མེད་པའང་ཆོས་བསྟན་དང་ཧོ་ཞེས་པའི་པོད་ན་པའི་ལྡེབ་གྲངས་284ལས་དྲངས།

དང་པོ། མཛད་བྱུང་མ་ཕྱུགས།

༄། །ཨོཾ་མའོ་བེ་དུར་སྟོན་པོ་རྒྱུང་སྟོན་ཐིབས་ཀྱི་འོག། །རིན་ཅེན་ས་གཞི་དོག་མོ་བདལ་པའི་སྟེངས། །ཡུལ་ལ་རྒྱན་ཆགས་དྲང་རྫེ་གནོན་གྱི་ནང་། །ཕྱུ་ཡུལ་གཡང་ཡུལ་སྐྲ་ཤིས་འདན་ཊྲོང་དེར། །ཁ་བ་དང་དུ་ལེན་པའི་ཡོན་ཏག་ཆོས་སྐྱབས་དང་། །དད་པ་སྐྱོ་ངས་མེད་པའི་ཐུང་མོ་ལྷ་མོ་ཡིས། །ཐུགས་དམ་རྒྱ་ཆེན་སྟོང་ཕྲག་བརྒྱ་པ་བཞེངས། །མཁན་བརྩུན་གློགས་སྐྱུས་དབུ་མཛད་ཞབས་ནས་བཀྲུག། །ཉེ་སེམས་པོད་ལེན་མཛད་པ་ཞ་འོན་ཁྲིན་ཡགས་དང་། །སྐྲ་བ་དང་ཟླངས་ཡོན་ཏན་ཏང་ཡལ་དང་། །ཚུ་ལ་མཁར་དུ་རྩིག་པའི་རལ་རྒྱགས་རྟག་པོ་རྣམས། །རྫོགས་པའི་བྱང་ཆུབ་མྱུར་དུ་ཐོབ་པར་ཤོག[①]ཅེས་པའོ།

གཉིས་པ། མཛད་བྱུང་གི་དབྱེ་ཞིབ།

གཅིག ཡུལ་ལུང་།

༄། །ཨོཾ་མའོ་བེ་དུར་སྟོན་པོ་རྒྱུང་སྟོན་ཐིབས་ཀྱི་འོག། །རིན་ཅེན་ས་གཞི་དོག་མོ་བདལ་པའི་སྟེངས། །ཡུལ་ལ་རྒྱན་ཆགས་དྲང་རྫེ་གནོན་གྱི་ནང་། །ཕྱུ་ཡུལ་གཡང་ཡུལ་སྐྲ་ཤིས་འདན་ཊྲོང་དེར།[②]ཞེས་བྱོན་པ་ལ་གཞིགས་ན། ཐོག་མར་ཨོཾ་མའོ་ཞེས་པས་སྔུན་བསྡུས་ཏེ་སྔོ་མདངས་ཆགས་པའི་དགུང་སྟོན་གྱི་འོག་ཏུ་རིན་ཆེན་ས་གཞི་དོག་མ་སྟེ་གནམ་ས་ཁ་སྦྱུར་གྱི་ནང་དུ་ཡུལ་ལ་རྒྱན་ཆགས་དྲང་རྫེ་གནོན་གྱི་ནང་སྟེ་དེང་གི་འོན་གྱི་ལུང་ཤུར་དུ་ཆགས་པའི་ཕྱུ་གཡང་འཛོམས་པའི་ཡུལ་བཀྲ་ཤིས་འདན་ཊྲོང་དེར་གསུང་རབ་དེ་འབྲི་བཞེངས་བསྐྲུངས་པ་ནི་གོང་གི་མཛད་བྱུང་ལས་ཤེས།

གཉིས། སྦྱིན་བདག

དེང་གི་འོན་གྱི་ལུང་ཤུར་ནང་དུ་ཆགས་པའི་ཡུལ་བཀྲ་ཤིས་འདན་ཊྲོང་དེར་གསུང་རབ་

---

① འོན་ཀེ་རུ་ལྷ་ཁང་གི་ཤེས་རབ་ཀྱི་ཕ་རོལ་ཏུ་ཕྱིན་པ་སྟོང་ཕྲག་བརྒྱ་པ་ལས། ལེའུ་སུམ་ཅུ་བརྒྱད་དོ་ཞེས་པའི་ལྡེབ་གྲངས་367ལས་དྲངས།

② འོན་ཀེ་རུ་ལྷ་ཁང་གི་ཤེས་རབ་ཀྱི་ཕ་རོལ་ཏུ་ཕྱིན་པ་སྟོང་ཕྲག་བརྒྱ་པ་ལས། ལེའུ་སུམ་ཅུ་བརྒྱད་དོ་ཞེས་པའི་ལྡེབ་གྲངས་367ལས་དྲངས།

དེ་འབྲི་བཞེངས་གནང་བའི་སྐབས་སུ་འབྲི་བཞེངས་ལ་ཉེ་བར་མཁོ་བའི་རྒྱུ་འགྲོ་གནང་མཁན་ནི། ཡུལ་དེའི་མི་དཔོན་གྱིས་དཀའ་བ་གཞན་གྱིས་མ་བསྐུལ་བར་དང་དུ་ལེན་མཁན་གྱི་ཆོས་སྐྱབས་དང་དད་པ་སྐྱོ་ངས་མེད་པའི་སྦྱིན་བདག་ཟུང་མོ་ལྷ་མོ་རྣམ་གཉིས་ཀྱིས་གནང་སྟེ་འབྲི་བཞེངས་གནང་བ་ནི་མཛད་བྱང་ལས། རྐ་བ་དང་དུ་ལེན་པའི་ཡོན་ཏག་ཆོས་སྐྱབས་དང་། །དད་པ་སྐྱོ་ངས་མེད་པའི་ཟུང་མོ་ལྷ་མོ་ཡིས། །ཐུགས་དམ་རྒྱ་ཆེན་སྟོང་ཕྲག་བརྒྱ་པ་བཞེངས། །[①]ཞེས་པས་རྟོགས།

གསུམ། སྦྱིན་བདག་ལོ་རྒྱུས།

དེང་གི་འོན་གྱི་ལུང་ཤུར་ནང་དུ་ཆགས་པའི་ཡུལ་བཀྲ་ཤིས་འདུན་རྫོང་དེར་གསུང་རབ་དེ་འབྲི་བཞེངས་གནང་བའི་སྐབས་སུ་འབྲི་བཞེངས་ལ་ཉེ་བར་མཁོ་བའི་རྒྱུ་འགྲོ་རྣམས་ཆོས་སྐྱབས་དང་བཟའ་བཏུང་སོགས་ཀྱི་འགྲོ་སོང་སྦྱིན་བདག་ཟུང་མོ་ལྷ་མོ་རྣམ་གཉིས་ཀྱིས་གནང་སྟེ་འབྲི་བཞེངས་གནང་བའི་སྐབས་སུ། རྣམ་དཀར་དགེ་བའི་ལས་དེའི་ཕྱོགས་སུ་ཕྱུར་བ་གྲུ་འདེགས་གནང་མཁན་གྱི་སྤུན་མི་རིགས་ཅི་ཞིག་བྱུང་པ་ནི་མཁན་བཙུན་གློགས་སྐྱ་དང་རྒྱུ་འགྲོ་སྒྲོད་ལེན་མཁན་གྱི་ཞ་འོན་ཁྲིན་ཡགས་དང་ཡོན་ཏན་ཏང་ཞལ། རལ་རྒྱུགས་རྟག་པོ་བཅས་ཀྱིས་མཛད་དེ་འབྲི་བཞེངས་བདེ་བླག་ངང་བསྒྲུབས་པ་སྟེ་མཛད་བྱང་ལས། མཁན་བཙུན་གློགས་སྐྱས་དབུ་མཛད་ཞབས་ནས་བཀྱག། །ཉེ་སེམས་པོད་ལེན་མཛད་པ་ཞ་འོན་ཁྲིན་ཡགས་དང་། །སྐ་བ་དང་བླངས་ཡོན་ཏན་ཏང་ཡལ་དང་། །ཚུ་ལ་མཁར་དུ་ཅིག་པའི་རལ་རྒྱུགས་རྟག་པོ་རྣམས། །རྫོགས་པའི་བྱང་ཆུབ་མྱུར་དུ་ཐོབ་པར་ཤོག[②]ཅེས་པས་རྟོགས།

བཞི། བསྔོ་སྨོན།

གསུང་རབ་དེ་འབྲི་བཞེངས་བསྒྲུབས་ཟིན་པའི་རྗེས་སུ་སྨོན་ལམ་ཁོངས་སུ་གཏོགས་པའི་

① འོན་ཀེ་རུ་ལྷ་ཁང་གི་ཤེས་རབ་ཀྱི་ཕ་རོལ་ཏུ་ཕྱིན་པ་སྟོང་ཕྲག་བརྒྱ་པ་ལས། ལེའུ་སུམ་ཅུ་བརྒྱད་དོ་ཞེས་པའི་ལྡེབ་གྲངས་367ལས་དྲངས།

② འོན་ཀེ་རུ་ལྷ་ཁང་གི་ཤེས་རབ་ཀྱི་ཕ་རོལ་ཏུ་ཕྱིན་པ་སྟོང་ཕྲག་བརྒྱ་པ་ལས། ལེའུ་སུམ་ཅུ་བརྒྱད་དོ་ཞེས་པའི་ལྡེབ་གྲངས་367ལས་དྲངས།

སེམས་ཅན་རྣམས་ཀྱི་མོས་དད་དང་མཐུན་པའི་བསྔོ་བ་སྨོན་ལམ་བཏབ་པ་སྟེ་རྫོགས་པའི་བྱང་ཆུབ་མྱུར་དུ་ཐོབ་པར་ཤོག[1] ཅེས་དུས་རབས་12ཡས་མས་ཀྱི་བསྔོ་བ་སྨོན་ལམ་གྱི་ཁྱད་ཆོས་ཉིད་དུ་ཟད།

ལེ་ཚན་བཅུ་གཅིག་པ། ཙོང་ཁ་པའི་གསུང་རབ་ཁག་གི་མཛད་བྱང་བསྡོམས།

སྤྱིར་གྱི་མཛད་བྱང་གི་དཔྱད་པ་ཁག་སྟོན་དུ་བརྗོད་ཟིན་པ་ལྟར་ཡིན་མོད་འོན་ཏེ་སྐབས་དོན་འདིར་འོན་ཀ་ཏ་ཁུལ་དུ་འཁྲི་བཞེངས་བསྐྲུངས་པའི་མཛད་བྱང་གི་ཁྱད་ཆོས་ཁག་བལྟ་གློག་བདེ་བའི་སླད་དུ་རེའུ་མིག་ཏུ་བཀོད་པ་འདི་ལྟར།

[རེའུ་མིག་དང་པོ།]

དཔེ་མིང་།	ཡིག་མཁན།	ཞུས་དག་མཁན།	སྦྱིན་བདག
མདོ་པོད་ཁ་པ།	ཆུས་པ་ཉི་སྨྲགས་དང་ཞང་བཙུན་ཀུན་ལ་འབར།	བླ་མ་ཞང་།	བླས་ཙ་ཁུ་ཙབ། ལོང་ལོང་འབྲོ་མ་བཟའ། ཏྲེ་དཔལ་གཙུག་ཧོར་སྐྱབས། ངན་ཏྲེ་མེན་ཧོག་ཏྲེ།
ཡོངས་སུ་བསྔོ་བའི་མདོ།	གཡོར་པོའི་མཁས་བཟམས། སྒྲུང་སྟོན་གཟུང་འབར།	སྲུངས་སྲུམ་བན་དེ།	མངའ་བདག་མགོན་ནེ། ཞང་སྟོན་སྒྲ་བན། དགེ་བཤེས་འོར་སྟོན།
མདོ་མངས་གྲུས་ཤིག（བགྲེས་ཟད་ཆེ་བས་པོད་གྲངས་འགོད་མ་ཐུབ།）	ཡར་ལུངས་མཁན་བཙུན།	པ་ཀྱིད་འབར་ས་མ་ཞང་།	སྨ་ཙ་ཁུ་ཚབ་དང་འབྲོ་ཟ་ལོ་ལེང་། དགེགས་དཔལ་དང་ཡོན་བདག་ལྷགས་ནམ་མཁའ།
ཤེར་ཕྱིན་སྟོང་ཕྲག་བརྒྱ་པ། ཆོས་ཉིད་མི་འགྱུར་བའི་ལེའུ།			སྨ་ཙ་དཀར་ནག་དང་ཁུ་ཚབ་ཏང་ཞལ།
ཤེར་ཕྱིན་སྟོང་ཕྲག་བརྒྱ་པ་བམ་པོ་དང་པོ།	སྨོན་གྲགས་ཡབས་ཀྲུས།		མེ་ནང་ཧུ་རེ་དང་སྨོན་ཆུང་དར་གྲགས་དང་ཤག་ཀྱ་བརྩོན།

[1] འོན་ཀ་ཏ་ལྷ་ཁང་གི་ཤེས་རབ་ཀྱི་ཕ་རོལ་ཏུ་ཕྱིན་པ་སྟོང་ཕྲག་བརྒྱ་པ་ལས། ལེའུ་སུམ་ཅུ་བརྒྱད་དོ་ཞེས་པའི་ལྡེབ་གྲངས་367ལས་དྲངས།

ཞིར་ཕྱིན་བགྲེས་ཟད་ཆེ་བ།			ཧོ་རེ་ཡབ་སྲས་དང་མི་ནང་ཧོ་རེ། གཙོ་རྒྱེ་དབུ་མཛད། ཤག་ཀྱ་བརྩོན་འགྲུས།
ཞིར་ཕྱིན་པོད་ཛ་པ།	སྤྱི་ཏྲམ་མཁན་པོ་ཆུས་པ་ཉི་གྲགས་དང་འཚེམས་ཚུང་ཡ་མ།	བླ་མ་ཞལ།	སྐྱ་ཏྲ་ཁྲུ་ཚབ་དང་ལོ་ལོད།
སྨྱུམ་ཚུང་གི་ཐུགས་དམ་པོད་ན་པ།	དངོས་རང་དམའ་ཚོ།		ཛམ་ཤི་ལ་ཕྱུག་དང་ལྷ་སྨྱུམ་ཚུང་། མི་ཟ་འཕྲུན་ནེ།

[རིའུ་མིག་གཉིས་པ།]

སྣག་ཤོག	བཞེངས་ཡུལ།	དགོས་པ།	བསྔོ་སྨོན།
སྐོང་པོ་ཅིག་ཚགས་ཤོ་གྲུ། རྒྱའི་སྟོང་ཀུན་སྣག་ཚོ།	འོན་གྱི་བཀྲ་ཤིས་བླ་གད།		བདེ་སྐྱིད་ཕུན་སུམ་ཚོགས་ཤིང་བྱང་ཆུབ་འཐོབ་པར་ཤོག
ཤོའུ་ཁེང་པོའི་དུང་རང་། རྒྱའི་སྟོང་སྣག	འོན་མོ་སླུང་རིངས།	དགེ་བཤེས་འོར་སྟོན་དང་དགེ་འདུན་རྣམས།	འཇམ་དཔལ་ཞལ་མཐོང་ཤོག
ཆབ་ཤོག་སྐོང་པོའི་ཆིག་ཚགས། རྒྱའི་སྟོང་ཁྲུན་སྣག་ཚོ།			བླ་མེད་བྱང་ཆུབ་སྙིང་པོ་མྱུར་དུ་ཐོབ་པར་ཤོག
	འོན་མོ་སླུང་རིས་སགཤིས་བླ་གད།	དགེ་བ་ཡིད་ཆེས་སྡིག་པའི་དོན་རྟོགས།	བླ་མེད་བྱང་ཆུབ་མྱུར་ཏུ་ཐོབ་པར་ཤོག
ཤོའུ་དུང་རང་ཡང་སྟོན། རྒྱའི་སྟོང་ཀུན་སྣག་ཚོ།	འོན་མོ་ལུང་རིང་།		བླ་ན་མེད་པའི་བྱང་ཆུབ་ཐོབ་པར་ཤོག
རྒྱ་ཤོག་དཀར་པོ། རྒྱའི་སྣག་ཚོ།			བླ་མེད་བྱང་ཆུབ་ཐོབ་པར་ཤོག
ཤུའུ་འགྲན་གྱི་དོ་མེད།	འོན་གྱི་ལུང་པ་སྐྲ་ཤིས་ཉམས་དགའ་བླ་གད་ནང་།	ལས་དགེ་སྡིག་གཉིས་ཀྱི་དོན་རྟོགས། སྐྱེ་བ་ཕྱི་མ་ཇེས་སུ་དྲན།	
			ཚེ་འདི་བདེ་སྐྱིད་ཕུན་སུམ་འཚོགས་པར་ཤོག ཕྱི་མ་བླ་མེད་འབྲས་བུ་བྱང་ཆུབ་འཐོབ་པར་ཤོག

302

དེས་ན་ང་ཚོས་གོང་གི་རེའུ་མིག་ལ་བལྟས་ཚེ་གསུང་རབ་མི་འདྲ་བའི་ཡིག་མཁན་ཆུས་པ་ཉི་གྲགས་དང་འཆིམས་ཆུང་བདག དམའ་ཚ་དང་གཡོར་པོའི་མཁས་བརྙམས། དེ་མིན་ཡར་ཀླུངས་ཀྱི་མཁས་བཙུན་སོགས་བྱུང་བ་ལས་ཆུས་པ་ཉི་གྲགས་དང་འཆིམས་ཆུང་བདག དམའ་ཚ་དང་ཡར་ཀླུངས་མཁས་བཙུན་བཅས་ཡིག་མཁན་གྱི་སྐོར་རེ་ཞིག་གསལ་པོ་ཞིག་ཞུ་མ་ཤེས་ཙང་། གོང་གི་ཡིག་མཁན་དེ་དག་ནི་དུས་རབས་11-12པའི་ནང་དུ་བྱོན་པའི་ཡིག་མཁན་ཞིག་ཡིན་པ་ནི་གསུང་རབ་དེ་དག་གི་སྦྱིན་བདག་མངའ་བདག་མགོན་ནེ་དང་མངའ་བདག་ཧོ་རེ་ཡབ་སྲས་དང་། འཆིམས་སླུམ་ཆུང་དང་སྐད་ཙ་ཁྲུ་ཚབ་སོགས་དུས་རབས་11-12པའི་ནང་དུ་བྱོན་པའི་སྦྱིན་བདག་ཞིག་ཡིན་པའི་རྒྱུ་མཚན་ལས་ཤེས། བྲེ་བྲག་ཡིག་མཁན་གཡོར་པོའི་མཁས་བརྙམས་ཞེས་པའི་སྐོར་ལ་ཞུས་ན། མངའ་བདག་མགོན་ནེའི་ཐུགས་དམ་དུས་རབས་11-12པའི་ནང་དུ་བཞེངས་པར་མངོན་པའི་མདོ་མངས་མཐོང་སྨོན་དེའི་ཡིག་མཁན་གཡོར་པོའི་མཁས་བརྙམས་དང་གྲོ་མཁར་ཆོས་སྡེའི་ཤེར་ཕྱིན་གྱི་ཡིག་མཁན་དཀྱིལ་གྱི་མཁས་གདམས་ལགས་ཞེས་པ་གཉིས་ཀྱི་བརྙམས་དང་གདམས་ཀྱི་ཡི་གེའི་འབྲི་ཚུལ་མི་འདྲ་ཙམ་ལས་ཡིག་མཁན་གཅིག་གི་མཚན་དང་བྲག་ཡིག་མཁན་པོ་ཞིག་ཡིན་པའི་སྐོར་ཏེ་གཤམ་གྱི་ལེའུར་བརྗོད་རྒྱུ་ལགས་པས་དེར་གཟིགས་པར་འཚལ། ད་དུང་གོང་གི་རེའུ་མིག་ལས་སྦྱིན་བདག་གི་སྐོར་ལ་ཕྱོགས་བསྡོམས་རགས་ཙམ་ཞིག་ཞུས་ན། གསུང་རབ་འདི་དག་ནི་དུས་རབས་11-12པར་བྱོན་པའི་བོད་ཀྱི་བཙན་པོ་སྣང་དར་མའི་རྒྱུད་པ་མངའ་བདག་ཡུམ་བརྟན་ (843-788) གྱི་མི་རབས་དྲུག་པ་མངའ་བདག་མགོན་ནེ་དང་མངའ་བདག་ཧོ་རེ་ཡབ་སྲས་ཀྱི་ཐུགས་དམ་མདོ་མངས་མཐོང་སྨོན་དང་ཐུགས་དམ་རྒྱལ་པོ་བཀྲ་ཤིས་འོད་འབར་དང་། མཆིམས་ཀྱི་ཙུས་རྒྱུད་ལས་ཆད་པའི་མཆིམས་སླུམ་ཆུང་གི་ཐུགས་དམ་དང་ཙུས་སྐད་ལས་ཆད་པའི་སྐད་ཙ་དཀར་ནག་གི་ཐུགས་དམ་སྟོང་ཕྲག་བརྒྱ་པ་དང་ཡོན་བདག་དགེ་དཔལ་གྱི་ཐུགས་དམ་སོགས་འབྲི་བཞེངས་ཀྱིས་གནས་ཚུལ་ཞིག་ཡིན་གཤིས། ལོ་རྒྱུས་དེབ་ཐེར་ཁག་ནས་ལག་སོན་དཀའ་བའི་གཙོས་ཆེན་ཡིག་ཆ་ཞིག་ཏུ་འགྱུར་ཤིང་། ལྷག་དོན་དུ་བཙན་པོའི་རྒྱུད་པ་དེ་དག་གི་ཐུགས་དམ་དུ་སྣག་ཤོག་དང་ཡིག་གཟུགས་ཀྱི་ཁྱད་ཆོས་སོགས་གང་ཡིན་པ་ཁ་གསལ་གསུངས་པ་དེ་དག་ལས་བོད་ཀྱི་གསུང་རབ་རིག་པའི་ཕྱུག་ལས་གནང་མཁན་གྱི་ངོས་ནས་བཤད་ན་དགའ་འོས་པའི་དོན་སྙིང་ཞིག་ཡིན་པར་སེམས། མདོར་ན་བོད་བཙན་པོའི་རྒྱུད་པ་མངའ་

303

བདག་ཡུམ་བརྟན་ (843-788) གྱི་རྒྱུད་པ་མངའ་བདག་མགོན་ནེ་དང་མངའ་བདག་ཧོ་རེ། རུས་མཆིམས་དང་འབྲོ་དང་སྣད་རུ་སོགས་ཀྱིས་དུས་རབས་11-12པའི་ནང་དུ་སྔོན་བཙན་པོ་རྣམས་ཀྱི་ལུགས་སྲོལ་བཟང་པོ་རྒྱུན་བསྐྱངས་ཏེ་གསུང་རབ་འབྲི་བཞེངས་དང་ལྷག་དོན་དུ་ལྷ་ཁང་ཀེ་རུ་བཏབ་པ་དང་ལྷ་ཁང་ཀེ་རུ་སྲིད་པའི་ཆུ་བོ་ལ་ཟམ་པ་བཙུགས་པ་སོགས་སྐྱེ་འགྲོ་རྣམས་ལ་ཕན་པ་ཅི་ཞིག་བསྐྲུན་པ་སོགས་བོད་ཀྱི་ལོ་རྒྱུས་དེབ་ཐེར་ཁག་ནས་རྙེད་དཀའ་བའི་དཔྱད་གཞིའི་ཡིག་ཆ་གལ་འགངས་ཆེ་བ་ཞིག་རྙེད་སོན་བྱུང་སྙམ།

ལེའུ་བཅུ་གཅིག་པ། དུས་རབས་12-13པའི་གསུང་རབ་བྲིས་མའི་མཛད་བྱང་ངོས་འཛིན།

ལེ་ཚན་དང་པོ། བྱ་ཡུལ་བྱམས་ཆེན་མདོ་ཡོད་པ་པའི་ཞབས་མཆན།

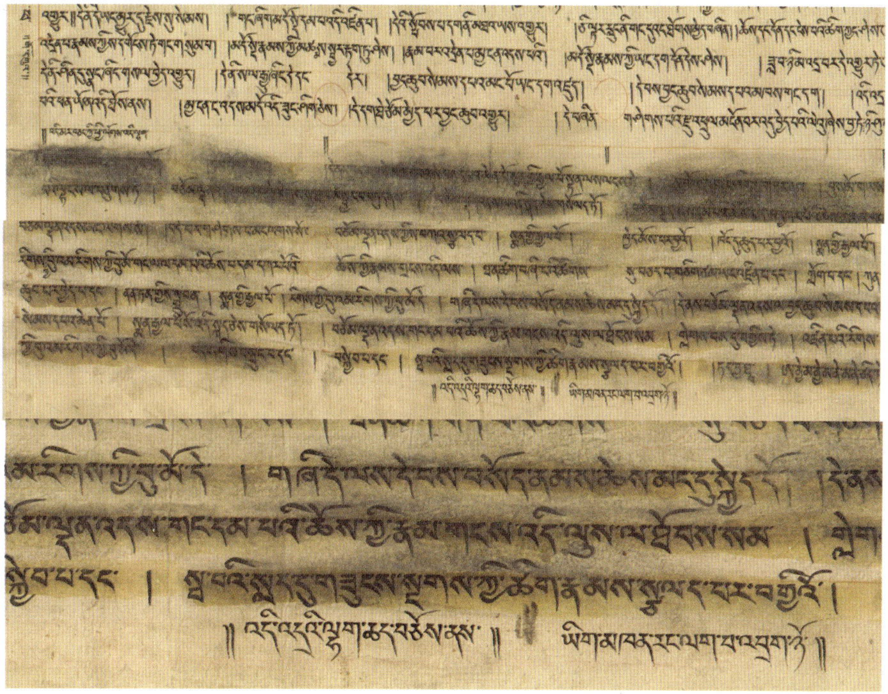

ཞབས་མཆན་མ་དཔེ།

དང་པོ། ཞབས་མཆན་མ་བཤུས།

འདི་མར་བཅད་ཀྱི་ཕྱི་ལོགས་འདི་ལྟག་ཅེས་དང་[1]འདི་འདྲའི་ལྟག་ཆད་བཅོས་ནས་༎ ཡིག་མཁན་རང་ལག་འབྲུག་ཏོ་༎[2]ཞེས་པའོ།

① ལྷུན་རྩེའི་བྱ་ཡུལ་པད་དཀར་དགོན་དུ་བཞུགས་པའི་གསུང་པོད་པོད་ཕ་པའི་ལྡེབ་གྲངས་96་ཉིན་ངོས་ལས་དྲངས།

② ལྷུན་རྩེའི་བྱ་ཡུལ་པད་དཀར་དགོན་དུ་བཞུགས་པའི་གསུང་པོད་པོད་ཕ་པའི་ལྡེབ་གྲངས་96སྒྲིབ་ངོས་ལས་དྲངས།

གཉིས་པ། ཞབས་མཆན་གྱི་དབྱེ་ཞིབ།

ལྷུན་རྩེ་རྫོང་གི་བྱ་ཡུལ་བྱམས་ཆེན་དགོན་དུ་བཞུགས་པའི་གསུང་རབ་པོད་ཕ་པའི་ལྡེབ་གྲངས་89ཡི་ཉིན་སྲིབ་ཞབས་མཆན་དུ་ཐོན་པའི་མཆན་དེ་གཉིས་ལ་བསམ་གཞིགས་བྱས་ན། གསུང་རབ་དེ་འབྲི་བཞེངས་བསྐྲུངས་པའི་སྐབས་ཀྱི་མཆོད་ཡོན་སྦྱིན་བདག་དང་འབྲི་བཞེངས་ཀྱི་ཡུལ་ལུང་སོགས་གང་ཡང་མ་བཀོད་པར་ཐད་ཀར་འདི་མར་བཅད་ཀྱི་ཕྱི་ལོགས་འདི་ལྟག་ཅེས་བྱུང་བ་ནི། གསུང་རབ་འདི་འབྲི་བཞེངས་བསྐྲུངས་ཟིན་པའི་རྗེས་སུ་འབྲི་བཞེངས་དག་ལོས་ལ་ཞུས་དག་གཏོང་མཁན་གྱི་ཡིག་ཞུས་མཁན་པོས་མཆན་བཏགས་པ་ཞིག་ཡིན་པར་སེམས། གང་ཡིན་ཟེར་ན་ལྡེབ་གྲངས་དེའི་ལེའུ་འབབ་མཚམས་སུ་དེ་བཞིན་གཤེགས་པའི་རྫུ་འཕྲུལ་མངོན་པར་འདུ་བྱེད་པའི་ལེའུ་ཞེས་བྱ་ཏེ་ཉི་ཤུ་པ་ཞེས་པའི་མཚམས་དེར་མཆན་བཏགས་ནས་འདུག་ལ། གཞུང་གི་ནང་དོན་དང་མ་འཚམས་པར་ལྟག་ཆད་བྱུང་བའི་ནང་དོན་ནི་ལྡེབ་གྲངས་དེའི་སྲིབ་ངོས་བར་སྣང་ཞིང་། སྲིབ་ངོས་ཀྱི་ཞབས་མཆན་དུ་ཡིག་མཁན་གྱི་ངོས་ནས་གསུངས་ཡོད་པ་སྟེ། འདི་འདྲའི་ལྟག་ཆད་བཅོས་ནས། །ཡིག་མཁན་རང་ལག་པ་འབྲག་ཉོ་སྟེ་ལག་པ་སྐྲང་ཡོང་ཞེས་བརྗོད་འདུག ལྟག་ཆད་བྱུང་བའི་ནང་དོན་རྣམས་ཡིག་མཁན་ནམ་ཞུས་དག་མཁན་གྱིས་གྲིབ་སུབ་བཏང་བའི་ཐོག་ཡིག་ཕྲེང་ཚང་མ་ཆོན་རྩི་སེར་སྐྱ་ཞིག་གིས་བསྟན་ཏེ་ལྟག་ཆད་ཀྱི་རྟགས་བཏབ་འདུག དེས་ན་གསུང་རབ་དེའི་འབྲི་བཞེངས་དང་ཞབས་མཆན་བཏབ་སྟངས་སོགས་ལ་ཉམས་ཞིབ་བྱས་ན་གཞུང་ས་ཕྱོགས་ནས་འབྲི་བཞེངས་གནང་བའི་གཞུང་ཞིག་མིན་པར་སྙམ། གལ་ཏེ་གཞུང་ཕྱོགས་སམ་བཙན་པོའི་དུས་ཀྱི་འབྲི་བཞེངས་ལམ་ལུགས་ལྟར་བསྟར་བྱས་ཚེ་གཞུང་དེའི་ལྡེབ་གྲངས་དེ་ཡིག་མཁན་གྱི་མཚན་དང་བཅས་སྟེ་ཤོག་རོར་བཏང་པའི་མཆན་རྟགས་ཏེ་ལྡེབ་གྲངས་དེའི་སྤྱན་ཁྲིར་གྱི་རྒྱ་ཏུ་ཡིག་མཁན་ག་གེ་མོའི་རོ་ཞེས་ཏུན་ཧོང་ཤེར་ཕྱིན་ལྷ་བུའི་འཛོལ་རྟགས་བྲིས་ཡོད་པ་སྨོས་མ་དགོས་པ་ཞིག་ཡིན། གནས་ཚུལ་དེ་དག་ལས་ང་ཚོས་གསུང་རབ་དེ་བསྟན་པ་ཕྱི་དར་གྱི་རྗེས་ཙམ་ཞིག་གི་ནང་དུ་འབྲི་བཞེངས་བསྐྲུངས་པར་མངོན།

ལེ་ཚན་གཉིས་པ། བྱ་ཡུལ་བྱམས་ཆེན་འཕགས་པ་སླད་ཏུ་ལུང་བསྟན་མདོའི་མཛད་བྱང་།

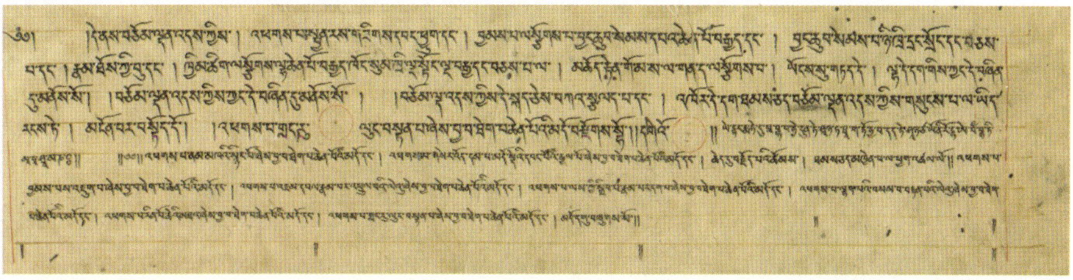

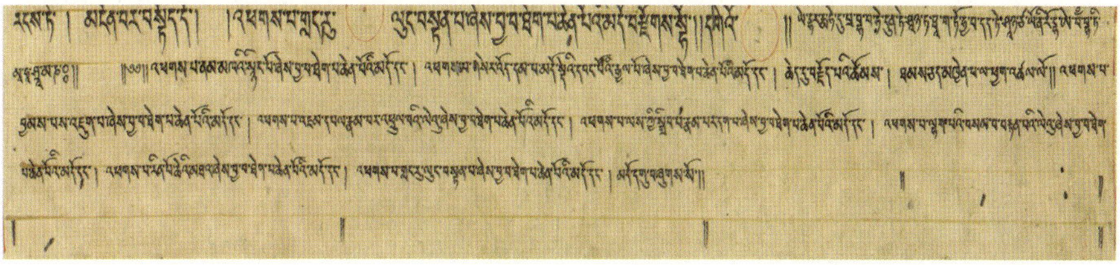

མཛད་བྱང་མ་དཔེ།

དང་པོ། མཛད་བྱང་མ་ཕྱུགས།

༄། །འཕགས་པ་ནམ་མཁའི་སྙིང་པོ་ཞེས་བྱ་བ་ཐེག་པ་ཆེན་པོའི་མདོ་དང་། འཕགས་པ་གསེར་འོད་དམ་པ་མདོ་སྡེའི་དབང་པོའི་རྒྱལ་པོ་ཞེས་བྱ་བ་ཐེག་པ་ཆེན་པོའི་མདོ་དང་། ཆེད་དུ་བརྗོད་པའི་ཚོམས། ཐམས་ཅད་མཁྱེན་པ་ལ་ཕྱག་འཚལ་ལོ།། འཕགས་པ་བྱམས་པས་འཇུག་པ་ཞེས་བྱ་བ་ཐེག་པ་ཆེན་པོའི་མདོ་དང་། འཕགས་པ་འཇམ་དཔལ་རྣམ་པར་འཕྲུལ་བའི་ལེའུ་ཞེས་བྱ་བ་ཐེག་པ་ཆེན་པོའི་མདོ་དང་། འཕགས་པ་ལས་ཀྱི་སྒྲིབ་པ་རྣམ་པར་དག་པ་ཞེས་བྱ་བ་ཐེག་པ་ཆེན་པོའི་མདོ་དང་། འཕགས་པ་ལྷག་པའི་བསམ་པ་བརྟན་པའི་ལེའུ་ཞེས་བྱ་བ་ཐེག་པ་ཆེན་པོའི་མདོ་དང་། འཕགས་པ་རིན་པོ་ཆེའི་མཐའ་ཞེས་ཐེག་པ་ཆེན་པོའི་མདོ་དང་། འཕགས་པ་སླད་ཏུ་ལུང་བསྟན་པ་ཞེས་བྱ་བ་ཐེག་པ་ཆེན་པོའི་མདོ་དང་། མདོ་དགུ་བཞུགས་སོ་[1] ཞེས་པའོ།

---

① ལྷུན་རྩེའི་བྱ་ཡུལ་པད་དཀར་བྱམས་ཆེན་དགོན་དུ་བཞུགས་པའི་གསུང་པོད་ཉ་པའི་ལྡེབ་གྲངས་304ལས་དྲངས།

གཉིས་པ། མཛད་བྱང་གི་དབྱེ་ཞིབ།

སྐད་ཅུ་ལུང་བསྟན་སོགས་བྲིས་པའི་གསུང་པོད་ཉ་པ་དེའི་མཛད་བྱང་ནི་གོང་གི་མཛད་བྱང་ཇི་བཞིན་གསུང་རབ་འབྲི་བཞེངས་ཀྱི་གནས་ཚུལ་སོགས་གང་ཡང་མ་གསུངས་པར་པོད་ཉ་པ་དེའི་ནང་དུ་མདོ་ཅི་ཙམ་ཞིག་བཞུགས་པ་སྟེ་མདོ་སོ་སོའི་མཚན་ནས་དྲངས་ཏེ་བྲིས་འདུག དེས་ན་པོད་འདིའི་མཛད་བྱང་ནི་དཀར་ཆག་གི་ཚུལ་དུ་སེམས་སོ།

ལེ་ཚན་གསུམ་པ། ཧོ་པ་མཁར་སྟེང་ཤེར་ཕྱིན་བརྒྱད་སྟོང་པོད་ཀ་པའི་མཛད་བྱང་།

མཛད་བྱང་མ་དཔེ།

དང་པོ། མཛད་བྱང་མ་ཕྱུས།

༄༅། ཨེ་མ་ཧོ་། །མིའི་བྱ་མཐོ་རྣོན་པོ་དར་སྟག་དེས་། །ཕྱི་མ་རྗེས་སུ་དྲན་ནས་ཡུམ་གྱི་སྙིང་པོ་བཞེངས་། །ཟས་ནོར་འཕངས་མེད་བཏང་བས་རྣོན་པོ་མི་ཁ་དྲོ། །ཡོན་དུ་··ནས་རྗོང་བས་། །མཆོད་གནས་མཉེས་པར་འང་། །པོ་ཧྲི་སྟོད་སྨད་མེད་པ···། །ཡོན་བདག·······། ། ······མ་ཛོ་གསེར་མོ་དང་། །ཟ་མ་བཟང་ལ་མང་བ་བྱས་པ་ཤིན་ཏུ་ཕྱུག་ལད་བཟང་ངོ་ངོ་མཚར་ཆེ། ། བཀྲ་ཤིས་ཤོག ། སྟོན་བསྒོམ་དབུ་མཛད·····། །ཚ་བོ་མཉེ་དུ་འབྲེལད་པ་དང་། །པོ་ཧྲི་དུས་སུ་བྲིས་པའི་སུམ་པ་ཁྲུ་མཚན་ཚོ། །འདི་ལ་དགེ་སྐྱིད་ཕུན་སུམ་འཚོགས་ནས་ཀྱང་། །ཕྱི་མ་བྱང་ཆུབ་སྙིང་པོ་ཐོབ་པར་ཤོག ། [①] ཞེས་པའོ།

① ལྷུན་རྩེའི་མཁར་སྟེང་དགོན་དུ་བཞུགས་པའི་ཤེར་ཕྱིན་བརྒྱད་སྟོང་པ་པོད་ཀ་པའི་ལྡེབ་གྲངས་341ལས་དྲངས།

གཉིས་པ། མཛད་བྱང་གི་དབྱེ་ཞིབ།

ལྷུན་རྩེ་རྫོང་གི་མངའ་འོག་ཏུ་གནས་པའི་མཁར་སྙིང་དགོན་དུ་བཞུགས་པའི་ཤེར་ཕྱིན་དེའི་མཛད་བྱང་དུ་དུས་རབས་13པའི་མཛད་བྱང་དང་མི་འདྲ་བར་གསུང་རབ་འབྲི་བཞེངས་ཀྱི་ཡུལ་ལུང་བསྙད་པ་བཀོད་མེད་སྐབས་འདིར་འབྲི་བཞེངས་ཀྱི་ཡུལ་ལུང་འདི་ཡིན་ཞེས་ཞུ་མ་ཤེས། དེས་ན་འདིར་མཆོད་ཡོན་སྦྱིན་བདག་སྐོར་ལ་རེ་ཞིག་ཞུ་བར་བྱོ།

གཅིག སྦྱིན་བདག

དེ་ཡང་གསུང་རབ་གཞན་བཞིན་གསུང་རབ་གང་ཞིག་འབྲི་བཞེངས་བསྐྲུངས་པའི་སྐབས་སུ། གསུང་རབ་དེའི་དགོས་མཁོ་གཞིར་བཞག་འབྲི་བཞེངས་ལ་མཁོ་བའི་འབྲི་རྫས་དང་ཡིག་ཞུས་ཀྱི་སླ་ཡོན་སོགས་མཁོ་འདོན་མཁན་གྱི་སྦྱིན་བདག་ནི་དར་སྟག་གིས་གཙོ་བོ་གནང་སྟེ། འབྲི་བཞེངས་སོགས་ཀྱི་ལས་ཀའི་དགོས་མཁོའི་སླད་དུ་རྒྱུ་ནོར་ལ་སེར་སྣ་མེད་པར་རྒྱུ་འགྲོ་གཙོ་བཏོན་གནང་བ་ལས་འབྲི་བཞེངས་མཁན་གྱིས་སྦྱིན་བདག་ཁ་དྲོ་ཞེས་དང་། གསུང་རབ་འབྲི་བཞེངས་ཀྱི་ཐད་ལ་འཕྱུར་བ་གྲུ་འདེགས་གནང་མཁན་གྱི་གཉེན་ཉེ་མ་ཛོ་གསེར་མོ་ལ་སོགས་པས་ལས་ཀའི་དུས་མཚམས་ལ་གཞིགས་པའི་ཞལ་ལག་བྲོ་བ་ཆེ་ཞིང་ལས་བཟོ་པ་རྣམས་ཀྱི་འདོད་པ་གང་ཡོད་བཏང་བ་སོགས་ལས་སྦྱིན་བདག་ཕྱུག་ལས་བཟང་ངོ་ཞེས་བརྗོད་པ་སྟེ་མཛད་བྱང་ལས། ༄༅ ཨེ་མ་ཧོ་། །སྤྱིའི་བྱ་མཐོ་རླྀན་པོ་དར་སྟག་དེས་། །ཕྱི་མ་རྗེས་སུ་དྲན་ནས་ཡུམ་གྱི་སླིང་པོ་བཞེངས་། །ཟས་ནོར་འཕངས་མེད་བཏང་བས་རླྀན་པོ་མྱི་ཁ་དྲོ། །ཡོན་དུ་··ནས་རྫོང་བས། །མཆོད་གནས་མཉེས་པར་འང་། །པོ་ཧི་སྟོད་སྨད་མྱེད་པ··། །ཡོན་བདག····།། ·········མ་ཛོ་གསེར་མོ་དང་། །ཟ་མ་བཟང་ལ་མང་བ་བྱས་པ་ཤིན་ཏུ་ཕྱུག་ལད་བཟང་ངོ་ངོ་མཚར་ཆེ།། བཀྲ་ཤིས་ཤོག། །སྟོན་བསྒོམ་དབུ་མཛད·····། །ཚ་བོ་མཉེ་དུ་འབྲེལད་པ་དང་།།[1]ཞེས་པས་རྟོགས།

[1] ལྷུན་རྩེའི་མཁར་སྙིང་དགོན་དུ་བཞུགས་པའི་ཤེར་ཕྱིན་བརྒྱད་སྟོང་པ་པོད་ཀ་པའི་ལྡེབ་གྲངས་341ལས་དྲངས།

གཉིས། ཡིག་མཁན།

གསུང་རབ་ཤེར་ཕྱིན་པོད་འདིའི་སྦྱིན་བདག་སློན་པོ་དར་སྟག་གིས་གནང་བ་དང་གྲགས་ཁོང་གི་གཉེན་ཉེ་རྣམས་པས་འབྲི་བཞེངས་ཀྱི་ལས་དེར་རོགས་རམ་ཅི་ཐུབ་གནང་སྟེ་འབྲི་བཞེངས་བསྒྲུབས་པའི་སྐབས་སུ། ལུས་ངག་ཡིད་གསུམ་དག་པའི་ངང་ནས་འབྲི་བཤུས་གནང་མཁན་གྱི་ཡིག་མཁན་ནི་སུམ་པ་ཁྲ་མཚན་ཚོ་ཡིས་གནང་བ་སྟེ་མཛད་བྱང་ལས། པོ་ཏི་དུས་སུ་བྲིས་པའི་སུམ་པ་ཁྲ་མཚན་ཚོ་ཞེས་པས་ཤེས།

གསུམ། དགོས་པ།

སྦྱིན་བདག་སློན་པོ་དར་སྟག་གིས་ཤེར་ཕྱིན་དེ་འབྲི་བཞེངས་གནང་བའི་དགོས་པ་ནི་སྦྱིན་བདག་གི་དོས་ནས་འཆད་ན་སྐུ་ཚེ་འདི་ཕྱི་གཉིས་ལས་སྐུ་ཚེ་ཕྱི་མ་དྲན་ཏེ་འབྲི་བཞེངས་གནང་བ་ནི་མཛད་བྱང་ལས། ཕྱི་མ་རྗེས་སུ་དྲན་ནས་ယུམ་གྱི་སྙིང་པོ་བཞེངས་། །ཟས་ནོར་འཕངས་མེད་བཏང་བས་སློན་པོ་མྱི་ཁ་དྲོ། །ཞེས་པས་དགོས་པ་རྟོགས།

བཞི། བསྔོ་སྨོན།

གསུང་རབ་དེའི་སྦྱིན་བདག་མཆོག་ནས་ཟ་མ་དུས་ཐོག་དང་ལེགས་པོ་ཕུལ་ཏེ་ལས་ཀའི་སྲི་ཞུ་གང་ལེགས་བསྒྲུབ་ཏེ་ཡིག་མཁན་སུམ་པ་ཁྲ་མཚོན་གྱིས་བྲིས་ཏེ་འབྲི་བཞེངས་བསྒྲུབས་ཟིན་པའི་རྗེས་སུ། གསུང་རབ་དེ་བཞེངས་པའི་བསྔོ་སྨོན་དུ་དུས་རབས་12པའི་ཁྱད་ཆོས་མངའ་བའི་བསྔོ་སྨོན་བྱང་ཆུབ་ཐོབ་པར་ཤོག་ཅེས་བཏབ་པ་ནི་མཛད་བྱང་ལས་ཤེས་སོ།

ལེ་ཚན་བཞི་པ། ཐོ་པ་མཁར་སྙེད་ཤེར་ཕྱིན་སྟོང་ཕྲག་བརྒྱའ་པ་པོད་ཁ་པའི་མཛད་བྱང་།

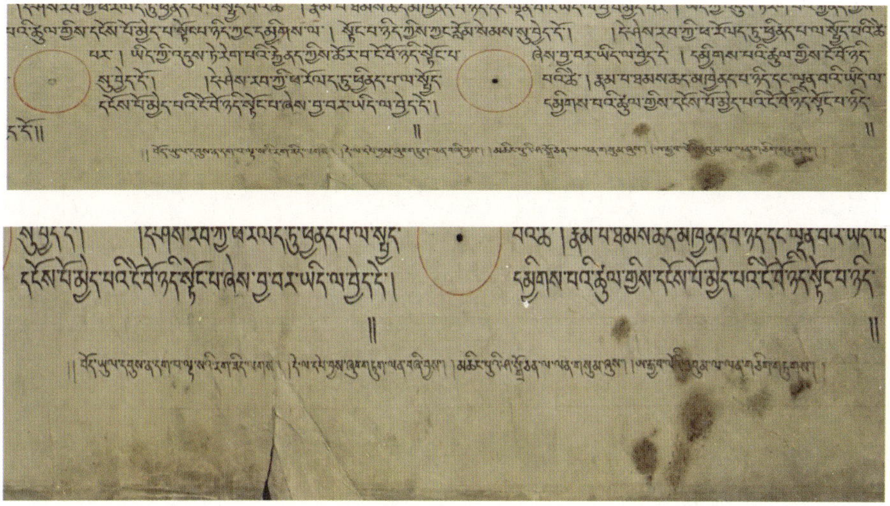

མཛད་བྱང་མ་དཔེ།

དང་པོ། མཛད་བྱང་མ་ཞུས།

༄༅། །བོད་ཡུལ་དབུས་ན་དག་པ་ལྷ་སའི་རག་ཟིད་ལགས་། །དེ་ལ་དཔེ་བྲིས་ཞུབ་གཏུག་ལན་བཞི་བྲིས་། །མཆིང་ཕུའི་ཤ་སྒྲོ་ཅན་ལ་ལན་གསུམ་ཞུས་། །ཨ་རྒྱ་བ་ལོའི་འབུམ་ལ་ལན་གཅིག་གཏུགས་། །[1] ཞེས་པའོ།

གཉིས་པ། མཛད་བྱང་གི་དབྱེ་ཞིབ།

ཤེར་ཕྱིན་སྟོང་ཕྲག་བརྒྱའ་པ་པོད་ཁ་པ་འདི་དང་ལེ་ཚན་བརྒྱད་པའི་ཤེར་ཕྱིན་སྟོང་ཕྲག་བརྒྱའ་པ་པོད་ག་པ་གཉིས་ཀྱི་མཛད་བྱང་གཉིས་པོ་དོན་གཅིག་མཚུངས་སུ་སྣང་གཤིས། སྐབས་འདིའི་མཛད་བྱང་གི་དབྱེ་ཞིབ་ནང་དོན་དེ་གཤམ་གྱི་ལེ་ཚན་བརྒྱད་པའི་མཛད་བྱང་དབྱེ་ཞིབ་ཏུ་གཟིགས་པར་འཚལ།

---

① ལྟན་རྩེའི་མཁར་སྙིང་དགོན་དུ་བཞུགས་པའི་ཤེར་ཕྱིན་སྟོང་ཕྲག་བརྒྱའ་པ་པོད་ཁ་པའི་ལྡེབ་གྲངས་362ལས་དྲངས།

ལེ་ཚན་ལྔ་པ། ཏོ་པ་མཁར་སྙིང་ཤེར་ཕྱིན་སྟོང་ཕྲག་བརྒྱ་པ་པོད་ཁ་པའི་མཛོད་བྱང་།

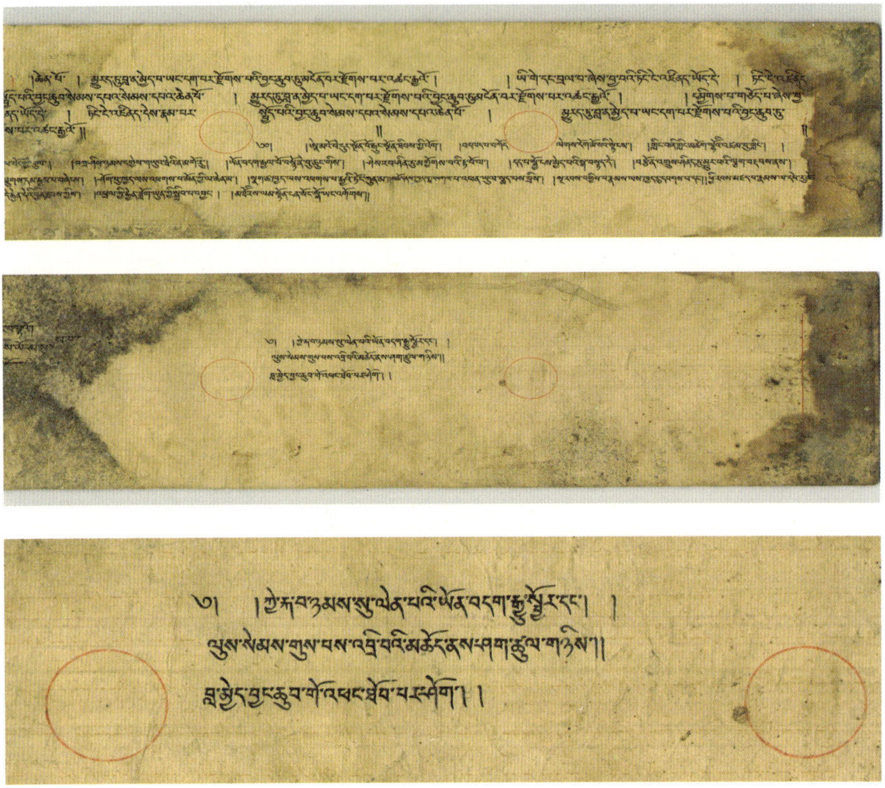

མཛོད་བྱང་མ་དཔེ།

དང་པོ། མཛོད་བྱང་མ་ཕྱུས།

༄༅། ཨོཾ་མའོ་བེ་དུར་སྔོན་པོ་རྒྱང་སྔོན་ཐིབས་ཀྱི་འོག། །བདལད་པ་བཀོད་ལེགས་དོག་མོ་སའི་སྟེང་། །གླིང་བཞི་གླིང་མཆོག་ལྷོའི་འཛམ་བུ་གླིང་། །རི་མཐོ་ས་གཙང་སྤུ་རྒྱལ་བོད་ཀྱི་ཡུལ། བཀྲ་ཤིས་ཉམས་དགྱེས་གཡུའ་རྩེའི་ནམ་གོ་རུ། །ཡོན་བདག་རྒྱལ་པོ་བསྙོ་ནེ་བུ་ཚང་གིས། །ཤེས་རབ་ཤིན་ཏུ་མགྱོགས་པའི་རྟ་པོ་ལ། །དད་པ་སྐྱོ་ངས་མེད་པའི་སྒ་བསྣད་དེ། །བརྩོན་འགྲུས་ཤིནད་དུ་མྱུར་བའི་ལྕག་བརྡབས་ནས།། .... ། ། དོན་རྟོགས་ཐུགས་དམ་རྒྱས་པ་བཞེངས། །ཤོག་བུ་ཁྱད་ལས་འཕགས་པ་སོན་གྱི་ལ་ཆེན་མ། །སྣག་ཚ་ཁྱད་ལས

འཕགས་པ་རྒྱའི་ཧོ་ཤང་ཀུན་མ། །མཆོད་གནས་ཁྱད་ལས་འཕགས་པ་འཕན་ཡུལ་སྣང་པས་ཁྲིམས། །སྔ་རབས་བཀྲིས་པ་རྣམས་ལས་ཁྱད་དུ་དཔགས་པ་དང་། །ཕྱི་རབས་མཛད་པ་རྣམས་ལ་དཔེ་ཙུ་ཆེ། ………། །དེ་རྒྱུ་དེའི་རྐྱེན་བྱིན་རླབས་ཀྱིས། །འཕྲུལ་ཀྱི་རྐྱེན་ཟློག་ཡུན་གྱི་སྒྲིབ་པ་བྱང་། །མཐོ་རིས་ལམ་སྟོན་ངན་སོང་སྒོ་ཡང་འགོགས། །[1] འམ། ༄། །ཀྱེ་ཀ་བ་ཉམས་སུ་ལེན་པའི་ཡོན་བདག་རྒྱུ་སྦྱོར་དང་། །ལུས་སེམས་གུས་པས་འབྲི་བའི་མཆོད་ནས་ཤག་ཚུལ་གཉིས།། བླ་མེད་བྱང་ཆུབ་གོ་འཕང་ཐོར་པར་ཤོག [2] ཅེས་པའོ།

གཉིས་པ། མཛད་བྱུང་གི་དབྱེ་ཞིབ།

གཅིག ཡུལ་བསྟོད།

༄༅། །ཨོཾ་མའོ་བེ་དུར་སྔོན་པོ་རྐྱང་སྔོན་ཐིབས་ཀྱི་འོག། །བདལ་ད་པ་བཀོད་ལེགས་དོག་མོ་སའི་སྙིང་། །གླིང་བཞི་གླིང་མཆོག་ལྷོའི་འཛམ་བུ་གླིང་། །རི་མཐོ་ས་གཙང་སྤུ་རྒྱལ་བོད་ཀྱི་ཡུལ། བཀྲ་ཤིས་ཉམས་དགྲེས་གཡུའ་ཐེའི་ནམ་གོ་ཏུ། །ཞེས་བྱུང་བ་དེ་ཡང་སྔོན་གྱི་མཛད་བྱུང་གཞན་དང་འདྲ་བར་གསུང་རབ་འབྲི་བཞེངས་ཀྱི་ཡུལ་ལུང་བསྟོད་པ་དེ་བོད་ཡུལ་གྱི་བཀྲ་ཤིས་ཉམས་དགྲེས་གཡུའ་ཐེའི་ནམ་གོ་ཞེས་བྱོན་པ་དེ་ལས་ཅུང་ཟད་ཅིག་གཞི་རྒྱ་ཆེ་བའི་ཡུལ་ལུང་བརྗོད་མེད་སྟབས་གཉལ་གྱི་ལུང་ཤུར་དུ་ཁྲིས་བཞེངས་བསྐྲུངས་པ་ཡིན་ཞེས་བརྗོད་མ་ཐུབ་པས་ས་མིང་དེར་བརྟགས་པ་བྱའོ།

གཉིས། སྦྱིན་བདག

ཡོན་བདག་རྒྱལ་པོ་བསྙོ་ནེ་བུ་ཆུང་གིས། །ཤེས་རབ་ཤིན་ཏུ་མགྱོགས་པའི་རྟ་པོ་ལ། །དད་པ་སྐྱོ་ངས་མྱེད་པའི་སྒ་བསྟད་དེ། །བརྩོན་འགྲུས་ཤིནད་དུ་མྱུར་བའི་ལྕག་བརྡབས་ནས། །ཞེས་དང་ཀྱེ་ཀ་བ་ཉམས་སུ་ལེན་པའི་ཡོན་བདག་རྒྱུ་སྦྱོར་དང་། །[3] ཞེས་བྱོན་པ་ལ་གཞིགས་ན་སྦྱིར་ཀྱི་ཚ་ནས་གསུང་རབ་དེ་འབྲི་བཞེངས་གནང་བའི་སྐབས་སུ་དད་

① ལྷུན་རྩེ་མཁར་སྟེང་དུ་བཞུགས་པའི་ཤེར་ཕྱིན་སྟོང་ཕྲག་བརྒྱ་པ་པོད་ཁ་པའི་མཛད་བྱུང་ལས་དྲངས།

② ལྷུན་རྩེ་མཁར་སྟེང་དུ་བཞུགས་པའི་ཤེར་ཕྱིན་སྟོང་ཕྲག་བརྒྱ་པ་པོད་ཁ་པའི་མཛད་བྱུང་ལས་དྲངས།

③ ལྷུན་རྩེ་མཁར་སྟེང་དུ་བཞུགས་པའི་ཤེར་ཕྱིན་སྟོང་ཕྲག་བརྒྱ་པ་པོད་ཁ་པའི་མཛད་བྱུང་ལས་དྲངས།

པ་སྐྱོ་ངས་མེད་པའི་སྤྱིན་བདག་ཅི་ཞིག་ཕྱོན་པ་སྟེ་རྒྱལ་པོ་བསྙོ་ནེ་བུ་ཚུང་སོགས་ཀྱིས་འབད་པ་ཆེན་པོས་རྒྱུ་འགྲོ་སྦྱར་ཏེ་འབྲི་བཞེངས་བསྐྱངས་པ་དེ་རྟོགས།

གསུམ། དགོས་པ།

……………། །དོན་རྟོགས་ཐུགས་དམ་རྒྱས་པ་བཞེངས། །[①]ཞེས་གསུངས་པ་ལྟར་ན། དད་པ་སྐྱོ་ངས་མེད་པའི་སྤྱིན་བདག་རྒྱལ་པོ་བསྙོ་ནེ་བུ་ཚུང་སོགས་ཀྱིས་འབད་པས་རྒྱུ་འགྲོ་སྦྱར་ཏེ་གསུང་རབ་དེ་འབྲི་བཞེངས་གནང་བའི་དམིགས་ཡུལ་ནི། ཅུང་ཟད་བགྲེས་ཟད་དུ་སོང་བའི་མཛད་བྱང་ལས་ཞུས་ན། སངས་རྒྱས་བསྟན་པའི་ཆོས་ཀྱི་སྙིང་པོ་རྟོགས་ནས་ཁོང་རང་གི་ཐུགས་དམ་དུ་ཤེར་ཕྱིན་སྟོང་ཕྲག་བརྒྱ་པ་དེ་བཞེངས་པ་གསལ།

བཞི། འབྲི་ཟླས།

ཤོག་བུ་ཁྲིད་ལས་འཕགས་པ་མོན་གྱི་ལ་ཆེན་མ། །སྣག་ཚ་ཁྲིད་ལས་འཕགས་པ་རྒྱའི་ཧོང་ཀུན་མ། །[②]ཞེས་བྱུང་བ་ལྟར་ན། དད་པ་སྐྱོ་ངས་མེད་པའི་སྤྱིན་བདག་རྒྱལ་པོ་བསྙོ་ནེ་བུ་ཚུང་གིས་སངས་རྒྱས་བསྟན་པའི་ཆོས་ཀྱི་སྙིང་པོ་རྟོགས་ཏེ། རང་གི་ཐུགས་དམ་དུ་ཤེར་ཕྱིན་འབུམ་རྒྱས་པ་དེ་འབྲི་བཞེངས་གནང་བའི་སྐབས་སུ། འབྲི་ཟླས་ཁྱད་དུ་འཕགས་པ་བོད་ཀྱི་ཤོག་བུ་ཁྲིད་འཕགས་ཅན་བརྒྱད་དུ་འདྲེན་པའི་ནང་ནས། ལྷུན་རྩེ་རྫོང་ལྷོ་ནུབ་ངོས་སུ་གནས་པའི་དེང་གི་མཚོ་སྣ་རྫོང་མངའ་ཁོངས་སུ་གནས་པའི་མོན་ཡུལ་ནས་ཐོན་པའི་མོན་གྱི་ལ་ཆེན་མོའི་ཤོག་བུར། སྣག་ཚ་ཁྲིད་དུ་འཕགས་པ་རྒྱའི་ཧོང་ཀུན་གྱིས་འབྲི་བཞེངས་བསྐྱངས་ཏེ་ཐུགས་དམ་དུ་བསྒྲུབ་པ་གོང་གི་མཛད་བྱང་ལས་ཤེས།

ལྔ། ཡིག་ཞུས།

མཆོད་གནས་ཁྲིད་ལས་འཕགས་པ་འཕན་ཡུལ་སྨད་པས་བྲིས། །སྤྱི་རབས་བགྱིས་པ་

[①] ལྷུན་རྩེ་མཁར་སྙིང་དུ་བཞུགས་པའི་ཤེར་ཕྱིན་སྟོང་ཕྲག་བརྒྱ་པ་པོད་ཁ་པའི་མཛད་བྱང་ལས་དྲངས།

[②] ལྷུན་རྩེ་མཁར་སྙིང་དུ་བཞུགས་པའི་ཤེར་ཕྱིན་སྟོང་ཕྲག་བརྒྱ་པ་པོད་ཁ་པའི་མཛད་བྱང་ལས་དྲངས།

རྣམས་ལས་ཁྱད་དུ་དཔགས་པ་དང་། །ཕྱི་རབས་མཛད་པ་རྣམས་ལ་དཔེ་རུ་ཆེ། ………། ||ཞེས་དང་ལུས་སེམས་གུས་པས་འབྲི་བའི་མཆོད་ནས་ཤག་ཚུལ་གཉིས། །ཞེས་བྱུང་བ་ལྟར་ན། དེ་ཡང་ཡོན་བདག་ཁྱད་འཕགས་བསྙོ་ནེ་བུ་ཆུང་གི་ཐུགས་དམ་ཤེར་ཕྱིན་འབུམ་རྒྱས་པ་དེ་འབྲི་རྩས་ཁྱད་འཕགས་མོན་གྱི་ལ་ཆེན་ཤོག་བུ་དང་རྒྱ་ནག་ཧོང་ཀུན་གྱི་སྣག་ཚ་བཏང་སྟེ་འབྲི་བཞེངས་བསྐྲུངས་པའི་སྐབས་སུ། སྔོ་གསུམ་ཐང་ཆད་འབྲི་བའི་ཡིག་མཁན་ནི་སྐྱིད་ཚུའི་སྟོད་ངོས་སུ་གནས་པའི་བོད་བཙན་པོའི་སྐབས་སུ་ཡུལ་ངས་པོ་ཆེ་འཕན་པོར་བསྒྱུར་བའི་ས་ཡུལ་དེའི་སྐད་པས་བྲིས་ཤིང་། ཁོང་གིས་འབྲི་གཟུགས་ནི་སྔ་རབས་ཀྱི་ཡིག་མཁན་དག་གིས་བྲིས་པ་ལས་ཁྱད་དུ་འཕགས་ཤིང་ཕྱི་རབས་ཀྱི་ཡིག་མཁན་རྣམས་ཀྱི་འབྲི་གཟུགས་ཀྱི་མིག་དཔེ་ལྟ་བུར་འོང་བའི་འབྲི་གཟུགས་ཤིག་ཡིན་ཞེས་གསུངས་འདུག

དྲུག བསྔོ་སྨོན།

དེ་རྒྱུ་དེའི་རྐྱེན་ཅིན་རླབས་ཀྱིས། །འཕྲུལ་གྱི་རྐྱེན་ཟློག་ཡུན་གྱི་སྒྲིབ་པ་བྱང་། །མཐོ་རིས་ལམ་སྟོན་ངན་སོང་སྒོ་ཡང་འགོགས། །[1] ཞེས་དང་བླ་མེད་བྱང་ཆུབ་ཐོ་འཕང་ཐོར་པར་ཤོག [2]ཅེས་པ་ལས། ང་ཚོས་གསུང་རབ་དེ་འབྲི་བཞེངས་བསྒྲུབ་པའི་རྗེས་སུ་དད་པ་སྐྱོ་ངས་མེད་པའི་སྦྱིན་བདག་འཁོར་དང་སྔོ་གསུམ་ཐང་ཆད་འབྲི་བའི་ཡིག་མཁན་ལ་སོགས་ཀྱི་འཕྲུལ་གྱི་རྐྱེན་ངན་བར་ཆད་སེལ་ཞིང་ཕྱི་མ་ངན་སོང་དུ་མ་ལྷུང་པར་མཐོ་རིས་ཀྱི་གནས་སུ་སྐྱེ་བར་སྨོན་པ་དེ་ལགས།

① ལྷུན་རྩེ་མཁར་སྟེང་དུ་བཞུགས་པའི་ཤེར་ཕྱིན་སྟོང་ཕྲག་བརྒྱ་པ་པོད་ཁ་པའི་མཛད་བྱང་ལས་དྲངས།

② ལྷུན་རྩེ་མཁར་སྟེང་དུ་བཞུགས་པའི་ཤེར་ཕྱིན་སྟོང་ཕྲག་བརྒྱ་པ་པོད་ཁ་པའི་མཛད་བྱང་ལས་དྲངས།

ལེ་ཚན་དྲུག་པ། ཇོ་པ་མཁར་སྟེང་ཤེར་ཕྱིན་སྟོང་ཕྲག་བརྒྱ་པ་ པོད་ཁ་པའི་མཛད་བྱང་།

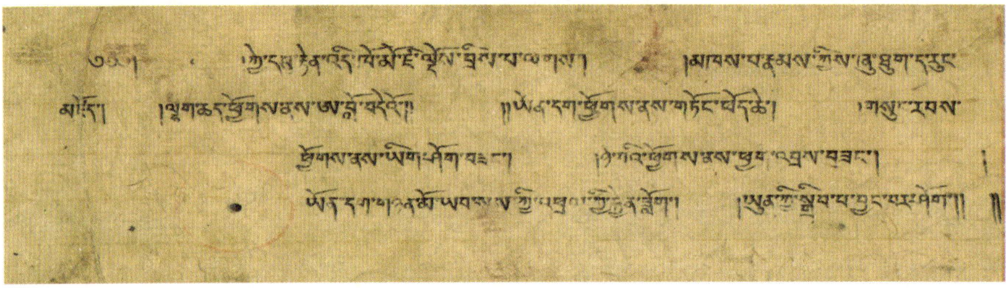

མཛད་བྱང་མ་དཔེ།

དང་པོ། མཛད་བྱང་མ་བཤུས།

༄༅། །ཀྱི་དབུ་རྗེན་འདི་ཁོ་མོ་ཛེ་ལྷོས་བྲིས་པ་ལགས། །མཁས་པ་རྣམས་ཀྱིས་ཞུ་དག་དྲ་ཐུང་མཛོད། །ལྷག་ཆད་ཕྱོགས་ནས་ཨ་བློ་བདེའོ། །ཡོན་དག་ཕྱོགས་ནས་གཏོང་ཕོད་ཆེ། །གསུང་རབས་ཕྱོགས་ནས་ཡིག་ཤོག་བཟང་། །ཉེ་བའི་ཕྱོགས་ནས་ཕྱུག་འབྲས་བཟང་། །ཡོན་དག་གཉན་མོ་ཡབ་སྲས་ཀྱི་འཕྲལ་གྱི་རྐྱེན་ཟློག། །ཡུན་གྱི་སྒྲིབ་པ་བྱང་བར་ཤོག། །[①]ཅེས་པའོ།།

གཉིས་པ། མཛད་བྱང་གི་དབྱེ་ཞིབ།

གཅིག ཡིག་མཁན།

༄༅། །ཀྱི་དབུ་རྗེན་འདི་ཁོ་མོ་ཛེ་ལྷོས་བྲིས་པ་ལགས། །མཁས་པ་རྣམས་ཀྱིས་ཞུ་དག་དྲ་ཐུང་མཛོད། །ལྷག་ཆད་ཕྱོགས་ནས་ཨ་བློ་བདེའོ། །ཡོན་དག་ཕྱོགས་ནས་གཏོང་ཕོད་ཆེ། །གསུང་

① ལྷུན་རྩེ་མཁར་སྟེང་དུ་བཞུགས་པའི་ཤེར་ཕྱིན་ཁྲི་བརྒྱད་སྟོང་པ་པོད་ཁ་པའི་ལྡེབ་གྲངས་281ལས་དྲངས།

རབས་ཕྱོགས་ནས་ཡིག་ཤོག་བཟང་།། [①]ཞེས་གསུངས་པ་ལྟར་ན། མཛད་བྱུང་འདིར་ཡུལ་ལུང་གི་བསྔོད་པ་དུང་ཆེན་གཟུགས་སུ་མ་བྲིས་པར་ཐད་ཀར་ཡིག་མཁན་གྱི་སྐོར་ལ་འཇུག་པ་སྟེ། གསུང་རབ་འདིའི་དབུ་ཤོག་སྲིད་ཀ་འཕྲེང་གསུམ་འདི་ཡིག་མཁན་ཇེ་ལྷོས་བྲིས་ཤིང་། ཀྲང་འགྲོར་གཞུང་སྲོང་གི་ཞུ་གཏུག་མཁན་པོ་རྣམས་ཀྱིས་མུ་མཐུད་ཞུ་དག་མཛོད་དང་། ཞུས་དག་མཐར་ཕྱིན་པ་ལས་ཡིག་ཕྲེང་ལྷག་པ་དང་ནང་དོན་ཆད་པ་སོགས་མེད་ན་ཡིག་མཁན་བློ་བདེའོ་ཞེས་གསུངས་པ་དེ་ལྟར་ལགས།

གཉིས། ཡོན་བདག

ཉེ་བའི་ཕྱོགས་ནས་ཕྱུག་འབྲས་བཟང་། །ཡོན་དག་གཉན་མོ་ཡབ་སྲས་ཀྱི་འཕྲལ་ཀྱི་རྐྱེན་བློག །ཅེས་པ་ལས། གསུང་རབ་དེ་འབྲི་བཞེངས་གནང་བའི་སྐབས་སུ་དད་པ་སྒྲོ་ངས་མེད་པའི་སྦྱིན་བདག་གཉལ་གྱི་གཉལ་མོ་ཡབ་སྲས་རྒྱ་འགྲོ་གཏོང་ཕོད་ཆེ་བ་སྨྲར་ཏེ་ཁོང་གི་གཉེན་ཉེ་བའི་སྤུན་རྣམ་པས་ཞབས་ཞུ་ཕྱུག་འབྲས་བཟང་པོ་གནང་ཏེ་འབྲི་བཞེངས་བསྒྲུབ་པ་ཞིག་ཡིན།

གསུམ། བསྔོ་སྨོན།

གཉལ་མོ་ཡབ་སྲས་ཀྱིས་རྒྱ་འགྲོ་གཏོང་ཕོད་ཆེ་བ་སྨྲར་བ་དང་སྦྲགས་ཡིག་ཤོག་ཀྱང་སྤུས་ལེགས་ལས་འབྲི་བཞེངས་བསྒྲུབ་པའི་རྒྱུ་མཚན་ལས་སྦྱིན་བདག་ཁོང་དང་བཅས་པའི་འཁོར་རྣམས་ཀྱི་གནས་སྐབས་རྐྱེན་ངན་བློག་པ་དང་ཡུན་གྱི་མ་རིག་པའི་སྒྲིབ་པ་བྱང་བར་ཤོག་ཅེས་བསྔོ་སྨོན་བཏབ་པ་སྟེ་མཛད་བྱུང་ལས། ཡོན་དག་གཉན་མོ་ཡབ་སྲས་ཀྱི་འཕྲལ་ཀྱི་རྐྱེན་བློག། །ཡུན་གྱི་སྒྲིབ་པ་བྱང་བར་ཤོག།། [②]ཅེས་པས་སོ།

① ལྷུན་རྩེ་མཁར་སྟེང་དུ་བཞུགས་པའི་ཤེར་ཕྱིན་ཁྲི་བརྒྱད་སྟོང་པ་པོད་ཁ་པའི་ལྡེབ་གྲངས་281་ལས་དྲངས།

② ལྷུན་རྩེ་མཁར་སྟེང་དུ་བཞུགས་པའི་ཤེར་ཕྱིན་ཁྲི་བརྒྱད་སྟོང་པ་པོད་ཁ་པའི་ལྡེབ་གྲངས་281་ལས་དྲངས།

ལེ་ཚན་བདུན་པ། ཤོ་པ་མཁར་སྟེང་ཤེར་ཕྱིན་སྟོང་ཕྲག་བརྒྱད་པ་ཐོད་ག་པའི་མཛད་བྱང་།

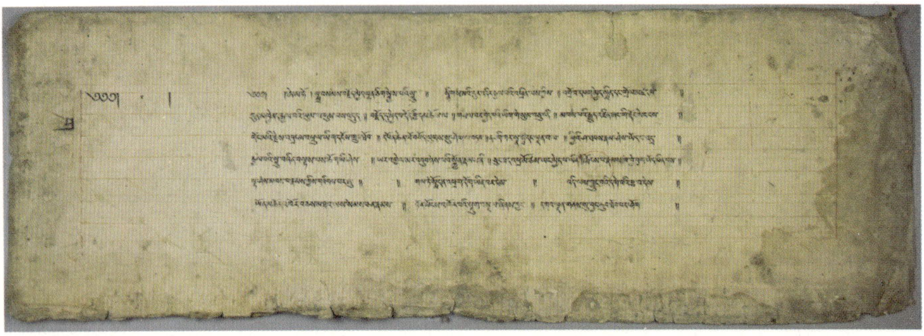

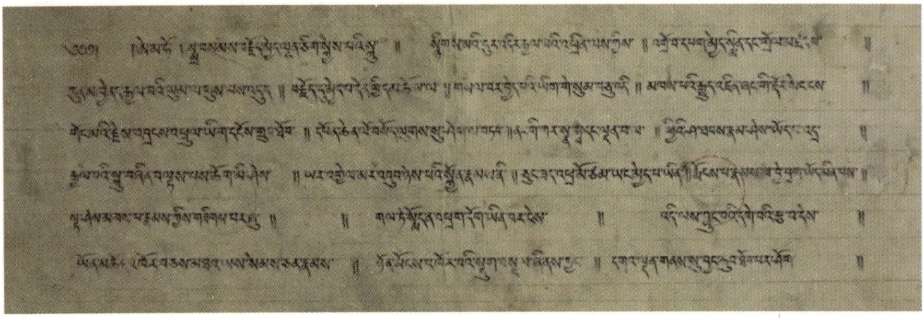

མཛོད་བྱང་མ་དཔེ།

དང་པོ། མཛོད་བྱང་མ་བཤུས།

༄༅། །ཨེ་མ་ཧོ། །སྨྲ་བསམ་བརྗོད་མེད་ལྷན་ཅིག་སྐྱེས་པའི་སྐུ། །སྙིགས་མའི་དུར་འདིར་རྒྱལ་བའི་འཕྲིན་ལས་ཀྱིས། །འགྲོ་བ་དཔག་མེད་སྨིན་དང་འགྲོལ་མཛད་པ། །ཀུན་མཁྱེན་རྒྱལ་བའི་ཡུམ་ལ་གུས་པས་འདུད། ། བརྗོད་དུ་མེད་པ་དོན་གྱི་དམ་ཆོས་ལ། །གསལ་བར་བྱེད་པའི་ཡིག་གི་སུམ་ཅུ་འདི། །མཁས་པའི་རྒྱུད་འཛིན་ཞང་གི་རྗེར་སེང་ངས། །གོང་མའི་རྗེས་འབྲངས་འཕྲུལ་ཡིག་དངོས་གྲུབ་ཐོབ། །དཔོན་ཆེན་པོ་བསོད་ལུགས་སུ་ཤོག་ལ་བཏབ། །ནང་གི་ཀར་སྣ་ཧྲ་དང་ལྡན་པ་ལ། །ཕྱིའི་ཤ་ཐབས་རྣམ་ཤེས་ཡོད་པ་འདྲ། །རྒྱལ་བའི་སྐུ་བཞིན་བལྟས་པས་ཚིག་མི་ཤེས། །ཡར་འགྲེལ་མར་འབུབ་ཉེས་པའི་སྐྱོན་རྣམས་ནི། །ཅུང་ཟད་འཕྲ་མོ་ཙམ་ཡང་མེད་པ་ཡིན། །སྐྱོངས་པ་རྣམས་ལ་བྱེ་བྲག་ཡོད་མིན་པས། །ལྷ་ཤེས་མཁས་པ་

རྣམས་ཀྱིས་གཟིགས་པར་ཞུ། །གལ་ཏེ་སློད་ན་འཕྲ་དོག་ཡིན་པར་ངེས། །འདི་ལས་བྱུང་བའི་དགེ་བའི་རྩ་བ་དེས། །ཡོན་མཆོད་འཁོར་བཅས་མཐའ་ཡས་སེམས་ཅན་རྣམས། །ཉོན་མོངས་འཁོར་བའི་སྡུག་བསྔལ་ཞི་ནས་ཀྱང་། །དགའ་ལྡན་གནས་སུ་བྱང་ཆུབ་ཐོབ་པར་ཤོག། །[①]ཅེས་པའོ། །

གཉིས་པ། མཛད་བྱང་གི་དབྱེ་ཞིབ།

གཅིག བསྟོད་ཕྱག

དེ་ཡང་འདིར་ཐོག་མར་སྔོན་གྱི་དུས་རབས་12ཡས་མས་ཀྱི་མཛད་བྱང་ཇི་བཞིན་དུ་ངོ་མཚར་གྱི་གཏམ། ཨེ་མ་ཧོ་ཞེས་པས་མཛད་བྱང་གི་མགོ་འབྱུད་དེ་སྟོན་པ་སངས་རྒྱས་བཅོམ་ལྡན་འདས་ཀྱིས་བྱ་རྒོད་ཕུང་པོ་རིར་ཆོས་ཀྱི་འཁོར་ལོ་བསྐོར་གནང་བའི་བརྗོད་བྱ་སྟེ། ཤེས་རབ་ཀྱི་ཕ་རོལ་ཏུ་ཕྱིན་པ་ཤེར་ཕྱིན་ཡུམ་འདི་ལ་ཕྱག་འཚལ་བསྟོད་པ་ནི། ༄། །ཨེ་མ་ཧོ། །སྨྲ་བསམས་བརྗོད་མེད་ལྷན་ཅིག་སྐྱེས་པའི་སྐུ།། སྙིགས་མའི་དུར་འདིར་རྒྱལ་བའི་འཕྲིན་ལས་ཀྱི།། འགྲོ་བ་དཔག་མེད་སྨིན་དང་གྲོལ་མཛད་པ།། ཀུན་མཁྱེནད་རྒྱལ་བའི་ཡུམ་ལ་གུས་པས་འདུད།། [②]ཅེས་པས་སྐབས་འདིར་བྱུང་བའི་བསྟོད་ཕྱག་གི་ནང་དོན་ནི། ཤེས་རབ་ཀྱི་ཕ་རོལ་ཏུ་ཕྱིན་པའི་གཞུང་དེ་ཡིན་པ་ནི་སྐྱེ་བོ་ཀུན་གྱིས་གོ་ཤེས་ཐུབ་པ་སྨོས་ཅི་དགོས། འོན་ཏེ་ང་ཚོས་བསམ་གཞིགས་བྱ་དགོས་པ་ཞིག་ལ་བོད་འདིའི་བསྟོད་ཕྱག་གི་ཁྲིད་དུ་བྱུང་བའི་ཤེར་ཕྱིན་གཞུང་གི་གནད་ཕིབ་ས་སྟེ་ཡུམ་ཞེས་པའི་ཐ་སྙད་བྱུང་བའི་སྐབས་ཀྱིས་ཡུམ་གྱི་སྐོར་ལ་དཔྱད་ན། དེ་ཡང་ཡུམ་ཞེས་པ་གཞི་ཐམས་ཅད་ཀྱི་འབྱུང་སའི་མ་མ་ལྷ་བུའི་ཚིག་འབྲུ་དེའི་འབྲི་སྟངས་ལས། ང་ཚོས་གསུང་རབ་དེའི་དུས་རབས་རགས་ཙམ་ཞིག་ངེས་ཤེས་ཐུབ་པ་སྟེ། གང་ཡིན་ཟེར་ན། རང་རེ་རྣམས་ཀྱིས་སྤྱན་ལམ་དུ་གྱུར་བའི་ཏུན་ཧོང་ཡིག་ཚགས་ཏེ། དུས་རབས་9-10པའི་ནང་དུ་འབྲི་བཤུས་བྱས་པའི་ཤེར་ཕྱིན་གཞུང་དང་ཧ་དང་ལུག་གི་ལོ་ལ་ཆོས་བཤུ་འབྲི་མའི་དཀར་ཆག་ཏུ་གསལ་བའི་མདོ་ཆེ་དཔག་མེད་དང་ཤེར་ཕྱིན་དེ་དག་བཙན་པོའམ་བླ་ནས་རྒྱུ་འགྲོ་བཏོན་ཏེ་བོད་བཙན་པོས་དབང་བསྒྱུར་སྐྱོང་བའི་ཏུན་ཧོང་དུ་གསུང་རབ་དེ་དག་འབྲི་

① ལྷུན་རྩེའི་མཁར་སྟེང་དགོན་དུ་བཞུགས་པའི་ཤེར་ཕྱིན་སྟོང་ཕྲག་བརྒྱད་པའི་ཞབས་ཤོག་ལས་དྲངས།

② ལྷུན་རྩེའི་མཁར་སྟེང་དགོན་དུ་བཞུགས་པའི་ཤེར་ཕྱིན་པོད་ག་པའི་མཛད་བྱང་ལས་དྲངས།

བཞེངས་བསྐྲུངས་པའི་སྐབས་སུ། དེ་དག་གི་སྟག་ཤོག་དང་འབྲི་གཟུགས་སོགས་འཕོད་པའི་ཆོས་བཤུ་འབྲི་མའི་དཀར་ཆག་ཏུ་ཤེར་ཕྱིན་ཡུམ་ཞེས་པའི་ཐ་སྙད་དེ་ཐོན་མེད་པ་དང་། ཡུམ་གྱི་དོད་དུ་ཤུ་ལོ་ཀ་སྟོང་ཕྲག་བརྒྱ་ཡོད་པའི་འབུམ་སྟེ་ཏ་དང་ལུག་གི་ལོ། ལྷ་སྲས་ཀྱི་སྐུ་ཡོན་དར་མ་ཤེས་རབ་འབུམ་པ། བྲི་བའི་ཡི་གེ་པ་[1]ཞེས་ཆོས་བཤུ་འབྲི་མའི་དཀར་ཆག་ཏུ་དར་མ་འབུམ་སྟེ་ཆོས་འབུམ་ཞེས་ཐོན་པ་མ་ཟད། བཙན་པོའམ་བླ་ནས་དད་པ་སྐྱོ་ངས་མེད་པའི་སྦྱིན་བདག་གནང་སྟེ། འབྲི་བཞེངས་བསྐྲུངས་པའི་ཤེར་ཕྱིན་དེ་དག་ལ་རང་རིགས་ཀྱི་ཞལ་རྒྱུན་ཏུ་ཆགས་པ་ལྟར། ཤེར་ཕྱིན་འབུམ་ལ་བླ་འབུམ་ཞེས་བརྗོད་པ་དེ་ཡང་སྔོན་དུས་འབུམ་ནི་རྒྱལ་པོས་བཞེངས་པ་མ་གཏོགས་འབངས་ཀྱིས་བཞེངས་པར་མི་ནུས་པས། ཆོས་རྒྱལ་ཁྲི་ལྡེ་གཙུག་བརྟན་གྱི་བླ་འབུམ་སྐྱ་བོ། མངའ་བདག་སད་ན་ལེགས་མཇིང་ཡོན་གྱི་སྲུག་འབུམ། ལྷ་སྲས་གཙང་མའི་བྱེ་འབུམ། ཆོས་རྒྱལ་ཁྲི་རལ་པ་ཅན་གྱི་དྲུག་འབུམ། ལྷ་གནམ་ལྡེའི་ལྷས་འབུམ་ཞལ་དམར་ཅན། དར་མ་འུ་དུམ་བཙན་གྱི་འབུམ་ཤོག་སེར་མ་ཙམ་ལས་གཞན་མ་འཕེལ་བ་ན། རྗེས་སུ་བློན་པོ་དང་ཁྲིམ་བདག་དད་པ་ཅན་རྣམས་ཀྱིས་བཞེངས་པའི་འབུམ་ཚར་བཅུ་དགུ་ཙམ་བྱུང་[2]ཞེས་བརྗོད་པ་ལས་བླ་ཡུམ་ལྟ་བུའི་ཐ་སྙད་དེ་ད་བར་མ་མཇལ་སྟབས། དེས་ན་ཤེར་ཕྱིན་ལ་འབུམ་ཞེས་བརྗོད་པ་ནི་བཙན་པོའི་སྐབས་ཀྱི་ཤེར་ཕྱིན་ལ་བགོལ་སྤྱོད་བྱེད་པའི་ཐ་སྙད་རྐྱ་མེད་ཅིག་ཡིན་པའི་ཆ་ནས། ད་ཐེངས་མཁར་སྟེང་དགོན་དུ་བཞུགས་པའི་ཤེར་ཕྱིན་དེའི་མཛད་བྱང་གི་བསྟོད་ཕྱག་ཏུ་ཤེར་ཕྱིན་ཡུམ་ཞེས་བྱོན་པས་ཀྱང་། ཤེར་ཕྱིན་སྟོང་ཕྲག་བརྒྱ་པ་པོད་ཁ་པ་དེ་དུས་རབས་10པའི་རྗེས་སུ་འབྲི་བཞེངས་གནང་བ་ཞིག་ཡིན་པ་ནི་ཐ་སྙད་མང་པོས་འགྲེལ་མི་དགོས་པར་ཐད་དཀར་རྟོགས།

གཉིས། ཡིག་མཁན།

མཁར་སྟེང་དགོན་དུ་བཞུགས་པའི་དུས་རབས་12ཡས་མས་སུ་འབྲི་བཞེངས་བསྐྲུངས་པར་མངོན་པའི་ཤེར་ཕྱིན་པོད་ཁ་པ་དེ་དད་པ་སྐྱོ་ངས་མེད་པའི་སྦྱིན་བདག་མཆོག་ནས་རྒྱུ་འགྲོ་བཏོན་ཏེ། སྟག་ཤོག་སོགས་ཀྱི་སྟ་གོན་ལེགས་པར་བསྒྲུབས་ནས་ཤོག་ཤོག་ངོས་སུ་འབྲི་

① 见， 托马斯：刘忠、杨铭译《敦煌西域古藏文社会历史文献》，民族出版社，2003年版. 423-424页。

② མི་དབང་པོ་ལྷའི་རྟེན་བཞེངས་དཀར་ཆག་ སྲུར་མའི་མདའ་ཚད་མའི་ལྡེབ་གྲངས་ལས་དྲངས།

བཞེངས་བསྐྲུངས་མཁན་གྱི་ཡིག་པ་ནི། སྔོན་གྱི་འབྲི་གཟུགས་མཁས་པའི་ཤེར་ཕྱིན་དཔོན་པ་སྟེ་སྔོན་གྱི་མཁས་པ་ཀ་ཁྱུང་རྣམ་གཉིས་དང་བར་གྱི་མཁས་པ་སྤས་དང་སུམ་པ་ལ་སོགས་པའི་ཤེར་ཕྱིན་དཔོན་པོ་རྣམས་ཀྱི་འབྲི་རྒྱུན་ལ་བྱང་བ་ཕྱུག་པའི་གཉལ་གྱི་ཡིག་དཔོན་ལོ་བསོད་ཀྱི་ཕྱག་རྒྱུན་བཞིན། སྒྱུ་གུའི་སོར་མོ་བསྒྱུར་ལ་མཁས་པའི་ཡིག་པ་ཞང་རྗེ་རྡེ་སེང་གེས་ཤོག་ཤོག་ངོས་སུ་འབྲི་བཞེངས་བཏབ་པ་སྟེ། ཀུན་མཁྱེན་ད་རྒྱལ་བའི་ཡུམ་ལ་གུས་པས་འདུད།། བརྗོད་དུ་མེད་པ་དོན་གྱི་དམ་ཆོས་ལ།། གསལ་བར་བྱེད་པའི་ཡིག་གེ་སུམ་ཅུ་འདི།། མཁས་པའི་རྒྱུད་འཛིན་ཞང་གི་རྗེར་སེང་ངས།། གོང་མའི་རྗེས་འབྲངས་འཕྲུལ་ཡིག་དངོས་གྲུབ་ཐོབ།། དཔོན་ཆེན་ལོ་བསོད་ལུགས་སུ་ཤོག་ལ་བཏབ།།[1] ཅེས་པས་ཁ་གསལ་རྟོགས།

གསུམ། འབྲི་གཟུགས་ཁྱད་ཆོས།

གཉལ་གྱི་ལུང་ཤུར་དུ་བྱོན་པའི་ཡིག་དཔོན་ལོ་བསོད་ཀྱི་བུ་སློབ་ཞང་རྗེར་སེང་གེས་ཤོག་ཤོག་ངོས་སུ་བཏབ་པའི་འབྲི་གཟུགས་ལ་དམིགས་བསལ་གྱི་ཁྱད་ཆོས་བཞུགས་པ་སྟེ། ནང་གི་ཀར་སྣ་ཧྥ་དང་ལྡན་པ་ལ།། ཕྱིའི་ཤ་ཐབས་རྣམ་ཤེས་ཡོད་པ་འདྲ།། རྒྱལ་བའི་སྐུ་བཞིན་བལྟས་པས་ཆོག་མི་ཤེས།། ཡར་འགྲེལ་མར་འབུབ་ཉེས་པའི་སྐྱོན་རྣམས་ནི།། ཅུང་ཟད་འཕྲོ་ཙམ་ཡང་མེད་པ་ཡིན།། རྫོངས་པ་རྣམས་ལ་བྱེ་བྲག་ཡོད་མིན་པས།། ལྟ་ཤེས་མཁས་པ་རྣམས་ཀྱིས་གཟིགས་པར་ཞུ།། །།གལ་ཏེ་སྨོད་ན་འཕྲུག་དོག་ཡིན་པར་ངེས།།[2] ཞེས་བྱུང་བ་ལྟར་ན། ཞང་རྗེར་སེང་གི་ཕྱག་སོར་ལས་འཁྲུངས་པའི་ཡི་གེ་དེ་ནི་བཟོ་ཡི་གནས་ལ་མཁས་པའི་བི་ཤྭ་ཀརྨས་བཞེངས་འདྲའི་རྒྱལ་བའི་སྐུ་བརྙན་བཞིན་ཡི་གེའི་རུས་གཟུགས་ཕྱག་ཚད་སོགས་མཉམ་པ་སྟེ། ཐིག་ཕྲེང་གིས་ཚད་ཟིན་པའི་ངོས་ལས་ཡར་འགྲེལ་མར་འབུབ་སོགས་ཀྱིས་ཉེས་པའི་སྐྱོན་རྣམས་མི་མངའ་ཞིང་། སྐུ་བརྙན་བྱོན་ལེགས་པའི་དབང་གིས་རྣམ་ཤེས་ཡོད་པ་ལྟ་བུ་ཞིག་ཡིན་པས། འབྲི་གཟུགས་ལ་བྱང་བ་ཆུབ་པ་རྣམས་ཀྱིས་དེ་ལ་གཟིགས་ནས་གསུངས་པར་འཚལ་ཞེས་པས་འབྲི་གཟུགས་ཁྱད་ཆོས་དེ་རྟོགས།

① ལྷུན་རྩེའི་མཁར་སྣེང་དགོན་དུ་བཞུགས་པའི་ཤེར་ཕྱིན་ཕོད་ག་པའི་མཛད་བྱང་ལས་དྲངས།
② ལྷུན་རྩེའི་མཁར་སྣེང་དགོན་དུ་བཞུགས་པའི་ཤེར་ཕྱིན་ཕོད་ག་པའི་མཛད་བྱང་ལས་དྲངས།།

གཉིས། ཡིག་མཁན།

གོང་གི་མཛད་བྱུང་ལྟར་ན་གསུང་རབ་དེ་འབྲི་བཞེངས་ཀྱི་ཡུལ་ལུང་དང་མཆོད་ཡོན་སྦྱིན་བདག་སོགས་མ་གསུངས་པར་ཐད་ཀར་ཤེར་ཕྱིན་ཡུམ་དེ་འབྲི་བཞེངས་བྱ་མཁན་གྱི་སྒོ་གསུམ་ཐང་ཆད་འབྲི་བའི་ཡིག་མཁན་གྱི་འབྲི་གཟུགས་ཀྱི་ཁྱུངས་དང་འབྲི་གཟུགས་ཀྱི་ཁྱད་ཆོས་བརྗོད་པ་ཞིག་སྟེ། ཤེར་ཕྱིན་ཡུམ་འདི་འབྲི་བཞེངས་མཁན་གྱི་ཡིག་མཁན་གྱིས་སྔོན་གྱི་མཁས་པ་ཀ་ཁྲུང་རྣམ་གཉིས་དང་བར་གྱི་མཁས་པ་སྣས་དང་སུམ་པ་ལ་སོགས་ཀྱི་ཕྱག་བྲིས་ཀྱི་འབྲི་རྒྱུན་བསྐྱངས་ཤིང་། ལྷག་དོན་དུ་གཉལ་གཞུང་གི་ཡིག་དཔོན་དཔོན་ཆེན་པོ་བསོད་ལུགས་བཞིན་ཡིག་མཁན་ཞང་རྗེར་སེང་གིས་དཀར་འཛམ་ཤོག་ཤོག་ངོས་སུ་འབྲི་བཤུས་མཛད་པ་དེ་ཁོང་གི་ཡིག་རྒྱུན་དང་། ཁོང་གི་འབྲི་གཟུགས་ལ་དམིགས་བསལ་གྱི་ཁྱད་ཆོས་མངའ་བ་སྟེ་འབྲི་གཟུགས་དག་པའི་རྐྱེན་གྱི་ཡི་གེར་རྣམ་ཤེས་ཐོན་འདྲ་བ་དང་འབྲི་གཟུགས་ཕྱག་ཚད་ཚད་ལྡན་ཏེ་འབྲི་གཟུགས་ཡར་འགྱེལ་མར་འབུབ་མི་མངའ་བ་སྟེ། དཔེ་དཔྱད་བཟང་པོ་སུམ་ཅུ་རྩ་གཉིས་དང་མཚན་བཟང་པོ་གྱ་བཅུས་བརྒྱན་པའི་སྟོན་པའི་སྐུ་བརྙན་བཞིན་མཚར་དུ་མངར་བ་བལྟ་བས་ཆོག་མི་ཤེས་པ་ཞིག་ཡོད། འབྲི་གཟུགས་ལ་ཁྱད་ཆོས་དེ་ལྡན་དང་མི་ལྡན་གྱི་འབྲི་གཟུགས་ལ་རྨོངས་པ་རྣམས་ཀྱིས་སླ་བའི་འབབ་སྟེགས་བསྐྱུར་དཀའ་ཡང་འབྲི་གཟུགས་དབུ་ཆེན་རྣམས་ཀྱིས་གཟིགས་ནས་གཉལ་གྱི་ཞང་རྗེར་སེང་གི་འབྲི་གཟུགས་ཀྱི་ཁྱད་ཆོས་དེ་གསུངས་པར་འཚལ། གལ་ཏེ་ཞང་རྗེར་སེང་གི་འབྲི་གཟུགས་ལ་འཕྲུ་སྐྱོན་སོགས་བྱུང་ན་ཡིག་མཁན་དང་ལས་རིགས་གཅིག་པའི་བར་གྱི་ཕྲ་དོག་ཡིན་པས་གསུང་ལ་ཆ་འཛོག་མེད་པར་འཚལ་ཞེས་གསུངས་པ་སྟེ། མཛད་བྱུང་ལས། ནང་གི་ཀར་སྣ་ཧྭ་དང་ལྡན་པ་ལ། །ཕྱིའི་ཤ་ཐབས་རྣམ་ཤེས་ཡོད་པ་འདྲ། །རྒྱལ་བའི་སྐུ་བཞིན་བལྟས་པས་ཆོག་མི་ཤེས། །ཡར་འགྱེལ་མར་འབུབ་ཉེས་པའི་སྐྱོན་རྣམས་ནི། །ཙུང་ཟད་འཕྲུ་སོ་ཙམ་ཡང་མྱེད་པ་ཡིན། །རྨོངས་པ་རྣམས་ལ་བྱེ་བྲག་ཡོད་མིན་པས། །ལྟ་ཤེས་མཁས་པ་རྣམས་ཀྱིས་གཟིགས་པར་ཞུ། །གལ་ཏེ་སྐྱོན་ན་འཕྲ་དོག་ཡིན་པར་ངེས། །[1]ཞེས་པས་སོ།

[1] ལྷུན་རྩེའི་མཁར་སྟེང་དགོན་དུ་བཞུགས་པའི་ཤེར་ཕྱིན་སྟོང་ཕྲག་བརྒྱད་པའི་ཞབས་ཤོག་ལས་དྲངས།

བཞི། བསྔོ་སྨོན།

ཤེར་ཕྱིན་པོད་ཁ་པ་འདིའི་མཛད་བྱང་དུ་བྱུང་བའི་བསྔོ་སྨོན་དུ། འདི་ལས་བྱུང་བའི་དགེ་བའི་རྩ་བ་དེས།། ཡོན་མཆོད་འཁོར་བཅས་མཐའ་ཡས་སེམས་ཅན་རྣམས།། ཉོན་མོངས་འཁོར་བའི་སྡུག་བསྔལ་ཞི་ནས་ཀྱང་།། དགའ་ལྡན་གནས་སུ་བྱང་ཆུབ་ཐོབ་པར་ཤོག །[1] །ཅེས་བྱུང་བ་ལྟར་ན། ཤེར་ཕྱིན་པོད་ཁ་པ་འདི་འབྲི་བཞེངས་ལས་བྱུང་བའི་དགེ་བ་དེས། དད་པ་སྐྱོ་ངས་མེད་པའི་ཡོན་བདག་འཁོར་དང་བཅས་པ་མཐའ་ཡས་སེམས་ཅན་རྣམས་འཁོར་བའི་སྡུག་བསྔལ་ལས་གྲོལ་ཏེ། སློབ་དཔོན་བྱམས་པ་མགོན་པོའི་བཞུགས་གནས་སུ་གྲགས་པའི་དགའ་ལྡན་དུ་སྐྱེས་ཏེ་བྱང་ཆུབ་ཀྱི་གོ་འཕང་ཐོབ་པར་ཤོག་ཅེས་བསྔོ་སྨོན་བཏབ་པ་དེ་ལགས།

ལེ་ཚན་བརྒྱད་པ། ཚོ་པ་མཁར་སྙེང་ཤེར་ཕྱིན་སྟོང་ཕྲག་བརྒྱ་པ་པོད་ག་པའི་མཛད་བྱང་།

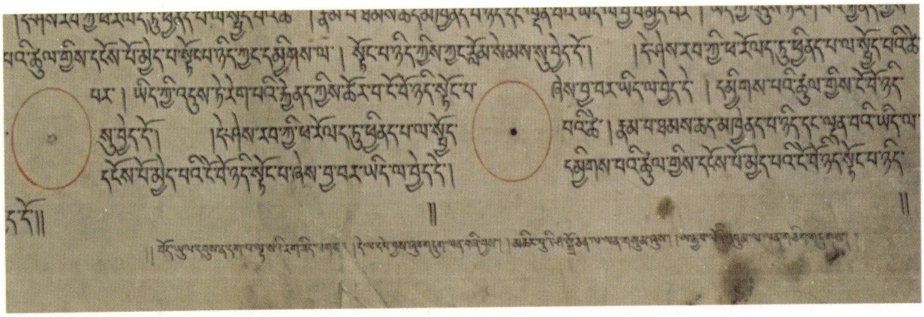

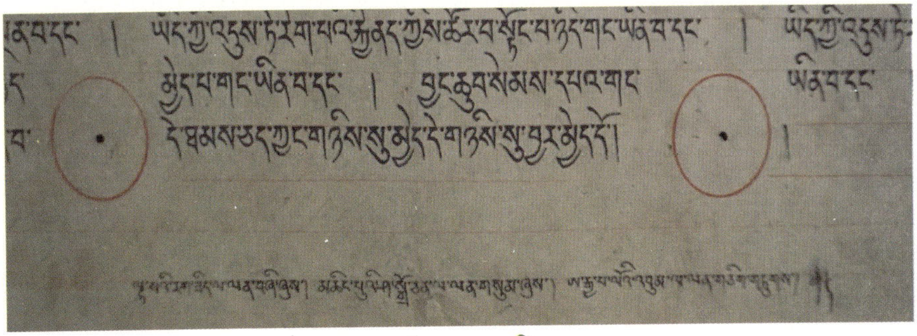

མཛད་བྱང་མ་དཔེ།

① ལྷུན་རྩེའི་མཁར་སྙེང་དགོན་དུ་བཞུགས་པའི་ཤེར་ཕྱིན་པོད་ག་པའི་མཛད་བྱང་ལས་དྲངས།

དང་པོ། མཛད་བྱུང་མ་ཕྱུགས།

ལྷ་སའི་རིག་ཟྲིད་ལ་ལན་བཞི་ཞུས།། །མཆིང་ཕུའི་ཤ་སྒྲོ་ཅན་ལ་ལན་གསུམ་ཞུས།། །ཨ་རྒྱ་པ་ལོའི་འབུམ་ལ་ལན་གཅིག་གཏུགས།།[1]ཞེས་པའོ།

གཉིས་པ། མཛད་བྱུང་གི་དབྱེ་ཞིབ།

གཡུལ་རྒྱལ་ལྷུན་རྩེའི་མཁར་སྙིང་དགོན་དུ་བཞུགས་པའི་གོང་གི་ཤེར་ཕྱིན་སྟོང་ཕྲག་བརྒྱད་པ་པོད་ཁ་པ་དང་ག་པའི་མཛད་བྱུང་གཉིས་ཀྱི་ནང་དོན་གཅིག་མཚུངས་སུ་ཡོད་སྐབས་འདིར་ཏུ་གཅིག་ཏུ་བཞག་སྟེ་དབྱེ་ཞིབ་བྱ་རྒྱུ་ཡིན།

གཅིག འབྲི་ཞུས་མ་དཔེ།

ཤེར་ཕྱིན་སྟོང་ཕྲག་བརྒྱད་པ་པོད་ཁ་པ་དང་ག་པའི་མཛད་བྱུང་དུ་༄༔ བོད་ཡུལ་དབུས་ན་དག་པ་ལྷ་སའི་རག་ཟྲིད་ལགས།། དེ་ལ་དཔེ་བྱས་ཞུབ་གཏུག་ལན་བཞི་བྱས་[2]ཞེས།། །དང་ལྷ་སའི་རིག་ཟྲིད་ལ་ལན་བཞི་ཞུས།།[3]ཞེས་བྱུང་བ་ལྟར་ན། ཤེར་ཕྱིན་པོད་ཁ་པ་དང་ག་པའི་འབྲི་བཤུས་དང་ཞུས་དག་གི་མ་དཔེ་ནི་བོད་ཡུལ་དབུས་ན་འབྲི་ཞུས་དག་པའི་ལྷ་སའི་རག་ཟྲིད་དམ་རིག་ཟྲིད་དེ། འབུམ་གྱི་འབྱུང་བ་དང་ཚད་བསྟན་པར་རྒྱལ་པོ་མངའ་དར་བའི་དུས་དེ་ཙམ་ན་ཕལ་ཆེ་ལ་བཞེངས་དབང་ཕྱིད་པས་ན། བོད་དབུས་རྩང་ཙམ་ན་འབུམ་སྡེ་བཅུ་དྲུག་ལས་མི་བཞུགས་སྐད། ༡ལྷ་ས་ན་རེ་གཟིག་དམར་པོ་༤ཧུྃ་པ། ༢ཁྲ་སྣ་ན་རེག་གཟིགས་སྔོན་པོ་༤ཧུྃ་པ། ༣བསམ་ཡས་ན་བླ་འགྱུར་འཁྱིལ་པོ་དྲུག་དུམ་པ་ཕ་ཕང་ཅན། ༤ཁམས་ཀྱི་གླིངས་ཐ་ན་༤དུམ་པ་འཛིག་རྟེན་སྒྲོན་མ་ཞལ་དམར་ཅན། ༥ཀླུ་ཤོད་གྲོག་གི་ཧུྃ་པ་ཤོག་སེར་ཅན།༦ དར་རྒྱལ་ཡུལ་ན་དྲུག་དུམ་པ་སླང་དཔལ་གྱི་སེང་གེའི་འབུྃ་ནག ༧ལན་པ་འགོ་འི་དྲུག་ཧུྃ་པ་འབུྃ་སྐྱོ། ༨སྐར་ཆུང་གི་དྲུག་ཧུྃ་ཡུག་འབུམ། ༩ལྷ་ལུང་དཔལ་གྱི་རྡོ་རྗེས་བཞེངས་པའི་ཡེར་པའི་པེའུ་སེ་རུའི་༤དུམ་པ་ཞལ་སེར་ཅན། ༡༠ལན་པ་འོག་ན་བཞུགས་པའི་དྲུག་ཧུྃ་པ་ཞལ་དམར་ཅན།

---

① ལྷུན་རྩེའི་མཁར་སྙིང་དགོན་དུ་བཞུགས་པའི་ཤེར་ཕྱིན་སྟོང་ཕྲག་བརྒྱད་པ་པོད་ག་པའི་ལྡེབ་གྲངས་340ལས་དྲངས།

② ལྷུན་རྩེའི་མཁར་སྙིང་དགོན་དུ་བཞུགས་པའི་ཤེར་ཕྱིན་སྟོང་ཕྲག་བརྒྱད་པ་པོད་ཁ་པའི་ལྡེབ་གྲངས་362ལས་དྲངས།

③ ལྷུན་རྩེའི་མཁར་སྙིང་དགོན་དུ་བཞུགས་པའི་ཤེར་ཕྱིན་སྟོང་ཕྲག་བརྒྱད་པ་པོད་ག་པའི་ལྡེབ་གྲངས་340ལས་དྲངས།

༡༣ཇང་ན་ལྡེ་འབུཾ་ཆེད་པོ་༥ དུམ་པ། ༡༤སྐྱེ་མོ་ཆུ་ཤུལ་ན་དྲུག་གུའི་འབུཾ་༥ དུམ་པ། ༡༥མང་ཡུལ་ཁྲིམས་སྦྲིད་ན་ཡོལ་སྟོན་གྱི་འབུཾ་དྲུག་དུམ་པ། ༡༦འོན་ཅང་དོ་ན་དྲུག་དུམ་པ་ཤ་སྒྲོ་ཅན། ༡༧ག་ཡོ་ཏུ་ན་རྒྱ་མི་འཕན་གྱི་གསེར་སྣག་ཅན་༥ དུཾ་པ། ༡༨ཇང་ན་ལྡུ་རྫོར་ཚུལ་གྱི་ལྡུ་འབུམ་༥ དུམ་པའོ། ①ཞེས་པའི་ནང་དུ་བགྲངས་པའི་དང་པོ་ལྷ་སའི་རིག་ཟིག་དམར་པོ་བཞི་དུམ་པ་དེ་ཡིན་ཞེས་གསུངས་པ་ལྟར་ན། ལྷ་སའི་རིག་ཟིག་དམར་པོ་དེ་ནི་ཆོས་རྒྱལ་ཁྲི་སྲོང་ལྡེ་བཙན་ཐེག་ཆེན་གྱི་ཆོས་ལ་གུས་དད་ཤིན་ཏུ་ཆེ་བས་ཉིད་མཚལ་ཁྲག་དང་ར་དཀར་པོའི་འོ་མ་སྦྱར་ནས་བྲིས་པ་དུམ་བུ་བཞི་བྱུང་བ་ལ་རིག་ཟིག་དམར་པོར་གྲགས་པ་དང་། སྟོན་ལྷ་ས་གོང་གི་ས་ཕག་མཆོད་རྟེན་གྱི་ནང་དུ་བཞུགས་པར་བཤད་②ཅེས་གསུངས་པ་ལྟར་ན། ད་ཐེངས་ལྷུན་རྩེའི་མཁར་སྟེང་དགོན་དུ་བཞུགས་པའི་ཤེར་ཕྱིན་སྟོང་ཕྲག་བརྒྱད་པ་པོད་ཁ་པ་དང་ག་པའི་མ་དཔེའམ་བུ་དཔེ་དེ་ཡང་གོང་གི་ཁྲི་སྲོང་ལྡེ་བཙན་གྱི་ཐུགས་དམ་དུ་བཞེངས་པའི་འབུམ་རིག་ཟིག་དམར་པོ་དེར་དཔེ་གཏུགས་ནས་ལན་བཞི་ཙམ་ཞིག་ཞུས་པ་གསུངས་ཤིང་། དེ་རྗེས་ཡང་ཤེར་ཕྱིན་པོད་ཁ་པ་དང་ག་པའི་མཛད་བྱང་དུ་བྱུང་བ་བཞིན་མཆིང་ཕུའི་ཤ་སྒྲོ་ཅན་ལ་ལན་གསུམ་ཞུས།།③ཞེས་བྱུང་བ་ལྟར་ན། ཐོག་མར་ང་ཚོས་ཤེས་དགོས་པ་ཞིག་ནི་མཆིང་ཕུའི་ཤ་སྒྲོ་ཅན་ལས་མཆིང་ཕུ་ནི་དེང་གི་ལྷོ་ཁ་ས་ཁུལ་གྲ་ནང་རྫོང་གི་མདའ་ཁོངས་བསམ་ཡས་ཆུས་ཀྱི་ཁོངས་སུ་གཏོགས་པའི་ས་སྟེ་བསམ་ཡས་དགོན་པའི་ཕྱོགས་བྱང་ངོས་ཀྱི་རི་ཤུར་གཉིས་ཏེ་མཆིམས་ཕུ་དང་གཡའ་མ་ལུང་ཞེས་པའི་ནང་གི་མཆིམས་ཕུ་དེ་ཡིན་ཞིང་། ཤ་སྒྲོ་ཅན་ཞེས་པ་ནི་སྟོན་བཙན་པོའི་སྐུ་དུས་འབུམ་ཐུགས་དམ་དུ་བཞེས་པའི་ནང་གི་ནཾ་བཟའ་ལས་མཚན་ཐོབ་པ་ཤ་སྒྲོ་ཅན་④ཞེས་པས་འབུམ་འཇུག་སའི་དཔེ་རས་ཀྱི་ཚོད་དུ་སྐབས་དེ་དུས་རྐྱེ་པགས་ལས་བཟོས་པའི་ནང་དུ་བཞག་པ་ལས་ཤ་སྒྲོ་ཅན་ཞེས་ཐོན་པ་དེ་ཤེས། དེས་ན་སྐབས་འདིར་བྱུང་བའི་མཆིམ་ཕུའི་ཤ་སྒྲོ་ཅན་ཞེས་པ་དེ་ནི་བཙན་པོའམ་བཙུན་མོ་སུ་ཞིག་གི་ཐུགས་དམ་ཡིན་ནམ་སྙམ་ན། དེ་ཡང་འབྲོམ་བཟའ་བྱང་ཆུབ་སྨན་གྱིས་རབ་བྱུང་རྣམས་ལ་བསྙེན་བཀུར་བའི་

① འབུམ་གྱི་གྲངས་དང་ཚད་བསྟན་པ་ཞེས་པའི་གསུང་རབ་བྲིས་མ་ཁྲ་ཚད་མ་དེའི་ལྡེབ་གྲངས་7པ་ལས་དྲངས།

② གསེར་ཏོག་བློ་བཟང་ཚུལ་ཁྲིམས་རྒྱ་མཚོའི་གསུང་འབུམ་པོད་ཏ་པ་སྐུ་འབུམ་སྤར་མའི་ལྡེབ་གྲངས་28ལས་དྲངས།

③ ལྷུན་རྩེའི་མཁར་སྟེང་དགོན་དུ་བཞུགས་པའི་ཤེར་ཕྱིན་སྟོང་ཕྲག་བརྒྱད་པ་པོད་ག་པའི་ལྡེབ་གྲངས་340ལས་དྲངས།

④ འབུམ་གྱི་གྲངས་དང་ཚད་བསྟན་པ་ཞེས་པའི་གསུང་རབ་བྲིས་མ་ཁྲ་ཚད་མ་དེའི་ལྡེབ་གྲངས་8པ་ལས་དྲངས།

གདུགས་ཚོད་ཐོན་པའི་ཚེ་ཚར་རེ་སྒྲོག་པར་འགྱེད་བདེ་བའི་ཆེད་དུ་བམ་པོ་རེ་ལ་ཤོག་དྲིལ་རེ་བྱས་པ་འཇུག་སྟོད་ལ་བརྟེན་ནས་ཤ་སྒྲོ་ཅན་དུ་མིང་བཏགས་ཏེ་མཆིམས་ཕུ་ན་བཞུགས་པར་གསུངས་[1]ཞེས་པས་ད་ཐེངས་ཀྱི་ཤེར་ཕྱིན་དེའི་མ་དཔེའམ་བུ་དཔེ་དེ་འགྲོམ་བཟའ་བྱང་ཆུབ་སྒྲོན་གྱི་ཐུགས་དམ་དུ་བཞེས་པ་སྟོན་བསམ་ཡས་མཆིམས་ཕུར་བཞུགས་པ་དེར་ཡང་མགོ་བཏགས་བཙོལ་ཏེ་ལན་གསུམ་ཙམ་ཞིག་ཞུ་གཏུགས་བྱས་པ་དེ་ཞོར་དུ་རྟོགས། དེ་རྗེས་ཡང་གཞུང་ཁུངས་དག་པར་སྟོན་པའི་ཆེད་དུ་ཤེར་ཕྱིན་པོད་ཁ་དང་ག་གཉིས་དེ་གཉིས་ཀྱི་མ་དཔེའམ་བུ་དཔེ་དེ་ཨ་རྒྱ་པ་ལོའི་འབུམ་ལ་ལན་གཅིག་གཏུགས་ཞེས་གསུངས་འདུག་པ་ན། ཨ་རྒྱ་པ་ལོ་ཞེས་པ་ནི་སམ་སྐྲི་ཏ་གཟུགས་འགྱུར་ཏེ་བོད་སྐད་དུ་སྤྱན་རས་གཟིགས་དབང་ཕྱུག་ཆེན་པོ་ཞེས་པའི་དོན་ཡིན་མོད་ཀྱང་། སྐབས་འདིའི་བརྗོད་དོན་དང་མགོ་བཏགས་འབྲེལ་ཏེ་བརྗོད་ན་འབུམ་གྱི་འབྱུང་བའི་ཁྲིད་དུ་ཨ་རྒྱ་པ་ལོའམ་ཐུགས་རྗེ་ཆེན་པོ། ཡང་ན་སྤྱན་རས་གཟིགས་དབང་ཕྱུག་ཆེན་པོའི་འབུམ་ཞེས་པའི་ཐ་སྙད་དེ་ང་རང་ཉིད་ཀྱིས་ད་བར་མཐོང་བའི་འབུམ་མམ་བཀའ་བསྟན་གྱི་དཀར་ཆག་ཏུ་མཐོང་ཐོས་སུ་མ་འགྱུར་སྐབས། བཙན་པོའམ་ལོ་པཎ་འདིའི་འབུམ་ཡིན་ཞེས་བརྗོད་མ་ཐུབ་ཀྱང་ཨ་རྒྱ་པ་ལོ་ཞེས་པའི་སཾསྐྲི་ཏ་གཟུགས་འགྱུར་གྱི་ཐོག་ནས་བཤད་ན། དེ་ཡང་གསར་དུ་རྙེད་སོན་བྱུང་བའི་ཆབ་མདོ་ས་ཁུལ་སྨར་ཁམས་རྫོང་ལྷ་མདུན་གྲོང་ཚོའི་ལྷ་མགོ་སྙིང་གི་བྲག་བརྐོས་ཏེ་དབུས་སུ་རྣམ་པར་སྣང་མཛད་བཞེངས་སྐུ་དང་གཡས་གཡོན་ལྷ་མགྲོན་དུ་ཉེ་སྲས་བརྒྱད་བཞེངས་སྐུ་[2]བྱོན་པ་དེ་དག་ནི་བོད་བཙན་པོའི་སྐབས་ཀྱི་བྲག་བརྐོས་ཀྱི་སྣང་བརྙན་ཞིག་ཡིན་པ་ནི། བྲག་བརྐོས་ཀྱི་སྣང་བརྙན་བརྗོད་བྱ་དང་བརྐོས་རིས་ཀྱི་སྒྱུ་རྩལ་བཅས་ལས་བོད་རིག་པ་སྨྲ་བ་རྣམས་ཀྱིས་མཁྱེན་གཅིག་དང་དབྱངས་གཅིག་ཡིན། དེས་ན་སྐུ་བརྙན་དེ་དག་གི་སླད་ན་འབྲི་གཟུགས་དབུ་ཆེན་གྱི་ཐོག་ནས་སྐུ་བརྙན་སོ་སོའི་མཚན་བྱང་བརྐོས་འདུག་པ་དེ་ཡང་བཙན་པོའི་སྐབས་ཀྱི་འབྲི་གཟུགས་ཡིན་པ་ནི་སྨོས་ཅི་དགོས། ལྷག་དོན་དུ་སྐུ་བརྙན་དེ་དག་གི་མཚན་བྱང་ཁྲོད་ནས་འབྲི་གཟུགས་

① གསེར་ཏོག་བློ་བཟང་ཚུལ་ཁྲིམས་རྒྱ་མཚོའི་གསུང་འབུམ་པོད་ཏ་པ་སྐུ་འབུམ་སྤར་མའི་ལྡེབ་གྲངས་28ལས་དྲངས།

② སྨར་ཁམས་ལྷ་མགོ་སྙིང་གི་བྲག་བརྐོས་སྣང་བརྙན་སྟེ། གཙོ་ལྷ་རྣམ་པར་སྣང་མཛད་བཞུགས་སྐུ་དང་། དེའི་གཡས་སུ་ནམ་མཁའི་སྙིང་པོ་དང་སེ་ཅི་བྱམས་པ་རྣམ་གཉིས་སྐུ་སྟེང་དང་། ས་ཡི་སྙིང་པོ་དང་ཨ་རྒྱ་པ་ལོ་རྣམ་གཉིས་ཀྱི་སྐུ་བར་དང་། དེའི་གཡོན་ངོས་སུ་ཀུན་ཏུ་བཟང་པོ་དང་ཕྱག་ན་རྡོ་རྗེ་རྣམ་གཉིས་སྐུ་སྟེང་དང་། འཇམ་དཔལ་དབྱངས་དང་སྒྲིབ་པ་རྣམ་བསལ་རྣམ་གཉིས་སྐུ་བཅས་རྣམ་སྣང་གི་གཡས་གཡོན་ལྷ་མགྲོན་དུ་བྱོན་པའི་ཉེ་བའི་སྲས་བརྒྱད་ཀྱི་སྐུ་བརྙན་བཞེངས་སྐུ་དེ་དག་ཡིན།

དམིགས་བསལ་ཅན་རྒྱལ་བ་བྱམས་པ་ལ་མི་ཅི་བྱམས་པ་དང་སྤྱན་རས་གཟིགས་ལ་ཨ་རྱ་པ་ལོ་ཞེས་བོད་སྐད་དང་ལྷན་ཅིག་ཏུ་ལེགས་སྦྱར་གཟུགས་འགྱུར་གྱི་མཚན་བྱང་བཀོས་པ་དེར་བསམས་ན། ཨ་རྱ་པ་ལོ་ཞེས་པའི་སཾ་སྐྲི་ཏ་གཟུགས་འགྱུར་གྱི་ཐ་སྙད་དེ་ནི་བཙན་པོའི་སྐུ་དུས་ཀྱི་ཐ་སྙད་ཅིག་ཡིན་པ་ནི་གོང་གི་དེ་ལས་ཤེས་མོད་ཀྱང་། གལ་པོ་ཆེ་ལ་ནན་ཏན་ཟེར་བ་བཞིན་ཏུན་ཧོང་གི་ཡིག་རྙིང་དུའང་ཨ་རྱ་པ་ལོ་ཞེས་པ་འཕགས་པ་སྤྱན་རས་གཟིགས་དབང་ཕྱུག་གི་ཚ་ག་[①]ཞེས་པའི་ཤོག་དྲིལ་དང་། བསམ་ཡས་དགོན་པའི་ལྷ་ཁང་ལ་ཨ་རྱ་པ་ལོའི་གླིང་ཞེས་བྲིས་པ་བཅས་ནི། བསྟན་པ་སྔ་དར་རམ་བོད་བཙན་པོའི་སྐབས་ཀྱི་ཡིག་རྙིང་ཁག་ནང་བྱུང་བ་ལས་བསྟན་པ་ཕྱི་དར་གྱི་ཡིག་རྙིང་དག་ལ་ད་བར་མཇལ་མ་ཐུབ་པས་ན། ད་ཐེངས་ཀྱི་ཨ་རྱ་པ་ལོའི་འབུམ་ལ་ལན་གཅིག་ཞུས་ཞེས་བྲིས་པའི་མཛད་བྱང་ལས་ཐེངས་འདིའི་ཤེར་ཕྱིན་འབུམ་དེ་ཞུ་གཏུག་བྱེད་སའི་མ་དཔེ་དེ་དག་ཡང་བསྟན་པ་སྔ་དར་སྐབས་ཀྱི་འབུམ་ཤ་སྟག་ཡིན་པ་ནི་སཾསྐྲི་ཏ་གཟུགས་འགྱུར་གྱི་ཚིག་དེ་ལས་ཀྱང་ངེས་ཤེས་བརྟན་པོ་སྐྱེད། མདོར་ན་ད་ཐེངས་ལྷུན་རྩེའི་མཁར་སྣེང་དགོན་ནས་མཇལ་བའི་ཤེར་ཕྱིན་སྟོང་ཕྲག་བརྒྱད་པ་པོད་ཁ་པ་དང་ག་པའི་མ་དཔེའམ་མ་དཔེའི་མ་དཔེ་དེ་ནི་སྟོན་གྱི་འབུམ་ཁྲི་སྲོང་ལྡེ་བཙན་གྱི་འབུམ་དམར་སྟོན་ལྷ་སར་བཞུགས་པ་དེ་དང་འབྲོམ་བཟའ་བྱང་ཆུབ་སྨན་གྱི་འབུམ་ཤ་སྒྲོ་ཅན་སྟོན་བསམ་ཡས་ན་བཞུགས་པ་དེ་དང་ཨ་རྱ་པ་ལོའམ་སྤྱན་རས་གཟིགས་དབང་ཕྱུག་ཆེན་པོའམ་ཐུགས་རྗེ་ཆེན་པོའི་འབུམ་བཅས་ཏེ། བཙན་པོའི་སྐབས་སུ་འབྲི་བཞེངས་བྱས་པའི་འབུམ་ཤ་སྟག་ལ་མ་དཔེའམ་བུ་དཔེ་བཅོལ་ཏེ་ཞུས་དག་ཐོན་པར་བྱས་པ་དེ་མཁར་སྣེང་དགོན་གྱི་པོད་དེ་གཉིས་ཀྱི་མཛད་བྱང་ལས་ཤེས་སོ།

① ཏུན་ཧོང་གི་ཡིག་རྙིང་P.T7.23.24.32བཅས་ཀྱི་སྟེང་དུ་གསལ།

ལེ་ཚན་དགུ་པ། ཟོ་པ་མཁར་སྙིང་མདོ་པོད་ཇ་པའི་མཛད་བྱང་།

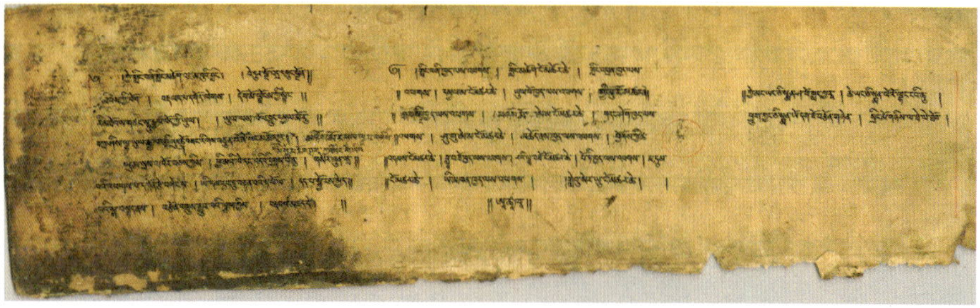

མཛད་བྱང་མ་དཔེ།

དང་པོ། མཛད་བྱང་མ་ཕྱུས།

༄། །ཀྱེ་གླིང་བཞི་གླིང་མཆོག་འཛམ་བུ་གླིང་། བེ་དུར་སྔོ་འདྲ་དགུང་སྔོན། །འཕྲིབས་ཀྱི་འོག། བརྡལད་པ་ལེགས། དོག་མོ་ལྟོངས་ཀྱི་སྟེང་། །རི་མཐོ་ས་གཙང་སྤུ་རྒྱལ་བོད་ཀྱི་ཡུལ། ཡུལ་ལས་ཁོལ་བྱུང་དམྱལ་མོ་ཏུ། །བཀྲ་ཤིས་ལྷ་ཡུལ་རྒྱ་རབ་ཁྲིའུ་ཏུ་ཆོ་བཟང་རིགས་བཙུན་པོཟྲི་སེང་མཚོ་ཏུས། མི་སྐྱེ་མཆོག་ཤག་ཀྱ་སེང་གེ་ཡིའི། མཉེས་མོ་དཔལ་ལམ་གཉིས། །ཡུམ་སྲས་འཁོར་བཅས་ཀྱིས། ཕྱི་མའི་ཁེ་དང་འདིའི་དྲགས་པ་ཏུ། གསེར་ཞུན་འདྲ། །བའི་འཕགས་པ་དཀོན་རྩེ་བཞེངས། ཡི་དམ་རབ་ཏུ་བརྟན་པའི་རྟ་པོ་ལ། དད་པ་སྒྲོངས་མེད། །པའི་སྐྲ་བསྟད་ནས། བརྩོན་འགྲུས་མྱུར་བའི་ལྟག་ཀྱིས། བརྟབས་མཛད་དེ། །འམ་༄། གླིང་བཞི་ཁྲིད་ལས་འཕགས། གླིང་མཆོག་ངོ་མཚར་ཆེ། གླིང་འཕྲན་ཁྲིད་ལས་འཕགས། དམྱལ་མོ་ངོ་མཚར་ཆེ། ཡུལ་པོ་ཁྲིད་ལས་འཕགས། མཉེས་མོ་ཨེ་མ་ངོ་མཚར་ཆེ། གདང་ཤོག་ཁྲིད་ལས་འཕགས། ཤུ་གུ་ཨེ་མ་ངོ་མཚར་ཆེ། བཆོད་ནས་ཁྲིད་ལས་འཕགས། ཕྱོགས་ཀྱི་ཚ་འདམས་ངོ་མཚར་ཆེ། བླ་བཟོ་ཁྲིད་ལས་འཕགས། རའི་ལྷ་བཟོ་ངོ་མཚར་ཆེ། པོ་ཏི་ཁྲིད་ལས་འཕགས། ཛ་དུམ་ངོ་མཚར་ཆེ། ཡི་མཁན་ཁྲིད་ལས་འཕགས། གླིཙ་སེར་ཡུ་ངོ་མཚར་ཆེ། ཨ་ལྷ་ཁྲཱ། ཡང་། ཀྱེ་མང་ཡང་ཅི་སྨན་ཤ་པོ་སླད་ཀྱི་ར། ཆེ་ཡང་ཅི་སྨན་ལོ་རོ་ལྷང་ངའི་ཚུ། ཕྱུག་ཀྱང་ཅི་སྨན་ཡོ་དག་ཇོ་བཙོན་གཉེན། སྲིང་མོ་གཉིས་ལ་ཐེ་ལེ་ཐོབ། [1]ཅེས་པའོ།

---

[1] ལྷུན་རྩེ་མཁར་སྙིང་དགོན་དུ་བཞུགས་པའི་མདོ་པོད་ཇ་པའི་ལྡེབ་གྲངས་298ལས་དྲངས།

གཉིས་པ། མཛད་བྱུང་གི་དབྱེ་ཞིབ།

གཅིག ཡུལ་བསྟོད།

༄། །ཀྱེ་གླིང་བཞི་གླིང་མཆོག་འཛམ་བུ་གླིང་། བེ་དུར་སྔོ་འདྲ་དགུང་སྔོན།། ''འཕེབས་ཀྱི་འོག། བརྡལད་པ་ལེགས། ངོག་མོ་ལྗོངས་ཀྱི་སྟེང་།། རི་མཐོ་ས་གཙང་སྤུ་རྒྱལ་བོད་ཀྱི་ཡུལ། ཡུལ་ལས་ཁོལ་བྱུང་དམྱལ་མོ་རུ།།ཞེས་དང་། ༄། །གླིང་བཞི་ཁྱད་ལས་འཕགས། གླིང་མཆོག་ངོ་མཚར་ཆེ། གླིང་འཕྲེན་ཁྱད་ལས་འཕགས། དམྱལ་མོ་ངོ་མཚར་ཆེ། ཡུལ་པོ་ཁྱད་ལས་འཕགས། མཉོས་མོ་ཨེ་མ་ངོ་མཚར་ཆེ།[①]ཞེས་གསུངས་པ་ནི་མཛད་བྱུང་ནང་དོན་ལས་ཡུལ་བསྟོད་དུང་ཆེན་གཟུགས་སུ་བཀོད་པ་སྟེ། བསྟོད་པ་ཆེ་ས་ནས་རིམ་པས་ཇེ་ཆུང་དུ་འགྲོ་བའི་རྣམ་པ་སྟེ། གླིང་བཞི་སྟེ་ནུབ་བ་གླང་སྤྱོད་ལ་སོགས་པའི་གླིང་བཞིའི་ནང་ནས་ཁྱད་དུ་འཕགས་པའི་གླིང་མཆོག་ཧྲེ་ལྷོ་འཛམ་བུ་གླིང་ཡིན་ཞེས་དང་། ལྷོ་འཛམ་བུ་གླིང་གི་ནང་ནས་ཀྱང་ས་ཡུལ་ཆགས་སྟངས་ཁྱད་འཕགས་ཅན་གྱི་རི་མཐོ་ས་གཙང་བོད་ཀྱི་ཡུལ་དེ་བསྟན་ཞིང་། བོད་ཡུལ་ཀྱི་ནང་ནས་ཀྱང་གསུང་རབ་འབྲི་བཞེངས་ཀྱི་གནས་མཆོག་ཏུ་གྱུར་པ་ལྷོ་ཁའི་ལྷུན་རྩེ་རྫོང་ཆགས་སའི་གཉལ་མོ་གཞུང་དེ་ཡིན་ཞེས་བསྟོད་པ་མཛད་པ་ཞིག་ཡིན།

གཉིས། མཆོད་ཡོན་སྦྱིན་བདག

ལྷོ་ཁ་ས་ཁུལ་གྱི་གཉལ་གཞུང་དུ་གསུང་རབ་དེ་འབྲི་བཞེངས་བྱ་བའི་སྐབས་སུ་དེ་དག་གི་རྒྱུ་འགྲོ་སོགས་སེར་སྣ་མེད་པར་སྤྱོར་མཁན་གྱི་དད་པ་སྐྱོ་ངས་མེད་པའི་སྦྱིན་བདག་ནི་གཉལ་གཞུང་གི་ཤག་ཀྱ་སེང་གེ་དང་དཔལ་ལམ་རྣམ་གཉིས་དང་ཇོ་བཙོན་གཉེན་སོགས་ཀྱིས་གནང་སྟེ་འབྲི་བཞེངས་བསྐྲུངས་པ་ནི་མཛད་བྱུང་ལས། བཀྲ་ཤིས་ལྷ་ཡུལ་རྒྱ་རབ་ཕྱིའུ་རུ་ཆོ་བཟང་རིགས་བཙུན་པོཾ་སེང་མཆོ་རུས། མི་སྐྱེ་མཆོག་ཤག་ཀྱ་སེང་གེ་ཡིའི། མཉོས་མོ་དཔལ་ལམ་གཉིས།། ཡུམ་སྲས་འཁོར་བཅས[②]དང་། བཆོད་ནས་ཁྱད་ལས་འཕགས། ཕྱོགས་ཀྱི་ཚ་འདམས་ངོ་མཚར་ཆེ།ཞེས་དང་། ཨ་ཙ་ཁ། ཡང་། ཀྱེ་མང་ཡང་ཅི་སྐད་ཤ་པོ་སྐད་ཀྱི་རྣ། ཆེ་

① ལྷུན་རྩེ་མཁར་སྟེང་དགོན་དུ་བཞུགས་པའི་མདོ་ཕོད་ཇ་པའི་ལྡེབ་གྲངས་298ལས་དྲངས།
② ལྷུན་རྩེ་མཁར་སྟེང་དགོན་དུ་བཞུགས་པའི་མདོ་ཕོད་ཇ་པའི་ལྡེབ་གྲངས་298ལས་དྲངས།

ཡང་ཅི་སྐད་ལོ་རོ་ལྟང་ངའི་ཆུ། ཕྱུག་ཀྱུང་ཅི་སྐད་ཡོ་དག་ཇོ་བཙོན་གཉེན། སྲིང་མོ་གཉིས་ལ་ཐེ་ལེ་ཐོབ། [1]ཅེས་པས་རྟོགས། གསུང་རབ་དེ་འབྲི་བཞེངས་གནང་བའི་སྐབས་སུ་སྦྱིན་བདག་མཆོག་ནས་རྒྱ་འགྲོ་དོན་དང་ལྡན་པ་སྒྱུར་བ་ཞིག་སྟེ། དཔེར་ན་རྒྱ་སྟོབས་ཅི་ཙམ་ཆེ་ཡང་ནོར་ལ་སྙིང་པོ་མ་བླངས་ན་ཕན་ཐོག་མེད་པའི་ཤ་པོ་སྐད་ཀྱི་ར་དང་སྦྱིན་བདག་གི་ཁྱིམ་གཞིས་སོགས་ཆེ་ཡང་འཁྱོར་པ་གཏོང་གོ་མ་ཆོད་ན་ཕན་པ་མེད་པའི་གཉལ་ལོར་བྱ་གསུམ་གྱི་ནང་ནས་དེང་གི་ལྷུན་རྩེ་རྫོང་དང་མཚོ་སྣ་རྫོང་གི་འབྲེལ་མཚམས་ལོ་རོ་ཁུལ་ནས་རྒྱུགས་པའི་ལྟང་ངའི་ཆུ་པོ་དང་འདྲ་བར། མཆོད་ཡོན་སྦྱིན་བདག་ཇོ་བཙོན་ཁྱེད་རང་ནོར་གྱིས་ཕྱུག་ཀྱུང་རང་གི་གཉེན་ཉེ་དང་སྲིང་མོ་གཉིས་ལ་ཅུང་ཟད་ཅིག་མ་སྤྲད་ན་ཕན་པ་ཅི་ཡོད་ཅེས་བརྗོད་པ་མིན་ནམ་སྙམ་པ་དེ་ཡང་སྦྱིན་བདག་གི་སྐོར་ཡིན།

གསུམ། འབྲི་བཞེངས་དགོས་པ།

ཕྱི་མའི་ཁེ་དང་འདིའི་དྲགས་པ་ཏུ། གསེར་ཞུན་འདྲ།། བའི་འཕགས་པ་དཀོན་རྩེ་བཞེངས། [2]ཞེས་མཛད་བྱང་དུ་བྱུང་བ་ལ་གཞིགས་ན། སྐབས་དེ་དུས་གཉལ་གཞུང་དུ་འཕགས་པ་དཀོན་མཆོག་བརྩེགས་པའི་མདོ་དེ་ནོར་གྱི་སྙིང་པོ་བླངས་མཁས་པའི་སྦྱིན་བདག་གཉལ་གཞུང་གི་ཤག་ཀྱ་སེང་གེ་དང་དཔལ་ལམ་རྣམ་གཉིས་དང་ཇོ་བཙོན་གཉེན་ཉེ་སོགས་ཀྱིས་གནང་སྟེ་འབྲི་བཞེངས་བསྐྲུངས་པའི་དགོས་པ་ནི་ཁོང་རྣམ་པའི་སྐུ་ཕྱི་མའི་ཁེ་དང་སྐུ་ཚེ་འདིའི་གྲགས་པ་འཕེལ་བའི་ཕྱིར་དུ་བཞེངས་པ་ཞིག་ཡིན་ཞེས་པའི་དོན་ལགས།

བཞི། འབྲི་ཤོག

གདང་ཤོག་ཁྲིད་ལས་འཕགས། ཤུ་གུ་ཨེ་མ་ངོ་མཚར་ཆེ། [3]ཞེས་པ་ནི་གཉལ་གཞུང་དུ་འཕགས་པ་དཀོན་མཆོག་བརྩེགས་པའི་མདོ་དེ་ནོར་གྱི་སྙིང་པོ་བླངས་མཁས་པའི་སྦྱིན་བདག་གཉལ་གཞུང་གི་ཤག་ཀྱ་སེང་གེ་དང་དཔལ་ལམ་རྣམ་གཉིས་དང་ཇོ་བཙོན་གཉེན་ཉེ་སོགས་

① ལྷུན་རྩེ་མཁར་སྟེང་དགོན་དུ་བཞུགས་པའི་མདོ་པོད་ཇ་པའི་ལྡེབ་གྲངས་298ལས་དྲངས།

② ལྷུན་རྩེ་མཁར་སྟེང་དགོན་དུ་བཞུགས་པའི་མདོ་པོད་ཇ་པའི་ལྡེབ་གྲངས་298ལས་དྲངས།

③ ལྷུན་རྩེ་མཁར་སྟེང་དགོན་དུ་བཞུགས་པའི་མདོ་པོད་ཇ་པའི་ལྡེབ་གྲངས་298ལས་དྲངས།

ཀྱིས་རྒྱུ་འགྲོ་སྦྱར་ཏེ་ཁོང་རྣམ་པའི་སྐུ་ཕྱི་མའི་ཁེ་དང་སྐུ་ཚེ་འདིའི་གྲགས་པ་འཕེལ་བའི་ཕྱིར་བཞེངས་པའི་སྐབས་སུ་འབྲི་ཤོག་སྤུས་ལེགས་གན་ཤོག་གམ་གདང་ཤོག་ཁྱད་དུ་འཕགས་པ་བཏང་ཏེ་བཞེངས་པ་གསལ།

ལྔ། ཡིག་མཁན།

གཉལ་གཞུང་གི་ཤག་ཀྱ་སེང་གེ་དང་དཔལ་ལམ་རྣམ་གཉིས་དང་ཇོ་བཙོན་གཉེན་ཉེ་སོགས་ཀྱིས་སྐུ་ཕྱི་མའི་ཁེ་དང་སྐུ་ཚེ་འདིའི་གྲགས་པ་འཕེལ་བའི་ཕྱིར་དུ་འབྲི་ཤོག་སྤུས་ལེགས་གན་ཤོག་གམ་གདང་ཤོག་ཁྱད་དུ་འཕགས་པ་བཏང་སྟེ་བཞེངས་པའི་སྐབས་སུ། ཡིག་མཁན་ཁྱད་འཕགས་གཉལ་མོ་གཞུང་དུ་བྱོན་པའི་གླིའུ་སེར་ཡུ་བྲིས་མཛད་པ་སྟེ་མཛད་བྱང་ལས། པོ་ཏི་ཁྱད་ལས་འཕགས། ཇ་དུམ་ངོ་མཚར་ཆེ། ཡི་མཁན་ཁྱད་ལས་འཕགས། གླིའུ་སེར་ཡུ་ངོ་མཚར་ཆེ།[1] ཞེས་པས་རྟོགས།

དྲུག་ འབྲི་བཞེངས་རྣམ་པ།

གཉལ་མོ་གཞུང་དུ་པོད་དཀོན་མཆོག་བརྩེགས་པའི་མདོ་དེ་དད་པ་སྐྱོ་ངས་མེད་པའི་སྦྱིན་བདག་མཆོག་ནས་རྒྱུ་འགྲོ་སྦྱར་ཏེ། འབྲི་བཞེངས་གནང་བའི་སྐབས་སུ་ཡིག་ཞུས་མཁན་ལ་སོགས་པའི་ཉེར་མཁོ་བསྒྲུབ་མཁན་རྣམས་པས་སྐྱེལ་སློང་དང་རྣམ་འགྱུར་ཅི་ཞིག་སྒོ་ནས་འབྲི་བཞེངས་བསྐྲུངས་པའི་རྣམ་པ་སྟེ། མཛད་བྱང་ལས། ཡི་དམ་རབ་ཏུ་བརྟན་པའི་རྟ་པོ་ལ། དད་པ་སྐྱོ་ངས་མྱེད།། པའི་སྒྲ་བསྒྲད་ནས། བརྩོན་འགྲུས་མྱུར་བའི་ལྕག་ཀྱིས། བཏབས་མཛད་དེ།།[2] ཞེས་པ་ནི་སྐབས་དེ་དུས་འབྲི་བཞེངས་ལ་ཉེར་མཁོ་བསྒྲུབ་མཁན་གྱི་དད་པ་སྐྱོ་ངས་མེད་པའི་སྦྱིན་བདག་དང་སྒོ་གསུམ་ཐང་ཆད་མེད་པར་བརྩོན་པས་འབྲི་བཞེངས་བསྐྲུངས་མཁན་གྱི་ཡིག་ཞུས་མཁན་ལ་སོགས་ཀྱི་སེམས་ཁམས་ཀྱི་རྣམ་པ་དང་། དེ་མིན་དད་པ་སྐྱོ་ངས་མེད་པའི་སྦྱིན་བདག་མཆོག་གིས་ནོར་གྱི་སྙིང་པོ་བླངས་པའི་འདུ་ཤེས་ལས་འབྲི་བཞེངས་བསྐྲུངས་པའི་རྣམ་པ་སྟེ། ཨཱ་ཀྵ་ཁྲ། ཡང་། ཀྱི་མང་ཡང་ཅི་སྨན་ཤ་པོ་སླད་ཀྱི་རྣ། ཆེ་ཡང་ཅི་སྨན་ལོ་ཪ་

① ལྷུན་རྩེ་མཁར་སྟེང་དགོན་དུ་བཞུགས་པའི་མདོ་པོད་ཇ་པའི་ལྡེབ་གྲངས་298ལས་དྲངས།

② ལྷུན་རྩེ་མཁར་སྟེང་དགོན་དུ་བཞུགས་པའི་མདོ་པོད་ཇ་པའི་ལྡེབ་གྲངས་298ལས་དྲངས།

ལྔང་ངའི་ཆུ། ཕྱུག་ཀྱང་ཅི་སླན་ཡོ་དག་ཇོ་བཙོན་གཉེན། སྲིང་མོ་གཉིས་ལ་ཐེ་ལེ་ཐོབ། [①]ཅེས་གསུངས་པས་ཀྱང་དེའི་དོན་རྟོགས།

ལེ་ཚན་བཅུ་པ། ཇོ་བོ་མཁར་སྟེང་ཤེར་ཕྱིན་སྟོང་ཕྲག་བརྒྱ་པ་པོད་ཇ་པའི་མཛོད་བྱང་།

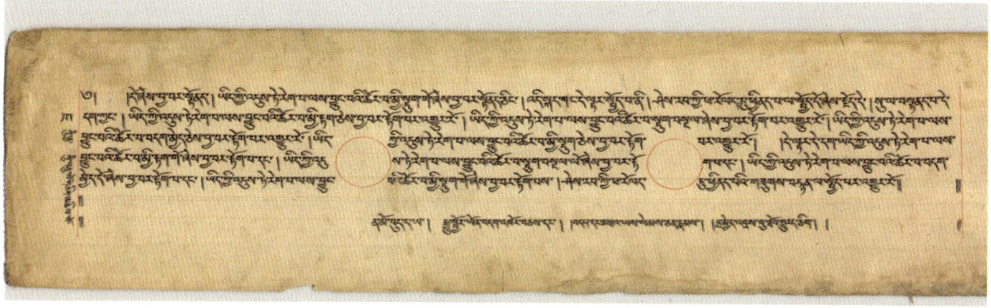

མཛོད་བྱང་མ་དཔེ།

དང་པོ། མཛོད་བྱང་མ་ཡིག

ན་མོ་བུད་ད་ཡ། རྒྱ་སྦྱོར་ཡོན་བདག་འཁོར་བཅས་དང་། བདག་དང་མཐའ་ཡས་སེམས་ཅན་རྣམས། བླ་མེད་འབྲས་བུ་ཐོབ་གྱུར་ཅིག། [②]ཅེས་པའོ།

གཉིས་པ། མཛོད་བྱང་གི་དབྱེ་ཞིབ།

དེ་ཡང་སྔོན་གྱི་མཛོད་བྱང་དབྱེ་ཞིབ་བཞིན་དཔྱད་པ་ཞུས་ན། མཛོད་བྱང་འདིར་སྔོན་གི་མཛོད་བྱང་བཞིན་བསྔོད་ཕྱག་དང་མཆོད་ཡོན་སྦྱིན་བདག་འབྲི་ཟས་དང་འབྲི་ཞུས་མཁན་པོ་སོགས་མ་བརྗོད་པར་ཐད་ཀར། སམ་སྐྲི་ཏ་གཟུགས་འགྱུར་གྱི་རྣམ་པའི་ཐོག་ནས། སངས་རྒྱས་ལ་ཕྱག་འཚལ་ལོ་ཞེས་པས་སྔོན་བསུས་ཏེ། སྐབས་འདིའི་གསུང་རབ་འབྲི་བཞེངས་བསྐྲུངས་པའི་སྐབས་ཀྱི་དད་པ་སྐྱོ་ངས་མེད་པའི་སྦྱིན་བདག་དང་རྣམ་དཀར་དགེ་བའི་ལས་དེར་བཞུགས་མཁན་གྱི་གཉེན་ཉེ་འཁོར་དང་བཅས་པའི་མཐའ་ཡས་སེམས་ཅན་རྣམས་དུས་

---

① ལྷན་རྩེ་མཁར་སྟེང་དགོན་དུ་བཞུགས་པའི་མདོ་པོད་ཇ་པའི་ལྡེབ་གྲངས་298ལས་དྲངས།

② ལྷན་རྩེ་མཁར་སྟེང་དགོན་དུ་བཞུགས་པའི་ཤེར་ཕྱིན་པོད་ཇ་པའི་མཛོད་བྱང་ལྡེབ་གྲངས་331ལས་དྲངས།

རབས་13སྟོན་གྱི་བསྒོ་སྨོན་ཁྱད་ཆོས་ཀྱི་ཐོག་ནས་བླ་མེད་འབྲས་བུ་ཐོབ་པར་གྱུར་ཅིག་ཅེས་བཏབ་པ་དེ་ལགས།

ལེ་ཚན་བཅུ་གཅིག་པ། ཐོ་པ་མཁར་སྙིང་པེར་ཕྱིན་སྟོང་ཕྲག་བརྒྱ་པ་ཐོད་ཏ་པའི་མཛད་བྱང་།

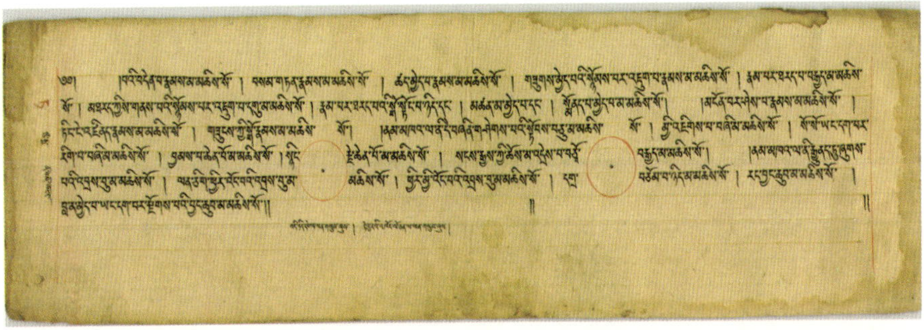

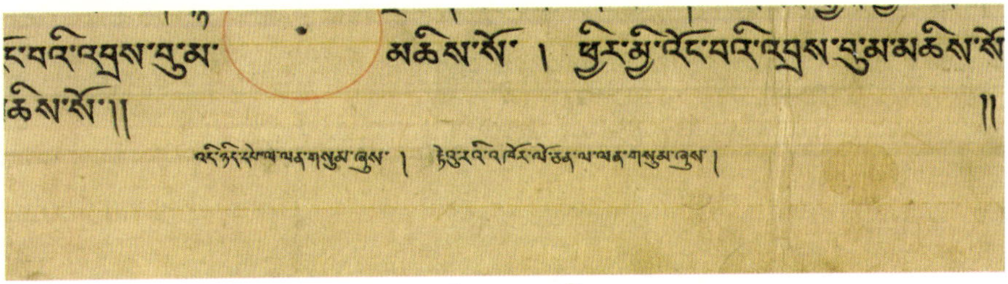

མཛད་བྱང་མ་དཔེ།

དང་པོ། མཛད་བྱང་མ་ཕྱུས།

འདི་དཔེ་ལ་ལན་གསུམ་ཞུས་། །ཊཻའུ་རའི་འཁོར་ལོ་ཅན་ལ་ལན་གསུམ་ཞུས་། ། [①] ཞེས་པའོ།

གཉིས་པ། མཛད་བྱང་གི་དབྱེ་ཞིབ།

གསུང་རབ་འདི་དད་པ་སྐྱོ་ངས་མེད་པའི་སྦྱིན་བདག་མཆོག་ནས་འབྲི་རྫས་སོགས་སྦྱར་ལེགས་བཏང་སྟེ་སྔོ་གསུམ་ཐང་ཆད་འབྲི་བའི་ཡིག་མཁན་གྱིས་འབྲི་བསྒྲུབ་ཟིན་པའི་རྗེས་སུ།

① ལྷུན་རྩེ་མཁར་སྙིང་དུ་བཞུགས་པའི་ཤེར་ཕྱིན་སྟོང་ཕྲག་བརྒྱ་པ་ཐོད་ཏ་པའི་ལྡེབ་གྲངས་345་ལས་དྲངས།

ཁང་འཁྱོར་གཞུང་སྐྱོང་གི་ཞུས་དག་མཁན་པོས་སྟོན་བཙན་པོའི་སྐབས་ཀྱི་གསུང་རབ་འབྲི་བཤུས་ལམ་ལུགས་བཞིན་ཞུས་སུམ་ཞུས་གཏོང་བའི་དུས་དེར། གཉལ་སྟེ་དྲུག་ཏེ། གཉལ་གྲ་སྐོར། ཟངས་ཆེན། རི་སྟེང་། ངང་སྐྱལ། གསེར་ཕྱི་ཁ། རྟེའུ་ར་བཅས་དྲུག་ཏུ་འདྲེན་པའི་ཡ་གྱལ་རྟེའུ་ར་སྟེ། པོ་ཏོ་བའི་(སྤྱི་ལོ་1031-1105)སློབ་མ་སྐོར་འདུལ་བ་ཆེན་པོས་རང་གཞིས་ཆག་པའི་ཏ་ར་དང་ཉེ་བར་ཆོས་སྡེ་བཏབ་པས་མིང་རྟེའུ་རར་ཆགས་པ་ནི་མདོངས་དཀར་བ་སྟེ་ས་ཆའི་མིང་དང་། ཆག་ནི་ཙུས་ཀྱི་མིང་སྟེ་གདན་སའང་ཆག་ལོ་དང་པོ་དགྲ་བཅོམ་པ། ཆོས་རྗེ་དཔལ། བསྟན་འཛིན་དཔལ་བཟང་། ནས་ཡེ་ཤེས་དཔལ་བར་བྱུང་ཞིང་། འདི་སྐབས་འཇམ་མགོན་ཆོས་ཀྱི་རྒྱལ་པོ་དང་མཇལ་ཞིང་རྗེའི་སློབ་མ་ཁྲི་ལ་འཛོགས་པའི་བླ་མེད་བཞིའི་ནང་གི་གཅིག་པ་གོང་གི་རྣམ་ཐར་དུ་གསལ། དེ་རྗེས་བསམ་གྲུབ་དཔལ་མགོན། བློ་བཟང་དཔལ་འབྱོར། ཆག་ལོ་རིན་ཆེན་ཆོས་རྒྱལ་འདི་ནས་བར་སྐབས་མཁན་པོ་མེད་ཅིང་། རྗེ་བླ་མའི་ཆོས་སྲིད་ཀྱིས་ཁྱབ་ནས་མཁན་ས་གོང་བཞིན་དང་དགའ་ལྡན་བསམ་གཏན་གླིང་ཞེས་པ་འདོགས་གནང་[1]ཞེས་པས་གཉལ་ཡུལ་དུ་ཆགས་པའི་རྟེའུ་རའི་མིང་དང་ལོ་རྒྱུས་རགས་ཙམ་ཞིག་ཤེས། དེས་ན་སྟོན་རྟེའུ་རར་བཞུགས་པའི་ཤེར་ཕྱིན་སྟོང་ཕྲག་བརྒྱ་པའི་འཕོར་ལོ་ཅན་དུ་གྲགས་པ་དེར་ཡང་མ་དཔེ་བཅོལ་ཏེ། ཞུས་དག་ལན་གསུམ་ཕྱིན་པའི་དོན་ནོ།

---

[1] སྡེ་སྲིད་སངས་རྒྱས་རྒྱ་མཚོས་མཛད་པའི་དགའ་ལྡན་ཆོས་འབྱུང་བཻཌཱུར་སེར་པོ་ཞེས་པ་ཀྲུང་གོ་བོད་རིག་པའི་དཔེ་སྐྲུན་ཁང་གི་1989ལོའི་སྤར་མའི་ཤོག་གྲངས་207ལས་དྲངས།

ལེ་ཚན་བཅུ་གཉིས་པ། ཤོ་པ་མཁར་སྟེང་ཤེར་ཕྱིན་སྟོང་ཕྲག་བརྒྱད་པ་པོད་ཆ་པའི་མཇུག་བྱང་།

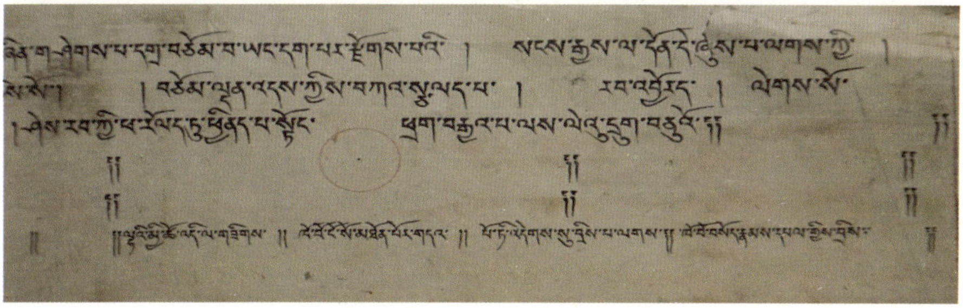

མཇུག་བྱང་མ་དཔེ།

དང་པོ། མཇུག་བྱང་མ་ཕྱུགས།

༄༅། ལྷའི་མི་ཆོ་འདི་ལ་གཟིགས་། །ཁོ་བོ་ཇོ་སོ་མཐོན་པོར་གདའ། །པོ་ཏི་འདིགས་སུ་བྲིས་པ་ལགས་། །ཁོ་བོ་བསོད་ནམས་དཔལ་གྱིས་བྲིས། [1]ཞེས་པའོ།

གཉིས་པ། མཇུག་བྱང་གི་དཔྱེ་ཞིབ།

སྐབས་འདིར་བྱུང་བའི་ཤེས་རབ་ཀྱི་ཕ་རོལ་ཏུ་ཕྱིན་པ་སྟོང་ཕྲག་བརྒྱད་པ་པོད་ཆ་པའི་མཇུག་བྱང་འདི་ཡང་སྔོན་གྱི་མཇུག་བྱང་ཁག་བཞིན་ཡུལ་ལུང་གི་བསྟོད་པ་དང་མཆོད་ཡོན་སྦྱིན་བདག་སོགས་ཀྱི་སྐོར་གང་ཡང་མ་བརྗོད་པར་ཐད་ཀར་གསུང་རབ་འབྲི་བཞེངས་མཁན་གྱི་ཡིག་མཁན་གྱི་སྐོར་བརྗོད་པ་ཞིག་རེད། དེས་ན་འདིར་ཡིག་མཁན་སྐོར་ལ་བརྗོད་ན་སྐབས་འདིའི་གསུང་རབ་འབྲི་བཞེངས་མཁན་གྱི་ཡིག་མཁན་ནི་བསོད་ནམས་དཔལ་གྱིས་

---

[1] ལྷུན་རྩེའི་མཁར་སྟེང་དགོན་དུ་བཞུགས་པའི་ཤེར་ཕྱིན་སྟོང་ཕྲག་བརྒྱད་པ་པོད་ཆ་པའི་ལྡེབ་གྲངས་341ལས་དྲངས།

མཛད་ཅིང་། །ཁོང་གི་འབྲི་བཤུས་བགྱིས་པའི་གསུང་རབ་དེའི་འབྲི་གཟུགས་སྨྱུན་ལ་མཛེས་པ་དང་བཟ་དག་དག་པའི་དབང་གིས་ལྷ་མི་རྣམས་གཟིགས་དང་ཡིག་མཁན་བསོད་ནམས་དཔལ་ངོ་སོ་ཐོན་པར་ཡོད་ཅེས་བྲིས་པ་སྐྱེ་མཛད་བྱང་ལས། ༄༅། ལྷའི་སྤྱི་ཚེ་འདི་ལ་གཟིགས་། །ཁོ་བོ་ངོ་སོ་མཐོན་པོར་གདའ། །པོ་ཏི་འདེགས་སུ་བྲིས་པ་ལགས་། །ཁོ་བོ་བསོད་རྣམས་དཔལ་གྱིས་བྲིས། [①]ཞེས་པས་སོ། །

① ལྷུན་རྩེའི་མཁར་སྟེང་དགོན་དུ་བཞུགས་པའི་ཤེར་ཕྱིན་སྟོང་ཕྲག་བརྒྱད་པ་པོད་ཚ་པའི་ལྡེབ་གྲངས་341ལས་དྲངས།

ལེ་ཚན་བཅུ་གསུམ་པ། ཤོ་པ་མཁར་སྟེང་ཤེར་ཕྱིན་སྟོང་ཕྲག་བརྒྱད་པ་པོད་ཚ་བའི་མཛད་བྱང་།

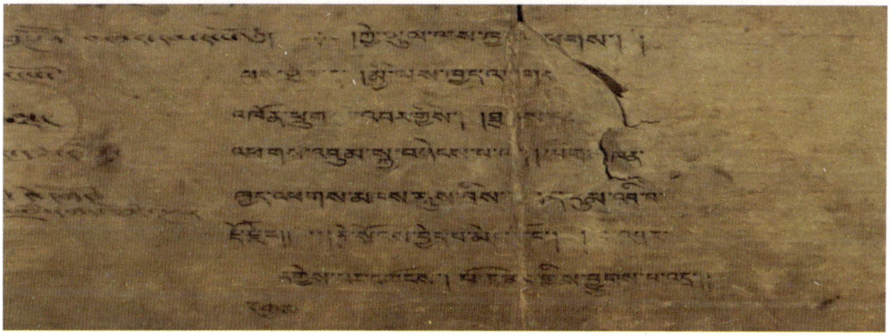

མཛད་བྱང་མ་དཔེ།

དང་པོ། མཛད་བྱང་མ་ཕྱིས།

།ཀྱེ་ཡུལ་ལས་ཁྱད་འཕགས་ཕྱུག་ཐོག་། །མྱི་ལས་ཁྱད་འཕགས་། ། འགོན་ཕྱུག་འབར་གྱིས་། །ཕྱུགས་དམ་ཁྱད་འཕགས་འབུམ་སྐྱ་བཞེངས་པ་ལ་། །ཡིག་མཁན་ཁྱད་འཕགས་མཁས་རྒྱས་ཁྲིས་། །སྨད་དུས་འབྲི་བ་རྫོ་རྗེ་ང་། །རྐྱེ་སྟོབས་བྱེད་པ་མེད་་་། །་་་དགྱེས་པར་

འགོངས་། །[1]ཞེས་པའོ།

གཉིས་པ། མཛོད་བྱང་གི་དཔེ་ཞིབ།

གཅིག ཡུལ་ལུང་།

ལྷུན་རྩེའི་མཁར་སྟེང་དགོན་དུ་བཞུགས་པའི་ཤེར་ཕྱིན་སྟོང་ཕྲག་བརྒྱད་པ་དེའི་མཛོད་བྱང་དུ་ཡུལ་ལུང་གི་བསྟོད་པ་བརྗོད་ཡོད་ཀྱང་། དུས་ཕྱིས་ཀྱི་མཛོད་བྱང་རྣམས་ཇི་བཞིན་བསྟོད་པ་དུང་ཆེན་གཟུགས་སུ་མ་བྱོན་པར་ཐད་ཀར་འབྲི་བཞེངས་ཀྱི་ཡུལ་ལུང་དེ་ཕུག་ཐོག་ཅེས་བརྗོད་གནང་ཡོད་ཙང་། ཕུག་ཐོག་ཅེས་པའི་ས་དེ་དེང་གི་གཉལ་གཞུང་གི་ས་ཁོངས་གང་ཞིག་ཡིན་མིན་ཁོས་པོས་མཇུབ་མོ་བཙུགས་མ་ཐུབ་སྐབས་ཡུལ་ལུང་འདྲེན་པར་དགའ་བ་རྣམས་ཀྱིས་བརྗོད་པར་འཚལ།

གཉིས། སྦྱིན་བདག

གཉལ་གཞུང་གི་ཕུག་ཐོག་ཏུ་མི་ལས་ཁྱད་འཕགས་འཕོན་ཕྲུག་འབར་གྱིས་དད་པ་སྐྱོངས་མེད་པའི་སྦྱིན་བདག་གནང་སྟེ། ཁོང་གི་ཐུགས་དམ་ཁྱད་འཕགས་ཤེར་ཕྱིན་འབུམ་སྐུ་ཡོད་དེ་འབྲི་བཞེངས་གནང་བ་ནི་མཛོད་བྱང་ལས། །ཀྱི་ཡུལ་ལས་ཁྱད་འཕགས་ཕུག་ཐོག་། །མི་ལས་ཁྱད་འཕགས་། ། འཕོན་ཕྲུག་འབར་གྱིས་། །ཐུགས་དམ་ཁྱད་འཕགས་འབུམ་སྐུ་བཞེངས་པ་ལ་། །[2]ཞེས་པས་རྟོགས།

གསུམ། ཡིག་མཁན།

གཉལ་གཞུང་གི་ཕུག་ཐོག་ཏུ་དད་པ་སྐྱོངས་མེད་པའི་སྦྱིན་བདག་འཕོན་ཕྲུག་འབར་གྱིས་རང་གི་ཐུགས་དམ་ཤེར་ཕྱིན་སྐུ་ཡོད་དེ་འབྲི་བཞེངས་གནང་བའི་སྐབས་སུ། སྒོ་གསུམ་ཐང་ཆད་འབྲི་བའི་ཡིག་མཁན་ནི། དུས་རབས་13་ཡས་མས་སུ་གཉལ་གཞུང་ཁུལ་དུ་སྣན་

---

① ལྷུན་རྩེའི་མཁར་སྟེང་དགོན་དུ་བཞུགས་པའི་ཤེར་ཕྱིན་སྟོང་ཕྲག་བརྒྱད་པའི་དབུ་ཤོག་ལས་དྲངས།

② ལྷུན་རྩེའི་མཁར་སྟེང་དགོན་དུ་བཞུགས་པའི་ཤེར་ཕྱིན་སྟོང་ཕྲག་བརྒྱད་པའི་དབུ་ཤོག་ལས་དྲངས།

གྲགས་ལྡན་པའི་ཡིག་མཁན་མཁས་རྒྱུ་དང་རྡོ་རྗེ་རྣམ་གཉིས་ཀྱིས་བྲིས་པ་མཛད་བྱང་ལས། ཡིག་མཁན་ཁྱད་འཕགས་མཁས་རྒྱུས་བྲིས་། །ཞུས་དུས་འབྲི་བ་རྡོ་རྗེ་ང་། །ཀྱེ་སྟོབས་བྱེད་པ་མེད་···། །···དཀྱིས་པར་འགོདས་། །[1] ཞེས་པས་སོ།

ལེ་ཚན་བཅུ་བཞི་པ། ཤོ་པ་མཁར་སྟེང་ཤེར་ཕྱིན་སྟོང་ཕྲག་བརྒྱ་པའི་མཛད་བྱང་།

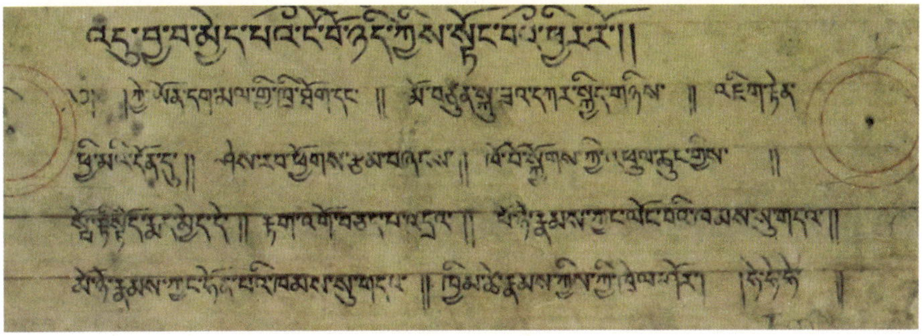

མཛད་བྱང་མ་དཔེ།

དང་པོ། མཛད་བྱང་མ་ཕྱུས།

༄། །ཀྱེ་ཡོན་དག་མལ་གྱི་ཁྲི་ཐོག་དང་།། མོ་བཙུན་སྐུ་ཟླ་དཀར་སྐྱིད་གཉིས།། འཛིག་རྟེན་ཕྱི་མའི་དོན་དུ།། ཤེས་རབ་ཕྱོགས་རྫོམ་བཞེངས།། ཕོ་བོ་སྐྱོགས་ཀྱི་འཕྲུལ་ཚུང་གྱིས།། སྤྱི་རྗེ་སྟོད་རྩད་མྱེད་དེ།། རྟག་འགོ་བཅད་པ་འདྲལ།། པོ་ཉེ་རྣམས་ཀྱང་ལོང་བའི་ཁམས་སུ་གདའ།། མོ་ཉེ་རྣམས་ཀྱང་ཏོན་པའི་ཁམས་སུ་གདའ།། ཁྱིམ་ཚེ་རྣམས་ཀྱིས་ཀྱི་ཁྲིལ་ཤོར།། དེ་

[1] ལྷུན་རྩེའི་མཁར་སྟེང་དགོན་དུ་བཞུགས་པའི་ཤེར་ཕྱིན་སྟོང་ཕྲག་བརྒྱ་པའི་དབུ་ཤོག་ལས་དྲངས།

ཏེ་ཏེ་།།[①] ཞེས་པའོ།

གཉིས་པ། མཛད་བྱང་གི་དབྱེ་ཞིབ།

གཅིག སྨྲིན་བདག

དེ་ཡང་ཐོག་མར་ཤེར་ཕྱིན་སྟོང་ཕྲག་བརྒྱ་པ་དེ་འདི་འབྲི་བཞེངས་མཁན་གྱི་དད་པ་སྐྱོ་ངས་མེད་པའི་སྦྱིན་བདག་གི་མཚན་ནས་འགོད་དེ་མལ་ཞེས་པ་གཉལ་གྱི་ཐ་སྙད་ཡུལ་སྐད་དུ་སོང་བའམ་ཡང་ན་མལ་གྱི་ཁྲི་ཐོག་ཅེས་ན། མལ་ཞེས་པ་ནི་དམྱལ་གཞུང་དུ་ཆགས་པའི་དགོན་སྡེ་ག་གེ་མོ་ཞིག་གི་མིང་ངམ་ཅི་ཞིག་ཡིན་མིན་ཞུ་མ་ཐུབ་ཙང་། མལ་གྱི་ཁྲི་ཐོག་དང་མོ་བཙུན་སྐུ་ཟའ་དཀར་སྐྱིད་རྣམ་གཉིས་ཀྱིས་དད་པ་སྐྱོ་ངས་མེད་པའི་སྦྱིན་བདག་གནང་སྟེ་འབྲི་བཞེངས་གནང་བ་ནི་མཛད་བྱང་ལས། ༄། །ཀྱེ་ཡོན་དག་མལ་གྱི་ཁྲི་ཐོག་དང་།། མོ་བཙུན་སྐུ་ཟའ་དཀར་སྐྱིད་གཉིས་།། འཇིག་རྟེན་ཕྱི་མའི་དོན་དུ་།། ཤེས་རབ་ཕྱོགས་རྫོམ་བཞེངས་།།ཞེས་པས་རྟོགས།

གཉིས། དགོས་པ།

མལ་གྱི་ཁྲི་ཐོག་དང་མོ་བཙུན་སྐུ་ཟ་དཀར་སྐྱིད་རྣམ་གཉིས་ཀྱིས་དད་པ་སྐྱོ་ངས་མེད་པའི་སྦྱིན་བདག་གནང་སྟེ། ཤེས་རབ་ཀྱི་ཕ་རོལ་ཏུ་ཕྱིན་པ་སྟོང་ཕྲག་པ་དེ་སྒོ་གསུམ་ཐང་ཆད་འབྲི་བའི་ཡིག་པ་གདན་ཞུས་མཛད་དེ། འབྲི་བཤུས་གནང་དགོན་དོན་ནི་ཕྱིར་གྱི་ཆ་ནས་དང་པ་སྐྱོ་ངས་མེད་པའི་སྦྱིན་བདག་སོ་སོར་དམིགས་པ་རེ་རེ་ཡོད་མོད་ཀྱང་། སྐབས་འདིའི་སྦྱིན་བདག་གི་ངོས་ནས་འཆད་ན། ཁོང་རྣམ་པའི་སྐུ་ཚེ་ཕྱི་མའི་དོན་དུ་སེམས་ཏེ་ཤེར་ཕྱིན་སྟོང་ཕྲག་བརྒྱ་པ་འདི་འབྲི་བཞེངས་གནང་བ་ནི་གོང་གི་མཛད་བྱང་ལས། འཇིག་རྟེན་ཕྱི་མའི་དོན་དུ།། ཤེས་རབ་ཕྱོགས་རྫོམ་བཞེངས་།།ཞེས་པས་རྟོགས།

གསུམ། ཡིག་མཁན།

① ལྷུན་རྩེ་མཁར་སྟེང་དགོན་དུ་བཞུགས་པའི་ཤེར་ཕྱིན་སྟོང་ཕྲག་བརྒྱ་པའི་མཛད་བྱང་ལྡེབ་གྲངས་322ལས་དྲངས།

མལ་གྱི་ཁྲི་ཐོག་དང་མོ་བཙུན་སྐུ་ཟ་དཀར་སྐྱིད་རྣམ་གཉིས་ཀྱིས་སྦྱིན་བདག་གཙོ་བོ་མཛད་དེ་སྐུ་ཚེ་ཕྱི་མའི་དོན་དུ་ཤེར་ཕྱིན་དེ་འབྲི་བཞེངས་བསྐྱངས་པའི་སྐབས་སུ། གཞུང་གི་ནང་དོན་ཆད་ལྷག་མེད་པར་ཕབ་བཤུས་གནང་མཁན་གྱི་ཡིག་པ་ནི། ལུས་ངག་ཡིད་གསུམ་ཐང་ཆད་མེད་པར་འབྲི་བའི་ཡིག་མཁན་སྐྱོགས་ཧེ་དུས་རབས་16པའི་ནང་དུ་བཛ་གསར་རྙིང་གི་ཁྱད་པར་ལེ་ཤེ་གུར་ཁང་ལྷགས་རྩོམ་གནང་མཁན་གྱི་སྐྱོགས་སྟོན་ལོ་ཙཱ་བ་རིན་ཆེན་བཀྲ་ཤིས་དང་ཏུས་རྒྱུད་གཅིག་ཏུ་ཕྱོན་པའི་ཡིག་མཁན་སྐྱོགས་ཀྱིས། པོ་ཧིའི་ཆེ་ཆུང་དང་རང་གི་ཁམས་ཀྱི་འདོད་པ་དང་མ་བསྟུན་པར་གཞུང་ཆ་ཡོངས་སུ་རྫོགས་པ་གཙང་སྙོམ་འཁྲིག་གསུམ་ལྡན་པར་འབྲི་བཤུས་བགྱིས་པ་སྟེ་མཛད་བྱུང་ལས། ཁོ་བོ་སྐྱོགས་ཀྱི་འཕྲུལ་ཆུང་གྱིས།། སྦྱོ་རྟེ་སྟོད་རྨད་མྱེད་དེ།། རྟག་འགོ་བཅད་པ་འདྲུའ།།ཞེས་པས་རྫོགས། འབྲི་བཤུས་ཡིག་པ་སྐྱོགས་ཀྱིས་འཕྲུལ་ཡིག་ཚད་ལྡན་བྲིས་པའི་སྦྱིན་བསྔབས་ལས། སྦྱིན་བདག་གམ་ཡིག་མཁན་གྱི་གཉེན་ཉེ་རྣམས་མ་རིག་རྨོངས་པ་ལོང་བའི་ཁམས་ཀྱང་མདངས་ཤིང་ཁྱིམ་མཆོས་རྣམས་ཡིད་སེམས་སྒྲོ་བའི་འཛུམ་རང་བཞིན་གྱིས་ཤོར་བ་སྟེ། དེ་དེ་དེ་ཞེས་པ་ལྷ་བུ་སྟེ་མཛད་བྱུང་ལས། པོ་ཉེ་རྣམས་ཀྱང་ལོང་བའི་ཁམས་སུ་གདའ།། མོ་ཉེ་རྣམས་ཀྱང་ཧོན་པའི་ཁམས་སུ་གདའ།། ཁྱིམ་ཚེ་རྣམས་ཀྱིས་ཀྱི་ཁྲིལ་ཤོར།། དེ་དེ་དེ།།[①]ཞེས་པས་རྫོགས།

① ལྷུན་རྩེ་མཁར་སྙིང་དགོན་དུ་བཞུགས་པའི་ཤེར་ཕྱིན་སྟོང་ཕྲག་བརྒྱ་པའི་མཛད་བྱུང་ལྡེབ་གྲངས་322ལས་དྲངས།

ལེ་ཚན་བཅོ་ལྔ་པ། ནོ་པ་མཁར་སྙེང་མདོ་སངས་རྒྱས་ཕལ་པོ་ཆེའི་མཛད་བྱང་།

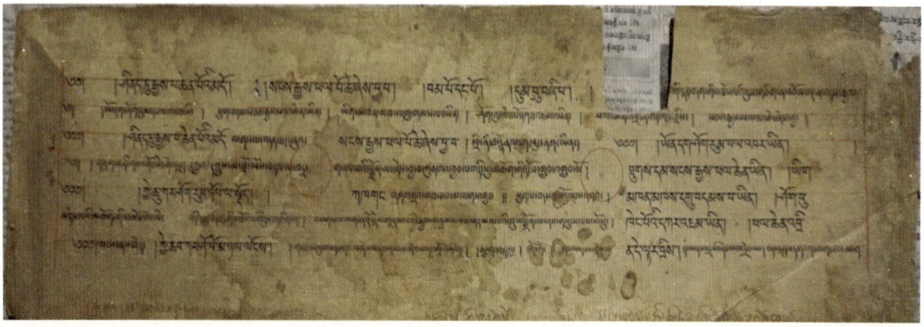

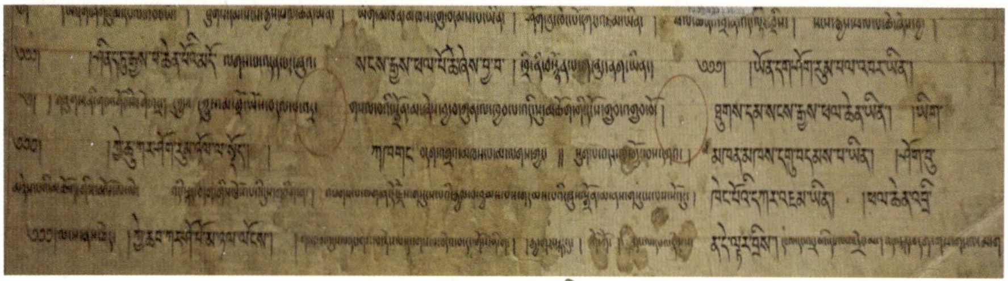

མཛད་བྱང་མ་དཔེ།

དང་པོ། མཛད་བྱང་མ་ཕྱུས།

༄། །ཀྱེ་རྒྱ་གར་ཤོག་ཏུམ་ཉོལ་ལ་སྤོད།། ཀྱེ་ཆབ་གར་ཤོ་པོ་མ་ཉལ་ལོངས།། ༄༅།། ཡོན་དག་ཤོག་ཏུམ་པལ་འབར་ཡིན།། ཐུགས་དམ་སངས་རྒྱས་ཕལ་ཆེན་ཡིན།། ཡིག་མཁན་མཁས་དགུ་བདམས་པ་ཡིན།། ཤོག་བུ་ཁེང་པོའི་དཀར་འཇམ་ཡིན།། ཕལ་ཆེན་འབྲི་ན་དེ་ལྟར་བྲིས།། [①]ཞེས་པའོ།

གཉིས་པ། མཛད་བྱང་གི་དབྱེ་ཞིབ།

གཅིག སྦྱིན་བདག

སངས་རྒྱས་ཕལ་པོ་ཆེ་འདི་འབྲི་བཞེངས་གནང་བའི་སྐབས་ཀྱི་དད་པ་སྐྱོ་ངས་མེད་པའི་སྦྱིན་བདག་ནི་ཤོག་ཏུམ་དཔལ་འབར་ཞུ་བ་དེ་ཡིན་པ་མཛད་བྱང་ལས། ཡོན་དག་ཤོག་ཏུམ་པལ་འབར་ཡིན།། ཞེས་པས་ཐད་ཀར་རྟོགས། འོན་ཏེ་མཛད་བྱང་གི་ནང་དོན་དངོས་ལ་མ་འཇུག་པའི་

① ལྷུན་རྩེའི་མཁར་སྙིང་དགོན་དུ་བཞུགས་པའི་སངས་རྒྱས་ཕལ་པོ་ཆེ་ཞེས་བྱ་བའི་མདོའི་ལྦེབ་གྲངས་310ལས་དྲངས།

སྟོན་དུ་འབྲི་གཟུགས་དང་སྣག་མདོག་སོགས་སྒོ་ཀུན་ནས་དུས་གཅིག་མཚུངས་སུ་བྲིས་པར་མངོན་པའི་ཡོན་བདག་ལ་སྐུལ་སློང་ཚིག་སྟེ། ཀྱེ་ཞེས་འབོད་པ་གསལ་བྱེད་སྦྲས་འགོ་བཙུགས་ཏེ་ཡོན་བདག་ཤོག་ཙམ་ཚུ་ཀར་ཙ་ཉལ་མ་སྟོད་ཅིག་ཡོངས་ཤིག་ཅེས་བརྗོད་པ་དེ་ནི་ཐུགས་དམ་སངས་རྒྱས་ཕལ་པོ་ཆེ་བཞེངས་པར་སྐུལ་བར་མིན་ནམ་སྙམ་པ་སྟེ་མཛད་བྱུང་ལས། ༄། །ཀྱེ་ཚུ་ཀར་ཤོག་ཙམ་ཉོལ་ལ་སྟོད། །ཀྱེ་ཚབ་ཀར་ཤོ་པོ་མ་ཉལ་ཡོངས། །ཞེས་ཀྱང་བྲིས་འདུག

གཉིས། ཡིག་མཁན།

དད་པ་སྐྱོ་ངས་མེད་པའི་སྦྱིན་བདག་ཤོག་ཙམ་དཔལ་འབར་གྱིས་ཐུགས་དམ་སངས་རྒྱས་ཕལ་པོ་ཆེ་དེ་འབྲི་བཞེངས་གནང་བའི་སྐབས་སུ། གསུང་རབ་འབྲི་བཞེངས་ཀྱི་ཡིག་མཁན་སྒོ་གསུམ་ཐང་ཆད་མེད་པར་འབྲི་བའི་ཡིག་པ་སྐབས་དེ་དུས་གཉལ་གཞུང་དུ་མིང་གྲགས་ལྡན་པའི་ཡིག་མཁན་མཁས་རྒྱུས་འབྲི་བཤུས་མཛད་པ་དེ་མཛད་བྱུང་ལས་ཤེས།

གསུམ། འབྲི་ཤོག

མཛད་བྱུང་ལས་ཤོག་བུ་ཁེང་པོའི་དཀར་འཛམ་ཡིན། །ཕལ་ཆེན་འབྲི་ན་དེ་ལྟར་བྲིས། །①ཞེས་བྱུང་བ་ལྟར་ན། སྦྱིན་བདག་ཤོག་ཙམ་དཔལ་འབར་གྱི་ཐུགས་དམ་སངས་རྒྱས་ཕལ་པོ་ཆེ་དེ་ཡིག་མཁན་གཉལ་གྱི་མཁས་རྒྱུས་འབྲི་བཞེངས་གནང་བའི་སྐབས་སུ། དེར་ཉེ་བར་མཁོ་བའི་འབྲི་རྫས་ནི་བོད་ཡུལ་ནས་ཐོན་པའི་ཤོག་ཤོག་ཕུལ་དུ་བྱུང་བ་སྟེ་ཁེང་པོའམ་རྐང་པོའི་དཀར་འཛམ་ཤོག་བུ་ཡིན་པ་གོང་གི་མཛད་བྱུང་ལས་ཤེས་སོ། ཕྱིར་ཀྱི་ཆ་ནས་ཞུས་ན། ང་རང་ཉིད་ཀྱི་མཐོང་ཐོས་དྲན་རིག་ཏུ་འགྱུར་བའི་མཛད་བྱུང་གི་ཁྲོད་དུ་སྣག་ཤོག་གི་ཁྱད་ཆོས་བཀོད་པའི་དཔེ་རྙིང་ཆེས་སྔ་གྲས་དུས་རབས་12ཙམ་ནང་དུ་བཞེངས་པའི་རྒྱ་མཚོ་གྲོ་མཁར་ཆོས་སྡེ་དང་འོན་ཀེ་རུ་ལྷ་ཁང་གི་དཔེ་རྙིང་སོགས་སུའང་ཁེང་པོའམ་རྐང་པོའི་ཤོག་གུ་ཞེས་བཀོད་པ་ཤ་སྟག་རེད་འདུག དེས་ན་དུས་རབས་12-13པའི་ནང་དུ་ལྷོ་ཁའི་ཁུལ་དུ་གསུང་རབ་འབྲི་བཞེངས་ཀྱི་འབྲི་ཤོག་ཕལ་མོ་ཆེ་དེ་རྐང་ཤོག་མིན་ནམ་སྙམ།

① ལྷུན་རྩེའི་མཁར་སྟེང་དགོན་དུ་བཞུགས་པའི་སངས་རྒྱས་ཕལ་པོ་ཆེ་ཞེས་བྱ་བའི་མདོའི་ལེབ་གྲངས་310ལས་དྲངས།

ལེའུ་བཅུ་གཉིས་པ། བྲག་ཡིག་སྐོར།

གཅིག བྲག་ཡིག་བྱུང་བ།

སྔོན་གྱི་དུས་སུ་བྲག་ཡིག་ཅེས་པའི་ཐ་སྙད་ཅིག་ཡོད་པ་བདག་རང་ཉིད་ཀྱིས་ངོས་ནས་འཆད་ན་གོ་ཐོས་སུ་གྱུར་མྱོང་མེད་ཙང་། གནའ་དཔེ་སྲུང་སྐྱོང་གི་ལས་ཀ་དེ་བསྒྲུབ་པའི་སྐབས་ལ་བྲག་ཡིག་ཅེས་ཡོད་པ་གོ་ཐོས་སུ་གྱུར་བ་མ་ཟད་ཐ་ན་བྲག་ཡིག་གིས་འབྲི་བཤུས་བགྱིས་པའི་གནའ་དཔེ་ཡང་མི་ཉུང་བ་ཞིག་མཇལ་བྱུང་བ་སྟེ། གོང་གི་མཛད་བྱང་དབྱེ་ཞིབ་ཏུ་བཀོད་པའི་གྲོ་མཁར་ཆོས་སྡེ་དགོན་དུ་བཞུགས་པའི་ཤེར་ཕྱིན་དང་འོན་ཀེ་ཙར་བཞུགས་པའི་མངའ་བདག་མགོན་ནེའི་ཐུགས་དམ་མདོ་མངས་མཐོང་སྨོན་བཅས་ལས་ཤེས་བྱའི་ལྷ་རྒྱ་དང་ཐོས་རྒྱ་རྒྱས་ཐུབ་པ་བྱུང་། དེས་ན་གོང་གི་མཛད་བྱང་དེ་གཉིས་ཁྲོད་དུ་བྲག་ཡིག་ཁྱད་དུ་འཕགས། །འཕྲུལ་ཆེན་ངོ་མཚར་ཆེ། ། ཞེས་དང་ཚོད་གནས་མཁས་རྒྱ་ལགས། །འཕྲུལ་ཆེན་ཁྱད་དུ་འཕགས། །བྲག་ཡིག་ངོ་མཚར་ཆེ། །ཞེས་དང་ཡང་། དཔོན་ཆེན་རྒྱ་རྡོ་ལགས། ། འཕྲུལ་ཆེན་ཁྱད་དུ་འཕགས། །བྲག་ཡིག་ངོ་མཚར་ཆེ། །ཞེས་ལན་གཅིག་ཙམ་མ་ཡིན་པར་ཡང་བསྐྱར་བསྐྱར་སུ་བྲག་ཡིག་ངོ་མཚར་ཆེ་ཞེས་བྱུང་བ་ལ་བལྟས་ན། སྔོན་གྱི་དུས་སུ་བྲག་ཡིག་ཅེས་ཡོད་པ་ནི་སྐུ་ཤོག་མང་པོས་འགྲེལ་མི་དགོས་པར་གྲོ་མཁར་ཆོས་སྡེའི་ཤེར་ཕྱིན་དང་འོན་ཀེ་ཙའི་མངའ་བདག་མགོན་ནེའི་ཐུགས་དམ་མདོ་མངས་མཐོང་སྨོན་སོགས་བྲག་ཡིག་གིས་འབྲི་བཞེངས་བྱས་པ་ཞིག་ཡིན་པ་ནི་མདོ་མངས་དེའི་མཛད་བྱང་གི་ཚིག་ཉམས་དང་སྒྲིག་གཞི། ལྷག་དོན་དུ་སྣག་ཤོག་གི་ཁྱད་ཆོས་ཏེ་ཤོའུ་ཁྱད་འཕགས་ཁེང་པོའི་དུང་རང་ལགས། །སྣག་ཚ་ཁྱད་པར་འཕགས་པ་རྒྱའི་ཧོང་སྣག་ལགས་ཞེས་མཛད་བྱང་གི་ཚིག་སྣ་རེང་ཐུང་ཙམ་ཞིག་ལས་བརྗོད་བྱའི་ནང་དོན་མ་དཔེ་གཅིག་ལས་བུ་དཔེར་ཕྱིན་པ་ལྟ་བུ་ཞིག་འདུག དེར་བརྟེན་གྲོ་མཁར་ཆོས་སྡེའི་ཤེར་ཕྱིན་ལས་འོན་ཀེ་ཙའི་མངའ་བདག་མགོན་ནེའི་ཐུགས་དམ་མདོ་མངས་མཐོང་སྨོན་དེ་ཡང་སྔོན་གྱི་བྲག་ཡིག་ཅེས་པས་བྲིས་གནང་བ་དེ་གཅིག་ཤེས་

ཀུན་གྲོལ་བྱུང་། དེས་ན་སྔོན་བྲག་ཡིག་ཅེས་པའི་འབྲི་གཟུགས་ཤིག་ཡོད་པ་ངེས་ཤེས་རྙེད་ཐུབ་པ་མ་ཟད་བྲག་ཡིག་དེའི་འབྲི་གཟུགས་ལ་དམིགས་བསལ་གྱིས་ཁྱད་ཆོས་ལྡན་ཅང་བྲག་ཡིག་གིས་འབྲི་བཞེངས་བགྱིས་པའི་གསུང་རབ་ཀྱི་མཛད་བྱང་དུ་དེའི་ཁྱད་འཕགས་མངོན་པའི་སླད་དུ་འཕྲུལ་ཡིག་ངོ་མཚར་ཆེ་ཞེས་པས་ཁྱད་བསྔོད་མཛད་པར་སེམས།

གཉིས། བྲག་ཡིག་དར་ཡུལ།

བྲག་ཡིག་ཅེས་པ་འབྲི་གཟུགས་ཤིག་ཡོད་པའི་ངེས་པ་རྙེད་ན་བྲག་ཡིག་དེ་ཡུལ་ལུང་གང་ཞིག་ཏུ་དར་ཁྱབ་བྱུང་བ་ཡིན་ནམ་ཟེར་ན། དེ་ཡང་གྲོ་མཁར་ཆོས་སྡེའི་ཤེར་ཕྱིན་ཡིག་ཕྲེང་8ཅན་ཤོག་རྒྱ་64×23cmཅན་གྱི་མཛད་བྱང་ལས་ཞུས་ན། ༄༅ཀྱེ་བསྐལ་པ་བཟང་པོ་ལགས། །ལྷ་ཆོས་ཁྱད་དུ་འཕགས། །ཤག་ཐུབ་ངོ་མཚར་ཆེ། །ཡུལ་ཅིག་གཡུ་ཏྲ་ལགས། །དགྱལ་མོ་ཁྱད་དུ་འཕགས། །ཚོ་སྒྲོ་ངོ་མཚར་ཆེ། །ཞེས་དང་། ༄༅ཀྱེ་བསྐལ་པ་བཟང་པོ་ལགས། །ལྷ་ཆོས་ཁྱད་དུ་འཕགས། །ཤག་ཐུབ་ངོ་མཚར་ཆེ། །ཡུལ་ཅིག་གཡོ་ཏྲ་ལགས། །དགྱལ་མོ་ཁྱད་དུ་འཕགས། །མཚོ་དྲོ་ངོ་མཚར་ཆེ། །ཞེས་པ་དང་། ཡང་མཆོད་གནས་དྲོ་འགར་ལགས། །ལྷ་ཆོས་ཁྱད་དུ་འཕགས། ། གསེར་འབུམ་ངོ་མཚར་ཆེ། །ཞེས་མཛད་བྱང་འགོ་ཚུགས་སའི་སྐད་ཆ་དེར་དཔེ་ཞིབ་རགས་ཙམ་ཞིག་བྱས་ན། དེའི་ནང་གི་ཡུལ་ཅིག་གཡུ་ཏྲ་ལགས། །དགྱལ་མོ་ཁྱད་དུ་འཕགས། །མཚོ་དྲོའམ་ཚོ་སྒྲོ་ངོ་མཚར་ཆེ་ཞེས་བྱུང་བ་ལྟར་ན། ཡུལ་གཡུ་ཏྲ་ཞེས་པ་ནི་སྔོན་བཙན་པོ་སྲོང་བཙན་སྒམ་པོའི་སྐུ་དུས་བོད་ཡུལ་གྱི་སྒྲིག་གཞིའི་དོ་དམ་ཆེད་དུ་དབུས་གཙང་ཏྲ་བཞིར་ཕྱེ་བའི་ནང་ནས་དགྱལ་དེ་གཡུ་ཏྲའི་ཁོངས་སུ་གཏོགས་པའི་གཉལ་སྡེ་དྲུག་ཅེས་པ་སྟེ་ད་ལྟའི་ལྷོ་ཁ་ས་ཁུལ་གྱི་ལྷུན་རྩེ་ཁུལ་དུ་གནས་པའི་གཉལ་གྱི་འབྲི་སྟངས་རྙིང་པ་ཞིག་ཡིན་པ་དང་། དྲོ་འགར་རམ་གྲོ་མཁར་གྱི་མཚོ་དྲོའམ་ཚོ་སྒྲོ་ཞེས་པ་དེ་ནི་དུས་རབས་14པའི་འགོས་ལོ་གཞོན་ནུ་དཔལ་གྱི་དེབ་ཐེར་སྔོན་པོ་དང་དུས་རབས་16པའི་དེབ་ཐེར་རྫོགས་ལྡན་གཞོན་ནུའི་དགའ་སྟོན་དུ་ཡར་ཀླུངས་ཀྱི་སྨད། མང་ཡུལ་ལྷོངས་ཀྱི་འདབས་སུ་བྱའི་རྒྱལ་པོ་གཤོག་བཟང་དང་འདབ་བཟང་གི་རིགས་ལས་མཆེད་པའི་བྱ་ཤ་ཀ་ལ་སྦྲུས་རྗེ་རྫེ་ལེགས་པ་དང་རྗེ་

ཧེ་དབང་ཕྱུག་གཉིས་བྱུང་བ་གཉལ་ཕྱོགས་སུ་ཕྱོན། རྒྱ་མཚོ་གྲོ་མཁར་བཏབ་[①]ཅེས་གསུངས་པ་ལས་ཚོ་སྒྲོའམ་མཚོ་དྲོ། དྲོ་འགར་དང་གྲོ་མཁར་གཉིས་ཐ་སྙད་ཀྱི་འབྲི་ཚུལ་མི་འདྲ་བ་ཙམ་ལས་དོན་གྱི་འབབ་ས་ཆོས་རྒྱལ་བྱ་པའི་རྒྱུད་པ་བྱ་ཛོ་བཙོན་དང་ཛོ་སྲས་གཉིས་ཀྱིས་དུས་རབས་12པའི་ནང་སྦྱིན་བདག་མཛད་དེ་གྲོ་མཁར་ཆོས་སྡེའི་ཤེར་ཕྱིན་དེ་འབྲི་བཞེངས་གནང་བ་ཤེར་ཕྱིན་དེའི་མཛད་བྱང་ལས་ཤེས་ཤིང་། ད་དུང་མངའ་བདག་མགོན་ནེའི་ཐུགས་དམ་མདོ་མངས་མཐོང་སྨོན་གྱི་མཛད་བྱང་དུ། ༄༅ཀྱེ་སྟོང་གསུམ་སྤྱི་ཕུད་ཤག་ཀྱ་ཐུབ་པའི་ཞིང་། །འཛམ་གླིང་མངའ་རིས་བོད་ཀྱི་རྒྱལ་ཁམས་འདིར། །རི་མཐོ་ས་གཙང་གངས་ཀྱི་རྒྱུད་ཀྱིས་བསྐོར། །ཡུལ་ལས་ཁྱད་འཕགས་འོན་མོ་ལྷུང་རིངས་འདིར། སྤྱི་ལས་ཁྱད་འཕགས་མངའ་བདག་མགོན་ནེ་བྱུང་། །ཞང་བློན་ཁྱད་པར་འཕགས་པ་ཞང་སྟོན་སྒྲ་བན་བྱུང་། །ཆོས་དཀོར་ཁྱད་དུ་འཕགས་པ་ལྷ་ཁང་ཀེར་ཏུ་བྱུང་ཞེས་པ་དེར་བརྟགས་ན་ཡང་། གོང་དང་འདྲ་བར་གསུང་རབ་འབྲི་བཞེངས་ཀྱི་ཡུལ་ལུང་བསྟོད་པ་དུང་ཆེན་གཟུགས་ལས་རིམ་པས་བཞིན་ས་རྒྱ་ཆེ་ས་ནས་ཆུང་སར་སོང་བ་སྟེ་རི་མཐོ་ས་གཙང་བོད་ཡུལ་གྱི་ནང་ནས་ད་ལྟ་ལྷོ་ཁ་ས་ཁུལ་སྣེ་གདོང་རྫོང་ཁོངས་འོན་སྐྱིད་པ་ཤང་དུ། མངའ་བདག་མགོན་ནེས་ཕྱུག་བཏབ་པའི་ཁྱད་འཕགས་ཀྱི་ལྷ་ཁང་ཀེར་ཏུ་ཞེས་པ་དེར་དགེ་འདུན་རྣམས་སྒྲོ་སྒྲོ་སློ་སློ་བྱས་ཏེ་མངའ་བདག་མགོན་ནེའི་ཐུགས་དམ་མདོ་མངས་མཐོང་སྨོན་དེ་བྲག་ཡིག་མཁས་པས་འབྲི་བཞེངས་གནང་བ་ལས། ལྷོ་ཁའི་གཉལ་གྱི་རྒྱ་མཚོ་གྲོ་མཁར་ཆོས་སྡེ་དང་སྣེ་གདོང་རྫོང་ཁོངས་ཀྱི་འོན་སྐྱིད་པ་ཤང་གི་ཀེར་ཏུ་སོགས་ནས་སྟོན་བྲག་ཡིག་གིས་འབྲི་བཞེངས་གནང་བའི་གསུང་རབ་མཇལ་བའི་རྒྱུ་མཚན་བཅས་ལས་ཀྱང་བྲག་ཡིག་དེ་སྟོན་སྲིད་པའི་ལྷ་དགུར་འདྲེན་པའི་གྲས་ཀྱི་རི་ཡར་ལྷ་ཤམ་བུའི་རྒྱབ་མདུན་གཉིས་ཀྱི་ལུང་ཤུར་ཏེ་ཡར་ཀླུངས་དང་གཉལ་ཁུལ་དུ་དར་ཁྱབ་བྱུང་ཡོད་པ་དེ་སྐབ་ཤོག་མང་པོས་འགྲེལ་མི་དགོས་པར་ཤུགས་ལ་རྟོགས།

གསུམ། བྲག་ཡིག་དུས་རབས།

བྲག་ཡིག་དེ་དུས་རབས་ཅི་ཙམ་ཞིག་གི་ནང་ལ་ལྷོ་ཁའི་ཡར་ཀླུངས་དང་གཉལ་ཁུལ་དུ་

① འགོས་ལོ་གཞོན་ནུ་དཔལ་གྱིས་མཛད་པའི་དེབ་ཐེར་སྔོན་པོ་ཟི་ཁྲོན་མི་རིགས་དཔེ་སྐྲུན་ཁང་གི་སྤྱི་ལོ་1984ལོའི་སྤར་མའི་ཤོག་གྲངས་1265ལས་དྲངས།

དར་ཁྱབ་བྱུང་བ་དེ་ཡང་གོང་གིས་མཛོད་བྱང་ལས་རྟོགས་ཐུབ་པ་ཞིག་ཡིན། མཛོད་བྱང་དེ་དག་གི་སྒྲིག་གཞི་དང་ཚིག་ཁྲིམ་ལྷུ་ཅན་ཡིན་པ་དེ་ལ་བལྟས་ན། དུས་རབས་11-13པའི་ནང་གི་མཛོད་བྱང་གི་སྒྲིག་གཞིའི་ཁྱད་ཆོས་ལྡན་ཡོད་པ་སྟེ། མཛོད་བྱང་གི་བསྟོད་པ་དུང་ཆེན་གཟུགས་ཏེ། ཀྱེ། →འཛམ་གླིང་།→བོད་ཡུལ། →འོན་མོ་ལུང་། →ལྷ་ཁང་ཀེ་རུ་ཞེས་དང་། ཀྱེ། →གཡུ་རུ།→ དམྱལ་མོ།→ རྒྱ་མཚོ་གྲོ་མཁར་ཞེས་པ་ལྟ་བུ་ཀྱེ་ཡིས་མགོ་བརྩམས་ཏེ་གནས་ཆེ་ས་ནས་ཆུང་སར་སོང་བ་སྟེ་དུས་རབས་11-13པའི་མཛོད་བྱང་གི་སྒྲིག་གཞིའི་བསྟོད་པ་དུང་ཆེན་གཟུགས་ཀྱི་ཁྱད་ཆོས་དེ་རང་ཡིན་པ་དང་གཅིག་གཉིས་གསུང་རབ་འབྲི་བཞེངས་ཀྱི་འབྲི་ཤོག་ཁྱད་ཆོས་ཏེ་གྲོ་མཁར་ཆོས་སྡེའི་ཤེར་ཕྱིན་མཛོད་བྱང་དུ། ཁྲིང་པོའི་ལྷབ་ཤོག་ངོ་མཚར་ཆེ།། དཀར་འཛམ་ཁྱད་དུ་འཕགས།། ཡང་སྔོན་ངོ་མཚར་ཆེ།། །རྒྱ་ཡི་སྟོང་ཀུན་ལགས།། །ཁ་དོག་ཁྱད་དུ་འཕགས།། །གཡུ་ལོ་ངོ་མཚར་ཆེ།། །མཆོད་གནས་མཁས་རྒྱུ་ལགས།། །འཕྲུལ་ཆེན་ཁྱད་དུ་འཕགས།། །བྲག་ཡིག་ངོ་མཚར་ཆེ།། །ཞེས་དང་། ཡང་རྒྱ་ཡི་ཧོང་ཀུན་ལགས།། །སྣག་ཚ་ཁྱད་དུ་སཕགས།། །གཡུ་ལོ་ངོ་མཚར་ཆེ།།དམྱལ་གྱི་མཁས་གདམས་ལགས།། །བྲག་ཡིག་ཁྱད་དུ་འཕགས།། །འཕྲུལ་ཆེན་ངོ་མཚར་ཆེ།། །ཞེས་པ་དང་མངའ་བདག་མགོན་ནེའི་ཐུགས་དམ་མདོ་མངས་མཐོང་སྨོན་གྱི་མཛོད་བྱང་དུ། ཤོའུ་ཁྱད་འཕགས་ཁེང་པོའི་དུང་རང་ལགས།། །སྣག་ཚ་ཁྱད་དུ་འཕགས་པ་རྒྱའི་ཧོང་སྣག་ལགས།། །ཡིག་མཁན་ཁྱད་དུས་འཕགས་པ་གཡོར་པའི་མཁས་བརྣམས་ཡིན།། །ཞེས་པ་ལྟ་བུ་སྣག་ཤོག་དང་འབྲི་གཟུགས་ཀྱི་ཁྱད་ཆོས་དམིགས་སུ་བཀར་ཏེ་བརྗོད་དགོས་དོན་ནི། སྟོན་བཙན་པོའི་སྐུ་དུས་ཀྱི་གསུང་རབ་འབྲི་བཤུའི་ལམ་ལུགས་རྒྱུན་འཛིན་བྱས་པར་མངོན་ཞིང་། སྟོན་བཙན་པོའི་སྐུ་དུས་གསུང་རབ་འབྲི་བཤུའི་ལམ་ལུགས་བཙན་པའི་སྐབས་ཀྱིས་ཆོས་ཤོག་ངན་པ་དང་སྣག་ཚ་བཟང་ངན་བལྟ། [1]ཡི་གེ་ངན་པས་རོར་འགྱུར་ངོ་[2]ཞེས་པའི་རྒྱུ་མཚན་གྱིས་སྣག་ཤོག་དང་འབྲི་གཟུགས་ཀྱི་སྦྱུས་ཀ་འགན་ལེན་ཞུས་པ་དེ་བསྟན། ལྷག་དོན་དུ་མཛོད་བྱང་གི་སྡེབ་སྦྱོར་ཏེ་ཚིག་བར་ལྷུ་པ་ལགས་ཞེས་པ་སྟེ་ཏུན་ཧོང་གི་ཡིག་རྙིང་ལྟ་བུ་སྟེ་གླིང་གི་ནི་སྙིང་པོ། གངས་ཀྱི་ནོ་ར་བ་ཅེས་པ་དུས་རབས་8-9པའི་ཡིག་རྙིང་གི་སྡེབ་སྦྱོར་གྱི་ཤན་བཞུགས་པ་མ་ཟད་ཤད་ཀྱང་ཚིག་ཕྲད་ཀྱི་རྗེས་འཇུག་ང་ཡིག་ལ་མ་

① 见，敦煌研究院编《敦煌吐蕃文化学术研讨会论文集》甘肃民族出版社2009年11月第一版，第396页。

② 见，马德主编《甘肃藏敦煌藏文文献叙录》甘肃民族出版社2011年9月第一版，第191页。

ལྟོས་པར་ཚང་མར་ཆོག་བྲིས་པ་བཅས་ཀྱི་རྒྱུ་མཚན་གྱིས་བྲག་ཡིག་དེ་མ་མཐར་ཡང་དུས་རབས་12ཡས་མས་སུ་དར་ཁྱབ་བྱུང་བ་ཞིག་ཡིན་སྙམ། དེ་ལས་ཀྱང་འགངས་ཆེ་བ་ཞིག་ལ་འོན་ཀེ་ཧྭའི་མདོ་མངས་མཛད་བྱང་དུ་མངའ་བདག་མགོན་ནེ་ཞེས་བྱུང་། ལྷེའུ་ཆོས་འབྱུང་ལྟར་ན་མངའ་བདག་མགོན་ནེ་ནི་བོད་བཙན་པོའི་རྒྱུད་པ་སྐྱེ་སྣང་དར་མ་ནས་མར་བརྩིས་པའི་མི་རབས་དྲུག་པ་དེ་ཡིན་གཤིས། མི་རབས་རེ་རེར་མི་ལོ་ཆ་སྙོམས་བཞི་བཅུ་ནས་ལྔ་བཅུའི་བར་བརྩིས་ན། ཁྱོན་མི་ལོ་གསུམ་བརྒྱ་ཡས་མས་ཞིག་ཆོད་དགོས། དེ་དུས་རབས་ལ་དཔབ་ན་དུས་རབས་11-12ཙམ་དུ་འཁེལ་བ་དང་གྲོ་མཁར་ཆོས་སྡེའི་ཤེར་ཕྱིན་གྱི་སྦྱིན་བདག་བྱ་ཡི་རྗེ་བརྩོན་དང་རྗེ་གསས་ཞེས་བྱུང་བ་ཁོང་རྣམ་གཉིས་ཀྱི་འབྲུངས་འདས་ལོ་ཚིགས་ཁ་གསལ་ཞིག་མ་ཤེས་ཧུང་། དུས་རབས་14པའི་འགོས་ལོ་གཞོན་ནུ་དཔལ་གྱིས་བྱའི་རྒྱུད་པ་རྗེ་རྫེ་དབང་ཕྱུག་གིས་སྲས་བླ་མ་བྱ་ནག་པ་ཆེན་པོ་རིན་ཆེན་འོད་ཡིན་ཏེ། བཞི་བཅུ་རྩ་གཅིག་གི་སྟེངས་དུ་ཁ་ཆེ་པཎ་ཆེན་དང་མཇལ་ནས་སྦྱོང་རྒྱུད་དཀྱིལ་འཁོར་བཅུ་གཉིས་ལ་སོགས་ཞུས། ཨ་མི་བྱ་ནག་ཆེན་པོའི་སྲས་བྱ་རྗེ་སྲས་[1]ཞེས་བྱུང་བ་ལྟར་ན་བྱ་ནག་པ་རིན་ཆེན་འོད་ཀྱིས་སྤྱི་ལོ་1204འམ་སྤྱི་ལོ་1213གང་རུང་ཞིག་ལ་ཁ་ཆེ་པཎ་ཆེན་གྱི་དྲུང་ནས་ཆོས་ཞུས་པ་ལྟར་ན། བྱ་ནག་པ་རིན་ཆེན་འོད་དང་ཤེར་ཕྱིན་དེའི་སྦྱིན་བདག་བྱ་རྗེ་སྲས་གཉིས་ཕ་བུའི་འབྲེལ་བ་ཡིན་པ་བཅས་ལས་གྲོ་མཁར་ཆོས་སྡེའི་ཤེར་ཕྱིན་དང་འོན་ཀེ་ཧྭའི་མངའ་བདག་མགོན་ནེའི་ཐུགས་དམ་མདོ་མངས་མཐོང་སྨོན་གཉིས་ཕལ་ཆེར་དུས་རབས་12-13པའི་ནང་དུ་འབྲི་བཞེངས་བྱས་པ་གཅིག་མཚུན་བྱུང་གཤིས། གོང་གི་མཛད་བྱང་ཚིག་ཉམས་དང་སྒྲིག་གཞི་དང་མཆོད་ཡོན་སྦྱིན་བདག་གི་ལོ་ཚིགས་བཅས་ལས་བྲག་ཡིག་དེ་ཕལ་ཆེར་དུས་རབས་12ཡས་མས་སུ་ལྷོ་ཁའི་ཁུལ་དུ་དར་ཁྱབ་བྱུང་བའི་འབྲི་གཟུགས་ཤིག་ཡིན་པ་དེ་ཡང་ཤུགས་ལ་རྟོགས།

བཞི། བྲག་ཡིག་དབུ་ཆེན།

དེས་ན་ང་ཚོས་གོང་གི་གསུང་རབ་བྲིས་མའི་མཛད་བྱང་དག་ལས་དུས་རབས་12-13པའི་ནང་དུ་ལྷོ་ཁ་ཡར་ཀླུངས་ཁུལ་དུ་བྲག་ཡིག་ཅེས་པ་དར་ཡོད་པ་ཤེས་ཐུབ་ན། དུས་

[1] འགོས་ལོ་གཞོན་ནུ་དཔལ་གྱིས་མཛད་པའི་དེབ་ཐེར་སྔོན་པོ་ཟེ་ཁྲོན་མི་རིགས་དཔེ་སྐྲུན་ཁང་གི་སྤྱི་ལོ་1984ལོའི་སྤར་མའི་ཤོག་གྲངས་1266ལས་དྲངས།

རབས་དེའི་ནང་དུ་བྲག་ཡིག་མཁན་པོའམ་བྲག་ཡིག་དབུ་ཆེན་འདི་ཡིན་ཞེས་མཚན་ནས་བརྗོད་དུ་ཡོད་དམ་ཞེས་ན། དེ་ཡང་གྲོ་མཁར་གྱི་ཤེར་ཕྱིན་གྱི་མཛད་བྱང་དང་འོན་ཀེ་རུའི་མངའ་བདག་མགོན་ནེའི་ཐུགས་དམ་མདོ་མངས་མཛད་བྱང་ལས་ཞུས་ན། གྲོ་མཁར་གྱི་ཤེར་ཕྱིན་མཛད་བྱང་དུ་དམྱལ་གྱི་མཁས་གདམས་ལགས་། །བྲག་ཡིག་ཁྱད་དུ་འཕགས་། །འཕྲུལ་ཆེན་ངོ་མཚར་ཆེ། །ཞེས་བྱུང་བ་ལྟར་ན་དུས་རབས་དེའི་ནང་དུ་སྤྱི་ཁའི་ཁུལ་དུ་བྲག་ཡིག་དབུ་ཆེན་གཉལ་གྱི་མཁས་གདམས་ཞེས་པ་ཞིག་བྱོན་ཡོད་པ་དེ་རྟོགས། དུས་རབས་12པའི་སྨད་ཙམ་དུ་འབྲི་བཞེངས་བྱས་པའི་མངའ་བདག་མགོན་ནེའི་ཐུགས་དམ་མདོ་མངས་དེའི་མཛད་བྱང་དུ། ཡིག་མཁན་ཁྱད་དུ་འཕགས་པ་གཡོར་པོའི་མཁས་བཙམས་ཡིན་ཞེས་མཇལ་སྐབས་བྲག་ཡིག་མཁན་པོ་གཡོར་པོའི་མཁས་བཙམས་དང་དམྱལ་གྱི་མཁས་གདམས་གཉིས་ཀྱི་བཙམས་དང་གདམས་ཞེས་ཡི་གེའི་དག་ཆ་འབྲི་ཚུལ་མི་འདྲ་བ་ཙམ་ལས་ཡིག་མཁན་གཅིག་གི་མཚན་བྱུང་བ་དེ་ལས་ངོ་མཚར་ཆེ་བ་གཅིག་ཀྱང་མ་བྱུང་། དེར་བརྟེན་དུས་རབས་12-13པའི་ནང་དུ་ཡར་ལྷ་ཤམ་བུའི་རྒྱབ་མདུན་གྱི་ལུང་ཤུར་དུ་བྲག་ཡིག་མཁན་པོ་མཁས་བཙམས་ (གདམས་) ཞེས་བྱ་བ་ཞིག་བྱོན་ཡོད་པ་དེ་ཡང་དཔེ་རྙིང་དེ་དག་གི་མཛད་བྱང་ལས་ཤེས།

ལྔ། བྲག་ཡིག་འབྲི་རྒྱུན།

ད་བར་བྲག་ཡིག་གི་འབྲི་རྒྱུན་འདི་ཡིན་ཞེས་ལོ་རྒྱུས་དེབ་ཐེར་ཁག་ནས་མ་མཇལ་རུང་། ང་རང་གི་ཉོང་ཚོད་ལྟར་ན་ཡིག་མཁན་དབུ་ཆེན་མཁས་བཙམས་ (གདམས་) ཕོང་གི་མཚན་མདུན་དུ་བྱུང་བའི་རུས་སམ་ས་མིང་གཡོར་དང་དམྱལ་ལས་ཞུས་ན། གཡོར་པོའི་མཁས་བཙམས་ (གདམས་) ཞེས་པའི་གཡོར་གྱི་སྐོར་ལ་སློབ་འགྲོ་པཎ་ཆེན་གྱིས་གཡོར་པོ་ཡུལ་དགུའི་ནང་ཚན་ཐུ་ཞེས་པའི་རིགས་ལས་འབྲུངས་པ་ན་ཐུ་མི་ཟེར་[1]ཞེས་དང་། ཡང་དམྱལ་གྱི་མཁས་བཙམས་ཞེས་པ་ལྟར་ན་སྤྱི་ལོ་2011ལོའི་ཟླ་བ་8པའི་ནང་དུ་བྱ་ཡུལ་བྱམས་ཆེན་དགོན་དུ་དཔེ་རྙིང་བརྟག་དཔྱད་ལ་འགྲོ་སྐབས་ད་ལྟའི་ལྷུན་རྩེ་རྫོང་ནས་གཉལ་སྨད་ཕྱོགས་སུ་སྤྱི་ལི་

[1] ཚེ་ཏན་ཞབས་དྲུང་རྗེ་འཇིགས་མེད་རིགས་པའི་བློ་གྲོས་གསུང་འབུམ་པོད་བཞི་པ་མི་རིགས་དཔེ་སྐྲུན་ཁང་གི་སྤྱི་ལོ་2007ལོའི་སྤར་མའི་ཤོག་གྲངས་92ལས་དྲངས།

ལྔ་དྲུག་ཙམ་ཞིག་ཕྱིན་པའི་ཕྱོགས་གཡོན་གྱི་རི་ཤུར་ཞིག་ཏུ་ཐོན་མི་སམ་བྷོ་ཊའི་འཁྲུངས་ཡུལ་རེད་ཅེས་བཤད་སྲོལ་འདུག་ལ་ས་དེར་ཁྲིན་པ་དང་ཁང་རྙིང་ཞིག་ཀྱང་ཡོད། དེ་ནི་སློབ་དཔོན་ཐོན་མིའི་ཁྲིན་པ་དང་ཁང་པ་ཡིན་ཞེས་ཟེར་བའི་ངག་སྒྲོས་ཡོད་མ་ཟད་ཁྲིན་པ་དེ་ནས་ཆུ་བཏུང་ན་རིག་པ་གསལ་བ་དང་བློ་རིག་ཀྱང་ཅང་དུ་འགྲོ་བའི་ནུས་པ་ཡོད་ཅེས་པའི་ངོ་མཚར་གྱི་གཏམ་དེ་གའི་རིག་གནས་ཀྱི་ཕྱུག་ལས་གནང་མཁན་རྣམས་ཀྱི་ཞལ་ལས་གོ་ཐོས་བྱུང་བ་མ་ཟད། དུས་རབས་15པའི་ཞ་ལུ་ལོ་ཆེན་ཆོས་སྐྱོང་བཟང་པོ་དང་དུས་རབས་16པའི་སྐྱོགས་སྟོན་ལོ་ཙཱ་བ་རིན་ཆེན་བཀྲ་ཤིས་སོགས་མཁས་པ་མང་ཆེ་བས་ཐོན་མི་སམ་བྷོ་ཊའི་འཁྲུངས་ཡུལ་ནི་སྟོད་ཁ་གཉལ་གྱི་འདོ་ར་ཞེས་པའི་གྲོང་ཚོ་དེ་ནས་ཡིན་པར་བཞེད་[1]ཅེས་གསུངས་པ་བཅས་ལ་བལྟས་ན། བྲག་ཡིག་དབུ་ཆེན་མཁས་བརྣམས་ཀྱི་མདུན་དུ་གཡོར་དང་དམྱལ་ཞེས་བྱོན་པ་དེ་ཡང་གང་བྱུང་དུ་བྲིས་པ་ཞིག་གཏན་ནས་མ་ཡིན་པར་བྲག་ཡིག་དབུ་ཆེན་གྱི་ཏུས་ཁུངས་སམ་བྲག་ཡིག་གི་ཡིག་ཁུངས་ཏེ་ཐོན་མིའི་འབྲི་རྒྱུན་ལས་བྱུང་ཞེས་རྫོངས་ཚོད་ཀྱིས་བརྗོད་ནའང་མ་འགྲིག་པ་ག་ལ་ཡོད། ད་དུང་ང་ཚོས་བློ་ཁོག་ཆེ་ཙམ་ཞིག་གིས་བསམ་གཞིགས་བྱས་ཚེ་བོད་བཙན་པོའི་སྐབས་ཀྱི་འབྲི་གཟུགས་ཁྱད་འཕགས་ཅན་བརྒྱུད་ཀྱི་བྱུང་བ་གླིང་བའི་གླིང་བཞིའི་ལོ་རྒྱུས་སུ། སྲོང་བཙན་སྐུ་དུས་ཐོན་མིས་ཡི་གེའི་དཔེ་གཅིག་ལྷ་སའི་རྡོ་རིང་ལ་བཏབ་པ་ནི་སྦལ་ནག་ན་ལ་རྒྱས་འདྲ་བ་དང་། མང་སྲོང་མང་བཙན་སྐུ་རིང་ལ་ཕྱུ་ངར་རིན་ཆེན་འབར་གྱིས་སྐར་ཆུང་ཟླ་བ་མཚལ་གྱི་བྲག་ལ་བཏབ་སྐེ་སོ་ཕག་གཤིབས་འདྲ་བ་དང་། འདུས་སྲོང་མང་པོ་རྗེའི་སྐུ་དུས་ཆ་དཀར་འབེའུ་ཆོས་བྱ་ཐོ་འཕྱོལ་བ་འདྲ་བ། གཙང་སྟོད་སྒོ་ཞོའི་བྲག་མེ་རིས་ཀྱི་ཛར་སྦས་པ་དང་། ཁྲི་ལྡེ་གཙུག་བཙན་གྱི་སྐུ་རིང་ལ། གཙང་དགེ་བསྙེན་དཀོན་དབང་གི་འབྲུ་ཕྱིང་དཀར་གྱི་སྙིང་དུ་བཀྲམ་པ་འདྲ་བ། མིར་དགེ་བཙུ་པོ་མཁར་གྱི་བྲག་ལ་བཏབ། ཁྲི་སྲོང་ལྡེའུ་བཙན་གྱི་སྐུ་རིང་ལ། ཡིག་མཁན་འབྲི་ཤོ་ཁྲམ་གྱིས་མུ་ཏིག་སྐར་ལ་བརྒྱུས་འདྲ་བ། བསམ་ཡས་རྡོ་ལ་བཏབ། ཁྲི་སྲོང་བཙན་སྐུ་རིང་ལ་ཡིག་མཁན་འབྲི་ཡོན་ཏན་གྱིས་ཉ་ལྟོ་དཀར་ཆུ་ནང་ནས་བཏོན་པ་འདྲ་བ་ཅིག་བྱུང་། བང་སོ་ཁྲིད་ཀྱི་རྡོ་ལ་བཏབ། ཁྲི་གཙུག་ལྡེའུ་བཙན་རལ་པ་ཅན་གྱི་སྐུ་རིང་ལ་ཡིག་མཁན་གྲ་ཤོད་གཉིས་ཀྱིས། སེང་གེ་གནམ་ལ་འཕྱོང་འདྲ།

① མཁས་དབང་དུང་དཀར་བློ་བཟང་འཕྲིན་ལས་མཆོག་གིས་མཛད་པའི་དུང་དཀར་བོད་རིག་པའི་ཚིག་མཛོད་ཀྲུང་གོའི་བོད་རིག་པ་དཔེ་སྐྲུན་ཁང་གི་2002ལོའི་སྤར་མའི་ཤོག་གྲངས་1059ལས་དྲངས།

ཞྭའི་རྩིབས་ཀྱི་རྗེ་རིང་ལ་བཏབ་[1]ཅེས་བྱུང་བ་ལ་གཞིགས་ན། བཙན་པོའི་སྐབས་ཀྱི་འབྲི་གཟུགས་ཆེན་པོ་བརྒྱད་ཀྱི་འབྲི་བཀོས་བྱ་སའི་གནས་སམ་འབྲི་རྫས་ནི་རྗེ་རིང་དང་བྲག་ཁོ་ན་ཡིན་པ་དང་གཅིག གཉིས་སྔོན་གྱི་ཤེར་ཕྱིན་དཔོན་པོ་རྣམས་ཀྱིས་བྲག་ཡིག་ལ་མ་དཔེ་བཅོལ་ཏེ་འབྲི་གཟུགས་ལ་སྦྱོང་བ་བྱེད་སྲོལ་ཡོད་པ་སྟེ། དུས་རབས་12པའི་ཤེར་ཕྱིན་དཔོན་པོ་སྤྱང་ཁྲ་རྡོར་དབང་གིས་ཀྱང་། ཡིག་མཁན་ཕྲག་དོག་ཆེ་བ་རྣམས།། སུམ་བཅུ་ཡི་གེའི་ཁོང་འཇུམ་ལ།། ང་རྒྱལ་ཁ་ཅོ་མ་ཟེར་བར།། མཁས་པར་འདོད་ན་བྱང་བར་སློབས།།ཡིག་སྤྱི་ཞ་ཡི་རྗེ་རིངས་ལྟོས།། བདམ་ངག་ཁྱུང་པོ་གཡུ་ཁྲི་ཟུང་།[2]ཞེས་གསུངས་པ་བཅས་ལ་མགོ་བཏགས་བཅོལ་ཏེ་ཞུས་ན། དུས་རབས་12-13པའི་གཡོར་པོ་བའམ་གཉལ་ཁུལ་གྱི་འབྲི་གཟུགས་མཁན་པོ་རྣམས་ཀྱིས་ཀྱང་སྔོན་གྱི་འབྲི་གཟུགས་དག་གི་འབྲི་རྫས་བྲག་སྟེང་དུ་བྱོན་པའི་འབྲི་གཟུགས་དག་ལ་མ་དཔེ་བཅོལ་ཏེ་འབྲི་གཟུགས་བཏབ་པ་ལས་བྲག་ཡིག་ཅེས་པའི་ཐ་སྙད་ཕྱུལ་མེད་དམ་སྙམ། གལ་ཏེ་ང་རང་གི་རྫོངས་ཚོད་དེ་གནད་དུ་འཁེལ་ཡོད་ན་གཉལ་གྱི་བྲག་ཡིག་ཅེས་པ་དེ་ཡང་བཙན་པོའི་སྐབས་ཀྱི་འབྲི་གཟུགས་ཆེན་པོ་བརྒྱད་ལ་སྣེ་ཁུངས་བཅོལ་ཏེ་བྱུང་བ་ཞིག་མིན་ནམ་སྙམ་སྟེ་སུག་བྲིས་མཁན་པོ་རྣམས་ཀྱི་སྤྱན་སྔར་དཔྱད་གཞིའི་ཚོད་དུ་ཕུལ་བ་ལགས།

① གླིང་བཞིའི་ལོ་རྒྱུས་དཔེ་རྙིང་བྲིས་མ་ཁྲ་ཚད་མའི་ལྡེབས་གྲངས་7ནས་དྲངས།

② དཔལ་ས་སྐྱའི་ཆོས་བརྩིགས་བྲག་རི་མའི་གྲས་སུ་བཞུགས་པའི་ཤེར་ཕྱིན་ཡིག་མཁན་སྤྱང་ཁྲ་རྡོར་དབང་གིས་འབྲི་བཤུས་བཏབ་པའི་མཛད་བྱང་ལས་དྲངས།

ལེའུ་བཅུ་གསུམ་པ། དུས་རབས་13-14པའི་གསུང་རབ་བྲིས་མའི་མཛད་བྱང་ངོས་འཛིན།

ལེ་ཚན་དང་པོ། སློབ་དཔོན་སློབ་ཟླ་ཡི་ཤེས་སྐྱོང་ཐར་ལམ་འགྲེལ་བའི་

ལེའུ་སྐུ་ཆིངས།

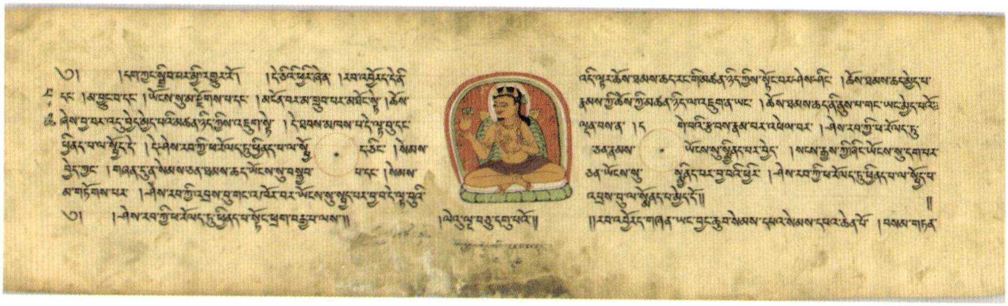

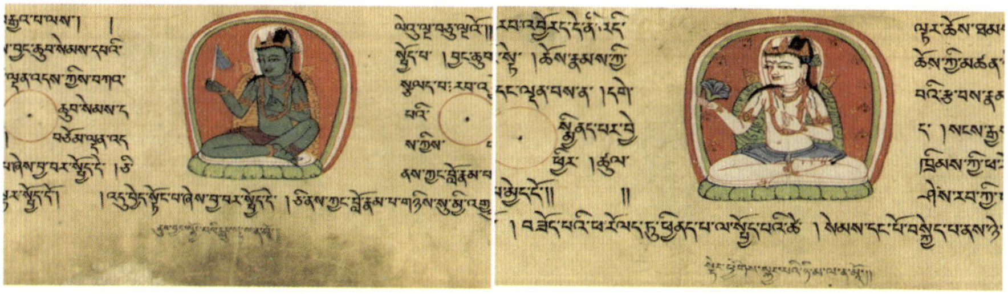

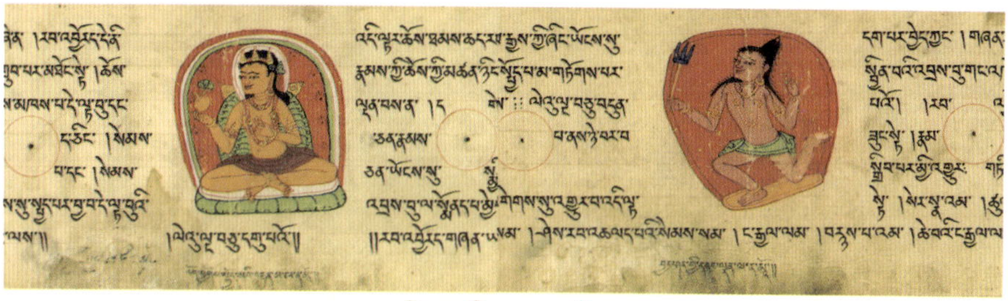

ལེའུ་སྐུ་ཆིངས་མ་དཔེ།

དང་པོ། ལེའུ་མཚམས་སྐྱ་ཆིངས།

ཤེར་ཕྱིན་སྟོང་ཕྲག་བརྒྱ་པ་འདི་འབྲི་བཞེངས་གནང་བའི་སྐབས་སུ་དགོས་པ་གང་ཞིག་ཡིན་མིན་ཞུ་མ་ཤེས་ཅུང་། ལེའུ་མཚམས་སུ་ལྡེབ་གྲངས་ཀྱི་ཉིན་སྲིབ་ལ་མ་ལྟོས་པར་ལེའུ་ལྔ་བཅུ་ལྔའོ་དང་ལེའུ་ལྔ་བཅུ་བདུན་པའོ། ལེའུ་ལྔ་བཅུ་བརྒྱད་པའོ་དང་ལེའུ་ལྔ་བཅུ་དགུ་པའོ་ཞེས་པ་སོ་སོར་སྐྱ་བརྣན་ཤིན་ཏུ་ནས་ཐོན་ལེགས་པ་རེ་རེ་བྲིས་འདུག

གཉིས་པ། ལེའུ་སྐྱ་ཆིངས་ཀྱི་དབྱེ་ཞིབ།

ཤེར་ཕྱིན་སྟོང་ཕྲག་བརྒྱ་པ་དེའི་ལེའུ་མཚམས་སུ་བཙན་པོའི་དུས་ཀྱི་ཤེར་ཕྱིན་ཇི་བཞིན་བམ་མཚམས་སོ་སོར་སྐོ་གསུམ་ཐང་ཆད་འབྲི་བའི་ཡིག་པ་དང་ཀང་འགྱུར་གཞུང་སྦྱོང་གི་ཞུས་དག་མཁན་མཚན་དང་དུས་རབས་12ཤེར་ཕྱིན་སྟོང་ཕྲག་བརྒྱ་པ་བམ་པོའི་མཚམས་སུ་ཤེར་ཕྱིན་ཡུམ་གྱིས་སྐྱ་ཆིངས་བཅད་པ་དང་། དུས་རབས་16ནག་ཆུའི་འབྲོང་དུར་དགོན་གྱི་ཤེར་ཕྱིན་བམ་མཚམས་སུ་སུག་རྒྱ་བཏབ་པ་སོགས་དང་མི་འདྲ་བར་ཆེས་དམིགས་བསལ་ལྡན་པའི་ཁྱད་ཆོས་ཏེ་ཤེར་ཕྱིན་དེའི་ལེའུ་མཚམས་སྐྱ་བརྣན་གྱིས་སྐྱ་ཆིངས་བརྒྱབ་པ་ཞིག་རེད་འདུག མདོར་ན་གང་ལྟར་ཡང་ཆོས་རྒྱལ་རྣམས་ཀྱི་སྐྱ་དུས་སུ་ལོ་པཎ་རྣམས་ཀྱིས་གསུང་རབ་བོད་བསྒྱུར་གནང་བའི་སྐབས་སུ་ཆོས་ཁུངས་བཙུན་པའམ་བམ་པོའམ་ལེའུ་མཚམས་མི་འཁྲུགས་པའི་ཆེད་དུ། ཆོས་ཀྱི་ཚན་ཐམས་ཅད་རྒྱ་དཔེ་ལ་ལེའུ་མཚམས་དང་། ཞབས་ན་ཡོད་པ་ལ་དམ་པ་ཡི་ཆོས་ཁུངས་བཙུན་པ་དང་རྒྱལ་པོ་བཀའ་རྟགས་ཀྱི་ཕྱག་ཡིན་པ་དང་། དམ་པ་ཆོས་ཀྱི་སྐབས་ངོས་བཟུང་བ་དང་། སྐབས་བཅལ་སླ་བའི་མཚན་ཆེད་དུ་སྨོས་པ་དང་། གོ་སླ་བའི་དགོས་པ་ཡོད་པའི་སླད་དུ་བསྟན་པ་ལགས་སྐད་དོ་[1]ཞེས་པས་བམ་པོའམ་ལེའུ་མཚམས་སུ་སྐྱ་ཆིངས་བྱོན་དགོས་པའི་དགོས་པ་དེའང་ཞོར་དུ་རྟོགས།

གཅིག ལེའུ་མཚན་ཉིད།

བོད་ཡིག་གནའ་དཔེའི་ཁྲོད་དུ་མཇལ་བའི་ལེའུ་ཞེས་པའི་ཐ་སྙད་དེ་ནི་བམ་པོ་ཞེས་པ་

① ཉང་ཉི་མ་འོད་ཟེར་གྱིས་མཛད་པའི་ཆོས་འབྱུང་མེ་ཏོག་སྙིང་པོ་སྦྲང་རྩིའི་བཅུད་ཅེས་པ་བོད་ལྗོངས་མི་དམངས་དཔེ་སྐྲུན་ཁང་ནས་བསྐྲུན་པའི་1988ལོའི་སྤར་མའི་ཤོག་གྲངས་394ལས་དྲངས།

དང་འདྲ་བར་རྒྱ་གཞུང་ནས་བྱུང་བ་ཞིག་མ་ཡིན་པར་བོད་གཞུང་དུ་བྱུང་བ་ཞིག་ཡིན་པ་ནི་བམ་པོའི་དགོས་པ་ནི་གཞུང་ཚད་མང་ཉུང་རྟོགས་པའི་ཕྱིར་ལོ་ཙཱ་བས་བྱས་ཀྱི་རྒྱ་དཔེར་བམ་པོ་མི་བགྲངས་ཤོ་ལོ་ཀ་བགྲང་ངོ་ཞེས་དང་། དུས་རབས་13པའི་ནང་དུ་བྱོན་པའི་བོད་ཀྱི་གསུང་རབ་སླ་བ་བུ་སྟོན་གྱིས་གསུངས་པ་ལྟར་ན་ལེའུ་ཞེས་པའི་ཐ་སྙད་ཀྱི་བྱུང་བ་དང་དགོས་པའང་དེ་ཙམ་དུ་ཟད། ལེའུ་གོ་དོན་ཐད་ལ་བོད་ཀྱི་གསུང་རབ་སླ་བ་དུང་དཀར་བློ་བཟང་འཕྲིན་ལས་མཆོག་གིས་གསུངས་དོན། གནའ་རབས་བོད་ཀྱི་རྩོམ་ཡིག་རྣམས་ལ་ནང་གསེས་དོན་ཚན་མང་པོ་ཡོད་ན་དོན་ཚན་ཆེ་བ་རེ་ལ་ལེའུ་རེར་རྩིས་ནས་དེའི་ནང་གསེས་ཀྱི་དོན་ཚན་ཆུང་བ་རྣམས་ས་བཅད་དུམ་བུ་སོ་སོར་བགོས་པ་ཡིན། ལེའུ་རེའི་ཡིག་འབྲུའི་གྲངས་ཚད་ནི། རྒྱ་གར་སྐད་ཀྱི་རྩོམ་ཡིག་ལ་ཚིགས་བཅད་ཡིན་ཆེ་ཕང་བཞི་རེར་ཤློ་ཀ་གཅིག་དང་། ཚིག་ལྷུག་མ་ཡིན་ན་ཚིག་བར་རེ་ལ་ཡིག་འབྲུ་རེར་རྩིས་པའི་ཡིག་འབྲུ་སུམ་ཅུ་སོ་གཉིས་ལ་ཤློ་ཀ་གཅིག་ཏུ་རྩིས་ཏེ་ཤློ་ཁ་སུམ་བརྒྱ་སྟེ་ཡིག་འབྲུ་ཚིག་བར་དགུ་སྟོང་དྲུག་བརྒྱ་ལ་བམ་པོ་གཅིག་ཡིན་ཞིང་། བམ་པོ་རེ་ལ་ཆ་སྙོམས་ཀྱི་ལེའུ་གཉིས་རེ་དང་། ལེའུ་རེར་ཡིག་འབྲུ་ཚིག་བར་བཞི་སྟོང་བརྒྱད་བརྒྱ་ཡོད་ཅེས་གསུངས་པས་རང་རིགས་ཀྱི་གསུང་རབ་རིག་པའི་ཁྲོད་དུ་བྱུང་བའི་ལེའུ་དང་བམ་པོའི་མཚན་ཉིད། དེར་ཡིག་འབྲུ་ཅི་ཙམ་ཞིག་འདུས་པ་དེ་རྟོགས་ཤིང་། ལྷག་དོན་དུ་དེ་གཉིས་ཀྱིས་བརྩིས་སྟངས་མི་འདྲ་བ་སྔོན་གྱི་གསུང་རབ་སླ་བ་རྣམས་ཀྱིས་བམ་པོ་ནི་ཁ་ཐུར་བལྟ་ཞེས་པ་ནི་དང་པོ་ནས་བརྩི་བ་དང་། ལེའུ་ནི་ཁ་གྱེན་བལྟ་ཞེས་པ་གྲངས་སོང་ཟིན་པ་རྩི་བ་ཡིན་ཞེས་གསུངས་པ་ཀྱང་དེ་གཉིས་ཀྱིས་ཁྱད་པར་ཡང་ཤར་དུ་རྟོགས།

གཉིས། སྐུ་བརྙན་ངོས་འཛིན།

རི་མོའི་སྒྱུ་རྩལ་དང་སྐུ་བརྙན་བྲིས་འབུར་གྱི་ཤེས་བྱ་དམན་པ་ང་རང་ཉིད་ཀྱི་ངོས་ནས་བརྗོད་ན། ཤེར་ཕྱིན་དེའི་ལེའུ་མཚམས་ཀྱི་སྐུ་ཆེདས་སུ་བྱོན་པའི་སྐུ་བརྙན་དེ་དག་དུས་ཡུན་ཐུང་ཐུང་ཞིག་གི་ནང་དུ་ངོས་འཛིན་བྱས་ཏེ་འདི་དང་འདིའོ་ཞེས་སྨྲ་བའི་འབབ་སྟེགས་བསྒྱུར་དཀའ་ཏུང་། གསུང་རབ་འབྲི་བཞེངས་ཀྱི་ཡིག་མཁན་དང་དབུ་ལྷ་མཁན་གྱི་རི་མོ་བ་དང་། དེ་མིན་རྗེས་རབས་ཀྱི་དཔེ་ཆ་བ་སུ་ཞིག་གིས་སྐུ་བརྙན་དེ་དག་ངོས་འཛིན་སླ་བའི་སླད་དུ་སྐུ

བརྙན་སོ་སོའི་ཞབས་འོག་ཏུ་ཡིག་གཟུགས་འབྲུ་ཚའི་ལམ་ནས་མཚན་བྱང་རེ་བསྐྲོན་པ་དེ་ལས་སྐུ་དྲིན་ཆེ་བ་གང་ཡང་མ་བྱུང་། སྐུ་བརྙན་གྱི་མཚན་བྱང་ནི་འདི་ལྟར་ལེའུ་ལྔ་བཅུ་ལྔར་ཐོན་པའི་སྐུ་བརྙན་གྱི་མཚན་བྱང་དུ་ནུབ་བྱང་སྐྱོང་བའི་རླུང་ལ་ན་མོཿ[1] དང་ལེའུ་ལྔ་བཅུ་བདུན་པའི་སྐུ་བརྙན་གྱི་མཚན་བྱང་དུ་བྱང་ཤར་གྱི་དབང་ལྡན་ལྷ་མོ་ལ་ན་མོཿ[2] ལེའུ་ལྔ་བཅུ་བརྒྱད་པར་ཐོན་པའི་སྐུ་བརྙན་གྱི་མཚན་བྱང་དུ་སྟེང་ཕྱོགས་སྐྱོང་བའི་ཉི་མ་ལ་ན་མོཿ[3] དང་ལེའུ་ལྔ་བཅུ་དགུ་པར་ཐོན་པའི་སྐུ་བརྙན་གྱི་མཚན་བྱང་དུ་འོག་ཕྱོགས་སྐྱོང་བའི་ལྷ་མོ་བརྟན་མ་ལ་ན་མོཿ[4] ཞེས་ལེའུ་མཚམས་སོ་སོར་ཐོན་པའི་སྐུ་བརྙན་དེ་དག་ལ་མཚན་བྱང་རེ་རེ་ཁྲིས་ཏེ་འདུག དེས་ན་མཚན་བྱང་ལས་སྐུ་བརྙན་དེ་དག་རགས་ཙམ་ཞིག་ངོས་འཛིན་ཐུབ་པ་བྱུང་། དེ་ལས་ཀྱང་ཁུངས་བཙུན་པར་བརྗོད་ན་སྐུ་བརྙན་དེ་དག་གི་མཚན་གྱི་མདུན་དུ་བྱུང་བའི་ནུབ་བྱང་དང་བྱང་ཤར། སྟེང་ཕྱོགས་དང་འོག་ཕྱོགས་ཞེས་པ་སོགས་ཕྱོགས་སྟོན་གསལ་བའི་ཐ་སྙད་བྱུང་བ་ལ་གཞིགས་ན། སྐུ་བརྙན་དེ་དག་ནི་ཕྱོགས་སྐྱོང་བཅུའི་གྲས་སུ་བཞུགས་པའི་སྐུ་ལྷ་ཞིག་རེད་འདུག སངས་རྒྱས་ཆོས་ལུགས་ཀྱི་གསང་སྔགས་གཞུང་ནས་བཤད་པའི་ཕྱོགས་བཅུ་པོ་སྲུང་ཞིང་སྐྱོང་བའི་ལྷ་ཀླུ་གནོད་སྦྱིན་སོགས་བཅུ་སྟེ། 1ཤར་ཕྱོགས་སྐྱོང་བ་བརྒྱ་སྦྱིན། 2ལྷོ་ཕྱོགས་སྐྱོང་བ་གཤིན་རྗེ། 3ནུབ་ཕྱོགས་སྐྱོང་བ་ཆུ་ལྷ། 4 བྱང་ཕྱོགས་སྐྱོང་བ་གནོད་སྦྱིན། 5ཤར་ལྷོའི་ཕྱོགས་སྐྱོང་མེ་ལྷ། 6ལྷོ་ནུབ་ཕྱོགས་སྐྱོང་སྲིན་པོ། 7ནུབ་བྱང་ཕྱོགས་སྐྱོང་རླུང་ལྷ། 8བྱང་ཤར་ཕྱོགས་སྐྱོང་དབང་ལྡན། 9 སྟེང་དུ་ཚངས་པ། 10 འོག་ཏུ་སའི་ལྷ་མོ་[5] ཞེས་གསུངས་པ་དེའི་ཁོངས་གཏོགས་ཤིག་ཡིན་པ་དེ་ཤེས། དེ་ལས་རྒྱ་ཆེ་ཙམ་ཞིག་གིས་ངོས་འཛིན་བྱས་ན་དཔལ་མགོན་ལྷ་མོ་བདུན་ཅུ་རྩ་གཉིས་སུ་བགྲངས་པའི་ནང་གི་སྐུ་བརྙན་རེད་འདུག དེ་དག་ནི་སངས་རྒྱས་ཆོས་ལུགས་ཀྱི་གསང་སྔགས་གཞུང་ནས་བཤད་པའི་སྲུང་མ་བདུན་རྩ་གཉིས་ སྟེ། ལྷ་ཆེན་པོ་བརྒྱད། ཀླུ་ཆེན་པོ་བརྒྱད། གཟའ་ཆེན་པོ་བརྒྱད། རྒྱུ་སྐར་ཉི་ཤུ་རྩ་བརྒྱད། ཕྱོགས་སྐྱོང་བཅུ། རྒྱལ་

---

① ཞེར་ཕྱིན་སྟོང་ཕྲག་བརྒྱ་པའི་ལྷེབ་གྲངས་85ཞབས་ཤོག་གི་སྐུ་བརྙན་མཚན་བྱང་ལས་དྲངས།

② ཞེར་ཕྱིན་སྟོང་ཕྲག་བརྒྱ་པའི་ལྷེབ་གྲངས་100ཞབས་ཤོག་གི་སྐུ་བརྙན་མཚན་བྱང་ལས་དྲངས།

③ ཞེར་ཕྱིན་སྟོང་ཕྲག་བརྒྱ་པའི་ལྷེབ་གྲངས་102ཞབས་ཤོག་གི་སྐུ་བརྙན་མཚན་བྱང་ལས་དྲངས།

④ ཞེར་ཕྱིན་སྟོང་ཕྲག་བརྒྱ་པའི་ལྷེབ་གྲངས་103ཞབས་ཤོག་གི་སྐུ་བརྙན་མཚན་བྱང་ལས་དྲངས།

⑤ དུང་དཀར་བོད་རིག་པའི་ཚིག་མཛོད་ཆེན་པོ་ཀྲུང་གོ་བོད་རིག་པའི་དཔེ་སྐྲུན་ཁང་གི་2006ལོའི་སྤར་མའི་ཤོག་གྲངས་1354ལས་དྲངས།

པོ་ཆེན་པོ་བཞི། འཇིགས་བྱེད་ཀྱི་ཆེན་པོ་དགུ་སྟེ་དཔལ་མགོན་བདུན་ཅུ་རྩ་ལྔ་ཡོད་[1]ཅེས་གསུངས་པ་ལས་ཤེར་ཕྱིན་དེའི་ལེའུ་མཚམས་ཀྱི་སྐུ་ཆིངས་སུ་བྱོན་པའི་སྐུ་བརྙན་དེ་དག་དཔལ་མགོན་བདུན་ཅུ་རྩ་ལྔར་བགྲངས་པའི་ཆོས་སྐྱོང་སྲུང་མའི་གྲས་ཤིག་ཡིན་པ་ཁ་གསལ་པོར་ཤེས།

གསུམ། སྐུ་བརྙན་སྒྱུ་རྩལ།

གོང་དུ་མཇལ་བའི་ཕྱོགས་སྐྱོང་བཅུའི་གྲས་སུ་བཞུགས་པའི་སྐུ་བརྙན་དེ་དག་གི་རི་མོའི་སྒྱུ་རྩལ་གྱི་ཐད་ལ་ཞུས་ན། སྐུ་བརྙན་དེ་དག་གི་ཞལ་རས་ཤ་ཚུགས་ཆེ་ཤིང་། ཤངས་གཟེངས་སུ་མཐོ་བ། སྐུ་བརྙན་ཧྲིལ་པོ་པད་གདན་ལས་སྟེ་འཕེན་ཏེ་འཛོང་གཟུགས་ཀྱི་རི་མོའི་ནང་དུ་ཚོན་གྱི་དྭངས་ཁ་ཤིན་ཏུ་གསལ་ཞིང་ཅུང་ཟད་ཅིག་གསུམ་ཆ་གཉིས་སུ་འཁྱོགས་ལ་ཕྱོགས་པ་ཞིག་བྱོན་འདུག རི་མོའི་ཁྱད་ཆོས་དེ་རིགས་ནི་དུས་རབས་13-14ནང་གི་རི་མོའི་འབྲི་གཟུགས་ཀྱི་ཁྱད་ཆོས་ཏེ་དཔལ་ཞ་ལུ་དགོན་གྱི་ལྷེབས་རིས་ཁག་གི་ལྷ་མགྲོན་དུ་བྱོན་པའི་བལ་བྲིས་ཀྱི་[2]སྒྱུ་རྩལ་གྱི་ཁྱད་ཆོས་བཞུགས་པའི་བོད་ཀྱི་རི་མོ་བ་སངས་རྒྱས་ཨོན་པོ་དང་མཆིམས་བསོད་ནམས་འབུམ་[3]ལ་སོགས་ཀྱི་ཕྱག་སོར་ལས་ཐོན་པའི་དུས་རབས་13-14པའི་སྐུ་བརྙན་དང་གཅིག གཉིས་ཕྱི་རྒྱལ་གྱི་རི་མོ་མཁས་པ་ཅིན་པོའོ་ག（金伯格）ཡིས་ཧི་མ་ལའི་རྒྱ་རྒྱུད་ཅེས་པ་བོད་ཀྱི་ནུབ་ཁུལ་གྱི་ནང་བསྟན་སྒྱུ་རྩལ་དང་གནའ་རྫས་རྟོགས་ཞིབ་ཅེས་པའི་དེབ་ཀྱི་ནང་དུ། དུས་རབས་12-13པའི་ཐང་ག་གཙོ་འཁོར་རྣམ་སྣང་དང་ལྷ་མགྲོན་དུ་ཕྱོགས་སྐྱོང་བརྒྱད་ཀྱིས་སྐུ་བརྙན་བྱོན་པའི་ཐང་ག་[4]ཞིག་ངོ་སྤྲོད་གནང་བ་དེ་དག་དང་ཤིན་ཏུ་ནས་འདྲ་ཤས་ཆེ་བ་དང་། གསུམ་ནས་ཕྱོགས་སྐྱོང་བཅུའི་སྐུ་བརྙན་དེ་དག་ནི་སངས་རྒྱས་ཆོས་ལུགས་ཀྱི་གསང་

---

① དུང་དཀར་བོད་རིག་པའི་ཚིག་མཛོད་ཆེན་པོ་ཀྲུང་གོ་བོད་རིག་པའི་དཔེ་སྐྲུན་ཁང་གི་2006ལོའི་སྤར་མའི་ཤོག་གྲངས་1282ལས་དྲངས།

② 见，谢继胜主编《藏传佛教艺术发展史》上，上海古籍出版社，第383页。

③ ཞ་ལུ་དགོན་པའི་བཀའ་འགྱུར་ལྷ་ཁང་གི་ལྷེབས་རིས་མཚན་བྱང་ལས་དྲངས།

④ 见，张长虹、廖旸主编《越过喜马拉雅-西藏西部佛教艺术与考古译文集》，四川大学出版社2007年出版，154页。

སྡིགས་གཞུང་ནས་བཤད་པའི་སྲུང་མ་བདུན་ཅུ་རྩ་གཉིས་[1]ཀྱི་ཁོངས་སུ་འདུ་བའི་རྒྱུ་མཚན་ལ་གཞིགས་ན། དཔལ་ཞ་ལུའི་ལྡེབས་བྲིས་ཀྱི་བརྗོད་བྱ་དཔལ་དུས་ཀྱི་འཁོར་ལོ་ཡིན་པ་ནི་བུ་སྟོན་རིན་ཆེན་གྲུབ་ཀྱིས་མཛད་པ་ལས་བྱུང་བ་ད་ལྟའང་མངལ་དུ་མཆིས་པའི་དཔལ་ཞ་ལུའི་ལྡེབས་རིས་ཀྱི་རི་མོའི་སྒྱུ་རྩལ་སྐྱ་བརྙན་གཙོ་འཁོར་གྱི་ལྷ་མགྲོན་རྣམས་སུ་ཕྱོགས་སྐྱོང་བཅུ་དང་སྒྲུ་སྐར་ཉེར་དགུ། དཔལ་མགོན་སྲུང་མ་བདུན་ཅུ་རྩ་གཉིས་བྱོན་པའི་དཀྱིལ་འཁོར་ལས་ཤུགས་ལ་རྟོགས་ཤིང་། ལྷག་དོན་དུ་ལྡོངས་དཔེ་མཛོད་ཁང་ནས་མངལ་བའི་རྒྱ་དཔེ་མཐིང་ཤོག་དུས་རབས་13-14ཡས་མས་སུ་གསེར་དངུལ་ར་མ་ལུག་གི་བཞེངས་པའི་ཤེར་ཕྱིན་ནམ་འཕགས་པ་ཀུན་ཏུ་བཟང་པོའི་མདོ་ཞིག་མངལ་བྱུང་བ་དེའི་ལེའུ་མཚམས་སུ་སྤྱན་རས་གཟིགས་སྐྱ་མདོག་མི་འདྲ་བ་དང་འཇམ་དཔལ་དབྱངས། འཇམ་དབྱངས་སྨྲ་བའི་སེང་གེ་ལ་སོགས་པ་བྱོན་པ་དེ་དག་གི་རི་མོའི་སྒྱུ་རྩལ་ལ་ཉམས་ཞིབ་བྱ་སྐབས་རི་མོའི་ཚོན་རྩི་དང་ཁྲིའི་རྒྱབ་ཀྱི་དཔུང་པོ་གཡས་གཡོན་དུ་བྱོན་པའི་ཆུ་སྲིན་དང་བྱ་པ་ཊི་ཁ་ནས་མེ་ཏོག་འཕྱོ་བའི་རྣམ་པ་[2]དང་འཇམས་དབྱངས་སྨྲ་བའི་སེང་གེའི་འཁྲིངས་སྟབས་སོགས་ཀྱི་རི་མོའི་སྒྱུ་རྩལ་ནི་ཞ་ལུའི་ལྡེབས་རིས་མ་ལས་བུ་དཔེ་རྒྱ་དཔེ་མཐིང་ཤོག་གསེར་དངུལ་ར་མ་ལུག་གི་ལེའུ་སྐྱ་ཆེངས་སུ་བྱོན་པ་ལྟ་བུར་སྣང་།

གསུམ། དུས་རབས།

དེས་ན་སྟོན་གྱི་ཕྱག་དཔེ་དེ་གཉིས་འབྲི་གཟུགས་གཅིག་པ་མིན་ཡང་གཞུང་དེའི་ལེའུ་མཚམས་སུ་སྐྱ་ཆེངས་བརྒྱབ་པ་བཅས་ལས་གསུང་རབ་དེ་གཉིས་ཀྱི་རི་མོའི་སྒྱུ་རྩལ་དང་བརྗོད་བྱའི་ནང་དོན། ལེའུ་མཚམས་སུ་སྐྱ་ཆེངས་བྱོན་ཡོད་པ་དང་གཅིག གཉིས་སྣེ་ཐང་སྒྲོལ་

① དུང་དཀར་བོད་རིག་པའི་ཚིག་མཛོད་ཆེན་པོ་ཀྲུང་གོ་བོད་རིག་པའི་དཔེ་སྐྲུན་ཁང་གི་2006ལོའི་པར་མའི་ཤོག་གྲངས་1282ལས་དྲངས།

② ཁྲི་དྲུག་འདེགས་ལ་གླང་པོ་བུ་ཆུང་སེང་གེ་རི་དྭགས་རྣམས་ཀྱིས་གཟུགས་རྒྱབ་ཡོལ་བ་མེད་པར་ཁྲི་རང་གི་སྟེང་ན་ཡོད་པ་རྒྱ་གར་གྱི་རྗེ་ཀུན་དང་། བོད་ཀྱི་དགོན་རྙིང་གི་སྐུ་འདྲ་དག་ཀྱང་འདྲ། ཆུ་སྲིན་པ་ཊི་གཟུགས་དེ་རྒྱབ་ཡོལ་ལ་ཡོད་ཅིང་། འདི་ལ་ག་ཛ་སིང་སྟེ་གླང་པོ་སེང་གེ་བྱ་བར་འབོད། འདིའི་སྣ་ཞགས་གླང་ཆེན་ལྟར་ཡོད་ཀྱང་། ཕྱིས་ཀྱི་རང་རེ་རི་མོ་རྣམས་ལ་རྒྱ་ནག་གི་འབྲུ་གཟུགས་ཀྱི་ཤན་ཞུགས་པ་ངམ་ཞེས་དགེ་འདུན་ཆོས་འཕེལ་གྱིས་མཛད་པའི་རྒྱལ་ཁམས་རིག་པས་བསྐོར་བའི་གཏམ་རྒྱུད་གསེར་གྱི་ཐང་མའི་སྟོད་ཆ། ནུབ་བྱང་མི་རིགས་སློབ་ཆེན་གྱི་པར་མ་ཤོག་གྲངས་55དུ་གསལ།

མ་ལྷ་ཁང་དུ་བཞུགས་པའི་ཤེར་ཕྱིན་དེའི་འབྲི་གཟུགས་ངོས་ནས་བརྗོད་ན་སྐད་གསར་བཅད་སྔོན་གྱིས་ཤན་བཞུགས་མེད་པ་དང་ལྡེབས་གྲངས་ངོས་སུ་སྒོར་ཐིག་གཉིས་གསལ་ཏུང་རྒྱུན་དུ་མེད་པ་དང་། ལྷག་དོན་དུ་ལྡེབ་གྲངས་ཀྱི་བརྒྱ་གནས་མཚོན་བྱེད་དུ་དམིགས་བསལ་རྟགས་† འདིས་ལྟ་བུས་མཚོན་པར་བྱེད་པའི་རྣམ་པ་དེ་ནི་དུས་རབས་11པའི་རྗེས་ཀྱི་བོད་དཔེ་ལ་བྱུང་བའི་རྒྱུ་མཚན་བཅས་ལས་ད་ཐེངས་མཇལ་བའི་སྣེ་ཐང་སྒྲོལ་མ་ལྷ་ཁང་ཤེར་ཕྱིན་ལེའུ་མཚམས་ཕྱོགས་སྐྱོང་བཅུ་ལ་སོགས་པས་སྐུ་ཆིངས་བཅིངས་པ་དེ་དུས་རབས་13ནང་དུ་འབྲི་བཞེངས་བསྐྲུངས་པ་ཞིག་ཡིན་པ་ནི་ངེས་པ་ཙུང་ཟད་ཅིག་རྙེད་དོ།

358

ལེ་ཚན་གཉིས་པ། སྣེ་ཐང་སྒྲོལ་མ་ལྷ་ཁང་ཤེར་ཕྱིན་པོད་ཀ་པའི་མཛད་བྱང་།

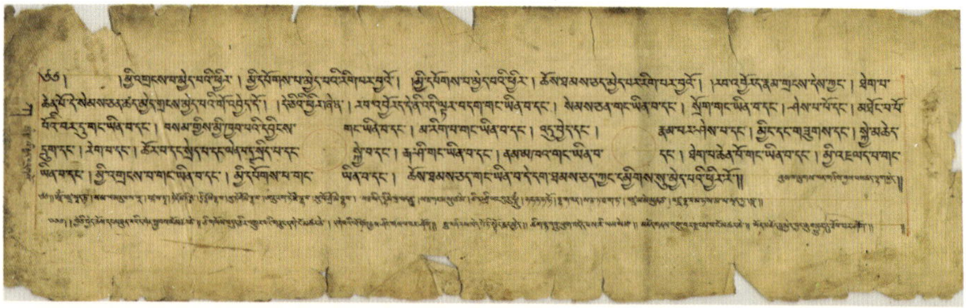

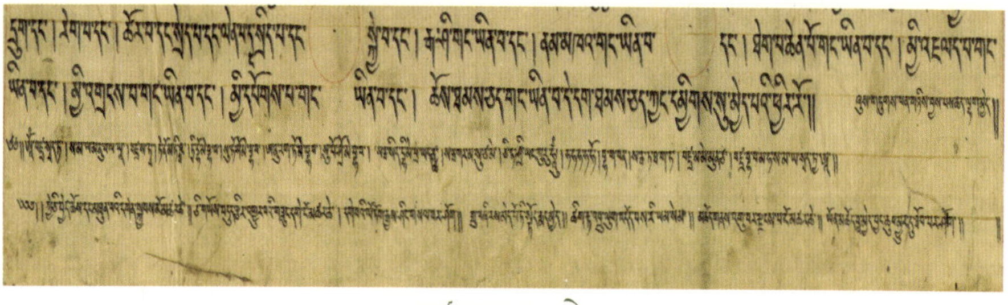

མཛད་བྱང་མ་དཔེ།

དང་པོ། མཛད་བྱང་མ་ཕྱིས།

༡། །ཀྱེ་ཅི་བྱེད་ཆོས་དང་མཐུན་པའི་དགེའ་སྐྱབས་ངོ་མཚར་ཆེ། །ཅི་གཡོས་བདུད་རྩིར་འགྱུར་བ་འི་གཟུང་དགེ་ངོ་མཚར་ཆེ། །དགེ་བའི་ལོ་ཏོག་རྒྱས་ཤིང་གསལ་བར་ཤོག། །གྲུ་བཞི་རས་མེད་པོ་ཏི་སྟོད་ཆད་མྱེད། །ཆོག་ཏ་འབྲུ་ལུག་འདོད་པས་རི་ཡམ་སེམ།། མཆོད་གནས་

འགྲུ་བར་ཟླངས་པ་ངོ་མཚར་ཆེ། །ཡོན་མཆོད་ བླ་མེད་བྱང་ཆུབ་མྱུར་དུ་ཐོབ་པར་ཤོག། །[①]ཅེས་པའོ།

གཉིས་པ། མཛད་བྱང་གི་དབྱེ་ཞིབ།

གཅིག སྨིན་བདག

༄། །ཀྱེ་ཅི་བྱེད་ཆོས་དང་མཐུན་པའི་དགེའ་སྐབས་ངོ་མཚར་ཆེ། །ཅི་གཡོས་བདུད་རྩིར་འགྱུར་བ་འི་གཟུང་དགེ་ངོ་མཚར་ཆེ། །དགེ་བའི་ལོ་ཏོག་རྒྱས་ཤིང་གསལ་བར་ཤོག་ཅེས་བརྗོད་པ་ནི་ཀྱེ་ཞེས་འབོད་པ་གསལ་བྱེད་སྒྲས་དབུ་འཕེན་ཏེ་ལས་ཅི་ཞིག་བྱས་ཀྱང་འཇིག་རྟེན་མི་ཆོས་དང་མཐུན་པར་བྱ་མཁན་གྱི་སྨིན་བདག་དགེའ་སྐབས་ཐོན་པ་ལས་ངོ་མཚར་ཆེ་བ་དང་། རྣམ་དཀར་དགེ་བའི་ལས་དེའི་ཕྱོགས་སུ་ལས་ཡུན་གྱི་རིང་ཐུང་ལ་གཟིགས་ཏེ་ཟས་སྣ་འདྲེན་པའི་གཡོས་སྦྱོར་ཅི་ཞིག་བགྱིས་ཀྱང་ཟས་བཅུད་ཆེ་བས་འབྲི་བཞེངས་ཀྱི་ལས་མིའི་བདུད་རྩིར་འགྱུར་བ་གཏོང་མཁན་གཟུང་དགེ་ཐོན་པ་བཅས་ཀྱིས་རྣམ་དཀར་དགེ་བའི་ལས་ཅི་ཞིག་བྱས་པ་དེར་གྲུབ་འབྲས་ལོ་ཏོག་སྨིན་པར་ཤོག་ཅེས་དད་པ་སྐྱོངས་མེད་པའི་སྨིན་བདག་མཆོག་གི་གནས་ཚུལ་བརྗོད་འདུག

གཉིས། ཡིག་མཁན།

གྲུ་བཞི་རས་མེད་པོ་ཏི་སྟོད་རྒྱུད་མྱེད། །ཚིག་རྟ་འབྲུ་ལུག་འདོད་པས་རི་ཡམ་སེམ། །མཆོད་གནས་འགྲུ་བར་ཟླངས་པ་ངོ་མཚར་ཆེ། །ཡོན་མཆོད་བླ་མེད་བྱང་ཆུབ་མྱུར་དུ་ཐོབ་པར་ཤོག། །[②]ཅེས་བྱུང་བ་ལྟར་ན། དེ་ཡང་ཐོག་མར་གསུང་རབ་འབྲི་བཞེངས་ཀྱི་སྔག་ཤོག་གཉིས་ལས་ཤོག་བུ་གྲུ་བཞི་ངོས་གཙང་ སྲུ་མེད་ཐོག་ཕྱུ་ཏི་སྟོད་སྨད་ཀྱི་དབྱེ་བ་མེད་པར་འཕྲུལ་ཡིག་ཚད་ལྡན་གྱིས་འབྲི་བཞེངས་བསྒྲུངས་པ་ལས་མཆོད་གནས་རྣམས་ཀྱི་ཡིད་འགྲུ་བར་ཟླངས་པ་ལས་ངོ་མཚར་ཆེ་སྟབས། དེས་ན་ཡོན་མཆོད་ལ་སོགས་སྨོན་ལམ་ཁོངས་སུ་གཏོགས་པའི་

---

① སྣེ་ཐང་སྒྲོལ་མ་ལྷ་ཁང་དུ་བཞུགས་པའི་ཤེར་ཕྱིན་པོད་ཀ་པའི་ལྡེབ་གྲངས་348པའི་མཛད་བྱང་ལས་དྲངས།

② སྣེ་ཐང་སྒྲོལ་མ་ལྷ་ཁང་དུ་བཞུགས་པའི་ཤེར་ཕྱིན་པོད་ཀ་པའི་ལྡེབ་གྲངས་348པའི་མཛད་བྱང་ལས་དྲངས།

སེམས་ཅན་རྣམས་བླ་ན་མེད་པའི་བྱང་ཆུབ་མྱུར་དུ་ཐོབ་པར་ཤོག་ཅེས་བསྔོ་སྨོན་བཏབ་པ་གོང་གི་མཛད་བྱང་ལས་ཤེས།

ལེ་ཚན་གསུམ་པ། སྐྱེ་ཐང་སྒྲོལ་མ་ལྷ་ཁང་ཤེར་ཕྱིན་པོད་ག་པའི་མཛད་བྱང་།

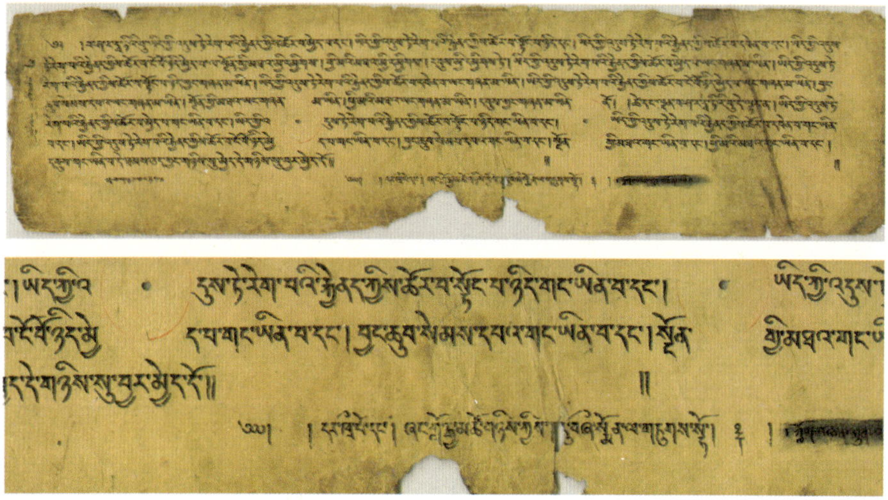

མཛད་བྱང་མ་དཔེ།

དང་པོ། མཛད་བྱང་མ་ཕྱུས།

༄༅། དར་ཁྲི་པོ་དང་། ཞང་སློ་རྒྱ་མཚོ་གཉིས་ཀྱིས་···བཞི་སྨོན་ལ་གཏུགས་སོ།། [1]ཞེས་པའོ།

གཉིས་པ། མཛད་བྱང་གི་དབྱེ་ཞིབ།

སྐབས་འདིར་བྱུང་བའི་མཛད་བྱང་ནི་མཆོད་ཡོན་སྦྱིན་བདག་དང་སྣག་ཤོག་སོགས་ཀྱི་སྐོར་གང་ཡང་མ་བརྗོད་པར་ཐད་ཀར་གསུང་རབ་འབྲི་བཤུས་མཁན་གྱི་ཡིག་པ་དར་ཁྲི་པོ་དང་ཞང་སློ་རྒྱ་མཚོ་གཉིས་ཀྱིས་འབྲི་བཤུས་མཛད་པ་དེ་གསུངས་འདུག

① སྐྱེ་ཐང་སྒྲོལ་མ་ལྷ་ཁང་དུ་བཞུགས་པའི་ཤེར་ཕྱིན་པོད་ག་པའི་ལྡེབ་གྲངས་347པའི་མཛད་བྱང་ལས་དྲངས།

ལེ་ཚན་བཞི་པ། སྙེ་ཐང་སྒྲོལ་མ་ལྷ་ཁང་ཤེར་ཕྱིན་པོད་ཇ་པའི་མཛད་བྱང་།

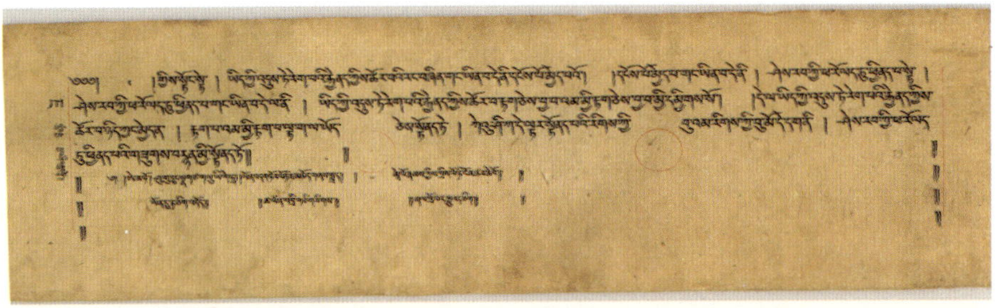

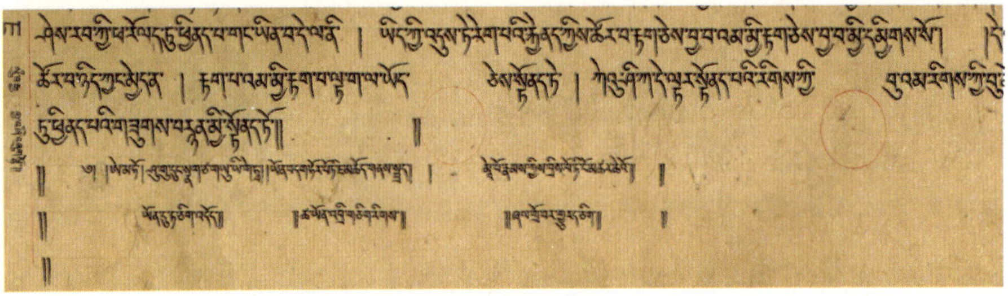

མཛད་བྱང་མ་དཔེ།

དང་པོ། མཛད་བྱང་མ་ཕྱུགས།

༄༅། །ཨེ་མ་ཧོ། །ཤུ་གུ་དུང་སྨུག་ཙ་གཡུ་ཡི་གེ་ཧྲ། །ཡོན་དག་ཧོར་པོ་ཧྲི་ཛ་མཆོད་གནས་སྒྲུད། །སློ་པོ་རྣམས་ཀྱིས་བྲིས་པོ་ཧྲི་ཛོ་མཚར་ཆེའོ། །ཡོན་དུ་ཏ་ཅིག་འདོད། །ཚ་ཡོན་འབྲི་གཅིག་རིགས། །ཞལ་གྲོ་བར་གྱུརད་ཅིག། །[1] ཅེས་པའོ།

གཉིས་པ། མཛད་བྱང་གི་དབྱེ་ཞིབ།

གཅིག སྨུག་ཤོག

༄༅། །ཨེ་མ་ཧོ། །ཤུ་གུ་དུང་སྨུག་ཙ་གཡུ་ཡི་གེ་ཧྲ། །[2] ཞེས་བྱུང་བ་ལྟར་ན། སྐབས་འདིར་གསུང་རབ་འབྲི་བཞེངས་ཀྱི་སྨུག་ཤོག་གི་སྐོར་ཡིན་ཙ་ན། ཐོག་མར་ཨེ་མ་ཧོ་ཞེས་པས་སྟོན་བསྔས་ཏེ་ཤུ་གུ་དུང་སྤེ་ཤོག་བུ་དུང་ཤོག་དཀར་གཙང་དང་སྨུག་ཚ་གཡུ་མདོག་ཅན་གྱིས་བྲིས་

① སྙེ་ཐང་སྒྲོལ་མ་ལྷ་ཁང་དུ་བཞུགས་པའི་ཤེར་ཕྱིན་པོད་ཇ་པའི་ལྡེབ་གྲངས་384པའི་མཛད་བྱང་ལས་དྲངས།

② སྙེ་ཐང་སྒྲོལ་མ་ལྷ་ཁང་དུ་བཞུགས་པའི་ཤེར་ཕྱིན་པོད་ཇ་པའི་ལྡེབ་གྲངས་384པའི་མཛད་བྱང་ལས་དྲངས།

པ་ལས་ཡི་གེ་ཧྲ་ཞེས་པ་ནི་ཡི་གེ་རྣམ་ཤེས་ཡོད་པ་འདྲ་ཞེས་པའི་དོན་མིན་ནམ་སྙམ། སྔོན་གྱི་མཛད་བྱང་ཁག་གི་འབྲི་གཟུགས་ཀྱི་བསྟོད་ཚིག་ཏུ་འཕྲུལ་ཡིག་ཅེས་པ་དང་ཅུང་ཟད་མི་འདྲ་སྐབས་དེའི་གོ་དོན་འདི་ཡིན་མིན་གསུང་རབ་སྨྲ་བའི་དབང་པོ་རྣམས་ཀྱིས་དཔྱད་པར་འཚལ།

གཉིས། ཡོན་བདག

ཡོན་དག་ཧོར་པོ་ཏྲི་ཇ་མཆོད་གནས་སྦྲིད།། །སྐྱེ་པོ་རྣམས་ཀྱིས་བྲིས་པོ་ཏྲི་ཇོ་མཚར་ཆེའོ།། །ཞེས་པས་སྐབས་འདིར་འབྲི་བཞེངས་བྱ་བའི་གསུང་རབ་པོད་ཇ་པ་འདིའི་ཡོན་བདག་ནི་ཧོར་པ་དང་མཆོད་གནས་ནི་རུས་སྦྲིད་ཡིན། མེས་པོ་གོང་མ་རྣམས་ཀྱིས་བྲིས་པས་པོ་ཏྲི་ཇོ་མཚར་ཆེ་ཞེས་ཆེ་བསྟོད་མཛད་འདུག དེས་ན་སྐབས་འདིར་བྱུང་བའི་མཆོད་གནས་ཏེ་ཡོན་ཏན་དང་འཛོན་ཐང་ཕུན་སུམ་ཚོགས་ཤིང་མཆོད་པའམ་གོང་དུ་བཀུར་བར་འོས་པའི་མི་སྟེ་མཆོད་གནས་སྦྲིད་ཀྱི་རུས་མིང་སྔོར་ལ། བོད་ཀྱི་ལོ་རྒྱུས་ཁུངས་བཙུན་དུས་རབས་12ཡས་མས་སུ་བྲིས་པའི་ལྡེའུ་ཆོས་འབྱུང་དུ། བོད་ཀྱི་ལོ་རྒྱུས་སྙིང་བའི་སྐབས་སུ་རྒྱལ་ཕྲན་བསིལ་མ་བཅུ་གཉིས་འདྲེན་དུས།། ཡུལ་གྲིས་སྐྱ་རོལ་མོ་གོང་ན། རྒྱལ་པོ་དྲང་རྗེ་གོང་ནམ་བཞུགས། བློན་པོ་སྦྲིད་དང་ཞུ།[①] ཞེས་བྱུང་བའི་ནང་གི་བློན་པོ་སྦྲིད་དང་དུས་རབས་12པའི་ནང་དུ་ཡིག་མཁན་སྦྲིད་ལ་ཤ་སྲེག་གིས་འབྲི་བཞེངས་བསྐྲུངས་པའི་འོན་ཀེ་རུའི་ཤེར་ཕྱིན་དང་། ད་ཐེངས་མཛལ་བའི་སྐྱེ་ཐང་སྒྲོལ་མ་ལྷ་ཁང་དུ་བཞུགས་པའི་ཤེར་ཕྱིན་གྱི་མཛད་བྱང་དུ་བྱུང་བའི་མཆོད་གནས་སྦྲིད་བཅས་ལས་ཞུས་ན། བོད་ཀྱི་ལོ་རྒྱུས་ཐོག་རུས་སྦྲིད་ཅེས་པའི་མིང་རུས་བྱུང་སྟོང་ཡོད་པ་མ་ཟད་རིགས་རུས་དེ་ལས་མི་སྣ་འཛོན་ཐང་ཅན་མི་ཉུང་བ་ཞིག་ཀྱང་བྱུང་སྟོང་ཡོད་པ་སྟེ། བོད་ཀྱི་ལོ་རྒྱུས་རྒྱལ་ཕྲན་བསིལ་མ་བཅུ་གཉིས་སྐབས་སུ་ཡུལ་གྲིས་སྐྱ་རོལ་མོ་གོང་གི་རྒྱལ་པོ་དྲང་རྗེ་གོང་ནམ་གྱི་བློན་པོ་སྦྲིད་དང་། དུས་རབས་12པའི་ནང་དུ་གསུང་རབ་འབྲི་བཞེངས་ཀྱི་ཡིག་མཁན་ཕུལ་དུ་བྱུང་བ་སྦྲིད་ལ་ཤ་སྲེག་དང་། དེ་རྗེས་དུས་རབས་13ཡས་མས་སུ་ཡང་སྐྱེ་ཐང་ཁུལ་དུ་མཆོད་གནས་སུ་བཀུར་བའི་སྦྲིད་བཅས་ལས་ང་ཚོས་རིགས་རུས་ཁུངས་བཙན་སྦྲིད་ཀྱིས་རྒྱུད་པས་དུས་རབས་མི་འདྲ་བའི་ནང་དུ། བོད་ཀྱི་ཆབ་སྲིད་དང་རིག

① མཁས་པ་ལྡེའུས་མཛད་པའི་རྒྱ་བོད་ཀྱི་ཆོས་འབྱུང་རྒྱས་པ་བོད་ལྗོངས་བོད་ཡིག་དཔེ་རྙིང་དཔེ་སྐྲུན་ཁང་གི་1987ལོའི་སྤར་མའི་ཤོག་གྲངས་225ལས་དྲངས།

གནས། དཔལ་འཁོར་བཅས་འཕེལ་རྒྱས་སུ་འགྲོ་རྒྱུར་ལེགས་སྐྱེས་མི་དམན་པ་ཞིག་ཕུལ་ཡོད་པའང་ཤུགས་ལ་རྟོགས་སོ།

གསུམ། ཡིག་མཁན།

ཡོན་དུ་ཏ་ཅིག་འདོད།། །ཚ་ཡོན་འབྲི་གཅིག་རིགས།། །ཞལ་གྱི་བར་ཕྱུར་ད་ཅིག།། [①] ཅེས་བྱུང་བ་ལས་ང་ཚོས་གོང་གི་གསུང་རབ་བྲིས་མའི་མཛད་བྱང་ལས་ཤེས་རྟོགས་བྱུང་བ་ལྟར་ན། གསུང་རབ་འདི་འབྲི་བཞེངས་བྱ་བའི་ནང་དུ་སྒོ་གསུམ་གཙང་མར་འབྲི་བའི་ཡིག་མཁན་གྱི་གླ་ཡོན་དུ་ཧྲ་གཅིག་འདོད་པ་དང་ཚ་ཡོན་དུ་འབྲི་གཅིག་རིགས་པ་ཡོད་ཅེས་གསུངས་པ་ལྟར་ན། སྐབས་དེའི་སྤྱི་ཚོགས་ཀྱི་དཔལ་འཁོར་གྱི་གནས་འབབ་དང་འགྲོ་ལུགས་དོན་ནས་བརྗོད་ན་ཆེས་རིན་ཐང་ཆེ་བ་ཞིག་ཡིན་གཤིས། དེས་ན་སྐབས་འདིར་བྲིས་བཞེངས་བྱས་པའི་གནའ་དཔེ་དེའི་འབྲི་གཟུགས་ཀྱང་ཚད་ལྡན་འཕྲུལ་ཡིག་ཅིག་ཡིན་པ་དེ་ཤུགས་ལ་རྟོགས། དེའི་སྐོར་རྒྱས་པར་གཟིགས་འདོད་ན་གོང་གི་མཛད་བྱང་གི་འོན་ཀ་ཏུའི་གསུང་རབ་ཀྱི་མཛད་བྱང་དཔེ་ཞིབ་ཏུ་གཟིགས་པར་འཚལ།

ལེ་ཚན་ལྔ་པ། སློ་ཐང་སྒྲོལ་མ་ལྷ་ཁང་ཤེར་ཕྱིན་པོད་ཐ་པའི་མཛད་བྱང་།

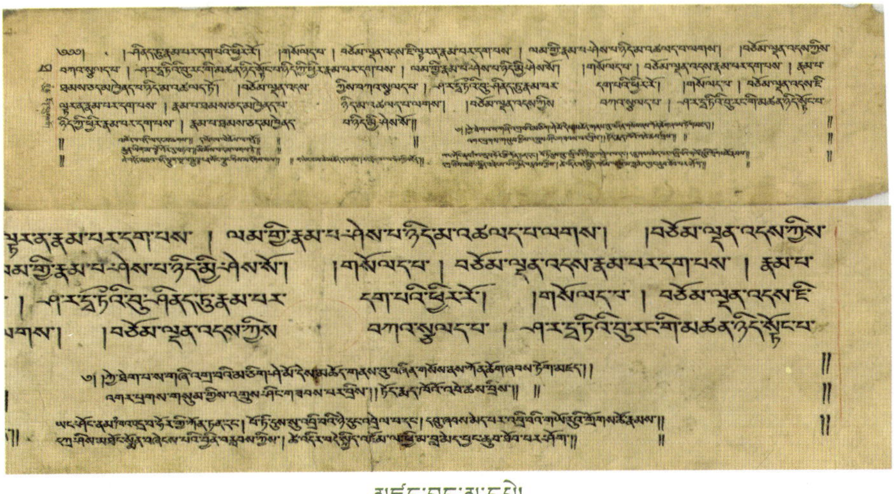

མཛད་བྱང་མ་དཔེ།

① སློ་ཐང་སྒྲོལ་མ་ལྷ་ཁང་དུ་བཞུགས་པའི་ཤེར་ཕྱིན་པོད་ཇ་པའི་ལྡེབ་གྲངས་384པའི་མཛད་བྱང་ལས་དྲངས།

དང་པོ། མཛད་བྱང་མ་ཕྱུགས།

༄། །ཀྱེ་ཐེག་པ་ས་གཞི་འགྲོ་བའི་མ་ཅིག་ཤེ་མོ་དེས། མཆོད་གནས་བུ་བཞིན་གསོས་ནས་ཀོན་ཆོག་ཞབས་ཏོག་མཛད།། འགར་སྤྲགས་གསུམ་གྱིས་འགྲུས་ཤིང་གཟབས་པར་བྲིས། །ཏོད་རྣད་ཁོའོ་འབེ་ཚས་བྲིས།། ཡོང་ཤོང་ནམ་མཁའ་འདྲ་བ་ཏོར་གྱི་ཀོན་ཏན་དང་། །ཕོ་ཏི་དུས་སུ་འབྲི་བའི་ཉེ་དྲུང་འབྲེལ་པ་དང་། །དབུ་ཞབས་མེད་པར་འབྲི་བའི་གཡོ་ཏུའི་གྲོགས་ཚོ་རྣམས། །དཀྱ་ཤིས་མཐོང་སྨོན་བཞེངས་པའི་བྱིན་བརླབས་ཀྱིས། །ཚེ་འདིར་བདེ་སྐྱིད་འཇོམ་ལ་ཕྱི་མ་བྱང་ཆུབ་ཐོབ་པར་ཤོག །[1]ཅེས་པའོ།

གཉིས་པ། མཛད་བྱང་གི་དབྱེ་ཞིབ།

གཅིག སྦྱིན་བདག

༄། །ཀྱེ་ཐེག་པ་ས་གཞི་འགྲོ་བའི་མ་ཅིག་ཤེ་མོ་དེས། མཆོད་གནས་བུ་བཞིན་གསོས་ནས་ཀོན་ཆོག་ཞབས་ཏོག་མཛད།། [2]ཅེས་བྱུང་བ་ལ་གཞིགས་ན། སྙེ་ཐང་སྒྲོལ་མ་ལྷ་ཁང་དུ་བཞུགས་པའི་ཤེར་ཕྱིན་དེ་འབྲི་བཞེངས་གནང་བའི་སྐབས་སུ་དད་པ་སྐྱོ་ངས་མེད་པའི་སྦྱིན་བདག་གནང་མཁན་ནི་བཟོད་བསྲུན་དང་བསམ་རྒྱ་ཤིན་ཏུ་ཆེ་བའི་ས་གཞི་དང་འདྲ་བའི་མ་ཅིག་ཤེ་མོ་དེས་མཆོད་གནས་རང་གི་ཤ་ལས་ཆད་པའི་བུ་བཞིན་བྱམས་སྐྱོང་དང་ལྡན་པར་གསོས་ཏེ། དཀོན་མཆོག་ལ་ཞབས་ཏོག་ཕུན་སུམ་ཚོགས་པོ་གྲུབ་པའི་མུར་ཤེར་ཕྱིན་དེའི་རྒྱུ་འགྲོ་སྤྱོར་མཁན་གྱི་སྦྱིན་བདག་ཀྱང་གནང་བ་སྟེ་ཐུགས་དམ་བཀྲ་ཤིས་མཐོང་སྨོན་བཞེངས་པ་དེ་གོང་གི་མཛད་བྱང་ལས་ཤེས།

གཉིས། ཡིག་མཁན།

། །འགར་སྤྲགས་གསུམ་གྱིས་འགྲུས་ཤིང་གཟབས་པར་བྲིས། །ཏོད་རྣད་ཁོའོ་འབེ་ཚས་བྲིས།། [3]ཞེས་བྱུང་བ་ལ་གཞིགས་ན་དད་པ་སྐྱོ་ངས་མེད་པའི་སྦྱིན་བདག་མ་ཅིག་ཤེ་མོས་

① སྙེ་ཐང་སྒྲོལ་མ་ལྷ་ཁང་དུ་བཞུགས་པའི་ཤེར་ཕྱིན་པོད་ཐ་པའི་ལྡེབ་གྲངས་365པའི་མཛད་བྱང་ལས་དྲངས།
② སྙེ་ཐང་སྒྲོལ་མ་ལྷ་ཁང་དུ་བཞུགས་པའི་ཤེར་ཕྱིན་པོད་ཐ་པའི་ལྡེབ་གྲངས་365པའི་མཛད་བྱང་ལས་དྲངས།
③ སྙེ་ཐང་སྒྲོལ་མ་ལྷ་ཁང་དུ་བཞུགས་པའི་ཤེར་ཕྱིན་པོད་ཐ་པའི་ལྡེབ་གྲངས་365པའི་མཛད་བྱང་ལས་དྲངས།

གནང་སྐེ་གསུང་རབ་དེ་འབྲི་བཞེངས་བསྐྲུངས་པའི་སྐབས་སུ། སྨོ་གསུམ་གཙང་མར་འབྲི་བའི་ཡིག་མཁན་ནི་འགར་སྤྲགས་གསུམ་ཞེས་གསུངས་པར་བལྟས་ན་འགར་དང་སྤྲགས་དང་འབེ་ཚ་བཅས་ཡིག་མཁན་གསུམ་གྱིས་ལེ་ལོ་སྤངས་ཏེ་འབད་པས་གཟབ་པར་བྲིས་ཏེ་བཞེངས་པ་ནི་གོང་གི་མཛད་བྱུང་ལས་ཤེས།

གསུམ། ཉེ་འཕོར།

གསུང་རབ་ཤེར་ཕྱིན་དེ་འབྲི་བཞེངས་གནང་བའི་སྐབས་སུ་སེམས་ཁམས་གཞི་རྒྱ་ཆེ་བ་ནམ་མཁའ་ལྟ་བུ་འདྲ་བའི་ཧོར་གྱི་གོན་ཏན་ཞེས་བྱུང་བ་ལ་གཞིགས་ན། དུས་རབས་13པའི་ནང་དུ་ས་སྐྱ་དང་འབྲེལ་ཆེ་བའི་ཧོར་གྱི་རྒྱལ་རིགས་ཀྱི་མཚན་དུ་ཧོར་གོ་ཏན་ཞེས་བྱུང་བ་དེ་དང་སྐབས་འདིར་བྱུང་བའི་ཧོར་གོན་ཏན་གཉིས་དོན་གཅིག་མིང་གི་འབྲི་སྲོལ་མི་འདྲ་བ་ཙམ་ཞིག་ཡིན་ན། ཧོར་གོན་ཏན་གྱི་སྐོར་ལ་རེ་ཞིག་འགྲེལ་ན། བོད་ཀྱི་གསུང་རབ་སྒྲ་བ་དུང་དཀར་བློ་བཟང་འཕྲིན་ལས་མཆོག་གིས། སྤྱིར་བོད་ཡིག་གི་ནང་དུ་བཤད་པའི་ཧོར་ལ་སྐབས་དོན་མི་འདྲ་བའི་སྒོ་ནས་ངོས་འཛིན་མི་འདྲ་བ་བྱེད་དགོས་[1]ཞེས་གསུངས་པ་ལྟར་ན་ཧོར་ནི་བོད་ཀྱི་ལོ་རྒྱུས་ཐོག་སོག་པོའི་རྒྱལ་ཁམས་ལ་ཧོར་ཟེར། ལོ་རྒྱུས་ཐོག་ཏུ་ཡོན་སྐྱེ་ཆེན་པོ་ཡོན་གྱི་རྒྱལ་རབས་ཟེར། བོད་ཀྱི་ལོ་རྒྱུས་ཐོག་སོག་པོ་ཟེར་བ་སྐབས་རེ་པར་སིག་ལ་ངོས་འཛིན་དགོས་པའི་སྐབས་ཀྱང་ཡོད་པས་དུས་སྐབས་སོ་སོའི་གནས་ཚུལ་དང་སྦྱར་ཤེས་པ་དགོས་[2]ཞེས་གསུངས་པ་ལྟར་ན། སྐབས་འདིའི་ཧོར་ནི་ཡོན་རྒྱལ་རབས་ཏེ་ཧོར་གོ་ཏན་ནི། ཡོན་ཐའི་ཙུང་ཨོ་གོ་ཏའི་བུ་གཉིས་ཀྱི་ཆུང་བ་ཡིན། མེ་སྟག་ལོ་རང་ལོ་ཉེར་དགུའི་ཐོག་རབ་བྱུང་བཞི་པའི་ཤིང་རྟ་སྤྱི་ལོ་1234ལོ་ནས་ལོ་བཅོ་བརྒྱད་རིང་སྲིད་དབང་བཟུང་། འདིས་སྲིད་དབང་བཟུང་བའི་ཕྱི་ལོ་མཛོ་ནད་ཀྱིས་ཟིན། འདིའི་ཁྲི་ལོ་དྲུག་པ་ས་ཕག་སྤྱི་ལོ་1239ལོར་ས་སྐྱ། ཕག་གྲུ། འབྲི་གུང་། ཚལ་པ། སྟག་ལུང་བཅས་ནས་ཧོར་རྒྱལ་པོ་སོ་སོར་མགོ་བཏགས་ནས། འབྲི་གུང་པ་དང་། གཙང་མགུར་

[1] ཚལ་པ་ཀུན་དགའ་རྡོ་རྗེས་བརྩམས་ཞིང་དུང་དཀར་བློ་བཟང་འཕྲིན་ལས་ཀྱིས་མཆན་འགྲེལ་བཀོད་པའི་དེབ་ཐེར་དམར་པོ་པེ་ཅིང་མི་རིགས་དཔེ་སྐྲུན་ཁང་གི་1981ལོའི་སྤར་མའི་ཤོག་གྲངས་276ལས་དྲངས།

[2] ཚལ་པ་ཀུན་དགའ་རྡོ་རྗེས་བརྩམས་ཞིང་དུང་དཀར་བློ་བཟང་འཕྲིན་ལས་ཀྱིས་མཆན་འགྲེལ་བཀོད་པའི་དེབ་ཐེར་དམར་པོ་པེ་ཅིང་མི་རིགས་དཔེ་སྐྲུན་ཁང་གི་1981ལོའི་སྤར་མའི་ཤོག་གྲངས་312ལས་དྲངས།

མོ་བས་མོང་གོལ་ཏན། ས་སྐྱ་པ་དང་ལྷ་སྡེ་གཞུང་པ་བཅས་ཀྱིས་གོ་དན། ཚལ་པས་སེ་ཆེན་ཏ། ཕག་གྲུ། གཡའ་བཟང་། ཐང་པོ་ཆེ་པ་བཅས་ཀྱིས་ཧུ་ལའི་ཧུ། སྟག་ལུང་པས་ཨ་རི་བོ་ག་བཅས་ལ་མགོ་བཏགས། དེའི་ཕྱི་ལོ་རབ་བྱུང་བཞི་པའི་ལྕགས་བྱི་སྤྱི་ལོ་1240ལོར་བློན་པོ་དོར་རྟ་ནག་པོས་སྡེ་ཁྲིད་པའི་དམག་དཔུང་བོད་ལ་བཏང་། མདོ་སྟོད། མདོ་སྨད། སོག་ཆུ་ཁ་རྣམས་སུ་བོད་མི་མཐོང་ཚད་གསོད་པ་དང་། རྒྱལ་ལྷ་ཁང་མེས་བསྲེགས་ར་སྒྲེང་ལ་ཡང་གནོད་པ་ཆེན་པོ་བྱས། སྟག་ལུང་རྨུགས་པས་བསྒྲིབས་ནས་མ་མཐོང་། གྲྭ་པ་རབ་ཏུ་བྱུང་བ་ལྔ་བརྒྱ་ཙམ་བསད། འབྲི་གུང་སྤྱན་སྔ་གྲགས་པ་འབྱུང་གནས་ཀྱི་རྡོ་ཆར་བབས་པས་འབྲི་གུང་པར་མ་གནོད། ཧོར་གྱི་མཆོད་གནས་ལ་ཕེབས་དགོས་ལབ་ཀྱང་ཁོ་རང་མ་ཕེབས་པར་ས་སྐྱ་པཎ་ཆེན་གདན་དྲངས་དགོས་ཞེས་མངགས་པ་བཞིན། རབ་བྱུང་བཞི་པའི་ཤིང་འབྲུག་སྤྱི་ལོ་1244ལོར་ས་པཎ་དགུང་ལོ་རེ་གསུམ། འགྲོ་མགོན་འཕགས་པ་དགུང་ལོ་བཅུ། ཕྱག་ན་དགུང་ལོ་བརྒྱད་ལ་སླེབས་པ་བཅས་ཁུ་དབོན་གསུམ་ཀ་ཧོར་ཡུལ་དུ་ཕེབས་ནས། ཕྱི་ལོ་ཤིང་སྦྲུལ་སྤྱི་ལོ་1245ལོ་ལ་བྱང་ངོས་མཁར་དུ་འབྱོར། གོ་དན་གྱིས་ཐུགས་འཕྲད་མ་བྱས་པར་སྨན་བཅོས་བྱེད་དུ་བཅུག་པས་རྒྱལ་པོ་ནད་ལས་ཐར། ས་པཎ་ལ་གནམ་མཆོད་པའི་རྒན་འགོ་བྱེད་ཀྱང་ཆོས་མ་ཞུས། ད་དུང་ཚོད་ལྟ་ཚོད་བགམ་སྣ་ཚོགས་བྱས། རབ་བྱུང་བཞི་པའི་ལྕགས་ཕག་སྤྱི་ལོ་1251ལོར། ས་པཎ་འདས། དེ་རྗེས་གོ་དན་གྱི་བློན་པོ། དོར་རྟི་ཏས་སྡེ་ཁྲིད་པའི་དམག་བོད་དུ་བཏང་ནས་བོད་དུ་མ་འབྱོར་གོང་གོ་དན་ཁོ་རང་འདས། དེའི་ཕྱི་ལོ་རབ་བྱུང་བཞི་པའི་ཆུ་བྱི་སྤྱི་ལོ་1251ལོ་གོ་ཏན་གྱིས་བཏང་བའི་ཧོར་དམག་བོད་དུ་འབྱོར་ཏེ་མོན་མཁར་མགོན་པོ་གདོང་བཙོམ་ནས་མི་གྲངས་མེད་བསད། རྒྱལ་ཚ་དང་རྗེ་འབེར་བཀྲོངས། (འདིར་འགའ་ཞིག་གི་གོ་ཡུག་དང་གོ་དན་གཉིས་ཀྱིས་བྱང་ངོས་ཤ་ར་ཐ་ལའི་རྒྱལ་པོ་མ་གཏོགས་བྱས་མེད་ཟེར་མཁན་འདུག)[1] ཞེས་གསུངས་པ་ལས་སྐབས་འདིར་བྱུང་བའི་ཧོར་གྱི་གོ་ཏན་ནི་དུས་རབས་13པའི་ནང་དུ་བྱུང་བའི་ལོ་རྒྱུས་ཐོག་མི་སྣ་སྐད་གྲགས་ཅན་ཞིག་ཡིན་པ་ལས། ཤར་ཕྱིན་མཐོང་སྨོན་འདི་ཡང་དུས་རབས་13པའི་ནང་དུ་འབྲི་བཞེངས་བསྐྲུངས་པ་དེ་ཤུགས་ལ་རྟོགས། དེས་ན་ང་ཚོས་རྟོག་རྟོག་གཅིག་གིས་འགྲུབ་བ་ན་ཤེས་བྱ་ཐམས་ཅད་ཤེས་པར་འགྱུར་ཞེས་པ་ལྟར། སྐབས་འདིར་ཐོན་པའི་ཡིག་མཁན་འགར་དང་སྤྲགས་

① ཚལ་པ་ཀུན་དགའ་རྡོ་རྗེས་བརྩམས་ཞིང་དུང་དཀར་བློ་བཟང་འཕྲིན་ལས་ཀྱིས་མཆན་འགྲེལ་བཀོད་པའི་དེབ་ཐེར་དམར་པོ་པེ་ཅིང་མི་རིགས་དཔེ་སྐྲུན་ཁང་གི་1981ལོའི་སྤར་མའི་ཤོག་གྲངས་316ལས་དྲངས།

དང་འབེ་ཚ་བཅས་ཡིག་མཁན་གསུམ་ཡང་དུས་རབས་13པའི་ཡིག་མཁན་ཞིག་ཡིན་པ་ཤེས་པ་མ་ཟད། ཁོང་རྣམས་ཀྱང་ཏ་བཞིའི་ནང་ནས་གཡོ་ཏའི་ཕྱོགས་ནས་བྱོན་པའི་ཡིག་པ་ཞིག་ཡིན་པ་དེ་བས་ངེས་པ་རྙེད་པ་སྙེ་མཛད་བྱང་ལས། ཧོར་ཡོང་ཤོང་ནམ་མཁའ་འདྲ་བ་ཧོར་གྱི་ཀོན་ཏན་དང་། །པོ་ཏི་དུས་སུ་འབྲི་བའི་ཉེ་དུང་འབྲེལ་པ་དང་། །དབུ་ཞབས་མེད་པར་འབྲི་བའི་གཡོ་ཏའི་གྲོགས་ཚོ་རྣམས། །དཀྲ་ཤིས་མཐོང་སྨོན་བཞེངས་པའི་བྱིན་བརླབས་ཀྱིས། །[1] ཞེས་པས་སོ།

བཞི། བསྔོ་སྨོན།

གསུང་རབ་ཤེར་ཕྱིན་བཀྲ་ཤིས་མཐོང་སྨོན་དེ་དད་པ་སྐྱོ་ངས་མེད་པའི་སྦྱིན་བདག་མ་ཅིག་ཤེ་མོས་སྦྱིན་བདག་མཛད་དེ་དུས་རབས་13པའི་ནང་དུ་ཡུལ་གཡོ་ཏའི་ཕྱོགས་ཀྱི་ཡིག་པ་འགར་དང་དྲགས་དང་འབེ་ཚས་སྒོ་གསུམ་གཙང་མའི་ངང་ནས་འབྲི་བཞེངས་བསྒྲུངས་ཏེ་ལེགས་གྲུབ་ཟིན་པའི་རྗེས་སུ། གསུང་རབ་ཀྱི་མཛད་བྱང་སྒྲིག་སྲོལ་བཞིན་སྨོན་ལམ་ཁོངས་སུ་གཏོགས་པའི་སེམས་ཅན་རྣམས་ཀྱི་མོས་པ་དང་འཚམས་པའི་བསྔོ་བ་སྨོན་ལམ་ཚེ་འདིར་བདེ་སྐྱིད་འཛོམ་ཞིང་ཕྱི་མ་བྱང་ཆུབ་ཐོབ་པར་ཤོག་ཅེས་བཏབ་པ་སྙེ་མཛད་བྱང་ལས། །ཚེ་འདིར་བདེ་སྐྱིད་འཛོམ་ལ་ཕྱི་མ་བྱང་ཆུབ་ཐོབ་པར་ཤོག། །[2] ཅེས་པས་སོ།

① སྙེ་ཐང་སྒྲོལ་མ་ལྷ་ཁང་དུ་བཞུགས་པའི་ཤེར་ཕྱིན་པོད་ཐ་པའི་ལྡེབ་གྲངས་365པའི་མཛད་བྱང་ལས་དྲངས།

② སྙེ་ཐང་སྒྲོལ་མ་ལྷ་ཁང་དུ་བཞུགས་པའི་ཤེར་ཕྱིན་པོད་ཐ་པའི་ལྡེབ་གྲངས་365པའི་མཛད་བྱང་ལས་དྲངས།

ལེ་ཚན་དྲུག་པ། སྐྱེ་ཐང་སྒྲོལ་མ་ལྷ་ཁང་ཤེར་ཕྱིན་པོད་ཐ་པའི་མཛད་བྱང་།

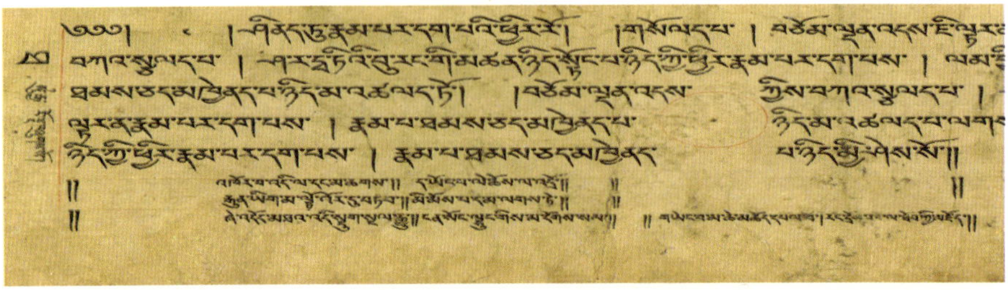

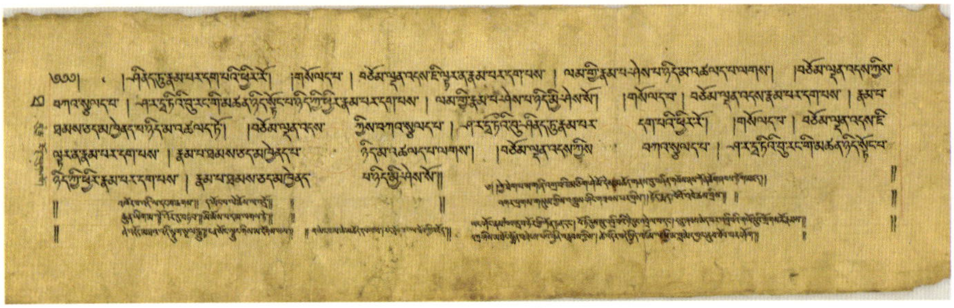

མཛད་བྱང་མ་དཔེ།

དང་པོ། མཛད་བྱང་མ་ཡིག

འཁོར་བ་འདི་ལ་དང་མ་ཆགས་། །ད་ཡོང་པ་ལེ་ཆོས་ལ་འཛོ་། །རྒྱུན་ཡིག་མ་ལྟོ་འོར་དུ་བཏབ་། །མི་མོས་པ་ད་མ་ལགས་ཏེ་། ། །ཞི་འདོད་མཐའ་འདི་སྡུག་སྔལ་རྒྱུ་། །ངན་སོང་ལྷུང་གིས་མ་དོགས་སམ་། །གཡི་བ་མ་ཆེ་མཆོད་དཔལ་བ་། ། རང་དྲོག་རང་ལ་ཐོབ་གྱི་མཛོད་། །[1]ཅེས་པའོ།

གཉིས་པ། མཛད་བྱང་གི་དབྱེ་ཞིབ།

གཅིག ཡུལ་ལུང་།

ཤེར་ཕྱིན་འདིའི་མཛད་བྱང་དུ་གཞན་བཞིན་ཡུལ་ལུང་དང་ཡིག་ཞུས། སྣག་ཤོག་སོགས་ཀྱི་སྐོར་མ་བརྗོད་པར་ཐད་ཀར་འབྲི་བཞེངས་མཁན་གྱི་བསམ་པའི་སྨྲུལ་སྨོང་བརྗོད་པ་སྟེ། འཁོར་བ་འཇིག་རྟེན་འདི་ལ་ཡིད་མ་ཆགས་ཤིང་ད་ཡོང་པ་དེ་ཆོས་ལ་འགྲོ་བསམས་ཏེ། གསུང་རབ་དེ་འབྲི་བཞེངས་ཀྱི་དགུ་སྟོན་ནི་དུས་བཞི་ལས་དགུན་གྱི་དུས་སུ་སྐྱེ་ཐང་[2]འོར་སྟེ་ལྷ་སའི་

① སྐྱེ་ཐང་སྒྲོལ་མ་ལྷ་ཁང་དུ་བཞུགས་པའི་ཤེར་ཕྱིན་པོད་ཐ་པའི་ལྡེབ་གྲངས་365པའི་མཛད་བྱང་ལས་དྲངས།

② སྐྱེ་ཐང་ཞེས་པ་འདིའི་སྐོར་ན་ཤེས་རྒྱུ་ཞིག་ཡོད། སྐྱེ་ཐང་ཞེས་པའི་ཡི་གེའི་དབང་དུ་བཏང་ན། དང་པོ་ཡི་གེ་འབྲི་ཚུལ་མི་འདྲ་བ་

ནུབ་ཕྱོགས་སུ་གནས་པའི་ཆུ་ཤུར་རྫོང་གི་མངའ་ཁོངས་སུ་གནས་ཤིང་། སྙེ་ཐང་ཞེས་པའི་མིང་ཡང་དེ་སྔོན་སྙེའི་ན་མོ་ཆེ་ཞེས་ས་སྙེ་བྲི་སྲོལ་འདུག་ཀྱང་མི་དབང་རྟོགས་བརྗོད་ནང་གསལ་བར། ཇོ་བོ་ཨ་ཏི་ཤ་ཞབས་སོར་བསྐྱོད་དེ་གཤེགས་པ་ལས། ཡུལ་གྱི་དགེ་མཚན་གྱིས་ཐུགས་འཕྲོག་ནས་མཉེས་པའི་གསུང་གིས་དབུགས་དབྱུང་བའི་ཡུལ་མཉེས་ཐང་དུ་གྲགས་ཞེས་གསལ་བ་ལྟར་ན་མཉེས་ཐང་དུ་ཡང་འབོད་སྲོལ་བྱུང་འདུག[1]ཅེས་པས་སྙེ་ཐང་གི་གོ་དོན་དང་སྙེ་ཐང་ཞེས་པའི་དག་ཆ་འབྲི་སྲོལ་མི་འདྲ་བ་ཅི་ཞིག་བྱུང་བ་དེ་ཤེས། ཇོ་བོ་རྗེ་དགུང་ལོ་བདུན་ཅུ་རྩ་གཉིས་ལ་གནས་དེར་རབ་བྱུང་དང་པོའི་ཤིང་རྟ་སྤྲེ་སྤྱི་ལོ་1045ལོའི་སྟོན་ཟླ་འབྲིང་པོའི་ཚེས་18ལ་གཤེགས་རྗེས། ཀ་བ་ཤཱཀྱ་དབང་ཕྱུག་གིས་འོར་དུ་ཡང་མཆོད་རྟེན་བརྒྱ་པ་དང་། ཤཱཀྱ་ཐུབ་པ་གཙོ་འཁོར། སྨན་བླ་སོགས་ལུགས་སྐུ་མང་དུ་བཞེངས་ནས་བཞུགས། ཇོ་བོའི་གདན་ས་ལྷ་ཁང་བྲི་ཙམ་པ་ཞིག་བཞེངས་དགོངས། མཉེས་ཐང་འོར་གྱི་གཙུག་ལག་ཁང་ (སྒྲོལ་མ་ལྷ་ཁང་) ནི་ཇོ་བོ་མཉེས་ཐང་དུ་བཞུགས་རིང་གི་བཞུགས་གནས་ཡིན་པར་ངེས། དེང་སྐབས་སྒྲོལ་མ་ལྷ་ཁང་གི་ཤར་ངོས་སུ་ཡོད་པའི་གྲོང་ཚོར་འོར་ཟེར་བ་དང་སྙེའི་ན་མོ་ཆེ་ནི་གཞུང་ལམ་གྱི་ལྷོ་ངོས་སུ་ཡོད་ཅིང་། དེ་གར་ཡང་ཇོ་བོའི་གཟིམ་ཁང་ཞེས་པའི་ལྷ་ཁང་ཆུང་ཆུང་ཞིག་དང་། སྐུ་འབུམ་ཞེས་པ་ས་འབུམ་པ་ཆེན་པོ་གཉིས་ཡོད་པ་ནས་ལྷོ་ངོས་དེ་བླ་མ་དམ་པ་བསོད་ནམས་རྒྱལ་མཚན་གྱི་གདུང་རྟེན་དང་། བྱང་ངོས་དེ་ཇོ་བོ་རྗེའི་གདུང་རྟེན་ཡིན་པར་གྲགས[2]ཞེས་པས་ད་ཐེངས་ཀྱི་གསུང་རབ་འབྲི་བཞེངས་བྱ་སའི་ཡུལ་ལུང་དེ་ནི་སྙེ་ཐང་གི་འོར་དུ་ཡིན་པ་ནི་དེ་བས་ངེས་པ་བརྟན་པོ་རྙེད་པ་སྟེ། འཁོར་བ་འདི་ལ་དང་མ་ཆགས།། ད་ཡོང་པ་ལེ་ཆོས་ལ་འདྲོ།། རྒྱུན་ཡིག་མ་ལྟོ་འོར་དུ་བཏབ།།[3]ཅེས་པས་སོ།

འགག་ཡོད་དེ། འགག་རིས་ཉེ་ཐང་། ཞེས་དང་། མང་ཤོས་ན་སྙེ་ཐང་ཞེས་དང་། ཡང་འགག་རིས་གཉེ་ཐང་ཞེས་དང་། ངས་རིག་སྤྱོད་བའི་དཔེ་ཆ་ཞིག་གི་ནང་དུ་མཉེས་ཞེས་པ་འདི་ཡིན། འདི་ཡིན་དོན་ནི། ཇོ་བོ་རྗེ་བོད་ལ་ཕེབས་ཏེ་ས་ཕྱོགས་དེ་ནས་བཞུགས་ཏེ་ས་འདི་ནི་ཧ་ཅང་བཟང་གི་ཞེས་ཐུགས་དགྱེས་པའམ་མཉེས་པའི་རྒྱུ་མཚན་གྱིས་མཉེས་ཐང་ཟེར་བ་ཡིན་ཞེས་པ་ངས་སྔོན་ཆད་མཐོང་སྤྱོད་བ་ཡིན། ད་ལྟ་དཔེ་ཆ་མ་འཛོམས་པ་མ་གཏོགས་དེ་འདྲ་ཡོད་ཐག་ཆོད་ཡིན། གང་ལྟར་ཀྱང་ཡི་གེ་གང་དག་ནའང་དག སྙེ་ཐང་ཞེས་ས་སྙེ་བྲིས་པ་ཧ་ཅང་མང་པོ་ཡོད་ཅེས་འཇམ་དབྱངས་གྲགས་པས་ལེགས་སྒྲིག་བྱས་པའི་བྱང་ཆུབ་སེམས་དཔའ་རྣག་ཏུ་ངུའི་རྟོགས་བརྗོད་དང་དེའི་འགྲེལ་བ་ཉིན་མོའི་སྣང་བ་ཞེས་པ་མཚོ་སྔོན་མི་རིགས་དཔེ་སྐྲུན་ཁང་གི་2000ལོའི་པར་མའི་ཤོག་གྲངས་67དུ་གསལ།

① མཁས་དབང་དུང་དཀར་བློ་བཟང་འཕྲིན་ལས་མཆོག་གིས་མཛད་པའི་དུང་དཀར་བོད་རིག་པའི་ཚིག་མཛོད་ཀྲུང་གོ་བོད་རིག་པའི་དཔེ་སྐྲུན་ཁང་གི་2002ལོའི་པར་མའི་ཤོག་གྲངས་946ལས་དྲངས།

② མཁས་དབང་དུང་དཀར་བློ་བཟང་འཕྲིན་ལས་མཆོག་གིས་མཛད་པའི་དུང་དཀར་བོད་རིག་པའི་ཚིག་མཛོད་ཀྲུང་གོ་བོད་རིག་པའི་དཔེ་སྐྲུན་ཁང་གི་2002ལོའི་པར་མའི་ཤོག་གྲངས་946ལས་དྲངས།

③ སྙེ་ཐང་སྒྲོལ་མ་ལྷ་ཁང་དུ་བཞུགས་པའི་ཤེར་ཕྱིན་བོད་ཐ་པའི་ལྟེབ་གྲངས་365པའི་མཛད་བྱང་ལས་དྲངས།

གཉིས། སྦྱིན་བདག

མི་མོས་པ་ད་མ་ལགས་ཏེ། ། །ཞི་འདོད་མཐའ་འདི་སྡུག་སྡལ་རྒྱུ། །ངན་སོང་ལྷུང་གིས་མ་དོགས་སམ། །གཡེ་བ་མ་ཆེ་མཆོད་དཔལ་བ། ། རང་དྲོག་རང་ལ་ཐོབ་ཀྱི་མཛོད། ། ①ཅེས་པ་ལྟར་ན། གསུང་རབ་འདི་འབྲི་བཞེངས་བསྐྲུངས་པའི་སྐབས་སུ་དགུན་དབུ་སྟོན་འོར་དུ་བཙུགས་ནས་འབྲི་བཞེངས་མཛད་པ་དེར་ཡིག་པ་སོགས་མོས་པ་དེ་འདྲ་མ་བྱུང་ཀྱང་། སེམས་ཀྱི་གཏིང་ནས་ཞི་འདོད་མཐའ་གཅིག་ཏུ་བྱས་པ་ནི་སྡུག་བསྡལ་གྱི་རྒྱུ་ཡིན་པས་དེས་ངན་སོང་དུ་ལྷུང་བའི་དོགས་པ་མ་བསམས་ཤིག དེར་བརྟེན་ཡོན་བདག་མཆོད་དཔལ་མཆོག་ནས་ཉེ་རིང་ཆགས་སྡང་གི་དབྱེ་བ་མ་མཛད་པར་འབྲི་བཞེངས་ཀྱི་ལས་མི་རྣམས་ལ་བཟའ་བཏུང་དུས་ཐོག་འདྲེན་པར་མཛད་དེ་རང་གྲོགས་རང་གིས་མཛོད་ཅིག་ཅེས་མཆོད་ཡོན་སྦྱིན་བདག་མཆོག་ལ་རེ་མོས་ཞུས་འདུག

ལེ་ཚན་བདུན་པ། སྐྱེ་ཐང་སྒྲོལ་མ་ལྷ་ཁང་ཤེར་ཕྱིན་པོད་ན་པའི་ཞབས་མཆན།

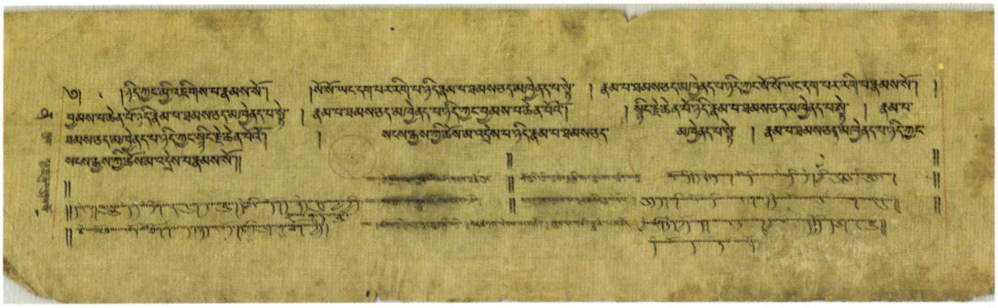

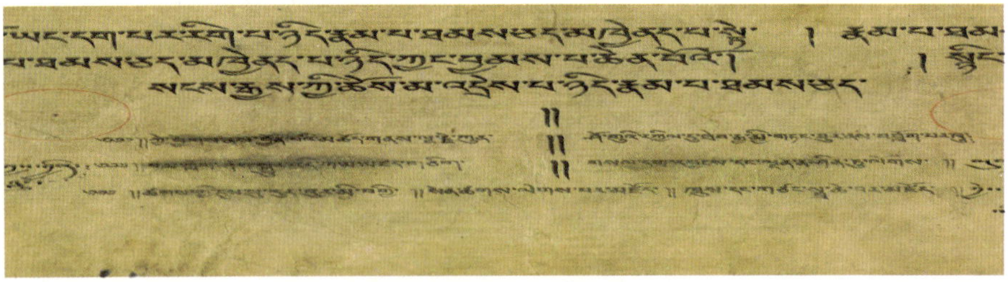

མཛད་བྱང་མ་དཔེ།

① སྐྱེ་ཐང་སྒྲོལ་མ་ལྷ་ཁང་དུ་བཞུགས་པའི་ཤེར་ཕྱིན་པོད་ཐ་པའི་ལྡེབ་གྲངས་365པའི་མཛད་བྱང་ལས་དྲངས།

དང་པོ། ཞབས་མཆན་མ་ཕྱུས།

༄། །ཀྱེ་ཕྱོགས་ནས་ཕྱིན་པའི་མཆོད་གནས་ལྷ་རྗེ་ཀུན།། ཤོ་གུའི་དཀྱིལ་དུ་ཐེབ་རྒྱ་ཐེ་གཏང་ཟུར་ནས་བཟློག་པར་ཞུ། ། ༄། །བམ་གློག་ཤོག་སྐྱུར་འདི་ཀ་མ་མཛད་གཅིག། །གསལ་དག་དབྱངས་དང་ལྡན་ན་ཤིན་ཏུ་ལེགས།། ༄། །ཚིགས་ཀྱི་དུས་སུ་ཞུར་ཞུར་མི་བགྱི། །སེན་ཚགས་ལེགས་པར་མཛོད། །བྲིས་དང་གཙང་སྦྲ་ཆེ་བར་མཛོད།།[①]ཅེས་པའོ།

གཉིས་པ། ཞབས་མཆན་གྱི་དབྱེ་ཞིབ།

གཅིག ལྷགས་ཀློག་རེ་ཞུས།

གསུང་རབ་འདིའི་མཛད་བྱང་དུ་དད་པ་སྐྱོ་ངས་མེད་པའི་སྦྱིན་བདག་དང་སྒོ་གསུམ་གཙང་མར་འབྲི་བའི་ཡིག་པ་དང་རྐང་འཁྱོར་གཞུང་སྟོང་གི་ཞུ་གཏུག་མཁན་ལ་སོགས་པའི་འབྲི་བཞེངས་གནས་ཚུལ་སོགས་གང་ཡང་མ་བཀོད་པར་ཐད་ཀར་གསུང་རབ་དེ་ཞལ་འདོན་གནང་མཁན་གྱི་དགེ་འདུན་དང་དཔེ་ཆ་བ་ལ་བསླབ་བྱ་ཞུས་པ་སྟེ། ཕྱོགས་བཞི་ནས་ཕྱིན་པའི་མཆོད་གནས་རྣམས་ཀྱིས་གསུང་རབ་དེ་ཞལ་འདོན་གནང་སྐབས་གསུང་རབ་ཀྱི་ལྡེབ་མའི་དཀྱིལ་དུ་ཕྱག་མཛུབ་མ་བྱས་པར་ལྡེབ་མའི་ཟུར་ནས་འཇུས་ནས་བསྒྱུར་ཏེ་ལྷགས་ཀློགས་ཡོད་པ་ཞུ། ལྷགས་ཀློག་གནང་བའི་སྐབས་སུ་ལུས་ངག་ལྷགས་ཀློག་གི་ངལ་བར་འཛེམས་ཏེ་བམ་པོ་དང་ལྡེབ་གྲངས་རྩིལ་པོ་བསྒྱུར་བ་སོགས་མེད་པར་གསལ་དག་དབྱངས་དང་ལྡན་ཞིང་། ཚིགས་རྣམས་ཞུར་ཞུར་མི་བགྱིས་པ་དང་སེན་ཚགས་ལེགས་པའི་སྒོ་ནས་ལྷགས་ཀློག་ཡོད་པ་དང་། ལྷགས་ཀློག་ཞུ་མཁན་རང་གི་ངོས་ནས་བརྗོད་ན་ཡང་བྲིས་དང་གཙང་སྦྲ་ཆེ་བར་མཛོད་ཅིག་ཅེས་ཧུན་ཧོང་གི་གསུང་རབ་བྲིས་མའི་ལམ་ལུགས་ཇི་བཞིན་ཡིག་མཁན་གྱིས་གསུང་རབ་འབྲི་བཤུའི་ལས་ལ་དངོས་སུ་མ་བཞུགས་པའི་གཟའ་འཁོར་གཅིག་གི་སྔོན་ནས་ལུས་ངག་གི་གཙང་སྦྲ་དགོས་པ་ཇི་བཞིན་རེ་ཞུས་བྱས་པ་དེ་ཡིན་འདུག དེས་ན་གོང་གི་སྐད་ཆ་དག་ལས་ང་ཚོས་ཤུགས་ལ་རྟོགས་ཐུབ་པ་ཞིག་ནི་གསུང་རབ་དེ་འབྲི་བཞེངས་བསྐྲུན་མཁན་

① སྐྱེ་ཐང་སྒྲོལ་མ་ལྷ་ཁང་དུ་བཞུགས་པའི་ཤེར་ཕྱིན་པོད་ན་པའི་ལྡེབ་གྲངས་389པའི་མཛད་བྱང་ལས་དྲངས།

ཟིན་ནས་ཆོས་བཟང་དུས་བཟང་ལ་དགེ་འདུན་རྣམས་པས་ལྷུགས་གློག་ཞུ་སྐབས་ཀྱི་གནས་ཚུལ་ལ་གཞིགས་ཏེ་གསུང་རབ་དེའི་དོ་དམ་པའམ་འདོན་མཁན་གྱིས་ཞབས་མཚན་དེ་བཏབ་པར་སེམས་སོ།

ལེ་ཚན་བརྒྱད་པ། སྣེ་ཐང་སྒྲོལ་མ་ལྷ་ཁང་ཤེར་ཕྱིན་པོད་ན་པའི་ཞབས་མཚན།

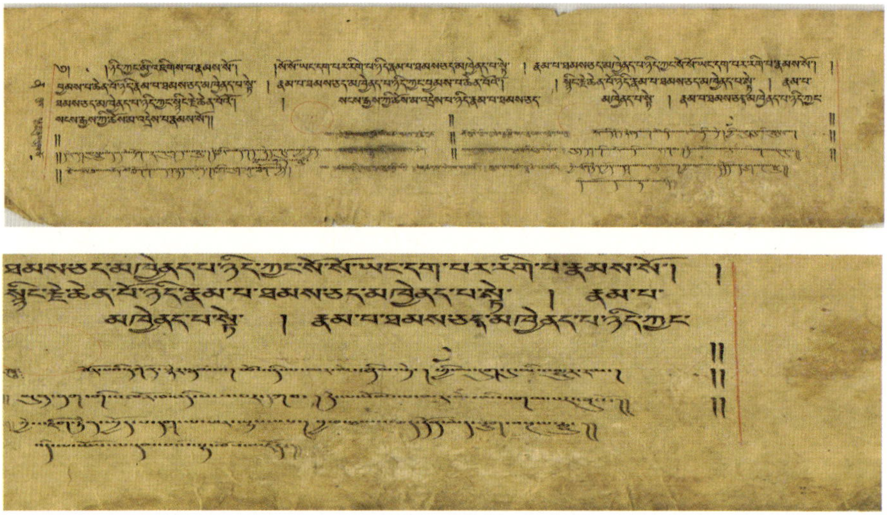

མཛོད་ཕྱང་མ་དཔེ།

དང་པོ། ཞབས་མཚན་མ་ཕྱུས།

འོར་པའི་དཀོན་སྙེར་རྣམས། ཚེ་འདི་ལ་མར་མེ་ཞིམ་སྟེ། ཕྱི་མ་དུག་དུ་མི་འགྱུར་རམ། །མུན་ནག་གི་འཁོར་བ་འདི་སངས་པར་དཀའ། དེ་ལ་སོམ་ལ་མར་མེ་མི་འགམ་པར་ཞུའོ། །ཀྱེ་འཇིག་རྟེན་གྱི་སྤྱོད་པ་དག་ལ་ཕར་ལྟས་པས། བྱ་བ་ཐམས་ཅད་དོན་མེད་སྡུག་བསྔལ་རྒྱུ། །འདི་ལ་སོམ་ལ་དམ་པའི་ལྷ་ཆོས་མཛོད། །[①]ཅེས་པའོ།

① སྣེ་ཐང་སྒྲོལ་མ་ལྷ་ཁང་དུ་བཞུགས་པའི་ཤེར་ཕྱིན་པོད་ན་པའི་ལྡེབ་གྲངས་389པའི་ཞབས་མཚན་ལས་དྲངས།

གཉིས་པ། ཞབས་མཆན་གྱི་དབྱེ་ཞིབ།

གཅིག དཀོན་གཉེར་གྱི་རེ་ཞུས།

གསུང་རབ་འདིའི་མཛད་བྱང་གི་ནང་དུ་འབྲི་གཟུགས་ལྡན་ལུགས་ཀྱི་རྣམ་པའི་ཐོག་ནས་དགོན་པའི་དཀོན་གཉེར་གྱི་ཕྱོགས་ལ་རེ་ཞུས་བྱས་པ་ཞིག་བྲིས་འདུག འོར་པ་སྟེ་སྙེ་ཐང་སྒྲོལ་མ་ལྷ་ཁང་གནས་སའི་འོར་གྱི་དཀོན་གཉེར་རྣམ་པ་ཚོ་ཚོ་འདི་ལ་མར་མེ་ཟས་ན་ཞིམ་ཅང་ཕྱི་མ་དུག་ཏུ་མི་འགྱུར་རམ། འཇིག་རྟེན་མུན་ནག་གི་འཁོར་བ་འདི་སངས་པར་དཀའ་སྐབས་དེ་ལ་སེམས་ནས་མར་མེ་མི་འགག་པར་ཞུ་ཞེས་བརྗོད་པ་དང་སྦྲགས། ཀྱེ་འཇིག་རྟེན་གྱི་སྤྱོད་པ་དག་ལ་བསམས་ན་བྱ་བ་ཐམས་ཅད་དོན་མེད་སྡུག་བསྔལ་གྱི་རྒྱུ་ཡིན་པས་ལས་འདི་ལ་སེམས་ནས་དམ་པའི་ལྷ་ཆོས་མཛོད་ཅེས་རེ་ཞུས་བྱས་པ་དེ་གོང་གི་ཞབས་མཆན་ལས་ཤེས།

གཉིས། ཞབས་མཆན་གྱི་དུས་རབས།

དེའི་མུར་ཞབས་མཆན་འདིར་དཔྱེ་ཞིབ་རགས་ཙམ་ཞིག་བྱས་ན་སྤྱིར་གྱི་ཆ་ནས་བོད་ཀྱི་གསུང་རབ་བྲིས་མའི་མཛད་བྱང་གི་ངོས་ནས་ཞུས་ན་མཛད་བྱང་རྒྱས་ལོས་ཅི་ཞིག་ཡིན་ཅང་གསུང་རབ་དེ་དང་འབྲེལ་བའི་འབྲི་བཞེངས་ཀྱི་ནང་དོན་ཞིག་ཡིན་དགོས་པ་ནི་མཛད་བྱང་གི་མཚན་ཉིད་ལས་མ་འདས་སོ། སྐབས་འདིའི་ཞབས་མཆན་ནི་གོང་གི་མཛད་བྱང་ཁག་བཞིན་གསུང་རབ་དེ་འབྲི་བཞེངས་དང་དུས་མཚུངས་ཡིག་མཁན་གྱིས་འབྲི་བཀོད་བྱས་པའི་མཛད་བྱང་གི་རྣམ་པ་ཞིག་མ་ཡིན་པར་སེམས། གཅིག་ནས་ཞབས་མཆན་དེའི་ནང་དོན་ནི་དུས་རབས་13པའི་བོད་ཀྱི་སྤྱི་ཚོགས་ཀྱི་བསམ་པའི་དཔལ་ཡོན་དང་དངོས་པོའི་དཔལ་ཡོན་གནས་ཚུལ་དང་། ལྷག་དོན་དུ་སྙེ་ཐང་སྒྲོལ་མ་ལྷ་ཁང་གི་གྲྭ་མང་གི་འཚོ་བ་སོགས་ཅུང་ཟད་ཅིག་ཉམས་ཐག་པ་ཞིག་ཡིན་པ་ནི་དགོན་པའི་དཀོན་གཉེར་མཆོག་ནས་མཆོད་མེ་མི་འགམ་པ་ཞུས་ཞེས་པ་ཞབས་མཆན་བཀོད་པ་ལས་ཤུགས་ལ་རྟོགས་ཤིང་། གཞན་ཞབས་མཆན་དེའི་འབྲི་གཟུགས་ནི་མཛད་བྱང་གཞན་བཞིན་དབུ་ཅན་མ་མཛད་པར་འབྲི་གཟུགས་ལྡན་མ་བརྩེགས་མང་གི་འབྲི་རྒྱུན་ལྡན་ལུགས་[1]ཏེ་འབྲུ་ཚ་ཞབས་རིང་ཅན་དེ་དུས་རབས་13-14ནང་

① 2015ལོར་བོད་ལྗོངས་ཡིག་ཚགས་ལས་ཁུངས་སུ་བོད་ཡིག་གནའ་དཔེ་ཡོངས་བཤེར་ཐོ་འགོད་བྱེད་པའི་སྐབས་སུ་ལྡན་མ་

ཏུ་ཙུང་ཟད་ཅིག་དར་ཁྱབ་ཆེ་བར་མངོན་པའི་འབྲི་གཟུགས་ཤིག་ཡིན་པ་ནི། ད་ལྟ་རང་རེ་རྣམས་ཀྱིས་མཐོང་ཐུབ་པའི་ས་སྐྱའི་སྐབས་ཀྱི་བཀའ་ཤོག་བོད་ལྗོངས་ཡིག་ཚགས་ཁང་དང་དུས་རབས་དེ་དག་ཏུ་བལ་བྲིས་མཁན་པོའི་སོར་མོའི་སྒྱུ་རྩལ་ལས་ཐོན་པའི་ཞལ་ཐང་གི་རྒྱབ་བྱང་འབྲི་གཟུགས་འབྲུ་ཚ་ཞབས་རིང་ཅན་བྱོན་པ་བོད་ལྗོངས་རྟེན་རྫས་བཤམས་མཛོད་ཁང་དང་ཆབ་མདོ་རི་བོ་ཆེ་དགོན་དུ་བཞུགས་པ་སོགས་ལས་ཀྱང་གཅིག་ཤེས་ཀུན་འགྲོལ་ཐུབ།

ལེ་ཚན་དགུ་པ། སློ་ཐང་སྒྲོལ་མ་ལྷ་ཁང་ཤེར་ཕྱིན་པོད་ལ་པའི་མཛད་བྱང་།

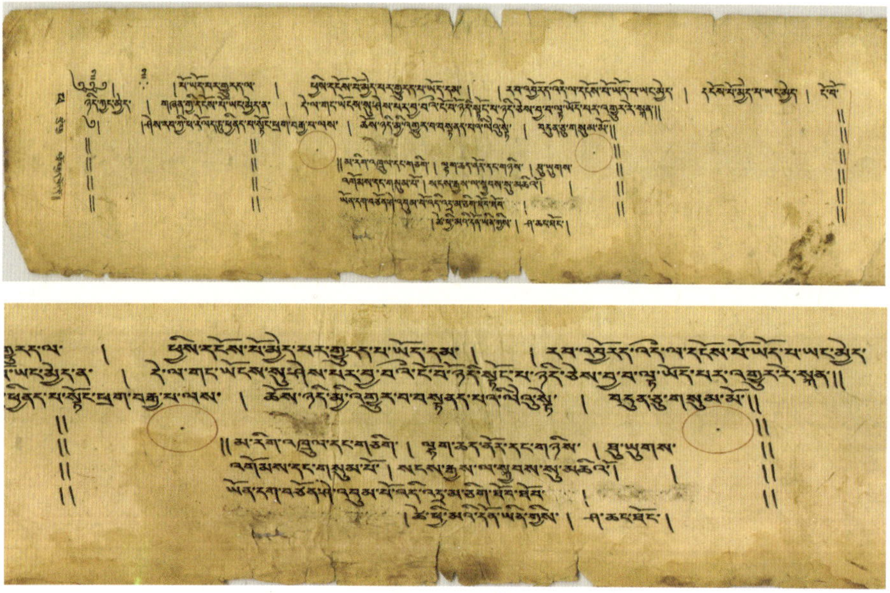

མཛད་བྱང་མ་དཔེ།

དང་པོ། མཛད་བྱང་མ་ཕྱུས།

མ་རིག་འཕྲུལ་དང་གཅིག །ལྷག་ཆད་ནོར་དང་གཉིས། །ཐུ་ཡུགས་འགོམས་དང་གསུམ་པོ། །སངས་རྒྱས་ལ་སྐྱབས་སུ་མཆིའོ། །ཡོན་དག་བཙོན་ཤེ་འབུམ་པོ་འདི་འདྲ་མ་ཅིག་ཐོབ་ཐོབ་

བརྟེགས་མང་གི་འབྲི་རྒྱུན་ལྷན་ལུགས་ཀ་དཔེ་ཞེས་པའི་འབྲི་གཟུགས་ཀྱི་མ་དཔེ་ཞིག་མཐོང་བའི་སྐབས་ཀྱིས་ལྷན་ལུགས་ཞེས་བྲིས་པ་ཡིན།

།ཚེ་ཕྱི་མའི་དོན་ཡིན་གྱིས། །ཤ་ཆང་མཐོང་། །[①]ཞེས་པའོ།

གཉིས་པ། མཛད་བྱུང་གི་དབྱེ་ཞིབ།

གཅིག ཡིག་མཁན།

མ་རིག་འཁྲུལ་དང་གཅིག །ལྷག་ཆད་ནོར་དང་གཉིས། །ཐུ་ཡུགས་འགོམས་དང་གསུམ་པོ། །སངས་རྒྱས་ལ་སྐྱབས་སུ་མཆིའོ། །[②]ཞེས་བྱུང་བ་ལྟར་ན་སྒོ་གསུམ་གཙང་མས་འབྲི་བའི་ཡིག་མཁན་གྱིས་གསུང་རབ་དེ་འབྲི་བཤུས་བསྒྱུར་བའི་སྐབས་སུ་གཞུང་གི་དོན་རྣམས་མ་རྟོགས་ལོག་རྟོག་ལས་འབྲི་བཤུས་ནོར་འཁྲུལ་བྱུང་བ་དང་། གཞུང་དོན་རྣམས་མ་དཔེ་ཇི་བཞིན་ཁབ་ཤུལ་སྣུད་པས་བསྣན་པ་ལྟར་མ་བྱུང་བར་འབྲི་བཤུས་ལྷག་པ་དང་ཆད་པ། འབྲི་བཤུས་བསྒྱུར་བའི་སྐབས་སུ་ལུས་ཀྱི་ཕྱུ་པའི་ཐུ་ལེ་འགོམས་པ་བཅས་ཡིག་མཁན་གྱི་ཆ་ནས་ཉེས་སྐྱོན་གསུམ་བྱུང་ཡོད་ན་འགྱོད་བཤགས་འཚལ་ཞེས་ཡིག་མཁན་གྱི་ངོས་ནས་བརྗོད་འདུག

གཉིས། སྦྱིན་བདག

དད་པ་སྐྱོངས་མེད་པའི་ཡོན་བདག་བཙོན་གྱིས་ཤེར་ཕྱིན་འབུམ་པ་འདི་འདྲ་ཞིག་འབྲི་བཞེངས་གནང་བའི་དགོས་པ་ནི་སྐུ་ཚེ་ཕྱི་མའི་དོན་དུ་ཡིན་པས་ཤ་ཆང་ཡང་སློས་གཏོང་ཞེས་བྲིས་པ་སྟེ་མཛད་བྱུང་ལས། ཡོན་དག་བཙོན་ཤེ་འབུམ་པོ་འདི་འདྲ་མ་ཅིག་ཐོབ་ཐོབ། །ཚེ་ཕྱི་མའི་དོན་ཡིན་གྱིས། །ཤ་ཆང་མཐོང་། །[③]ཞེས་པའོ།

---

① སྣེ་ཐང་སྒྲོལ་མ་ལྷ་ཁང་དུ་བཞུགས་པའི་ཤེར་ཕྱིན་པོད་ཕ་པའི་ལྡེབ་གྲངས་318པའི་མཛད་བྱུང་ལས་དྲངས།

② སྣེ་ཐང་སྒྲོལ་མ་ལྷ་ཁང་དུ་བཞུགས་པའི་ཤེར་ཕྱིན་པོད་ཕ་པའི་ལྡེབ་གྲངས་318པའི་མཛད་བྱུང་ལས་དྲངས།

③ སྣེ་ཐང་སྒྲོལ་མ་ལྷ་ཁང་དུ་བཞུགས་པའི་ཤེར་ཕྱིན་པོད་ཕ་པའི་ལྡེབ་གྲངས་318པའི་མཛད་བྱུང་ལས་དྲངས།

ལེའུ་བཅུ་བཞི་པ། དུས་རབས་13-14པའི་གསུང་རབ་བྲིས་མའི་མཛོད་བྱང་ངོས་འཛིན།

ལེ་ཚན་དང་པོ། རྒྱ་མ་ཕྲི་སྣང་ཤེར་ཕྱིན་མཛོད་བྱང་།

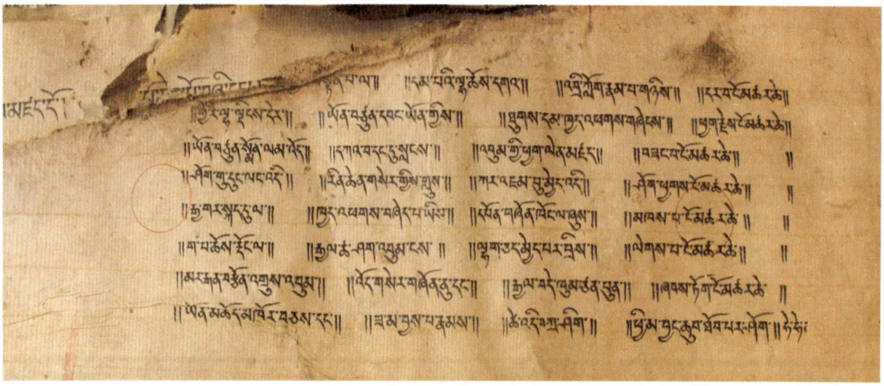

མཛོད་བྱང་མ་དཔེ།

དང་པོ། མཛོད་བྱང་མ་ཕྱུས།

སྤྱི་ལོ་2011ལོར་རྒྱ་མ་ཕྲི་སྣང་དུ་ས་འོག་ནས་དཔེ་རྙིང་ཐོན་པ་དེར་བརྟག་དཔྱད་ལ་འགྲོ་སྐབས་རྒྱ་མ་ཕྲི་སྣང་གི་གཙུག་ལག་ཁང་གི་ཤེར་ཕྱིན་དཔེ་རྙོགས་སུ་སོང་བ་ཞིག་གི་སྟེང་ནས་མཇལ་བའི་མཛོད་བྱང་སྟེ། ……བསྟན་པ་ལ།། །།དམ་པའི་ལྷ་ཆོས་དགའ།། །།འབྲི་ཀློག་རྣམ་པ་གཉིས།། །།དར་བ་ངོ་མཚར་ཆེ།། །།གྱེ་རེ་ལྷ་ལྡིངས་དེར།། །།ཡོན་བཙུན་དབང་ཡོན་གྱིས།། །།ཐུགས་དམ་ཁྱད་འཕགས་གཞེངས།། །།ཕྱག་རྗེས་ངོ་མཚར་ཆེ།། །།ཡོན་བཙུན་སློན་ལམ་འོད།། །།དགའ་བ་དང་དུ་བླངས།། །།འབུམ་གྱིས་ཕྱག་ལེན་མཛད།། །།བཟང་བ་ངོ་མཚར་ཆེ།། །།ཤོག་གུ་དུང་ལང་འདི།། །།རིན་ཆེན་གསེར་གྱིས་བླུས།། །།གར་འཛམ་བུ་མྱེད་འདི།། །།ཤོག་ཕྱུགས་ངོ་མཚར་ཆེ།། །།རྒྱ་གར་སྐད་དུ་ལ།། །།ཁྱད་འཕགས་བཞེང་པ་ཡིས།། །།དཔོན་

གཞོན་ཁོང་ལ་ཞུས།། །།མཁས་པ་ངོ་མཚར་ཆེ།། །།ག་པ་ཆོས་རྗེང་ལ།། །།རྒྱལ་ཚ་ཤག་འབུམ་ངས།། །།ལྷག་ཅན་ཕྱེད་པར་བྲིས།། །།ལེགས་པ་ངོ་མཚར་ཆེ།། །།མར་རྒན་བརྩོན་འགྲུས་འབུམ།། །།འོད་གསེར་གཞོན་ནུ་དང་།། །།རྒྱལ་བདེ་ཁྲུམ་ཅན་སྤུན།། །།ཞབས་ཏོག་ངོ་མཚར་ཆེ།། །།ཡོན་མཆོད་མཁོར་བཅས་དང་།། །།ཟ་མ་བྱས་པ་རྣམས།། །།ཚེ་འདི་བཀྲ་ཤིག།། །།ཕྱི་མ་བྱང་ཆུབ་ཐོབ་པར་ཤོག།། ཏེ་ཏེ།།[1] ཞེས་པའོ།

གཉིས་པ། མཛད་བྱུང་གི་དབྱེ་ཞིབ།

གཅིག ཡུལ་ལུང་བསྟོད་པ།

གནའ་དཔེ་དེ་རིགས་ནི་ཐོག་མར་ས་འོག་ནས་ཐོན་པའི་སྐབས་སུ་གནའ་དཔེའི་ཤེས་བྱ་དམན་པའི་སྟབས་ཀྱིས། ཐོན་མ་ཐག་ཏུ་དཔེ་རས་ཀྱིས་སྒྲིལ་ཏེ་དུས་ཡུན་རིང་པོ་ཞལ་ཁ་མ་ཕྱེ་བའི་སྟབས་ཀྱིས་ཐོག་མའི་ས་མལ་དུ་བཞུགས་པའི་སྐབས་ཀྱི་བརྙན་དང་བཤེར་གྱིས་ཟིན་ཏེ། ད་ལྟ་ལྡེབ་གྲངས་ཕན་ཚུན་འཁྱར་ནས་ཤོག་ལག་ལྟ་བུ་ཞིག་ཆགས་འདུག དེར་བརྟེན་མཛད་བྱུང་གི་མགོ་འབུད་སའི་ཚིག་སྤྲ་མ་དེ་དག་ནི་རལ་སྐྱོན་ཤོར་ཏེ་མཐལ་ཏུ་མེད་པར་སྣང་། འོན་ཀྱང་དུས་རབས་དེའི་དཔེ་རྙིང་གི་མཛད་བྱུང་གི་འགོ་འབུད་སྟངས་དང་ཚིག་བར་ལྷུ་པ་དང་ཚིག་གི་ཆ་ཡ་སྦྱིབ་སྟངས། བསྟོད་ཚིག་ངོ་མཚར་ཆེ་ཞེས་པ་སོགས་བྲིས་པ་ལ་གཞིགས་ན། སྔོན་གྱི་མཛད་བྱུང་དང་འདྲ་བར་ཡུལ་ལུང་གི་བསྟོད་པ་མ་བརྗོད་པའི་སྔོན་དུ་ཀྱིའམ་ཨེ་མ་ཧོ་ཞེས་པས་འགོ་འབུད་ཡོད་པ་ནི་རང་བཞིན་གྱིས་ཚོད་བགམ་བྱ་ཐུབ་པ་ཞིག་ཡིན། ཤེར་ཕྱིན་འདི་འབྲི་བཞེངས་བྱ་སའི་ཡུལ་ལུང་ནི་བསྟོད་པ་དུང་ཆེན་གཟུགས་ལས་ཀྱི་རེ་ལྷ་སྡིངས་ཞེས་བྱུང་བ་ལ་བལྟས་ན། ཀྱི་རེ་ནི་ཆོས་འབྱུང་མཁས་པའི་དགའ་སྟོན་དུ་སྲོང་བཙན་གྱི་སྐོར་གསུངས་སྐབས་གནས་དེར་བདག་གི་འགྲོ་དོན་འབྱུང་ངོ་ཞེས། །དགོངས་ནས་ཕོ་བྲང་ནས་ནི་གདན་བཏེག་སྟེ། །ནང་པར་ཀྱི་རིའི་ཡར་ཕྲེང་གོ་བཏབ་ཚེ[2] ཞེས་དང་ཀྱི་རེ་གྲོང་ཚོའི་

① རྒྱ་མ་ཁྲི་སྒང་དུ་བཞུགས་པའི་དཔེ་རྙིང་ཞིག་གི་མཛད་བྱུང་ལས་དྲངས་པ་ཡིན། དཔེ་རྙིང་དེའི་སྣེ་ཐིག་གི་རྒྱ་ཡན་བགྲེས་ཟད་དུ་སོང་ཟིན་སྟབས་དཔེ་མིང་དང་པོད་གྲངས་འདི་ཡིན་ཞེས་ཞུ་ཐབས་བྲལ།

② དཔའ་བོ་གཙུག་ལག་འཕྲེང་བས་མཛད་པའི་ཆོས་འབྱུང་མཁས་པའི་དགའ་སྟོན་མི་རིགས་དཔེ་སྐྲུན་ཁང་གི་2006ལོའི་སྤར་མའི་ཤོག་གྲངས་96ལས་དྲངས།

རྒྱབ་ངོས་རི་ལྡེབས་སུ་ལྷ་ཁང་གི་ཤུལ་ཞིག་ཡོད་པའི་སྐོར་ལ། དུས་རབས་7པའི་ནང་བཙན་པོ་སྲོང་བཙན་སྒམ་པོས་པོ་ཏ་ལར་ཕོ་བྲང་འདེབས་པར་དགོངས་ནས་རྒྱ་མ་ནས་ལྷ་སར་ཕེབས་སྐབས་གེ་རིའི་གནས་དེར་ཡིག་དྲུག་རང་བྱོན་ཞལ་གཟིགས། ཕན་ཚུན་བྲག་ལ་འཛའ་ཚོན་བཀྲ་གཏིག་ཏུ་འབྲེལ་བ། སྤྱན་རས་གཟིགས་ཁྱ་སར་པ་ཎི་དང་། སྒྲོལ་མ། ཧ་མགྲིན་སོགས་རང་བྱུང་བྱོན་པ་ལ་བལ་པོའི་བཟོ་བོས་རྣམ་པ་གསལ་བར་གཏོད་ཅེས་ལོ་རྒྱུས་འགོད་པ་དེར་བཙན་པོའི་དུས་ནས་བཞེངས་པའི་ལྷ་ཁང་ཞིག་ཡིན་འདུག[1] ཅེས་བོད་ཀྱི་གསུང་རབ་སྲུ་བའི་དབང་པོ་དུང་དཀར་བློ་བཟང་འཕྲིན་ལས་མཆོག་གིས་གསུངས་པ་ལྟར་ན། ཤེར་ཕྱིན་དེ་འབྲི་བཞེངས་བྱ་སའི་གནས་ནི་དུས་རབས་7པའི་ནང་དུ་ཕྱག་བཏབ་པའི་གྱེ་རེ་སྟེ་ད་ལྟའི་ལྷ་ས་གྲོང་ཁྱེར་ཁོངས་སྟག་རྩེ་རྫོང་ཁོངས་སུ་གཏོགས་པའི་གྱེ་རེ་དགོན་ཞེས་ཆགས་སའི་ས་སྟེ་དུས་རབས་13-14ཡི་སྐབས་ལྷ་སྡིངས་དེར་ཡོན་བཙུན་དབང་ཡོན་གྱི་ཐུགས་དམ་འབྲི་བཞེངས་གནང་བ་དེ་ཤེས་རྟོགས་ཐུབ།

གཉིས། སྦྱིན་བདག

གསུང་རབ་གང་ཞིག་ཡིན་རུང་དེ་དག་འབྲི་བཞེངས་བྱ་སྐབས་སུའི་ཆེད་དུ་བཞེངས་པ་དང་སུས་སྦྱིན་བདག་གནང་ཡོད་མེད་ནི་བོད་ཀྱི་ཡུལ་ལས་འཆད་ན་དུས་རབས་8-9པའི་སྔོན་ནས་ཡོད་པ་ཞིག་ཡིན་པ་སྔོན་གྱི་ལེའུ་དེར་བཤད་པ་ལྟ་བུ་ཡིན། ལྷ་ས་གྲོང་ཁྱེར་སྟག་རྩེ་ཁོངས་ཀྱི་གྱེ་རེ་ལྷ་ལྡིངས་གཞི་ཀར་ཡོན་བཙུན་དབང་ཡོན་གྱི་ཐུགས་དམ་ཁྱད་འཕགས་བཞེངས་པའི་སྐབས་ལ་ཐུགས་དམ་དེའི་སྦྱིན་བདག་ནི་ཡོན་བཙུན་སློན་ལམ་འོད་ཀྱིས་མ་སྐུལ་གཞན་གྱིས་མ་བསླུས་པར་དགའ་བ་དང་དུ་བླངས་ནས་འབུམ་གྱིས་ཕྱག་ལེན་མཛད་པ་ཞིག་ཡིན་པ་གོང་གི་མཛད་བྱང་ལས་ཀྱང་ཤེས། འོན་ཏེ་སྦྱིན་བདག་ཡོན་བཙུན་སློན་ལམ་འོད་དང་ཡོན་བཙུན་དབང་ཡོན་ཞེས་པ་གཉིས་ཀྱི་འབྲུངས་འདས་སོགས་ཁ་གསལ་ཞིག་ཞུ་མ་ཤེས་རུང་། ཡོན་བཙུན་རྣམ་གཉིས་ཀྱིས་མཚན་གྱི་ཁྱད་ཆོས་དང་འབུམ་དེའི་འབྲི་གཟུགས་དང་སྣག་ཤོག་མཚལ་གྱི་སྐོར་ཐིག་བཅས་དང་ལྷག་དོན་དུ་མཛད་བྱང་གི་སྡེབ་སྦྱོར་ཆ་ཡ་སྡེབ་སྟངས་དང་

[1] མཁས་དབང་དུང་དཀར་བློ་བཟང་འཕྲིན་ལས་ཀྱིས་མཛད་པའི་དུང་དཀར་བོད་རིག་པའི་ཚིག་མཛོད་ཆེན་མོ། ཀྲུང་གོའི་བོད་རིག་པ་དཔེ་སྐྲུན་ཁང་གི་2002ལོའི་སྤར་མའི་ཤོག་གྲངས་522ལས་དྲངས།

ཚིག་རྐང་ལྔ་པ་ཤ་སྟག་དང་ཚིག་ཕྲད་ང་ཡིག་ལ་མ་ལྟོས་པར་ཚང་མར་ཚེག་ཤད་ཐོན་ཡོད་པ་བཅས་ལ་བལྟས་ན། དུས་རབས་13ནང་དུ་ཐོན་པའི་མི་སྣ་ཞིག་ཡིན་སྙམ། སྐབས་དེར་སྦྱིན་བདག་ཡོན་བརྩོན་སློན་ལམ་འོད་ལ་དཔལ་འབྱོར་གྱི་ཐོག་ནས་ཕྱུར་བ་གྲུ་འདིགས་གནང་མཁན་གྱི་ཉེ་དུ་སྤུན་མཆེད་དེ་མཛད་བྱང་ལས། མར་རྒན་བརྩོན་འགྲུས་འབུམ།། །།འོད་གསེར་གཞོན་នུ་དང་།། །།རྒྱལ་བདེ་ཁྲུམ་ཙན་ཕུན།། །།ཞབས་ཏོག་ཇོ་མཚར་ཆེ།། །།ཡོན་མཆོད་མཁོར་བཅས་དང་།། །།ཟ་མ་བྱས་པ་རྣམས།། [1]ཞེས་པས་རྟོགས་པ་མ་ཟད་གོང་གི་མཛད་བྱང་དུ་སྟོན་འཇུག་མ་ཡིག་གིས་འ་ཡིག་ཚབ་བྱས་ནས་འཁོར་ལ་མཁོར་ཞེས་བྲིས་པས་ཀྱང་དུས་རབས་13ཡས་མས་ནང་དུ་ཐོན་པའི་སྦྱིན་བདག་ཅིག་ཡིན་པར་མངོན་ནོ།།

གསུམ། སྟག་ཤོག

གསུང་རབ་འབྲི་བཞེངས་མི་འདྲ་བའི་ཡུལ་ལུང་རྐྱེན་པས་གསུང་རབ་འབྲི་བཤུའི་སྟག་ཤོག་ལའང་ཡུལ་དུས་སོ་སོའི་ཐུན་མོང་མ་ཡིན་པའི་ཁྱད་ཆོས་ལྡན་ཡོད། གྱེ་རི་ལྷ་ལྷིངས་སུ་དུས་རབས་13-14ནང་དུ་བཞེངས་པར་མངོན་པའི་ཡོན་བཙུན་དབང་ཡོན་གྱི་ཐུགས་དམ་དེའི་ཉེར་བར་མཁོ་བའི་སྟག་ཤོག་གི་ཁྱད་ཆོས་སྐོར་ལའང་མཛད་བྱང་དུ། ཤོག་གུ་དུང་ལང་འདི།། །།རིན་ཆེན་གསེར་གྱིས་སྒྲུས།། །།ཀར་འཛམ་ སྤུ་སྨྱིད་འདི།། །།ཤོག་ཕྱུགས་ངོ་མཚར་ཆེ།། [2]ཞེས་སྟག་ཤོག་གཉིས་ལས་ཤོག་བུའི་ཁྱད་ཆོས་དང་ཤོག་བུ་དེ་རིན་ཆེན་དང་པོ་གསེར་གྱིས་བླུས་ཞེས་པ་ཙམ་ལས་བླུ་ཉོ་བྱ་སའི་ས་གནས་ཁ་གསལ་གསུངས་མེད། འོན་ཏེ་དུས་རབས་11-12པའི་ནང་དུ་གསུང་རབ་འབྲི་བཞེངས་ཀྱི་ཤོག་བུ་བླུ་ཉོ་བྱ་སའི་སྒྱིར་གྱི་ཁྱད་ཆོས་ལས་བཤད་ན་ཁེང་པོའམ་རྐོང་པོའི་ཡུལ་ཡིན་པ། གོང་གི་གྲོ་མཁར་ཆོས་སྡེའི་ཤེར་ཕྱིན་གྱི་ཤོག་བུའི་ཁྱད་ཆོས་ཏེ་ཁེང་པོའི་ལྷབ་ཤོག་ངོ་མཚར་ཆེ། །དཀར་འཛམ་ཁྱད་དུ་འཕགས། །ཡང་སྙོན་ངོ་མཚར་ཆེ།། [3]ཞེས་དང་འོན་ཀེ་རུའི་མངའ་བདག་མགོན་ནེའི་ཐུགས་དམ་མདོ་མངས་ཀྱི་ཤོག་བུ་ཡང་

---

① རྒྱ་མ་ཁྲི་སྐང་དུ་བཞུགས་པའི་དཔེ་རྙིང་ཞིག་གི་མཛད་བྱང་ལས་དྲངས་པ་ཡིན། དཔེ་རྙིང་དེའི་སྣེ་ཐིག་གི་རྒྱ་ཡན་བགྲེས་ཟད་དུ་སོང་ཟིན་སྟབས་དཔེ་མིང་དང་པོད་གྲངས་འདི་ཡིན་ཞེས་ཞུ་ཐབས་བྲལ།

② རྒྱ་མ་ཁྲི་སྐང་དུ་བཞུགས་པའི་དཔེ་རྙིང་ཞིག་གི་མཛད་བྱང་ལས་དྲངས་པ་ཡིན། དཔེ་རྙིང་དེའི་སྣེ་ཐིག་གི་རྒྱ་ཡན་བགྲེས་ཟད་དུ་སོང་ཟིན་སྟབས་དཔེ་མིང་དང་པོད་གྲངས་འདི་ཡིན་ཞེས་ཞུ་ཐབས་བྲལ།

③ གྲོ་མཁར་ཆོས་སྡེར་བཞུགས་པའི་ཤེར་ཕྱིན་སྐྱ་པོད་ཡིག་ཕྲེང་བརྒྱད་ཙན་ཤེས་རབ་ཀྱི་ཕ་རོལ་དུ་ཕྱིན་པ་ཞེས་བྱ་བ་ལེའུ་སྟེ་ཉི་ཤུ

རྐོང་པོ་ནས་བླུས་པ་ཞིག་ཡིན་པ་སྟེ། རྐོང་པོ་ཅིག་ཚགས་ཤོ་གུ་ངོ་མཚར་ཆེ་[①]ཞེས་དང་། ཆབ་ཤོག་ཁྱད་པར་འཕགས་པ་རྐོང་པོའི་ཚིག་ཚགས་བསླུས་ཞེས་བརྗོད་པ་ལས་ཤུས་ན། དུས་རབས་11-12ནང་དུ་གསུང་རབ་འབྲི་བཞེངས་ཀྱི་ཤོག་བུ་སྤྱིར་གྱི་ཆ་ནས་རྐོང་ཡུལ་ནས་བླུ་ཉོ་མཛད་པ་མང་དུ་མཇལ་གཤིས། དེས་ན་དཔོན་བཙུན་དབང་ཡོན་གྱི་ཐུགས་དམ་འབྲི་བཞེངས་ཀྱི་ཤོག་བུ་ཡང་རྐོང་ཡུལ་ནས་བླུ་ཉོ་མཛད་པ་ཞིག་མིན་ནམ་སྙམ། དེ་ལྟར་བརྗོད་དོན་ནི་ཡུལ་དུས་ཀྱི་ཐོན་རྫས་ལས་བྱུང་བས་སོ། དཔེར་ན་དུས་རབས་8-9པའི་ནང་དུ་བོད་ཀྱིས་ཏུན་ཧོང་ལ་དབང་བསྒྱུར་རིང་ལ་ཏུན་ཧོང་དུ་འབྲི་བཞེངས་བྱས་པའི་གསུང་རབ་དང་ཡིག་ཚགས་དེ་དག་ནི་སྤྱིར་གྱི་ཆ་ནས་ཏུན་ཧོང་གི་སྟོང་སར་སྡེ་དང་རྒོད་སར་གྱི་སྡེ། ཉིང་མཚམས་སྡེ་དང་མཐོང་ཁྱབ་ཀྱི་སྡེ་བཅས་ནས་ཤོག་ཁྲལ་བསྡུབས་ཏེ་[②]འབྲི་བཞེངས་བྱ་ཡི་ཡོད་པའི་སྐོར་ཏུན་ཧོང་ནས་ཐོན་པའི་ཡིག་རྙིང་དག་ལས་ཤེས།

བཞི། འབྲི་ཤུས་མཁན།

ཡོན་བཙུན་དབང་ཡོན་གྱི་ཐུགས་དམ་འདི་འབྲི་བཞེངས་གནང་བའི་སྐབས་སུ་འབྲི་རྫས་ཀྱི་ཆ་རྐྱེན་འཛོམས་པའི་རྗེས་སུ་འབྲི་ཤུས་མཁན་གྱི་མཚན་ནས་བརྗོད་པ་ནི་སྤྱིར་གྱི་ཆ་ནས་མཛད་བྱང་ཡོངས་ཀྱི་ཁྱད་ཆོས་ལས་མ་འདས་ཀྱང་། ཡོན་བཙུན་དབང་ཡོན་གྱི་ཐུགས་དམ་གྱི་ཡིག་མཁན་གྱི་མཚན་ནས་བརྗོད་སྐབས་སམ་བོད་གཉིས་ཀྱི་ཡིག་མཁན་བྱུང་ཡོད་པ་ནི་མཛད་བྱང་དུ། །རྒྱ་གར་སྐད་དུ་ལ་།། །།ཁྱད་འཕགས་བཞེངས་པ་ཡིས་།། །།དཔོན་གཞོན་ཁོང་ལ་ཤུས་།། །།མཁས་པ་ངོ་མཚར་ཆེ་།། །།ག་པ་ཆོས་རྗེང་ལ་།། །།རྒྱལ་ཚ་ཤག་འབུམ་ངས་།། །།ལྷག་ཆད་མེད་པར་བྲིས་།།[③]ཞེས་བྱུང་བར་གཞིགས་ན། རྒྱ་གར་སྐད་དུ་ལ་ཞེས་པ་ནི་སྤྱིར་གྱི་ཐུགས་དམ་དེའི་དབུ་ཤོག་ནང་མའི་འགོ་ཚུགས་སའི་མཚན་བྱང་སམ་བོད་གཉིས་ལས་སམ་སྐྲི་ཏ་

བརྒྱད་པའོ་ཞེས་པའི་མཛད་བྱང་ལས་དྲངས།

① འོན་ཀེ་ཏུར་བཞུགས་པའི་མངའ་བདག་མགོན་ནེའི་ཐུགས་དམ་མདོ་མངས་མཐོང་སྨོན་པོད་ཀ་པའི་ལྡེབ་གྲངས་361ལས་དྲངས།

② 见，托马斯编制 刘忠 杨铭译注《敦煌西域古藏文社会历史文献》民族出版社2003年版，第65页。

③ རྒྱ་མ་ཁྲི་སྐད་དུ་བཞུགས་པའི་དཔེ་རྙིང་ཞིག་གི་མཛད་བྱང་ལས་དྲངས་པ་ཡིན། དཔེ་རྙིང་དེའི་སྡེ་ཐིག་གི་རྒྱ་ཡན་བགྲེས་ཟད་དུ་སོང་ཟིན་སྟབས་དཔེ་མིང་དང་པོད་གྲངས་འདི་ཡིན་ཞེས་ཞུ་ཐབས་བྲལ།

འབྲི་མཁན་ཡིག་མཁན་དཔོན་གཞོན་དང་གཞུང་ཡོངས་ཀྱི་ཡི་གེ་པ་ནི་རྒྱལ་ཚ་ཤག་འབུམ་གྱིས་ག་པ་ཆོས་རྗེང་ཞེས་པའི་སར་ལྷག་ཆད་མེད་པར་བྲིས་ཞེས་པ་བཅས་བྱུང་བའི་རྒྱུ་མཚན་གྱིས་འབྲི་བཤུས་སྐྱུས་ཚད་འགན་ལེན་དང་ཁྲིད་པར་དུ་སམ་སྐྲི་ཧ་འབྲི་མཁན་གྱི་མཚན་བྱུང་བ་བཅས་ལས་ང་ཚོས་དུས་རབས་13པའི་ནང་དུ་བོད་ཀྱི་གསུང་རབ་འབྲི་བཞེངས་ཀྱི་དབུ་ཤོག་ཏུ་ཐོག་མར་སམ་བོད་གཉིས་འབེབ་འབྲི་བའི་སྲོལ་དེ་བྱུང་ཟིན་པ་ཡོན་བཙུན་དབང་ཡོན་གྱི་ཐུགས་དམ་འདིའི་ཁྱད་ཆོས་ལས་ངེས་ཤེས་རྙེད།

ལྔ། བསྔོ་སྨོན།

ཡོན་བཙུན་དབང་ཡོན་གྱི་ཐུགས་དམ་འདིའི་བསྔོ་སྨོན་དུ་ཐུགས་དམ་གྱི་སྦྱིན་བདག་གཙོ་འཁོར་རྣམས་ཚེ་འདི་ཕྱི་གཉིས་ཀྱི་དོན་དུ་བསྔོ་བ་སྨོན་ལམ་བཏབ་པ་ནི་གོང་གི་གྲོ་མཁར་ཆོས་སྡེ་དང་འོན་ཀེ་རུའི་མདོ་མངས་མཐོང་སྨོན་གྱི་བསྔོ་སྨོན་དང་གཅུ་ཁ་རང་འགྲིགས་སུ་སོང་པ་ལྟ་བུ་ཞིག་ཡིན་པ་སྟེ། ཚེ་འདི་བཀྲ་ཤིས་དང་ཕྱི་མ་བྱང་ཆུབ་ཐོབ་པར་ཤོག་ཅེས་པས་མཇུག་བསྡུས་པ་ཡང་དུས་རབས་12-13པའི་ནང་གི་མཇུག་བསྡུའི་བསྔོ་སྨོན་གྱི་ཁྱད་ཆོས་དེ་རང་ལགས།

ལེ་ཚན་གཉིས་པ། རྒྱ་མ་ཁྲི་སྣང་ཤེར་ཕྱིན་པོད་ཀ་པའི་མཛད་བྱུང་།

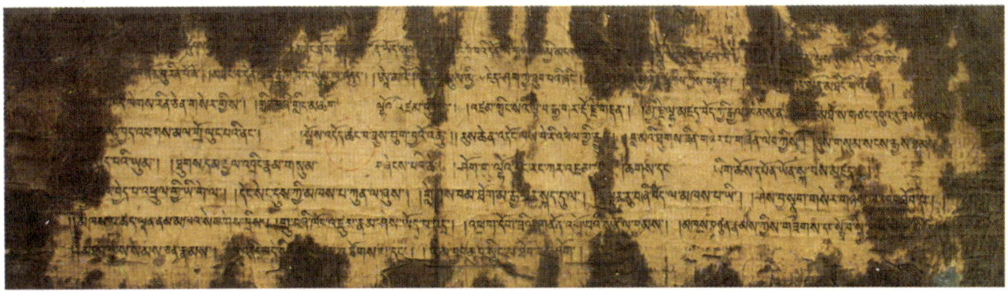

མཛད་བྱུང་མ་དཔེ།

དང་པོ། མཛད་བྱུང་མ་ཞུས།

ད་དུང་རྒྱ་མ་ཁྲི་སྣང་དུ་བཞུགས་པའི་འབུམ་ཟིལ་པ་ཅན་གྱི་མཛད་བྱུང་། མཐོང་ཐོས་

དྲན་རིག་དོན་ཡོད་སྤྲུལ······འགྲོ་བའི་དོན་ལ་གཉེར་པ་མྱི་མངའ······སྐུ་ལ་ཕྱག་འཚལ་ལོ། ·········སྐྱེས་བུའི་ཡིད་འཕྲོག་ཅིང་། ············ནོར་བུ་རིན་པོ་ཆེ། །མཐོང་བ་དོན་ལྡན་རྒྱལ་བའི་ཡུམ་ལ་འདུད། །ཨོཾ་མའོ། །སྟོང་གསུམ་མྱི་མཇེད་ཤག་ཀྱ་ཐུབ་པའི་ཞིང་། །······རྒྱ་ཉི་ཟླ་ཕྱུགས་ཀྱིས་བསྐོར། །བཻཌཱུརྻའི་དཔུང་རྟོན་མཐིང་གི་འོག་ན། །དལ་པ་ཁོད་ལེགས་རིན་ཅེན་གསེར་གྱི། །གླིང་བཞི་གླིང་མཆོག་ལྷོའི་འཛམ་བུ་གླིང་། །འཛམ་གླིང་སའི་ལྟེ་བ་རྒྱ་གར་རྡོ་རྗེ་གདན། ། མྱི་རྗེ་ལྷས་མཛད་བོད་ཀྱི་རྒྱལ་ཁམས་ན། །རི་མཐོ་ས་གཙང་དབུའ་རུ་ཟལ་མོ་སྒང་། །ཡུལ་ལས་ཁྱད་འཕགས་མལ་གྲོ་ལུང་པའི་ནང་། །སྐོས་འདོད་ཚང་བ་ཐུས་ཕུག་བྱའོ་འཆུ། །རུས་ཆེན་འདོང་ལས་བེ་རི་འཕེལ་གྱི་རྒྱུད། །བླ་མའི་ཐུགས་ཟིན་གཉེར་པ་གཞོན་ལེབ་ཀྱིས། །དུས་གསུམ་སངས་རྒྱས་ཐམས་ཅད་སྐྱེད་པའི་ཡུམ། །ཐུགས་དམ་རྒྱལ་འབྲིང་རྣམ་གསུམ་བཞེངས་པའི་ཚེ། །ཤོག་གུ་ལྷོའི་དུང་རང་གར་འཇམ་ལ། །ཆགས་དང་ཡིག་ཚོས་དཔོན་ཡོན་སྣ་བས་མཛད། །སྨྱིན་པར་བྱེད་པ་འཕྲུལ་གྱི་ཡི་གེ་ལ། །དེང་སང་དུས་ཀྱི་མཁས་པ་ཀུན་ལ་ཞུས། །ཞྙིགས་བམ་ཐོག་མ་རྒྱ་གར་སྐད་དུ་ལ། །དེ་ལྟར་ཏུ་བཞི་བོད་ལ་མཁས་པ་ཡི། །ཤེས་བྱ་སྣག་གསེར་གཉིས་ལ་དབང་ཐོབ་པ། །མཁས་པ་ཚད་ལྡན་ནམ་མཁའ་སེང་གེས་བྲིས། །ཕྲུ་བཞི་ཁོང་འཇུམ་རྣམ་ཤེས་ཡོད་པ་འདྲ། །འཕྲག་དོག་ཟིལ་གནོན་འགྲོ་བའི་སྨིན་ལ་བྱམས། །མཁས་བཙུན་རྣམས་ཀྱིས་གཟིགས་དང་སྦྲོ་བ་སྐྱེ། །འཁོར་མཐའ་ཡས་སེམས་ཅན་རྣམས། །ཚེ་འདིར་བདེ་སྐྱིད་ཕུན་གསུམ་འཚོགས་པ་དང་། །ཕྱི་མ་བྱང་ཆུབ་སྙིང་པོ་ཤོག །[1] ཅེས་པའོ།

གཉིས་པ། མཛད་བྱང་གི་དཔེ་ཞིབ།

གཅིག བསྡོམས་ཕྱག

སྤྱིར་ན་དུས་རབས་13པའི་རྗེས་ནས་བཟུང་གསུང་རབ་ཀྱི་མཛད་བྱང་སྒྲིག་གཞིའི་ནང་དོན་ལས་བརྗོད་ན་ཡང་སྔོན་དང་མི་འདྲ་བར་ཅུང་ཟད་ཅིག་འགྱུར་བ་བྱུང་ཡོད་པ་ནི་གོང་གི་མཛད་བྱང་ཁག་ཏུ་བརྗོད་ཟིན་མོད་ཀྱང་། འདིར་ཡང་གསུང་རབ་ཀྱི་མཛད་བྱང་གི་ནང་

① རྒྱ་མ་ཁྲི་སྒང་དུ་བཞུགས་པའི་ཤེར་ཕྱིན་འབུམ་ཟིལ་མ་ཅན་པོད་ཀ་པའི་མཛད་བྱང་ལས་དྲངས།

དོན་དངོས་ལ་མ་དབབ་པའི་ཡར་སྟོན་དུ་དུས་དེའི་ཁྱད་ཆོས་དང་ལྡན་པའི་བསྟོད་ཕྱག་ཕུལ་ཡོད་པ་སྟེ་མཛད་བྱང་ལས། མཐོང་ཐོས་དྲན་རེག་དོན་ཡོད་སྤྲུལ····འགྲོ་བའི་དོན་ལ་གཉེར་པ་མྱི་མངའ·····སྐུ་ལ་ཕྱག་འཚལ་ལོ།·········སྐྱེས་བུའི་ཡིད་འཕྲོག་ཅིང་།············ནོར་བུ་རིན་པོ་ཆེ།།མཐོང་བ་དོན་ལྡན་རྒྱལ་བའི་ཡུམ་ལ་འདུད།།[1]ཅེས་པ་ལྟར་ན། ཤེར་ཕྱིན་པོད་འདིའི་མཛད་བྱང་ཅུང་ཟད་ཅིག་མཐའ་སྣེ་ནག་ནོག་གིས་རྐྱེན་པས་མཛད་བྱང་ཡོངས་སུ་རྫོགས་པ་ཞིག་བཤུ་མ་ཐུབ་ཀྱང་། ཁ་གསལ་བའི་ནང་དོན་ངོས་ལ་བསམ་གཞིགས་ཤིག་བྱས་ན་གང་བཞེངས་པར་འདོད་པའི་གསུང་རབ་དེར་གུས་ཕྱག་ཕུལ་བ་ནི་མཐོང་བ་དོན་ལྡན་རྒྱལ་བའི་ཡུམ་ལ་འདུད་དོ་ཞེས་པས་རྟོགས་སོ།

གཉིས། ཡུལ་ལུང་།

བོད་ཀྱི་རུས་ཆེན་བཞིའི་གྲས་ཀྱི་ལྡོང་རྒྱུད་ལས་ཆད་པའི་བེ་རི་འཕེལ་གྱིས་བླ་མའི་ཐུགས་དམ་རྒྱས་འབྲིང་བསྡུས་གསུམ་ལས་འབུམ་ཟླ་ཡ་ཅན་དེ་འབྲི་བཞེངས་བྱ་བའི་ས་གནས་ཏེ་མལ་གྲོ་ཡིན་པ་མཛད་བྱང་གི་ཡུལ་བསྟོད་སྟོན་ལྟར་རིམ་པས་བཞིན་ཆེ་ས་ནས་ཆུང་སར་སོང་བ་སྟེ། སྟོང་གསུམ། →གླིང་བཞིའི་→ལྷོ་འཛམ་བུ་གླིང་ →བོད་ཡུལ་→དབུ་རུ་ཟལ་མོ་སྒང་། →མལ་གྲོ་ལུང་པ། →ཟུས་ཕུག་བྱའོ་འཚུ་ཞེས་དུང་ཆེན་གཟུགས་སུ་བཀོད་པ་དེ་ལས་རྟོགས། དེས་ན་གོང་གི་བསྟོད་པ་དུང་ཆེན་གཟུགས་ལས་ཐ་སྙད་རེ་ཞིག་གཙོ་བོར་བཟུངས་ཏེ་འགྲེལ་ན། དབུ་རུ་ཞེས་པ་ནི་དུས་རབས་7པའི་ནང་དུ་བོད་ཡུལ་རུ་བཞི་སྟེ་གཡས་རུ་གཡོན་རུ། དབུས་རུ་དང་གུང་རུ་སྟེ་རུ་བཞིར་ཕྱེ་བའི་ནང་གི་དབུ་རུ་ནི་ལྡེའུ་ཆོས་འབྱུང་ལས། ཤར་འོལ་ཀ་ཤུག་པ་སྤུན་བདུན་ལ་གཏུགས། ནུབ་སྣེ་མོ་གཞུ་ལ་གཏུགས། བྱང་སྲུག་གི་སྨྲང་མ་གུར་ཕུབ་ལ་གཏུགས། ལྷོ་དམའ་ལ་ལ་རྒྱུད་ལ་གཏུགས། དབུས་ནི་ར་མོ་ཆེའོ་[2]ཞེས་དང་ཆོས་འབྱུང་མཁས་པའི་དགའ་སྟོན་དུ་ཤར་འོལ་ཁའི་ཤུག་པ་སྤུན་བདུན། ལྷོ་རྨ་ལ་ལ་རྒྱུད། ནུབ་གཞུ་སྙེ་མོ།

---

① རྒྱ་མ་ཁྲི་སྒང་དུ་བཞུགས་པའི་ཤེར་ཕྱིན་འབུམ་ཟླ་མ་ཅན་པོད་ཀ་པའི་མཛད་བྱང་ལས་དྲངས།

② མཁས་པ་ལྡེའུས་མཛད་པའི་ལྡེའུ་ཆོས་འབྱུང་བོད་ལྗོངས་མི་དམངས་དཔེ་སྐྲུན་ཁང་གི་1987ལོའི་སྤར་མའི་ཤོག་གྲངས་272ལས་དྲངས།

བྱང་ཐྲགས་ཀྱི་སྐྲང་མ་གུར་ཕུབ། དབུས་ཚད་ནི་ལྷ་ས་ར་མོ་ཆེ་ལ་བྱས་[1]ཞེས་བྱང་གི་སྲུགས་དང་ཐྲག་གི་འབྲི་སྲོལ་མི་འདྲ་བ་ཙམ་ཞིག་ལས། དོན་གྱི་འབབ་ས་ནི་དེང་གི་ལྷོ་ཁ་ས་ཁུལ་ཟངས་རི་རྫོང་གི་འོལ་ཁའི་ཁོངས་དང་། ཆུ་ལ་ལ་རྒྱུད་ནི་ཡར་ཀླུང་གཙང་པོ་དང་སྐྱིད་ཆུའི་བར་གྱི་དབུས་རི་བར་བསྐོར་ཟེར་བའི་རྒྱུད་དང་། གཞུ་སྙེ་མོ་ནི་གྲོང་ཁྱེར་ལྷ་སའི་སྙེ་མོ་རྫོང་གི་གཞུ་ཞེས་པའི་ཡུལ་གྲུ་སྟེ་དེང་གི་གཞུ་ཕུ་ཡུལ་ཚོ་དང་གཞུ་སྨད་ཡུལ་ཚོར་འབོད་པ་དེ་དང་། ཐྲགས་ཀྱི་སྐྲང་མ་གུར་ཕུབ་ནི་དེང་གི་ལྷ་ས་གྲོང་ཁྱེར་ཁོངས་ཀྱི་འདམ་གཞུང་རྫོང་དུ་ཡིན་པར་སེམས། མདོར་ན་དབུ་རུ་ནི་དེང་གི་གྲོང་ཁྱེར་ལྷ་ས་གཙོ་བོར་བྱས་པའི་ཁྲིན་ཀོན་ཁུལ་དང་སྟོད་ལུང་། ཆུ་ཤུར་དང་སྙེ་མོ། འདམ་གཞུང་དང་སྟག་རྩེ། མལ་གྲོ་གུང་དཀར་དང་ལྷུན་གྲུབ་རྫོང་བཅས་ཡིན་སྟབས། གོང་དུ་བརྗོད་པ་ལྟར་གསུང་རབ་འབྲི་བཞེངས་བྱ་ཡུལ་ཡུལ་ལས་ཁྱད་དུ་འཕགས་པ་མལ་གྲོ་ལུང་པའི་ནང་ཞེས་བྱུང་བ་བཅས་ལ་གཞིགས་ན། མལ་གྲོ་ནི་དུས་རབས་7པའི་སྐབས་སུ་བོད་རྒྱལ་གནམ་རི་སྲོང་བཙན་གྱིས་ཟིངས་པོ་རྗེ་སྤྲུ་རྒྱལ་བཙན་པོའི་མངའ་ཁོངས་སུ་བཙུག་པའི་སྐབས་སུ་བྱས་རྗེས་ཆེ་བའི་བློན་པོ་མྱང་དང་དབས་མཐོན་གསུམ་སོ་སོར་བྲན་ཁྱིམ་བྱ་དགར་གནང་སྐབས་མལ་གྲོའི་ཁུལ་དེ་དབས་དབྱི་ཚབ་ཀྱི་བདག་ཁོངས་སུ་གནང་བ་ཞིག་ཡིན་པ་སྟེ། ཏུན་ཧོང་གི་ཡིག་ཆེན་P.T.1287ན། གནམ་རི་སློན་མཚན་དུ་བཏགསོ། མྱང་དབས་མཐོན་དང་གསུམ་གྱིས། །ཟིང་པོ་རྗེ་འི་སྲིད། བཙན་པོ་སྤྲུ་རྒྱལ་གྱི་ཕྱག་ཏུ་དངར་ཏོ། དེ་ནས་གནམ་རི་སློན་མཚན་གྱིས་ཕྱག་ལྷུག་གིས། དྲས་ཏེ། མྱང་ཙེང་སྐྱུ་འི་བྱ་དགའར། །མཉན་འཛི་ཟུར་གི་མཁར་སྦུར་བ་དང། བྲན་ཁྱིམ་སྟོང་ལྔ་བརྒྱ་སྩལ་ཏོ། དབའས་དབྱི་ཚབ་ཀྱི་བྱ་དགའར། ཟ་གད་གཉེན་ཀྱི་ཡུལ་ས་དང་། མལ་ཏྲོ་ཕྱོགས་ནས་བྲན་ཁྱིམ་སྟོང་ལྔ་བརྒྱའ་སྩལ་ཏོ།[2]ཞེས་པས་སྐབས་འདིའི་གསུང་རབ་འབྲི་བཞེངས་ཀྱི་ཡུལ་མལ་གྲོ་ཞེས་པ་དེ་བོད་བཙན་པོའི་དུས་རབས་ནས་བྱུང་ཟིན་པ་ཞིག་ཡིན་པ་མ་ཟད། ད་དུང་མལ་གྲོའི་ཁུལ་དེ་བདག་སྐྱོངས་གནང་མཁན་གྱི་རུས་རྒྱུད་ཀྱང་དབས་དབྱི་ཚབ་སོགས་ཡིན་པ་གོང་གི་ཏུན་ཧོང་གི་ཡིག་ཆེན་ལས་ཤེས་ཤིང་། ཐ་ན་མལ་གྲོ་ཞེས་པར་མལ་ཏྲོ་ཞེས་པའི་ཐ་སྙད་ཆེན་པའི་འབྲི་སྲོལ་ཅི་ཞིག

① དཔའ་བོ་གཙུག་ལག་འཕྲེང་བས་མཛད་པའི་ཆོས་འབྱུང་མཁས་པའི་དགའ་སྟོན་མི་རིགས་དཔེ་སྐྲུན་ཁང་གི་2006ལོའི་སྤར་མའི་ཤོག་གྲངས་101ལས་དྲངས།

② 见，王尧 陈践 译注《敦煌本吐蕃历史文书》名族出版社1992年版，第45页。

བྱུང་ཡོད་པ་དེའང་ཞོར་དུ་རྟོགས། དེས་ན་རང་རེ་རྣམས་ཀྱི་ངག་རྒྱུན་དུ་བྱུང་བའི་མལ་གྲོའི་ས་མིང་སྟེ། དུས་རབས་15པའི་ནང་དུ་རྗེ་རིན་པོ་ཆེ་ཨ་མདོ་ནས་ལྷ་སར་ཕེབས་པའི་སྐབས་སུ་མལ་གྲོར་མཚན་གཅིག་བཞུགས་པའི་སྐབས་སུ་ཉལ་མལ་གྲོ་བར་བྱུང་བའི་རྒྱུ་མཚན་ལ་བརྟེན་ནས་མལ་གྲོ་ཞེས་པའི་ས་མིང་བྱུང་ཞེས་པའི་གསུང་སྒྲོལ་འདི་ཡང་དོན་ལ་གནས་པ་ཞིག་མ་ཡིན་པ་གོང་གི་ལུང་ལས་ཤེས། དེ་རྗེས་རིམ་པས་བཞིན་ཡུལ་གྱི་བསྐོད་པ་རྒྱུ་མ་ཕུ་འདེད་སུ་བྱས་ན་མལ་གྲོའི་ནང་ནས་ཀྱང་ཟུས་ཕུག་བྱའོ་འཚུ་ཞེས་པའི་ཡུལ་ལུང་དམ་ཁྲིམ་གཞིས་དེ་ཡིན་འདུག ཟུས་ཕུག་བྱའོ་འཚུ་ཞེས་པའི་ཟུས་ཕུག་ཅེས་པ་ནི་བཙན་པོའི་ཕོ་བྲང་གི་མིང་སྟེ་སྔར་བལ་བཟས་ར་ས་གཙུག་ལག་ཁང་བཞེངས་པའི་སྐབས་སུ་ཀླུ་རིགས་ཀུན་གྱི་རྗེར་གྱུར་པ་ཀླུ་མལ་གྲོ་གཟི་ཅན་ལ་གཏོར་མ་ཕུལ་ནས་གསོལ་བ་བཏབ་པས། ···ཀྱི་ཆུའི་ཕྱེད་དཀར་ཆུང་སྦྲུ་བ་གདོང་དུ་གྱུར་[1]ཞེས་དང་ཁྲི་བཙུན་གྱིས·····ཟུར་ཕུད་རྒྱང་ཚལ་གྱི་ཀླུ་སོགས་ལ་ལས་བཅོལ་ཏེ་སྐྱི་ཆུའི་ལྷ་ངོས་སུ་དཀར་ཆུང་སྦྲུ་བ་གདོང་དུ་བསྒྱུར་[2]ཞེས་སྔོན་གྱི་ཡིག་ཚང་དུ་འཁོད་པ་ལྟར་ན། ཀླུ་མལ་གྲོ་གཟི་ཅན་དང་ཟུར་ཕུད་རྒྱང་ཚལ་གྱི་ཀླུ་གཉིས་དོན་གཅིག་ཏུ་སྣང་ཞིང་། དེང་སང་ཡང་ཡུལ་དེའི་སྐྱེ་བོས་ཀླུ་མལ་གྲོ་གཟི་ཅན་བཞུགས་ཡུལ་ཕོ་བྲང་ནི་གཟི་སྤྲུག་ན་ཡོད་ཚུལ་གླེང་རྒྱུ་ཡོད་[3]ཅེས་གསུངས་པ་ཕུད་པའི་ཏུན་ཧོང་གི་ཡིག་རྙིང་P.T1288དུ། ༄༅།བྱི་བའི་ལོ་ལ་བབ་སྟེ། བཙན་པོ་ཉེན་ཀར་ན་བཞུགས་ཤིང་། དབྱར་འདུན་ཟུ་སྤྲུག་དུ་འདུས་[4]ཞེས་སོགས་བྱུང་བ་ལ་གཞིགས་ན་ཟུ་སྤྲུག་ཅེས་པའི་ས་མིང་དེ་བོད་བཙན་པོའི་རྒྱལ་རབས་ནས་ཡོད་པ་ཞིག་ཡིན་མ་ཟད་ས་དེར་བཙན་པོ་རྣམས་དབྱར་གྱི་འདུན་ཚོགས་བྱ་སའི་གནས་ཤིག་ཡིན་པ་གོང་གི་ཏུན་ཧོང་གི་དོན་ཆེན་གནད་བསྡུས་ལོ་ཚིགས་ལས་ཀྱང་རྟོགས། ཟུ་སྤྲུག་ནི་ལྷ་སའི་སྐྱིད་ཆུའི་སྟོད་རྒྱུད་མལ་གྲོ་གུང་དཀར་གྱི་ནུབ་ངོས་སུ་དེ་སྟོན་ས་གནས་སྲིད་གཞུང་གི་

① བཀའ་ཆེམས་ཀ་ཁོལ་མ་ཀན་སུའུ་མི་རིགས་དཔེ་སྐྲུན་ཁང་གི་1989ལོའི་སྤར་མའི་ཤོག་གྲངས་220ལས་དྲངས།

② དཔའ་བོ་གཙུག་ལག་འཕྲེང་བས་མཛད་པའི་ཆོས་འབྱུང་མཁས་པའི་དགའ་སྟོན་མི་རིགས་དཔེ་སྐྲུན་ཁང་གི་1986ལོའི་སྤར་མའི་ཤོག་གྲངས་223ལས་དྲངས།

③ ཤིག་དམར་ཚེ་རིང་གིས་བརྩམས་པའི་ཏུན་ཧོང་ནས་ཐོན་པའི་བོད་ཀྱི་ལོ་རྒྱུས་ཡིག་ཆ་ལས་བྱུང་བའི་བོད་ལྗོངས་ས་མིང་ཞེས་པ་བོད་ལྗོངས་དཔེ་རྙིང་དཔེ་སྐྲུན་ཁང་གི་2005ལོའི་སྤར་མའི་ཤོག་གྲངས་100དང་དཔའ་བོ་གཙུག་ལག་འཕྲེང་བས་མཛད་པའི་ཆོས་འབྱུང་མཁས་པའི་དགའ་སྟོན་མི་རིགས་དཔེ་སྐྲུན་ཁང་གི་1986ལོའི་སྤར་མའི་ཤོག་གྲངས་223ལས་དྲངས།

④ ཏུན་ཧོང་གི་ཡིག་རྙིང་P.T1288དོན་ཆེན་གནད་བསྡུས་ཀྱི་ལོ་ཚིགས་ལས་དྲངས།

ཤེ་མ་སྟོད་ཡུལ་ཟེ་སྤྱུག་ཟེར་བ་རྩ་ཆུ་འཛོམས་པའི་འགྲོག་སྡེ་ཡོད་པ་དང་དེ་མིན་མལ་གྲོ་ཁུལ་དུ་ཤེ་མ་སྟོད་ཡུལ་རིན་ཆེན་སྤྲིང་། ལྡུང་གཤམ་བཤས་ཡོད། འདིར་ཅུང་གདེང་ཚོད་ཆེ་བ་ཞིག་བྱུང་བ་ནི། དབྱར་རྩེ་ཐོག་རྒྱས་པའི་དུས་སུ་ཤེ་འབབ་བརྩི་སྲོལ་ཡོད་པ་ལྟར་བཙན་པོའི་དུས་སྐབས་ཀྱི་དབྱར་འདུན་གྱི་ཚོགས་ཆེན་དེ་ཟུག་སྤྱུག་ཏུ་བསྡུས་པ་ཐེངས་ཁ་ཤས་ཤིག་གསལ་གྱི་འདུག་པ་དང་། དོ་སྣང་བྱེད་དགོས་པ་གཅིག་ནི་དབྱར་འདུན་ས་ཚོགས་མང་པོ་ཞིག་འགྲོག་པའི་ས་ཁུལ་དུ་ཚོགས་ཀྱི་ཡོད་པ་ར་འཁྱོད་པར་སྣང་། [①]ཞེས་པས་བཙན་པོའི་འདུན་ས་ཟུ་སྤྱུག་དེ་མལ་གྲོའི་ཁོངས་སུ་ཡོད་པ་བཤད་པ་དང་། ལྷག་དོན་དུ་ཤེར་ཕྱིན་འབུམ་ཟེལ་པ་ཅན་དེའི་མཛད་བྱང་བསྟོད་པ་དུང་ཆེན་གཟུགས་ལས་བྱའོ་འཆུ་ཞེས་པ་ནི་ཟུ་སྤྱུག་གི་ཁོངས་སུ་གཏོགས་པའི་ས་མིང་ངམ་ཁྲིམ་གཞིས་གང་རུང་ཞིག་གི་མིང་ཡིན་པ་བྱའོ་འཆུ་དེ་དཔལ་འཁྱོར་གྱི་ཐོག་ནས་དགོས་འདོད་ཚང་བའི་ཁྲིམ་གཞིས་ཤིག་ཡིན་པ་ལས་ཤེར་ཕྱིན་འབུམ་ཟེལ་པ་ཅན་དེ་འབྲི་བཞེངས་བྱ་སའི་གནས་སུ་ངེས་པར་སྣང་།

གསུམ། སྦྱིན་བདག

བླ་མའི་ཐུགས་དམ་རྒྱས་འབྲིང་བསྡུས་གསུམ་མལ་གྲོའི་ཟུག་སྤྱུག་བྱའོ་འཆུར་འབྲི་བཞེངས་བསྐྲུངས་པའི་སྐབས་སུ་གསུང་རབ་ཀྱི་འབྲི་རྫས་དང་འབྲི་ཞུས་མཁན་གྱི་སླ་ཆ་སོགས་མཁོ་སྒྲོད་གནང་མཁན་གྱི་སྦྱིན་བདག་ནི་མཛད་བྱང་ལས། སྨོས་འདོད་ཚང་བ་ཟུས་ཕྱུག་བྱའོ་འཆུ། །ཏུས་ཆེན་འདོང་ལས་བེ་རི་འཕེལ་གྱི་རྒྱུད། །བླ་མའི་ཐུགས་ཟིན་གཉེར་པ་གཡོན་ལེབ་ཀྱིས། །དུས་གསུམ་སངས་རྒྱས་ཐམས་ཅད་སྐྱེད་པའི་ཡུམ། །ཐུགས་དམ་རྒྱལ་འབྲིང་རྣམ་གསུམ་བཞེངས་པའི་ཚེ། [②]ཞེས་པའི་འདོང་ནི་བོད་ཀྱི་ཏུས་ཆེན་བཞིའི་གྲས་ཏེ་བཀའ་ཆེམས་བཀའ་ཁོལ་མར་སེ་རྨུ་སྟོང་དབྲ་འདྲུ་[③]ཞེས་དང་རྒྱ་བོད་ཡིག་ཚང་ཆེན་མོར་ནང་གི་རིགས་བཞི་ནི། སྟོང་དང་ལྡོང་དང་། སེ་དང་། རྨུ་ཀམས་ཏེ་འདི་བཞི་པོ་ལས་བོད་མི་ཕལ་ཆེ་བ་ཀྱེས་པར་

---

① 见，王尧 陈践 译注《敦煌本吐蕃历史文书》民族出版社1992年版，第75页。

② རྒྱ་མ་ཁྲི་སྣང་དུ་བཞུགས་པའི་ཤེར་ཕྱིན་འབུམ་ཟེལ་མ་ཅན་པོད་ཀ་པའི་མཛད་བྱང་ལས་དྲངས།

③ ཇོ་བོ་རྗེ་ཨ་ཏི་ཤས་གཏེར་ནས་གདན་དྲངས་པའི་བཀའ་ཆེམས་ཀ་ཁོལ་མ་ཀན་སུའུ་མི་རིགས་དཔེ་སྐྲུན་ཁང་གི་1989ལོའི་སྤར་མའི་ཤོག་གྲངས་58ལས་དྲངས།

བཤད་[1]ཅེས་པའི་ནང་གི་ལྡོང་གི་འབྲི་གཟུགས་མི་འདྲ་བ་ཙམ་ལས་བོད་ཀྱི་རུས་ཆེན་བཞིའི་ཡ་གྱལ་ལྡོང་དང་དོན་གཅིག་ཡིན་པ་ཤེས་ཐུབ། བོད་མིའུ་བུ་ལྡོང་དྲུག་གི་རུས་མཛོད་ལས། སྤྱིར་ལྡོང་འདིའི་མིང་ལ་ཨ་པོ་ལྡོང་དང་ལྷ་ལྡོང་སོགས་ཟེར་ལ། འདི་ནི་ཕུ་བོ་ལྡོང་དང་ཡུམ་མཆོག་འབྲི་སྔ་མ་ཞེས་བྱ་བ་ལས་བྱུང་བའི་རིགས་ཡིན་ལ། འདི་ལ་དཀར་པོ་ལྡོང་དང་། ནག་པོ་ལྡོང་དང་། ཁྲ་བོ་ལྡོང་དང་། སྨུག་པོ་ལྡོང་གི་རིགས་དང་བཞི་ཡོད་ལ། རིགས་འདི་རྣམས་ལས་འཁྲུངས་པའི་སྤྲུལ་པའི་སྐྱེས་བུ་དཔལ་རྒྱལ་དགུ་ལྡན་སྟོན་གྱོན་དག་ནི·····རིགས་འདི་དབུས་གཙང་དང་བར་ཁམས་ཨ་མདོ་སོགས་སུ་ཐར་ནས་ལྡོང་རིགས་འདི་མང་པོ་ཡོད་[2]ཅེས་པས་ལྡོང་རྒྱུད་རུས་འཕེལ་དང་མངའ་ཁོངས་གང་དུ་ཡོད་མེད་སོགས་ཅུང་བརྟུས་པའི་སྒོ་ནས་གསུངས་འདུག དེས་ན་བེ་རི་འཕེལ་ནི་ལྡོང་གི་རུས་ལས་ཆད་པའི་ཡིག་ཆ་གཞན་ད་བར་མ་མཐོང་ཙང་། ཤེར་ཕྱིན་འབུམ་ཟིལ་པ་ཅན་འདིའི་མཛད་བྱང་ལས་བེ་རི་འཕེལ་དེ་ནི་ལྡོང་གི་རུས་ཆེན་བཅོ་བརྒྱད་ཀྱི་ཁོངས་སུ་གཏོགས་པའི་རུས་ཆེན་ཞིག་ཡིན་པ་ནི་མཛད་བྱང་ལས་རུས་ཆེན་དོང་ལས་བེ་རི་འཕེལ་གྱི་རྒྱུད། །བླ་མའི་ཐུགས་ཟིན་གཉེར་པ་གཞོན་ལེབ་ཀྱིས། །དུས་གསུམ་སངས་རྒྱས་ཐམས་ཅད་སྐྱེད་པའི་ཡུམ། །ཐུགས་དམ་རྒྱལ་འབྲིང་རྣམ་གསུམ་བཞེངས་པའི་ཚེ་[3]ཞེས་པས་རྟོགས། མལ་གྲོའི་ཁུལ་དེ་རུས་དབས་དང་མནོན་སོགས་ཀྱིས་བདག་སྐྱོངས་གནང་སྔོང་བ་ཕུད་པའི་བོད་ཀྱི་རུས་ཆེན་བཞིའི་ནང་ནས་ལྡོང་གི་རུས་རྒྱུད་ཀྱིས་ཀྱང་བདག་དབང་བྱེད་སྔོང་བའི་ས་ཞིག་ཡིན་པ་ནི་སྔོན་གྱི་ལོ་རྒྱུས་དེབ་ཐེར་སོགས་ལས་མ་མཇལ་ཙང་། མལ་གྲོའི་ཞྭ་ལྷ་ཁང་གི་ཁ་སྒྲིད་དུ་གནས་པའི་ཚག་གར་བང་སོའི་མདུན་དུ་ཆགས་ལུས་སུ་སོང་བའི་རྡོ་རིང་གི་ནང་དོན་ལས་ལྡོང་ཆེན་པོ་གཙཾ་ལྷའི་སྲས་ཞེས་དང་ལྡོང་གི་མྱེས་པོ་སྟེ། པོ་ལྡོང་ཙེ་སྨྱག་[4]ཅེས་པ་ལས་མལ་གྲོའི་ཡུལ་ལུང་འདི་ཡང་སྟོན་བཙན་པོའི་སྐུ་

① དཔལ་འབྱོར་བཟང་པོས་མཛད་པའི་རྒྱ་བོད་ཡིག་ཚང་ཆེན་མོ་སི་ཁྲོན་མི་རིགས་དཔེ་སྐྲུན་ཁང་གི་1985ལོའི་སྤར་མའི་ཤོག་གྲངས་12ལས་དྲངས།

② ལུང་བཀྲ་ཤིས་རྒྱ་མཚོས་མཛད་པའི་བོད་མི་བུ་གདོང་དྲུག་གི་རུས་མཛོད་མེ་ཏོག་སྐྱེད་ཚལ་མཚོ་སྔོན་མི་རིགས་དཔེ་སྐྲུན་ཁང་གི་1992ལོའི་སྤར་མའི་ཤོག་གྲངས་86ལས་དྲངས།

③ རྒྱ་མ་ཁྲི་སྐང་དུ་བཞུགས་པའི་ཤེར་ཕྱིན་འབུམ་ཟིལ་མ་ཅན་པོད་ཀ་པའི་མཛད་བྱང་ལས་དྲངས།

④ ཚག་གར་སྟེའི་བང་སོའི་མདུན་གྱི་རྡོ་རིང་ཡི་གེའི་ཐིག་ཕྲེང་ལྔ་པ་དང་དགུ་པའི་ནང་དོན་ལས་དྲངས། 2014ལོའི་ཟླ་8པའི་ཚེས་28ཉིན་བྱ་ཡུལ་བ་ཆེན་པོ་གཞོན་ནུ་འོད་ཀྱིས་ཕྱག་བཏབ་པའི་མང་ར་དགོན་དུ་དཔེ་ཉེར་བརྟག་དཔྱད་ལ་བསྐྱོད་པ་དང་ཆབས་ཅིག་མར་ལྷ་སར་ལོག་པའི་ལམ་བར་དུ་ཆེད་མངགས་ཚག་གར་སྟེའི་བང་སོའི་མདུན་གྱི་རྡོ་རིང་དེ་ཡང་ཞིབ་ཏུ་མཇལ་ཏེ་ཡིག་འབྲུ་

དུས་སུ་ཧུས་ཆེན་ལྷོང་གི་མངའ་ཁོངས་ཤིག་ཡིན་པའི་རྒྱུ་མཚན་གྱིས་ལྷོང་གི་ཧུས་རྒྱུད་ལ་གནང་བའི་བཀའ་གཙིགས་ཀྱི་རྗེ་རིང་དང་། ད་དུང་ཆག་གར་སྐྱེ་ནས་མར་མལ་གྲོའི་གཞུང་དུ་ལོག་ཡོང་བའི་སྐབས་སུ་ལམ་བར་དུ་དོང་གད་བང་སོ་ཞེས་པའི་ལམ་བྱང་མཇལ་བ་སོགས་ལས་མལ་གྲོའི་ཁུལ་འདི་སྟོན་ལྷོང་གི་ས་རིས་སུ་སྤྲད་པའི་ས་ཞིག་ཡིན་པའང་ཤེས་ཤིང་། ལྷག་དོན་དུ་ཤེར་ཕྱིན་འབུམ་ཟླ་མ་ཅན་པོད་ཀ་པའི་མཛད་བྱང་ལས་ཧུས་ཆེན་དོང་ལས་བེ་རི་འཕེལ་གྱི་རྒྱུད་[①]ཅེས་པས་སྟར་མལ་གྲོའི་ཁུལ་དུ་ཧུས་ལྷོང་གི་རྒྱུད་པས་དབང་བསྒྱུར་གནང་སྐྱོང་བའི་ས་ཞིག་ཡིན་པ་མ་ཟད་མལ་གྲོའི་ནང་ནས་ཀྱང་ཟུག་ཕྱུག་བྱའོ་འཚུ་ཞེས་པ་དེར་ཧུས་ལྷོང་གི་མི་རྒྱུད་བྱོན་ཡོད་པ་བཅས་ལོ་རྒྱུས་དེབ་ཐེར་ཁག་ནས་རྙེད་དཀའ་བའི་དཔྱད་གཞིའི་ཡིག་ཆ་རྙེད་སོན་བྱུང་བའང་གཅིག་ཤེས་ཀུན་གྲོལ་བྱུང་།

བཞི། སྟག་ཤོག

ལྷོང་གི་རྒྱུད་པས་ཡུམ་རྒྱལ་འབྲིང་བསྡུས་གསུམ་[②]སྐྱེ་ཁྲོན་པོད་ཉི་ཤུ་འབྲི་བཞེངས་བསྐྲུངས་པའི་དུས་དེ་དག་གི་འབྲི་རྫས་ཅི་ཞིག་བཏང་ཡོད་པའི་སྐོར་ལ་ཤོག་གུ་ལྗོའི་དུང་རང་གར་འཛམ་ལ་[③]ཞེས་བྱུང་བ་ལྟར་ན། ཤེར་ཕྱིན་འབུམ་ཟླ་མ་ཅན་དེ་འབྲི་བཞེངས་ཀྱི་ཤོག་བུ་ནི་མལ་གྲོའི་ཡུལ་གྱི་ཐོན་ཁུངས་ཤིག་མ་ཡིན་པར་ལྗོ་ཤོག་སྟེ་དྭགས་ཤོག་ཁ་དོག་དུང་ལྟར་དཀར་ཞིང་ངོས་འཛམ་ཤ་ལྟན་པ་དེ་ཀླུ་ཉོ་བྱས་ཏེ་འབྲི་བཞེངས་བསྐྲུངས་པ་དེ་གསལ། དེ་འབྲི་

ཡང་རེ་རེ་བཞིན་གཏུགས་ཏེ་འདིར་དྲངས་པ་ཡིན།

① རྒྱ་མ་ཁྲི་སྐད་དུ་བཞུགས་པའི་ཤེར་ཕྱིན་འབུམ་ཟླ་མ་ཅན་པོད་ཀ་པའི་མཛད་བྱང་ལས་དྲངས།

② ཡུམ་རྒྱས་འབྲིང་བསྡུས་གསུམ་ནི་དེ་སྔོན་རྒྱལ་པོ་ཁྲི་སྲོང་ལྡེ་བཙན་གྱི་དུས་སུ་ལོ་ཙཱ་བ་ཐྭངས་ཁམས་པོ་གོ་ཆ། བེ་རོ་ཙ་ན། ལྡེ་ཁྲི་འབྲུག་ཞང་ཡེ་ཤེས་སྡེ་ལ་སོགས་པས་རྒྱ་གར་ནས་བོད་སྐད་དུ་བསྒྱུར་བའི་ཡུམ་རྒྱས་པ་བཀའ་འགྱུར་སྣར་ཐང་པར་མའི་ནང་པོད་ཀ་ནས་ན་བར་པོད་བཅུ་གཉིས་དང་། ཡུམ་འབྲིང་པོ་ལ་ནང་གསེས་རྒྱས་འབྲིང་བསྡུས་གསུམ་ཡོད་པའི་འབྲིང་པོའི་རྒྱས་པ་ཉི་ཁྲི། འགྱུར་བྱང་མ་འཁོད་པ། བཀའ་འགྱུར་སྣར་ཐང་པར་མའི་ནང་ཀ་ཁ་ག་གསུམ་ཡོད། འབྲིང་པོའི་བསྡུས་པ་ཤེས་རབ་ཁྲི་པ། ལོ་ཙཱ་བ་ཞང་ཡེ་ཤེས་སྡེ་སོགས་ཀྱིས་བསྒྱུར་བ། བཀའ་འགྱུར་སྣར་ཐང་པར་མའི་ནང་པོད་གཅིག་ཡོད། ཡུམ་བསྡུས་པ་བརྒྱད་སྟོང་པ་འགྱུར་མི་འདྲ་བ་དང་ཞུས་དག་ཐེངས་མང་པོ་སོང་བ། བཀའ་འགྱུར་སྣར་ཐང་པར་མའི་ནང་པོད་གཅིག་ཡོད། གོང་གསལ་ཡུམ་རྒྱས་པ་ལ་པོད་བཅུ་གཉིས། འབྲིང་པོ་ལ་པོད་བདུན། བསྡུས་པ་ལ་པོད་གཅིག་བཅས་པོད་ཉི་ཤུ་ཐམ་པ་ཡོངས་རྫོགས་ཀྱི་སྤྱི་མིང་ལ་ཡུམ་རྒྱས་འབྲིང་བསྡུས་གསུམ་ཟེར་ཞེས་བོད་ཀྱི་གསུང་རབ་སྨྲ་བའི་དབང་པོ་དུང་དཀར་བློ་བཟང་འཕྲིན་ལས་མཆོག་གི་ཚལ་པ་ཀུན་དགའ་རྡོ་རྗེས་མཛད་པའི་དེབ་ཐེར་དམར་པོའི་མཆན་འགྲེལ་656སྟེ་མི་རིགས་དཔེ་སྐྲུན་ཁང་གི་སྤར་མའི་ཤོག་གྲངས་459དུ་གསལ།

③ རྒྱ་མ་ཁྲི་སྐད་དུ་བཞུགས་པའི་ཤེར་ཕྱིན་འབུམ་ཟླ་མ་ཅན་པོད་ཀ་པའི་མཛད་བྱང་ལས་དྲངས།

བཞེངས་བསྐྲུན་པའི་དཔོན་ཡོན་སུམ་མཛད་པའི་སྐོར་ལ་ཆགས་དང་ཡིག་ཆོས་དཔོན་ཡོན་སྐ་བས་མཛད་ཅེས་པ་ལྟར་ན། སྐ་བ་ཞེས་པ་འཕན་པོར་ཡོད་པའི་གྲོང་ཚོ་སྐ་བ་ཞེས་པའི་མིང་[1]དང་བསྟུན་པ་སྤྱི་དར་གྱི་དུས་སུ་འཕན་པོའི་ཡུལ་དུ་ཉུས་མིང་སྐ་བ་ཡིན་པའི་ཡབ་སྐ་བ་བློ་ལྡན་དང་ཡུམ་འབྲོ་བཟའ་རྗོ་རྗེ་ལྷམ་གཉིས་ཀྱི་སྲས་སུ་སྐ་བ་དཔལ་བརྩེགས་འཁྲུངས་[2]པ་བཅས་ལ་བལྟས་ན། ཉུས་སྐ་བའི་ཁྲིམ་གཞིས་ནི་བོད་བཙན་པོའི་སྐབས་ནས་རིག་གནས་དང་དཔལ་འབྱོར་གཉིས་ཀའི་རྨང་གཞི་བརྟན་པོ་ཞིག་ཚུགས་པའི་ཁྲིམ་གཞིས་ཤིག་ཡིན་ཙ་ན། དུས་རབས་13པའི་ནང་དུ་ཤེར་ཕྱིན་ཡུམ་རྒྱས་པ་དེ་འབྲི་བཞེངས་བསྐྲུན་པའི་སྐབས་སུ་ཡིག་དཔོན་སྐ་བའི་རིགས་རྒྱུད་ལས་ཆད་པ་ག་གེ་མོ་ཞིག་གི་མཛད་པ་ནི། ཡུལ་དུས་གང་ནས་བལྟས་ཀྱང་འོས་ཤིང་འཚམས་པ་སྟེ། རིག་གནས་དང་དཔལ་འབྱོར་འཕྱུས་སྐོ་ཚང་བའི་སྐ་བའི་ཉུས་རྒྱུད་དུ་འཁྲུངས་པའི་ཡིག་དཔོན་སྐ་བ་ནི་ཡིག་རྩིས་ལ་མཁས་པའི་རྒྱུ་མཚན་དང་གཅིག གཉིས་མལ་གྲོ་དང་འཕན་ཡུལ་གཉིས་ནི་ས་ཁད་ཙུང་ཟད་ཅིག་ཐག་ཉེ་བའི་རྒྱུ་མཚན་དང་། ལྷག་དོན་དུ་ཁྱུང་པོ་གཡུ་ཁྲིས་མཛད་པའི་ཡི་གེའི་དར་གུད་བྱུང་ཚུལ་དུ་གསུངས་པའི་དུས་རབས་12-13ནང་དུ་བྱོན་པའི་ཡིག་མཁན་དཔོན་ཆེན་སྐ་བ་[3]ཞེས་པ་དང་། ལ་སྟོད་ལྷོ་ནས་མཇལ་བའི་གསུང་རབ་ཞིག་གི་མཛད་བྱང་དུ་གྲ་ཤོད་ཀ་ཁྱུང་སུམ་པ་ལྡེ་ལ་སོགས་མཁས་པ་ཀུན་གྱི་རྒྱུད་པ་ལེགས་འཛིན་པ་ཞེས་ཐ་སྙད་འབྲི་ཚུལ་མི་འདྲ་བ་ཙམ་ཞིག་ལས་ཡུལ་དུས་གཅིག་མཚུངས་སུ་བྱོན་པའི་འཕྲུལ་ཡིག་མཁན་པོ་ཡིན་ཙ་ན་ཤེར་ཕྱིན་དེ་འབྲི་བཞེངས་ཀྱི་ཡིག་དཔོན་དང་གཅིག་མིན་ནམ་སྙམ་སྟེ་དཔྱད་གཞིར་ཕུལ་བ་ལགས།

① མཁས་དབང་དུང་དཀར་བློ་བཟང་འཕྲིན་ལས་ཀྱིས་མཛད་པའི་དུང་དཀར་བོད་རིག་པའི་ཚིག་མཛོད་ཀྲུང་གོའི་བོད་རིག་པ་དཔེ་སྐྲུན་ཁང་གི་2002ལོའི་སྤར་མའི་ཤོག་གྲངས་207ལས་དྲངས།

② མཁས་དབང་དུང་དཀར་བློ་བཟང་འཕྲིན་ལས་ཀྱིས་མཛད་པའི་དུང་དཀར་བོད་རིག་པའི་ཚིག་མཛོད་ཀྲུང་གོའི་བོད་རིག་པ་དཔེ་སྐྲུན་ཁང་གི་2002ལོའི་སྤར་མའི་ཤོག་གྲངས་208ལས་དྲངས།

③ རྗེ་བོའི་སློབ་མ་ཁུ་རྗོག་འབྲོམ་གསུམ་གྱི་སྐུ་རིང་ལ། ཡིག་གེའི་མཁན་པོ་ཀ་ཁྱུང་རྣམ་གཉིས་བྱ་བ་བྱུང་སྟེ། དཔོན་ཀ་བས་ནི། ཀ་ཆུང་ཟླ་བ་ཚལ་གྱི་བྲག་ལ་བྲིས་པས་ལེབ་གྲུ་བཞི་སྡེ་ལུགས་ཞེས་བྱ་བར་གྲགས་ཞེས་བོད་ཀྱི་མཁས་པ་ཁྱུང་པོ་གཡུ་ཁྲིས་མཛད་པའི་ཡི་གེའི་དར་གུད་བྱུང་ཚུལ་དང་ཀ་ཁ་སུམ་ཅུ་ཐམ་པའི་ཕྱག་ཚད་ཅེས་པ་དཀའ་བཅུ་ངག་དབང་རྒྱལ་མཚན་གྱིས་དག་ཞུས་མཛད་པ་བྲིས་མ་དེའི་ལྷེབ་གྲངས་7པར་གསལ།

ལྔ། འབྲི་ཞུས།

ཐུགས་དམ་པོད་ཀ་པ་འདི་ནི་ཡི་གེའི་འདུ་བྱེད་ལ་མངའ་བརྙེས་པའི་མཁས་པ་ནམ་མཁའ་སེང་གེས་འབྲི་བཞེངས་བསྐྲུངས་པ་ནི་མཛད་བྱང་ལས། །སྨིན་པར་བྱེད་པ་འཕྲུལ་གྱི་ཡི་གེ་ལ། །དེང་སང་དུས་ཀྱི་མཁས་པ་ཀུན་ལ་ཞུས། །སླིགས་བམ་ཐོག་མ་རྒྱ་གར་སྐད་དུ་ལ། །དེ་ལྟར་ཏུ་བཞི་བོད་ལ་མཁས་པ་ཡི། །ཤེས་བྱ་སྣག་གསེར་གཉིས་ལ་དབང་ཐོབ་པ། །མཁས་པ་ཚད་ལྡན་ནམ་མཁའ་སེང་གེས་བྲིས། །གྲུ་བཞི་ཁོང་འཇུམ་རྣམ་ཤེས་ཡོད་པ་འདྲ། །འཕྲུག་དོག་ཟིལ་གནོན་འགྲོ་བ་སྨིན་ལ་བྱམས། །མཁས་བཙུན་རྣམས་ཀྱིས་གཟིགས་དང་སྒྲོ་བ་སྐྱེ། ། [1] ཞེས་པས་ཡིན། པོད་འདིའི་འབྲི་གཟུགས་ཀྱི་ཁྱད་ཆོས་ལ་སྟོན་གྱི་མཛད་བྱང་གཞན་དང་མི་འདྲ་བར་ཐོག་མར་རྒྱ་གར་སྐད་དུ་ལ་ཞེས་བྱུང་བ་ལྟར་ན། སྔོན་གྱི་མཁས་པ་དག་གིས་གསུངས་པ་བཞིན་ཆོས་ཁུངས་ཡང་དག་པར་སྟོན་པའི་སླད་དུ་ཐོག་མར་སམ་སྐྲི་ཏའི་སྐད་བྲིས་ཤིང་། ཤེས་བྱ་སྣག་གསེར་གཉིས་ལ་དབང་ཐོབ་ཞེས་པ་ལས་འབྲུམ་དེའི་དབུ་ཤོག་གསེར་བྲིས་དང་བྱིངས་སྐྱ་བྲིས་ཡིན་པ་དེའང་ཤུགས་ལ་རྟོགས། དེས་ན་བོད་ཀྱི་ལོ་རྒྱུས་ཆོས་འབྱུང་ལས་ཞུས་ན། བོད་ཡིག་གསུང་རབ་སྣག་གསེར་གཉིས་ཀྱི་འབྲི་བའི་ལམ་སྲོལ་དེ་ལྡེའུ་ཆོས་འབྱུང་ལས་བཙན་པོ་ཁྲི་རལ་པ་ཅན་གྱི་ཁྲི་ལོ་(815-836)སྐུ་དུས་སུ་བྱུང་བའི་ཡིག་མཁན་གྲ་ཤོད་རྣམ་གཉིས་ཀྱི་དུས་སུ་དར་བ་བཤད་པ་ [2] དང་བོད་ཡིག་ཡིག་གཟུགས་རིག་པའི་གཞུང་ལས་དུས་རབས་12པའི་ནང་དུ་ཐོན་པའི་ཡི་གེའི་མཁན་པོ་སྣ་ནམ་ཞང་བཙུན་རྩེ་སློབ་མར་གྲགས་པ། སུམ་པ་གནོད་སྦྱིན་དུ་སློབ་ཕྲུལ་སྐུ་རོང་པོ་ལུགས་སྐྱེས་སྐུ་དུས་བྱུང་བ་ [3] མ་ཟད། འབྲི་གཟུགས་གྲུ་བཞི་ཁོང་

① རྒྱ་མ་ཁྲི་སྐོར་དུ་བཞུགས་པའི་ཤེར་ཕྱིན་འབུམ་ཟིལ་མ་ཅན་པོད་ཀ་པའི་མཛད་བྱང་ལས་དྲངས།

② ཁྲི་རལ་པ་ཅན་གྱི་སྐུ་རིང་ལ། གྲ་ཤོད་གཉིས་བྱ་བ་ཡི་གེའི་མཁན་པོ་གཉིས་བྱུང་སྟེ། རྗེ་ལ་ཡི་གེའི་སྟངས་ཕུལ་བས། སེང་གེ་གནམ་མཆོངས་འདྲ་བ་དང་། མུ་ཏིག་ལྟར་ལ་རྒྱུས་པ་འདྲ་བ་གཅིག་བྱུང་སྟེ། རྗེ་ས་བདག་རྒྱལ་པོའི་ཐུགས་དམ་འབྲི་བར་བཟང་བས། ཞའི་གཙིགས་ཀྱི་རྡོ་རིང་གི་འགྲམ་དུ་ཡི་གེའི་དཔེ་གཅིག་བཏབ་ནས་བཞག གསེར་ཡིག་ནི་དགེ་རྒྱས་བྱེ་མ་གླིང་གི་བཟང་པོ་སྤྱོད་པ་དང་། ཡེར་པའི་ཕུང་པོ་གསུམ་པའི་མདོ། མདོ་སྣ་བཞུགས་པའི་གསེར་འབུམ་དེ་རྣམས་འབྲི་བའི་དུས་སུ་རྗེས་རྩིས་གནང་ཞེས་ཉང་ཉི་མ་འོད་ཟེར་གྱིས་བརྩམས་པའི་ཆོས་འབྱུང་མེ་ཏོག་སྙིང་པོ་སྦྲང་རྩིའི་བཅུད་བོད་ལྗོངས་མི་དམངས་དཔེ་སྐྲུན་ཁང་གི་1988ལོའི་པར་མའི་ཤོག་གྲངས་417རུ་གསལ་བ་ལ་ལུང་ཁུངས་བཙལ་ཡོད།

③ སུམ་པ་གནོད་སྦྱིན་དེ་ཁྱབ་འཇུག་གི་སྤྲུལ་པར་གྲགས་ཏེ། སྨུག་ཐོགས་ཡོངས་ལ་བཀའ་དྲིན་ཆེ། དེའི་རྗེས་ལ་དགེ་བའི་བཤེས་གཉེན་སྟུབས་སེ་ལྷ་བྲས་ཁང་དང་། ཁྲ་ཕུ་ལ་སོགས་པའམ། སྨུབ་རྒྱུད་ཀྱི་དབང་དུ་བྱས་ན། འབྲི་སྟག་ཞང་གཡུ་བྲག་པ་ལ་སོགས་པའམ། དཔལ་རྡོ་རྗེ་འཆང་ལས་བརྒྱུད་ཅིང་། དགོངས་པ་མ་འཛོལ་བ་བསྟན་པ་འཛིན་སྐྱོང་སྤེལ་བར་མཛད། བསྟན་པ་སྔོ་དུ་མ་ནས་དར། བཟོའི་རྣམ་གྲངས་ཀུན་རྒྱས། ཆོས་གསེར་གྱིས་བཞེངས་པའི་དུས་སུ། དཔོན་གནོད་སྦྱིན་གྱི་རིག་པའི་བུ། སྤྲུལ་སྐུ་རོང་པོ་ལུགས་སྐྱེས་

འཇུམ་རྣམ་ཤེས་ཅན་ཞེས་པ་དེ་ཡང་དུས་རབས་12ནང་དུ་སུམ་པ་གནོད་སྦྱིན་གྱི་ཕྱུག་སོར་ལས་འབྲུངས་པའི་ཡིག་གཟུགས་[①] ཤིག་ཡིན་ཞེས་གསུངས་པ་དེ་དག་ལ་བསམ་གཞིགས་བྱས་ཚེ། ད་བར་མཇལ་སྐྱོང་བའི་མཐིང་ཤོག་གསེར་ཁྲིམས་ཀྱི་གསུང་རབ་དངོས་ལས་ཞུས་ན་ཡང་བོད་ཡིག་ཡིག་གཟུགས་རིག་པའི་གཞུང་དེ་ཙུང་ཟད་བདེན་པར་སྙམ་ནས་དཔྱད་གཞིར་ཕུལ་བ་ལགས། མདོར་ན་གང་ལྟར་ཡང་ད་ཐེངས་ཀྱི་འབུམ་དེ་འབྲི་བཤུས་བསྐྱངས་མཁན་གྱི་ཡིག་པ་ནི་འཕན་པོའི་ཡིག་པ་ཞིག་ཡིན་པའང་ཤུགས་ལ་གསལ་བཤད་ཐུབ་པ་སྟེ། འཕན་པོའི་ཡིག་མཁན་དེ་སྦྱིར་གྱི་ཆ་ནས་ཡིག་པ་གཞན་དང་མི་འདྲ་བར་གཞུང་བྱིངས་འབྲི་བཤུས་ལ་མཁས་ཤིང་ལྷག་དོན་དུ་དབུ་ཡིག་སམ་བོད་ཤན་སྦྱར་འབུར་འཇམ་འབྲི་བར་འགྲོངས་པའི་ཡིག་མཁན་ཞིག་ཡིན་པ་ནི། དུས་རབས་12པའི་ནང་དུ་བྱུང་བའི་མལ་ཁྲིམས་ཀྱིས་འབྲི་བཞེངས་བསྐྲུངས་པའི་ཤེར་ཕྱིན་ཁག་ལས་རིགས་འདེགས་བྱ་ཐུབ་པ་ཞིག་ཡིན་དེའི་སྐོར་རྒྱས་པ་གཤམ་གྱི་མལ་ཡིག་སྐོར་དུ་གཟིགས་པར་འཚལ།

དྲུག བསྡོ་སྨོན།

གསུང་རབ་འདིའི་མཇུག་གི་བསྔོ་སྨོན་དུ་མཐའ་ཡས་སེམས་ཅན་རྣམས་ཚེ་འདི་བདེ་སྐྱིད་ལྡན་ཞིང་ཕྱི་མ་བྱང་ཆུབ་ཐོབ་པར་ཤོག་ཅེས་ཁྲིམས་པ་ནི་སྔོན་གྱི་དུས་རབས་13སྔོན་གྱི་བསྔོ་སྨོན་གྱི་བརྗོད་བྱ་དང་མཚུངས་མོད་ཀྱང་བསྔོ་སྨོན་འདི་ཚིགས་སྣ་རིང་བ་དང་ཤེས་བྱ་སྣག་གསེར་གཉིས་ལ་དབང་ཐོབ་པ་ཞེས་པ་བཅས་ལས་གསུང་རབ་འདི་དུས་རབས་14ཡས་ཡས་སུ་འབྲི་བཞེངས་བསྐྲུངས་པ་ཞིག་མིན་ནམ་སྙམ། ལྷག་དོན་དུ་གསུང་རབ་འདིའི་མཇུག་བྱང་

ཞེས་བྱ་བ་བྱུང་ཞེས་བོད་ཀྱི་མཁས་པ་ཁྲུང་པོ་གཡུ་ཁྲིམས་མཛད་པའི་ཡི་གེའི་དར་གུད་བྱུང་ཚུལ་དང་ཀ་ཁ་སུམ་ཅུ་ཐམ་པའི་ཕྱུག་ཚད་ཅེས་པ་དཀའ་བཅུ་དགེ་དབང་རྒྱལ་མཚན་གྱིས་དག་ཞུས་མཛད་པ་ཁྲིམས་མ་དེའི་ལྡེབ་གྲངས་9པར་གསལ་བ་ལ་མགོ་བཏགས་བཅོལ་ཡོད།

① སྐུ་མཆེད་རིན་པོ་ཆེ་རྣམ་པ་གསུམ་གྱི་སྲས་སུ་གྱུར་པ་བྱ་ཡུལ་བ་ཤར་པ་ལ་སོགས་པས་སངས་རྒྱས་ཀྱི་བསྟན་པ་འཛིན་སྐྱོང་བསྲུང་སྐྱོང་མཛད་པའི་དུས་སུ། ཡི་གེའི་མཁན་པོ་སྣ་ནམ་ཞང་བརྩུན་རྡོ་རྗེ་སློབ་མར་གྲགས་པ། རྒྱ་གར་རྗོག་དར་མ་རྒྱལ་མཚན་ཤེའུ་དགེ་འབར། དོལ་པོ་སྲུང་ཆུང་། ལན་པའི་འགྱེད་དང་། མལ་སེང་ལ་འབར་ལ་སོགས་པའི་སློབ་མ་དང་། ཉིང་སློབ་མང་དུ་བྱུང་ན་ཡང་། སུམ་པ་རྒྱ་གར་བཟང་སྦྱིད་གུ་བཞིའི་ལུགས་ལ་མཁས་པ་དེའི་དཔོན་དུ་གྱུར་པ། བོད་ཀྱི་མཁས་པ་ཁྲུང་པོ་གཡུ་ཁྲིམས་མཛད་པའི་ཡི་གེའི་དར་གུད་བྱུང་ཚུལ་དང་ཀ་ཁ་སུམ་ཅུ་ཐམ་པའི་ཕྱུག་ཚད་ཅེས་པ་དཀའ་བཅུ་དགེ་དབང་རྒྱལ་མཚན་གྱིས་དག་ཞུས་མཛད་པ་ཁྲིམས་མ་དེའི་ལྡེབ་གྲངས་8པར་གསལ།

གི་སྒྲིག་གཞིའི་ནང་དོན་གཞན་དང་ཅུང་ཟད་མི་འདྲ་བ་ཞིག་ནི་གསུང་རབ་འབྲི་བཞེངས་ཀྱི་ཡུལ་བསྐོད་དུང་ཆེན་གཟུགས་དེ་མ་བྱོན་སྔོན་དུ་སངས་རྒྱས་ཀྱི་སྐུ་གསུམ་སྟེ་ཆོས་སྐུ་དང་སྤྲུལ་སྐུ། ལོངས་སྐུ་དང་ཤེར་ཕྱིན་ཡུམ་ལ་སྒོ་གསུམ་གྱིས་གུས་ཕྱག་འཚལ་ཞེས་བྱུང་བ་ནི་སྔོན་གྱི་དུས་རབས་13པའི་དཔེ་རྙིང་གི་མཇུག་བྱང་དུ་ཅུང་མཐོང་དཀོན་པ་ཞིག་ཡིན་པའི་རྒྱུ་མཚན་བཅས་ཀྱིས་དུས་རབས་14པའི་ནང་འབྲི་བཞེངས་བསྐྲུན་པ་ཞིག་ཡིན་པར་འཚམས།

ལེ་ཚན་གསུམ་པ། མལ་གྲོའི་ཆོས་ལུང་ཤེར་ཕྱིན་མཛད་བྱང་།

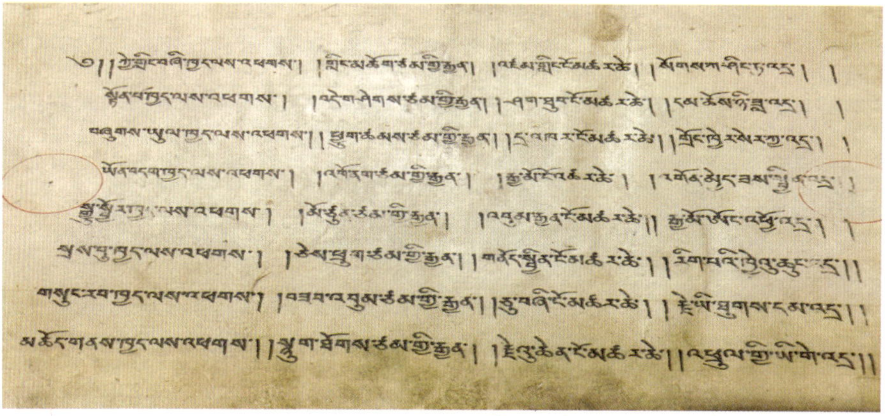
༄། །ཀྱེ་གླིང་བཞི་ཁྱད་ལས་འཕགས། །གླིང་མཆོག་ཙམ་གྱི་རྒྱན། །འཛམ་གླིང་ངོ་མཚར་ཆེ། །སོགས་ཀ་ཤིང་ཏ་འདྲ། །
སྟོན་པ་ཁྱད་ལས་འཕགས། །བདེ་གཤེགས་ཙམ་གྱིས་རྒྱན། །ཤག་ཐུབ་ངོ་མཚར་ཆེ། །དམ་ཆོས་ཉི་ཟླ་འདྲ། །
བཞུགས་ཡུལ་ཁྱད་ལས་འཕགས། །ཕྱུག་མཚམས་ཙམ་གྱི་རྒྱན། །ཧྲ་འཁར་ངོ་མཚར་ཆེ། །གྲོང་ཁྱེར་སེར་ཀྱ་འདྲ། །
ཡོན་བདག་ཁྱད་ལས་འཕགས། །འགོ་ནག་ཙམ་གྱི་རྒྱན། །རྒྱ་མོ་ངོ་འཚར་ཆེ། །འགོན་མེད་ཟས་སྦྱིན་འདྲ། །
སྐྱུ་སྦྱོར་ཁྱད་ལས་འཕགས། །མོ་ཙུན་ཙམ་གྱི་རྒྱན། །འབུམ་རྒྱན་ངོ་མཚར་ཆེ། །རྒྱ་མོ་ཨོང་འཇོ་འདྲ། །
སྲས་བུ་ཁྱད་ལས་འཕགས། །ཅིས་ཕྱུག་ཙམ་གྱི་རྒྱན། །གདོང་སྦྱིན་ངོ་མཚར་ཆེ། །རིག་པའི་ཁྱེའུ་ཆུང་འདྲ། །
གསུང་རབ་ཁྱད་ལས་འཕགས། །བཟབ་འབུམ་ཙམ་གྱི་རྒྱན། །ཙུ་བཞི་ངོ་མཚར་ཆེ། །རྡོ་ཡི་ཐུགས་དམ་འདྲ། །
མཆོད་གནས་ཁྱད་ལས་འཕགས། །སྐུ་གཟུགས་ཙམ་གྱི་རྒྱན། །རྡེ་རུ་ཆེན་ངོ་མཚར་ཆེ། །འཕྲུལ་གྱི་ཡི་གེ་འདྲ། །

མཛད་བྱང་མ་དཔེ།

དང་པོ། མཛད་བྱང་མ་ཞུས།

༄། །ཀྱེ་གླིང་བཞི་ཁྱད་ལས་འཕགས། །གླིང་མཆོག་ཙམ་གྱི་རྒྱན། །འཛམ་གླིང་ངོ་མཚར་ཆེ། །སོགས་ཀ་ཤིང་ཏ་འདྲ། །སྟོན་པ་ཁྱད་ལས་འཕགས། །བདེ་གཤེགས་ཙམ་གྱིས་རྒྱན། །ཤག་ཐུབ་ངོ་མཚར་ཆེ། །དམ་ཆོས་ཉི་ཟླ་འདྲ། །བཞུགས་ཡུལ་ཁྱད་ལས་འཕགས། །ཕྱུག་མཚམས་ཙམ་གྱི་རྒྱན། །ཧྲ་འཁར་ངོ་མཚར་ཆེ། །གྲོང་ཁྱེར་སེར་ཀྱ་འདྲ། །ཡོན་བདག་ཁྱད་ལས་འཕགས། །འགོ་ནག་ཙམ་གྱི་རྒྱན། །རྒྱ་མོ་ངོ་འཚར་ཆེ། །འགོན་མེད་ཟས་སྦྱིན་འདྲ། །སྐྱུ་སྦྱོར་ཁྱད་ལས་འཕགས། །མོ་ཙུན་ཙམ་གྱི་རྒྱན། །འབུམ་རྒྱན་ངོ་མཚར་ཆེ། །རྒྱ་མོ་ཨོང་འཇོ་འདྲ། །སྲས་བུ་ཁྱད་ལས་འཕགས། །ཅིས་ཕྱུག་ཙམ་གྱི་རྒྱན། །གདོང་སྦྱིན་ངོ་མཚར་ཆེ། །རིག་པའི་ཁྱེའུ་ཆུང་འདྲ། །གསུང་རབ་ཁྱད་ལས་འཕགས། །བཟབ་འབུམ་ཙམ་གྱི་རྒྱན། །ཙུ་བཞི་ངོ་

མཚར་ཆེ། །ཛྷེ་ཡི་ཐུགས་དམ་འདྲ། །མཆོད་གནས་ཁྱད་ལས་འཕགས། །སྐུག་ཐོགས་ཙམ་གྱི་རྒྱན། །ཛྷེའུ་ཆེན་ངོ་མཚར་ཆེ། །འཕྲུལ་གྱི་ཡི་གེ་འདྲ། །[1]ཞེས་པའོ།

གཉིས་པ། མཛོད་བྱང་གི་དབྱེ་ཞིབ།

གཅིག བསྟོད་ཕྱག

༄། །ཀྱེ་གླིང་བཞི་ཁྱད་ལས་འཕགས། །གླིང་མཆོག་ཙམ་གྱི་རྒྱན། །འཛམ་གླིང་ངོ་མཚར་ཆེ། །སོགས་ཀ་ཤིང་ཏ་འདྲ། །སྟོན་པ་ཁྱད་ལས་འཕགས། །བདེ་གཤེགས་ཙམ་གྱིས་རྒྱན། །ཤག་ཐུབ་ངོ་མཚར་ཆེ། །དམ་ཆོས་ཉི་ཟླ་འདྲ།།[2]ཞེས་གསུངས་པ་ལྟར་ན། དེ་ཡང་ཐོག་མར་ཀྱེ་ཞེས་འབོད་པའི་སྒྲས་དབུ་འཕྱེན་ཏེ་གླིང་བཞི་སྟེ་ལྷོ་འཛམ་བུ་གླིང་། ནུབ་བ་གླང་སྤྱོད། བྱང་སྒྲ་མི་སྙན། ཤར་ལུས་འཕགས་པོ་བཅས་གླིང་བཞིའི་ནང་ནས་ཆེས་ཁྱད་དུ་འཕགས་པའི་གླིང་དེ་ལྷོ་འཛམ་བུ་གླིང་དེ་ཡིན་པ་བསྟན་ཞིང་གླིང་དེའི་ཆགས་དབྱིབས་ནི་སོག་ག་སྟེ་དགེ་འདུན་ཆོས་འཕེལ་གྱིས་རྒྱལ་ཁམས་རིག་པས་བསྐོར་བའི་གཏམ་རྒྱུད་གསེར་ཐང་དུ། རྒྱ་གར་གླིང་སྤྱིའི་དབྱིབས་སོག་ཁའི་དབྱིབས་སུ་གནས་པའི་ཤར་ནུབ་ཀྱི་སུམ་གཉིས་ཙམ་རྒྱ་མཚོས་སྐོར་ཞིས་པས་སོག་ཁ་ཤིང་རྟའི་དབྱིབས་སུ་ཆགས་པ་དེར་སྟོན་པ་ཤཱཀྱ་ཐུབ་པ་བྱོན་པ་དེ་ངོ་མཚར་ཆེ་ཞེས་བསྟོད་ཕྱག་ཕུལ་འདུག

གཉིས། ཡུལ་ལུང་།

དམ་ཆོས་ཉི་ཟླ་འདྲ། །བཞུགས་ཡུལ་ཁྱད་ལས་འཕགས། །ཕྱུག་མཚམས་ཙམ་གྱི་རྒྱན། །དྲ་འཁར་ངོ་མཚར་ཆེ། །གྲོང་ཁྱེར་སེར་ཀྱ་འདྲ། །[3]ཞེས་མཛོད་བྱང་དུ་བྱུང་བ་ལ་གཞིགས་ན། དེ་ཡང་གང་ཞིག་འབྲི་བཞེངས་བྱ་བའི་གསུང་པོད་དེ་འབྲི་བཞེངས་ཀྱི་གནས་སམ་བཞུགས་ཡུལ་ནི་ཡུལ་གྱི་ནང་ནས་ཁྱད་དུ་འཕགས་པ་ཕྱུག་མཚམས་སྟེ་མང་རའི་ལུང་ཤུར་ནས་ཆུ་ཡར་གྱེན་འདེགས་སུ་ཕྱིན་ཚེ་མལ་གྲོ་དང་མང་ར་གཉིས་ཀྱི་དབྱེ་མཚམས་སུ་ཆུ་ཁ་གཉིས་སུ་འགྱེད་པའི་

① མལ་གྲོའི་ཆོས་ལུང་དགོན་དུ་བཞུགས་པའི་ཤེར་ཕྱིན་མཛོད་བྱང་ལས་དྲངས།
② མལ་གྲོའི་ཆོས་ལུང་དགོན་དུ་བཞུགས་པའི་ཤེར་ཕྱིན་མཛོད་བྱང་ལས་དྲངས།
③ མལ་གྲོའི་ཆོས་ལུང་དགོན་དུ་བཞུགས་པའི་ཤེར་ཕྱིན་མཛོད་བྱང་ལས་དྲངས།

མཚམས་སུ་ཕྱུག་མཚམས་ཞེས་འབོད་ཅིང་། དེ་མིན་ད་དུང་ཆོས་འབྱུང་མཁས་པའི་དགའ་སྟོན་དུ་བོད་ཡུལ་རུ་དྲུག་ཏུ་དབྱེ་བའི་ནང་དུ་སྟོང་སྡེ་དྲུག་ཅུ་རྩ་གཅིག་བརྗོད་པའི་སྐབས་སུ། དབུ་རུའི་ཁུལ་དུ་གནས་པའི་སྟོང་སྡེ་བཅུའི་ནང་དུ་ཕྱུགས་མཚམས་[①]ཞེས་དང་དབུ་རུའི་སྟོང་དཔོན་ནི། ཕྱུག་འཚམས་དང་འགྲངས་འཚམས་གཉིས། ཕྱུག་འཚམས་ཀྱི་སྟོང་སྡེ།[②]ཞེས་པ་སོགས་ལ་འགོ་འབྲེལ་ཏེ་བསམ་གཞིགས་བྱས་ན་དབུ་རུའི་སྟོང་བཅུའི་ནང་གི་ཕྱུག་མཚམས་དེ་ནི་མལ་གྲོལ་ཁུལ་དུ་ཡོད་པ་ཤུགས་ལ་རྟོགས། དེས་ན་དབུ་རུ་ནི་དེང་གི་གྲོང་ཁྱེར་ལྷ་ས་གཙོ་བོར་གྱུར་པའི་ཁྲིན་ཀོན་ཁུལ་དང་སྟོད་ལུང་། ཆུ་ཤུར་དང་སྙེ་མོ། འདམ་གཞུང་དང་སྟག་རྩེ། མལ་གྲོ་གུང་དཀར་དང་ལྷུན་གྲུབ་རྫོང་ཁག་བཅས་ཡིན་ན། ད་ཐེངས་ཀྱི་གསུང་རབ་འབྲི་བཞེངས་ཀྱི་ཕྱུགས་མཚམས་དེའི་ཁ་ཕྱོགས་ཀྱང་རི་བོ་མཇུབ་སྟོན་ཙམ་ཞིག་ཤེས་ཙ་ན་གནས་བྲ་འཕོར་ཞེས་པའང་མལ་གྲོའི་ཁུལ་དུ་ཆགས་པའི་ཁྱིམ་གཞིས་ཤིག་མིན་ནམ་སྙམ་སྟེ་དཔྱད་པར་འཚལ།

394

གསུམ། སྦྱིན་བདག

མལ་གྲོའི་ཡུལ་ཤུར་དུ་ཆགས་པའི་ཕྱུག་མཚམས་ཀྱི་ཁོངས་སུ་ཆགས་པའི་བྲ་འཕོར་དུ་གསུང་རབ་དེ་འབྲི་བཞེངས་བསྐྲུངས་པའི་སྐབས་སུ། གསུང་རབ་དེའི་འབྲི་བཞེངས་ཀྱི་རྒྱུ་འགྲོ་སྒྲུར་མཁན་གྱི་དད་པ་སྐྱོངས་མེད་པའི་སྦྱིན་བདག་ནི་ཕྱུག་མཚམས་བྲ་འཕོར་གྱི་རྒྱ་མོ་དང་མོ་བཙུན་རྣམ་གཉིས་ཀྱིས་སྦྱིན་བདག་མཛད་དེ་ཤེར་ཕྱིན་འབུམ་དེ་འབྲི་བཞེངས་བསྐྲུངས་པའི་སྐབས་སུ་རྣམ་པར་དཀར་བའི་དགེ་བའི་ལས་དེའི་ཕྱོགས་སུ་ཕྱུར་བ་གྲུ་འདེགས་གནང་མཁན་གྱི་རྒྱ་མོའི་སྲས་བཅས་ཀྱིས་གནང་སྟེ་ཤེར་ཕྱིན་ཡུམ་པོད་བཅུ་བཞི་ཅན་ཞིག་འབྲི་བཞེངས་མཛད་པ་སྟེ། ཡོན་བདག་ཁྱད་ལས་འཕགས་། །འགོ་ནག་ཙམ་གྱི་རྒྱན་། །རྒྱ་མོ་ངོ་མཚར་ཆེ་། །འགོན་མེད་ཟས་སྦྱིན་འདྲ་། །སྐྱུ་སྒྲོར་ཁྱད་ལས་འཕགས་། །མོ་ཙུན་ཙམ་གྱི་རྒྱན་། །

① དཔའ་བོ་གཙུག་ལག་འཕྲེང་བས་མཛད་པའི་ཆོས་འབྱུང་མཁས་པའི་དགའ་སྟོན་མི་རིགས་དཔེ་སྐྲུན་ཁང་གི་2006ལོའི་སྤར་མའི་ཤོག་གྲངས་101ལས་དྲངས།

② མཁས་པ་ལྡེའུས་མཛད་པའི་རྒྱ་བོད་ཆོས་འབྱུང་རྒྱས་པ་བོད་ལྗོངས་བོད་ཡིག་དཔེ་རྙིང་དཔེ་སྐྲུན་ཁང་གི་2010ལོའི་སྤར་མའི་ཤོག་གྲངས་244ལས་དྲངས།

འབུམ་རྒྱན་ངོ་མཚར་ཆེ། །རྒྱ་མོ་ཨོང་འཇོ་འདྲ། །སྲུས་བུ་ཁྱད་ལས་འཕགས། །ཅེས་ཕྱུག་ཅམ་གྱི་རྒྱན། །གཏོད་སྦྱིན་ངོ་མཚར་ཆེ། །རིག་པའི་ཁྲིའུ་ཆུང་འདྲ། །གསུང་རབ་ཁྱད་ལས་འཕགས། །བཟབ་འབུམ་ཅམ་གྱི་རྒྱན། །ཙུ་བཞི་ངོ་མཚར་ཆེ། [1]ཞེས་པས་རྟོགས། དེས་ན་མཚམས་འདིར་གསལ་བཤད་ཞུ་དགོས་པ་ཞིག་ནི་གསུང་རབ་བྲིས་མའི་སྦྱིན་བདག་གི་སྐོར་དུ་མོ་བཙུན་རྣམས་ཀྱི་ཁྱད་བསྟོད་དུ་རྒྱ་མོ་ཨོང་འཇོ་དང་ཨོང་ཇོ་སོགས་འབྲི་གཟུགས་མི་འདྲ་བ་མི་ཉུང་བ་ཞིག་ཐོན་ཡོང་གི་འདུག་པ་དེ་དག་ལ་བསམ་གཞིགས་བྱས་ན། མཐོ་བོད་བཙན་པོའི་སྐབས་སུ་བོད་ཀྱི་བཙན་པོ་སྲོང་བཙན་སྒམ་པོའི་བཙུན་མོར་རྒྱ་ནག་ཕྱོགས་ནས་རིགས་རུས་དང་བུད་མེད་མཛངས་མའི་ཡོན་ཏན་གྱིས་ཕྱུག་པ་ཞིག་བཙུན་མོར་ཕྱིན་པ་རྒྱ་ཟ་ཀོང་ཇོས་བོད་ཀྱི་རིག་གནས་དང་དཔལ་འབྱོར་འཕེལ་རྒྱས་རྒྱུ་འགྲོར་མཛད་རྗེས་མི་དམན་པ་ཞིག་བཞག་པའི་སྐུ་དྲིན་ལས་ཕྱི་རབས་བོད་མི་རྣམས་ཀྱི་སེམས་ཁམས་སུ་བག་ཆགས་མི་ཉུང་བ་ཞིག་ཐེབས་ཡོད་པ་དེ་ཡང་ཞོར་དུ་རྟོགས་པ་སྟེ་ཨོང་འཇོ་འདྲ་[2]ཞེས་ཐོན་པ་ནི་དུས་རབས་13པའི་རྗེས་ཀྱི་རིག་གནས་རྒྱབ་ལྗོངས་ཀྱི་ཤན་བཞུགས་པས་མིན་ནམ་སྙམ།

བཞི། ཡིག་མཁན།

མལ་གྲོའི་ཁུལ་གྱི་ཕྱུག་མཚམས་ཀྱི་དྲ་འཁོར་དུ་ཤེར་ཕྱིན་འབུམ་པོད་བཅུ་བཞི་ཅན་དེ་འབྲི་བཞེངས་བསྐྲུངས་པའི་སྐབས་སུ་སྔོ་གསུམ་ཐང་ཆད་འབྲི་བའི་ཡིག་མཁན་ནི་རྗེའུ་ཆེན་གྱིས་འབྲི་བཞེངས་བསྐྲུངས་པ་དེ་ལས་ཀྱང་ཡིག་གཟུགས་ཚད་ལྡན་དང་སྤུས་དག་ཡིན་པའི་རྐྱེན་གྱིས་འབྲི་གཟུགས་ཀྱི་རྒྱན་ཚིག་ཏུ་འཕྲུལ་གྱི་ཡི་གེ་འདྲ་ཞེས་བསྟགས་པ་བརྗོད་པ་སྟེ་མཛད་བྱང་ལས། རྗེ་ཡི་ཐུགས་དམ་འདྲ། །མཆོད་གནས་ཁྱད་ལས་འཕགས། །སྨུག་ཐོགས་ཅམ་གྱི་རྒྱན། །རྗེའུ་ཆེན་ངོ་མཚར་ཆེ། །འཕྲུལ་གྱི་ཡི་གེ་འདྲ། །[3]ཞེས་པས་རྟོགས།

---

① མལ་གྲོའི་ཆོས་ལུང་དགོན་དུ་བཞུགས་པའི་ཤེར་ཕྱིན་མཛད་བྱང་ལས་དྲངས།

② འཕྲུལ་སྣོན་འཛངས་མི་བརྒྱད་དུ་འདྲེན་པའི་ནང་གི་བརྒྱད་པ་སྟེ། བརྒྱད་དུ་འཛངས་པ་རྒྱ་མོ་ཨོང་ཆུང་གིས། གོས་ལ་ཕོ་ཆས་མོ་ཆས་སོ་སོར། ལས་ལ་ཕོ་ལས་མོ་ལས་སོ་སོར་ཕྱེ། ཕོ་ལ་མདའ་གཞུ་མོ་ལ་འཕང་ཆ་གཏད། དེའི་གོང་ན་ཕོ་མོ་ཆས་མ་ཕྱེད། བུ་མེད་ཡིན་པས་ཕྱེད་དུ་བཞག་པ་ཡིན་ཞེས་ལྡེའུ་ཇོ་སྲས་ཀྱིས་བརྩམས་པའི་ལྡེའུ་ཆོས་འབྱུང་བོད་ལྗོངས་མི་དམངས་དཔེ་སྐྲུན་ཁང་གི་1987ལོའི་སྤར་མའི་ཤོག་གྲངས་115དུ་ཕྱིན་པ་དེ་ལ་མགོ་བཏགས་བཅོལ་ཡོད།

③ མལ་གྲོའི་བྱ་ཡུལ་མང་ར་དགོན་གྱི་བགྲེས་ཟད་ཆེ་བའི་ཤེར་ཕྱིན་གྱི་མཛད་བྱང་ལས་དྲངས།

ལེ་ཚན་བཞི་པ། མལ་གྲོའི་བྲེ་ཕུལ་མང་དའི་སེར་ཕྱིན་མཛད་བྱང་།

མཛད་བྱང་མ་དཔེ།

དང་པོ། མཛད་བྱང་མ་ཕྱུགས།

༄༅། ཨེ་མ་ཧོ་། །གླིང་བཞིའི་ནང་ནས་ཁྱད་པར་འཕགས་། །གནོད་ཀྱི་འཛིག་རྟེན་ཤིང་རྟ……། །གླིང་མཆོག་དེ་དག་ལས་མཆོག་ཏུ་གྱུར་པ་ལྷོའི་འཛམ་གླིང་ཡིན་པར་ཤེས་། །སྟོན་པའི་ནང་ནས་ཁྱད་པར་འཕགས་། །དགའ་ལྡན་གནས་སུ་བདེ་བར་གཤེགས་། །སྤྲུལ་པ་མཐའ་དག་སྟོན་པར་མཛད་། །སྟོན་པ་དེ་ལ་མཚན་གསོལ་བ་། །བཅོམ་ལྡན་ཤག་ཐུབ་ཡིན་པར་ཤེས་། །གའི་ནང་ནས་ཁྱད་པར་འཕགས་། །དུས་གསུམ་སངས་རྒྱས་སྐྱིད་པའི་ཡུམ་། །དངོས་པོ་བརྒྱད་ཀྱིས་ཡང…བཤད་། །དམ་ཆོས་དེ་ལ་མཚན་གསོལ་བ་། །རྒྱལ་ཡུམ་བར་མ་ཡིན་པར་ཤེས་། །ཡུལ་གྱི་ནང་ནས་ཁྱད་པར་འཕགས་། །………ལྷའི་ཡུལ་། །བསགས་པ་ཆོས་ལ་གཏོང་བའི་ས་། །ལྷ་ཡུལ་དེ་ལ་མཚན་གསོལ་བ་། །གནས་བཞི་ཁྲ་མ་ཡིན་པར་ཤེས་། །ཡོན་བདག་ནང་ནས་ཁྱད་པར་འཕགས་། །མི་ཡི་ནང་ནས་མྱི་འགྱུར་ཡ་རྩལ་ཆེ་། །ལོངས་སྤྱོད་འབྱོར་པ་ཕུན་སུམ་ཚོགས་། །ཡོན་བདག་དེ་ལ་མཚན་གསོལ་བ་། །ཅོག་ལ་སྐྱབས་པོ་ཡིན་པར་ཤེས་། །རྒྱུ་སྦྱོར་ནང་ནས་ཁྱད་དུ་འཕགས་། །……རྒྱ་མོ་ཡོང་ཚུང་ལྷ་བུའི་། །ཡིག…གསེར་གཡུ་བརྩེགས་པ་འདྲ་། །རྒྱུ་སྦྱོར་དེ་ལ་མཚན་གསོལ་བ་། །སྟལ་མོ་སྐྱིད་དཔལ་ཡིན་པར་ཤེས་། །སྲུས་ཀྱི་ནང་ནས་ཁྱད་དུ་འཕགས་། །……སྲུས་འདྲ་དགོས་པ་ཚང་། །ཀྱེ་ལེགས་

སྒྲོད་པ་སྟོན་པ་དེ།། སྲས་བུ་ཀུན་ལ་མཚན་གསོལ་བ། །རྗེ་རེ་ཕུན་གཉིས་ཡིན་པར་ཞེས།། མཆོད་གནས་ནང་ནས་ཁྱད་དུ་འཕགས། །···རིག་པ་མའི་ཁོང་ནས་ཤར། །སྣག་གསེར་གཉིས་ལ་དངོས་གྲུབ་ཐོབ། །མཆོད་གནས་དེ་ལ་མཚན་གསོལ་བ། །ཅིའི་ཤ·······། །སྒྲོད་ལེན་ཟ་མ་བྱེད་པའི···མས་གུས་པར་བྱེད་པའི་མཆོད་གནས་རྣམས། །སྤྱངས་པ་མཐར་ཕྱིན་ཆོས་སྐུ་ཐོབ་པར་ཤོག། །འགག་མེད་རྩ་སྒྲོང་ལོངས་སྐུ་ཐོབ་པར་ཤོག[①]ཅེས་ཤིན་ཏུ་ནས་བགྲེས་ཟད་ཆེ་བའི་ཤེར་ཕྱིན་གྱི་མཛད་བྱུང་ཞིག་ལས་བཤུས།

གཉིས་པ། མཛད་བྱུང་གི་དབྱེ་ཞིབ།

གཅིག བསྟོད་ཕྱག

༄༅། ཨེ་མ་ཧོ། །གླིང་བཞིའི་ནང་ནས་ཁྱད་པར་འཕགས། །གནོད་ཀྱི་འཛིག་རྟེན་ཤིང་རྟ······། །གླིང་མཆོག་དེ་དག་ལས་མཆོག་ཏུ་གྱུར་པ་ལྷོའི་འཛམ་གླིང་ཡིན་པར་ཤེས། །སྟོན་པའི་ནང་ནས་ཁྱད་པར་འཕགས། །དགའ་ལྡན་གནས་སུ་བདེ་བར་གཤེགས། །སྤྲུལ་པ་མཐའ་དག་སྟོན་པར་མཛད། །སྟོན་པ་དེ་ལ་མཚན་གསོལ་བ།། བཅོམ་ལྡན་ཤཱ་ཐུབ་ཡིན་པར་ཤེས།[②] ཞེས་བྱུང་བ་ལྟར་ན། དེ་ཡང་དུས་13པའི་མཛད་བྱུང་ཁག་གི་འགོ་འབྱུད་སྟངས་བཞིན་ཐོག་མར་ཨེ་མ་ཧོ་ཞེས་པས་དབུ་བཙམས་ཏེ་གླིང་བཞིའི་ནང་ནས་མཆོག་ཏུ་གྱུར་པ་ལྷོ་འཛམ་བུ་གླིང་དེར་སྟོན་པ་ཁྱད་དུ་འཕགས་པ་ཤཱཀྱ་ཐུབ་པ་བྱོན་ཞིང་། དགའ་ལྡན་གནས་སུ་བདེ་བར་གཤེགས་ཏེ་སྤྲུལ་པ་མཐའ་དག་སྟོན་པར་མཛད་མཁན་གྱི་སྟོན་པ་ཤཱཀྱ་ཐུབ་པ་དེ་ལ་བསྟོད་ཕྱག་ཕུལ་བ་དེ་ཡིན།

གཉིས། ཡུལ་ལུང་།

།།ཀའི་ནང་ནས་ཁྱད་པར་འཕགས། །དུས་གསུམ་སངས་རྒྱས་སྐྱིད་པའི་ཡུམ། །དངོས་པོ་བརྒྱད་ཀྱིས་ཡང···བཤད། །དམ་ཆོས་དེ་ལ་མཚན་གསོལ་བ། །རྒྱལ་ཡུམ་བར་མ་ཡིན་པར་

① མལ་གྲོའི་བྲ་ཡུལ་མང་ར་དགོན་གྱི་བགྲེས་ཟད་ཆེ་བའི་ཤེར་ཕྱིན་གྱི་མཛད་བྱུང་ལས་དྲངས།

② མལ་གྲོའི་བྲ་ཡུལ་མང་ར་དགོན་གྱི་བགྲེས་ཟད་ཆེ་བའི་ཤེར་ཕྱིན་གྱི་མཛད་བྱུང་ལས་དྲངས།

ཞེས། །ཡུལ་གྱི་ནང་ནས་ཁྱད་པར་འཕགས། །········ལྷའི་ཡུལ། །བསགས་པ་ཆོས་ལ་གཏོང་བའི་ས། །ལྷ་ཡུལ་དེ་ལ་མཚན་གསོལ་བ། །གནས་བཞི་ཁྲ་མ་ཡིན་པར་ཞེས། །[1]ཞེས་མཛད་བྱང་དུ་བྱུང་བ་ལས་བཀའི་ནང་ནས་ཁྱད་དུ་འཕགས་པ་ཞེར་ཕྱིན་ཡུམ་ཡིན་པ་དེ་རྟོགས་ཞིང་། དད་པ་སྐྱོ་ངས་མེད་པའི་མཆོད་ཡོན་སྦྱིན་བདག་ནི་གནས་བཞི་ཁྲ་མ་ཞེས་ཡུལ་གྱི་མིང་ཙམ་ཞིག་ལས་ཡུལ་ལུང་འདི་དང་ས་ཁོངས་འདི་ཕྱོགས་སུ་ཡོད་ཅེས་ཞུ་མ་ཐུབ་སྐབས་ས་མིང་ལ་རྒྱུས་མངའ་ཆེ་བ་རྣམས་ཀྱིས་དཔྱད་པར་འཚལ་ལོ།

གསུམ། སྦྱིན་བདག

།ཡོན་བདག་ནང་ནས་ཁྱད་པར་འཕགས། །མི་ཡི་ནང་ནས་མྱི་འགྱུར་ཡ་རྩལ་ཆེ། །ཡོངས་སྤྱོད་འཁོར་པ་ཕུན་སུམ་ཚོགས། །ཡོན་བདག་དེ་ལ་མཚན་གསོལ་བ། །ཅོག་ལ་སྐྱབས་པོ་ཡིན་པར་ཞེས། །རྒྱུ་སྦྱོར་ནང་ནས་ཁྱད་དུ་འཕགས། །···རྒྱ་མོ་ཨོང་ཆུང་ལྷ་བུའི། །ཡིག···གསེར་གཡུ་བརྩེགས་པ་འདྲ། །རྒྱུ་སྦྱོར་དེ་ལ་མཚན་གསོལ་བ། །སྤལ་མོ་སྐྱིད་དཔལ་ཡིན་པར་ཞེས། །སྲས་ཀྱི་ནང་ནས་ཁྱད་དུ་འཕགས། །·····སྲས་འདྲ་དགོས་པ་ཚང་། །ཀྱེ་ལེགས་སྤྱོད་པ་སྨོན་པ་དེ།། སྲས་བུ་ཀུན་ལ་མཚན་གསོལ་བ། །རྗེ་རེ་ཕུན་གཉིས་ཡིན་པར་ཞེས། །མཆོད་གནས་ནང་ནས་ཁྱད་དུ་འཕགས། [2]ཞེས་བྱུང་བ་ལས་ང་ཆོས་ཞེར་ཕྱིན་འདི་འབྲི་བཞེངས་གནང་བའི་སྐབས་སུ་དད་པ་སྐྱོ་ངས་མེད་པའི་སྦྱིན་བདག་གནང་མཁན་ནི་ཅོག་ལ་སྐྱབས་དང་ཨོང་ཆུང་དང་སྤལ་མོ་སྐྱིད་དང་། སྲས་ཀྱི་ནང་ནས་ཁྱད་དུ་འཕགས་པ་དགོས་པ་ཚང་དང་འཕགས་པ་རྗེ་རེ་ཕུན་གཉིས་ཀྱིས་སྦྱིན་བདག་གི་སྲི་ཞུ་མཐའ་གཅིག་ཏུ་བསྒྲུབ་ཏེ་འབྲི་བཞེངས་གནང་བ་དེ་མཛད་བྱང་བགྲེས་ཟད་དུ་སོང་བ་ལས་ཞེས།

བཞི། ཡིག་མཁན།

།···རིག་པ་མའི་ཁོང་ནས་ཤར། །སྣག་གསེར་གཉིས་ལ་དངོས་གྲུབ་ཐོབ། །ཅེས་བྱུང་བ་ལས་ང་ཆོས་ཡིག་མཁན་འདི་ཡིན་ཞེས་མཚན་ནས་བརྗོད་མ་ཐུབ་ཀྱང་། གསུང་རབ་དེ་འབྲི་

[1] མལ་གྲོའི་བྲ་ཡུལ་མང་ར་དགོན་གྱི་བགྲེས་ཟད་ཆེ་བའི་ཞེར་ཕྱིན་གྱི་མཛད་བྱང་ལས་དྲངས།

[2] མལ་གྲོའི་བྲ་ཡུལ་མང་ར་དགོན་གྱི་བགྲེས་ཟད་ཆེ་བའི་ཞེར་ཕྱིན་གྱི་མཛད་བྱང་ལས་དྲངས།

བཞེངས་བསྐྱངས་པའི་སྐབས་སུ་བྱོན་པའི་ཡིག་མཁན་དེ་ཤེས་བྱ་སྟག་གསེར་གཉིས་ལ་དབང་ཐོབ་པའི་ཡིག་མཁན་ཞིག་ཡིན་གཤིས། དེས་ན་ཡིག་མཁན་དེ་ཡང་འཕན་པོའི་ཕྱོགས་ནས་ཕེབས་པ་དེ་གོང་གི་མཛད་བྱང་དང་དཔལ་ཞ་ལུ་དགོན་དུ་བཞུགས་པའི་ཤེར་ཕྱིན་ཁག་གི་མཛད་བྱང་དག་ལས་ཀྱང་ཤུགས་ལ་རྟོགས།

༥། བསྔོ་སྨོན།

དད་པ་སྐྱོ་ངས་མེད་པའི་སྦྱིན་བདག་རྣམས་ཀྱིས་སྦྱིན་བདག་མཛད་དེ་སྡེ་ཞུ་མཐའ་གཅིག་ཏུ་མཛད་པ་དང་སྦྲགས། སྒོ་གསུམ་ཐང་ཆད་འབྲི་བའི་ཡིག་པས་འབྲི་བཤུས་ཟིན་རྗེས་སྦྱིན་བདག་གི་རེ་མོས་བཞིན་འབྲི་བཞེངས་གྲུབ་པའི་རྗེས་སུ། སྨོན་ལམ་ཡོངས་སུ་གཏོགས་པའི་སེམས་ཅན་རྣམས་ཀྱི་འདོད་མོས་བཞིན་སྨོན་ལམ་བཏབ་པ་སྟེ། སྦྱངས་པ་མཐར་ཕྱིན་ཆོས་སྐུ་ཐོབ་པར་ཤོག། །འགག་མེད་རྩ་སྦྱོང་ལོངས་སྐུ་ཐོབ་པར་ཤོག་①ཅེས་པས་ཤེས།

ལེ་ཚན་ལྔ་པ། ལོ་དགོན་པའི་ཤེར་ཕྱིན་པོད་ཐ་པའི་མཛད་བྱང་།

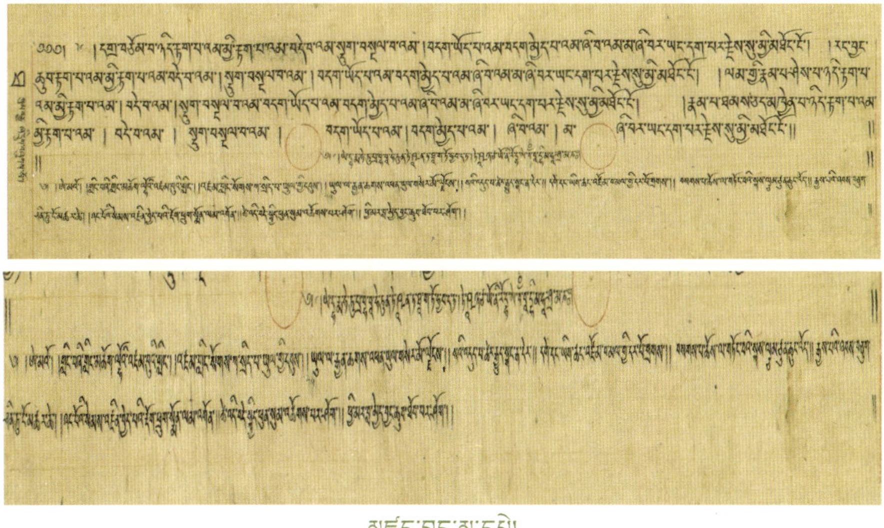

མཛད་བྱང་མ་དཔེ།

① མལ་གྲོའི་བྱ་ཡུལ་མང་ར་དགོན་གྱི་བགྲེས་ཟད་ཆེ་བའི་ཤེར་ཕྱིན་གྱི་མཛད་བྱང་ལས་དྲངས།

དང་པོ། མཛོད་བྱང་མ་ཕྱུགས།

༄༅།ཨེ་མ་ཧོ། གླིང་བཞི་གླིང་མཆོག་ལྷོའི་འཛམ་བུ་གླིང་། འཛམ་བུ་གླིང་སོགས་ཀ་སྲིད་པ་ཡུལ་གྱི་དབུས། ཡུལ་ལ་རྒྱན་ཆགས་འཕན་ཡུལ་གསེར་མོ་ལྗོངས། སའི་འདུད་པ་ཚོར་རྒྱུད་སྐད་ཀ་དེར། དགེ་དང་ཡིག་ཚང་འཛོམ་པ་མལ་གྱི་དར་པོ་གྲགས། །བསགས་པ་ཚོས་ལ་གཏོང་བའི་སྐས་ལྡམ་ཙུན་ཆུང་འོད། །རྒྱས་པའི་ཞབས་བཙུག་ཤིན་ཏུ་ངོ་མཚར་ཆེ། །ཞང་པོའི་སེམས་འཛིན་བྱེད་པའི་ཇོག་ཕྲུག་རྫོན་ལམ་འགོན། །ཚེ་འདི་བདེ་སྐྱིད་ཕུན་སུམ་ཚོགས་པར་ཤོག །ཕྱི་མར་བླ་མེད་བྱང་ཆུབ་ཐོབ་པར་ཤོག[1] ཅེས་པའོ།

གཉིས་པ། མཛོད་བྱང་གི་དབྱེ་ཞིབ།

གཅིག ཡུལ་ལུང་།

དེ་ཡང་ལོ་དགོན་དུ་བཞུགས་པའི་ཤེར་ཕྱིན་སྦུས་ལེགས་སྐྱ་བྲིས་དེའི་མཛོད་བྱང་དུའང་མཛོད་བྱང་གི་གཞུང་གཞིར་བཞག་ཨེ་མ་ཧོ་ཞེས་པས་སྟོན་བསྒུས་ཏེ་ཤེར་ཕྱིན་འབྲི་བཞེངས་ཀྱི་ཡུལ་ལུང་བསྟོད་པ་དུང་ཆེན་གཟུགས་སུ་བཀོད་ཡོད་པ་སྟེ། ༄༅།ཨེ་མ་ཧོ། གླིང་བཞི་གླིང་མཆོག་ལྷོའི་འཛམ་བུ་གླིང་། འཛམ་བུ་གླིང་སོགས་ཀ་སྲིད་པ་ཡུལ་གྱི་དབུས། ཡུལ་ལ་རྒྱན་ཆགས་འཕན་ཡུལ་གསེར་མོ་ལྗོངས། སའི་འདུད་པ་ཚོར་རྒྱུད་སྐད་ཀ་དེར།[2] ཞེས་བྱུང་བ་ལ་གཞིགས་ན། གླིང་བཞིའི་ནང་ནས་མཆོག་ཏུ་གྱུར་པ་ལྷོ་འཛམ་བུ་གླིང་འདི་ཡིན་ཞེས་མཛོད་ལས་གསུངས་ཤིང་། ལྷོ་འཛམ་བུ་གླིང་འདིའི་ནང་ནས་ཀྱང་ཡུལ་གྱི་དབུས་སུ་གྱུར་པ་རྒྱ་གར་རྡོ་རྗེ་གདན་དང་ཡུལ་དེ་དག་གི་ནང་ནས་ཀྱང་བོད་ཡུལ་ཏེ་བཞིར་ཕྱེ་བའི་ནང་ནས་དབུ་རུའི་རྒྱན་དུ་ཆགས་པའི་འཕན་ཡུལ་ཏེ་བོད་ཀྱི་བཙན་པོ་སྲོང་བཙན་གྱི་སྐྱེ་དུས་ཡུལ་ངས་པོ་ཆེ་འཕན་པོར་བསྐྱུར་བའི་གསེར་མོ་ལྗོངས་འདིའི་ནང་དུ་ས་གཞིའི་ཆགས་སྟངས་ཁྱད་འཕགས་ཅན་དང་མི་འདུས་ཆེ་བའི་ཚོར་རྒྱུད་སྐད་ཀ་དེ་ཡིན་པ་ཤེས་སོ།

[1] ལོ་དགོན་པར་བཞུགས་པའི་ཤེར་ཕྱིན་པོད་ཐ་པའི་མཛོད་བྱང་ལས་དྲངས།

[2] ལོ་དགོན་པར་བཞུགས་པའི་ཤེར་ཕྱིན་པོད་ཐ་པའི་མཛོད་བྱང་ལས་དྲངས།

གཉིས། ཡིག་ཞུས།

ཡུལ་ངས་པོ་ཆེ་འཕན་པོར་བསྒྱུར་བའི་འཕན་ཡུལ་གྱི་ས་འདུས་ཆེ་བའི་ཚེ་རྒྱུད་སྐང་ཀ་དེར་ཤེར་ཕྱིན་དེ་འབྲི་བཞེངས་གནང་བའི་སྐབས་སུ་སྒོ་གསུམ་ཐང་ཆད་འབྲི་མཁན་གྱི་ཡིག་པ་ནི་ལྷ་སའི་ཤར་ཕྱོགས་སུ་གནས་པའི་ལྷུན་གྲུབ་རྫོང་གི་མངའ་ཁོངས་སུ་གནས་པའི་ཚེར་རྒྱུད་སྐང་ཀ་དེར་དགེ་དང་ཡིག་ཚང་འཛོམས་པའི་སུག་བྲིས་མཁན་ཉུས་སམ་ས་མིང་མལ་གྱི་རྒྱུད་དུ་འབྲུངས་པའི་དར་པོ་གྲགས་ཞེས་མལ་གཙུག་གཉིས་སུ་འདྲེན་པའི་ནང་གི་མལ་གྱི་རྒྱུད་པ་མལ་དར་པོ་གྲགས་ཀྱིས་ཡིག་མཁན་མཛད་དེ་འབྲི་བཞེངས་བསྐྲུངས་པ་སྟེ་མཛད་བྱང་ལས། ཡུལ་ལ་རྒྱན་ཆགས་འཕན་ཡུལ་གསེར་མོ་ལྟོངས། །སའི་འདུད་པ་ཚེར་རྒྱུད་སྐང་ཀ་དེར། །དགེ་དང་ཡིག་ཚང་འཛོམ་པ་མལ་གྱི་དར་པོ་གྲགས། །[①]ཞེས་པས་ཤེས།

གསུམ། སྦྱིན་བདག

དད་པ་སྐྱོ་ངས་མེད་པའི་མཆོད་ཡོན་སྦྱིན་བདག་ནི་འཕན་ཡུལ་ཚེ་རྒྱུད་སྐང་ཀ་དེར་ཉུས་སམ་ས་མིང་མལ་གྱི་རྒྱུད་དུ་འབྲུངས་པའི་དར་པོ་གྲགས་ཀྱིས་འབྲི་བཞེངས་གནང་བའི་སྐབས་སུ་བསགས་པའི་ནོར་རྣམས་ཆོས་ལ་སྐྱོ་ངས་མེད་པར་གཏོང་བའི་སྐས་ལྡུམ་ཙུན་ཆུང་འོད་ཀྱིས་རྒྱལ་བའི་ཞབས་ཏོག་མཛད་པ་དང་སྦྲགས། བྱ་བ་ལེགས་ཉེས་གང་བྱུང་ཡང་ཞང་པོའི་སེམས་འཛིན་པར་བྱེད་པའི་ཇོག་ཕྲུག་རྫོན་ལམ་འགོན་སོགས་ཀྱིས་མཆོད་ཡོན་སྦྱིན་བདག་གི་རོགས་འདེགས་མཛད་དེ་འབྲི་བཞེངས་བསྐྲུངས་པ་ནི་མཛད་བྱང་ལས། །བསགས་པ་ཆོས་ལ་གཏོང་བའི་སྐས་ལྡུམ་ཙུན་ཆུང་འོད། །རྒྱས་པའི་ཞབས་བཅུག་ཤིན་ཏུ་ངོ་མཚར་ཆེ། །ཞང་པོའི་སེམས་འཛིན་བྱེད་པའི་ཇོག་ཕྲུག་རྫོན་ལམ་འགོན། །[②]ཞེས་པས་གཅིག་ཤེས་ཀུན་གྲོལ་བྱུང་།

བཞི། བསྔོ་སྨོན།

སྒོ་གསུམ་ཐང་ཆད་འབྲི་བའི་ཡིག་མཁན་མལ་གྱི་དར་པོ་གྲགས་དང་དད་པ་སྐྱོ་ངས་

① ལོ་དགོན་པར་བཞུགས་པའི་ཤེར་ཕྱིན་པོད་ཐ་པའི་མཛད་བྱང་ལས་དྲངས།

② ལོ་དགོན་པར་བཞུགས་པའི་ཤེར་ཕྱིན་པོད་ཐ་པའི་མཛད་བྱང་ལས་དྲངས།

མེད་པའི་སྦྱིན་བདག་སྐྱས་ལྷམ་ཙུན་ཚུང་འོད་དང་རྗོག་ཕྲུག་རྨོན་ལམ་འགོན་བཅས་ཀྱིས་ཤེར་ཕྱིན་འདི་འབྲི་བཞེངས་གནང་བ་ལས་བསྔོ་སྨོན་འདི་ལྟར་བཏབ་ཡོད་པ་སྟེ། །ཚེ་འདི་བདེ་སྐྱིད་ཕུན་སུམ་ཚོགས་པར་ཤོག། །ཕྱི་མར་བླ་མེད་བྱང་ཆུབ་ཐོབ་པར་ཤོག་[1]ཅེས་དུས་རབས་13པའི་ཡས་མས་ཀྱི་སྨོན་ལམ་དེ་རང་བཏབ་འདུག

ལེ་ཚན་དྲུག་པ། ཆབ་མདོ་བྱམས་པ་གླིང་ཤེར་ཕྱིན་མཛད་བྱང་།

དང་པོ། མཛད་བྱང་མ་ཕྱུས།

༄༅།ཀྱེ་གསུམ་པ་ཀའི་རིགས། །ཕ་རོལ་ཕྱིན་པ་ལགས། །བརྒྱད་སྟོང་ངོ་མཚར་ཆེ། །ཡུན་དུ་གནས་པར་ཤོག། །

༄༅།ཀྱེ་བཅོམ་ལྡན་ཤག་ཐུབ་རིགས། །གནས་བརྟན་དར་གཡུང་ལགས། །ཐུགས་དམ་ངོ་མཚར་ཆེ། ། ༄༅།ཀྱེ་ཁྱབ་འཇུག་ལྷ་ཡི་རིགས། །མལ་རྒྱགས་གཉིས་པོ་ལགས། །འཕྲུལ་ཆེན་ངོ་མཚར་ཆེ། །ཀུན་གྱིས་ཞུ་བར་ཤོག། །

༄༅།ཀྱེ་མགོན་མེད་ཟས་བཞིན་རིགས། །ཉེ་རོགས་འཁོར་བཅས་ལགས། །ཟ་མ་བཟང་པོ་ངོ་མཚར་ཆེ། །བྱང་ཆུབ་ཐོབ་པར་ཤོག་[2]ཅེས་པའོ།

གཉིས་པ། མཛད་བྱང་གི་དབྱེ་ཞིབ།

གཅིག བསྟོད་ཕྱག

དེ་ཡང་འདིར་གནས་བརྟན་དར་གཡུང་གི་ཐུགས་དམ་ཤེས་རབ་ཀྱི་ཕ་རོལ་ཏུ་ཕྱིན་པ་སྟོང་ཕྲག་བརྒྱ་པ་དེ་མ་བཞེངས་ཡར་སྔོན་དུ་བྱ་ལས་གང་ཞིག་བསྒྲུབས་ཀྱང་དེ་བསྒྲུབ་པའི་རིང་ལ་བར་ཆད་དང་བགེགས་སོགས་མེད་པར་བདེ་བླག་ཏུ་བསྒྲུབས་ཐུབ་པའི་སླད་དུ། གང་བཞེངས་པར་འདོད་པའི་གཞུང་གི་ནང་དོན་དང་སྒོ་བསྟུན་ཏེ་ཤེས་རབ་ཀྱི་ཕ་རོལ་ཏུ་ཕྱིན་པ་

---

[1] ལོ་དགོན་པར་བཞུགས་པའི་ཤེར་ཕྱིན་པོད་ཐ་པའི་མཛད་བྱང་ལས་དྲངས།

[2] ཆབ་མདོ་བྱམས་པ་གླིང་དགོན་དུ་བཞུགས་པའི་ཤེར་ཕྱིན་པོད་ཀ་པའི་མཛད་བྱང་ལས་དྲངས།

བརྒྱད་སྟོང་པར་བསྟོད་ཕྱག་ཕུལ་བ་སྟེ་དུས་ཡུན་དུ་གནས་པར་ཤོག་ཅེས་པ་སྟེ། ༄ཿཀྱི་གསུངས་པ་ཀའི་རིགས་། །ཕ་རོལ་ཕྱིན་པ་ལགས་། །བརྒྱད་སྟོང་ངོ་མཚར་ཆེ་། །ཡུན་དུ་གནས་པར་ཤོག་། །[1]ཅེས་པས་སོ།

གཉིས། སྦྱིན་བདག

ཤེས་རབ་ཀྱི་ཕ་རོལ་ཏུ་ཕྱིན་པ་བརྒྱད་སྟོང་པ་དེ་འབྲི་བཞེངས་གནང་བའི་སྐབས་སུ་མཆོད་ཡོན་སྦྱིན་བདག་གནས་བརྟན་དར་གཡུང་གིས་དད་པ་སྐྱོ་ངས་མེད་པའི་སྦྱིན་བདག་གནང་སྟེ་ཁོང་གི་ཐུགས་དམ་དུ་བཞེངས་པ་སྟེ་མཛད་བྱང་ལས། ༄ཿཀྱི་བཅོམ་ལྡན་ཤཱཀྱ་ཐུབ་རིགས་། །གནས་བརྟན་དར་གཡུང་ལགས་། །ཐུགས་དམ་ངོ་མཚར་ཆེ་། །དང་ ༄ཿཀྱི་མགོན་མེད་ཟས་བཞིན་རིགས་། །ཉེ་རོགས་འཁོར་བཅས་ལགས་། །ཟ་མ་བཟང་པོ་ངོ་མཚར་ཆེ་[2]ཞེས་པ་བཅས་ལས་སྐབས་དེ་དུས་གསུང་རབ་འབྲི་བཞེངས་ཀྱི་དགེ་བའི་ལས་དེའི་གཙོ་བོའི་སྦྱིན་བདག་དང་དེའི་ཐད་ལ་ཕྱུར་བ་གྲུ་འདེགས་གནང་མཁན་གྱི་སྤུན་ཉེ་འཁོར་རྣམས་སྟོན་པ་བཅོམ་ལྡན་ནམ་མགོན་མེད་ཟས་བྱིན་གྱི་རིགས་སུ་བྱུང་བའི་བསྟོད་པ་མཛད་པ་ནི་དགེ་བའི་ལས་རླབས་པོ་ཆེ་དེ་བསྒྲུབ་པའི་རྣམ་པར་བསྔགས་པ་དང་ལས་ཡུན་དང་ལས་ཀའི་དཀའ་ཚོགས་ལ་གཞིགས་པའི་ཟ་མ་བཟང་པོ་གནང་བ་དེ་ངོ་མཚར་ཆེ་ཞེས་བསྟོད་ཚིག་ཕུལ་བས་ཀྱང་སྦྱིན་བདག་གི་སྐོར་དེ་ཤེས།

གསུམ། ཡིག་ཞུས།

སྐབས་འདིར་དད་པ་སྐྱོ་ངས་མེད་པའི་སྦྱིན་བདག་གནས་བརྟན་དར་གཡུང་གི་ཐུགས་དམ་ཤེར་ཕྱིན་བརྒྱད་སྟོང་པ་དེ་འབྲི་བཞེངས་གནང་བའི་སྐབས་སུ་སྒོ་གསུམ་ཐང་ཆད་འབྲི་བའི་ཡིག་མཁན་ནི་ཉུས་ཁྲབ་འཇུག་ལྷ་ཡི་རིགས་ལས་འབྱུངས་པའི་མལ་རྩག་གཉིས་ཀྱིས་གནང་སྟེ་ཡིག་གཟུགས་ཀྱང་ཕུལ་དུ་བྱུང་བ་འཕྲུལ་ཆེན་ལུགས་སུ་བྲིས་པ་སྟེ་མཛད་བྱང་ལས། ༄ཿཀྱི་ཁྲབ་འཇུག་ལྷ་ཡི་རིགས་། །མལ་རྩགས་གཉིས་པོ་ལགས་། །འཕྲུལ་ཆེན་ངོ་མཚར་ཆེ་། །ཀུན་

① ཆབ་མདོ་བྱམས་པ་གླིང་དགོན་དུ་བཞུགས་པའི་ཤེར་ཕྱིན་པོད་ཀ་པའི་མཛད་བྱང་ལས་དྲངས།

② ཆབ་མདོ་བྱམས་པ་གླིང་དགོན་དུ་བཞུགས་པའི་ཤེར་ཕྱིན་པོད་ཀ་པའི་མཛད་བྱང་ལས་དྲངས།

གྱིས་ཞུ་བར་ཤོག། །[1]ཅེས་པས་སོ། སྐབས་དོན་འདིར་ཞུ་དོན་ཡིག་མཁན་ཁྲབ་འཇུག་ལྷ་ཡི་རིགས་ཞེས་བརྗོད་པ་ནི་སྐབས་འདིའི་ཡིག་མཁན་མལ་རྩགས་རྣམ་གཉིས་དུས་རབས་12པའི་ནང་དུ་བྱོན་པའི་ཡིག་མཁན་དབུ་ཆེན་ཁྲབ་འཇུག་ལྷ་ཡི་རིགས་སུམ་པ་གནོད་སྦྱིན་[2]གྱི་བུ་སློབ་དང་ཡང་སློབ་ཏུ་འགྱུར་བའི་ཆ་ནས་ཁྲབ་འཇུག་ལྷ་ཡི་རིགས་མལ་རྩགས་གཉིས་པ་ལགས་ཞེས་བརྗོད་པར་སེམས། འཕྲུལ་ཆེན་ངོ་མཚར་ཆེ་ཞེས་བྱུང་བ་ལ་བལྟས་ན་མལ་དང་རྩགས་གཉིས་ནི་དུས་རབས་13་པར་བྱོན་པའི་ཁྲད་དུ་འཕགས་པའི་ཡིག་མཁན་ཞིག་ཡིན་པར་སྣང་། གང་ཡིན་ཟེར་ན། བོད་ཡིག་གནའ་དཔེ་ཕྲིས་མ་དེའི་ཡིག་གཟུགས་དང་ཚིག་ཤད་ཀྱི་རྒྱུག་སྟངས། སྐད་ཆའི་འགྲོས་དང་ཚིག་བར་ལྡེ་པ། སྔོར་ཐིག་སོགས་ལས་དུས་རབས་12-13ནང་གི་གནའ་དཔེ་ཕྲིས་མའི་ཁྲད་ཆོས་མངའ་ཞིང་། ཡིག་མཁན་མལ་རྩགས་གཉིས་ཀྱི་སྐོར་ལ་ད་བར་དུས་རབས་མི་འདྲ་བའི་བོད་ཡིག་གནའ་དཔེའི་མཛོད་བྱང་ཆེས་མི་ཉུང་བ་ཞིག་མཇལ་བའི་སྐལ་བ་བཟང་པོ་ཞིག་ཐོབ་ཀྱང་། དེ་དག་ཁྲོད་དུ་ཡིག་མཁན་རྩགས་ཀྱིས་འབྲི་བཞེངས་གནང་བའི་གནའ་དཔེ་གོང་དུ་བརྗོད་པའི་འོན་ཀེ་ཏུའི་ཤེར་ཕྱིན་སྟོང་པའི་གཞན་མ་མཇལ་ཀྱང་། འོན་ཀེ་ཏུའི་ཤེར་ཕྱིན་དུ་རྩགས་ཀྱི་རྣལ་འབྱོར་ཤེས་རབ་སེང་གེ་ཞེས་བྱོན་པས་ཡིག་མཁན་རྩགས་ཀྱི་མཚན་དེ་ཤེས་ཤིང་དེའི་སྐོར་མཁྱེན་འདོད་ན་འོན་ཀེ་ཏུའི་མཛོད་བྱང་གི་སྐོར་དུ་གཟིགས་པར་འཚལ། སྐབས་འདིའི་ཡིག་མཁན་མལ་གྱི་རྒྱུད་པས་འབྲི་བཞེངས་བགྱིས་པའི་གནའ་དཔེ་ད་ལྟ་ལྷ་ས་དང་གཞི་རྩེ། ཆབ་མདོ་དང་ནག་ཆུ་སོགས་སུ་བཞུགས་པ་འགའ་ཤས་འདུག དཔེར་ན་རྒྱ་མ་ཁྲི་སྣང་རབ་རྒྱས་གླིང་དུ་བཞུགས་པའི་དབུ་ཤོག་དང་པོ་གཉིས་གསེར་བྲིས་ཤེར་ཕྱིན་བརྒྱད་སྟོང་པ་དེའི་དབུ་ཤོག་གི་ཞབས་འོག་ཏུ། ཀྱེའི་དགེ་སྦྱོང་ཆེན་པོ་རིགས་པའི་ལུགས་བཞིན་དུ། །ཡོན་བདག་བཀྲ་ཤིས་དཔལ་གྱི་དགོས་ཀྱི་གླེགས་བམ་། །ཀྱེ་ལྟོ་དཀར་

① ཆབ་མདོ་བྱམས་པ་གླིང་དགོན་དུ་བཞུགས་པའི་ཤེར་ཕྱིན་པོད་ཀ་པའི་མཛད་བྱང་ལས་དྲངས།

② སྐུ་མཆེད་རིན་པོ་རྣམ་གསུམ་གྱི་སྲས་སུ་གྱུར་པ་བྱ་ཡུལ་བ་ཤར་པ་ལསོགས་པས་སངས་རྒྱས་ཀྱི་བསྟན་པ་འཛིན་སྐྱོང་བསྲུང་སྤེལ་མཛད་པའི་དུས་སུ། ཡི་གེའི་མཁན་པོ་སྣ་ནམ་ཞང་བཙུན་རྩེ་སློབ་མར་གྲགས་པ། སུམ་པ་རྒྱ་གར་རྗོག་དར་མ་རྒྱལ་མཚན་ཤེའུ་དགེ་འབར། དོལ་པོ་སྦྲང་ཆུང་། ལན་པའི་འགྱེད་དང་། མལ་སེང་ལ་འབར་ལསོགས་པའི་སློབ་མ་དང་། ཉིང་སློབ་མང་དུ་བྱུང་ན་ཡང་། སུམ་པ་རྒྱ་གར་བཟང་སྤུད་གྲུ་བཞིའི་ལུགས་ལ་མཁས་པ་དེའི་དཔོན་དུ་གྱུར་པ། སུམ་པ་གནོད་སྦྱིན་དེ་ཁྲབ་འཇུག་གི་སྤྲུལ་པར་གྲགས་ཏེ། སྨྲུག་ཐོགས་ཡོངས་ལ་བཀའ་དྲིན་ཆེ།ཞེས་བོད་ཀྱི་མཁས་པ་ཁྱུང་པོ་གཡུ་ཁྲིས་མཛད་པའི་ཡི་གེའི་དར་གུད་བྱུང་ཚུལ་དང་ཀ་ཁ་སུམ་ཅུ་ཐམ་པའི་ཕྱག་ཚད་ཅེས་པ་དཀའ་བཅུ་དག་དབང་རྒྱལ་མཚན་གྱིས་དག་ཞུས་མཛད་པ་ཕྲིས་མ་དེའི་ལྡེབ་གྲངས་8པར་གསལ།

རྒྱལ་པོའི་འཕྲེང་གསུམ་འགྲོན་འདྲ། །འཇམ་དབྱངས་ཡང་སྤྲུལ་མཁས་པ་མལ་གྱིས་བྲིས་[①]ཞེས་པས་མལ་བྲིས་ཞེས་པ་ཞིག་ཡོད་པ་གོང་གི་མཛོད་བྱང་གཉིས་ལ་རྟོགས་པ་མ་ཟད་མལ་གྱི་རྒྱུད་པ་དེར་ཤེས་རབ་ཀྱི་ལྷ་མཆོག་ཏུ་འགྱུར་པ་འཇམ་དཔལ་དབྱངས་ཀྱི་སྤྲུལ་པའི་མཚན་བསྟོད་ཡང་བྱས་འདུག་པ་ལ་གཞིགས་ན། ཡིག་མཁན་མལ་དར་པོ་གྲགས་པ་དེ་སྐབས་དེ་དུས་སོར་མོའི་འདུ་བྱེད་བསྒྱུར་མཁས་པའི་ཡིག་མཁན་ཙམ་ཞིག་མ་ཡིན་པར་རིག་པའི་གནས་སོགས་ཕྱོགས་གང་ཅིའི་ཐད་ལ་ནང་བྱན་ཆུད་པའི་མཁས་པ་ཞིག་ཡིན་པའི་རྒྱུ་མཚན་གྱིས་ཡིན་སྙམ།

བཞི། བསྡོ་སྨོན།

གནས་བརྟན་དར་གཡུང་གི་ཐུགས་དམ་དེ་སྐབས་དེ་དུས་ཀྱི་ཡིག་མཁན་མཁས་པ་མལ་དར་པོ་གྲགས་དང་རྩགས་ཤེས་རབ་སེང་གེ་རྣམ་གཉིས་ཀྱིས་མཛད་དེ་འབྲི་བཞེངས་བསྒྲུབས་ཟིན་པའི་སྐབས་དེར་མཇུག་གི་བསྔོ་བ་སྨོན་ལམ་མཚམས་སུ་སྨོན་ལམ་ཁོངས་སུ་གཏོགས་པའི་སེམས་ཅན་རྣམས་དུས་རབས་12-13པའི་སྐབས་ཀྱི་སྨོན་ལམ་ལྟར་བྱང་ཆུབ་ཐོབ་པར་ཤོག་[②]ཅེས་བཏབ་འདུག

① རྒྱ་མ་ཁྲི་སྐད་རབ་རྒྱས་གླིང་དུ་བཞུགས་པའི་ཤེར་ཕྱིན་བརྒྱད་སྟོང་པ་ཞིག་གི་དབུ་ཤོག་གི་ཞབས་མཆན་ལས་དྲངས།

② ཚལ་མདོ་བྱམས་པ་གླིང་དགོན་དུ་བཞུགས་པའི་ཤེར་ཕྱིན་པོད་ཀ་པའི་མཛོད་བྱང་ལས་དྲངས།

ལེའུ་བཅོ་ལྔ་པ། མལ་བྲིས་སྐོར།

བོད་ཡིག་ཡིག་གཟུགས་སྐོར་ལ་སྤྱིལ་བའི་དེབ་ཐེར་དང་དཔྱད་རྩོམ་ཁག་ཏུ་མལ་ལུགས་ཞེས་པའི་འབྲི་གཟུགས་ཤིག་ཡོད་པ་སྟོན་བྲག་ཡིག་དང་འདྲ་བར་དེ་སྔ་མཐོང་ཐོས་མ་བྱུང་། འོན་ཏེ་ལོ་ངོ་བརྒྱད་ཅམ་རིང་བོད་ཡིག་གནའ་དཔེ་ཡོངས་བཤེར་དང་སྲུང་སྐྱོང་གི་ལས་ཀ་དེ་བསྒྲུབ་པའི་ནང་དུ་མལ་བྲིས་ཞེས་པའི་འབྲི་གཟུགས་ཤིག་དེ་སྔ་བྱུང་སྐྱོང་ཡོད་པ་མ་ཟད་དར་ཁྱབ་ཀྱང་ཆེན་པོ་བྱུང་འདུག　　དེས་ན་མལ་ཡིག་གི་སྐོར་དེའང་གོང་གི་དུས་རབས་མི་འདྲ་བའི་ནང་དུ་འབྲི་བཞེངས་བགྱིས་པའི་གསུང་རབ་བྲིས་མའི་མཛོད་བྱང་ལ་མགོ་བཏགས་བཙོལ་ཏེ་མལ་བྲིས་དཔེ་ཆེན་དང་མལ་བྲིས་དར་ཡུལ། མལ་བྲིས་ཁྱད་ཆོས་དང་དུས་རབས་སོགས་ཀྱི་སྐོར་ལ་དཔྱད་པ་ཞུ་རྒྱུ་ཡིན།

གཅིག མལ་བྲིས་མཚན་ཉིད།

ཤེར་ཕྱིན་བརྒྱད་སྟོང་བྲིས་མ་ཡིག་ཕྲེང་8ཅན་ཤོག་རྒྱ་65.4×23cmཅན་གྱི་མཛོད་བྱང་དུ། ༄༅། །ཀྱེ་ཁྱབ་འཇུག་ལྷ་ཡི་རིགས་། །མལ་རྟགས་གཉིས་པོ་ལགས་། །འཕྲུལ་ཆེན་ངོ་མཚར་ཆེ་། །ཀུན་གྱིས་ཞུ་བར་ཤོག །[1] ཅེས་པའི་ནང་གི་ཡིག་མཁན་ཁྱབ་འཇུག་གི་རིགས་ཏེ་དུས་རབས་12པའི་ཡིག་མཁན་དབུ་ཆེན་སུམ་པ་གནོད་སྦྱིན་དེ་ཁྱབ་འཇུག་གི་སྤྲུལ་པར་གྲགས་པ[2]དེའི་དངོས་སློབ་བམ་ཡང་སློབ་གང་རུང་ཡིན་པ་མལ་རྟགས་རྣམ་གཉིས་ཀྱི་ཕྱག་སོར་ལས་ཐོན་པའི་འཕྲུལ་ཆེན་ངོ་མཚར་ཆེ་ཞེས་བྱུང་བ་ལ་བལྟས་ན། མལ་དང་རྟགས་རྣམ་གཉིས་ནི་དུས་རབས་13པའི་དུས་འཁོར་བྱོན་པའི་ཁྱད་དུ་འཕགས་པའི་ཡིག་མཁན་ཞིག་ཡིན་པ་གོང་

---

① ཚབ་མདོ་བྱམས་པ་གླིང་དགོན་དུ་བཞུགས་པའི་ཤེར་ཕྱིན་བརྒྱད་སྟོང་པ་བོད་ཀ་པའི་དབུ་ཤོག་ལས་དྲངས།

② བོད་ཀྱི་མཁས་པ་ཁྱུང་པོ་གཡུ་ཁྲིས་མཛད་པའི་ཡི་གེའི་དར་གུད་བྱུང་ཚུལ་དང་ཀ་ཁ་སུམ་ཅུ་ཐམ་པའི་ཕྱག་ཚད་ཅེས་པ་དཀའ་བཅུ་དགེ་དབང་རྒྱལ་མཚན་གྱིས་དག་ཞུས་མཛད་པ་བྲིས་མ་དེའི་ལྡེབ་གྲངས་8པར་གསལ།

གི་ཆེ་བསྟོད་དང་གཅིག གཉིས་བོད་ཡིག་གནའ་དཔེ་བྲིས་མ་དེའི་ཡིག་གཟུགས་དང་ཚིག་ཤད་ཀྱི་རྒྱུག་སྟངས། སྐད་ཆའི་འགྲོས་དང་ཚིག་བར་ལྡེ་པ། སྔོར་ཐིག་སོགས་ལ་བལྟས་ན་ཡང་དུས་རབས་12-13ནང་གི་གནའ་དཔེ་བྲིས་མ་ཞིག་ཡིན་པའི་རྒྱུ་མཚན་གྱིས་དེ་ལྟར་བརྗོད་པ་ཡིན། ཡིག་མཁན་མལ་རྩགས་རྣམ་གཉིས་ཀྱི་སྐོར་ལ་ད་བར་དུས་རབས་མི་འདྲ་བའི་བོད་ཡིག་གནའ་དཔེའི་མཛད་བྱང་ཆེས་མི་ཉུང་བ་ཞིག་མཇལ་བའི་སྐལ་བ་བཟང་པོ་ཐོབ་ཀྱང་། དེ་དག་ཁྲོད་དུ་ཡིག་མཁན་རྩགས་ཤེས་རབ་སེང་གེས་འབྲི་བཞེངས་བགྱིས་པའི་གནའ་དཔེ་གོང་དུ་བརྗོད་པ་དེ་ཕུད་ད་དུང་འོན་ཀེ་རུའི་ཤེར་ཕྱིན་ཡང་ཡིན་པས་ན་ཡིག་མཁན་རྩགས་ཀྱི་སྐོར་དེ་གོང་གི་དུས་རབས་12-13པའི་འོན་ཀེ་རུའི་ཤེར་ཕྱིན་གྱི་མཛད་བྱང་དཔེ་ཞིབ་ཏུ་ཞུས་ཟིན་པས་དེར་བལྟ་བར་བྱའོ། ཡིག་མཁན་མལ་གྱི་རྒྱུད་པས་འབྲི་བཞེངས་བགྱིས་པའི་གནའ་དཔེ་ད་ལྟ་ལྷ་ས་དང་གཞིས་རྩེ། ཆབ་མདོ་དང་ནག་ཆུའི་ཤར་ཕྱོགས་སོགས་སུ་བཞུགས་པ་འགའ་ཤས་མཇལ་རྒྱུ་འདུག དཔེར་ན་ནག་ཆུའི་བཀྲ་ཤིས་ལྡོངས་དགོན་དུ་བཞུགས་པའི་དུས་རབས་17ཡས་མས་གསེར་བྲིས་ཤེར་ཕྱིན་བརྒྱད་སྟོང་པ་དེའི་དབུ་ཤོག་གི་ཞབས་འོག་ཏུ། ཀྱེའི་དགེ་སྦྱོང་ཆེན་པོ་རིག་པའི་ལུགས་བཞིན་དུ། ། ཡོན་བདག་བཀྲ་ཤིས་དཔལ་གྱི་དགོས་ཀྱི་གླིགས་བམ་། །ཀྱེ་ཕྱོ་དཀར་རྒྱལ་པོའི་འཕྲེང་གསུམ་འབྱོན་འདྲ། ། འཇམ་དབྱངས་ཡང་སྤྲུལ་མཁས་པ་མལ་གྱིས་བྲིས། ①ཞེས་བྱུང་བ་ལས་མལ་བྲིས་ཞེས་པ་ཞིག་ཡོད་པ་གོང་གི་མཛད་བྱང་གཉིས་ལས་རྟོགས་པ་མ་ཟད་མལ་གྱི་རྒྱུད་པ་དེར་ཤེས་རབ་ཀྱི་ལྷ་མཆོག་ཏུ་གྱུར་པ་འཇམ་དཔལ་དབྱངས་ཀྱི་སྤྲུལ་པའི་མཚན་བསྟོད་ཡང་བྱས་འདུག་པ་ལ་གཞིགས་ན་ཡིག་མཁན་མལ་དེ་སྐབས་དེ་དུས་སོར་མོའི་འདུ་བྱེད་བསྒྱུར་མཁས་པའི་ཡིག་མཁན་ཙམ་ཞིག་མ་ཡིན་པར་རིག་གནས་སོགས་ཕྱོགས་གང་ཅིའི་ཐད་ལ་ནང་བྱན་ཆུད་པའི་ཡིག་མཁན་ཞིག་ཡིན་པའི་རྒྱུ་མཚན་གྱིས་འཕྲུམས། ད་དུང་དུས་རབས་16-17བར་བཞེངས་པར་མངོན་པའི་ཤེར་ཕྱིན་དཔལ་ཞྭ་ལུ་དགོན་དུ་བཞུགས་པའི་ཤེར་ཕྱིན་དབུ་ཤོག་མཐིང་ཤོག་གསེར་བྲིས་ཀྱི་ཞལ་ཤོག་ཞབས་མཆན་ཏུ། རིག་པའི་འབྱུང་གནས་དབུས་ཀྱི་འཕན་ཡུལ་ནས། །ཆག་ཚད་ལྡན་པ་གཞོན་ནུ་དར་གྱིས་བྲིས་②ཞེས་དང་ཆབ་མདོ་བྱམས་པ་གླིང་དགོན་གྱི་དུས་རབས་18ཤེར་ཕྱིན་གསེར་བྲིས་ཤིག་གི་

① ནག་ཆུའི་བཀྲ་ཤིས་ལྡོངས་དགོན་དུ་བཞུགས་པའི་ཤེར་ཕྱིན་བརྒྱད་སྟོང་པ་པོད་ཀ་པའི་དབུ་ཤོག་ཞབས་མཆན་ལས་དྲངས།

② དཔལ་ཞྭ་ལུ་དགོན་དུ་བཞུགས་པའི་ཤེར་ཕྱིན་བརྒྱད་སྟོང་པ་དབུ་ཤོག་དང་པོ་གསེར་བྲིས་འབུར་མ་ཅན་དེའི་དབུ་ཤོག་ལས་

དབུ་ཤོག་གི་ཞབས་འོག་ཏུ། ཀླུ་རྣམ་ལོ་རྒྱལ་པོ་ཁྲི་ལོ་ལ། །དཔོན་དྲུང་ཡོན་བདག་དཔོན་འདིར་བ། །ཐུགས་དམ་འཛམ་གླིང་རྒྱན་མཆོག་གི ། སྲི་ཀ་འཕྲེང་གསུམ་འོད་འབར་འདི།། །སློབ་དཔོན་མཁས་པ་མལ་གྱི་ལུགས། །དིང་སང་མཁས་པ་སང་འོད་དངས།[①] ཞེས་འཁོད་པ་དག་གིས་སྟོན་དུས་མལ་བྲིས་ཞེས་པ་ཞིག་ཡོད་པ་ནི་སློབ་དཔོན་མཁས་པ་མལ་གྱི་ལུགས་ཞེས་པ་ལས་རྟོགས་ཐུབ་པ་དང་། དིང་སང་མཁས་པ་སང་འོད་དངས་ཞེས་བྱུང་བ་དེའི་འབྱུངས་འདས་ལོ་ཚིགས་ཁ་གསལ་ཞིག་ཞུར་མི་སྤོབས་ཏུང་ཤེར་ཕྱིན་དེའི་འབྲི་གཟུགས་དང་སྣག་ཤོག་ལྷག་དོན་དུ་དེའི་ནང་དུ་འཁོད་པའི་ཀླུ་རྣམ་ལོ་རྒྱལ་པོ་ཁྲི་ལོ་ཞེས་པ་དེ་ཁྲིའི་ལོ་སྟེ་"1736-1796བར་ཡིན་ན་ཡིག་མཁན་མཁས་པ་སང་འོད་ཅེས་ཞུ་བ་དེ་ཡང་དུས་རབས་18པར་བྱོན་པའི་ཡིག་མཁན་ཞིག་པར་གོར་མ་ཆག དེས་ན་ང་ཚོས་མལ་ལུགས་ཞེས་པའི་འབྲི་རྒྱུན་གྱི་བྱུང་ཁུངས་དང་མལ་ལུགས་ཀྱིས་འཕྲིན་ལས་ཀྱང་དུས་རབས་12པ་ནས་འགོ་བརྩམས་ཏེ་དུས་རབས་18པའི་བར་གྲུ་མ་ཉམས་པར་རྒྱུན་སྐྱོང་བཞིན་ཡོད་པ་གོང་གི་གསུང་རབ་ཁག་གི་མཛད་བྱང་ལས་ངེས་ཤེས་ཐུབ།

408

གཉིས། མལ་བྲིས་དར་ཡུལ།

མལ་ལུགས་དེ་ནི་བོད་ཀྱི་ཡུལ་ལུང་ཅི་ཞིག་ལ་དར་ཁྱབ་ཆེ་བའི་ཡིག་གཟུགས་ཤིག་ཡིན་ནམ་ཟེར་ན། དེ་ནི་སྟོན་བཙན་པོ་གནམ་རི་སྲོང་བཙན་གྱིས་ཡུལ་ངས་པོ་ཆེར་འཕན་ཡུལ་དུ་བསྒྱུར་བའི་ས་དེར་དར་ཁྱབ་བྱུང་བའི་བྲིས་གཟུགས་ཤིག་ཡིན་སྙམ། ནག་ཆུ་ས་ཁུལ་སོག་རྫོང་གི་བཀྲ་ཤིས་ལྡོངས་སུ་བཞུགས་པའི་དུས་རབས་17-18གསེར་བྲིས་བརྒྱད་སྟོང་དབུ་ཤོག་འབུར་མ་ཅན་ཞིག་གི་ཞབས་ཤོག་ཏུ། ཀྱེའི་བསྟན་པའི་སྦྱིན་བདག་འགྱུར་རྗེ་རོང་པོ་ཡི།། དཔོན་ཚང་འོད་ཟེར་ཡབ་སྲས་ཐུག་དམ་ལ།། གསེར་གྱི་བརྒྱད་སྟོང་ལྷོ་དཀར་འཕྲེང་གསུམ་འདི།། རིག་པའི་འབྱུང་གནས་ཁོ་འོ་འཕན་ཡུལ་བ།། མལ་ལུགས་གྲུ་བཞིར་བདགིས་བྲིས།།[②] ཞེས་བྱུང་བ་དེས་མལ་བྲིས་དེ་ནི་སྔར་བཙན་པོ་སྲོང་བཙན་གྱིས་ཡུལ་ངས་པོ་ཆེ་འཕན་ཡུལ་དུ་བསྒྱུར་བའི་ས་དེར་དར་ཁྱབ་ཆེ་བའི་ཡིག་གཟུགས་ཤིག་ཡིན་པ་མཐོང་ཐུབ་པ་སྟེ། གོང་གི་འགྲུ་

དྲངས།

① ཆབ་མདོའི་བྱམས་པ་གླིང་དགོན་དུ་བཞུགས་པའི་ཤེར་ཕྱིན་གསེར་བྲིས་ཤིག་གི་དབུ་ཤོག་ཞབས་མཚན་ལས་དྲངས།

② ནག་ཆུའི་བཀྲ་ཤིས་ལྡོངས་དགོན་དུ་བཞུགས་པའི་ཤེར་ཕྱིན་བརྒྱད་སྟོང་པ་པོད་ཀ་པའི་དབུ་ཤོག་ཞབས་མཚན་ལས་དྲངས།

རྗེ་རོང་པོ་ཞེས་པའི་བོད་ཀྱི་ཏུས་ཆེན་དྲུག་གི་སེ་རྒྱུ་གདོང་སྟོང་འདྲུ་ཞེས་པའི་ནང་གི་འདྲུ་ཡི་རྒྱུད་པ་དཔོན་ཚང་འོད་ཟེར་ཡབ་སྲས་ཐུགས་དམ་དུ་བཞེངས་པའི་ཤེར་ཕྱིན་གྱི་མཛད་བྱང་ལས་རིག་པའི་འབྱུང་གནས་ཁོ་བོ་འཕན་ཡུལ་བས་མལ་ལུགས་གྱུ་བཞིར་བྲིས་ཞེས་པས་རྟོགས། དེ་བཞིན་ཁོ་བོ་སྤྱི་ལོ་2012ལོར་འཛོམ་སྟོན་པའི་སློབ་མ་སྤྱན་སྔ་བ་ཚུལ་ཁྲིམས་འབར་གྱི་སྤྱི་ལོ་1039ཕྱག་བཏབ་པའི་ལོ་དགོན་པར་གནའ་དཔེ་བརྟག་དཔྱད་བྱེད་དུ་འགྲོ་སྐབས། དུས་རབས་13པའི་དུས་འགོར་བྲིས་པར་མངོན་པའི་ཤེར་ཕྱིན་བྲིས་མ་པོད་ཐ་པ་ཞིག་མཇལ་བྱུང་བ་དེའི་མཛད་བྱང་དུ། ༄༅།།ཨེ་མའོ། གླིང་བཞིའི་མཆོག་ལྷོའི་འཛམ་བུ་གླིང་། འཛམ་བུ་གླིང་སོགས་ཀ་སྲིད་པ་ཡུལ་གྱི་དབུས། ཡུལ་ལ་རྒྱན་ཆགས་འཕན་ཡུལ་གསེར་མོ་ལྗོངས། སའི་འདུད་པ་ཚེར་རྒྱུད་སྐང་ཀ་དེར། དགེ་དང་ཡིག་ཚང་འཇོམ་པ་མལ་གྱི་དར་པོ་གྲགས་[1] ཞེས་མཛད་བྱང་དེའི་ཡུལ་བསྟོད་ཆེ་ས་ནས་ཆུང་སར་རིམ་པས་བཞིན་སོང་བ་སྟེ། གླིང་བཞི། →ལྷོ་འཛམ་བུ་གླིང་། →བོད་ཡུལ་དབུས། →འཕན་ཡུལ། →ཚེར་རྒྱུད་སྐང་ཀ། →མལ་གྱི་དར་པོ་གྲགས་ཞེས་བྱུང་བས་ཀྱང་མལ་ཁྲིས་དར་ཡུལ་ནི་འཕན་པོ་ཡིན་པ་མ་ཟད། འཕན་པོའི་ནང་ནས་ཀྱང་ཚེ་རྒྱུད་སྐང་ཀ་ཞེས་པའི་ས་ཡུལ་དུ་ཡིན་པ་གསལ་བཤད་བྱ་ཐུབ།

གསུམ། མལ་ཁྲིས་ཁྱད་ཆོས།

འཕན་ཡུལ་གྱི་མལ་ཁྲིས་ལ་ཁྱད་ཆོས་གཙོ་བོ་གཉིས་ཡོད་པ་སྟེ་གཅིག་ཤེས་བྱ་སྣག་གསེར་གཉིས་ལ་དབང་ཐོབ་པའི་ཁྱད་ཆོས་སྟེ། དུས་རབས་16་པའི་ཞྭ་ལུ་སྐུ་ཞང་རྣམས་ཀྱིས་ཀྱང་མལ་གྱི་ཡིག་མཁན་གདན་དྲངས་ཏེ་ཤེར་ཕྱིན་འབྲི་བཞེངས་གནང་ཡོད་པ་སྟེ། གཞི་མ་ཤོག་གྱུ་གན་ཤོག་གཙང་མ་ལ། །གནག་ཙ་ཁྱད་འཕགས་རིན་ཆེན་གསེར་གྱིས་བཞེངས། །སྤྱིན་པར་བྱེད་པའི་འཕྲུལ་གྱི་ཡི་གེ་འདི། །དབུས་པ་གསུམ་གྱིས་ལུང་དང་མཐུན་པར་ནི། །གསེར་གྱི་བཟོ་དང་རྒྱ་གར་སྐད་ཀྱི་འབུར། །རིག་པའི་འབྱུང་གནས་དབུས་ཀྱི་འཕན་ཡུལ་ནས། །ཆག་ཚད་ལྡན་པ་གཞོན་ནུ་དར་གྱིས་བྲིས།[2] ཞེས་པས་དཔལ་ཞྭ་ལུ་དགོན་

① ལོ་དགོན་པའི་ཤེར་ཕྱིན་སྐུ་པོད་པོད་ཐ་པའི་མཛད་བྱང་ལས་དྲངས།

② དཔལ་ཞྭ་ལུ་དགོན་དུ་བཞུགས་པའི་ཤེར་ཕྱིན་བརྒྱད་སྟོང་པ་དབུ་ཤོག་དང་པོ་གསེར་བྲིས་འབུར་མ་ཅན་ཞབས་མཆན་ལས་དྲངས།

དུ་བཞུགས་པའི་ཤེར་ཕྱིན་བརྒྱད་སྟོང་དབུ་ཤོག་དང་པོ་གསེར་བྲིས་འབུར་མ་ཅན་དེ་ནི་འཕན་པོ་རིག་པའི་འབྱུང་གནས་ཀྱི་མལ་བྲིས་དབུ་ཆེན་གཞོན་ནུ་དར་གྱིས་ཕྱག་སོར་ལས་ཐོན་པ་ཞིག་ཡིན། དེ་ལྟར་ཞྭ་ལུར་མལ་བྲིས་གདན་འདྲེན་ཞུ་དགོས་དོན་ནི་གཅིག་ནས་དཔལ་ཞྭ་ལུའི་སྐུ་ཞང་གི་མི་རྒྱུད་དུ་འཕན་ཡུལ་ཕྱོགས་ནས་བཙུན་མོ་བསུས་སྐྱོང་ཡོད་པས་གཉེན་ཉེ་བའི་སྤུན་མི་རིགས་ཀྱི་འབྲེལ་བ་ཡོད་མོད་ཀྱང་། གཙོ་བོ་འཕན་ཡུལ་མལ་ལུགས་ཡིག་མཁན་དབུ་ཆེན་རྣམས་གསེར་གྱི་བཟོ་བཏུལ་དང་སམ་བོད་ཀྱི་ལྗོ་དཀར་འབུར་འཇམ་འབྲི་བའི་ལག་རྩལ་དམིགས་བསལ་ཅན་ཡོད་པའི་རྒྱུ་མཚན་ལས། ཞྭ་ལུར་གསེར་བྲིས་ཀྱི་གསུང་རབ་འབྲི་བཞེངས་ལ་གདན་འདྲེན་ཞུས་པ་མངོན་པ་དེ་ལས་མལ་བྲིས་ཏེ་ཤེས་བྱ་སྣག་གསེར་གཉིས་ལ་དབང་ཐོབ་པའི་ཁྱད་ཆོས་དང་གཅིག གཉིས་མལ་ལུགས་འབྲི་གཟུགས་ཁྱད་ཆོས་ཏེ་གྲུ་བཞི་སྡེ་ལུགས་ཏེ་བཀྲ་ཤིས་ལྷུན་པོའི་ཤེར་ཕྱིན་གསེར་བྲིས་དབུ་ཤོག་ཞབས་འོག་ཏུ། རིག་པའི་འབྱུང་གནས་ཁོ་བོ་འཕན་ཡུལ་བ།། མལ་ལུགས་གྲུ་བཞིར་བདགིས་བྲིས།།[①] ཞེས་པས་འབྲི་གཟུགས་ཁྱད་ཆོས་སུ་གྲུ་བཞི་དང་ལྷག་དོན་མལ་ལུགས་འབྲི་རྒྱུན་རྒྱུ་མ་ཕུ་འདེད་བྱ་སྐབས་ཁྱུང་པོ་གཡུ་ཁྲི་ལྟར་ན། དུས་རབས་12པའི་འགྲོམ་སྟོན་པའི་སྐུ་མཆེད་རིན་པོ་རྣམ་གསུམ་སྟེ་དགེ་བཤེས་སྤྱན་སྔ་བ་དང་པོ་ཊོ་བ། ཕུ་ཆུང་བ་སྟེ་གསུམ་གྱི་སྲས་བྱ་ཡུལ་བ་ཤ་ར་པ་ལསོགས་པའི་སྐུ་དུས་ཡི་གེའི་མཁན་པོ་སྣ་ནམ་ཞང་བཙུན་རྩེ་སློབ་མར་གྲགས་པ་མལ་སེང་ལ་འབར་ལསོགས་པའི་སློབ་མ་དང་། ཉིད་སློབ་སུམ་པ་རྒྱ་གར་བཟང་སྐྱིད་གྲུ་བཞིའི་ལུགས་ལ་མཁས་པ་དེའི་དཔོན་དུ་གྱུར་པ། སུམ་པ་གནོད་སྦྱིན་དེ་ཁྲབ་འཇུག་གི་སྤྲུལ་པར་གྲགས་ཏེ། སྤྱུག་ཐོགས་ཡོངས་ལ་བཀའ་དྲིན་ཆེ།[②] ཞེས་དང་མལ་རྩགས་རྣམ་གཉིས་ཀྱང་ཁྲབ་འཇུག་ལྷ་ཡི་རིགས་ཞེས་པ་བཅས་ལ་ང་ཚོས་བསམ་གཞིགས་ནན་ཏན་བྱས་ཚེ། དུས་རབས་12སྣ་ནམ་ཞང་བཙུན་རྩེའི་སློབ་མ་མལ་སེང་ལ་

① ནག་ཆུའི་བཀྲ་ཤིས་ལྷུན་པོ་དགོན་དུ་བཞུགས་པའི་ཤེར་ཕྱིན་བརྒྱད་སྟོང་པ་པོད་ཀ་པའི་དབུ་ཤོག་ཞབས་མཆན་ལས་དྲངས།

② སྐུ་མཆེད་རིན་པོ་རྣམ་གསུམ་གྱི་སྲས་སུ་གྱུར་པ་བྱ་ཡུལ་བ་ཤ་ར་བ་ལསོགས་པས་སངས་རྒྱས་ཀྱི་བསྟན་པ་འཛིན་སྐྱོང་བསྲུང་སྤེལ་མཛད་པའི་དུས་སུ། ཡི་གེའི་མཁན་པོ་སྣ་ནམ་ཞང་བཙུན་རྩེ་སློབ་མར་གྲགས་པ། སུམ་པ་རྒྱ་གར་རྗོག་དར་མ་རྒྱལ་མཚན་ཤེའུ་དགེ་འབར། དོལ་པོ་སྒྲང་ཆུང་། ལན་པའི་འགྱེད་དང་། མལ་སེང་ལ་འབར་ལསོགས་པའི་སློབ་མ་དང་། ཉིད་སློབ་མང་དུ་བྱུང་ན་ཡང་། སུམ་པ་རྒྱ་གར་བཟང་སྐྱིད་གྲུ་བཞིའི་ལུགས་ལ་མཁས་པ་དེའི་དཔོན་དུ་གྱུར་པ། སུམ་པ་གནོད་སྦྱིན་དེ་ཁྲབ་འཇུག་གི་སྤྲུལ་པར་གྲགས་ཏེ། སྤྱུག་ཐོགས་ཡོངས་ལ་བཀའ་དྲིན་ཆེ།ཞེས་བོད་ཀྱི་མཁས་པ་ཁྱུང་པོ་གཡུ་ཁྲིས་མཛད་པའི་ཡི་གེའི་དར་གསུད་བྱུང་ཚུལ་དང་ཀ་ཁ་སུམ་ཅུ་ཐམ་པའི་ཕྱག་ཚད་ཅེས་པ་དཀའ་བཅུ་ངག་དབང་རྒྱལ་མཚན་གྱིས་དག་ཞུས་མཛད་པ་བྲིས་མ་དེའི་ལྡེབ་གྲངས་8པར་གསལ།

འབར་དང་། མལ་སེང་ལ་འབར་གྱི་སློབ་མ་སུམ་པ་གནོད་སྦྱིན། སུམ་པ་གནོད་སྦྱིན་དེ་ནི་གྲུ་བཞི་ལུགས་ཀྱི་དཔོན་དུ་གྱུར་པ་དང་གཅིག ཁྱབ་འཇུག་ལྷ་ཡི་རིགས་མལ་རྩགས་རྣམ་གཉིས་ནི་སུམ་པ་གནོད་ཀྱིས་སློབ་མ་ཡིན་པ་ལས། མལ་བྲིས་ཀྱི་འབྲི་གཟུགས་ཁྱད་ཆོས་སུ་མལ་ལུགས་གྲུ་བཞི་ལུགས་ཞེས་བརྗོད་པ་ནི་འབྲི་གཟུགས་རིག་པའི་གཞུང་ལུགས་དང་མཛད་བྱང་སོགས་ལས་བྱུང་གཤིས། དེས་ན་མལ་ལུགས་གྲུ་བཞི་ཞེས་པ་དེ་ཡང་མལ་བྲིས་ཀྱིས་ཁྱད་ཆོས་ཤིག་ཡིན་པར་འགྱུམས། མདོར་ན་འཕན་པོའི་མལ་བྲིས་ཀྱི་ཁྱད་ཆོས་ཏེ་འབྲི་གཟུགས་གྲུ་བཞི་སྡེ་ལུགས་དང་ཡིག་མཁན་ཤེས་བྱ་སྟག་གསེར་གཉིས་ལ་དབང་ཐོབ་པ་བཅས་ཀྱི་ཁྱད་ཆོས་ལྡན་ཅ་ན། འཕན་ཡུལ་མལ་བྲིས་ལའང་སྔོན་གཉལ་གྱི་བྲག་ཡིག་ཇི་བཞིན་འཕྲུལ་གྱིས་ཆེ་བསྟོད་བྱས་པའང་དོན་ལ་གནས་པ་ཞིག་གོ།

བཞི། མལ་བྲིས་ཡིག་ཁུངས།

འཕན་ཡུལ་དུ་དུས་རབས་11པའི་སྔོན་ནས་བྲིས་གཟུགས་དམིགས་ཅན་ཞིག་ཡོད་པ་ནི་འོན་ཀེ་རུ་ལྷ་ཁང་གི་དུས་རབས་11-12བར་འབྲི་བཞེངས་བགྱིས་པའི་འཕགས་པ་དཀོན་མཆོག་བརྩེགས་པའི་མདོ་སྟོང་ཕྲག་བརྒྱ་པ་ལས་མངའ་དུ་འཇུག་པར་བསྟན་པའི་འདུས་པ་སྡེ་འདུས་པ་བཅོ་ལྔ་པ་རྫོགས་སྷོ། འཕན་ཡུལ་སྐྱན་གྱིས་བྲིས་པ་ལ་མ་འཕྲུ་ཞིག[1] ཅེས་བྲིས་འདུག་པ་ལྟར་ན་ཡིག་མཁན་སྐྱན་འདི་ནི་སྤྱི་ལོ1027ལོར་སྔ་ནམ་རྗེ་རྡེ་དབང་ཕྱུགས་ཀྱི་ཕྱག་བཏབ་པའི་འཕན་པོ་རྒྱལ་ལྷ་ཁང་གི་མཁན་རྒྱུད་དུ་ཕེབས་པ་ནི། འགོས་ལོ་གཞོན་ནུ་དཔལ་གྱིས་རྒྱལ་ལྷ་ཁང་གི་སྐབས་སུ། དགེ་བཤེས་སྐྱན་ས་ཕོ་སྤྲེའུ་ལོ་སྟེ་སྤྱི་ལོ1128ལོར་འཁྲུངས། རང་ལོ་དྲུག་ཅུ་རྩ་གཉིས་པ་སྤྱི་ལོ1189ལོ་སྟེ་ས་བྱ་ལ་གདན་སར་བྱོན་ནས་ལོ་གསུམ་བཞུགས། རང་ལོ་དྲུག་ཅུ་རྩ་བཞི་པ་ལྕགས་ཕག་སྟེ་སྤྱི་ལོ1191ལོར་གཤེགས། ལྷ་ཁང་བཏབ་ནས་ལོ་འདི་ཡན་ལ་ལོ་བརྒྱ་དང་བརྒྱད་ཅུ་སོང་ངོ་།[2] ཞེས་གསུངས་པ་ལྟར་ན། ཡིག་མཁན་འཕན་ཡུལ་སྐྱན་ཞེས་པ་དེ་ནི་

① འོན་ཀེ་རུ་ལྷ་ཁང་གི་དུས་རབས་10-12འབྲི་བཞེངས་བགྱིས་པའི་འཕགས་པ་དཀོན་མཆོག་བརྩེགས་པའི་མདོ་སྟོང་ཕྲག་བརྒྱ་པ་ལས་མངའ་དུ་འཇུག་པར་བསྟན་པའི་འདུས་པ་སྡེ་འདུས་པ་བཅོ་ལྔ་པ་རྫོགས་སྷོ།ཞེས་པའི་མཛད་བྱང་ལས་དྲངས།

② འགོས་ལོ་གཞོན་ནུ་དཔལ་གྱི་དེབ་ཐེར་སྔོན་པོ་སི་ཁྲོན་མི་རིགས་དཔེ་སྐྲུན་ཁང་གི་1984ལོའི་པར་མའི་ཤོག་གྲངས་119ལས་དྲངས།

དུས་རབས་12པར་བྱོན་པའི་རྒྱལ་ལྷ་ཁང་གི་མཁན་རྒྱུད་ཡིན་པ་དེ་ལས་ཤེས་ཐོད་ཀྱང་། དེ་ལས་དཀའ་འོས་པ་ཞིག་ལ་ཁོ་བོས་མཇལ་སྐྱོང་བའི་བོད་ཡིག་ཡིག་གཟུགས་རིག་པའི་སྐོར་ཞིག་ཏུ། དུས་རབས་12དགེ་བའི་བཤེས་གཉེན་འབྲོམ་གྱི་སློབ་མར་གྱུར་པ་སྐུ་མཆེད་རིན་པོ་རྣམ་གསུམ་①གྱི་སྲས་སུ་གྱུར་པ་བྱ་ཡུལ་བ་ཤ་ར་པ་ལསོགས་པས་སངས་རྒྱས་ཀྱི་བསྟན་པ་འཛིན་སྐྱོང་སྤྱང་སྤེལ་གསུམ་མཛད་པའི་དུས་དུས། ཡི་གེའི་མཁན་པོ་སྟ་ནམ་ཞང་བཙུན་རྗེ་སློབ་མར་གྲགས་པ་མལ་སེང་ལ་འབར་ལསོགས་པའི་སློབ་མ་②ཞེས་བྱུང་བ་ལ་གཞིགས་ན། དུས་རབས་12པའི་ནང་དུ་བྱུང་བའི་ཡི་གེའི་མཁན་པོ་སྟ་ནམ་ཞང་བཙུན་རྗེའི་སློབ་མའི་གྲས་སུ་བཞུགས་པའི་སློབ་མ་མལ་སེང་ལ་འབར་ཞེས་པའི་ཡིག་མཁན་དེའི་མཚན་གྱི་མདུན་དུ་བྱོན་པའི་ས་མིང་ངམ་ཏུས་མིང་མལ་ལ་བསམ་གཞིགས་བྱས་ཚེ་མལ་ཕྱོགས་ནས་བྱོན་པའི་ཡིག་མཁན་སྙན་གྲགས་ཅན་མལ་སེང་ལ་འབར་ནས་བཟུང་། རང་རེ་རྣམས་ཀྱི་ད་ལྟ་མཇལ་དུ་མཆིས་པའི་བོད་ཡིག་གནའ་དཔེའི་མཛད་བྱང་དུ་འབྲི་གཟུགས་དམིགས་བསལ་ཅན་འཕན་པོ་མལ་གྱི་ལུགས་ཞེས་པ་དེ་ཡང་དུས་རབས་དེ་དག་གི་ནང་དུ་མགོ་འཛུད་པར་སེམས། ལྷག་དོན་དུ་ཡིག་མཁན་དབུ་ཆེན་སླན་གྱིས་འབྲི་བཤུས་བགྱིས་པའི་ཤེར་ཕྱིན་སྐྱ་ཐྲིས་དེའི་ལྡེབ་གྲངས་ངོས་སུ་སྐོར་ཐིག་ལ་མིག་ཕུ་ཕུག་ཡོད་པ་མ་ཟད། འབྲི་གཟུགས་ཀྱང་བཙན་པོའི་བླ་འབུམ་དང་ཏ་ཅང་ཐག་ཉེ་བའི་རྒྱུ་མཚན་བཅས་ཀྱིས་དུས་རབས་12སྔོན་ནས་འཕན་ཡུལ་ལ་འབྲི་གཟུགས་ཁྱད་འཕགས་ཅན་མལ་ལུགས་ཏེ་ཤེས་བྱ་སྣག་གསེར་གཉིས་ལ་དབང་ཐོབ་པའི་ཡིག་མཁན་དབུ་ཆེན་བྱོན་

① དེ་ལ་བཀའ་གདམས་སྐུ་མཆེད་གསུམ་སྟེ་དགེ་བཤེས་པོ་ཏོ་བ་ (1031-1105) དང་། དགེ་བཤེས་སྤྱན་སྔ་བ་ (1033-1103) ། དགེ་བཤེས་ཕུ་ཆུང་བ་ (1031-?) བཅས་གསུམ་ནི། འབྲོམ་སྟོན་པའི་ཐུགས་སྲས་སློབ་མའི་གཙོ་བོ་ཡིན་པས་བཀའ་གདམས་སྐུ་མཆེད་གསུམ་ཞེས་ཟེར། བླ་མ་གཅིག་གི་དྲུང་ནས་བཀའ་གདམས་ཀྱི་ཆོས་སྐོར་གསན་པའི་མཆེད་གྲོགས་ཡིན་པའི་ཆ་ནས་དེ་ལྟར་བརྗོད་པ་ལས། གཉེན་ཚན་གྱི་འབྲེལ་བ་ཡོད་པའི་སྐུ་མཆེད་ལ་གོ་རྒྱུ་མེད་ཅེས་དུང་དཀར་བོད་རིག་པའི་ཚིག་མཛོད་ཆེན་མོའི་ཤོག་གྲངས་164གསུངས་འདུག

② སྐུ་མཆེད་རིན་པོ་རྣམ་གསུམ་གྱི་སྲས་སུ་གྱུར་པ་བྱ་ཡུལ་བ་ཤར་པ་ལསོགས་པས་སངས་རྒྱས་ཀྱི་བསྟན་པ་འཛིན་སྐྱོང་བསྲུང་སྤེལ་མཛད་པའི་དུས་སུ། ཡི་གེའི་མཁན་པོ་སྟ་ནམ་ཞང་བཙུན་རྗེ་སློབ་མར་གྲགས་པ། སུམ་པ་རྒྱ་གར་ཐོག་དར་མ་རྒྱལ་མཚན་ཤེའུ་དགེ་འབར། དོལ་པོ་སྤྲང་ཆུང་། ལན་པའི་འགྱེད་དང་། མལ་སེང་ལ་འབར་ལསོགས་པའི་སློབ་མ་དང་། ཉིང་སློབ་མང་དུ་བྱུང་ན་ཡང་། སུམ་པ་རྒྱ་གར་བཟང་སྤྱད་གྲུ་བཞིའི་ལུགས་ལ་མཁས་པ་དེའི་དཔོན་དུ་གྱུར་པ། སུམ་པ་གནོད་སྦྱིན་དེ་ཁྱབ་འཇུག་གི་སྤྲུལ་པར་གྲགས་ཏེ། སྦྱུག་ཐོགས་ཡོངས་ལ་བཀའ་དྲིན་ཆེ།ཞེས་བོད་ཀྱི་མཁས་པ་ཁྱུང་པོ་གཡུ་ཁྲིས་མཛད་པའི་ཡི་གེའི་དར་གུད་བྱུང་ཚུལ་དང་ཀ་ཁ་སུམ་ཅུ་ཐམ་པའི་ཕྲུག་ཚད་ཅེས་པ་དཀའ་བཅུ་དགའ་དབང་རྒྱལ་མཚན་གྱིས་དག་ཞུས་མཛད་པ་བྲིས་མ་དེའི་ལྡེབ་གྲངས་8པར་གསལ།

ཡོད་པ་ནི་རིག་པའི་གཞུང་ལུགས་དང་གསུང་རབ་བྲིས་མ་དངོས་སུ་མཇལ་རྒྱུ་ཡོད་པ་དེ་དག་ལས་ཤེས་ཤིང་། ཕྱོགས་གཞན་ཞིག་ནས་བརྗོད་ན་འདང་འཕན་པོ་རིག་པའི་འབྱུང་གནས་ཞེས་པའི་མཚན་བསྟོད་དེ་ཡང་རྒྱུ་མཚན་དེ་དག་ལ་བརྟེན་ནས་བྱུང་བར་སེམས་སོ།

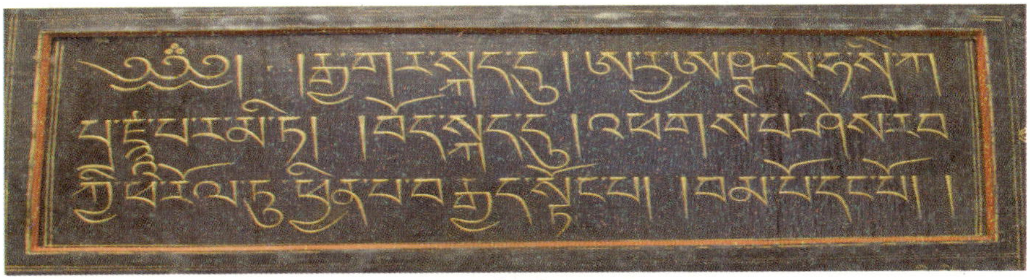

མལ་ལུགས་ཀྱི་འབྲི་གཟུགས།

ལྔ། མལ་བྲིས་དབུ་ཅན།

མལ་བྲིས་དེ་ཐོག་མར་འཕན་པོའི་ཁུལ་དུ་དར་ཁྱབ་བྱུང་བའི་འབྲི་གཟུགས་ཞིག་ཡིན་པ་གོང་དུ་མལ་བྲིས་དར་ཡུལ་དུ་བཤད་ཟིན་པ་དེ་ལྟར་ཡིན། དེས་ན་མལ་བྲིས་དེ་འཕན་ཡུལ་དུ་དར་བའི་འབྲི་གཟུགས་ཤིག་ཡིན་པའི་ཆ་ནས་ང་རང་གིས་དངོས་སུ་མཇལ་སྐྱོང་བའི་འཕན་པོའི་མཚན་ཅན་གྱིས་བརྒྱན་པའི་ཡིག་མཁན་ཀུང་བསྒྲིགས་ཏེ་བརྗོད་ན། དུས་རབས་12ནང་དུ་བྱོན་པའི་ཡི་གེའི་མཁན་པོ་སྣ་ནམ་ཞང་བཙུན་ཅེ་སློབ་མར་གྲགས་པ་མལ་སེང་ལ་འབར་①དང་དུས་རབས་12འཕན་ཡུལ་སླན་གྱིས་བྲིས་པའི་འོན་ཀེ་རུའི་འཕགས་པ་དཀོན་མཆོག་བརྩེགས་པའི་མདོ་སྟོང་ཕྲག་བརྒྱ་པ་ལས་མངལ་དུ་འཇུག་པར་བསྟན་པའི་འདུས་པ་སྟེ་འདུས་པ་བཅོ་ལྔ་པ་དང་། དེས་རྗེས་དུས་རབས་13པའི་སྟོད་ཙམ་དུ་མལ་དར་པོ་གྲགས་ཀྱིས་བྲིས་པའི་ལོ་དགོན་པར་བཞུགས་པའི་ཤེར་ཕྱིན་སྐྱ་པོད་པོད་ཐ་པ་དང་། དུས་རབས་16-17པར་མལ་ཡིག་མཁན་པོ་གཞོན་ནུ་དར་གྱིས་འབྲི་བཤུས་མཛད་པའི་ཤེར་ཕྱིན་མཐིང་ཤོག་གསེར་བྲིས་ཞྭ་ལུ་དགོན་དུ་བཞུགས་པ་དང་། དེ་རྗེས་དུས་རབས་18པར་ཡིག་མཁན་དབུ་ཆེན་སང་འོད་ཀྱིས་བྲིས་བཤུས་བྱས་པའི་ཤེར་ཕྱིན་ཆབ་མདོ་བྱམས་པ་གླིང་དུ་བཞུགས་པ་སོགས་ནི་དུས་རབས་མི་འདྲའི་གསུང་རབ་བྲིས་མའི་མཛད་བྱང་ལ་ལུང་ཁུངས་བཙལ་ཏེ་དུས་རབས་མི་འདྲ་བའི་ནང་དུ་མལ་ཡིག་མཁན་པོ་སུ་དང་སུ་ཞིག་བྱོན་པའི་སྐོར་དེ་ཡིན།

① བོད་ཀྱི་མཁས་པ་ཁྱུང་པོ་གཡུ་ཁྲིས་མཛད་པའི་ཡི་གེའི་དར་གུད་བྱུང་ཚུལ་དང་ཀ་ཁ་སུམ་ཅུ་ཐམ་པའི་ཕྱག་ཚད་ཅེས་པ་དཀའ་བཅུ་རག་དབང་རྒྱལ་མཚན་གྱིས་དག་ཞུས་མཛད་པ་བྲིས་མ་དེའི་ལྡེབ་གྲངས་8པར་གསལ།

ལེའུ་བཅུ་དྲུག་པ། དུས་རབས་13-14པའི་གསུང་རབ་བྲིས་མའི་མཛད་བྱང་ངོས་འཛིན།

ལེ་ཚན་དང་པོ། བོད་ལྗོངས་རྟེན་རྫས་བཤམས་མཛོད་ཁང་གི་དཀར་ཆག་འཕང་ཐང་མའི་མཛད་བྱང་།

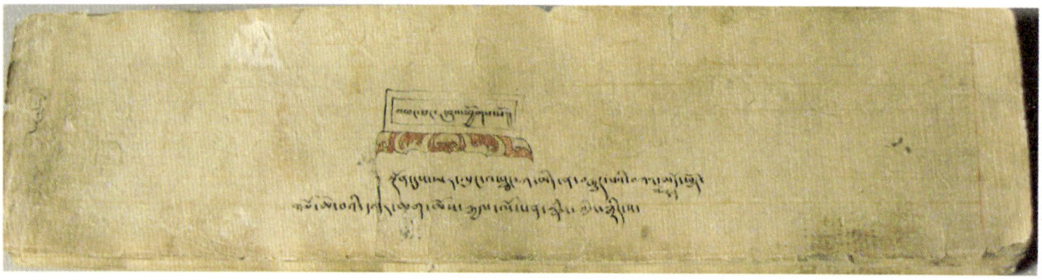

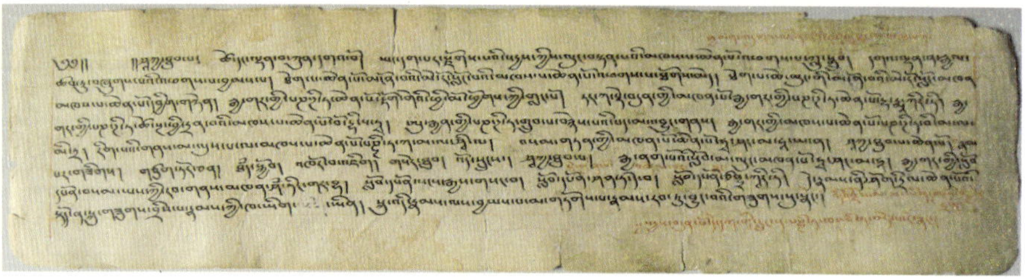

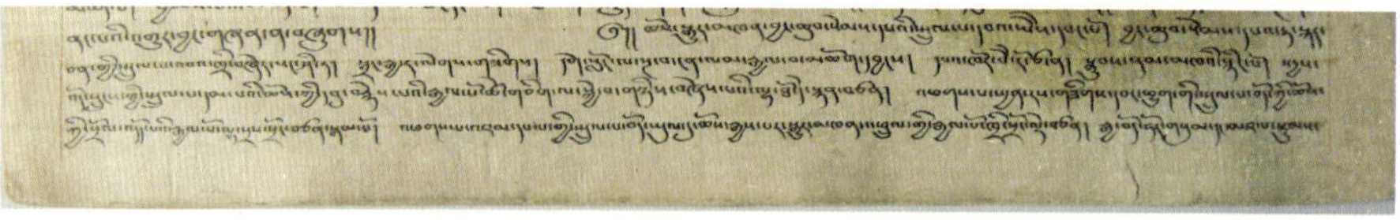

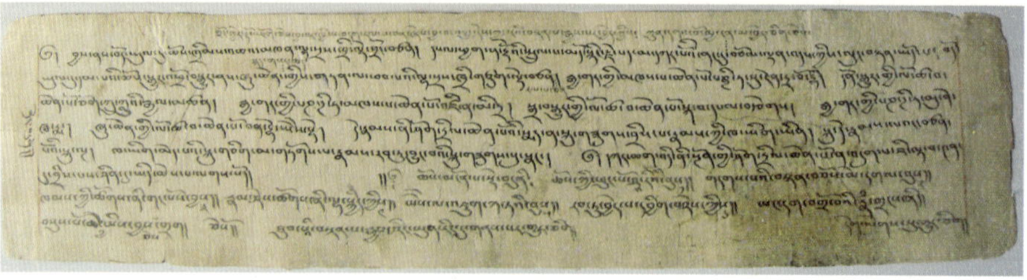

མཛད་བྱང་མ་དཔེ།

དང་པོ། མཛད་བྱང་མ་ཕྱུགས།

དཀར་ཆག་འཕང་ཐང་མ་དེའི་མདུན་ཤོག་ནང་མ་དང་རྒྱབ་ཤོག་ནང་མ་གཉིས་ལ་ཉམས་ཞིབ་གནང་བ་ཡིན་ན། མདུན་ཤོག་ནང་མར། ༄། །ཤཱཀྱ་ཐུབ་པ། ཚེ་དང་ལྡན་པ་ཀུན་དགའ་བོ། ཡང་དག་པར་རྫོགས་པའི་སངས་རྒྱས་ཀྱིས་ལུང་བསྟན་པའི་མཁས་པ་ཆེན་པོ་འཕགས་པ་ཀླུ་སྒྲུབ། རྒྱབ་ན་གདུགས་འཛིན་པའི་རབ་ཏུ་བྱུང་བ་ལངས་པ་༡། དགའ་ལྡན་ན་རྒྱལ་ཚབ་ཏུ་བཞུགས་པའི་འཕགས་པ་བྱམས་པ། ཐེག་པ་ཆེན་པོ་མངོན་པའི་མེ་རོ་སློང་བའི་མཁས་པ་ཆེན་པོ་འཕགས་པ་ཐོགས་མེད། ཐེག་པ་ཆེ་ཆུང་གི་མངོན་པའི་མེ་རོ་སློང་མཁན་མཁས་པ་ཆེན་པོ་དབྱིག་གཉེན། རྒྱ་གར་གྱི་པཎྜི་ཏ་ཆེན་པོ་རྟོག་གེའི་ཕྱི་མོ་ཕྱོགས་ཀྱི་གླང་པོ། ཏར་ཀ་སྡེ་བདུན་གྱི་མཁན་པོ་རྒྱ་གར་གྱི་པཎྜི་ཏ་ཆེན་པོ་ཧྣ་སྣ་ཀིར་ཏི། རྒྱ་གར་གྱི་པཎྜི་ཏ་ཚེ་སྔ་ཕྱི་དྲན་པའི་མཁས་པ་ཆེན་པོ་བོ་དྷི་ས་ཏྭ། ཨུ་རྒྱན་གྱི་པཎྜི་ཏ་གྲུབ་པ་བརྙེས་པའི་པད་མ་འབྱུང་གནས། རྒྱ་གར་གྱི་མཁས་པ་ཆེན་པོ་པཎྜི་ཏ་བི་མ་ལ་མི་ཏྲ། རིག་པའི་གནས་མ་ལུས་པ་ལ་མཁས་པ་ཆེན་པོ་པཎྜི་ཏ་ཀ་མ་ལ་ཤཱི་ལ། བསམ་གཏན་གྱི་མཁན་པོ་ཆེན་པོ་ཧྭ་ཤང་མ་ཧཱ་ཡ་ན། ཤཱཀྱ་ཐུབ་པ་ཆེན་པོ། སངས་རྒྱས་བདུན་པོ་དེ་དག་གི་དྲུང་ན་པཎྜི་ཏ་ཁ་ཡིག་མེད་པ་རེ་སྣང་། རྣམ་པར་གཟིགས། གཙུག་ཏོར་ཅན། ཐཾད་སྐྱོབ། འཁོར་བ་འཇིག གསེར་ཐུབ། འོད་སྲུངས། ཤཱཀྱ་ཐུབ་པ་སྟེ་བདུན་བཞེངས་པར་སྣང་། རྒྱ་ནག་པོའི་སློབ་མ་ལུང་མཁན་པོ་ཧྭ་ཤང་མ་ཧཱ། རྒྱ་གར་གྱི་སློབ་དཔོན་བསམ་ཡས་ཀྱི་རབ་གནས་མཁན་ཤཾ་ཏིང་གར་བྷ། སློབ་དཔོན་སངས་རྒྱས་གསང་བ། སློབ་དཔོན་ཤན་ཏ་དེ་བ། སློབ་དཔོན་ཙནྡྲ་ཀཱིར་ཏི། འདིའི་རྗེས་ལ་ཁ་ཡིག་མེད་པའི་པཎྜི་ཏ་༤་སྣང་། སངས་རྒྱས་བདུན་པོ་དེ་དག་གི་དྲུང་ན་པཎྜི་ཏ་ཁ་ཡིག་མེད་པ་རེ་སྣང་། དེ་རྣམས་ནི་ཤོག་དྲིལ་ཆེན་པོའི་སྟོད་ན་སྐུ་གཟུགས་བྲིས་པ་རྣམས་ཀྱི་ཁ་ཡིག་ཡིན། སྐུ་འདི་རྣམས་ལས་བྱམས་པ་མ་གཏོགས་པ་རྣམས་རབ་ཏུ་བྱུང་བའི་གཟུགས་སུ་སྣང་། [①]ཞེས་དང་། ད་དུང་ཞབས་ཤོག་ནང་མར་ཆོས་སྒྱུར་མཁན་བྱང་ཆུབ་སེམས་དཔའི་སྤྲུལ་པ་དབའ་ཡིས་དབང་པོ། བྱང་ཆུབ་སེམས་དཔའ་ཧ་སྐད་ཅན་གྱི་སྤྲུལ་པ་འབའ་ཁྲི་བཞེར་སང་ཤི་ཏ། སྦྲང་རྒྱ་ར་ལེགས་གཟིགས། དགེ་སློང་ལ་སྔ་བ་དན་ལམ་རྒྱལ་བ་མཆོག་དབྱངས། དཔའ་ཁོར་བེ་རོ་ཙ་ན། སྣུབས་ནམ་མཁའི་སྙིང་པོ། སངས་འོད་སྲུངས་སྤྲུལ་པ་དམ་པའི་ཆོས་ཀྱི་དབུ་

① བོད་ལྗོངས་རྟེན་རྫས་བཤམས་མཛོད་ཁང་དུ་བཞུགས་པའི་དཀར་ཆག་འཕང་ཐང་མ་བྲིས་མའི་དབུ་ཤོག་ནང་མ་ལས་དྲངས།

བརྙེས་པའི་རྒྱལ་པོ་ཆོ་གཅིག་ལ་སྐྱེ་བ་གཉིས་བཞེས་པའི་ལྷ་ཐོ་དེ་སྣན་བཙན། འཕགས་པ་སྤྱན་རས་གཟིགས་དབང་ཕྱུག་གི་སྤྲུལ་པ་བོད་ཆོས་ཀྱི་སྲོལ་འདྲེད་པའི་རྒྱལ་པོ་ལྷ་སྲས་སྲོང་བཙན་སྒམ་པོ། འཕགས་པ་འཇམ་དཔལ་དབྱངས་ཀྱི་སྤྲུལ་པ་བོད་ཡུལ་དུ་ཆོས་རྒྱས་པར་སྒྱུར་མཁན་འཕྲུལ་གྱི་རྒྱལ་པོ་ཁྲི་སྲོང་ལྡེ་བཙན། རྒྱ་བོད་ཧོར་གསུམ་དང་མཛལ་བསྟུམས་བྱས་ནས་བོད་ཡུལ་དུ་ཆོས་ཁྲིམས་འཆའ་མཁན་ལྷ་སྲས་ཁྲི་ལྡེ་སྲོང་བཙན། དཔལ་ཕྱག་ན་རྡོའི་སྤྲུལ་པ་མདོ་སྙིང་རྗེ་པད་མ་དཀར་པོའི་ནང་དུ་གྲོང་ཁྱེར་རྡོ་འཇོག་ཅེས་བྱ་བར་ཁྲིམ་བདག་རལ་པ་ཅན་ཞེས་བྱ་བ་འབྱུང་། དེས་ཀྱང་ངའི་བསྟན་པ་རྒྱས་པར་བྱེད་ཀྱིས། ཀུན་དགའ་བོ་མྱ་ངན་མ་བྱེད་ཅིག་ཅེས་བཅོམ་ལྡན་འདས་ཀྱིས་ལུང་བསྟན་ཡོད་པ། བོད་ཡུལ་དུ་དམ་པའིཆོས་སྒྱུར་འགྲོ་བསྒྱུར་ནས་ཞུ་ཆེན་སྐད་གསར་བཅད་ཀྱིས་གཏན་ལ་ཕབ་པའི་ལྷ་སྲས་ཁྲི་གཙུག་ལྡེ་བཙན་རལ་བ་ཅན། རྒྱ་གར་གྱི་མཁས་པ་ཆེན་པོ་པཎྜི་ཏ་སུ་རེན་དྲ་བོ་དྷི། དོན་སྒྱུར་གི་ལོ་ཙཱ་བ་ཆེན་པོ་ཅོག་ཀུ་ཀླུའི་རྒྱལ་མཚན། རྒྱ་གར་གྱི་པཎྜི་ཏ་མཁས་པ་ཆེན་པོ་འཛི་ན་མི་ཏྲ། སྒྲ་སྒྱུར་གྱི་ལོ་ཙཱ་བ་ཆེན་པོ་སྐ་བ་དཔལ་བརྩེགས། རྒྱ་གར་གྱི་པཎྜི་ཏ་ཤུ་ཀེ་ཤ་རྨ། ཞུ་ཆེན་གྱི་ལོ་ཙཱ་བ་ཆེན་པོ་བན་དྷེ་ཡེ་ཤེས་སྡེ། དེ་རྣམས་ནི་ཤོག་དྲིལ་ཆེན་པོའི་སྨད་ན་སྐུ་གཟུགས་བྲིས་པ་རྣམས་ཀྱི་ཁ་ཡིག་ཡིན། སྐུ་དེ་རྣམས་ལའང་བཙན་པོའི་སྐུ་ལྷ། ཁ་ཡིག་མེད་པའི་སྐུ་གཅིག་མ་གཏོགས་པ་རྣམས་རབ་ཏུ་བྱུང་བའི་གཟུགས་སུ་སྣང་། ༼ ། །དཀར་ཆག་འདི་ནི་སྔོན་གྱི་ཤོག་དྲིལ་ཆེན་པོ་ན་འདུག་པ་ཇི་ལྟ་བ་ཞིན་དུ་བྲིས་པས་ཤིན་ཏུ་ཡིད་ཆེས་པ་ལགས་སོ[①] ཞེས་པའོ།

གཉིས་པ། མཛད་བྱང་གི་དབྱེ་ཞིབ།

དཀར་ཆག་འཕང་ཐང་མ་འདིའི་མཛད་བྱང་ནི་སྔོན་གྱི་གསུང་རབ་ཀྱི་མཛད་བྱང་ཁག་དང་མི་འདྲ་བར་ཐོན་པ་ཞིག་ཡིན་སྐབས་འདིར་མཛད་བྱང་གི་དབྱེ་ཞིབ་ཀྱི་ནང་དོན་ཡང་གོང་དང་མི་འདྲ་བར་གསུང་རབ་བྲིས་མའི་མ་དཔེ་དང་དབུ་ཞབས་ལྷ་སྐུ་སོགས་ཀྱི་སྐོར་ལ་དབྱེ་ཞིབ་བྱ་རྒྱུ་ཡིན།

① བོད་ལྗོངས་རྙིང་རྫས་བཤམས་མཛོད་ཁང་དུ་བཞུགས་པའི་དཀར་ཆག་འཕང་ཐང་མ་བྲིས་མའི་ཞབས་ཤོག་ནང་མ་ལས་དྲངས།

གཅིག མ་དཔེ།

གོང་གི་མཛད་བྱང་ལས་དཀར་ཆག་འཕང་ཐང་མ་འདིའི་མ་དཔེའི་དཔེ་གཟུགས་རྙོགས་པ་སྟེ། བུ་དཔེ་ད་ལྟ་བོད་ལྗོངས་རྟེན་རྫས་བཤམས་མཛོད་ཁང་དུ་བཞུགས་འདི་ནི་སྔོན་གྱི་མ་དཔེ་རྙིང་གྲས་ཞིག་ལ་བརྟེན་ཏེ་ཡིག་མཁན་གྱི་འབྲི་བཤུས་བགྱིས་པ་ཞིག་ཡིན་འདུག དེ་ལྟར་བརྗོད་དོན་ནི་མཛད་བྱང་དུ། ༡ །དཀར་ཆག་འདི་ནི་སྔོན་གྱི་ཤོག་དྲིལ་ཆེན་པོ་ན་འདུག་པ་ཇི་ལྟ་བ་ཞན་དུ་བྲིས་པས་ཤིན་ཏུ་ཡིད་ཆེས་པ་ལགས་སོ་ཞེས་པ་ལས་ང་ཚོས་གནད་འགག་ཅིག་ཤེས་ཐུབ་པ་སྟེ། དུས་རབས་13པའི་ནང་དུ་སྙོ་གསུམ་ཐང་ཆད་འབྲི་བའི་ཡིག་མཁན་གྱིས་འབྲི་བཤུས་གནང་བའི་དུས་སུ་བླ་དཔེ་དེའི་དཔེ་གཟུགས་ནི་སྔོན་བཙན་པོའི་སྐུ་དུས་ཀྱི་དཔེ་གཟུགས་ཏེ་བོད་ཀྱི་གསུང་རབ་སྒྲ་བ་དགེ་འདུན་ཆོས་འཕེལ་གྱིས་སྔོན་རང་རེ་རྣམས་ཀྱི་ཁྲིམས་ཡིག་སོགས་ཤོག་དྲིལ་ལ་ཡོད་དམ་སྙམ[①]ཞེས་པས་བཙན་པོའི་དུས་ཀྱི་ཤོག་དྲིལ་གྱི་དཔེ་གཟུགས་ཤིག་འགྱུར་པ་ལ་གཞི་བརྟེན་ཏེ་འབྲི་བཤུས་གནང་བ་དེ་སྔོན་གྱི་ཤོག་དྲིལ་ཆེན་པོ་ན་འདུག་པ་ཇི་ལྟ་བ་བཞིན་དུ་བྲིས་ཞེས་པས་ད་ལྟ་བོད་ལྗོངས་རྟེན་རྫས་བཤམས་མཛོད་ཁང་དུ་བཞུགས་པའི་དཀར་ཆག་འཕང་ཐང་མ་དེའི་མ་དཔེ་སྔོན་བཙན་པོའི་དུས་ཀྱི་ཤོག་དྲིལ་གྱི་དཔེ་གཟུགས་ཤིག་ཡིན་པ་ཤེས་པ་དང་གཅིག གཉིས་མ་དཔེ་ཤོག་དྲིལ་གྱི་དཔེ་གཟུགས་ལས་བུ་དཔེ་གླེགས་བམ་གཟུགས་སུ་བྱོན་པ་དེའང་ཞོར་དུ་རྟོགས།

གཉིས། ཡིག་མཁན།

མ་དཔེ་ཤོག་དྲིལ་ལས་བུ་དཔེ་གླེགས་བམ་གཟུགས་སུ་འབྲི་བཤུ་མཁན་གྱི་ཡིག་མཁན་ངོས་ན་བརྗོད་ན་ཡིག་པ་ཁོང་རང་འཕྲུལ་ཡིག་མཁན་པོ་ཞིག་ལས་ལྷ་བྲིས་དང་རི་མོ་བ་ཞིག་མིན་པ་སྟེ། དཀར་ཆག་འཕང་ཐང་མ་དེའི་དབུ་ཞབས་ཀྱི་མཚན་དུ་བྱོན་པའི་ནང་དོན་ལས་མགོ་བཏགས་བཀྲོལ་ཐུབ་པ་སྟེ། དེ་རྣམས་ནི་ཤོག་དྲིལ་ཆེན་པོའི་སྟོད་ན་སྐུ་གཟུགས་བྲིས་པ་རྣམས་ཀྱི་ཁ་ཡིག་ཡིན། སྐུ་འདི་རྣམས་ལས་བྱམས་པ་མ་གཏོགས་པ་རྣམས་རབ་ཏུ་བྱུང་བའི་

① དགེ་འདུན་ཆོས་འཕེལ་གྱིས་མཛད་པའི་རྒྱལ་ཁམས་རིག་པས་བསྐོར་བའི་གཏམ་རྒྱུད་གསེར་གྱི་ཐང་མ་ནུབ་བྱང་མི་རིགས་སློབ་ཆེན་གྱི་སྤར་མའི་ཤོག་གྲངས་200ལས་དྲངས།

གཟུགས་སུ་སྣང་།[①]ཞེས་དང་ད་དུང་དེ་རྣམས་ནི་ཤོག་དྲིལ་ཆེན་པོའི་སྨད་ན་སྐུ་གཟུགས་བྲིས་པ་རྣམས་ཀྱི་ཁ་ཡིག་ཡིན། སྐུ་དེ་རྣམས་ལའང་བཙན་པོའི་སྐུ་ལྟ། ཁ་ཡིག་མེད་པའི་སྐུ་གཅིག་མ་གཏོགས་པ་རྣམས་རབ་ཏུ་བྱུང་བའི་གཟུགས་སུ་སྣང་།[②]ཞེས་དབུ་ཞབས་ལྷ་སྐུའི་མཚན་རྣམས་རེ་རེ་བཞིན་ཁབ་ཤུལ་སྐུད་པས་བསྟན་པ་བཞིན་ཕབ་བཤུས་གནང་བ་དང་གཅིག་གཉིས་ད་ལྟ་རང་རེ་རྣམས་ཀྱིས་དངོས་སུ་མཇལ་ཐུབ་པའི་དཀར་ཆག་འཕང་ཐང་མ་དཔེ་གཟུགས་གློགས་བམ་གཟུགས་དེའི་དབུ་ཞབས་གཉིས་སུ་ལྷ་སྐུའི་མཚན་བྱང་ཙམ་ལས་ལྷ་སྐུའི་སྐུ་བརྙན་མཇལ་རྒྱུ་མེད་པ་བཅས་ལས་ང་ཚོས་ཡིག་མཁན་ཕོང་ནི་དུས་རབས་13པའི་ནང་དུ་བྱོན་པའི་རི་མོའི་ཤེས་བྱས་དཔེན་པའི་ཡིག་པ་ཞིག་ཡིན་པ་ཚོད་དཔག་ཐུབ། འོན་ཏེ་ཡིག་མཁན་ཕོང་ནི་འབྲི་བཤུས་ལ་ཞིབ་ཆ་ཆེ་བ་ཞིག་ཡིན་པ་ནི་ད་ལྟའི་བུ་དཔེ་དེའི་དབུ་ཞབས་གཉིས་སུ་ལྷ་སྐུའི་མཚན་བྱང་བྱོན་པ་དེ་ལས་ཀྱང་ཤེས།

གཉིས། དབུ་ཞབས་ལྷ་སྐུ།

བུ་དཔེ་དེའི་དབུ་ཞབས་ཀྱི་མཆན་དེ་དག་ལ་བསམ་བློ་སྟོད་དུ་ཕབ་སྐེ་བསམ་གཞིགས་ཤིག་གནང་བ་ཡིན་ན། མ་དཔེ་དེ་ནི་རང་རེ་བོད་ཀྱི་གསུང་རབ་དབུ་ཞབས་ལྷ་སྐུས་བརྒྱན་པ་སྔ་གྲས་ཤིག་ཡིན་པ་བདག་གི་མགྲིན་པ་གཟེངས་སུ་བསྟོད་སྐེ་སྨྲས་ཆོག་འོན་ཏེ་ཡུལ་དུས་དང་རྒྱུ་རྐྱེན་སྣ་ཚོགས་ཀྱིས་རྐྱེན་པས། དཀར་ཆག་འཕང་ཐང་མའི་མ་དཔེའམ་བླ་དཔེ་དེ་རང་རེའི་འདྲེན་བྱེད་དབང་པོའི་ཡུལ་དུ་མ་གྱུར་པ་ནི་ཡིད་ཕམ་པའི་གནས་ཤིག་ཏུ་སེམས་ཏུང་། ད་ལྟའི་འཕང་ཐང་མའི་བུ་དཔེ་དེ་ལས་བླ་དཔེ་དུས་རབས་10ཡར་སྔོན་དུ་བཞེངས་པའི་དཀར་ཆག་དེ་ནི་དབུ་ཞབས་ལྷ་སྐུས་བརྒྱན་ཡོད་ཙ་ན། དུས་རབས་10པའི་ཡར་སྔོན་ནས་བོད་ཀྱི་གསུང་རབ་ལ་དབུ་ཞབས་ལྷ་སྐུ་འབྲི་བའི་སྲོལ་དེ་དར་ཟིན་པ་མ་ཟད་དེ་དག་ལ་བོད་ཀྱི་རི་མོའི་སྒྱུ་རྩལ་གྱི་ཉམས་མངོན་གསལ་དོད་པོ་ལྡན་པའང་སེམས། དེ་ཡང་དབའ་བཞེད་ལས་ཞུས་ན། ལྷ་བཟོ་རྣམས་ན་རེ་ལྷ་རྒྱ་གར་དང་རྒྱའི་གཟུགས་གང་བགྱིས་ཞེས་གསུངས། དེར་འཚོགས་ཏེ་གྲོས་བགྱིས་པས་མཁན་པོའི་ཞལ་ནས་སངས་རྒྱས་རྒྱ་གར་དུ་བྱོན་པ་ཡིན་པས་རྒྱ་

① བོད་ལྗོངས་རྟེན་རྫས་བཤམས་མཛོད་ཁང་དུ་བཞུགས་པའི་དཀར་ཆག་འཕང་ཐང་མ་བྲིས་མའི་དབུ་ཤོག་ནང་མ་ལས་དྲངས།

② བོད་ལྗོངས་རྟེན་རྫས་བཤམས་མཛོད་ཁང་དུ་བཞུགས་པའི་དཀར་ཆག་འཕང་ཐང་མ་བྲིས་མའི་ཞབས་ཤོག་ནང་མ་ལས་དྲངས།

གར་ལུགས་སུ་བགྱི་གསུངས། བཙན་པོའི་ཞལ་ནས་བོད་ཀྱི་ལུགས་སུ་བགྱིས་ན་བོད་ནག་པོ་ལ་ཞེན་པ་རྣམས་དད་པ་སྐྱེར་རེ་བ་ལགས་པས། ལྷ་བོད་ལུགས་སུ་བྱ་བར་ཅིས་གནང་ཞེས་སློབ་དཔོན་ལ་ཞུས་པས། འོ་ན་བོད་འབངས་ཀུན་བསྡུས་ཤིག་བོད་ལུགས་སུ་བྱོའོ་[1]ཞེས་པ་ལས་རི་མོའི་བྲིས་རྒྱུན་དེ་གཅིག་ནས་བོད་བཙན་པོའི་དུས་སུ་བྱུང་བ་དང་གཉིས་ནས་བྲིས་རྒྱུན་དེར་ས་སྐྱེས་རྗེ་སྐྱེས་ཀྱི་བོད་ཀྱི་རི་མོའི་ཁྱད་ཆོས་ལྡན་ཡོད་པའང་ཤེར་དུ་རྟོགས་སོ།

གསུམ། དབུ་ཞབས་ལྷ་སྐུའི་བརྗོད་བྱ།

བོད་ལྗོངས་རྟེན་རྫས་བཤམས་མཛོད་ཁང་དུ་བཞུགས་པའི་བོད་བཙན་པོའི་སྐུ་དུས་སུ་བཏབ་པའི་དཀར་ཆག་ཆེན་པོ་གསུམ་གྱི་ཡ་གྱལ་འཕང་ཐང་མ་དེའི་མ་དཔེ་མཇལ་དུ་མཆིས་ན་དེའི་སྙིང་དུ་ལྷ་སྐུ་འདི་འདྲ་ཡོད་པ་སྟེ། ༄། །ཤཱཀྱ་ཐུབ་པ། ཚེ་དང་ལྡན་པ་ཀུན་དགའ་བོ། ཡང་དག་པར་རྫོགས་པའི་སངས་རྒྱས་ཀྱིས་ལུང་བསྟན་པའི་མཁས་པ་ཆེན་པོ་འཕགས་པ་ཀླུ་སྒྲུབ། རྒྱབ་ན་གདུགས་འཛིན་པའི་རབ་ཏུ་བྱུང་བ་ལངས་པ་ཀ། དགའ་ལྡན་ན་རྒྱལ་ཚབ་ཏུ་བཞུགས་པའི་འཕགས་པ་བྱམས་པ། ཐེག་པ་ཆེན་པོ་མངོན་པའི་མེ་རོ་སློང་བའི་མཁས་པ་ཆེན་པོ་འཕགས་པ་ཐོགས་མེད། ཐེག་པ་ཆེ་ཆུང་གི་མངོན་པའི་མེ་རོ་སློང་མཁན་མཁས་པ་ཆེན་པོ་དབྱིག་གཉེན། རྒྱ་གར་གྱི་པཎ་ཌི་ཏ་ཆེན་པོ་རྟོག་གེའི་ཕྱི་མོ་ཕྱོགས་ཀྱི་གླང་པོ། ཏར་ཀ་སྡེ་བདུན་གྱི་མཁན་པོ་རྒྱ་གར་གྱི་པཎ་ཌི་ཏ་ཆེན་པོ་ཛྙཱ་ཤྲཱ་ཀིར་ཏི། རྒྱ་གར་གྱི་པཎ་ཌི་ཏ་ཚེ་སྤུ་ཕྱི་དྲན་པའི་མཁས་པ་ཆེན་པོ་བོ་དྷི་ས་ཏྭ། ཨུ་རྒྱན་གྱི་པཎ་ཌི་ཏ་གྲུབ་པ་བརྙེས་པའི་པད་མ་འབྱུང་གནས། རྒྱ་གར་གྱི་མཁས་པ་ཆེན་པོ་པཎ་ཌི་ཏ་བི་མ་ལ་མི་ཏྲ། རིག་པའི་གནས་མ་ལུས་པ་ལ་མཁས་པ་ཆེན་པོ་པཎ་ཌི་ཏ་ཀ་མ་ལ་ཤཱི་ལ། བསམ་གཏན་གྱི་མཁན་པོ་ཆེན་པོ་ཧྭ་ཤང་མ་ཧཱ་ཡ་ན། ཤཱཀྱ་ཐུབ་པ་ཆེན་པོ། སངས་རྒྱས་བདུན་པོ་དེ་དག་གི་དྲུང་ན་པཎ་ཌི་ཏ་ཁ་ཡིག་མེད་པ་རེ་སྣང་། རྣམ་པར་གཟིགས། གཙུག་ཏོར་ཅན། ཐཾད་སྐྱོབ། འཁོར་བ་འཇིག གསེར་ཐུབ། འོད་སྲུངས། ཤཱཀྱ་ཐུབ་པ་སྟེ་བདུན་བཞེངས་པར་སྣང་། རྒྱ་ནག་པོའི་སློབ་མ་ལུང་མཁན་པོ་ཧྭ་ཤང་མ་ཧཱ། རྒྱ་གར་གྱི་སློབ་དཔོན་བསམ་ཡས་ཀྱི་རབ་གནས་མཁན་པོ་ཤཾ་ཏིང་གར་བྷ། སློབ་དཔོན་སངས་རྒྱས་

① དབའ་བཞེད་བྲིས་མའི་ལྡེབ་གྲངས་38ཏུ་གསལ།

གསང་བ། སློབ་དཔོན་ཤན་ཏ་དེ་བ། སློབ་དཔོན་ཙནྡྲ་གོ་མི་ཏེ། འདིའི་རྗེས་ལ་ཁ་ཡིག་མེད་པའི་པཎ་ཊི་ཏ་ཙ་སྣང་། སངས་རྒྱས་བདུན་པོ་དེ་དག་གི་དྲུང་ན་པཎྜི་ཏ་ཁ་ཡིག་མེད་པ་རེ་སྣང་། དེ་རྣམས་ནི་ཤོག་དྲིལ་ཆེན་པོའི་སྟོད་ན་སྐུ་གཟུགས་བྲིས་པ་རྣམས་ཀྱི་ཁ་ཡིག་ཡིན། སྐུ་འདི་རྣམས་ལས་བྱམས་པ་མ་གཏོགས་པ་རྣམས་རབ་ཏུ་བྱུང་བའི་གཟུགས་སུ་སྣང་། [1]ཞེས་དང་། ད་དུང་ཞབས་ཤོག་ནང་མར་ཆོས་སྐྱུར་མཁན་བྱང་ཆུབ་སེམས་དཔའི་སྤྲུལ་པ་དབའ་ཡིས་དབང་པོ། བྱང་ཆུབ་སེམས་དཔའ་རྒྱ་སྐད་ཅན་གྱི་སྤྲུལ་པ་འབའ་ཁྲི་བཞེར་སང་ཤི་ཏ། སྦྲང་རྒྱ་ར་ལེགས་གཟིགས། དགེ་སློང་ལ་སྦ་བ་དན་ལམ་རྒྱལ་བ་མཆོག་དབྱངས། དཔའ་ཁོར་བེ་རོ་ཙ་ན། སྣུབས་ནམ་མཁའི་སྙིང་པོ། སདྣས་འོད་སྲུངས་སྤྲུལ་པ་དམ་པའི་ཆོས་ཀྱི་དབུ་བརྙེས་པའི་རྒྱལ་པོ་ཚེ་གཅིག་ལ་སྐྱེ་བ་གཉིས་བཞེས་པའི་ལྷ་ཐོ་དེ་སྙན་བཙན། འཕགས་པ་སྤྱན་རས་གཟིགས་དབང་ཕྱུག་གི་སྤྲུལ་པ་བོད་ཆོས་ཀྱི་སྲོལ་འདོད་པའི་རྒྱལ་པོ་ལྷ་སྲས་སྲོང་བཙན་སྒམ་པོ། འཕགས་པ་འཇམ་དཔལ་དབྱངས་ཀྱི་སྤྲུལ་པ་བོད་ཡུལ་དུ་ཆོས་རྒྱས་པར་སྐྱུར་མཁན་འཕྲུལ་གྱི་རྒྱལ་པོ་ཁྲི་སྲོང་ལྡེ་བཙན། རྒྱ་བོད་ཧོར་གསུམ་དང་མཛལ་བསྟུམས་བྱས་ནས་བོད་ཡུལ་དུ་ཆོས་ཁྲིམས་འཆའ་མཁན་ལྷ་སྲས་ཁྲི་ལྡེ་སྲོང་བཙན། དཔལ་ཕྱག་ན་རྡོའི་སྤྲུལ་པ་མདོ་སྙིང་རྗེ་པད་མ་དཀར་པོའི་ནང་དུ་གྲོང་ཁྱེར་རྗེ་འཛོམ་ཅེས་བྱ་བར་ཁྲིམ་བདག་རལ་པ་ཅན་ཞེས་བྱ་བ་འབྱུང་། དེས་ཀྱང་ངའི་བསྟན་པ་རྒྱས་པར་བྱེད་ཀྱིས། ཀུན་དགའ་བོ་མྱ་ངན་མ་བྱེད་ཅིག་ཅེས་བཅོམ་ལྡན་འདས་ཀྱིས་ལུང་བསྟན་ཡོད་པ། བོད་ཡུལ་དུ་དམ་པའིཆོས་སྐྱུར་འགྲོ་བསྐྱུར་ནས་ཞུ་ཆེན་སྐད་གསར་བཅད་གྱིས་གཏན་ལ་ཕབ་པའི་ལྷ་སྲས་ཁྲི་གཙུག་ལྡེ་བཙན་རལ་བ་ཅན། རྒྱ་གར་གྱི་མཁས་པ་ཆེན་པོ་པཎ་ཊི་ཏ་སུ་རེན་དྲ་བོ་དྷི། དོན་སྐྱུར་གི་ལོ་ཙ་བ་ཆེན་པོ་ཅོག་ཀུ་ཀླུའི་རྒྱལ་མཚན། རྒྱ་གར་གྱི་པཎ་ཊི་ཏ་མཁས་པ་ཆེན་པོ་འཇི་ན་མི་ཏྲ། སྒྲ་སྐྱུར་གྱི་ལོ་ཙ་བ་ཆེན་པོ་སྐ་བ་དཔལ་བརྩེགས། རྒྱ་གར་གྱི་པཎ་ཊི་ཏ་མུ་ནེ་ཝ་རྨ། ཞུ་ཆེན་གྱི་ལོ་ཙ་བ་ཆེན་པོ་བན་དྷེ་ཡེས་སྡེ། དེ་རྣམས་ནི་ཤོག་དྲིལ་ཆེན་པོའི་སྨད་ན་སྐུ་གཟུགས་བྲིས་པ་རྣམས་ཀྱི་ཁ་ཡིག་ཡིན། སྐུ་དེ་རྣམས་ལའང་བཙན་པོའི་སྐུ་ལྷ། ཁ་ཡིག་མེད་པའི་སྐུ་གཅིག་མ་གཏོགས་པ་རྣམས་རབ་ཏུ་བྱུང་བའི་གཟུགས་སུ་སྣང་། [2]ཞེས་པས་རྟོགས་སོ།

---

① བོད་ལྗོངས་རྟེན་རྫས་བཤམས་མཛོད་ཁང་དུ་བཞུགས་པའི་དཀར་ཆག་འཕང་ཐང་མ་བྲིས་མའི་དབུ་ཤོག་ནང་མ་ལས་དྲངས།

② བོད་ལྗོངས་རྟེན་རྫས་བཤམས་མཛོད་ཁང་དུ་བཞུགས་པའི་དཀར་ཆག་འཕང་ཐང་མ་བྲིས་མའི་ཞབས་ཤོག་ནང་མ་ལས་དྲངས།

ལེ་ཚན་གཉིས་པ། ས་སྐྱའི་པེར་ཕྱིན་པོད་ཀ་པའི་མཛད་བྱང་།

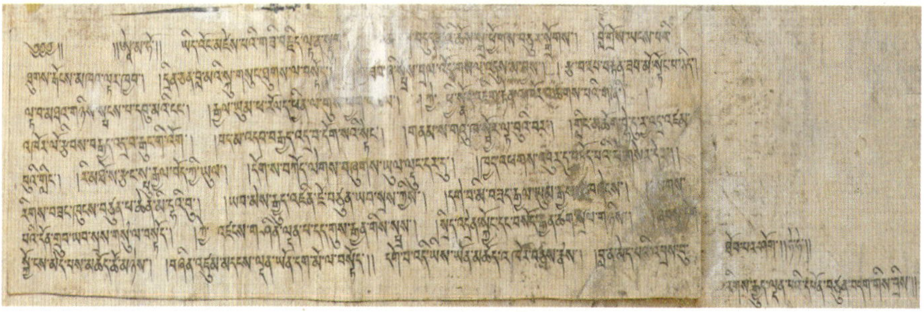

མཛད་བྱང་མ་དཔེ།

དང་པོ། མཛད་བྱང་མ་ཕྱུས།

༄། །ཨེ་མ་ཧོ།། ཡིད་འོང་མཛེས་པའི་གཟི་བརྗིད་ལྷ་ན་སྡུག······། ······བདུད་རྩིའི་ཆོས་སྒྲ་ཕྱོགས་བཅུར་སྒྲོགས། བློ་གྲོས་ཡངས་པའི་ཐུགས་ཀློངས་མཁའ་ལྟར་ཁྱབ། །དྲིན་ཅན་བླ་མའི་སྐུ་གསུང་ཐུགས་ལ་བསྟོད། །ཀྱེ་ཟབ་ཞིབ་སྦྱོར་བྲལ་འོད་གསལ་འདུས་མ་བྱས། །རྩ་བ་རབ་བརྟན་ཟབ་མོ་སྟོང་པ་ཉིད། །ལྟ་བ་མཐའ་གཉིས་སྤངས་པ་དབུ་མའི་དང་། །རྒྱལ་ཡུམ་ཕ་རོལ་ཕྱིན་ལ་གུས་ཕྱག་འཚལ། །ཀྱེ་ཕྱི་སྣོད་འཇིག་རྟེན་འཁོར་བ་ཆགས་པའི་གཞི། །འཁོར་ལོ་རྩིབས་བརྒྱད་འདྲ་བ་ཀྲུང་གི་འོག། །པད་མ་འདབ་བརྒྱད་འདྲ་བ་དོག་སའི་སྟེང་།། གནམ་ས་གཙུ་ཁ་སྦྱོར་ལྟ་བུའི་བར། །གླིང་མཆོག་ཛེ་ཊ་ཏྲ་འདྲ་འཛམ་བུའི་གླིང་། །རི་མཐོ་ས་རྩང་སྤུ་རྒྱལ་བོད་ཀྱི་ཡུལ། །དོག་ས་བཀོད་ལེགས་བཞུགས་ཡུལ་ལྷུན་དར་དུ། །ཁྱད་འཕགས་འཕྱུར་དུ་བཏོད་པའི་པེ་གསེར་དེར། །རིགས་བཟང་ཁྲུང་བཙུན་པ་ཆེན་མི་ཉྙའི་བུ། །ཡབ་མེས་རྒྱུད་འཛིན་ཇེ་

བཙུན་ཡབ་སྲས་ཀྱིས། །དགེ་བ་མི་བཟད་རྒྱལ་ཡུམ་རྒྱས་པ་བཞེངས། །…ཡབ་སྲས་དོན་གྲུབ་གསུམ་ལ་བསྔོད། །ཀྱེ་འཛངས་གཤིན་ལྷན་པ་དད་གུས་རྒྱན་གྱིས་སྤྲས། །སྲིད་འདྲེན་སྐྱོང་དང་བསོད་རྒྱན་ཚག་སྲས་གཉིས། །ཞབ་ཏེག་སྐྱོ་ངང་མེད་པས་མཆོད་མཚོ་མཉེས། །བཞིན་འཛུམ་མདངས་ལྡན་ཡོན་བདག་མོ་ལ་བསྔོད། །དགེ་བ་འདི་ཡིས་ཡོན་མཆོད་འཁོར་བཅས་རྣམས། །བླ་ན་མེད་པའི་འབྲས་བུ་ཐོབ་པར་ཤོག །ཧེ་ཧེ། རིགས་བརྒྱུད་ལྡན་པའི་དཔོན་བཙུན་བདག་གིས་བྲིས།[①]ཞེས་པའོ།

གཉིས་པ། མཛད་བྱང་གི་དབྱེ་ཞིབ།

གཅིག བསྔོད་ཕྱག

དཔལ་ས་སྐྱ་དགོན་གྱི་བྱང་དགོན་ནས་མཇལ་བའི་ཤེར་ཕྱིན་ཞིག་གི་མཛད་བྱང་དུ་སྔོན་གྱི་མཛད་བྱང་ཁག་གི་བསྔོད་པ་ཇི་བཞིན་ཐོག་མར་ཨོཾ་མ་ཧོ་ཞེས་པས་སྔོན་བསུས་ཏེ་བླ་མེད་པའི་གོང་རོལ་ན་སངས་རྒྱས་ཞེས་པ་ནམ་ཡང་མེད་ཅེས་པའི་གསུངས་སྲོལ་བཞིན་དེ་ཡང་དང་ཐོག་དྲིན་ཅན་བླ་མའི་སྐུ་གསུང་ཐུགས་ལ་བསྔོད་པ་ཕུལ་ཞིང་། དེ་རྗེས་རིམ་པས་བཞིན་གོམ་པ་རྒྱག་པ་བགྲོད་ལ་ཕན་ཞེས་པ་ལྟར་གང་བཞེངས་པར་འདོད་པའི་གསུང་དེའི་བརྗོད་བྱའི་ནང་དོན་ཚིག་སྣ་བསྡུས་པའི་སྒོ་ནས་གསུངས་པ་དང་ཆབས་ཅིག གསུང་རབ་ཀྱི་མཚན་ནས་བརྗོད་དེ་བསྔོད་ཕྱག་ཕུལ་ཡོད་པ་སྟེ། ཨོཾ་མ་ཧོ།། ཡིད་འོང་མཛེས་པའི་གཟི་བརྗིད་ལྟ་ན་སྡུག……། …བདུད་རྩིའི་ཆོས་སྒྲ་ཕྱོགས་བཅུར་སྒྲོགས། །བློ་གྲོས་ཡངས་པའི་ཐུགས་རྗེ་ངངས་མཁའ་ལྟར་ཁྱབ། །དྲིན་ཅན་བླ་མའི་སྐུ་གསུང་ཐུགས་ལ་བསྔོད། །ཀྱེ་ཟབ་ཞིབ་སྦྱོར་བྲལ་འོད་གསལ་འདུས་མ་བྱས། །རྩ་བ་རབ་བརྟན་ཟབ་མོ་སྟོང་པ་ཉིད། །ལྟ་བ་མཐའ་གཉིས་སྤངས་པ་དབུ་མའི་ངང་། །རྒྱལ་ཡུམ་ཕ་རོལ་ཕྱིན་ལ་གུས་ཕྱག་འཚལ།[②]ཞེས་པས་སོ།

① ས་སྐྱ་བྱང་དགོན་ཉམས་བཟོ་བྱ་སྐབས་ས་འོག་ནས་ཐོན་པའི་ཤེར་ཕྱིན་པོད་ཀ་པའི་དབུ་ཤོག་ནང་མའི་ཞལ་ཁེབས་ལས་བྲངས།

② ས་སྐྱ་བྱང་དགོན་ཉམས་བཟོ་བྱ་སྐབས་ས་འོག་ནས་ཐོན་པའི་ཤེར་ཕྱིན་པོད་ཀ་པའི་དབུ་ཤོག་ནང་མའི་ཞལ་ཁེབས་ལས་བྲངས།

གཉིས། ཡུལ་ལུང་།

གསུང་རབ་ཀྱི་མཛད་བྱང་དུ་ཡུལ་ལུང་གི་བསྟོད་པ་དུང་ཆེན་གཟུགས་སུ་བཀོད་པ་སྟེ། །ཀྱེ་ཕྱི་སྣོད་འཇིག་རྟེན་འཁོར་བ་ཆགས་པའི་གཞི། །འཁོར་ལོ་རྩིབས་བརྒྱད་འདྲ་བ་གུང་གི་འོག། །པད་མ་འདབ་བརྒྱད་འདྲ་བ་དོག་སའི་སྟེང་།། གནམ་ས་གཙུ་ཁ་སྦྱོར་ལྟ་བུའི་བར། །གླིང་མཆོག་ཛམྦུ་འདྲ་འཛམ་བུའི་གླིང་། །རི་མཐོ་ས་རྩང་སྤུ་རྒྱལ་བོད་ཀྱི་ཡུལ། །དོག་ས་བཀོད་ལེགས་བཞུགས་ཡུལ་ལྷུང་དར་དུ། ①ཞེས་བྱུང་བ་ལྟར་ན། ཐོག་མར་ཀྱེ་ཞེས་འབོད་པའི་སྒྲས་འགོ་འཛུད་དེ་ཕྱི་སྣོད་ཀྱི་འཇིག་རྟེན་དུ་ནང་བཅུད་ཀྱི་སེམས་ཅན་ཞེས་པ་ལྟར་ཕྱི་སྣོད་ཀྱི་འཇིག་རྟེན་འཁོར་བ་ཆགས་པའི་གཞི་འདིར་གནམ་འཁོར་ལོ་རྩིབས་བརྒྱད་ཡོད་པའི་གུང་གི་འོག་ལ། ས་གཞི་པད་མ་འདབ་བརྒྱད་ཀྱི་གཟུགས་འདྲ་བའི་ས་གཞིའི་སྟེང་དུ། གནམ་ས་གཉིས་ཚུ་ཞིང་ཁ་གབ་པ་གཙུ་ཁ་སྦྱོར་བ་ལྟ་བུའི་ནང་དུ་གླིང་བཞིའི་ནང་གི་མཆོག་གྱུར་ལྷོ་འཛམ་བུ་གླིང་། གླིང་དེའི་ནང་ནས་རི་མཐོ་ས་གཙང་སྤུ་རྒྱལ་བོད་ཀྱི་ཡུལ་ཞེས་དང་། བོད་ཡུལ་གྱི་ནང་ནས་ས་གཞིས་ཆགས་སྟངས་བཀོད་པ་ལེགས་པའི་ལྷུང་དར་དུ་ཞེས་པས་གསུང་རབ་འབྲི་བཞེངས་ཀྱི་ས་གནས་ལྷུང་དར་ཞེས་པ་དེ་ཡིན་པ་ཤེས་སོད། འོན་ཏེ་བཀྲི་ན་བ་རང་ཉིད་ལྟ་རྒྱ་ཐོས་རྒྱ་ཆུང་བ་དང་ཡུལ་ལུང་འགྲེམས་ཞུང་བའི་རྐྱེན་པས་ལ་སྟོད་ལྷོ་བྱང་གང་རུང་ཞིག་ཏུ་ཡོད་པར་སེམས་པ་ཙམ་ལས་ད་ལྟའི་རྫོང་ག་གེ་མོའི་ས་གནས་འདི་ཡིན་ཞེས་མཚུབ་མོ་བཙུགས་ནས་སྟོན་མ་ཐུབ།

གསུམ། སྦྱིན་བདག

ལ་སྟོད་ལྷོ་བྱང་ཁུལ་དུ་ཆགས་པའི་ཡུལ་ལྷུང་དར་དེར་ཤེར་ཕྱིན་ཡུམ་དེ་འབྲི་བཞེངས་གནང་བའི་སྐབས་སུ་རྒྱུ་འགྲོ་གཏོང་མཁན་གྱི་དད་པ་སྐྱོ་ངས་མེད་པའི་སྦྱིན་བདག་གནང་མཁན་ནི་རིགས་བཟང་ཁུངས་བཙུན་པ་ཆེན་མི་ཧྲའི་བུས་རང་གི་དྲིན་ཆེ་བའི་ཡབ་མེས་གོང་མའི་སྐྱིད་བཟང་རྒྱན་འཛིན་མཛད་དེ། རྗེ་བཙུན་ཡབ་སྲས་ཀྱི་དགེ་བའི་ལས་དཔག་ཏུ་མེད་པར་བསྒྲུབ་པའི་སླད་དུ་ཤེར་ཕྱིན་ཡུམ་རྒྱས་འབྲིང་བསྡུས་གསུམ་ལས་རྒྱས་པ་པོད་བཅུ་གཉིས་

① ས་སྐྱ་བྱང་དགོན་ཉམས་བཟོ་བྱ་སྐབས་ས་འོག་ནས་ཐོན་པའི་ཤེར་ཕྱིན་པོད་ཀ་པའི་དབུ་ཤོག་ནང་མའི་ཞལ་ཁེབས་ལས་དྲངས།

ཅན་འབྲི་བཞེངས་གནང་བ་སྟེ་མཛད་བྱང་ལས། །ཁྱད་འཕགས་འབུར་དུ་བཀོད་པའི་པེ་གསེར་དེར། ། རིགས་བཟང་ཁྱུང་བཙུན་པ་ཆེན་མི་རྟའི་བུ། །ཡབ་མེས་རྒྱུད་འཛིན་ཇོ་བཙུན་ཡབ་སྲས་ཀྱིས། །དགེ་བ་མི་བཟད་རྒྱལ་ཡུམ་རྒྱས་པ་བཞེངས། ། [1]ཞེས་དང་། དེའི་ཞོར་དུ་ཡབ་སྲས་དོན་གྲུབ་གསུམ་ལ་བསྔོད་པ་ཕུལ་བ་དང་བློ་གྲོས་འཛངས་ཤིང་དད་གུས་ལྡན་པའི་སྒོ་ནས་སྲིད་འདྲིན་སྐྱོང་དང་བསོད་རྒྱན་ཚག་སྲས་གཉིས་དང་དགེ་བའི་ལས་ལ་ཞབས་ཏོག་སྐྱོ་ངས་མེད་པ་གནང་བའི་རྐྱེན་གྱིས་མཆོད་ཚོ་རྣམས་དགའ་བའི་འཛུམ་མདངས་ལྡན་པའི་ཡོན་གྱི་བདག་པོ་རྣམས་ལ་བསྔོད་པ་ཕུལ་བ་སྟེ། ····ཡབ་སྲས་དོན་གྲུབ་གསུམ་ལ་བསྔོད། །ཀྱི་འཛངས་གཤིན་ལྡན་པ་དད་གུས་རྒྱན་གྱིས་སྤྲས། །སྲིད་འདྲིན་སྐྱོང་དང་བསོད་རྒྱན་ཚག་སྲས་གཉིས། ། ཞབ་ཏིག་སྐྱོ་ངང་མེད་པས་མཆོད་མཆོ་མཉེས། །བཞིན་འཛུམ་མདངས་ལྡན་ཡོན་བདག་མོ་ལ་བསྔོད། [2]ཅེས་པས་དོན་གྱི་སྙིང་པོ་རྫོགས་སོ།

བཞི། ཡིག་མཁན།

དེ་ཡང་མཛད་བྱང་གི་གཞུང་བཞིན་བརྗོད་ན་ཡིག་མཁན་གྱི་སྐོར་བརྗོད་པའི་སྐབས་སུ་སྣག་ཤོག་གཉིས་ཀྱི་ཁྱད་ཆོས་འཆད་ཟིན་པ་དང་སྤྲུགས་འཕྲུལ་ཡིག་ཚད་ལྡན་འབྲི་མཁན་གྱི་ཡིག་པ་ག་གེ་མོས་བྲིས་ཞེས་ཡོང་གི་ཡོད་མེད། འོན་ཏེ་ཤེར་ཕྱིན་འདིའི་མཛད་བྱང་དུ་མཛད་བྱང་གི་ནང་དོན་ཡོངས་སུ་བརྗོད་ཟིན་པའི་རྗེས་སུ། ཤེར་ཕྱིན་རྒྱས་པ་དེ་འབྲི་བཞེངས་བསྒྲུབས་ཟིན་པའི་སྐབས་ཀྱིས་དད་པ་སྐྱོ་ངས་མེད་པའི་སྦྱིན་བདག་དང་། སྒོ་གསུམ་ཐང་ཆད་འབྲི་མཁན་གྱི་ཡིག་པ་སོགས་ཀྱི་ལས་ཀའི་འགྲུར་པོ་ལྡིང་པོ་དེ་རང་བཞིན་གྱི་ལྟོད་དུ་འབབ་པ་དང་སྤྲུགས། དྲིགས་དང་དྲས་ཀྱི་ལས་སྣ་ཚོགས་བགྱིས་པའི་བཟོ་པའི་ཚོགས་ཀྱིས་སེམས་ཀྱི་གཏིང་ནས་དགའ་འབོད་ཀྱི་རང་སྒྲ་ཞིག་ཐོན་པ་སྟེ་ཏེ་ཏེ་[3]ཞེས་པས་མཇུག་རྫོགས་པའི་རྗེས་སུ་གཞི་ནས་རིགས་བརྒྱུད་ལྡན་པ་དཔོན་བཙུན་བདག་གིས་བྲིས་[4]ཞེས་བྱུང་བ་ལྟར་ན། དཔོན་བཙུན་

---

① ས་སྐྱ་བྱང་དགོན་ཉམས་བཟོ་བྱ་སྐབས་ས་འོག་ནས་ཐོན་པའི་ཤེར་ཕྱིན་པོད་ཀ་པའི་དབུ་ཤོག་ནང་མའི་ཞལ་ཁིབས་ལས་དྲངས།

② ས་སྐྱ་བྱང་དགོན་ཉམས་བཟོ་བྱ་སྐབས་ས་འོག་ནས་ཐོན་པའི་ཤེར་ཕྱིན་པོད་ཀ་པའི་དབུ་ཤོག་ནང་མའི་ཞལ་ཁིབས་ལས་དྲངས།

③ ས་སྐྱ་བྱང་དགོན་ཉམས་བཟོ་བྱ་སྐབས་ས་འོག་ནས་ཐོན་པའི་ཤེར་ཕྱིན་པོད་ཀ་པའི་དབུ་ཤོག་ནང་མའི་ཞལ་ཁིབས་ལས་དྲངས།

④ ས་སྐྱ་བྱང་དགོན་ཉམས་བཟོ་བྱ་སྐབས་ས་འོག་ནས་ཐོན་པའི་ཤེར་ཕྱིན་པོད་ཀ་པའི་དབུ་ཤོག་ནང་མའི་ཞལ་ཁིབས་ལས་དྲངས།

ཁོང་གིས་ཤེར་ཕྱིན་གྱི་གཞུང་འབྲི་བཤུས་ཀྱི་ཡིག་པ་གནང་བའི་རྣམ་པ་མ་མཚོན་པར་ཤེར་ཕྱིན་དེའི་མཛད་བྱང་དེ་དཔོན་བཙུན་ཁོང་གིས་གནང་བ་དེ་ཤུགས་ལ་སྣང་། དཔོན་བཙུན་ཁོང་ནི་ས་སྐྱའི་དཔོན་ཆེན་ཤཱཀྱ་བཟང་པོ་ཞུ་བ་ཁོང་མིན་ནམ་སྙམ་ནས་དཔྱད་གཞིར་ཕུལ།

ལྔ། བསྔོ་སྨོན།

དད་པ་སྐྱོ་ངས་མེད་པའི་སྦྱིན་བདག་རིགས་ཏུས་ཁུངས་བཙུན་པ་ཆེན་མི་ཧྲའི་རྒྱུད་པ་རྗེ་བཙུན་ཡབ་སྲས་ཀྱིས་གནང་སྟེ་ཤེར་ཕྱིན་རྒྱས་པ་འབྲི་བཞེངས་བསྒྲུབས་པའི་རྗེས་སུ་རྣམ་པར་དཀར་བའི་དགེ་བའི་ལས་འདིའི་ཕྱོགས་སུ་ཟ་མ་ཆུང་དུ་ཙམ་ཡང་འདྲེན་པའི་ཡོན་བདག་སོགས་སྨོན་ལམ་ཁོངས་སུ་གཏོགས་པའི་སེམས་ཅན་རྣམས་ཀྱི་མོས་པ་དང་འཚམས་པའི་བསྔོ་སྨོན་ཏེ། །དགེ་བ་འདི་ཡིས་ཡོན་མཆོད་འཁོར་བཅས་རྣམས། །བླ་ན་མེད་པའི་འབྲས་བུ་ཐོབ་པར་ཤོག།།[①]ཅེས་བཏབ་འདུག

ལེ་ཚན་གསུམ་པ། ཞ་ལུའི་ཤེར་ཕྱིན་གྱི་དབུ་ཤོག་ཞབས་མཆན།

དབུ་ཤོག་ཞབས་མཆན་མ་དཔེ།

① ས་སྐྱ་བྱང་དགོན་ཉམས་བཟོ་བྱ་སྐབས་ས་འོག་ནས་ཐོན་པའི་ཤེར་ཕྱིན་པོད་ཀ་པའི་དབུ་ཤོག་ནང་མའི་ཞལ་ཁེབས་ལས་དྲངས།

དང་པོ། དབུ་ཤོག་ཞབས་མཚན་མ་ཕྱུས།

༄། ཨོཾ་སྭ་སྟི། །ཤཱག་ཐུབ་བསྟན་པ་སྤྱི་རྒྱལ་བོད་ཀྱི་ཡུལ། །དགོས་འདོད་འབྱུང་བའི་ཤ་ཏ་ལྷའི་ཡུལ། །ཡོན་དག་དང་ལྡན་སྐྱབས་གནས་གཙུག་ཏུ་ཁུར། །འདི་ཕྱིའི་དོན་དུ་དགེ་བའི་ལས་ལ་བརྩོན། ། སེར་སྣ་བྲལ་བས་ཟས་ནོར་ལྷུག་པོར་གཏོང་། ། ཕུལ་དུ་ཕྱིན་པ་ཡོན་དག་གྲུབ་པ་ཡིན། །ཐུབ་པའི་གསུང་མཆོད་ཟབ་མོ་རྒྱལ་བའི་ཡུམ། ། རིན་ཆེན་གསེར་ལ་སྤྱིལ་སྐྱུ་ཡི་གེར་བཀོད། ། སྣག་ཤོག་འཕྲུལ་ཡིག་འཛོམ་པ་ཡང་མཚར་ཆེ། །འདྲུན་ཟླ་བྲལ་ཞིང་གཞན་ལས་ཁྱད་དུ་འཕགས། །གངས་རིའི་ཁྲོད་འདིར་མཁས་གྲགས་མང་ཡང་། ། ཚད་ལྡན་འབྲི་བའི་རྒྱུད་པ་འགར་གྱི་བུ། ། གཟི་མདང་འོད་འབར་ལྟ་བ་རེ་བཟོ་བྱས་ནས། ། རས་སེར་འབྲི་བ་པོས་འོད་རབས་སུ། །དགེ་བ་འདི་ཡིས་ཡོན་མཆོད་བདེ་ལེགས་ཤོག[1] ཅེས་པའོ།

གཉིས་པ། ཞབས་མཚན་གི་དབྱེ་ཞིབ།

གཅིག ཡུལ་ལུང་།

ཞབས་མཚན་འདིར་ཨོཾ་སྭ་སྟི་ཞེས་པས་སྟོན་བསུས་ཏེ་སྤྱི་ལོའི་སྟོན་གྱི་དུས་རབས་450ཡས་མས་སུ་ཡབ་ཟས་གཙང་དང་ཡུམ་སྒྱུ་མ་ལྷ་མཛེས་གཉིས་ཀྱི་སྲས་སུ་སྐུ་འཁྲུངས་པའི་སྟོན་པ་ཤཱཀྱ་ཐུབ་པས་གསར་གཏོད་མཛད་པའི་བསྟན་པ་དེ་སྤྱི་རྒྱལ་བོད་ཀྱི་ཡུལ་དུ་དར་ཞིང་། དེའི་ནང་ནས་ཀྱང་ཆོས་ནོར་སོགས་དང་ལྡན་རང་གི་དགོས་འདོད་ལྟར་བྱུང་བའི་ཤ་ཏ་ལྷའི་ཡུལ་ཞེས་པ་དེ་གཞིས་རྩེའི་མངའ་ཁོངས་སུ་ཆགས་པའི་ས་ཤ་ཏ་ཞེས་པ་དེར་འབྲི་བཞེངས་མཛད་པ་དེ་ཞབས་མཚན་ལས། ༄། ཨོཾ་སྭ་སྟི། །ཤཱག་ཐུབ་བསྟན་པ་སྤྱི་རྒྱལ་བོད་ཀྱི་ཡུལ། ། དགོས་འདོད་འབྱུང་བའི་ཤ་ཏ་ལྷའི་ཡུལ།[2] ཞེས་པས་རྟོགས།

གཉིས། སྦྱིན་བདག

མཆོད་ཡོན་སྦྱིན་བདག་གི་སྐོར་འདིར་གཙོ་བོ་གསུང་རབ་དེ་འབྲི་བཞེངས་སྐབས་ཀྱི་རྒྱུ་

---

① དཔལ་ཞ་ལུའི་གཙུག་ལག་ཁང་དུ་བཞུགས་པའི་ཤེར་ཕྱིན་གསེར་བྲིས་མའི་དབུ་ཤོག་ཞབས་མཚན་ལས་དྲངས།

② དཔལ་ཞ་ལུའི་གཙུག་ལག་ཁང་དུ་བཞུགས་པའི་ཤེར་ཕྱིན་གསེར་བྲིས་མའི་དབུ་ཤོག་ཞབས་མཚན་ལས་དྲངས།

འགྲོ་སྒྲོར་མཁན་གྱི་ཉུས་རྒྱུད་ཁུངས་བཙུན་གྱི་སྐྱེ་བོ་ག་གེ་མ་ཞིག་གོ་ཞེས་བྱུང་མོད་ཀྱང་། འདིར་མཆོད་ཡོན་སྦྱིན་བདག་གི་མཚན་ནས་མ་སྨོས་པར་ཐད་ཀར་དད་པ་སྐྱོ་ངས་མེད་པའི་སྦྱིན་བདག་གི་ཡོན་ཏན་བརྗོད་པ་སྟེ། ནང་བསྟན་ལ་དད་པ་ལྡན་ཞིང་སྐུ་ཚེ་འདི་དང་ཕྱི་མའི་དོན་དུ་དགེ་བའི་ལས་བསྒྲུབ་པར་བརྩོན་ཞིང་། བསགས་པའི་ནོར་ལ་སྙིང་པོ་ལེན་ཕྱིར་སེར་སྣ་མེད་པར་ལྷུག་པོར་གཏོང་མཁན་གྱི་སྦྱིན་བདག་ཞིག་ཡོད་པ་སྟེ། ཡོན་བདག་དད་ལྡན་སྐྱབས་གནས་གཙུག་ཏུ་ཁུར། །འདི་ཕྱིའི་དོན་དུ་དགེ་བའི་ལས་ལ་བརྩོན། །སེར་སྣ་བྲལ་བས་ཟས་ནོར་ལྷུག་པོར་གཏོང་། །ཕུལ་དུ་ཕྱིན་པ་ཡོན་དག་གྲུབ་པ་ཡིན། །[1]ཞེས་པས་རྟོགས།

གསུམ། སྣག་ཤོག

ཤེས་རབ་ཀྱི་ཕ་རོལ་ཏུ་ཕྱིན་པ་རྒྱལ་བའི་ཡུམ་འབྲི་བཞེངས་བསྐྲུངས་པའི་སྐབས་སུ་གསུང་རབ་འདིར་ཉེ་བར་མཁོ་བའི་སྣག་ཤོག་ཇི་ལྟར་བཏང་ཡོད་པའི་སྐོར་ལ། སྣག་ཚ་རིན་ཆེན་དང་པོ་གསེར་བཙོ་སྦྱངས་[2]བྱས་ཏེ་ཤོག་བུ་ཕུལ་དུ་བྱུང་བ་གན་ཤོག་སྟེ་རྒྱ་ཤོག་གི་སྟེང་དུ་ཡིག་གཟུགས་ཕུལ་ཏུ་བྱུང་བ་གསང་བའི་འབྲུལ་ཡིག་[3]མ་ཡིན་པར་འབྲི་གཟུགས་ཁྱད་

① དཔལ་ཞ་ལུའི་གཙུག་ལག་ཁང་དུ་བཞུགས་པའི་ཤེར་ཕྱིན་གསེར་བྲིས་མའི་དབུ་ཤོག་ཞབས་མཚན་ལས་དྲངས།

② གསེར་དངུལ་གྱི་ཡི་གེ་བྲི་ཐབས་ནི་ཁ་ཤའི་རྒྱལ་བུ་རྒྱུས་སྐྱད་ཀྱིས་ལྷག་སྦྱོད་དུ་ཉིས་འཚེམ་བྱ། ས་རྡུལ་མ་ཤོར་བར་བྱས། ཁ་ཤའི་ནང་དུ་ལྷང་མ་ལྷང་ཚེར་དཀར་པོ། དེ་ལ་ས་གཞན་མ་འདྲེས་པར་བྱས་ལ། ཝ་ཤང་ངམ་ཆང་སྒྱུར་གྱིས་ཁ་སྦྱ་བཏབ་ཟིན་རྒྱུན་པར་བླུག་ཁ་དམ་པར་བསྡམ་ལ་ཤིང་སྣུན་འཇམ་པོའི་བར་དུ་ཉི་མ་བཅུ་ཙམ་ནེམ་ནེམ་ཞིབ་ཞིབ་ཀྱི་བར་དུ་ཁ་སྦྱ་བཏབ་ཀྱིན་ཁ་དམ་པར་བཅིངས་ལ་སྦྲུམ། ཟངས་གཞོང་དྲི་མ་མེད་པའི་ནང་དུ་ཞུ་མཁན་བརྡུས་པའི་ཇ་སྲང་གཅིག སེར་ཚུར་སྲང་གཅིག ཚ་ལ་སྲང་གཅིག ཨ་ཟི་སེར་པོ་སྲང་གཅིག གུར་གུམ་ཞོ་གཅིག སྐྱེར་པའི་་ཁ་ཟ་་སྲང་གཅིག ཏ་འབོག་ཡོད་ན་རབ། མེད་ན་ཡུང་བ་ཞོ་གཅིག ལྷང་མ་ལྷང་ཚེར་ཞོ་བཅུ། རག་གཞོང་དུ་ར་གན་གྱི་རྗེ་དམིག་་གིས་མཉེས་ཟླ་ཛི་དང་སྦྱིན་ཆེར་བཏང་། ཁ་དཀར་ན་རིག་པས་བསྒྲུན། ཚ་བླུག་ལ་མཉེས། བྲིས་ལ་ལྷ། གསེར་བཟང་པོ་ཨེན་ཙམ་འབྲི་དུས་སམ་མཉེ་དུས་སྲེས་པས། གསེར་མིན་གྱི་རྣམ་སྨིན་མི་ཡོང་ངོ་། དེ་མིན་མཐའ་འཁོབ་ཀྱི་སླུར་སྐྱེའོ་ཞེས་གསེར་ཡིག་བྲི་ཐབས་ཀྱི་སྐོར། དེའུ་དམར་དགེ་བཤེས་བསྟན་འཛིན་ཕུན་ཚོགས་ཀྱིས་མཛད་པའི་རིག་པ་བཟོ་ཡི་གནས་ཀྱི་ལས་ཚོགས་ཕྲན་ཚེགས་འདོད་རྒྱུར་སྒྱུར་བ་པྲ་ཕབ་བོད་ཀྱི་སྣང་བརྙན་ཞེས་པ་བོད་ལྗོངས་བོད་ཡིག་དཔེ་སྙིང་དཔེ་སྐྲུན་ཁང་གི་1990ལོའི་སྤར་མའི་ཤོག་གྲངས་220ན་གསལ།

③ འབྲུལ་ཡིག་ཞེས་པར་གོ་དོན་ཁག་མི་འདྲ་བ་ཁག་ཤས་མཆིས་ཏེ། འདིའི་སྐབས་ཀྱི་འབྲུལ་ཡིག་ནི་གསང་མའི་ཡི་གེ་སྟེ། འབྲུལ་ཡིག་བྱེད་པའི་ལས་ཚོགས་ནི། རྒྱ་ཡིག་འདོད་ན། ཨ་རུ་གསེར་མདོག་དང་། ཐར་ནུའི་ཁུ་བས་ཡི་གེ་བྲིས་ལ། མཐའི་རྫོགས་མཚམས་ས་སྣག་ཚས་པཾ་ཡིག་བྲི་བ་རྒྱ་ཡིག་རྟགས་ཡིན། དེ་བལྟ་དགོས་ཚེ་ནག་ཚུར་ཀྱི་ཆུ་ལ་དྲངས་པས་ཡི་གེ་ནག་པ་གསལ་བ་བྱུང་། མེ་ཡིག་འདོད་ན། རྒྱ་རྐྱའི་ཆུས་ཡི་གེ་བྲི། མེ་རྟགས་སུ་རཾ་ཡིག་བྲིས། བལྟ་དུས་མེ་ངབ་ཀྱིས་ཤོག་བུ་མགོ་མ་སོང་བར་བསྲེག་པས་ནག་པར་བཀྲའོ། ས་ཡིག་འདོད་ན། ཀ་ར་སུག་པ་ཆང་གི་ཉིང་ཁུ་མཉམ་པས་ཡི་གེ་བྲི། ས་རྟགས་སུ་ལཾ་ཡིག་བྲི། བལྟ་དུས་ཡི་གེ་ལ་ཏ་བཏབ

འཕགས་འཕྲུལ་ཡིག་ཚད་ལྡན་གྱིས་འབྲི་བཞེངས་བྱས་པ་ཞིག་སྟེ། །ཐུབ་པའི་གསུང་མཆོད་ཟབ་མོ་རྒྱལ་བའི་ཡུམ། །རིན་ཆེན་གསེར་ལ་སྤྱུལ་སྐུ་ཡི་གེར་བཀོད། ། སྣག་ཤོག་འཕྲུལ་ཡིག་འཛོམ་པ་ངོ་མཚར་ཆེ། །འདུན་ཟླ་བྲལ་ཞིང་གཞན་ལས་ཁྱད་དུ་འཕགས། །[1]ཞེས་པས་རྟོགས།

བཞི། ཡིག་ཞུས།

གསུང་རབ་འབྲི་བཞེངས་ཀྱི་སྣག་ཤོག་ལས་སྣག་ཚ་གསེར་བཙོ་སྦྱངས་ལེགས་པར་བྱས་ཏེ་གན་ཤོག་གི་ངོས་སུ་འབྲི་བཞེངས་གནང་མཁན་གྱི་ཡིག་པ་སུག་བྲིས་ཕུལ་དུ་བྱུང་བ་འབྲི་གཟུགས་ཚད་དང་ལྡན་པ། འབྲི་མཁན་གྱི་མི་རྒྱུད་འགར་གྱི་བུས་གཞུང་བྱིངས་རྣམས་འབྲི་བཞེངས་ཟིན་པ་དང་དབུ་ཤོག་གི་ཞལ་ཁེབས་ངོས་སུ་སུག་བྲིས་བཟོ་རིགས་ལ་མཁས་པ་འོད་རབས་ཀྱི་འབྲི་བཞེངས་གནང་བ་སྟེ། །གངས་རིའི་ཁྲོད་འདིར་མཁས་གྲགས་མང་ཡང་། ། ཚད་ལྡན་འབྲི་བའི་རྒྱུད་པ་འགར་གྱི་བུ། ། གཟི་མདངས་འོད་འབར་ལྷ་བ་རེ་བཟོ་བྱས་ནས། ། རས་སེར་འབྲི་བ་པོས་འོད་རབས་སུ། །དགེ་བ་འདི་ཡིས་ཡོན་མཆོད་བདེ་ལེགས་ཤོག[2]ཅེས་པས་སོ། །

ལྔ། བསྔོ་སྨོན།

ཤེར་ཕྱིན་རྒྱས་པ་འདི་འབྲི་བཞེངས་བསྒྲུབས་པའི་རྗེས་སུ་སྨོན་ལམ་ཁོངས་སུ་གཏོགས་པའི་དད་པ་སྐྱོ་ངས་མེད་པའི་སྦྱིན་བདག་གིས་རྣམ་པར་དཀར་བའི་དགེ་བའི་ལས་འདི་

ནས། ཤོག་བུའི་ཁ་དོག་དང་མཐུན་པའི་ས་ཤིན་ཏུ་ཞིབ་པས་ཁྱབ་པར་བཀབ་ལ། སྟེང་ནས་ས་ཤིན་ཏུ་ཞིབ་པས་མནན་བཙག་བྱས། དེ་ནས་ཕོས་ལ་སྤྲུག་ཅིང་ཕྱིས་པས་གསལ། རླུང་ཡིག་འདོད་ན། གྲུམ་པའམ་འཕྱི་བའི་མཁྲིས་པས་བྲིས་ལ་སྐམ། རླུང་རྟགས་སུ་ཡཾ་ཡིག་བྲི། བལྟ་དུས་ནམ་མཁའ་ལ་འཕྱུར་བས་གསལ། ཁ་ཡིག་འདོད་ན། ཞུན་མར་དང་། ག་ར་སྤྲང་ཙུང་ཟད་བཏབ་ལ་སྦྱངས་པས་བྲི། ཁ་རྟགས་པཾ་ཡིག་བྲིས། བལྟ་དུས་ནམ་མཁའ་ལ་བཏེགས་པའམ། མཚན་མོ་མེ་འོད་རྒྱབ་བསྟན་རང་མུན་པ་ནས་གསལ་ལོ་ཞེས་དེའུ་དམར་དགེ་བཤེས་བསྟན་འཛིན་ཕུན་ཚོགས་ཀྱིས་མཛད་པའི་རིག་པ་བཟོ་ཡི་གནས་ཀྱི་ལས་ཚོགས་ཕྲན་ཚེགས་འདོད་རྒུར་སྤྱོར་བ་ཕྲ་ཕབ་འོད་ཀྱི་སྣང་བརྙན་ཞེས་པ་བོད་ལྗོངས་བོད་ཡིག་དཔེ་རྙིང་དཔེ་སྐྲུན་ཁང་གི་1990ལོའི་པར་མའི་ཤོག་གྲངས་95དུ་གསལ་བའི་གོང་གི་འཕྲུལ་ཡིག་དང་དོན་གཅིག་མིན་པའི་ཡིག་གཟུགས་ཐད་ལ་སྦྱར་བའི་འཕྲུལ་ཡིག་སྐོར་ཁོ་བོས་བྲིས་པའི་གསུང་རབ་བྲིས་མའི་མཇུག་བྱང་ལས་འཕྲོས་ཏེ་འཕྲུལ་ཡིག་ལ་དཔྱད་པ་ཞེས་པ་བོད་ལྗོངས་ཞིབ་འཇུག2014ལོའི་དུས་དེབ་4པའི་ཤོག་གྲངས་107ལ་གཟིགས་པར་འཚལ།

① དཔལ་ཞ་ལུའི་གཙུག་ལག་ཁང་དུ་བཞུགས་པའི་ཤེར་ཕྱིན་གསེར་བྲིས་མའི་དབུ་ཤོག་ཞབས་མཆན་ལས་དྲངས།

② དཔལ་ཞ་ལུའི་གཙུག་ལག་ཁང་དུ་བཞུགས་པའི་ཤེར་ཕྱིན་གསེར་བྲིས་མའི་དབུ་ཤོག་ཞབས་མཆན་ལས་དྲངས།

མཛད་པ་ལས་བདེ་ལེགས་ཤོག་ཅེས་བསྔོ་སྨོན་བཏབ་ཡོད་པ་སྟེ། དགེ་བ་འདི་ཡིས་ཡོན་མཆོད་བདེ་ལེགས་ཤོག་[①]ཅེས་པས་སོ།

ལེ་ཚན་བཞི་པ། ཆབ་མདོ་རི་བོ་ཆེའི་ཤེར་ཕྱིན་བརྒྱད་སྟོང་པའི་དབུ་ཤོག་ཞབས་མཆན།

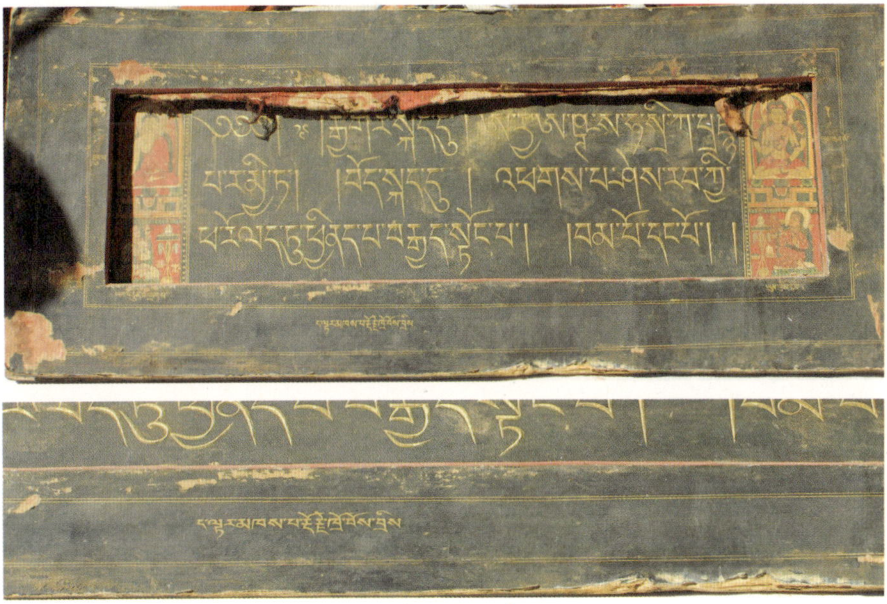

ཞབས་མཆན་མ་དཔེ།

དང་པོ། ཞབས་མཆན་མ་ཕྱུས།

ད་ལྟར་མཁས་པ་རྗོ་རྗེ་ཁྲོ་བོས་བྲིས། ཞེས་པའོ།

གཉིས་པ། ཞབས་མཆན་གྱི་དབྱེ་ཞིབ།

གཅིག ཡིག་མཁན།

འཕགས་པ་ཤེས་རབ་ཀྱི་ཕ་རོལ་ཏུ་ཕྱིན་པ་བརྒྱད་སྟོང་པ་འདི་འབྲི་བཞེངས་བྱ་

① དཔལ་ཞ་ལུའི་གཙུག་ལག་ཁང་དུ་བཞུགས་པའི་བཀའ་འགྱུར་གསེར་བྲིས་མའི་མཛད་བྱང་།

མཁན་གྱི་ཡིག་མཁན་ནི་དུས་རབས་13-14པར་བྱོན་པའི་ཡིག་མཁན་རྡོ་རྗེ་གྲོ་བོ་ཤེས་བྱ་སྟག་གསེར་གཉིས་ལ་དབང་ཐོབ་པ་དེས་འབྲི་བཞེངས་བྱས་པ་ནི་ཤེར་ཕྱིན་དེའི་ཞབས་མཚན་ལས་ཤེས།

གཉིས། སྒྲིབ་བདག

མཐིང་ཤོག་གསེར་བྲིས་ལྷེ་ལྷས་སྤྲས་པ་འདི་དུས་རབས་13-14པའི་ནང་དུ་བྱོན་པའི་ཡིག་མཁན་ཤེས་བྱ་སྟག་གསེར་གཉིས་ལ་དབང་ཐོབ་པའི་རྡོ་རྗེ་གྲོ་བོས་ལུས་ངག་ཡིད་གསུམ་ཐང་ཆད་མེད་པའི་འབྲི་བཞེངས་བསྒྲུངས་པའི་སྐབས་སུ། དད་པ་སྐྱོ་ངས་མེད་པའི་སྦྱིན་བདག་གནང་མཁན་ནི་ཡུལ་ག་གེ་མོའི་དཔོན་བཙུན་པ་གྲགས་དང་ཡུམ་ཁྲིམ་དར་རྣམ་གཉིས་བྱོན་པ་ནི་གསུང་རབ་དེའི་མཛད་བྱང་ལས་མ་མཇལ་ཏུང་། བྲིས་དག་པའི་ལྷེ་ལྷའི་རི་མོའི་མཚན་བྱང་ལས་རྟོགས།

གསུམ། དབུ་ཞབས་ལྷ་སྐུ།

དུས་རབས་13-14པའི་ནང་དུ་བྱོན་པའི་ཡིག་མཁན་ཤེས་བྱ་སྟག་གསེར་གཉིས་ལ་དབང་ཐོབ་པའི་རྡོ་རྗེ་གྲོ་བོས། ལུས་ངག་ཡིད་གསུམ་ཐང་ཆད་མེད་པར་འབྲི་བཞེངས་བསྒྲུངས་པའི་སྐབས་སུ་ཤེར་ཕྱིན་དེའི་བརྗོད་བྱའི་ནང་དོན་དང་གོ་བསྟུན་ཏེ་དབུ་ལྷ་འབྲི་མཁན་གྱི་རི་མོ་གདན་ཞུ་བྱས་ཏེ། དུས་རབས་དེའི་ཁྲིད་ཆོས་མངའ་བའི་དབུ་ལྷ་སྟེ་ཕྱོགས་གཡས་ཀྱི་སྟེང་དུ་སྟོན་པ་ཤཱཀྱ་ཐུབ་པ་དང་གཤམ་དུ་མཆོད་ཡོན་སྦྱིན་བདག་བཙུན་པ་གྲགས། གཡོན་གྱི་སྟེང་དུ་ཤེར་ཕྱིན་ཡུམ་དང་གཤམ་དུ་མཆོད་ཡོན་སྦྱིན་བདག་ཁྲིམ་དར་བཅས་བྱོན་འདུག སྒྱུ་རྩལ་གྱི་ཕྱུག་པའི་ལྷེ་ལྷའི་རི་མོ་དེ་དག་གི་འབྲི་རྒྱུན་ལ་བལྟས་ན། རི་མོའི་ཤེས་བྱ་ཚུང་ཟད་ལྡན་པའི་མིས་བལ་བྲིས་ཀྱི་རི་མོའི་སྒྱུ་རྩལ་གྱི་ཉམས་ལྡན་པ་ནི་ཟུར་བལྟས་ལེབ་ཚོད་དུ་སོང་།

ལེ་ཚན་ལྔ་པ། ཪར་དགོན་པེར་ཕྱིན་བརྒྱད་སྟོང་འགྱུར་བྱང་།

འགྱུར་བྱང་མ་དཔེ།

དང་པོ། འགྱུར་བྱང་མ་ཕྱུས།

འཕགས་པ་ཤེས་རབ་ཀྱི་ཕ་རོལ་ཏུ་ཕྱིན་པ་བརྒྱད་སྟོང་པ་ལས། ཡོངས་སུ་གཏད་པའི་ལེའུ་ཞེས་བྱ་སྟེ། སུམ་ཅུ་རྩ་གཉིས་པའོ། །བཅོམ་ལྡན་འདས་མ་འཕགས་པ་ཤེས་རབ་ཀྱི་ཕ་རོལ་ཏུ་ཕྱིན་པ་བརྒྱད་སྟོང་པ། །རྫོགས་སྷོ། །རྒྱ་གར་གྱི་མཁན་པོ། ཤཱཀྱ་སེ་ན་དང་། གཞའ་ན་སི་ཧི་དང་། ཞུ་ཆེན་གྱི་ལོ་ཙ་བ་བན་རྡེ་རྡར་མ། ཏ་ཤི་ལ་ལས་སྒྱོགས་པས། །བསྒྱུར་ཅིང་ཞུས་ཏེ། གཏན་ལ་ཕབ། སྐད་ཀྱི་དབང་ཕྱུག་དམ་པའི་མངའ་བདག། །བོད་ཀྱི་དཔལ་ལྷ་བཙན་པོ་བཀྲ་ཤིས་ལྷ་ལྡེ་བཙན་གྱིས་བཀས། །རྒྱ་གར་གྱི་མཁན་པོ་སུ་བྷ་ཤི་ཏ་དང་། །སྒྲ་སྒྱུར་གྱི་ལོ་ཙ་བ། །དགེ་སློང་རིན་ཆེན་བཟང་པོས་འགྲེལ་པ་དང་། འཐུན་པར་བསྒྱུར་པ། །སླད་ཀྱིས། །རྒྱ་གར་གྱི་མཁན་པོ། །པཎ་ཊི་ཏ་ཆེན་པོ་རྣྲི་བང་ཀ་ར་ཤྲི་ཛྙཱ་ན་དང་། །ཞུ་ཆེན་གྱི་ལོ་

ཙཱ་བ་ཆེན་པོ། དགེ་སློང་རིན་ཆེན་བཟང་པོས། ཡུལ་དབུས་ཀྱི་དཔེའ་དང་བཏུགས་ནས། བཅོས་ཤིང་ཞུས་ཏེ། གཏན་ལ་ཕབ། སླད་སྐྱི་སླད་མཉེ་ཐང། ན་མོ་ཆེར་པཎྜི་ཏ། ཆེན་པོ་སྨྲི་ཏང་ཀ་ར་ཤྲི་ཛྙཱ་ན་དང། ལོ་ཚ་བ་འབྲོམ་སྟོན་པ་རྒྱལ་བའི་འབྱུང་གནས་གཉིས་ཀྱིས། བརྒྱུད་སྟོང་པ། བཤད་པའི་དུས་སུ། ཆེ་ལོང་ཙིག་གཏན་ལ་ཕབ། སླད་ཀྱིས། ར་སྒྲེང་གཙུག་ལག་ཁང་དུ། རྒྱ་གར་གྱི་མདོ་གསུམ་དང། ལན་གཉིས་གཏན་ལ་ཕབ། །སླད་ཀྱིས། བཤད་པ་མཛད་ཙིང། ཕྲན་ཚེགས་ཀྱང། གཏན་ལ་ཕབ། དུས་ཕྱིས་ལོ་ཙ་བ་ཆེན་པོ་ཤག་ཀྱའི་དགེ་སློང་བློ་ལྡན་ཤེས་རབ་ཀྱིས་ཁ་ཆེའི་དཔེའ་དང། ཡུལ་དབུས་ཀྱི་དཔེའ་དུ་མ་བསོགས་ནས་གཏན་ལ་ཕབ་པ་ལགས་སོ། ། །།དེ་ནས་ཡང་དུས་ཕྱིས་པཎྜི་ཏ་གཞུང་འབུམ་ཕྲག་གཉིས་ཀྱིས་འགྲེན་པ་བརྒྱན་པའི་ཛྙཱ་ཏ་པ་ལ་ཞེས་བྱ་བ་དང། སྒྲ་སྒྱུར་གྱི་ལོ་ཚ་བ་ཆེན་པོ་དགེ་སློང་བློ་ལྡན་ཤེས་རབ་ཀྱིས་འགྲེལ་པ་དང་བསྟུན་ནས། ལེགས་པར་གཏན་ལ་ཕབ་པའོ། །ཞེས་པའང་གདའོ། །འཛམ་དཔལ་རྩ་བའི་རྒྱུད་རྒྱས་པ་ལས། །གཞན་ཡང་བློ་ལྡན་བྱང་ཕྱོགས་སུ། །ལོ་ཏི་ཏ་འགམ་འཁྲིག་མཐར་ཐུག། །གསང་ཅན་དུས་བསྟན་ཞེས་བྱ་བར། །ངའི་བསྟན་པ་གསལ་བྱེད་འབྱུང་། །ཞེས་པའི་དགེ་བའི་བཤེས་གཉེན་ཆེན་པོ་རྔོག་བློ་ལྡན་ལུང་བསྟན་པ་གསུངས་སོ་[①]ཞེས་པའོ།

གཉིས་པ། འགྱུར་བྱང་གི་དབྱེ་ཞིབ།

གཅིག འགྱུར་བྱང་།

གཞུང་ག་གེ་མོ་ཞིག་མི་རིགས་གཞན་གྱི་སྐད་དང་ཡི་གེ་ལས་བོད་ཡིག་ཏུ་བསྒྱུར་བསྒྲིགས་གནང་བའི་སྐབས་སུ་གཞུང་དེ་ཐོག་མར་བསྒྱུར་བར་བསྐུལ་བའི་ཆོས་རྒྱལ་དང་མི་དབང་། བླ་སློབ་སོགས་ཀྱི་སྐུ་ཡོན་དུ་བསྔོས་ནས་སྦྱིན་བདག་གི་མཚན་ནས་དྲངས་ཏེ། བསྒྱུར་བའི་སྐབས་སུ་གཞུང་དེ་བསྒྱུར་སྒྲིག་བྱ་མཁན་གྱི་རྒྱ་གར་པཎྜི་ཏ་དང་བོད་ཀྱི་ལོ་ཙཱ་བ་སུ་དང་སུས་མཉམ་ལས་གནང་སྟེ། ཡུལ་དུས་གང་ཞིག་ཏུ་བསྒྱུར་གནང་བའི་སྐབས་དེར་ཡིག་ཐོག་ཏུ་འགོད་མཁན་གྱི་ཡིག་མཁན་སུ་དང་སུས་གནང་ཡོད་མེད་སོགས་གསལ་པོར་བཀོད་པ་དེ་ལ་འགྱུར་བྱང་ཞེས་བརྗོད་དོ།

---

① ངོར་དགོན་དུ་བཞུགས་པའི་ཤེར་ཕྱིན་འབུམ་ཤོག་མོ་ཆེ་པོད་ཀ་པའི་ལྡེབ་གྲངས་433ལས་དྲངས།

གཉིས། འགྱུར་རིམ།

ཤེར་ཕྱིན་བྲིས་མ་འདིར་གཞུང་འདི་འབྲི་བཤུས་ཀྱི་གནས་ཚུལ་མ་གསུངས་པར་བོད་ཀྱི་ཆོས་རྒྱལ་གང་དང་གང་གི་དུས་སུ་ལོ་པཎ་སུ་དང་སུས་བསྒྱུར་ཞུས་མཛད་པ་དེ་གསལ་བཤད་གནང་ཡོད་པ་སྟེ། རྒྱ་གར་གྱི་མཁན་པོ། ཤག་ཀྱ་སེ་ན་དང་། གཉའ་ན་སི་ཧི་དང་། ཞུ་ཆེན་གྱི་བན་དྷེ་རྣར་མ། ཏ་ཤི་ལ་ལ་སྩོགས་པ་པས། བསྒྱུར་ཅིང་ཞུས་ཏེ། [1]ཞེས་བྱུང་བ་ལྟར་ན། སྔོན་གྱི་མཁན་པོ་ཤག་ཀྱ་སེ་ན་དང་གཉའ་ན་སི་ཏ་དང་ཞུ་ཆེན་གྱི་ལོ་ཙཱ་བ་བན་དྷེ་རྣར་མ་ཏ་ཤི་ལ་སོགས་ནི་བོད་ཀྱི་ཆོས་རྒྱལ་ཁྲི་སྲོང་ལྡེ་བཙན་གྱི་སྐུ་དུས་སུ་བྱོན་པའི་ལོ་པཎ་ཞིག་ཡིན་པའི་རྒྱུ་མཚན་གྱིས་ཤེར་ཕྱིན་གྱི་གཞུང་དེ་ཐོག་མར་དུས་རབས་8པའི་ནང་དུ་བསྒྱུར་ཞུས་མཛད་པ་དེ་གསལ་ཞིང་། རྗེས་སུ་སླར་ཡང་དེ་དག་གི་འགྱུར་ལ་གཞི་བཅོལ་ནས་བོད་བཙན་པོའི་རྒྱུད་པ་མངའ་བདག་དཔལ་ལྷ་བཙན་པོ་བཀྲ་ཤིས་ལྷ་ལྡེ་བཙན་ཏེ་གུ་གེའི་རྒྱལ་རབས་བཞི་པའི་[2]བཀས་སྐུལ་ཏེ་ཤེས་རབ་ཀྱི་ཕ་རོལ་ཏུ་ཕྱིན་པ་བརྒྱད་སྟོང་པ་ལོ་ཙཱ་བ་རིན་ཆེན་བཟང་པོས་(958-1055) རྒྱ་གར་ཡུལ་དབུས་ཀྱི་རྒྱ་དཔེ་ལ་གཏུགས་ནས་བསྒྱུར་ཞུས་མཛད་པ་སྟེ་སྐད་ཀྱི་དབང་ཕྱུག་དམ་པའི་མངའ་བདག། །བོད་ཀྱི་དཔལ་ལྷ་བཙན་པོ་བཀྲ་ཤིས་ལྷ་ལྡེ་བཙན་གྱི་བཀས། །རྒྱ་གར་གྱི་མཁན་པོ་སུ་བྷ་ཤི་ཏ་དང་། སྒྲ་བསྒྱུར་གྱི་ལོ་ཙ་བ། །དགེ་སློང་རིན་ཆེན་བཟང་པོས་ (958-1055) འགྲེལ་པ་དང་། འཐུན་པར་བསྒྱུར། སྐད་ཀྱིས། །རྒྱ་གར་གྱི་མཁན་པོ། པཎ་ཌི་ཏ་ཆེན་པོ་དཱི་བང་ཀ་ར་ཤྲཱི་ཛྙཱ་ན་དང་། །ཞུ་ཆེན་གྱི་ལོ་ཙ་བ་ཆེན་པོ། དགེ་སློང་རིན་ཆེན་བཟང་པོས་ (958-1055) །ཡུལ་དབུས་ཀྱི་དཔེའ་དང་བཏུགས་ནས། བཅོས་ཤིང་ཞུས་ཏེ། གཏན་ལ་ཕབ། [3]ཅེས་པས་གསལ་བཤད་ཐུབ་པ་མ་ཟད། དུས་རབས་15པར་བྱོན་པའི་འགོས་ལོ་གཞོན་ནུ་དཔལ་གྱིས་ཀྱང་ལོ་ཆེན་རིན་ཆེན་བཟང་པོ་ལ་བརྟེན་ནས་བརྒྱད་སྟོང་པ་དང་། ཉི་ཁྲི་སྣང་བ་དང་། བརྒྱད་སྟོང་འགྲེལ་ཆེན་ལ་སོགས་པའི་འགྱུར་མང་པོ་མཛད་ཅིང་གསུངས་

① ངོར་དགོན་དུ་བཞུགས་པའི་ཤེར་ཕྱིན་འབུམ་ཤོག་མོ་ཆེ་པོད་ཀ་པའི་ལྡེབ་གྲངས་433ལས་དྲངས།

② མངའ་བདག་དཔལ་ལྷ་བཙན་པོ་བཀྲ་ཤིས་ལྷ་ལྡེ་བཙན་ནི་གུ་གེའི་རྒྱལ་རབས་བཞི་པ་ཡིན་པ་དུང་དཀར་བོད་རིག་པའི་ཚིག་མཛོད་ཀྱི་ཤོག་གྲངས་497རུ་གསལ།

③ ངོར་དགོན་དུ་བཞུགས་པའི་ཤེར་ཕྱིན་འབུམ་ཤོག་མོ་ཆེ་པོད་ཀ་པའི་ལྡེབ་གྲངས་433ལས་དྲངས།

པས། ཟབ་མོ་ཤེས་རབ་ཀྱི་ཕ་རོལ་ཏུ་ཕྱིན་པ་དར་བར་གྱུར་བ་ཡང་ཁོང་གིས་དྲིན་ལས་ཡིན་[1] ཞེས་གསུངས་པས་ཀུང་ལོ་ཆེན་རིན་ཆེན་བཟང་པོའི་འགྱུར་ཞུས་ཀྱི་ཕྱག་ལས་ལ་གདེང་འཇོག་གང་ལེགས་གནང་བ་དེ་ཤེས། དེ་རྗེས་སྐད་སྐྱི་སྐད་མཉེ་ཐང་། ན་མོ་ཆེར་པཎ་ཊི་ཏ། ཆེན་པོ་དྷི་པང་ཀ་ར་ཤྲཱི་ཛྙཱ་ན་སྟེ་དུས་རབས་11པའི་ནང་དུ་བོད་དུ་ཕྱོན་པའི་ཇོ་བོ་རྗེ་དཔལ་ལྡན་ཨ་ཏི་ཤ་ཞུ་བ་ཁོང་དང་ལོ་ཙྪ་བ་འབྲོམ་སྟོན་པ་རྒྱལ་བའི་འབྱུང་གནས་ (1004-1063) རྣམ་གཉིས་ཀྱིས་། བརྒྱུད་སྟོང་པ་། བཤད་པའི་དུས་སུ་། ཚེ་ལོང་ཅིག་གཏན་ལ་ཕབ་ཅེས་དང་། སྐད་ཀྱིས་། ར་སྒྲེང་གཙུག་ལག་ཁང་དུ་། རྒྱ་གར་གྱི་མདོ་གསུམ་པ་དང་། ལན་གཉིས་གཏན་ལ་ཕབ་།།[2] ཞེས་བྱུང་བ་ལྟར་ན། སྐྱི་སྐད་ཅེས་པ་ནི་ལྷ་སའི་སྐྱིད་ཆུའི་སྐད་དུ་སྤྱི་ལོ་1055ལོར་ཇོ་བོ་རྗེའི་དངོས་སློབ་རྣམས་ཀྱིས་ཐུན་མོང་དུ་སྙེ་ཐང་ན་མོ་ཆེར་ཕྱག་བཏབ་པའི་དགོན་པ་ཞིག་སྟེ་ད་ལྟའི་ཆུ་ཤུར་རྫོང་གི་མངའ་ཁོངས་སུ་ཡོད། དེ་ལ་མཉེ་ཐང་དང་སྙེ་ཐང་ཞེས་པ་སོགས་ཀྱི་ཐ་སྙད་འབྲི་སྟོལ་མི་འདྲ་བ་བྱུང་ཡོད་པ་དེ་དག་ལ་འགྲེལ་ན། སྙེ་ཐང་ཞེས་པའི་མིང་དེ་སྔོན་སྙེའི་ན་མོ་ཞེས་ས་སྙེ་དང་གཞན་ཞིག་ནི་དུས་རབས་18པའི་ནང་དུ་བརྩམས་པའི་མི་དབང་རྟོགས་བརྗོད་ལས་ཇོ་བོ་ཨ་ཏི་ཤ་ཞབས་སོར་བསྐྱོད་དེ་གཤེགས་པ་ལས། ཡུལ་གྱི་དགེ་མཚན་གྱིས་ཐུགས་འཕྲོག་ནས་མཉེས་པའི་གསུང་གི་དབྱུགས་དབྱུང་བའི་ཡུལ་མཉེས་ཐང་དུ་གྲགས་པ་[3] ཞེས་པས་སྙེ་ཐང་གི་འབྲི་ཚུལ་མི་འདྲ་བ་དང་གོ་དོན་དང་དུས་ཐ་ཕྱི་ཤེས། དེ་རྗེས་སླར་ཡང་འབྲོམ་སྟོན་པ་དགེ་བའི་འབྱུང་གནས་ཀྱིས་ (1004-1063) སྤྱི་ལོ་1057ལོར་ཕྱག་བཏབ་པའི་ར་སྒྲེང་དགོན་པ་སྟེ་ད་ལྟ་ལྷུན་གྲུབ་རྫོང་གི་མངའ་ཁོངས་སུ་གནས་པའི་དགོན་དེར་དུས་

① འགོས་ལོ་གཞོན་ནུ་དཔལ་གྱིས་མཛད་པའི་དེབ་ཐེར་སྔོན་པོ་སྟོད་ཆ་སི་ཁྲོན་མི་རིགས་དཔེ་སྐྲུན་ཁང་གི་1984ལོའི་པར་མའི་ཤོག་གྲངས་261ལས་དྲངས།

② ངོར་དགོན་དུ་བཞུགས་པའི་ཤེར་ཕྱིན་འབུམ་ཤོག་མོ་ཆེ་པོད་ཀ་པའི་ལྡེབ་གྲངས་433ལས་དྲངས།

③ མཁས་དབང་ཚེ་ཏན་ཞབས་དྲུང་མཆོག་གིས་སྙེ་ཐང་ཞེས་པ་འདིའི་སྐོར་ན་ཤེས་རྒྱུ་ཞིག་ཡོད། སྙེ་ཐང་ཞེས་པའི་ཡི་གེའི་དབང་དུ་བཏང་ན། དང་པོ་ཡི་གེ་འབྲི་ཚུལ་མི་འདྲ་བ་འགའ་ཡོད་དེ། འགའ་རེས་ཉེ་ཐང་ཞེས་དང་མང་ཤོས་ན་སྙེ་ཐང་ཞེས་དང་ཡང་འགའ་རེས་གཉེ་ཐང་ཞེས་དང་། ངས་རིག་སྦྱོང་བའི་དཔེ་ཆ་ཞིག་གི་ནང་དུ་མཉེས་ཞེས་པ་འདི་ཡིན། འདི་ཡིན་དོན་ནི། ཇོ་བོ་རྗེ་བོད་ལ་ཕེབས་ཏེ་ས་ཕྱོགས་དེ་ནས་བཞུགས་ཏེ་ས་འདི་ནི་ཧ་ཅང་བཟང་གི་ཞེས་ཐུགས་དགྱེས་པའམ་མཉེས་པའི་རྒྱུ་མཚན་གྱིས་མཉེས་ཐང་ཟེར་ཡིན་ཞེས་པ་ངས་སྟོན་ཆད་མཐོང་སྦྱོང་བ་ཡིན། ད་ལྟ་དཔེ་ཆ་མ་འཛོམས་མ་གཏོགས་དེ་འདྲ་ཡིན་ཐོག་ཚོད་ཡིན་ཞེས་བྱང་ཆུབ་སེམས་དཔའ་རྟག་ཏུ་ངུའི་རྟོགས་བརྗོད་སྙན་ངག་དཔག་བསམ་གྱི་ལྗོན་པ་དང་དེའི་འགྲེལ་བཤད་ཉིན་མོའི་སྣང་བ་ཞེས་པ་མཚོ་སྔོན་མི་རིགས་དཔེ་སྐྲུན་ཁང་གི་པར་མའི་ཤོག་གྲངས་67དུ་གསལ།

རབས་11་ལོ་ཙྪ་བ་རྔོག་བློ་ལྡན་ཤེས་རབ་ (1059-1093) ཀྱིས་ཁ་ཆེའི་དཔེ་དང་རྒྱ་གར་ཡུལ་དབུས་ཀྱི་དཔེ་དུ་མ་བསྒོགས་ཏེ་གཏན་ལ་ཕབ་པ་སྐྱེ་ར་སྤྲིང་གཙུག་ལག་ཁང་དུ། རྒྱ་གར་གྱི་མདོ་གསུམ་དང་། ལན་གཉིས་གཏན་ལ་ཕབ།། སྐད་ཀྱིས། བཤད་པ་མཛད་ཅིང་། ཕྲན་ཚེགས་ཀྱང་། གཏན་ལ་ཕབ།། །དུས་ཕྱིས་ལོ་ཙ་བ་ཆེན་པོ་ཤག་ཀྱའི་དགེ་སློང་བློ་ལྡན་ཤེས་རབ་ཀྱིས་ཁ་ཆེའི་དཔེའ་དང་། ཡུལ་དབུས་ཀྱི་དཔེའ་དུ་མ་བསྒོགས་ནས་གཏན་ལ་ཕབ་པ་ལགས་སོ། [1]ཞེས་པས་རྟོགས། དེའི་རྗེས་སུ་པཎ་ཆེན་འབུམ་ཕྲག་གཉིས་པ་ཁོང་དང་དུས་རབས་11པར་ཕྱོན་པའི་རྔོག་ལོ་ཙྪ་བ་བློ་ལྡན་ཤེས་རབ་རྣམ་གཉིས་ཀྱིས་སྔོན་གྱི་འགྱུར་ལ་གཞི་བཅོལ་ཏེ་བསྒྱུར་ཞུས་གནང་བ་བཅས་གོང་གི་བསྒྱུར་བྱང་གི་ནང་དོན་ལས་ཤེས་ལ་བོད་ཀྱི་ལོ་ཙྪ་བ་དུ་མས་གཞུང་ཞིག་བསྒྱུར་བསྒྲིགས་གནང་དུས་བསྒྱུར་ཕྱུས་ལ་གཟིགས་ཏེ་བསྒྱུར་སྒྲིགས་ཀྱི་བསྐྱུར་ཀློས་ཀྱི་ལས་ལ་མ་གཟིགས་པར་འགྱུར་གང་ལེགས་ཡོད་བར་འབད་པ་གནང་བ་དེ་ཤུགས་ལ་རྟོགས།

ལེ་ཚན་དྲུག་པ། བཀྲས་ལྷུན་འཕགས་པ་ཚངས་པ་ཁྱད་པར་སེམས་ཀྱིས་ཞུས་པའི་མདོའི་མཛད་བྱང་།

དང་པོ། མཛད་བྱང་མ་ཕྱུགས།

༄། །ཀྱེ་འཛམ་གླིང་ཁྱད་པར་འགྲུང་འདའི་གཡུའ་མ་ཏུ། །ཡོན་དག་འབུམ་གྲགས་སྤུན་

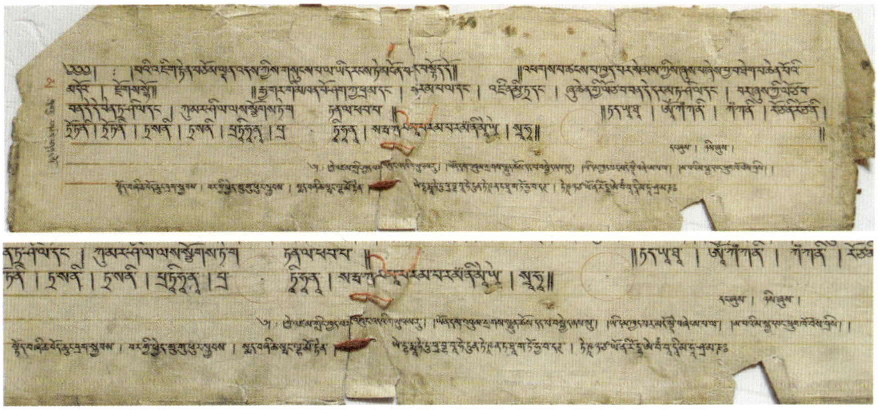

མཛད་བྱང་མ་དཔེ།

① ངོར་དགོན་དུ་བཞུགས་པའི་ཤེར་ཕྱིན་འབུམ་ཤོག་མོ་ཆེའི་མཛད་བྱང་ལྡེབ་གྲངས་433ལས་དྲངས།

ཆོས་དད་པ་བསྐྱེད་ནས་སུ། །ཡི་དམ་ཁྱད་པར་མདོ་སྔེ་བཞེངས་པ་ལ། །མ་པའི་མ་སྐྱུ་དབང་ཕྱུག་ཁོ་བོས་བྲིས། ། སྟོད་བཞི་ཆ་པོད་ཆུང་བྲག་སྐྱབས། བར་གྱི་ཕྱེད་གྲུ་གུ་ཕུར་སྐྱབས། སྨད་བཞི་ཆ་སྤྱང་ལྷ་མོ་རྟེན། [1]ཞེས་པའོ།

གཉིས། མཛད་བྱང་གི་དབྱེ་ཞིབ།

གཅིག ཡུལ་ལུང་།

སྟོན་གྱི་མཛད་བྱང་སྟེ་མ་ཇི་བཞིན་ཐོག་མར་ཀྱི་ཞེས་འབོད་པ་གསལ་བྱེད་སྒྲས་དབུ་འཛིན་ཏེ་འབྲི་བཞེངས་ཀྱི་ཡུལ་ལུང་བསྟོད་པ་བརྗོད་པ་སྟེ། གླིང་བཞིའི་ནང་ནས་ལྷོ་འཛམ་བུ་གླིང་དེ་ཁྱད་དུ་འཕགས་ཤིང་། དེའི་ནང་ནས་ཀྱང་གཙང་གི་ཕྱོགས་སུ་གནས་པའི་ས་ཏེ་ས་སྐྱ་ཇོང་གི་མངའ་འོག་གི་འགྲུང་འདའི་གཡུ་མ་རུ་འབྲི་བཞེངས་བསྐྱངས་པའི་དོན་ཏེ། ༄། །ཀྱེ་འཛམ་གླིང་ཁྱད་པར་འགྲུང་འདའི་གཡུའ་མ་རུ། །[2]ཞེས་པས་རྟོགས།

གཉིས། སྦྱིན་བདག

དེང་གི་གཞིས་རྩེ་ས་ཁུལ་ས་སྐྱ་ཇོང་གི་མངའ་འོག་ཏུ་གནས་པའི་གྲུམ་འདའི་གཡུ་མ་རུ་གསུང་རབ་དེ་དག་འབྲི་བཞེངས་བསྐྱངས་པའི་སྐབས་སུ། དད་པ་སྐྱོ་ངས་མེད་པའི་སྦྱིན་བདག་ནི་འབུམ་གྲགས་སྲུན་མཆེད་ཀྱིས་ནང་ཆོས་ལ་དད་པ་སྐྱེས་ནས་ཐུགས་དམ་དུ་འབྲི་བཞེངས་གནང་བ་སྟེ། ཡོན་དག་འབུམ་གྲགས་སྲུན་ཆོས་དད་པ་བསྐྱེད་ནས་སུ། །ཡི་དམ་ཁྱད་པར་མདོ་སྔེ་བཞེངས་པ་ལ། །[3]ཞེས་པས་རྟོགས།

གསུམ། ཡི་གེ་བ།

གཞིས་རྩེ་ས་ཁུལ་ས་སྐྱ་ཇོང་གི་མངའ་འོག་ཏུ་ཆགས་པའི་ཡུལ་གྲུམ་འདའི་གཡུ་མ་རུ་

---

① བཀྲས་ལྷུན་དགོན་དུ་བཞུགས་པའི་འཕགས་པ་ཚངས་པ་ཁྱད་པར་སེམས་ཀྱིས་ཞུས་པ་ཞེས་བྱ་བ་ཐེག་པ་ཆེན་པོའི་མདོའི་ལྡེབ་གྲངས་361ལས་དྲངས།

② བཀྲས་ལྷུན་དགོན་དུ་བཞུགས་པའི་འཕགས་པ་ཚངས་པ་ཁྱད་པར་སེམས་ཀྱིས་ཞུས་པ་ཞེས་བྱ་བ་ཐེག་པ་ཆེན་པོའི་མདོའི་ལྡེབ་གྲངས་361ལས་དྲངས།

③ བཀྲས་ལྷུན་དགོན་དུ་བཞུགས་པའི་འཕགས་པ་ཚངས་པ་ཁྱད་པར་སེམས་ཀྱིས་ཞུས་པ་ཞེས་བྱ་བ་ཐེག་པ་ཆེན་པོའི་མདོའི་ལྡེབ་གྲངས་361ལས་དྲངས།

དད་པ་སྐྱོ་ངས་མེད་པའི་སྦྱིན་བདག་འབུམ་གྲགས་སྤུན་མཆེད་ཀྱི་མཛད་དེ། མདོ་སྡེ་དེ་དག་འབྲི་བཞེངས་བསྐྱངས་པའི་སྐབས་སུ་ལེགས་མགྱོགས་དག་གསུམ་ལྡན་པ། གཙང་སློམ་འགྲིགས་གསུམ་དྲུག་ཚང་བའི་ཡི་གེ་བ་དབུ་ཆེན་མ་སྐྱ་དབང་ཕྱུག་གིས་མཛད་དེ། ཕོད་དེའི་སྟོད་ཀྱི་བཞི་ཆ་གཅིག་བྲག་སྐྱབས་དང་བར་གྱི་ཕྱེད་གྲུ་གུ་ཕུར་སྐྱབས། ཕོད་དེའི་སྨད་ཀྱི་བཞི་ཆ་གཅིག་སྤང་ལྷ་མོ་རྟེན་གྱིས་འབྲི་བཞེངས་མཛད་པ་སྟེ་མཛད་བྱང་ལས། །མ་པའི་མ་སྐྱ་དབང་ཕྱུག་ཕོ་ཕོས་བྲིས།། སྟོད་བཞི་ཆ་ཕོད་ཆུང་བྲག་སྐྱབས། བར་གྱི་ཕྱེད་གྲུ་གུ་ཕུར་སྐྱབས། སྨད་བཞི་ཆ་སྤང་ལྷ་མོ་རྟེན། [1]ཞེས་པས་རྟོགས།

ལེ་ཚན་བདུན་པ། ཤོན་ཀེ་ཏུའི་འཕགས་པ་འཇིག་རྟེན་གྱི་རྗེས་སུ་མཐུན་པར་འཇུག་པ་མདོའི་མཛད་བྱང་།

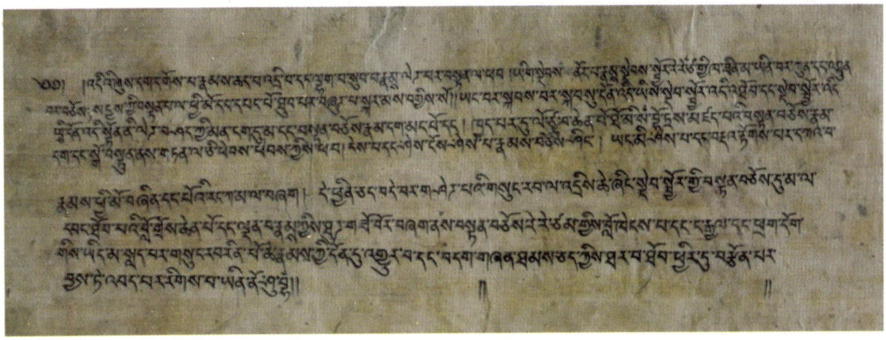

མཛད་བྱང་མ་དཔེ།

དང་པོ། མཛད་བྱང་མ་ཕྱིས།

༄༅། འདིའི་ཞུས་དག་དགོས་པ་རྣམས་ཆད་པ་འདྲི་བ་དང་ལྷག་པ་སུབ་པ་རྣམ་ལྔ་ལྟར་པར་བསྟན་ལ་ཕབ། ཡིག་སྡེབས་ནོར་བ་རྣམ་ལྔ་སྡེབས་སྦྱོར་རེ་རེ་ཙཾ་གྱི་ཁ་ཟིན་མ་ཡིན་པར་ཀུན་དང་འཐུན་བར་བཅོས༔ སངྒས་ཀྱི་བསྟན་པ་ལ་ཕྱི་མོ་དང་དཔང་པོ་ཐུབ་པར་བཞུར་པ་སྐར་མས་བགྱིས་སོ། །ཡང་བར་སྐབསུ་དོན་འདི་ཡིས་སྡེབ་སྦྱོར་འདི་འཐོབ་དང་སྡེབ་སྦྱོར་འདི་ཕྱི་དོན་

[1] བཀྲས་ལྷུན་དགོན་དུ་བཞུགས་པའི་འཕགས་པ་ཚངས་པ་ཁྱད་པར་སེམས་ཀྱིས་ཞུས་པ་ཞེས་བྱ་བ་ཐེག་པ་ཆེན་པོའི་མདོའི་ལྡེབ་གྲངས་361ལས་དྲངས།

འདི་སྟོན་ནི་ལེཊ་བཤད་ཀྱི་མན་ངག་དུ་མ་དང་བསྟན་བཅོས་རྣམ་དག་མང་པོ་དང་། ཁྱད་པར་དུ་ལོ་ཙྪ་བ་ཆེན་པོ་ཐོ་མི་སཾ་བྷོ་ཊས་མཛད་པའི་བསྟན་བཅོས་རྣམ་དག་དང་སྒྲ་བསྒྱུར་ནས་གཏན་ལ་ཕབ་པའི་ཕེབས་ཕེབས་ཀྱིས་ཕབ། ངེས་པ་དང་ཤེས་ངོས་ཤེས་པ་རྣམས་བཅོས་ཤིང་། ཡང་མི་ཤེས་པ་དང་བརྡའ་རྟོགས་པར་དཀའ་བ་རྣམས་ཕྱི་མོ་བཞིན་དང་པོའི་རང་ཀ་མ་ལ་བཞག། དེ་ཕྱིན་ཅད་བདེ་བར་གཤེཊ་པའི་གསུང་རབ་ལ་འདྲིས་ཆེ་ཞིང་སྦྱིབ་སྦྱོར་གྱི་བསྟན་བཅོས་དུ་མ་ལ་དབང་ཐོབ་པའི་བློ་གྲོས་ཆེན་པོ་དང་ལྡན་པ་རྣམ་ཀྱིས་ཐུཊ་གཟོ་བོར་བཞག་ནས་བསྟན་བཅོས་རེ་རེ་ཙམ་གྱིས་བློས་ཁེངས་པ་དང་ང་རྒྱལ་དང་ཕྲག་དོག་གིས་ཡིད་མ་སླད་པར་གསུང་རབ་རིན་པོ་ཆེ་རྣམས་ཀྱི་དོན་དུ་འགྱུར་བ་དང་བདག་གཞན་ཐམས་ཅད་ཀྱིས་ཐར་པ་ཐོབ་ཕྱིར་དུ་བརྩོན་པར་བྱས་ཏེ་འབད་པར་རིགས་པ་ཡིན་ནོ་ཤུ་བྷཾ[①] ཞེས་པའོ།

གཉིས་པ། མཛོད་བྱང་གི་དབྱེ་ཞིབ།

མཛོད་བྱང་འདིར་གཙོ་བོ་སྒོ་གསུམ་ཐང་ཆད་འབྲི་བའི་ཡིག་མཁན་གྱིས་འབྲི་བཤུས་ཟིན་རྗེས་རྐང་འགྱོར་གཞུང་སྟོང་གི་ཞུས་དག་མཁན་གྱི་འཕགས་པ་འཇིག་རྟེན་གྱི་རྗེས་སུ་མཐུན་པར་འཇུག་པའི་མདོ་འདིའི་ཞུས་དག་གནང་བའི་སྐབས་ཀྱི་གནས་ཚུལ་རྣམས་མ་བཅོས་ལྷུག་པོར་བརྗོད་པའི་རྣམ་པ་ཞིག་སྟེ། འབྲི་བཤུས་ཆད་ལྷག་དང་ཡིག་སྐྱོན་ནོར་བ་རྣམས་ཡང་དག་པར་བཅོས་ཤིང་། མ་འོངས་པར་སངས་རྒྱས་ཀྱི་བསྟན་པའི་ཕྱི་མོ་དང་དཔང་པོ་ཐུབ་པ་ཞིག་ཡོང་ཆེད་ཞུས་ཆེན་སྐར་མས་དག་པར་བཅོས་ཤིང་། དེ་དག་བཅོས་པའི་སྐབས་སུ་རང་དགར་མ་ཡིན་པར་སློབ་དཔོན་ཐོན་མིའི་སུམ་རྟགས་ཀྱི་གཞུང་དང་མཐུན་པར་བཅོས་པ་གསུངས། དེ་ལས་གཞུང་གི་དོན་གོ་མ་རྟོགས་པ་རྣམས་མ་ཕྱི་རང་སོར་བཞག་ལགས། རྗེས་སོར་ནང་བསྟན་གྱི་གཞུང་ལ་འདྲིས་ཆེ་ཞིང་སྦྱིབ་སྦྱོར་གྱི་བསྟན་བཅོས་དུ་མ་ལ་དབང་ཐོབ་པའི་སྐྱེས་ཆེན་རྣམས་ཀྱིས་ང་རྒྱལ་དང་ཕྲག་དོག་གིས་ཡིད་མ་སླད་པར་དག་བཅོས་ཡོད་པ་ཞུ་ཞེས་སྐབས་འདིའི་ཞུས་ཆེན་སྐར་མས་བཀོད་འདུག

[①] འོན་ཀ་ཏུའི་འཕགས་པ་འཇིག་རྟེན་གྱི་རྗེས་སུ་འཐུན་པར་འཇུག་པ་ཞེས་བྱ་བ་ཐེག་པ་ཆེན་པོའི་མདོ་ཇོགས་སོ་ཞེས་པ་པོད་ཙ་པའི་མཛོད་བྱང་ལྡེབ་གྲངས་333ལས་དྲངས།

ལེ་ཚན་བརྒྱད་པ། སྣང་ཐང་དགོན་དུ་བཞུགས་པའི་གླེགས་ཤིང་གི་ནང་མཆན།

ནང་མཆན་མ་དཔེ།

དང་པོ། ནང་མཆན་མ་ཕྱུས།

1.·························|| ·····················གཟུགས་བརྙན་འཆང་བ་པོ་||གང་གི་གསུང་བརྗོད་དུ་མེད་|| ····འགྲོ་ཀུན་··ཏུ་ཐར་ལམ་སྟོན|| 2.·························འཕྲིན་ལས་དཔག་མེད་བླ་མ་མཆོད། | གང་ལ་ཐོག་མ་དབུས་མཐའ་ལ་སོགས་སྤྲོས་པ་མ་ལུས་ཀུན་བཅོམ་ཡང་། |ཡང་དག་ཆོས་ཉིད་འགྱུར་མེད་བདེ་བ་རྟག་བརྟན་ཞི་བ་གཡུང་དྲུང་སྐུ། |སྐུ་བཞིའི་ངོ་བོ་རང་རིག་ཡེ་ཤེས་མཁྱེན་བརྩེ་ནུས་གསུམ་པ་············||

3.ཕྱོགས་ཀྱི་མཚུངས་མེད་མཆོག་དེ་རྒྱལ། |རྒྱལ་བའི་གསུང་རབ་མཐའ་བཞི་ལས་གྲོལ་ཐོག་མཐའ་དགེ་བ་ཆོས་ཀྱི་མཆོག |མཆོག་གི་ཡེ་ཤེས་འོད་སྟོང་ལྡན་བས་ཆགས་སྡང་དྲི་མའི་རབ་རིབ་ཀུན། |ཀུན་ནས་སེལ་ཞིང་རབ་ཏུ་ཞི་བ་བདེན་གཉིས·····ཉིད་ཅན··||

4······རྟོག་པར་དཀའ་བའི་ཆོས་ལ་འདུད། |བདག་མེད་རྟོགས་པའི་ཡེ་ཤེས་ཉིད་ཀྱིས་

ཧེ་བཞིན་ཧེ་སྐྱེད་སོ་སོར་གཟིགས། །གཟིགས་པ་རྣམ་དག་ཆགས་ཐོག་དམན་པའི་སྒྲིབ་པ་ལས་གྲོལ་འཕགས་པའི་ཚོགས། །ཚོགས··································།།

5.···················པར་སློབ་པ་འཕགས་པའི་དགེ་འདུན་ལ་ཕྱག་འཚལ།། དེ་ལྟར་རྒྱལ་བའི་གསུང་རབ་ཕྲེང་།། འགྲོ་ལ་བྱང་ཆུབ་ལམ་སྟོན་ཞིང་།།བསྟན་པའི་རྒྱལ་མཚན་ལེགས་འཛིན་པ།། མི་དབང་ཏ་ཡི་སི་ཏུ་ཡིས།། ཐུགས་དམ་མདོ་མང···········།།

6.·······གླེགས་བམ་ཁྲི་པ་ལ།།ཆོས་ཀྱི་རྣམ་གྲངས་འདི་རྣམས་བཞུགས།། སངས་རྒྱས་ཀྱི་མཚན་ལྔ་སྟོང་བཞི་བརྒྱ་ལྔ་བཅུ་རྩ་གསུམ་པ།།འཕགས་པ་གཙུགས་ན་རིན་པོ་ཆེས་ཞུས་ཞེས་པ་བྱ་བ་ཐེག་པ་ཆེན་པོའི་མདོ།། འཕགས་པ་རྡོ་རྗེ་གཅོད་པའི་མདོ།། ············།།

7. ·········བདེ་བཞིན་གཤེགས་པ་བདུན་གྱི་སྔོན་གྱི་སྨོན་ལམ་གྱི་ཁྱད་པར་རྒྱས་པའི་མདོ། འཕགས་པ་མི་འམ་ཅིའི་རྒྱལ་པོ་སྡོང་པོས་ཞུས་པའི་མདོ། །འཕགས་པ་བྱུད་མེད་འགྱུར་བ་ལུང་བསྟན་པའི་མདོ། འཕགས་པ་ཚེ་དཔག་ཏུ་མེད་པའི་མདོ་དང་ཆོས་ཀྱི་རྣམ་གྲངས།། 8.········ གན་ཆེན་ཤོག་གུ་ལ། །དཀྲུས་ཡིག་རིན་ཆེན་ཕྲེང་མཛེས་ལྷ་བུ་འདི། །སྟག་ཚལ་བ་ཡི་དཔལ་འབྱོར་ལེགས་པ་དང་། །འཕན་པོ་གཞོན་བཀྲས་དབང་རྒྱལ་་ཏུ་པས་གཟབས། །འདི་ཡི་དང་ཞུས་སུམ་ཞུས་གཉིས་ཀ་ཡང་།། ཇོ་གདན་བསོད་གྲུབ་དགེ་ལེགས············།། 9.······················།། ཉིས་ཞུས་ལེགས་པར་བྱས་ནས་དག་པར་བྱས།།གླེགས་ཤིང་ཁྱད་འཕགས་གསེར་གྱི་རྒྱབ་བྱད་ཅན། །དཀྱེར་གྱི་མཁས་པ་དགེ་འདུན་སེང་གེ་སྲུན། །བཀོད་པ་ལག་ལེན་ཁ་ཏ་ཕུན་ཚོགས་རྣམས། །སྡེ་སྣོད་འཛིན་པ་ཐང་ཆེན་པོ་གྱི········དབང···།། 10.············འདིར། །ཐུགས་སྲས་མཆོག་གྱུར་སློབ་དཔོན་དཔལ་རིན་གྱིས། །།ཞབས་ཐོག་མཆོག་འགྱུར་ངོ་མཚར་ཁྱད་པར་འཕགས། །དེ་ལྟར་རྒྱལ་བའི་གསུང་རབ་དྲི་མེད་ལེགས་པར་བཞེངས་ལ་སོགས་པ། །དགེ་བའི་རྩ་བ་བགྱིས་དང་བགྱིད་སྒྱུལ་རྗེས་སུ་ཡིད་རང་གང་ཡིན་རྣམས···སེམས་ཅན···།།

11.···གཉིས་མེད་གསུང་བའི་གོ་འཕང་མཆོག་དེ་མྱུར་ཐོབ་བྱ་ཕྱིར་ཡོངས་སུ་བསྔོ། །དེ་ལྟའི་བྱང་ཆུབ་མ་ཐོབ་བར་དུ་སྐྱེ་ཞིང་སྐྱེ་ཞིང་སྐྱེ་བ་ཐམས་ཅད་དུ།། ལྷ་དང་མི་ཡི་བདེ་བ་དང་ལྡན་འཕགས་པ་དགྱེས་པའི་ཚུལ་ཁྲིམས་དང་།།ཏིང་འཛིན་ཤེས་རབ་བསླབ་གསུམ་མཐར་ཕྱིན་རྣམས·····ཕྱིན་པའི·····།།

12.······ཆོས་ཀྱི་རྒྱལ་པོར་འགྱུར་བར་ཤོག།གནས་སྐབས་སུ་ཡང་དཔལ་ལྡན་བླ་མའི་

ཐུགས་དགོངས་རྫོགས་པའི་འཕྲིན་ལས་འཕེལ། །སངས་རྒྱས་བསྟན་པ་རིན་པོ་ཆེ་འདི་ཡང་ལྷ་ཀླུ་མི་དབང་གིས་མཆོད་རྣ། །འགྲོ་བའི་དཔལ་དུ་ཡུན་རིང་གནས་བསྟན་པའི་རྩ་ལག་མཆོག་རྣམས་ཀུང་སྐུ་ཚེ་བརྟན་པ·········། །

13.············ཆོས་ཀྱི་མཆོད་པར་ཤོག།། ལྷ་ཀླུ་རྣམས་ཀུང·········།། ·········སྡུག་པ་ཀུན་ཞི་བདེ་སྐྱིད་དཔལ་འབྱོར་ལྡན་པ་དང་། །སྦྱིན་བདག་ཆེན་པོ་འཁོར་དང་བཅས་པ་སྐུ་ཚེ་རིང་ཞིང་སྐུ་ཁམས་བཟང་། །མི་མཐུན་གནོད་པའི་ཕྱོགས་ལས··········།།[1]ཞེས་པའོ།

གཉིས་པ། གླེགས་ཤིང་ནང་མཆན་གི་དཔེ་ཞིབ།

གཅིག བསྟོད་ཚིག

ཏ་སི་ཏུ་བྱང་ཆུབ་རྒྱལ་མཚན(1302-1371)་གྱི་ཐུགས་དམ་དེ་འབྲི་བཞེངས་གནང་བའི་སྐབས་སུ་དུས་རབས་14པའི་མཛོད་བྱང་གི་ཁྱད་ཆོས་བཞིན་ཐོག་མར་སྟོན་པའི་སྐུ་གསུང་ཐུགས་ལ་བསྟོད་ཚིག་ཕུལ་བ་ཞིག་ཡིན་པ་ནི་སྨོས་ཅི་ཞིག་དགོས། འོན་ཏེ་སྐབས་འདིའི་མཛོད་བྱང་ལ་བགྲིས་ཟད་ཆེ་བའི་རྐྱེན་གྱིས་ཁ་གསལ་ཞིག་ངོ་སྤྲོད་མ་ཐུབ། ད་ལྟ་འབྲུ་བཤུས་ཐུབ་པའི་མཛོད་བྱང་ལས། 1. བདེན་ཁ་།། བདེན་ཁ་གཟུགས་བརྙན་འཆང་བ་པོ་།།གང་གི་གསུང་བརྗོད་དུ་མེད་།། ····འགྲོ་ཀུན་··ཏུ་ཐར་ལམ་སྟོན།། 2. བདེན་ཁ་འཕྲིན་ལས་དཔག་མེད་བླ་མ་མཆོད། །གང་ལ་ཐོག་མ་དབུས་མཐའ་ལ་སོགས་སྤྲོས་པ་མ་ལུས་ཀུན་བཅོམ་ཡང་། །ཡང་དག་ཆོས་ཉིད་འགྱུར་མེད་བདེ་བ་རྟག་བརྟན་ཞི་བ་གཡུང་དྲུང་སྐུ། །སྐུ་བཞིའི་ངོ་བོ་རང་རིག་ཡེ་ཤེས་མཁྱེན་བརྩེ་ནུས་གསུམ་པ་ བདེན་ཁ་།། 3.ཕྱོགས་ཀྱི་མཚུངས་མེད་མཆོག་དེ་རྒྱལ། །རྒྱལ་བའི་གསུང་རབ་མཐའ་བཞི་ལས་གྲོལ་ཐོག་མཐའ་དགེ་བ་ཆོས་ཀྱི་མཆོག །མཆོག་གི་ཡེ་ཤེས་འོད་སྟོང་ལྡན་བས་ཆགས་སྡང་དྲི་མའི་རབ་རིབ་ཀུན། །ཀུན་ནས་སེལ་ཞིང་རབ་ཏུ་ཞི་བ་བདེན་གཉིས······ཉིད་ཅན་བདེན་ཁ་། །4བདེན་ཁ་རྟོག་པར་དཀའ་བའི་ཆོས་ལ་འདུད། ། བདག་མེད་རྟོགས་པའི་ཡེ་ཤེས་ཉིད་ཀྱིས་ཇི་བཞིན་ཇི་སྙེད་སོ་སོར་གཟིགས། །གཟིགས་པ་རྣམ་དག་ཆགས་ཐོག་དམན་པའི་སྒྲིབ་པ་ལས་གྲོལ་འཕགས་པའི་ཚོགས། །ཚོགས་ བདེན་ཁ་།། 5. བདེན་ཁ་པར་སློབ་པ་

① ཏ་སི་ཏུ་བྱང་ཆུབ་རྒྱལ་མཚན་གྱི་ཐུགས་དམ་མོད་མང་བཞེངས་པའི་མཛོད་བྱང་གླེགས་ཤིང་ངོས་སུ་བཞུགས་པ་དེ་ལས་དྲངས།

འཕགས་པའི་དགེ་འདུན་ལ་ཕྱག་འཚལ།།[①] ཞེས་བྱུང་བ་ལ་གཞིགས་ན། སྐབས་འདིར་བྱུང་བའི་ཚིགས་བཅད་བསྐོར་བའི་རྒྱན་གྱི་མཐའ་སྡེ་གཉིས་སུ་ཕྱོགས་པའི་བསྐོར་ཚིག་དེ་ཡང་རྒྱལ་མཆོག་ཀུན་གཟིགས་ཆོགས་ཞེས་བྱུང་བ་ལ་མགོ་བཏགས་བཙལ་ཏེ་ཞུས་ན། ཏ་སི་ཏུ་བྱང་ཆུབ་རྒྱལ་མཚན་པོང་གི་བླ་མ་དམ་པའམ་ནང་བསྟན་དང་འབྲེལ་བའི་སངས་རྒྱས་སམ་བྱང་སེམས་རྣམས་ལ་བསྟོད་ཕྱག་ཕུལ་བ་ཞིག་མིན་ནམ་སྙམ་ཏེ་དཔྱད་གཞིར་ཕུལ་བ་ལགས།

གཉིས། སྦྱིན་བདག

དེ་ལྟར་རྒྱལ་བའི་གསུང་རབ་ཕྲེང་།། འགྲོ་ལ་བྱང་ཆུབ་ལམ་སྟོན་ཞིང་།།བསྟན་པའི་རྒྱལ་མཚན་ལེགས་འཛིན་པ།། མི་དབང་ཏ་ཡི་སི་ཏུ་ཡིས།། ཐུགས་དམ་མདོ་མང············།། ཞེས་མཛད་བྱང་དུ་བྱུང་བ་ལ་གཞིགས་ན། དེ་ཡང་མ་གཞི་བྱས་ནས་སྐབས་འདིའི་སྦྱིན་བདག་གི་སྐོར་དེར་ཆ་ཡོངས་སུ་རྫོགས་པའི་ནང་དོན་ཞིག་གསུང་རབ་དེའི་གླེགས་ཤིང་གི་ནང་ངོས་སུ་བརྗོད་ཡོད་མོད་ཀྱང་། དེ་ཡང་གླེགས་ཤིང་བགྲེས་ཟད་ཀྱི་དབང་གིས་ཆ་ཚང་ཞིག་ཞུ་མ་ཐུབ། དེ་དག་གི་ཁྲོད་ནས་སྦྱིན་བདག་གི་མཚན་གྱི་འབབ་མཚམས་ཚང་མར་སྣག་ཚ་མཚལ་གྱི་འབྲི་བཞེངས་གནང་བ་ལས་སྐབས་འདིའི་གསུང་རབ་འབྲི་བཞེངས་གནང་མཁན་གྱི་དད་པ་སྐྱོངས་མེད་པའི་སྦྱིན་བདག་ནི། དུས་རབས་14པའི་ནང་དུ་ཐོན་པའི་ སྡེ་སྲིད་ཕག་མོ་གྲུ་པའི་སྲིད་དབང་གི་ཆོས་རྒྱལ་རིམ་པར་བྱོན་པའི་ནང་གི་ཐོག་མ་སྟེ། སྤྱི་ལོ1349ལོ་ནས་ལོ་བཅུ་དྲུག་བོད་ཁམས་དབང་བསྒྱུར། དེ་ནས་ས་སྐྱ་པའི་སྲིད་དབང་ཤོར། སྤྱི་ལོ1351ལོར་རྩེད་ཐང་དགོན་བཏབ། སྤྱི་ལོ1354ལོར་ཧོར་ཏཱ་དབོན་གོང་མས་དེ་ལ་ཏའི་སི་ཏུ་གོ་གནས་དང་མི་རབས་ལ་ཕན་པའི་འཛའ་ས་བཀའ་ཤོག་ཐམ་ག་བཅས་སྩྲད། སྤྱི་ལོ1354ལོ་ནས་སྤྱི་ལོ1371ལོའི་བར་ཕག་གྲུ་སྡེ་སྲིད་ཁྲིར་བཞུགས་ཏེ། ཆོས་སྲིད་གཉིས་ཀྱི་མཛད་པ་བླ་ལྷག་ཏུ་སྤེལ་གནང་བ་སྟེ། དགུང་ལོ་ང་གཅིག་གི་སྟེང་དུ་ཆོས་གྲྭ་ཆེན་པོ་རྩེད་ཐང་བཏབ། དེ་དང་དུས་མཉམ་པར་ལ་རིན་སྤུངས་རྫོང་བརྩིགས། དེ་ནས་རྒ་ལ་བསམ་གྲུབ་རྩེ་དང་། ནེ་སྤྲེལ་སྣེའུ་དང་། བྱ་ལ་བྲག་དཀར་དང་། དེ་ནས་འོལ་ག་སྟག་རྩེ། འཕྱོངས་རྒྱས་སྟག་རྩེ། གྲི་གུ་སྟག་རྩེ། ཐེལ་གྱི་རིལ་སྦྱི་གང་། ཤར་

① ཏ་སི་ཏུ་བྱང་ཆུབ་རྒྱལ་མཚན་གྱི་ཐུགས་དམ་མོད་མང་བཞེངས་པའི་མཛད་བྱང་གླེགས་ཤིང་ངོས་སུ་བཞུགས་པ་དེ་ལས་དྲངས།

མངོན་དགའ་སོགས་གཞིས་ཀ་གོང་འོག་རྣམས་སྐུ་མས་སྤྲུལ་པ་ལྟར་མཛད། གསེར་གྱི་བཀའ་འགྱུར་དང་སྐུ་གསུང་ཐུགས་ཀྱི་རྟེན་མང་དུ་བཞེངས་[1]ཞེས་དང་ཡང་རྒྱ་བོད་ཡིག་ཚང་ལས་དུས་རབས་14པའི་ནང་དུ། ཚོང་འདུས་བྲག་ཁར་ཁྲི་ཁང་དང་། ཤིང་པོ་སྟག་ལོ་ལ། ཁྲི་ཁང་ཡར་ལུངས་རྣམ་རྒྱལ་དང་སྣེ་གདོང་བརྩིགས། ཁྲི་དཔོན་ལོ་བཅུ་གསུམ་བྱས་པའི་བར་ལ། གོང་འོག་ཕྱི་ནང་ཀུན་དང་མཐུན་ཅིང་། བྱས་པ་ལག་རྗེས་ཆེ་བ་ལ། སྣེ་གདོང་གི་མགོ་བྱས། ཏ་ལ་སྒང་། སྣ་ཚོ། ལྷུགས་རྩེ་གྲུ་གྲུ། ཐང་པོ་ཆེའི་གླིང་སྨད། འཚོས་གཞིས་ཁ། མོན་མཁར་བཀྲ་ཤིང་གདོང་། རྒྱ་ཐང་། ཚོང་འདུས་བྲག་ཁ། ཟངས་རི་ཕོ་བྲང་སྒང་། མཁར་ཐོག་འཆད་དཀར་དོ་ལ་སོགས་། མདོར་ན། ཚ་དུང་གཏོང་བའི་གཞིས་ཁ་བཅུ་གཉིས་ཞབས་སུ་ཆུག་པར་བཞེངས་[2]ཞེས་གསུངས་པས་ཀྱང་། སྐབས་དེའི་ཐུགས་དམ་ཁྲིད་ནས་པོད་ཁྲི་པ་སྟེ་ཏ་སི་ཏུ་བྱང་ཆུབ་རྒྱལ་མཚན་གྱིས་དད་པ་སྐྱོ་ངས་མེད་པའི་སྦྱིན་བདག་གནང་སྟེ། གསུང་རབ་འབྲི་བཞེངས་གནང་བའི་ཁྲིད་ཀྱི་ཡ་གྱལ་ཞིག་ཡིན་པ་ནི་གོང་དུ་བརྗོད་པའི་མཛད་བྱུང་བརྗོད་བྱ་དང་ཁོང་གི་ལོ་རྒྱུས་སོགས་ལས་རྟོགས།

གསུམ། མདོ་མང་།

དུས་རབས་14པའི་ནང་དུ་སྣེ་གདོང་རྫོང་གི་རྫོང་དཔོན་གནང་མཁན་ཏ་སི་ཏུ་བྱང་ཆུབ་རྒྱལ་མཚན་གྱིས་དད་པ་སྐྱོ་ངས་མེད་པའི་སྦྱིན་བདག་གནང་སྟེ། རང་གི་ཚེ་འདི་ཕྱི་གཉིས་ཀྱི་དོན་དུ་སྔོན་གྱི་སྐྱེ་བུ་དམ་པ་རྣམས་ཀྱི་མཛད་འཕྲིན་གྱི་རྗེས་བསྙེངས་པ་ཇི་བཞིན་ཐུགས་དམ་མདོ་མང་བཞེངས་གནང་ཡོད་པ་ནི་མཛད་བྱུང་དང་ལོ་རྒྱུས་ལས་ཤེས་ཤིང་། ལྷག་དོན་དུ་སྐབས་འདིར་འབྲི་བཞེངས་བསྙེངས་པའི་མདོ་མང་ཡ་གྱལ་པོད་ཁྲི་པར་ཆོས་ཚན་ཅི་ཞིག་བཞུགས་ཡོད་མེད་དངོས་དོན་ལྟར་ན། ཐུགས་དམ་གླེགས་བམ་དེའི་གླེགས་ཤིང་གི་ནང་དུ་ཆོས་ཚན་གསལ་པོར་བྲིས་ཡོད་མོད་ཀྱང་། བགྲེས་ཟད་ཀྱི་དབང་གིས་ཡིག་འབྲུ་ལེན་དཀའ་

---

① རྟ་ཚག་ཚེ་དབང་རྒྱལ་གྱིས་མཛད་པའི་ལྷོ་རོང་ཆོས་འབྱུང་། བོད་ལྗོངས་བོད་ཡིག་དཔེ་རྙིང་དཔེ་སྐྲུན་ཁང་གི་1994ལོའི་་སྤར་མའི་ཤོག་གྲངས་380ལས་དྲངས།

② དཔལ་འབྱོར་བཟང་པོས་བརྩམས་པའི་རྒྱ་བོད་ཡིག་ཚང་ཆེན་མོ་སི་ཁྲོན་མི་རིགས་དཔེ་སྐྲུན་ཁང་གི་1985ལོའི་སྤར་མའི་ཤོག་གྲངས་546ལས་དྲངས།

བས་ལག་ནང་དུ་སྐྱུ་རུ་ར་བཞག་པ་ལྟ་བུ་ཞིག་བརྗོད་མ་ཐུབ། འོན་ཏེ་རང་གིས་འབྲུ་གང་ལྕེན་ཐུབ་ཐུབ་ཞུས་པ་འདི་ལྟར། མཛད་བྱུང་ལས། ……གླེགས་བམ་ཁྲི་པ་ལ།།ཆོས་ཀྱི་རྣམ་གྲངས་འདི་རྣམས་བཞུགས།། སངས་རྒྱས་ཀྱི་མཚན་ལྔ་སྟོང་བཞི་བརྒྱ་ལྔ་བཅུ་རྩ་གསུམ་པ།།འཕགས་པ་གཙུགས་ན་རིན་པོ་ཆེས་ཞུས་ཞེས་བྱ་བ་ཐེག་པ་ཆེན་པོའི་མདོ།། འཕགས་པ་རྡོ་རྗེ་གཅོད་པའི་མདོ།། ……………||7. ………བདེ་བཞིན་གཤེགས་པ་བདུན་གྱི་སྔོན་གྱི་སྨོན་ལམ་གྱི་ཁྱད་པར་རྒྱས་པའི་མདོ། འཕགས་པ་མི་འམ་ཅིའི་རྒྱལ་པོ་སྡོང་པོས་ཞུས་པའི་མདོ། །འཕགས་པ་བདུད་མེད་འགྱུར་བ་ལུང་བསྟན་པའི་མདོ། འཕགས་པ་ཚེ་དཔག་ཏུ་མེད་པའི་མདོ་དང་ཆོས་ཀྱི་རྣམ་གྲངས།།……[1]ཞེས་གསུངས་པས་གླེགས་བམ་པོད་ཁྲི་པ་དེའི་ནང་དུ་ཆོས་ཚན་བརྒྱད་ཙམ་ཞིག་བཞུགས་ཡོད་པ་དེ་རགས་ཙམ་ཞིག་རྟོགས། དེས་ན་ང་ཚོས་གོང་གི་མཛད་བྱུང་གི་ནང་དོན་ལས་ཞུས་ན་སྔོ་རོང་ཆོས་འབྱུང་དུ་བྱུང་བ་ཇི་བཞིན་ཁོང་གིས་སྐུ་དུས་སུ་ཐུགས་དམ་དུ་གསེར་གྱི་བཀའ་འགྱུར་དང་སྐུ་གསུང་ཐུགས་ཀྱི་རྟེན་མང་དུ་བཞེངས་ཞེས་གསུངས་པ་ལྟར་འགྲེལ་ན། སྐབས་འདིར་སྣར་ཐང་དགོན་ནས་རྙེད་སོན་བྱུང་བའི་གསུང་རབ་ཀྱི་གླེགས་ཤིང་དེའི་ནང་དོན་ནས་མཐལ་བའི་མཛད་བྱུང་དང་རིགས་འབྲེལ་ཏེ་བརྗོད་ན། སྐབས་འདིར་མཐལ་བའི་གླེགས་ཤིང་དེ་ནི་གསུང་རབ་གླེགས་བམ་པོད་ཁྲི་པ་དེའི་གླེགས་ཤིང་ཡིན་པའི་རྒྱུ་མཚན་བཅས་ལས། དུས་རབས་14པའི་ནང་དུ་བྱོན་པའི་ཏ་སི་ཏུ་བྱང་ཆུབ་རྒྱལ་མཚན་གྱི་སྐུ་དུས་འབྲི་བཞེངས་གནང་བའི་བཀའ་འགྱུར་གསེར་བྲིས་དང་སྐུ་གསུང་ཐུགས་ཀྱི་རྟེན་དུ་མ་ཞིག་འབྲི་བཞེངས་བསྐྲུངས་པའི་རྣམ་ཐར་དང་རིག་དངོས་གཉིས་ལས་བདེན་དཔང་ཐུབ།

བཞི། འབྲི་རྫས།

དུས་རབས་14པའི་ནང་དུ་ལྷོ་ཁ་སྣེ་གདོང་རྫོང་གི་དཔོན་ཏ་སི་ཏུ་བྱང་ཆུབ་རྒྱལ་མཚན་མཆོག་གིས་རང་གི་ཐུགས་དམ་མདོ་མང་དེ་དག་འབྲི་བཞེངས་གནང་བའི་སྐབས་སུ། དེར་ཉེ་བར་མཁོ་བའི་འབྲི་རྫས་ཅི་ཞིག་བཏང་ཡོད་པའི་སྐོར་སྤྱིར་ན་གསུང་རབ་དེའི་གླེགས་ཤིང་གི་ནང་དོན་སུ་གསལ་ཡོད་མོད་ཀྱང་། འདི་ཡང་གོང་བཞིན་མཛད་བྱུང་བགྲེས་ཟད་ཕྱིན་པའི་

[1] ཏ་སི་ཏུ་བྱང་ཆུབ་རྒྱལ་མཚན་གྱི་ཐུགས་དམ་མདོ་མང་བཞེངས་པའི་མཛད་བྱུང་གླེགས་ཤིང་ངོས་སུ་བཞུགས་པ་དེ་ལས་དྲངས།།

དབང་གིས་འབྲི་ཐབས་ཀྱི་སྐོར་དེ་8.·······གན་ཆེན་ཤོག་གུ་ལ་[①]ཞེས་པ་ཙམ་ཞིག་ལས་མ་གསལ་སྐབས། འབྲི་ཤོག་ཡུལ་ལུང་གང་ལས་བྲངས་པ་དང་རིན་ཐང་དུ་གསེར་ནོར་ཅི་ཞིག་བཏང་སྐེ་བྲངས་པ་སོགས་མ་ཤེས་ཙང་། བྱ་པ་བཀྲ་ཤིས་རྣམ་རྒྱལ་གྱི་དཔྱད་དོན་དུ། གསུང་རྟེན་ཏོར་ཤོག་འབོལ་མཉེན་ཁྲོ་བ།། དང་པོ་ལྷ་ན་ནི་གན་ཤོག་ཅེས་སུ་གྲགས།། ཕྱི་མ་ཏོར་གྱི་ཤོག་བུ་ཕལ་བ་སྟེ།། རྒྱ་ནག་ཤོག་བུ་ཕལ་ཆེར་མཉེན་སོབ་མང་།།ཞེས་པའི་ཤོག་བུའི་དཔྱད་དོན་དེར་མགོ་བཏགས་བརྩལ་ཏེ་ཞུས་ན། ཁོང་གི་ཐུགས་དམ་མདོ་མང་དེ་འབྲི་བཞེངས་བསྒྲུངས་པའི་སྐབས་སུ་འབྲི་ཤོག་ཕྱུས་ལེགས་གན་ཤོག་བཏང་གནང་ཡོད་པ་ནི། གོང་གི་མཛད་བྱུང་དང་གཉིས་ནས་ཁོང་གིས་ལོ་རྒྱུས་རྒྱབ་ལྗོངས་ལས་བརྟག་ན་ཡང་། སྐབས་དེ་དུས་ཁོང་ལ་དཔལ་འབྱོར་གྱི་སྟོབས་ཤུགས་དམིགས་བསལ་ཅན་ཡོད་གཤིས། ཁོང་གི་ཐུགས་དམ་དེ་དག་འབྲི་བཞེངས་གནང་སྐབས་སྣག་ཤོག་དང་འབྲི་གཟུགས་སོགས་ལ་ཆེས་དམིགས་བསལ་གྱིས་དང་འདོད་གནང་ཡོད་པ་ད་ཐེངས་མཇལ་བའི་ཕྱིའི་སྒྲིལ་ཆས་གླེགས་ཤིང་གི་མཛེས་རིས་དག་ལས་ཀྱང་ཟུར་བལྟས་ལེབ་ཚོད་དུ་སོང་།

ལྔ། ཡིག་ཞུས།

དུས་རབས་14པའི་ནང་དུ་ཏ་སི་ཏུ་བྱང་ཆུབ་རྒྱལ་མཚན་གྱིས་འབྲི་ཤོག་ཕྱུས་ལེགས་གན་ཤོག་གམ་མཐིང་ཤོག་ཕྱུས་ལེགས་བཏང་སྟེ་བྲིས་དག་པའི་ཡིག་མཁན་གྱིས་པོད་ཁྲི་པ་དེ་འབྲི་བཞེངས་གནང་བའི་སྐབས་སུ་ཀྲང་འགྱུར་གཞུང་སྦྱོང་གི་ཞུས་དག་མཁན་ཞུས་ཆེན་ཅི་ཞིག་བྱོན་ཡོད་པའི་སྐོར་དེའང་གསུང་རབ་དེའི་མཛད་བྱུང་ལས་ཙུང་ཟད་ཅིག་འབྲུ་ལེན་ཐུབ་པ་ལས་ཞུས་ན། 8.·······གན་ཆེན་ཤོག་གུ་ལ། །དཀྱུས་ཡིག་རིན་ཆེན་ཕྲེང་མཛེས་ལྟ་བུ་འདི། །སྟག་ཚལ་བ་ཡི་དཔལ་འབྱོར་ལེགས་པ་དང་། །འཕན་པོ་གཞོན་བཀྲས་དབང་རྒྱལ་ཊ་པས་གཟབས།།[②]ཞེས་བྱུང་བ་ལ་གཞིགས་ན། གསུང་རབ་དེའི་གཞུང་གི་ཡི་གེ་ཆེ་ཆུང་སི་མངའ་བ་གྲལ་ལ་མཛེས་པ་དེ་དེང་གི་ཡུལ་ལུང་གང་གི་ཆར་གཏོགས་མ་ཤེས་ཙང་སྟག་ཚལ་ལམ་སྟག

① ཏ་སི་ཏུ་བྱང་ཆུབ་རྒྱལ་མཚན་གྱི་ཐུགས་དམ་མདོ་མང་བཞེངས་པའི་མཛད་བྱུང་གླེགས་ཤིང་ངོས་སུ་བཞུགས་པ་དེ་ལས་བྲངས།
② ཏ་སི་ཏུ་བྱང་ཆུབ་རྒྱལ་མཚན་གྱི་ཐུགས་དམ་མདོ་མང་བཞེངས་པའི་མཛད་བྱུང་གླེགས་ཤིང་ངོས་སུ་བཞུགས་པ་དེ་ལས་བྲངས།

ཚང་དཔལ་འཁྱོར་ལེགས་པ་དང་། སྟོན་བཙན་པོའི་སྐུ་དུས་ཡུལ་ངས་པོ་ཆེ་ཞེས་འཕན་པོར་བསྒྱུར་གནང་མཛད་པ་དེའི་ཁུལ་ནས། ཤེས་བྱ་སྔག་གསེར་གཉིས་ཀྱི་བྲིས་དང་སྦྱིན་པར་བྱེད་པའི་འཕྲུལ་ཡིག་གསེར་གྱི་བཟོ་དང་རྒྱ་གར་སྐད་ཀྱི་འབུར་འབྲི་བར་བྱུང་བ་ཕྱུག་པའི་དབུས་ཀྱི་རིག་པའི་འབྱུང་གནས་འཕན་ཡུལ་ནས་བྱོན་པའི་གཞོན་བཀྲས་དབང་རྒྱལ་བཙས་ཀྱིས་འབྲི་བཞེངས་བསྐྲུངས་ཟིན་པ་དང་སྦྲགས། དེ་དག་གི་ཏང་འཁྱོར་གཞུང་སྐྱོང་གི་ཞུས་དག་ནི་སྟོན་བཙན་པོའི་སྐབས་ཀྱི་འབྲི་ཞུས་ཀྱི་ལམ་ལུགས་བཞིན་ཞུས་སུམ་ཞུས་ཧེ་དང་ཞུས་བར་ཞུས་སུམ་ཞུས་ཕྱིན་པ་དང་། ཞུས་དག་གཏོང་མཁན་ཡང་ཛོ་གདན་བསོད་གྲུབ་དགེ་ལེགས་ཀྱིས་གནང་སྟེ་འབྲི་བཞེངས་གནང་བ་ཙམ་ལས་གཞན་ཞུས་དག་མཁན་པོའི་མཚན་འབྲུ་བཤུས་བྱ་མ་ཐུབ་སྐབས་འདིར་ཞུར་མ་སྦྱོབས་པ་སྟེ། འདི་ཡི་དང་ཞུས་སུམ་ཞུས་གཉིས་ཀ་ཡང་།། ཛོ་གདན་བསོད་གྲུབ་དགེ་ལེགས···········།། 9.·····················།། ཉིས་ཞུས་ལེགས་པར་བྱས་ནས་དག་པར་བྱས།[①] ཞེས་པས་ཁོང་གི་ཐུགས་དམ་མདོ་མང་དེ་འབྲི་བཞེངས་བསྐྲུངས་པའི་སྐབས་སུ་ཡིག་ཞུས་མཁན་ཅི་ཞིག་བྱོན་པ་དེ་རགས་ཙམ་ཞིག་ཤེས།

དྲུག གླེགས་ཤིང་།

9.·····················།། ཉིས་ཞུས་ལེགས་པར་བྱས་ནས་དག་པར་བྱས།།གླེགས་ཤིང་ཁྱད་འཕགས་གསེར་གྱི་རྒྱབ་བྱད་ཅན། །དཀྱིར་གྱི་མཁས་པ་དགེ་འདུན་སེང་གེ་ཐུན། ། བཀོད་པ་ལག་ལེན་ཁ་ཏ་ཕུན་ཚོགས་རྣམས། །སྡེ་སྣོད་འཛིན་པ་ཐང་ཆེན་པོ་གྱི·······དབང····།། 10.············འདིར། ། ཐུགས་སྲས་མཆོག་གྱུར་སློབ་དཔོན་དཔལ་རིན་གྱིས། །།ཞབས་ཏོག་མཆོག་འགྱུར་ངོ་མཚར་ཁྱད་པར་འཕགས། །དེ་ལྟར་རྒྱལ་བའི་གསུང་རབ་དྲི་མེད་ལེགས་པར་བཞེངས་ལ་སོགས་པ། །[②]ཞེས་ནང་མཆན་དུ་བྱུང་བ་ལས། བོད་ཡུལ་དུ་དུས་རབས་9པའི་སྐབས་ནས་གསུང་རབ་སྲུང་སྐྱོབ་སླད་དུ་བསྒྲོན་པའི་སྲོལ་ཆས་བཞིའི་ནང་གི་གླེགས་ཤིང་སྟེ། དུས་རབས་14པའི་ཏ་སི་ཏུ་བྱང་ཆུབ་རྒྱལ་མཚན་གྱི་ཐུགས་དམ་པོད་ཁྲི་པའི་གླེགས་ཤིང་ཕྱི་ནང་གཉིས་

① ཏ་སི་ཏུ་བྱང་ཆུབ་རྒྱལ་མཚན་གྱི་ཐུགས་དམ་མདོ་མང་བཞེངས་པའི་མཛོད་བྱང་གླེགས་ཤིང་དངོས་སུ་བཞུགས་པ་དེ་ལས་དྲངས།

② ཏ་སི་ཏུ་བྱང་ཆུབ་རྒྱལ་མཚན་གྱི་ཐུགས་དམ་མདོ་མང་བཞེངས་པའི་མཛོད་བྱང་གླེགས་ཤིང་དངོས་སུ་བཞུགས་པ་དེ་ལས་དྲངས།།

ལས་ཕྱི་ཡི་དབྱིབས་ཉ་རྒྱབ་གཟུགས་སུ་དུས་རབས་དེའི་ཁྱད་ཆོས་ལྡན་པའི་བཟོ་བཀོས་རི་མོ་ཁྱད་འཕགས་ཅན་ཏེ། མཐའ་བཞི་སྣེ་ཐིག་གི་བཅད་པའི་ནང་དུ་མེ་ཏོག་པད་མ་སྨུ་འབྲེལ་གྱིས་བརྒྱན་པའི་དབུས་སུ་མཐའ་དཔྱད་ཁམ་བུ་གཟུགས་སུ་བཀོས་པའི་ནང་དུ། མི་དབང་རང་གི་ཁ་ཆེ་དབང་ཐང་མཚོན་པའི་དམིགས་བསལ་རི་མོ་འབྲུག་ཚང་སྐོར་ཅན་གྱིས་བརྒྱན་པ་དེ་ནི། བཀོས་ཀྱི་སྒྱུ་རྩལ་གྱི་སོར་མོའི་འདུ་བྱེད་བསྒྱུར་མཁས་པ་དགྱེར་གྱི་མཁས་པ་དགེ་འདུན་སེང་གེ་སྤུན་གྱིས་བཀོས་དྲས་ལེགས་པར་བྱས་པ་དང་། དེ་དག་གི་ལག་ལེན་ནི་སྔེ་སྟོད་འཛིན་པ་ཐང་ཆེན་པོ་སྔེ་དེང་གི་འཕྱོངས་རྒྱས་རྫོང་ཁོངས་སུ་གཏོགས་པའི་ཐང་པོ་ཆེའི་མཁས་པ་ག་གེ་མོས་མཛད་པའི་སྐབས་སུ། ལས་ཀའི་ཞབས་ཏོག་ཐུད་ཐོར་མེད་པར་ཁོང་གི་ཐུགས་སྲུས་དཔལ་རིན་གྱིས་མཛད་དེ་ཕྱིའི་སྲུང་སྐྱོབ་དང་དད་པའི་དབང་གིས་གསེར་ཆུས་བཏུལ་དོན་ཡང་། འགྲོ་མགོན་འཕགས་པས་གླེགས་ཤིང་གསེར་གྱི་མདོག་སྣང་བ། འཇམ་པའི་མདངས་འོད་འཕྲིན་པ་ནི། ཐུབ་པ་དགྱེས་པས་ཉིད་སྲས་ཉིད་ལ། འཇམ་པ་མཛད་པ་ལྟ་བུར་གདའ་ཞེས་དང་། ནང་གི་མདངས་ཀྱང་འགྲོ་མགོན་འཕགས་པ་བློ་གྲོས་རྒྱལ་མཚན་གྱིས་གསུངས་པ་ཇི་བཞིན། གླེགས་ཤིང་ཕྱི་བས་ནང་གི་མདངས། དམར་ཞིང་ཀུན་ནས་འཚེར་བ་ནི། རྒྱལ་བའི་ཞལ་གྱི་སྒྲོས་གསལ་ནས། ལྷུགས་ཀྱི་དབང་པོ་བཀྲམ་འདྲ་མཆི། ཞེས་གསུངས་པ་ལྟར་གླེགས་ཤིང་ནང་གི་གཞི་གདན་མཚལ་མདོག་ཏུ་བསྒྱུར་བའི་སྟེང་ལ་གསུང་རབ་དེ་དག་འབྲི་བཞེངས་བྱ་མཁན་གྱི་མཚོད་ཡོན་སྦྱིན་བདག་དང་ཡིག་ཞུས་མཁན། འབྲི་ཛས་དང་ཕྱིའི་ན་བཟའ་སོགས་ཅི་ཞིག་བཏང་པའི་སྐོར་སྣག་ཚ་གསེར་གྱིས་བཀྲིས་ནས་མཛད་བྱང་ཁྲིས་གནང་བ། དེ་དག་ལས་དུས་རབས་14པའི་ནང་དུ་བྱོན་པའི་ཏ་སི་ཏུ་བྱང་ཆུབ་རྒྱལ་མཚན་གྱི་ཐུགས་དམ་དུ་བཞེངས་པའི་བཀའ་འགྱུར་རམ་མདོ་མང་དེའི་ཕྱིའི་སྒྲིལ་ཆས་སོགས་རྒྱུས་ཡོས་ཅི་ཞིག་བསྒྲོན་པ་དེ། ད་ཐེངས་སྣར་ཐང་ནས་མཇལ་བའི་གླེགས་ཤིང་དེ་ལས་ཤུགས་ལ་རྗོགས། ད་དུང་འདིར་གསལ་བའི་ཐུགས་སྲས་མཆོག་གྱུར་སློབ་དཔོན་དཔལ་རིན་གྱིས་ཞབས་ཏོག་བསྒྲུབ་པ་ཞེས་པ་ཙམ་ལས་ཁོང་གི་མདུན་དུ་བྱོན་པའི་དོན་རྣམས་འབྲུ་ལེན་མ་ཐུབ་སྐབས། ཤིན་ཏུ་ནས་བདེན་འཁེལ་བ་ཞིག་ཞུ་མ་ཐུབ་ཙང་ཏ་སི་ཏུ་བྱང་ཆུབ་རྒྱལ་མཚན་ཞལ་ཆེམས་སུ། སྡེ་འདི་ལ་སྡོས་གཏོང་པའི་མི་ངོ་། གཉེར་པ་ཀུན་གཞོན། དཔོན་སྐྱ་བཟའ་པ། མི་དམངས། ལྷ་སྡེ་མི་དང་

བཅས་པས་ཀྱང་། ང་ཇི་ལྟར་འཁྱུར་བ་ལྟར་ཤཱཀྱ་རྒྱལ་མཚན་ཁྱུར། དག་ལ་ཉོན། ར་ཁྱེར་ཤིང་ཁྱེར་མ་བྱེད། ཁྱོད་དཔལ་རིན་དང་། རྒྱལ་མཚན་བཟང་པོས་ཀྱང་། སྟར་ཁ་ཏ་བྱས་པ་དང་། དེབ་གཏེར་ཆེན་མོ་ན་ཡོད་བཞིན་ཞེས་དང་དཔལ་རིན་དང་རྒྱལ་མཚན་བཟང་པོ། མི་དའི་མིག་གཡས་གཡོན་ནམ། ལག་པ་གཡས་གཡོན་དང་འདྲ་བ་ཡིན་པས། ཐམས་ཅད་ཀྱི་སྟེར་བཞིན་ཁུར།[①] ཞེས་པས་ཁོང་གི་ཉེ་འཁོར་དུ་བཞུགས་པའི་དཔོན་དང་གཉེན་ཉེ་རྣམས་ལ་ཞལ་ཏ་གནང་བའི་སྐབས་ཁོང་གི་དཔོན་པོ་ཤཱཀྱ་རྒྱལ་མཚན་ནམ་འཇམ་དཔལ་དབྱངས་ཤཱཀྱ་རྒྱལ་མཚན་དང་དཔལ་རིན། རྒྱལ་མཚན་བཟང་པོ་ཞེས་གཅིག་བརྗོད་གཉིས་བརྗོད་ཙམ་ཞིག་མ་ཡིན་པར་གསུང་ནས་ལན་མང་གསུངས་པས་ཀྱང་ཏ་སི་ཏུ་བྱང་ཆུབ་རྒྱལ་མཚན་སྐུ་འཚོ་བཞུགས་སྐབས་སུ་དཔལ་རིན་གྱི་གནས་འབབ་ཅི་ཞིག་བཟུང་ཡོད་པ་དེ་རྟོགས་ཤིང་། ལྷག་དོན་དུ་ཁོང་གི་ཞལ་ཆེམས་སུ་རྗེས་ཀྱི་བྱ་བ་དང་། རྟེན་རྩ་བཞེང་བ་ལ་སོགས་ཇི་ལྟར་བྱེད། ཁྱེད་གདན་ས་བ་དང་། ཤཱཀྱ་རྒྱལ་མཚན་གྱིས་འགོ་བྱས། དཔལ་རིན་དང་། རྒྱལ་མཚན་བཟང་པ་རྣམས་གློ་བསྟུར་ལ་གྱིས།[②] ཞེས་པས་དེ་བས་ཀྱང་ཅུང་ཟད་ཅིག་ཡིད་རྟོན་འཕེལ་བའི་ངང་ནས་ཞུས་ན། སྐབས་འདིའི་མཛད་བྱང་དུ་བྱུང་བའི་དཔལ་རིན་ཞབས་ཏོག་གང་ལེགས་བསྒྲུབ་ཞེས་པ་དེ་ཡང་ཞལ་ཆེམས་ནང་དུ་གསུངས་པའི་དཔལ་རིན་ཁོང་ཡིན་སྙམ། བོད་ཡིག་གནའ་དཔེའི་སྒྲིལ་ཆས་གླེགས་ཤིང་གི་ནང་ངོས་སུ་གསུང་རབ་འབྲི་བཞེངས་ཀྱི་མཛད་བྱང་ངམ་མཆོད་ཡོན་སྦྱིན་བདག་གི་མཚན་འགོད་པའི་ལམ་ལུགས་དེ་ནི་དུས་རབས་13པའི་སྨད་ཙམ་ནས་བྱུང་བར་མངོན། རྒྱ་མཚན་ནི་དཔལ་ཞ་ལུ་དགོན་དུ་བཞུགས་པའི་གླེགས་ཤིང་ཞིག་གི་ནང་ངོས་ཐུགས་སྲས་རིན་ཆེན་དཔལ་གྱི་ཐུགས་དམ་གྱི་གླེགས་ཤིང་དང་དུས་རབས་14པའི་ཕག་གྲུའི་དཔོན་ཏ་སི་ཏུ་བྱང་ཆུབ་རྒྱལ་མཚན་གྱི་ཐུགས་དམ་གླེགས་ཤིང་དང་། ད་དུང་དེང་གི་ས་དཀའ་རྫོང་གི་མངའ་ཁོངས་དྲོ་ཤོད་གཡང་རར་འབྲི་བཞེངས་བྱས་པའི་ཡོན་བདག

① ཏ་སི་བྱང་ཆུབ་རྒྱལ་མཚན་མྱ་ངན་འདས་ཆུང་ཞལ་ཆེམས་སུ་བཞུགས་པའི་ཞེས་བོད་ལྗོངས་བོད་ཡིག་དཔེ་རྙིང་དཔེ་སྐྲུན་ཁང་གི་སྤར་མའི་ཤོག་གྲངས་429ལས་དྲངས།

② ཏ་སི་བྱང་ཆུབ་རྒྱལ་མཚན་མྱ་ངན་འདས་ཆུང་ཞལ་ཆེམས་སུ་བཞུགས་པའི་ཞེས་བོད་ལྗོངས་བོད་ཡིག་དཔེ་རྙིང་དཔེ་སྐྲུན་ཁང་གི་སྤར་མའི་ཤོག་གྲངས་430ལས་དྲངས།

བསོད་ནམས་འབུམ་གྱི་ཐུགས་དམ་གློག་ཤིང་དང་། དུས་རབས་15པའི་ནང་དུ་སྤར་དུ་བརྐོས་པའི་གཡུང་ལོའི་བཀའ་འགྱུར་གྱི་གློག་ཤིང་དང་ཡངས་ཅན་དགོན་དུ་བཞུགས་པའི་གློག་ཤིང་ནང་ངོས་སུ་རྒྱ་ཡིག་གི་ཐོག་ནས་ཤེར་ཕྱིན་སྙིང་པོ་བཀོད་པ་སོགས་ནི་དུས་རབས་མི་འདྲ་བའི་གློག་ཤིང་གི་ནང་དུ་གསུང་རབ་དེའི་དཀར་ཆག་བསྡུས་པའམ་མཛད་བྱང་བཀོད་པའི་གློག་ཤིང་འཁྲིགས་ཆགས་སུ་བཀོད་ཚུལ་བྱས་པ་དག་ལས་ཤེས།

བདུན། བསྔོ་སྨོན།

10.············འདིར།། ཐུགས་སྲས་མཆོག་གྱུར་སློབ་དཔོན་དཔལ་རིན་གྱིས། །ཞབས་ཐོག་མཆོག་འགྱུར་ངོ་མཚར་ཁྱད་པར་འཕགས། །དེ་ལྟར་རྒྱལ་བའི་གསུང་རབ་དྲི་མེད་ལེགས་པར་བཞེངས་ལ་སོགས་པ།། དགེ་བའི་རྩ་བ་བགྱིས་དང་བགྱིད་སྨྲུལ་རྗེས་སུ་ཡིད་རང་གང་ཡིན་རྣམས···སེམས་ཅན···།།

11.···གཉིས་མེད་གསུང་བའི་གོ་འཕང་མཆོག་དེ་མྱུར་ཐོབ་བྱ་ཕྱིར་ཡོངས་སུ་བསྔོ། །དེ་ལྟའི་བྱང་ཆུབ་མ་ཐོབ་བར་དུ་སྐྱེ་ཞིང་སྐྱེ་ཞིང་སྐྱེ་བ་ཐམས་ཅད་དུ།། ལྷ་དང་མི་ཡི་བདེ་བ་དང་ལྡན་འཕགས་པ་དགྱེས་པའི་ཚུལ་ཁྲིམས་དང་།།ཏིང་འཛིན་ཤེས་རབ་བསླབ་གསུམ་མཐར་ཕྱིན་རྣམས·····ཕྱིན་པའི·····།།

12.······ཆོས་ཀྱི་རྒྱལ་པོར་འགྱུར་བར་ཤོག།གནས་སྐབས་སུ་ཡང་དཔལ་ལྡན་བླ་མའི་ཐུགས་དགོངས་རྫོགས་པའི་འཕྲིན་ལས་འཕེལ། །སངས་རྒྱས་བསྟན་པ་རིན་པོ་ཆེ་འདི་ཡང་ལྷ་ཀླུ་མི་དབང་གིས་མཆོད་ནས། །འགྲོ་བའི་དཔལ་དུ་ཡུན་རིང་གནས་བསྟན་པའི་རྩ་ལག་མཆོག་རྣམས་ཀྱང་སྐུ་ཚེ་བརྟན་པ·········།།

13.·············ཆོས་ཀྱི་མཆོད་པར་ཤོག།། ལྷ་ཀླུ་རྣམས་ཀྱང·········།། ·········སྡུག་པ་ཀུན་ཞི་བདེ་སྐྱིད་དཔལ་འབྱོར་ལྡན་པ་དང་། །སྦྱིན་བདག་ཆེན་པོ་འཁོར་དང་བཅས་པ་སྐུ་ཚེ་རིང་ཞིང་སྐུ་ཁམས་བཟང་། །མི་མཐུན་གནོད་པའི་ཕྱོགས་ལས···········།།[①]ཞེས་པ་ལས། དུས་རབས་

---

① ཏ་སི་ཏུ་བྱང་ཆུབ་རྒྱལ་མཚན་གྱི་ཐུགས་དམ་མོད་མང་བཞེངས་པའི་མཛད་བྱང་གློག་ཤིང་ངོས་སུ་བཞུགས་པ་དེ་ལས་དྲངས།

14ནང་དུ་ཏ་སི་ཏུ་བྱང་ཆུབ་རྒྱལ་མཚན་གྱི་ཐུགས་དམ་པོད་ཁྲི་པ་དེ་འབྲི་བཞེངས་ལེགས་པར་བསྒྲུབས་ཟིན་པའི་རྗེས་སུ་མཇུག་གི་བསྔོ་བ་སྨོན་ལམ་ལ་ནན་ཏན་བྱ་ཞེས་གསུངས་པ་ལྟར། སྐབས་འདིའི་འབུན་རྐྱེན་སྦྱོར་མཁན་གྱི་རང་གི་སྤུན་ཉེ་དང་སེམས་ཅན་རྣམས་ཆོས་ཀྱི་རྒྱལ་པོར་འགྱུར་བ་ཤོག་ཅེས་དང་བསྟན་པ་རིན་པོ་ཆེ་དར་ཞིང་གནས་པར་ཤོག་ཅེས་བཏབ་པ་ནི་གོང་གི་མཛད་བྱང་བསྔོ་སྨོན་ལས་ཤེས།

༄༅། །དུས་རབས་༡—༧༡པའི་བོད་ཡིག་གནའ་དཔེ་བྲིས་མའི་མཛད་བྱང་དང་མཆན་གྱི་ངོས་འཛིན། ༼སྟོད་ཆ། སྨད་ཆ།༽

རྩོམ་སྒྲིག་པ།	པད་མ་བཀྲ་ཤིས།
རྩོམ་སྒྲིག་འགན་འཁུར་བ།	པ་སངས་དབང་ཆེན།
དེབ་གཞིའི་མཛེས་འཆོས་པ།	སྐལ་བཟང་ནོར་བུ།
པར་འདེབས་འགན་འཁུར་བ།	བཀྲ་ཤིས་བསམ་གྲུབ།
པར་གཞི་སྒྲིག་བཟོ་བ།	ཀརྨ་དགེ་ལེགས།
དཔེ་སྐྲུན་འགྲེམས་སྤེལ་ཚན་པ།	བོད་ལྗོངས་མི་དམངས་དཔེ་སྐྲུན་ཁང་། (ལྷ་ས་གླིང་སྐོར་བྱང་ལམ་སྒོ་ཨང་20པ།)
པར་འདེབས་ཚན་པ།	ཧྲེན་ཀྲེན་གྲོང་ཁྱེར་སྲུས་ལེགས་ཚོན་པར་མཉམ་འབྲེལ་པར་འདེབས་ཚད་ཡོད་ཀུང་སི།
དེབ་ཚད།	787×960 1/16
པར་ཤོག	61.5
ཡིག་གྲངས།	ཁྲི་80
པར་གཞི།	2018ལོའི་ཟླ་5པར་པར་གཞི་1བསྒྲིགས།
པར་ཐེངས།	2018ལོའི་ཟླ་5པར་པར་ཐེངས་1བཏབ།
པར་གྲངས།	01-2，000
དཔེ་རྟགས།	ISBN978-7-223-05801-8
རིན་གོང་།	སྒོར་120.00 (སྟོད་སྨད།)